मध्य प्रदेश कर्मचारी चयन मण्डल

मध्य प्रदेश

शासन, स्कूल शिक्षा विभाग के अन्तर्गत

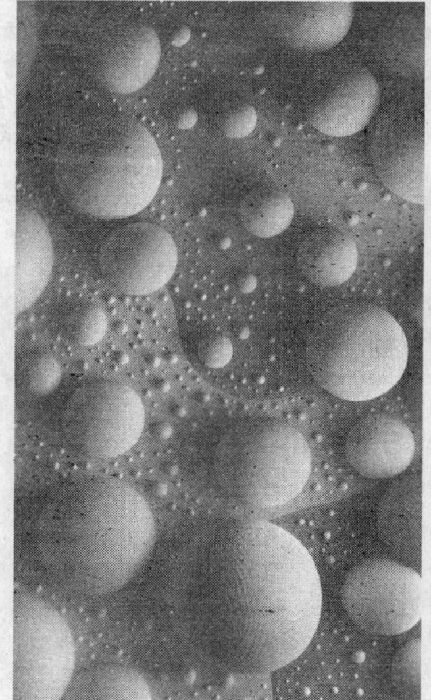

उच्च माध्यमिक शिक्षक

पात्रता परीक्षा (ऑनलाइन)

रसायन विज्ञान

लेखक

डॉ. प्रताप सिंह

अरिहन्त पब्लिकेशन्स (इण्डिया) लिमिटेड

卐 रजि. कार्यालय

'रामछाया' 4577/15, अग्रवाल रोड, दरिया गंज, नई दिल्ली- 110002

फोन: 011-47630600, 43518550

卐 मुख्य कार्यालय

कालिन्दी, टी.पी. नगर, मेरठ (यूपी)– 250002

फोन: 0121-7156203, 7156204

卐 शाखा कार्यालय

आगरा, अहमदाबाद, बरेली, बेंगलुरु, चेन्नई, दिल्ली, गुवाहाटी, हैदराबाद, जयपुर, झाँसी, कोलकाता, लखनऊ, नागपुर तथा पुणे

卐 मूल्य ₹ 445.00

PO No. : TXT-59-T067440-09-25

PUBLISHED BY ARIHANT PUBLICATIONS (INDIA) LTD.

'अरिहन्त' की पुस्तकों के बारे में अधिक जानकारी के लिए हमारी वेबसाइट **www.arihantbooks.com** पर लॉग इन करें या **info@arihantbooks.com** पर सम्पर्क करें।

विषय–सूची

परीक्षा का प्रारूप व पाठ्यक्रम

परीक्षा योजना निर्देश

1. सभी प्रश्न अनिवार्य होंगे।
2. सभी प्रश्न बहुविकल्पीय (वस्तुनिष्ठ 4 विकल्प वाले) होंगे। प्रत्येक प्रश्न हेतु 1 अंक निर्धारित रहेगा।
3. परीक्षा समय 2:30 घण्टे का होगा।
4. इस परीक्षा हेतु एक प्रश्न-पत्र होगा। इसका कुल पूर्णांक 150 होगा। इसमें बहुविकल्पीय प्रश्नों की कुल संख्या 150 होगी। प्रत्येक सही प्रश्न हेतु 1 अंक निर्धारित रहेगा। ऋणात्मक मूल्यांकन होगा। प्रति 4 प्रश्नों के गलत उत्तर पर 1 अंक काटा जाएगा।
5. प्रश्न-पत्र के दो भाग होंगे- भाग अ एवं भाग ब। **भाग अ** सभी के लिए अनिवार्य होगा। **भाग ब** के अन्तर्गत शामिल विषयों में से एक विषय का चयन करना होगा।
6. **भाग अ** के चार खण्ड होंगे, जिनमें अंकों का अधिभार निम्नानुसार होगा

क्र.स.	विषय	प्रश्नों की संख्या	कुल अंक
1.	सामान्य हिन्दी	8	8
2.	सामान्य अंग्रेजी	5	5
3.	सामान्य ज्ञान व समसामयिक घटनाक्रम, तार्किक एवं आंकिक योग्यता	7	7
4.	पेडागोगी	10	10
	कुल	**30**	**30**

7. **भाग ब** 120 अंक का होगा एवं इस प्रश्न-पत्र में 120 बहुविकल्पीय प्रश्न पूछे जायेंगे। प्रश्न-पत्र के अन्तर्गत 16 विषय नीचे तालिका में दिए अनुसार होंगे, जिसमें से अभ्यर्थी अपने स्नातकोत्तर उपाधि के विषय में ही परीक्षा में सम्मिलित हो सकेगा।

क्र. स.	विषय	प्रश्नों की संख्या	कुल अंक	क्र. स.	विषय	प्रश्नों की संख्या	कुल अंक
1.	हिन्दी भाषा	120	120	9.	गृह विज्ञान	120	120
2.	अंग्रेजी भाषा	120	120	10.	वाणिज्य	120	120
3.	संस्कृत भाषा	120	120	11.	इतिहास	120	120
4.	उर्दू भाषा	120	120	12.	भूगोल	120	120
5.	गणित	120	120	13.	राजनीति शास्त्र	120	120
6.	भौतिक विज्ञान	120	120	14.	अर्थशास्त्र	120	120
7.	जीव विज्ञान	120	120	15.	कृषि	120	120
8.	रसायन विज्ञान	120	120	16.	समाजशास्त्र	120	120

विषय वस्तु का स्तर

- प्रश्न-पत्र के **भाग अ** में सामान्य ज्ञान व समसामयिक घटनाक्रम, तार्किक एवं आंकिक योग्यता, पेडागोगी की विषयवस्तु का स्तर स्नातक स्तर के छात्र के मानसिक स्तर के समकक्ष होगा। हिन्दी व अंग्रेजी की विषयवस्तु का स्तर हायरसेकेंडरी स्कूल परीक्षा के समकक्ष होगा।
- प्रश्न-पत्र के **भाग ब** की विषयवस्तु का स्तर स्नातकोत्तर स्तर के समकक्ष होगा।

परीक्षा का पाठ्यक्रम (भाग 'ब')

1. **रसायन शास्त्र की कुछ मूल अवधारणाएँ** रसायन शास्त्र के क्षेत्र–पदार्थ की प्रकृति के लिए ऐतिहासिक दृष्टिकोण–पदार्थों की अवस्था, तत्वों, परमाणुओं और अणुओं की अवधारणाएँ, द्रव्य के गुणधर्म और उसका मापन, मात्रकों की अन्तर्राष्ट्रीय पद्धति (SI पद्धति), मापन में अनिश्चितता, विमीय विश्लेषण, रासायनिक संयोजन के नियम, परमाणु द्रव्यमान और आण्विक द्रव्यमान, मोल संकल्पना और मोलर द्रव्यमान, प्रतिशत संघटन, मूलानुपाती और आण्विक द्रव्यमान, तुल्यांकी भार, सीमान्त अभिकर्मक की संकल्पना।

2. **द्रव्य की अवस्थाएँ** ठोस, द्रव और गैस, द्रव्य की तीन अवस्था, अंतरा आण्विक बलों के प्रकार, आदर्श गैस व्यवहार को नियंत्रित करने वाले नियम। बॉयल का नियम, चार्ल्स का नियम, गै–लुसैक का नियम, आवोगाद्रो नियम, डाल्टन का आंशिक दाब का नियम, आदर्श गैसों का अणुगतिक सिद्धान्त, आण्विक गति पर मैक्सवेल बोल्ट्ज़मान वितरण नियम, वास्तविक गैसें एवं आदर्श व्यवहार से विचलन, वाण्डर वाल्स समीकरण। द्रव्य एवं उनके गुण जैसे–वाष्प दाब, श्यानता और पृष्ठ तनाव। ठोस : ठोसों का वर्गीकरण, जालक के मौलिक प्रकार, द्वि और त्रि आयामी जालक के प्रकार, सरल क्रिस्टलीय संरचनाएँ अलग–अलग तापमान पर क्रिस्टल संरचना का परिवर्तन (रूपान्तरण), ब्रैग का नियम, ठोसों में घनत्व, ऊर्जा बैंड, बैंड अंतराल, अर्धचालक, चुम्बकीय और डाइलेक्ट्रिक गुण, ठोसों में स्ट्राइकियेमैट्रिक एवं नॉन–स्ट्राइकियोमैट्रिक दोष।

3. **परमाणु संरचना** परमाणु संरचना (क्लासिकल थ्योरी), डाल्टन का परमाणु सिद्धान्त, बोहर का परमाणु मॉडल, परमाणु संरचना (आधुनिक सिद्धान्त), लुई दे ब्रॉग्ली सम्बन्ध, हाइजेनबर्ग की अनिश्चितता का सिद्धान्त क्लासिकल तरंग समीकरण, श्रोडिंगर का तरंग समीकरण, सम्भाव्यता वितरण वक्र, क्वाण्टम संख्या, पाउली का अपवर्जन सिद्धान्त, ऑफबाऊ का नियम एवं हुण्ड का अधिकतम बहुलता का नियम।

4. **साम्यावस्था** उत्क्रमणीय अभिक्रियाएँ, साम्यावस्था के मानदण्ड, द्रव्य अनुपाती क्रिया का नियम, साम्य स्थिरांक, Kp और Kc में सम्बन्ध, ला–शातेलिए का सिद्धान्त, आयनिक साम्यावस्था, ओस्टवाल्ड के तनुता का नियम, अम्लीय व क्षारीय विलयन, विलयन में आयनिक साम्यावस्था, समआयन प्रभाव एवं इनके गुणात्मक विश्लेषण व उपयोग, अम्ल एवं क्षार, ब्रॉन्स्टेड लॉरी सिद्धान्त, अम्ल और क्षार की लुईस अवधारणा, अम्ल और क्षार की सापेक्ष प्रबलता, सामर्थ्य उनके मात्रात्मक अनुमान, बफर विलयन और इसका उपयोग, चभ् का निर्धारण, सूचकों के सिद्धान्त, चालकीय अनुमापन, विलेयतागुणनफल एवं जल–अपघटन।

5. **सतह रसायन** अधिशोषण, अवशोषण, शोषण, भौतिक अधिशोषण, रासायनिक अधिशोषण, समतापीय (फ्रॉयन्डलिक लैंगम्यूर) अधिशोषण के उपयोग, उत्प्रेरण के प्रकार, उत्प्रेरण के सिद्धान्त, कोलॉइडों का वर्गीकरण, कोलॉइडी विलयन बनाने की विशिष्ट विधियाँ (लियोफोबिक और लियोफिलिक), कोलॉइडी विलयनों के गुण: विद्युतकण संचलन, टिण्डल प्रभाव, ब्राउनी गति, कोलॉइडस का अवक्षेपण, हार्डी–शुल्जे का नियम, बहुआण्विक और वृहदाण्वि कोलॉइड, पायस और जैल।

6. **रासायानिक बलगतिकी** अभिक्रिया दर के सिद्धान्त, अभिक्रिया की दर, अभिक्रिया की दर को प्रभावित करने वाले कारक, आण्विकता और अभिक्रिया की कोटि, तीव्रगामी अभिक्रियाएँ, लुमेनसेंस और ऊर्जा हस्तान्तरण अभिक्रियाएँ, अभिक्रिया तंत्र (सरल और जटिल अभिक्रियाएँ), सक्रियण ऊर्जा, आर्हेनियस समीकरण। अभिक्रिया का अर्द्ध–आयुकाल।

7. **अपचयोपचय अभिक्रियाएँ एवं विद्युत रसायन** अपचयोपचय अभिक्रियाएँ एवं इनके उपयोग ऑक्सीकरण संख्या, प्रबल और दुर्बल विद्युत अपघट्य, गतिविधि गुणांक, चालन और चालकता, कोलराऊ का नियम, प्रतिरोध और प्रतिरोधकता, आण्विक चालकता एवं तुल्यांकी चालकता, विद्युत–अपघटन के गुणात्मक विश्लेषण और मात्रात्मक पक्ष, विद्युत रासायनिक सेल और विद्युत अपघटनीय सेल, इलेक्ट्रो, इलेक्ट्रो विभव और मानक इलेक्ट्रो विभव, विद्युत रासायनिक श्रेणी और इसके अनुप्रयोग नेर्नस्ट समीकरण और इसके अनुप्रयोग, साम्य स्थिरांक एवं सेल का इएमएफ (EMF), ईंधन सेल एवं संक्षारण।

8. **विलयन** विलयन और इसके प्रकार, विलयन की सान्द्रता को व्यक्त करना, विलेयता, द्रव (ताप और दाब) में ठोस की विलेयता को प्रभावित करने वाले कारक, द्रव का वाष्प दाब, वाष्पशील और अवाष्पशील विलेय के लिए राउल्ट का नियम, आदर्श और अनादर्श विलयन, अणुसंख्यक गुणधर्म, असामान्य आण्विक द्रव्यमान और वाण्ट हॉफ गुणांक।

9. **रासायनिक आबंधन और आण्विक संरचना** संयोजी इलेक्ट्रॉन और लुईस संरचनाएँ, आयनिक बंध, सहसंयोजक बंध, बंध पैरामीटर, उपसहसंयोजी बंध, ध्रुवीयता और द्विध्रुवीय आघूर्ण, संयोजकता आबंध सिद्धान्त का मात्रात्मक विचार, संयोजकता कोष इलेक्ट्रॉन युग्म प्रतिकर्षण सिद्धान्त (VSEPR), आण्विक कक्षक सिद्धान्त (LCAO), संकरण की अवधारणा, एस,पी,डी ऑर्बिटल्स (*s, p, d* orbitals) हाइड्रोजन बंध, अनुनाद।

10. **उष्मागतिकी** तंत्र के मैक्रोस्कोपिक गुण, तंत्र और वातावरण के बीच ऊर्जा का हस्तान्तरण, प्रावस्था संक्रमण, प्रावस्था नियम और प्रावस्था आरेख, उष्मागतिकी का प्रथम, दूसरा व तीसरा नियम, अभिक्रिया की आन्तरिक ऊर्जा और एन्थैल्पी उनके माप और अनुप्रयोग, स्वत: प्रवर्तिता, एण्ट्रॉपी एवं स्वत: प्रवर्तिता, हैल्महोल्ट्ज और गिब्स की मुक्त ऊर्जा, विद्युत–रसायन सेल की उष्मागतिकी।

11. **तत्वों का वर्गीकरण तथा गुणों में आवर्तिता** वर्गीकरण का महत्त्व, आवर्त सारणी के विकास का संक्षिप्त इतिहास, आधुनिक आवर्त नियम और आवर्त सारणी का वर्तमान रूप, आवर्त नियम, 100 से अधिक परमाणु क्रमांक वाले (100 > Z) के तत्वों का IUPAC प्रणाली के अनुसार नाम, एस. पी. डी. एफ–ब्लॉक (*s, p, d, f* orbitals) के तत्व और उनकी विशेषताएँ, एस.पी.डी. एफ–ब्लॉक (*s, p, d, f* orbitals) के तहत तत्वों का वर्गीकरण और उनके गुण, तत्वों के गुणधर्मों में आवर्तिता : आयनन एन्थैल्पी, इलेक्ट्रॉन लब्धि एन्थैल्पी, विद्युत–ऋणात्मकता, परमाणु त्रिज्या, आयनिक त्रिज्या, संयोजकता की आवर्तिता या ऑक्सीकरण अवस्था।

12. **हाइड्रोजन** आवर्त सारणी में स्थिति, प्राप्ति स्थान, समस्थानिक, छोटे पैमाने और औद्योगिक स्तर पर हाइड्रोजन बनाने की विधि एवं इसके गुण और उपयोग, हाइड्राइड, कठोर जल, मृदु जल, भारी जल, हाइड्रोजन परॉक्साइड, हाइड्रोजन अर्थव्यवस्था, ईंधन के रूप में हाइड्रोजन।

13. ***s*–ब्लॉक के तत्व** पृथक्करण के सामान्य सिद्धान्त और निष्कर्षण के सिद्धान्त एवं विधियाँ ऐलुमिनियम (Al), कॉपर (Cu), जिंक (Zn) और आयरन (Fe) के निष्कर्षण में ऑक्सी–अपचयन विधि का उपयोग करना, s–ब्लॉक के तत्व: सामान्य परिचय, इलेक्ट्रॉनिक विन्यास, प्राप्ति स्थान, प्रत्येक समूह के पहले तत्व का असामान्य गुण, विकर्ण सम्बन्ध, गुणों की विविधता में रुझान, क्षारीय और क्षारीय मृदा धातुओं की अभिक्रियाएँ। कुछ महत्त्वपूर्ण यौगिकों के बनाने की विधि, गुण व उपयोग सोडियम कार्बोनेट, सोडियम बाइकार्बोनेट, सोडियम क्लोराइड, सोडियम हाइड्रॉक्साइड, कैल्शियम हाइड्रॉक्साइड और कैल्शियम कार्बोनेट, चूना और चूने के पत्थर के औद्योगिक उपयोग, सोडियम, पोटैशियम, मैग्नीशियम और कैल्शियम का जैविक महत्त्व।

14. ***p*–ब्लॉक के तत्व**–इलेक्ट्रॉनिक विन्यास, वर्ग 13 से 18 के तत्वों के भौतिक और रासायनिक गुणों में विभिन्नता, बोरेक्स, बॉरिक एसिड, बोरॉन हाइड्राइड एवं सिलिकॉन बनाने की विधि, गुण और उपयोग, नाइट्रोजन, अमोनिया, नाइट्रिक ऐसिड, नाइट्रोजन के ऑक्साइड, फॉस्फोरस के अपररूप, बनाने की विधि और उपयोग, फॉस्फीन, फॉस्फोरस पेंटाक्लोराइड और फॉस्फोरस ट्राइक्लोराइड बनाने की विधि, गुण और उपयोग, ऑक्सीजन और ओजोन बनाने की विधि एवं गुण, समूह 16 के तत्वों के हाइड्राइड व हैलाइड की संरचना और प्रकृति, सल्फर के अपररूप बनाने की विधि और गुण, सल्फर डाइऑक्साइड बनाने की विधि, गुण और उपयोग, सल्फर के ऑक्सी–ऐसिड का औद्योगिक निर्माण है, हैलोजन और हैलोजन अम्ल बनाने की विधि और गुण, अन्तर हैलोजन यौगिक, स्यूडोहैलाइड आयन, हैलोजन के ऑक्सी–अम्ल उनकी संरचना और प्रकृति, जीनोन फ्लोराइड, जीनोन ऑक्साइड और जीनोन ऑक्सी फ्लोराइड के गुण और उपयोग।

15. ***d* और *f* ब्लॉक के तत्व** प्रस्तावना, इलेक्ट्रॉनिक विन्यास, गुणों में विविधता, पहली पंक्ति के संक्रमण धातु के गुणों का सामान्य परिचय : इलेक्ट्रॉनिक विन्यास और सामान्य प्रवर्ति, उत्प्रेरक गुण, चुम्बकीय गुण, धात्विक गुण, आयनन एन्थैल्पी, ऑक्सीकरण अवस्था, आयनिक त्रिज्या, रंगीन आयन बनाना, मिश्रधातु बनाना, अंतरकाशी यौगिक बनाना, पहली पंक्ति के संक्रमण तत्वों के ऑक्साइड, हैलाइड, सल्फाइड व जटिल यौगिक बनाना। $KMnO_4$ और $K_2Cr_2O_7$ बनाने की विधि, गुण एवं संरचना। लैन्थेनाइड और ऐक्टिनाइड।

16. **उपसहसंयोजी/समन्वय यौगिक और कार्बधात्विक यौगिक** यौगिकों का अर्थ वर्नर का सिद्धान्त एवं लिगैण्ड, उनके प्रकार समन्वय संख्या, समन्वय यौगिकों का आईयूपीएसी (IUPAC) नामकरण, समावयवता, समन्वय यौगिकों में बंधन, रंग चुम्बकीय गुण और समन्वय यौगिकों का स्थायित्व, समन्वय यौगिकों के रासायनिक और जैविक महत्त्व, धातु कार्बोनिल के बनाने की विधि, गुण और बंधन, कार्बधात्विक यौगिक और उनका वर्गीकरण।

17. **कार्बनिक रसायन शास्त्र कुछ बुनियादी सिद्धान्त और तकनीक** कार्बनिक यौगिकों को सामान्य वर्गीकरण, कार्बनिक यौगिकों के आकार–संकरण (sp, sp^2 sp^3) कार्बनिक अणुओं का संरचनात्मक प्रदर्शन, क्रियात्मक समूह, सजातीय श्रेणी। सामान्य या ट्रिवियल नाम, ऐलिफैटिक, ऐरोमैटिक और प्रतिस्थापित ऐरोमैटिक यौगिकों का नामकरण, आईयूपीएसी नामकरण। समावयवता, संरचनात्मक और ज्यामितीय समावयवता, अभिक्रियाओं की क्रियाविधि की मौलिक अवधारणाएँ : सहसंयोजक बंधन का विखण्डन, आक्रमणकारी (इलेक्ट्रॉन धनी) स्पीशीज़ के प्रकार, कार्बनिक अभिक्रियाओं में इलेक्ट्रॉन मूवमेंट, एक सहसंयोजक बंधन में इलेक्ट्रॉनिक विस्थापन और कार्बनिक अभिक्रियाओं के प्रकार। कार्बनिक यौगिकों के शुद्धिकरण की विधियाँ : गुणात्मक विश्लेषण, मात्रात्मक विश्लेषण, तत्वों का आकलन, मूलानुपाती सूत्र और आण्विक सूत्र का निर्धारण।

18. **हाइड्रोकार्बन : हाइड्रोकार्बन का वर्गीकरण**

ऐल्केन: संरूपण (न्यूमैन प्रक्षेप और सॉहार्स प्रक्षेप सूत्र), भौतिक गुण, रासायनिक अभिक्रियाएँ।

साइक्लो ऐल्केन बनाने की विधि, भौतिक और रासायनिक गुण, साइक्लो ऐल्केन (बेयर तनाव सिद्धान्त)का स्थायित्व, साइक्लोहेक्सेन की कुर्सी और नाव रूप।

ऐल्कीन्स द्वि–बन्ध की संरचना, ज्यामितीय समावयवता, भौतिक गुण, बनाने की विधियाँ, रासायनिक अभिक्रियाएँ।

ऐल्काडाइन्स वर्गीकरण, संयुग्मित डाईन्स को बनाने की विधि, रासायनिक गुण (1, 2 और 1, 4 एडिशन टू कन्जूगगेटेड डाइईन्स)

ऐल्काइन्स त्रि–बन्ध की संरचना, भौतिक गुण, बनाने की विधियाँ व रासायनिक गुण, ऐल्काइन की अम्लीय प्रकृति, ऐल्काईन की योगात्मक अभिक्रिया।

ऐरोमैटिक हाइड्रोकार्बन बेंजीन की संरचना, अनुनाद, ऐरोमैटिसिटी (हकल का नियम), रासायनिक गुण, इलेक्ट्रोफिलिक प्रतिस्थापन की क्रियाविधि, प्रतिस्थापन का एकल प्रतिस्थापित बेंजीन पर प्रत्यक्ष प्रभाव।

19. **पर्यावरण रसायन** पर्यावरण प्रदूषण, वायुमण्डलीय प्रदूषण, उष्णकटिबन्धीय प्रदूषण (वायु प्रदूषण), प्रमुख वायु प्रदूषक, वायु प्रदूषण पर नियंत्रण, स्मॉग (रासायनिक और प्रकाश रासायनिक स्मॉग), स्ट्रेटोस्फेरिक प्रदूषण : ओजोन परत और इसका क्षय, अम्ल वर्षा, ग्रीन हाउस प्रभाव और ग्लोबल वार्मिंग, जल प्रदूषण, मृदा प्रदूषण और औद्योगिक अपशिष्ट।

20. **हैलोऐल्केन्स और हैलोऐरीन्स** वर्गीकरण, हैलोऐल्कन और हैलोऐरीन्स के बनाने की विधियाँ एवं उनके भौतिक गुण, ऐल्कीन और ऐरिल हैलाइड के बीच भिन्नता बताने वाले परीक्षण, S_N1 और S_N2 अभिक्रियाओं की क्रियाविधि, (सैत्जेफ नियम, E_1 और E_2 अभिक्रियाओं की क्रियाविधि) पॉलि हैलोजन यौगिक : बनाने की विधियाँ और गुण

21. **ऐल्कोहॉल, फीनॉल और ईथर** ऐल्कोहॉल, फीनॉल और ईथर का वर्गीकरण, बनाने की विधियाँ, गुण और उपयोग, प्राथमिक, द्वितीयक और तृतीयक एल्कोहॉल के बीच अन्तर। एल्कोहल और फीनॉल के बीच अन्तर ईथर, बनाने की विधियाँ, भौतिक और रासायनिक गुण।

22. **ऐल्डिहाइड, कीटोन और कार्बोक्सिलिक अम्ल** कार्बोनिल समूह की संरचना, ऐल्डिहाइड और कीटोन, बनाना, भौतिक, रासायनिक गुण और उपयोगं ऐल्डिहाइड और कीटोन के बीच अन्तर करने के लिए परीक्षण। कार्बोक्सिलिक अम्ल बनाना, भौतिक, रासायनिक गुण और उपयोग।

23. **नाइट्रोजन युक्त कार्बनिक यौगिक** (ऐमीन, सायनाइड, आइसोसायनाइड्स, डाइऐजोनियम लवण) परिचय, वर्गीकरण, बनाने की विधियाँ, भौतिक गुण, रासायनिक गुण, उपयोग। प्राथमिक, द्वितीयक और तृतीयक ऐमीन के बीच अन्तर करने के लिए परीक्षण।

24. **बहुलक** बहुलीकरण, बहुलकों का वर्गीकरण–उत्पत्ति, संरचना, आण्विक बलों, बहुलीकरण के तरीकों के आधार पर योगात्मक बहुलीकरण, संघनन बहुलीकरण (चरण वृद्धि बहुलीकरण) संघनन बहुलक बनाने की विधि, सिंथेटिक और प्राकृतिक रबड़ और वल्कनीकरण, बहुलक के आण्विक द्रव्यमान का निर्धारण। डिसपरसिटी सूचकांक (पीडीआई)। जैव–अपघटन बहुलक जैसे (पीएचबीवी) और नॉनबायो–डीग्रेडेबल पॉलिमर।

25. जैवअणु (जैव रसायन)

कार्बोहाइड्रेट कार्बोहाइड्रेट का वर्गीकरण, ग्लूकोस और फ्रक्टोस का उनके रासायनिक गुणों के आधार पर संरचनात्मक निर्धारण : विवृत/खुली शृंखला (फिशर) संरचना, चक्रीय संरचना (हावर्थ रूप) और ग्लूकोस के रूप, उत्परिवर्तन, ऐनोमर्स और ऐपिमर, ग्लूकोस की रासायनिक अभिक्रियाएँ, अपचायी और अनअपचायी शर्करा, ग्लूकोस और फ्रक्टोस का विन्यास। डाइसैकेराइड सूक्रोस, पॉलिसैकेराइड, स्टार्च, सेलुलोस एवं ऐमिलोपेक्टिन का हावर्थ प्रदर्शन, जीवित जीवों में कार्बोहाइड्रेट के कार्य। कार्बोहाइड्रेट चयापचय, ग्लाइकोलिसिस, इलेक्ट्रॉन–परिवहन शृंखला।

प्रोटीन ऐमिनो ऐसिड, ज्विटर आयन, समविभव बिन्दु, पेप्टाइड्स और पेप्टाइड बंध, रेशेदार प्रोटीन, गोलाकार प्रोटीन और उनके कार्य, प्रोटीन की प्राथमिक, द्वितीयक (हेलिक्स और लहरियदार चद्दर संरचना) और तृतीयक संरचना, प्रोटीन का विकृतिकरण और अविकृतिकरण।

एन्जाइम एन्जाइम गतिविधियों की विशिष्टता व कार्यप्रणाली, एन्जाइम एवं सहएन्जाइम के अनुप्रयोग।

न्यूक्लिक ऐसिड न्यूक्लियोसाइड्स, न्यूक्लियोटाइड्स एटीपी (ATP) की संरचना, प्रकाश संश्लेषण (प्रकाश और अंधेरे की अभिक्रियाएँ), डीएनए (DNA) की प्राथमिक और द्वितीयक संरचना (डबल हेलिक्स संरचना), न्यूक्लिक ऐसिड के जैविक कार्य, प्रतिकृतित्व, प्रोटीन संश्लेषण (अनुलेखन, स्थानांतरण एवं उत्परिवर्तन), जेनेटिक कोड, आनुवंशिक त्रुटियाँ। विटामिन वर्गीकरण, विटामिन की कमी से होने वाले रोग। हॉर्मोन स्टेरॉयड हॉर्मोन और गैर स्टेरॉयड हॉर्मोन एवं उनके कार्य।

26. दैनिक जीवन में रसायन

ड्रग्स और औषधियाँ औषधि का परिचय, चयापचय, वर्गीकरण, औषधियाँ के लक्ष्य के रूप में एन्जाइम, औषध ग्राही अन्योन्य क्रिया।

औषधियों के प्रकार ज्वरनाशी, पीड़ाहारी, रोगाणुनाशी, पूर्तिरोधी, प्रतिजैवी, संकिर्ण स्पैक्ट्रम और विस्तृत स्पैक्ट्रम प्रतिजैवी, प्रशान्तक, प्रतिजीवाणु, अम्लतारोधी, उर्वरतारोधी, प्रतिहिस्टैमिन।

खाद्य में रसायन खाद्य परिरक्षक, कृत्रिम मिठास पैदा करने वाले पदार्थ, साबुन और डिटर्जेंट, साबुन बनाना (साबुनीकरण) और डिटर्जेंट, साबुन प्रक्षालन क्रिया, साबुन पर डिटर्जेंट के फायदे, डिओडोरेंट्स खाद्य रंग एवं प्रतिऑक्सीकारक।

सॉल्वड पेपर
2019

सॉल्वड पेपर

परीक्षा तिथि 07 फरवरी, 2019

मध्य प्रदेश उच्च माध्यमिक शिक्षक पात्रता परीक्षा

रसायन विज्ञान

1. $NH_3(g)$ का अपघटन एक गर्म Pt सतह पर उच्च दाब पर शून्य कोटि गतिकी का पालन करता है। इस अभिक्रिया के लिए विशिष्ट दर क्या होगी?

(a) s^{-1} (b) $mol^{-1} Ls^{-1}$ (c) $molL^{-1}s$ (d) $molL^{-1}s^{-1}$

2. अम्लीय माध्यम में ऑक्सीकरण कारक $K_2Cr_2O_7$ का समतुल्य भार क्या है? ($K_2Cr_2O_7$ का मोलर द्रव्यमान 294 amu है)।

(a) 49 (b) 42 (c) 21 (d) 98

3. निम्नलिखित बहुलकों में से कौन पॉलिएस्टर वर्ग में आता है?

(a) डेक्रोन (b) नोवोलैक (c) मेलामाइन (d) नायलॉन-6,6

4. ऐसा क्यों है कि आयोडीन आसानी से I_3^- बना सकता है, जबकि फ्लोरीन F_3^- नहीं बना सकता है?

(a) ऐसा इसलिए है, क्योंकि फ्लोरीन के संयोजी कक्ष में कोई रिक्त *d* कक्षा नहीं है।

(b) ऐसा इसकी उच्च ऑक्सीकरण शक्ति के कारण है।

(c) यह निम्न F-F बन्धन तापीय धारिता के कारण है।

(d) यह फ्लोरीन की उच्च विद्युत-सक्रियता की वजह से है।

5. N/10 NaOH का pH मान है

(a) 11 (b) 1 (c) 13 (d) 10

6. एक कार्बनिक यौगिक $A\ (C_3H_8O), B\ (C_3H_6O)$ बनाने के लिए 573 K पर Cu धातु के साथ अभिक्रिया करता है। जब B को $Na_2CO_3\ (aq)$ और I_2 के साथ गर्म किया जाता है, तो यह पीला ठोस C देता है। जब *A* को सान्द्र H_2SO_4 को 443K पर गर्म किया जाता है, तब एक हाइड्रोकार्बन $D\ (C_3H_6)$ निर्मित होता है।

यौगिकों *A*, *B*, *C* और *D* को पहचानिए।

(a) $A = CH_3-CH_2-OCH_3, B = CH_3-CO-CH_3, C = CHI_3,$ $D = CH_2=CH_2$

(b) $A = CH_3-CHOH-CH_3, B = CH_3-CO-CH_3, C = CHI_3,$ $D = CH_3CH=CH_2$

(c) $A = CH_3-CH_2-CH_2OH, B = CH_3-CH_2-CHO,$ $C = CHI_3, D = CH_3CH=CH_2$

(d) $A = CH_3-CH_2-CH_2OH, B = CH_3-CH_2-CHO,$ $C = Cu_2O, D = CH_3CH_2CH_3$

7. ClO_3^- में Cl की संकरित अवस्था होगी

(a) Sp^3 (b) Sp^2d (c) Sp^2 (d) Sp^3d

8. निम्नलिखित में एम्फोटेरिक ऑक्साइड है

(a) Ga_2O_3 (b) CaO (c) SiO_2 (d) CO_2

9. यदि $[Fe(F)_6]^{3-}$ का चुम्बकीय आघूर्ण 5.9 B.M है, तो सम्मिश्र है

(a) बाह्य कक्षीय सम्मिश्र : निम्न चक्रण

(b) बाह्य कक्षीय सम्मिश्र : उच्च चक्रण

(c) अन्तर कक्षीय सम्मिश्र : निम्न चक्रण

(d) अन्तर कक्षीय सम्मिश्र : उच्च चक्रण

10. हाइड्रोजन इलेक्ट्रोड 25 डिग्री सेन्टीग्रेड पर pH = 3 के विलयन में इलेक्ट्रोड को डुबोकर तैयार किया जाता है। इस pH पर इलेक्ट्रोड का विभव है

(a) + 0.177 V (b) − 0.177 V (c) − 1.77 V (d) + 1.77 V

11. निम्नलिखित में से कौन-सी अभिक्रिया ग्लूकोस की खुली श्रृंखला संरचना का समर्थन करती है?

(a) HI की उपस्थिति में अपचयन (b) मोलिस परिक्षण

(c) HCN के साथ अभिक्रिया (d) हेमी ऐसीटल का निर्माण

12. स्थिर मध्यवर्ती निर्मित होते हैं, जब अम्ल जल-अपघटित होने वाले नाइट्रिल होते हैं

(a) अम्ल (b) ऐमीन

(c) अमोनिया (d) अम्ल ऐमाइड

13. मोनोसैकेराइड के एनोमर के विषय में कौन-सा कथन सत्य है?

(a) एनोमर परिवर्तीध्रुवण घूर्णन नहीं दर्शाते हैं

(b) एनोमर में कार्बोनिल कार्बन ऐसीटल होते हैं

(c) एनोमर डाइस्टीरियोमर भी होते हैं

(d) फ्रक्टोस का C_1 एनोमेरिक रूप दर्शाता है

14. कौन अध्रुवीय है, लेकिन इसमें ध्रुवीय बन्धन समाहित होता है?

(a) H_2O (b) HCl

(c) CO_2 (d) SO_3

15. रूद्धोष्म अवस्था के अन्तर्गत एक आदर्श गैस के मुक्त विस्तार की स्थिति है

(a) $q = 0, w = 0, \Delta T = 0$ (b) $q \neq 0, w = 0, \Delta T = 0$

(c) $q = 0, w = 0, \Delta T \neq 0$ (d) $q = 0, w > 0, \Delta T = 0$

16. एक धात्विक वस्तु का घनत्व 5.6 ग्रा/सेमी^{3} है। इसे किग्रा/मी^{3} में व्यक्त कीजिए।

(a) 56 (b) 0.056 (c) 560 (d) 5600

17. Ca^{2+} की जलयोजन ऊर्जा इससे अधिक होती है

(a) Al^{3+} (b) Be^{2+} (c) Na^{+} (d) Mg^{2+}

18. एक पात्र में गैस को इस प्रकार से गर्म किया गया कि उसका दाब और आयतन दोनों दोगुना हो गए। केल्विन पैमाने में गैस का तापमान प्रारम्भिक तापमान का ······· हो जाता है।

(a) चार गुना (b) दोगुना (c) दो-तिहाई (d) आधा

19. H-प्रकार के प्रजातियों की कक्षकों की ऊर्जाएँ केवल ······· पर निर्भर करती हैं, जबकि बहु इलेक्ट्रॉन तन्त्र के कक्षकों की ऊर्जाएँ ······· और ······· पर निर्भर करती हैं।

(a) n, m, l (b) n, l, s (c) n, n, l (d) l, n, m

20. नाइट्रोजन के ऑक्साइड अस्थिर ऑक्सीकरण अवस्था ······· तक दिखाते हैं।

(a) – 1 से + 2 (b) – 2 से + 4 (c) + 1 से + 5 (d) – 3 से + 3

21. मिथाइल विनाइल ईथर कमरे के तापमान पर नमी की अनुपस्थिति में HBr के साथ अभिक्रिया कर बनाता है

(a) $H_3C — CO — CH_3$ और $H_3C — Br$

(b) $H_3C — CHO$ और $H_3C — CH_2 — Br$

(c) $Br — CH_2 — CH_2 — OCH_3$

(d) $H_3C — C(H)(Br) — OCH_3$

22. निम्नलिखित में से गलत कथन को चुनें।

(a) सुक्रोस में, दो मोनोसैकेराइड को पेप्टाइड बन्धन द्वारा एकसाथ बांध कर रखा जाता है

(b) कार्बोहाइड्रेट दृष्टिगत रूप से सक्रिय हैं

(c) लैक्टोस में ग्लूकोस के C_4 और गैलेक्टोस के C_1 के बीच ग्लाइकोसिडिक सहलग्नता है

(d) माल्टोस शर्करा अपचायक है

23. निम्नलिखित में गलत कथन चुनें।

(a) स्ट्रेप्टोमाइसिन का उपयोग तपेदिक के इलाज के लिए किया जाता है

(b) माइफप्रिस्टोन एक कृत्रिम रसायनिक अवयव है जिसका उपयोग 'गोली के बाद सुबह'' के रूप में किया जाता है

(c) आइब्रूप्रोफेन मादक दर्दनाशक दवा का एक उदाहरण है

(d) इकुआनिल एक प्रशान्तक है, जिसका उपयोग अवसाद और उच्च रक्तचाप से राहत पाने के लिए किया जाता है

24. निम्न में से कौन गैर-जैवविघटनीय डिटर्जेंट है?

(a) सोडियम-4-(1-डोडेसीयल) बेन्जीनसल्फोनेट

(b) सोडियम-4-(1, 3, 5, 7-टेट्रामिथाइलोक्टाइल) बेन्जीनसल्फोनेट

(c) सोडियम-4-(2-डोडेसीयल) बेन्जीनसल्फोनेट

(d) सोडियम लरियल सल्फेट

25. निम्नलिखित में से कौन दर्दनाशक दवा नहीं है?

(a) ब्यूटाजोलिडाइन (b) नेप्रोक्सेन

(c) डाइक्लोफेनाक सोडियम (d) ओफ्लांक्सिन

26. निम्नलिखित में कौन संघनन बहुलक नहीं है?

(a) मेलामाइन (b) बुना-s

(c) नायलॉन-6, 10 (d) डाक्रोन

27. ऐसीटोन और ऐसीटोफीनॉन को इसके द्वारा विभेदित किया जा सकता है

(a) टॉलेन परीक्षण (b) $NaHSO_3$ का संतृप्त विलयन

(c) शिफ का अभिकर्मक (d) DNP परीक्षण

28. उस क्षार की पहचान करें, जो DNA में मौजूद नहीं है

(a) क्युनोलिन (b) थाइमीन (c) एडेनाइन (d) साइटोसिन

29. अण्टार्कटिका क्षेत्र में ओजोन परत का ह्रास मुख्य रूप से ...... के निर्माण के कारण होता है।

(a) परॉक्सीएसिटाइल नाइट्रेट (b) क्लोरीन नाइट्रेट

(c) एक्रोलिन (d) फॉर्मेल्डिहाइड

30. एक तत्व X, आण्विक सूत्र X_2O_3 के एक ऑक्साइड का निर्माण करता है। इसमें तत्व X का प्रतिशत 53 है। इस तत्व का परमाणु भार ज्ञात करें।

(a) 18 (b) 27 (c) 45 (d) 36

31. द्रव्यमान 'm' वाले एक कण का दे-ब्रोग्ली तरंगदैर्ध्य उसके वेग का 36 गुना है। उसके तरंगदैर्ध्य का सही सम्बन्ध पहचानिए।

(a) $6\sqrt{\frac{h}{m}}$ (b) $\frac{1}{6}\sqrt{\frac{m}{h}}$ (c) $\frac{1}{6}\sqrt{\frac{h}{m}}$ (d) $6\sqrt{\frac{m}{h}}$

32. निम्नलिखित में से न्यूनतम क्षारीय यौगिक है

33. सुक्रोस के हाइड्रोलेसिस करने पर उत्पादित इनवर्ट शुगर प्रकृति में वामावर्त होती है और इसमें ग्लूकोस का मिश्रण होता है जो दाहिनावर्ती होता है और फ्रक्टोस है जो वामावर्त होता है।

इनवर्ट शुगर में ग्लूकोस और फ्रक्टोस का क्या अनुपात होता है?

(a) 0.5 M ग्लूकोस और 0.5 M फ्रक्टोस

(b) 0.2 M ग्लूकोस और 0.8 M फ्रक्टोस

(c) 0.25 M ग्लूकोस और 0.75 M फ्रक्टोस

(d) 0.4 M ग्लूकोस और 0.6 M फ्रक्टोस

34. एक गैस के वॉण्डर वाल्स स्थिराँक $a = 0.751 L^2 \, atm \, mol^{-2}$ और $b = 0.0226 \, L \, mol^{-1}$ हैं। गैस का क्रान्तिक तापमान परिकलित कीजिए।

(a) 120 K (b) 54.5 K (c) 273 K (d) 2 K

35. एक समन्वय यौगिक का आण्विक सूत्र $CrBr_3 \cdot 4H_2O$ है। AgBr के फीके पीले रंग का अवक्षेप बनाने के लिए उसे $AgNO_3$ के एक ग्राम अणु की आवश्यकता होती है। यौगिक का संरचनात्मक सूत्र क्या है?

(a) $[Cr(H_2O)_4] Br_3$ (b) $[CrBr(H_2O)_3] Br_2 \cdot H_2O$

(c) $[CrBr_3(H_2O)_3] \cdot H_2O$ (d) $[CrBr_2(H_2O)_4] Br$

36. SF_2, SF_4 और SF_6 में सल्फर परमाणु के संकरण क्रमशः हैं

(a) sp, sp^2, sp^3 (b) sp^3, sp^3, sp^3d^2

(c) sp^3, sp^3d, sp^3d^2 (d) sp^3, spd^2, d^2sp^3

37. निम्नलिखित में से सुगन्धित यौगिक है

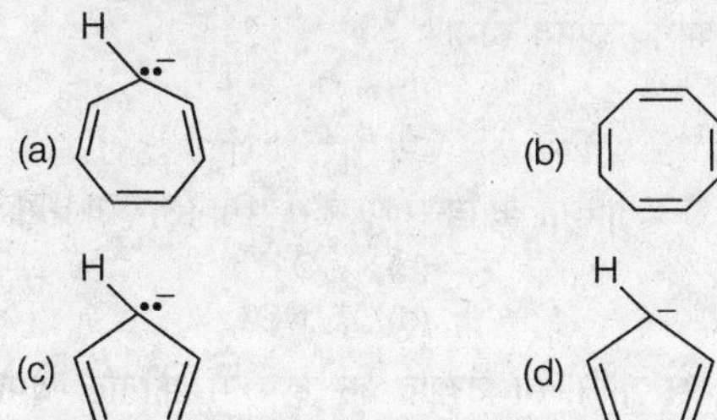

38. तीसरे क्रम की अभिक्रिया की दर r दी जाती है। यदि अभिकारक की प्रारम्भिक सान्द्रता दोगुनी हो जाती है, तो इस स्थिति के अन्तर्गत इस अभिक्रिया की दर क्या होगी (r_1)?

(a) $r_1 = 8r$ (b) $r_1 = 64r$ (c) $r_1 = 2r$ (d) $r_1 = 4r$

39. एक प्रथम क्रम अभिक्रिया की अर्द्ध-आयु 60 मिनट है। 75% पूर्ण होने में कितना वक्त लगेगा?

(a) 60 मिनट (b) 120 मिनट (c) 75 मिनट (d) 100 मिनट

40. निम्नलिखित यौगिकों के हिमाँक में गिरावट का सही क्रम है

(a) $CH_3COOH > CF_3COOH > CCl_3COOH$

(b) $CH_3COOH > CCl_3COOH > CF_3COOH$

(c) $CCl_3COOH > CF_3COOH > CH_3COOH$

(d) $CF_3COOH > CCl_3COOH > CH_3COOH$

41. 4 ऐमीन P, Q, R और S नीचे दिए गए हैं

P = मेथेनऐमीन, Q = बेन्जेनऐमीन,

R = N, N-डाइमिथाइलऐनिलीन S = इथेनऐमीन।

उनकी क्षारीय प्रकृति के सही बढ़ते क्रम का चयन करें।

(a) $P < S < Q < R$ (b) $S < P < R < Q$

(c) $Q < R < P < S$ (d) $R < Q < S < P$

42. एक आदर्श गैस के 2 मोल (ग्राम-अणु) $10\ dm^3$ से $100\ dm^3$ तक के आयतन में समतापीय उत्क्रमणीय विस्तार से गुजरते हैं। इस प्रक्रम में सम्मिलित ΔS हैं

(a) $37.8\ J\ mol^{-1}\ K^{-1}$ (b) $35.8\ J\ mol^{-1}\ K^{-1}$

(c) $22.4\ J\ mol^{-1}\ K^{-1}$ (d) $38.3\ J\ mol^{-1}\ K^{-1}$

43. हॉल-हेराल्ट प्रक्रिया द्वारा बॉक्साइट से ऐलुमीनियम धातु के विद्युत अपघटनी निष्कर्षण के दौरान, बॉक्साइड को क्रायोलाइट के साथ मिश्रित किया जाता है।

क्रायोलाइट के संयोजन का कारण बताते हुए 4 कथन दिए गए हैं। वह कथन पहचानिए जो निष्कर्षण प्रक्रिया में क्रायोलाइट की भूमिका का सही वर्णन नहीं करता।

(a) यह विद्युत चालकता को बढ़ाता है

(b) यह ऐलुमिना के गलनाँक को कम करता है

(c) क्रायोलाइट उत्प्रेरक के रूप में कार्य करता है

(d) क्रायोलाइट एक विलायक के रूप में कार्य करता है

44. दिए गए यौगिकों में से ऐलाइलिक हैलाइड की पहचान करें। (X = हलोजन परमाणु)।

(a) C_6H_5-X (b) $C_6H_5-CH_2X$

(c) $CH_2=CHX$ (d) $CH_2=CH-CH_2X$

45. नाइट्रोजन डाइऑक्साइड में नाइट्रोजन की सहसंयोजकता क्या है?

(a) 3 (b) 2 (c) 4 (d) 1

46. कौन-सा उत्पाद निर्मित होता है जब प्रोपेनोइक अम्ल को HI और लाल P के साथ 470 K पर गर्म किया जाता है?

(a) प्रोपेन (b) प्रोपेनोन

(c) प्रॉपेनॉल (d) प्रोपीन

47. 360 K पर 20% H_3PO_4 के साथ तृतीयक ब्यूटील ऐल्कोहॉल को गर्म करने पर प्राप्त होने वाला उत्पाद क्या है?

(a) ब्यूट-1-इन (b) n-ब्यूटेन

(c) 2-मेथिलप्रोपेन (d) 2-मेथिलप्रोपीन

48. कैल्सियम क्लोराइड और सोडियम क्लोराइड के मिश्रण के 5.55 ग्राम को Na_2CO_3 विलयन के साथ उपचारित किया जाता है। मिश्रण में उपस्थित सभी कैल्सियम आयन $CaCO_3$ के रूप में अवक्षेपित होते हैं। सुदृढ़ तापन पर यह $CaCO_3$ 1.12 ग्राम CaO उत्पन्न करता है। लिए गए मिश्रण में सोडियम क्लोराइड की वास्तविक प्रतिशत्ता ज्ञात करें?

(a) 40% (b) 50% (c) 60% (d) 73%

49. Li^{2+} की पहली स्थिरावस्था $(n = 1)$ की ऊर्जा परिकलित कीजिए। He^+ की आयनीकरण ऊर्जा $19.6 \times 10^{-18}\ J\ atom^{-1}$ है

(a) $-4.4 \times 10^{-17}\ J\ atom^{-1}$ (b) $-9.6 \times 10^{-17}\ J\ atom^{-1}$

(c) $-19.6 \times 10^{-18}\ J\ atom^{-1}$ (d) $-4.9 \times 10^{-18}\ J\ atom^{-1}$

50. 47°C पर O_2 1 ग्राम की गतिज ऊर्जा ज्ञात करें।

(a) $2.24 \times 10^3\ J$ (b) $1.24 \times 10^3\ J$

(c) $2.24 \times 10^2\ J$ (d) $1.24 \times 10^2\ J$

51. निम्न अभिक्रियाओं में से एक असमानुपातन अभिक्रिया के लिए एक उदाहरण है। उस अभिक्रिया को पहचानिए।

(a) $4H_3PO_3 \longrightarrow H_3PO_4 + PH_3$

(b) $POCl_3 + 3H_2O \longrightarrow H_3PO_4 + 3HCl$

(c) $PCl_3 + 3H_2O \longrightarrow H_3PO_3 + 3HCl$

(d) $2Ag + PCl_5 \longrightarrow 2AgCl + PCl_3$

52. निम्नलिखित में से उस औषधि को पहचानिए जो प्रभावी रूप से अम्लता नाशक के रूप में उपयोग की जा सकती है।

(a) टरफेनाडाइन (b) रेनीटिडिन

(c) सैल्वरसन (d) सेलडेन

53. उस यौगिक को पहचानिए जो NaOH के साथ अभिक्रिया नहीं करता।

(a) BeO (b) SiO_2 (c) B_2O_3 (d) CaO

54. निम्न में से समइलेक्ट्रॉनी और समस्थानिक युग्म पहचानिए।

(a) $^{40}Ca^{2+}$ और ^{40}Ar (b) $^{39}K^+$ और $^{40}K^+$

(c) $^{57}Fe^{3+}$ और $^{57}Fe^{2+}$ (d) ^{23}Na और $^{24}Na^+$

55. निम्नलिखित में से किस अभिक्रिया में, H_2O_2 एक अपचायक कारक के रूप में कार्य कर रही है?

(a) $PbS + 4H_2O_2 \longrightarrow PbSO_4 + 4H_2O$

(b) $C_6H_6 + H_2O_2 \longrightarrow C_6H_5OH + H_2O$

(c) $Ag_2O + H_2O_2 \longrightarrow 2Ag + H_2O + O_2$

(d) $H_2S + H_2O_2 \longrightarrow 2H_2O + S$

56. निम्नलिखित में से कौन-सा सेट रुडबिडियम ($Z = 37$) के संयोजी इलेक्ट्रॉन का प्रतिनिधित्व करता है?

(a) $\left(5, 0, 0 + \frac{1}{2}\right)$ (b) $\left(5, 1, 0 + \frac{1}{2}\right)$

(c) $\left(5, 1, 1, \frac{1}{2}\right)$ (d) $\left(6, 0, 0, + \frac{1}{2}\right)$

57. निम्नलिखित में से कौन-सा ऐमीन ग्रैबियल के थैलेमाइड संश्लेषण द्वारा तैयार नहीं किया जा सकता है?

(a) 2-फेनिलएथिल ऐमीन (b) ब्यूटालेमाइन

(c) N-मिथाइलफीनायल ऐमीन (d) N-प्रोपाइल ऐमीन

58. निम्न में से कौन-से तत्व की तीसरी आयनन तापीय धारिता (आयनन एन्थैल्पी) सर्वोच्च अपेक्षित है?

(a) मैग्नीशियम (b) बेरीलियम (c) ऐल्यूमिनियम (d) बोरॉन

59. निम्नलिखित में कौन एथेन-1, -डायोल का सर्वाधिक स्थिर अनुरूपक है?

(a) 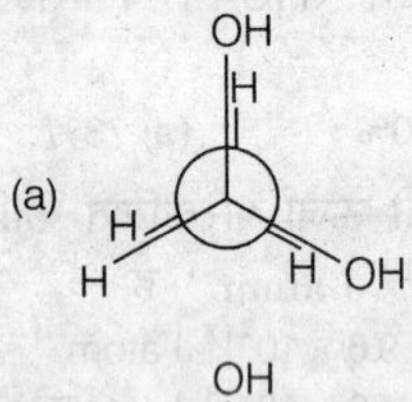

(b)

(c) 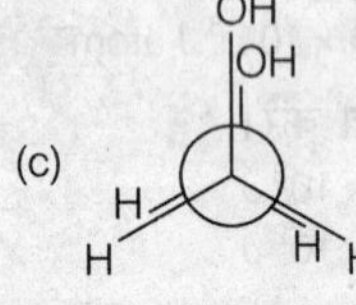

(d)

60. निम्न में से कौन-सा एक विलायक एक ऐसे विलयन के लिए जिसमें अवाष्पशील विलेय की सान्द्रता 1 मोलल है, हिमाँक में अधिकतम अवनमन उत्पन्न करेगा?

विलायकों के K_f मान हैं : ऐसीटिक अम्ल: 3.9 K kg/mol; कार्बन टेट्राक्लोराइड : 31.8 K kg/mol; एथेनॉल : 1.99 K kg/mol; पानी : 1.86 K kg/mol

(a) एथेनॉल (b) कार्बन टेट्राक्लोराइड

(c) पानी (d) ऐसीटिक अम्ल

61. C_4H_9Br के निम्न समावयवों में से कौन-सा एक S_N1 क्रियाविधि द्वारा जल-अपघटन करने पर 2-मेथिलप्रोपेन-2-ओल आसानी से उत्पन्न करेगा?

(a) तृतीय ब्यूटिल ब्रोमाइड (b) आइसो ब्यूटिल ब्रोमाइड

(c) द्वितीयक ब्यूटिल ब्रोमाइड (d) *n*-ब्यूटिल ब्रोमाइड

62. निम्नलिखित अभिक्रियाओं में से कौन ग्लूकोस की संरचना में ऐल्डिहाइडिक समूह की उपस्थिति की पुष्टि नहीं करता है?

(a) ऐसीटिक ऐनहाइड्राइड के साथ अभिक्रिया

(b) हाइड्रोक्सीलेमाइन के साथ अभिक्रिया

(c) फिनाइलहाइड्राजिन के साथ अभिक्रिया

(d) NaCN/HCl/NaCN/HCl के साथ अभिक्रिया

63. निम्न संक्रमण धातु मिश्रण आयनों में से किसके रंगीन होने की उम्मीद है

(a) $[Ti(H_2O)_6]^{4+}$ (b) $[Fe(CN)_6]^{3-}$

(c) $[Sc(H_2O)_6]^{3+}$ (d) $[Zn(NH_3)_4]^{2+}$

64. गैब्रियल के थैलेमाइड संश्लेषण द्वारा उत्पाद के रूप में निम्न में से कौन-सा एक यौगिक प्राप्त होगा?

(a) $RCOOH$ (b) R_3N

(c) $R-NH_2$ (d) $R-NH-R$

65. निम्नलिखित में से प्रजातियों के किस युग्म में समान बन्धन क्रम हैं?

(a) NO, CO (b) N_2, O_2

(c) O_2^{2-}, B_2 (d) O_2^+, NO^+

66. निम्न अम्ल में से कौन-सा उत्पाद के रूप में फीनॉल देगा जब सोडियम लवण को सोडालाइम की उपस्थिति में गर्म किया जाता है?

(a) मैलोनिक अम्ल (b) थैलिक अम्ल

(c) बेन्जोइक अम्ल (d) सैलिसिलिक अम्ल

67. ओजोन गैस के रिक्तिकरण (क्षय) से वायुमण्डल की कौन-सी परत प्रभावित होती है?

(a) समताप मण्डल (b) तापमण्डल

(c) मध्यमण्डल (d) क्षोभमण्डल

68. 0.1 M हाइड्रोक्लोरिक अम्ल के 2 मिलीलीटर को 0.1 M सल्फ्यूरिक अम्ल के 2 मिलीलीटर के साथ मिलाया जाता है। उपर्युक्त मिश्रण में 2 मिलीलीटर NaCl विलयन को डालने पर, मात्रा 6 मिलीलीटर तक हो जाती है। परिणामी मिश्रण के pH की गणना करें।

(a) 14 (b) 0 (c) 1 (d) 7

69. 1, 3, 5, 7-ऑक्टाटेट्राइन में कितने आबन्ध हैं?

(a) 16σ एवं 5π (b) 15σ एवं 4π

(c) 17σ एवं 4π (d) 14σ एवं 3π

70. निम्नलिखित में से गलत कथन चुनें।

(a) प्रोटीन के दूसरे और तीसरे संरचना के अभाव से प्रोटीन का विकृतीकरण होता है

(b) प्रोटीन की तृतीयक संरचना इसकी पूर्ण त्रि-आयामी संरचना को सन्दर्भित करता है

(c) ऐन्टीबायोटिक्स वे प्रोटीन होते हैं, जो शरीर का बाहरी जीवों के आक्रमण के विरुद्ध बचाव करते हैं

(d) β-केरेटिन मौजूद पन्जे और आवरण वाले सरीसृपों के प्रतिसमानतर β-चुन्नटदार परत की बनावट होती है

71. निम्नलिखित में से कौन-सा ऐमीनो अम्ल आवश्यक है?

(a) ग्लाइसिन (b) प्रोलीन

(c) आइसोल्यूसिन (d) सेरीन

72. निम्नलिखित में से कौन डीहाइड्रोहलोजन के दौरान अधिक स्थिर ऐल्केन देगा?

(a) $CH_3CHClCH_2CH_2CH_3$ (b) $CH_3CHClCH_2CH_3$

(c) $(CH_3)_2CHCH(Cl)CH_3$ (d) $(CH_3)_2CHCH_2CH_2Cl$

73. .... वाले विभिन्न उत्पाद प्रदान करने के लिए मेथिल और ऐथिल हैलाइड S_N2 क्रियाविधि से होकर गुजर सकते हैं।

(a) NH_3 (b) $AgNO_2$

(c) 5ONa (d) Mg/ईथर

74. N/5 HCl के 60 mL और N/5 NaOH के 40 mL को मिश्रित करके एक विलयन तैयार किया जाता है। अम्ल और क्षार के पूर्ण आयनीकरण को मानते हुए, परिणामी विलयन के पीएच की गणना करें।

(a) 1.4 (b) 2.2 (c) 3 (d) 1

75. न्यूक्लियोफिलक संयोजन के प्रति अभिक्रियाशीलता का बढ़ता क्रम है
(a) ऐसीटोफीनॉन < *पैरा*-टालुल्डिहाइड < बेन्जल्डिहाइड < *पैरा*-नाइट्रो बेन्जल्डिहाइड
(b) ऐसीटोफीनॉन > *पैरा*-टालुल्डिहाइड > बेन्जल्डिहाइड < *पैरा*-नाइट्रो बेन्जल्डिहाइड
(c) *पैरा*-टालुल्डिहाइड < बेन्जल्डिहाइड < ऐसीटोफीनॉन < *पैरा*-नाइट्रो बेन्जल्डिहाइड
(d) ऐसीटोफीनॉन < बेन्जल्डिहाइड < *पैरा*-टालुल्डिहाइड > *पैरा*-नाइट्रो बेन्जल्डिहाइड

76. साइक्लेहेक्सानॉल, साइक्लोहेक्सेन का निर्माण करने के लिए निर्जलीकरण से होकर गुजरता है। इस निर्जलीकरण का उत्पाद 75% है। उत्पाद की गणना करें जब साइक्लोहेक्सोनॉल का 100 ग्राम निर्जलीकृत होता है।
(a) 38.34 g (b) 61.5 g
(c) 25 g (d) 75.00 g

77. जब बेन्जीन को सल्फ्यूरिक ऐसिड की उपस्थिति में आइसोब्यूटेन के साथ उपचारित किया जाता है, तो निर्मित उत्पाद होता है
(a) *n*-ब्यूटाइल बेन्जीन (b) *tert*-ब्यूटाइल बेन्जीन
(c) आइसोब्यूटाइल बेन्जीन (d) टॉलूईन

78. मूल चरित्र के बढ़ते क्रम का सही प्रतिनिधित्व करने वाला सेट है
(a) $K_2O < Na_2O < Al_2O_3 < MgO$
(b) $MgO < Al_2O_3 < K_2O < Na_2O$
(c) $Na_2O < K_2O < MgO < Al_2O_3$
(d) $Al_2O_3 < MgO < Na_2O < K_2O$

79. NH_4Cl के 0.10 M विलयन का पीएच है
[पृथक्करण स्थिराँक, $K_b(NH_3) = 1.6 \times 10^{-5}$]
(a) 7.36 (b) 5.01 (c) 1.65 (d) 1.98

80. निम्नलिखित में से कौन ऐमाइन की मूल क्षमता के बढ़ते क्रम का सही प्रतिनिधित्व करता है?
(a) *p*-नाइट्रोऐनीलिन < ऐनीलिन < 4-मिथाइलेनिलिन < बेन्जाइलेमाइन
(b) *p*-नाइट्रोऐनीलिन < 4-मिथाइलेनिलिन < ऐनीलिन < बेन्जाइलेमाइन
(c) बेन्जाइलेमाइन < ऐनीलिन < 4-मिथाइलेनिलिन < p-नाइट्रोएनिलिन
(d) बेन्जाइलेमाइन < 4-मिथाइलेनिलिन < ऐनीलिन < p-नाइट्रोऐनीलिन

81. निम्नलिखित में से कौन-सा यौगिक परॉक्साइड की अनुपस्थिति अथवा उपस्थिति में HBr के साथ अभिक्रिया करने पर समान उत्पाद देगा?
(a) 1-ब्यूटेन (b) 2-मिथाइल प्रोपेन
(c) प्रोपेन (d) 2-ब्यूटेन

82. निम्नलिखित में से कौन-सी कृत्रिम मधुरक रासायनिक नाम *ऑर्थो*-सल्फोबेन्जाइमाइड द्वारा जानी जाती है?
(a) सैकरीन (b) ऐस्पार्टेम (c) सुक्रालोस (d) ऐलीटेम

83. पॉलिमर PHBV का कौन-सा घटक/बन्धन इसे औषधि सहित एक लचीला कैप्सूल बनाने के लिए उपयुक्त बनाता है?
(a) 3-हाइड्रोक्सीपेन्टानोइक अम्ल
(b) 3-हाइड्रोक्सीबूटानोइक अम्ल
(c) प्रतिस्थापी ऐल्काइल मौलिक
(d) 2 एकलकों के बीच एस्टर सहलग्नता

84. एक क्रिस्टल उत्प्रेरक के रूप में कार्य करता है। इसे प्राकृतिक रूप से और साथ-ही-साथ कृत्रिम रूप से भी प्राप्त किया जा सकता है। यह सिलिकेट का एक 3D नेटवर्क है, जिसमें कुछ सिलिकॉन परमाणु ऐल्युमीनियम द्वारा प्रतिस्थापित किए जा सकते हैं। वह जालक है
(a) फिटकरी (b) सिलिकॉन
(c) काँच (d) जिओलाइट

85. ऐल्काइल हैलाइड्स की न्यूक्लियोफिलिक प्रतिस्थापन अभिक्रिया में से, निम्नलिखित में से कौन-सा न्यूक्लियोफाइल एक अस्पष्ट न्यूक्लियोफाइल के रूप में कार्य कर सकता है?
(a) SCN^- (b) RO^- (c) CN^- (d) NO_2^-

86. अण्टार्कटिका में, ओजोन परत के ह्रास के लिए उत्तरदायी रासायनिक अर्धांश (मोआईटी) है
(a) SO_2 और SO_3 (b) पेरॉक्सीऐसीटिल नाइट्रेट
(c) क्लोरिन नाइट्रेट (d) एक्रोलिन

87. निम्नलिखित में से गलत कथन को चुनें।
(a) प्राकृतिक रबड़ आइसोप्रीन का एक 1, 4-बहुलक है
(b) कैप्रोलैक्टम नायलॉन-6 का एकलक है
(c) बुना-S 1, 3-ब्यूटाडाइन और एक्रिलोनाइट्राइल का एक समबहुलक है
(d) फीनॉल-फॉर्मेल्डिहाइड राल बैकेलाइट के रूप में जाना जाता है

88. नैफ्थेलीन ($C_{10}H_8$) गेंदों को सामान्य तापमान पर (27°C) एक बन्द बर्तन में रखा गया। गेदों के ऊपर वाष्प दाब 0.10 mm Hg पाया गया। Kc (ऊर्ध्वपातन) का मान ज्ञात करें।
(a) 5.36×10^{-6} (b) 6.02×10^{-23}
(c) 7.45×10^{-8} (d) 1.32×10^{-4}

89. फॉस्फोरस के द्विक्षारीय अम्ल A पर ऊष्मा की क्रिया, फॉस्फोरस B का अज्वलनशील हाइड्राइड देती है, जो हवा के सम्पर्क में आने पर ज्वलनशील बन जाता है। A और B हैं
(a) H_3PO_3 और PH_4 (b) H_3PO_3 और PH_3
(c) H_3PO_4 और PH_3 (d) PH_3/H_3PO_3 और PH_3

90. संरचना की जाँच करें और प्रबल क्षार की पहचान करें। प्रबल क्षार ..... है, क्योंकि

A B

(a) NO_2 समूह छल्ले (रिंग) को निष्क्रिय करता है
(b) CH_3 समूह के कारण स्टेरिक अवरोध
(c) NO_2 समूह प्रभावी रूप से NH_2 की इलेक्ट्रॉन जोड़ी को अस्थानीकृत नहीं करता है
(d) CH_3 समूह के कारण अनुनाद का स्टेरिक अवरोध

91. एक इलेक्ट्रॉन एक हाइड्रोजन परमाणु में ∞ से स्थिरावस्था 1 में गिरता है। उत्सर्जित इलेक्ट्रॉन का तरंगदैर्ध्य होगा $[R = 1.097 \times 10^7 \text{ m}^{-1}]$
(a) 1.0×10^8 m (b) 9.1×10^{-8} nm
(c) 91 nm (d) 1.097×10^{-7} m

92. निम्नलिखित कार्बोधनाय की स्थिरता का बढ़ता क्रम निम्न है

1. $H_3C-\overset{+}{C}H-CH_3$
2. $(CH_3)_3\overset{+}{C}$
3. $H_3C-CH_2-\overset{+}{C}H_2$
4. $(CH_3)_3C\overset{+}{C}H_2$

(a) $3<2<4<1$ (b) $4<2<1<3$
(c) $4<3<1<2$ (d) $1<2<3<4$

93. निम्नलिखित यौगिकों के लिए इलेक्ट्रोफिलिक प्रतिस्थापन की दिशा में अभिक्रियाशीलता कम करने का क्रम है

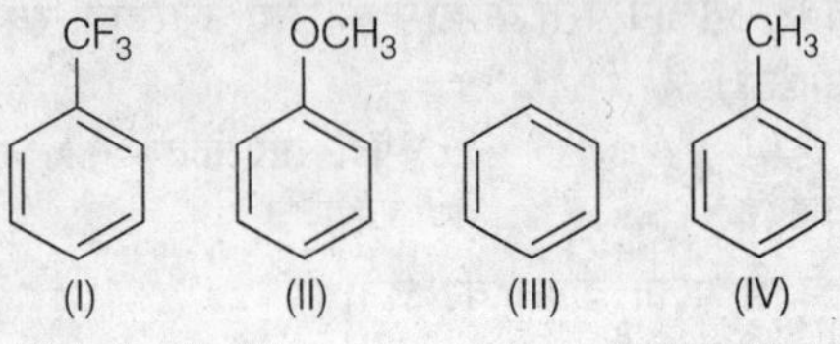

(a) I > II > III > IV (b) III > IV > I > II
(c) II > IV > III > I (d) II > I > III > IV

94. यदि XY का 33% p के कुल दाब पर विघटन है, तो p और K_p के बीच सही सम्बन्ध है

(a) $p = 2K_p$ (b) $p = 8K_p$
(c) $p = 4K_p$ (d) $p = K_p$

95. दी गई अभिक्रिया के प्रमुख उत्पाद को पहचानें।

$$C_6H_6 + (CH_3)_2CHCH_2OH \xrightarrow{H_2SO_4}$$

(a) $H_3C-CH(CH_3)-CH_2-C_6H_5$ (b) $H_5C_6-C(CH_3)_2-CH_3$
(c) $H_5C_6-C(CH_3)=CH_2$ (d) $H_3C-C(CH_3)=CH_2$

96. $N_2 + O_2 \leftrightarrow 2NO$ .... K_1

$2NO + O_2 \leftrightarrow 2NO_2$ ...... K_2

$NO_2 \leftrightarrow \frac{1}{2} N_2 + O_2$ .... K_3

K_1 एवं K_2 के पदों में K_3 का मान होगा

(a) $\left[\frac{1}{K_1} \times K_2\right]^{\frac{1}{4}}$ (b) $\left[\frac{1}{K_1} \times K_2\right]^{\frac{1}{2}}$
(c) $\left[K_1 \times \frac{1}{K_2}\right]^{\frac{1}{2}}$ (d) $[K_1 \times K_2]^{\frac{1}{2}}$

97. 298 K पर धातु आयन/धातु के मानक इलेक्ट्रोड विभव दिखाए गए हैं

M^{n+}/M	W^{n+}/W	X^{n+}/X	Y^{n+}/Y	Z^{n+}/Z
E^0V	+ 1.81	– 2.93	– 1.66	+ 0.8

उनकी अपचायक शक्ति के सही घटते क्रम को पहचानिए।

(a) X > Y > Z > W (b) Z > W > Y > X
(c) W > Z > Y > X (d) W > Z > X > Y

98. यदि आगे की अभिक्रिया की सक्रियण ऊर्जा 15 किलो कैलोरी/मोल है और अभिक्रिया की ऊष्मा 5 किलो कैलोरी/मोल है, तो पश्चवर्ती अभिक्रिया की सक्रियण ऊर्जा है

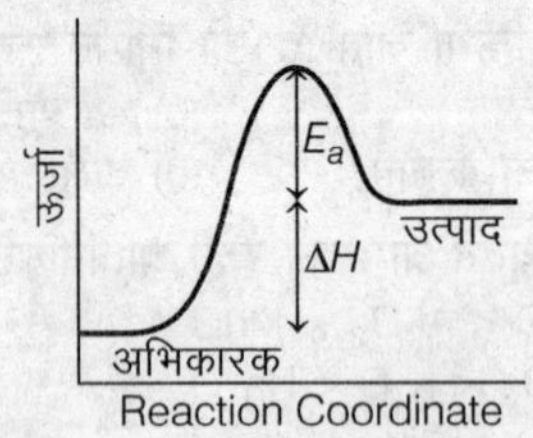

(a) 20 (b) 5
(c) 0 (d) 10

99. $H_2(g) + O_2(g) \longrightarrow H_2O_2(g)$ अभिक्रिया के लिए, मानक तापीय धारिता निम्न kJ/mol में परिवर्तित होता है [H—H, O = O, O—H और O—O की बन्धन तापीय धारिता क्रमशः 438 kJ/mol, 498 kJ/mol, 464 kJ/mol और 138 kJ/mol है]

(a) – 130 (b) + 334
(c) + 130 (d) – 334

100. अम्लीय माध्यम में MnO_4^- के Mn^{2-} में लघुकृत होने की प्रक्रिया में शामिल इलेक्ट्रॉनों की संख्या होती है

(a) 2 (b) 5
(c) 3 (d) 1

उत्तरमाला

1. (d)	2. (a)	3. (a)	4. (a)	5. (c)	6. (b)	7. (a)	8. (a)	9. (b)	10. (c)
11. (a)	12. (d)	13. (c)	14. (c)	15. (a)	16. (d)	17. (c)	18. (a)	19. (c)	20. (c)
21. (d)	22. (a)	23. (c)	24. (b)	25. (d)	26. (b)	27. (b)	28. (a)	29. (b)	30. (b)
31. (a)	32. (b)	33. (a)	34. (a)	35. (d)	36. (c)	37. (c)	38. (a)	39. (b)	40. (d)
41. (c)	42. (d)	43. (c)	44. (d)	45. (c)	46. (a)	47. (d)	48. (c)	49. (a)	50. (d)
51. (a)	52. (b)	53. (d)	54. (b)	55. (c)	56. (a)	57. (c)	58. (b)	59. (d)	60. (b)
61. (a)	62. (a)	63. (b)	64. (c)	65. (c)	66. (d)	67. (a)	68. (c)	69. (c)	70. (d)
71. (c)	72. (c)	73. (b)	74. (a)	75. (a)	76. (b)	77. (b)	78. (d)	79. (b)	80. (a)
81. (d)	82. (a)	83. (a)	84. (d)	85. (b)	86. (c)	87. (c)	88. (a)	89. (b)	90. (c)
91. (c)	92. (b)	93. (c)	94. (b)	95. (b)	96. (b)	97. (a)	98. (d)	99. (a)	100 (b)

उत्तर व्याख्या सहित

1. (d) उच्च दाब पर, गैसीय अमोनिया का तृप्त प्लैटिनम सतह पर वियोजन, शून्य कोटि की अभिक्रिया है।

$$2NH_3(g) \xrightarrow[Pt]{1130\,K} N_2(g) + 3H_2(g)$$

वेग = $K[NH_3]^0 = K$

∵ शून्य कोटि अभिक्रिया के लिए विशिष्ट दर

$$K = \frac{\text{सान्द्रता}}{\text{समय}} \times \frac{1}{(\text{सान्द्रता})^n}$$

$$= \frac{mol\ L^{-1}}{5} \times \frac{1}{(mol\ L^{-1})} = mol\ L^{-1}s^{-1}$$

2. (a) अम्लीय माध्यम में

$$\underset{+6}{K_2Cr_2O_7} \longrightarrow \underset{+3}{Cr_2(SO_4)_3}$$

∵ एक Cr आयन की ऑक्सीकरण अवस्था में परिवर्तन = 6 − 3 = 3

∴ दो Cr आयनों की आक्सीकरण अवस्था में परिवर्तन = 2 × 3 = 6

अतः $K_2Cr_2O_7$ का समतुल्य भार

$$= \frac{K_2Cr_2O_7 \text{ का मोलर द्रव्यमान}}{Cr \text{ की ऑक्सीकरण अवस्था में परिवर्तन}}$$

$$= \frac{294}{6} = 49$$

3. (a) पॉलीएस्टर वर्ग का मुख्य उदाहरण डेक्रोन है। इनका उपयोग कृत्रिम रेशे बनाने में किया जाता है।

4. (a) आयोडीन आसानी से I_3^- बना सकता है, जबकि फ्लोरीन के संयोजी कक्ष में रिक्त d–कक्षक उपलब्ध होने के कारण यह F_3^- नहीं बना सकता है।

5. (c) $pOH = -\log[OH^-] = \log 0.1 = 1$

$pH = 14 - pOH = 14 - 1 = 13$

∵ अतः N / 10 NaOH का pH मान 13 है।

6. (b) द्वितीयक ऐल्कोहॉल (A) का 573K ताप पर कॉपर के साथ विहाइड्रोजनीकरण से ऐसीटोन (B) बनता है।

ऐसीटोन की अभिक्रिया क्षार की उपस्थिति में हैलोजन (I_2) से कराने पर हैलोफॉर्म बनता है।

$$\underset{\text{(A) 2° ऐल्कोहॉल}}{CH_3-\underset{OH}{\underset{|}{CH}}-CH_3} \xrightarrow[573K]{Cu} \underset{\text{(B) ऐसीटोन}}{CH_3-\underset{O}{\underset{\|}{C}}-CH_3} \xrightarrow{I_2\ |\ Na_2CO_3(aq)} \underset{\text{(C) आयडोफॉर्म}}{CHI_3 + CH_3CO\bar{O}Na^+}$$

(A) $\xrightarrow{443K,\ \text{सान्द्र } H_2SO_4}$ $\underset{\text{(D) प्रोपीन}}{CH_3-CH=CH_2}$

7. (a) ClO_3 अणु में केन्द्रिय परमाणु Cl होता है जो तीन ऑक्सीजन तथा एक एकाकी युग्म द्वारा जुडा होता है। क्लोरीन में 7 संयोजी इलेक्ट्रॉन तथा एक ऋणावेश की उपस्थिति के कारण sp^3–संकरण होता है।

$$\left[\begin{array}{c} :\ddot{O}^{\ominus} \\ | \\ \ddot{Cl} \\ :\ddot{O}\diagup\ \ \diagdown\ddot{O}: \end{array}\right]^{-1}$$

8. (a) गेलियम ऑक्साइड (Ga_2O_3) अम्लीय तथा क्षारीय दोनों अवयवों से क्रिया करता है, अतः यह एक एम्फोटेरिक ऑक्साइड है। उदाहरण—

$$Ga_2O_3 + 6H_3O^+ + 3H_2O \longrightarrow 2[Ga(H_2O)_6]^{3+}$$

$$Ga_2O_3 + 2O^-H + 3H_2O \longrightarrow 2[Ga(OH)_4]^-$$

9. (b) $[Fe(F)_6]^{3-}$ संकुल में F एक दुर्बल क्षेत्र लिगेण्ड है। जिसमें क्रिस्टल क्षेत्र विपाटन (Δ_o) का मान युग्मन ऊर्जा (P) से कम होती हैं अतः ऐसे लिगेण्ड के लिए $\Delta_o < P$ होता है।, जो दुर्बल क्षेत्र लिगेण्ड तथा उच्च चक्रण संकुल बनाते हैं।

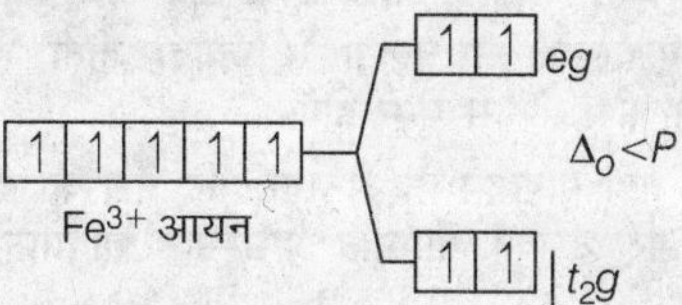

10. (c) हाइड्रोजन इलेक्ट्रॉड के लिए

$2H^+(aq) + 2e^- \longrightarrow H_2(g)\ E^o = 0$

pH = 3

$[H_3O^+] = 10^-pH = 10^{-3}M$

$$E_{cell} = E^o - \frac{0.059}{m}\log\frac{pH_2}{[H^+]^2}$$

$$E_{cell} = 0 - \frac{0.059}{2}\log\frac{1}{(10^{-3})^2}$$

$$E_{cell} = \frac{-0.059}{2}\log[10^6]$$

$$E_{cell} = 0 - \frac{0.059}{2} \times 6 = -0.177 \text{ वोल्ट}$$

11. (a) ग्लूकोस को हाइड्रोजन आयोडाइड के साथ गर्म करने पर यह n–हेक्सेन तथा 2–आयोडोहेक्सेन का मिश्रण देता है जो यह प्रदर्शित करता है कि ग्लूकोस में सभी छः कार्बन परमाणु एक सीधी शृंखला से जुड़े हैं।

$$\begin{array}{c} CHO \\ | \\ (CHOH)_4 \\ | \\ CH_2OH \end{array} \xrightarrow[\text{अपचयन}]{HI/P} \underset{n\text{-हेक्सेन}}{\begin{array}{c} CH_3 \\ | \\ (CH_2)_4 \\ | \\ CH_3 \end{array}} + \underset{\text{2-आयोडो हेक्सेन}}{\begin{array}{c} CH_3 \\ | \\ CH-I \\ | \\ (CH_2)_3 \\ | \\ CH_3 \end{array}}$$

12. (d) नाइट्राइल का आंशिक अम्लीय माध्यम में जल अपघटन करने पर अम्ल ऐमाइड यौगिक बनता है। पूर्ण जल-अपघटन पर ऐमाइडो से अम्लीय माध्यम में कार्बोक्सिलिक अम्ल प्राप्त होता है।

$$\underset{\text{ऐथेन नाइट्राइल}}{CH_3CN} \xrightarrow{H_2O,\ H^+} \underset{\text{अम्ल ऐमाइड}}{CH_3-\underset{O}{\underset{\|}{C}}-NH_2} \xrightarrow{H_2O,\ H^+} \underset{\text{ऐसीटिक अम्ल}}{CH_3-\overset{O}{\overset{\|}{C}}-OH} + NH_3$$

13. (c) मोनोसैकेराइड में हैमीऐसीटेल या हैमीकीटेल बनने के कारण चक्रीय संरचनाएँ बनती है तथा जिससे कार्बोनिल कार्बन परमाणु असममित हो जाता है तथा बनने वाला प्रकाशिक समावयवीय ऐनोमर कहलाता है। ये ऐनोमर डाइस्टीरियोमर भी होते हैं।

14. (c) CO_2 अणु की आकृति रेखीय होती है क्योंकि दोनों C—O आबन्धों का द्विध्रुव आघूर्ण एक दूसरे को निरस्त कर देता है। अतः यह अध्रुवीय प्रकृति प्रदर्शित करता है।

$$\overset{\leftarrow}{O=}\overset{\mapsto}{C=}O$$

$\mu = 0$

अध्रुवीय CO_2 अणु

15. (a) यदि तंत्र में ऊष्मा प्रविष्ट न हो तथा ऊष्मा का बर्हिगमन भी न हो तो, उसे रुद्धोष्म प्रक्रम (Adiabatic process) कहते हैं।

अतः इसमें $q = 0, W = 0$ तथा $\Delta T = 0$ होता है।

16. (d) दिया गया है, वस्तु का घनत्व = $5.6\ gm/cm^2$

$\because$ 1 ग्राम = 1×10^{-3} किग्रा

1 ग्राम = 1×10^{2} m

$\therefore$ घनत्व $= \dfrac{5.6\times10^{-3}kg}{(10^{-2})^2 m^3} = 5.6\times10^3\ kg/m^3 = 5600\ kg/m^3$

17. (c) क्षारीय मृदा धातुओं की जलयोजन एन्थैल्पी क्षार धातुओं की जलयोजन एन्थैल्पी की तुलना में ज्यादा होती है। अत: Na^+ की जलयोजन ऊर्जा Ca^{2+} से कम होगी।

18. (a) केल्विन ताप मापक्रम के अनुसार यदि गैस का दाब और आयतन दो गुना करने पर उसका तापमान प्रारम्भिक तापमान का चार गुना हो जाता है।

$\because \quad pV = nRT$

19. (c) मुख्य क्वाण्टम संख्या (n) से कक्षक के आकार तथा ऊर्जा के बारे में पता चलता है तथा द्विगंशी क्वाण्टम संख्या (l) कक्षक के त्रिविमीय आकार को प्रदर्शित करता है।

20. (c) नाइट्रोजन +1 से +5 ऑक्सीकरण अवस्था वाले ऑक्साइड बनाने में सक्षम है। इसका कारण यह है कि नाइट्रोजन की ऑक्सीजन के साथ $p\pi - p\pi$ बहुबन्ध बनाने की प्रबल प्रवृत्ति पायी जाती है।

21. (d) मेथिल विनाइल ईथर की अभिक्रिया HBr के साथ कमरे के तापमान पर नमी की अनुपस्थिति में कराने पर हाइड्रोजन परमाणु हैलोजन परमाणु से प्रतिस्थापित हो जाते हैं।

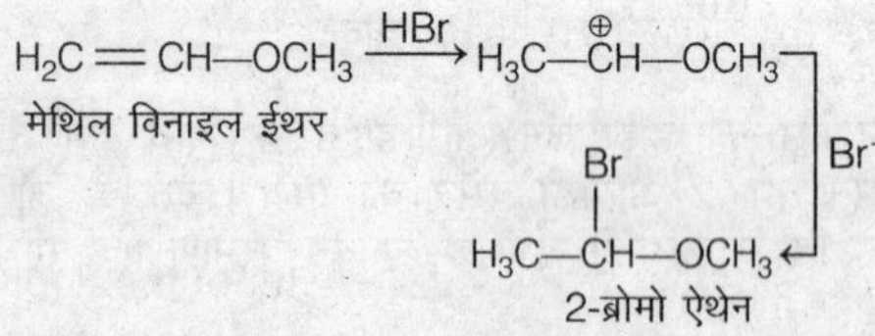

$$H_2C{=}CH{-}OCH_3 \xrightarrow{HBr} H_3C{-}\overset{\oplus}{C}H{-}OCH_3 \xrightarrow{Br^-} H_3C{-}\underset{}{\overset{Br}{\overset{|}{C}}}H{-}OCH_3$$

मेथिल विनाइल ईथर → 2-ब्रोमो ऐथेन

22. (a) सुक्रोस ($C_{12}H_{22}O_{11}$) एक डाइसैकेराइड है। जिसमें α-ग्लूकोस का ऐल्डिहाइड कार्बन तथा β-फ्रक्टोस का कीटोनिक कार्बन ग्लाइकोसिडिक बन्ध द्वारा जुड़े रहते हैं।

23. (c) मादक दर्दनाशक दवा का उपयोग तीव्रता व असहनीय दर्द होने पर किया जाता है, जो निद्रा व अचेतना उत्पन्न करती है। उदाहरण—मॉर्फीन, कोडीन, हैरोइन आदि। अत: कथन (c) गलत है।

24. (b) सोडियम 4 – (1, 3, 5, 7 टेट्रामेथिल ऑक्टिल) बेन्जीन सल्फोनेट एक गैर जैव विघटनीय डिटर्जेण्ट है जिसे नेकॉलोन या सैण्डामर्स भी कहते हैं। ये डिटर्जेण्ट लम्बी हाइड्रोकार्बन श्रृंखला युक्त सल्फ्यूरिक अम्ल या सल्फोनिक अम्ल के सोडियम लवण होते हैं।

25. (d) ऑफ्लोक्सासिन एक प्रतिजैविक (Antibiotic) दवा है। जिसका उपयोग मनुष्य व अल्प जीवों के शरीर में संक्रमक रोग उत्पन्न करने वाले सूक्ष्मजीवों की वृद्धि को रोकने में किया जाता है।

26. (b) ब्यूना-S संश्लेषित रबर का उदाहरण है जिसे स्टाइरिन तथा 1, 3 ब्यूटाडाइन एकलकों के सहबहुलीकरण से बनाया जाता है।

27. (b) $NaHSO_3$ सोडियम बाइसल्फाइट का उपयोग ऐसीटोन तथा ऐसीटोफीनॉन को विभेदित करने में किया जाता है।

ऐसीटोफीनॉन सोडियम बाइसल्फाइट से अभिक्रिया नहीं करता है वहीं ऐसीटोन इसके साथ क्रिया कर ठोस पदार्थ बनाता है जिसे निक्षेपित किया जा सकता है।

28. (a) DNA में थाइमीन, एडेनीन, ग्वानिन तथा साइटोसिन मुख्यत: प्यूरिन्स तथा पिरिमिडीन एकल इकाइयाँ होती है, जो पांच सदस्य वाली वलय के साथ सघनित होती है।

29. (b) अण्टार्कटिका क्षेत्र में सर्दी के मौसम में 'ध्रुवीय समताप-मण्डलीय बादल' बनते हैं। ये बादल एक प्रकार की सतह प्रदान करते हैं, जिस पर बना हुआ क्लोरीन नाइट्रेट जलयोजित होकर हाइपोक्लोरस अम्ल बनाता है। यह क्लोरीन मूलक ओजोन परत का क्षय कर देता है।

$$ClO + NO_2(g) \longrightarrow ClONO_2(g)$$
$$ClONO_2(g) + H_2O(g) \longrightarrow HOCl(g) + HNO_3(g)$$

30. (b) X_2O_3 का आण्विक भार $= 2x + 16\times3 = 2x + 48$

$\because X$ का % भार $= \dfrac{2x}{2x+48}\times100 = 53$

$\therefore x = 27.06 = 27$

31. (a) तरंगदैर्ध्य $\lambda = \dfrac{h}{mv}$

दिया गया है, $\lambda = 36V$

अत: $36V = \dfrac{h}{mv} \Rightarrow V^2 = \dfrac{h}{36}V \Rightarrow \lambda = 36V \Rightarrow \lambda = 6\sqrt{\dfrac{h}{m}}$

32. (b) CH_3COOH साम्यावस्था में दुर्बल अम्ल होता है तथा इसका संयुग्मी CH_3COO^- दुर्बल क्षार होता है।

33. (a) सुक्रोस का जल-अपघटन तनु HCl द्वारा कराने पर यह D(+) ग्लूकोस तथा D(–) फ्रक्टोस का समअणुक (सममोलर) मिश्रण देता है।

$$\underset{\text{सुक्रोस}}{C_{12}H_{22}O_{11}} + H_2O \xrightarrow{\text{तनु अम्ल}} \underset{\text{D(+) ग्लूकोस}}{C_6H_{12}O_6} + \underset{\text{D(–) फ्रक्टोस}}{C_6H_{12}O_6}$$

34. (a) क्रांतिक ताप $T_C = \dfrac{8a}{27Rb}$

$$\frac{8\times0.751\ L^2 atm\ mol^{-2}}{27\times0.0821\ L\ atm\ K^{-1}mol^{-1}\times0.0226\ L\ mol^{-1}} = 120K$$

35. (d) $CrBr_3\cdot4H_2O$ के आयतन समावयवी $AgNO_3$ के साथ AgBr का हल्के पीले रंग का अवक्षेप देता है तथा जलीय विलयन में $[CrBr_2(H_2O)_4]Br$ यौगिक देता है।

36. (c) (i) SF_2 (S पर दो एकाकी युग्म, दो F) V–आकृति

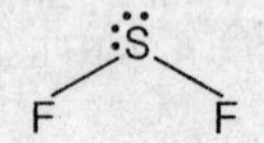

संकरण = आबन्धी युग्मों + एकाकी युग्मों की संख्या

$= 2 + 2 = 4$

$\because$ संकरण $= sp^3$

(ii) SF_4 (S पर एक एकाकी युग्म, चार F) विकृत चतुष्फलकीय

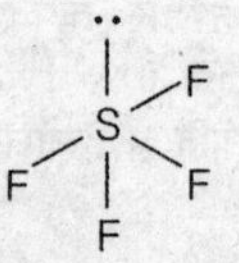

संकरण $= 4 + 1 = 5 \Rightarrow sp^3d$

(iii) SF_6 (S के चारों ओर छ: F) अष्टफलकीय ज्यामिति

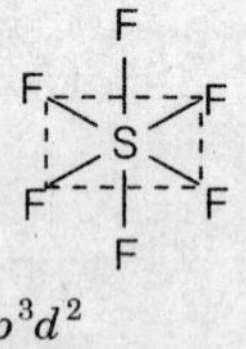

संकरण $= 6 \Rightarrow sp^3d^2$

37. (c) (साइक्लोपेन्टाडाइनिल ऋणायन, H तथा एकाकी युग्म सहित) यौगिक में 6π-इलेक्ट्रॉन उपस्थित होते हैं जो हकल के $(4n+2)$ π-इलेक्ट्रॉन के नियम को पूर्ण करता है तथा ऐरोमेटिकता प्रदर्शित करता है।

38. (a) तृतीय कोटि की अभिक्रिया के लिए

$$r = k[A]^3,\ r_1 = k[A]^3[2^2]$$

$$\frac{r_1}{r} = \frac{k[A]^3}{k[A]^3} = 2^3 \Rightarrow \frac{r_1}{r} = 8$$

$$r_1 = 8r$$

अत: तृतीय कोटि की अभिक्रिया में अभिकारक की प्रारम्भिक सान्द्रता दोगुनी करने पर अभिक्रिया की दर (r_1) 8 गुनी हो जाती है।

39. (b) प्रथम कोटि अभिक्रिया के लिए

$$k = \frac{0.693}{t_{1/2}} = \frac{0.693}{60} = 11.55 \times 10^{-3}\ \text{min}^{-1}$$

$\because$ अभिक्रिया के लिए $t = \frac{2.303}{k} \log \frac{9}{(a-x)}$

दिया गया है, $a = 100, x = 75$

$$(a-x) = (100-75) = 25$$

$$\therefore t = \frac{2.303}{11.5 \times 10^{-3}} \times \log 4 = \frac{2.303}{11.5 \times 10^{-3}} \times 0.6020 = 120\ \text{min}$$

40. (d) जब कार्बोक्सिलिक अम्ल के α-कार्बन पर इलेक्ट्रॉन आकर्षी समूह ($F > Cl > Br > I$)) उपस्थित हो तो ऐसे समूह की उपस्थिति कार्बोक्सिलीक अम्ल की अम्लता बढ़ाते हैं। जिससे इनकी वॉन्ट-टॉफ कारक (i) तथा हिमांक में भी बढ़ता है। अत: ट्राइक्लोरो ऐसीटेट में अधिक इलेक्ट्रॉन आकर्षण की प्रवृति के कारण इसमें हिमांक में अवनमन अधिक होगा। अत:

$$CF_3COOH > CCl_3COOH > CH_3COOH$$

41. (c) ऐलिफैटिक ऐमीन की क्षारकता इनमें उपस्थित ऐल्किल समूह की संख्या बढ़ने के साथ बढ़ती है। अत: मेथेन ऐमीन > एथेन ऐमीन होगा। जबकि ऐरोमैटिक ऐमीन कम क्षारीय होते हैं क्योंकि इनकी अनुनादी संरचनाएँ यह प्रदर्शित करती है ऐनीलीन में नाइट्रोजन परमाणु की इलेक्ट्रॉन युग्म दान करने की प्रवृति कम होती है। अत:

$C_6H_5CH_2NH_2$ (Q) बेन्जोऐमीन < $C_6H_5N(CH_3)_2$ (R) N, N- डाइमेथिल ऐनीलीन

< $CH_3—NH_2$ (P) मेथेन ऐमीन < $CH_3—CH_2—NH_2$ (S) एथेन ऐमीन

42. (d) ऐन्ट्रॉपी में परिवर्तन $\Delta S = mRln\frac{V_2}{V_1}$

$$= 2.303 \times 2 \times 8.314 \log\left(\frac{100}{10}\right)$$

$$= 38.3\ \text{J mol}^{-1}\text{K}^{-1}$$

43. (c) बॉक्साइट (Al_2O_3) के वैद्युत-अपघटन से ऐलुमिनियम धातु निष्कर्षण हॉल-हेराल्ट प्रक्रम द्वारा किया जाता है। जिसमें धातुकर्म में वैद्युत अपघटन के रूप में संगलित ऐलुमिना (Al_2O_3) में क्रयोलाइट (Na_3AlF_6) एवं फ्लुओरस्पार (CaF_2) मिलाये जाते हैं इसमें चालकता में पर्याप्त वृद्धि हो जाती है। जिससे ऐलुमिना भी सुचालक हो जाता है।

44. (d) ऐलाइलिक हैलाइडो में हैलोजन sp^3 संकरित कार्बन से जुडा रहता है, जो सीधा किसी द्विबन्ध के कार्बन से जुड़ा हो। अत: यौगिक $CH_2 = CH—CH_2X$ एक ऐलाइलिक हैलाइड है।

45. (c) डाइनाइट्रोजन (NO_2) में नाइट्रोजन की सहसंयोजकता

$$x + 2 \times (-2) = 0$$
$$x - 4 = 0$$
$$x = +4$$

46. (a) प्रोपेनोइक अम्ल की लाल फास्फोरस तथा HI के साथ 433K ताप व उच्च दाब पर अभिक्रिया करवाने पर इनका प्रोपेन में अपचयन हो जाता है।

$$CH_3—CH_2—COOH + 6HI \xrightarrow[433\ K]{\text{लाल P}} CH_3—CH_2—CH_3 + 3I_2 + 2H_2O$$

47. (d) तृतीयक ब्यूटील ऐल्कोहॉल को 360K पर 20% H_3PO_4 के साथ गर्म करने पर 2 मेथिल प्रोपीन बनता है।

$$(CH_3)_3C—OH \xrightarrow[20\%\ H_2PO_4]{360\ K} CH_3—\overset{\overset{CH_2}{\|}}{C}—CH_3 + H_2O$$

48. (c) $CaCl_2 + NaCl + Na_2CO_3 \longrightarrow CaCO_3 + 3NaCl$

$\underset{1}{CaCO_3} \xrightarrow{\Delta} \underset{1.12\ g}{CaO} + CO_2$ $\left(\begin{array}{l}\because 100\ CaCO_3 = 111g\ CaCl_2 \\ \therefore 1g\ CaCO_3 = 1.11g\ CaCl_2\end{array}\right)$

$CaCl_2$ या भार $= 1.11\ g$, NaCl का भार $= 5.55 - 1.11 = 4.44\ g$

$$\%\ NaCl = \frac{4.44}{5.55} \times 100 = 80\%$$

49. (a) $IE = -E_1$

He^+ के लिए $E_1 = -19.6 \times 10^{-18}$ J atm^{-1}

$$\frac{(E_1)_{He^+}}{(E_1)_{Li^{2+}}} = \frac{(Z_{He^+})^2}{(Z_{Li^{2+}})^2}$$

$$\frac{-19.6 \times 10^{-18}}{(E_1)_{Li^{2+}}} = \frac{4}{9}$$

$$(E_1)_{Li^{2+}} = \frac{-19.6 \times 9 \times 10^{-18}}{4}$$

$$= -4.4 \times 10^{-17}\ \text{J atm}^{-1}$$

50. (d) O_2 की गतिज ऊर्जा $= \frac{3}{2} nRT$ $\left(\because n = \frac{m}{n} = \frac{1}{32}\right)$

$$= \frac{3}{2} \times \frac{1}{32} \times 8.314\ \text{J K}^{-1}\text{mol}^{-1} \times 320\ \text{K}$$

$$= 124.71\ \text{J} = 1.24 \times 10^2\ \text{J}$$

51. (a) असमानुपातन अभिक्रिया में तत्व की एक ऑक्सीकरण अवस्था एक साथ ऑक्सीकृत तथा अपचयित होती है। इसमें सक्रिय पदार्थ का एक तत्व कम से कम तीन ऑक्सीकरण आवस्थाएँ प्राप्त कर सकता है। अत:

ऑक्सीकरण अवस्था $4H_3\overset{+3}{P}O_3 \longrightarrow H_3\overset{+5}{P}O_4 + \overset{-3}{P}H_3$

52. (b) प्रति अम्ल (Antacids) औषधियों का उपयोग अमाशय की अम्लता को कम करने के लिए किया जाता है जिसका उदाहरण रेनीटिडिन, सिमेटिडीन, ओमेप्रेजॉल आदि है। जबकि टरफेनाइड का उपयोग पूतिरोधी (Anticeptics) के रूप में, सैल्वरसन का उपयोग प्रतिजैविक (Antibiotic) में तथा सेलडेन का उपयोग प्रतिहिस्टेमिन के रूप में किया जाता है।

53. (d) सोडियम हाइड्रॉक्साइड, CaO के साथ अभिक्रिया नहीं करता है क्योंकि NaOH एक क्षार है जो मुख्यत: अम्लीय ऑक्साइड या ऐम्फोटेरीक ऑक्साइड से ही अभिक्रिया करता है।

54. (b) $^{39}K^+$ तथा $^{40}K^+$ तत्वों की परमाणु संख्या समान है, अत: ये समइलेक्ट्रॉनी है। इनके परमाणु क्रमांक समान है लेकिन द्रव्यमान संख्या भिन्न है, अत: ये समस्थानिक है।

55. (c) $\underset{+1}{Ag_2O} + \underset{-1}{H_2O_2} \longrightarrow \underset{0}{2Ag} + \underset{0}{H_2O} + \underset{0}{O_2}$

दी गई अभिक्रिया में Ag की ऑक्सीकरण अवस्था + 1 से 0 में तथा H_2O_2 की ऑक्सीकरण अवस्था –1 से 0 में परिवर्तित हो रही है अत: यहाँ H_2O_2 एक अपचायक कारक के रूप में कार्य कर रहा है।

56. (a) रुबीडियम का इलेक्ट्रॉनिक विन्यास $^{37}Rb \Rightarrow [Kr]5s^1$

$\because$ मुख्य क्वाण्टम संख्या $n = 5$

द्विगंशी क्वाण्टम संख्या $l \Rightarrow S = 0$

चुम्बकीय क्वाण्टम संख्या $m \Rightarrow -l, 0, +l$

s-कक्षका का अभिविन्यास

$l = 0$ के लिए शून्य होगा जो गोलाकार विन्यास को व्यक्त करता है।

इलेक्ट्रॉन प्रचक्रण क्वाण्टम संख्या $m_s = +\frac{1}{2}$

अत: ^{37}Rb के संयोजी इलेक्ट्रॉन का प्रतिनिधित्व सेट $\left(5, 0, 0, +\frac{1}{2}\right)$ है।

57. (c) गैब्रियल थैलेमाइड अभिक्रिया से केवल प्राथमिक ऐमीन का विरचन किया जाता है। अत: N-मेथिल फेनिल ऐमीन इस अभिक्रिया से तैयार नहीं किया जाता है। उदाहरण

थैलेमाइड $\xrightarrow[\text{तनु HCl}, -H_2O]{KOH, -H_2O}$ थैलिक अम्ल + $C_2H_5NH_2$ (ऐथिल एमीन)

58. (b) दिए गए तत्वों का इलेक्ट्रॉनिक विन्यास

$Mg \longrightarrow 1s^2 2s^2 2p^6 3s^2$

$Be \longrightarrow 1s^2 2s^2$

$Al \longrightarrow 2p^6 3s^2$

$B \longrightarrow 1s^2 2s^2 2p^1$

Mg तथा Be में 2-संयोजी इलेक्ट्रॉन उपस्थित है। लेकिन Be का परमाणु आकार Mg से छोटा होने के कारण इसकी तृतीय आयनन एन्थैल्पी अधिकतम होगी।

59. (d) ऐथेन 1, 2-डायोल सान्तरित संरूपण अधिक स्थाई होता है क्योंकि सामान्य परिस्थितियों में एथेन न्यूनतम ऊर्जा स्तर वाले सान्तरित (staggered) संरूपण में अधिक समय तक रहता है।

OH, H, OH, H, H, H (न्यूमैन प्रक्षेपण)

60. (b) दिया गया है,

ऐसीटिक अम्ल का K_f मान = 3.9 K kg/mol

CCl_4 का K_f मान = 31.8 K kg/mol

एथेनॉल का K_f मान = 1.99 K kg/mol

H_2O का K_f मान = 1.89 K kg/mol

आदर्श विलयन का हिमांक अवनमन, विलयन की मोललता (m) के समानुपाती होता है।

$$\Delta T_f \propto m$$

$$\Delta T_f = K_f m$$

अत: विलायक CCl_4 के K_f का मान अधिकतम है। जो विलायक की प्रकृति पर निर्भर करता है।

61. (a) तृतीयक ऐल्किल क्लोराइड S_N1 अभिक्रिया आसानी से करते है। अत: जल-अपघटन द्वारा तृतीयक ब्यूटील ब्रोमाइड S_N1 क्रियाविधि द्वारा मेथिल प्रोपेन-2-ओल बनाता है।

$$H_3C-C(CH_3)(Br)-CH_3 + KOH(aq) \xrightarrow{-KBr} H_3C-C(CH_3)(OH)-CH_3$$

तृतीयक ब्यूटिल ब्रोमाइड → 2-मेथिल प्रोपेन-2-ओल

62. (a) ग्लूकोस को ऐसीटिक ऐनहाइड्राइड के साथ गर्म करने पर पेन्टाऐसीटेट बनता है। पेन्टाऐसीटेट का बनना ग्लूकोस में पाँच हाइड्रॉक्सी समूहों की उपस्थिति दर्शाता है।

63. (b) संकुल $[Fe(CN)_6]^{3-}$ में Fe की ऑक्सीकरण अवस्था + 3 है। अत: Fe^{3+} में एक अयुग्मित इलेक्ट्रॉन उपस्थित है। इसमें d-कक्षक का एक इलेक्ट्रॉन t_{2g} स्तर से e_g स्तर पर उत्तेजित हो जाता है, जिसके फलस्वरूप संकुल रंगी दिखाई देता हैं अत: संकुल का रंग इलेक्ट्रॉन के d-d संक्रमण (transition) के कारण होता है।

64. (c) थैलेमाइड को ऐल्कोहॉलिक KOH में अभिकृत करने पर पोटैशियम थैलेमाइड प्राप्त होता है (20% HCl) जो ऐल्किल हैलाइड के साथ गर्म करने पर जल-अपघटन द्वारा प्राथमिक ऐमीन उत्पन्न करता है।

थैलेमाइड $\xrightarrow[R-Br, H_2O]{\text{ऐल्को KOH}}$ थैलिक अम्ल + $R-NH_2$ (ऐथिल एमीन)

65. (c) बन्ध क्रम = $\frac{1}{2}$ (आबन्धी आण्विक कक्षकों में उपस्थित इलेक्ट्रॉन की संख्या – प्रतिआबन्धी आण्विक कक्षकों में इलेक्ट्रॉन की संख्या

(i) O_2^{2-} का इलेक्ट्रॉनिक विन्यास

$\Rightarrow (\sigma 1s)^2(\sigma^* 1s)^2(\sigma 2s)^2(\sigma^* 2s)^2, \sigma 2p_z^2, \pi 2p^6$

बन्ध क्रम $= \frac{10-8}{2} = 1$

(ii) $B_2 \Rightarrow \sigma 1s^2, \sigma^* 1s^2, \sigma 2s^2, \sigma^* 2s^2, \sigma 2p_z^2$

B_2 का बन्ध क्रम $= \frac{7-5}{2} = 1$

66. (d) सैलीसिलिक अम्ल को सोडा लाइम के साथ गर्म करने पर सोडियम फीनॉक्साइड बनता है जिनका अम्लीय जल अपघटन करने पर फीनॉल प्राप्त होता है।

सैलिसिलिक अम्ल $\xrightarrow[2NaOH+CaO]{\text{सोडा लाइम}}$ सोडियम फीनॉक्साइड $\xrightarrow[-NaCl]{HCl}$ फीनॉल

67. (a) समताप मण्डल में उपस्थित ओजोन, सूर्य से आने वाली पराबैंगनी विकीरणों को रोकता है। ये पराबैंगनी किरणे प्रकाश विघटनकारी प्रक्रिया के द्वारा ओजोन को O_2 व O में विभक्त कर देती हैं जो एक उत्क्रमणीय अभिक्रिया है।

68. (c) 0.1 m HCl का 2 mL = HCl का 0.2 mm = H^+ आयन का 0.2 mm = H^+ का 0.4 mm का आयन का

कुल H^+ आयन = 0.6 mm

$\therefore H^+ = \frac{0.6}{6} M = 0.1M = 10^{-1} M$

$\therefore$ pH = 1

69. (c) 1, 3, 5, 7 ऑक्टाटेट्राइन की संरचना निम्नलिखित है—

$$\overset{8}{H_2C} \overset{\pi}{=} \overset{7}{CH} - \overset{6}{CH} \overset{\pi}{=} \overset{5}{CH} - \overset{4}{CH} \overset{\pi}{=} \overset{3}{CH} - \overset{2}{CH} \overset{\pi}{=} \overset{1}{CH_2}$$

अत: इस यौगिक में 17σ तथा 4π आबन्ध है।

70. (d) β-केरेटिन रेखीय अणुओं से बनी प्रोटीन होती है जिनमें विभिन्न पॉली पेप्टाइड शृंखलाएँ H-बन्धों द्वारा जुड़ी होती है। ये जल में अविलेय प्रोटीन है, जो जन्तु ऊतको के संरचनात्मक पदार्थों को बनाती है।

71. (c) वे ऐमीनो अम्ल जो शरीर द्वारा संश्लेषित नहीं किये जा सकते हैं, आवश्यक ऐमीनों अम्ल कहलाते हैं। उदाहरण—ल्यूसीन, आइसोल्यूसीन, आर्जिनीन आदि।

72. (c) यौगिक 2-क्लोरो 3-मेथिल ब्यूटेन, ऐल्कोहॉली KOH की उपस्थिति में स्थिर ऐल्केन का निर्माण करता है।

$$(H_3C)_2CH—CH(CH_3)Cl \xrightarrow[\text{KOH}]{\text{ऐल्कोहॉली}} H_3C—CH_2—CH_2—CH_2—CH_3 + HCl$$

73. (b) सिल्वर नाइट्राइट ($AgNO_2$) जब ऐल्किल हैलाइड से अभिक्रिया करता है तो नाइट्रो ऐल्केन बनता है। यह S_{N^2} अभिक्रिया को प्रदर्शित करता है जिसमें अभिक्रिया की गति ऐल्किल हैलाइड (RX) तथा आक्रमणकारी नाभिक स्नेही (Nu^-) दोनों की सान्द्रताओं पर निर्भर करती है।

$$R—X + Ag—ON{=}O \longrightarrow R—N(=O)\rightarrow O + AgX$$

सिल्वर नाइट्राइट नाइट्रोएल्केन

74. (a) N/5 HCl के 60 mL + N/5 NaOH के 40 mL = 1

कुल आयतन = 60 + 40 = 100 mL

HCl के mmol की संख्या $= 60\text{mL} \times \frac{N}{5} = 12$ m mol

NaOH के m mol की संख्या $= 40\text{mL} \times \frac{N}{5} = 8$ m mol

NaOH के 8 m mol से HCl के 8 m mol उदासीन होते हैं।

अत: शेष HCl = 12 − 8 = 4

$\because H^+$ की मोलरता $= \frac{4 \text{ m mol}}{100 \text{ mL}} = 0.04\text{M}$

$\therefore pH = -\log[H^+]$

$pH = -\log[0.04] \Rightarrow pH = -\log(4 \times 10^{-2})$

$pH = 2 - \log 4 \Rightarrow pH = 2 - 0.6021$

$pH = 1.3979 \Rightarrow pH \approx 1.40$

75. (a) ऐसीटोफीनॉन एक कीटोन है, जबकि अन्य तीनों यौगिक ऐल्डिहाइड है। अत: कीटोनों में $+I$-प्रभाव ऐल्डिहाइड की तुलना में अधिक होता है। जिसके कारण ऐसीटोफीनॉन नाभिक स्नेही योगात्मक अभिक्रिया के प्रति कम क्रियाशील होते हैं।

ऐल्डिहाइड में p-टॉलुइन में —CH_3 समूह की उपस्थिति के कारण $+I$-प्रभाव अधिक होता है जबकि p-नाइट्रो बेन्जेल्डिहाइड में N_2 समूह की उपस्थिति के कारण $+I$-प्रभाव सबसे कम होता है अत: यह नाभिक योगात्मक अभिक्रिया के लिए अधिक क्रियाशील होगा।

ऐसीटोफीनॉन < p- टॉलुइडीन < बेन्जेल्डिहाइड < p- नाइट्रो बेन्जेल्डिहाइड

76. (b) $C_6H_{12}O \xrightarrow{\text{सान्द्र } H_2SO_4} C_6H_{10}$

साइक्लोहेक्सानॉल का 100 ग्राम निर्जलीकृत होने पर

साइक्लोहेक्सेन की मात्रा $= 100 \times \frac{82.2}{100.2} \times \frac{75}{100} = 61.5$ g

77. (b) जब बेन्जीन को H_2SO_4 की उपस्थिति में आइसोब्यूटीन के साथ अभिकृत किया जाता है तो तृतीयक ब्यूटील बेन्जीन का निर्माण होता है।

$$CH_3—C(CH_3){=}CH_2 + H_2SO_4 \longrightarrow H_3C—\overset{+}{C}(CH_3)—CH_3 + HSO_4^-$$

आइसो ब्यूटीन

$$C_6H_6 + CH_3—\overset{+}{C}(CH_3)—CH_3 \xrightarrow{-H^+} C_6H_5—C(CH_3)_3$$

(तृतीयक ब्यूटाइल बेन्जीन)

78. (d) आवर्त सारणी में बाये से दाये जाने पर क्षारीयता कम होतीं है अत: दिए गए यौगिकों का क्षारीयता का बढ़ता क्रम इस प्रकार होगा—

$$Al_2O_3 < MgO < Na_2O < K_2O$$

79. (b) NH_4Cl प्रबल अम्ल तथा दुर्बल क्षार का एक लवण है।

$pH = \frac{7-1}{2}[pK_b + \log c]$

$= 7 - \frac{1}{2}[-\log(1.6 \times 10^{-5}) + \log 0.10]$

$= 7 - \frac{1}{2}(5 - 0.28 - 1) = 5.01$

80. (a) ऐरोमैटिक ऐमीन, ऐलिफैटिक ऐमीन की तुलना में कम क्षारीय होती है। ऐनीलिन की कम क्षरकता का मुख्य कारण ऐनीलिन पाई जाने वाली अनुनादी संरचनाएँ हैं।

अत: क्षारकीय क्षमता का बढ़ता क्रम निम्नलिखित है—

p-नाइट्रोऐनीलिन < ऐनीलिन < 4 मिथाइलेनिलिन < बेन्जाइलेमाइन

81. (d) परॉक्साइड H_2O_2 की उपस्थिति में असममित ऐल्कीनों मे HBr का संयोजन प्रति मार्कोनीकॉफ नियम से होता है।

$$H_3C—CH{=}CH—CH_2 + HBr \xrightarrow{H_2O_2} CH_3—CH_2—CH(Br) + CH_3$$

2-ब्यूटीन

परॉक्साइड की अनुपस्थिति में ऐल्कीनो को HBr का संयोजन मार्कोनीकॉफ नियम से होता है।

$$H_3C—CH{=}CH—CH_3 + HBr \xrightarrow[\text{अनुपस्थित}]{\text{परॉक्साइड}} CH_3—CH(Br)—CH_2 + CH_3$$

82. (a) *ऑर्थो*-सल्फो बैंजोइक ऐमाइड को सैकेरीन कहते है। यह जल में अविलेय परन्तु इसका सोडियम लवण जल में विलेय होता है।

83. (a) PHBV एक जैव निम्नीकृत पॉलीएस्टर है। इस बहुलक का निर्माण 3-हाइड्रॉक्सी ब्यूटेनोइक अम्ल तथा 3-हाइड्रॉक्सी पेन्टेनोइक अम्ल का सहबहुलक है।

84. (d) सिलिकॉन डाइऑक्साइड त्रिविमिय जालक में से कुछ सिलिकॉन परमाणु ऐलुमीनियम परमाणओं द्वारा प्रतिस्थापित हो जाते हैं, तो प्राप्त सम्पूर्ण संरचना को ऐलुमिनो सिलिकेट या जीयोलाइट कहते है। समावयवीकरण में जीयोलाइट का उपयोग उत्प्रेरक के रूप में होता है।

85. (b) ऐल्किल हैलाइड में 'x' के $-I$-प्रेरणिक प्रभाव के कारण कार्बन परमाणु पर आंशिक धनावेश एवं हैलोजन परमाणु पर आंशिक ऋणावेश उत्पन्न हो जाता है। अत: प्रबल नाभिकस्नेही

(जैसे SCN^-, CN^-, NO_2^-, $AlCl_3$, Ag_2O) कार्बन परमाणु पर आक्रमण करके हैलोजन को प्रतिस्थापित कर देता है। अत: RO^- यहाँ नाभिकस्नेही के रूप में कार्य नहीं करता है।

86. (c) अण्टार्कटिका के ऊपर बने ध्रुवीय समतापमण्डलीय बादल एक प्रकार की सतह प्रदान करते हैं, जिस पर बना हुआ क्लोरीन नाइट्रेट, जलयोजित होकर हाइपोक्लोरस अम्ल बनाता है, इससे उत्पन्न क्लोरीन मूलक, ओजोन क्षय के लिए शृंखला अभिक्रिया प्रारम्भ कर देती है।

87. (c) ब्यूना-S, स्टाइरिन तथा 1, 3 डब्यूटाडाईइन एकलकों के सहबहुलीकरण से बनाया जाता है।

$$n\text{CH}_2{=}\text{CH}{-}\text{CH}{=}\text{CH}_2 + n\text{CH}_2{=}\underset{\text{C}_6\text{H}_5}{\text{CH}} \longrightarrow$$

1, 3 ब्यूटाडाइरिन स्टाइरिन

$$\left[\text{CH}_2{-}\text{CH}{=}\text{CH}{-}\text{CH}_2{-}\text{CH}_2{-}\underset{\text{C}_6\text{H}_5}{\text{CH}}\right]_n$$

ब्यूना-S

88. (a) अभिक्रिया $C_{10}H_8(s) \rightleftharpoons C_{10}H_8(g)$

$K_p = P_{C_{10}H_8} = 0.10$ mm Hg

$\because$ 760 mm Hg = 1 atm

अत: $0.10 \text{ mm Hg} = \frac{0.10}{760}$ atm

$$K_C = \frac{K_p}{R_T}$$

$$= \frac{0.10}{760 \times 0.0821 \times 300} = 5.36 \times 10^{-6}$$

89. (b) फॉस्फीन (PH_3) शुद्ध अवस्था में अज्वलनशील होती है परन्तु वायु में यह आग पकड़ लेती हैं वही फॉस्फोनिक अम्ल (H_3PO_3) ऊष्मा को क्रिया का हाइड्राइड बनाते हैं तथा हवा के सम्पर्क में आने पर ज्वलनशील बन जाता है।

90. (c) (संरचना: NO_2, CH_3, CH_3 तथा NH_2 युक्त बेंजीन वलय)

प्रबल क्षार है, क्योंकि NO_2 समूह प्रभावी रूप से NH_2 की इलेक्ट्रॉन जोड़ी को अस्थानीकृत नहीं करता है।

91. (c) $\frac{1}{\lambda} = R\left[\frac{1}{n_1^2} - \frac{1}{n_2^2}\right]$

यहाँ $n_1 = 1$, $n_2 = \infty$

$R = 1.097 \times 10^7 \text{ m}^{-1}$

$\frac{1}{\lambda} = 1.097 \times 10^7 \left[\frac{1}{1^2} - \frac{1}{\infty^2}\right] = 1.097 \times 10^7 \text{ m}^{-1}$

$\therefore \lambda = 9.1 \times 10^{-8} \text{m} = 91 \text{ nm}$

92. (b) सामान्यत धनावेशित कार्बन में संयुक्त ऐलिल समूहों की संख्या बढ़ने पर अतिसंयुग्मन अन्योन्य क्रिया अधिक होती है, जिसके कारण कार्बधनायन का दायित्व बढ़ता है। अत: कार्बधनायन का स्थापित क्रम इस प्रकार होगा—

$$\underset{\text{(iv)}}{(CH_3)_5C\overset{+}{C}H_2} < \underset{\text{(ii)}}{H_3C{-}CH_2{-}\overset{+}{C}H_2} < \underset{\text{(i)}}{H_3C{-}\overset{+}{C}H{-}CH_3} < \underset{\text{(iii)}}{(CH_3)_3\overset{+}{C}}$$

93. (c) इलेक्ट्रोफिलिक प्रतिस्थापन की दिशा में अभिक्रियाशीलता कम करने का क्रम निम्नलिखित है

OCH_3-बेंजीन (II) > CH_3-बेंजीन (IV) > बेंजीन (III) > CF_3-बेंजीन (I)

94. (b) अभिक्रिया, $XY(g) \rightleftharpoons X(g) + Y(g)$

1 mole XY का 33% विघटन अर्थात् $\frac{1}{3}$ मोल का विघटन

अत: $1 - \frac{1}{3} = \frac{2}{3}$ मोल उपस्थित

	$Y \rightleftharpoons$	$X(g)$	$+ Y(g)$
t_0 पर मोलों की संख्या	1	0	0
t_{eq} पर मोलों की संख्या	$1 - \frac{1}{3} = \frac{2}{3}$	$\frac{1}{3}$	$\frac{1}{3}$

अत: विघटन के पश्चात कुल मोल $= \frac{2}{3} + \frac{1}{3} + \frac{1}{3} = \frac{4}{3}$

$\because$ कुल दाब $= p$

$\therefore AB$ का आंशिक दाब, $p_{AB} = \frac{2/3}{4/3} \times p = \frac{p}{2}$

A तथा B का आंशिक दाब, $p_A = p_B = \frac{1/3}{4/3} \times p = \frac{p}{4}$

$$K_p = \frac{p_A p_B}{p_{AB}} = \frac{\frac{p}{4} \times \frac{p}{4}}{\frac{p}{2}} \Rightarrow K_p = \frac{p}{8}$$

$$p = 8K_p$$

95. (b) दी गई अभिक्रिया निम्नलिखित है—

$$C_6H_5 + (CH_3)_2CHCH_2OH \xrightarrow{H_2SO_4} H_5C_6{-}\underset{CH_3}{\overset{CH_3}{C}}{-}CH_3$$

96. (b) $N_2 + O_2 \longrightarrow 2NO \ldots(K_1)$

$2NO_2 + O_2 \longrightarrow 2NO_2 \ldots(K_2)$

$NO_2 \longrightarrow \frac{1}{2}N_2 + O_2 \ldots(K_3)$

(i) $K_1 = \frac{[NO]^2}{[N_2][O_2]}$ (ii) $K_2 = \frac{[NO_2]^2}{[NO]^2[O_2]}$ (iii) $K_3 = \frac{[N_2]^{\frac{1}{2}}[O_2]}{[NO_2]}$

K_1 तथा K_2 के पदों में $K_3 = \left[\frac{1}{K_1} \times K_2\right]^{1/2}$

97. (a) X का मानक इलेक्ट्रॉन विभव = –2.93

Y का मानक इलेक्ट्रॉन विभव = –1.66

Z का मानक इलेक्ट्रॉन विभव = +0.8

W का मानक इलेक्ट्रॉन विभव = +1.81

मानक इलेक्ट्रॉड विभव जितना ऋणात्मक होता है वह स्पीशीज उतनी अधिक स्थाई अपचायित अवस्था प्रदर्शित करती है। अत: प्रबल अपचायकता का क्रम इस प्रकार है।

$$X > Y > Z > W$$

98. (d) अग्र अभिक्रिया की सक्रियण ऊर्जा = 15 kcal/mol

अभिक्रिया का ऊष्मा = 5 kcal/mol

सक्रियण ऊर्जा (E_a) = E (अग्र अभिक्रिया)$^{-E}$ (अभिकारक)

= 15 – 5 = 10 k cal/mol

99. (a) दिया गया है, $H_2(g) + O_2(g) \longrightarrow H_2O_2(g)$

बन्ध एन्थैल्पी H—H = 438 kJ/mol

O = O = 498 kJ/mol O—H = 464 kJ/mol

O—O = 138 kJ/mol

ΔH = (H—H) + (O = O) – [2(O—H + O—O)]

= 438 + 498 – [2 × 464 + 138] = 936 – (928 + 138)

$= -130 \text{ kJ mol}^{-1}$

100. (b) MnO_4^- में Mn की ऑक्सीकरण अवस्था +7 है तथा Mn^{+2} में Mn की ऑक्सीकरण अवस्था +2 है अत: अम्लीय माध्यम में MnO_4^- के Mn^{2-} में लघुकृत होने की प्रक्रिया में शामिल इलेक्ट्रॉनों की संख्या 5 होगी। $MnO_4^- + 5e^- \longrightarrow Mn^{2+}$

अध्याय 01

रसायन की कुछ मूल अवधारणाएँ

Some Basic Concepts of Chemistry

रसायन शास्त्र के क्षेत्र Field of Chemistry

विज्ञान की वह शाखा जिसके अन्तर्गत द्रव्यों के गुणों, संरचना, संघटन तथा द्रव्यों की रासायनिक क्रियाओं का अध्ययन किया जाता है, रसायन विज्ञान कहलाती है।

(i) **कृषि के क्षेत्र में** (In the Field of Agriculture) उर्वरक (Fertiliser), कीटनाशी (Insecticides), कवकनाशी या फफूँदनाशी (Fungicides), पीड़कनाशी (Pesticides), परिरक्षक (Preservatives), बीजों की उत्तम किस्मों आदि के निर्माण में रसायन प्रयुक्त होते हैं।

(ii) **उद्योगों में** (In Industries) सीमेन्ट, चमड़ा, रंजक, कागज, पेट्रोलियम, काँच, साबुन, अपमार्जक (Detergent), पेन्ट, वस्त्र (कृत्रिम, रेशम, ऊन, कृत्रिम धागें) आदि के निर्माण में रसायन विज्ञान का विशिष्ट योगदान है।

(iii) **औषधियों में** (In Medicines) ऐलोपैथी, होम्योपैथी, आयुर्वेद, आदि औषधियों व अन्य दवाईयों जैसे क्लोरोमाइसिटीन, स्ट्रेप्टोमाइसिटीन, ऐम्पीसिलीन, आदि प्रतिजैविकों (Antibiotics) का निर्माण रसायनों द्वारा किया जाता है। ***सिस-प्लेटिन*** (जो कैन्सर के उपचार हेतु प्रयुक्त होती है) तथा **ऐजिडोथाइमिडीन** (AZT जो एड्स के उपचार में प्रयुक्त होती है) आदि का निर्माण भी रसायनों द्वारा ही सम्भव हुआ है।

(iv) **नए पदार्थों का संश्लेषण** (Synthesis of New Materials) सिरेमिक, अतिचालक, सुचालक, प्रकाशीय तन्तु, रेशें (Fibre), आदि पदार्थों का निर्माण रसायन विज्ञान की सहायता से ही सम्भव हुआ है।

(v) **परिवहन के क्षेत्र में** (In the Field of Transportation) अनेक प्रकार के ईंधन जैसे—पेट्रोल, डीजल, कोयला, आदि का निर्माण रसायन विज्ञान के ज्ञान द्वारा ही सम्भव हुआ है।

(vi) **प्रदूषण नियन्त्रण में** (In Checking Pollution) रसायन विज्ञान की सहायता से पर्यावरण को सुरक्षित रखने के लिए नयी तकनीकों का प्रयोग किया जा रहा है जैसे—समतापमण्डल में ओजोन अपक्षय (Ozone depletion) के कारक क्लोरोफ्लुओरो कार्बन सदृश पदार्थों के विकल्पों का रसायनों द्वारा संश्लेषण किया जा रहा है।

द्रव्य तथा उसकी प्रकृति Matter and Its Nature

द्रव्य वह है जो स्थान घेरता है तथा जिसमें भार होता है। हमारे चारों ओर सभी वस्तुएँ जैसे जल, हवा, पुस्तक, मेज आदि द्रव्य हैं।

(i) भौतिक अवस्थाओं के आधार पर द्रव्य की तीन अवस्थाएँ ठोस (Solid), द्रव (Liquid) तथा गैस (Gas) होती हैं।

(ii) ठोस के आकार व आयतन दोनों निश्चित होते हैं। द्रव का आयतन निश्चित होता है, परन्तु आकार अनिश्चित होता है, जबकि गैस का आकार व आयतन दोनों अनिश्चित होते हैं।

(iii) द्रव्य की तीनों अवस्थाएँ, अणुओं के बीच उनकी पारस्परिक ऊर्जा (आकर्षण बल) व ऊष्मीय बल (प्रतिकर्षण बल) के कारण होती है।

(iv) गर्म करने पर एक ठोस सामान्यत: एक द्रव में परिवर्तित हो जाता है तथा आगे गर्म करने पर द्रव गैसीय (अथवा वाष्प) अवस्था में परिवर्तित हो जाता है। इसके विपरीत प्रक्रम में एक गैस ठण्डा करने पर द्रव में द्रवित हो जाती है तथा आगे ठण्डा करने पर ठोस में जम जाती है।

(v) प्लाज्मा तथा बोस-आइन्स्टाइन कण्डनसेट पदार्थ की अन्य दो भौतिक अवस्थाएँ हैं परन्तु ये केवल विशिष्ट परिस्थितियों में ही देखी जा सकती हैं। द्रव्य की गैसीय अवस्था उच्च तापक्रम पर गैसीय आयन व मुक्त इलेक्ट्रॉनों को रखती है, जिसे प्लाज्मा अवस्था कहते हैं। प्लाज्मा अत्यन्त उच्च तापक्रम पर निम्न घनत्व की आयनित गैसें हैं।

द्रव्य का रासायनिक वर्गीकरण Chemical Classification of Matter

द्रव्य को उसके रासायनिक संघटन, के आधार पर निम्न प्रकार वर्गीकृत किया जा सकता है

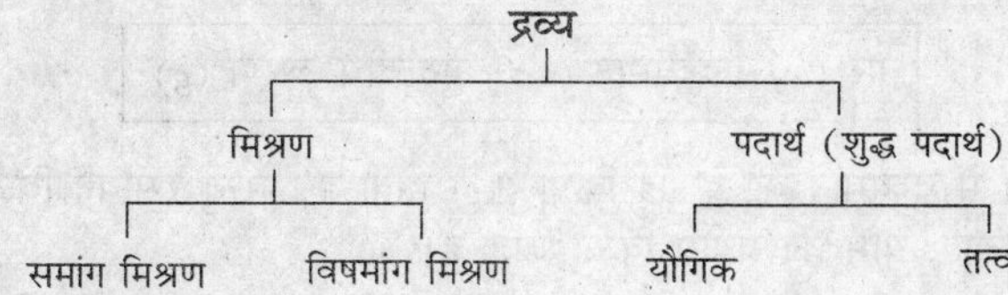

मिश्रण Mixtures

दो या दो से अधिक द्रव्यों को किसी भी अनुपात में मिलाने पर जो द्रव्य बनते हैं, मिश्रण कहलाते हैं। इनका संघटन निश्चित नहीं होता है तथा इनके गुण मिश्रण के अवयवों के गुणों का मिश्रण होते हैं। इसके भौतिक स्थिरांक जैसे—गलनांक, क्वथनांक, घनत्व आदि स्थिर व निश्चित नहीं होते हैं।

मिश्रण के अवयवों को साधारण भौतिक रीतियों द्वारा पृथक् किया जा सकता है। *मिश्रण दो प्रकार के होते हैं*

(i) **समांगी मिश्रण** (Homogeneous Mixture) इसमें किसी भी भाग का संघटन उसके किसी दूसरे भाग के संघटन के समान होता है। उदाहरण—चीनी का जलीय विलयन।

(ii) **विषमांगी मिश्रण** (Heterogeneous Mixture) इसमें विभिन्न भागों का संघटन एक-दूसरे से भिन्न होता है। इनका प्रत्येक अवयवी (Constituent) अपने स्वयं के गुण प्रदर्शित करता है। उदाहरण— रेत व नमक का मिश्रण।

शुद्ध पदार्थ Pure Substances

वे पदार्थ जिनका संघटन निश्चित तथा गुण अपरिवर्तित होते हैं, शुद्ध पदार्थ कहलाते हैं। इनकों भौतिक रीतियों द्वारा साधारण पदार्थों में पृथक् नहीं किया जा सकता है।

(i) **तत्व** (Element) वह पदार्थ है, जिसमें केवल एक ही प्रकार के परमाणु पाये जाते हैं। रासायनिक विधियों द्वारा इनकों इनके साधारण पदार्थों में विघटित नहीं किया जा सकता। उदाहरण—लोहा (Fe), कॉपर (Cu), चाँदी (Ag) आदि।

(ii) **यौगिक** (Compound) पदार्थ हैं जो दो या दो से अधिक तत्वों के किसी निश्चित अनुपात में रासायनिक संयोग से बनता है इनका संघटन निश्चित होता है इनके गुण अवयवी तत्वों से भिन्न तथा निश्चित होते हैं। यौगिक समांग होते हैं तथा इनके भौतिक स्थिरांक जैसे—गलनांक, क्वथनांक, घनत्व आदि स्थिर व निश्चित होते हैं इनके अवयवों को भौतिक रीतियों द्वारा पृथक् नहीं किया जा सकता है। किन्तु रासायनिक विधियों द्वारा इनको इनके अवयवी तत्वों अथवा साधारण पदार्थों में विघटित किया जा सकता है।

द्रव के गुणधर्म Properties of Matter

कोई भी द्रव्य निम्नलिखित गुणधर्म दर्शाता है

द्रव्यमान तथा भार Mass and Weight

किसी तन्त्र का द्रव्यमान या संहति उस तन्त्र में उपस्थित पदार्थ की मात्रा को दर्शाता है, जबकि भार, उस तन्त्र पर लगने वाले गुरुत्व बल को दर्शाता है।

भार तथा द्रव्यमान को निम्न प्रकार से एक-दूसरे में परिवर्तित किया जा सकता है

$$\text{भार } (w) = \text{द्रव्यमान } (m) \times \text{गुरुत्वीय त्वरण } (g)$$

SI तन्त्र में द्रव्यमान की इकाई किग्रा (kg) होती है, परन्तु रसायन विज्ञान में सामान्यत: ग्राम का प्रयोग किया जाता है।

नोट किसी वस्तु का द्रव्यमान प्रत्येक स्थान पर समान होता है, जबकि इसका भार स्थान परिवर्तन के साथ परिवर्तित होता जाता है। क्योंकि g का मान भिन्न-भिन्न स्थानों पर भिन्न-भिन्न होता है।

आयतन Volume

किसी वस्तु द्वारा घेरे गये कुल स्थान को उसका आयतन कहते हैं।

किसी वस्तु का आयतन = (लम्बाई)^3

$\therefore$ लम्बाई का मात्रक = मी अत: आयतन का मात्रक = मी^{3}

परन्तु रसायन विज्ञान में सामान्यत: आयतन के छोटे मात्रकों जैसे सेमी^{3} या डेसीमी^{3} का प्रयोग किया जाता है।

घनत्व Density

इकाई आयतन में उपस्थित पदार्थ की मात्रा उसका घनत्व कहलाती है।

$$\text{घनत्व } (d) = \frac{\text{द्रव्यमान } (m)}{\text{आयतन } (V)}$$

घनत्व की इकाई ग्राम/ली या ग्राम/सेमी^{3} होती है।

तापमान Temperature

किसी वस्तु का तापमान उस वस्तु में उपस्थित ऊष्मीय ऊर्जा की माप होता है। तापमान के मापन के लिए अनेकों पैमाने प्रयोग में लाए जाते हैं, *जिनमें से तीन प्रमुख निम्नलिखित हैं*

(i) **फारेनहाइट पैमाना** (Fahrenheit Scale, °F) इस पैमाने पर जल का हिमांक 32°F तथा क्वथनांक 212°F होता है। इन दो सीमाओं को 180 भागों में विभाजित किया गया है।

(ii) **सेल्सियस पैमाना** (Celsius Scale, °C) इस पैमाने पर जल का हिमांक 0°C तथा क्वथनांक 100°C होता है। इन दो सीमाओं को 100 भागों में विभाजित किया गया है।

(iii) **केल्विन पैमाना** (Kelvin Scale, K) इस पैमाने पर जल का हिमांक 273.15 K तथा क्वथनांक 373 K होता है।

किन्हीं दो पैमानों पर मापे गये तापमान निम्न प्रकार से सम्बन्धित होते हैं

$$°F = \frac{9}{5}(°C) + 32 \text{ तथा } K = °C + 273.15$$

मापन की विभिन्न प्रणालियाँ

Various Systems of Measurement

भौतिक राशियों के मात्रकों के मापन के लिए विभिन्न प्रणाली निम्न हैं

(i) CGS **प्रणाली** (CGS System) इस प्रणाली मे लम्बाई, द्रव्यमान व समय के मात्रकों को क्रमशः सेमी (cm), ग्राम (g) तथा सेकण्ड (s) में व्यक्त किया जाता है। इस प्रणाली को गोसीयन (Gaussian) प्रणाली भी कहा जाता है।

(ii) FPS **प्रणाली** (FPS System) यह ब्रिटिश प्रणाली है, जिसमें लम्बाई, द्रव्यमान व समय के मात्रक क्रमश: फुट (f), पाउण्ड (p) व सेकण्ड (s) में व्यक्त किए जाते हैं।

(iii) MKS **प्रणाली** (MKS System) आजकल इस प्रणाली को MKSA प्रणाली भी कहा जाता है। इस प्रणाली में लम्बाई, द्रव्यमान, समय व

विद्युत-धारा के मात्रक क्रमशः मीटर (m), किलोग्राम (kg), सेकण्ड (s), व ऐम्पियर (amp) में व्यक्त किए जाते हैं।

(iv) SI **प्रणाली** (SI System) इस प्रणाली को सन् 1960 में अन्तर्राष्ट्रीय जगत ने स्वीकार किया, अतः इसे अन्तर्राष्ट्रीय प्रणाली (international system) कहा जाता है।

इस प्रणाली में निम्न सात मूल मात्रक व दो परिशिष्ट मात्रक हैं।

- **मूल मात्रक** लम्बाई, द्रव्यमान, समय, विद्युत-धारा, ताप, ज्योति तीव्रता व पदार्थ की मात्रा के मात्रक क्रमशः मीटर (m), किलोग्राम (kg), सेकण्ड (s), ऐम्पियर (A), केल्विन (K), कैन्डेला (cd), व मोल (mol) में व्यक्त किए जाते हैं।
- परिशिष्ट मात्रक रेडियन (Radian) तथा स्टेरेडियन (Steradian) परिशिष्ट मात्रक हैं। इन्हें क्रमशः समतल कोण व घन कोण के लिए प्रयुक्त करते हैं।

सात आधारी भौतिक राशियाँ व उनके SI मात्रक

क्र.सं.	भौतिक राशि	राशि का प्रतीक	आधारी मात्रक	मात्रक का प्रतीक
1.	लम्बाई	l	मीटर	m
2.	द्रव्यमान	m	किलोग्राम	kg
3.	समय	t	सेकण्ड	s
4.	विद्युत धारा	i	ऐम्पियर	A
5.	ताप	T	कैल्विन	K
6.	पदार्थ की मात्रा	n	मोल	mol
7.	ज्योति तीव्रता	I	कैन्डेला	Cd

कभी-कभी विभिन्न मात्रकों के आकार को घटाने तथा बढ़ाने के लिए उपगुणांकों तथा गुणांकों का उपयोग किया जाता है। उपगुणांकों तथा गुणांकों के नामों (उपसर्गों) तथा प्रतीकों को नीचे सारणीबद्ध किया गया है।

गुणांकों तथा उपगुणांकों के लिए प्रयुक्त उपसर्ग तथा प्रतीक

गुणांक	उपसर्ग	प्रतीक	उपगुणांक	उपसर्ग	प्रतीक
10^{24}	योटा	Y	10^{-1}	डेसी	d
10^{21}	जेटा	Z	10^{-2}	सेन्टी	c
10^{18}	एक्सा	E	10^{-3}	मिली	m
10^{15}	पेटा	P	10^{-6}	माइक्रो	μ
10^{12}	टेरा	T	10^{-9}	नैनो	n
10^{9}	गीगा	G	10^{-12}	पिको	p
10^{6}	मेगा	M	10^{-15}	फेम्टो	f
10^{3}	किलो	k	10^{-18}	एटो	a
10^{2}	हेक्टो	h	10^{-21}	जेप्टो	z
10	डेका	da	10^{-24}	योक्टो	y

व्युत्पन्न मात्रक Derived Units

वे सभी मात्रक जिन्हें मूल मात्रकों से प्राप्त किया जाता हैं, व्युत्पन्न मात्रक कहलाते हैं। उदाहरण— आयतन का मात्रक

$$= \text{लम्बाई} \times \text{चौड़ाई} \times \text{ऊँचाई}$$
$$= \text{मी} \times \text{मी} \times \text{मी} = \text{मी}^3$$

कुछ भौतिक राशियाँ व उनके व्युत्पन्न मात्रक

भौतिक राशि	व्युत्पन्न मात्रक का नाम और प्रतीक	मात्रक
कार्य, ऊर्जा, ऊष्मा	जूल (J)	किग्रा-मी^{2}सेकण्ड$^{-2}$ = न्यूटन मी = पास्कल मी^{3}
शक्ति	वाट (W)	किग्रा मी^{2} सेकण्ड$^{-3}$ = जूल सेकण्ड$^{-1}$ = वोल्ट ऐम्पियर
बल	न्यूटन (N)	किग्रा-मी सेकण्ड$^{-2}$ = जूल मी$^{-1}$
आवृत्ति	हर्ट्ज (H)	सेकण्ड$^{-1}$
विद्युत धारिता	फैराडे (F)	ऐम्पियर^{2}से^{4} किग्रा$^{-1}$ मी$^{-2}$ = ऐम्पियर सेकण्ड वोल्ट$^{-1}$
विद्युत विभव	वोल्ट (V)	जूल-ऐम्पियर$^{-1}$ सेकण्ड$^{-1}$ = जूल कूलाम$^{-1}$
विद्युत आवेश	कूलॉम (C)	ऐम्पियर सेकण्ड = जूल वोल्ट$^{-1}$
प्रेरकत्व	हेनरी (H)	किग्रा मी^{2} सेकण्ड$^{-2}$ ऐम्पियर$^{-2}$ = वोल्ट सेकण्ड ऐम्पियर$^{-1}$
विद्युत प्रतिरोध	ओम (Ω)	किग्रा मी^{2} सेकण्ड$^{-3}$ ऐम्पियर$^{-2}$ = वोल्ट ऐम्पियर$^{-1}$
दाब	पॉस्कल (Pa)	किग्रा-मी$^{-1}$ सेकण्ड$^{-2}$ = न्यूटन मी$^{-2}$ = जूल मी$^{-3}$
क्षेत्रफल	वर्ग मीटर	मी^{2}
आयतन	घन मीटर	मी^{3}
घनत्व	किलोग्राम प्रति घन मीटर	किग्रा-मी$^{-3}$
वेग	मीटर / सेकण्ड	मीटर सेकण्ड$^{-1}$
सान्द्रता	मोल प्रति घन मीटर	मोल-मी$^{-3}$
त्वरण	मीटर/वर्ग सेकण्ड	मी सेकण्ड$^{-2}$
पृष्ठ तनाव	न्यूटन प्रति मीटर	न्यूटन मी$^{-1}$
श्यानता	किलोग्राम प्रति मीटर प्रति सेकण्ड	किग्रा-मी$^{-1}$ सेकण्ड$^{-1}$

मापन में अनिश्चितता Uncertainty in Measurement

रसायनों के अध्ययन के लिए सामान्यतया प्रायोगिक आँकड़ों के साथ-साथ सैद्धांतिक गणनाओं की भी आवश्यकता पड़ती है। रसायन शास्त्र में संख्याओं का बिना किसी जटिलता के प्रयोग तथा आँकड़ों को जहाँ तक सम्भव हो निश्चितता के साथ प्रस्तुत के कई अर्थपूर्ण प्रकार हैं। हम आगे इन्हें विस्तार से समझेंगे।

वैज्ञानिक संकेतन Scientific Notation

किसी भी संख्या में दशमलव के स्थान को परिवर्तित करके संख्या को वैज्ञानिक संकेतन में परिवर्तित किया जा सकता है। वैज्ञानिक संकेतन में प्राप्त नई संख्या 1 या 1 से अधिक तथा 10 से कम होती है।

(i) यदि किसी संख्या में दशमलव को बायीं ओर ले जाया जाता है, तो नई संख्या में 10^n की गुणा कर देते हैं (जहाँ, n दशमलव को जितने स्थान विस्थापित किया जाता है, उस संख्या को निरूपित करता है।)
उदाहरण— संख्या 152.3 को वैज्ञानिक संकेतन में परिवर्तित करने के लिए दशमलव को दो स्थान बायीं ओर विस्थापित करना होगा। अतः इसे वैज्ञानिक संकेतन के रूप में 1.523×10^2 लिखा जायेगा।

(ii) समान प्रकार से, यदि किसी संख्या को वैज्ञानिक संकेतन में परिवर्तित करने के लिए दशमलव को दायीं ओर ले जाया जाता है, तो प्राप्त नई संख्या में 10^{-n} की गुणा कर देते हैं। उदाहरण— संख्या 0.00731 को वैज्ञानिक संकेतन में 7.31×10^{-3} लिखा जायेगा, क्योंकि इसमें दशमलव को तीन स्थान दायीं ओर विस्थापित किया गया है।

यथार्थता एवं परिशुद्धता Accuracy and Precision

प्रत्येक प्रायोगिक मापन परस्पर कुछ भिन्न होते हैं और उनमें पायी जाने वाली त्रुटियाँ और अनिश्चितताएँ मापन यन्त्र और मापन करने वाले व्यक्ति की दक्षता पर निर्भर करती हैं। यथार्थता, यथार्थ (वास्तविक) मान के निकटतम् मान को प्रदर्शित करती है अर्थात् यह औसत प्रायोगिक मान तथा वास्तविक मान के अन्तर को दर्शाती है। जबकि परिशुद्धता मापन द्वारा प्राप्त मानों (Values) की निकटता को दर्शाती है। आदर्श रूप से सभी मापन परिशुद्ध एवं यथार्थ होने चाहिए। "एक यथार्थ मान सामान्यतया परिशुद्ध होता है, जबकि यह आवश्यक नहीं है कि परिशुद्ध मान यथार्थ भी हो।"

सार्थक अंक Significant Figures

किसी संख्या में उपस्थित अंकों की कुल संख्या उसकी सार्थक संख्या कहलाती है। दूसरे शब्दों में, किसी संख्या के वे अंक, जिनके द्वारा किसी भौतिक राशि को पूर्णत: उसके यथार्थ मान तक व्यक्त कर सकते हैं, सार्थक अंक कहलाते हैं।

सार्थक अंकों के निर्धारण के नियम

नियम I	सभी अशून्य अंक सार्थक होते हैं। उदाहरण–संख्या 1234 में चार सार्थक अंक हैं और 158 में तीन सार्थक अंक हैं।
नियम II	दो अशून्य अंकों के बीच उपस्थित सभी शून्य सार्थक अंक होते हैं। उदाहरण–संख्या 2008 में चार सार्थक अंक हैं, जबकि 2.0809 में पाँच सार्थक अंक हैं।
नियम III	यदि शून्य किसी अंक व दशमलव के मध्य स्थित हो या दशमलव के बायीं ओर स्थित हो, तो वे सार्थक नहीं होते हैं। उदाहरण–संख्या 0.0084 में दो सार्थक अंक हैं।
नियम IV	दशमलव के बाद अशून्य संख्या के दायीं ओर स्थित सभी शून्य सार्थक अंक कहलाते हैं। उदाहरण–संख्या 0.00800 में तीन सार्थक अंक हैं।
नियम V	सभी शून्य जो अशून्य संख्याओं के दायीं ओर स्थित होते हैं, सार्थक हो भी सकते हैं और नहीं भी। उदाहरण–20,000 को निम्न प्रकार से लिखा जा सकता है। 2×10^4 (1 सार्थक अंक) 2.0×10^4 (2 सार्थक अंक) 2.00×10^4 (3 सार्थक अंक)
नियम VI	अशून्य संख्या के दायीं ओर वाले सभी शून्य सार्थक बन जाते हैं, जब वे किसी मापन से आते हैं। उदाहरण–माना दो स्थानों के मध्य मापी गई दूरी 3050 मी है। इसमें चार सार्थक अंक हैं। इस दूरी को 3.050 किमी या 3.050×10^5 सेमी के रूप में भी व्यक्त किया जा सकता है। इन सभी अभिव्यक्तियों में सार्थक अंकों की संख्या चार रहती है। दशमलव का स्थान परिवर्तित करने से भी परिणाम में सार्थक अंकों की संख्या परिवर्तित नहीं होती है।

मापन से प्राप्त सार्थक अंकों की संख्या जितनी अधिक होगी, मापन की यथार्थता भी उतनी ही अधिक होगी।

विमीय विश्लेषण Dimensional Analysis

सामान्यत: विभिन्न परिकलनों में गणना करते समय एक इकाई को दूसरी इकाई में परिवर्तित करने की आवश्यकता होती है। इसको विमीय विश्लेषण की सहायता से सरलतापूर्वक किया जा सकता है। किसी इकाई को दूसरी इकाई में परिवर्तित करने के लिए **परिवर्तनीय कारक** (Conversion factor) की आवश्यकता होती है। *कुछ परिवर्तनीय कारकों को नीचे सारणीबद्ध किया गया है*

परिवर्तनीय कारक

1 मी = 39.37 इंच	1 कैलोरी = 4.184 जूल = 2.613×10^{19} इलेक्ट्रॉन वोल्ट
1 इंच = 2.54 सेमी	1 इलेक्ट्रॉन वोल्ट = 1.602×10^{-19} जूल
1 ली = 1000 मिली = 1000 सेमी^{3} = 10^{-3} मी^{3} = 1 डेसीमी^{3}	1 इलेक्ट्रॉन वोल्ट/परमाणु = 96.5 किलोजूल मोल$^{-1}$
1 गेलन (US) = 3.79 ली $1/b = 453.59237$ ग्राम	1 amu = 1.66×10^{-27} किग्रा = 931.5016 मेगा इलेक्ट्रॉन वोल्ट
1 esu = 3.3356×10^{-10} कूलॉम	1 किलोवाट घण्टा = 3600 किलोजूल
1 डाईन = 10^{-5} न्यूटन	1 जूल = 10^7 अर्ग
1 वायुमण्डल = 101325 न्यूटन मी$^{-2}$ = 101325 पास्कल	गैस का 1 मोल = 22.4 ली (सा.ता.दा. पर)
1 बार = 1×10^5 न्यूटन मी$^{-2}$ = 1×10^5 पास्कल	पदार्थ का 1 मोल = N_0 अणु
1 ली वायुमण्डल = 101.3 जूल = 24.21 कैलोरी	1 ग्राम परमाणु = N_0 परमाणु
1 वर्ष = 3.1536×10^7 सेकण्ड	1 ग्राम सेमी$^{-3}$ = 1000 किग्रा मी$^{-3}$
1 डिबाई (D) = 1×10^{-18} esu सेमी	1 जूल = 1 न्यूटन-मी = किग्रा मी^{3}से$^{-2}$
1K = t°C + 273.15	
t(°F) = $\frac{9}{5}t$°C + 32	

रासायनिक संयोग के नियम
Laws of Chemical Combinations

तत्वों के रासायनिक संयोग द्वारा यौगिकों के बनने में निम्नलिखित नियमों का प्रयोग किया जाता है

द्रव्य की अविनाशिता या द्रव्यमान संरक्षण का नियम Law of Conservation of Mass

यह नियम **लोमोनोसोव** (Lomonosov) ने सन् 1956 में प्रतिपादित किया तथा बाद में सन 1774 में **लेवोशिए, लेण्डोल्ड** आदि वैज्ञानिकों ने इसकी पुष्टि की थी। इस नियम के अनुसार–"द्रव्य अविनाशी है, द्रव्य को न तो उत्पन्न किया जा सकता है' और न ही इसको नष्ट किया जा सकता है" अर्थात् किसी रासायनिक अभिक्रिया में, अभिकारक अणुओं का कुल द्रव्यमान, उत्पाद अणुओं के कुल द्रव्यमान के बराबर होता है।

स्थिर अनुपात का नियम
Law of Definite Proportions

इसका प्रतिपादन **जे. एल. प्रुस्ट** (J.L. Proust) ने सन् 1767 में किया था। इसके अनुसार- ''प्रत्येक रासायनिक यौगिक जो किसी भी विधि से बनाया या प्राप्त किया गया हो, उसमें उपस्थित अवयवी तत्वों का अनुपात सदैव निश्चित रहता है।''

उदाहरण— CO_2 किसी भी विधि से बनाया या प्राप्त किया गया हो, इसके एक अणु 44.0 ग्राम में कार्बन व ऑक्सीजन के द्रव्यमान का अनुपात हमेशा 12:32 रहता है।

गुणित अनुपात का नियम
Law of Multiple Proportions

इसका प्रतिपादन **जॉन डाल्टन** (John Dalton) ने सन् 1803 में किया था। इसके अनुसार-''जब दो तत्व आपस में संयोग करके एक से अधिक यौगिक बनाते हैं, तब एक तत्व के समान द्रव्यमान से संयोग करने वाले दूसरे तत्व के द्रव्यमानों में एक सरल गुणित अनुपात होता है।''

उदाहरण—

यौगिक का नाम	अणुसूत्र	नाइट्रोजन का द्रव्यमान	हाइड्रोजन का द्रव्यमान
अमोनिया	NH_3	14	3
हाइड्रेजीन	N_2H_4	28 या 14	4 या 2

इन यौगिकों में नाइट्रोजन के निश्चित द्रव्यमान (14 ग्राम) से हाइड्रोजन के जो द्रव्यमान संयुक्त होते हैं, उनमें 3:2 का सरल अनुपात है।

तुल्य अनुपात का नियम
Law of Reciprocal Proportions

इसका प्रतिपादन जे. बी. रिश्टर (Richter) ने सन् 1792 में किया था। इसके अनुसार- ''दो तत्वों की भिन्न-भिन्न मात्राएँ, जो किसी तीसरे तत्व की निश्चित मात्रा से संयोग करती हैं, परस्पर या तो उसी अनुपात में संयोग करती हैं अथवा उस अनुपात की संख्या गुणक होती है''।

उदाहरण—कार्बन से अलग-अलग संयोग करके हाइड्रोजन व ऑक्सीजन क्रमशः मेथेन CH_4 व CO_2 बनाते हैं।

CH_4 में $C:H = 12:4$; CO_2 में $C:O = 12:32$

इन दोनों यौगिकों में कार्बन के निश्चित द्रव्यमान (12 ग्राम) से संयोग करने वाले हाइड्रोजन व ऑक्सीजन के द्रव्यमानों में 4:32 (या 1:8) का अनुपात है। अतः हाइड्रोजन व ऑक्सीजन जब भी संयोग करेगें, इनके द्रव्यमानों में परस्पर 1 : 8 का अथवा इसका सरल गुणित अनुपात होगा। जैसे-H_2O में हाइड्रोजन व ऑक्सीजन का अनुपात 2 : 16 होता है।

गै-लुसैक का आयतन सम्बन्धी नियम
Gay-Lussac's Law of Gaseous Volume

इसका प्रतिपादन गै-लुसैक ने सन् 1808 में किया था। इसके अनुसार- ''समान ताप और दाब पर अभिकारक तथा उत्पाद गैसों के आयतन सरल अनुपाती होते हैं।''

उदाहरण— $\underset{1\text{ आयतन}}{H_2(g)} + \underset{1\text{ आयतन}}{Cl_2(g)} \longrightarrow \underset{1\text{ आयतन}}{2HCl(g)}$

अभिकारक व उत्पाद गैसों में अनुपात = 1 : 1 : 2

आवोगाद्रो का नियम Avogadro's Law

निश्चित ताप और दाब पर, गैस का आयतन गैस के मोलों की संख्या के समानुपाती होता है। इस नियम के अनुसार,

$$V \propto n$$

(जहाँ, $n=$ गैस के मोलों की संख्या)

दूसरे शब्दों में, समान ताप और दाब पर सभी गैसों के समान आयतन में अणुओं की संख्या (या मोलों की संख्या) समान होती है। जो कि वास्तव में 6.023×10^{23} या इसका गुणांक होती है।

परमाणु तथा अणु Atom and Molecule

परमाणु किसी तत्व का वह अतिसूक्ष्म कण है, जो स्वतन्त्र अवस्था में रह सकता है, और नहीं भी, परन्तु रासायनिक अभिक्रिया में भाग ले सकता है।

अणु किसी तत्व या यौगिक का वह छोटे से छोटा कण है, जो स्वतन्त्र अवस्था में रह सकता है, परन्तु रासायनिक अभिक्रिया में भाग नहीं लेता है। **अणु** में उस तत्व अथवा यौगिक के सभी गुण विद्यमान रहते हैं। अणु व परमाणु दोनों पदार्थ के मुख्य अवयव हैं। परमाणु आपस में संयोग करके अणु बनाते हैं।

परमाण्विक तथा आण्विक द्रव्यमान
Atomic and Molecular Masses

परमाण्विक व आण्विकद्रव्यमान आजकल C-12 के सन्दर्भ में निकाला जाता है। जिनके आधार पर इनकी परिभाषाएँ निम्नलिखित हैं

परमाण्विक द्रव्यमान अथवा परमाणु भार
Atomic Mass or Atomic Weight

डाल्टन परमाण्वीय सिद्धान्त की प्रमुख संकल्पना आपेक्षिक परमाण्विक द्रव्यमान अथवा आपेक्षिक परमाणु भार है। इसमें एक निश्चित मानक के सन्दर्भ में किसी परमाणु के द्रव्यमान को व्यक्त किया जाता है।

वर्तमान मानक इकाई जिसका 1961 में अन्तर्राष्ट्रीकरण किया गया कार्बन पैमाने पर आधारित है। इसके अनुसार, किसी तत्व का परमाणु भार वह संख्या है जो यह प्रदर्शित करती है कि उस तत्व का एक औसत परमाणु कार्बन-12 समस्थानिक के एक परमाणु के द्रव्यमान के 1/12 से कितने गुना भारी है।

$$\text{तत्व का परमाणु भार} = \frac{\text{उस तत्व के औसत परमाणु का भार}}{\text{कार्बन - 12 के परमाणु का भार}} \times 12$$

एक परमाण्वीय द्रव्यमान इकाई (amu) C-12 समस्थानिक के 1 परमाणु के द्रव्यमान के 1/12वें भाग के बराबर होती है।

$$1 \text{ परमाण्वीय द्रव्यमान इकाई} = \frac{1}{12} \times C \text{ के एक परमाणु का द्रव्यमान}$$

$$= \frac{1}{12} \times \frac{12}{6.023 \times 10^{23}}$$

$$= 1.66 \times 10^{-24} \text{ ग्राम}$$

परमाण्वीय द्रव्यमान इकाई (amu) का SI प्रतीक u है।

चूँकि अधिकांश तत्वों के समस्थानिक होते हैं अत: इनका परमाणु भार, वास्तव में, उनके प्रकृति में उपस्थित सभी समस्थानिकों के परमाणु भारों का औसत होता है। इसे **औसत परमाणु** भार या **औसत परमाण्विक द्रव्यमान** कहते हैं।

यदि एक तत्व के तीन समस्थानिकों के परमाणु द्रव्यमान m_1, m_2 तथा m_3 हैं तथा इनका अनुपात x, y तथा z है तो औसत परमाणविक द्रव्यमान

$$M_{\text{औसत}} = \frac{m_1 \times x + m_2 \times y + m_3 \times z}{x + y + z}$$

यदि अनुपात के स्थान पर प्रकृति में इनकी आपेक्षिक उपस्थिति दी गई हो तो,

$$M_{\text{औसत}} = \frac{m_1 \times r_1 + m_2 \times r_2 + m_3 \times r_3}{r_1 + r_2 + r_3}$$

यहाँ, r_1, r_2, r_3 = समस्थानिकों की आपेक्षिक उपस्थिति

अणुभार अथवा आण्विक द्रव्यमान
Molecular Weight or Molecular Mass

यह किसी तत्व अथवा यौगिक का आण्विक द्रव्यमान इसके एक अणु के C-12 के एक परमाणु के द्रव्यमान के $\frac{1}{12}$ की तुलना में सापेक्ष भार है।

$$\text{अणुभार} = \frac{\text{पदार्थ के एक अणु का भार}}{\frac{1}{12} \times \text{C-12 के परमाणु का भार}}$$

किसी पदार्थ का अणुभार योगात्मक गुणधर्म है अर्थात् पदार्थ के एक अणु में उपस्थित सभी तत्वों के परमाणु भारों को जोड़ने पर भी उस पदार्थ का अणुभार ज्ञात हो जाता है।

उदाहरण—ग्लूकोस ($C_6H_{12}O_6$) का अणुभार

$$= 6(12.011\text{u}) + 12(1.008\text{u}) + 6(16.00\text{u})$$
$$= (72.066\text{u}) + (12.096\text{u}) + (96.00\text{u}) = 180.162\text{u}$$

तुल्यांकी द्रव्यमान अथवा तुल्यांकी भार
Equivalent Mass or Equivalent Weight

"किसी पदार्थ का तुल्यांकी भार वह संख्या है जो यह बताती है कि उसके कितने भाग भारानुसार हाइड्रोजन के 1.008 भाग, ऑक्सीजन के 8 भाग, क्लोरीन के 35.5 भाग से संयोग करते हैं, या उनको अन्य पदार्थों में से मुक्त करते हैं। गणितीय रूप से,

$$\frac{\text{पदार्थ } A \text{ का तुल्यांकी भार}}{\text{पदार्थ } B \text{ का तुल्यांकी भार}} = \frac{\text{पदार्थ } A \text{ का भार}}{\text{पदार्थ } B \text{ का भार}}$$

(i) यदि A धातु है तथा B H (अथवा O या Cl) है, तब धातु का तुल्यांकी भार

$$= \frac{\text{धातु का भार}}{\text{विस्थापनीय H का भार}} \times 1.008$$

$$= \frac{\text{धातु का भार}}{\text{जुड़ी ऑक्सीजन का भार}} \times 8.0$$

$$= \frac{\text{धातु का भार}}{\text{जुड़ी क्लोरीन का भार}} \times 35.5$$

(ii) अम्ल का तुल्यांकी भार $= \frac{\text{अम्ल का अणुभार}}{\text{क्षारकता (विस्थापनीय } H^+ \text{ की संख्या)}}$

उदाहरण— H_2SO_4 का तुल्यांकी भार $= \frac{98}{2} = 49$

(iii) क्षार का तुल्यांकी भार $= \frac{\text{क्षार का अणुभार}}{\text{अम्लता (विस्थापनीय } OH^- \text{ की संख्या)}}$

उदाहरण— NaOH का तुल्यांकी भार $= \frac{40}{1} = 40$

(iv) लवण का तुल्यांकी भार

$$= \frac{\text{लवण का अणुभार}}{\text{अम्लीय या क्षारीय मूलक पर उपस्थित कुल आवेश}}$$

उदाहरण— NaCl का तुल्यांकी भार $= \frac{58.5}{1} = 58.5$

Na_2CO_3 का तुल्यांकी भार $= \frac{106}{2} = 53$

(v) ऑक्सीकारक या अपचायक का तुल्यांकी भार

$$= \frac{\text{अणुभार}}{\text{किसी तत्व की प्रति परमाणु ऑक्सीकारक संख्या में परिवर्तन}}$$

$$= \frac{\text{अणुभार}}{\text{किसी अणु द्वारा ग्रहण किए गए या त्यागे गये इलेक्ट्रानों की संख्या}}$$

उदाहरण— जब $KMnO_4$ अम्लीय परिस्थिति में अभिक्रिया करता है तो ऑक्सीकरण संख्या में (+ 7 से + 2) 5 का परिवर्तन होता है,

अत: अम्लीय माध्यम में $KMnO_4$ का तुल्यांकी भार $= \frac{158}{5} = 31.6$

मोल संकल्पना के आधार पर निम्न बिन्दु दिए गए हैं

1. सभी को समान इकाई में परिवर्तित करें अर्थात् मोल/परमाणु/द्रव्यमान तथा इसके पश्चात् तुलना करें।
2. मोल $\propto$ अणु

(i) ऑस्टवाल्ड ने सन् 1896 में पहली बार मोल शब्द दिया था। लैटिन में जिसका अर्थ है ढेर या समुदाय। SI प्रणाली द्वारा इसे सन् 1967 में रासायनिक पदार्थ के मात्रक के रूप में स्वीकार किया।

(ii) पदार्थ की वह मात्रा जिसमें कार्बन-12 के 12 ग्राम में उपस्थित परमाणुओं के बराबर पदार्थ के कण उपस्थित होते हैं, पदार्थ का **एक मोल** कहलाती है। कार्बन-12 के 12 ग्राम में 6.023×10^{23} परमाणु (N_A आवोगाद्रो संख्या) होते हैं अत: "किसी पदार्थ की वह मात्रा जिसमें उसके 6.023×10^{23} कण उपस्थित होते हैं पदार्थ का 1 मोल कहलाती है" यहाँ कण से अभिप्राय परमाणु, अणु, आयन, इलेक्ट्रॉन, प्रोटॉन, न्यूट्रॉन आदि से है।

अत: $\frac{\text{कणों की संख्या}}{\text{मोलों की संख्या}} = 6.023 \times 10^{23}$

(कण = आयन, परमाणु, इलेक्ट्रॉन, प्रोटॉन, न्यूट्रॉन आदि)

(iii) किसी भी तत्व का प्रतीक (Symbol) अथवा यौगिक का अणुसूत्र (Molecular formula) उसके एक मोल को व्यक्त करता है।

(iv) किसी तत्व का प्रतीक उसके परमाणु भार को तथा यौगिक का अणुसूत्र उसके अणुभार को ग्राम में व्यक्त करता है।

1 मोल = 1 ग्राम कण = 6.023×10^{23} कण

1 मोल = 1 ग्राम अणु = 6.023×10^{23} अणु

1 मोल = 1 ग्राम परमाणु = 6.023×10^{23} परमाणु

1 मोल = 1 ग्राम आयन = 6.023×10^{23} आयन

उदाहरण— $H_2O = 1$ मोल = 1 ग्राम अणु = 18 ग्राम
= 6.023×10^{23} अणु

(v) "समान ताप व दाब पर सभी गैसों के समान आयतन में अणुओं की संख्या समान होती है" अर्थात् $V \propto n$, जहाँ, n = गैस के अणुओं या मोलों की संख्या (आवोगाद्रो परिकल्पना)

(vi) सा ता दा या मा ता दा पर, 1 मोल गैस का आयतन 22.4 लीटर होता है जिसे मोलर आयतन या ग्राम अणु आयतन भी कहते हैं।

सा ता दा या मा ता दा पर भी **22.4** लीटर गैस में कणों की संख्या 6.023×10^{23} $(= N_A)$ होती है।

उदाहरण — सा. ता. दा. पर 1 मोल नाइट्रोजन गैस
= 22.4 लीटर (आयतन)
= 6.023×10^{23} अणु

मोलर द्रव्यमान तथा मोलर आयतन
Molar Mass and Molar Volume

किसी तत्व के एक मोल का द्रव्यमान उस तत्व का मोलर द्रव्यमान (molar mass) कहलाता है अर्थात् 6.023×10^{23} कणों का द्रव्यमान, मोलर द्रव्यमान होता है। उदाहरण—

(i) ऑक्सीजन का मोलर द्रव्यमान = 32 ग्राम/मोल
अर्थात् ऑक्सीजन के 6.023×10^{23} अणुओं का द्रव्यमान 32 ग्राम है।

(ii) Na का मोलर द्रव्यमान = 2.3 ग्राम/मोल
अर्थात् सोडियम के 6.023×10^{23} एक-परमाणुक अणुओं का द्रव्यमान 23 ग्राम है।

किसी पदार्थ के एक मोल का आयतन उस तत्व का **मोलर आयतन** (molar volume) कहलाता है। ठोसों व द्रवों के मोलर आयतन, ताप व दाब के साथ बहुत अधिक परिवर्तित नहीं होते हैं। अत: इनके मोलर आयतन की गणना आसानी से की जा सकती है।

$$\text{मोलर आयतन} = \frac{\text{मोलर द्रव्यमान}}{\text{घनत्व}}$$

गैसों के मोलर आयतन, ताप व दाब के साथ परिवर्तित होते हैं। किसी आदर्श गैस का मोलर आयतन, 0°C ताप व 1 वायुमण्डलीय दाब पर 22.4 लीटर होता है।

यौगिकों का प्रतिशत संघटन
Percentage Composition of Compounds

किसी यौगिक का प्रतिशत संघटन तत्व के आपेक्षिक द्रव्यमान के 100 वें भाग के बराबर होता है। यह आसानी से यौगिक के सूत्र से ज्ञात किया जाता है।

$$\text{तत्व का \% द्रव्यमान} = \frac{\text{यौगिक में तत्व का द्रव्यमान}}{\text{यौगिक का मोलर द्रव्यमान}} \times 100$$

मूलानुपाती सूत्र तथा अणुसूत्र
Empirical and Molecular Formulae

मूलानुपाती सूत्र वह सरल सूत्र है, जो किसी यौगिक के अणु में उपस्थित विभिन्न तत्वों के परमाणुओं की आपेक्षिक संख्या को अर्थात् परमाणुओं के सरल अनुपात को प्रदर्शित करता है।

किसी पदार्थ का अणु सूत्र वह सूत्र है, जो किसी पदार्थ के एक अणु में उपस्थित विभिन्न तत्वों के परमाणुओं की वास्तविक संख्या को व्यक्त करता है किसी पदार्थ का अणुसूत्र सामान्यतया मूलानुपाती सूत्र का पूर्ण गुणक होता है।

किसी भी पदार्थ के अणुसूत्र से निम्न दो जानकारियाँ प्राप्त होती हैं

1. अणु में उपस्थित प्रत्येक प्रकार के परमाणुओं की आपेक्षिक संख्या।
2. अणु में उपस्थित प्रत्येक तत्व के परमाणुओं की कुल संख्या।

सीमान्त अभिकारक अथवा अभिकर्मक
Limiting Reactant or Reagent

जिन अभिक्रियाओं में दो या दो से अधिक अभिकारक होते हैं उनमें एक अभिकारक पूर्णरूप से अभिक्रिया में प्रयुक्त हो जाता है तथा शेष अभिकारकों की अप्रयुक्त मात्राएँ शेष रह जाती हैं। अभिकारकों की शेष मात्राएँ तथा उत्पादों की मात्राओं की गणना के लिए उस पदार्थ की मात्रा प्रयुक्त की जाती है जो अभिक्रिया में पूर्ण रूप से प्रयुक्त हो जाता है।

इस पदार्थ को सीमान्त अभिकारक अथवा अभिकर्मक कहते हैं। सीमान्त अभिकर्मक अभिक्रिया में बने उत्पाद की मात्रा को निर्धारित (या नियन्त्रित) करता है।

उदाहरण—किसी रासायनिक अभिक्रिया में 10 मोल H_2 व 7 मोल O_2 हैं।

	$2H_2(g)$	$+ O_2(g) \longrightarrow$	$2H_2O(l)$
अभिक्रिया से पहले	10	7	0
अभिक्रिया के बाद	0	2	10

5 मोल के O_2 के प्रयुक्त होने पर अभिक्रिया रूक जाती है तथा अभिक्रिया के पश्चात् H_2 नहीं बचती है इस प्रकार हाइड्रोजन इस क्रिया में सीमान्त अभिकर्मक है।

पुन: एक सीमान्त अभिकारक एक ऑटोमोबाइल फैक्ट्री में एक पुर्जे के समान है। यदि 1000 हेडलाइट तथा 600 कार बॉडी हैं तो ऑटोमोबाइल की अधिकतम संख्या हेडलाइटों की संख्या पर निर्भर करती है क्योंकि प्रत्येक कार बॉडी में दो हेडलाइटों की आवश्यकता होती है तथा हेडलाइट केवल 500 कारों के लिए उपलब्ध है। अत: हेडलाइट सीमान्त अभिकर्मक का कार्य करती है।

अभ्यास प्रश्न

1. ऐसे ठोस, जो गैसों की चालक अवस्था (Conducting stage) के समान होते हैं तथा मुक्त इलेक्ट्रॉन रखते हैं, ... कहलाते हैं।
(a) सॉल अवस्था (b) जैल अवस्था
(c) प्लाज्मा अवस्था (d) ये सभी

2. द्रव्य वह है जो ...*A*... घेरता है तथा ...*B*...रखता है। यहाँ *A* तथा *B* हैं
(a) घनत्व तथा भार (b) आयतन तथा भार
(c) स्थान तथा भार (d) इनमें से कोई नहीं

3. द्रव्य का सबसे सूक्ष्मतम कण जो रासायनिक अभिक्रिया में भाग ले सकता है, कहलाता है
(a) परमाणु (b) अणु
(c) (a) तथा (b) दोनों (d) इनमें से कोई नहीं

4. एक यौगिक के सन्दर्भ में निम्नलिखित में से कौन-सा कथन सत्य नहीं है?
(a) यौगिक के अणु में विभिन्न तत्वों के परमाणु हो सकते हैं
(b) पृथक्करण की भौतिक विधियों द्वारा यौगिक के अवयव तत्वों को पृथक् नहीं किया जा सकता
(c) यौगिक में उसके अवयवी तत्वों के भौतिक गुणधर्म विद्यमान होते हैं
(d) यौगिक में विभिन्न तत्वों के परमाणुओं का अनुपात स्थिर होता है

5. निम्नलिखित में से कौन-सा एक मिश्रण नहीं है?
(a) गैसोलीन (b) आसुत ऐल्कोहॉल
(c) LPG (d) आयोडीनीकृत टेबिल लवण

6. मापा गया एक तापमान फॉरेनहाइट पैमाने पर 200° फॉरेनहाइट है। सेल्सियस पैमाने पर यह पाठयांक कितना होगा?
(a) 40° C (b) 94° C (c) 93.3° C (d) 30° C

7. मात्रक जूल-पास्कल$^{-1}$ तुल्य है
(a) मीटर^3
(b) सेमी^{3}
(c) डेसीमी^{3}
(d) इनमें से कोई नहीं

8. निम्नलिखित को मूल मात्रकों में परिवर्तित कीजिए
(i) 287.5 पिकोमी (ii) 15.15 माइक्रो सेकण्ड
(iii) 25365 किग्रा
सही उत्तर है
(a) 28.7×10^{-11}, 1.515×10^{-6}, 2.5365×10^{-3}
(b) 2.87×10^{-11}, 1.515×10^{-5}, 2.5365×10^{-2}
(c) 2.87×10^{-10}, 1.515×10^{-5}, 2.5365×10^{-3}
(d) 28.7×10^{-10}, 1.515×10^{-6}, 2.5365×10^{-2}

9. निम्नलिखित संख्याओं में से किसमें सभी शून्य सार्थक हैं?
(a) 0.500 (b) 30.000
(c) 0.00030 (d) 0.0050

10. गुणन या भाग में उत्तर के सार्थक अंकों की संख्या .... परिशुद्ध माप में सार्थक अंकों की संख्या के समान होनी चाहिए।
(a) अधिकतम (b) 3 (c) 2 (d) न्यूनतम

11. निम्नलिखित परिकलनों के उत्तर में से किसमें सबसे कम सार्थक अंक है?
(a) $\dfrac{0.02856\times298.15\times0.112}{0.5785}$
(b) 5×5.364
(c) $0.0125+0.7864+0.0215$
(d) सभी समान सार्थक अंकों को रखते हैं

12. आवोगाद्रो संख्या में सार्थक अंकों की संख्या है
(a) चार (b) दो
(c) तीन (d) इनमें से कोई भी

13. कार्बन डाइऑक्साइड कार्बन के 27.27% रखता है, कार्बन डाइसल्फाइड कार्बन के 15.79% रखता है तथा सल्फर डाइऑक्साइड सल्फर के 50% रखता है। यह ऑकड़े दर्शाते हैं
(a) द्रव्यमान संरक्षण का नियम (b) स्थिर अनुपात का नियम
(c) गुणित अनुपात का नियम (d) तुल्य अनुपात का नियम

14. यदि $NaHCO_3$ के 6.3 ग्राम को 15.0 ग्राम CH_3COOH विलयन में मिलाया गया तो अवशेष का भार 18.0 ग्राम पाया गया। अभिक्रिया में मुक्त CO_2 का द्रव्यमान क्या है?
(a) 4.5 ग्राम (b) 3.3 ग्राम
(c) 2.6 ग्राम (d) 2.8 ग्राम

15. हाइड्रेजीन के अन्दर, नाइट्रोजन का द्रव्यमान अमोनिया में नाइट्रोजन के द्रव्यमान से प्रतिग्राम हाइड्रोजन 1.5 गुना है। यह तथ्य व्यक्त करता है
(a) भार की अविनाशिता के नियम को
(b) नाइट्रोजन की बहुसंयोजकता को
(c) गुणित अनुपात के नियम को
(d) स्थिर अनुपात के नियम को

16. जिंक सल्फेट के क्रिस्टल में 22.65% Zn तथा 43.9% क्रिस्टलीकरण H_2O है। यदि स्थिर अनुपात का नियम सही है तो 20 ग्राम किस्टल को उत्पन्न करने के लिए कितने ग्राम जिंक आवश्यक होगा?
(a) 45.3 ग्राम (b) 4.52 ग्राम
(c) 0.453 ग्राम (d) 453 ग्राम

17. STP पर CH_4 गैस के 112 सेमी^{3} का द्रव्यमान है
(a) 0.16 ग्राम (b) 0.8 ग्राम (c) 0.08 ग्राम (d) 1.6 ग्राम

18. 1.0 ग्राम डाइऑक्सीजन, 1.0 ग्राम परमाण्विक ऑक्सीजन तथा 1.0 ग्राम ओजोन में से किसमें अणुओं की संख्या अधिकतम है?
(a) 1.0 ग्राम परमाण्विक ऑक्सीजन
(b) 1.0 ग्राम ओजोन
(c) 1.0 ग्राम ऑक्सीजन गैस
(d) सभी परमाणुओं की समान संख्या रखते हैं

19. कमरे के ताप पर जल की एक बूँद आयतन (0.0018 मिली) में उपस्थित जल के अणुओं की संख्या है
(a) 6.023×10^{19} (b) 1.084×10^{18}
(c) 4.84×10^{17} (d) 6.023×10^{23}

20. सोडियम फेरोसायनाइड के 2 मोल में सोडियम परमाणुओं की संख्या है
(a) 12×10^{23} (b) 26×10^{23}
(c) 34×10^{23} (d) 48×10^{23}

21. कार्बन पेन्सिल से लिखे गए एक हस्ताक्षर का भार 1 मिग्रा है। हस्ताक्षर में उपस्थित कार्बन परमाणुओं की संख्या क्या है?
(a) 6.02×10^{20} (b) 0.502×10^{20}
(c) 5.02×10^{23} (d) 5.02×10^{20}

22. एक ^{12}C परमाणु का द्रव्यमान ग्राम में क्या होगा?
(a) 6.02×10^{23} (b) 1.6×10^{-19}
(c) 1.99×10^{-23} (d) 1.67×10^{-23}

23. AlF_3 का एक नमूना 3.0×10^{24} F^- आयनों को रखता है। इस नमूने की सूत्र इकाइयों की संख्या है
(a) 9.0×10^{24} (b) 3.0×10^{24}
(c) 0.75×10^{24} (d) 1.0×10^{24}

24. निम्नलिखित में से परमाणुओं की संख्या अधिकतम होगी?
(a) 1 ग्राम Au (ठोस) (b) 1 ग्राम Na (ठोस)
(c) 1 ग्राम Li (ठोस) (d) 1 ग्राम Cl_2 (गैस)

25. एक स्मगलर से सोने के 19.7 क्रिग्रा को जब्त किया गया। सोने के कितने परमाणुओं को जब्त किया गया। (Au = 197)?
(a) 100 (b) 6.02×10^{23}
(c) 6.02×10^{24} (d) 6.02×10^{25}

26. वायु का अणुभार होगा। (वायु के संघटक इस प्रकार हैं N_2 – 78%, O_2 – 21%, Ar – 0.9% तथा CO_2 – 0.1%)
(a) 18.64 (b) 24.968 (c) 28.766 (d) 29.864

27. CO_2 के 200 मिग्रा से 10^{21} अणुओं को अलग करने के पश्चात् बचे मोलों की संख्या की गणना कीजिए।
(a) 0.00454 (b) 0.00166
(c) 2.8×10^{-3} (d) इनमें से कोई नहीं

28. एक तत्व X के एक परमाणु का भार 6.643×10^{-23} ग्राम है। 20 किग्रा में परमाणु के मोलों की संख्या है
(a) 140 (b) 150 (c) 250 (d) 500

29. निम्नलिखित में से कौन-सा परमाणुओं की अधिकतम संख्या को रखता है?
(a) 52 मोल Ar
(b) 52 u H_2
(c) 52 ग्राम He
(d) सभी समान परमाणुओं की संख्या रखते हैं

30. कॉपर सल्फेट पेन्टाहाइड्रेट के एक नमूने में 8.64 ग्राम ऑक्सीजन है। इस नमूने में कॉपर की कितनी मात्रा ग्राम में होगी? (परमाणु भार Cu = 63.6, S = 32.06, O = 16)
(a) 0.952 ग्राम (b) 3.816 ग्राम
(c) 3.782 ग्राम (d) 8.64 ग्राम

31. Mg, In व S के प्रत्येक एक ग्राम में $MgIn_2S_4$ के कितने मोल प्राप्त होंगे? (परमाणु भार Mg = 24, In = 114.8, S = 32)
(a) 6.47×10^{-4} (b) 3.0×10^{-1}
(c) 9.17×10^{-2} (d) 8.7×10^{-3}

32. यदि एक आयोडीन नमक 1% KI को रखता है तथा एक व्यक्ति 2 ग्राम नमक प्रतिदिन लेता है तो उसके शरीर में प्रतिदिन जा रहे आयोडीन आयनों की लगभग संख्या होगी।
(a) 7.2×10^{21} (b) 7.2×10^{19}
(c) 3.6×10^{21} (d) 9.5×10^{19}

33. यदि जल का घनत्व 1 ग्राम सेमी$^{-3}$ है तो जल के एक अणु द्वारा घेरा गया लगभग आयतन है
(a) 18 सेमी^{3} (b) 22400 सेमी^{3}
(c) 6.02×10^{-23} सेमी^{3} (d) 3.0×10^{-23} सेमी^{3}

34. एक तत्व का कौन-सा गुण हमेशा एक ही पूर्ण संख्या होता है?
(a) परमाणु आयतन (b) परमाणु भार
(c) परमाणु संख्या (d) तुल्यांकी भार

35. एक यौगिक का मूलानुपाती सूत्र एवं आण्विक द्रव्यमान क्रमश: CH_2O एवं 180 ग्राम मोल$^{-1}$ हैं। इस यौगिक का आण्विक सूत्र क्या होगा?
(a) $C_9H_{18}O_9$ (b) CH_2O (c) $C_6H_{12}O_6$ (d) $C_2H_4O_2$

36. $X + 2Y \longrightarrow Z$ अभिक्रिया के लिए X के 5 मोल तथा Y के 9 मोल उत्पन्न करेंगे।
(a) Z के 5 मोल (b) Z के 8 मोल
(c) Z के 14 मोल (d) Z के 4 मोल

37. सोडियम सल्फेट, Na_2SO_4 में उपस्थित Na के द्रव्यमान प्रतिशत की गणना कीजिए।
(a) 32.37 (b) 22.57 (c) 16.18 (d) 45.06

38. यदि $BaCl_2$ के 0.5 मोल को Na_3PO_4 के 0.2 मोल के साथ मिश्रित करते हैं तो $Ba_3(PO_4)_2$ के बने अधिकतम मोलों की संख्या है
(a) 0.7 (b) 0.5 (c) 0.03 (d) 0.10

39. निम्न अभिक्रिया में आयोडीन का तुल्यांकी भार बराबर होगा

$$I_2 + 2S_2O_3^{2-} \longrightarrow 2I^- + S_4O_6^{2-}$$

(a) अणुभार के बराबर (b) अणुभार का आधा
(c) अणुभार का 1/4 भाग (d) अणुभार का दोगुना

40. 2.76 ग्राम सिल्वर कार्बोनेट को तीव्र गर्म करने पर बने हुए अवशेष का भार होगा।
(a) 3.54 ग्राम (b) 3.0 ग्राम
(c) 1.36 ग्राम (d) 2.16 ग्राम

41. एक कार्बनिक यौगिक 20.0% C, 6.66% H, 47.33% N तथा शेष ऑक्सीजन रखता है। इसका मोलर द्रव्यमान 60 ग्राम मोल$^{-1}$ है। यौगिक का अणुसूत्र है
(a) CH_4N_2O (b) $C_2H_4N_2O$
(c) CH_3N_2O (d) $CH_4N_2O_2$

42. निम्नलिखित अभिक्रिया में,

$$MnO_2 + 4HCl \longrightarrow MnCl_2 + 2H_2O + Cl_2$$

2 मोल MnO_2, 4 मोल HCl के साथ क्रिया कर मा ता दा पर 11.2 ली पर 11.2 L Cl_2 बनाता है। अत: Cl_2 का लब्धि (yield) प्रतिशत है
(a) 25% (b) 50%
(c) 100% (d) 75%

43. माना एक अभिक्रिया $A + B_2 \longrightarrow AB_2$ है। निम्नलिखित अभिक्रिया मिश्रणों में से किसमें A सीमान्त अभिकर्मक के समान कार्य करता है

(a) A के 300 परमाणु + B के 200 अणु
(b) 2 मोल A + 3 मोल B
(c) A के 100 परमाणु + B के 100 अणु
(d) A के 5 मोल + B के 2.5 मोल

44. एक तत्व के एक परमाणु का भार 1.8×10^{-22} ग्राम है। इसका परमाणु भार है

(a) 29.9 (b) 18
(c) 108.36 (d) 154

45. आयरन के ऑक्साइड का आण्विक सूत्र ज्ञात कीजिए जिसमें आयरन तथा ऑक्सीजन के द्रव्यमान प्रतिशत क्रमश: 69.9 ग्राम तथा 30.1 ग्राम है।
ऑक्साइड का मोलर द्रव्यमान 159.89 मोल$^{-1}$ दिया गया है।

(a) FeO (b) FeO_2
(c) Fe_2O_3 (d) Fe_3O_2

46. आर्सेनिक दो ऑक्साइड बनाता है, जिनमें से एक तत्व का 65.2% तथा अन्य 75.7% रखता है। अत: आर्सेनिक के तुल्यांकी द्रव्यमानों का अनुपात है।

(a) 1:2 (b) 3:5 (c) 13:15 (d) 2:1

47. क्लोरीन का तुल्यांकी भार 35.5 है तथा कॉपर का परमाणु भार 63.5 है। कॉपर क्लोराइड का तुल्यांकी भार 99.0 है। अत: कॉपर क्लोराइड का सूत्र है

(a) $CuCl$ (b) Cu_2Cl
(c) $CuCl_2$ (d) इनमें से कोई नहीं

48. इन्सुलिन 3.4% सल्फर रखता है। इन्सुलिन का न्यूनतम अणुभार क्या होगा?

(a) 94.117 (b) 1884
(c) 941.176 (d) 976

49. एक धातु के दो ऑक्साइड धातु (M) को क्रमश: 50% तथा 40% रखते हैं। यदि प्रथम ऑक्साइड का सूत्र MO_2 है, तो द्वितीय ऑक्साइड का सूत्र होगा

(a) MO_2 (b) MO_3
(c) M_2O (d) M_2O_5

50. यदि डाइहाइड्रोजन गैस के 10 आयतन डाइऑक्सीजन गैस के 5 आयतनों के साथ अभिक्रिया करें, तो जलवाष्प के कितने आयतन प्राप्त होंगे?

(a) 5 (b) 10 (c) 2 (d) 20

51. 20% अशुद्धियों से युक्त 100 टन Fe_2O_3, H_2 के साथ अपचयन करने पर आयरन देगा

(a) 112 टन (b) 80 टन
(c) 160 टन (d) 56 टन

52. Zn धातु तथा आयोडीन के समान भारों को एक-साथ मिश्रित किया गया तथा I_2 पूर्ण रूप से ZnI_2 में परिवर्तित हो गई। मूल Zn का भार के अनुसार कितना अंश बिना क्रिया के रह गया। (Zn = 65, I = 127)

(a) 0.34 (b) 0.74
(c) 0.84 (d) बताया नहीं जा सकता

53. x ग्राम क्रिस्टलीय कॉपर सल्फेट को KI आधिक्य में मिलाने पर प्राप्त आयोडीन को 100 मिली 0.1 N हाइपो, रंगहीन कर देता है। x का मान होगा। ($CuSO_4 \cdot 5H_2O$ का अणुभार = 250)

(a) 5.0 ग्राम (b) 1.25 ग्राम
(c) 2.5 ग्राम (d) 4 ग्राम

54. विश्लेषण पर एक निश्चित यौगिक में आयोडीन तथा ऑक्सीजन को आयोडीन (परमाणु भार 127) के 254 ग्राम तथा ऑक्सीजन (परमाणु भार 16) के 80 ग्राम के अनुपात में पाया गया। यौगिक का सूत्र क्या है?

(a) IO (b) I_2O
(c) I_5O_3 (d) I_2O_5

उत्तरमाला

1.	(c)	2.	(c)	3.	(a)	4.	(c)	5.	(b)	6.	(c)	7.	(a)	8.	(b)	9.	(b)	10.	(d)
11.	(a)	12.	(a)	13.	(d)	14.	(b)	15.	(c)	16.	(b)	17.	(c)	18.	(a)	19.	(a)	20.	(d)
21.	(b)	22.	(c)	23.	(d)	24.	(c)	25.	(d)	26.	(c)	27.	(c)	28.	(d)	29.	(c)	30.	(b)
31.	(c)	32.	(b)	33.	(d)	34.	(c)	35.	(c)	36.	(d)	37.	(a)	38.	(d)	39.	(b)	40.	(d)
41.	(a)	42.	(b)	43.	(b)	44.	(c)	45.	(c)	46.	(b)	47.	(a)	48.	(c)	49.	(b)	50.	(b)
51.	(d)	52.	(b)	53.	(c)	54.	(d)												

उत्तर व्याख्या सहित

4. *(c)* एक यौगिक के गुण अवयवी तत्वों से भिन्न होते हैं।

6. *(c)* $°F = \frac{9}{5}\ t°C + 32$

$$200 - 32 = \frac{9}{5}\ t°C;\ \frac{9}{5}\ t°C = 168$$

$$t°C = \frac{168 \times 5}{9} = 93.3°C$$

7. *(a)* $\text{जूल पास्कल}^{-1} = \frac{\text{जूल}}{\text{पास्कल}} = \frac{\text{कार्य}}{\text{दाब}} = \frac{\text{न्यूटन मी}}{\text{न्यूटन / मी}^2} = \text{मी}^3$

8. *(b)* (a) 28.7 पिकोमी $2 \times \frac{10^{-12}\ \text{मी}}{1\ \text{पिकोमी}} = 2.87 \times 10^{-11}$ मी

(b) 15.15 माइक्रो सेकण्ड $\times \frac{10^{-6}\ \text{सेकण्ड}}{1\ \text{माइक्रो सेकण्ड}} = 1.515 \times 10^{-5}$ सेकण्ड

(c) 25365 मिग्रा $\times \frac{1\ \text{ग्राम}}{1000\ \text{मिग्रा}} \times \frac{1\ \text{किग्रा}}{1000\ \text{ग्राम}} = 2.5365 \times 10^{-2}$ किग्रा

11. *(a)*

(a) गुणा तथा भाग में न्यूनतम यथार्थ संख्या 0.112 में 3 सार्थक अंक हैं। अतः परिणाम में 3 सार्थक अंक होने चाहिए।

(b) गुणा में, 5 यथार्थ अंक हैं तथा दूसरी संख्या में 4 सार्थक अंक हैं अतः परिणाम में 4 सार्थक अंक होने चाहिए।

(c) जोड़ (अथवा घटा) में, परिणाम में दशमलव के पश्चात् जोड़ने (अथवा घटाने) वाली किसी भी संख्या से अधिक अंक नहीं होने चाहिए अतः परिणाम में 4 सार्थक अंक होने चाहिए।

13. *(d)* CS_2 में C:S द्रव्यमान अनुपात 15.79:84.21 है।

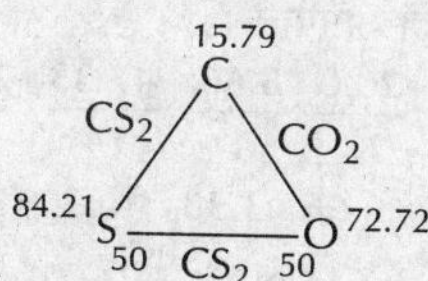

कार्बन के 15.79 भाग जुड़ते हैं = 84.21 सल्फर से

∴ कार्बन के 27.27 भाग जुड़ेगें

$= \frac{84.21}{15.79} \times 27.27$ सल्फर से = 145.434 सल्फर से

अतः S: O का अनुपात 145.434:72.73 अर्थात् 2:1 है। SO_2 में S:O का अनुपात (1:1) है।

चूँकि S:O का अनुपात एक सरल पूर्ण संख्या अनुपात है अतः तुल्य अनुपात का नियम सिद्ध होता है।

14. *(b)* द्रव्यमान संरक्षण नियम के अनुसार,

अभिकारकों का द्रव्यमान = उत्पादों का द्रव्यमान

∴ $6.3 + 15.0 = 18.0 + x$

अथवा $x = 21.3 - 18.0 = 3.3$ ग्राम

15. *(c)* चूँकि हाइड्रेजीन तथ अमोनिया में नाइट्रोजन के द्रव्यमानों का अनुपात प्रति ग्राम हाइड्रोजन है $= 1\frac{1}{2} : 1 = \frac{3}{2} : 1 = 3:2$

अर्थात् यह गुणित अनुपात के नियम को व्यक्त करता है।

16. *(b)* ∴ 100 ग्राम जिंक सल्फेट क्रिस्टल में Zn की मात्रा = 22.65

∴ 20 ग्राम जिंक सल्फेट क्रिस्टल को बनाने के लिए आवश्यक जिंक की मात्रा $= \frac{22.65}{100} \times 20 = 4.53$ ग्राम

17. *(c)* ∵ 22400 सेमी^{3} CH_4 का द्रव्यमान = 16 ग्राम

∴ 112 सेमी^{3} CH_4 का द्रव्यमान $= \frac{16 \times 112}{22400} = 0.08$ ग्राम

18. *(a)* अणुओं की संख्या $= \frac{\text{द्रव्यमान} \times N_A}{\text{मोलर द्रव्यमान}}$

19. *(a)* मोलों की संख्या $= \frac{\text{भार}}{\text{अणुभार}} = \frac{0.0018}{18} = 1 \times 10^{-4}$

[∵ 0.0008 मिली = 0.0018 ग्राम]

∴ जल के अणुओं की संख्या $= 1 \times 10^{-4} \times 6.02 \times 10^{23}$

$= 6.023 \times 10^{19}$

21. *(b)* C परमाणुओं की संख्या $= \frac{1 \times 10^{-3}}{12} \times N_A = 0.50 \times 10^{20}$

22. *(c)* ^{12}C के 1 परमाणु का द्रव्यमान $= \frac{\text{C का परमाणु द्रव्यामान}}{\text{आवोगाद्रो संख्या}}$

$= \frac{12\ \text{ग्राम}}{6.022 \times 10^{23}} = 1.9927 \times 10^{-23}$ ग्राम

23. *(d)* $3F^- \equiv 1$ सूत्र इकाई (AlF_3)

$3.0 \times 10^{24} F^- = 1 \times 10^{24}$ सूत्र इकाई (AlF_3)

24. *(c)* (a) 1 ग्राम Au $= \frac{1}{197}$ मोल Au परमाणु

$= \frac{1}{197} \times 6.022 \times 10^{23}$ Au परमाणु

(b) 1 ग्राम Na $= \frac{1}{23}$ मोल Na परमाणु

$= \frac{1}{23} \times 6.022 \times 10^{23}$ Na परमाणु

(c) 1 ग्राम Li $= \frac{1}{7}$ मोल Li परमाणु $= \frac{1}{7} \times 6.022 \times 10^{23}$ Li परमाणु

(d) 1 ग्राम $Cl_2 = \frac{1}{71}$ मोल Cl_2 अणु $= \frac{1}{71} \times 6.022 \times 10^{23}$ Cl_2 अणु

$= \frac{2}{71} \times 6.022 \times 10^{23}$ Cl परमाणु

(∵ क्लोरीन के 1 अणु में 2 परमाणु होते हैं।)

अतः 1 ग्राम Li में परमाणुओं की संख्या सबसे अधिक होगी।,

नोट यदि कोई पदार्थ परमाणवीय अवस्था में पाया जाता है तो यह मोल परमाणु प्रदर्शित करता है तथा यदि पदार्थ आण्विक अवस्था में पाया जाता है तो यह मोल अणु प्रदर्शित करता है।

26. *(c)* वायु में, N_2 का अणुभार $= \frac{28 \times 78}{100} = 21.84$

O_2 का अणुभार $= \frac{32 \times 21}{100} = 6.72$

Ar का अणुभार $= \frac{18 \times 0.9}{100} = 0.162$

CO_2 का अणुभार $= \frac{44 \times 0.1}{100} = 0.044$

अतः वायु का अणुभार = 21.84 + 6.72 + 0.162 + 0.044

= 28.766

27. (c) CO_2 का अणुभार $= 12 + 32 = 44$

CO_2 के 44 ग्राम रखते हैं $= 6.023 \times 10^{23}$ अणु

CO_2 के 0.2 ग्राम रखते हैं $= \frac{6.023 \times 10^{23}}{44} \times 0.2$

$= 0.0273 \times 10^{23} = 2.73 \times 10^{21}$

यदि 10^{21} अणुओं को अलग कर दिया है, तो अणुओं की संख्या $= 1.73 \times 10^{21}$

$\because$ 6.023×10^{23} अणु = 1 मोल

$\therefore$ 1.73×10^{21} अणु $= \frac{1}{6.023 \times 10^{23}} \times 1.73 \times 10^{21}$

$= 0.0028$ मोल $\approx 2.8 \times 10^{-3}$

28. (d) तत्व X का परमाणु भार $= 6.643 \times 10^{-23} \times N_A = 40$

X के मोलों की संख्या $= \frac{20 \times 1000}{40} = 500$

29. (c) (a) 1 मोल Ar $= 6.022 \times 10^{23}$ परमाणु

52 मोल Ar $= 52 \times 6.022 \times 10^{23}$ परमाणु

$= 313.144 \times 10^{23}$ परमाणु $= 3.131 \times 10^{25}$ परमाणु

(b) 4 u He =1 He परमाणु

$\therefore$ 52 u He $= \frac{52}{4}$ He परमाणु =13 He परमाणु

(c) 1 मोल परमाणु He = 4 ग्राम $= 6.022 \times 10^{23}$ परमाणु

52 ग्राम He $= \frac{52 \times 6.022 \times 10^{23}}{4}$ परमाणु

$= 78.286$ परमाणु $= 7.8286$ परमाणु

30. (b) $CuSO_4 \cdot 5H_2O$ में ऑक्सीजन के 9 मोल परमाणु तथा Cu के 1 मोल परमाणु हैं।

63.5 ग्राम Cu $\simeq 9 \times 16$ ग्राम ऑक्सीजन

ऑक्सीजन के 8.64 ग्राम $= \frac{63.5 \times 8.64}{9 \times 16} = 3.81$ ग्राम

32. (b) 2 ग्राम नमक में KI का द्रव्यमान $= \frac{2 \times 1}{100} = 0.02$ ग्राम

$= \frac{0.02}{39 + 127}$ मोल

$= \frac{0.02}{166} \times 6.02 \times 10^{23}$ आयन

$= 7.2 \times 10^{19}$ आयन

33. (d) जल के एक अणु का द्रव्यमान $= \frac{18}{6.02 \times 10^{23}}$ ग्राम

$\therefore$ जल के एक अणु का आयतन $= \frac{\text{द्रव्यमान}}{\text{घनत्व}}$

$= \frac{18 \times 10^{-23}}{6.02 \times 1} = 3 \times 10^{-23}$ मिली

35. (c) मूलानुपाती सूत्रभार $= CH_2O$

$= 12 + 2 \times 1 + 16 = 30$

अणुभार =180

$n = \frac{\text{अणुभार}}{\text{मूलानुपाती सूत्रभार}} = \frac{180}{30} = 6$

$\therefore$ अणुसूत्र $= n \times$ मूलानुपाती सूत्र

$= CH_2O \times 6 = C_6H_{12}O_6$

36. (d) एक रासायनिक अभिक्रिया में, रससमीकरणमिति गुणांक पदार्थ के मोल को प्रदर्शित करता है।

$X + 2Y \longrightarrow Z$

यह समीकरण बताती है कि X के 1 मोल, Y के 2 मोलों से क्रिया कर Z का एक मोल बनाते हैं।

अतः X के 5 मोलों के लिए Y के 10 मोलों की आवश्यकता होगी किन्तु हमारे पास Y के केवल 9 मोल हैं। अतः Y सीमित मात्रा में है इसलिए हम Y से उत्पाद को ज्ञात करते हैं।

अतः X के 5 मोल y के 9 मोल से क्रिया कर Z के 4 मोल बनाते हैं।

37. (a) तत्व का द्रव्यमान प्रतिशत

$= \frac{\text{यौगिक में उस तत्व का द्रव्यमान}}{\text{यौगिक का मोलर द्रव्यमान}} \times 100$

Na_2SO_4 का मोलर द्रव्यमान

$= (2 \times 22.99) + 32.06 + (4 \times 16.00) = 142.04$ ग्राम

सोडियम का द्रव्यमान प्रतिशत $= \frac{45.98 \times 100}{142.04} = 32.37\%$

38. (d) $\underset{3\text{ मोल}}{3BaCl_2} + \underset{2\text{ मोल}}{2Na_3PO_4} \longrightarrow \underset{1\text{ मोल}}{Ba_3(PO_4)_2} + 6NaCl$

यहाँ Na_3PO_4 सीमान्त अभिकारक है। Na_3PO_4 के 2 मोल, $Ba_3(PO_4)_2$ 1 मोल देते हैं। अतः Na_3PO_4 के 0.2 मोल, $Ba_3(PO_4)_2$ के 0.1 मोल देगें।

40. (d) $\underset{276\text{ ग्राम}}{Ag_2CO_3} \longrightarrow \underset{216\text{ ग्राम}}{2Ag} + CO_2 + \frac{1}{2}O_2$

चूँकि 276 ग्राम Ag_2CO_3 देगा = 216 ग्राम Ag

अतः, 2.76 ग्राम Ag_2CO_3 देगा $= \frac{2.76 \times 216}{276} = 2.16$ ग्राम

41. (a) परमाणुओं का अनुपात

$C : H : N : O :: \frac{20.0}{12} : \frac{6.66}{1} : \frac{47.33}{14} : \frac{26.01}{16}$

$= 1.67 : 6.66 : 3.38 : 1.63 = 1 : 4 : 2 : 1$

मूलानुपाती सूत्र $= CH_4N_2O$

मूलानुपाती सूत्रभार = 60 ग्राम

अणुसूत्र $= CH_4N_2O$

42. (b) $\underset{2\text{ मोल}}{MnO_2} + \underset{4\text{ मोल}}{4HCl} \longrightarrow MnCl_2 + 2H_2O + \underset{\substack{1\text{ मोल} \\ 22.4\text{ ली}}}{Cl_2}$

किन्तु लब्धि (yield) 11.2 है।

$\therefore$ लब्धि प्रतिशत $= \frac{11.2}{22.4} \times 100 = 50\%$

43. (b) (a) $A + B_2 \longrightarrow AB_2$

उपरोक्त समीकरण के अनुसार, A का 1 परमाणु B के 1 अणु के साथ क्रिया करता है।

अतः A के 200 परमाणु B के 200 अणुओं के साथ क्रिया करेंगे।

अतः B सीमान्त अभिकर्मक है तथा A अधिकता में रहेगा।

(b) उपरोक्त समीकरण के अनुसार, A के 1 मोल, B के 1 मोल के साथ क्रिया करते हैं।

अतः A के 2 मोल, B के 2 मोल के साथ क्रिया करेंगे। इस दशा में A सीमान्त अभिकर्मक है तथा B अधिकता में रहेगा।

(c) कोई भी सीमान्त अभिकर्मक नहीं है।

(d) B के 2.5 मोल की क्रिया करने के लिए केवल A के 2.5 मोल की आवश्यकता है। अत: B सीमान्त अभिकर्मक है तथा A आधिक्य में है।

44. (c) 1 परमाणु का भार $= 1.8 \times 10^{-22}$ ग्राम

6.02×10^{23} परमाणुओं का भार

$= 6.02 \times 10^{23} \times 1.8 \times 10^{-22}$ ग्राम

$= 6.02 \times 1.8 \times 10$ ग्राम $= 108.36$ ग्राम

$\therefore$ तत्व का परमाणु भार = 108.36 ग्राम

45. (c)

तत्व	संकेत	% द्रव्यमान	परमाणु द्रव्यमान	तत्व के मोलों की आपेक्षिक संख्या	सरलतम मोलर अनुपात	पूर्ण संख्या के रूप में मोलर अनुपात
आयन	Fe	69.9	55.85	$\frac{69.9}{55.85} = 1.25$	$\frac{1.25}{1.25} = 1$	$1 \times 2 = 2$
ऑक्सीजन	O	30.1	16.00	$\frac{30.1}{16.00} = 1.88$	$\frac{1.88}{1.25} = 1.5$	$1.5 \times 2 = 3$

$\therefore$ मूलानुपाती सूत्र = Fe_2O_3

आयरन ऑक्साइड का मूलानुपाती सूत्र = Fe_2O_3

मूलानुपाती सूत्रभार की गणना

$Fe_2O_3 = (2 \times 55.85) + (3 \times 16.00)$

$= 159.7$ ग्राम मोल$^{-1}$

$$n = \frac{\text{मोलर द्रव्यमान}}{\text{मूलानुपाती सूत्रभार}} = \frac{159.8}{159.7} = 1$$

अत: आण्विक सूत्र, मूलानुपाती सूत्र के समान Fe_2O_3 ही होगा।

46. (b) **प्रथम ऑक्साइड में,** आर्सेनिक का द्रव्यमान =65.2 ग्राम

ऑक्सीजन का द्रव्यमान =34.8 ग्राम

आर्सेनिक का तुल्यांकी द्रव्यमान $= \frac{65.2}{34.8} \times 8 = 14.99$

द्वितीय ऑक्साइड में, आर्सेनिक का द्रव्यमान = 75.7 ग्राम

ऑक्सीजन का द्रव्यमान = 24.3 ग्राम

$\therefore$ आर्सेनिक का तुल्यांकी द्रव्यमान $= \frac{75.7}{24.3} \times 8 = 24.92$

आर्सेनिक का तुल्यांकी द्रव्यमान = आर्सेनिक का तुल्यांकी द्रव्यमान
(ऑक्साइड I) (ऑक्साइड II)

14.99 : 24.92 अर्थात् 3 : 5

47. (a) कॉपर क्लोराइड का तुल्यांकी द्रव्यमान =99

क्लोरीन का तुल्यांकी द्रव्यमान = 35.5

$\therefore$ कॉपर का तुल्यांकी द्रव्यमान = 99 − 35.5 = 63.5

$$\therefore \quad \text{कॉपर की संयोजकता} = \frac{\text{कॉपर का परमाणु भार}}{\text{कॉपर का तुल्यांकी भार}} = 1$$

$\therefore$ कॉपर क्लोराइड का सूत्र CuCl है।

48. (c) न्यूनतम अणुभार के लिए एक S परमाणु प्रति इन्सुलिन अणु होना चाहिए।

यदि 3.4 ग्राम S उपस्थित है तो अणुभार =100

$\therefore$ यदि 32 ग्राम S उपस्थित है तो अणुभार

$$= \frac{100 \times 32}{3.4} = 941.176$$

49. (b)

	ऑक्साइड I	ऑक्साइड II
धातु, M	50%	40%
ऑक्सीजन, O	50%	60%

चूँकि प्रथम ऑक्साइड MO_2 है।

माना M का परमाणु भार $= x$

$\therefore \quad \% \text{ O} = \frac{32}{x+32} \times 100$ अथवा $\frac{50}{100} = \frac{32}{x+32}$

अथवा $0.5 = \frac{32}{x+32}$ अथवा $0.5x + 16 = 32$

$0.5x = 16 \Rightarrow x = 32$

$\therefore$ धातु M का परमाणु भार = 32

माना द्वितीय ऑक्साइड का सूत्र M_2O_n है।

$$\% M = \frac{2x}{2x + 16n} \times 100$$

$$= \frac{64}{64 + 16n} \times 100$$

$$\frac{40}{100} = \frac{64}{64 + 16n}$$

अथवा $\frac{100}{40} = \frac{64 + 16n}{64}$

$2.5 = 1 + 0.25\,n$

$n = \frac{1.5}{0.25} = 6$

अत: द्वितीय ऑक्साइड का सूत्र = M_2O_6 अथवा = MO_3

50. (b) $\underset{2V}{2H_2}(\text{गैस}) + \underset{1V}{O_2}(\text{गैस}) \longrightarrow \underset{2V}{2H_2O}(\text{गैस})$

गै-लुसैक के गैसीय आयतन के नियमानुसार, डाइहाइड्रोजन के 2 आयतन O_2 के 1 आयतन के साथ क्रिया करके जलवाष्प के 2 आयतन बनाते हैं। अत: डाइहाइड्रोजन के 10 आयतन, डाइऑक्सीजन के 5 आयतन से अभिक्रिया कर जलवाष्प के 10 आयतन बनाएगें।

51. (d) Fe_2O_3, के 100 टन में शुद्ध $Fe_2O_3 = 100 - \frac{100 \times 20}{100} = 80$ टन

$$\underset{\substack{2\times 56 + 48 \\ 160}}{Fe_2O_3} + 3H_2 \longrightarrow \underset{\substack{2\times 56 \\ 2\times 56}}{2Fe} + 3H_2O$$

$\because$ 160 ग्राम Fe_2O_3 देता है = 2 × 56 ग्राम Fe

$\therefore$ 80 टन Fe_2O_3 देगा $= \frac{2 \times 56 \times 80}{160}$ टन

Fe = 56 टन Fe.

52. (b) समीकरण द्वारा $Zn + I_2 \longrightarrow ZnI_2$

	Zn	I_2	ZnI_2
प्रारम्भिक मोल (यदि Zn तथा I_2 प्रत्येक का प्रारम्भिक भार x है)	$\frac{x}{65}$	$\frac{x}{254}$	0
अभिक्रिया के अन्त में मोलों की संख्या	$\left(\frac{x}{65} - \frac{x}{254}\right)$	0	$\frac{x}{254}$

$$\text{अत: बिना क्रिया के रह गए Zn का अंश} = \frac{\frac{x}{65} - \frac{x}{254}}{x/65}$$

$= 0.74$

अध्याय 02

द्रव्य की अवस्थाएँ : ठोस, द्रव तथा गैस

States of Matter : Solids, Liquids and Gases

द्रव्य की विभिन्न अवस्थाएँ
Different States of Matter

द्रव्य की सामान्यत: निम्न तीन अवस्थाएँ होती हैं

(i) **ठोस** (Solid) ये कठोर होते हैं। इनका आकार तथा आयतन निश्चित होता है।

(ii) **द्रव** (Liquid) ये कठोर नहीं होते हैं। इनका आकार निश्चित नहीं होता है परन्तु आयतन निश्चित होता है।

(iii) **गैस** (Gas) ये भी कठोर नहीं होते हैं। इनका आकार तथा आयतन दोनों निश्चित नहीं होते हैं। यह द्रव की सबसे सरल अवस्था है जो व्यवहार में अत्यधिक समानता प्रदर्शित करती है।

गैसीय अवस्था Gaseous State

गैस अवस्था द्रव्य की सबसे सरलतम अवस्था है। इस अवस्था को निम्नलिखित भौतिक गुणों द्वारा चारित्रित किया जा सकता है।

(i) **दाब** (Pressure) गैस के अणुओं द्वारा प्रति एकांक क्षेत्रफल पर लगाया गया बल, गैस का दाब कहलाता है। दाब का SI मात्रक पास्कल (Pa) है।

$\because$ $1 Pa = 101.325 \times 10^3$ न्यूटन/मीटर^2 = 760 मिमी Hg

1 वायुमण्डल (atm) = 760 टॉर (torr)

= 1.01325 बार (bar) = 1.013×10^5 Pa

(ii) **आयतन** (Volume) गैसों का आयतन, गैसों को रखे जाने वाले पात्र के आयतन के बराबर होता है। आयतन का SI मात्रक 'घन मीटर' (m^3) है। आयतन के अन्य प्रचलित मात्रक एवं उनका मीटर^3 से सम्बन्ध निम्न है

1 मीटर^3 = 10^3 डेसीमी^{3} = 10^6 सेमी^{3} = 10^3 लीटर = 10^6 मिली

(iii) **सम्पीड्यता** (Compressibility) गैसें अत्यधिक सम्पीड्य होती हैं।

(iv) **विसरण** (Diffusion) गैसों का विसरण तीव्र गति से होता है।

(v) **अन्तराण्विक आकर्षण बल** (Intermolecular Attraction Force) गैस के अणुओं में आकर्षण बल नगण्य पाया जाता है, फलस्वरूप गैस के अणु दूर-दूर रहते हैं।

(vi) **घनत्व** (Density) ठोसों और द्रवों की तुलना में गैसों का घनत्व अत्यन्त कम होता है।

(vii) **मिश्रित होना** (Commingling) गैस किसी यान्त्रिक सहायता के बिना प्रत्येक अनुपात में पूर्ण मिश्रित होती हैं।

अन्तरा आण्विक बलों के प्रकार
Types of Intermolecular Forces

द्विध्रुव-द्विध्रुव अन्योन्यक्रियाएँ
Dipole-dipole Interactions

इस प्रकार की अन्योन्य क्रियाएँ स्थायी ध्रुवता वाले ध्रुवीय कणों के मध्य उपस्थित होती है। जब ध्रुवीय कण एक-दूसरे के निकट लाए जाते हैं तो वे स्वयं को इस प्रकार व्यवस्थित कर लेते हैं कि एक द्विध्रुव कण का धनात्मक सिरा दूसरे द्विध्रुव कण के ऋणात्मक सिरे को आकर्षित करता है।

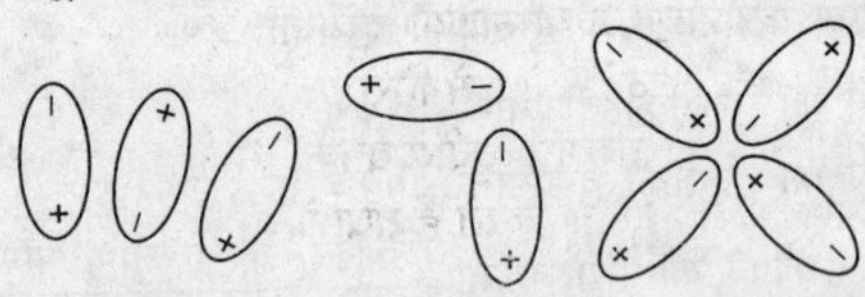

द्विध्रुव-द्विध्रुव अन्योन्यक्रियाओं का उदाहरण

इस प्रकार उत्पन्न बल समस्त वाण्डरवाल्स बलों में प्रबलतम होते हैं। इन्हें **कीसम बल** (Keesam forces) भी कहते हैं। ये अन्योन्यक्रियाएँ कम ताप पर अधिक प्रभावी होती हैं।

आयन-प्रेरित द्विध्रुव अन्योन्यक्रियाएँ
Ion-induced Dipole Interaction

ध्रुवीय अणु आयनों के प्रति आकर्षित होते हैं। आयनों तथा द्विध्रुवों के मध्य उत्पन्न अन्योन्यक्रियाएँ, आयन-द्विध्रुव अन्योन्यक्रियाएँ कहलाती

हैं। आयन उदासीन अणुओं को भी आकर्षित कर सकते हैं तथा उनमें ध्रुवता उत्पन्न करने की क्षमता रखते हैं। इस प्रकार की अन्योन्यक्रियाएँ, आयन-प्रेरित द्विध्रुव अन्योन्यक्रियाएँ कहलाती हैं।

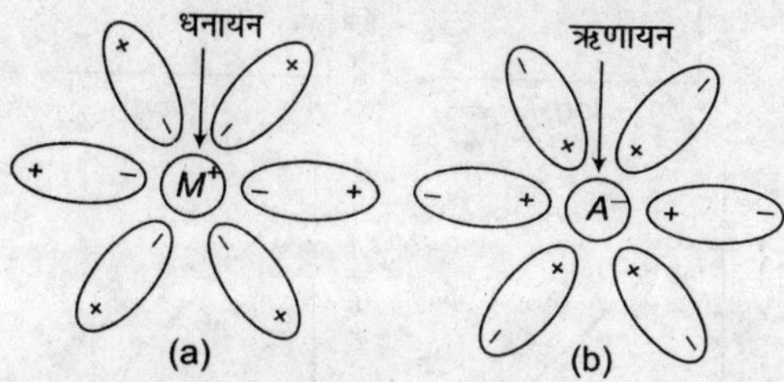

आयन-द्विध्रुव अन्योन्यक्रियाएँ (a) धनायन (M^+) द्विध्रुव के ऋणावेशित सिरे को आकर्षित करता है तथा (b) ऋणायन $(A)^-$ धनात्मक सिरे के आकर्षित करता है

द्विध्रुव-प्रेरित द्विध्रुव अन्योन्यक्रियाएँ
Dipole-induced Dipole Interactions

जब एक द्विध्रुव, अध्रुवीय अणु के समीप आता है तो यह अध्रुवीय अणु में ध्रुवीयता प्रेरित करता है जिसके फलस्वरूप द्विध्रुव-प्रेरित द्विध्रुव अन्योन्यक्रियाएँ उत्पन्न होती हैं।

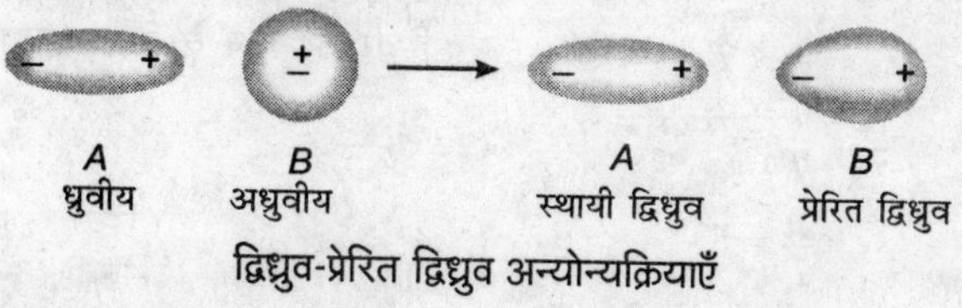

द्विध्रुव-प्रेरित द्विध्रुव अन्योन्यक्रियाएँ

तात्क्षणिक द्विध्रुव-प्रेरित द्विध्रुव अन्योन्यक्रियाएँ
Instantaneous Dipole-induced Dipole Interaction

अध्रुवीय अणु नाभिक के प्रति इलेक्ट्रॉन मेघ के तात्क्षणिक विस्थापन के फलस्वरूप स्वत: ध्रुवीय हो सकते हैं। इस प्रकार का अल्पकालिक तात्क्षणिक ध्रुवीय द्विध्रुव जब अध्रुवीय अणु के साथ अन्योन्यक्रियाएँ करता है तो तात्क्षणिक द्विध्रुव-प्रेरित द्विध्रुव अन्योन्यक्रियाएँ उत्पन्न होती हैं।

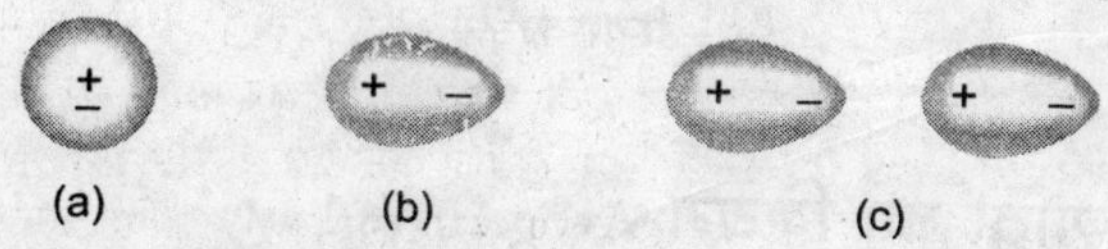

तात्क्षणिक द्विध्रुव-प्रेरित द्विध्रुव अन्योन्यक्रियाएँ (a) धनात्मक केन्द्र वाला अध्रुवीय अणु सममित ऋणात्मक इलेक्ट्रॉन मेघ से घिरा है। (b) इलेक्ट्रॉन मेघ का विस्थापन अध्रुवीय अणु को अस्थायी ध्रुवीय बनाता है। (c) अस्थायी ध्रुवीय अणु समीपवर्ती अणुओं को ध्रुवीत करते हैं तथा प्रेरित द्विध्रुव उत्पन्न करते हैं।

आदर्श गैस व्यवहार को नियंत्रित करने वाले कारक
The Laws Governing Ideal Gas Behaviour

आदर्श गैस व्यवहार को नियंत्रित करने वाले कारक निम्नलिखित हैं।

बॉयल का नियम Boyle's Law

इस नियम का प्रतिपादन **रार्बट बॉयल** (Robert Boyle) ने 1662 ई. में किया था।

इस नियम के अनुसार, "निश्चित ताप पर किसी गैस के निश्चित द्रव्यमान का आयतन उसके दाब के व्युत्क्रमानुपाती होता है।"

$$V \propto \frac{1}{p} \quad \text{(स्थिर ताप व द्रव्यमान पर)}$$

$$pV = K \quad \text{(जहाँ, } K \text{ आनुपातिक नियतांक है।)}$$

स्थिर ताप पर किसी गैस की निश्चित मात्रा का आयतन V_1 से V_2 तथा दाब p_1 से p_2 में परिवर्तित होता है, तो

$$p_1V_1 = p_2V_2 \quad \text{(द्रव्यमान व ताप स्थिर)}$$

बॉयल के नियम द्वारा दाब व घनत्व में सम्बन्ध निम्न प्रकार स्थापित कर सकते हैं

बॉयल के नियम के अनुसार,

$$V \propto \frac{1}{p} \quad \text{(स्थिर द्रव्यमान व ताप पर)}$$

$$V \propto \frac{1}{d} \quad \left(\because V = \frac{\text{द्रव्यमान}(m)}{\text{घनत्व}(d)}\right)$$

$$\therefore \quad \frac{1}{d} \propto \frac{1}{p}$$

$$\text{अत:} \quad \frac{d_1}{p_1} = \frac{d_2}{p_2}$$

यदि किसी गैस के निश्चित द्रव्यमान तथा नियम ताप पर दाब, p तथा आयतन V के मध्य खींचा गया ग्राफ समबाहु अतिरपवल होता है तथा **समतापी वक्र** (isotherm) कहलाता है। p तथा $\frac{1}{V}$ के मध्य ग्राफ खींचने पर यह परवलय सीधी रेखा में परिवर्तित हो जाता है।

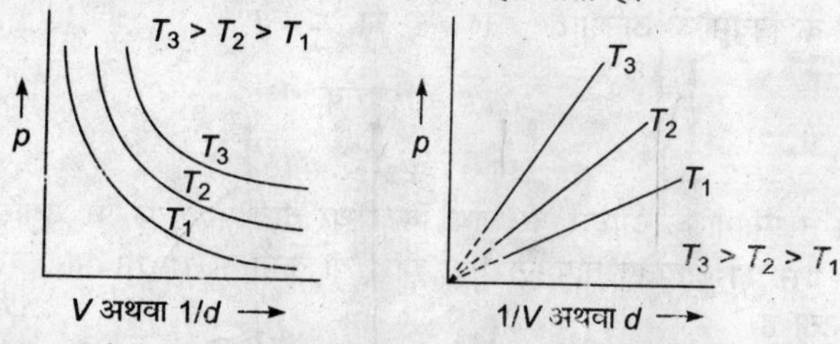

यदि किसी गैस के निश्चित द्रव्यमान तथा निश्चित ताप पर दाब, p (अथवा आयतन V) तथा pV के मध्य ग्राफ खींचा जाए तो यह एक सीधी रेखा होगा जो दाब, p (अथवा आयतन V) अक्ष के समान्तर होगा।

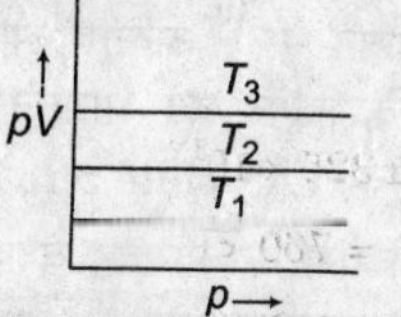

यदि किसी गैस के निश्चित द्रव्यमान तथा नियत ताप पर $\log p$ तथा $\log \frac{1}{V}$ के मध्य खींचा जाए तो यह एक सीधी रेखा होगा।

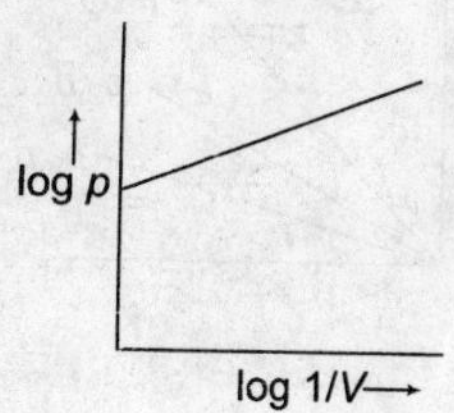

इसी प्रकार, किसी गैस के निश्चित द्रव्यमान तथा नियत ताप पर p तथा $\frac{p}{d}$ के मध्य खींचा गया ग्राफ भी दाब, p अक्ष के समान्तर एक सीधी रेखा होगा।

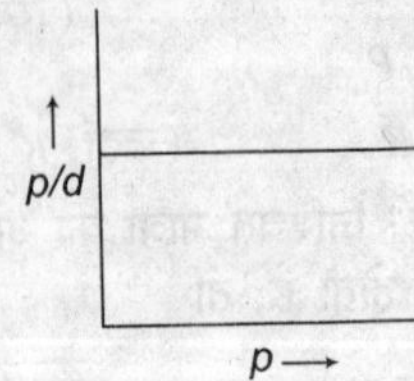

चार्ल्स का नियम Charles' Law

इस नियम का प्रतिपादन जैकस चार्ल्स (Jacques Charles') ने सन् 1787 ई. में किया था।

इस नियम के अनुसार "स्थिर दाब पर किसी गैस की निश्चित मात्रा का आयतन, गैस के परम ताप के समानुपाती होता है।"

अर्थात् $V \propto T$ (स्थिर दाब व स्थिर मात्रा पर)

अथवा $\frac{V_1}{Tl} = \frac{V_2}{T_2} =$ स्थिरांक

(V_1 व V_2 आयतन तथा T_1 तथा T_2 गैस के परम ताप हैं।)

$\frac{V}{T} = K$ (n व p स्थिर)

यहाँ K एक स्थिरांक हैं जो n व p पर निर्भर करता है।

चार्ल्स के नियम की सहायता से ताप व घनत्व में सम्बन्ध निम्न प्रकार स्थापित कर सकते हैं।

चार्ल्स के नियम के अनुसार, $V \propto T$ या $\frac{1}{d} \propto T$

या $dT =$ स्थिरांक

$\therefore$ $d_1T_1 = d_2T_2$

चार्ल्स ने प्रयोगों के आधार पर पाया कि स्थिर दाब पर 0°C पर उपस्थित किसी गैस का आयतन तापमान 1°C वृद्धि या कमी से 1/273 भाग बढ़ता या घटता है।

$$V_1 = V_0\left[1 + \frac{tC^\circ}{273}\right]$$

यहाँ, $V_0 =$ प्रारम्भिक आयतन, $V_1 =$ अन्तिम आयतन, t°C = ताप 0°C

−273°C ताप जिस पर किसी गैस का आयतन अप्रयोगिक रूप से शून्य तक घट जाता है, परम शून्य (Absolute zero) कहलाता है।

यदि स्थिर दाब पर, किसी गैस के आयतन व परम ताप में ग्राफ खींचा जाए, तो यह एक सीधी रेखा होगा और इसे **समदाबी** (isobar) कहते हैं।

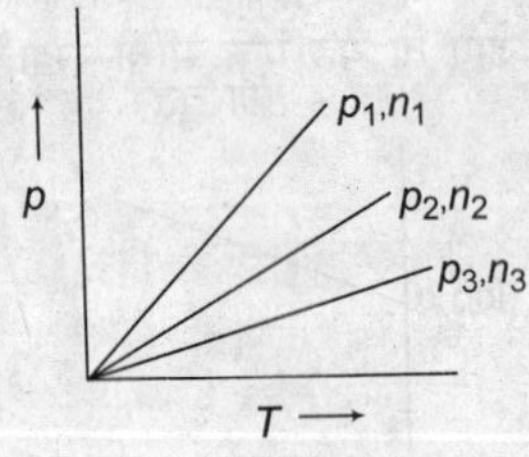

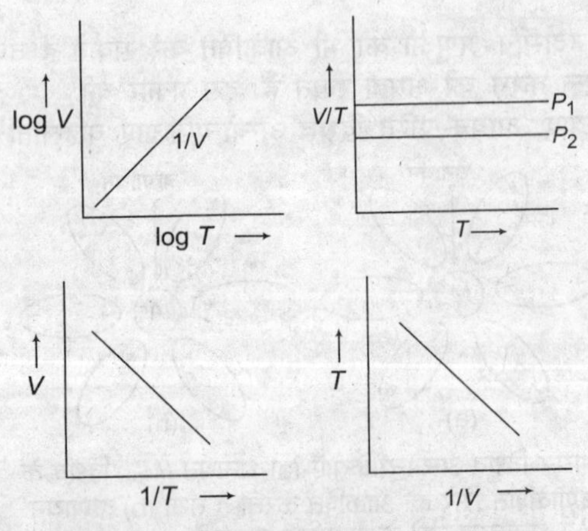

गै-लुसाक का नियम (दाब-ताप समीकरण) [Gay-Lussac's Law (Pressure-Temperature Equation)]

इस नियम को गै-लुसैक (Gay Lussac's) ने सन् 1802 ई. में दिया था। इस नियम के अनुसार, "स्थिर आयतन पर किसी गैस की निश्चित मात्रा का दाब उसके परम ताप के समानुपाती होता है।"

(इसमें आयतन स्थिर रहता है अतः इसे **समआयतनी प्रक्रम** भी कहते हैं।)

अर्थात् $p \propto T$ (स्थिर आयतन व स्थिर मात्रा पर)

$\frac{p}{T} =$ स्थिरांक

अथवा $\frac{p}{T} = K$ (स्थिर n व V)

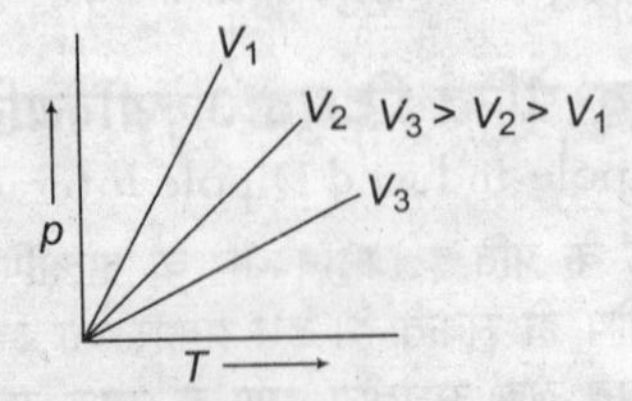

जहाँ, K एक स्थिरांक है जो n तथा V पर निर्भर करता है।

अथवा $\frac{p_1}{T_1} = \frac{p_2}{T_2} = \frac{p_3}{T_3} =$ स्थिरांक

आवोगाद्रो का नियम Avogadro's Law

इस नियम के अनुसार, "समान ताप तथा दाब पर भिन्न-भिन्न गैसों के समान आयतन में मोलों की संख्या समान होती है।"

अथवा

"दिए गए ताप तथा दाब पर, किसी गैस का आयतन उसके मोलों की संख्या के व्युत्क्रमानुपाती होता है" अर्थात् स्थिर ताप तथा दाब पर,

$$V \propto n$$

अथवा $\frac{V}{n} =$ नियतांक अथवा $\frac{V_1}{n_1} = \frac{V_2}{n_2}$

जहाँ, $n =$ मोलों की संख्या $= \frac{m}{M}$

$m =$ गैस की ग्राम में मात्रा, $M =$ गैस का अणुभार

एक मोल गैस का आयतन **मोलर आयतन**, V_m कहलाता है जो मा. ता. दा या सा. ता. दा पर 22.4 ली मोल$^{-1}$ होता है।

आदर्श गैस समीकरण Ideal Gas Equation

बॉयल, चार्ल्स तथा आवोगाद्रो नियम से,

$$\frac{pV}{T} = \text{नियतांक} \quad \ldots \text{(i)}$$

1 मोल के लिए, $$\frac{p_1V_1}{T_1} = \frac{p_2V_2}{T_2} \quad \ldots\text{(ii)}$$

यह सम्बन्ध **गैस समीकरण** (gas equation) कहलाता है।

यदि गैस की मात्रा 1 मोल हो, तो नियतांक को R द्वारा प्रदर्शित करते हैं। अत: 1 मोल के लिए, गैस समीकरण निम्न होती है,

$$\frac{pV}{T} = R \quad \text{या} \quad pV = RT$$

'n' मोल गैस के लिए गैस समीकरण का **व्यापक रूप** (Generalised form) निम्न होता है

$$pV = nRT \quad \ldots\text{(iii)}$$

$$= \frac{w}{m}RT$$

समीकरण (iii) **आदर्श गैस समीकरण** कहलाती है। जो समतापी तथा समदाबी दोनों प्रक्रमों पर लागू होती है।

उपरोक्त समीकरण में प्रदर्शित नियतांक, R को **सार्वत्रिक गैस** नियतांक कहते हैं।

$R = 8.314$ जूल मोल$^{-1}$ केल्विन$^{-1}$

$= 8.314 \times 10^7$ अर्ग मोल$^{-1}$ केल्विन$^{-1}$

$= 0.08205$ ली-वायुमण्डल मोल$^{-1}$ केल्विन$^{-1}$

$= 1.99$ कैलोरी मोल$^{-1}$ केल्विन$^{-1}$

$= 5.189 \times 10^9$ इलेक्ट्रॉन वोल्ट मोल$^{-1}$ केल्विन$^{-1}$

एक अणु के लिए गैस नियतांक को **बोल्ट्जमैन नियतांक** (Boltzmann constant), K कहते हैं।

$$K = \frac{R}{N} = \frac{8.314 \times 10^7}{6.023 \times 10^{23}}$$

$= 1.38 \times 10^{-16}$ अर्ग मोल$^{-1}$ डिग्री$^{-1}$

$= 1.38 \times 10^{-23}$ जूल मोल$^{-1}$ डिग्री$^{-1}$

पुन: $pV = n\frac{w}{m}RT$ से, $p = \frac{wRT}{V \times m}$ $\quad (\because n = 1 \text{ मोल})$

$$= \frac{dRT}{m} \quad \left(\because d = \frac{w}{V}\right)$$

अत: $$\frac{d_1T_1}{p_1} = \frac{d_2T_2}{p_2}$$

डाल्टन का आंशिक दाब का नियम Dalton's Law of Partial Pressure

इस नियम के अनुसार, "स्थिर ताप पर यदि दो या दो से अधिक गैसें जो आपस में कोई रासायनिक क्रिया नहीं करती हैं, एक बन्द पात्र में एक साथ ली जाए, तो गैसों के मिश्रण का कुल दाब उन गैसों के आंशिक दाबों के योग के बराबर होता है।"

$$p = p_1 + p_2 + p_3 + \ldots$$

जहाँ, p कुल दाब तथा p_1, p_2, p_3 आदि विभिन्न अक्रियाशील गैसों के आंशिक दाब हैं। किसी गैस का ताप तथा आयतन गैसीय मिश्रण के ताप तथा आयतन के समान होने पर उस अकेली गैस का दाब उसका **आंशिक दाब** कहलाता है। किसी गैस का आंशिक दाब = गैस का मोल प्रभाज $(x) \times$ कुल दाब (p_t)

$$= \frac{\text{गैस के मोलों की संख्या}}{\text{कुल मोल}} \times \text{कुल दाब}$$

$$= \frac{n_1}{(n_1 + n_2 + n_3 + \ldots)} \times p$$

माना V आयतन के एक पात्र में दो गैसों ली गई हैं जिनके मोलों की संख्या क्रमश: n_1 तथा n_2 हैं। यदि इनके आंशिक दाब, T ताप पर मापे जाते हैं। तब,

$$p_1V = n_1RT \Rightarrow p_1 = \frac{n_1RT}{V}$$

तथा $$p_2V = n_2RT$$

$\Rightarrow$ $$p_2 = \frac{n_2RT}{V}$$

अत: गैस का कुल दाब, $$p = p_1 + p_2 = \frac{n_1RT}{V} + \frac{n_2RT}{V}$$

$$pV = (n_1 + n_2)RT$$

अत: $$p_1 = \frac{n_1}{n_1 + n_2} \cdot p = n_1 \cdot p \quad \left(\because \frac{p_1}{n_1} = \frac{RT}{V}\right)$$

तथा $$p_2 = \frac{n_2}{n_1 + n_2} \cdot p = n_2 \cdot p$$

जहाँ, $$x_1 = \frac{n_1}{n_1 + n_2} = \text{प्रथम गैस का आंशिक दाब}$$

$$x_2 = \frac{n_2}{n_1 + n_2} = \text{द्वितीय गैस का आंशिक दाब}$$

गैसों का अणुगति सिद्धान्त Kinetic Theory of Gases

गैस के दिए गए नमूने में सभी अणुओं का वेग समान नहीं होता है। लगातार दीवारों के साथ तथा अणु टकराव (संरक्षण) के कारण, अणु सदैव परिवर्तनिय गति तथा परिवर्तनशील दिशा के साथ घूमते रहते हैं। बरनौली, जूल, क्लासियस, मैक्सवेल, वोल्ट्जमैन आदि वैज्ञानिकों ने गैसों के व्यवहार (गैसीय नियमों) की व्याख्या करने हेतु अणुगति सिद्धान्त विकसित किया।

मैक्सवेल ने अणुगति सिद्धान्त की अवधारणाओं को मुख्यत: तीन नर्गों में विभाजित किया

(i) प्रत्येक गैस छोटे-छोटे कणों से मिलकर बनी होती है जिन्हें **अणु** कहते हैं।

(ii) अणु इतने छोटे होते हैं कि इनका कुल आयतन गैस के कुल आयतन की तुलना में नगण्य होता है।

(iii) गैसों के अणु सदैव गतिशील अवस्था में रहते हैं तथा भिन्न-भिन्न परन्तु स्थिर वेग से सभी सम्भावित दिशाओं में अस्त-व्यस्त (random) तरीके से सरल रेखा में गति करते हैं। इनकी गति की दिशा केवल तभी परिवर्तित होती है जब इन अणुओं के बीच टक्कर (collision) होती है।

(iv) इन अणुओं के बीच होने वाली टक्कर पूर्णत: प्रत्यास्थ होती है तथा इन टक्करों के दौरान कणों की औसत गतिज ऊर्जा में कोई परिवर्तन नहीं होता या टक्करों के दौरान अणुओं के मध्य ऊर्जा का आदान-प्रदान होता है।

(v) इन कणों का गुरुत्व का प्रभाव नगण्य होता है।

(vi) इन अणुओं के बीच लगने वाला अन्तराणुक आकर्षण बल लगभग नगण्य होता है।

(vii) इन अणुओं की गतिज ऊर्जा, गैस के परमताप के समानुपाती होती है अर्थात् गतिज ऊर्जा (KE) $\propto T$

गतिज गैस समीकरण Kinetic Gas Equation

गैसों के अणुगति सिद्धान्त की अवधारणाओं के आधार पर **क्लॉसियस** तथा **क्रोनिंग** ने गैसों की गतिज समीकरण की स्थापना की। इस समीकरण की सहायता से गैसीय नियमों की व्याख्या की जा सकती है। गतिज गैस समीकरण निम्न है

$$pV = \frac{1}{3} mnv_{\text{वर्ग माध्य मूल}}$$

जहाँ, p = गैस का दाब, V = गैस का आयतन

m = गैस के एक अणु का भार

n = गैस की दी गई मात्रा में अणुओं की संख्या

$v_{\text{वर्ग माध्य मूल}}$ = गैस के अणुओं का वर्ग माध्य मूल वेग

आण्विक गतियाँ Molecular Velocities

किसी गैसीय निकाय में स्थित सभी अणुओं की गति समान नहीं होती है। ऐसा अणुओं के आपस में तथा पात्र की दीवारों से टकराने के कारण होता है। गैसों के अणु गति सिद्धान्त के आधार पर अणुओं की गतियों को निम्नलिखित तीन प्रकार से व्यक्त किया जा सकता है

औसत वेग Average Velocity ($\bar{v}$ अथवा $v_{\text{औसत}}$)

इसे गैस में उपस्थित सभी अणुओं के वेगों के औसत के रूप में परिभाषित किया जाता है। गणितीय रूप से

$$\bar{v} = \frac{u_1 + u_2 + u_3 + u_4 + u_5 + \ldots u_n}{n}$$

जहाँ $u_1, u_2, u_3 \ldots$ आदि क्रमश: गैस के अणुओं के वेग हैं, जबकि n अणुओं की संख्या है। मैक्सवेल ने सिद्ध किया कि

$$v_{\text{औसत}} = \sqrt{\frac{8RT}{\pi M}} = \sqrt{\frac{8KT}{\pi M}}$$

वर्ग माध्य मूल वेग (u या v_{rms})

Root Mean Square Velocity

यह गैस के अणुओं की एक बड़ी संख्या के वेगों के वर्गों के औसत का वर्गमूल होता है।

$$v_{\text{rms}} = \sqrt{\frac{v_1^2 + v_2^2 + v_3^3 + \ldots + v_n^n}{N}}$$

गतिज गैस समीकरण से, $v_{\text{rms}} = \sqrt{\frac{3RT}{m}} = \sqrt{\frac{3KT}{m}} = \sqrt{\frac{3p}{d}}$

वर्ग माध्य मूल वेग गैस के परम ताप के वर्गमूल के समानुपाती तथा गैस के अणुभार के वर्गमूल के व्युत्क्रमानुपाती होता है।

अत: किसी एक गैस के लिए दो भिन्न तापों पर, $\frac{u_1}{u_2} = \sqrt{\frac{T_1}{T_2}}$

तथा दो भिन्न गैसों के लिए समान ताप पर, $\frac{u_1}{u_2} = \sqrt{\frac{M_2}{M_1}}$

अधिकतम प्रायिकतम वेग, v_p

Most Probable Velocity, v_p

किसी गैस के अणु भिन्न वेगों से गति करते हैं। ये वेग नियत नहीं रहते, परन्तु प्रत्येक टक्कर के समय इनमें परिवर्तन भी नहीं होता है। गैस के उन अणुओं की कुल संख्या का एक अधिकतम भिन्नांक, जो एक नियम वेग की प्रवृत्ति रखते हैं, अधिकतम प्रायिकतम् वेग कहलाता है।

$$\alpha = \sqrt{\frac{2RT}{M}} = \sqrt{\frac{2RT}{N \times M}} \quad (\therefore M = N \times m)$$

$$= \sqrt{\frac{2pV}{M}} = \sqrt{\frac{2p}{d}}$$

विभिन्न आण्विक गतियों के मध्य सम्बन्ध

Relation Between Different Molecular Velocities

$$v_{\text{दाब}} : v_{\text{औसत}} : u = \sqrt{\frac{2RT}{M}} : \sqrt{\frac{8RT}{\pi M}} : \sqrt{\frac{3RT}{M}} = \sqrt{2} : \sqrt{\frac{8}{\pi}} : \sqrt{3}$$

$$= 1 : 1.128 : 1.224$$

अत: $v_p < \bar{v} < u$

इसी प्रकार $v_{\text{दाब}} = 0.816u, \bar{v} = 0.9213u$

अथवा $u = 1.085 \times \bar{v}$

आण्विक गतियों का मैक्सवेल वितरण

Maxwell's Distribution of Molecular Velocities

नीचे दिए गए चित्र में अणुओं के अंश तथा आण्विक वेगों के मध्य तीन तापों पर आलेख निरूपित किया गया है। $[T_1 < T_2 < T_3]$। अणुगति सिद्धान्त के अनुसार, गैस के अणु विभिन्न दिशाओं में अलग-अलग वेगों के साथ गति करते हैं। उनकी परस्पर टक्कर तथा पात्र की दीवार से टकराने के कारण वेग निरन्तर परिवर्तित होता रहता है।

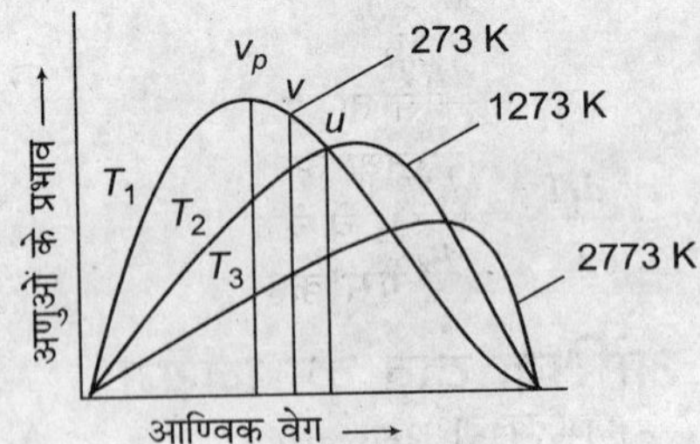

उपरोक्त आलेख के मुख्य बिन्दु निम्नांकित है

(i) बहुत उच्च तथा बहुत निम्न वेग वाले अणुओं की संख्या बहुत कम होती है।

(ii) किसी भी अणु का वेग शून्य नहीं है।

(iii) वेग बढ़ने के साथ अणुओं का अंश बढ़ता है तथा एक अधिकतम वेग v_p के पश्चात् अंश कम होता जाता है।

(iv) ताप बढ़ने पर वक्र दाईं ओर खिसकता है जो यह बताता है कि ताप बढ़ने पर सभी अणुओं की गतियाँ बढ़ जाती हैं।
अर्थात् $[v_p(T_3) > v_p(T_2) > v_p(T_1)]$

वास्तविक गैसें एवं आदर्श व्यवहार से विचलन Deviation from Ideal Behaviour and Real Gases

वह गैस जो ताप और दाब की सभी परिस्थितियों में बॉयल तथा चार्ल्स के नियमों का पूर्णतया पालन करती है, आदर्श गैस कहलाती है। वास्तव में कोई भी गैस आदर्श गैस नहीं है तथा आदर्श गैस एक काल्पनिक गैस है। सभी गैसें वास्तविक गैसें होती हैं। ये गैसें, आदर्श गैसीय नियमों का पालन कम दाब व उच्च ताप पर करती हैं।

वाण्डरवाल्स समीकरण van der Waals' Equation

अन्तराण्विक आकर्षक बल तथा अणुओं द्वारा घेरे गए आयतन को नगण्य मानने की अभिधारणाओं को दूर करने के लिए जॉनसन वाण्डरवाल्स ने आदर्श गैस समीकरण में कुछ संशोधन करके एक नई समीकरण (1873) बनाई जिसे वाण्डरवाल्स समीकरण कहते हैं। वास्तविक गैसें ताप तथा दाब के विस्तृत परिसर में वाण्डरवाल्स समीकरण का पालन करती हैं।

$$\left(p+\frac{n^2a}{V}\right)(V-nb)=nRT$$

जहाँ a तथा b नियतांक है जिन्हें दाब तथा आयतन संशोधन पद कहते हैं।

नियतांक a अणुओं के मध्य आकर्षण बलों की अप्रत्यक्ष माप है। a का मान जितना अधिक होता है, गैस उतनी ही सरलता से द्रवित होगी।
a की इकाई वायुमण्डल लीटर^2 मोल$^{-2}$ अथवा वायुमण्डल न्यूटन^6 मोल$^{-2}$ मी अथवा न्यूटन^4 मोल$^{-2}$ है।

नियतांक b गैस के संपीडित न हो सकने वाले भाग में संशोधन हेतु प्रयुक्त होता है। इसे **वर्जित आयतन प्रति मोल** (Excluded volume per mol) अथवा **सह-आयतन** (Co-volume) भी कहते है।
b की इकई सेमी^{3}/मोल अथवा लीटर मोल$^{-1}$ अथवा मी^{3} मोल$^{-1}$ है।

गैसों का द्रवीकरण Liquification of Gases

कोई भी गैस ठण्ड़ी करके अथवा अधिक दाब लगाकर अथवा दोनों प्रभावों द्वारा द्रवित की जा सकती है जब वह अपने विशिष्ट ताप पर अथवा उससे कम ताप पर हो, ऐसे ताप को **क्रन्तिक ताप** कहते हैं। जिन गैसों का क्रान्तिक ताप निम्न तथा अन्तराण्विक आकर्षण निम्न होता है (उदाहरण—H_2, N_2, O_2 आदि), वे केवल दाब के द्वारा द्रवित नहीं हो पाती है, ऐसी गैसों को **स्थायी गैस** कहते हैं।

उदाहरण—

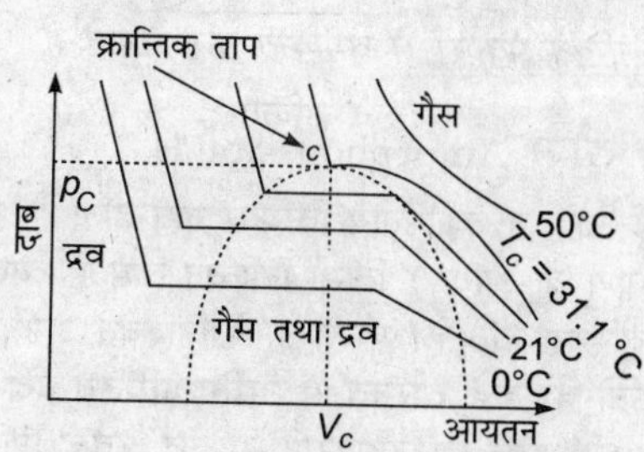

विभिन्न तापों पर CO_2 के समतापी वक्र

क्रान्तिक अवस्था Critical State

प्रत्येक पदार्थ की वह अवस्था जिस पर वाष्प तथा द्रव अवस्था की पहचान असम्भव हो जाती है, क्रान्तिक अवस्था कहलाती है, इस अवस्था में, निम्न स्थितियाँ प्राप्त होती है।

(i) **क्रान्तिक ताप** (Critical Temperature, T_c) वह ताप जिससे नीचे गैस को द्रवित किया जा सकता है परन्तु जिसके ऊपर गैस को द्रवित नहीं किया जा सकता है, चाहे कितना भी उच्च दाब लगाया जाए, क्रान्तिक ताप कहलाता है।

$$\text{क्रान्तिक ताप, } T_c=\frac{8a}{27Rb}$$

(ii) **क्रान्तिक दाब** (Critical Pressure p_c) किसी गैस को इसके क्रान्तिक ताप पर द्रवित करने के लिए आवश्यक न्यूनतम दाब को क्रान्तिक दाब कहते हैं।

$$\text{क्रान्तिक दाब, } = p_c=\frac{a}{27b^2}$$

(iii) **क्रान्तिक आयतन** (Critical Volume, V_c) क्रान्तिक ताप तथा क्रान्तिक आयतन पर गैस के एक मोल द्वारा घेरा गया आयतन क्रान्तिक आयतन कहलाता है।

क्रान्तिक आयतन, $V_c = 3b$

(iv) **क्रान्तिक संपीड़ता गुणक** (Critical Compressibility factor, Z_c) इसका मान निम्न होता है

$$Z_c=\frac{p_cV_c}{RT_c}=\frac{3}{8}=0.375$$

यदि किसी गैस का क्रान्तिक संपीड़ता गुणक (Z_c) 0.375 के बराबर होता है तो गैस वाण्डरवाल्स गैस के समान व्यवहार करती है।

द्रव अवस्था Liquid State

ठोस एवं गैस के मध्य की अवस्था द्रव अवस्था कहलाती है। द्रव अवस्था में गैसों की अपेक्षा अधिक प्रबल अन्तराणुक आकर्षण बल होते हैं। इसी कारण द्रवों का आयतन तो निश्चित होता है, परन्तु आकार निश्चित नहीं होता है। द्रव के अणु अव्यवस्थित ढंग से गति करते हैं।

द्रवों के सामान्य लक्षण General Characteristics of Liquids

द्रवों के सामान्य लक्षण निम्नलिखित हैं

(i) **आयतन** (Volume) द्रवों के अणुओं के मध्य लगने वाला आकर्षण बल गैसों से अधिक, परन्तु ठोस से कम होता है। अत: अन्तराण्विक बल के कारण द्रव के अणु परस्पर जुड़े रहते हैं, एवं इनका आयतन निश्चित होता है।

(ii) **आकार** (Shape) द्रव के अणुओं के मध्य लगने वाला आकर्षण बल मध्यम श्रेणी का होता है। अत: ये गतिशील होते हैं, परिणामस्वरूप ये जिस पात्र में रखें जाते हैं, उसका आकार ग्रहण कर लेते हैं।

(iii) **संपीड्यता** (Compressibility) द्रव के अणुओं के मध्य लगने वाले आकर्षण बल के कारण द्रव के अणु पहले से ही अत्यन्त समीप होते हैं, अत: द्रव लगभग असंपीड्य (Incompressible) होते हैं।

(iv) **विसरण** (Diffusion) द्रवों का विसरण, गैसों की अपेक्षाकृत आकर्षण बल के कारण अत्यन्त मन्द होता है। विसरण अधिक सान्द्रता से कम सान्द्रता वाले क्षेत्र की ओर होता है।

(v) **घनत्व** (Density) द्रवों का घनत्व, गैसों की तुलना में अधिक होता है, क्योंकि द्रव में अणु समीप होते हैं। अत: समान मात्रा के लिए कम आयतन (स्थान) प्रयुक्त करते हैं।

वाष्पन Evaporation

द्रव का ऊष्मा ग्रहण करके किसी भी ताप पर वाष्प में परिवर्तित होने का प्रक्रम, वाष्पन कहलाता है।

द्रव एवं उनके गुण Liquid and their Properties

द्रवों एवं उनके गुण निम्नलिखित प्रकार से हैं

(i) **वाष्प दाब** (Vapour Pressure) किसी ज्ञात तापमान पर द्रव तथा वाष्प अणुओं के मध्य गतिक साम्य होती है

$$\text{द्रव} \rightleftharpoons \text{वाष्प}$$

अत: वाष्प दाब वह दाब है जिस पर द्रव तथा वाष्प किसी ताप पर साम्यावस्था में रहते हैं। द्रवों का वाष्प दाब अणुओं के मध्य लगने वाले अन्तराण्विक आकर्षण बलों की प्रकृति पर निर्भर करता है।

(ii) **क्वथनांक** (Boiling Point) जब किसी द्रव को गर्म किया जाता है तो इसके सम्पूर्ण आयतन में छोटे-छोटे बुलबुले उत्पन्न हो जाते हैं, ये सतह की ओर अग्रसर होते हैं तथा वहाँ जाकर फूट जाते हैं। ऐसी अवस्था को **क्वथन** कहते हैं तथा जिस ताप पर यह प्रक्रिया होती है उसे द्रव का क्वथनांक कहते हैं।

(iii) **पृष्ठ तनाव** (Surface Tension) किसी द्रव का वह पृष्ठ जो निर्वात्, वायु अथवा किसी अन्य गैस के सम्पर्क में (ठोस अथवा द्रव के सम्पर्क में) नहीं होता है, **मुक्त पृष्ठ** (Free surface) कहलाता है। किसी स्थिर द्रव का मुक्त पृष्ठ एक तनाव का अनुभव करता है जिसके कारण यह अपने क्षेत्रफल को न्यूनतम करने की प्रवृत्ति रखता है। द्रव के इस गुण को पृष्ठ तनाव कहते हैं।

पृष्ठ तनाव, $\gamma = \dfrac{\text{बल } (F)}{\text{लम्बाई } (l)}$

या $T = \dfrac{\text{कार्य } (W)}{\text{क्षेत्रफल में परिवर्तन } (\Delta A)}$

या $\gamma = \dfrac{rghd}{2\cos\theta}$ (केशिकात्व विधि द्वारा)

या $\gamma = \dfrac{rg}{2}(H\rho - hd)$ (जैगर विधि द्वारा)

जहाँ, r = केशनली की त्रिज्या, ρ = द्रव का घनत्व

θ = सम्पर्क कोण, h = द्रव स्तम्भ की ऊँचाई

$\gamma = \dfrac{mg}{2\pi r}$ (गिरती बूँद विधि)

जहाँ, m=औसत बूँद का द्रव्यमान, r= बूँद की त्रिज्या

पृष्ठ तनाव के मात्रक न्यूटन/मीटर, डाइन/सेमी, जूल/मी^{2}, अर्ग/सेमी^{2} है।

(iv) **श्यानता तथा तरलता** (Viscosity and Fluidity) विभिन्न द्रव विभिन्न वेगों से बहते हैं। द्रवों की वह प्रकृति जो उनके बहने की दर को निश्चित करती है, श्यानता कहलाती है। द्रव एक दूसरे के ऊपर स्थित द्रवों की परतों के रूप में होते हैं। इन परतों के मध्य घर्षण बल (वाण्डरवाल्स अन्तराण्विक आकर्षण बल) द्रवों के प्रवाह को रोकता है। द्रव की श्यानता इसके घर्षण प्रतिरोध का मापन है।

अत: द्रव का वह गुण जिसके कारण द्रव अपनी विभिन्न परतों के मध्य होने वाली सापेक्ष गति का विरोध करता है, **श्यानता** कहलाता है। श्यानता को **तरल घर्षण** (Fluid friction) अथवा **आन्तरिक घर्षण** (Internal friction) भी कहते हैं।

माना कोई द्रव काँच की सतह पर बह रहा है। स्थिर सतह के सम्पर्क में स्थित आण्विक सतह का वेग शून्य होता है। इसके ऊपर स्थित सतहें क्रमश: उच्चतर वेगों से गति करती है।

माना, द्रव की दो समीपवर्ती सतहें, जिनके बीच की दूरी dx है, क्रमश: v तथा $u+dv$ वेग से बह रही है। दोनों पर्तों की गति का प्रतिरोध करने वाला घर्षण बल (F), पर्त के क्षेत्रफल (A) तथा वेग प्रवणता $\dfrac{du}{dx}$ के समानुपाती होता है।

$$F \propto A\frac{du}{dx}$$

$$F = \eta A\frac{du}{dx} \quad \text{अथवा} \quad \eta = \frac{F}{A}.\frac{dx}{du}$$

जहाँ, η अनुक्रमानुपाती नियतांक है जिसे **श्यानता गुणांक** कहते हैं। इनका मान किसी दिए गए ताप पर नियत होता है। श्यानता गुणांक (η) को निम्न प्रकार परिभाषित कर सकते हैं

$$\eta = \frac{F}{A}.\frac{dx}{dv}$$

श्यानता की इकाई Units of Viscosity

$$\eta = \frac{F}{A}.\frac{dx}{dv} = \text{किग्रा मी}^{-1}\text{से}^{-1} = \text{ग्राम सेमी}^{-1}\ \text{से}^{-1} = \text{प्वाइज}$$

ठोस अवस्था Solid State

ठोस वे पदार्थ होते हैं, जिनमें असंपीड्यता, दृढ़ता तथा यान्त्रिक सामर्थ्य होती है। ठोस में अणु, परमाणु या आयन अत्यधिक पास-पास होते हैं तथा परस्पर ससंजक बल द्वारा आपस में जुड़े रहते हैं अर्थात् *"ठोस में एक सुव्यवस्थित क्रमिक विन्यास होता है।"*

ठोसों का वर्गीकरण Classification of Solids

ठोसों को निम्नलिखित प्रकारों में वर्गीकृत कर सकते हैं

अक्रिस्टलीय ठोस Amorphous Solids

इन ठोसों में कोई निश्चित ज्यामितीय विन्यास नहीं होता है, क्योंकि संघटन कण (अणु, परमाणु या आयन) किसी निश्चित क्रम में व्यवस्थित नहीं होते हैं, बल्कि अव्यवस्थित होते हैं। परन्तु इनमें निश्चित आकार, दृढ़ता और कठोरता हो सकती है। इन्हें वास्तव में **अतिप्रशीतित द्रव** कहा जाता है। इन्हें **छद्म ठोस** भी कहते हैं। उदाहरण—काँच, रबड़, गलित सिलिका आदि।

अक्रिस्टलीय ठोस **समदैशिक** होते हैं अर्थात् इनके भौतिक गुण सभी दिशाओं में समान होते हैं। प्राचीन सभ्यता की कुछ काँच की वस्तुएँ क्रिस्टलीकरण के कारण दूधिया दिखाई देती हैं।

क्रिस्टलीय ठोस संरचनाएँ Crystalline Solids Structures

क्रिस्टलीय ठोसों में संघटन कण (अणु, परमाणु या आयन) एक निश्चित क्रम में व्यवस्थित होते हैं, जिससे इनकी एक नियमित ज्यामितीय आकृति होती है। इनके क्रिस्टल की सतहें सपाट तथा इनके छोर धारदार अथवा पैने होते हैं। इनमें संपूर्ण क्रिस्टल में कणों (परमाणु, आयन या अणु) के निश्चित विन्यास सम्पूर्ण त्रिआयामी जालक में फैले रहते हैं। इन्हें **दीर्घ परासी व्यवस्था** कहते हैं। इस त्रिआयामी व्यवस्था को **क्रिस्टल जालक** अथवा **आकाशी जालक** अथवा **त्रिविम जालक** भी कहते हैं।

क्रिस्टलीय ठोस **समांगी विषमदैशिक** होते हैं अर्थात् इनके भौतिक गुण जैसे विद्युत् चालकता, ऊष्मीय चालकता, अपवर्तनांक, श्यानता, यान्त्रिक दृढ़ता आदि विभिन्न दिशाओं में भिन्न-भिन्न होते हैं। क्रिस्टलीय ठोसों के गलनांक तीव्र या निश्चित होते हैं। ये ठोस, दृढ़ व असंपीड्य होते हैं।

क्रिस्टलीय ठोसों को उनमें परिचालित अन्तराण्विक बलों की प्रकृति के आधार पर निम्नलिखित चार प्रकारों में पुन: वर्गीकृत कर सकते हैं

(i) **आयनिक क्रिस्टल** (Ionic crystal) ऐसे ठोसों का निर्माण धनायनों और ऋणायनों के त्रिविमीय विन्यासों में प्रबल कूलॉमी (स्थिर वैद्युत) बलों से बँधने से होता है। इस प्रकार के ठोस कठोर और भंगुर होते हैं। इनके गलनांक और क्वथनांक उच्च होते हैं। चूँकि इसमें आयन गमन के लिए स्वतन्त्र नहीं होते, अत: ये ठोस अवस्था में विद्युतरोधी होते हैं। तथापि गलित अवस्था में अथवा जल में घोलने पर आयन गमन के लिए मुक्त हो जाते हैं और वे विद्युत का संचालन करते हैं।
उदाहरण— NaCl, KNO_3, MgO, ZnS, CaF_2 आदि।

(ii) **आण्विक क्रिस्टल** (Molecular crystal) आण्विक ठोसों के अवयवी कण अणु होते हैं जो परस्पर वाण्डरवाल्स बलों द्वारा बंधे होते हैं।
जैसे—I, शुष्क बर्फ (ठोस CO_2), ठोस CH_4, बर्फ आदि।

(a) **ध्रुवीय आण्विक ठोस** (Polar molecular crystal) ऐसे ठोसों में अणु अपेक्षाकृत प्रबल द्विध्रुव-द्विध्रुव अन्योन्य क्रियाओं से एक दूसरे के साथ बँधे रहते हैं। ये ठोस मुलायम और विद्युत के अचालक होते हैं।
उदाहरण— ठोस SO_2 तथा ठोस NH_3, आदि।

(b) **हाइड्रोजन आबन्धित आण्विक ठोस** (Hydrogen bonded molecular crystal) ऐसे ठोस अणुओं में H, और F, O अथवा N परमाणुओं के मध्य ध्रुवीय सहसंयोजक बन्ध होते हैं। प्रबल हाइड्रोजन बन्ध ऐसे ठोसों के अणुओं को बन्धित करते हैं।
उदाहरण— H_2O (बर्फ)।

(iii) **सहसंयोजक क्रिस्टल** (Covalent crystal) ये ठोस परमाणुओं से मिलकर बने होते हैं जो सहसंयोजक बन्ध द्वारा जुड़े होते हैं। सहसंयोजक बन्ध प्रबल और दिशात्मक प्रकृति के होते हैं इसलिए ये अवयवी परमाणुओं को अपनी स्थितियों पर अति प्रबलता से संलग्न रखते हैं। ये अति कठोर और भंगुर होते हैं। इनका गलनांक अत्यन्त उच्च होता है।
उदाहरण— (SiO_2 क्वार्ट्ज), ग्रेफाइट, हीरा, आदि।

(iv) **धात्विक क्रिस्टल** (Metallic crystal) इन ठोसों में धनावेशित धातु आयन करनेल (kernels) तथा मुक्त इलेक्ट्रॉन आपस में धात्विक बन्धों द्वारा बँधे रहते हैं। प्रत्येक धातु परमाणु इस गतिशील इलेक्ट्रॉनों के समुद्र में एक या अधिक इलेक्ट्रॉनों का योगदान देता है। ये मुक्त और गतिशील इलेक्ट्रॉन, धातुओं की उच्च विद्युत तथा ऊष्मीय चालकता के लिए उत्तरदायी होते हैं। धातुओं का दूसरा मुख्य लक्षण है उनकी चमक तथा कुछ मामलों में रंग। इसका कारण भी इनमें मुक्त इलेक्ट्रॉनों का उपस्थित होना है। धातुएँ बहुत अधिक आघातवर्ध्य तथा तन्य होती है।
उदाहरण— Fe, Cu, Ag, Mg आदि सभी धातु तथा मिश्र-धातु।

क्रिस्टल जालक तथा इकाई सेल
Crystal Lattice and Unit Cells

अन्तरिक्ष में अनन्त बिन्दुओं (परमाणुओं, अणुओं या आयनों) की नियमित व्यवस्था को **क्रिस्टल** या **त्रिविम** या **आकाशी जालक** (space lattice) कहते हैं। जालक को परिभाषित करने वाले नियतांकों की संख्या के आधार पर, एकविमीय, द्विविमीय तथा त्रिविमीय क्रिस्टल जालकों में वर्गीकृत कर सकते हैं।

एक विमा में निविड संकुलन
Close Packing in One Dimension

इसमें गोलों को एक पंक्ति में एक-दूसरे से स्पर्श करते हुए व्यवस्थित किया जाता है। यहाँ प्रत्येक गोला दो निकटवर्ती गोलों के प्रत्यक्ष संपर्क में होता है अत: इसकी समन्वय संख्या 2 है।

द्विविमाओं में निविड संकुलन
Close Packing in Two Dimensions

इसमें निम्नलिखित दो प्रकार के संयोजन सम्भव हैं।
क्षैतिजीय तथा साथ ही उर्ध्वाधर रूप से संरेखित जैसा कि नीचे दर्शाया गया हैं।

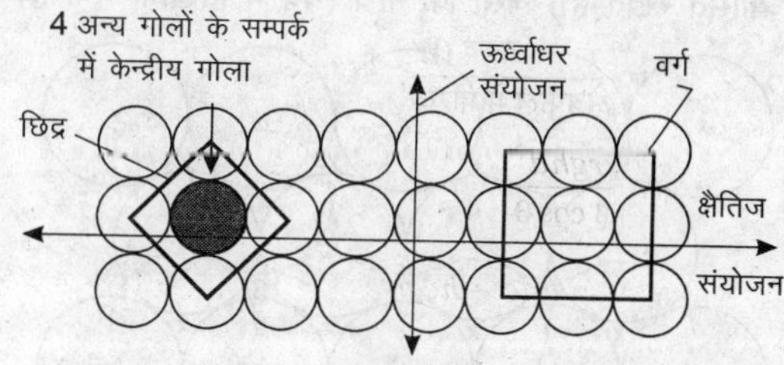

वर्ग निविड संकुलन

यहाँ, गोलों के द्वारा वर्ग बनता है तथा यह संकुलन **वर्ग निविड** अथवा **सघन संकुलन** कहा जाता है। इस प्रकार के संकुलन में प्रत्येक गोले की समन्वय संख्या 4 है। निविड संकुलन में गोलों के बीच खाली जगह को **छिद्र या रिक्तिका** (voids) कहा जाता है।

प्रत्येक आगामी पंक्ति में गोलों को पहली पंक्ति के अवनमनों को ठीक से रखते हैं। इस प्रकार की गई व्यवस्था में प्रत्येक तीसरी पंक्ति का गोला प्रथम पंक्ति के गोले से उर्ध्वाधर रूप से संरेखित हैं।

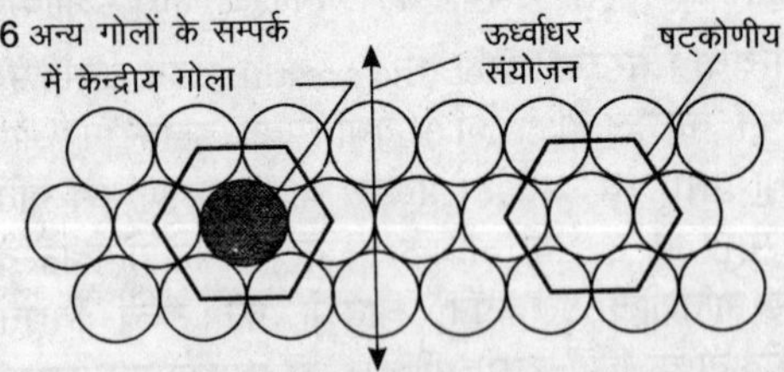

षट्कोणीय निविड संकुलन

इस प्रकार का संकुलन षट्कोणीय नमूना देता हैं अत: इसे षट्कोणीय निविड संकुलन कहा जाता हैं। यहाँ प्रत्येक गोले की समन्वय संख्या 6 हैं।

त्रिविमाओं में निविड संकुलन

Close Packing in Three Dimensions

सभी वास्तविक संरचनाएँ त्रिविम संरचनाएँ होती हैं यह द्विविमीय परतों को एक दूसरे के ऊपर रखने से प्राप्त की जा सकती हैं।

इसका निर्माण निम्न प्रकार होता है

प्रथम परत का बनना (Formation of First Layer) द्विविम-षट्कोणीय निविड संकुलित परतों से त्रिविम निविड संकुलन की प्रथम परत प्राप्त होती है। द्विविम-षट्कोणीय निविड संकुलन का निरिक्षण करने पर दो प्रकार के छिद्र जैसा कि नीचे दिखाया गया हैं, पाये जाते हैं।

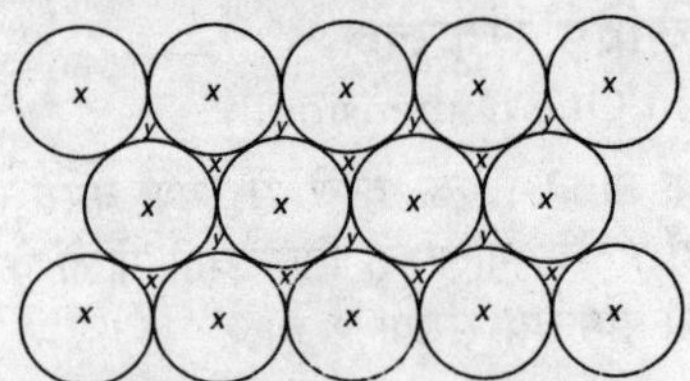

द्विविमीय षट्कोणीय निविड संकुलन

द्वितीय परत को प्रथम के ऊपर रखना (Placing second Layer Over First Layer) मस्तिष्क में दोनों प्रकार के छिद्रों का ध्यान रखते हुए त्रिविम निविड संकुलन में, गोलों को द्वितीय पंक्ति में इस प्रकार रखते हैं कि गोले प्रथम पंक्ति के चिन्हित x छिद्रों के ऊपर सटीक बैठ सकें (y से चिन्हित छिद्रों को अनअध्यासित रखते हैं।) जैसा कि नीचे चित्र में दिखाया गया हैं।

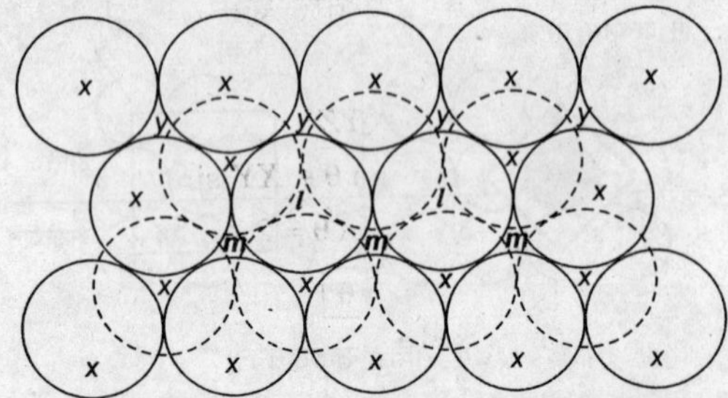

निविड संकुलित वर्गों तथा रिक्तियों की दो परतों का अध्यारोपण

द्वितीय परत में दो प्रकार के छिद्र दोबारा देखें जाते हैं

वे जो प्रथम परत के गोलों के ऊपर है (ऊपर चित्र में से चिन्हित किया गया हैं)

वे जो प्रथम परत के छिद्र y के ठीक ऊपर है (ऊपर चित्र में m से चिन्हित किया गया हैं)

तृतीय परत को द्वितीय परत पर रखना (Placing Third Layer over Second Layer)

जब तृतीय परत को द्वितीय परत पर रखा जाता हैं तो दो संभावनाएँ होती हैं। जब तृतीय परत इस प्रकार रखी जाए कि द्वितीय परत के 1 छिद्रों को गोले आच्छादित कर सकें तो इस प्रकार प्राप्त संकुलन त्रिविम घनीय संकुलन कहा जाता हैं इसमें प्रत्येक तीसरी परत के गोलें प्रथम परत के गोलों के साथ उर्ध्वाधर संरेखित होते हैं। इस प्रकार गोलों का पैटर्न एकांतर परतों में पुनरावृत्त होता है इस पैटर्न को $AB\,AB$ ... पैटर्न लिखा जाता है तथा इस संरचना को षट्कोणीय निविड संकुलित (hcp) संरचना कहते हैं।

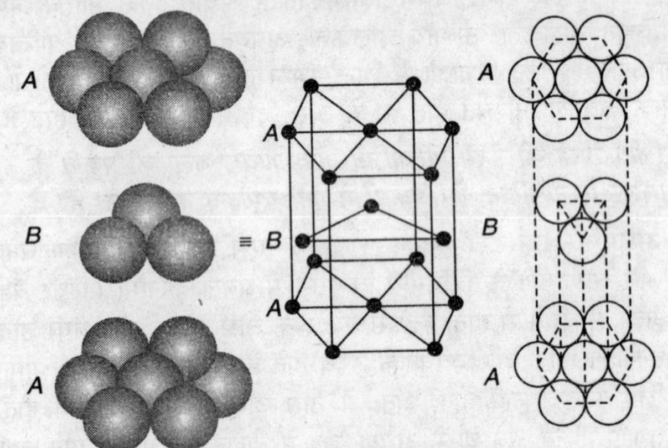

तीन विमाओं में षट्कोणीय निविड संकुलन

ऊपर बताई गई समान व्यवस्था को द्वितीय परत तक मान लो, तथा तृतीय परत में गोले इस प्रकार रखते हैं कि गोले द्वितीय परत के m चिन्हित छिद्रों को पूरी तरह आच्छादित कर दें प्राप्त परत A और B दोनों परतों से भिन्न होगी। इसे परत C कहते हैं। अब चौथी परत में गोलों को इस प्रकार रखते हैं कि प्रत्येक गोला प्रथम परत के गोले के साथ उर्ध्वाधर संरेखित हो, इस प्रकार के पैटर्न को प्राय: $ABC\ ABC$ लिखा जाता हैं तथा इस संरचना को घनीय **निविड संकुलित संरचना** (ccp) अथवा **फलक (प्रष्ठ) केन्द्रित घनीय** (fcc) संरचना कहा जाता है।

किसी क्रिस्टलीय पदार्थ का वह लघुत्तम भाग जोकि उस क्रिस्टल की सम्पूर्ण ज्यामिति की व्याख्या करता है। तथा जिसे बार-बार दोहराने से सम्पूर्ण क्रिस्टल का निर्माण हो जाए, **इकाई सेल** अथवा **एकक कोष्ठिका** कहलाता है।

इकाई सेल के तीन किनारों की विमाओं को a, b और c के द्वारा निरूपित किया जाता है जोकि परस्पर लम्बवत् हो भी सकते हैं और नहीं भी।

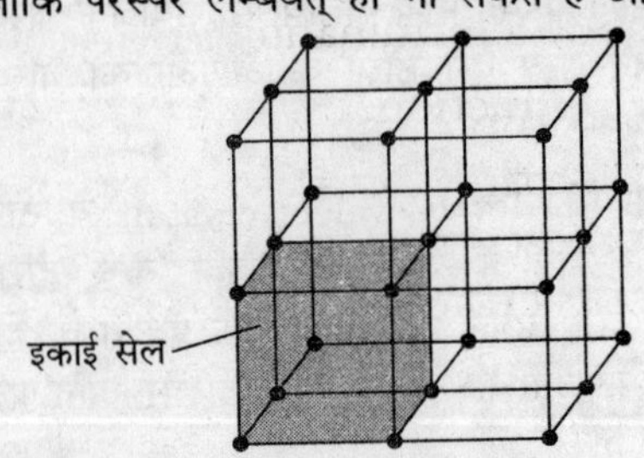

क्रिस्टल जालक तथा इकाई सेल

α, β, γ तथा a, b, c के विभिन्न सम्भव मानों के आधार पर क्रिस्टल निकायों अथवा त्रिविमीय साधारण सेलों को निम्नलिखित सात प्रकारों में वर्गीकृत कर सकते हैं

सात क्रिस्टल निकाय तथा उनकी इकाई सेल पैरामीटर

क्र. सं.	क्रिस्टल तन्त्र	सम्भव विविधताएँ	अक्षीय दूरियाँ अथवा कोर लम्बाई	अक्षीय कोण	उदाहरण
1.	घनीय	आद्य, अन्तः केन्द्रित, फलक केन्द्रित	$a = b = c$	$\alpha = \beta = \gamma = 90°$	NaCl, यशद-ब्लैंड, Cu
2.	द्विसमलम्बाक्ष	आद्य, अन्तः केन्द्रित	$a = b \neq c$	$\alpha = \beta = \gamma = 90°$	श्वेत-टिन, SnO_2, TiO_2, $CaSO_4$,
3.	विषमलम्बाक्ष	आद्य, अन्तः केन्द्रित, फलक केन्द्रित, अन्त्य केन्द्रित	$a \neq b \neq c$	$\alpha = \beta = \gamma = 90°$	विषमलम्बाक्ष गन्धक, KNO_3, $BaSO_4$
4.	षट्कोणीय	आद्य	$a = b \neq c$	$\alpha = \beta = 90°$ $\gamma = 120°$	ग्रेफाइट, ZnO, CdS
5.	त्रिसमनताक्ष अथवा (त्रिकोणीय)	आद्य	$a \neq b \neq c$	$\alpha \neq \beta \neq \gamma \neq 90°$	कैलसाइट ($CaCO_3$), सिनेबार (HgS)।
6.	एकनताक्ष	आद्य, अन्त्य केन्द्रित	$a \neq b \neq c$	$\alpha = \gamma = 90°$ $\beta \neq 120°$	एकनताक्ष गन्धक, $Na_2SO_4 \cdot 10\,H_2O$
7.	त्रिनताक्ष	आद्य	$a = b = c$	$\alpha \neq \beta \neq \gamma \neq 90°$	$K_2Cr_2O_7$, $CuSO_4 \cdot 5H_2O$, H_3BO_3

आयनिक क्रिस्टलों में त्रिज्या अनुपात

Radius Ratio in Ionic Crystals

आयनिक क्रिस्टल bcc प्रकार के होते हैं। अतः bcc एकक कोष्ठिका में 2 परमाणु होते हैं। इनमें से एक धनायन होता है, एवं एक ऋणायन होता है। अतः धनायन और ऋणायन की त्रिज्याओं के अनुपात को त्रिज्या अनुपात कहते हैं।

$$\text{त्रिज्या अनुपात} = \frac{\text{धनायन की त्रिज्या}}{\text{ऋणायन की त्रिज्या}} = \frac{r_+}{r_-}$$

त्रिज्या अनुपात से आयनिक क्रिस्टल की जालक संरचना के बारे में जानकारी प्राप्त होती है। इसे **त्रिज्या अनुपात नियम** (Radius ratio law) भी कहते हैं। किसी धनायन की एक निश्चित समन्वय संरचना के लिए त्रिज्या अनुपात एक निश्चित परास में होता है।

उदाहरण—त्रिज्या अनुपात 0.155–0.255 परास में होने पर समन्वय संख्या 4 युक्त एक चतुष्फलकीय व्यवस्था प्राप्त होती है।

यदि त्रिज्या अनुपात 0.414–0.732 परास में है, तो समन्वय संख्या 8 युक्त एक अन्तः केन्द्रित घनीय व्यवस्था (Body centred cubic arrangement) प्राप्त होती है।

ब्रैग का नियम : X-किरण विवर्तन द्वारा क्रिस्टल संरचना का निर्धारण

Bragg's Law : Determination of Crystal Structure by X-Rays Diffraction

क्रिस्टलोग्राफी के अन्तर्गत हम जालकों तथा क्रिस्टलीय ठोसों की ज्यामिती, गुण तथा संरचनाओं का अध्ययन करते हैं। ठोसों के द्वारा X-किरणों के विवर्तन के अध्ययन से क्रिस्टल संरचना प्राप्त होती है।

ब्रैग के अनुसार, X-किरणें छोटी तरंगदैर्ध्य वाली विद्युत चुम्बकीय तरंगें हैं तथा अनुकूल विवर्तन केन्द्रों से विवर्तित हो सकती हैं। क्रिस्टलों में, परमाणु एक निश्चित व्यवस्थित क्रम में 0.1 नैनोमीटर की अन्तरपरमाण्विक दूरी पर व्यवस्थित होते हैं। ये क्रिस्टल एक प्राकृतिक त्रिआयामी, X-किरण विवर्तन के लिए, ग्रेटिंग का कार्य कर सकते हैं।

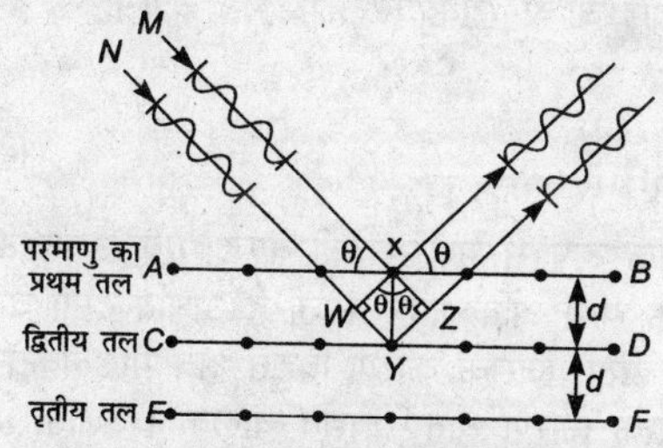

क्रिस्टलीय कणों द्वारा X-किरण विवर्तन

उपरोक्त चित्र में d-दूरी से पृथक् किए गए परमाणुओं की समानान्तर सतह की श्रृंखलाओं के जैसे एक ठोस की संरचना को दिखाया गया है। माना, X-किरण पुँज की M और N दो तरंगें जो समान प्रावस्था में है, इस किस्टल की सतह पर आपतित होती हैं। यदि M किरण प्रथम तल AB से परावर्तित होती है और N किरण द्वितीय तल CD से परावर्तित होती है तो किरण N, क्रिस्टल से बाहर आते हुए किरण M की अपेक्षा अधिक दूरी जोकि WYZ बराबर है, तय करती है। ये X-किरणें (अर्थात M, N किरणें) विभिन्न परमाणुओं द्वारा विवर्तित होती हैं। यह व्यतिकरण रचनात्मक होता है। इस तरह एक सबल परावर्तित X-किरण प्राप्त होती है।

उपरोक्त चित्र से, पथान्तर $= WY + YZ$

$$= XY \sin\theta + XY \sin\theta$$

$$= 2XY \sin\theta = 2d \sin\theta$$

$$\boxed{n\lambda = 2d \sin\theta}$$

जहाँ, n = परावर्तन की कोटि (एक पूर्णांक),

λ = X-किरण की तरंगदैर्ध्य,

d = दो अनुक्रमिक तलों के बीच की दूरी,

θ = परावर्तन का कोण

उपरोक्त समीकरण **ब्रैग समीकरण** कहलाती है।

क्रिस्टल का घनत्व Density of the Crystal

यदि हमें घनीय क्रिस्टल का क्रिस्टल संरचना का वर्ग (प्रकार) ज्ञात है अर्थात् भुजा अथवा कोर (edge) की लम्बाई X-किरण अध्ययन से ज्ञात कर लेते हैं तो क्रिस्टल के घनत्व का निर्धारण निम्न सूत्र द्वारा किया जा सकता है।

$$d \text{ (या } \rho) = \frac{Z \times M}{a^3 \times N_0} \text{ किग्रा/सेमी}^3$$

जहाँ, d या ρ = पदार्थ का घनत्व

Z = इकाई सेल में कणों की संख्या

(sc के लिए 1, bcc के लिए 2 व fcc के लिए 4)

M = तत्व का परमाणु क्रमांक

a = इकाई सेल की भुजा की लम्बाई

N_0 = आवोगाद्रो संख्या

आयनिक क्रिस्टल के लिए , सूत्र समान होता है तथा निम्न में अन्तर होता है

Z = एक इकाई में सूत्र इकाईयों की संख्या

M = यौगिक का सूत्रभार (अणुभार)

a = भुजा की लम्बाई जो NaCl क्रिस्टल में Na^+ व Cl^- के बीच की दूरी ($2x$) होती है।

चालक Conductors

चालकों में, आंशिक रूप से भरा संयोजी बैण्ड, एक उच्च ऊर्जा वाले रिक्त चालकता बैण्ड के साथ अतिव्यापन करता है अर्थात दोनों बैड़ो के बीच कोई ऊर्जा अन्तर नही होता, जिसके कारण विद्युत क्षेत्र में इलेक्ट्रॉन आसानी से प्रवाहित हो सकते हैं। जिसके कारण धातुएँ विद्युत चालकता दर्शाती है।

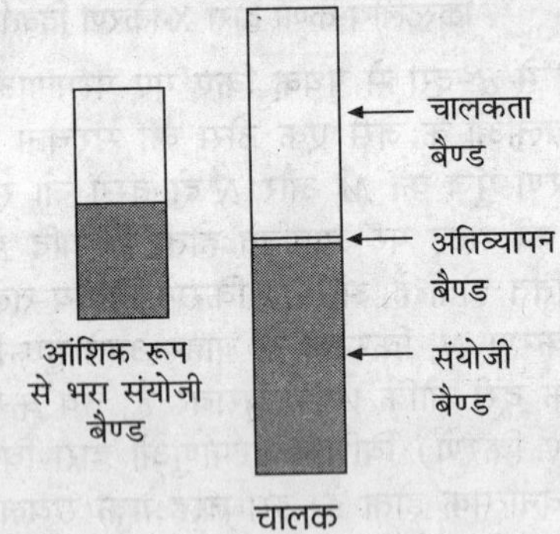

चालक

अर्द्धचालक Semiconductors

अर्द्धचालकों में संयोजी बैण्ड एवं चालक बैण्ड के मध्य अन्तराल कम होता है। अत: कुछ इलेक्ट्रॉन संयोजी बैण्ड में से चालक बैण्ड में कूद सकते हैं और अल्प चालकता दिखा सकते हैं। ताप बढ़ाने के साथ अर्द्धचालकों मे विद्युत चालकता बढ़ती है क्योंकि अधिक संख्या में इलेक्ट्रॉन कम ऊर्जा अन्तर के कारण जा सकते हैं।

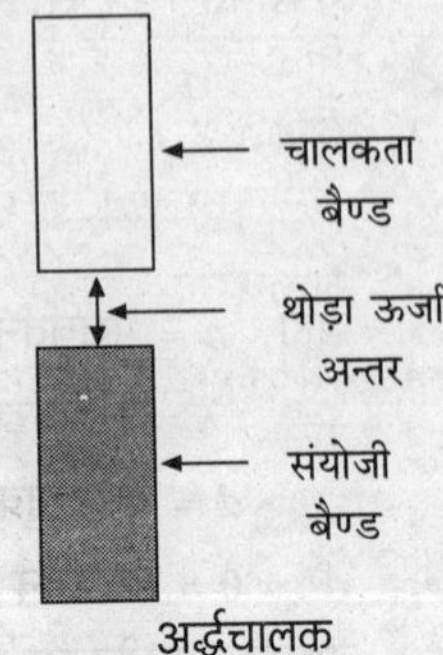

अर्द्धचालक

उदाहरण—सिलिकन और जर्मेनियम अर्द्धचालक हैं।

आन्तरिक अर्द्धचालकों को पुन: निम्नलिखित दो उपवर्गों में विभाजित कर सकते हैं

(i) **आन्तरिक अर्द्धचालक** (Intrinsic Semiconductors) वास्तव में यहाँ इलेक्ट्रॉन के निष्कासन के लिये ऊर्जा उत्तरदायी है। इलेक्ट्रॉनों के निष्कासन से धनावेशित छिद्र बनता है। अब क्रिस्टल विद्युत का चालन कर सकता है क्योंकि विद्युत क्षेत्र का प्रयोग करने पर इलेक्ट्रॉन तथा छिद्र दोनों विपरीत दिशाओं में गति करते हैं। इस प्रकार के चालन को आन्तरिक चालन और अर्द्धचालक जो इस प्रकार की चालकता दर्शाते हैं उन्हें आन्तरिक अर्द्धचालक कहते हैं।

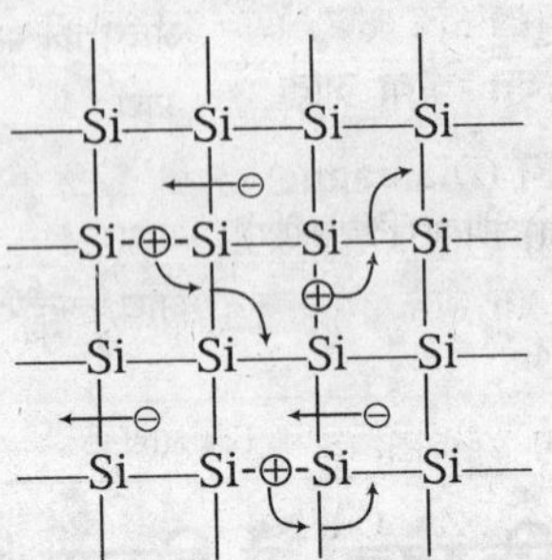

आन्तरिक अर्द्धचालक में विद्युतीय चालन

(ii) **बाह्य अर्द्धचालक** (Extrinsic Semiconductors) अर्द्धचालकों की चालकता व्यवहारिक उपयोग के लिये बहुत ही कम होती है। उचित अशुद्धि को उपयुक्त मात्रा में मिलाने से इनकी चालकता बढ़ जाती है। इसे **अपमिश्रण** कहते हैं।

अपमिश्रण के लिये प्रयुक्त किये गये तत्वों की प्रकृति के आधार पर बाह्य अर्द्धचालकों को पुन: निम्नलिखित दो समूहों में बाँटा गया है

(a) n-प्रकार के अर्द्धचालक (b) p-प्रकार के अर्द्धचालक।

अचालक अथवा विद्युतरोधी Insulators

अचालकों में, संयोजी बैण्ड तथा चालकता बैण्ड के मध्य ऊर्जा अन्तर इतना अधिक होता है कि इलेक्ट्रॉन ऊष्मा के रूप में ऊर्जा आपूर्ति करने के बावजूद उसकी पूर्ति नही कर सकते है।

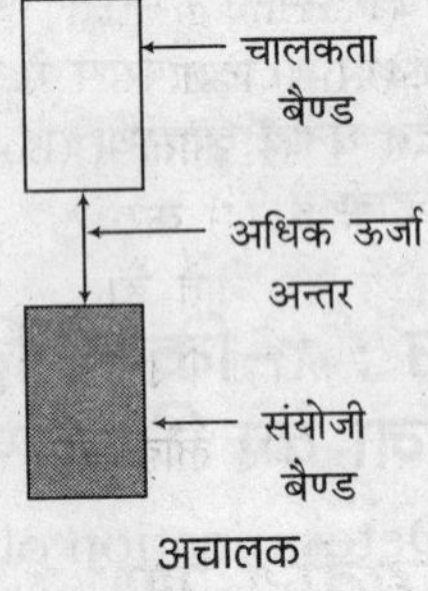

अचालक

ठोसों के चुम्बकीय गुण Magnetic Properties of Solids

सभी पदार्थों के साथ कुछ चुम्बकीय गुण सम्बन्धित होते हैं। इन गुणों की उत्पत्ति इलेक्ट्रॉनों के कारण होती है। एक परमाणु में प्रत्येक इलेक्ट्रॉन एक सूक्ष्म चुम्बक की तरह व्यवहार करता है। उसका चुम्बकीय आघूर्ण दो प्रकार की गतियों से उत्पन्न होता है।

(i) उसकी नाभिक के चारों ओर कक्षक गति

(ii) उसका अपने अक्ष पर चारों ओर चक्रण।

इसे मापे जाने वाली इकाई को बोर मैग्नेटॉन, u_B कहा जाता है। यह 9.27×10^{-24} Am^2 के बराबर होता है।

पदार्थों का उनके चुम्बकीय गुणों के आधार पर वर्गीकरण Classification of Substances on the Basis of their Magnetic Properties

ठोस पदार्थों को चुम्बकीय क्षेत्र में इनके व्यवहार की प्रकृति के आधार पर निम्न प्रकार विभाजित किया जाता है

(i) **प्रतिचुम्बकीय** (Diamagnetic) वे पदार्थ हैं जो बाह्य चुम्बकीय क्षेत्र से प्रतिकर्षित होते हैं। इन पदार्थों के परमाणुओं, अणुओं या आयनों में सभी इलेक्ट्रॉन युग्मित होते हैं, अर्थात् इनमें कोई भी इलेक्ट्रॉन अयुग्मित नहीं होता है।
इनका उपयोग इलेक्ट्रॉनिक उपकरणों में किया जाता है।
उदाहरण— N_2, Zn, Cd, NaCl, TiO_2, Cu^+ आदि।

(ii) **अनुचुम्बकीय** (Paramagnetic) वे पदार्थ होते हैं जो बाह्य चुम्बकीय क्षेत्र की तरफ आकर्षित होते हैं। इन पदार्थों के परमाणुओं, अणुओं या आयनों में अयुग्मित इलेक्ट्रॉन उपस्थित होते हैं।
ये चुम्बकीय क्षेत्र की अनुपस्थिति में अपना चुम्बकत्व खो देते हैं।

(iii) **लौह चुम्बकीय** (Ferromagnetic) वे पदार्थ हैं जो बाह्य चुम्बकीय क्षेत्र द्वारा प्रबलता से आकर्षित होते हैं। इनमें सभी अयुग्मित इलेक्ट्रॉनों का संरेखन (alignment) एक ही दिशा में होता है। ये पदार्थ कमरे के ताप पर स्थायी रूप से चुम्बकित हो जाते हैं अर्थात् बाह्य चुम्बकीय क्षेत्र की अनुपस्थिति में भी चुम्बकत्व प्रदर्शित करते हैं।

(iv) **विपक्ष लौह चुम्बकीय** (Antiferromagnetic) जब बराबर संख्या के अयुग्मित इलेक्ट्रॉन विपरीत दिशा में संरेखित होते हैं, तो उनके चुम्बकीय आघूर्ण (इलेक्ट्रॉन चक्रण) एक-दूसरे के चुम्बकीय आघूर्णों को निरस्त कर देते हैं। ऐसे पदार्थों को विपक्ष लौह चुम्बकीय **पदार्थ** कहते हैं।
क्यूरी तापमान से अधिक तापमान पर लौह चुम्बकत्व नहीं देखा जाता है।

(v) **फैरी चुम्बकीय** (Ferrimagnetic) जब अयुग्मित इलेक्ट्रॉनों की असमान संख्या विपरीत दिशा में संरेखित होती है, तो परिणामी चुम्बकीय आघूर्ण शून्य नहीं होता है। ऐसे पदार्थों को **फैरी चुम्बकीय पदार्थ** कहते हैं। ये पदार्थ गर्म करने पर अपना फेरी चुम्बकत्व खो देते हैं और अनुचुम्बकीय बन जाते हैं।

↑↑↑↑↑↑↑↑	↑↓↑↓↑↓↑↓	↑↑↓↑↑↑↓
लौह चुम्बकीय	प्रति लौह चुम्बकीय	फैरी चुम्बकीय

ठोसों के पराविद्युतीय गुण Dielectric Properties of Solids

ऐसे पदार्थों द्वारा प्रदर्शित होते हैं जिनको बाह्य विद्युत क्षेत्र में रखने पर उनमें कोई आवेश प्रवाहित नहीं होता है। इन पदार्थों में इलेक्ट्रॉन परमाणुओं या आयनों द्वारा बँधे रहते हैं। हालांकि, प्रभावी क्षेत्र, इन पदार्थों को ध्रुवित कर द्विध्रुव उत्पन्न कर देता है। ऐसे विद्युत द्विध्रुव, लगाये गये बाह्य विद्युत क्षेत्र में निम्न प्रकार क्रियान्वित होते हैं

(i) विद्युत द्विध्रुव एक-दूसरे को इस प्रकार संरेखित कर लेते है, कि इनके द्विध्रुव आघूर्ण एक-दूसरे को पूर्ण रूप से निरस्त कर देते हैं तथा क्रिस्टल में कोई परिणामी द्विध्रुव आघूर्ण नहीं होता है।

(ii) द्विध्रुव ऐसे क्रम में व्यवस्थित होते हैं कि ये क्रिस्टल में एक परिणामी द्विध्रुव उत्पन्न कर देते हैं। यह भी सम्भव है कि क्रिस्टल में द्विध्रुव न हो लेकिन आयन उपस्थित हों।

पीजो विद्युतीय गुण (Piezoelectricity) ऐसे क्रिस्टलों द्वारा प्रदर्शित किया जाता है जिनमें स्थाई द्विध्रुव आघूर्ण रहता है और यान्त्रिक तनाव या दाब लगाने पर विकृति के फलस्वरूप विद्युत प्रवाहित होने लगती है। इन क्रिस्टलों को **पीजो विद्युतीय क्रिस्टल** कहा जाता है। इन क्रिस्टलों का उपयोग रिकॉर्ड प्लेयरों में किया जाता है।

(i) पीजो विद्युती क्रिस्टल, जिनमें स्थायी द्विध्रुव होता है, **लौह चुम्बकीय** कहलाते हैं।
उदाहरण—$BaTiO_3$, KH_2PO_4 आदि।

(ii) पीजो विद्युती क्रिस्टल, जिनमें द्विध्रुव शून्य होता है, **विपक्ष लौह चुम्बकीय पदार्थ** कहलाते हैं।

(iii) कुछ क्रिस्टलों को गर्म करने पर उनमें उपस्थित परमाणुओं या आयनों का व्यवस्थित क्रम विस्थापित हो जाता है और विद्युत उत्पन्न होती है। क्रिस्टलों के इस गुण को **पायरो विद्युता** (pyroelectricity) कहते हैं।

रससमीकरणमितीय दोष Stoichiometric Defect

रससमीकरणमितीय यौगिक वे यौगिक हैं जिनमें धनायन व ऋणायन की संख्या एकदम उसी अनुपात में होती है जितनी उनके रासायनिक सूत्र द्वारा प्रकट होती है। इन यौगिकों में पाये गये दोषों को रससमीकरणमितीय दोष कहते हैं। सामान्यत: ये निम्नलिखित दो प्रकार के होते है

रिक्तिका दोष Vacancy Defect

जब कुछ जालक स्थल रिक्त हों तब कहा जाता है कि क्रिस्टल में रिक्तिका दोष है। यह पदार्थ के घनत्व को कम कर देता है। पदार्थ को गर्म करने पर भी इस प्रकार का दोष उत्पन्न हो सकता है।

अन्तराकाशी दोष Interstitial Defect

जब कुछ अवयवी कण (परमाणु अथवा अणु) अन्तराकाशी स्थल पर पाए जाते हैं, तब कहा जाता है कि क्रिस्टल में अन्तराकाशी दोष है। यह दोष पदार्थ के घनत्व को बढ़ाता है। ऊपर समझाए गए रिक्तिका और अन्तराकाशी दोष अनआयनिक ठोसों में दिखाई पड़ते हैं।

आयनिक ठोसों में सदैव विद्युत उदासीनता बनी रहनी चाहिए। इन्हें आन्तर अथवा ऊष्मागतिकी दोष भी कहा जाता है

आधारभूत रूप से ये भी निम्नलिखित दो प्रकार के होते हैं

शॉट्की दोष यह दोष ऋणायन के स्थान पर रिक्त स्थान के कारण उत्पन्न होता है। विद्युत उदासीनता को बनाये रखने के लिए धनायन के स्थान पर भी रिक्त स्थान हो जाता है। इस प्रकार का दोष उन यौगिकों में पाया जाता है जिनमें समन्वय संख्या उच्च होती है और धनायन व ऋणायन लगभग एक ही आकार के होते हैं।

उदाहरण— NaCl, KCl, CsCl और AgCl आदि। चूँकि इस दोष वाले

क्रिस्टल जालकों में आयनों की संख्या कम होती है इसलिए ठोस का घनत्व कम होता है।

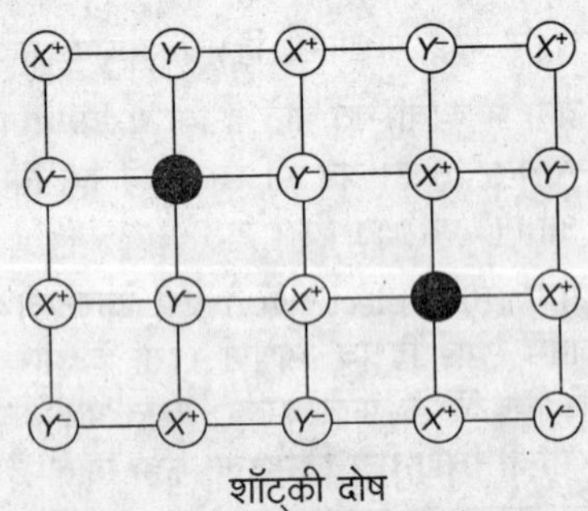

शॉट्की दोष

फ्रेन्केल दोष इस दोष में धनायन अपने मूल स्थान को छोड़कर अन्तराकाशी स्थान में चला जाता है। इस प्रकार का दोष उन यौगिकों में पाया जाता है, जिनमें समन्वय संख्या निम्न होती है और धनायन का आकार ऋणायन की अपेक्षा छोटा है।

उदाहरण— ZnS, AgCl, AgBr तथा AgI आदि।

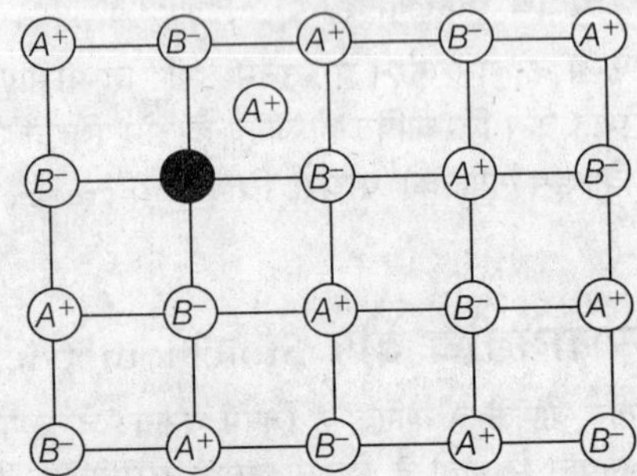

अरस-समीकरणमितीय दोष

Non-Stoichiometric Defects

ये वे यौगिक हैं, जिनमें धनायन व ऋणायन की संख्या समान अनुपात में नहीं होती हैं, जो ये अपने आदर्श रासायनिक सूत्र द्वारा प्रकट करते हैं। जैसे FeO में धनायन व ऋणायन्न का अनुपात 0.94 :1 होता है। शेष आवेश का सन्तुलन अतिरिक्त इलेक्ट्रॉन या अतिरिक्त धनात्मक आवेश लेकर होता है जो कि संरचना को अनियमित बना देते हैं। ये दोष धातु या अधातु के अधिक मात्रा में होने पर उत्पन्न होता है।

ये दोष भी निम्नलिखित दो प्रकार के होते हैं

धातु की अधिकता से उत्पन्न दोष

Metal Excess Defects

इस प्रकार के दोष निम्न दो प्रकार से उत्पन्न हो सकते हैं

ऋणायन रिक्तियाँ ऋणायन (अधातु) के हटने से उत्पन्न होती हैं। (अधातु के परमाणु गैस के रूप में क्रिस्टल सतह को छोड़ते हैं।) इस प्रकार क्रिस्टल में धनायन (धातु) की सान्द्रता में वृद्धि हो जाती है। वह इलेक्ट्रॉन जो पहले ऋणायन के साथ था, जालक द्वारा फँसा लिया जाता है और निकाय उदासीन रहता है। इन इलेक्ट्रॉन-युक्त स्थानों को *F*-केन्द्र कहा जाता है। *F*-केन्द्र क्रिस्टल को रंग प्रदान करते हैं। यह रंग, इन इलेक्ट्रॉनों द्वारा क्रिस्टल पर पड़ने वाले प्रकाश से ऊर्जा अवशोषित करके उत्तेजित होने के परिणामस्वरूप दिखता है।

यह दोष उन क्रिस्टलों में पाया जाता है, जिनमें शॉट्की दोष पाया जाता है। उदाहरण के लिए, NaCl को जब सोडियम वाष्प से क्रिया कराते हैं तो NaCl का पीला रूप प्राप्त होता है जिसमें सोडियम आयन अधिक होते हैं। LiCl क्रिस्टल में Li की अधिकता इसे गुलाबी रंग तथा KCl क्रिस्टल में K की अधिकता इसे बैंगनी रंग देता है। यह दोष शॉट्की दोष के समान है।

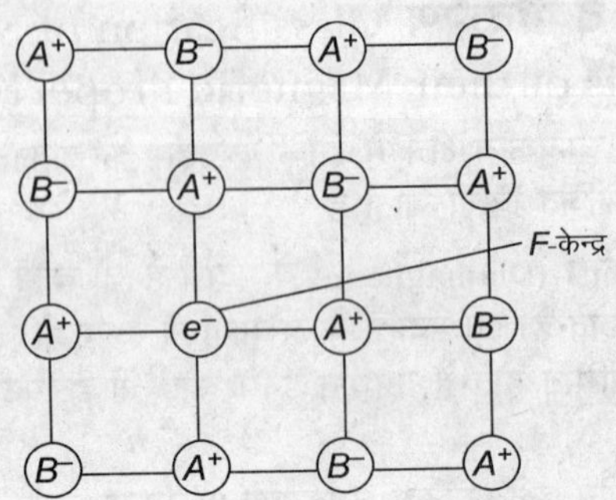

ऋणायन की कमी के कारण धातु अधिकता दोष

अतिरिक्त धनायन जो अन्तराकाशी स्थान घेरे रहते हैं, भी अरस-समीकरणमितीय दोष का एक कारण है। इस प्रकार का दोष, अन्तराकाश में उपस्थित अतिरिक्त धनात्मक आयन के कारण उत्पन्न होता है। विद्युत उदासीनता उस इलेक्ट्रॉन द्वारा बनी रहती है, जो अन्तराकाशी स्थान में होता है। यह उन क्रिस्टलों में पाया जाता है, जिनमें फ्रेन्केल दोष की सम्भावना होती है।

उदाहरण— ZnO आदि। कमरे के ताप पर ZnO सफेद रंग का होता है गर्म करने पर ऑक्सीजन निकलने के कारण यह पीले रंग का हो जाता है।

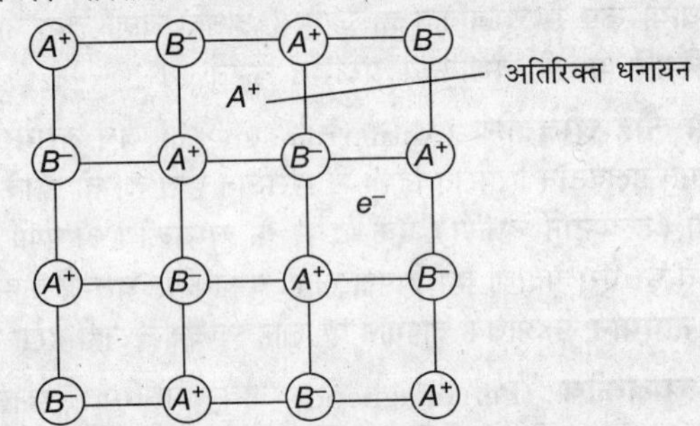

अतिरिक्त धनायन के कारण धातु अधिकता दोष

$$ZnO \xrightarrow{\text{तापमान}} Zn^{2+} + \frac{1}{2}O_2 + 2e^-$$ आधिक्य में उपस्थित Zn^{2+}

धातु अधिकता दोष के प्रभाव इस दोषयुक्त वाले क्रिस्टल अर्द्ध सुचालक होते हैं। इस दोषयुक्त वाले क्रिस्टलों के यौगिक रंगीन होते हैं।

धातु की कमी से उत्पन्न दोष

Metal Deficiency Defect

इस प्रकार के दोष में एक धनायन अपने जालक से लुप्त होता है तथा आवेश का सन्तुलन (विद्युत उदासीनता) किसी धनायन की उच्च संयोजकता (उच्च ऑक्सीकरण अवस्था) से होता है। इस प्रकार क्रिस्टल जालक में धातु परमाणु की कमी रहती है।

उदाहरण— FeO, FeS, NiO, TiO आदि।

FeO अधिकतर $Fe_{0.95}O$ संघटन में पाया जाता है। यह वास्तव में $Fe_{0.96}O$ की परास में हो सकता है। FeO के क्रिस्टल में कुछ Fe^{2+} धनायन लुप्त

हो जाते हैं और धनावेश की क्षति पूर्ति Fe^{3+} आयनों की आवश्यक संख्या से हो जाती है।

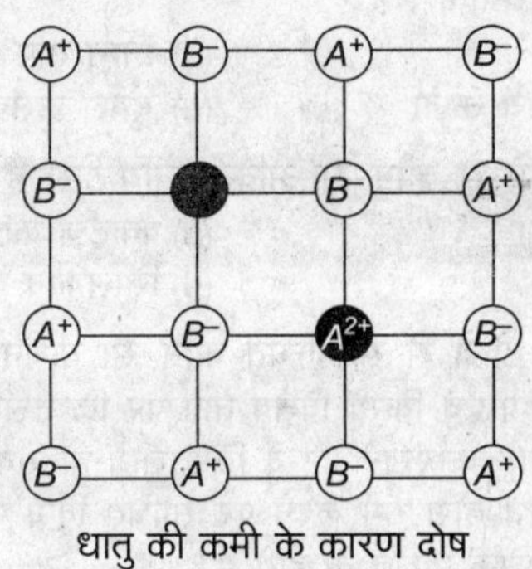

धातु की कमी के कारण दोष

अशुद्धि दोष Impurities Defects

आयनिक ठोसों में दोषों को प्रविष्ट कराने की यह एक सामान्य विधि है इस विधि में अशुद्धि आयनों को जिनका आवेश मेजबान आयन से भिन्न होता है को आयनिक ठोसों में डाला जाता है। प्रतिस्थापनीय ठोसों में ये जालक स्थानों पर उपस्थित होते हैं तथा अन्तराकाशी ठोसों में यह रिक्त अन्तरकाशी स्थानों पर होते हैं।

प्रतिस्थापनीय ठोसों का बनना अशुद्धियों की इलेक्ट्रॉनिक संरचना पर निर्भर करता है जबकि अन्तराकाशी ठोसों का बनना अशुद्धियों के आकार पर निर्भर करता है।

अभ्यास प्रश्न

1. बर्फ, जल तथा भाप के भौतिक गुण बहुत भिन्न होते हैं। तीनों अवस्थाओं में जल का रासायनिक संघटन बताइए।
(a) $H_2O^{16}, H_2O^{18}, H_2O^{16}$ (b) H_2O, D_2O, T_2O
(c) D_2O, T_2O, H_2O (d) सभी अवस्थाओं में H_2O

2. यदि आदर्श गैस के दो मोलों का आयतन 246 K पर 44.8 लीटर हो तो दाब होगा।
(a) 4 वायुमण्डल (b) 2 वायुमण्डल
(c) 8 वायुमण्डल (d) 6 वायुमण्डल

3. अत्यन्त निम्न दाब पर निम्न में से कौन-सा वक्र बॉयल वक्र है?

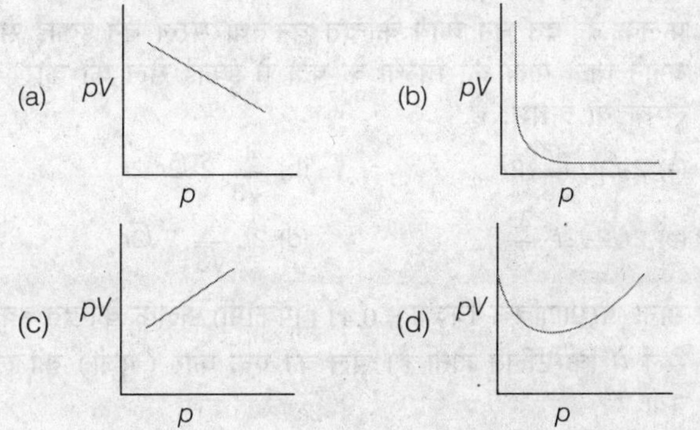

4. एक बन्द पात्र में 1 : 4 के अनुपात में उपस्थित डाइहाइड्रोजन तथा डाइऑक्सीजन के मिश्रण का दाब, एक वायुमण्डलीय दाब के बराबर है।
डाइऑक्सीजन का आंशिक दाब क्या होगा?
(a) 0.8×10^5 वायुमण्डल
(b) 0.008 न्यूटन मी$^{-2}$ वायुमण्डल
(c) 8×10^4 न्यूटन मी$^{-2}$ वायुमण्डल
(d) 0.25 वायुमण्डल

5. 8g O_2 से सम्बन्धित अवस्था की समीकरण है
(a) $pV = 8RT$ (b) $pV = RT/4$
(c) $pV = RT$ (d) $pV = RT/2$

6. 273.15 K तथा 1 वायुमण्डल पर नाइट्रोजन तथा आर्गन के मोलर आयतन क्या होंगे?
(a) क्रमशः 11.2, 22.4 (b) क्रमशः 22.4, 22.4
(c) क्रमशः 11.2, 11.2 (d) क्रमशः 22.4, 11.2

7. समान ताप पर A का घनत्व, B की अपेक्षा दोगुना है। B का अणुभार A की अपेक्षा तिगुना है। A तथा B पर लगने वाले दाब का अनुपात है
(a) $\frac{1}{6}$ (b) $\frac{7}{8}$ (c) $\frac{2}{5}$ (d) $\frac{1}{4}$

8 यदि He, CH_4 तथा SO_4 के गैसीय मिश्रण को एक महीन छिद्र से विसरित होने दिया जाए तो ज्ञात कीजिए कि प्रारम्भ में निकलने वाली गैसों का मोलर अनुपात क्या होगा।
(a) $\sqrt{2} : \sqrt{2} : 3$ (b) 2 : 2 : 3
(c) 4 : 4 : 3 (d) 1 : 1 : 3

9. 'A' तथा 'B' दो गैसें एक समान दाब तथा ताप पर दो समान धारिता वाले अलग-अलग पात्रों में भरी हैं। दाब को थोड़ा-सा बढ़ाने पर गैस 'A' द्रवित हो जाती है जबकि गैस B बहुत अधिक दाब बढ़ाने पर भी द्रवित नहीं होती है जब तक कि इसे ठण्डा नहीं किया जाता है। इसका कारण है
(a) गैस A क्रान्तिक ताप से ऊपर है जबकि गैस B नीचे है
(b) गैस B क्रान्तिक ताप से ऊपर है जबकि गैस A नीचे है
(c) दोनों गैंसे क्रान्तिक ताप से ऊपर है
(d) दोनों गैसें क्रान्तिक ताप से नीचे है

10. बॉयल, चार्ल्स तथा आवोगाद्रो के नियम का पालन करने वाली गैस आदर्श गैस कहलाती है। किन परिस्थितियों के अन्तर्गत एक वास्तविक गैस आदर्श व्यवहार दर्शायेगी?
(a) उच्च दाब तथा कम ताप (b) कम दाब तथा उच्च ताप
(c) उच्च दाब तथा उच्च ताप (d) कम दाब तथा कम ताप

11. 27°C पर अमोनिया के 2 मोल का आयतन 5 लीटर है। वाण्डरवाल्स समीकरण के अनुसार इसका दाब है (ज्ञात है $a = 4.17, b = 0.3711$)
(a) 10.33 वायुमण्डल (b) 9.33 वायुमण्डल
(c) 9.74 वायुमण्डल (d) 9.2 वायुमण्डल

12. यदि गैस के एक मोल का ताप 50°C बढ़ाया जाए तो निकाय की गतिज ऊर्जा में परिवर्तन ज्ञात कीजिए।
(a) 623.25 जूल (b) 6.235 जूल
(c) 623.5 जूल (d) 6235.0 जूल

13. 5 लीटर के बन्द पात्र में, 1.0 ग्राम H_2 को 300 से 600 केल्विन तक गर्म किया जाता है। कौन-सा कथन सत्य नहीं है?
(a) गैस का दाब बढ़ जाता है
(b) टक्करों की संख्या बढ़ जाती है
(c) गैस के मोलों की संख्या बढ़ जाती है
(d) गैसीय अणुओं की संख्या बढ़ जाती है

14. ऑक्सीजन अणु का औसत वेग का समान ताप पर नाइट्रोजन अणु के वर्ग माध्य मूल वेग के साथ औसत है
(a) $\left(\frac{3\rho}{7}\right)^{1/2}$ (b) $\left(\frac{7}{3\pi}\right)^{1/2}$
(c) $\left(\frac{3}{7\pi}\right)^{1/2}$ (d) $\left(\frac{7\pi}{3}\right)^{1/2}$

15. किस ताप पर ऐल्काइन श्रृंखला के द्वितीय अणु का अधिकतम प्रायिकतम वेग 527°C पर SO_2 के समान होगा?
(a) 347°C (b) 227°C
(c) 800°C (d) 254°C

16. हीलियम परमाणु हाइड्रोजन अणु की अपेक्षा दोगुना भारी है। 298 केल्विन पर, हीलियम परमाणु की औसत गतिज ऊर्जा
(a) हाइड्रोजन अणु की अपेक्षा दोगुनी है
(b) हाइड्रोजन अणु की अपेक्षा चार गुनी है
(c) हाइड्रोजन अणु की अपेक्षा आधी है
(d) हाइड्रोजन अणु के समान है

17. सा. ता. दा. पर, H_2, N_2, O_2 तथा HBr के अणुओं के वर्ग माध्य मूल वेग का सही क्रम है
(a) $H_2 > N_2 > O_2 > HBr$ (b) $HBr > O_2 > N_2 > H_2$
(c) $HBr > H_2 > O_2 > N_2$ (d) $N_2 > O_2 > H_2 > HBr$

18. पृष्ठ तनाव अणुओं के मध्य लगने वाले आकर्षण बल पर निर्भर करता है। निम्न का पृष्ठ तनाव के बढ़ते क्रम में व्यवस्थित कीजिए: जल, ऐल्कोहॉल (C_2H_5OH), हेक्सेन [$CH_3(CH_2)_4CH_3$]
(a) जल < ऐल्कोहॉल < हेक्सेन (b) हेक्सेन < ऐल्कोहॉल < जल
(c) ऐल्कोहॉल < जल < हेक्सेन (d) हेक्सेन < जल < ऐल्कोहॉल

19. निम्न गुणों में किस गुण के अतिरिक्त शेष ताप में वृद्धि के साथ घटती है?
(a) पृष्ठ तनाव (b) श्यानता
(c) घनत्व (d) वाष्प दाब

20. श्यानता गुणांक (η) की SI इकाई क्या है?
(a) पास्कल (b) न्यूटन से मी$^{-2}$
(c) किग्रा मी^{2} से (d) न्यूटन मी$^{-2}$

21. वर्षा की बूँदों का गोलीय आकार समझाने के लिए जल के निम्नलिखित में से किस गुण का उपयोग किया जा सकता है?
(a) श्यानता (b) पृष्ठ तनाव
(c) क्रान्तिक परिघटना (d) दाब

22. निम्नलिखित में से कौन-सी स्थिति पदार्थ के ठोस अवस्था में रहने को अनुकूल बनाती है?
(a) उच्च ताप (b) निम्न ताप
(c) उच्च तापीय ऊर्जा (d) दुर्बल ससंजक बल

23. निम्नलिखित में से कौन-सा अक्रिस्टलीय ठोस है?
(a) ग्रेफाइट (C) (b) क्वार्ट्ज काँच (SiO_2)
(c) क्रोम एलम (d) सिलिकॉन कार्बाइड (SiC)

24. अक्रिस्टलीय ठोसों से सम्बन्धित कौन-सा कथन सत्य नहीं है?
(a) गर्म करने पर वे किसी विशेष ताप पर क्रिस्टलीय हो सकते हैं
(b) लम्बे समय तक रखने पर वे क्रिस्टलीय हो सकते हैं
(c) अक्रिस्टलीय ठोस गर्म करने पर सांचित किये जा सकते हैं
(d) वे विषमदैशिक प्रकृति के होते हैं

25. निम्नलिखित में से कौन-सी क्रिस्टलीय ठोस की विशेषता नहीं है?
(a) निश्चित तथा लाक्षणिक गलन ऊष्मा
(b) दैशिक प्रकृति
(c) पूरे क्रिस्टल में संघटक कणों की व्यवस्था का एक नियमित आवर्ती दोहराया गया पैटर्न
(d) सत्य ठोस

26. निम्नलिखित में से कौन-सी आयनिक ठोसों की विशेषता नहीं है?
(a) गलित अवस्था में विद्युत चालकता का बहुत कम मान
(b) भंगुर प्रकृति
(c) अन्त:क्रिया के अत्यन्त प्रबल बल
(d) विषमदैशिक प्रकृति

27. निम्नलिखित में से कौन-सा त्रिविमीय जालक ठोस है?
(a) SO_2 (ठोस) (b) I_2
(c) हीरा (d) H_2O (बर्फ)

28. फलक केन्द्रित घन, काय केन्द्रित घन तथा सरल घन इकाई सेल बनाने वाले गोलों की त्रिज्या के पदों में इकाई सेल की कोर लम्बाईयाँ क्रमश: हैं
(a) $2\sqrt{2}r, \frac{4r}{\sqrt{3}}, 2r$ (b) $\frac{4r}{\sqrt{3}}, 2\sqrt{2}r, 2r$
(c) $2r, 2\sqrt{2}r, \frac{4r}{\sqrt{3}}$ (d) $2r, \frac{4r}{\sqrt{3}}, 2\sqrt{2}r$

29. सोना (परमाणविक त्रिज्या = 0.414 पिकोमी) फलक केन्द्रित इकाई सेल में क्रिस्टलित होता है। सेल की एक कोर (भुजा) की लम्बाई क्या है?
(a) 0.414 (b) 0.407
(c) 1.414 (d) 1.407

30. ऐलुमिनियम घन आबन्धन में क्रिस्टलित होता है। इसकी आयनिक त्रिज्या 125 पिकोमी है। ऐलुमिनियम के 1.00 सेमी^{3} में कितने इकाई सेल है?
(a) 4.42×10^{22} (b) 2.36×10^{21}
(c) 2.26×10^{22} (d) 3.92×10^{18}

31. विभिन्न प्रकार की इकाई सेलों में संकुलन सक्षमता का सही क्रम है
(a) फलक केन्द्रित घनीय < काय केन्द्रित घनीय < सरल घनीय
(b फलक केन्द्रित घनीय > काय केन्द्रित घनीय > सरल घनीय
(c) फलक केन्द्रित घनीय < काय केन्द्रित घनीय > सरल घनीय
(d) काय केन्द्रित घनीय < फलक केन्द्रित घनीय > सरल घनीय

32. घनीय बन्ध संरचना तथा काय केन्द्रित घन संरचना में परमाणुओं की समन्वय संख्या क्रमश: है

(a) 6, 8 (b) 8, 6
(c) 12, 6 (d) 12, 8

33. षट्कोणीय बन्ध आबन्धन से सम्बन्धित कौन-सा कथन सत्य नहीं है?

(a) समन्वय संख्या 12 है
(b) यह 74% संकुलन सक्षमता रखता है
(c) दूसरी परत की चतुष्फलकीय रिक्तियाँ तीसरी परत के गोलों द्वारा ढ़क जाती हैं
(d) इस व्यवस्था में चौथी परत के गोले पहली परत के गोलों की बिल्कुल सीध में होते हैं

34. एक आयनिक क्रिस्टल में धनायनिक त्रिज्या व ऋणायनिक त्रिज्या का अनुपात 0.732 से अधिक है। इसकी समन्वय संख्या है

(a) 1 (b) 4
(c) 6 (d) 8

35. शॉट्की दोष क्रिस्टल में तब पाया जाता है, जब

(a) कुछ धनायन जालक स्थल से अन्तराली स्थल में चले जाते हैं
(b) धनायन व ऋणायन समान संख्या में जालक से गायब हो जाते हैं
(c) कुछ जालक स्थल इलेक्ट्रॉनों द्वारा घेर लिए जाते हैं
(d) जालक में कुछ अशुद्धि उपस्थित होती है

36. निम्नलिखित में कौन-सा दोष विस्थापन दोष कहा जाता है

(a) फ्रेन्केल दोष (b) शॉट्की दोष
(c) अनिश्चित अनुपात दोष (d) उपरोक्त में से कोई नहीं

37. धनायन अन्तराली स्थल में उपस्थित होते हैं

(a) फ्रेन्केल दोष में (b) शॉट्की दोष में
(c) रिक्ति दोष में (d) धातु न्यूनता दोष में

38. कौन-सा दोष मिलावट द्वारा उत्पन्न किया जाता है?

(a) विस्थापन दोष (b) शॉट्की दोष
(c) फ्रेन्केल दोष (d) इलेक्ट्रॉनिक दोष

39. जब एक ठोस गर्म किया जाता है, तो किस प्रकार का दोष उत्पन्न होता है?

(a) अन्तराली दोष (b) रिक्ति दोष
(c) अशुद्धता दोष (d) उपरोक्त में से कोई नहीं

40. सिलिकॉन इलेक्ट्रॉन-धनी अशुद्धि मिलाने पर बनाता है

(a) *p*-प्रकार के अर्द्धचालक (b) *n*-प्रकार के अर्द्धचालक
(c) आन्तरिक अर्द्धचालक (d) अचालक

41. *p*-प्रकार के अर्द्धचालक द्वारा धारित किये गये आवेश से सम्बन्धित कौन-सा कथन सत्य है?

(a) धनात्मक (b) उदासीन
(c) ऋणात्मक (d) *p* अशुद्धि की सान्द्रता पर निर्भर है

42. एक लौह चुम्बकीय पदार्थ चुम्बकीय क्षेत्र में रखने पर स्थायी चुम्बक बन जाता है

(a) सभी डॉमेन चुम्बकीय क्षेत्र की दिशा में अभिविन्यासित हो जाते हैं
(b) सभी डॉमेन चुम्बकीय क्षेत्र की विपरीत दिशा में अभिविन्यासित हो जाते हैं
(c) डॉमेन अनियमित अभिविन्यासित हो जाते हैं
(d) डॉमेन चुम्बकीय क्षेत्र द्वारा प्रभावित नहीं होते हैं

43. निम्नलिखित में से कौन-सी व्यवस्था प्रति लौह चुम्बकीय पदार्थ के चुम्बकीय आघूर्ण के योजना बद्ध संरेखन को दर्शाता है?

(a) (↑) (↑) (↑) (↑) (↑) (↑)
(b) (↓) (↓) (↓) (↓) (↓) (↓)
(c) (↑) (↑) (↓) (↑) (↑) (↓)
(d) (↑) (↓) (↑) (↓) (↑) (↓)

उत्तरमाला

1.	(d)	2.	(b)	3.	(d)	4.	(c)	5.	(b)	6.	(b)	7.	(a)	8.	(c)	9.	(b)	10.	(b)
11.	(b)	12.	(c)	13.	(c)	14.	(b)	15.	(b)	16.	(d)	17.	(a)	18.	(b)	19.	(d)	20.	(b)
21.	(b)	22.	(b)	23.	(b)	24.	(d)	25.	(b)	26.	(a)	27.	(c)	28.	(a)	29.	(b)	30.	(c)
31.	(b)	32.	(d)	33.	(d)	34.	(d)	35.	(b)	36.	(a)	37.	(a)	38.	(d)	39.	(b)	40.	(b)
41.	(b)	42.	(a)	43.	(d)														

उत्तर व्याख्या सहित

1. (*d*) विभिन्न भौतिक अवस्थाओं में, पदार्थ का रासायनिक संघटन समान अर्थात H_2O रहता है।

4. (*c*) O_2 का आंशिक दाब = O_2 का मोल अंश × कुल दाब

$$= \frac{4}{1+4} \times 1 = 0.8 \text{ वायुमण्डल} = 8 \times 10^4 \text{ न्यूटन मी}^{-2} \text{ वायुमण्डल}$$

5. (*b*) आदर्श गैस समीकरण $pV = nRT$

$$pV = \frac{w}{M}RT = \frac{8}{32}RT$$

$$pV = \frac{RT}{4}$$

6. (*b*) 273.15 केल्विन तथा 1 वायुमण्डल दाब (मानक ताप दाब) पर, प्रत्येक गैस का मोलर आयतन 22.4 लीटर होता है।

7. (*a*) $$\frac{d}{p} = \frac{M}{RT}$$

माना गैस B का घनत्व $= d$

तथा गैस A का घनत्व $= 2d$

A का अणुभार $= M$

अतः B का अणुभार $= 3M$

$$p_A = \frac{M_A}{d_A} \quad \text{तथा} \quad p_B = \frac{M_B}{d_B}$$

$$\frac{p_A}{p_B} = \frac{M_A}{d_A} \times \frac{d_B}{M_B} = \frac{M}{2d} \times \frac{d}{3M} = \frac{1}{6}$$

8. (*c*) $$\frac{n'_{He}}{n'_{CH_4}} = \frac{1}{2}\sqrt{\frac{16}{4}} = \frac{1}{1}$$

$$\frac{n'_{He}}{n'_{SO_2}} = \frac{1}{3}\sqrt{\frac{64}{4}} = \frac{4}{3}$$

अतः, $n'_{He} : n'_{CH_4} : n'_{SO_2} = 4 : 4 : 3.$

9. (*b*) गैस को क्रान्तिक ताप से परे द्रवीकृत नहीं किया जा सकता है। अतः गैस '*A*' का ताप अपने क्रान्तिक ताप से नीचे है तथा गैस '*B*' का ताप इसके क्रान्तिक ताप से ऊपर है।

11. (*b*) $$\left(p + \frac{n^2 a}{V^2}\right)(V - nb) = nRT$$

$$p = \frac{nRT}{(V - nb)} - \frac{an^2}{V^2}$$

$$= \frac{2 \times 0.082 \times 300}{5 - 2 \times 0.03711} - \frac{4.17 \times 4}{25} = 9.33 \text{ वायुमण्डल}$$

12. (*c*) 1 मोल गैस के लिए गतिज ऊर्जा $= \frac{3}{2}RT$

$$\text{गतिज ऊर्जा में परिवर्तन} = \frac{3}{2} \times 8.314 \times (50 - 0)$$

$$= \frac{3}{2} \times 8.314 \times 50$$

$$= 623.55 \text{ जूल}$$

14. (*b*) $$u_{\text{औसत}} = \sqrt{\frac{8RT}{\pi M}} \Rightarrow u_{\text{औसत}\,(O_2)} = \sqrt{\frac{8RT}{\pi \times 16}}$$

$$u_{\text{वर्ग माध्य मूल}} = \sqrt{\frac{3RT}{M}} \Rightarrow u_{\text{वर्ग माध्य मूल}\,(N_2)} = \sqrt{\frac{3RT}{14}}$$

$$\frac{u_{\text{औसत}\,(O_2)}}{v_{\text{वर्ग माध्य मूल}\,(N_2)}} = \sqrt{\frac{8 \times 14}{\pi \times 16 \times 3}} = \sqrt{\frac{7}{3\pi}} = \left[\frac{7}{3\pi}\right]^{1/2}$$

15. (*b*) ऐल्काइन श्रृंखला का द्वितीय सदस्य है C_3H_4 ($M = 40$)

$$\begin{matrix} C_3H_4 & & SO_2 \end{matrix}$$

$$\sqrt{\frac{2RT_1}{M_1}} = \sqrt{\frac{2RT_2}{M_2}}$$

$$T_1 = T_2\left(\frac{M_1}{M_2}\right) = 800\left(\frac{40}{64}\right) \text{K}$$

$$= 500 \text{ K} = 227°\text{C}$$

17. (*a*) हम जानते हैं कि $v_{\text{वर्ग माध्य मूल}} = \sqrt{\frac{3RT}{M}}$

अर्थात् आण्विक द्रव्यमान बढ़ने पर वर्ग माध्य मूल वेग घटता है। अतः वर्ग माध्य मूल वेग का सही क्रम है

$$H_2 > N_2 > O_2 > HBr$$

18. (*b*) हेक्सेन के अणुओं के मध्य केवल दुर्बल लैण्डन बल उपस्थित होता है तथा H_2O में, C_2H_5OH की तुलना में प्रबल हाइड्रोजन बन्ध होता है अतः पृष्ठ तनाव का बढ़ता हुआ क्रम

हेक्सेन > ऐल्कोहॉल > जल

19. (*d*) ताप में वृद्धि के कारण, वाष्पन घटता है। अतः वाष्प दाब बढ़ता है।

20. (*b*) η की SI इकाई न्यूटन सेकण्ड मी$^{-2}$ है।

22. (*b*) निम्न ताप पर आणविक गति धीमी होती है, अतः संघटक पास-पास होते हैं। इसके अलावा प्रबल ससंजक बल भी संघटकों को आपस में बाँधे रखते हैं। इन दो शर्तों के कारण पदार्थ ठोस अवस्था में रहता है।

23. (*b*) क्वार्ट्ज काँच अक्रिस्टलीय ठोस है क्योंकि इसमे संघटकों का लघु परास क्रम पाया जाता है।

24. (*d*) अक्रिस्टलीय ठोस प्रकृति में दैशिक होते हैं। ये गर्म करके सांचित किए जा सकते हैं। ये लम्बे समय तक रखने पर या गर्म करने पर क्रिस्टलीय हो जाते हैं।

25. (*b*) क्रिस्टलीय ठोस जैसे विषमदैशिक प्रकृति के होते हैं अर्थात् विभिन्न दिशाओं में विभिन्न गुण दर्शाते हैं।

26. (*a*) आयनिक ठोस अत्यन्त प्रबल आकर्षण बलों के कारण कठोर तथा भंगुर होते हैं। कणों की उच्च क्रमित व्यवस्था के कारण ये विषमदैशिक प्रकृति के होते हैं। गलित अवस्था या जलीय विलयन में मुक्त आयनों की उपस्थिति के कारण ये विद्युत के अच्छे चालक हैं।

27. (*c*) हीरे में संघटक परमाणु प्रबल सहसंयोजक बन्धों द्वारा बँधे रहते हैं। यह वृहत अणु है, अतः इसे त्रिविमीय जालक ठोस के रूप में वर्गीकृत करते हैं। जबकि SO_2, H_2O तथा I_2 आण्विक ठोसों के उदाहरण हैं।

29. (*b*) फलक केन्द्रित घनीय इकाई सेल (fcc) के लिए

कोर लम्बाई $(a) = 2\sqrt{2}\,r$

$= 2 \times 1.4142 \times 0.144$ नैनोमी $= 0.407$ नैनोमी

30. (*c*) फलक केन्द्रित घन इकाई सेल के लिए

$r = \dfrac{a}{2\sqrt{2}}$ [दिया है, $r = 125$ पिकोमी]

$a = 2\sqrt{2} \times r = 2 \times 1.414 \times 125$

$= 353.5$ पिकोमी $\simeq 354$ पिकोमी

इकाई सेल का आयतन $= a^3 = (353.5 \times 10^{-10}$ सेमी$)^3$

$= 442 \times 10^{-25}$ सेमी^{3}

इकाई सेलों की संख्या $= \dfrac{1.00 \text{ सेमी}^3}{442 \times 10^{-25} \text{ सेमी}^3}$

$= 2.26 \times 10^{22}$ इकाई सेल

31. (*b*) संकुलित सक्षमता

सरल घनीय इकाई सेल के लिए = 52 – 4%

काय केन्द्रित घनीय इकाई सेल के लिए = 68%

फलक केन्द्रित घन इकाई सेल के लिए = 74%

अतः संकुलित सक्षमता का क्रम

फलक केन्द्रित घन > काय केन्द्रित घनीय > सरल घनीय है।

32. (*d*)

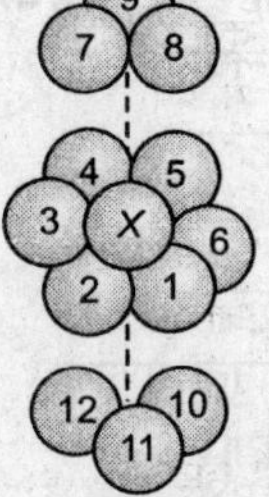

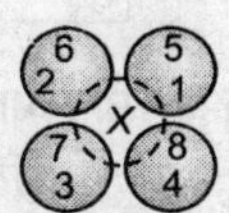

घन केन्द्रित संकुलित संरचना काय केन्द्रित घन संरचना

(a) 12 (क्योंकि प्रत्येक परमाणु 12 अन्य परमाणुओं को छूता है)

(b) 8 (क्योंकि प्रत्येक परमाणु 8 अन्य परमाणुओं को छूता है)

33. (*d*) षट्कोणीय बन्द संकुलन में वह तीसरी परत होती है जिसके गोले पहली परत के संरेखित (aligned) होते हैं। दिये गये अन्य वक्तव्य सत्य हैं।

34. (*d*) जब त्रिज्या अनुपात 0.732 –1.000 के मध्य हो तब समन्वय संख्या 8 तथा संरचना व्यवस्था काय केन्द्रित घनीय होती है।

35. (*b*) धनायन व ऋणायन समान संख्या में जालक स्थल से गायब होने पर शॉट्की दोष प्रेक्षित होता है।

36. (*a*) फ्रेन्कल दोष जो रससमीकरणमितिय दोष है, विस्थापन दोष भी कहलाता है क्योंकि इस दोष में कुछ आयन अपनी स्थिति से विस्थापित होकर अन्तराली स्थान में आ जाते हैं।

37. (*a*) फ्रेन्केल दोष में छोटा आयन जो सामान्यतः धनायन होता है, अपना स्थान छोड़कर अन्तराली स्थान में आ जाता है। इसीलिए यह दोष अन्तराली दोष भी कहते हैं।

38. (*d*) डोपिंग से इलेक्ट्रॉनिक दोष उत्पन्न होते हैं क्योंकि इसके परिणामस्वरूप छिद्र या मुक्त इलेक्ट्रॉन बनते हैं।

39. (*b*) जब ठोस गर्म किया जाता है, तो क्रिस्टल में रिक्ति उत्पन्न होती हैं। गर्म करने पर कुछ जालक स्थल रिक्त हो जाती हैं तथा ठोस का घनत्व कम हो जाता है क्योंकि प्रति आयतन आयनों की संख्या कम हो जाती है।

40. (*b*) जब Si को इलेक्ट्रॉन धनी अशुद्धि से डोपित किया जाता है, तो परिणामी क्रिस्टल एक अतिरिक्त इलेक्ट्रॉन वाला हो जाता है, जो क्रिस्टल को चालक बना देता है। चूँकि क्रिस्टल की चालकता के लिए इलेक्ट्रॉन (ऋणात्मक आवेश) उत्तरदायी होता है, इसलिए यह n-प्रकार का अर्द्धचालक कहलाता है।

41. (*b*) p-प्रकार के अर्द्धचालक की स्थिति में छिद्र, उत्पन्न हो जाते हैं, किन्तु क्रिस्टल पूर्ण रूप से उदासीन रहता है।

42. (*a*) चुम्बकीय क्षेत्र की उपस्थिति में एक लौहचुम्बकीय पदार्थ के सभी डॉमेन चुम्बकीय क्षेत्र की दिशा में अभिविन्यासित हो जाते हैं। इसी कारण यह स्थायी चुम्बक बन जाता है।

43. (*d*) प्रतिलौहचुम्बकीय पदार्थ के डॉमेन विपरीत विन्यासित हो जाते हैं और एक-दूसरे के आघूर्ण को निरस्त कर देते हैं। अतः यह निम्न प्रकार प्रदर्शित होती है

(↑)(↓)(↑)(↓)(↑)(↓)

अध्याय 03

परमाणु संरचना
Atomic Structure

वर्तमान समय में लगभग 35 कण ज्ञात हैं जिन्हें अपरमाणवीय कण (Subatomic particles) अथवा मूल कण (Fundamental particles) कहते हैं। इनमें कुछ स्थायी तथा शेष अस्थायी कण हैं।

इलेक्ट्रॉन, प्रोटॉन तथा न्यूट्रॉन परमाणु के **स्थायी मूल कण** हैं।

अस्थायी मूल कणों का परमाणु के अन्दर तथा बाहर क्षणिक अस्तित्व होता है। पॉजिट्रॉन, न्यूट्रिनों, एण्टी-प्रोटॉन, मेसॉन आदि **अस्थायी मूल कण** हैं। चूँकि ये कण अस्थायी होते हैं। अत: परमाणु संरचना में इनका महत्त्व बहुत कम होता है।

कैथोड किरणों का उत्पादन : इलेक्ट्रॉन की खोज
Production of Cathode Rays : Discovery of Electrons

जे. जे. थॉमसन (J.J. Thomson, 1897) ने काँच की एक विसर्जन नली में एक गैस को अत्यन्त कम दाब (Hg का 0.001 मिमी) पर भरकर उच्च वोल्ट की विद्युत् धारा प्रवाहित की तथा पाया कि विसर्जन नली के कैथोड (ऋण इलेक्ट्रोड) से अदृश्य किरणें उत्सर्जित होती हैं जो ऐनोड (धन इलेक्ट्रोड) की ओर चलती हैं तथा विसर्जन नली में कैथोड के सामने काँच की दीवार पर हरे रंग की प्रतिदीप्ति उत्पन्न करती हैं। कैथोड से निकलने वाली इन अदृश्य किरणों को कैथोड किरणें नाम दिया गया।

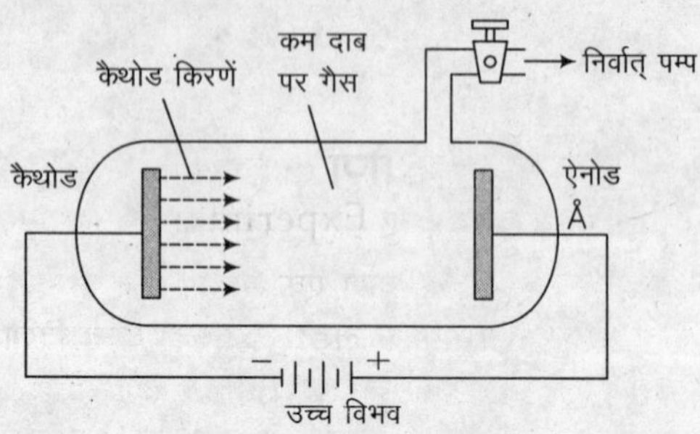

कैथोड किरणों का उत्पादन

गैस अणुओं के आयनन से प्राप्त तीव्रगामी धनायन कैथोड से टकराते हैं जिससे अत्यन्त सूक्ष्म कण, इलेक्ट्रॉन निकलते हैं। **स्टोनी** से इन कणों को **इलेक्ट्रॉन** नाम दिया। ये इलेक्ट्रॉन ही ऐनोड की ओर आकर्षित होकर गति करते हैं तथा कैथोड किरण पुंज का निर्माण करते हैं।

कैथोड किरण कणों (इलेक्ट्रॉन) पर आवेश
Charge on Cathode Rays Particles (Electron)

इलेक्ट्रॉन पर उपस्थित आवेश के निर्धारण के लिए **राबर्ट ए. मिलिकन** (Robert A. Millikan) ने 1909 में तेल बूँद प्रयोग विधि तैयार की। इस प्रयोग में मिलिकन ने अत्यधिक उच्च विभव वाले दो इलेक्ट्रोडों के मध्य स्थिर गोलाकार तेल की बूँद के सिरे की गति को **मापकर** इलेक्ट्रॉन पर उपस्थित आवेश की गणना की। एक इलेक्ट्रॉन पर आवेश,

$$q = \frac{6\pi\eta v}{E}(v_1 + v_2)$$

जहाँ, η = गैसीय माध्यम में श्यानता गुणांक

v_1, v_2 = बूँद के सिरों की गतियाँ

E = क्षेत्र की तीव्रता

r = बूँद की त्रिज्या $= \sqrt{\frac{9\eta v_1}{2(f-\sigma)g}}$

जहाँ, f = तेल का घनत्व; σ = गैस का घनत्व

g = गुरुत्वीय त्वरण

तेल-बूँद प्रयोग द्वारा इलेक्ट्रॉन पर आवेश -1.602×10^{-19} कूलॉम अथवा -4.803×10^{10} esu मापा गया। चूँकि इलेक्ट्रॉन पर उपस्थित आवेश ज्ञात न्यूनतम आवेश है अत: इसे इकाई ऋणात्मक आवेश भी कहते हैं।

कैथोड किरण कणों (इलेक्ट्रॉन) का द्रव्यमान
Mass of Cathode Rays Particles (Electron)

इलेक्ट्रॉन के द्रव्यमान की गणना निम्न प्रकार से की जा सकती है

$$m = \frac{e}{e/m} = \frac{-1.602\times10^{-19}}{-1.76\times10^{11}} = 9.108\times10^{-31} \text{ किग्रा}$$

इसे इलेक्ट्रॉन (कैथोड किरण कण) का विराम द्रव्यमान कहते हैं अर्थात् यह इलेक्ट्रॉनों का अत्यन्त कम चाल से गति करते समय का द्रव्यमान है। गतिशील इलेक्ट्रॉन के द्रव्यमान को निम्न सूत्र द्वारा ज्ञात कर सकते हैं।

गतिशील इलेक्ट्रॉन का द्रव्यमान $= \dfrac{\text{इलेक्ट्रॉन का विराम द्रव्यमान}}{1-\left(\dfrac{v}{c}\right)^2}$

जहाँ, v इलेक्ट्रॉन का वेग तथा c प्रकाश का वेग है। जब v, c के समान हो जायेगा तो गतिशील इलेक्ट्रॉन का द्रव्यमान अनन्त हो जायेगा तथा v का मान c से अधिक होने पर, इलेक्ट्रॉन का द्रव्यमान काल्पनिक हो जायेगा।

हाइड्रोजन के सापेक्ष इलेक्ट्रॉन का द्रव्यमान
Mass of the Electron Relative to that of Hydrogen Atom

हाइड्रोजन परमाणु का द्रव्यमान $= 1.008\,u$

$= 1.008 \times 1.66 \times 10^{-24}$ (चूँकि $1u = 1.66 \times 10^{-24}$ ग्राम)

$= 1.673 \times 10^{-24}$ ग्राम

$\dfrac{\text{हाइड्रोजन परमाणु का द्रव्यमान}}{\text{इलेक्ट्रॉन का द्रव्यमान}} = \dfrac{1673 \times 10^{-24}}{9.1096 \times 10^{-28}} = 1837$

अत: इलेक्ट्रॉन का द्रव्यमान $= \dfrac{1}{1837} \times$ हाइड्रोजन परमाणु का द्रव्यमान

$= \dfrac{1.008}{1837} = 0.000549\,u = 9.108 \times 10^{-31}$ किग्रा

समस्त इलेक्ट्रॉनों पर आवेश समान होता है। यदि ऐसा नहीं होता तो ये वैद्युत तथा चुम्बकीय क्षेत्र में भिन्न-भिन्न मात्रा में विक्षेपित होते।

कैनाल किरणों का उत्पादन : प्रोटॉन की खोज
Production of Canal Rays : Discovery of Protons

परमाणु विद्युत् उदासीन होता है। इलेक्ट्रॉन की जानकारी के बाद यह विचार किया गया कि परमाणु में कोई विद्युत् धन आवेशित कण भी होना चाहिए। **गोल्डस्टीन** (Goldstein), ने 1886 में प्रयोगों द्वारा ज्ञात किया कि विसर्जन नली में छिद्रयुक्त कैथोड प्रयुक्त करके, गैसों में अत्यन्त कम दाब पर उच्च वोल्ट की विद्युत् धारा प्रवाहित करने पर कैथोड के पीछे काँच की दीवार पर दीप्ति (Glow) उत्पन्न होती है। यदि छिद्रित कैथोड प्रयुक्त नहीं किया जाता तब कैथोड के पीछे दीप्ति उत्पन्न नहीं होती। इससे गोल्डस्टीन ने निष्कर्ष निकाला कि यह दीप्ति एक प्रकार के किरण पुंज के कारण उत्पन्न होती है जो कैथोड के छिद्रों से निकलकर कैथोड के पीछे प्रवेश करता है तथा विसर्जन नली की दीवार पर दीप्ति उत्पन्न करता है। इन किरणों को **गोल्डस्टीन** ने **कैनाल किरणें** (Oanal rays) कहा क्योंकि ये किरणें कैथोड के छिद्रों में से निकल कर जाती हैं।

सन् 1897 में **विल्हैम वीन** (Wilhelm Wein) ने कैनाल किरणों का अध्ययन करके बताया कि ये किरणें धनावेशित कणों से बनी हैं जिन्हें **प्रोटॉन** कहा गया। इसके बाद **जे. जे. थॉमसन** (J.J. Thomson), ने सन् 1897 में कैनाल किरणों के गुणधर्मों का विस्तृत अध्ययन कर इन्हें **धन किरणें** नाम दिया।

न्यूट्रॉन की खोज Discovery of Neutrons

चैडविक (Chadwick) (1932) ने ज्ञात किया कि यदि हल्के तत्वों जैसे बेरीलियम (Be), बोरॉन (B) आदि पर α-कणों की बमबारी की जाए तो उनमें से एक प्रकार की विद्युत् उदासीन कणों की बनी बेधी किरणें (Penetrating rays) निकलती हैं। इन उदासीन कणों को **न्यूट्रॉन** कहते हैं।

$${}_5B^{10} + {}_2He^4 \longrightarrow {}_7N^{13} + {}_0n^1$$

$${}_4Be^9 + {}_2He^4 \longrightarrow {}_6C^{12} + {}_0n^1$$

न्यूट्रॉन सभी तत्वों (${}_1H^1$ को छोड़कर) में उपस्थित होते हैं और इलेक्ट्रॉन एवं प्रोटॉन की भाँति ये भी पदार्थ के मूल कण होते हैं। न्यूट्रॉन का प्रतीक ${}_0n^1$ है।

परमाणु संरचना (क्लासिकल थ्योरी)
Atomic Structure (Classical Theory)

थॉमसन का परमाणु मॉडल
Thomson's Atomic Model

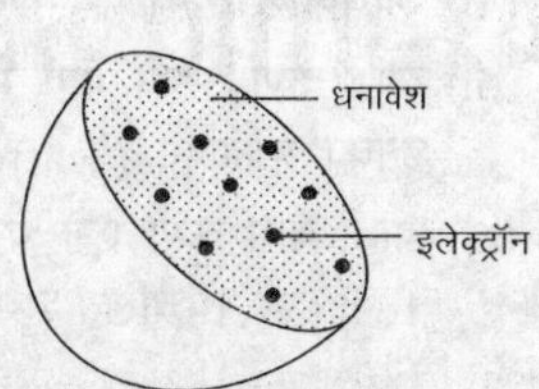

थॉमसन का परमाणु मॉडल

जे. जे. थॉमसन (J.J. Thomson) ने सन् 1904 में प्रथम परमाणु मॉडल प्रस्तुत किया। थॉमसन ने परमाणु का आकार तरबूज (Watermelon) जैसी आकृति में परिकल्पित करके अपने परमाणु मॉडल की व्याख्या की। उनके अनुसार गोलाकृति में धन आवेशित द्रव्य समान रूप से फैला होता है तथा इलेक्ट्रॉन धन आवेशित द्रव्य में इस प्रकार व्यवस्थित रहते हैं, जैसे– तरबूज में उसके बीज धँसे रहते हैं और धनावेश एवं ऋणावेश आपस में आकर्षण-प्रतिकर्षण बल द्वारा सन्तुलित बने रहते हैं, परन्तु **थॉमसन** का परमाणु मॉडल स्पेक्ट्रम की उत्पत्ति की व्याख्या नहीं कर सका। अन्तत: इनके मॉडल को निरस्त कर दिया गया। **जे. जे. थॉमसन** के अधीन अनुसन्धानकर्त्ता ब्रिटिश भौतिक विज्ञानी एवं रसायनज्ञ **अर्नेस्ट रदरफोर्ड** ने परमाणु पर α प्रकीर्णन प्रयोग द्वारा सिद्ध किया कि **थॉमसन** का परमाणु मॉडल दोषपूर्ण है।

रदरफोर्ड का परमाणु मॉडल
Rutherford's Atomic Model

अर्नेस्ट रदरफोर्ड (Ernest Rutherford) ने सन् 1911 में परमाणु के नाभिक की खोज की। रदरफोर्ड के निर्देशन में कार्य कर रहे वैज्ञानिकों **गीगर** (Geiger) और **मार्सडेन** (Marsden) ने सोना, चाँदी आदि धातुओं की पतली चादर (लगभग 4×10^{-5} सेमी) पर α-कणों की बमबारी के प्रयोग किए।

एल्फा कण प्रकीर्णन प्रयोग
Alpha Particles Scattering Experiment

इन प्रयोगों में यूरेनियम से प्राप्त α-कण एक किरण-पुंज के रूप में केवल एक दिशा में चलते हैं क्योंकि लेड का टुकड़ा अन्य दिशाओं में होने वाले विकिरणों को अवशोषित कर लेता है। α-कण सीधी रेखाओं में चलते हुए धातु की पतली पन्नी से टकराते हैं तथा पन्नी के चारों ओर रखे प्रतिदीप्तिशील पर्दे (Fluorescent screen) पर प्रकीर्णित (Scatter) हो जाते हैं। इस प्रकीर्णन के कारण धातु की पन्नी से निकलने के बाद α-कण पर्दे पर विभिन्न स्थानों पर टकराते हैं तथा प्रतिदीप्ति (चमक) उत्पन्न करते हैं। इस प्रकार धातु की पन्नी से निकलते समय विचलित होने वाले कणों की संख्या का अनुमान लगाया गया।

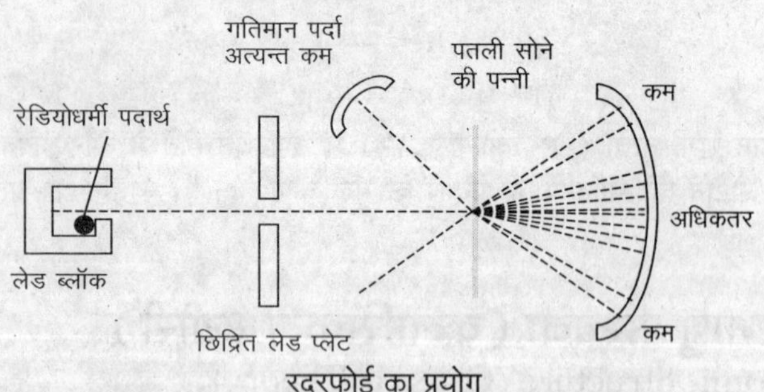

रदरफोर्ड का प्रयोग

उपरोक्त प्रयोगों में यह पाया गया कि

(i) अधिकांश α-कण परमाणु से सीधे निकल गए।

(ii) कुछ कण अपने मार्ग से विचलित हो गए अर्थात् विभिन्न दिशाओं में इनका प्रकीर्णन (Scattering) हो गया।

(iii) बहुत कम कण ऐसे थे जो अपने मार्ग पर वापस हो गए (अर्थात् वे 180° पर विचलित हुए)।

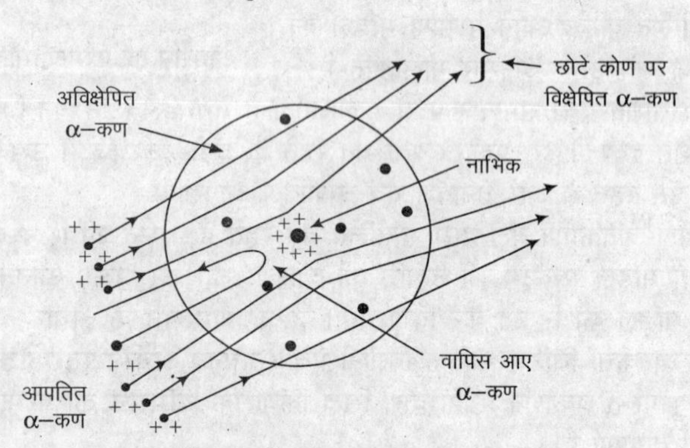

धनावेशित नाभिक द्वारा α-कणों का प्रकीर्णन

परमाणु का प्रदर्शन Representation of Atom

किसी परमाणु को सामान्यतः निम्न संकेत द्वारा प्रदर्शित किया जाता है

परमाणु क्रमांक — ${}_{Z}X^{A}$ — द्रव्यमान संख्या

इस संकेत में 'Z' परमाणु क्रमांक को प्रदर्शित करता है जो सामान्यतः प्रोटॉनों की संख्या के बराबर होता है। 'A' द्रव्यमान संख्या को प्रदर्शित करता है। यह परमाणु के नाभिक में उपस्थित न्यूट्रॉनों तथा प्रोट्रॉनों की संख्या के योग के बराबर होता है

जबकि X तत्व या परमाणु को प्रदर्शित करता है।

परमाणु के बोर मॉडल के लिए अग्रणी घटनाक्रम एवं क्लासिकल तरंग समीकरण

Developments Leading to the Bohr's Model of Atom and Classical Wave Equation

विद्युत चुम्बकीय तरंगों तथा स्पेक्ट्रम की प्रकृति ने बोर के परमाणु मॉडल के विकास में महत्त्वपूर्ण भूमिका निर्वाह की है

विद्युत् चुम्बकीय विकिरण की तरंग प्रकृति

Wave Nature of Electromagnetic Radiations

विद्युत् चुम्बकीय तरंग सिद्धान्त के अनुसार, 'किसी स्रोत से ऊर्जा का उत्सर्जन विद्युत् तथा चुम्बकीय क्षेत्रों के रूप में होता है जो एक-दूसरे के लम्बवत् दोलन करते हैं तथा गति की दिशा के भी लम्बवत् दोलन करते हैं।' इनके संचरण के लिए किसी माध्यम की आवश्यकता नहीं होती।

सभी विद्युत् चुम्बकीय विकिरण प्रकाश के वेग से गति करते हैं। प्रकाश, X-किरणें, γ-किरणें आदि विद्युत् चुम्बकीय विकिरण हैं। ये एक-दूसरे से केवल तरंगदैर्ध्य अथवा आवृत्ति में भिन्नता प्रदर्शित करते हैं।

मैक्सवेल (Maxwell, 1873) ने बताया कि दृश्य प्रकाश (Visible light) में विद्युत् चुम्बकीय तरंगें (Electromagnetic waves) होती हैं, जो विद्युत् और चुम्बकीय क्षेत्रों में दोलन करती हुई आगे को बढ़ती हैं। इन तरंगों के दोलन विद्युत् तथा चुम्बकीय क्षेत्रों में एक-दूसरे के लम्बवत् होते हैं।

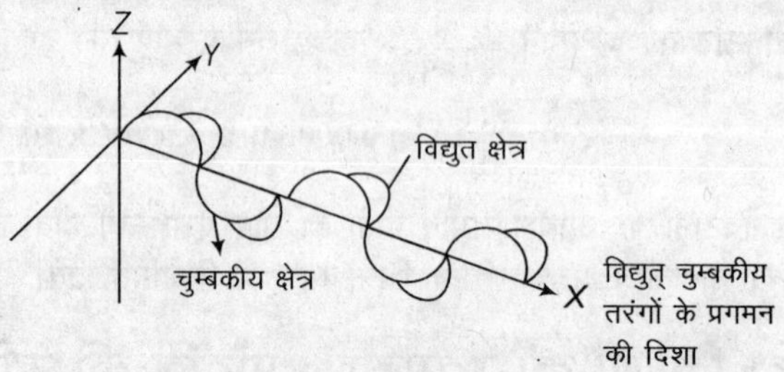

विद्युत् चुम्बकीय तरंग से सम्बन्धित विद्युत तथा चुम्बकीय क्षेत्र

तरंगों की विशेषताएँ Characteristics of Waves

किसी तरंग तथा इस कारण विद्युत् चुम्बकीय विकिरणों में निम्नलिखित लक्षण होते हैं

(i) **तरंगदैर्ध्य** (Wavelength, λ) दो निकटतम उतारों या गर्त (Troughs) अथवा चढ़ावों या शृंग (Crests) के बीच की दूरी को तरंगदैर्ध्य, λ कहते हैं। इसे सेमी, मीटर, नैनोमी अथवा ऐंगस्ट्रॉम (Å) इकाईयों में व्यक्त किया जाता है। तरंगदैर्ध्य प्रकाश का रंग निर्धारित करता है।

(ii) **आवृत्ति** (Frequency, ν) एक सेकण्ड में कोई तरंग जितनी बार किसी बिन्दु से होकर गुजरती है, वह उस तरंग की आवृत्ति कहलाती है। इसे हर्ट्ज या चक्र प्रति सेकण्ड (Hertz or cycles per second) इकाईयों में व्यक्त किया जाता है।

(iii) **वेग** (Velocity, c) तरंग के द्वारा एक सेकण्ड में चली गई दूरी को तरंग का वेग कहते हैं। इसको सेमी से$^{-1}$ या मी से$^{-1}$ में व्यक्त किया जाता है।

(iv) **तरंग संख्या** (Wave Number, $\bar{\nu}$) प्रति सेमी दूरी में तरंगदैर्ध्यों की संख्या तरंग संख्या, कहलाती है। यह तरंगदैर्ध्य का व्युत्क्रम होती है। इसे सेमी$^{-1}$ में व्यक्त करते हैं।

$$\bar{\nu} = \frac{1}{\lambda} \quad \text{अथवा} \quad \bar{\nu} = \frac{\nu}{c}$$

(v) **आयाम** (Amplitude) तरंग के चढ़ाव (शृंग, Crest) की ऊँचाई अथवा उतार (गर्त, Trough) की गहराई को तरंग का **आयाम** कहते हैं। यह प्रकाश की तीव्रता की माप है। प्रकाश की तीव्रता तरंग के आयाम के वर्ग के समानुपाती होती है।

(vi) **आवर्त काल** (Time Period) किसी तरंग द्वारा एक चक्कर/दोलन पूरा करने में लगा समय आवर्त काल कहलाता है। इसे T से प्रदर्शित करते हैं। इसे सेकण्ड प्रति चक्र द्वारा प्रदर्शित करते हैं।

$$T = \frac{1}{V}$$

विद्युत् चुम्बकीय विकिरण की कणीय प्रकृति
Particle Nature of Electromagnetic Radiation

विद्युत् चुम्बकीय विकिरण की तरंग प्रकृति की सहायता से परावर्तन, व्यतिकरण आदि की व्याख्या की जा सकती है परन्तु इससे कृष्णिका विकिरण तथा प्रकाश विद्युत् प्रभाव की व्याख्या सम्भव नहीं है।

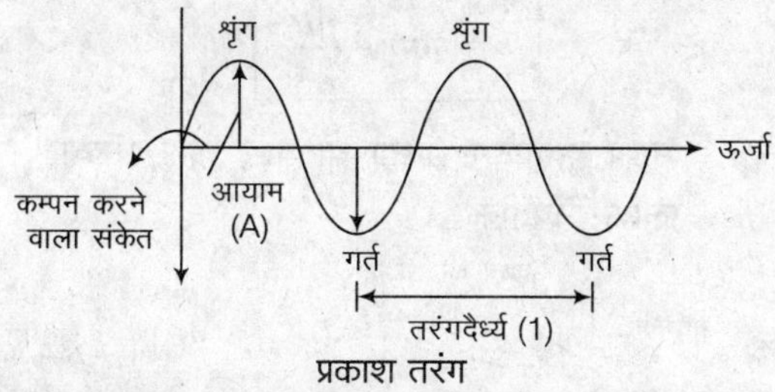

प्रकाश तरंग

समस्त विद्युत चुम्बकीय तरंगों का वेग समान (3×10^8 मी से$^{-1}$) होता है। परन्तु इनकी आवृत्ति तथा तरंगदैर्ध्य भिन्न-भिन्न होते हैं। विभिन्न प्रकार की विद्युत चुम्बकीय तरंगों की उनकी बढ़ती हुई (अथवा घटती हुई) तरंगदैर्ध्य (अथवा आवृत्तियों) के क्रम में व्यवस्था **विद्युत् चुम्बकीय स्पेक्ट्रम** कहलाती है।

कृष्णिका विकिरण तथा प्लांक का क्वाण्टम सिद्धान्त
Black Body Radiation and Planck's Quantum Theory

वह कृष्णिका जो सभी सम्भव आवृत्तियों का अवशोषण तथा उत्सर्जन कर सकती है, **आदर्श कृष्णिका** (Ideal black body) कहलाती है। आदर्श कृष्णिका के द्वारा उत्सर्जित विकिरण को कृष्णिका विकिरण कहते हैं। कृष्णिका द्वारा विकिरण के उत्सर्जन की प्रवृत्ति की व्याख्या 'प्रकाश की तरंग प्रकृति' (Wave nature of light) के आधार पर नहीं की जा सकती।

(i) प्लांक ने कृष्णिका विकिरण की व्याख्या करने के लिए सन् 1900 में एक सिद्धान्त प्रतिपादित किया जिसके अनुसार

किसी वस्तु द्वारा ऊर्जा का उत्सर्जन अथवा अवशोषण निरन्तर नहीं होता है अपितु यह ऊर्जा के छोटे-छोटे बण्डलों (Bundles) के रूप में होता है, जिन्हें **क्वाण्टा** (Quanta) या **फोटॉन** (Photon) कहते हैं। परमाणु की संरचना की जटिलता स्पेक्ट्रम से ही हल हुई है। फोटॉन भार रहित ऊर्जा का बण्डल है, जिसकी ऊर्जा प्रकाश या विकिरणों की आवृत्ति पर निर्भर करती है।

(ii) एक फोटॉन की ऊर्जा, $E = h\nu = \frac{hc}{\lambda}$

जहाँ, h = प्लांक स्थिरांक = 6.625×10^{-27} अर्ग सेकण्ड (CGS पद्धति में)

या 6.625×10^{-34} जूल सेकण्ड (MKS पद्धति)

ν = फोटॉन की आवृत्ति, λ = फोटॉन की तरंगदैर्ध्य

c = प्रकाश का वेग

(iii) प्लांक के अनुसार किसी वस्तु द्वारा अवशोषित या उत्सर्जित ऊर्जा का मान $h\nu$ या इसके किसी सरल गुणांक जैसे $2h\nu$, $3h\nu$ आदि के समान होता है अर्थात् यह एक पूर्ण अंक के रूप में होता है, इसे **ऊर्जा का क्वाण्टीकरण** (Quantisation of energy) कहते हैं।

यद्यपि प्लांक ऊर्जा के क्वाण्टीकरण की व्याख्या नहीं कर सके। इसकी व्याख्या आइन्सटीन ने प्रकाश विद्युत् प्रभाव की व्याख्या करते हुए की।

प्रकाश विद्युत् प्रभाव Photoelectric Effect

जब एक उच्च आवृत्ति का प्रकाश किरण पुँज शून्य (Vacant) में किसी धात्विक सतह से टकराता है तो उस सतह से इलेक्ट्रॉन निकलते हैं, तथा यह प्रक्रिया **प्रकाश विद्युत् प्रभाव** (Photoelectric effect) कहलाती है। इस क्रिया में निकलने वाले इलेक्ट्रॉन **प्रकाशीय इलेक्ट्रॉन** (Photoelectrons) कहलाते हैं। प्रकाशीय इलेक्ट्रॉन से सम्बन्धित धारा को **प्रकाशीय विद्युत् धारा** (Photoelectric current) कहते हैं।

प्रकाश के तरंग सिद्धान्त के अनुसार, धातु से उत्सर्जित इलेक्ट्रॉनों की संख्या व उनकी ऊर्जा, धातु पर आपतित (Incident) प्रकाश की तीव्रता पर निर्भर करनी चाहिए, परन्तु प्रयोगों में यह पाया गया कि केवल उत्सर्जित इलेक्ट्रॉनों की संख्या ही आपतित प्रकाश की तीव्रता पर निर्भर करती है जबकि उनकी ऊर्जा निर्भर नहीं करती है।

आइन्सटीन ने बताया कि प्रकाश, ऊर्जा के कणों के बण्डलों से बना होता है, जिन्हें **फोटॉन** (Photon) या **क्वाण्टा** (Quanta) कहा जाता है। ये फोटॉन प्रकाश के वेग से गति करते हैं।

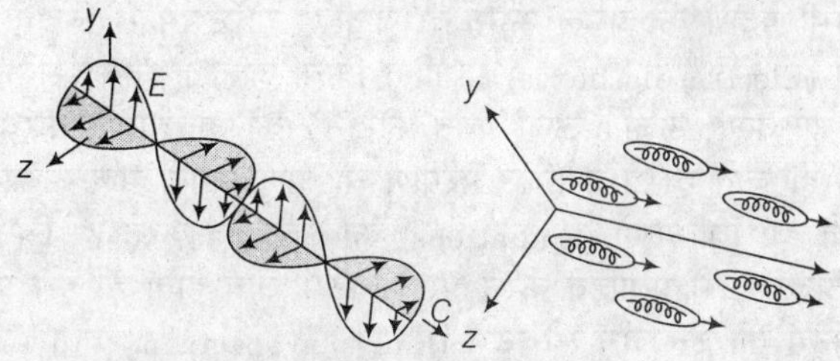

(a) भ्रमणशील प्रकाश तरंग
(b) आइन्सटीन का भ्रमणशील प्रकाश तरंग का फोटॉन दृश्य भ्रमणशील प्रकाश तरंग

प्लांक के क्वाण्टम सिद्धान्त का प्रयोग करते हुए आइन्सटीन ने प्रत्येक फोटॉन की ऊर्जा E का मान निम्न प्रकार व्यक्त किया

$$E = h\nu = \frac{hc}{\lambda} = hc\bar{v} \qquad \left[\because \nu = \frac{c}{\lambda}\right]$$

जहाँ, ν = प्रकाश की आवृत्ति (Frequency of light)

प्रकाश की वह न्यूनतम आवृत्ति (Frequency) जो धातु-सतह से इलेक्ट्रॉन को उत्सर्जित करने के लिए आवश्यक होती है, **देहली आवृत्ति** (Threshold frequency) (ν_0) कहलाती है तथा इस आवृत्ति की ऊर्जा

को **देहली ऊर्जा** (Threshold energy) (E_0) कहा जाता है।

अत: $E_0 = h\nu_0$

इसे धातु का **कार्य फलन** (Work function), W भी कहते हैं।

जब फोटॉन धातु सतह से टकराता है तो यह अपनी सम्पूर्ण ऊर्जा इलेक्ट्रॉन को दे देता है। यदि इस ऊर्जा की आवृत्ति, देहली आवृत्ति से कम होती है तो धातु-सतह से कोई इलेक्ट्रॉन उत्सर्जित नहीं होता है, परन्तु जब यह देहली आवृत्ति से अधिक होती है तो कुछ ऊर्जा तो इलेक्ट्रॉन को धातु सतह से उत्सर्जित करने के लिए आवश्यक होती है तथा शेष ऊर्जा इलेक्ट्रॉन को गतिज ऊर्जा प्रदान करती है। अत:

$$h\nu = h\nu_0 + \frac{1}{2}mv^2$$

जहाँ, $h\nu$ = धातु सतह से टकराने वाले फोटॉन की ऊर्जा

$h\nu_0$ = देहली ऊर्जा

$\frac{1}{2}mv^2$ = उत्सर्जित इलेक्ट्रॉन की गतिज ऊर्जा

अथवा $\frac{1}{2}mv^2 = h(\nu - \nu_0)$

फोटोइलेक्ट्रॉनों की अधिकतम गतिज ऊर्जा आयनित प्रकाश की आकृति के समानुपाती होती है तथा इसकी तीव्रता से स्वतन्त्र होती है।

स्पेक्ट्रम Spectrum

इलेक्ट्रॉन ऊर्जा-स्तर के क्वाण्टीकरण (Quantisation) का प्रमाण, परमाणवीय स्पेक्ट्रम (Atomic spectrum) से प्राप्त होता है।

स्पेक्ट्रोस्कोप नामक यन्त्र की सहायता से किसी विकिरण का विश्लेषण करने पर वह भिन्न-भिन्न तरंगदैर्ध्यों (या आवृत्तियों) वाले अंशों में फैल जाता है। विभिन्न आवृत्तियों के इस प्रकार उत्पन्न बैण्ड को **स्पेक्ट्रम** (Spectrum) कहते हैं।]

जब किसी पदार्थ को प्रबल ऊष्मा दी जाती है या उसमें से विद्युत् विसर्जन (Electric discharge) प्रवाहित किया जाता है, तब इसके परमाणु या अणु, ऊर्जा (ऊर्जा युक्त फोटॉन) को अवशोषित करके उत्तेजित हो जाते हैं। ये उत्तेजित परमाणु या अणु अपनी मूल अवस्था में लौटते हुए विकिरणों (Radiations) को उत्सर्जित करते हैं, जिन्हें किसी प्रिज्म में से प्रवाहित करने पर स्पेक्ट्रम प्राप्त होता है। इस प्रकार के स्पेक्ट्रम को **उत्सर्जन स्पेक्ट्रम** (Emission spectrum) कहते हैं।

स्पेक्ट्रम तीन प्रकार के होते हैं

(i) **सतत् स्पेक्ट्रम** (Continuous Spectrum) ये दीर्घ परास में समस्त तरंगदैर्ध्यों वाले विकिरणों की उपस्थिति दर्शाते हैं। ऐसे स्पेक्ट्रम विद्युत् लैम्प या तापदीप्त ठोसों द्वारा उत्पन्न होते हैं।

(ii) **बैण्ड स्पेक्ट्रम** (Band Spectrum) इन स्पेक्ट्रमों में अतिव्यापित रेखाओं (Overlapping lines) के बैण्डों की श्रेणी होती है। ये स्पेक्ट्रम अणुओं द्वारा उत्पन्न होते हैं।

(iii) **रैखिक स्पेक्ट्रम** (Line Spectrum) इन स्पेक्ट्रमों में सुस्पष्ट रेखाओं की श्रेणी होती है और प्रत्येक रेखा एक विशेष तरंगदैर्ध्य के अनुरूप होती है। रैखिक स्पेक्ट्रम परमाणु के भीतर होने वाले ऊर्जा संक्रमणों द्वारा उत्पन्न होते हैं।

यही कारण है कि इन्हें **परमाणवीय स्पेक्ट्रम** भी कहा जाता है।

बोर का परमाणु मॉडल Bohr's Atomic Model

डैनिस भौतिक शास्त्री **नील्स बोर** (Neils Bohr, 1913) ने, रदरफोर्ड द्वारा प्रस्तुत नाभिकीय मॉडल के दोषों की व्याख्या करते हुए, प्लांक के क्वाण्टम सिद्धान्त के आधार पर अपने परमाणु मॉडल की निम्न अभिकल्पनाएँ दीं

(i) परमाणु में इलेक्ट्रॉन नाभिक के चारों ओर बन्द वृत्तीय कक्षाओं में घूमते रहते हैं। इन कक्षों को नाभिक से क्रमश: $K, L, M, N, \ldots$ कक्ष नाम दिया गया है अथवा इनको क्रमश: कक्ष संख्या 1, 2, 3, 4, ... द्वारा प्रदर्शित किया जाता है।

(ii) नाभिक के चारों ओर अनेक वृत्तीय कक्षाएँ होती हैं, परन्तु इलेक्ट्रॉन केवल उन्हीं कक्षाओं में घूमते हैं जिनमें उनका कोणीय संवेग $\frac{h}{2\pi}$ का पूर्ण-गुणक होता है।

यदि m द्रव्यमान का इलेक्ट्रॉन, r त्रिज्या की कक्षा में u वेग से घूमता है, तो इलेक्ट्रॉन का कोणीय संवेग,

$$L = mur = \frac{nh}{2\pi}$$

जहाँ, n = मुख्य क्वाण्टम संख्या या बाह्य कक्ष संख्या

h = प्लांक नियतांक

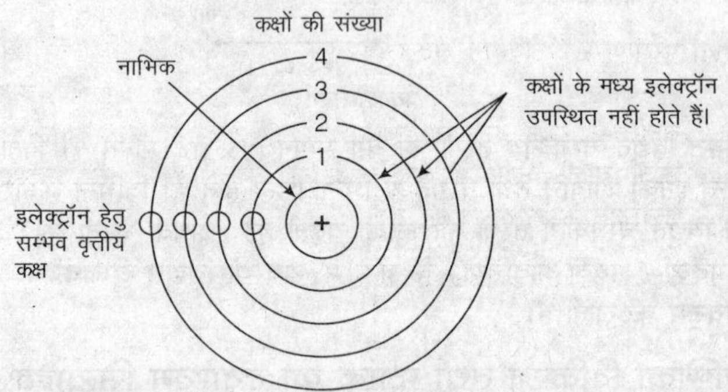

इलेक्ट्रॉन के वृत्तीय कक्षक अथवा परमाणु में स्थायी ऊर्जा स्तर

(iii) जब इलेक्ट्रॉन वृत्तीय कक्षको में घूमता है, तो वह न तो ऊर्जा उत्सर्जित करता है और न ही ऊर्जा ग्रहण करता है। ऐसे कक्षकों को **स्थिर कक्ष** (Stationary orbit) या **स्थिर ऊर्जा स्तर** (Stationary energy level) या **ऊर्जा स्तर** कहते हैं। इस तरह से बोर ने रदरफोर्ड मॉडल की परमाणु की स्थायित्वता की समस्या को खत्म कर दिया। नाभिक से ऊर्जा स्तर की दूरी जितनी अधिक होगी उसके साथ जुड़ी ऊर्जा उतनी ही अधिक होगी।

(iv) जब कोई इलेक्ट्रॉन एक स्थायी कक्षा या ऊर्जा स्तर से दूसरी स्थायी कक्षा या ऊर्जा स्तर में कूदता है, तो दोनों कक्षाओं (या ऊर्जा स्तरों) की ऊर्जा का अन्तर (ΔE) असतत् विकिरण (Discontinuous radiation) के रूप में अवशोषित या उत्सर्जित होता है। इस विकिरण की आवृत्ति (ν) या तरंगदैर्ध्य (λ) का मान निम्न समीकरण से ज्ञात करते हैं

$$E_2 - E_1 = (\Delta E) = h\nu = \frac{hc}{\lambda}$$

जब इलेक्ट्रॉन एक निम्न ऊर्जा स्तर से उच्च ऊर्जा स्तर में कूदता है, तो परमाणु द्वारा ऊर्जा अवशोषित होती है। इसके विपरीत यदि इलेक्ट्रॉन एक उच्च ऊर्जा स्तर से, निम्न ऊर्जा स्तर में कूदता है, तो परमाणु के द्वारा ऊर्जा, विकिरण के रूप में उत्सर्जित होती है।

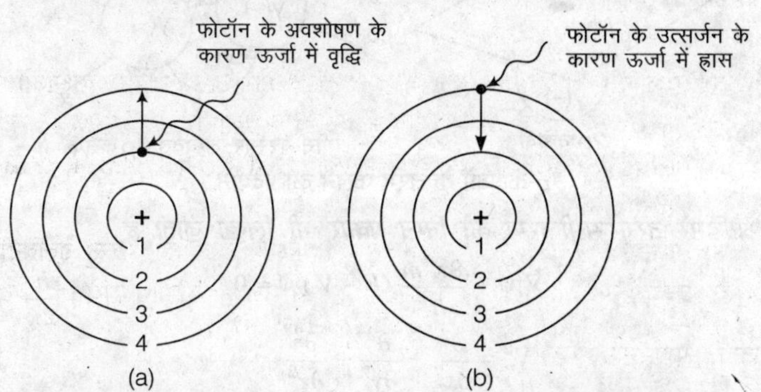

प्रकाश के फोटॉन के अवशोषण से ऊर्जा में वृद्धि के कारण इलेक्ट्रॉन का निम्न ऊर्जा स्तर से उच्च ऊर्जा स्तर में कूदना।

प्रकाश के फोटॉन के उत्सर्जन से ऊर्जा में ह्रास के कारण इलेक्ट्रॉन का मूल निम्न ऊर्जा स्तर में लौटना।

(v) ऊर्जा उत्सर्जन के फलस्वरूप प्राप्त उत्सर्जन स्पेक्ट्रम में निश्चित आवृत्ति की रेखाएँ उत्पन्न होती हैं। इस प्रकार यह मॉडल परमाणु के रैखिक स्पेक्ट्रम की व्याख्या करता है।

(vi) परमाणु में इलेक्ट्रॉन सदैव निम्नतम् ऊर्जा वाली कक्षाओं में रहते हैं। इस अवस्था को परमाणु की **मूल अवस्था** (Ground state) कहते हैं। बाहर से ऊर्जा देने पर इलेक्ट्रॉन उत्तेजित (Excited) होकर अधिक ऊर्जा वाली कक्षा में कूद जाता है। परमाणु की इस अवस्था को **उत्तेजित अवस्था** कहते हैं।

परमाणु संरचना के आधुनिक विचार
Modern Concepts of Atomic Structure

परमाणु संरचना के आधुनिक विचारों की उत्पत्ति में निम्न सिद्धान्तों का महत्त्वपूर्ण प्रभाव पड़ा।

द्वैती प्रकृति का सिद्धान्त दे-ब्रॉग्ली समीकरण
Theory of Dual Nature : de-Broglie Equation

आइन्सटीन (Einstein, 1905) ने बताया कि प्रकाश तथा इस प्रकार के अन्य विद्युत् चुम्बकीय विकिरण (Electromagnetic radiations) जो तरंग के गुण व्यक्त करते हैं, सूक्ष्म कणों से मिलकर बने होते हैं, जिन्हें **फोटॉन** (Photons) कहते हैं।

अत: प्रकाश तथा अन्य विद्युत् चुम्बकीय विकिरण (जैसे-इलेक्ट्रॉन) तरंग तथा कण दोनों प्रकार के गुण व्यक्त करते हैं, जिसे प्रकाश की **द्वैती प्रकृति** (Dual nature) कहते हैं।

दे-ब्रॉग्ली (de-Broglie) (1924) ने बताया कि प्रकाश तथा अन्य विद्युत्-चुम्बकीय विकिरणों की द्वैती प्रकृति की भाँति ही कुछ पदार्थ भी कण तथा तरंग दोनों प्रकार के गुण व्यक्त करते हैं। अत: इसे द्वैती प्रकृति का सिद्धान्त कहा गया है। दे-ब्रॉग्ली ने प्लांक समीकरण ($E = h\nu$) तथा आइन्स्टीन समीकरण ($E = mc^2$) की सहायता से निम्न गणितीय व्यंजक दिया, जिसे दे-ब्रॉग्ली समीकरण कहते हैं।

$$\lambda = \frac{h}{mv} \quad \text{या} \quad \lambda = \frac{h}{p}$$

जहाँ, λ = तरंगदैर्ध्य, h = प्लांक स्थिरांक, m = गतिशील कण का द्रव्यमान, v = गतिशील कण का वेग तथा p = गतिशील कण का संवेग

दे-ब्रॉग्ली समीकरण से

$$\lambda = \frac{1}{p} \quad \text{या} \quad \lambda \propto \frac{1}{p}$$

अर्थात् "किसी द्वैती प्रकृति व्यक्त करने वाले द्रव्य का तरंगदैर्ध्य, गति में उसके संवेग के व्युत्क्रमानुपाती होता है।"

दे-ब्रॉग्ली तरंगतैर्ध्य (λ) तथा गतिशील कण की गतिज ऊर्जा (E_k) में सम्बन्ध

$$\lambda = \frac{h}{\sqrt{2mE_k}}$$

डेविसन (Davison) तथा **जर्मर** (Germer) ने दे-ब्रॉग्ली समीकरण में निम्न संशोधन प्रस्तुत किए

माना एक आवेशित कण उदाहरण इलेक्ट्रॉन विभव v से गतिशील है, तब इसकी गतिज ऊर्जा

$$\frac{1}{2}mv^2 = eV \qquad m^2v^2 = 2eVm$$

$$mv = \sqrt{2eVm} = p \qquad \lambda = \frac{h}{\sqrt{2eVm}}$$

दे-ब्रॉग्ली समीकरण का महत्त्व केवल सूक्ष्म कण जैसे-इलेक्ट्रॉन, प्रोटॉन आदि के लिए ही होता है। गतिशील बड़े कणों का भी तरंगदैर्ध्य होता है, किन्तु उसका परिमाण इतना कम होता है कि उसका मापन अथवा प्रेक्षण सम्भव नहीं होता है।

विभिन्न अवपरमाणवीय कणों के लिए λ के मान के निम्न व्यंजक होते हैं

(i) इलेक्ट्रॉन के लिए, $\lambda = \frac{12.27}{\sqrt{V}}$ Å

(ii) प्रोटॉन के लिए, $\lambda = \frac{0.268}{\sqrt{V}}$ Å

(iii) α-कणों के लिए, $\lambda = \frac{0.101}{\sqrt{V}}$ Å

जहाँ, V = इन कणों का त्वरित विभव

(iv) न्यूट्रॉनों के लिए,

$$\lambda = \frac{h}{\sqrt{2Em}} = \frac{6.62 \times 10^{-14}}{\sqrt{2 \times 1.67 \times 10^{-27} \times E}} = \frac{0.286}{\sqrt{E(\text{eV})}} \text{ Å}$$

(v) गैस के अणुओं के लिए, $\lambda = \frac{h}{m \times v_{ms}}$ Å $= \frac{h}{\sqrt{3mkT}}$

जहाँ, k = बोल्ट्ज़मैन नियतांक

बोर सिद्धान्त बनाम दे-ब्रॉग्ली समीकरण
Bohr Theory *vs* de-Broglie Equation

डे-ब्रॉग्ली के अनुसार, किसी परमाणु मॉडल में क्वाण्टम विचारों को प्रस्तुत करने का सरलतम मार्ग, इलेक्ट्रॉन के तरंग गुणों का वर्णन है। इनमें परस्पर निम्न प्रकार का सम्बन्ध है

$$mvr = \frac{nh}{2\pi} \Rightarrow 2\pi r = \frac{nh}{mv} = n\lambda$$

हाइजेनबर्ग का अनिश्चितता का सिद्धान्त
Heisenberg's Uncertainty Principle

वर्नर हाइजेनबर्ग (Werner Heisenberg) द्वारा प्रतिपादित इस सिद्धान्त के अनुसार, "इलेक्ट्रॉन जैसे अत्यन्त सूक्ष्म कण की यथार्थ स्थिति तथा यथार्थ संवेग प्रयोगों द्वारा एक साथ ज्ञात करना असम्भव है।"

अत: किसी गतिशील सूक्ष्म कण के संवेग की अनिश्चितता (ΔP) तथा स्थिति की अनिश्चितता (Δx) के मध्य निम्न सम्बन्ध होता है

$$\Delta x \times \Delta P \geq \frac{h}{4\pi};\ \Delta x \times (m\,\Delta v) > \frac{h}{4\pi} \qquad (\because P = mv)$$

$$\Delta x \times \Delta v \geq \frac{h}{4\pi m}$$

हाइजेनबर्ग का अनिश्चितता का सिद्धान्त केवल सूक्ष्म कणों जैसे-इलेक्ट्रॉन, प्रोटॉन तथा न्यूट्रॉन आदि के लिए सत्य है। बड़े कणों के लिए m का मान अधिक होता है और इसलिए Δv और Δx का गुणनफल कम होगा अर्थात् वेग और स्थिति की अनिचितता का मान कम होगा। इसलिए बड़े कणों के वेग और स्थिति का निर्धारण एक साथ किया जा सकता है।

श्रोडिंगर समीकरण Schrodinger Equation

श्रोडिंगर ने सन् 1926 में बताया कि यदि इलेक्ट्रॉन एक तरंग की तरह व्यवहार करता है, तब इलेक्ट्रॉन तरंग गति समीकरण का पालन करेगा। श्रोडिंगर ने परमाणु में इलेक्ट्रॉन की स्थिति को समझाने के लिए एक तरंग समीकरण का प्रतिपादन किया, जिसे **श्रोडिंगर तरंग समीकरण** कहते हैं।

$$\frac{\partial^2\psi}{\partial x^2} + \frac{\partial^2\psi}{\partial y^2} + \frac{\partial^2\psi}{\partial z^2} + \frac{8\pi^2 m}{h^2}(E - V)\,\psi = 0$$

या

$$\left(\frac{\partial^2}{\partial x^2} + \frac{\partial^2}{\partial y^2} + \frac{\partial^2}{\partial z^2}\right)\psi + \frac{8\pi^2 m}{h^2}(E - V)\,\psi = 0$$

यहाँ, m = इलेक्ट्रॉन का द्रव्यमान, h = प्लांक स्थिरांक

E = इलेक्ट्रॉन की पूर्ण ऊर्जा अर्थात गतिज ऊर्जा + स्थितिज ऊर्जा

V = इलेक्ट्रॉन की स्थितिज ऊर्जा

ψ = इलेक्ट्रॉन का आयाम, जिसे तरंग फलन कहते हैं।

तरंग-फलन निकाय के तीन अन्तराकाश निर्देशांकों x, y तथा z के संगत, तरंग के आयाम को निरुपित करने वाला गणितीय फलन है। निर्देशांकों के मानों के आधार पर, तरंग-फलन का मान धनात्मक अथवा ऋणात्मक हो सकता है। तरंग-फलन को ψ से निरूपित करते हैं।

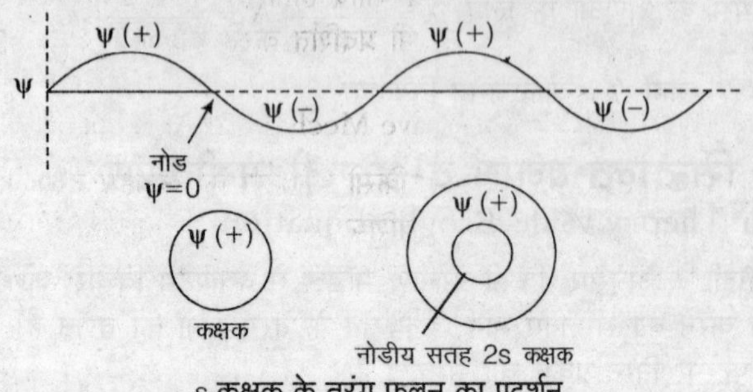

s-कक्षक के तरंग फलन का प्रदर्शन

नोडीय तल

2p कक्षक

तीन परस्पर लम्बवत् 2p कक्षक

p-कक्षकों के तरंग फलन का प्रदर्शन

श्रोडिंगर तरंग समीकरण को निम्न प्रकार भी लिखा जाता है

$$\nabla^2\psi + \frac{8\pi^2 m}{h^2}(E - V)\,\psi = 0$$

जहाँ, $$\nabla^2 = \frac{\partial^2}{\partial x^2} + \frac{\partial^2}{\partial y^2} + \frac{\partial^2}{\partial z^2}$$

= लाप्लासियन संकारक (Laplacian operator)

वस्तुत: श्रोडिंगर ने किसी निकाय, उदाहरण के लिए, किसी परमाणु अथवा अणु, जिसकी ऊर्जा समय के साथ परिवर्तित नहीं होती है। (समय से स्वतन्त्र) के लिए एक सामान्यीकृत समीकरण दो जिसे निम्न प्रकार प्रदर्शित कर सकते हैं।

$$\hat{H}\psi = E\psi$$

यहाँ, $\hat{H}$ इलेक्ट्रॉन का कुल ऊर्जा संकारक है जिसे **हेमिल्टोनियन संकारक** (Hamiltonian operator) कहते हैं। क्वाण्टम यान्त्रिकी में, प्रत्येक प्रेक्षेपीय गुण के लिए एक संगत संकारक होता है। यह एक गणितीय निर्देश की भाँति होता है जो गणितीय संक्रिया पर लागू होता है। हेमिल्टोनियन संकारक, गतिज ऊर्जा संकारक $\hat{T}$ तथा स्थितिज ऊर्जा संकारक $\hat{V}$ का योग होता है।

$$\hat{H} = \hat{T} + \hat{V}$$

अत: उपरोक्त समीकरण को निम्न प्रकार भी लिख सकते हैं।

$$(\hat{T} + \hat{V})\psi = E\psi$$

जहाँ, E = निकाय की कुल ऊर्जा

श्रोडिंगर तरंग समीकरण एक द्वितीय कोटि की अवकलन समीकरण है। अत: ψ के लिए इसके अनेक हल सम्भव हैं। इनमें ψ के कुछ मान काल्पनिक हो सकते हैं तथा वे महत्त्वपूर्ण नहीं है। श्रोडिंगर तरंग समीकरण के केवल कुछ हल ही महत्त्वपूर्ण हैं। इन मानों को **आइगेन मान** (Eigen value) कहते हैं। इन आइगेन मानों के संगत ऊर्जा स्तरों को **आइगेन ऊर्जा** कहते हैं। ψ के केवल वे ही मान वैद्य होते हैं *जो निम्न दशाओं को सन्तुष्ट करते हैं*

(i) तरंग फलन निश्चित तथा सतत् होना चाहिए।

(ii) हल का केवल एक ही मान होना चाहिए अर्थात् किसी बिन्दु पर ψ के एक से अधिक मान नहीं प्राप्त होने चाहिए।

(iii) $\frac{\partial\psi}{\partial x}, \frac{\partial\psi}{\partial y}, \frac{\partial\psi}{\partial z}$ क्रमश: x, y तथा z के सतत् फलन होने चाहिए।

(iv) इलेक्ट्रॉन के पाए जाने की प्रायिकता $+\infty$ से $-\infty$ तक 1 होनी चाहिए।

श्रोडिंगर तरंग समीकरण को उच्च गणित की सहायता से हल करने पर प्राप्त व्यंजक बोर द्वारा इलेक्ट्रॉन की ऊर्जा के व्यंजक के समान होता है। वास्तव

में, ध्रुवीय निर्देशांकों में इस समीकरण को हाइड्रोजन परमाणु के लिए हल किया गया तथा इसके द्वारा सम्भव ऊर्जा अवस्थाओं तथा उनके संगत तरंग फलनों के मान प्राप्त हुए। विभिन्न तरंग फलनों, उदाहरण $\psi_1, \psi_2, \psi_3, \ldots$ के लिए संगत ऊर्जाओं के मान $E_1, E_2, E_3, \ldots$ प्राप्त हुए। इन प्रत्येक फलनों को **कक्षक** कहा गया जोकि बोर कक्ष का पर्याय है। उदाहरण के लिए, हाइड्रोजन परमाणु में, एकल इलेक्ट्रॉन, निम्नतम ऊर्जा स्तर E_1 प्राप्त करता है तथा संगत तरंग फलन ψ_1 कक्षक की व्याख्या करता है।

संभाव्यता वितरण वक्र
Probability Distribution Curve

किसी तत्व के दिए गए आयतन में इलेक्ट्रॉन के पाये जाने की प्रायिकता (ψ तथा ψ^2) को करणी प्रायिकता बंटन ग्राफ द्वारा प्रदर्शित किया जाता है। करणी प्रायिकता फलन (R), नाभिक से r दूरी पर (बिना किसी दिशा के) इलेक्ट्रॉन के पाये जाने की प्रायिकता होती है।

$$R = 4\pi r^2 dr\psi^2$$

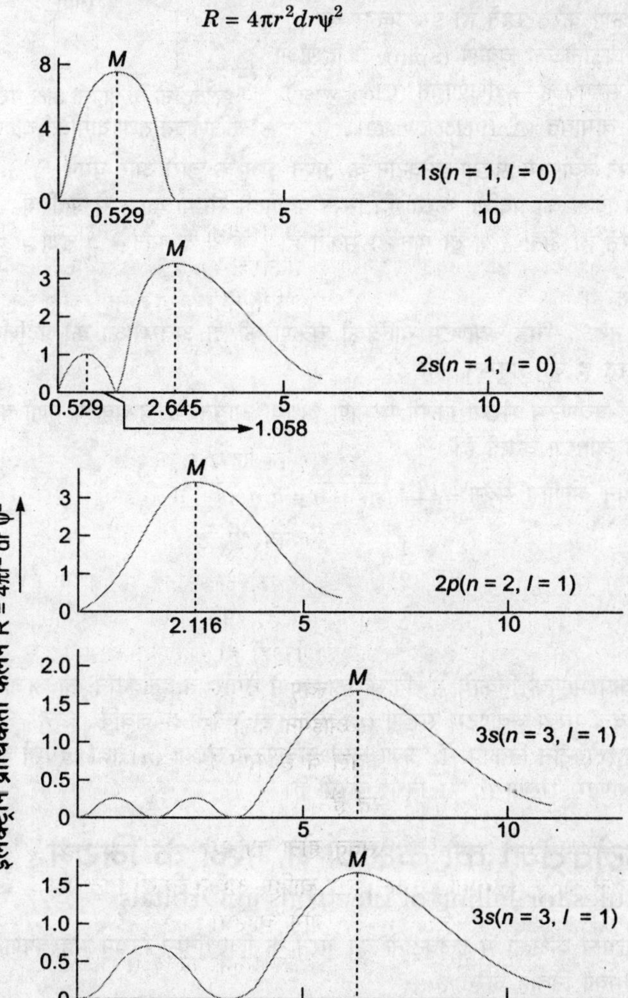

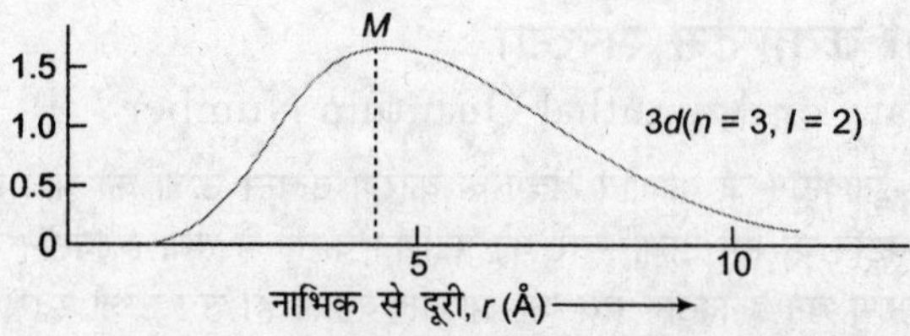

$1s, 2s, 2p, 3s, 3p$ तथा $3d$ कक्षाओं हेतु करणी प्रायिकता बंटन ग्राफ। (प्रत्येक ग्राफ में बिन्दु M अधिकतम इलेक्ट्रॉन घनत्व को

इन आरेखों के सम्बन्ध में निम्न बातें विशेष रूप से ध्यान देने योग्य है

(i) s, p तथा d-कक्षाओं के लिए करणी प्रायिकता बंटन ग्राफ में शिखरों की कुल संख्या क्रमशः $n, (n-1)$ तथा $(n-2)$ के बराबर होती है। जहाँ, n मुख्य क्वाण्टम संख्या है।

(ii) $1s$ इलेक्ट्रॉन के लिए खींचे गए ग्राफ में जब r का मान शून्य होता है, तो नाभिक पर R का मान भी शून्य होता है, इसके बाद जैसे-जैसे r का मान बढ़ता है, R का मान भी बढ़ता है तथा यह $r = 0.529$ Å पर अधिकतम होता है, जो बोर की प्रथम कक्षा की त्रिज्या के बराबर होता है। इसके बाद जब r का मान अधिकतम होता है, तो R का मान घटकर शून्य हो जाता है।

अतः जब $r = 0$ या ∞, तो $R = 0$

तथा जब, $r = 0.529$ Å, तो $R =$ अधिकतम

(iii) $2s$–इलेक्ट्रॉन के लिए जब r का मान शून्य होता है, तो R का मान भी शून्य होता है। R का मान r का मान बढ़ने के साथ-साथ बढ़ता है। यह मान $r = 0.529$ Å पर अधिकतम होता है तथा $r = 1.058$ Å पर पुनः शून्य हो जाता है इसके बाद ˝ का दूसरा अधिकतम मान $r = 5 \times 0.529$ Å पर प्राप्त होता है तथा अन्त में $r = \infty$ (अनन्त) पर इसका मान शून्य हो जाता है।

क्वाण्टम संख्याएँ Quantum Numbers

वे संख्याएँ जिनके द्वारा किसी परमाणु में इलेक्ट्रॉनों की ऊर्जा व स्थिति का पूर्ण वर्णन किया जाता है, क्वाण्टम संख्याएँ कहलाती हैं। क्वाण्टम संख्याओं के द्वारा परमाणु में इलेक्ट्रॉन के कोश, उपकोश व कक्षक में स्थिति तथा चक्रण की दिशा का ज्ञान होता है।

क्वाण्टम संख्याएँ चार प्रकार की होती हैं

मुख्य क्वाण्टम संख्या Principal Quantum Number

यह इलेक्ट्रॉन के मुख्य ऊर्जा स्तर या कोश को प्रदर्शित करती है। इसे n से प्रदर्शित करते हैं। n का मान 1, 2, 3, 4 आदि होता है। मुख्य ऊर्जा स्तरों को क्रमशः K, L, M, N आदि अक्षरों से भी प्रदर्शित करते हैं।

n' का तरंग यान्त्रिकी पक्ष Wave Mechanical Aspects of 'n'

आधुनिक क्वाण्टम सिद्धान्त के अनुसार, किसी इलेक्ट्रॉन का व्यवहार तरंग की भाँति होती है तथा 'n' के मान इसके विशिष्ट तरंग पैटर्न में आयामों के शीर्षों (एण्टीनोड) की संख्या प्रदर्शित करती है। जितने अधिक शीर्ष उपस्थित होते है, इनकी अवस्था की ऊर्जा उतनी ही अधिक होती है।

द्विगंशी क्वाण्टम संख्या
Subsidiary or Azimuthal Quantum Number

यह संख्या इलेक्ट्रॉन के कोणीय संवेग के कारण उत्पन्न ऊर्जा की माप है। यह संख्या इलेक्ट्रॉन के उप ऊर्जा-स्तर को प्रदर्शित करती है तथा इलेक्ट्रॉन की गति के कारण बने इलेक्ट्रॉन मेघ की आकृति बताती है। उप ऊर्जा स्तर को **उपकोश** भी कहते हैं। द्विगंशी क्वाण्टम संख्या को l से प्रदर्शित करते हैं। n के किसी एक मान के लिये l के मान 0 से $n-1$ तक के सभी पूर्णांक होते हैं।

द्विगंशी क्वाण्टम संख्या, कक्षक कोणीय संवेग से निम्न प्रकार सम्बन्धित है

कक्षक कोणीय संवेग, $mvr = \frac{h}{2\pi}\sqrt{l(l+1)}$

किसी उपकोश की ऊर्जा तथा आकृति, l के मान से निर्धारित की जाती है। किसी कोश के उपकोशों की ऊर्जा का क्रम निम्नवत् होता है

- H-परमाणु (एक इलेक्ट्रॉनिक) के लिए— $ns = np = nd = nf$
- बहु-इलेक्ट्रॉनिक परमाणु के लिए— $ns < np < nd < nf$

चुम्बकीय क्वाण्टम संख्या
Magnetic Quantum Number

यह संख्या अन्तराकाश में इलेक्ट्रॉनों के कक्षकों के अभिविन्यास की जानकारी देती है। अभिविन्यास का तात्पर्य दिशात्मक लक्षण है, अत: चुम्बकीय क्वाण्टम संख्या उपकोशों के कक्षकों की x, y तथा z अक्षों के सापेक्ष दिशाओं को प्रदर्शित करती है।

दूसरे शब्दों में, यह संख्या किसी उपकोश के कक्षकों को प्रदर्शित करती है। चुम्बकीय क्वाण्टम संख्या को m से प्रदर्शित करते हैं।

m का मान द्विगंशी क्वाण्टम संख्या (l) के मान पर निर्भर करता है। l के किसी मान के लिए m के मान $-l$ से 0 होते हुए $+l$ तक अथवा $+l$ से 0 होते हुए $-l$ तक होते हैं; अर्थात् $m = \pm l$ से $\mp l$ तक के किसी मान के लिए m के कुल मानों की संख्या $(2l+1)$ होती है।

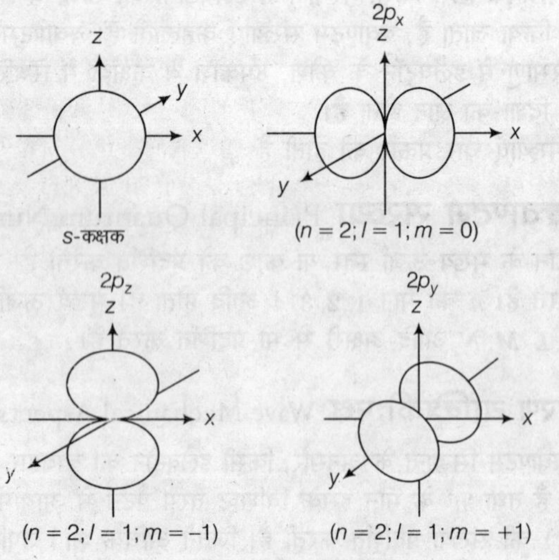

s-तथा p-कक्षकों का अभिविन्यास

चुम्बकीय क्षेत्र की अनुपस्थिति में तीनों p-कक्षकों की ऊर्जा समतुल्य होती है। अत: इन्हें **त्रिगुण अपभ्रष्ट** (Threefold degenerate) कहा जाता है। समतुल्य ऊर्जा के विभिन्न कक्षक (Orbitals) अपभ्रष्ट कक्षक (Degenerate orbitals) कहलाते हैं तथा एक साथ वर्गीकृत किए जाते हैं। बाह्य चुम्बकीय क्षेत्र की उपस्थिति में, तीनों p-कक्षकों की आपेक्षिक ऊर्जाएँ उनके द्विक्विन्यास अथवा चुम्बकीय क्वाण्टम संख्या के अनुसार भिन्न-भिन्न होती हैं, जिसके कारण स्पेक्ट्रमी रेखाओं की संख्या में वृद्धि हो जाती है।

n के दिए गए मान के लिए, m के कुल मान $= n^2$

l के दिए गए मान के लिए, m के कुल मान $= (2l+1)$

स्पिन या चक्रण क्वाण्टम संख्या
Spin Quantum Number

परमाणु में इलेक्ट्रॉन केवल नाभिक के चारों ओर ही नहीं घूमते है, बल्कि अपनी अक्ष के परित: भी घूर्णन या चक्रण करते रहते हैं। इस प्रकार का इलेक्ट्रॉनों का चक्रण (Spin) दो दिशाओं में सम्भव है—दक्षिणावर्त (Clockwise) या वामावर्त (Anti-clockwise)।

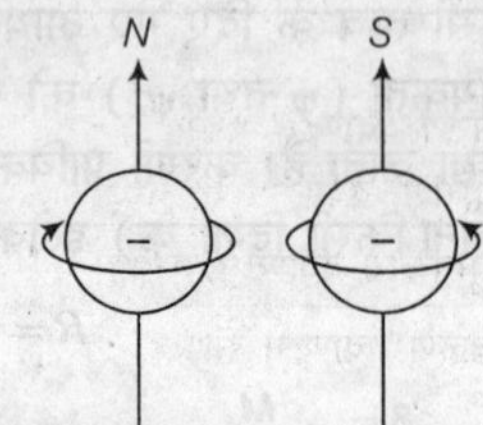

इलेक्ट्रॉनों के अपनी अक्ष पर दक्षिणावर्त तथा वामावर्त चक्रण

स्पिन क्वाण्टम संख्या इलेक्ट्रॉन के अपने अक्ष के चारों ओर घूमने की दिशा को प्रदर्शित करती है। स्पिन क्वाण्टम संख्या को s से प्रदर्शित करते हैं। अत: s के दो मान हो सकते हैं। s के ये दो मान $+\frac{1}{2}$ तथा $-\frac{1}{2}$ होते हैं।

+ तथा − चिह्न क्वाण्टम यान्त्रिकी चक्रण की दो अवस्थाओं को प्रदर्शित करते हैं जो अनुरूप नहीं हैं।

यह क्वाण्टम संख्या किसी परमाणु अथवा आयन के चुम्बकीय गुणों की भी व्याख्या करती है।

स्पिन कोणीय संवेग $= \frac{h}{2\pi}\sqrt{s(s+1)} = h\sqrt{s(s+1)}$

जहाँ, $s = +\frac{1}{2}$

या $-\frac{1}{2}$

एकपरमाणुक निकाय में, किसी कक्षक में उपस्थित इलेक्ट्रॉन की ऊर्जा केवल मुख्य क्वाण्टम संख्या (n) पर निर्भर करती है जबकि बहुइलेक्ट्रॉन निकाय में, ऊर्जा मुख्य क्वाण्टम संख्या (n) तथा द्विगंशी क्वाण्टम संख्या (l) पर निर्भर करती है।

इलेक्ट्रॉनों को कक्षकों में भरने के नियम
Rules for Filling of Electrons in Orbitals

विभिन्न कक्षकों में इलेक्ट्रॉनों को भरने के लिए निम्न नियम महत्त्वपूर्ण भूमिका निर्वाह करते हैं

पाउली का अपवर्जन नियम
Pauli's Exclusion Principle

वुल्फगांग पाउली (Wolfgang Pauli, 1925) ने स्पेक्ट्रम विज्ञान के तथ्यों के आधार पर इलेक्ट्रॉनों की क्वाण्टम संख्याओं से सम्बन्धित एक नियम प्रस्तुत किया था। इसी कारण इस नियम को पाउली का अपवर्जन नियम कहा जाता है।

इसके अनुसार, "किसी एक ही परमाणु में उपस्थित किन्हीं भी दो इलेक्ट्रॉनों की चारों क्वाण्टम संख्याएँ समान नहीं हो सकती।"

यदि किसी परमाणु में उपस्थित दो इलेक्ट्रॉनों के लिए n, l तथा m के मान समान हों, तो s का मान अवश्य भिन्न होगा।

उदाहरण ऑक्सीजन $(O)_8 = 1s^2, 2s^2, 2p^4$

	1s	2s	$2p_x$	$2p_y$	$2p_z$
मुख्य क्वाण्टम संख्या	1	2	2	2	2
द्विगंशी क्वाण्टम संख्या	0	0	1	1	1
चुम्बकीय क्वाण्टम संख्या	0	0	+1	−1	0
चक्रण क्वाण्टम संख्या	$+\frac{1}{2}, -\frac{1}{2}$	$+\frac{1}{2}, -\frac{1}{2}$	$+\frac{1}{2}, -\frac{1}{2}$	$+\frac{1}{2}$	$+\frac{1}{2}$

ऑफबाऊ का नियम Aufbau's Principle

ऑफबाऊ एक जर्मन भाषा का शब्द है जिसका अर्थ है **"निर्माण करना"** (Building up)। परमाणुओं की उपकक्षाओं में इलेक्ट्रॉन इसी के आधार पर भरे जाते हैं, जिसे ऑफबाऊ का नियम कहते हैं।

इस नियम के अनुसार, "परमाणुओं की उपकक्षाओं में इलेक्ट्रॉन ऊर्जा के बढ़ते हुए क्रम में भरे जाते हैं।"

प्रत्येक प्रकार के कक्षकों में इलेक्ट्रॉनों की अधिकतम संख्या उसकी इलेक्ट्रॉन समा लेने की क्षमता द्वारा निर्धारित होती है। s के लिए यह क्षमता 2, p के लिए 6, d के लिए 10 एवं f के लिए 14 इलेक्ट्रॉन होती है।

अथवा $1s < 2s < 2p < 3s < 3p < 4s < 3d < 4p < 5s < 4d < 5p < 6s < 4f < 5d < 6p < 7s < 5f < 6d$ s, p, d तथा f अक्षरों से पहले प्रयुक्त अंक इन उपकोशों के इलेक्ट्रॉनों की मुख्य क्वाण्टम संख्या अर्थात् परमाणु के कोशों या शैलों की क्रम संख्या है।

विभिन्न कक्षकों के ऊर्जा-स्तर बढ़ते हुए क्रम में इस प्रकार हैं

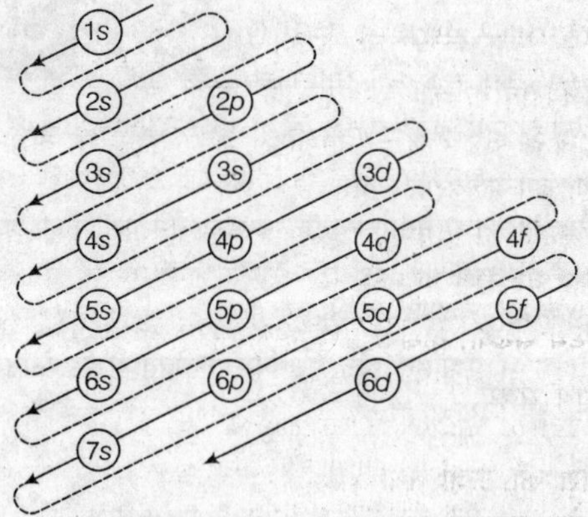

उपकोशों की ऊर्जाओं का बढ़ता हुआ क्रम

इलेक्ट्रॉनों के प्रवेश पाने का क्रम रूसी वैज्ञानिक **क्लेचकोवस्की** (Klechkovsky) द्वारा दिए गए निम्नलिखित दो नियमों की सहायता से भी ज्ञात किया जा सकता है।

क्लेचकोवस्की के प्रथम नियम या $n + l$ नियम के अनुसार इलेक्ट्रॉन उस उपकोश में पहले प्रवेश करते हैं जिनके लिए $n + l$ का मान कम होता है।

क्लेचकोवस्की के द्वितीय नियम के अनुसार, यदि दो उपकोशों के लिए $n + l$ का मान समान होता है, तो इलेक्ट्रॉन इन दोनों उपकोशों में से पहले उस उपकोश में प्रवेश पाते हैं जिसके लिए n का मान कम होता है।

हुण्ड का अधिकतम् बहुलता का नियम
Hund's Rule of Maximum Multiplicity

वैज्ञानिक **हुण्ड** (Hund, 1925) ने किसी तत्व के परमाणु के उप-ऊर्जा स्तरों (Sub-energy levels), अर्थात् उपकोशों के विभिन्न कक्षकों (Orbitals) में इलेक्ट्रॉनों को भरने के लिए एक नियम दिया, जिसे हुण्ड का अधिकतम् बहुलता का नियम कहते हैं। इस नियम के अनुसार, "किसी उपकोश के विभिन्न कक्षकों में इलेक्ट्रॉन तब तक युग्मित नहीं होते हैं, जब तक कि उस उपकोश के प्रत्येक कक्षक में एक-एक इलेक्ट्रॉन नहीं आ जाता है। साथ ही अर्द्ध-पूर्ण भरे कक्षकों के अयुग्मित इलेक्ट्रॉनों का चक्रण समानान्तर होता है, क्योंकि इस स्थिति में उनका ऊर्जा-स्तर कम होता है।

अभ्यास प्रश्न

1. इलेक्ट्रॉन के संदर्भ में निम्नलिखित में से कौन-सा कथन गलत है?
(a) यह ऋणावेशित कण होता है
(b) इलेक्ट्रॉन का द्रव्यमान न्यूट्रॉन के द्रव्यमान के बराबर होता है
(c) यह सभी परमाणुओं का मूल अवयव होता है
(d) यह कैथोड किरणों का अवयव होता है

2. विद्युत क्षेत्र में प्रवाहित होने पर निम्नलिखित में से कौन मार्ग से विचलन नहीं दर्शाता है?
(a) प्रोटॉन
(b) कैथोड किरणें
(c) इलेक्ट्रॉन
(d) न्यूट्रॉन

3. रदरफोर्ड के α-कण प्रकीर्णन प्रयोग से निम्नलिखित में से कौन-सा निष्कर्ष नहीं निकाला जा सका?
(a) परमाणु में अधिकांश स्थान रिक्त होता है
(b) परमाणु की त्रिज्या लगभग 10^{-10} मी होती है जबकि नाभिक की त्रिज्या 10^{-15} मी होती है
(c) इलेक्ट्रॉन स्थिर ऊर्जा के वृत्ताकार पथों जिन्हें कक्षा कहा जाता है, में घूमते हैं
(d) इलेक्ट्रॉन तथा नाभिक परस्पर में स्थिर वैद्युत आकर्षण बलों द्वारा बंधे रहते हैं

4. निम्नलिखित में से कौन-सा कथन गलत है?
(a) इलेक्ट्रॉन तथा प्रोटॉन का आवेश समान तथा विपरीत है
(b) न्यूट्रॉन पर कोई आवेश नहीं है
(c) इलेक्ट्रॉन तथा प्रोटॉन के द्रव्यमान लगभग समान हैं
(d) उपरोक्त में से कोई नहीं

5. मानक ताप दाब पर 34 मिग्रा NH_3 में उपस्थित कुल प्रोटॉनों की संख्या है (1 प्रोटॉन का द्रव्यमान $= 1.6726 \times 10^{-2}$ किग्रा)
(a) 12.044×10^{23} (b) 12.044×10^{22}
(c) 12.044×10^{21} (d) 12.044×10^{20}

6. निम्नलिखित में से कार्बन परमाणु का समइलेक्ट्रॉनिक है
(a) N^+ (b) O^{2-}
(c) Na^+ (d) Al^{3+}

7. e, p, n तथा α-कणों के लिए $\frac{e}{m}$ का सही क्रम है
(a) $n < \alpha < p < e$
(b) $e < p < \alpha < n$
(c) $n < p < e < \alpha$
(d) $p < n < \alpha < e$

8. सोडियम लैम्प द्वारा उत्सर्जित पीले प्रकाश की तरंगदैर्ध्य (λ) 580 नैनोमी है। इसकी आवृत्ति (ν) तथा तरंग संख्या ($\bar{\nu}$) का परिकलन कीजिए।
(a) 5.17×10^{14} से$^{-1}$, 1.724×10^4 सेमी$^{-1}$
(b) 4.27×10^{14} से$^{-1}$, 3.245×10^4 सेमी$^{-1}$
(c) 1.26×10^{15} से$^{-1}$, 8.37×10^3 सेमी$^{-1}$
(d) 51.7×10^{14} से$^{-1}$, 1.724×10^5 सेमी$^{-1}$

9. निम्नलिखित विकिरणों के प्रकारों को आवृत्ति के बढ़ते हुए क्रम में व्यवस्थित कीजिए
(i) माइक्रोवेव ओवन से विकिरण
(ii) यातायात संकेत से ऋणमणि (Amber) प्रकाश
(iii) एफ एम रेडियो से प्राप्त विकिरण
(iv) बाह्य अन्तराकाश से कॉस्मिक
(v) X-किरणें
सही क्रम है।
(a) (i) < (iii) < (ii) < (iv) < (v) (b) (iii) < (i) < (v) < (ii) < (iv)
(c) (iii) < (i) < (ii) < (v) < (iv) (d) (iii) < (v) < (i) < (ii) < (iv)

10. 25 वाट का एक बल्ब 0.57 माइक्रोमी तरंगदैर्ध्य वाले पीले रंग का एकवर्णी प्रकाश उत्पन्न करता है। प्रति सेकण्ड क्वाण्टा के उत्सर्जन की दर है
(a) 7.169×10^{20} क्वाण्टा/से (b) 8.29×10^{19} क्वाण्टा/से
(c) 7.289×10^{21} क्वाण्टा/से (d) 7.169×10^{19} क्वाण्टा/से

11. किसी परमाणु के सामान्य इलेक्ट्रॉनिक उत्सर्जन स्पेक्ट्रम में निम्नलिखित में से कौन-सा संक्रमण सम्भव नहीं है?
(a) $2s \rightarrow 1s$ (b) $2p \rightarrow 1s$
(c) $3d \rightarrow 4p$ (d) $5p \rightarrow 3s$

12. दो तत्वों का रेखीय स्पेक्ट्रम समान नहीं होता है क्योंकि
(a) तत्वों में न्यूट्रॉनों की संख्या समान नहीं होती है
(b) इनकी द्रव्यमान संख्या भिन्न-भिन्न होती है
(c) इनके बाह्यतम इलेक्ट्रॉन विभिन्न ऊर्जा स्तरों पर होते हैं
(d) उपरोक्त सभी

13. प्लेटिनम धातु के साथ प्रकाश वैद्युत प्रभाव उत्पन्न करने के लिए फोटॉन की न्यूनतम ऊर्जा कितनी है? प्लेटिनम के लिए देहली आवृत्ति 1.3×10^{15} से$^{-1}$ है।
(a) 3.6×10^{-13} अर्ग (b) 8.2×10^{-13} अर्ग
(c) 8.2×10^{-14} अर्ग (d) 8.6×10^{-12} अर्ग

14. एक उत्सर्जन स्पेक्ट्रम 1.3225 नैनोमी त्रिज्या वाले कक्ष से आरम्भ तथा 211.6 पिकोमी पर समाप्त होता है। इस संक्रमण श्रेणी का नाम तथा स्पेक्ट्रम का क्षेत्र है
(a) लाइमन, पराबैंगनी (b) बॉमर, दृश्य
(c) पाश्चन, अवरक्त (d) ब्रैकेट, अवरक्त

15. हाइड्रोजन परमाणु में निम्नलिखित में कौन-से इलेक्ट्रॉन संक्रमण के लिए ऊर्जा की अधिकतम मात्रा आवश्यक होगी?
(a) $n = 1$ से $n = 2$ (b) $n = 2$ से $n = 3$
(c) $n = \infty$ से $n = 1$ (d) $n = 3$ से $n = 5$

16. हाइड्रोजन परमाणु के बोर मॉडल के अनुसार
(a) इलेक्ट्रॉन की कुल ऊर्जा का क्वाण्टीकरण होता है
(b) इलेक्ट्रॉन के कोणीय संवेग का क्वाण्टीकरण होता है
(c) दोनों (a) तथा (b)
(d) उपरोक्त में से कोई नहीं

17. निम्नलिखित में से किस आयन की त्रिज्या हाइड्रोजन परमाणु के प्रथम बोर कक्षक की त्रिज्या के समान है?
(a) $Li^{2+}(n=2)$ (b) Li^{2+} $(n=3)$
(c) $Be^{3+}(n=2)$ (d) He^+ $(n=2)$

18. हाइड्रोजन के प्रथम कक्षक से सम्बन्धित ऊर्जा -2.18×10^{-18} जूल परमाणु है। पाँचवें कक्षक से सम्बन्धित ऊर्जा का मान है
(a) 0.43×10^{-18} जूल (b) 0.087×10^{-18} जूल
(c) 2.18×10^{-18} जूल (d) 3.16×10^{-15} जूल

19. जब हाइड्रोजन परमाणु में उत्तेजित इलेक्ट्रॉन $n=6$ से मूल अवस्था में जाता है, तो प्राप्त उत्सर्जित रेखाओं की अधिकतम संख्या है
(a) 2 (b) 10 (c) 15 (d) 20

20. Li^{2+} आयन की तलस्थ अवस्था में स्थित इलेक्ट्रॉन की आयनन ऊर्जा है
(a) $+\dfrac{3e^2}{4\pi\varepsilon_0 r}$ (b) $-\dfrac{3e}{4\pi\varepsilon_0 r}$
(c) $-\dfrac{3e^2}{4\pi\varepsilon_0 r}$ (d) $-\dfrac{3e^2}{4\pi\varepsilon_0 r^2}$

21. इलेक्ट्रॉन की तरंग प्रवृत्ति की पुष्टि की हुई
(a) दे-ब्रॉग्ली (b) डेविसन तथा जर्मर के द्वारा
(c) रदरफोर्ड के द्वारा (d) इन सभी के द्वारा

22. इलेक्ट्रॉन, प्रोटॉन, न्यूट्रॉन तथा α-कणों में किससे समान तरंगदैर्ध्य की द्रव्य तरंगें उत्पन्न करने के लिए किस कण की गति अधिकतम होगी?
(a) इलेक्ट्रॉन (b) प्रोटॉन
(c) न्यूट्रॉन (d) α-कण

23. समान वेग से गतिशील निम्नलिखित कणों में से किसकी तरंगदैर्ध्य न्यूनतम है?
(a) हीलियम अणु (b) ऑक्सीजन अणु
(c) हाइड्रोजन अणु (d) कार्बन अणु

24. एक इलेक्ट्रॉन का द्रव्यमान m, आवेश e है तथा यह विराम अवस्था से विभवान्तर V से त्वरित होता है। इलेक्ट्रॉन के वेग की गणना हेतु प्रयुक्त सूत्र है
(a) $\sqrt{\dfrac{V}{m}}$ (b) $\sqrt{\dfrac{eV}{m}}$
(c) $\sqrt{\left(\dfrac{2eV}{m}\right)}$ (d) इनमें से कोई नहीं

25. एक इलेक्ट्रॉन के संवेग में अनिश्चितता 1×10^{-5} किग्रा मी/से है। इसके स्थान में अनिश्चितता होगी ($h=6.62\times10^{-34}$ किग्रा मी^{2} से$^{-1}$)
(a) 2.36×10^{-28} मी (b) 5.25×10^{-28} मी
(c) 2.27×10^{-30} मी (d) 5.27×10^{-30} मी

26. यदि किसी इलेक्ट्रॉन की गतिज ऊर्जा चार गुना बढ़ा दी जाये तो इससे सम्बन्धित दे-ब्रॉग्ली तरंग की तरंगदैर्ध्य
(a) आधी रह जायेगी (b) एक चौथाई हो जायेगी
(c) चार गुनी हो जायेगी (d) दो गुनी हो जायेगी

27. K-उपकोश में उपस्थित इलेक्ट्रॉनों की भिन्न है
(a) मुख्य क्वाण्टम संख्या (b) द्विगंशी क्वाण्टम संख्या
(c) चुम्बकीय क्वाण्टम संख्या (d) चक्रण क्वाण्टम संख्या

28. निम्नलिखित कक्षकों को ऊर्जा के बढ़ते हुए क्रम में व्यवस्थित कीजिए
(a) 1s, 2s, 2p, 3d
(b) 4s, 3s, 3p, 4d
(c) 5p, 4d, 5d, 4f, 6s
(d) 5f, 6d, 7s, 7p

29. किस निम्नतम मान द्वारा g कक्षक का अस्तित्व अनुमत होगा?
(a) 3 (b) 4
(c) 5 (d) 6

30. $3p$ कक्षक में उपस्थित कोणीय नोड हैं
(a) 0 (b) 1
(c) 2 (d) 3

31. क्वाण्टम संख्याओं के कौन-से समूह (समूच्चय) सम्भव नहीं है?
I. $n=0, l=0, m=0, m_s=+\dfrac{1}{2}$
II. $n=1, l=0, m=0, m_s=-\dfrac{1}{2}$
III. $n=1, l=1, m=0, m_s=+\dfrac{1}{2}$
IV. $n=2, l=1, m=0, m_s=-\dfrac{1}{2}$
V. $n=3, l=3, m=-3, m_s=+\dfrac{1}{2}$
VI. $n=3, l=1, m=0, m_s=+\dfrac{1}{2}$
(a) I, II तथा III (b) I, III तथा V
(c) I, IV तथा VI (d) I, II, III तथा V

32. तीसरे कोश से सम्बन्धित कक्षकों की कुल संख्या है
(a) 2 (b) 4
(c) 9 (d) 3

33. $4d$ कक्षक के लिए कोणीय नोडों की संख्या
(a) 4 (b) 3
(c) 2 (d) 1

34. किसी परमाणवीय कक्षक में स्थित इलेक्ट्रॉन के कोणीय संवेग के Z-अवयव के लिए उत्तरदायी है
(a) चुम्बकीय क्वाण्टम संख्या
(b) द्विगंशी क्वाण्टम संख्या
(c) चक्रण क्वाण्टम संख्या
(d) मुख्य क्वाण्टम संख्या

35. निम्नलिखित कथनों में कौन-सा कथन कक्षक के सम्बन्ध मे सत्य है?
(a) कक्षक नाभिक के परितः वह निश्चित स्थान है जिसमें इलेक्ट्रॉन गति कर सकता है
(b) कक्षक का सदैव गोलाकार क्षेत्र होता है
(c) कक्षक नाभिक के परितः वह स्थान है जहाँ परमाणु के समस्त इलेक्ट्रॉनों के पाए जाने की 90-95% प्रायिकता होती है
(d) कक्षक 3 क्वाण्टम संख्याओं n, l तथा m द्वारा अभिलाक्षित होता है

36. निम्न में से कौन-सा करणी प्रायिकता बंटन ग्राफ किसी परमाणु के $n=3, l=2$ से सम्बन्धित है?

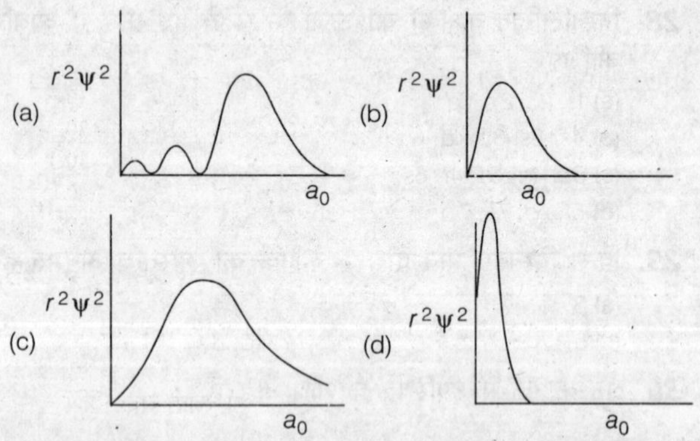

37. द्विगंशी क्वाण्टम संख्या के निश्चित मान के लिए, चुम्बकीय क्वाण्टम संख्या के कुल मान हैं

(a) $l = \frac{m+1}{2}$ (b) $l = \frac{m-1}{2}$
(c) $l = \frac{2m+1}{2}$ (d) $m = \frac{2l+1}{2}$

38. क्वाण्टम संख्याओं के निम्नलिखित समुच्चयों में कौन-सा $4d$-इलेक्ट्रॉन के लिए गलत है?

(a) $4, 3, 2, +\frac{1}{2}$ (b) $4, 2, 1, +\frac{1}{2}$
(c) $4, 2, -2, +\frac{1}{2}$ (d) $4, 2, 1, -\frac{1}{2}$

39. किसी इलेक्ट्रॉन की $+\frac{1}{2}$ तथा $-\frac{1}{2}$ क्वाण्टम संख्याएँ प्रदर्शित करती हैं

(a) इलेक्ट्रॉन के क्रमशः दक्षिणावर्त तथा वामावर्त घूर्णन को
(b) इलेक्ट्रॉन के क्रमशः वामावर्त तथा दक्षिणावर्त घूर्णन को
(c) इलेक्ट्रॉन के चुम्बकीय आघूर्ण को क्रमशः ऊपर तथा नीचे दर्शाते हुए
(d) दो क्वाण्टम यान्त्रिकी चक्रण अवस्थाओं को जिनका कोई चिरसम्मत अर्थ नहीं है

40. हाइड्रोजन परमाणु में स्थित इलेक्ट्रॉन के लिए तरंग फलन ψ, e^{-t/a_0} के समानुपाती है, जहाँ a_0 बोर त्रिज्या है। नाभिक इलेक्ट्रॉन पाये जाने की प्रायिकता तथा इसके a_0 पर पाये जाने की प्रायिकता का अनुपात है

(a) e (b) e^2 (c) $\frac{1}{e^2}$ (d) शून्य

41. निम्नलिखित कथनों पर विचार कीजिए

1. $3d_{x^2-y^2}$ कक्षक में xy तल में इलेक्ट्रॉन घनत्व शून्य है।
2. $3d_{z^2}$ कक्षक में xy तल में इलेक्ट्रॉन घनत्व शून्य है।
3. $2s$ कक्षक में केवल एक वृत्तीय नोड है।
4. $2p_z$ कक्षक के लिए yz नोडल तल है।

सत्य कथन हैं

(a) 2 तथा 3 (b) 1, 2, 3, 4 (c) केवल 2 (d) 1 तथा 3

42. ऑक्सीजन परमाणु (परमाणु क्रमांक 8) में इलेक्ट्रॉनों का वितरण है

(a) [⇅] [⇅] [↑|↓|↑] (b) [⇅] [⇅] [↑|↓|↓]
(c) [⇅] [⇅] [↓|↓|↓] (d) इनमें से कोई नहीं

43. ऑक्सीजन परमाणु के इलेक्ट्रॉनों के लिए निम्नलिखित में से कौन-सा कथन सत्य है?

(a) $2s$ कक्षक में उपस्थित इलेक्ट्रॉन के लिए प्रभावी नाभिकीय आवेश, $2p$ कक्षक में उपस्थित इलेक्ट्रॉन के प्रभावी नाभिकीय आवेश के समान होता है
(b) $2s$ कक्षक में उपस्थित इलेक्ट्रॉन की ऊर्जा $2p$ कक्षक में उपस्थित इलेक्ट्रॉन की ऊर्जा के समान होती है
(c) $1s$ कक्षक में उपस्थित इलेक्ट्रॉन पर प्रभावी नाभिकीय आवेश $2s$ कक्षक में उपस्थित इलेक्ट्रॉन पर प्रभावी नाभिकीय आवेश के समान होता है
(d) $2s$ कक्षक में उपस्थित इलेक्ट्रॉनों की प्रचक्रण क्वाण्टम संख्या m_s होती है परन्तु उनका चिन्ह विपरीत होता है

44. समान इलेक्ट्रॉनिक विन्यास वाले आयनों का युग्म कौन-सा है?

(a) Cr^{3+}, Fe^{3+} (b) Fe^{3+}, Mn^{2+} (c) Fe^{3+}, Co^{3+} (d) Sc^{3+}, Cr^{3+}

45. निम्न में O^{2-} का इलेक्ट्रॉनिक विन्यास है

(a) $1s^2, 2s^2, 2p^4$ (b) $1s^2, 2s^2, 2p^6$
(c) $1s^2, 2s^2, 2p^5$ (d) $1s^2, 2s^2$

46. निम्नलिखित में कौन-सा विन्यास आफबाऊ सिद्धान्त तथा पाउली के अपवर्जन नियम दोनों की अवहेलना करता है?

(a) 1s [⇅] 2s [⇅] 2p [⇅|↑|]
(b) 1s [⇅] 2s [⇅] 2p [⇅|⇅|↑]
(c) 1s [⇅] 2s [↑] 2p [↑↑|↑|↑]
(d) उपरोक्त में से कोई नहीं

47. किसी तत्व का परमाणु क्रमांक 35 तथा द्रव्यमान संख्या 81 है। इसके बाह्यतम कोश में इलेक्ट्रॉनों की संख्या है

(a) 3 (b) 5 (c) 7 (d) 9

48. Ni^{2+} धनायन (परमाणु क्रमांक = 28) में कितने अयुग्मित इलेक्ट्रॉन हैं?

(a) 0 (b) 2 (c) 4 (d) 6

49. अधिकतम विनिमय ऊर्जा वाला इलेक्ट्रॉनिक विन्यास है

(a) $3d^1_{xy} 3d^1_{yz} 3d^1_{zx} 4s^1$
(b) $3d^1_{xy} 3d^1_{yz} 3d^1_{zx} 3d^1_{x^2-y^2} 3d^1_{z^2} 4s^1$
(c) $3d^2_{xy} 3d^2_{yz} 3d^2_{zx} 3d^2_{x^2-y^2} 3d^2_{z^2} 4s^1$
(d) $3d^2_{xy} 3d^2_{yz} 3d^2_{zx} 3d^2_{x^2-y^2} 3d^2_{z^2} 4s^1$

50. Mo परमाणु की तलस्थ अवस्था में इलेक्ट्रॉनिक विन्यास $4d^5, 5s^1$ तथा Ag परमाणु का विन्यास $4d^{10}, 5s^1$ है। इसका कारण है कि अर्द्ध-भरित अथवा पूर्णतया भरित कोश

(a) प्रबल विनिमय अस्थायी होता है (b) दुर्बल विनिमय अस्थायी होता है
(c) दुर्बल विनिमय अस्थायी होता है (d) प्रबल विनिमय अस्थायी होता है

51. अपभ्रंश कक्षकों के समुच्चयों में इलेक्ट्रॉन, जहाँ तक सम्भव हो सके, समान चक्रण में वितरित करते हैं। यह कथन सम्बन्धित है

(a) पाउली का अपवर्जन सिद्धान्त
(b) ऑफबाऊ का नियम
(c) हुण्ड का अधिकतम बहुलता का नियम
(d) स्लैटर का नियम

उत्तरमाला

1.	(b)	2.	(d)	3.	(c)	4.	(c)	5.	(c)	6.	(a)	7.	(a)	8.	(a)	9.	(c)	10.	(d)
11.	(c)	12.	(c)	13.	(d)	14.	(b)	15.	(a)	16.	(c)	17.	(c)	18.	(b)	19.	(c)	20.	(c)
21.	(b)	22.	(a)	23.	(b)	24.	(c)	25.	(d)	26.	(a)	27.	(d)	28.	(a)	29.	(c)	30.	(b)
31.	(b)	32.	(c)	33.	(c)	34.	(b)	35.	(c)	36.	(c)	37.	(b)	38.	(a)	39.	(c)	40.	(d)
41.	(a)	42.	(d)	43.	(d)	44.	(b)	45.	(b)	46.	(c)	47.	(c)	48.	(b)	49.	(d)	50.	(a)
51.	(c)																		

उत्तर व्याख्या सहित

1. (b) इलेक्ट्रॉन का द्रव्यमान $= 9.1 \times 10^{-31}$ किग्रा

न्यूट्रॉन का द्रव्यमान $= 1.67 \times 10^{-27}$ किग्रा

2. (d) न्यूट्रॉन उदासीन होने के कारण, वैद्युत क्षेत्र से गुजरने पर अपने मार्ग से विचलित नहीं होते हैं।

5. (c) 1 मोल NH_3 में उपस्थित प्रोटॉनों की संख्या $= 7 + 3 = 10$

(7 N में तथा 1 प्रत्येक H-परमाणु में)

$$= 6.022 \times 10^{23} \times 10 = 6.022 \times 10^{24}$$

1 मोल अथवा 17 ग्राम NH_3 में प्रोटॉनों की संख्या $= 6.022 \times 10^{24}$

$\therefore$ 34 मिग्रा अथवा 34×10^{-3} ग्राम NH_3 में प्रोटॉनों की संख्या

$$= \frac{34 \times 10^{-3} \times 6.022 \times 10^{24}}{17} = 12.044 \times 10^{21} \text{ प्रोटॉन}$$

7. (a) इलेक्ट्रॉन का द्रव्यमान $= 9.1 \times 10^{-31}$ किग्रा

प्रोटॉन का द्रव्यमान $= 1.67 \times 10^{-27}$ किग्रा

न्यूट्रॉन का द्रव्यमान $= 1.675 \times 10^{-27}$ किग्रा

α-कणों का द्रव्यमान $= 6.67 \times 10^{-27}$ किग्रा

अतः e, p, n तथा α-कण के लिए e/m का बढ़ता हुआ क्रम

$e > p > \alpha > n$ है। ($\because$ न्यूट्रॉन पर कोई आवेश नहीं है।)

8. (a) आवृत्ति, $\nu = \frac{c}{\lambda}$ $\therefore$ 1 नैनोमी $= 10^{-9}$ मी

580 नैनोमी $= 580 \times 10^{-9}$ मी $= 580 \times 10^{-7}$ सेमी

अतः $$\nu = \frac{3.0 \times 10^8 \text{ मी से}^{-1}}{580 \times 10^{-9} \text{ मी}} = 5.17 \times 10^{14} \text{ से}^{-1}$$

(प्रकाश का वेग $= 3 \times 10^8$ मी से$^{-1}$)

तरंग संख्या, $\bar{\nu} = \frac{1}{\lambda} = \frac{1}{580 \times 10^{-7} \text{ सेमी}} = 1.724 \times 10^4$ सेमी$^{-1}$

9. (c) विकिरण की आवृत्ति का क्रम निम्न है

एफ एम रेडियो < माइक्रो तरंगें < ऋणमणि प्रकाश < कॉस्मिक किरणें

10. (d) 25 वाट = 25 जूल से$^{-1}$

तरंगदैर्ध्य = 0.57 माइक्रो मी $= 0.57 \times 10^{-6}$ मी

(माइक्रो मी $= 10^{-6}$ मी)

एक फोटॉन की ऊर्जा

$$E = \frac{hc}{\lambda} = \frac{6.626 \times 10^{-34} \times 3.0 \times 10^8 \text{ मी से}^{-1}}{0.57 \times 10^{-6} \text{ मी}}$$

$$E = 34.87 \times 10^{-20} \text{ जूल}$$

प्रति सेकण्ड उत्सर्जित फोटॉनों की संख्या $= \frac{\text{प्रति सेकण्ड कुल ऊर्जा}}{\text{फोटॉन की ऊर्जा}}$

$$= \frac{25 \text{ जूल से}^{-1}}{34.87 \times 10^{-19}} = 0.7169 \times 10^{20} \text{ फोटॉन प्रति सेकण्ड}$$

$= 7.169 \times 10^{19}$ फोटॉन प्रति सेकण्ड

11. (c) परमाणु उच्च ऊर्जा स्तरों से निम्न ऊर्जा स्तरों तक विभिन्न संक्रमणों से सम्बन्धित है।

13. (d) देहली आवृत्ति (v_0) वह निम्नतम आवृत्ति है जिसे फोटॉन प्राप्त करके प्रकाश वैद्युत प्रभाव उत्पन्न करते हैं। इस आवृत्ति से सम्बन्धित ऊर्जा (E) न्यूनतम होती है।

$$E = h\nu_0 = (6.625 \times 10^{-27} \text{ अर्ग}) (1.3 \times 10^{15} \text{ से}^{-1})$$
$$= 8.6 \times 10^{-12} \text{ अर्ग}$$

14. (b) H के समान स्पीशीज के n वें कक्षक की त्रिज्या

$$r_n = \frac{52.9(n^2)}{Z} \text{ पिकोमी}$$

$$r_1 = 1.3225 \text{ नैनोमी} = 1322.5 \text{ पिकोमी} = \frac{52.9(n_1^2)}{Z}$$

$$r_2 = 211.6 \text{ पिकोमी} = \frac{52.9(n_2^2)}{Z}$$

$$\frac{r_1}{r_2} = \frac{1322.5}{211.6} = \frac{n_1^2}{n_2^2} \Rightarrow \frac{n_1^2}{n_2^2} = \frac{1322.5}{211.6} = \frac{n_1}{n_2}$$

$$\frac{n_1^2}{n_2^2} = 6.25 \quad \text{या} \quad \frac{n_1}{n_2} = 2.5$$

यदि $n_1 = 5$, $n = 2$, तो संक्रमण (अवशोषण संक्रमण) 5 वें कक्षक से दूसरे कक्षक में होगा तथा यह बॉमर श्रेणी से सम्बन्धित होता है।

$$\bar{\nu} = \frac{1}{\lambda} = 1.09677 \times 10^7 \left[\frac{1}{n_1^2} - \frac{1}{n_2^2}\right] \text{मी}^{-1}$$

$$= \frac{1}{\lambda} = 1.09677 \times 10^7 \left[\frac{1}{2^2} - \frac{1}{5^2}\right] \text{मी}^{-1}$$

$$= \frac{1}{\lambda} = 1.09677 \times 10^7 \; \frac{21}{100} = 2.303 \times 10^6 \text{ मी}^{-1}$$

$$\lambda = 0.434 \times 10^{-7} \text{मी} = 434 \times 10^{-9} \text{ मी} = 434 \text{ नैनोमी}$$

15. (a) $E \propto \left(\frac{1}{n_1^2} - \frac{1}{n_2^2}\right)$ या $E \times \frac{1}{n^2}$

17. (c) $r_H = 0.529$ Å, $r_n = r_H \times \frac{n^2}{Z}$

Li^{2+} ($n = 2$) के लिए, $r_{Li^{2+}} = r_H \times \frac{(2)^2}{3} = \frac{r_H \times 4}{9}$

Li^{2+}($n = 3$) के लिए, $r_{Li^{2+}} = r_H \times \frac{(3)^3}{3} = 3r_H$

Be^{3+}($n = 2$) के लिए, $r_{Be^{3+}} = r_H \times \frac{(2)^2}{4} = r_H$

He^{+}($n = 2$) के लिए, $r_{He^{+}} = r_H \times \frac{(2)^2}{2} = 2r_H$

अतः Be^{3+}($n = 2$) की त्रिज्या H-परमाणु की प्रथम बोर कक्षा के समान है।

18. (*b*) (i) *n*वें कक्षक की ऊर्जा, $E_n = \frac{-2.18 \times 10^{-18}}{n^2}$ जूल

$\therefore$ 5वें कक्षक में ऊर्जा , $E_5 = \frac{-2.18 \times 10^{-18}}{5^2}$ जूल

$= -0.0872 \times 10^{-18}$ जूल $= -8.72 \times 10^{-20}$ जूल

19. (*c*) जब इलेक्ट्रॉन *n*वें कोश से तलस्थ अवस्था में गिरता है, तो उत्पन्न रेखाओं की संख्या $= \frac{n(n-1)}{2}$

जब $n = 6$ के लिए उत्पन्न रेखाओं की संख्या

$= \frac{6(6-1)}{2} = \frac{6 \times 5}{2} = 15$ सेमी

22. (*a*) दे-ब्रॉग्ली समीकरण से, तरंगदैर्ध्य, $\lambda = \frac{h}{mv}$

विभिन्न कणों अर्थात् इलेक्ट्रॉन, प्रोटॉन, न्यूट्रॉन तथा α-कण की तरंगदैर्ध्य समान होने पर, $m_1v_1 = m_2v_2$ (क्योंकि *h* स्थिरांक है)। अतः द्रव्यमान कम होने पर, वेग अधिक होगा।

इस कारण, इलेक्ट्रॉन का वेग सर्वाधिक होगा।

24. (*c*) हम जानते हैं कि गतिज ऊर्जा $= eV = \frac{1}{2}mv^2$

अतः $\frac{1}{2}mv^2 = eV$

$v^2 = \frac{2eV}{m} \quad \therefore \quad v = \sqrt{\frac{2eV}{m}}$

25. (*d*) $\Delta x \cdot \Delta P = \frac{h}{4\pi}$

$\Delta x = \frac{6.63 \times 10^{-34}}{4 \times 3.14 \times 10^{-5}} = \frac{5.27 \times 10^{-35}}{1 \times 10^{-5}} = 5.27 \times 10^{-30}$ मी

26. (*a*) $\lambda = \frac{h}{\sqrt{2Em}}$

जब इलेक्ट्रॉन की गतिज ऊर्जा चार गुनी हो जाती है तो दे-ब्रॉग्ली तरंगदैर्ध्य आधी रह जाती है।

28. (*a*) कक्षकों की व्यवस्था $(n+l)$ नियम के अनुसार होती है। इस नियम के अनुसार, $(n+l)$ का मान कम होने पर, कक्षक की ऊर्जा कम होगी। $(n+l)$ का मान समान होने पर, वह कक्षक जिसका *n* कम होगा, कम ऊर्जा वाला होगा। अतः व्यवस्थाओं के सही क्रम हैं

29. (*c*) *g* उपकोश के लिए, $l = 4$ तथा $l = 4$ होने पर *n* का न्यूनतम मान 5 होना चाहिए। [क्योंकि *l* का मान 0 से $(n-1)$ तक सम्भव है।]

30. (*b*) 3*p* कक्षक में वृत्तीय नोडों की संख्या $= n - l - 1 = 3 - 1 - 1 = 1$

31. (*b*) (I) सम्भव नहीं है, अतः $n \neq 0$

(II) सम्भव है, (1*s*)

(III) सम्भव नहीं है क्योंकि यदि $n = 1, l = 0$ केवल $l \neq 1$

(IV) सम्भव है (2*p*)

(V) सम्भव नहीं है क्योंकि यदि $n = 3, l = 0,1$ तथा $2 \ (l \neq 3)$

(VI) सम्भव है (3*p*)

32. (*c*) *n* वें कोश के साथ सम्बन्धित कक्षकों की संख्या $= n^2$

$\therefore$ 3वें कोश के साथ सम्बन्धित कक्षकों की संख्या $= (3)^2 = 9$

33. (*c*) कोणीय नोड़ों की संख्या $= l$

4वें कक्षक के लिए $(n = 4)$ तथा $l = 2$, *d* -कक्षकों के लिए

$\therefore$ कोणीय नोड़ों की संख्या = 2

36. (*c*) इलेक्ट्रॉन घनत्व ψ^2 के अनुक्रमानुपाती होता है। इलेक्ट्रॉन घनत्व का मान जितना अधिक होता है, ψ^2 का मान उतना ही अधिक होता है जिसके कारण इलेक्ट्रॉन के पाये जाने की प्रायिकता अधिक होती है।

37. (*b*) द्विगंशी क्वाण्टम संख्या के विशिष्ट मान के लिए, चुम्बकीय क्वाण्टम संख्याओं के कुल मान निम्न प्रकार ज्ञात करते हैं।

$m = 2l + 1$ अथवा $2l = m - 1; \ l = \frac{m-1}{2}$

38. (*a*) 4*d* इलेक्ट्रॉन के लिए, $n = 4, l = 2, m = -2, -1, 0, +1, +2$

$s = +\frac{1}{2}$ या $-\frac{1}{2}$

40. (*d*) ψ^2 का उच्च मान इलेक्ट्रॉन के पाए जाने की अधिक प्रायिकता को प्रदर्शित करता है तथा ψ^2 के शून्य मान का अर्थ है कि इलेक्ट्रॉन के पाए जाने की प्रायिकता शून्य (अर्थात् नाभिक) है।

41. (*a*) $d_{x^2-y^2}$ कक्षक के चार द्विकविन्यास *x* तथा *y* अक्ष के परितः होते हैं। जब d_{z^2} कक्षक के दो द्विकविन्यास *z* अक्ष के परितः होते हैं तथा *xy* तल में नाभिक के परितः ऋणावेश का वलय बनाते हैं। 2*s* कक्षक का केवल एक गोलीय नोड होता है जहाँ इलेक्ट्रॉन घनत्व शून्य होता है। *p*-कक्षक का दिशात्मक व्यवहार होता है।

43. (*d*) (a) 2*s* का $Z_{eff} > 2p$ का Z_{eff}

(b) 2*s* कक्षक की ऊर्जा $<$ 2*p* कक्षक की ऊर्जा

(c) 1*s* का $Z_{eff} \neq 2s$ का Z_{eff}

(d) 2*s* कक्षक के दो इलेक्ट्रॉनों के लिए

m_s का मान $+\frac{1}{2}$ तथा $-\frac{1}{2}$ होता है।

44. (*b*) $Cr_{24} = [Ar]3d^5, 4s^1$; $\quad Cr^{3+} = [Ar]3d^3$

$Fe_{26} = [Ar]3d^6, 4s^2$; $\quad Fe^{3+} = [Ar]3d^5$

$Mn_{25} = [Ar]3d^5, 4s^2$; $\quad Mn^{2+} = [Ar]3d^5$

$Co_{27} = [Ar]3d^7, 4s^2$; $\quad Co^{3+} = [Ar]3d^6$

$Sc_{21} = [Ar]3d^1, 4s^2$; $\quad Sc^{3+} = [Ar]$

अतः Fe^{3+} तथा Mn^{2+} के इलेक्ट्रॉनिक विन्यास समान हैं।

45. (*b*) (i) (c) ${}_8O = 1s^2, 2s^2, 2p^4; O^{2-} = 1s^2, 2s^2, 2p^6$

47. (*c*) $35 = 1s^2, 2s^2, 2p^6, 3s^2, 3p^6, 4s^2, 3d^{10}, 4p^5$

अतः यह चतुर्थ अथवा बाह्यतम कोश में 7 इलेक्ट्रॉन रखता है।

48. (*b*) ${}_{28}Ni = 1s^2, 2s^2, 2p^6, 3s^2, 3p^6, 4s^2, 3d^8$

$Ni^{2+} = 1s^2, 2s^2, 2p^6, 3s^2, 3p^6, 3d^8$

49. (*d*) समान कक्षक में इलेक्ट्रॉनों की ऊर्जा समान होती है। 3*d* कक्षक के लिए, $3d_{xy}, 3d_{yz}, 3d_{zx}, 3d_{z^2}, 3d_{x^2-y^2}$, के अभिविन्यास की अपेक्षा ऊर्जा का समान स्तर होता है। $3d^2_{xy}, 3d^2_{yz}, 3d^2_{zx}, 3d^2_{x^2-y^2}, 3d^2_{z^2}, 4s^1$ में अधिकतम विनिमय ऊर्जा होती है।

50. (*a*) अर्द्ध-भरित अथवा पूर्ण-भरित उपकोश के लगभग समान उपकोश पूर्णतया अर्द्ध भरित अथवा भरित संरचना को प्राप्त करने का प्रयास करते हैं जिससे ये निम्नतम ऊर्जा स्तर को प्राप्त करके अतिरिक्त स्थायित्व को को प्राप्त कर सकें।

अध्याय 04

साम्यावस्था
Equilibrium

वे प्रक्रम जिनमें पदार्थ की अवस्था, रंग, रूप, आदि परिवर्तित हो जाते हैं, परन्तु रासायनिक संघटन, गुणधर्म, आदि अपरिवर्तित रहते हैं, **भौतिक प्रक्रम** (Physical processes) कहलाते हैं। भौतिक प्रक्रम सामान्यतया उत्क्रमणीय होते हैं।

उदाहरण—जल का वाष्पन होने पर भाप बनती है

$$H_2O\,(l) \rightleftharpoons H_2O\,(g)$$

वे प्रक्रम जिनमें पदार्थ का संघटन, रासायनिक गुणधर्म, आदि परिवर्तित हो जाते हैं, **रासायनिक प्रक्रम** (Chemical processes) या **रासायनिक अभिक्रियाएँ** (Chemical reactions) कहलाते हैं।

उदाहरण—नाइट्रोजन, हाइड्रोजन से क्रिया करके अमोनिया बनती है

$$N_2 + 3H_2 \rightleftharpoons 2NH_3$$

ये प्रक्रम अर्थात् रासायनिक अभिक्रियाएँ उत्क्रमणीय तथा अनुत्क्रमणीय दोनों प्रकार की हो सकती हैं।

रासायनिक प्रक्रमों में सम्मिलित साम्यावस्था
Equilibria Involving Chemical Processes

रासायनिक प्रक्रमों में साम्यावस्था का अध्ययन करने से पूर्व रासायनिक अभिक्रियाओं का अध्ययन आवश्यक है।

रासायनिक अभिक्रियाएँ, निम्न दो प्रकार की होती हैं

उत्क्रमणीय अभिक्रियाएँ Reversible Reactions

भौतिक निकायों के समान रासायनिक अभिक्रियाएँ भी साम्य की अवस्था प्राप्त करती हैं।

जब किसी रासायनिक अभिक्रिया में विपरीत प्रक्रम कार्य करते हैं तो अभिक्रिया को उत्क्रमणीय अभिक्रिया कहते हैं। दूसरे शब्दों में जो अभिक्रियाएँ दोनों दिशाओं में होती हैं तथा पूर्णता को प्राप्त नहीं करती हैं, उत्क्रमणीय अभिक्रियाएँ कहलाती हैं।

इन अभिक्रियाओं को द्विशीर्ष ($\rightleftharpoons$) द्वारा प्रदर्शित करते हैं। अभिकारकों तथा उत्पादों के मध्य एक तीर ($\longrightarrow$) उत्पादों की ओर इंगित करता है तथा दूसरा ($\longleftarrow$) अभिकारकों की ओर इंगित करता है।

ऐसी अभिक्रियाओं के कुछ उदाहरण निम्न हैं

(i) $3Fe + 4H_2O \rightleftharpoons Fe_3O_4 + 4H_2$

(ii) $2HI \rightleftharpoons H_2 + I_2$

(a) **विषमांगी उत्क्रमणीय अभिक्रियाओं** में अभिकारक तथा उत्पाद मिलकर दो या अधिक प्रावस्था बनाते हैं।

उदाहरण— $MgCO_3(s) \rightleftharpoons MgO(s) + CO_2(g)$

(b) **समांगी उत्क्रमणीय अभिक्रियाओं** में अभिकारक तथा उत्पाद सब मिलकर एक ही प्रावस्था बनाते हैं।

उदाहरण— $H_2(g) + I_2(g) \rightleftharpoons 2HI(g)$

अनुत्क्रमणीय अभिक्रियाएँ Irreversible Reactions

वे अभिक्रियाएँ जो केवल एक ही दिशा में होती हैं, अनुत्क्रमणीय अभिक्रियाएँ कहलाती हैं। ऐसी अभिक्रियाओं में अभिकारक लगभग पूर्णतया उत्पादों में परिवर्तित हो जाते हैं।

ऐसी अभिक्रियाओं के कुछ उदाहरण निम्न हैं

(i) **अवक्षेपण अभिक्रिया**

$$BaCl_2 + Na_2SO_4 \longrightarrow BaSO_4 \downarrow + 2NaCl$$

(ii) **विघटन अभिक्रिया**

$$2KClO_3 \xrightarrow{\Delta} 2KCl + 3O_2$$

भौतिक प्रक्रमों में सम्मिलित साम्यावस्था
Equilibria Involving Physical Process

यदि किसी निकाय की केवल भौतिक अवस्थाओं अथवा प्रावस्थाओं में परिवर्तन से साम्यावस्था प्राप्त हो जाती है, तो उसे **भौतिक साम्य** कहते हैं। इसके कुछ उदाहरण निम्न हैं

(i) **ठोस-द्रव साम्य** (Solid-Liquid Equilibria)

बर्फ $\rightleftharpoons$ जल

अथवा $H_2O(s) \rightleftharpoons H_2O(l)$

अथवा गलन की दर $\rightleftharpoons$ जमने की दर

(ii) **द्रव-गैस साम्य** (Liquid-Gas Equilibria)

$$\text{जल} \rightleftharpoons \text{जल-वाष्प (373 केल्विन, 1 वायुमण्डीय दाब)}$$

$$H_2O(l) \rightleftharpoons H_2O(g)$$

$$\text{वाष्पन की दर} \rightleftharpoons \text{संघनन की दर}$$

(iii) **ठोस-वाष्प साम्य** (Solid-Vapour Equilibria)

$$\text{ऊर्ध्वपातन की दर} \rightleftharpoons \text{संघनन की दर}$$

अथवा $I_2(s) \rightleftharpoons I_2(g)$

$$\text{कपूर } (s) \rightleftharpoons \text{कपूर } (g)$$

$$NH_4Cl(s) \rightleftharpoons NH_4Cl(g)$$

रासायनिक साम्यावस्था की अवधारणा

Concept of Chemical Equilibrium

किसी उत्क्रमणीय अभिक्रिया में जब कोई रासायनिक परिवर्तन होता है अर्थात् ताप एवं दाब की समान स्थिति में अभिकारक उत्पाद में जिस पर से परिवर्तित होता है उत्पाद भी पुन: अभिकारक में उसी दर से परिवर्तित होता है, तो अभिक्रिया को रासायनिक साम्य की स्थिति में कहा जाता है।

साम्यावस्था पर, अग्र क्रिया की दर = पश्च क्रिया की दर

इसे निम्न प्रकार से ग्राफीय रूप में प्रदर्शित कर सकते हैं

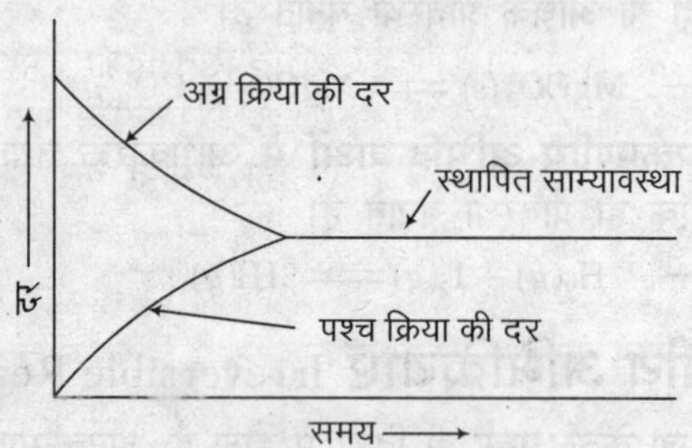

उत्क्रमणीय अभिक्रियाओं में उत्प्रेरक अग्र तथा पश्च दोनों अभिक्रियाओं का वेग समान रूप से बढ़ाता है तथा अभिकारकों व उत्पादों की साम्य सान्द्रताओं पर कोई प्रभाव नहीं पड़ता है। ताप, दाब, आयतन तथा सान्द्रता में परिवर्तन करने पर साम्यावस्था भी परिवर्तित होती है। साम्यावस्था पर इनके परिवर्तन को निम्न दो नियमों की सहायता से ज्ञात करते हैं

(i) द्रव्यमान अनुपाती क्रिया का नियम (ii) ला-शातेलिए का नियम

द्रव्यानुपाती क्रिया का नियम अथवा रासायनिक साम्यावस्था का नियम

Law of Mass Action or Law of Chemical Equilibrium

अनेक उत्क्रमणीय समांगी अभिक्रियाओं के अध्ययन के पश्चात् प्राप्त प्रयोगात्मक निष्कर्षों के आधार पर नार्वे के वैज्ञानिक सी. एम. गुल्डबर्ग तथा पी. वागे (C.M. Guldberg and P. Waage) ने इस नियम को प्रस्तुत किया। इनके अनुसार ''स्थिर ताप पर, किसी पदार्थ की क्रिया की गति उसके सक्रिय द्रव्यमान के समानुपाती होती है तथा किसी रासायनिक अभिक्रिया की गति (दर) उसके अभिकारकों के सक्रिय द्रव्यमानों के गुणनफल के समानुपाती होती है।''

सक्रिय द्रव्यमान का अर्थ पदार्थ की मोलर सान्द्रता (अर्थात् प्रति लीटर आयतन में पदार्थ के मोलों की संख्या) से है, तथा इसे '[ ]' द्वारा प्रदर्शित किया जाता है।

उदाहरण—हाइड्रोजन के सक्रिय द्रव्यमान को $[H_2]$ से प्रदर्शित करते हैं।

द्रव्यानुपाती क्रिया के नियम द्वारा साम्य स्थिरांक का व्यंजक

Expression for Equilibrium Constant from Law of Mass Action

माना एक सामान्य उत्क्रमणीय अभिक्रिया निम्न प्रकार है

$$n_1A + n_2B \rightleftharpoons m_1 C + m_2D$$

द्रव्य-अनुपाती क्रिया के नियमानुसार,

अग्र अभिक्रिया की दर

$$r_f \propto [A]^{n_1}\ [B]^{n_2}$$

या $$r_f = k_f\ [A]^{n_1}\ [B]^{n_2} \qquad \text{...(i)}$$

जहाँ, k_f = अग्र अभिक्रिया के लिए वेग स्थिरांक

इसी प्रकार,

पश्च अभिक्रिया की दर,

$$r_b \propto [C]^{m_1}\ [D]^{m_2}$$

या $$r_b = k_b\ [C]^{m_1}\ [D]^{m_2} \qquad \text{...(ii)}$$

जहाँ, k_b = पश्च अभिक्रिया के लिए वेग स्थिरांक

परन्तु, साम्य पर,

अग्र अभिक्रिया की दर (r_f) = पश्च अभिक्रिया की दर (r_b)

अत: समीकरण (i) व (ii) से,

$$k_f\ [A]^{n_1}\ [B]^{n_2} = k_b\ [C]^{m_1} [D]^{m_2}$$

या $$\frac{k_f}{k_b} = \frac{[C]^{m_1}\ [D]^{m_2}}{[A]^{n_1}\ [B]^{n_2}}$$

परन्तु, $$\frac{k_f}{k_b} = K_c \qquad \text{(स्थिरांक)}$$

$$K_c = \frac{[C]^{m_1}\ [D]^{m_2}}{[A]^{n_1}\ [B]^{n_2}} \qquad \text{...(iii)}$$

जहाँ, K_c = साम्य स्थिरांक (equilibrium constant), यहाँ पादाक्षर (subscript) 'c' प्रदर्शित करता है कि साम्य का निर्धारण सान्द्रता के पदों में किया गया है। चूँकि, सक्रिय द्रव्यमान $\propto$ सान्द्रता, अत: सक्रिय द्रव्यमान के स्थान पर सान्द्रता को कोष्ठक में दिखाया गया है।

यदि अभिक्रिया गैसीय पदार्थों के बीच हो रही हो, तो इसके अवयवों की सान्द्रताओं को उनके आंशिक दाबों के पदों में व्यक्त किया जाता है। चूँकि, गैस की सान्द्रता $\propto$ गैस का आंशिक दाब

अत: $[A] \propto p_A, [B] \propto p_B, [C] \propto p_C$ तथा $[D] \propto p_D$

जहाँ, p_A, p_B, p_C तथा p_D क्रमश: A, B, C तथा D के आंशिक दाब हैं।

अत: समीकरण (iii) से,

$$K_p = \frac{p_C^{m_1} \cdot p_D^{m_2}}{p_A^{n_1} \cdot p_B^{n_2}}$$

जहाँ, K_p भी साम्य स्थिरांक है तथा इसका पादाक्षर (subscript) 'p' प्रदर्शित करता है कि गैसों की सान्द्रताओं को उनके आंशिक दाबों के पदों में व्यक्त किया गया है। यदि K_c को मोल-प्रभाजों के पदों में व्यक्त किया गया हो तो इसे K_x द्वारा प्रदर्शित करते हैं।

$$K_x = \frac{(K_c)^C (x_D)^d}{(x_A)^a (x_B)^b}$$

K_p तथा K_c के मध्य सम्बन्ध Relationship Between K_p and K_c

$$n_1A + n_2B + ... \rightleftharpoons m_1C + m_2D + ...$$

द्रव्यानुपाती क्रिया के नियम से

$$K_p = \frac{p_C{}^{m_1} p_D{}^{m_2}}{p_A{}^{n_1} p_B{}^{n_2}} \quad ...(i)$$

मोलर सान्द्रता के पदों में,

$$K_c = \frac{[C]^{m_1} [D]^{m_2}}{[A]^{n_1} [B]^{n_2}} \quad ...(ii)$$

अत: गैसों के लिए, $pV = nRT$

या $$p = \frac{n}{V} RT = CRT \quad [C = \text{सान्द्रता}]$$

$\therefore$ $$p_A = C_A RT, \quad p_B = C_B RT$$

$$p_C = C_C RT, \quad p_D = C_D RT$$

उपरोक्त मानों को समी. (i), में रखने पर

$$K_p = \frac{(C_C RT)^{m_1} (C_D RT)^{m_2}}{(C_A RT)^{n_1} (C_B RT)^{n_2}} \text{ या } K_p = \frac{C_C^{m_1} \cdot C_D^{m_2} (RT)^{m_1 + m_2}}{C_A^{n_1} \cdot C_B^{n_2} (RT)^{n_1 + n_2}}$$

या $$K_p = \frac{C_C^{m_1} C_D^{m_2}}{C_A^{n_1} C_B^{n_2}} (RT)^{(m_1 + m_2) - (n_1 + n_2)}$$

या $$K_p = \frac{C_C^{m_1} C_D^{m_2}}{C_A^{n_1} C_B^{n_2}} (RT)^{\Delta n_g} \quad ...(iii)$$

[$\because$ $\Delta n_g = (m_1 + m_2) - (n_1 + n_2)$ or Δn_g = गैसीय उत्पादों के मोलों की संख्या – गैसीय अभिकारकों के मोलों की संख्या]

समी. (i) व (ii) से

$$K_p = K_c (RT)^{\Delta n_g}$$

हम जानते है, आंशिक दाब

$$p = \text{मोल प्रभाज } (\chi) \times \text{कुल दाब } (p)$$

उपरोक्त समीकरण के लिए,

$$p_n = \chi_A p, p_B = \chi_B p, p_c = \chi_C p \text{ तथा } p_D = \chi_D p$$

अत: $$K_p = \frac{p_c^{m_1} \cdot p_D^{m_2}}{p_A^{n_1} \cdot p_B^{n_2}}$$

$$= \frac{(\chi_C p)^{m_1} (\chi_D p)^{m_2}}{(\chi_A p)^{n_1} (\chi_B p)^{n_2}}$$

$$= \frac{\chi_c^{m_1} \cdot \chi_D^{m_2}}{\chi_A^{n_1} \cdot \chi_B^{n_2}} \cdot \frac{p^{(m_1 + m_2)}}{p^{(n_1 + n_2)}}$$

$$= K_x \cdot p^{(m_1 + m_2) - (n_1 + n_2)} \; K_p = K_x p^{\Delta n_g}$$

इसी प्रकार $K_p = K_c (RT)^{\Delta n_g}, K_p = K_x (RT)^{\Delta n_g}$

यदि Δn_g = शून्य तब $K_p = K_c$ यदि Δn_g = धनात्मक तब $K_p > K_c$

यदि Δn_g = ऋणात्मक तब $K_p < K_c$

ला-शातेलिए सिद्धान्त Le-Chatelier's Principle

फ्रांस के रसायनज्ञ ला-शातेलिए तथा **ब्रेन** ने (1884) साम्यावस्था में तन्त्र की अवस्था पर सान्द्रता, ताप और दाब में परिवर्तन के प्रभाव को स्पष्ट करने के लिए कुछ सामान्य नियम दिए जिन्हें ला-शातेलिए के नियम कहते हैं। ये नियम स्थापित करते हैं, कि यदि साम्यावस्था पर निकाय के किसी एक कारक जैसे सान्द्रता, दाब या ताप को परिवर्तित कर दिया जाए, तो अभिक्रिया उस दिशा में परिवर्तित हो जाती है जिसमें किए गए परिवर्तन का प्रभाव दूर हो जाए अर्थात् नई परिवर्तित परिस्थिति में साम्यावस्था स्थापित हो जाती है।

साम्यावस्था को प्रभावित करने वाले कारक Factors Affecting Equilibrium

ला-शातेलिए सिद्धान्त के अनुसार साम्यावस्था की अवस्था निम्नलिखित कारकों द्वारा प्रभावित होती है।

(i) **सान्द्रता में परिवर्तन** (Change in concentration) यदि किसी अभिक्रिया में अभिकारक की सान्द्रता बढ़ाई जाती है, तो साम्यावस्था अग्र दिशा में विस्थापित हो जाती है जिससे अत्यधिक उत्पाद बन सके जो परिवर्तन को समाप्त कर दे। समान प्रकार से, यदि उत्पादों का सान्द्रण बढ़ाया जाए, तो साम्यावस्था विपरीत दिशा (पश्च दिशा) में विस्थापित हो जाती है जिससे अत्यधिक अभिकारक पुन: उत्पन्न होते हैं जो किए गए परिवर्तन के प्रभाव को समाप्त कर देते हैं।

(ii) **दाब में परिवर्तन** (Change in pressure) किसी गैसीय निकाय में दाब बढ़ाने पर प्रति इकाई आयतन में मोलों की संख्या बढ़ती है, अत: साम्यावस्था उस दिशा में विस्थापित हो जाती है जहाँ मोलों की संख्या कम होती है। इसी प्रकार दाब घटाने पर प्रति इकाई आयतन में मोलों की संख्या घट जाती है। अत: साम्यावस्था उस दिशा में विस्थापित होती है जहाँ मोलों की संख्या उच्च हो जाती है।

(iii) **तापक्रम में परिवर्तन** (Change in temperature) ऊष्माशोषी (Endothermic) अभिक्रिया के लिए सामान्य निरूपण

अभिकारक + ताप $\rightleftharpoons$ उत्पाद या (ΔH = धनात्मक)

इस तरह की अभिक्रिया में ताप बढ़ाने पर साम्यावस्था अग्र दिशा की ओर विस्थापित हो जाती है ताकि तापक्रम के परिवर्तन को समाप्त किया जा सके।

ऊष्माक्षेपी (Eexothermic) अभिक्रिया के लिए सामान्य निरूपण

अभिकारक $\rightleftharpoons$ उत्पाद + ताप या (ΔH = ऋणात्मक)

इन अभिक्रियाओं में तापक्रम बढ़ाने पर साम्यावस्था विपरीत दिशा में विस्थापित होती है जिससे तापक्रम के परिवर्तन को समाप्त किया जा सके।

(iv) **उत्प्रेरक का प्रभाव** (Effect of catalyst) चूँकि उत्क्रमणीय अभिक्रिया में उत्प्रेरक का प्रभाव अग्र तथा प्रतीप दोनों अभिक्रियाओं की गति में एक समान वृद्धि करता है, इसलिए यह साम्य पर कोई प्रभाव नहीं डालता है। यद्यपि साम्य को शीघ्र ही स्थापित कर देता है।

विद्युत-अपघट्य तथा विद्युत-अनअपघट्य
Electrolytes and Non-Electrolytes

गलित अथवा विलयन अवस्था में विद्युत धारा के संचलन की प्रवृत्ति के आधार पर पदार्थ निम्नलिखित दो प्रकार के होते हैं

विद्युत-अपघट्य Electrolytes

जो पदार्थ विद्युत धारा का संचालन करते है, **विद्युत चालक** या विद्युत-अपघट्य कहलाते हैं। धातु एवं मिश्रधातुएँ, अम्ल, क्षार और लवणों के जलीय विलयन आदि विद्युत चालक हैं। गलित अवस्था में लवण भी विद्युत चालक हैं। अधातुओं में ग्रेफाइट विद्युत चालक है। ये पदार्थ जल में विलेय करने पर आयनों में अपघटित हो जाते हैं। उत्पन्न आयनों की मात्रा के आधार पर इन्हें निम्न दो प्रकारों से विभाजित कर सकते हैं।

(i) **प्रबल विद्युत** (Strong electrolytes) वे पदार्थ जो जलीय विलयन में लगभग 100% आयनित होते हैं अर्थात् जिनकी आयनन मात्रा उच्च होती है, प्रबल विद्युत-अपघट्य कहलाते हैं। इनके जलीय विलयन की चालकता उच्च होती है। उदाहरण—HCl, H_2SO_4, HNO_3, NaOH, KOH, NaCl, KCl, KNO_3, NH_4Cl आदि।

(ii) **दुर्बल विद्युत-अपघट्य** (Weak electrolytes) वे पदार्थ जिनके वियोजन की मात्रा कम होती है, दुर्बल विद्युत-अपघट्य कहलाते हैं। इनके जलीय विलयन की चालकता निम्न होती है। उदाहरण—CH_3COOH, H_3PO_4, H_3BO_3, NH_4OH, $(NH_4)_2CO_3$ आदि।

विद्युत-अनअपघट्य Non-Electrolytes

यूरिया, ग्लूकोस आदि विलेयों के विलयन में कोई आयन उपस्थित नहीं होता है अत: इनका विलयन विद्युत का कुचालक होता है। ऐसे विलयनों को विद्युत-अनअपघट्य कहते हैं।

आरहेनियस का विद्युत-अपघटनी आयनन का सिद्धान्त Arrhenius Theory of Electrolytic Ionisation

स्वीडिश वैज्ञानिक **स्वान्टे आरहेनियस** (Svante Arrhenius) ने सन् 1887 में विद्युत-अपघट्यों के विलयनों के गुणों तथा विद्युत-अपघटन की क्रियाविधि की व्याख्या करने के लिए एक सिद्धान्त प्रस्तुत किया जिसे आरहेनियस का विद्युत-अपघटनी आयनन का सिद्धान्त कहते हैं।
इस सिद्धान्त के अनुसार

(i) किसी विद्युत-अपघट्य (अम्ल, क्षार या लवण) को जल में या किसी अन्य ध्रुवीय विलायक में घोलने पर वह स्वत: ही दो प्रकार के आवेशित कणों में विभाजित हो जाता है, जिन्हे **आयन** कहते हैं। धनावेश युक्त आयनों को **धनायन** तथा ऋणावेश युक्त आयनों को **ऋणायन** कहते हैं। विद्युत-अपघट्य का विलयन में स्वत: धनायनों तथा ऋणायनों मे वियोजित होना **विद्युत-अपघटनी वियोजन** या आयनन कहलाता है। उदाहरण—Na_2SO_4 को जल में घोलने पर यह Na^+ तथा SO_4^{2-} में वियोजित हो जाता है।

$$Na_2SO_4 \longrightarrow 2Na^+ + SO_4^{2-}$$

(ii) किसी आयन पर स्थित आवेशों की संख्या उस आयन की सामान्य संयोजकता के बराबर होती है।

उदाहरण—Ca^{2+} पर स्थित आवेश की संख्या 2 है, अत: Ca की संयोजकता 2 है।

(iii) किसी विद्युत-अपघट्य के जलीय विलयन में उपस्थित धनायनों पर कुल धनावेश ऋणायनों पर स्थित कुल ऋणावेश के बराबर होता है, अत: विद्युत-अपघट्य का जलीय विलयन विद्युत उदासीन होता है।

(iv) आयनों के भौतिक तथा रासायनिक गुण संगत परमाणुओं से भिन्न होते हैं तथा आयन रासायनिक अभिक्रियाओं में भाग लेते हैं।

(v) विद्युत-अपघट्यों के जलीय विलयनों में विद्युत धारा का संचालन मुक्त आयनों के कारण होता है। जब किसी विद्युत-अपघट्य के जलीय विलयन में विद्युत धारा प्रवाहित करते हैं तब धनायन कैथोड की ओर तथा ऋणायन ऐनोड की ओर गति करते हैं।

(vi) विद्युत-अपघट्य के जलीय विलयन में, विद्युत-अपघट्य के सभी अणु वियोजित नहीं होते हैं। विलयन में विद्युत-अपघट्य के अणुओं का केवल कुछ अंश (fraction) ही वियोजित होता है। विद्युत-अपघट्य के अणुओं का वह अंश जो वियोजित होता है, वियोजन की मात्रा (Degree of dissociation) या आयनन की मात्रा (Degree of ionisation) कहलाता है। इसे α से प्रदर्शित करते हैं।

$$\text{वियोजन की मात्रा, } \alpha = \frac{\text{वियोजित अणुओं की संख्या}}{\text{वियोजन से पूर्व अणुओं की कुल संख्या}}$$

(vii) विद्युत-अपघट्यों के विलयनों के अणुसंख्यक गुण (Colligative properties) आयनों की संख्या पर निर्भर करते हैं, क्योंकि विलयन में आयन, अणुओं की तरह व्यवहार करते हैं।

वियोजन की मात्रा को प्रभावित करने वाले कारक
Factors Affecting Degree of Dissociation

(i) **विलेय की प्रकृति** (Nature of solute) दुर्बल विद्युत-अपघट्य सामान्य तनुता पर 1-10 प्रतिशत वियोजित होते हैं जबकि प्रबल विद्युत-अपघट्य लगभग 100% आयनित होते हैं।

(ii) **विलायक की प्रकृति** (Nature of solvent) उच्च परा-विद्युत स्थिरांक वाले विलायकों में विद्युत-अपघट्य अधिक वियोजित होते हैं।

(iii) **तनुता अथवा सान्द्रण** (Dilution or concentration) किसी विलयन की तनुता बढ़ाने पर विद्युत-अपघट्य का वियोजन भी बढ़ जाता है जबकि सान्द्रता में वृद्धि पर वियोजन की मात्रा घट जाती है।

(iv) **ताप** (Temperature) ताप बढ़ाने पर विद्युत-अपघट्य के वियोजन की मात्रा बढ़ जाती है, क्योंकि वियोजन ऊष्माशोषी अभिक्रिया है।

(v) **अन्य स्पीशीजों का योग** (Addition of other species) किसी दुर्बल विद्युत-अपघट्य में समान आयन वाली स्पीशीज (विलेय) मिलाने पर दुर्बल विद्युत अपघट्य के वियोजन की मात्रा घट जाती है।

ऑस्टवाल्ड का तनुता नियम
Ostwald's Dilution Law

ऑस्टवाल्ड ने पाया कि केवल दुर्बल विद्युत-अपघट्यों के आयनिक साम्य पर ही द्रव्य अनुपाती क्रिया का नियम लागू होता है। प्रबल विद्युत-अपघट्यों के जलीय विलयनों पर द्रव्य अनुपाती क्रिया का नियम लागू नहीं होता है।

माना स्थिर ताप पर किसी दुर्बल विद्युत-अपघट्य का वियोजन निम्न प्रकार होता है

$$AB \rightleftharpoons A^+ + B^-$$

1	0	0	प्रारम्भ में
$1-\alpha$	α	α	साम्यावस्था पर

जहाँ, α = वियोजन की मात्रा

यदि विद्युत-अपघट्य की सान्द्रता 'C' मोल लीटर$^{-1}$ है, तब

$$[AB] = C\,(1-\alpha),\ [A^+] = C\alpha \text{ तथा } [B^-] = C\alpha$$

इस साम्य पर द्रव्य अनुपाती क्रिया का नियम लगाने पर,

$$K = \frac{[A^+][B^-]}{[AB]} = \frac{(C\cdot\alpha)\,(C\cdot\alpha)}{C\,(1-\alpha)}$$

अथवा $$K = \frac{C\cdot\alpha^2}{(1-\alpha)} \qquad \ldots(i)$$

जहाँ, K = विद्युत-अपघट्य का वियोजन स्थिरांक (Dissociation constant)

यह सम्बन्ध **ऑस्टवाल्ड के तनुता नियम सूत्र** कहलाता है। K का मान दुर्बल विद्युत-अपघट्य की प्रकृति, ताप और माध्यम पर निर्भर करता है, परन्तु दुर्बल विद्युत-अपघट्य की सान्द्रता पर निर्भर नहीं करता है।

दुर्बल विद्युत-अपघट्यों के लिए

$$\alpha <<< 1$$

अत: $$(1-\alpha) \approx 1$$

इस प्रकार समीकरण (i) से,

$$K = C\alpha^2$$

अथवा $$\alpha = \sqrt{\frac{K}{C}} = \sqrt{K \times V} \qquad \ldots(ii)$$

जहाँ, V = आयतन जिसमें दुर्बल विद्युत-अपघट्य का एक मोल घुला है।

समीकरण (ii) से स्पष्ट है कि किसी दुर्बल विद्युत-अपघट्य (AB) के वियोजन की मात्रा, विलयन की तनुता (V) बढ़ाने पर बढ़ती है। अत: ऑस्टवाल्ड के तनुता नियम के अनुसार

"स्थिर ताप पर, किसी दुर्बल विद्युत-अपघट्य (AB) के वियोजन की मात्रा (α) उसकी तनुता के वर्गमूल के समानुपाती होती है।" अथवा

"स्थिर ताप पर, किसी दुर्बल विद्युत-अपघट्य (AB) के वियोजन की मात्रा (α) उसकी मोलर सान्द्रता के वर्गमूल के व्युत्क्रमानुपाती होती है अर्थात् सान्द्रता के घटाने (तनुता बढ़ाने) पर α बढ़ता है।"

ऑस्टवाल्ड के तनुता नियम के अनुप्रयोग

Applications of Ostwald's Dilution Law

(i) **वियोजन की मात्रा का निर्धारण** (Determination of Degree of Dissociation) दुर्बल विद्युत-अपघट्य का वियोजन स्थिरांक तथा तनुता (सान्द्रता) ज्ञात होने पर वियोजन (आयनन) की मात्रा ऑस्टवाल्ड के तनुता सूत्र के द्वारा ज्ञात की जा सकती है।

(ii) **तुल्यांकी चालकता, वियोजन की मात्रा तथा वियोजन स्थिरांक में सम्बन्ध** (Relation in degree of dissociation, dissociation constant and equivalent conductance) दुर्बल विद्युत-अपघट्य के वियोजन की मात्रा निम्न सूत्र से ज्ञात की जा सकती है

$$\alpha = \frac{\lambda_V}{\lambda_\infty}$$

जहाँ, $\lambda_V = V$ तनुता पर दुर्बल विद्युत-अपघट्य की तुल्यांकी चालकता

λ_∞ = अनन्त तनुता पर दुर्बल विद्युत-अपघट्य की तुल्यांकी चालकता

वियोजन स्थिरांक का मान ऑस्टवाल्ड के तनुता सूत्र से ज्ञात किया जा सकता है $$K_a = \frac{C\alpha^2}{(1-\alpha)}$$

ऑस्टवाल्ड के तनुता नियम की सीमाएँ (Limitations of Ostwald's dilution law) ऑस्टवाल्ड का तनुता नियम केवल दुर्बल विद्युत-अपघट्यों के आयनिक साम्य पर लागू होता है क्योंकि दुर्बल विद्युत- अपघट्य आंशिक रूप से वियोजित होते हैं। प्रबल विद्युत-अपघट्यों के लिए यह नियम लागू नहीं होता है क्योंकि ये प्रत्येक सान्द्रता पर पूर्णतया आयनित हो जाते हैं अर्थात् प्रबल विद्युत-अपघट्यों के आयनन की मात्रा (वियोजन की मात्रा) 1 होती है। इस प्रकार प्रबल विद्युत-अपघट्य के लिए,

$$\alpha = 1 \text{ तथा } K_a \rightarrow \infty$$

आरहेनियस की संकल्पना Arrhenius Concept

इस धारणा के अनुसार वे सभी पदार्थ जो जल में घोलने पर H^+ आयन देते हैं, **अम्ल** कहलाते हैं। उदाहरण—

$$\underset{\text{(अम्ल)}}{HCl} \xrightleftharpoons{H_2O} H^+ + Cl^-$$

$$H_2SO_4 \xrightleftharpoons{H_2O} 2H^+ + SO_4^{2-}$$

अम्लों के प्रकार

एकप्रोटिक या एक क्षारीय अम्ल	द्विप्रोटिक या द्विक्षारीय अम्ल	त्रिप्रोटिक या त्रिक्षारीय अम्ल
ये प्रति अणु एक H^+ देते हैं। उदाहरण– HA प्रकार के अम्ल जैसे HNO_3, HCl $HClO_4$ आदि।	ये प्रति अणु दो H^+ देते हैं। उदाहरण– H_2A प्रकार के अम्ल जैसे H_2SO_4, H_3PO_3 आदि।	ये प्रति अणु तीन H^+ देते हैं। उदाहरण– H_3A प्रकार के अम्ल जैसे H_3PO_4 आदि।

जल में H^+ के पूर्णत: जलयोजित रूप H_3O^+, $H_5O_2^+$ तथा $H_7O_3^+$ हैं। ठोस $HClO_4$ की संरचना के X-किरण अध्ययन द्वारा यह पाया गया है कि इसमें H_3O^+ तथा ClO_4^- उपस्थित होते हैं।

$$HClO_4 + H_2O \rightleftharpoons H_3O^+ + ClO_4^- \text{ (उचित प्रदर्शन)}$$

वे पदार्थ जो जल में आयनीकृत होकर OH^- आयन (हाइड्रॉक्सिल आयन) प्रदान करते हैं, **आरहेनियस क्षार** कहलाते हैं।

क्षारों के प्रकार

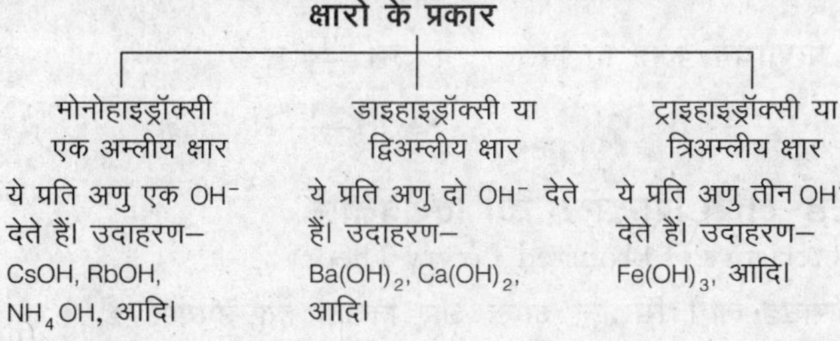

ब्रॉन्स्टेड-लॉरी का प्रोटॉन विनिमय सिद्धान्त
Bronsted-Lowry Proton Exchange Theory

यह सिद्धान्त जलीय तथा अजलीय दोनों विलयन पर लागू होता है। इस सिद्धान्त के अनुसार, **अम्ल** वे पदार्थ हैं, जो प्रोटॉन (H^+) देने की प्रवृत्ति रखते हैं तथा **क्षार** वे पदार्थ हैं, जो प्रोटॉन (H^+) ग्रहण करने की प्रवृत्ति रखते हैं। अत:

''अम्ल प्रोटॉन दाता तथा क्षारक प्रोटॉन ग्राही होते हैं।''

एक अम्ल-क्षार अभिक्रिया में,

$$HX + B \rightleftharpoons X^- + HB^+$$

$$\underset{\text{अम्ल}}{HX} + \underset{\text{क्षार}}{B} \rightleftharpoons \underset{\text{संयुग्मी अम्ल}}{HB^+} + \underset{\text{संयुग्मी क्षार}}{X^-}$$

संयुग्मी युग्म

अग्र अभिक्रिया HX प्रोटॉन देता है अत: अम्ल है जबकि B प्रोटॉन ग्रहण करता है अत: क्षार है।

पश्च अभिक्रिया HB^+ प्रोटॉन देता है अत: अम्ल है जबकि X^- प्रोटॉन ग्रहण करता है अत: क्षार है।

$$\text{संयुग्मी अम्ल} \rightleftharpoons \text{संयुग्मी क्षारक} + H^+$$

वे पदार्थ जो अम्ल और क्षार दोनों की प्रकृति रखते हैं, **उभयधर्मी** कहलाते हैं।

(i) अम्ल के द्वारा दिया गया प्रोटॉन अपनी मुक्त प्रकृति में न रहकर सदैव विलायकीकृत रूप में रहता है। प्रोटॉन के सबसे छोटे धनायन होने के कारण उसमें जलयोजित करने की प्रवृत्ति सर्वाधिक होती है, अत: यह H_3O^+ के रूप में रहता है।

उदाहरण—

$$CH_3COOH + H_2O \rightleftharpoons CH_3COO^- + \underset{\text{हाइड्रोनियम आयन}}{H_3O^+}$$

(ii) अम्ल तथा क्षार के वे युग्म जिनमें केवल एक प्रोटॉन का अन्तर होता है, **संयुग्मी अम्ल-क्षार युग्म** कहलाते हैं अर्थात् किसी अम्ल में से एक प्रोटॉन निकल जाने पर शेष बचा भाग उस अम्ल का **संयुग्मी क्षार** कहलाता है। **इसी प्रकार, किसी क्षार में एक प्रोटॉन जुड़ जाने पर प्राप्त भाग उस क्षार का संयुग्मी अम्ल** कहलाता है। प्रत्येक अम्ल का एक संयुग्मी क्षार तथा प्रत्येक क्षार का एक संयुग्मी अम्ल होता है।

$\text{अम्ल} \xrightarrow{-H^+} \text{संयुग्मी क्षार}$ $\text{क्षार} \xrightarrow{+H^+} \text{संयुग्मी अम्ल}$

$HCl \xrightarrow{-H^+} Cl^-$ $NH_3 \xrightarrow{+H^+} NH_4^+$

$HNO_3 \xrightarrow{-H^+} NO_3$ $OH \xrightarrow{-H^+} H_2O$

$H_2SO_4 \xrightarrow{-H^+} HSO_4^-$ $NaOH \xrightarrow{+H^+} Na^+ (aq)$

बॉन्स्टेड-लॉरी सिद्धान्त की विशेषताएँ
Characteristics of Bronsted-Lowry Theory

(i) ब्रॉन्सटेड-लॉरी सिद्धान्त अम्ल क्षार निकाय हेतु उपयोगी है क्योंकि यह अम्ल व क्षारों की व्याख्या सभी हाइड्रोजन युक्त विलायकों जैसे द्रव अमोनिया, ग्लेशियल ऐसीटिक अम्ल, निर्जलीय सल्फ्यूरिक अम्ल आदि में करता है। उदाहरण—द्रव अमोनिया में

$$\underset{\substack{\text{अम्ल}\\(NH_4Cl\ \text{से})}}{NH_4^+} + \underset{\substack{\text{क्षार}\\(NaNH_2\ \text{से})}}{NH_2^-} \longrightarrow \underset{\substack{\text{विलायक}\\(NaCl\ \text{भी उत्पाद है})}}{2NH_3}$$

(ii) स्थानान्तरणीय हाइड्रोजन की उपस्थिति तथा ''ओनियम'' आयनों का निर्माण इसके अभिलाक्षणिक गुण है। इसमें स्वत: आयनीकरण होता है।

उदाहरण—

$$H_2O + H_2O \rightleftharpoons H_3O^+ + OH^-$$

$$NH_3 + NH_3 \rightleftharpoons NH_4^+ + NH_2^-$$

$$3HX \rightleftharpoons H_2X + HX_2^-$$

$$2H_2SO_4 \rightleftharpoons H_3SO_4^+ + HSO_4^-$$

ब्रॉन्स्टेड-लॉरी सिद्धान्त की सीमाएँ
Limitations of Bronsted-Lowry Theory

(i) इस सिद्धान्त के द्वारा अप्रोटॉनिक विलायकों (उदाहरण—$COCl_2$, SO_2, N_2O_4 आदि) में होने वाली अभिक्रियाओं की व्याख्या नहीं की जा सकती।

(ii) इस सिद्धान्त के द्वारा विलायकों की अनुपस्थिति में अम्लीय ऑक्साइडों (उदाहरण—CO_2, SO_2, SO_3 आदि) तथा क्षारीय ऑक्साइडों (उदाहरण—CaO, BaO, MgO आदि) के मध्य होने वाली अभिक्रियाओं का स्पष्टीकरण नहीं किया जा सकता।

(iii) $AlCl_3$, BF_3 आदि में हाइड्रोजन उपस्थित नहीं है अत: ये प्रोटॉन त्याग नहीं सकते, परन्तु ये अम्ल की भाँति व्यवहार करते हैं।

लुईस धारणा Lewis Concept

अमेरिकी रसायन **लुईस** (G.N. Lewis) ने 1923 में अम्ल तथा क्षारकों के लिए निम्नलिखित अवधारणा प्रस्तुत की जिसके अनुसार, ''अम्ल वे पदार्थ (परमाणु, अणु या आयन) हैं, जो इलेक्ट्रॉन-युग्म ग्रहण करते हैं।''

लुईस अम्लों के प्रकार लुईस धारणा के अनुसार, निम्न स्पीशीज लुईस अम्लों की भाँति कार्य करती हैं

(i) अणु जिनमें केन्द्रीय परमाणु का अष्टक अपूर्ण होता है [इलेक्ट्रॉन न्यून अणु (सभी इलेक्ट्रॉनस्नेही)]

उदाहरण—BF_3, $AlCl_3$, $GaCl_3$ आदि।

$$\underset{\text{लुईस क्षार}}{\ddot{N}H_3} + \underset{\text{लुईस अम्ल}}{AlCl_3} \longrightarrow \underset{\text{अम्ल-क्षार योगोत्पाद}}{H_3N \rightarrow AlCl_3}$$

(ii) अणु जिनमें केन्द्रीय परमाणु में रिक्त d-कक्षक होते हैं।

उदाहरण—

SiX_4, GeX_4, $TiCl_4$, $SnCl_4$, PX_3, PF_5, SF_4, SeF_4, $TeCl_4$ आदि (जहाँ, X हैलोजन है)

$$\underset{\text{लुईस अम्ल}}{SiF_4} + \underset{\text{लुईस क्षार}}{2F^-} \longrightarrow \underset{\text{अम्ल-क्षार योगोत्पाद}}{[SiF_6]^{2-}}$$

(iii) इलेक्ट्रॉन षष्टक युक्त तत्व उदाहरण ऑक्सीजन तथा सल्फर।

(iv) साधारण धनायन लुईस अम्लों की भाँति व्यवहार करते हैं क्योंकि ये इलेक्ट्रॉन न्यून होते हैं।

$$\underset{\text{लुईस अम्ल}}{Fe^{2+}} + \underset{\text{लुईस क्षार}}{6CN^-} \longrightarrow \underset{\text{अम्ल-क्षार योगोत्पाद}}{[Fe(CN)_6]^{4-}}$$

(v) अणु जिनमें असमान विद्युतऋणात्मकता के परमाणुओं के बीच बहुल बन्ध उपस्थित होते हैं। उदाहरण—CO_2, SO_2, SO_3 आदि।

$$O{=}C{=}O + OH^- \longrightarrow {}^-O{-}\overset{\overset{OH}{|}}{C}{=}O \text{ या } HCO_3^-$$

लुईस क्षारक वे पदार्थ हैं जो इलेक्ट्रॉन युग्म प्रदान करते हैं।

लुईस क्षारकों के प्रकार लुईस धारणा के अनुसार, निम्न स्पीशीज लुईस क्षारों की भाँति कार्य कर सकती हैं

(i) उदासीन स्पीशीज जिनमें कम से कम एक एकाकी इलेक्ट्रॉन युग्म (Llone pair of electrons) उपस्थित होता है। (सभी नाभिकस्नेही)

उदाहरण—NH_3, $R—NH_2$, $R—OH$, $R—O—R$, H_2O आदि

(ii) बहुल बन्धित यौगिक जो संक्रमण तत्वों के साथ उपसहसंयोजी यौगिक बनाते हैं। उदाहरण—CO, NO, एथिलीन, ऐसीटिलीन, आदि।

$$\underset{\text{लुईस क्षार}}{CH_2{=}CH_2} + \underset{\text{लुईस अम्ल}}{Ag^+} \longrightarrow \underset{\text{अम्ल-क्षार योगोत्पाद}}{\left(\begin{array}{c} CH_2{—}CH_2 \\ \diagdown\ \diagup \\ Ag \end{array}\right)^+}$$

(iii) ऋणावेशित स्पीशीज या सरल ऋणायन।

नोट सभी ब्रॉन्स्टेड क्षार लुईस क्षार भी होते हैं लेकिन सभी लुईस अम्ल ब्रॉन्स्टेड अम्ल नहीं होते हैं।

लुईस संकल्पना की सीमाएँ
Limitations of Lewis Concept

(i) यह सिद्धान्त प्रोटॉनिक अम्लों, जैसे HCl, H_2SO_4 आदि की अम्लीय प्रकृति की व्याख्या नहीं करता है, क्योंकि ये क्षारों से इलेक्ट्रॉन-युग्म ग्रहण नहीं करते हैं।

(ii) यह सिद्धान्त अम्ल-क्षार अभिक्रियाओं तथा संकुल यौगिकों के बनने की अभिक्रियाओं में स्पष्ट विभेद नहीं करता है। इसके अनुसार दोनों ही प्रक्रियाएँ एक होनी चाहिए, परन्तु अम्ल-क्षार अभिक्रियाएँ तीव्र तथा पूर्ण होती हैं तथा संकुल यौगिक बनने की अभिक्रियाएँ धीमी तथा साम्य में होती हैं।

(iii) अम्ल-क्षार उत्प्रेरण में सामान्यत: अभिकारकों तथा उत्प्रेरक के बीच प्रोटॉन का लेन-देन अभिक्रिया की गति बढ़ाता है। यह अवधारणा भी लुईस परिकल्पना से स्पष्ट नहीं होती है।

अम्ल व क्षारों की आपेक्षिक प्रबलता
Relative Strength of Acids and Bases

किन्हीं दो अम्लों (अथवा क्षारों) की प्रबलता का अनुपात उन अम्लों (अथवा क्षारों) की आपेक्षिक प्रबलता कहलाती है।

$$\text{आपेक्षिक प्रबलता} = \frac{\text{अम्ल I की प्रबलता}}{\text{अम्ल II की प्रबलता}} \text{ अथवा } \frac{\text{क्षार I की प्रबलता}}{\text{क्षार II की प्रबलता}}$$

अम्लों की आपेक्षिक प्रबलता की तुलना उनके वियोजन स्थिरांक से भी करते हैं। जिस अम्ल के K_a का मान अधिक होता है, उसकी आपेक्षिक प्रबलता भी अधिक होती है।

स्थिर ताप पर, किसी दुर्बल अम्ल (HA) के वियोजन की मात्रा (α) निम्न सूत्र से निकालते हैं $\alpha = \sqrt{KV}$

यदि समान नॉर्मलता के विलयनों में दुर्बल अम्ल HA तथा HB के वियोजन की मात्रा क्रमश: α_{HA} व α_{HB} हैं, तो

$$\frac{\text{अम्ल } HA \text{ की प्रबलता}}{\text{अम्ल } HB \text{ की प्रबलता}} = \frac{\alpha_{HA}}{\alpha_{HB}} = \sqrt{\frac{K_{HA}}{K_{HB}}}$$

जहाँ, K_{HA} तथा K_{HB} क्रमश: दुर्बल अम्लों HA तथा HB के वियोजन स्थिरांक हैं।

इसी प्रकार, $$\frac{\text{क्षार } AOH \text{ की प्रबलता}}{\text{क्षार } BOH \text{ की प्रबलता}} = \frac{\alpha_{AOH}}{\alpha_{BOH}} = \sqrt{\frac{K_{AOH}}{K_{BOH}}}$$

यह सूत्र केवल दुर्बल अम्लों के लिए लागू होता है। प्रबल अम्लों के लिए यह सूत्र लागू नहीं होता है, क्योंकि प्रबल अम्ल प्रत्येक सान्द्रता पर लगभग पूर्ण वियोजित हो जाते हैं। अत: प्रबल अम्लों की तीव्रता की तुलना जलीय विलयन में नहीं की जा सकती है।

प्रबल अम्लों के लिए चूँकि प्रबल अम्ल किसी भी सान्द्रता पर पूर्णत: आयनित रहते हैं, अत: आपेक्षिक प्रबलता उन अम्लों द्वारा किसी अभिक्रिया में जहाँ उनके द्वारा प्रदत्त H^+ उत्प्रेरक का कार्य करते हैं, का अध्ययन करके ज्ञात की जाती है।

उदाहरण—एस्टर के जल-अपघटन का HCl तथा H_2SO_4 की उपस्थिति में अलग-अलग अध्ययन करने पर,

HCl तथा H_2SO_4 अम्लों की आपेक्षिक प्रबलता

$$= \frac{\text{अभिक्रिया वेग स्थिरांक जिसमें HCl उत्प्रेरक था}}{\text{अभिक्रिया वेग स्थिरांक जिसमें } H_2SO_4 \text{ उत्प्रेरक था}}$$

अम्लीय प्रबलता के कुछ सामान्य क्रम निम्न प्रकार हैं

(i) हाइड्रो अम्ल की अम्लीय प्रकृति आवर्त में बाएँ से दाएँ चलने पर बढ़ती है।

उदाहरण—$CH_4 < NH_3 < H_2O < HF$ (अम्लीय प्रकृति का बढ़ता क्रम) हाइड्रो अम्ल की अम्लीय प्रकृति बढ़ने का कारण यह है कि जैसे-जैसे CH_4 से HF की ओर बढ़ते हैं उसके संयुग्मी क्षार का स्थायित्व बढ़ता है। संयुग्मी क्षार के स्थायित्व का बढ़ता क्रम

$$CH_3^- < NH_2^- < OH^- < F^-$$

(ii) हाइड्रो अम्लों की अम्लीय प्रकृति समूह में नीचे जाने पर बढ़ती है।

उदाहरण—$NH_3 < PH_3 < AsH_3 < SbH_3 < BiH_3$

$$H_2O < H_2S < H_2Se < H_2Te$$

$$HF < HCl < HBr < HI$$

समूह में नीचे जाने पर परमाणु का आकार क्रमश: बढ़ता है जिससे इलेक्ट्रॉन घनत्व का मान घटता है एवं स्थायित्व बढ़ता है।

(iii) समान तत्व के ऑक्सी अम्लों के लिए यदि तत्व की ऑक्सीकरण संख्या भिन्न-भिन्न हो तो जैसे-जैसे ऑक्सीकरण संख्या में वृद्धि होती है अम्लीय प्रबलता बढ़ती है।

उदाहरण—क्लोरीन के ऑक्सी अम्लों की प्रबलता का क्रम

	$HClO_4$	> $HClO_3$	> $HClO_2$	> $HOCl$
क्लोरीन की ऑक्सीकरण संख्या	+7	+5	+3	+1

(iv) समान ऑक्सीकरण अवस्था वाले ऑक्सी अम्लों की अम्लीय प्रबलता केन्द्रीय परमाणु के परमाणु क्रमांक बढ़ने के साथ घटती है।

उदाहरण—	$HOCl$	> $HOBr$	> HOI
ऑक्सीकरण संख्या	+1	+1	+1
परमाणु क्रमांक	17	35	53

अम्लीय प्रबलता के कुछ अन्य क्रम निम्न प्रकार हैं

(i) $HNO_3 < HCl < H_2SO_4 < HBr < HClO_4$

(ii) $NH_4^+ < H_3O^+ < H_2F^+$

(iii) $C_2H_6 < C_2H_4 < NH_3 < C_2H_2 < H_2O$

(iv) $HIO_3 < HBrO_3 < HClO_3$,

(v) $CH_3COOH < CH_2ClCOOH < CHCl_2COOH < CCl_3COOH$

क्षारीय प्रबलता के कुछ सामान्य क्रम निम्न प्रकार है

(i) $I^- < Br^- < Cl^- < F^-$

(ii) $NH_4OH < Ca(OH)_2 < NaOH < KOH$

(iii) $NH_3 < (CH_3)_3N < CH_3NH_2 < (CH_3)_2NH$

(iv) $F^- < OH^- < C_2H^- < NH_2^- < C_2H_3^- < C_2H_5^-$

(v) $NH_2OH < N_2H_4 < NH_3$

(vi) $H_2O < NH_3 < NaOH$

(vii) $SeH^- < SH^- < OH^-$

द्वि-तथा बहुक्षारकी अम्ल तथा द्वि-तथा बहुअम्लीय क्षारक

Di-and Polybasic Acids and Di-and Polyacidic Bases

दुर्बल बहुक्षारकी अम्लों का वियोजन एक से अधिक पदों में होता है तथा प्रत्येक पद के वियोजन स्थिरांक भिन्न-भिन्न होते हैं। प्रत्येक पद के वियोजन स्थिरांक का मान स्थिर ताप पर स्थिर होता है।

उदाहरण—*ऑर्थो*-फॉस्फोरिक अम्ल (H_3PO_4) का वियोजन निम्न तीन पदों में होता है

$$H_3PO_4 \rightleftharpoons H^+ + H_2PO_4^-; \quad K_{a_1} = 7.5 \times 10^{-3}$$

$$H_2PO_4^- \rightleftharpoons H^+ + HPO_4^{2-}; \quad K_{a_2} = 6.2 \times 10^{-8}$$

$$HPO_4^{2-} \rightleftharpoons H^+ + PO_4^{3-}; \quad K_{a_3} = 4.8 \times 10^{-13}$$

प्रथम पद के लिए आयनन स्थिरांक,

$$K_{a_1} = \frac{[H^+][H_2PO_4^-]}{[H_3PO_4]} = 7.5 \times 10^{-3}$$

K_{a_1} *ऑर्थो*-फॉस्फोरिक अम्ल का प्रथम वियोजन स्थिरांक (आयनन स्थिरांक) है।

द्वितीय पद के लिए आयनन स्थिरांक,

$$K_{a_2} = \frac{[H^+][HPO_4^{2-}]}{[H_2PO_4^-]} = 6.2 \times 10^{-8}$$

K_{a_2} *ऑर्थो*-फॉस्फोरिक अम्ल का द्वितीय आयनन स्थिरांक है।

तृतीय पद के लिए आयनन स्थिरांक,

$$K_{a_3} = \frac{[H^+][PO_4^{3-}]}{[HPO_4^{2-}]} = 4.8 \times 10^{-13}$$

K_{a_3} *ऑर्थो*-फॉस्फोरिक अम्ल का तृतीय आयनन स्थिरांक है।

बहुक्षारकी अम्लों के लिए K_{a_1} का मान K_{a_2} से अधिक तथा K_{a_2} का मान K_{a_3} से अधिक होता है। इस प्रकार बहुक्षारकी अम्लों के विभिन्न पदो के लिए वियोजन स्थिरांकों का घटता क्रम,

$$K_{a_1} > K_{a_2} > K_{a_3}$$

जल का आयनन Ionisation of Water

शुद्ध जल स्वयं बहुत दुर्बल विद्युत-अपघट्य होता है तथा निम्न समीकरण के अनुसार आयनित होता है।

$$H_2O(l) + H_2O(l) \rightleftharpoons H_3O^+(aq) + OH^-(aq)$$

द्रव्यानुपाती क्रिया के नियमानुसार

$$K = [H_3O^+][OH]/[H_2O]^2$$

चूँकि जल अति अल्प वियोजित होता है अत: इसका सक्रिय द्रव्यमान $[H_2O]$ स्थिर मान सकते हैं तथा $K[H_2O]^2$ के स्थान पर नया नियतांक K_w लिख सकते हैं।

$$K_w = [H_3O^+][OH^-]$$

चूँकि $[H_3O^+] = [H^+]$

अत: $K_w = [H^+][OH^-]$

नियतांक K_w को **जल का आयनिक गुणनफल** कहते हैं।

298 केल्विन पर इसका मान 100×10^{-14} मोल^2 लीटर$^{-2}$ है।

∵ शुद्ध जल उदासीन है। अत: $[H^+] = [OH^-]$,

$$[H^+] = [OH^-] = \sqrt{K_w} = C_\alpha$$

$$= \sqrt{(1.00 \times 10^{-14})}, \text{ 298 केल्विन पर}$$

$$= 1.00 \times 10^{-7} \text{ मोल ली}^{-1}$$

शुद्ध H_2O की मोलरता $(M) = \frac{\text{घनत्व}}{M_w}$

$$= \left(\frac{1000 \text{ ग्राम ली}^{-1}}{18.0 \text{ ग्राम मोल}^{-1}}\right) = 55.55\,M$$

$$\alpha = \frac{10^{-7}}{C} = \frac{10^{-7}}{55.6} = 1.8 \times 10^{-9}$$

अथवा % वियोजन $= 1.8 \times 10^{-7}$

K_a तथा K_b के मध्य सम्बन्ध

Relation Between K_a and K_b

K_a तथा K_b क्रमशः अम्ल तथा क्षार की प्रबलता को प्रदर्शित करते हैं। संयुग्मी अम्ल-क्षार युग्म परस्पर इस प्रकार सम्बन्धित होते हैं कि यदि एक का मान ज्ञात हो तो दूसरे का मान ज्ञात किया जा सकता है।

उदाहरण—के लिए, NH_4^+ तथा NH_3 की दशा में

$$NH_4^+(aq) + H_2O(l) \rightleftharpoons H_3O(aq) + NH_3(aq) \quad \text{...(i)}$$

$$K_a = \frac{[H_3O^{\oplus}][NH_3]}{[\overset{\oplus}{N}H_4]} = 5.6 \times 10^{-10}$$

(K_a अम्ल के रूप में NH_4^+ की प्रबलता को दर्शाता है।)

$$NH_3(aq) + H_2O(l) \rightleftharpoons NH_4^+(aq) + OH^-(aq) \quad ...(ii)$$

$$K_b = \frac{[\overset{\oplus}{N}H_4][\overset{\ominus}{O}H]}{[NH_3]} = 1.8 \times 10^{-5}$$

K_b क्षार के रूप में NH_3 की प्रबलता को प्रदर्शित करता है।

समीकरण (i) तथा (ii) को जोड़ने पर,

$$2H_2O(l) \rightleftharpoons H_3O^{\oplus}(aq) + O^{\ominus}H(aq) \quad ...(iii)$$

$$K_w = [H_3O^{\oplus}][\overset{\ominus}{O}H] = 10^{-14} \text{ M}$$

K_a तथा K_b की गुणा करने पर,

$$K_a \times K_b = \frac{[H_3O^{\oplus}][NH_3]}{[\overset{\oplus}{N}H_4]} \times \frac{[\overset{\oplus}{N}H_4][\overset{\ominus}{O}H]}{[NH_3]}$$

$$= [H_3O^{\oplus}][\overset{\ominus}{O}H] = K_w = 10^{-14}$$

अत:
$$K_a \times K_b = K_w$$

$$(5.6 \times 10^{-10})(1.8 \times 10^{-5}) = 10^{-14} \text{ M}$$

अत: दो या अधिक अभिक्रियाओं की परिणामी अभिक्रिया का साम्य स्थिरांक प्रत्येक अभिक्रिया के साम्य स्थिरांक के गुणनफल के बराबर होता है।

$$K_{\text{कुल}} = K_1 \times K_2 \times \quad ...(iv)$$

इसी प्रकार, संयुग्मी अम्ल-क्षार युग्म की दशा में,

$$K_a \times K_b = K_w \quad ...(v)$$

समी (v) के दोनों पक्षों का ऋणात्मक लघुगणक लेने पर

$$-\log K_a - \log K_b = -\log K_w$$

$$pK_a + pK_b = pK_w \text{ (298 K पर)} \quad ...(vi)$$

अत: समीकरण (v) तथा (vi) की सहायता से, संयुग्मी अम्ल-क्षार युग्म की दशा में, K_a तथा K_b में से एक का मान ज्ञात होने पर दूसरे का मान ज्ञात किया जा सकता है।

$$K_b = \frac{K_w}{K_a} \quad ...(vii)$$

$$K_a = \frac{K_w}{K_b} \quad ...(viii)$$

pH **पैमाना** pH Scale

डेनिश वैज्ञानिक **सॉरेन्सन** (Sorensen) ने 1903 में H^+ सान्द्रता को pH के रूप में व्यक्त किया। डेनिश भाषा में pH का अर्थ है Potenz de hydrogen अर्थात् हाइड्रोजन आयनों की सामर्थ्य।

हाइड्रोजन आयन सान्द्रता के ऋणात्मक लघुगणक को pH कहते हैं अर्थात्

$$pH = -\log H^+ \text{ या } pH = \log\left[\frac{1}{H^+}\right]$$

दूसरे शब्दों में H^+ सान्द्रता के व्युत्क्रम के लघुगणक को pH कहते हैं।

$$[H^+] = 10^{-pH}$$

pOH **मान** pOH Value

जिस प्रकार pH, H^+ आयन सान्द्रता को दर्शाती है उसी प्रकार pOH, OH^- आयन सान्द्रता को दर्शाती है। अर्थात् $pOH = -\log[OH^-]$

pH **तथा** pOH **में सम्बन्ध**

Relationship Between pH and pOH

298 केल्विन पर, $[H^+][OH^-] = 10^{-14} = K_w$

या $\log[H^+] + \log[OH^-] = \log 10^{-14} = -14 \log 10 = \log K_w$

या $\log[H^+] + \log[OH^-] = -14 = \log K_w$

या $-\log[H^+] - \log[OH^-] = 14 = -\log K_w$

या $pH + pOH = 14 = pK_w$

pH *से सम्बन्धित महत्त्वपूर्ण तथ्य निम्न प्रकार हैं*

(i) **उदासीन विलयन** (जल) **के लिए**

$$pH = pOH = 7 \quad \text{तथा} \quad [H^+] = [OH^-]$$

(ii) **अम्लीय विलयन के लिए**

$$pH < 7 \quad \text{तथा} \quad [H^+] > [OH^-]$$

(pH = 0 होने तक विलयन अम्लीय होगा)

(iii) **क्षारीय विलयन के लिए**

$$pH > 7 \quad \text{तथा} \quad [OH^-] > [H^+]$$

(pH = 14 होने तक विलयन क्षारीय होगा)

pH मान के कुछ उदाहरण

उदाहरण	pH मान	उदाहरण	pH मान
अमाशय रस	1.0 – 3.0	वर्षा का जल	6.0
सॉफ्ट ड्रिंक	2.0 – 4.0	आँसू	7.4
नींबू	2.2 – 2.4	समुद्र का जल	8.5
सिरका	2.4 – 3.4	मिल्क ऑफ मैग्नीशिया	10.5
मनुष्य का मूत्र	4.8 – 8.4	गाय का दूध	6.3 – 6.6
मनुष्य की लार	6.5 – 7.5	मानव का रक्त प्लाज्मा	7.3 – 7.5

नोट रक्त के pH मान में 0.2 इकाई का परिवर्तन होने पर मृत्यु हो सकती है।

(i) **दुर्बल एकक्षारकीय अम्ल की** pH (pH of a weak monobasic acid) ऐसे विलयनों के pH मान की गणना निम्न प्रकार करते हैं

$$pH = -\log[H_3O^+] = -\log\sqrt{K_a \cdot C}$$

$$= -\frac{1}{2}\log K_a - \frac{1}{2}\log C = \frac{1}{2}[pK_a - \log C]$$

(ii) **दुर्बल एकअम्लीय क्षारक की pOH** (pOH of a weak monoacidic base) ऐसे विलयनों के pOH मान की गणना निम्न प्रकार करते हैं

$$pOH = -\log[OH^-] = -\log\sqrt{K_b \cdot C} = \frac{1}{2}[pK_b - \log C]$$

$$pH = 14 - pOH = 14 - \frac{1}{2}[pK_b - \log C]$$

दो दुर्बल क्षारकों के निकाय की कुल $[OH^-] = \sqrt{K_1C_1 + K_2C_2}$

अम्लों तथा क्षारों के मिश्रण की pH

pH of Mixtures of Acids and Bases

अम्ल तथा क्षारों के मिश्रण की pH निर्धारित करने के लिए निम्नलिखित नियमों का पालन करना चाहिए

(i) यदि प्रबल अम्ल अथवा प्रबल क्षार अनुप्रयुक्त रह जाए तो विलयन में शेष बचे H^+ आयनों अथवा OH^- आयनों की सान्द्रता अथवा मोलरता की गणना कीजिए तथा इसके अनुसार pH अथवा pOH की गणना कीजिए।

(ii) यदि दुर्बल अम्ल अथवा दुर्बल क्षार अनुप्रयुक्त रह जाए तो एक बफर (अम्लीय अथवा क्षारीय) विलयन बनता है। उत्पन्न लवण की सान्द्रता (उत्पन्न लवण के मोलों की संख्या/विलयन का आयतन) तथा शेष बचे दुर्बल अम्ल अथवा क्षार की सान्द्रता की गणना कीजिए। बफर समीकरण का प्रयोग करके विलयन का pH मान ज्ञात कीजिए।

(iii) यदि अम्ल तथा क्षार पूर्णतया उदासीन हो जाते हैं तो लवण प्राप्त होता है। उत्पन्न लवण की सान्द्रता की गणना कीजिए तथा जल अपघटन समीकरण का प्रयोग करके विलयन की pH ज्ञात कीजिए।

p*K* मान p*K* Value

p का तात्पर्य ऋणात्मक लघुगणक है। अतः p*K* वियोजन स्थिरांक का ऋणात्मक लघुगणक है।

$$\therefore \quad pK_a = -\log K_a \quad \text{तथा} \quad pK_b = -\log K_b$$

दुर्बल अम्लों के लिए pK_a के मान उच्च होते हैं। इसी प्रकार, दुर्बल क्षारों के लिए pK_b के मान उच्च होते हैं।

जलीय विलयन में संयुग्मी अम्ल-क्षार युग्म के लिए,

$$K_a \times K_b = K_w = 1 \times 10^{-14} \quad \text{(298 केल्विन पर)}$$

दोनों पक्षों का लघुगणक लेने पर, $\log(K_a \times K_b) = \log(1 \times 10^{-14})$

अथवा $\log K_a + \log K_b = -14$

अथवा $(-\log K_a) + (-\log K_b) = 14$

अथवा $pK_a + pK_b = 14$ (298 केल्विन पर)

समआयन प्रभाव Common Ion Effect

जब दो विद्युत-अपघट्यों में कोई एक आयन समान होता है तब उस आयन को **सम-आयन** (common ion) कहते हैं। सम आयन की उपस्थिति में प्रबल विद्युत-अपघट्य, दुर्बल विद्युत-अपघट्य का वियोजन कम कर देता है। सम-आयन के इस प्रभाव को सम-आयन प्रभाव कहते हैं।

सम-आयन प्रभाव होने के लिए निम्न दो परिस्थितियाँ आवश्यक हैं

(i) दो विद्युत-अपघट्यों में एक सम-आयन होना चाहिए।

(ii) दो विद्युत-अपघट्यों में से कम-से-कम एक दुर्बल विद्युत-अपघट्य होना चाहिए।

उदाहरण—ऐसीटिक अम्ल के विलयन में उसके अवियोजित अणुओं तथा उसके आयनों के मध्य निम्न साम्यावस्था स्थापित रहती है।

$$CH_3COOH \rightleftharpoons CH_3COO^- + H^+$$

द्रव्यअनुपाती क्रिया के नियम से,

$$K_a = \frac{[CH_3COO^-][H^+]}{[CH_3COOH]}$$

या

$$[H^+] = \frac{K_a[CH_3COOH]}{[CH_3COO^-]} \quad \text{...(i)}$$

जहाँ, K_a ऐसीटिक अम्ल (दुर्बल अम्ल) का वियोजन स्थिरांक है। समीकरण (i) से स्पष्ट है कि H^+ की सान्द्रता, CH_3COO^- पर निर्भर करती है।

ऐसीटिक अम्ल के विलयन में सोडियम ऐसीटेट (प्रबल विद्युत-अपघट्य) डालने पर यह CH_3COO^- तथा Na^+ में आयनित हो जाता है, जिसके फलस्वरूप विलयन में CH_3COO^- की सान्द्रता बढ़ जाती है।

चूँकि K_a का मान स्थिर रहता है अतः CH_3COO^- की सान्द्रता बढ़ने पर H^+ की सान्द्रता घटेगी तथा CH_3COOH के अवियोजित अणुओं की संख्या बढ़ती है। इस प्रकार CH_3COO^- (सम-आयन) की उपस्थिति के कारण ऐसीटिक अम्ल के वियोजन की मात्रा घट जाती है।

सम-आयन प्रभाव के अनुप्रयोग

Applications of Common Ion Effect

(i) **विश्लेषण रसायन में** In Analytical Chemistry

(a) II वर्ग के गुणात्मक विश्लेषण में, दुर्बल अम्ल H_2S का आयनन सम आयन H^+ युक्त प्रबल अम्ल HCl की उपस्थिति में कम हो जाता है।

$$H_2S \rightleftharpoons 2H^+ + S^{2-}$$

$$HCl \longrightarrow H^+ + Cl^-$$

अतः इस कारण केवल II वर्ग के सल्फाइड (Cu^{2+}, Cd^{2+}, Pb^{2+}, Hg^{2+}, Bi^{3+}, As^{3+}, Sb^{3+} तथा Sn^{2+}) अवक्षेपित होंगे।

(b) III वर्ग में, NH_4OH का आयनन NH_4Cl द्वारा कम हो जाता है।

$$NH_4OH \rightleftharpoons NH_4^+ + OH^-$$

$$NH_4Cl \longrightarrow NH_4^+ + Cl^-$$

अतः OH^- की सान्द्रता कम हो जाती है अतः $[OH^-]$ केवल III वर्ग (Al^{3+}, Cr^{3+} तथा Fe^{3+}) के हाइड्रॉक्साइडों को अवक्षेपित करने के लिए पर्याप्त होते हैं।

(ii) $NaCl$ **का शोधन** (Purification of NaCl) अशुद्ध NaCl के संतृप्त विलयन में HCl प्रवाहित करके ब्राईन ($CaCl_2$ तथा $MgCl_2$ की अशुद्धि युक्त) से NaCl का शोधन किया जाता है।

(iii) **साबुन का लवणीकरण** (Salination of Soap) सम लवण विलयन को मिलाने से साबुन (सोडियम स्टीयरेट) से लवण (अवक्षेप के रूप में) पृथक् हो जाता है।

(iv) **भारमिती विश्लेषण में** (In Gravimetric Analysis) जब Ag^+ या Ba^{2+} आयनों युक्त विलयन में अवक्षेपक (HCl या H_2SO_4) का आधिक्य मिलाया जाता है तो सम-आयन Cl^- या SO_4^{2-} के आधिक्य की उपस्थिति के कारण AgCl या $BaSO_4$ का पूर्ण अवक्षेपण होता है।

लवणों का जल-अपघटन Hydrolysis of Salts

अम्ल तथा क्षार की उदासीनीकरण अभिक्रिया के फलस्वरूप लवण बनते हैं। जब किसी लवण को जल में घोलते हैं तो वह धनायनों तथा ऋणायनों में वियोजित हो जाता है। लवण के धनायन अथवा ऋणायन या दोनों आयन जल के अणुओं के साथ अभिक्रिया करके विलयन को अम्लीय अथवा क्षारीय बना देते हैं। इस अभिक्रिया को **लवण का जल-अपघटन** कहा जाता है।

$$\text{लवण} + \text{जल} \rightleftharpoons \text{अम्ल} + \text{क्षार}$$

लवणों के प्रकार Types of Salts

(i) **प्रबल अम्ल तथा दुर्बल क्षार का लवण**

उदाहरण NH_4Cl, $FeCl_3$, $Zn(NO_3)_2$ आदि।

$$pH = \frac{1}{2}[pK_w - pK_b - \log C]$$

जहाँ, C = जल-अपघटन से पूर्व लवण की सान्द्रता

इन विलयनों की प्रकृति अम्लीय होती है अर्थात् $pH < 7$ होती है।

(ii) **दुर्बल अम्ल तथा प्रबल क्षार के लवण**

उदाहरण CH_3COONa, Na_2CO_3 आदि।

$$[H^+] = \sqrt{\frac{K_w \times K_a}{C}}$$

अथवा $$pH = \frac{1}{2}[pK_w + pK_a + \log C]$$

इन विलयनों की प्रकृति क्षारकीय (अर्थात $pH > 7$) होती है।

(iii) **दुर्बल अम्ल तथा दुर्बल क्षार के लवण**

उदाहरण CH_3COONH_4, $(NH_4)_2CO_3$, $(CH_3COO)_2Zn$ आदि।

$$K_h = \frac{K_w}{K_a \cdot K_b}$$

$$\therefore \quad [H^+] = K_a \times \sqrt{\frac{K_w}{K_a \cdot K_b}} = \sqrt{\frac{K_w \times K_a}{K_b}}$$

अथवा $$pH = \frac{1}{2}[pK_w + pK_a - pK_b]$$

(iv) **प्रबल अम्ल तथा प्रबल क्षार के लवण**

उदाहरण $NaCl$, KNO_3, K_2SO_4, $BaCl_2$ आदि।

इन लवणों के विलयनों में H^+ आयनों व OH^- आयनों का सान्द्रण बराबर होता है, अतः ये विलयन उदासीन प्रकृति प्रदर्शित करते हैं, अर्थात् $pH = 7$। इस प्रकार के लवणों का जल-अपघटन नहीं होता है।

विलेयता तथा विलेयता गुणनफल Solubility and Solubility Product

"सामान्यतः किसी पदार्थ की विलेयता उस पदार्थ के किसी तापक्रम पर 100 ग्राम विलायक में घुली अधिकतम मात्रा कहलाती है।"

$$\text{विलेयता} = \frac{\text{विलायक में पदार्थ की अधिकतम विलेय मात्रा}}{\text{जल या विलायक की मात्रा}} \times 100$$

यदि कोई विद्युत-अपघट्य दो से अधिक आयन देता है तो संतृप्त विलयन में

$$\underset{s}{A_xB_y(s)} \rightleftharpoons \underset{xs}{A_xB_y(aq)} \rightleftharpoons xA^{y+}(aq) + \underset{ys}{yB^{x-}(aq)} \quad \text{साम्यावस्था पर}$$

जहाँ, s = पदार्थ की विलेयता

द्रव्य-अनुपाती क्रिया के नियमानुसार

$$K = \frac{[A^{y+}]^x [B^{x-}]^y}{[A_xB_y]}$$

चूँकि ठोस अवस्था का सान्द्रण सदैव स्थिर रहता है, अतः

$$K \times [A_xB_y] = [A^{y+}]^x [B^{x-}]^y$$

अथवा $$K_{sp}A_xB_y = [A^{y+}]^x [B^{x-}]^y$$

अथवा $$K_{sp}A_xB_y = (xs)^x (ys)^y$$

अथवा $$K_{sp}A_xB_y = x^x y^y (s)^{x+y}$$

जहाँ, K_{sp} = विलेयता गुणनफल स्थिरांक अथवा विलेयता गुणनफल

अतः "स्थिर ताप पर, किसी अल्प विलेय विद्युत-अपघट्य के संतृप्त विलयन में इसके आयनों की सान्द्रताओं का गुणनफल स्थिर (Constant) होता है, जिसे उस विद्युत-अपघट्य का विलेयता गुणनफल (K_{sp}) कहते हैं।" इसका मान किसी विद्युत-अपघट्य के संतृप्त विलयन में उपस्थित आयनों की सान्द्रताओं के उचित घातांकों के गुणनफल के बराबर होता है। विलेयता गुणनफल केवल अल्प विलेय विद्युत-अपघट्यों के लिए ही लागू नहीं होता है। यह किसी भी विद्युत-अपघट्य के लिए लिखा जा सकता है।

बफर विलयन Buffer Solution

"ऐसे विलयन जिनमें अम्ल या क्षार की अल्प मात्रा मिलाने पर, उनकी pH में कोई सार्थक परिवर्तन नहीं होता है, बफर अथवा उभय प्रतिरोधी विलयन कहलाते हैं।"

बफर विलयन के गुण Characteristics of Buffer Solutions

किसी भी बफर विलयन द्वारा निम्नलिखित गुण प्रदर्शित किए जाते हैं

(i) इन विलयनों की अम्लीय अथवा क्षारीय प्रकृति आरक्षित रहती है।

(ii) बफर विलयन अपने pH मान में किसी प्रकार के परिवर्तन का विरोध करते हैं।

(iii) बफर विलयन को तनु करने पर उसकी pH अपरिवर्तित रहती है।

(iv) बफर विलयन में प्रबल अम्ल अथवा प्रबल क्षार की अल्प मात्रा मिलाने पर pH में नगण्य परिवर्तन होता है।

(v) बफर विलयन को वायु में खुला रखने पर उसकी pH परिवर्तित नहीं होती है।

अम्लीय बफर Acidic Buffer

किसी दुर्बल अम्ल तथा उसके किसी भी लवण का मिश्रण अम्लीय बफर कहलाता है। उदाहरण—$CH_3COOH + CH_3COONa$,

अम्लीय बफर की pH (हैन्डरसन समीकरण)
pH of Acidic Buffer (Henderson Equation)

$HA + NaA$ प्रकार का बफर विलयन।

उदाहरण—$CH_3COOH + CH_3COONa$. $pH = pK_a + \log \frac{[\text{लवण}]}{[\text{अम्ल}]}$

(इसे हैन्डरसन-हेसेलबेल्च समीकरण कहते हैं)

क्षारीय बफर Basic Buffer

किसी दुर्बल क्षार तथा उसके किसी भी लवण का मिश्रण क्षारीय बफर कहलाता है।

उदाहरण—$NH_4OH + NH_4Cl$, $NH_4OH + CH_3COONH_4$ आदि।

क्षारीय बफर की pH (हैन्डरसन समीकरण)
pH of Basic Buffer (Henderson Equation)

$$pOH = pK_b + \log \frac{[\text{लवण}]}{[\text{क्षार}]} \text{ (हैन्डरसन समीकरण)}$$

बफर क्षमता Buffer Capacity, ϕ

बफर विलयन में अम्ल अथवा क्षार की कुछ मात्रा मिलाने पर बफर की अपनी pH को स्थिर बनाये रखने की क्षमता उसकी बफर क्षमता कहलाती है।

$$\text{बफर क्षमता } (\phi) = \frac{\text{1 लीटर बफर विलयन में मिलाये गये अम्ल या क्षार की मोल संख्या}}{\text{pH में परिवर्तन}}$$

$$\phi = \frac{n}{\Delta pH}$$

किसी बफर विलयन की बफर क्षमता उसके लवण एवं अम्ल (अथवा लवण एवं क्षार) के सान्द्रण के अनुपात पर निर्भर करती है।

बफर विलयनों के अनुप्रयोग
Applications of Buffer Solutions

(i) आमाशय रस में निहित बफर विलयनों से पेट में पाचन क्रिया लगभग 1 से 2 pH पर होती है।

(ii) रक्त में उपस्थित कार्बोनेट तथा बाइकार्बोनेट ($Na_2CO_3 + NaHCO_3$) के बफर विलयन द्वारा रक्त की pH 7.4 बनी रहती है।

(iii) आँत रसों में निहित बफर विलयनों से आँत में जैविक अभिक्रियाएँ क्षारीय माध्यम ($pH > 7$) पर होती हैं।

(iv) गुणात्मक विश्लेषण में फॉस्फेट मूलक के निष्कासन में $CH_3COOH + CH_3COONa$ का बफर प्रयोग किया जाता है।

(v) लेड आयनों के लेड-क्रोमेट के रूप में मात्रात्मक विश्लेषण में $CH_3COOH + CH_3COONa$ का बफर प्रयोग किया जाता है।

(vi) गुणात्मक विश्लेषण में तृतीय तथा पंचम समूह के मूलकों का अवक्षेपण भी निश्चित pH पर ही क्रमश: ($NH_4Cl + NH_4OH$) तथा [$NH_4OH + (NH_4)_2CO_3$] बफर विलयनों की उपस्थिति में कराते हैं।

(vii) अनेक महत्वपूर्ण उद्योगों; जैसे कागज, पेन्ट, औषधि, स्याही आदि में निश्चित pH हेतु बफर विलयनों का उपयोग किया जाता है।

(viii) अनेक खाद्य-पदार्थों के परिरक्षण में भी बफर विलयनों का प्रयोग होता है।

सूचक Indicators

सूचक वे पदार्थ है जो अनुमापन में रंग परिवर्तन या अवक्षेपण द्वारा अन्त बिन्दु की सूचना देते हैं।

सूचकों का सिद्धान्त Theory of Indicators

(i) **ऑस्टवाल्ड का आयनिक सिद्धान्त** (Ionic Theory of Ostwald) एक अम्ल-क्षार सूचक सामान्यता दुर्बल कार्बनिक अम्ल तथा क्षार होते हैं, इसके अविघटित रुप का रंग इसके आयनों से भिन्न होता है। इसलिए रंग परिवर्तन आयनीकरण के कारण होता है। यदि सूचक दुर्बल अम्ल है, तो इसके ऋणायनों का रंग अनआयनिक अवस्था मे गहरा होगा। यदि क्षार है, तो धनायनों का रंग अनआयनित अवस्था से गहरा होता है। अम्ल-क्षार सूचक का विघटन प्रबल अम्ल या प्रबल क्षार मिलाने से बढता है।

(ii) **क्विनोनॉइड सिद्धान्त** (Quinonoid Theory) प्रत्येक अम्ल-क्षार सूचक दो या दो से अधिक चलावयवी (tautomeric) अवस्थाएँ प्रदर्शित करता है; एक अम्लीय विलयन में तथा दूसरा क्षारीय विलयन में। दो चलावयवी (tautomeric) अवस्थाओं का रंग उनकी भिन्न संरचनाओं के कारण भिन्न होता है। इसमें से एक की संरचना बेन्जीनॉइड होती है और यह रंगहीन या हल्के रंग की होती है, जबकि दूसरी क्विनोनॉइड संरचना होती है, जो गहरे रंग की होती है।

चालकमिति अनुमापन Conductometric Titration

अम्ल तथा क्षार अनुमापन में यदि चालकता में नियमित परिवर्तन हो तथा तुल्यांक बिन्दु पर तीक्षण परिवर्तन हो तो अनुमापन से प्राप्त परिणामी विलयन की चालकता के मान का प्रयोग तुल्यांक बिन्दु की गणना के लिए करते है। विभिन्न अनुमापनों के लिए चालकमिति वक निम्न प्रकार प्रदर्शित होते हैं।

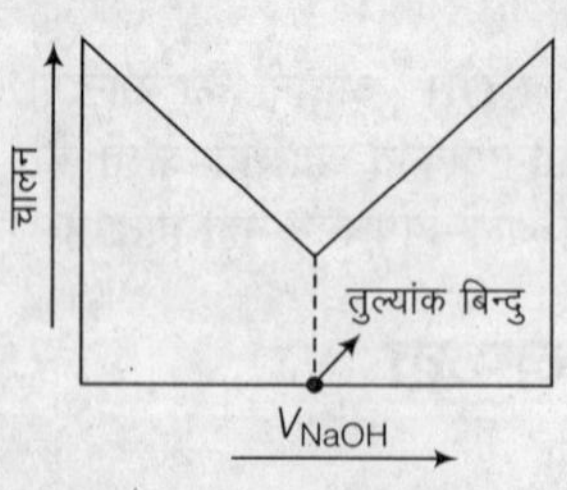

(a) प्रबल अम्ल-प्रबल क्षार के लिए

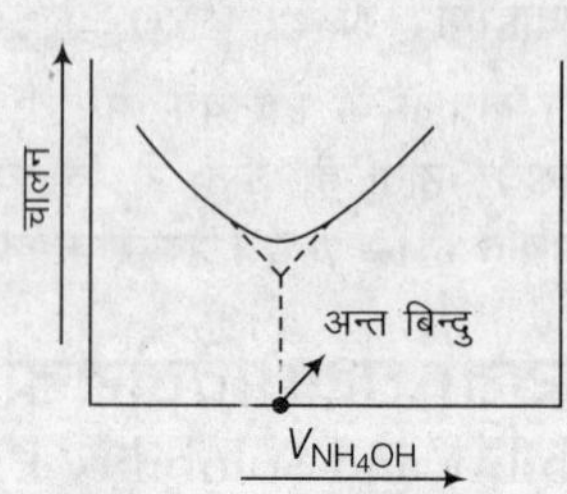

(b) प्रबल अम्ल-दुर्बल क्षार के लिए

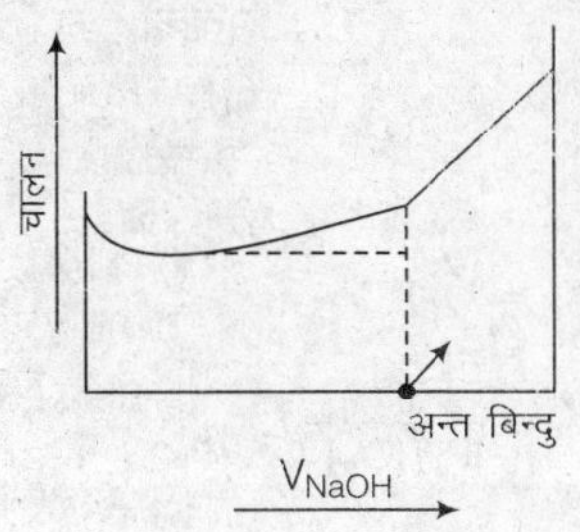

(c) दुर्बल अम्ल-प्रबल क्षार के लिए

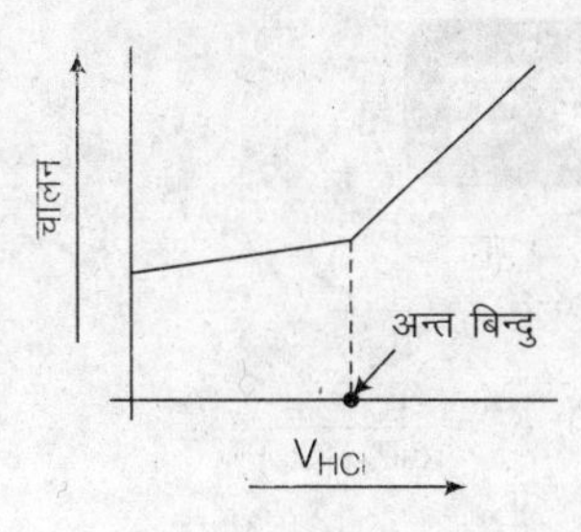

(d) प्रबल अम्ल-दुर्बल क्षार के लिए

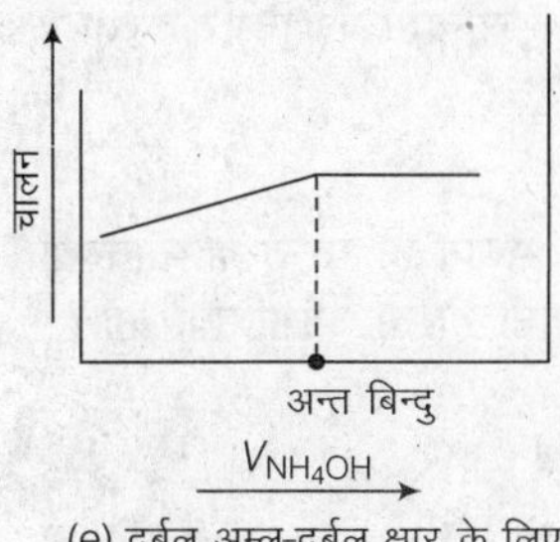

(e) दुर्बल अम्ल-दुर्बल क्षार के लिए

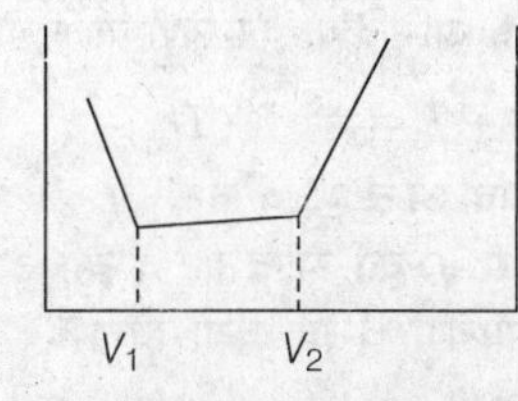

(f) दुर्बल अम्ल तथा प्रबल क्षार के मिश्रण-प्रबल क्षार के लिए

अनुमापन Titration

आयतनातमक विश्लेषण में प्रयुक्त वह प्रक्रिया जिसमें अज्ञात सान्द्रता के विलयन के निश्चित आयतन के साथ क्रिया करने वाले ज्ञात सान्द्रता के विलयन का आयतन ज्ञात किया जाता है, **अनुमापन** कहलाती है। अनुमापन द्वारा पदार्थों के मात्रात्मक विश्लेषण की विधि **अनुमापनी विधि** अथवा **अनुमापनमिति** कहलाती है।

वह पदार्थ जिसकी सान्द्रता अनुमापक की सहायता से ज्ञात की जाती है, **अनुमाप्य** (titrate) कहलाता है। जबकि अनुमापन में प्रयोग किया जाने वाला वह अभिकर्मक जिसकी सान्द्रता ज्ञात होती हे, **अनुमापक** (titrant) कहलाता है।

मानक विलयन Standard Solution

वह विलयन जिसकी सान्द्रता ज्ञात होती है, **मानक विलयन** कहलाता है। इसमें घुला पदार्थ ही अनुमापक कहलाता है। इसे ब्यूरेट में लिया जाता है। मानक विलयन बनाने हेतु मानक अनुमापक की पूर्णतया यथार्थ रूप में तौली गई मात्रा को अनुमापन फ्लास्क में विलायक के ज्ञात आयतन में घोलते हैं।

मानक अनुमापक की मात्रा की गणना निम्न सूत्र द्वारा की जाती है

$$w = \frac{NEV}{1000}$$

जहाँ, w = मानक अनुमापक की मात्रा (ग्राम में)

N = मानक विलयन की नॉर्मलता

E = मानक अनुमापक का तुल्यांकी भार

V = अनुमापन फ्लास्क का आयतन (मिली में)

अज्ञात विलयन Unknown Solution

वह विलयन जिसकी सान्द्रता ज्ञात करनी होती है, अज्ञात विलयन कहलाता है। इसमें घुला पदार्थ ही अनुमाप्य कहलाता है।

तुल्यता बिन्दु तथा अन्त बिन्दु Equivalence Point and End Point

अनुमान में वह बिन्दु जिस पर अभिकिया पूर्ण होती है तुल्यता बिन्दु या सैद्धान्तिक अन्त बिन्दु कहलाता है। तुल्यता बिन्दु पर अभिकर्मक और निर्धारित किए जाने वाले पदार्थ की मात्राएँ रासायनिक रुप से समतुल्य होती है।

अम्ल-क्षार सूचक Acid-Base Indicators

सूचक वे पदार्थ हैं जो अभिक्रिया के पूर्ण होने पर रंग परिवर्तन करके अभिक्रिया के पूर्ण होने की सूचना देते हैं। अम्ल-क्षार सूचक वे पदार्थ होते हैं जिनकी अम्लीय तथा क्षारीय माध्यम में भिन्न संरचना होती है। जिसके कारण ये अम्लीय तथा क्षारीय माध्यम में भिन्न रंग प्रदर्शित करते हैं।

अम्ल-क्षार अनुमापन के लिए उपयुक्त सूचक का चुनाव Selection of a Suitable Indicator for an Acid-Base Titration

किसी अम्ल-क्षार अनुमापन के लिए उस सूचक का चयन करते हैं जो अनुमापन में तुल्यता बिन्दु अथवा उसके अति निकट विलयन की pH पर स्पष्ट रुप से अपना रंग बदलता है।

इसका चयन करते समय निम्नलिखित तथ्यों पर ध्यान रखना चाहिए

(i) अनुमापन में तुल्यता बिन्दु के निकट ($\pm$ 0.2% में) विलयन की pH

(ii) सूचक का pH परिसर

अभ्यास प्रश्न

1. पोटैशियम क्लोरेट के निम्न तापीय अपघटन में $2KClO_3 \longrightarrow 2KCl + 3O_2$, द्रव्यानुपाती क्रिया का नियम
(a) लागू हो सकता है
(b) लागू नहीं हो सकता है
(c) निम्न ताप पर लागू हो सकता है
(d) उच्च ताप तथा दाब पर लागू हो सकता है

2. निम्नलिखित में कौन-सा कथन उत्क्रमणीय अभिक्रिया की विशेषता है?
(a) यह कभी भी पूर्णता प्राप्त नहीं कर सकती है
(b) यह उत्प्रेरक अभिक्रियाओं द्वारा प्रभावित होती है
(c) अभिकारकों तथा उत्पादों के मोलों की संख्या समान होती है
(d) उपरोक्त में से कोई नहीं

3. भौतिक प्रक्रमों में प्रयुक्त साम्य का निम्नलिखित में कौन-सा साम्य अभिलक्षण नहीं है?
(a) दिए गए ताप पर साम्य केवल बन्द निकाय में ही सम्भव होता है
(b) निकाय के सभी मापे जा सकने वाले गुणधर्म अपरिवर्तित रहते हैं
(c) साम्य पर सभी भौतिक प्रक्रम रुक जाते हैं
(d) विरोधी प्रक्रम एक ही दर पर सम्पन्न होते हैं तथा गतिक परन्तु स्थायी स्थिति होती है

4. रासायनिक अभिक्रिया, $A \rightleftharpoons B$ में निकाय साम्यावस्था में कहलाता है जब
(a) A का 50% B में परिवर्तित होता है
(b) A पूर्णतया B में परिवर्तित होता है
(c) A का केवल 10% B में परिवर्तित होता है
(d) दोनों ओर A से B तथा B से A में परिवर्तन बराबर होता है

5. 45 ग्राम KCl का 3 लीटर फ्लास्क में सक्रिय द्रव्यमान होगा
(a) 0.20 (b) 2.0
(c) 3 (d) 4

6. द्रव्यानुपाती क्रिया के नियमानुसार, रासायनिक अभिक्रिया की दर समानुपाती होती है
(a) अभिकारकों की मोलर सान्द्रता के
(b) अभिकारकों की सान्द्रता के
(c) उत्पादों की सान्द्रता के
(d) उत्पादों की मोलर सान्द्रता के

7. साम्य $AB \rightleftharpoons A + B$ के लिए, A की साम्य सान्द्रता दोगुनी करने के पर B की साम्य सान्द्रता हो जाएगी
(a) आधी (b) दोगुनी
(c) $\frac{1}{4}$ (d) $\frac{1}{8}$

8. निम्न अभिक्रिया के लिए साम्य व्यंजक क्या है

$$P_4(s) + 5O_2(g) \rightleftharpoons P_4O_{10}(s) \text{ ?}$$

(a) $K_c = \frac{1}{[O_2]^5}$ (b) $K_c = [O_2]^5$
(c) $K_c = \frac{[P_4O_{10}]}{5[P_4][O_2]}$ (d) $K_c = \frac{[P_4O_{10}]}{[P_4][O_2]^5}$

9. किसी ज्ञात तापमान पर उत्क्रमणीय अभिक्रिया में साम्य स्थिरांक
(a) प्रारम्भिक सान्द्रता पर निर्भर नहीं करता
(b) अभिकारकों की प्रारम्भिक सान्द्रता पर निर्भर करता है
(c) साम्यावस्था पर उत्पादों की प्रारम्भिक सान्द्रता पर निर्भर करता है
(d) अभिक्रिया की विशेषता नहीं है

10. $A + B \rightleftharpoons C + D$

यदि अन्त में A तथा B की सान्द्रताएँ समान हो परन्तु साम्यावस्था पर, D की सान्द्रता, A की अपेक्षा दोगुनी हो तो अभिक्रिया का साम्य स्थिरांक क्या होगा?
(a) 2 (b) 4
(c) $\frac{2}{3}$ (d) $\frac{4}{5}$

11. अभिक्रिया $PCl_5(g) \rightleftharpoons PCl_3(g) + Cl_2(g)$ में PCl_5 तथा PCl_3 की साम्य सान्द्रताएँ क्रमश: 0.4 तथा 0.2 मोल/लीटर हैं। यदि K_c का मान 0.5 हो तो मोल/लीटर में Cl की सान्द्रता होगी
(a) 0.5 (b) 1.0
(c) 1.5 (d) 2.0

12. एस्टर के जल-अपघटन की अग्र अभिक्रिया तथा पश्च अभिक्रिया के वेग नियतांक क्रमश: 1.1×10^{-2} तथा 1.5×10^{-3} प्रति मिनट हैं। निम्न अभिक्रिया का साम्य स्थिरांक है

$$CH_3COOC_2H_5 + H_2O \rightleftharpoons CH_3COOH + C_2H_5OH$$

(a) 33.7 (b) 7.33
(c) 5.33 (d) 33.3

13. 25°C पर अभिक्रिया $3O_2(g) \rightleftharpoons 2O_3(g)$ के लिए K_c का मान 2.0×10^{-56} है। यदि 25°C पर वायु में O_2 की सान्द्रता 1.6×10^{-2} हो तो O_3 की सान्द्रता क्या होगी?
(a) $2.1 \times 10^{-50} \times (1.6 \times 10^{-2})^3$
(b) 2.86×10^{-28}
(c) $(1.6 \times 10^{-2})^4$
(d) दोनों (a) तथा (b)

14. HI (g) का एक नमूना एक फ्लास्क में 0.2 वायुमण्डल पर रखा गया। साम्यावस्था पर HI(g) का आंशिक दाब 0.04 वायुमण्डल है। यहाँ दिए गए साम्य के लिए K_p का मान क्या होगा?

$$2HI(g) \rightleftharpoons H_2(g) + I_2(g)$$

(a) 3 (b) 4 (c) 6 (d) 8

15. अभिक्रिया $CO(g) + 3H_2(g) \rightleftharpoons CH_4(g) + H_2O(g)$ एक लीटर फ्लास्क में 1300 केल्विन पर साम्यावस्था में है। इसमें CO के 0.3 मोल, H_2 के 0.01 मोल, H_2O के 0.02 मोल तथा CH_4 की अज्ञात मात्रा है। दिए गए ताप पर अभिक्रिया के लिए K_c का मान 3.90 है। मिश्रण में CH_4 की मात्रा ज्ञात कीजिए
(a) 5.85×10^{-2} (b) 4.22×10^{-2}
(c) 5.02×10^{-3} (d) 5.22×10^{-4}

16. निम्नलिखित में से कौन-सी अभिक्रिया में, स्थिर आयतन पर ऑर्गन की अल्प मात्रा मिलाने पर साम्य अप्रभावित रहेगा?
(a) $H_2(g) + I_2(g) \rightleftharpoons 2HI(g)$
(b) $PCl_5(g) \rightleftharpoons PCl_3(g) + Cl_2(g)$
(c) $H_2(g) + 3H_2 \rightleftharpoons 2NH_3$
(d) उपरोक्त तीनों उदाहरणों में साम्य अप्रभावित रहेगा

17. निम्नलिखित साम्यों के लिए K_1 तथा K_2 के मध्य सम्बन्ध है

$$NO(g) + \frac{1}{2}O_2 \overset{K_1}{\rightleftharpoons} NO_2(g) \text{ तथा}$$

$$2NO_2(g) \overset{K_2}{\rightleftharpoons} 2NO(g) + O_2(g)$$

(a) $K_1 = \frac{1}{K_2}$ (b) $K_2 = \frac{1}{K_1}$ (c) $K_2 = \frac{1}{K_1^2}$ (d) $K_1 = \frac{1}{K_2^2}$

18. यदि 500 केल्विन पर निम्नलिखित अभिक्रिया के लिए स्थिरांक K_c का मान 5 है।

$$\frac{1}{2}H_2(g) + \frac{1}{2}I_2(g) \rightleftharpoons HI(g)$$

अभिक्रिया $2HI(g) \rightleftharpoons H_2(g) + I_2(g)$; के साम्य स्थिरांक K_c का मान क्या होगा?
(a) 0.04 (b) 0.4 (c) 25 (d) 2.5

19. 450 केल्विन पर निम्न अभिक्रिया के लिए साम्यावस्था पर है $K_p = 2.0 \times 10^{10}$ /बार है $2SO_2(g) + O_2(g) \rightleftharpoons 2SO_3(g)$ है। इस ताप पर K_c का मान है
(a) 7.38×10^{11} (b) 5.24×10^{10}
(c) 5.41×10^{8} (d) 2.67×10^{7}

20. निम्नलिखित में से किस अभिक्रिया में K_p तथा K_c के मान समान होंगे?
(a) $PCl_5 \rightleftharpoons PCl_3 + Cl_2$ (b) $2NH_3 \rightleftharpoons N_2 + 3H_2$
(c) $H_2 + I_2 \rightleftharpoons 2HI$ (d) $2SO_2 + O_2 \rightleftharpoons 2SO_3$

21. हम जानते हैं कि K_c तथा K_p के मध्य निम्न सम्बन्ध है $K_p = K_c(RT)^{\Delta n}$ निम्न अभिक्रिया के लिए Δn का मान क्या होगा
$NH_4Cl(s) \rightleftharpoons NH_3(g) + HCl(g)$
(a) 1 (b) 0.5 (c) 1.5 (d) 2

22. साम्यावस्था स्थिरांक, K की निम्न अभिक्रिया के लिए इकाई है
(a) मोल लीटर$^{-1}$ (b) मोल लीटर
(c) लीटर मोल$^{-1}$ (d) विमारहित

23. 273 केल्विन पर बर्फ तथा जल साम्य में हैं। निम्नलिखित में कौन-सा कथन सत्य है?
(a) $G_{\text{बर्फ}} > G_{(H_2O)}$ (b) $G_{\text{बर्फ}} < G_{(H_2O)}$
(c) $G_{\text{बर्फ}} = G_{(H_2O)} = 0$ (d) $G_{\text{बर्फ}} = G_{(H_2O)} \neq 0$

24. निम्नलिखित में कौन-सा विकल्प अभिक्रिया $A \rightleftharpoons B$ की अर्द्धपूर्णता की अवस्था के लिए सत्य है?
(a) $\Delta G^\ominus = 0$ (b) $\Delta G^\ominus > 0$
(c) $\Delta G^\ominus < 0$ (d) $\Delta G^\ominus = -RT \log 2$

25. अभिक्रिया $H_2(g) + I_2(g) \rightleftharpoons 2HI(g)$ के लिए, साम्य स्थिरांक (K) होगा
(a) $K = 0$ (b) $K > 1$ (c) $K = 1$ (d) $K < 1$

26. PCl_5 का वाष्प घनत्व 104.16 है। परन्तु 230°C पर गर्म करने पर इसका वाष्प घनत्व घटकर 62 रह जाता है। इस तापमान पर PCl_5 के वियोजन का प्रतिशत है
(a) 6.8% (b) 68% (c) 46% (d) 64%

27. किसी ताप पर N_2O_4 का वाष्प घनत्व 30 है। इस ताप पर N_2O_4 का प्रतिशत वियोजन क्या होगा?
(a) 46.5% (b) 36.2% (c) 53.3% (d) 64.2%

28. ला-शातेलिए नियम के अनुसार यदि ठोस-द्रव निकाय को ऊष्मा दी जाये तब
(a) ठोस की मात्रा घटेगी
(b) द्रव की मात्रा घटेगी
(c) ताप बढ़ेगा
(d) ताप घटेगा

29. 500°C पर निम्नलिखित निकाय का आयतन दोगुना करने पर दाब पर क्या प्रभाव पड़ेगा?

$$H_2(g) + I_2(g) \rightleftharpoons 2HI(g)$$

(a) उत्पाद की ओर विस्थापित होगा
(b) अभिकारकों की ओर विस्थापित होगा
(c) HI का द्रवीकरण होगा
(d) कोई प्रभाव नहीं

30. अभिक्रिया, $A_2(g) + 4B_2(g) \rightleftharpoons 2AB_4(g), \Delta H < 0$ में AB_4 के निर्माण हेतु अनुकूल दशाएँ हैं
(a) निम्न दाब, उच्च दाब (b) उच्च ताप, निम्न दाब
(c) निम्न ताप, निम्न दाब (d) उच्च ताप, उच्च दाब

31. साम्य जो अभिकारकों के दाब में परिवर्तन से अप्रभावित रहता है
(a) $N_2(g) + O_2(g) \rightleftharpoons 2NO(g)$
(b) $2SO_2(g) + O_2(g) \rightleftharpoons 2SO_3(g)$
(c) $2O_3(g) \rightleftharpoons 3O_2(g)$
(d) $2NO_2 \rightleftharpoons N_2O_4(g)$

32. हैबर विधि से, अधिकतम उत्पादन के लिए अनुकूलतम दशाएँ हैं
$N_2 + 3H_2 \rightleftharpoons 2NH_3 + Q$ कैलोरी
(a) निम्न ताप तथा उच्च दाब
(b) निम्न ताप, निम्न दाब तथा H_2 की निम्न सान्द्रता
(c) उच्च ताप, निम्न दाब तथा निम्न सान्द्रता
(d) उच्च ताप, उच्च दाब तथा उच्च सान्द्रता

33. ताप तथा दाब की किन अवस्थाओं में आणविक हाइड्रोजन से परमाणविक हाइड्रोजन का निर्माण सर्वाधिक अनुकूल होगा?
(a) उच्च ताप तथा उच्च दाब (b) उच्च ताप तथा निम्न दाब
(c) निम्न ताप तथा निम्न दाब (d) निम्न ताप तथा उच्च दाब

34. आयनन की मात्रा बढ़ती है
(a) सान्द्रता में वृद्धि के साथ
(b) विलयन में अधिक जल मिलाकर
(c) विलयन का ताप घटाकर
(d) विलयन को लगातार हिलाकर

35. किसी यौगिक के वियोजन की दर निर्भर करती है
(a) विलेय के अणुओं के आकार पर
(b) विलेय के अणुओं की प्रकृति पर
(c) प्रयुक्त पात्र की प्रकृति पर
(d) प्रवाहित वैद्युत की मात्रा पर

36. निम्नलिखित में कौन-सा प्रबलतम वैद्युत-अपघट्य है?
(a) NaCl (b) CH_3COOH
(c) NH_4OH (d) $C_6H_{12}O_6$

37. आयनन का सिद्धान्त दिया था
(a) रदरफोर्ड (b) ग्राह्म
(c) फैराडे (d) आरहेनियस

38. NH_2^- का संयुग्मी क्षार है
(a) NH_3 (b) NH^{2-} (c) NH_4^+ (d) N_3^-

39. द्विअम्लीय क्षारक है
(a) $CH_2(OH)_2$ (b) $Ca(OH)_2$
(c) $CH_3CH(OH)_2$ (d) ये सभी

40. निम्नलिखित में कौन लुईस तथा ब्रॉन्स्टेड क्षार दोनों की भाँति व्यवहार करता है?
(a) BF_3 (b) Cl^-
(c) CO (d) इनमें से कोई नहीं

41. स्पीशीज, जो लुईस अम्ल की भाँति व्यवहार करती है परन्तु ब्रॉन्स्टेड क्षार की भाँति नहीं, है
(a) NH_2^- (b) O^{2-} (c) BF_3 (d) OH^-

42. निम्नलिखित में कौन-सा प्रबलत संयुग्मी क्षार है?
(a) Cl^- (b) CH_3COO^- (c) SO_2^- (d) NO_2^-

43. निम्नलिखित में कौन-सा संयुग्मी अम्ल-क्षार युग्म है?
(a) HCl, NaOH (b) NH_4Cl, NH_4OH
(c) H_2SO_4, HSO_4^- (d) KCN, HCN

44. अम्ल का आयनन स्थिरांक K_a अम्ल की प्रबलता की माप है। ऐसीटिक अम्ल, हाइपोक्लोरस अम्ल तथा फॉर्मिक अम्ल के K_a मान क्रमशः 1.74×10^{-5}, 3.0×10^{-8} तथा 1.8×10^{-4} हैं। इन अम्लों के 0.1 मोल डेसी$^{-3}$ विलयनों के pH का सही क्रम निम्नलिखित में से कौन-सा होगा?
(a) ऐसीटिक अम्ल > हाइपोक्लोरस अम्ल > फॉर्मिक अम्ल
(b) हाइपोक्लोरस अम्ल > ऐसीटिक अम्ल > फॉर्मिक अम्ल
(c) फॉर्मिक अम्ल > हाइपोक्लोरस अम्ल > ऐसीटिक अम्ल
(d) फॉर्मिक अम्ल > ऐसीटिक अम्ल > हाइपोक्लोरस अम्ल

45. BF_3 की अम्लता की व्याख्या निम्नलिखित में से किस संकल्पना के आधार पर की जा सकती है?
(a) आरहेनियस संकल्पना (b) ब्रॉन्स्टेड लोरी संकल्पना
(c) लुईस संकल्पना (d) ब्रॉन्स्टेड तथा लुईस संकल्पना दोनों

46. 0.1 M HCN के वियोजन की दर 0.01% है। इसका आयनन स्थिरांक होगा
(a) 10^{-3} (b) 10^{-5} (c) 10^{-7} (d) 10^{-9}

47. ऐसीटिक अम्ल का आयनन स्थिरांक 1.74×10^{-5} है। इसके 0.05 M विलयन में ऐसीटिक अम्ल के वियोजन की मात्रा तथा pH क्रमशः हैं
(a) 1.86×10^{-2}, 4 (b) 1.24×10^{-3}, 3
(c) 1.24×10^{-3}, 4 (d) 1.86×10^{-2}, 3

48. CH_3COOH का आयनन स्थिरांक 1.7×10^{-5} तथा $[H^+]$ आयनों का 3.4×10^{-4} है। CH_3COOH अणुओं की प्रारम्भिक सान्द्रता है
(a) 6.8×10^{-3} (b) 2.5×10^{-4}
(c) 3.5×10^{-3} (d) 4.5×10^{-3}

49. सिरके के एक नमूने की pH 3.76 है। इसमें हाइड्रोजन आयन की सान्द्रता है
(a) 1.84×10^{-4} (b) 1.97×10^{-4}
(c) 1.738×10^{-4} (d) 1.283×10^{-4}

50. 10^{-10} M NaOH विलयन की pH लगभग है
(a) 10 (b) 7 (c) 4 (d) – 10

51. 0.01 मोल चूने (CaO) को 100 सेमी^{3} जल में घोला गया। मानते हुए कि क्षार विलयन में पूर्णतया आयनित है, विलयन की pH होगी
(a) 13.3 (b) 8.5 (c) 6 (d) 8

52. NaOH(*aq*), HCl(*aq*) तथा NaCl(*aq*) प्रत्येक की सान्द्रता 10^{-3} है। इनके pH क्रमशः हैं
(a) 10, 6, 2 (b) 11, 3, 7
(c) 10, 2, 6 (d) 3, 4, 7

53. प्रबल अम्ल के विलयन के pH का मान 5.0 है। यदि इसका 100 गुना तनुकरण कर दिया जाए तो प्राप्त विलयन का pH क्या होगा?
(a) 5.8 (b) 6.7 (c) 9.3 (d) 13

54. 10 मिली 10^{-3} N H_2SO_4 विलयन में जल मिलाकर इसका आयतन 1 लीटर कर दिया गया। इसका pOH मान होगा
(a) 9 (b) 3 (c) 12 (d) 4

55. दो प्रबल अम्लों A तथा B के विलयनों की pH क्रमशः 6 तथा 4 है। इनको समआयतन में मिश्रित करने पर प्राप्त विलयन की pH है
(a) 5 (b) 4.3 (c) 6 (d) 5.5

56. 0.8 मोल डेसी$^{-3}$ HOCl विलयन का pH 2.85 है। इसका आयनन स्थिरांक परिकलित कीजिए।
(a) 24.9×10^{-6} (b) 28.6×10^{-5}
(c) 2.5×10^{-6} (d) 24.9×10^{-5}

57. 0.01 मोल डेसी$^{-3}$ CH_3COOH का pH मान क्या होगा जबकि $K_a = 1.74 \times 10^{-5}$?
(a) 3.4 (b) 3.9
(c) 3.6 (d) 3.0

58. 25°C पर उदासीन जल के pH का मान 7.0 है। ताप में वृद्धि होने पर जल के आयनन में वृद्धि हो जाती है, तथापि H^+ आयनों तथा OH^- आयनों की सान्द्रता बराबर रहती है। 60°C पर शुद्ध जल की pH है
(a) 7.0 के बराबर (b) 7.0 से अधिक
(c) 7.0 से कम (d) शून्य के बराबर

59. 0.1 M सान्द्रता के लवण BA के लिए pH तथा % α मान क्रमश: क्या है? (दिया है, HA के लिए $K_c = 10^{-6}$ तथा BOH के लिए $K_b = 10^{-6}$)

(a) 7, 10% (b) 5, 10%
(c) 5, 0.1% (d) 7, 1%

60. ऐसीटिक अम्ल का K_a मान 1.8×10^{-5} तथा NH_4OH का K_b मान 1.8×10^{-5} है। अमोनियम ऐसीटेट का pH मान है

(a) 7.005 (b) 4.75
(c) 7.0 (d) 6 तथा 7 के मध्य

61. सोडियम कार्बोनेट का जलीय विलयन क्षारीय है क्योंकि सोडियम कार्बोनेट लवण है

(a) दुर्बल अम्ल तथा दुर्बल क्षार का
(b) प्रबल अम्ल तथा दुर्बल क्षार का
(c) दुर्बल अम्ल तथा प्रबल क्षार का
(d) प्रबल अम्ल तथा प्रबल क्षार का

62. $AlCl_3$ का जलीय विलयन अम्लीय होता है क्योंकि जल-अपघटित होता है

(a) ऐलुमिनियम आयन
(b) क्लोराइड आयन
(c) ऐलुमिनियम तथा क्लोराइड आयन दोनों
(d) उपरोक्त में से कोई नहीं

63. 0.5 M अमोनियम बेन्जोएट 0.25 प्रतिशत जलयोजित होता है। अत: इसका जलयोजन नियतांक है

(a) 2.5×10^{-5} (b) 1.25×10^{-5}
(c) 3.125×10^{-6} (d) 6.25×10^{-6}

64. दुर्बल अम्ल HX का वियोजन स्थिरांक 1×10^{-5} M है। यह क्षारक के साथ क्रिया करके लवण NaX बनाता है। NaX के 0.1 M विलयन के जलयोजन की दर है

(a) 0.0001% (b) 0.01%
(c) 0.1% (d) 0.15%

65. बफर विलयन को किसके मिश्रण द्वारा बनाया जा सकता है?

I. जल में सोडियम ऐसीटेट तथा ऐसीटिक अम्ल
II. जल में सोडियम ऐसीटिट तथा हाइड्रोक्लोरिक अम्ल
III. जल में अमोनिया तथा अमोनियम क्लोराइड
IV. जल में अमोनिया तथा सोडियम हाइड्रॉक्साइड

(a) I, II (b) II, III
(c) III, IV (d) I, III

66. 0.1 M CH_3COOH विलयन में कितना सोडियम ऐसीटेट मिलाया जाए कि pH = 5.5 का विलयन प्राप्त हो (CH_3COOH का $pK_a = 4.5$)?

(a) 0.1 M (b) 0.01 M
(c) 1.0 M (d) 10.0 M

67. HCN का pK_a 9.30 है। 2.5 मोल KCN तथा 2.5 मोल HCN को जल में मिलाकर कुल आयतन 500 मिली करने पर प्राप्त विलयन की pH है

(a) 9.30 (b) 7.30
(c) 10.30 (d) 8.30

68. निम्नलिखित में कौन समान आयतन में मिलाने पर बफर विलयन बनायेंगे?

(a) 0.1 मोल डेसी$^{-3}$ NH_4OH तथा 0.1 मोल डेसी$^{-3}$ HCl
(b) 0.05 मोल डेसी$^{-3}$ NH_4OH तथा 0.1 मोल डेसी$^{-3}$ HCl
(c) 0.1 मोल डेसी$^{-3}$ NH_4OH तथा 0.05 मोल डेसी$^{-3}$ HCl
(d) 0.1 मोल डेसी$^{-3}$ CH_3COONa तथा 0.1 मोल डेसी$^{-3}$ NaOH

69. कौन-सा युग्म सम-आयन प्रभाव प्रदर्शित करेगा?

(a) $BaCl_2 + Ba(NO_3)_2$ (b) NaCl + HCl
(c) $NH_4OH + NH_4Cl$ (d) AgCN + KCN

70. यदि ऐसीटिक अम्ल को सोडियम ऐसीटेट में मिलाया जाये तो H^+ आयन सान्द्रता

(a) बढ़ेगी (b) घटेगी
(c) अपरिवर्तित रहेगी (d) pH घटेगी

71. जब अमोनियम क्लोराइड को अमोनियम हाइड्रॉक्साइड के विलयन में मिलाते हैं, तो

(a) NH_4OH का अपघटन बढ़ता है
(b) OH^- आयनों की सान्द्रता बढ़ती है
(c) NH_4^+ तथा OH^- आयनों की सान्द्रता बढ़ती है
(d) NH_4^+ की सान्द्रता घटती है

72. यदि जल में $BaSO_4$ का विलेयता गुणनफल 1.5×10^{-10} है। इसकी विलेयता मोल प्रति लीटर में है

(a) 1.5×10^{-9} (b) 3.9×10^{-5} (c) 7.5×10^{-5} (d) 1.5×10^{-5}

73. $Ba(NO_3)_2$ के विलयन में BaF_2 की विलेयता को प्रदर्शित करने वाला सान्द्रता पद है

(a) $[Ba^{2+}]$ (b) $[F^-]$ (c) $\frac{1}{2}[F^{-1}]$ (d) $2[NO_3^-]$

74. C सान्द्रता वाले दुर्बल विद्युत अपघट्य A_xB_y के सान्द्र विलयन के लिए वियोजन की दर α का मान है

(a) $\alpha = \sqrt{K_{eq}/C(x+y)}$
(b) $\alpha = \sqrt{K_{eq}C/(xy)}$
(c) $\alpha = (K_{eq}/C^{x+y-1}x^x y^y)^{1/(x+y)}$
(d) $\alpha = (K_{eq}/Cxy)$

75. निम्नलिखित में से किन विलायकों में सिल्वर क्लोराइड सर्वाधिक विलेय है?

(a) 0.1 मोल डेसीमी$^{-1}$ $AgNO_3$ विलयन
(b) 0.1 मोल डेसीमी$^{-1}$ HCl विलयन
(c) H_2O
(d) जलीय अमोनिया

76. Ag_2CrO_4 का विलेयता गुणनफल 32×10^{-12} है। इस विलयन में CrO_4^- आयनों की सान्द्रता क्या है?

(a) 2×10^{-4} M (b) 16×10^{-4} M
(c) 8×10^{-4} M (d) 8×10^{-8} M

77. $Al(OH)_3$ का विलेयता गुणनफल 2.7×10^{-11} है। इसकी विलेयता ग्राम लीटर$^{-1}$ में तथा pH मान क्रमश: है (Al का परमाणु द्रव्यमान = 27 u)

(a) 7.8×10^{-12}, 11.5 (b) 7.8×10^{-3}, 9.5
(c) 7.8×10^{-2}, 9.5 (d) 4.0×10^{-10}, 11.5

उत्तरमाला

1.	(b)	2.	(c)	3.	(c)	4.	(d)	5.	(a)	6.	(a)	7.	(a)	8.	(a)	9.	(a)	10.	(b)
11.	(b)	12.	(b)	13.	(b)	14.	(b)	15.	(a)	16.	(d)	17.	(c)	18.	(a)	19.	(a)	20.	(c)
21.	(d)	22.	(c)	23.	(d)	24.	(a)	25.	(d)	26.	(b)	27.	(c)	28.	(a)	29.	(d)	30.	(a)
31.	(a)	32.	(a)	33.	(b)	34.	(b)	35.	(b)	36.	(a)	37.	(d)	38.	(b)	39.	(b)	40.	(b)
41.	(c)	42.	(b)	43.	(c)	44.	(b)	45.	(c)	46.	(d)	47.	(d)	48.	(a)	49.	(c)	50.	(b)
51.	(a)	52.	(b)	53.	(b)	54.	(a)	55.	(b)	56.	(a)	57.	(a)	58.	(c)	59.	(a)	60.	(c)
61.	(c)	62.	(a)	63.	(c)	64.	(b)	65.	(d)	66.	(c)	67.	(a)	68.	(c)	69.	(c)	70.	(b)
71.	(b)	72.	(b)	73.	(c)	74.	(c)	75.	(d)	76.	(a)	77.	(a)						

उत्तर व्याख्या सहित

1. (b) पोटैशियम क्लोरेट का तापीय अपघटन अनुत्क्रमणीय है। अतः इस अभिक्रिया पर द्रव्यानुपाती क्रिया का नियम लागू नहीं हो सकता है।

2. (c) उत्क्रमणीय अभिक्रिया में अभिकारकों की कुछ मात्रा उत्पादों में अपरिवर्तित नहीं हो पाती है, जिसके कारण यह कभी भी पूर्णता प्राप्त नहीं कर सकती है।

3. (c) साम्य की अवस्था पर, प्रक्रम नहीं रूकता है वरन् विपरीत प्रक्रम अर्थात् अग्र तथा पश्च समान दर से होने लगते हैं।

5. (a) सक्रिय द्रव्यमान $= \dfrac{\text{KCl के मोलों की संख्या}}{\text{लीटर में विलयन का आयतन}}$

$$= \frac{45}{7.4 \times 3} = 0.20$$

7. (a) $AB \rightleftharpoons A + B$

$$k = \frac{[A][B]}{[AB]}$$

A की सान्द्रता दोगुनी करने पर, k का मान स्थिर रखने के लिए B की सान्द्रता आधी हो जाएगी।

8. (a) $P_4(s) + 5O_2(g) \rightleftharpoons P_4O_{10}(s)$

$$K_c = \frac{[P_4O_{10}(s)]}{[P_4(s)][O_2(g)]^5}$$

हम जानते हैं कि ठोस पदार्थ की सान्द्रता सदैव इकाई ली जाती है।

$$K_c = \frac{1}{[O_2]^5}$$

10. (b) $A + B \rightleftharpoons C + D$

प्रारम्भ में $\quad x \quad x \quad\quad 0 \quad 0$

साम्य पर $\quad\quad\quad\quad 2x \quad 2x$

$$K_c = \frac{[C][D]}{[A][B]} = \frac{2x \cdot 2x}{x \cdot x} = 4$$

11. (b) $K_c = \dfrac{[PCl_3][Cl_2]}{[PCl_5]} = \dfrac{0.2 \times x}{0.4} = 0.5$

$\therefore \quad x = 1$

12. (b) $K_f = 1.1 \times 10^{-2}, k_b = 1.5 \times 10^{-3}$

$$K_c = \frac{K_f}{K_b} = \frac{1.1 \times 10^{-2}}{1.5 \times 10^{-3}} = 7.33$$

13. (b) $3O_2(g) \rightleftharpoons 2O_3(g)$

साम्य सान्द्रता $\quad 1.6 \times 10^{-2} \quad\quad ?$

$$K_c = \frac{[O_3]^2}{[O_2]^3}$$

$$2.0 \times 10^{-50} = \frac{[O_3]^2}{[1.6 \times 10^{-2}]^3}$$

$$[O_3]^2 = 2.0 \times 10^{-50} \times [1.6 \times 10^{-2}]^3$$

$$[O_3]^2 = 8.192 \times 10^{-56}$$

$$[O_3]^2 = 2.86 \times 10^{-28} \text{ मोल लीटर}^{-1}$$

14. (b) $2HI(g) \rightleftharpoons H_2(g) + I_2(g)$

प्रारम्भिक दाब $\quad 0.2$ वायुमण्डल $\quad 0 \quad 0$

साम्य पर दाब $\quad 0.04$ वायुमण्डल $\quad 0.08$ वायुमण्डल $\quad 0.08$ वायुमण्डल

HI के दाब में कमी $= 0.2 - 0.04 = 0.16$ वायुमण्डल;

अतः H_2 का साम्यावस्था पर दाब $= \dfrac{0.16}{2} = 0.08$ वायुमण्डल तथा I_2 का साम्यावस्था पर दाब $= \dfrac{0.16}{2} = 0.08$ वायुमण्डल (चूँकि 2 मोल HI वियोजित होकर 1 मोल H_2 तथा 1 मोल I_2 देते हैं।)

$$K_p = \frac{p_{H_2} \cdot p_{I_2}}{p_{HI}^2} = \frac{0.08 \text{ वायुमण्डल} \times 0.08 \text{ वायुमण्डल}}{(0.04 \text{ वायुमण्डल})^2} = 4.0$$

15. (a) $CO(g) + 3H_2(g) \rightleftharpoons CH_4(g) + H_2O(g)$;

1300 केल्विन पर $K_c = 3.90$

$$K_c = \frac{[CH_4] \cdot [H_2O]}{[CO]\ [H_2]^3}$$

$$3.90 = \frac{[CH_4]\ [0.02]}{[0.30]\ [0.10]^3}$$

(मोलर सान्द्रता का अर्थ 1 लीटर विलयन में उपस्थित मोलों की संख्या है।)

$$[CH_4] = \frac{3.90 \times 0.30 \times (0.10)^3}{0.02} = 0.0585M$$

$$[CH_4] = 5.85 \times 10^{-2}\ M$$

16. (d) स्थिर आयतन पर, अक्रिय गैस (उदाहरण ऑर्गन) की अल्प मात्रा मिलाने पर साम्य अपरिवर्तित रहेगा।

17. (c) $K_1 = \dfrac{[NO_2]}{[NO][O_2]^{1/2}}$ ...(i)

$K_2 = \dfrac{[NO]^2[O_2]}{[NO_2]^2}$ ...(ii)

$\therefore \quad \frac{1}{K_2} = \frac{[NO_2]^2}{[NO]^2[O_2]}$

अथवा $\quad \frac{1}{\sqrt{K_2}} = \frac{[NO_2]}{[NO][O_2]^{1/2}} \quad$ ...(iii)

समी (i) तथा (iii) से,

$$K_1 = \frac{1}{\sqrt{K_2}}$$

$$\therefore \quad K_2 = \frac{1}{K_1^2}$$

18. (a) अभिक्रिया $\frac{1}{2}H_2(g) + \frac{1}{2}I_2(g) \rightleftharpoons HI(g)$; के लिए

$$K_{c_1} = \frac{[HI]}{[H_2]^{1/2}[I_2]^{1/2}} = 5$$

अतः अभिक्रिया $2HI(g) \rightleftharpoons H_2(g) + I_2(g)$; के लिए

$$K_{c_1} = \frac{[H_2][I_2]}{[HI]^2} = \left(\frac{1}{K_c}\right)^2$$

$$\left(\frac{1}{5}\right)^2 = \frac{1}{25} = 0.04$$

19. (a) $2SO_2(g) + O_2(g) \rightleftharpoons 2SO_3(g)$

$$K_p = K_c(RT)^{\Delta n_g}$$

$$\Delta n_g = 2 - 3 = -1$$

$$2.0 \times 10^{10} = K_c(0.0821 \times 450)^{-1}$$

$$K_c = 2.0 \times 10^{10} \times 0.082 \times 450 = 7.38 \times 10^{11}$$

20. (c) यदि $n_P = n_R$ तब $K_p = K_c$

जहाँ, n_P = उत्पाद के मोलों की संख्या

n_R = अभिकारक के मोलों की संख्या

21. (d) Δ_{n_g} = गैसीय उत्पादों के मोलों की संख्या − गैसीय अभिकारकों के मोलों की संख्या

$= 2 - 0 = 2$

22. (c) $A + B \rightleftharpoons C$

$$K = \frac{[C]}{[A][B]} = \frac{\text{मोल ली}^{-1}}{\text{मोल ली}^{-1} \times \text{मोल ली}^{-1}}$$

$$= (\text{मोल ली}^{-1})^{-1} = \text{मोल}^{-1} \text{ लीटर}$$

23. (d) साम्यावस्था पर $\Delta G = 0$,

अर्थात् $\quad G_{\text{बर्फ}} = G_{H_2O} \neq 0$

24. (a) $\Delta G^{\ominus} = -RT \ln K$

अभिक्रिया की अर्द्ध पूर्णता पर $[A]=[B]$. अतः $K=1$. अतः $\Delta G^{\ominus} = 0$

25. (d) $\Delta G°$ तथा K परस्पर निम्न प्रकार सम्बन्धित होते हैं।

$$\Delta G° = -2.303\, RT \log K_c$$

जब $\Delta G° > 0$, अर्थात् धनात्मक

$$K_c < 1$$

26. (b) $\alpha = \frac{D-d}{d} = \frac{104.16 - 62}{62} = 0.68 = 68\%$

28. (a) ताप में वृद्धि करने पर, ठोस के अन्तराणुक बलों में कमी के कारण साम्य अग्र दिशा में विस्थापित होगा।

30. (a) चूँकि अभिक्रिया ऊष्माक्षेपी है ($\because \Delta H < 0$) अतः निम्न ताप अग्र अभिक्रिया के अनुकूल है। साथ ही $n_P < n_R$ है अतः उच्च दाब अग्र अभिक्रिया के अनुकूल है।

31. (a) अभिक्रिया, $N_2(g) + O_2(g) \rightleftharpoons 2NO(g)$, में अभिकारक तथा उत्पाद के मोलों की संख्या समान है अतः यह दाब में परिवर्तन द्वारा अप्रभावित रहेगा।

38. (b) $NH_2^- \rightleftharpoons NH^{2-} + H^+$

39. (b) $Ca(OH)_2$ आयनिक यौगिक होने के कारण, जल में घोलने पर, शीघ्रता से दो हाइड्रॉक्सिल आयन देता है। अतः यह एक द्विअम्लीय क्षारक है।

$$\underset{\text{द्विअम्लीय क्षारक}}{Ca(OH)_2} \longrightarrow Ca^{2+} + 2OH^-$$

41. (c) BF_3 इलेक्ट्रॉन युग्म को ग्रहण कर सकता है, परन्तु यह जलीय विलयन में H^+ आयन नहीं दे सकता। अतः यह लुईस अम्ल की भाँति तो व्यवहार करता है परन्तु ब्रॉन्स्टेड क्षारक की भाँति नहीं ।

42. (b) CH_3COO^-, क्योंकि यह दुर्बल अम्ल का संयुग्मी क्षारक है।

$$CH_3COOH \rightleftharpoons CH_3COO^- + H^+$$

43. (c) $H_2SO_4 \rightleftharpoons H^+ + HSO_4^-$

44. (b) जैसे-जैसे अम्लता अथवा K_a मान बढ़ता है, pH घटता है। अतः अम्लों के pH मान घटने का सही क्रम है

हाइपोक्लोरस अम्ल > ऐसीटिक अम्ल > फार्मिक अम्ल

(3.0×10^8) $\quad (1.74 \times 10^{-5})$ $\quad (1.8 \times 10^{-4})$ $\quad$ [नोट : $K_a \propto \frac{1}{pH}$]

45. (c) BF_3 एक इलेक्ट्रॉन न्यून अणु है, अत; इसकी प्रकृति इलेक्ट्रॉन ग्रहण करने की होती है। अतः यह एक लुईस अम्ल है।

47. (d) $\quad CH_3COOH + H_2O \rightleftharpoons CH_3COO^- + H_3O^+$

प्रारम्भ में, $\quad C \quad 0 \quad 0$

t साम्य पश्चात् $\quad C - C\alpha \quad C\alpha \quad C\alpha$

$$K_a = \frac{[CH_3COO^-][H_3O^+]}{[CH_3COOH]}$$

प्रश्नानुसार $K_a = 1.74 \times 10^{-5}$, $[CH_3COOH] = 0.05$ M

$[CH_3COO^-] = [H_3O^+] = \sqrt{K_a \cdot [CH_3COOH]}$

$[CH_3COO^-] = [H_3O^+] = \sqrt{1.74 \times 10^{-5} \times 0.05}$

$[CH_3COO^-] = [H_3O^+] = \sqrt{17.4 \times 10^{-6} \times 5.0 \times 10^{-2}}$

$= 9.33 \times 10^{-4}$ M

$[CH_3COO^-] = [H_3O^+] = C \cdot \alpha$

वियोजन की दर, $\alpha = \frac{[H_3O^+]}{C} = \frac{9.33 \times 10^{-4}}{0.05} = 1.86 \times 10^{-2}$

$$pH = -\log[H_3O^+]$$

$$pH = -\log[9.33 \times 10^{-4}]$$

$$pH = 4 - 0.9699 = 3.0301$$

48. (a) $[H^+] = \sqrt{K_a \cdot C}$

जहाँ, C = दुर्बल अम्ल की प्रारम्भिक सान्द्रता

$$C = \frac{[H^+]^2}{K_a} = \frac{(3.4 \times 10^{-4})^2}{1.7 \times 10^{-5}} = 6.8 \times 10^{-3} \text{ M}$$

49. (c) $pH = 3.76 = -\log [H^+]$

$\log [H^+] = -3.76$

प्रतिलघुगणक लेने से पूर्व (– 3) में –1 जोड़ते हैं तथा अपूर्णांश (0.76) में +1 जोड़ते हैं अर्थात $-3.76 - 1 + 1 = \bar{4}.24$]

$\log [H^+] = \bar{4}.24$ या $[H^+]$ = प्रतिलघुगणक $\bar{4}.24$

$[H^+] = 1.738 \times 10^{-4}$ M

51. (a) $[Ca(OH)_2] = 0.01$ मोल/100मिली $= 0.1$ मोल ली$^{-1}$

पूर्ण आयनन मानने पर,

$$[OH^-] = 0.2 \text{ M}, \quad [H^+] = \frac{10^{-14}}{0.2} = 5 \times 10^{-14}$$

$$pH = -\log [H^+] = -\log (5 \times 10^{-14})$$

$$= 14 - 0.669 = 13.3$$

52. (b) $NaOH = [OH^-] = 10^{-3}$

$[H^+][OH^-] = 10^{-14}$

$[H^+] = 10^{-11}, pH = -\log [H^+] = -\log [10^{-11}] = 11$

$HCl(aq) = [H^+] = 10^{-3}$

$pH = -\log [10^{-3}] = 3$

$\because$ $NaCl(aq)$ = उदासीन $[H^+] = [OH^-] = 10^{-7}$

अर्थात् $pH = 7$

53. (b) $pH = 5$

$[H^+] = 10^{-5}$ मोल ली$^{-1}$

विलयन को 100 गुना तनु करने पर,

$$[H^+] = \frac{10^{-5}}{100} = 10^{-7} \text{ मोल ली}^{-1}$$

कुल H^+ आयन सान्द्रता = अम्ल से प्राप्त H^+ + जल से प्राप्त H^+

$[H^+] = 10^{-7} + 10^{-7} = 2 \times 10^{-7}$ M

$pH = -\log [2 \times 10^{-7}]$

$pH = 7 - 0.3010 = 6.699$

54. (a) $N_1V_1 = N_2V_2$

$10^{-3} \times 10 = N_2 \times 1000$

$N_2 = 10^{-5}, pH = 5$

अतः $pOH = 14 - 5 = 9$

55. (b) विलयन A की pH = 6 अतः $[H^+] = 10^{-6}$ मोल ली$^{-1}$

विलयन B की pH = 4 अतः $[H^+] = 10^{-4}$ मोल ली$^{-1}$

प्रत्येक विलयन के 1 लीटर को मिलाने पर कुल H^+ की मोलर सान्द्रता आधी रह जाती है।

अतः कुल $[H^+] = \dfrac{10^{-6} + 10^{-4}}{2}$ मोल ली$^{-1}$

$$[H^+] = \frac{1.01 \times 10^{-4}}{2} = 5.05 \times 10^{-5} \text{ मोल ली}^{-1}$$

$[H^+] = 5.0 \times 10^{-5}$ मोल ली$^{-1}$

$pH = -\log [H^+]$, $pH = -\log (5.0 \times 10^{-5})$

$pH = -[\log 5 + (-5 \log 10)]$

$pH = -\log 5 + 5$

$pH = 5 - \log 5 = 5 - 0.6990$

$pH = 4.3010 \approx 4.3$

56. (a) HOCl की pH = 2.85

परन्तु $-pH = \log [H^+]$

$\therefore$ $-2.85 = \log [H^+]$

$\Rightarrow$ $\bar{3}.15 = \log [H^+] \Rightarrow [H^+] = 1.413 \times 10^{-3}$

दुर्बल एकक्षारकीय अम्ल के लिए, $[H^+] = \sqrt{K_a \times C}$

$$\Rightarrow \quad K_a = \frac{[H^+]^2}{C} = \frac{(1.413 \times 10^{-3})^2}{0.08}$$

$$= 24.957 \times 10^{-6} = 2.4957 \times 10^{-5}$$

57. (a) $[H^+ = \sqrt{K_a \cdot C} = \sqrt{1.74 \times 10^{-5} \times 0.01} = 4.17 \times 10^{-4}$

$pH = -\log[H^+] = -\log(4.17 \times 10^{-4}) = 3.4$

58. (c) ताप में वृद्धि के साथ pH घटती है। अतः 60°C पर जल के लिए इसका मान 7 से कम हो जाता है।

59. (a) $\because$ $pH = \frac{1}{2} pK_w + \frac{1}{2} pK_a - \frac{1}{2} pK_b$

$$= \frac{1}{2} \times 14 + \frac{1}{2} \times 6 - \frac{1}{2} \times 6$$

$pH = 7$

$$\alpha = \sqrt{\frac{K_w}{K_a \times K_b}} = \sqrt{\frac{10^{-14}}{10^{-6} \times 10^{-6}}} = \sqrt{10^{-2}}$$

$= 10^{-1} = 0.1$ अथवा 10%

60. (c) अमोनियम ऐसीटेट दुर्बल अम्ल तथा दुर्बल क्षारक का लवण है। ऐसे लवणों के लिए

$$pH = 7 + \frac{pK_a - pK_b}{2}$$

$$= 7 + \frac{[-\log 1.8 \times 10^{-5}] - [-\log 1.8 \times 10^{-5}]}{2}$$

$$= 7 + \frac{4.74 - 4.74}{2} = 7.00$$

61. (c) $Na_2CO_3 + 2H_2O \rightleftharpoons 2NaOH + H_2CO_3$

यह प्रबल क्षार तथा दुर्बल अम्ल का लवण है। अतः इसका जलीय विलयन क्षारीय है।

62. (a) ऐलुमिनियम आयनों के जल-अपघटन के कारण $AlCl_3$ का जलीय विलयन अम्लीय होता है।

$$AlCl_3 \xrightarrow{\text{जल-अपघटन}} Al(OH)_3 + H^+$$

63. (c) $K_h = Ch^2 = 0.5 \times \left(\frac{0.25}{100}\right)^2 = 3.125 \times 10^{-6}$

64. (b) $X^- + H_2O \rightleftharpoons HX + OH^-$

$$K_h = \frac{10^{-14}}{10^{-5}}, h = \sqrt{\frac{K_h}{C}} = \sqrt{\frac{10^{-9}}{10^{-1}}} = 10^{-4} = 100 \times 10^{-4} = 10^{-2}$$

अतः जल-अपघटन की दर 0.01% है।

66. (c) हम जानते हैं कि $pH = pK_a + \log\frac{[\text{लवण}]}{[\text{अम्ल}]}$

$$5.5 = 4.5 + \log\frac{[\text{लवण}]}{[0.1]}$$

$$[\text{लवण}] = 1.0\ M$$

67. (a) $pH = pK_a + \log\frac{[KCN]}{[HCN]}$

$$= 9.3 + \log\frac{2.5}{2.5} = 9.30$$

68. (c) जब NH_4OH (दुर्बल क्षारक) की सान्द्रता, HCl (प्रबल अम्ल) की सान्द्रता से अधिक होती है तो दुर्बल क्षारक तथा इसका संयुग्मी अम्ल प्राप्त होता है जो एक क्षारीय बफर विलयन का कार्य करता है।

	NH_4OH +	HCl ⟶	NH_4Cl +	H_2O
प्रारम्भ में	0.1 M	0.05 M	0	0
अभिक्रिया के पश्चात्	0.05 M	0	0.05 M	0

69. (c) $NH_4OH \rightleftharpoons NH_4^+ + OH^-$

$NH_4Cl \rightleftharpoons NH_4^+ + Cl^-$

सम-आयन

70. (b) $CH_3COOH \rightleftharpoons CH_3COO^- + H^+$

CH_3COONa मिलाने पर, $[H^+]$ घटती हैं।

72. (b) $BaSO_4 \rightleftharpoons Ba^{2+} + SO_4^{2-}$

विलेयता गुणनफल $= s \times s$

$$15 \times 10^{-10} = s^2 : s = \sqrt{15 \times 10^{-10}} : s = 3.9 \times 10^{-5}$$

73. (c) $Ba(NO_3)_2$, Ba^{2+} तथा NO_3^- आयन देता है अतः Ba^{2+} आयन बढ़ते हैं। K_{sp} को स्थिर रखने के लिए, $[F^-]$ घटती है। अतः इसे $\frac{1}{2}[F^-]$ द्वारा प्रदर्शित करते हैं।

74. (c) दुर्बल विद्युत अपघट्य A_xB_y निम्न प्रकार वियोजित होता है।

	$A_xB_y \rightleftharpoons$	xA^{y+} +	yB^{x-}
प्रारम्भ में	C	0	0
साम्य पर	$C(1-\alpha)$	$xC\alpha$	$yC\alpha$

जहाँ, α = वियोजन की दर C = सान्द्रता

$$K_{eq} = \frac{[A^{y+}]^x[B^{x-}]^y}{[A_xB_y]} = \frac{[xC\alpha]^x[yC\alpha]^y}{C(1-\alpha)}$$

$$= \frac{x^x \cdot C^x \cdot \alpha^x \cdot y^y \cdot C^y \cdot \alpha^y}{C} \quad [\because 1-\alpha \approx 1]$$

$$= x^x \cdot y^y \cdot \alpha^{x+y} \cdot C^{x+y-1}$$

$$\alpha^{x+y} = \frac{K_{eq}}{x^x \cdot y^y \cdot C^{x+y-1}}$$

$$\alpha = \left(\frac{K_{eq}}{x^x \cdot y^y \cdot C^{x+y-1}}\right)^{\left(\frac{1}{x+y}\right)}$$

75. (d) दिये गए विलयनों में AgCl जलीय अमोनिया विलयन में अत्याधिक विलेय है क्योंकि यह इसके साथ विलेय संकर बनाता है।

76. (a) $\underset{s}{Ag_2CrO_4} \longrightarrow \underset{2s}{2Ag^+} + \underset{s}{CrO_4^{2-}}$

$$K_{sp} = (2s)^2 s = 4s^3$$

$$s = \left(\frac{K_{sp}}{4}\right)^{1/3} = \left(\frac{32 \times 10^{-12}}{4}\right)^{1/3}$$

$$= 2 \times 10^{-4}\ M$$

77. (a) माना $Al(OH)_3$ की विलेयता s है।

	$Al(OH)_3 \rightleftharpoons$	$Al^{3+}(aq)$ +	$3OH^-(aq)$
$t = 0$ पर सान्द्रता	1	0	0
सान्द्रता	$1-s$	s	$3s$

$$K_{sp} = [Al^{3+}][OH]^{-3} = (s)(3s)^3 = 27s^4$$

$$s^4 = \frac{K_{sp}}{27} = \frac{27 \times 10^{-11}}{27 \times 10} = 1 \times 10^{-12}$$

$$s^4 = 1 \times 10^{-3} \text{ मोल ली}^{-1}$$

$\therefore Al(OH_3)$ का मोलर द्रव्यमान 78 ग्राम है।

अतः $Al(OH)_3$ की विलेयता (ग्राम ली$^{-1}$ में)

$$= 1 \times 10^{-3} \times 78 \text{ ग्राम ली}^{-1}$$

$$= 78 \times 10^{-3} \text{ ग्राम ली}^{-1} = 7.8 \times 10^{-2} \text{ ग्राम ली}^{-1}$$

विलयन की pH

$$s = 1 \times 10^{-3} \text{ मोल ली}^{-1}$$

$$[OH^-] = 3s = 3 \times 1 \times 10^{-3} = 3 \times 10^{-3}$$

$$pOH = 3 - \log 3$$

$$pH = 14 - pOH = 11 + \log 3 = 11.4771$$

अध्याय 05

पृष्ठ रसायन
Surface Chemistry

रसायन विज्ञान की वह शाखा जिसके अन्तर्गत पृष्ठ (सतह) अथवा अन्तराफलक पर होने वाले प्रक्रमों अथवा अन्तर अवस्था का अध्ययन किया जाता है पृष्ठ रसायन कहलाती है।

अधिशोषण Adsorption

किसी ठोस या द्रव की सतह पर पदार्थ के अणुओं को आकर्षित तथा ग्रहण करने का प्रक्रम अधिशोषण कहलाता है। अधिशोषण एक सतह प्रक्रम है तथा इसलिए यह एक **तीव्र प्रक्रम** है। पदार्थ (ठोस) जिसकी सतह पर अधिशोषण होता है, **अधिशोषक** (Adsorbent) कहलाता है जबकि वह पदार्थ (गैस अथवा द्रव) जो सतह पर एकत्रित होता है, **अधिशोषित** (Absorbed) कहलाता है। अधिशोषण के मुख्य उदाहरण निम्न हैं

(i) महीन चूर्णित सक्रियित चारकोल द्वारा अमोनिया, SO_2, Cl_2, $COCl_2$ आदि गैसों का अधिशोषण।

(ii) सक्रियित चारकोल द्वारा शर्करा विलयन का विरंजीकरण। इसमें चारकोल रंगीन पदार्थ को अधिशोषित कर लेता है जिससे विलयन रंगहीन हो जाता है।

(iii) सिलिका जैल द्वारा जलवाष्प का अधिशोषण।

(iv) ऐलुमिनियम आयनों के लिए लेक परीक्षण का रंग, ताजा अवक्षेपित ऐलुमिनियम हाइड्रॉक्साइड पर रंजक (लिटमस) के अधिशोषण के कारण होता है।

चारकोल, सिलिका जैल, ऐलुमिना जैल की अधिक सरन्ध्री (Porous) संरचना के कारण इसका पृष्ठीय क्षेत्रफल अधिक होता है। अत: ये अच्छे अधिशोषक होते हैं।

अधिशोषण से सम्बन्धित महत्त्वपूर्ण शब्दावली
Important Terminology Related to Adsorption

अधिशोषण से सम्बन्धित कुछ महत्त्वपूर्ण शब्दावली निम्न प्रकार है

अवशोषण Absorption

किसी पदार्थ के अणुओं के किसी ठोस या द्रव के अन्दर समान रूप से वितरित होने की घटना अवशोषण कहलाती है। अवशोषण पदार्थ के अन्तस्थ में होता है तथा अवशोषित पदार्थ की सान्द्रता अवशोषक के पृष्ठ की अपेक्षा उसके स्थूल भाग (Bulk) में अत्यधिक होती है।

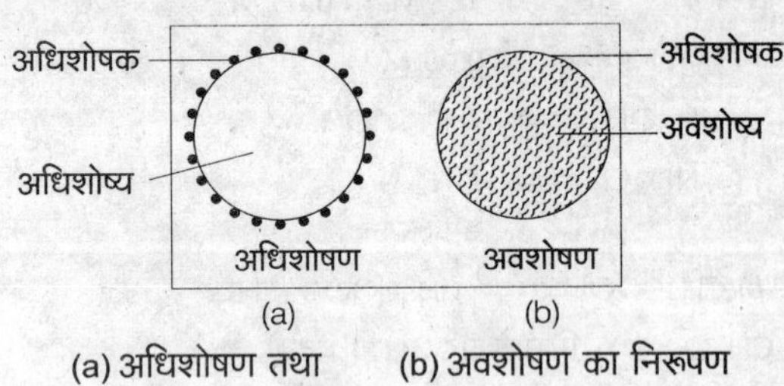

(a) अधिशोषण तथा (b) अवशोषण का निरूपण

शोषण Sorption

जब अधिशोषण तथा अवशोषण की प्रक्रियाएँ एक-साथ सम्पन्न होती हैं, तो इस प्रक्रम को शोषण कहा जाता है।

अधिशोषण के विभिन्न प्रकार
Different Types of Adsorption

अधिशोषण को विभिन्न गुणों के आधार पर निम्नलिखित दो प्रकार से वर्गीकृत कर सकते हैं

भौतिक अधिशोषण अथवा वाण्डरवाल्स अधिशोषण
Physical Adsorption or Physisorption or van der Waals' Adsorption

जब अधिशोषक की सतह पर अधिशोष्य के कण दुर्बल वाण्डरवाल्स बलों जैसे भौतिक बलों से बँधे होते हैं, तो यह प्रक्रम भौतिक अधिशोषण अथवा वाण्डरवाल्स अधिशोषण कहलाता है। भौतिक अधिशोषण सामान्यत: निम्न ताप पर या आपेक्षिक रूप से अक्रिय सतहों पर होता है। अधिशोषित अणु में इसे दर्शाने वाले आकर्षण बल स्थायी द्विध्रुव आघूर्ण, ध्रुवण, परिक्षेपण प्रभाव, अल्प परास प्रतिकर्षण प्रभाव आदि हैं। चूँकि भौतिक बलों में, दुर्बल वाण्डरवाल्स बल प्रयुक्त होते हैं अत: यह अधिशोषण

(i) उत्क्रमणीय होता है। (ii) भौतिक बलों का प्रयोग करता है।

(iii) अधिशोष्य के क्वथनांक से नीचे निम्न तापों पर ही लागू होता है।

(iv) अत्यन्त विशिष्ट नहीं होता है।

(v) बहुआण्विक परत का निर्माण करता है।

(vi) बहुआण्विक परतों के निर्माण के कारण भौतिक अधिशोषण कुछ समय के पश्चात् घटता है।

(vii) सामान्यत: निम्न अधिशोषण ऊष्मा (10 किलोकैलोरी/मोल) प्रदर्शित करता है।

रासायनिक अधिशोषण अथवा सक्रिय अधिशोषण Chemical Adsorption or Chemisorption or Activated Adsorption

जब अधिशोषक की सतह पर अधिशोष्य के कण रासायनिक बलों द्वारा बँधे होते हैं, तो यह प्रक्रम रासायनिक अधिशोषण कहलाता है। इस स्थिति में अधिशोषण असंतृप्त सतह के साथ प्रबल रासायनिक अन्तक्रिया दर्शाता है, रासायनिक अधिशोषण उच्च तापों पर होता है तथा यह एक सक्रिय प्रक्रिया है। यह स्वभाव में वियोजित (Dissociative), अवियोजित (Non-dissociative) या क्रियाशील हो सकता है।

पृष्ठ रसायन Surface Chemistry

चूँकि रासायनिक अधिशोषण में उच्च विशिष्टता वाले बलों उदाहरण—रासायनिक बल, प्रयुक्त होते हैं, अत: रासायनिक अधिशोषण

(i) उत्क्रमणीय होता है।
(ii) गैस तथा ठोस के मध्य इलेक्ट्रॉनों का स्थानान्तरण करता है।
(iii) उच्च तापों पर लागू होता है।
(iv) तीव्र अथवा मन्द हो सकता है।
(v) प्रक्रम में सक्रियक ऊर्जा का प्रयोग कर सकता है।
(vi) अत्याधिक विशिष्ट होता है।
(vii) एकल आण्विक परत बनाता है।
(viii) सामान्यत: उच्च अधिशोषण ऊष्मा (20 किलोकैलोरी/मोल) प्रदर्शित करता है। सामान्यत: अधिशोषण दोनों प्रकारों का संयोजन होता है।

अधिशोषण की मात्रा को प्रभावित करने वाले कारक Factors Affecting the Extent of Adsorption

एक ठोस सतह पर गैसों का अधिशोषण निम्न कारकों द्वारा प्रभावित होता है

अधिशोषक की प्रकृति Nature of Adsorbent

एक गैस के अधिशोषण की मात्रा अधिशोषक की प्रकृति पर भी निर्भर करती है। सक्रिय चारकोल, धातु ऑक्साइड (सिलिका जैल और ऐलुमिनियम ऑक्साइड) और मृदा आसानी से द्रवित होने वाली गैसों को सरलता से अधिशोषित कर सकती हैं।

(i) **पृष्ठ क्षेत्रफल** (Surface Area) अधिशोषक का पृष्ठ क्षेत्रफल अधिक होने पर ताप व दाब की दी गई परिस्थितियों में अधिशोषण की मात्रा भी अधिक होती है।

(ii) **गैसों की प्रकृति** (Nature of the Gas) गैसें जैसे—SO_2, NH_3, HCl और CO_2 जो अधिक आसानी से द्रवित (Liquefy) हो जाती हैं, स्थायी गैसों जैसे—H_2, N_2 एवं O_2 जो आसानी से द्रवीभूत नहीं होती हैं, की अपेक्षा अधिक शीघ्रता से अधिशोषित होती हैं।

(iii) **ऊष्माक्षेपी प्रकृति** (Exothermic Nature) अधिशोषण एक ऊष्माक्षेपी प्रक्रम है। अत: विपरीत प्रक्रम या विशोषण ऊष्माशोषी होता है। यदि उपरोक्त साम्य पर ताप में वृद्धि की जाती है तो ला-शातेलिए सिद्धान्त के अनुसार ताप में वृद्धि के साथ विशोषण होता है। नियत दाब पर, ताप में वृद्धि के साथ, अधिशोषण की सीमा (x/m) में कमी होती है।

(iv) **दाब का प्रभाव** (Effect of Pressure) अधिशोषक के प्रति इकाई द्रव्यमान द्वारा गैस के अधिशोषण की मात्रा गैस के दाब पर निर्भर करती है। अधिशोषण की मात्रा में परिवर्तन को x/m द्वारा व्यक्त किया जाता है (जहाँ, x अधिशोष्य के मोलों की संख्या तथा m अधिशोषक का द्रव्यमान है) नियत ताप पर गैस दाब (p) तथा अधिशोषण की मात्रा (x/m) के मध्य खींचा गया वक्र (आलेख) **अधिशोषण समतापी** (Adsorption isotherm) कहलाता है।

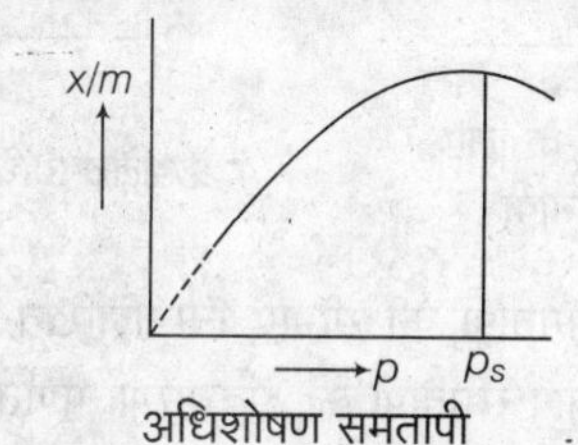

अधिशोषण समतापी

दाब के साथ अधिशोषण की मात्रा (x/m) बढ़ती है तथा दाब p_s (जो साम्य दाब कहलाता है) के संगत अधिकतम् हो जाती है। चूँकि अधिशोषण एक उत्क्रमणीय प्रक्रम है, अत: साथ-साथ विशोषण भी होता है। इस दाब (p_s) पर अधिशोषित गैस की मात्रा, विशोषित गैस की मात्रा के बराबर हो जाती है।

(v) **अधिशोषण समताफ** (Adsorption Isotherm) किसी दिये हुए अधिशोषक की मात्रा ताप तथा दाब दोनों पर निर्भर होती है। स्थिर ताप पर किसी ठोस की सतह पर किसी गैस का अधिशोषण, गैस के दाब में वृद्धि के साथ बढ़ता है। अधिशोषण में वृद्धि गैस के प्रयुक्त दाब के अनुक्रमानुपाती नहीं होती, इसलिए यह कुछ कम पायी जाती है।

"नियत ताप पर किसी गैस (अधिशोषित) के दाब (या सान्द्रता) तथा किसी अधिशोषक द्वारा अधिशोषित मात्रा के मध्य यह सम्बन्ध **अधिशोषण समताप** कहलाता है।"

इस प्रकार के दो समतापों का वर्णन निम्न हैं

फ्रैंडलिच अधिशोषण समताप Freundlich Adsorption Isotherm

फ्रैंडलिच ने किसी विशिष्ट ताप पर ठोस अधिशोषक सतह की दी हुई मात्रा द्वारा अधिशोषित गैस की मात्रा तथा गैस के दाब के मध्य निम्न मूलानुपाती सम्बन्ध दिया

$$\frac{x}{m} = kp^n \quad \text{... (i)}$$

जहाँ, p दाब तथा m अधिशोषक का द्रव्यमान है जिस पर अधिशोषित गैस का द्रव्यमान x है। k तथा n नियतांक हैं जो गैस की प्रकृति, अधिशोषक तथा ताप पर निर्भर करते हैं निम्न दाब पर अधिशोषण की मात्रा दाब के साथ रेखीय रूप से परिवर्तित होती है।

$$\frac{x}{m} \propto p \quad \text{तथा} \quad n = 1$$

उच्च दाब पर, $\frac{x}{m} \propto p^0$

मध्यम दाब पर, $\frac{x}{m} \propto p^{1/n}$

समी (i) का लघुगणक लेने पर,

$$\log \frac{x}{m} = \log k + \frac{1}{n} \log p$$

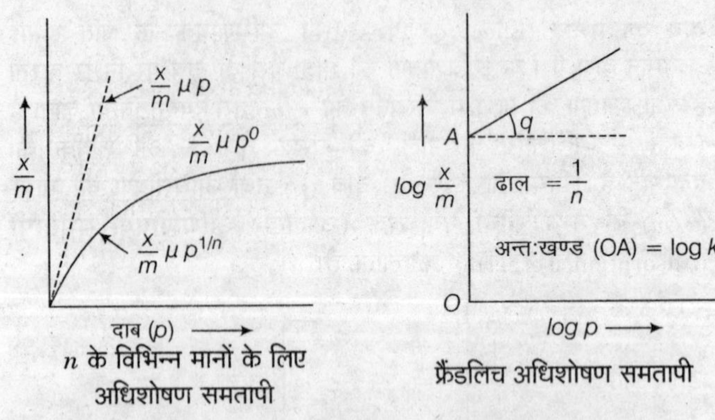

n के विभिन्न मानों के लिए अधिशोषण समतापी

फ्रैंडलिच अधिशोषण समतापी

फ्रैंडलिच अधिशोषण समतापी की सीमाएँ निम्नलिखित हैं

(i) फ्रैंडलिच अधिशोषण समतापी की अवधारणा पूर्णतया सैद्धान्तिक है।

(ii) यह उच्च दाबों पर लागू नहीं होता है।

(iii) यह अधिशोषण के प्रक्रम में अधिशोषक के पृष्ठ तनाव की भूमिका पर विचार नहीं करता है।

लैंगम्यूर अधिशोषण समताप
Langmuir Adsorption Isotherm

लैंगम्यूर ने एक सैद्धान्तिक सम्बन्ध व्युत्पन्न किया जो फ्रैंडलिच समतापीय की अपेक्षा दाब के विस्तृत परिसर में पाया गया। वास्तव में, माध्यमिक दाबों के लिए लैंगम्यूर समतापीय का ही एक विशेष रूप फ्रैंडलिच अधिशोषण समतापीय है। लैंगम्यूर सिद्धान्त के अनुसार

(i) ठोस की सतह पर अधिशोषण केवल तब तक होता है जब तक सम्पूर्ण सतह पूर्ण रूप से अधिशोषित गैस की एकअणुक सतह द्वारा न घिर जाये।

(ii) अधिशोषण दो विपरीत प्रक्रमों, (a) ठोस सतह पर गैस अणुओं का संघनन (b) गैसीय प्रावस्था में वापस सतह से गैस अणुओं का वाष्पन (विशोषण) से बना होता है।

(iii) संघनन की दर, संघनन के लिए प्राप्य अधिशोषक की अनावरित (नग्न) सतह पर निर्भर करती है। जब संघनन की दर वाष्पीकरण की दर के समान हो जाती है, तो साम्य स्थापित हो जाता है, जिसे **अधिशोषण साम्य** कहते हैं।

अधिशोषण संमदाबी Adsorption Isobar

किसी नियत दाब पर गैस के अधिशोषण की मात्रा (x/m) तथा तापमान (T) के मध्य खींचा गया आलेख अधिशोषण समदाबी कहलाता है।

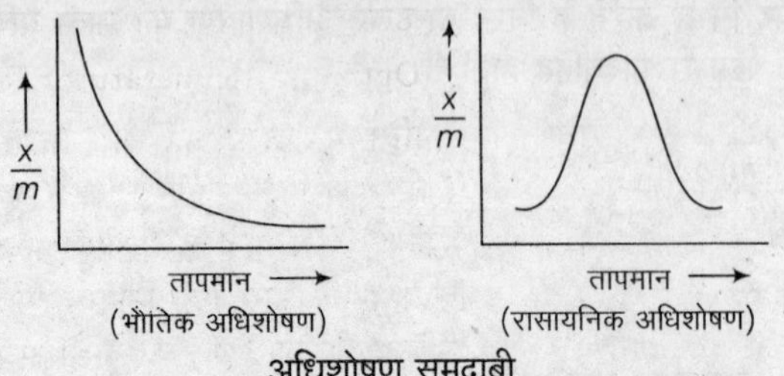

अधिशोषण समदाबी

भौतिक तथा रासायनिक अधिशोषणों के अधिशोषण समदाबी मत्त्वपूर्ण अन्तर प्रदर्शित करते हैं तथा इन वक्रों में अन्तर के आधार पर इन दोनों अधिशोषणों में अन्तर ज्ञात किया जा सकता है।

तापमान में वृद्धि के साथ-साथ लगातार भौतिक अधिशोषण में कमी आती है जबकि रासायनिक अधिशोषण प्रारम्भ में बढ़ता है, जो वक्र में अधिकतम् दर्शाया गया है तथा इसके पश्चात् यह लगातार कम होता जाता है।

रासायनिक अधिशोषण में प्रारम्भिक वृद्धि दर्शाती है कि रासायनिक अभिक्रियाओं के समान, इसमें भी सक्रियण ऊर्जा की आवश्यकता होती है। यद्यपि बाद वाली कमी दर्शाती है कि उच्च ताप पर विशोषण (Desorption) होता है।

अधिशोषण के अनुप्रयोग (उपयोग)
Applications of Adsorption (Uses)

अधिशोषण का प्रयोग विभिन्न प्रक्रमों में किया जाता है। इसके कुछ महत्त्वपूर्ण अनुप्रयोग निम्नवर्णित हैं

(i) **गैस मास्क में** (In Gas Masks) सक्रिय चारकोल का उपयोग वायु से जहरीली गैस को अधिशोषित करने के लिए गैस मास्क में किया जाता है। गैस मास्क का उपयोग सुरंग में काम करने वाले श्रमिकों द्वारा किया जाता है क्योंकि कोयले की खदानों में CO, CH_4 जैसी जहरीली गैसें निकलती हैं।

(ii) **विलयनों से रंगीन पदार्थ को हटाने में** (Removal of Colouring Matter Form Solutions) कई पदार्थ जैसे—शर्करा, फलों का रस तथा वनस्पति तेल अशुद्धियों की उपस्थिति के कारण रंगीन होते हैं। इनको अधिशोषक जैसे सक्रिय चारकोल या फुलर मृदा के सम्पर्क में रखकर रंगहीन किया जाता है।

(iii) **फेन उत्प्लावन विधि में** (In Froth Floatation Process) इस विधि द्वारा हल्के सल्फाइड अयस्कों से सिलिका एवं अन्य आधात्री पदार्थों को हटाकर इन्हें सान्द्रित किया जाता है।

(iv) **वर्णलेखन विश्लेषण में** (In Chromatography Analysis) यह किसी मिश्रण के अवयवों के पृथक्करण की विधि है तथा यह मुख्यत: अधिशोषक स्तम्भ (Absorption column) पर आधारित है जो कि बहुत सामान्य रूप से प्रयुक्त होने वाला उपकरण है।

(v) **कपड़ों को रंगने में** (In Dyeing Clothes) एलम जैसे रंजक (Mordants) कपड़े को रंगने में काम आते हैं। रंजक डाइ के कणों को अधिशोषित करते हैं, अन्यथा वे कपड़ों के साथ चिपके नहीं रह पाते हैं।

(vi) **आर्द्रता नियन्त्रित करने में** (In Controlling Moisture) सिलिका जैल वायु से आर्द्रता या नमी अधिशोषित करने में काम आता है।

(vii) **रोगों के उपचार में** (To Cure Diseases) कई औषधियाँ सूक्ष्मजीवों पर अधिशोषित होकर उन्हें मार देती हैं या ये शरीर के ऊतकों पर अधिशोषित होकर उन्हें ऊष्मा प्रदान करती हैं।

(viii) **पेट्रोलियम के परिशोधन में** (In Refining Petroleum) सिलिका जैल को पेट्रोलियम परिशोधन में अवशोषक के रूप में प्रयुक्त करते हैं।

(ix) **कठोर जल का मृदुकरण करने में** (In Softening of Hard Water) कठोर जल के मृदुकरण के लिए प्रयुक्त आयन विनिमय रेजिन स्वयं पर आयन के चयनात्मक तथा प्रतिगामी अधिशोषण पर आधारित होता है।

$$Na_2Z + Ca^{2+} \longrightarrow CaZ + 2Na^+$$

उत्प्रेरण Catalysis

किसी रासायनिक अभिक्रिया की दर किसी पदार्थ की उपस्थिति के कारण परिवर्तित हो जाती है परन्तु पदार्थ स्वयं अभिक्रिया के अन्त में रासायनिक रूप से अपरिवर्तित रहता है तो उसे उत्प्रेरण (Catalysis) कहते हैं। जो पदार्थ किसी रासायनिक अभिक्रिया की दर को परिवर्तित कर देता है, परन्तु स्वत: अभिक्रिया के अन्त में रासायनिक रूप से अपरिवर्तित रहता है उसे **उत्प्रेरक** (Catalyst) कहते हैं।

उत्प्रेरण के प्रकार Types of Catalysis

उत्प्रेरण को निम्नलिखित प्रकारों से वर्गीकृत किया जा सकता है

(i) **समांगी उत्प्रेरण** (Homogeneous Catalysis) जब उत्प्रेरक व अभिकारक समान प्रावस्था में होते हैं, तो उत्प्रेरक समांगी उत्प्रेरक कहलाता है तथा इस प्रकार का उत्प्रेरण समांगी उत्प्रेरण कहलाता है।

उदाहरण—चैम्बर विधि द्वारा H_2SO_4 का निर्माण

$$2SO_2(g) + O_2(g) \xrightarrow{NO(g)} 2SO_3$$

(ii) **विषमांगी उत्प्रेरण** (Heterogeneous Catalysis) जब उत्प्रेरक व अभिकारक भिन्न-भिन्न प्रावस्था में होते हैं, तो उत्प्रेरक विषमांगी उत्प्रेरक कहलाता है तथा इस प्रकार का उत्प्रेरण विषमांगी उत्प्रेरण कहलाता है।

उदाहरण—हाइड्रोजन तथा ऑक्सीजन के संयोग से जल का बनना

$$2H_2(g) + O_2(g) \xrightarrow{Pt(s)} 2H_2O$$

(iii) **धनात्मक उत्प्रेरण** (Positive Catalysis) किसी पदार्थ की उपस्थिति से यदि रासायनिक अभिक्रिया की दर बढ़ जाती है तो इसे **धनात्मक उत्प्रेरण** कहते हैं। उदाहरण—MnO_2 उत्प्रेरक की उपस्थिति में $KClO_3$ के विघटन की दर बढ़ जाती है।

$$2KClO_3 \xrightarrow[270° C]{MnO_2} 2KCl + 3O_2$$

(iv) **ऋणात्मक उत्प्रेरण** (Negative Catalysis) किसी पदार्थ की उपस्थिति से यदि रासायनिक अभिक्रिया की दर मन्द हो जाती है तो इसे **ऋणात्मक उत्प्रेरण या संदमन** (Inhibition) कहते हैं तथा जो पदार्थ अभिक्रिया की दर को मन्द कर देता है उसे **ऋणात्मक उत्प्रेरक या संदमक** (Inhibitor) कहते हैं।

उदाहरण—वायु द्वारा सोडियम सल्फाइड के सोडियम सल्फेट में ऑक्सीकरण की दर एथिल ऐल्कोहॉल की उपस्थिति में मन्द हो जाती है।

$$2Na_2S_2O_3 + O_2 \xrightarrow{C_2H_5OH} 2Na_2SO_4$$

(v) **स्व-उत्प्रेरण** (Auto Catalysis) जब किसी रासायनिक अभिक्रिया में बना कोई उत्पाद उस रासायनिक अभिक्रिया के लिए उत्प्रेरक का कार्य करता है तो उसे स्व: उत्प्रेरण कहते हैं तथा अभिक्रिया का जो उत्पाद अभिक्रिया को उत्प्रेरित करता है उसे **स्व: उत्प्रेरक** कहते हैं।

(vi) **प्रेरित उत्प्रेरण** (Induced Catalysis) जब एक रासायनिक अभिक्रिया किसी दूसरी रासायनिक अभिक्रिया के वेग को बढ़ाती है तो इसे प्रेरित उत्प्रेरण कहते हैं।

उदाहरण—वायु, Na_2SO_3 को Na_2SO_4 में ऑक्सीकृत कर देता है। परन्तु Na_3AsO_3 का ऑक्सीकरण वायु द्वारा नहीं होता है।

उत्प्रेरक वर्धक अथवा सक्रियक
Catalytic Promoters or Activators

वे पदार्थ जो स्वयं उत्प्रेरक नहीं होते हैं किन्तु इनकी उपस्थिति उत्प्रेरक की उत्प्रेरकीय सक्रियता में वृद्धि कर देती है, उत्प्रेरक वर्धक कहलाते हैं। एक उत्प्रेरक वर्धक पृष्ठ पर सक्रिय स्थलों की संख्या में वृद्धि कर सकता है।

उदाहरण—
$$N_2 + 3H_2 \xrightarrow[\text{Mo (वर्धक)}]{\text{Fe (उत्प्रेरक)}} 2NH_3$$

उत्प्रेरक विष Catalytic Poisons

वे पदार्थ जो उत्प्रेरक की उत्प्रेरकीय सक्रियता को कम या नष्ट कर देते हैं, उत्प्रेरक विष कहलाते हैं।

$$N_2 + 3H_2 \xrightarrow[\text{CO/H}_2\text{O (उत्प्रेरक विष)}]{\text{Fe(उत्प्रेरक)}} 2NH_3$$

उत्प्रेरकों के गुण Characteristics of Catalysis

उत्प्रेरकों के प्रमुख गुण निम्न हैं

(i) उत्प्रेरक, भार तथा रासायनिक संघटन की दृष्टि से अभिक्रिया के अन्त में अपरिवर्तित रहता है।

(ii) उत्प्रेरक की अल्प मात्रा ही अधिकांश असीमित अभिक्रियाओं को उत्प्रेरित करने के लिए पर्याप्त होती है।

(iii) **उत्प्रेरक अभिक्रिया को प्रारम्भ नहीं कर सकते हैं।** उत्प्रेरक का कार्य, अभिक्रिया को प्रारम्भ करना नहीं वरन् उसकी गति में परिवर्तन करना है।

(iv) **उत्प्रेरक सामान्यत: विशिष्ट प्रकृति के होते हैं।** कोई पदार्थ जो किसी विशिष्ट अभिक्रिया के लिए उत्प्रेरक के रूप में कार्य करता है, अन्य अभिक्रिया को उत्प्रेरित करने में असफल रहता है। समान अभिकारकों के लिए भिन्न उत्प्रेरक भिन्न उत्पाद देते हैं।

(v) **उत्प्रेरक साम्यावस्था को परिवर्तित नहीं करता है।** उत्प्रेरक उत्क्रमणीय अभिक्रियाओं के अग्र तथा पश्च वेग को समान मात्रा में उत्प्रेरित करता है। इस प्रकार साम्यावस्था स्थिरांक पर कोई प्रभाव नहीं होता है।

(vi) **ताप में परिवर्तन से उत्प्रेरित अभिक्रिया का वेग परिवर्तित हो जाता है।** ताप में वृद्धि से उत्प्रेरक की उत्प्रेरण क्षमता बढ़ जाती है, किन्तु एक निश्चित ताप के पश्चात् इसकी क्षमता घटने लगती है। वह ताप जिस पर उत्प्रेरक की उत्प्रेरण क्षमता अधिकतम् होती है, अनुकूलित ताप (Optimum temperature) कहलाता है।

(vii) **धनात्मक उत्प्रेरक सक्रियण ऊर्जा को कम करते हैं।** संघट्ट सिद्धान्त के अनुसार अभिकारक अणुओं के मध्य प्रभावी टक्कर से रासायनिक अभिक्रिया घटित होती है। प्रभावी संघट्ट के लिए यह आवश्यक है कि अणु के पास एक निश्चित मात्रा की ऊर्जा होनी चाहिए जिसे सक्रियण ऊर्जा (E_a) कहते हैं। संघट्ट के बाद अणु सक्रियित संकुल बनाता है जो विघटित होकर उत्पाद बनाता है। उत्प्रेरक अभिक्रिया को कम सक्रियण ऊर्जा वाला मार्ग प्रदान करते हैं।

उत्प्रेरक की क्रियाशीलता एवं चयनात्मकता (या वरणात्मकता)
Activity and Selectivity of Catalyst

उत्प्रेरक क्रियाशीलता एवं चयनात्मकता नामक दो विशिष्ट गुण प्रदर्शित करते हैं जिनका वर्णन निम्नलिखित है

(i) **क्रियाशीलता** (Activity) उत्प्रेरक द्वारा किसी रासायनिक अभिक्रिया को त्वरित करने (वेग बढ़ाने) की क्षमता उसकी क्रियाशीलता कहलाती है। कई अभिक्रियाओं के लिए इस त्वरित वेग की कोटि 10^{10} गुना तक होती है।

(ii) **वरणात्मकता/चयनात्मकता** (Selectivity) उत्प्रेरक द्वारा किसी रासायनिक अभिक्रिया में किसी विशेष उत्पाद को सीधे बनाना चयनात्मकता कहलाती है।

जियोलाइट : आकृति वरणात्मक उत्प्रेरक
Zeolite : Shape Selective Catalysts

जियोलाइट एक ऐलुमिनो सिलिकेट है जिसका सामान्य सूत्र निम्न होता है

$$M_{x/n}[AlO_2]_x \cdot (SiO_2)_y \cdot mH_2O$$

जहाँ, M सामान्य धनायन Na^+, K^+ अथवा Ca^{2+}, n धनायनों का आवेश तथा m क्रिस्टलीकरण के जल के अणुओं की संख्या है।

जियोलाइट का विशिष्ट लक्षण उनकी छिद्रमय संरचनाएँ हैं जो विभिन्न आकार की रिक्तिकाएँ उत्पन्न करती हैं।

इनकी खुली संरचना सिलिका द्वारा उत्पन्न की जाती है, जिसमें ऐलुमिनियम का $x/(x+y)$ प्रभाज चतुष्फलकीय रिक्तिका (Tetrahedral sites) को घेरे होता है।

ZSM-5 इस प्रकार का मुख्य जियोलाइट है। इसका सामान्य सूत्र $[H_x(AlO_2)_x \cdot (SiO_2)_{96-x}] \cdot 16H_2O$ होता है।

ZSM-5 उत्प्रेरक ऐल्कोहॉल को गैसोलीन में बदल देता है। इसके द्वारा ऐल्कोहॉलों का निर्जलीकरण होता है जिससे विभिन्न प्रकार के हाइड्रोकार्बन प्राप्त होते हैं।

उत्प्रेरण के सिद्धान्त Theories of Catalysis

उत्प्रेरण की क्रियाविधि को स्पष्ट करने के लिए निम्नलिखित सिद्धान्त प्रतिपादित किए गए

माध्यमिक यौगिक बनने का सिद्धान्त
Intermediate Compound Formation Theory

यह सिद्धान्त समांगी उत्प्रेरण की व्याख्या करता है। इसके अनुसार "सर्वप्रथम अभिकारक तथा उत्प्रेरक परस्पर संयोग कर एक माध्यमिक यौगिक का निर्माण करते हैं जो दूसरे अभिकारक से अभिक्रिया करता है, जिसके फलस्वरूप उत्पाद बनते हैं।"

उदाहरण—

$$\underset{\text{अभिकारक}}{A} + \underset{\text{उत्प्रेरक}}{C} \longrightarrow \underset{\text{माध्यमिक यौगिक}}{AC}$$

$$\underset{\text{माध्यमिक यौगिक}}{AC} + \underset{\text{अभिकारक}}{B} \longrightarrow \underset{\text{उत्पाद}}{AB} + \underset{\text{उत्प्रेरक}}{C}$$

अनेक उत्प्रेरणीय अभिक्रियाओं की व्याख्या इस सिद्धान्त के आधार पर की जा सकती है।

यह सिद्धान्त अभिक्रिया के अन्त में उत्प्रेरक का द्रव्यमान तथा रासायनिक संघटन अपरिवर्तित रहने की तथा इसकी अल्प मात्रा के प्रभाजी होने की व्याख्या करता है।

अधिशोषण सिद्धान्त Adsorption Theory

यह सिद्धान्त विषमांगी उत्प्रेरक की क्रियाविधि स्पष्ट करता है। यह क्रियाविधि निम्नलिखित पाँच पदों में सम्पादित होती है

पद I उत्प्रेरक के पृष्ठ पर अभिकारक का विसरण

पद II उत्प्रेरक के पृष्ठ पर अभिकारक अणु का अधिशोषण

पद III सक्रिय मध्यवर्ती का निर्माण

पद IV उत्प्रेरक पृष्ठ पर अभिक्रिया उत्पाद का निर्माण

पद V उत्प्रेरक पृष्ठ पर अभिक्रिया उत्पाद का विसरण

यह सिद्धान्त निम्नलिखित कारकों को स्पष्ट करता है

(i) यह सिद्धान्त सक्रिय केन्द्र की मुक्त संयोजकता को समझाता है जो अधिक अधिशोषण के लिए अधिक रिक्त स्थान प्रदान करती है तथा अभिक्रिया की दर में वृद्धि के परिणामस्वरूप सान्द्रता में वृद्धि होती है।

(ii) खुरदरे पृष्ठ के ज्यादा सक्रिय तथा सरन्ध्र होने के कारण अधिक मुक्त संयोजकता प्राप्त होती है, इसलिए अभिक्रिया की दर भी अधिक होती है।

(iii) यह सिद्धान्त वर्धक की क्रिया को भी व्यक्त करता है। वर्धक अन्तराकाशी रिक्तिका प्राप्त करता है जिसके परिणामस्वरूप अधिशोषण के लिए पृष्ठीय क्षेत्रफल बढ़ता है, अतः अभिक्रिया की दर में वृद्धि होती है।

(iv) यह सिद्धान्त उत्प्रेरक विष अथवा मंदक के कार्य की व्याख्या करता है।

एन्जाइम उत्प्रेरण Enzyme Catalysis

एन्जाइम जटिल नाइट्रोजन युक्त कार्बनिक यौगिक हैं जो जीवित पौधों एवं जन्तुओं द्वारा उत्पन्न किए जाते हैं। वास्तविक रूप में, ये उच्च अणुभार वाली प्रोटीन हैं जो जल में कोलॉइडी विलयन बनाती हैं। अतः एन्जाइम जैव रासायनिक उत्प्रेरक कहलाते हैं तथा इस प्रकार के उत्प्रेरण को जैव रासायनिक उत्प्रेरण कहते हैं।

कोलॉइडी अवस्था Colloidal State

थॉमस ग्राहम ने अध्ययन के आधार पर पाया कि कुछ क्रिस्टलीय पदार्थ जैसे चीनी, यूरिया, सोडियम क्लोराइड आदि विलयन में अतिशीघ्र विसरित हो जाते हैं तथा जन्तु झिल्ली, पादप झिल्ली तथा चर्म पत्र में से निकल सकते हैं जबकि अन्य पदार्थ जैसे गोंद, जिलेटिन, प्रोटीन, स्टार्च आदि नहीं निकल सकते हैं। उसने पहले वाले पदार्थों को **क्रिस्टलाभ** (Crystalloids) तथा बाद वाले पदार्थों को **कोलॉइड** (Colloids) कहा।

वास्तव में, कोलॉइड पद पदार्थों में किसी विशिष्ट वर्ग पर लागू नहीं होता है। यह एक अवस्था है तथा कोई भी पदार्थ, इसकी प्रकृति पर ध्यान दिए बिना इसके कणों को कोलॉइडी आकार में परिवर्तित करके, कोलॉइडी अवस्था में परिवर्तित किया जा सकता है।

विलयन का वर्गीकरण Classification of Solution

परिक्षिप्त प्रावस्था (Dispersed phase) [आन्तरिक अथवा असतत् प्रावस्था] तथा **परिक्षेपण माध्यम** (Dispersion medium) [बाह्य अथवा सतत् प्रावस्था] में कणों के आकार के आधार पर किसी विलयन को निम्नलिखित तीन वर्गों में वर्गीकृत किया जा सकता है।

वास्तविक विलयन True Solution

ये समांगी होते हैं, जिनमें अणु या आयन विलायक (परिक्षेपण प्रावस्था) में समान रूप से परिक्षेपित रहते हैं। विलेय (परिक्षेपित प्रावस्था) आण्विक आकार के तथा अदृश्य होते हैं और रखने पर स्थिर नहीं होते हैं। **उदाहरण** जल में शर्करा या नमक का विलयन।

निलम्बन Suspension

यह एक विषमांगी विलयन है। इसमें विलेय के कण पूर्णत: विलेय नहीं होते हैं और इनका आकार इतना बड़ा होता है कि इन्हें नग्न आँख अथवा सूक्ष्मदर्शी से देखा जा सकता है। रखने पर विलेय के कण तल में बैठ जाते हैं।

कोलॉइडी विलयन Colloidal Solution

विलयन जिसके कण, वास्तविक विलयन के कणों से बड़े तथा निलम्बन के कणों से छोटे होते हैं, कोलॉइडी विलयन कहलाते हैं। निलम्बन के विपरीत, कोलॉइडी कण रखने पर स्थिर नहीं होते हैं और इसलिए साधारण **निस्यन्दन** (Decantation) द्वारा पृथक नहीं किये जा सकते हैं।

कोलॉइडी अवस्था कण के आकार पर निर्भर करती है। यह वास्तविक विलयन तथा निलम्बन की मध्यावस्था है।

अत: एक पदार्थ को कोलॉइडी अवस्था में तब कहा जाता है जब परिक्षिप्त अवस्था के कण का आकार वास्तविक विलयन के कण से अधिक तथा निलम्बन के कणों से कम होता है अर्थात् इनके कणों का व्यास 1 नैनोमी से 100 नैनोमी के मध्य होता है।

कोलॉइडी तन्त्र की प्रावस्थाएँ कोलॉइडी तन्त्र दो प्रावस्थाओं से युक्त होता है, जिसमें एक प्रावस्था, दूसरी प्रावस्था में विसरित या परिक्षेपित रहती है। प्रावस्था जो विसरित रहती है, परिक्षेपित प्रावस्था (Dispersed phase) या आन्तरिक प्रावस्था या असतत प्रावस्था कहलाती है। प्रावस्था जिसमें विसरण या परिक्षेपण किया जाता है, **परिक्षेपण माध्यम** (Dispersion medium) या बाह्य प्रावस्था या सतत प्रावस्था कहलाती है। यह तन्त्र की दीर्घ प्रावस्था है जबकि परिक्षेपित प्रावस्था तन्त्र का एक अल्प प्रभाज बनाती है। ये दोनों प्रावस्थाएँ ठोस, द्रव अथवा गैस हो सकती हैं।

कोलॉइडों का वर्गीकरण Classification of Colloids

कोलॉइडों का वर्गीकरण विभिन्न प्रकार से किया जा सकता है जिनका वर्णन निम्नवत् है

परिक्षिप्त प्रावस्था तथा परिक्षेपण माध्यम की भौतिक अवस्थाओं के आधार पर
On the Basis of Physical States of Dispersed Phase and Dispersion Medium

उपरोक्त आधार पर कोलॉइडी विलयन निम्नलिखित आठ प्रकार के होते हैं

दो गैसें परस्पर पूर्णतया मिश्रणीय होती हैं, अत: ये सदैव वास्तविक विलयन बनाती हैं। जल में कोलॉइडी विलयन को हाइड्रो सॉल अथवा एक्वा सॉल कहते हैं।

इसी प्रकार ऐल्कोहॉल में कोलॉइडी विलयन को ऐल्कोसॉल कहते हैं तथा बेन्जीन में कोलॉइडी विलयन को बेन्जोसॉल कहते हैं जबकि वायु (गैस) में कोलॉइडी विलयन को ऐरोसॉल कहते हैं एक्वाडेग तथा ऑयलडेग क्रमश: जल व तेल में ग्रेफाइट के कोलॉइडी विलयन होते हैं।

परिक्षिप्त प्रावस्था तथा परिक्षेपण माध्यम के मध्य अर्न्तक्रिया के आधार पर
On the Basis of Interaction between Dispersed Phase and Dispersion Medium

उपरोक्त आधार पर, कोलाइडी विलयन निम्नलिखित दो प्रकारों के होते हैं

(i) **द्रव-स्नेही अथवा जल-स्नेही कोलॉइड** (Lyophilic or Hydrophilic Colloids) ऐसे कोलॉइडी विलयन जिनमें परिक्षिप्त प्रावस्था की परिक्षेपण माध्यम के प्रति प्रबल बन्धुता होती है, द्रव-स्नेही कोलॉइड कहलाते हैं।

(ii) **द्रव-विरोधी अथवा जल-विरोधी कोलॉइड** Lyophobic or Hydrophobic Colloids) ऐसे कोलॉइडी विलयन जिनमें परिक्षिप्त प्रावस्था के कण एवं परिक्षेपण माध्यम के कणों के मध्य कोई बन्धुता नहीं होती है, द्रव-विरोधी कोलॉइड कहलाते हैं।

परिक्षिप्त प्रावस्था के कणों के प्रकार के आधार पर
On the Basis of Types of Particles of Dispersed Phase

उपरोक्त आधार पर कोलॉइडी विलयन निम्नलिखित प्रकार के होते हैं

(i) **बहुआण्विक कोलॉइड** (Multimolecular Colloids) विलेय करने पर यदि पदार्थ के परमाणु या अणु परस्पर संगुणित होकर बड़ा कोलॉइडी कण बनाते हैं, तो इस प्रकार के कोलॉइडी कणों को बहुआण्विक कोलॉइड कहते हैं। इन सॉलों में परिक्षिप्त प्रावस्था ऐसे अणु या परमाणु के संगुणन से बनती है, जिनका आण्विक आकार 1 नैनोमी से कम होता है। स्वर्ण कणों का सॉल, सल्फर (S_8) अणु का सॉल आदि इसके उदाहरण हैं। ये दुर्बल वाण्डरवाल्स बल द्वारा बँधे होते हैं तथा इनमें सामान्यत: जल-विरोधी गुण होता है।

(ii) **दीर्घआण्विक कोलॉइड** (Macromolecular Colloids) इनमें अणु बड़े आकार के होते हैं, और घुलकर कोलॉइडी सीमा के कण बनाते हैं, इस प्रकार के पदार्थ को दीर्घआण्विक कोलॉइड कहते हैं। इसमें परिक्षिप्त प्रावस्था बनाने वाले कण सामान्यत: उच्च अणुभार वाले बहुलक होते हैं। प्राकृतिक रूप से पाए जाने वाले दीर्घआण्विक कोलॉइड स्टार्च, सेलुलोस, प्रोटीन, एन्जाइम, जिलेटिन आदि हैं। कृत्रिम दीर्घआण्विक कोलॉइड के अन्तर्गत संश्लेषित बहुलक जैसे—नायलॉन, पॉलीथीन, प्लास्टिक, पॉलीस्टाइरीन आदि आते हैं। ये जल-स्नेही लक्षण दर्शाते हैं।

संगुणित कोलॉइड अथवा मिसेल
Associated Colloids or Micelles

कुछ पदार्थ निम्न सान्द्रता पर किसी माध्यम में घोलने पर सामान्य विद्युत्-अपघट्य की तरह व्यवहार करते हैं लेकिन उच्च सान्द्रता पर संगुणित कणों के बनने के कारण कोलॉइडी तन्त्र की तरह व्यवहार करते हैं। इस प्रकार बनने वाले संगुणित कणों को **मिसेल** कहते हैं। इनके अणुओं में द्रव-स्नेही एवं द्रव-विरोधी दोनों समूह उपस्थित होते हैं। तनुता (Dilution) पर ये कोलॉइड पुन: पृथक् आयन के रूप में पूर्व स्थिति में आ जाते हैं। मिसेल के कुछ उदाहरण निम्न हैं

(i) सोडियम स्टिएरेट, $C_{17}H_{35}COO^-Na^+$ (साबुन)।

(ii) सोडियम लॉरिल सल्फेट, $CH_3[CH_2]_{11}SO_4^-Na^+$ (अपमार्जक)

(iii) सिटिल ट्राइमेथिल अमोनियम ब्रोमाइड (अपमार्जक),

$$CH_3(CH_2)_{15}N^+(CH_3)_3Br^-$$

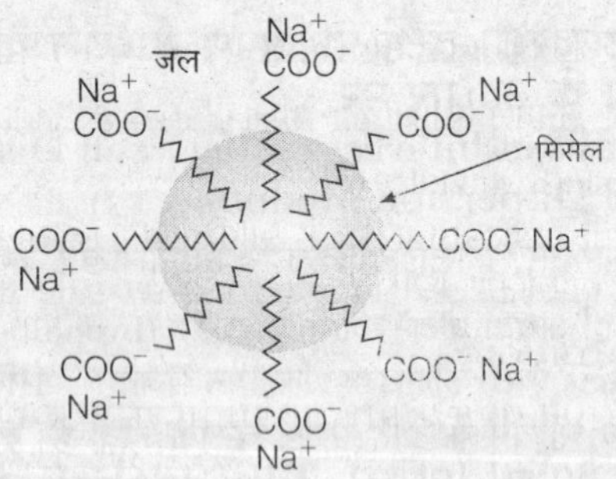

RCOO⁻ आयन के समुच्चय से आयनिक मिसेल का निर्माण

इसी तरह अपमार्जकों अर्थात् सोडियम लॉरिल सल्फेट $[CH_3(CH_2)_{11}SO_4^-Na^+]$ में ध्रुवीय समूह लम्बी हाइड्रोकार्बन शृंखला के साथ $—SO_4^-$ है। इसलिए मिसेल निर्माण की क्रियाविधि साबुन के समान होती है।

कोलॉइड बनाने की विधियाँ Preparation of Colloids

द्रव-स्नेही कोलॉइडों में परिक्षिप्त प्रावस्था एवं परिक्षेपण माध्यम के मध्य प्रबल बन्धुता होती है। अत: सामान्य ताप पर परिक्षिप्त प्रावस्था एवं परिक्षेपण माध्यम को मिलाने पर आसानी से कोलॉइडी विलयन बन जाता है। ये उत्क्रमणीय प्रकृति के होते हैं, इनको अवक्षेपित करके पुन: कोलॉइडी विलयन में बदला जा सकता है। द्रव-विरोधी कोलॉइड को बनाने के लिए विशिष्ट विधियाँ प्रयोग में लाई जाती हैं।
इन्हें सामान्यत: दो प्रकार की विधियों द्वारा बनाया जाता है

परिक्षेपण विधियाँ Dispersion Methods

इन विधियों में पदार्थ के बड़े कणों को छोटे कणों में तोड़ा जाता है। कुछ परिक्षेण विधियों निम्नलिखित हैं

यान्त्रिक परिक्षेपण विधि Mechanical Dispersion Method

इसमें सर्वप्रथम पदार्थ को अच्छी तरह चूर्णित किया जाता है। इसे परिक्षेपण माध्यम के साथ हिलाकर निलम्बित करते हैं। कोलॉइडी मिल में निलम्बन को प्रवाहित किया जाता है। कोलॉइडी मिल में धातु की बनी दो डिस्क एक-दूसरे के ऊपर परन्तु विपरीत दिशा में उच्च वेग से (7000 घूर्णन/मिनट) घूर्णन करती हैं। इसमें निलम्बित कण कोलॉइडी आकार के कणों में टूट जाते हैं। काली स्याही, वॉर्निश, रंजक, रबर आदि के कोलॉइडी विलयन इसी विधि द्वारा प्राप्त किए जाते हैं।

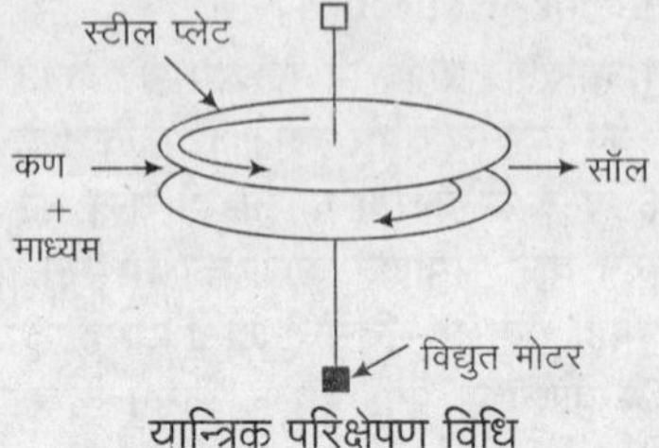

यान्त्रिक परिक्षेपण विधि

विद्युत परिक्षेपण विधि अथवा ब्रेडिग-आर्क विधि Electrical Dispersion Method or Bredig's Arc Method

इस विधि द्वारा प्लेटिनम, सिल्वर, कॉपर, गोल्ड आदि के कोलॉइडी विलयन प्राप्त किए जाते हैं। जिस धातु का कोलॉइडी विलयन बनाना होता है उसके दो इलेक्ट्रोड बनाते हैं और इन्हें जल आदि परिक्षेपण माध्यम में डुबा दिया जाता है। परिक्षेपण माध्यम को बर्फ द्वारा ठण्डा रखा जाता है। दोनों इलेक्ट्रोड के मध्य विद्युत विसर्ग प्रवाहित करने पर इसमें अत्यधिक मात्रा में ऊष्मा उत्पन्न होती है तथा कोलॉइडी विलयन प्राप्त होता है। प्राप्त कोलॉइडी विलयन को स्थायी बनाने के लिए इसमें KOH की थोड़ी-सी मात्रा मिला देते हैं।

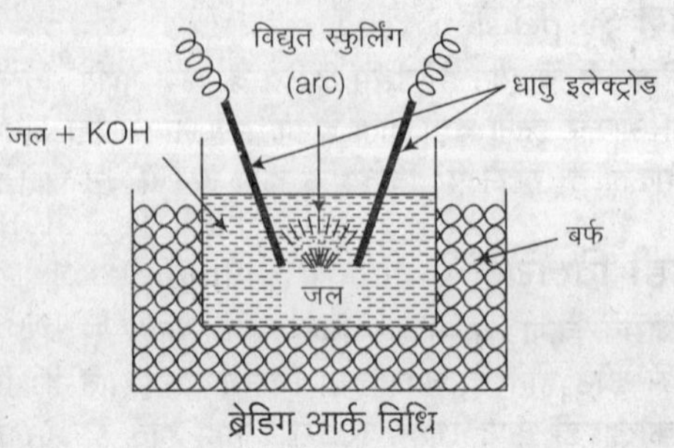

ब्रेडिग आर्क विधि

पेप्टीकरण Peptisation

ताजे बने अवक्षेप को विद्युत-अपघट्य मिलाकर कोलॉइडी विलयन में बदलने का प्रक्रम पेप्टीकरण कहलाता है। प्रयुक्त किया गया विद्युत-अपघट्य पेप्टीकारक (Peptising agent or peptizer) कहलाता है। *पेप्टीकरण निम्नलिखित विधियों द्वारा किया जा सकता है*

(i) **विद्युत-अपघट्य द्वारा** ताजे बने फेरिक हाइड्रॉक्साइड के अवक्षेप को कोलॉइडी विलयन में बदलने के लिए इसे विद्युत-अपघट्य जैसे— $FeCl_3$ या NH_4OH के विलयन में घोला जाता है।

(ii) **अवक्षेप को धोकर** कभी-कभी पेप्टीकरण अवक्षेप को बार-बार धोकर किया जाता है।

$$\underset{\text{ताजा अवक्षेप}}{Fe(OH)_3} + \underset{\text{विद्युत-अपघट्य}}{FeCl_3} \longrightarrow \underset{\text{कोलॉइडी सॉल}}{[Fe(OH)_3]Fe^{3+} : 3Cl^-}$$

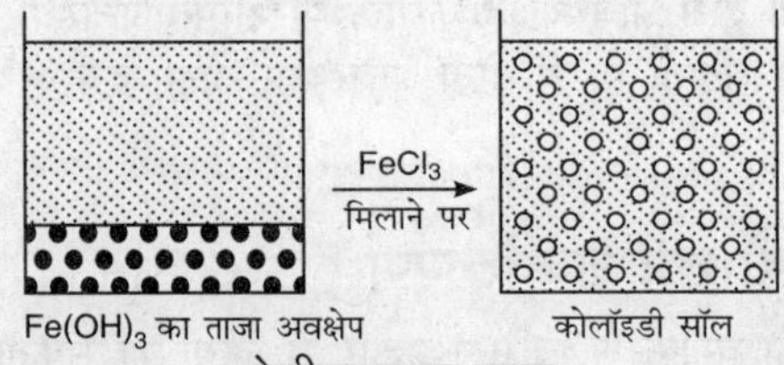

पेप्टीकरण का प्रक्रम

स्टेनिक ऑक्साइड का स्थायी सॉल प्राप्त करने के लिए स्टेनिक ऑक्साइड के अवक्षेप में HCl मिलाते हैं।

$$SnO_2 + 4HCl \longrightarrow SnCl_4 + 2H_2O$$
$$SnO_2 + SnCl_4 \longrightarrow [SnO_2]Sn^{4+} : 4Cl^-$$

(ii) **अवक्षेप को धोकर** कभी-कभी पेप्टीकरण अवक्षेप को बार-बार धोकर किया जाता है।

संघनन अथवा समूहीकरण विधियाँ Aggregation or Condensation Methods

इन विधियों में, कोलॉइडी आकार के कणों को एक साथ समूहबद्ध या संघनित किया जाता है। सभी रासायनिक परिवर्तन सॉल के निर्माण के लिए प्रयुक्त हो सकने वाले उत्पादों के कारण होते हैं, जो एक उचित स्टेब्लाइजर प्रदान करते हैं।

कुछ महत्त्वपूर्ण संघनन विधियाँ निम्नलिखित हैं

(i) **उभय अपघटन** (Double Decomposition) पदार्थ के अवयवी आयनों युक्त विलयनों को मिश्रित करने पर अवक्षेप प्राप्त होता है। यदि पदार्थ की विलेयता कम हो, तो अवक्षेप कोलॉइडी होगा। आर्सेनियस सल्फाइड व मर्क्यूरिक सल्फाइड के सॉल के निर्माण हेतु उनके ऑक्साइडों के संगत विलेय लवणों के संतृप्त विलयनों में से H_2S को प्रवाहित करते हैं।

$$As_2O_3 + 3H_2S \longrightarrow As_2S_3 + 3H_2O$$
$$Hg(CN)_2 + H_2S \longrightarrow HgS + 2HCN$$

(b) **अपचयन** (Reduction) विभिन्न धातुओं जैसे—सिल्वर, गोल्ड, प्लेटिनम आदि का कोलॉइडी विलयन इस विधि द्वारा प्राप्त किया जाता है। इसके लिए इन धातुओं के लवण को उचित अपचायक जैसे—फॉर्मेल्डिहाइड, फेनिल हाइड्रेजीन, हाइड्रोजन परॉक्साइड, स्टेनस क्लोराइड आदि के द्वारा अपचयित किया जाता है।

$$2AuCl_3 + 3SnCl_2 \longrightarrow 3SnCl_4 + \underset{\text{गोल्ड सॉल}}{2Au}$$

$$2AuCl_3 + 3HCHO + 3H_2O \longrightarrow \underset{\text{गोल्ड सॉल}}{2Au} + 3HCOOH + 6HCl$$

इस प्रकार निर्मित गोल्ड सॉल का रंग बैंगनी होता है, अत: यह परपल ऑफ केसियस (purple of cassius) कहलाता है।

(iii) **ऑक्सीकरण** (Oxidation) सल्फर का कोलॉइडी विलयन प्राप्त करने के लिए हाइड्रोजन सल्फाइड के जलीय विलयन में ऑक्सीजन (या अन्य ऑक्सीकारक जैसे—HNO_3, Br_2 आदि) को प्रवाहित किया जाता है।

$$2H_2S + O_2 \text{ (या अन्य ऑक्सीकारक)} \longrightarrow 2H_2O + 2S$$

(iv) **जल-अपघटन** (Hydrolysis) $FeCl_3$, $AlCl_3$ अथवा $CrCl_3$ के तनु विलयन को उबालकर, $Al(OH)_3$ अथवा $Cr(OH)_3$ जैसे धातु हाइड्रॉक्साइडों के कोलॉइडी सॉल प्राप्त किए जा सकते हैं।

$$FeCl_3 + 3H_2O \longrightarrow Fe(OH)_3 \text{(सॉल)} + 3HCl;$$

(v) **विलायक विनिमय द्वारा** (From Solvent Exchange) जब एक वास्तविक विलयन को अन्य विलायक के आधिक्य के साथ मिश्रित किया जाता है, जिसमें विलेय, अविलेय होता है लेकिन विलायक मिश्रणीय होता है, तो एक कोलॉइडी सॉल प्राप्त होता है।

(vi) **भौतिक अवस्था परिवर्तन द्वारा** (By Change in Physical State) सल्फर, मर्करी (पारा) आदि के कोलॉइडी विलयन प्राप्त करने के लिए इनकी वाष्प को ठण्डे जल में प्रवाहित किया जाता है और इसमें उचित स्थायीकारक जैसे—अमोनियम लवण या सिट्रेट आदि को मिला दिया जाता है।

(vii) **अत्याधिक प्रशीतन द्वारा** (By Excessive Cooling) बर्फ का ईथर या क्लोरोफॉर्म जैसे कार्बनिक विलायक में कोलॉइडी विलयन प्राप्त करने के लिए जल को इस विलायक में ठण्डा करते हैं। जल के ऐसे अणु जो विलयन में लम्बाई में बँधे नहीं रह सकते, पृथक् रूप से आपस में संयुक्त होकर कोलॉइडी आकार के अणु बना लेते हैं।

कोलॉइडी विलयन का शुद्धिकरण

Purification of Colloidal Solutions

विभिन्न विधियों द्वारा प्राप्त कोलॉइडी सॉल अशुद्ध होते हैं तथा विद्युत-अपघट्य तथा अन्य घुलनशील अशुद्धियों युक्त होते हैं। ये अशुद्धियाँ सॉल को अस्थिर कर देती हैं। अत: इन्हें हटाना आवश्यक है। कोलॉइडी विलयन के शोधन के लिए निम्नलिखित विधियाँ प्रयुक्त की जाती हैं

(a) **अपोहन** (Dialysis) क्रिस्टलीय पदार्थ से कोलॉइड को चर्मपत्र द्वारा विसरण क्रिया के माध्यम से पृथक् करना अपोहन कहलाता है। यह विधि इस तथ्य पर निर्भर करती है कि कोलॉइडी कण जन्तु झिल्ली (चर्म पत्र) से नहीं गुजर पाते जबकि विद्युत-अपघट्य इसमें से गुजर जाते हैं। सॉल को चर्म पत्र थैले में लेते हैं, जिसे एक पात्र में प्रवाहित हो रहे जल में लटका देते हैं। धीरे-धीरे विलेय अशुद्धियाँ विसरित हो जाती हैं तथा शुद्ध सॉल शेष बच जाता है। अपोहन एक मन्द प्रक्रम है तथा इसके द्वारा पूर्ण शुद्धिकरण में कई घण्टे या कभी-कभी कई दिन लग जाते हैं।

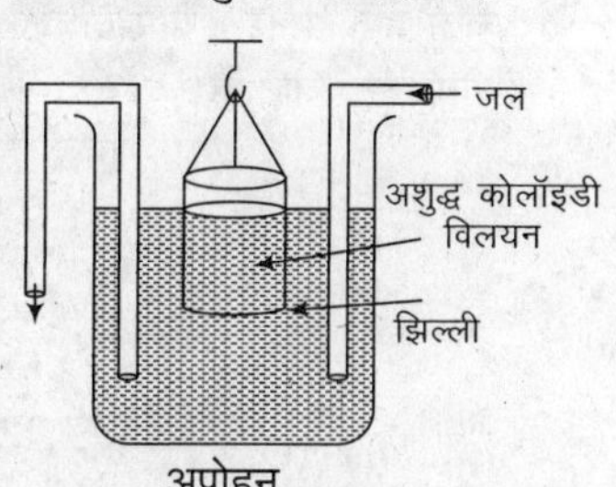

अपोहन

(b) **विद्युत् अपोहन** (Electrodialysis) यदि अपोहन प्रक्रम को तीव्र करने हेतु विद्युत् क्षेत्र का प्रयोग किया जाता है, तो यह प्रक्रम विद्युत् अपोहन कहलाता है। विद्युत् अपोहन क्रिया से कम समय में कोलॉइड को शुद्ध अवस्था में प्राप्त करना सम्भव है। लेकिन विद्युत् धारा अचालक अशुद्धियाँ जैसे—ऐल्कोहॉल, शक्कर आदि को प्रभावित नहीं करती है।

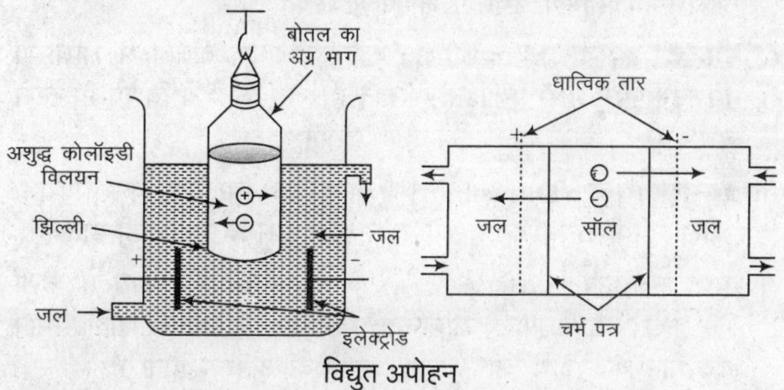

विद्युत अपोहन

(iii) **अति सूक्ष्मनिस्यन्दन अथवा परानिस्यन्दन** (Ultrafiltration) कोलॉइडी कण सामान्य फिल्टर पत्र को पार कर जाते हैं क्योंकि इनके छिद्रों का आकार कोलॉइडी कणों के आकार से बड़ा होता है। अत: सामान्यत: फिल्टर पत्र को कोलॉडियॉन के जिलेटिनी विलयन में डुबाकर फॉर्मेल्डिहाइड के विलयन में रखा जाए तो इसके छिद्र छोटे हो जाते हैं एवं कागज कड़ा हो जाता है। यह उपचारित फिल्टर पत्र कोलॉइडी कणों को पार नहीं जाने देता, जबकि वास्तविक विलयन के कण इससे आसानी से पार हो जाते हैं। इस प्रकार के फिल्टर पत्र को अतिसूक्ष्म फिल्टर पेपर तथा इस विधि को अति सूक्ष्म निस्यन्दन कहते हैं। यह एक धीमी प्रक्रिया है। अभिक्रिया को तीव्र करने के लिए दाब या निर्वात् प्रयुक्त किया जाता है।

(iv) **विद्युत निस्तारण अथवा अतिसूक्ष्म अपकेन्द्रण** (Electro Decantation or Ultracentrifugation) कोलॉइडी कण परिक्षेपण माध्यम के अणुओं की गति में भाग लेते हैं तथा निरन्तर टेढ़ी-मेढ़ी (*zig-zag*) गति में होते हैं यह ब्राउनियन गति कहलाती है। सॉल कण इस अनियमित टेढ़ी-मेढ़ी गति के कारण नीचे नहीं बैठते हैं। सॉल को उच्च गति अपकेन्द्रण मशीन में अत्यन्त उच्च वेग लगभग 1500 चक्र प्रति मिनट) में रखा जाता है जिससे कोलॉइडी कण शीघ्रता से नीचे बैठ जाते हैं।

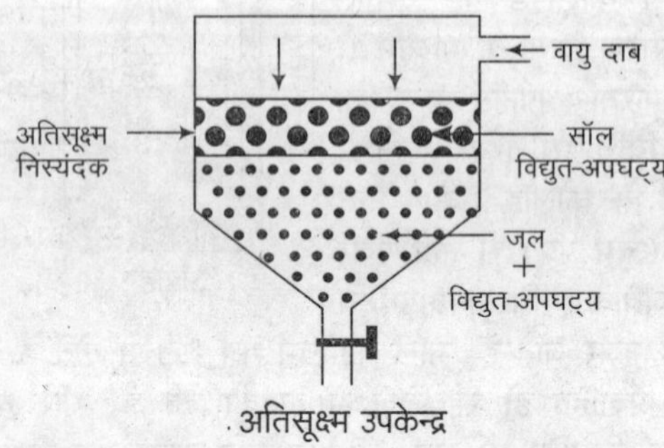

अतिसूक्ष्म उपकेन्द्र

कोलॉइडों के गुण Properties of Colloids

कोलॉइडों द्वारा प्रदर्शित महत्त्वपूर्ण गुण निम्नलिखित हैं

सामान्य गुण General Properties

कोलॉइडों के कुछ सामान्य गुण निम्नवत हैं

(i) **विषमांगता** (Heterogeneity) ये दो प्रावस्थाओं से युक्त होते हैं, परिक्षेपित प्रावस्था तथा परिक्षेपण प्रावस्था।

(ii) **फिल्टर क्षमता** (Filtrability) कोलॉइडी कण तीव्रता से साधारण फिल्टर पेपरों द्वारा प्रवाहित हो जाते हैं। जब कभी ये विशेष फिल्टरों द्वारा ग्रहण किये जा सकते हैं। (परानिस्यन्दन)

(iii) **विसरणीयता** (Diffusibility) वास्तविक विलयनों के विपरीत, कोलाइडी विलयन चर्मपत्रों के द्वारा शीघ्रता से विसरित नहीं होते हैं।

(iv) **पृष्ठ क्षेत्रफल** (Surface Area) किसी कोलॉइडी निकाय में कणों का कुल पृष्ठ क्षेत्रफल, सामान्यत: मोटे दानेदार आकार वाले समान द्रव्यमान के पदार्थ की अपेक्षा अत्यधिक अधिक होता है।

(v) पायसों की सान्द्रता तथा घनत्व Concentration and Density of Sols) अधिकाशत: कोलाइडों की सान्द्रता कम होती है। अधिकाश धातु पायसों में 10–15% धातु उपस्थित होती है। हाइड्रॉक्साइडों तथा सल्फाइडों में 1–5% ठोस उपस्थित होता है। रेशेदार कोलॉइडी अणुओं की सान्द्रता की कम होती है तथा 0.2–1% के मध्य रहती है।

(vi) **अणुसंख्य गुणधर्म** (Colligative Properties) कोलॉइडी कण साधारण अणु नहीं होते हैं बल्कि अणुओं का भौतिक समूहीकरण होता है। इस प्रकार सॉल के दिये हुए भार के लिए, कणों की संख्या, वास्तविक विलयन में कणों की संख्या की तुलना में बहुत अल्प होती है। अत: वास्तविक विलयनों के विपरीत, कोलॉइडी तन्त्र बहुत निम्न परासरण दाब देता है तथा बहुत अल्प हिमांक अवनमन या क्वथनांक उन्नयन प्रदर्शित करता है।

(vii) **'रंग** (Colour) किसी कोलॉइडी विलयन का रंग कणों के आकार तथा आकृति पर निर्भर करता है। यह किसी प्रेक्षक के प्रकाश को ग्रहण करने के तरीके पर भी निर्भर करता है।

प्रकाशिक गुण: टिण्डल प्रभाव
Optical Properties : Tyndall Effect

टिण्डल ने सन् 1869 में पाया कि यदि प्रकाश के प्रबल पुंज को अन्धेरे स्थान में रखे कोलॉइडी सॉल से गुजारा जाता है, तो उस पुंज का पथ प्रकाशित होने लगता है। यह परिघटना टिण्डल प्रभाव कहलाती है। ऐसा कोलॉइडी कणों द्वारा प्रकाश के प्रकीर्णन के कारण होता है। पुंज का प्रकाशित पथ **टिण्डल शंकु** (Tyndall cone) कहलाता है।

एक वास्तविक विलयन में प्रकाश को प्रकीर्णित करने के लिए पर्याप्त बड़े व्यास का कोई कण नहीं होता है तथा इसलिए किरणपुंज अदृश्य होता है।

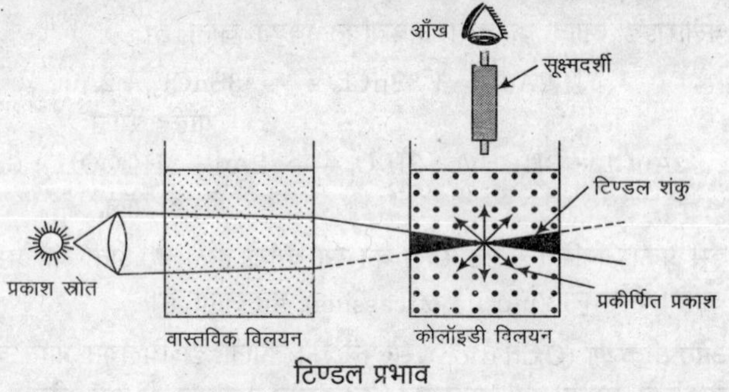

टिण्डल प्रभाव

टिण्डल प्रभाव के कुछ उदाहरण निम्नलिखित हैं

(i) पुच्छल तारे की पूँछ टिण्डल शंकु के रूप में दिखायी देती है, जो कि पुच्छल तारे के छोटे-छोटे कणों द्वारा प्रकाश के प्रकीर्णन के कारण उत्पन्न होती है।

(ii) आकाश का नीला रंग प्रकाश के प्रकीर्णन के कारण होता है।

(iii) समुद्र के जल का नीला रंग जल अणुओं द्वारा प्रकाश के प्रकीर्णन के कारण होता है।

(iv) प्रोजेक्टर पथ तथा सर्कस लाइट की दृश्यता भी टिण्डल प्रभाव के कारण होती है।

(v) अन्धेरे कमरे में प्रकाश के तीक्ष्ण पुंज की दृश्यता भी टिण्डल प्रभाव के कारण होती है।

प्रकीर्णित प्रकाश की तीव्रता परिक्षिप्त अवस्था व परिक्षेपण माध्यम के अपवर्तनांक के बीच के अन्तर पर निर्भर करती है।

सॉल के विद्युतीय गुण Electrical Properties of Sols

कोलॉइडों के विद्युतीय गुणों का अध्ययन निम्नलिखित शीषकों के अन्तर्गत करते हैं

(i) **विद्युत कण संचलन** (Electrophoresis) कोलॉइडी कणों का विद्युत् क्षेत्र के प्रभाव में गति करना विद्युत् कण संचलन कहलाता है। यदि कोलॉइडी कण ऋणात्मक इलेक्ट्रोड के पास एकत्रित होते हैं, तो उनमें **धनात्मक आवेश** होता है। इसी प्रकार जब कोलॉइडी कण धनात्मक इलेक्ट्रोड पर एकत्रित होते हैं, तो इनमें **ऋणात्मक आवेश** होता है। इसमें प्रयुक्त उपकरण U-आकार का होता है, जिसकी प्रत्येक भुजा में एक Pt का इलेक्ट्रोड लगा होता है।

विद्युत कण संचलन का विपरीत प्रक्रम **अवसादन विभव** (Sedimentation potential) कहलाता है। यह विभव तब उत्पन्न होता है, जब कणों को स्थिर द्रव में गति के लिए प्रेरित करते हैं। इस घटना को डॉर्न ने खोजा था, इसलिए इसे **डॉर्न प्रभाव** कहते हैं।

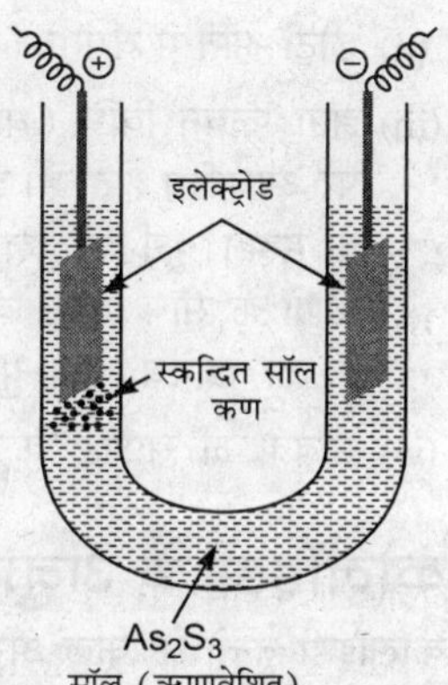

(ii) **विद्युत-परासरण** (Electroosmosis) यह विद्युत् अन्तःपरासरण भी कहलाता है। इसमें दो इलेक्ट्रोडों को जन्तु झिल्ली या चर्मपत्र द्वारा विभाजित किया जाता है ताकि इसमें से केवल परिक्षेपण माध्यम ही गति कर सके न कि कोलॉइडी कण। जब इलेक्ट्रोडों के बीच विभवान्तर लगाया जाता है, तो परिक्षेपण माध्यम कोलॉइडी कणों की गति के विपरीत दिशा में गति करता हुआ प्रतीत होता है। विद्युत् क्षेत्र के प्रभाव में परिक्षिप्त अवस्था के सापेक्ष परिक्षेपण माध्यम की यह गति विद्युत् परासरण कहलाती है।

गतिक गुण : ब्राउनी गति
Kinetic Properties of Sols : Brownian Motion

वनस्पतिज्ञ रॉबर्ट ब्राउन ने सन् 1827 में देखा कि जल में डाले गए परागकण विराम अवस्था में नहीं रहते, परन्तु अव्यवस्थित रूप से तथा लगातार गति करते रहते हैं। बाद में कोलॉइडी कणों में इस परिघटना को देखा गया तथा इसे ब्राउनी गति नाम दिया गया, अतः ब्राउनी गति में कोलॉइडी कण टेढ़ी-मेढ़ी (*zig-zag*) गति करते रहते हैं।

ब्राउनी गति को प्रभावित करने वाले कारक निम्न हैं

(a) यदि कण का आकार बड़ा हो, तो ब्राउनी गति मन्द हो जाती है।
(b) तापमान बढ़ने के साथ ब्राउनी गति में वृद्धि होती है।
(c) ब्राउनी गति समय के साथ अपरिवर्तित रहती है तथा सालों तक अथवा महीनों तक कोलॉइडी विलयन को बनाए रखती है।

ब्राउनी गति निम्न के लिए उत्तरदायी होती है

(i) ब्राउनी गति से गतिज ऊर्जा की संपुष्टि होती है तथा आवोगाद्रो संख्या का निर्धारण होता है।
(ii) ब्राउनी गति गुरुत्व के कारण कोलॉइडी कण को निक्षेपित नहीं होने देती है, अतः यह कोलॉइडी विलयन के स्थायित्व के लिए उत्तरदायी होती है।

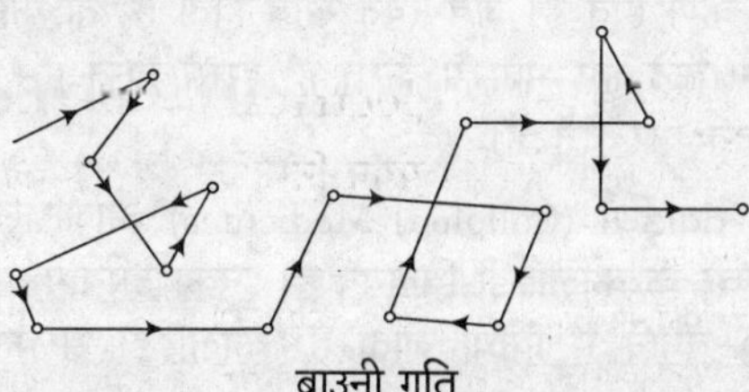
ब्राउनी गति

कोलॉइडी कणों पर धन अथवा ऋण आवेश होता है। समान विद्युत आवेश के कारण ये दूर-दूर रहते हैं जिससे कोलॉइडी तन्त्र स्थायी होता है। इन कणों पर लगने वाला गुरुत्वाकर्षण बल बहुत सूक्ष्म होता है तथा इसी कारण गुरुत्वाकर्षण बल के प्रभाव के कारण ये कण नीचे नहीं बैठ पाते हैं। जब इन कणों का आवेश किसी भी कारण से समाप्त हो जाता है तो ये कण आपस में टकराकर बड़े कण बना लेते हैं तथा अवक्षेपित होकर नीचे बैठ जाते हैं।

कोलाइड्स का अवक्षेपण Precipitation of Colloids

विद्युत-अपघट्य मिलाने पर कोलॉइडी विलयन का अवक्षेपण, **स्कन्दन अथवा ऊर्णन** कहलाता है। धनावेशित सॉल का स्कन्दन ऋणायन के उपयुक्त विद्युत-अपघट्य को मिलाने पर हो जाता है तथा ऋणावेशित सॉल का स्कन्दन धनायन के उपयुक्त विद्युत- अपघट्य को मिलाने पर हो जाता है। उदाहरण—

$$[AgI]\,Ag^+ + I^- \longrightarrow 2AgI$$
$$2[AgI]\,Ag^+ + SO_4^{2-} \longrightarrow 2AgI + Ag_2SO_4$$
$$3[AgI]\,Ag^+ + PO_4^{3-} \longrightarrow 3AgI + Ag_3PO_4$$

दिए गए कोलॉइड का स्कन्दन निम्नलिखित विधियों से कर सकते हैं

(i) उबालकर (ii) ठण्डा करके
(iii) तेजी से हिलाकर तथा कम्पन करके
(iv) अपोहन (dialysis) के द्वारा
(v) विद्युत-कण संचलन (electrophoresis) के द्वारा
(vi) पारस्परिक स्कन्दन (mutual coagulation) के द्वारा
(vii) विद्युत-अपघट्य (electrolytes) मिलाकर

विद्युत-अपघट्य मिलाने पर कोलॉइडी विलयन स्कन्दित हो जाते हैं। विभिन्न विद्युत-अपघट्यों की स्कन्दन शक्ति भिन्न-भिन्न होती है तथा आवेश युक्त आयन की प्रकृति पर निर्भर करती है। जर्मनी में **हार्डी तथा शुल्जे** ने विद्युत्-अपघट्यों द्वारा स्कन्दन का अध्ययन किया और एक नियम प्रतिपादित किया जिसे हार्डी-शुल्जे का नियम कहते हैं। इस नियम के अनुसार ''यदि विपरीत आवेशयुक्त आयन की संयोजकता अधिक है तो आयन की स्कन्दन शक्ति भी अधिक होगी।''

स्कन्दन मान या ऊर्णन मान
Coagulation Value or Flocculation Value

''किसी विद्युत-अपघट्य का वह न्यूनतम् सान्द्रण जो सॉल को स्कन्दित करने के लिए आवश्यक होता है, (**स्कन्दन** अथवा **ऊर्णन मान कहलाता**) है।'' अथवा ''एक लीटर कोलॉइडी विलयन को स्कन्दित करने के लिए विद्युत- अपघट्य के मिलीमोलों की संख्या को उसका ऊर्णन मान कहते हैं।''

$$\text{स्कन्दन मान} \propto \frac{1}{\text{स्कन्दन क्षमता}}$$

स्कन्दन या ऊर्णन मान को मिलीमोल/लीटर में व्यक्त करते हैं।

रक्षी कोलॉइड Protective Colloids

द्रव-स्नेही कोलॉइडी सॉल, द्रव-विरोधी कोलॉइडी सॉल की अपेक्षा अधिक स्थायी होते हैं। इसका कारण द्रव-स्नेही कोलॉइडी सॉल का अत्यधिक विलायकयोजन (Solvation) है जो इसके बाहर एक रक्षण परत बना लेता है तथा इसे संगुणित कोलॉइड बनाने से रोकता है।

पायस Emulsion

पायस वे कोलॉइडी तन्त्र हैं जिनमें परिक्षिप्त प्रावस्था तथा परिक्षेपण माध्यम दोनों द्रव होते हैं। यह अमिश्रणीय द्रवों से बना कोलॉइडी तन्त्र है। जैसे दूध एक पायस है जिसमें द्रव वसा के कण जल में परिक्षिप्त रहते

हैं। सामान्यत: पायस का एक अवयव द्रव जल तथा अन्य अवयव जल में अविलेय तेलीय पदार्थ होता है। पायस की बूँदे सॉल के कणों से बड़ी होती हैं। ऐसा प्रावस्थाओं के बीच घनत्व में कम अन्तर होने के कारण होता है। पायस कुछ गुणों में द्रव-विरोधी सॉल से समानता प्रदर्शित करते हैं।

पायस के प्रकार Types of Emulsions

परिक्षिप्त प्रावस्था के आधार पर इनको निम्न दो भागों में बाँटा गया है

(i) **तेल का जल में पायस** (Oil in Water Emulsion (O/W) ऐसा पायस जिसमें तेल परिक्षिप्त प्रावस्था तथा जल परिक्षेपण माध्यम होता है, तेल का जल में पायस कहलाता है। ये जलीय पायस भी कहलाते हैं। जैसे दूध तेल का जल में पायस है क्योंकि दूध में वसा के कण जल में परिक्षिप्त रहते हैं। अन्य उदाहरण वेनिशिंग क्रीम आदि हैं।

(ii) **जल का तेल में पायस** Water in Oil Emulsion (W/O) ऐसा पायस जिसमें जल परिक्षिप्त प्रावस्था तथा तेल परिक्षेपण माध्यम का कार्य करता है, जल का तेल में पायस कहलाता है। ये तेल पायस भी कहलाते हैं। उदाहरण—मक्खन, कोल्ड क्रीम आदि।

पायस का निर्माण Preparation of Emulsion

किसी द्रव का पायस के रूप में परिक्षेपण, **पायसीकरण** (emulsification) कहलाता है। इसे एक द्रव की थोड़ी मात्रा को दूसरे की अधिक मात्रा के साथ मिलाकर तेजी से हिलाकर, अथवा दो द्रवों के मिश्रण को कोलॉइडी चक्की (होमोजिनाइजर) में प्रवाहित करके प्राप्त करते हैं।

पायसीकारक Emulsifying Agents

पायस को स्थायित्व प्रदान करने के लिए इसमें उपयुक्त मात्रा में एक तीसरा अवयव मिलाया जाता है, जिसे पायसीकारक कहते हैं।

पायस का अपघटन Breaking of Emulsion

पायस को अवयवी द्रवों में गर्म करके, जमाकर, अपकेन्द्रण अथवा विद्युत अपघट्य की समुचित मात्रा मिलाकर प्राप्त कर सकते हैं। इन्हें परयसीकारक को नष्ट करके भी प्राप्त कर सकते हैं।

पायस के गुण Characteristics of Emulsions

पायस के सामान्य गुण निम्नलिखित हैं

(i) पायस कोलॉइडी विलयन के सभी गुण; जैसे—ब्राउनी गति, टिण्डल प्रभाव, विद्युत कण संचलन, स्कन्दन आदि दर्शाता है।

(ii) ये विद्युत-अपघट्य के मिलाने पर अवक्षेपित अर्थात् स्कन्दित हो जाते हैं। निर्जलीकारक अथवा ऐल्कोहॉल मिलाने पर केवल जल में तेल प्रकार के पायस स्कन्दित होते हैं।

(iii) पायस के परिक्षिप्त कणों का आकार सॉल कणों से बड़ा होता है, इसकी सीमा 1000 Å से 10000 Å तक होती है किन्तु ये निलम्बन कणों से छोटे होते हैं।

(iv) पायसों को गर्म करके, अपकेन्द्रण द्वारा तथा ठण्डा करके पृथक् द्रवों में परिवर्तित किया जा सकता है, इस विधि को **विपायसीकरण** (Deemulsification) कहते हैं।

पायस के अनुप्रयोग Applications of Emulsions

पायस के कुछ महत्त्वपूर्ण अनुप्रयोग निम्नलिखित हैं

(i) फीनॉल, डिटॉल जैसे रोगाणुनाशी, जल के साथ मिश्रित करने पर पायस बनाते हैं।

(ii) छोटी आँत में वसा का पाचन पायस के कारण आसानी से हो जाता है।

(iii) झाग प्लवन विधि (धातुकर्म विधि) द्वारा अयस्क का सान्द्रण पायस पर आधारित होता है। इसमें अयस्क को सान्द्रित करने के लिए अयस्क के महीन चूर्ण को तेल के साथ उपचारित किया जाता है। तेल अयस्क कणों के साथ पायस बनाता है। जब मिश्रण में वायु प्रवाहित की जाती है, तो खनिज कण युक्त पायस सतह पर आ जाता है।

(iv) साबुन की सफाई क्रिया पायस के निर्माण के कारण होती है।

कोलॉइडों के अनुप्रयोग Applications of Colloids

कोलॉइडी तन्त्रों के कुछ अनुप्रयोग निम्नलिखित हैं

(i) **जल का फिटकरी द्वारा शोधन (स्कन्दन)** Purification of Water Using Alum (Coagulation) फटकरी से Al^{3+} आयन प्राप्त होते हैं, जो जल में मिली ऋणावेशित गन्दगी के कणों को स्कन्दित कर देते हैं।

(ii) **रबर एवं टेनिंग उद्योग में** (In Rubber and Tanning Industry) बहुत से औद्योगिक प्रक्रम जैसे—रबर प्लेटिंग, क्रोम टेनिंग, रन्जन, स्नेहन आदि कोलॉइडी प्रकृति के होते हैं। रबर प्लेटिंग में, विद्युत् कण संचलन द्वारा विभिन्न औजारों के हेण्डल या तारों पर रबर (लेटेक्स) के ऋणावेशित कणों को जमा कराया जाता है। रबर ऐनोड पर जमा होती है। खाल एवं चमड़ा दोनों में धनावेशित कणों का और टेनिन के ऋणावेशित कणों का पारस्परिक स्कन्दन होता है। टेनिनकारक पदार्थों में क्रोमियम लवण खाल के विभिन्न पदार्थों को स्कन्दित कर देता है, इसे **क्रोमटेनिन** कहते हैं।

(iii) **कृत्रिम वर्षा के लिए** (For Artificial Rain) विद्युत्कृत रेत या सिल्वर आयोडाइड को हवाई जहाज द्वारा कोहरे पर डाला जाता है, जिससे इसका स्कन्दन हो जाता है।

(iv) **धुआँ अवक्षेपण** (Smoke Precipitation) धुआँ वायु में ऋणावेशित कार्बन कणों के परिक्षेपण से बनता है इन कणों को धनावेशित धातु गोला युक्त कक्ष से गुजारा जाता है, जिससे धुएँ के कणों का अवक्षेपण हो जाता है।

(v) **डेल्टा का निर्माण** (Delta Formation) नदी के जल में ऋणावेशित रेत कण होते हैं। जब नदी समुद्र में गिरती है, तब ये रेत कण समुद्री जल में उपस्थित आयनों (Na^+, K^+, Mg^{2+} आदि) द्वारा स्कन्दित हो जाते हैं और इनके निक्षेप से डेल्टा का निर्माण होता है।

(vi) **रक्त स्राव को रोकना** (To Stop Bleeding) रक्त में ऋणावेशित कोलॉइडी कण होते हैं। जब रक्त स्राव होता है, तो फेरिक क्लोराइड का उपयोग कटे हुए भाग में करते हैं, इससे प्राप्त Fe^{3+} आयन रक्त को स्कन्दित कर देते हैं।

(vii) **कोलॉइडी दवाईयाँ** (Colloidal Medicines) आर्जीरोल, प्रोटोर्जिरोल आदि सिल्वर के कोलॉइडी विलयन हैं। इनका उपयोग आँखों के सुरमा (Lotions) बनाने में किया जाता है। कोलॉइडी सल्फर का उपयोग कीटनाशी की तरह तथा कोलॉइडी गोल्ड, कैल्सियम, आयरन का उपयोग टॉनिक की तरह होता है।

(viii) **फोटोग्राफिक प्लेट** (Photographic Plate) यह पतली काँच की प्लेट होती है। सिल्वर ब्रोमाइड का अतिसूक्ष्म निलम्बन जिलेटिन को प्लेट पर लेपित करने से यह प्राप्त होती है।

अभ्यास प्रश्न

1. निम्न में से कौन अधिशोषण का उदाहरण है?
(a) सिलिका जल पर जल
(b) कैल्सियम क्लोराइड पर जल
(c) अति महीन निकेल पर हाइड्रोजन
(d) धातु सतह पर ऑक्सीजन

2. पदार्थ, जो ठोस सतह पर अधिशोषित होता है, कहलाता है
(a) अधिशोष्य (b) अधिशोषक
(c) मिसेल (d) अवशोषक

3. भौतिक अधिशोषण के लिए निम्न से कौन-सी दशा अनुकूलतम नहीं है?
(a) उच्च दाब
(b) ऋणात्मक ΔH
(c) अधिशोष्य का उच्च क्रान्तिक ताप
(d) उच्च ताप

4. किसी गैस के भौतिक अधिशोषण की दर में वृद्धि होती है
(a) ताप में वृद्धि के साथ
(b) ताप में कमी के साथ
(c) अधिशोषक के पृष्ठ क्षेत्रफल में कमी के साथ
(d) वाण्डरवाल्स बलों की क्षमता में कमी के साथ

5. निम्न में से कौन सक्रिय चारकोल द्वारा सर्वाधिक अधिशोषित होता है?
(a) SO_2 (b) CO_2
(c) NO_2 (d) जल वाष्प

6. अधिशोषण की अवधि में निम्न में से कौन शून्य से कम होता है?
(a) ΔG (b) ΔS
(c) ΔH (d) ये सभी

7. अधिशोषण के प्रक्रम में, साम्य स्थिति पर सत्य है?
(a) $\Delta H > 0$ (b) $\Delta H = T\Delta S$
(c) $\Delta H > T\Delta S$ (d) $\Delta H < T\Delta S$

8. सत्य कथन को इंगित कीजिए।
(a) रासायनिक अधिशोषण में, अधिशोषित अणुओं के अनुबन्धों में दरार उत्पन्न होती है
(b) किसी सतह पर अधिशोषित पदार्थ के वियोजन की दर, घेरी गई सतह पर निर्भर करती है
(c) विषमांगी उत्प्रेरकीय अभिक्रिया में, कोई सतह अभिक्रिया नहीं होती है
(d) उत्प्रेरक के पृष्ठ क्षेत्रफल में वृद्धि के कारण सतह प्रावस्था अभिक्रिया कम होती है

9. विलयन प्रावस्था से अधिशोषक के अधिशोष्य की मात्रा निम्न के साथ बढ़ती है
(a) विलयन में अधिशोष्य की मात्रा बढ़ने पर
(b) अधिशोषक के पृष्ठ क्षेत्रफल घटने पर
(c) विलयन का ताप बढ़ने पर
(d) विलयन में अधिशोष्य की मात्रा घटने पर

10. वाण्डरवाल्स अधिशोषण के लिए निम्नलिखित में से कौन-सा सही है?
(a) उच्च ताप, निम्न दाब
(b) निम्न ताप, उच्च दाब
(c) प्रक्रम के लिए $T\Delta S$ ऋणात्मक होता है
(d) उपरोक्त सभी

11. अधिशोषण में
(a) निकाय की ΔS ऋणात्मक होती है
(b) निकाय की एन्थैल्पी में कमी होती है
(c) प्रक्रम के लिए $T\Delta S$ ऋणात्मक होता है
(d) उपरोक्त सभी

12. निम्नलिखित में से कौन-सा कथन गलत है?
(a) भौतिक अधिशोषण अत्यधिक निम्न ताप व रासायनिक अधिशोषण सभी तापों पर होता है
(b) रासायनिक अधिशोषण की मात्रा ताप बढ़ने पर घटती है तथा भौतिक अधिशोषण ताप बढ़ने पर बढ़ता है
(c) रासायनिक अधिशोषण अनुत्क्रमणीय होता है तथा भौतिक अधिशोषण उत्क्रमणीय होता है
(d) भौतिक अधिशोषण में विशोषण (Desorption) की सक्रियन ऊर्जा अत्यधिक कम तथा रासायनिक विशोषण की सक्रियण ऊर्जा अत्यधिक उच्च होती है

13. उच्च दाब पर फ्रैंडलिच अधिशोषण समताप समीकरण क्या है?
(a) $\frac{x}{m} = k$ (b) $\frac{x}{m} = kp^{1/n}$
(c) $\frac{x}{m} = kp$ (d) इनमें से कोई नहीं

14. निम्न में से कौन-सा वक्र फ्रैंडलिच अधिशोषण समताप के अनुसार है?

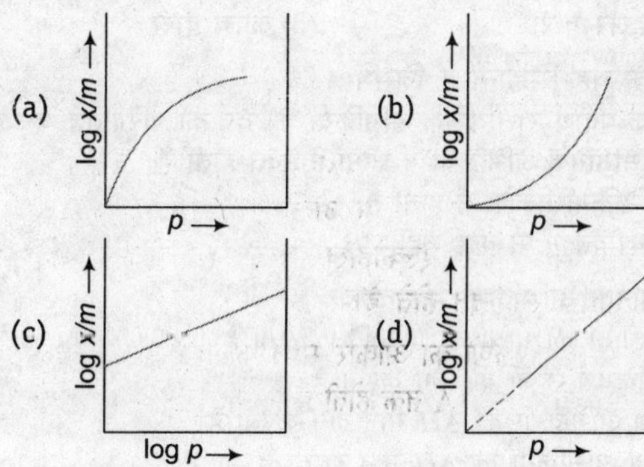

15. निम्नलिखित में से कौन-सा कथन असत्य है?
(a) अधिशोषण एकसतहीय या बहुसतहीय हो सकता है
(b) अधिशोषक के कणों का आकार अधिशोषण की मात्रा को प्रभावित नहीं करेगा
(c) दाब बढ़ाने पर अधिशोषण की मात्रा बढ़ती है
(d) ताप बढ़ाने पर अधिशोषण की मात्रा घट सकती है

16. फ्रैंडलिच अधिशोषण समताप के अनुसार निम्न में से कौन-सा सही है?

(a) $\frac{x}{m} \propto p^1$ (b) $\frac{x}{m} \propto p^{1/n}$

(c) $\frac{x}{m} \propto p^0$

(d) दाब के विभिन्न परासों के लिए उपरोक्त सभी सही हैं

17. निम्नलिखित में से कौन-सा वक्र अधिशोषण समताप के संगत नहीं है?

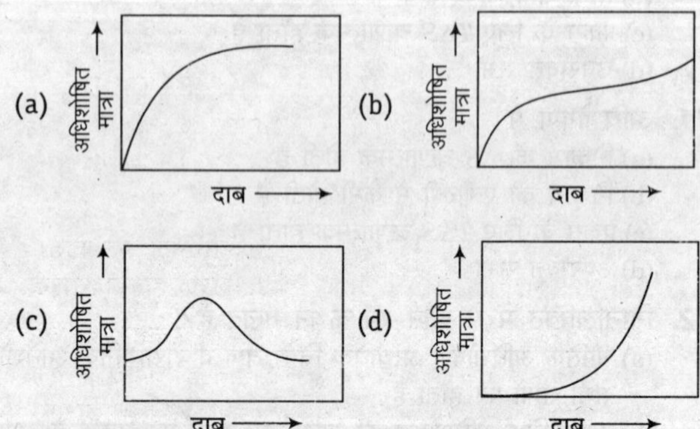

18. कोयले की खानों में प्रयोग किये जाने वाले गैस मास्क में सक्रियत चारकोल की क्या भूमिका है?

(a) जहरीली गैसों का अवशोषण (b) जहरीली गैसों का अधिशोषण
(c) गैसों का उदासीनीकरण (d) इनमें से कोई नहीं

19. नीचे दिये हुये आँकड़ों के आधार पर बताइये कि निम्न में से कौन-सी गैस चारकोल की एक निश्चित मात्रा पर सबसे कम अधिशोषण दर्शाएगी?

गैस	CO_2	SO_2	CH_4	H_2
क्रांतिक ताप/K	304	630	190	33

(a) CO_2 (b) SO_2 (c) CH_4 (d) H_2

20. उत्प्रेरक पद दिया गया था

(a) रदरफोर्ड द्वारा (b) बर्जीलियस द्वारा
(c) वोहलर द्वारा (d) कोल्बे द्वारा

21. उत्प्रेरक वह सिद्धान्त है जिसमें

(a) एक पदार्थ रासायनिक अभिक्रिया की दर को परिवर्तित कर देता है
(b) रासायनिक अभिक्रिया में उष्मा निर्मुक्त होती है
(c) अभिक्रिया प्रकाश में होती है
(d) उपरोक्त में से कोई नहीं

22. रासायनिक अभिक्रिया में उत्प्रेरक

(a) उत्पादों की मात्रा को परिवर्तित करता है
(b) सक्रियण ऊर्जा को कम करता है
(c) अग्र अभिक्रिया का ΔH मान कम करता है
(d) अग्र अभिक्रिया का ΔH मान बढ़ता है

23. उत्प्रेरक सूक्ष्म रूप से विभाजित अवस्था में अधिक सक्षम होता है क्योंकि इस अवस्था में

(a) यह अधिक सक्रियण ऊर्जा रखता है
(b) यह एक अभिकारक से अधिक सक्षमता से क्रिया करता है
(c) यह अधिक सतह क्षेत्रफल रखता है
(d) उपरोक्त सभी

24. उत्प्रेरक को सूक्ष्म चूर्ण में विभाजित करने से बढ़ेगा/बढ़ेगी

(a) पृष्ठ क्षेत्रफल (b) मुक्त संयोजकता
(c) सक्रिय केन्द्र (d) ये सभी

25. निम्नलिखित में से कौन उत्प्रेरक के रूप में कार्य करती है?

(a) परिवर्ती संयोजकता वाली धातुएँ
(b) अपरिवर्ती संयोजकता वाली धातुएँ
(c) निश्चित संयोजकता वाली धातुएँ
(d) अक्रिय गैसें

26. उत्प्रेरण के अधिशोषण सिद्धान्त के अनुसार अभिक्रिया की गति बढ़ती है क्योंकि

(a) अभिकारक अणुओं की सान्द्रता उत्प्रेरक के सक्रिय केन्द्रों पर अधिशोषण के कारण उच्च होती है
(b) अधिशोषण के प्रक्रम में अणुओं की सक्रियण ऊर्जा अधिक हो जाती है
(c) अधिशोषण में ऊष्मा का उत्पादन होता है जो अभिक्रिया की गति को बढ़ाता है
(d) अधिशोषण सक्रिय ऊर्जा को घटाता है

27. आकृति चयनित उत्प्रेरक को यह नाम इसलिए दिया जाता है

(a) उत्प्रेरक के आकार के कारण
(b) उत्प्रेरक की विशिष्टता के कारण
(c) उत्प्रेरक के छिद्रों के आकार के कारण जो केवल चयनित अणुओं को ही बाँध सकता है
(d) उनका उपयोग केवल कुछ चयनित अभिक्रियाओं के लिए होने के कारण

28. हैबर प्रक्रम में प्रयुक्त उत्प्रेरक है

(a) निकेल चूर्ण
(b) आयरन व मोलिब्डेनम चूर्ण
(c) काला लैड
(d) आयोडीन

29. H_2SO_4 निर्माण के सम्पर्क प्रक्रम (Contact process) में प्रयुक्त उत्प्रेरक है

(a) आयरन (b) V_2O_5
(c) क्रोमियम (d) नाइट्रोजन के ऑक्साइड

30. एक जैविक उत्प्रेरक है

(a) एक ऐमीनो अम्ल
(b) एक कार्बोहाइड्रेट
(c) एक नाइट्रोजन अणु
(d) एक एन्जाइम

31. असत्य कथन छाँटिए

(a) कोलॉइडल कणों का आकार परास 10 – 2000Å होता है
(b) कोलॉइड विलयन समांगी मिश्रण होते हैं
(c) कोलॉइडों पर आवेश होता है
(d) कोलॉइड टिण्डल प्रभाव दर्शाते हैं

32. एक कोलॉइड निकाय जिसमें परिक्षिप्त प्रावस्था एक ठोस पदार्थ हो तथा परिक्षेपण माध्यम एक द्रव हो, वर्गीकृत किया जाता है

(a) ठोस सॉल (b) जेल
(c) पायस (d) सॉल

33. कौन-सा असुमेलित है?

	परिक्षिप्त प्रावस्था	परिक्षेपण माध्यम	विशिष्ट नाम
(a)	द्रव	द्रव	पायस
(b)	ठोस	ठोस	ठोस सॉल
(c)	द्रव	गैस	ऐरोसॉल
(d)	गैस	ठोस	फेन

34. कुहासा कोलॉइड विलयन है
(a) गैस में परिक्षिप्त द्रव कणों का
(b) द्रव में परिक्षिप्त गैसीय कणों का
(c) द्रव में परिक्षिप्त ठोस कणों का
(d) गैस में परिक्षिप्त ठोस कणों का

35. बहुआण्विक कोलॉइड उपस्थित होते हैं
(a) साबुन के विलयन में
(b) प्रोटीनों के सॉल में
(c) सोने के सॉल (स्वर्ण सॉल) में
(d) उपरोक्त सभी में

36. निम्नलिखित में से कौन-सा जलस्नेही सॉल का गुण नहीं हैं?
(a) स्कंदन उत्क्रमणीय होता है
(b) श्यानता तथा पृष्ठ तनाव जल के बराबर होते हैं
(c) कणों पर आवेश माध्यम की pH पर निर्भर करता है। यह धनात्मक, ऋणात्मक या शून्य हो सकता है
(d) परिक्षिप्त प्रावस्था आसानी से उच्च सान्द्रता प्राप्त कर लेती है

37. संगुणित कोलॉइड प्रदर्शित करते हैं
(a) सामान्य कोलॉइड विलयन के समान अणुसख्य गुणधर्म
(b) सामान्य कोलॉइड विलयन से निम्न अणुसंख्य गुणधर्म
(c) सामान्य कोलॉइड विलयन से उच्च अणुसंख्य गुणधर्म
(d) उपरोक्त में से कोई नहीं

38. साबुन की जल में उच्च सान्द्रता होने पर साबुन व्यवहार करता है
(a) आण्विक कोलॉइड की तरह (b) संगुणित कोलॉइड की तरह
(c) वृहदआणिवक कोलॉइड की तरह (d) द्रवस्नेही कोलॉइड की तरह

39. निम्नलिखित में से वृहदआण्विक कोलॉइड है।
(a) साबुन (b) अपमार्जक
(c) स्टार्च तथा सेलुलोस (d) ये सभी

40. कौन-सा ग्राफ क्रांतिक मिसेल सान्द्रता (CMC) के लिए सही है?

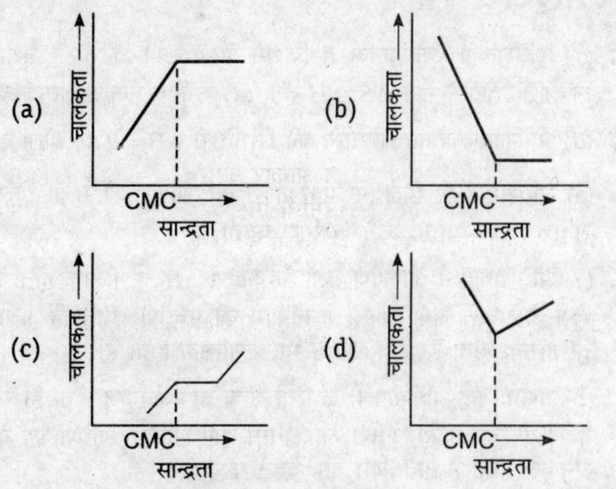

41. कॉलम I का कॉलम II से मिलान कीजिए और सही मिलान छाँटिए।

	कॉलम I		कॉलम II
(A)	वर्षा के बादल	1.	सॉल
(B)	मैग्नीशिया का दूध	2.	फेन
(C)	फेंटी गई क्रीम	3.	मिसेल
(D)	जल में साबुन	4.	ऐरोसॉल

कूट

	A	B	C	D		A	B	C	D
(a)	1	2	3	4	(b)	4	1	2	3
(c)	4	2	3	1	(d)	3	1	2	4

42. निम्नलिखित में से गहन कोलॉइड है
(a) सल्फर (b) आर्सेनिक सल्फाइड
(c) अण्डे का ऐल्बुमिन (d) फेरिक हाइड्रॉक्साइड

43. सतहक अणु या आयन मिसेल के रूप में इकट्ठे हो जाते हैं
(a) उनकी जल स्नेही पूँछ की इकट्ठे होने की प्रवृत्ति के कारण
(b) उनके जलविरोधा सिरे के सुरक्षा प्रदान करने के कारण
(c) कोलॉइड के आधार के अणुओं के इकट्ठे होने के कारण
(d) उपरोक्त में से कोई नहीं

44. ताजा बना अवक्षेप कभी-कभी कोलॉइड विलयन में बदल जाता है
(a) स्कंदन द्वारा (b) विद्युत अपघटन द्वारा
(c) विसरण द्वारा (d) पेप्टीकरण द्वारा

45. पेप्टीकरण में होता है
(a) कोलॉइड कणों का अवक्षेपण
(b) कोलॉइड संगुणनों का विघटन
(c) परिक्षेपण माध्यम का वाष्पन
(d) परिक्षेपण माध्यम के अणुओं का कोलॉइड कणों से टकराव

46. रक्त शुद्ध किया जा सकता है
(a) अपोहन द्वारा (b) विद्युत परासरण द्वारा
(c) स्कंदन द्वारा (d) छनन द्वारा

47. कोलॉइड विलयन के अणुसंख्य गुणधर्मों के मान समान सान्द्रता वाले सत्य विलयनों द्वारा प्रदर्शित मानों की तुलना में कम मात्रा वाले होते हैं क्योंकि कोलॉइड कण
(a) विशाल पृष्ठ क्षेत्रफल दर्शाते हैं
(b) परिक्षेपण माध्यम में निलंबित रहते हैं
(c) द्रवस्नेही कोलॉइड बनाते हैं
(d) संख्या में कम होते हैं

48. ब्राउनी गति का कारण है
(a) कोलॉइड निर्माण में एन्थैल्पी परिवर्तन
(b) कोलॉइड कणों तथा परिक्षेपण माध्य के अणुओं के मध्य आकर्षण बल
(c) परिक्षेपण माध्यम के अणुओं का कोलॉइड कणों से टकराव
(d) धनात्मक आवेशित कोलॉइड कणों के ऋणात्मक अवेशित कणों की ओर गति के कारण

49. अवसादन विभव निम्न का व्युत्क्रम है
(a) विद्युत परासरण (b) विद्युत कण संचलन
(c) विद्युत गतिक विभव (d) डॉर्न विभव

50. निम्न में से कौन-सा विद्युत कण संचलन के लिए सत्य है?
(a) विद्युत कण संचलन में विलयन या तो एनोड या कैथोड की ओर गमन करता है जो धनात्मक या ऋणात्मक आवेशित विलयन पर निर्भर होता है
(b) विद्युत कण संचलन विलयन का आवेश पता लगाने के लिए उपयोगी विधि है
(c) उच्च विभव वाला विद्युत कण संचलन पायस के नष्टीकरण के लिए सहायक है
(d) कोलॉइड अनावेशित कण होते हैं तथा विद्युत क्षेत्र प्रयुक्त करने पर इलेक्ट्रॉन की ओर गमन नहीं करते हैं

51. टिण्डल प्रभाव के लिए निम्नलिखित में से कौन-सा कथन सही है?
(a) छोटे निलम्बित कणों द्वारा प्रकाश का प्रकीर्णन व ध्रुवण टिण्डल प्रभाव कहलाता है
(b) कोलॉइड कणों का टिण्डल प्रभाव प्रकाश के परिक्षेपण के कारण होता है
(c) टिण्डल प्रभाव प्रकाश के अपवर्तन के कारण होता है
(d) निलम्बित कणों की टेढ़ी-मेढी गति होती है

52. विधि जिसके द्वारा द्रव-विरोधी सॉल रक्षित किये जा सकते हैं, है
(a) विपरीत आवेश वाले सॉल को मिलाकर
(b) विद्युत अपघट्य को मिलाकर
(c) द्रवस्नेही सॉल को मिलाकर
(d) उबालकर

53. हॉर्डी शुल्जे नियम कहता है कि
(a) विलयन के विपरीत चिन्ह वाले स्कंदन करने वाले आयनों का आवेश जितना अधिक होगा उनकी स्कंदन शक्ति उतनी ही अधिक होगी
(b) विलयन का स्वर्ण संख्या शून्य होनी चाहिए
(c) परिक्षिप्त प्रावस्था तथा परिक्षेपण माध्यम के चिन्ह समान होने चाहिए
(d) सतहक की उपस्थिति में मिसेल स्कंदित होते हैं

54. नदी तथा समुन्द्र के मिलने के स्थान पर डेल्टा निर्माण के लिए निम्न में से कौन-सा प्रक्रम उत्तरदायी है?
(a) पायसीकरण (b) कोलॉइड निर्माण
(c) स्कंदन (d) पेप्टीकरण

55. फेरिक क्लोराइड रक्त बहने को रोकने के लिए प्रयुक्त किया जाता है क्योंकि
(a) Fe^{3+} आयन ऋणात्मक आवेशित रक्त के विलयन को स्कंदित करते हैं
(b) Fe^{3+} आयन धनात्मक आवेशित रक्त के विलयन को स्कंदित करते हैं
(c) Cl^- आयन धनात्मक अवेशित रक्त के विलयन को स्कंदित करते हैं
(d) Cl^- आयन ऋणात्मक अवेशित रक्त के विलयन को स्कंदित करते हैं

56. बादलों पर सिल्वर आयोडाइड के छिड़काव द्वारा कृत्रिम वर्षा करना किस कारण सम्भव है?
(a) स्कंदन के कारण
(b) पेप्टीकरण के कारण
(c) आवेश उत्पन्न होने के कारण
(d) दोनों (a) तथा (c)

57. जिलेटिन जो पेप्टाइड होता है, आइसक्रीम में मिलाया जाता है। इसकी क्या भूमिका है?
(a) स्कंदन की (b) पेप्टीकारक की
(c) पायसीकरण की (d) ऊर्णनीकारक की

उत्तरमाला

1.	*(b)*	2.	*(a)*	3.	*(d)*	4.	*(b)*	5.	*(d)*	6.	*(d)*	7.	*(b)*	8.	*(b)*	9.	*(a)*	10.	*(b)*
11.	*(d)*	12.	*(b)*	13.	*(a)*	14.	*(c)*	15.	*(b)*	16.	*(d)*	17.	*(c)*	18.	*(b)*	19.	*(d)*	20.	*(b)*
21.	*(a)*	22.	*(b)*	23.	*(c)*	24.	*(d)*	25.	*(a)*	26.	*(d)*	27.	*(c)*	28.	*(b)*	29.	*(b)*	30.	*(d)*
31.	*(b)*	32.	*(d)*	33.	*(d)*	34.	*(a)*	35.	*(c)*	36.	*(b)*	37.	*(b)*	38.	*(b)*	39.	*(c)*	40.	*(b)*
41.	*(b)*	42.	*(c)*	43.	*(c)*	44.	*(d)*	45.	*(b)*	46.	*(a)*	47.	*(d)*	48.	*(c)*	49.	*(b)*	50.	*(d)*
51.	*(a)*	52.	*(c)*	53.	*(a)*	54.	*(c)*	55.	*(a)*	56.	*(a)*	57.	*(c)*						

उत्तर व्याख्या सहित

1. *(b)* कैल्सियम क्लोराइड पर जल अधिशोषण का उदाहरण है क्योंकि जल बल्क में भी वितरित होता है।

2. *(a)* पदार्थ जो ठोस की सतह पर अधिशोषित होता है अधिशोष्य कहलाता है तथा ठोस जिसकी सतह पर अधिशोषण होता है, अधिशोषक कहलाता है।

3. *(d)* उच्च ताप भौतिक अधिशोषण के लिए अनुकूल दशा नहीं है क्योंकि यह ऊष्माक्षेपी प्रक्रम है।

4. *(b)* गैस की भौतिक अधिशोषण की मात्रा इसकी ऊष्माक्षेपी प्रकृति के कारण ताप घटने पर बढ़ती है।

5. *(d)* सक्रिय चारकोल जल वाष्प के लिए अत्यधिक बन्धुता रखता है क्योंकि वे आपस में हाइड्रोजन बन्ध बनाते हैं।

6. *(d)* अधिशोषण ऐसा प्रक्रम है जिसमें अव्यवस्था। घटती है तथा ऊर्जा निष्कासित होती है अतः ΔS, ΔH तथा ΔG सभी के मान ऋणात्मक होते हैं।

7. *(b)* अधिशोषण प्रक्रम में साम्य की स्थिति में $\Delta H = T\Delta S$ होता है।

9. *(a)* अधिशोष्य की विलयन प्रावस्था से अधिशोषण की मात्रा विलयन में अधिशोष्य की मात्रा बढ़ने के साथ बढ़ती है।

11. *(d)* अधिशोषण में आकर्षण बलों के कारण ΔH ऋणात्मक होता है तथा जैसे-जैसे कण समीप आते हैं निकाय की एन्ट्रॉपी घटती है अर्थात् ΔS ऋणात्मक होता है। अतः $T\Delta S$ भी ऋणात्मक होता है।

12. *(b)* रासायनिक अधिशोषण, के लिए उच्च ताप अनुकूल होता है। यह ताप बढ़ने पर बढ़ता है। दूसरी ओर निम्न ताप भौतिक अधिशोषण के लिये अनुकूल होता है अतः यह ताप बढ़ने पर घटता है।

13. (*a*) फ्रैंडलिच अधिशोषण समताप इस प्रकार दिया गया है

$\frac{x}{m} = kp^{1/n}$ (एक विशेष दाब पर)

जब $n = 1, \frac{x}{m} = kp$ (निम्न दाब पर)

जब $n > 1, \frac{x}{m} = k$ (उच्च दाब पर)

14. (*c*) वक्र (c) फ्रैण्डलिच अधिशोषण समताप के लिए है।

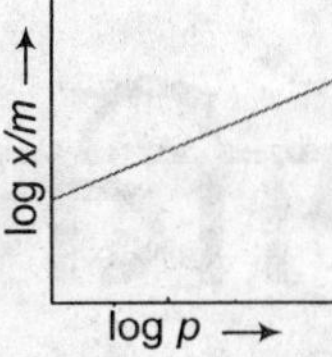

इसके अनुसार $\frac{x}{m} = kp^{1/n}$

अथवा $\log \frac{x}{m} = \log k + \frac{1}{n} \log p$

18. (*b*) सक्रियत चारकोल कोयले की खानों में उपस्थित विभिन्न जहरीली गैसों का अपनी सतह पर अवशोषित कर लेता है। अतः इसका प्रयोग गैस मास्क में किया जाता है।

19. (*d*) अधिशोषण की मात्रा गैस के द्रवीकरंण या क्रान्तिक ताप पर निर्भर करती है क्योंकि H_2 का क्रान्तिक ताप दूसरी गैसों से कम होता है अतः यह निम्न अधिशोषण दर्शाता है।

22. (*b*) एक उत्प्रेरक अभिकारकों तथा उत्पादों की सक्रियण ऊर्जा कम करके रासायनिक अभिक्रिया की प्रकृति को वैकल्पित (alter) करता है।

25. (*a*) परिवर्ती संयोजकता प्रदर्शित करने वाली संक्रमण धातुएँ सूक्ष्म विभाजित मात्रा में अधिकतर उत्प्रेरक की तरह कार्य करती हैं।

28. (*b*) हैबर प्रक्रम में आयरन तथा मोलिब्डेनम के चूर्ण के मिश्रण को उत्प्रेरक रूप में प्रयोग किया जाता है।

$$N_2 + 3H_2 \underset{Mo}{\overset{Fe}{\rightleftharpoons}} 2NH_3$$

29. (*b*) सम्पर्क प्रक्रम की अभिक्रिया निम्नलिखित है

$$2SO_2 + O_2 \xrightarrow{V_2O_5} 2SO_3$$

30. (*d*) एन्जाइम जैविक उत्प्रेरक होते हैं क्योंकि वे जैविक प्रक्रमों को उत्प्रेरित करते हैं।

31. (*b*) कोलॉइडी विलयन विषमांगी प्रकृति के होते हैं।

32. (*d*) एक कोलॉइडी निकाय जिसकी परिक्षिप्त प्रावस्था ठोस पदार्थ हो तथा परिक्षेपण माध्यम द्रव हो, सॉल में वर्गीकृत किया जाता है।

33. (*d*) जब परिक्षिप्त प्रावस्था गैस हो तथा परिक्षेपण माध्यम ठोस हो तो प्राप्त होने वाला कोलॉइडी सॉल ठोस फेन कहा जाता है।

36. (*b*) जलस्नेही सॉल की श्यानता जल की तुलना में अधिक तथा पृष्ठ तनाव जल की तुलना में कम होता है।

37. (*b*) मिसेल सामान्य कोलॉइडी विलयन की तुलना में निम्न अणुसंख्य गुणधर्म प्रदर्शित करते हैं।

38. (*b*) साबुन की जल में अधिक सान्द्रता पर साबुन संगुणित (associated) कोलॉइड की तरह व्यवहार करता है।

39. (*c*) स्टार्च तथा सेलुलोस वृहद आण्विक कण हैं।

41. (*b*) वर्षा के बादल ऐरोसॉल के उदाहरण हैं। मैग्नीशिया का दूध सॉल है। अच्छी तरह फेंटी गई (whipped) क्रीम फेन हैं तथा जल में साबुन संगुणित कोलॉइड का रूप है अर्थात् मिसेल है।

44. (*d*) विलयन में विद्युत अपघट्य की क्रिया द्वारा अवक्षेपित पदार्थ के परिक्षेपण का कोलॉइडी विलयन में बदलना पेप्टीकरण कहलाता है तथा विद्युत अपघट्य पेप्टीकारक कहलाता है। अतः ताजा बना अवक्षेप कभी-कभी पेप्टीकरण द्वारा कोलॉइडी विलयन में बदल जाता है।

45. (*b*) पेप्टीकरण ऐसा प्रक्रम है जिसमें ताजा बना हुआ अवक्षेप विघटित होकर कोलॉइडी विलयन बनाता है।

47. (*d*) कोलॉइडी विलयन के अणुसंख्य गुणधर्म के मान समान सान्द्रता वाले सत्य विलयन द्वारा प्रदर्शित अणुसंख्य गुणधर्म की तुलना में कम होते हैं क्योंकि बड़े आकार के कारण उनकी संख्या तुलनात्मक रूप से कम होती है।

48. (*c*) परिक्षेपण माध्यम में कोलॉइडी कणों की सतत् तीव्र टेढ़ी-मेढ़ी गति ब्राउनी गति कहलाती है।

56. (*a*) बादल कोलॉइडी प्रकृति के होते हैं तथा इन पर आवेश होता है। इन पर सिल्वर आयोडाइड (विद्युत अपघट्य) का छिड़काव स्कंदन कर देता है जिससे वर्षा होती है।

अध्याय 06

रासायनिक बलगतिकी

Chemical Kinetics

रसायन विज्ञान की वह शाखा जिसके अन्तर्गत अभिक्रिया का वेग, वेग को प्रभावित करने वाले कारक तथा अभिक्रिया की क्रियाविधि का अध्ययन किया जाता है, रासायनिक बलगतिकी कहलाती है।

रासायनिक अभिक्रियाएँ Chemical Reactions

जब एक या एक से अधिक तत्व अथवा यौगिक में परिवर्तन के फलस्वरूप नये पदार्थ बनते हैं, जो मूल पदार्थों से संघटन तथा मात्रा में भिन्न होते हैं तो ऐसे परिवर्तन को रासायनिक अभिक्रियाएँ कहते हैं।

रासायनिक अभिक्रियाओं के प्रकार Types of Chemical Reactions

वेग के आधार पर रासायनिक अभिक्रियाएँ निम्न प्रकार वर्गीकृत की जा सकती हैं

तात्कालिक अथवा तीव्र अभिक्रियाएँ Instantaneous or Fast Reactions

ऐसी अभिक्रियाएँ जिनका वेग बहुत तीव्र होता है, तीव्र अभिक्रियाएँ कहलाती है। ये अभिक्रियाएँ तत्क्षण अर्थात् 10^{-3} सेकण्ड में ही हो जाती हैं। इन अभिक्रियाओं का वेग निर्धारण, सामान्य प्रायोगिक विधियों द्वारा नहीं किया जा सकता है।

उदाहरण—

(i) आयनिक अभिक्रियाएँ (ii) कार्बनिक प्रतिस्थापन अभिक्रियाएँ

(iii) हाइड्रोजन तथा हाइड्रोकार्बन के साथ ऑक्सीजन की विस्फोटक अभिक्रियाएँ

अति मन्द अभिक्रियाएँ Extremely Slow Reactions

कुछ रासायनिक अभिक्रियाओं का वेग इतना मन्द होता है कि कई दिनों में भी कोई दर्शनीय (Detectable) रासायनिक परिर्वन नहीं होता है। इन अभिक्रियाओं को अति मन्द अभिक्रियाएँ कहते हैं।

मन्द अभिक्रियाएँ Slow Reactions

अति मन्द अभिक्रियाओं के बीच बहुत-सी ऐसी अभिक्रियाएँ होती हैं जो सामान्य से भी मन्द गति से होती हैं और उनका वेग साधारण प्रायोगिक विधियों द्वारा सरलता से निर्धारित किया जा सकता है। ऐसी अभिक्रियाएँ मन्द अभिक्रियाएँ कहलाती है।

प्रारम्भिक तथा जटिल अभिक्रियाएँ Elementary and Complex Reactions

किसी अभिक्रिया के पूर्ण होने में प्रयुक्त पदों के आधार पर रासायनिक अभिक्रियाएँ निम्नलिखित दो प्रकार की होती हैं

प्रारम्भिक अथवा सरल अभिक्रियाएँ Elementary or Simple Reactions

ऐसी अभिक्रियाएँ जो एक पद (या सरल पद) में ही पूर्ण हो जाती हैं, प्राथमिक अभिक्रियाएँ कहलाती हैं।

उदाहरण—$NO + O_3 \longrightarrow NO_2 + O_2$

जटिल अभिक्रियाएँ Complex Reactions

ऐसी अभिक्रियाएँ जो कई पदों में होती हैं, जटिल अभिक्रियाएँ कहलाती हैं। इन अभिक्रियाओं में प्रत्येक सरल पद, **प्राथमिक पद** कहलाता है।

$$NO_2(g) + NO_2(g) \longrightarrow NO_3(g) + NO(g)$$
$$NO_3(g) + CO(g) \longrightarrow NO_2(g) + CO_2(g)$$
$$\overline{NO_2(g) + CO(g) \longrightarrow NO(g) + CO_2(g)}$$

प्रथम प्राथमिक पद में बना $NO_3(g)$ का अणु **माध्यमिक अणु** कहलाता है, क्योंकि यह कुल अभिक्रिया में अभिकारक एवं उत्पाद के रूप में नहीं लिखा जाता है।

ऊष्मा ऊर्जा अभिक्रियाएँ

Dark Reactions or Thermal Reaction

वे रासायनिक अभिकियाएँ जो प्रकाश की अनुपस्थिति में होती है उन्हें ऊष्मा ऊर्जा या अन्धेरे की या अदीप्त अभिकिया कहते हैं। अत: ये अभिकियाएँ ताप, अभिकारक की सान्द्रता, उत्प्रेरक के द्वारा सम्पन्न होती है।

जैसे $N_2 + 3H_3 \rightleftharpoons 2NH_3$

प्रकाश रासायनिक अभिक्रियाएँ

Photo Chemical Reactions

वे रासायनिक अभिकियाएँ विद्युत चुम्बकीय स्पेक्ट्रम के 200 nm से 800 nm के मध्य क्षेत्र (दृश्य पराबैंगनी) के विकिरणों के अवशोषण से सम्पन्न होती है। इसमें संक्रियण ऊर्जा विकिरणों के अवशोषण से प्राप्त होती है। अत: अभिक्रिया की दर ताप पर निर्भर नहीं करती। प्रकाश रासायनिक अभिक्रिया में क्रियाकारी मिश्रण में कोई स्पीशीज प्रकाश विकिरण से ऊर्जा ग्रहण कर उच्च इलेक्ट्रॉनिक ऊर्जा स्तर में पहुँच जाते हैं जबकि ऊष्मा से अभिक्रिया में सभी उपस्थित अणुओं की (स्पीशीज की) **स्थानान्तरण ऊर्जा** (Translational energy) में वृद्धि होती है।

विघटन $2HBr + h\nu \longrightarrow H_2 + Br_2$

$$6CO_2 + 6H_2O + h\nu \longrightarrow C_6H_{12}O_6 + 6O_2$$

रासायनिक अभिक्रिया का वेग

Rate of a Chemical Reaction

"किसी रासायनिक अभिक्रिया में इकाई समय में अभिकारकों अथवा उत्पादों की सान्द्रता में परिवर्तन, उस अभिक्रिया का वेग कहलाता है।"

अभिक्रिया का वेग

$$= \frac{\text{अभिक्रिया के फलस्वरूप अभिकारक के सान्द्रण में कमी}}{\text{अभिक्रिया में लगा समय}}$$

अथवा

$$\text{अभिक्रिया का वेग} = \frac{\text{अभिक्रिया के फलस्वरूप उत्पाद के सान्द्रण में वृद्धि}}{\text{अभिक्रिया में लगा समय}}$$

उदाहरण—एक सामान्य अभिक्रिया निम्न प्रकार है

$$A + B \longrightarrow C + D$$

$$\text{अभिक्रिया का वेग} = -\frac{\Delta[A]}{\Delta t} = -\frac{\Delta[B]}{\Delta t} = +\frac{\Delta[C]}{\Delta t} = +\frac{\Delta[D]}{\Delta t}$$

किसी अभिक्रिया का वेग उसके किसी भी अभिकारक के लुप्त होने की दर या उत्पाद के बनने के वेग के रूप में प्रदर्शित की जा सकती है तथा उनके वेगों में सम्बन्ध अभिक्रिया की सन्तुलित समग्र समीकरण में दिए गए अभिकारकों और उत्पादों के गुणांकों के आधार पर स्थापित किया जा सकता है।

सामान्य अभिक्रिया, $aA + bB + \longrightarrow pC + qD$ के लिए

$$\text{दर} = -\frac{1}{a}\frac{\Delta[A]}{\Delta t} = -\frac{1}{b}\frac{\Delta[B]}{\Delta t} = \frac{1}{p}\frac{\Delta[C]}{\Delta t} = \frac{1}{q}\frac{\Delta[D]}{\Delta t}$$

अत: किसी भी रासायनिक अभिक्रिया में समय के साथ अभिकारक अणुओं की सान्द्रता घटती है तथा उत्पाद अणुओं की सान्द्रता बढ़ती है। इस प्रकार, अभिकारक अणुओं की सान्द्रता के घटने की दर अथवा उत्पाद अणुओं की सान्द्रता के बढ़ने की दर, अभिक्रिया का वेग (दर) कहलाती है। यदि अभिक्रिया गैसों में होती है तो मोलर सान्द्रता को आंशिक दाबों में व्यक्त करते हैं तथा अभिक्रिया के वेग को वायुमण्डल प्रति सेकण्ड अथवा वायुमण्डल प्रति मिनट में व्यक्त किया जाता है।

अभिक्रिया के वेग के प्रकार Types of Rate of Reactions

अभिक्रिया के वेग निम्न दो प्रकार के होते हैं

(i) **अभिक्रिया का औसत वेग** (Average Rate of Reaction) किन्हीं दो समय अन्तरालों के बीच अभिक्रिया का वेग, औसत वेग कहलाता है। इसके मान की गणना किसी एक अभिकारक अथवा उत्पाद की सान्द्रता में कुल परिवर्तन को लिए गए कुल समय से भाग करके प्राप्त करते हैं। उदाहरण—निम्न अभिक्रिया के लिए,

$$PCl_5 \longrightarrow Cl_2 + PCl_3$$

$$\text{औसत वेग} = \frac{PCl_5 \text{ की सान्द्रता में कमी}}{\text{प्रयुक्त समय}}$$

इसे PCl_3 अथवा Cl_2 की सान्द्रता में वृद्धि के पदों में भी निम्न प्रकार व्यक्त किया जा सकता है

$$\text{वेग} = -\frac{\Delta[PCl_5]}{\Delta t} = +\frac{\Delta[Cl_2]}{\Delta t} = +\frac{\Delta[PCl_3]}{\Delta t}$$

(ii) **अभिक्रिया का तात्कालिक वेग** (Instantaneous Rate of Reaction) किसी एक निश्चित समय पर अभिक्रिया के वेग को तात्कालिक वेग कहते हैं। यह सूक्ष्म समयान्तराल (Δt) में सान्द्रता में परिवर्तन (Δx) के बराबर होता है।

$$\text{अभिक्रिया का वेग} = \frac{\Delta x}{\Delta t} = \frac{dx}{dt}$$

वेग की ग्राफीय विधि द्वारा गणना

Calculation of Rates by Graphical Method

वेग की गणना के लिए, सान्द्रता तथा समय के मध्य ग्राफ खींचते हैं। इसके पश्चात् वेग की गणना निम्न प्रकार करते हैं

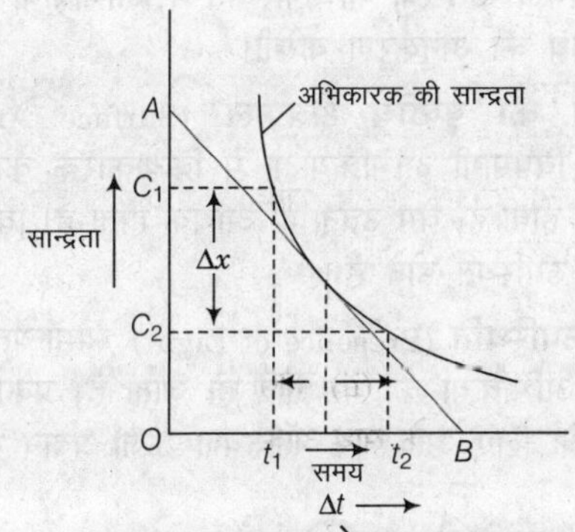

समय तथा सान्द्रता के मध्य ग्राफ

t_1 व t_2 के बीच औसत वेग

$$\text{औसत वेग} = -\frac{C_1 - C_2}{t_2 - t_1} = -\frac{\Delta x}{\Delta t}$$ तथा, समय t पर तात्कालिक वेग

$$\text{तात्कालिक वेग} = \frac{OA}{OB}$$

अभिक्रिया के वेग की इकाई Units of Rate of Reaction

$$\text{अभिक्रिया का वेग} = \frac{\text{सान्द्रता}}{\text{समय}} = \frac{\text{मोलरता}}{\text{समय}}$$

अत: अभिक्रिया के वेग की इकाई = मोल लीटर$^{-1}$ सेकण्ड$^{-1}$ गैसीय अभिक्रियाओं के सन्दर्भ में इसकी इकाई वायुमण्डल समय$^{-1}$ होती है।

अभिक्रिया के वेग को प्रभावित करने वाले कारक Factors Affecting the Rate of Reaction

अभिक्रिया के वेग को निम्नलिखित कारक प्रभावित करते हैं

(i) **अभिकारकों की सान्द्रता** (Concentration of Reactants) द्रव्य अनुपाती क्रिया का नियम यह स्पष्ट करता है कि क्रियाकारक की सान्द्रता जितनी अधिक होती है अभिक्रिया उतनी ही तेजी से होती है।

(ii) **अभिकारकों की प्रकृति** (Nature of the Reactants) अभिक्रिया की दर बन्ध विशेष पर तथा क्रियाकारकों (अभिकारकों) की प्रकृति पर निर्भर करती है। द्रव्य की विभिन्न अवस्थाओं में अभिक्रिया की दर निम्न होती है। गैस > द्रव > ठोस

(iii) **ताप** (Temperature) ताप बढ़ाने पर रासायनिक अभिक्रिया का वेग सामान्यत: बढ़ता है। अभिक्रिया का वेग ताप में प्रत्येक 10°C वृद्धि पर लगभग दोगुना (सामान्यत:) या तिगुना हो जाता है। दो ताप जिनका अन्तर 10°C है (सामान्यत: 25°C एवं 35°C) पर वेग स्थिरांकों का अनुपात, अभिक्रिया का ताप गुणांक (Temperature coefficient) कहलाता है।

$$\mu, \text{ ताप गुणांक } (\mu) = \frac{(t + 10°\text{C}) \text{ पर } k}{t°\text{C पर } k} = \frac{k_{35°\text{C}}}{k_{25°\text{C}}}$$

अधिकतर अभिक्रियाओं के लिए ताप गुणांक का मान 2 तथा 3 के मध्य होता है।

(iv) **उत्प्रेरक की उपस्थिति** (Presence of Catalyst) उत्प्रेरक का कार्य सक्रियण ऊर्जा (Activation energy) को कम करना है। उत्प्रेरक द्वारा सक्रियण ऊर्जा जितनी कम हो जायेगी अभिक्रिया की दर उतनी ही अधिक हो जायेगी। उत्प्रेरक की उपस्थिति में, अभिक्रिया कम सक्रियण ऊर्जा वाले पथ का अनुकरण करेगी।

(v) **क्रियाकारकों का पृष्ठीय क्षेत्रफल** (Surface Area of the Reactants) विषमांगी अभिक्रियाओं में क्रियाकारक का चूर्ण जितना अधिक महीन होता है, वेग उतना ही अधिक होता है। [क्योंकि अधिक सक्रिय केन्द्र उपस्थित होते हैं।]

(vi) **प्रकाश की उपस्थिति** (Presence of Light) सामान्यत: प्रकाश की उपस्थिति में अभिक्रिया का वेग तीव्र हो जाता है। प्रकाश अभिक्रिया प्रारम्भ होने के लिए आवश्यक सक्रियण ऊर्जा प्रदान करता है।

वेग नियम तथा वेग स्थिरांक
Rate Law and Rate Constant

वह गणितीय व्यंजक जो रासायनिक अभिक्रिया के वेग तथा अभिकारकों के सान्द्रण के मध्य सम्बन्ध व्यक्त करता है, वेग नियम कहलाता है। यह अभिक्रिया के बलगतिकी अध्ययन से निर्धारित किया जाता है। अभिक्रिया की सन्तुलित रासायनिक समीकरण मात्र से वेग नियम नहीं दिया जा सकता। किसी अभिक्रिया में अभिकारकों के विलुप्त (Disappear) होने अथवा उत्पाद के निर्माण की दर मालूम करके उसका बलगतिकी अध्ययन किया जाता है। अभिक्रिया में जिस अभिकारक के सान्द्रण परिवर्तन का अभिक्रिया के वेग पर प्रभाव का अध्ययन करना होता है, केवल उसका सान्द्रण परिवर्तित करते हैं, अन्य अभिकारकों का सान्द्रण स्थिर रखते हैं।

एक सामान्य अभिक्रिया, $aA + bB \longrightarrow cC + dD$ के लिए

जिसमें a, b, c तथा d अभिकारकों तथा उत्पादों के स्टॉइकियोमिट्री गुणांक हैं। इस अभिक्रिया के लिए वेग व्यंजक होगा

$$\text{वेग} \propto [A]^x [B]^y$$

यहाँ घातांक x तथा y स्टॉइकियोमिट्री गुणांक (a तथा b) के समान अथवा भिन्न हो सकते हैं।

$$\text{वेग} = k [A]^x [B]^y \; - \frac{dr}{dt}$$

$$= k [A]^x [B]^y$$

जहाँ, k = वेग स्थिरांक

उपरोक्त समीकरण को **अवकलन वेग समीकरण** कहते हैं।

यदि $[A] = 1$ तथा $[B] = 1$ तो अभिक्रिया का वेग $= k$

अत: "किसी अभिक्रिया का वेग स्थिरांक अभिकारकों के इकाई आण्विक सान्द्रण होने की स्थिति में अभिक्रिया के वेग के बराबर होता है।" इसे **विशिष्ट अभिक्रिया वेग** (Specific reaction rate) भी कहते हैं। किसी अभिक्रिया के वेग को अभिकारकों की मोलर सान्द्रता के पद पर कोई घातांक लगाकर व्यक्त करते हैं। यह किसी संतुलित रासायनिक समीकरण में अभिकारकों के स्टॉइकियोमीट्री गुणांक के समान अथवा भिन्न हो सकता है। उदाहरण—$2NO(g) + O_2(g) \longrightarrow 2NO_2(g)$

इस अभिक्रिया के वेग का निर्धारण या तो किसी एक अभिकारक की सान्द्रता को स्थिर रखते हुए दूसरे अभिकारक की सान्द्रता में परिवर्तन करके, अथवा दोनों अभिकारकों की सान्द्रता परिवर्तित करके प्रारम्भिक सान्द्रताओं के फलन के रूप में कर सकते हैं।

$$-\frac{d[r]}{dt} = k [NO]^2 [O_2]$$

वेग स्थिरांक को प्रभावित करने वाले प्रमुख कारक निम्नलिखित हैं

(i) k का मान ताप बढ़ाने पर बढ़ता है।

(ii) k का मान उत्प्रेरक की उपस्थिति में बढ़ता है।

(iii) k की इकाई, अभिक्रिया की कोटि पर निर्भर करती है।

(iv) प्रत्येक अभिक्रिया का वेग स्थिरांक भिन्न होता है।

वेग स्थिरांक की इकाई Unit of Rate Constant

nवीं कोटि की अभिक्रिया के लिए, $nA \longrightarrow$ उत्पाद

$$\text{वेग} \propto [A]^n, \text{ दर} = k [A]^n \quad k = \frac{\text{दर}}{[A]^n}$$

$$\therefore k \text{ की इकाई} = \frac{\text{वेग की इकाई}}{(\text{सान्द्रता})^n} = \frac{\text{सान्द्रता/समय}}{(\text{सान्द्रता})^n} = (\text{सान्द्रता})^{1-n}$$

$$\text{समय}^{-1} = (\text{मोल})^{1-n} \; (\text{लीटर})^{1-n} \; (\text{समय})^{-1}$$

जहाँ, n अभिक्रिया की कोटि है।

अभिक्रिया की आण्विकता
Molecularity of Reaction

"किसी अभिक्रिया के सन्तुलित रासायनिक समीकरण द्वारा व्यक्त प्रत्येक प्राथमिक पद में भाग लेने वाले अभिकारक अणुओं की कुल संख्या, अभिक्रिया की आण्विकता कहलाती है।"

आण्विकता के आधार पर अभिक्रियाओं को एकाणुक, द्विअणुक, त्रिअणुक के रूप में वर्गीकृत कर सकते हैं। इन अभिक्रियाओं के उदाहरण निम्नलिखित हैं

एकाणुक अभिक्रिया,

$$PCl_5 \rightleftharpoons PCl_3 + Cl_2$$

द्विअणुक अभिक्रिया,

$$CH_3COOC_2H_5 + NaOH \rightleftharpoons CH_3COONa + C_2H_5OH$$

त्रिअणुक अभिक्रिया,

$$2FeCl_3 + SnCl_2 \longrightarrow 2FeCl_2 + SnCl_4$$

आण्विकता की विशेषताएँ
Characteristics of Molecularity

अभिक्रिया की आण्विकता निम्नलिखित विशेषताएँ प्रदर्शित करती हैं

(i) किसी अभिक्रिया की आण्विकता का मान शून्य को छोड़कर कोई धनात्मक पूर्ण संख्या होती है। इसका मान शून्य, ऋणात्मक अथवा भिन्नात्मक में नहीं हो सकता है।

(ii) यह अभिक्रिया के वेग अथवा क्रियाविधि के विषय में कोई विचार प्रस्तुत नहीं करती है।

अभिक्रिया की कोटि Order of Reactions

"अभिक्रिया की कोटि अभिकारक अणुओं, परमाणुओं अथवा आयनों की उस संख्या के बराबर होती है, जिनकी सान्द्रता पर अभिक्रिया का वेग निर्भर करता है।" *अथवा*

"अभिक्रिया की वेग समीकरण में व्यक्त अभिकारकों की सान्द्रता पदों की घातों का योग, अभिक्रिया की कोटि कहलाता है।"

$$xA + yB \longrightarrow \text{उत्पाद}$$

वेग नियम से,

$\because$ वेग $= [A]^x [B]^y$

$\therefore$ अभिक्रिया की कोटि $n = x + y$

(i) अभिक्रिया की कोटि प्रयोगात्मक मान (experimental value) है। किसी अभिक्रिया की पूर्ण सन्तुलित समीकरण को देखकर उस अभिक्रिया की कोटि नहीं बतायी जा सकती है।

(ii) एक से अधिक पदों में होने वाली अभिक्रियाओं में सदैव मन्दतम (slowest) पद ही सम्पूर्ण अभिक्रिया के वेग का निर्धारण करता है। इसका मान शून्य, भिन्नात्मक अथवा ऋणात्मक भी हो सकता है।

(iii) अभिक्रियाओं की कोटि प्राय: 0, 1, 2 या 3 होती है। इससे अधिक कोटि वाली अभिक्रियाएँ बहुत कम होती है। अभिक्रिया की कोटि 0, 1, 2, ... आदि होने पर इन्हें क्रमश: शून्य कोटि अभिक्रिया, प्रथम कोटि अभिक्रिया, द्वितीय कोटि अभिक्रिया .... आदि कहा जाता है।

शून्य कोटि की अभिक्रियाएँ Zero Order Reactions

जिन अभिक्रियाओं की सान्द्रता समय के साथ परिवर्तित नहीं होती तथा सम्पूर्ण अभिक्रिया में सान्द्रता वेग स्थिर बने रहते हैं, शून्य कोटि की अभिक्रियाएँ कहलाती हैं।

अभिक्रिया $A \longrightarrow$ उत्पाद;

शून्य कोटि की होगी यदि

$$\text{वेग} = \frac{-d[A]}{dt} = k[A]^0 = k$$

अथवा $d[A] = -k\,dt$

दोनों पक्षों का समाकलन (integration) करने पर,

$$[A] = -kt + I \quad \text{...(i)}$$

जहाँ, $I =$ समाकलन स्थिरांक $t = 0$ पर, $[A] = [A]_0$

$\therefore \quad [A]_0 = I$

I के मान को समी (i) में रखने पर

$$[A] = -kt + [A]_0 \quad \text{...(ii)}$$

या $kt = [A]_0 - [A]$

या $k = \frac{1}{t}([A]_0 - [A])$ ...(iii)

यह शून्य कोटि की अभिक्रिया के वेग स्थिरांक का व्यंजक है।

प्रथम कोटि की अभिक्रियाएँ First Order Reactions

प्रथम कोटि की अभिक्रियाओं को निम्न प्रकार परिभाषित करते हैं, "वे अभिक्रियाएँ है जिनका वेग केवल एक अभिकारक अणु की सान्द्रता द्वारा प्रभावित होता है।" उदाहरण—निम्न अभिक्रिया के लिए,

	$A \longrightarrow$	B	$+ C$
प्रारम्भ में सान्द्रता	a	0	0
t समय पश्चात् सान्द्रता	$(a-x)$	x	x

t समय पश्चात् अभिक्रिया के वेग का व्यंजक

$$\frac{dx}{dt} = k(a-x) \quad \text{...(i)}$$

अथवा $\frac{dx}{(a-x)} = k\,dt$

उपरोक्त समीकरण का समाकलन करने पर

$$\int \frac{dx}{(a-x)} = k\int dt \text{ अथवा } -\log(a-x) = kt + c \quad \text{...(ii)}$$

जहाँ c समाकलन स्थिरांक है

जब $t = 0, x = 0$

$c = -\log a$

c का मान समी (ii) में रखने पर,

$$-\log(a-x) = kt - \log a$$

अथवा $\log a - \log(a-x) = kt$ अथवा $\log\frac{a}{(a-x)} = kt$

अथवा $k = \frac{2.303}{t}\log\frac{a}{(a-x)}$ अथवा $k = \frac{2.303}{t} = \log\frac{[A]_0}{[A]}$ ...(iii)

उपरोक्त समीकरण को प्रथम कोटि की अभिक्रिया की गतिज समीकरण कहते हैं।

समीकरण (iii) को घातांक रूप में निम्न प्रकार व्यक्त कर सकते हैं।

$$\frac{[A]_0}{[A]} = e^{kt} \quad \text{अथवा} \quad \frac{[A]}{[A]_0} = e^{-kt}$$

अथवा $$[A] = [A]_0 \, e^{-kt} \quad \ldots(iv)$$

द्वितीय कोटि की अभिक्रियाएँ Second Order Reactions

जिन अभिक्रियाओं का वेग, दो अभिकारक अणुओं (समान अथवा भिन्न) की सान्द्रता से प्रभावित होता है, द्वितीय कोटि की अभिक्रियाएँ कहलाती है। इन्हें निम्न प्रकार प्रदर्शित करते हैं

$$-\frac{\Delta R}{\Delta t} \text{ अथवा } \frac{\Delta P}{\Delta t} = k\,[A]^2 \quad (2A \longrightarrow \text{उत्पाद के लिए})$$

अथवा $$-\frac{\Delta R}{\Delta t} \text{ अथवा } \frac{\Delta P}{\Delta t} = k\,[A][B] \quad (A + B \longrightarrow \text{उत्पाद के लिए})$$

उदाहरण—जिन अभिक्रियाओं में दोनों अभिकारकों की सान्द्रताएँ समान होती है

$$\begin{array}{cccccl} A & + & B & \longrightarrow & \text{उत्पाद} \\ a & & a & & 0 & (\text{प्रारम्भ में}) \\ (a-x) & & (a-x) & & x & (t \text{ समय पश्चात्}) \end{array}$$

अभिक्रिया का वेग नियतांक, k का मान निम्न होता है

$$k = \frac{1}{t} \times \frac{x}{a(a-x)}$$

यदि अभिकारकों की सान्द्रताएँ समान न हो तब

$$\begin{array}{cccccl} A & + & B & \longrightarrow & \text{उत्पाद} \\ a & & b & & 0 & (\text{प्रारम्भ में}) \\ (a-x) & & (b-x) & & x & (t \text{ समय पश्चात्}) \end{array}$$

उपरोक्त अभिक्रिया के लिए वेग नियतांक का मान निम्न होता है

$$k = \frac{2.303}{t\,(a-b)} \log_{10} \frac{b\,(a-x)}{a\,(b-x)}$$

तृतीय कोटि की अभिक्रियाएँ Third Order Reactions

जिन अभिक्रियाओं का वेग तीन अभिकारक अणुओं (समान अथवा भिन्न) की सान्द्रताओं से प्रभावित होता है, तृतीयक कोटि की अभिक्रियाएँ कहलाती हैं।

$$-\frac{\Delta R}{\Delta t} \text{ अथवा } \frac{\Delta P}{\Delta t} = k\,[A]^3 \qquad (3P \longrightarrow \text{उत्पाद के लिए})$$

अथवा $$-\frac{\Delta R}{\Delta t} \text{ अथवा } \frac{\Delta P}{\Delta t} = k\,[A][B][C]$$

$$(A + B + C \longrightarrow \text{उत्पाद के लिए})$$

जब तीनों अभिकारकों की सान्द्रताएँ समान हो अथवा एक ही अभिकारक के तीन अणु प्रयुक्त हो तो वेग व्यंजक को निम्न प्रकार प्रदर्शित करते हैं।

$$\begin{array}{cccccccl} A & + & B & + & C & \longrightarrow & \text{उत्पाद} \\ a & & a & & a & & 0 & (\text{प्रारम्भ में}) \\ (a-x) & & (a-x) & & (a-x) & & x & (t \text{ समय पश्चात्}) \end{array}$$

उपरोक्त अभिक्रिया के लिए वेग स्थिरांक, k का मान निम्न होता है

$$k = \frac{1}{t} \cdot \frac{x\,(2a-x)}{2a^2\,(a-x)^2}$$

अर्द्ध-आयु विधि Half-life Method

किसी अभिक्रिया का अर्द्ध-आयुकाल वह समय है, जिसमें कोई अभिक्रिया 50% पूर्ण हो जाती है अर्थात् पदार्थों के प्रारम्भिक सान्द्रण का आधा भाग उत्पाद में परिवर्तित हो जाता है। **इसे $t_{1/2}$ अथवा T_{50} द्वारा निरूपित करते हैं।** प्रथम कोटि, द्वितीय कोटि एवं तृतीय कोटि की अभिक्रियाओं की समीकरणों से क्रमशः यह ज्ञात होता है, कि प्रथम कोटि ($n = 1$) की अभिक्रिया के लिए अर्द्ध-आयु ($t_{1/2}$ या T_{50}) प्रारम्भिक सान्द्रता पर निर्भर नहीं करती है, द्वितीय कोटि ($n = 2$) की अभिक्रिया के लिए अर्द्ध-आयु ($t_{1/2}$) सान्द्रता के व्युत्क्रमानुपाती होती है एवं तृतीय कोटि की अभिक्रिया के लिए अर्द्ध-आयु ($t_{1/2}$) सान्द्रता की द्वितीय घात के व्युत्क्रमानुपाती होती है।

सामान्य रूप से, यदि अभिक्रिया n^{th} कोटि की है, तो

$$t_{1/2} \times a^{n-1} = \text{स्थिरांक} \quad \text{या} \quad t_{1/2} = \frac{\text{स्थिरांक}}{a^{n-1}}$$

या $$\boxed{t_{1/2} \propto \frac{1}{a^{n-1}} \quad \text{या} \quad t_{1/2} \propto a^{1-n}}$$

यदि दो भिन्न प्रारम्भिक सान्द्रणों पर अभिक्रिया की अर्द्ध-आयु ज्ञात हो, तो अभिक्रिया की कोटि का निर्धारण निम्न प्रकार किया जाता है।

माना प्रारम्भिक सान्द्रण $[A]_0$ पर अभिक्रिया की अर्द्ध-आयु $t_{1/2}$ है तथा इसी अभिक्रिया के लिये प्रारम्भिक सान्द्रण $[A]'_0$ पर अभिक्रिया की अर्द्ध-आयु $t'_{1/2}$ है ।

अतः $$t_{1/2} \propto \frac{1}{[A]_0^{n-1}} \quad \text{तथा} \quad t'_{1/2} \propto \frac{1}{[A]'^{\,n-1}_0}$$

प्रथम समीकरण को द्वितीय समीकरण से भाग देने पर,

$$\frac{t_{1/2}}{t'_{1/2}} = \left(\frac{[A]'_0}{[A]_0}\right)^{n-1} \quad \ldots(i)$$

या $$\log_{10} \frac{t_{1/2}}{t'_{1/2}} = (n-1) \log_{10} \left(\frac{[A]'_0}{[A]_0}\right)$$

या $$n = 1 + \frac{\log_{10}\,(t_{1/2} / t'_{1/2})}{\log_{10}\,([A]'_0 / [A]_0)} \quad \ldots(ii)$$

इस प्रकार $t_{1/2}, t'_{1/2}, [A]_0$ तथा $[A]'_0$ के मान यदि ज्ञात हों तो समी (ii) की सहायता से अभिक्रिया की कोटि ज्ञात की जा सकती है।

आभासी अणुक अभिक्रियाएँ Pseudo Molecular Reactions

ऐसी अभिक्रियाएँ जिनकी अभिक्रिया की कोटि तथा आण्विकता के मान भिन्न होते हैं, आभासी अणुक अभिक्रियाएँ कहलाती हैं। जिन अभिक्रियाओं की कोटि का मान एक तथा अभिक्रिया की आण्विकता का मान एक से अधिक होता है, **आभासी एकाणुक अभिक्रियाएँ** (pseudo unimolecular reactions) कहलाती हैं। उदाहरण—

(i) सभी शून्य कोटि अभिक्रियाएँ आभासी अणुक अभिक्रियाएँ होती हैं।

(ii) एथिल ऐसीटेट का जल-अपघटन, आभासी एकाणुक अभिक्रिया है

$$CH_3COOC_2H_5 + H_2O \xrightarrow{H^+} CH_3COOH + C_2H_5OH$$

अभिक्रिया के वेग पर ताप का प्रभाव
Effect of Temperature on Rate of Reaction

बहुत-सी अभिक्रियाओं के लिए ताप में वृद्धि के साथ उनकी अभिक्रिया की दर में वृद्धि हो जाती है। यह भी पाया गया है कि प्रत्येक 10°C तापक्रम में वृद्धि से अभिक्रिया की दर दो गुनी से तीन गुनी बढ़ जाती है। तापक्रम के प्रभाव को **ताप गुणांक** के रूप में व्यक्त किया जाता है।

"वेग स्थिरांक का ताप गुणांक 10°C अन्तर के दो भिन्न तापों पर (मुख्यत: 25°C एवं 35°C पर) वेग स्थिरांकों के अनुपात के बराबर होता है।"

$$\text{वेग स्थिरांक का ताप गुणांक} = \frac{(t+10)^\circ C \text{ पर वेग स्थिरांक}}{t^\circ C \text{ पर वेग स्थिरांक}}$$

$$= \frac{k_{t+10}}{k_t} = \frac{k_{35}}{k_{25}} \in (2, 3)$$

वेग स्थिरांक का ताप गुणांक सामान्यतया 2-3 के मध्य $[\in (2, 3)]$ होता है।

आरहेनियस समीकरण Arrhenius Equation

आरहेनियस ने वेग स्थिरांक और ताप के मध्य एक मात्रात्मक सम्बन्ध दिया है जिसे आरहेनियस समीकरण कहते हैं।

$$k = A \times e^{-E_a/RT} \quad \text{...(i)}$$

जहाँ, k = वेग स्थिरांक, A = आवृत्ति कारक = संघट्टन संख्या

E_a = सक्रियण ऊर्जा, R = मोलर गैस नियतांक

T = परमताप

A तथा E_a अभिक्रिया के लाक्षणिक गुण हैं। इन्हें संयुक्त रूप से आरहेनियस पैरामीटर कहते हैं।

सक्रियण ऊर्जा Activation Energy

सक्रियण ऊर्जा को निम्न प्रकार परिभाषित किया जाता है। "सक्रियण ऊर्जा, ऊर्जा की वह मात्रा है जो निष्क्रिय अथवा असक्रिय अणुओं के द्वारा अधिशोषित करके इन्हें सक्रिय बनाती है अथवा अणुओं की सामान्य ऊर्जा के अतिरिक्त वह न्यूनतम ऊर्जा है जो अणुओं की संघट्टय (टक्कर) द्वारा उत्पाद बनाने के लिए आवश्यक है।

सक्रियण ऊर्जा की अवधारणा हमें बताती है कि किसी दिए गए ताप पर अभिक्रिया मन्द होगी अथवा तीव्र। किसी दिए गए ताप पर, यदि अभिक्रिया की सक्रियण ऊर्जा का मान कम है तो अभिक्रिया तीव्र होगी अथवा विपरीत। सक्रियण ऊर्जाओं में अन्तर मुख्यत: अभिक्रियाओं के वेगों में अन्तर के लिए उत्तरदायी होते हैं। सक्रियण ऊर्जा की रासायनिक अभिक्रियाओं हेतु अवधारणा की व्याख्या ऊर्जा तथा अभिक्रिया की उन्नति के मध्य निम्न ग्राफ खींचकर भी की जा सकती हैं।

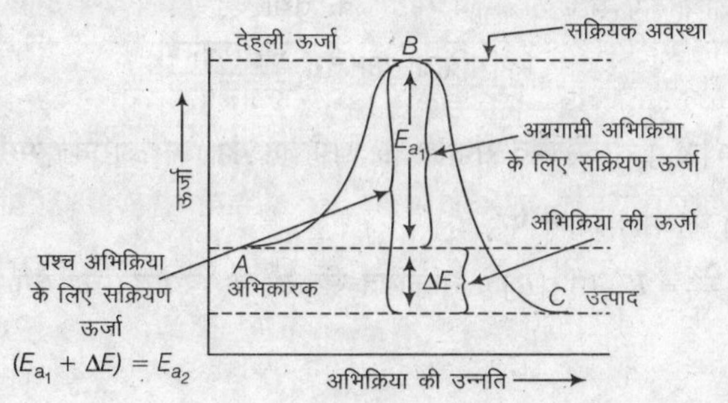

$$E_a = E_{th} - E_R$$

जहाँ E_{th} = देहली ऊर्जा $\quad E_R$ = अभिकारकों की कुल ऊर्जा

अभिक्रिया के वेग के सिद्धान्त
Theories of Rate of Reaction

किसी अभिक्रिया के वेग की व्याख्या करने के लिए निम्नलिखित सिद्धान्त प्रस्तुत किए गए हैं

द्विअणुक अभिक्रियाओं का संघट्ट (टक्कर) सिद्धान्त
Collision Theory of Bimolecular Reactions

(i) जब अभिकारक अणु आपस में टकराते हैं तो अभिक्रिया होती है और उत्पाद बनते हैं।

(ii) सभी टक्करों के फलस्वरूप उत्पाद नहीं बनते हैं। जिन टक्करों के फलस्वरूप उत्पाद बनते हैं, उन्हें प्रभावी टक्करें (Effective collisions) कहते हैं। (टक्करों की कुल संख्या की तुलना में प्रभावी टक्करों की संख्या बहुत कम होती है।)

(iii) जो अणु प्रभावी टक्करों के फलस्वरूप उत्पाद बनाते हैं, **सक्रिय अणु** (Active molecules) कहलाते हैं। (अणुओं की कुल संख्या की तुलना में सक्रिय अणुओं की संख्या बहुत कम होती है।)

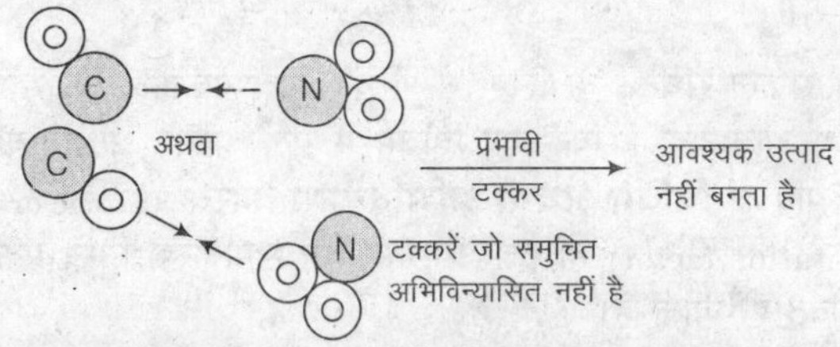

(iv) सक्रिय अणुओं की ऊर्जा, एक निश्चित ऊर्जा के बराबर या उससे अधिक होती है। अणुओं की इस निश्चित ऊर्जा को देहली ऊर्जा (Threshold energy) कहते हैं। जिन अणुओं की ऊर्जा देहली ऊर्जा से कम होती है, वे अभिक्रिया नहीं कर सकते हैं।

(v) अभिकारकों के प्रत्येक अणु के पास प्रारम्भ में कुछ ऊर्जा होती है। अभिकारक अणु की ऊर्जा को देहली ऊर्जा के बराबर करने के लिए जितनी अतिरिक्त ऊर्जा की आवश्यकता होती है, उसे **सक्रियण ऊर्जा** (Activation energy) कहते हैं। इसे E अथवा E_a से निरूपित करत हैं।

सक्रियण ऊर्जा = देहली ऊर्जा − टकराने वाले अणुओं की ऊर्जा

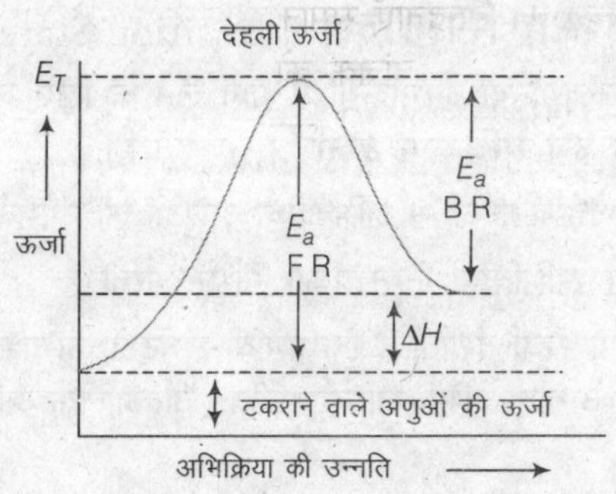

यदि हम परिकल्पना करे कि अभिक्रिया का वेग प्रति इकाई आयतन प्रति इकाई समय टक्करों के वेग तथा टक्करों के अंश (जिनमें ऊर्जा अवरोधक E^* को पार करने के लिए, पर्याप्त आपेक्षिक गतिज ऊर्जा होती है।) के गुणनफल के बराबर होता है तब वेग नियतांक का मान निम्न व्यंजक द्वारा दिया जाता है

$$k = Z_{AB} \cdot e^{-E^*/KT} \quad \ldots(i)$$

यहाँ, Z_{AB} = संघट्ट आवृत्ति कारक

Z_{AB} अभिकारक अणुओं A तथा B के प्रति इकाई आयतन प्रति इकाई समय में लगने वाली टक्करों की संख्या को N_A तथा N_B (क्रमशः A तथा B के प्रति इकाई आयतन, अणुओं की संख्या) से भाग देने पर प्राप्त होता है। गैसों के गतिज सिद्धान्त से प्रदर्शित कर सकते हैं कि

$$Z_{AB} = \left(\frac{8\,KT}{\pi\mu}\right)^{1/2} \pi d^2$$

यहाँ $$\mu = \frac{m_A \times m_B}{m_A + m_B}$$

अर्थात् टक्कराने वाले अभिकारक अणुओं का घटा द्रव्यमान

$d = r_A + r_B$ अर्थात् दोनों अभिकारक अणुओं की त्रिज्या का योग।

Z_{AB} का मान समी (i) में रखने पर,

$$k = \left(\frac{8\,KT}{\pi\mu}\right)^{1/2} \times \pi d^2 \times e^{-E^*/KT}$$

यदि प्रभावी संघट्टनों के आवोग्राद्रो संख्या के लिए आवश्यक ऊर्जा, $E_a = N_A E^*$ हो, तब

$$k = \left(\frac{8\,KT}{\pi\mu}\right)^{1/2} \times \pi d^2\, e^{-E_a/RT}$$

या $$k = Z_{AB} \times e^{-E_a/RT}$$

किसी सफल संघट्ट के लिए, ऊर्जा की आवश्यकताओं के साथ-साथ, यह भी आवश्यक है कि अणु त्रिविम में भली प्रकार अभिविन्यसित हो। अतः यदि P **त्रिविम अथवा अभिविन्यास कारक** (Steric or orientation factor) हो तब उपरोक्त वेग समीकरण निम्न प्रकार परिवर्तित हो जाती है।

$$k = PZ_{AB} e^{-E_a/RT}$$

उपरोक्त समीकरण की तुलना आरहेनियस समीकरण से करने पर

$$A = PZ_{AB}$$

जहाँ, A = आरहेनियस संघट्ट कारक

संक्रमण अवस्था सिद्धान्त Transition State Theory

अभिकारकों को रासायनिक अभिक्रिया में भाग लेने के लिए जो अतिरिक्त ऊर्जा दी जाती है, उसे **सक्रियण ऊर्जा** (E_a) कहते हैं।

सक्रियण ऊर्जा = देहली ऊर्जा − अभिकारक अणुओं की औसत गतिज ऊर्जा

सक्रियण ऊर्जा पर अभिक्रिया निम्न प्रकार निर्भर करती है

(i) शून्य सक्रियण ऊर्जा दर्शाती है कि प्रभावी संघट्टों का प्रभाज (f) बहुत अधिक होगा अर्थात् अभिक्रिया बहुत तीव्र (तात्कालिक अभिक्रिया) है।

(ii) निम्न सक्रियण ऊर्जा दर्शाती है कि प्रभावी संघट्टों का प्रभाज (f) अधिक होगा अतः अभिक्रिया तीव्र होगी।

(iii) उच्च सक्रियण ऊर्जा होने पर प्रभावी संघट्टों का प्रभाज (f) कम होगा अतः अभिक्रिया मन्द होगी। सक्रियण ऊर्जा (E_a) टूटने वाले रासायनिक बन्ध की प्रकृति पर निर्भर करती है।

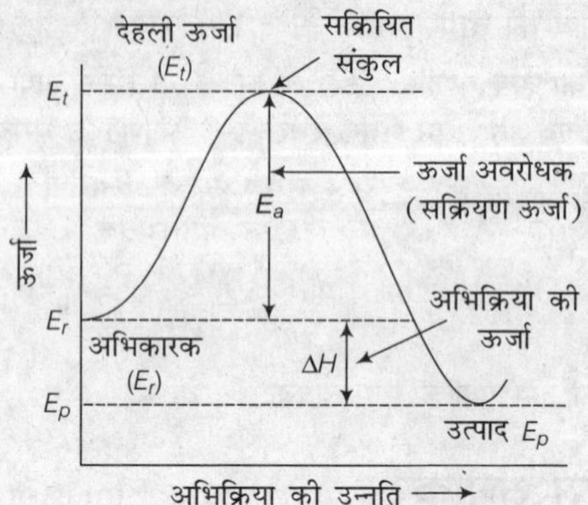

तथा अभिकारक और उत्पाद की एन्थैल्पी से स्वतन्त्र होती है।

संक्रमण अवस्था सिद्धान्त का गणितीय रूप

Mathematical Expression of Transition State Theory

निम्नलिखित अभिक्रिया पर विचार कीजिए

$$A + B \longrightarrow X^* \longrightarrow \text{उत्पाद}$$

अतः सक्रियित संकुल का साम्य स्थिरांक, K^*

$$K^* = \frac{[X^*]}{[A][B]}$$

अथवा $$[X^*] = K^*[A][B] \quad \ldots(i)$$

सक्रियण ऊर्जा की परिकल्पना के अनुसार, अभिकारक सीधे उत्पाद में परिवर्तित नहीं होते हैं। अभिकारक पहले सक्रियण ऊर्जा के बराबर ऊर्जा का अवशोषण करके सक्रियित संकुल (Activated complex) बनाते हैं। इस अवस्था पर, अणुओं की ऊर्जा इनकी देहली ऊर्जा (threshold energy) के बराबर होनी चाहिए। इसका अर्थ यह है कि अभिक्रिया में कुल ऊर्जा अवरोधक होते हैं, जो उत्पाद के बनने के पूर्व आते हैं। ये ऊर्जा अवरोधक **सक्रियण ऊर्जा अवरोधक** (Activation energy barrier) कहलाते हैं।

अतः अभिक्रिया का वेग सक्रियित संकुलों की वह संख्या है जो प्रति इकाई समय में ऊर्जा अवरोधकों को पार करते हैं। यह पुनः सक्रियित संकुलों की सान्द्रता तथा आवृत्ति (जिस पर संकुल अपघटित होकर उत्पाद बनाते हैं। के गुणनफल के बराबर होती है।)

गणितीय रूप से

$$\text{अभिक्रिया का वेग} = \frac{d[\text{उत्पाद}]}{dt}$$

$\frac{\Delta x}{\Delta t} = [X_*] \times$ सक्रियित संकुलों के वियोजन का वेग उपरोक्त समी (i) से $[X_*]$ का मान रखने पर,

$$\frac{\Delta x}{\Delta t} = K^*\,[A][B] \times \text{सक्रियित संकुलों के वियोजन का वेग} \quad \ldots(ii)$$

सक्रियित संकुल केवल तभी अपघटित होंगे यदि निकाय में पर्याप्त कम्पन ऊर्जा की आपूर्ति की जाये अर्थात् कम्पन स्वतन्त्रता की कोटि, रूपान्तरण, स्वतन्त्रता की कोटि में परिवर्तित हो जाये। इस कम्पन्न ऊर्जा के कारण, परमाणु निश्चित क्रान्तिक आवृत्ति के साथ कम्पन करते हैं जिसके फलस्वरूप बन्ध टूटता है। बन्ध वियोजन की यह आवृत्ति, सक्रियित संकुल की उस आवृत्ति के तुल्य होती है जिस पर संकुल उत्पाद में अपघटित होता है।

अत: सक्रियित संकुल में वियोजन की आवृत्ति $= \dfrac{E_{\text{कम्पन}}}{h}$

जहाँ, $E_{\text{कम्पन}}$ = ताप T पर औसत कम्पन ऊर्जा $= kT = \dfrac{RT}{N}$

जहाँ R = सार्वत्रिक गैस नियतांक, N = आवोगाद्रो संख्या

h = प्लांक नियतांक, अत: आवृत्ति $= \dfrac{RT}{NT}$

$$\frac{\Delta x}{\Delta t} = K^* \,[A]\,[B] \times \frac{RT}{Nh} \quad \text{...(iii)}$$

तथा द्विअणुक अभिकारकों के उत्पादों में रूपान्तरण के लिए,

$$\frac{\Delta x}{\Delta t} = k\,[A]\,[B]$$

समी (iii) में मान रखने पर,

$$k\,[A]\,[B] = k^*\,[A]\,[B] \times \frac{RT}{Nh}$$

$$\Rightarrow \quad k = k^* \times \frac{RT}{Nh} \quad \text{...(iv)}$$

यह समीकरण **संक्रमण अवस्था सिद्धान्त का गणितीय रूप** कहलाता है।

K^* तथा ΔG^* के मध्य सम्बन्ध
Relation between K^* and ΔG^*

K^* को ΔG^* के साथ निम्न प्रकार सम्बन्धित कर सकते हैं

$$\Delta G^* = -RT \ln K^*$$

जहाँ, ΔG^* = सक्रियित संकुल की मुक्त ऊर्जा – अभिकारक की मुक्त ऊर्जा

= मानक मुक्त ऊर्जा परिवर्तन

अत: $\Delta G^* = \Delta H^* - T\Delta S^*$ अथवा $-RT \ln k^* = \Delta H^* - T\Delta S^*$

अथवा $$\ln k^* = \frac{-(\Delta H^* - T\Delta S^*)}{RT}$$

अथवा $$k^* = e^{-(\Delta H^* - T\Delta S^*)/RT} \quad \text{...(vi)}$$

इस मान को संक्रमण अवस्था सिद्धान्त के गणितीय रूप में रखने पर

$k = e^{-(\Delta H^* - T\Delta S^*)/RT} \times \dfrac{RT}{Nh}$ तथा $k = \dfrac{RT}{Nh} \times e^{-\Delta H^*/RT} \cdot e^{\Delta S^*/R}$

यहाँ, ΔH^* = मानक एन्थैल्पी परिवर्तन, अर्थात् मानक सक्रियण ऊष्मा

ΔS^* = मानक एन्ट्रॉपी परिवर्तन, अर्थात् मानक सक्रियण एन्थैल्पी

अभिक्रिया की एन्थैल्पी अग्रगामी अभिक्रिया के लिए सक्रियण ऊर्जा (E_a^f) तथा पश्चगामी अभिक्रिया के लिए सक्रियण ऊर्जा (E_a^r) के साथ निम्न प्रकार सम्बन्धित होती है।

$$\Delta H = E_a^f - E_a^r$$

ऊष्माशोषी अभिक्रिया के लिए

$$\Delta H > 0 \Rightarrow E_a^r < E_a^f$$

ऊष्माक्षेपी अभिक्रिया के लिए

$$\Delta H < 0 \Rightarrow E_a^r > E_a^f$$

अभ्यास प्रश्न

1. निम्नलिखित में कौन-सा कथन सत्य है?

(a) अभिक्रिया की दर समय व्यतीत होने के साथ कम होती जाती है क्योंकि अभिक्रियाओं की सान्द्रता कम होने लगती है

(b) अभिक्रिया की दर अभिक्रिया के दौरान हर समय एक सी रहती है

(c) अभिक्रिया की दर ताप परिवर्तन पर निर्भर नहीं करती है

(d) अभिक्रियाओं की सान्द्रता बढ़ाने से अभिक्रिया की दर कम हो जाती है

2. जिंक तथा तनु HCl की अभिक्रिया में बनी हाइड्रोजन के आयतन तथा समय के मध्य ग्राफ चित्र में दिया गया है। इसके आधार पर सही विकल्प पर निशान लगाइए।

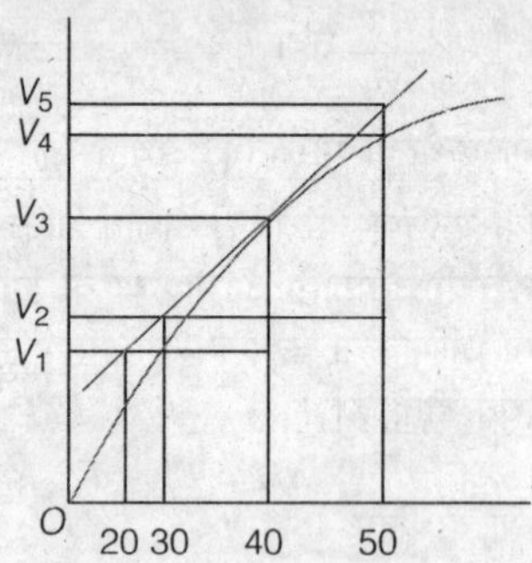

(a) 40 सेकण्ड तक औसत दर $\frac{V_3 - V_2}{40}$ है

(b) 40 सेकण्ड तक औसत दर $\frac{V_3 - V_2}{40 - 30}$ है

(c) 40 सेकण्ड तक औसत दर $\frac{V_3}{40}$ है

(d) 40 सेकण्ड तक औसत दर $\frac{V_3 - V_1}{40 - 20}$ है

3. प्रश्न 2 में दिए गए चित्र पर विचार कीजिए। निम्नलिखित में से कौन-सा विकल्प चालीसवें सेकण्ड पर तात्क्षणिक वेग नहीं दर्शाता है?

(a) $\frac{V_5 - V_2}{50 - 30}$ (b) $\frac{V_4 - V_2}{50 - 30}$ (c) $\frac{V_3 - V_2}{40 - 30}$ (d) $\frac{V_3 - V_1}{40 - 20}$

4. $2A \longrightarrow$ उत्पाद, अभिक्रिया में A की सान्द्रता 10 मिनट में 0.5 मोल लीटर$^{-1}$ से घटकर 0.4 मोल लीटर$^{-1}$ रह जाती है। इस समयान्तराल में अभिक्रिया का वेग है

(a) 0.05 मोल लीटर$^{-1}$ मिनट$^{-1}$ (b) 0.42 मोल लीटर$^{-1}$ मिनट$^{-1}$

(c) 0.005 मोल लीटर$^{-1}$ मिनट$^{-1}$ (d) 0.5 मोल लीटर$^{-1}$ मिनट$^{-1}$

5. नीचे दी गई अभिक्रिया के लिए निम्न में से कौन-सा व्यंजक अभिक्रिया की दर के लिये सही है?

$$5Br^-(aq) + BrO_3^-(aq) + 6H^+(aq) \longrightarrow 3Br_2(aq) + 3H_2O(l)$$

(a) $\frac{\Delta[Br^-]}{\Delta t} = 5\frac{\Delta[H^+]}{\Delta t}$ (b) $\frac{\Delta[Br^-]}{\Delta t} = \frac{6}{5}\frac{\Delta[H^+]}{\Delta t}$

(c) $\frac{\Delta[Br^-]}{\Delta t} = \frac{5}{6}\frac{\Delta[H^+]}{\Delta t}$ (d) $\frac{\Delta[Br^-]}{\Delta t} = 6\frac{\Delta[H^+]}{\Delta t}$

6. किसी गैसीय अभिक्रिया के लिए, अभिक्रिया की इकाईयाँ है

(a) लीटर वायु. सेकण्ड$^{-1}$ (b) वायु. सेकण्ड$^{-1}$

(c) वायु. मोल$^{-1}$ सेकण्ड$^{-1}$ (d) मोल सेकण्ड$^{-1}$

7. समान द्रव्यमान के लकड़ी के लठ्ठे की अपेक्षा लकड़ी के टुकड़े तेजी से जलते हैं, क्योंकि

(a) लकड़ी के लठ्ठे का पृष्ठ क्षेत्रफल अधिक होता है तथा जलने के लिए अधिक समय लेता है

(b) लकड़ी के टुकड़ों का पृष्ठ क्षेत्रफल अधिक होता है

(c) लकड़ी के सभी टुकड़े एक साथ आग पकड़ते हैं

(d) लकड़ी के लठ्ठे का घनत्व, समान लकड़ी के टुकड़ों की अपेक्षा अधिक होता है।

8. $2N_2O_5 \longrightarrow 4NO_2 + O_2$

उपरोक्त अभिक्रिया का वेग नियतांक 3.0×10^{-5} सेकण्ड$^{-1}$ है। यदि वेग 2.40×10^{-5} हो तब N_2O_5 की सान्द्रता (मोल/लीटर में) है

(a) 1.4 (b) 1.2 (c) 0.04 (d) 0.8

9. रासायनिक अभिक्रिया, $2X + Y \longrightarrow Z$, के लिए Z के बनने का वेग 0.05 मोल लीटर$^{-1}$ है। X के लुप्त होने का वेग होगा

(a) 0.05 मोल लीटर$^{-1}$ घण्टा$^{-1}$ (b) 0.05 मोल लीटर$^{-1}$ मिनट$^{-1}$

(c) 0.1 मोल लीटर$^{-1}$ मिनट$^{-1}$ (d) 0.25 मोल लीटर$^{-1}$ मिनट$^{-1}$

10. निम्न उत्क्रमणीय अभिक्रिया में,

$$2NO_2 \underset{k_2}{\overset{k_1}{\rightleftharpoons}} N_2O_4$$

NO_2 के विलुप्त होने का वेग है

(a) $\frac{2k_1}{k_2}[NO_2]^2$ (b) $2k_1[NO_2]^2 - 2k_2[N_2O_4]$

(c) $2k_2[NO_2]^2 - k_2[N_2O_4]$ (d) $(2k_1 - k_2)[NO_2]$

11. निम्न में से किस प्रकार की अभिक्रिया के लिए आण्विकता तथा कोटि के मान समान होते हैं?

(a) प्रथम कोटि की अभिक्रिया (b) द्विअणुक अभिक्रिया

(c) त्रिअणुक अभिक्रिया (d) प्रारम्भिक अभिक्रिया

12. निम्न एक पदीय अभिक्रिया के लिए $A + 2B \longrightarrow$ उत्पाद, आण्विकता है

(a) 0 (b) 1 (c) 2 (d) 3

13. अभिक्रिया, $A + 2B \longrightarrow C$ के लिए निम्नलिखित वेग नियम प्राप्त होता है वेग $= k[A][B]$

A की सान्द्रता स्थिर रखते हुए अभिक्रियक B की सान्द्रता दोगुनी करने पर वेग नियतांक का मान होगा

(a) समान (b) दोगुना (c) चार गुना (d) आधा

14. अणु x का y में रूपान्तरण द्वितीय कोटि की बलगतिकी के अनुरूप होता है यदि x की सान्द्रता तीन गुनी कर दी जाए तो y के निर्माण में

(a) तीन गुना वृद्धि होगी (b) तीन गुना कमी होगी

(c) नौ गुना वृद्धि होगी (d) नौ गुना कमी होगी

15. किसी गैसीय अभिक्रिया का वेग $k[A][B]$ के तुल्य है। इन गैसों को धारण करने वाले अभिक्रिया पात्र का आयतन घटाकर प्रारम्भिक आयतन का एक चौथाई कर दिया जाता है। अभिक्रिया का वेग होगा

(a) $\frac{1}{16}$ (b) $\frac{16}{1}$ (c) $\frac{1}{8}$ (d) $\frac{8}{1}$

16. 0.05 M HCl तथा 0.05 M H_2SO_4 के साथ एथिल ऐसीटेट पृथक्-पृथक् जल-अपघटन कराने पर वेग नियतांक क्रमशः k_1 तथा k_2 प्राप्त हुए। निम्न में से कौन-सा सम्बन्ध सत्य है?

(a) $k_1 < k_2$ (b) $k_1 > k_2$ (c) $k_1 = k_2$ (d) $k_2 = 2k_1$

17. मोलरता (M) इकाई के पदों में प्रथम तथा शून्य कोटि की अभिक्रियाओं के वेग नियतांक क्रमशः है

(a) सेकण्ड$^{-1}$ मोल सेकण्ड$^{-1}$ (b) सेकण्ड$^{-1}$ मोल

(c) मोल सेकण्ड$^{-1}$ सेकण्ड$^{-1}$ (d) मोल सेकण्ड$^{-1}$

18. $A \xrightarrow{k_1} B \xrightarrow{k_2} C \xrightarrow{k_3} D$

उपरोक्त अभिक्रिया क्रम में यदि $k_3 > k_2 > k_1$ हो, तो अभिक्रिया वेग निर्धारक पद है

(a) $A \longrightarrow B$ (b) $B \longrightarrow C$ (c) $C \longrightarrow D$ (d) $A \longrightarrow D$

19. निम्न परिकल्पित अभिक्रिया क्रियाविधि के

$$A \xrightarrow{\text{I}} B \xrightarrow{\text{II}} C \xrightarrow{\text{III}} D \xrightarrow{\text{IV}} E$$

लिए आँकड़ें तालिकाबद्ध है

उत्पन्न स्पीशीज	इसके निर्माण का वेग
B	0.002 मोल/घण्टा A के प्रति मोल
C	0.030 मोल/घण्टा B के प्रति मोल
D	0.011 मोल/घण्टा C के प्रति मोल
E	0.042 मोल/घण्टा D के प्रति मोल

वेग निर्धारक पद है

(a) चरण I (b) चरण II

(c) चरण III (d) चरण IV

20. $CCl_3CHO + NO \longrightarrow CHCl_3 + NO + CO$

उपरोक्त अभिक्रिया का वेग $k[CCl_3CHO][NO]$ के बराबर है। यदि सान्द्रता को मोल/लीटर में व्यक्त किया जाए तो k की इकाई होगी

(a) लीटर मोल$^{-1}$ सेकण्ड$^{-1}$ (b) मोल लीटर$^{-1}$ सेकण्ड$^{-1}$

(c) लीटर^2 मोल$^{-2}$ सेकण्ड$^{-1}$ (d) सेकण्ड$^{-1}$

21. अभिक्रिया, $A \longrightarrow B$, के लिए, वेग का व्यंजक, $r = k[A]^n$ है। A की सान्द्रता दोगुनी करने पर, अभिक्रिया का वेग चार गुना हो जाता है। x का मान है

(a) 1 (b) शून्य (c) 3 (d) 2

22. अभिक्रिया की कोटि के विषय में कौन-सा कथन सत्य नहीं है?

(a) अभिक्रिया की कोटि एक भिन्नांक हो सकती है

(b) अभिक्रिया की कोटि का निर्धारण प्रयोग द्वारा किया जाता है

(c) अभिक्रिया की कोटि सदैव अभिक्रिया के लिए संतुलित रासायनिक समीकरण में अभिक्रियकों के स्टॉइकियोमीट्री गुणांकों का योग होती है

(d) अभिक्रिया की कोटि वेग व्यंजक में अभिक्रियकों की मोलर सान्द्रताओं के घातांकों के योग के बराबर होती है

23. एक अभिक्रिया, $A + B \longrightarrow$ उत्पाद; के लिए वेग नियम $r = k[A]^{1/2}[B]^2$ से दिया गया है। अभिक्रिया की कोटि क्या है?

(a) $\frac{2}{3}$ (b) $\frac{5}{2}$ (c) $\frac{1}{2}$ (d) $\frac{3}{2}$

24. यदि कोई अभिक्रिया, A के सापेक्ष प्रथम कोटि की, B के सापेक्ष द्वितीय कोटि की तथा C के सापेक्ष शून्य कोटि की हो, तो अभिक्रिया की कोटि है

(a) प्रथम (b) द्वितीय (c) तृतीय (d) शून्य

25. वेग नियतांक तथा अभिक्रिया के वेग की इकाई तथा मान किस अभिक्रिया के लिए समान होते हैं?

(a) शून्य कोटि (b) प्रथम कोटि (c) द्वितीय कोटि (d) तृतीय कोटि

26. यदि अभिक्रिया, $A + B \longrightarrow$ उत्पाद, में B को आधिक्य में लिया जाए, तो यह उदाहरण है

(a) द्वितीय कोटि अभिक्रिया का (b) शून्य कोटि अभिक्रिया का

(c) छद्म एकाणुक अभिक्रिया का (d) प्रथम कोटि अभिक्रिया का

27. किसी रासायनिक अभिक्रिया के लिए वेग नियतांक की इकाई लीटर मोल$^{-1}$ सेकण्ड$^{-1}$ है। अभिक्रिया की कोटि है

(a) 0 (b) 1 (c) 2 (d) 3

28. शून्य कोटि की एक अभिक्रिया के लिए वेग नियतांक का मान 0.2 मोल मी$^{-3}$ घण्टा$^{-1}$ है। यदि 30 मिनट के पश्चात् अभिकारक की सान्द्रता 0.05 मोल डेमी$^{-3}$ हो तो इसकी प्रारम्भिक सान्द्रता थी

(a) 0.01 मोल डेमी$^{-3}$ (b) 0.15 मोल डेमी$^{-3}$

(c) 0.25 मोल डेमी$^{-3}$ (d) 4.00 मोल डेमी$^{-3}$

29. $k = 5.48 \times 10^{-14}$ सेकण्ड$^{-1}$ वाली प्रथम कोटि की अभिक्रिया की दो तिहाई आयु है

(a) 2.01×10^{13} सेकण्ड (b) 2.01×10^{12} सेकण्ड

(c) 4.02×10^{13} सेकण्ड (d) 4.02×10^{26} सेकण्ड

30. किसी अभिक्रिया की अर्द्धआयु अभिकारकों की प्रारम्भिक सान्द्रता की घन पाई गई। अभिक्रिया की कोटि है

(a) 4 (b) 3 (c) 5 (d) 2

31. रेडियोऐक्टिव क्षय है

(a) प्रथम कोटि अभिक्रिया (b) शून्य कोटि अभिक्रिया

(c) द्वितीय कोटि अभिक्रिया (d) तृतीय कोटि अभिक्रिया

32. गन्ने की शर्करा का ग्लूकोस तथा फ्रक्टोस में प्रतीपन निम्न समीकरण के अनुसार होता है

$$C_{12}H_{22}O_{11} + H_2O \longrightarrow C_6H_{12}O_6 + C_6H_{12}O_6$$

यह उदाहरण है

(a) प्रथम कोटि अभिक्रिया का (b) तृतीय कोटि अभिक्रिया का

(c) द्वितीय कोटि अभिक्रिया का (d) शून्य कोटि अभिक्रिया का

33. अभिक्रिया, $L \longrightarrow M$; 10.0 ग्राम L से प्रारम्भ होती है। 30 तथा 90 मिनट के पश्चात् L के क्रमशः 5.0 ग्राम तथा 1.25 ग्राम शेष बचते हैं। अभिक्रिया की कोटि है

(a) 0 (b) 1 (c) 2 (d) 3

34. अभिक्रिया, $RCl + NaOH \longrightarrow ROH + NaCl$ का वेग नियम वेग $= k[RCl]$ द्वारा किया जाता है। इस अभिक्रिया का वेग

(a) NaOH की सान्द्रता दोगुनी करने पर दोगुना हो जाता है

(b) RCl की सान्द्रता आधी करने पर आधा हो जाता है
(c) ताप बढ़ाने पर बढ़ जाता है
(d) ताप में परिवर्तन के द्वारा अप्रभावित रहता है

35. अम्लीय माध्यम में सुक्रोस का ग्लूकोस एवं फ्रक्टोस में विघटन प्रथम कोटि की अभिक्रिया है। अभिक्रिया की अर्द्धआयु 3.0 घण्टे है। 8 घण्टे बाद नमूने में सुक्रोस का कितना अंश शेष बचेगा?
(a) 1.023 M (b) 0.8725 M (c) 0.023 M (d) 0.1576 M

36. किसी प्रथम कोटि की अभिक्रिया का वेग नियतांक 60 सेकण्ड$^{-1}$ है। अभिकारक की प्रारम्भिक सान्द्रता का $\frac{1}{6}$ मान होने में कितना समय लगेगा?
(a) 0.046 सेकण्ड (b) 0.025 सेकण्ड
(c) 0.098 सेकण्ड (d) 0.060 सेकण्ड

37. द्वितीय कोटि की अभिक्रिया में यदि दोनों अभिकारकों की सान्द्रताएँ समान हो तो अभिक्रिया 500 सेकण्ड में पूर्ण होती है। अभिक्रिया के 60% पूर्ण होने में कितना समय लगेगा?
(a) 1000 सेकण्ड (b) 300 सेकण्ड
(c) 3000 सेकण्ड (d) 2000 सेकण्ड

38. एक सामान्य अभिक्रिया $A \longrightarrow B$, के लिए, A की सान्द्रता तथा समय के मध्य ग्राफ चित्र में प्रदर्शित है। वेग स्थिरांक की इकाई क्या है?

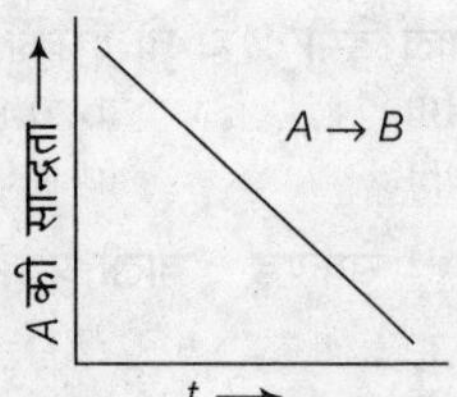

(a) मोल लीटर$^{-1}$ सेकण्ड$^{-1}$ (b) मोल$^{-1}$ लीटर सेकण्ड$^{-1}$
(c) सेकण्ड$^{-1}$ (d) मोल$^{-2}$ लीटर^{2} सेकण्ड$^{-1}$

39. 1 ग्राम $_{79}Au^{198}$ ($t_{1/2} = 65$ घण्टे), β-उत्सर्जन के द्वारा स्थायी मरकरी देता है। 260 घण्टों के पश्चात् कितनी मरकरी शेष बचेगी?
(a) 0.9375 ग्राम (b) 0.3758 ग्राम (c) 0.7586 ग्राम (d) 0.9000 ग्राम

40. एक प्रथम कोटि की अभिक्रिया 1.26×10^{14} सेकण्ड में 50% पूर्ण होती है। 100% पूर्ण होने में इसे कितना समय लगेगा?
(a) 1.26×10^{15} सेकण्ड (b) 2.52×10^{14} सेकण्ड
(c) 2.52×10^{28} सेकण्ड (d) अनन्त

41. निम्नलिखित आरहेनियस समीकरण पर विचार कीजिए तथा सही विकल्प पर निशान लगाइए।

$$k = Ae^{-E_a/RT}$$

(a) अभिक्रिया स्थिरांक बढ़ती सक्रियण ऊर्जा तथा घटते ताप के साथ चरघातांक से बढ़ता है
(b) अभिक्रिया स्थिरांक बढ़ती सक्रियण ऊर्जा तथा घटते ताप के साथ चरघातांक से कम होता है
(c) अभिक्रिया दर स्थिरांक घटती सक्रियण ऊर्जा तथा घटते ताप के साथ चरघातांक से बढ़ता है
(d) अभिक्रिया दर स्थिरांक घटती सक्रियण ऊर्जा तथा बढ़ते ताप के साथ चरघातांक से बढ़ता है

42. आरहेनियस समीकरण के अनुसार $Ae^{-E_a/RT}$ अभिक्रिया दर स्थिरांक k के बराबर है। $\log k$ तथा $\frac{1}{T}$ के मध्य ग्राफ को निम्न विकल्पों में से किसके द्वारा प्रदर्शित किया जा सकता है?

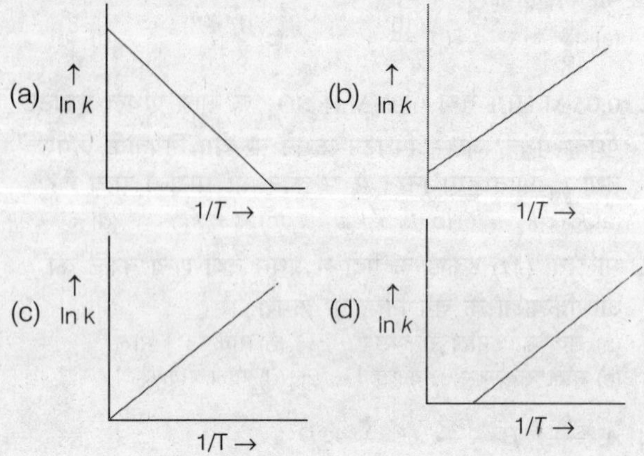

43. किसी प्रथम कोटि अभिक्रिया के लिए $\log k$ तथा $\frac{1}{T}$ के मध्य ग्राफ खींचने पर एक सीधी रेखा प्राप्त होती है। रेखा की ढाल, निम्न में से किसके समान होगी?
(a) $-\frac{E_a}{2.303}$ (b) $-\frac{E_a}{2.303R}$
(c) $-\frac{2.303}{E_aR}$ (d) $-\frac{E_a}{R}$

44. निम्न चित्र पर विचार कीजिए तथा सही विकल्प को चिन्हित कीजिए।

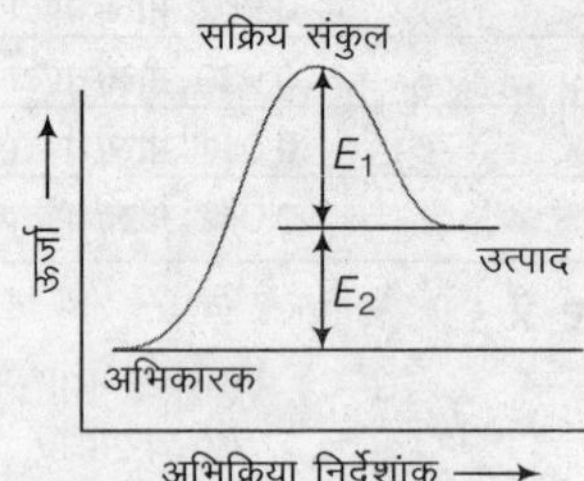

(a) अग्र अभिक्रिया की सक्रियण ऊर्जा $E_1 + E_2$ है तथा उत्पाद अभिक्रियक से कम स्थायी है
(b) अग्र अभिक्रिया की सक्रियण ऊर्जा $E_1 + E_2$ है तथा उत्पाद अभिक्रियकों से अधिक स्थायी है
(c) अग्र तथा पश्च दोनों अभिक्रियकों की सक्रियण ऊर्जा $E_1 + E_2$ है तथा अभिक्रियक उत्पाद से अधिक स्थायी है
(d) पश्च अभिक्रिया की सक्रियण ऊर्जा E_1 है तथा उत्पाद अभिक्रियक से स्थायी है

45. ऊष्माशोषी अभिक्रिया $A \longrightarrow B$, के लिए सक्रियण ऊर्जा 15 किलोकैलोरी/मोल है तथा अभिक्रिया की ऊर्जा 5 किलोकैलोरी/मोल है। अभिक्रिया $B \longrightarrow A$, के लिए सक्रियण ऊर्जा का मान है
(a) 20 किलोकैलोरी/मोल
(b) 15 किलोकैलोरी/मोल
(c) 10 किलोकैलारी/मोल
(d) शून्य

46. निम्नलिखित में से कौन-सा ग्राफ ऊष्माक्षेपी अभिक्रिया को प्रदर्शित करता है?

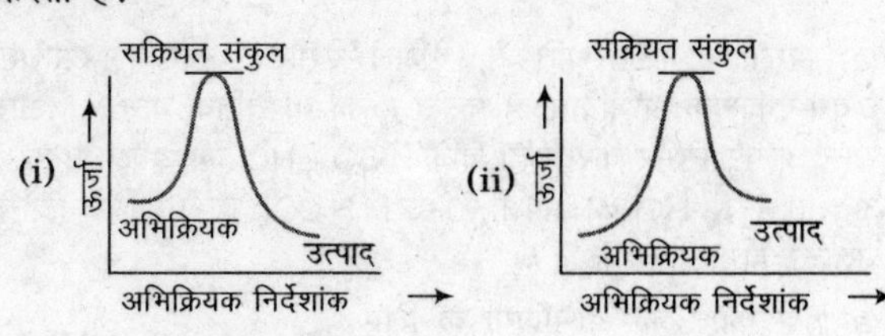

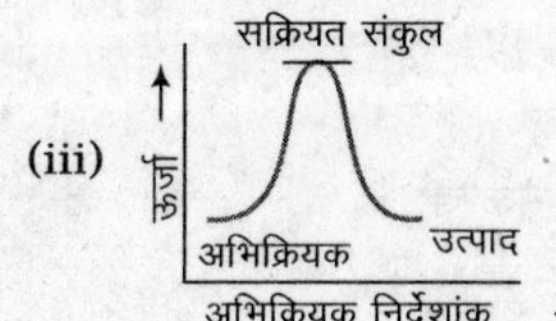

(a) केवल (i) (b) केवल (ii) (c) केवल (iii) (d) (i) तथा (ii)

47. आरहेनियस समीकरण को प्रदर्शित नहीं किया जा सकता है

(a) $\ln \frac{A}{k} = \frac{E_a}{RT}$ (b) $\frac{d \ln k}{dT} = \frac{E}{RT^2}$

(c) $\log A = \log k + \frac{E_a}{2.303\, RT}$ (d) $\log\left[-\frac{E_a}{RT}\right] = \frac{k}{A}$

48. किसी अभिक्रिया का वेग नियतांक (k'), दूसरी अभिक्रिया के वेग नियतांक (k'') दोगुना पाया गया। दोनों समीकरणों की संगत सक्रियण ऊर्जाओं (E'_a तथा E''_a) के मध्य सम्बन्ध को प्रदर्शित किया जा सकता है

(a) $E_a' > E_a''$ (b) $E_a' = 4E''$ (c) $E_1' = E_a''$ (d) $E_a' < E_a''$

49. रासायनिक अभिक्रियाओं के संघट्ट सिद्धान्त के सम्बन्ध में निम्नलिखित में से कौन-सा कथन गलत है?

(a) यह अभिक्रिया करने वाले अणुओं अथवा परमाणुओं को कठोर गोले मानता है तथा उनके संरचनात्मक गुणों पर ध्यान नहीं देता है

(b) प्रभावी संघट्टों की संख्या अभिक्रिया दर निर्धारित करती है

(c) उत्पाद पर्याप्त देहली ऊर्जा प्राप्त अणुओं अथवा परमाणुओं के संघट्ट के फलस्वरूप बनते हैं।

(d) संघट्ट के प्रभावी होने के लिए अणुओं को पर्याप्त देहली ऊर्जा तथा उचित अभिविन्यास के साथ टकराना चाहिए।

50. किसी निश्चित ताप पर N_2O_5 का वियोजन निम्न समीकरण के अनुसार होता है

$$2N_2O_5 \longrightarrow 4NO_2 + O_2$$
$$N_2O_5 \longrightarrow 2NO_2 + \frac{1}{2} O_2$$

यदि सक्रियण ऊजाएँ क्रमशः E_1 तथा E_2 हो, तो

(a) $E_1 > E_2$ (b) $F_1 < E_2$ (c) $E_1 = 2E_2$ (d) $E_1 = E_2$

51. यदि किसी दिये गए ताप पर अभिक्रिया का वेग धीमा हो जाता है तब

(a) सक्रियण की मुक्त ऊर्जा उच्च है

(b) सक्रियण की मुक्त ऊर्जा निम्न है

(c) एन्ट्रॉपी परिवर्तित होती है

(d) अभिकारकों की प्रारम्भिक सान्द्रता स्थिर रहती है

52. आरहेनियस समीकरण, $k = Ae^{-E_a/RT}$ में, A वेग स्थिरांक कहलाता है

(a) अति निम्न ताप पर (b) शून्य सक्रियण ऊर्जा पर

(c) अभिक्रिया मिश्रण के क्वथन ताप पर

(d) उपरोक्त सभी पर

53. ताप में 293 केल्विन से 313केल्विन तक वृद्धि करने पर किसी अभिक्रिया का वेग चार गुना हो जाता है। इस अभिक्रिया के लिए सक्रियण ऊर्जा की गणना यह मानते हुए कीजिए कि इसका मान ताप के साथ परिवर्तित नहीं होता है

(a) 48.625 किलोजूल मोल$^{-1}$ (b) 654.35 किलोजूल मोल$^{-1}$

(c) 354.20 किलोजूल मोल$^{-1}$ (d) 52.863 किलोजूल मोल$^{-1}$

54. $10°C$ पर A के उत्पाद में विघटन के लिए k का मान 4.5×10^3 सेकण्ड$^{-1}$ तथा सक्रियण ऊर्जा 60 किलोजूल मोल$^{-1}$ है। किस ताप पर k का मान 1.5×10^4 सेकण्ड$^{-1}$ होगा?

(a) 273.15 केल्विन (b) 24.19°C (c) 280.39 केल्विन (d) 45.29°C

55. परमताप, 298 केल्विन में 10 केल्विन की वृद्धि होने पर रासायनिक अभिक्रिया का वेग दोगुना हो जाता है। इस अभिक्रिया के लिए F_a की गणना कीजिए।

(a) 51.8किलोजूल मोल$^{-1}$ (b) 82.1किलोजूल मोल$^{-1}$

(c) 23.8किलोजूल मोल$^{-1}$ (d) 62.1किलोजूल मोल$^{-1}$

56. 581 केल्विन पर अभिक्रिया, $2HI(g) \longrightarrow H_2(g) + I_2(g)$ के लिए सक्रियण ऊर्जा का मान 209.5 किलोजूल मोल$^{-1}$ है। अणुओं के उस अंश की गणना कीजिए जिसकी ऊर्जा सक्रियण ऊर्जा के बराबर अथवा इससे अधिक है।

(a) 1.82×10^{-18} (b) 1.47×10^{-19}

(c) 2.67×10^{-16} (d) 3.89×10^{-19}

57. किसी अभिक्रिया का ताप $27°C$ से $28°C$ बढ़ाने पर वेग नियतांक का मान 5% बढ़ जाता है। अभिक्रिया की सक्रियण ऊर्जा है

(a) 36.6 किलोजूल/मोल (b) 16.6 किलोजूल/मोल

(c) 46.6 किलोजूल/मोल (d) 26.6 किलोजूल/मोल

58. किसी अभिक्रिया की सक्रियण ऊर्जा 9 किलोकैलोरी/मोल है। इसके ताप को 295 से 300 केल्विन तक बढ़ाने में इसके वेग नियतांक में होने वाली वृद्धि लगभग है

(a) 10% (b) 50% (c) 100% (d) 28%

उत्तरमाला

1.	(a)	2.	(c)	3.	(b)	4.	(c)	5.	(c)	6.	(b)	7.	(b)	8.	(d)	9.	(c)	10.	(b)
11.	(d)	12.	(d)	13.	(a)	14.	(c)	15.	(b)	16.	(a)	17.	(a)	18.	(a)	19.	(a)	20.	(a)
21.	(d)	22.	(c)	23.	(b)	24.	(c)	25.	(a)	26.	(c)	27.	(c)	28.	(b)	29.	(a)	30.	(a)
31.	(a)	32.	(a)	33.	(b)	34.	(b)	35.	(d)	36.	(a)	37.	(c)	38.	(a)	39.	(a)	40.	(d)
41.	(d)	42.	(a)	43.	(d)	44.	(a)	45.	(c)	46.	(a)	47.	(d)	48.	(d)	49.	(c)	50.	(d)
51.	(a)	52.	(b)	53.	(d)	54.	(b)	55.	(a)	56.	(b)	57.	(a)	58.	(d)				

उत्तर व्याख्या सहित

1. (a) अभिक्रिया का वेग $= \frac{-\Delta[R]}{\Delta t}$

जहाँ ऋणात्मक चिन्ह प्रदर्शित करता है कि अभिक्रियकों की सान्द्रता घटने के साथ अभिक्रिया का वेग घटता है।

2. (c) औसत वेग $= \frac{\Delta R}{\Delta t} = \frac{V_3}{40}$

3. (b) $\because$ तात्क्षणिक वेग $= \frac{x_2 - x_1}{t_2 - t_1}$

$\therefore$ तात्क्षणिक वेग $= \frac{V_5 - V_2}{50 - 30} = \frac{V_3 - V_2}{40 - 30} = \frac{V_3 - V_1}{40 - 20} = \frac{V_4 - V_2}{45 - 30}$

4. (c) अभिक्रिया का वेग = A के लुप्त होने का वेग

$$= -\frac{1}{2}\frac{\Delta[A]}{\Delta t} = -\frac{1}{2}\frac{(0.4 - 0.5) \text{ मोल लीटर}^{-1}}{10 \text{ मिनट}}$$

$$= 0.005 \text{ मोल लीटर}^{-1} \text{ मिनट}^{-1}$$

5. (c) वेग $= -\frac{1}{5}\frac{\Delta[Br^-]}{\Delta t} = -\frac{1}{6}\frac{\Delta[H^+]}{\Delta t}$

अथवा $\frac{\Delta[Br^-]}{\Delta t} = +\frac{5}{6}\frac{\Delta[H^+]}{\Delta t}$

8. (d) प्रथम कोटि की अभिक्रिया के लिये

वेग = k [अभिक्रियक]

[अभिक्रियक] $= \frac{\text{वेग}}{k}$

$$= \frac{2.40 \times 10^{-5}}{3.0 \times 10^{-5}} = 0.8 \text{ मोल/लीटर}$$

9. (c) निम्न अभिक्रिया के लिए,

$$2X + Y \longrightarrow Z$$

$$\text{वेग} = -\frac{1}{2}\frac{d[X]}{dt} = \frac{d[Z]}{dt}$$

$$= 0.05 \text{ मोल लीटर}^{-1} \text{ मिनट}^{-1}$$

$$-\frac{1}{2}\frac{d[X]}{dt} = 0.05$$

$$-\frac{d[X]}{dt} = 2 \times 0.05 = 0.1 \text{ मोल लीटर}^{-1} \text{ मिनट}^{-1}$$

10. (b) $2NO_2 \underset{k_2}{\overset{k_1}{\rightleftharpoons}} N_2O_4$

$$\text{वेग} = -\frac{1}{2}\frac{d[NO_2]}{dt}$$

$$= k_1[NO_2]^2 - k_2[N_2O_4]$$

$\therefore$ NO_2 के विलुप्त होने पर वेग,

अर्थात् $-\frac{d[NO_2]}{dt} = 2k_1[NO_2]^2 - 2k_2[N_2O_4]$

11. (d) यदि अभिक्रिया, प्रारम्भिक अभिक्रिया है,

कोटि = आण्विकता

13. (a) वेग नियतांक का मान सान्द्रता में परिवर्तन द्वारा अपरिवर्तित रहता है।

15. (b) वेग $(r) = k[A][B] = kab$

जब आयतन को एक चौथाई घटा दिया जाता है तो सान्द्रता 4 गुनी हो जाती है अतः, $r' = k(4a)(4b) = 16kab$

$\therefore \quad r' = 16r$

16. (a) अम्ल की उपस्थिति में, ऐथिल ऐसीटेट का जल-अपघटन एक छद्म-एकाणुक अभिक्रिया है परन्तु k का वास्तविक मान H^+ आयनों की सान्द्रता पर निर्भर करता है। चूँकि H_2SO_4, HCl की अपेक्षा प्रबल अम्ल है अतः 0.05 M HCl की अपेक्षा, 0.05 M H_2SO_4 द्वारा अधिक (दोगुने) H^+ उत्पन्न होंगे। अतः $k_1 < k_2$

17. (a) nवीं कोटि की अभिक्रिया के लिए

$$k = (\text{मोल लीटर}^{-1})^{1-n} \text{ सेकण्ड}^{-1}$$

प्रथम कोटि की अभिक्रिया के लिए

$$k \text{ की इकाई} = \text{सेकण्ड}^{-1}$$

शून्य कोटि की अभिक्रिया के लिए

$$k \text{ की इकाई} = \text{मोल लीटर}^{-1} \text{ सेकण्ड}^{-1} = \text{मोल सेकण्ड}^{-1}$$

18. (a) $A \xrightarrow{k_1} B \xrightarrow{k_2} C \xrightarrow{k_3} D$

$\because \quad k_3 > k_2 > k_1$

चूँकि k_1 मन्दतम है अतः $A \to B$ अभिक्रिया का दर निर्धारक पद है।

19. (a) मन्दतम पद वेग निर्धारक पद होता है। B के निर्माण (अर्थात् चरण I) मन्दतम पद है, अतः चरण I वेग निर्धारक पद है।

20. (a) निम्न अभिक्रिया के लिए

$$CCl_3CHO + NO \longrightarrow CHCl_3 + NO + CO$$

$$\text{वेग} = \frac{dx}{dt} = k[CCl_3CHO][NO]$$

$$k = \frac{dx}{dt \times [CCl_3CHO][NO]}$$

$$= \frac{\text{मोल / लीटर}}{\text{सेकण्ड} \times \text{मोल / लीटर} \times \text{मोल / लीटर}}$$

$$k = \text{लीटर मोल}^{-1} \text{ सेकण्ड}^{-1}$$

21. (d) माना $r = k[A]^n$ ...(i)

जब सान्द्रता दोगुनी हो जाती है, तब :

$4r = k(2A)^n$ ...(ii)

समी (ii) को समी (i) से भाग देने पर

$4 = 2^n \quad \therefore \quad n = 2$

23. (b) $\because$ कोटि = अभिक्रियकों की सान्द्रताओं पदों घातों का योग

$\therefore$ कोटि $= \frac{1}{2} + 2 = \frac{5}{2} \Rightarrow$ वेग नियम, $= \frac{5}{2}$

24. (c) वेग नियम, $\frac{dx}{dt} = k[A]^1[B]^2[C]^0 = k[A]^1[B]^2$

अतः अभिक्रिया की कोटि $1 + 2 = 3$

25. (a) किसी शून्य कोटि की अभिक्रिया के लिए

$$A \longrightarrow B$$

$$\frac{-d[A]}{dt} = k[A]^0, \frac{-d[A]}{dt} = k$$

27. (c) वेग नियतांक की इकाई = समय$^{-1}$/सान्द्रता$^{(n-1)}$

जहाँ n = अभिक्रिया की कोटि

प्रश्नानुसार, वेग नियतांक की इकाई = लीटर मोल$^{-1}$ सेकण्ड$^{-1}$

$\therefore$ लीटर मोल$^{-1}$ सेकण्ड$^{-1}$ $= \frac{\text{सेकण्ड}^{-1}}{(\text{मोल लीटर}^{-1})^{n-1}} = \frac{\text{सेकण्ड}^{-1}}{(\text{लीटर मोल}^{-1})^{1-n}}$

$= \text{सेकण्ड}^{-1} (\text{लीटर मोल}^{-1})^{n-1}$

अथवा $1 = n - 1$ अथवा $n = 2$

$\therefore$ अभिक्रिया की कोटि = 2

28. (b) शून्य कोटि की अभिक्रिया के लिए

$x = kt = 0.2$ मोल डेमी$^{-3} \times \frac{30}{60}$ घण्टा = 0.1 मोल डेमी$^{-3}$

अतः सान्द्रता = 0.05 मोल डेमी$^{-3}$

अतः प्रारम्भिक सान्द्रता = 0.1 + 0.05 = 0.15 मोल डेमी$^{-3}$

29. (a) अभिक्रिया के $\frac{2}{3}$ होने के लिए

$[A]_0 = a,\ [A] = a - \frac{2}{3}a = \frac{a}{3}$ $\because$ $t_{2/3} = \frac{2.303}{k}\log\frac{[A]_0}{[A]}$

$= \frac{2.303}{5.48 \times 10^{-14}}\log\frac{a}{a/3} = \frac{2.303}{5.48 \times 10^{-14}}\log 3$

$t_{2/3} = 2.01 \times 10^{13}$ सेकण्ड

30. (a) $t_{1/2} \propto \frac{1}{a^{n-1}}$ जब $n = 4$ $\Rightarrow$ $t_{1/2} \propto \frac{1}{a^3}$

अतः अभिक्रिया की कोटि = 4

34. (b) $RCl + NaOH \longrightarrow ROH + NaCl$

वेग = $k[RCl]$

इस अभिक्रिया के लिए, अभिक्रिया का वेग RCl की सान्द्रता पर निर्भर करता है।

इसका अर्थ है कि RCl की सान्द्रता आधी घटाने पर अभिक्रिया का वेग घटकर आधा रह जाता है।

35. (d) प्रथम कोटि की अभिक्रिया के लिए

$$k = \frac{0.693}{t_{1/2}} = \frac{0.693}{(3.0\ \text{घण्टा})}$$

$$t = \frac{2.303}{k}\log\frac{[A]_0}{[A]}$$

अथवा $\log\frac{[A]_0}{[A]} = \frac{k \times t}{2.303}$

$\log\frac{[A]_0}{[A]} = \frac{0.693}{3\ \text{घण्टा}} \times \frac{(8\ \text{घण्टा})}{2.303} = 0.8024$

$\frac{[A]_0}{[A]}$ = प्रतिलघुगणक 0.8024 = 6.345

$[A]_0 = 1M;\ [A] = \frac{[A]_0}{6.345} = \frac{1M}{6.345} = 0.1576\ M$

$\therefore$ 8 घण्टे बाद शेष सुक्रोस = 0.1576 M

36. (a) प्रथम कोटि की अभिक्रिया के लिए

$$t = \frac{2.303}{k}\log\frac{a}{(a-x)} \quad \ldots(i)$$

प्रश्नानुसार, $(a - x) = \frac{a}{16};\ k = 60$

समी (i) में मान रखने पर

$t = \frac{2.303}{60}\log\frac{a \times 16}{a} = \frac{2.303}{60}\log 16$

$= \frac{2.303}{60}\log 2^4 = \frac{2.303}{60} \times 4\log 2$

$= \frac{2.303}{60} \times 4 \times 0.3010 = 4.62 \times 10^{-2}$ सेकण्ड

समय = 4.62×10^{-2} सेकण्ड

37. (c) $\because$ $k = \frac{1}{t}\left[\frac{x}{a(a-x)}\right]$

$\therefore$ $k = \frac{1}{500}\left[\frac{0.2a}{a(a-0.2a)}\right] \Rightarrow k = \frac{1}{2000a}$

$\frac{1}{2000a} = \frac{1}{t}\left[\frac{0.6a}{a(a-0.6a)}\right]$

$t = 3000$ सेकण्ड

38. (a) ग्राफ से स्पष्ट है कि अभिक्रिया शून्य कोटि की है तथा अतः वेग नियतांक की इकाई = मोल लीटर$^{-1}$ सेकण्ड$^{-1}$

39. (a) ${}_{79}Au^{198} \xrightarrow{-\beta} {}_{80}Hg^{198}$

$$k = \frac{0.693}{t_{1/2}} = \frac{0.693}{65}$$

260 घण्टे पश्चात्

$k = \frac{2.303}{260}\log\frac{a}{a-x}$

$\frac{0.693}{65} = \frac{2.303}{260}\log\frac{a}{a-x}$

$\frac{a}{a-x} = 16 = \frac{1}{1-x} = 16$

$x = \frac{15}{16}$ ग्राम = 0.9375 ग्राम

40. (d) $\because$ अभिक्रिया 1.26×10^{14} सेकण्ड में 50% पूर्ण होती है

$\therefore$ $t_{1/2} = 1.26 \times 10^{14}$ सेकण्ड

$k = \frac{0.693}{t_{12}} = \frac{0.693}{1.26 \times 10^{14}}$

100% पूर्ण होने के लिए,

$t = \frac{2.303}{k}\log\frac{a}{a-x}$

$t = \frac{2.303 \times 1.26 \times 10^{14}}{0.693}\log\frac{100}{0} = \infty$

41. (d) दी गई समीकरण स्पष्टतया प्रदर्शित करती है कि दर नियतांक k का मान घटती सक्रियण ऊर्जा तथा बढ़ते ताप के चरघातांक के साथ बढ़ता है।

42. (a) $k = Ae^{-E_a/RT}$

दोनों पक्षों का लघुगणक लेने पर,

$\log k = \log A - \frac{E_a}{2.203RT}$ अथवा $\ln k = \ln A - \frac{E_a}{RT}$

$\therefore$ $\ln k$ तथा $\frac{1}{T}$ के मध्य ग्राफ एक सीधी रेखा होगी (सरल रेखा की समीकरण, $y = mx + c$ के अनुसार) जिसका ढाल $= -\frac{E_a}{k}$ (ऋणात्मक) तथा $\ln A$ अन्तःखण्ड है।

43. (d) आरहेनियस समीकरण है

$$k = Ae^{-E_a/RT}$$

$$\ln k = \ln A - \frac{E_a}{RT}$$

$$\ln k = \ln A - \frac{E_a}{RT}$$

$$\text{ढाल} = -\frac{E_a}{R}$$

44. (a) $\because$ पश्चगामी अभिक्रिया के लिए सक्रियण ऊर्जा $= E_1$

$\therefore$ अग्रगामी अभिक्रिया के लिए सक्रियण ऊर्जा $= E_1 + E_2$

$\because$ उत्पादों की ऊर्जा > अभिकारकों की ऊर्जा

तथा $\quad$ ऊर्जा $\propto \frac{1}{\text{स्थायित्व}}$

$\therefore$ अभिकारकों की अपेक्षा उत्पाद कम स्थायी है।

45. (c) उष्माशोषी अभिक्रिया $A \rightarrow B$ के लिए,

सक्रियण ऊर्जा = 15 किलोकैलोरी/मोल

अभिक्रिया की ऊर्जा = 5 किलोकैलोरी/मोल

अतः अभिक्रिया $B \longrightarrow A$ के लिए

सक्रियण ऊर्जा = 15 − 5 = 10 किलोकैलोरी/मोल

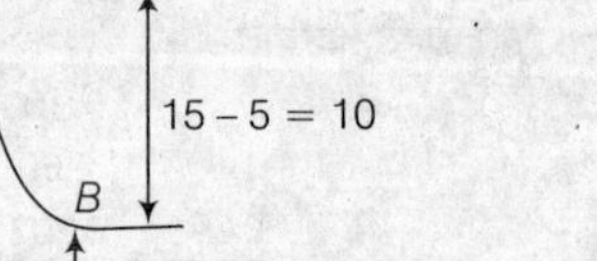

46. (a) ऊष्माक्षेपी अभिक्रिया के लिए,

अभिकारकों की ऊर्जा > उत्पादों की ऊर्जा

यह विकल्प (i) में दिया गया है।

48. (d) $\because$ वेग नियतांक $(k') >$ वेग नियतांक (k'')

वेग नियतांक का मान जितना अधिक होता है। सक्रियण ऊर्जा उतनी ही कम होती है।

$\therefore \quad E_a' < E_a''$

49. (c) संघट्ट सिद्धान्त के अनुसार, उत्पाद के निर्माण की दो प्रमुख दशाए, पर्याप्त देहली ऊर्जा तथा समुचित अभिविन्यास है।

50. (d) स्थिर ताप पर अभिक्रिया की सक्रियण ऊर्जा स्थिर है, अतः $E_1 = E_2$.

51. (a) मन्द अभिक्रिया वेग, उच्च सक्रियण मुक्त ऊर्जा को प्रदर्शित करता है।

53. (d) आरहेनियस समीकरण के अनुसार

$$\log\frac{k_2}{k_1} = \frac{E_a}{2.303\,R}\left[\frac{1}{T_1} - \frac{1}{T_2}\right];$$

$[\therefore T_1 = 293 \text{ केल्विन } T_2 = 313 \text{ केल्विन}; T_2 - T_1 = 20 \text{ केल्विन}]$

$(R = 8.314$ जूल केल्विन$^{-1}$ मोल$^{-1})$

$$\log\frac{4}{1} = \frac{E_a}{2.303 \times (8.314)} \times \frac{20}{293 \times 313}$$

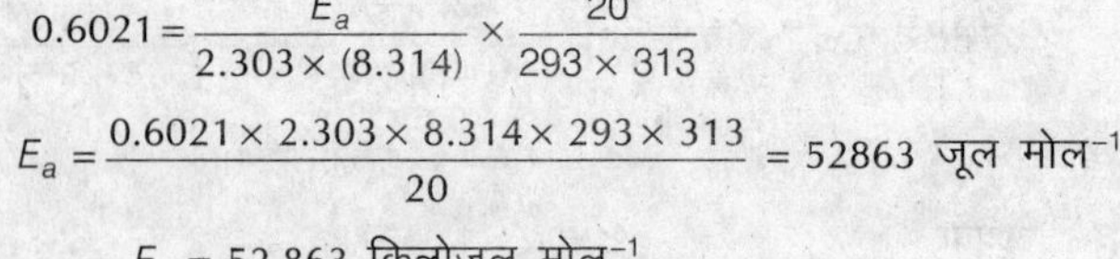

$$0.6021 = \frac{E_a}{2.303 \times (8.314)} \times \frac{20}{293 \times 313}$$

$$E_a = \frac{0.6021 \times 2.303 \times 8.314 \times 293 \times 313}{20} = 52863 \text{ जूल मोल}^{-1}$$

$$E_a = 52.863 \text{ किलोजूल मोल}^{-1}$$

55. (a) आरहेनियस समीकरण के अनुसार,

$$\log\frac{k_2}{k_1} = \frac{E_a}{2.303R}\left[\frac{1}{T_1} - \frac{1}{T_2}\right]$$

$\frac{k_2}{k_1} = 2; T_1 = 295\text{ K}; T_2 = 305\text{ K}; R = 8.314$ जूल केल्विन$^{-1}$ मोल$^{-1}$

$$\therefore \quad \log 2 = \frac{E_a}{2.303 \times (8.314)}\left[\frac{1}{295\text{K}} - \frac{1}{305\text{ K}}\right]$$

अथवा $\quad 0.3010 = \frac{E_a}{2.303 \times (8.314)} \times \frac{(10)}{295 \times 305}$

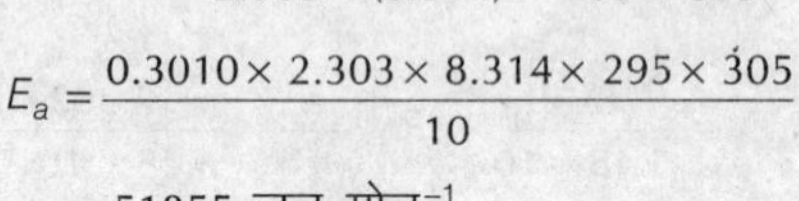

$$E_a = \frac{0.3010 \times 2.303 \times 8.314 \times 295 \times 305}{10}$$

$$= 51855 \text{ जूल मोल}^{-1}$$

$$= 51.855 \text{ किलोजूल मोल}^{-1}$$

56. (b) सक्रियण ऊर्जा के बराबर अथवा इससे अधिक ऊर्जा वाले अणुओ के अंश (x) की गणना निम्न प्रकार कर सकते हैं

$$x = n/N = e^{-E_a/RT}$$

$$\ln x = \frac{-E_a}{RT} \quad \text{अथवा} \quad \log x = -\frac{E_a}{2.303\,RT}$$

अथवा $\quad \log x = -\frac{209.5 \times 10^3}{2.303 \times (8.314) \times 581 \text{ केल्विन}}$

$$= -18.8323$$

$x =$ प्रतिलघुगणक $(-18.8324) =$ प्रतिलघुगणक $\overline{19}.1677 = 1.471 \times 10^{-19}$

अणुओं का अंश $= 1.471 \times 10^{-19}$

57. (a) $\quad \log\frac{k_2}{k_1} = \frac{E_a}{2.303\,R} \times \frac{T_2 - T_1}{T_1 \cdot T_2}$

$$\log\frac{105}{100} = \frac{E_a}{2.303 \times 8.314} \times \frac{1}{300 \times 301}$$

$E_a = 36.65$ किलोजूल

58. (d) $\quad \log\frac{k_2}{k_1} = \frac{E_a}{2.303R}\left(\frac{T_2 - T_1}{T_1 T_2}\right)$

$$\log\frac{k_2}{k_1} = \frac{9000}{2.303 \times 2}\left(\frac{5}{295 \times 300}\right)$$

$$\log\frac{k_2}{k_1} = 0.1103$$

$$\frac{k_2}{k_1} = 1.288,$$

$$k_2 = 1.288\,k_1$$

अतः वेग नियतांक में 28.8% की वृद्धि होती है।

अध्याय 07

अपचयोपचय (रेडॉक्स) अभिक्रियाएँ
Redox Reactions

ऑक्सीकरण संख्या Oxidation Number

किसी परमाणु अथवा परमाणुओं के समूह पर इनकी संयुक्त अवस्था में उपस्थित वास्तविक अथवा आभासी आवेश को उस परमाणु अथवा परमाणुओं के समूह की ऑक्सीकरण संख्या (Oxidation number) अथवा **ऑक्सीकरण अवस्था** (Oxidation state) कहते हैं। इसे सदैव धन अथवा ऋण चिन्ह से प्रदर्शित करते हैं।

उदाहरण—NaCl में सोडियम परमाणु पर +1 आवेश तथा क्लोरीन परमाणु पर −1 आवेश है। अत: सोडियम क्लोराइड में Na की ऑक्सीकरण संख्या +1 तथा Cl की ऑक्सीकरण संख्या −1है।

ऑक्सीकरण अवस्था प्रति परमाणु ऑक्सीकरण संख्या है।

ऑक्सीकरण संख्या ज्ञात करने के नियम
Rules for Assigning Oxidation Number

किसी यौगिक या आयन में किसी परमाणु की ऑक्सीकरण संख्या को निम्नलिखित नियमों की सहायता से ज्ञात किया जाता है

(i) मुक्त अवस्था में किसी तत्व की ऑक्सीकरण संख्या सदैव शून्य होती है। उदाहरण—H_2, N_2, P_4 आदि में क्रमश: H, N तथा P की ऑक्सीकरण संख्या 0 है।

(ii) किसी यौगिक में उपस्थित सभी परमाणुओं की ऑक्सीकरण संख्याओं का योग शून्य होता है।

(iii) किसी आयन में उपस्थित परमाणुओं की ऑक्सीकरण संख्या का योग, आयन पर उपस्थित कुल आवेश के बराबर होता है।

(iv) किसी आयन की ऑक्सीकरण संख्या उस पर उपस्थित कुल आवेश की संख्या के बराबर होती है।

(v) यौगिकों में,

(a) IA वर्ग के तत्वों (Li, Na, K, Rb, Cs एवं Fr) की ऑक्सीकरण संख्या +1 होती है।

(b) IIA वर्ग के तत्वों (Be, Mg, Ca, Sr, Ba एवं Ra) की ऑक्सीकरण संख्या + 2 होती है।

(c) हाइड्रोजन की ऑक्सीकरण संख्या + 1 होती है। परन्तु हाइड्राइडों (NaH, KH, MgH_2 आदि) में हाइड्रोजन की ऑक्सीकरण संख्या − 1 होती है।

(d) ऑक्सीजन की ऑक्सीकरण संख्या − 2 होती है। परन्तु परॉक्साइडों में ऑक्सीजन की ऑक्सीकरण संख्या − 1 तथा सुपरऑक्साइडों में ऑक्सीजन की ऑक्सीकरण संख्या $-\frac{1}{2}$ होती है। OF_2 में ऑक्सीजन की ऑक्सीकरण संख्या + 2 होती है।

(e) Cl, Br तथा I की ऑक्सीकरण संख्या सामान्यत: − 1 होती है, परन्तु फ्लुओरीन की ऑक्सीकरण संख्या सदैव − 1 होती है।

(vii) संक्रमण तत्वों में *ns*, इलेक्ट्रॉनों से पहले $(n-1)d$ इलेक्ट्रॉनों की सहभागिता के कारण ये परिवर्तित ऑक्सीकरण अवस्थाएँ प्रदर्शित करते हैं।

(viii) ज्ञात तत्वों में से केवल Os तथा Ru + 8 ऑक्सीकरण संख्या दर्शाते हैं।

(ix) हाल ही में Xe(VIII) यौगिक जैसे XeO_4, Ba_2XeO_6 भी निर्मित किए जा चुके हैं।

ऑक्सीकरण संख्या तथा संयोजकता में अन्तर
Difference between Oxidation Number and Valency

ऑक्सीकरण संख्या और संयोजकता तत्वों के दो भिन्न-भिन्न गुण हैं

(i) संयोजकता तत्वों की संयोजन क्षमता को एक संख्या के रूप में प्रदर्शित करती है और रासायनिक बन्धों की प्रकृति को बताती है। जबकि किसी तत्व की ऑक्सीकरण संख्या इलेक्ट्रॉनों के कारण यौगिक में तत्व के एक परमाणु पर आये वास्तविक या काल्पनिक इकाई आवेशों की संख्या है।

(ii) यौगिक में किसी तत्व की संयोजकता कभी शून्य नहीं होती है। जबकि तत्व की ऑक्सीकरण संख्या शून्य भी हो सकती है।

(iii) ऑक्सीकरण संख्या भिन्नात्मक हो सकती है जबकि संयोज़कता सदैव एक पूर्णांक होती है।

(iv) किसी तत्व की संयोजकता को एक संख्या द्वारा प्रदर्शित करते हैं और इसका कोई चिन्ह नहीं होता है जबकि ऑक्सीकरण संख्या का एक चिन्ह (धन या ऋण) होता है।

आंशिक ऑक्सीकरण अवस्थाएँ
Fractional Oxidation States

आंशिक ऑक्सीकरण अवस्थाओं का प्रयोग सामान्यत: एक संरचना में विभिन्न परमाणुओं की औसत ऑक्सीकरण अवस्थाओं को प्रदर्शित करने के लिए किया जाता है। उदाहरण—KO_2 में, सुपरऑक्साइड आयन पर उपस्थित –1 आवेश दो समान परमाणुओं में विभाजित होता है अत: प्रत्येक ऑक्सीजन की ऑक्सीकरण अवस्था $-\frac{1}{2}$ होती है। यह आयन दो लुईस संरचनाओं का अनुनादी संकर होता है तथा प्रत्येक ऑक्सीजन परमाणु की एक संरचना में ऑक्सीकरण अवस्था 0 तथा दूसरी में – 1 होती है।

इसी प्रकार साइक्लो पेन्टाडाईनाइल आयन, $C_5H_5^-$ में C की ऑक्सीकरण अवस्था $(-1)+\left(-\frac{1}{5}\right)=-\frac{6}{5}$ होती है। चूँकि प्रत्येक C कम विद्युतऋणात्मक H से जुड़ा है, इसलिए –1 मान प्राप्त होता है तथा कुल आयनिक आवेश 5 समान C में विभाजित होने के कारण –1/5 मान प्राप्त होता है।

स्टॉक संकेतन Stock Notation

जब कोई तत्व दो एकल परमाण्विक धनायन बनाता है, तो दोनों आयनों को अस (ous) तथा 'इक' (ic) के द्वारा विभेदित किया जाता है। प्रत्यय 'अस' (ous) का उपयोग निम्नतम् ऑक्सीकरण संख्या वाले धनायन के लिए तथा प्रत्यय 'इक' (ic) का प्रयोग उच्चतम ऑक्सीकरण संख्या वाले धनायन के लिए किया जाता है। उदाहरण—क्यूप्रस आयन Cu^+ (ऑक्सीकरण संख्या = + 1), क्यूप्रिक आयन Cu^{2+} (ऑक्सीकरण संख्या = + 2)

एलबर्ट स्टोक ने एक नई पद्धति प्रतिपादित की जिसे **स्टोक तन्त्र** (Stock system) कहते हैं। इस पद्धति में ऑक्सीकरण संख्या को रोमन अक्षरों में तत्व के नाम के बाद ब्रेकेट में लिखा जाता है। उदाहरण—नाइट्रोजन पाँच ऑक्साइड N_2O, NO, NO_2, N_2O_4 तथा N_2O_5 बनाता है जिनमें इसकी ऑक्सीकरण संख्या क्रमश: +1, + 2, + 4, + 4 तथा + 5 है। अत: स्टॉक संकेतन के अनुसार इन ऑक्साइडों को क्रमश: $N_2(I)O, N(II)O$ $N(IV)O_2, N_2(IV)O_4$ तथा $N_2(V)O_5$ द्वारा प्रदर्शित करते हैं।

ऑक्सीकरण संख्या के उपयोग
Applications of Oxidation Number

ऑक्सीकरण संख्या अथवा ऑक्सीकरण अवस्था के प्रमुख अनुप्रयोग निम्नलिखित हैं

(i) **अम्लीय लक्षण** (Acidic Character) अम्लों तथा ऑक्सीअम्लों (फॉस्फोरस के अतिरिक्त) में तत्व की ऑक्सीकरण अवस्था में वृद्धि होने पर अम्लीय गुणधर्म में भी वृद्धि होती है।

उदाहरण—$P_2O_5 < Cl_2O_7H_2S_2O_3 < H_2SO_3 < H_2SO_4$

अम्लीयता का बढ़ता क्रम

$$HCl < HClO < HClO_2 < HClO_3 < HClO_4$$

(ii) **क्षारीय लक्षण** (Basic Character) संयुग्मी क्षारकों में तत्व की ऑक्सीकरण अवस्था जितनी अधिक होती है क्षारकता उतनी ही कम होती है।

उदाहरण—Cl के ऑक्सीअम्लों के संयुग्मी क्षारकों की क्षारकता का क्रम निम्न है

$$ClO_4^- < ClO_3^- < ClO_2^- < ClO^-$$

ऑक्सीकरण तथा अपचयन
Oxidation and Reduction

प्रारम्भ में ऑक्सीकरण पद का प्रयोग उन रासायनिक अभिक्रियाओं के लिए किया जाता था जिनमें किसी तत्व अथवा यौगिक में ऑक्सीजन का योग होता हो। इस अभिक्रिया का व्युत्क्रम अपचयन कहलाता था। परन्तु इन पदों को अनेक रीतियों द्वारा व्यक्त किया जा सकता है।

किसी पदार्थ में ऑक्सीजन या विद्युत्ऋणात्मक तत्व का जुड़ना अथवा हाइड्रोजन या विद्युत्धनात्मक तत्व का ह्रास ऑक्सीकरण कहलाता है।

आधुनिक संकल्पनाएँ Modern Concepts

ऑक्सीकरण तथा अपचयन की दो आधुनिक संकल्पनाएँ हैं

(i) **इलेक्ट्रॉनिक संकल्पना (Electronic Concept)** इस संकल्पना के अनुसार किसी परमाणु, अणु या आयन से इलेक्ट्रॉनों का पृथक् होना अर्थात् उसमें इलेक्ट्रॉनों की कमी होना **ऑक्सीकरण** कहलाता है।

उदाहरण—
$$Na \longrightarrow Na^+ + e^-$$
$$Sn^{2+} \longrightarrow Sn^{4+} + 2e^-$$

दूसरे शब्दों में यह भी कहा जा सकता है कि ऑक्सीकरण में धन आवेश की वृद्धि तथा ऋण आवेश की कमी होती है।

किसी परमाणु, अणु या आयन का इलेक्ट्रॉनों को ग्रहण करना अर्थात् उसमें इलेक्ट्रॉनों की वृद्धि होना **अपचयन** कहलाता है।

उदाहरण—
$$Na^+ + e^- \longrightarrow Na$$
$$Cl_2 + 2e^- \longrightarrow 2Cl^-$$

अत: दूसरे शब्दों में यह भी कहा जा सकता है कि अपचयन की क्रिया में ऋण आवेश की वृद्धि तथा धन आवेश की कमी होती है।

(ii) **ऑक्सीकरण संख्या संकल्पना** (Oxidation Number Concept) वह क्रिया जिसमें किसी यौगिक में किसी तत्व की ऑक्सीकरण संख्या में वृद्धि होती है, ऑक्सीकरण कहलाती है।

उदाहरण— $\overset{+2}{Fe}Cl_2 \longrightarrow \overset{+3}{Fe}Cl_3$

(Fe की ऑक्सीकरण संख्या में वृद्धि)

वह क्रिया जिसमें किसी यौगिक में किसी तत्व की ऑक्सीकरण संख्या में कमी होती है, **अपचयन** कहलाती है।

उदाहरण—$K\overset{+7}{Mn}O_4 \longrightarrow \overset{+2}{Mn}SO_4$

(Mn की ऑक्सीकरण संख्या में कमी)

ऑक्सीकारक तथा अपचायक पदार्थ
Oxidising and Reducing Agents

किसी रासायनिक अभिक्रिया में जिस पदार्थ का अपचयन होता है, उसे ऑक्सीकारक कहते हैं अर्थात् वह पदार्थ जो अभिक्रिया में इलेक्ट्रॉन ग्रहण करता है अथवा जिसके किसी तत्व की ऑक्सीकरण संख्या में कमी होती है, ऑक्सीकारक कहलाता है।

उदाहरण— $2NaI + \overset{0}{Cl_2} \longrightarrow 2\overset{+1}{Na}\overset{-1}{Cl} + I_2$

ऑक्सीकरण संख्या में कमी
अपचयन

चूँकि Cl_2 की ऑक्सीकरण संख्या में कमी हो रही है, इसलिए यहाँ Cl_2 ऑक्सीकारक है।

अथवा $2I^- + Cl_2 \longrightarrow 2Cl^- + I_2$

$+2e^-$ (अपचयन)

इलेक्ट्रॉनिक संकल्पनानुसार Cl_2 दो इलेक्ट्रॉन ग्रहण कर रहा है, इसीलिए क्लोरीन ऑक्सीकारक है।

किसी रासायनिक अभिक्रिया में जिस पदार्थ का ऑक्सीकरण होता है उसे **अपचायक पदार्थ** कहते हैं अर्थात् अपचायक वह पदार्थ है जो किसी भी अभिक्रिया में इलेक्ट्रॉन त्यागते हैं अथवा जिसमें किसी तत्व की ऑक्सीकरण संख्या में वृद्धि होती है।

उदाहरण— $2FeCl_3 + 2K\overset{1-}{I} \longrightarrow 2FeCl_2 + 2KCl + \overset{0}{I_2}$

ऑक्सीकरण संख्या में वृद्धि (ऑक्सीकरण)

अथवा $2Fe^{3+} + 2I^- \longrightarrow 2Fe^{2+} + \overset{0}{I_2}$

$-2e^-$ (ऑक्सीकरण)

चूँकि I^- दो इलेक्ट्रॉन त्यागकर I_2 बनाता है जिसकी ऑक्सीकरण संख्या शून्य है।

अत: आयोडाइड आयन का आयोडीन में ऑक्सीकरण हो रहा है, इसलिए यहाँ KI अपचायक है।

ऑक्सीकारक/अपचायक पदार्थ का तुल्यांकी भार
Equivalent Weight of Oxidant/Reductant

किसी ऑक्सीकारक या अपचायक पदार्थ के तुल्यांकी भार की गणना ऑक्सीकरण संख्या की सहायता से की जाती है।

चूँकि एक इलेक्ट्रॉन ग्रहण करने से या त्याग देने से ऑक्सीकरण संख्या में केवल एक इकाई का परिवर्तन होता है, इसलिए किसी ऑक्सीकारक या अपचायक का तुल्यांकी भार निम्न सूत्र से निकाल सकते हैं

$$\text{तुल्यांकी भार} = \frac{\text{अणुभार}}{\text{ऑक्सीकरण संख्या में प्रति अणु परिवर्तन}}$$

$$\text{तुल्यांकी भार} = \frac{\text{अणुभार}}{\text{ऑक्सीकरण संख्या में परिवर्तन} \times n}$$

n = यौगिक के एक अणु में उस तत्व के परमाणुओं की संख्या है जिसकी ऑक्सीकरण संख्या में परिवर्तन हो रहा है।

अपचयोपचय (रेडॉक्स) अभिक्रियाएँ
Redox Reactions

वे रासायनिक अभिक्रियाएँ, जिनमें ऑक्सीकरण तथा अपचयन की क्रियाएँ एक साथ, एक ही समय पर होती हैं, अपचयोपचय अथवा **ऑक्सीकरण-अपचयन** अथवा **रेडॉक्स** अभिक्रियाएँ कहलाती हैं।

उदाहरण— $\overset{+4\;-2}{PbO_2} + \overset{+1\;-1}{4HCl} \longrightarrow \overset{+2\;-1}{PbCl_2} + \overset{0}{Cl_2} + 2\overset{+1\;-2}{H_2O}$

PbO_2 में, Pb + 4 ऑक्सीकरण अवस्था में है। अक्रिय युग्म प्रभाव के कारण Pb, + 2 ऑक्सीकरण अवस्था में अधिक स्थायी है। अत: Pb, + 4 ऑक्सीकरण अवस्था (PbO_2) में ऑक्सीकारक की भांति कार्य करता है। यह Cl^- को Cl_2 में ऑक्सीकृत करता है तथा स्वयं Pb^{2+} में अपचयित हो जाता है।

आ. संख्या में प्रति परमाणु 1 की वृद्धि

$$\overset{+4\;-2}{PbO_2} + \overset{+1\;-1}{4HCl} \longrightarrow \overset{+2\;-1}{PbCl_2} + \overset{0}{Cl_2} + \overset{+1\;-2}{2H_2O}$$

ऑक्सीकारक पदार्थ अपचायक पदार्थ

आ. संख्या में प्रति परमाणु 2 की कमी

इलेक्ट्रॉनिक सिद्धान्त के आधार पर, वे अभिक्रियाएँ जिनमें एक अभिकारक से दूसरे अभिकारक पर इलेक्ट्रॉन का स्थानान्तरण होता है, **रेडॉक्स अभिक्रिया** कहलाती है।

उदाहरण— $2Na + Cl_2 \longrightarrow 2NaCl$

$2Na \longrightarrow 2Na^+ + 2e^-$ (ऑक्सीकरण)

$Cl_2 + 2e^- \longrightarrow 2Cl^-$ (अपचयन)

ऑक्सीकरण संख्या के आधार पर, वे अभिक्रियाएँ जिनमें एक अभिकारक की ऑक्सीकरण संख्या में कमी तथा दूसरे अभिकारक की ऑक्सीकरण संख्या में वृद्धि होती है, **रेडॉक्स अभिक्रिया** कहलाती है।

ऑक्सीकरण संख्या में वृद्धि

उदाहरण— $\overset{+2}{Sn}Cl_2 + 2\overset{+3}{Fe}Cl_3 \longrightarrow \overset{+4}{Sn}Cl_4 + 2\overset{+2}{Fe}Cl_2$

ऑक्सीकरण संख्या में कमी

रेडॉक्स अभिक्रियाओं के प्रकार
Types of Redox Reactions

अन्तरआण्विक रेडॉक्स अभिक्रियाएँ
Intermolecular Redox Reactions

इस प्रकार की रेडॉक्स अभिक्रियाओं में, एक अभिकारक के अणु ऑक्सीकृत होते हैं जबकि दूसरे अभिकारक के अणु अपचयित होते हैं।

उदाहरण— $NO_3^- + H_2S + H_2O + H^+ \longrightarrow NH_4^+ + HSO_4^-$

ऑक्सीकृत
अपचयन

अन्तराआण्विक रेडॉक्स अभिक्रियाएँ
Intramolecular Redox Reactions

इस प्रकार की रेडॉक्स अभिक्रियाओं में किसी अणु का एक परमाणु ऑक्सीकृत तथा दूसरा परमाणु अपचयित होता है।

उदाहरण—$NH_4NO_3 \xrightarrow{\Delta} N_2O + 2H_2O$

अमोनियम नाइट्रेट में दो प्रकार की नाइट्रोजन उपस्थित है। एक नाइट्रोजन, NH_4^+ आयन में उपस्थित हैं (ऑक्सीकरण अवस्था = −3) तथा दूसरी नाइट्रोजन, NO_3^- आयन में उपस्थित है। (आक्सीजन अवस्था = + 1)। अत: NH_4^+ N_2O में ऑक्सीकृत तथा NO_3^-, N_2O में अपचयित होता है। इस प्रकार की रेडॉक्स अभिक्रिया का एक अन्य उदाहरण निम्न है

$$\underset{+5\,-1}{PCl_5} \xrightarrow{\Delta} \underset{+3}{PCl_3} + \underset{0}{Cl_2}$$

आ. आ. = + 5 − 1   + 3   0

अत: PCl_5 की P(II), PCl_3 की P (III) में अपचयित हो रही है तथा PCl_5 की Cl (−1), Cl_2(0) में ऑक्सीकृत हो रही है।

असमानुपातन अथवा विषमानुपातन रेडॉक्स अभिक्रियाएँ

Disproportionation Reactions

इस प्रकार की रेडॉक्स अभिक्रियाओं में एक ही अभिकारक के एक तत्त्व का ऑक्सीकरण तथा अपचयन, दोनों होता है।

$$4\overset{0}{P} + 3NaOH + 3H_2 \longrightarrow 3NaH_2\overset{+1}{P}O_2 + \overset{-3}{P}H_3$$

(ऑक्सीकरण: $\overset{0}{P} \rightarrow \overset{+1}{P}$; अपचयन: $\overset{0}{P} \rightarrow \overset{-3}{P}$)

असमानुपातन अभिक्रियाओं में यौगिक के तत्व का तुल्यांकी भार

ऑक्सीकरण तथा अपचयन अभिक्रियाओं में तत्व के तुल्यांकी भार का योग $(M/n_1 + M/n_2)$, होता है। जहाँ M यौगिक का अणुभार है तथा n_1 तथा n_2 क्रश: ऑक्सीकरण तथा अपचयन अभिक्रियाओं में इलेक्ट्रॉनों की संख्याएँ हैं।

अपचयोपचय (रेडॉक्स) अभिक्रियाओं को सन्तुलित करना Balancing of Redox Equations

रेडॉक्स समीकरणों को सामान्यत: निम्न दो विधियों द्वारा सन्तुलित किया जाता है

(i) आयन इलेक्ट्रॉन विधि

(ii) ऑक्सीकरण संख्या विधि

आयन इलेक्ट्रॉन विधि Ion Electron Method

इस विधि को **जेट** (Jet) तथा **ले-मेव** (La-Mev) ने दिया था।

इसमें प्रयुक्त मुख्य पद निम्न हैं

पद I यदि रासायनिक समीकरण आण्विक रूप में हो, तो सर्वप्रथम इसे आयनिक रूप में परिवर्तित कर लिया जाता है तथा आयनिक अभिक्रिया को दो अर्द्ध-अभिक्रियाओं अर्थात् ऑक्सीकरण अर्द्ध-अभिक्रिया तथा अपचयन अर्द्ध-अभिक्रिया में वियोजित कर लिया जाता है।

पद II हाइड्रोजन तथा ऑक्सीजन के अतिरिक्त अन्य सभी तत्वों की संख्या को दोनों ओर समान कर लिया जाता है।

पद III परमाणुओं को सन्तुलित करने के लिए, जिस ओर O परमाणु कम हो तथा जितने कम हों, उतने ही H_2O जोड़ दिए जाते हैं। साथ ही H परमाणुओं को सन्तुलित करने के लिए जिस ओर H परमाणु कम हों तथा जितने कम हों उतने ही H^+ आयन उस ओर जोड़ दिए जाते हैं।

पद IV अब दोनों अर्द्ध-अभिक्रियाओं में आवेश को संन्तुलित करने के लिए इलेक्ट्रॉन जोड़े जाते हैं (जिस ओर धनावेश अधिक हो तथा जितना अधिक हो)।

पद V दोनों अर्द्ध-अभिक्रियाओं में इलेक्ट्रॉनों की संख्या समान करके उन्हें जोड़ दिया जाता है। प्राप्त अभिक्रिया सन्तुलित रासायनिक समीकरण होगी।

ऑक्सीकरण संख्या विधि

Oxidation Number Method

इस विधि में प्रयुक्त प्रमुख पद निम्न हैं

पद I दी गई समीकरण में सभी तत्वों की ऑक्सीकरण संख्या लिख लेते हैं।

पद II ऑक्सीकरण संख्या में परिवर्तन के आधार पर दी गई समीकरण को दो अर्द्ध-समीकरणों के रूप में लिख लेते हैं तथा दोनों समीकरणों में उन तत्वों को बराबर कर लेते हैं जिनकी ऑक्सीकरण संख्या में परिवर्तन होता है।

पद III दोनों आंशिक समीकरणों में ऑक्सीकरण संख्या में परिवर्तन ज्ञात कर लेते हैं तथा आवश्यक संख्या से गुणा करके ऑक्सीकरण संख्या में वृद्धि व कमी को पूरा लेते हैं।

पद IV दोनों समीकरणों में तत्वों को बराबर करने के बाद ऑक्सीजन व हाइड्रोजन परमाणुओं को बराबर करने के लिए H^+ व H_2O (अम्लीय माध्यम) या OH^- तथा H_2O (क्षारीय माध्यम) को जोड़ते हैं व दोनों समीकरणों को जोड़ लेते हैं।

अभ्यास प्रश्न

1. SO_4^{2-} में S की ऑक्सीकरण संख्या है
(a) + 6 (b) + 3 (c) +2 (d) −2

2. नाइट्रोजन की ऑक्सीकरण संख्या अधिकतम है
(a) N_3H में (b) N_2O_4 में (c) NH_2OH में (d) NH_3 में

3. निम्नलिखित यौगिकों में से किसमें एक तत्व दो विभिन्न ऑक्सीकरण अवस्थाएँ प्रदर्शित करता है?
(a) NH_2OH (b) NH_4NO_3 (c) N_2H_4 (d) N_3H

4. OF_2 में ऑक्सीजन की ऑक्सीकरण संख्या है
(a) + 2 (b) − 2 (c) + 1 (d) − 1

5. CrO_5 में Cr की ऑक्सीकरण संख्या है
(a) + 3 (b) + 5 (c) + 6 (d) 0

6. HIO_4, $I^{-3}O_5$ तथा H_5IO_6 में आयोडीन की ऑक्सीकरण अवस्थाएँ क्रमश: हैं
(a) +1, + 3, + 7 (b) +7, + 7, + 3
(c) +7, + 7, + 7 (d) +7, + 5, + 3

7. निम्नलिखित यौगिकों में से किसमें आयोडीन की ऑक्सीकरण संख्या भिन्नात्मक है?
(a) IF_3 (b) IF_5 (c) I_3^- (d) IF_7

8. यौगिक में किसी तत्व की ऑक्सीकरण संख्या किन्हीं नियमों के आधार पर ज्ञात की जाती है। इस संदर्भ में निम्नलिखित में से कौन-सा नियम सही नहीं है?
(a) हाइड्रोजन की ऑक्सीकरण संख्या सदैव +1 होती है।
(b) यौगिक में सभी ऑक्सीकरण संख्याओं का बीजीय योग शून्य होता है।
(c) किसी भी तत्व की मुक्त अवस्था अंसंयोजित अवस्था में ऑक्सीकरण संख्या शून्य होती है।
(d) फ्लुओरीन की अपनी सभी यौगिकों में ऑक्सीकरण संख्या −1 होती है।

9. पोटैशियम डाइक्रोमेट में क्रोमियम की ऑक्सीकरण संख्या है
(a) +2 (b) + 4 (c) + 6 (d) + 8

10. Br_2 से BrO_3^- बनाने में, Br की ऑक्सीकरण संख्या में परिवर्तन होता है
(a) 0 से + 5 (b) + 1 से + 5 (c) 0 से − 3 (d) + 2 से + 5

11. परओक्सोसल्फ्यूरिक अम्ल (H_2SO_5) में, सल्फर की ऑक्सीकरण संख्य है
(a) + 8 (b) + 4 (c) + 5 (d) + 6

12. $NOClO_4$ में N तथा Cl की ऑक्सीकरण संख्याएँ क्रमश: हैं
(a) + 2 तथा + 7 (b) + 3 तथा + 7
(c) − 3 तथा + 5 (d) + 2 तथा − 7

13. किसी तत्व द्वारा प्रदर्शित सबसे बड़ी ऑक्सीकरण संख्या इसके बाह्यतम इलेक्ट्रॉनिक विन्यास पर निर्भर करती है। निम्नलिखित में से किस बाह्यतम इलेक्ट्रॉनिक विन्यास के साथ, तत्व सबसे बड़ी ऑक्सीकरण संख्या प्रदर्शित करेगा?
(a) $3d^1\ 4s^2$ (b) $3d^3\ 4s^2$ (c) $3d^5\ 4s^1$ (d) $3d^5\ 4s^2$

14. यौगिक $\overset{2}{\underline{C}}H_3\overset{1}{\underline{C}}H_2OH$ में C_1 तथा C_2 की ऑक्सीकरण अवस्थाएँ ज्ञात कीजिए
(a) 0, 2 (b) −2, 0 (c) −2, −2 (d) −2, +2

15. $\underline{C}H_3\underline{C}OOH$ में C की ऑक्सीकरण अवस्था है
(a) 0 (b) 1 (c) 2 (d) 3

16. $H_2S_2O_8$ में उपस्थित दो सल्फर परमाणुओं की ऑक्सीकरण अवस्था है
(a) − 6 (b) − 2 (c) + 6 (d) − 4

17. जब $K_2Cr_2O_7$, K_2CrO_4 में परिवतर्तित होता है, तो क्रोमियम की ऑक्सीकरण संख्या में परिवर्तन होता है
(a) 0 (b) 5 (c) 7 (d) 9

18. नीचे दी गई अभिक्रिया में ब्रोमीन के व्यवहार को उचित व्यवस्था कौन-सा कथन करता है?

$$H_2O + Br_2 \longrightarrow HOBr + HBr$$

(a) केवल प्रोटॉन ग्राही (b) ऑक्सीकृत तथा उपचयित दोनों
(c) केवल ऑक्सीकृत (d) उदासीनीकरण

19. निम्नलिखित में अन्तराआण्विक रेडॉक्स अभिक्रिया नहीं है
(a) $MgCO_3 \longrightarrow MgO + CO_2$
(b) $O_2 + 2H_3 \longrightarrow 2H_3O$
(c) $K + H_2O \longrightarrow KOH + (1/2)H_2$
(d) $MnBr_3 \longrightarrow MnBr_2 + (1/2)Br_2$

20. निम्नलिखित में कौन-सा परिवर्तन ऑक्सीकरण है?
(a) $SO_4^{2-} \longrightarrow SO_3^{2-}$ (b) $Cu^{2+} \longrightarrow Cu$
(c) $H^+ \longrightarrow H$ (d) $H^- \longrightarrow H$

21. अभिक्रिया, $3Cl_2 + 6NaOH \longrightarrow NaClO_3 + 5NaCl + 3H_2O$ में कौन-सा तत्व इलेक्ट्रॉन का त्याग तथा ग्रहण दोनों करता है?
(a) Na (b) O
(c) Cl (d) इनमें से कोई नहीं

22. निम्नलिखित अभिक्रियाओं में केवल एक रेडॉक्स अभिक्रिया है। इस समीकरण को पहचानिए।
(a) $Ca(OH)_2 + 2HCl \longrightarrow CaCl_2 + 2H_2O$
(b) $2S_2O_7^{2-} + 2H_2O \longrightarrow 2Cl_2 + H_2C_2O_4$
(c) $BaCl_2 + MgSO_4 \longrightarrow BaSO_4 + MgCl_2$
(d) $Cu_2S + 2FeO \longrightarrow 2Cu + 2Fe + SO_2$

23. सफेद फॉस्फोरस कॉस्टिक सोडा के साथ अभिक्रिया करके PH_3 बनाता है। यह अभिक्रिया उदाहरण है
(a) ऑक्सीकरण का (b) अपचयन का
(c) असमानुपातन का (d) उदासीनीकरण का

24. निम्नलिखित में जलीय माध्यम में कौन प्रबलतम अपचायक पदार्थ है?
(a) Mg (b) Na
(c) Li (d) Ca

25. अभिक्रिया, $2FeCl_3 + H_2S \longrightarrow 2FeCl_2 + 2HCl + S$ में
(a) $FeCl_3$ ऑक्सीकारक का कार्य करता है
(b) H_2S तथा $FeCl_3$ दोनों ऑक्सीकृत होते हैं
(c) $FeCl_3$ ऑक्सीकृत तथा H_2S अपचयित होता है
(d) H_2S ऑक्सीकारक का कार्य करता है

26. निम्नलिखित में से कौन-सा प्रबलतम ऑक्सीकारक पदार्थ है?
(a) I_2 (b) F_2 (c) Cl_2 (d) Br_2

27. अभिक्रिया, $SO_2 + 2H_2S \longrightarrow 3S + 2H_2O$ में ऑक्सीकृत होने वाला पदार्थ है
(a) H_2S (b) SO_2 (c) S (d) H_2O

28. निम्नलिखित में कौन ऑक्सीकारक पदार्थ की भाँति कार्य करता है?
(a) HNO_3 (b) Cl_2
(c) $FeCl_3$ (d) ये सभी

29. असमानुपात क्रिया को पहचानिए
(a) $CH_4 + 2O_2 \longrightarrow CO_2 + 2H_2O$
(b) $CH_4 + 4Cl_2 \longrightarrow CCl_4 + 4HCl$
(c) $2F_2 + 2OH^- \longrightarrow 2F^- + OF_2 + H_2O$
(d) $2NO_2 + 2OH^- \longrightarrow NO_2^- + NO_3^- + H_2O$

30. अम्लीय माध्यम में MnO_4^{2-} की असमानुपातन अभिक्रिया होती है परन्तु MnO_4^{2-} की नहीं होती है, क्योंकि
(a) MnO_4^{2-} में Mn मध्यवर्ती ऑक्सीकरण अवस्था में है
(b) MnO_4^- में, Mn उच्चतम ऑक्सीकरण अवस्था में है
(c) MnO_4^- में, मध्यवर्ती ऑक्सीकरण अवस्था में है
(d) उपरोक्त में से कोई नहीं

31. निम्नलिखित में से कौन-सी रेडॉक्स अभिक्रिया है?
(a) NaOH के साथ H_2SO_4 की
(b) वातावरण में, प्रकाश के द्वारा O_2 से O_3
(c) प्रकाश के द्वारा नाइट्रोजन तथा ऑक्सीजन से नाइट्रोजन के ऑक्साइड
(d) H_2O का वाष्पन

32. अभिक्रिया,
$$Cl_2(g) + 2OH^-(aq) \longrightarrow ClO^-(aq) + Cl^-(aq) + H_2O(l)$$
विरंजन की क्रिया को प्रदर्शित करती है। उस स्पीशीज को पहचानकर नाम लिखिए जो अपने ऑक्सीकारक प्रभाव के कारण विरंजन करता है।
(a) Cl^- (b) Cl_2 (c) OH^- (d) ClO^-

33. जब भी एक ऑक्सीकारक तथा अपचायक के बीच अभिक्रिया सम्पन्न की जाती है, तब
(a) अपचायक के आधिक्य में निम्नतर ऑक्सीकरण अवस्था का यौगिक बनता है
(b) ऑक्सीकारक के आधिक्य में उच्चतर ऑक्सीकरण अवस्था का यौगिक बनता है
(c) (a) तथा (b) दोनों
(d) उपरोक्त में से कोई नहीं

34. रेडॉक्स अभिक्रिया, $I^- + IO_3^- + H^+ \longrightarrow I_2 + H_2O$ की सन्तुलित अवस्था में, I^-, IO_3^- तथा H^+ के गुणांक क्रमशः है
(a) 5,1,6 (b) 1,5,6 (c) 6,1,5 (d) 5,6,1

35. समीकरण, $NO_2^{\ominus} + H_2O \longrightarrow NO_3^{\ominus} + 2H^{\oplus} + ne^-$ में n का मान है
(a) 1 (b) 2 (c) 3 (d) 4

36. समीकरण,
$MnO_4^- + 8H^+ + ne^- \longrightarrow Mn^{2+} + 4H_2O$ में n का मान है
(a) 5 (b) 4 (c) 2 (d) 3

37. $aK_2Cr_2O_7 + bKCl + cH_2SO_4 \longrightarrow xCrO_2Cl_2 + yKHSO_4 + zH_2O$
उपरोक्त अभिक्रिया सन्तुलित होगी, जब
(a) $a=2, b=4, c=6$ तथा $x=2, y=6, z=3$
(b) $a=4, b=2, c=6$ तथा $x=6, y=2, z=3$
(c) $a=6, b=4, c=2$ तथा $x=6, y=3, z=2$
(d) $a=1, b=4, c=6$ तथा $x=2, y=6, z=3$

38. अभिक्रिया, $8Al + 3Fe_3O_4 \longrightarrow 4Al_2O_3 + 9Fe$ में आपचायक से ऑक्सीकारक को स्थानान्तरित इलेक्ट्रॉनों की संख्या है
(a) 8 (b) 4 (c) 16 (d) 24

39. अभिक्रिया,
$Cr_2O_7^{2-} + 14H^+ + nFe^{2+} \longrightarrow 2Cr^{3+} + nFe^{3+} + 7H_2O$ में n का मान है
(a) 2 (b) 3 (c) 6 (d) 7

40. Mn^{3+} आयन विलयन में अस्थायी होता है तथा असमानुपातन द्वारा Mn^{2+}, MnO_2 तथा H^+ आयन देता है। इस अभिक्रिया के लिए सन्तुलित रासायनिक समीकरण है
(a) $Mn^{3+} + 2H_2O \longrightarrow Mn^{2+} + 4H^+ + MnO_2$
(b) $2Mn^{3+} + H_2O \longrightarrow Mn^{2+} + 2H^+ + MnO_2$
(c) $2Mn^{3+} + 2H_2O \longrightarrow Mn^{2+} + MnO_2 + 4H^+$
(d) उपरोक्त में से कोई नहीं

उत्तरमाला

1.	(a)	2.	(b)	3.	(b)	4.	(a)	5.	(c)	6.	(c)	7.	(c)	8.	(a)	9.	(c)	10.	(a)
11.	(d)	12.	(b)	13.	(d)	14.	(b)	15.	(a)	16.	(c)	17.	(a)	18.	(b)	19.	(a)	20.	(d)
21.	(c)	22.	(d)	23.	(c)	24.	(c)	25.	(a)	26.	(b)	27.	(a)	28.	(d)	29.	(d)	30.	(b)
31.	(c)	32.	(d)	33.	(c)	34.	(a)	35.	(b)	36.	(a)	37.	(d)	38.	(d)	39.	(c)	40.	(c)

उत्तर व्याख्या सहित

1. (*a*) किसी आयन में उपस्थित सभी तत्वों की ऑक्सीकरण अवस्थाओं का योग उस पर उपस्थित आवेश के बराबर होता है।

माना SO_4^{2-} में S की ऑक्सीकरण अवस्था $= x$

$\therefore \quad x + (-2 \times 4) = -2$

अथवा $\quad x = +6$

2. (*b*) N_3H में, N की ऑक्सीकरण संख्या $= \frac{1}{3}$

N_2O_4 में, N की ऑक्सीकरण संख्या $= +4$

NH_2OH में, N की ऑक्सीकरण संख्या $= -1$

NH_3 में, N की ऑक्सीकरण संख्या $= -3$

अतः N_2O_4 में नाइट्रोजन की ऑक्सीकरण संख्या सर्वाधिक है

3. (*b*) NH_4NO_3 वास्तव में NH_4^+ तथा NO_3^- है। NH_4^+ में, N की ऑक्सीकरण संख्या –3 तथा NO_3^- में ऑक्सीकरण संख्या +5 है।

4. (*a*) $\overset{+2}{O}\ \overset{-1\times2}{F_2}$: $x - 2 = 0 \Rightarrow x = 2$

5. (*c*) (संरचना: Cr से दो परॉक्साइड O–O समूह तथा एक =O जुड़ा)

अर्थात् इनमें 4 परॉक्साइड आबन्ध हैं जिनमें O की ऑक्सीकरण संख्या –1 है तथा एक द्विबन्ध है जिसमें O की ऑक्सीकरण संख्या –2 है।

अतः, $\quad x + 4 \times (-1) + 1 \times (-2) = 0$

$\therefore \quad x = +6$

6. (*c*) माना HIO_4 में I की ऑक्सीकरण संख्या $= x$

$1 + x + 4(-2) = 0$

$\therefore \quad x = +7$

माना H_3IO_5 में I की ऑक्सीकरण संख्या $= x$

$3 + x + 5(-2) = 0$

$\therefore \quad x = +7$

माना H_5IO_6 में I की ऑक्सीकरण संख्या $= x$

$5 + x + 6(-2) = 0 \Rightarrow x = +7$

7. (*c*) IF_3 में आयोडीन की ऑक्सीकरण संख्या $= +3$

IF_5 में आयोडीन की ऑक्सीकरण संख्या $= +5$

I_3^- में आयोडीन की ऑक्सीकरण संख्या $= -\frac{1}{3}$

IF_7 में आयोडीन की ऑक्सीकरण संख्या $= +7$

9. (*c*) माना Cr की ऑक्सीकरण संख्या *x* है।

$\therefore$ $K_2Cr_2O_7$ के लिए,

$+2 \times 2 + 2x + 7(-2) = 0$

$2 + 2x - 14 = 0 \Rightarrow 2x = +12$

$x = +6$

10. (*a*) $\overset{0}{Br_2} \longrightarrow BrO_3^-$

माना BrO_3^- में Br की ऑक्सीकरण संख्या *x* है।

$x + (-2 \times 3) = -1 \Rightarrow x + (-6) = -1$

$x = +6 - 1 = +5$

11. (*d*) परमोनोसल्फ्यूरिक अम्ल (H_2SO_5) में दो ऑक्सीजन परमाणु परॉक्साइड बन्ध में हैं। अतः

$2(+1) + x + 2(-1) + 3(-2) = 0$

$2 + x - 2 - 6 = 0$

$\therefore \quad x = +6$

12. (*b*) माना NO^+ में N की ऑक्सीकरण संख्या $= x$

$(1 \times x) + 1 \times (-2) = +1$

$x = +3$

पुनः माना ClO_4^- में Cl की ऑक्सीकरण संख्या $= y$

$(1 \times y) + 4 \times (-2) = -1$

$\therefore \quad y = +7$

13. (*d*) *d*-ब्लॉक तत्वों की अधिकतम ऑक्सीकरण अवस्था

$= (n-1)$ अयुग्मित *d* इलेक्ट्रॉन + *ns* इलेक्ट्रॉन

अतः $3d^5, 4s^2$ के लिए,

अधिकतम ऑक्सीकरण संख्या $= 5 + 2 = 7$

14. (*b*) $\underline{C}H_3\underline{C}H_2OH$

$\overset{x}{C_2}\overset{+1}{H_6}\overset{-2}{O}$

$2x + 6(+1) + 1(-2) = 0$

$2x = -4$

अथवा $\quad x = -2$

अतः C की औसत ऑक्सीकरण अवस्था –2 है।

पुनः CH_3CH_2OH की संरचना पर विचार करते है।

```
    H   H
    |   |
H — C²— C¹— OH
    |   |
    H   H
```

C_1 परमाणु की ऑक्सीकरण अवस्था

$= 1\ (+1) + 2\ (+1) + x + 1\ (-1) = 0$

[$\because C_1$ परमाणु तीन H-परमाणुओं तथा एक —CH_2OH समूह (ऑक्सीकरण संख्या = – 1) से जुड़ा है]

15. (*a*) $\underline{C}H_3\underline{C}OOH$ की रासायनिक संरचना निम्न है

$\overset{x}{C_2}\overset{+1}{H_4}\overset{-2}{O_2}$

$2x + 4(+1) + 2(-2) = 0$

$2x + 4 + (-4) = 0$

अथवा $\quad x = 0$

16. (*c*) $H_2S_2O_8$ की रासायनिक संरचना निम्न है

```
       O           O
       ‖           ‖
H—O—S—O—O—S—O—H
       ‖           ‖
       O           O
```

$2x(+1) + 2 \times x + 6 \times (-2) + 2 \times (-1) = 0$

H के लिए S के लिए O के लिए O–O के लिए

$+2 + 2x - 12 - 2 = 0$

$2x = +12, x = +6$

20. (*d*) इलेक्ट्रॉन का ह्रास अथवा ऑक्सीकरण संख्या में वृद्धि ऑक्सीकरण कहलाती है।

उदाहरण– $H^- \longrightarrow H + e^-$

21. (*c*) यह एक सममानुपातन अभिक्रिया है अतः Cl_2 ऑक्सीकृत तथा अपचयित दोनों होती है।

22. (*d*) $\overset{+1\ -2}{Cu_2S} + 2\overset{+2}{Fe}O \longrightarrow 2\overset{0}{Cu} + 2\overset{0}{Fe} + \overset{+4}{S}O_2$ (ऑक्सीकरण: S; अपचयन: Cu, Fe)

इस अभिक्रिया में Cu तथा Fe का अपचयन होता है जबकि S का ऑक्सीकरण होता है। अतः यह एक रेडॉक्स अभिक्रिया है।

23. (*c*) इस अभिक्रिया में फॉस्फोरस एक साथ ऑक्सीकृत तथा अपचयित होती है। अतः यह एक असमानुपातन अभिक्रिया है।

$$\overset{0}{P_4} + 3NaOH + 3H_2O \longrightarrow 3NaH_2PO_2 + \overset{-3}{P}H_3$$

24. (*c*) जलीय माध्यम में, Li प्रबलतम अपचायक है क्योंकि इसकी उच्च ऋणात्मक जलयोजन एन्थैल्पी उच्च आयनन एन्थैल्पी (IE) को सन्तुलित करती है।

25. (*a*) $e^- + Fe^{3+} \longrightarrow Fe^{2+}$ (अपचयन)

अतः, $FeCl_3$ ऑक्सीकारक की भाँति व्यवहार करता है।

26. (*b*) अपचयन विभव का क्रम निम्न है $F_2 > Cl_2 > Br_2 > I_2$

अतः, F_2 प्रबलतम ऑक्सीकारक पदार्थ है।

28. (*d*) ये सभी पदार्थ इलेक्ट्रॉन ग्रहण करके अपनी ऑक्सीकरण संख्या में कमी कर सकते हैं अतः ये सभी ऑक्सीकारक पदार्थ का कार्य करते हैं।

$$H\overset{+5}{N}O_3 \longrightarrow \overset{+4}{N}O_2 \quad \text{अथवा} \quad \overset{+2}{N}O$$

$$Cl_2 \longrightarrow 2Cl^-$$

$$\overset{+3}{Fe}Cl_3 \longrightarrow \overset{+2}{Fe}Cl_2$$

29. (*d*) $2\overset{+4}{N}O_2 + 2OH^- \longrightarrow \overset{+3}{N}O_2^- + \overset{+5}{N}O_3^- + H_2O$

चूँकि इस अभिक्रिया में एक ही तत्व, अर्थात् N ऑक्सीकृत तथा अपचयित हो रहा है। अतः यह एक असमानुपातन अभिक्रिया है।

31. (*c*) (a) उदासीनीकरण अभिक्रिया

(b) यह तत्व का एक रूप (आ. आ. = 0) से दूसरे रूप में परिवर्तन है।

(c) रेडॉक्स अभिक्रिया $\left[\overset{0}{N}_2 + \overset{0}{O}_2 \longrightarrow \overset{\neq 0 \neq 0}{NO}\right]$

चूँकि इस अभिक्रिया में एक ही पदार्थ का ऑक्सीकरण तथा अपचयन हो रहा है अतः यह एक असमानुपातन अभिक्रिया है।

(d) भौतिक परिवर्तन

32. (*d*) $\overset{0}{Cl_2}(g) + 2\overset{-2\,+1}{OH}{}^-(aq) \longrightarrow \overset{+1\,-2}{ClO}{}^-(aq) + \overset{-1}{Cl}{}^-(aq) + \overset{+1\,-2}{H_2O}(l)$

इस अभिक्रिया में Cl_2 की ऑक्सीकरण संख्या में वृद्धि के साथ-साथ कमी भी होती है अतः यह अपचायक तथा ऑक्सीकारक दोनों की भाँति व्यवहार कर सकता है। यह असमानुपातन अभिक्रिया का उदाहरण है। इस अभिक्रिया में, ClO^- अपनी ऑक्सीकारक प्रवृत्ति के कारण पदार्थों का विरंजन करती है। [हाइपोक्लोराइट आयन (ClO^-) में Cl अपनी ऑक्सीकरण संख्या +1 से 0 अथवा –1 तक कम कर सकता है।])

33. (*c*) दोनों कथन सत्य हैं। यह निम्न उदाहरण से सिद्ध किया जा सकता है।

P_4 अपचायक पदार्थ है तथा Cl_2 ऑक्सीकारक पदार्थ है।

(i) $\underset{\text{अधिकता में}}{\overset{0}{P_4}}(s) + 6Cl_2(g) \longrightarrow \underset{\text{P की उच्चतम ऑक्सीकरण अवस्था}}{4\overset{+3}{P}Cl_3}$

(ii) $\underset{\text{अधिकता में}}{\overset{0}{P_4}(s)} + 10Cl_2(g) \longrightarrow \underset{\text{P की उच्चतम ऑक्सीकरण अवस्था}}{4\overset{+5}{P}Cl_5}$

अतः जब P_4 (अपचायक पदार्थ) अधिकता में होता है तो PCl_3 बनता है जिसमें P की ऑक्सीकरण अवस्था + 3 है तथा यदि Cl_2 अधिक्य में हो तो PCl_5 बनती है जिसमें P की ऑक्सीकरण संख्या + 5 है।

34. (*a*) $I^- + \left(\overset{+5}{I}O_3\right)^{-1} + H^+ \longrightarrow \overset{0}{I_2} + H_2O$

$$2I^- \longrightarrow I_2 + 2e^-]\times 5 \quad \text{...(i)}$$

$$10e^- + 2\left(\overset{+5}{I}O_3\right)^{-1} \longrightarrow \overset{0}{I_2} \quad \text{...(ii)}$$

समी (i) में 2 से गुणा करके समी (ii) में जोड़ने पर

$$10I^- + 2IO_3^- \longrightarrow 6I_2$$

O परमाणुओं को सन्तुलित करने के लिए दाएँ पक्ष में $6H_2O$ अणु तथा बाएँ पक्ष में $12H^+$ जोड़ने पर,

$$10I^- + 2IO_3^- + 12H^+ \longrightarrow 6I_2 + 6H_2O$$

या $$5I^- + IO_3^- + 6H^+ \longrightarrow 3I_2 + 3H_2O$$

36. (*a*) $MnO_4^- + 8H^+ + 5e^- \longrightarrow Mn^{2+} + 4H_2O$

37. (*d*) $\underset{1}{a}K_2Cr_2O_7 + \underset{4}{b}KCl + \underset{6}{c}H_2SO_4 \longrightarrow \underset{2}{x}CrO_2Cl_2 + \underset{6}{y}KHSO_4 + \underset{3}{z}H_2O$

38. (*d*) $8Al \longrightarrow 8Al^{3+} + 24e^-$

$$9Fe^{8/3+} + 24e^- \longrightarrow 9Fe$$

39. (*c*) $Cr_2O_7^{2-} + 14H^+ + nFe^{2+} \longrightarrow 2Cr^{3+} + nFe^{3+} + 7H_2O$

$Cr_2O_7^{2-} + 14H^+ + 6e^- \longrightarrow 2Cr^{3+} + 7H_2O$ (अपचयन) ...(i)

$Fe^{2+} \longrightarrow Fe^{3+} + e^-$ (ऑक्सीकरण) ...(ii)

$6Fe^{2+} \longrightarrow 6Fe^{3+} + 6e^-$

अतः सन्तुलित समीकरण है।

$$Cr_2O_7^{2-} + 14H^+ + 6Fe^{2+} \longrightarrow 2Cr^{3+} + 6Fe^{3+} + 7H_2O$$

40. (*c*) आयनिक समीकरण निम्न है

$$Mn^{3+}(aq) \longrightarrow Mn^{2+}(aq) + MnO_2(s) + H^+(aq)$$

अपचयन अर्द्ध अभिक्रिया

$$Mn^{3+}(aq) + e^- \longrightarrow Mn^{2+} \quad \text{...(i)}$$

$$Mn^{3+}(aq) \longrightarrow \overset{+4}{Mn}O_2 + e^- \quad \text{...(ii)}$$

आवेश को सन्तुलित करने के लिए दाएँ पक्ष में $4H^+$ जोड़कर, दाएँ पक्ष में O परमाणु को सन्तुलित करने के लिए, $2H_2O$ जोड़ने पर

$$2Mn^{3+}(aq) + 2H_2O(l) \longrightarrow Mn^{2+} + MnO_2(s) + 4H^+(aq) \quad \text{...(iii)}$$

यह अन्तिम सन्तुलित रेडॉक्स अभिक्रिया (असमानुपातन अभिक्रिया) को प्रदर्शित करती है।

अध्याय 08

विद्युत-रसायन
Electrochemistry

विद्युत अपघट्नी तथा धात्विक चालन
Electrolytic and Metallic Conduction

विद्युत धारा के प्रवाह के आधार पर, पदार्थों को दो वर्गों में बाँटा गया है वह पदार्थ जो अपने में से विद्युत धारा को प्रवाहित नहीं होने देते हैं **अचालक** या **कुचालक** कहलाते हैं। उदाहरण—शुद्ध जल, बर्फ, काँच, रबड़ आदि। जबकि वे पदार्थ जो अपने में से विद्युत धारा को प्रवाहित होने देते हैं, **चालक** कहलाते हैं। उदाहरण—धातुएँ, अम्लों, क्षारों तथा लवणों के जलीय विलयन, गलित लवण तथा अशुद्ध जल आदि।

विद्युत के प्रवाह की यह घटना **विद्युतीय चालन** कहलाती है।

विद्युतीय चालन के प्रकार
Types of Electrical Conduction

पदार्थ की भौतिक अवस्थाओं के आधार पर विद्युतीय चालन निम्नलिखित प्रकार का होता है

विद्युत-अपघटनी चालक Electrolytic Conductors

वे पदार्थ जिनका जलीय विलयन विद्युत धारा का चालन करता है तथा जो धारा के प्रवाह द्वारा विघटित हो जाते हैं, **विद्युत-अपघट्य** कहलाते हैं। इस स्थिति में, चालन आयनों की गति द्वारा होता है तथा यह **विद्युत अपघटनी चालन** कहलाता है। विद्युत अपघट्य गलित अवस्था में भी विद्युत धारा का चालन करते हैं तथा विद्युत धारा के प्रवाह द्वारा विघटित हो जाते हैं। *यह निम्न कारकों पर निर्भर करता है*

(i) विद्युत-अपघट्य की प्रकृति पर।

(ii) उत्पन्न आयनों के आकार तथा उनके विलायकोजन (जलयोजन) पर।

(iii) विलायक की प्रकृति तथा उनकी श्यानता पर।

(iv) विद्युत-अपघट्य पदार्थ की सान्द्रता पर।

(v) ताप पर (प्रत्यक्ष सम्बन्ध)।

अम्ल, क्षारक तथा उनके लवण विद्युत अपघट्य पदार्थों के उदाहरण हैं। विद्युत-अपघट्य प्रबल अथवा दुर्बल हो सकते हैं। विद्युत अपघट्य की क्षमता, इसके वियोजन की प्रकृति पर निर्भर करती है। **प्रबल अपघट्य** (जैसे—NaCl, HCl, KCl, NaOH, HNO_3, H_2SO_4 आदि) की प्रकृति पूर्णतया अथवा लगभग पूर्णतया वियोजित/आयनित होने की होती है जबकि **दुर्बल अपघट्यों** (जैसे H_2CO_3, CH_3COOH, $ZnCl_2$, $HgCl_2$ आदि), प्रबल अपघट्यों की अपेक्षा बहुत कम अपघटित होते हैं।

धात्विक चालक Metallic Conductors

वे चालक जो कोई भी रासायनिक परिवर्तन किए बिना, इलेक्ट्रॉनों की गति द्वारा विद्युत धारा का प्रवाह करते हैं, धात्विक चालक कहलाते हैं। उदाहरण—धातुएँ (Cu, Ag, Fe, Al आदि), अधातुएँ (ग्रेफाइट), विभिन्न मिश्र-धातुएँ और खनिज।

इस स्थिति में मुक्त इलेक्ट्रॉनों तथा छिद्रों (धनावेशित) के कारण धात्विक चालक विद्युत धारा का प्रवाह करते हैं तथा इसे **धात्विक चालन** कहते हैं। *यह निम्न कारकों पर निर्भर करता है*

(i) धातु की प्रकृति तथा संरचना पर।

(ii) प्रति परमाणु मुक्त इलेक्ट्रॉनों की संख्या पर।

(iii) धातु के घनत्व पर।

(iv) ताप पर (व्युत्क्रमानुपाती सम्बन्ध)।

सक्रियता एवं सक्रियता गुणांक
Activity and Activity Coefficient

(i) एक-एक संयोजी विद्युत-अपघट्य का वियोजन निम्न प्रकार से होता है

$$AB \rightleftharpoons A^+ + B^-$$

(ii) इस साम्य का वियोजन स्थिरांक निम्नानुसार दिया जाता है।

$$K = \frac{[A^-][B^-]}{[AB]} \quad \text{...(I)}$$

(iii) प्रायोगिक कार्य में सक्रिय द्रव्यमान को मोलर सान्द्रता में ही व्यक्त किया जाता है, अतः K के मान को निम्न प्रकार भी लिखा जा सकता है

$$K = \frac{C_A \times C_B}{C_{AB}} \quad \text{...(II)}$$

(iv) C_{A^+}, C_{B^-}, तथा C_{AB} क्रमश: A^+, B^- तथा AB की मोलर सान्द्रताएँ हैं।

(v) समीकरण (II) से प्राप्त K के मान स्थिर नहीं आते हैं बल्कि सान्द्रता वृद्धि के साथ K के मानों में भी कुछ वृद्धि पायी जाती है।

(vi) K के मानों में वृद्धि का मुख्य कारण धनायनों एवं ऋणायनों के मध्य अन्तरा-आयनी आकर्षण बल है।

(vii) इन अन्तरा-आयनी आकर्षण बलों के कारण विद्युत-अपघट्य का विलयन इस प्रकार व्यवहार करता है कि मानों उसकी सान्द्रता, वास्तविक सान्द्रता से कम हो।

(viii) इस प्रकार विद्युत-अपघट्य विलयन की प्रभावी सान्द्रता, उसकी वास्तविक सान्द्रता से कम होती है।

(ix) लुईस ने प्रभावी सान्द्रता के लिए सक्रियता (activity) पद का प्रयोग किया।

(x) समीकरण (II) के लिए, यदि सान्द्रता पदों के स्थान पर सक्रियता (a) का प्रयोग किया जाये, तो K का मान निम्न प्रकार व्यक्त किया जाता है।

$$K = \frac{a_{A^+} \times a_{B^-}}{a_{AB}} \qquad \text{...(III)}$$

(xi) इस प्रकार समीकरण (III) का उपयोग करते हुए K का मान ज्ञात करने पर, यह स्थिर प्राप्त होते हैं।

(xii) सक्रियता (प्रभावी सान्द्रता) तथा वास्तविक सान्द्रता में सम्बन्ध निम्न समीकरण द्वारा ज्ञात किया जाता है।

$$a = fc \qquad \text{...(IV)}$$

यहाँ एक स्थिरांक है जिसे सक्रियता गुणांक कहते हैं,

$$f = \frac{a}{c} \qquad \text{...(V)}$$

(xiii) इस प्रकार सक्रियता गुणांक, प्रभावी सान्द्रता (सक्रियता) एवं वास्तविक सान्द्रता का अनुपात है।

(xiv) यदि सान्द्रता को मोललता (m) में व्यक्त किया जाता है, तो सक्रियता गुणांक को γ (Gamma) द्वारा प्रदर्शित करते हैं।

तथा $$\gamma = \frac{a}{m} \qquad \text{...(VI)}$$

जैसे-जैसे विलयनों को तनु किया जाता है धनायनों एवं ऋणायनों के मध्य अन्तरा-आयनिक आकर्षण बल कम होते जाते हैं तथा f का मान 1 की ओर बढ़ता है। इस प्रकार a का मान के निकट होता जाता है।

(xv) अनन्त तनु विलयनों में f का मान 1 के अत्यन्त निकट होता है अत: $a \approx c$ होगा।

(xvi) सान्द्र विलयनों में f का मान 1 से दूर होता जाता है अत: वास्तविक सान्द्रता व प्रभावी सान्द्रता में अन्तर अधिक हो जाता है।

विद्युत अपघट्य विलयनों में चालकता
Conductance in Electrolytic Solutions

किसी विद्युत अपघट्य की विद्युत धारा को प्रवाहित करने की शक्ति, उसकी चालकता कहलाती है। धात्विक चालकों की भाँति ही विद्युत अपघट्य भी **ओम के नियम** का पालन करते हैं।

ओम के नियमानुसार, किसी चालक में प्रवाहित धारा की शक्ति (i), विभवान्तर (V) के अनुक्रमानुपाती तथा प्रतिरोध (R) के व्युत्क्रमानुपाती होती है।

अत: $$i \propto V \quad \text{तथा} \quad i \propto \frac{1}{R}$$

$$\therefore \quad i = \frac{V}{R} \quad \text{अथवा} \quad V = iR$$

प्रतिरोध तथा प्रतिरोधकता
Resistance and Resistivity

ओम के नियम से स्पष्ट है कि धारा के प्रवाह में, विलयन द्वारा उत्पन्न हुई बाधा को, विलयन का प्रतिरोध कहते हैं। इसे R से प्रदर्शित करते हैं तथा इसकी इकाई 'ओम' (Ω) है। विद्युत धारा प्रवाहित करने पर किसी चालक का प्रतिरोध (R), उसकी लम्बाई (l) के अनुक्रमानुपाती तथा अनुप्रस्थ काट के क्षेत्रफल (a) के व्युत्क्रमानुपाती होता है अर्थात्

$$R \propto \frac{l}{a} \quad \text{अथवा} \quad R = \rho\frac{l}{a}$$

जहाँ, ρ = स्थिरांक है, जिसे विशिष्ट प्रतिरोध (Specific resistance) अथवा प्रतिरोधकता (Resistivity) कहते हैं।

यदि $l = 1$ सेमी तथा $a = 1$ वर्ग सेमी

तब, $R = \rho$ ओम

अत: किसी 1 सेमी लम्बे तथा 1 वर्ग सेमी अनुप्रस्थ काट के क्षेत्रफल वाले चालक का ओम में प्रतिरोध, विशिष्ट प्रतिरोध कहलाता है।

अथवा, "1 घन सेमी चालक का प्रतिरोध विशिष्ट प्रतिरोध कहलाता है।"

विशिष्ट प्रतिरोध की इकाई

$$\rho = R\frac{a}{l} = \frac{\text{ओम} \times \text{सेमी}^2}{\text{सेमी}} = \text{ओम सेमी}$$

नोट विशिष्ट प्रतिरोध अथवा प्रतिरोधकता का मान सदैव पदार्थ की प्रकृति पर निर्भर करता है।

प्रतिरोध (R) तथा चालकता (C) एक-दूसरे के व्युत्क्रम होते हैं।

अत: $$C = \frac{1}{R}$$

चालकता को ओम$^{-1}$ अथवा म्हो (mho) में व्यक्त किया जाता है। विद्युत चालकता की इकाई सीमेन (Seimen, S) है।

विशिष्ट चालकता Specific Conductance

विशिष्ट प्रतिरोध का व्युत्क्रम विशिष्ट चालकता कहलाती है। इसे κ (कप्पा) द्वारा प्रदर्शित करते हैं।

$$\kappa = \frac{1}{\rho}$$

विद्युत-अपघट्यों के विलयन की स्थिति में, धारा के प्रवाह के लिए विलयन द्वारा प्रस्तावित प्रतिरोध,

(i) इलेक्ट्रोडों के बीच की दूरी (l) के समानुपाती होता है अर्थात् $R \propto l$

(ii) इलेक्ट्रोडों की अनुप्रस्थ काट के क्षेत्रफल (a) के व्युत्क्रमानुपाती होता है अर्थात्

$$R \propto \frac{1}{a} \Rightarrow R = \rho\frac{l}{a}$$

अत: चालकता, $$C = \frac{a}{\rho l} \qquad \left[\because \frac{1}{\rho} = \kappa\right]$$

इसलिए $$\kappa = \frac{Cl}{a}$$

यदि $l = 1$ सेमी तथा $a = 1$ सेमी^{2}, तो $\kappa = C$

अत: 1 सेमी लम्बाई एवं 1 सेमी^{2} अनुप्रस्थ काट के क्षेत्रफल वाले विलयन की चालकता को विशिष्ट चालकता कहते हैं। दूसरे शब्दों में, विलयन के 1 सेमी^{3} भाग की चालकता विशिष्ट चालकता कहलाती है। इसका मात्रक Ω^{-1} सेमी$^{-1}$ या म्हो सेमी$^{-1}$ या सीमेन सेमी$^{-1}$ होता है।

विशिष्ट चालकता की इकाई

Units of Specific Conductivity

$$\kappa = \frac{l}{a} \times C = \frac{\text{सेमी} \times \text{ओम}^{-1}}{\text{सेमी}^2}$$

$= \text{ओम}^{-1}$ सेमी$^{-1}$ अथवा म्हो सेमी$^{-1}$

अन्य इकाई $\kappa =$ सीमेन सेमी$^{-1}$

प्रतिरोध का मापन Measurement of Resistance

किसी विद्युत-अपघटनी विलयन के प्रतिरोध का मापन व्हीटस्टोन सेतु में चालकता सेल की सहायता से करते हैं।

जब शून्य बिन्दु प्राप्त होता है, $\frac{R_1}{R_2} = \frac{R_3}{R_4}$

अज्ञात प्रतिरोध, (R) $R_2 = \frac{R_1 R_4}{R_3}$

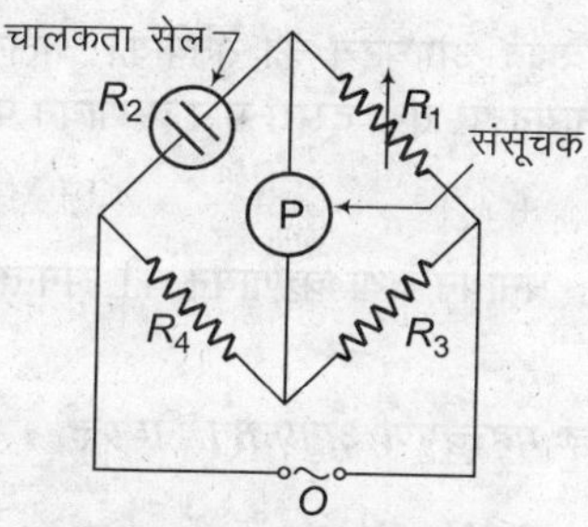

विद्युत अपघट्य के विलयन के प्रतिरोध के मापन हेतु व्हीटस्टोन सेतु

नोट $\kappa = \frac{Cl}{a}$ में $\frac{l}{a}$ **सेल नियतांक** कहलाता है। यह प्रत्येक सेल के लिए निश्चित होता है तथा इसे सेल के दो समान्तर इलेक्ट्रोडों के मध्य की दूरी तथा इलेक्ट्रोडों की अनुप्रस्थ काट के क्षेत्रफल के अनुपात के रूप में परिभाषित किया जाता है।

$\kappa = C \times$ सेल नियतांक

सेल नियतांक $= \frac{\kappa}{C} = \kappa R =$ विशिष्ट चालकता $\times$ प्रतिरोध

मोलर चालकता Molar Conductance

विलयन में 1 मोल विद्युत-अपघट्य को घोलने पर उत्पन्न समस्त आयनों द्वारा प्रदत्त चालकता को मोलर चालकता कहते हैं। दूसरे शब्दों में, यदि विलयन में विद्युत-अपघट्य का एक मोल उपस्थित है, तो विशिष्ट चालकता (κ) व आयतन (V मिली में) का गुणनफल मोलर चालकता कहलाती है। इसे Λ_m या μ से प्रदर्शित किया जाता है।

Λ_m या $\mu = \kappa \times V$

तथा $\Lambda_m = \frac{\kappa \times 1000}{M}$

यदि विलयन में इलेक्ट्रोडों के बीच की दूरी 1 सेमी तथा अनुप्रस्थ काट का क्षेत्रफल 1 सेमी^{2} हो, तो

चालकता (C) = विशिष्ट चालकता = मोलर चालकता (Λ)

किन्तु यदि वह 1 ग्राम-मोल विलयन में हो, तो प्राप्त चालकता मोलर चालकता होगी, मोलर चालकता $(\Lambda) = 100 \times$ चालकता

मोलर चालकता को **सीमेन मीटर^2 मोल$^{-1}$** ($S\ m^2\ mol^{-1}$) में व्यक्त करते हैं।

तुल्यांकी चालकता Equivalent Conductance

विलयन में विद्युत-अपघट्य के 1 ग्राम-तुल्यांकी को घोलने पर प्राप्त समस्त आयनों की चालकता को तुल्यांकी चालकता कहते हैं। दूसरे शब्दों में, जब विलयन में विद्युत-अपघट्य के 1 ग्राम-तुल्यांकी उपस्थित हों, तो विलयन की विशिष्ट चालकता (κ) व आयतन (मिली में) के गुणनफल को तुल्यांकी चालकता कहा जाता है। इसे Λ_{eq} से व्यक्त किया जाता है।

$(\because \Lambda_{eq} = \kappa + V)$

यदि विलयन की सान्द्रता C ग्राम तुल्यांक प्रति लीटर है, तो

$$\Lambda_{eq} = \frac{\kappa \times 1000}{C}$$

तुल्यांकी चालकता की इकाई ओम$^{-1}$ सेमी^{2} (ग्राम तुल्यांक)$^{-1}$ है।

सीमान्त मोलर चालकता अथवा अनन्त तनुता पर मोलर चालकता

Limiting Molar Conductance or Molar Conductance at Infinite Dilution

आण्विक चालकता तनुता के साथ बढ़ती है और अनन्त तनुता या शून्य सान्द्रता $\sqrt{(C)}$ पर अधिकतम स्थिर मान प्राप्त कर लेती है क्योंकि इस तनुता पर विद्युत-अपघट्य पूर्णत: वियोजित हो जाता है इसे Λ_m^0 या Λ_m^∞ से प्रदर्शित करते हैं।

सान्द्रता (अथवा) तनुता के साथ चालकता में परिवर्तन

Variation of Conductivity with Concentration or Dilution

किसी विलयन की सान्द्रता तथा चालकता परस्पर निम्न प्रकार निर्भर होती है

(i) किसी विलयन की तनुता बढ़ाने पर उसमें आयनों की संख्या बढ़ जाती है। अत: "किसी विलयन की तुल्यांकी तथा आण्विक चालकताएँ तनुता के साथ बढ़ती हैं।" परन्तु तनुता बढ़ने पर विलयन के प्रति घन सेमी में आयनों की संख्या घटती है। अत: किसी विलयन की विशिष्ट चालकता तनुता के साथ घटती है।

(ii) तुल्यांकी अथवा आण्विक चालकता तनुता के साथ बढ़ती है और अनन्त तनुता पर एक अधिकतम स्थिर मान प्राप्त कर लेती है, क्योंकि इस तनुता पर विद्युत-अपघट्य पूर्णतया (100%) वियोजित हो जाता है। अनन्त तनुता (शून्य सान्द्रता) पर तुल्यांकी तथा आण्विक चालकताओं को क्रमश: λ_∞ तथा μ_∞ ($\Lambda\infty_m$) से प्रदर्शित करते हैं।

(iii) तनुता (V) पर तुल्यांकी चालकता (λ_V) तथा अनन्त तनुता पर तुल्यांकी चालकता (λ_∞) के अनुपात को वियोजन अथवा आयतन की कोटि कहा जाता है। इसे α से प्रदर्शित करते हैं।

अत: वियोजन की कोटि $(\alpha) = \frac{\lambda_V}{\lambda_\infty}$

अनन्त तनुता पर, $\lambda_V = \lambda_\infty$

अर्थात् $\alpha = 1$

प्रबल विद्युत-अपघट्यों के लिए For Strong Electrolytes

कम सान्द्रता परास में, प्रबल विद्युत-अपघट्य की मोलर चालकता निम्न समीकरण का अनुसरण करती है

$$\Lambda_m = \Lambda_m^\infty - [A + B\,\Lambda_m^\infty]\sqrt{C}$$

उपरोक्त समीकरण **डिबाई हकल ऑनसागर समीकरण** कहलाती है।

या $\Lambda_m = \Lambda_m^\infty - k\sqrt{C}$

जहाँ, A तथा B = डिबाई हकल स्थिरांक

मोलर सान्द्रता तथा $\sqrt{C}$ के मध्य ग्राफ खींचने पर प्रबल विद्युत-अपघट्य जैसे KCl की निम्न सान्द्रता परास में रैखिक आलेख प्राप्त होता है जबकि उच्च सान्द्रता परास में यह रैखिकता से कुछ विचलन दर्शाता है। ग्राफ को $\sqrt{C} = 0$ तक बढ़ाकर Λ_m^∞ प्राप्त किया जा सकता है।

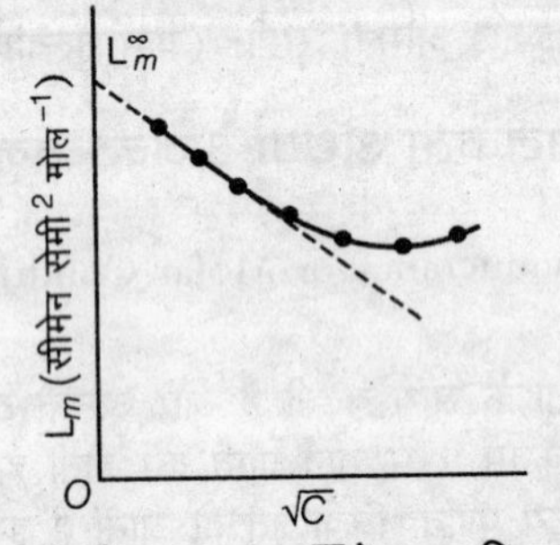

KCl के लिए Λ_m का $\sqrt{C}$ के साथ वितरण

उपरोक्त आलेख से स्पष्ट है कि

(a) आलेख को पीछे बढ़ाकर Λ_m^∞ प्राप्त किया जा सकता है।

(b) Λ_m, $\sqrt{C}$ के साथ थोड़ा-सा कम होता है।

दुर्बल विद्युत- अपघट्यों के लिए For Weak Electrolytes

प्रबल विद्युत-अपघट्यों की तुलना में दुर्बल विद्युत-अपघट्य (जैसे—CH_3COOH, NH_4OH, AgCl आदि बहुत कम आयनित होते हैं। इस कारण इनकी Λ_m या Λ_{eq} भी कम होती है। निम्न सान्द्रता परासों में, आयनन की मात्रा तेजी से बढ़ती है। अत: इस स्थिति में तनुता पर Λ_m भी तेजी से बढ़ती है। चूँकि निम्न सान्द्रता परासों में रैखिक आलेख प्राप्त नहीं होता है, अत: Λ_m^∞ का मान इस आलेख से प्राप्त किया जा सकता है। (इसके Λ_m^∞ का मान कोलरॉउश नियम की सहायता से परिकलित किया जाता है)।

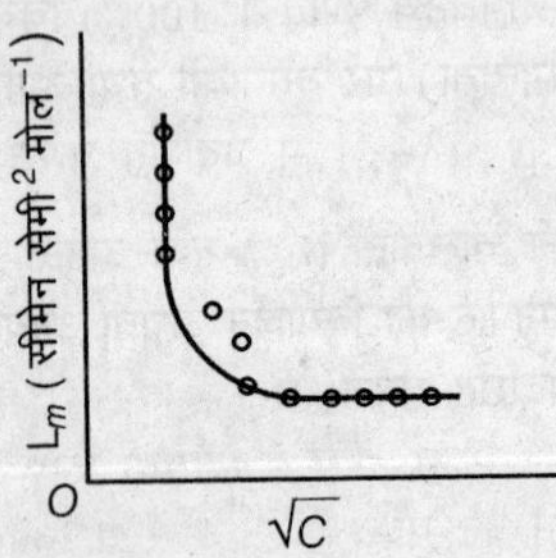

दुर्बल विद्युत-अपघट्यों के लिए Λ_m का $\sqrt{C}$ के साथ वितरण

किसी भी तनुता पर तुल्यांकी चालकता तथा अनन्त तनुता पर तुल्यांकी चालकता का अनुपात, चालकता अनुपात या विलेय के **वियोजन की मात्रा** (α) कहलाती है।

$$\alpha = \frac{\lambda_c}{\lambda^\infty}$$

कोलरॉउश का नियम Kohlrausch's Law

इस नियम के अनुसार, अनन्त तनुता पर जब वियोजन पूर्ण होता है, तो विद्युत-अपघट्य की तुल्यांकी चालकता में प्रत्येक आयन अपना निश्चित योगदान देता है। दूसरे शब्दों में, किसी विद्युत-अपघट्य की मोलर चालकता (Λ_m^∞) अनन्त तनुता पर धनायनों तथा ऋणायनों की आयनिक चालकता का योग होती है।

$$\Lambda_m^\infty = n_+\,\lambda^\infty + n_-\lambda^\infty$$

जहाँ, λ^∞ = मोलर चालकता

n_+ = प्रति सूत्र इकाई से वियोजन के पश्चात् प्राप्त धनायनों की संख्या

n_- = प्रति सूत्र इकाई से वियोजन के पश्चात् प्राप्त ऋणायनों की संख्या

NaCl के लिए, $n_+ = 1, n_- = 1$

तुल्यांकी चालकता के पदों में कोलरॉउश नियम को निम्न प्रकार परिभाषित किया जाता है।

अनन्त तनुता पर किसी विद्युत-अपघट्य की तुल्यांकी चालकता दो मूल्यों का योग होती है, एक मान धनायन पर तथा दूसरा मान ऋणायन पर निर्भर करता है।

गणितीय रूप में $\Lambda_{eq}^\circ = \lambda_{eq}^\circ + \lambda_{eq}^\circ$

जहाँ, λ_c° तथा λ_a° क्रमश: धनायन तथा ऋणायन की अनन्त तनुता पर आण्विक चालकता है।

कोलरॉउश नियम के कुछ महत्त्वपूर्ण अनुप्रयोग निम्न हैं

दुर्बल विद्युत-अपघट्यों के लिए λ_m° अथवा Λ_{eq}° की गणना

Calculation of Λ_m° or Λ_{eq}° for Weak Electrolytes

प्रबल विद्युत अपघट्यों के लिए λ_∞ का मान ग्राफिकल विधि से ज्ञात कर सकते हैं, परन्तु दुर्बल विद्युत-अपघट्यों के मान ज्ञात नहीं किए जा सकते हैं, क्योंकि ये बहुत कम आयनित होते हैं।

वियोजन की मात्रा की गणना

Calculation of Degree of Dissociation (α)

किसी दुर्बल विद्युत-अपघट्य के वियोजन की मात्रा को निम्न सूत्र द्वारा ज्ञात कर सकते हैं

$$\alpha = \frac{\mu^c}{\mu_\infty}$$

जहाँ, μ^c = किसी सान्द्रता पर मोलर चालकता

μ^∞ = अनन्त तनुता पर मोलर चालकता

आयनन स्थिरांक की गणना

Calculation of Ionisation Constant (K_a)

दुर्बल विद्युत-अपघट्य विलयन में बहुत कम मात्रा में आयनित रहते हैं। इनके आयनन की मात्रा को आयनन की कोटि (α) द्वारा स्पष्ट किया जाता है। दुर्बल विद्युत-अपघट्य में आयनन साम्यावस्था पर निम्न प्रकार है

$$AB \rightleftharpoons A^+ + B^-$$

यदि विलयन में विद्युत-अपघट्य AB का प्रारम्भिक सान्द्रण C है, तब विलयन में विभिन्न प्रजातियों का साम्य सान्द्रण निम्न होगा

$$[AB] = C(1-\alpha), [A^+] = C\alpha \text{ तथा } [B^-] = C\alpha$$

AB का साम्यावस्था स्थिरांक,

$$K_c = \frac{[A^+][B^-]}{[AB]} = \frac{C\alpha \cdot C\alpha}{C(1-\alpha)} = \frac{C\alpha^2}{(1-\alpha)}$$

किसी सान्द्रता C पर वियोजन की कोटि $\alpha = \Lambda_m^c / \Lambda_m^\infty$ होती है

तब
$$K_a = \frac{C(\Lambda_m^c/\Lambda_m^\infty)^2}{[1-(\Lambda_m^2/\Lambda_m^\infty)]} = \frac{C(\Lambda_m^c)^2}{\Lambda_m^\infty(\Lambda_m^\infty - \Lambda_m^c)}$$

इस प्रकार Λ_m^∞ तथा Λ_m^c ज्ञात होने पर K_a का मान ज्ञात किया जा सकता है।

अल्प विलेय लवणों की विलेयता का निर्धारण
Determination of the Solubility of a Sparingly Soluble Salt

यदि किसी दिए गए विलायक में लवण अत्यन्त अल्प विलेय है तो इस सान्द्रता पर इसकी मोलर अथवा तुल्यांक सान्द्रता का मान इसकी अनन्त सान्द्रता पर मोलर अथवा तुल्यांक सान्द्रता के लगभग बराबर होता है।

अतः
$$\lim_{c \to 0} \Lambda_m^c = \Lambda_m^\circ \quad \text{तथा} \quad \lim_{c \to 0} \Lambda_{eq}^c = \Lambda_{eq}^\circ$$

अतः
$$\lim_{c \to 0} \Lambda_m^c = \Lambda_m^\circ = \frac{\kappa \times 100}{M} \quad \text{अथवा} \quad = \frac{\kappa \times 1000}{S}$$

(S = मोल लीटर$^{-1}$ में विलेयता)

$$\lim_{c \to 0} \Lambda_{eq}^c = \Lambda_{eq}^\circ = \frac{\kappa \times 1000}{N} \quad \text{अथवा} \quad \frac{\kappa \times 1000}{S}$$

(S = मोल लीटर$^{-1}$ में विलेयता)

Λ_m° अथवा Λ_{eq}° का मान कोलरॉउश के नियम की सहायता से ज्ञात करके विलेयता (S) ज्ञात करते हैं। इसकी सहायता से विलेयता गुणनफल (K_{sp}) ज्ञात कर सकते हैं। उदाहरण के लिए, यदि A_xB_y लवण की विलेयता S मोल लीटर$^{-1}$ हो, तो इसका विलेयता गुणनफल

$$K_{sp} = x^x y^y S^{x+y}$$

विद्युत अपघटन Electrolysis

किसी विद्युत अपघट्य के जलीय विलयन या गलित अवस्था में विद्युत धारा प्रवाहित करने पर, उसका विघटन होना विद्युत-अपघटन कहलाता है। माना विद्युत-अपघट्य (AB) में विद्युत धारा प्रवाहित करते हैं। जबकि कुंजी को बन्द करने पर विद्युत परिपथ पूर्ण हो जाता है तो दोनों इलेक्ट्रोडों पर निम्न अभिक्रियाएँ होती हैं

(i) **कैथोड पर** धनायन कैथोड पर पहुँचकर बैटरी द्वारा प्रदत्त इलेक्ट्रॉन ग्रहण करके अपचयित हो जाते हैं।

$$A^+ + e^- \longrightarrow A \quad \text{(अपचयन)}$$

(ii) **ऐनोड पर** ऋणायन ऐनोड पर पहुँचकर इलेक्ट्रॉन मुक्त करके ऑक्सीकृत हो जाते हैं।

$$B^- \longrightarrow B + e^- \quad \text{(ऑक्सीकरण)}$$

इस प्रकार इलेक्ट्रॉन कैथोड पर स्रोत (बैटरी) से विलयन में प्रवेश करते हैं (जहाँ ये धनायनों द्वारा ग्रहण किये जाते हैं) तथा ऐनोड पर मुक्त होते हैं। परिणामस्वरूप, इलेक्ट्रोडों पर आयनों के निष्कासन के साथ निरन्तर विद्युत का प्रवाह होता रहता है।

फैराडे के विद्युत-अपघटन के नियम
Faraday's Laws of Electrolysis

माइकल फैराडे ने 1833 ई. में विद्युत-अपघटन का गहन अध्ययन किया और प्राप्त परिणामों को दो नियमों के रूप में अभिव्यक्त किया।

फैराडे का विद्युत-अपघटन का प्रथम नियम इस नियम के अनुसार 'इलेक्ट्रोड से मुक्त हुए या इलेक्ट्रोड पर एकत्रित होने वाले पदार्थ की मात्रा विद्युत-अपघट्य में से प्रवाहित आवेश के समानुपाती होती है।'

$$W \propto Q \propto it$$
$$W = Zit$$

जहाँ, Z समानुपाती स्थिरांक है तथा इसे विद्युत रासायनिक तुल्यांक (Electrochemical equivalent) भी कहा जाता है।

$$Z = \frac{E}{96500}; \quad W = \frac{E}{96500} it$$

जब $Q = 1$ कूलॉम, $W = Z$

अतः 1 कूलॉम धारा प्रवाहित करने पर मुक्त होने वाले तत्व का ग्राम में भार विद्युत रासायनिक तुल्यांक कहलाता है।

विद्युत-रासायनिक सेल Electrochemical Cells

विद्युत रासायनिक सेल एक ऐसी व्यवस्था है, जिससे रासायनिक ऊर्जा को विद्युत ऊर्जा में परिवर्तित कर सकते हैं। इस प्रकार के सेल का विद्युत वाहक बल सेल में हो रही रासायनिक अभिक्रियाओं की तीव्रता के समानुपाती होता है। यह दो अर्द्ध-सेलों अर्थात् ऐनोड तथा कैथोड का बना होता है तथा सेल अभिक्रिया रेडॉक्स प्रकार की होती है।

ऊर्जा परिवर्तन के आधार पर विद्युत-रासायनिक सेल मुख्यतः दो प्रकार के होती हैं

(i) विद्युत-अपघटनी सेल (ii) गैल्वेनिक सेल

विद्युत-अपघटनी सेल Electrolytic Cell

विद्युत-अपघटनी सेल में विद्युत ऊर्जा के द्वारा रासायनिक ऊर्जा उत्पन्न की जाती है। इनमें बाह्य धारा की सहायता से असतत् रेडॉक्स अभिक्रिया कार्य करती है। विद्युत-अपघटनी सेल में होने वाली असतत् रेडॉक्स अभिक्रिया का उदाहरण निम्न है

गलित सोडियम क्लोराइड का विद्युत-अपघटन गलित सोडियम क्लोराइड का विद्युत-अपघटन करने पर, Na^+ आयन कैथोड की ओर तथा Cl^- आयन ऐनोड की ओर गति करते हैं। कैथोड पर Na^+ इलेक्ट्रॉन को ग्रहण करके सोडियम धातु के रूप में निक्षेपित हो जाते हैं। ऐनोड पर प्रत्येक Cl^- आयन इलेक्ट्रॉन त्यागकर Cl_2 गैस का निर्माण करता है।

ऐनोड पर
$$Cl^- \xrightarrow{-e^-} Cl$$
$$Cl + Cl \longrightarrow Cl_2$$

कैथोड पर
$$Na^+ \xrightarrow{+e^-} Na$$

अधिमान्य निरावेशन सिद्धान्त
Preferential Discharge Theory

यदि दिए गए इलेक्ट्रोड पर एक से अधिक प्रकार के आयन उपस्थित होते हैं, तो वह आयन पहले मुक्त होता है जिसके लिए न्यूनतम् ऊर्जा की आवश्यकता होती है। आयन को मुक्त करने के लिए आवश्यक ऊर्जा इलेक्ट्रोडों के मध्य लगाए गए विभव द्वारा दी जाती है। इस विभव को

निरावेशित या निक्षेपण विभव (Deposition potential) कहते हैं। निरावेशन विभव उच्च होने पर, संगत इलेक्ट्रोड पर आयन के निरावेशित होने की क्षमता कम होगी। कुछ आयनों के निरावेशन विभव के घटने का क्रम या निक्षेपण के बढ़ने का क्रम (बाएँ से दाएँ) नीचे दिया गया है

धनायनों के लिए,

$K^+, Na^+, Ca^{2+}, Mg^{2+}, Al^{3+}, Zn^{2+}, H^+, Cu^+, Ag^+$

ऋणायनों के लिए $SO_4^-, NO_3^-, OH^-, Cl^-, Br^-, I^-$

इसे निम्नलिखित उदाहरणों की सहायता से स्पष्ट रूप से समझा जा सकता है

जलीय NaCl का विद्युत-अपघटन में Na^+, Cl^- तथा कुछ मात्रा में H^+, OH^- (जल के अल्प वियोजन के कारण) उपस्थित होते हैं। इसका विद्युत-अपघटन करने पर इलेक्ट्राडो पर निम्न अभिक्रियाएँ होती हैं

ऐनोड पर, $2Cl^-(aq) \longrightarrow Cl_2(g) + 2e^-$; $E° = -1.36$ वोल्ट

$2H_2O(l) \longrightarrow O_2(g) + 4H^+(aq) + 4e^-$; $E° = -1.23$ वोल्ट

यह NaCl का सान्द्र विलयन प्रयोग में लाया जाता है, तो मुख्य उत्पाद के रूप में Cl_2 प्राप्त होती है परन्तु तनु विलयन का प्रयोग करने पर Cl_2 के स्थान पर O_2 प्राप्त होती है। ऐसा अतिवोल्टता (Over voltage) के कारण होता है।

कैथोड पर $2Na^+ + 2e^- \longrightarrow 2Na$; $E° = -2.71$ वोल्ट

$2H_2O + 2e^- \longrightarrow H_2 + 2OH^-$; $E° = -0.83$ वोल्ट

उपरोक्त के समान तनु NaCl विलयन प्रयुक्त करने पर, अतिवोल्टता के कारण Na के स्थान पर H_2 मुख्य उत्पादन के रूप में प्राप्त होती है।

उपरोक्त प्रक्रम में यदि कैथोड Hg का बना हो, तो Na - Hg मुख्य उत्पाद के रूप में प्राप्त होता है। इसका कारण यह है कि Na, Hg में विलेय है तथा हाइड्रोजन की अतिवोल्टता पारे से उच्च होती है। इस स्थिति में जल-अपघटन करने पर NaOH मुख्य उत्पाद के रूप में प्राप्त होता है।

$$Na-Hg + 2H_2O \longrightarrow 2NaOH + 2Hg + H_2$$

गैल्वेनिक अथवा वोल्टीय सेल
Galvanic or Voltaic Cell

गैल्वेनिक अथवा वोल्टीय सेलों में रासायनिक ऊर्जा को विद्युत ऊर्जा में परिवर्तित किया जाता है। इनमें सतत् रेडॉक्स अभिक्रियाओं के कारण विद्युत धारा उत्पन्न होती है। **डेनियल सेल** गैल्वेनिक सेल का उदाहरण है। इस सेल में Zn तथा Cu^{2+} आयन के बीच होने वाली स्वयंस्फूर्त ऑक्सीकरण-अपचयन अभिक्रिया का उपयोग विद्युत उत्पादन के लिए किया जाता है।

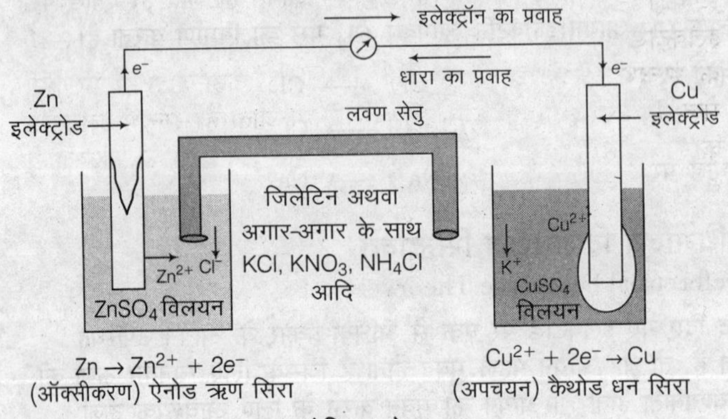

डेनियल सेल

तार के माध्यम से जिंक और कॉपर इलेक्ट्रोडों को जोड़ने पर निम्न क्रियाएँ घटित होती हैं

(i) बाहरी परिपथ में विद्युत् धारा बहती है।

(ii) जिंक छड़ का द्रव्यमान कम होता है और कॉपर छड़ का द्रव्यमान बढ़ता है।

(iii) $ZnSO_4$ की सान्द्रता बढ़ती है जबकि $CuSO_4$ की सान्द्रता कम होती है।

(iv) दोनों भागों का विलयन विद्युतीय रूप से आवेशहीन रहता है।

सेल में होने वाली अप्रत्यक्ष ऑक्सीकरण-अपचयन अभिक्रिया निम्न हैं

ऐनोड पर $Zn(s) \longrightarrow Zn^{2+}(aq) + 2e^-$ (अपचयन)

कैथोड पर $Cu^{2+}(aq) + 2e^- \longrightarrow Cu(s)$ (ऑक्सीकरण)

कुल सेल अभिक्रिया $Zn(s) + Cu^{2+}(aq) \longrightarrow Zn^{2+}(aq) + Cu(s)$

अर्द्ध-सेल Half-cell

गैल्वेनिक सेल में रासायनिक अभिक्रियाएँ दो खण्डों में होती हैं जिन्हें अर्द्ध-सेल कहते हैं। इनमें उपर्युक्त विद्युत अपघट्य के विलयन तथा इलेक्ट्रोड (ऐनोड तथा कैथोड) होते हैं। वह अर्द्ध सेल जिस पर ऑक्सीकरण होता है, **ऑक्सीकरण अर्द्ध-सेल** कहलाता है और जिस पर अपचयन होता है, **अपचयन अर्द्ध-सेल** कहलाता है। वह इलेक्ट्रोड जहाँ ऑक्सीकरण होता है, **ऐनोड** कहलाता है और जहाँ अपचयन होता है, **कैथोड** कहलाता है।

बाह्य परिपथ में विद्युत धारा के प्रवाह के दौरान इलेक्ट्रॉन ऐनोड से कैथोड की ओर प्रवाहित होते हैं और उनकी ध्रुवता क्रमशः ऋणात्मक एवं धनात्मक होती है। रासायनिक ऊर्जा, विद्युत ऊर्जा में परिवर्तित होती है। कुछ सेल अभिक्रिया दो अर्द्ध-सेल अभिक्रियाओं का योग होती है।

विद्युत-रासायनिक सेल का निरूपण
Representation of Electrochemical Cell

एक विद्युत-रासायनिक सेल के निर्माण में दो अर्द्ध-सेलों की आवश्यकता होती है, जिन्हें निम्न नियमों की सहायता से प्रदर्शित किया जा सकता है

(i) ऐनोड अर्द्ध-सेल को सदैव बाईं ओर लिखा जाता है इसके पश्चात् कैथोड अर्द्ध-सेल को दाईं ओर लिखा जाता है।

(ii) एक ऊर्ध्वाधर रेखा द्वारा दो अवस्थाओं (पदार्थ की अवस्था) को पृथक् किया जाता है।

(iii) समान प्रावस्था में उपस्थित विभिन्न पदार्थों को कोमा (,) के प्रयोग द्वारा पृथक् करते हैं।

(iv) दो बड़ी खड़ी रेखाओं (II) द्वारा लवण सेतु को प्रदर्शित किया जाता है।

(v) पदार्थ के महत्त्वपूर्ण अभिलक्षण जैसे गैस का दाब, आयनों की सान्द्रता आदि पदार्थ को लिखने के तुरन्त पश्चात् कोष्ठक में लिख दिए जाते हैं।

उदाहरण—डेनियल सेल को निम्न प्रकार से निरूपित कर सकते हैं

$$Zn \mid Zn^{2+}(C_1) \parallel Cu^{2+}(C_2) \mid Cu$$

या $Zn \mid ZnSO_4\ (1\ M) \parallel CuSO_4\ (0.1\ M) \mid Cu$

इलेक्ट्रोड तथा उनके प्रकार
Electrodes and Their Types

छड़ों, प्लेटों अथवा कुण्डलियों को जिनके द्वारा विद्युत धारा विद्युत अपघट्य में प्रवेश करती है अथवा निष्कासित होती है, इलेक्ट्रोड कहलाते हैं।

इलेक्ट्रोडों को निम्न प्रकार वर्गीकृत कर सकते हैं

(i) **सक्रिय तथा निष्क्रिय इलेक्ट्रोड** (Active and Passive Electrodes) जब अभिकारक अथवा उत्पाद स्वयं इलेक्ट्रोड का कार्य करते हैं तो ये इलेक्ट्रोड **सक्रिय इलेक्ट्रोड** कहलाते हैं क्योंकि ये अर्द्ध-अभिक्रियाओं में स्वयं भी भाग लेते हैं। यद्यपि जब कोई भी अभिकारक अथवा उत्पाद इलेक्ट्रोड के समान कार्य करने की क्षमता नहीं रखता है, तब निष्क्रिय इलेक्ट्रोड जैसे ग्रेफाइट अथवा प्लेटिनम की छड़ का प्रयोग किया जाता है। ये इलेक्ट्रोड इलेक्ट्रॉनों का प्रवाह करने में सक्षम होते हैं परन्तु अर्द्ध-अभिक्रियाओं में भाग नहीं लेते हैं। इसलिए निष्क्रिय इलेक्ट्रोड वाले प्रत्येक अर्द्ध-सेल को एक विद्युत अपघट्य विलयन में रखा जाता है। जिसमें अर्द्ध-अभिक्रिया से सम्बन्धित सभी प्रजातियाँ उपस्थित होती हैं।

(ii) **ऐनोड तथा कैथोड** (Anode and Cathode) जिस इलेक्ट्रोड पर ऑक्सीकरण (Oxidation) होता है, वह ऐनोड कहलाता है; जबकि जिस इलेक्ट्रोड पर अपचयन (Reduction) होता है, कैथोड कहलाता है। सामान्यतया कैथोड बैटरी के ऋण सिरे से जुड़ा होता है जबकि ऐनोड बैटरी के धन सिरे से जुड़ा होता है। उदाहरण—प्लेटिनम, कार्बन आदि।

(iii) **धनात्मक तथा ऋणात्मक इलेक्ट्रोड** (Positive and Negative Electrode) गैल्वेनिक सेल में, जिस इलेक्ट्रोड पर अपचयन होता है उसे धनात्मक इलेक्ट्रोड (कैथोड) कहते हैं तथा जिस इलेक्ट्रोड पर ऑक्सीकरण होता है उसे ऋणात्मक इलेक्ट्रोड (ऐनोड) कहते हैं। दूसरी ओर विद्युत-अपघटनी सेल में, जिस इलेक्ट्रोड पर धनायन निरावेशित होते है, उसे ऋणात्मक इलेक्ट्रोड (कैथोड) कहते हैं जबकि जिस इलेक्ट्रोड पर ऋणायन निरावेशित होते हैं, उसे धनात्मक इलेक्ट्रोड (ऐनोड) कहते हैं।

(iv) **उत्क्रमणीय तथा अनुत्क्रमणीय इलेक्ट्रोड** (Reversible and Irreversible Electrodes) जिस इलेक्ट्रोड पर अपचयन तथा ऑक्सीकरण दोनों साथ-साथ होते हैं, उत्क्रमणीय इलेक्ट्रोड कहलाते हैं जबकि अनुत्क्रमणीय इलेक्ट्रोड में अभिक्रिया केवल एक ही दिशा में होती है।

इलेक्ट्रोड विभव Electrode Potential

जब धातु की पत्ती को इसके स्वयं के आयन युक्त विलयन में रखा जाता है, तो धातु की पत्ती धनावेशित या ऋणावेशित हो जाती है तथा धात्विक पत्ती तथा इसके विलयन के मध्य एक विभव उत्पन्न होता है, जिसे इलेक्ट्रोड विभव के रूप में जाना जाता है। इलेक्ट्रोड विभव निम्न पर निर्भर करता है

(a) विलयन की सान्द्रता (b) धातु की प्रकृति
(c) विद्युत-अपघट्य की प्रकृति (d) दाब तथा ताप की परिस्थिति

धातु इलेक्ट्रोड की इलेक्ट्रॉन ग्रहण करने या त्यागने की प्रकृति के आधार पर इलेक्ट्रोड विभव दो प्रकार का होता है।

(i) **ऑक्सीकरण विभव** (Oxidation Potential) जब इलेक्ट्रोड विलयन के सापेक्ष ऋणावेशित हो जाता है अर्थात् ऐनोड के समान कार्य करता है, तब ऑक्सीकरण सम्पन्न होता है।

$$M \longrightarrow M^{n+} + ne^-$$

ऑक्सीकरण विभव ऑक्सीकरण अर्द्ध-अभिक्रिया का इलेक्ट्रोड विभव है। किसी इलेक्ट्रोड का ऑक्सीकरण विभव जितना अधिक होगा, उसके ऑक्सीकृत होने की प्रवृति भी उतनी ही अधिक होगी।

(ii) **अपचयन विभव** (Reduction Potential) जब इलेक्ट्रोड विलयन के सापेक्ष धनावेशित होते हैं, अर्थात् कैथोड के समान कार्य करते हैं तब अपचयन सम्पन्न होता है।

$$M^{n+} + ne^- \longrightarrow M$$

अपचयन विभव, अपचयन अर्द्ध-अभिक्रिया के लिए इलेक्ट्रोड विभव है किसी इलेक्ट्रोड का अपचयन विभव (RP) जितना अधिक होगा अपचयित होने की प्रवृति भी उतनी ही अधिक होगी।

नोट सामान्यतः अर्द्ध-अभिक्रियाओं को अपचयन अर्द्ध-अभिक्रियाओं के रूप में लिखा जाता है।

(iii) **मानक इलेक्ट्रोड विभव** (Standard Electrode Potential) यदि आयनों की सान्द्रता इकाई, तापमान 25°C तथा दाब 1 वायुमण्डल (मानक परिस्थितियाँ) में ली जाती हैं, तो इलेक्ट्रोड का विभव, मानक इलेक्ट्रोड विभव कहलाता है। इसे $E°$ से प्रदर्शित करते हैं।

उदाहरण—298 केल्विन पर निम्न गैल्वेनिक सेल का विभव जिंक इलेक्ट्रोड का मानक इलेक्ट्रोड विभव कहलाता है। इसे $E°_{Zn^{2+}/Zn}$ से प्रदर्शित करते हैं—$Pt \mid H_2$ (ग्राम/वायु.) $\mid H^+$ (1 मोल $ली^{-1}$) $\mid\mid Zn^{2+}$ (1 मोल $ली^{-1}$) $\mid Zn\,(s)$

$$E°_{Zn^{2+}/Zn} = -0.76 \text{ वोल्ट}$$

इलेक्ट्रोड विभव का मापन
Measurement of Electrode Potential

एक स्वतन्त्र इलेक्ट्रोड के विभव का प्रत्यक्ष मापन करना सम्भव नहीं है, परन्तु दो इलेक्ट्रोडों के मध्य का विभवान्तर सही ढंग से मापा जा सकता है। इसका कारण यह है कि ऑक्सीकरण तथा अपचयन अभिक्रियाएँ सदैव एक साथ होती हैं।

अप्रत्यक्ष रूप से इलेक्ट्रोड विभव का मान ज्ञात करने के लिए धातु इलेक्ट्रोड (जिसका विभव ज्ञात करना है) को ज्ञात विभव वाले इलेक्ट्रोड के साथ जोड़ दिया जाता है। इस ज्ञात विभव वाले इलेक्ट्रोड को **सन्दर्भ इलेक्ट्रोड** (Reference electrode) कहा जाता है। परिणामी सेल का विभव प्रयोगों द्वारा ज्ञात कर लिया जाता है। सन्दर्भ इलेक्ट्रोड का विभव हमें पहले से ही ज्ञात होता है। अतः इन दोनों की सहायता से धातु का इलेक्ट्रोड विभव ज्ञात कर लिया जाता है।

सेल का विद्युत वाहक बल
Electromotive Force of a Cell

विद्युत-रासायनिक सेल में, विभिन्न अर्द्ध-सेलों में इलेक्ट्रोडों के विभिन्न अपचयन विभव होते हैं। इसके परिणामस्वरूप उच्च प्रवृत्ति के इलेक्ट्रोड विभव वाले इलेक्ट्रोड से दूसरे इलेक्ट्रोड की ओर इलेक्ट्रॉनों के त्यागने की धारा परिलक्षित होती है। इलेक्ट्रोडों के इलेक्ट्राड विभवों में इस अन्तर को सेल का विद्युत वाहक बल (Electromotive force) अथवा सेल विभव (Cell potential) ($E_{सेल}$) कहते हैं। इसकी इकाई वोल्ट है।

मानक सेल विभव Standard Cell Potential

यदि 25°C ताप तथा 1 वायुमण्डलीय दाब पर अभिकारक तथा उत्पाद अपनी मानक अवस्थाओं में उपस्थित हों, तो सेल विभव, मानक सेल विभव, ($E^\circ_{सेल}$) कहलाता है।

emf का मापन Measurement of EMF

दो अर्द्ध सेल जो सेल में रखे जाते हैं, के इलेक्ट्रोड विभव के मान से सेल के विद्युत वाहक बल अथवा सेल विभव का परिकलन किया जा सकता है।

जब ऐनोड का ऑक्सीकरण विभव तथा कैथोड का अपचयन विभव ज्ञात हो तो

$E^\circ_{सेल}$ = ऐनोड का ऑक्सीकरण विभव + कैथोड का अपचयन विभव

$= E^\circ_{ऑक्सीकरण}$ (ऐनोड) + $E^\circ_{अपचयन}$ (कैथोड)

किसी सेल के विद्युत वाहक बल तथा विभवान्तर में अन्तर को निम्नलिखित तालिका में स्पष्ट किया गया है

विद्युत वाहक बल तथा विभवान्तर में अन्तर

विद्युत वाहक बल	विभवान्तर
सेल के दो इलेक्ट्रोडों के मध्य वह विभवान्तर जब दोनों के इलेक्ट्रोडों के मध्य परिपथ में धारा प्रवाह नहीं होता है।	यह सेल के कार्य करते समय उसके दोनों इलेक्ट्रोडों के विभव का अन्तर है।
यह सेल द्वारा उत्पन्न किया गया अधिकतम विभव है।	यह सेल के अधिकतम विभव से कम होता है।
यह सेल में स्थिर धारा प्रवाह के लिए उत्तरदायी होता है।	यह सेल में स्थिर धारा प्रवाह के लिए उत्तरदायी नहीं होता है।

विद्युत-रासायनिक श्रेणी
Electrochemical Series

धातुओं को उनके मानक अपचयन इलेक्ट्रोड विभव के बढ़ते क्रम में रखने पर प्राप्त श्रेणी को विद्युत रासायनिक श्रेणी अथवा **विद्युत वाहक श्रेणी** अथवा **सक्रियता श्रेणी** कहते है।

298 केल्विन पर मानक जलीय इलेक्ट्रोड विभव : विद्युत रासायनिक श्रेणी

तत्व	इलेक्ट्रोड अभिक्रिया (अपचयन)	मानक इलेक्ट्रोड अपचयन विभव, E° (वोल्ट)
Li	$Li^+ + e^- \longrightarrow Li$	− 3.05
K	$K^+ + e^- \longrightarrow K$	− 2.93
Ba	$Ba^{2+} + 2e^- \longrightarrow Ba$	− 2.90
Ca	$Ca^{2+} + 2e^- \longrightarrow Ca$	− 2.87
Na	$Na^+ + e^- \longrightarrow Na$	− 2.71
Mg	$Mg^{2+} + 2e^- \longrightarrow Mg$	− 2.37
Al	$Al^{3+} + 3e^- \longrightarrow Al$	− 1.66
Mn	$Mn^{2+} + 2e^- \longrightarrow Mn$	− 1.18
Zn	$Zn^{2+} + 2e^- \longrightarrow Zn$	− 0.76
Cr	$Cr^{3+} + 3e^- \longrightarrow Cr$	− 0.74
Fe	$Fe^{2+} + 2e^- \longrightarrow Fe$	− 0.44
Cd	$Cd^2 + 2e^- \longrightarrow Cd$	− 0.40
Ni	$Ni^{2+} + 2e^- \longrightarrow Ni$	− 0.25
Sn	$Sn^{2+} + 2e^- \longrightarrow Sn$	− 0.14
Pb	$Pb^2 + 2e^- \longrightarrow Pb$	− 0.13
H_2	$2H^+ + 2e^- \longrightarrow H_2$	0
Cu	$Cu^{2+} + 2e^- \longrightarrow Cu$	+ 0.34
I_2	$I_2 + 2e^- \longrightarrow 2I^-$	+ 0.54
Hg	$Hg_2^{2+} + 2e^- \longrightarrow 2Hg$	+ 0.79
Ag	$Ag^+ + e^- \longrightarrow 2Ag$	+0.80
H	$Hg^{2+} + 2e^- \longrightarrow Hg$	+0.85
Br_2	$Br_2 + 2e^- \longrightarrow 2Br$	+ 1.08
Cl_2	$Cl_2 + 2e^- \longrightarrow 2Cl$	+ 1.36
Pt	$Pt^{2+} + 2e^- \longrightarrow Pt$	+ 1.20
Au	$Au^{3+} + 3e^- \longrightarrow Pt$	+ 1.50
F_2	$F_2 + 2e^- \longrightarrow 2F^-$	+ 2.87

(नीचे की ओर तीर) अपचयन की बढ़ती प्रवृत्ति इलेक्ट्रॉन ग्रहण करने की बढ़ती प्रवृत्ति; ऑक्सीकारक के रूप में बढ़ती क्षमता

(ऊपर की ओर) अपचायक के रूप में बढ़ती क्षमता; इलेक्ट्रॉन त्यागने की बढ़ती प्रवृत्ति; ऑक्सीकरण की बढ़ती प्रवृत्ति

विद्युत-रासायनिक श्रेणी के लक्षण
Characteristics of Electrochemical Series

विद्युत-रासायनिक श्रेणी में निम्न गुण देखे जाते हैं

(i) मानक अपचयन विभव का ऋणात्मक मान यह व्यक्त करता है जब इलेक्ट्रोड को मानक हाइड्रोजन इलेक्ट्रोड से जोड़ते हैं, तो ये ऐनोड के समान कार्य करता है और इसमें ऑक्सीकरण होता है।

(ii) मानक इलेक्ट्रोड विभव का धनात्मक मान यह व्यक्त करता है कि जब इलेक्ट्रोड को हाइड्रोजन इलेक्ट्रोड के साथ जोड़ते हैं, तो यह कैथोड के समान कार्य करता है और इसमें अपचयन होता है।

(iii) ऐसे पदार्थ जो हाइड्रोजन की अपेक्षा प्रबल अपचायक हैं उन्हें श्रेणी में हाइड्रोजन के ऊपर रखा गया है और इनका मानक अपचयन विभव ऋणात्मक होता है और ऐसे पदार्थ जिनके मानक इलेक्ट्रोड विभव धनात्मक होते हैं, उन्हें श्रेणी में हाइड्रोजन से नीचे रखा गया है और ये दुर्बल अपचायक होते हैं।

(iv) आसानी से ऑक्सीकृत होने वाले तत्व अच्छे अपचायक (धातु) होते हैं तथा आसानी से अपचयित होने वाले तत्व अच्छे ऑक्सीकारक (अधातु) होते हैं।

उपरोक्त कक्षाओं के आधार पर, विद्युत रासायनिक श्रेणी के मुख्य अनुप्रयोग निम्नलिखित हैं

(i) **धातुओं की क्रियाशीलता की तुलना करने में** (In Comparing the Reactivity of Metals) वे धातुएँ जिनका विभव अधिक ऋणात्मक होता है धनात्मक या कम ऋणात्मक विभव वाले धातु आयनों को उनके विलयन से विस्थापित कर सकती हैं। धातुओं की रासायनिक क्रियाशीलता श्रेणी में ऊपर से नीचे जाने पर कम होती जाती है। श्रेणी में ऊपर स्थित धातुएँ श्रेणी में नीचे स्थित धातुओं की अपेक्षा अधिक क्रियाशील होती हैं।

(ii) **धातुओं की अपचयन तथा ऑक्सीकारक क्षमता की तुलना करने में** (In Comparing the Reducing and Oxidising Power of Metals) अधिक ऋणात्मक मानक अपचयन विभव होने पर धातु में इलेक्ट्रॉन खोने की प्रबल प्रवृत्ति होती है। इस प्रकार श्रेणी में अपचायक गुण ऊपर से नीचे जाने पर कम होता जाता है। अपचायक गुण $E°$ के ऋणात्मक मान बढ़ने के साथ बढ़ता जाता है।

किसी तत्व के अपचयन विभव का मान जितना अधिक होगा उसमें इलेक्ट्रॉन ग्रहण करने की उतनी अधिक प्रवृत्ति होगी। इस तरह विद्युत रासायनिक श्रेणी में ऑक्सीकारक गुण ऊपर से नीचे की ओर जाने पर बढ़ता है। ऑक्सीकारकों की शक्ति $E°$ के धनात्मक मान बढ़ने के साथ बढ़ती जाती है।

(iii) **धातु ऑक्साइडों का ऊष्मीय स्थायित्व ज्ञात करने में** (In Predicting the Thermal Stability of Metallic Oxides) धातु ऑक्साइड की ऊष्मीय स्थिरता उसकी विद्युत धनात्मक प्रकृति पर निर्भर करती है। चूँकि विद्युत धनात्मकता नीचे की ओर जाने पर घटती है, इसलिए धातु ऑक्साइडों का ऊष्मीय स्थायित्व भी ऊपर से नीचे की ओर जाने पर घटता है।

जो धातुएँ कॉपर से नीचे आती हैं, अत्यधिक अस्थाई धात्विक ऑक्साइड बनाती हैं जो केवल गर्म करने पर विघटित हो जाते हैं।

(iv) **विद्युत-अपघटन के उत्पाद ज्ञात करने में** (In Predicting the Product of Electrolysis) यदि विद्युत अपघटन के दौरान विलयन में दो या अधिक प्रकार के धनायन या ऋणायन उपस्थित हों, तो इलेक्ट्रोडों पर विसर्जित या मुक्त होने के लिए कुछ आयनों को अन्य आयनों से प्राथमिकता मिलती है। सामान्यतया, ऐसी प्रतिस्पर्धा में, प्रबल ऑक्सीकारक आयन (अधिक मानक अपचयन विभव वाली) कैथोड पर विसर्जित होता है।

उसी प्रकार, प्रबल अपचायक ऋणायन (कम मानक अपचयन विभव वाला) ऐनोड पहले विसर्जित होता है।

(v) **धातुओं के निष्कर्षण में** (In the Extraction of Metals) अधिक धनविद्युतीय धातु कम धनविद्युतीय धातु को उसके लवण के विलयन से विस्थापित कर सकती है।

नेर्न्स्ट समीकरण Nernst Equation

नेर्न्स्ट समीकरण इलेक्ट्रोड विभव तथा विलयन की सान्द्रता के मध्य सम्बन्ध को दर्शाने वाली एक समीकरण है।

एक सामान्य इलेक्ट्रोड अभिक्रिया, $M^{n+}(aq) + ne^- \longrightarrow M(s)$ के लिए नेर्न्स्ट समीकरण निम्न है

$$E_{(M^{n+}|M)} = E°_{(M^{n+}|M)} - \frac{RT}{nF} \ln \frac{[M(s)]}{[M^{n+}(aq)]}$$

या
$$E_{(M^{n+}|M)} = E°_{(M^{n+}|M)} - \frac{2.303RT}{nF} \log \frac{[M(s)]}{[M^{n+}(aq)]}$$

जहाँ, $(\because \ln = 2.303 \log 10)$

$E_{M^{n+}/M}$ = किसी दी गई सान्द्रता पर इलेक्ट्रोड का विभव अर्थात् $E_{\text{सेल}}$

$E°_{(M^{n+}/M)}$ = मानक इलेक्ट्रोड विभव अर्थात् $E°_{\text{सेल}}$

R = सार्वत्रिक गैस स्थिरांक (= 8.31 जूल केल्विन$^{-1}$ मोल$^{-1}$)

T = परमताप

n = इलेक्ट्रोड अभिक्रिया में प्रयुक्त इलेक्ट्रॉनों की संख्या

F = फैराडे स्थिरांक (96500 C)

$[M(s)]$ = जमा हुई धातु की सान्द्रता

$[M^{n+}(aq)]$ = विलयन में धातु आयन की सान्द्रता

चूँकि ठोस अवस्था में सान्द्रता को इकाई माना जाता है, अतः $M^{n+}|M$ इलेक्ट्रोड के लिए नेर्न्स्ट समीकरण का स्वरूप निम्न होगा

$$E°_{(M^{n+}/M)} = E°_{(M^{n+}/M)} - \frac{2.303RT}{nF} \log \frac{1}{[M^{n+}(aq)]}$$

निम्नलिखित काल्पनिक अभिक्रिया के लिए

$$M' + M^{n+} \longrightarrow M'^{n+} + M$$

इन अभिक्रिया की दोनों अर्द्ध-सेलों के इलेक्ट्रोड विभव निम्न हैं

$$E_{(M'^{n+}/M')} = E°_{M'^{n+}/M'} - \frac{2.303RT}{nF} \log \frac{1}{[M'^{n+}(aq)]}$$

$$E_{(M^{n+}/M)} = E°_{(M^{n+}/M)} - \frac{2.303RT}{nF} \log \frac{1}{[M^{n+}(aq)]}$$

हम जानते हैं, सेल विभव

$$E_{\text{सेल}} = E_{(M^{n+}/M)} - E_{M'^{n+}/M')} \qquad [\because E_{\text{सेल}} = E_{\text{कैथोड}} - E_{\text{ऐनोड}}$$

$$= E°_{(M^{n+}/M)} - \frac{2.303RT}{nF} \log \frac{1}{[M^{n+}(aq)]} - [E°_{[M'^{n+}/M']} - \frac{2.303RT}{nF} \log \frac{1}{[M'^{n+}]}]$$

$$= E°_{(M^{n+}/M)} - E°_{(M'^{n+}/M')} - \frac{2.303RT}{nF} \log \frac{1}{[M^{n+}(aq)]} - \log \frac{1}{[M'^{n+}(aq)]}$$

$$E_{\text{सेल}} = E°_{\text{सेल}} - \frac{2.303RT}{nF} \log \frac{[M'^{n+}(aq)]}{[M^{n+}(aq)]} \qquad \ldots(i)$$

यदि दोनों अर्द्ध-सेलों में इलेक्ट्रॉनों की संख्या समान नहीं हो, तब

$$E_{\text{सेल}} = E^\circ_{\text{सेल}} - \frac{2.303RT}{nF} \log \frac{[M'^{n+}(aq)]^x}{[M^{n+}(aq)]^y}$$

जहाँ, x तथा y = सन्तुलित समीकरण में M' तथा M के रससमीकरणमितीय गुणांक हैं।

नर्न्स्ट समीकरण में स्थिरांकों R, T तथा F के मान (अर्थात् $R = 8.314$ जूल केल्विन$^{-1}$ मोल$^{-1}$; $T = 298$ केल्विन तथा $F = 96500$ कूलॉम) रखने पर

$$E_{\text{सेल}} = E^\circ_{\text{सेल}} - \frac{0.0591}{n} \log \frac{[M'^{n+}(aq)]^x}{[M^{n+}(aq)]^y}$$

अथवा $$E_{\text{सेल}} = E^\circ_{\text{सेल}} - \frac{0.0591}{n} \log \frac{\text{ऑक्सीकरण का बना मापन}}{\text{अपचयित मापन}}$$

नेर्न्स्ट समीकरण के अनुप्रयोग

Applications of Nernst Equation

नेर्न्स्ट समीकरण के अनुप्रयोगों का वर्णन निम्नलिखित है

विलयन का pH मान ज्ञात करने में

In Predicting the pH of Solution

सन्दर्भ अर्द्ध-सेल के प्रयोग द्वारा अज्ञात विलयन का pH मान ज्ञात किया जा सकता है।

$$\text{Pt}(H_2) \mid H^+ (\text{pH} = x) \| Cl^- (1M) \mid Hg_2Cl_2, Hg$$

कैलोमल इलेक्ट्रोड

बायाँ अर्द्ध-सेल $H_2(g) \longrightarrow 2H^+ + 2e^-;\ E^\circ_{\text{ऑक्सीकरण}} = 0.00$ वोल्ट

दायाँ अर्द्ध-सेल $Hg_2Cl_2(s) + 2e^- \longrightarrow 2Hg(l) + 2Cl^-$

$E^\circ_{\text{अपचयन}} = 0.2676$ वोल्ट

पूर्ण सेल अभिक्रिया

$$H_2(g) + Hg_2Cl_2(s) \longrightarrow 2H^+(aq) + 2Hg(l) + 2Cl^-(aq)$$

$E^\circ_{\text{सेल}} = 0.2670$ वोल्ट

$$Q = [Cl^-]^2 [H^+]^2$$

$[H^+]^2$ (क्योंकि $[Cl^-] = 1$ M)

$$E_{\text{सेल}} = E^\circ_{\text{सेल}} - \frac{0.0591}{2} \log [H^+]^2 = E^\circ_{\text{सेल}} + 0.0591\ \text{pH}$$

$$\text{pH} = \frac{E_{\text{सेल}} - E^\circ_{\text{सेल}}}{0.0591}$$

सामान्यतः $\text{pH} = \frac{E_{\text{सेल}} - [E^\circ_{\text{सन्दर्भ}} + E^\circ_{\text{SHE}}]}{0.0591};\ \text{pH} = \frac{E_{\text{सेल}} - E^\circ_{\text{सन्दर्भ}}}{0.0591}$

साम्य स्थिरांक का मान ज्ञात करने में

In Predicting the Equilibrium Constant

सामान्य विद्युत-रासायनिक अभिक्रिया के लिए,

$$aA + bB \longrightarrow cC + dD$$

नेर्न्स्ट समीकरण को निम्न प्रकार लिख सकते है

$$E_{\text{सेल}} = E^\circ_{\text{सेल}} - \frac{RT}{nF} \ln \frac{[C]^c[D]^d}{[A]^a[B]^b}$$

अथवा $$E_{\text{सेल}} = E^\circ_{\text{सेल}} + \frac{RT}{nf} \ln \frac{[A]^a[B]^b}{[C]^c[D]^d}$$

साम्यावस्था पर, $E_{\text{सेल}} = 0$ तथा $\frac{[C]^c[D]^d}{[A]^a[B]^b} = K_c$

अतः $$E^\circ_{\text{सेल}} = \frac{0.0591}{n} \log K_c$$

जहाँ, K_c = साम्य स्थिरांक

सेल विभव तथा गिब्स मुक्त ऊर्जा (ΔG) के मध्य सम्बन्ध Relationship between Cell Potential and Gibbs Free Energy (ΔG)

माना E विद्युत वाहक बल वाले सेल से n फैराडे आवेश लिया गया, तब सेल द्वारा किया गया कार्य होगा,

कार्य = आवेश × विभव = nFE

जहाँ, F = फैराडे नियतांक

एक गैल्वेनी सेल बाह्य परिपथ से विद्युत आवेश स्थानान्तरित करके विद्युत कार्य करती है। यदि सेल में से केवल न्यूनतम धारा प्रवाहित की जाए, तो

$$-\Delta G = W_{\text{विद्युत}}$$

सेल द्वारा किया गया कार्य = मुक्त ऊर्जा में कमी

अतः $-\Delta G = nFE$

या $W_{\text{अधिकतम}} = +\ nFE^\circ$

जहाँ, E° सेल का मानक विद्युत वाहक बल है।

(i) तन्त्र के ΔG का मान धनात्मक होने पर, प्रक्रम केवल तब सम्भव होगा जब वातावरण, तन्त्र पर विद्युत कार्य करता है (जैसा विद्युत-अपघटन में होता है।)

(ii) तन्त्र के ΔG का मान ऋणात्मक होने पर, प्रक्रम वातावरण पर विद्युत कार्य करता है (जैसा गैल्वेनी सेलों में होता है।) यही कारण है कि वोल्टीय सेल में वातावरण पर किया गया कार्य ऋणात्मक होता है।

अतः $\Delta G = W_{\text{अधिकतम}} = -\ nFE_{\text{सेल}}$

तथा मानक मुक्त ऊर्जा,

$$\Delta G^\circ = -\ nFE^\circ_{\text{सेल}}$$

सेल विभव, मुक्त ऊर्जा तथा साम्य स्थिरांक के मध्य सम्बन्ध Relation between Cell Potential, Free Energy and Equilibrium Constant

$$\Delta G^\circ = -\ 2.303\ RT \log K_c \quad \text{...(i)}$$

तथा $$\Delta G^\circ = -\ nFE^\circ_{\text{सेल}} \quad \text{...(ii)}$$

समी. (i) तथा (ii) से,

$$-\ nFE^\circ_{\text{सेल}} = -\ 2.303\ RT \log K_c$$

$$\therefore \quad E^\circ_{\text{सेल}} = \frac{2.303RT}{nF} \log K_c$$

जहाँ, n = प्रक्रम की सन्तुलित समीकरण में स्थानान्तरित इलेक्ट्रॉनों के मोलों की संख्या

विभिन्न ऑक्सीकरण अवस्थाओं में स्थित समान धातु युक्त अर्द्ध-सेलों के मानक विभवों में सम्बन्ध Relation between Standard Potential of Half-Cells Containing a Common Metal in Different Oxidation States

माना दो अर्द्ध-सेलों के विभव E_1° तथा E_2° है। इन्हें संयुक्त करके एक अन्य अर्द्ध सेल बनाया गया जिसका विभव $E°_3$ है, तब

$$\Delta G_3^\circ = \Delta G_1^\circ + \Delta G_2^\circ \quad \text{या} \quad -n_3FE°_3 = -n_1FE°_1 - n_2FE_2°$$

या $$n_3E°_3 = n_1E°_1 + n_2E°_2 \quad \text{या} \quad E°_3 = \frac{n_1E°_1 + n_2E°_2}{n_3}$$

संक्षारण Corrosion

नम वायु के सम्पर्क में आने पर सतह की धातु का क्षरण **संक्षारण** कहलाता है। यह एक ऑक्सीकरण प्रक्रम है। लोहे पर जंग लगना, चाँदी का बदरंग होना, ताँबे तथा काँसे पर हरी परत का निर्माण आदि संक्षारण के उदाहरण हैं। संक्षारण से मकानों, पुलों, जहाजों तथा लोहे से बनी कई अनेक वस्तुओं की अधिक क्षति होती है जिनके ऊपर प्रति वर्ष करोड़ों रुपये खर्च करने पड़ते हैं।

लोहे का संक्षारण जंग लगना (Rusting) कहलाता है। रासायनिक रूप से, जंग फेरिक ऑक्साइड का जलयोजित ($Fe_2O_3 \cdot xH_2O$) रूप है। जंग लगने का मुख्य कारण वायु में नमी, कार्बन डाइऑक्साइड और ऑक्सीजन की उपस्थिति है। सामान्यतया यह पाया गया है कि जंग लगना केवल तभी सम्पन्न होता है जब लोहा नमी के सम्पर्क में होता है, जबकि शुष्क वायु या निर्वात् में जंग नहीं लगता है।

वास्तव में संक्षारण एक विद्युत रासायनिक प्रक्रम है, जिसमें धातु ऑक्सीजन को इलेक्ट्रॉन देकर ऑक्सीकृत होती है तथा ऑक्साइड बनाती है।

जंग लगने की क्रियाविधि Mechanism of Rusting

यद्यपि संक्षारण का रसायन जटिल है, लेकिन यह ज्ञात है, कि लोहे के किसी एक बिन्दु (स्थान) पर ऑक्सीकरण होता है तथा यह बिन्दु ऐनोड की भाँति व्यवहार करता है। आयरन जल के साथ सम्पर्क पर ऐनोड तथा वायु के साथ सम्पर्क पर कैथोड का निर्माण करता है। ऐनोड पर आयरन Fe^{2+} में ऑक्सीकृत हो जाता है तथा कैथोड पर ऑक्सीजन जल में अपचयित हो जाती है)।

ऐनोड पर, $Fe(s) \rightarrow Fe^{2+}(aq) + 2e^-$; ($E°_{Fe^{2+}/Fe} = -0.44$ वोल्ट)

ऐनोड से मुक्त इलेक्ट्रॉन धातु से होकर गति करते हैं और उसके दूसरे बिन्दु तक जाते हैं जहाँ ये H^+ आयनों की उपस्थिति में ऑक्सीजन का अपचयन करते हैं।(ऐसा माना जाता है कि H^+ आयन CO_2 के जल में घुलने से बने H_2CO_3 से प्राप्त होते हैं
$CO_2 + H_2O \longrightarrow H_2CO_3 \rightleftharpoons H^+ + HCO_3^-$) तथा यह बिन्दु कैथोड की तरह कार्य करता है।

कैथोड पर,

$$O_2(g) + 4H^+(aq) + 4e^- \longrightarrow 2H_2O(l); \quad (E° = 1.23 \text{ वोल्ट})$$

यहाँ Fe^{2+} आयन जल से होकर आयरन की सतह पर पहुँचते हैं (यदि उपस्थित जल लवण युक्त हो, तो ये इस प्रकार की सेलों में धारा को ले जाने में अधिक सहायता करते हैं और संक्षारण को बढ़ाते हैं)। सूक्ष्म सेल की कुल अभिक्रिया कैथोड तथा ऐनोड अभिक्रियाओं का योग होती है।

$$2Fe(s) + O_2(g) + 4H^+(aq) \longrightarrow 2Fe^{2+}(aq) + 2H_2O(l); \quad E°_{\text{सेल}} = 1.67$$

ईंधन सेल Fuel Cells

ऐसे गैल्वैनी सेल जिनमें हाइड्रोजन, मेथेन एवं मेथेनॉल जैसे ईंधनों की दहन ऊर्जा को सीधे ही विद्युत ऊर्जा में परिवर्तित किया जाता है, ईंधन सेल कहलाते हैं। इन सेलों में ईंधन को सेल के अन्दर नहीं रखा जाता बल्कि बाह्य स्त्रोतों की सहायता से रोल को ईंधन की सतत् आपूर्ति कराई जाती है।

इन सेलों में धात्विक उत्प्रेरकों जैसे Pt, Ag या धातु ऑक्साइड में पूरित छिद्रित कार्बन के इलेक्ट्रोडों का प्रयोग किया जाता है। क्षार धातु हाइड्रॉक्साइड (NaOH या KOH) का जलीय विलयन विद्युत अपघट्य का कार्य करता है। जब तक ईंधन की आपूर्ति होती रहती है, सेल कार्य करती रहती है। ऊष्मीय संयन्त्रों की तुलना में (जिनकी दक्षता 40% होती है) ईंधन सेल 70% दक्षता के साथ विद्युत उत्पन्न करती है। ये सेल प्रदूषण मुक्त होते हैं तथा भविष्य में इनके महत्त्व को देखते हुए अनेक प्रकार के ईंधन सेलों को निर्मित करके इनका परीक्षण किया गया है। सबसे अधिक सफल ईंधन सेल में हाइड्रोज एवं ऑक्सीजन के संयोग से जल बनने की अभिक्रिया का उपयोग किया जाता है।

इस सेल में ईंधन (अर्थात् गैसीय H_2) तथा ऑक्सीकारक (गैसीय O_2) सीधे क्रिया नहीं करते है। इन्हें अलग-अलग कक्षों में प्रवाहित किया जाता है। जहाँ H_2 ऐनोड पर ऑक्सीकृत हो जाती है तथा O_2 कैथोड पर अपचयित हो जाती है।

ऐनोड पर,

$$2H_2 \longrightarrow 4H^+ + 4e^-$$
$$4H^+ + 4OH^- \rightleftharpoons 4H_2O$$
$$2H_2(g) + 4OH^-(aq) \longrightarrow 4H_2O(l) + 4e^-$$

कैथोड पर, $$O_2(g) + 2H_2O(l) + 4e^- \longrightarrow 4OH^-(aq)$$

कुल अभिक्रिया, $$2H_2(g) + O_2(g) \longrightarrow 2H_2O(l)$$

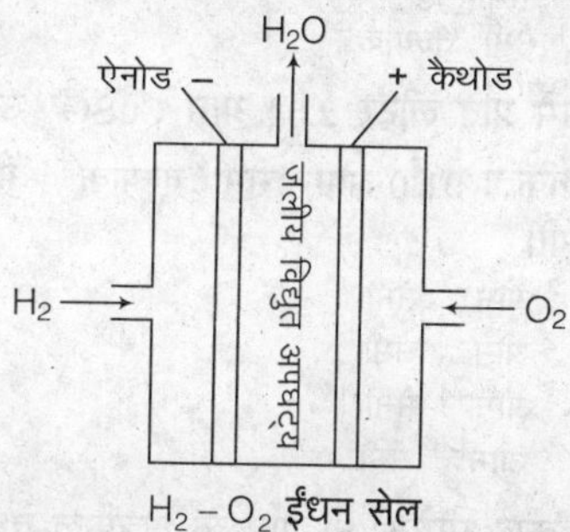

$H_2 - O_2$ ईंधन सेल

ईंधन सेलों के लाभ Advantages of Fuel Cells

(i) गैसों की लगातार आपूर्ति के कारण, ईंधन सेल कभी मृत नहीं होते हैं।
(ii) ये सामान्यतः 70 – 140°C पर कार्य करते हैं।
(iii) इनकी अन्य ऊर्जा संयन्त्रों की अपेक्षा अधिक क्षमता (≈ 70%) होती है।
(iv) ये प्रदूषण मुक्त होते हैं।

ईंधन सेलों की सीमाएँ Disadvantages of Fuel Cells

(i) विद्युत अपघट्यों के कारण इनमें जंग लगता है।
(ii) गैसीय ईंधन द्रव विद्युत अपघट्य तथा ठोस उत्प्रेरक के मध्य सम्पर्क बनाना कठिन है।
(iii) प्रयुक्त उत्प्रेरक अत्यधिक महँगा है।
(iv) निम्न ताप तथा उच्च दाब पर गैसीय ईंधनों का रखरखाव अत्यन्त कठिन है।

अभ्यास प्रश्न

1. विद्युत-अपघट्य जल में घोलने पर आयनों में वियोजित हो जाते हैं; क्योंकि
(a) वे अस्थायी होते हैं
(b) जल इसको घोल देता है
(c) प्रतिकर्षण बल बढ़ता है
(d) विद्युतस्थैतिक आकर्षण बल जल द्वारा तोड़ दिया जाता है

2. प्रबल विद्युत-अपघट्य की चालकता
(a) तनुता बढ़ाने पर थोड़ी-सी बढ़ जाती है
(b) तनुता पर घटती है
(c) तनुता से परिवर्तित नहीं होती
(d) केवल विद्युत-अपघट्य के घनत्व पर निर्भर करती है

3. विद्युत-अपघट्यों के विलयन के लिए कौन-सा कथन सही नहीं हैं?
(a) विलयन की चालकता आयनों के आकार पर निर्भर करती है
(b) चालकता विलयन की श्यानता पर निर्भर करती है
(c) चालकता विलयन में उपस्थित आयनों की विलायकितता पर निर्भर नहीं करती है
(d) विलयन की चालकता ताप के साथ बढ़ती है

4. 0.01 N विलयन की चालकता 0.005 ओम$^{-1}$ सेमी$^{-1}$ पायी गयी। विलयन की तुल्यांकी चालकता होगी।
(a) 5×10^{-2}ओम$^{-1}$ सेमी^{2} तुल्यांक$^{-1}$
(b) 5.00×10^{-3}ओम$^{-1}$ सेमी^{2}
(c) 5.00 ओम$^{-1}$ सेमी^{2} तुल्यांक$^{-1}$
(d) 0.5ओम$^{-1}$ सेमी^{2} तुल्यांक$^{-1}$

5. विलयन जिसमें प्रति लीटर 2.54 ग्राम $CuSO_4$ उपस्थित है, की तुल्यांकी चालकता 91.0 ओम$^{-1}$सेमी^{2} तुल्यांक$^{-1}$ है। इसकी चालकता होगी।
(a) 2.9×10^{-3} ओम$^{-1}$ सेमी$^{-1}$
(b) 1.8×10^{-2} ओम$^{-1}$ सेमी$^{-1}$
(c) 2.4×10^{-3} ओम$^{-1}$ सेमी$^{-1}$
(d) 3.6×10^{-3} ओम$^{-1}$ सेमी$^{-1}$

6. चालकता (इकाई सीमेन (S) पात्र के क्षेत्रफल तथा इसमें उपस्थित विलयन की सान्द्रता के समानुपाती तथा पात्र की लम्बाई के व्युत्क्रमानुपाती होती है तो
(a) सीमेन मी^{2} मोल
(b) सीमेन^{2} मी^{2} मोल$^{-2}$
(c) सीमेन मी^{2} मोल$^{-1}$
(d) सीमेन मी मोल$^{-1}$

7. चालकता सेल का सेल स्थिरांक
(a) विद्युत-अपघट्य परिवर्तित होने पर बदल जाता है
(b) विद्युत-अपघट्य की सान्द्रता परिवर्तित होने पर बदल जाता है
(c) विद्युत-अपघट्य का ताप परिवर्तित होने पर बदल जाता है
(d) सेल के लिए अपरिवर्तित होता है

8. 0.1 N KCl विलयन की 23°C पर विशिष्ट चालकता 0.012 ओम$^{-1}$ सेमी$^{-1}$ है। सेल का प्रतिरोध जिसमें विलयन समान ताप पर है, 55Ω पाया गया। सेल स्थिरांक होगा।
(a) 0.66 सेमी$^{-1}$
(b) 1.12 सेमी$^{-1}$
(c) 0.918 सेमी$^{-1}$
(d) 1.66 सेमी$^{-1}$

9. $\Lambda^{\circ}_m[NH_4OH]$ निम्न के बराबर है
(a) $\Lambda^{\circ}_{m(NH_4OH)}+\Lambda^{\circ}_{m(NH_4Cl)}-\Lambda^{\circ}_{m\,HCl}$
(b) $\Lambda^{\circ}_{m(NH_4Cl)}+\Lambda^{\circ}_{m(NaOH)}-\Lambda^{\circ}_{m(NaCl)}$
(c) $\Lambda^{\circ}_{m(NH_4Cl)}+\Lambda^{\circ}_{m(NaCl)}-\Lambda^{\circ}_{m(NaOH)}$
(d) $\Lambda^{\circ}_{m(NaOH)}+\Lambda^{\circ}_{m(NaCl)}-\Lambda^{\circ}_{m(NH_4Cl)}$

10. सीमान्त (Limiting) मोलर चालकता इस प्रकार है।
$$\Lambda^{\infty}_{(HCl)}=425.9\text{ओम}^{-1}\text{ सेमी}^2\text{ मोल}^{-1}$$
$$\Lambda^{\infty}_{(NaCl)}=126.4\text{ओम}^{-1}\text{ सेमी}^2\text{ मोल}^{-1}$$
$$\Lambda^{\infty}_{(CH_3COONa)}=91\text{ओम}^{-1}\text{ सेमी}^2\text{ मोल}^{-1}$$
अनन्त तनुता पर ऐसीटिक अम्ल की मोलर चालकता (ओम$^{-1}$ सेमी^{2} मोल$^{-1}$) होगी।
(a) 481.5
(b) 390.5
(c) 299.5
(d) 516.9

11. NaCl, KBr तथा KCl के लिए सीमान्त मोलर चालकताएँ (Λ°) क्रमश: 126, 152 तथा 150 सीमेन सेमी^{2} मोल$^{-1}$ हैं। NaBr के लिए (Λ°) है
(a) 128 सीमेन सेमी^{2} मोल$^{-1}$
(b) 248 सीमेन सेमी^{2} मोल$^{-1}$
(c) 328 सीमेन सेमी^{2} मोल$^{-1}$
(d) 348 सीमेन सेमी^{2} मोल$^{-1}$

12. एक चालकता सेल जिसमें 0.1 M KCl विलयन भरा गया है, का प्रतिरोध 100 Ω है। यदि इसी सेल का प्रतिरोध (*R*) 0.02 M KCl विलयन लेने पर 520 Ω हो, तो 0.02 M KCl विलयन की मोलर चालकता की गणना कीजिए। 0.01 M KCl विलयन की चालकता 1.29 सीमेन मी$^{-1}$ है।
(a) 124 सीमेन मी^{2} मोल$^{-1}$
(b) 124×10^{-2} सीमेन मी^{2} मोल$^{-1}$
(c) 124×10^{-4} सीमेन मी^{2} मोल$^{-1}$
(d) 124×10^{-3} सीमेन मी^{2} मोल$^{-1}$

13. 0.00241 M , ऐसीटिक अम्ल की चालकता (Conductivity) 7.86×10^{-5} सीमेन मी$^{-1}$ है। यदि ऐसीटिक अम्ल के लिए Λ°_m 390.55सीमेन सेमी^{2}मोल$^{-1}$ हो, तो इसका वियोजन स्थिरांक क्या है?
(a) 1.85×10^{-5} मोल ली$^{-1}$
(b) 2.68×10^{-5} मोल ली$^{-1}$
(c) 8.4×10^{-4} मोल ली$^{-1}$
(d) 3.98×10^{-4} मोल ली$^{-1}$

14. विद्युत अपघटन के दौरान कैथोड पर निरावेशित प्रजाति है
(a) ऋणायन
(b) धनायन
(c) आयन
(d) ये सभी

15. विद्युत-अपघटन में ऑक्सीकरण तथा अपचयन क्रमशः होते हैं
(a) ऐनोड व कैथोड पर
(b) कैथोड व ऐनोड पर
(c) दोनों इलेक्ट्रोडों पर
(d) इनमें से कोई नहीं

16. गलित NaCl के विद्युत अपघटन में ऐनोड पर कौन-सी अभिक्रिया होगी?
(a) क्लोराइड आयन ऑक्सीकृत होते हैं
(b) सोडियम आयन ऑक्सीकृत होते हैं
(c) क्लोराइड आयन अपचयित होते हैं
(d) सोडियम आयन अपचयित होते हैं

17. विद्युत-अपघटन का उपयोग होता है।
(a) विद्युत शोधन में
(b) विद्युत लोपन में
(c) दोनों (a) तथा (b) में
(d) इसमें से कोई नहीं

18. Al_2O_3 से 1 मोल ऐलुमिनियम प्राप्त करने के लिए आवश्यक आवेश की मात्रा है
(a) 1 फैराडे
(b) 6 फैराडे
(c) 3 फैराडे
(d) 2 फैराडे

19. Cu^{2+} के 4 ग्राम-तुल्यांकों का Cu धातु में अपचयन (Reduction) करने के लिए आवश्यक फैराडे की संख्या होगी
(a) 1 (b) 2 (c) 14 (d) 8

20. किसी विद्युत-अपघट्य के विद्युत-अपघटन में उत्पन्न आयनों की संख्या समानुपाती होती है
(a) प्रयुक्त समय के
(b) इलेक्ट्रॉनों के भार के
(c) प्रवाहित विद्युत धारा की मात्रा के
(d) विद्युत-अपघट्य के विद्युत-रासायनिक तुल्यांक के

21. 12.3 ग्राम नाइट्रोबेन्जीन के ऐनिलीन में अपचयन के लिए आवश्यक कूलॉमों की संख्या है
(a) 96500 कूलॉम
(b) 5790 कूलॉम
(c) 95700 कूलॉम
(d) 57900 कूलॉम

22. 3 ऐम्पियर विद्युत धारा 50 मिनट तक प्रवाहित करने पर 1.8 ग्राम धातु संग्रहित होती है। धातु का तुल्यांकी भार है
(a) 9.3 (b) 19.3 (c) 38.3 (d) 39.9

23. $Ni(NO_3)_2$ के विलयन का प्लेटिनम इलेक्ट्रोडों के मध्य 5 ऐम्पियर की धारा 20 मिनट तक प्रयुक्त करके विद्युत-अपघटन किया। कैथोड पर जमा हुए Ni का द्रव्यमान होगा। (Ni का परमाणु भार = 58.7)
(a) 5.87 ग्राम (b) 1.82 ग्राम (c) 3.97 ग्राम (d) 2.22 ग्राम

24. 9.65 कूलॉम विद्युत धारा सिल्वर नाइट्रेट (Ag का परमाणु भार $= 107.87 \approx 108$ लेने पर) विलयन में प्रवाहित करने पर जमा हुए सिल्वर का भार है
(a) 5.8 मिग्रा (b) 10.8 मिग्रा (c) 15.8 मिग्रा (d) 20.8 मिग्रा

25. सिल्वर इलेक्ट्रोड का प्रयोग करके सिल्वर नाइट्रेट विलयन में विद्युत धारा प्रवाहित की गयी। कैथोड पर जमा हुआ सिल्वर 10.79 ग्राम पाया गया। यदि विद्युत की समान मात्रा कॉपर इलेक्ट्रोड का प्रयोग करके कॉपर सल्फेट विलयन में प्रवाहित की जाये तो कैथोड पर जमा हुए कॉपर का भार होगा
(a) 1.6 ग्राम (b) 2.3 ग्राम (c) 3.2 ग्राम (d) 6.4 ग्राम

26. निम्नलिखित में से कौन-सा कथन सत्य है? गैल्वेनिक सेल परिवर्तित करती है
(a) रासायनिक ऊर्जा को विद्युत ऊर्जा में
(b) विद्युत ऊर्जा को रासायनिक ऊर्जा में
(c) धातु को तात्विक अवस्था से संयुक्त अवस्था में
(d) विद्युत-अपघट्य को इसके आयनों में

27. गैल्वेनिक सेल में इलेक्ट्रॉनों का प्रवाह होता है
(a) बाह्य परिपथ में ऐनोड से कैथोड की ओर
(b) विलयन में ऐनोड से कैथोड की ओर
(c) बाह्य परिपथ में कैथोड से ऐनोड की ओर
(d) विलयन में कैथोड में ऐनोड की ओर

28. गैल्वेनिक सेल के आन्तरिक परिपथ में किसका प्रवाह होता है?
(a) आयन
(b) इलेक्ट्रॉन
(c) विद्युत
(d) परमाणु

29. कौन-सा सेल कॉपर इलेक्ट्रोड के मानक इलेक्ट्रोड विभव का मान करेगा।
(a) $Pt(s)|H_2(g, 0.1\ bar)|H^+(aq, 1\ M)||Cu^{2+}(aq, 1\ M)|Cu$
(b) $Pt(s)|H_2(g, 1\ bar)|H^+(aq, 1\ M)||Cu^{2+}(aq, 2\ M)|Cu$
(c) $Pt(s)|H_2(g, 1\ bar)|H^+(aq, 1\ M)||Cu^{2+}(aq, 1\ M)|Cu$
(d) $Pt(s)|H_2(g, 1\ bar)|H^+(aq, 1\ M)||Cu^{2+}(aq, 1\ M)||Cu$

30. निम्न धातुओं को एक क्रम (Order) जिसमें वे एक-दूसरे को उनके विलयन से विस्थापित (Displace) करती हैं व्यवस्थित कीजिए।
Al, Cu, Fe, Mg व Zn
(a) Mg > Zn > Al > Fe > Cu
(b) Mg > Fe > Al > Zn > Cu
(c) Mg > Al > Zn > Fe > Cu
(d) Mg > Al > Fe > Zn > Cu

31. कोई विद्युत रासायनिक सेल विद्युत-अपघटनी सेल की तरह कार्य कर सकती है जब
(a) $E_{\text{सेल}} = 0$
(b) $E_{\text{सेल}} > E_{\text{बाह्य}}$
(c) $E_{\text{बाह्य}} > E_{\text{सेल}}$
(d) $E_{\text{सेल}} = E_{\text{बाह्य}}$

32. नीचे दिये गये आँकड़ों का प्रयोग करके अपचयन शक्ति का सही क्रम छाँटिए

$E^{\ominus}_{Cr_2O_7^{2-}/Cr^{3+}} = 1.33$ वोल्ट ; $E^{\ominus}_{Cl_2/Cl^-} = 1.36$ वोल्ट
$E^{\ominus}_{MnO_4^-/Mn^{2+}} = 1.51$ वोल्ट; $E^{\ominus}_{Cr^{3+}/Cr} = -0.74$ वोल्ट

(a) $Cr^{3+} < Cl^- < Mn^{2+} < Cr$
(b) $Mn^{2+} < Cl^- < Cr^{3+} < Cr$
(c) $Cr^{3+} < Cl^- < Cr_2O_7^{2-} < MnO_4^-$
(d) $Mn^{2+} < Cr^{3+} < Cl^- < Cr$

33. प्रश्न 32 में दिये गये आँकड़ों के आधार पर निम्न में से सबसे प्रबल ऑक्सीकारक छाँटिए
(a) Cl^-
(b) Mn^{2+}
(c) MnO_4^-
(d) Cr^{3+}

34. प्लेटिनम इलेक्ट्रोड क्यूप्रिक सल्फेट के विलयन में डुबोये गये तथा विलयन में विद्युत धारा प्रवाहित की गयी। कुछ समय बाद कॉपर सल्फेट का रंग गायब हो गया तथा इलेक्ट्रोड पर एक गैस का निष्कासन हुआ। रंगहीन विलयन में है
(a) कॉपर सल्फेट
(b) कॉपर हाइड्रॉक्साइड
(c) प्लेटिनम सल्फेट
(d) सल्फ्यूरिक अम्ल

35. लवण सेतु बनाने के लिए KNO_3 का संतृप्त विलयन प्रयोग किया जाता है क्योंकि
(a) K^+ व NO_3^- दोनों के वेग लगभग समान होते हैं
(b) K^+ का वेग NO_3^- से अधिक होता है
(c) NO_3^- का वेग K^+ से अधिक होता है
(d) KNO_3 जल अत्यधिक विलेय होता है

36. 298 केल्विन पर NHE (नॉर्मल हाइड्रोजन इलेक्ट्रोड) का मानक इलेक्ट्रोड विभव है
(a) 0.05 वोल्ट
(b) 0.10 वोल्ट
(c) 0.50 वोल्ट
(d) 0.00 वोल्ट

37. किसी सेल में निष्क्रिय इलेक्ट्रोड के लिए कौन-सा कथन सही नहीं है?
(a) यह सेल अभिक्रिया में भाग नहीं लेता
(b) यह ऑक्सीकरण या अपचयन अभिक्रिया के लिए सतह प्रदान करता है
(c) यह इलेक्ट्रॉनों के चालन के लिए सतह प्रदान करता है
(d) यह रेडॉक्स अभिक्रिया के लिए सतह प्रदान करता है

38. एक सेल जो मानक कॉपर इलेक्ट्रोड तथा मानक मैग्नीशियम इलेक्ट्रोड के युग्मन द्वारा बनायी गयी, उसकी विद्युत वाहक बल 2.7 वोल्ट है।
यदि कॉपर इलेक्ट्रोड का मानक अपचयन विभव + 0.34 वोल्ट हो तो मैग्नीशियम इलेक्ट्रोड का मानक अपचयन विभव होगा।
(a) +2.36 वोल्ट (b) –2.36 वोल्ट
(c) +3.26 वोल्ट (d) –3.26 वोल्ट

39. $MnO_4^- + 8H^+ + 5e^- \longrightarrow Mn^{2+} + 4H_2O\,;\ E° = 1.51$ वोल्ट
$MnO_2 + 4H^+ + 2e^- \longrightarrow Mn^{2+} + 2H_2O\,;\ E° = 1.23$ वोल्ट
$E°_{MnO_4 | MnO_2}$ है
(a) 1.70 वोल्ट (b) 0.91 वोल्ट (c) 1.37 वोल्ट (d) 0.548 वोल्ट

40. $Fe^{2+} | Fe$ व $Sn^{2+} | Sn$ इलेक्ट्रोडों के मानक अपचयन विभव क्रमश: – 0.44 तथा – 0.14 वोल्ट हैं। दी गयी सेल अभिक्रिया $Fe^{2+} + Sn \longrightarrow Fe + Sn^{2+}$ के लिए मानक विद्युत वाहक बल है
(a) 0.42 वोल्ट (b) – 0.42 वोल्ट
(c) – 0.30 वोल्ट (d) – 1.10 वोल्ट

41. विद्युत रासायनिक सेल
$$H_2(g) 1\text{ atm} | H_2 (1\text{ M}) || Cu^{2+} (1\text{ M}) | Cu(s)$$
के लिए निम्नलिखित में से कौन-सा कथन सत्य है?
(a) H_2 ऐनोड तथा Cu कैथोड है
(b) Cu ऐनोड तथा H_2 कैथोड है
(c) ऑक्सीकरण Cu इलेक्ट्रोड पर होता है
(d) अपचयन H_2 इलेक्ट्रोड पर होता है

42. सेल $H_2 | H^+ || Ag^+ | Ag$ का मानक अपचयन विभव है
(दिया है, $E°_{Ag^+/Ag} = 0.80$ वोल्ट)
(a) 0.4 वोल्ट (b) 0.8 वोल्ट (c) 1.4 वोल्ट (d) 1.8 वोल्ट

43. हाइड्रोजन इलेक्ट्रोड 25°C पर pH = 3 वाले विलयन में डुबोया गया। सेल का विभव होगा।
$\left(\dfrac{2.303\,RT}{F}\right.$ का मान 0.059 वोल्ट है$\left.\right)$
(a) 0.059 वोल्ट (b) 0.088 वोल्ट
(c) 0.178 वोल्ट (d) – 0.177 वोल्ट

44. अर्द्ध अभिक्रिया $I_2(s)/I^-(0.1M)$ अर्द्ध अभिक्रिया $H^+(aq)/H_2(1\text{ bar}) / Pt$ से जोड़ी गयी तथा इसका विद्युत वाहक बल 0.7714 वोल्ट पाया गया। यदि $E^{\circ}_{I_2/I^-} = 0.535$ हो तो अर्द्ध अभिक्रिया H^+ / H_2 का pH ज्ञात करिए।
(a) 1 (b) 2
(c) 3 (d) 5

45. यदि Cu^{2+} / Cu इलेक्ट्रोड का मानक इलेक्ट्रोड विभव 0.34 वोल्ट हो, तो Cu^{2+} का 0.01 M सान्द्रता पर इलेक्ट्रोड विभव क्या है? (T = 298K)
(a) 0.399 वोल्ट (b) 0.281 वोल्ट
(c) 0.222 वोल्ट (d) 0.176 वोल्ट

46. अर्द्ध अभिक्रियाओं के लिए मानक अपचयन विभव $E°$ इस प्रकार है
$Zn \rightleftharpoons Zn^{2+} + 2e^-,\ E° = +0.76$ वोल्ट
$Fe \rightleftharpoons Fe^{2+} + 2e^-,\ E° = +0.41$ वोल्ट
इन दो इलेक्ट्रोडों द्वारा बनी सेल का $E°_{\text{सेल}}$ है
(a) – 0.35 वोल्ट (b) – 1.17 वोल्ट (c) + 0.35 वोल्ट (d) + 1.17 वोल्ट

47. निम्नलिखित में से कौन-सा कथन सही है?
(a) सेल अभिक्रिया के $E_{\text{सेल}}$ तथा $\Delta_r G$ दोनों विस्तीर्ण गुण हैं
(b) सेल अभिक्रिया $E_{\text{सेल}}$ तथा $\Delta_r G$ दोनों गहन गुण हैं
(c) सेल अभिक्रिया का $E_{\text{सेल}}$ गहन गुण जबकि $\Delta_r G$ विस्तीर्ण गुण है
(d) सेल अभिक्रिया का $E_{\text{सेल}}$ विस्तीर्ण गुण जबकि $\Delta_r G$ गहन गुण है

48. यदि एक सेल अभिक्रिया $AgCl + e^- \longrightarrow Ag + Cl^-$ का ΔG – 21.20 किलोजूल हो, तो सेल का मानक विद्युत वाहक बल है
(a) 0.239 वोल्ट (b) 0.220 वोल्ट
(c) – 0.320 वोल्ट (d) – 0.110 वोल्ट

उत्तरमाला

1.	(d)	2.	(a)	3.	(c)	4.	(c)	5.	(a)	6.	(c)	7.	(d)	8.	(a)	9.	(a)	10.	(b)
11.	(a)	12.	(c)	13.	(a)	14.	(b)	15.	(a)	16.	(a)	17.	(c)	18.	(c)	19.	(c)	20.	(c)
21.	(d)	22.	(b)	23.	(b)	24.	(b)	25.	(c)	26.	(a)	27.	(a)	28.	(a)	29.	(c)	30.	(c)
31.	(c)	32.	(b)	33.	(c)	34.	(d)	35.	(a)	36.	(d)	37.	(d)	38.	(b)	39.	(a)	40.	(c)
41.	(a)	42.	(b)	43.	(d)	44.	(c)	45.	(b)	46.	(c)	47.	(c)	48.	(b)				

उत्तर व्याख्या सहित

3. (c) चालकता आयनों के विलयकित होने पर भी निर्भर करती है

4. (c) $\Lambda^{\circ}_{eq} = \kappa \times \frac{1000}{\text{नॉर्मलता}} = \frac{0.005 \times 1000}{0.01}$

$= 500$ ओम$^{-1}$ सेमी^{2} तुल्यांक$^{-1}$

5. (a) $\kappa = \Lambda_{eq}C$

$= (01$ ओम$^{-1}$ सेमी^{2} तुल्यांक$^{-1}) \times \left(\frac{2.54}{159/2 \times 1000}\right.$ तुल्यांक सेमी$^{-3}\Big)$

$= 2.9 \times 10^{-3}$ ओम$^{-1}$ सेमी$^{-1}$

8. (a) $\kappa = \frac{1}{R} \times$ सेल स्थिरांक

$\therefore$ सेल स्थिरांक $= \kappa^{*} \times R = 0.012 \times 55 = 0.66$ सेमी$^{-1}$

9. (b) कोलरॉऊश नियम से

$\Lambda^{\circ}_{m(NH_4OH)(=\Lambda^{\circ}m(NH_4Cl)+\Lambda^{\circ}_{m(NaOH)}} - \Lambda^{\circ}_{(NaCl)}$

10. (b) अभिकारकों की मोलर चालकता का योग = उत्पादों की मोलर चालकता का योग

अत: अभिक्रिया

$CH_3COOH + NaCl \longrightarrow CH_3COONa + HCl$ के लिए

$\Lambda^{\circ}_m CH_3COOH = \Lambda^{\circ}_m CH_3COONa + \Lambda^{\circ}_m HCl - \Lambda^{\circ}_m NaCl$

$= 91 + 425.9 - 126.4$

$= 390.5$ ओम$^{-1}$ सेमी^{2} मोल$^{-1}$

11. (a) (126 सीमेन सेमी^{2} मोल$^{-1}$) $\Lambda^{\infty}_{NaCl} = \Lambda^{\infty}_{Na^+} + \Lambda^{\infty}_{Cl^+}$ ...(i)

(152 सीमेन सेमी^{2} मोल$^{-1}$) $\Lambda^{\infty}_{KBr} = \Lambda^{\infty}_{K^+} + \Lambda^{\infty}_{Br^-}$ ...(ii)

(150 सीमेन सेमी^{2} मोल$^{-1}$) $\Lambda^{\infty}_{KCl} = \Lambda^{\infty}_{K^+} + \Lambda^{\infty}_{Cl^-}$ ...(iii)

समी. (i) + (ii) – (iii) से

$\because \quad \Lambda^{\infty}_{NaBr} = \Lambda^{\infty}_{Na} + \Lambda^{\infty}_{Br^-}$

$= 126 + 152 - 150$

$= 128$ सीमेन सेमी^{2} मोल$^{-1}$

12. (c) सेल स्थिरांक, G^{*} = चालकता × प्रतिरोध

$= 1.29$ सीमेन मी$^{-1} \times 100$ ओम

$= 129$ मी$^{-1} = 1.29$ सेमी$^{-1}$

0.02 KCl विलयन की चालकता $(\kappa) = \frac{G^{*}}{R}$

$= \frac{129 \text{ मी}^{-1}}{520 \text{ ओम}} = 0.248$ मी$^{-1}$

सान्द्रता $= 0.02\ M = 1000 \times 0.02$ मोल मी$^{-3}$

$= 20$ मोल मी$^{-3}$

मोलर चालकता $(\Lambda_m) = \frac{\kappa}{C} = \frac{0.248 \text{ सीमेन मी}^{-1}}{20 \text{ सीमेन मी}^{-3}}$

$= 124 \times 10^{-4}$ सीमेन मी^{2} मोल$^{-1}$

13. (a) **मोलर चालकता (Λ^C_m) की गणना**

$\kappa = 7.896 \times 10^{-5}$ सीमेन सेमी$^{-1}$

$C = 0.0024\,1$ मोल ली$^{-1}$

$= \frac{0.00241}{10^3}$ मोल सेमी$^{-3}$

$= 241 \times 10^{-8}$ मोल सेमी$^{-1}$

$\Lambda^c_m = \frac{\kappa}{C} = \frac{(7.896 \times 10^{-5} \text{ सीमेन सेमी}^{-1})}{(241 \times 10^{-8} \text{ मोल सेमी}^{-3})}$

$= 32.76$ सीमेन सेमी^{2} मोल$^{-1}$

CH_3COOH **की वियोजन की मात्रा (α) की गणना**

$\alpha = \frac{A^c_m}{A^0_m} = \frac{(32.76 \text{ सीमेन सेमी}^2 \text{ मोल}^{-1})}{(390.5 \text{ सीमेन सेमी}^2 \text{ मोल}^{-1})}$

वियोजन स्थिरांक (K_a) की गणना $= 0.084 = 8.4 \times 10^{-2}$

$K_a = \frac{[CH_3COO^-][H^+]}{[CH_3COOH]} = \frac{C\alpha \times C\alpha}{C(1-\alpha)} = \frac{C\alpha^2}{(1-\alpha)}$

$= \frac{(0.00241 \text{ मोल ली}^{-1}) \times (0.084)^2}{(1 - 0.084)}$

$= 0.0000185 = 1.85 \times 10^{-5}$ मोल ली$^{-1}$

16. (a) गलित NaCl के विद्युत-अपघटन में क्लोराइड आयन ऐनोड पर ऑक्सीकृत होते हैं तथा इस प्रक्रम को ऑक्सीकरण कहते हैं।

19. (c) ग्राम-तुल्यांकों की संख्या = प्रवाहित हुए फैराडे की संख्या

4 तुल्यांक = 4 फैराडे

20. (c) फैराडे नियम के अनुसार

उत्पन्न आयनों की संख्या $\propto$ प्रवाहित हुई विद्युत की मात्रा

21. (d) $C_6H_5NO_2 + 6H^+ + 6e^- \longrightarrow C_6H_5NH_2 + 2H_2O$

1 मोल (= 123 ग्राम) नाइट्रोबेन्जीन के लिए आवश्यक इलेक्ट्रॉन

$= 6$ मोल $= 6 \times 96500$ कूलॉम आवेश

$\therefore$ 12.3 ग्राम नाइट्रोबेन्जीन के लिए आवश्यक आवेश

$= \frac{6 \times 96500 \times 12.3}{123} = 6 \times 9650 = 57900$ कूलॉम

22. (b) $w_{\text{धातु}} = \frac{E \times i \times t}{96500} = \frac{E \times 3 \times 50 \times 60}{96500}$

$\therefore \quad E = \frac{96500 \times w}{3 \times 50 \times 60} = \frac{96500 \times 1.8}{3 \times 50 \times 60} = 19.3$

23. (b) प्रयुक्त विद्युत की मात्रा = धारा (ऐम्पियर में) × समय (सेकण्ड में)

$5 \times (20 \times 60) = 6000$ कूलॉम

विद्युत अपघटन में हुई अभिक्रिया के लिए रासायनिक समी

$Ni(NO_3)_2(aq) + 2H^2 + 2e^- \longrightarrow Ni + 2HNO_3$

$2F \qquad\qquad 58.7$ ग्राम मोल$^{-1}$

n मोल इलेक्ट्रॉनों पर आवेश $Q = nF$

1 मोल निकेल निक्षेपित (deposit) करने के लिए आवश्यक

आवेश $= 2F = 2 \times 96500$ कूलॉम $= 1.93 \times 10^5$ कूलॉम

निकेल का अणुभार = 58.7 ग्राम मोल$^{-1}$

1.93×10^5 कूलॉम आवेश निकेल उत्पादित करता है

= 58.7 ग्राम

600 कूलॉम आवेश निकेल उत्पादित करेगा

$= \frac{58.7 \text{ ग्राम} \times (6000 \text{ कूलॉम})}{(1.93 \times 10^5 \text{ कूलॉम})} = 1.825$ ग्राम

24. (*b*) $w_{Ag} = \frac{E_{Ag} \times Q}{96500} = \frac{108 \times 9.65}{96500}$

$= 1.08 \times 10^{-2}$ ग्राम = 10.8 मिग्रा

25. (*c*) बने हुए सिल्वर के तुल्यांकों की संख्या = बने हुए कॉपर के तुल्यांकों की संख्या

$AgNO_3$ में Ag + 1 ऑक्सीकरण अवस्था में हैं।

$CuSO_4$ में Cu + 2 ऑक्सीकरण अवस्था में है।

Ag का तुल्यांकी भार $= \frac{108}{1} = 108$ ग्राम-तुल्यांक$^{-1}$

Cu का तुल्यांकी भार $= \frac{63.6}{2} = 31.8$ ग्राम-तुल्यांक$^{-1}$

$$\frac{w_1}{w_2} = \frac{E_1}{E_2}$$

$$\therefore \quad \frac{10.79}{w_{Cu}} = \frac{108}{31.8}$$

अथवा $w_{Cu} = \frac{10.79 \times 31.8}{108} = 3.2$ ग्राम

29. (*c*) $Pt(s)\, H_2(g, 1\,bar) | H^+ (aq, 1M) || Cu^{2+} (aq\, 1M) | Cu$

उपरोक्त सेल, कॉपर इलेक्ट्रोड का मानक इलेक्ट्रोड विभव मापन के लिए प्रयुक्त होगा।

30. (*c*) Mg > Al > Zn > Fe > Cu

इसका अर्थ यह है कि दाईं तरफ की प्रत्येक धातु अगली को उसके लवण विलयन से विस्थापित कर सकती है।

31. (*c*) जब $E_{\text{बाह्य}} > E_{\text{सेल}}$ तो विद्युत-अपघटनी सेल (Electrolytic) की तरह व्यवहार करती है।

32. (*b*) अपचयन विभव का मान जितना अधिक ऋणात्मक या कम धनात्मक होता है अपचायक उतना ही प्रबल होता है।

अतः अपचायक क्षमता क्रम है $\underset{(1.51)}{Mn^{2+}} < \underset{(1.36)}{Cl^-} < \underset{(1.33)}{Cr^{3+}} < \underset{(-0.74)}{Cr}$

33. (*c*) अपचयन विभव का मान जितना अधिक होगा ऑक्सीकारक उतना ही प्रबल होगा। अतः MnO_4^- प्रबलतम् ऑक्सीकारक है।

34. (*d*) $CuSO_4$ के विद्युत अपघटन में Cu^{2+} कैथोड पर तथा OH^- ऐनोड पर निरावेशित होता है। अतः विलयन H^+ तथा SO_4^{2-} या H_2SO_4 (सल्फ्यूरिक अम्ल) की अधिकता के कारण अम्लीय हो जाता है।

35. (a) KNO_3 में K^+ तथा NO_3^- दोनों के वेग (Velocities) लगभग समान होते हैं। अतः यह लवण सेतु बनाने में प्रयुक्त होता है।

36. (*d*) NHE का मानक इलेक्ट्रोड विभव 298 केल्विन पर 0.00 वोल्ट लिया जाता है।

38. (*b*) विद्युत-रासायनिक श्रेणी में मैग्नीशियम (Mg), कॉपर (Cu) से ऊपर है अतः Cu इलेक्ट्रोड कैथोड की तरह कार्य करता है।

$$E°_{\text{सेल}} = E°_{Cu^{2+}/Cu} - E°_{Mg^{2+}/Mg}$$

$$\therefore \quad 2.07\ V = 0.34 - E°_{Mg^{2+}/Mg}$$

$$\therefore \quad E°_{Mg^{2+}/Mg} = -2.36V$$

39. (a) $MnO_4^- + 4H^+ 3e^- \longrightarrow MnO_2 + 2H_2O$ अभिक्रिया के लिए

$$-E_3 = \frac{-1.51 \times 5 + 2 \times 1.23}{3}$$

$$\therefore \quad E_3 = 1.70 \text{ वोल्ट}$$

40. (*c*) सेल अभिक्रिया के लिए Fe कैथोड तथा Sn ऐनोड की तरह कार्य करता है।

$$E°_{\text{सेल}} = E°_{\text{कैथोड}} - E°_{\text{ऐनोड}}$$
$$= -0.44 - (-0.14)$$
$$= -0.30 \text{ वोल्ट}$$

ऋणात्मक विद्युत वाहक बल यह संकेत करता है कि अभिक्रिया स्वतः व्युत्क्रम दिशा में होती है।

41. (*a*) H_2 ऐनोड है क्योंकि ऑक्सीकरण होता है तथा Cu कैथोड है क्योंकि अपचयन होता है।

42. (*b*) $\frac{1}{2} H_2 |H^+||Ag^+| Ag$

$$E°_{\text{सेल}} = E°_{\text{कैथोड}} - E°_{\text{ऐनोड}}$$
$$= E°_{Ag^+/Ag} - E°_{H^+/\frac{1}{2}H_2}$$
$$= (0.80) - (0.0) = 0.80 \text{ वोल्ट}$$

43. (*d*) हाइड्रोजन इलेक्ट्रोड का अपचयन विभव,

$$E_H = -\frac{2.303\, RT}{F} \log \frac{1}{[H^+]}$$
$$= -0.059\ pH$$
$$= -0.059 \times 3$$
$$= -0.177 \text{ वोल्ट}$$

44. (*c*) सेल अभिक्रिया है

$$H_2(g) + I_2(s) \rightleftharpoons 2H^+(aq) + 2I^-(aq)$$
$$0.7714 = 0.535 - \frac{0.0591}{2} \log \frac{[H^+][I^-]^2}{p_{H_2}}$$
$$\therefore \quad pH = 3$$

45. (*b*) $Cu^{2+} + 2e^- \longrightarrow Cu$

$$E = E° - \frac{0.0591}{2} \log \frac{1}{[Cu^{2+}]}$$
$$= 0.34 - \frac{0.0591}{2} \log 100$$
$$= 0.34 - 0.0591 = 0.281 \text{ वोल्ट}$$

46. (*c*) इस अभिक्रिया में,

$$Fe^{2+} + Zn \xrightarrow[\text{ऑक्सीकरण}]{\text{अपचयन}} Zn^{2+} + Fe$$

विद्युत वाहक बल $= E_{\text{कैथोड}} - E_{\text{ऐनोड}}$

$$= -0.41 - (-0.76) = +0.35 \text{ वोल्ट}$$

47. (*c*) $E_{\text{सेल}}$ गहन गुण है जबकि सेल अभिक्रिया के लिए $\Delta_r G$ एक विस्तीर्ण गुण है।

48. (*b*) हम जानते हैं, $\Delta G° = -nFE°$

$$-21.2 \times 10^3 = -1 \times 96500 \times E$$
$$E = \frac{21.2 \times 10^3}{96500}$$
$$= 0.220 \text{ वोल्ट}$$

अध्याय 09

विलयन
Solutions

दो या दो से अधिक पदार्थों का समांगी मिश्रण विलयन कहलाता है। दो पदार्थों के समांगी मिश्रण से प्राप्त विलयन को द्विअंगी विलयन कहते हैं। वह पदार्थ जो अपेक्षाकृत कम मात्रा में उपस्थित रहता है, विलेय कहलाता है तथा जो पदार्थ अधिक मात्रा में उपस्थित रहता है, विलायक कहलाता है।

विलयन के प्रकार Types of Solutions

द्विअंगी विलयन को पदार्थ की तीनों भौतिक अवस्थाओं, ठोस, द्रव तथा गैस के किसी भी संयोग द्वारा बनाया जा सकता है। इस प्रकार भौतिक अवस्था के आधार पर विलयन निम्नलिखित 9 प्रकार के हो सकते हैं। ये विलेय व विलायक की अवस्थाओं पर निर्भर करते हैं।

विलयनों के विभिन्न प्रकार

विलयन के प्रकार	विलेय	विलायक	सामान्य उदाहरण
गैसीय विलयन	गैस	गैस	वायु
	गैस	द्रव	वायु में नमी
	गैस	ठोस	वायु में कपूर
द्रव विलयन	द्रव	गैस	जल में घुली सोडा वाटर
	द्रव	द्रव	जल में ऐल्कोहॉल
	द्रव	ठोस	जल में शर्करा अथवा नमक का विलयन
ठोस विलयन	ठोस	गैस	पैलेडियम धातु (Pd) में
	ठोस	द्रव	जैली, गोल्ड में मरकरी
	ठोस	ठोस	ठोस विलयन, कॉपर में जिंक (पीतल) मिश्रधातु

विलेयता Solubility

किसी निश्चित ताप पर, 100 ग्राम विलायक में विलेय की जो मात्रा संतृप्त विलयन बनाने के लिए घोली जाती है, वह उस विलेय की विलेयता कहलाती है।

द्रव में किसी विलेय की विलेयता निम्न कारकों पर निर्भर करती है

(i) तापक्रम
(ii) विलेय और विलायक की प्रकृति
(iii) विलेय के कणों का आकार
(iv) समआयन प्रभाव
(v) दाब (गैसों में)

गैसों की द्रव में विलेयता
Solubility of Gases in Liquids

गैसों की द्रव में विलेयता पर दाब का प्रभाव दर्शाने के लिए हेनरी ने एक नियम दिया, जिसे **हेनरी का नियम** (Henry's law) कहते हैं।

इस नियम के अनुसार, विलायक के इकाई आयतन में घुली गैस का द्रव्यमान निश्चित ताप पर दाब के समानुपाती होता है।

$$m \propto p$$

ठोस की द्रव में विलेयता
Solubility of Solid in Liquid

किसी द्रव में (विलायक) में ठोस (विलेय) की विलेयता के आधार पर द्रव निम्नलिखित तीन प्रकार के होते हैं।

(i) **असंतृप्त विलयन** (Unsaturated Solution) वह विलयन जिसमें विलेय की मात्रा संतृप्त विलयन की अपेक्षाकृत कम होती है, असंतृप्त विलयन कहलाता है। इसमें साधारण ताप पर ही विलेय की ओर अधिक मात्रा घोली जा सकती है।

(ii) **संतृप्त विलयन** (Saturated Solution) स्थिर ताप पर, वह विलयन जिसमें विलेय की अधिकतम् सम्भव मात्रा घुली हों, संतृप्त विलयन कहलाता है अर्थात् संतृप्त विलयन वह विलयन है जिसमें ठोस और विलयन साम्य में हों। जैसे चीनी के संतृप्त विलयन में निम्न साम्य होता है

$$\text{ठोस चीनी} \rightleftharpoons \text{चीनी का विलयन}$$

(iii) **अतिसंतृप्त विलयन** (Supersaturated Solution) स्थिर ताप पर, जब किसी विलयन में विलेय की मात्रा, संतृप्त विलयन से अधिक हो जाती है, तो उस विलयन को अतिसंतृप्त विलयन कहते हैं।
उदाहरण—सोडियम थायोसल्फेट के क्रिस्टल ($Na_2S_2O_3 \cdot 5H_2O$) को धीरे-धीरे गर्म करने पर यह पिघल जाता है और अपने ही क्रिस्टलन जल में घुलकर अतिसंतृप्त विलयन बनाता है।

इसी प्रकार ग्लॉबर लवण ($Na_2SO_4 \cdot 10H_2O$) को धीरे-धीरे गर्म करने पर यह भी अपने ही क्रिस्टलन जल में घुलकर अतिसंतृप्त विलयन बनाता है। अतिसंतृप्त विलयन एक अस्थायी तन्त्र है। इसे हिलाने पर विलेय के क्रिस्टल बन जाते हैं और संतृप्त विलयन बन जाता है।

$\therefore \quad m = K_H \cdot p$

तथा मोल प्रभाज के पदों में $p = K_H \cdot \chi$

जहाँ, K_H हेनरी नियतांक है। जैसे-जैसे तापकम बढता है, K_H का मान भी बढता है।

विलयन की सान्द्रता को व्यक्त करना
Expression of Concentration of Solution

किसी विलयन की सान्द्रता उसमें उपस्थित विलेय तथा विलायक की आपेक्षिक मात्राओं के सन्दर्भ में होती है। विलयन, जिनमें विलेय अपेक्षाकृत अल्प मात्रा में उपस्थित होता है, **तनु विलयन** कहलाते हैं। जबकि ऐसे विलयन जिनमें विलेय की अपेक्षाकृत अधिक मात्रा उपस्थित होती है, **सान्द्र विलयन** कहलाते हैं। किसी विलयन की सान्द्रता उसमें उपस्थित विलेय तथा विलायक की आपेक्षिक मात्राओं के सन्दर्भ में होती है तथा इसके विभिन्न व्यंजक निम्न प्रकार हैं

प्रतिशत के पदों में In Terms of Percentage

किसी विलयन की सान्द्रता को प्रतिशत के पदों में निम्नलिखित दो प्रकार से व्यक्त कर सकते हैं

द्रव्यमान प्रतिशत Per cent by Weight

किसी विलयन के 100 ग्राम में घुले विलेय की ग्राम में मात्रा द्रव्यमान प्रतिशत के पदों में उसकी सान्द्रता को प्रदर्शित करती है।

$$\text{द्रव्यमान प्रतिशत} = \frac{\text{विलेय का द्रव्यमान}}{\text{विलयन का द्रव्यमान}} \times 100$$

किसी विलेय के 10% द्रव्यमान प्रतिशत का अर्थ है कि विलयन के 100 ग्राम में 10 ग्राम विलेय घुला है तथा 90 ग्राम विलायक है।

(i) **आयतन प्रतिशत** (Per cent by Volume) किसी विलयन के 100 मिली में घुले विलेय की ग्राम में मात्रा उसकी सान्द्रता को आयतन प्रतिशत के पदों में व्यक्त करती है।

$$\text{प्रतिशत} = \frac{\text{विलेय का द्रव्यमान}}{\text{विलयन का आयतन}} \times 100 \text{ (ठोस विलेय हेतु)}$$

$$\text{आयतन प्रतिशत} = \frac{\text{विलेय का आयतन}}{\text{विलयन का आयतन}} \times 100 \text{ (द्रव विलेय हेतु)}$$

5% आयतन प्रतिशत विलयन का अर्थ है कि विलयन के 100 मिली में 5 ग्राम विलेय घुला है।

(ii) **शक्ति प्रतिशत** (Per cent by Strength) किसी विलयन के 100 मिली में उपस्थित विलेय का मिली में आयतन उसकी सान्द्रता को शक्ति प्रतिशत के पदों में प्रदर्शित करता है।

$$\text{शक्ति प्रतिशत} = \frac{\text{विलेय का आयतन}}{\text{विलयन का आयतन}} \times 100$$

10% शक्ति प्रतिशत विलयन का अर्थ है कि विलयन के 100 मिली में 10 मिली विलेय घुला है।

द्रव्यमान प्रभाज Mass Fraction

एक मिश्रण में किसी अवयव का द्रव्यमान प्रभाज, उस अवयव के ग्राम में द्रव्यमान और मिश्रण के कुल ग्राम में द्रव्यमान का अनुपात होता है। यदि एक मिश्रण में दो अवयव A एवं B हैं और उनकी मात्राएँ क्रमशः w_A एवं w_B ग्राम हैं, तो

$$A \text{ का द्रव्यमान प्रभाज} = \frac{w_A}{w_A + w_B}$$

$$B \text{ का द्रव्यमान प्रभाज} = \frac{w_B}{w_A + w_B}$$

मोल प्रभाज अथवा मोल-अंश अथवा अणु भिन्नांक Mole Fraction

यह एक घटक (अर्थात् विलेय या विलायक) के मोलों की संख्या तथा विलयन (अर्थात् विलेय तथा विलायक दोनों घटकों) के कुल मोलों की संख्या का अनुपात है। अतः विलेय का मोल प्रभाज (χ_1)

$$= \frac{\text{विलेय की मोल संख्या } (n_1)}{\text{विलेय की मोल संख्या } (n_1) + \text{ विलायक की मोल संख्या } (n_2)}$$

विलायक का मोल प्रभाज (χ_2)

$$= \frac{\text{विलायक की मोल संख्या } (n_2)}{\text{विलेय की मोल संख्या } (n_1) + \text{ विलायक की मोल संख्या } (n_2)}$$

विलेय का मोल प्रभाज (χ_1) + विलायक का मोल प्रभाज (χ_2) = 1

अंश प्रति मिलियन Parts Per Million, ppm

यदि किसी विलयन में विलेय की अतिसूक्ष्म मात्रा उपस्थित होती है अर्थात् विलयन अत्यधिक तनु होता है तब सान्द्रता को ppm में व्यक्त करते हैं।

किसी विलयन के एक मिलियन (दस लाख) ग्राम में उपस्थित विलेय की ग्राम में मात्रा को विलयन *की* ppm में सान्द्रता *कहते हैं।*

$$\text{ppm में सान्द्रता} = \frac{\text{विलेय का भार (ग्राम में)}}{\text{विलयन का भार (ग्राम में)}} \times 10^6$$

ppb में सान्द्रता Concentration in ppb

यह विलेय के अंशों की वह मात्रा है जो विलयन के एक बिलियन (10^9) अंशों में घुली रहती है।

$$\text{ppb} = \frac{\text{विलेय के अंशों का द्रव्यमान}}{\text{विलयन का कुल द्रव्यमान}} \times 10^9$$

ग्राम/लीटर में सान्द्रता अथवा शक्ति
Concentration in Gram/Litre or Strength

किसी विलयन के एक लीटर (या डेसीमीटर^3) में पदार्थ की जितनी मात्रा घुली होती है, उसे विलयन की शक्ति कहते हैं। शक्ति के रूप में विलयन की सान्द्रता ग्राम/लीटर या ग्राम/डेसीमीटर^3 द्वारा व्यक्त की जाती है।

$$\text{शक्ति} = \frac{\text{ग्राम में विलेय का द्रव्यमान}}{\text{लीटर में विलयन का आयतन}}$$

ग्राम प्रति लीटर में सान्द्रता या शक्ति को साधारणतया S से प्रदर्शित करते हैं। यदि विलेय की ग्राम में मात्रा को w तथा विलयन के मिली में आयतन को V से प्रदर्शित किया जाए, तो

$$\text{सान्द्रता, } (S) = \frac{w}{V} \times 1000$$

मोलरता Molarity, M

किसी विलयन की मोलरता विलयन के प्रति लीटर में उपस्थित विलेय के मोलों की संख्या (या विलयन के प्रति मिली में मोलों की संख्या) है। उदाहरण के लिए शर्करा के एक मोलर (1 M) विलयन का अर्थ है कि विलयन के प्रति लीटर में शर्करा के 1 मोल (अर्थात् 342 ग्राम या 6.02×10^{23} अणु) उपस्थित हैं।

$$\text{मोलरता } (M) = \frac{\text{विलेय के मोलों की संख्या } (n)}{\text{विलयन का लीटर में आयतन}}$$

$$= \frac{\text{प्रति लीटर विलयन में विलेय का भार}}{\text{विलेय का अणुभार}}$$

$$= \frac{\text{विलेय का भार (ग्राम में)}}{\text{विलेय का अणुभार}} \times \frac{1000}{\text{विलयन का मिली में आयतन}}$$

$$\text{मोलरता } (M) = \frac{\text{विलेय की प्रतिशतता} \times 10}{\text{विलेय का अणुभार}}$$

$$= \frac{10 \times \text{विलयन का विशि ष्ट गुरुत्व} \times \text{विलेय का\% भार}}{\text{विलेय का अणुभार}}$$

(i) **मोलरता तथा ग्राम/लीटर में सान्द्रता में सम्बन्ध**
Relation Between Molarity and Stength in Gram/Litre

$$\text{मोलरता } (M) = \frac{\text{विलेय का भार (ग्राम में)}}{\text{विलेय का अणुभार} \times \text{विलयन का आयतन (लीटर में)}}$$

$$= \frac{\text{ग्राम / लीटर में सान्द्रता}}{\text{विलेय का अणुभार}}$$

(ii) **मोलरता तथा विलेय के मोल प्रभाज में सम्बन्ध**
Relation Between Molarity and Mole Fraction of the Solute

$$x = \frac{MM_1}{M(M_1 - M_2) + d}$$

जहाँ, d = विलयन का घनत्व, M_1 = विलायक का मोलर द्रव्यमान
M_2 = विलेय का द्रव्यमान, M = विलयन की मोलरता

(iii) **तनुता नियम (मोलरता के आधार पर)** Dilution Law (On the basic of Molarity) यदि विलयन की मोलरता और आयतन M_1, V_1 से M_2, V_2 में परिवर्तित होते हैं, तब, $M_1V_1 = M_2V_2$ (मोलरता समीकरण) सन्तुलित रासायनिक समीकरण में, यदि एक अभिकारक के n_1 मोल दूसरे अभिकारक के n_2 मोल से क्रिया करते हैं, तब

$$\frac{M_1V_1}{n_1} = \frac{M_2V_2}{n_2}$$

यदि समान विलेय के दो विलयनों को मिश्रित किया जाए, तो परिणामी विलयन की मोलरता, $M = \dfrac{M_1V_1 + M_2V_2}{(V_1 + V_2)}$

M_1 मोलरता के V_1 मिली से M_2 मोलरता का विलयन प्राप्त करने के लिए प्रयुक्त जल का आयतन $V_2 - V_1 = \left(\dfrac{M_1 - M_2}{M_2}\right)V_1$

मोललता Molality, m

यह विलायक के 1000 ग्राम में उपस्थित विलेय के मोलों की संख्या है।

$$\text{अतः मोललता } (m) = \frac{\text{विलेय के मोलों की संख्या } (n)}{\text{विलायक का भार (ग्राम)}} \times 1000$$

$$= \frac{\text{विलेय का द्रव्यमान (ग्राम)}}{\text{विलेय का अणुभार} \times \text{विलायक का द्रव्यमान (ग्राम)}} \times 1000$$

$$= 10 \times \text{विलेयता/विलेय का अणुभार}$$

(i) **मोललता (m) तथा विलेय के भार प्रतिशत्ता ($x\% y$) में सम्बन्ध**
Relation between Molality and Weight Percentage of Solute (x)

$$\text{मोललता } (m) = \frac{100 \times \text{विलेय का प्रतिशत भार}}{(100 - x) \times \text{विलेय का अणुभार}}$$

(ii) **मोललता (m) तथा विलेय के मोल प्रभाज (χ) में सम्बन्ध**
Relation between Molality (m) and Mole Fraction (χ) of Solute

$$\chi = \frac{mM_1}{1 + mM_1}$$

जहाँ, M_1 = विलायक का अणुभार

(iii) **मोललता (m) तथा मोलरता (M) में सम्बन्ध**
Relation between Molality (m) and Molarity (M)

$$\text{मोललता } (m) = \frac{M}{d - MM_2}$$

(यदि d किग्रा/लीटर में तथा M_2 किग्रा/मोल में है)

$$\text{मोललता } (m) = \frac{M}{1000d - MM_2}$$

(यदि d ग्राम/लीटर में तथा M ग्राम/मोल में है)

$$\text{मोलरता } (M) = \frac{m \times d}{1 + \dfrac{m \times M_2}{1000}}$$

जहाँ, M_2 = विलेय का मोलर द्रव्यमान, d = विलयन का घनत्व

नॉर्मलता Normality, N

यह विलयन के प्रति लीटर में उपस्थित विलेय के ग्राम-तुल्यांकों (ग्राम में तुल्यांकी भार) की संख्या है। इसकी इकाई ग्राम-तुल्यांक लीटर$^{-1}$ है।

$$\text{अतः नॉर्मलता } (N) = \frac{\text{विलेय के ग्राम-तुल्यांकों की संख्या}}{\text{विलयन का आयतन (मिली में)}} \times 1000$$

$$= \frac{\text{विलेय के ग्राम-तुल्यांकों की संख्या}}{\text{विलयन का आयतन (लीटर में)}}$$

$$= \frac{\text{विलेय का भार}, w}{\text{विलेय का ग्राम-तुल्यांकी भार} \times \text{विलयन का आयतन}, V \text{ (लीटर में)}}$$

$$= \frac{\text{विलेय का भार}(w)}{\text{विलेय का ग्राम-तुल्यांकी भार} \times \text{विलयन का आयतन (मिली में)}}$$

$$= \frac{w \times 1000}{EV}$$

$$\text{अथवा} \quad w = \frac{NEV}{1000}$$

$$\text{पुनः नॉर्मलता} = \frac{\text{विलयन में प्रति लीटर विलेय का भार}}{\text{विलेय का ग्राम-तुल्यांकी भार}}$$

$$= \frac{\text{विलेय के मिली तुल्यांकों की संख्या}}{\text{विलयन का मिली में आयतन}}$$

(1 तुल्यांक = 1000 मिलीतुल्यांक = ग्राम-तुल्यांकी भार)

(i) **नॉर्मलता तथा ग्राम/लीटर में सान्द्रता में सम्बन्ध**
Relation between Normality and Strength in Gram/Litre

$$\text{नॉर्मलता } (N) = \frac{\text{विलेय का द्रव्यमान (ग्राम में)}}{\text{विलेय का तुल्यांकी भार } \times \text{विलयन का आयतन (लीटर में)}}$$

$$= \frac{\text{ग्राम / लीटर में सान्द्रता } (S)}{\text{विलेय का तुल्यांकी भार } (E)}$$

अथवा $S = N \times E$

(ii) **नॉर्मलता तथा मोलरता में सम्बन्ध**
Relation Between Normality and Molarity

$$\text{नॉर्मलता} = \frac{\text{विलेय के ग्राम-तुल्यांकों की संख्या}}{\text{विलयन का आयतन (लीटर में)}}$$

$$\text{तथा मोलरता} = \frac{\text{विलेय के मोलों की संख्या)}}{\text{विलयन का अयातन (लीटर में)}}$$

$$\therefore \frac{\text{नॉर्मलता}}{\text{मोलरता}} = \frac{\text{विलेय के ग्राम - तुल्यांकों की संख्या}}{\text{विलेय के मोलों की संख्या}} = \frac{\text{अणुभार}}{\text{तुल्यांकी भार}}$$

$\Rightarrow$ नॉर्मलता × तुल्यांकी भार = मोलरता × अणुभार

अम्ल के लिए, $\frac{\text{अणुभार}}{\text{तुल्यांकी भार}}$ = क्षारकता

$\therefore$ अम्ल की नॉर्मलता = मोलरता × क्षारकता,

पुनः क्षार के लिए, $\frac{\text{अणुभार}}{\text{तुल्यांकी भार}}$ = अम्लीयता

$\therefore$ क्षार की नॉर्मलता = मोलरता × अम्लीयता

(iii) **नॉर्मलता तथा विलेय की प्रतिशत्ता में सम्बन्ध**
Relation Between Normality and Percentage of Solute

$$N = \frac{x \times d \times 10}{E}$$

जहाँ, x = विलेय का द्रव्यमानानुसार प्रतिशत्ता
d = विलयन का ग्राम/मिली में घनत्व
E = विलेय का तुल्यांकी भार

(iv) **तनुता नियम** (नॉर्मलता के आधार पर) Dilution Law (On the basic of Normality) एक पदार्थ के ग्राम-तुल्यांकों की संख्या = दूसरे पदार्थ के ग्राम-तुल्यांकों की संख्या

$$N_1V_1 = N_2V_2$$

यदि एक ही विलेय के दो विलयनों को मिश्रित किया जाए, तो मिश्रण की नॉर्मलता (N) निम्न प्रकार ज्ञात करते हैं

$$N = \frac{N_1V_1 + N_2V_2}{V_1 + V_2}$$

जल मिलाकर N_1 नॉर्मलता के V_1 मिली से N_2 नॉर्मलता के V_2 मिली विलयन को प्राप्त करने के लिए प्रयुक्त जल का आयतन $(V_2 - V_1)$ निम्न प्रकार ज्ञात करते हैं

$$(V_2 - V_1) = \left(\frac{N_1 - N_2}{N_2}\right) V_1$$

यदि N_a नॉर्मलता के V_a मिली अम्ल को, N_b नॉर्मलता के V_b मिली क्षार के साथ मिश्रित किया जाए, तो

(a) अम्लीय मिश्रण की नॉर्मलता $= \frac{N_aV_a - N_bV_b}{(V_a + V_b)}$

(b) क्षारीय मिश्रण की नॉर्मलता $= \frac{N_bV_b - N_aV_a}{(V_a + V_b)}$

(c) उदासीन विलयन के लिए, $N_aV_a = N_bV_b$

(d) अम्लीय विलयन के लिए, $N_aV_a > N_bV_b$

(e) क्षारीय विलयन के लिए, $N_aV_a < N_bV_b$

(v) **विलयन की शक्ति (ग्राम ली $^{-1}$) तथा नॉर्मलता में सम्बन्ध**
Relation between Normality and Strength

विलेयता की शक्ति = नॉर्मलता × विलेय का ग्राम-तुल्यांकी भार

$$S = N \times E$$

फॉर्मलता Formality, F

फॉर्मलता विलयन के प्रति लीटर में उपस्थित आयनिक विलेय के सूत्र भारों की ग्रामों में सख्या है। इसे F द्वारा प्रदर्शित किया जाता है। प्रति लीटर विलयन में, विलेय का एक ग्राम-सूत्र भार उपस्थित होने पर विलयन की फॉर्मलता एक होगी। ऐसा विलयन **फॉर्मल विलयन** कहलाता है। **फॉर्मलता ताप में परिवर्तन के साथ परिवर्तित होती है।**
गणितीय रूप में,

$$\text{फॉर्मलता } (F) = \frac{\text{विलेय के ग्राम-सूत्र भारों की संख्या}}{\text{विलयन का लीटर में आयतन}}$$

$$= \frac{\text{आयनिक विलेय का भार (ग्राम में)}}{\text{विलेय का ग्राम-सूत्र भार} \times \text{विलयन का आयतन (ली)}}$$

डेमल Demal, D

यह 0°C पर मोलरता सान्द्रता के तुल्य होता है अर्थात् 1 डेमल (1 D) 0°C पर विलयन के एक लीटर में उपस्थित विलेय के एक मोल को व्यक्त करता है।

वाष्प दाब Vapour Pressure

स्थिर ताप पर, किसी द्रव को बन्द पात्र में रखने पर द्रव की सतह से अधिक गतिज ऊर्जा वाले अणु वाष्पित होकर द्रव के ऊपर उपलब्ध स्थान में एकत्रित (वाष्पन की प्रक्रिया द्वारा) होते रहते हैं। साथ ही ऊपर से टकराने के बाद नीचे आते कुछ अणु द्रव की सतह से टकराकर वाष्प अवस्था से पुनः द्रव अवस्था में (संघनन की प्रक्रिया द्वारा) परिवर्तित हो जाते हैं। वाष्पन (Evaporation) और संघनन (Condensation) की ये दो विरोधी प्रक्रियाएँ साथ-साथ होती रहती हैं। प्रारम्भ में संघनन प्रक्रिया का वेग शून्य होता है, क्योंकि वाष्प अवस्था में अणुओं की सान्द्रता शून्य होती है, परन्तु समय के साथ-साथ वाष्पन का वेग तो स्थिर रहता है परन्तु संघनन का वेग बढ़ता जाता है और अन्त में एक ऐसी अवस्था आ जाती है जिसमें वाष्पन और संघनन प्रक्रियाओं के वेग बराबर हो जाते हैं। निकाय की यह अवस्था द्रव और वाष्प के मध्य साम्य की अवस्था कहलाती है। साम्यावस्था पर वाष्प कणों का दाब ही **वाष्प दाब** या **संतृप्त वाष्प दाब** कहलाता है।

अतः $\text{द्रव} \underset{\text{द्रवण}}{\overset{\text{वाष्पन}}{\rightleftharpoons}} \text{वाष्प}$

"किसी ताप पर, द्रव तथा उसकी वाष्प के मध्य साम्य की अवस्था में वाष्प का दाब द्रव का वाष्प दाब कहलाता है।"

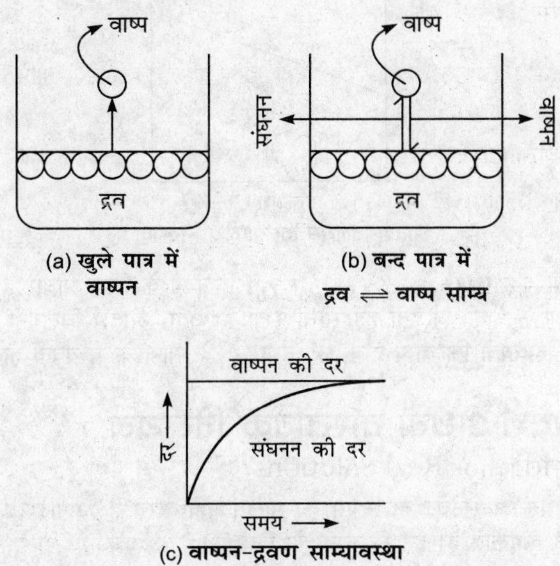

(a) **खुले पात्र में वाष्पन** (b) **बन्द पात्र में द्रव ⇌ वाष्प साम्य**

(c) **वाष्पन-द्रवण साम्यावस्था**

वाष्प दाब को प्रभावित करने वाले कारक
Factors Affecting Vapour Pressure

किसी द्रव का वाष्प दाब निम्नलिखित कारकों द्वारा प्रभावित होता है

(i) **द्रव की शुद्धता** (Purity of Liquid) शुद्ध द्रव का वाष्प दाब सदैव इसकी विलयन अवस्था से अधिक होता है।

(ii) **द्रव की प्रकृति** (Nature of Liquid) वे द्रव जिनमें दुर्बल अन्तराआण्विक आकर्षण बल उपस्थित होते हैं, वाष्पशील होते हैं और उनका वाष्प दाब भी अधिक होता है। उदाहरण के लिए डाइमेथिल ईथर का वाष्प दाब एथिल ऐल्कोहॉल की तुलना में अधिक होता है। इसी प्रकार पेट्रोल का वाष्प दाब डीजल के वाष्प दाब से अधिक होता है।

(iii) **ताप** (Temperature) स्थिर ताप पर, किसी द्रव का वाष्प दाब स्थिर और निश्चित होता है। ताप बढ़ाने पर, द्रव का वाष्प दाब बढ़ता है। किसी ताप पर द्रव का वाष्प दाब निम्नलिखित समीकरण द्वारा ज्ञात करते हैं

$$\log \frac{p_2}{p_1} = \frac{\Delta H}{2.303R}\left[\frac{T_2 - T_1}{T_1 T_2}\right]$$

जहाँ, $p_1 = T_1$ ताप पर द्रव का वाष्प दाब,
$p_2 = T_2$ ताप पर द्रव का वाष्प दाब
ΔH = वाष्पन की गुप्त ऊष्मा, R = गैस स्थिरांक

चूँकि वाष्पन की गुप्त ऊष्मा (ΔH) का मान सदैव धनात्मक होता है अत: ताप बढ़ाने पर द्रव का वाष्प दाब बढ़ता है।

अवाष्पशील और वाष्पशील विलेय के लिए राउल्ट का नियम Raoults Low for Non-Volatile and Volatile Solute

अवाष्पशील विलेय को विलायक में घोलने पर विलायक की सतह का कुछ भाग विलेय के अणु घेर लेते हैं तथा वाष्पन के लिए उपलब्ध आपेक्षिक पृष्ठ सतह कम हो जाती है। अत: वाष्पन कम होता है तथा साम्यावस्था आने पर विलयन कम वाष्प दाब प्रदर्शित करते हैं। अत: अवाष्पशील विलेय को विलायक में मिलाने पर विलायक का वाष्प दाब कम हो जाता है अर्थात् किसी विलयन का वाष्प दाब सदैव उसके विलायक से कम होता है। माना किसी विलायक का T केल्विन ताप पर वाष्प दाब p° है। इसमें थोड़ी मात्रा अवाष्पशील पदार्थ की घोलने पर विलयन का वाष्प दाब p_s हो जाता है, तो $p^\circ > p_s$

वाष्प दाब में विलेय के घोलने के कारण उत्पन्न कमी, **वाष्प दाब का अवनमन** कहलाती है।

$$\text{वाष्प दाब का अवनमन} = p^\circ - p_s$$

इसी प्रकार, वाष्प दाब में आपेक्षिक अवनमन

$$= \frac{p^\circ - p_s}{p^\circ}$$

वाष्प दाब में आपेक्षिक अवनमन, विलयन में उपस्थित विलेय की मात्रा (मोलरसान्द्रता) के समानुपाती होता है।

जब किसी वाष्पशील विलायक में अवाष्पशील विलेय घोला जाता है, तो विलयन का वाष्प दाब उसमें उपस्थित विलायक का वाष्प दाब होता है।

इस नियम के अनुसार, "किसी दिये हुए ताप पर विलयन के किसी घटक का आंशिक वाष्प दाब (p), इसके मोल प्रभाज (χ) तथा शुद्ध अवस्था में इस घटक के वाष्प दाब (p°) के गुणनफल के बराबर होता है।"

अत: $$p = p^\circ \times \chi$$

परन्तु किसी दिये गये शुद्ध विलायक का वाष्प दाब स्थिर रहता है, अत:

$$p \propto \chi$$

अत: किसी विलयन में उपस्थिति किसी घटक का आंशिक वाष्प दाब, उस घटक के मोल प्रभाज के समानुपाती होता है।

विलयन के वाष्प दाब ($p_{\text{सम्पूर्ण}}$) उसमें उपस्थित वाष्पशील घटकों के आंशिक दाबों के योग के बराबर होता है। यदि घटकों (A व B) के आंशिक दाब क्रमश: p_A व p_B हों, तो

$$p_{\text{सम्पूर्ण}} = p_A + p_B = x_A\, p^\circ_A + x_B\, p^\circ_B$$

$\because \quad x_A + x_B = 1$

$\therefore \quad p_{\text{कुल}} = (1 - x_B)\, p^\circ{}_A + x_B\, p^\circ_B = p^\circ{}_A + (p^\circ{}_B - p^\circ{}_A)\, x_B$

यदि किसी वाष्पशील विलायक में कोई अवाष्पशील विलेय घोला जाये, तो उस विलयन के लिए राउल्ट का नियम निम्न प्रकार होगा

"विलयन के दाब में आपेक्षिक अवनमन, विलयन में उपस्थित अवाष्पशील विलेय के मोल प्रभाज के बराबर होता है।" अत:

$$\frac{p^\circ - p}{p^\circ} = \frac{n_1}{n_1 + n_2} = \frac{\dfrac{w_1}{m_1}}{\dfrac{w_1}{m_1} + \dfrac{w_2}{m_2}}$$

जहाँ, p = विलयन का वाष्प दाब $\quad p^\circ$ = शुद्ध विलायक का वाष्प दाब
n_1 = अवाष्पशील विलेय की मोल संख्या n_2 = विलायक की मोल संख्या
w_1 व w_2 = क्रमश: विलेय व विलायक के भार
m_1 व m_2 = क्रमश: विलेय व विलायक के अणुभार

राउल्ट का नियम क्रेवल आदर्श विलयनों के लिए लागू होता है।

विलयन के साथ साम्य में वाष्प प्रावस्था के संघटन का निर्धारण अवयवों के आंशिक दाब से निर्धारित किया जा सकता है। यदि Y_1 तथा Y_2 क्रमश: अवयव 1 व 2 के वाष्पीय अवस्था में मोल प्रभाज हो तो

$$p_1 = Y_1\, p \text{ कुल}, \quad p_2 = Y_2\, p \text{ कुल}$$

सामान्य रूप से $p_i = y_i\, p$ कुल

राउल्ट के नियम की सीमाएँ
Limitations of Raoult's Law

(i) राउल्ट का नियम केवल अति तनु विलयनों के लिए लागू होता है।

(ii) राउल्ट का नियम केवल अवाष्पशील विलेय से युक्त विलयनों के लिए लागू होता है। यदि विलेय वाष्पशील है तो यह विलयन के ऊपर वाष्प दाब बढ़ा देगा। अत: यह वाष्प के अवनमन में विचलन उत्पन्न कर देता है।

(iii) राउल्ट का नियम उन विलेयों के लिए लागू नहीं होता जो विशेष विलयन में वियोजित या संगुणित हो जाते हैं। जिस स्थिति में विलेय के अणु वियोजित होते हैं, ($AB \longrightarrow A^+ + B^-$) उसमें विलयन में कणों (अणु या आयन) की संख्या दोगुनी हो जाती है और वाष्प-दाब का अवनमन भी दोगुना हो जाता है। इसी प्रकार यदि विलेय के अणु संगुणित ($2A \longrightarrow A_2$) होते हैं तो वाष्प दाब के अवनमन में कमी होती है।

आदर्श विलयन Ideal Solutions

वे विलयन जो सभी सान्द्रताओं व तापों पर राउल्ट के नियम का पालन करते हैं, आदर्श विलयन कहलाते हैं। इन विलयनों में विलेय-विलेय व विलायक-विलायक की अन्योन्यक्रिया, विलयन में विलेय-विलायक में अन्योन्यक्रिया के समान होती है।

दो द्रव निम्न परिस्थितियों में मिलकर आदर्श विलयन बनाते हैं

(i) जब दोनों की संरचना समान हो,

(ii) जब दोनों के अणुओं का आकार समान हो,

(iii) जब दोनों का अन्तराणुक आकर्षण बल समान हो।

आदर्श विलयन के लक्षण
Characteristics of an Ideal Solution

दो द्रवों का मिश्रण आदर्श विलयन होगा यदि वह

(i) यह राउल्ट के नियम का पालन करता हैं।

(ii) $\Delta H_{\text{मिश्रण}} = 0$, अर्थात् आदर्श विलयन के बनने में न तो ऊर्जा अवशोषित होती है और न ही उत्सर्जित होती है।

(iii) $\Delta V_{\text{मिश्रण}} = 0$, अर्थात् घटकों के आयतन का योग, मिश्रण के विलयन के आयतन के बराबर होता है।

(iv) यदि विलयन के अवयव A व B है तो इनमें $A-A$ व $B-B$ के बीच अन्तराआण्विक आकर्षण बल $A-B$ के समान होता है।

आदर्श विलयनों के उदाहरण Examples of Ideal Solutions

(a) बेन्जीन व टॉलुईन का मिश्रण, (b) n-हेक्सेन व n-हेप्टेन का मिश्रण,

(c) एथिल ब्रोमाइड व एथिल आयोडाइड का मिश्रण,

(d) C_6Cl_6 व CCl_4 का मिश्रण।

आदर्श विलयनों का ग्राफीय प्रदर्शन
Graphical Representation of Ideal Solutions

वक्र I (सीधी रेखा), द्रव A के मोल-अंशों के सापेक्ष-वाष्प दाबों में विभिन्नताएँ प्रदर्शित करता है तथा वक्र II, द्रव B की संगत विभिन्नताएँ प्रदर्शित करता है।

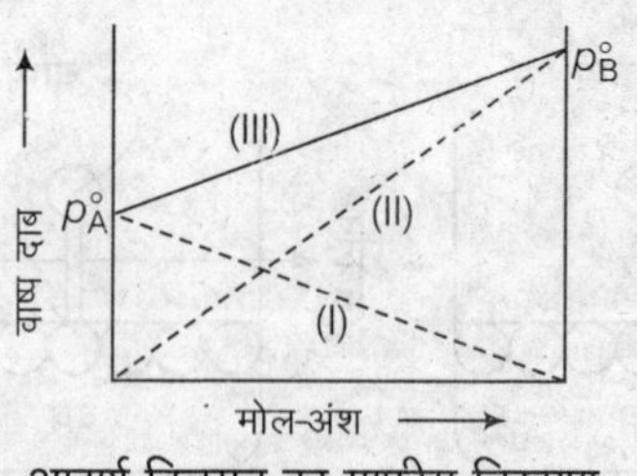

आदर्श विलयन का ग्राफीय निरूपण

परिणामी वक्र III ($p_A = p^\circ \chi_A + p_B{}^\circ \chi_B$) विलयन के लिए आधार है तथा $p_A{}^\circ$ तथा $p_B{}^\circ$ को जोड़ती हुई सीधी रेखा है। अत: आदर्श विलयनों कि विभिन्न अवयवों कि वाष्प दाब, p_A° तथा p_B° के मानों के मध्यवर्ती होते हैं।

अनादर्श अथवा वास्तविक विलयन
Non-Ideal or Real Solutions

वे विलयन जो राउल्ट के नियम का पालन नहीं करते हैं, अनादर्श विलयन कहलाते हैं। इन विलयनों के लिए

(i) $p_A \neq p_A^\circ \cdot \chi_A$ व $p_B \neq p_B^\circ \cdot \chi_B$ (ii) $\Delta H_{\text{मिश्रण}} \neq 0$

(iii) $\Delta V_{\text{मिश्रण}} \neq 0$

अनादर्श विलयन दो प्रकार के होते हैं

राउल्ट के नियम से धनात्मक विचलन प्रदर्शित करने वाले विलयन
Solutions Showing Positive Deviation from Raoult's Law

इन विलयनों में प्रत्येक घटक (A व B) का वाष्प दाब, राउल्ट के नियम के आशानुसार वाष्प दाब से अधिक होता है। इसका कारण यह है कि विलयन में A व B अणुओं के बीच आकर्षण बल मान, $A—A$ व $B—B$ के बीच आकर्षण बल से कम होता है। इन विलयनों में

(i) $p_A > p_A^\circ \cdot \chi_A$ व $p_B^\circ > p_B^\circ \cdot \chi_B$

(ii) $p_{\text{सम्पूर्ण}} > p_A^\circ \cdot \chi_A + p_B^\circ \cdot \chi_B$

(iii) $\Delta H_{\text{मिश्रण}} > 0$ (iv) $\Delta V_{\text{मिश्रण}} > 0$

उदाहरण—

(a) $C_2H_5OH + H_2O$ (b) $CH_3OH + H_2O$

(c) ईथर + ऐसीटोन (d) $CS_2 + CH_3COCH_3$

(e) साइक्लोहेक्सेन + एथेनॉल (f) $CCl_4 + C_6H_5CH_3$

(g) $CCl_4 + CHCl_3$ (h) $CCl_4 + C_6H_6$

(i) $CH_3COCH_3 + C_6H_6$

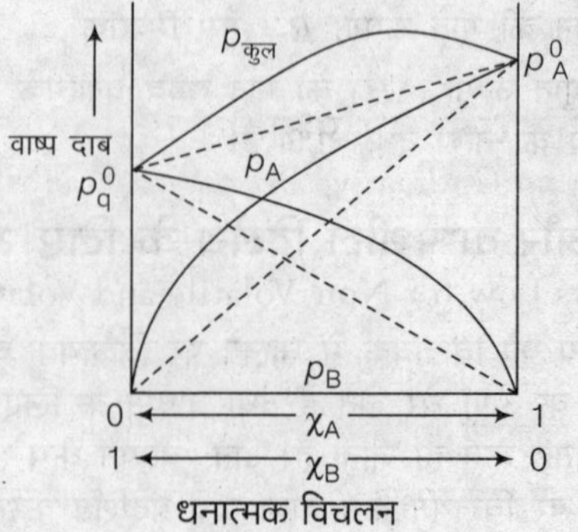

धनात्मक विचलन

राउल्ट के नियम से ऋणात्मक विचलन प्रदर्शित करने वाले विलयन Solutions Showing Negative Deviation from Raoult's Law

विलयनों में प्रत्येक घटक (A व B) का वाष्प दाब, राउल्ट के नियम के आशानुसार वाष्प दाब से कम होता है। इसका कारण यह है कि विलयन में A व B अणुओं के बीच आकर्षण बल का मान, $A—A$ व $B—B$ आकर्षण बल से अधिक होता है। इन विचलनों में

(i) $p_A < p_A^\circ \cdot \chi_A$ व $p_B < p_B^\circ \cdot \chi_B$ (ii) $p_{\text{सम्पूर्ण}} < p_A^\circ \cdot \chi_A + p_B^\circ \cdot \chi_B$

(iii) $\Delta H_{\text{सम्पूर्ण}} < 0$, अर्थात् बनने वाले एक नए बन्ध शक्तिशाली होते हैं, अत: ऊष्मा उत्पन्न होती है।

(iv) $\Delta V_{\text{मिश्रण}} < 0$, अर्थात् आयतन कम होता है।

उदाहरण— (a) $CH_3COOH + C_5H_5N$ (b) $CH_3COCH_3 + CHCl_3$
(c) $CHCl_3 + C_6H_6$ (d) $H_2O + HCl$
(e) $H_2O + HNO_3$ (f) $CH_3COCH_3 + C_6H_5NH_2$
(g) $CH_3OH + CH_3COOH$

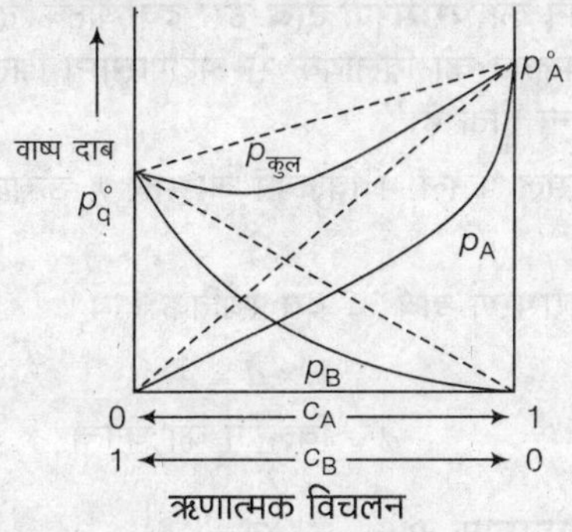

ऋणात्मक विचलन

अणुसंख्यक गुणधर्म Colligative Properties

किसी विलयन के वे गुण जो विलयन के निश्चित आयतन में उपस्थित विलेय के कणों (अणुओं या आयनों) की संख्या पर निर्भर करते हैं, विलयन के अणुसंख्य गुण कहलाते हैं। ये पदार्थ की प्रकृति पर निर्भर नहीं करते हैं।

विलयन के अणुसंख्य गुण निम्नलिखित हैं

(i) विलायक के वाष्प दाब का अवनमन
(ii) विलायक के क्वथनांक में उन्नयन
(iii) विलायक के हिमांक में अवनमन
(iv) परासरण दाब

अणुसंख्यक गुणधर्मों को प्रभावित करने वाले कारक Factors Affecting Colligative Properties

(i) विलयन में उपस्थित विलेय व विलायक की मात्रा पर,
(ii) विलायक की प्रकृति पर,
(iii) विलयन में उपस्थित विलेय के वियोजन व संगुणन की मात्रा पर।

दूसरे शब्दों में, अणुसंख्य गुणधर्म $\propto$ कणों की संख्या
$\propto$ अणुओं की संख्या (विद्युत अपघट्य के विलयन में)
$\propto$ आयनों की संख्या (विद्युत अपघट्य के विलयन में)
$\propto$ विलेय के मोल
$\propto$ विलेय का मोल प्रभाज

यदि किसी वाष्पशील विलायक में कोई अवाष्पशील विलेय घोला जाये, तो उसका वाष्प दाब कम हो जाता है, जिसे **वाष्प दाब का अवनमन** कहा जाता है। वाष्प दाब के अवनमन व शुद्ध विलायक के वाष्प दाब के अनुपात को **वाष्प दाब का आपेक्षिक अवनमन** कहा जाता है। यदि विलयन व शुद्ध विलायक के वाष्प दाब क्रमश: p व p° हों, तो

$$\text{वाष्प दाब में अवनमन} = p^\circ - p$$

$$\text{तथा वाष्प दाब में आपेक्षिक अवनमन} = \frac{p^\circ - p}{p^\circ}$$

राउल्ट के नियमानुसार, किसी तनु विलयन के वाष्प दाब में आपेक्षिक अवनमन, विलयन में उपस्थित विलेय के मोल प्रभाज के बराबर होता है।

अर्थात् $\frac{p^\circ - p}{p^\circ} = \chi_B$ जहाँ, χ_B = विलेय का मोल प्रभाज

वाष्प दाब के आपेक्षिक अवनमन की गणना की प्रायोगिक विधि Experimental Method of Calculation of Relative Lowering in Vapour Pressure

वाष्प दाब के आपेक्षित अवनमन का मापन **ऑस्टवाल्ड तथा वॉल्कर विधि** द्वारा करते हैं। इस विधि में उपयोग में आने वाले उपकरण को चित्र में दर्शाया गया है। इसमें बल्बों के दो समुच्चय हैं। तीन बल्बों का प्रथम समुच्चय इनकी क्षमता से आधा भरा हुआ है व अन्य तीन बल्बों का दूसरा समुच्चय शुद्ध विलायक से भरा हुआ है। प्रत्येक समुच्चय का पृथक्-पृथक् भार माप लिया जाता है।

दोनों समुच्चय को परस्पर जोड़कर फिर उसे निर्जलीय कैल्शियम क्लोराइड या कुछ अन्य निर्जलीकारक अभिकर्मक जैसे P_2O_5, सान्द्र H_2SO_4 आदि से भरी हुई रक्षक नलियों, जिनका भार यथार्थ रूप से मापा गया है, के समुच्चय के साथ जोड़ा जाता है। विलयन व शुद्ध विलायक के बल्बों को नियत ताप पर थर्मोस्टेट में रखा जाता है।

शुद्ध शुष्क वायु की एक धारा को चित्र में दर्शाए अनुसार बल्बों के क्रम में से गुजारा जाता है। वायु बल्बों के प्रत्येक समुच्चय में वाष्प के साथ संतृप्त हो जाती है। वायु द्वारा ग्रहण की गई वाष्प की मात्रा पहले विलयन के वाष्प दाब के समानुपाती होती है और फिर यह विलायक से अधिक मात्रा में वाष्प ग्रहण करती है जो विलायक के वाष्प दाब व विलयन के वाष्प दाब में अन्तर अर्थात् $p^\circ - p_s$ के समानुपाती होती है। बल्बों के दोनों समुच्चयों का भार पुन: मापा जाता है। रक्षक नलियों का भार भी मापा जाता है।

विलयन वाले बल्बों में द्रव्यमान में कमी $\propto p_s$

विलायक वाले बल्बों में द्रव्यमान में कमी $\propto (p^\circ - p_s)$

बल्बों के दोनों समुच्चयों में कुल कमी $\propto [p_s + (p^\circ - p_s)]$
$\propto p^\circ$

बल्बों के दोनों समुच्चयों के द्रव्यमान में कुल कमी रक्षक नलियों के द्वारा ग्रहण किए गए द्रव्यमान के बराबर होती है।

$$\text{अत:} \; \frac{p^\circ - p_s}{p^\circ} = \frac{\text{विलायक वाले बल्बों में द्रव्यमान में कमी}}{\text{बल्बों के दोनों समुच्चयों में द्रव्यमान में कुल कमी}}$$

$$= \frac{\text{विलायक वाले बल्बों में द्रव्यमान में कमी}}{\text{रक्षक नलिकाओं के द्वारा ग्रहण किया गया द्रव्यमान}}$$

पुन: राउल्ट नियम से हम जानते हैं, $\frac{p^\circ - p_s}{p^\circ} = \frac{w_A/m_A}{w_A/m_A + w_B/m_B}$

$\therefore \quad = \frac{\text{विलायक वाले बल्बों में द्रव्यमान में कमी}}{\text{रक्षक नलिकाओं के द्वारा ग्रहण किया गया द्रव्यमान}}$

उपरोक्त सम्बन्ध का उपयोग अवाष्पशील विलेयों के आण्विक द्रव्यमानों की गणना में किया जाता है।

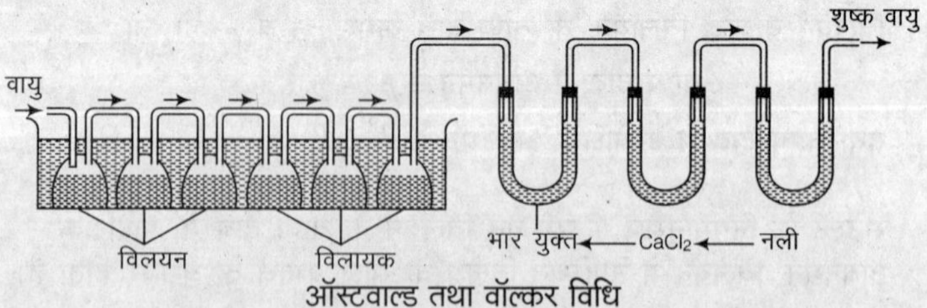

ऑस्टवाल्ड तथा वॉल्कर विधि

अत्यन्त तनु विलयनों के लिए, निम्न सम्बन्ध लागू हो सकते हैं

$$\frac{p^\circ - p_s}{p^\circ} = \frac{\text{विलायक वाले बल्बों में द्रव्यमान में कमी}}{\text{रक्षक नलिकाओं के द्वारा ग्रहण किया गया द्रव्यमान}} = \frac{w_A m_B}{w_B m_A}$$

परासरण तथा परासरण दाब Osmosis and Osmotic Pressure

जब एक विलयन व उसके विलायक को अर्द्धपारगम्य झिल्ली द्वारा पृथक् किया जाता है, तो विलायक के अणु इससे निकलकर विलयन में तब तक पहुँचते हैं जब तक झिल्ली के दोनों तरफ सान्द्रता समान न हो जाये। इस प्रकार "विलायक का विलयन से या कम सान्द्रता वाले विलयन से अधिक सान्द्रता वाले विलयन की ओर अर्द्धपारगम्य झिल्ली में से प्रवाह, परासरण कहलाता है।"

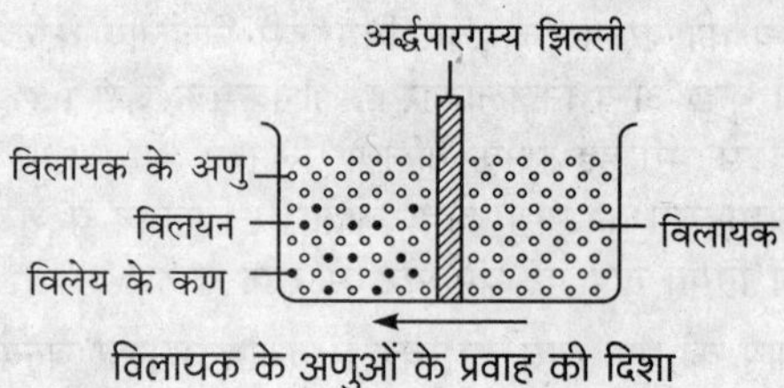

विलायक के अणुओं के प्रवाह की दिशा

परासरण की क्रिया दो प्रकार से होती हैं

(i) **अन्त: परासरण** किशमिश को जल में डालने पर जल के अणु किशमिश की बाह्य परत से होकर किशमिश में प्रवेश कर जाते हैं तथा किशमिश फूल जाती है। इसी प्रकार चने, साबुत दाल, राजमा आदि को जल में डालने पर ये फूल जाते हैं।

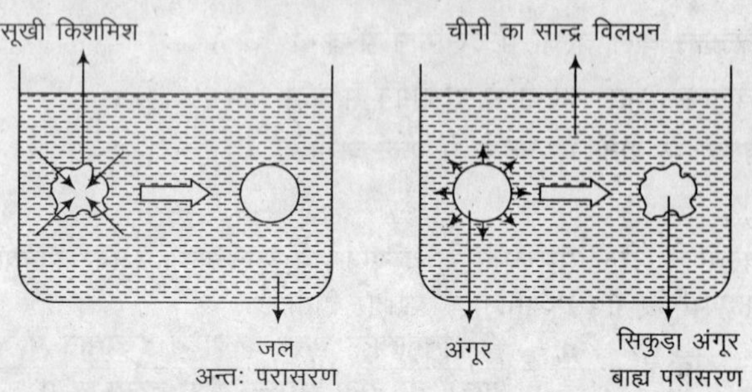

(ii) **बाह्य परासरण** अंगूर को सान्द्र चीनी या नमक के घोल में डालने पर अंगूर के अन्दर से जल के अणु अंगूर की बाह्य परत को पार करके चीनी या नमक के घोल में चले जाते हैं तथा अंगूर सिकुड़ जाता है।

परासरण दाब Osmotic Pressure

किसी विलयन को अर्द्धपारगम्य झिल्ली द्वारा विलायक से पृथक् रखकर परासरण की क्रिया को रोकने के लिए विलयन पर लगाया गया अतिरिक्त न्यूनतम् दाब परासरण दाब कहलाता है।

इस प्रकार परासरण दाब विलायक तथा विलयन के वाष्प दाबों के अन्तर के बराबर होता है।

परासरण दाब = विलायक का वाष्प दाब − विलयन का वाष्प दाब

या

परासरण दाब = तनु विलयन का वाष्प दाब − सान्द्र विलयन का वाष्प दाब

तनु विलयन का वाष्प दाब > सान्द्र विलयन का वाष्प दाब

"किसी विलयन का **परासरण दाब** उस द्रवस्थैतिक दाब के बराबर होता है जो विलयन को विलायक से अर्द्धपारगम्य झिल्ली द्वारा पृथक् करने पर उत्पन्न होता है।"

यदि उल्टे थिसिल फनल में विलयन का स्तर h ऊँचाई तक चढ़ता है तब,

विलयन का परासरण दाब = द्रव स्थैतिक दाब

$= h \times d \times g$

जहाँ, d = विलयन का घनत्व

व्युत्क्रम परासरण Reverse Osmosis

यदि परासरण दाब से अधिक दाब विलयन पर लगाया जाता है, तो विलायक के अणु विलयन (अधिक सान्द्रता) से शुद्ध विलायक (कम सान्द्रता) की ओर प्रवाहित होने लगते हैं। चूँकि यह प्रक्रिया, परासरण की क्रिया के विपरीत दिशा में होती है, इसलिए यह क्रिया व्युत्क्रम परासरण कहलाती है।

परासरणता (Osmolysis) इस शब्द का प्रयोग फिजियोलोजिस्ट (Physiologist) द्वारा उन विलेयों के परासरण व्यवहार के लिए किया जाता है, जो विलयन में विघटित अथवा संगठित होते हैं।

परासरणता = मोलरता

= विलेय के प्रति इकाई सूत्र द्वारा उत्पन्न कणों की संख्या

समपरासरी विलयन
Isotonic or Iso-osmotic Solutions

भिन्न पदार्थों वाले दो विलयन, जिनके परासरण दाब, समान ताप पर समान होते हैं, समपरासरी विलयन कहलाते हैं।

समपरासरी विलयनों के लिए,

$\pi_1 = \pi_2$ प्राथमिक स्थिति में ...(i)

तथा $C_1 = C_2$

या $\frac{n_1}{V_1} = \frac{n_2}{V_2}$ द्वितीयक स्थिति में

या $\frac{w_1}{m_1V_1} = \frac{w_2}{m_2V_2}$ ...(iii)

समी (ii) केवल उन विलेय पदार्थों के लिए लागू होती है, जो विलयनों में संगुणित या वियोजित नहीं होते हैं।

उदाहरण—यूरिया एवं ग्लूकोस समपरासरी हैं, तब

$$\pi_1 = \pi_2 \quad \text{एवं} \quad C_1 = C_2$$

यूरिया एवं NaCl (वियोजित) समपरासरी हैं, तब $\pi_1 = \pi_2$ किन्तु $C_1 \neq C_2$

यूरिया एवं बेन्जोइक अम्ल (संगुणित) समपरासरी हैं तब, $\pi_1 = \pi_2$ परन्तु $C_1 \neq C_2$

अतिपरासरी तथा अद्य:परासरी विलयन Hypertonic and Hypotonic Solutions

समान ताप पर दो विलयनों को अर्द्धपारगम्य झिल्ली द्वारा पृथक् रखने पर जिस विलयन का परासरण दाब अधिक होता है, उसे **अतिपरासरी** (Hypertonic) विलयन कहते हैं तथा जिस विलयन का परासरण दाब कम होता है, उसे **अद्य:परासरी** (Hypotonic) विलयन कहते हैं।

अतिपरासरी तथा अद्य:परासरी विलयनों को अर्द्धपारगम्य झिल्ली द्वारा पृथक् रखने पर विलायक के अणुओं का प्रवाह अद्य:परासरी विलयन से अतिपरासरी विलयन की ओर होता है। एक ही विद्युत्-अनअपघट्य के विलयनों में अतिपरासरी विलयन की मोलर सान्द्रता, अद्य:परासरी विलयन की मोलर सान्द्रता से अधिक होती है।

असामान्य अणुसंख्यक गुणधर्म : वाण्ट हॉफ गुणक Abnormal Colligative Properties: van't Hoff Factor

अणुसंख्यक गुणधर्मों के विभिन्न सम्बन्ध तनु विलयनों में केवल तभी तक प्रभावी रहते हैं जब तक कि विलेय की अण्विक अवस्था में कोई परिवर्तन न हो। यदि विलेय के कणों की संख्या में परिवर्तन हो जाता है, तो अणुसंख्यक गुणधर्म भी परिवर्तित हो जाते हैं, जिन्हें अपसामान्य अणुसंख्यक गुणधर्म कहते हैं।

वाण्ट-हॉफ ने देखा कि विद्युत अपघट्यों के अणुसंख्य गुणधर्मों के मान, समान सान्द्रता वाले विद्युत् अनअपघट्यों से सदैव अधिक होते हैं। वाण्ट-हॉफ ने इन अणुसंख्य गुणधर्मों के लिए एक सम्बन्ध स्थापित किया जो विलेय के अणुओं की संख्या पर निर्भर करता है और उनके रासायनिक गुणों से पूर्णत: स्वतन्त्र हैं। इस आधार पर वाण्ट-हॉफ ने एक गुणक (Factor) दिया, जिसे **वाण्ट-हॉफ गुणक** कहते हैं, जिसे 'i' से प्रदर्शित करते हैं।

अत: $$i = \frac{\text{वियोजन या संगुणन के बाद अणुसंख्य गुणधर्म का प्रेक्षित मान}}{\text{वियोजन या संगुणन से पूर्व अणुसंख्य गुणधर्म का सामान्य मान}}$$

वियोजन की दशा Case of Dissociation

जब विलेय, विद्युत अपघट्य होता है तो विलयन में कणों की संख्या बढ़ जाती है, फलत: अणुसंख्यक गुणधर्मों के मान भी बढ़ जाते हैं।

वियोजन की दशा में, माना विलेय A का 1 अणु n आयनों में वियोजित होता है तथा α वियोजन की दर है

	$A \rightleftharpoons$	nB
प्रारम्भ में	1 मोल	0
वियोजन के पश्चात्	$(1-\alpha)$ मोल	$n\alpha$

संगुणन की दशा Case of Association

जब विलेय के कणों का संगुणन होता है तो विलेय में कणों की संख्या में कमी आती है, फलत: अणुसंख्यक गुणधर्म का मान घटता है।

उदाहरण—बेन्जीन में ऐसीटिक अम्ल के अणुओं का संगुणन निम्न प्रकार होता है।

$$2CH_3COOH \rightleftharpoons (CH_3COOH)_2$$

$H_3C—C(=O---H—O)(—O—H---O=)C—CH_3$ (H-बन्ध)

बेन्जीन में ऐसीटिक अम्ल को H-बन्ध के कारण द्विलयीकरण हो जाता है। यह सामान्यत: निम्न द्विवैद्युत स्थिरांक वाले विलायकों में ही होता है।

संगुणन की दशा में, माना n अणु संगुणित होकर 1 वृहद अणु बनाते हैं तथा α, संगुणन की दर है।

	$nA \rightleftharpoons$	$(A)_n$
प्रारम्भ में,	1 मोल	0
साम्यवस्था पर	$(1-\alpha)$ मोल	$\frac{\alpha}{n}$

विलयन में उपस्थित कुल मोलों की संख्या

$$= (1-\alpha) + \frac{\alpha}{n} = 1 + \left(\frac{1}{n} - 1\right)\alpha$$

वाण्ट हॉफ, $i = 1 + \left(\frac{1}{n} - 1\right)\alpha < 1$ यदि $n \geq 2$ तथा $\alpha = \frac{i-1}{\frac{1}{n}-1}$

विद्युत अपघट्यों के लिए, प्रेक्षित परासरण दाब का मान समीकरण, $\pi V = RT$ से प्राप्त मान से अधिक होता है। वाण्ट-हॉफ ने इस अनियमितता की व्याख्या 'i' रखकर की। अत:

$$\pi_{\text{प्रेक्षित}} V = iRT \quad \text{...(i)}$$

$$\pi_{\text{सैद्धान्तिक}} V = RT \quad \text{...(ii)}$$

समीकरण (i) को (ii) से भाग देने पर

$$\frac{\pi_{\text{प्रेक्षित}}}{V_{\text{सैद्धान्तिक}}} = i$$

वाण्ट-हॉफ गुणन को निम्न प्रकार भी व्यक्त करते हैं

$$i = \frac{\pi_{\text{प्रेक्षित}}}{\pi_{\text{सैद्धान्तिक}}} = \frac{\Delta p_{\text{प्रेक्षित}}}{\Delta p_{\text{सैद्धान्तिक}}}$$

$$= \frac{\Delta T_{b\,\text{प्रेक्षित}}}{\Delta T_{b\,\text{सैद्धान्तिक}}} = \frac{\Delta T_{f\,\text{प्रेक्षित}}}{\Delta T_{f\,\text{सैद्धान्तिक}}}$$

$$= \frac{\text{विलयन में कणों की वास्तविक संख्या}}{\text{लिए गए कणों की सख्या}}$$

अपसामान्य अणु भार Abnormal Molecular Weight

$$\therefore \quad \text{अणुसंख्यक गुणधर्म} \propto \frac{1}{\text{अणुभार}}$$

$$\therefore \quad \frac{\text{अपसामान्य अणुसंख्यक गुणधर्म}}{\text{सामान्य अणुसंख्यक गुणधर्म}} = \frac{\text{सामान्य अणु भार}}{\text{अपसामान्य अणु भार}}$$

$$= 1 + (n-1) \propto > 1 \text{ (वियोजन की दशा में)}$$

$$= 1 + (\frac{1}{n} - 1) \propto > 1 \text{ (संयोजन की दशा में)}$$

जब वाण्ट-हॉफ गुणक सम्मिलित होता है, तो अणुसंख्य गुणधर्म निम्न प्रकार संशोधित होते हैं

(i) परासरण दाब $\pi V = i\ nRT$

अथवा $\pi = iCRT$

(ii) वाष्प दाब में अवनमन $\frac{p^\circ - p}{p^\circ} = i\ \frac{w_1 m_2}{m_1 w_2}$

(iii) क्वथनांक में उन्नयन $\Delta T_b = i \times K_b \times m$

(iv) हिमांक में अवनमन $\Delta T_f = i \times K_f \times m$

जहाँ, m विलयन की मोललता है।

$i \times m$ को प्रभावी मोललता अथवा अणुसंख्यक मोललता m_i भी कहते हैं।

अर्थात् $m_i = i \times m$

$$\Delta T_b = K_b \times m_i \quad \Delta T_f = K_f \times m_i$$

प्रतिहिमकारी विलयन Antifreeze Solution

वाहनों के रेडिएटर में जल का उपयोग ठण्डा करने वाले द्रव के रूप में किया जाता है। यदि वाहनों का उपयोग ऊँचे स्थान (जहाँ तापक्रम जमाव बिन्दु से नीचे होता है) पर किया जाता है, तो पानी रेडिएटर में जम जाता है। इस समस्या के निराकरण के लिए, रेडिएटर में एथिलीन ग्लाइकॉल मिश्रित जल डालते हैं। एथिलीन ग्लाइकॉल, जल के जमाव बिन्दु को शून्य से नीचे कर देता है।

किसी विलायक (जल) के प्रति किग्रा के लिए आवश्यक एथिलीन ग्लाइकॉल की मात्रा की गणना निम्न सूत्र से करते हैं

$$\text{आवश्यक मात्रा } (M) = \frac{-\Delta T_f}{K_r}$$

जहाँ, K_r (जल) = 1.8 कैलोरी किलोग्राम मोल$^{-1}$

ΔT_f = हिमांक में अवनमन

अभ्यास प्रश्न

1. एक बीकर में पदार्थ 'A' का विलयन है। 'A' की थोड़ी-सी मात्रा विलयन में मिलाने पर पदार्थ 'A' का अवक्षेपण हो जाता है, विलयन है।
(a) संतृप्त (b) अतिसंतृप्त
(c) असंतृप्त (d) सान्द्र

2. हेनरी स्थिरांक K_H का मान का मान
(a) ताप बढ़ने पर बढ़ता है (b) ताप बढ़ने पर घटता है
(c) स्थिर रहता है (d) पहले बढ़ता है फिर घटता है

3. अधिक ऊँचाई (Altitude) पर रहने वाले लोगों के रक्त में ऑक्सीजन की निम्न सान्द्रता का कारण है
(a) निम्न ताप
(b) निम्न वायुमण्डलीय दाब
(c) उच्च वायुमण्डलीय दाब
(d) निम्न ताप तथा उच्च वायुमण्डल दाब

4. $Ar(g)$, $CO_2(g)$, $HCHO(g)$ तथा $CH_4(g)$ के लिए K_H के मान क्रमश: 40.39, 1.67, 1.83×10^{-5} तथा 0.413 है। इन गैसों को विलेयता के बढ़ते हुए क्रम में व्यस्थित कीजिए
(a) $HCHO < CH_4 < CO_2 < Ar$
(b) $HCHO < CO_2 < CH_4 < Ar$
(c) $Ar < CO_2 < CH_4 < HCHO$
(d) $Ar < CH_4 < CO_2 < HCHO$

5. ऐस्प्रीन ($C_9H_8O_4$) का ऐसीटोनाइट्राइल (CH_3CN) में द्रव्यमान प्रतिशत परिकलित कीजिए जबकि $C_9H_8O_4$ के 6.5 ग्राम, CH_3CN के 450 ग्राम में घुले हो।
(a) 1.40 (b) 1.90
(c) 2.60 (d) 2.29

6. 0.02 M NaCl के जलीय के 4 लीटर विलयन को 1 लीटर जल मिलाकर तनु किया गया। 1 ली जल द्वारा तनु किए गए। परिणामी विलयन की मोललता है।
(a) 0.004 (b) 0.008
(c) 0.012 (d) 0.016

7. यदि NaCl के 5.85 ग्राम (अणुभार = 58.5) जल में घोले गये तथा विलयन 0.5 ली बना दिया गया तो विलयन की मोलरता होगी।
(a) 0.1 (b) 0.2
(c) 0.3 (d) 0.4

8. मेथेनॉल में 0.15M विलयन के 250 मिली बनाने के लिए आवश्यक बेन्जोइक अम्ल (C_6H_5COOH) की मात्रा की गणना कीजिए।
(a) 1.89 ग्राम (b) 4.57 ग्राम
(c) 2.99 ग्राम (d) 3.54 ग्राम

9. एक प्रतिहिम (Antifreeze) विलयन को 222.6 ग्राम एथिलीन ग्लाइकॉल तथा 200 ग्राम जल द्वारा बनाया जाता है। यदि विलयन का घनत्व 1.072 ग्राम/मिली हो तो विलयन की मोलरता क्या होगी?
(a) 91 M (b) 9.1 M
(c) 0.91 M (d) 0.0091 M

10. एक जलीय विलयन के ताप में वृद्धि
(a) मोलरता कम करेगी (b) मोललता कम करेगी
(c) मोल प्रभाज कम करेगी (d) प्रतिशतता w/W कम करेगी।

11. 10% (भार/आयतन) ऐसीटिक अम्ल की नॉर्मलता है
(a) 1 N (b) 1.3 N (c) 1.7 N (d) 1.9 N

12. 0.1 N NaOH के 19.85 मिली पूर्ण उदासीनीकरण के लिए 20 मिली से अभिक्रिया करते हैं। HCl विलयन की मोलता है।
(a) 9.9 (b) 0.99
(c) 0.099 (d) 0.0099

13. 0.3 M फॉस्फोरस अम्ल (H_3PO_3) की नॉर्मलता (N) है
(a) 0.2 (b) 0.4
(c) 0.6 (d) 0.8

14. ग्लूकोस का अणुभार 180 है। विलयन जिसमें ग्लूकोस 18 ग्राम/ली उपस्थित है, है
(a) 0.1 मोलल (b) 0.2 मोलल
(c) 0.3 मोलल (d) 0.4 मोलल

15. यदि 0.4 N NaOH के 20 मिली एक द्विभास्मिक अम्ल के 40 मिली को पूर्णत: उदासीन करते हैं तो अम्लीय विलयन की मोलरता होगी।
(a) 0.1 M (b) 0.3 M
(c) 0.5 M (d) 0.7 M

16. 93% H_2SO_4 (भार/आयतन) के एक लीटर विलयन की मोललता की गणना कीजिए। विलयन का घनत्व 1.84 ग्राम/मिली है।
(a) 11.05 (b) 12.05
(c) 13.05 (d) 10.5

17. निम्न में से किस विलयन की नॉर्मलता अधिकतम् है
(a) NaOH के 6 ग्राम/100 मिली (b) 0.5 M H_2SO_4
(c) 1 N फॉस्फोरिक अम्ल (d) KOH के 8 ग्राम/ली

18. 0.3 N HCl के 100 मिमी 0.6 N H_2SO_4 के 200 मिमी के साथ मिश्रित किये गये। परिणाम विलयन की अन्तिम नॉर्मलता होगी
(a) 0.3 N (b) 0.2 N (c) 0.5 N (d) 0.1 N

19. विलेय-विलायक की अन्त: क्रिया के आधार पर निम्नलिखित को n-ऑक्टेन में बढ़ती हुई विलेयता के क्रम में व्यवस्थित कीजिए। साइक्लोहेक्सेन, KCl, CH_3OH, CH_3CN
(a) $KCl < CH_3OH < CH_3CN <$ साइक्लोहेक्सेन
(b) $KCl < CH_3OH < CH_3CN <$ साइक्लोहेक्सेन
(c) $KCl < CH_3OH < CH_3CN <$ साइक्लोहेक्सेन
(d) उपरोक्त में से कोई नहीं

20. हाइड्रोजन बंध के बनने, टूटने तथा शक्ति पर विचार करते हुए बताए कि निम्न में से कौन-सा मिश्रण राउल्ट नियम से धनात्मक विचलन प्रदर्शित करता है?
(a) मेथेनॉल तथा ऐसीटोन (b) क्लोरोफॉर्म तथा ऐसीटोन
(c) नाइट्रिक अम्ल तथा जल (d) फीनॉल तथा ऐनिलीन

21. निम्न में से कौन-सा सत्य है, जब आदर्श विलयन बनाने वाले घटक मिश्रित किए जाते हैं?

(a) $\Delta H_m = 0, \Delta V_m = 0$ (b) $\Delta H_m < \Delta V_m$
(c) $\Delta H_m = \Delta V_m = 1$ (d) $\Delta H_m > \Delta V_m$

22. जब दो द्रव A तथा B मिश्रित किये जाते हैं, तो उनका क्वथनांक उन दोनों के क्वथनांक से अधिक हो जाता है। इस विलयन की प्रकृति कैसी है?

(a) आदर्श विलयन
(b) सामान्य विलयन
(c) आदर्श विलयन के साथ ऋणात्मक विलयन
(d) अनादर्श विलयन के साथ धनात्मक विचलन

23. अणुभार निर्धारित करने के लिए राउल्ट नियम उपयोग होता है।

(a) विद्युत अपघट्यों के तनु विलयनों के लिए
(b) विद्युत अपघट्यों के सान्द्र विलयनों के लिए
(c) विद्युत अनपघट्य के तनु विलयनों के लिए
(d) विद्युत अनपघट्य के सान्द्र विलयनों के लिए

24. CCl_4 का 25°C पर वाष्पन दाब 143 मिमी पारा है तथा 0.5 ग्राम अवाष्पशील विलेय (अणुभार = 65) का 100 मिली CCl_4 में घोला गया। विलयन का वाष्पन दाब ज्ञात कीजिए
(CCl_4 का घनत्व = 1.58 ग्राम/सेमी^{3})

(a) 94.39 मिमी पारा (b) 141.93 मिमी पारा
(c) 134.44 मिमी पारा (d) 199.34 मिमी पारा

25. दो शुद्ध द्रवों, A तथा B के वाष्प दाब 350 केल्विन पर क्रमश: 450 तथा 700 मिमी पारा है। यदि कुल दाब 600 मिमी पारा हो तो वाष्प अवस्था में B का संघटन ज्ञात कीजिए।

(a) 0.30 (b) 0.40 (c) 0.60 (d) 0.70

26. दो द्रवों P तथा Q के वाष्प दाब क्रमश: 80 तथा 60 टॉर है। P के 3 मोल तथा Q के 2 मोल मिश्रित करने पर विलयन का कुल दाब होगा।

(a) 140 टॉर (b) 20 टॉर (c) 68 टॉर (d) 72 टॉर

27. निम्नलिखित में से कौन-सा अणुसंख्यक गुणधर्म है?

(a) क्वथनांक (b) हिमांक
(c) परासरण दाब (d) वाष्प दाब

28. वाष्प दाब का अवनमन निम्न में से किसके लिए अधिकतम् है

(a) 0.1 M $BaCl_2$ (b) 0.1 M ग्लूकोस
(c) 0.1 M $MgSO_4$ (d) यूरिया

29. निम्नलिखित में से कौन-सा कथन विलयन के गुणधर्म से सम्बन्धित अणुसंख्यक प्रभाव को बताता है?

(a) शुद्ध जल का वाष्प दाब नाइट्रिक अम्ल मिलाने पर घटता है
(b) शुद्ध जल का क्वथनांक एथेनॉल मिलाने पर घटता है
(c) शुद्ध बेजीन का क्वथनांक टॉलुईन मिलाने पर बढ़ता है
(d) शुद्ध बेन्जीन का वाष्प दाब नेफ्थेलीन मिलाने पर घटता है

30. 20°C पर जल का वाष्प दाब 17.54 मिमी पारा है, जब एक अनआयनिक पदार्थ 20 ग्राम 100 ग्राम जल में घोले जाते हैं तो वाष्प दाब 0.30 मिमी पारा कम हो जाता है। पदार्थ का आणविक द्रव्यमान क्या है?

(a) 200.8 (b) 206.88
(c) 210.5 (d) 215.2

31. 298 केल्विन पर शुद्ध जल का वाष्प दाब 23.8 मिमी पारा है। 850 ग्राम जल में 50 ग्राम यूरिया (NH_2CONH_2) घोला गया। वाष्प दाब में आपेक्षित अवनमन की गणना कीजिए।

(a) 0.017 (b) 0.023 (c) 0.089 (d) 0.012

32. 293 केल्विन पर शुद्ध का वाष्प दाब 17.535 मिमी पारा है। 298 केल्विन पर जल के वाष्प दाब की गणना कीजिए यदि 25 ग्राम ग्लूकोस 450 ग्राम जल, में घोला गया हो।

(a) 17.43 मिमी पारा (b) 18.93 मिमी पारा
(c) 20.12 मिमी पारा (d) 25.31 मिमी पारा

33. यदि 10 ग्राम विलेय (अणुभार = 100) के 100 ग्राम जल में विलयन का क्वथनांक उन्नयन ΔT_b है, तो जल का क्वथनांकमापी स्थिरांक है

(a) 10 (b) $100T_b$
(c) ΔT_b (d) $\frac{\Delta T_b}{10}$

34. 750 मिमी पारे पर जल का क्वथनांक 99.63°C है। 500 ग्राम जल में कितनी सुक्रोस मिलायी जाये ताकि यह 100°C पर उबलने लगे। [जल के लिए $K_b = 0.50$ किग्रा$^{-1}$]

(a) 121 ग्राम (b) 150 ग्राम
(c) 180 ग्राम (d) 300 ग्राम

35. जब एक अवाष्पशील विलेय के 10 ग्राम को 100 ग्राम बेन्जीन में घोला गया तो क्वथनांक 1°C बढ़ गया। अत: विलेय का अणुभार है। (C_6H_6 के लिए $K_b = 2.53$ केल्विन किग्रा मोल$^{-1}$)

(a) 223 ग्राम (b) 233 ग्राम
(c) 243 ग्राम (d) 253 ग्राम

36. यदि विलेय के 0.15 ग्राम को 15 ग्राम विलायक में घोलने पर प्राप्त विलयन शुद्ध विलायक की तुलना में 0.216°C अधिक ताप पर उबलता हैं, तो पदार्थ का अणुभार है (विलायक के लिए मोलल उन्नयन स्थिरांक 2.16°C है)

(a) 100 (b) 102 (c) 104 (d) 1.02

37. जल के लिए मोलर हिमांक स्थिरांक 186°C मोल$^{-1}$ है। यदि गन्ना शर्करा ($C_{12}H_{22}O_{11}$) के 342 ग्राम, 1000 ग्राम जल में घोले गये तो विलयन जमेगा

(a) − 1.86°C पर (b) − 2.86°C पर
(c) + 1.86°C पर (d) + 2.86°C पर

38. 50 ग्राम एथिलीन ग्लाइकॉल वाले 200 ग्राम जल के विलयन को − 9.3°C तक ठण्डा करने पर पृथक् हुए बर्फ की मात्रा होगी ($K_f = 1.86$ केल्विन किग्रा मोल$^{-1}$)

(a) 8.37 ग्राम (b) 16.13 ग्राम(c)
3.87 ग्राम (d) 38.7 ग्राम

39. NaCl का अणुभार इसके 0.5% जलीय विलयन के हिमांक अवनमन अध्ययन द्वारा निर्धारित करने पर 30 पाया गया। NaCl के वियोजन की प्रतीतित मात्रा है

(a) 0.60 (b) 0.50 (c) 0.30 (d) 0.95

40. आचार बनाने के लिए सान्द्र नमक के विलयन में रखा गया बिना पका आम सिकुड़ जाता है क्योंकि

(a) यह परासरण के कारण जल प्राप्त करता है
(b) यह व्युत्क्रम परासरण के कारण जल निकालता है
(c) यह व्युत्क्रम परासरण के कारण जल प्राप्त करता है
(d) यह परासरण के कारण जल निकालता है

41. निम्न में से कौन-सा कथन समपरासरी विलयनों के लिए सही नहीं है?

(a) उनके परासरण दाब समान होंगे
(b) उनके वाष्प दाब समान होंगे
(c) उनकी भार सान्द्रता समान होती है
(d) दोनों विलयनों को एक अर्द्धपारगम्य झिल्ली द्वारा अलग करने पर परासरण नहीं होता है

42. 37°C पर, 185000 मोलर द्रव्यमान वाले बहुलक के 1 ग्राम को 450 मिली जल में घोलकर बनाये गये विलयन पर आरोपित परासरण दाब की गणना पास्कल में कीजिए।

(a) 10.9 (b) 35.8
(c) 20.5 (d) 30.9

43. 273 केल्विन पर, 250 मिली जल में 10 ग्राम ग्लूकोस (p_1), 10 ग्राम यूरिया (p_2) तथा 10 ग्राम सुक्रोस (p_3) के परासरण दाब में सम्बन्ध है

(a) $p_1 > p_2 > p_3$ (b) $p_3 > p_2 > p_1$
(c) $p_2 > p_1 > p_3$ (d) $p_2 > p_3 > p_1$

44. यूरिया का 6% विलयन समपरासरी होता है

(a) ग्लूकोस के 1 M विलयन से
(b) ग्लूकोस के 0.05 M विलयन से
(c) ग्लूकोस के 6.1% विलयन से
(d) ग्लूकोस के 25% विलयन से

45. 150°C पर शर्करा (चीनी) के 5% (भार/आयतन) विलयन का परासरण दाब है

(a) 3.078 वायुमण्डल (b) 4.078 वायुमण्डल
(c) 5.078 वायुमण्डल (d) 2.45 वायुमण्डल

46. समान परिस्थितियों में शर्कर (चीनी) (अणुभार = 34) का 5% विलयन, X के 1% विलयन के समपरासरी है। यौगिक X का अणुभार है

(a) 136.2 (b) 68.4
(c) 34.2 (d) 171.2

47. 300 केल्विन पर, ग्लूकोस के 36 ग्राम का इसके 1 ली विलयन में परासरण दाब 4.98 बार है। यदि विलयन का समान ताप पर परासरण दाब 1.52 बार हो तो इसकी सान्द्रता क्या होगी?

(a) 0.02 (b) 0.04 (c) 0.08 (d) 0.06

48. निम्नलिखित में से कौन-सी राशि विलयन की सान्द्रता का इसके परासरण दाब का सम्बन्ध बताने के लिए उपयोग है?

(a) मोल प्रभाज (b) प्रति दस लाख भाग सान्द्रता (ppm)
(c) द्रव्यमान प्रतिशत (d) मोललता

49. NaCl के जलीय विलयन जिनकी सान्द्रताएँ क्रमश: 0.1 M, 0.01 M तथा 0.001 M हैं, 'A', 'B' व 'C' द्वारा लेबल किये गये। इन विलयनों के लिए वाण्ट हॉफ गुणक के मानों का क्रम होगा

(a) $i_A < i_B < i_C$ (b) $i_A < i_B < i_C$
(c) $i_A < i_B = i_C$ (d) $i_A < i_B > i_C$

50. जल में बनाये गये निम्नलिखित विलयनों में से किसका वाष्प दाब न्यूनतम होगा?

(a) 0.1 N $BaCl_2$ (b) 0.1 M NaCl
(c) 0.1 M KCl (d) इनमें से कोई नहीं

51. निम्न में से किसका जलीय विलयन अधिकतम क्वथनांक वाला होना चाहिए।

(a) 1.0 M NaOH (b) 1.0 M Na_2SO_4
(c) 1.0 M NH_4NO_3 (d) 1.0 M KNO_3

52. कौन-सा निम्नतम् परासरण दाब रखेगा?

(a) 2 M NaCl विलयन के 200 मिली का
(b) 1 M ग्लूकोस विलयन के 200 मिली का
(c) 2 M यूरिया विलयन 200 मिली का
(d) सभी के परासरण दाब समान हैं

53. KNO_3 तथा CH_3COOH के दो विलयन पृथक् रूप से तैयार किये गये। दोनों विलयनों की मोलरता 0.1 M तथा परासरण दाब क्रमशः p_1 तथा p_2 हैं। परासरण दाबों में सही सम्बन्ध है

(a) $p_1 = p_2$ (b) $p_1 > p_2$
(c) $p_2 > p_1$ (d) $\frac{p_1}{p_1 + p_2} + \frac{p_2}{p_1 + p_2}$

54. नेफ्थोइक अम्ल ($C_{11}H_8O_2$) के 20 ग्राम, 50 ग्राम बेन्जीन में घोलने पर हिमांक में अवनमन 2 केल्विन प्रेक्षित किया गया। वाण्ट हॉफ गुणक (i) का मान है

(a) 0.5 (b) 1 (c) 2 (d) 13

55. 0.001 m $K_x[Fe(CN)_6]$ का हिमांक में अवनमन 7.10×10^{-3} केल्विन है। यदि जल के लिए K_f 1.86 केल्विन किग्रा मोल$^{-1}$ हो, तो x का मान होगा।

(a) 4 (b) 3 (c) 2 (d) 1

56. निम्न सूचनाओं का प्रयोग करते हुए ($CuCl_2$ का अणुभार = 13.44) तथा $K_b = 0.52$ केल्विन किग्रा मोल$^{-1}$) 13.44 ग्राम $CuCl_2$ के 1 किग्रा जल में विलयन का क्वथनांक में उन्नयन ज्ञात कीजिए

(a) 0.16 (b) 0.05 (c) 0.1 (d) 0.2

57. यह मानते हुए कि अम्ल (HBr) का आयनन 90% है, HBr के 8.1 ग्राम का 100 ग्राम जल में विलयन का हिमांक बिन्दु ज्ञात कीजिए? (जल के लिए $K_f = 1.86$ किग्रा मोल$^{-1}$)

(a) – 0.35°C (b) – 1.35°C (c) – 2.35°C (d) – 3.35°C

58. 2.5 ली जल में घुले हुए $CaCl_2$ ($i = 2.47$) की उस मात्रा का निर्धारण कीजिए जिससे कि इसका 27°C पर परासरण दाब 0.75 वायुमण्डल हो?

(a) 1.82 ग्राम (b) 3.42 ग्राम (c) 29.8 ग्राम (d) 1.48 ग्राम

59. पूर्णतया वियोजित मानते हुए 25 मिग्रा K_2SO_4 को 2 ली जल में घोलकर बनाये गये विलयन के परासरण दाब का निर्धारण कीजिए।

(a) 2.39×10^{-2} वायुमण्डल (b) 4.29×10^{-3} वायुमण्डल
(c) 5.27×10^{-3} वायुमण्डल (d) 1.39×10^{-4} वायुमण्डल

उत्तरमाला

1.	(b)	2.	(a)	3.	(b)	4.	(c)	5.	(a)	6.	(d)	7.	(b)	8.	(b)	9.	(b)	10.	(a)
11.	(c)	12.	(c)	13.	(c)	14.	(a)	15.	(a)	16.	(d)	17.	(a)	18.	(a)	19.	(a)	20.	(a)
21.	(a)	22.	(c)	23.	(c)	24.	(b)	25.	(d)	26.	(d)	27.	(c)	28.	(a)	29.	(a)	30.	(c)
31.	(a)	32.	(a)	33.	(c)	34.	(a)	35.	(d)	36.	(a)	37.	(a)	38.	(d)	39.	(d)	40.	(d)
41.	(c)	42.	(d)	43.	(c)	44.	(a)	45.	(c)	46.	(b)	47.	(d)	48.	(a)	49.	(c)	50.	(a)

उत्तर व्याख्या सहित

1. (*b*) विलयन के अतिसंतृप्त होने पर अवक्षेपण होता है।

2. (*a*) हेनरी स्थिरांक, K_H का मान ताप बढ़ने पर अधिक होता है।

3. (*b*) अधिक ऊँचाई पर वायुमण्डलीय दाब कम होता है तथा यह गैसों की विलेयता दाब के समानुपाती होती है। अतः यह ऊँचाई पर घट जाती है।

ऊँचाई पर रहने वाले लोगों के रक्त तथा ऊतकों में ऑक्सीजन की निम्न सान्द्रता का यही कारण है।

4. (*c*) बढ़ती हुई विलेयता का क्रम है

$$Ar < CO_2 < CH_4 < HCHO$$

(ज्यों-ज्यों विलेयता बढ़ती है, K_H का मान घटता है)

5. (*a*) ऐस्प्रीन का द्रव्यमान = 6.5 ग्राम

ऐसीटोनाइट्राइल का द्रव्यमान = 450 ग्राम

विलयन का द्रव्यमान = (6.5 + 450) ग्राम = 456.5 ग्राम

$$\text{द्रव्यमान } \% = \frac{(6.5 \text{ ग्राम})}{(456.5 \text{ ग्राम})} \times 100 = 1.424\%$$

6. (*d*) $M_1V_1 = M_2V_2$

$$0.02 \times 4 = 5 \times M$$
$$M = 0.016$$

7. (*b*) $M = \dfrac{w}{n \times V \text{ (लीटर में)}} = \dfrac{5.85}{58.5 \times 0.5} = 0.2 \text{ M}$

8. (*b*) मोलरता = 0.15 M अथवा 0.15 मोल ली$^{-1}$

विलयन का आयतन = 250 मिली = 0.25 ली

विलेय का अणुभार = (12 × 6) + (1 × 5) (12) + (16 × 12) + (1)

= 122 ग्राम मोल$^{-1}$

$$\text{मोलरता} = \frac{\text{भार}}{\text{आयतन}} \times \frac{1}{\text{आयतन (लीटर में)}}$$

$$(0.15) = \frac{w}{(122)} \times \frac{1}{(0.25)}$$

∴ विलेय (बेन्जोइक अम्ल) का भार

= (0.15 × 122 × 0.25) ग्राम = 4.575 ग्राम

9. (*b*) विलयन का घनत्व = 1.072 ग्राम मिली$^{-1}$

विलयन का भार = विलेय का भार + विलायक का भार

= 222.6 ग्राम + 200 ग्राम = 422.6 ग्राम

$$\text{आयतन} = \frac{\text{द्रव्यमान}}{\text{घनत्व}} = \frac{422.6 \text{ ग्राम}}{1.072 \text{ ग्राम मिली}^{-1}}$$

= 394.2 मिली = 0.3942 ली

$$\text{मोलरता } (M) = \frac{\text{एथिल ग्लाइकॉल का भार/अणुभार}}{\text{आयतन (लीटर में)}}$$

$$= \frac{(222.6)/(62)}{0.3942} = 9.10 \text{ मोल ली}^{-1} = 9.10 \text{ M}$$

10. (*a*) ताप बढ़ने पर विलयन का आयतन भी बढ़ जाता है अतः मोलरता घट जाती है।

11. (*c*) $N = \dfrac{w \times 1000}{E \times V \text{ (मिली में)}} = \dfrac{10 \times 1000}{60 \times 100} = 1.66 \text{ N}$

12. (*c*) क्षार की मोलरता = $\dfrac{\text{नॉर्मलता}}{\text{अम्लीय}} = \dfrac{0.1}{1} = 0.1$

∵ $M_1V_1 = M_2V_2$

∴ $0.1 \times 19.85 = M_2 \times 20$

अथवा $M_2 = 0.09925 \approx 0.099$

13. (*c*) ∵ $N = C \times Z$

जहाँ, $Z = 2, V = 0.3$ m है

∴ $N = 0.6$ N

14. (*a*) मोलरता = $\dfrac{18}{180} = 0.1$ मोलल

15. (*a*) $20 \times 0.4 = 40 \times N$ (∵ $N_1V_1 = N_2V_2$)

⇒ $N = 0.2$

∵ $M = \dfrac{N}{\text{क्षारीयता}}$

∴ $M = \dfrac{0.2}{2} = 0.1 \text{M}$

17. (*a*) (a) NaOH के 6 ग्राम/100 मिली के लिए,

$$N = \frac{6 \times 1000}{40 \times 100} = 1.5 \text{ N}$$

(b) 0.5 MH_2SO_4 के लिए, $N = M \times 0.5 \times 2 = 1.0$

(c) *N* फॉस्फोरिक अम्ल के लिए, नॉर्मलता = 1

(d) KOH के 8 ग्राम लीटर के लिए,

$$\text{नॉर्मलता} = \frac{\text{सान्द्रता ग्राम/ली में}}{\text{तुल्यांकी भार}} = \frac{8}{56} = 0.14 \text{ N}$$

18. (*a*) $N_1V_1 + N_2V_2 = N_3V_3$

$$0.3 \times 100 + 0.6 \times 200 = N_3 \times 300$$
$$(30 + 60) = 300 \times \text{N}$$

∴ $N = 0.3$ N

19. (*a*) (i) साइक्लोहेक्सेन तथा *n*-ऑक्टेन दोनों अध्रुवीय है। अतः ये अनुपातों में पूर्णितः मिश्रित हैं।

(ii) KCl एक आयनिक यौगिक है किन्तु *n*-ऑक्टेन अध्रुवीय है अतः KCl *n*-ऑक्टेन में नहीं घुलता है।

(iii) CH_3OH तथा CH_3CN दोनों ध्रुवीय हैं किन्तु CH_3CN, CH_3OH से कम ध्रुवीय है। क्योंकि विलायक अध्रुवी है अतः CH_3CN, *n*-आक्टेन में CH_3OH की तुलना में अधिक घुलेगा। अतः विलेयता का क्रम है

$$KCl < CH_3OH < CH_3CN < \text{साइक्लोहेक्सेन}$$

22. (*c*) वह जिसका क्वथनांक दोनों शुद्ध घटकों में किसी एक के क्वथनांक से अधिक होता है, अधिकतम क्वथनांक वाला स्थिरक्वाथी (azeotrope) मिश्रण कहा जाता है। यह ऋणात्मक विचलन प्रदर्शित करने वाले अनादर्श विलयनों द्वारा बनता है।

24. (*b*) वाष्प दाब में आपेक्षित अवनमन

$$\frac{p^\circ - p_s}{p^\circ} = \frac{w \times M}{m \times W} \Rightarrow \frac{143 - p_s}{143} = \frac{0.5}{65} \times \frac{154}{1.58 \times 100}$$

[∵ CCl_4 का अणुभार = 154 व भार = घनत्व × आयतन]

$$143 - p_s = 1.07 \Rightarrow p_s = 141.93 \text{ मिमी}$$

26. (*d*) P का मोल प्रभाज $= \frac{3}{3+2} = \frac{3}{5}$

Q का मोल प्रभाज $= \frac{2}{3+2} = \frac{2}{5}$

अतः कुल वाष्प दाब =

P का मोल प्रभाज $\times P$ का वाष्प दाब + Q का मोल प्रभाज $\times Q$ का वाष्प दाब

$$= \frac{3}{5} \times 80 + \frac{2}{5} \times 60 = 72 \text{ टॉर}$$

28. (*a*) $\frac{p^\circ - p_s}{p^\circ}$ = मोललता $\times (1 - \alpha + x\alpha + y\alpha)$

$p^\circ - p_s$ का अधिकतम् मान $BaCl_2$ का है।

29. (*a*) जल में नाइट्रिक अम्ल मिलाने के कारण शुद्ध जल का वाष्प दाब घटता है।

30. (*c*) वाष्प दाब में आपेक्षिक अवनमन

$$\frac{p^\circ - p_s}{p^\circ} = \frac{w}{m} \times \frac{M}{w} \Rightarrow \frac{0.30}{17.54} = \frac{20}{m} \times \frac{18}{100}$$

$$m = \frac{20 \times 18 \times 17.54}{0.30 \times 100} = 210.48$$

31. (*a*) राउल्ट नियम के अनुसार

वाष्प दाब में अपेक्षित अवनमन, $\frac{p^\circ_A - p_s}{o^\circ_A} = \frac{n_B}{n_A + n_B}$

$$n_A = \frac{850}{18} = 47.22 \text{ तथा } n_B = \frac{50}{60} = 0.8333$$

$$\frac{p^\circ_A - p_s}{p^\circ_A} = \frac{0.833}{40.053} = 0.017$$

32. (*a*) W_B (विलेय) = 25 ग्राम; $M_B = 180$ ग्राम मोल$^{-1}$; keâ $p^\circ_A = 17.535$ मिमी

W_A (जल) = 450 ग्राम; $M_A = 18$ ग्राम मोल$^{-1}$; $p_s = ?$

$$\frac{p^\circ_A - p_s}{p^\circ_A} = \chi_B = \frac{n_B}{n_B + n_A}$$

$$n_B = \frac{W_B}{W_B} = \frac{25}{180} = 0.1389$$

$$n_A = \frac{W_A}{M_A} = \frac{450}{18} = 25$$

$$\frac{17.535 - p_S}{17.535} = \frac{0.1389}{0.1389 + 25}$$

$$\frac{17.535 - p_S}{17.535} = 0.000552$$

$$p_s = 17.535 - 0.097$$

$$p_s = 17.438 \text{ मिमी पारा}$$

33. (*c*) हम जानते हैं कि $\Delta T_b = \frac{1000 \times K_b \times w}{W \times M}$

अतः $\Delta T_b = \frac{1000 \times K_b \times 10}{100 \times 100}$

$$\Delta T_b = K_b$$

34. (*a*) जल का द्रव्यमान (W_A) = 500 ग्राम = 0.5 किग्रा

क्वथनांक में उन्नयन

$(\Delta T_b) = 100 - 99.63 = 0.37°C = 0.37$ केल्विन

मोलल उन्नयन स्थिरांक $(K_b) = 0.52$ केल्विन किग्रा मोल$^{-1}$

सुक्रोस $(C_{12}H_{22}O_{11})$ का अणुभार

$$(M_B) = (12 \times 12) + (22 \times 1) + (16 \times 11)$$

$$\therefore \quad W_B = \frac{M_B \times \Delta T_b \times W_A}{K_b} = \frac{(342) \times (0.37) \times (0.5)}{(0.52)}$$

$$= 121.7 \text{ ग्राम}$$

35. (*d*) $\Delta T_b = \frac{K_b \times w \times 1000}{m \times W}$

$$\therefore \quad m = \frac{K_b \times w \times 1000}{\Delta} = \frac{2.53 \times 10 \times 1000}{1 \times 100} = 253 \text{ ग्राम}$$

36. (*a*) $m = \frac{K_b \times w \times 1000}{\Delta T_b \times W} = \frac{2.16 \times 0.15 \times 1000}{0.216 \times 15} = 100$ ग्राम

37. (*a*) $\Delta T_f = 1.86 \times \frac{342}{342} = 1.86°C$

$$\therefore \quad T_f = T - \Delta T_f = 0 - 1.86 = -1.86°C$$

38. (*d*) $M = \frac{1000 \times K_f \times w}{\Delta T \times W} \qquad 62 = \frac{1000 \times 1.86 \times 50}{9.3 \times W}$

$W = 161.3$ ग्राम

जल का कुल भार = 200 ग्राम

अतः पृथक् हुआ बर्फ = (200 − 161.3) ग्राम = 38.7 ग्राम

39. (*d*) $i = 1 + \alpha$

तथा i = परिकलित अणुभार/प्रायोगित अणुभार

$$= \frac{58.5}{30} = 1.95 \quad \therefore \quad 1 + \alpha = 1.95 \quad \alpha = 0.95$$

40. (*d*) बिना पका आम आचार बनाने के लिए नमक के सान्द्र विलयन में रखने पर सिकुड़ जाता है क्योंकि यह परासरण के कारण जल निकालता है।

41. (*c*) विलयन जिनका समान परासरण दाब होता है, समपरासरी विलयन कहलाते हैं। वे भिन्न भार सान्द्रता वाले हो सकते हैं।

42. (*d*) बहुलक का द्रव्यमान $(W_B) = 1.0$ ग्राम

बहुलक का अणुभार $(M_B) = 185000$ ग्राम मोल$^{-1}$

बहुलक का आयतन $(V) = 450$ मिली = 0.450 ली

ताप $(T) = 450$ मिली = 0.450 ली

विलयन स्थिरांक $(R) = 8.314 \times 10^3$ पास्कल लीटर$^{-1}$केल्विन मोल$^{-1}$

परासरण दाब $(\pi) = CRT = \frac{W_B \times R \times T}{M_B \times V}$

$$\therefore \quad \pi = \frac{(1.0) \times (83.14 \times 10^3) \times (310)}{(185000) \times (0.450)} = 30.96 \text{ पास्कल}$$

43. (*c*) $p = \frac{w}{mV} = RT$

$\because w \cdot RT/V$ नियत है अतः $p \propto \frac{1}{m}$

$$\therefore \quad p_2 > p_1 > p_3$$

44. (*a*) यूरिया की मोलरता $= \frac{\frac{6}{60}}{\frac{100}{1000}} = 1M$

अतः ग्लूकोस का 1 M विलयन यूरिया के 6.1 विलयन का समपरासरी है।

45. (c) $C = \frac{5}{342} \times \frac{1}{100} \times 1000 = \frac{50}{342}$ मोल/ली

$\pi = CRT = \frac{50}{342} \times 0.082 \times 423 = 5.07$ वायुमण्डल

46. (b) समपरासरी विलयन के लिए

$\frac{w_1}{m_1} = \frac{w_2}{m_2} \Rightarrow \frac{5}{342} = \frac{1}{m_2} \Rightarrow m_2 = \frac{342}{5} = 68.4$ ग्राम

47. (d) $\pi = CRT = \frac{w_B \times R \times T}{M_B \times V}$

दोनों विलयनों के लिए R, T तथा V स्थिर हैं।

विलयन I के लिए $(4.98) = \frac{(36) \times R \times T}{(180) \times V}$ ...(i)

विलयन II के लिए $(1.52) = \frac{W_B \times R \times T}{M_B \times V}$ ...(ii)

समी. (ii) को समी. (i) से भाग करने पर

$\frac{(1.52)}{(4.98)} = \frac{W_B \times R \times T}{M_B \times V} \times \frac{180\ V}{36 \times R \times T}$

$\frac{W_B}{M_B} = \frac{1.52}{4.98 \times 5} = 0.0610$ मोल लीटर$^{-1}$

48. (a) मोल प्रभाज इकाई विलयन की सान्द्रता को इसके वाष्प दाब से सम्बन्धित करने के लिए उपयोगी है।

50. (a) $BaCl_2$ अधिकतम् आयन देता है अतः यह निम्नतम् वाष्प दाब प्रदर्शित करता है।

51. (b) क्वथनांक में उन्नयन $= iK_b \cdot m$

यदि K_b तथा m समान हों तो क्वथनांक में उन्नयन $\propto i$

$$NaOH \longrightarrow \underbrace{Na^+ + OH^-}_{2\ \text{आयन}}$$

$$Na_2SO_4 \longrightarrow \underbrace{2Na^+ + SO_4^{2-}}_{3\ \text{आयन}}$$

$$NH_4NO_3 \longrightarrow \underbrace{NH_4^+ + NO_3^-}_{2\ \text{आयन}}$$

$$KHO_3 \longrightarrow \underbrace{K^+ + NO_3^-}_{2\ \text{आयन}}$$

52. (b) परासरण दाब अणुसंख्यक गुणधर्म है।

परासरण दाब $\propto$ कणों की संख्या

$$NaCl \longrightarrow Na^+ + Cl^-$$

कणों की सान्द्रता $= 2 \times 2M = 4M$

$\therefore$ ग्लूकोस वियोजित नहीं होता है।

$\therefore$ कणों की सांद्रता $= 1 \times 1M = 2M$

$\therefore$ यूरिया भी वियोजित नहीं होता है।

अतः यूरिया की सान्द्रता $= 1 \times 2M = 2M$

$\therefore$ ग्लूकोस विलयन का परासरण दाब सबसे कम होगा।

53. (b) KNO_3 पूर्णतः वियोजित हो जाता है जबकि CH_3COOH कम मात्रा में वियोजित होता है अतः $p_1 > p_2$

54. (a) नेफ्थोइक अम्ल $(C_{11}H_8O_2)$ का वास्तविक अणुभार = 172 तथा अणुभार (परिकलित)

$m = \frac{1000 \times K_i \times w}{W \times \Delta L_i} = \frac{1000 \times 1.72 \times 20}{50 \times 2} = 344$

वाण्ट हॉफ गुणंक (i) = वास्तविक अणुभार/परिकलित अणुभार

$= \frac{172}{344} = 0.5$

55. (b) $\Delta T_f = i \times K_f \times m$

$7.10 \times 10^{-3} = i \times 1.86 \times 0.001$

$i = 3.817$

पुनः $\alpha = \frac{i-1}{n-1}$ से $1 = \frac{3.817 - 1}{(x+1) - 1}$

$x = 2.817 \approx 3$

अतः यौगिक अणुसूत्र $K_3[Fe(CN)_6]$ है।

56. (a) $CuCl_2 \rightleftharpoons Cu^{2+} + 2Cl^{-1}$

1 मोल	0	0	आयनन से पहले
$(1-\alpha)$	α	2α	आयनन के बाद

अतः आयनन के बाद कणों की संख्या

$= 1 - \alpha + \alpha + 2\alpha = 1 + 2\alpha$

$\therefore$ वाण्ट हॉफ गुणांक $(i) = \frac{1+2\alpha}{1}$/(100% आयनन पर, $\alpha = 1$)

$i = \frac{1 + 2 \times 1}{1} = 3$

क्वथनांक में उन्नयन, $\Delta T_b = 3 \times K_b \times m$

$CuCl_2$ विलयन की मोललता

$(m) = \frac{CuCl^2 \text{ का ग्राम में भार} / CuCl_2 \text{ का अणुभार}}{\text{जल का भार (किग्रा में)}} = \frac{\frac{13.44}{134.4}}{1} = 0.1\,m$

अतः $\Delta T_b = 3 \times 0.52 \times 0.1 = 0.156°\,C \approx 0.16°\,C$

57. (d) $\underset{(1-\alpha)}{HBr} \rightleftharpoons \underset{\alpha}{H^+} + \underset{\alpha}{Br^-}$

$i_{\text{कुल}} = (1-\alpha) + \alpha + \alpha = (1+\alpha)$

$i = 1 + 0.9 = 1.9$

$\Delta T_f = iK_f m = 1.9 \times 1.86 \times \frac{8.1}{81} \times \frac{1000}{100} = 3.53°\,C$

$T_f = T - \Delta T_f = 0 - 3.53°C = -3.53°C$

59. (c) घुले हुए K_2SO_4 की मात्रा = 25 किग्रा = 0.025 ग्राम

विलयन का आयतन = 2 लीटर

$T = 25°\,C = 25 + 273$ केल्विन = 298 केल्विन

K_2SO_4 का अणुभार $= (2 \times 39) + 32 + (4 \times 16) = 174$ ग्राम मोल$^{-1}$

चूँकि K_2SO_4 निम्न प्रकार से पूर्णतया वियोजित हो जाता है

$$K_2SO_4 \xrightarrow{\text{जलीय}} 2K^+ + SO_4^{2-}$$

वियोजन के उपरान्त बने कुल आयनों की संख्या (प्रति मोल) = 3

अतः $i = 3$

$\pi = iCRT = i \times \frac{n}{V} RT$

$= \frac{i \times w \times R}{M \times V} = \frac{3 \times 0.0025 \times 0.0821 \times 298}{174 \times 2\,L}$

$= 5.27 \times 10^{-3}$ वायुमण्डल

अध्याय 10

रासायनिक बन्धता तथा आण्विक संरचना

Chemical Bonding and Molecular Structure

रासायनिक बन्ध Chemical Bond

किसी यौगिक के अणु में विद्यमान परमाणु जिस बल से एक-दूसरे से जुड़े होते हैं, वह बल या आकर्षण बल, **रासायनिक बन्ध** कहलाता है। आयनिक यौगिकों में ये बन्ध विपरीत आवेश वाले आयनों को जोड़ते हैं।

रासायनिक बन्ध बनने पर हमेशा तन्त्र की ऊर्जा घटती है।

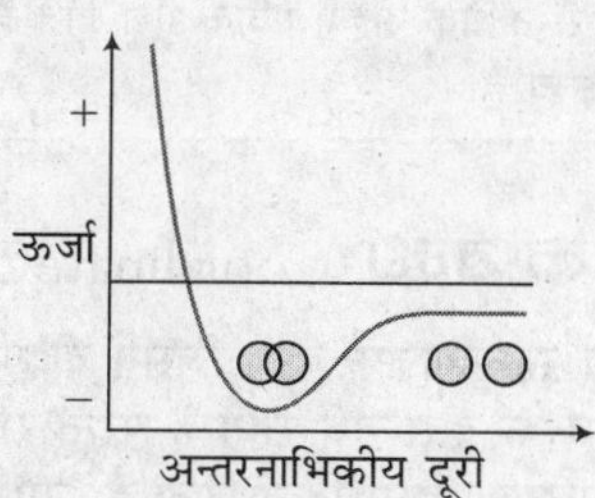

कॉसेल-लुईस अवधारणा Kossel-Lewis Approach

इस अवधारणा के अनुसार, परमाणुओं का संयोजन संयोजी इलेक्ट्रॉनों (Valence electrons) के एक परमाणु से दूसरे परमाणु पर स्थानान्तरण के द्वारा अथवा संयोजी इलेक्ट्रॉनों की साझेदारी (Sharing) द्वारा होता है। (बाह्यतम कोश को संयोजकता कोश तथा इसमें उपस्थित इलेक्ट्रॉनों को **संयोजी इलेक्ट्रॉन** कहते हैं।) बन्ध निर्माण की प्रक्रिया में परमाणु अपने संयोजकता कोश (Valence shell) में अष्टक प्राप्त करते हैं। इसे **अष्टक नियम** कहते हैं।

आयनिक बन्ध Ionic Bond

धातुएँ इलेक्ट्रॉन त्यागकर धनायन बनाती हैं जबकि अधातुएँ इलेक्ट्रॉन ग्रहण करके ऋणायन का निर्माण करती हैं। इन विपरीत आवेश वाले धनायनों एवं ऋणायनों के मध्य लगने वाले स्थिर विद्युत आकर्षण बल ही आयनिक बन्ध कहलाते हैं। ये बन्ध दिशात्मक नहीं होते हैं।

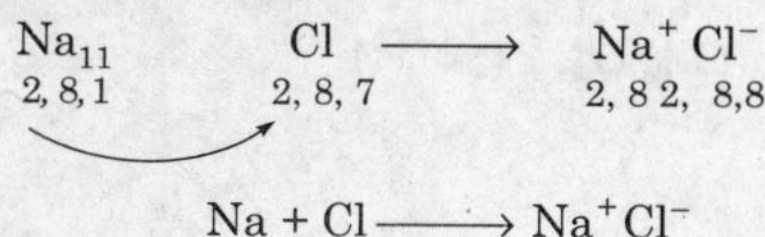

$$Na + Cl \longrightarrow Na^+Cl^-$$

आयनिक यौगिक के निर्माण के लिए आवश्यक शर्तें

(i) धातु की न्यूनतम आयनन एन्थैल्पी

(ii) अधातु की उच्चतम इलेक्ट्रॉन लब्धि एन्थैल्पी

(iii) उच्च जालक ऊर्जा (Lattice enthalpy)

आयनिक यौगिक सामान्यत: उच्च क्वथनांक वाले, कठोर व भंगुर तथा ध्रुवीय विलायकों में विलेय (Soluble) होते हैं।

जालक ऊर्जा की गणना Calculation of Lattice Enthalpy

किसी आयन का विद्युत-क्षेत्र उसके चारों ओर समान रहता है; अत: प्रत्येक आयन के चारों ओर विपरीत आवेशित आयन एकत्रित हो जाते हैं। इस प्रकार की व्यवस्था को **क्रिस्टल जालक** (Crystal lattice) कहते हैं। आयनों के इस प्रकार संगठित होने में, स्थितिज ऊर्जा कम हो जाती है, जो **जालक ऊर्जा** (Lattice energy) के रूप में उत्सर्जित होती है। 'जिस यौगिक की जालक ऊर्जा जितनी अधिक होती है, वह यौगिक उतना ही अधिक स्थायी होता है।'

जालक ऊर्जा की गणना बॉर्न हॉबर चक्र (Born-Haber cycle) के द्वारा की जाती है।

उदाहरण—

$$\begin{array}{ccccl} M(s) & + & \frac{1}{2}X_2(g) & \longrightarrow & MX(s)\,;\,\Delta H_r = Q \\ \downarrow \Delta H_s & & \downarrow D/2 & & \\ M(g) & & X(g) & & \\ \downarrow I & & \downarrow E & & U \\ M^+(g) & & X^-(g) & & \end{array}$$

$$\because \quad Q = \Delta H_s + I + \frac{D}{2} - E - U$$

जहाँ, ΔH_s = ऊर्ध्वपातन की एन्थैल्पी, I = आयनन एन्थैल्पी

D = वियोजन की एन्थैल्पी, F = इलेक्ट्रॉन बन्धुता

U = जालक ऊर्जा

सहसंयोजक बन्ध Covalent Bond

यह बन्ध परमाणुओं (समान या असमान) के मध्य परस्पर समान इलेक्ट्रॉनों की साझेदारी के द्वारा बनता है तथा यौगिक में एक परमाणु के द्वारा साझे में प्रयुक्त इलेक्ट्रॉनों की संख्या को उस तत्व की सहसंयोजकता (Covalency) कहते हैं।

(i) सहसंयोजक यौगिक कम गलनांक एवं क्वथनांक वाले तथा विद्युत के कुचालक होते हैं। सहसंयोजक बन्ध दिशात्मक होता है।

(ii) सहसंयोजक यौगिक का उदाहरण—

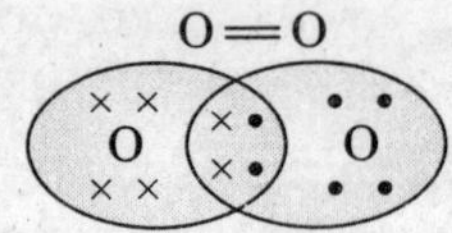

(iii) सहसंयोजक बन्ध की प्रकृति के आधार पर सहसंयोजक यौगिक दो प्रकार के होते हैं

(a) **अध्रुवीय सहसंयोजक यौगिक** (Non-polar Covalent Compounds) जब कोई सहसंयोजक बन्ध दो समान विद्युतऋणात्मक तत्वों के बीच बनता है तब साझे का इलेक्ट्रॉन युग्म दोनों परमाणुओं के ठीक मध्य में स्थित होता है तथा सहसंयोजी बन्ध में कोई आयनिक गुण नहीं होता, तब इन सहसंयोजक बन्धों को अध्रुवीय सहसंयोजक बन्ध तथा इस प्रकार प्राप्त यौगिक को अध्रुवीय सहसंयोजक यौगिक कहते हैं। जैसे—H_2, N_2, O_2, Cl_2, CH_4 आदि।

(b) **ध्रुवीय सहसंयोजक यौगिक** (Polar Covalent Compounds) जब कोई सहसंयोजक बन्ध भिन्न-भिन्न विद्युत्ऋणात्मकताओं वाले तत्वों के बीच बनता है तब साझे का इलेक्ट्रॉन युग्म अधिक विद्युत-ऋणात्मक तत्व की ओर आकर्षित हो जाता है तथा एक तत्व पर आंशिक धनावेश तथा दूसरे तत्व पर आंशिक ऋणावेश आ जाता है अर्थात् बन्ध में आयनिक लक्षण आ जाता है। इस प्रकार के सहसंयोजक बन्ध को ध्रुवीय सहसंयोजक बन्ध तथा प्राप्त यौगिक को ध्रुवीय सहसंयोजक यौगिक कहते हैं। जैसे—HCl, HF, H_2O आदि।

बन्ध प्रांचल Bond Parameters

(i) **बन्ध लम्बाई** (Bond Length) किसी अणु में बन्धित परमाणुओं के नाभिकों के बीच की साम्यावस्था दूरी 'बन्ध लम्बाई कहलाती' है।

C — C बन्ध = 154 pm, C ═ C बन्ध = 133 pm

C ≡ C बन्ध = 120 pm

(ii) **बन्ध कोण** (Bond Angle) किसी अणु के केन्द्रीय परमाणु के आस-पास उपस्थित बन्धित इलेक्ट्रॉन युग्म को धारण करने वाले कक्षकों के बीच बनने वाले कोण को बन्ध कोण कहते हैं।

(iii) **बन्ध एन्थैल्पी** (Bond Enthalpy) गैसीय स्थिति में दो परमाणुओं के बीच विशिष्ट आबन्धों के एक मोल को तोड़ने के लिए आवश्यक ऊर्जा को बन्ध एन्थैल्पी कहते हैं।

सहसंयोजक बन्ध में ध्रुवीय लक्षण : द्विध्रुव आघूर्ण Polar Character in Covalent Bond : Dipole Moment

किसी द्विध्रुव के आवेश तथा आवेशों के बीच की दूरी का सदिश गुणनफल द्विध्रुव आघूर्ण (Dipole moment), μ कहलाता है।

$$\mu = q \times d$$

द्विध्रुव आघूर्ण की सहायता से सहसंयोजक बन्ध के प्रतिशत आयनिक गुण की गणना निम्न उदाहरण की तरह की जा सकती है।

फायान्स नियम Fajan's Laws

एक छोटा धनायन, एक बड़े ऋणायन के इलेक्ट्रॉन अभ्र को विरूपित कर देता है। फलस्वरूप इसमें कुछ सहसंयोजी लक्षण आ जाते हैं। धनायन अथवा ऋणायन पर उच्च आवेश भी अधिक सहसंयोजक लक्षण बढ़ाता है। उदाहरण–

(i) NaCl SJeb NaI में से बड़े ऋणायन के कारण NaI में अधिक सहसंयोजक गुण होते हैं।

(ii) $FeCl_3$ में $FeCl_2$ से अधिक सहसंयोजक गुण होते हैं क्योंकि $FeCl_3$ में Fe पर आवेश उच्च है।

उपसहसंयोजक बन्ध Coordinate Bond

एक विशेष प्रकार का सहसंयोजक बन्ध जिसमें दो परमाणु परस्पर साझे के एक इलेक्ट्रॉन युग्म के द्वारा बँधे रहते हैं परन्तु साझे का इलेक्ट्रॉन युग्म केवल एक ही परमाणु द्वारा दिया जाता है, उपसहसंयोजक बन्ध कहलाता है। इलेक्ट्रॉन युग्म प्रदान करने वाला परमाणु **दाता** (Donor) तथा ग्रहण करने वाला परमाणु **ग्राही** (Acceptor) कहलाता है। इस बन्ध को दाता से ग्राही की तरफ एक तीर द्वारा प्रदर्शित करते हैं।

$$A: + B \longrightarrow A \overset{\bullet\bullet}{\longrightarrow} B$$

उदाहरण— $\left[\begin{array}{c} H \\ | \\ H - N \longrightarrow H \\ | \\ H \end{array}\right]^+$

लुईस इलेक्ट्रॉन बिन्दु संरचना Lewis Electron Dot Structure

वह संरचना जिसमें किसी तत्व के संयोजी इलेक्ट्रॉन को उसके प्रतीक के ऊपर बिन्दु (•) या क्रॉस (×) या अन्य किसी चिन्ह की सहायता से प्रदर्शित किया जाता है, लुईस बिन्दु संरचना कहलाती है।

उदाहरण—$\dot{\text{Na}}$, $\overset{\times\times}{\underset{\times\times}{{}_{\times}\text{Cl}_{\times}}}$, $\text{K}^{\times}$, $:\ddot{\text{O}}:$, $\overset{\circ\circ}{\text{N}}\,\overset{\circ}{\underset{\circ}{}}$ आदि।

इसी प्रकार, अणुओं को भी लुईस बिन्दु संरचना द्वारा निम्न प्रकार दर्शाया जाता है

(i) CH_4 अणु

$$H\cdot\times C \times\cdot H \;(\text{चार } H) \longrightarrow H-\underset{H}{\overset{H}{C}}-H$$

(ii) NH_3 अणु

$$\overset{\times}{\underset{\times}{}}N\times\cdot H \;(\text{तीन } H) \longrightarrow \overset{\times}{\underset{\times}{}}\underset{H}{\overset{H}{N}}-H$$

फॉर्मल आवेश Formal Charge

इसकी गणना निम्न सूत्र की सहायता से की जाती है।

$$\begin{bmatrix}\text{लुईस संरचना में}\\ \text{किसी परमाणु पर}\\ \text{फॉर्मल आवेश}\end{bmatrix} = \begin{bmatrix}\text{मुक्त परमाणु में}\\ \text{संयोजकता इलेक्ट्रॉनों}\\ \text{की कुल संख्या}\end{bmatrix} - \begin{bmatrix}\text{अनाबन्धी (एकाकी युग्म)}\\ \text{इलेक्ट्रॉनों की कुल संख्या}\end{bmatrix} - \frac{1}{2}\begin{bmatrix}\text{आबन्धित (सहभाजित)}\\ \text{इलेक्ट्रॉनों की कुल संख्या}\end{bmatrix}$$

संयोजकता बन्ध सिद्धान्त Valence Bond Theory

इस सिद्धान्त के अनुसार, सहसंयोजक बन्ध की व्याख्या इलेक्ट्रॉन तरंग फलन (ψ) के अतिव्यापन (Overlapping) के आधार पर की जा सकती है।

(i) केवल उन्हीं परमाणवीय कक्षकों का अतिव्यापन होता है जिसमें विपरीत चक्रण वाले इलेक्ट्रॉन होते हैं।

$\boxed{\uparrow}$ $\boxed{\downarrow}$

(ii) बन्ध सामर्थ्य अतिव्यापन की सीमा पर निर्भर करती है।

(iii) *s-s* अतिव्यापन, *s-p* अतिव्यापन तथा *p-p* अक्षीय (Axial) अतिव्यापन से σ-बन्ध बनता है, जबकि *p-p* सम्पार्श्वीय (Side-by-side) अतिव्यापन से π बन्ध बनता है।

(iv) बन्ध सामर्थ्य का क्रम

$$p\text{–}p \text{ अक्षीय} > s\text{–}p > s\text{–}s$$
$$\sigma \text{ आबन्ध} > \pi \text{ आबन्ध}$$

(v) द्विबन्ध में 1σ तथा 1π, जबकि त्रिबन्ध में 1σ एवं 2π बन्ध होते हैं।

संयोजकता कोश इलेक्ट्रॉन युग्म प्रतिकर्षण सिद्धान्त Valence Shell Electron Pair Repulsion Theory, VSEPR Theory

इस सिद्धान्त के अनुसार,

(i) अणु की आकृति, केन्द्रीय परमाणु के आसपास उपस्थित संयोजी कोश के इलेक्ट्रॉन युग्मों (संयोजित अथवा असंयोजित) की संख्या पर निर्भर करती है।

(ii) केन्द्रीय परमाणु के संयोजकता कोश में उपस्थित इलेक्ट्रॉन युग्म एक-दूसरे को प्रतिकर्षित करते हैं, क्योंकि उनके इलेक्ट्रॉन अभ्र (Electron cloud) पर ऋणात्मक आवेश होता है।

(iii) ये इलेक्ट्रॉन युग्म त्रिविम में उन स्थितियों में व्यवस्थित होने का प्रयत्न करते हैं, जिसके फलस्वरूप उनमें प्रतिकर्षण कम-से-कम हो। इस स्थिति में उनके मध्य अधिकतम दूरी होती है।

- इलेक्ट्रॉन युग्मों के बीच प्रतिकर्षण अन्योन्यक्रियाएँ निम्नलिखित क्रम में घटती हैं—
- एकाकी युग्म-एकाकी युग्म > एकाकी युग्म-बन्ध युग्म > बन्ध युग्म-बन्ध युग्म
  (*lp*) (*lp*) (*lp*) (*bp*) (*bp*) (*bp*)

इलेक्ट्रॉन युग्म, ज्यामिति तथा बन्ध कोण में सम्बन्ध

बन्ध युग्म तथा एकाकी युग्मों की संख्या	ज्यामिति	बन्ध कोण
2 *bp*	रेखीय	180°
3 *bp*	त्रिकोणीय	120°
2 *bp* तथा 1*lp*	कोणीय या 'V' आकार	120° से कम
4 *bp*	चतुष्फलकीय	109° 28′
3 *bp* तथा 1*lp*	त्रिभुजीय पिरैमिडी	107°
2 *bp* तथा 2*lp*	कोणीय या 'V' आकार	≈ 105°
3 *bp* तथा 2*lp*	T-आकृति	90°
5 *bp*	त्रिकोणीय द्विपिरैमिडी	90° तथा 120°
6 *bp*	अष्टफलकीय	90°

इस सिद्धान्त द्वारा अत्यधिक ध्रुवीय बन्ध युक्त अणुओं की आकृति नहीं समझायी जा सकती।

संकरण Hybridisation

संकरण की प्रक्रिया में एकल परमाणु के लगभग समान ऊर्जा वाले विभिन्न कक्षक मिश्रित तथा पुनर्व्यवस्थित होकर उतनी ही संख्या में समान ऊर्जा व आकृति के समरूप नये कक्षकों का समुच्चय बनाते हैं जो सम्मिलित रूप में एक विशिष्ट ज्यामिति धारण करते हैं।

मुख्य बिन्दु

(i) संकरण में भाग लेने वाले परमाणवीय कक्षक = संकरित कक्षकों की संख्या

(ii) संकरित कक्षक अधिक दिशात्मक होते हैं तथा प्रबल बन्ध बनाते हैं। दिशात्मकता का क्रम

$$sp^3d^3 > sp^3d^2 > sp^3d > sp^3 > sp^2 > sp$$

(iii) संकरण में कक्षक भाग लेते हैं, इलेक्ट्रॉन नहीं। अत: संकरण में पूरित, अर्द्धपूरित तथा रिक्त कक्षक भाग ले सकते हैं।

(iv) परमाणु की संकरण अवस्था से अणु की ज्यामिति तथा बन्ध कोणों का निर्धारण किया जा सकता है।

विभिन्न अणुओं का संकरण तथा आकृति

संकरण	आकृति	कोण	उदाहरण
sp	रेखीय (linear)	180°	$HgCl_2$, $ZnCl_2$, CO_2, C_2H_2, $[Ag(NH_3)_2]^+$, आदि।
sp^2	त्रिकोणीय (triangular)	120°	BF_3, SO_3, C_2H_4, CO_3^{2-}, NO_3^-, ग्रेफाइट आदि।
sp^3	चतुष्फलकीय (tetrahedral)	109° 28′	CH_4, SO_4^{2-}, NH_4^+, $SnCl_4$, H_3O^+, $[Ni(CO)_4]$, $[NiCl_4]^{2-}$, NH_3, हीरा, H_2O, H_2S आदि।
sp^3d	त्रिकोणीय द्वि-पिरामिडीय (trigonal bipyramidal)	120° व 90°	PCl_5, PF_5, $[Fe(CO)_5]$ आदि।
sp^3d^2	अष्टफलकीय (octahedral)	90°	SF_6, $[CrF_6]^{3-}$, $[Co(NH_3)_6]^{3+}$ आदि।
sp^3d^3	पंचकोणीय द्वि-पिरामिडीय (pentagonal bipyramidal)	72° व 90°	IF_7
dsp^2	वर्गाकार समतलीय (square planar)	90°	$[Ni(CN)_4]^{2-}$, $[Cu(NH_3)_4]^{2+}$ आदि।

अनुनाद Resonance

यदि किसी यौगिक को दो या दो से अधिक लुईस इलेक्ट्रॉनिक संरचनाओं द्वारा प्रदर्शित करते हैं तो अणु की वास्तविक संरचना उन सभी संरचनाओं का अनुनादी संकर होती है। इस परिघटना को अनुनाद कहते हैं।

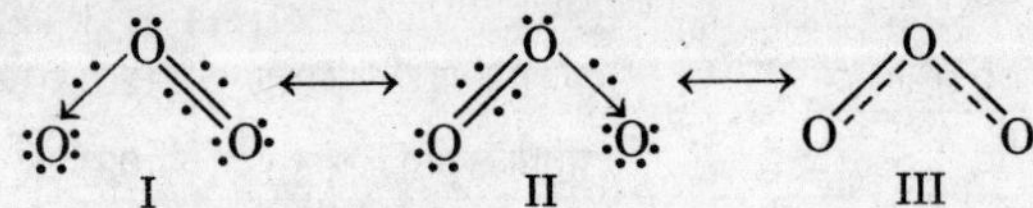

सामान्य रूप से कहा जा सकता है कि

(i) अनुनाद अणु को स्थायित्व प्रदान करता है, क्योंकि अनुनाद संकर की ऊर्जा किसी भी विहित संरचना की ऊर्जा से कम होती है।

(ii) अनुनाद के कारण बन्धों के लक्षण औसत मान प्राप्त करते हैं। इस प्रकार O_3 अणु में अनुनाद संकर रूप III की ऊर्जा, अनुनादी रूप I तथा II की ऊर्जा के मान से भी कम होती है।

आण्विक कक्षक सिद्धान्त Molecular Orbital Theory

सहसंयोजक बन्ध की प्रकृति को स्पष्ट करने वाला यह सिद्धान्त **हुण्ड तथा मुलिकन** ने दिया था। इस सिद्धान्त की मुख्य बातें निम्नांकित हैं

(i) अणु में इलेक्ट्रॉन एक नये प्रकार के कक्षक में भरे जाते हैं जिन्हें आण्विक कक्षक कहते हैं।

(ii) आण्विक कक्षक समान ऊर्जा वाले परमाणवीय कक्षकों से LCAO विधि द्वारा निर्मित होते हैं।

(iii) आण्विक कक्षकों की संख्या इनको निर्मित करने वाले परमाणवीय कक्षकों की संख्या के बराबर होती है। इनमें एक प्रकार के आण्विक कक्षकों की ऊर्जा परमाणवीय कक्षकों से कम होती है जिन्हें **बन्धित आण्विक कक्षक** (Bonding molecular orbital σ, π) कहते हैं तथा दूसरे प्रकार के आण्विक कक्षकों की ऊर्जा परमाणवीय कक्षक से अधिक होती है जिन्हे प्रतिआबन्धी आण्विक कक्षक (Anti-bonding molecular orbital σ^*, $\overset{*}{\pi}$) कहते हैं।

(iv) आण्विक कक्षकों में इलेक्ट्रॉन ऑफबाऊ नियम के अनुसार भरे जाते हैं।

(v) समान ऊर्जा वाले आण्विक कक्षकों में इलेक्ट्रॉन हुण्ड के नियम के अनुसार भरे जाते हैं।

(vi) एक आण्विक कक्षक में अधिकतम दो इलेक्ट्रॉन रह सकते हैं लेकिन उनके चक्रण की दिशा एक-दूसरे के विपरीत होनी चाहिए।

(vii) विभिन्न आण्विक कक्षकों की ऊर्जा का बढ़ता हुआ क्रम निम्न प्रकार है

$$\sigma 1s < \overset{*}{\sigma} 1s < \sigma 2s < \overset{*}{\sigma} 2s < \sigma 2p_z < \begin{bmatrix} \pi_{2p_x} \\ \pi_{2p_y} \end{bmatrix} < \begin{bmatrix} \overset{*}{\pi}_{2p_x} \\ \overset{*}{\pi}_{2p_y} \end{bmatrix} < \sigma^* 2p_z$$

B_2, C_2 तथा N_2 के लिए यद्यपि यह क्रम निम्न होता है—

$$\sigma 1s < \overset{*}{\sigma} 1s < \sigma 2s < \overset{*}{\sigma} 2s < \begin{bmatrix} \pi_{2p_x} \\ \pi_{2p_y} \end{bmatrix} < \sigma 2p_z < \begin{bmatrix} \overset{*}{\pi}_{2p_x} \\ \overset{*}{\pi}_{2p_y} \end{bmatrix} < \overset{*}{\sigma} 2p_z$$

और इसी क्रम में इलेक्ट्रॉन इनमें भरे जाते हैं।

(viii) बन्ध कोटि (Bond order) निम्न सूत्र की सहायता से ज्ञात करते हैं

$$\text{बन्ध कोटि} = \frac{N_b - N_a}{2}$$

जहाँ, N_b = बन्धित कक्षक में इलेक्ट्रॉनों की संख्या

N_a = प्रतिआबन्धी कक्षक में इलेक्ट्रॉनों की संख्या

यदि $N_b > N_a$, तो अणु स्थिर होगा।

यदि $N_b < N_a$, तो अणु का निर्माण नहीं होगा।

यदि $N_b = N_a$ या बन्ध कोटि शून्य हो, तो अणु का निर्माण नहीं होगा।

(ix) आणविक कक्षकों में अयुग्मित इलेक्ट्रॉन होने पर अणु **अनुचुम्बकीय** तथा युग्मित होने पर **प्रतिचुम्बकीय** होते हैं।

हाइड्रोजन बन्धन Hydrogen Bonding

वह आकर्षण बल जो एक अणु के हाइड्रोजन परमाणु को उसी अणु में विद्यमान या दूसरे अणु के विद्युत ऋणात्मक परमाणु (F, O तथा N) से बाँधता है, हाइड्रोजन बन्ध कहलाता है।

हाइड्रोजन बन्ध दो प्रकार के होते हैं

(i) **अन्तरा-अणुक हाइड्रोजन आबन्ध** (Intermolecular Hydrogen Bonding) भिन्न-भिन्न अणुओं के मध्य बनता है।

H—F····H —F····H— F

ऐसे अणु जल में अधिक विलेय होते हैं तथा इनका क्वथनांक भी उच्च होता है।

(ii) **अन्तःअणुक हाइड्रोजन आबन्ध** (Intramolecular Hydrogen Bonding) एक ही अणु में उपस्थित होता है।

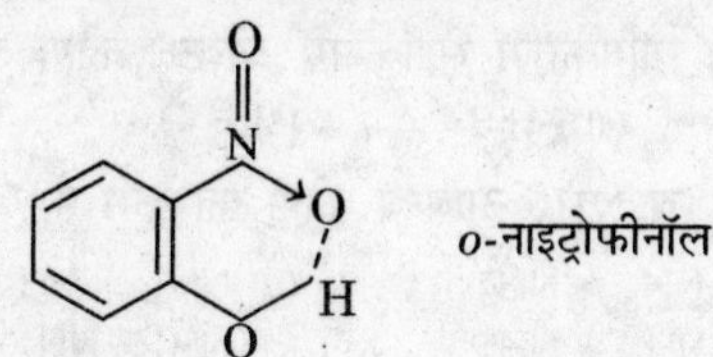

हाइड्रोजन बन्धन के प्रभाव
Effects of Hydrogen Bonding

(i) जल में विलेयशीलता,

(ii) अणुओं के संगुणन से उच्च द्रवणांक व क्वथनांक,

(iii) भौतिक अवस्था (H_2O द्रव है जबकि H_2S गैस है)।

धात्विक बन्ध Metallic Bonding

धात्विक आयनों तथा गतिक इलेक्ट्रॉनों के मध्य लगने वाला वह आकर्षण बल जिसके कारण धात्विक परमाणु परस्पर जुड़े रहते हैं धात्विक बन्ध कहलाता है।

इसके निर्माण को बैण्ड सिद्धान्त (Band theory) द्वारा समझाया जा सकता है। यह सिद्धान्त आण्विक कक्षक सिद्धान्त पर आधारित होता है। इसके अनुसार, धात्विक बन्ध के निर्माण का कारण, मुक्त इलेक्ट्रॉनों का पूरी धातु में विस्थानीकृत (Delocalize) होना है।

आण्विक कक्षकों की संख्या बहुत अधिक होती है तथा ऊर्जा अन्तराल (Energy gap) बहुत कम होता है इस कारण यह सतत् बैण्ड की तरह लगता है।

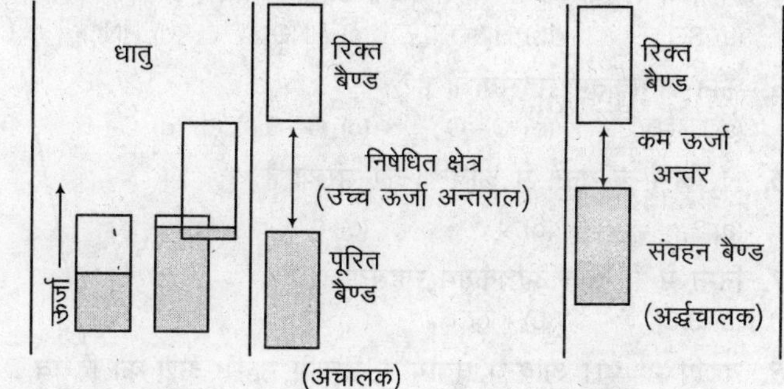

अभ्यास प्रश्न

1. निम्न में से कौन-सा यौगिक इलेक्ट्रॉन वितरण के लिए अष्टक नियम का पालन नहीं करता है?
(a) H_2O (b) PH_3 (c) PCl_3 (d) PCl_5

2. निम्न में से किसमें विद्युत संयोजी आबन्धन है?
(a) CH_4 (b) $SiCl_4$ (c) $MgCl_2$ (d) BF_3

3. सहसंयोजक यौगिकों की तुलना में, वैद्युत संयोजक यौगिकों में होते हैं
(a) निम्न गलनांक व क्वथनांक
(b) उच्च गलनांक व क्वथनांक
(c) निम्न गलनांक व उच्च क्वथनांक
(d) उच्च गलनांक व निम्न क्वथनांक

4. निम्नलिखित अणुओं को आबन्धों की बढ़ती आयनिक प्रकृति के क्रम में लिखिए- LiF, K_2O, N_2, SO_2 तथा ClF_3
(a) $N_2 < ClF_3 < SO_2 < LiF < K_2O$
(b) $N_2 < SO_2 < ClF_3 < K_2O < LiF$
(c) $N_2 < ClF_3 < SO_2 < K_2O < LiF$
(d) $N_2 < SO_2 < ClF_3 < LiF < K_2O$

5. HNO_3, की निम्नलिखित लुईस संरचना में O_3 परमाणु पर फॉर्मल आवेश है
(a) 0 (b) –1 (c) –2 (d) +1

6. निम्नलिखित आबन्धों को बढ़ते आयनिक लक्षण के क्रम में लिखिए

N — H, F — H, C — H तथा O — H

(a) F — H < O — H < C — H < N — H
(b) N — H < O — H < C — H < F — H
(c) C — H < N — H < 0 — H < F — H
(d) F — H < C — H < O — H < N — H

7. *X*, *Y* तथा *Z* तत्वों में क्रमशः 4, 5 व 7 संयोजी इलेक्ट्रॉन हैं। दिए गए सूत्रों में से सही है
(a) XH_3 (b) YH_4 (c) HZ (d) YH_5

8. यदि दो परमाणुओं *A* तथा *B* में विद्युतऋणात्मकता का अन्तर 2.0 है। तो अणु में प्रतिशत सहसंयोजी लक्षण होगा
(a) 54% (b) 46% (c) 23% (d) 72%

9. निम्नलिखित समान संरचना वाले यौगिकों में, किसकी जालक ऊर्जा अधिकतम है?
(a) LiF (b) LiCl (c) NaCl (d) MgO

10. NO, CO, ClO_2, N_2O_5, SO_2 व O_3 के समूह में, विषम इलेक्ट्रॉन युक्त यौगिकों का युग्म है
(a) NO व ClO_2 (b) CO व SO_2
(c) ClO_2 व CO (d) SO_2 व SO_3

11. CaO व NaCl की क्रिस्टल संरचना समान तथा आयनिक त्रिज्या लगभग समान है। यदि U, NaCl की जालक ऊर्जा है, तो CaO की लगभग जालक ऊर्जा होगी

(a) $\frac{U}{2}$ (b) U (c) $2U$ (d) $4U$

12. एक परमाणु X में तीन संयोजी इलेक्ट्रॉन तथा परमाणु Y में 6 संयोजी इलेक्ट्रॉन हैं। इनके द्वारा बने यौगिक का सूत्र होगा

(a) X_2Y_6 (b) XY_2 (c) X_2Y_3 (d) X_3Y_2

13. CO_2, NF_3 तथा $CHCl_3$ में परिणामी द्विध्रुव आघूर्ण का क्रम है

(a) $NF_3 < CO_2 < CHCl_3$ (b) $CHCl_3 < CO_2 < NF_3$
(c) $CO_2 < NF_3 < CHCl_3$ (d) $CO_2 < CHCl_3 < NF_3$

14. निम्न में से किसमें उपसहसंयोजक आबन्ध नहीं है?

(a) SO_2 (b) H_2SO_3 (c) HNO_2 (d) HNO_3

15. कौन अधिकतम सहसंयोजी है?

(a) C—F (b) C—O (c) C—S (d) C—Br

16. N_2 अणु के बनने में आबन्धों की संख्या है

(a) 2 (b) 4 (c) 6 (d) 10

17. निम्न मे से कौन अधिकतम सहसंयोजी है?

(a) $SiCl_4$ (b) $MgCl_2$ (c) NaCl (d) $AlCl_3$

18. यद्यपि Be—H आबन्ध ध्रुवीय है, तथापि BeH_2 अणु का द्विध्रुव आघूर्ण शून्य है, क्यों?

(a) इसकी रेखीय ज्यामिति के कारण
(b) दो बराबर तथा विपरीत द्विध्रुव आघूर्णो के कारण
(c) (a) तथा (b) दोनों
(d) उपरोक्त में से कोई नहीं

19. हालाँकि CO_2 तथा H_2O दोनों त्रिपरमाणुक अणु हैं, परन्तु H_2O की आकृति बंकित (Bent) होती है जबकि CO_2 की आकृति रैखिक होती है क्योंकि

(a) C, H की तुलना में कम विद्युतऋणात्मक है
(b) C, H की तुलना में अधिक विद्युतऋणात्मक है
(c) H_2O में एकाकी युग्म O पर उपस्थित है, जबकि CO_2 में O परमाणु पर है
(d) एकाकी युग्म युक्त O परमाणु H_2O में केन्द्रीय परमाणु है, जबकि CO_2 में नहीं

20. $CuSO_4 \cdot 5H_2O$ उपस्थित आबन्धों की प्रकृति है

(a) विद्युत संयोजी तथा सहसंयोजी
(b) विद्युत संयोजी तथा उपसहसंयोजी
(c) विद्युत संयोजी तथा सहसंयोजी तथा उपसहसंयोजी
(d) सहसंयोजी तथा उपसहसंयोजी

21. समान संरचना वाले (Isostructural) अणु व आयन वो होते हैं, जिनकी आकृति व संकरण समान होते हैं। निम्नलिखित में से समान संरचना वाला युग्म पहचानिए

(a) NF_3 व BF_3 (b) BF_4^- व NH_4^+ (c) BCl_3 व $BrCl_3$ (d) NH_3 व NO_3^-

22. N_2, CN^- की तुलना में कम क्रियाशील है, इसका कारण है

(a) चक्रण क्वाण्टम संख्या में भिन्नता
(b) कक्षकों में अधिक इलेक्ट्रॉनों की उपस्थिति के कारण
(c) द्विध्रुव आघूर्ण की अनुपस्थिति के कारण
(d) उपरोक्त में से कोई नहीं

23. निम्नलिखित में से किसमें आबन्ध कोटि 1.75 है?

(a) ClO_3^- (b) ClO_4^- (c) NO_3^- (d) CO_3^{2-}

24. LiCl, RbCl, $BeCl_2$ व $MgCl_2$, में से अधिकतम व न्यूनतम आयनिक लक्षण वाले यौगिक हैं

(a) LiCl व RbCl (b) RbCl व $MgCl_2$
(c) RbCl व $BeCl_2$ (d) $MgCl_2$ व $BeCl_2$

25. ध्रुवणता का सही घटता क्रम है

(a) $HF > SO_2 > H_2O > NH_3$ (b) $HF > H_2O > SO_2 > NH_3$
(c) $HF > NH_3 > SO_2 > H_2O$ (d) $H_2O > NH_3 > SO_2 > HF$

26. निम्नलिखित यौगिकों में से किसमें आबन्ध कोण लगभग 90° है?

(a) NH_3 (b) H_2S (c) H_2O (d) CH_4

27. NH_3, NH_4^+ व NH_2^- आबन्ध कोण का क्रम है

(a) $NH_2^- > NH_3 > NH_4^+$ (b) $NH_4^+ > NH_3 > NH_2^-$
(c) $NH_3 > NH_2^- > NH_4^+$ (d) $NH > NH_4^+ > NH_2^-$

28. H_2SO_4, की इलेक्ट्रॉनिक संरचना में अनाबन्धी इलेक्ट्रॉन हैं

(a) 20 (b) 16 (c) 12 (d) 8

29. IF_5 की सही संरचना है

(a) F, F, F, F, F, I, 72°

(b) F, F, F, F, F, I, 72°, 90°

(c) 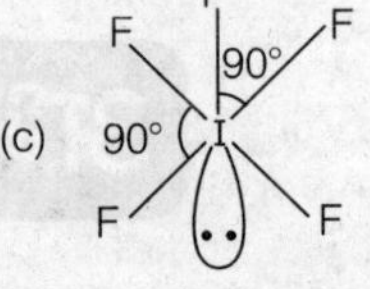

(d) इनमें से कोई नहीं

30. O—O आबन्ध लम्बाई का सही बढ़ता क्रम है

(a) $O_2 < O_3 < H_2O_2$ (b) $H_2O_2 < O_3 < O_2$
(c) $O_3 < O_2 < H_2O_2$ (d) $O_2 < H_2O_2 < O_3$

31. यद्यपि NH_3 तथा H_2O अणुओं की ज्यामिति विकृत चतुष्फलकीय है तथापि जल में आबन्ध कोण अमोनिया से कम है, क्यों?

(a) NH_3 में एकाकी युग्म-एकाकी युग्म प्रतिकर्षण होता है, जबकि H_2O में एकाकी युग्म-आबन्धी युग्म प्रतिकर्षण होता है
(b) H_2O में एकाकी युग्म-एकाकी युग्म प्रतिकर्षण होता है, जबकि NH_3 में एकाकी युग्म-आबन्धी युग्म प्रतिकर्षण होता है
(c) NH_3 में आबन्धी युग्म-आबन्धी युग्म प्रतिकर्षण तथा H_2O में एकाकी युग्म आबन्धी युग्म प्रतिकर्षण
(d) उपरोक्त में से कोई नहीं

32. निम्नलिखित में से किस अणु या आयन में सभी आबन्ध बराबर नहीं हैं?

(a) XeF_4 (b) BF_4^- (c) C_2H_4 (d) SiF_4

33. चतुष्फलकीय ज्यामिति के अतिरिक्त CH_4 अणु की अन्य सम्भव ज्यामिति वर्ग समतलीय है, जिसमें चार H–परमाणु वर्ग के चारों कोनों पर, तथा C परमाणु केन्द्र में स्थित होते हैं परन्तु CH_4 की ज्यामिति वर्ग समलीय नहीं होती। क्योंकि

(a) *d*-कक्षकों की अनुपस्थिति के कारण
(b) C परमाणु के छोटे आकार के कारण
(c) H परमाणु के छोटे आकार के कारण
(d) उपरोक्त सभी

34. निम्न में से किस अणु/आयन की ज्यामिति चतुष्फलकीय है?

(a) BH_4^- (b) NH_2^- (c) CO_3^{2-} (d) H_3O^+

35. आबन्ध कोण का सही क्रम है

(a) $sp^3 < sp^2 < sp$ (b) $sp < sp^2 < sp^3$
(c) $sp < sp^3 < sp^2$ (d) $sp^2 < sp^3 < sp$

36. निम्न में से कौन-सा अणु रेखीय है?

(a) H_2S (b) NO_2 (c) ClO_2 (d) CO_2

37. निम्न में किस युग्म की संरचना समान है?

(a) PCl_5 व SF_6 (b) SO_2 व NH_3
(c) PH_3 व BCl_3 (d) NH_4^+ व SO_4^{2-}

38. एक ध्रुवीय अणु में, आयनिक आवेश 4.8×10^{-10} esu है। यदि आयनों के बीच की दूरी 1Å है तो द्विध्रुव आघूर्ण होगा

(a) 0.48 डिबाई (b) 4.18 डिबाई
(c) 4.8 डिबाई (d) 41.8 डिबाई

39. sp^3d संकरण में प्रयुक्त d-कक्षक है

(a) $d_{x^2-y^2}$ (b) d_{xy} (c) d_{z^2} (d) d_{zx}

40. किस अणु में सभी परमाणु समान तल में हैं?

(a) PF_3 (b) NH_3 (c) BF_3 (d) CH_4

41. निम्न में से किसके लिए अनुनाद संरचनाएँ लिखी जा सकती हैं?

(a) O_3 (b) NH_3 (c) CH_4 (d) H_2O

42. निम्नखिलित में से कौन-सा कथन सही नहीं है?

(a) संकरण, परमाणु कक्षकों के संयोग करके आणविक कक्षक बनाने से पहले, उनके मिश्रित होने की प्रक्रिया है
(b) sp^2-संकरित कक्षक, दो p तथा एक s परमाणविक कक्षक से बनते हैं
(c) d^2sp^3 कक्षक एक नियमित अष्टफलक के कोनों की ओर निर्देशित होते हैं
(d) dsp^3 संकरित कक्षक एक दूसरे से 90° कोण पर होते हैं

43. फ्लुओरीन अणु के बनने में आबन्ध बनता है

(a) s-s अतिव्यापन के कारण (b) s-p अतिव्यापन के कारण
(c) p-p अतिव्यापन के कारण (d) संकरण के कारण

44. निम्नलिखित में से कौन-सा आबन्ध कोण sp^2–संकरण से सम्बन्धित है?

(a) 90° (b) 120° (c) 180° (d) 109°

45. इस संरचना में सिग्मा तथा पाई-आबन्धों की संख्या है

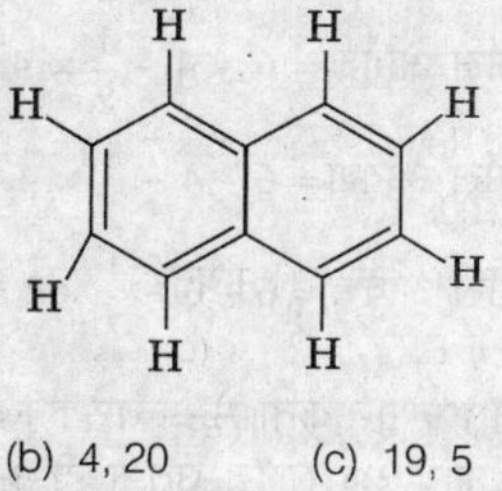

(a) 6, 19 (b) 4, 20 (c) 19, 5 (d) 5, 20

46. O_2 अणु के बनने में, O परमाणु द्वारा दूसरे O परमाणु के साथ सिग्मा आबन्ध बनाने में प्रयुक्त कक्षक है

(a) शुद्ध p-कक्षक (b) sp^2-संकरित कक्षक
(c) sp^3-संकरित कक्षक (d) sp-संकरित कक्षक

47. दो संकरित कक्षकों के बीच आबन्ध कोण 120° है। संकरित कक्षक में s लक्षण की प्रतिशतता है

(a) 25% (b) 33% (c) 50% (d) 66%

48. SO_3 में S की संकरित अवस्था निम्न में से किसके समान है?

(a) C_2H_2 में C (b) C_2H_4 में C
(c) CH_4 में C (d) CO_2 में C

49. निम्नलिखित में से किसमें अधिकतम प्रभावी अतिव्यापन होता है?

(a) s-s (b) s-p (c) sp^2-sp^2 (d) sp-sp

50. X-अक्ष को अन्तर्नाभिकीय अक्ष मानते हुए, निम्न में से कौन सिग्मा आबन्ध नहीं बनाता?

(a) 1s व 1s (b) 1s व $2p_x$
(c) $2p_y$ व $2p_y$ (d) 1s व 2s

51. NO_2^+, NO_3^- व NH_4^+ में संकरित कक्षक हैं, क्रमश:

(a) sp, sp^3 व sp^2 (b) sp, sp^2 व sp^3
(c) sp^2, sp व sp^3 (d) sp^2, sp^3 व sp

52. निम्नलिखित में से किसमें तारांकित C परमाणु पर sp-संकरण है?

(a) $CH_2{=}CH{-}\overset{*}{C}({=}O){-}O{-}H$ (b) $CH_3{-}\overset{*}{C}H_2{-}OH$
(c) $CH_3{-}CH_2{-}\overset{*}{C}({=}O){-}H$ (d) $CH_3{-}\overset{*}{C}{\equiv}CH$

53. NO_3^- आयन के लिए सम्भव अनुनाद संरचनाओं की संख्या है

(a) 2 (b) 3 (c) 4 (d) 5

54. आण्विक कक्षक सिद्धान्त मुख्य रूप से किसके द्वारा विकसित किया गया?

(a) पॉलिंग (b) मुलिकन
(c) थॉमसन (d) पॉलिंग तथा स्लेटर

55. निम्न में 0.5 आबन्ध कोटि वाला कौन अणु/आयन अनुचुम्बकीय है?

(a) F_2 (b) N_2 (c) O_2 (d) H_2^+

56. निम्नलिखित में से किस आण्विक कक्षक में दो नोडल तल होते हैं?

(a) $\sigma 2p_x$ (b) $\pi 2p_y$ (c) $\overset{*}{\pi} 2p_y$ (d) $\overset{*}{\sigma} 2p_x$

57. निम्नलिखित द्विपरमाण्विक अणुओं/आयनों में से किस समूह के प्रत्येक परमाणु-आयन की आबन्ध कोटि 2.5 है?

(a) O_2^+, NO, CN^- (b) CN^-, N_2^+, N_2
(c) N_2^+, NO, O_2^+ (d) O_2^+, CN^-, N_2^+

58. NO, NO^+ व NO^- की आबन्ध ऊर्जा का क्रम है

(a) $NO^- > NO > NO^+$ (b) $NO^+ > NO^- > NO$
(c) $NO > NO^- > NO^+$ (d) $NO^+ > NO > NO^-$

59. O_2, O_2^+ व O_2^- की आबन्ध लम्बाई का क्रम है

(a) $O_2^+ > O_2 > O_2^-$ (b) $O_2^- > O_2 > O_2^+$
(c) $O_2 > O_2^+ > O_2^-$ (d) $O_2 > O_2^- > O_2^+$

60. निम्नलिखित युग्मों में से किस युग्म के अणुओं की आबन्ध कोटि तीन तथा इलेक्ट्रॉनों की संख्या समान (समइलेक्ट्रॉनिक) है?

(a) CN^-, CO (b) CO, O_2^+ (c) NO^+, CO^+ (d) CN^-, O_2^+

61. NO से NO^+ के बनने में इलेक्ट्रॉन निकलता है
(a) σ कक्षक से (b) π कक्षक से
(c) $\overset{*}{\sigma}$ कक्षक से (d) $\overset{*}{\pi}$ कक्षक से

62. निम्न में से कौन अणु/आयन प्रतिचुम्बकीय है?
(a) सुपर ऑक्साइड आयन
(b) ऑक्सीजन
(c) कार्बन अणु
(d) N_2 अणु का एक धनावेशित आयन

63. यदि Z-अक्ष, आणविक अक्ष है तो π-आणविक कक्षक निम्न में से किसके अतिव्यापन से बनते हैं?
(a) $s + p_z$ (b) $p_x + p_y$ (c) $p_z + p_z$ (d) $p_x + p_x$

64. N_2 व O_2 से, N_2^+ व O_2^+ धनायन बनाये गये। निम्न में से गलत तथ्य है
(a) N_2^+ में, N—N आबन्ध कमजोर हो जाता है
(b) O_2^+ में, O—O आबन्ध कोटि बढ़ जाती है
(c) O_2^+ में, अनुचुम्बकत्व घटता है
(d) N_2^+ प्रतिचुम्बकीय हो जाता है

65. निम्नलिखित में से कौन-सा अणु एक इलेक्ट्रॉन निकाले जाने पर स्थायी हो जाता है?
(a) C_2 (b) CN (c) N_2 (d) O_2

66. निम्नलिखित में से किसमें हाइड्रोजन आबन्ध अधिकतम प्रबल होगा?
(a) N—H (b) O—H (c) F—H (d) S—H

67. दो बर्फ के टुकड़ों को एक-दूसरे के ऊपर तब तक दबाया जाता है, जब तक वे मिलकर एक खण्ड नहीं बनाते। निम्नलिखित में से कौन-सा बल दोनों को एक साथ बाँधने में प्रभावी होता है?
(a) द्विध्रुव-द्विध्रुव (b) वाण्डरवाल्स बल
(c) हाइड्रोजन आबन्ध का बनना (d) संहसयोजी आकर्षण

68. निम्न में से कौन-सा धात्विक आबन्ध के लिए सत्य नहीं है?
(a) संयोजी कक्षकों का अतिव्यापन (b) गतिशील संयोजी इलेक्ट्रॉन
(c) अव्यवस्थित इलेक्ट्रॉन (d) दिशात्मक आबन्ध

69. एक H_2O अणु अधिकतम कितने H-आबन्ध बना सकता है?
(a) 1 (b) 2 (c) 3 (d) 4

70. हाइड्रोजन आबन्ध बहुत से यौगिकों में बनते हैं। उदाहरण के लिए H_2O, HF, NH_3. इन यौगिकों के क्वथनांक बहुत हद तक हाइड्रोजन आबन्ध की शक्ति संख्या पर निर्भर करतें हैं। इन यौगिकों के क्वथनांकों का घटता क्रम निम्न है
(a) $HF > H_2O > NH_3$ (b) $H_2O > HF > NH_3$
(c) $NH_3 > HF > H_2O$ (d) $NH_3 > H_2O > HF$

उत्तरमाला

1.	(d)	2.	(c)	3.	(b)	4.	(b)	5.	(b)	6.	(c)	7.	(d)	8.	(a)	9.	(d)	10.	(a)
11.	(d)	12.	(c)	13.	(c)	14.	(c)	15.	(c)	16.	(c)	17.	(a)	18.	(b)	19.	(d)	20.	(c)
21.	(b)	22.	(c)	23.	(b)	24.	(c)	25.	(b)	26.	(b)	27.	(b)	28.	(b)	29.	(c)	30.	(a)
31.	(b)	32.	(c)	33.	(a)	34.	(a)	35.	(a)	36.	(d)	37.	(d)	38.	(c)	39.	(c)	40.	(c)
41.	(a)	42.	(d)	43.	(c)	44.	(b)	45.	(c)	46.	(a)	47.	(b)	48.	(b)	49.	(a)	50.	(c)
51.	(b)	52.	(d)	53.	(b)	54.	(b)	55.	(d)	56.	(c)	57.	(c)	58.	(d)	59.	(b)	60.	(a)
61.	(d)	62.	(c)	63.	(d)	64.	(d)	65.	(d)	66.	(c)	67.	(c)	68.	(d)	69.	(d)	70.	(b)

उत्तर व्याख्या सहित

1. (d) PCl_5 अणु में, P के संयोजी कोश में 10 इलेक्ट्रॉन होते हैं।

2. (c) $MgCl_2$

:Cl: Mg :Cl: $\overset{2+}{Mg}$ Cl^{2-} $MgCl_2$

2,8,7 2,8,2 2,8,7 2,8 2,8,8 आयनिक बन्ध

3. (b) सहसंयोजी यौगिकों की तुलना में आयनिक यौगिकों के गलनांक व क्वथनांक अधिक होते हैं (प्रबल आकर्षण बलों के कारण)।

4. (b) $N_2 < SO_2 < ClF_3 < K_2O < LiF$

5. (b) HNO_3 :H — Ö(1) — N(=Ö: (2))(—Ö: (3))

लुईस संरचना में किसी परमाणु पर फॉर्मल आवेश = विलगित परमाणु में संयोजी इलेक्ट्रॉनों की संख्या – कुल अनाबन्धी इलेक्ट्रॉनों की संख्या – $\frac{1}{2}$ [कुल आबन्धी इलेक्ट्रॉनों की संख्या]

H पर फॉर्मल आवेश $= 1 - 0 - \frac{1}{2} \times 2 = 0$

N पर फॉर्मल आवेश $= 5 - 0 - \frac{1}{2} \times 8 = 1$

O(1) पर फॉर्मल आवेश $= 6 - 4 - \frac{1}{2} \times 4 = 0$

O(2) पर फॉर्मल आवेश $= 6 - 4 - \frac{1}{2} \times 4 = 0$

O(3) पर फॉर्मल आवेश $= 6 - 6 - \frac{1}{2} \times 2 = -1$

6. (c) तत्वों की विद्युतऋणात्मकता में अन्तर जितना अधिक होता है उनके द्वारा बने बन्ध में आयनिक लक्षण उतना ही अधिक होता है।
विद्युतऋणात्मकता में अन्तर

N — H	F — H	C — H व	O — H
(3.0 – 2.1) = 0.9	(4.0 – 2.1) = 1.9	(2.5 – 2.1) = 0.4	(3.5 – 2.1) = 1.4

अतः दिये गये बन्धों के लिए आयनिक लक्षण का बढ़ता क्रम है
C — H < N — H < O — H < F — H

7. (*d*) अष्टक पूर्ण करने के लिए X को चार, Y को तीन तथा Z को एक इलेक्ट्रॉन की आवश्यकता है।

अतः X, Y तथा Z की संयोजकताएँ क्रमशः 4,3,1 हैं।

अतः इनके हाइड्राइडों के सूत्र

XH_4, YH_3 व YH_5 तथा Z—H होंगे।

अतः YH_5 सही सूत्र है।

8. (*a*) प्रतिशत आयनिक लक्षण $= 16(x_A - x_B) + 3.5(x_A - x_B)^2$

$= 16 \times 2 + 3.5 \times (2)^2 = 46$

$\therefore$ प्रतिशत सहसंयोजी लक्षण $= 100 - 46 = 54\%$

9. (*d*) जालक ऊर्जा $\propto$ आयनों पर आवेश $\propto \frac{1}{\text{आयनों का आकार}}$

10. (*a*) NO तथा ClO_2 में विषम इलेक्ट्रॉन हैं।

11. (*d*) जालक ऊर्जा $(U) = \frac{q_1 q_2}{r^2}$

चूँकि CaO व NaCl में अन्तर आयनिक दूरी समान है (बड़े धनायन के साथ छोटा ऋणायन है) r लगभग समान है। अतः जालक ऊर्जा केवल आवेश पर निर्भर करेगी।

चूँकि Na^+ व Cl^- पर एक इकाई आवेश जबकि Ca^{2+} व O^{2-} पर 2 इकाई आवेश है, अतः CaO की जालक ऊर्जा (सूत्र के अनुसार) NaCl की चार गुना अर्थात् $4U$ होगी।

12. (*c*) X के संयोजी कोश में तीन इलेक्ट्रॉन हैं अतः इसकी संयोजकता +3 होगी।

Y के संयोजी कोश में इलेक्ट्रॉनों की संख्या छः है।

अतः इसकी संयोजकता $6 - 8 = -2$ होगी।

अतः क्रॉस-नियम से

$\overset{3}{X} \times \overset{2}{Y} \longrightarrow X_2Y_3$

13. (*c*) O═C═O ($\mu = 0$); NF_3 ($\mu = 0.4$ D); $CHCl_3$ ($\mu = 1.03$ D)

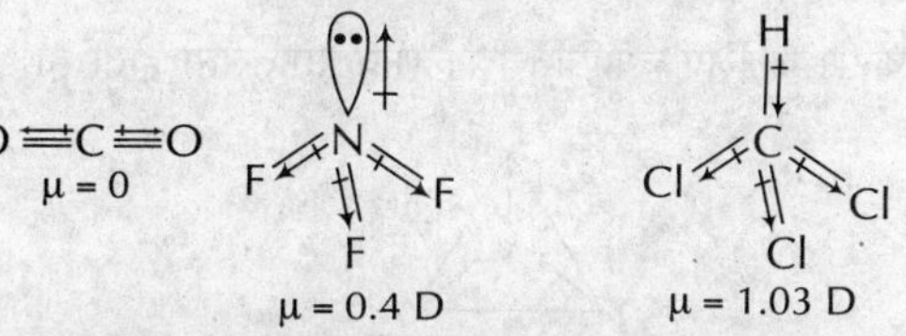

14. (*c*) HNO_2 की संरचना निम्न है

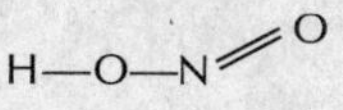

H—O—N═O

अतः HNO_2 में उपसहसंयोजक बन्ध नहीं है।

15. (*c*) बन्ध बनाने वाले तत्वों की विद्युतऋणात्मकता में अन्तर जितना कम होता है, बन्ध उतना ही अधिक सहसंयोजी होता है। दिये गये बन्धों में C समान है परन्तु F, O, Br तथा S में, S की विद्युतऋणात्मकता न्यूनतम है अतः C तथा S की विद्युतऋणात्मकता का अन्तर सबसे कम होगा व C—S बन्ध अधिकतम सहसंयोजी होगा।

16. (*c*) N_2 अणु में त्रिबन्ध होता है N≡N

अतः बन्ध बनाने वाले इलेक्ट्रॉनों की संख्या 6 होगी।

17. (*a*) दिये गये बन्धों में Si तथा Cl की विद्युतऋणात्मकता का अन्तर कम है। अतः $SiCl_4$ अधिकतम सहसंयोजी होगा।

सहसंयोजी लक्षण $\propto$ धनायन पर आवेश

18. (*b*) BeH_2 अणु रेखीय है। दो बराबर बन्ध आघूर्ण विपरीत दिशाओं में होने के कारण एक-दूसरे को निरस्त कर देते हैं अतः BeH_2 अणु का द्विध्रुव आघूर्ण शून्य होता है।

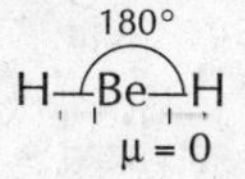

H—Be—H (180°), $\mu = 0$

19. (*d*) CO_2 में केन्द्रीय परमाणु C पर कोई एकाकी इलेक्ट्रॉन युग्म नहीं है तथा C परमाणु पर दो सिग्मा बन्धों की उपस्थिति के कारण sp संकरण होता है अतः CO_2 की आकृति रेखीय होती है।

H_2O में केन्द्रीय परमाणु O पर दो सिग्मा बन्धों के साथ दो एकाकी इलेक्ट्रॉन युग्म उपस्थित हैं। अतः इस पर sp^3 संकरण होता है इसके अनुसार H_2O की आकृति चतुष्फलकीय होनी चाहिए परन्तु एकाकी इलेक्ट्रॉन युग्मों की उपस्थिति के कारण यह विकृत होकर बंकित (मुड़ी हुई) हो जाती है।

20. (*c*) $CuSO_4 \cdot 5H_2O$ में विद्युत संयोजी, सहसंयोजी व उपसहसंयोजी बन्ध होते हैं।

21. (*b*) (a) $NF_3 \Rightarrow 3bp + 1lp \Rightarrow$ पिरैमिडी

$BF_3 \Rightarrow 3bp + 0lp \Rightarrow$ त्रिकोणीय समतलीय

(b) $BF^- \Rightarrow 4bp + 0lp \Rightarrow$ चतुष्फलकीय

$NH_4^+ \Rightarrow 4bp + 0lp \Rightarrow$ चतुष्फलकीय

(c) $BCl_3 \Rightarrow 3bp + 0lp \Rightarrow$ त्रिकोणीय समतलीय

$BrCl_3 \Rightarrow 3bp + 0lp \Rightarrow$ T-आकृति

(*d*) $NH_3 \Rightarrow 3bp + 1lp \Rightarrow$ पिरैमिडी

$NO_3^- \Rightarrow 3bp + 0lp \Rightarrow$ त्रिकोणीय समतलीय

22. (*c*) CN^- आयन है अतः यह अधिक क्रियाशील है।

जबकि N_2 में अध्रुवीय सहसंयोजक त्रिबन्ध होता है, व इसका द्विध्रुव आघूर्ण शून्य है अतः N_2 कम क्रियाशील है।

23. (*b*) ClO_4^- की अनुनादी संरचनाएँ निम्न हैं

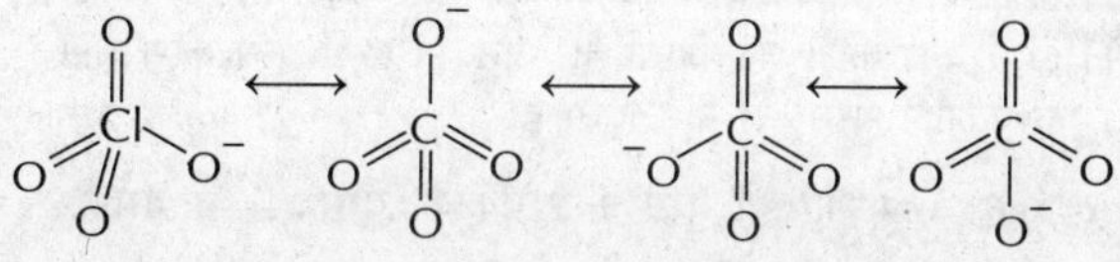

बन्धकोटि $= \frac{\text{Cl तथा O के बीच कुल बन्धों की संख्या}}{\text{कुल अनुनादी संरचनाओं की संख्या}} = \frac{7}{4} = 1.75$

24. (*c*) फजान के नियम के अनुसार, बड़े आकार वाले धनायन व छोटे आकार वाले ऋणायन के बीच बना बन्ध अधिक आयनिक होता है।

25. (*b*) बन्धित परमाणुओं की विद्युतऋणात्मकता में अन्तर के साथ विद्युतऋणात्मकता घटती है।

26. (*b*) दो σ बन्ध व दो एकाकी युग्म के कारण H_2S में S परमाणु पर sp^3 संकरण होता है। अतः बन्ध कोण 109°28′ होना चाहिए परन्तु दो एकाकी युग्मों की उपस्थिति व S की विद्युतऋणात्मकता कम होने के कारण बन्ध कोण घट कर 90° रह जाता है।

27. (*b*) एकाकी इलेक्ट्रॉन युग्मों की संख्या बढ़ने के साथ बन्ध कोण घटता है। अतः बन्ध कोण का क्रम निम्न है $NH_4^+ > NH_3 > NH_2^-$

एकाकी युग्मों की संख्या (0) (1) (2)

28. (b)

$$H-\ddot{\underset{..}{O}}-\overset{\overset{\ddot{O}:}{\|}}{\underset{\underset{\ddot{O}:}{\|}}{S}}-\ddot{\underset{..}{O}}-H$$

कुल अनाबन्धी इलेक्ट्रॉनों की संख्या $=4\times4=16$

29. (c) कुल संकरित कक्षकों की संख्या = आबन्धी युग्मों की संख्या + अनाबन्धी युग्मों की संख्या $=5+1=6=sp^3d^2$ संकरण।

परन्तु 1 एकाकी इलेक्ट्रॉन युग्म की उपस्थिति के कारण ज्यामिति वर्ग पिरैमिडी हो जाती है।

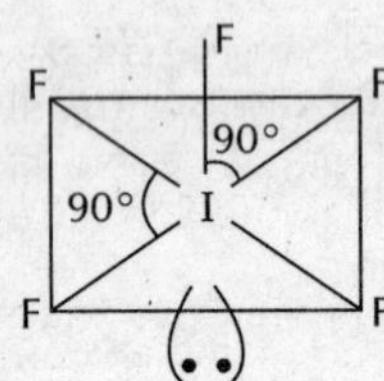

30. (a) $H—O—O—H,\ O \leftarrow O{=}O, O{=}O$

$$O{=}O{-}O \longleftrightarrow O{-}O{=}O$$

अनुनाद के कारण O_3 में O—O बन्ध लम्बाई O═O तथा O—O के ठीक बीच की होती है।

31 (b)

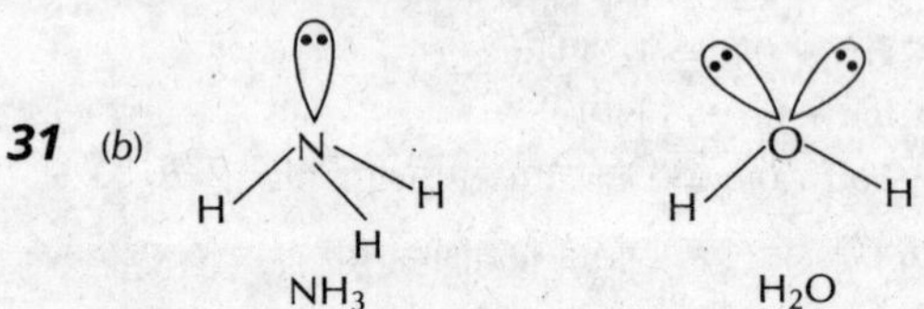

आबन्धी युग्मों की संख्या =3 आबन्धी युग्मों की संख्या =2

एकाकी युग्मों की संख्या =1 एकाकी युग्मों की संख्या =2

H_2O अणु में एकाकी युग्म-एकाकी युग्म प्रतिकर्षण होने के कारण H_2O में बन्ध कोण घट जाता है। अतः H_2O में बन्ध कोण NH_3 (एक एकाकी युग्म) से कम होता है।

32. (c) $XeF_4 \Rightarrow$ 4 आबन्धी युग्म + 2 एकाकी युग्म $\longrightarrow$ वर्ग समतलीय (सभी बन्ध समान हैं)

$BF_4^- \Rightarrow$ 4 आबन्धी युग्म + O एकाकी युग्म $\longrightarrow$ चतुष्फलकीय (सभी बन्ध समान हैं)

$$C_2H_4 \Rightarrow \begin{matrix}H\\H\end{matrix}\!\!>C=C<\!\!\begin{matrix}H\\H\end{matrix} \longrightarrow C=C$$

बन्ध C—H बन्ध के बराबर नहीं है।

$SiF_4 \Rightarrow$ 4 आबन्धी युग्म + O एकाकी युग्म $\longrightarrow$ चतुष्फलकीय (सभी बन्ध समान हैं।)

33. (a) कार्बन का इलेक्ट्रॉनिक विन्यास

सामान्य अवस्था में $_6C-1s^2, 2s^2, 2p_x^1, 2p_y^1$

उत्तेजित अवस्था में $\underbrace{1s^2, 2s^1, 2p_x^1, 2p_y^1, 2p_z^1}_{sp^3-\text{संकरण}}$

CH_4 अणु में, कार्बन परमाणु sp^3 संकरित है। अतः इसकी आकृति चतुष्फलकीय है वर्ग समतलीय आकृति के लिए dsp^2 संकरण होना चाहिए जोकि d –कक्षकों की अनुपस्थिति के कारण कार्बन में सम्भव नहीं है। वी. एस. ई. पी. आर सिद्धान्त के अनुसार कार्बन के चारों ओर चार आबन्धी युग्म चतुष्फलकीय ज्यामिति में व्यवस्थित होते हैं और इनके बीच कोण 109°28′ होता है। जबकि वर्ग समतलीय ज्यामिती में बन्ध कोण 90° होता है। अतः चतुष्फलकीय ज्यामिति में आबन्धी इलेक्ट्रॉन युग्मों के बीच प्रतिकर्षण वर्ग समतलीय ज्यामिति की अपेक्षा कम होता है।

34. (a) $BH_4^- \Rightarrow$ 4 आबन्धी युग्म + एकाकी युग्म = sp^3 संकरित = चतुष्फलकीय ज्यामिति।

35. (a) s लक्षण $\propto$ बन्ध कोण

36. (d) O═C═O σ बन्धों की संख्या $=2=sp$ संकरण, रेखीय ज्यामिति

37. (d) NH_4^+ व SO_4^{2-} दोनों में sp^3-संकरण व चतुष्फलकीय ज्यामिति होती है।

38. (c) दिया है, आयनिक आवेश $=4.8\times10^{-10}$ esu

एवं आयनिक दूरी $=1\text{Å}=10^{-8}$ मी

हम जानते हैं कि, द्विध्रुव आघूर्ण = आयनिक आवेश × आयनिक दूरी

$$= 4.8\times10^{-10}\times10^{-8}$$
$$=4.8\times10^{-18} \text{ esu सेमी}^{-1}$$
$$=4.8 \text{ डिबाई}$$

39. (c) sp^3d संकरण में d_{z^2} कक्षक प्रयुक्त होते हैं।

40. (c) BF_3 में तीनें σ बन्ध हैं, व एकाकी युग्म अनुपस्थित है। अतः sp^2 संकरण व त्रिकोणीय समतलीय ज्यामिति होती है।

43. (c) F का इलेक्ट्रॉनिक विन्यास निम्न है $1s^2, 2s^2, 2p^5$

F_2 अणु के बनने में दो फ्लुओरीन परमाणुओं के बीच p-कक्षकों के अतिव्यापन द्वारा 1-1 इलेक्ट्रॉन का साझा होता है और सहसंयोजक बन्ध बनता है।

44. (b) sp^2 संकरण के लिए ज्यामिति त्रिकोणीय समतलीय होती है।

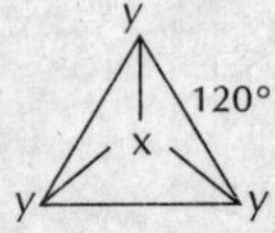

अतः बन्ध कोण 120° होता है।

45. (c) एकल बन्ध $=\sigma$ बन्ध

द्विबन्ध = एक σ व एक π बन्ध

त्रिबन्ध = एक σ व दो π बन्ध

अतः दिये गये अणु में 19σ व 5π बन्ध होते हैं।

47. (b) 120° बन्ध कोण sp^2 संकरित कक्षकों के बीच होता है तथा sp^2 संकरित कक्षक में s लक्षण की प्रतिशतता 33% $\left(\frac{1}{1+2}\times100\right)$ होती है।

48. (b) $\begin{matrix}H\\H\end{matrix}\!\!>C=C<\!\!\begin{matrix}H\\H\end{matrix}$ में C परमाणु पर sp^2 संकरण (3σ बन्ध) है तथा SO_3 में भी S परमाणु पर sp^2 संकरण (3σ बन्ध) है।

49. (a) *s - s* कक्षकों के बीच अधिकतम प्रभावी अतिव्यापन होता है।

50. (c) $2p_y$ तथा $2p_y$ कक्षक सिग्मा बन्ध नहीं बनाते, क्योंकि *x* अक्ष को अन्तः नाभिकीय अक्ष मानते हुए, $2p_y$ व $2p_y$ कक्षकों के बीच पार्श्वीय अतिव्यापन होता है और π बन्ध बनता है।

51. (b) $NO_2^+ = 2bp + 0lp \Rightarrow$ रेखीय $= sp$ संकरित

$NO_3^- = 3bp + 0lp \Rightarrow sp^2$ संकरित

$NH_4^+ \Rightarrow 4bp + 0lp \Rightarrow sp^3$ संकरित

52. (d) (a) $\overset{\bullet}{C}H_2 = CH - \overset{\bullet}{C}(=O) - O - H$

sp^2 (3σ) sp^2 (3σ)

(b) $CH_3\overset{\bullet}{C}H_2OH$

sp^2 (4σ)

(c) $CH_3 - CH_2 - \overset{\bullet}{C}(=O) - H$

sp^2 (3σ)

(d) $CH_3 - \overset{\bullet}{C} \equiv CH$

sp (4σ)

53. (b) नाइट्रेट आयन NO_3^-

:Ö: ⟷ :O ⟷ :Ö: (अनुनादी संरचनाएँ)

54. (b) आणविक कक्षक सिद्धान्त मुलिकन द्वारा विकसित किया गया।

55. (d) $H_2^+ = \sigma 1s^1, \overset{*}{\sigma} 1s^0$

$$\text{बन्ध कोटि} = \frac{1-2}{2} = 0.5$$

1 अयुग्मित इलेक्ट्रॉन की उपस्थिति के कारण H_2^+ अनुचुम्बकीय होता है।

56. (c) $\overset{*}{\pi} 2p_y$ आणविक कक्षक में दो नोडल तल होते हैं।

57. (c) N_2^+, NO व O_2 तीनों का बन्ध कोण 2.5 होता है।

58. (d) $NO^+, (7 + 8 - 1 = 14)$

$$= \sigma 1s^2, \overset{*}{\sigma} 1s^2, \sigma 2s^2, \overset{*}{\sigma} 2s^2, \pi 2p_x^2 \approx 2p_y^2, \sigma 2p_z^2, \overset{*}{\pi} 2p_x^0 \approx \overset{*}{\pi} 2p_y^0$$

$$\text{बन्ध कोटि} = \frac{10-4}{2} = 3$$

$$\text{बन्ध कोटि} = \frac{10-5}{2} = 2.5$$

$NO^- \ (7 + 8 + 1 = 16)$

$$\text{बन्ध कोटि} = \frac{10-6}{2} = 2$$

$$\text{चूँकि बन्ध लम्बाई} \propto \frac{1}{\text{बन्ध कोटि}}$$

अतः बन्ध लम्बाई का सही क्रम है $NO^- < NO < NO^+$

59. (b) MO अभिविन्यास की सहायता से प्रत्येक स्पीशीज की बन्ध कोटि ज्ञात कर लेते हैं (बन्ध कोटि $O_2^+ = 2.5, O_2 = 2, O_2^- = 1.5$)

$$\text{बन्ध लम्बाई} \propto \frac{1}{\text{बन्ध कोटि}}$$

अतः बन्ध लम्बाई का क्रम है

$O_2^- > O_2 > O_2^+$

60. (a) CN^- तथा CO में इलेक्ट्रॉनों की संख्या

$CN^- = 6 + 7 + 1 = 14$

$CO = 8 + 6 = 14$

अतः बन्ध कोटि भी समान होगी।

CN^- व CO की बन्ध कोटि 3 है।

61. (d) $NO(7 + 8 = 15) = \sigma 1s^2 \overset{*}{\sigma} 1s^2, \sigma 2s^2, \overset{*}{\sigma} 2s^2, \sigma 2p_z^2, \pi 2p_x^2 \approx \pi 2p_y^2, \overset{*}{\pi} 2p_x^1$

$NO^+ (7 + 8 - 1 = 14) = \sigma 1s^2, \overset{*}{\sigma} 1s^2, \sigma 2s^2, \overset{*}{\sigma} 2s^2, \sigma 2p_z^2, \pi 2p_x^2 \approx \pi 2p_y^2$

NO में अन्तिम इलेक्ट्रॉन $\overset{*}{\pi}$ कक्षक में प्रवेश करता है। अतः NO से NO^+ के बनने में $\overset{*}{\pi}$ कक्षक से इलेक्ट्रॉन निकलेगा।

62. (c) C_2 अणु में इलेक्ट्रॉनों की संख्या $= 6 + 6 = 12$

C_2 का इलेक्ट्रॉनिक विन्यास

$$= \sigma 1s^2, \overset{*}{\sigma} 1s^2, \sigma 2s^2, \overset{*}{\sigma} 2s^2, (\pi 2p_x^2 \approx \pi 2p_y^2)$$

सभी इलेक्ट्रॉन युग्मित होने के कारण C_2 अणु प्रतिचुम्बकीय है।

64. (d) $N_2 \ (7 + 7 = 14)$

$$\sigma 1s^2 \overset{*}{\sigma} 1s^2, \sigma 2s^2, \overset{*}{\sigma} 2s^2, \pi 2p_x^2 \approx \pi 2p_y^2, \sigma 2p_z^2$$

$$\text{बन्ध कोटि} = \frac{10-4}{2} = 3$$

$N_2^+ \ (7 + 7 - 1 = 13)$

$$\sigma 1s^2 \overset{*}{\sigma} 1s^2, \sigma 2s^2, \overset{*}{\sigma} 2s^2, \pi 2p_x^2 \approx \pi 2p_y^2, \sigma 2p_z^1$$

$$\text{बन्ध कोटि} = \frac{9-4}{2} = 2.5 \quad \text{(अनुचुम्बकीय)}$$

$O_2 \ (8 + 8 = 16) = \sigma 1s^2, \overset{*}{\sigma} 1s^2, \sigma 2s^2, \overset{*}{\sigma} 2s^2, \sigma 2p_z^2, \pi 2p_x^2 \approx \pi 2p_y^2, \overset{*}{\pi} 2p_x^1 \approx \overset{*}{\pi} 2p_y^1$

$$\text{बन्ध कोटि} = \frac{10-6}{2} = 2$$

$O_2^+ \ (8 + 8 - 1 = 15)$

$$\text{बन्ध कोटि} = \frac{10-5}{2} = 2.5$$

अतः $N_2 > N_2^+$ तथा $O_2^+ > O_2$ (स्थायित्व का क्रम) N_2^+ अनुचुम्बकीय है।

65. (d) O_2 में प्रतिआबन्धी कक्षक में दो इलेक्ट्रॉन होते हैं। O_2 से एक इलेक्ट्रॉन निकलने पर प्रतिआबन्धी इलेक्ट्रॉनों की संख्या एक घट जाती है अतः बन्ध कोटि बढ़ जाती है, व O_2^+ का स्थायित्व बढ़ जाता है।

66. (c) N, O, S तथा F में से F की विद्युतऋणात्मकता अधिकतम है। अतः F तथा H पर आवेश का परिमाण अधिक होगा व H तथा F अन्य अणुओं के साथ प्रबल हाइड्रोजन बन्ध बनायेगे।

67. (c) दोनों टुकड़ों के बीच हाइड्रोजन बन्ध बनता है।

68. (d) धात्विक बन्ध अदिशात्मक होते हैं।

69. (d) जल का एक अणु अन्य अणुओं के साथ अधिकतम चार बन्ध बनाता है।

70. (b) यदि F प्रबल हाइड्रोजल बन्ध बनाता है, लेकिन H_2O का क्वथनांक अधिक होता है, क्योंकि H_2O अन्य अणुओं के साथ HF की तुलना में अधिक संख्या में बन्ध बनाता है।

ऊष्मागतिकी

Thermodynamics

भौतिकी रसायन की वह शाखा जिसके अन्तर्गत ऊष्मा के विभिन्न प्रकार की ऊर्जाओं के साथ मात्रात्मक सम्बन्धों का अध्ययन किया जाता है, ऊष्मागतिकी कहलाती है।

ऊष्मागतिकी से सम्बन्धित कुछ सामान्य पद
Some Basic Terms Related with Thermodynamics

तन्त्र, परिवेश तथा परिसीमा
System, Surroundings and Boundary

द्रव्य की निश्चित मात्रा जो शेष ब्रह्माण्ड से एक सीमक समतल से पृथक् हो, **तन्त्र** कहलाती है। तन्त्र के अतिरिक्त सम्पूर्ण ब्रह्माण्ड, तन्त्र में होने वाले परिवर्तन से प्रभावित नहीं होता है। इसलिए प्रायोगिक कार्यों के लिए ब्रह्माण्ड का वही भाग, जो निकाय से अंतक्रिया करता है, वातावरण या परिवेश के रूप में लिया जाता है। वह दीवार जो तन्त्र एवं वातावरण को पृथक् करती है, 'परिसीमा' (Boundary) कहलाती है।

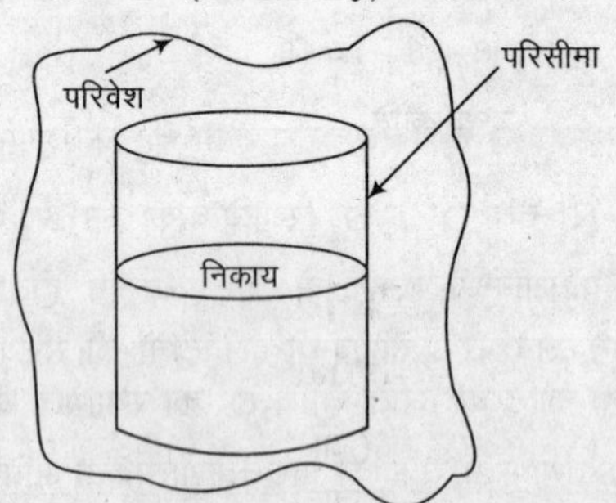

तन्त्र, परिवेश तथा परिसीमा का प्रदर्शन

ऊर्जा एवं द्रव्य के संचरण के आधार पर निकाय के प्रकार Types of Systems on the Basis of Exchange of Energy and Matter

परिसीमा की प्रकृति के आधार पर तन्त्र निम्न प्रकार के हो सकते हैं

(i) **खुला तन्त्र** (Open System) ऐसा तन्त्र जिसमें तन्त्र तथा वातावरण के मध्य ऊर्जा व द्रव्य दोनों का विनिमय हो सके, खुला तन्त्र कहलाता है। उदाहरण—खुले पात्र में गर्म पानी।

(ii) **बन्द तन्त्र** (Closed System) ऐसा तन्त्र जो अपने वातावरण से केवल ऊर्जा का विनिमय कर सके, द्रव्य का नहीं, बन्द तन्त्र कहलाता है। उदाहरण—बन्द पात्र में गर्म पानी।

(iii) **विलगित तन्त्र** (Isolated System) ऐसा तन्त्र जो अपने वातावरण से ऊष्मा तथा द्रव्य दोनों का विनिमय न कर सके, विलगित तन्त्र कहलाता है। उदाहरण— यदि गर्म पानी को एक बन्द पात्र में रखें तथा ऊष्मारोधी कर दें तो ऐसा तन्त्र, विलगित तन्त्र बन जाता है।

स्थूल गुण Macroscopic Properties

पदार्थ की अधिक मात्रा के कारण उत्पन्न गुणों को निकाय के **स्थूल गुण** कहते हैं। ये गुण पुन: निम्नलिखित दो प्रकार के होते हैं

(i) **गहन गुण** (Intensive Properties) ऐसे गुण जो निकाय में उपस्थित पदार्थ की मात्रा पर निर्भर करते हैं, विस्तीर्ण गुण कहलाते हैं। उदाहरण—मोलों की संख्या, आयतन, एन्थैल्पी, एन्ट्रॉपी आदि।

(b) **विस्तीर्ण गुण** (Extensive Properties) ऐसे गुण जो निकाय में उपस्थित पदार्थ की मात्रा पर निर्भर नहीं करते हैं, गहन गुण कहलाते हैं। उदाहरण—दाब, ताप, घनत्व, सान्द्रता आदि।
यह ध्यान रखें कि दो विस्तीर्ण गुणों का अनुपात एक गहन गुण होता है।

अवस्था के चर State Variables

निकाय के कुछ गुणों की जानकारी ही निकाय की अवस्था को परिभाषित करने के लिए पर्याप्त होती है। निकाय के इन गुणों को निकाय की अवस्था के चर कहते हैं। सामान्यत: निकाय के निम्नलिखित चार गुण निकाय की अवस्था की जानकारी के लिए आवश्यक होते हैं ताप, दाब, आयतन तथा संघटन।

अवस्था तथा पथ फलन State and Path Functions

किसी तन्त्र के वे गुण, जो केवल तन्त्र की प्रारम्भिक तथा अन्तिम स्थितियों पर निर्भर करते हैं तथा परिवर्तन को किये जाने के पथ से स्वतन्त्र होते हैं, **अवस्था फलन** कहलाते हैं।
उदाहरण—आन्तरिक ऊर्जा (E), एन्थैल्पी (H), एन्ट्रॉपी (S) मुक्त ऊर्जा (G), दाब (p), ताप (T), आयतन (V) आदि!

कुछ गुण केवल प्रारम्भिक एवं अन्तिम अवस्थाओं पर निर्भर नहीं करते, बल्कि अनुगामित मार्ग पर भी निर्भर करते हैं। ये **पथ फलन** कहलाते हैं। उदाहरण— कार्य, ऊष्मीय ऊर्जा आदि।

प्रक्रम के प्रकार Types of Processes

वह क्रिया जिसके द्वारा कोई ऊष्मागतिकीय तन्त्र एक अवस्था से दूसरी अवस्था में परिवर्तित होता है, ऊष्मागतिकीय प्रक्रम कहलाता है।

(i) **रुद्धोष्म प्रक्रम** (Adiabatic Process) ऐसा प्रक्रम जिसमें ऊष्मा स्थिर रहती है, अर्थात् पूरे प्रक्रम के दौरान ऊष्मा परिवर्तन शून्य होता है, रुद्धोष्म प्रक्रम कहलाता है।
 (a) रुद्धोष्म प्रक्रम के लिए ऊष्मा परिवर्तन $(dQ) = 0$
 (b) रुद्धोष्म प्रक्रम में ताप परिवर्तित हो सकता है।

(ii) **समतापीय प्रक्रम** (Isothermal Process) ऐसा प्रक्रम जिसमें ताप स्थिर रहता है अर्थात् पूरे प्रक्रम के दौरान ताप परिवर्तन शून्य होता है, समतापीय प्रक्रम कहलाता है।
 समतापीय प्रक्रम के लिए, ताप में परिवर्तन $(dT) = 0$

(iii) **समदाबीय प्रक्रम** (Isobaric Process) ऐसा प्रक्रम जिसमें तन्त्र का दाब पूरी अभिक्रिया में स्थिर रहता है, समदाबीय प्रक्रम कहलाता है।
 समदाबीय प्रक्रम के लिए, दाब में परिवर्तन $(dp) = 0$

(iv) **समआयतनिक प्रक्रम** (Isochoric Process) ऐसा प्रक्रम जिसमें तन्त्र का आयतन पूरी अभिक्रिया में स्थिर रहता है, समआयतनिक प्रक्रम कहलाता है, किसी समआयतनिक प्रक्रम के लिए, $(dV) = 0$

(v) **चक्रीय प्रक्रम** (Cyclic Process) ऐसा प्रक्रम जिसमें तन्त्र विभिन्न प्रक्रियाओं से गुजरकर पुन: अपनी प्रारम्भिक अवस्था को प्राप्त करता है, चक्रीय प्रक्रम (चक्र प्रक्रम) कहलाता है। किसी चक्रीय प्रक्रम के लिए, $dE = 0$ तथा $dH = 0$

(vi) **उत्क्रमणीय प्रक्रम** (Reversible Process) ऐसा प्रक्रम जो धीरे-धीरे तथा अनन्त सूक्ष्म पदों में पूर्ण होता है और प्रत्येक पद में तन्त्र अपने वातावरण के साथ साम्य में रहता है, उत्क्रमणीय प्रक्रम कहलाता है।

(vii) **अनुत्क्रमणीय प्रक्रम** (Irreversible Process) जब कोई प्रक्रम एक एकल पद में पूर्ण हो जाता है और उत्क्रमणीय नहीं होता है तो वह अनुत्क्रमणीय प्रक्रम कहलाता है।

कार्य Work

जब किसी वस्तु पर बल लगाया जाता है और वह बल की दिशा में विस्थापित हो जाती है तो यह कहा जाता है कि कार्य हुआ है। अत: कार्य निम्न दो कारकों का गुणनफल होता है

(i) तीव्रता कारक (F) (ii) धारिता कारक (dx)

अत: कार्य $(W) = F \times dx$

अथवा कार्य (W) = बल $(F) \times$ बल की दिशा में विस्थापन (d)

कार्य एक पद फलन है, अवस्था फलन नहीं, क्योंकि यह अनुगामित पथ पर निर्भर करता है। जब निकाय या तन्त्र पर कार्य किया जाता है, तो तन्त्र की ऊर्जा बहुत बढ़ जाती है। अत: कार्य को धन चिन्ह के साथ लिया जाता है जबकि यदि कार्य तन्त्र द्वारा किया जाता है, तो इसे ऋणात्मक लिया जाता है।

कार्य का मात्रक जूल या अर्ग होता है।

1 जूल = 1 न्यूटन मीटर = 1 किग्रा मी^{2} से$^{-2}$ = 10^7 अर्ग

विभिन्न प्रकार के कार्य Different Types of Work

कार्य को उसकी उत्पत्ति के कारणों के आधार पर निम्नलिखित वर्गों में वर्गीकृत कर सकते हैं

(a) **गुरूत्वीय बल** (Gravitational Work W_g) यह बल पृथ्वी के गुरुत्वाकर्षण बल के कारण, पृथ्वी से h ऊँचाई पर स्थित वस्तु पर लगता है। $Wg = mgh$ जहाँ, mg= तीव्रता कारक, h = धारिता कारक

(b) **विद्युत कार्य** (Electric Work W_e) विद्युत कार्य उन तन्त्रों में महत्त्वपूर्ण है जहाँ, अभिक्रिया आयनों के मध्य होती है। विद्युत कार्य $W_e = V \times Q$ (विभवान्तर) जहाँ, V = तीव्रता कारक (विद्युत की मात्रा), Q = धारिता कारक

(c) **यान्त्रिक कार्य अथवा दाब-आयतन कार्य** (Mechanical Work or p-V Work) जब कोई तन्त्र, बाह्य दाब की उपस्थिति में अपना आयतन परिवर्तित करता है तो दाब-आयतन प्रकार का कार्य होता है।

यान्त्रिक कार्य $= p \times \Delta V$

जहाँ, p = बाह्य दाब (तीव्रता कारक)
ΔV = आयतन में परिवर्तन (धारिता कारक)

ऊष्मा Heat

तन्त्र व वातावरण के बीच उनके ताप के अन्तर के फलस्वरूप, आदान-प्रदान होने वाली ऊर्जा, **ऊष्मा** कहलाती है। सामान्यत: इसे 'Q' संकेत से प्रदर्शित किया जाता है।

अत: $Q = ms\Delta t$
जहाँ, m = पदार्थ का द्रव्यमान, s = विशिष्ट ऊष्मा
Δt = ताप में अन्तर

तन्त्र द्वारा वातावरण को ऊष्मा दी जाती है तो ऊष्मा का मान ऋणात्मक होता है तथा जब तन्त्र वातावरण से ऊष्मा अवशोषित करता है तो ऊष्मा का मान धनात्मक होता है। सामान्यत: ऊष्मा का मात्रक कैलोरी है। इसका SI प्रणाली में मात्रक जूल है। एक कैलोरी, ऊष्मा की वह मात्रा है जो एक ग्राम जल का ताप 1°C बढ़ाने के लिए आवश्यक होती है। ऊर्जा, कार्य व ऊष्मा के मात्रक समान होते हैं परन्तु ऊर्जा तन्त्र का ऊष्मागतिकी गुण है जबकि कार्य और ऊष्मा नहीं है।

ऊष्मागतिकी का शून्य नियम Zeroth Law of Thermodynamics

इस नियमानुसार, "जब दो वस्तुओं (जो भिन्न तापक्रम पर हैं) को एक-दूसरे से ऊष्मीय रूप से जोड़ा जाता है (अर्थात् किसी चालक द्वारा जोड़ा जाता है) तो तापक्रम उच्च तापमान वाली वस्तु से निम्न तापमान वाली वस्तु की ओर तब तक स्थानान्तरित होता रहता है जब तक कि दोनों वस्तुओं का तापक्रम समान न हो जाये अर्थात् ऊष्मीय साम्यावस्था स्थापित न हो जाये।" अत: इसे **तापक्रम का नियम** अथवा **ऊष्मीय साम्यावस्था का नियम** भी कहते हैं।

आन्तरिक ऊर्जा Internal Energy

किसी पदार्थ में संचित कुल ऊर्जा, जिसके कारण इसकी रासायनिक प्रकृति होती है, आन्तरिक ऊर्जा कहलाती है अर्थात् पदार्थ में उपस्थित

उसके संघटक परमाणुओं की तरंगीय, घूर्णन, रासायनिक बन्ध ऊर्जा, विद्युतीय ऊर्जा तथा नाभिकीय ऊर्जा का योग आन्तरिक ऊर्जा होती है तथा निकटवर्ती अणुओं के साथ अन्तः क्रिया के कारण इसे **विभव ऊर्जा** अथवा **नैज ऊर्जा** भी कहते हैं। इसे E से व्यक्त किया जाता है।

$$E = E_t + E_r + E_v + E_e + E_n + E_{PE}$$

आन्तरिक ऊर्जा एक अवस्था फलन है तथा इसका सम्पूर्ण मान ज्ञात नहीं किया जा सकता है।"

ऊष्मागतिकी का प्रथम नियम

First Law of Thermodynamics

सामान्यतया **ऊर्जा संरक्षण के नियम** को ही ऊष्मागतिकी का प्रथम नियम कहते हैं। इसके अनुसार "ऊर्जा को न तो उत्पन्न किया जा सकता है और न ही नष्ट किया जा सकता है यद्यपि इसे एक अवस्था से दूसरी अवस्था में परिवर्तित किया जा सकता है।"

ऊष्मागतिकी के प्रथम नियम का गणितीय निरूपण

Mathematical Expression of First Law of Thermodynamics

इस कथन से आन्तरिक ऊर्जा, कार्य तथा ऊष्मा के बीच सम्बन्ध का पता चलता है। यदि अवशोषण ऊष्मा (Q) से युक्त तथा (W) कार्य वाले किसी प्रक्रम की आन्तरिक-ऊर्जा में परिवर्तन $\Delta E (= E_p - E_R)$ है, तो

$$\Delta E = Q - W \quad \text{...(i)}$$

(जब तन्त्र द्वारा कार्य किया जाता है)

अथवा $$\Delta E = Q + W \quad \text{...(ii)}$$

(जब तन्त्र पर कार्य किया जाता है)

समीकरण (i) व (ii) को ऊष्मागतिकी के प्रथम नियम का गणितीय कथन कहा जाता है। यदि परिवर्तन बहुत अल्प है तो समीकरण (i) व (ii) को निम्न प्रकार लिखते हैं

$$dE = dQ - dW = dQ - p\,dV \quad \text{...(i)}$$

(जब तन्त्र द्वारा कार्य किया जाता है)

तथा $$dE = dQ + dW = dQ + p\,dV \quad \text{...(ii)}$$

(जब तन्त्र पर कार्य किया जाता है)

एन्थैल्पी Enthalpy

स्थिर दाब पर किसी तन्त्र की कुल ऊष्मा की मात्रा, उस **तन्त्र की एन्थैल्पी** कहलाती है। गणितीय रूप से, यह आन्तरिक ऊर्जा तथा दाब-आयतन ऊर्जा का योग होती है। अतः $H = E + p\Delta V$

आन्तरिक ऊर्जा के समान ही ऐन्थैल्पी भी एक अवस्था फलन है तथा इसका परम मान ज्ञात नहीं किया जा सकता है।

एन्थैल्पी का मात्रक **किलोकैलोरी** अथवा **किलोजूल** है।

एन्थैल्पी से सम्बन्धित कुछ महत्त्वपूर्ण तथ्य निम्न हैं

(i) स्थिर दाब पर ऐन्थैल्पी परिवर्तन, $\Delta H = \Delta E + p\Delta V$

(ii) स्थिर दाब पर किसी तन्त्र को दी गई ऊष्मा (Q_P), उस तन्त्र के एन्थैल्पी परिवर्तन के समान होती है। अतः $Q_p = \Delta H$

(iii) किसी रासायनिक प्रक्रम की एन्थैल्पी,

$$\Delta H_{\text{अभिक्रिया}} = \Sigma \Delta H_p - \Sigma \Delta H_R$$

ΔH तथा ΔE के मध्य सम्बन्ध

Relation between ΔH and ΔE

ठोसों तथा द्रवों के लिए, ΔH तथा ΔE के मध्य कोई अन्तर नहीं होता है परन्तु गैसों के लिए, यदि दाब तथा ताप समान रहें तो किसी ताप-रासायनिक समीकरण (अर्थात् रासायनिक समीकरण जिसमें अभिक्रिया की ऊष्मा तथा भाग लेने वाले पदार्थ की अवस्था उल्लेखित हो), में मोलों की संख्या में परिवर्तन

$$\Delta n_g = n_2 - n_1$$

= गैसीय उत्पादों के मोलों की संख्या – गैसीय अभिकारकों के मोलों की संख्या

अतः उपरोक्त समीकरण $\Delta H = \Delta E + p\Delta V$ को निम्न रूप में भी परिवर्तित कर सकते हैं

$$\Delta H = \Delta E + \Delta n_g RT \quad (\because\ p\Delta V = \Delta n_g RT)$$

- यदि $\Delta n_g = 0$, तब $\Delta H = \Delta E$
- यदि $\Delta n_g < 0$, तब $\Delta H < \Delta E$
- यदि $\Delta n_g > 0$, तब $\Delta H > \Delta E$

अभिक्रिया की एन्थैल्पी में परिवर्तन

Enthalpy Change of a Reaction, $\Delta_r H$

"किसी भी रासायनिक समीकरण द्वारा प्रदर्शित पदार्थों की ग्राम अणु मात्राओं की पूर्ण अभिक्रिया होने में जितनी ऊष्मा अवशोषित अथवा उत्सर्जित होती है, उसे **एन्थैल्पी में परिवर्तन** अथवा **अभिक्रिया की ऊष्मा** कहते हैं।"

$\therefore \Delta_r H =$ उत्पादों की एन्थैल्पियों का योग-अभिकारकों की ऐन्थैल्पियों का योग अथवा $\Delta_r H = \sum_i x_i H_p - \sum_i y_i H_R$

जहाँ, x_i तथा y_i = सन्तुलित रासायनिक समीकरण में क्रमशः उत्पादों तथा अभिकारकों के रससमीकरणमितीय गुणांक

H_p = उत्पादों के निर्माण की एन्थैल्पी

H_R = अभिकारकों के निर्माण की एल्थैल्पी

अभिक्रिया की मानक एन्थैल्पी

Standard Enthalpy of Reaction

कोई भी पदार्थ 1 वायुमण्डल दाब तथा 298K पर, अपनी **मानक अवस्था** में होता है। अतः जब किसी अभिक्रिया को मानक परिस्थितियों में किया जाता है, इसकी एन्थैल्पी में परिवर्तन को **अभिक्रिया की मानक एन्थैल्पी** कहते हैं तथा $\Delta_r H^\circ$ से प्रदर्शित करते है। रासायनिक अभिक्रिया का व्युत्क्रम करने पर $\Delta_r H^\circ$ का चिन्ह व्युत्क्रम हो जाता है।

उत्पादन की एन्थैल्पी Enthalpy of Formation

किसी भी यौगिक के अपने अवयवी तत्वों से एक मोल (ग्राम अणु) के बनने में जितनी ऊर्जा अवशोषित अथवा उत्सर्जित होती है, उस यौगिक की **उत्पादन ऊष्मा** कहलाती है। इसे ΔH_f द्वारा निरूपित किया जाता है।

उदाहरण—

(i) $C(s) + O_2(g) \longrightarrow CO_2(g); \quad \Delta H_f = -94.380$ किलोकैलोरी

अतः CO_2 की उत्पादन ऊष्मा 94.380 किलोकैलोरी है।

प्रावस्था रूपान्तरण (संक्रमण) में एन्थैल्पी में परिवर्तन
Enthalpy Change During Phase Transformation

जब किसी पदार्थ का एक मोल अपनी एक अवस्था अथवा प्रावस्था से दूसरी में परिवर्तित होता है तो एन्थैल्पी में परिवर्तन को प्रावस्था रूपान्तरण में एन्थैल्पी में परिवर्तन कहते है। *यह निम्न प्रकार की हो सकती है*

(i) **गलन की एन्थैल्पी** (Enthalpy of Fusion) ठोस गलकर द्रव अवस्था में परिवर्तित हो जाता है तब ऊष्मा का अवशोषण होता है। जबकि द्रव के ठोस में बदलने पर ऊष्मा का उत्सर्जन होता है। इस प्रकार के परिवर्तन में उत्पन्न या अवशोषित ऊष्मा को गलन की ऊष्मा कहते हैं। जैसे

$H_2O(s) \longrightarrow H_2O(l)$; $\Delta H = +1.44$ किलोकैलोरी

$H_2O(l) \longrightarrow H_2O(s)$; $\Delta H = -1.44$ किलोकैलोरी

(ii) **वाष्पन की एन्थैल्पी** (Enthalpy of Vaporisation) जब द्रव वाष्पित होता है, तो यह वातावरण से ऊष्मा का अवशोषण करता है अर्थात् वाष्पन एन्थैल्पी में वृद्धि के साथ होता है। उदाहरण—25°C ताप पर, जब जल का एक मोल वाष्पित होता है, तब इसकी एन्थैल्पी में 10.5 किलोकैलोरी की वृद्धि हो जाती है। जब वाष्प संघनित होकर द्रव अवस्था में आती है, तो ऊष्मा उत्पन्न होती है और संघनन एन्थैल्पी में कमी हो जाती है। जल के वाष्पीकरण एवं संघनन को निम्न प्रकार व्यक्त किया जा सकता है

$H_2O(l) \longrightarrow H_2O(g)$; $\Delta H = +10.5$ किलोकैलोरी

$H_2O(g) \longrightarrow H_2O(l)$; $\Delta H = -10.5$ किलोकैलोरी

इस तरह किसी द्रव को वाष्प अवस्था से द्रव या द्रव अवस्था से वाष्प में बदला जाए, तो इसे **वाष्पन की ऊष्मा** कहते हैं।

(iii) **ऊर्ध्वपातन की एन्थैल्पी** (Enthalpy of Vaporisation) जब एक मोल ठोस अपने गलनांक से नीचे ठोस अवस्था से सीधे गैस अवस्था में या गैस से ठोस में बदलता है, तो ऊष्मा परिवर्तन **ऊर्ध्वपातन ऊष्मा** कहलाता है। अधिकतर ऐसे ठोस जो ऊर्ध्वपातित होते हैं, आण्विक प्रकृति के होते हैं, जैसे आयोडीन, नेफ्थैलीन आदि।

$I_2(s) \longrightarrow I_2(g)$; $\Delta H = +62.39$ किलोजूल

$$\Delta H_{\text{ऊर्ध्वपातन}} = \Delta H_{\text{संगलन}} + \Delta H_{\text{वाष्पन}}$$

विभिन्न प्रकार की अभिक्रियाओं के लिए एन्थैल्पियाँ
Enthalpies for Different Types of Reactions

अभिक्रिया के प्रकार के आधार पर एन्थैल्पी को निम्न प्रकार परिभाषित कर सकते हैं

(i) **दहन की एन्थैल्पी** (Enthalpy of Combustion) "किसी पदार्थ के एक मोल (ग्राम अणु) के पूर्ण रूप से ऑक्सीकृत होने (अथवा जलाने) पर जितनी ऊष्मा उत्पन्न होती है, उस पदार्थ की **दहन की एन्थैल्पी** अथवा **दहन ऊष्मा** कहलाती है।" उदाहरण—

$CH_4 + 2O_2 \longrightarrow CO_2 + 2H_2$; $\Delta H = -24$ किलोकैलोरी

(ii) **उदासीनीकरण की एन्थैल्पी** (Enthalpy of Neutralization) "किसी अम्ल की एक ग्राम तुल्यांक मात्रा को किसी क्षार की एक ग्राम तुल्यांक मात्रा से तनु विलयनों में उदासीन करने में जितनी ऊष्मा उत्पन्न होती है, उसे उदासीनीकरण ऊष्मा कहते हैं।"

उदाहरण— $HCl(aq) + NaOH(aq) \longrightarrow NaCl(aq) + H_2O$; $\Delta H = -13.7$ किलोकैलोरी

(iii) **विलयन ऊष्मा** (Heat of Solution) "किसी पदार्थ के एक मोल को जल के बहुत अधिक आयतन में पूर्णत: घोलने पर जितनी ऊष्मा अवशोषित अथवा उत्सर्जित होती है, उस पदार्थ की विलयन की एन्थैल्पी अथवा ऊष्मा कहलाती है।"

उदाहरण— $NH_4Cl(s) + H_2O(l) \longrightarrow NH_4Cl(aq)$; $\Delta H = 3.90$ किलोकैलोरी

(iv) **जलीयकरण ऊष्मा** (Heat of Hydration) "जब किसी निर्जल लवण अथवा आंशिक जलीय लवण का एक मोल जल की आवश्यक मोल संख्या से संयोग करके एक विशेष हाइड्रेट बनाता है, तो अवशोषित अथवा उत्सर्जित ऊष्मा (एन्थैल्पी परिवर्तन) की मात्रा को जलीयकरण ऊष्मा कहते हैं।"

उदाहरण— $CaCl_2(s) + 6H_2O(l) \longrightarrow CaCl_2 \cdot 6H_2O(s)$; $\Delta H = -18.8$ किलोकैलोरी

(v) **तनुकरण की एन्थैल्पी** (Enthalpy of Dilution) "जब किसी पदार्थ के एक मोल को इस मात्रा तक तनु किया जाता है कि अग्र तनुकरण पर कोई ऊष्मा न तो मुक्त हो और न ही अवशोषित हो, तो एन्थैल्पी परिवर्तन को तनुकरण ऊष्मा कहते हैं।"

उदाहरण—$KCl(s) + 20H_2O(l) \longrightarrow KCl(aq)$ (20 मोल); $\Delta H_1 = +3.8$ किलोकैलोरी

$KCl(s) + 200H_2O(l) \longrightarrow KCl(aq)$ (200 मोल); $\Delta H_2 = +4.44$ किलोकैलोरी

अत: तनुकरण ऊष्मा $= \Delta H_2 - \Delta H_1$
$= +4.44 - 3.8 = 0.64$ किलोकैलोरी

(vi) **आयनन की एन्थैल्पी** (Enthalpy Ionisation) "किसी विद्युत-अपघट्य के एक मोल के, आयनों में पूर्णतया विघटित होने पर जितनी ऊष्मा अवशोषित होती है, उसे विद्युत-अपघट्य की आयनीकरण ऊष्मा कहलाती है।"

उदाहरण—$CH_3COOH \longrightarrow CH_3COO^- + H^+$; $\Delta H = 3.0$ किलोकैलोरी

(vii) **संक्रमण की एन्थैल्पी** (Enthalpy of Transition) किसी तत्व के एक अपररूप के एक मोल के दूसरे अपररूप में परिवर्तित होने पर अवशोषित या उत्सर्जित ऊष्मा की मात्रा **संक्रमण ऊष्मा** कहलाती है।

$P_{(\text{सफेद})} \longrightarrow P_{(\text{लाल})}$; $\Delta H = -x$ किलोकैलोरी

यहाँ पर $-x$ किलोकैलोरी फॉस्फोरस की संक्रमण की ऊष्मा है।

बन्ध ऊर्जा तथा बन्ध वियोजन ऊर्जा
Bond Energy and Bond Dissociation Energy

सामान्य अभिक्रियाओं में रासायनिक बन्ध टूटते एवं बनते हैं। बन्ध टूटने के लिए ऊर्जा की आवश्यकता होती है और बन्ध बनने में ऊर्जा मुक्त होती है। किसी भी बन्ध के निर्माण में अथवा उसके टूटने में जो ऊर्जा परिवर्तन होती हैं उसे बन्ध ऊर्जा कहते हैं।

द्विपरमाणुक अणु में किसी गैसीय सहसंयोजक यौगिक के एक मोल बन्ध टूटने में जो ऊर्जा की आवश्यकता होती है उसे बन्ध **वियोजन ऊर्जा** कहते हैं।

उदाहरण—$Cl_2(g) \longrightarrow 2Cl(g)$, $\Delta_{Cl-Cl}, H° = 242$ किलोजूल मोल$^{-1}$

बहुपरमाणुक अणु से औसत बन्ध वियोजन ऊर्जा को बन्ध ऊर्जा कहते हैं। द्विपरमाणुक अणु में बन्ध वियोजन ऊर्जा तथा बन्ध ऊर्जा समान होते हैं।

हेस के स्थिर ऊष्मा के योग का नियम
Hess's Law of Constant Heat Summation

यह नियम रूसी वैज्ञानिक हेस ने सन् 1840 में दिया था। इस नियम के अनुसार, ''यदि एक रासायनिक परिवर्तन दो या दो से अधिक विधियों से एक या अधिक पदों में पूरा हो सकता है तो पूरे परिवर्तन में अवशोषित अथवा उत्सर्जित ऊष्मा (ΔH) समान होती है, चाहे परिवर्तन किसी भी विधि से पूरा किया गया हो।''

अत: स्पष्ट है कि ऊष्मा केवल प्रारम्भिक अभिकारक तथा अन्तिम उत्पाद पर निर्भर करती है, मध्यमिक उत्पादों पर नहीं जो उत्पन्न हो सकते हैं।

माना A को B में निम्न दो प्रकार से परिवर्तित किया जा सकता है

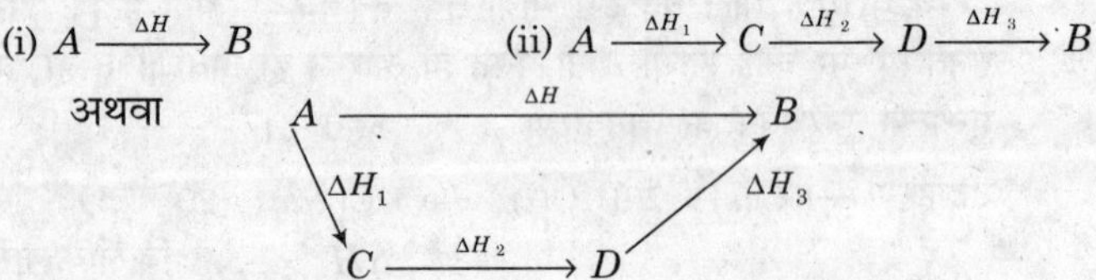

हेस के नियमानुसार $\Delta H = \Delta H_1 + \Delta H_2 + \Delta H_3$

हेस के नियम के अनुप्रयोग Applications of Hess's Law

(i) उत्पादन ऊष्मा ज्ञात करने में, (ii) संक्रमण ऊष्मा ज्ञात करने में,
(iii) अभिक्रिया ऊष्मा की गणना करने में,
(iv) मन्द अभिक्रियाओं की ऊष्मा परिवर्तन ज्ञात करने में।

ऊष्माधारिता Heat Capacity

यदि निकाय द्वारा ऊष्मा ग्रहण की जाए तो यह ताप में वृद्धि के रूप में परिलक्षित होती है। ताप में वृद्धि स्थानान्तरित ऊष्मा के समानुपाती होती है।

$$q = \text{गुणांक} \times \Delta T$$

गुणांक का मान निकाय के आकार, संघटन एवं प्रकृति पर निर्भर करता है।

अत: $q = C\Delta T$ यहाँ C को ऊष्माधारिता कहते हैं।

प्रक्रम का तापमान 1 डिग्री (1°) बढ़ाने के लिए आवश्यक ऊष्मा की मात्रा को उस प्रक्रम की ऊष्माधारिता कहते हैं। ऊष्माधारिता को स्थिर आयतन पर C_V से एवं स्थिर दाब पर C_V से अंकित करते हैं।

$$\text{ऊष्माधारिता} = \frac{dQ}{dT}$$

ठोस व द्रवों के लिए C_p व C_V के बीच अन्तर बहुत कम होता है, परन्तु गैसों में यह अन्तर बहुत अधिक होता है, अत: गैसों के लिए

$$C_V = \left(\frac{\Delta E}{\Delta T}\right)_V \quad (\because \text{स्थिर आयतन पर, } Q_V = \Delta E)$$

$$C_V = \left(\frac{\Delta H}{\Delta T}\right)_p \quad (\because \text{स्थिर दाब पर, } Q_p = \Delta H)$$

किसी पदार्थ की ऊष्माधारिता उस पदार्थ की मात्रा के समानुपाती होती है। रासायनिक समीकरणों में विशिष्ट ऊष्माधारिता तथा मोलर ऊष्माधारिता का प्रयोग किया जाता है। ''किसी पदार्थ के इकाई द्रव्यमान का ताप एक डिग्री (सेल्सियस अथवा केल्विन) बढ़ाने के लिए आवश्यक ऊष्मा की मात्रा उसकी **विशिष्ट ऊष्माधारिता** कहलाती है।''

जब पदार्थ का एक मोल लेते हैं, तो इसे **मोलर ऊष्माधारिता** कहा जाता है। विशिष्ट ऊष्माधारिता को 'C' से निरूपित करते हैं तथा निम्न सूत्र से इसकी गणना की जाती है $q = C \times m \times \Delta T$

जहाँ, q = एक डिग्री ताप बढ़ाने के लिए आवश्यक ऊष्मा की मात्रा
C = विशिष्ट ऊष्माधारिता m = द्रव्यमान ΔT = ताप में परिवर्तन

गैसों में C_p का मान सदैव C_V के मान से अधिक होता है।

$$C_p - C_V = R \quad \text{जहाँ, } R = 2 \text{ कैलोरी}$$

C_p तथा C_V के मध्य सम्बन्ध
Relation Between C_p and C_V

$$\boxed{C_p = C_V + R}$$

या $(C_p - C_V) = R = 1.99$ कैलोरी केल्विन$^{-1}$ मोल$^{-1}$
$= 8.314$ जूल केल्विन मोल$^{-1}$

C_p तथा C_V का अन्तर गैसों को 1°C गर्म करने पर इनके 1 मोल द्वारा किया गया कार्य है।

स्वत: तथा अस्वत: प्रक्रम
Spontaneous and Non-Spontaneous Processes

किसी बाह्य साधन के बिना सहायता के किसी प्रक्रम में होने की प्रवृत्ति होना स्वत: प्रक्रम कहलाता है। सभी प्राकृतिक प्रक्रम स्वत: होते हैं, अत: स्वत: प्रक्रमों को प्राकृतिक प्रक्रम भी कहा जाता है। चूँकि स्वत: प्रक्रमों को बिना किसी बाह्य सहायता के उत्क्रम नहीं किया जा सकता है, अत: ये **अनुत्क्रमणीय प्रक्रम** कहलाते हैं। स्वत: प्रवर्तित प्रक्रम को संक्षेप में कहा जा सकता है। ''स्वत: प्रवर्तित प्रक्रम एक अनुत्क्रमणीय प्रक्रम होता है। यह किसी बाह्य साधन के द्वारा ही उत्क्रमित किया जा सकता है।''

अस्वत: शब्द उस प्रक्रम के लिए प्रयुक्त किया जाता है, जिसका प्राकृतिक रूप से पाये जाने की कोई प्रवृत्ति नहीं होती है। उदाहरण—जल का विद्युत-अपघटन।

एन्ट्रॉपी Entropy

एक विलगित तन्त्र में तन्त्र की ऊर्जा हमेशा अधिक अव्यवस्थित होने की प्रवृत्ति होती है। यह स्वत: प्रवर्तिता की एक कसौटी हो सकती है। अत: एक अन्य ऊष्मागतिकी फलन की आवश्यकता होती है जिसे **एन्ट्रॉपी** (S) कहते हैं। एन्ट्रॉपी किसी तन्त्र में अव्यवस्था का मापन है। एक विलगित तन्त्र में जितनी अधिक अव्यवस्था होगी उतनी ही अधिक उसकी एन्ट्रॉपी होगी।

एन्ट्रॉपी को S से निरूपित किया जाता है। गणितीय रूप से

$$S = \frac{Q}{T} = \frac{\Delta H}{\Delta T}$$

जहाँ, $Q = T$ ताप पर अवशोषित ऊष्मा

एन्ट्रॉपी एक **अवस्था फलन** (Safe function) है, अत: एन्ट्रॉपी परिवर्तन

$$\Delta S = S_{\text{अन्तिम}} - S_{\text{प्रारम्भिक}}$$

एन्ट्रॉपी का मात्रक जूल प्रति केल्विन प्रति मोल है।

एन्ट्रॉपी तथा स्वत: प्रवर्तिता Entropy and Spontaneity

(i) पृथक् तन्त्र में किसी प्रक्रम के स्वत: होने के लिए ΔS धनात्मक होना चाहिए, अर्थात् $\Delta S > 0$।

(ii) यदि ΔS ऋणात्मक होता है, तो वह प्रक्रम स्वत: नहीं होता है, अर्थात् $\Delta S < 0$।

(iii) साम्य पर किसी उत्क्रमणीय प्रक्रम के लिए, $\Delta S = 0$।

(iv) यदि तन्त्र पृथक् नहीं है, तब $\Delta S_{\text{कुल}} = \Delta S_{\text{तन्त्र}} + \Delta S_{\text{वातावरण}}$

चूँकि किसी प्रक्रम के स्वत: होने के लिए, $\Delta S_{\text{कुल}}$ धनात्मक होना चाहिए, अत: $\Delta S_{\text{कुल}} = (\Delta S_{\text{तन्त्र}} + \Delta S_{\text{वातावरण}}) > 0$।

चूँकि तन्त्र तथा वातावरण मिलकर ब्रह्माण्ड का निर्माण करते हैं तथा स्वत: प्रक्रम के लिए $\Delta S > 0$.

अवस्था परिवर्तन में एन्ट्रॉपी परिवर्तन
Entropy Change During Phase Transition

जब कोई पदार्थ एक अवस्था से दूसरी अवस्था में परिवर्तित होता है तो इसे **अवस्था परिवर्तन कहते हैं। इसके लिए एन्ट्रॉपी परिवर्तन निम्न** प्रकार होता है

$$\Delta S_{\text{गलन}} = \frac{\Delta H_{\text{गलन}}}{T_m}$$

जहाँ, T_m = पदार्थ का गलनांक, $\Delta S_{\text{वाष्पन}} = \dfrac{\Delta H_{\text{वाष्पन}}}{T_b}$

T_b = पदार्थ का गलनांक, $\Delta S_{\text{ऊर्ध्वपातन}} = \dfrac{\Delta H_{\text{ऊर्ध्वपातन}}}{T_{\text{ऊर्ध्वपातन}}}$

$T_{\text{ऊर्ध्वपातन}}$ = ऊर्ध्वपातन का ताप

आदर्श गैसों के लिए एन्ट्रॉपी परिवर्तन
Entropy Change for Ideal Gases

किसी आदर्श गैस के लिए विभिन्न परिस्थितियों में एन्ट्रॉपी में परिवर्तन की गणना निम्न प्रकार कर सकते हैं।

(i) जब गैस प्रारम्भिक अवस्था (1) से अन्तिम अवस्था (2) में परिवर्तित होती है

$$\Delta S = 2.303\, nC_V \log\left(\frac{T_2}{T_1}\right) + 2.303\, nR \log\left(\frac{V_2}{V_1}\right)$$

(जहाँ T तथा V चर है)

$$\Delta S = 2.303\, nC_p \log\left(\frac{T_2}{T_1}\right) + 2.303\, nR \log\left(\frac{p_1}{p_2}\right)$$

(जहाँ T तथा p चर है)

(ii) समतापीय प्रक्रम के लिए, $\Delta S = nR \ln \dfrac{V_2}{V_1} = nR \ln \dfrac{p_2}{p_1}$ $(\because \Delta T = 0)$

(iii) समदाबी प्रक्रम के लिए, $\Delta S = nC_p \ln \dfrac{T_2}{T_1}$ $(\because p_1 = p_2)$

(iv) समआयतनी प्रक्रम के लिए, $\Delta S = nC_V \ln \dfrac{T_2}{T_1}$ $(\because V_1 = V_2)$

(v) **आदर्श गैसों के मिश्रण में एन्ट्रॉपी परिवर्तन** माना गैस A के n_1 मोल तथा गैस B के n_2 मोल हो तो कुल एन्ट्रॉपी परिवर्तन की गणना निम्न प्रकार करते हैं

$$\Delta S = -2.303\, R\,[n_1 \log \chi_1 + n_2 \log \chi_2]$$

जहाँ χ_1, χ_2 क्रमश: गैसों A तथा B के मोल अंश है

अर्थात्, $\chi_1 = \dfrac{n_1}{n_1 + n_2}; \chi_2 = \dfrac{n_2}{n_1 + n_2}$

$$\Delta S/\text{मोल} = -2.303\, R\left[\frac{n_1}{n_1 + n_2}\log \chi_1 + \frac{n_2}{n_1 + n_2}\log \chi_2\right]$$

$$\Delta S/\text{मोल} = -2.303\, R\,[\chi_1 \log \chi_1 + \chi_2 \log \chi_2]$$

(vi) रुद्धोष्म प्रसार में एन्ट्रॉपी परिवर्तन शून्य होता है। $\Delta S = 0$

ऊष्मागतिकी का द्वितीय तथा तृतीय नियम
Second and Third Law of Thermodynamics

एन्ट्रॉपी से अध्ययन के पश्चात् ऊष्मागतिकी के दो अन्य महत्त्वपूर्ण नियम निम्नलिखित हैं

ऊष्मागतिकी का द्वितीय नियम
Second Law of Thermodynamics

इस नियम को निम्न प्रकार परिभाषित किया जा सकता है

(i) ''सभी स्वत: प्रक्रम ऊष्मागतिकीय रूप से अनुत्क्रमणीय होते हैं।''

(ii) ''ऊष्मा को बिना किसी परिवर्तन के कार्य की तुल्य मात्रा में पूर्णत: परिवर्तित करना असम्भव है।''

(iii) ''ऊष्मा स्वयं किसी ठण्डी वस्तु से गर्म वस्तु में स्थानान्तरित नहीं हो सकती, जब तक कि बाह्य ऊर्जा का प्रयोग न किया जाये। कार्य करते हुए प्रत्येक आदर्श मशीन समान क्षमता की होती है, चाहे प्रयुक्त पदार्थ की प्रकृति कुछ भी हो। (कार्नोट प्रमेय)

(iv) ''किसी गर्म पात्र से ऊष्मा लेना तथा उसे चक्रीय प्रक्रम द्वारा इसके किसी भी भाग को ठण्डे पात्र में स्थानान्तरित किये बिना कार्य में पूर्णत: परिवर्तित करना असम्भव है।'' (लार्ड केल्विन)

(v) ''कुछ कार्य किये बिना निम्न ताप पर स्थित तन्त्र से उच्च ताप पर स्थित तन्त्र में ऊर्जा का स्थानान्तरण चक्रीय प्रक्रम के लिए असम्भव है।'' (क्लासियस)

ऊष्मागतिकी का तृतीय नियम
Third Law of Thermodynamics

''**परमशून्य ताप पर सभी पूर्णतया क्रिस्टलीय ठोसों की एन्ट्रॉपी शून्य होती है।**'' चूँकि एन्ट्रॉपी अव्यवस्था की माप है। अत: यह कहा जा सकता है कि परमशून्य ताप पर किसी पूर्णतया क्रिस्टलीय ठोस में सभी अवयवी कण पूर्णतया व्यवस्थित क्रम में होते हैं।

ऊष्मागतिकी के तृतीय नियम का सबसे महत्त्वपूर्ण उपयोग यह है कि किसी ताप, T पर तत्व की परम एन्ट्रॉपी की गणना की जा सकती है

$$S^\circ = 2.303\, C_p \log_{10} T$$

जहाँ, C_p = स्थिर दाब पर तत्व की ऊष्माधारिता है, जिसका मान 0 से T तक की सीमा में स्थिर रहता है।

गिब्स मुक्त ऊर्जा Gibbs Free Energy

''ऊर्जा की वह अधिकतम मात्रा जो किसी प्रक्रम के दौरान तन्त्र (निकाय) द्वारा उपयोगी कार्य में बदली जा सकती है, उस तन्त्र की **मुक्त ऊर्जा** अथवा **गिब्स मुक्त ऊर्जा** अथवा गिब्स ऊर्जा कहलाती है।''

अत: किसी तन्त्र की मुक्त ऊर्जा उसकी उपयोगी कार्य करने की क्षमता की माप है। इसे G से निरूपित करते हैं। यह एन्थैल्पी (H) तथा एन्ट्रॉपी (S) से निम्न प्रकार सम्बन्धित है

$$G = H - TS$$

जहाँ, H = तन्त्र की एन्थैल्पी

ΔH = तन्त्र की एन्ट्रॉपी

T = परमताप

परन्तु हम जानते है कि, $H = E + pV$

अत: $G = E + pV - TS$

इसी प्रकार मुक्त ऊर्जा में परिवर्तन को निम्न व्यंजक द्वारा प्रदर्शित कर सकते हैं $\Delta G = \Delta E + \Delta(pV) - \Delta(TS)$

यदि प्रक्रम को नियत ताप तथा दाब पर संचालित किया जाए तो $\Delta(pV)$ को $p\Delta V$ तथा $\Delta(TS)$ को $T\Delta S$ के रूप में व्यक्त कर सकते हैं।

अत: $\Delta G = \Delta E + p\Delta V - T\Delta S$ ...(i)

परन्तु $\Delta E + p\Delta V = \Delta H$

अत: $\Delta G = \Delta H - T\Delta S$ ...(ii)

उपरोक्त समीकरण (ii) को **गिब्स हेल्महोल्ट्स समीकरण** कहते हैं।

$$\Delta G = \Delta H - T\Delta S$$

जहाँ, ΔG = मुक्त ऊर्जा में परिवर्तन

ΔH = एन्थैल्पी में परिवर्तन

ΔS = एन्ट्रॉपी में परिवर्तन

स्वत: प्रवर्तिता के प्रमाण के रूप में गिब्स मुक्त ऊर्जा
Gibbs Free Energy as Criteria For Spontaneity

ΔG के मान द्वारा किसी अभिक्रिया की स्वतता: का निर्धारण किया जा सकता है। इस सन्दर्भ में निम्नलिखित निष्कर्षों पर ध्यान देना चाहिए।

(i) यदि ΔG ऋणात्मक है, तो प्रक्रम स्वत: होता है।

(ii) यदि ΔG धनात्मक है, तो प्रक्रम स्वत: नहीं होता है अर्थात् प्रक्रम अग्र दिशा में नहीं होता है, यद्यपि यह विपरीत दिशा में हो सकता है।

(iii) यदि ΔG शून्य है, तो प्रक्रम साम्य में होता है अर्थात् अभिक्रिया किसी भी दिशा में हो सकती है।

विद्युत रसायन सेल की ऊष्मागतिकी
Thermodynamics of Electrochemical Cells

सेल अभिक्रिया सामान्यतया स्थिर ताप तथा दाब पर सम्पन्न होती है एवं स्वत: परिवर्तित होती है। अतएव, यह उस दिशा में अग्रसर होनी चाहिए जिसमें गिब्स मुक्त ऊर्जा कम हो रही है। दूसरे शब्दों में, एक सेल अभिक्रिया उस समय सम्भाव्य (Feasible) होगी जब इसके लिए $\Delta_r G$ का मान ऋणात्मक हो।

उपरोक्त समीकरण $\Delta G = -nFE_{सेल}$ तथा $\Delta G° = -nFE°_{सेल}$ के आधार पर *अभिक्रिया की स्वत: प्रवर्तिता की विवेचना निम्न प्रकार की जा सकती है*

(i) **यदि $E_{सेल}$** (अथवा $E°_{सेल}$) **धनात्मक है** सेल का सेल विभव धनात्मक होने पर $\Delta_r G$ (अथवा $\Delta_r G°$) का मान ऋणात्मक होगा क्योंकि n तथा F सदैव धनात्मक होते हैं। अत: सेल अभिक्रिया सम्भाव्य होगी तथा स्वत: प्रवर्तित रूप में सम्पन्न होगी।

(ii) **यदि $E_{सेल}$** (अथवा $E°_{सेल}$) **ऋणात्मक है** सेल विभव के ऋणात्मक होने पर $\Delta_r G$ (या $\Delta_r G°$) का मान धनात्मक होगा और सेल अभिक्रिया स्वत: सम्पन्न नहीं होगी।

(iii) **यदि $E_{सेल}$** (अथवा $E°_{सेल}$) **का मान शून्य है** सेल विभव का मान शून्य होने पर $\Delta_r G$ (अथवा $\Delta_r G°$) का मान भी शून्य होगा तथा सेल अभिक्रिया साम्य में स्थित रहेगी।

उपरोक्त विवरण के आधार पर सेल अभिक्रिया की सम्भाव्यता की कसौटी को निम्न तालिका में दिया गया है।

प्रावस्था नियम Phase Rule

यह नियम 1874 में विलार्ड गिब्स ने दिया था इस नियमानुसार "यदि किसी विषमांगी तन्त्र की साम्यावस्था पर विद्युत् या चुम्बकीय क्षेत्रों का प्रभाव न पड़ता हो और न ही गुरुत्वाकर्षण का प्रभाव पड़ता हो, तो स्वतन्त्रता की कोटियों तथा प्रावस्थाओं की संख्या का योग घटकों की संख्या तथा 2 के योग के बराबर होता है।"

$$F + P = C + 2$$

प्रावस्था Phase

पदार्थ का वह भाग जो स्वयं में समांगी, भौतिक रूप से सुस्पष्ट तथा संघटन में एकसमान हो तथा जो तन्त्र के अन्य भागों से सुस्पष्ट सीमा पृष्ठों द्वारा पृथक् हो, प्रावस्था कहलाता है।

बर्फ $(s) \rightleftharpoons$ जल $(l) \rightleftharpoons$ वाष्प (g)

जल में तीन प्रावस्थाएँ होती है।

प्रावस्था आरेख Phase Diagram

जल तन्त्र में तीन प्रावस्थाएँ हैं बर्फ $(s) \rightleftharpoons$ जल $(l) \rightleftharpoons$ वाष्प (g)

जल तन्त्र एक घटक तन्त्र है।

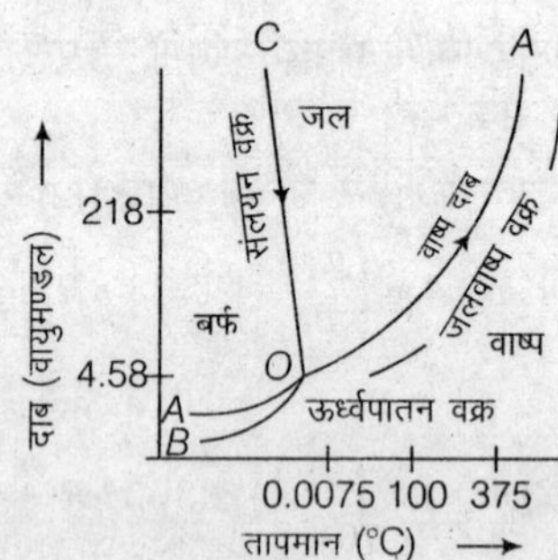

(i) वक्र OA को जल का वाष्पन वक्र कहते हैं, इस वक्र पर किसी भी बिन्दु के लिए स्वतन्त्रता की कोटि एक है।

(ii) वक्र OB को बर्फ का ऊर्ध्वपातन वक्र कहते हैं यह वक्र भी एक चर है।

(iii) वक्र OC को बर्फ का गलनांक वक्र कहते हैं यह वक्र भी एक चर है।

(iv) त्रिक बिन्दु (O) पर तीनों वक्र OA, OB, OC मिलते हैं अर्थात् इस बिन्दु पर तीनों प्रावस्थाएँ बर्फ, जल, वाष्प साम्यावस्था में होती हैं, इस बिन्दु पर स्वतन्त्रता की कोटि शून्य है।

(v) जल वक्र को तीन क्षेत्रों AOB, BOC, AOC में विभाजित किया गया है।

(vi) प्रत्येक क्षेत्र में स्वतन्त्रता की कोटि का मान 2 होता है।

अभ्यास प्रश्न

1. निम्न में गहन गुण को चिन्हित करो
(a) एन्थैल्पी एवं ताप (b) आयतन एवं ताप
(c) एन्थैल्पी एवं आयतन (d) ताप एवं अपवर्तनांक

2. यदि रेफ्रीजरेटर का दरवाजा खुला रह जाये, तो
(a) कमरा गर्म हो जाता है
(b) कमरा ठण्डा हो जाता है
(c) अधिक मात्रा में ऊष्मा बाहर निकल जाती है
(d) कमरे के ताप पर कोई प्रभाव नही पड़ता

3. वह प्रक्रम जिसमें आन्तरिक ऊर्जा के खर्च होने पर कार्य किया जाता है, कहलाता है
(a) समतापीय प्रक्रम (b) समआयतनीय प्रक्रम
(c) रुद्धोष्म प्रक्रम (d) समदाबीय प्रक्रम

4. ऊष्मागतिकी का निम्न से सम्बन्ध नहीं है
(a) रासायनिक अभिक्रिया में होने वाला ऊर्जा परिवर्तन
(b) रासायनिक अभिक्रिया में पूरी होने की क्षमता
(c) वह गति जिससे रासायनिक अभिक्रिया चलती है
(d) रासायनिक अभिक्रिया के पूर्ण होने की सम्भावना की दशा

5. निम्न व्यंजकों में से कौन ऊष्मागतिकी के प्रथम नियम को प्रदर्शित करता है?
(a) $\Delta E = -q + W$ (b) $\Delta E = q - W$
(c) $\Delta E = q + W$ (d) $\Delta E = -q - W$

6. यदि एक गैस निश्चित ताप तथा दाब पर फैलती है, तो
(a) आन्तरिक ऊर्जा पहले बढ़ती है और बाद में घट जाती है
(b) आन्तरिक ऊर्जा बढ़ती है
(c) आन्तरिक ऊर्जा समान रहती है
(d) आन्तरिक ऊर्जा कम हो जाती है

7. आदर्श गैस के एक अणु को $27°C$ ताप पर समतापीय तथा उत्क्रमणीय अवस्था में 2 वायुमण्डल दाब से 10 वायुमण्डल दाब पर संपीड़ित किया जाता है। यदि $R = 2$ तथा तब ΔE तथा q का मान होगा
(a) 0, – 965.84 कैलोरी
(b) – 965.84 कैलोरी, – 865.58 कैलोरी
(c) + 865.58 कैलोरी, – 865.58 कैलोरी
(d) – 865.58 कैलोरी, – 865.58 कैलोरी

8. एक प्रक्रम में तन्त्र द्वारा 701 जूल ऊष्मा अवशोषित होती है तथा तन्त्र द्वारा 394 जूल कार्य पूरा किया जाता है। प्रक्रम में आन्तरिक ऊर्जा में क्या परिवर्तन होता है?
(a) – 464 जूल (b) + 464 जूल (c) + 307 जूल (d) – 307 जूल

9. स्थिर आयतन पर किसी विलगित तन्त्र में आन्तरिक ऊर्जा में परिवर्तन है
(a) शून्य (b) – 2.18 अर्ग (c) + 4.27 अर्ग (d) + 2.78 अर्ग

10. रुद्धोष्म प्रक्रम में तन्त्र तथा वातावरण के मध्य ऊष्मा परिवर्तन नहीं होता है। निम्न में से सत्य कथन का चुनाव करो, एक आदर्श गैस का रुद्धोष्म स्थिति में मुक्त प्रसार किया जाता है
(a) $q = 0, \Delta T \neq 0, W = 0$ (b) $q \neq 0, \Delta T = 0, W = 0$
(c) $q = 0, \Delta T = 0, W = 0$ (d) $q = 0, \Delta T = 0, W \neq 0$

11. यदि 70.0 ग्राम जल को इसके क्वथनांक पर पूर्णतया वाष्पित किया जाये तो कितनी ऊष्मा जूल में अवशोषित होगी?
(a) 23352 जूल (b) 7000 जूल
(c) 15813 जूल (d) 158200 जूल

12. इस क्रिया में अभिक्रिया की एन्थैल्पी है
$2H_2(g) + O_2(g) \longrightarrow 2H_2O(l), \Delta_r H° = -572$ किलोजूल/मोल$^{-1}$
$H_2O(l)$ के बनने के लिये मानक संभवन एन्थैल्पी की गणना करो?
(a) – 572 किलोजूल मोल$^{-1}$ (b) + 57 किलोजूल मोल$^{-1}$
(c) + 286 किलोजूल मोल$^{-1}$ (d) – 286 किलोजूल मोल$^{-1}$

13. निम्न समीकरणों में से कौन-सी मैथेन के बनने की मानक एन्थैल्पी प्रदर्शित करती है? (मेथेन के लिए $\Delta H_f^°$)
(a) C(हीरा) + $2H_2 \longrightarrow CH_4(g)$
(b) C(ग्रेफाइट) + $2H_2(g) \longrightarrow CH_4(l)$
(c) C(ग्रेफाइट) + $2H_2(g) \longrightarrow CH_4(g)$
(d) C(ग्रेफाइट) + $4H \longrightarrow CH_4(g)$

14. मेथेन के दहन की $\Delta U° -X$ किलोजूल मोल$^{-1}$ है। $\Delta H°$ का मान होगा
(a) $\Delta H° = \Delta U°$ (b) $\Delta H° > \Delta U°$ (c) $\Delta H° < \Delta U°$ (d) $\Delta H° = 0$

15. दिया है $A \rightarrow B; \Delta H = +24$ किलोजूल/मोल
$B \rightarrow C; \Delta H = -18$ किलोजूल/मोल
इनमें एन्थैल्पी का घटता क्रम होगा
(a) A, B, C (b) B, C, A (c) C, B, A (d) C, A, B

16. 1 ग्राम ग्रेफाइट के दहन पर 20.7 किलोजूल ऊष्मा प्राप्त होती है। आणविक एन्थैल्पी परिवर्तन होगा
(a) – 2.48 किलोजूल मोल$^{-1}$ (b) – 248 किलोजूल मोल$^{-1}$
(c) – 2.48 जूल मोल$^{-1}$ (d) – 248 जूल मोल$^{-1}$

17. 1 मोल एकपरमाणुक आदर्श गैस का प्रसार तथा संपीड़न निम्न ग्राफ के अनुसार होता है। ΔH का मान सम्पूर्ण प्रक्रम के लिये होगा

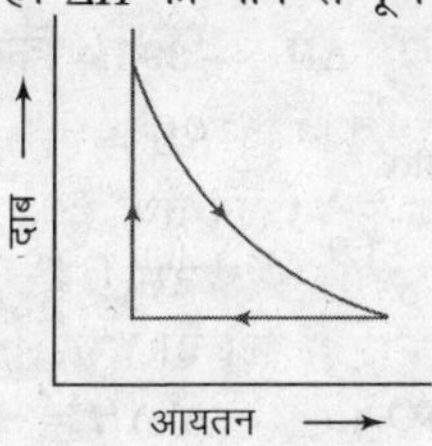

(a) – 3.15 (b) – 2.30
(c) + 2.30 (d) 0

18. मानक अवस्था में तत्वों की एन्थैल्पी मान ली जाती है
(a) शून्य, 298 केल्विन पर (b) इकाई, 298 केल्विन पर
(c) शून्य, सभी तापक्रमों पर (d) शून्य, 273 केल्विन पर

19. अभिक्रिया $N_2 + 3H_2 \rightleftharpoons 2NH_3$ के लिए ΔH का मान होगा
(a) $\Delta E - 2RT$ (b) $\Delta E - RT$
(c) $\Delta E + RT$ (d) $\Delta E + 2RT$

20. 1 मोल बेन्जीन के दहन पर Δn_g का मान बताओ जब क्रियाकारक व क्रियाफल दोनों 298 केल्विन ताप पर लिये गये हों?
(a) शुन्य (b) 1.0
(c) 0.5 (d) 1.5

21. जब ΔH_f° का मान O_3, CO_2, NH_3 तथा HI के लिये क्रमशः 142.2, −393.3, −46.2 व + 25.9 हो, तो उनके स्थायित्व का बढ़ता क्रम होगा
(a) O_3, CO_2, NH_3, HI (b) CO_2, NH_3, HI, O_3
(c) O_3, HI, NH_3, CO_2 (d) NH_3, HI, CO_2, O_3

22. दो मोल आदर्श गैस का प्रसार समतापीय तथा उत्क्रमणीय अवस्था में 1 ली से 10 ली तक 300 केल्विन पर किया जाता है। इस प्रक्रम में ऐथैल्पी परिवर्तन (किलोजूल) होता है
(a) 11.4 (b) – 11.4 (c) 0 (d) 4.8

23. 400 वाट विद्युत स्रोत से जुड़े एक हीटर से 50 मिली जल 5 मिनट में वाष्पित हो जाता है। जल की वाष्पन की एन्थैल्पी है
(a) 40.3 किलोजूल प्रति मोल (b) 43.2 किलोजूल प्रति मोल
(c) 16.7 किलोजूल प्रति मोल (d) 180.4 किलोजूल प्रति मोल

24. हेस के नियम का उपयोग ऊष्मा का मान ज्ञात करने के लिये किया जाता है।
(a) अभिक्रिया (b) उत्पादन (संभवन)
(c) संक्रमण (d) ये सभी

25. कार्बन से कार्बन डाइऑक्साइड के दहन की एन्थैल्पी – 393.5 किलोजूल प्रतिअणु है। प्राप्त ऊष्मा की गणना करो जब कार्बन व डाइऑक्सीजन से 35.2 ग्राम CO_2 प्राप्त की जाती है (CO_2 का अणुभार = 44 ग्राम प्रति अणु)
(a) 13.85 किलोजूल (b) 138.5 किलोजूल
(c) 31.48 जूल (d) 314.8 किलोजूल

26. यदि 0.5 मोल HNO_3 का तनु विलयन 0.3 मोल OH^- मे मिलाया जाता है, तो उत्पन्न ऊष्मा होगी (उदासीनीकरण की एन्थैल्पी = – 57.1 किलोजूल)
(a) 28.5 किलोजूल (b) 17.1 किलोजूल
(c) 45.7 किलोजूल (d) 1.7 किलोजूल

27. $C_{\text{हीरा}} + O_2 \longrightarrow CO_2;\ \Delta H = -395.3$ किलोजूल/मोल
$C_{\text{ग्रेफाइट}} + O_2 \longrightarrow CO_2;\ \Delta H = -393.4$ किलोजूल/मोल
$C_{\text{ग्रेफाइट}} \longrightarrow C_{\text{हीरा}};\quad \Delta H = ?$
(a) – 3.8 (b) – 1.9 (c) + 3.8 (d) + 1.9

28. दिया है,
(I) $S + O_2 \longrightarrow SO_2;\quad \Delta H = -298.2$ किलोजूल
(II) $SO_2 + \frac{1}{2}O_2 \longrightarrow SO_3;\quad \Delta H = -98.7$ किलोजूल
(III) $SO_3 + H_2O \longrightarrow H_2SO_4;\quad \Delta H = -130.2$ किलोजूल
(IV) $H_2 + \frac{1}{2}O_2 \longrightarrow H_2O;\quad \Delta H = -287.3$ किलोजूल

H_2SO_4 की संभवन एन्थैल्पी का मान होगा
(a) – 715.4 किलोजूल (b) – 814.4 किलोजूल
(c) – 554 किलोजूल (d) – 455.3 किलोजूल

29. किसी पदार्थ की ऊर्ध्वपातन ऊष्मा बराबर होती है
(a) संगलन की एन्थैल्पी + वाष्पीकरण की एन्थैल्पी
(b) संगलन की एन्थैल्पी
(c) वाष्पीकरण की एन्थैल्पी
(d) वाष्पीकरण की एन्थैल्पी की दोगुनी मात्रा

30. किसी रासायनिक क्रिया के लिए कुल एन्थैल्पी परिवर्तन = क्रियाकारकों के सभी बन्धों को तोड़ने में व्यय उर्जा–क्रियाफलों के निर्माण में व्यय ऊर्जा। इस क्रिया के लिये एन्थैल्पी परिवर्तन का मान ज्ञात करो।
$H_2(g) + Br_2(g) \longrightarrow 2HBr(g)$
H_2, Br_2 तथा HBr की बन्ध ऊर्जाएँ क्रमशः 435 किलोजूल प्रति अणु, 192 किलोजूल प्रति अणु तथा 368 किलोजूल प्रति अणु है।
(a) + 109 किलोजूल प्रति अणु (b) – 109 किलोजूल प्रति अणु
(c) + 493 किलोजूल प्रति अणु (d) – 493 किलोजूल प्रति अणु

31. कार्बन टेट्राक्लोराइड (CCl_4) की वाष्पन की एन्थैल्पी 30.5 किलोजूल प्रति मोल है। निश्चित दाब पर 284 ग्राम CCl_4 को वाष्प में बदलने के लिये कितनी ऊष्मा की आवश्यकता होगी? [CCl_4 का अणुभार = 154 ग्राम प्रति मोल]
(a) 56.2 किलोजूल (b) 52.5 किलोजूल
(c) 18.4 किलोजूल (d) 30.5 किलोजूल

32. कैलोरीमीटर में, कैलोरीमीटर का ताप 6.12 केल्विन बढ़ जाता है। तन्त्र की ऊष्माधारिता 1.23 किलोजूल प्रति ग्राम प्रति डिग्री है। NH_4NO_3 की अपघटन की ऊष्मा प्रति अणु क्या होगी?
(a) – 7.53 किलोजूल प्रति मोल (b) – 398.1 किलोजूल प्रति मोल
(c) – 16.1 किलोजूल प्रति मोल (d) + 602 किलोजूल प्रति मोल

33. निम्न उदासीनीकरण की क्रिया में परम एन्थैल्पी होती है
$MgO(s) + 2HCl(aq) \longrightarrow MgCl_2(aq) + H_2O(l)$
(a) – 57.33 किलोजूल प्रति मोल से ज्यादा
(b) 57.33 किलोजूल प्रति मोल
(c) – 57.33 किलोजूल प्रति मोल से कम
(d) – 57.33 किलोजूल प्रति मोल

34. उत्पादन की ऊष्मा CO व CO_2 के लिये क्रमशः – 26.4 किलोकैलोरी तथा – 94 किलोकैलोरी है। कार्बन मोनॉक्साइड की दहन की ऊष्मा होगी
(a) −67.6 किलोकैलोरी (b) 365 किलोकैलोरी
(c) −36.5 किलोकैलोरी (d) −46.5 किलोकैलोरी

35. NaOH(s) की जल विलयन एन्थैल्पी – 41.6 किलोजूल प्रति मोल है। जब NaOH को जल में घोला जाता है, तो जल का ताप
(a) बढ़ता है
(b) कम होता है
(c) कोई प्रभाव नहीं होता
(d) अनिश्चितता पूर्वक दोलन करता है

36. $BaCl_2(s)$ एवं $BaCl_2 \cdot 2H_2O(s)$ की विलेयता एन्थैल्पी क्रमशः – 20.6 किलोजूल प्रतिमोल तथा 8.8 वि लोजूल प्रांतमोल है। अतः निम्न अभिक्रिया के लिये जलयोजन की एन्थैल्पी होगी
$$BaCl_2(s) + 2H_2O(l) \longrightarrow BaCl_2 \cdot 2H_2O(s)$$
(a) 29.4 किलोजूल (b) – 29.4 किलोजूल
(c) – 11.8 किलोजूल (d) 38.2 किलोजूल

37. दिया है; $C(g) + 4H(g) \longrightarrow CH_4(g); \Delta H = -166$ किलोजूल. C—H बन्ध ऊर्जा होगी?
(a) – 416 किलोजूल प्रति मोल (b) – 41.6 किलोजूल प्रति मोल
(c) 832 किलोजूल प्रति मोल (d) इनमें से कोई भी नहीं

38. यदि मेथेन व एथेन की एन्थैल्पी क्रमशः 320 व 360 कैलोरी हो, तो C—C बन्ध की बन्ध ऊर्जा होगी
(a) 80 कैलोरी (b) 40 कैलोरी
(c) 60 कैलोरी (d) 120 कैलोरी

39. PH_3 की परमाणवीकरण एन्थैल्पी 228 किलोकैलोरी प्रति अणु है तथा P_2H_4 के लिए यह 335 किलोकैलोरी प्रति अणु है। P—P बन्ध में बन्ध ऊर्जा क्या होगी?
(a) 102 किलोकैलोरी प्रति मोल (b) 31 किलोकैलोरी प्रति मोल
(c) 26 किलोकैलोरी प्रति मोल (d) 204 किलोकैलोरी प्रति मोल

40. निम्न समीकरण में मेथेन की दहन की ऊष्मा दी गई है।
$$CH_4(g) + 2O_2(g) \longrightarrow CO_2(g) + 2H_2O(l);$$
$$\Delta H = -890.3 \text{ किलोजूल}$$
मेथेन की ग्रामों में कितनी मात्रा आवश्यक होगी जो 445.15 किलोजूल दहन की ऊष्मा उत्पन्न करती है?
(a) 4 ग्राम (b) 8 ग्राम
(c) 12 ग्राम (d) 16 ग्राम

41. एथेन, कार्बन डाइऑक्साइड, $H_2O(l)$ की मानक संभवन एन्थैल्पी क्रमशः – 21.1, –94.1 तथा – 68.3 किलोकैलारी है। एथेन की मानक दहन की ऊष्मा होगी
(a) –372 किलोकैलोरी (b) 162 किलोकैलोरी
(c) –240 किलोकैलोरी (d) 183.5 किलोकैलोरी

42. ग्लूकोस का दहन निम्न समीकरण के अनुसार होता है
$C_6H_{12}O_6 + 6O_2 \longrightarrow 6CO_2 + 6H_2O; \Delta H = -72$ किलोकैलारी
1.6 ग्राम ग्लूकोस के उत्पादन के लिये कितनी ऊर्जा की आवश्यकता होगी? [ग्लूकोस का अणुभार = 180]
(a) 0.064 किलोकैलोरी (b) 0.64 किलोकैलोरी
(c) 6.4 किलोकैलोरी (d) 64 किलोकैलोरी

43. एक पदार्थ की वाष्पीकरण की एन्थैल्पी 840 जूल प्रति मोल है। इसका क्वथनांक – 173 केल्विन है। इसकी वाष्पीकरण की एन्ट्रॉपी होगी
(a) 4.8 जूल प्रति मोल प्रति केल्विन
(b) 12 जूल प्रति मोल प्रति केल्विन
(c) 210 जूल प्रति मोल प्रति केल्विन
(d) 49 जूल प्रति मोल प्रति केल्विन

44. इनमें से किसकी एन्ट्रॉपी अधिकतम होगी?
(a) बर्फ (b) द्रव जल (c) कोहरा (d) जल वाष्प

45. निश्चित दाब पर जल की आणविक ऊष्मा धारिता 75 जूलप्रति केल्विन$^{-1}$ मोल$^{-1}$ है जब 100 ग्राम जल को 1.0 किलोजूल ऊष्मा दी जाती है तो जल के तापक्रम में वृद्धि होगी
(a) 2.4 केल्विन (b) 3.6 केल्विन (c) 4.8 केल्विन (d) 1.2 केल्विन

46. अभिक्रिया, $2Cl(g) \longrightarrow Cl_2(g)$ के लिये ΔH तथा ΔS के चिन्ह होंगे क्रमशः
(a) +, + (b) +, – (c) –, – (d) –, +

47. मानक मोलर एन्ट्रॉपी $H_2O(l)$ के लिये 70 जूल केल्विन$^{-1}$ मोल$^{-1}$ होती है, तो मानक मोलर एन्ट्रॉपी $H_2O(s)$ के लिये होगी
(a) 70 जूल प्रति केल्विन प्रति मोल से अधिक
(b) 70 जूल प्रति केल्विन प्रति मोल से कम
(c) 70 जूल प्रति केल्विन प्रति मोल के बराबर
(d) उपरोक्त में कोई भी सही नहीं

48. ऊष्माधारिता (C_p) एक विस्तीर्ण गुण है जबकि विशिष्ट उष्मा (C) एक गहन गुण है। 1 मोल H_2O के लिये C_p व C में सम्बन्ध होगा
(a) + 4.18 जूल प्रति केल्विन (b) – 4.18 जूल प्रति केल्विन
(c) – 75.3 जूल प्रति केल्विन (d) + 75.3 जूल प्रति केल्विन

49. इनमें से किस क्रिया में $\Delta S°$ का मान शून्य से अधिक होगा?
(a) $CaO + CO_2(g) \rightleftharpoons CaCO_3(s)$
(b) $NaCl(aq) \rightleftharpoons NaCl(s)$
(c) $NaNO_3(s) \rightleftharpoons Na^+(aq) + NO_3^-(aq)$
(d) $N_2(g) + 3H_2(g) \rightleftharpoons 2NH_3(g)$

50. एन्ट्रॉपी $H_2(g)$ का मान = 130.6 जूल केल्विन$^{-1}$ मोल$^{-1}$ है।
एन्ट्रॉपी $Cl_2(g)$ का मान = 223.0 जूल केल्विन$^{-1}$ मोल$^{-1}$ है।
एन्ट्रॉपी $HCl(g)$ का मान = 186.7 जूल केल्विन$^{-1}$ मोल$^{-1}$ है।
ये मान 298 केल्विन तथा 1 वायुमण्डल दाब पर लिये गये हैं। तब निम्न क्रिया के लिये एन्ट्रॉपी परिवर्तन का मान होगा
$$H_2(g) + Cl_2(g) \longrightarrow 2HCl(g)$$
(a) + 540.3 (b) + 727.3
(c) – 166.9 (d) + 19.8

51. एक पात्र में हाइड्रोजन व ऑक्सीजन का मिश्रण भार के अनुसार 1:1 में लिया गया है। तब
(a) मिश्रण की आन्तरिक ऊर्जा कम हो जाती है
(b) मिश्रण की आन्तरिक ऊर्जा अधिक हो जाती है
(c) मिश्रण की एन्ट्रॉपी बढ़ जाती है
(d) मिश्रण की एन्ट्रॉपी घट जाती है

52. एकपरमाणुक व द्विपरमाणुक गैसों के समान आयतन को समान ताप व दाब पर मिश्रित किया जाता है। इनके लिये (C_p/C_V) का मान होगा
(a) 1 (b) 2
(c) 1.67 (d) 1.2

53. यदि एक गैस 30°C व 27°C पर क्रमशः 2 वायुमण्डल व 5 वायुमण्डल दाब प्रदर्शित करती है, तो यह
(a) प्रसार करने पर ठण्डी हो जाती है
(b) प्रसार करने पर गर्म हो जाती है
(c) प्रसार पर कोई प्रभाव नहीं पड़ता है
(d) उपरोक्त में से कोई भी नहीं

54. उत्क्रमणीय क्रिया की साम्यावस्था में मुक्त ऊर्जा परिवर्तन होता है
(a) बड़ा, धनात्मक (b) छोटा, ऋणात्मक
(c) छोटा, धनात्मक (d) शून्य

55. निम्नलिखित किन दशाओं में रासायनिक क्रिया नहीं होती है?
(a) ΔH व ΔS का मान बढ़ता है; $T\Delta S > \Delta H$
(b) ΔH व ΔS का मान घटता है: $\Delta H > T\Delta S$
(c) ΔH का बढ़ना तथा ΔS कम होना
(d) ΔH का घटना तथा ΔS का बढ़ना

56. यदि रासायनिक साम्य स्थिरांक का मान 10 है, तो ΔG° का मान क्या होगा? $R = 8.314$ जूल केल्विन $^{-1}$ मोल$^{-1}$, $T = 300$ केल्विन

(a) – 574.414 जूल मोल $^{-1}$ (b) – 5744.14 जूल मोल $^{-1}$

(c) – 57.4414 जूल मोल $^{-1}$ (d) 57441.4 जूल मोल $^{-1}$-

57. निम्न क्रिया के लिये मुक्त ऊर्जा परिवर्तन ज्ञात करो-

$$2CuO(s) \longrightarrow Cu_2O(s) + \frac{1}{2} O_2(g)$$

दिया है, $\Delta H = 145.6$ किलोजूल प्रति मोल

$\Delta S = 116$ जूल प्रति मोल प्रति केल्विन

(a) 113.9 किलोजूल प्रति मोल (b) 221.5 किलोजूल प्रति मोल

(c) 55.4 किलोजूल प्रति मोल (d) 145.6 किलोजूल प्रति मोल

58. किसी क्रिया के लिये 25°C ताप पर एन्थैल्पी तथा एन्ट्रॉपी परिवर्तन क्रमश: -11.7×10^3 जूल मोल$^{-1}$ तथा -105 जूल केल्विन$^{-1}$मोल$^{-1}$ हैं। गिब्स मुक्त ऊर्जा का मान होगा

(a) 15.05 किलोजूल (b) 19.59 किलोजूल

(c) 2.55 किलोजूल (d) 22.55 किलोजूल

उत्तरमाला

1.	(d)	2.	(a)	3.	(c)	4.	(c)	5.	(c)	6.	(c)	7.	(a)	8.	(c)	9.	(a)	10.	(c)
11.	(d)	12.	(d)	13.	(c)	14.	(c)	15.	(b)	16.	(b)	17.	(d)	18.	(a)	19.	(a)	20.	(c)
21.	(c)	22.	(c)	23.	(b)	24.	(d)	25.	(d)	26.	(b)	27.	(d)	28.	(b)	29.	(a)	30.	(b)
31.	(a)	32.	(d)	33.	(c)	34.	(a)	35.	(a)	36.	(c)	37.	(b)	38.	(b)	39.	(b)	40.	(b)
41.	(a)	42.	(b)	43.	(a)	44.	(d)	45.	(a)	46.	(c)	47.	(b)	48.	(d)	49.	(c)	50.	(d)
51.	(c)	52.	(c)	53.	(b)	54.	(d)	55.	(c)	56.	(b)	57.	(a)	58.	(b)				

उत्तर व्याख्या सहित

2. (a) ऐसी अवस्था में कम्प्रेशर काफी समय तक चलता रहता है जो वातावरण को अधिक ऊष्मा देता है तथा कमरा गर्म हो जाता है।

3. (c) हम जानते हैं कि $\Delta E = q + W$

यदि ऊष्मा वातावरण से ली गई है, तो $q = 0$

अत: $\Delta E = W$

अर्थात् कार्य आन्तरिक ऊर्जा के सापेक्ष किया गया है तथा $q = 0$ होता है (रूद्धोष्म प्रक्रम के लिये)।

4. (c) ऊष्मागतिकी के अर्न्तगत ऊर्जा परिवर्तन, सुसंगतता, क्रिया के विस्तार आदि का अध्ययन करते हैं परन्तु गति तथा क्रियाविधि का अध्ययन नहीं करते हैं।

6. (c) हम जानते हैं कि आन्तरिक ऊर्जा ताप व दाब पर निर्भर करती है। अत: यदि गैस का प्रसार निश्चित ताप व दाब पर किया जाता है तब इसकी आन्तरिक ऊर्जा में कोई प्रभाव नही होता है।

7. (a) $W = 2.303\, nRT \log \frac{p_2}{p_1}$

$$= 2.303 \times 1 \times 2 \times 300 \log \frac{10}{2} = 965.84$$

निश्चित ताप पर, $\Delta E = 0$ $\Delta E = q + W;$

$$q = -W = -965.84 \text{ कैलोरी}$$

8. (c) दिया गया है; $q = +701$ जूल

(ऊष्मा का शोषण, अत: q धनात्मक होगी)

$W = -394$ जूल (तन्त्र द्वारा किया गया कार्य, अत: W ऋणात्मक)

ऊष्मागतिकी के प्रथम नियम से

आन्तरिक ऊर्जा में परिवर्तन, $\Delta E = q + W$

$= +701$ जूल + (-394 जूल) = $+307$ जूल

9. (a) एक विलगित तन्त्र के लिये, कोई ऊर्जा परिवर्तन नहीं; ऊष्मा एवं कार्य में अत: ऊष्मागतिकी के प्रथम नियम से

$$\Delta U = q + W$$

$$\Delta U = 0 + 0 = 0$$

10. (c) मुक्त प्रसार में, $W = 0$

रूद्धोष्म प्रक्रम में, $q = 0$

$$\Delta U = q + W = 0$$

इसका अर्थ है आन्तरिक ऊर्जा स्थिर रहेगी

अत: $\Delta T = 0$

आदर्श गैस में अन्तराण्विक आकर्षण नहीं होता

अत: इस प्रकार की गैस का रूद्धोष्म परिवर्तन होता है तो निर्वात् में; कोई ऊष्मा अवशोषित या मुक्त नहीं होती है क्योंकि अणुओं को अलग-अलग करने के लिये कोई कार्य नहीं करना पड़ता है।

11. (d) जैसा कि प्रक्रम में अवस्था परिवर्तन होता है तथा ऊष्मा का शोषण होता है अत:

Q = संहति × वाष्पन की गुप्त ऊष्मा

दिया है, संहति = 70.0 ग्राम = 0.07 किलोग्राम

$L_v = 2260$ किलोजूल प्रति किलोग्राम

$Q = 0.07 \times 2260$ किलोजूल

$= 158.2$ किलोजूल $= 158200$ जूल

12. (d) उत्पादन की मानक एन्थैल्पी की परिभाषा के अनुसार, $H_2O(l)$ की उत्पादन की मानक एन्थैल्पी निम्न रसायनिक समीकरण के द्वारा ज्ञात करते हैं

$$H_2(g) + \frac{1}{2} O_2(g) \longrightarrow H_2O(l)$$

या $H_2O(l)$ की मानक उत्पादन की एन्थैल्पी $\frac{1}{2} \Delta_r H^\ominus$ होगी

अत: $\Delta_f H^\ominus_{H_2O}(l) = \frac{1}{2} \times \Delta_r H^\ominus = \frac{-572 \text{ किलोजूल/मोल}^{-1}}{2}$

$= -286$ किलोजूल प्रति मोल

13. (*c*) मानक उत्पादन की ऊष्मा मेथेन गैस के लिये निम्न समीकरण के अनुसार होगी।

$$C(\text{ग्रेफाइट}) + 2H_2(g) \longrightarrow CH_4(g)$$

क्योंकि तत्व अपनी मानक अवस्था में लिये गये हैं।

14. (*c*) $CH_4(g) + 2O_2(g) \longrightarrow CO_2(g) + 2H_2O(l)$

$$\Delta n_g = (n_p - n_r) = 1 - 3 = -2$$

$$\Delta H^\circ = \Delta U^\circ + \Delta n_g RT, \quad \Delta H^\circ = -X - 2RT$$

अतः $\Delta H^\circ < \Delta U^\circ$

15. (*b*) $A \longrightarrow B, \Delta H = +24$ किलोजूल/मोल

$\Rightarrow \quad H_B - H_A = +24$ ...(i)

$B \to C, \Delta H = -18$ किलोजूल/मोल

$\Rightarrow \quad H_C - H_B = -18$ ...(ii)

या $\quad H_B - H_C = +18$

समीकरण (i) तथा (ii) से

$$H_C - H_A = 6 \quad \therefore \quad H_B > H_C > H_A$$

16. (*b*) ग्रेफाइट की आणविक एन्थैल्पी परिवर्तन, $\Delta H =$ 1ग्राम ग्रेफाइट की दहन एन्थैल्पी × ग्रेफाइट का अणुभार

$\Delta H = -20 \times 7$ किलोजूल / ग्राम $\times 12$ ग्राम मोल$^{-1}$

$= 2.48 \times 10^2$ किलोजूल मोल$^{-1}$

ऋणात्मक चिन्ह ऊष्माक्षेपी क्रिया को प्रदर्शित करता है।

17. (*d*) अन्तिम एन्थैल्पी परिवर्तन, ΔH का मान चक्रीय प्रक्रम के लिये सदैव शून्य होता है क्योंकि एन्थैल्पी परिवर्तन अवस्था फलन होती है।

19. (*a*) $\Delta H = \Delta E + \Delta n_g RT$

क्योंकि $\quad \Delta n_g = 2 - 4 = -2$

अतः $\quad \Delta H = \Delta E - 2RT$

20. (*c*) $C_6H_6(g) + \frac{15}{2} O_2(g) \longrightarrow 6CO_2(g) + 3H_2O(g)$

$$\Delta n = 6 + 3 - 1 - \frac{15}{2} = +0.5$$

21. (*c*) अवशोषित ऊर्जा $\propto \dfrac{1}{\text{यौगिक का स्थायित्व}}$

मुक्त ऊर्जा $\propto$ यौगिक का स्थायित्व

अतः स्थायित्व का क्रम है $142.2 > 25.9 > -46.2 > -393.2$

अर्थात् $\quad O_3 > HI > NH_3 > CO_2$

22. (*c*) $\Delta H = nC_p \, \Delta T$

प्रक्रम ऊष्मा समतापी है अतः $\Delta G = 0, \Delta H = 0$

23. (*b*) किया कार्य (1 सेकण्ड में) = 400 जूल

अतः 5 मिनट (300 सेकण्ड में) जूल में किया गया कार्य

$= 400 \times 300 = 120000$ जूल $= 120$ किलोजूल

$$\Delta H^\circ_{\text{वाष्पन}} = \frac{120 \text{ किलोजूल}}{50/18} = 43.2 \text{ किलोजूल प्रति मोल}$$

25. (*d*) कार्बन के दहन की क्रिया निम्न प्रकार है

$$\underset{12 \text{ ग्राम}}{C(s)} + \underset{32 \text{ ग्राम}}{O_2(g)} \longrightarrow \underset{44 \text{ ग्राम}}{CO_2(g)}; \Delta H = -393.5 \text{ किलोजूल मोल}^{-1}$$

अतः 44 ग्राम CO_2 में उत्पादन की ऊष्मा = 393.5 किलोजूल मोल$^{-1}$

अतः 35.2 ग्राम CO_2 में उत्पादन की ऊष्मा

$$= \frac{393.5 \text{ किलोजूल} \times 35.2 \text{ ग्राम}}{44 \text{ ग्राम}} = 314.8 \text{ किलोजूल}$$

26. (*b*) 0.5 मोल $HNO_3 \equiv 0.5$ मोल H^+ तथा 0.3 मोल OH^-

$$0.5 H^+(aq) + 0.3OH^-(aq) \longrightarrow 0.5 H_2O(l)$$

$$\Delta H = 0.3 \times 57.1 = 17.13 \text{ किलोजूल}$$

27. (*d*) समी (ii) – (i) से C(ग्रेफाइट) $\longrightarrow$ C (हीरा)

$$\Delta H = -393.4 - (-395.3) = +1.9$$

28. (*b*) समीकरण के लिये,

$$H_2 + S + 2O_2 \longrightarrow H_2SO_4$$

समी (I) + (II) + (III) + (IV)

$$\Delta H = -287.3 + (-298.2) + (-98.7) + (-130.2)$$

$= -814.4$ किलोजूल

30. (*b*) $\Delta_r H^\circ = H_2$ की बन्ध ऊर्जा $+ Br_2$ की बन्ध ऊर्जा $- 2 \times$ बन्ध ऊर्जा HBr

$= 435 + 192 - (2 \times 368)$ किलोजूल मोल$^{-1}$

$\Rightarrow \Delta_r H^\ominus = -109$ किलोजूल मोल$^{-1}$

31. (*a*) $q_p = \Delta H = -30.5$ किलोजूल मोल$^{-1}$

284 ग्राम CCl_4 के आवश्यक ऊष्मा

$$= \frac{284 \text{ ग्राम}}{154 \text{ ग्राम मोल}^{-1}} \times 30.5 \text{ किलोजूल मोल}^{-1} = 56.2 \text{ किलोजूल}$$

32. (*d*) NH_4NO_3 का अणुभार = 80

$\therefore$ अपघटन की ऊष्मा (मोलर),

$$H = ms\Delta t = 80 \times 1.23 \times 6.12$$

= 602 किलोजूल प्रति मोल

33. (*c*) उदासीनीकरण की ऊष्मा कम होगी – 57.33 किलोजूल प्रति मोल से क्योंकि इसमें ऊष्मा की कुछ मात्रा MgO को तोड़ने में खर्च होगी। (चूँकि MgO एक दुर्बल क्षार है)

34. (*a*) $C(s) + \frac{1}{2} O_2(g) \longrightarrow CO_2(g); \quad \Delta H_1 = -26.4$

$C(s) + O_2(g) \longrightarrow CO(g);$

$\Delta H_2 = -96.0$

इस क्रिया में $CO + \frac{1}{2} O_2 \longrightarrow CO_2; \quad \Delta H_r = ?$

$\Delta H = -94 - (-26.4) = -67.6$ किलोकैलोरी

35. (*a*) चूँकि प्रक्रम ऊष्माक्षेपी है, ऊष्मा उत्पन्न होती है अतः पानी का ताप बढ़ता है।

37. (*b*) बन्ध ऊर्जा C—H बन्ध की $= \frac{-166}{4} = -41.5$ किलोजूल प्रति मोल

39. (*b*) **पद I** P—H बन्ध की बन्ध ऊर्जा ज्ञात करने के लिये, चूँकि यह $PH_3(g)$ की वियोजन की ऊष्मा का $\frac{1}{3}$ गुना होता है अतः

$$= \frac{228}{3} = 76 \text{ किलोकैलोरी प्रति मोल}$$

पद II P_2H_4 की संरचना होगी

H₂P—PH₂ (H और H एक P से तथा H और H दूसरे P से जुड़े)

अतः इसमें P—H बन्ध है तथा एक P—P बन्ध है अतः कुल ऊर्जा $4 \times P-H + P-P$ बन्ध = वियोजन की ऊष्मा P_2H_4 की P—P बन्ध ऊर्जा = 335 − 4(76) = 335 − 304

= 31 किलोकैलोरी प्रति मोल

40. (*b*) CH_4 की आवश्यक मात्रा $= \frac{445.15 \times 16}{890.3} = 8$ ग्राम

41. (*a*) दिया है, $2C + 3H_2 \longrightarrow C_2H_6; \quad \Delta H = -21.1$

$$C + O_2 \longrightarrow CO_2; \quad \Delta H = -94.1$$

$$H_2 + \frac{1}{2}O_2 \longrightarrow H_2O; \quad \Delta H = -68.3$$

समी. 2 (ii) + 3 (iii) – (i)

$$C_2H_6 + \frac{3}{2}O_2 \longrightarrow 2CO_2 + 3H_2O$$

$$\Delta x = 2(-94.1) + 3(-68.3) - (-21.1)$$

$= -372$ किलोकैलोरी

42. (*b*) ΔH प्रति 1.6 ग्राम $= \frac{72 \times 1.6}{180} = 0.64$ किलोकैलारी

43. (*a*) वाष्पन की एन्ट्रॉपी $= \frac{\Delta H_{\text{वाष्पन}}}{\text{क्वथनांक}} = \frac{840}{173} = 4.85$

45. (*a*) प्रति ग्राम जल की ऊष्माधारिता $= \frac{75}{18} = 4.17$ जूल

$$Q = mst = 100 \times 4.17 \times t = 1000$$

$t = \frac{1000}{100 \times 4.17} = 2.4$ केल्विन

46. (*c*) दी गई क्रिया में जब Cl_2 अणु दो गैसीय Cl परमाणुओं से बनता है तो बन्ध बनने में मुक्त ऊर्जा प्राप्त होती है। अतः ΔH = ऋणात्मक

इसमें एन्ट्रॉपी में कमी आती है क्योंकि क्लोरीन 2 परमाणु के ज्यादा अव्यवस्थित होते हैं क्लोरीन के एक अणु से । अतः ΔS = ऋणात्मक होगा।

47. (*b*) $H_2O(l)$ के सापेक्ष बर्फ की एन्ट्रॉपी कम होगी क्योंकि बर्फ में जल की अपेक्षा कम अव्यवस्था है।

48. (*d*) जल के लिये आण्विक उष्माधारिता $C_p = 18 \times$ विशिष्ट ऊष्मा

कार्बन की विशिष्ट ऊष्मा C = 4.18 जूल ग्राम$^{-1}$ केल्विन$^{-1}$

ऊष्माधारिता, $C_p = 18 \times 4.18$ जूल केल्विन$^{-1}$ = 75.3 जूल केल्विन$^{-1}$

50. (*d*) $\Delta S° = 2S°_{HCl} - (S°_{H_2} + S°_{Cl_2})$

$= 2 \times 186.7 - (130.6 + 223.0)$

= 19.8 जूल केल्विन$^{-1}$ मोल$^{-1}$

51. (*c*) गैसीय अवस्था में एन्ट्रॉपी बढ़ जाती है।

52. (*c*) एकपरमाणुक गैस के लिए, $\gamma_1 = \frac{C_p}{C_v} = 1.67$

द्विपरमाणुक गैस के लिए, $\gamma_2 = \frac{C_p}{C_v} = 1.40$

$$\therefore \quad \gamma_1 : \gamma_2 = \frac{1.67}{1.40} = 1.19 : 1$$

53. (*b*) जूल-थॉमसन नियंताक, $\mu = \frac{dT}{dp} = \frac{27-30}{5-2} = -1$

समी μ के ऋणात्मक मान के लिये गैसें गर्म करने पर प्रसारित होती हैं

55. (*c*) यदि ΔH = धनात्मक

एवं ΔS = ऋणात्मक तब अभिक्रिया अस्वतः स्फुर्त होती है।

56. (*b*) $\Delta G° = -2.303RT \log K_c$

दिया है, $R = 8.314$ जूल केल्विन$^{-1}$ मोल$^{-1}$, $T = 300$ केल्विन; $K_c = 10$

$\Delta G° = -2.303 \times 8.314$ जूल केल्विन$^{-1}$ मोल$^{-1}$

$\times 300 \times$ केल्विन $\times \log 10$

$(\log 10 = 1)$

$= -5744.14$ जूल केल्विन$^{-1}$ मोल$^{-1}$

57. (*a*) सूत्र $\Delta G = \Delta H - T\Delta S$

$\Delta G = 145.6 - 273 \times 0.116 = 113.93$ किलोजूल प्रति मोल

58. (*b*) $\Delta G = \Delta H - T\Delta S$, $T = 25 + 273 = 298$ केल्विन

$= -11.7 \times 10^3 - 298 \times (-105)$

= 19590 जूल = 19.59 किलोजूल

अध्याय 12

तत्वों का वर्गीकरण तथा गुणों में आवर्तिता

Classification of Elements and Periodicity in Properties

वर्गीकरण का महत्त्व Significance of Classification

ज्ञात तत्वों की बढ़ती हुई संख्या के साथ यह आवश्यक हुआ कि तत्वों का वर्गीकरण किया जाय जिससे कि तत्वों के गुणों का क्रमबद्ध ज्ञान व्यवस्थित हो सके। यह प्रयत्न किया गया कि सभी ज्ञात तत्वों को इस प्रकार समूहों में वर्गीकृत किया जाए कि किसी एक समूह में सम्मिलित सभी तत्वों के गुण समान प्रकार के हों। इस प्रकार किसी एक समूह के किसी भी तत्व के गुणों के अध्ययन से उस समूह के अन्य सभी तत्वों के अधिकांश गुणों का ज्ञान हो सकता है। प्राउट, डोबेराइनर, ड्यूमा, न्यूलैण्ड, लोथर मेयर, मेण्डलीफ आदि वैज्ञानिकों ने इस दिशा में अनेकों प्रयास किए।

(i) **प्राउट परिकल्पना** (Prout's Hypothesis) यह परिकल्पना सन् 1815 में दी गई इसके अनुसार सभी तत्व हाइड्रोजन परमाणुओं से मिलकर बने हैं। परन्तु व्यवाहरिक रूप से यह कथन ठीक नहीं था।

(ii) **डोबेराइनर का त्रिक** (Dobereiner's Triads) डोबेराइनर वैज्ञानिक ने (1815-1829) में कुछ तत्वों के तीन-तीन के जोड़े बनाये। त्रिक में उपस्थित तत्व समान गुणधर्म रखते थे तथा बीच वाले तत्व का परमाणु भार सिरे पर उपस्थित तत्वों के परमाणु भार का गणितिय मध्यमान (औसत)था।

तत्व	Li	Na	K
परमाणु भार	7	23	39

औसत परमाणु भार $= \frac{7+39}{2} = \frac{46}{2} = 23$

परन्तु कुछ त्रिक इस प्रकार के भी थे जिनमें इस नियम का पालन नहीं होता है जैसे—Fe-Co-Ni, Os-Ir-Pt आदि। अत: नियम को सही नहीं मान कर इसे अस्वीकार कर दिया गया।

(iii) **न्यूलैण्ड का अष्टक नियम** (Newland's Law of Octaves) सन् 1864 ई में न्यूलैण्ड वैज्ञानिक ने आठ तत्वों के जोड़े बनाये तथा यह बताया कि जिस प्रकार संगीत में हर आठवाँ स्वर प्रथम स्वर की ही आवृर्तित रखता है उसी प्रकार तत्वों को परमाणु भार की वृद्धि क्रम से रखने पर आठवाँ तत्व भी प्रथम समूह के तत्व के समान ही गुणधर्म प्रदर्शित करेगा

सा	रे	गा	मा	पा	धा	नी
H	Li	Be	B	C	N	O
F	Na	Mg	Al	Si	P	S
Cl	K					

(iv) **न्यूलैण्ड का अष्टक नियम** (Lothar Meyer's Atomic Volume Curve) लोथर मेयर ने 1869 में परमाणु व तत्वों के गुणों में सम्बन्ध स्थापित किया इसके अनुसार "तत्वों के भौतिक व रसायनिक गुण उनके परमाणु आयतन के अनुसार बदलते हैं।"

परमाणु आयतन ज्ञात करने के लिये निम्न सूत्र दिया

$$\text{परमाणु आयतन} = \frac{\text{परमाणु भार}}{\text{घनत्व}}$$

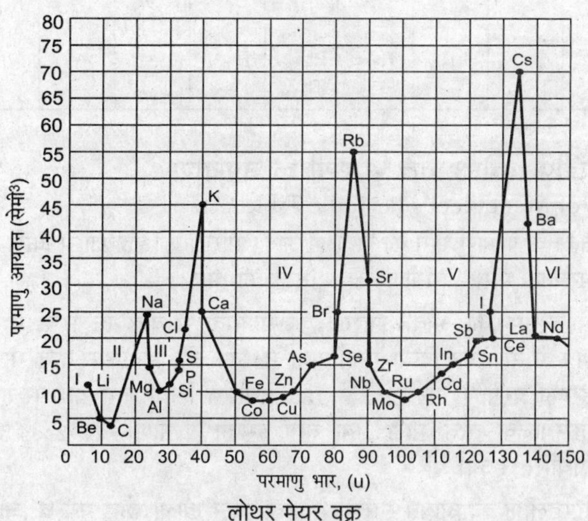

लोथर मेयर वक्र

मेण्डलीफ का आवर्त नियम Mendeleef's Periodic Law

मेण्डलीफ ने तत्वों के भौतिक व रासायनिक गुणों का सम्बन्ध परमाणु भार से स्थापित किया तथा एक आवर्त नियम दिया। जिसके अनुसार "तत्वों के भौतिक व रासायनिक गुण उनके परमाणु भारों के आवर्ती फलन होते हैं।" दूसरे शब्दों में यदि तत्वों को उनके परमाणु भारों के बढ़ते क्रम से रखा जाये तो निश्चित अन्तराल पर समान गुणधर्म वाले तत्व उपस्थित होते हैं।वास्तव में मेण्डलीफ ने न्यूलैण्ड के अष्टक नियम का विस्तार ही किया तथा तत्वों का वर्गीकृत करने का आधार प्रस्तुत किया जिससे तत्व एक सारिणी के रूप में रखे गये "जिसे तत्वों की आवर्त सारणी" कहते हैं। मेण्डलीफ ने तत्वों का **क्षैतिज श्रेणियों** (Horizontal series) तथा **खड़े खानों** (Vertical column) में वर्गीकृत किया।

मेण्डलीफ की मूल सारणी में 8 खड़े खाने (Vertical columns) तथा 12 क्षैतिज पंक्तियाँ (Horizontal rows) थी, जिन्हें क्रमशः समूह (Groups) तथा श्रेणी (Series) अथवा आवर्त (Periods) कहा गया।

मेण्डलीफ की मूल आवर्त सारणी

समूह / श्रेणी	I	II	III	IV	V	VI	VII	VIII
1.	H_1	—	—	—	—	—	—	—
2.	Li_7	$Be_{9.4}$	B_{11}	C_{12}	N_{14}	O_{16}	F_{19}	—
3.	Na_{23}	Mg_{24}	$Al_{27.3}$	Si_{48}	P_{31}	S_{32}	$Cl_{35.5}$	—
4.	K_{39}	Ca_{40}	—	Ti_{48}	V_{51}	Cr_{52}	Mn_{55}	Fe_{56} Co_{59} Ni_{59} Cu_{63}
5.	—	Zn_{65}	—	—	As_{75}	Se_{78}	Br_{80}	—
6.	Rb_{85}	Sr_{87}	—	Zr_{90}	Nb_{94}	Mo_{96}	—	Ru_{104} Rh_{104} Pb_{106} Ag_{108}
7.	—	Cd_{112}	In_{113}	Sn_{118}	Sb_{122}	Te_{125}	I_{127}	—
8.	Cs_{133}	Ba_{137}	—	—	—	—	—	—
9.	—	—	—	—	—	—	—	—
10.	—	—	—	—	Ta_{182}	W_{184}	—	Os_{195} Ir_{197} Pt_{198} Au_{199}
11.	—	Hg_{200}	Tl_{204}	Pb_{207}	Bi_{208}	—	—	–
12.	—	—	—	Th_{231}	—	U_{240}	—	—

मेण्डलीफ की आवर्त सारणी के उपयोग
Uses of Mendeleef's Periodic Table

(i) तत्वों के परमाणु भारों का निर्धारण आवर्त सारणी की सहायता से किया गया। परमाणु भार = संयोजकता × तुल्यांकी भार

(ii) मेण्डलीफ की आवर्त सारणी की सहायता से कुछ तत्वों के परमाणु भार में संशोधन किया गया। यथा Be को तीन संयोजक तत्व मानकर इसका परमाणु भार 3×4.5=135 निर्धारित किया गया था। परन्तु यह द्विसंयोजक तत्व माना गया तथा इसका परमाणु भार $2 \times 4.5 = 9$ निर्धारित हुआ।

(iii) मेण्डलीफ की आवर्त सारणी में कुछ स्थान खाली छोड़े गये थे, जो नये तत्वों की खोज में सहायक सिद्ध हुए।

मेण्डलीफ की आवर्त सारणी में कमियाँ
Defects of Mendeleef's Periodic Table

यद्यपि तत्वों के वर्गीकरण के पूर्व प्रयासों के विपरीत मेण्डलीफ की आवर्त सारणी अधिक सुव्यवस्थित एवं वैज्ञानिक थी। परन्तु इसमें निम्नलिखित कमियाँ पाई गई।

(i) आवर्त सारणी में हाइड्रोजन का स्थान निश्चित नहीं था। इसको गुणों में समानता के आधार पर IA क्षारीय तत्वों के साथ तथा VIII A हैलोजन गैसीय तत्वों के साथ रखा जा सकता है।

(ii) समस्थानिकों के लिये आवर्त सारणी में अलग से कोई स्थान नहीं था। जैसे—हाइड्रोजन तत्व के कई समस्थानिक (${}_1H^1, {}_1H^2, {}_1H^3$) होते हैं।

(iii) लैन्थेनॉइडों व ऐक्टीनॉइडों के लिये सारणी में स्थान नहीं था।

(iv) यद्यपि कुछ तत्वों के गुणों में काफी अन्तर था फिर भी उन्हें एक ही समूह में उपसमूह A व उपसमूह B बना कर रखा गया। यथा IA में क्षारीय तत्व तथा IB में मुद्रा तत्व।

आधुनिक अथवा संशोधित आवर्त सारणी
Modern or Modified Periodic Table

1913 में रदरफोर्ड की टीम में कार्य करते हुए मोजले ने विभिन्न धातुओं को विरोधी कैथोड (Anti-cathode) की तरह प्रयुक्त करके उत्सर्जित विशिष्ट X-किरणों की तरंगदैर्ध्य का अध्ययन किया और X-किरणों के स्पेक्ट्रम की एक रेखा की आवृत्ति (v) के वर्गमूल और लक्ष्य तत्व की परमाणु संख्या (Z) में निम्न सम्बन्ध दर्शाया।

$$\sqrt{v} = a\,(Z - b)$$

जहाँ, a = अनुपातिक नियतांक

b = विशेष नियतांक जो सभी एक्स-किरणें के स्पेक्ट्रम के लिये समान होता है।

अतः इन वैज्ञानिकों द्वारा यह निश्चित किया गया कि परमाणु क्रमांक किसी तत्व का मूल गुण है ना कि परमाणु भार क्योंकि एक ही तत्व के भिन्न-भिन्न परमाणु भार हो सकते हैं।

इसके आधार पर मोजले ने निम्नलिखित नियम दिया। ''तत्वों के भौतिक व रासायनिक गुण उनके परमाणु क्रमांक के आवर्ती फलन होते हैं।''

मोजले नियम को ही आधुनिक आवर्त नियम कहते हैं। तथा इसके आधार पर **संशोधित** अथवा **आधुनिक आवर्त सारणी** का निर्माण हुआ।

आधुनिक आवर्त सारणी की विशेषताएँ
Characteristics of Modern Periodic Table

(i) इस सारणी में 9 ऊर्ध्वाधर खाने होते हैं जिन्हे समूह (Group) कहते हैं तथा 7 क्षैतिज खाने जिन्हें आवर्त (Period) कहते हैं।

(ii) 9वें समूह को शून्य समूह भी कहते हैं।

(iii) प्रथम समूह से लेकर सातवें समूह के तत्वों की उपसमूह A तथा उपसमूह B में रखा गया है।

(iv) प्रथम उपसमूह A (Li, Na, K, Cs, Fr) को क्षारीय तत्व तथा II A तत्वों (Be, Mg, Ca, Sr, Ba) को क्षारीय मृदा तत्व कहा जाता है।

(v) VII A समूह के तत्वों को हैलोजन गैस तथा 9वें समूह के तत्वों को उत्कृष्ट गैस (Noble gas) या दुर्लभ गैस (Rare gases) कहते हैं।

(vi) VIII समूह में तीन एक जैसे तत्वों को एक स्थान पर रखा गया है इन्हें **संक्रमण त्रिक** कहते हैं। जैसे Fe, Co और Ni; Ru, Rh और Pd; Os, Ir और Pt आदि।

(vii) इस सारणी में हाइड्रोजन से लेकर यूरेनियम तक तत्वों को 7 क्षैतिज श्रेणियों (Periods) में रखा गया है। जिन्हें निम्न प्रकार वर्गीकृत किया गया है

(viii) छठे आवर्त में परमाणु क्रमांक ($Z = 58$ से $Z = 71$) को **लैन्थेनॉइड** कहा जाता है जिन्हें एक ही स्थान तृतीय B में रखा गया है। इसी प्रकार सातवें आवर्त में परमाणु क्रमांक ($Z = 89$ से $Z = 103$) को भी एक ही स्थान पर रखा गया है जिन्हें **ऐक्टीनॉइड** कहते हैं।

दीर्घ आवर्त सारणी Long Form of Periodic Table

आधुनिक आवर्त सारणी को भी संशोधित किया गया है जिसे **आवर्त सारणी का दीर्घ रूप** कहते हैं। इस कार्य को किसी एक वैज्ञानिक ने नही किया बल्कि इसे राँग, बार्नर, बोहर-बरी आदि वैज्ञानिकों ने संयुक्त रूप से किया।

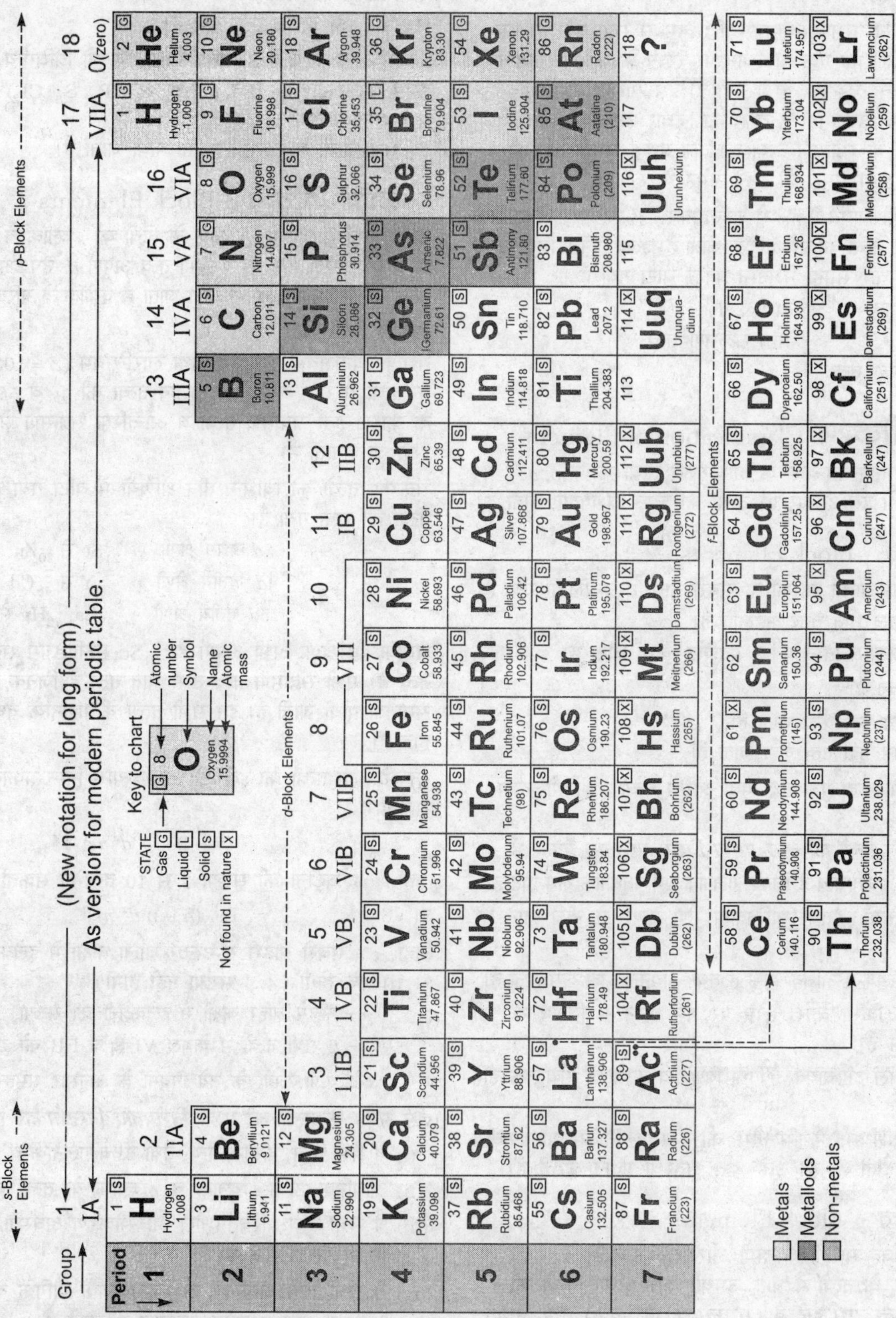

दीर्घ आवर्त सारणी तत्वों के इलेक्ट्रॉनिक विन्यास पर आधारित है अत: यह ऑफबाऊ नियम का ग्राफीय निरूपण है। यह सारणी बोहर वैज्ञानिक के इलेक्ट्रॉनिक विन्यास के आधार पर होने के कारण **बोहर आवर्त सारणी** भी कहलाती है।

इस सारणी में तत्वों को परमाणु क्रमांक वृद्धि क्रम से रखा गया है। इस सारणी में समस्थानिकों को एक ही स्थान पर रखने के कारण मेण्डलीफ की सारणी की कमी को दूर कर दिया गया है। इस सारणी में 7 आवर्त तथा 18 समूह हैं। तथा उपसमूहों A व B का विचार अस्वीकार कर दिया गया है। आठवें समूह के संक्रमण तत्वों को तीन प्रथक् समूहों (8, 9, 10) में रखा गया है तथा शून्य समूह को 18वें समूह के रूप में लिखा गया है।

इस सारणी में किसी भी आवर्त में ns^1 से शुरू होकर ns^2np^6 पर इलेक्ट्रॉनिक विन्यास के आधार पर तत्वों को प्रवेश दिया जाता है। इलक्ट्रॉनिक विन्यास के आधार पर तत्वों को चार समूहों में निम्न प्रकार बाँटा गया है

(i) शून्य समूह के तत्व या अक्रियशील गैसें
(ii) निरूपक
(iii) संक्रमण तत्व
(iv) आन्तरिक संक्रमण तत्व

तत्वों का वर्गीकरण Classification of Elements

इस सारणी में इलेक्ट्रॉनिक विन्यास के आधार पर तत्वों को s, p, d, f में वर्गीकृत किया गया है। इस आधार पर तत्वों की निम्न विशेषताएँ होती हैं

s-ब्लॉक के तत्व s-Block Elements

s-ब्लॉक के तत्वों को आवर्त सारणी के सबसे बायीं तरफ लिखा गया है। ये सभी अति क्रियाशील धातु तत्व कहलाते हैं।

इनका इलेक्ट्रॉनिक विन्यास निम्न प्रकार प्रदर्शित किया जाता है।

अक्रिय गैस] ns^x $(x = 1, 2)$

यदि $x = 1$, इन्हें क्षारीय तत्व कहा जाता है,
$x = 2$, इन्हें क्षारीय मृदा तत्व कहा जाता है।

क्षारीय तत्वों की संयोजकता एक तथा मृदा क्षारीय तत्वों की संयोजकता दो होती है।

इस समूह में उपस्थित तत्वों की कुछ प्रमुख विशेषताएँ निम्न प्रकार हैं

(i) ये नर्म (मुलायम) धातु तत्व हैं जिनके गलनांक एवं क्वथनांक कम होते हैं।
(ii) ये सभी धातु तत्व हैं तथा धात्विकता गुण ऊपर से नीचे जाने पर बढ़ता है।
(iii) इनकी विद्युतधनात्मकता अधिक होती है तथा आयनन ऊर्जा कम होती है।
(iv) इन धातुओं को किसी बर्नर फ्लेम पर गर्म करने से विशेष रंग की ज्वाला निकलती हैं।
(v) ये सभी तत्व प्रबल अपचायक हैं तथा विद्युत व ऊष्मा के सुचालक होते हैं।
(vi) सोडियम, मैग्नीशियम, ऐलुमिनियम की विस्तृत त्रिविम परमाणवीय जालक स्थिति होती है, जो उन्हें धातु अवस्था प्रदान करती है।

p-ब्लॉक के तत्व p-Block Elements

p-ब्लॉक के तत्व आवर्त सारणी के दायीं ओर लिखे गये हैं।

साधारणतया p-ब्लॉक के तत्वों में धातु, उपधातु तथा अधातु तत्वों को रखा गया है। धातु तत्व ठोस होते हैं (मरकरी को छोड़कर) तथा अधातु तत्व ठोस, द्रव, गैस हो सकते हैं।

साधारणतया p-ब्लॉक के तत्वों का इलेक्ट्रॉनिक विन्यास $ns^2\ np^x$ द्वारा लिखा जा सकता हैं जहाँ, $x = [1 \text{ से } 6]$ इस ब्लॉक को तत्वों को पुरानी आवर्त सारणी में III A, IVA, VA द्वारा लिखा जाता है तथा आधुनिक दीर्घ आवर्त सारणी में
[13, 14, 15] द्वारा लिखा गया है।

p-ब्लॉक के तत्वों में Si तत्व उपधातु है जो त्रिविमीय संरचना रखता है। इसमें बहुपरमाण्विक तत्व होते हैं यथा (P_4, S_8, Cl_2) आदि इनके गलनांक व क्वथनांक कम होते हैं।

इन सभी तत्वों में सहसंयोजकता पायी जाती है।

d-ब्लॉक के तत्व d-Block Elements

दीर्घ आवर्त सारणी में d-ब्लॉक के तत्वों को s-ब्लॉक व p-ब्लॉक के तत्वों के बीच में रखा गया है। ये सभी तत्व अपूर्ण d-उपकक्षा रखते हैं। इन सभी तत्वों को संक्रमण तत्व भी कहा जाता है क्योंकि ये परिवर्तनशील संयोजकता प्रदर्शित करते हैं।

यद्यपि ल्यूटेशियम $(Z = 71)$ तथा लोरेन्सियम $(Z = 103)$ को भी d-ब्लॉक के तत्वों में रखा गया है परन्तु इन तत्वों की $4f$ व $5f$ उपकक्षा भरी होने के कारण इन्हें संक्रमण तत्वों व आन्तरिक संक्रमण सेतू तत्व के रूप में रखा जा सकता है।

संक्रमण तत्वों को विभिन्न तीन श्रेणियों में बाँटा गया है। इसमें कुल 30 तत्वों को रखा गया है।

$3d$ प्रथम श्रेणी	$_{21}Se$ से $_{30}Zn$
$4d$ द्वितीय श्रेणी	$_{39}Y$ से $_{48}Cd$
$5d$ तृतीय श्रेणी	$_{57}La$, $_{72}Hg$ से $_{80}Hg$

जबकि $6d$ श्रेणी अभी अपूर्ण है। $_{21}Sc$ स्केण्डियम सबसे हल्का संक्रमण तत्व है। सभी संक्रमण तत्व ठोस धातु तत्व हैं जिनके गुणों में काफी समानता पायी जाती है। इन सभी तत्वों के गलनांक तथा क्वथनांक उच्च होते हैं।

इन संक्रमण तत्वों का इलेक्ट्रॉनिक विन्यास निम्न प्रकार लिखा जा सकता है

$$(n-1)\, s^2p^6d^xns^{1 \text{ या } 2}$$

जहाँ, x इलेक्ट्रॉनों की संख्या 1 से 10 तक हो सकती है।

या $$(n-1)\, d^x\, ns^y$$

जहाँ, $x =$ सबसे बाहरी से अन्दर वाली कक्षा में इलेक्ट्रॉनों की संख्या 1 से 10 तक होगी (4, 9 संख्या नहीं होगी)

$y =$ सबसे बाहर कक्षा में इलेक्ट्रॉनों की संख्या
$= 2$ सभी तत्वों में केवल VI B व I B को छोड़कर $(x = y)$

आई.यू.पी.ए.सी. के नये नियमों के अनुसार समूह $= (x + y)$

इस समूह के तत्वों की मुख्य विशेषताएँ निम्न प्रकार होती हैं

(i) ये सभी तत्व, कठोर, तन्य, तथा उच्च गलनांक व क्वथनांक रखते हैं।
(ii) आयनिक ऊर्जा s-ब्लॉक व p-ब्लॉक के तत्वों के मध्य होती है।
(iii) ये सभी तत्व परिवर्तनशील ऑक्सीकरण अवस्था तथा उष्मा व विद्युत के सुचालक होते हैं।
(iv) ये सभी तत्व आयनिक व संहसयोजक यौगिक बनाते हैं तथा यौगिक रंगीन व अनुचुम्बकीय अवस्था में बनते हैं।
(v) सभी सक्रमण तत्व मिश्र-धातु बनाते हैं।

f–ब्लॉक के तत्व f-Block Elements

f-ब्लॉक के तत्वों को आन्तरिक संक्रमण तत्व भी कहा जाता है। इनकी दो श्रेणीय $4f$ व $5f$ होती हैं। $4f$ श्रेणी सीरियम ($Z = 58$) से शुरू होकर लूटेशियम ($Z = 71$) पर खत्म होती है तथा $5f$ श्रेणी थोरियम ($Z = 90$) से शुरू होकर लोरेंसियम ($Z = 103$) पर समाप्त होती है। $4f$-श्रेणी के तत्वों को **लैन्थेनॉइड** या **दुर्लभ तत्व** भी कहा जाता है क्योंकि इनकी शुरूआत लैन्थेनम ($Z = 57$) से शुरू होती है।

$5f$ श्रेणी के तत्वों को ऐक्टीनॉइड कहा जाता है क्योंकि इस श्रेणी की शुरूआत ऐक्टीनियम ($Z = 89$) से होती है।

इन सभी तत्वों का इलेक्ट्रॉनिक विन्यास निम्न प्रकार लिखा जाता है

$$(n-2)f^{1-14}\ (n-1)s^2p^6d^{0-1}ns^2$$

या

$$4f \text{ श्रेणी } 4f^{1-14}\ 5s^2p^6d^{(0-1)6s^2}$$

$$5f \text{ श्रेणी } 5f^{1-14}6s^2p^6d^{0-1}7s^2$$

इन सभी तत्वों के इलेक्ट्रॉनिक विन्यास में काफी समानता होने के कारण भौतिक व रासायनिक गुणों में समानता पायी जाती है इन तत्वों की बाहरी दो कक्षाओं का इलेक्ट्रॉनिक विन्यास समान तथा परमाणु आकार भी समान पाया जाता है। लैन्थेनॉइड व ऐक्टीनॉइड तत्वों को दीर्घ आवर्त सारणी में नीचे स्थान दिया गया है। वास्तव में यह सारणी का III B के साथ जोड़ने पर सबसे बड़ा समूह माना गया है।

परमाणु क्रमांक $_{92}$U (यूरेनियम) के बाद के सभी तत्व मनुष्यों द्वारा कृत्रिम रूप से बनाये गये हैं। इन्हे **ट्रान्स-यूरेनियम तत्व** कहा जाता है।

अभी तक परमाणु क्रमांक 118 तक तत्वों की खोज कर ली गई है। $4f$ श्रेणी के लैन्थेनॉइड की अपेक्षा $5f$ श्रेणी ऐक्टीनॉइडस में इलेक्ट्रॉन पृथक् करने की प्रवृति अधिक पायी जाती है।

लैन्थेनॉइड परमाणु आकार में बाईं से दाईं तरफ को कमी दर्शाते हैं इसे **लैन्थेनॉइड खिंचाव** अथवा **संकुचन** कहा जाता है। इसे परमाणुओं के परिरक्षण प्रभाव द्वारा समझाया जाता है।

इस श्रेणी के तत्वों की मुख्य विशेषताएँ निम्न प्रकार हैं

(i) ये सभी तत्व उच्च गलनांक व क्वथनांक रखते हैं। इन्हें भारी धातु तत्व कहा जाता है।

(ii) सभी तत्व परिवर्तनशील ऑक्सीकरण अवस्था रखते हैं। तथा इनके बने यौगिक रंगीन होते हैं।

(iii) ऐक्टीनॉइड श्रेणी में सामान्यता रेडियोधर्मी तत्व हैं।

परमाणु क्रमांक > 100 वाले तत्वों का नामकरण Nomenclature of the Elements having Atomic Number >100

अकार्बनिक रसायन में नामकरण पर बना आयोग (CNIC) इस प्रकार के तत्वों का नामकरण लैटिन शब्दों के द्वारा किया जाता है

संख्या	0	1	2	3	4	5	6	7	8	9
नाम	nil	un	bi	Tri	quad	pent	hex	sept	oct	enn
संकेत	n	u	b	t	q	p	h	s	o	e

यथा, यदि हमें 109 क्रमांक वाले तत्व का नामकरण करना हैं तो इसका नाम होगा un-nil-ennium और संकेत une (u = 1, n = 0, e = 9) होगा।

आई.यू.पी.ए.सी. द्वारा 100 से अधिक परमाणु क्रमांक वाले तत्वों का नामकरण

परमाणु क्रमांक	नाम	संकेत	IUPAC द्वारा नाम	संकेत५४
101	Un-nil-unnium	Unn	मेन्डेलिवियम	Md
102	Un-nil-bium	Unb	नोबेलियम	No
103	Un-nil-trium	Unt	लोरेंसियम	Lr
104	Un-nil-quadium	Unq	रदरफोर्डियम	Rf
105	Un-nil-pentium	Unp	डबनियम	Db
106	Un-nil-hexium	Unh	सीबोरजियम	Sg
107	Un-nil-septium	Uns	बोहरियम	Bh
108	Un-nil-octium	Uno	हासनियम	Hs
109	Un-nil-ennium	Une	मिटरनियम	Mt
110	Un-un-nilium	Uun	डर्मस्टेडियम*	Ds
111	Un-ununium	Uuu	रोन्टेजियम*	Rg
112	Un-un-bium	Uub	**	
113	Un-un-trium	Uut	**	
114	Un-un-quadium	Uuq	**	
115	Un-un-pentium	Uup	**	
116	Un-un-hexium	Uuh	**	
117	Un-un-septium	Uus	***	
118	Un-un-octium	Uno	***	

* आई.यू.पी.ए.सी. द्वारा अनुमोदित 16 अगस्त 2003।
** सूचित किए गए हैं परन्तु पूर्णतया वैध नहीं है।
*** तत्व अभी खोजे जाने हैं।

आवर्ती गुण Periodic Properties

किसी समूह व आवर्त में उपस्थित तत्वों के गुणों में क्रमिक परिवर्तन होता है इस घटना को आवर्त्तिता कहते हैं।

इस घटना को इलेक्ट्रॉनिक विन्यास के आधार पर समझाया जाता है। क्योंकि समान इलेक्ट्रॉनिक विन्यास वाले तत्व समान भौतिक व रासायनिक गुण प्रदर्शित करते हैं। तत्वों के गुणों का अध्ययन करने से पूर्व हमें परिक्षण प्रभाव या रक्षण प्रभाव को समझना आवश्यक है क्योंकि इस प्रभाव द्वारा गुणों पर अधिक प्रभाव पड़ता है।

रक्षण अथवा परिरक्षण प्रभाव Screening or Shielding Effect

किसी तत्व की आन्तरिक कक्षाओं में उपस्थित इलेक्ट्रॉन नाभिक द्वारा आकर्षित होते हैं तथा नाभिक का आकर्षण बाह्यतम इलेक्ट्रॉनों को अधिकतम प्रभावित करते हैं। इसका कारण यह होता है कि संयोजकता इलेक्ट्रॉनों पर नाभिक के आकर्षण का प्रभाव कम हो जाता है। इस प्रभाव में नाभिक व बाह्यतम इलेक्ट्रॉनों में एक पर्दा प्रभाव आ जाता है इसे ही रक्षण या परिरक्षण प्रभाव कहते हैं।

इस प्रभाव को निम्न सूत्र द्वारा प्रदर्शित किया जाता है

$$Z' = Z - \sigma$$

जहाँ, Z' = प्रभावी नाभिकीय आवेश, Z = परमाणु क्रमांक

σ = परिक्षण नियतांक या स्लेटर नियतांक

वास्तव में प्रभावी नाभिकीय आवेश (Z') आन्तरिक इलेक्ट्रॉनों की संख्या पर निर्भर करता है जितने अधिक आन्तरिक इलेक्ट्रॉन होंगे उतना ही अधिक रक्षण प्रभाव होगा।

परमाणु तथा आयनिक त्रिज्या
Atomic and Ionic Radius

परमाणु त्रिज्या किसी बाह्यतम इलेक्ट्रॉन की नाभिक से दूरी को कहते हैं। वास्तव में यह दूरी काल्पनिक ही होगी क्योंकि इलेक्ट्रॉन घूमता हुआ अपना स्थान बदल देता है। प्रयोगिक आधार पर परमाणु त्रिज्या को निम्न तीन प्रकार से व्यक्त किया जाता है

सहसंयोजक त्रिज्या Covalent Radius

यदि दो समान परमाणु किसी एकल सहसंयोजक बन्ध द्वारा जुड़े हैं तो उनके नाभिकों के बीच की आधी दूरी को सहसंयोजक त्रिज्या कहते हैं।

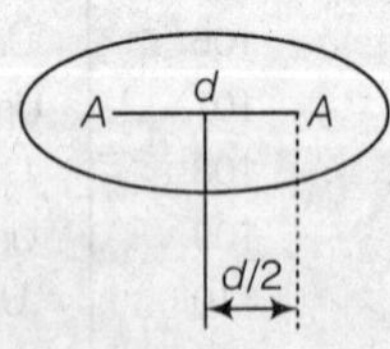

किसी द्विपरमाणुक अणु के लिए त्रिज्या/दूरी

$(A-A) = A$ की त्रिज्या $+ A$ की त्रिज्या

या $d = 2rA,\ rA = \dfrac{d}{2}$

तथा दो असमान द्विपरमाणुक अणु के लिये दूरी $(A-B) = A$ की त्रिज्या $+ B$ की त्रिज्या परन्तु यह सम्बन्ध तभी सही माना जाता है यदि बन्ध पूर्णतया सहसंयोजक हो।

वाण्डरवाल्स त्रिज्या
van der Waals' Radius

इसे निम्न प्रकार व्यक्त किया जाता है "दो अन्तर नाभिकीय नाभिकों के बीच की दूरी का वाण्डरवाल्स त्रिज्या कहते हैं।"

सहसंयोजक त्रिज्या हमेशा वाण्डरवाल्स त्रिज्या से कम होती है।

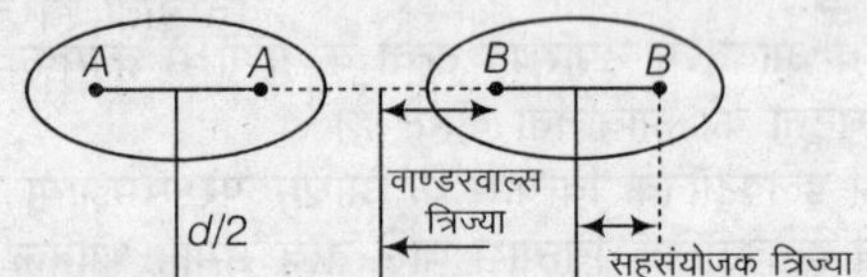

यह घटना किसी ठोस अणु में समान परमाणुओं के जुड़ने पर ज्ञात की जाती है।

परमाणु त्रिज्या को प्रभावित करने वाले कारक
Factors Affecting Atomic Radius

(i) किसी परमाणु में इलेक्ट्रॉन कक्षाओं के बढ़ने पर परमाणु त्रिज्या भी बढ़ती है।

(ii) परमाणु त्रिज्या, नाभिकीय आवेश के व्युत्क्रमानुपाती होता है

$$\text{परमाणु त्रिज्या} \propto \frac{1}{\text{नाभिकीय आवेश}}$$

(iii) परमाणु त्रिज्या रक्षण प्रभाव के अनुसार बदलती है रक्षण प्रभाव ज्यादा होगा तो परमाणु त्रिज्या भी ज्यादा होती है

(iv) विद्युत संयोजक यौगिकों में परमाणु त्रिज्या कम होती है।

(v) जैसे बन्ध कोटि बढ़ती है परमाणु त्रिज्या कम होती है।

आयनिक त्रिज्या Ionic Radius

किसी आयन के नाभिक के केन्द्र व बाह्यतम कक्षा में उपस्थित इलेक्ट्रॉन के बीच की दूरी को आयनिक त्रिज्या कहते हैं। किसी आयनिक यौगिक में आयनिक त्रिज्या को X-किरण विवर्तन विधि द्वारा ज्ञात करते हैं। यह दो नाभिकों के बीच की दूरी के बराबर होता है।

धनायन की त्रिज्या Radius of Cation

धनायन की त्रिज्या सदैव इसके उदासीन परमाणु से छोटी होती है क्योंकि शेष इलेक्ट्रॉनों पर प्रभावी नाभिकीय आवेश का मान अधिक हो जाता है। यदि विभिन्न धनायनों में इलेक्ट्रॉनों की संख्या समान हो (समइलेक्ट्रॉनिक), तो अधिक प्रोटॉनों की संख्या वाला धनायन, आकार में छोटा होता है।

	Na^+ >	Mg^{2+} >	Al^{3+}
इलेक्ट्रॉनों की संख्या	10	10	10
प्रोटॉनों की संख्या	11	12	13

किसी दिए गए परमाणु पर जितना अधिक धनावेश आता है, उसकी आयनिक त्रिज्या उतनी ही कम होती है।

$$Fe^+ > Fe^{2+} > Fe^{3+} \text{ तथा, } Sn > Sn^{2+} > Sn^{4+}$$

ऋणायन की त्रिज्या Radius of Anion

किसी भी ऋणायन की त्रिज्या, इसके उदासीन परमाणु से अधिक होती है क्योंकि अधिक इलेक्ट्रॉनों के कारण प्रभावी नाभिकीय आवेश का मान घट जाता है। समइलेक्ट्रॉनिक ऋणायनों के लिए, अधिक प्रोटॉनों की संख्या वाला ऋणायन, आकार में बढ़ा होता है।

	N_3 >	O^{2-} >	F^-
इलेक्ट्रॉनों की संख्या	10	10	10
प्रोटोनों की संख्या	7	8	9

किसी दिए गए परमाणु पर जितना अधिक ऋणावेश आता है उसकी आयनिक त्रिज्या उतनी ही बढ़ जाती है।

उदाहरण—$O^{2-} > O^- > O$

आयनिक त्रिज्या में परिवर्तन Trends in Ionic Radius

किसी समूह में परमाणु क्रमांक की वृद्धि क्रम के साथ परमाणु त्रिज्या बढ़ती है। किसी आवर्त में परमाणु क्रमांक की वृद्धि क्रम के साथ परमाणु त्रिज्या कम होती है।

उपरोक्त तथ्यों को ध्यान में रखते हुये धनायनों व ऋणायनों की त्रिज्या ज्ञात करने के लिये निम्न सूत्र लिखा जा सकता है

$$\boxed{\frac{Z}{e} \propto \frac{1}{r}}$$

जहाँ Z = परमाणु क्रमांक, e = परमाणु में इलेक्ट्रॉनों की संख्या

r = आयनिक त्रिज्या

इस सूत्र का धनायनों तथा ऋणायनों के लिये अलग-अलग प्रयोग किया जाता है।

आयनन ऊर्जा Ionisation Energy

"किसी तत्व के उदासीन गैसीय परमाणु की तलस्थ अवस्था में उसकी बाह्यतम कक्षा से इलेक्ट्रॉन निकालने के लिए आवश्यक ऊर्जा की मात्रा को उस तत्व की आयनन ऊर्जा" कहते हैं।

यदि यह परिभाषा किये गए कार्य के अनुसार व्यक्त करें तो इसे आयनीकरण विभव भी कहते हैं। इसकी विमा किलोजूल/मोल होती है। इसे I शब्द से व्यक्त करते है किसी तत्व की विभिन्न आयनिक ऊर्जाएँ होती है। जिन्हें हम $I_1, I_2\ I_3$ द्वारा व्यक्त करते हैं। इनका अर्थ है

I_1 = प्रथम आयनन ऊर्जा,

I_2 = द्वितीय आयनन ऊर्जा ... आदि

I_2 का मान सदैव I_1 से अधिक होता है। इसका कारण यह है कि किसी परमाणु की बाहरी कक्षा से एक इलेक्ट्रॉन मुक्त करने में जो ऊर्जा खर्च होती है उसके बाद दूसरे इलेक्ट्रॉन को निकालने में उससे ज्यादा ऊर्जा खर्च होगी। इसी प्रकार, तृतीय आयनन ऊर्जा, द्वितीय आयनन ऊर्जा से अधिक होगी आदि। क्योंकि किसी परमाणु में से इलेक्ट्रॉन पृथक् कर देने पर प्राप्त धनायन की त्रिज्या कम होती है जिसके कारण प्रभावी नाभिकीय आवेश बढ़ जाता है।

आयनन ऊर्जा को प्रभावित करने वाले कारक
Factors Affecting the Ionisation Energy

(i) आयनन ऊर्जा किसी परमाणु की त्रिज्या पर निर्भर करती है।

$$I_E = \frac{1}{\text{परमाणु/आयन की त्रिज्या}}$$

अर्थात आयनिक त्रिज्या/आकार जितना कम होगा उतनी ही अधिक आयनन ऊर्जा होगी।

(ii) यदि परमाणु या आयन अक्रियाशील गैस विन्यास रखते हैं तो उनकी आयनन ऊर्जा अधिक होगी। आंशिक अर्द्ध भरी उपकक्षाओं से इलेक्ट्रॉन को मुक्त करना आसान होता है। क्योंकि उनका $Z_{\text{प्रभाव}}$ कम होता है। परन्तु पूर्ण भरी उपकक्षाओं से इलेक्ट्रॉन पृथक् करना कठिन होता है वहाँ $Z_{\text{प्रभाव}}$ अधिक होता है।

(iii) उपकक्षाओं से इलेक्ट्रॉनों को पृथक् करने के लिये ऊर्जा का क्रम निम्न प्रकार होगा $s > p > d > f$

इसका कारण है कि s उपकक्षा नाभिक से अधिकतम करीब होती है।

अत: s-कक्षा से इलेक्ट्रॉन पृथक् करना कठिन होता है तथा f-उपकक्षा अधिक दूर होने के कारण आसानी से इलेक्ट्रॉन पृथक् कर देती है।

इलेक्ट्रॉन लब्धि एन्थैल्पी Electron Gain Enthalpy

जब कोई विलगित गैसीय परमाणु अतिरिक्त इलेक्ट्रॉन ग्रहण करता है तो इस क्रिया में जो ऊर्जा मुक्त होती है उसे इलेक्ट्रॉन बन्धुता कहते हैं।

इलेक्ट्रॉन बन्धुता (A_e) तथा इलेक्ट्रॉन प्राप्त एन्थैल्पी ($\Delta_{eg}H$) समान मान रखते हैं परन्तु उनका चिन्ह विपरीत होता है।

इलेक्ट्रॉन बन्धुता तथा इलेक्ट्रॉन प्राप्त एन्थैल्पी की इकाई इलेक्ट्रॉन वोल्ट/परमाणु अथवा किलोजूल/ग्राम परमाणु होती है। इन दोनों का मान समान परन्तु चिन्ह विपरीत होता है निश्चय ही इलेक्ट्रॉन बन्धुता परम शून्य पर परिभाषित की जाती है जबकि इलेक्ट्रॉन ग्रहण एन्थैल्पी 298 केल्विन पर। किसी ताप पर इन्हें निम्न सूत्र द्वारा निरूपित किया जाता है

$$\Delta_{eg}H = -A_e - \frac{5}{2}RT$$

इसके लिये $Cl_2\,(g) + e^- \longrightarrow Cl^-\,(g) + E_A$

हमेशा इलेक्ट्रॉन बन्धुता धनात्मक परन्तु $\Delta_{eg}H$ ऋणात्मक होती है इलेक्ट्रॉन बन्धुता किसी परमाणु के नाभिक की इलेक्ट्रॉन को बाँधने की क्षमता पर निर्भर करती है। यदि A_e का मान अधिक हो तो इलेक्ट्रॉन की बन्धन ऊर्जा का मान भी अधिक होगा।

द्वितीय $\Delta_{eg}\,H$ तथा इनके आगे का मान सदैव धनात्मक होगा क्योंकि उस समय तन्त्र को ऊर्जा देनी पड़ती है। उदाहरण—ऑक्सीजन की इलेक्ट्रॉन बन्धुता धनात्मक होती है। इसका अर्थ है यह क्रिया ऊष्माक्षेपी है।

$$O\,(g) + e^- \longrightarrow O^-(g),\ \Delta H = -141 \text{ किलोजूल/मोल}$$

इसकी दूसरी अवस्था में O^- आयन की इलेक्ट्रॉन बन्धुता अधिक ऋणात्मक है इस का अर्थ है यह क्रिया ऊष्माशोषी है

$$O^-(g) + 1e^- \longrightarrow O^{-2}(g);\ \Delta H = 780 \text{ किलोजूल/मोल}$$

यद्यपि O^{2-} आयन स्थाई अक्रिय गैस विन्यास रखता है तो भी यह ऊष्माशोषी है। गैसीय अवस्था में यह प्रक्रम प्रतिकूल है क्योंकि इलेक्ट्रॉन-इलेक्ट्रॉन प्रतिकर्षण में परिणामी वृद्धि अक्रिय गैस विन्यास प्राप्त करके स्थायित्व ग्रहण करने की अपेक्षा भारी है। ठोस अवस्था में यह प्रक्रम अनुकूल हो जाता है क्योंकि O^{2-} आयन समीपवर्ती धनायनों द्वारा स्थिरता प्राप्त कर आयनिक जालक बनाते हैं इस प्रक्रम में ऊर्जा मुक्त होती है।

इलेक्ट्रॉन ग्रहण एन्थैल्पी को प्रभावित करने वाले कारक
Factors Affecting Electron Gain Enthalpy

इस क्रिया को निम्न कारक प्रभावित करते हैं

(i) मान $\Delta_{eg}H \propto Z_{\text{प्रभाव}}$ (ii) मान $\Delta_{eg}H \propto \dfrac{1}{\text{परमाणु आकार}}$

(iii) मान $\Delta_{eg}H \propto$ भेदन क्षमता अत: $\Delta_{eg}H$ का क्रम $s > p > d > f$ होगा।

(iv) आधे पूर्णतया भरे तथा पूर्णतया भरे कक्षाओं का स्थायित्व अधिकतम होगा।

विद्युतऋणात्मकता एवं विद्युतऋणात्मक गुण
Electronegativity and Electronegative Character

किसी सहसंयोजक यौगिक में किसी परमाणु द्वारा साझे के इलेक्ट्रॉन युग्म को अपनी ओर आकषित करने की क्षमता विद्युतऋणात्मकता कहलाती है। वास्तव में यह याद रखना चाहिये यह विद्युतऋणात्मकता जो कि एक तत्व की इलेक्ट्रॉन ग्रहण करके ऋणायन बनाने की प्रवृत्ति होती है। के गुण से भिन्न होती है। पहली घटना तुलनात्मक होती है जबकि दूसरी घटना परमाणु का व्यक्तिगत गुण होता है।

विद्युतऋणात्मकता क्षमता को प्रभावित करने वाले कारक
Factors Affecting the Magnitude of Electronegativity

(i) किसी परमाणु की परमाणु त्रिज्या बढ़ती है, तो विद्युतऋणात्मकता कम होती है

$$\text{विद्युतऋणात्मकता} \propto \frac{1}{\text{परमाणु त्रिज्या}}$$

(ii) विद्युतऋणात्मकता का मान बढता है। जैसे कि प्रभावी नाभिकीय आवेश ($Z_{\text{प्रभाव}}$) बढ़ता है।

विद्युतऋणात्मकता $\propto$ प्रभावी नाभिकीय आवेश ($Z_{\text{प्रभाव}}$)

(iii) जैसे-जैसे परमाणु की ऑक्सीकरण अवस्था बढ़ती है विद्युतऋणात्मकता बढ़ती है।

(iv) यदि s–गुण किसी संकरण में बढ़ता है तो विद्युतऋणात्मकता भी बढ़ती है। क्योंकि s-इलेक्ट्रॉन अपेक्षाकृत नाभिक के पास होते हैं। उदाहरण—C परमाणु की विद्युतऋणात्मकता निम्न संकरण में इस प्रकार बढ़ती है।

संकरण अवस्था	sp^3	sp^2	sp
s–गुण	25%	33.3%	50%
विद्युतऋणात्मकता	2.48	2.75	3.25

s–गुण बढ़ रहा है।

अत: विद्युतऋणात्मकता का मान बढ़ता जाता है।

विद्युतऋणात्मकता में क्रमिक परिवर्तन
Trends in Electronegativity

(i) किसी भी आवर्त में बाएँ से दाएँ जाने पर विद्युतऋणात्मकता बढ़ती है क्योंकि प्रभावी नाभिकीय आवेश व आयनन ऊर्जा बढ़ती हैं।
(ii) I A क्षारीय तत्वों की विद्युतऋणात्मकता कम होती है तथा VII A हैलोजन की अधिकतम होती है।
(iii) किसी समूह में ऊपर से नीचे जाने पर विद्युतऋणात्मकता कम होती है क्योंकि परमाणु त्रिज्या बढ़ती है।
(iv) फ्लोरीन F की विद्युतऋणात्मकता अधिक होती है तथा Cs की सबसे कम होती है।

विकर्ण सम्बन्ध तथा विद्युतऋणात्मकता
Diagonal Relationship and Electronegativity

किसी आवर्त के बाएँ से दाएँ जाने पर, नाभिकीय आवेश बढ़ने के कारण परमाणु में इलेक्ट्रॉन कसे हुए होते हैं। समूह में एक स्थान नीचे जाने पर, एक अतिरिक्त कोश के बढ़ जाने से नाभिक का बाह्य इलेक्ट्रॉनों का प्रतिआकर्षण घट जाता है। विकर्ण जाने पर ये दोनों प्रभाव एक-दूसरे की कमी पूरी करते हैं। विद्युतऋणात्मकता Li से Be तक बढ़ती है लेकिन यह Be से Mg तक घटती है विकर्ण जाने पर ये दोनों प्रभाव एक-दूसरे को लगभग निरस्त करते हैं जिसके कारण विद्युतऋणात्मकता में कोई परिवर्तन नहीं होता। इस प्रकार Li और Mg की विद्युतऋणात्मकताओं के मान नजदीकी अर्थात् समान है। इसी कारण Li और Mg गुणों में समानता दर्शाते हैं। इसे **विकर्ण सम्बन्ध** कहते हैं। आवर्त सारणी में कुछ तत्वों के गुणों में विकर्ण समानता का गुण पाया जाता है।

Li	Be	B	C
Na	Mg	Al	Si
K	Ca	Ga	Ge

(Li ↘ Mg, Be ↘ Al, B ↘ Si)

विद्युतऋणात्मकता का मापन
Measurement of Electronegativity

विद्युतऋणात्मकता का सही-सही ठीक निर्धारण करना सम्भव नहीं होता है क्योंकि यह तत्वों का गुणात्मक प्रभाव होता है। इसके लिये निम्न पैमाना प्रयोग किया जाता है।

(i) **पोलिंग पैमाना** हम जानते हैं कि फ्लोरीन आवर्त सारणी का सबसे अधिक ऋणात्मक तत्व है। इसकी विद्युतऋणात्मकता 4.0 निर्धारित की गई है तथा इसके आधार पर अन्य तत्वों की विद्युतऋणात्मकता ज्ञात की गई है।

$$X_A - X_B = 0.208\sqrt{\Delta}$$

जहाँ, $\Delta = E_{A-B} - \sqrt{E_{A-A} + E_{B-B}}$

(ii) **मुलिकन पैमाना** किसी परमाणु की A_e एवं IE मूल्यों द्वारा भी विद्युतऋणात्मकता ज्ञात की जाती है। इस पैमाने में विद्युतऋणात्मकता को लैटिन शब्द चाई (χ) द्वारा प्रदर्शित किया जाता है।

$$\chi = \frac{\text{IE} + A_e}{2}$$

विद्युतधनात्मकता अथवा धात्विक गुण
(Electropositive or Metallic Character)

किसी तत्व का धनात्मक आवेश ग्रहण करना उसकी विद्युतधनात्मकता या धात्विक गुण कहलाता है।

इसका अर्थ होता है कि धातुएँ इलेक्ट्रॉन पृथक् करने का गुण रखती हैं। *इसे आवर्त सारणी में निम्न प्रकार व्यक्त कर सकते हैं*

	Li	Be	B	C	N	O	F
बाएँ	Na	विद्युतधनात्मकता घटती जाती है →					
	K						
	Rb						
	Cs						
	Fr ↓	विद्युतधनात्मकता या धात्विक गुण बढ़ता जाता है					

अर्थात् यह गुण (विद्युतऋणात्मकता) तथा आयनन ऊर्जा का व्युत्क्रम सम्बन्ध है।

रासायनिक गुणों में क्रमिक परिवर्तन
Periodic Trends in Chemical Properties

संयोजकता Valency

यह किसी तत्व की संयोग करने की क्षमता को प्रदर्शित करती है। यह कभी भी शून्य नहीं हो सकती है। यह केवल एक संख्या है यह ऋणात्मक और धनात्मक नहीं होती संयोजकता के सम्बन्ध में निम्न परिवर्तन होता है

निरूपक तत्वों (Representative elements) की संयोजकता सामान्यतया उस तत्व के बाह्यतम कोश में उपस्थित इलेक्ट्रॉनों की संख्या के बराबर होती है या आठ की संख्या में से बाह्यतम इलेक्ट्रॉनों की संख्या घटाने पर जो संख्या प्राप्त होती है, वही उस तत्व की संयोजकता कहलाती है।

समूह	1	2	13	14	15	16	17	18
संयोजी इलेक्ट्रॉनों की संख्या	1	2	3	4	5	6	7	8
संयोजकता	1	2	3	4	3	2	1	0

किसी आवर्त में बाएँ से दाएँ जाने पर हाइड्रोजन के साथ संयोजकता 1 से 7 तक बढ़ती है तथा ऑक्सीजन के साथ पहले 1 से 4 तक बढ़ती है फिर 1 तक घटती है। एक समूह के सभी तत्वों की संयोजकता समान रहती है क्योंकि बाह्य कोश में संयोजकता इलेक्ट्रॉनों की संख्या समान होती है।

संयोजकता के स्थान पर अब ऑक्सीकरण अवस्था पद का प्रयोग होता है। एक विशेष यौगिक में तत्व के किसी परमाणु द्वारा अन्य परमाणु के आवेश की संख्या ग्रहण करने को उसकी ऑक्सीकरण अवस्था कहते हैं। कुछ तत्व ऐसे भी हैं, जो परिवर्ती संयोजकता प्रदर्शित करते हैं। परिवर्ती संयोजकता संक्रमण तत्वों एवं ऐक्टीनॉइड तत्वों का विशेष अभिलक्षण हैं।

s और p-ब्लॉक के तत्वों के समूह में अन्य सदस्यों की तुलना में प्रथम तत्वों के रासायनिक व्यवहार भिन्न होते हैं। इसका कारण तत्वों का छोटा आकार, अधिक आवेश/त्रिज्या अनुपात, अधिक विद्युतऋणात्मकता तथा d-उपकक्षक की अनुपस्थिति है।

p-ब्लॉक के तत्वों में समूहों के प्रथम सदस्य स्वयं से एवं द्वितीय आवर्त के अन्य सदस्यों से बन्ध बनाने की प्रबल बनाने की प्रबल योग्यता रखते हैं। (जैसे $C{=}C$, $C{\equiv}C$, $N{=}N$, $N{\equiv}N$, $C{=}N$, $C{\equiv}N$)
जबकि वर्गों के उत्तरवर्ती सदस्य ऐसा नहीं कर पाते हैं।

ऑक्सीकरण अवस्था Oxidation State

यह किसी परमाणु पर उपस्थित आवेश की मात्रा को प्रदर्शित करता है जो वह किसी यौगिक के बनने पर ग्रहण करता है। इसके मान शून्य,

धनात्मक, ऋणात्मक या भिन्न भी हो सकते हैं। एक ही परमाणु की भिन्न-भिन्न यौगिकों में अलग-अलग ऑक्सीकरण अवस्था हो सकती हैं जैसे N की ऑक्सीकरण अवस्था इन यौगकों में क्रमशः NO_2, NO, N_2O_3 व N_2O_5 में + 4, + 2, + 3 व + 5 होगी। यद्यपि क्षारीय व क्षारीय मृदा तत्वों की ऑक्सीकरण अवस्था सदैव + 1 व + 2 ही होगी। यह साधारणतया भिन्न-भिन्न यौगिकों में बदल जाती है। यद्यपि *p*-ब्लॉक के तत्वों के लिये कम ऑक्सीकरण अवस्था स्थायी होती है तुलनात्मक अधिक ऑक्सीकरण अवस्था में जैसे $Pb^{2+} > Pb^{4+}$ से अधिक स्थायी हैं किसी *d*-ब्लॉक तत्व के लिये अधिकतम ऑक्सीकरण अवस्था = $(n - 1)$ इलेक्ट्रॉन अयुग्मित + *ns* में उपस्थित इलेक्ट्रॉन साधारणतया स्थायित्व इस क्रम में निश्चित किया गया है।

$$3d < 4d < 5d < 6d$$

रासायनिक क्रियाशीलता में आवर्तिता
Periodicity in Chemical Reactivity

धातुओं की क्रियाशीलता उनकी धनायन बनाने की प्रवृत्ति पर निर्भर करती है। अतः यदि किसी धातु में धन विद्युतीय गुण अधिक होगा तो उसकी क्रियाशीलता भी अधिक होगी।

अधातुओं की क्रियाशीलता उनका ऋणायन बनाने की प्रवृत्ति पर निर्भर करती है। अतः यदि किसी अधातु में ऋण विद्युतीय गुण अधिक होगा तो उसकी क्रियाशीलता भी अधिक होगी। आवर्त सारणी में दोनों छोरों पर सबसे अधिक और मध्य में सबसे कम रासायनिक क्रियाशीलता होती हैं। अधिक क्रियाशील तत्व हमेशा संयुक्त अवस्था में पाये जाते हैं।

अपचायक तथा ऑक्सीकारक गुण
Reducing and Oxidising Property

अपचायक इलेक्ट्रॉन प्रदान करते हैं अर्थात् इलेक्ट्रॉन देते हैं। धातुएँ इलेक्ट्रॉन त्यागकर धनायन बनाती हैं अतः ये **अपचायक** होती हैं।

आवर्त सारणी में अपचायक गुण का परिवर्तन

→ घटता हुआ क्रम (आवर्त में बाएँ से दाएँ जाने पर)
अपचायक गुण
↓ बढ़ता हुआ क्रम (वर्ग में ऊपर से नीचे जाने पर)

ऑक्सीकारक इलेक्ट्रॉन प्रदान करते हैं। अधातुएँ इलेक्ट्रॉन ग्रहण करके ऋणायन बनाती हैं, अतः ये ऑक्सीकारक होती हैं।

आवर्त सारणी में ऑक्सीकारक गुण का परिवर्तन

→ बढ़ता हुआ क्रम (आवर्त में बाएँ से दाएँ जाने पर)
तत्वों का ऑक्सीकरण गुण
↓ घटता हुआ क्रम (वर्ग में ऊपर से नीचे जाने पर)

क्षार धातुएँ प्रबल अपचायक तथा हैलोजन प्रबल ऑक्सीकारक होते हैं।
क्षार धातुओं की अपचायक क्षमता का क्रम Cs > Rb > K > Na
हैलोजनों की ऑक्सीकारक क्षमता का क्रम $F_2 > Cl_2 > Br_2 > I_2$
हैलोजनों आयनों की अपचायक क्षमता का क्रम $I^- > Br^- > Cl^- > F^-$
जलीय माध्यम में Li प्रथम वर्ग का सर्वाधिक शक्तिशाली अपचायक है।

ऑक्साइडों की प्रकृति Nature of Oxides

धातुओं के ऑक्साइड जल से क्रिया करके क्षार बनाते हैं अतः धातुओं के ऑक्साइड क्षारीय होते हैं। अधातुओं के ऑक्साइड, जल से क्रिया करके अम्ल बनाते हैं अतः अधातुओं के ऑक्साइड अम्लीय होते हैं। उपधातुओं के ऑक्साइड उभयधर्मी होते हैं।

आवर्त सारणी में धातु ऑक्साइडों की क्षारीय प्रकृति का परिवर्तन

→ घटता हुआ क्रम (आवर्त में बाएँ से दाएँ जाने पर)
धातु ऑक्साइडों की क्षारीय प्रकृति
↓ बढ़ता हुआ क्रम (वर्ग में ऊपर से नीचे जाने पर)

आवर्त सारणी में अधातु ऑक्साइडों की अम्लीय प्रकृति का परिवर्तन

→ बढ़ता हुआ क्रम (आवर्त में बाएँ से दाएँ जाने पर)
धातु ऑक्साइडों की अम्लीय प्रकृति
↓ घटता हुआ क्रम (वर्ग में ऊपर से नीचे जाने पर)

CO, N_2O, NO, H_2O ऑक्साइड उदासीन होते हैं, जबकि Al, Zn, Sn, As, Sb तथा उपधातुओं के ऑक्साइड उभयधर्मी होते हैं। इस प्रकार SnO_2, Al_2O_3, ZnO आदि प्रबल अम्लों व प्रबल क्षारों में घुलनशील हैं और उनके प्रति क्रमशः क्षार व अम्ल की तरह व्यवहार करते हैं।

सामान्यता वे परमाणु जिनकी विद्युतऋणात्मकता, ऑक्सीजन से कम होती है ऑक्सी-अम्ल बनाते हैं। परन्तु अब फ्लोरीन का एक ऑक्सीअम्ल (HOF) ज्ञात है जो अस्थायी है। किसी अधातु के ऑक्साइड में ऑक्सीजन बढ़ने के साथ उसकी अम्लीयता बढ़ती है।

उदाहरण—$N_2O_3 < N_2O_5$, $SO_2 < SO_3$ $Cl_2O < Cl_2O_3 < Cl_2O_5$

जिन अकार्बनिक अम्लों में *X*— OH समूह होते हैं **ऑक्सी-अम्ल** या **ऑक्सो-अम्ल** कहलाते हैं।, '*X*' कोई अधातु हैं ऑक्सी–अम्लों का सामान्य सूत्र $XO_A(OH)_B$ या $XO_A(OH)_BH_C$ हैं। जहाँ *A*, *B* तथा *C* केन्द्रीय परमाणु '*X*' से सीधे जुड़े हुए क्रमशः ऑक्सीजन परमाणुओं (=O), हाइड्रॉक्सिल समूहों (—OH) व हाइड्रोजन परमाणुओं की संख्याएँ हैं। उदाहरण— H_2SO_4 [या $SO_2(OH)_2$]

किसी अधातु के ऑक्साइड की जल से क्रिया करने पर ऑक्सी-अम्ल प्राप्त होते हैं। उदाहरण—$SO_2 + H_2O \longrightarrow H_2SO_3$

ऑक्सी-अम्ल $[XO_A(OH)_B]$ अथवा $[XO_A(OH)_BH_C]$ में केन्द्रीय परमाणु *X* की विद्युतऋणात्मकता और उससे जुड़े ऑक्सीजन परमाणुओं की संख्या (*A*) बढ़ने पर ऑक्सी-अम्ल की प्रबलता बढ़ती है।

उदाहरण—$H_2SO_3 < H_2SO_4$, $HClO < HClO_2 < HClO_3 < HClO_4$ परन्तु इसके कुछ अपवाद भी हैं। जैसे फॉस्फोरस के ऑक्सी-अम्ल।

$$H_3PO_4 < H_2PO_2 < H_3PO_3$$

आवर्त सारणी में ऑक्सी-अम्लों की प्रबलता में परिवर्तन

→ बढ़ता हुआ क्रम (आवर्त में बाएँ से दाएँ जाने पर)
ऑक्सी-अम्लों की प्रबलता
↓ घटता हुआ क्रम (वर्ग में ऊपर से नीचे जाने पर)

किसी ऑक्सी-अम्ल से जल के अणु निकालने पर अधातु का उसी ऑक्सीकरण अवस्था में ऑक्साइड प्राप्त होता है जिसे ऑक्सी-अम्ल का ऐनहाइड्राइड कहते हैं।

किसी ऑक्सी-अम्ल की भास्मिकता (Basicity) उसमें उपस्थित —OH समूहों के बराबर होती है।

—OH समूह में हाइड्रोजन ही आयनित होता है। किसी ऑक्सी-अम्ल में —OH समूहों का पता उसके अणुसूत्र से नहीं चलता हैं, परन्तु ऑक्सी-अम्ल की संरचना से —OH समूहों की संख्या अर्थात् उसकी भास्मिकता का पता चलता हैं।

अभ्यास प्रश्न

1. तत्वों को आवर्त सारणी के समूहों में रखने का आधार है
(a) आयनन विभव (b) विद्युतऋणात्मकता
(c) इलेक्ट्रॉन बन्धुता (d) संयोजी इलेक्ट्रॉन

2. इसमें से कौन-से दो एक ही आवर्त के तत्व हैं?
(a) Na—Cl (b) Na—Br
(c) Ca—Cl (d) Cl—Br

3. किसी तत्व का परमाणु क्रमांक ज्ञात करो, यदि वह तीसरे आवर्त तथा सातवें समूह में स्थित है
(a) 15 (b) 17
(c) 21 (d) 9

4. किस तत्व का नाम लोरेन्स बर्कले प्रयोगशाला द्वारा दिया गया
(a) बर्केलियम (b) लोरेन्सियम
(c) दोनों (a) व (b) (d) सिबोरजियम

5. बताओ, एक ही समूह के तत्व समान गुणधर्म प्रदर्शित करते हैं
(a) क्योंकि समान इलेक्ट्रॉनिक विन्यास होता है
(b) क्योंकि समान इलेक्ट्रॉनों की संख्या होती है
(c) क्योंकि समान प्रोटॉनों की संख्या होती है
(d) क्योंकि समान संयोजकता इलेक्ट्रॉनों की संख्या होती है।

6. आवर्त सारणी के वर्गीकरण में निम्न कथन ठीक नहीं है
(a) तत्वों के गुण उनके परमाणुओं के आवृत्ति फलन होते हैं।
(b) अधातु तत्व कम हैं धातु तत्वों की अपेक्षा
(c) संक्रमण तत्वों के लिए $3p$ व $4s$ भरने से पूर्व $3d$ उपकक्षा सर्वप्रथम भरेगी
(d) किसी भी आवर्त में बाएँ से दाएँ जाने पर प्रथम आयनन विभव का मान बढ़ता है

7. इनमें से कौन-सा उभयधर्मी तत्व है?
(a) एन्टीमनी (b) मैग्नीशियम
(c) जस्ता (d) बिस्मथ

8. बेरिलियम के गुण मिलते हैं
(a) Li (b) Al
(c) Zn (d) Ra

9. परमाणु क्रमांक 20 वाला तत्व किस आवर्त में रखा गया है?
(a) 1 (b) 2 (c) 3 (d) 4

10. यदि किसी तत्व का विन्यास ns^2np^4 है तो इसके समूह व आवर्त की स्थिति होगी। यदि $n = 3$
(a) II आवर्त, IV समूह (b) III आवर्त, IV समूह
(c) II आवर्त, 16 समूह (d) III आवर्त, 16 समूह

11. तत्व का नाम बताओ यदि विन्यास दिया है $(n-1)d^2ns^2$ यदि $n = 4$
(a) स्केण्डियम (b) वेनेडियम
(c) टाइटेनियम (d) टंगस्टन

12. यदि बाहरी कक्षा का विन्यास $n = 6$ के लिए $(n-2)f^7(n-1)d^1ns^2$
(a) यूरेनियम (b) गेडोलिनियम
(c) लेड (d) नियोबियम

13. मेण्डलीफ की आवर्त सारणी की मुख्य कमी थी
(a) काफी तत्व समस्थानिक रखते हैं
(b) अक्रियाशील तत्व यौगिकों का निर्माण नहीं करते हैं
(c) कुछ समूहों को उपसमूह A व उपसमूह B में बाँटा गया है
(d) परमाणु भार सभी तत्वों का हमेशा पूर्णांक नहीं होता है

14. निम्न क्रमांक वाले तत्व (9, 17, 35, 53, 85) होंगे
(a) हैलोजन (b) अक्रिय गैसें
(c) भारी धातु तत्व (d) हल्के धातु तत्व

15. परमाणु क्रमांक 106 वाला तत्व होगा
(a) s-ब्लॉक (b) p-ब्लॉक (c) d-ब्लॉक (d) f-ब्लॉक

16. क्षारीय तत्वों का इलेक्ट्रॉनिक विन्यास प्रस्तुत होगा
(a) $ns^2p^6d^1$ (b) $(n-1)s^2p^6ns^1$
(c) $(n-1)s^2p^6ns^2np^1$ (d) $(n-1)s^2p^6d^{10}ns^1$

17. आवर्त सारणी के निरूपक तत्वों में निम्न होगा
(a) ऐलुमिनियम (b) क्रोमियम
(c) ऑर्गन (d) लैन्थेनम

18. आधुनिक आवर्त सारणी में आवर्त प्रदर्शित करता है
(a) परमाणु संख्या (b) परमाणु भार
(c) मुख्य क्वाण्टम संख्या (d) द्विगंशी क्वाण्टम संख्या

19. इनमें से आधुनिक आवर्त सारणी के सम्बन्ध में कौन-सा कथन ठीक नहीं है?
(a) p-ब्लॉक में 6 खड़े खाने होते हैं अतः इनमें 6 इलेक्ट्रॉन ही प्रवेश करते हैं
(b) d-ब्लॉक में 8 खड़े खाने होते हैं क्योंकि इनमें 8 इलेक्ट्रॉन प्रवेश करते हैं
(c) प्रत्येक ब्लॉक में उतने ही इलेक्ट्रॉन होने चाहिए जितने किसी कॉलम में इलेक्ट्रॉन होते हैं
(d) ब्लॉक को प्रदर्शित करने के लिए द्विगंशी क्वांटम संख्या (l) द्वारा प्रदर्शित इलेक्ट्रॉनों की संख्या होनी चाहिए।

20. इन तत्वों में कौन-सा युग्म s-ब्लॉक को प्रदर्शित करता है?
(a) 3, 12 (b) 6, 12
(c) 7, 15 (d) 9, 7

21. आवर्त सारणी में 10वाँ तत्व कौन-से आवर्त में होगा?
(a) प्रथम आवर्त में (b) द्वितीय आवर्त में
(c) चतुर्थ आवर्त में (d) नौवें आवर्त में

22. आई.यू.पी.ए.सी. के अनुसार यदि तत्व का नाम Uun हो, तो उसका परमाणु क्रमांक होगा
(a) 111 (b) 112 (c) 109 (d) 110

23. दीर्घ सारणी में आवर्त का पता चलेगा
(a) चुम्बकीय क्वाण्टम संख्या से
(b) परमाणु क्रमांक ज्ञात करने से
(c) मुख्य क्वाण्टम संख्या से ज्ञात होने पर
(d) अधिकतम द्विगंशी क्वाण्टम संख्या का मान ज्ञात होने पर

24. परिवर्तनशील संयोजकता प्रदर्शित की जाती है
(a) संक्रमण तत्वों द्वारा (b) गैसीय तत्वों द्वारा
(c) अधातुओं द्वारा (d) s-ब्लॉक के तत्वों द्वारा

25. तृतीय आवर्त के तत्वों की परमाणु त्रिज्या Na से Cl तक क्रमशः
(a) क्रमशः कम होती है
(b) क्रमशः बढ़ती है
(c) नियत रहती है
(d) बढ़ती है परन्तु क्रमशः नहीं बढ़ती है

26. रक्षण प्रभाव d-इलेक्ट्रॉनों के लिए होता है
(a) p-इलेक्ट्रॉन के समान (b) p-इलेक्ट्रॉन से अधिक
(c) f-इलेक्ट्रॉन के समान (d) p-इलेक्ट्रॉन से कम

27. इनमें से किसकी अधिकतम आयनिक त्रिज्या होगी?
(a) Li^+ (b) K^+ (c) Na^+ (d) Cs^+

28. इनमें किस आयन का आकार कम होगा?
(a) O_2 (b) O_2^+
(c) O_2^- (d) O_2^{2-}

29. s, p, d, f इलेक्ट्रॉनों का रक्षण प्रभाव निम्न क्रम अनुसार होगा
(a) $s > p > d > f$ (b) $f > d > p > s$
(c) $p < d < s > f$ (d) $f > p > s > d$

30. किसी तत्व के गुणों की संयोजकता इलेक्ट्रॉन सबसे अधिक प्रभावित करते हैं। इनमें से कौन-सा गुण संयोजकता इलेक्ट्रॉन से प्रभवित नहीं होता है?
(a) मुख्य क्वाण्टम संख्या
(b) नाभिकीय आवेश
(c) नाभिकीय भार
(d) सबसे बाहरी कक्षा में इलेक्ट्रॉनों की संख्या

31. इन सभी में क्या समानता है $N^{3-}, O^{2-}, F^-, Na^+, Mg^{2+}, Al^{3+}$
(a) इलेक्ट्रॉनों की संख्या (b) संयोजकता इलेक्ट्रॉनों की संख्या
(c) प्रोटोनों की संख्या (d) ये सभी

32. आयनिक त्रिज्या का सही क्रम होगा
(a) $Na^+ < Mg^{2+} < Al^{3+} < N^{3-} < O^{2-} < F^-$
(b) $Al^{3+} < Mg^{2+} < Na^+ < N^{3-} < O^{2-} < F^-$
(c) $Al^{3+} < Mg^{2+} < Na^+ < F^- < O^{2-} < N^{3-}$
(d) $F^- < O^{2-} < N^{3-} < Al^{3+} < Mg^{2+} < Na^+$

33. सबसे कम आकार होगा
(a) Na^+ (b) Mg^{2+} (c) Al^{3+} (d) P^{5+}

34. निम्न में से कौन-सा कथन ठीक है?
(a) X^- आयन बड़ा होगा X परमाणु से
(b) X^+ आयन बड़ा होगा X परमाणु से
(c) X^- आयन बड़ा होगा X आयन से
(d) X^+ एवं X^- के आकार समान होंगे

35. निम्न तत्वों का अधात्विक क्रम होगा
(a) P < S < O < N (b) S < O < P < N
(c) S < P < O < N (d) P < S < N < O

36. आयनिक ऊर्जा किसी आवर्त में किस प्रकार परिवर्तित होती है?
(a) बायीं से दायीं तरफ बढ़ती है
(b) बायीं से दायीं तरफ कम होती है
(c) पहले बढ़ती है बाद में कम होती है
(d) समान रहती है

37. प्रथम आयनन विभव लीथियम तत्व का होगा
(a) Be से अधिक (b) बेरिलियम से कम
(c) सोडियम के समान (d) फ्लोरीन के समान

38. आयनीकरण विभव नाइट्रोजन का ऑक्सीजन के ज्यादा होता है क्योंकि
(a) नाभिक द्वारा इलेक्ट्रॉनों की अधिक आकर्षण के कारण
(b) नाइट्रोजन का कम आकार होने के कारण
(c) p-अर्ध पूर्ण उपकक्षाओं की अधिक स्थायित्व रखती है
(d) अधिक भेदन प्रभाव के कारण इलेक्ट्रॉन

39. कार्बन, नाइट्रोजन तथा ऑक्सीजन में आयनन उर्जा का सही क्रम होगा
(a) C > N < 0 (b) C < N > O
(c) C > N > O (d) C < N < O

40. इन समआयनिक आयनों में किसकी आयनन ऊर्जा सबसे कम होगी?
(a) Cl^- (b) Ca^{2+} (c) K^+ (d) S^{2-}

41. इनमें से कौन-सा कथन ठीक है निम्न समूहों में आयनन ऊर्जा का सम्बन्ध
(a) C की प्रथम आयनन ऊर्जा > B की प्रथम आयनन ऊर्जा
(b) C की प्रथम आयनन ऊर्जा < B की प्रथम आयनन ऊर्जा
(c) C की द्वितीय आयनन ऊर्जा > B की द्वितीय आयनन ऊर्जा
(d) दोनों (b) तथा (c)

42. यदि सोडियम का आयनन विभव मान 5.48 इलेक्ट्रॉन वोल्ट है, तो K का आयनन विभव मान होगा
(a) Na के समान होगा (b) 4.34 इलेक्ट्रॉन वोल्ट
(c) 5.68 इलेक्ट्रॉन वोल्ट (d) 10.88 इलेक्ट्रॉन वोल्ट

43. नाइट्रोजन की प्रथम आयनन ऊर्जा ऑक्सीजन से अधिक है। इसके निम्न कारणों में कौन-सा ठीक है?
(a) नाइट्रोजन की अपेक्षा ऑक्सीजन पर प्रभावी नाभिकीय आवेश कम होगा
(b) ऑक्सीजन का परमाणु आकार नाइट्रोजन से कम होगा
(c) समान p-कक्षक में दो इलेक्ट्रॉनों के मध्य अधिक इलेक्ट्रॉन प्रतिकर्षण नाइट्रोजन से ऑक्सीजन की ओर जाते हुए बढ़े हुए प्रभावी नाभिकीय आवेश को सन्तुलित कर देता है।
(d) नाइट्रोजन की अपेक्षा ऑक्सीजन पर

44. द्वितीय आवर्त में वास्तविक आयनीकरण एन्थैल्पी निम्न क्रम में होगी
Li < B < Be < C < O < N < F < Ne
इसमें Be का अधिक $\Delta_i H$ होगा B से। कारण होगा
(a) B के स्थायी इलेक्ट्रॉनिक विन्यास के कारण जिससे इलेक्ट्रॉन का पृथक्करण होगा
(b) बड़े होने के कारण p-कक्षक नाभिक की और अधिक आकर्षित हो जाती है
(c) $2p$ के अपेक्षा $2s$-कक्षक इलेक्ट्रॉन नाभिक के अधिक नजदीक होते हैं
(d) $2p$-कक्षक का स्थायित्व $2s$ की अपेक्षा अधिक होता है

45. इनमें से कौन-से गुण समूह में नीचे जाने पर तथा आवर्त में बाएँ से दाएँ जाने पर विपरीत गुण रखते हैं।
(a) नाभिकीय आवेश तथा इलेक्ट्रॉन बन्धुता
(b) आयनीकरण तथा इलेक्ट्रॉन बन्धुता
(c) परमाणु त्रिज्या तथा इलेक्ट्रॉन बन्धुता
(d) उपरोक्त में से कोई भी नहीं

46. इनमें से कौन-सा अधिकतम इलेक्ट्रॉन बन्धुता रखता है?
(a) N (b) O (c) F (d) Cl

47. क्लोरीन के सापेक्ष हाइड्रोजन होती है
(a) विद्युतधनात्मक (b) विद्युतऋणात्मक
(c) उदासीन (d) इनमें से कोई भी नहीं

48. यदि A व B तत्वों की विद्युतऋणात्मकता क्रमशः 1.20 व 4.0 हो, तो AB बन्ध कितने प्रतिशत आयनिक होगा?
(a) 58.3% (b) 48%
(c) 79.6% (d) 73.6%

49. हैलोजन जो आसानी से अपचयित हो जाये

(a) F_2 (b) Cl (c) Br (d) I_2

50. यदि तत्व X, Y, Z व T जिनके इलेक्ट्रॉनिक विन्यास नीचे दिये गये हैं। इनमें से कौन-सा अधिकतम धनात्मक तत्व होगा?

(a) $X = 2, 8, 4$ (b) $Y = 2, 8, 8$
(c) $Z = 2, 8, 8, 1$ (d) $T = 2, 8, 8, 7$

51. किसी अधिकतम विद्युतऋणी तत्व का विन्यास होगा

(a) ns^2np^3 (b) ns^2np^4 (c) ns^2np^5 (d) ns^2np^6

52. क्लोरीन की अपेक्षा फ्लोरीन कम इलेक्ट्रॉन बन्धुता प्रदर्शित करता है क्योंकि

(a) फ्लोरीन का अधिक आकार तथा कम घनत्व
(b) फ्लोरीन का कम आकार तथा उच्च घनत्व
(c) फ्लोरीन का कम आकार तथा अधिक घनत्व
(d) क्लोरीन का कम आकार तथा कम घनत्व

53. किसी सबसे कम क्रियाशील तत्व का इलेक्ट्रॉनिक विन्यास होगा

(a) ns^2np^3 (b) ns^2np^4 (c) ns^2np^5 (d) ns^2np^6

54. इन क्षारीय तत्वों में से किसकी विद्युतऋणात्मकता सबसे कम होगी?

(a) K (b) Na (c) Cs (d) Fr

55. इलेक्ट्रॉन प्राप्त एन्थैल्पी फ्लोरीन की कम ऋणात्मक होगी Cl से, क्योंकि

(a) ग्रहण क्रिया इलेक्ट्रॉन फ्लोरीन से अधिक आकर्षण रखता है साथी इलेक्ट्रॉनों से
(b) ग्रहण किया इलेक्ट्रॉन फ्लोरीन में अधिक प्रतिकर्षण रखता है अन्य इलेक्ट्रॉनों द्वारा
(c) फ्लोरीन का आकार क्लोरीन से कम होगा
(d) दोनों (b) व (c)

56. धात्विक गुण तथा ऑक्साइडों का क्षारीयता का गुण आवर्त में किस प्रकार बदलता है?

(a) बढ़ता है (b) घटता है
(c) स्थिर रहता है (d) पहले बढ़ता है फिर घटता है

57. कौन-सी धातु एक से अधिक ऑक्सीकरण अवस्था रखती है?

(a) Na (b) Mg (c) Al (d) Fe

58. परमाणु क्रमांक 7 वाले तत्व की अधिकतम संयोजकता होगी?

(a) 2 (b) 3 (c) 4 (d) 5

59. हैलोजन की क्रियाशीलता का सही क्रम निम्न प्रकार है

(a) F > Br > Cl > I (b) F > Cl > Br > I
(c) I > Br > Cl > F (d) Cl > I > Br > F

60. तत्वों की ऑक्सीकरण अवस्था का सही क्रम होगा

(a) $F_2 < Cl_2 < Br_2 < I_2$ (b) $I_2 < F_2 < Cl_2 < Br_2$
(c) $Br_2 < I_2 < F_2 < Cl_2$ (d) $I_2 < Br_2 < Cl_2 < F_2$

61. इनमें कौन-सा ऑक्साइड सबसे क्षारीय होगा

(a) Na_2O (b) SiO_2
(c) SO_2 (d) सभी समान क्षारीय होंगे

उत्तरमाला

1.	(d)	2.	(a)	3.	(b)	4.	(c)	5.	(a)	6.	(c)	7.	(a)	8.	(b)	9.	(d)	10.	(d)
11.	(c)	12.	(b)	13.	(a)	14.	(a)	15.	(c)	16.	(b)	17.	(a)	18.	(c)	19.	(b)	20.	(a)
21.	(a)	22.	(d)	23.	(c)	24.	(a)	25.	(a)	26.	(d)	27.	(d)	28.	(b)	29.	(a)	30.	(c)
31.	(a)	32.	(c)	33.	(d)	34.	(a)	35.	(d)	36.	(a)	37.	(b)	38.	(c)	39.	(b)	40.	(d)
41.	(a)	42.	(b)	43.	(c)	44.	(c)	45.	(c)	46.	(d)	47.	(a)	48.	(d)	49.	(a)	50.	(c)
51.	(c)	52.	(b)	53.	(d)	54.	(d)	55.	(d)	56.	(b)	57.	(d)	58.	(d)	59.	(b)	60.	(a)
61.	(a)																		

उत्तर व्याख्या सहित

2. (a) Na—Cl में दोनों तत्व तृतीय आवर्त में उपस्थित हैं।

3. (b) साधारणतया 17 समूह के तत्वों का विन्यास ns^2np^5। इनकी मुख्य क्वाण्टम संख्या 3 है। अतः इनके संयोजकता इलेक्ट्रॉनों का विन्यास $3s^2 3p^5$ होगा। तृतीय आवर्त 11 से शुरू होकर 18 तक जाता है।

अतः दिये गये परमाणु क्रमांक = 10 + 7 = 17

4. (c) लोरेन्सियम ($Z = 103$) एवं बर्केलियम ($Z = 9$) का नामकरण लोरेन्स बर्कले प्रयोगशाला में किया गया।

5. (a) समान समूह में उपस्थित तत्व समान इलेक्ट्रॉनिक विन्यास रखते हैं अतः उनके भौतिक व रासायनिक गुण भी समान होंगे।

6. (c) संक्रमण तत्वों में इलेक्ट्रॉनों के जाने का क्रम होगा $3p < 4s < 3d$

9. (d) $1s^2 2s^2 2p^6 3s^2 3p^6 4s^2$ में मुख्य क्वाण्टम संख्या 4 है, तो यह चौथे आवर्त में होगा।

10. (d) ns^2np^4 में यदि $n = 3$ (आवर्त) का अर्थ है यह p-ब्लॉक में होगा।

समूह संख्या = 10 + संयोजी इलेक्ट्रॉन = 10 + (2 + 6) = 16

अतः विन्यास $1s^2 2s^2 2p^6 3s^2 3p^4$

तत्व का नाम गन्धक होगा।

11. (c) विन्यास $(n-1)d^2 ns^2$ जब $n = 4$

यह चौथा आवर्त होगा।

समूह संख्या = d-इलेक्ट्रॉन + s-इलेक्ट्रॉन = 2 + 2 = 4

इलेक्ट्रॉनिक विन्यास $1s^2 2s^2 2p^6 3s^2 3p^6 3d^2 4s^2$

तत्व का नाम टाइटेनियम होगा।

12. (b) (iii) $(n-2)f^7 (n-1)d^1 ns^2$ यदि $n = 6$

इसका अर्थ है कि तत्व छठे आवर्त में है तथा अन्तिम इलेक्ट्रॉन f में प्रवेश करता है अतः f-ब्लॉक का तत्व है।

अतः तत्व छठे आवर्त तथा तीसरे समूह में है।

तत्व का पूर्ण विन्यास

$1s^2 2s^2 2p^6 3s^2 3p^6 3d^{10} 4s^2 4p^6 4d^{10} 5s^2 5p^6 5d^1 4f^7 6s^2$

तत्व का नाम गेडोलिनियम (Gd) होगा।

13. (*a*) मेण्डलीफ की आवर्त सारणी में समस्थानिकों को स्थान नहीं दिया जा सका क्योंकि वह परमाणुओं पर आधारित थी।

14. (*a*) इन तत्वों का विन्यास ns^2np^6 होगा, जो हैलोजनों का होता है।

15. (*c*) परमाणु क्रमांक 106 का इलेक्ट्रॉनिक विन्यास
$106 = |Rn|_{86} 7s^1 5f^{14} 6d^5$ होगा

अन्तिम इलेक्ट्रॉन *d*-कक्षक में आता है। अतः *d*-ब्लॉक का तत्व होगा तथा तत्व का आई.यू.पी.ए.सी. नाम Unh होगा।

19. (*b*) कथन (b) ठीक नहीं है। *d*-ब्लॉक 10 इलेक्ट्रॉन रखते हैं।

20. (*a*) परमाणु क्रमांक $3 = 1s^2 2s^1$,

$$12 = 1s^2 2s^2 2p^6 3s^2$$

क्योंकि *s* उपकक्षा में इलेक्ट्रॉन प्रवेश करते हैं। अतः *s*-ब्लॉक का तत्व है।

21. (*b*) एक ही आवर्त के तत्व समान मुख्य क्वाण्टम संख्याएँ रखते हैं। क्योंकि द्वितीय आवर्त का विन्यास अधिकतम ns^2np^6 होगा। अतः इसमें 8 तत्व ही होंगे। इनका क्रमांक 3 से 10 तक होगा।

24. (*a*) सक्रंमण तत्वों की मुख्य विशेषताएँ उनकी परिवर्तनशील संयोजकता होती है।

25. (*a*) क्योंकि प्रभावी नाभिकीय आवेश बाएँ से दाएँ को बढ़ता है तथा परमाणु त्रिज्या कम होती है।

27. (*d*) आयनिक त्रिज्या समूह में ऊपर से नीचे को बढ़ती है।

28. (*b*) धनायन का आकार कम होता है तथा ऋणायन का बढ़ता है। इसलिए O_2^+ आयन का आकार कम होगा। अतः Cs^+ की आयनिक त्रिज्या अधिकतम होगी।

32. (*c*) आयनिक त्रिज्या कम होती है समइलेक्ट्रॉनिक तत्वों की परमाणु क्रमांक वृद्धि के साथ। क्योंकि परमाणु क्रमांक की वृद्धि क्रम के साथ प्रभावी नाभिकीय आवेश बढ़ता है।

समइलेक्ट्रॉनिक आयन = $Al^{3+} < Mg^{2+} < Na^+ < F^- < O^{2-} < N^{3-}$

परमाणु क्रमांक $Z = 13, 12, 11, 9, 8, 7$

33. (*d*) जबकि P^{5+} में प्रति इलेक्ट्रॉन नाभिकीय आवेश बढ़ता है। अतः आकार कम हो जाता है।

35. (*d*) अधातु गुण किसी भी आवर्त में क्रमशः बढ़ता है। परन्तु समूह में ऊपर से नीचे को घटता है। अतः क्रम होगा

$P < S < N < O$ (अधात्विक गुण)

39. (*b*) नाइट्रोजन का आयनन विभव कार्बन व ऑक्सीजन से अधिकतम होगा क्योंकि इसमें पूर्ण अर्द्ध भरी उपकक्षाएँ होती हैं।

$$C < N > O$$

40. (*d*) S^{2-} का आकार बड़ा होगा तथा आयनन ऊर्जा कम होगी।

41. (*a*) ${}_6C = 1s^2 2s^2 2p^2$; ${}_5B = 1s^2 2s^2 2p^1$

अतः प्रथम अवस्थाओं में IE कार्बन का > IE B के क्योंकि C का आकार B से कम है। परन्तु $IE_2(B) > IE_2(C)$

कार्बन में 2 इलेक्ट्रॉन *p*–उपकक्षा में अर्ध पूर्ण भरे हैं।

42. (*b*) आयनीकरण विभव का मान समूह में नीचे की तरफ घटता है।

43. (*c*) नाइट्रोजन का इलेक्ट्रॉनिक विन्यास

$$7N = 1s^2 2s^2 2p^3$$

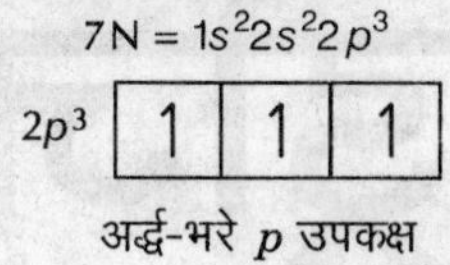

अर्द्ध-भरे *p* उपकक्ष

अतः इससे इलेक्ट्रॉन पृथक् करने में ज्यादा ऊर्जा खर्च होगी।

44. (*c*) Be को $\Delta_i H$ (आयनीकरण विभव) का मान B से ज्यादा होगा

$Be = 1s^2 2s^2$ $\quad$ $B = 1s^2 2s^2 2p^1$

हम जानते हैं कि *s* इलेक्ट्रॉन नाभिक के नजदीक होने के कारण अधिक आकर्षित होते हैं। अतः 2*s* में से इलेक्ट्रॉन पृथक् करने के लिए ज्यादा ऊर्जा की आवश्यकता होती है। अतः Be का $\Delta_i H$ का मान B से ज्यादा होगा।

46. (*d*) द्वितीय आवर्त में N, O, F की विद्युत बन्धुता कम होती है अपने नीचे आने वाले P, S, Cl से, जो तृतीय आवर्त के तत्व हैं। इसका कारण है कि इसका परमाणु आकार कम होता है।

अतः ये आसानी से इलेक्ट्रॉन ग्रहण नहीं कर पाते हैं। अपने समूह में उपस्थित शेष तत्वों की तुलना में।

48. (*d*) यदि EN अन्तर > 1.9 तब आयनिक बन्ध की प्रतिशतता 50% होगी। यदि विद्युतऋणात्मकता का अन्तर 2.8 हो तो

प्रतिशतता $= \frac{2.8}{1.9} \times 50 = \frac{1400}{19} = 73.6\%$

49. (*a*) फ्लोरीन की विद्युतऋणात्मकता सबसे ज्यादा होती है। अतः यह आसानी से ऋणायन बनाता है।

50. (*c*) $Z = 2, 8, 8, 1$ सबसे बाहरी कक्षा में एक इलेक्ट्रॉन है जो आसानी से पृथक् हो सकता है।

51. (*c*) हैलोजन सबसे अधिक विद्युतऋणी होते हैं इनका विन्यास $= ns^2np^5$

54. (*d*) किसी भी समूह में विद्युतऋणात्मकता कम होती है तथा परमाणु आकार बढ़ता है। अतः Fr का आकार बड़ा है तथा विद्युतऋणात्मकता कम है।

58. (*d*) संयोजकता इस विन्यास के कारण $1s^2 2s^2 3p^3$, अर्थात् 5 होगी।

61. (*a*) एक ही आवर्त में बाएँ से दाएँ जाने पर ऑक्साइडों का क्षारीय गुण कम होता है अतः Na_2O सबसे ज्यादा क्षारीय होगा।

अध्याय 13

हाइड्रोजन
Hydrogen

हाइड्रोजन प्रकृति में मुक्त तथा संयुक्त दोनों अवस्थाओं में पायी जाती है। पृथ्वी की ऊपरी सतह में भारानुसार लगभग 1% हाइड्रोजन होती है। मुक्त अवस्था में वायुमण्डल के 10^6 भाग आयतन में केवल 1 भाग हाइड्रोजन होती है। हाइड्रोजन के मुख्य स्रोत जल, अम्ल, कार्बनिक पदार्थ, अमोनिया, हाइड्रोजन सल्फाइड आदि हैं।

आवर्त सारणी में हाइड्रोजन की स्थिति
Position of Hydrogen in the Periodic Table

हाइड्रोजन आवर्त सारणी का प्रथम तत्व है, यद्यपि आवर्त सारणी में हाइड्रोजन को उचित स्थान प्राप्त नहीं है। हाइड्रोजन का इलेक्ट्रॉनिक विन्यास $1s^1$ है। इसका बाह्यतम इलेक्ट्रॉनिक विन्यास $[1s^1]$, क्षार धातुओं $[ns^1]$ के समान होता है, जो आवर्त सारणी में प्रथम वर्ग से सम्बन्धित है। जबकि दूसरी तरफ यह विन्यास हैलोजन $[ns^2np^5]$ के समान होता है, जो आवर्त सारणी से VII A (सत्रहवें वर्ग) से सम्बन्धित है। इस प्रकार हाइड्रोजन क्षार धातुओं तथा हैलोजन के साथ गुणों में समानता दर्शाता है।

क्षार धातुओं से समानताएँ
Resemblance with Alkali Metals

हाइड्रोजन क्षार धातुओं से निम्न प्रकार समानता रखती है

(i) **इलेक्ट्रॉनिक विन्यास** हाइड्रोजन तथा क्षार धातुओं, दोनों में बाह्य कक्षा में s^1 इलेक्ट्रॉन होता है।

(ii) **संयोजकता** हाइड्रोजन तथा क्षार-धातुएँ, सभी एकसंयोजक तत्व हैं।

(iii) **ऑक्सीकरण अवस्था** हाइड्रोजन, क्षार धातुओं के समान अपने यौगिकों में +1 ऑक्सीकरण अवस्था प्रदर्शित करती है।

(iv) **धन विद्युती लक्षण** हाइड्रोजन क्षार धातुओं के समान, **एकसंयोजक धनायन** बनाती है।

(v) **विद्युतऋणात्मकता या अधातुओं से क्रिया करने की प्रवृत्ति** क्षार धातुओं के समान ही यह अधातुओं जैसे ऑक्सीजन, सल्फर, क्लोरीन आदि से संयोग करके समान सूत्र के ऑक्साइड, सल्फाइड, क्लोराइड आदि यौगिक बनाती है।

(vi) **अपचायक गुण** क्षार धातुओं के समान ही हाइड्रोजन भी प्रबल अपचायक है।

हैलोजन से समानताएँ
Resemblance with Halogens

हाइड्रोजन हैलोजनों से निम्न गुणों के कारण समानता दर्शाती है

(i) **इलेक्ट्रॉनिक विन्यास** दोनों एक इलेक्ट्रॉन ग्रहण करके अक्रिय गैस का इलेक्ट्रॉनिक विन्यास देते हैं।

(ii) **परमाणुकता** हाइड्रोजन तथा हैलोजन दोनों द्विपरमाणुक अणु बनाते हैं।

$$H—H, \quad Cl—Cl$$

(iii) **अधात्विक लक्षण** हैलोजन की भाँति हाइड्रोजन भी अधातु है।

(iv) **सहसंयोजकता** हाइड्रोजन तथा हैलोजन अपने यौगिकों में एकल सहसंयोजकता दर्शाते हैं।

(v) **ऑक्सीकरण अवस्था** हैलोजन की भाँति हाइड्रोजन भी क्षार धातुओं तथा क्षारीय मृदा धातुओं के साथ बने यौगिकों में –1 ऑक्सीकरण अवस्था दर्शाता है।

(vi) **आयनन विभव** दोनों का आयनन विभव लगभग बराबर तथा क्षार धातुओं से अधिक होता है।
H = 13.54 इलेक्ट्रॉन वोल्ट, Cl = 13.0 इलेक्ट्रॉन वोल्ट,
Na = 5.12 इलेक्ट्रॉन वोल्ट,

(vii) **क्षार धातुओं से क्रिया** हाइड्रोजन तथा हैलोजन दोनों ही क्षार धातुओं से संयोग करके *MX* प्रकार के विद्युत संयोजक यौगिक बनाते हैं। उदाहरण—NaH, HCl आदि।

(viii) **अधातुओं के साथ क्रिया** हाइड्रोजन तथा हैलोजन दोनों अधातुओं के साथ संयोग करके समान प्रकार के सहसंयोजक यौगिक बनाते हैं। उदाहरण—

(a) CH_4, CCl_4,

(b) NH_3, NCl_3

(c) PH_3, PCl_3

हाइड्रोजन के समस्थानिक, अपररूप तथा आण्विक अवस्थाएँ Isotopes, Allotropes and Molecular Forms of Hydrogen

हाइड्रोजन विभिन्न रूपों में पाई जाती है जिनका वर्णन निम्नलिखित है

समस्थानिक Isotopes

हाइड्रोजन के निम्नलिखित तीन समस्थानिक हैं

हाइड्रोजन के समस्थानिकों के सामान्य लक्षण

समस्थानिक	प्रतीक	*p*	*n*	*A*
प्रोटियम	$_1H^1$ या H	1	0	1
ड्यूटीरियम	$_1H^2$ या D	1	1	2
ट्राइटियम	$_1H^3$ या T	1	2	3

(i) साधारण हाइड्रोजन के गुण मुख्यत: हल्की हाइड्रोजन के गुण हैं।

(ii) प्रोटियम तथा ड्यूटीरियम हाइड्रोजन के स्थायी समस्थानिक हैं, परन्तु ट्राइटियम रेडियोएक्टिव है।

$$\underset{\text{ट्राइटियम}}{_1H^3} \xrightarrow{\text{विघटन}} \underset{\text{हीलियम}}{_2He^3} + {}_{-1}\beta^0;\ t_{1/2} = 12.4 \text{ वर्ष}$$

(iii) ड्यूटीरियम की खोज 1931 ई. में यूरे, ब्रिकवैड तथा मर्फी ने की जबकि ट्राइटियम की खोज 1934 ई. में लोजिअर, बलीकने तथा स्मिथ ने की थी।

(iv) साधारण हाइड्रोजन में प्रोटियम तथा ड्यूटीरियम का अनुपात 6400 : 1 होता है।

डाइहाइड्रोजन अथवा हाइड्रोजन गैस Dihydrogen or Hydrogen Gas

अत्यधिक क्रियाशील होने के कारण हाइड्रोजन सदैव द्विपरमाणुक रूप में पायी जाती है, जिसे डाइहाइड्रोजन अथवा हाइड्रोजन कहते हैं।

डाइहाइड्रोजन बनाने की सामान्य विधियाँ General Methods of Preparation of Dihydrogen

प्रयोगशाला विधि Laboratory Method

प्रयोगशाला में, डाइहाइड्रोजन Zn की क्रिया तनु H_2SO_4 के साथ कराने पर उत्पन्न होती हैं।

$$Zn + H_2SO_4 \longrightarrow ZnSO_4 + H_2$$

वास्तविक परिवर्तन यहाँ इस प्रकार होते हैं

$$Zn \longrightarrow Zn^{2+} + 2e^-$$
$$H_2SO_4 \longrightarrow H^+ + H_2SO_4^-$$
$$2H^+ + 2e^- \longrightarrow 2H \longrightarrow H_2\uparrow$$

सक्रिय और कम सक्रिय धातुओं से From Active and Less Active Metals

(i) **धातुओं पर अम्लों की क्रिया द्वारा** जो धातुएँ विद्युत रासायनिक श्रेणी में हाइड्रोजन से ऊपर रखी गई हैं, अम्लों से क्रिया करके हाइड्रोजन देती हैं।

(ii) **उभयधर्मी धातुओं** (Al, Zn, Pb, Sn, As, Sb आदि) **पर क्षारों की क्रिया द्वारा**

$$Zn + 2NaOH \longrightarrow \underset{\text{सोडियम जिंकेट}}{Na_2ZnO_2} + H_2\uparrow$$

$$2Al + 2NaOH + 2H_2O \longrightarrow \underset{\text{सोडियम ऐलुमिनेट}}{2NaAlO_2} + 3H_2\uparrow$$

औद्योगिक विधियाँ Industrial Methods

हाइड्रोजन के औद्योगिक निर्माण की विधियाँ निम्नलिखित हैं

विद्युत अपघटन द्वारा By Electrolysis

किसी अम्ल या क्षार की अल्प मात्रा (15-20%) से मुक्त जल के विद्युत अपघटन से हाइड्रोजन कैथोड (आयरन) पर मुक्त होती है, जबकि ऐनोड (निकेल चढ़ी हुई आयरन की छड़) पर ऑक्सीजन मुक्त होती है। ऐनोड तथा कैथोड एक ऐस्बेस्टस डायफ्राम के द्वारा पृथक् होते हैं, जिससे मुक्त हाइड्रोजन तथा ऑक्सीजन मिश्रित नहीं हो पाती हैं।

(i) $H_2SO_4 \rightleftharpoons 2H^+ + SO_4^{2-}$; $H_2O \rightleftharpoons H^+ + OH^-$

कैथोड पर $2H^+ + 2e^- \longrightarrow 2H$; $H + H \longrightarrow H_2\uparrow$

ऐनोड पर $4OH^- \longrightarrow 4OH + 4e^-$; $4OH \longrightarrow 2H_2O + O_2\uparrow$

ऐनोड पर सल्फेट आयन मुक्त नहीं होते हैं क्योंकि इनका मुक्त विभव OH^- आयनों से बहुत अधिक होता है।

(ii) $4KOH \longrightarrow 4K^+ + 4OH^-$; $4H_2O \longrightarrow 4H^+ + 4OH^-$

कैथोड पर $4H^+ + 4e^- \longrightarrow 4H$; $4H \longrightarrow 2H_2$

ऐनोड पर $4OH^- \longrightarrow 4OH + 4e^-$; $4OH \longrightarrow 2H_2O + O_2\uparrow$

वाटर गैस से (बॉस प्रक्रम) From Water Gas (Bosch Process)

CO तथा H_2 के समान आयतन का मिश्रण, **वाटर गैस** कहलाता है। वाटर गैस को जलवाष्प के साथ मिश्रित करके 410 – 550°C पर रखे उपयुक्त वर्धक (Cr_2O_3, ThO_2 आदि) के साथ उत्प्रेरक (Fe_2O_3) के ऊपर प्रवाहित करने पर हाइड्रोजन प्राप्त होती है।

$$\underbrace{CO + H_2}_{\text{वाटर गैस}} + \underset{\text{जलवाष्प}}{H_2O} \xrightarrow[410\text{-}550^\circ C]{Cr_2O_3 + Fe_2O_3} CO_2\uparrow + H_2$$

गैसीय मिश्रण को लगभग 25-30 वायुमण्डल दाब पर जल द्वारा धोकर CO_2 को निकाल देते हैं।

डाइहाइड्रोजन के भौतिक एवं रासायनिक गुण Physical and Chemical Properties of Dihydrogen

हाइड्रोजन के सामान्य भौतिक तथा रासायनिक गुण निम्नलिखित हैं

भौतिक गुण Physical Properties

(i) यह रंगहीन, गंधहीन तथा स्वादहीन गैस है जो जल में अल्प विलेय है।

(ii) इसका क्रान्तिक ताप −236.9°C है अर्थात् इस ताप पर या इससे नीचे किसी ताप पर उपयुक्त दाब का प्रयोग करके इसे द्रवित किया जा सकता है। सामान्यत: इसे −258.8°C पर द्रवित करते हैं।

(iii) यह सबसे हल्का तत्व तथा सबसे हल्की गैस है। वायु की तुलना में इसका घनत्व 0.0695 है। हाइड्रोजन गैस के एक लीटर आयतन का द्रव्यमान केवल 0.08987 ग्राम है।

(iv) स्थिर दाब व आयतन पर इसकी विशिष्ट ऊष्माओं का अनुपात $\left(\frac{C_p}{C_V}\right) = 1.40$ होता है जिससे प्रदर्शित होता है कि इसका अणु द्विपरमाणुक (H_2) है।

रासायनिक गुण Chemical Properties

हाइड्रोजन के प्रमुख रासायनिक गुण निम्नलिखित है

(i) **वायु के साथ अभिक्रिया** वायु के साथ हाइड्रोजन की अभिक्रिया कमरे के ताप पर मन्द तथा उच्च तापों पर तीव्र होती है।

$$2H_2 + O_2 \longrightarrow 2H_2O$$

(ii) **अधातुओं से अभिक्रिया** यह उपयुक्त परिस्थितियों में N, C, O, हैलोजन, S आदि के साथ संयोग करके क्रमश: NH_3, CH_4, H_2O, HX तथा H_2S बनाती है।

(iii) **धातुओं के साथ अभिक्रिया** यह प्रबल धन विद्युती धातुओं (सक्रिय धातुओं) जैसे Na, Li, Ca आदि के साथ संयोग करके उनके अनुरूप हाइड्राइड बनाती है।

$$2Na + H_2 \longrightarrow 2NaH$$
$$2Li + H_2 \longrightarrow 2LiH$$

(iv) **अपचायक गुण** यह तप्त धातु ऑक्साइडों से क्रिया करके उनको संगत धातु में अपचयित कर देती है।

$$CuO + H_2 \longrightarrow Cu + H_2O$$

डाइहाइड्रोजन के उपयोग Uses of Dihydrogen

डाइहाइड्रोजन के सामान्य उपयोग निम्न हैं

(i) यह HCl, NH_3, CH_3OH, गैसोलीन (संश्लेषित पेट्रोल) आदि के निर्माण में प्रयुक्त होती है।

(ii) यह वनस्पति घी (तेलों का वसा में हाइड्रोजनीकरण) के निर्माण में प्रयुक्त होती है।

(iii) ऑक्सीहाइड्रोजन ज्वाला (ऑक्सीहाइड्रोजन टॉर्च) तथा परमाण्विक हाइड्रोजन ज्वाला (परमाण्विक हाइड्रोजन टॉर्च), स्टील तथा अन्य कठोर धातुओं को काटने तथा वैल्डिंग करने के लिए प्रयोग की जाती है।

(iv) यह त्रुटि में अपचायक वातावरण उत्पन्न करने के लिए प्रयुक्त की जाती है।

(v) निम्न घनत्व होने के कारण यह गुब्बारों को भरने तथा वायुयानों के लिए गैस के थैलों के भरने के लिए प्रयोग की जाती है।

(v) विभिन्न ईंधन गैसों (जैसे—कोल गैस, वाटर गैस, तेल गैस) में हाइड्रोजन एक महत्त्वपूर्ण घटक के रूप में होती है।

जल Water

सभी सजीवों का एक वृहद भाग जल द्वारा निर्मित है। मानव शरीर में लगभग 65% एवं कुछ पौधों में लगभग 95% जल होता है। जीवों को जीवित रखने के लिए जल एक महत्त्वपूर्ण यौगिक है। यह एक अति महत्त्वपूर्ण विलायक है। पृथ्वी की सतह पर इसका वितरण एकसमान नहीं है।

जल की संरचना Structure of Water

गैस प्रावस्था में जल एक बंकित अणु है। आबन्ध कोण 104.5° तथा आबन्ध दूरी 97.5 pm है। जल का अणु ध्रुवीय होता है तथा द्विध्रुव आघूर्ण 1.85 D ही होता है।

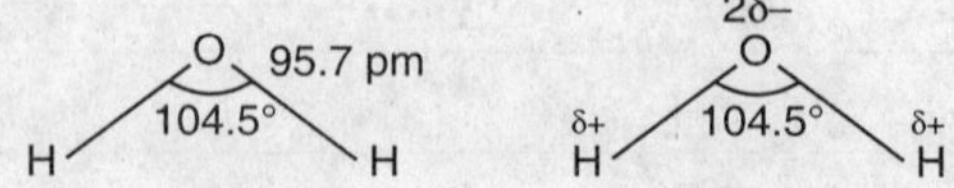

कठोर तथा मृदु जल Hard and Soft Water

वह जल जो साबुन के साथ आसानी से झाग देता है, मृदु जल कहलाता है परन्तु जो जल साबुन के साथ कठिनाई से झाग देता है, कठोर जल कहलाता है। कठोर जल साबुन के साथ झाग नहीं देता है क्योंकि यह साबुन के साथ क्रिया करके अवक्षेप बनाता है।

$$\underset{\text{कैल्सियम क्लोराइड (कठोर जल में)}}{CaCl_2} + \underset{\text{सोडियम स्टीएरेट (विलेय साबुन)}}{2C_{17}H_{35}COONa} \longrightarrow \underset{\text{कैल्सियम स्टीएरेट (अविलेय साबुन)}}{(C_{17}H_{35}COO)_2Ca\downarrow} + 2\,NaCl$$

जल की कठोरता के प्रकार Types of Hardness of Water

जल में उपस्थित अशुद्धियों के आधार पर जल की कठोरता निम्न दो प्रकार की होती है

(i) **अस्थायी कठोरता** यह जल में कैल्सियम व मैग्नीशियम के बाइकार्बोनेटों की उपस्थिति के कारण होती है। जल को उबालकर उसकी अस्थायी कठोरता को दूर किया जा सकता है। उबालने पर विलेय बाइकार्बोनेट, अविलेय कार्बोनेट में परिवर्तित हो जाते हैं जिसे छानकर दूर किया जा सकता है।

उदाहरण—$\underset{\text{(विलेय)}}{Ca(HCO_3)_2} \xrightarrow{\Delta} \underset{\text{(अविलेय)}}{CaCO_3\downarrow} + CO_2\uparrow + H_2O$

(ii) **स्थायी कठोरता** यह जल में कैल्सियम व मैग्नीशियम के सल्फेटों तथा क्लोराइडों की उपस्थिति के कारण पायी जाती है। जल को उबालकर यह कठोरता दूर की जा सकती है। इसे दूर करने के लिए निम्नलिखित विधियाँ प्रयोग में लायी जाती हैं।

(a) **लाइम-सोडा विधि** लाइम (कॉस्टिक सोडा, NaOH) जल में उपस्थित अस्थायी कठोरता को दूर करता है, जबकि वॉशिंग सोडा (सोडियम कार्बोनेट, Na_2CO_3) जल की स्थायी कठोरता को दूर करता है।

(b) **कैल्गॉन विधि** कालगन रासायनिक रूप से सोडियम हेक्सामेटाफॉस्फेट है, जिसका रासायनिक सूत्र $Na_6P_6O_{18}$ है। कठोर जल में उपस्थित धनायन (Ca^{2+} या Mg^{2+} आदि) कालगन से क्रिया करके जटिल ऋणायन देते हैं जो अत्यधिक अक्रिय होते हैं तथा साबुन के साथ अवक्षेप नहीं बनाते हैं।

$$\underset{\text{कठोर जल से}}{Ca^{2+}} + \underset{\text{कैल्गॉन}}{Na_2[Na_4(PO_3)_6]} \longrightarrow 4Na^+ + \underset{\text{कैल्सियम युक्त संकर आयन}}{[Na_2Ca(PO_3)_6]^{2-}}$$

(c) **परम्यूटिट विधि या जियोलाइट विधि** जियोलाइट रासायनिक रूप से सोडियम ऐलुमिनियम ऑर्थोसिलिकेट है, जिसका सूत्र $Na_2Al_2SiO_8 \cdot xH_2O$ है। कृत्रिम जियोलाइट को **परम्यूटिट** कहते हैं, जिसका रासायनिक सूत्र $Na_2O \cdot Al_2O_3 \cdot xSiO_2 \cdot yH_2O$ है। जहाँ, $x = 2-10$ तथा $y = 2-6$ है। इसे सोडा ऐश (Na_2CO_3), ऐलुमिना (Al_2O_3) तथा क्वार्टज रेत SiO_2 को संगलित करके प्राप्त किया जा सकता है। परम्यूटिट धनायन (जैसे $Ca^{2+}, Mg^{2+}, Fe^{3+}$ आदि) को भारी जल से दूर करता है तथा इनके बराबर Na^+, आयन निकालता है। सुविधा के लिए सोडियम जियोलाइट, $Na_2Al_2SiO_8 \cdot xH_2O$ को Na_2Ze द्वारा प्रदर्शित करते हैं।

$$Na_2Ze + M^{2+} \longrightarrow MZe + 2Na^+$$

परम्यूटिट ($M^{2+} = Ca^{2+}$ या $Mg^{2+}, Ze = Al_2SiO_8$)

उपयोग की हुई परम्यूटिट में 10% NaCl घोल डालकर पुन: प्रयोग करने योग्य बनाया जा सकता है।

$$MZe + 2NaCl \longrightarrow Na_2Ze + MCl_2$$

भारी जल अथवा ड्यूटीरियम ऑक्साइड
Heavy Water or Deuterium Oxide, D_2O

भारी जल की खोज **यूरे** (Urey) तथा **वाशबर्न** (Washburn) ने सन् 1932 में की थी। इसके अनुसार साधारण जल के 6000 भाग में केवल एक भाग भारी जल होता है। इसे साधारण जल का विद्युत अपघटन करके प्राप्त किया जाता है। भारी जल का अणुभार 20 ग्राम मोल$^{-1}$ है और यह रेडियोऐक्टिव नहीं होता है।

(i) भारी जल के एक अणु में दो परमाणु भारी हाइड्रोजन के तथा एक परमाणु ऑक्सीजन का होता है। इसे D_2O अथवा $2\ H_2O$ के रूप में निरूपित किया जाता है। इसका अणुभार 20 है।

(ii) सैद्धान्तिक रूप से भारी जल के छ: विभिन्न रूप सम्भव हैं

$$H-O^{16}-D; \quad H-O^{17}-D$$
$$H-O^{18}-D; \quad D-O^{16}-D$$
$$D-O^{17}-D; \quad D-O^{18}-D$$

हाइड्रोजन परॉक्साइड Hydrogen Peroxide, H_2O_2

हाइड्रोजन परॉक्साइड को सर्वप्रथम वैज्ञानिक **थिनार्ड** (Thenard) ने बेरियम परॉक्साइड पर तनु HCl की क्रिया द्वारा प्राप्त किया था। युद्ध काल में इसका उपयोग टरबाइन इंजनों में ईंधन के रूप में किया गया था।

निर्माण की सामान्य विधियाँ
General Methods of Preparation

हाइड्रोजन परॉक्साइड के निर्माण की प्रमुख विधियाँ निम्नलिखित हैं

बेरियम परॉक्साइड पर अम्लों की क्रिया द्वारा
By the Action of Acids on Barium Peroxides

जलीय बेरियम परॉक्साइड (BaO_2) पर फॉस्फोरिक अम्ल या सल्फ्यूरिक अम्ल की क्रिया द्वारा हाइड्रोजन परॉक्साइड प्राप्त होता है।

(i) $BaO_2 \cdot 8H_2O + H_2SO_4 \longrightarrow BaSO_4 \downarrow + H_2O_2 + 8H_2O$

निर्जल बेरियम परॉक्साइड पर तनु H_2SO_4 डालने पर इसके ऊपर अघुलनशील $BaSO_4$ की पर्त जम जाती है, जिससे हाइड्रोजन परॉक्साइड बननी बन्द हो जाती है। इसलिए जलीय बेरियम परॉक्साइड $BaO_2 \cdot 8H_2O$ का प्रयोग करना चाहिए।

(ii) $3BaO_2 + 2H_3PO_4 \longrightarrow Ba_3(PO_4)_2 + 3H_2O_2$

$Ba_3(PO_4)_2 + 3H_2SO_4 \longrightarrow 3BaSO_4 \downarrow + 2H_3PO_4$

निर्जल BaO_2 द्वारा From Anhydrous BaO_2

20% प्रशीतित सल्फ्यूरिक अम्ल में सोडियम परॉक्साइड की गणितीय मात्रा मिलाने पर हाइड्रोजन परॉक्साइड प्राप्त होता है।

$$Na_2O_2 + H_2SO_4 \longrightarrow Na_2SO_4 + H_2O_2$$

विलयन को ठण्डा करने पर $Na_2SO_4 \cdot 10H_2O$ के क्रिस्टल अलग हो जाते हैं, जिन्हें छानकर पृथक् कर दिया जाता है।

मर्क विधि Merck's Method

बेरियम परॉक्साइड पर CO_2 की क्रिया द्वारा हाइड्रोजन परॉक्साइड प्राप्त होता है।

$$BaO_2 + CO_2 + H_2O \longrightarrow H_2O_2 + BaCO_3$$

ठण्डे आसुत जल में बेरियम परॉक्साइड का चूर्ण डालकर CO_2 गैस प्रवाहित करने पर $BaCO_3$ अवक्षेपित हो जाता है, जिसे छानकर अलग कर देते हैं और इस प्रकार H_2O_2 का तनु विलयन प्राप्त होता है।

H_2O_2 का औद्योगिक निर्माण
Industrial Preparation of H_2O_2

H_2O_2 के औद्योगिक निर्माण की निम्नलिखित विधियाँ हैं

(i) 50% सल्फ्यूरिक अम्ल के विद्युत अपघटन द्वारा यह परडाइसल्फ्यूरिक अम्ल ($H_2S_2O_8$) देता है जिसका आसवन करने पर 30% H_2O_2 विलयन प्राप्त होता है।

$$H_2SO_4 \longrightarrow H^+ + HSO_4^-$$

कैथोड (Cu तार) **पर** $2H^+ + 2e^- \longrightarrow 2H \longrightarrow H_2 \uparrow$

ऐनोड पर $2HSO_4^- \longrightarrow 2HSO_4 + 2e^-$

$$2HSO_4 \longrightarrow \underset{\text{परडाइसल्फ्यूरिक अम्ल}}{H_2S_2O_8}$$

$$H_2S_2O_8 + 2H_2O \xrightarrow{\text{आसवन}} 2H_2SO_4 + H_2O_2$$

(ii) अमोनियम हाइड्रोजन सल्फेट $[(NH_4)_2SO_4 + H_2SO_4]$ का विद्युत अपघटन करने पर भी H_2O_2 प्राप्त होता है।

$$(NH_4)_2SO_4 + H_2SO_4 \longrightarrow \underset{\text{अमोनियम हाइड्रोजन सल्फेट}}{2NH_4HSO_4}$$

$$NH_4HSO_4 \longrightarrow H^+ + NH_4SO_4^-$$

कैथोड पर $2H^+ + 2e^- \longrightarrow 2H \longrightarrow H_2 \uparrow$

ऐनोड पर $2NH_4SO_4^- \longrightarrow \underset{\text{अमोनियम परसल्फेट}}{(NH_4)_2S_2O_8} + 2e^-$

H_2O_2 के भौतिक गुणधर्म
Physical Properties of H_2O_2

(i) शुद्ध H_2O_2 एक पीला-नीला चिपचिपा द्रव है।

(ii) यह 76 सेमी दाब पर अपने क्वथनांक (151° C) पर तीव्रता से विघटित होता है।

(iii) यह एक अस्थायी द्रव है, जो रखने पर या गर्म करने पर जल तथा ऑक्सीजन में विघटित हो जाता है। इसके विघटन को रोकने के लिए इसे गहरे रंग की मोम की पर्त वाली बोतलों में रखा जाता है। फॉस्फोरिक, ग्लिसरॉल अथवा ऐसीटैनिलाइड की अल्प मात्रा इसमें मिलायी जाती है जो प्रति-उत्प्रेरक के रूप में कार्य करते हैं, अत: इसके विघटन को रोकते हैं।

(iv) H_2O_2 प्रतिचुम्बकीय होता है।

(v) शुद्ध H_2O_2 का डाइइलेक्ट्रिक स्थिरांक 93.7 है जो तनुता के साथ बढ़ता है। 90% व 65% शुद्ध H_2O_2 का डाइइलेक्ट्रिक स्थिरांक क्रमश: 97 व 120 होता है। उच्च डाइइलेक्ट्रिक स्थिरांक के कारण, H_2O_2 व इसका जलीय विलयन अच्छे विद्युत अपघटनी विलायक हैं।

(vi) यह जल की तुलना में हाइड्रोजन बन्ध के द्वारा अत्यधिक संगुणित होता है।

(vii) शुद्ध H_2O_2 दुर्बल अम्लीय होता है, जबकि इसका जलीय विलयन उदासीन होता है।

H_2O_2 के रासायनिक गुणधर्म
Chemical Properties of H_2O_2

H_2O_2 के प्रमुख रासायनिक गुण निम्नलिखित हैं

विघटन Decomposition

विघटन शुद्ध H_2O_2 अस्थायी है तथा रखने या गर्म करने पर विघटित हो जाता है।

$$2H_2O_2 \longrightarrow 2H_2O + O_2; \quad \Delta H = -196 \text{ किलोजूल}$$

ऑक्सीकारक गुण Oxidising Property

अम्लीय तथा क्षारीय माध्यम में यह एक प्रबल ऑक्सीकारक की भाँति कार्य करता है। अम्लीय माध्यम में सामान्यत: मन्द क्रिया होती है जबकि क्षारीय माध्यम में ऑक्सीकरण तीव्र होता है।

$$H_2O_2 + 2H^+ + 2e^- \longrightarrow 2H_2O \text{ (अम्लीय माध्यम में)}$$

अथवा $H_2O_2 \longrightarrow H_2O + O$

उदाहरण—

$$\underset{\text{लेड सल्फाइड}}{PbS} + 4H_2O_2 \longrightarrow \underset{\text{लेड सल्फेट}}{PbSO_4} + 4H_2O$$

अपचायक गुण Reducing Property

यह अम्लीय तथा क्षारीय दोनों माध्यमों में अपचायक की भाँति कार्य करता है। अम्लीय माध्यम में अपचायक क्रिया क्षारीय माध्यम की अपेक्षा कुछ कम होती है।

अम्लीय माध्यम में, $H_2O_2 \longrightarrow O_2 + 2H^+ + 2e^-$

उदाहरण—$MnO_2 + H_2SO_4 + H_2O_2 \longrightarrow MnSO_4 + 2H_2O + O_2$

क्षारीय माध्यम में, $H_2O_2 + 2OH^- \longrightarrow 2H_2O + O_2 + 2e^-$

उदाहरण—

$$Fe_2(SO_4)_3 + 2KOH + H_2O_2 \longrightarrow 2FeSO_4 + K_2SO_4 + 2H_2O + O_2$$

H_2O_2 के उपयोग Uses of H_2O_2

(i) यह एक हल्की विरंजक गैस है अत: इसका तनु विलयन उन कोमल वस्तुओं (जैसे रेशम, ऊन, बाल, हाथी दाँत आदि) का विरंजन करने में काम आता है जो क्लोरीन द्वारा विरंजन करने के लिए अनुपयुक्त हैं।

(ii) यह जीवाणुनाशक के रूप में घाव धोने, गरारा करने और कान साफ करने में प्रयोग किया जाता है।

(iii) पुराने तेल चित्रों (Oil paintings) के रंग को पुन: प्राप्त करने में प्रयोग की जाती है जो धीरे-धीरे PbS बनने के कारण काली पड़ जाती है। H_2O_2, PbS को पुन: $PbSO_4$ में ऑक्सीकृत कर देता है और पुराने रंग फिर से चमक जाते हैं।

(iv) H_2O_2 का प्रयोग दूध, शराब आदि को सड़ने से बचाने में भी किया जाता है।

(v) प्रयोगशाला में यह ऑक्सीकारक के रूप में प्रयोग होती है तथा कुछ धातुओं के कैलोरीमिति परिमापन में भी प्रयुक्त होता है।

(vi) H_2O_2 का लगभग 90% विलयन पनडुब्बियों, राकेटों, टार्पीडों आदि में ईंधन के रूप में प्रयोग किया जाता है।

(vii) चूँकि इसका विघटन अत्यधिक ऊष्माक्षेपी (Exothermic) है अत: इसका प्रयोग प्रोपेलेन्ट (Propellent) के रूप में भी किया जाता है।

$$2H_2O_2 \longrightarrow 2H_2O + O_2; \quad \Delta H = -46000 \text{ कैलोरी}$$

H_2O_2 की संरचना Structure of H_2O_2

H_2O_2 को निम्न दो संरचनात्मक सूत्रों द्वारा प्रदर्शित किया जा सकता है

H—O—O—H, संरचना-I (बॉयर, 1900)

$H_2O \longrightarrow O$ (H, H द्वारा O से जुड़े), संरचना-II (किंग्जेट, 1884)

H_2O_2 का अणु समतलीय नहीं है अर्थात् सभी चार परमाणु एक ही तल में नहीं पड़ते हैं। इसकी संरचना खुली पुस्तक संरचना की तरह है, जिसमें O—O—H का बन्ध-कोण 101.5° तथा O—O बन्ध-दूरी 1.48 Å है। इसमें O—H बन्ध की लम्बाई 0.97Å तथा पुस्तक के दोनों भागों के बीच में 94° का कोण होता है।

हाइड्राइड Hydrides

हाइड्रोजन निश्चित परिस्थितियों में उत्कृष्ट गैसों के अलावा लगभग सभी तत्वों के साथ संयोग करके द्विअंगी यौगिक बनाती है जिन्हें हाइड्राइड कहते हैं।

हाइड्राइडों को निम्नलिखित श्रेणियों में वर्गीकृत किया गया है

आयनिक अथवा लवणीय अथवा लवण समान हाइड्राइड Ionic or Saline or Salt like Hydrides

(i) उच्च विद्युत धनीय प्रकृति के तत्व हाइड्रोजन के साथ अभिक्रिया कर इस प्रकार के हाइड्राइड का निर्माण करते हैं।

(ii) ये रससमीकरणमितीय यौगिक होते हैं।

(iii) हल्के धात्विक हाइड्राइड (जैसे LiH, BeH_2 तथा MgH_2) में सार्थक सहसंयोजक गुण पाया जाता है। इनकी संरचना सहसंयोजक बहुलक की तरह होती है।

(iv) आयनिक हाइड्राइड ठोस अवस्था में क्रिस्टलीय अवाष्पशील तथा अचालक होते हैं।

(v) क्षार धातुओं के गलित हाइड्राइड विद्युत का चालन करते हैं और विद्युत अपघटन द्वारा हाइड्रोजन ऐनोड पर मुक्त होती है जो हाइड्राइड $[H^-]$ आयन के अस्तित्व की पुष्टि करता है।

(vi) लवणीय हाइड्राइड जल के साथ अभिक्रिया कर हाइड्रोजन गैस देता है।

$$NaH(aq) + H_2O(aq) \longrightarrow NaOH(aq) + H_2(g)$$

सहसंयोजक अथवा आण्विक हाइड्राइड Covalent or Molecular Hydrides

(i) अधिकांश *p*-ब्लॉक के तत्व हाइड्रोजन के साथ संयुक्त होकर सहसंयोजक हाइड्राइड का निर्माण करते हैं।

उदाहरण—CH_4, NH_3, H_2O तथा HF आदि।

(ii) आपेक्षिक इलेक्ट्रॉनों की संख्या तथा आबन्धों की संख्या के आधार पर इसे इलेक्ट्रॉन न्यून (Electron deficient) जैसे– B_2H_6, इलेक्ट्रॉन परिशुद्ध (Electron precise) जैसे– CH_4 तथा इलेक्ट्रॉन समृद्ध (Electron rich) जैसे H_2O, NH_3 तथा HF में विभक्त किया जाता है।

हाइड्रोजन-एक ईंधन के रूप में Hydrogen as a Fuel

वर्तमान समय मे प्रचलित ईंधन के साधनों के प्रयोग की मुख्य समस्या उनसे उत्पन्न प्रदूषण है। इनके विकल्प के रूप में हाइड्रोजन का ईंधन के रूप में प्रयोग महत्वपूर्ण प्रयास है। *ईंधन के रूप में हाइड्रोजन के मुख्य उपयोग निम्न है।*

ईंधन गैसों के रूप में As Fuel Gases

हाइड्रोजन अनेक ईंधन गैसों का एक महत्त्वपूर्ण अंग है। कुछ प्रमुख ईंधन गैसों का वर्णन निम्न हैं

(i) **भाप अंगार गैस अथवा जल गैस** यह $H_2(40\%)$, CO(50%) तथा अन्य गैसों (O_2, N_2, CH_2 आदि 10%) का मिश्रण होती है। इसका प्रयोग मेथिल ऐल्कोहॉल बनाने में तथा वेल्डिंग में किया जाता है।

(ii) **कोल गैस** यह H_2 (45- 55%), CO (2 - 5%) CH_4 (25 35%) तथा अन्य गैसों (C_2H_4, C_2H_2 आदि 4-11%) आदि, का मिश्रण होती है। इसका प्रयोग ऊष्मा प्राप्त करने के लिए, प्रकाश उत्पन्न करने के लिए (प्रदीपक) अपचायक के रूप में तथा अक्रिय वातावरण उत्पन्न करने के लिए किया जाता है।

रॉकेट ईंधन के रूप में As a Rocket Fuel

द्रवीकृत हाइड्रोजन का उपयोग रॉकेटों में ईंधन के रूप में किया गया है। द्रव हाइड्रोजन को एक आदर्श रॉकेट ईंधन माना जाता है। *यह हाइड्रोजन के निम्न गुणों के कारण है*

(i) यह पृथ्वी पर जल के रूप में पर्याप्त मात्रा में उपलब्ध है।

(ii) सबसे हल्की गैस होने के कारण इसका द्रव्यमान बहुत कम होता है।

(iii) यह ज्वलनशील है तथा इसकी दहन ऊष्मा का मान काफी अधिक होता है।

(iv) इसके दहन पर उत्पन्न उत्पाद केवल जल है।

(v) इसकी दहन प्रक्रिया प्रदूषण मुक्त है। इसके दहन पर कोई भी हानिकारक गैसें जैसे CO, CO_2, SO_2 आदि नहीं बनती है।

ईंधन सेल के रूप में As a Fuel Cell

ईंधन सेल में ईंधन के दहन से उत्पन्न ऊर्जा को सीधे विद्युत ऊर्जा में परिवर्तित किया जाता है। ईंधन सेल का प्रमुख उदाहरण हाइड्रोजन-ऑक्सीजन ईंधन सेल हैं यह (70 – 85%) रूपान्तरण क्षमता के साथ विद्युत उत्पादन करते हैं। यह किसी प्रकार का प्रदूषण उत्पन्न नहीं करता है।

हाइड्रोजन अर्थव्यवस्था Hydrogen Economy

हाइड्रोजन का मुख्य उपयोग एवं सम्भावनाएँ निकट भविष्य में इसका प्रदूषण रहित (स्वच्छ) ईंधन के रूप में प्रयोग है। हाइड्रोजन अर्थव्यवस्था का मूल सिद्धान्त ऊर्जा का द्रव हाइड्रोजन अथवा गैसीय हाइड्रोजन के रूप में अभिगमन तथा भंडारण है। इसका मुख्य उद्देश्य ऊर्जा का संचरण विद्युत ऊर्जा के स्थान पर हाइड्रोजन ऊर्जा के रूप में करता है।

अभ्यास प्रश्न

1. कौन-सा युग्म हाइड्रोजन समस्थानिक को नहीं दर्शाता?

(a) *ऑर्थो* हाइड्रोजन तथा *पैरा* हाइड्रोजन
(b) प्रोटियम तथा ड्यूटीरियम
(c) ड्यूटीरियम तथा ट्राइटियम
(d) ट्राइटियम तथा प्रोटियम

2. हाइड्रोजन के सबसे भारी समस्थानिक में प्रोटॉन, इलेक्ट्रॉन तथा न्यूट्रॉनों का योग है

(a) 3 (b) 5 (c) 4 (d) 6

3. धातुओं द्वारा हाइड्रोजन का अधिशोषण कहलाता है

(a) अधिशोषण (b) ऑक्लूजन
(c) हाइड्रोजनीकरण (d) विहाइड्रोजनीकरण

4. हाइड्रोजन हैलोजन के साथ अनेक समानताएँ दर्शाता है, जिसके लिए अनेक कारण उत्तरदायी हैं। निम्नलिखित कारकों में से कौन-सा इसका सबसे बड़ा कारण है?

(a) इसकी एक इलेक्ट्रॉन खोकर धनायन बनाने की प्रवृत्ति
(b) इसकी अपने संयोजन कोश में एक एकल इलेक्ट्रॉन प्राप्त करके स्थायी इलेक्ट्रॉनिक विन्यास ग्रहण करने की प्रवृत्ति
(c) इसका निम्न ऋणात्मक इलेक्ट्रॉन लब्धि
(d) इसका छोटा आकार

5. H^+ आयन हमेशा दूसरे परमाणु तथा अणु से सम्बन्धित क्यों होता है?

(a) हाइड्रोजन की आयनन एन्थैल्पी की क्षार धातु से समानता
(b) इसकी अभिक्रियाशीलता हैलोजनों के समान होने के कारण
(c) इसकी क्षार धातु तथा हैलोजन दोनों से समानता के कारण
(d) हाइड्रोजन परमाणु से एक इलेक्ट्रॉन की हानि के कारण अन्य परमाणुओं और आयनों की तुलना में छोटे आकार का केन्द्रक बनने के कारण। छोटा आकर होने के कारण यह स्वतन्त्र नहीं रह सकता

6. रेडियोधर्मी तत्व α, β तथा γ किरणें निष्कासित (emit) करते हैं तथा अर्द्धआयु इनका लाक्षणिक गुण होता है। हाइड्रोजन का रेडियोधर्मी समस्थानिक है

(a) प्रोटियम (b) ड्यूटीरियम (c) ट्राइटियम (d) हाइड्रोनियम

7. ताप तथा दाब की कौन-सी अवस्थाएँ आण्विक हाइड्रोजन से परमाणवीय हाइड्रोजन के निर्माण हेतु सबसे अनुकूल होगी?

(a) उच्च ताप तथा निम्न दाब (b) निम्न ताप तथा निम्न दाब
(c) उच्च ताप तथा उच्च दाब (d) निम्न ताप तथा उच्च दाब

8. निम्नलिखित में से कौन-सी अभिक्रिया जल गैस से अन्य यौगिकों के संश्लेषण का एक उदाहरण है?

(a) $CH_4(g) + H_2O\,(g) \xrightarrow[\text{Ni}]{1270\text{ K}} CO(g) + H_2(g)$

(b) $CO(g) + H_2O\,(g) \xrightarrow[\text{उत्प्रेरक}]{673\text{ K}} CO_2(g) + H_2(g)$

(c) $C_nH_{2n+2} + nH_2O\,(g) \xrightarrow[\text{Ni}]{1270\text{ K}} nCO + (2n+1)\,H_2$

(d) $CO(g) + 2H_2\,(g) \xrightarrow[\text{उत्प्रेरक}]{\text{कोबाल्ट}} CH_3OH(l)$

9. कौन-सा दुर्बलतम अपचायक है?

(a) परमाणवीय हाइड्रोजन (b) नवजात हाइड्रोजन
(c) डाइहाइड्रोजन (d) सभी की अपचायक शक्ति समान है

10. भारी जल है

(a) 0°C पर जल (b) Fe, Cr, Mn युक्त जल
(c) D_2O (d) कई आसवनों के उपरान्त प्राप्त जल

11. भारी जल परमाणवीय रिएक्टर में निम्न के रूप में प्रयोग होता है

(a) मंदक (b) शीतलक
(c) मंदक तथा शीतलक दोनों (d) न शीतलक न मंदक

12. परम्यूटिट निम्न का तकनीकी (Technical) नाम है

(a) कैल्सियम तथा सोडियम के ऐलुमिनेट
(b) ऐलुमिनियम तथा सोडियम के हाइड्रेटिड सिलिकेट
(c) कैल्सियम तथा मैग्नीशियम के सिलिकेट
(d) कैल्सियम तथा सोडियम के सिलिकेट

13. खनिज रहित (Demineralised) जल प्राप्त किया जाता है

(a) उबालकर (b) कैल्गॉन से उपचारित करके
(c) आयन विनिमय रेजिन द्वारा (d) इन सभी से

14. यदि द्रवीय जल तथा बर्फ के टुकड़े का समान द्रव्यमान लिया जाता है तो बर्फ का घनत्व द्रवीय जल से कम क्यों होता है?

(a) क्योंकि बर्फ ठोस है
(b) क्योंकि बर्फ के अणु निकटतम व्यवस्थित होते हैं
(c) क्योंकि क्रिस्टल जालक में रिक्त स्थान उपस्थित होते हैं
(d) दिया गया कथन गलत है

15. निम्नलिखित में से कौन-सा कथन जल के अभिलाक्षणिक गुण "जल एक सार्वत्रिक विलायक है" को परिभाषित नहीं करता है?

(a) इसका उच्च द्रव परास होता है
(b) इसका डाइइलेक्ट्रिक नियतांक बहुत कम होता है
(c) यह अधिकतर यौगिकों को विलेय कर सकता है
(d) उपरोक्त में से कोई नहीं

16. जल का क्वथनांक उच्च होता है, क्योंकि

(a) जल अणु रेखीय होता है
(b) जल अणु रेखीय नहीं होता
(c) जल अणु में H व O के मध्य सहसंयोजक बन्ध होता है
(d) उपरोक्त में से कोई नहीं

17. जब दो बर्फ की घन (Cubes) एक साथ दबाते हैं तो वे एक घन में बदल जाती है। इनको बाँधे रखने के लिए कौन-सा बल उत्तरदायी है?

(a) आयनिक अन्तःक्रिया (b) वाण्डरवाल्स बल
(c) सहसंयोजक अन्तःक्रिया (d) हाइड्रोजन बन्ध निर्माण

18. जब जियोलाइट (हाइड्रेटिड सोडियम ऐलुमिनियम सिलिकेट) कठोर जल के साथ उपचारित किया जाता है तो सोडियम आयनों का किससे विनिमय होता है?

(a) H^+ आयन (b) Mg^{2+} आयन
(c) Ca^{2+} आयन (d) दोनों Ca^{2+} तथा Mg^{2+}

19. जल की F_2 को साथ अभिक्रिया में F_2 निम्न के रूप में कार्य करती है

(a) ऑक्सीकारक (b) अपचायक
(c) दोनों (a) तथा (b) (d) इनमें से कोई नहीं

20. विआयनित (Deionised) जल कठोर जल को निम्न पर प्रवाहित करके बनाया जाता है

(a) ऋणायन विनिमय कारक
(b) जियोलाइट
(c) धनायन विनिमय कारक
(d) ऋणायन तथा धनायन विनिमय कारक दोनों

21. निम्नलिखित में से कौन-सा आयन जल के नमूने में कठोरता उत्पन्न करता है?

(a) Ca^{2+} (b) Na^+ (c) Cl^- (d) K^+

22. निम्नलिखित में से कौन-सा यौगिक जल के मृदुकरण (Softening) के लिए प्रयुक्त होता है?

(a) $Ca_3(PO_4)_2$ (b) Na_3PO_4 (c) $Na_6P_6O_{18}$ (d) Na_2HPO_4

23. हाइड्रोजन परॉक्साइड निम्न के विद्युत अपघटन से प्राप्त होता है

(a) जल (b) सल्फ्यूरिक अम्ल
(c) हाइड्रोक्लोरिक अम्ल (d) संगलित सोडियम परॉक्साइड

24. प्रयोगशाला में H_2O_2 का निर्माण निम्न से होता है

(a) ठण्डा $H_2SO_4 + BaO_2$ (b) $HCl + BaO_2$
(c) सान्द्र $H_2SO_4 + Na_2O_2$ (d) $H_2 + O_2$

25. H_2O_2में H—O—O बन्ध कोण है

(a) 107.28° (b) 97° (c) 104.5° (d) 109.28°

26. आजकल H_2O_2 का निर्माण होता है

(a) ऑक्सीजन की अधिकता में हाइड्रोजन के ज्वलन से
(b) BaO_2 पर H_2O_2 की क्रिया से
(c) Na_2O_2 पर H_2SO_4 की क्रिया से
(d) 50% H_2SO_4 के विद्युत अपघटन से

27. हाइड्रोजन परॉक्साइड है

(a) ऑक्सीकारक (b) अपचायक
(c) ऑक्सीकारक तथा अपचायक दोनों (d) न ऑक्सीकारक न अपचायक

28. ऑक्साइड जो तनु H_2SO_4 के साथ उपचारित करने पर H_2O_2 देता है

(a) PbO_2 (b) $BaO_2 \cdot 8H_2O + O_2$
(c) MnO_2 (d) TiO_2

29. सोडियम परॉक्साइड तनु सल्फ्यूरिक अम्ल के साथ उपचारित करने पर देता है

(a) सोडियम सल्फेट तथा जल
(b) सोडियम सल्फेट तथा ऑक्सीजन
(c) सोडियम सल्फेट, हाइड्रोजन तथा ऑक्सीजन
(d) सोडियम सल्फेट तथा हाइड्रोजन परॉक्साइड

30. 1.5 NH_2O_2 विलयन की आयतन सान्द्रता है

(a) 16.8 ली (b) 8.4 ली (c) 4.2 ली (d) 5.2 ली

31. 5 आयतन H_2O_2 की सान्द्रता है

(a) 15 (b) 1.5 (c) 150 (d) 0.15

32. परॉक्साइड से हाइड्रोजन परॉक्साइड के निर्माण में सल्फ्यूरिक अम्ल पर फॉस्फोरिक अम्ल को वरीयता दी जाती है, क्योंकि

(a) H_2SO_4 अपचायक के रूप में कार्य करता है
(b) H_2SO_4, $BaSO_4$ बनाता है जिसको पृथक् करना कठिन है
(c) H_2SO_4 उत्प्रेरक के रूप में कार्य करता है
(d) दोनों (b) तथा (c)

33. अनिश्चित अनुपात (Non-stoichiometric) के हाइड्राइड हैं

(a) सभी *d*-ब्लॉक तत्वों के हाइड्राइड
(b) हाइड्रोजन न्यून (Deficient) हैं
(c) हाइड्राइड जिनमें अन्तःस्थ स्थान पर हाइड्रोजन परमाणु होते हैं
(d) दोनों (b) तथा (c)

34. निम्नलिखित में से कौन-सा हाइड्राइड इलेक्ट्रॉन परिशुद्ध (Precise) हाइड्राइड है?

(a) B_2H_6 (b) NH_3 (c) H_2O (d) CH_4

35. आवर्त तालिका के निम्न समूहों के तत्व हाइड्राइड नहीं बनाते हैं?

(a) समूह 7, 8, 9 (b) समूह 13
(c) समूह 15, 16, 17 (d) समूह 14

36. केवल एक तत्व ..... का हाइड्राइड बनाता है?

(a) समूह 6 (b) समूह 7 (c) समूह 8 (d) समूह 9

37. जब पिघली अवस्था में आयनिक हाइड्राइड में विद्युत धारा प्रवाहित की जाती है, तो

(a) कैथोड पर हाइड्रोजन प्राप्त होती है
(b) ऐनोड पर हाइड्रोजन प्राप्त होती है
(c) हाइड्रोजन आयन कैथोड की ओर गमन करते हैं
(d) उपरोक्त सभी

38. इलेक्ट्रॉन न्यून हाइड्राइड की संरचना तथा रासायनिक अभिक्रिया से सम्बन्धित लक्षण है

(a) ये लुईस अम्ल की तरह कार्य करते हैं
(b) ये धातु तथा अधातु दोनों से अभिक्रिया करते हैं
(c) इनकी त्रिकोणीय समतल आकृति होती है
(d) उपरोक्त सभी

39. लवण हाइड्राइड जल के साथ उग्र रूप से क्रिया करके ज्वाला उत्पन्न करने के लिए जाने जाते हैं। यह ज्वाला CO_2 द्वारा नहीं बुझायी जा सकती क्योंकि

(a) CO_2 उत्पन्न गैस से हल्की होती है
(b) CO_2 उत्पन्न गैस से भारी होती है
(c) CO_2 उत्पन्न गैस से अपचयित हो जाती है
(d) CO_2 उत्पन्न गैस से ऑक्सीकृत हो जाती है

40. धातु हाइड्राइड हाइड्रोजन संग्रहण के लिए उपयोगी है, क्योंकि

(a) वे हाइड्रोजन से अभिक्रिया करके स्थायी यौगिक बनाते हैं
(b) वे H-परमाणु अवशोषित करते हैं
(c) वे H-परमाणु अधिशोषित करते हैं
(d) वे हाइड्रोजन के साथ अस्थायी यौगिक बनाते हैं

उत्तरमाला

1.	(a)	2.	(c)	3.	(b)	4.	(c)	5.	(d)	6.	(c)	7.	(a)	8.	(c)	9.	(c)	10.	(c)
11.	(c)	12.	(b)	13.	(c)	14.	(c)	15.	(b)	16.	(d)	17.	(d)	18.	(d)	19.	(b)	20.	(d)
21.	(b)	22.	(c)	23.	(d)	24.	(a)	25.	(b)	26.	(d)	27.	(c)	28.	(b)	29.	(c)	30.	(b)
31.	(a)	32.	(c)	33.	(d)	34.	(d)	35.	(a)	36.	(a)	37.	(b)	38.	(d)	39.	(c)	40.	(c)

उत्तर सहित व्याख्या

1. *(a) ऑर्थो* तथा *पैरा* हाइड्रोजन अणु में भिन्न चक्रण प्रदर्शित करते हैं। अतः ये समस्थानिक नहीं हैं।

2. (c) $_1H^3$ में तीन न्यूक्लिऑन (1 प्रोटॉन + 2 न्यूट्रॉन) और एक इलेक्ट्रॉन होता है। अतः इनका योग $3+1=4$ है।

7. (a) $H_2 \longrightarrow H + H, \Delta H =$ धनात्मक

यह अभिक्रिया निम्न दाब तथा उच्च ताप पर अनुकूल होती है।

9. (c) क्योंकि डाइहाइड्रोजन कम क्रियाशील है।

11. (c) भारी जल तीव्रगामी न्यूटॉनों की गति कम करने के लिए मंदक के रूप में तथा शीतलक के रूप में भी प्रयुक्त होता है।

13. (c) जल जो सभी घुलनशील खनिज लवणों से स्वतन्त्र होता है खनिज रहित जल कहलाता है। खनिज रहित जल को क्रमशः धनायन विनिमय तथा ऋणायन विनिमय रेजिन पर प्रवाहित करने पर प्राप्त होता है। धनायन विनिमय कारक में Ca^{2+}, Mg^{2+}, Na^+ तथा जल में उपस्थित अन्य कैटायन H^+ आयन द्वारा जबकि ऋणायन विनिमय कारक में जल में उपस्थित Cl, HCO_3^-, SO_4^{2-} आदि OH^- आयन से विनिमय के द्वारा हटाये जाते हैं

$$\underset{\text{(धनायन विनिमय कारक से प्राप्त)}}{H^+} + \underset{\text{(ऋणायन विनिमय कारक से प्राप्त)}}{OH^-} \longrightarrow H_2O$$

15. (b) जल का डाइइलैक्ट्रिक नियतांक (82) तथा द्रव परास उच्च होता है तथा यह अत्यधिक यौगिकों को विलेय कर सकता है। अतः यह सार्वत्रिक विलायक के रूप में प्रयुक्त होता है

19. (b) फ्लोरीन अत्यधिक विद्युतऋणात्मक होने के कारण जल से ऑक्सीजन को दूर करती है तथा स्वयं फ्लोराइड आयन में अपचायित हो जाती है।

$$\underset{\text{ऑक्सीकारक}}{2F_2(g)} + \underset{\text{अवकारक}}{2H_2O(l)} \longrightarrow O_2(g) + 4H^+(aq) + 4F^-(aq)$$

$$\underset{\text{ऑक्सीकारक}}{3F_2(g)} + \underset{\text{अवकारक}}{3H_2O(l)} \longrightarrow O_3(g) + 6H^+(aq) + 6F^-(aq)$$

इन अभिक्रियाओं में जल अपचायक के रूप में कार्य करता है अतः स्वयं ऑक्सीजन अथवा ओजोन में ऑक्सीकृत हो जाता है। फ्लोरीन ऑक्सीकारक के रूप में कार्य करती है। अतः स्वयं F^- आयन में अपचयित हो जाती है।

20. (d) विआयनित अथवा खनिज रहित जल कठोर जल को क्रमशः कैटायन तथा ऐनायन विनिमय कारक पर प्रवाहित करने पर प्राप्त होता है।

21. (b) कैल्सियम तथा मैग्नीशियम के बाइकार्बोनेट, क्लोराइड तथा सल्फेट जल की कठोरता के लिए उत्तरदायी हैं।

24. (a) $H_2SO_4 + BaO_2 \longrightarrow BaSO_4 + H_2O_2$

25. (b)

H, 97°, 1.48Å, O—O, 97°, H

H_2O_2

26. (d) 50% सल्फ्यूरिक अम्ल के विद्युत अपघटन पर डाइसल्फ्यूरिक अम्ल ($H_2S_2O_8$) प्राप्त होता है जो आसवन पर 30% हाइड्रोजन परॉक्साइड विलयन प्राप्त होता है।

29. (c) $Na_2O_2 + H_2SO_4 \longrightarrow Na_2SO_4 + H_2O_2$

30. (b) आयतन सान्द्रता = $5.6 \times$ नॉर्मलता

$$= 5.6 \times 1.5 = 8.4 \text{ ली}$$

31. (a) 5 आयतन H_2O_2 विलयन का अर्थ यह है कि 5 आयतन H_2O_2 विलयन के 1 ली के अपघटन पर NTP पर O_2 के 5 ली प्राप्त होते हैं।

$$\underset{2\times 34 \text{ ग्राम}}{2H_2O_2} \longrightarrow 2H_2O + \underset{\text{सा दा ता पर } 22.7 \text{ ली}}{O_2}$$

22.7 ली O_2 सामान्य ताप व दाब पर प्राप्त करने के लिए $H_2O_2 =$ 68 ग्राम

$\therefore$ 5 ली O_2 सामान्य ताप व दाब पर प्राप्त करने के लिए H_2O_2

$$= \frac{68 \times 5}{22.7} \text{ ग्राम} = 14.98 \approx 15 \text{ ग्राम}$$

किन्तु सामान्य ताप तथा दाब पर O_2 के 5 ली 5 आयतन H_2O_2 की 1 ली से प्राप्त होते हैं।

$\therefore$ H_2O_2 विलयन की सान्द्रता = 15 ग्राम/ली

32. (c) H_2SO_4, H_2O_2 के अपघटन के लिए उत्प्रेरक का कार्य करता है। अतः परॉक्साइड से H_2O_2 बनाने के लिए कुछ दुर्बल अम्लों जैसे– H_3PO_4, H_2CO_3 को H_2SO_4 पर वरीयता दी जाती है।

$$3BaO_2 + 2H_3PO_4 \longrightarrow \underset{\text{(अविलेय)}}{Ba_3(PO_4)_2} + 3H_2O_2$$

33. (d) अनिश्चित अनुपात के हाइड्राइड अनेक *d*-ब्लॉक (वर्ग 7, 8, 9 की धातुओं को छोड़कर तथा *f*-ब्लॉक के तत्व बनाते हैं। ये हाइड्राइड हमेशा अनिश्चित अनुपात वाले होते हैं अर्थात् हाइड्रोजन न्यून। इन हाइड्राइडों में हाइड्रोजन परमाणु अन्तःस्थ स्थान में उपस्थित होते हैं। उदाहरण– $LaH_{2.84}$, $YbH_{2.35}$, $TiH_{1.5-1.8}$, $PdH_{0.6-0.8}$ आदि।

34. (d) CH_4 एक इलेक्ट्रॉन परिशुद्ध हाइड्राइड है

37. (b) $M^+H^- \longrightarrow M^+ + \underset{\text{हाइड्राइड आयन}}{H^-}$

$$H^- \longrightarrow \frac{1}{2}H_2 + e^- \quad \text{(ऐनोड पर)}$$

38. (d) इलेक्ट्रॉन न्यून हाइड्राइड 13वें समूह के तत्वों द्वारा प्राप्त होते हैं, जैसे BF_3, $AlCl_3$ आदि। इलेक्ट्रॉन न्यून होने के कारण (या इलेक्ट्रॉन ग्रहणकर्ता) ये लुईस अम्ल के समान कार्य करते हैं। इनकी त्रिकोणीय समतल ज्यामिति होती है तथा ये धातु व अधातु दोनों से अभिक्रिया करते हैं।

40. (c) धातु हाइड्राइडों में हाइड्रोजन का अधिशोषण H परमाणु के रूप में होता है। संक्रमण धातुओं पर हाइड्रोजन अधिशोषण का यह गुण संग्रह माध्यम के रूप में प्रयुक्त होता है कुछ धातुएँ जैसें Pd, Pt हाइड्रोजन का अत्यधिक आयतन रख सकती हैं। यह गुण हाइड्रोजन संग्रह की अत्यधिक क्षमता रखता है तथा ऊर्जा स्रोत के रूप में कार्य करता है। धातु हाइड्राइड गर्म करने पर अपघटित होकर हाइड्रोजन तथा अतिसूक्ष्म रूप से विभाजित धातु बनाते हैं।

अध्याय 14

s-ब्लॉक के तत्व
s-Block Elements

वर्ग 1 के तत्व : क्षार धातुएँ
Elements of Group 1 : Alkali Metals

क्षार धातुएँ आवर्त सारणी में वर्ग-1 में आती हैं। प्रथम वर्ग के तत्व हैं। लीथियम (Li), सोडियम (Na) पोटैशियम (K), रूबीडियम (Rb), सीजियम (Cs) एवं फ्रेन्सियम (Fr)।

प्राप्ति Occurrence

क्षार धातुएँ बहुत सक्रिय होती हैं और संयुक्त अवस्था में पायी जाती हैं। क्षार धातुओं के महत्त्वपूर्ण अयस्क नीचे दिए गए हैं,

(i) **लीथियम** लेपिडोलाइट, स्पोड्यूमीन एमब्लीगोनाइट

(ii) **सोडियम** चिली सॉल्ट पीटर ($NaNO_3$), रॉक लवण ($NaCl$) ग्लोबर लवण ($Na_2SO_4 \cdot 10H_2O$)

(iii) **पोटैशियम** स्लाइम (KCl), कार्नेलाइट ($KCl \cdot MgCl_2 \cdot 6H_2O$) एवं फेल्सपार ($K_2O \cdot Al_2O_3 \cdot 6SiO_2$)।

(iv) **रूबीडियम** लीथियम अयस्क लेपिडोलाइट, ट्राइफिलाइट में 0.7 से 3% Rb_2O उपस्थित होता है।

(v) **सीजियम** लेपिडोलाइट, पील्यूसाइट में 0.2 से 7% Cs_2O उपस्थित होता है।

क्षार धातुओं के सामान्य गुणधर्म
General Characteristics of Alkali Metals

इलेक्ट्रॉनिक विन्यास Electronic Configuration

इन तत्वों के बाह्यतम कोश का इलेक्ट्रॉनिक विन्यास ns^1 होता है।

भौतिक गुण Physical Properties

(i) **विद्युत धनात्मक लक्षण** (Electropositive Character) क्षार धातु आयनन ऊर्जा कम होने के कारण प्रबल विद्युत धनी तत्व होते हैं। धन विद्युती लक्षण Li से Cs तक बढ़ता है। इस कारण से ये धातुएँ इलेक्ट्रॉन त्यागकर M^+ आयन बनाती हैं।

(ii) **परमाणु त्रिज्या** (Atomic Radii) क्षारीय धातुओं की परमाणु त्रिज्या संगत आवर्त में सबसे अधिक होती है। वर्ग में ऊपर से नीचे जाने पर कोशों की संख्या बढ़ने के कारण आकार भी बढ़ता है।

(iii) **आयनन ऊर्जा** (Ionisation Energy) किसी आवर्त में क्षार धातु का आकार सबसे बड़ा होता है, अत: क्षार धातु की प्रथम आयनन ऊर्जा सबसे कम होती है। इन धातुओं की आयनन ऊर्जा Li से Cs तक घटती जाती है। आयनन ऊर्जा कम होने के कारण Cs का प्रयोग प्रकाश विद्युत सेल में किया जाता है।

(iv) **भौतिक अवस्था** (Physical State) सभी तत्व चाँदी के समान सफेद मुलायम तथा हल्की धातुएँ हैं। ये तत्व अत्यधिक आघातवर्धनीय (पतली चादरों में परिवर्तित किए जा सकने वाले) तथा तन्य (तारों में खींचे जा सकने वाले) होते हैं। ये वायु में खुला छोड़ने पर शीघ्रता से मलिन हो जाते हैं।

(v) **आयनों का जलीयकरण** (Hydration of Ions) जब किसी आयन का एक मोल गैसीय अवस्था में जल में घुलकर जलयोजित होता है, तो उत्पन्न ऊर्जा को **जलयोजन ऊर्जा** (Hydration energy) कहते हैं। धनायन का आकार जितना छोटा होता है, उसका जलयोजन उतना ही अधिक होता है, अत: लीथियम लवणों का जलयोजन सबसे अधिक होता है।

आयन का आकार

$$Li^+ < Na^+ < K^+ < Rb^+ < Cs^+$$

जलयोजन ऊर्जा

$$Li^+ > Na^+ > K^+ < Rb^+ > Cs^+$$

जलयोजित आयन का आकार

$$Cs^+(aq) < Rb^+(aq) < K^+(aq) < Na^+(aq) < Li^+$$

(vi) **विद्युत ऋणात्मकता** (Electronegativity) प्रबल विद्युत धनी होने के कारण, किसी आवर्त में क्षार धातुओं की विद्युत ऋणात्मकता सबसे कम होती है। विद्युत ऋणात्मकता का मान Li से Cs तक घटता है।

(vii) **चालकता** (Conductivity) क्षार धातुओं के संयोजी इलेक्ट्रॉन दुर्बलता से बन्धे होने के कारण धातु संरचना में मुक्त (Free) गति करते हैं। अत: क्षार धातुएँ ऊष्मा तथा विद्युत की सुचालक (Conductor) होती हैं।

(viii) **ज्वाला परीक्षण** (Flame Test) क्षार धातुएँ और उनके लवण बर्नर की लौ में विशेष रंग की ज्वाला देते हैं। ज्वाला की ऊर्जा से बाह्य कक्षा का इलेक्ट्रॉन नाभिक से कम आकर्षण रखने के कारण आसानी से उच्च कक्षा में उत्तेजित हो जाता है और फिर अपनी मूल अवस्था में वापस आते समय ऊर्जा का प्रकाश के रूप में उत्सर्जन करता है तथा ज्वाला को विशेष रंग देता है।

धातु	Li	Na	K	Rb	Cs
ज्वाला का रंग	लाल	पीला	बैंगनी	बैंगनी	नीला

(ix) **ऑक्सीकरण अवस्था** (Oxidation State) क्षार धातुओं के धनायन (M^+) का इलेक्ट्रॉनिक विन्यास उत्कृष्ट गैस विन्यास होता है, अत: इनसे एक और इलेक्ट्रॉन को निकालना कठिन है। इस प्रकार इन धातुओं की द्वितीय आयनन ऊर्जा का मान बहुत अधिक होता है, अत: ये धातुएँ सदैव + 1 ऑक्सीकरण अवस्था प्रदर्शित करती हैं।

(x) **क्वथनांक तथा गलनांक** (Boiling Point and Melting point) धात्विक क्रिस्टल जालक में क्षार धातुओं की जालक ऊर्जा अपेक्षाकृत कम होती है, जिसके कारण इनके क्वथनांक व गलनांक भी कम होते हैं। क्वथनांक व गलनांक का मान Li से Cs तक घटता है।

रासायनिक गुण Chemical Properties

(i) **वायु के साथ अभिक्रियाशीलता** (Reaction with Air) जब क्षार धातुओं को वायु में गर्म किया जाता है, तो लीथियम, Li_2O बनाता है। सोडियम, Na_2O व Na_2O_2 बनाता है। पोटैशियम, K_2O, K_2O_2 व KO_2 बनाता है, जबकि Rb व Cs सुपर ऑक्साइड बनाते हैं।

M_2O—मोनॉक्साइड, M_2O_2—परॉक्साइड,
MO_2—सुपरऑक्साइड (जहाँ, M = क्षार धातु तत्व)

$$4Li + O_2 \longrightarrow 2Li_2O \text{ (ऑक्साइड)}$$

$$2Na + O_2 \longrightarrow Na_2O_2 \text{ (परॉक्साइड)}$$

$$M + O_2 \longrightarrow MO_2 \text{ (सुपरऑक्साइड)} \quad (M = K, Rb, Cs)$$

यहाँ KO_2 में O_2^- आयन उपस्थित होता है। इस प्रकार KO_2 में एक अयुग्मित इलेक्ट्रॉन होता है, अत: यह अनुचुम्बकीय (Paramagnetic) तथा रंगीन यौगिक है, जबकि K_2O, Na_2O, K_2O_2, Li_2O, आदि रंगहीन यौगिक हैं।

(ii) **जल के साथ अभिक्रिया** (Reaction with Water) सभी क्षार धातुएँ जल से क्रिया करके H_2 गैस मुक्त करती हैं।

$$2M + 2H_2O \longrightarrow 2MOH + H_2 \uparrow$$

हाइड्रॉक्साइड बनने के कारण धातुओं की धात्विक चमक मलिन हो जाती है।

(iii) **हाइड्रोजन से क्रिया** (Reaction with Hydrogen) क्षार धातुएँ हाइड्रोजन से क्रिया करके आयनिक हाइड्राइड (MH) बनाती है। इनकी क्रियाशीलता Li से Cs तक घटती है। ये हाइड्राइड जल से क्रिया करके पुन: हाइड्रोजन गैस देते हैं।

हाइड्राइडों की क्षारीय प्रवृत्ति तथा स्थायित्व Li से Cs तक घटता है। गलित अवस्था में, इनका विद्युत-अपघटन करने पर धातु कैथोड पर और हाइड्रोजन ऐनोड पर मुक्त होती है।

(iv) **हैलोजन से अभिक्रियाशीलता** (Reaction with Halogen) क्षार धातुएँ, हैलोजनों के साथ सीधे संयोग करके MX प्रकार के आयनिक हैलाइड बनाती हैं। इनकी क्रियाशीलता Li से Cs तक बढ़ती है।

(v) **द्रव अमोनिया में विलेयता** (Solubility in Liquid Ammonia) सभी क्षार धातुएँ, द्रव अमोनिया में विलेय होती हैं। अमोनिया में इनके विलयन नीले रंग के होते हैं। ये विलयन विद्युत के सुचालक होते हैं। द्रव अमोनिया में क्षार धातुओं की चालकता, नीला रंग, अनुचुम्बकीय प्रवृत्ति तथा अपचायक गुणों का कारण इसमें उपस्थित अमोनीकृत इलेक्ट्रॉन ही हैं।

$$M \longrightarrow M^+ + e^-$$

$$e^- + yNH_3 \longrightarrow e(NH_3)_x^-$$

$$M^+ + xNH_3 \longrightarrow [M(NH_3)_x]^+$$

$$M + (x+y)NH_3 \longrightarrow \underset{\text{अमोनीकृत क्षार धातु आयन}}{[M(NH_3)_x]^+} + \underset{\text{अमोनीकृत इलेक्ट्रॉन}}{e\,(NH_3)_y^-}$$

Na तथा K की जैव महत्ता
Biological Significance of Na and K

(i) एक स्वस्थ मनुष्य में लगभग 90 ग्राम Na, 170 ग्राम K तथा 5 ग्राम Fe तथा 0.06 ग्राम Cu होता है।

(ii) सोडियम आयन ब्लड प्लाज्मा की बाहरी सैलों में होते हैं जो मानसिक तरंगों को प्रसारित करते हैं।

(iii) यह मनुष्य की सेल में शुगर व ऐमीनो अम्ल का प्रवाह बनाए रखते हैं।

(iv) पोटैशियम व सोडियम यद्यपि रासायनिक दृष्टि से समान होते हैं, परन्तु पोटैशियम आयन ज्यादा मर्दन क्षमता रखते हैं तथा एन्जाइम को प्रभावित करते हैं।

(v) ग्लूकोस का ATP में ऑक्सीकरण भी पोटैशियम आयनों द्वारा होता है।

क्षार धातुओं के उपयोग Uses of Alkali Metals

(i) पोटैशियम प्रकाश-विद्युत सेलों में प्रयुक्त होता है। (Li तथा Na इसमें प्रयुक्त नहीं होते हैं)

(ii) पोटैशियम तथा सोडियम की मिश्र-धातु साधारण तापों पर द्रव होते हैं तथा पारे के क्वथनांक से ऊपर ताप ज्ञात करने के लिए प्रयुक्त विशेष तापमापियों में प्रयुक्त होती है।

(iii) सोडियम का उपयोग सोडियम वाष्प लैम्प बनाने में होता है, जिनका प्रयोग आजकल सड़कों पर प्रकाश के लिए किया जाता है।

(iv) सोडियम का प्रयोग नाभिकीय रिऐक्टर में ऊष्मा स्थानान्तरण माध्यम के रूप में होता है।

लीथियम का असामान्य व्यवहार
Anomalous Behaviour of Lithium

लीथियम का असामान्य व्यवहार निम्न कारणों से होता है
(a) लीथियम का छोटा आकार (b) उच्च ध्रुवीकरण क्षमता

लीथियम आयन (Li^+) तथा मैग्नीशियम आयन (Mg^{2+}) की आयनिक त्रिज्याएँ (क्रमश: 0.76 व 0.72Å) लगभग समान होती हैं, जिसके कारण इनके गुणों में समानता (विकर्ण सम्बन्ध) पायी जाती है।

लीथियम अन्य क्षार धातुओं से निम्न सन्दर्भो में भिन्नता तथा मैग्नीशियम से समानता प्रदर्शित करता है

(i) लीथियम क्षार धातु से भिन्न नाइट्रोजन के साथ क्रिया करके लीथियम नाइट्राइड बनाता है।

$$6Li + N_2 \xrightarrow{\Delta} \underset{\text{लीथियम नाइट्राइड}}{2Li_3N}$$

$$3Mg + N_2 \longrightarrow \underset{\text{मैग्नीशियम नाइट्राइड}}{Mg_3N_2}$$

(ii) लीथियम के अतिरिक्त कोई अन्य क्षार धातु हाइड्रॉक्साइड, कार्बोनेट तथा नाइट्रेट अपघटित होकर ऑक्साइड नहीं बनाते हैं, यद्यपि मैग्नीशियम लीथियम के समान व्यवहार प्रदर्शित करता है।

$$2LiOH \xrightarrow{\Delta} Li_2O + H_2O$$

$$Mg(OH)_2 \xrightarrow{\Delta} MgO + H_2O$$

$$Li_2CO_3 \xrightarrow{\Delta} Li_2O + CO_2$$

$$MgCO_3 \xrightarrow{\Delta} MgO + CO_2$$

$$2NaNO_3 \xrightarrow{\Delta} 2NaNO_2 + O_2\uparrow$$

$$4LiNO_3 \xrightarrow{\Delta} 2Li_2O + 4NO_2 + O_2$$

$$2Mg(NO_3)_2 \xrightarrow{\Delta} 2MgO + 4NO_2 + O_2$$

(iii) LiCl तथा $MgCl_2$ दोनों आर्द्रताग्राही हैं एवं अपने जलीय विलयनों से हाइड्रेटेड (जलयोजित) क्रिस्टल की तरह पृथक हो जाते हैं $[LiCl \cdot 2H_2O$ एवं $MgCl_2 \cdot 2H_2O]$।

अत: द्वितीय एवं तृतीय आवर्त में Li एवं Mg में विकर्ण सम्बन्ध होता है।

क्षार धातुओं के यौगिक
Compounds of Alkali Metals

सोडियम कार्बोनेट Sodium Carbonate

यह विभिन्न रूपों, जैसे निर्जल सोडियम कार्बोनेट Na_2CO_3 (सोडा-ऐश), मोनोहाइड्रेट $Na_2CO_3 \cdot H_2O$ (क्रिस्टल कार्बोनेट), हेप्टाहाइड्रेट $Na_2CO_3 \cdot 7H_2O$ तथा डेकाहाइड्रेट $Na_2CO_3 \cdot 10H_2O$ (वाशिंग सोडा) में उपस्थित होता है।

निर्माण (Preparation) (सॉल्वे या अमोनिया सोडा प्रक्रम द्वारा) इस प्रक्रम में, ब्राइन (NaCl), अमोनिया तथा कार्बन डाइऑक्साइड कच्चे पदार्थ हैं। प्रयुक्त रासायनिक अभिक्रियाएँ निम्न प्रकार हैं

$$2NH_3 + H_2O + CO_2 \longrightarrow (NH_4)_2CO_3$$

$$(NH_4)_2CO_3 + H_2O + CO_2 \longrightarrow 2NH_4HCO_3$$

$$NH_4HCO_3 + NaCl \longrightarrow NH_4Cl + NaHCO_3$$

इसमें सोडियम बाइकार्बोनेट के क्रिस्टल पृथक् हो जाते हैं, जिनको गर्म करने पर सोडियम कार्बोनेट बनता है।

$$2NaHCO_3 \xrightarrow{150°C} Na_2CO_3 + CO_2 + H_2O$$

सॉल्वे प्रक्रम को K_2CO_3 बनाने में प्रयुक्त नहीं किया जाता है, क्योंकि $KHCO_3$ की जल विलेयता बहुत अधिक होती है।

उपयोग Uses

(i) वाशिंग सोडा के रूप में जल के मृदुकरण में तथा लॉण्ड्रियों में,

(ii) काँच, कॉस्टिक सोडा, साबुन चूर्ण, आदि के निर्माण में,

(iii) प्रयोगशाला अभिकर्मक ($Na_2CO_3 + K_2CO_3$ गिश्रण संगलन मिश्रण कहलाता है) के रूप में।

सोडियम हाइड्रॉक्साइड Sodium Hydroxide

इसे **कॉस्टिक सोडा** (NaOH) भी कहते हैं।

निर्माण Preparation

सोडियम हाइड्रॉक्साइड को सोडियम क्लोराइड के कॉस्टनर कैलनर सेल में विद्युत-अपघटन द्वारा बनाया जाता है।

मर्करी कैथोड प्रक्रम (कॉस्टनर कैलनर सेल)

$$NaCl\ (\text{जलीय}) \rightleftharpoons Na^+ + Cl^-$$

कैथोड (मर्करी) पर $2Na^+ + 2e^- \longrightarrow 2Na$

$$Na + Hg \longrightarrow \underset{\text{सोडियम अमलगम}}{Na\text{-}Hg}$$

ऐनोड (ग्रेफाइट) पर $2Cl^- \longrightarrow Cl_2 + 2e^-$

यहाँ H_2O के H^+ आयन मुक्त नहीं होते हैं, क्योंकि मर्करी के ऊपर हैलोजन का विभव उच्च होता है। सोडियम अमलगम को सेल से हटाया जाता है। फिर यह एक पृथक् सेल में जल द्वारा अपघटित किया जाता है, जिससे NaOH, हाइड्रोजन तथा मर्करी बनते हैं। मर्करी को सेल में पुन: चक्रित किया जाता है।

$$Hg_xNa_2 + 2H_2O \longrightarrow 2NaOH + xHg + H_2\uparrow$$

उपयोग Uses

(i) सोडियम धातु, साबुन (तेलों तथा वसाओं से), कागज, रंजक तथा औषधियों के निर्माण में,

(ii) पेट्रोलियम के परिष्करण में,

(iii) रुई से न सिकुड़ने वाले वस्त्र बनाने में।

सोडियम बाइकार्बोनेट या बेकिंग सोडा, Sodium Bicarbonate or Baking Soda $NaHCO_3$

बनाने की विधि (Method of preparation) व्यापारिक रूप से, यह सॉल्वे प्रक्रम द्वारा प्राप्त होता है। प्रयोगशाला में Na_2CO_3 के ठण्डे विलयन को CO_2 के साथ संतृप्त करके बनाया जाता है।

गुणधर्म Properties

(i) सोडियम बाइकार्बोनेट एक श्वेत क्रिस्टलीय पदार्थ है, जो जल में अल्प विलेय है। इसका जलीय विलयन प्रकृति में क्षारीय है।

$$NaHCO_3 + H_2O \rightleftharpoons H_2CO_3 + NaOH$$

(ii) 100°C से ऊपर गर्म करने पर, यह अपघटित होकर सामान्य कार्बोनेट बनाता है।

$$2NaHCO_3 \xrightarrow{t > 100°C} Na_2CO_3 + H_2O + CO_2\uparrow$$

उपयोग Uses

(i) बेकिंग पाउडर के निर्माण में,

(ii) झागयुक्त पेयों तथा फल के लवणों के निर्माण में।

(iii) अमाशय की अम्लता को हटाने की औषधियों में (अर्थात् प्रतिअम्ल, Antacids) के रूप में।

सोडियम क्लोराइड Sodium Chloride, NaCl

यह प्रकृति में रॉक लवण (Rock salt) के रूप में पाया जाता है। भारत में इसे समुद्री जल से बनाया जाता है। इस प्रकार 97.99% सोडियम क्लोराइड प्राप्त होता है। कैल्सियम क्लोराइड तथा मैग्नीशियम क्लोराइड इसमें अशुद्धि के रूप में रहते हैं।

शुद्ध सोडियम क्लोराइड प्राप्त करने के लिए अशुद्ध लवण के संतृप्त विलयन में हाइड्रोजन क्लोराइड गैस प्रवाहित करते हैं। सम आयन प्रभाव के कारण शुद्ध सोडियम क्लोराइड अवक्षेप के रूप में प्राप्त हो जाता है तथा अन्य अशुद्धियाँ विलयन में विलेय रह जाती हैं।

गुण (Properties) सोडियम क्लोराइड घनीय क्रिस्टल बनाता है, जो कि निर्जलीय (Anhydrous) होते हैं। इसका गलनांक 1081 K तथा क्वथनांक 1440°C होता है। यह जल में विलेय होता है।

उपयोग Uses

(i) खाद्य-पदार्थों का उपयोगी अंग है,

(ii) मक्खन, माँस, मछली, आदि के परिरक्षण (Preservation) में।

(iii) सोडियम, कॉस्टिक सोडा, धावन सोडा, क्लोरीन, हाइड्रोक्लोरिक अम्ल, आदि के निर्माण के लिए।

वर्ग-2 के तत्व : क्षारीय मृदा धातुएँ

Elements of Group 2 : Alkaline Earth Metals

बेरीलियम (Be), मैग्नीशियम (Mg), कैल्सियम (Ca), स्ट्रॉन्शियम (Sr), बेरियम (Ba) तथा रेडियम (Ra) इन्हें **क्षारीय मृदा धातु** कहा जाता है। इनमें रेडियम, रेडियोऐक्टिव तत्व है।

प्राप्ति Occurrence

ये मुख्यत: संयुक्त अवस्था में पाए जाते हैं, जैसे—ऑक्साइड, कार्बोनेट एवं सल्फेट। Mg और Ca प्रकृति में प्रचुरता से पाए जाते हैं। Be इतनी प्रचुरता में नहीं पाया जाता, Sr और Ba कम प्रचुर होते हैं। Ra दुर्लभ तत्व है।

क्षारीय मृदा धातुओं के सामान्य गुणधर्म

General Characteristics of Alkaline Earth Metals

इन तत्वों के बाह्यतम कोश का इलेक्ट्रॉनिक विन्यास ns^2 होता है।

भौतिक गुण Physical Properties

(i) **भौतिक अवस्था** (Physical State) ये सभी चाँदी के समान श्वेत धातुएँ हैं, परन्तु वायु में खुला रखने पर शीघ्रता से मलिन हो जाती हैं। इनमें धात्विक आबन्धता क्षार धातुओं की अपेक्षा प्रबल होती है, अत: ये उनसे कम मृदु होती हैं।

(ii) **परमाण्विक आयतन, परमाण्विक व आयनिक त्रिज्याएँ** (Atomic Volume, Atomic and Ionic Radii) परमाणु आयतन Be से Ra तक बढ़ता है। इन तत्वों की परमाणु व आयनिक त्रिज्याएँ, क्षार धातुओं की तुलना में कम होती हैं।

(iii) **घनत्व** (Density) इन तत्वों के घनत्व Be से Ca तक घटते हैं, फिर बढ़ते हैं। क्षार धातुओं की तुलना में ये भारी होते हैं।

(iv) **गलनांक व क्वथनांक** (Melting Point and Boiling Point) क्षार धातुओं की अपेक्षा इनके गलनांक व क्वथनांक उच्च होते हैं। इन तत्वों के गलनांक व क्वथनांक में कोई निश्चित क्रमिक परिवर्तन नहीं होता है।

(v) **आयनन ऊर्जा** (Ionisation Energy) क्षार धातुओं की तुलना में इन तत्वों का परमाणु आकार कम तथा प्रभावी नाभिकीय आवेश अधिक होता है और इस कारण क्षार धातुओं की अपेक्षा इनमें इलेक्ट्रॉन अधिक शक्ति से बन्धे होते हैं। अत: इन तत्वों की प्रथम आयनन ऊर्जा (IE_1) का मान क्षार धातुओं से अधिक होता है, यद्यपि द्वितीय आयनन ऊर्जा (IE_2) का मान क्षार धातुओं की तुलना में कम होता है। इन तत्वों के द्विधनात्मक आयनों (M^{2+}) का इलेक्ट्रॉनिक विन्यास निकटतम उत्कृष्ट गैसों का होता है। अत: इन तत्वों की तृतीय आयनन ऊर्जा (IE_3) का मान एकदम बढ़ जाता है।

(vi) **ऑक्सीकरण-अवस्था** (Oxidation States) ये सभी तत्व द्विसंयोजक होते हैं अर्थात् केवल +2 ऑक्सीकरण अवस्था दर्शाते हैं। इन तत्वों के M^{2+} आयनों में कोई अयुग्मित इलेक्ट्रॉन नहीं होता है, अत: इनके यौगिक प्रतिचुम्बकीय तथा रंगहीन होते हैं।

(vii) **विद्युत धनात्मक गुण** (Electropositive Properties) ये सभी तत्व प्रबल विद्युत धनी हैं, परन्तु क्षार धातुओं से कम धनात्मक होते हैं। इन तत्वों का धनात्मक गुण Be से Ba तक बढ़ता है।

(viii) **विद्युत ऋणात्मकता** (Electronegativity) विद्युत धनी होने के कारण इनकी विद्युत ऋणात्मकता कम होती है, जो Be से Ba तक घटती है।

(ix) **ऊष्मीय तथा विद्युत चालकता** (Thermal and Electrical Conductivity) इन तत्वों के क्रिस्टल जालक में प्रति परमाणु दो दुर्बल बन्ध से बन्धित इलेक्ट्रॉन होते हैं, जो पूरी क्रिस्टल संरचना में गति करने के लिए स्वतन्त्र होते हैं, अत: ये धातुएँ, ऊष्मा तथा विद्युत की सुचालक होती हैं।

(x) **ज्वाला परीक्षण** (Flame Test) Be व Mg को छोड़कर शेष सभी तत्व ज्वाला को विशेष रंग देते हैं। इसका कारण यह है कि जब इन तत्वों को ऊर्जा दी जाती है, तो इनकी बाह्य कक्षा के इलेक्ट्रॉन उत्तेजित होकर उच्च ऊर्जा स्तर में चले जाते हैं, और पुन: अपनी मूल अवस्था में लौटते समय ऊर्जा को प्रकाश के रूप में उत्सर्जित करते हैं।

Ca = ईंट जैसा लाल रंग, Ba = सेब जैसा हरा रंग, एवं

Sr = सुनहरा लाल रंग (ज्वाला का रंग)

(xi) **अपचायक गुण** (Reducing Property) ये सभी तत्व दो इलेक्ट्रॉनों को त्यागकर M^{2+} आयन बनाने की प्रवृत्ति रखते हैं, अत: ये सभी अपचायक हैं। अपचायक गुण Be से Ba तक बढ़ता है, परन्तु ये क्षार धातुओं की अपेक्षा कम अपचायक हैं।

रासायनिक गुण Chemical Properties

(i) **वायु का प्रभाव** (Effect of Air) वायु में जलाने पर ये सामान्य ऑक्साइड बनाते हैं, जबकि Ba तथा Ra परॉक्साइड बनाते हैं। उच्च ऑक्साइड बनाने की प्रवृत्ति Be से Ra तक बढ़ती है। क्षार-धातुओं की अपेक्षा ये कम क्रियाशील होते हैं, अत: वायु में रखने पर धीरे-धीरे ऑक्सीकृत होते हैं। BeO को छोड़कर शेष ऑक्साइड जल में घुलकर क्षारीय हाइड्रॉक्साइड बनाते हैं और अधिक मात्रा में ऊर्जा उत्सर्जित होती है।

(ii) **जल का प्रभाव** (Effect of Water) ये धातुएँ जल से क्रिया करके $[M(OH)_2]$ प्रकार के हाइड्रॉक्साइड बनाती हैं और H_2 मुक्त करती हैं।

$$M + 2H_2O \longrightarrow M(OH)_2 + H_2\uparrow$$

जल के साथ इनकी क्रियाशीलता Be से Ba तक बढ़ती है। जल के साथ Be की अभिक्रिया निश्चित नहीं है। Mg केवल गर्म जल से अभिक्रिया करता है जबकि अन्य धातुएँ ठण्डे जल से क्रिया करती हैं। Be तथा Mg की निष्क्रियता धातुओं की सतह पर हाइड्रॉक्साइड की पतली रक्षक पर्त के निर्माण के कारण होती है।

(iii) **हाइड्रोजन से क्रिया** (Reaction with Hydrogen) Be को छोड़कर शेष धातुएँ हाइड्रोजन से संयोग करके हाइड्राइड बनाती हैं। Mg, H_2 सहसंयोजक है, जबकि अन्य हाइड्राइड आयनिक होते हैं।

(iv) **हैलोजनों से क्रिया** (Reaction with Halogens) ये सभी तत्व उच्च ताप पर हैलोजनों से क्रिया करके सहसंयोजक यौगिक बनाते हैं, परन्तु BeX_2 आयनिक होते हैं। इनके हैलाइड, जल में विलेय होते हैं। ये जलीय विलयन तथा गलित अवस्था में विद्युत के चालक होते हैं। हैलाइडों की विलेयता समूह में नीचे जाने पर घटती है। बेरीलियम क्लोराइड $(BeCl_2)_n$ के रूप में उपस्थित रहता है।

(v) **नाइट्रोजन से क्रिया** (Reaction with Nitrogen) ये सभी तत्व नाइट्रोजन में जलकर M_3N_2 प्रकार के नाइट्राइड बनाते हैं। ये नाइट्राइड जल से अभिक्रिया करके अमोनिया मुक्त करते हैं।

$$3M + N_2 \longrightarrow M_3N_2$$

$$M_3N_2 + 6H_2O \longrightarrow 3M(OH)_2 + 2NH_3$$

क्षारीय मृदा धातुएँ के यौगिक निम्न गुणधर्मों में क्रमिक परिवर्तन दर्शाते हैं

(a) Be एवं Mg के अतिरिक्त सभी क्षारीय मृदा धातु तत्व जल के साथ हाइड्रॉक्साइड बनाते हैं।

(b) क्षारीय मृदा धातु तत्वों के क्लोराइड, नाइट्रेट तथा हाइड्रॉक्साइड की घुलनशीलता निम्न क्रमानुसार बढ़ती है।

$$MgCl_2 < CaCl_2 < SrCl_2 < BaCl_2$$

$$Mg(OH)_2 < Ca(OH)_2 < Sr(OH)_2 < Ba(OH)_2$$

(c) क्षारीय मृदा धातुओं के कार्बोनेट जल में अविलेय होते हैं। जैसे-जैसे धातु तत्व का परमाणु क्रमांक बढ़ता है वैसे ही उनके कार्बोनेट की जल में विलेयता घटती जाती है। इन कार्बोनेटों का तापीय स्थायित्व धनायन के आकार में वृद्धि के साथ बढ़ता है।

(d) क्षारीय मृदा धातु के सल्फेट सफेद स्थायी ठोस पदार्थ होते हैं। $BeSO_4$ तथा $MgSO_4$ तुरन्त जल में विलेय हो जाते हैं। विलेयता $CaSO_4$ से $BaSO_4$ तक घटती जाती है।

(e) ये द्रव अमोनिया में गहरे नीले रंग का विलयन बना लेती है।

$$M + (x + y)\, NH_3 \longrightarrow 2[e(NH_3)_y]^- + M(NH_3)_x^{2+}$$

Mg तथा Ca का जैविक महत्त्व
Biological Significance of Mg and Ca

Mg^{2+} आयन जन्तु कोशिका के अन्दर उपस्थित होते हैं, जबकि Ca^{2+} आयन बाह्य कोशिकीय क्षेत्र (Extracellular region) में उपस्थित होते हैं। Ca^{2+} तथा Mg^{2+} आयन तन्त्रिका तन्तुओं से आवेगों को स्थानान्तरण के लिए आवश्यक हैं।

सभी हरे पौधों के हरे वर्णक क्लोरोफिल में मैग्नीशियम उपस्थित होता है। कैल्सियम हड्डियों तथा दाँतों का महत्त्वपूर्ण अवयव है साथ ही यह रक्त के थक्का जमने में भी महत्त्वपूर्ण भूमिका अदा करता है।

क्षारीय मृदा धातुओं के उपयोग
Uses of Alkaline Earth Metals

(i) मैग्नीशियम का प्रयोग सॉरेल सीमेन्ट के निर्माण में किया जाता है।

(ii) Ca का प्रयोग उच्च निर्वात् प्राप्त करने तथा पेट्रोलियम से सल्फर को हटाने के लिए किया जाता है।

बेरीलियम का असामान्य व्यवहार
Anomalous Behaviour of Beryllium

बेरीलियम अपवाद स्वरूप छोटे आकार एवं उच्च ध्रुवण क्षमता के कारण ऐलुमिनियम (Al) से विकर्ण सम्बन्ध दर्शाता है।

बेरीलियम की ऐलुमिनियम से समानता निम्न प्रकार से है

(i) BeO, Al_2O_3 की तरह सहसंयोजक एवं उभयधर्मी होता है जबकि अन्य क्षारीय मृदा धातुओं के ऑक्साइड क्षारीय एवं आयनिक प्रवृत्ति रखते हैं।

(ii) $BeCl_2$ सहसंयोजक है परन्तु क्षारीय मृदा धातुओं के अन्य हैलाइड आयनिक होते हैं। $BeCl_2$, $AlCl_3$ की तरह बहुलकीकृत रूप में होता है।

(iii) बेरीलियम हाइड्रॉक्साइड क्षार की अधिकता में बेरिलेट आयन $[Be(OH)_4]^{2-}$ बनाता है, ठीक इसी प्रकार ऐलुमिनियम Al भी ऐलुमिनेट $[Al(OH)_4]^-$ आयन बनाता है।

(iv) Be एवं Al दोनों में संकुल बनाने की प्रवृत्ति होती है।

$$BeF_4^{2-}, AlF_6^{3-}$$

बेरीलियम का ऐलुमिनियम के साथ विकर्ण सम्बन्ध
Diagonal Relationship of Beryllium with Aluminium

बेरीलियम, ऐलुमिनियम के साथ गुणधर्मों के समानता प्रदर्शित करता है जबकि Al समूह-13 का समूह हे जो Be का विकर्ण विरोधी है। ऐसी समानता विकर्ण सम्बन्ध कहलाती है।

	समूह II A	समूह III A
द्वितीय आवर्त	Be ↘	B
तृतीय आवर्त	Mg	Al

क्षारीय मृदा धातुओं के यौगिक
Compounds of Alkaline Earth Metals

कैल्सियम ऑक्साइड Calcium Oxide, CaO

इसे चूना (lime), CaO भी कहा जाता है।

बनाने की विधि Method of Preparation

चूने के पत्थरों को 800°C पर गर्म करने पर CaO प्राप्त होता है।

$$CaCO_3 \xrightleftharpoons{800^\circ C} CaO + CO_2$$

उपयोग Uses

(i) विरंजक चूर्ण, बुझे चूने, चूने के रंग, कैल्सियम कार्बाइड, सीमेन्ट, काँच, आदि के निर्माण में,

(ii) शर्करा के शोधन में,

(iii) Na_2CO_3 को NaOH में बदलने के लिए।

कैल्सियम कार्बोनेट Calcium Carbonate, $CaCO_3$

यह प्रकृति में मार्बल, चूने का पत्थर, कैल्साइट, चॉक, डोलोमाइट, कोरल, आदि के रूप में पाया जाता है।

बनाने की विधि Method of Preparation

$CaCl_2$ में कार्बोनेट विलयन या सोडियम कार्बोनेट विलयन डालने पर अथवा चूने के पानी में CO_2 प्रवाहित करने पर कैल्सियम कार्बोनेट प्राप्त होता है।

$$Ca(OH)_2 + CO_2 \longrightarrow CaCO_3 \downarrow + H_2O$$
$$CaCl_2 + Na_2CO_3 \longrightarrow CaCO_3 \downarrow + 2NaCl$$

उपयोग Uses

(i) चूना, सीमेन्ट, वाशिंग सोडा तथा काँच के निर्माण में और गालक के रूप में,

(ii) पेस्ट (सफेद राख) तथा डिस्टैम्पर में और प्रयोगशाला में CO_2 के उत्पादन में,

(iii) टूथपेस्टों तथा पाउडरों में, अन्त: पाचन क्रिया के लिए औषधि में एवं कॉस्मेटिक पाउडरों में।

कैल्सियम हाइड्रॉक्साइड अथवा बुझा हुआ चूना
Calcium Hydroxide or Slaked Lime, $Ca(OH)_2$

बनाने की विधियाँ Methods of Preparation

(i) चूने को जल के साथ मिश्रित करके इसे प्राप्त किया जाता है।

$$\underset{\text{चूना}}{CaO} + H_2O \longrightarrow \underset{\text{बुझा हुआ चूना}}{Ca(OH)_2}$$

(ii) विलेय कैल्सियम लवण पर कॉस्टिक क्षारों की क्रिया द्वारा भी इसे प्राप्त किया जाता है।

$$CaCl_2 + 2KOH \longrightarrow Ca(OH)_2 + 2KCl$$

भौतिक तथा रासायनिक गुणधर्म
Physical and Chemical Properties

इसके प्रमुख गुणधर्म निम्नलिखित हैं

(i) यह एक श्वेत अक्रिस्टलीय ठोस है, जो जल में अल्प विलेय है। इसकी विलेयता ताप में वृद्धि के साथ घटती है। इसे शुष्क तथा लाल तप्त होने तक गर्म करने पर यह जल के एक अणु को निकालकर चूने (CaO) में परिवर्तित हो जाता है।

(ii) यह CO_2 गैस के साथ क्रिया करके $CaCO_3$ बनाता है, जिसके कारण चूने का पानी [चूना $(CaO) + H_2O \longrightarrow Ca(OH)_2$] दूधिया हो जाता है।

$$Ca(OH)_2 + CO_2 \longrightarrow CaCO_3 \downarrow + H_2O$$

अधिक CO_2 प्रवाहित करने पर $CaCO_3$ (अविलेय), कैल्सियम बाइकार्बोनेट (विलेय) में परिवर्तित हो जाता है और चूने के पानी का दूधिया रंग गायब हो जाता है।

$$\underset{\text{अविलेय}}{CaCO_3} + H_2O + CO_2 \longrightarrow \underset{\text{विलेय}}{Ca(HCO_3)_2}$$

उपयोग Uses

(i) विरंजक चूर्ण तथा कॉस्टिक सोडा के निर्माण में।

(ii) जल के मृदुकरण तथा इमारतों की पुताई करने में।

(iii) सोडा लाइम, चूने का पानी के निर्माण में।

(iv) मोटर बनाने में।

प्लास्टर ऑफ पेरिस Plaster of Paris, $(CaSO_4 \cdot \frac{1}{2}H_2O)$

निर्माण Preparation

जिप्सम को गर्म करने पर (120°C पर) अर्द्धजलीय क्रिस्टल $(CaSO_4 \cdot \frac{1}{2}H_2O)$ बनता है, जिसे **प्लास्टर ऑफ पेरिस** कहते हैं।

$$CaSO_4 \cdot 2H_2O \xrightarrow{120^\circ C} CaSO_4 \cdot \frac{1}{2}H_2O + \frac{3}{2}H_2O$$

उपयोग Uses

(i) साँचे, मॉडल, ब्लैक बोर्ड पर लिखने की चॉक, खिलौने, मूर्तियाँ, दाँतों के प्लास्टर तथा अग्निरोधक पदार्थ बनाने में।

(ii) टूटी हुई हड्डियों को जोड़ने के लिए (प्लास्टर चढ़ाने के लिए)।

पोर्टलैण्ड सीमेन्ट Portland Cement

सीमेन्ट में जल मिलाकर कुछ समय तक छोड़ने पर यह जमकर एक कठोर पदार्थ बनाता है, जो इंग्लैण्ड में पाये जाने वाले पोर्टलैण्ड पत्थरों के समान कठोर होता है। इसी कारण इसे **पोर्टलैण्ड सीमेन्ट** कहा जाता है।

पोर्टलैण्ड सीमेन्ट का संघटन
Composition of Portland Cement

CaO 50-60%, SiO_2 20-25%, Al_2O_3 5-10%, MgO, 2-3%, Fe_2O_3 1-2%। एक अच्छी गुणवत्ता वाले सीमेन्ट में सिलिका (SiO_2) एवं ऐलुमिना (Al_2O_3) का अनुपात 2.5 से 4 के मध्य होना चाहिए। सीमेन्ट निर्माण में कच्चे माल के रूप में चूने का पत्थर एवं चिकनी मिट्टी का उपयोग करते हैं। सीमेन्ट के जमने की दर को कम करने के लिए इसमें जिप्सम मिलाया जाता है।

धातुकर्म Metallurgy

किसी धातु का उसके अयस्क से शुद्ध रूप में निष्कर्षण धातुकर्म कहलाता है। धातुकर्म में धातु की प्रकृति के आधार पर विभिन्न धातुकर्म प्रक्रियाएँ प्रयुक्त की जाती हैं। सभी धातुकर्म प्रक्रियाओं को तीन प्रकार की प्रक्रियाओं में वर्गीकृत किया जा सकता है।

(i) **ऊष्मीय धातुकर्म** (Pyro-metallurgy) ऊष्मीय ऊर्जा का उपयोग करके उच्च ताप पर Cu, Fe, Zn, Sn, Pb, Cr का निष्कर्षण इस धातुकर्म विधि द्वारा किया जाता है।

(ii) **जलीय धातुकर्म** (Hydrometallurgy) जब जलीय विलयन में धातुओं का निष्कर्षण किया जाता है। तब प्रक्रम जलीय धातुकर्म कहलाता है। सिल्वर, सोना आदि इस प्रक्रम द्वारा निष्कर्षित किए जाते हैं।

(iii) **विद्युत अपघटनी धातुकर्म** (Electrometallurgy) अधिक सक्रिय धातुएँ जैसे— Na, K, Ca, Al, आदि का निष्कर्षण इसी प्रक्रम द्वारा किया जाता है। इस प्रक्रम में किसी उपयुक्त यौगिक का गलित अवस्था में विद्युत-अपघटन किया जाता है।

धातुकर्म में प्रयुक्त विभिन्न पद
Different Steps Used in Metallurgy

धातु के निष्कर्षण में प्रयुक्त विभिन्न पद निम्न प्रकार से हैं

अयस्क का सान्द्रण Concentration of Ore

पिसे अयस्क में अशुद्धियों का पृथक्करण अयस्क का सान्द्रण कहलाता है। इस प्रक्रिया में धातु की प्रतिशतता निरन्तर बढ़ती है। अयस्क की प्रकृति के आधार पर इसका सान्द्रण निम्न प्रकार किया जा सकता है-

(i) **गुरुत्वीय पृथक्करण** (Gravity Separation) यह विधि अयस्क के कणों तथा अशुद्धियों के घनत्वों में अन्तर पर निर्भर करती है। सामान्यत: ऑक्साइड तथा कार्बोनेट अयस्क इस विधि द्वारा सान्द्रित किए जाते हैं।

(ii) **चुम्बकीय (विद्युत्-चुम्बकीय) सान्द्रण** [Magnetic (or Electromagnetic) Concentration] जब अयस्क या अशुद्धियाँ चुम्बकीय प्रकृति रखती हैं, तो यह विधि प्रयुक्त की जाती है। दोनों को चुम्बकीय पृथक्करण द्वारा एक-दूसरे से पृथक कर लिया जाता है।

(iii) **फेन प्लवन विधि** (Froth Floatation Process) यह विधि अयस्क तथा आधात्री (gangue) के कणों की जल व तेल के साथ गीला होने की विभिन्न क्षमताओं पर आधारित है। सामान्यत: इस विधि द्वारा सल्फाइड अयस्कों का सान्द्रण करते हैं।

इस विधि में सूक्ष्म विभाजित अयस्क (चूर्ण) को जल व चीड़ के तेल (प्लवक पदार्थ) की अल्प मात्रा के साथ मिलाकर प्लवन सेल में लिया जाता है। इस पूरे मिश्रण को संघनित वायु प्रवाहित करके घुमाया जाता है। अयस्क के कण झाग के साथ ऊपरी सतह पर आ जाते हैं जबकि आधात्री के कण जल से गीले होकर भारी हो जाते हैं और धीरे-धीरे तल में बैठ जाते हैं। अयस्क के कणों से युक्त फेन को प्लवक सेल से बाहर निकालकर स्थिरीकरण टैंक में इकट्ठा कर लेते हैं, जहाँ अयस्क के कण कुछ समय पश्चात् स्थिर हो जाते हैं।

(a) **संग्राहक** (Collectors) ये यौगिक ध्रुवीय समूहों द्वारा खनिज कणों से जुड़ जाते हैं जो बाद में जल प्रतिकर्षक हो जाते हैं तथा इस प्रकार फेन में आ जाते हैं। उदाहरण—एथिल जैन्थेट, पोटैशियम एथिल जैन्थेट, आदि।

(b) **सक्रियकारक अथवा अवनामक** (Activators or Depressants) ये यौगिक अयस्क के किसी एक घटक के प्लवक गुण को सक्रिय (या अवनमित) करते हैं तथा इस प्रकार एक ही अयस्क में उपस्थित विभिन्न धातुओं के पृथक्करण में सहायता करते हैं। कॉपर सल्फेट सक्रियकारक है जबकि सोडियम तथा पोटैशियम सायनाइड अवनामकों के उदाहरण हैं।

(iv) **रासायनिक विधि या प्रक्षालन या लीचिंग** (Chemical Method or Leaching) यदि अयस्क किसी विलायक में घुलनशील हो, तो रासायनिक विधि प्रयुक्त की जाती है।

(a) **बॉक्साइट अयस्क का सान्द्रण**

$$Al_2O_3(s) + 2NaOH\,(aq) + 3H_2O\,(l) \longrightarrow 2Na[Al(OH)_4]\,(aq)$$

$$2Na[Al\,(OH)_4]\,(aq) + CO_2(g) \longrightarrow \underset{\text{अवक्षेप}}{Al_2O_3 \cdot x\,H_2O\,(s)} + 2NaHCO_3\,(aq)$$

इसमें से जलयोजित ऐलुमिना को फिल्टर कर लिया जाता है तथा सोडियम सिलिकेट विलयन में ही रह जाता है। जलयोजित ऐलुमिना को गर्म करके शुद्ध Al_2O_3 प्राप्त कर लेते हैं।

$$Al_2O_3 \cdot x\,H_2O\,(s) \xrightarrow{1470\,K} Al_2O_3(s) + x\,H_2O\,(g)$$

(b) **चाँदी एवं सोने के धातुकर्म में**

$$4M(s) + 8CN^-\,(aq) + 2H_2O(aq) + O_2(g) \longrightarrow 4\,[M(CN)_2]^-\,(aq) + 4OH^-(aq)$$

(जहाँ, M = Ag या Au)

$$2\,[M(CN)_6]^-\,(aq) + 3Zn\,(s) \longrightarrow 3\,[Zn(CN)_4]^{2-}\,(aq) + 2M(s)$$

सान्द्रित अयस्क का धातु ऑक्साइड में रूपान्तरण
Conversion of Concentrated Ore into Metal Oxide

(i) **निस्तापन** (Calcination) वह प्रक्रम, जिसमें अयस्क को वायु की अनुपस्थिति में उनके गलनांकों से निम्न ताप पर गर्म करते हैं, निस्तापन कहलाता है। उदाहरण—

$$Al_2O_3 \cdot 2H_2O \xrightarrow{\Delta} Al_2O_3 + 2H_2O$$

$$2Fe_2O_3 \cdot 3H_2O \xrightarrow{\Delta} 2Fe_2O_3 + 3H_2O$$

निस्तापन में

(a) पदार्थ छिद्रित हो जाता है।

(b) वाष्पशील अशुद्धियाँ निकल जाती हैं।

(ii) **भर्जन** (Roasting) इस प्रक्रम में अयस्क (सामान्यत: सल्फाइड अयस्क) को अकेले अथवा कुछ अन्य पदार्थों के साथ मिश्रित करके इनके गलनांकों से नीचे तापों पर, वायु की उपस्थिति में गर्म किया जाता है।

उदाहरण—$2ZnS + 3O_2 \xrightarrow[\text{वायु}]{\Delta} 2ZnO + 2SO_2$

$$CuS + 2O_2 \xrightarrow[\text{वायु}]{\Delta} CuSO_4$$

भर्जन में

(a) वाष्पशील अशुद्धियाँ निकल जाती हैं।

(b) मुक्त S, As तथा Sb क्रमशः SO_2, As_2O_3 तथा Sb_2O_3 के रूप में निकल जाते हैं।

धातु ऑक्साइड का मुक्त धातु में अपचयन
Reduction of Metal Oxides to Free Metal

निस्तापित या भर्जित अयस्क को निम्न में से किसी एक विधि द्वारा धात्विक अवस्था में अपचयित किया जाता है

(i) **कार्बन द्वारा अपचयन** (प्रगलन) [Reduction by Carbon (Smelting)] उच्च ताप पर, कार्बन के साथ ऑक्साइड का अपचयन प्रगलन कहलाता है। दुर्बल विद्युत् धनात्मक धातुओं (जैसे—Pb, Cu, Zn, Fe, Sn आदि) के ऑक्साइडों को कोक या कोयले के साथ उच्च ताप पर गर्म करने पर ये मुक्त धातु में अपचयित हो जाते हैं।

$$PbO + C \longrightarrow Pb + CO$$
$$CO + PbO \longrightarrow Pb + CO_2$$

(ii) **वायु में गर्म करके अपचयन** (स्वत: अपचयन) [Reduction by Heating in Air (Autoreduction)] दुर्बल सक्रिय धातुओं (जैसे- Hg, Cu तथा Pb) के ऑक्साइड तथा सल्फेट, ऊष्मा के प्रति अस्थायी होते हैं। इन्हें वायु की अधिकता में गर्म (भर्जन) करने पर, धात्विक अवस्था में इनका अपचयन हो जाता है। उदाहरण–सिनेबार (HgS) का अपचयन इसी विधि द्वारा किया जाता है।

$$HgS + O_2 \xrightarrow{\Delta} Hg + SO_2 \downarrow$$

(iii) **विद्युत-अपघटनी अपचयन (विद्युत धातुकर्म)** (Electrolytic Reduction (Electrometallurgy)) उच्च विद्युत धनात्मक (सक्रिय) धातुओं (जैसे— Na, K, Ca, Mg, Al आदि) को इस विधि द्वारा अपचयित करते हैं। इसमें धातु कैथोड पर मुक्त होती है।

(iv) **ऐलुमिनियम द्वारा अपचयन** (ऐलुमिनो-तापीय अपचयन) [Reduction by Aluminium (Alumino-thermic Reduction)] Fe_2O_3, Cr_2O_3, आदि का अपचयन इस विधि से करते हैं। इस विधि में धात्विक ऑक्साइड तथा ऐलुमिनियम चूर्ण के मिश्रण (थर्माइट) को रेत के तल में रखी इस्पात की क्रूसीबल में लेते हैं।

ऐलुमिनियम चूर्ण तथा बेरियम पर ऑक्साइड (BaO_2) का मिश्रण, ढेर के रूप में घान पर रखा जाता है तथा इसमें एक मैग्नीशियम का तार डाल देते हैं। मैग्नीशियम का तार, जो एक फ्यूज का कार्य करता है, जलाया जाता है। यह अपने साथ-साथ मिश्रण को भी जलाना प्रारम्भ कर देता है।

$$Cr_2O_3 + 2Al \longrightarrow Al_2O_3 + 2Cr + \text{ऊष्मा}$$
$$Fe_2O_3 + 2Al \longrightarrow Al_2O_3 + 2Fe + \text{ऊष्मा}$$

धातुकर्म एवं ऊष्मागतिकी
Metallurgy and Thermodynamics

धातु ऑक्साइड को अपचयित करने के लिए वांछित ताप एवं अपचायक का निर्धारण ऊष्मागतिकी द्वारा किया जाता है।

(i) **गिब्स समीकरण**, $\Delta G = \Delta H - T\Delta S$

जहाँ, ΔH = एन्थैल्पी परिवर्तन, ΔG = गिब्स मुक्त ऊर्जा परिवर्तन
T = तापक्रम, ΔS = एन्ट्रॉपी परिवर्तन
$\Delta G° = -2.303\, RT \log K_c$, K_c = साम्यावस्था स्थिरांक

(ii) यदि $\Delta G = -$ ve, प्रक्रिया स्वत: (Spontaneous) होती है। $\Delta G = +$ ve, प्रक्रिया अस्वत: (Non-spontaneous) होती है। $\Delta G = 0$, प्रक्रिया साम्यावस्था में होती है।

(iii) यदि दो अभिक्रियाओं के अभिकारक एवं उत्पादों को साथ-साथ लिया जाए तथा ΔG का मान ऋणात्मक (–) हो जाए, तब सम्पूर्ण क्रिया सम्भव हो सकती है। इस प्रकार की अभिक्रियाओं को युग्मन अभिक्रिया कहते हैं इसे एलिघम (Ellingham) चित्र द्वारा भी समझा जा सकता है।

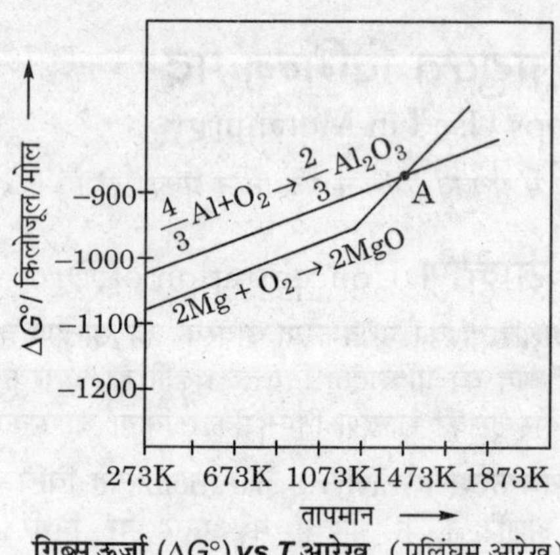

गिब्स ऊर्जा ($\Delta G°$) *vs T* आरेख (एलिंघम आरेख)

परिष्करण या शोधन Refining

उपरोक्त विधियों से प्राप्त धातुएँ अशुद्ध होती हैं, जिन्हें **परिष्कृत धातुएँ** (crude metals) कहते हैं। परिष्कृत धातु में भिन्न प्रकार की अशुद्धियाँ होती हैं। इन अशुद्धियों को हटाने लिए परिष्कृत धातु का शोधन किया जाता है। इसके शोधन में प्रयुक्त विधियाँ निम्न प्रकार हैं

(i) **गलनिक पृथक्करण** (Liquation) जब अशुद्धि स्वयं धातु (जैसे- Pb, Sn आदि) से कम गलनीय होती है, तो इस विधि का प्रयोग किया जाता है। इस विधि में अशुद्ध धातु भट्टी के ढलवाँ चूल्हे पर गर्म की जाती है, जिससे धातु पिघलती है और अगलनीय पदार्थ (तलछट) को चूल्हे पर छोड़कर बह जाती है।

(ii) **आसवन विधि** (Distillation) यह विधि वाष्पशील धातुओं (जैसे- Zn, Hg, Cd आदि) के शोधन के लिए प्रयुक्त की जाती है। इस विधि में अशुद्ध धातु (Crude metal) को एक फ्लास्क में गर्म किया जाता है, जिससे अवाष्पशील अशुद्धियाँ फ्लास्क में रह जाती हैं और वाष्पशील धातु एक ग्राहय में पृथक संघनित (Condense) हो जाती है।

(iii) **विद्युत अपघटनीय शोधन** (Electrorefining) अधिकांश धातुएँ इस विधि द्वारा परिष्कृत की जाती हैं। इसमें एक विद्युत्-अपघटनी सेल लेते हैं,

जिसका ऐनोड अशुद्ध धातु का बना होता है और कैथोड शुद्ध धातु की पतली प्लेट होती है। धातु के विलेय लवण का विलयन विद्युत्-अपघटय के रूप में प्रयुक्त होता है। विद्युत् धारा प्रवाहित करने पर, ऐनोड से शुद्ध धातु विलेय होती है और कैथोड पर एकत्र हो जाती है

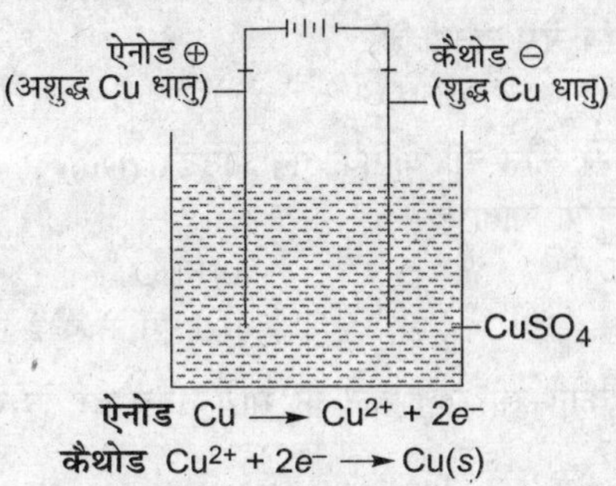

विलेय अशुद्धियाँ ऐनोड के नीचे **ऐनोड पंक** (Anode mud) के रूप में बैठ जाती हैं। उदाहरण—

(iv) **वॉन-अर्कल विधि** (van-Arkel Method) यह विधि Ti तथा Zr के लिए प्रयोग की जाती है। इस विधि में धातु आयोडाइड को गर्म तन्तुओं पर गर्म करके अपघटित करते हैं। इस विधि द्वारा उच्च शुद्धता वाली धातुएँ अल्प मात्रा में प्राप्त की जाती हैं।

$$Zr + 2I_2 \longrightarrow ZrI_4 \text{ तथा } ZrI_4 \xrightarrow{1800\text{ K}} Zr + 2I_2$$

(v) **क्षेत्र-परिष्करण** (Zone Refining) यह धातु की गलित तथा ठोस अवस्था में अशुद्धियों की विलेयता में अन्तर पर निर्भर करता है। यह विधि अर्द्ध-चालक के रूप में प्रयोग होने वाले Ge, Si तथा Ga को उच्च शुद्धता में प्राप्त करने के लिए प्रयुक्त होती है।

(vi) **वर्णलेखन विधि** (Chromatography Method) यह विधि इस तथ्य पर आधारित होती है कि मिश्रण के अवयवों की एक पदार्थ (अधिशोषक) पर अलग-अलग अधिशोषण की प्रवृत्ति होती है।

विभिन्न धातुओं का निष्कर्षण
Extraction of Different Metals

ऐलुमिनियम Aluminium

मुख्य अयस्क बॉक्साइट ($Al_2O_3 \cdot 2H_2O$), कार्नेलाइट (Na_3AlF_6),

निष्कर्षण में प्रयुक्त पद सान्द्रण- रासायनिक अभिकर्मक द्वारा (बॉयर, हॉल तथा सर्पेक विधि)

अपचयन-विद्युत-अपघटनी विधि

Na_3AlF_6, तथा CaF_6 मिश्रित Al_2O_3 का विद्युत-अपघटन

परिष्करण - हूप विधि।

ताँबा या कॉपर Copper

मुख्य अयस्क कॉपर पायराइट ($CuFeS_2$)

निष्कर्षण में प्रयुक्त पद

(i) सान्द्रण -फेन प्लवन विधि द्वारा

(ii) भर्जन- (ऑक्सीजन की अधिकता में गर्म करना)

(iii) प्रगलन- स्वत: अपचयन (बेसेमर परिवर्तक में)

(iv) शोधन- दण्ड विलोडन विधि या विद्युत अपघटन द्वारा।

जस्ता या जिंक Zinc

मुख्य अयस्क जिंक ब्लैड (ZnS)

निष्कर्षण में प्रयुक्त पद

(i) सान्द्रण -फेन प्लवन विधि द्वारा

(ii) भर्जन (ऑक्सीजन की अधिकता में गर्म करना)

(iii) प्रगलन- कोक (कार्बन) द्वारा अपचयन

(iv) शोधन- विद्युत-अपघटनी परिष्करण।

आयरन या लोहा Iron

मुख्य अयस्क हेमेलाइट (Fe_2O_3), मैग्नेटाइट (Fe_3O_4)

निष्कर्षण में प्रयुक्त पद

(i) सान्द्रण-धावन तथा चुम्बकीय सान्द्रण द्वारा

(ii) निस्तापन (वायु की अनुपस्थिति में गर्म करना)

(iii) अपचयन-वात्या भट्‌टी में गालक का उपस्थिति में C तथा CO द्वारा।

प्राप्त लोहा कच्चा लोहा (Pig iron) कहलाता है, जो ठण्डा करने पर ढलवाँ लोहा देता है। ढलवाँ लोहे (Cast iron) को पलटनी भटटी में वायु की उपस्थिति में हिलाने व गर्म करने पर पिटवाँ लोहा (Wrought iron) प्राप्त होता है। पिटवाँ लोहा आयरन की शुद्धतम् अवस्था है।

अभ्यास प्रश्न

1. पोटैशियम धातु को जब वायु की अधिकता में जलाया जाता है तो कौन-सा धातु ऑक्साइड बनता है?
(a) K_2O (b) KO (c) KO_2 (d) K_2O_2

2. Na_2CO_3 को गर्म करने पर कौन-सी गैस मुक्त होती है?
(a) CO_2 (b) जल वाष्प
(c) CO (d) कोई गैस मुक्त नहीं होती

3. क्षारीय धातुओं के ऑक्साइडों में किस धातु के ऑक्साइड को हवा में तप्त करने पर, सामान्य ऑक्साइड, M_2O प्राप्त होता है।
(a) Rb (b) K (c) Li (d) Na

4. आयन-विनिमय रेजिनों पर जलयोजित क्षारीय धातु आयनों के अधिशोषण की सरलता का क्रम निम्न में से कौन-सा होगा?
(a) $Li^+ < K^+ < Na^+ < Rb^+$ (b) $Rb^+ < K^+ < Na^+ < Li^+$
(c) $K^+ < Na^+ < Rb^+ < Li^+$ (d) $Na^+ < Li^+ < K^+ < Rb^+$

5. निम्न में से कौन-सा सबसे अधिक क्षारीय है?
(a) Na_2O (b) BaO (c) As_2O_3 (d) Al_2O_3

6. निम्न पदार्थों के सममोलर विलयन अलग-अलग बनाए गए। इनमें से कौन-सा उच्चतम pH मान वाला होगा?
(a) $BaCl_2$ (b) $AlCl_3$ (c) LiCl (d) $BeCl_2$

7. वह क्षार धातु, जो नाइट्रोजन से सीधे क्रिया करके नाइट्राइड बनाती है, हैं
(a) Li (b) Na (c) K (d) Rb

8. निम्न में से किस क्षार धातु कार्बोनेट का तापीय स्थायित्व सबसे कम होता है?
(a) Li_2CO_3 (b) Na_2CO_3
(c) K_2CO_3 (d) Rb_2CO_3

9. निम्नलिखित कथनों में से कौन-सा गलत है?
(a) शुद्ध सोडियम धातु द्रव अमोनिया में घुलकर नीला विलयन देती है
(b) NaOH काँच के साथ अभिक्रिया करके सोडियम सिलिकेट देता है
(c) ऐलुमिनियम NaOH के आधिक्य के साथ क्रिया करके $Al(OH)_3$ देता है
(d) $NaHCO_3$ गर्म करने पर Na_2CO_3 देता है

10. सोडियम कार्बोनेट (Na_2CO_3) को बनाने में किस पदार्थ को प्रयुक्त किया जाता है?
(a) CaO (b) $Ca(OH)_2$
(c) $CaCO_3$ (d) सोडियम हाइड्रॉक्साइड

11. निम्न में से किस क्षारीय मृदा धातु सल्फेट की जलयोजन ऊर्जा, इसकी जालक ऊर्जा से अधिक होती है?
(a) $CaSO_4$ (b) $BeSO_4$ (c) $BaSO_4$ (d) $SrSO_4$

12. क्षार धातुओं के दहन से उत्पन्न होने वाली आग को कैसे बुझाया जा सकता है?
(a) CCl_4 (b) रेत
(c) जल (d) कैरोसिन

13. कॉस्टिक सोडे को किस पदार्थ के साथ गर्म किया जाये जिससे दहन योग्य गैस बनती है?
(a) S (b) NH_4Cl (c) I_2 (d) Zn

14. निम्न में से कौन-सा यौगिक गन पाउडर (Gun Powder) में प्रयुक्त किया जाता है?
(a) $NaNO_3$ (b) KNO_3
(c) $LiNO_3$ (d) इनमें से कोई नहीं

15. निम्न में कौन-सी धातु जल के साथ उच्च दर के साथ क्रिया करती है?
(a) Li (b) K (c) Na (d) Rb

16. परमाणु भार में वृद्धि के साथ, क्षार धातुओं के क्वथनांक
(a) बढ़ते हैं
(b) घटते हैं
(c) अपरिवर्तित रहते हैं
(d) कोई भी निश्चित क्रम प्रदर्शित नहीं करते हैं

17. NaOH के संश्लेषण की प्रक्रिया में कैथोड पर मुक्त होने वाली गैस होती है
(a) Cl_2 (b) H_2 (c) O_2 (d) H_2O

18. सही कथन का चयन कीजिए
(a) NaCl के जलीय विलयन के विद्युत अपघटन से Na तत्व पृथक किया जा सकता है
(b) Na तत्व प्रबल ऑक्सीकारक है
(c) Na तत्व NH_3 में अविलेय होता है
(d) Na तत्व का आसानी से ऑक्सीकरण हो जाता है

19. क्षारीय मृदा धातुओं का कौन-सा गुण परमाणु क्रमांक बढ़ने के साथ बढ़ता है?
(a) हाइड्रॉक्साइडों की जल में विलेयता
(b) सल्फेटों की जल में विलेयता
(c) आयनन ऊर्जा
(d) विद्युत ऋणात्मकता

20. लीथियम क्षार धातु समूह से असामान्य गुण प्रदर्शित करती है क्योंकि
(a) Li परमाणु तथा Li^+ आयन का आकार छोटा होता है
(b) Li बहुत विद्युत धनी तत्व है
(c) Li अधिक कठोर होता है
(d) उपरोक्त में से कोई नहीं

21. क्षार धातु क्लोराइडों के स्थायित्व का सही क्रम प्रदर्शित करने वाला विकल्प है
(a) LiCl > KCl > NaCl > CsCl
(b) CsCl > KCl > NaCl > LiCl
(c) NaCl > KCl > LiCl > CsCl
(d) KCl > CsCl > NaCl > LiCl

22. यौगिक 'A', गर्म करने पर रंगहीन गैस तथा एक अवशेष देता है। अवशेष को जल में घोलने पर 'B' प्राप्त होता है। B के जलीय विलयन में, CO_2 अधिकता में, प्रवाहित करने पर C बनता है जिसे ठोस के रूप में पृथक् कर लिया जाता है। ठोस C गर्म करने पर पुन: A देता है। यौगिक A है

(a) $CaCO_3$ (b) Na_2CO_3
(c) K_2CO_3 (d) $CaSO_4 \cdot 2H_2O$

23. ठोस NaOH पर CO गैस को गुजारा जाये तथा उसे 200°C ताप पर गर्म किया जाता है तब बनने वाला पदार्थ होगा

(a) Na_2CO_3 (b) H_2CO_3
(c) HCOONa (d) ये सभी

24. निम्न में से जलीय विलयन में किस आयन की चालकता सर्वाधिक होती है?

(a) Li^+ (b) Na^+ (c) Cs^+ (d) K^+

25. भारत में विवाह एवं त्यौहारों पर जो आतिशबाजी प्रयुक्त की जाती है वे हरी ज्वाला के साथ जलते हैं। निम्नलिखित में से कौन-सा मूलक उपस्थित हो सकता है?

(a) Na (b) K (c) Ba (d) Ca

26. Na_2CO_3 बनाने की सॉल्वे विधि में बनने वाले सह-उत्पाद कौन-से हैं?

(a) NH_4Cl, CaO (b) CaO, Na_2CO_3
(c) $CaCl_2$, CO_2, NH_3 (d) Na_2CO_3, CO_2

27. निम्नलिखित में कौन-सा धातु आयन तन्त्रिका संकुचन में महत्त्वपूर्ण भूमिका अदा करता है?

(a) K^+ (b) Na^+
(c) Mg^{2+} (d) Ca^{2+}

28. Na_2CO_3 को औद्योगिक रूप से किस विधि द्वारा बनाया जाता है?

(a) सॉल्वे विधि द्वारा (b) लेब्लांक विधि द्वारा
(c) विलियमसन विधि द्वारा (d) हैबर विधि द्वारा

29. वह ऑक्साइड, जो सोडियम हाइड्रॉक्साइड के साथ अभिक्रिया नहीं करता है, है

(a) B_2O_3 (b) CaO (c) SiO_2 (d) BeO

30. निम्नलिखित में कौन सर्वाधिक क्षारीय है?

(a) $Mg(OH)_2$ (b) $Ca(OH)_2$ (c) $Sr(OH)_2$ (d) $Ba(OH)_2$

31. अत्यधिक सक्रिय क्षार धातुओं को रखा जाता है

(a) वायु में (b) जल में
(c) कैरोसीन में (d) इनमें से सभी में

32. क्षारकता का सही क्रम है

(a) $Mg(OH)_2 > NaOH > Al(OH)_3$
(b) $Mg(OH)_2 > Al(OH)_3 > NaOH$
(c) $NaOH > Mg(OH)_2 > Al(OH)_3$
(d) $Al(OH)_3 > Mg(OH)_2 > NaOH$

33. मैग्नीशियम नाइट्राइड का एक मोल जल के आधिक्य से अभिक्रिया करके देता है

(a) अमोनिया का एक मोल (b) नाइट्रिक अम्ल के दो मोल
(c) अमोनिया के दो मोल (d) नाइट्रिक अम्ल का एक मोल

34. बेरीलियम और ऐलुमिनियम बहुत से समान गुणधर्म प्रदर्शित करते हैं। लेकिन ये दोनों तत्व अन्तर रखते हैं

(a) यौगिकों में अधिकतम सहसंयोजकता प्रदर्शन में
(b) अपने ऑक्साइडों में उभयधर्मी स्वभाव प्रदर्शित करने में
(c) सहसंयोजक हैलाइडों के निर्माण में
(d) बहुलकी हाइड्राइडों के निर्माण में

35. एप्सम लवण होता है

(a) $MgSO_4 \cdot 7H_2O$ (b) $CaSO_4 \cdot H_2O$
(c) $MgSO_4 \cdot 2H_2O$ (d) $BaSO_4 \cdot 2H_2O$

36. निम्नलिखित जलयोजित क्षारीय आयनों पर विचार कीजिए

$X = [Li(H_2O)_n]^+$; $Y = [K(H_2O)_n]^+$; $Z = [Cs(H_2O)_n]^+$

इन जलयोजित क्षारीय आयनों के आकार का सही क्रम है?

(a) $X > Y > Z$ (b) $Z > Y > X$ (c) $X = Y = Z$ (d) $Z > X > Y$

37. लीथियम लवणों का जलीय विलयन विद्युत का अच्छा चालक नहीं होता है, क्योंकि

(a) Li^+ आयन की जलयोजन ऊर्जा उच्च होती है।
(b) Li^+ आयन की आयनन ऊर्जा उच्च होती है।
(c) Li^+ आयन का आकार छोटा होता है
(d) Li^+ आयन के अधात्विक व्यवहार के कारण

38. NaCl का गलनांक उच्च होता है, क्योंकि

(a) आयनों के मध्य दूरी अधिक होती है
(b) NaCl जालक में प्रतिकर्षण होता है
(c) जालक ऊर्जा उच्च होती है
(d) सोडियम तथा क्लोरीन का आकार बड़ा होता है

39. द्वितीय वर्ग में तत्वों के कार्बोनेट की विलेयता वर्ग में ऊपर से नीचे जाने पर घटती है क्योंकि वर्ग में ऊपर से नीचे जाने पर ...... का मान घटता जाता है

(a) ठोस की जालक ऊर्जा (b) धनायन की जलीयकरण ऊर्जा
(c) अन्तर आयनिक आकर्षण बल (d) विलयन निर्माण की एन्ट्रॉपी

40. एक धातु M, जल में विलेय MSO_4 तथा अक्रिय MO बनाती है। जलीय विलयन में MO, अविलेय $M(OH)_2$ बनाता है जो NaOH में विलेय है। धातु M है

(a) Be (b) Mg (c) Ca (d) Si

41. क्षार धातुओं में से, सीजियम सर्वाधिक क्रियाशील है क्योंकि

(a) इसका अपूर्ण कोश नाभिक के समीप होता है
(b) बाह्यतम कोश में केवल एक इलेक्ट्रॉन होता है
(c) यह सबसे भारी क्षार धातु है
(d) इसकी बाह्यतम कक्षा के इलेक्ट्रॉन, अन्य क्षार धातुओं के इलेक्ट्रॉनों की तुलना में ज्यादा ढीले बँधे होते हैं

42. किस क्षार धातु आयन की जलीय विलयन में आयनिक गतिशीलता अधिकतम् होती है?

(a) K^+ (b) Rb^+ (c) Li^+ (d) Na^+

43. निम्न यौगिकों को उनके ऊष्मीय स्थायित्व के बढ़ते हुए क्रम में व्यवस्थित किया गया है। निम्न में से सही क्रम है

K_2CO_3(I), $MgCO_3$(II), $CaCO_3$(III), $BeCO_3$ (IV)

(a) I < II < III < IV (b) IV < II < III < I
(c) IV < II < I < III (d) II < IV < III < I

44. धावन सोडे का सूत्र है
(a) $Na_2CO_3 \cdot 10H_2O$ (b) Na_2CO_3
(c) $Na_2SO_4 \cdot 10H_2O$ (d) इनमें से कोई नहीं

45. लीथियम के मैग्नीशियम के साथ विकर्ण सम्बन्ध के लिए कौन उत्तरदायी है?
(a) कम आयनिक त्रिज्या,
(b) उच्च ध्रुवण क्षमता
(c) लगभग समान वैद्युत-ऋणात्मकता व बन्धुता
(d) उपरोक्त सभी

46. $Al_2O_3 \cdot 2H_2O$ अयस्क के सान्द्रण में कौन-सी विधि प्रयुक्त की जाती है?
(a) झाग प्लवन विधि (b) चुम्बकीय पृथक्करण विधि
(c) गुरुत्वीय पृथक्करण (d) रासायनिक विधि (प्रक्षालन)

47. सायनाइड विधि का उपयोग निम्न को प्राप्त करने में करते हैं
(a) Na (b) Ag (c) Cu (d) Zn

48. धातुकर्म में निस्तापन किन पदार्थों को हटाने में प्रयुक्त किया जाता है?
(a) H_2O तथा सल्फाइड (b) H_2O तथा CO_2
(c) CO_2 तथा H_2S (d) H_2O तथा H_2S

49. सल्फाइड अयस्क से कॉपर के निष्कर्षण में अन्ततः कॉपर धातु, क्यूप्रस ऑक्साइड का किसके साथ अपचयन करा कर प्राप्त की जाती है?
(a) कॉपर (I) सल्फाइड (Cu_2S) (b) सल्फर डाइऑक्साइड (SO_2)
(c) आयरन सल्फाइड (FeS) (d) कार्बन मोनॉक्साइड (CO)

50. ऐलुमिना (Al_2O_3) से ऐलुमिनियम का निष्कर्षण, निम्न में से किस गलित मिश्रण के विद्युत अपघटन द्वारा किया जाता है?
(a) $Al_2O_3 + HF + NaAlF_4$ (b) $Al_2O_3 + CaF_2 + NaAlF_4$
(c) $Al_2O_3 + Na_3AlF_6 + CaF_2$ (d) $Al_2O_3 + KF + Na_3AlF_6$

51. कॉपर के विद्युत अपघटनी शोधन में कुछ सोना (gold) भी जमा होता है। यह कहलाता है
(a) ऐनोड पंक (b) कैथोड पंक
(c) कैथोड (d) विद्युत अपघट्य

52. ऐलुमिनोतापी विधि में Al किस रूप में प्रयुक्त होता है?
(a) ऑक्सीकारक (b) गालक
(c) अपचायक (d) इनमें से कोई नहीं

53. अर्द्धचालकों में प्रयुक्त सिलिकॉन (Si) तत्व का परिशोधन किस विधि द्वारा किया जाता है?
(a) क्षेत्र परिष्करण विधि (b) गर्म करना
(c) झाग प्लवन विधि (d) विद्युत-अपघटनी विधि

54. जिंक के धातुकर्म में गालक का उपयोग नहीं होता है, क्योंकि
(a) जिंक अयस्क में अशुद्धि नहीं होती
(b) जिंक वाष्पशील है अतः आसानी से पृथक हो जाता है
(c) जिंक गालक से क्रिया कर लेता है
(d) गालक वाष्पशील होता है

55. निम्नलिखित तत्वों में से कौन सा पिग आयरन (कच्चा लोहा) में अधिकतम मात्रा में अशुद्धि रूप में उपस्थित रहता है?
(a) कार्बन (b) सिलिकन
(c) फॉस्फोरस (d) मैंगनीज

56. विद्युत-अपघटनी शोधन द्वारा किस धातु को निष्कर्षित नहीं किया जाता है?
(a) Ca (b) Mg (c) Cr (d) Al

57. निम्न समीकरण में धातु शोधन की कौन-सी विधि प्रयुक्त होती है?

$$\underset{\text{अशुद्ध}}{Ti} + 2I_2 \xrightarrow{500\ K} TiI_4 \xrightarrow{1675\ K} \underset{\text{शुद्ध}}{Ti} + 2I_2$$

(a) खर्परण (b) दण्ड विलोडन
(c) वॉन अर्कल विधि (d) क्षेत्र परिष्करण

58. निम्न में से कौन-सी अभिक्रिया निस्तापन प्रक्रिया का उदाहरण है?
(a) $2Ag + 2HCl + (O) \longrightarrow 2AgCl + H_2O$
(b) $2Zn + O_2 \longrightarrow 2\,ZnO$
(c) $2ZnS + 3O_2 \longrightarrow 2ZnO + 2SO_2$
(d) $MgCO_3 \longrightarrow MgO + CO_2$

59. सिल्वर के मुख्य अयस्क अर्जेन्टाइट, हॉर्न सिल्वर तथा पायरेगायराइट हैं। इनके सूत्र क्रमशः हैं
(a) Ag_2S, AgCl तथा $AgSbS_2$ (b) AgCl, $AgSbS_2$ तथा Ag_2S
(c) $AgSbS_2$, Ag_2S तथा AgCl (d) AgCl, Ag_2S तथा $AgSbS_2$

60. कैसिटेराइट का सान्द्रण किस विधि द्वारा किया जाता है?
(a) प्रक्षालन (b) विद्युत चुम्बकीय पृथक्करण
(c) झाग प्लवन विधि (d) उपरोक्त में से कोई नहीं

61. निम्नलिखित धातुओं के युग्मों में से कौन-सा वॉन अर्कल विधि द्वारा शुद्ध किया जाता है?
(a) Zr तथा Ti (b) Ag तथा Au
(c) Ni तथा Fe (d) Ga तथा In

62. वात्या भट्टी में अशुद्ध लोहे के निर्माण में निम्नलिखित अभिक्रियाएँ सम्पन्न होती हैं। धातुमल के बनने से सम्बन्धित अभिक्रिया की पहचान कीजिए।
(a) $Fe_2O_3(s) + 3CO(g) \longrightarrow 2Fe(l) + 3CO_2(g)$
(b) $CaCO_3(s) \longrightarrow CaO(s) + CO_2(g)$
(c) $CaO(s) + SiO_2(s) \longrightarrow CaSiO_3(s)$
(d) $2C(s) + O_2(g) \longrightarrow 2CO(g)$

63. स्वतः अपचयन विधि का प्रयोग इनके निष्कर्षण में होता है
(a) Cu और Hg (b) Zn और Hg
(c) Cu और Al (d) Fe और Pb

64. जलयोजित ऐलुमिना को निर्जलीय ऐलुमिना में परिवर्तित करने का प्रक्रम कहलाता है
(a) भर्जन (b) प्रगलन
(c) सान्द्रण (d) निस्तापन

65. धातुकर्म में अम्लीय अशुद्धि हटाने में प्रयुक्त गालक है
(a) सिलिका (b) चूने का पत्थर
(c) सोडियम क्लोराइड (d) सोडियम कार्बोनेट

66. इनमें से किसके सान्द्रण की उपयोगी विधि सान्द्रण रासायनिक लिंचिग है?
(a) कॉपर पॉइराइट (b) बॉक्साइट
(c) गैलेना (d) कैसिटेराइट

67. लोहे के धातुकर्म में उत्पादित होने वाला धातुमल है

(a) CO (b) $FeSiO_3$
(c) $MgSiO_3$ (d) $CaSiO_3$

68. वात्या भट्टी में आयरन के प्रगलन में निम्न प्रक्रम प्रयुक्त नहीं होता है

(a) ऑक्सीकरण (b) अपचयन
(c) विघटन (d) ऊर्ध्वपातन

69. निम्न में से कौन-सी धातु मुक्त अवस्था में नहीं प्राप्त होती है?

(a) Na (b) Au (c) Ag (d) Pb

70. वैद्युत-धातुकर्मीय विधि का उपयोग निम्न में से किसके निष्कर्षण में होता है?

(a) Cu (b) Fe (c) Na (d) Ag

71. स्वर्ण जलीय धातुकर्म प्रक्रम द्वारा निष्कर्षित हो जाता है यह इसके किस गुण पर आधारित है?

(a) विद्युत धनात्मक गुण
(b) कम क्रियाशीलता
(c) जल में विलेय संकुल निर्मित करने के
(d) जल में विलेय लवण निर्मित करने के

72. Pb तथा Sn उनके मुख्य अयस्क से किस विधि द्वारा निष्कर्षित होते हैं?

(a) कार्बन अपचयन एवं स्वत: अपचयन
(b) स्वत: अपचयन एवं कार्बन अपचयन
(c) विद्युत अपघटन एवं स्वत: अपचयन
(d) स्वत: अपचयन एवं विद्युत अपघटन

73. कॉपर के निष्कर्षण में प्राप्त धातुमल है

(a) $CuFeS_2$ (b) Cu_2O+FeS
(c) Cu_2S+FeO (d) $FeSiO_3$

74. गालक, अगलनीय अशुद्धियों को गलाकर बनाती है

(a) अधात्री (b) धातुमल
(c) मैट (d) मैट्रिक्स

75. $Ni(CO)_4$ का बनना तथा उससे शुद्ध का पृथक्करण, किस प्रक्रिया के अन्तर्गत आता है?

(a) हॉल प्रक्रिया (b) डॉऊ प्रक्रिया (c) सर्पेक प्रक्रिया (d) मॉन्ड प्रक्रिया

76. खर्परण विधि निम्न में से किसके निष्कर्षण के लिए उपयोग में लायी जाती है?

(a) Cu (b) Ag
(c) Na (d) Al

77. मुक्त सिल्वर धातु, NaCN के तनु जलीय विलयन के साथ निम्न में से किसकी उपस्थिति में जल में विलेय संकुल बनाती है ?

(a) नाइट्रोजन (b) ऑक्सीजन
(c) कार्बन डाइऑक्साइड (d) ऑर्गन

78. जिंक ब्लैन्ड अयस्क से जिंक का निष्कर्षण किया जाता है

(a) वैद्युत अपघटनी अपचयन द्वारा
(b) पहले भर्जन तथा फिर भर्जित अयस्क के कार्बन के साथ अपचयन द्वारा
(c) पहले भर्जन तथा फिर भर्जित अयस्क के किसी अन्य धातु के साथ अपचयन द्वारा
(d) पहले भर्जन तथा फिर स्वत: अपचयन द्वारा

उत्तरमाला

1.	(c)	2.	(d)	3.	(c)	4.	(b)	5.	(a)	6.	(a)	7.	(a)	8.	(a)	9.	(c)	10.	(c)
11.	(b)	12.	(a)	13.	(d)	14.	(b)	15.	(b)	16.	(b)	17.	(b)	18.	(d)	19.	(a)	20.	(a)
21.	(d)	22.	(a)	23.	(c)	24.	(c)	25.	(c)	26.	(c)	27.	(b)	28.	(a)	29.	(b)	30.	(d)
31.	(c)	32.	(c)	33.	(c)	34.	(a)	35.	(a)	36.	(a)	37.	(a)	38.	(c)	39.	(b)	40.	(a)
41.	(d)	42.	(b)	43.	(b)	44.	(a)	45.	(d)	46.	(d)	47.	(b)	48.	(b)	49.	(a)	50.	(c)
51.	(a)	52.	(c)	53.	(a)	54.	(b)	55.	(a)	56.	(c)	57.	(c)	58.	(d)	59.	(a)	60.	(b)
61.	(a)	62.	(c)	63.	(a)	64.	(d)	65.	(b)	66.	(b)	67.	(d)	68.	(d)	69.	(a)	70.	(c)
71.	(c)	72.	(b)	73.	(d)	74.	(b)	75.	(d)	76.	(b)	77.	(b)	78.	(b)				

उत्तर व्याख्या सहित

1. (c) सामान्यत: पोटैशियम सुपरऑक्साइड KO_2 बनाता है।

2. (d) Na_2CO_3 को गर्म करने पर कोई गैस मुक्त नहीं होती है।

3. (c) लीथियम धातु (Li) को वायु में गर्म करने पर, वह केवल सामान्य ऑक्साइड Li_2O बनाती है।

$$2Li + \frac{1}{2}O_2 \longrightarrow Li_2O$$

सोडियम को वायु में गर्म करने पर यह मुख्यत: परॉक्साइड बनाती है जबकि अन्य क्षार धातुएँ इस अभिक्रिया में सुपरऑक्साइड बनाती हैं।

4. (b) जलयोजित क्षार धातु आयन की आयन विनिमय रेजिन पर अधिशोषण की क्षमता, क्षार धातु आयन के आकार में वृद्धि होने के साथ घटती है।

क्षार धातु आयनों के आकार का क्रम है $Li^+ < Na^+ < K^+ < Rb^+$

अत: अधिशोषित होने का क्रम होगा $Rb^+ < K^+ < Na^+ < Li^+$

5. (a) क्षार धातु ऑक्साइड (Na_2O) सबसे अधिक क्षारीय होते हैं।

6. (a) $BaCl_2$, प्रबल अम्ल, HCl तथा प्रबल क्षारक, $Ba(OH)_2$ का लवण है अत: इसका जलीय विलयन उदासीन होता है अर्थात् इसका pH मान 7 होता है। अन्य दिए गए सभी लवणों का विलयन धनायनिक जल-अपघटन के कारण, अम्लीय होता है अर्थात् इनका pH मान 7 से कम होता है। अत: $BaCl_2$ के जलीय विलयन का pH मान अधिकतम है।

7. (a) $6Li + N_2 \longrightarrow 2Li_3N$

केवल लीथियम ही नाइट्रोजन से सीधे क्रिया करके नाइट्राइड बनाता है।

8. (*a*) Li_2CO_3 का तापीय स्थायित्व सबसे कम होता है।

9. (*c*) ऐलुमिनियम उभयधर्मी होने के कारण जलीय क्षारों के साथ क्रिया करता है तथा इस क्रिया में H_2 गैस निकलती है।

$$2Al(s) + 2NaOH(aq) + 6H_2O(l) \longrightarrow \underset{\text{सोडियम टेट्राहाइड्रॉक्सो ऐलुमिनेट (III)}}{2Na^+[Al(OH)_4]^-(aq)} + 3H_2(g)\uparrow$$

10. (*c*) Na_2CO_3 के निर्माण में CO_2 प्रयुक्त होती है जिसे बनाने के लिए $CaCO_3$ को प्रयुक्त किया जाता है।

11. (*b*) क्षारीय मृदा धातुओं के सल्फेटों की जालक ऊर्जा लगभग समान होती है तथा जलयोजन ऊर्जा, आकार के व्युत्क्रमानुपाती होती है।

क्षारीय मृदा धातुओं के आकार का क्रम है

$$Be^{2+} < Ca^{2+} < Sr^{2+} < Ba^{2+}$$

इस प्रकार, जलयोजन ऊर्जा का क्रम होगा

$$Be^{2+} > Ca^{2+} > Sr^{2+} > Ba^{2+}$$

अतः $BeSO_4$ की जलयोजन ऊर्जा इसकी जालक ऊर्जा से अधिक होती है।

12. (*a*) CCl_4 क्योंकि इसका क्वथनांक 350 K होता है तथा इसकी वाष्प अज्वलनशील होती है।

13. (*d*) $2NaOH + Zn \longrightarrow Na_2ZnO_2 + H_2\uparrow$

14. (*b*) KNO_3 को गन पाउडर में प्रयुक्त किया जाता है।

15. (*b*) Rb सबसे अधिक धन विद्युती तत्व है, अतः यह शीघ्रता से उच्च दर के साथ जल के साथ क्रिया करती है।

16. (*b*) क्षार धातुओं के वर्ग में ऊपर से नीचे जाने पर धात्विक बन्ध की प्रबलता घटती है, अतः क्वथनांक/गलनांक घटते जाते हैं।

18. (*d*) Na तत्व आसानी से *s*-इलेक्ट्रॉन त्यागकर ऑक्सीकृत हो जाता है।

20. (*a*) Li परमाणु तथा Li^+ आयन का आकार छोटा होता है, अतः यह असामान्य व्यवहार प्रदर्शित करता है।

21. (*d*) ΔH_f का मान जितना ऋणात्मक होता है वह उतना ही स्थायी होता है।

$$KCl > CsCl > NaCl > LiCl$$

22. (*a*) दिया है

$$A \longrightarrow \text{अवशेष} + \text{रंगहीन गैस}$$
$$\text{अवशेष} \xrightarrow{H_2O} B, \quad B \xrightarrow{CO_2} \underset{\text{ठोस}}{C} \xrightarrow{\Delta} A$$

अतः यौगिक '*A*' $CaCO_3$ है तथा होने वाली अभिक्रियाएँ निम्न प्रकार हैं:

23. (*c*) $\underset{\text{ठोस}}{NaOH + CO} \xrightarrow{200°C} \underset{\text{सोडियम फॉर्मेट}}{HCOONa}$

24. (*c*) Cs^+ की चालकता सर्वाधिक होती है क्योंकि इसका आकार सबसे छोटा होता है।

25. (*c*) Ba आयन के कारण आतिशबाजी का रंग हरा प्रतीत होता है।

26. (*c*) Na_2CO_3 बनाने की सॉल्वे विधि में सह-उत्पाद $CaCl_2$, CO_2 तथा NH_3 हैं।

27. (*b*) Ca^{2+} तन्त्रिका संकुचन में महत्त्वपूर्ण भूमिका अदा करता है।

28. (*a*) सॉल्वे विधि द्वारा Na_2CO_3 बनाया जाता है।

29. (*b*) सोडियम हाइड्रॉक्साइड एक प्रबल क्षार है अतः यह केवल अम्लीय ऑक्साइडों (जैसे–SiO_2 आदि) तथा उभयधर्मी ऑक्साइडों (जैसे–B_2O_3 तथा BeO) से अभिक्रिया करता है। CaO स्वयं एक क्षारीय ऑक्साइड है अतः NaOH, CaO से अभिक्रिया नहीं करता है।

30. (*d*) $Ba(OH)_2$ सर्वाधिक क्षारीय है, क्योंकि वर्ग में नीचे की ओर जाने पर हाइड्रॉक्साइडों की क्षारीयता क्रमशः बढ़ती है।

31. (*c*) अत्यधिक सक्रिय क्षार धातुएँ जल तथा वायु के साथ तीव्रता से अभिक्रिया करती है अतः इन्हें जल तथा वायु में नहीं रखा जाता है। यद्यपि क्षार धातुएँ, कैरोसीन के प्रति अक्रिय (Non-reactive) होती हैं अतः इन्हें कैरोसीन में रखा जाता है।

32. (*c*) सामान्यतः आवर्त सारणी के किसी आवर्त में बायीं ओर से दायीं ओर चलने पर ऑक्साइडों/हाइड्रॉक्साइडों की क्षारकता (क्षारीय प्रबलता) कम होती जाती है। अतः क्षार धातुओं के हाइड्रॉक्साइड सर्वाधिक क्षारीय होते हैं। अतः क्षारकता का सही क्रम है

$$NaOH > Mg(OH)_2 > Al(OH)_3$$

33. (*c*) मैग्नीशियम नाइट्राइड जल से क्रिया करके अमोनिया गैस के दो मोल देता है।

$$Mg_3N_2 + 6H_2O \longrightarrow 3Mg(OH)_2 + 2NH_3$$

35. (*a*) मैग्नीशियम सल्फेट हेप्टाहाइड्रेट ($MgSO_4 \cdot 7H_2O$) को एप्सम लवण कहते हैं।

38. (*c*) ऊर्जा की वह मात्रा जो एक मोल आयनिक क्रिस्टल को विपरीत आयनों में गैसीय अवस्था में पृथक करने के लिए आवश्यक हो, जालक ऊर्जा कहलाती है। NaCl में Na^+ व Cl^- आयनों के मध्य स्थिर विद्युत आकर्षण बल होता है, जो सभी दिशाओं में समान होता है। अतः क्रिस्टल जालक को तोड़ने के लिए बहुत अधिक ऊर्जा की आवश्यकता होती है। यही कारण है कि NaCl का गलनांक उच्च है।

39. (*b*) वर्ग में ऊपर से नीचे जाने पर धनायन की जलीयकरण ऊर्जा का मान घटता है जबकि धातु कार्बोनेटों का स्थायित्व वर्ग में ऊपर से नीचे जाने पर बढ़ता है। अतः क्षारीय मृदा धातु तत्वों के कार्बोनेटों की विलेयता घटती है।

40. (*a*) $BeSO_4$ जल में विलेय है तथा BeO एक अक्रिय ऑक्साइड होता है।

$$BeO + H_2O \longrightarrow \underset{\text{अविलेय}}{Be(OH)_2}$$

$$Be(OH)_2 + 2OH^- \longrightarrow \underset{\text{बेरीलेट आयन}}{[Be(OH)_4]^{2-}}$$

41. (*d*) सीजियम की बाह्यतम कक्षा के इलेक्ट्रॉन, अन्य क्षार धातुओं की बाह्यतम कक्षा के इलेक्ट्रॉनों की तुलना में ज्यादा ढीले बँधे होते हैं जिसके कारण सीजियम की क्रियाशीलता क्षारीय धातुओं में सर्वाधिक होती है।

42. (*b*) आयन का आकार जितना छोटा होता है, उसकी जलयोजित होने की क्षमता उतनी ही अधिक होती है तथा इसीलिए जलीय विलयन में उसकी आयनिक त्रिज्या सर्वाधिक होती है। परिणामस्वरूप उसकी जलीय विलयन में आयनिक गतिशीलता कम होती है, अतः जलीय विलयन में आयनिक गतिशीलता का क्रम है–

$$Li^+ < Na^+ < K^+ < Rb^+ < Cs^+$$

43. (*b*) क्षारीय मृदा धातु आयनों का आकार बढ़ने पर उनके कार्बोनेट लवणों का स्थायित्व बढ़ता है। क्षारीय मृदा धातुओं के कार्बोनेटों की ध्रुवता क्षार

धातुओं के कार्बोनेटों से कम होती है जिसके कारण इनका स्थायित्व भी कम होता है। अतः स्थायित्व का सही क्रम है

$$BeCO_3(s) < MgCO_3(s) < CaCO_3(s) < K_2CO_3(s)$$

IV II III I

45. (*d*) लीथियम, मैग्नीशियम के साथ विकर्ण सम्बन्ध प्रदर्शित करता है। इसके निम्न कारण हैं।

(i) लगभग समान आयनिक त्रिज्या

(ii) लगभग समान विद्युत-ऋणात्मकता व बन्धुता

(iii) लगभग समान ध्रुवण क्षमता

46. (*d*) $Al_2O_3 \cdot 2H_2O$ (बॉक्साइट) अयस्क के सान्द्रण के लिए NaOH के साथ क्रिया की जाती है जिससे अशुद्धियाँ अविलेय रह जाती हैं। यह प्रक्षालन (leaching) विधि है।

47. (*b*) सायनाइड विधि से Ag तथा Au को निष्कर्षित करते हैं।

48. (*b*) H_2O एवं CO_2 निस्तापन द्वारा पृथक् हो जाते हैं।

49. (*a*) सल्फाइड अयस्क से कॉपर धातु के निष्कर्षण के प्रक्रम में, अयस्क का भर्जन किया जाता है जिससे अयस्क का कुछ भाग Cu_2O में ऑक्सीकृत हो जाता है जो शेष बचे Cu_2S (सल्फाइड अयस्क) से क्रिया करके कॉपर (ताँबा) धातु देता है।

$$Cu_2S + 2Cu_2O \longrightarrow 6\,Cu + SO_2 \uparrow$$

अतः इस प्रक्रम में, Cu_2S अपचायक का कार्य करता है।

50. (*c*) ऐलुमिना Al_2O_3, विद्युत का कुचालक है तथा इसका गलनांक भी अत्यधिक उच्च होता है अतः इसका विद्युत-अपघटन करने से पहले इसमें फ्लुओरस्पार (CaF_2) तथा क्रायोलाइट (Na_3AlF_6) मिलाया जाता है जो इसके गलनांक को कम कर देते हैं तथा इसे विद्युत का चालक बना देते हैं।

51. (*a*) Ag तथा Au ऐनोड पंक के रूप में विद्यमान होते हैं।

52. (*c*) ऐलुमिनोतापी विधि में Al अपचायक की भाँति कार्य करता है।

53. (*a*) सिलिकन को क्षेत्र परिष्करण (zone refining) प्रक्रिया द्वारा शोधित किया जाता है।

54. (*b*) जिंक वाष्पशील होता है, अतः इसका आसानी से पृथक्करण हो जाता है।

55. (*a*) पिग आयरन (कच्चे लोहा) में लगभग 4% कार्बन (मुख्य अशुद्धि) तथा अन्य अशुद्धियाँ (S, P, Si, Mn) कम मात्रा में उपस्थित होती हैं।

56. (*c*) Cr कम विद्युत धनात्मक तत्व है अतः इसे विद्युत-अपघटनी शोधन द्वारा निष्कर्षित नही किया जा सकता।

57. (*c*) Ti तथा Zn वॉन-आर्कल विधि द्वारा शुद्ध होते हैं। यह अतिशुद्ध धातुओं को प्राप्त करने में उपयोगी होती है।

58. (*d*) निस्तापन प्रक्रिया सामान्यतः कार्बोनेट के लिए होती है जिसमें CO_2 गैस निकल जाती है तथा धातु ऑक्साइड बनता है।

59. (*a*) Ag_2S = अर्जेन्टाइट, AgCl = हॉर्न सिल्वर

$AgSbS_2$ = पाइरेगायराइट

60. (*b*) SnO_2(कैसिटेराइट) मे वॉल्फ्रेमाइट, $FeWO_4$ की अशुद्धियाँ होती हैं जो कि अचुम्बकीय प्रवृति रखती हैं अतः इसे विद्युत चुम्बकीय पृथक्करण द्वारा सान्द्रित किया जाता है।

61. (*a*) Zr तथा Ti को वॉन-अर्कल विधि द्वारा शुद्ध किया जाता है।

62. (*c*) धातुमल एक आसानी से गलने वाला पदार्थ है जो गैंग की गालक से क्रिया के फलस्वरूप बनता है। उदाहरण के लिए, आयरन के धातुकर्म में CaO (गालक), सिलिका (गैंग) से क्रिया करके धातुमल कैल्सियम सिलिकेट ($CaSiO_3$) बनाता है।

$$CaO + SiO_2 \longrightarrow \underset{\text{धातुमल}}{CaSiO_3}$$

64. (*d*) सान्द्रित हाइड्रॉक्साइड अयस्क (जलयोजित ऐलुमिना) को वायु की सीमित मात्रा में गर्म करने पर यह अपने ऑक्साइड (निर्जलीय ऐलुमिना) में परिवर्तित हो जाता है। यह प्रक्रम निस्तापन कहलाता है।

65. (*b*) चूना पत्थर ($CaCO_3$), गर्म करने पर CaO देता है जो कि एक क्षारीय गालक (flux) है अतः धातुकर्मीय प्रक्रम में अम्लीय अशुद्धी को हटाने में उपयोगी होता है। ($CaO + SiO_2 \longrightarrow CaSiO_3$)

67. (*d*) लोहे में SiO_2 की अशुद्धि होती है

अतः $$\underset{\text{गालक}}{CaO} + SiO_2 \longrightarrow \underset{\text{धातुमल}}{CaSiO_3}$$

68. (*d*) वात्या भट्टी में ऊर्ध्वपातन प्रक्रिया नहीं होती है।

69. (*a*) जलीय धातुकर्म धातु अथवा उसके अयस्क को उपयुक्त रासायनिक अभिकर्मक की क्रिया द्वारा घोलने का प्रक्रम है। इसके बाद धातु की प्राप्ति या तो विद्युत अपचयन या उपयुक्त अवक्षेपण कारक के उपयोग द्वारा की जाती है।

$$4\,Au + 8\,KCN + 2\,H_2O + O_2 \longrightarrow 4K[Au\,(CN)_2] + 4\,KOH$$

$$2\,K[Au\,(CN)_2] + Zn \longrightarrow 2\,Au + K_2[Zn\,(CN)_4]$$

71. (*c*) कॉपर के निष्कर्षण में आयरन ऑक्साइड की अशुद्धियाँ सिलिका (गालक) के साथ क्रिया करके अविलेय धातुमल आयरन सिलिकेट बनाती हैं। $FeO + SiO_2 \longrightarrow \underset{\text{धातुमल}}{FeSiO_3}$

72. (*b*) गालक उस पदार्थ को कहते हैं जो अयस्क में उपस्थित अगलनीय अशुद्धियों (अधात्री) से, उच्च ताप पर क्रिया करके गलित धातुमल का निर्माण करता है जो कि हल्का होने के कारण गलित धातु के ऊपर तैरता है। गालक + अधात्री (अगलनीय अशुद्धियाँ) → धातुमल

73. (*d*) **मॉन्ड प्रक्रम** (Ni का शुद्धिकरण)

$$\underset{\text{अशुद्ध}}{Ni} + 4CO \xrightarrow{330-350\,K} Ni(CO)_4 \xrightarrow{450-470\,K} \underset{\text{शुद्ध}}{Ni} + 4CO$$

74. (*b*) खर्परण विधि सिल्वर (Ag) के निष्कर्षण के लिए उपयोग में लायी जाती है। इसमें परावर्तनी भट्टी में अशुद्ध सिल्वर को क्यूपेल (cupel) में पिघलाया जाता है। क्यूपेल हड्डी की राख से बनी प्याली होती है। वायु की तेज धारा प्रवाहित करने पर लेड, लिथार्ज (PbO) में ऑक्सीकृत होकर वायु के साथ निकल जाता है। इस प्रकार लेड रहित सिल्वर प्राप्त होता है।

75. (*d*) सायनाइड प्रक्रम में सिल्वर धातु, वायु के आधिक्य की उपस्थिति में 0.1 – 0.2% सोडियम सायनाइड विलयन के आधिक्य में घुलकर सोडियम अर्जेन्टोसायनाइड संकर लवण बनाती है जो जल में विलेय होता है।

$$4Ag + 8NaCN + 2H_2O + \underset{\text{वायु से}}{O_2} \longrightarrow \underset{\text{सोडियम अर्जेन्टोसायनाइड}}{4Na[Ag(CN)_2]} + 4NaOH$$

सिल्वर धातु को लवण से जिंक द्वारा अपचयन करके पुनः प्राप्त किया जा सकता है।

76. (*b*) जिंक ब्लैन्डी अयस्क को लगभग 900°C पर भर्जित किया जाता है।

$$2ZnS + 3O_2 \xrightarrow{\Delta} 2ZnO + 2SO_2 \uparrow$$

फिर भर्जित अयस्क का कार्बन के साथ अपचयन करके धात्विक जिंक प्राप्त कर लिया जाता है।

$$ZnO + C \xrightarrow{\Delta} Zn + CO \uparrow$$

78. (*b*) झाग प्लवन विधि द्वारा मुख्यतया सल्फाइड अयस्कों का सान्द्रण किया जाता है जैसे-कॉपर पाइराइटीज ($CuFeS_2$), गैलेना (PbS) आदि।

अध्याय 15

p-ब्लॉक के तत्व

-Block Elements

समूह 13 (अथवा III) के तत्व
Elements of Group 13 (or IIIA)

दीर्घ आवर्त सारणी के 13वें (अथवा IIIA) समूह में 5 तत्व-बोरॉन (B), ऐलुमिनियम (Al), गैलियम (Ga), इन्डियम (In) व थैलियम (Th) स्थित हैं। थैलियम को डकबिल प्लैटिपस भी कहा जाता है क्योंकि यह अन्य कई तत्वों के साथ समानता रखता है।

ऐसे तत्व जिनकी बाह्यतम उपकोश p में इलेक्ट्रॉन प्रवेश करते हैं p-ब्लॉक के तत्व कहलाते हैं। इनकी इलेक्ट्रॉनिक संरचना निम्न प्रकार प्रदर्शित की जाती है।

$$ns^2\,np^{1-6}$$ (जहाँ, n बाह्यतम कक्षा होती है।)

प्राप्ति Occurrence

इस परिवार में मुख्यतया बोरॉन, ऐलुमिनियम तत्व आते हैं। बोरॉन एक प्रारूपिक अधातु तत्व है जबकि Al धातु तत्व है।
बोरॉन दुर्लभ तत्व है यह हमारे देश में मुख्यतया पूगावादी (लद्दाख, जम्मू-कश्मीर) तथा सांभर झील (राजस्थान) में पाया जाता है।

इलेक्ट्रॉनिक विन्यास Electronic Configuration

बोरॉन परिवार के तत्वों का सामान्य इलेक्ट्रॉनिक विन्यास ns^2np^1 है। (जहाँ, $n = 2, 3, 4, ...$)। इन तत्वों के संयोजी कोश में 3 इलेक्ट्रॉन उपस्थित होते है तथा ये M^{3+} के रूप में रहते हैं
(जहाँ, M समूह 13 के तत्व है)।

समूह 13 के तत्वों के इलेक्ट्रॉनिक विन्यास

तत्व	इलेक्ट्रॉनिक विन्यास
$_5$B	[He] $2s^2 2p^1$
$_{13}$Al	[Ne] $3s^2, 2p^1$
$_{31}$Ga	[Ar] $3d^{10}\ 4s^2, 4p^1$
$_{49}$In	[Kr] $4d^{10}, 5s^2, 5p^1$
$_{81}$Tl	[Xe] $4f^{14}, 5d^{10}, 6s^2 6p^1$

समूह 13 के तत्वों के भौतिक गुणों में परिवर्तन
Trends in Physical Properties of Group 13 Elements

समूह 13 के तत्वों के विभिन्न भौतिक गुणों में परिवर्तनों की व्याख्या नीचे की गई है

(i) **परमाण्विक एवं आयनिक त्रिज्याएँ** (Atomic and Ionic Radii) इस समूह के तत्वों में परमाण्विक त्रिज्या के सम्बन्ध में बहुत अधिक विसंगतियाँ पायी जाती हैं। Ga की परमाण्विक त्रिज्या Al से भी कम होती है यह कारण d व f-उपकक्षाओं में इलेक्ट्रॉनों के जाने के कारण होता है।

(ii) **घनत्व** (Density) इस समूह में B से Tl तक घनत्व बढ़ता है परन्तु Al का घनत्व कम होता है यह अपवादस्वरूप होता है।

(iii) **गलनांक एवं क्वथनांक** (Melting and Boiling Points) B से Ga तक गलनांक घटता है और फिर बढ़ता है। Ga का गलनांक बहुत कम (29.8°C) होता है। यह लगभग 2200°C तक द्रव अवस्था में रहता है।

(iv) **आयनन ऊर्जा** (Ionisation Energy) आयनन ऊर्जा इस समूह में साधारणतया ऊपर से नीचे को सामान्य रूप से नहीं घटती है।

(v) **ऑक्सीकरण अवस्थाएँ** (Oxidation States) सामान्यत: B तथा Al केवल + 3 ऑक्सीकरण अवस्था प्रदर्शित करते हैं जबकि अन्य तत्व + 1 तथा + 3 ऑक्सीकरण अवस्थाएँ प्रदर्शित करते हैं। वर्ग में नीचे जाने पर + 3 ऑक्सीकरण अवस्था प्रदर्शित करने की प्रवृत्ति घटती है। अक्रिय युग्म प्रभाव के कारण Ga तथा Tl की + 1 ऑक्सीकरण अवस्था, + 3 से अधिक स्थायी होती है।

(vi) **धनविद्युती अथवा धात्विक लक्षण** (Electropositive or Metallic Character) धनविद्युती लक्षण बोरॉन से ऐलुमिनियम तक बढ़ता है। शेष सभी तत्वों का धनविद्युती लक्षण लगभग बराबर होता है। बोरॉन उपधातु है, जबकि शेष सभी तत्व धातु हैं।

(vii) **यौगिकों की प्रकृति** (Nature of Compounds) बोरॉन सहसंयोजक यौगिक बनाने की प्रवृत्ति रखता हैं क्योंकि इसका आयन अस्थायी होता हैं जबकि अन्य सदस्य विद्युत संयोजी यौगिक बनाते हैं।

समूह 13 के तत्वों के रासायनिक गुणधर्मों में परिवर्तन Trends in Chemical Properties of Group 13 Elements

वायु, जल तथा अम्लों से क्रिया
Reaction with Air, Water and Acid

क्रिस्टलीय स्वरूप में बोरॉन अक्रियाशील है। यह वायु से केवल तब ही क्रिया करता हैं जब गर्म किया जाता है। यह जल के साथ क्रिया नहीं करता है। यह केवल गर्म सान्द्र अम्लों (जैसे—H_2SO_4 आदि) द्वारा प्रभावित होता है। Al वायु के साथ साधारण ताप पर भी तेजी के साथ अभिक्रिया करके ऑक्साइड की संरक्षी परत बनाता हैं। Al ठण्डे जल को अपघटित करता हैं।

$$2Al + 3H_2O \longrightarrow Al_2O_3 + 3H_2$$

Ga तथा In ना तो ठण्डे जल से और ना ही गर्म जल से ऑक्सीजन की उपस्थिति बिना प्रभावित नहीं होते हैं।

हाइड्राइड Hydrides

इस वर्ग के तत्व हाइड्रोजन से सीधे संयोग नहीं करते हैं, परन्तु हाइड्राइडों की एक बड़ी संख्या अप्रत्यक्ष रूप से बनायी जाती है। बोरॉन हाइड्राइड, सामान्यत: **बोरेन** कहलाते हैं। ऐल्केनों की भाँति बोरॉन हाइड्राइड प्रकृति में सहसंयोजक होते हैं। सरलतम् व अधिकतम महत्त्वपूर्ण बोरॉन हाइड्राइड, **डाइबोरेन** (B_2H_6) है।

ऑक्साइड तथा हाइड्रॉक्साइड
Oxides and Hydroxides

B से Tl तक ऑक्साइडों (M_2O_3) का अम्लीय लक्षण उभयधर्मी से होता हुआ क्षारीय में बदल जाता है।

B_2O_3 ; Al_2O_3 व Ga के ऑक्साइड; In व Tl के ऑक्साइड
अम्लीय — उभयधर्मी — क्षारीय

इस वर्ग के सभी तत्व हाइड्रॉक्साइड बनाते हैं। हाइड्रॉक्साइडों का क्षारीय लक्षण वर्ग में नीचे जाने पर बढ़ता है।

हैलाइड Halides

इस वर्ग के सभी तत्व MX_3 प्रकार के हैलाइड बनाते हैं। बोरॉन के सभी हैलाइड्स सहसंयोजक तथा लुईस अम्ल होते हैं, क्योंकि B का परमाणु आकार बहुत छोटा होता है BF_3 को छोड़कर बोरॉन के सभी हैलाइड जल-अपघटन पर बोरिक अम्ल देते हैं जबकि BF_3 जल के साथ एक योगात्मक उत्पाद बनाता है।

$$BX_3 + 3H_2O \longrightarrow B(OH)_3 \text{ या } H_3BO_3 \quad (X = Cl, Br, I)$$

$$BF_3 + H_2O \longrightarrow H^+ \ [BF_3OH]^- \xrightarrow{H_2O} H_3O^+ \ [BF_3OH]^-$$

AlF_3 आयनिक यौगिक है, जबकि $AlCl_3$, $AlBr_3$ तथा AlI_3, सहसंयोजक यौगिक हैं।

समूह 13 के तत्वों के यौगिक
Compounds of Elements of Group 13

समूह 13 के तत्वों के कुछ प्रमुख यौगिकों का वर्णन निम्नलिखित है

डाइबोरॉन या बोरॉन हाइड्राइड
Diborane or Boron Hydride

डाइबोरेन बानने की विधियाँ
Methods of Preparation of Diborane

(i) लीथियम ऐलुमिनियम हाइड्राइड की ईथर की उपस्थिति में बोरॉन ट्राइक्लोराइड के साथ क्रिया द्वारा

$$3LiAlH_4 + 4BCl_3 \xrightarrow{\text{ईथर}} 2B_2H_6 + 3AlCl_3 + 3LiCl$$

(ii) सोडियम बोरोहाइड्राइड की डाइग्लाइम (Diglyme) विलयन में बोरॉन ट्राइफ्लुओराइड के साथ क्रिया द्वारा

$$3NaBH_4 + 4BF_3 \longrightarrow 3NaBF_4 + 2B_2H_6$$

गुणधर्म Properties

(i) डाइबोरेन (गलनांक $= -165.5°C$) सड़ी गन्ध युक्त, रंगहीन तथा अत्यन्त विषैली गैस है।

(ii) यह वायु में अत्यधिक ऊष्मा निष्कासन के साथ जलती है।

$$B_2H_6 + 3O_2 \longrightarrow B_2O_3 + 3H_2O; \quad \Delta H = -1976 \text{ किलोजूल मोल}^{-1}$$

(iii) ये जल-अपघटित होकर बोरिक अम्ल तथा हाइड्रोजन बनाते हैं, अत: ये अपचायक पदार्थों के रूप में प्रयुक्त होते हैं।

$$B_2H_6 + 6H_2O \xrightarrow{\text{तीव्र}} 2H_3BO_3 + 6H_2\uparrow$$

(iv) ये उच्च तापों पर अमोनिया से क्रिया करके बोराजोल बनाते हैं।

$$3B_2H_6 + 6NH_3 \xrightarrow{\text{उच्च ताप}} \underset{\text{बोराजोल}}{2B_3N_3H_6} + 12H_2$$

बोरेक्स अथवा सुहागा अथवा सोडियम टेट्राबोरेट
Borax or Sodium Tetraborate $Na_2B_4O_7 \cdot 10H_2O$

यह भारत, तिब्बत तथा कैलीफोर्निया (USA) की कुछ शुष्क झीलों में टिंकल के प्राकृतिक रूप में मिलता है जिसमें 55% बोरेक्स होता है।

बनाने की विधि Method of Preparation

बोरेक्स को बनाने की प्रमुख विधि निम्नलिखित प्रकार है

(i) **कोलेमेनाइट से** बारीक पिसे अयस्क को Na_2CO_3 के सान्द्र जलीय विलयन में गर्म करके

$$\underset{\text{कोलेमेनाइट}}{Ca_2B_6O_{11}} + 2Na_2CO_3 \longrightarrow \underset{\text{बोरेक्स}}{Na_2B_4O_7} + \underset{\text{सोडियम मेटाबोरेट}}{2NaBO_2} + 2CaCO_3\downarrow$$

सोडियम मेटाबोरेट को भी CO_2 गैस प्रवाहित करके बोरेक्स में परिवर्तित कर लेते हैं।

$$4NaBO_2 + CO_2 \longrightarrow Na_2B_4O_7 + Na_2CO_3$$

भौतिक तथा रासायनिक गुणधर्म
Physical and Chemical Properties

(i) यह सफेद रंग का, जल में विलेय क्रिस्टलीय ठोस है।

(ii) बोरेक्स का जलीय विलयन, जल-अपघटनी विघटन के कारण सोडियम हाइड्रॉक्साइड (प्रबल क्षार) तथा बोरिक अम्ल (दुर्बल अम्ल) बनाता है, अत: यह क्षारीय होता है।

$$Na_2B_4O_7 + 3H_2O \rightleftharpoons 2NaBO_2 + 2H_3BO_3$$
$$2NaBO_2 + 4H_2O \rightleftharpoons 2NaOH + 2H_3BO_3$$

या
$$Na_2B_4O_7 + 7H_2O \rightleftharpoons 2NaOH + 4H_3BO_3$$

(iii) गर्म करने पर बोरेक्स जल के अणु छोड़ देता है तथा एक सफेद पदार्थ के रूप में फूल जाता है जो पुन: गर्म करने पर पिघलकर एक पारदर्शक काँच जैसा ठोस बनाता है जो **बोरेक्स काँच** या **बोरेक्स बीड** कहलाता है।

उपयोग Uses

(i) काँच, साबुन, कागज, मोमबत्ती, चमड़ा व पॉट्री (Pottery) उद्योग में।

(ii) बोरेक्स बीड परीक्षण द्वारा Cu^{2+}, Ni^{2+}, Mn^{2+} आदि क्षारीय मूलकों के गुणात्मक विश्लेषण में।

बोरिक अम्ल अथवा ऑर्थोबोरिक अम्ल
Boric Acid or Orthoboric Acid

रासायनिक रूप से यह H_3BO_3 अथवा $B(OH)_3$ है।

बनाने की विधियाँ Methods of Preparation

इसे निम्नलिखित विधियों द्वारा बनाया जा सकता है

(i) बोरॉन नाइट्राइड के जल-अपघटन से

$$BN + 3H_2O \longrightarrow H_3BO_3 + NH_3$$

(ii) बोरेक्स के सान्द्र जलीय विलयन पर HCl अथवा H_2SO_4 की क्रिया से

$$Na_2B_4O_7 + H_2SO_4 + 5H_2O \longrightarrow 4H_3BO_3 + Na_2SO_4$$

(iii) कोलेमेनाइट के गर्म जलीय विलयन में SO_2 गैस प्रवाहित करके

$$Ca_2B_6O_{11} + 2SO_2 + 9H_2O \longrightarrow 6H_3BO_3 + 2CaSO_3$$

भौतिक तथा रासायनिक गुणधर्म
Physical and Chemical Properties

बोरिक अम्ल निम्नलिखित गुण प्रदर्शित करता है

(i) यह मृदु मोती जैसे श्वेत सुई के समान क्रिस्टल बनाता है। यह ठण्डे जल में अल्प विलेय तथा गर्म जल में शीघ्रता से विलेय है।

(ii) यह बहुत दुर्बल मोनोबेसिक अम्ल है। यह एक प्रोटॉन दाता नहीं है, परन्तु एक लुईस अम्ल के समान व्यवहार करता है

उपयोग Uses

(i) यह एक ऐन्टिसेप्टिक, नेत्र धोने वाले तथा एक भोजन संरक्षक के रूप में प्रयुक्त होता है।

(ii) इसका प्रयोग काँच, चमकदार वस्तु तथा इनेमल के निर्माण में होता है।

(iii) यह चमड़ा उद्योग में भी प्रयुक्त होता है।

समूह 14 (अथवा IVA) के तत्व
Elements of Group 14 (or IVA)

कार्बन (C), सिलिकॉन (Si), जर्मेनियम (Ge), टिन (Sn) तथा लेड (Pb) इस समूह के सदस्य हैं। सिलिकॉन व कार्बन पृथ्वी की भूपर्पटी में पाये जाने वाला प्रमुख तत्व है। कार्बन मनुष्य के जीवन में प्रमुखता से भाग लेता है। साधारणतया, खाद्य पदार्थ, दवाईयों, कपड़ा उद्योग, पेट्रोलियम पदार्थ प्रमुख पदार्थ हैं जो मनुष्य के जीवन में प्रमुखता से भाग लेते हैं। सिलिकॉन यौगिकों द्वारा काँच उद्योग, सीमेण्ट उद्योग, पोटरी उद्योग प्रमुखता से भाग लेते हैं।

इलेक्ट्रॉनिक विन्यास Electronic Configuration

इस वर्ग के सभी तत्वों की बाह्यतम कक्षा का सामान्य इलेक्ट्रॉनिक विन्यास ns^2np^2 होता है (जहाँ, $n=2, 3, 4...$)

समूह 14 के तत्वों के इलेक्ट्रॉनिक विन्यास

तत्व	इलेक्ट्रॉनिक विन्यास
$_6C$	$[He]\,2s^22p^2$
$_{14}Si$	$[Ne]\,3s^23p^2$
$_{32}Ge$	$[Ar]\,3d^{10}, 4s^24p^2$
$_{50}Sn$	$[Kr]\,4d^{10}, 5s^25p^2$
$_{82}Pb$	$[Xe]\,4f^{14}, 5d^{10}, 6s^26p^2$

समूह 14 के तत्वों के भौतिक गुणों में परिवर्तन
Trends in Physical Properties of Elements of Group 14

इस श्रेणी के परमाणविक एवं भौतिक गुणों में निम्न प्रकार परिवर्तन होता है

(i) **परमाणु त्रिज्या तथा परमाणु आयतन** (Atomic Radius and Atomic Volume) वर्ग में ऊपर से नीचे जाने पर परमाणु त्रिज्या तथा परमाणु आयतन दोनों बढ़ते हैं, क्योंकि बाह्य कोशों की संख्या बढ़ती है।

(ii) **गलनांक तथा क्वथनांक** (Melting and Boiling Points) इस वर्ग के तत्वों के गलनांक तथा क्वथनांक C से Pb तक घटते हैं।

(iii) **आयनन ऊर्जा** (Ionisation Energy) आयनन ऊर्जा का मान वर्ग में C से Pb तक अनियमित रूप से घटता है। इस अनियमितता का कारण Ge तथा Pb में क्रमश: d तथा f-कक्षकों का भरना है जो संयोजकता इलेक्ट्रॉनों को प्रभावी रूप से रक्षित नहीं करते हैं।

(iv) **धात्विक गुण अथवा धनविद्युती व्यवहार** (Metallic Properties or Electropositive Character) धात्विक गुण अथवा धनविद्युती व्यवहार वर्ग में ऊपर से नीचे जाने पर बढ़ता है। प्रथम दो तत्व C तथा Si अधातु हैं। यद्यपि Si के विद्युतीय गुण उपधातु के समान हैं। Ge उपधातु है जबकि अन्तिम दो तत्व Sn तथा Pb धातुएँ हैं।

(v) **विद्युतऋणात्मकता** (Electronegativity) विद्युतऋणात्मकता C से Pb तक घटती है, परन्तु d तथा f-कक्षकों के भरने के कारण एक नियमित क्रम में नहीं घटती है।

(vi) **सहसंयोजकता** (Covalency) कार्बन परमाणु परस्पर तथा अन्य तत्वों के परमाणुओं (जैसे—N, S व O) के साथ एकल द्विक तथा त्रिक बन्ध बना लेते हैं। इस वर्ग के अन्य तत्वों में द्विक (Double) तथा त्रिक (triple) बन्ध बनाने की प्रवृत्ति नहीं होती है।

(vii) **अपररूपता** (Allotropy) लेड को छोड़कर इस वर्ग के शेष सभी तत्व अपररूपता प्रदर्शित करते हैं।

ऑक्सीकरण अवस्था तथा यौगिकों की प्रकृति Oxidation State and Nature of Compounds

ऑक्सीकरण अवस्थाएँ Oxidation States

इस वर्ग के तत्वों की सामान्य ऑक्सीकरण अवस्था +4 है। Ge, Sn व Pb +2 ऑक्सीकरण अवस्था भी प्रदर्शित करते हैं जिसका कारण **अक्रिय युग्म प्रभाव** है।

+2 ऑक्सीकरण अवस्था के स्थायित्व का क्रम

$$C^{2+} < Si^{2+} < Ge^{2+} < Sn^{2+} < Pb^{2+}$$

+ 4 ऑक्सीकरण अवस्था के स्थायित्व का क्रम

$$C^{4+} > Si^{4+} > Ge^{4+} > Sn^{4+} > Pb^{4+}$$

समूह 14 के तत्वों के रासायनिक गुणों में परिवर्तन Trends in Chemical Properties of Elements of Group 14

समूह 14 के तत्वों के द्वारा निम्न प्रकार को रासायनिक गुण प्रदर्शित किए जाते हैं

(i) **क्रियाशीलता** (Reactivity) इस समूह के तत्व अपेक्षाकृत कम क्रियाशील हैं परन्तु क्रियाशीलता समूह में नीचे की ओर जाने पर बढ़ती है।

(ii) **जल के साथ क्रिया** (Reaction with Water) C, Si तथा Ge जल से अभिक्रिया नहीं करते जबकि Sn भाप के साथ अभिक्रिया द्वारा SnO_2 तथा H_2 बनाता हैं।

$$Sn(s) + 2H_2O(g) \xrightarrow{\Delta} SnO_2(g) + 2H_2(g)$$

(c) **हाइड्राइड बनाने की प्रवृत्ति** (Tendency to form Hydrides) इस वर्ग के सभी तत्व सहसंयोजक टेट्राहाइड्राइड (MH_4) बनाते हैं।

स्थायित्व घटने का क्रम

$$CH_4 > SiH_4 > GeH_4 > SnH_4 > PbH_4$$

अपचायक शक्ति बढ़ने का क्रम

$$CH_4 < SiH_4 < GeH_4 < SnH_4 < PbH_4$$

(d) **हैलाइड बनाने की प्रवृत्ति** (Tendency to form Halides) इस वर्ग के सभी तत्व (SnF_4 को छोड़कर सहसंयोजक टेट्राहैलाइड (MX_4) बनाते हैं। जहाँ, M = तत्व तथा X = हैलोजन।

CCl_4 एक स्थायी यौगिक है तथा इसका जल-अपघटन नही होता है, परन्तु $SiCl_4$ तथा अन्य का जल-अपघटन हो जाता है, इसका कारण इनके *d*-उपकोश का अपूर्ण होना है।

टेट्राहैलाइडों का ऊष्मा के प्रति स्थायित्व, कार्बन से लेड तक घटता है। कार्बन हैलाइडों में यह क्रम निम्न प्रकार है

$$CF_4 > CCl_4 > CBr_4 > CI_4$$

ऑक्साइड बनाने की प्रवृत्ति (Tendency to form Oxide) कार्बन दो प्रकार के ऑक्साइड CO (उदासीन) तथा CO_2 (अम्लीय) बनाता है, जबकि इस वर्ग के शेष तत्व XO_2 प्रकार के ऑक्साइड बनाते हैं।

सभी डाइऑक्साइड क्षार में घुलकर क्रमश: कार्बोनेट, सिलिकेट, जर्मेनेट, स्टैनेट व प्लम्बेट बनाते हैं।

$$MO_2 + 2NaOH \longrightarrow Na_2MO_3 + H_2O$$

(M = C, Si, Ge, Sn, Pb)

CO_2 की संरचना रेखीय होती है तथा इसका द्विध्रुव आघूर्ण शून्य होता है।

सिलिकॉन्स Silicones

बहुलीकृत कार्ब-सिलिकॉन यौगिक जिनमें Si—O—Si बन्ध उपस्थित होते हैं, सिलिकॉन्स कहलाते हैं। इनका सामान्य सूत्र $(R_2SiO)_n$ होता है, जहाँ R, $—CH_3$ समूह (प्राय:) या C_6H_5 समूह है।

निर्माण विधियाँ Methods of Preparation

सिलिकॉन्स सामान्यत: डाइऐल्किलडाइक्लोरोसिलेन (R_2SiCl_2) या डाइऐरिलडाइक्लोरोसिलेन (Ar_2SiCl_2) के जल-अपघटन द्वारा बनाए जाते हैं।

$$R_2SiCl_2 + H_2O \xrightarrow[-2HCl]{} R_2Si(OH)_2$$

$$nR_2Si(OH)_2 \longrightarrow \left[O—SiR_2 \right] O—$$

तिर्यकबन्ध युक्त सिलिकॉन बहुलक को ऐल्किल ट्राइक्लोरो सिलेन के जल-अपघटन द्वारा प्राप्त किया जाता है।

$$RSiCl_3 + 3H_2O \xrightarrow[-3HCl]{} RSi(OH)_3$$

$$nRSi(OH)_3 \longrightarrow \begin{array}{c} R \quad\quad R \quad\quad R \\ | \quad\quad\quad | \quad\quad\quad | \\ O—Si—O—Si—O—Si—O— \\ | \quad\quad\quad | \quad\quad\quad | \\ O \quad\quad O \quad\quad O \\ | \quad\quad\quad | \quad\quad\quad | \\ O—Si—O—Si—O—Si—O— \\ | \quad\quad\quad | \quad\quad\quad | \\ R \quad\quad R \quad\quad R \end{array}$$

गुणधर्म तथा उपयोग Properties and Uses

(i) सिलिकॉन्स जल प्रतिकर्षी और रासायनिक रूप से अक्रिय होते हैं। ये ऑक्सीकरण, ऊष्मीय विघटन और कार्बनिक अभिकर्मकों के आक्रमण का प्रतिरोध करते हैं। ये झाग विरोधी कारक हैं।

(ii) ये ग्रीस, वार्निश तथा रेजिन के रूप में प्रयुक्त होते हैं।

(iii) जल प्रतिकर्षी होने के कारण इन्हे वाटर प्रुफिंग (जल रोधन) के लिए प्रयुक्त किया जाता है।

(iv) ये विद्युत के कुचालक होते हैं।

समूह 15 (अथवा VA) के तत्व Elements of Group 15 (or V A)

आवर्त सारणी के समूह 15 (अथवा VA) में नाइट्रोजन ($_7N$), फॉस्फोरस ($_{15}P$), आर्सेनिक ($_{33}As$), ऐन्टिमनी ($_{51}Sb$) तथा बिस्मथ ($_{83}Bi$) तत्व हैं। ये **नाइट्रोजन परिवार के तत्व** कहलाते हैं। सामूहिक रूप से ये तत्व **निकोजन** कहलाते हैं तथा इनके यौगिक **निक्टाइड्स** कहलाते हैं।

इलेक्ट्रॉनिक विन्यास Electronic Configuration

इस समूह के सभी तत्वों की बाह्य कक्षा का इलेक्ट्रॉनिक विन्यास ns^2np^3 (जहाँ $n = 1, 2, 3, 4 ...$)। इन तत्वों के संयोजी कोश में 5 इलेक्ट्रॉन उपस्थित होते हैं।

समूह 15 के तत्वों के इलेक्ट्रॉनिक विन्यास

तत्व	इलेक्ट्रॉनिक विन्यास
$_7N$	$[He] 2s^2 2p^3$
$_{15}P$	$[Ne] 3s^2 3p^3$
$_{33}As$	$[Ar] 3d^{10} 4s^2 4p^3$
$_{51}Sb$	$[Kr] 4d^{10} 5s^2 5p^3$
$_{83}Bi$	$[Xe] 4f^{14} 5d^{10} 6s^2 7p^3$

समूह 15 के तत्वों के भौतिक गुणों में परिवर्तन Trends in Physical Properties of Group 15 Elements

आवर्त सारणी में समूह 15 (अथवा VA) के तत्वों के गुणों में प्रदर्शित परिवर्तनों की व्याख्या नीचे की गई है

(i) **परमाण्विक आयतन तथा त्रिज्याएँ** (Atomic Volumes and Radius) समूह में नीचे जाने पर परमाणु संख्या के साथ परमाणु आयतन एवं त्रिज्याएँ भी बढ़ती हैं।

(ii) **भौतिक अवस्था** (Physical State) नाइट्रोजन एक गैस है तथा सामान्य ताप पर त्रिआबन्धित द्विपरमाणुक गैसीय अणु के रूप में होती है। इस समूह का दूसरा तत्व फॉस्फोरस मोम सदृश ठोस है तथा सरलता से वाष्प में परिवर्तित हो जाता है। इस समूह के शेष सभी तत्व ठोस हैं।

(iii) **आयनन ऊर्जा** (Ionisation Energy) समूह में ऊपर से नीचे जाने पर आयनन ऊर्जा का मान घटता है। समूह में ऊपर से नीचे जाने पर N से P तक आयनन ऊर्जा में अन्तर अधिक है। इसके बाद अन्तर बहुत कम होता है, जिसका कारण परिरक्षण प्रभाव या आवरण प्रभाव (Screening Effect) है।

(iv) **धात्विक व्यवहार** (Metallic Character) इस समूह में धात्विक गुण ऊपर से नीचे जाने पर बढ़ता है।

N तथा P	As तथा Sb	Bi
अधातु तत्व	उपधातु	धातु तत्व

(v) **विद्युतऋणात्मकता** (Electronegativity) समूह में विद्युतऋणात्मकता का मान N से Bi तक घटता है। N की विद्युतऋणात्मकता का मान सबसे अधिक है, अत: यह N^{3-} आयन बनाने की अधिक प्रवृत्ति रखता है।

(vi) **गलनांक तथा क्वथनांक** (Melting and Boiling Points) समूह में नीचे जाने पर गलनांक तथा क्वथनांक पहले N से As तक बढ़ता है और फिर As से Bi तक कम होता है।

$$N < P < As > Sb > Bi \quad \text{(गलनांक)}$$
$$N < P < As < Sb > Bi \quad \text{(क्वथनांक)}$$

समूह 15 के तत्वों के रासायनिक गुणों में परिवर्तन Trends in Chemical Properties of Group 15 Elements

इस समूह के तत्व, अन्य तत्वों के साथ मुख्यत: सहसंयोजी यौगिक बनाते हैं। इनके यौगिकों के प्रमुख गुण निम्नलिखित हैं

हाइड्राइड Hydrides

इस समूह के सभी तत्व MH_3 प्रकार के सहसंयोजक गैसीय हाइड्राइड बनाते हैं। ये सभी हाइड्राइड विषैले हैं और विषाक्तता NH_3 से BiH_3 तक बढ़ती है। हाइड्राइडों का क्षारीय लक्षण NH_3 से BiH_3 तक घटता है, अत: NH_3 प्रबल क्षारीय है, PH_3 दुर्बल क्षारीय है जबकि AsH_3, SbH_3 तथा BiH_3 उदासीन हैं। अपचायक गुण समूह में नीचे जाने पर बढ़ता है। NH_3 एक स्थायी हाइड्राइड है, जो अपचायक गुण नहीं रखता है। सभी हाइड्राइडों में sp^3-संकरण होता है, अत: इनकी संरचना चतुष्फलकीय होती है, जो केन्द्रीय परमाणु पर अनाबन्धित इलेक्ट्रॉन-युग्म की उपस्थिति के कारण पिरैमिडीय बन जाती है।

हैलाइड Halides

नाइट्रोजन को छोड़कर इस समूह के सभी तत्व निम्न दो प्रकार के हैलाइड बनाते हैं

(i) **ट्राइहैलाइड** इस समूह के सभी तत्व हैलोजनों के साथ सीधे क्रिया करके MX_3 प्रकार के ट्राइहैलाइड बनाते हैं। NCl_3, NBr_3 व NI_3 को छोड़कर इस समूह के सभी तत्वों के सभी हैलाइड स्थायी होते हैं। ये सभी ट्राइहैलाइड सहसंयोजी तथा चतुष्फलकीय (sp^3-संकरण) होते हैं। समान हैलाइड के लिये लुईस क्षार लक्षण N से Bi तक घटता है।

$$NF_3 > PF_3 > AsF_3 > SbF_3 > BiF_3$$

(ii) **पेन्टाहैलाइड** N व Bi को छोड़कर इस समूह के सभी तत्व पेन्टाहैलाइड बनाते हैं। N, खाली d-कक्षकों की अनुपस्थिति के कारण तथा Bi निष्क्रिय युग्म प्रभाव के कारण पेन्टाहैलाइड नहीं बनाते हैं।

(iii) **ऑक्साइड** (Oxides) इस समूह के सभी तत्व X_2O_3, X_2O_4 व X_2O_5 प्रकार के ऑक्साइड बनाते हैं। उच्च ऑक्सीकरण अवस्थाओं के ऑक्साइडों का स्थायित्व परमाणु क्रमांक में वृद्धि के साथ घटता है। इस प्रकार N_2O_5 अत्यन्त स्थायी है, जबकि Bi_2O_5 ज्ञात नहीं है।

ऑक्सीअम्ल Oxyacid

Bi को छोड़कर इस समूह के अन्य सभी तत्व ऑक्सीअम्ल बनाते हैं।

नाइट्रोजन का रसायन Chemistry of Nitrogen

वायुमण्डल में नाइट्रोजन गैस सबसे अधिक मात्रा में विद्यमान है। नाइट्रोजन वायु का भार द्वारा 75% अथवा आयतन द्वारा 80% भाग है। *इसके कुछ प्रमुख यौगिकों का वर्णन निम्नलिखित हैं*

डाइनाइट्रोजन Dinitrogen (N_2)

यह तत्व नाइट्रोजन का आण्विक रूप है तथा रासायनिक रूप से अक्रिय है।

बनाने की विधियाँ Methods of Preparation

डाइनाइट्रोजन अथवा नाइट्रोजन गैस को निम्नलिखित विधि द्वारा बनाया जा सकता है

(i) **प्रयोगशाला विधि** N_2 गैस का उत्पादन प्रयोगशाला में अमोनियम क्लोराइड व सोडियम नाइट्राइट के मिश्रण को गर्म करने से करते हैं।

$$NH_4Cl + NaNO_2 \xrightarrow{\Delta H} NaCl + NH_4NO_2$$

$$NH_4NO_2 \xrightarrow{\Delta H} N_2 + 2H_2O$$

(ii) शुद्ध अवस्था में बेरियम नाइट्राइड के ऊष्मीय अपघटन द्वारा N_2 गैस प्राप्त करते हैं।

$$Ba(N_3)_2 \xrightarrow{\Delta H} Ba + 3N_2$$

भौतिक गुणधर्म Physical Properties

डाइनाइट्रोजन अथवा नाइट्रोजन निम्नलिखित भौतिक गुणधर्म प्रदर्शित करती हैं

(i) नाइट्रोजन एक रंगहीन, गन्धहीन, स्वादहीन गैस है। हवा से थोड़ी हल्की है।
(ii) यह जल में अल्प विलेय है।
(iii) यह न तो दहनीय है ना ही दहन में सहायक है।
(iv) यह स्वयं विषैली गैस नहीं है परन्तु ऑक्सीजन की कमी के कारण वायुमण्डल में उपस्थित N_2 के कारण जीव मर जाते हैं।
(v) यह गैस $-195°C$ पर ठण्डा करने पर द्रव में परिवर्तित हो जाती है।

रासायनिक गुण Chemical Properties

इसके प्रमुख रासायनिक गुणधर्म निम्नलिखित हैं

(i) यह उत्प्रेरक की उपस्थिति में 200 वायुमण्डलीय दाब तथा 500°C ताप पर संयोग करके NH_3 गैस बनाती है।

$$N_2 + 3H_2 \xrightleftharpoons{Fe + Mo} 2NH_3$$

(ii) नाइट्रोजन गैस 3500°C ताप पर विद्युत आर्क की उपस्थिति में यह ऑक्सीजन से क्रिया करके नाइट्रिक ऑक्साइड बनाती है। [बर्कलैण्ड व आइड विधि में HNO_3 का निर्माण]

$$N_2 + O_2 \rightleftharpoons 2NO; \quad \Delta H = 43.2 \text{ किलोकैलोरी}$$

(iii) यह स्वयं दहनीय नहीं है परन्तु हल्की धातुएँ इसमें गर्म करने पर नाइट्राइडों में बदल जाती हैं। ये नाइट्राइड जल से क्रिया करके NH_3 गैस में बदल जाते हैं।

$$3Mg + N_2 \longrightarrow \underset{\text{मैग्नीशियम नाइट्राइड}}{Mg_3N_2}$$

(iv) यह कैल्सियम कार्बाइड के साथ क्रिया करके कैल्सियम साइनेमाइड बनाती है

$$CaC_2 + N_2 \xrightarrow[\text{8 वायुमण्डल दाब}]{500-600°C \text{ ताप}} \underset{\text{कैल्सियम साइनेमाइड}}{CaCN_2 + C}$$

अमोनिया Ammonia (NH_3)

यह नाइट्रोजन का स्थायी हाइड्राइड है जो क्षारीय गुण रखता है। सर्वप्रथम 1774 ई. में प्रीस्टले वैज्ञानिक ने इसे नौसादर (NH_4Cl) तथा बुझा चूना [$Ca(OH)_2$] के मिश्रण को गर्म करके प्राप्त किया तथा इसका नाम क्षारीय वायु रखा।

बनाने की विधियाँ Methods of Preparation

अमोनिया को बनाने की प्रयोगशाला तथा औद्योगिक विधियाँ निम्नलिखित हैं

(i) **प्रयोगशाला विधि** अमोनियम लवणों को क्षारों से क्रिया करके NH_3 गैस बनायी जा सकती है।

$$NH_4Cl + NaOH \longrightarrow NaCl + H_2O + NH_3$$

$$2NH_4Cl + Ca(OH)_2 \longrightarrow CaCl_2 + 2H_2O + 2NH_3$$

इस प्रकार बनी गैस को CaO के साथ शुष्क किया जाता है।

(ii) **औद्योगिक उत्पादन** औद्योगिक मात्रा में NH_3 का निर्माण हैबर विधि से किया जाता है।

$$N_2 + 3H_2 \rightleftharpoons 2NH_3(g); \quad \Delta_f H^\ominus = -46.1 \text{ किलोजूल मोल}^{-1}$$

इसका निर्माण ला-शातेलिए के नियम अनुसार अत्यधिक उच्च दाब 200 वायुमण्डल तथा कम ताप लगभग 500°C पर किया जाता है।

इस विधि में (आयरन ऑक्साइड Fe_2O_3 चूर्ण के रूप में $+ Al_2O_3$ थोड़ी मात्रा में) मिला कर उत्प्रेरक की तरह प्रयुक्त करते हैं।

भौतिक गुण Physical Properties

अमोनिया के प्रमुख भौतिक गुणधर्म निम्नलिखित हैं

(i) अमोनिया गैस एक रंगहीन तथा तीक्ष्ण गंध वाली गैस है। यह गैस हवा से हल्की है।
(ii) इस गैस का द्रवणांक 198.4 केल्विन तथा क्वथनांक 234.7 केल्विन होता है।
(iii) इसे सूँघने पर आँखों में पानी आ जाता है तथा यह आँखों पर हानिकारक प्रभाव डालती है।
(iv) यह गैस जल में पूर्णतया विलेय है तथा इसका विलयन क्षारीय होता है जो लाल लिटमस को नीला कर देता है।

रासायनिक गुण Chemical Properties

अमोनिया निम्नलिखित रासायनिक गुणों को प्रदर्शित करती है

(i) **जल से क्रिया** (Reaction of Water) जल में इसका विलयन निम्न प्रकार आयनित होता है

$$NH_3 + H_2O \rightleftharpoons NH_4^+ + OH^-$$

इसकी हाइड्रॉक्सिल आयन देने की क्षमता के कारण, यह क्षारीय गुण दर्शाती है यह HCl के साथ क्रिया करके NH_4Cl का सफेद धुआँ देती है।

(ii) **ऊष्मा का प्रभाव** (Effect of Heat) यह अकेले गर्म करने पर N_2 व H_2 में बदल जाती है।

$$2NH_3 \rightleftharpoons N_2 + 3H_2$$

(iii) **ऑक्सीजन के साथ** (Reaction with Oxygen) क्रिया साधारणतया इसका ना तो दहन होता है ना ही दहन में सहायक है फिर भी ऑक्सीजन के साथ गर्म करने पर निम्न ऑक्साइड बनते हैं।

$$4NH_3 + 3O_2 \rightleftharpoons 2N_2 + 6H_2O$$

$$4NH_3 + 5O_2 \rightleftharpoons 4NO + 6H_2O$$

उपयोग Uses

अमोनिया के प्रमुख उपयोग निम्नलिखित हैं

(i) वाष्पन की अत्यधिक ऊष्मा के कारण, द्रव अमोनिया प्रशीतन में काम आती है।

(ii) यह नाइट्रिक अम्ल (ओस्टवाल्ड विधि), सोडियम कार्बोनेट (सॉल्वे प्रक्रम) अमोनियम सल्फेट, अमोनियम कैल्सियम फॉस्फेट (उर्वरक) तथा अमोनियम नाइट्रेट (विस्फोटक) बनाने के काम आती है।

(iii) यह कृत्रिम सिल्क के निर्माण में तथा ड्राइक्लीनिंग में ग्रीस हटाने के लिये प्रयुक्त की जाती है।

नाइट्रिक अम्ल Nitric Acid (HNO_3)

ग्लोबर वैज्ञानिक ने इसे शोरे तथा सान्द्र सल्फ्यूरिक अम्ल के मिश्रण को गर्म करके बनाया था। अत: इसे **शोरे का अम्ल** भी कहते हैं। यह N_2O_5 का हाइड्रेट है।

बनाने की विधियाँ Methods of Preparation

नाइट्रिक अम्ल को बनाने की प्रमुख विधियों का वर्णन निम्नलिखित हैं

(i) **प्रयोगशाला विधि** प्रयोगशाला में नाइट्रिक अम्ल शोरे व सान्द्र H_2SO_4 की क्रिया से बनाया जा सकता है।

$$KNO_3 + H_2SO_4 \xrightarrow{\Delta H} KHSO_4 + HNO_3 \text{ (गैस)}$$

इन वाष्पों को ठण्डा करके द्रवित HNO_3 प्राप्त कर लेते हैं।

(ii) **बर्कलैण्ड आइड विद्युत आर्क विधि** इस विधि में वायुमण्डल की नाइट्रोजन व ऑक्सीजन को 3500°C पर विद्युत आर्क द्वारा बनाया जाता है।

भौतिक गुणधर्म Physical Properties

(i) शुद्ध अवस्था में रंगहीन, तीव्रगंध युक्त, सद्यूम द्रव है।

(ii) इसका क्वथनांक 78.2°C तथा हिमांक – 41.3°C होता है।

(iii) सान्द्र HNO_3 का रंग प्राय पीला हो जाता है। क्योंकि प्रकाश की उपस्थिति में नाइट्रिक अम्ल का अपघटन भूरे रंग की NO_2 में हो जाता है जो HNO_3 में घुलकर पीला रंग बनाती है।

$$4HNO_3 \longrightarrow 4NO_2 + O_2 + 2H_2O$$

रासायनिक गुणधर्म Chemical Properties

(i) कमरे कर ताप पर, शुद्ध अम्ल अपघटित होकर N_2O_4 तथा O_2 देता है

$$HNO_3 \longrightarrow N_2O_5 + H_2O$$

$$N_2O_5 \rightleftharpoons N_2O_4 + \frac{1}{2}O_2$$

गर्म करने पर, HNO_3 अपघटित होकर O_2 तथा NO_2 की भूरी वाष्प देती है।

$$4HNO_3 \longrightarrow 4NO_2 + O_2 + 2H_2O$$

(ii) HNO_3 प्रबल मोनोक्षारीय अम्ल होने के कारण, सल्फाइटों तथा हाइड्रॉक्साइडों के साथ क्रिया करके संगत नाइट्रेट बनाता है।

$$CaO + 2HNO_3 \longrightarrow Ca(NO_3)_2 + H_2O$$

(iii) प्रबल अम्ल होने के कारण, HNO_3 में निम्न प्रकार पूर्णतया आयनित हो जाता है।

$$HNO_3 \longrightarrow H^+ + NO_3^-$$

नाइट्रोजन के ऑक्साइड Oxides of Nitrogen

नाइट्रोजन विभिन्न प्रकार के ऑक्साइड बनाता है जिनके बनाने की विधियाँ तथा गुण निम्नलिखित तालिका में प्रदर्शित हैं

नाइट्रोजन ऑक्साइड बनाने की विधियाँ तथा गुण

नाम	सूत्र	ऑक्सीकरण अवस्था	बनाने की विधियाँ	गुण
डाइनाइट्रोजन ऑक्साइड	N_2O	+1	$NH_4NO_3 \xrightarrow{\Delta} N_2O + 2H_2O$	रंगहीन गैस, उदासीन
नाइट्रोजन मोनॉक्साइड	NO	+2	$2NaNO_2 + 2FeSO_4 + 3H_2SO_4 \longrightarrow Fe_2(SO_4)_3 + 2NaHSO_4 + 2H_2O + 2NO$	रंगहीन गैस, उदासीन
डाइनाइट्रोजन ट्राइऑक्साइड	N_2O_3	+3	$2NO + N_2O_4 \xrightarrow{250\text{ K}} 2N_2O_3$	नीला ठोस, अम्लीय
नाइट्रोजन डाइऑक्साइड	NO_2	+4	$2Pb(NO_3)_2 \xrightarrow{673\text{ K}} 4NO_2 + 2PbO$	भूरी गैस, अम्लीय
डाइनाइट्रोजन टेट्राऑक्साइड	N_2O_4	+4	$2NO_2 \xrightarrow{\text{ठण्डा}} N_2O_4$	रंगहीन ठोस/द्रव, अम्लीय

फॉस्फोरस का रसायन Chemsitry of Phosphorus

फॉस्फोरस अति प्राचीन काल से ज्ञात एक महत्त्वपूर्ण तत्व है। फॉस्फोरस जीवों में फॉस्फो प्रोटीन के रूप में पाया जाता है।

बनाने की विधि Method of Preparation

फॉस्फोरस का मुख्य खनिज फॉस्फोराइट हैं। इससे फॉस्फोरस को निम्नलिखित विधियों द्वारा प्राप्त किया जा सकता है

रिटार्ट विधि (Retort Process) इसे किसी रिटार्ट में

$$\underset{\text{फास्फोराइट}}{Ca_3(PO_4)_2} + 3H_2SO_4 \longrightarrow \underset{\text{ऑर्थोफॉस्फोरिक अम्ल}}{2H_3PO_4} + 3CaSO_4$$

$$H_3PO_4 \longrightarrow \underset{\text{मेटाफॉस्फोरिक अम्ल}}{HPO_3} + H_2O$$

$$4HPO_3 + 10C \longrightarrow P_4 + 10CO + 2H_2O$$

फॉस्फोरस के अपररूप
Allotropic Forms of Phosphorus

फॉस्फोरस के मुख्यतया तीन अपररूप पाए जाते हैं जो परस्पर अन्तः परिवर्तनीय है।

श्वेत अथवा पीला फॉस्फोरस White Phosphorus

यह सफेद रंग का मृदु ठोस तत्व है। जब इसे प्रकाश में रखा जाता हैं तो इस पर लाल फॉस्फोरस का पतला आवरण आ जाता है जिसके कारण यह देखने में पीला लगता हैं, अतः यह पीला फॉस्फोरस भी कहलाता हैं। इसे चाकू से काटा जा सकता है। यह अत्यन्त विषैला है तथा CCl_4 व CS_2 में विलेय है।

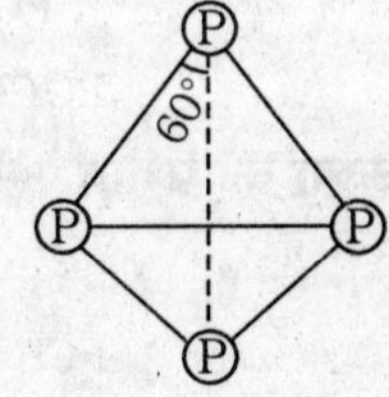

श्वेत अथवा पीला फॉस्फोरस

इसके अणुभार से ज्ञात होता है कि इसके 4 परमाणु संयुक्त होकर एक अणु P_4 बनाते हैं।

यह फॉस्फोरस क्रियाशील अधिक होता है, यह वायुमण्डल में ऑक्सीजन से क्रिया करके P_4O_{10} बनाता है जो अंधेरे में चमकने लगता है (स्फुरदीप्ति)।

लाल फॉस्फोरस Red Phosphorus

यह बैंगनी लाल रंग का चूर्ण होता है जो श्वेत फॉस्फोरस को 573 केल्विन पर गर्म करने से प्राप्त होता है। यह विषैला नहीं है तथा CCl_4 में नहीं घुलता है। यह माचिस उद्योग में तथा धुँआ बमों के बनाने में प्रयुक्त होता है। यह लाल फॉस्फोरस चतुष्फलकीय रूप में बंधी P_4 शृंखलाओं के रूप में पाया जाता है।

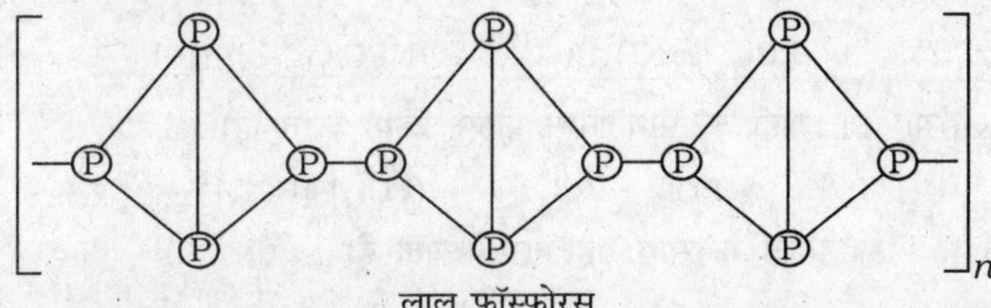

लाल फॉस्फोरस

उपयोग Uses

(i) फॉस्फोरस माचिस उद्योग में अत्यधिक प्रयुक्त होता है। लाल फॉस्फोरस को पीले से ज्यादा महत्त्व दिया जाता है, क्योंकि यह प्रकृति में विषैला नहीं है।

(ii) श्वेत फॉस्फोरस तथा जिंक फॉस्फाइड को चूहे मारने की दवा में प्रयुक्त करते हैं।

(iii) फॉस्फोरस अपने यौगिकों के निर्माण में प्रयुक्त होता है।

(iv) रेडियोसक्रिय फॉस्फोरस का प्रयोग ल्यूकीनिया तथा अन्य रक्त संबंधी बिमारियों के इलाज में करते हैं।

समूह 15 के तत्वों के यौगिक
Compounds of Elements of Group 15

समूह 15 के तत्वों के कुछ प्रमुख यौगिकों का वर्णन निम्नलिखित हैं

फॉस्फीन Phosphine (PH_3)

फॉस्फीन की खोज 1783 में **जेनगैम्बर** ने की थी। पेड़-पौधों व अन्य कार्बनिक पदार्थों के सड़ने से दलदली (marshy) स्थानों में फॉस्फीन गैस उत्पन्न होती है और वायु में जलती है, जिससे चमक (Will-o-the wisp) पैदा होती है।

बनाने की विधियाँ Methods of Preparation

इसे बनाने की प्रमुख विधियाँ निम्नलिखित हैं

(i) प्रयोगशाला में फॉस्फीन गैस वायु की अनुपस्थिति में सफेद फॉस्फोरस को सान्द्र कॉस्टिक सोडा विलयन के साथ गर्म करके बनायी जाती है।

$$\underset{\text{सफेद फॉस्फोरस}}{P_4} + \underset{\text{सान्द्र}}{3NaOH} + 3H_2O \xrightarrow{\Delta} \underset{\text{फॉस्फीन}}{PH_3} + \underset{\text{सोडियम हाइपो फॉस्फाइट}}{3NaH_2PO_2}$$

(ii) फॉस्फोरस अम्ल को 210°C पर गर्म करने पर फॉस्फीन गैस प्राप्त होती है।

$$4H_3PO_3 \xrightarrow{\Delta} PH_3 + 3H_3PO_4$$

भौतिक गुण Physical Properties

यह रंगहीन सड़े अंडे जैसी गन्ध वाली गैस है। यह P_2H_4 होने के कारण ज्वलनशील गैस है। यह अत्यधिक विषैली गैस है। यह जल में कम विलेय है। यह अध्रुवीय विलायकों जैसे CS_2 तथा अन्य कार्बनिक विलायकों में अधिक विलेय है।

रासायनिक गुणधर्म Chemical Properties

फॉस्फीन द्वारा प्रदर्शित रासायनिक गुण निम्नलिखित हैं

(i) फॉस्फीन अमोनियम के समान जल में अत्यधिक विलेय नहीं होती है। इसका जलीय विलयन उदासीन होता है।

(ii) नाइट्रिक अम्ल के सम्पर्क में आने पर यह जलने लगती है।

$$2PH_3 + 16HNO_3 \longrightarrow P_2O_5 + 16NO_2 + 11H_2O$$

(iii) यह योगात्मक निर्जल $AlCl_3$ तथा $SnCl_4$ के साथ यौगिक बनाती है।

$$AlCl_3 + 2PH_3 \longrightarrow AlCl_3 \cdot 2PH_3$$

(iv) फॉस्फीन को $CuSO_4$ विलयन में प्रवाहित करने पर क्यूप्रिक फॉस्फाइड का काला अवक्षेप प्राप्त होता है।

$$3CuSO_4 + 2PH_3 \longrightarrow Cu_3P_2\downarrow + 3H_2SO_4$$

उपयोग Uses

इसकी ज्वलनशीलता के कारण यह **होल्मस सिगनल्स** में प्रयुक्त होती है। इसके लिये कैल्सियम कार्बाइड व कैल्सियम फॉस्फाइड का भरा छिद्रयुक्त डिब्बा जब समुद्र में फेंका जाता है तो तीव्रता से फॉस्फीन गैस निकलती है जो ज्वलनशील होने के कारण तेजी से जल कर पानी के जहाजों के लिये सिग्नल का कार्य करती है।

फॉस्फोरस ट्राइक्लोराइड
Phosphorus Trichloride (PCl_3)

फॉस्फोरस त्रिसंयोजी रूप में PCl_3 *बनाता है।*

बनाने की विधियाँ Methods of Preparation

इसे बनाने की विधियाँ निम्नलिखित हैं

(i) सफेद फॉस्फोरस को शुष्क क्लोरीन गैस के साथ गर्म करने पर

$$P_4 + 6Cl_2 \longrightarrow 4PCl_3$$

(ii) इसे प्राप्त करने के लिये सफेद फॉस्फोरस पर थायोनिल क्लोराइड की क्रिया कराते हैं।

$$P_4 + 8\,SOCl_2 \longrightarrow 4PCl_3 + 4SO_2 + 2S_2Cl_2$$

भौतिक तथा रासायनिक गुणधर्म
Physical and Chemical Properties

PCl_3 *के महत्त्वपूर्ण गुण निम्नलिखित हैं*

(i) यह एक निम्न क्वथनांक (क्वथनांक 74°C) तथा तीक्ष्ण गंध वाला का द्रव है तथा नम वायु में धुएँ के साथ जलता है।

(ii) यह जल द्वारा अत्यधिक जलयोजित हो जाता है।

$$PCl_3 + 3H_2O \longrightarrow 3HCl + H_3PO_3$$

(iii) क्लोरीन तथा सल्फर क्लोराइड के साथ क्रिया करके PCl_5 बनाता है।

$$PCl_3 + Cl_2 \longrightarrow PCl_5$$

$$3PCl_3 + SCl_2 \longrightarrow PCl_5 + 2PSCl_3$$

(iv) ऑक्सीजन तथा SO_3 के साथ क्रिया करके $POCl_3$ बनाता है।

$$2PCl_3 + O_2 \longrightarrow 2POCl_3$$

$$3PCl_3 + SO_3 \longrightarrow POCl_3 + SO_2$$

फॉस्फोरस पेन्टाक्लोराइड
Phosphorus Pentachloride (PCl_5)

फॉस्फोरस पंचसंयोजी रूप में PCl_5 बनाता है।

बनाने की विधियाँ Methods of Preparation

इसे बनाने की विधियाँ निम्नलिखित हैं

(i) फॉस्फोरस पेन्टाक्लोराइड को सफेद फॉस्फोरस के साथ शुष्क क्लोरीन की अधिकतम मात्रा की क्रिया से बनता है।

$$P_4 + 10Cl_2 \longrightarrow 4\,PCl_5$$

(ii) यह सफेद फॉस्फोरस पर SO_2Cl_2 की क्रिया से भी बनाया जा सकता है।

$$P_4 + 10\,SO_2Cl_2 \longrightarrow 4PCl_5 + 10\,SO_2$$

भौतिक तथा रासायनिक गुणधर्म
Physical and Chemical Properties

PCl_5 के प्रमुख गुणधर्मों की चर्चा नीचे की गई हैं

(i) यह पीला-सफेद चूर्ण पदार्थ होता है जो जल के साथ योजित होकर फॉस्फोरिक अम्ल में बदल जाता है।

$$PCl_5 + H_2O \longrightarrow POCl_3 + 2HCl$$

$$POCl_3 + 3H_2O \longrightarrow H_3PO_4 + 3HCl$$

(ii) **ऊष्मा का प्रभाव** गर्म करने पर यह अपघटित होकर PCl_3 व Cl_2 देता है।

$$PCl_5 \xrightarrow{\Delta H} PCl_3 + Cl_2$$

(iii) **कार्बनिक यौगिकों से क्रिया** ऐसे कार्बनिक यौगिक जिनमें —OH समूह होता है। PCl_5 से क्रिया करके —OH समूह को —Cl द्वारा प्रतिस्थापित कर देता है।

$$C_2H_5OH + PCl_5 \longrightarrow C_2H_5Cl + POCl_3 + HCl$$

$$CH_3COOH + PCl_5 \longrightarrow CH_3COOCl + POCl_3 + HCl$$

(iv) **धातुओं से क्रिया** चाँदी जैसी धातुओं के बारीक चूर्ण पर PCl_5 की क्रिया से उनके हैलाइड बन जाते हैं।

$$2Ag + PCl_5 \longrightarrow 2AgCl + PCl_3$$

$$Sn + 2PCl_5 \longrightarrow SnCl_4 + 2PCl_3$$

(v) यह P_4O_{10} के साथ क्रिया करके $POCl_3$ बनाता है।

$$6PCl_5 + P_4O_{10} \longrightarrow 10POCl_3$$

(vi) यह अमोनियम क्लोराइड क साथ क्रिया निम्न प्रकार क्रिया करता है।

$$nPCl_5 + nNH_4Cl \xrightarrow{150°C} (NPCl_2)_n + 4nHCl$$

(vii) यह Cl^- ग्राही के साथ निम्न प्रकार क्रिया करता है।

$$PCl_5 + BCl_3 \longrightarrow [PCl_4]^+[BCl_4]^-$$

(viii) हाइड्रोजन के साथ यह PCl_3 बनाता है।

$$PCl_5 + H_2 \longrightarrow PCl_3 + 2HCl$$

(ix) यह KF के साथ निम्न प्रकार क्रिया करता है।

$$PCl_5 + 6KF \longrightarrow KPF_6 + 5KCl$$

उपयोग Uses

इसका उपयोग कुछ कार्बनिक यौगिकों जैसे C_2H_5Cl, CH_3COCl आदि के निर्माण में किया जाता है।

समूह (16 अथवा VIA) के तत्व
Elements of Group 16 or VI A

आवर्त सारणी में 16वाँ (VI A) समूह ऑक्सीजन परिवार कहलाता है। इसमें ऑक्सीजन ($_8O$), सल्फर या गन्धक ($_{16}S$), सेलिनियम ($_{34}Se$), टेल्यूरियम ($_{52}Te$), पोलोनियम ($_{84}Po$) तत्व उपस्थित हैं। संयुक्त रूप से इन तत्वों को कैल्कोजन भी कहते हैं। क्योंकि अधिकांश धातुओं के अयस्क ऑक्साइडों या सल्फाइडों के रूप में पाये जाते हैं।

इलेक्ट्रॉनिक विन्यास Electronic Configuration

इस समूह के सभी तत्वों की बाह्यतम कक्षा का इलेक्ट्रॉनिक विन्यास ns^2np^4 है (जहाँ, n = बाह्यतम कक्षा)। अत: इन तत्वों के संयोजी कोश में 6 इलेक्ट्रॉन उपस्थित होते हैं।

समूह 16 के इलेक्ट्रॉनिक विन्यास

तत्व	इलेक्ट्रॉनिक विन्यास
$_8O$	$[He]2s^2, 2p^4$
$_{16}S$	$[Ne]\ 3s^2 3p^4$
$_{34}Se$	$[Ar]\ 3d^{10}\ 4s^2 4p^4$
$_{52}Te$	$[Kr]\ 4d^{10}, 5s^2 5p^4$
$_{84}Po$	$[Xe]\ 4f^{14}\ 5d^{10}\ 6s^2 6p^4$

समूह 16 के तत्वों के भौतिक गुणों में परिवर्तन Trends in Physical Properties of Group 16 Elements

आवर्त सारणी में ऑक्सीजन परिवार के तत्वों के विभिन्न भौतिक गुणों में निम्नलिखित परिवर्तन पाए जाते हैं

(i) **परमाणवीय आयतन तथा त्रिज्याएँ** (Atomic Volume and Radius) दोनों परमाणवीय आयतन एवं त्रिज्या समूह में नीचे की ओर जाने पर क्रमशः बढ़ते हैं।

(ii) **भौतिक अवस्था** (Physical State) समूह 16 (समूह VII A) का प्रथम सदस्य ऑक्सीजन गैस है, जबकि अन्य तत्व ठोस है।

(iii) **आयनन एन्थैल्पी अथवा ऊर्जाएँ** (Ionisation Enthalpies or Energies) समूह में नीचे की ओर बढ़ने पर आयनन एन्थैल्पी में कमी होती है। इसका कारण आकार में वृद्धि है।

(iv) **विद्युतऋणात्मकता** (Electronegativity) फ्लोरीन के बाद ऑक्सीजन सबसे अधिक विद्युतऋणात्मक तत्व है। समूह में नीचे की ओर बढ़ने पर विद्युतऋणात्मकता का मान घटता जाता है।

(v) **इलेक्ट्रॉन बन्धुता** (Electron Affinity) इन तत्वों की भी इलेक्ट्रॉन बन्धुता परमाणु आकार बढने के साथ घटती हैं। हालाँकि ऑक्सीजन परमाणु के छोटे आकार और उच्च आवेश घनत्व के कारण इसकी इलेक्ट्रॉन बन्धुता सल्फर से कम है।

(vi) **बन्ध की प्रकृति** (Nature of Bonding) ऑक्सीजन दोनों प्रकारी के बन्ध, आयनिक तथा सहसंयोजक, बनाता हैं जबकि अन्य सदस्य अपनी कम विद्युतऋणात्मकता के कारण सहसंयोजक बन्ध बनाते हैं।

(vii) **धात्विक व्यवहार** (Metallic Character) धात्विक गुण समूह में ऊपर से नीचे जाने पर बढ़ता है। ऑक्सीजन तथा सल्फर प्रबल अधात्विक हैं, सेलिनियम भी अधातु है, टेल्यूरियम कुछ धात्विक गुण सहित कम अधात्विक है जबकि पोलोनियम धात्विक है।

(viii) **गलनांक तथा क्वथनांक** (Melting and Boiling Points) समूह में नीचे की ओर जाने पर, वाण्डरवॉल्स अन्तरअणुक बल का मान बढ जाता है, इस प्रकार, गलनांक एवं क्वथनांक लगातार बढते हैं।

(ix) **अपररूपता** (Allotropy) इस समूह के सभी तत्व अपररूपता प्रदर्शित करते हैं। ऑक्सीजन को अपररूपों O_2 तथा O_3 के रूप में पाया जाता है।

समूह 16 के तत्वों के रासायनिक गुणों में परिवर्तन Trends in Chemical Properties of Group 16 Elements

इस समूह के तत्व विभिन्न तत्वों के साथ अनेक यौगिक बनाते हैं। इन यौगिकों के प्रमुख गुण निम्नलिखित हैं

ऑक्साइड Oxides

इन तत्वों के ऑक्साइडों का अम्लीय गुण (समान ऑक्सीकरण अवस्था में) समूह में ऊपर से नीचे जाने पर घटता है। इस प्रकार, SO_2 अम्लीय है जबकि TeO_2 उभयधर्मी है।

हाइड्राइड Hydrides

इस समूह के सभी तत्व H_2X प्रकार के वाष्पशील हाइड्राइड बनाते हैं। (जहाँ, X = O, S, Se, Te, Po) इनका अम्लीय गुण H_2O से H_2Te तक बढ़ता है। जल के अतिरिक्त सभी हाइड्राइड अपचायक गुण वाले होते हैं तथा यह गुण H_2S से लेकर H_2Te तक बढ़ता है।

हैलाइड Halides

समूह 16 के तत्व EX_6, EX_4 तथा EX_2 प्रकार के अनेक हैलाइड बनाते हैं, जहाँ, E इस समूह की धातु है तथा X एक हैलोजन है, हैलाइडों के स्थायित्व के घटने का क्रम है $F > Cl > Br > I$

ऑक्सीअम्ल Oxyacids

ऑक्सीजन के अतिरिक्त अन्य सभी तत्वों के ऑक्सीअम्ल ज्ञात हैं। विशेष रूप से सल्फर के ऑक्सी-अम्ल उल्लेखनीय है। ऑक्सीअम्लों की अम्लीय क्षमता तथा स्थायित्व क्रमशः S से Te तक घटता है।

H_2SO_3	H_2SeO_3	H_2TeO_3
सल्फ्यूरस अम्ल	सेलेनस अम्ल	टेल्यूरस अम्ल
H_2SO_4	H_2SeO_4	H_2TeO_4
सल्फ्यूरिक अम्ल	सेलेनिक अम्ल	टेल्यूरिक अम्ल

अम्लीय शक्ति घटती है

डाइऑक्सीजन Dioxygen

डाइऑक्सीजन के बनाने की विधियाँ व गुणधर्म निम्नलिखित प्रकार है

बनाने की विधियाँ Methods of Preparation

(i) Hg, Pb तथा Ag, के ऑक्साइडों को गर्म करके

$$2Ag_2O \xrightarrow{\Delta} 4Ag + O_2\uparrow$$

$$2Pb_3O_4 \xrightarrow{\Delta} 6PbO + O_2\uparrow$$

(ii) अधिक ऑक्सीजन युक्त लवणों (जैसे KNO_3, $KClO_3$, $KClO_4$, $Pb(NO_3)_2$, $KMnO_4$, $K_2Cr_2O_7$ आदि) को गर्म करके

$$2KClO_3 \xrightarrow[400°C]{MnO_2} 2KCl + 3O_2\uparrow$$

गुणधर्म Properties

(i) **भौतिक गुण** (Physical Àroperties) ऑक्सीजन एक रंगहीन, गन्धहीन व स्वादहीन गैस है, जो जल में अल्प विलेय है। यह वायु से कुछ भारी है। यह ज्वलनशील नहीं है, परन्तु दहन में सहायक है। यह अनुचुम्बकीय है। इसके तीन समस्थानिक O_8^{16}, O_8^{17} व O_8^{18} ज्ञात हैं, जो क्रमश: $10^4 : 1 : 8$ के अनुपात में उपस्थित होते हैं।

(ii) **धातुओं से क्रिया** (Reaction with Metals) लगभग सभी धातुएँ वायु में जलकर ऑक्साइड बनाती हैं, जिनमें से अधिकांश क्षारीय प्रकृति के होते हैं। उदाहरण—Na_2O, CaO, Fe_2O_3, Al_2O_3 आदि।

(iii) **अधातुओं से क्रिया** (Reaction with Non-metals) अधिकांश अधातुएँ भी ऑक्सीजन में जलकर अम्लीय ऑक्साइड बनाती हैं। उदाहरण—CO_2, SO_2, P_4O_{10}, H_2O आदि।

(iv) **यौगिकों से अभिक्रिया** (Reaction with Compounds)

(a) $2SO_2 + O_2 \xrightarrow{\text{Pt ऐस्बेस्टस}} 2SO_3$ (सम्पर्क प्रक्रम)

(b) $4NH_3 + 5O_2 \xrightarrow{\text{Pt तार}} 4NO + 6H_2O$ (ओस्टवाल्ड प्रक्रम)

(v) **कार्बनिक यौगिकों का ऑक्सीकरण** (Oxidation of Organic Compounds) उपयुक्त उत्प्रेरक की उपस्थिति में गर्म करने पर, ऑक्सीजन कार्बनिक यौगिकों को ऑक्सीकृत कर देती है।

$$CH_4 + 2O_2 \longrightarrow CO_2 + 2H_2O$$

$$2CH_3OH + O_2 \xrightarrow{Pt} 2HCHO + 2H_2O$$

उपयोग Uses

(i) ऑक्सीजन को CO_2 या हीलियम के साथ मिश्रित करके कृत्रिम श्वसन के लिए प्रयुक्त किया जाता है।

(ii) ऑक्सी-हाइड्रोजन तथा ऑक्सी ऐसिटिलीन ज्वाला, काटने तथा वैल्डिंग कार्यों में प्रयुक्त होती है।

(iii) द्रव ऑक्सीजन को सूक्ष्म विभाजित कार्बन के साथ मिलाकर कोयले की खानों में डायनामाइट के प्रतिस्थापी के रूप में प्रयुक्त किया जाता है।

(iv) द्रव ऑक्सीजन, रॉकेटों के ईंधनों का एक महत्त्वपूर्ण अवयव है।

(v) यह विभिन्न अभिक्रियाओं में ऑक्सीकारक के रूप में प्रयुक्त होती है।

ओजोन का रसायन Chemistry of Ozone (O_3)

यह ऑक्सीजन का त्रिपरमाणुक अपररूप है। यह समुद्र तल से लगभग 20 किमी की ऊँचाई पर सूर्य से प्राप्त UV प्रकाश के प्रभाव में वहाँ उपस्थित ऑक्सीजन से बनती है। यह ओजोन पर्त एक आवरण का कार्य करती है तथा हानिकारक पराबैंगनी विकिरण को पृथ्वी की सतह तक पहुँचने से रोकती है, जहाँ हम रहते हैं।

बनाने की विधि Method of Preparation

ओजोन को एक विशेष प्रकार के उपकरण, ओजोनाइजर (सीमेन तथा ब्रोडी ओजोनाइजर) में शुष्क, शुद्ध तथा ठण्डे ऑक्सीजन में से विद्युत विसर्जन करके बनायी जाती है।

$$3O_2 \rightleftharpoons 2O_3, \qquad \Delta H = +68 \text{ किलोकैलोरी}$$

भौतिक गुणधर्म Physical Properties

ओजोन के प्रमुख भौतिक गुणों की चर्चा नीचे की गई है

(i) यह मछली जैसी विशिष्ट गन्ध वाली एक पीली-नीली गैस है, जो $-120°C$ पर एक गहरे नीले द्रव में संघनित हो जाती है।

(ii) इसका क्वथनांक $-111°C$ है।

(iii) यह एक विषैली गैस है, जो श्वास नली में 100 ppm (वायु में) से अधिक होने पर सिरदर्द तथा श्वास समस्या उत्पन्न करती है।

(iv) यह वायु से भारी है तथा जल में अल्प विलेय है।

(v) यह स्टार्च-आयोडीन पेपर को नीला कर देती है।

रासायनिक गुणधर्म Chemical Properties

ओजोन द्वारा प्रदर्शित प्रमुख रासायनिक गुण निम्नलिखित हैं

(i) **अपघटन** (Decomposition) ओजोनीकृत ऑक्सीजन मन्द गति से अपघटित होती है, जबकि शुद्ध ओजोन एक विस्फोटक ध्वनि के साथ अपघटित होती है।

(ii) **ऑक्सीकरण अभिक्रियाएँ** (Oxidation Reactions) ओजोन आसानी से ऑक्सीजन परमाणु (नवजात ऑक्सीजन) मुक्त कर सकती है, इसलिए यह ऑक्सीजन से अधिक शक्तिशाली ऑक्सीकारक के रूप में कार्य करती है।

$$O_3 \longrightarrow O_2 + [O]$$

उदासीन माध्यम में, $O_3 + H_2O + 2e^- \longrightarrow 2OH^- + O_2$

अम्लीय माध्यम में, $O_3 + 2H^+ + 2e^- \longrightarrow H_2O + O_2$

(i) $\underset{\text{काला}}{PbS} + 4O_3 \longrightarrow \underset{\text{श्वेत}}{PbSO_4} + 4O_2$

(ii) $H_2S + O_3 \longrightarrow H_2O + S + O_2$

योगात्मक अभिक्रियाएँ Addition Reactions

ओजोन ओलीफिनों तथा ऐसीटिलीन से योग करके **ओजोनाइड** बनाता है जो जिंक चूर्ण तथा जल द्वारा अपघटित होकर कार्बोनिल यौगिक बनाते हैं। (ओजोन-अपघटन)

उपयोग Uses

इसके मुख्य उपयोग निम्न हैं

(i) यह अधिकांशत: जल के जीवाणुरोधक के रूप में प्रयुक्त होती है।

(ii) यह शीघ्र अपघटित होकर नवजात ऑक्सीजन देती है, इसलिए यह तेलों, हाथी दाँत, स्टार्च, आटा, मोम तथा हल्के वस्त्रों के मृदु विरंजन में प्रयुक्त होती है।

(iii) यह $KMnO_4$ (K_2MnO_4 से), कृत्रिम रेशम तथा कृत्रिम कपूर के निर्माण में प्रयुक्त होती है।

(iv) यह असंतृप्त यौगिकों में द्वि-आबन्धों की स्थिति ज्ञात करने के लिए प्रयुक्त होती है।

सल्फर का रसायन Chemistry of Sulphur

सल्फर मुक्त एवं संयुक्त दोनों अवस्थाओं में पायी जाती है। अधात्री के साथ मिला हुआ तत्व, S को **नवजात सल्फर** कहते हैं। संयुक्त अवस्था में, S सल्फाइडों और सल्फेटों के रूप में पायी जाती हैं। उदाहरण गैलेना (PbS), आइरन पाइराइट (FeS_2), जिप्सम ($CaSO_4, 2H_2O$), बैराइट ($BaSO_4$) आदि।

सल्फर के अपररूप Allotropes of Sulphur

सल्फर अनेक अपररूपी रूपों में पाई जाती है। इनका परिचय तथा गुण निम्नलिखित हैं

(i) **रोम्बिक, अष्टफलकीय** अथवा **α-सल्फर** (Rhombic, Octahedral or α-sulphur) (गलनांक = 112.8°C, विशिष्ट घनत्व = 2.06) यह सल्फर का सामान्य रूप है। अन्य सभी रूप रखने पर इस रूप में परिवर्तित हो जाते हैं। इसे CS_2 में सल्फर के विलयन को वाष्पित करके बनाया जाता है। यह CS_2 में विलेय है तथा 95.5°C से ऊपर गर्म करने पर β-सल्फर में परिवर्तित हो जाता है।

(ii) **मोनोक्लीनिक,-प्रिज्मेटिक** अथवा β-**सल्फर** (Monoclinic, Prmatic or β-Sulphur) यह 95.5°C से ऊपर स्थायी है। इससे नीचे यह α-रूप में परिवर्तित हो जाता है। इस प्रकार 95.6°C संक्रमण ताप है तथा दोनों सल्फर उत्क्रम्यरूपी (Enantiotropic) पदार्थ कहलाते हैं। यह CS_2 में विलेय है।

$$\alpha\text{-सल्फर} \overset{95.5°C}{\rightleftharpoons} \beta\text{-सल्फर}$$

(iii) **γ-सल्फर** (γ-Sulphur) इसकी क्रिस्टल संरचना में चक्रीय S_8 वलय होता है, जोकि α-अथवा β-सल्फर की अपेक्षा अधिक संकुचित होता है। यह धीरे-धीरे α- तथा β-रूपों में परिवर्तित होती रहती है।

(iv) **कोलॉइडी** अथवा **δ-सल्फर** (Colloidal or δ-sulphur) जल अथवा ऑक्सीकारक पदार्थ (HNO_3, $KMnO_4$ आदि) के विलयन में H_2S प्रवाहित करके अथवा तनु HCl के साथ सोडियम थायोसल्फेट विलयन की क्रिया से इसे बनाया जाता है।

$$2HNO_3 + H_2S \longrightarrow 2NO_2 + 2H_2O + S\downarrow$$
$$SO_2 + 2H_2S \longrightarrow 2H_2O + 3S\downarrow$$
$$Na_2S_2O_3 + 2HCl \longrightarrow 2NaCl + SO_2 + H_2O + S\downarrow$$

गर्म करने पर या काफी समय तक रखने पर, कोलॉइडी सल्फर साधारण रूप में परिवर्तित हो जाता है।

(v) **प्लास्टिक** अथवा ***x*-सल्फर** (Plastic or x-sulphur) (तीव्र गलनांक नहीं, विशिष्ट घनत्व = 1.95) ठण्डे जल की पतली धारा में उबलते हुए सल्फर को उड़ेलकर तथा फिर अचानक ठण्डा करके इस रूप को प्राप्त किया जाता है। यह गहरे रंग का है तथा CS_2 में अविलेय है। प्लास्टिक सल्फर को अतिप्रशीतित द्रव माना जाता है।

(vi) **सल्फर दूध** (Sulphur milk) दूधिया चूने को सल्फर के साथ उबालकर तथा HCl के साथ बने उत्पादों को अपघटित करके इसे बनाया जाता है।

सल्फर दूध CS_2 में विलेय है तथा मुख्यत: औषधि में प्रयुक्त होता है।

भौतिक तथा रासायनिक गुणधर्म Physical and Chemical Properties

(i) साधारण सल्फर, पीला, भंगुर, क्रिस्टलीय ठोस है। यह जल में अविलेय, परन्तु CS_2, बेन्जीन तथा तारपीन में विलेय है। यह ऊष्मा तथा विद्युत का कुचालक है, इसलिए एक उत्तमरोधी है।

(ii) **दहन** यह वायु में जलकर मुख्यत: SO_2 बनाता है।

$$S + O_2 \longrightarrow SO_2; \quad 2SO_2 + O_2 \longrightarrow 2SO_3$$

(iii) **तत्वों से संयोग** यह C, H, Cl, Fe तथा As जैसे तत्वों से संयोग करके क्रमश: CS_2, H_2S, S_2Cl_2, FeS तथा As_2S_3 बनाता है।

(iv) **अपचायक गुण** $S + 2H_2SO_4 \longrightarrow 2H_2O + 3SO_2$

$S + 6HNO_3 \longrightarrow H_2SO_4 + 6NO_2 + 2H_2O$

(v) **क्षारों से क्रिया**

$$4S + 6NaOH \longrightarrow 2Na_2S + Na_2S_2O_3 + 3H_2O$$
$$Na_2S + 4S \longrightarrow Na_2S_5$$

(अधिकता में)

उपयोग Uses

(i) SO_2, H_2SO_4, CS_2, गन पाउडर (सल्फर + चारकोल + KNO_3), त्वचा औषधियों, सल्फर रंजकों के निर्माण में।

(ii) माचिस उद्योग तथा पटाखों में।

(iii) रबड़ के वल्कनीकरण (Vulcanisation) तथा घरों में जीवाणुरोधक के रूप में।

हाइड्राइड Hydrides

समूह 16 के सभी तत्व हाइड्रोजन से क्रिया करके H_2E प्रकार के हाइड्राइडों का निर्माण करते हैं, यहाँ E = O, S, Se, Te अथवा Po है। समूह में ऑक्सीजन एक अन्य प्रकार के हाइड्राइड (हाइड्रोजन परॉक्साइड) का निर्माण भी करती है। इस प्रकार निर्मित हाइड्राइडों के अम्लीय गुण H_2O से H_2Te तक बढ़ते हैं।

हाइड्राइडों की संरचना व आबन्ध कोण Structure and Bond Angle of Hydrides

इन सभी हाइड्राइडों में केन्द्रीय परमाणु (M) sp^3-संकरित अवस्था में होता है। हाइड्राइडों में M के ये दो sp^3-संकरित कक्षक एक-एक हाइड्रोजन परमाणु के साथ दो एकल आबन्धों का निर्माण करते हैं, जबकि शेष दो sp^3-संकरित कक्षकों में एक-एक एकाकी इलेक्ट्रॉन युग्म उपस्थित होते हैं, जिनके कारण इनकी आकृति कोणीय हो जाती है।

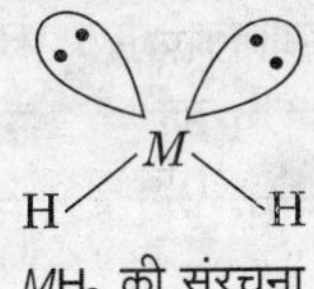

MH_2 की संरचना

इन हाइड्राइडों में दो एकाकी इलेक्ट्रॉन युग्म उपस्थित होने के कारण आबन्ध कोण का मान नियमित चतुष्फलक के आबन्ध कोण की तुलना में कम होता है।

हाइड्राइड	H_2O	H_2S	H_2Se	H_2Te	H_2Po
बन्ध कोण	104.5°	92°	91°	90°	—

हैलाइड Halides

समूह 16 के तत्व EX_6, EX_4 तथा EX_2 प्रकार के अनेक हैलाइड बनाते हैं, जहाँ E इस समूह का तत्व है तथा X एक हैलोजन है। समान तत्व तथा भिन्न हैलोजन के लिए इन हैलाइडों के स्थायित्व के घटने का क्रम निम्न है

$$F > Cl > Br > I$$

टेट्राहैलाइड Tetrahalides

टेट्राफ्लुओराइडों में से SF_4 गैस, SeF_4 द्रव तथा TeF_4 ठोस होता है। ये टेट्राफ्लुओराइड sp^3d-संकरित होते हैं। अत: इनकी संरचना त्रिकोणीय द्विपिरामिडी होती है, जिसमें एक निरक्षीय स्थिति पर एक एकाकी इलेक्ट्रॉन युग्म उपस्थित होता है। यह ज्यामिति ***सी-सा*** *(see-saw)* ज्यामिति कहलाती है।

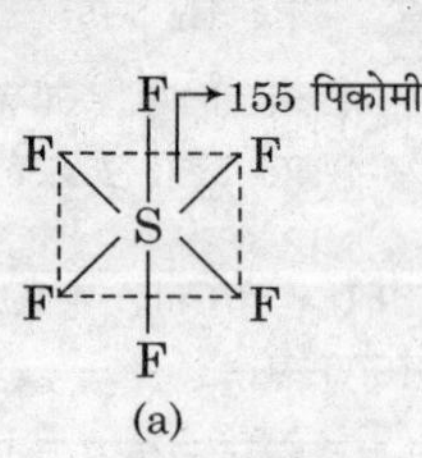

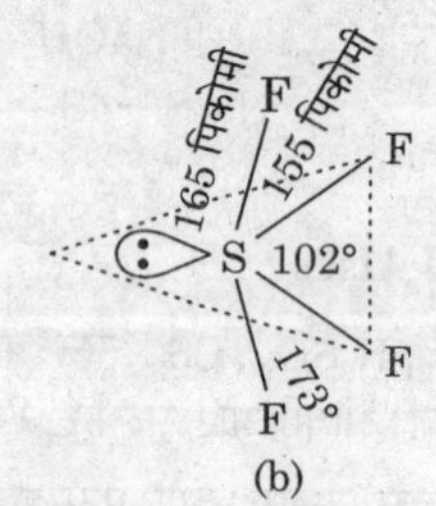

(a) SF_6 की अष्टफलकीय संरचना
(b) SF_4 की सी-सा संरचना

सल्फर के ऑक्सी अम्ल Oxy Acids of Sulphur

(i) एक सल्फर परमाणु से युक्त अम्ल।
उदाहरण—सल्फ्यूरस अम्ल (H_2SO_3) तथा सल्फ्यूरिक अम्ल (H_2SO_4)

(ii) दो या दो से अधिक सल्फर परमाणुओं से युक्त **पॉलीअम्ल।**
उदाहरण—डाइसल्फ्यूरस अम्ल ($H_2S_2O_5$) तथा डाइसल्फ्यूरिक अम्ल ($H_2S_2O_7$)

(iii) सल्फर परमाणुओं द्वारा विस्थापित एक या एक से अधिक ऑक्सीजन परमाणुओं से युक्त थायोअम्ल।
उदाहरण—थायोसल्फ्यूरिक अम्ल ($H_2S_2O_3$)

(iv) S—S बन्धों से युक्त अम्ल।
उदाहरण—डाइथायोनस अम्ल ($H_2S_2O_4$), डाइथायोनिक अम्ल ($H_2S_2O_6$) तथा पॉलीथायोनिक अम्ल ($H_2S_nO_6$)

(v) परऑक्सी समूह से युक्त परऑक्सी अम्ल।
उदाहरण—परऑक्सोमोनोसल्फ्यूरिक अम्ल (H_2SO_5), परऑक्सोडाइ-सल्फ्यूरिक अम्ल ($H_2S_2O_8$)।

सल्फर डाइऑक्साइड Sulphur Dioxide (SO_2)

प्रकृति में सल्फर डाइऑक्साइड गैस ज्वालामुखी विस्फोट से निकलने वाली गैसीय मिश्रण में पाई जाती है। वायुमण्डल में भी यह अत्यन्त अल्प मात्रा में उपस्थित रहती है।

बनाने की विधियाँ Methods of Preparation

सल्फर डाइऑक्साइड की बनाने की प्रमुख विधियाँ निम्नलिखित हैं

प्रयोगशाला विधि Laboratory Method

प्रयोगशाला में इसे सोडियम सल्फाइट की सान्द्र सल्फ्यूरिक अम्ल के साथ अभिक्रिया द्वारा प्राप्त करते हैं।

$$\underset{\text{सोडियम सल्फाइट}}{Na_2SO_3} + \underset{\text{सान्द्र}}{H_2SO_4} \longrightarrow Na_2SO_4 + H_2O + SO_2 \uparrow$$

औद्योगिक निर्माण Industrial Preparation

औद्योगिक स्तर पर सल्फर डाइऑक्साइड का निर्माण वायु में सल्फर या आयरन पाइराइट अयस्क को जलाकर किया जाता है।

$$S_8 + 8O_2 \longrightarrow 8SO_2$$

$$\underset{\text{आयरन पाइराइट}}{4FeS_2} + 11O_2 \longrightarrow 2Fe_2O_3 + 8SO_2$$

भौतिक गुणधर्म Physical Properties

(i) सल्फर डाइऑक्साइड एक रंगहीन, तीखी व उत्तेजक गन्धयुक्त दम घोटने वाली गैस है।

(ii) यह जल में अत्यधिक विलेयता प्रदर्शित करती है।

(iii) इसे 2 वायुमण्डलीय दाब (atm) तथा कक्ष ताप पर आसानी से द्रवित कर सकते हैं।

(iv) यह विषैली गैस है।

(v) हिम मिश्रण में प्रवाहित करने पर यह रंगहीन द्रव में बदल जाती है, जिसका क्वथनांक $-10°C$ है और अधिक ठण्डा करने पर सफेद ठोस प्राप्त होता है, जिसका गलनांक $-75°C$ होता है।

(vi) इसका वाष्प घनत्व 32 होता है।

रासायनिक गुणधर्म Chemical Properties

सल्फर डाइऑक्साइड के प्रमुख रासायनिक गुणधर्म निम्नलिखित हैं

(i) **दहन** (Combustion) सल्फर डाइऑक्साइड न तो दहनशील है और न ही दहन में सहायक होती है, परन्तु जलती हुई कुछ धातुएँ (K, Mg) इस गैस में रखने पर जलती रहती हैं।

$$4K + 3SO_2 \longrightarrow K_2SO_3 + K_2S_2O_3$$

$$2Mg + SO_2 \longrightarrow 2MgO + S$$

(ii) **अम्लीय गुण** (Acidic Property) सल्फर डाइऑक्साइड को जल में मिलाने पर सल्फ्यूरस अम्ल बनता है।

$$SO_2\,(g) + H_2O\,(l) \longrightarrow H_2SO_3\,(aq)$$

(iii) **ऊष्मीय अपघटन** (Thermolysis) SO_2 को तीव्रता से गर्म करने पर यह S तथा SO_3 में अपघटित हो जाती है।

$$3SO_2 \longrightarrow 2SO_3 + S$$

उपयोग Uses

सल्फर डाइऑक्साइड के महत्त्वपूर्ण उपयोग निम्नलिखित हैं

(i) इसका उपयोग सल्फ्यूरिक अम्ल के निर्माण में किया जाता है।

(ii) इसे ऊन रेशम आदि के विरंजन में प्रयुक्त करते हैं।

(iii) कृषि में इसे नाशक जीवाणुओं के नियन्त्रण के लिए प्रयोग करते हैं।

(iv) इसका प्रयोग प्रतिक्लोर के रूप में भी किया जाता है।

(v) चीनी की उत्पादन प्रक्रिया में चीनी के शुद्धिकरण के लिए इसका प्रयोग करते हैं।

(vi) एक शीतलक के रूप में भी इसे प्रयुक्त करते हैं।

(vii) सल्फाइटों तथा बाइसल्फाइटों के औद्योगिक उत्पादन में इसका प्रयोग करते हैं।

समूह 17 (अथवा VII A) के तत्व
Elements of Group 17 (or VII A)

फ्लोरीन (F), क्लोरीन (Cl), ब्रोमीन (Br), आयोडीन (I) तथा ऐस्टैटिन (At) **हैलोजन तत्व** कहलाते हैं। ग्रीक भाषा में [हैलो = समुद्री लवण, जन्स = उत्पन्न करना] होता है। अतः इनको **हैलोजन्स** भी कहा जाता है। ये तत्व अतिक्रियाशील अधातु तत्व हैं। अतः ये मुक्त अवस्था में नहीं पाये जाते। इनके भौतिक एवं रासायनिक गुणों में क्रमिक परिवर्तन होता है। अतः इन्हें एक ही समूह में रखा गया है। ऐस्टैटिन रेडियोधर्मी तत्व है।

इलेक्ट्रॉनिक विन्यास Electronic Configuration

इस समूह के सभी तत्वों की बाह्य कक्षा का सामान्य इलेक्ट्रॉनिक विन्यास ns^2np^5 है, जहाँ, n बाह्य कक्षा है।

तत्व	इलेक्ट्रॉनिक विन्यास
$_9F$	$[He]2s^2, 2p^5$
$_{17}Cl$	$[Ne]3s^2, 3p^5$
$_{35}Br$	$[Ar]\,3d^{10}, 4s^2, 4p^5$
$_{53}I$	$[Kr]4d^{10}, 5s^2, 5p^5$
$_{85}At$	$[Xe]4f^{14}, 5d^{10}, 6s^2, 6p^5$

समूह 17 के तत्वों के भौतिक गुणों में परिवर्तन
Trends in Physical Properties of Group 17 Elements

समूह 17 के तत्व आवर्त सारणी में निम्न गुणों में आवर्तिता प्रदर्शित करते है।

(i) **परमाण्विक तथा आयनिक त्रिज्या** (Atomic and Ionic Radii) हैलोजन में प्रभावी नाभिकीय आवेश अधिकतम होने के कारण हैलोजनों की आयनिक त्रिज्या अपने आवर्त के अन्य तत्वों के समान बहुत छोटी होती है।

(ii) **भौतिक अवस्था** (Physical State) सभी हैलोजन द्विपरमाणविक सहसंयोजी अणुओं (F_2, Cl_2, Br_2 और I_2) की तरह अस्तित्व रखते हैं। F_2 और Cl_2 कमरे के ताप पर गैस होती हैं। Br_2 द्रव है और I_2 वाष्पशील ठोस हैं।

(iii) **गलनांक तथा क्वथनांक** (Melting and Boiling Points) हैलोजन द्विपरमाण्विक अणु होते हैं, इसके भिन्न-भिन्न अणु एक-दूसरे से वाण्डरवॉल्स बन्ध द्वारा जुड़े रहते हैं। जैसे-जैसे अणु का आकार बढ़ता है, इनका द्रवणांक तथा क्वथनांक बढ़ता है।

(iv) **आयनन ऊर्जा** (Ionisation Energy) इन तत्वों की आयनन ऊर्जा नाभिकीय आवेश बढ़ने के कारण समूह VIA (16) के संगत तत्वों से अधिक होती है जबकि F से I तक समूह में नीचे जाने पर ये मान व्यवस्थित रूप से घटते हैं।

तत्व	F	Cl	Br	I
आयनन ऊर्जा (किलोजूल/मोल)	1680.8	1255.5	1142.8	1008.3

(v) **विद्युतऋणात्मकता** (Electronegativity) फ्लोरीन आवर्त सारणी में सर्वाधिक विद्युतऋणात्मक तत्व है। समूह में नीचे जाने पर परमाणु संख्या में वृद्धि के साथ विद्युतऋणात्मकता घटती है।

तत्व	F	Cl	Br	I	At
विद्युतऋणात्मकता	4.0	3.0	2.8	2.5	2.2

विद्युतऋणात्मकता का घटता क्रम है $F > Cl > Br > I$

(vi) **इलेक्ट्रॉन बन्धुता** (Electron Affinity) आवर्त में हैलोजनों की इलेक्ट्रॉन बन्धुता सबसे उच्च होती है। सभी ज्ञात तत्वों में क्लोरीन की इलेक्ट्रॉन बन्धुता सबसे उच्च है। उपसमूह में इलेक्ट्रॉन बन्धुता क्लोरीन से आयोडीन तक घटती है।

फ्लोरीन परमाणु का आकार बहुत छोटा एवं इलेक्ट्रॉन घनत्व बहुत उच्च होने के कारण फ्लोरीन की इलेक्ट्रॉन बन्धुता क्लोरीन से कम तथा ब्रोमीन से अधिक होती है।

(vii) **आण्विक अवस्था** (Molecular State) हैलोजन द्विपरमाण्विक सहसंयोजी अणुओं के रूप में रहते हैं। इनके परमाणुओं के मध्य दुर्बल वाण्डरवाल्स बल उपस्थित होते हैं जिसके कारण इनकी प्रकृति वाष्पशील होती है। आकार में वृद्धि के साथ ये बल बढ़ते जाते हैं। फलतः भौतिक अवस्था में परिवर्तन गैस (F_2 तथा Cl_2) से ठोस (I_2) के रूप में पाया जाता है।

(viii) **आबन्ध वियोजन एन्थैल्पी** (Bond Dissociation Enthalpy) Cl_2 की तुलना में F_2 की वियोजन एन्थैल्पी का मान कम है। जबकि क्लोरीन के बाद $X-X$ आबन्ध वियोजन एन्थैल्पी के मानों में अपेक्षित प्रवृत्ति पायी जाती है।

(ix) **रंग** (Colour) सभी हैलोजन रंगीन होते हैं। इसका कारण यह है कि दृश्य प्रक्षेत्र में विकिरणों का अवशोषण होता है।

समूह 17 के तत्वों के रासायनिक गुणों में परिवर्तन
Trends in Chemical Properties of Group 17 Elements

हैलोजन सर्वाधिक क्रियाशील आधातुएँ हैं तथा इनकी क्रियाशीलता समूह में ऊपर से नीचे जाने पर क्रमशः घटती है।

इनके कुछ सामान्य रासायनिक गुण निम्नलिखित हैं

(i) **जल के साथ क्रिया** (Reaction with Water) फ्लुओरीन जल को निम्न ताप तथा अंधेरे में भी अत्यन्त शीघ्रता के साथ अपघटित करके O_2 तथा O_3 का मिश्रण बनाता है।

(ii) **हाइड्रोजन के साथ क्रिया** (Reaction with Hydrogen) समस्त हैलोजन हाइड्रोजन के साथ क्रिया करके वाष्पशील सहसंयोजी हाइड्राइड (सूत्र HX) बनाती है।

(iii) **धातु तथा अधातुओं के साथ क्रिया** (Reaction with Metals and Non-metals) हैलोजन धातुओं तथा अधातुओं के साथ क्रिया करके हैलाइड बनाती है। उदाहरण—$MgBr_2$, PCl_3, PCl_5, SF_6 आदि। हैलोजन के आकार में वृद्धि के साथ-साथ $M—X$ आबन्ध के आयनिक व्यवहार में वृद्धि होती है।

$$M—F > M—Cl > M—Br > M—I$$

(iv) **ऑक्सीजन के साथ क्रिया** (Reaction with oxygen) हैलोजन, ऑक्सीजन के साथ क्रिया करके बाइनरी यौगिक बनाती है। परन्तु इनमें से अधिकांश अस्थायी होते हैं।

समूह 17 के तत्वों के यौगिक
Compounds of Elements of Group 17

अत्यधिक क्रियाशील होने के कारण, हैलोजन अनेक यौगिकों का निर्माण करती है। परन्तु हम केवल कुछ मत्त्वपूर्ण यौगिकों का ही अध्ययन करेंगे जोकि हमारे पाठ्क्रम में सम्मिलित है।

हैलोजन अम्ल Halogen Acids

इन्हें हाइड्रोहैलिक अम्ल भी कहते हैं। संक्षेप में इन्हें संकेत HX द्वारा प्रदर्शित करते हैं

बनाने की विधियाँ Methods of Preparation

हैलोजन अम्लों को निम्नलिखित विधियों द्वारा प्राप्त कर सकते हैं

(i) **तत्वों के प्रत्यक्ष संयोग द्वारा**

$$H_2 + Cl_2 \longrightarrow 2HCl$$
$$H_2 + Br_2 \xrightarrow{Pt} 2HBr$$
$$H_2 + I_2 \underset{}{\overset{Pt}{\rightleftharpoons}} 2HI$$

(ii) **प्रयोगशाला विधि** फॉस्फोरस, हैलोजन तथा जल की क्रिया द्वारा HBr तथा HI को प्राप्त किया जाता है।

(a) $$P_4 + 6Br_2 \longrightarrow 4PBr_3$$
$$PBr_3 + 3H_2O \longrightarrow 3HBr + H_3PO_3$$

(b) $$P_4 + 6I_2 \longrightarrow 4PI_3$$
$$PI_3 + 3H_2O \longrightarrow 3HI + H_3PO_3$$

हैलोजन अम्लों की अम्लीय प्रकृति
Acidic Nature of Halogen Acids

निर्जलीय (H_2F_2) अम्लीय गुण नहीं दर्शाता है अत: यह पोटैशियम के अतिरिक्त किसी अन्य धातु के साथ क्रिया भी नहीं करता है। H_2F_2 का सान्द्र विलयन धातुओं जैसे Zn, उनके यौगिकों जैसे हाइड्रॉक्साइड, कार्बोनेट आदि के साथ क्रिया करके धात्विक फ्लोओराइड बनाता है।

$$Zn + H_2F_2 \longrightarrow ZnF_2 + H_2$$
$$2NaOH + H_2F_2 \longrightarrow Na_2F_2 + 2H_2O$$

HCl, HBr तथा HI का जलीय विलयन अम्लीय गुण दर्शाता है अत: यह नीले लिटमस को लाल कर देता है। इनमें से प्रत्येक धातुओं तथा उनके यौगिकों से क्रिया करके धात्विक हैलाइड बनाता है।

$$Zn + 2HX\ (X = Cl, Br, I) \longrightarrow ZnX_2 + H_2$$
$$Na_2CO_3 + 2HX \longrightarrow 2NaX + CO_2 + H_2O$$

रासायनिक गुणधर्म Chemical Properties

हैलोजन अम्लों द्वारा प्रदर्शित प्रमुख रासायनिक गुणधर्मों का परिचय निम्नलिखित है

(i) **$AgNO_3$ के साथ** (With $AgNO_3$) HF, $AgNO_3$ के साथ AgF बनाता है जो जल में विलेय होता है। जबकि HCl, HBr तथा HI क्रमश: AgCl (सफेद), AgBr (हल्का पीला) तथा AgI (पीला) अवक्षेप बनाते हैं।

(ii) **अपचायक गुण** (Reducing Properties) HF अपचायक गुण नहीं दर्शाता है। HCl अथवा Cl^- आयन, HBr तथा HI की अपेक्षा दुर्बल अपचायक है अत: ये केवल प्रबल ऑक्सीकारक को अपचयित करता है। HBr अथवा Br^- आयन, HI से दुर्बल परन्तु HCl से प्रबल अपचायक है।

अन्त: हैलोजन यौगिक अथवा अन्त: हैलोजन
Interhalogen Compounds or Interhalogens

हैलोजन आपस में क्रिया करके AB_n प्रकार के सहसंयोजक अन्त:हैलोजन यौगिक बनाती हैं। इनमें A बड़ी हैलोजन तथा B छोटी हैलोजन है और n का मान 1, 3, 5 व 7 होता है।

AB प्रकार के यौगिक ClF, BrF, BrCl, ICl, IBr (IF ज्ञात नहीं है)

AB_3 प्रकार के यौगिक ClF_3, BrF_3, ICl_3

AB_5 प्रकार के यौगिक IF_5, BrF_5

AB_7 प्रकार के यौगिक IF_7

ये सभी यौगिक ध्रुवीय होने के कारण शुद्ध हैलोजन से अधिक (F_2 को छोड़कर) क्रियाशील होते हैं तथा प्रबल ऑक्सीकारक की भाँति व्यवहार करते हैं।

अन्त: हैलोजन यौगिकों में बड़े परमाणु आकार की हैलोजन केन्द्रीय हैलोजन होती है, उदाहरण—

अणु	केन्द्रीय हैलोजन	संकरण	अनाबन्धित इलेक्ट्रॉन	संरचना
ICl	I	sp^3	3	रेखीय
ICl_3	I	sp^3d	2	टी (T) आकार
ICl_5	I	sp^3d^2	1	वर्ग पिरामिड
ICl_7	I	sp^3d^3	0	पंचकोणीय द्विपिरामिड

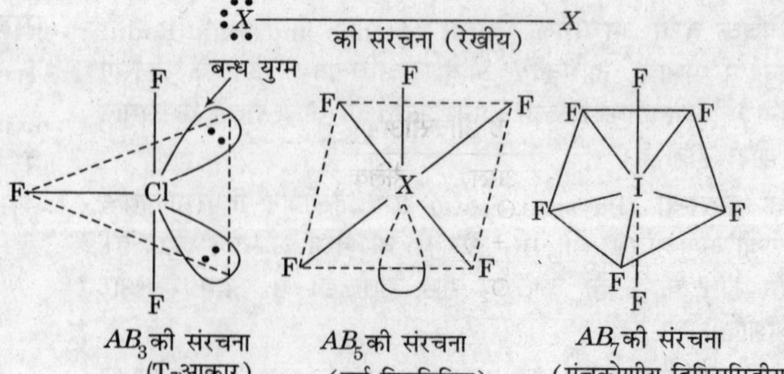

अन्त: हैलोजन यौगिकों की संरचना

छद्म हैलाइड Psuedo Halides

छद्म हैलाइड के एक ऋणावेशी समूह है जो हैलाइड आयनों के गुण प्रदर्शित करते हैं। इन्हें **छद्म हैलाइड आयन** भी कहते हैं। जिस प्रकार हैलाइड आयनों के संगत हैलाइडों को हैलोजन कहते हैं। जिस प्रकार हैलाइड आयनों के सहसंयोजी द्विलक को **छद्म हैलोजन** कहते हैं इनके कुछ उदाहरण निम्न सारणी में प्रदर्शित किए गए हैं

कुछ छद्म हैलाइड तथा उनके सूत्र

छद्म हैलाइड आयन	सूत्र	छद्म हैलोजन	सूत्र
सायनाइड	CN^-	सायनोजन	$(CN)_2$
सायनेट	OCN^-	ऑक्सी सायनोजन	$(OCN)_2$
थायोसायनेट	SCN^-	थायोसायनोजन	$(SCN)_2$
सेलिनोसायनेट	$SeCN^-$	सेलिनो सायनोजन	$(SeCN)_2$
ऐजिडोथायो कार्बोनेट	$SCSN_3^-$	ऐथिडोकार्बोडाइसल्फाइड	$(SCSN_3)_2$
आइसोसायनेट	ONC^-		

हैलोजनों के ऑक्साइड Oxides of Halogens

हैलोजन ऑक्सीजन के साथ क्रिया करके विभिन्न ऑक्साइड बनाती हैं।

हैलोजन के ऑक्साइड

फ्लोरीन के ऑक्साइड	क्लोरीन के ऑक्साइड	ब्रोमीन के ऑक्साइड	आयोडीन के ऑक्साइड
OF_2 (+ 1)	Cl_2O (+ 1)	Br_2O (+ 1)	I_2O_5 (+5)
O_2F_2 (– 1)	ClO (+ 2)	BrO_2 (+ 4)	
	ClO_2 (+ 4)	BrO_3 (+ 6)	
	Cl_2O_6 (+ 6)	Br_2O_7 (+ 7)	
	Cl_2O_7 (+ 7)		
	ClO_4 + 8		

हैलोजनों के ऑक्सीअम्ल Oxyacids of Halogens

फ्लोरीन को छोड़कर शेष अन्य हैलोजन, ऑक्सीअम्लों की चार श्रेणियाँ बनाते हैं (HXO, HXO_2, HXO_3 तथा HXO_4), जो क्रमशः हाइपोहैलस, हैलस, हैलिक तथा परहैलिक अम्ल अथवा हैलिक (I), हैलिक (II), हैलिक (III) तथा हैलिक (IV) कहलाते हैं। इन्हें निम्नलिखित सारणी में प्रदर्शित किया गया है

हैलोजनों के ऑक्सीअम्ल

हैलोजन	हाइपोहैलस अम्ल (X = +1)	हैलस अम्ल, HXO_2 (X = +3)	हैलिक अम्ल, HXO_3 (X = +5)	पर हैलिक अम्ल, HXO_4 (X = +7)
क्लोरीन	HClO	$HClO_2$	$HClO_3$	$HClO_4$
ब्रोमीन	HBrO	—	$HBrO_3$	—
आयोडीन	HIO	—	HIO_3	HIO_4, $HIO_4 \cdot 2H_2O$, $HIO_4 \cdot 2H_2O$, $2HIO_4 \cdot H_2O$

महत्त्वपूर्ण लक्षण Important Characteristics

हैलोजन के ऑक्सीअम्लों के महत्त्वपूर्ण गुण निम्न प्रकार हैं

(i) ऑक्सी अम्लों में हाइड्रोजन —OH समूह के रूप में उपस्थित होती है।

(ii) सभी हाइपोहैलस अम्ल (HXO) अस्थायी होते हैं। ये शीघ्रता से HXO_3 बनाते हैं। इनमें स्थायित्व का आपेक्षिक क्रम निम्न है

$$HClO > HBrO > HIO$$

(iii) हैलिक अम्लों (HXO_3) में आयोडिक अम्ल सबसे अधिक स्थायी है।

(iv) **ऊष्मीय स्थायित्वता** अम्लों तथा लवणों दोनों का स्थायित्व, हैलोजनों की बढ़ती हुई ऑक्सीकरण संख्या के साथ अथवा ऑक्सीजन परमाणु की संख्या में वृद्धि के साथ बढ़ता है अर्थात्

$$ClO^- < ClO_2^- < ClO_3^- < ClO_4^-$$

(v) **ऑक्सीकारक प्रकृति** जैसे-जैसे ऋणायनों का स्थायित्व ClO^- से ClO_4^- तक बढ़ता है, ऑक्सीकरण क्षमता घटती है। इस प्रकार सामान्य परिस्थितियों में, हाइपोक्लोराइट (ClO^-) प्रबलतम् ऑक्सीकारक है।

(vi) **आपेक्षिक अम्लता** किसी हैलोजन के ऑक्सीअम्लों की अम्लता, ऑक्सीकरण संख्या में वृद्धि के साथ बढ़ती है।

उदाहरण—

$$HClO < HClO_2 < HClO_3 < HClO_4 \text{ (आपेक्षिक अम्लीय गुण)}$$

समूह 18 (अथवा 0) के तत्व Elements of Group 18 (or 0)

इस समूह में हीलियम (He), नियॉन (Ne), ऑर्गन (Ar), क्रिप्टॉन (Kr), जीनॉन (Xe) तथा रेडॉन (Rn) छः तत्व हैं। ये सभी गैसें वायुमण्डल में अतिसूक्ष्म मात्रा में उपस्थित रहती हैं। अतः इन्हें **दुर्लभ तत्व** या **दुर्लभ गैसें** भी कहते हैं। रेडॉन, रेडियम के विघटन से प्राप्त होता है। अतः यह रेडियोऐक्टिव तत्व है।

हीलियम (He) को छोड़कर इन सभी तत्वों की बाह्यतम कक्षा में 8 इलेक्ट्रॉन होते हैं। अतः स्थायी विन्यास के कारण ये गैसें रासायनिक बन्ध नहीं बनाती हैं। अतः इन्हें **अक्रियाशील** या **उत्कृष्ट गैसें** भी कहते हैं।

इलेक्ट्रॉनिक विन्यास Electronic Configuration

हीलियम को छोड़कर (ns^2) शेष समस्त उत्कृष्ट गैसों के बाह्य कोश का इलेक्ट्रॉनिक विन्यास ns^2np^6 होता है (जहाँ, n = बाह्य कोश की संख्या)।

तत्व	इलेक्ट्रॉनिक विन्यास
$_2He$	$1s^2$
$_{10}Ne$	[He], $2s^22p^6$
$_{18}Ar$	[Ne], $3s^23p^6$
$_{36}Kr$	[Ar], $4s^2$, $3d^{10}$, $5p^6$
$_{54}Xe$	[Kr], $5s^2$, $4d^{10}$, $5p^6$
$_{86}Rn$	[Xe], $6s^2$, $4f^{14}$, $5d^{10}$, $6p^6$

समूह 18 के तत्वों के भौतिक गुणों में परिवर्तन
Trends in Physical Properties of Group 18 Elements

इस समूह के तत्वों के प्रमुख भौतिक गुणों में निम्न आवर्तिता पाई जाती है

(a) **परमाणु तथा आयनिक त्रिज्या** (Atomic and Ionic Radii) इस समूह के तत्वों की त्रिज्या वाण्डरवाल्स त्रिज्या होती है तथा समूह में नीचे जाने पर बढ़ती है।

(b) **गलनांक तथा क्वथनांक** (Melting and Boiling Point) क्षीण वाण्डरवाल्स बलों की उपस्थिति के कारण अन्य तत्वों की अपेक्षा इनके गलनांक तथा क्वथनांक निम्न होते हैं तथा आकार में वृद्धि के साथ बढ़ते हैं।

(c) **आयनन ऊर्जा तथा इलेक्ट्रॉन बन्धुता** (Ionisation Energy and Electron Affinity) उत्कृष्ट गैसों का विन्यास स्थायी ns^2np^6 होता है अत: ये न ही तो इलेक्ट्रॉनों का ग्रहण करती हैं और न ही ह्रास। अत: इनकी आयनन ऊर्जा अत्यधिक उच्च तथा इलेक्ट्रॉन बन्धुता शून्य या उच्च धनात्मक मान युक्त होती है।

(d) **वाष्पन ऊष्मा तथा ध्रुवीकरण क्षमता** (Heat of Vaporisation and Polarisability) दुर्बल वाण्डरवाल्स बलों की उपस्थिति के कारण इनकी वाष्पन ऊष्मा अत्यधिक निम्न होती है कि उच्च अणुभार वाले तत्वों में ध्रुवण क्षमता अधिक होती है अर्थात्

$$He < Ne < Ar < Kr < Xe$$

(e) **विलेयता** (Solubility) ये जल में आंशिक रूप से विलेय होती हैं तथा समूह में नीचे जाने पर इनकी विलेयता सामान्यत: बढ़ती है।

(f) **अधिशोषण** (Adsorption) He के अतिरिक्त, सभी उत्कृष्ट गैसें नारियल के चारकोल पर अधिशोषित होती हैं तथा यह क्षमता समूह में नीचे जाने पर बढ़ती है।

(g) **चालकता** (Conductivity) कम दाब पर इनकी विद्युत चालकता उच्च होती है।

(h) **स्पेक्ट्रम** (Spectrum) इनके लाक्षणिक स्पेक्ट्रम द्वारा उत्कृष्ट गैसों की पहचान की जाती है।

(i) **द्रवीकरण** (Liquifaction) उत्कृष्ट गैसों के अणुओं के मध्य दुर्बल वाण्डरवाल्स बलों की उपस्थिति के कारण, इनका द्रवीकरण कठिनता से होता है। समूह में He से Rn की ओर जाने पर आकार बढ़ने के कारण अन्तराण्विक बलों में वृद्धि होने के कारण, द्रवित होने की क्षमता बढ़ जाती है।

समूह 18 के तत्वों के रासायनिक गुणों में परिवर्तन
Trends in Chemical Properties of Group 18 Elements

(i) इलेक्ट्रॉनिक विन्यास पूर्ण होने के कारण ये गैसें सामान्यत: रासायनिक रूप से निष्क्रिय होती हैं।

(ii) 1962 में **एन. बर्टलैट** ने पाया कि प्लेटिनम हेक्साफ्लोराइड, ऑक्सीजन के साथ अभिक्रिया करके एक ठोस आयनिक यौगिक बनाता है।

$$O_2(g) + PtF_6(g) \longrightarrow O_2^+PtF_6^-(s)$$

यह अभिक्रिया दर्शाती है कि PtF_6 एक प्रबल ऑक्सीकारक है, बर्टलैट ने सोचा कि यदि PtF_6 ऑक्सीजन अणुओं (आयनन विभव = 12.2 इलेक्ट्रॉन वोल्ट) को ऑक्सीकृत कर सकता है तो यह जीनॉन परमाणु (आयनन विभव = 12.1 इलेक्ट्रॉन वोल्ट) को भी ऑक्सीकृत कर सकता है। इस प्रकार, उन्होंने कमरे के ताप पर PtF_6 के गहरे लाल वाष्प तथा जीनॉन को मिश्रित किया तथा शीघ्रता से नारंगी-पीला ठोस प्राप्त किया जिसका सूत्र $Xe^+PtF_6^-$ है।

$$Xe(g) + PtF_6(g) \longrightarrow Xe^+PtF_6^-(s)$$

उत्कृष्ट गैसों के उपयोग Uses of Noble Gases

(i) **हीलियम** इसकी अज्वलनशीलता और उच्च शक्ति (जो **हाइड्रोजन** का 92.6% होता है) के कारण हवाई जहाज और गुब्बारों में भरी जाती है।

(ii) **ऑक्सीजन हीलियम** (1 : 4) मिश्रण अस्थमा के उपचार के लिये एवं गहरे समुद्र में गोता खोरों द्वारा कृत्रिम साँस के लिये उपयोग होता है क्योंकि **नाइट्रोजन** के विपरीत **हीलियम** उच्च दाब पर भी रक्त में विलेय नहीं है।

(iii) **हीलियम** रासायनिक अभिक्रियाओं में अक्रिय वातावरण उत्पन्न करने के लिये भी उपयोगी है।

(iv) द्रव **हीलियम** क्रायोजेनिक द्रव की तरह प्रयुक्त होता है, जो शोध कार्यों को कराने के लिये कम ताप उत्पन्न करके उसे बनाये रखता है तथा परमाणु संयत्रक एवं अतिचालक चुम्बक में शीतलक की तरह उपयोगी है।

(v) **हीलियम** कम ताप वाली गैस ऊष्मामिति और आर्क बिल्डिंग के लिये शील्ड गैस के रूप में भी उपयोगी है।

(vi) **ऑर्गन** रासायनिक क्रियाओं में अक्रिय वातावरण उत्पन्न करने के लिये, वेल्डिंग के लिये, धातुकर्मीय क्रियाओं के लिये और स्फुरदीप्ती एवं उत्ताप से चमकने वाले बल्बों में भरने के लिये उपयोगी है। यह गीगर-काउन्टर ट्यूब और ऊष्मआयनिक ट्यूब भरने में भी प्रयुक्त होता है।

(vii) **क्रिप्टॉन** और **जीनॉन** गैस बल्बों को भरने में भी उपयोगी हैं। क्रिप्टॉन और जीनॉन का मिश्रण उच्च गति फोटोग्राफी के लिये प्रयुक्त कुछ चमकने वाले ट्यूबों में होता है।

(viii) **रेडॉन**, रेडियोधर्मी शोध और रसो चिकित्सक (कीमोथैरेपी) में एवं कैन्सर की अशल्यचिकित्सा उपचार तथा अन्य नुकसानकारी वृद्धि रोकने के लिये उपयोगी है।

Xe के स्थायी यौगिकों का सारांश

यौगिक	Xe की आ.सं.	संकरण	एकल इलेक्ट्रॉन युग्मों की संख्या	आकृति
XeF_2	+ 2	sp^3d	3	रेखीय
XeF_4	+ 4	sp^3d^2	2	समतलीय
XeF_6	+ 6	sp^3d^3	1	विकृत पंचभुजीय द्विपिरैमिडय
$XeOF_2$	+ 4	sp^3d	2	T-आकृति
XeO_2F_2	+ 6	sp^3d	1	विकृत त्रिभुजीय द्विपिरैमिडय
$XeOF_4$	+ 6	sp^3d^2	1	समूह-पिरैमिडीय
XeO_3	+ 6	sp^3	1	पिरैमिडीय

जीनॉन फ्लुओराइड Xenon Fluorides

Xe विभिन्न प्रायोगिक परिस्थितियाँ में तीन प्रकार के फ्लुओराइट XeF_2, XeF_4 तथा XeF_6 बनाता है। इनमें Xe क्रमशः +2, + 4 तथा +6 ऑक्सीकरण अवस्था में उपस्थित होता है।

निर्माण की विधियाँ Methods of Preparation

(i) सामान्यतः इन्हें विभिन्न परिस्थितियों में Xe तथा F_2 को विभिन्न अनुपातों में मिश्रित करके बनाया जाता है।

(a) $\underbrace{Xe + F_2}_{2:1} \xrightarrow[400°C,\ 1\ \text{बार}]{\text{बन्द Ni नलिका}} XeF_2$

(b) $\underbrace{Xe + 2\ F_2}_{1:5} \xrightarrow[400°C,\ 5\text{-}6\ \text{वायु॰}]{\text{Ni नलिका}} XeF_4$

(c) $\underbrace{Xe + 3\ F_2}_{1:20} \xrightarrow[250\text{-}300°C,\ 50\text{-}60\ \text{वायु॰}]{\text{Ni पात्र}} XeF_6$

(ii) जीनॉन के फ्लुओराइडों को फ्लुओरीनीकरण विधि द्वारा भी प्राप्त किया जा सकता है। जैसे— $Xe + O_2F_2 \xrightarrow{-178°C} XeF_2 + O_2$

भौतिक तथा रासायनिक गुणधर्म
Physical and Chemical Properties

इन यौगिकों के प्रमुख गुणों की वर्णन नीचे किया गया है

(i) जीनॉन के सभी फ्लुओराइड रंगहीन क्रिस्टलीय ठोस हैं जिनके क्वथनांक क्रमशः 140° C (XeF_2), 117.1° C (XeF_4) तथा 49.5° C (XeF_6) हैं। XeF_4 तेजी से ऊर्ध्वपातित होता है।

- XeF_2 जल से अपचयित होकर Xe देता है और O_2 गैस निकलती है।

$$2XeF_2 + 2H_2O \longrightarrow 2Xe + 4HF + O_2$$

XeF_2 किसी क्षार के जलीय विलयन से तेजी के साथ जल अपघटित होता है।

$$2XeF_2 + 4OH^- \longrightarrow 2Xe + 4F^- + 2H_2O + O_2$$

- XeF_4 जल-अपघटन पर XeO_3 देता है, जो एक विस्फोटक ठोस है।

$$2XeF_4 + 3H_2O \longrightarrow Xe(g) + XeO_3(s) + 6HF(aq) + F_2(g)$$

- XeF_6 के जल-अपघटन पर अन्तिम उत्पाद XeO_3 प्राप्त होता है, जोकि एक विस्फोटक ठोस है।

$$XeF_6 + H_2O \longrightarrow XeOF_4 + 2HF$$
$$XeF_6 + 2H_2O \longrightarrow XeO_2F_2 + 4HF$$
$$XeF_6 + 3H_2O \longrightarrow XeO_3 + 6HF$$

(iii) • XeF_2 एक दुर्बल फ्लुओरीनीकारक है। अतः यह C_6H_6 से क्रिया करके C_6H_5F बनाता है।

- XeF_4 एक प्रबल फ्लुओरीनीकारक है। अतः यह Hg को HgF_2 में, Pt को PtF_4 में, NO को NOF में, NO_2 को NO_2F में, SF_4 को SF_6 में तथा BCl_3 को BF_3 में परिवर्तित कर देता है।

$$2Hg + XeF_4 \longrightarrow Xe + 2HgF_2$$
$$Pt + XeF_4 \longrightarrow Xe + PtF_4$$
$$2SF_4 + XeF_4 \longrightarrow Xe + 2SF_6$$
$$4BCl_3 + 3XeF_4 \longrightarrow 3Xe + 4BF_3 + 6Cl_2$$

(iv) XeF_2 तथा XeF_4, HF में विलेय है। जबकि XeF_6, HF में विलेय होकर विलयन बनाता है, जो विद्युत् का अच्छा चालक है। विद्युत् चालकता का कारण XeF_5^+ तथा HF_2^+ आयनों का बनना है।

(v) सभी फ्लुओराइडों में XeF_6 सर्वाधिक वाष्पशील है। इसकी वाष्प का रंग हरा-पीला होता है।

(vi) **ऑक्सीकारक गुण**

$$XeF_2 + H_2 \longrightarrow Xe + 2HF$$
$$2XeF_2 + 2H_2O \longrightarrow 2Xe + 4HF + O_2$$
$$XeF_4 + 2H_2 \longrightarrow Xe + 4HF$$
$$3XeF_4 + 4BCl_3 \longrightarrow 3Xe + 4BF_3 + 6Cl_2$$
$$XeF_6 + 3H_2 \longrightarrow Xe + 6HF$$

जीनॉन ऑक्साइड Xenon Oxide

जीनॉन ऑक्सीजन के साथ मिलकर दो प्रकार के ऑक्साइड XeO_3 तथा XeO_4 बनाता है। इनमें Xe क्रमशः +6 तथा +8 ऑक्सीजन अवस्था में उपस्थित होता है।

जीनॉन ट्राइऑक्साइड
Xenon Trioxides (XeO_3)

बनाने की विधि इसे XeF_4 तथा XeF_6 के पूर्ण जल-अपघटन द्वारा प्राप्त कर सकते हैं।

$$6XeF_4 + 12H_2O \longrightarrow 2XeO_3 + 4Xe + 3O_2 + 24HF$$
$$XeF_6 + 3H_2O \longrightarrow XeO_3 + 6HF$$

गुण यह एक रंगहीन ठोस गैस है, अत्यधिक विस्फोटक तथा प्रबल ऑक्सीकारक है।

जीनॉन टेट्राऑक्साइड
Xenon Tetraoxides (XeO_4)

बनाने की विधि इसे सोडियम अथवा बेरियम जैनेट की सान्द्र H_2SO_4 के साथ क्रिया द्वारा प्राप्त कर सकते हैं।

$$Na_4XeO_6 + 2H_2SO_4 \longrightarrow XeO_4 + 2Na_2SO_4 + 2H_2O$$
$$Ba_2XeO_6 + 2H_2SO_4 \longrightarrow XeO_4 + 2BaSO_4 + 2H_2O$$

XeO_4 का शोधन 195 K पर निर्वात आसवन विधि द्वारा कराते हैं।

गुण यह अत्यन्त अस्थायी गैस है तथा जीनॉन तथा ऑक्सीजन में अपघटित हो जाती है।

$$XeO_4 \longrightarrow Xe + 2O_2$$

अभ्यास प्रश्न

1. भू-पर्पटी पर सबसे प्रचुर मात्रा में पाई जाने वाली धातु है
(a) Na (b) Al (c) Ca (d) Fe

2. ताप के वृहत परास में द्रव अवस्था में रहने वाला वह तत्व जिसका उपयोग उच्च ताप को मापने में किया जाता है कौन-सा है?
(a) B (b) Al (c) Ga (d) In

3. निम्नलिखित में से कौन-सा इलेक्ट्रॉन की कमी वाला अणु है?
(a) PH_3 (b) C_2H_6 (c) SiH_4 (d) B_2H_6

4. समूह 13 के तत्वों की आयनन ऐन्थैल्पी ($\Delta_i H_1$ किलोजूल मोल$^{-1}$ का सही क्रम है।
(a) B > Al > Ga > In > Tl (b) B < Al < Ga < In < Il
(c) B < Al > Ga < In > Tl (d) B > Al < Ga > In < Tl

5. ऐलुमिना है
(a) अम्लीय (b) उभयधर्मी
(c) क्षारीय (d) इनमें से कोई नहीं

6. AlI_3, जब CCl_4 के साथ अभिक्रिया करता है, देता है
(a) $AlCl_3$ (b) CI_4 (c) Al_4C_3 (d) Al_2O_3

7. जब Al को KOH विलयन में मिलाते हैं
(a) हाइड्रोजन मुक्त होती है (b) ऑक्सीजन मुक्त होती है
(c) ओजोन मुक्त होती है (d) कोई अभिक्रिया नहीं होती है

8. बोरॉन, जब कार्बन के साथ गर्म किया जाता है, बनाता है
(a) B_4C (b) BC_4 (c) B_4C_3 (d) B_2C_3

9. निम्नलिखित में से कौन-सा ऑक्साइड प्रबल क्षारीय है?
(a) Tl_2O (b) B_2O_3 (c) Al_2O_3 (d) Ga_2O_3

10. ऐलुमिनियम पात्र में सान्द्र HNO_3 का अपवाहन कर सकते हैं। क्योंकि
(a) Al कम क्रियाशील धातु है
(b) Al सान्द्र HNO_3 द्वारा निष्क्रिय हो जाता है
(c) Al सस्ती धातु है
(d) उपरोक्त सभी

11. III A समूह में Tl (थैलियम) + 1 ऑक्सीकरण अवस्था दर्शाता है जबकि अन्य सदस्य +3 ऑक्सीकरण अवस्था दर्शाते हैं, क्यों?
(a) Tl में एकाकी इलेक्ट्रॉन युग्म की उपस्थिति
(b) Tl आयन की बड़ी आयनिक त्रिज्या
(c) अक्रिय युग्म प्रभाव
(d) उपरोक्त में से कोई नहीं

12. आवर्त सारणी के तीसरे समूह में उपस्थित तत्व R के लिए कौन-सा कथन सत्य है?
(a) इसकी ऑक्सीकरण अवस्था + 4 है
(b) कमरे के ताप पर यह गैस है
(c) यह R_2O_3 बनाता है
(d) यह RX_2 बनाता है

13. कौन-सी धातु अपनी ऑक्साइड परत के द्वारा अपने को सुरक्षित रखती है?
(a) Fe (b) Au (c) Ag (d) Al

14. BF_3 लुईस अम्ल की तरह कार्य करता है क्योंकि यह
(a) इलेक्ट्रॉन हीन (b) यथार्थ इलेक्ट्रॉन
(c) इलेक्ट्रॉन सम्पन्न (d) छिद्रपूर्ण यौगिक

15. निम्नलिखित में से किसको अकार्बनिक बेन्जीन कहा जाता है
(a) बोरॉजीन (b) फोस्फोनाइट्रिक अम्ल
(c) बोरॉन नाइट्राइड (d) *p*-डाइक्लोरो बेन्जीन

16. डाइबोरॉन में दो H—B—H कोण है लगभग
(a) 95°, 120° (b) 60°, 120° (c) 120°, 180° (d) 95°, 150°

17. निम्नलिखित में से कौन-से यौगिक बनते हैं जब BCl_3 को पानी के साथ मिलाया जाता है?
(a) B_2O_3 + HCl (b) B_2H_6 + HCl
(c) H_3BO_3 + HCl (d) इनमें से कोई नहीं

18. BF_3 और $[BH_4^-]$ की आकृति है क्रमश:
(a) समतल, चतुष्फलकीय (b) चतुष्फलकीय, समतल
(c) समतल, समतल (d) चतुष्फलकीय, चतुष्फलकीय

19. बोरिक अम्ल एक अम्ल है क्योंकि
(a) इसके गुण में प्रतिस्थापनीय H^+ आयन होता है
(b) प्रोटॉन देता है
(c) इसका अणु जल से OH^- लेकर प्रोटॉन निकाल देता है
(d) इसका अणु जल के अणु के प्रोटॉन से संयोग करता है

20. $AlCl_3$ है
(a) निर्जल तथा आयनिक (b) सहसंयोजी तथा क्षारीय
(c) निर्जल तथा सहसंयोजी (d) उपसहसंयोजक तथा अम्लीय

21. ऐलुमिनियम हाइड्रॉक्साइड सोडियम हाइड्रॉक्साइड की अधिकता में घुलकर आयन उत्पन्न करता है
(a) AlO_2^{3+} (b) AlO_2^- (c) AlO_2^{3-} (d) AlO_3^-

22. $B_2O_3 + C + Cl_2 \longrightarrow A + CO$, अभिक्रिया में A है
(a) CCl_2 (b) BCl_3 (c) BCl_2 (d) B_2Cl_2

23. निम्नलिखित में से कौन-सा तत्व उपधातु है?
(a) C (b) Ge (c) Bi (d) Sn

24. समूह 14 के तत्व
(a) केवल + 4 ऑक्सीकरण अवस्था में मौजूद है
(b) + 2 तथा + 4 ऑक्सीकरण अवस्था में मौजूद है
(c) M^{2-} तथा M^{4+} आयन बनाते हैं
(d) M^{2+} तथा M^{4+} आयन बनाते हैं

25. कार्बन के बहुसंख्यक यौगिकों के बनने का कारण है इसकी
(a) उच्च सक्रियता (b) श्रृंखलन प्रवृत्ति
(c) सहसंयोजी तथा आयनिक प्रवृत्ति (d) भिन्न संयोजकता

26. PbO है
(a) अम्लीय (b) उभयधर्मी (c) क्षारीय (d) उदासीन

27. शुष्क बर्फ कहलाता है
(a) ठोस NH_3 (b) ठोस SO_2 (c) ठोस CO_2 (d) ठोस N_2

28. सिलिकॉन का सामान्य सूत्र है
(a) $(SiO_4)^{4-}$ (b) $[SiO_6^{7-}]$ (c) $(SiO_3)_n^{-2n}$ (d) $(R_2SiO)_n$

29. निम्नलिखित में से कौन-सा डाइमेरिक हैलाइड है?
(a) Al (b) Mg (c) In (d) Ca

30. निम्नलिखित सभी में से सबसे कठोर पदार्थ है
(a) Be_2C (b) ट्राइटेनियम (c) B_4C (d) ग्रेफाइट

31. कौन-सी धातु उच्च ताप पर वायु में जलते हुए अत्यधिक उष्मा उत्पन्न करती है
(a) Cu (b) Pb (c) Hg (d) Al

32. शुद्ध नाइट्रोजन बनायी जा सकती है
(a) NH_4OH से (b) NH_4NO_2 से (c) $Ba(NO_3)_2$ से (d) Ca_3N_2 से

33. तत्व जो 30°C ताप पर वायु में आग पकड़ता हैं और जल में रखा जाता हैं
(a) सोडियम (b) फॉस्फोरस (c) मैग्नीशियम (d) जिंक

34. गर्म सान्द्र H_2SO_4 की क्रिया से फॉस्फोरस परिवर्तित होता है
(a) फॉस्फोरस अम्ल में (b) मेटाफॉस्फोरिक अम्ल में
(c) पायरो फॉस्फोरिक अम्ल में (d) ऑर्थोफॉस्फोरिक अम्ल में

35. सफेद फॉस्फोरस (P_4) में नहीं है
(a) छः P—P एक बन्ध (b) चार P—P एक बन्ध
(c) इलेक्ट्रॉनों के चार एकाकी युग्म (d) P—P—P कोण 60°

36. कौन-सा ऑक्साइड अपचायक की तरह कार्य नहीं करता है?
(a) N_2O_5 (b) N_2O (c) NO (d) NO_2

37. निम्न में से किसका जल-अपघटन नहीं होता हैं?
(a) PF_3 (b) $SbCl_3$ (c) $AsCl_3$ (d) NF_3

38. PCl_3 जल-अपघटित होकर देता है
(a) HPO_3 (b) H_3PO_2 (c) H_3PO_4 (d) H_3PO_3

39. नाइट्रोजन की अधिकतम संयोजकता है
(a) 3 (b) 5 (c) 4 (d) 6

40. समूह 15 के तत्व +5 ऑक्सीकरण संख्या में यौगिक बनाते हैं। जबकि, बिस्मिथ केवल एक ही यौगिक +5 ऑक्सीकरण अवस्था में बनाता है यौगिक है
(a) Bi_2O_5 (b) BiF_5 (c) $BiCl_5$ (d) Bi_2S_5

41. कौन-सा ऑक्साइड क्षारीय है?
(a) P_2O_3 (b) B_2O_3 (c) Bi_2O_3 (d) As_2O_3

42. — में पानी मिलाने पर फॉस्फीन उत्पन्न होती है
(a) CaC_2 (b) HPO_3 (c) Ca_3P_2 (d) P_4O_{10}

43. अभिक्रिया में, $HNO_3 + P_4O_{10} \longrightarrow 4HPO_3 + x$, उत्पाद x है
(a) NO_2 (b) N_2O_5 (c) N_2O_3 (d) H_2O

44. S_8 अणु में S—S—S बन्ध कोण है
(a) 109.5° (b) 105° (c) 110° (d) 60°

45. NaOH विलयन के साथ गर्म करने पर सल्फर देता है
(a) $Na_2SO_3 + H_2S$ (b) $Na_2S_2O_3 + Na_2S$
(c) $Na_2S_2O_3 + NaHSO_3$ (d) $Na_2SO_3 + SO_2$

46. $SO_2 + H_2S \longrightarrow$ उत्पाद, अन्तिम उत्पाद है
(a) H_2SO_3 (b) H_2SO_4 (c) $H_2S_2O_3$ (d) $H_2O + S$

47. वह गैस जिसे जल के ऊपर प्राप्त नहीं किया जा सकता
(a) SO_2 (b) N_2 (c) O_2 (d) PH_3

48. निम्न में से कौन कसीस (विट्रिऑल) के तेल के नाम से जाना जाता है?
(a) $H_2S_2O_7$ (b) H_2SO_3 (c) $H_2S_2O_8$ (d) H_2SO_4

49. SO_2 का विरंजक कार्य किसके कारण होता है?
(a) अपचयन (b) जल-अपघटन
(c) ऑक्सीकरण (d) इसकी अम्लीय प्रकृति

50. जब कॉपर की छीलन को सान्द्र सल्फ्यूरिक अम्ल के साथ गर्म किया जाता है
(a) H_2S (b) SO_2 (c) SO_3 (d) O_2

51. रबड़ उद्योग में सल्फर का यौगिक विलायक की तरह प्रयोग होता है
(a) $SO_2(OH)Cl$ (b) SO_2 (c) SO_3 (d) S_2Cl_2

52. फ्लोरीन जल के साथ अभिक्रिया करके देती है
(a) HF, O_2 तथा O_3 (b) HF तथा F_2
(c) HF तथा O_2 (d) HF तथा O_3

53. क्लोरीन की विरंजक क्रिया का कारण है
(a) Cl (b) O (c) H (d) N

54. निम्न में से कौन-सा प्रबल ऑक्सीकारक है?
(a) I_2 (b) Br_2 (c) Cl_2 (d) F_2

55. केवल निम्न की उपस्थिति में क्लोरीन विरंजक की तरह कार्य करती है
(a) शुष्क वायु (b) नमी
(c) सूर्य का प्रकाश (d) शुद्ध ऑक्सीजन

56. सान्द्र HNO_3 आयोडीन के साथ क्रिया करके देता है
(a) HI (b) HOI (c) HIO_3 (d) $HOIO_2$

57. हैलोजनों में से कौन-सी एक नाइट्रिक अम्ल द्वारा ऑक्सीकृत होती है?
(a) आयोडीन (b) ब्रोमीन (c) फ्लोरीन (d) क्लोरीन

58. प्रबल अम्ल होगा
(a) HI (b) HBr (c) HCl (d) HF

59. जल में अघुलनशील धातु हैलाइड है
(a) AgF (b) AgI (c) KBr (d) $CaCl_2$

60. 3 : 1 अनुपात वाले सान्द्र HCl तथा HNO_3 के मिश्रण में होता है
(a) ClO_2 (b) NOCl (c) NCl_3 (d) N_2O_4

61. काँच की नक्काशी के लिए प्रयुक्त अम्ल है
(a) HCl (b) $HClO_4$ (c) HF (d) अम्ल-राज

62. $HClO_4$ का ऐनहाइड्राइड कौन-सा है?
(a) ClO_2 (b) Cl_2O_7 (c) Cl_2O (d) Cl_2O_6

63. अक्रिय गैसों में इलेक्ट्रॉनिक ऊर्जा स्तर का क्रमिक योग इनकी ... में घटने का कारण है
(a) आयनन ऊर्जा (b) घनत्व (c) क्वथनांक (d) परमाणु त्रिज्या

64. अक्रिय गैस जो रबड़ और काँच के द्वारा सरलता से प्रसारित होती हैं
(a) Xe (b) Ne (c) Ar (d) He

65. अक्रिय गैस जो अन्तराकाशी यौगिक बनाती है
(a) हीलियम (b) ऑर्गन (c) नियॉन (d) जीनॉन

66. अक्रिय गैस जो सर्वाधिक यौगिक बनाती है
(a) Ar (b) He (c) Ne (d) Xe

उत्तरमाला

1.	(b)	2.	(c)	3.	(d)	4.	(d)	5.	(b)	6.	(a)	7.	(a)	8.	(a)	9.	(a)	10.	(b)
11.	(c)	12.	(c)	13.	(d)	14.	(a)	15.	(a)	16.	(a)	17.	(c)	18.	(a)	19.	(c)	20.	(c)
21.	(b)	22.	(b)	23.	(b)	24.	(b)	25.	(b)	26.	(b)	27.	(c)	28.	(d)	29.	(a)	30.	(c)
31.	(d)	32.	(b)	33.	(b)	34.	(d)	35.	(b)	36.	(a)	37.	(d)	38.	(d)	39.	(c)	40.	(b)
41.	(c)	42.	(c)	43.	(b)	44.	(b)	45.	(b)	46.	(d)	47.	(a)	48.	(d)	49.	(a)	50.	(b)
51.	(d)	52.	(a)	53.	(b)	54.	(d)	55.	(b)	56.	(c)	57.	(a)	58.	(a)	59.	(b)	60.	(b)
61.	(c)	62.	(b)	63.	(a)	64.	(d)	65.	(a)	66.	(d)								

उत्तर व्याख्या सहित

2. (*c*) गैलियम (Ga) यह तत्व बोरॉन परिवार में 6 आवर्त में है। किसी भी समूह में गलनांक का गुण ऊपर से नीचे जाने पर घटता है। अतः इसका गलनांक काफी कम है। शुद्ध अवस्था में Ga का गलनांक 29°C है। अतः यह सामान्य कमरे के तापक्रम ही द्रव अवस्था में विद्यमान होता है। अतः इसका प्रयोग तापमापी में किया जा सकता है।

3. (*d*) B_2H_6

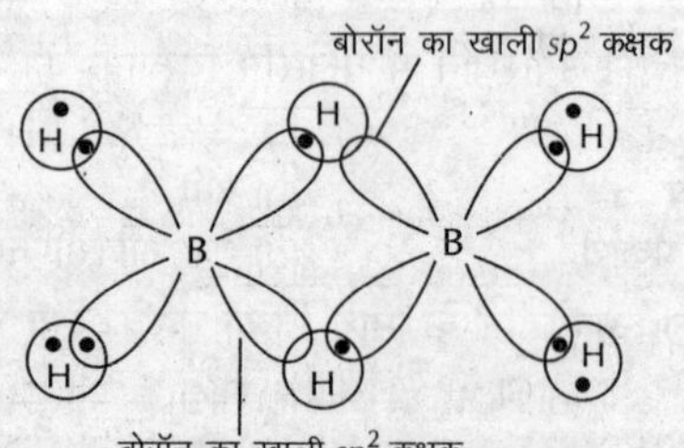

4. (*d*) अपने छोटे आकार एवं सबसे कम परिरक्षण प्रभाव के कारण, बोरॉन के लिए आयनन ऊर्जा सर्वाधिक है और B से Tl तक घटती है लेकिन नियमित व्यवहार में नहीं। Ga की आयनन ऊर्जा Al से अधिक है, इसका कारण है 10*d* I इलेक्ट्रॉन का खराब परिरक्षण। जबकि अन्तः ऊर्जा स्तर में उपस्थिति 14*f* इलेक्ट्रॉनों के खराब परिरक्षण प्रभाव के कारण Tl की आयनन ऊर्जा In से अधिक है। इस प्रकार सही क्रम है

$$B > Al < Ga > In < Tl$$

5. (*b*) ऐलुमिना उभयधर्मी ऑक्साइड है, जो अम्ल तथा क्षार दोनों के साथ एकसमान रूप से क्रिया करता है।

6. (*a*) AlI_3, CCl_4 के साथ अभिक्रिया करने पर, $AlCl_3$ देता है।

$$4AlI_3 + 3CCl_4 \longrightarrow 4AlCl_3 + 3CI_4$$

7. (*a*) $2KOH + 2Al + 2H_2O \longrightarrow 2KAlO_2 + 3H_2$

8. (*a*) यह बोरॉन कार्बाइड बनाता है। बोरॉन कार्बाइड का अणुसूत्र $B_{12}C_3$ है।

$$4B + C \xrightarrow{\Delta} B_4C$$

9. (*a*) जैसे ही हम समूह में नीचे की ओर जाते हैं, समूह 13 के तत्वों के ऑक्साइडों की क्षारीय प्रकृति बढ़ती है। जलीय विलयन में Tl_2O, TlOH देता है जोकि क्षार धातु हाइड्रॉक्साइड की तरह एक प्रबल क्षार है।

10. (*b*) Al सान्द्र HNO_3 के साथ क्रिया करके अपनी सतह पर ऐलुमिनियम ऑक्साइड की रक्षी परत बनाता है जोकि इसे आगे अभिक्रिया करने से रोकती है

$$2Al(s) + 6HNO_3(\text{सान्द्र}) \longrightarrow \underset{\text{ऐलुमिना (रक्षी परत)}}{Al_2O_3(s)} + 6NO_2(g) + 3H_2O(l)$$

इसलिए, Al निष्क्रिय हो जाता है अतएव ऐलुमिनियम कंटेनर सान्द्र HNO_3 के परिवहन के लिए प्रयोग किया जाता है।

13. (*d*) ऐलुमिनियम पर ऑक्साइड की पतली रक्षी परत, Al_2O_3 बनती है जोकि धातु को वायु तथा जल के अगले आक्रमण से संरक्षित रखती है। इस प्रकार Al वायु में स्थायी है।)

14. (*a*) BF_3 इलेक्ट्रॉनहीन है, एक प्रबल लुईस अम्ल है। यह लुईस क्षार के साथ आसानी से क्रिया करके बोरॉन के चारो ओर अष्टक पूर्ण करता है।

$$\underset{\text{लुईस अम्ल}}{F_3B} + \underset{\text{लुईस क्षार}}{:NH_3} \longrightarrow F_3B \leftarrow NH_3$$

17. (*c*) BCl_3 जल द्वारा पूर्ण रूप से जल अपघटित होकर बोरिक अम्ल और हाइड्रोक्लोरिक अम्ल बनाता है।

$$BCl_3 + 3H_2O \longrightarrow H_3BO_3 + 3HCl$$

18. (*a*) BF_3, में बोरॉन sp^2-संकरित होता है इसमें तीन बन्धित युग्म होते हैं इसलिए BF_3 अणु आकार में त्रिकोणीय समतल होता है। इसके विपरीत $[BH_4]^-$ में बोरॉन sp^3-संकरित होता है क्योंकि इसमें चार बन्धित युग्म होने के कारण इसकी आकृति चतुष्फलकीय होती है।

रिक्त *p*-कक्षक

BF_3 sp^2-संकरण
(त्रिकोणीय तलीय आकृति)

$[BH_4]^-$, sp^3-संकरण
(चतुष्फलकीय आकृति)

19. (*c*) H_3BO_3 बोरिक अम्ल एक क्षारकीय अम्ल है। इसका एक अणु जल से OH^- ग्रहण करता है तथा H^+ या एक प्रोटॉन प्रतिस्थापित कर देता है।

24. (*b*) अक्रिय युग्म प्रभाव के कारण समूह 14 के तत्व +2 तथा +4 ऑक्सीकरण अवस्था प्रदर्शित करते हैं।

25. (*b*) सामान्यतः समूह IV के तत्व शृंखलन का गुण प्रदर्शित करते है तथा कार्बन की शृंखलन क्षमता सर्वाधिक होती है अतः यह वृहद संख्या में यौगिकों का निर्माण करता है।

26. (*b*) यह अम्ल तथा क्षार दोनों के साथ क्रिया करता है अतः उभयधर्मी है।

27. (*c*) इसकी बर्फ जैसी प्रतीति और बहुत कम गलनांक (−56.6°C, 5.2 वायुमण्डल दाब पर) के कारण, ठोस CO_2 को शुष्क बर्फ कहा जाता है।

28. (*d*) सिलिकॉन्स कार्बोसिलिकन यौगिक है जिनका सामान्य सूत्र $(R_2SiO)_n$ है। जोकि पुनरावृत्ति R_2SiO यूनिट, Si—O—Si कड़ी द्वारा बंधी हुई, रखता है।

29. (a) Al_2Cl_6, In_2Cl_6, Ca_2Cl_6

30. (c) B_4C हीरे के अतिरिक्त सबसे कठोर पदार्थ है।

31. (d) ऐलुमिनियम धातु उच्च ताप पर वायु में जलती है। यह अभिक्रिया बहुत उष्माक्षेपी है।

$$4Al + 3O_2 \longrightarrow 2Al_2O_3$$

33. (b) फॉस्फोरस के बहुत कम ज्वलन ताप (303 केल्विन) के कारण, इसे हमेशा पानी में रखते हैं।

34. (d) $P_4 + 6H_2SO_4 \longrightarrow 4H_3PO_4 + 6SO_2$

35. (b) P_4 अणु,

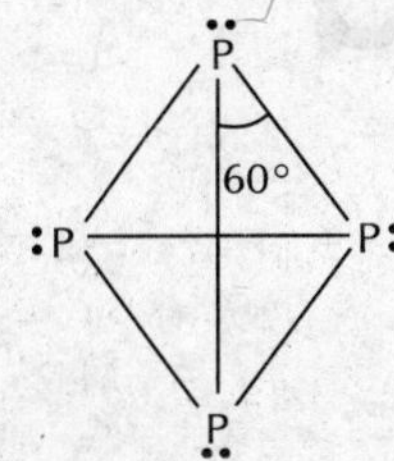

बन्ध कोण = 60°

छः P—P एकल बन्ध एकाकी युग्म = 4

36. (a) N_2O_5, में N की ऑक्सीकरण अवस्था + 5 है। इससे ज्यादा ऑक्सीकरण अवस्था बढ़ाना असम्भव है। इसलिए यह अपचायक की तरह व्यवहार करता है।

37. (d) N-परमाणु में d-कक्षक की अनुपस्थिति के कारण, यह NF_3 के जल-अपघटन के लिए H_2O से इलेक्ट्रॉनों को ग्रहण नहीं कर सकता है।

38. (d) $3H_2O + PCl_3 \longrightarrow H_3PO_3 + 3HCl$

39. (c) d-कक्षक की अनुपस्थिति के कारण, नाइट्रोजन NH_4^+ में अधिकतम सहसंयोजकता 4 प्रदर्शित करता है जबकि समूह 15 के शेष सदस्य अधिकतम सहसंयोजकता 5 प्रदर्शित करते हैं।

40. (b) बिस्मिथ केवल BiF_5 बनाता है, जिसमें इसकी ऑक्सीकरण अवस्था +5 है।

41. (c) $\underbrace{P_2O_3 \quad A_2O_3 \quad B_2O_3}_{\text{अम्लीय ऑक्साइड}} \quad \underbrace{Bi_2O_3}_{\text{क्षारीय}}$ क्योंकि Bi समूह के सभी तत्वों में सबसे ज्यादा धात्विक है।

42. (c) $Ca_3P_2 + 6H_2O \longrightarrow 3Ca(OH)_2 + 2PH_3$

43. (b) $4HNO_3 + P_4O_{10} \longrightarrow 4HPO_3 + 2N_2O_5$

45. (b) $3S + 4NaOH \xrightarrow{\text{उबलना}} Na_2S_2O_3 + Na_2S$

46. (d) SO_2 ऑक्सीकारक के रूप में कार्य करता है, विशेषतः जब प्रबल अपचायक के साथ क्रिया करता है। SO_2, H_2S को ए में ऑक्सीकृत करता है।

$$SO_2 + 2H_2S \longrightarrow 2H_2O + S$$

47. (a) SO_2 जल में विलेय है।

$$H_2O + SO_2 \longrightarrow \underset{\text{सल्फ्यूरस अम्ल}}{H_2SO_3}$$

52. (a) $2F_2 + 2H_2O \longrightarrow 4HF + O_2$

$3F_2 + 3H_2O \longrightarrow O_3 + 6HF$

54. (d) फ्लोरीन प्रबल ऑक्सीकारक है। यह अन्य हैलाइडों को विलयन में यहाँ तक की सूखे में भी हैलोजनों में ऑक्सीकृत कर देता है।

$$F_2 + 2X^- \longrightarrow 2F^- + X_2$$

55. (b) $Cl_2 + H_2O \longrightarrow 2HCl + \underset{\text{नवजात ऑक्सीजन}}{[O]}$

56. (c) $I_2 + 10HNO_3 \longrightarrow 2HIO_3 + 10NO_2 + 4H_2O$

57. (a) अपचायक क्षमता F से I तक बढ़ती है। इसलिए I नाइट्रिक अम्ल द्वारा ऑक्सीकृत हो जाता है।

$$I_2 + 10HNO_3 \longrightarrow 2HIO_3 + 10NO_2 + 4H_2O$$

58. (a) HI प्रबल अम्ल हैं क्योंकि H—I बन्ध सबसे दुर्बल बन्ध है।

59. (b) AgI सहसंयोजक यौगिक है इसलिए यह जल में अविलेय है।

62. (b) $2HClO_4 \longrightarrow H_2O + Cl_2O_7$

63. (a) जैसे ही ऊर्जा स्तर की संख्या बढ़ती है, आकार बढ़ता है तथा बाहरी इलेक्ट्रॉनों पर प्रभावी नाभिकीय आवेश कम होता है। इस प्रकार आयनन ऊर्जा घटता है।

64. (d) He अपने छोटे आकार के कारण रबड़, काँच, PVC आदि के माध्यम से सरलता से प्रसारित होती है।

65. (a) केवल He छिद्रयुक्त यौगिक बनाती है चूँकि, He का परमाणु आकार सबसे छोटा है और अधिकांशतः भारी धातुओं के जालक में उपलब्ध छिद्रों के आकार से मेल रखता है।

अध्याय 16

d-तथा f-ब्लॉक के तत्व

The d-and f-Block Elements

परिचय d तथा f-ब्लॉक के तत्वों के बाह्यतम कोश पूर्णतया भरे हुए तथा आन्तरिक कोश अपूर्ण होते हैं। यदि अन्तिम इलेक्ट्रॉन उपान्तिम $(n-1)d$ कक्षक में प्रवेश करता है तो ऐसे तत्वों को d-ब्लॉक के तत्व कहते हैं तथा यदि इलेक्ट्रॉन $(n-2)f$ कक्षक में प्रवेश करता है तो ऐसे तत्वों को f-ब्लॉक के तत्व कहते हैं।

d-ब्लॉक के तत्व d-Block Elements

d-ब्लॉक के तत्व वे तत्व है जिनमें अन्तिम इलेक्ट्रॉन d-कक्षक में प्रवेश करता है। आवर्त सारणी में इन्हें समूह 3 से 12 (अर्थात् IB से VIIB) तक स्थान दिया गया है। ये तत्व आवर्त सारणी के मध्य में s तथा p-ब्लॉक के मध्य स्थित है तथा इनके गुण s तथा p-ब्लॉक के तत्वों के मध्य होते हैं। अत: इन तत्वों को **संक्रमण तत्व** (Transition elements) भी कहते हैं।

जिंक, कैडमियम तथा मर्करी में इनकी प्राथमिक तथा संयुक्त अवस्था में पूर्णतया भरे हुए $(n-1)\,d$ कक्षक की उपस्थिति के कारण ये तत्व अन्य d-ब्लॉक तत्वों के साथ गुणों में समानता प्रदर्शित नहीं करते हैं। ये तीनों तत्व, अन्य d-ब्लॉक के तत्वों की भाँति, NH_3, RNH_2 तथा हैलाइड लिगैण्डों के साथ संकुल बनाने की क्षमता मात्र ही प्रदर्शित कर पाते हैं। परन्तु तत्वों के वर्गीकरण में सुविधा के लिए, इन तत्वों का अध्ययन d-ब्लॉक के तत्वों के साथ करते हैं। अत: इन तत्वों को **अप्ररूपी संक्रमण तत्व** (Non-typical transition elements) भी कहते हैं।

इसी प्रकार समूह IIIB के तत्व (Sc, Y, La तथा Ac) भी अन्य संक्रमण तत्वों के गुणों से अत्यधिक भिन्न होते हैं। उदाहरण के लिए, ये तत्व केवल +3 ऑक्सीकरण अवस्था प्रदर्शित करते हैं जबकि अन्य सदस्य तत्व, परिवर्ती ऑक्सीकरण अवस्था प्रदर्शित करते हैं। इनके यौगिक रंगहीन तथा प्रतिचुम्बकीय होते हैं जबकि अन्य संक्रमण तत्वों के यौगिक रंगीन आयन बनाते हैं तथा अनुचुम्बकीय होते हैं।

अत: इन तत्वों को भी प्ररूपी संक्रमण तत्व नहीं माना जाता है। इन तत्वों को भी अप्ररूपी संक्रमण तत्व कहते हैं।

d-ब्लॉक के तत्वों का वर्गीकरण
Classification of d-Block Elements

इस ब्लॉक के तत्वों का सामान्य इलेक्ट्रॉनिक विन्यास $(n-1)\,d^{1-10}ns^2$ होता हैं अपूर्ण d-कक्षकों के आधार पर d-ब्लॉक के तत्वों को निम्न श्रेणियों में वर्गीकृत किया गया है

(i) **प्रथम श्रेणी** अथवा 3d-**श्रेणी** इसमें Sc_{21} से Zn_{30} तक 10 तत्व हैं। Zn को छोड़कर शेष तत्वों के 3d-कक्षक आद्य या उत्तेजित अवस्था में अपूर्ण होती है।

(ii) **द्वितीय श्रेणी** अथवा 4d-**श्रेणी** 4d-श्रेणी या 3d-श्रेणी इसमें Y_{39} से Cd_{48} तक 10 तत्व हैं। इस श्रेणी के तत्वों (Cd को छोड़कर) में 4d-कक्षक अपूर्ण होता है।

(iii) **तृतीय श्रेणी** अथवा **5d-श्रेणी** इसमें La_{37}, Hf_{72} से Hg_{80} तक 10 तत्व हैं। इस श्रेणी के तत्वों (Hg को छोड़कर) में 5d-कक्षक अपूर्ण होता है। Zn, Cd, Hg को छोड़कर सभी तत्वों में या तो उनकी आद्य अवस्था में या उत्तेजित अवस्था में आंशिक रूप से भरे d-उपकोश होते हैं। अत: ये सभी तत्व संक्रमण तत्व कहलाते हैं।

(iv) **चतुर्थ श्रेणी** अथवा 6d-**श्रेणी** इसमें Ac_{89}, Rf_{104} से Uub_{112} तक 10 तत्व है।

d-ब्लॉक के तत्वों की विभिन्न श्रेणियाँ

श्रेणी का नाम	3 (IIIB)	4 (IVB)	5 (VB)	6 (VIB)	7 (VIIB)	8 (VIII)	9 (VIII)	10 (VIII)	11 (IB)	12 (IIB)
3d-श्रेणी	21 Sc	22 Ti	23 V	24 Cr	25 Mn	26 Fe	27 Co	28 Ni	29 Cu	30 Zn
4d-श्रेणी	39 Y	40 Zr	41 Nb	42 Mo	43 Tc	44 Ru	45 Rh	46 Pd	47 Ag	48 Cd
5d-श्रेणी	57 La	72 Hf	73 Ta	74 W	75 Re	76 Os	77 Ir	78 Pt	79 Au	80 Hg
6d-श्रेणी	89 Ac	104 Rf	105 Db	106 Sg	107 Bh	108 Hs	109 Mt	110 Ds		

सामान्य तथा भौतिक गुण एवं गुणों में विविधता
General and Physical Properties and Differentiation in Properties

d-ब्लॉक के तत्वों के सामान्य तथा भौतिक गुणधर्म तथा उनकी आवर्तिता निम्नलिखित हैं

इलेक्ट्रॉनिक विन्यास Electronic Configuration

इस ब्लॉक के तत्वों का सामान्य इलेक्ट्रॉनिक विन्यास $(n-1)\, d^{1-10}\, ns^{1-2}$ होता है। इस विन्यास से स्पष्ट है कि इन तत्वों के इलेक्ट्रॉनिक विन्यास केवल उपान्तिम कोश (अर्थात् d-कक्षक) में इलेक्ट्रॉनों की संख्या में भिन्न होते हैं। अत: ये तत्व, s तथा p-ब्लॉक के तत्वों की भाँति भौतिक तथा रासायनिक गुणधर्मों में नियमित परिवर्तन प्रदर्शित नहीं करते हैं। इस ब्लॉक के तत्वों में से अर्द्ध तथा पूर्णत: भरित कक्षक वाले तत्व अपेक्षाकृत अधिक स्थायी होते हैं।

उदाहरण— Cr(24) = [Ar] $3d^5 4s^1$ तथा Cu(29) = [Ar] $3d^{10} 4s^1$

Zn, Cd तथा Hg तत्वों के इलेक्ट्रॉनिक विन्यास को सामान्य सूत्र $(n-1)\, d^{10}\, ns^2$ द्वारा प्रदर्शित करते हैं।

आयनिक त्रिज्याएँ Ionic Radii

इन तत्वों की आयनिक त्रिज्याओं में परमाण्विक त्रिज्याओं के समान आवर्तिता पाई जाती है। यदि आयनों पर समान आवेश उपस्थित होता है, तो आवर्त में परमाणु संख्या में वृद्धि के साथ धीरे-धीरे घटती है।

आयनन ऊर्जा एवं आयन का बनना
Ionisation Energy and Formation of Ion

इन तत्वों की आयनन ऊर्जा उच्च होती है और अधिकांशत: इसका मान s एवं p-ब्लॉक के तत्वों के बीच होता है जो यह निर्देशित करता है कि संक्रमण तत्व s-ब्लॉक के तत्वों की अपेक्षा कम विद्युत् धनी होते हैं। किसी भी संक्रमण श्रेणी में आयनन ऊर्जा परमाणु क्रमांक में वृद्धि के साथ बढ़ती है क्योंकि d-कक्षकों में इलेक्ट्रॉनों के भरने के कारण प्रभावी नाभिकीय आवेश में वृद्धि होती है। किन्तु ये वृद्धि सतत् नहीं है और उतनी स्पष्ट भी नहीं है जितनी कि s एवं p-ब्लॉक के तत्वों की स्थिति में देखी जाती है। $5d$-श्रेणी के तत्वों की प्रथम आयनन ऊर्जा $3d$ एवं $4d$-श्रेणियों के तत्वों की अपेक्षा बहुत अधिक होती है।

प्रथम संक्रमण श्रेणी के तत्वों की आयनन एन्थैल्पी

तत्व	Sc	Ti	V	Cr	Mn	Fe	Co	Ni	Ca	Zn
प्रथम आयनन एन्थैल्पी	631	656	650	652	717	762	758	736	745	905
द्वितीय आयनन एन्थैल्पी	1245	1320	1376	1635	1513	1564	1648	1757	1962	1736
तृतीय आयनन एन्थैल्पी	2451	2721	2874	2995	3258	2964	3238	3401	3561	3839

प्रथम संक्रमण श्रेणी के तत्वों की प्रथम तीन आयनन एन्थैल्पियों के मान से भी यह स्पष्ट है कि इन तत्वों की क्रमिक एन्थैल्पी में वृद्धि उतनी तीव्र नहीं होती जैसी कि मुख्य वर्ग के तत्वों में देखी जाती है।

Zn, Cd तथा Hg की आयनन ऊर्जा, s-उपकोश के अधिक स्थायित्व के कारण, अपसामान्य रूप से अधिक होती है।

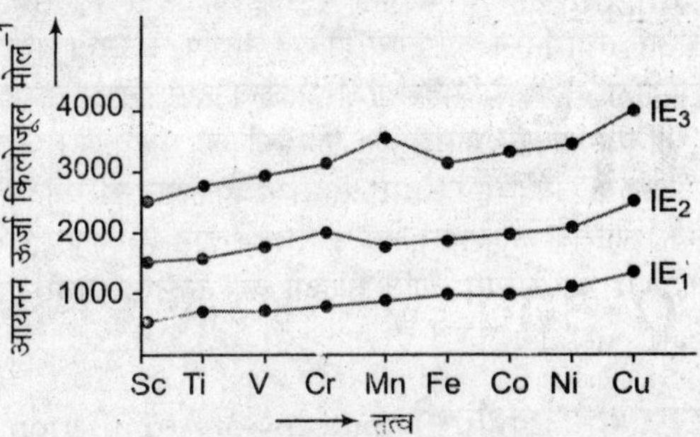

प्रथम श्रेणी ($3d$) के तत्वों की IE_1, IE_2 तथा IE_3 में क्रमिकता

Sc की प्रथम तीन आयनन ऊर्जाओं के मान, Al के संगत मानों की अपेक्षा कुछ कम है। अत: Sc के गुण, Al के गुणों के समान होते हैं।

d-ब्लॉक के तत्वों की आयनन ऊर्जा ($M_{(g)} \longrightarrow M^+_{(g)}$)

$3d$-श्रेणी के तत्व	आयनन ऊर्जा (किलोजूल मोल⁻¹)	$4d$-श्रेणी के तत्व	आयनन ऊर्जा (किलोजूल मोल⁻¹)	$5d$-श्रेणी के तत्व	आयनन ऊर्जा (किलोजूल मोल⁻¹)
Sc	631	Y	616	La	541
Ti	656	Zr	674	Hf	760
V	650	Nb	664	Ta	760
Cr	653	Mo	685	W	770
Mn	717	Tc	703	Re	759
Fe	762	Ru	711	Os	840
Co	758	Rh	720	Ir	900
Ni	736	Pd	804	Pt	870
Cu	745	Ag	731	Au	889
Zn	906	Cd	876	Hg	1007

आयनन ऊर्जाओं के परिमाण संक्रमण तत्वों की विभिन्न ऑक्सीकरण अवस्थाओं के आपेक्षिक स्थायित्व के सम्बन्ध में सुझाव भी देते हैं।

आबन्ध की प्रकृति Nature of Bond

इस ब्लॉक के तत्व सहसंयोजी आबन्ध तथा आयनिक आबन्ध दोनों को बनाने की प्रवृत्ति रखते हैं। ये सामान्यत: आयनिक यौगिक निम्न संयोजकता अवस्थाओं में तथा सहसंयोजक यौगिक उच्च संयोजकता अवस्थाओं में बनाते हैं।

धात्विक गुण Metallic Character

लगभग समस्त संक्रमण तत्व प्रारूपी धात्विक गुण यथा उच्च क्षमता, आघातवर्धनीयता, तन्यता, उच्च धात्विक तथा विद्युत चालकता तथा धात्विक चमक तथा ठोस अवस्था (अपवाद : Hg, यह कमरे के ताप पर द्रव होता है) प्रदर्शित करते हैं।

Zn, Cd तथा Hg के अपवाद के रूप में छोड़ दे तो समस्त संक्रमण तत्व अत्यधिक कठोर तथा निम्न वाष्पनीय होते हैं यद्यपि कठोरता तथा चमक, धात्विक परमाणुओं के मध्य सहसंयोजी आबन्धन पर निर्भर करते हैं, परन्तु इनमें धात्विक बन्धन की उपेक्षा नहीं की जा सकती है। धातु के अपूर्ण d-कक्षकों के अतिव्यापन द्वारा सहसंयोजक आबन्ध बनते हैं जबकि रिक्त s-कक्षक धात्विक आबन्धन हेतु उत्तरदायी होते हैं। गोल्ड, प्लेटिनम, सिल्वर, इरीडियम, ऑस्मियम आदि धातुओं को **उत्कृष्ट धातुएँ** (Noble or aristocratic metals) कहते हैं।

परमाणुकरण की एन्थैल्पी Enthalpy of Atomisation

संक्रमण तत्व, परमाणुकरण की उच्च ऐन्थैल्पी प्रदर्शित करते हैं क्योंकि इन तत्वों में परमाणु बन्द संकुलित होते हैं और एक-दूसरे से प्रबल धात्विक बन्धों द्वारा बँधे होते हैं। बाह्य कोश में इलेक्ट्रॉनों के अन्तराकर्षण के परिणामस्वरूप धात्विक बन्ध निर्मित होते हैं। संयोजी इलेक्ट्रॉनों की संख्या जितनी अधिक होती है, धात्विक बन्ध उतना ही प्रबल होता है।

ऑक्सीकरण अवस्था Oxidation State

संक्रमण तत्वों की प्रत्येक श्रेणी के प्रथम व अन्तिम सदस्यों को छोड़कर शेष सभी संक्रमण तत्व परिवर्ती ऑक्सीकरण अवस्था प्रदर्शित करते हैं। इसका कारण यह है कि ns तथा $(n-1)$ d-कक्षकों में, इलेक्ट्रॉनों की ऊर्जाओं में केवल अल्प अन्तर होता है, जिसके फलस्वरूप ns तथा $(n-1)$ d-इलेक्ट्रॉन सम्मिलित रूप से यौगिक निर्माण के लिए प्रयुक्त हो सकते हैं। [$(n-1)$ d-कक्षक के केवल अयुग्मित इलेक्ट्रॉन बन्ध निर्माण में भाग लेते हैं।

फ्लोरीन तथा ऑक्सीजन को सर्वाधिक विद्युतऋणात्मक प्रकृति के कारण इनकी उच्चतम ऑक्सीकरण अवस्थाएँ इनके फ्लोराइड तथा ऑक्साइड यौगिकों में पाई जाती है। प्रथम, द्वितीय तथा तृतीय संक्रमण श्रेणी के तत्वों की ऑक्सीकरण अवस्थाएँ नीचे सारणी में प्रदर्शित की गई है।

प्रथम संक्रमण श्रेणी की ऑक्सीकरण अवस्थाएँ

तत्व	बाह्यतम् इलेक्ट्रॉनिक विन्यास	ऑक्सीकरण अवस्था
Sc	$3d^1, 4s^2$	(+2), + 3
Ti	$3d^2, 4s^2$	+2, + 3, + 4
V	$3d^3, 4s^2$	+2, + 3, + 4, + 5
Cr	$3d^5, 4s^1$	+1, + 2, + 3, (+4), + 5, + 6
Mn	$3d^5, 4s^2$	+2, (+3), + 4, (+5), (+6), + 7
Fe	$3d^6, 4s^2$	+2, + 3, (+4), (+5), (+6)
Co	$3d^7, 4s^2$	+2, + 3, (+4)
Ni	$3d^8, 4s^2$	+2, (+3)
Cu	$3d^{10}, 4s^1$	+1, + 2
Zn	$3d^{10}, 4s^2$	+2

द्वितीय संक्रमण श्रेणी की ऑक्सीकरण अवस्थाएँ

तत्व	Y	Zr	Nb	Mo	Tc	Ru	Rh	Pd	Ag	Cd
ऑक्सीकरण अवस्था									+1	
						+2		+2	(+2)	+2
	+3		+3	+3		+3	+3	(+3)	(+3)	
		+4		+4	+4	+4	+4	(+4)		
			+5	+5		+5				
				+6	(+6)	+6	+6			
					(+7)	(+7)				
						(+8)				

तृतीय संक्रमण श्रेणी की ऑक्सीकरण अवस्थाएँ

तत्व	La	Hf	Ta	W	Re	Os	Ir	Pt	Au	Hg
ऑक्सीकरण अवस्था									+1	+1
				(+2)		(+2)	(+2)	+2		+2
	+3			(+3)	(+3)	(+3)	+3	(+3)	+3	
		+4	(+4)	+4	+4	+4	+4	+4		
			+5	+5	+5	+5				
				+6	+6	+6	+6			
					+7					
						+8				

स्कैन्डियम (Sc) के अतिरिक्त प्रथम संक्रमण श्रेणी के तत्वों की सर्वाधिक सामान्य ऑक्सीकरण अवस्था (+ 2) होती है, जोकि दो (4s) इलेक्ट्रॉनों के ह्रास के कारण उत्पन्न होती है। (II) तथा (III) ऑक्सीकरण अवस्था में बने बन्ध सामान्यत: आयनिक होते हैं। उच्च ऑक्सीकरण अवस्था वाले यौगिकों (उदाहरण—MnO_4^-) में बने बन्ध निश्चित रूप से सहसंयोजक होते हैं।

कुछ संक्रमण तत्व अपने यौगिकों में शून्य ऑक्सीकरण अवस्था में भी उपस्थित होते हैं। उदाहरण—$(Ni(CO)_4]$ तथा $(Fe(CO)_5]$।

सामान्य रूप से किसी संक्रमण श्रेणी के प्रथम चार तत्वों के लिए, निम्न ऑक्सीकरण अवस्था की अपेक्षा उच्च ऑक्सीकरण अवस्थाएँ अधिक स्थायी होती है। इसके पश्चात् अगले पाँच तत्वों के लिए, उच्च ऑक्सीकरण अवस्था की अपेक्षा निम्न ऑक्सीकरण अवस्था अधिक स्थायी होती है।

उदाहरण—Cr(III), Cr(II) की अपेक्षा अधिक स्थायी है परन्तु Mn(II), Mn(III) की अपेक्षा अधिक स्थायी है।

d-ब्लॉक के तत्वों में भारी सदस्यों द्वारा उच्चतम ऑक्सीकरण अवस्थाओं का पक्ष लिया जाता है (p-ब्लॉक के तत्वों के विपरित)।

उदाहरण—समूह 6 में Mo(VI) तथा W(VI), Cr(II) की अपेक्षा अधिक स्थायी होते हैं। अत: Cr(VI), अम्लीय माध्यम में डाइक्रोमेट के रूप में प्रबल ऑक्सीकारक है जबकि MoO_3 तथा WO_3 नहीं।

ऑक्सीकरण अवस्था पर आधारित समस्याओं को हल करते समय सदैव निम्न का ध्यान रखिए

- तत्व की परमाणु संख्या तथा उसका इलेक्ट्रॉनिक विन्यास
- सामान्यत: न्यूनतम ऑक्सीकरण अवस्था + 2 है परन्तु Sc तथा Cr के लिए यह + 3 तथा Cu तथा Ag के लिए + 1 है।
- 7 वे समूह तक d-ब्लॉक के तत्वों के लिए, अधिकतम ऑक्सीकरण अवस्था = $nse^- + (n-1)\,d$ अयुग्मित इलेक्ट्रॉन।

अपचायक गुण Reducing Property

कॉपर तथा पारे को छोड़कर सभी संक्रमण तत्वों में ऑक्सीकरण विभव, मानक हाइड्रोजन इलेक्ट्रोड की अपेक्षा उच्च होता है, इसलिये Cu तथा Hg को छोड़कर शेष धातुएँ उत्तम अपचायक हैं। Cu तथा Hg, अम्लों के विलयन से H^+ आयनों को विस्थापित करने में सक्षम नहीं हैं। कभी-कभी कुछ अन्य संक्रमण धातुएँ भी अम्लों से हाइड्रोजन विस्थापित नहीं करती हैं, क्योंकि इनकी सतह पर अविलेय अक्रिय ऑक्साइडों का आवरण होता है। उदाहरण के लिये, क्रोमियम इतना अक्रियाशील है कि यह एक रक्षक अन-ऑक्सीकारक (Non-oxidising) के रूप में प्रयुक्त होता है।

रंग Colour

d-ब्लॉक की धातुओं के अधिकांश यौगिक, ठोस या विलयन अवस्था में रंगीन होते हैं। संक्रमण धातु आयनों का रंग अयुग्मित अथवा अपूर्ण d-कक्षकों की उपस्थिति के कारण होता है। अयुग्मित d-इलेक्ट्रॉन दृश्य प्रकाश का अवशोषण करके उच्च ऊर्जा स्तर में स्थानान्तरित हो सकते हैं (अर्थात् d-d संक्रमण सम्भव है) क्योंकि इस स्थानान्तरण के लिए कम ऊर्जा की आवश्यकता होती है। अत: अयुग्मित d इलेक्ट्रॉन दृश्य क्षेत्र से प्रकाश का अवशोषण कर उत्तेजित हो जाते हैं तथा परावर्तित प्रकाश (अनअवशोषित प्रकाश) हमें रंगीन दिखाई पड़ता है।

अयुग्मित d-इलेक्ट्रॉनों की अनुपस्थिति वाले आयनों में d-d संक्रमण सम्भव नहीं होता तथा इस कारण ये रंगहीन होते हैं। कुछ d-ब्लॉक धातु धनायन जैसे Sc^{3+}, Ti^{3+}, Cu^+ तथा Zn^{2+} में या तो पूर्णत: रिक्त या परिपूरित 3d-कक्षक होते हैं अर्थात् इनमें कोई अयुग्मित d-इलेक्ट्रॉन उपस्थित नहीं होता है। इसलिए ये रंगहीन दिखाई देते हैं। परन्तु VO_2^{2+} (V^{5+}), CrO_4^{2-} (Cr^{6+}) तथा MnO_4^- (Mn^{7+}) आयन जलीय विलयन में रंगीन होते हैं। इनका रंग आवेश स्थानान्तरण के कारण होता है।

चुम्बकीय गुण Magnetic Properties

अधिकांश संक्रमण धातु आयनों में अयुग्मित d-इलेक्ट्रॉन होते हैं, जिसके कारण ये **अनुचुम्बकीय** व्यवहार प्रदर्शित करते हैं।

Cu^+, Sc^{3+}, Ti^{4+}, Zn^{2+} आदि में कोई अयुग्मित d-इलेक्ट्रॉन उपस्थित नहीं होता है, अत: ये **प्रतिचुम्बकीय** व्यवहार प्रदर्शित करते हैं। अयुग्मित इलेक्ट्रॉन की उपस्थिति में कोई तत्व स्थायी चुम्बक के समान व्यवहार करता है। स्थायी चुम्बक के परिणामस्वरूप, अनुचुम्बकीय पदार्थ, प्रयुक्त चुम्बकीय क्षेत्र में रखने पर, क्षेत्र में समानान्तर स्थिति ग्रहण कर लेता है। चूँकि प्रत्येक अयुग्मित इलेक्ट्रॉन को चुम्बकीय आघूर्ण के किसी मान से युक्त माइक्रोचुम्बक माना जाता है, इसलिए किसी धनायन का कुल चुम्बकीय आघूर्ण अयुग्मित इलेक्ट्रॉनों की संख्या पर निर्भर करता है।

$$\mu_m = \sqrt{[n\,(n+2)]} \text{ बोहर मैग्नेटॉन (BM)}$$

जहाँ, n = अयुग्मित इलेक्ट्रॉनों की संख्या

जब, $n = 1$, तो

$$\mu_m = \sqrt{(1 \times 3)} = 1.73\,\text{BM}$$

Fe, Co तथा Ni में अयुग्मित इलेक्ट्रॉन चक्रण अत्यधिक प्रभावी होते हैं। परिणामस्वरूप ये तत्व, शेष तत्वों की अपेक्षा अधिक अनुचुम्बकीय होते हैं। अत: इन्हें **लौह चुम्बकीय तत्व** (Ferromagnetic element) कहा जाता है (अर्थात् इन्हें **चुम्बकित** (Magnetised) किया जा सकता है)।

उत्प्रेरकीय गुण Catalytic Property

विभिन्न संक्रमण तत्व तथा इनके यौगिक उत्प्रेरकों के रूप में प्रयुक्त होते हैं। उदाहरण— Fe, Pt, Pd, Ni, V_2O_5 आदि। कुछ स्थितियों में संक्रमण तत्व अयुग्मित d-इलेक्ट्रॉन के कारण अभिकारक के साथ अस्थायी माध्यमिक यौगिक बनाते हैं जबकि अन्य स्थितियों में, संक्रमण धातुएँ अभिकारकों के अधिशोषण के लिए विस्तृत क्षेत्रफल प्रदान करती हैं।

मिश्र-धातु का निर्माण Alloys Formation

मिश्र-धातु दो या अधिक (विभिन्न) तत्वों का धात्विक अन्त: मिश्रित ठोस मिश्रण है, जिसमें कम से कम एक अवयव धातु होती है।

मिश्र-धातुएँ गलित अवस्था में समांगी होती हैं, परन्तु ठोस अवस्था में ये समांगी या विषमांगी हो सकती हैं। जिन मिश्र-धातुओं में पारा एक अवयव होता है, वे **अमलगम** कहलाती हैं।

आयरन एवं S, C, Ca तथा Al की अल्प मात्राओं के साथ दुर्लभ मृदा तत्वों की मिश्र-धातुएँ, इस्पात की कार्यक्षमता को संशोधित करती हैं। पायरोफोरिक मिश्र-धातु (Fe, Al तथा C के साथ दुर्लभ मृदा तत्वों की मिश्र-धातु) दहन यन्त्रों के निर्माण में प्रयुक्त होती है।

इस्पात की कुछ महत्त्वपूर्ण मिश्र-धातुएँ

मिश्र-धातु का नाम (इस्पात)	मिलाई गई धातु	गुणधर्म	उपयोग
मैंगनीज इस्पात	1.2-15% Mn	कठोर, चीमड, जल के प्रति प्रतिरोधक।	चट्टान दलन मशीनरी, तिजोरी, हेलमेट आदि।
निकेल इस्पात	2.5-5% Ni	कठोर, चीमड़, जंग रहित।	कवच तश्तरी, केबिल, नोदक शैफ्ट, ऑटोमोबाइल के पुर्जे, भारी बन्दूकें।
इनवार	3.6% Ni	काँच के समान प्रसार गुणांक।	लोलक, माप यन्त्र, टेप यन्त्र।
क्रोम इस्पात	1.5-2% Cr	अत्यधिक कठोर।	काटने वाले यन्त्र, दलन मशीनरी।
स्टेनलेस इस्पात	13-14% Cr, 1% Ni	संक्षारणरोधी।	कलरी, खाद्य संसाधन मशीनरी।
टंगस्टन इस्पात	14-20% W, 3-8% Cr	कठोर तथा प्रबल।	ऊँची गति वाले यन्त्र।
क्रोम-वेनेडियम इस्पात	1% Cr, 0.15% V	उच्च तनन सामर्थ्य।	स्प्रिंग शैफ्ट और धुरा बनाने के लिए।

संकुल यौगिकों का निर्माण Formation of Complex Compounds

संक्रमण तत्वों का छोटा आकार एवं उच्च नाभिकीय आवेश होता है जो लिगेण्ड के एकाकी इलेक्ट्रॉन युग्म को ग्रहण करके अपने साथ जोड़ सकता है।

उपयुक्त ऊर्जा के रिक्त d-उपकोश की उपलब्धता के कारण भी संक्रमण तत्वों की प्रवृत्ति होती है कि वे संकुलों का निर्माण करें।

अन्तराकाशी यौगिक Interstitial Compounds

संक्रमण तत्वों में छोटे परमाणुओं जैसे H, B, C, N आदि को अपने अन्तराकाशी स्थलों में ग्रहण करने की क्षमता होती है जिसके कारण अन्तराकाशी यौगिक अथवा अरस-समीकरणमितीय यौगिकों का निर्माण होता है। FeC, Fe_8N अन्तराकाशी यौगिकों के उदाहरण हैं तथा $Fe_{0.98}O$, $Ni_{0.98}O$, $TiH_{1.7}$ अन्तराकाशी तथा अरस-समीकरणमितीय दोनों यौगिकों के उदाहरण हैं।

इन यौगिकों के मुख्य भौतिक तथा रासायनिक गुण निम्नलिखित हैं

- शुद्ध धातु की अपेक्षा इनके गलनांक उच्च होते हैं।
- ये अत्यधिक कठोर होते हैं। उदाहरण के लिए, कुछ बोराइड यौगिकों की कठोरता हीरे के समान होती है।
- ये रासायनिक रूप से निष्क्रिय होते हैं।
- ये धात्विक चालकता प्रदर्शित करते हैं।

हैलाइडों की प्रकृति Nature of Halides

सभी मुद्रा-धातुएँ हैलोजनों से क्रिया करके हैलाइड बनाती हैं। सभी हैलाइड (AgF को छोड़कर) सामान्यत: जल में अविलेय हैं। कॉपर दो प्रकार के हैलाइड (क्यूप्रस तथा क्यूप्रिक हैलाइड), सिल्वर एक प्रकार का हैलाइड (AgX) तथा गोल्ड दो प्रकार के हैलाइड (AuX व AuX_3) बनाता है। अमोनिया में AgCl सबसे अधिक, AgBr कम तथा AgI सबसे कम घुलनशील है। सिल्वर के हैलाइडों की अमोनिया में घुलनशीलता का क्रम निम्नलिखित है

$$AgCl > AgBr > AgI$$

सिल्वर के हैलाइडों के प्रकाश संवेदी होने के कारण AgBr का प्रयोग फोटोग्राफिक फिल्म बनाने में होता है।

ऑक्साइडों की प्रकृति Nature of Oxides

आवर्त सारणी में Sc से Zn की ओर चलने पर, क्षारीय प्रकृति घटती है तथा अम्लीय प्रवृत्ति बढ़ती है। ऑक्सीकरण अवस्थाएँ भिन्न होने पर यह व्यवहार परिवर्तित होता है। Sc_2O_3, TiO_2, V_2O_5, Cr_2O_3, MnO_2 तथा ZnO उभयधर्मी हैं, जबकि F_2O_3, Co_2O_3, NiO तथा CuO क्षारीय हैं।

किसी दी गई संक्रमण धातु की ऑक्सीकरण संख्या में वृद्धि के साथ-साथ, यौगिक की सहसंयोजी प्रकृति में भी वृद्धि होती है, जिसके परिणामस्वरूप इसके अम्लीय व्यवहार में भी वृद्धि होती है।

ऑक्साइड तथा उनकी प्रकृति

Mn की ऑक्सीकरण अवस्था	MnO +2	Mn_3O_4 +8/3	Mn_2O_3 +3	MnO_2 +4	MnO_3 +6	Mn_2O_7 +7
	क्षारीय	उभयधर्मी			दुर्बल अम्लीय	प्रबल अम्लीय
V की ऑक्सीकरण अवस्था	VO +2	V_2O_3 +3	VO_2 +4	V_2O_5 +5		
	क्षारीय		उभयधर्मी			
Cr की ऑक्सीकरण अवस्था	CrO +2 क्षारीय	Cr_2O_3 +3 उभयधर्मी	CrO_3 +6 अम्लीय			

सल्फाइडों की प्रकृति Nature of Sulphides

कुछ d-ब्लॉक के तत्व सल्फाइड भी बनाते हैं; जैसे—ZnS

बनाने की विधियाँ (Methods of Preparation)

जिंक लवण के अमोनियामय विलयन में H_2S गैस प्रवाहित करके

$$ZnSO_4 + H_2S \xrightarrow{NH_4OH} ZnS\downarrow + H_2SO_4$$

गुणधर्म (Properties)

(i) जिंक सल्फाइड ही केवल अविलेय सफेद सल्फाइड है। प्रकाश के सम्पर्क में आने पर यह पीले रंग में बदलने की प्रवृत्ति रखता है।

(ii) यद्यपि शुद्ध जिंक सल्फाइड स्फुरदीप्त नहीं होता है फिर भी अशुद्ध जिंक सल्फाइड, जिसमें Mn, Cu तथा Ag आदि की अल्प मात्रा होती है, स्फुरदीप्ती उत्पन्न करता है।

पोटैशियम डाइक्रोमेट Potassium Dichromate

इसका रासायनिक सूत्र $K_2Cr_2O_7$ है। यह आयनिक तथा सहसंयोजी दोनों प्रकार के आबन्ध रखता है।

बनाने की विधि Method of Preparation

इसे पोटैशियम क्रोमेट से बनाया जाता है, जिसे क्रोमाइट अयस्क ($FeCr_2O_4$) से प्राप्त कर लेते हैं।

इस विधि के प्रमुख चरण निम्न हैं

चरण I सर्वप्रथम क्रोमाइट अयस्क को गलित क्षार के साथ वायु की उपस्थिति में गलाया जाता है। *अभिक्रियाएँ निम्नवत् हैं*

$$\underset{\text{क्रोमाइट अयस्क}}{4FeCr_2O_4} + 16NaOH + \underset{\text{(वायु से)}}{7O_2} \xrightarrow{\text{गलन}} \underset{\text{सोडियम क्रोमेट}}{8Na_2CrO_4} + 2Fe_2O_3 + 8H_2O$$

चरण II सोडियम क्रोमेट के विलयन को छान लेते हैं और तनु सल्फ्यूरिक अम्ल से अम्लीकृत करते हैं। इससे पोटैशियम डाइक्रोमेट बनता है।

$$\underset{\text{सोडियम क्रोमेट}}{2Na_2CrO_4} + 2H^+ \longrightarrow \underset{\text{सोडियम डाइक्रोमेट}}{Na_2Cr_2O_7} + 2Na^+ + H_2O$$

चरण III सोडियम डाइक्रोमेट की जल में विलेयता पोटैशियम डाइक्रोमेट से अधिक होती है परन्तु यह कम स्थायी होता है। $Na_2Cr_2O_7$ को KCl विलयन से उपचारित करने पर $K_2Cr_2O_7$ मिलता है।

$$Na_2Cr_2O_7 + 2KCl \longrightarrow 2NaCl + \underset{\text{पोटैशियम डाइक्रोमेट}}{K_2Cr_2O_7}$$

भौतिक तथा रासायनिक गुणधर्म
Physical and Chemical Properties

$K_2Cr_2O_7$ द्वारा प्रदर्शित सामान्य गुणधर्म निम्नलिखित हैं

भौतिक गुणधर्म Chemical Properties

पोटैशियम डाइक्रोमेट के क्रिस्टल नारंगी चमकदार होते हैं। इसका गलनांक 398° C है। यह ठण्डे जल में कम घुलनशील है परन्तु गर्म पानी में विलेय होता है।

रासायनिक गुणधर्म Physical Properties

(i) **ऊष्मा का प्रभाव** (Effect of Heat)

$$4K_2Cr_2O_7(s) \longrightarrow \underset{\text{पोटैशियम क्रोमेट}}{4K_2CrO_4} + \underset{\text{क्रोमिक ऑक्साइड}}{2Cr_2O_3} + 3O_2\uparrow$$

(ii) **HCl के साथ अभिक्रिया** (Reaction with HCl) $K_2Cr_2O_7$ के साथ अभिक्रिया से क्लोरीन गैस प्राप्त होती है।

$$K_2Cr_2O_7 + 14HCl \longrightarrow 2KCl + 2CrCl_3 + 7H_2O + 3Cl_2\uparrow$$

(iii) **सान्द्र H_2SO_4 के साथ क्रिया** (Reaction with conc. H_2SO_4) क्रोमिक ऐनहाइड्राइड (CrO_3) प्राप्त होता है।

$$K_2Cr_2O_7 + \underset{\text{सान्द्र एवं ठण्डा}}{H_2SO_4} \longrightarrow K_2SO_4 + H_2O + 2CrO_3$$

(iv) **क्रोमिल क्लोराइड परीक्षण** (Chromyl Chloride Test) जब किसी धातु क्लोराइड को पोटैशियम डाइक्रोमेट और सान्द्र H_2SO_4 के साथ गर्म किया जाता है, तो क्रोमिल क्लोराइड की नारंगी-लाल वाष्प निकलती है। यह अभिक्रिया निम्नवत् होती है

$$K_2Cr_2O_7 + H_2SO_4 \xrightarrow{\Delta} K_2SO_4 + H_2O + 2CrO_3$$

$$[NaCl + \underset{\text{सान्द्र}}{H_2SO_4} \xrightarrow{\Delta} NaHSO_4 + HCl] \times 4$$

$$[CrO_3 + 2HCl \longrightarrow CrO_2Cl_2 + H_2O] \times 2 \quad \text{जोड़ने पर}$$

$$K_2Cr_2O_7 + 4NaCl + 5H_2SO_4 \longrightarrow K_2SO_4 + 4NaHSO_4 + 2CrO_2Cl_2 + 3H_2O$$

(v) **ऑक्सीकारक गुण** (Oxidising Property) अम्लीय माध्यम में $K_2Cr_2O_7$ एक प्रबल ऑक्सीकारक है

$$Cr_2O_7^{2-} + 14H^+ + 6e^- \longrightarrow 2Cr^{3+} + 7H_2O$$

अम्लीकृत डाइक्रोमेट की कुछ प्रारूपी ऑक्सीकरण अभिक्रियाएँ निम्नलिखित हैं

- सल्फाइट (SO_3^{2-}) को सल्फेट (SO_4^{2-}) में,

$$Cr_2O_7^{2-} + 3SO_3^{2-} + 8H^+ \longrightarrow 2Cr^{3+} + 3SO_4^{2-} + 4H_2O$$

- आयोडाइड से आयोडीन में,

$$Cr_2O_7^{2-} + 14H^+ + 6I^- \longrightarrow 2Cr^{3+} + 7H_2O + 3I_2$$

- स्टैनस (Sn^{2+}) को स्टैनिक (Sn^{4+}) में,

$$Cr_2O_7^{2-} + 14H^+ + 3Sn^{2+} \longrightarrow 2Cr^{3+} + 7H_2O + 3Sn^{4+}$$

- Fe^{2+} (फेरस) को Fe^{3+} (फेरिक) में,

$$Cr_2O_7^{2-} + 14H^+ + 6Fe^{2+} \longrightarrow 2Cr^{3+} + 7H_2O + 6Fe^{3+}$$

- H_2S को S में तथा SO_2 को सल्फ्यूरिक अम्ल में,

$$Cr_2O_7^{2-} + 3H_2S + 8H^+ \longrightarrow 2Cr^{3+} + 3S + 7H_2O$$

$$Cr_2O_7^{2-} + 2H^+ + 3SO_2 \longrightarrow 2Cr^{3+} + H_2O + 3SO_4^{2-}$$

(iv) **क्षार के साथ किया** (Reaction with Alkali) पोटैशियम डाइक्रोमेट (नारंगी) का जलीय विलयन क्षार मिलाने पर पीला हो जाता है क्योंकि डाइक्रोमेट आयन, क्रोमेट आयन में बदल जाता है।

$$K_2Cr_2O_7 + \underset{\text{क्षार}}{2KOH} \longrightarrow \underset{\text{पोटैशियम क्रोमेट (पीला)}}{2K_2CrO_4} + H_2O$$

इस पीले विलयन में अम्ल मिलाने पर यह फिर से डाइक्रोमेट बनने के कारण नारंगी हो जाता है।

$$2K_2CrO_4 + H_2SO_4 \longrightarrow K_2SO_4 + \underset{\text{नारंगी}}{K_2Cr_2O_7} + H_2O$$

डाइक्रोमेट व क्रोमेट आयन साम्यावस्था में रहते हैं तथा विलयन के pH मान में परिवर्तन से अन्त:परिवर्तनीय हैं।

$$\underset{\text{क्रोमेट आयन (पीला)}}{2CrO_4^{2-}} \underset{}{\overset{H^+}{\rightleftharpoons}} \underset{\text{डाइक्रोमेट आयन (नारंगी)}}{Cr_2O_7^{2-}} + H_2O$$

$K_2Cr_2O_7$ के उपयोग Uses of $K_2Cr_2O_7$

(i) आयतनी विश्लेषण में प्राथमिक मानक (Primary standard) के रूप में।

(ii) कैलिको प्रिंटिंग, क्रोम टैनिंग व रंगने में।

(iii) फोटोग्राफी में।

(iv) कुछ क्रोमियम यौगिकों के निर्माण में, जैसे—क्रोम ऐलम, जिंक यैलो ($ZnCrO_4$), क्रोम रैड ($PbO \cdot PbCrO_4$), क्रोम यैलो ($PbCrO_4$), क्रोम ग्रीन (Cr_2O_3) आदि।

पोटैशियम परमैंगनेट Potassium Permanganate

इसका सूत्र $KMnO_4$ है। यह परमैंगनिक अम्ल, $HMnO_4$ का लवण है जोकि एक अस्थायी अम्ल है तथा केवल विलयन में ही रहता है।

बनाने की विधियाँ Methods of Preparation

पोटैशियम परमैंगनेट को निम्नलिखित विधियों द्वारा प्राप्त किया जा सकता है

(i) पोटैशियम परमैंगनेट को प्राप्त करने के लिये MnO_2 को क्षारीय धातु हाइड्रॉक्साइड तथा KNO_3 जैसे ऑक्सीकारक के साथ संगलित किया जाता है। इससे गाढ़े हरे रंग का उत्पाद K_2MnO_4 प्राप्त होता है जो उदासीन या अम्लीय माध्यम में असमानुपातित होकर पोटैशियम परमैंगनेट देता है।

$$2MnO_2 + 4KOH + O_2 \longrightarrow 2K_2MnO_4 + 2H_2O$$

$$3MnO_4^{2-} + 4H^+ \longrightarrow 2MnO_4^- + MnO_2 + 2H_2O$$

(ii) **औद्योगिक स्तर पर** इसका उत्पादन MnO_2 के क्षारीय ऑक्सीकरणी संगलन के पश्चात् मैंगनेट (VI) के विद्युत अपघटनी ऑक्सीकरण द्वारा किया जाता है।

$$3MnO_2 + 6KOH + KClO_3 \longrightarrow 3K_2MnO_4 + KCl + 2H_2O$$

$$MnO_4^{2-} \xrightarrow{\text{क्षारीय विलयन में विद्युत अपघटनी ऑक्सीकरण}} MnO_4^-$$

(iii) **प्रयोगशाला में** मैंगनीज (II) आयन के लवण परॉक्साइड सल्फेट द्वारा ऑक्सीकृत होकर मैंगनेट बनाते हैं।

$$2Mn^{2+} + 5S_2O_8^{2-} + 8H_2O \longrightarrow 2MnO_4^- + 10SO_4^{2-} + 16H^+$$

भौतिक तथा रासायनिक गुणधर्म
Physical and Chemical Properties

$KMnO_4$ के सामान्य गुणधर्म निम्नलिखित हैं

भौतिक गुणधर्म Physical Properties

पोटैशियम परमैंगनेट एक गहरे बैंगनी रंग का क्रिस्टलीय ठोस है। यह 250°C पर पिघलता है। यह जल में घुलनशील होता है। यह पोटैशियम परक्लोरेट ($KClO_4$) के साथ समाकृतिक (Iomorphous) होता है।

रासायनिक गुणधर्म Chemical Properties

(i) **ऊष्मा का प्रभाव** (Action of Heat)

(a) 200°C पर गर्म करने पर यह O_2 मुक्त करता है।

$$2KMnO_4 \xrightarrow[200°C]{\Delta} \underset{\text{पोटैशियम मैंगनेट}}{K_2MnO_2} + MnO_2 + O_2$$

(b) रक्त तप्त गर्म करने पर, K_2MnO_2, परमैगनाइट, K_2MnO_3 तथा O_2 में अपघटित हो जाता है।

$$2K_2MnO_4 \rightleftharpoons 2K_2MnO_3 + O_2$$

(ii) **क्षारों के साथ क्रिया** (Reaction with Alkali) $KMnO_4$ के क्षारीय विलयन को गर्म करने पर O_2 मुक्त होती है।

$$4KMnO_4 + 4KOH \xrightarrow{\Delta} 4K_2MnO_4 + 2H_2O + O_2$$

(iii) **सान्द्र अम्लों के साथ क्रिया** (Reaction with conc. Acids)

(a) ठण्डे सान्द्र H_2SO_4 के साथ यह Mn_2O_7 देता है, जो गर्म करने पर अपघटित हो जाता है।

$$2KMnO_4 + 2H_2SO_4 \longrightarrow Mn_2O_7 + 2KHSO_4 + H_2O$$

$$2Mn_2O_7 \xrightarrow{\Delta} 4MnO_2 + 3O_2$$

(b) गर्म सान्द्र H_2SO_4 के साथ यह ऑक्सीजन गैस मुक्त करता है।

$$4KMnO_4 + 6H_2SO_4 \longrightarrow 2K_2SO_4 + 4MnSO_4 + 6H_2O + 5O_2$$

(iv) **H_2 के साथ क्रिया** H_2 की धारा के साथ गर्म करने पर ठोस $KMnO_4$, KOH, MnO तथा भाप उत्पन्न करता है।

$$2KMnO_4 + 5H_2 \longrightarrow 2KOH + 2MnO + 4H_2O$$

(a) सल्फर तथा चारकोल के साथ $KMnO_4$ के मिश्रण को गर्म करने पर यह जलता है तथा रगड़ने पर इससे गन पाउडर (Gun powder) के समान विस्फोट होता है।

(b) $KMnO_4$ तथा ऑक्सेलिक अम्ल का महीन चूर्ण कुछ ही सेकण्डों में आग पकड़ लेता है।

$KMnO_4$ की ऑक्सीकारक प्रवृत्ति
Oxidising Nature of $KMnO_4$

$KMnO_4$ एक प्रबल ऑक्सीकारक है। अभिक्रिया का परिणाम प्रयुक्त माध्यम की प्रकृति (अर्थात् क्षारीय, उदासीन अथवा अम्लीय) पर निर्भर करता है।

(i) **क्षारीय विलयन में**, MnO_4^- आयन (Mn = + 7) सर्वप्रथम MnO_4^{2-} आयन (Mn = + 6) में अपचयित होता है। तदुरान्त यह अविलेय MnO_2 (Mn = + 4) में अपचयित हो जाता है। विलयन का रंग सर्वप्रथम बैंगनी (MnO_4^- के कारण) से हरा (MnO_2^{2-} के कारण) में परिवर्तित होता है तथा अन्त में यह रंगहीन (MnO_2 के कारण) हो जाता है।

$$\underset{\substack{\text{बैंगनी} \\ (Mn=+7)}}{2KMnO_4} + 2KOH \longrightarrow \underset{\substack{\text{हरा} \\ (Mn=+6)}}{2K_2MnO_4} + H_2O + O \quad \ldots(i)$$

$$\underset{\substack{\text{हरा} \\ (Mn=+6)}}{2K_2MnO_4} + 2H_2O \longrightarrow \underset{\substack{\text{रंगहीन} \\ (Mn=+4)}}{2MnO_2} + 4KOH + 2O \quad \ldots(ii)$$

$$\underset{\substack{\text{बैंगनी} \\ (Mn=+7)}}{2KMnO_4} + H_2O \longrightarrow \underset{\substack{\text{रंगहीन} \\ (Mn=+4)}}{2MnO_2} + 2KOH + 3O$$

Mn की ऑक्सीकरण अवस्था में परिवर्तन = 3 क्षारीय माध्यम में, $KMnO_4$, आयोडाइड (I^-) को आयोडेट्स (IO_3^-), NH_3 को N_2 में तथा नाइट्रोटॉलुईन को नाइट्रोबेन्जोइक अम्ल में ऑक्सीकृत करता है।

$$2MnO_4^- + H_2O + I^- \xrightarrow{\text{क्षार}} 2MnO_2 + 2OH^- + IO_3^-$$

$$2MnO_4^- + \underset{\text{नाइट्रोटॉलुईन}}{C_6H_4\begin{matrix} NO_2 \\ CH_3 \end{matrix}} \longrightarrow 2MnO_2 + 2OH^- + \underset{\text{नाइट्रोबेन्जोइक अम्ल}}{C_6H_4\begin{matrix} NO_2 \\ COOH \end{matrix}}$$

$$2MnO_4^- + 2NH_3 \longrightarrow 2MnO_2 + 2OH^- + N_2 + 2H_2O$$

कुछ लैन्थेनॉइड आयनों के रंग

x इलेक्ट्रॉन	0	1	2	3	4	5	6	7
$4f^x$	La^{3+} (0)	Ce^{3+} (1)	Pr^{3+} (2)	Nd^{3+} (3)	Pm^{3+} (4)	Sm^{+3} (5)	Eu^{3+} (6)	
$4f^{14-x}$	Lu^{3+} (14)	Yb^{3+} (13)	Tm^{3+} (12)	Er^{3+} (11)	Ho^{3+} (10)	Dy^{3+} (9)	Tb^{3+} (8)	Gd^{3+} (7)
रंग	रंगहीन	रंगहीन	हरा	गुलाबी	गुलाबी पीला	पीला	हल्का पीला	रंगहीन

(v) **चुम्बकीय गुण** (Magnetic Properties) Lu^{3+}, Yb^{3+} तथा Ce^{3+} के अतिरिक्त, शेष समस्त लैन्थेनॉइड चुम्बकीय होते हैं। यहाँ अनुचुम्बकीय गुण में इलेक्ट्रॉन के चक्रण तथा कक्षीय गति दोनों का योगदान होता है। लैन्थेनॉइड आयन में 4f-इलेक्ट्रॉन जिनके कारण चुम्बकीय आघूर्ण होता है, $5s^2$ तथा $5p^6$-कक्षकों द्वारा परिरक्षित रहते हैं। अत: कक्षीय योगदान महत्त्वपूर्ण होता है। चुम्बकीय आघूर्ण के लिए परिवर्तित सूत्र निम्न है

$$\mu = \mu_L + \mu_S$$

[μ_L = कक्षीय चुम्बकीय आघूर्ण, μ_S = चक्रण चुम्बकीय आघूर्ण]

$$\mu = \sqrt{L(L+1) + 4S(S+1)}\text{ BM} = g\sqrt{J(J+1)}\text{ BM}$$

जहाँ, L = कक्षीय कोणीय क्वाण्टम संख्याओं का योग,

S = चक्रण क्वाण्टम संख्याओं का योग।

(vi) **आयनन ऊर्जा** (Ionisation Energy) इन तत्वों की आयनन ऊर्जा निम्न होती है अत: इनका व्यवहार उच्च विद्युत धनात्मक होता है।

(vii) **संकुल निर्माण** (Complex Formation) निम्न आवेश घनत्व के कारण, लैन्थेनॉइडों की संकुल बनाने की प्रवृत्ति अत्यधिक कम होती है। ये प्रबल कीलेटिंग अभिकर्मक जैसे EDTA ऑक्सिम के साथ तो संकुल बनाते है परन्तु π-आबन्धित लिगैण्डों के साथ संकुल नहीं बना पाते हैं।

(viii) **मिश्र-धातु का निर्माण** (Alloy Formation) ये तत्व अन्य धातुओं जैसे आयरन के साथ मिश्र-धातु बनाते हैं। उदाहरण— मिश धातु (Misch metal) जिसमें लैन्थेनॉइड धातु (~ 95%), आयरन (~5%) तथा S, C, Ca, Al आदि के अंश (Traces) उपस्थित होते हैं।

5 f-श्रेणी अथवा द्वितीय आन्तरिक-संक्रमण श्रेणी
5 f-Series or Second Inner-Transition Series

इस श्रेणी में अन्तिम इलेक्ट्रॉन 5f-कक्षक में प्रवेश करता है। इस श्रेणी में ऐक्टेनियम, Ac (Z = 89) के बाद चौदह तत्व, अर्थात् थोरियम, Th (Z = 90) से लोरेन्शियम, Lr (Z = 103) पाये जाते हैं।

इन्हें सामान्यत: **ऐक्टेनॉइड** अथवा **ऐक्टेनॉन** भी कहते हैं। इन्हें यह नाम, ऐक्टेनियम से गुणों में अत्यधिक समानता के कारण दिया जाता है।

थोरियम, प्रोटैक्टिनियम तथा यूरेनियम के अतिरिक्त समस्त ऐक्टिनॉइड संश्लेषित अर्थात् मानव निर्मित तत्व है। अत: इन्हें ट्राँसयुरेनिक तत्व भी कहते हैं। ये समस्त रेडियोसक्रिय तत्व है।

ऐक्टिनॉइडों के प्रमुख गुण निम्नलिखित हैं

(i) **इलेक्ट्रॉनिक विन्यास** (Electronic Configuration) इनका सामान्य इलेक्ट्रॉनिक विन्यास [Rn] $5f^{1-14}\ 6d^{0-1}\ 7s^2$ होता है। अर्थात् सभी ऐक्टिनॉइडों में $7s^2$ विन्यास होता है तथा 5f एवं 6d उपकोशों में परिवर्तनशील निवेश होता है। चौदह इलेक्ट्रॉनों का निवेश 5f उपकोश में होता है। थोरियम [Th, Z = 90] तक तो नहीं परन्तु Pa एवं इसके आगे वाले तत्वों में नियमित रूप से निवेश होते हुये परमाणु संख्या 103 तक पहुँचने पर 5f कक्षक पूर्ण रूप से भर जाता है। लैन्थेनॉइडों के **समान** ऐक्टिनॉइडों के इलेक्ट्रॉनिक विन्यासों में अनियमितताएँ, 5f उपकोश में उपस्थित f^0, f^7, f^{14} विन्यासों के स्थायित्व से सम्बन्धित है।

ऐक्टिनॉइडों के इलेक्ट्रॉनिक विन्यास

क्र. सं.	परमाणु क्रमांक	नाम	संकेत	इलेक्ट्रॉनिक विन्यास M
1.	89	ऐक्टिनियम	Ac	[Rn] $5f^0 6d^1 7s^2$
2.	90	थोरियम	Th	[Rn]$5f^0 6d^2 7s^2$
3.	91	प्रोटैक्टिनियम	Pa	[Rn]$5f^2 6d^1 7s^2$
4.	92	यूरेनियम	U	[Rn]$5f^3 6d^1 7s^2$
5.	93	नेप्चूनियम	Np	[Rn]$5f^4 6d^1 7s^2$
6.	94	प्लूटोनियम	Pu	[Rn]$5f^6 6d^0 7s^2$
7.	95	ऐमेरिशियम	Am	[Rn]$5f^7 6d^0 7s^2$
8.	96	क्यूरियम	Cm	[Rn]$5f^7 6d^1 7s^2$
9.	97	बर्कलियम	Bk	[Rn]$5f^9 6d^0 7s^2$
10.	98	कैलिफोर्नियम	Cf	[Rn]$5f^{10} 6d^0 7s^2$
11.	99	आइन्सटाइनियम	Es	[Rn]$5f^{11} 6d^0 7s^2$
12.	100	फर्मियम	Fm	[Rn]$5f^{12} 6d^0 7s^2$
13.	101	मेन्डेलीवियम	Md	[Rn]$5f^{13} 6d^0 7s^2$
14.	102	नोबेलियम	No	[Rn]$5f^{14} 6d^0 7s^2$
15.	103	लोरेन्शियम	Lr	[Rn]$5f^{14} 6d^1 7s^2$

(ii) **भौतिक अवस्थ** (Physical State) ये धातुएँ चाँदी के सदृश्य श्वेत होती है तथा विभिन्न प्रकार की संरचनाएँ बनाती है। थोरियम तथा ऐमेरिशियम के अतिरिक्त, समस्त ऐक्टिनॉइडों के उच्च घनत्व होते हैं।

(iii) **ऑक्सीकरण अवस्था** (Oxidation State) ऐक्टिनॉइड श्रेणी की ऑक्सीकरण अवस्थाओं का परास अधिक है। आंशिक रूप से इसका कारण $5f$, $6d$ तथा $7s$ स्तरों की समतुल्य ऊर्जा है। ऐक्टिनॉइड सामान्यत: + 3 ऑक्सीकरण अवस्था दर्शाते हैं। श्रेणी के प्रारम्भिक अर्द्ध-भाग वाले तत्व सामान्यत: उच्च ऑक्सीकरण अवस्थाएँ प्रदर्शित करते हैं। उदाहरण—उच्चतम ऑक्सीकरण अवस्था Th में + 4 है। Pa, U तथा Np में क्रमश: + 5, + 6 तथा + 7 तक पहुँच जाती है। परन्तु बाद के तत्वों में ऑक्सीकरण अवस्थायें घटती हैं।

ऐक्टिनियम तथा ऐक्टिनॉइडों की ऑक्सीकरण अवस्थाएँ

Ac	Th	Pa	U	Np	Pu	Am	Cm	Bk	Cf	Es	Fm	Md	No	Lr
3		3	3	3	3	3	3	3	3	3	3	3	3	3
	4	4	4	4	4	4	4	4						
		5	5	5	5	5								
			6	6	6	6								
				7	7									

(iv) **परमाण्विक तथा आयनिक त्रिज्याएँ** (Atomic and Ionic Radii) ऐक्टिनॉइड श्रेणी के परमाणु अथवा आयनों के आकार में भी नियमित कमी प्रदर्शित होती है जिसे **ऐक्टिनॉइड संकुचन** कहते हैं। यह लैन्थेनॉइड संकुचन की भाँति ही होता है। यह संकुचन $5f$ इलेक्ट्रॉनों के परिरक्षण प्रभाव के कारण होता है।

(v) **चुम्बकीय गुण** (Magnetic Property) इनके चुम्बकीय गुण, लैन्थेनॉइडों की अपेक्षा अधिक जटिल होते हैं। अयुग्मित $5f$ इलेक्ट्रॉनों की उपस्थिति के कारण ये अनुचुम्बकीय होते हैं।

(vi) **रंग** (Colour) निम्न ऊर्जा के f-कक्षकों के उच्च ऊर्जा वाले f कक्षकों में f-f संक्रमण के कारण, ऐक्टिनॉइड भी रंगीन होते हैं। $5f^0$, $5f^7$ तथा $5f^{14}$ विन्यास वाले आयन रंगहीन होते हैं। कुछ अन्य आयनों के रंग निम्न है

U^{3+} $(5f^3)$: लाल; Np^{3+} $(5f^4)$: नीला

Pu^{3+} $(5f^5)$: नीला; Am^{3+} $(5f^6)$: गुलाबी

(vii) **आयनन ऊर्जा** (Ionisation Energy) इनकी आयनन ऊर्जा अत्यधिक कम होती है। अत: इनका व्यवहार उच्च धन विद्युती होता है। फलत: ये प्रबल अपचायकों की भाँति व्यवहार करते हैं।

(viii) **संकुलों का निर्माण** (Complex Formation) उच्च नाभिकीय आवेश तथा समान आकार के कारण, ये तत्व संकुल बनाते हैं।

अभ्यास प्रश्न

1. निम्नलिखित में से कौन-सा उभयधर्मी ऑक्साइड है?
Mn_2O_7, CrO_3, Cr_2O_3, CrO, V_2O_5, V_2O_4
(a) V_2O_5, Cr_2O_3 (b) Mn_2O_7, CrO_3
(c) CrO, V_2O_5 (d) V_2O_5, V_2O_4

2. निम्नलिखित कथनों में से कौन-सा सही नहीं है?
(a) कॉपर अम्लों से हाइड्रोजन मुक्त करता है
(b) अपनी उच्च ऑक्सीकरण अवस्था में मैंगनीज ऑक्सीजन तथा फ्लोरीन के साथ स्थायी यौगिक बनाता है
(c) Mn^{3+} तथा Co^{3+} जलीय विलयन में ऑक्सीकारक होते हैं
(d) Ti^{2+} तथा Cr^{2+} जलीय विलयन में अपचायक होते हैं

3. अनुचुम्बकीयता $\mu = 2\sqrt{s(s+1)}$ मैग्नेटॉन सम्बन्ध द्वारा दर्शाया जाता है, यहाँ s कुल चक्रण है। इस आधार पर Cu^+ आयन की अनुचुम्बकीयता है
(a) 3.88 मैग्नेटॉन (b) 2.83 मैग्नेटॉन
(c) 1.41 मैग्नेटॉन (d) शून्य

4. Ti^{2+} बैंगनी जबकि Ti^{4+} रंगहीन है, क्योंकि
(a) Ti^{4+} में कोई क्रिस्टल क्षेत्र प्रभाव नहीं होता है
(b) Ti^{2+}, $3d^2$ विन्यास रखता है
(c) Ti^{4+}, $3d^2$ विन्यास रखता है
(d) Ti^{4+}, Ti^{2+} की तुलना में अत्यधिक छोटा धनायन है अत: यह कोई विकिरण अवशोषित नहीं करता है

5. $Cr(Z = 24)$, $Mn^+(Z = 25)$ तथा $Fe^{2+}(Z = 26)$ के चुम्बकीय आघूर्ण क्रमश: x, y, z हैं। उनका क्रम है
(a) $x < y < z$ (b) $x = y < z$
(c) $z < x = y$ (d) $x = y = z$

6. VO_2 एक उभयधर्मी ऑक्साइड है तथा अम्लीय माध्यम में यह बनाता है
(a) VO^{2+} (b) VO_2^+ (c) V^{3+} (d) VO_2^{2+}

7. Cu^+, Fe^+, Fe^{2+} तथा Fe^{3+} में से कौन-सा सबसे अधिक स्थायी है?
(a) Cu^+ (b) Fe^+
(c) Fe^{2+} (d) Fe^{3+}

8. संक्रमण तत्वों से सम्बन्धित असत्य कथन छाँटिए।
(a) अन्तिम इलेक्ट्रॉन d-कक्षक में प्रवेश करता है
(b) उनके गुण s तथा p-ब्लॉक तत्वों के मध्य के होते हैं
(c) स्कैण्डियम निम्नतम् परमाण्विक त्रिज्या वाला संक्रमण तत्व है
(d) उनकी सामान्य ऑक्सीकरण अवस्था +2 है

9. संक्रमण तत्व परिवर्ती संयोजकताएँ प्रदर्शित करते हैं क्योंकि वे निम्नलिखित कक्षा से इलेक्ट्रॉन मुक्त करते हैं
(a) ns (b) ns व np
(c) $(n-1)d$ व ns (d) $(n-1)d$

10. संक्रमण तत्व निरूपक तत्वों से अधिक धात्विक होते हैं क्योंकि वे रखते हैं
(a) d-कक्षकों में इलेक्ट्रॉन युग्म
(b) बन्ध बनाने के लिए d-कक्षकों की उपलब्धता
(c) d-कक्षकों में इलेक्ट्रॉन
(d) धात्विक कक्षकों में अयुग्मित इलेक्ट्रॉन

11. निम्नलिखित में से कौन-सा संक्रमण तत्वों का गुण नहीं है?
(a) निश्चित संयोजकता (b) उत्प्रेरक गुण
(c) अनुचुम्बकीयता (d) रंग

12. सिक्का धातुएँ गुण दर्शाती हैं
(a) अक्रिय तत्वों के (b) सामान्य तत्वों के
(c) प्रारूपी तत्वों के (d) संक्रमण तत्वों के

13. Cr^{2+} आयन का संयोजी कोश इलेक्ट्रॉनिक विन्यास है
(a) $4s^0, 3d^4$ (b) $3p^6, 4s^2$
(c) $4s^2, 3d^2$ (d) $4s^2, 3d^0$

14. जिंक d-ब्लॉक तत्वों के समान परिवर्ती संयोजकता प्रदर्शित नहीं करता क्योंकि
(a) यह कम गलनांक वाला है
(b) d-कक्षक पूर्ण है
(c) यह नर्म धातु है
(d) अन्तिम कक्षा में दो इलेक्ट्रॉन उपस्थित होते हैं

15. संक्रमण धातुओं तथा उनके यौगिकों की उत्प्रेरक सक्रियता उनके किस गुण के लिये उत्तरदायी है?
(a) चुम्बकीय व्यवहार
(b) रासायनिक सक्रियता
(c) गुणक ऑक्सीकरण अवस्था को अपनाने की योग्यता तथा उनकी संकुल योग्यता को
(d) अपूर्ण d-कक्षक

16. संक्रमण तत्व रंगीन होते हैं
(a) अयुमित d-इलेक्ट्रॉनों के कारण (b) छोटे आकार के कारण
(c) धात्विक प्रकृति के कारण (d) इन सभी के कारण

17. निम्नलिखित में से कौन-सा अयुग्मित d-इलेक्ट्रॉनों की अधिकतम संख्या रखता है?
(a) Fe^{2+} (b) Cu^+ (c) Zn (d) Ni^{3+}

18. क्यूप्रस आयन रंगहीन होता है जबकि क्यूप्रिक आयन रंगीन होता है क्योंकि
(a) दोनों अर्द्धपूरित p तथा d-कक्षक रखते हैं
(b) क्यूप्रस आयन पूर्ण d-कक्षक रखता है तथा क्यूप्रिक आयन अपूर्ण d-कक्षक रखता है
(c) क्यूप्रस आयन अपूर्ण d-कक्षक रखता है तथा क्यूप्रिक आयन पूर्ण d-कक्षक रखता है
(d) दोनों d-कक्षक में अयुग्मित इलेक्ट्रॉन रखते हैं

19. Zn^{2+}, Ni^{2+} तथा Cr^{3+} आयनों में से
(परमाणु क्रमांक Zn = 30, Ni = 28, Cr = 24)
(a) तीनों रंगीन हैं
(b) तीनों रंगहीन हैं
(c) केवल Zn^{2+} रंगहीन है तथा Ni^{2+} व Cr^{3+} रंगीन हैं
(d) केवल Ni^{2+} रंगीन है तथा Zn^{2+} व Cr^{3+} रंगहीन हैं

20. निम्नलिखित आयनिक प्रजातियों में से कौन-सी जलीय विलयन को रंग प्रदान करेगी?
(a) Cu^+ (b) Zn^{2+} (c) Cr^{3+} (d) Ti^{4+}

21. निम्नलिखित में से किसमें धात्विक बन्ध प्रबलतम् है?
(a) V (b) Fe (c) Cr (d) Sc

22. निम्नलिखित में से किस आयन का अधिकतम् चुम्बकीय आघूर्ण है?
(a) Ti^{3+} (b) Sc^{3+} (c) Mn^{2+} (d) Zn^{2+}

23. दिये गये तत्वों के परमाणु भारों का कौन-सा क्रम सही है?
(a) Co > Ni > Fe (b) Fe > Co > Ni
(c) Fe > Ni > Co (d) Ni > Co > Fe

24. निम्नलिखित में से कौन-सा तत्व अधिकतम् प्रथम आयनन विभव रखता है?
(a) V (b) Ti (c) Mn (d) Cr

25. मैंगनीज का कौन-सा ऑक्साइड उभयधर्मी है?
(a) MnO (b) MnO_2 (c) Mn_2O_7 (d) Mn_2O_3

26. निम्नलिखित में से कौन-सा सही है?
(a) डयूरैलुमिन : Al + Cu + Mg + Ag
(b) जर्मन सिल्वर : Cu + Zn + C
(c) गन मैटल : Cu + Zn + Sn
(d) सोल्डर : Pb + Al

27. निम्नलिखित में से कौन-सा प्रतिचुम्बकीय आयन है?
(a) Co^{2+} (b) Cu^{2+} (c) Mn^{2+} (d) Sc^{3+}

28. $K_2Cr_2O_7 \xrightarrow{\Delta} K_2CrO_4 + O_2 + X$
उपरोक्त अभिक्रिया में X है
(a) CrO_3 (b) Cr_2O_7 (c) Cr_2O_3 (d) CrO_5

29. जब $K_2Cr_2O_7$ सान्द्र H_2SO_4 के साथ ठण्डे में क्रिया करता है, तो बनने वाले उत्पादों में से एक है
(a) CrO_3 (b) $Cr_2(SO_4)_3$ (c) Cr_2O_3 (d) CrO_4Cl_2

30. NaCl तथा सान्द्र H_2SO_4 के साथ अभिक्रिया करके $K_2Cr_2O_7$ देता है
(a) CrO_2Cl_2 (b) Cr_2O_3 (c) $CrCl_3$ (d) $CrOCl_2$

31. अम्लीय माध्यम में $KMnO_4$ की ऑक्सीकरण अभिक्रियाओं के लिये माध्यम अम्लीय बनाने में HCl का प्रयोग क्यों नहीं किया जाता है?
(a) HCl तथा $KMnO_4$ दोनों ऑक्सीकारक की भाँति क्रिया करते हैं
(b) $KMnO_4$, HCl को Cl_2 में ऑक्सीकृत करता है जो कि खुद भी ऑक्सीकारक है
(c) $KMnO_4$, HCl से दुर्बल ऑक्सीकारक है
(d) $KMnO_4$, HCl की उपस्थिति में अपचायक का कार्य करता है

32. $Cr_2O_7^{2-} \xrightarrow{pH = x} CrO_4^{2-} \xrightarrow{pH = y} Cr_2O_7^{2-}$
pH मान x तथा y हो सकते हैं
(a) 4 व 5 (b) 4 व 8 (c) 8 व 4 (d) 8 व 9

33. तनु क्षारीय विलयन में MnO_4^- परिवर्तित होता है
(a) MnO_4^{2-} में (b) MnO_2 में
(c) Mn_2O_3 में (d) MnO में

34. निम्नलिखित में प्रजाति A तथा B क्या हैं?

$$CrO_3 + H_2O \longrightarrow A \xrightarrow{OH^-} B$$

(a) H_2CrO_4, $H_2Cr_2O_7$ (b) $H_2Cr_2O_7$, Cr_2O_3
(c) CrO_4^{2-}, $Cr_2O_7^{2-}$ (d) H_2CrO_4, CrO_4^{2-}

35. कौन-सा कथन सही नहीं है?
(a) पोटैशियम डाइक्रोमैट द्वितीयक ऐल्कोहॉल को कीटोन में ऑक्सीकृत करता है
(b) पोटैशियम परमैंग्नेट पोटैशियम डाइक्रोमैट से एक दुर्बल ऑक्सीकारक पदार्थ है
(c) पोटैशियम परमैंग्नेट एक प्रबल ऑक्सीकारक पदार्थ है
(d) उपरोक्त सभी कथन सही हैं

36. लैन्थेनम f-ब्लॉक तत्वों के साथ रखा गया है क्योंकि
(a) यह आंशिक रूप से भरे हुए f-कक्षक रखता है
(b) यह आंशिक रूप से भरे हुए f तथा d-कक्षक दोनों रखता है
(c) लैन्थेनम गुणों में 4f-ब्लॉक के तत्वों से अत्यधिक समानता रखता है
(d) यह आवर्त सारणी में Ce से तुरन्त पहले है

37. सीरियम (Z = 58) लैन्थेनॉइड का एक महत्त्वपूर्ण सदस्य है। सीरियम से सम्बन्धित निम्नलिखित कथनों में से कौन-सा गलत है?
(a) सीरियम की सामान्य ऑक्सीकरण अवस्था + 3 तथा + 4 हैं
(b) सीरियम (IV) ऑक्सीकारक की तरह कार्य करता है
(c) सीरियम की +4 ऑक्सीकरण अवस्था विलयनों में ज्ञात नहीं है
(d) सीरियम की +3 ऑक्सीकरण अवस्था + 4 ऑक्सीकरण अवस्था से अधिक स्थायी है

38. निम्नलिखित में से कौन-सा ऑक्सीकारक की तरह कार्य करता है?
(a) Np^{4+} (b) Sm^{2+} (c) Eu^{2+} (d) Yb^{2+}

39. गैडोलिनियम 4f-श्रेणी के अन्तर्गत आता है तथा इसका परमाणु क्रमांक 64 है। निम्नलिखित में से गैडोलिनियम का सही इलेक्ट्रॉनिक विन्यास कौन-सा है?
(a) [Xe]$4f^7 5d^1 6s^2$ (b) [Xe]$4f^6 5d^2 6s^2$
(c) [Xe]$4f^8 6d^2$ (d) [Xe]$4f^9 5s^1$

40. निम्नलिखित में से कौन-सी ऑक्सीकरण अवस्था सभी लैन्थेनॉइड्स के लिये सामान्य हैं?
(a) +2 (b) + 3 (c) + 4 (d) + 5

41. ऐक्टिनॉइड श्रेणी में 14 तत्व हैं। निम्नलिखित तत्वों में से कौन-सा इस श्रेणी के अन्तर्गत नहीं आता है?
(a) U (b) Np (c) Tm (d) Fm

42. लैन्थेनॉइड जिसके लिये सामान्य ऑक्सीकरण अवस्था +2 तथा +3 हैं, है
(a) La (b) Nd (c) Ce (d) Eu

43. लैन्थेनॉइडो का कौन-सा युग्म काँच, ब्लॉवर तथा चश्मों में प्रयोग होता है?
(a) Np, Pu (b) Pu, Gd
(c) Fm, Ho (d) Pr, Ho

44. निम्नलिखित में से कौन-सा त्रिसंयोजी आयन लैन्थेनॉइड श्रेणी में सबसे अधिक परमाणविक त्रिज्या रखता है?
(a) Ce (b) Pm (c) La (d) Lu

45. लैन्थेनॉइड श्रेणी में लैन्थेनॉइड हाइड्रॉक्साइडों की क्षारकता
(a) बढ़ती है (b) घटती है
(c) पहले बढ़ती है फिर घटती है (d) पहले घटती है फिर बढ़ती है

46. निम्नलिखित में से किसका +3 आयन अर्द्धपूरित 4f उपकोश रखता है?
(a) La (b) Lu (c) Gd (d) Ce

47. ऐक्टिनॉइड्स
(a) परिवर्ती संयोजकता रखते हैं
(b) में 12 तत्व होते हैं
(c) सभी संश्लेषित तत्व हैं
(d) केवल अल्प जीवनकालिक समस्थानिक रखते हैं

48. ऐक्टिनॉइड्स तथा लैन्थेनॉइड्स समानता (Resemble) रखते हैं
(a) संकुल निर्माण में (b) ऑक्सीकरण अवस्था में
(c) आयनन ऊर्जा में (d) इलेक्ट्रॉनिक विन्यास में

49. लैन्थेनॉइड संकुचन होता है क्योंकि
(a) f-कक्षक अपूर्ण भरे होते हैं
(b) f-कक्षक के इलेक्ट्रॉन आसानी से खो जाते हैं
(c) f-कक्षक परमाणु की सतह पर नहीं आते तथा अन्दर ही दबे रहते हैं
(d) f-कक्षक इलेक्ट्रॉन नाभिकीय आवेश के दुर्बल परिरक्षक होते है

50. निम्नलिखित में से कौन-सा आयन प्रतिचुम्बकीय है?
(a) Nd^{3+} (b) La^{3+} (c) Tb^{3+} (d) Er^{3+}

51. $_{62}Sm^{3+}$ का रंग पीला है। $_{66}Dy^{3+}$ का सम्भावित रंग है
(a) पीला (b) लाल (c) नीला (d) हरा

52. +7 ऑक्सीकरण अवस्था प्रदर्शित करने वाले ऐक्टिनॉइड्स हैं
(a) U, Np (b) Pu, Am (c) Np, Pu (d) Am, Cm

53. लैन्थेनॉइड संकुचन सम्बन्धित होता है
(a) परमाण्विक त्रिज्या से (b) परमाणविक तथा M^{3+} त्रिज्या से
(c) संयोजी इलेक्ट्रॉनों से (d) ऑक्सीकरण अवस्था से

54. जलीय विलयन में Eu^{2+} आयन कार्य करता है
(a) ऑक्सीकारक के समान (b) अपचायक के समान
(c) अम्ल के समान (d) इन सभी के समान

55. परमाणु क्रमांक बढ़ने पर परमाणविक आकार में कमी तत्वों का लक्षण है
(a) f-ब्लॉक के तत्वों का
(b) d-ब्लॉक के तत्वों का
(c) उच्च परमाणु द्रव्यमान वाले तत्वों का
(d) रेडियोऐक्टिव श्रेणी का

56. निम्नलिखित में से कौन-सा कथन सही नहीं हैं?
(a) $La(OH)_3$, $Lu(OH)_3$ से कम क्षारीय है
(b) लैन्थेनॉइड श्रेणी में Ln^{3+} आयनों की आयनिक त्रिज्या घटती है
(c) Zn, Cd, तथा Hg रंगहीन तथा प्रतिचुम्बकीय हैं
(d) Mn उच्चतम् ऑक्सीकरण अवस्था +7 दर्शाता है

57. मिश (Misch) धातु है
(a) लैन्थेनॉइड तथा कॉपर का मिश्र-धातु
(b) लैन्थेनॉइड तथा निकेल का मिश्र-धातु
(c) लैन्थेनॉइड, आयरन तथा कार्बन का मिश्र-धातु
(d) ऐक्टिनॉइड तथा कॉपर का मिश्र-धातु

58. यूरेनियम सान्द्र HNO_3 से क्रिया करता है
(a) $U(NO_3)_4$ तथा H_2 देने के लिये (b) $U(NO_3)_2$ तथा NO_2 देने के लिये
(c) $UO_2(NO_3)_2$ तथा H_2 देने के लिये (d) धातु को निष्क्रिय बनाने के लिये

59. सही कथन छाँटिए
(a) प्रबल अम्लीय माध्यम में Pu^{4+}, Pu^{3+} व PuO_2^{2+} में असमानुपातित होता है
(b) Np की अधिकतम ऑक्सीकरण अवस्था +7 है
(c) UO_2^{2+} स्थायी है
(d) सभी कथन सही हैं

60. निम्नलिखित तत्वों में से कौन-सा अपने यौगिकों में विभिन्न ऑक्सीकरण अवस्थाओं की अधिकतम संख्या दर्शाता है?
(a) Eu (b) La
(c) Gd (d) Am

उत्तरमाला

1.	(a)	2.	(a)	3.	(d)	4.	(b)	5.	(c)	6.	(a)	7.	(a)	8.	(c)	9.	(c)	10.	(b)
11.	(a)	12.	(d)	13.	(a)	14.	(b)	15.	(c)	16.	(a)	17.	(a)	18.	(b)	19.	(c)	20.	(c)
21.	(c)	22.	(c)	23.	(a)	24.	(c)	25.	(b)	26.	(c)	27.	(d)	28.	(c)	29.	(a)	30.	(a)
31.	(b)	32.	(c)	33.	(a)	34.	(d)	35.	(b)	36.	(c)	37.	(b)	38.	(a)	39.	(a)	40.	(b)
41.	(c)	42.	(d)	43.	(b)	44.	(c)	45.	(b)	46.	(c)	47.	(a)	48.	(d)	49.	(d)	50.	(b)
51.	(a)	52.	(c)	53.	(b)	54.	(b)	55.	(a)	56.	(a)	57.	(c)	58.	(d)	59.	(d)	60.	(d)

उत्तर व्याख्या सहित

1. (a) V_2O_5 तथा Cr_2O_3 उभयधर्मी हैं क्योंकि दोनों अम्लों तथा क्षारों से अभिक्रिया करते हैं। (निम्न ऑक्साइडों में क्षारीय लक्षण प्रभावी होता है जबकि उच्च ऑक्साइडों में अम्लीय लक्षण प्रभावी होता है।)

2. (a) कॉपर अम्लों से हाइड्रोजन मुक्त नहीं करता क्योंकि यह धनात्मक E° रखता है।

3. (d) $Cu^+ = [Ar]3d^{10}$, कोई अयुग्मित इलेक्ट्रॉन नहीं, अतः $s = 0$ आयन की अनुचुम्बकीयता भी शून्य है।

4. (b) $Ti(22) = [Ar]4s^2 3d^2$

1	1			

$Ti^{2+} = [Ar]3d^2$; $Ti^{4+} = [Ar]3d^0$

Ti^{2+} $3d$ में दो इलेक्ट्रॉन रखता है अतः दृश्य क्षेत्र में प्रकाश के अवशोषण के कारण d-d संक्रमण सम्भव है।

5. (c) चुम्बकीय आघूर्ण $\mu = \sqrt{N(N+2)}$ BM
जहाँ N = अयुग्मित इलेक्ट्रॉन
$Cr(24) = [Ar]3d^5, 4s^1$; $N = 6, \mu = \sqrt{48}$ BM $= x$
$Mn^+ = [Ar]3d^5\ 4s^1$; $N = 6, \mu = \sqrt{48}$ BM $= y$
$Fe^{2+} = [Ar]\ 3d^6$; $N = 4, \mu = \sqrt{24}$ BM $= z$
अतः $z < x = y$

6. (a) $VO_2 + 2H^+ \longrightarrow VO^{2+} + H_2O$

7. (a) $Cu^+ = [Ar]3d^{10}$; $Fe^+ = [Ar]3d^5$

9. (c) परिवर्तित संयोजकता बन्ध निर्माण में $(n-1)\,d$ तथा ns स्तर से इलेक्ट्रॉनों के भाग लेने के कारण होती है।

10. (b) संक्रमण तत्व बन्ध बनाने d-कक्षकों की उपलब्धता के कारण निरूपक तत्वों से अधिक धात्विक होते हैं।

12. (d) सिक्का धातुएँ (Cu, Ag, Au) संक्रमण तत्वों के गुण प्रदर्शित करती हैं क्योंकि अपनी सामान्य ऑक्सीकरण अवस्थाओं में वे आंशिक रूप से भरे हुए d-उपकोश रखती है।

14. (b) $_{30}Zn \longrightarrow [Ar]\ 3d^{10}4s^2$
$\because$ इसका d-कक्षक पूर्ण है।
$\therefore$ यह परिवर्तित संयोजकता नहीं दर्शाता है।

15. (c) संक्रमण तत्वों की गुणक ऑक्सीकरण अवस्था ग्रहण करने की योग्यता तथा संकुल बनाने का गुण उनकी उत्प्रेरण सक्रियता के लिये उत्तरदायी है।

17. (a)
$Fe^{2+} = [Ar]\ 3d^6 4s^0 \Rightarrow$ 4 अयुग्मित इलेक्ट्रॉन
$Cu^+ = [Ar]\ 3d^{10} 4s^0 \Rightarrow$ 0 अयुग्मित इलेक्ट्रॉन
$Zn = [Ar]\ 3d^{10} 4s^2 \Rightarrow$ 0 अयुग्मित इलेक्ट्रॉन
$Ni^{3+} = [Ar]\ 3d^7 4s^0 \Rightarrow$ 3 अयुग्मित इलेक्ट्रॉन

18. (b) क्यूप्रस आयन (Cu^+) $3d^{10}$ (पूरा भरा हुआ d-उपकोश)

$3d^{10}$

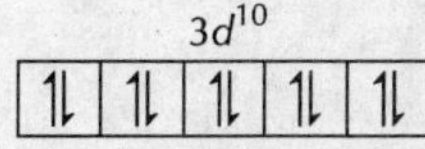

क्यूप्रिक आयन (Cu^{2+}) $3d^9$ (एक अयुग्मित इलेक्ट्रॉन)

$3d^9$

⇅	⇅	⇅	⇅	1

19. (c) Ni^{2+} तथा Cr^{3+} अयुग्मित इलेक्ट्रॉन की उपस्थिति के कारण रंगीन है किन्तु Zn^{2+} अयुग्मित इलेक्ट्रॉन की अनुपस्थिति के कारण रंगहीन है।

21. (c) धात्विक बन्ध की प्रबलता अयुग्मित इलेक्ट्रॉनों की संख्या पर निर्भर करती है। जैसे-जैसे अयुग्मित इलेक्ट्रॉनों की संख्या बढ़ती है बन्ध शक्ति (प्रबलता) भी बढ़ती जाती है। अतः Cr, Mo, W अधिकतम अयुग्मित इलेक्ट्रॉनों की संख्या के कारण प्रबल बंधन प्रदर्शित करते हैं।

22. (*c*) $Ti^{3+} \longrightarrow 3d^1, 4s^0$; $Sc^{3+} \longrightarrow 3d^{10}$

$Mn^{2+} \longrightarrow 3d^5, 4s^0$; $Zn^{2+} \longrightarrow 3d^{10}, 4s^0$

Mn^{2+} में अयुग्मित इलेक्ट्रॉनों की संख्या = 5

अतः यह सूत्र $\mu = \sqrt{n(n+2)}$ BM के अनुसार अधिकतम चुम्बकीय आघूर्ण रखता है।

23. (*a*) Co, Ni तथा Fe के परमाणु भार क्रमशः 59.90, 58.60 तथा 55.85 है। अतः Co > Ni > Fe परमाणु भारो का सही क्रम है।

24. (*c*) दिये हुए विकल्पों में मैंगनीज सबसे स्थायी इलेक्ट्रॉनिक विन्यास रखता है अतः इसके अन्तिम कोश से इलेक्ट्रॉन निकालना अत्यधिक कठिन है। इसलिए ऊर्जा की अधिक मात्रा की आवश्यकता होती है। अतः मैंगनीज सबसे उच्च प्रथम आयनन विभव रखता है।

25. (*b*) MnO_2 माध्यमिक ऑक्सीकरण अवस्था के कारण उभयधर्मी ऑक्साइड बनाता है।

28. (*c*) पोटैशियम डाइक्रोमेट गर्म करने पर ऑक्सीजन तथा क्रोमिक ऑक्साइड (Cr_2O_3) देता है।

$$4K_2Cr_2O_7 \xrightarrow{\Delta} 4K_2CrO_4 + 3O_2 + 2Cr_2O_3$$

29. (*a*) $K_2Cr_2O_7 + 2H_2SO_4 \xrightarrow{\text{ठण्डा}} 2CrO_3 + 2KHSO_4 + H_2O$

CrO_3 अत्यधिक अम्लीय तथा ऑक्सीकारक है व क्रोमिक अम्ल कहलाता है।

30. (*a*) $4NaCl + 3H_2SO_4 + K_2Cr_2O_7 \longrightarrow \underset{\text{क्रोमिल क्लोराइड}}{2CrO_2Cl_2} + K_2SO_4 + 2Na_2SO_4 + 3H_2O$

31. (*b*) क्योंकि हाइड्रोक्लोरिक अम्ल क्लोरीन में ऑक्सीकृत होता है।

32. (*c*) $Cr_2O_7^{2-} + 2OH^- \longrightarrow 2CrO_4^{2-} + H_2O \quad pH > 7 (x > 7)$

$2CrO_4^{2-} + 2H^+ \longrightarrow Cr_2O_7^{2-} + H_2O \, pH < 7 \, (y < 7)$

33. (*a*) $MnO_4^- + e^- \longrightarrow MnO_4^{2-}$

34. (*d*) $CrO_3 + H_2O \longrightarrow \underset{(A)}{H_2CrO_4} \xrightarrow{OH^-} \underset{(B)}{CrO_4^{2-}}$

35. (*b*) अम्लीय माध्यम में $KMnO_4$ 5 अं ीजन जबकि अम्लीय $K_2Cr_2O_7$ 3 ऑक्सीजन देता है।

38. (*a*) +2 ऑक्सीकरण अवस्था रखने वाले सभी अन्तः संक्रमण तत्व +3 में बदल जाते हैं तथा अपचायक की तरह व्यवहार करते हैं। जबकि +4 ऑक्सीकरण अवस्था वाले +3 ऑक्सीकरण अवस्था में बदलने की प्रवृत्ति रखते हैं तथा ऑक्सीकारक की तरह कार्य करते हैं। अतः Np^{4+} ऑक्सीकारक की तरह व्यवहार करता है।

39. (*a*) गैडोलिनियम, Gd = $4f^7\ 5d^1\ 6s^2$

41. (*c*) Tm (थूलियम) ऐक्टिनॉइड्स के अन्तर्गत नहीं आता है।

45. (*b*) लैन्थेनॉइड हाइड्रॉक्साइडों की क्षारीयता लैन्थेनॉइड श्रेणी में बायीं से दायीं ओर चलने पर घटती है।

46. (*c*) Gd = [Xe] $4f^7\,5d^1 6s^2$ $\quad Gd^{3+}$ = [Xe] $4f^7$ (अर्द्ध-पूरित)

47. (*a*) ऐक्टिनॉइड्स $5f, 6d$ तथा $7s$ कक्षकों में बहुत कम ऊर्जा अन्तर के कारण परिवर्तित संयोजकता रखते हैं।

49. (*d*) लैन्थेनॉइडों का आकार सम्भावना से कम होता है। यह $4f$ कक्षकों के भरने से सम्बन्धित है जो $5d$ कक्षकों से पहले भरने चाहिए। *f*-कक्षकों के इलेक्ट्रॉन अन्य इलेक्ट्रॉनों को नाभिकीय आवेश से छिपाने में प्रभावी है।

50. (*b*) अनुचुम्बकीयता लैन्थेनॉइड के धनात्मक आयनों द्वारा (केवल $La^{3+}(4f^0)$ तथा $Lu^{3+}(4f^{14})$ को छोड़कर) प्रदर्शित की जाती है। ये आयन प्रतिचुम्बकीय होते हैं।

51. (*a*) ${}_{62}Sm^{3+}$ का इलेक्ट्रॉनिक विन्यास $4f^4$ तथा ${}_{66}Dy^{3+}$ का इलेक्ट्रॉनिक विन्यास $4f^9$ है। f^n तथा f^{14-n} का रंग प्रायः एक जैसा (identical) होता है।

52. (*c*) Np तथा Pu NpO_3^+ व PuO_3^+ ऑक्सोकैटायनों में +7 ऑक्सीकरण अवस्था दर्शाते हैं जो स्थायी नहीं होती है।

53. (*b*) लैन्थेनॉइड संकुचन M^{3+} आयन के आयनिक आकार व परमाण्विक आकार में कमी से सम्बन्धित होता है।

54. (*b*)

55. (*a*) परमाणु क्रमांक बढ़ने पर परमाण्विक आकार में कमी *f*-ब्लॉक तत्वों का लक्षण है। यह लैन्थेनॉइड संकुचन के कारण होता है।

56. (*a*) $La(OH)_3$, $Lu(OH)_3$ से अधिक क्षारीय है। इसका कारण La^{3+} आयन का आयनिक आकार Lu^{3+} आयन से अधिक होना है।

60. (*d*) अमेरिसियम की ऑक्सीकरण अवस्थाएँ +3, +4, +5 तथा +6 हैं।

अध्याय 17

उपसहसंयोजक/समन्वय यौगिक तथा कार्बधात्विक यौगिक

Coordination Compounds and Organo-metallics

ाण्विक अथवा योगात्मक यौगिक
olecular or Addition Compounds

ब विलयन में दो या दो से अधिक लवण साधारण आण्विक अनुपात में क्त होते हैं तब नए यौगिकों के क्रिस्टल पृथक् हो जाते हैं। ये यौगिक ाण्विक अथवा योगात्मक यौगिक कहलाते हैं। उदाहरण—

$$K_2SO_4 + Al_2(SO_4)_3 + 24H_2O \longrightarrow K_2SO_4 \cdot Al_2(SO_4)_3 \cdot 24H_2O$$

$$CuSO_4 + 4NH_3 + H_2O \longrightarrow [Cu(NH_3)_4]SO_4 \cdot H_2O$$

ोगात्मक यौगिकों को दो वर्गों में वर्गीकृत किया जा सकता है

यौगिक जो विलयन में अपना अस्तित्व विलुप्त कर ते हैं अर्थात् द्विक लवण Those Compounds which ose their Identity in Solution, i.e. Double Salts

योगात्मक यौगिक जो निम्नलिखित विशेषताएँ रखते हैं, द्विक लवण हलाते हैं।

i) ये रवेदार अवस्था में प्राप्त होते हैं।

i) इन यौगिकों के जल में घुलने पर ये अपने अवयवी आयनों में विभक्त हो जाते हैं अथवा इनके अवयवी आयन जलीय विलयन में अपनी पहचान खो देते हैं।

उदाहरण—

$$\underset{\text{मोहर लवण}}{FeSO_4 \cdot (NH_4)_2SO_4 \cdot 6H_2O} \longrightarrow Fe^{2+}(aq) + 2NH_4^+(aq) + 2SO_4^{2-}(aq) + 6H_2O$$

$$\underset{\text{पोटाश फिटकरी}}{K_2SO_4 \cdot Al_2(SO_4)_3 \cdot 24H_2O} \longrightarrow 2K^+(aq) + 2Al^{3+}(aq) + 4SO_4^{2-}(aq) + 24H_2O$$

यौगिक जो विलयन में अपना अस्तित्व बनाए खते हैं अर्थात् संकुल यौगिक
ose Compounds which Retain their Identity in lution, i.e. Complex Compounds

यौगिक, जो विलयन में अपना अस्तित्व बनाए रखते हैं अर्थात् जलीय लयन में ये साधारण आयनों में विभक्त नहीं होते हैं, संकुल आयन अथवा टिल यौगिक अथवा उपसहसंयोजक यौगिक कहलाते हैं। जैसे पोटैशियम फेरोसायनाइड, $K_4[Fe(CN)_6]$, K^+, Fe^{2+} एवं CN^- आयनों में नहीं टूटता लेकिन K^+ आयन और संकुल फेरोसायनाइड आयन $[Fe(CN)_6]^{4-}$ देता है। अत: यह एक संकुल या उपसहसंयोजक यौगिक है।

वास्तव में संकुल यौगिक अथवा उपसहसंयोजक यौगिक धातु परमाणु अथवा आयन के रिक्त कक्षकों द्वारा लिगेण्ड के एकल इलेक्ट्रॉन युग्म को ग्रहण करने के कारण बनते हैं। इनके निर्माण में उनके अवयवी आयनों में कमी होती है।

$$\underset{3\ \text{आयन}}{Fe(CN)_2} + \underset{8\ \text{आयन}}{4KCN} \longrightarrow \underset{5\ \text{आयन}}{K_4[Fe(CN)_6]}$$

उपसहसंयोजक यौगिक हेतु प्रयुक्त परिभाषिक शब्द
Terminology Used for Coordination Compounds

उपसहसंयोजक अथवा संकुल यौगिक को पूर्णतया परिभाषित करने के लिए निम्नलिखित पदों का ज्ञान अत्यन्त महत्त्वपूर्ण है

जटिल अथवा संकुल आयन
Complex or Coordination Ion

जटिल अथवा संकुल आयन वे विद्युत आवेशित मूलक होते हैं जो साधारण धातु आयन (धनायन) के एक अथवा अधिक उदासीन अणुओं अथवा ऋणायनों अथवा धनायनों के साथ जुड़ने से बनते हैं। ये एक एकल इकाई के रूप में रहते हैं तथा सामान्यत: इन्हें वर्ग कोष्ठक [] के मध्य लिखकर प्रदर्शित करते हैं। उदाहरण—$[Co(NH_3)_4Cl_2]$

केन्द्रीय धातु परमाणु अथवा आयन
Central Metal Atom or Ion

प्रत्येक संकुल आयन में धातु परमाणु या आयन होता है जिसे केन्द्रीय धातु परमाणु या आयन कहते हैं। इसे कभी-कभी नाभिकीय परमाणु भी कहते हैं। सामान्यत: यह एक संक्रमण धातु होती है जिसमें इलेक्ट्रॉन ग्रहण करने के लिए मुक्त d-कक्षक उपस्थित होते हैं। अत: इसे लुईस अम्ल भी कहा जाता है।

उदाहरण—$\left[\begin{matrix} H_3N & & NH_3 \\ & Cu & \\ H_3N & & NH_3 \end{matrix}\right]$ में Cu धातु परमाणु है।

संलग्नी अथवा लिगेण्ड Ligands

किसी जटिल यौगिक में केन्द्रीय धातु परमाणु या आयन के चारों ओर उपस्थित रहने वाले अणु अथवा आयन लिगेण्ड कहलाते हैं। ये अपने इलेक्ट्रॉन युग्म को केन्द्रीय धातु परमाणु को दान करके उसके साथ उपसहसंयोजक बन्ध बनाते हैं। अत: ये इलेक्ट्रॉन युग्म दाता या **लुईस क्षार** की तरह क्रिया करते हैं। लिगेण्ड निम्न प्रकार के होते हैं

(i) **एकदन्तुक लिगेण्ड** (Monodentate or Unidentate Ligands) इन लिगेण्डों में केवल एक ही परमाणु इलेक्ट्रॉन युग्म प्रदान करता है।
उदाहरण—X^-, CN^-, NO_2^-, NH_3, पिरीडीन,
OH^-, NO_3^-, H_2O, SO_3^{2-}, CO, NO, OH^-, O^{2-}, $(C_6H_5)_3P$, आदि।

(ii) **द्विदन्तुक लिगेण्ड** (Bidentate Ligands) इनमें दो दाता परमाणु होते हैं अत: यह केन्द्रीय धातु आयन के साथ दो स्थितियों पर जुड़ सकता है। उदाहरण—एथिलीन डाइऐमीन (en), ऑक्सेलेट

(iii) **त्रिदन्तुक लिगेण्ड** (Tridentate Ligands) वे लिगेण्ड जिनमें तीन दाता परमाणु होते हैं, त्रिदन्तुक लिगेण्ड कहलाते हैं। उदाहरण—डाइएथिलीन ट्राइऐमीन (dien), 2, 2′, 2′′-टरपिरिडीन (terpy)

(iv) **चतु:दन्तुक लिगेण्ड** (Tetra or Quadri Dentate Ligands) वे लिगेण्ड जिनमें चार दाता परमाणु होते हैं, चतु:दन्तुक लिगेण्ड कहलाते हैं। उदाहरण—नाइट्राइलोऐसिटेटो, ट्राइएथिलीन टेट्रामीन (Trien)

(v) **पंचदन्तुक लिगेण्ड** (Pentadentate Ligands) इनमें पाँच दाता परमाणु होते हैं। उदाहरण—एथिलीन डाइऐमीन ट्राइऐसीटेट आयन

(vi) **षष्ठदन्तुक लिगेण्ड** (Hexadentate ligands) इनमें छ: दाता परमाणु होते हैं। उदाहरण—एथिलीन डाइऐमीन टेट्राऐसीटेट आयन

(vii) **उभयदन्ती लिगेण्ड** (Ambidentate Ligands) लिगेण्ड, जो दो भिन्न परमाणुओं द्वारा जुड़ सकता है, उसे **उभयदन्ती संलग्नी** (उभयदन्ती लिगेण्ड) कहते हैं। उदाहरण—NO_2^- तथा SCN^- आयन।

NO_2^- आयन केन्द्रीय धातु परमाणु/आयन से या तो नाइट्रोजन द्वारा अथवा ऑक्सीजन द्वारा संयोजित हो सकता है। इसी प्रकार, SCN^- आयन, सल्फर अथवा नाइट्रोजन परमाणु द्वारा संयोजित हो सकता है।

$M \leftarrow N\overset{O}{\underset{O}{\lessgtr}}$ (नाइट्रिटो-N), $M \leftarrow O-N=O$ (नाइट्रिटो-O सायनेटो), $M \leftarrow SCN$ (थायोसायनेटो), $M \leftarrow NCS$ (आइसो थायो)

अनुनाद के कारण फिनॉक्साइड आयन भी एक उभयदन्ती लिगेण्ड है फिनॉक्साइड आयन में बेन्जीन वलय में *o*-तथा *p*-स्थान भी इलेक्ट्रॉन दाता हो जाते हैं।

समन्वय मण्डल Coordination Sphere

केन्द्रीय परमाणु/आयन से जुड़े लिगेण्डों को बड़े कोष्ठक में लिखा जाता है त ये सभी मिलकर **समन्वय मण्डल** कहलाते हैं। आयनीय समूह बड़े कोष्ठक बाहर लिखे जाते हैं तथा ये प्रतिआयन कहलाते हैं।
उदाहरण—संकुल $K_4[Fe(CN)_6]$ में $[Fe(CN)_6]^{4-}$ समन्वय मण्डल हैं तथ K^+ प्रतिआयन है।

उपसहसंयोजन संख्या Coordination Number

संकुल में केन्द्रीय धातु के द्वारा बनाए गए उपसहसंयोजक बन्धों की संख्य धातु आयन की **समन्वय संख्या या उपसहसंयोजन संख्या** कहलाती है। केवल एकदन्तुक लिगेण्ड उपस्थित होने पर, उपसहसंयोजन या समन्वय संख्या लिगेण्डों की संख्या के समान होती है। द्विदन्तुक लिगेण्डों के लिए यह उनकी संख्या की दोगुनी होती है। त्रिदन्तुक लिगेण्डों के लिए इसे त्रिदन्तुक लिगेण्डों की संख्या को 3 से गुणा करके प्राप्त किया जाता है। किसी भी संकुल की संरचना उसकी समन्वय संख्या पर निर्भर करती है। अत: समन्वय संख्या ज्ञात होने पर ज्यामिति ज्ञात हो जाती है।

समन्वय बहुफलक Coordination Polyhedral

केन्द्रीय परमाणु/आयन से सीधे जुड़े लिगेण्ड परमाणुओं की दिक्‌स्थान व्यवस्था (Spatial arrangement) को **समन्वय बहुफलक** कहते हैं।
इनमें अष्टफलकीय, चतुष्फलकीय, वर्ग समतलीय, त्रिकोणीय पिरैमिडीय त वर्ग पिरैमिडीय हो सकते हैं।

ऑक्सीकरण संख्या Oxidation Number

वह संख्या (गणितीय मान) जो संकर आयन के केन्द्रीय धातु परमाणु पर विद्युत आवेश को निरूपित करती है, केन्द्रीय धातु परमाणु की ऑक्सीकरण संख्या कहलाती है। जैसे—$[Fe(CN)_6]^{4-}$, $[Co(NH_3)_6]^{3+}$ तथ $Ni(CO)_4$ में Fe, Co तथा Ni की ऑक्सीकरण संख्याएँ क्रमश: +2, +3 तथा शून्य हैं।

संकुल आयन पर आवेश
Charge on the Complex Ion

किसी संकुल आयन पर उपस्थित आवेश का परिमाण, केन्द्रीय परमाणु आयन तथा लिगेण्ड अणुओं पर उपस्थित आवेशों का बीजगणितीय योग होता है। **जैसे** संकुल आयन $[Fe(CN)_6]^{4-}$ पर –4 आवेश होता है क्योंकि केन्द्रीय फेरस आयन पर +2 इकाई आवेश तथा छ: लिगेण्ड अणुओं अर्थात 6 CN^- आयनों पर कुल –6 इकाई आवेश होता है। अत: संकुल आयन प उपस्थित कुल आवेश = (केन्द्रीय परमाणु पर आवेश + लिगेण्ड अणुओं आवेश)

$$= (+2) + (-6) = -4$$

संकुल आयन का प्रदर्शन
Representation of Complex Ion

केन्द्रीय धातु, लिगेण्ड, संकुल आयन पर आवेश तथा उपसहसंयोजन संख्य के आधार पर संकुल आयन को निम्न प्रकार प्रदर्शित करते हैं।

प्रभावी परमाणु क्रमांक
Effective Atomic Number (EAN)

संकुलों के स्थायित्व की व्याख्या करने के लिए **सिडवीक** ने प्रभावी परमाणु संख्या का सिद्धान्त दिया।

लिगेण्डों के दाता परमाणुओं से इलेक्ट्रॉनों के ग्रहण करने के बाद इलेक्ट्रॉनों की कुल संख्या जो केन्द्रीय परमाणु या आयन के पास होती है, प्रभावी परमाणु क्रमांक कहलाती है।

EAN की गणना Calculation of EAN

अत: EAN, (प्रभावी परमाणु संख्या) = केन्द्रीय धातु परमाणु या आयन पर इलेक्ट्रॉनों की संख्या + इलेक्ट्रॉनों की संख्या जो लिगेण्डों द्वारा दिए हों अथवा EAN = केन्द्रीय धातु का परमाणु क्रमांक − आयन निर्माण में लिप्त इलेक्ट्रॉनों की संख्या + लिगेण्डों द्वारा दिए गए इलेक्ट्रॉनों की कुल संख्या = केन्द्रीय धातु का परमाणु क्रमांक
−ऑक्सीकरण संख्या + 2× समन्वय संख्या

विभिन्न धातुओं की उनके संकुलों में EAN निम्न प्रकार तालिका बद्ध है

कुछ स्पीशीज की EAN

संकुल	धातु आयन की ऑक्सीकरण अवस्था	धातु का परमाणु क्रमांक (Z)	समन्वय संख्या	प्रभावी परमाणु क्रमांक
$[Co(NH_3)_6]Cl_3$	+3	27	6	$(27-3)+(6\times2)$ = 36 (Kr)

वर्नर का सिद्धान्त Werner's Theory

उपसहसंयोजक यौगिकों के गुणों के अध्ययन के लिए बहुत सारे सिद्धान्त प्रतिपादित किये, परन्तु स्विस वैज्ञानिक **अल्फ्रेड वर्नर** (1893) ने उपसहसंयोजक यौगिकों की संरचनाओं के सम्बन्ध में अपने विचार प्रतिपादित किए। उन्होंने अनेक उपसंयोजक यौगिक बनाए तथा उनकी विशेषताएँ बतायी एवं उनके भौतिक तथा रासायनिक व्यवहार का सामान्य प्रायोगिक तकनीकों द्वारा अध्ययन किया।

इनके सिद्धान्त की मुख्य अभिधारणाएँ निम्न हैं

(i) उपसहसंयोजक यौगिकों में धातुएँ दो प्रकार की संयोजकताएँ दर्शाती हैं प्राथमिक तथा द्वितीयक।

(ii) प्राथमिक संयोजकताएँ सामान्य रूप से आयनीय होती हैं तथा ऋणात्मक आयनों द्वारा सन्तुष्ट होती हैं।

(iii) द्वितीयक संयोजकताएँ अन-आयनीय होती हैं। ये उदासीन अणुओं अथवा ऋणात्मक आयनों द्वारा सन्तुष्ट होती हैं। द्वितीयक संयोजकता **उपसहसंयोजन संख्या** [Coordination number] के बराबर होती हैं तथा इसका मान किसी धातु के लिए सामान्यत: निश्चित होता है।

(iv) प्रत्येक धातु अपनी दोनों संयोजकता प्राथमिक तथा द्वितीयक दोनों को सन्तुष्ट करती हैं। आवश्यकता पड़ने पर ऋणायन प्राथमिक तथा द्वितीयक दोनों प्रकार की संयोजकताओं को संतृप्त करती है।

(v) धातु से द्वितीयक संयोजकता में आबन्धित आयन समूह विभिन्न उपसहसंयोजक संख्या के अनुरूप दिक्स्थान में विशिष्ट रूप से व्यवस्थित रहते हैं।

वर्नर के सहसंयोजक यौगिक

वर्नर संकुल	आधुनिक संकेतन	आयनन	द्वितीयक सहसंयोजकता संतुष्ट होती है	प्राथमिक संयोजकता संतुष्ट होती है
$CoCl_3\cdot6NH_3$	$[Co(NH_3)_6]Cl_3$	$[Co(NH_3)_6]^{3+}+3Cl^-$	छ: (NH_3) के साथ	तीन (Cl^-)
$CoCl_3\cdot5NH_3$	$[Co(NH_3)_5Cl]Cl_2$	$[Co(NH_3)_5Cl]^{2+}+2Cl^-$	पाँच (NH_3) तथा एक (Cl^-) के साथ	तीन (Cl^-) तथा एक (Cl^-) के साथ द्वैती प्रकृति
$CoCl_3\cdot4NH_3$	$[Co(NH_3)_4Cl_2]Cl$	$[Co(NH_3)_4Cl_2]^{+}+Cl^-$	चार (NH_3) तथा दो (Cl^-) के साथ	तीन (Cl^-) तथा दो (Cl^-) के साथ द्वैती प्रकृति
$CoCl_3\cdot3NH_3$	$[Co(NH_3)_3Cl_3]$	$[Co(NH_3)_3Cl_3]$ (एकल स्पीशीज)	तीन (NH_3) तथा तीन (Cl^-) के साथ	तीन (Cl^-) सभी द्वैती प्रकृति के साथ

उपसहसंयोजक यौगिकों का आई.यू.पी.ए.सी. नामकरण
IUPAC Nomenclature of Coordination Compounds

उपसहसंयोजक यौगिकों के सूत्र तथा जो नाम अपनाए गए हैं वे इन्टरनेशनल यूनियन ऑफ प्योर एन्ड ऐप्लाइड केमिस्ट्री (IUPAC) की अनुशंसाओं पर आधारित हैं।

आयनों के नामाकरण का क्रम Order of Nomenclature of Ions

यदि संकुल आयन आयनिक है तो धनात्मक आयन (चाहे वह सरल अथवा जटिल आयन है।) का नाम सदैव ऋणात्मक आयन से पहले लिखते हैं।

उदाहरण—$K[BF_4]$ संकुल, K^+ तथा BF_4^- आयनों के रूप में आयनित होता है। यहाँ K^+ आयन सरल आयन है। इसका नाम ऋणायनिक भाग से पहले लिखते हैं। अत: $K[BF_4]$ का नाम पोटैशियम टेट्राफ्लोओरोबोरेट (III) है।

पुन: संकुल $[Ag(NH_3)_2]Cl$, आयनों $[Ag(NH_3)_2]^+$ तथा Cl^- में आयनित होता है। यहाँ धनायन $[Ag(NH_3)_2]^+$ सरल आयन न होकर जटिल आयन है। इसका नाम ऋणायन की अपेक्षा पहले लिखते हैं। अत: इसका नाम डाइऐमीनसिल्वर (I) क्लोराइड है। अनायनिक तथा आण्विक संकुलों के लिए एक शब्द नाम का प्रयोग करते हैं।

लिगेण्डों का नामकरण Naming of the Ligands

यदि साधारण लिगेण्ड एक से अधिक बार उपस्थित है, तो इनकी संख्या को अनुलग्नों डाइ, ट्राइ, पेन्टा, हेक्सा आदि द्वारा प्रदर्शित करते हैं। दूसरी ओर अन्य लिगेण्डों की संख्या को जिनके नामों में पहले से ही अनुलग्न डाइ, ट्राइ आदि लगे होते हैं, अनुलग्नों बिस, ट्रिस, टेट्राकिस आदि द्वारा प्रदर्शित करते हैं तथा इन लिगेण्डों के नाम कोष्ठक में लिखे जाते हैं। इन अनुलग्नों को कोष्ठक से पहले दर्शाया जाता है।

जैसे— $[OsCl_2(SO_4)(NH_3)_3]$

ट्राइऐमीनडाइक्लोरोसल्फेटोओसमीयम (IV)

ऋणात्मक लिगेण्ड के नाम के अन्त में ओ (O) लगाते हैं।

उपसहसंयोजक यौगिकों में समावयवता

Isomerism in Coordination Compounds

वे यौगिक जिनके रासायनिक सूत्र समान होते हैं परन्तु संरचनात्मक सूत्र भिन्न होते हैं, **समावयवी** कहलाते हैं तथा इस गुणधर्म को समावयवता कहते हैं।

यह निम्न दो प्रकार की होती है।

संरचनात्मक समावयवता Structural Isomerism

यह पुनः निम्न प्रकार की होती हैं

(i) **आयनन समावयवता** (Ionisation isomerism) इस प्रकार की समावयवता सहसंयोजक परिसर तथा आयनन परिसर के मध्य समूहों या आयन के विनिमय के कारण होती है तथा इस प्रकार इनके अवयवी विलयन में भिन्न आयन बनते हैं।

उदाहरण— $[Pt(NH_3)_4Cl_2]Br_2$

$[Pt(NH_3)_4Br_2]Cl_2$

(ii) **हाइड्रेट या जलयोजन समावयवता** (Hydrate isomerism) उपसहसंयोजक यौगिकों में जल के अणु विभिन्न तरीकों से जुड़े हो सकते हैं। यह धातु आयनों से उपसहसंयोजक रूप से जुड़ा हो सकता है या यह धात्विक धनायन के साथ ना जुड़कर जालक स्थितियों में हो सकता है।

जलयोजन समावयवता का सबसे अच्छा उदाहरण निम्न तीन जलयोजित Cr^{3+} क्लोराइडों द्वारा प्रदर्शित होता है

$[Cr(H_2O)_6]Cl_3$ बैंगनी, 3 आयनिक क्लोरीन।

$[Cr(H_2O)_5Cl]Cl_2 \cdot H_2O$ हरा, 2 आयनिक क्लोरीन।

$[Cr(H_2O)_4Cl_2]Cl \cdot 2H_2O$ गहरा हरा, 1 आयनिक क्लोरीन।

(iii) **लिंकेज या बन्धता समावयवता** (Linkage isomerism) इस प्रकार की समावयवता एक ही लिगेण्ड में दो भिन्न दाता परमाणुओं की उपस्थिति के कारण उत्पन्न होती है जो दोनों परमाणुओं में से किसी एक के द्वारा धातु आयन से जुड़े हो सकते हैं। उदाहरण— नाइट्राइट आयन (NO_2^-), जो धातु आयन से या तो नाइट्रोजन परमाणु द्वारा जुड़कर एक नाइट्रो लिगेण्ड ($—NO_2$) या ऑक्सीजन द्वारा जुड़कर एक नाइट्राइटो लिगेण्ड (—ONO) के रूप में कार्य करता है।

(iv) **उपसहसंयोजक समावयवता** (Coordination isomerism) इस प्रकार की समावयवता तब पाई जाती है जब धनायन तथा ऋणायन दोनों संकर हों। यह समावयवता एक ही संकर के दो संकर आयनों के मध्य लिगेण्डों के अन्तः विनिमय द्वारा उत्पन्न होती है।

उदाहरण—$[Co(NH_3)_6][Cr(CN)_6]$ तथा $[Cr(NH_3)_6][Co(CN)_6]$

त्रिविम समावयवता Stereo Isomerism

इसमें समान संघटन वाले दो पदार्थ, अपने अवयवी परमाणुओं या समूहों द्वारा अपनी केन्द्रीय धातु के चारों ओर प्राप्त अन्तरिक्ष में आपेक्षिक स्थिति में भिन्नता के कारण समावयवता प्रदर्शित करते हैं।

(i) **ज्यामितीय समावयवता** (Geometrical isomerism) यह समावयवता केन्द्रीय परमाणु के चारों ओर लिगेण्डों के विभिन्न ज्यामितीय वितरण के कारण उत्पन्न होती है।

(a) वर्गसमतलीय संकुल $[MX_2L_2]$

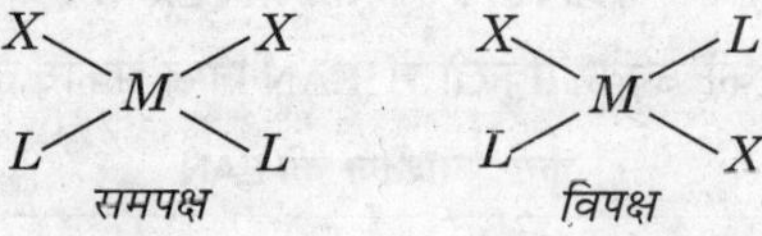

समपक्ष विपक्ष

(b) चतुष्फलकीय संकुल में ज्यामितीय समावयवता सम्भव नहीं है।

(c) अष्टफलकीय संकुल

(d)

समपक्ष विपक्ष

fac – *mer –*

(ii) **प्रकाशिक समावयवता** (Optical isomerism) संकुल यौगिक जो एक दूसरे के दर्पण प्रतिबिम्बी हों, प्रकाशिक समावयवता दर्शाते हैं। इनमें किरैल केन्द्र उपस्थित होते हैं। वे समावयवी जो समतल धुव्रित प्रकाश के तल को दायीं दिशा में घुमाते हैं, दक्षिणावर्त घूर्णक (*d*-रूप) कहलाते हैं जबकि समतल धुव्रित प्रकाश के तल को बायीं तरफ घुमाने वाले पदार्थ वामावर्ती घूर्णक (*l*- रूप) कहलाते हैं।

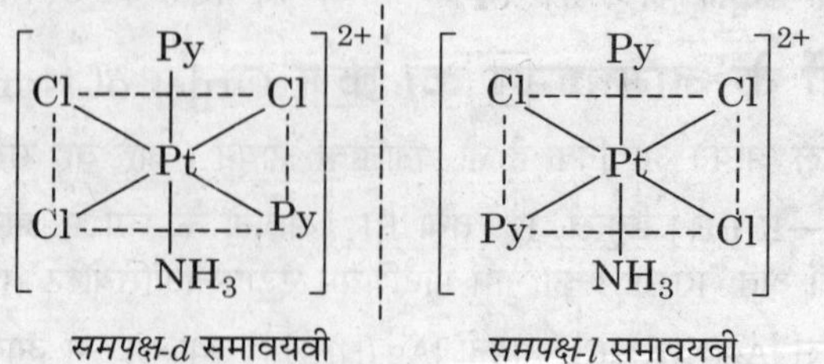

समपक्ष-*d* समावयवी समपक्ष-*l* समावयवी

उपसहसंयोजक यौगिकों में बन्धुता
Bonding in Coordination Compounds

उपसहसंयोजक यौगिकों के आबन्ध की प्रकृति की व्याख्या (वर्नर सिद्धान्त) के पश्चात् भी कुछ आधारभूत प्रश्नों का उत्तर प्राप्त नहीं हो सका। अत: उपसहसंयोजक यौगिकों में आबन्धन की प्रकृति को समझने के लिए निम्न प्रस्ताव दिए गए

संयोजकता बन्ध सिद्धान्त Valence Bond Theory

इस सिद्धान्त के अनुसार, धातु परमाणु अथवा आयन लिगेन्ड के प्रभाव में संकुल यौगिक बनाते हैं। इसमें संकरण के आधार पर उपलब्ध संकरित कक्षक लिगेण्ड के कक्षकों से अतिव्यापन द्वारा यौगिक उत्पादित करते हैं। इसमें लिगेण्ड का इलेक्ट्रॉन युग्म बन्धन में प्रयुक्त हो जाता है।

अष्टफलकीय संकुल Octahedral Complex

जब छ: एकदन्तुक या तीन द्विदन्तुक लिगेण्ड किसी धातु आयन के साथ उपसहसंयोजित होकर संकुल बनाते हैं, तो उसमें d^2sp^3 या sp^3d^2 संकरण के आधार पर अष्टफलकीय संकुल यौगिक बनता है।

(i) **आन्तरिक कक्षक संकुल** (Inner orbital complex) ऐसे संकुल d^2sp^3 संकरण वाली धातु बनाती हैं।

(ii) **बाह्य कक्षक संकुल** (Outer orbital complex) ऐसे संकुल sp^3d^2 संकरण वाली धातु बनाती हैं।

संकुल में संकरण एवं ज्यामिती को निम्न प्रकार निर्धारित किया जाता है।

(a) **आन्तरिक कक्षक संकुल** $[Co(NH_3)_6]^{3+}$

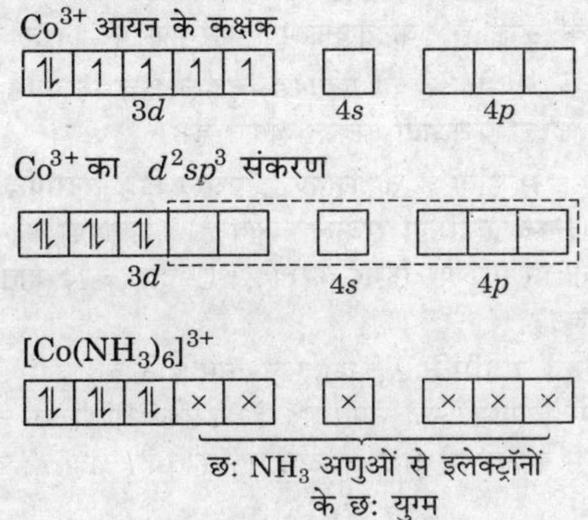

सभी इलेक्ट्रॉन युग्मित है अत: यौगिक प्रतिचुम्बकीय (diamagnetic) प्रवृत्ति दर्शाता है।

(b) **बाह्य कक्षक संकुल** $[CoF_6]^{3-}$

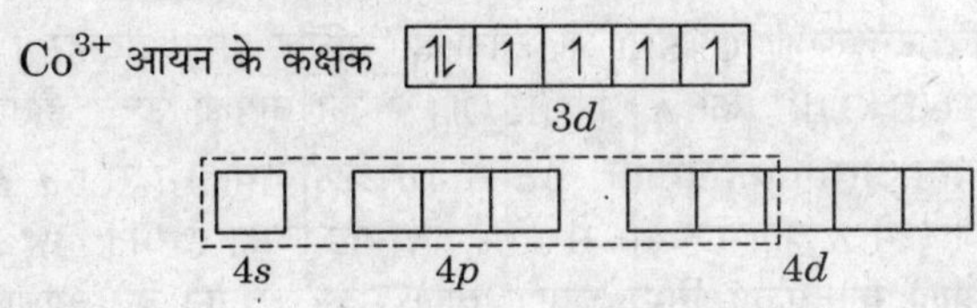

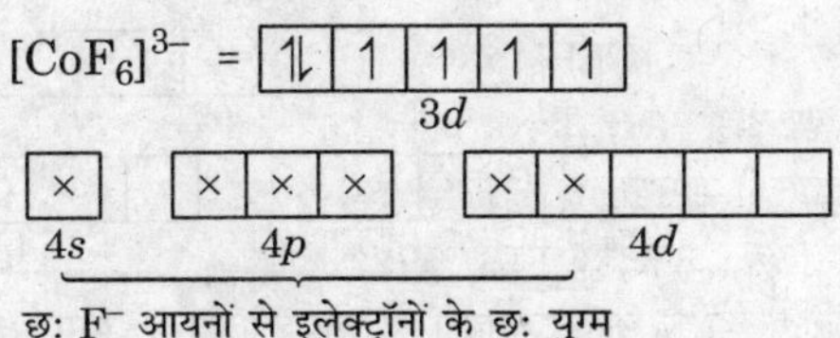

यहाँ संकुल में अयुग्मित इलेक्ट्रॉन विद्यमान हैं अत: यह अनुचुम्बकीय (paramagnetic) प्रकृति दर्शाता है।

चतुष्फलकीय संकुल Tetrahedral complex

ये भी दो प्रकार के संकुल बनाते हैं

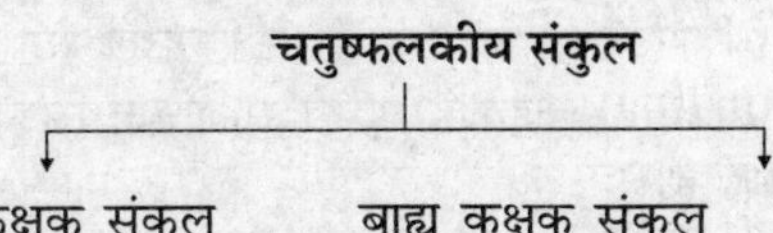

आन्तरिक कक्षक संकुल	बाह्य कक्षक संकुल
• प्रबल क्षेत्र या निम्न चक्रण लिगेण्ड	• दुर्बल क्षेत्र लिगेण्ड या उच्च चक्रण लिगेण्ड
• संकरण dsp^2	• संकरण sp^3
• वर्गाकार समतलीय आकृति	• चतुष्फलकीय आकृति

सामान्यत: हैलाइड $[F^-, Cl^-, Br^-, I^-]$ लिगेण्ड, $[Ni(CO)_4]$, $[Co(CO)_4]$, $[Zn(NH_3)_4]^{2+}$ संकुल बाह्य कक्षक संकुल बनाते हैं जबकि अन्य आन्तरिक कक्षक संकुल बनाते हैं।

(a) **आन्तरिक कक्षक संकुल** $[Ni(CN)_4]^{2-}$

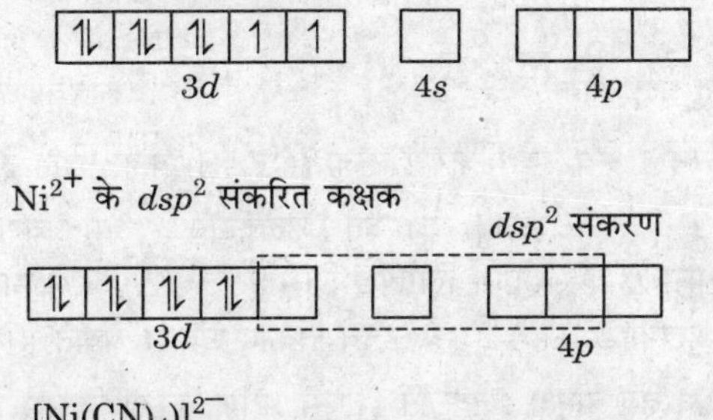

सभी इलेक्ट्रॉन युग्मित हैं अत: संकुल प्रतिचुम्बकीय प्रवृत्ति रखता है।

(b) **बाह्य कक्षक संकुल** $[CoCl_4]^-$

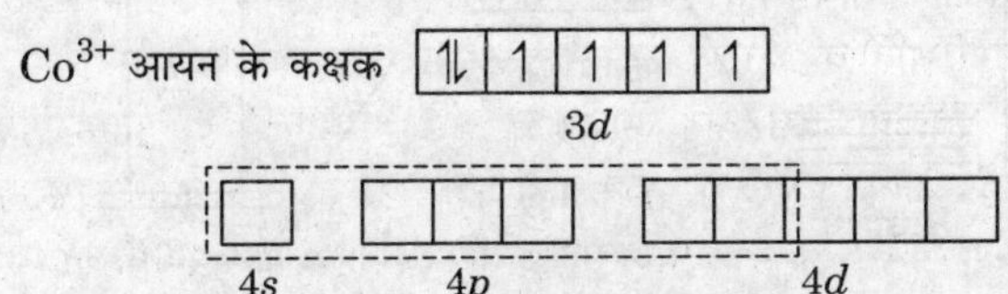

Co^{3+} के sp^3d^2 संकरित कक्षक

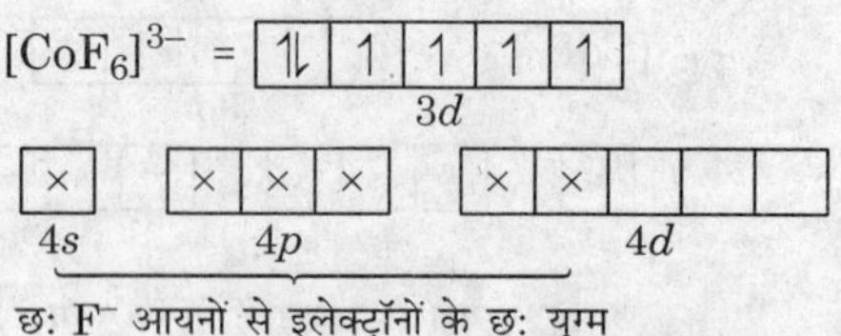

यहाँ संकुल में अयुग्मित इलेक्ट्रॉन उपस्थित हैं अतः यह अनुचुम्बकीय प्रवृत्ति रखता है।

क्रिस्टल क्षेत्र सिद्धान्त Crystal Field Theory

d उपकोश के पाँचों समभ्रंश कक्षकों (degenerate orbitals) का लिगेण्ड के प्रहार से विपाटन हो जाता है। जिसे क्रिस्टल क्षेत्र विपाटन (crystal field splitting) कहते हैं। इससे सम्बन्धित सिद्धान्त क्रिस्टल क्षेत्र सिद्धान्त कहलाता है।

अष्टफलकीय संकुलों का क्रिस्टल क्षेत्रीय विपाटन

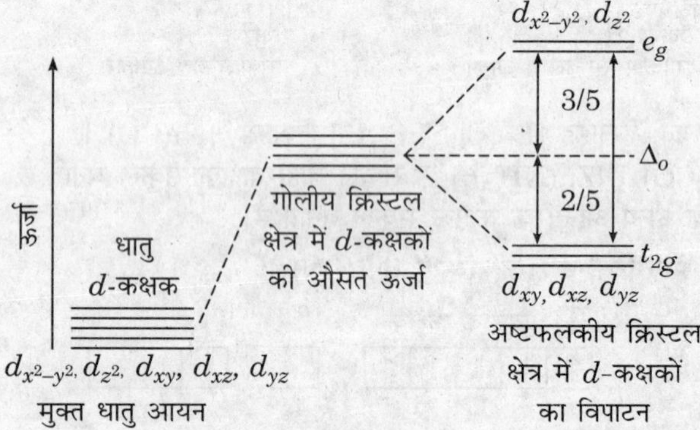

अष्टफलकीय क्रिस्टल क्षेत्र में d-कक्षकों का विपाटन

Δ_o को क्रिस्टल क्षेत्र स्थायीकरण ऊर्जा (CFSE) कहा जाता है।

यदि $\Delta_o < P$ [युग्मन ऊर्जा], तब चतुर्थ इलेक्ट्रॉन e_g में प्रवेश करेगा व इसका विन्यास $t_{2g}^3 e_g^1$ होगा। लिगेण्ड जिसके लिए $\Delta_o < P$ होता है, को दुर्बल क्षेत्र लिगेण्ड कहते हैं। ये उच्च चक्रण संकुल बनाते हैं।

यदि $\Delta_o > P$ तब चतुर्थ इलेक्ट्रॉन t_{2g} में प्रवेश करेगा जिससे इसका विन्यास $t_{2g}^4 e_g^0$ होगा। लिगेण्ड जिसके लिए $\Delta_o > P$ होता है, को प्रबल क्षेत्र लिगेण्ड कहते हैं।

चतुष्फलकीय संकुलों का क्रिस्टल क्षेत्रीय विपाटन

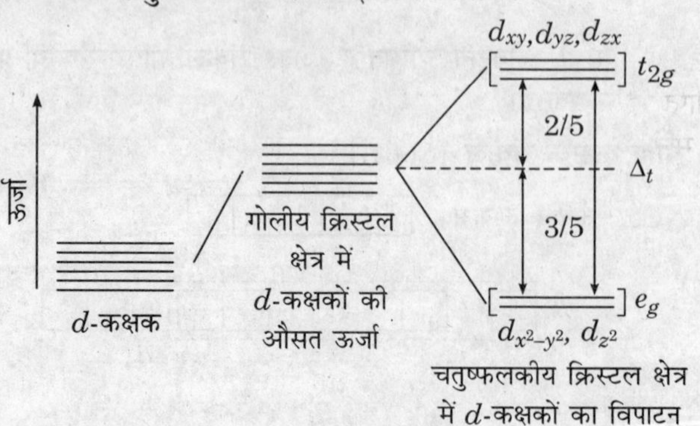

चतुष्फलकीय क्रिस्टल क्षेत्र में d-कक्षकों का विपाटन

चतुष्फलकीय यौगिकों के लिए

$$\Delta_t = \frac{4}{9}\Delta_o$$

क्रिस्टल क्षेत्र स्थायीकरण ऊर्जा का मान कम होने के कारण यह इलेक्ट्रॉनों का युग्मन नहीं कर सकता है अतः सभी चतुष्फलकीय संकुल उच्च चक्रण वाले होते हैं।

क्रिस्टल क्षेत्र विघटन ऊर्जा को प्रभावित करने वाले कारक Factors Affecting Crystal Field Splitting Energy

(i) **स्पेक्ट्रमी रासायनिक श्रेणी** क्रिस्टल क्षेत्र विघटन, Δ_o लिगेण्ड धातु पर विद्यमान आवेश से उत्पन्न क्षेत्र पर निर्भर करता है। कुछ लिगेण्ड प्रबल क्षेत्र उत्पन्न कर सकते हैं तथा ऐसी स्थिति में विघटन अधिक होता है तथा d-कक्षक के इलेक्ट्रॉनों का युग्मन हो जाता है जबकि अन्य दुर्बल क्षेत्र उत्पन्न करते हैं, जिसके फलस्वरूप d-कक्षकों का विघटन कम होता है तथा d-कक्षक में इलेक्ट्रॉनों का युग्मन नहीं हो पाता है। सामान्यतः लिगेण्डों को उनकी बढ़ती हुई क्षेत्र प्रबलता के क्रम में रखने पर प्राप्त श्रेणी को **स्पेक्ट्रमी रासायनिक श्रेणी** कहते हैं।

सामान्यतः लिगेण्डों को उनके बढ़ती हुई क्षेत्र प्रबलता के क्रम में एक श्रेणी में निम्नानुसार व्यवस्थित किया जा सकता है

$$I^- < Br^- < SCN^- < Cl^- < S^{2-} < F^- < OH^- < C_2O_4^{2-} < H_2O < NCS^- < EDTA^{4-} < NH_3 < en < CN^- < CO$$

d-कक्षक में उपस्थित इलेक्ट्रॉनों का युग्मन, क्रिस्टल क्षेत्र विघटन, Δ_o तथा युग्मन ऊर्जा P (P एक कक्षक में इलेक्ट्रॉन युग्मन के लिए आवश्यक ऊर्जा है) के तुलनात्मक परिमाण पर निर्भर करता है।

यदि $\Delta_o < P$ होता है तो लिगेण्ड, **दुर्बल क्षेत्र लिगेण्ड** कहलाते हैं और ये **उच्च प्रचक्रण** संकुल बनाते हैं।

यदि $\Delta_o > P$ होता है तो लिगेण्ड, **प्रबल क्षेत्र लिगेण्ड** कहलाते हैं और ये **निम्न प्रचक्रण संकुल** बनाते हैं। (लिगेण्डों की प्रबलता का क्रम दाता परमाणु पर निर्भर करता है। C-दाता > N-दाता > O-दाता > हैलोजन)

(ii) **संकुल की ज्यामिति** Δ_t का मान कम होने का कारण उसमें कम संख्या में लिगेण्डों की उपस्थिति है। इसके अतिरिक्त चतुष्फलकीय संकुलों में कक्षक भी अक्ष की ओर नहीं होते हैं। अतः Δ_t का मान कम होता है।

$$\Delta_t = \frac{4}{9}\Delta_o$$

(iii) **धातु आयन की ऑक्सीकरण अवस्था** धातु आयन की ऑक्सीकरण अवस्था जितनी उच्च होगी, संकुल की क्रिस्टल क्षेत्र विघटन ऊर्जा (CFSE) भी उतनी ही अधिक होगी। उदाहरण के लिए $[Fe(H_2O)_6]^{3+}$ की Δ_o, $[Fe(H_2O)_6]^{2+}$ की अपेक्षा उच्च होती है।

(iv) **धातु आयन की प्रकृति** $3d$ से $4d$ श्रेणी तथा $4d$ से $5d$ श्रेणी तक जाने में Δ का मान 30 से 50% तक बढ़ जाता है अतः $4d$ तथा $5d$ श्रेणी की धातुएँ निम्न चक्रण वाले संकुल बनाने की अधिक प्रवृत्ति रखती हैं। विभिन्न विन्यास वाले अष्टफलकीय तथा चतुष्फलकीय संकुलों में प्रबल तथा दुर्बल क्षेत्र लिगेण्ड की उपस्थिति में अयुग्मित इलेक्ट्रॉनों की संख्या निम्नलिखित सारणी में प्रदर्शित है।

संकुलों के चुम्बकीय गुण

Magnetic Properties of Complexes

क्रिस्टल क्षेत्र सिद्धान्त के आधार पर संकुलों के **प्रतिचुम्बकीय** (युग्मित इलेक्ट्रॉन के कारण आरोपित चुम्बकीय क्षेत्र से प्रतिकर्षण) तथा **अनुचुम्बकीय** (अयुग्मित इलेक्ट्रॉनों के कारण आरोपित चुम्बकीय क्षेत्र से आकर्षण) व्यवहार की व्याख्या भी की जा सकती है।

उदाहरण—Co (III), $[Co(NH_3)_6]^{3+}$ संकुल आयन में प्रतिचुम्बकीय व्यवहार तथा $[CoF_6]^{3-}$ संकुल आयन में अनुचुम्बकीय व्यवहार प्रदर्शित करता है। इस प्रकार के व्यवहार में अन्तर प्रदर्शित करता है कि प्रथम संकुल आयन में समस्त इलेक्ट्रॉन युग्मित है तथा द्वितीय संकुल आयन में कुछ अयुग्मित इलेक्ट्रॉन उपस्थित है। (चुम्बकीय मापन से प्रदर्शित होता है कि इसमें चार अयुग्मित इलेक्ट्रॉन उपस्थित है)। इसकी व्याख्या क्रिस्टल क्षेत्र सिद्धान्त की सहायता से की जा सकती है। नीचे दिए गए चित्रों को सावधानीपूर्वक अध्ययन कीजिए।

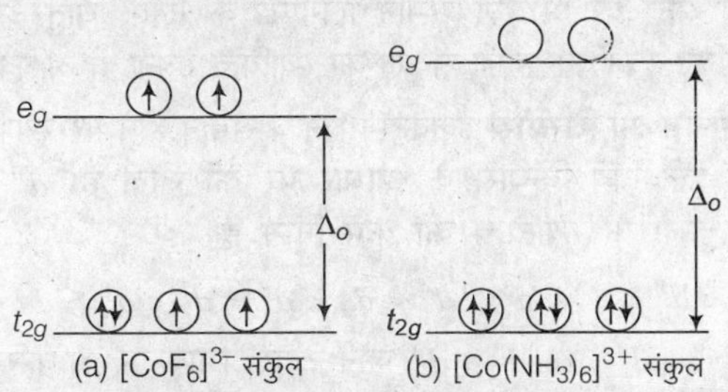

(a) $[CoF_6]^{3-}$ संकुल (b) $[Co(NH_3)_6]^{3+}$ संकुल

चित्र (a) में, Δ_o का मान अधिक है अत: निम्न d-कक्षकों (t_{2g}) में उपस्थित चौथे तथा पाँचवें इलेक्ट्रॉनों का युग्मन करने के लिए आवश्यक ऊर्जा, उच्च d-कक्षक (e_g) में उपस्थित इलेक्ट्रॉनों की अपेक्षा अधिक होती है।

चित्र (b) में, Δ_o का मान अधिक है अत: निम्न d-कक्षकों (t_{2g}) में उपस्थित चौथे तथा पाँचवें इलेक्ट्रॉनों का युग्मन करने के लिए आवश्यक ऊर्जा, उच्च d-कक्षक (e_g) में उपस्थित इलेक्ट्रॉनों की अपेक्षा निम्न होती है।

अयुग्मित इलेक्ट्रॉनों की संख्या (n) तथा चुम्बकीय आघूर्ण (μ) निम्न प्रकार सम्बन्धित होते हैं। $\mu = \sqrt{n + (n+2)}$ BM

विभिन्न चुम्बकीय आघूर्णों के लिए अयुग्मित इलेक्ट्रॉनों की संख्या (n) के मान निम्नलिखित सारणी में तालिकाबद्ध है।

चुम्बकीय आघूर्ण (BM)	अयुग्मित इलेक्ट्रॉनों की संख्या
1.73	1
2.83	2
3.87	3
4.90	4
5.92	5

उपसहसंयोजक यौगिकों में रंग Colour of Complexes

संक्रमण धातुओं के संकुलों की एक विशेषता यह है कि जब श्वेत प्रकाश इनके नमूने में से होकर बाहर निकलता है तो ये उसका कुछ भाग अवशोषित कर लेते हैं अत: बाहर निकलने वाला प्रकाश श्वेत नहीं रहता। संकुल का रंग वह दिखाई देता है जो उसके द्वारा अवशोषित रंग का पूरक होता है। अत: संक्रमण धातुओं के संकुल सामान्यत: रंगीन होते हैं।

उपसहसंयोजक यौगिकों के रंगों की व्याख्या क्रिस्टल क्षेत्र सिद्धान्त के आधार पर की जा सकती है। इस सिद्धान्त के अनुसार यदि धातु के d-कक्षक में उपस्थित इलेक्ट्रॉन निम्न ऊर्जा अवस्था कक्षक में हों तथा इनके लिए उपलब्ध उच्च अवस्था कक्षक खाली हों, तो वह संगत प्रकाश का अवशोषण कर निम्न ऊर्जा अवस्था कक्षक से उच्च ऊर्जा अवस्था कक्षक में उत्तेजित हो जाता है जिससे संकुल रंगीन दिखाई देता है जिसे *d-d* **संक्रमण** कहते हैं।

उदाहरण—संकुल $[Ti(H_2O)_6]^{3+}$ एक अष्टफलकीय संकुल है जिसमें धातु के d-कक्षक का एक इलेक्ट्रॉन (Ti^{3+}) संकुल की निम्नतम ऊर्जा अवस्था t_{2g} कक्षक में है। इस इलेक्ट्रॉन के लिए उपलब्ध इससे अगली उच्च अवस्था रिक्त e_g कक्षक है। यदि संकुल पीले-हरे क्षेत्र की ऊर्जा के संगत प्रकाश का अवशोषण करे, तो इलेक्ट्रॉन t_{2g} स्तर से e_g पर उत्तेजित हो जाता है। ($t_{2g^1} e_{g^0} \rightarrow t_{2g^0} e_{g^1}$) इसके फलस्वरूप संकुल बैंगनी दिखाई देता है।

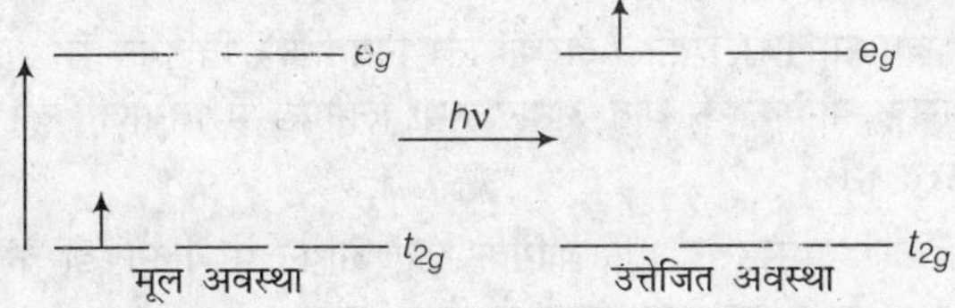

लिगेण्ड की अनुपस्थिति में, क्रिस्टल क्षेत्र विघटन नहीं होता, अत: पदार्थ रंगहीन होता है।

संकुलों के प्रेक्षित रंग तथा अवशोषित प्रकाश के तरंगदैर्ध्य के बीच सम्बन्ध

उपसहसंयोजक यौगिक	अवशोषित प्रकाश की तरंगदैर्ध्य	अवशोषित प्रकाश का रंग	उपसहसंयोजक यौगिक का रंग
$[Co(NH_3)_5Cl]^{2+}$	535	पीला	बैंगनी
$[Co(NH_3)_5H_2O]^{3+}$	500	नीला-हरा	लाल
$[Co(NH_3)_6]^{3+}$	475	नीला	पीला-नारंगी
$[Co(CN)_6]^{3-}$	310	बैंगनी	हल्का पीला
$[Cu(H_2O)_4]^{2+}$	600	लाल	नीला
$[Ti(H_2O)_6]^{3+}$	498	नीला-हरा	नीला लोहित

क्रिस्टल क्षेत्र सिद्धान्त की सीमाएँ

Limitation of Crystal Field Theory

क्रिस्टल क्षेत्र सिद्धान्त इलेक्ट्रॉनों के निम्न ऊर्जा वाले d-कक्षकों की उच्च ऊर्जा वाले d-कक्षकों में संक्रमण के आधार पर धातु आयनों तथा संकुलों के स्पेक्ट्रम की व्याख्या करती है। यद्यपि इस सिद्धान्त के आधार पर प्राप्त स्पेक्ट्रमी बैण्डो के स्थान तथा तीव्रता के मान प्रायोगिक रूप से प्राप्त मानों के सदैव समान नहीं होते हैं। इसके अतिरिक्त केन्द्रीय धातु आयन तथा लिगेण्ड के मध्य शुद्ध स्थिर विद्युत अन्योन्य क्रियाएँ स्पेक्ट्रमी रासायनिक श्रेणी में लिगेण्डों के आपेक्षिक स्थान की व्याख्या करने में असमर्थ रही। साथ ही इस तथ्य के भी प्रत्यक्ष प्रमाण हैं कि सहसंयोजक आबन्ध भी धातु लिगेण्ड बन्धन में प्रभावी योगदान देता है।

उपरोक्त तथ्यों के आधार पर क्रिस्टल क्षेत्र सिद्धान्त में धातु लिगेण्ड बन्धन में सहसंयोजक बन्ध के योगदान को स्पष्ट करने के लिए इसे लिगेण्ड क्षेत्र सिद्धान्त के रूप में परिष्कृत किया गया। इस सिद्धान्त की

परिकल्पना है कि धातु लिगेण्ड बन्ध में सहसंयोजी व्यवहार सामान्यत: आयनिक व्यवहार की अपेक्षा निम्न होता है। जिसके कारण क्रिस्टल क्षेत्र सिद्धान्त की अवधारणाएँ काफी सीमा तक वैध हैं।

उपसहसंयोजक यौगिकों का स्थायित्व
Stability of Coordination Compounds

विलयन में उपसहसंयोजक यौगिकों का स्थायित्व वास्तव में साम्यावस्था में उपस्थित स्पीशीजों के मध्य संयोजन की दर है। संयोजन के लिए साम्यावस्था स्थिरांक का मान (स्थायित्व अथवा निर्माण) परिणामात्मक रूप से स्थायित्व को प्रदर्शित करता है। उदाहरण—निम्नलिखित समीकरण के लिए, $M + 4L \rightleftharpoons ML_4$

स्थायित्व नियतांक K का मान जितना अधिक होगा, विलयन में उपस्थित ML_4 का अनुपात उतना ही अधिक होगा।

वैकल्पिक रूप से, $1/K$ मान (अस्थायित्व नियतांक) विलयन में उपसहसंयोजक यौगिक के धातु आयन तथा लिगेण्ड में वियोजन की व्याख्या करते हैं।

विलयन में कोई उपसहसंयोजक यौगिक धातु आयन पर लिगेण्डों के चरणबद्ध योग के फलस्वरूप बनता है। अत: संकुल ML_n (जहाँ M = केन्द्रीय धातु आयन, L = एकदन्तुक लिगेण्ड तथा n = धातु आयन की समन्वय संख्या) का निर्माण निम्नलिखित n लगातार पदों में माना जा सकता है।

$$M + L \rightleftharpoons ML$$
$$K_1 = \frac{[ML]}{[M][L]}$$
$$ML + L \rightleftharpoons ML_2$$
$$K_2 = \frac{[ML_2]}{[M][L]}$$
$$ML_2 + L \rightleftharpoons ML_3$$
$$K_3 = \frac{[ML_3]}{[ML_2][L]}$$
$$\ldots \quad \ldots \quad \ldots \quad \ldots \quad \ldots \quad \ldots \quad \ldots$$
$$\ldots \quad \ldots \quad \ldots \quad \ldots \quad \ldots \quad \ldots \quad \ldots$$
$$ML_{n-1} + L \rightleftharpoons ML_n$$
$$K_n = \frac{[ML_n]}{[ML_{n-1}][L]}$$

जहाँ $K_1, K_2, K_3, ..., K_n$ क्रमशः चरणबद्ध स्थायित्व नियतांक हैं। कुछ अपवादों के साथ, स्थायित्व नियतांकों के मान K_1 से K_n तक लगातार कम होते जाते हैं। वैकल्पिक रूप से, हम परिणामी स्थायित्व नियतांक को निम्न प्रकार लिख सकते हैं।

$$M + 4L \rightleftharpoons ML_4$$
$$\beta_4 = \frac{[ML_4]}{[M][L]^4}$$

अत: चरणबद्ध तथा परिणामी स्थायित्व नियतांक निम्न प्रकार सम्बन्धित होते हैं।

$\beta_4 = K_1 \times K_2 \times K_3 \times K_4$ अथवा अधिक सामान्यीकरण करने पर

$$\beta_i = K_1 \times K_2 \ldots \times K_i$$

संकुलों के स्थायित्व को प्रभावित करने वाले कारक
Factors Affecting Stability of Complexes

किसी भी संकुल का स्थायित्व निम्नलिखित कारकों पर निर्भर करता है

केन्द्रीय धातु परमाणु की प्रकृति
Nature of Central Metal Atom

(i) **केन्द्रीय धातु आयन का आकार** केन्द्रीय धातु परमाणु का आकार जितना छोटा होगा, संकुल का स्थायित्व उतना ही अधिक होगा। उदाहरण के लिए $3d$ श्रेणी के M^{2+} आयनों के संकुलों के स्थायित्व का क्रम निम्न है

$$Mn^{2+} < Fe^{2+} < Co^{2+} < Ni^{2+} < Cu^{2+} > Zn^{2+}$$

(ii) **केन्द्रीय धातु पर आवेश** समान लिगेण्ड के लिए, धातु आयन पर आवेश जितना अधिक होगा, संकुल का स्थायित्व उतना ही अधिक होगा।

(iii) **धातु आयन का विन्यास** इलेक्ट्रॉन घनत्व समान होने पर स्थायित्व की व्याख्या इलेक्ट्रॉन विन्यास के आधार पर की जाती है। d^n विन्यास वाले संकुलों के स्थायित्व का क्रम निम्न है

$$d^0 < d^1 < d^2 < d^3 \lesseqgtr d^4 < d^5 < d^6 < d^7 < d^8 \lesseqgtr d^9 < d^{10}$$

क्रम $d^3 > d^4$ तथा $d^8 > d^9$ जॉन टैलर प्रभाव पर आधारित है।

(iv) **केन्द्रीय धातु की विद्युतऋणात्मकता** केन्द्रीय धातु की विद्युत-ऋणात्मकता बढ़ने के साथ संकुल का स्थायित्व भी बढ़ता है। यही कारण है कि Cu^+ तथा Cd^{2+} के संकुल, Na^+ तथा Ca^{2+} के संकुलों की अपेक्षा अधिक स्थायी होते हैं।

लिगेण्ड की प्रकृति Nature of Ligand

(i) **लिगेण्ड का आकार तथा आवेश** छोटा लिगेण्ड धातु को अधिक आकर्षित करता है, अत: यह धातु के साथ स्थाई संकुल बनाता है। इसके अतिरिक्त, लिगेण्ड पर आवेश जितना अधिक होगा, संकुल उतना ही अधिक स्थाई होगा।

(ii) **लिगेण्ड की क्षारकता** अधिक क्षारीय लिगेण्ड स्थायी संकुल बनाता है, अत: F^- के संकुल, Br^- तथा I^- की अपेक्षा अधिक स्थाई होते हैं।

(iii) **लिगेण्ड का द्विध्रुव आघूर्ण** उदासीन लिगेण्ड का द्विध्रुव आघूर्ण जितना अधिक होगा, संकुल का स्थायित्व भी उतना ही अधिक होता है। उदाहरण के लिए निम्न लिगेण्डों के संकुलों के स्थायित्व का क्रम निम्न है

NH_3 > एथिल ऐमीन > डाइएथिल ऐमीन > ट्राइएथिल ऐमीन

कीलेट प्रभाव Chelate Effect

कीलेट वलयों वाले संकुल अधिक स्थाई होते हैं जैसे—$[Ni(NH_3)_6]^{2+}$, $[Ni(en)_3]^{2+}$ की अपेक्षा कम स्थाई है।

उपसहसंयोजक यौगिकों का महत्त्व तथा अनुप्रयोग Importance and Applications of Coordination Compounds

(i) उपसहसंयोजक यौगिक काफी महत्त्वपूर्ण होते हैं। ये यौगिक खनिजों, पेड़-पौधों व जीव-जगत में व्यापक रूप से पाए जाते हैं तथा विश्लेषणात्मक रसायन, धातुकर्म, जैविक प्रणालियों, उद्योगों तथा औषधि के क्षेत्र में इनकी महत्त्वपूर्ण भूमिका है।

उदाहरण—गुणात्मक विश्लेषण के प्रथम समूह में स्थित Ag^+ तथा Hg_2^{2+} का पृथक्करण AgCl के NH_3 के साथ विलेय संकुल बनाने पर आधारित है।

$$AgCl(s) + 2NH_3 \longrightarrow \underset{\text{विलेय संकुल}}{[Ag(NH_3)_2]^+Cl}$$

निकेल, डाइमेथिल ग्लाइऑक्सिम के साथ लाल रंग देता है अत: इसका परीक्षण डाइमेथिल ग्लाइऑक्सिम के द्वारा किया जाता है।

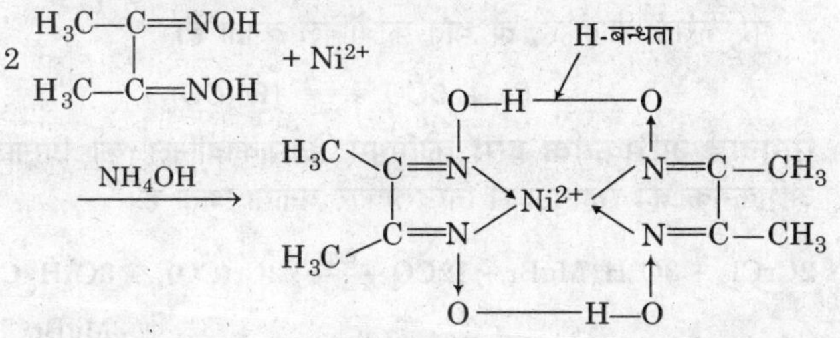

$$2\ \begin{matrix} H_3C—C{=}NOH \\ | \\ H_3C—C{=}NOH \end{matrix} + Ni^{2+} \xrightarrow{NH_4OH}$$

H-बन्धता

निकेल डाइमेथिल ग्लाइऑक्सिम संकुल (लाल)

(ii) जल की कठोरता का आकलन Na_2EDTA के साथ अनुमापन द्वारा किया जाता है। Ca^{2+} तथा Mg^{2+} आयन EDTA के साथ स्थायी संकुल बनाते हैं, क्योंकि कैल्सियम तथा मैग्नीशियम के संकुलों के स्थायित्व स्थिरांक में अन्तर होता है।

(iii) धातुओं की कुछ प्रमुख निष्कर्षण विधियों में जैसे सिल्वर तथा गोल्ड के लिए, संकुल विरचन का उपयोग होता है। उदाहरण—ऑक्सीजन तथा जल की उपस्थिति में गोल्ड, सायनाइड आयन से संयोजित होकर जलीय विलयन में उपसहसंयोजन सत्ता $[Au(CN)_2]^-$ बनाता है। इस विलयन में जिंक मिलाकर गोल्ड को पृथक् किया जा सकता है।

(iv) धातुओं का शुद्धिकरण उनके संकुल बनाकर तथा उसे पुन: विघटित करके किया जा सकता है। उदाहरण—अशुद्ध निकेल को $[Ni(CO)_4]$ में परिवर्तित किया जाता है तथा इसे अपघटित करके शुद्ध निकेल प्राप्त कर लेते हैं।

(v) उपसहसंयोजक यौगिक जैव-तन्त्र में बहुत ही महत्त्वपूर्ण हैं। प्रकाश संश्लेषण के लिए उत्तरदायी वर्णक, क्लोरोफिल, मैग्नीशियम का उपसहसंयोजक यौगिक है। रक्त का लाल वर्णक हीमोग्लोबिन आयरन का एक उपसहसंयोजक यौगिक है। विटामिन-B_{12} सायनोकोबालऐमीन, प्रतिप्रणाली अरक्तता कारक कोबाल्ट का एक उपसहसंयोजक यौगिक है।

(vi) अनेक औद्योगिक प्रक्रमों में उपसहसंयोजक यौगिकों का उपयोग उत्प्रेरकों के रूप में किया जाता है। उदाहरण—रोडियम संकुल $[(Ph_3P)_3RhCl]$, विल्किन्सन उत्प्रेरक है, जो ऐल्कीनों के हाइड्रोजनीकरण में उपयोग में आता है।

(vii) वस्तुओं पर सिल्वर और गोल्ड का विद्युत लेपन धातु के संकुल यौगिकों $[Ag(CN)_2]^-$ तथा $[Au(CN)_2]^-$ के निर्माण के द्वारा किया जाता है।

(viii) जीव-जन्तु में कॉपर तथा आयरन की अधिकता को D-पेनिसिलऐमीन तथा डेसफेरी ऑक्सिम B लिगेण्डों के साथ उपसहसंयोजक यौगिक द्वारा दूर किया जाता है।

(ix) EDTA को लेड की विषाक्तता के उपचार में प्रयुक्त किया जाता है।

(x) प्लेटिनम के कुछ उपसहसंयोजक यौगिक ट्यूमर वृद्धि को प्रभावी रूप से रोकते हैं। उदाहरण—*समपक्ष*-प्लेटिन (*cis* platin) तथा सम्बन्धित यौगिक।

कार्बधात्विक रसायन Organometallic Chemistry

वे पदार्थ जिनमें कम से कम एक धातु-कार्बन बन्ध (*M-C* लेपव) पाया जाता है, **कार्बधात्विक यौगिक** (Organometallic compound) कहलाते हैं तथा वे क्षेत्र जिसमें इन यौगिकों का अध्ययन किया जाता है, कार्बधात्विक रसायन कहलाता है।

उदाहरण—TEL (Tetra ethyl lead) $(C_2H_6)_4Pb, C_2H_5^-Na^+$, आदि कार्बधात्विक यौगिक हैं

बोरॉन (B), सिलीकॉन (Si) तथा आर्सेनिक (As) के कार्बनिक यौगिक कार्बधात्विक यौगिक माने जाते हैं।

$C_2H_5^- - Na^+$
एथिल सोडियम

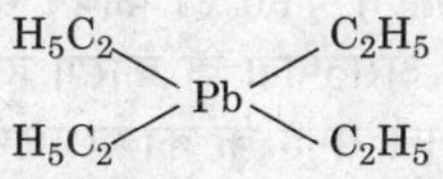

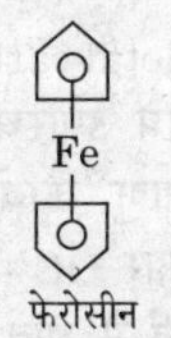

$(H_5C_2)_2Pb(C_2H_5)_2$

फेरोसीन

कार्बधात्विक यौगिकों का वर्गीकरण Classification of Organometallic Compounds

कार्बधात्विक यौगिकों का वर्गीकरण कई प्रकार से किया गया है

(i) ***M-C* बन्ध की प्रकृति के आधार पर** (On the Basis of *M-C* Bond Nature) ये तीन प्रकार के यौगिक होते हैं

(a) **आयनिक यौगिक** क्षार धातुएँ, आयनिक कार्बधात्विक यौगिकों का निर्माण करती है।

(b) **सहसंयोजक यौगिक** अधातुएँ तथा कम धन-विद्युती धातुएँ कार्बन के साथ सहसंयोजक कार्बधात्विक यौगिकों का निर्माण करती है।

(c) **विस्थानीकृत इलेक्ट्रॉन बन्ध युक्त यौगिक** इस प्रकार के यौगिक संक्रमण धातुएँ बनाती है।

इस प्रकार के यौगिकों को पुन: तीन भागों में बाँटा गया है।

- सेतु बन्ध व ऐल्किल यौगिक
- सेण्डविच यौगिक
- ऑलीफिन व ऐसीटिलीन यौगिक

(ii) **लिगैण्ड की प्रकृति के आधार पर** (On the Basis of Ligand's Compound) ये दो प्रकार के यौगिक होते हैं

(a) **सरल कार्बधात्विक यौगिक** (Simple Organometallic Compound) इन यौगिकों में धातु तथा कार्बनिक समूह बन्धित होते हैं। इनको पुन: दो वर्गों में बाँटा गया है

- **सममित कार्बधात्विक** (Symmetrical Organometallic Compound) इस प्रकार के यौगिको में धातु परमाणु से बन्धित समस्त कार्बनिक समूह समान होते हैं। उदाहरण—फेरोजीन $(C_5H_5)_2Fe$
- **असममित कार्बधात्विक यौगिक** (Symmetrical Organometallic Compound) ऐसे यौगिकों में धातु परमाणु से बन्धित कार्बनिक समूह भिन्न-भिन्न प्रकृति के होते हैं। उदाहरण—मेथिल फंनिलजिंक

(b) **मिश्रित कार्बधात्विक यौगिक** (Mixtured Organomettalic Compound) ऐसे यौगिकों में धातु परमाणु से कार्बनिक समूह के अतिरिक्त अकार्बनिक समूह भी बन्धित होते हैं। उदाहरण—एथिल मैग्नीशियम ब्रोमाइड (C_2H_5MgBr)

धातु कार्बोनिल Metal Carbonyls

कार्बन मोनोऑक्साइड में उचित परिस्थितियों में धातुओं से संयोग करने की प्रवृत्ति होती है। कार्बन मोनोऑक्साइड के धातु के साथ बने यौगिकों को धातु कार्बोनिल (Metal carbonyl) कहते हैं। कार्बन मोनो ऑक्साइड का धातु से संयोग उसमें उपस्थित असंतृप्तता के कारण होता है। धातु कार्बोनिल में धातु परमाणु, कार्बोनिल समूह के कार्बन परमाणु से सीधे जुड़ा रहता है। इस प्रकार $OC \rightarrow M$ बन्ध में केवल CO अणु इलेक्ट्रॉन देता हैं, अत: कार्बोनिल में धातु परमाणु की ऑक्सीकरण अवस्था शून्य होती है। धातु, कार्बोनिल में उदासीन लिगैण्ड का कार्य करता है।

धातु कार्बोनिलों का सामान्य सूत्र $M_x(CO)_y$ होता है, जहाँ M धातु परमाणु है, जो CO से संयोग करके धातु कार्बोनिल बना सकता है। X धातु परमाणु की संख्या तथा Y कार्बन मोनोऑक्साइड अणुओं की संख्या है। सबसे प्रमुख π ग्राही (π acceptor) लिगैण्ड के साथ संयुक्त होकर यौगिक बनाने में सक्षम होते हैं। सर्वप्रथम **मॉण्ड** ने 1890 तथा 1891 में $Ni(CO)_4$ तथा $Fe(CO)_5$ को बनाया था। ये एक नाभिकीय या एक केन्द्रीय धातु कार्बोनिल कहलाते हैं।

धातु कार्बोनिल का वर्गीकरण
Classification of Metal Carbonyl

हाइबर (Heiber) ने धातु कार्बोनिल को दो वर्गों में बाँटा गया है।

(i) **एक केन्द्रीय कार्बोनिल** (Mononuclear Carbonyls) इनका सामान्य सूत्र $M(CO)y$ होता है। इनमें एक धातु कार्बोनिल अणु में धातु का केवल एक परमाणु होता है। इनके मूलानुपाती सूत्र एवं अणुसूत्र समान होते हैं।

उदाहरण— $[Ni(CO)_4]$, $[Fe(CO)_5]$, $Cr(CO)_6$ आदि।

(ii) **बहुकेन्द्रीय कार्बोनिल** (Ploynuclear Carbonyls) इनका सामान्य सूत्र $Mx(CO)y$ होता है। इनमें एक से अधिक धातु परमाणु पाये जाते हैं। इन्हें **सेतु कार्बोनिल** भी कहते हैं।

उदाहरण— $[Fe_3(CO)_{12}]$, $[MnCo(CO)_9]$

धातु कार्बोनिल के बनाने की विधियाँ
Preparation Methods of Metal Carbonyl

धातु कार्बोनिल के बनाने की विधियाँ निम्नलिखित हैं।

(i) **धातु तथा कार्बन मोनोऑक्साइड के सीधे संयोग द्वारा** ये अभिक्रियायें दो प्रकार की होती है।

- जब Ni की अभिक्रिया साधारण ताप पर कार्बन मोनोऑक्साइड से करायी जाती है, तो $[Ni(CO)_4]$ बनता है।

$$Ni + 4CO \xrightarrow{40°C} Ni(CO)_4$$

- जब कार्बन मोनोऑक्साइड की अभिक्रिया Fe धातु से 200°C पर करायी जाती है, तो धातु कार्बोनिल बनता है।

$$Fe + 5CO \rightleftharpoons [Fe(CO)_5]$$

(ii) **ग्रिगनार्ड अभिकर्मक द्वारा** क्रोमियम हेक्साकार्बोनिल को ग्रिगनार्ड अभिकर्मक की सहायता से निम्न प्रकार बनाया जाता है

$$2CrCl_3 + 3C_2H_5MgBr + 12CO \xrightarrow{\text{ईथर}} 2Cr(CO)_6 + 3C_2H_5Cl + 3MgBrCl$$

धातु कार्बोनिल के गुणधर्म
Properties of Metal Carbonyl

धातु कार्बोनिल के गुणधर्म निम्नलिखित हैं

भौतिक गुण Physical Properties

धातु कार्बोनिल के प्रमुख भौतिक गुण निम्नलिखित हैं

(i) धातु कार्बोनिल क्रिस्टलीय ठोस होते हैं केवल निकिल, आयरन, आर्सेनियम, तथा आसमियम के कार्बोनिल द्रव होते हैं।

(ii) ये रंगीन व रंगहीन दोनों प्रकार के होते हैं।

(iii) इनकी प्रकृति सह संयोजक होती है इसलिये जल में अविलेय होते हैं।

(iv) सभी कार्बोनिल प्रतिचुम्बकीय (Diamagnetic) होते हैं।

(v) धातु कार्बोनिल में धातु परमाणु की ऑक्सीकरण अवस्था शून्य पायी जाती है।

रासायनिक गुण Chemical Properties

धातु कार्बोनिल के प्रमुख रासायनिक गुण निम्नलिखित हैं

(i) **प्रतिस्थापन अभिक्रियाएँ** धातु कार्बोनिल में उपस्थित CO समूह, एकदन्ती लिगैण्डों [ऐल्किल, ऐरिल आइसो साइनाइड (CNR)] द्वारा प्रतिस्थापित हो जाते हैं।

$$Ni(CO)_4 + 4CNR \longrightarrow Ni(CNR)_4 + 4CO$$

$$Ni(CO)_4 + 4PCl_3 \longrightarrow Ni(PCl_3)_4 + 4CO$$

) NaOH **या** Na **धातु से अभिक्रिया** $Fe(CO)_5$, जलीय या ऐल्कोहॉलीय NaOH से अभिक्रिया करके कार्बोनिलेट ऋणायन $[H\,Fe\,(CO)_4]^-$ बनाता है।

$$Fe(CO)_5 + 3NaOH \longrightarrow Na^+[H^+Fe^2(CO)_4]^- + Na_2CO_3 + H_2O$$

) **हैलोजन से अभिक्रिया** कार्बोनिल हैलाइड बनाते हैं।

$$Fe(CO)_5 + X_2 \longrightarrow Fe(CO)_4 X_2 + CO$$

) **NO से अभिक्रिया** धातु कार्बोनिल नाइट्रोसिल बनाते हैं।

$$Fe(CO)_5 + 2NO \xrightarrow{95°C} Fe(CO)_2(NO)_2 + 3CO$$

) **ताप का प्रभाव** गर्म करने पर CO समूह पृथक हो जाता है।

$$Fe(CO)_5 \xrightarrow{250°C} Fe + 5CO$$

तु कार्बोनिलों में बन्धन
nding in Metal Carbonyls

) **σ-अतिव्यापन** σ युक्त संकुलों में एकाकी इलेक्ट्रॉन युग्म कार्बन मोनोऑक्साइड के बन्धित (Bonding) कक्षकों में उपस्थित होता है। एकाकी इलेक्ट्रॉन युग्म युक्त यह बन्धित (Bonding) कक्षक धातु के रिक्त d- कक्षकों से अन्त:क्रिया करके धातु–कार्बन (M—C) बन्ध का निर्माण निम्न चित्र के अनुसार करता है

M + $C\equiv\overset{+}{O}$: ⟶ M — $C\equiv\overset{+}{O}$

कक्षक धातु | कार्बन मोनॉक्साइड के बन्धित कक्षक | कार्बन धातु में बन्धन

(ii) **π-अतिव्यापन** इसके अतिरिक्त CO के Antibonding कक्षक धातु के पूर्ण भरे d-कक्षकों के साथ अतिव्यापन कर सकते हैं, जिससे पूर्व की भाँति पश्च बन्धन (Back bonding) होता है। अत: धातु कार्बोनिल यौगिक संगुणित बन्ध निर्माण क्रिया के कारण अधिक स्थायी होते हैं। यह ध्यान देने योग्य है कि σ बन्ध, σ इलेक्ट्रॉनों के नॉडल (Nodal) तल में है जबकि, π- अतिव्यापन नॉडल (Nodal) तल के लम्बवत् होता है।

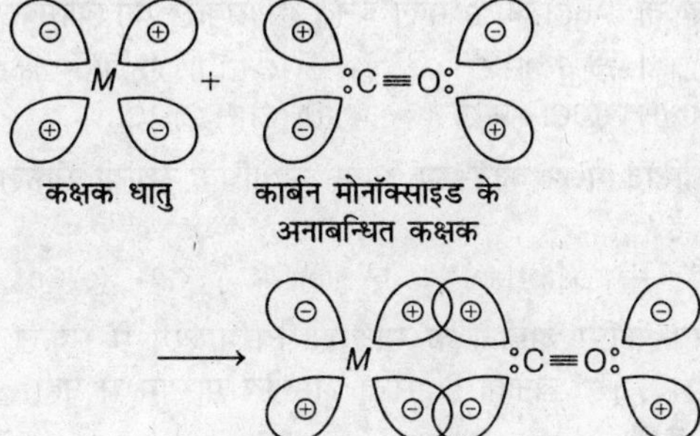

कार्बोनिल धातु मे पश्च बन्धन

अत: धातु कार्बोनिल अपने बहु बन्धों के कारण बहुत स्थायी होते हैं।

अभ्यास प्रश्न

1. पोटैशियम फैरोसायनाइड है

(a) संकर लवण (b) द्विकलवण (c) सामान्य लवण (d) मिश्रित लवण

2. यौगिक लीथियम टेट्राहाइड्रोऐलुमिनेट में लिगेण्ड है

(a) H (b) H^+ (c) H^- (d) इनमें से कोई नहीं

. किसी किलेट अभिकर्मक में एक एकल धातु आयन के जुडने के लिए दो या दो से अधिक परमाणु है। निम्नलिखित में से कौन कीलेटिंग अभिकर्मक नहीं है?

(a) थायोसल्फेटो (b) ऑक्जेलेटा (c) ग्लाइसीनेटो (d) एथेन-1,2-डाइऐमीन

4. निम्नलिखित में से कौन-सी स्पीशीज लिगेण्ड नहीं है?

(a) NO (b) NH_4^+ (c) $NH_2CH_2CH_2NH_2$ (d) CO

5. $K[Co(CO)_4]$ में कोबाल्ट की ऑक्सीकरण संख्या है

(a) +1 (b) +3 (c) −1 (d) −3

6. $[Pt(NH_3)_4Cl_2]^{2+}$ आयन में Pt की उपसहसंयोजक संख्या है

(a) 2 (b) 4 (c) 6 (d) 8

7. EDTA की उपसहसंयोजन संख्या है

(a) 3 (b) 4 (c) 5 (d) 6

8. संकर $[Co(NH_3)_6]^{3+}$ में कोबाल्ट की प्रभावी परमाणु संख्या है

(a) 36 (b) 24 (c) 33 (d) 30

9. यौगिकों का वह युग्म जिसमें दोनों धातुएँ सम्भव उच्चतम ऑक्सीकरण अवस्थाओं में है, है

(a) CrO_2Cl_2, MnO_4^- (b) $[Co(CN)_6]^{3-}$, MnO_3 (c) TiO_3, MnO_2 (d) $[Fe(CN)_6]^{3-}$, $[Co(CN)_6]^{3-}$

10. हेक्सा रामन्वित संकुल यौगिकों (A) $CoCl_3 \cdot 6NH_3$; (B) $CoCl_3 \cdot 5NH_3$ तथा (C) $CoCl_3 \cdot 4NH_3$ के अणुसूत्र दिए गए हैं। यदि A, B, C में समन्वित NH_3 अणुओं की संख्याएँ क्रमश: 6, 5 तथा 4 हो तो (A), (B) तथा (C) की प्राथमिक संयोजकताएँ क्रमश: हैं

(a) 0, 1, 2 (b) 3, 2, 1 (c) 6, 5, 4 (d) 3, 3, 3

11. $K_2Fe[Fe(CN)_6]$ में

(a) संकुल उच्च प्रचक्रण संकुल है
(b) दोनों Fe परमाणुओं की ऑक्सीकरण संख्याएँ समान है
(c) Fe की उपसहसंयोजक संख्या 4 है
(d) दोनों Fe परमाणुओं की ऑक्सीकरण संख्याएँ भिन्न है

12. $[Co^{III}(NH_3)_5Cl]^x$ के साथ निम्न में से किस आयन को मिलाकर संकुल यौगिक प्राप्त कर सकते हैं?
(a) Cl^- (b) $2Cl^-$ (c) PO_4^{3-} (d) $2K^+$

13. विलयन में $Co(NH_3)_6Cl_2$ के द्वारा कितने आयन बनते हैं?
(a) 6 (b) 4 (c) 3 (d) 2

14. कॉपर सल्फेट के जलीय विलयन में जलीय KCN को आधिक्य में मिलाने पर बनने वाली उपसहसंयोजक सत्ता है
(a) CuCN (b) $K_3[Cu(CN)_6]$
(c) $K[Cu(CN)_4]$ (d) $K_2[Cu(CN)_4]$

15. जब 1 मोल $CrCl_3 \cdot 6H_2O$ को $AgNO_3$, के आधिक्य में मिलाया जाता है तो AgCl के 3 मोल बनते हैं। संकुल का यौगिक है
(a) $[CrCl_3(H_2O)_3] \cdot 3H_2O$ (b) $[CrCl_2(H_2O)_4]Cl \cdot 2H_2O$
(c) $[CrCl(H_2O)_5]Cl_2 \cdot H_2O$ (d) $[Cr(H_2O)_6]Cl_3$

16. निम्नलिखित में से कौन-सा आयन सर्वाधिक स्थायी संकुल यौगिक बनाता है?
(a) Fe^{3+} (b) Mn^{2+} (c) Ni^{2+} (d) Cu^{2+}

17. अमोनिया कॉपर आयनों के साथ क्षारीय माध्यम में संकुल आयन $[Cu(NH_3)_4]^{2+}$ बनाती है परन्तु अम्लीय माध्यम में नहीं। इसका कारण है
(a) अम्लीय विलयन में हाइड्रोजनीकरण कॉपर आयनों का रक्षण करता है
(b) क्षारीय विलयन में, अविलेय $Cu(OH)_2$ अवक्षेपित होता है
(c) कॉपर हाइड्रॉक्साइड एक उभयधर्मी पदार्थ है
(d) अम्लीय विलयनों में, प्रोटॉन अमोनिया अणुओं के साथ समन्वित होकर NH_4^+ आयन बनाता है तथा NH_3 अणु उपलब्ध नहीं है

18. निम्न संकुलों में से सर्वाधिक स्थायी संकुल है
(a) $[Fe(H_2O)_6]^{3+}$ (b) $Fe(NH_3)_6]^{3+}$
(c) $[Fe(C_2O_4)_3]^{3-}$ (d) $[FeCl_6]^{3-}$

19. $[Pt(NH_3)_2Cl_2]$ का सही आई.यू.पी.ए.सी. नाम है
(a) डाइऐमीन डाइक्लोरिडो प्लेटिनम (II)
(b) डाइऐमीन डाइक्लोरिडो प्लेटिनम (IV)
(c) डाइक्लोरिडो डाइऐमीन प्लेटिनम (0)
(d) डाइक्लोरिडो डाइऐमीन प्लेटिनम (IV)

20. $[Pt(NH_3)_2Cl(NO_2)]$ का आई. यू. पी. ए. सी. नाम है
(a) प्लेटिनम डाइऐमीनक्लोरोनाइट्राइट (II)
(b) क्लोरोनाइट्रिटो-N-ऐमीनप्लेटिनम (II)
(c) डाइऐमीन क्लोरिडोनाइट्रिटो-N-प्लेटिनम (II)
(d) डाइऐमीनक्लोरोडोनाइट्रिटो-N-प्लेटिनेट (II)

21. $K_2[Zn(OH)_4]$ का आई.यू.पी.ए.सी. नाम है
(a) पोटैशियम टेट्राहाइड्रोक्सो जिंक (II)
(b) डाइपोटैशियम टेट्राहाइड्रोक्सो जिंक (II)
(c) पोटैशियम टेट्राहाइड्रोक्सोजिंकेट (II)
(d) पोटैशियम टेट्राहाइड्रोक्सोजिंकेट (III)

22. $[Co(NH_3)_5Cl]Cl_2$ का सही नाम चुनिए।
(a) क्लोरोपेन्टामीनकोबाल्ट (III) क्लोराइड
(b) क्लोरोपेन्टामीनकोबाल्ट (III)
(c) क्लोरोपेन्टामीनकोबाल्ट (II) क्लोराइड
(d) पेन्टामीनक्लोराइडोकोबाल्ट (III) क्लोराइड

23. $K_2[Cr(CN)_2O_2(O)_2(NH_3)]$ का आई. यू. पी. ए. सी. नाम है
(a) पोटैशियम ऐमीनडाइसायनोडाइओक्सोपरऑक्सोक्रोमेट (VI)
(b) पोटैशियम ऐमीनसायनोपरऑक्सोडाइओक्सोक्रोमेट (IV)
(c) पोटैशियम ऐमीनसायनोपरऑक्सोडाइओक्सोक्रोमियम (IV)
(d) पोटैशियम ऐमीनसायनोपरऑक्सोडाइओक्सोक्रोमियम (IV)

24. $[Pt(NH_3)_4Cl_2][PtCl_4]$ का सही नाम है
(a) टेट्राक्लोरिडोप्लैटिनम (II) डाइक्लोरिडोटेट्राऐमीनप्लैटिनेट
(b) डाइक्लोरिडोटेट्राऐमीनप्लेटिनम (IV) टेट्राक्लोरिडोप्लेटिनेट (II)
(c) टेट्राऐमीनडाइक्लोरिडोप्लेटिनम (IV) टेट्राक्लोरिडोप्लेटिनेट (II)
(d) टेट्राक्लोरिडोप्लेटिनम (II) टेट्राऐमीनप्लेटिनेट (IV)

25. $[Ni(NH_3)_4][NiCl_4]$ का आई यू. पी. ए. सी. नाम है
(a) टेट्राक्लोरिडो निकेल (II) टेट्राऐमीन (II)
(b) टेट्राऐमीन निकेल (II) टेट्राक्लोरिडोनिकेल (II)
(c) टेट्राऐमीननिकेल (II) टेट्राक्लोरिडोनिकेलेट (II)
(d) टेट्राक्लोरिडोनिकेल (II) टेट्राऐमीन निकेल (0)

26. यौगिक $[Co(SO_4)(NH_3)_5]Br$ तथा $[Co(SO_4)(NH_3)_5]Cl$ प्रदर्शित करते हैं
(a) लिंकेज समावयवता (b) आयनन समावयवता
(c) उपसहसंयोजक समावयवता (d) कोई समावयवता नहीं

27. संकुल $[Co(NH_3)_6][Cr(C_2O_4)_3]$ तथा $[Cr(NH_3)_6][Co(C_2O_4)_3]$ प्रदर्शित करते हैं
(a) ज्यामितीय समावयवता (b) आयनन ऊर्जा
(c) उपसहसंयोजक समावयवता (d) लिंकेज समावयवता

28. निम्न में से कौन लिंकेज समावयवता प्रदर्शित नहीं करता है?
(a) NO_2^- (b) NH_3 (c) CN^- (d) SCN^-

29. उभयदन्ती लिगेण्ड की उपस्थिति के कारण उपसहसंयोजक यौगिक समावयवता प्रदर्शित करते हैं। पैलेडियम संकुल $[Pd(C_6H_5)_2(SCN)_2]$ तथा $[Pd(C_6H_5)_2(NCS)_2]$ प्रदर्शित करते हैं
(a) लिंकेज समावयवी (b) उपसहसंयोजक समावयवी
(c) आयनन समावयवी (d) ज्यामितीय समावयवी

30. $[Cr(H_2O)_6]Cl_3$ बैंगनी तथा $[Cr(H_2O)_5Cl]Cl_2 \cdot H_2O$ (स्लेटी हरा) के मध्य किस प्रकार की समावयवता होती है?
(a) लिंकेज समावयवता (b) विलायक समावयवता
(c) आयनन समावयवता (d) उपसहसंयोजक समावयवता

31. प्रकाशिक समावयवता अष्टफलकीय संकुलों द्वारा प्रदर्शित होती है जो
(a) सभी समस्त एक दन्तुर लिगेण्ड रखते हैं
(b) तीन द्विदन्ती लिगेण्ड रखते हैं
(c) *ट्रान्स* (*विपक्ष*) द्विदन्तुर लिगेण्ड रखते हैं
(d) दो *विपक्ष* एकदन्तुर लिगेण्ड रखते हैं

32. निम्न में से कौन-सा आयन प्रकाशिक समावयवता प्रदर्शित करता है?
(a) $[Cr(en)(H_2O)_4]^{3+}$ (b) $[Cr(en)_3]^{3+}$
(c) *विपक्ष*-$[Cr(en)_2Cl_2]^+$ (d) $[Cr(NH_3)_6]^{3+}$

33. निम्न में से कौन प्रकाशिक समावयवता प्रदर्शित करता है?
(a) *विपक्ष* -$[Co(en)_2Cl_2]$ (b) *समपक्ष*-$[Pt(NH_3)_2Cl_2]$
(c) *समपक्ष*-$[Co(en)_2Cl_2]$ (d) *विपक्ष*-$[Pt(NH_3)_2Cl_2]$

34. निम्नलिखित में से कौन-सा संकुल ज्यामितीय समावयवता प्रदर्शित करता है?

(a) $[Cr(H_2O)_4Cl_2]^+$ (b) $[Pt(NH_3)_3Cl]$
(c) $[Co(NH_3)_6]^{3+}$ (d) $[Co(CN)_5(NCl)]^{3-}$

35. संकुल यौगिक $[Cu(NH_3)_4][PtCl_4]$ द्वारा प्रदर्शित होने वाले कुल समावयवियों की संख्या है

(a) 6 (b) 5 (c) 4 (d) 3

36. प्लेटिनम II के वर्ग समतलीय संकुल $[Pt(NH_3)(Br)(Cl)(Py)]^{2+}$ के कितने समावयवी रूप में सम्भव है?

(a) दो (b) तीन (c) चार (d) छः

37. $[Pt(NH_3)(Br)(Cl)(Py)]$ के ज्यामितीय समावयवियों में कितने समावयवी प्रकाशिक समावयवी प्रदर्शित करते हैं?

(a) 0 (b) 1 (c) 2 (d) समस्त

38. एक $[M(AA)_2X_2]^{n+}$ प्रकार का प्रकाशिक सक्रिय संकुल ज्ञात है। यह संकुल की संरचना के सन्दर्भ में क्या संकेत करता है?

(a) इसकी अष्टफलकीय ज्यामिती है
(b) यह एक चतुष्फलकीय ज्यामिती है
(c) यह एक *विपक्ष* संकुल है
(d) इनमें से कोई नहीं

39. निम्नलिखित आयनों में से किसमें सर्वाधिक अयुग्मित इलेक्ट्रॉन है?

(a) $[Cr(H_2O)_6]^{3+}$ (b) $[Zn(H_2O)_6]^{2+}$
(c) $[Fe(H_2O)_6]^{2+}$ (d) $[Fe(H_2O)_6]^{3+}$

40. $[Pt(NH_3)_4]Cl_2$ है

(a) पिरामिडीय (b) पंचभुजीय
(c) चतुष्फलकीय (d) वर्ग समतलीय

41. निम्नलिखित यौगिकों में से कौन अष्टफलकीय संकुल का उदाहरण है?

(a) $Cu(NH_3)_4^{2+}$ (b) FeF_6^{3-}
(c) $Zn(NH_3)_4^{2+}$ (d) $Ni(CN)_4^{2-}$

42. चतुष्फलकीय संरचना वाली स्पीशीज है

(a) $[NiCl_4]^{2-}$ (b) $[Ni(CN)_4]^{2-}$
(c) $[PdCl_4]^{2-}$ (d) $[Pd(CN)_4]^{2-}$

43. $Ni(CO)_4$ तथा $Ni(PPh_3)_2Cl_2$ है

(a) क्रमशः वर्ग समतलीय तथा चतुष्फलकीय
(b) दोनों चतुष्फलकीय
(c) क्रमशः चतुष्फलकीय तथा वर्ग समतलीय
(d) क्रमशः दोनों वर्ग समतलीय

44. $K_3[FeF_6]$ का चुम्बकीय आघूर्ण है

(a) 3.87 BM (b) 4.89 BM
(c) 5.91 BM (d) 6.92 BM

45. निम्नलिखित में से किसी एक संरचना का प्रचक्रण चुम्बकीय आघूर्ण 2.84 BM है। सही विकल्प है

(a) d^4 (दुर्बल लिगेण्ड क्षेत्र में)
(b) d^4 (प्रबल लिगेण्ड क्षेत्र में)
(c) d^3 (दुर्बल तथा प्रबल दोनों लिगेण्ड क्षेत्रों में)
(d) d^5(प्रबल लिगेण्ड क्षेत्र में)

46. समान ज्यामिति वाले यौगिकों के चुम्बकीय आघूर्ण भिन्न क्यों होता है?

(a) भिन्न क्रियाशीलता के कारण
(b) परिवर्तनशील प्रकृति के कारण
(c) दुर्बल तथा प्रबल क्षेत्र वाले लिगेण्डों की उपस्थिति के कारण
(d) उपरोक्त में से कोई नहीं

47. $CuSO_4 \cdot 5H_2O$ का रंग नीला है जबकि $CuSO_4$ रंगहीन है, क्यों?

(a) क्योंकि SO_4^{2-} की अपेक्षा H_2O प्रबल क्षेत्र लिगेण्ड है
(b) क्योंकि SO_4^{2-} एक प्रबल क्षेत्र लिगेण्ड है
(c) क्योंकि $CuSO_4$ संकुल नहीं है
(d) क्योंकि $CuSO_4$ में *d-d* संक्रमण सम्भव नहीं है

48. $Ni(CO)_4$, $[Ni(CN)_4]^{2-}$ तथा $[NiCl_4]^{2-}$ में

(a) $Ni(CO)_4$ प्रतिचुम्बकीय है $[NiCl_4]^{2-}$ तथा $[Ni(CN)_4]^{2-}$ अनुचुम्बकीय है
(b) $Ni(CO)_4$ तथा $[NiCl_4]^{2-}$ प्रतिचुम्बकीय है तथा $[Ni(CN)_4]^{2-}$ अनुचुम्बकीय है
(c) $Ni(CO)_4$ तथा $[Ni(CN)_4]^{2-}$ प्रतिचुम्बकीय है तथा $[NiCl_4]^{2-}$ अनुचुम्बकीय है
(d) $[NiCl_4]^{2-}$ तथा $[Ni(CN)_4]^{2-}$ प्रतिचुम्बकीय है तथा $Ni(CO)_4$ अनुचुम्बकीय है

49. तनु विलयन में $[Fe(CN)_6]^{4-}$ तथा $[Fe(H_2O)_6]^{2+}$ अलग-अलग रंगों के होते हैं। इसका कारण है

(a) लिगेण्डों की प्रकृति में अन्तर
(b) अयुग्मित इलेक्ट्रॉनों की उपस्थिति
(c) *d-d* संक्रमण
(d) उपरोक्त सभी

50. संयोजकता बन्ध सिद्धान्त के अनुसार, निम्न में से कौन शून्य चुम्बकीय आघूर्ण वाला आन्तरिक कक्षक संकुल है?

(a) $[Mn(CN)_6]^{3-}$ (b) $[Co(NH_3)_6]^{3+}$
(c) $[Cr(H_2O)_6]^{3+}$ (d) $[FeCl_6]^{4-}$

51. निम्न चक्रण चतुष्फलकीय संकुल नहीं बनते हैं, क्योंकि

(a) $\Delta_t > P$ (b) $\Delta_t < P$
(c) $\Delta_t \geq P$ (d) $\Delta_t > \Delta_o$

52. निम्नलिखित आयनों का दृश्य क्षेत्र में तरंगदैर्घ्य के अवशोषण का सही क्रम है

I. $[Ni(NO_2)_6]^{4-}$ II. $[Ni(NH_3)_6]^{2+}$ III. $[Ni(H_2O)_6]^{2+}$

(a) I > II > III (b) II > I > III
(c) III > II > I (d) III > I > II

53. $Cu(NH_3)_4^{2+}$ आयनों के लिए परिणामी संकुल वियोजन साम्यावस्था स्थिरांक है (दिया गया है : संकुल के लिए $\beta_4 = 2.1 \times 10^{13}$)

(a) 8.27×10^{-13} (b) 4.7×10^{-14}
(c) 2.39×10^{-7} (d) 1.83×10^{14}

54. निम्नलिखित में से कौन-सा युग्म सही सुमेलित नहीं है।

(a) $[Cr^{III}(NH_3)_6]^{3+}$ के लिए अवशोषण शीर्ष = 21680 सेमी$^{-1}$
(b) $[PtCl_6]^{2-}$ में Pt की प्रभावी परमाणु संख्या = 84
(c) दुर्बल लिगेण्ड क्षेत्र में d^2 की क्रिस्टल क्षेत्र विघटन ऊर्जा $= (-)0.8\ \Delta_o$
(d) d^5 विन्यास के लिए दुर्बल क्षेत्र लिगेण्ड का उदाहरण $= [Mn^{II}F_6]^{4-}$

55. जैविक निकायों में उपसहसंयोजक यौगिकों का बहुत महत्त्व होता है। इस सन्दर्भ में निम्न में से कौन-सा कथन असत्य है?
(a) हीमोग्लोबिन रक्त का लाल वर्णक है तथा इसमें आयरन होता है
(b) सायनोकोबाल्ट ऐमीन B_{12} है तथा इसमें कोबाल्ट होता है
(c) क्लोरोफिल पौधों में हरा वर्णक है तथा इसमे कैल्सियम होता है
(d) कार्बोक्सी पेप्टीडेस-A एक एन्जाइम है जिसमें जिंक होता है

56. कैंसररोधी की भाँति प्रयुक्त किया जाने वाला संकुल है
(a) *समपक्ष*- $[PtCl_2(NH_3)_2]$
(b) Na_2CO_3
(c) *विपक्ष*-$[Co(NH_3)_3Cl_3]$
(d) *समपक्ष*-$K_2[PtCl_2Br_2]$

57. Ni^{2+} के साथ डाइमेथिल ग्लाइऑक्जिम लाल अवक्षेप देता है जो कि इसका एक परीक्षण भी है। इस अवक्षेप को शीघ्र प्राप्त करने के लिए, सर्वाधिक उपयुक्त pH परास है
(a) < 1 (b) 3–4 (c) 9–11 (d) 2–3

58. जब EDTA विलयन को Mg^{2+} आयन वाले विलयन में मिलाया जाता है तो निम्न में से कौन-सा कथन सत्य नहीं है?
(a) Mg^{2+} आयनों की चार उपसहसंयोजक साइट EDTA द्वारा ग्रहण की जाती है जबकि शेष दो साइट जल के अणुओं द्वारा ग्रहण की जाती है
(b) Mg^{2+} की समस्त छः उपसहसंयोजक साइट प्राप्त की जाती है
(c) विलयन की pH घटती है
(d) रंगहीन $[Mg - EDTA]^{2-}$ कीलेट बनता है

उत्तरमाला

1.	(a)	2.	(c)	3.	(a)	4.	(b)	5.	(c)	6.	(c)	7.	(d)	8.	(a)	9.	(a)	10.	(b)
11.	(b)	12.	(a)	13.	(c)	14.	(d)	15.	(d)	16.	(b)	17.	(d)	18.	(c)	19.	(a)	20.	(c)
21.	(c)	22.	(d)	23.	(a)	24.	(c)	25.	(c)	26.	(d)	27.	(c)	28.	(b)	29.	(a)	30.	(b)
31.	(b)	32.	(b)	33.	(c)	34.	(a)	35.	(a)	36.	(b)	37.	(a)	38.	(d)	39.	(d)	40.	(b)
41.	(b)	42.	(a)	43.	(c)	44.	(c)	45.	(b)	46.	(c)	47.	(d)	48.	(c)	49.	(d)	50.	(b)
51.	(b)	52.	(c)	53.	(b)	54.	(b)	55.	(c)	56.	(a)	57.	(c)	58.	(a)				

उत्तर व्याख्या सहित

1. (*a*) $K_4Fe(CN)_6$ में, स्पीशीज अपना अस्तित्व ठोस तथा विलयन दोनों अवस्थाओं में बचाए रखती है अतः यह एक जटिल (संकर) लवण है

3. (*a*) कीलेटिंग अभिकर्मक एक से अधिक उपसहसंयोजक स्थलों से उपसहसंयोजित होते हैं। थायोसल्फेट ($S_2O_3^{2-}$) केवल एक उपसहसंयोजक स्थल से संयोजित होता है। अतः यह कीलेटिंग अभिकर्मक नहीं है।

4. (*b*) लिगेण्डों की प्रकृति अपने एकाकी युग्म को त्यागने की होती है। NH_4^+ आयन में कोई एकाकी युग्म नहीं है अतः यह लिगेण्ड की भाँति व्यवहार नहीं कर सकता है।

5. (*c*) माना $K[Co(CO)_4]$ में Co की ऑक्सीकरण संख्या x है।

$$x + (4 \times 0) = -1; x = -1$$

10. (*b*) संकुलों को निम्न प्रकार लिखा जा सकता है

$$[Co(NH_3)_6]Cl_3, [Co(NH_3)_5Cl]Cl_2, [Co(NH_3)_4Cl_4]Cl$$

अतः प्राथमिक संयोजकताओं की संख्या क्रमशः 3, 2 तथा 1 है।

11. (*b*) संकुल $K_2Fe[Fe(CN)_6]$ में दोनों आयरन परमाणु समान ऑक्सीकरण अवस्था, +2 में उपस्थित है।

12. (*a*) $[Co(NH_3)_5Cl]^{2+} + 2Cl^- \longrightarrow [Co(NH_3)_5Cl]Cl_2$

13. (*c*) संकुल जलीय विलयन में 3 आयनों में अपघटित होगा

$$Co(NH_3)_6Cl_2 \xrightarrow{\text{जलीय}} [Co(NH_3)_6]^{2+} + 2Cl^-$$

14. (*d*) जब जलीय KCN को जलीय $CuSO_4$ में मिलाया जाता है तो संकुल पोटैशियम टेट्रासायनोक्यूप्रेट (II) बनाता है।

चूँकि CN^- आयन प्रबल लिगेण्ड है। अतः संकुल अत्याधिक स्थायी है। इसकी पुष्टि इसके स्थायित्व स्थिरांक मान ($K = 2.0 \times 10^{27}$) से भी होती है।

$$\underset{\text{(आधिक्य)}}{4KCN(aq)} + CuSO_4(aq) \longrightarrow \underset{\text{(विलेय)}}{K_2[Cu(CN)_4](aq)} + K_2SO_4(aq)$$

$$\downarrow + H_2S$$

कोई विदलन नहीं तथा Cu^{2+} आयनों का उत्पादन भी नहीं

15. (*d*) 1 मोल संकुल से 3 मोल AgCl का निर्माण स्पष्ट करता है कि तीनों Cl^- आयन समन्वय मण्डल से बाहर है। अतः संकुल का सूत्र $[Cr(H_2O)_6]Cl_3$ होना चाहिए।

16. (*b*) Mn^{2+} अधिक स्थायी d^5 विन्यास रखेगा तथा इसमें परिवर्तन किए बिना ही बाह्य कक्षक संकुल का निर्माण होता है।

17. (*d*) अम्लीय विलयन में, प्रोटॉन अमोनिया के साथ उपसहसंयोजित होकर NH_4^+ बनाते हैं। NH_4^+ लिगेण्ड की भाँति कार्य नही करता है क्योंकि नाइट्रोजन परमाणु में कोई एकाकी इलेक्ट्रॉन युग्म नहीं होते हैं जिन्हें यह धातु परमाणु को दान दे सके।

18. (*c*) इन सभी संकुलों में, Fe +3 ऑक्सीकरण अवस्था में है। संकुल (c) एक कीलेट है क्योंकि तीन $C_2O_4^{2-}$ आयन, कीलेटिंग लिगेण्डों की भाँति कार्य करते हैं। अतः सर्वाधिक स्थायी संकुल $[Fe(C_2O_4)_3]^{3-}$ है।

19. (*a*) $[Pt(NH_3)_2Cl_2]$ का आई.यू.पी.ए.सी. नाम डाइऐमीन डाइक्लोरीडो प्लैटिनम (II) है।

20. (*c*) $[Pt(NH_3)_2Cl(NO_2)]$ का आई. यू. पी. ए. सी. नाम डाइऐमीन क्लोरिडोनाइट्रिटो-N-प्लेटिनम (II) है।

26. (*d*) दिए गए संकुलों में समावयवी नहीं है क्योंकि इनके संघटन समान नहीं है। (समावयवियों के संघठन समान होते हैं परन्तु परमाणुओं की व्यवस्था तथा इनके गुण भिन्न होते हैं।)

27. (*c*) उपसहसंयोजक समावयवता केवल तभी सम्भव है जबकि किसी लवण के दोनों धनात्मक तथा ऋणात्मक आयन, संकर आयन हो तथा दो समावयवी धनायनों तथा ऋणायनों में लिगेण्डो के वितरण में भिन्न हो।

29. (*a*) वे संकुल जिनमें उभयधर्मी लिगेण्ड (जैसे SCN) उपस्थित होते हैं, लिकेंज समावयवता प्रदर्शित करते हैं।

30. (*b*) चूँकि दोनों संकुलों में समन्वय मण्डल में अन्दर तथा बाहर जल (विलायक) के अणुओं की संख्याओं में अन्तर है अतः ये विलायक समावयवता प्रदर्शित करते हैं।

31. (*b*) तीन द्विदन्तु लिगेण्ड युक्त अष्टफलकीय संकुल प्रकाशिक समावयवता प्रदर्शित करते हैं। यदि *A* एक द्विदन्तु लिगेण्ड हो तो MA_3 प्रकार का संकुल प्रकाशिक समावयवता निम्न प्रकार प्रदर्शित करता है

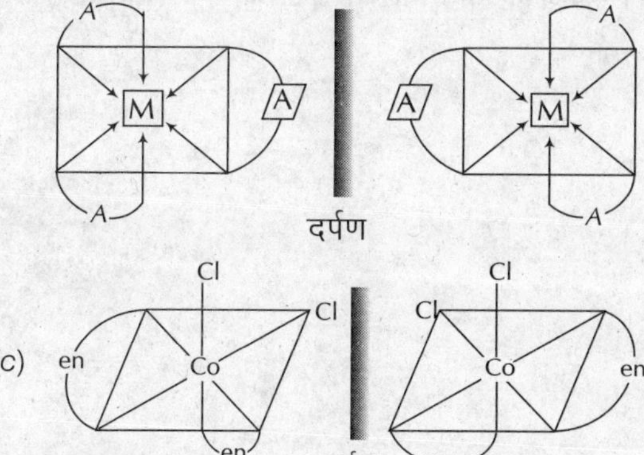

33. (*c*)

34. (*a*) $[MA_4B_2]^+$ प्रकार के अष्टफलकीय संकुल [जहाँ *A* तथा *B* दो भिन्न एकदन्तुर लिगेण्ड है] ज्यामितीय समावयवता प्रदर्शित करते हैं।

अतः दिए गए संकुलों में से केवल $[Cr(H_2O)_4Cl_2]^+$ ज्यामितीय समावयवता प्रदर्शित करता है।

35. (*a*) 1. $[Cu(NH_3)_4][PtCl_4]$

2. $[Cu(NH_3)_3Cl]\cdot[PtCl_3(NH_3)]$

3. $[Cu(NH_3)_2Cl_2]\cdot[PtCl_2(NH_3)_2]$ *समपक्ष*

4. $[Cu(NH_3)_2Cl_2][PtCl_2(NH_3)_2]$ *विपक्ष*

5. $[Cu(NH_3)Cl_3]\cdot[Pt(Cl)(NH_3)_3]$

6. $[Pt(NH_3)_4]\cdot[CuCl_4]$

36. (*b*) [*Mabcd*] प्रकार के संकुल निम्न तीन समावयवी रूप प्रदर्शित करते हैं।

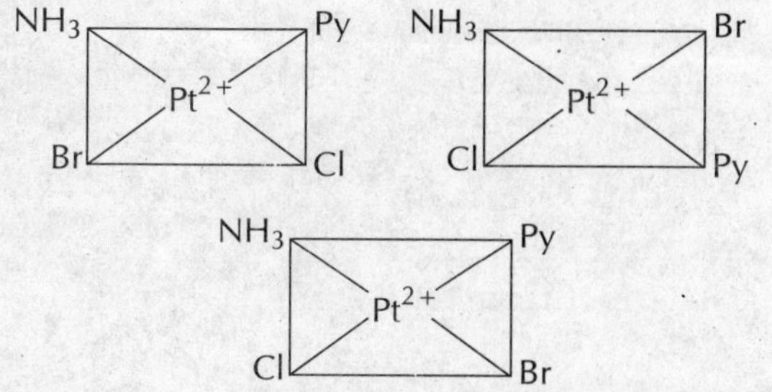

37. (*a*) $[Pt(NH_3)(Br)(Cl)(Py)]$ के निम्न तीन ज्यामितीय समावयवी सम्भव है

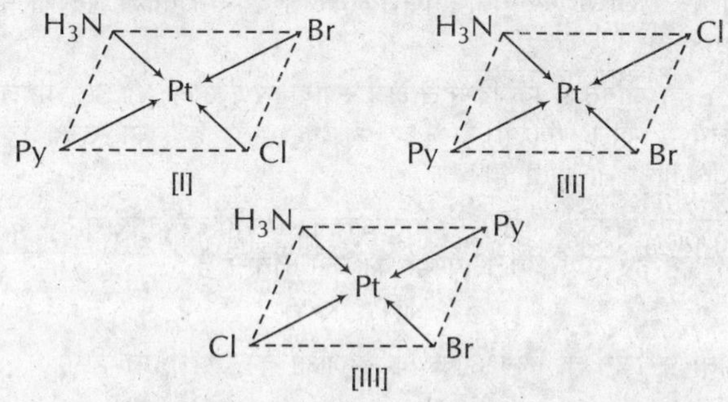

क्षैतिज सममित तल की उपस्थिति के कारण

इस यौगिक के द्वारा समन्वय संख्या = 4 तथा वर्ग तलीय समावयवता के साथ ज्यामितीय समावयवता प्रदर्शित नहीं की जाती है।

38. (*d*) $[M(AA)_2X_2]^{n+}$ प्रकार का प्रकाशिक सक्रिय संकुल *समपक्ष* अष्टफलकीय संरचना को प्रदर्शित करता है।

उदाहरण $[Pt(en)_2Cl_2]^{2+}$ तथा *समपक्ष* $[Cr(en)_2Cl_2]^+$

39. (*d*) $[Fe(H_2O)_6]^{3+}$ में 5 अयुग्मित इलेक्ट्रॉन है।

40. (*d*) चूँकि संकरण dsp^2 है। अतः यह वर्ग तलीय है।

41. (*b*) चूँकि $[FeF_6]^{3-}$ की समन्वय संख्या 6 है। अतः यह अष्टफलकीय संकर यौगिक है।

42. (*a*) $[NiCl_4]^{2-}$ की चतुष्फलकीय संरचना है। इस संकुल में Ni^{2+} ऑक्सीकरण अवस्था में है तथा Ni^{2+} आयन सदैव चतुष्फलकीय यौगिक बनाता है।

43. (*c*) $Ni(CO)_4$ तथा $Ni(PPh_3)_2Cl_2$ दोनों sp^3-संकरित है। परन्तु बाद वाला यौगिक वर्ग तलीय है।

44. (*c*) $K_3[FeF_6]$ में Fe^{3+} = [Ar] $3d^5 4s^0$

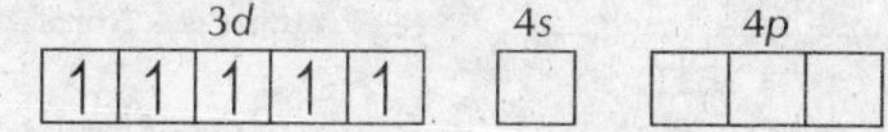

अयुग्मित इलेक्ट्रॉनों की संख्या = 5

चुम्बकीय आघूर्ण $= \sqrt{5(5+2)} = \sqrt{s(s+2)}$

$= \sqrt{35} = 5.91$ BM

46. (*c*) यह संकुलों में दुर्बल तथा प्रबल क्षेत्रीय लिगेण्डों की उपस्थिति के कारण होता है यदि क्रिस्टल क्षेत्र स्थायीकरण ऊर्जा (CFSE) अधिक है तो संकुल चुम्बकीय आघूर्ण का कम मान प्रदर्शित करता है तथा प्रतिलोम।

उदाहरण के लिए, $[CoF_6]^{3-}$ में F^- दुर्बल क्षेत्र लिगेण्ड है जिसके कारण यौगिक अनुचुम्बकीय है तथा $[Co(NH_3)_6]^{3+}$ में प्रबल क्षेत्र लिगेण्ड है जिसके कारण यह प्रतिचुम्बकीय है।

47. (*d*) $CuSO_4\cdot 5H_2O$ में, जल लिगेण्ड की भाँति कार्य करता है जिसके कारण यह क्रिस्टल क्षेत्र विघटन उत्पन्न करता है। अतः *d-d* संक्रमण सम्भव है जिसके कारण यौगिक रंगीन है।

निर्जल $CuSO_4$ में जल (लिगेण्ड) की अनुपस्थिति के कारण क्रिस्टल क्षेत्र विघटन सम्भव नहीं है। अतः यह रंगहीन है।

49. (*d*) दोनों संकुल यौगिकों में, Fe, $3d^6$ विन्यास के साथ +2 ऑक्सीकरण अवस्था में उपस्थित है अतः इसमें 4 अयुग्मित इलेक्ट्रॉन उपस्थित है। दुर्बल H_2O लिगेण्ड की उपस्थिति में अयुग्मित इलेक्ट्रॉन युग्मित नहीं होते हैं। परन्तु प्रबल लिगेण्ड CN^- की उपस्थिति में ये युग्मित हो जाते है तथा कोई अयुग्मित इलेक्ट्रॉन शेष नहीं बचता है। अतः अयुग्मित इलेक्ट्रॉनों की संख्या में अन्तर के कारण ही दोनों यौगिकों का रंग भिन्न होता है।

51. (*b*) चतुष्फलकीय संकुलों में, क्रिस्टल क्षेत्र स्थायीकरण ऊर्जा (CFSE) युग्मन ऊर्जा से कम होती है जिसके कारण ये निम्न चक्रण अवस्था में नहीं बनते हैं।

52. (*c*) हम जानते हैं कि क्रिस्टल क्षेत्र स्थायीकरण ऊर्जा (CFSE), प्रबल क्षेत्र लिगेण्ड वाले संकुलों के लिए अधिक होती है तथा तरंगदैर्ध्य की व्युत्क्रमानुपाती होती है।

दिए गए समस्त संकुलों में, धातु आयन Ni^{2+} है। इलेक्ट्रोरासायनिक श्रेणी के अनुसार उपस्थित लिगेण्डों का क्रम निम्न है

$$H_2O < NH_3 < NO_2^-$$

अतः उत्तेजन के लिए आवश्यक ऊर्जाओं का क्रम निम्न होगा

$$[Ni(H_2O)_6]^{2+} < [Ni(NH_3)_6]^{2+} < [Ni(NO_2)_6]^{4-}$$

चूँकि $E = \frac{hc}{\lambda}$, अर्थात् $E \propto \frac{1}{\lambda}$; अतः तरंगदैर्ध्य विपरीत क्रम में व्यवस्थित होगी।

$$[Ni(H_2O)_6]^{2+} > [Ni(NH_3)_6]^{2+} > [Ni(NO_2)_6]^{4-}$$

53. (*b*) वियोजन स्थिरांक, स्थायित्व β_4, का व्युत्क्रम होता है

परिणामी संकुल वियोजन साम्य स्थिरांक $= \frac{1}{\beta_4}$

$$= \frac{1}{2.1 \times 10^{13}} = 4.7 \times 10^{-14}$$

54. (*b*) $[PtCl_6]^{2-}$ में Pt की प्रभावी परमाणु संख्या = 86

55. (*c*) क्लोरोफिल पौधों में पाया जाने वाला हरा वर्णक है तथा इसमें कैल्सियम के स्थान पर मैग्नीशियम पाया जाता है।

56. (*a*) *समपक्ष*$[Pt(NH_3)_2Cl_2]$ का प्रयोग कैंसररोधी औषधि के रूप में किया जाता है। जब इसे रक्त की धारा में इंजेक्शन द्वारा पहुँचाते हैं तो अधिक क्रियाशील Cl समूह अलग हो जाता है फलतः *Pt* परमाणु DNA में उपस्थित ग्यूनोसिन के साथ बन्ध बनाता है यह अणु दो अन्य ग्यूनोसिन इकाईयों के साथ बना सकता है तथा इनके मध्य सेतु के रूप में यह DNA के सामान्य पुनरूत्पादन को बाधित कर देता है।

57. (c) अभिक्रिया क्षारीय माध्यम में होती है जिसका pH परास 9 – 11 है।

58. (*a*) $[H_2EDTA]^{2-} + Mg^{2+} \longrightarrow [MgEDTA]^{2-} + 2H^+$

(a) इस संकुल में, चार दाता इकाईयाँ ऑक्सीजन द्वारा तथा दो नाइट्रोजन द्वारा घेरी जाती है।

(b) यह छः समन्वित संकुल है।

(c) संकुल $[MgEDTA]^{2-}$ रंगहीन है।

(d) $[H^+]$ में वृद्धि के साथ विलयन के pH में कमी होती है।

अध्याय 18

कार्बनिक रसायन : कुछ मूलभूत सिद्धान्त और तकनीकें

Organic Chemistry : Some Basic Principles and Techniques

शोधन की विधियाँ Methods of Purification

कार्बनिक यौगिकों की प्रकृति तथा इनमें उपस्थित अशुद्धियों के आधार पर, इन यौगिकों के शोधन के लिए सामान्यत: निम्न विधियों का प्रयोग किया जाता है

1. निस्यन्दन Filtration

यह विधि विलयन के विभिन्न अवयवों की निस्यन्दता में अन्तर पर आधारित है। इस विधि द्वारा लवण (नमक) में से रेत तथा चाय में से चाय पत्तियों का पृथक्करण किया जाता है।

2. क्रिस्टलन Crystallisation

यह विधि कार्बनिक यौगिक तथा उसमें उपस्थित अशुद्धियों की किसी उचित विलायक में विलेयता पर आधारित है। नमक तथा चीनी के मिश्रण को एथेनॉल (विलायक) द्वारा शुद्ध किया जाता है। थैलिक अम्ल तथा नेफ्थैलीन के मिश्रण को गर्म जल द्वारा शुद्ध किया जाता है।

3. प्रभाजी क्रिस्टलन Fractional Crystallisation

इस विधि द्वारा उन यौगिकों के मिश्रण को पृथक् किया जाता है जो एक ही विलायक में विलेय हो, परन्तु उस विलायक में उनकी विलेयताएँ भिन्न-भिन्न हों। ग्लूकोस तथा फ्रक्टोस, सोडियम सल्फेट तथा सोडियम डाइक्रोमेट, $KClO_3$ तथा KCl के मिश्रण को इस विधि द्वारा पृथक् करते हैं।

4. ऊर्ध्वपातन Sublimation

''किसी ठोस पदार्थ का गर्म करने पर सीधे वाष्प में बदलना और ठण्डा किए जाने पर पुन: सीधे ठोस अवस्था में आ जाना ऊर्ध्वपातन कहलाता है और वह ठोस **ऊर्ध्वपातज** (Sublimate) कहलाता है।''

$$\text{ठोस पदार्थ} \underset{\text{ठण्डा करने पर}}{\overset{\text{गर्म करने पर}}{\rightleftharpoons}} \text{वाष्प}$$

कपूर, नेफ्थैलीन, ऐन्थ्रासीन, ऐन्थ्राक्विनोन, बेन्जोइक अम्ल, थैलिक ऐनहाइड्राइड, इण्डिगो, अमोनियम क्लोराइड तथा आयोडीन आदि ऊर्ध्वपातन की क्रिया प्रदर्शित करते हैं।

5. आसवन Distillation

यह विधि दो द्रवों अथवा दो अवयवों के क्वथनांको में अन्तर पर आधारित है तथा सामान्यतया कार्बनिक द्रव के अवाष्पशील अशुद्धि उपस्थित होने पर प्रयोग की जाती है।

''किसी द्रव को गर्म करके वाष्पों में परिवर्तित करने तथा इन वाष्पों को ठण्डा करके फिर से द्रव में परिवर्तित करने की क्रिया को आसवन कहते हैं।'

$$\text{आसवन} = \text{वाष्पीकरण} + \text{संघनन}$$

$$\text{द्रव} \xrightarrow{\text{गर्म करने पर}} \text{वाष्प} \xrightarrow{\text{ठण्डा करने पर}} \text{द्रव}$$

इस प्रकार प्राप्त द्रव को आसवित द्रव कहते हैं तथा प्रक्रम को **आसवन** कहते हैं।

6. विभेदी निष्कर्षण Differential Extraction

यह विधि किसी कार्बनिक विलेय पदार्थ की जल की अपेक्षा अन्य, कार्बनिक विलायक में अधिक विलेयता पर आधारित है। इस विधि द्वारा बेन्जीन के प्रयोग द्वारा जल के बेन्जोइक अम्ल को पृथक् किया जाता है।

7. वर्णलेखन Chromatography

''किसी मिश्रण के कुछ या सभी अवयवों को सान्द्रित क्षेत्र में या भिन्न प्रावस्थाओं में जिनमें वे पहले उपस्थित थे, पृथक् करने का प्रक्रम, **वर्णलेखन** कहलाता है।'' यह विधि किसी मिश्रण के अवयवों की दो प्रावस्थाओं के मध्य वर्णात्मक वितरण के सिद्धान्त पर आधारित है इनमें से एक प्रावस्था, **स्थिर प्रावस्था** (Stationary phase) तथा दूसरी प्रावस्था, **गतिमान प्रावस्था** (Moving phase) होती है।

गुणात्मक विश्लेषण Qualitative Analysis

कार्बनिक यौगिकों के गुणात्मक विश्लेषण की सहायता से इनमें उपस्थित यौगिकों की पहचान की जाती है

कार्बन, हाइड्रोजन तथा ऑक्सीजन का परीक्षण Test for Carbon, Hydrogen and Oxygen

जब कार्बनिक यौगिकों में उपस्थित C तथा H क्रमश: CO_2 तथा H_2O में ऑक्सीकृत हो जाते हैं। जल का निर्माण तथा यौगिक में H की उपस्थिति का परीक्षण निर्जल $CuSO_4$ (सफेद) द्वारा किया जाता है जो जल को अवशोषित करके नीला हो जाता है। इसी प्रकार CO_2 को चूने के पानी में प्रवाहित करने पर चूने का पानी दूधिया हो जाता है, जिससे C की उपस्थिति का परीक्षण किया जाता है।

$$\text{C (कार्बनिक यौगिकों में)} + 2CuO \xrightarrow{\Delta} CO_2 + 2Cu$$

$$\underset{\text{रंगहीन}}{CO_2} + Ca(OH)_2 \longrightarrow \underset{\text{दूधिया}}{CaCO_3 \downarrow} + H_2O$$

$$\text{H (कार्बनिक यौगिकों में)} + CuO \xrightarrow{\Delta} H_2O + Cu$$

$$\underset{\text{रंगहीन}}{CuSO_4} + 5H_2O \longrightarrow \underset{\text{नीला}}{CuSO_4 \cdot 5H_2O}$$

चूँकि, ऑक्सीजन प्राय: सर्वत्र उपस्थित रहती है, अत: इसके परीक्षरण के लिए कोई प्रत्यक्ष विधि उपलब्ध नहीं है।

नाइट्रोजन का सोडा लाइम परीक्षण Soda Lime Test for Nitrogen

नाइट्रोजन के सोडा लाइम परीक्षण हेतु यौगिक को सोडालाइम (NaOH + CaO) के साथ अत्यधिक गर्म करते हैं। नाइट्रोजन का बनना, यौगिक में नाइट्रोजन की उपस्थिति की पुष्टि करता है।

$$CH_3CONH_2 + NaOH/CaO \rightarrow CH_3COO^-Na^+ + NH_3 \uparrow$$

लैसग्ने परीक्षण Lassaigne's Test

इस परीक्षण का प्रयोग यौगिक में नाइट्रोजन, सल्फर, फ्लुओरीन, क्लोरीन, ब्रोमीन, आयोडीन आदि की उपस्थिति की पुष्टि हेतु करते हैं।
इस परीक्षण में निम्न दो चरण होते हैं

(i) लैसग्ने निष्कर्ष को बनाना
(ii) लैसग्ने निष्कर्ष का प्रयोग करके तत्वों की पहचान

लैसग्ने परीक्षण में कार्बनिक यौगिकों को आयनिक अकार्बनिक यौगिकों में बदलने के लिए सोडियम धातु के साथ उच्च ताप पर गलाते हैं। सोडियम के लवणों के जलीय विलयन को सोडियम निष्कर्ष या लैसग्ने निष्कर्ष कहते हैं।

$$\text{कार्बनिक यौगिक} + Na \longrightarrow NaCN \text{ या } Na_2S \text{ या } NaX \text{ या } NaCNS$$

$$Na + C + N \longrightarrow \underset{\text{सोडियम सायनाइड}}{NaCN}$$

$$2Na + S \longrightarrow \underset{\text{सोडियम सल्फाइड}}{Na_2S}$$

$$Na + C + N + S \longrightarrow \underset{\text{सोडियम थायोसायनेट}}{NaCNS}$$

$$2Na + X_2 \longrightarrow \underset{\text{सोडियम हैलाइड}}{2NaX}$$

नाइट्रोजन का परीक्षण Detection of Nitrogen

सोडियम निष्कर्षण को फेरस सल्फेट के ताजा विलयन के साथ गर्म करके तनु H_2SO_4 या HCl के साथ अम्लीय किया जाता है, जिससे फेरिक फेरोसायनाइड, $Fe_4[Fe(CN)_6]_3$ बनने के कारण विलयन हरा या प्रशियन नीला हो जाता है।

$$2NaCN + FeSO_4 \longrightarrow Fe(CN)_2 + Na_2SO_4$$

$$Fe(CN)_2 + 4NaCN \longrightarrow Na_4[FeCN)_6]$$

$$Fe^{2+} \xrightarrow{OH^-} Fe^{3+}$$

$$4Fe^{3+} + 3Na_4[Fe(CN)_6] \longrightarrow 12Na^+ + Fe[Fe(CN)_6]_3$$

सल्फर का परीक्षण Detection of Sulphur

सोडियम निष्कर्ष में सोडियम नाइट्रोप्रुसाइड की कुछ बूँदे मिलाने पर यदि गहरे बैगनी रंग की उपस्थिति हो तो सल्फर की उपस्थिति निश्चित है।

$$Na_2S + \underset{\text{सोडियम नाइट्रोप्रुसाइड}}{Na_2[Fe(CN)_5NO]} \longrightarrow \underset{\substack{\text{सोडियम थायोनाइट्रोप्रुसाइड} \\ \text{(बैगनी रंग)}}}{Na_4[Fe(CN)_5NOS]}$$

हैलोजनों का परीक्षण Test for Halogens

सोडियम निष्कर्ष को तनु HNO_3 द्वारा अम्लीकृत करके गर्म करते हैं तथा फिर उसमें सिल्वर नाइट्रेट विलयन डालते है। गर्म करने पर विलयन में उपस्थित Na_2S तथा NaCN विघटित होकर H_2S तथा HCN के रूप में निकल जाते हैं।

(i) यदि सफेद अवक्षेप प्राप्त होता है जो अमोनियम हाइड्रॉक्साइड विलयन में घुल जाता है तो कार्बनिक यौगिक में क्लोरीन उपस्थित है।

$$NaCl + AgNO_3 \longrightarrow \underset{\text{सफेद अवक्षेप}}{AgCl \downarrow} + NaNO_3$$

$$AgCl + 2NH_4OH \longrightarrow \underset{\substack{\text{डाइऐमीन सिल्वर ब्रोमाइड} \\ \text{(विलेय संकर लवण)}}}{[Ag(NH_3)_2]Cl} + 2H_2O$$

(ii) यदि हल्का पीला अवक्षेप प्राप्त होता है जो अमोनियम हाइड्रॉक्साइड की अधिकता में घुल जाता है तो कार्बनिक यौगिक में ब्रोमीन उपस्थित है।

$$NaBr + AgNO_3 \longrightarrow \underset{\text{हल्का पीला अवक्षेप}}{AgBr \downarrow} + NaNO_3$$

$$AgBr + 2NH_4OH \longrightarrow \underset{\substack{\text{डाइऐमीन सिल्वर ब्रोमाइड} \\ \text{(विलेय संकर लवण)}}}{[Ag(NH_3)_2]Br} + 2H_2O$$

(iii) यदि पीला अवक्षेप प्राप्त होता है जो अमोनियम हाइड्रॉक्साइड की अधिकता में भी नहीं घुलता है तो कार्बनिक यौगिका में आयोडीन उपस्थित है।

$$NaI + AgNO_3 \longrightarrow AgI \downarrow + NaNO_3$$

फॉस्फोरस का परीक्षण Detection of Phosphorus

कार्बनिक यौगिक + गलित मिश्रण $(Na_2CO_3 + KNO_3) \xrightarrow{\Delta}$ उत्पाद को गर्म जल में घोलें तथा सान्द्र HNO_3 व अमोनियम मोलिब्डेट विलयन मिलाएँ $\longrightarrow$ पीला अवक्षेप अथवा रंग आने पर P निश्चित है।

$$3Na_2CO_3 + 2P + 5O \longrightarrow 2Na_3PO_4 + 3CO_2$$

$$Na_3PO_4 + 3HNO_3 \longrightarrow H_3PO_4 + 3NaNO_3$$

$$H_3PO_4 + 12(NH_4)_2MoO_4 + 21HNO_3 \longrightarrow \underset{\substack{\text{अमोनियम फॉस्फो-मॉलिब्डेट} \\ \text{(पीला रंग)}}}{(NH_4)_3PO_4 \cdot 12MoO_3} + 21NH_4NO_3 + 12H_2O$$

रेमाणात्मक अथवा मात्रात्मक विश्लेषण
uantitative Analysis

र्बनिक यौगिकों में उपस्थित तत्वों की प्रतिशत मात्रा का आकलन माणात्मक विश्लेषण के द्वारा किया जाता है

इट्रोजन का निर्धारण Estimation of Nitrogen

र्बनिक यौगिकों में नाइट्रोजन के निर्धारण की निम्नलिखित दो विधियाँ हैं

ड्यूमा विधि Duma's Method

नाइट्रोजन युक्त कार्बनिक यौगिकों में यह विधि प्रयुक्त होती है। इस में कार्बनिक यौगिक को कॉपर ऑक्साइड के साथ गर्म करते हैं, से यौगिक की नाइट्रोजन N_2 गैस में बदल जाती है, जिसे कॉस्टिक श के ऊपर एकत्रित कर लिया जाता है।

ट्रोजन (N) की % मात्रा $= \frac{28}{22400} \times \frac{V}{W} \times 100$

, V = STP निर्मुक्त N_2 का आयतन, W = कार्बनिक यौगिक का भार

जेल्डॉल विधि Kjeldahl's Method

विधि में यौगिक को उत्प्रेरक $CuSO_4$ तथा K_2SO_4 का मिश्रण) की स्थिति में सान्द्र H_2SO_4 के साथ गर्म किया जाता है, जिससे यौगिक में स्थित नाइट्रोजन, परिमाणात्मक रूप से अमोनियम सल्फेट में बदल है इस प्रकार प्राप्त अमोनियम सल्फेट, NaOH विलयन की अधिकता साथ अपघटित होकर अमोनिया (NH_3) देता है, जो अनुमापन कर लिया है। जिन यौगिकों में नाइट्रोजन या तो अन्य नाइट्रोजन से या ऑक्सीजन ड़ी होती है, (जैसे नाइट्रो, नाइट्रोसो, ऐजो, ऐजोक्सी, डाइऐजो, ज़ोन, ऑक्सिम आदि।) उनमें यह विधि असफल हो जाती है।

ोजन (N) की % मात्रा $= \frac{1.4 \times N \times V}{W}$

$N = NH_3$ के निर्धारण में प्रयुक्त अम्ल की नॉर्मलता
V = प्रयुक्त अम्ल का आयतन
W = कार्बनिक यौगिक का भार

ोजनों का निर्धारण Estimation of Halogens

निक यौगिक में उपस्थित हैलोजनों (Cl, Br, I) का निर्धारण **केरियस** (Carius method) द्वारा करते हैं। इस विधि में हैलोजन युक्त निक यौगिक को बन्द नली में सिल्वर नाइट्रेट की उपस्थिति में सधूम ट्रक अम्ल के साथ गर्म करते हैं, जिससे यौगिक में उपस्थित हैलोजन, र हैलाइड (AgX) के रूप में अवक्षेपित हो जाती है, जिसे तोल जाता है।

$$\text{क्लोरीन की \% मात्रा} = \frac{35.5}{143.5} \times \frac{\text{AgCl का भार}}{\text{यौगिक का भार}} \times 100$$

$$\text{ब्रोमीन की \% मात्रा} = \frac{80}{188} \times \frac{\text{AgBr का भार}}{\text{यौगिक का भार}} \times 100$$

$$\text{आयोडीन की \% मात्रा} = \frac{127}{235} \times \frac{\text{AgI का भार}}{\text{यौगिक का भार}} \times 100$$

फॉस्फोरस का निर्धारण
Estimation of Phosphorus

फॉस्फोरस युक्त कार्बनिक यौगिक को सान्द्र HNO_3 के साथ केरियस नली में गर्म करते हैं, जिससे उत्पन्न $MgNH_4PO_4$ को जलाकर $Mg_2P_2O_7$ (मैग्नीशियम पायरोफॉस्फेट) की मात्रा तोलकर ज्ञात कर लेते हैं। यौगिक में उपस्थित फॉस्फोरस की प्रतिशत मात्रा निम्न सूत्र की सहायता से ज्ञात करते हैं।

$$\text{फॉस्फोरस (P) की \% मात्रा} = \frac{62}{222} \times \frac{Mg_2P_2O_7 \text{ का भार}}{\text{यौगिक का भार}} \times 100$$

ऑक्सीजन का निर्धारण Estmation of Oxygen

ऑक्सीजन की मात्रा की गणना अन्तर द्वारा की जाती है, अर्थात् ऑक्सीजन की % मात्रा = 100 – अन्य सभी तत्वों की % मात्राओं का योग

प्रतिशत्ता से मूलानुपाती तथा अणुसूत्र निकालना
Determination of Empirical and Molecular Formulae from Percentage

"प्रतीकों का वह समूह जो किसी पदार्थ के संघटन को व्यक्त करता है, पदार्थ का सूत्र कहलाता है।"

मूलानुपाती सूत्र Empirical Formula

यह सूत्र अणु में उपस्थित विभिन्न तत्वों के परमाणुओं की संख्याओं के सरल अनुपात को प्रदर्शित करता है। सूत्र की गणना नीचे दी गई सारणी के पदों को क्रम से पूरा करके की जाती है।

पद I	पद II	पद III	पद IV	पद V
तत्व	प्रतिशतता	परमाणुओं की आपेक्षिक संख्या = प्रतिशतता/परमाणु भार	परमाणुओं का सरल अनुपात	मूलानुपाती सूत्र
सभी तत्वों को क्रमवार लिखते हैं।	सभी तत्वों की प्रतिशत मात्रा क्रमवार उनके सामने लिखते हैं।	इस पद में प्रत्येक तत्व की प्रतिशत मात्रा को उसके परमाणु भार से भाग करके परमाणुओं की आपेक्षिक संख्या ज्ञात कर लते हैं।	प्राप्त आपेक्षिक संख्याओं में सबसे छोटी संख्या से सभी को भाग देते हैं। प्राप्त अंक परमाणुओं के सरल अनुपात को प्रदर्शित करते हैं। यदि ये संख्याएँ पूर्ण गुणांक नहीं है तो परमाणुओं की सरल संख्याओं को उचित गुणांक से गुणा करके पूर्ण गुणांक में परिवर्तित कर देते हैं।	तत्वों के सरल अनुपात को उनके प्रतीक के पादाक्षर के रूप में लिखते हैं।

अणुसूत्र Molecular Formulae

वह सूत्र जो किसी पदार्थ के अणु में उपस्थित विभिन्न तत्वों के परमाणुओं की वास्तविक संख्या को व्यक्त करता है, अणुसूत्र कहलाता है।

जैसे—	पदार्थ	ऐसीटिलीन	बेन्जीन
	अणुसूत्र	C_2H_2	C_6H_6

किसी यौगिक के भारात्मक संघटन (प्रतिशत संघटन) से उसके अणुसूत्र की गणना निम्न सूत्र द्वारा की जा सकती है—

अणुसूत्र = (मूलानुपाती सूत्र)$_n$ $\quad$ ($n = 1, 2, 3, 4, \ldots$ पूर्णांक)

$$n = \frac{\text{अणुभार}}{\text{मूलानुपाती सूत्रभार}}$$

यौगिक का अणुभार = $2 \times$ वाष्प घनत्व

कार्बनिक अणुओं का संरचनात्मक रूप एवं कार्बन में संकरण Shapes of Organic Molecules and Hybridisation in Carbon

कार्बन का इलेक्ट्रॉनिक विन्यास निम्न है

$$C_6 = 1s^2,\ 2s^2,\ 2p^2$$

[⇅] [⇅] [↑ | ↑ |]

कार्बनिक यौगिकों में संकरण में प्रयुक्त होने वाले कक्षकों के आधार पर संकरण तीन प्रकार का (sp^3, sp^2 व sp) होता है। संकरण के तीनों प्रकारों से जुड़े बन्ध कोण तथा ज्यामिति निम्न प्रकार हैं

संकरण का प्रकार	बन्ध कोण	ज्यामिति	अप्रयुक्त p-कक्षकों की संख्या	s-कक्षक का %
sp^3	109°28′ (109.5°)	चतुष्फलकीय	0	25
sp^2	120°	त्रिकोणीय तलीय	1	33.3
sp	180°	रेखीय	2	50

संकरण, बन्ध लक्षणों जैसे बन्ध लम्बाई, बन्ध ऊर्जा, बन्ध कोण आदि को प्रभावित करता है।

कार्बनिक यौगिकों का वर्गीकरण
Classification of Organic Compounds

कार्बनिक यौगिकों को मुख्यत: दो वर्गों में विभाजित किया गया है

(i) ऐलिफैटिक या विवृत श्रृंखला यौगिक

(ii) चक्रीय या संवृत श्रृंखला यौगिक

कार्बनिक यौगिक

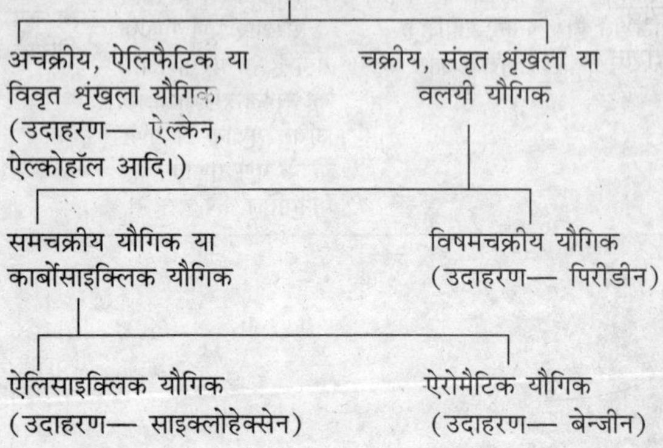

कार्बन की श्रृंखलाओं में उपस्थित कार्बन परमाणु भी चार प्रकार के सकते हैं

```
     H              1°   1°
     |              C    C
H—C1°—H     1°  2°  |3°  |4°  1°
     |      C—C—C—C—C
     H                   |
                         C
                         1°
```

1° = प्राथमिक कार्बन (Primary carbon)

2° = द्वितीयक कार्बन (Secondary carbon)

3° = तृतीयक कार्बन (Tertiary carbon)

4° = चतुर्थक कार्बन (Quaternary carbon)

कार्बनिक यौगिकों में संकरण
Hybridisation in Organic Compounds

"वह क्रिया जिसमें विभिन्न आकृति तथा विभिन्न ऊर्जा के कक्षक परस्प मिश्रित होकर, समान आकृति तथा समान ऊर्जा के नए कक्षक देते हैं, **संकरण** (Hybridisation) कहलाता है" तथा प्राप्त नए कक्षकों को **संकरित कक्षक** (Hybrid orbital) कहते हैं।

संकरण के प्रकार
Types of Hybridisation

संकरण मुख्यत: तीन प्रकार का होता है

(i) **sp^3 संकरण** (sp^3 hybridisation) जब किसी परमाणु में बाह्य क का एक s-कक्षक और तीन p-कक्षक परस्पर मिलकर समान ऊर्जा चार नए कक्षक बनाते हैं तो इस प्रक्रम को sp^3-संकरण कहते इसमें 25% s-लक्षण तथा 75% p-लक्षण होता है।

आकृति	—	चतुष्फलकीय
बन्ध कोण	—	109° 28′
उदाहरण	—	CH_4, C_2H_6 आदि (मेथेन) (एथेन)

उदाहरण—मेथेन (CH_4) अणु का बनना

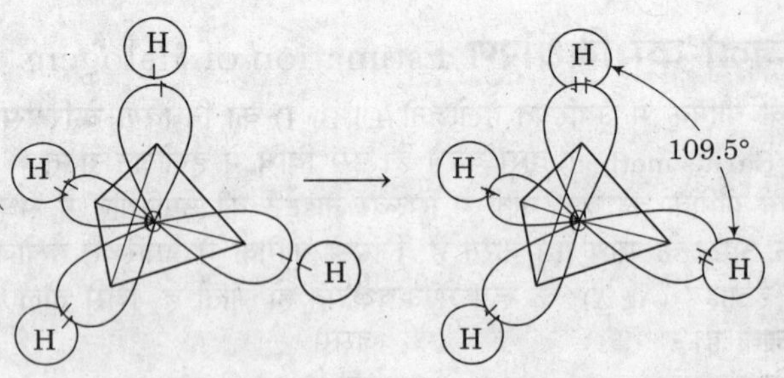

(ii) **sp^2-संकरण** (sp^2 hybridisation) जब किसी परमाणु के ब कोश का एक s-कक्षक और दो p-कक्षक परस्पर मिलकर स ऊर्जा के तीन नए कक्षक बनाते हैं तो इस प्रक्रम को sp^2-संक कहते हैं। इसमें 33% s-लक्षण तथा 67% p-लक्षण होता है।

आकृति	—	समतलीय त्रिकोणीय
बन्ध कोण	—	120°
उदाहरण	—	एथिलीन ($CH_2=CH_2$), बेन्जीन (C_6H_6), आदि।

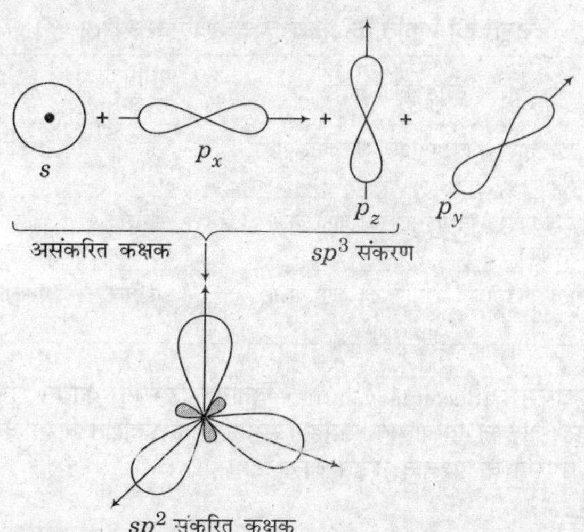

sp^2 संकरित कक्षक

(iii) ***sp*-संकरण** (*sp*-hybridisation) जब किसी परमाणु के बाह्य कोश का एक s कक्षक और एक p कक्षक परस्पर मिलकर समान ऊर्जा के दो नए कक्षक बनाते हैं तो इस प्रक्रम को sp-संकरण कहते हैं। इसमें 50% s-लक्षण तथा 50% p-लक्षण होता है।

आकृति	—	रेखीय
बन्धकोण	—	180°
उदाहरण	—	CO_2, BeF_2, $CH \equiv CH$ आदि।

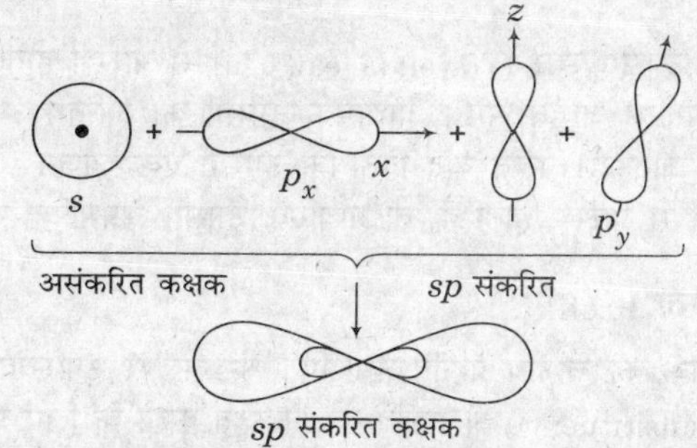

sp संकरित कक्षक

समूह और मूलक Groups and Radicals

ाधारणतः कार्बनिक यौगिक दो या दो से अधिक अवयवों से मिलकर नते हैं। ये अवयव **समूह** या **मूलक** कहलाते हैं।

सजातीय श्रेणी Homologous Series

"कार्बनिक यौगिकों का ऐसा समूह जिसमें प्रत्येक में एकसमान नभिक्रियाशील समूह होता है, सजातीय श्रेणी कहलाती है।"

सजातीय श्रेणी के गुणधर्म
Characteristics of Homologous Series

(i) किसी सजातीय श्रेणी के सभी सदस्यों को समान सामान्य सूत्र द्वारा व्यक्त किया जा सकता है।

(ii) किसी सजातीय श्रेणी का प्रत्येक सदस्य एक-दूसरे का समजात कहलाता है तथा किन्हीं दो क्रमागत सदस्यों के बीच सदा CH_2 का स्थिर अन्तर रहता है।

(iii) किसी सजातीय श्रेणी के प्रत्येक सदस्य में एक निश्चित क्रियात्मक समूह होता है। अतः सजातीय सदस्यों के रासायनिक गुणधर्म समान होते हैं।

(iv) किसी सजातीय श्रेणी के सदस्यों को श्रेणी की सामान्य बनाने की विधियों द्वारा बनाया जा सकता है।

(v) किसी सजातीय श्रेणी के सदस्यों के भौतिक गुणधर्म सदस्यों के अणुभारों की वृद्धि के साथ क्रम से घटते या बढ़ते हैं।

कार्बनिक यौगिकों का संरचनात्मक निरूपण
Structural Representation of Organic Compounds

कार्बनिक यौगिकों को सामान्यतः निम्न तीन प्रकार से निरूपित किया जा सकता है

पूर्ण निरूपण Complete Notation

पूर्ण संरचना वह संरचना होती है जिसमें किन्हीं भी दो परमाणुओं के मध्य उपस्थित सभी बन्धों को दर्शाया जाता है।

उदाहरण— 2-मेथिल ब्यूटीन की पूर्ण संरचना निम्न है

```
           H
           |
         H—C—H
      H    |   H  H
      |    |   |  |
    H—C ═══C — C— C—H
               |  |
               H  H
```

संघनित संरचना Condensed Structure

वह संरचना जिसमें द्विबन्ध तथा त्रिबन्ध के अतिरिक्त सभी बन्ध हटा दिए जाते हैं, संघनित संरचना कहलाती है।

उदाहरण—CH_3OH (मेथेनॉल)

बन्ध रेखा निरूपण Bond Line Notation

(i) बन्ध रेखाओं द्वारा एकल बन्ध, एक रेखा (—) से, द्विबन्ध दो समान्तर रेखाओं (=) से तथा त्रिबन्ध तीन समान्तर रेखाओं (≡) से प्रदर्शित किये जाते हैं।

(ii) प्रत्येक रेखा का अन्तिम सिरा और प्रत्येक जोड़ एक कार्बन परमाणु को प्रदर्शित करता है जिसके पास कार्बन की चर्तुः संयोजकता को संतुष्ट करने के लिये आवश्यक हाइड्रोजन उपस्थित होते हैं।

उदाहरण—

```
        CH3  CH3
        |    |
CH2 ═ C  —  C ═ CH2
```
2, 3-डाइमेथिल-1, 3-ब्यूटाडाइन

या

कार्बनिक यौगिकों के नामांकरण की पद्धतियाँ
Systems of Nomenclature of Organic Compounds

सामान्य या निरर्थक पद्धति
General or Trivial Method

इस पद्धति में खुली सीधी श्रृंखला वाले यौगिकों (Straight chain compounds) को नॉर्मल यौगिक (Normal compounds) कहते हैं और इनको *n*-संकेत से प्रकट किया जाता है। यदि यौगिकों में $(CH_3)_2CH$— समूह होता है तो वह *आइसो* यौगिक (*iso* compound) कहलाता है। यदि यौगिकों में चतुर्थक कार्बन परमाणु C होता है तो वह ***निओ* यौगिक** (*neo* compound) कहलाता है।

आई.यू.पी.ए.सी. पद्धति अथवा जेनेवा आई.यू.सी. पद्धति
IUPAC System or Geneva IUC System

सन् 1958 में जेनेवा में "अन्तर्राष्ट्रीय विशुद्ध एवं अनुप्रयुक्त रसायन संघ" ने कार्बनिक यौगिकों के नामकरण की एक क्रमबद्ध पद्धति प्रस्तुत की। यह पद्धति आई.यू.पी.ए.सी. पद्धति या आधुनिक पद्धति कहलाती है। कार्बनिक यौगिकों का इस पद्धति के अनुसार लिखे गये नाम उनके आई.यू.पी.ए.सी. नाम कहलाते हैं।

इस पद्धति के अनुसार, प्रत्येक यौगिक के नाम के दो या तीन भाग (मूल शब्द, उपसर्ग और पूर्वलग्न) होते हैं।

(i) **मूल शब्द** Root Word

मूल शब्द आधारभूत कार्बन कंकाल की प्रकृति को प्रदर्शित करता है। साधारणत: किसी कार्बन श्रृंखला के लिए मूल शब्द **'ऐल्क'** (alk) है।

उदाहरण—

श्रृंखला लम्बाई	मूल शब्द	श्रृंखला लम्बाई	मूल शब्द	श्रृंखला लम्बाई	मूल शब्द
C_1	मेथ–	C_5	पेन्ट–	C_9	नॉन या इनी–
C_2	एथ–	C_6	हेक्स–	C_{10}	डेक–
C_3	प्रोप–	C_7	हेप्ट–	C_{11}	अनडेक–
C_4	ब्यूट–	C_8	ऑक्ट–	C_{12}	डोडेक–

(ii) **उपसर्ग** Suffix

उपसर्ग दो प्रकार के होते हैं

प्राथमिक उपसर्ग (Primary suffix) कार्बन श्रृंखला में संतृप्तता या असंतृप्तता की कोटि को प्रदर्शित करने के लिए मूल शब्द में जोड़े जाते हैं,

कार्बन श्रृंखला की प्रकृति के आधार पर प्राथमिक उपसर्ग

क्र. सं.	कार्बन श्रृंखला की प्रकृति	प्राथमिक उपसर्ग	उदाहरण
1.	संतृप्त (C—C)	-ऐन	ऐल्केन
2.	असंतृप्त (C═C)	-ईन	ऐल्कीन
3.	असंतृप्त (C≡C)	-आइन	ऐल्काइन

समूह की प्रकृति के आधार पर प्राथमिक उपसर्ग

क्र.सं.	समूह की प्रकृति	प्राथमिक उपसर्ग	उदाहरण
1.	एक हाइड्रोजन परमाणु की कमी वाला ऐल्केन	-इल	ऐल्किल
2.	एक हाइड्रोजन परमाणु की कमी वाली ऐल्कीन	-निल	ऐल्किनिल
3.	एक हाइड्रोजन परमाणु की कमी वाली एल्काइन	-इनिल	ऐल्काइनिल

द्वितीयक उपसर्ग (Secondary suffix) द्वितीयक उपसर्ग, कार्बन श्रृंखला में उपस्थित निश्चित क्रियात्मक समूह (समूहों) को प्रदर्शित करने के लिए प्राथमिक उपसर्ग के पश्चात् जुड़ने वाला उपसर्ग है।

उदाहरण—

क्र.सं.	कार्बनिक यौगिकों का वर्ग	क्रियात्मक समूह		द्वितीयक उपसर्ग
1.	ऐल्कोहॉल	—OH	-ऑल	ऐल्केनॉल
2.	ऐल्डिहाइड	—CHO	-अल	ऐल्केनल
3.	कीटोन	C═O	-ऑन	ऐल्केनॉन
4.	कार्बोक्सिलिक अम्ल	—COOH	-ऑइक अम्ल	ऐल्केनोइक अम्ल

यदि द्वितीयक उपसर्ग स्वर (Vowel) (a, e, i, o, u) से प्रारम्भ होता है, तो प्राथमिक उपसर्ग से जोड़ते समय, प्राथमिक उपसर्ग का अन्तिम अक्षर 'e' निष्कासित हो जाता है। परन्तु यदि द्वितीयक उपसर्ग एक व्यंजन (Consonant) से प्रारम्भ होता है, तो प्राथमिक उपसर्ग अप्रभावित रहता है।

(iii) **पूर्वलग्न** Prefix

पूर्वलग्न, यौगिक की चक्रीय प्रकृति तथा पितृ श्रृंखला पर उपस्थित प्रतिस्थापक (substituent) की प्रकृति को निर्देशित करने के लिए प्रयुक्त किये जाते हैं। *उपसर्गों के समान ही पूर्वलग्न भी दो प्रकार के होते हैं*

प्राथमिक पूर्वलग्न यह कार्बन कंकाल के मूल शब्द से पहले जोड़ा जाता है। यदि कार्बन कंकाल चक्रीय होता है तो प्राथमिक पूर्वलग्न के रूप में 'साइक्लो' (Cyclo) पूर्वलग्न लिखते हैं। यदि कार्बन कंकाल अचक्रीय होता है तो प्राथमिक पूर्वलग्न का प्रयोग नहीं करते हैं।

द्वितीयक पूर्वलग्न ये वे समूह होते हैं जो नामकरण की IUPAC पद्धति में क्रियात्मक समूह में नहीं गिने जाते हैं, परन्तु प्रतिस्थापियों के रूप में होते हैं। ये अचक्रीय यौगिकों में मूल शब्द से पहले तथा चक्रीय यौगिकों में प्राथमिक पूर्वलग्न से पहले जोड़े जाते हैं।

उदाहरण—

क्र. सं.	प्रतिस्थापी	द्वितीयक पूर्वलग्न
1.	—F	फ्लोरो
2.	—Cl	क्लोरो
3.	—Br	ब्रोमो

अत: किसी यौगिक के IUPAC नाम में मूल शब्द, उपसर्गों तथा पूर्वलग्नों का क्रम निम्न प्रकार होता है

द्वितीयक पूर्वलग्न – प्राथमिक पूर्वलग्न – मूल शब्द – प्राथमिक उपसर्ग – द्वितीयक उपसर्ग

ऐरोमैटिक यौगिकों का नामकरण
Nomenclature of Aromatic Compounds

सामान्यत: ऐरोमैटिक यौगिकों के नाम विशिष्ट होते हैं।

उदाहरण—

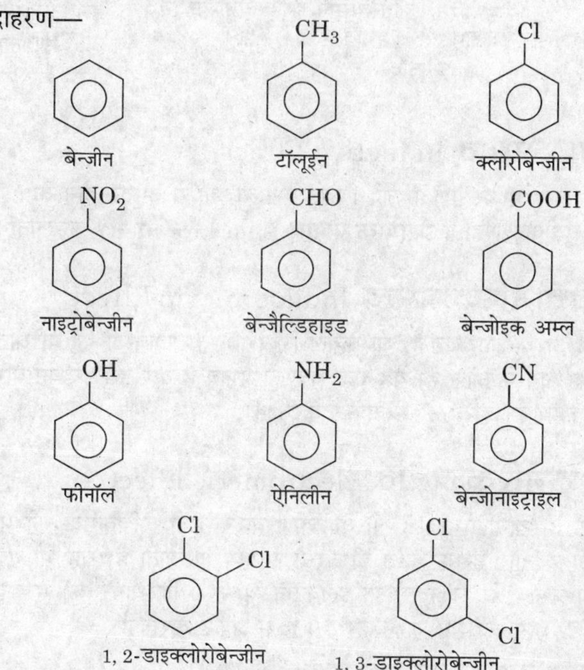

ऐलिसाइक्लिक यौगिकों का नामकरण
Nomenclature of Alicyclic Compounds

(i) पूर्वलग्न साइक्लो (cyclo) संगत विवृत शृंखला हाइड्रोकार्बन (ऐल्केन, ऐल्कीन या ऐल्काइन) के नाम में जोड़ा जाता है।

उदाहरण—

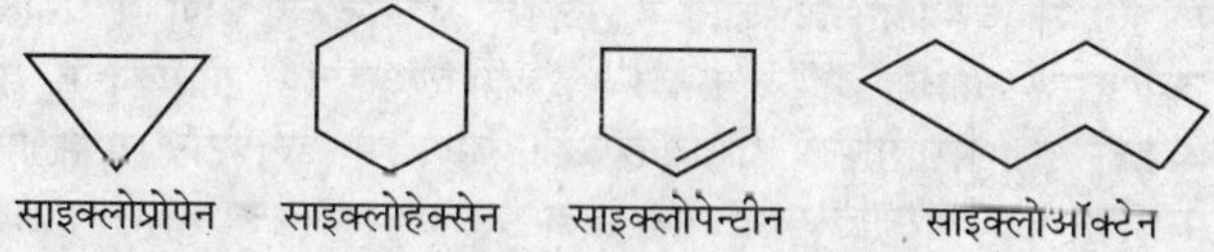

(ii) चक्र में प्रतिस्थापी की स्थिति अरबी संख्या अर्थात् 1, 2, 3, 4 आदि द्वारा प्रदर्शित की जाती है। इन्हें संख्याबद्ध इस प्रकार किया जाता है कि जिसमें प्रतिस्थापी, जो वर्णमाला क्रम में पहले आता है, को निम्नतम क्रमांक दिया जाये बशर्ते यह न्यूनतम योग नियम का उल्लंघन न करें।

उदाहरण—

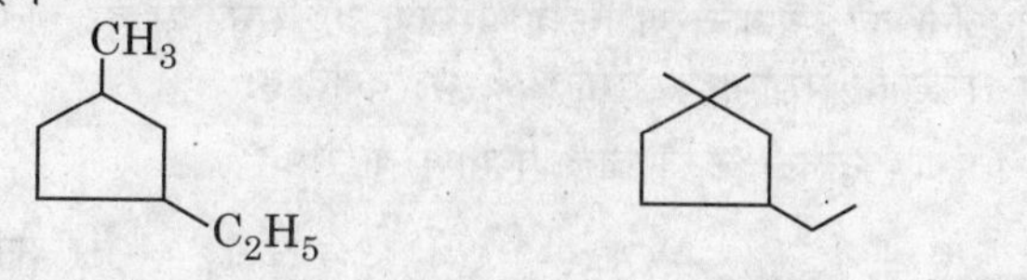

(iii) यदि ऐल्किल समूह में कार्बन परमाणुओं की संख्या चक्र से अधिक है, यौगिक ऐल्केन के व्युत्पन्न के रूप में नामित किया जाता है और इस प्रकार चक्र प्रतिस्थापी (साइक्लोऐल्किल) के रूप में होता है।

$$\overset{1}{C}H_3-\overset{2}{C}H-\overset{3}{C}H_2-\overset{4}{C}H_3$$

2-साइक्लोप्रोपिलब्यूटेन

(iv) किसी क्रियात्मक समूह (बहुबन्ध सहित) के चक्र में उपस्थित होने पर उसकी स्थिति को इस प्रकार संख्याबद्ध किया जाता है कि क्रियात्मक समूह को न्यूनतम सम्भावित क्रमांक प्राप्त हो।

3-मेथिल साइक्लोपेन्टेनॉल

2, 3-डाइमेथिल साइक्लोहेक्सेनॉन

सहसंयोजक बन्ध विखण्डन
Covalent Bond Fission

एकल या सिग्मा बन्ध के टूटने की प्रक्रिया विदलन या विखण्डन कहलाती है। कार्बनिक यौगिकों में बन्ध निम्नलिखित दो प्रकारों के द्वारा विखण्डित हो सकते हैं

(i) समांशी विखण्डन या विदलन (Homolytic fission or cleavage)

(ii) विषमांशी विखण्डन या विदलन (Heterolytic fission or cleavage)

समांशी विखण्डन या विदलन
Homolytic Fission or Cleavage

"वह प्रक्रम जिसमें पृथक् होने वाला प्रत्येक परमाणु सहसंयोजक बन्ध के इलेक्ट्रॉन-युग्म से एक-एक इलेक्ट्रॉन लेकर पृथक् होता है, समांशी विखण्डन कहलाता है।"

उदाहरण— $CH_3 \div CH_3 \longrightarrow \underset{\text{मुक्त मूलक}}{\dot{C}H_3 + \dot{C}H_3}$

समांशी विखण्डन के फलस्वरूप उत्पन्न प्रत्येक स्पीशीज के पास एक इलेक्ट्रॉन होता है। ऐसी विषम (Odd) इलेक्ट्रॉन-युक्त स्पीशीज को **मुक्त मूलक** (Free radical) कहते हैं।

विषमांशी विखण्डन या विदलन
Heterolytic Fission or Cleavage

"यदि दो परमाणुओं या समूहों के मध्य बना सहसंयोजक बन्ध इस प्रकार विखण्डित या विदलित होता है कि साझे में प्रयुक्त दोनों इलेक्ट्रॉन किसी एक परमाणु या समूह पर रह जायें तो बन्धों के इस प्रकार के विखण्डन को विषमांशी विखण्डन कहते हैं।"

उदाहरण— $A \div B \longrightarrow \underset{\text{ऋणायन}}{A^{:-}} + \underset{\text{धनायन}}{B^+}$

निम्नलिखित कारकों की उपस्थिति में बन्धों का विदलन होता है

(i) ध्रुवीय अणु (ii) ध्रुवीय विलायक

विषमांशी विखण्डन के फलस्वरूप आयन (धनायन व ऋणायन) बनते हैं।

आक्रमणकारी अभिकर्मक Attacking Reagents

आक्रमणकारी अभिकर्मक कोई कार्बनिक या अकार्बनिक अणु हो सकता है अथवा उसका कोई भाग हो सकता जैसे NaOH द्रव NH_3 में Na, *RMgX* आदि। अन्य कार्बनिक अणुओं के समान ही, अभिकर्मक भी समांशी या विषमांशी विदलन के फलस्वरूप क्रमश: मुक्त मूलक तथा आयन बनाता है।

आक्रमणकारी अभिकर्मक निम्न दो प्रकार के होते हैं

(i) इलेक्ट्रोफिलिक अभिकर्मक (ii) न्यूक्लिओफिलिक अभिकर्मक

इलेक्ट्रॉनस्नेही अभिकर्मक Electrophilic Reagents

इलेक्ट्रॉनों को आकर्षित (स्नेह) करने वाले अभिकर्मकों को इलेक्ट्रॉनस्नेही अथवा इलेक्ट्रॉफिलिक (Electro-इलेक्ट्रॉन, Philic-स्नेही) अभिकर्मक अथवा इलेक्ट्रोफाइल (Electrophile) कहते हैं। समस्त धनावेशित अभिकर्मक तथा लुईस अम्ल इलेक्ट्रॉनों को अपनी ओर आकर्षित करते हैं। अत: ये इलेक्ट्रॉनस्नेही अभिकर्मक होते हैं। इस प्रकार, इलेक्ट्रॉनस्नेही अभिकर्मक धनावेशित अथवा विद्युतीय उदासीन हो सकते हैं।

उदाहरण— धनावेशित इलेक्ट्रोनस्नेही अभिकर्मक

H^+, H_3O^+, NO_2^+, NO^+, Br^+, $—\overset{|}{\underset{|}{C^+}}$ आदि।

उदासीन इलेक्ट्रोनस्नेही अभिकर्मक SO_3, BF_3, $AlCl_3$, $FeCl_3$,

$R—C(=O)Cl$, $>C=O$ आदि।

नाभिकस्नेही अभिकर्मक Nucleophilic Reagents

नाभिकों (धनावेशित) को अपनी ओर आकर्षित (स्नेही) करने वाले अभिकर्मकों को नाभिकस्नेही अथवा न्यूक्लिओफिलिक (Nucleo-नाभिक, Philic-स्नेही) अभिकर्मक अथवा न्यूक्लिओफाइल (Nucleophile) कहते हैं। सभी ऋणावेशित अभिकर्मक तथा लुईस क्षार इलेक्ट्रॉनों को प्रतिकर्षित करते हैं, अत: ये सभी नाभिकस्नेही अभिकर्मक होते हैं। उदाहरण— ऋणावेशित नाभिकस्नेही अभिकर्मक OH^-, Cl^-, Br^-, OR^-, CN^- आदि।

उदासीन नाभिकस्नेही अभिकर्मक $H—\ddot{O}—H$, $H—\ddot{N}(H)—H$, $H—\ddot{N}(H)—R$, $R—\ddot{O}—H$ आदि।

सहसंयोजक बन्धों में इलेक्ट्रॉनिक विस्थापन Electronic Displacement in Covalent Bonds

अधिकांश आक्रमणकारी अभिकर्मक या तो धनावेशित होते हैं या ऋणावेशित, इसलिए सहसंयोजक बन्ध पर अभिक्रिया होने के लिए इसमें विपरीत आवेशित केन्द्र होने चाहिए। इलेक्ट्रॉनिक विस्थापन कुछ प्रभावों के कारण होता है जिनमें से कुछ **स्थायी** तथा अन्य अस्थायी है। स्थायी प्रभाव अणु में स्थायी रूप से कार्य करते हैं तथा **ध्रुवण प्रभाव** (Plarisation effect) कहलाते हैं, जबकि अस्थायी प्रभाव अभिकर्मक के क्रिया करने पर अपना प्रभाव डालते हैं तथा जैसे ही क्रिया करने वाले अभिकर्मक को विस्थापित किया जाता है इलेक्ट्रॉनिक विस्थापन लुप्त हो जाता है, ऐसे प्रभाव **ध्रुवणता प्रभाव** (Polarisability effects) कहलाते हैं।

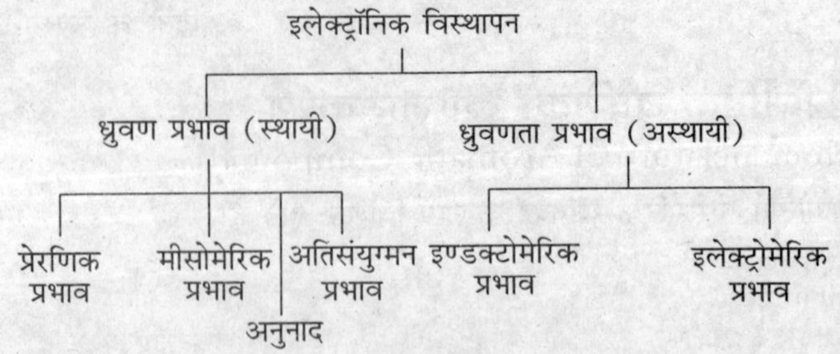

प्रेरणिक प्रभाव Inductive Effect

"किसी अणु में परमाणुओं की विद्युतऋणात्मकता में अन्तर होने के कारण ध्रुवीकरण होना **प्रेरणिक प्रभाव** (Inductive effect) कहलाता है।

इन्डक्टोमेरिक प्रभाव Inductomeric Effect

यह एक अस्थायी प्रभाव है, जो केवल स्थिर विद्युत वातावरण को परिवर्तित करने के कार्य में आता है। यह एक ध्रुवणता प्रभाव है तथा इसे इन्डक्टोमेरिक प्रभाव कहते हैं। इसे '*Id*' से प्रकट करते हैं।

इलेक्ट्रोमेरिक प्रभाव Electromeric Effect

यह एक अस्थायी प्रभाव है जो आक्रमण करने वाले अभिकर्मक की माँग पर होता है और उसके हटते ही तुरन्त समाप्त हो जाता है। यह भी एक ध्रुवणता प्रभाव है। साझेदारी के इलेक्ट्रॉन-युग्म के विस्थापन को मुड़े हुए तीर (↷) से प्रदर्शित करते हैं। इसे *E* से प्रकट करते हैं।

+ *E* **प्रभाव उत्पन्न करने वाले समूह** —F, —Cl, —Br, —I, $—OH^-$, $—OR^-$, $—NR_2^-$, $—CR_2^-$ आदि।

– *E* **प्रभाव उत्पन्न करने वाले समूह** $=\overset{+}{N}R_2$, =O, =S, आदि।

मेसोमेरिक प्रभाव Mesomeric Effect

यह एक स्थायी प्रभाव होता है जिसमें π-इलेक्ट्रॉनों या एकांकी इलेक्ट्रॉन-युग्म का पूर्णरूप से विस्थापन हो जाता है, जिसके फलस्वरूप अणु में धनात्मक तथा ऋणात्मक आवेश आ जाता है। यह प्रभाव असंतृप्त यौगिकों में सदैव पाया जाता है, मेसोमेरिक प्रभाव किसी अणु में इलेक्ट्रॉन-युग्म युक्त ऐसे परमाणु की उपस्थिति के कारण होता है, जो युग्म बन्ध के साथ संयुग्म करता हो।

उदाहरण— $CH_2=CH—CH=O \rightleftharpoons \overset{+}{C}H_2—CH=CH—O^-$

यदि इलेक्ट्रॉनों का स्थानान्तरण किसी परमाणु या समूह की ओर होता है तो इसे ऋणात्मक मेसोमेरिक प्रभाव (– *M*) कहते हैं जबकि यदि इलेक्ट्रॉनों का स्थानान्तरण किसी परमाणु यह समूह से दूर होता है, तो इसे धनात्मक मेसोमेरिक प्रभाव (+ *M*) कहते हैं।

+*M* प्रभाव उत्पन्न करने वाले परमाणु या समूह

$—\ddot{C}l$, $—\ddot{B}r$, $—\ddot{I}$, $—\ddot{N}H_2$, $—\ddot{O}H$ आदि।

1 प्रभाव उत्पन्न करने वाले परमाणु या समूह

$-NO_2$, $-C\equiv N$, $-\overset{O}{\overset{\|}{C}}-$ आदि।

नुनाद Resonance

किसी यौगिक के सभी गुणों (भौतिक व रासायनिक) की व्याख्या किसी संरचना से न की जा सके तो ऐसे यौगिकों के गुणों की व्याख्या करने लिए एक से अधिक संरचनाएँ प्रस्तावित (Proposed) की जाती हैं। इन ावित संरचनाओं को **अनुनादी संरचनाएँ** (Resonating structures or tributing structures or canonical form) कहते हैं तथा इस घटना **अनुनाद** (Resonance) कहा जाता है। सभी अनुनादी संरचनाओं की र संरचना को **अनुनादी संकर संरचना** (Resonance hybrid structure) ते हैं। वास्तविक संरचना अनुनादी संरचनाओं के बीच की कल्पित चना है।

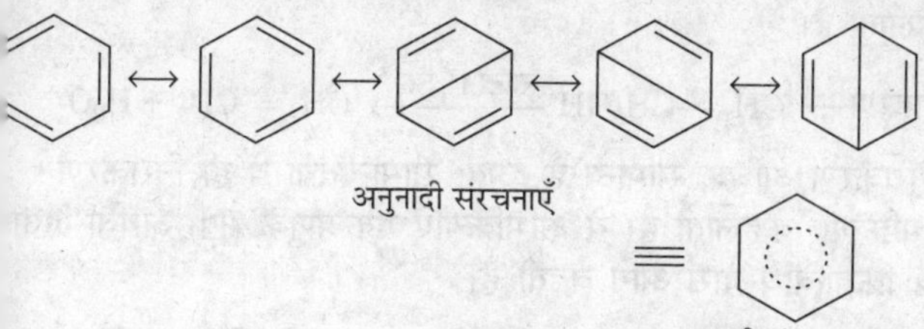

अनुनादी संरचनाएँ

अनुनादी संकर संरचना

देखा गया है कि किसी अणु की जितनी अधिक अनुनादी संरचनाएँ हैं, वह उतना ही अधिक स्थायी होता है।

तिसंयुग्मन Hyperconjugation

देखा गया है कि जिन यौगिकों में C—H बन्ध, असंतृप्त कार्बन णु से जुड़े होते हैं, वे यौगिक विशेष प्रकार का अनुनाद प्रदर्शित हैं। जिसमें C—H बन्ध के इलेक्ट्रॉन अनुनाद में भाग लेते हैं।

रण—

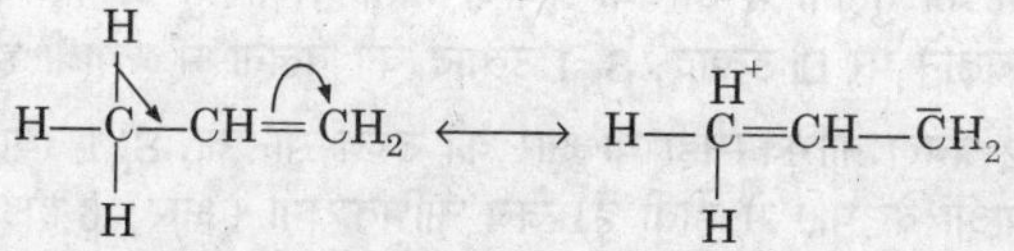

$$H-\underset{H}{\overset{H}{C}}-CH=CH_2 \longleftrightarrow H-\underset{H}{\overset{H^+}{C}}=CH-\bar{C}H_2$$

प्रकार के अनुनाद को **अतिसंयुग्मन** (Hyperconjugation) या **बन्ध अनुनाद** (No bond resonance) या σ-π अस्थानीकरण π delocalisation) कहते हैं।

ंयुग्मन प्रदर्शित करने वाले यौगिकों के गुण उसकी मूल संरचना से क्षत (Expected) गुणों से भिन्न होते हैं।

र्बनिक अभिक्रियाओं के प्रकार

es of Organic Reactions

निक यौगिकों की अभिक्रियाओं को सामान्यत: निम्न चार वर्गों में ृत किया जाता है

प्रतिस्थापन या विस्थापन अभिक्रियाएँ (Substitution reactions)

योगात्मक अभिक्रियाएँ (Addition reactions)

निराकरण (विलोपन) अभिक्रियाएँ (Elimination reactions)

पुनर्व्यवस्थापन अभिक्रियाएँ (Rearrangement reactions)

प्रतिस्थापन या विस्थापन अभिक्रियाएँ

Substitution or Displacement Reactions

वे अभिक्रियाएँ जिनमें किसी अणु से विभिन्न परमाणु या समूह द्वारा किसी परमाणु या समूह का विस्थापन होता है, प्रतिस्थापन अभिक्रियाएँ कहलाती हैं।

उदाहरण— $CH_3OH + HBr \longrightarrow CH_3Br + H_2O$

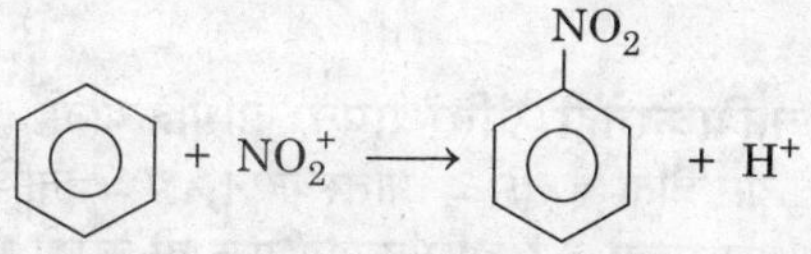

$$C_6H_6 + NO_2^+ \longrightarrow C_6H_5NO_2 + H^+$$

प्रतिस्थापन अभिक्रियाएँ निम्न दो प्रकार की होती हैं

मुक्त मूलक प्रतिस्थापन अभिक्रियाएँ

Free Radical Substitution Reactions

इन अभिक्रियाओं में मुक्त मूलक मध्यवर्ती के रूप में बनते हैं। ये अभिक्रियाएँ सूर्य के प्रकाश ऑक्सीजन, परॉक्साइडों तथा दूसरे मुक्त मूलक उत्पादकों द्वारा प्रारम्भ होती हैं।

उदाहरण— $CH_4 + Cl_2 \xrightarrow[-HCl]{h\nu} CH_3Cl$

S_N1 एवं S_N2 प्रतिस्थापन अभिक्रियाएँ

S_N1 and S_N2 Substitution Reactions

इन अभिक्रियाओं में मध्यवर्ती के रूप में आयन बनते हैं। ये अभिक्रियाएँ निम्न दो प्रकार की होती हैं

इलेक्ट्रोफिलिक प्रतिस्थापन अभिक्रियाएँ, वे अभिक्रियाएँ हैं, जिनमें प्रतिस्थापन, इलेक्ट्रोफाइल द्वारा होता है। सामान्यत: इन्हें S_E द्वारा निरूपित किया जाता है। उदाहरण— बेन्जीन का नाइट्रीकरण, हैलोजनीकरण तथा सल्फोनीकरण आदि।

- **नाभिकस्नेही प्रतिस्थापन अभिक्रियाएँ,** वे अभिक्रियाएँ हैं, जिनमें प्रतिस्थापन, नाभिकस्नेही द्वारा होता है। इन्हें सामान्यतया S_N अभिक्रियाएँ कहा जाता है। उदाहरण—$R—X + KOH \longrightarrow R—OH + KX$
नाभिकस्नेही प्रतिस्थापन अभिक्रियाएँ एकअणुक तथा द्विअणुक हो सकती हैं।
- **एकअणुक नाभिकस्नेही प्रतिस्थापन** अभिक्रियाओं को S_N1 द्वारा निरूपित किया जाता है (S = प्रतिस्थापन, N = न्यूक्लिओफिलिक, 1 = एकअणुक)। इस प्रकार की अभिक्रियाओं की दर केवल ऐल्किल हैलाइड (सबस्ट्रेट) की सान्द्रता पर निर्भर करती है। S_N1 अभिक्रियाएँ, दो चरणों में पूर्ण होती हैं। प्रथम चरण धीमा (दर निर्धारण चरण) होता है, जिसमें ऐल्किल हैलाइड आयनीकृत होकर कार्बोनियम आयन देता है। दूसरा चरण तीव्र होता है, जिसमें कार्बोनियम आयन नाभिकस्नेही अभिकर्मक के साथ मिलकर अन्तिम प्रतिस्थापन उत्पाद उत्पन्न करता है।

प्रथम चरण $R—X \xrightarrow{\text{मन्द}} R^+ + X^-$

दूसरा चरण $\overset{\oplus}{R}—OH^- \xrightarrow{\text{तीव्र}} R—OH$

त्रिविम रसायन Stereochemistry

प्रथम चरण में उत्पन्न कार्बोनियम आयन समतलीय होता है क्योंकि केन्द्रीय धनात्मक आवेशित कार्बन परमाणु sp^2 संकरित होता है। समतलीय कार्बोनियम परमाणु पर दोनों ओर नाभिकस्नेही आक्रमण कर सकता है।

अत: यह दो समावयवी देता है (*d* तथा *l*)। इस प्रकार, यदि प्रारम्भिक ऐल्किल हैलाइड असममितीय (प्रकाशिक सक्रिय) है, तो उत्पाद रेसेमिक मिश्रण होगा।

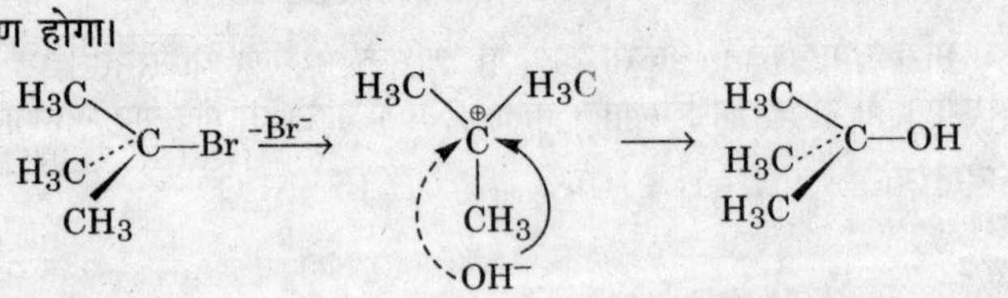

$$(H_3C)(H_3C)(CH_3)C{-}Br \xrightarrow{-Br^-} (H_3C)_2\overset{\oplus}{C}{-}CH_3 \;(OH^-) \longrightarrow (H_3C)(H_3C)(H_3C)C{-}OH$$

- **द्विअणुक नाभिकस्नेही प्रतिस्थापन** अभिक्रियाओं को S_N2 द्वारा निरूपित किया जाता है (S = प्रतिस्थापन, N = नाभिकस्नेही, 2 = द्विअणुक)। इस प्रकार की अभिक्रियाएँ एक ही चरण में पूर्ण हो जाती हैं तथा इन अभिक्रियाओं की दर सबस्ट्रेट (ऐल्किल हैलाइड) तथा नाभिकस्नेही (क्षार) दोनों की सान्द्रता पर निर्भर करती है।

  उदाहरण—प्राथमिक ऐल्किल हैलाइडों का जल-अपघटन। इसमें —OH समूह, —Br के ठीक पीछे आता है। इस प्रकार ऐल्कोहॉल का विन्यास ब्रोमाइड के विपरीत होता है। विन्यास में यह परिवर्तन **वॉल्डन इनवरसन** कहलाता है।

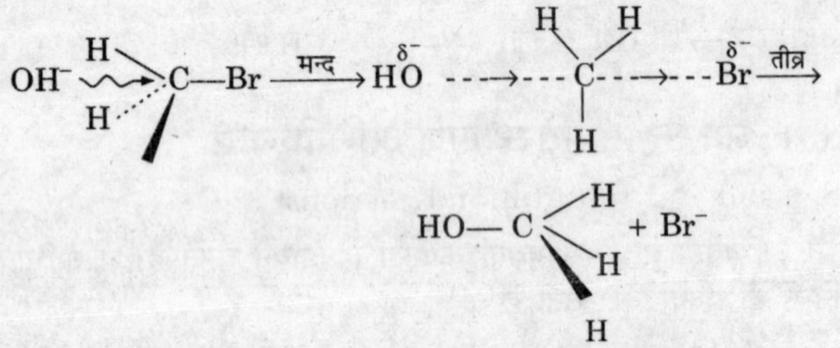

$$OH^- + H_3C{-}Br \xrightarrow{\text{मन्द}} \overset{\delta^-}{HO} \cdots CH_3 \cdots \overset{\delta^-}{Br} \xrightarrow{\text{तीव्र}} HO{-}CH_3 + Br^-$$

मेथिल ऐल्कोहॉल

- **इलेक्ट्रॉनस्नेही प्रतिस्थापन अभिक्रियाएँ** इलेक्ट्रॉनस्नेही प्रतिस्थापन सामान्यतया बेन्जीन तथा उसके के व्युत्पन्नों में पाया जाता है।

  उदाहरण—निम्न ताप तथा हैलोजन वाहक की उपस्थिति में हैलोजनीकरण बेन्जीन वलय में होता है। Al, Fe, Sb के क्लोराइड अथवा ब्रोमाइड हैलोजन वाहक के रूप में प्रयुक्त किए जा सकते हैं।

क्रियाविधि, $Fe \xrightarrow{Cl_2} FeCl_3 \overset{Cl}{\rightleftharpoons} FeCl_4^- + Cl^+$

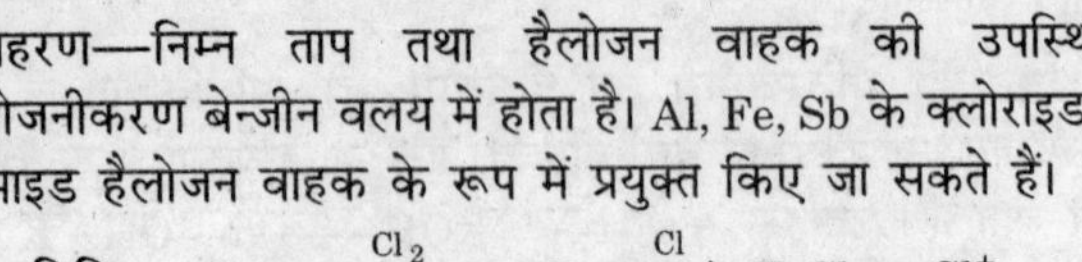

$$C_6H_6 + Cl^{\oplus} \longrightarrow [C_6H_6Cl]^{\oplus}$$

σ-संकर (अनुनाद द्वारा स्थायी)

$$[C_6H_6Cl]^{\oplus} \longleftrightarrow [C_6H_6Cl]^{\oplus} \longleftrightarrow [C_6H_6Cl]^{\oplus} \equiv [C_6H_6Cl]^{(+)}$$

$$[C_6H_6Cl]^{\oplus} \longrightarrow C_6H_5Cl + H^+$$

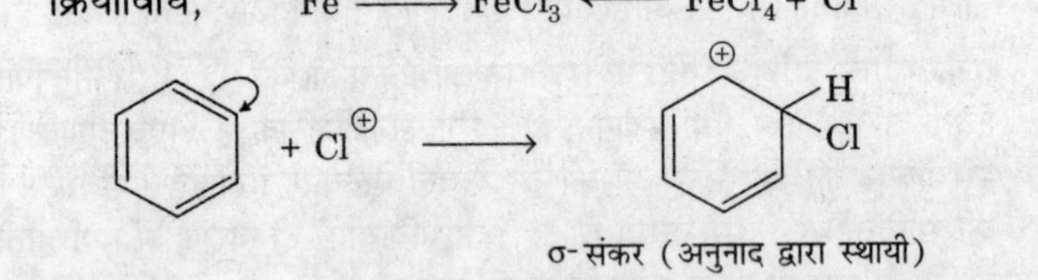

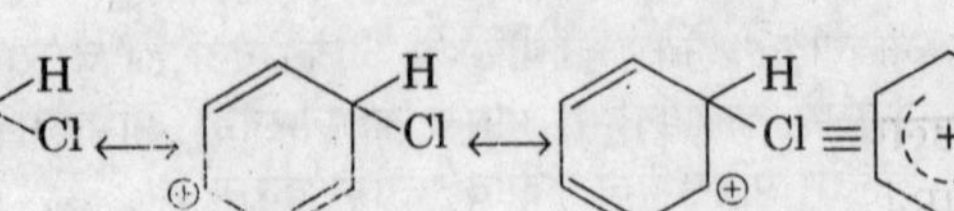

$$FeCl_4^- + H^+ \longrightarrow FeCl_3 + HCl$$

निराकरण अथवा विलोपन अभिक्रियाएँ
Elimination Reactions

इन अभिक्रियाओं में एक अणु द्वारा परमाणुओं या परमाणुओं के समूह हानि होती है, जिसके फलस्वरूप विविध बन्ध बनते हैं।

क्रियाविधि के आधार पर अभिक्रियाएँ दो प्रकार की हो सकती हैं

(i) α-निराकरण अभिक्रियाएँ α-Elimination Reactions

जब दो परमाणु या समूह एक ही कार्बन परमाणु से निकलते हैं तो उ प्रक्रम को α-निराकरण कहते हैं। इस प्रकार की निराकरण अभिक्रियाएँ बहुत कम होती हैं।

(ii) β-निराकरण अभिक्रियाएँ β-Elimination Reactions

जब दो परमाणु या समूह, एक अणु के दो संलग्न कार्बन परमाणुओं (एल्फा तथा बीटा) से हटाये जाते हैं, तो यह प्रक्रम β-निराकरण कहलाता है।

उदाहरण— $CH_3{-}CH_2OH \xrightarrow{\text{सान्द्र } H_2SO_4} CH_2{=}CH_2 + H_2O$

β-निराकरण अधिक सामान्य है, अत: सामान्यतया ये ही निराकरण अभिक्रियाएँ कहलाती हैं। ये अभिक्रियाएँ एकअणुक (E1) अथवा द्विअ (E2) क्रियाविधि द्वारा आगे बढ़ती हैं।

प्रतिस्थापन के प्रति/विलोपन अभिक्रियाएँ
Substitution *vs* Elimination Reactions

नाभिकस्नेही तथा क्षारीय यौगिक में चूँकि क्रियाशील भाग आबन्धित एकाकी इलेक्ट्रॉन युग्म है, अत: प्रतिस्थापन तथा विलोपन अभिक्रियाएँ एक-दूसरे से प्रतिस्पर्धा करती हैं।

S_N1/E1 चूँकि S_N1 तथा E1 क्रियाविधि एक समान मध्यवर्ती द्वारा सम्प होती हैं, अत: इनके बीच में विभेद करना आसान नहीं होता है। बहुत एकअणुक अभिक्रियाओं में मुख्यत: निम्न तापमान पर S_N1 अभिक्रिया अभिक्रिया की तुलना में अधिक प्रभावी होती हैं। परन्तु अभिक्रिया का तापमान बढ़ाने पर E1 उत्पाद, S_N1 उत्पाद की तुलना में प्रभावी होता है

S_N1/E2–प्रबल नाभिकस्नेही या क्षार की उच्च सान्द्रता, S_N1 तथा E2 अभिक्रियाओं के पक्ष में होती है। जब नाभिकरागी (क्षार) β-हाइड्रोजन परमाणु पर आक्रमण करता है, तो विलोपन अभिक्रिया सम्पन्न होती परन्तु जब नाभिकरागी उस कार्बन परमाणु पर आक्रमण करता है जि पर निष्कासित समूह (Leaving group) उपस्थित होता है, तो प्रतिस्था अभिक्रिया सम्पन्न होती है। अभिक्रिया का तापमान बढ़ने पर विलोपन अभिक्रिया, प्रतिस्थापन अभिक्रिया की तुलना में प्रभावी होती है।

योगात्मक अभिक्रियाएँ Addition Reactions

वे अभिक्रियाएँ, जिनमें परमाणु या परमाणुओं के समूह एक अणु में जाते हैं, योगात्मक अभिक्रियाएँ कहलाती हैं। इस प्रकार की अभिक्रिया केवल असंतृप्त (द्विबन्ध अथवा त्रिबन्ध) यौगिकों में पायी जाती हैं।

उदाहरण— $CH_2{=}CH_2 + HBr \longrightarrow CH_3{-}CH_2Br$

योगात्मक अभिक्रियाएँ भी तीन प्रकार की हो सकती हैं

(i) इलेक्ट्रॉनस्नेही योगात्मक अभिक्रियाएँ
Electrophilic Addition Reactions

वे योगात्मक अभिक्रियाएँ, जो इलेक्ट्रॉनस्नेही के आक्रमण द्वारा प्रारम्भ होती हैं, इलेक्ट्रॉनस्नेही योगात्मक अभिक्रियाएँ कहलाती हैं।

उदाहरण ऐल्कीन तथा ऐल्काइनों पर, हैलोजनों (X_2), हैलोजन अम्लों (HX), $HOCl$, H_2SO_4, तथा H_2O की क्रिया।

असममित यौगिकों की अभिक्रियाओं में उत्पाद निम्न नियमों के अनुसार बनते हैं

(a) **मार्कोनीकॉफ नियम** (Markownikoff's rule) के अनुसार, असममित द्विबन्ध पर इलेक्ट्रॉनस्नेही योग अभिक्रिया में जुड़ने वाले अणु का धनात्मक भाग असममित द्विबन्ध के उस कार्बन से जुड़ता है जिसके पास हाइड्रोजन परमाणुओं की संख्या अधिक होती है। हाइड्रोजन परमाणुओं की संख्या समान होने पर ऋणात्मक भाग उस कार्बन पर जुड़ता है जिस पर ऐल्कीन समूहों की संख्या अधिक है।

उदाहरण—$RCH{=}CH_2 + HX \longrightarrow R{-}\underset{|}{\overset{X}{C}}H{-}CH_3$
(मार्कोनीकॉफ उत्पाद)

(b) **प्रति-मार्कोनीकॉफ नियम** (Anti-Markownikoff's rule) उन ऐल्कीनों अथवा संतृप्त यौगिकों पर लागू होता है जिनमें असममित द्विबन्ध के पास कोई इलेक्ट्रॉन आकर्षित करने वाला समूह जुड़ा होता है। इनमें असममित अणु के योग से बनने वाला उत्पाद भी मार्कोनीकॉफ नियम के विपरीत होता है। अत: यह प्रति-मार्कोनीकॉफ नियम कहलाता है।

(ii) नाभिकस्नेही योगात्मक अभिक्रियाएँ
Nucleophilic Addition Reactions

वे योगात्मक अभिक्रियाएँ, जो नाभिकस्नेही के आक्रमण द्वारा प्रारम्भ होती हैं, **नाभिकस्नेही योगात्मक अभिक्रियाएँ** कहलाती हैं।

उदाहरण—कार्बोनिल समूह (ऐल्डिहाइड तथा कीटोन) पर HCN आदि का योग।

$$\underset{\text{ऐसीटैल्डिहाइड}}{CH_3{-}\overset{H}{\overset{|}{C}}{=}O} + HCN \longrightarrow \underset{\text{सायनोहाइड्रिन}}{CH_3{-}CH\begin{matrix}OH\\CN\end{matrix}}$$

(iii) मुक्त मूलक योगात्मक अभिक्रियाएँ
Free Radical Addition Reactions

वे योगात्मक अभिक्रियाएँ, जो मुक्त मूलक द्वारा प्रारम्भ होती हैं, मुक्त मूलक योगात्मक अभिक्रियाएँ कहलाती हैं। ये अभिक्रियाएँ अध्रुवीय विलायकों (जैसे—CCl_4), उच्च ताप, प्रकाश की उपस्थिति या मुक्त मूलक उत्पादक पदार्थ जैसे—O_2 तथा परॉक्साइड की उपस्थिति में होती हैं। उदाहरण—परॉक्साइड (मूलक आरम्भक)की उपस्थिति में ऐल्कीन (प्रोपाइलीन) पर HBr का योग।

खैराश प्रभाव या परॉक्साइड प्रभाव
Kharasch Effect or Peroxide Effect

परॉक्साइड की उपस्थिति में उत्पन्न होता है। ऑक्सीजन अथवा परॉक्साइड की उपस्थिति में असममित द्विबन्ध पर HBr की योग अभिक्रिया में बनने वाला उत्पाद मार्कोनीकॉफ नियम के विपरीत होता है। इसे ही खैराश प्रभाव या परॉक्साइड प्रभाव कहते हैं।

उदाहरण—परॉक्साइड की उपस्थिति में प्रोपीन पर HBr का योग

$$CH_3{-}CH{=}CH_2 + HBr \xrightarrow[\text{अथवा } O_2]{\text{परॉक्साइड}} \begin{cases} CH_3\underset{}{\overset{Br}{\overset{|}{C}}}H\,CH_3 & \text{2-ब्रोमोप्रोपेन (मार्कोनीकॉफ नियमानुसार)} \\ CH_3CH_2CH_2Br & \text{1-ब्रोमोप्रोपेन (परॉक्साइड प्रभाव के अनुसार)} \end{cases}$$

$$\underset{\text{प्रोपाइलीन}}{CH_3{-}CH{=}CH_2} + HBr \xrightarrow{ROOR} \underset{n\text{-प्रोपिल ब्रोमाइड}}{CH_3{-}CH_2{-}CH_2Br}$$

$$\underset{\text{एथिलीन}}{nCH_2{=}CH_2} \xrightarrow{\text{उत्प्रेरक}} \underset{\text{पॉलीथीन}}{[CH_2{-}CH_2]_n}$$

(iv) योगात्मक विलोपन अभिक्रियाएँ
Addition-Elimination Reactions

इन अभिक्रियाओं में दो अणु संयुक्त होते हैं तथा साथ ही छोटे अणुओं जैसे H_2O का ह्रास होता है। इस प्रकार की अभिक्रियाओं का एक महत्त्वपूर्ण उदाहरण एस्टरीकरण है।

$$C_2H_5OH + CH_3COOH \overset{H^+}{\rightleftharpoons} \underset{\text{(एस्टरीकरण)}}{CH_3COOC_2H_5 + H_2O}$$

यह अभिक्रिया नाभिकस्नेही योग-विलोपन क्रियाविधि द्वारा होती है तथा खनिज अम्लों की उपस्थिति में उत्तम परिणाम देती है। है।

पुनर्व्यवस्थापन अभिक्रियाएँ
Rearrangement Reactions

इन अभिक्रियाओं में या तो द्विबन्ध से युक्त अणु में किसी क्रियात्मक समूह का अन्य स्थिति तक स्थानान्तरण होता है या अणु के आधारीय कार्बन ढाँचा बनाने वाले परमाणुओं के क्रम में परिवर्तन से नयी संरचना युक्त उत्पाद बनता है।

उदाहरण— $CH_3{-}\underset{\underset{X}{|}}{C}H{-}CH{=}CH_2 \longrightarrow CH_3{-}CH{=}CH{-}CH_2{-}X$

(i) **इलेक्ट्रॉन न्यून परमाणुओं पर पुनर्विन्यास** (नाभिकरागी पुनर्विन्यास) [Rearrangement on Electron-deficient Atoms (Nucleophilic Rearrangement)] ये वे पुनर्विन्यास अभिक्रियाएँ हैं जिनमें स्थान बदलने वाला समूह नाभिकरागी होता है तथा इलेक्ट्रॉन न्यून केन्द्र पर स्थानान्तरित होता है। ये केन्द्र कार्बन, नाइट्रोजन एवं ऑक्सीजन हो सकते हैं।

(ii) **इलेक्ट्रॉनधनी परमाणुओं पर पुनर्विन्यास** (इलेक्ट्रॉरागी पुनर्विन्यास) [Rearrangement on Electron-rich Atoms (Electrophilic Rearrangement)] ये वे पुनर्विन्यास अभिक्रियाएँ हैं जिनमें स्थान बदलने वाला समूह इलेक्ट्रॉनरागी होता है एवं इस प्रकार इलेक्ट्रॉन धनी केन्द्र पर स्थानान्तरित हो जाता है।

(iii) **मुक्त मूलक स्पीशीज पर पुनर्विन्यास** (Rearragement on Free-Radical Species) इनमें स्थान बदलने वाला समूह मुक्त मूलक केन्द्र पर स्थानान्तरित हो जाता है। मुक्त मूलक पुनर्विन्यास तुलनात्मक रूप से दुर्लभ होता है।

(iv) **ऐरोमैटिक पुनर्विन्यास** (Aromatic Rearrangement) वे पुनर्विन्यास अभिक्रियाएँ जिनमें स्थान बदलने वाला समूह ऐरोमैटिक नाभिक पर स्थानान्तरित होता है, ऐरोमैटिक पुनर्विन्यास कहलाती हैं।

उदाहरण—

C_6H_5–X–Y ⟶ (o-Y)C_6H_4–X–H + (p-Y)C_6H_4–X–H

तत्व X जिससे समूह Y स्थानान्तरित होता है, नाइट्रोजन अथवा ऑक्सीजन हो सकता है।

समावयवता Isomerism

दो या दो से अधिक ऐसे कार्बनिक यौगिक, जिनके अणुसूत्र समान होते हैं, परन्तु संरचना सूत्र, अन्तराकाशीय व्यवस्था तथा सामान्य गुण भिन्न होते हैं, समावयवी कहलाते हैं तथा यह घटना समावयवता कहलाती है।

समावयवता के प्रकार Types of Isomerism

समावयवता निम्न दो प्रकार की होती हैं

(i) संरचनात्मक समावयवता (ii) त्रिविम समावयवता

संरचनात्मक समावयवता Structural Isomerism

ऐसे यौगिक जिनके अणुसूत्र समान परन्तु संरचना सूत्र भिन्न होते हैं, **संरचनात्मक समावयवी** कहलाते हैं तथा यह घटना संरचनात्मक समावयवता कहलाती है। संरचनात्मक समावयवता **अवयवी समावयवता** (constitutional isomerism) भी कहलाती है।

यह निम्न प्रकार की होती है।

(i) श्रृंखला समावयवता (ii) स्थान समावयवता
(iii) क्रियात्मक समावयवता (iv) मध्यावयवता
(v) चलावयवता (vi) वलय-श्रृंखला समावयवता
(vii) समस्थानिक समावयवता

चलावयवता तथा वलय-श्रृंखला समावयवता विशेष प्रकार की क्रियात्मक समावयवता हैं।

त्रिविम समावयवता Stereo Isomerism

वे यौगिक जिनके अणुसूत्र तथा संरचना सूत्र समान होते हैं परन्तु अणुओं में उपस्थित परमाणुओं या समूहों की अन्तराकाशीय व्यवस्था भिन्न होती है, **त्रिविमीय समावयवी** कहलाते हैं तथा यह घटना त्रिविम समावयवता कहलाती है। यौगिक के अणु में उपस्थित परमाणुओं या समूहों की अन्तराकाशीय व्यवस्था को विन्यास कहते हैं।

त्रिविम समावयवता पुनः निम्न प्रकार की होती हैं

(i) ज्यामितीय समावयवता (ii) प्रकाशिक समावयवता

श्रृंखला अथवा नाभिकीय समावयवता
Chain or Nuclear Isomerism

ऐसे यौगिक जिनके अणुसूत्र समान होते हैं, परन्तु कार्बन श्रृंखला की संरचना में अन्तर होता है, नाभिकीय या श्रृंखला समावयवी कहलाते हैं तथा यह घटना नाभिकीय समावयवता कहलाती है। इस प्रकार की समावयवता में यौगिक एक ही सजातीय श्रेणी के होते हैं।

उदाहरण—C_5H_{12} तीन समावयवी प्रदर्शित करता है।

$CH_3CH_2CH_2CH_2CH_3$ (n-पेन्टेन), $CH_3-CH(CH_3)CH_2CH_3$ (आइसो-पेन्टेन), $CH_3-C(CH_3)_2-CH_3$ (निओ-पेन्टेन)

स्थान समावयवता Position Isomerism

स्थान समावयवता में समान कार्बन श्रृंखला में प्रतिस्थापी समूह, क्रियात्मक समूह, द्विबन्ध या त्रिबन्ध की स्थिति में भिन्नता होती है।

उदाहरण— (i) $CH_3-CH_2-CH_2-CH(CH_3)-CH_3$ (2-मेथिल पेन्टेन) ⟶ $CH_3-CH_2-CH(CH_3)-CH_2-CH_3$ (3-मेथिल पेन्टेन)

(ii) 1,2-डाइमेथिल बेन्जीन, 1, 3-डाइमेथिल बेन्जीन, 1, 4-डाइमेथिल बेन्जीन

एक $-CH_3$ समूह के सापेक्ष दूसरे $-CH_3$ समूह की उपस्थिति भिन्न है।

क्रियात्मक समावयवता Functional Isomerism

जब दो या दो से अधिक यौगिकों के अणुसूत्र समान होते हैं, परन्तु उनमें उपस्थित क्रियात्मक समूह भिन्न होते हैं तो ऐसे यौगिक क्रियात्मक समावयवी कहलाते हैं तथा इस घटना को क्रियात्मक समावयवता कहते हैं।

उदाहरण— अणुसूत्र C_2H_6O के दो क्रियात्मक समावयवी सम्भव है

CH_3-CH_2-OH (एथिल ऐल्कोहॉल) तथा CH_3-O-CH_3 (डाइमेथिल ईथर)

मध्यावयवता Metamerism

यह समावयवता बहुसंयोजी क्रियात्मक समूह से जुड़े ऐल्किल समूहों की प्रकृति में भिन्नता के कारण उत्पन्न होती है।

उदाहरण— (i) $>C=O$ समूह (कार्बोनिल समूह)

$CH_3CH_2-C(=O)-CH_2CH_3$ (पेन्टेन-3-ऑन) तथा $CH_3-CH_2-CH_2-C(=O)-CH_3$ (पेन्टेन-2-ऑन)

मध्यावयवता से सम्बन्धित महत्त्वपूर्ण बिन्दु

Important Points Related to Metamerism

(i) बहुसंयोजी क्रियात्मक समूह वे क्रियात्मक समूह हैं जिनकी एक से अधिक संयोजकता होती है।

उदाहरण— —C(=O)— ; —O— ; —N(—)—

(ii) मध्यावयवता में एक ही वर्ग के यौगिक होते हैं।

(iii) यदि समान अणुसूत्र वाले दो अणुओं में समान क्रियात्मक समूह (बहुसंयोजी) हों तो उनमें सदैव मध्यावयवता होती है।

(iv) ऐल्कीन व ऐल्काइनों में मध्यावयवता नहीं होती है।

वलय श्रृंखला समावयवता Ring Chain Isomerism

यह समावयवता कार्बन परमाणुओं के सीधी श्रृंखला तथा वलय के रूप में व्यवस्थित होने के कारण होती है।

उदाहरण— **ऐल्कीन तथा साइक्लोऐल्केन** (C_3H_6)

$CH_3—CH=CH_2$ तथा $CH_2—CH_2$ (वलय, CH_2)

वलय-श्रृंखला समावयवी सदैव क्रियात्मक समावयवी होते हैं।

ज्यामितीय समावयवता Geometrical Isomerism

दो परमाणुओं के बीच π-बन्ध उपस्थित होने पर यह अक्ष के परितः परमाणुओं के स्वतन्त्र घूर्णन को प्रतिबन्धित कर देता है। अतः दो भिन्न संरचना सूत्र प्राप्त होते हैं। परमाणुओं की व्यवस्था भिन्न होने के कारण (ऐल्कीन में द्विबन्ध पर तथा चक्रीय यौगिकों में एकल बन्ध पर) इन रूपों के गुण भिन्न होते हैं। यह समावयवता, जो

(i) ऐल्कीनों में द्विबन्ध के परितः,

(ii) चक्रीय यौगिकों में एकल बन्ध के परितः,

(iii) ऑक्सिमों में द्विबन्ध से जुड़े C तथा N के परितः तथा

(iv) डाइऐजो यौगिकों में द्विबन्ध से जुड़े N परमाणुओं के परितः, समूहों की भिन्न स्थिति के कारण उत्पन्न होती है, ज्यामितीय समावयवता कहलाती है।

ज्यामितीय समावयवता प्रदर्शित करने के लिए आवश्यक शर्तें

Conditions for Exhibiting Geometrical Isomerism

ज्यामितीय समावयवता प्रदर्शित करने के लिए निम्नलिखित शर्तों का पालन होना चाहिए।

1. दो परमाणुओं के परितः प्रतिबन्धित घूर्णन होना चाहिए।

   (i) >C=C< ऐल्कीनों में द्विबन्ध के परितः प्रतिबन्धित घूर्णन।

   (iii) >C=N— ऑक्सिमों तथा ऐमीनों में कार्बन, नाइट्रोजन द्विबन्ध के परितः प्रतिबन्धित घूर्णन।

   (iv) —N=N— ऐजो यौगिकों में नाइट्रोजन-नाइट्रोजन के परितः प्रतिबन्धित घूर्णन।

2. उपरोक्त बन्धों से जुड़े परमाणुओं पर भिन्न प्रतिस्थापी होने चाहिए

ऐल्कीनों में ज्यामितीय समावयवता Isomerism in Alkenes

वह रूप जिसमें समान समूह द्विबन्ध के एक ओर हों, तो उसे *समपक्ष* समावयवी कहते हैं तथा यदि समान समूह भिन्न तरफ स्थित हों, तो उसे *विपक्ष* समावयवी कहते हैं।

उदाहरण— (i) **ब्यूट-2-ईन** $CH_3—CH=CH—CH_3$

H_3C, H / C = C / H_3C, H H_3C, H / C = C / H, CH_3

समपक्ष-2-ब्यूटीन   *विपक्ष*-2-ब्यूटीन

इन समावयवियों के भौतिक गुण भिन्न होते हैं। इन समावयवियों के रासायनिक गुण भी भिन्न होते हैं।

चक्रीय यौगिकों में ज्यामितीय समावयवता

Geometrical Isomerism in Cyclic Compounds

चक्रीय यौगिकों में कार्बन-कार्बन एकल बन्ध के परितः स्वतन्त्र घूर्णन सम्भव न होने के कारण ये ज्यामितीय समावयवता प्रदर्शित करते हैं। इनमें स्वतन्त्र घूर्णन बन्ध के टूटने पर ही सम्भव है। उदाहरण— 1, 2-डाइमेथिल साइक्लोप्रोपेन निम्न दो समावयवी रूपों में पाया जाता है।

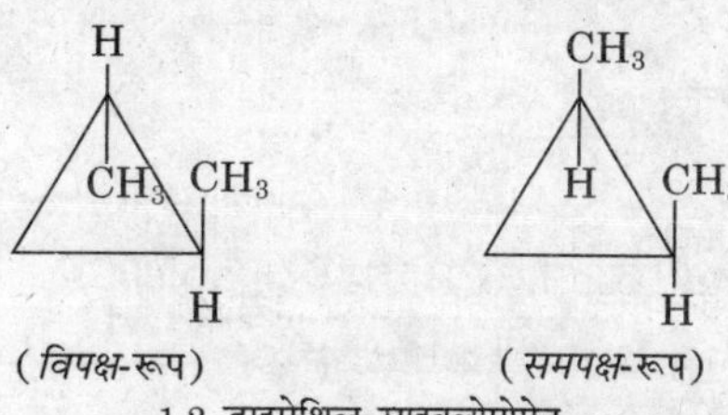

1,2-डाइमेथिल साइक्लोप्रोपेन

चक्रीय यौगिकों में ज्यामितीय समावयवता प्रदर्शित करने के लिए इनमें हाइड्रोजन के अतिरिक्त कम-से-कम दो अन्य समूह होने चाहिए तथा ये दो समूह चक्र के दो भिन्न कार्बन परमाणुओं पर उपस्थित होने चाहिए।

प्रकाशिक समावयवता Optical Isomerism

वे यौगिक जिनके भौतिक तथा रासायनिक गुण समान होते हैं परन्तु समतल ध्रुवित प्रकाश के प्रति व्यवहार भिन्न होता है, प्रकाशिक समावयवी कहलाते हैं तथा यह घटना प्रकाशिक समावयवता कहलाती है।

प्रकाशिक समावयवता से सम्बन्धित कुछ महत्त्वपूर्ण शब्द

Important Terms Related to Optical Isomerism

इस समावयवता का विस्तार से अध्ययन करने से पूर्व, इससे सम्बन्धित कुछ पदों को समझना अत्यन्त लाभप्रद है

(i) **समतल ध्रुवित प्रकाश** Plane Polarized Light तरंग सिद्धान्त के अनुसार, साधारण प्रकाश में, संचरण पथ के लम्बवत् प्रत्येक सम्भव तल में कम्पन्न होते हैं जबकि समतल ध्रुवित प्रकाश में केवल एक ही तल में कम्पन्न होते हैं।

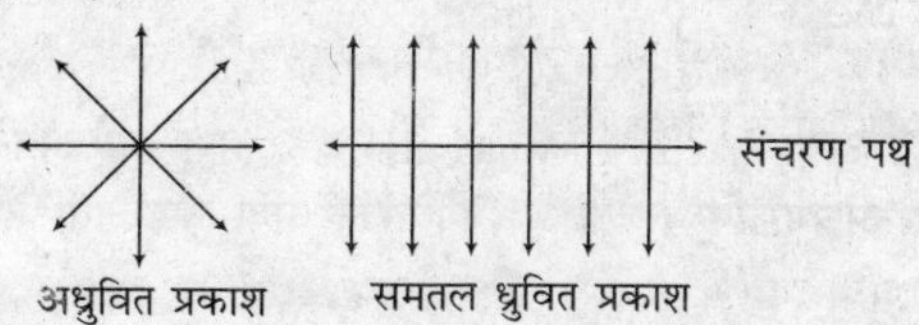

(ii) **प्रकाशिक सक्रियता** (Optical Activity) किसी यौगिक का वह गुण जिसके कारण यह ध्रुवित प्रकाश के तल को घुमा देता है, प्रकाशिक सक्रियता कहलाता है।

(iii) **असममित कार्बन परमाणु** (Asymmetric Carbon Atom) किसी यौगिक में उपस्थित ऐसा कार्बन परमाणु जिसकी चारों संयोजकताएँ विभिन्न परमाणुओं अथवा समूहों से जुड़ी रहती हैं, असममित कार्बन परमाणु कहलाता है।

उदाहरण— H, H_3C, C^*, COOH, OH

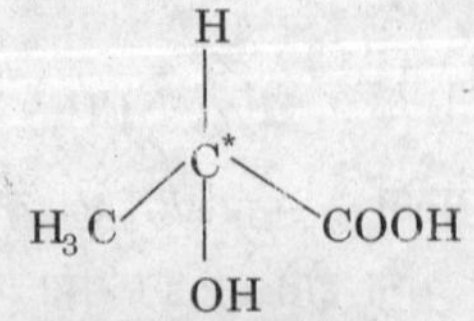

लैक्टिक अम्ल

(iv) **असममित अणु या किरैल अणु** Asymmetric Molecule or Chiral Molecule वे अणु जिनमें सममिति का कोई भी तत्व उपस्थित न हो, असममित कहलाते हैं अथवा वे अणु जो सममिति के तल या सममिति के केन्द्र को प्रदर्शित न करें असममित कहलाते हैं।

असममित अणु में कम-से-कम एक किरैल कार्बन परमाणु अवश्य होना चाहिए। असममित अणु में निम्न में से कोई भी सममिति तत्व नहीं होना चाहिए।

(a) सममिति तल

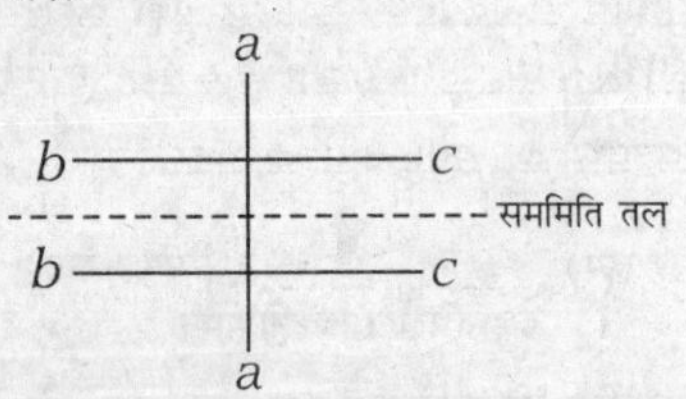

a, *b*, *c*, *b*, *c*, *a* — सममिति तल

(b) सममिति केन्द्र

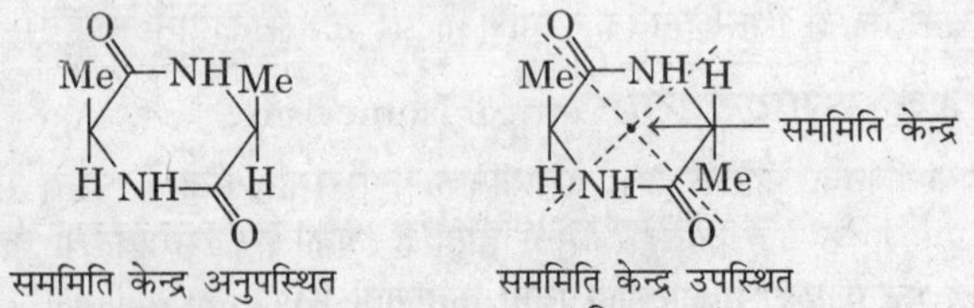

Me, O, NH, Me, H, NH, H, O — सममिति केन्द्र अनुपस्थित (*समपक्ष रूप*)

Me, O, NH, H, H, NH, Me, O — सममिति केन्द्र — सममिति केन्द्र उपस्थित (*विपक्ष रूप*)

(c) सममिति अक्ष

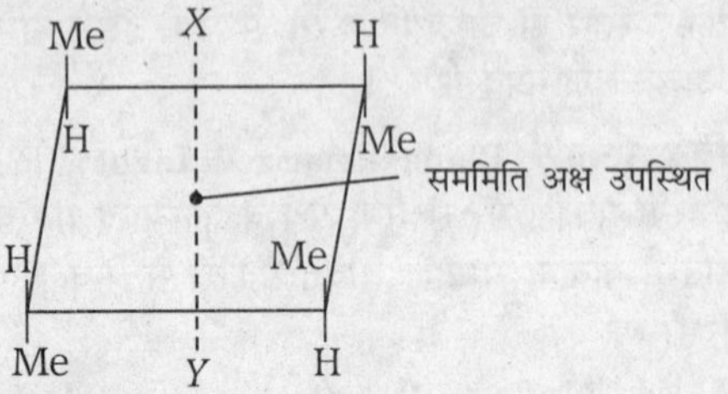

Me, *X*, H, H, Me, H, Me, Me, *Y*, H — सममिति अक्ष उपस्थित

(v) **अकिरैल अणु** (Achiral Molecule) वह अणु जो अपने प्रतिबिम्ब रूप पर अध्यारोपित होता है, अकिरैल अणु कहलाता है।

वे यौगिक जिनमें असममित कार्बन परमाणु होता है, प्रकाशिक समावयवता प्रदर्शित करते हैं उदाहरण— लैक्टिक अम्ल

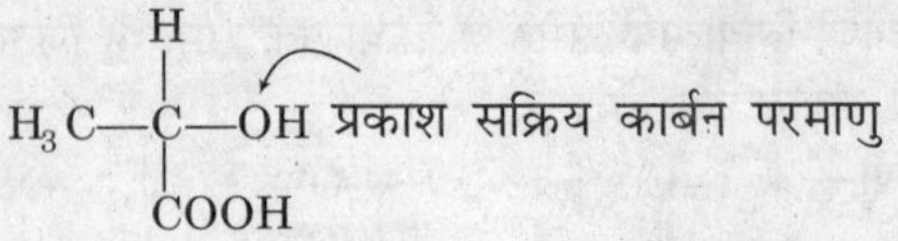

$H_3C—C(H)(COOH)—OH$ प्रकाश सक्रिय कार्बन परमाणु

प्रकाशिक समावयवियों को निम्न दो वर्गों में बाँटा जा सकता है

1. प्रकाश सक्रिय यौगिक Optically Active Compounds

वे यौगिक जिनमें समतल ध्रुवित प्रकाश को घुमाने की क्षमता होती है, प्रकाश सक्रिय यौगिक कहलाते हैं। ये यौगिक किरैल होते हैं, अर्थात् इनमें कोई सममिति तल उपस्थित नहीं होता।

समतल ध्रुवीय प्रकाश के घूर्णन के आधार पर ये यौगिक निम्न प्रकार के होते हैं

(i) **दक्षिण-ध्रुवण घूर्णक यौगिक** वे यौगिक जो समतल ध्रुवित प्रकाश को दाईं ओर (घड़ी की सुई की दिशा की ओर) घूर्णित कर देते हैं, दक्षिण ध्रुवण घूर्णक यौगिक कहलाते हैं। इन्हें *d* या (+) द्वारा प्रदर्शित किया जाता है।

(ii) **वाम-ध्रुवण घूर्णक यौगिक** वे यौगिक, जो समतल ध्रुवित प्रकाश को बाईं ओर (घड़ी की सुईं की विपरीत दिशा की ओर) घूर्णित कर देते हैं, वाम-ध्रुवण घूर्णक कहलाते हैं। इन्हें *l* या (–) द्वारा प्रदर्शित करते हैं।

2. प्रकाश अक्रिय यौगिक Optically Inactive Compounds

जिन यौगिकों में प्रकाश के तल को घुमाने का गुण नहीं होता, वे प्रकाश अक्रिय यौगिक कहलाते हैं। इन यौगिकों की अक्रियता के कारण निम्न हैं

(i) सममिति तत्वों की उपस्थिति

(ii) *d* तथा *l* रूपों की समान मात्रा में उपस्थिति

मेसों रूप इस रूप में सममिति तल होता है अर्थात् अणु का आधा भाग दक्षिण ध्रुवण घूर्णक तथा शेष आधा भाग वाम ध्रुवण घूर्णक होता है अर्थात् अणु के दोनों भाग बराबर किन्तु विपरीत प्रकाशिक सक्रियता प्रदर्शित करते हैं। जिसके कारण अणु प्रकाशिक रूप से निष्क्रिय होता है। अणु के आधे भाग के घूर्णन को दूसरे आधे भाग द्वारा निरस्त कर दिये जाने के कारण अणु के निष्क्रिय हो जाने की घटना आन्तरिक प्रतिका (Internal compensation) कहलाती है।

उदाहरण— टार्टरिक अम्ल

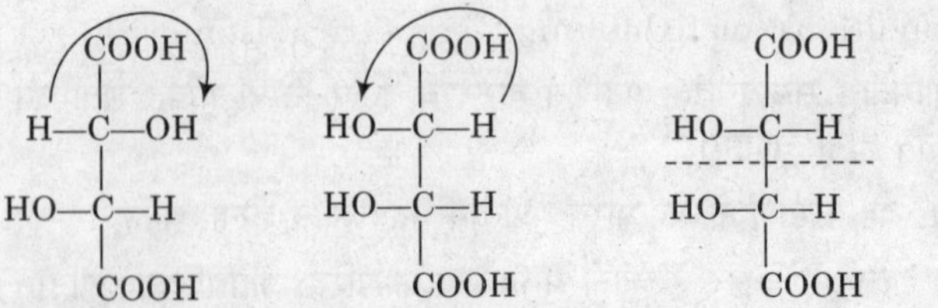

COOH	COOH	COOH
H—C—OH	HO—C—H	HO—C—H
HO—C—H	HO—C—H	HO—C—H
COOH	COOH	COOH
d रूप	*l* रूप	*मेसो* टार्टरिक अम्ल

प्रकाश सक्रिय रूप (टार्टरिक अम्ल)

रेसिमिक मिश्रण दो प्रकाश सक्रिय रूपों (*d* तथा *l*) का समान मात्रा में मिश्रण रेसिमिक मिश्रण कहलाता है। रेसिमिक मिश्रण सदैव प्रकाश अक्रिय होता है क्योंकि दोनों रूप एक-दूसरे के प्रभाव को निरस्त कर देते हैं। यह उदासीनता प्रभाव बाह्य प्रतिकार कहलाता है।

रेसिमिक मिश्रण बनाने की क्रिया रेसिमीकरण तथा इस मिश्रण से दोनों रूपों को पृथक् करने की क्रिया पृथक्करण या वियोजन (resolution) कहलाती है। पृथक्करण, यांत्रिकी विधि से, जैव विधि (एन्जाइमों के प्रयोग द्वारा) से, रासायनिक विधि (यौगिकों के व्युत्पन्न बनाकर) से, या वर्ण क्रम लेखन द्वारा किया जा सकता है।

प्रतिबिम्बरूपता Enantiomerism

वे प्रकाशिक समावयवी जो एक-दूसरे से वस्तु-प्रतिबिम्ब सम्बन्ध रखते हैं, परन्तु एक-दूसरे पर अध्यारोपित नहीं किए जा सकते हैं, प्रतिबिम्ब रूप कहलाते हैं।

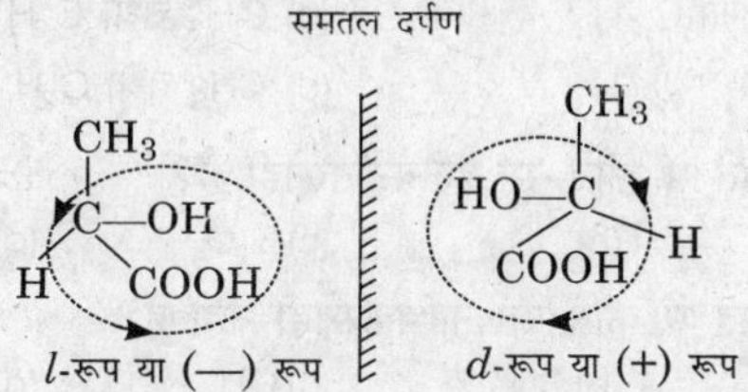

लैक्टिक अम्ल के प्रतिबिम्ब रूप

प्रतिबिम्ब रूप समावयवियों के गुण

(i) ये स्थायी यौगिक हैं जिनमें परमाणुओं तथा समूहों की व्यवस्था भिन्न होती है।

(ii) ये सामान्य परिस्थितियों में एक-दूसरे में परिवर्तित नहीं हो सकते।

(iii) समतल ध्रुवित प्रकाश के प्रति व्यवहार के अतिरिक्त इनके सभी गुण समान होते हैं।

अप्रतिबिम्ब रूप त्रिविम समावयवी Diastereomers

वे प्रकाशिक समावयवी जो न तो प्रतिबिम्ब रूप होते हैं और न ही एक-दूसरे पर अध्यारोपित किए जा सकते हैं, अप्रतिबिम्बी त्रिविम समावयवी (Diastereomers) कहलाते हैं।

उदाहरण— 3-क्लोरोब्यूटेन-2-ऑल

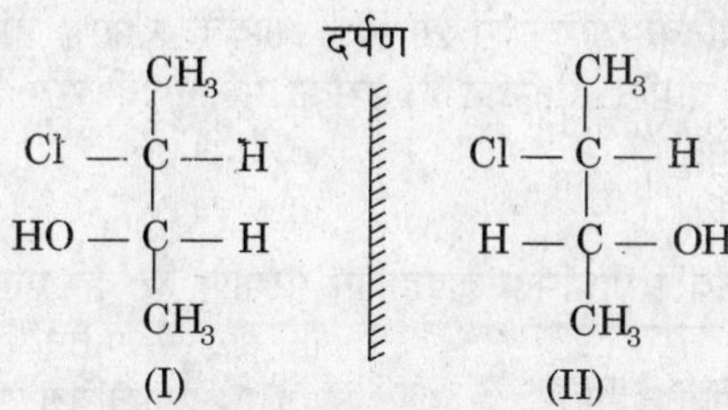

समावयवी (I) तथा (II) न तो एक-दूसरे के प्रतिबिम्ब रूप हैं और न ही एक-दूसरे पर अध्यारोपित किए जा सकते हैं। अत: ये अप्रतिबिम्बी त्रिविम समावयवी कहलाते हैं। प्रतिबिम्ब रूप समावयवियों के विपरीत, दो अप्रतिबिम्ब समावयवियों के गलनांक, क्वथनांक तथा विलेयता भिन्न होते हैं। अर्थात् उनके भौतिक तथा रासायनिक गुण भिन्न होते हैं।

अभ्यास प्रश्न

1. किसी विलयन में विलेय से विलायक को किस विधि द्वारा पृथक् कर सकते है?
(a) ऊर्ध्वपातन (b) फिल्टरन (c) आसवन (d) अवसादन

2. किसी लवण के जलीय विलयन में से शुद्ध जल प्राप्त करने की कौन-सी विधि सर्वोत्तम है?
(a) फिल्टरन (b) आसवन
(c) वर्णलेखन (d) भाप आसवन

3. आयोडीन तथा सोडियम क्लोराइड के मिश्रण को सरलता से पृथक् करने की विधि है
(a) प्रभाजी आसवन (b) भाप आसवन
(c) क्रिस्टलीकरण (d) ऊर्ध्वपातन

4. ऐसीटोन तथा मेथेनॉल के मिश्रण को पृथक् किया जा सकता है
(a) भाप आसवन द्वारा (b) निर्वात आसवन द्वारा
(c) प्रभाजी आसवन द्वारा (d) इनमें से कोई नहीं

5. प्रभाजी आसवन प्राप्त करने के लिए उपयोगी है
(a) पेट्रोलियम (b) कोलतार
(c) क्रूड ऐल्कोहॉल (d) ये सभी

6. अशुद्ध ग्लिसरीन को शुद्ध किया जा सकता है
(a) भाप आसवन द्वारा (b) साधारण आसवन द्वारा
(c) निर्वात आसवन द्वारा (d) विलायक निष्कर्षण द्वारा

7. कार्बनिक यौगिकों के पृथक्करण तथा शोधन की सर्वोत्तम तथा आधुनिकतम तकनीक कौन-सी है?
(a) क्रिस्टलन (b) आसवन (c) ऊर्ध्वपातन (d) वर्णलेखन

8. लोहे की छीलन तथा सल्फर को पृथक् नहीं किया जा सकता है?
(a) गर्म करके (b) चुम्बक द्वारा
(c) CS_2 के साथ हिलाकर (d) जल की धारा में धोकर

9. वर्णलेखन विधि का प्रयोग पृथक्करण के लिए करते हैं
(a) मिश्रण की कम मात्रा के लिए (b) पौधों के वर्णक के लिए
(c) रंजक के लिए (d) इन सभी के लिए

10. लैसग्ने परीक्षण प्रयोग द्वारा पहचान करते हैं।
(a) केवल कार्बन की
(b) केवल हैलोजन की
(c) केवल ऑक्सीजन की
(d) नाइट्रोजन, सल्फर तथा हैलोजन की

11. हाइड्रोजन की प्रतिशत मात्रा अधिकतम है
(a) C_2H_4 में (b) CH_4 में
(c) C_2H_2 में (d) C_6H_6 में

12. कार्बनिक यौगिकों में ड्यूमा विधि द्वारा नाइट्रोजन का आकलन किस रूप में होता है।
(a) NH_3 (b) N_2
(c) NaCN (d) $(NH_4)_2SO_4$

13. यौगिक जिसमें 50% तत्व X (परमाणु भार = 10) तथा 50% तत्व Y (परमाणु भार = 20) का सरलतम सूत्र है
(a) XY (b) XY_2 (c) X_2Y (d) X_2Y_2

14. किसी अम्ल का मूलानुपाती सूत्र CH_2O_2 है, अम्ल का सम्भावित अणुसूत्र है
(a) $C_2H_4O_2$ (b) $C_3H_6O_4$ (c) $C_2H_2O_4$ (d) CH_2O_2

15. फॉस्फोरस का आकलन करते हैं
(a) Na_3PO_4 द्वारा (b) P_2O_5 द्वारा
(c) P_2O_3 द्वारा (d) $Mg_2P_2O_7$ द्वारा

16. एक कार्बनिक यौगिक में 29.27% कार्बन, 5.69% हाइड्रोजन तथा 65.04% ब्रोमीन उपस्थित है। इसका मूलानुपाती सूत्र है
(a) C_3H_5Br (b) C_3H_3Br
(c) $C_2H_4Br_2$ (d) C_3H_7Br

17. जिसमें केवल प्राथमिक हाइड्रोजन परमाणु है; वह ऐल्केन है
(a) पेन्टेन (b) *आइसो-* पेन्टेन
(c) *निओ*-पेन्टेन (d) 2,2-डाइमेथिल ब्यूटेन

18. ऐलिसाइक्लिक यौगिक है
(a) ऐरोमैटिक चक्रीय यौगिक (b) ऐलिफैटिक चक्रीय यौगिक
(c) दोनों (a) तथा (b) (d) इनमें से कोई नहीं

19. 2,2,4,4-टेट्रामेथिल पेन्टेन में तृतीयक कार्बन परमाणुओं की संख्या है
(a) 1 (b) 2 (c) 3 (d) 4

20. निम्नलिखित में कौन-सा यौगिक बाएँ से दाएँ जाने पर $sp^2 - sp^2 - sp\text{-}sp$ संकरण प्रदर्शित करता है?
(a) $CH_2{=}CH{-}C{\equiv}CH$ (b) $HC{\equiv}C{-}C{\equiv}N$
(c) $CH_2{=}C{-}C{=}CH_2$ (d) CH_2 (चित्र) CH_2

21. डाइसायनोएथीन ($CN-CH{=}CH-CN$) में कितने सिग्मा तथा पाई आबन्ध उपस्थित हैं?
(a) 3 सिग्मा तथा 3 पाई (b) 5 सिग्मा तथा 2 पाई
(c) 7 सिग्मा तथा 5 पाई (d) 2 सिग्मा तथा 3 पाई

22. ऐसीटिलीन में π-इलेक्ट्रॉन मेघ की आकृति है
(a) रेखीय (b) तलीय
(c) बेलनाकार (d) घण्टी के आकर की

23. C—H आबन्ध लम्बाई अधिकतम है
(a) C_2H_2 में (b) C_2H_4 में (c) C_2H_6 में (d) $C_2H_2Br_2$ में

24. $CH_3-C{\equiv}C-CH{=}CH_2$ के अणु में रेखीय रूप से व्यवस्थित कार्बन परमाणुओं की अधिकतम संख्या है
(a) 5 (b) 4 (c) 2 (d) 3

25. निम्नलिखित संरचना में कौन-सा कार्बन परमाणु सर्वाधिक विद्युतऋणात्मक है?
$$\underset{(I)}{CH_3}-\underset{(II)}{CH_2}-\underset{(III)}{CH}=\underset{(IV)}{\overset{\oplus}{C}H}$$
(a) (I) (b) (II) (c) (III) (d) (IV)

26. समजात श्रेणी के लिए कौन-सा कथन सत्य नहीं है?
(a) समस्त सदस्यों को समान सामान्य सूत्र द्वारा प्रदर्शित करते हैं
(b) सभी सदस्यों के रासायनिक गुण समान होते हैं
(c) सभी सदस्यों के भौतिक गुण समान होते हैं
(d) सभी सदस्यों के क्रियात्मक समूह समान होते हैं

27. 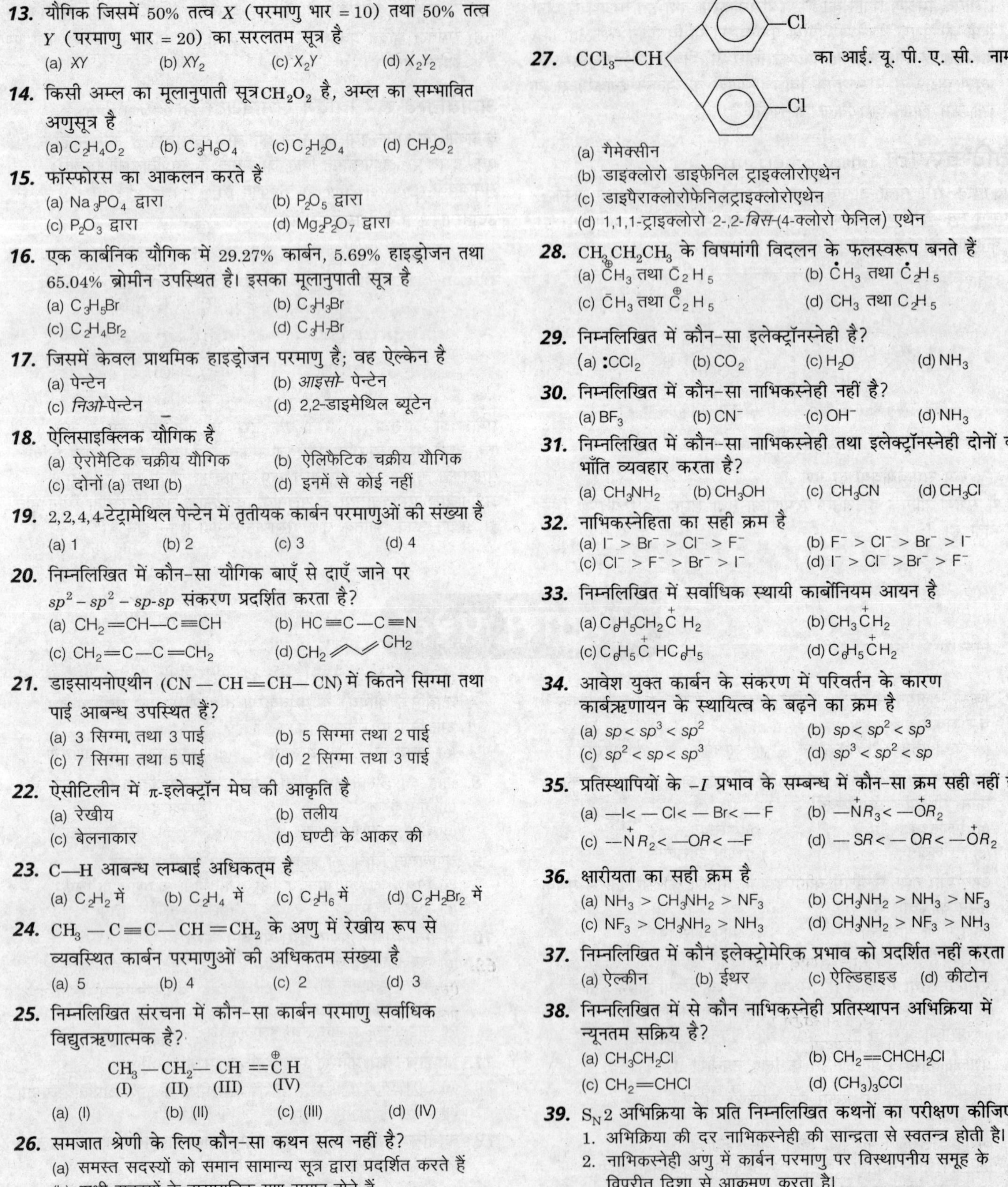

का आई. यू. पी. ए. सी. नाम है
(a) गैमेक्सीन
(b) डाइक्लोरो डाइफेनिल ट्राइक्लोरोएथेन
(c) डाइपैराक्लोरोफेनिलट्राइक्लोरोएथेन
(d) 1,1,1-ट्राइक्लोरो 2-,2-*बिस*-(4-क्लोरो फेनिल) एथेन

28. $CH_3CH_2CH_3$ के विषमांगी विदलन के फलस्वरूप बनते हैं
(a) $\overset{\oplus}{C}H_3$ तथा $\bar{C}_2H_5$ (b) $\dot{C}H_3$ तथा $\dot{C}_2H_5$
(c) $\bar{C}H_3$ तथा $\overset{\oplus}{C}_2H_5$ (d) CH_3 तथा C_2H_5

29. निम्नलिखित में कौन-सा इलेक्ट्रॉनस्नेही है?
(a) $:CCl_2$ (b) CO_2 (c) H_2O (d) NH_3

30. निम्नलिखित में कौन-सा नाभिकस्नेही नहीं है?
(a) BF_3 (b) CN^- (c) OH^- (d) NH_3

31. निम्नलिखित में कौन-सा नाभिकस्नेही तथा इलेक्ट्रॉनस्नेही दोनों की भाँति व्यवहार करता है?
(a) CH_3NH_2 (b) CH_3OH (c) CH_3CN (d) CH_3Cl

32. नाभिकस्नेहिता का सही क्रम है
(a) $I^- > Br^- > Cl^- > F^-$ (b) $F^- > Cl^- > Br^- > I^-$
(c) $Cl^- > F^- > Br^- > I^-$ (d) $I^- > Cl^- > Br^- > F^-$

33. निम्नलिखित में सर्वाधिक स्थायी कार्बोनियम आयन है
(a) $C_6H_5CH_2\overset{+}{C}H_2$ (b) $CH_3\overset{+}{C}H_2$
(c) $C_6H_5\overset{+}{C}HC_6H_5$ (d) $C_6H_5\overset{+}{C}H_2$

34. आवेश युक्त कार्बन के संकरण में परिवर्तन के कारण कार्बऋणायन के स्थायित्व के बढ़ने का क्रम है
(a) $sp < sp^3 < sp^2$ (b) $sp < sp^2 < sp^3$
(c) $sp^2 < sp < sp^3$ (d) $sp^3 < sp^2 < sp$

35. प्रतिस्थापियों के $-I$ प्रभाव के सम्बन्ध में कौन-सा क्रम सही नहीं है?
(a) $-I < -Cl < -Br < -F$ (b) $-\overset{+}{N}R_3 < -\overset{+}{O}R_2$
(c) $-\overset{+}{N}R_2 < -OR < -F$ (d) $-SR < -OR < -\overset{+}{O}R_2$

36. क्षारीयता का सही क्रम है
(a) $NH_3 > CH_3NH_2 > NF_3$ (b) $CH_3NH_2 > NH_3 > NF_3$
(c) $NF_3 > CH_3NH_2 > NH_3$ (d) $CH_3NH_2 > NF_3 > NH_3$

37. निम्नलिखित में कौन इलेक्ट्रोमेरिक प्रभाव को प्रदर्शित नहीं करता है?
(a) ऐल्कीन (b) ईथर (c) ऐल्डिहाइड (d) कीटोन

38. निम्नलिखित में से कौन नाभिकस्नेही प्रतिस्थापन अभिक्रिया में न्यूनतम सक्रिय है?
(a) CH_3CH_2Cl (b) $CH_2{=}CHCH_2Cl$
(c) $CH_2{=}CHCl$ (d) $(CH_3)_3CCl$

39. S_N2 अभिक्रिया के प्रति निम्नलिखित कथनों का परीक्षण कीजिए?
1. अभिक्रिया की दर नाभिकस्नेही की सान्द्रता से स्वतन्त्र होती है।
2. नाभिकस्नेही अणु में कार्बन परमाणु पर विस्थापनीय समूह के विपरीत दिशा से आक्रमण करता है।
3. अभिक्रिया एक साथ आबन्ध निर्माण तथा विखण्डन के साथ सम्पन्न होती है।

उपरोक्त में से कौन-से कथन सत्य है?

(a) 1, 2 (b) 1, 3 (c) 1, 2, 3 (d) 2, 3

40. यौगिक के असममित कार्बन पर S_N2 अभिक्रिया से सदैव बनता है

(a) विपरीत ध्रुवण वाला उत्पाद (b) अभिकारक का प्रतिबिम्ब रूप
(c) अप्रतिबिम्ब समावयवी का मिश्रण (d) एक त्रिविम समावयवी

41. एथीन पर ब्रोमीन के योग से बनने वाली प्रथम स्पीशीज है

(a) $CH_2 - CH_2$ (bridged by Br^+) (b) $C_2H_4OH^+$
(c) $\overset{+}{C}H_2CH_2Br$ (d) $C_2H_5^+$

42. यौगिक जिनके अणुसूत्र समान परन्तु गुणधर्म भिन्न होते हैं, कहलाते हैं

(a) समस्थानिक (b) समभारी (c) समावयवी (d) आइसोमॉर्फ

43. समावयवियों में होता है

(a) समान संरचनात्मक सूत्र (b) समान रासायनिक गुण
(c) समान भौतिक गुण (d) समान अणुसूत्र

44. निम्न में से कौन-सा डाइएथिल ईथर का समावयवी है?

(a) मेथिल-*n*-प्रोपिल ईथर (b) ब्यूटेन-1-ऑल
(c) 2-मेथिल प्रोपेन-2-ऑल (d) ब्यूटेन-2-ऑल

45. निम्न में से कौन-सा ब्यूट-1-आईन का समावयवी नहीं है?

(a) ब्यूट-2-आईन (b) ब्यूटा-1, 3-डाइन
(c) मेथिल साइक्लोप्रोपिन (d) ब्यूट-2-ईन

46. यौगिक $R—NO_2$ तथा $R—ONO$ हैं

(a) ज्यामितीय समावयवी (b) क्रियात्मक समावयवी
(c) मध्यावयवी (d) प्रकाश समावयवी

47. निम्न में से कौन-सा यौगिक मध्यावयवता प्रदर्शित करेगा?

(a) $CH_3COC_3H_7$ (b) $CH_3OC_2H_5$
(c) $CH_3SC_2H_5$ (d) CH_3OCH_3

48. ऐल्केनों में पायी जाने वाली समावयवता है

(a) मध्यावयवता (b) श्रृंखला समावयवता
(c) स्थान समावयवता (d) ज्यामितीय समावयवता

49. किसी ऐल्केन में समावयवी बनाने के लिए C-कार्बन परमाणुओं की न्यूनतम संख्या है

(a) 1 (b) 2 (c) 3 (d) 4

50. अणुसूत्र C_4H_8 वाली ऐल्कीन के अधिकतम खुली श्रृंखला वाले समावयवी होंगे

(a) 5 (b) 4 (c) 3 (d) 2

51. $C_4H_{10}O$ अणुसूत्र वाले सम्भव समावयवी ऐल्कोहॉलों की संख्या है

(a) 1 (b) 2 (c) 3 (d) 4

52. ब्यूट-1-ईन तथा साइक्लोब्यूटेन प्रदर्शित करते हैं

(a) वलय श्रृंखला समावयवता (b) स्थान समावयवता
(c) चलावयवता (d) क्रियात्मक समावयवता

53. यूरिया अणु में किस प्रकार की समावयवता पायी जाती हैं?

(a) श्रृंखला (b) स्थान
(c) चलावयवता (d) इनमें से कोई नहीं

54. समावयवता का कौन-सा युग्म एक साथ सम्भव नहीं है?

(a) श्रृंखला तथा स्थान (b) क्रियात्मक तथा स्थान
(c) चलावयवता तथा क्रियात्मक (d) ये सभी

55. $CH_3CH_2COCH_2CH_3$ तथा $CH_3CHC(OH)CH_2CH_3$ यौगिकों में समावयवता है

(a) मध्यावयवता (b) श्रृंखला समावयवता
(c) क्रियात्मक समावयवता (d) चलावयवता

56. निम्न में से कौन-सा यौगिक चलावयवता प्रदर्शित करता है?

(a) C_6H_5-CHO (b) $C_6H_5-COCH_3$
(c) $C_6H_5-NO_2$ (d) $CH_3-CH(NH_2)-CH_3$

57. त्रिविम समावयवता में भिन्न होता है

(a) अणुसूत्र (b) संरचना सूत्र
(c) विन्यास (d) आण्विक द्रव्यमान

58. $R(H)C=C(H)-C(H)=C(H)R$

उपरोक्त अणु के ज्यामितीय समावयवियों की संख्या है

(a) 2 (b) 3 (c) 6 (d) 5

59. किसी यौगिक द्वारा समतल ध्रुवित प्रकाश को घुमाने का गुण कहलाता है

(a) ध्रुवणता (b) स्फुरदीप्ति
(c) प्रकाश सक्रियता (d) ध्रुवण

60. 'किरैल अणु' वे होते हैं, जो

(a) अपने प्रतिबिम्ब रूप पर अध्यारोपित होते हैं
(b) अपने प्रतिबिम्ब रूप पर अध्यारोपित नहीं होते हैं
(c) अस्थायी अणु
(d) ज्यामितीय समावयवता प्रदर्शित करते हैं

61. रेसेमिक रूपान्तर का वियोजन किया जा सकता है

(a) एन्जाइमों का प्रयोग करके (b) प्रभाजी क्रिस्टलन द्वारा
(c) प्रभाजी आसवन द्वारा (d) ये सभी

62. रेसिमिक टार्टरिक अम्ल प्रकाशिक रूप से निष्क्रिय है

(a) बाह्य प्रतिकार के कारण
(b) आन्तरिक प्रतिकार के कारण
(c) सममिति तल की उपस्थिति के कारण
(d) उपरोक्त सभी

63. एक प्रतिबिम्ब रूपी शुद्ध अम्ल को एक किरैल कार्बन वाले ऐल्कोहॉल के रेसिमिक मिश्रण के साथ अभिकृत किया गया। इस प्रकार बना एस्टर होगा

(a) प्रकाश सक्रिय मिश्रण (b) शुद्ध प्रकाशिक समावयवी
(c) *मेसो* यौगिक (d) रेसिमिक मिश्रण

64. शब्द, त्रिविम समावयवी, प्रकाशिक समावयवी तथा अप्रतिबिम्ब रुप समावयवी प्रयुक्त होते हैं

(a) ज्यामितीय समावयवियों सहित, विन्यासी समावयवियों के लिए
(b) केवल विन्यास समावयवियों के लिए
(c) विन्यासी समावयवियों तथा संरूपण समावयवियों दोनों के लिए
(d) न विन्यासी समावयवियों के लिए और न ही संरूपण समावयवियों के लिए

उत्तरमाला

1.	(c)	2.	(b)	3.	(d)	4.	(c)	5.	(d)	6.	(c)	7.	(d)	8.	(a)	9.	(d)	10.	(d)
11.	(b)	12.	(b)	13.	(c)	14.	(d)	15.	(d)	16.	(d)	17.	(c)	18.	(b)	19.	(b)	20.	(a)
21.	(c)	22.	(c)	23.	(c)	24.	(c)	25.	(d)	26.	(c)	27.	(d)	28.	(c)	29.	(a)	30.	(a)
31.	(c)	32.	(a)	33.	(c)	34.	(d)	35.	(a)	36.	(b)	37.	(b)	38.	(c)	39.	(d)	40.	(a)
41.	(a)	42.	(c)	43.	(d)	44.	(d)	45.	(d)	46.	(b)	47.	(a)	48.	(b)	49.	(d)	50.	(a)
51.	(d)	52.	(a)	53.	(c)	54.	(c)	55.	(d)	56.	(b)	57.	(c)	58.	(b)	59.	(c)	60.	(b)
61.	(a)	62.	(a)	63.	(a)	64.	(a)												

उत्तर व्याख्या सहित

1. *(c)* आसवन विधि का प्रयोग विलायक से विलेय को पृथक् करने के लिए करते हैं यदि कार्बनिक द्रव अपने क्वथनांक पर स्थायी है तथा इसमें अवाष्पशील अशुद्धियाँ मिली हो।

3. *(d)* ऊर्ध्वपातन विधि का प्रयोग उन ठोसों के लिए किया जाता है जो गर्म करने पर द्रव अवस्था में आये बिना सीधे वाष्प अवस्था में परिवर्तित हो जाते हैं।

4. *(c)* ऐसीटोन तथा मेथेनॉल के लगभग समान क्वथनांक होते हैं। अतः इन्हें प्रभाजी आसवन विधि द्वारा पृथक् करते हैं।

5. *(d)* प्रभाजी आसवन विधि का प्रयोग कच्चे पेट्रोलियम को विभिन्न प्रभाजों जैसे कोलतार, कच्चे ऐल्कोहॉल तथा पेट्रोलियम में पृथक् करने के लिए करते हैं।

6. *(c)* यदि कोई द्रव अपने क्वथनांक पर अथवा उससे नीचे ही अपघटित हो जाता है तो उसका शोधन निर्वात आसवन विधि द्वारा करते हैं।
उदाहरण– ग्लिसरीन का शोधन।

7. *(d)* वर्णलेखन कार्बनिक यौगिकों के पृथक्करण तथा शोधन की सर्वोत्तम विधि है।

8. *(a)* गर्म करने पर आयरन, सल्फर के साथ क्रिया करके आयरन सल्फाइड बनाता है।

11. *(b)* CH_4 में H तथा C का अनुपात सर्वाधिक है।

12. *(b)* कार्बनिक यौगिकों में नाइट्रोजन के आकलन की ड्यूमा विधि में नाइट्रोजन की मात्रा को N_2 के रूप में आकलित करते हैं।

$$N_2O + Cu \longrightarrow N_2 + CuO$$

$$\text{N की \% मात्रा} = \frac{28}{22400} \times \frac{\text{सा ता दा पर } N_2 \text{ का आयतन}}{\text{यौगिक का भार}} \times 100$$

13. *(c)*

परमाणु	परमाणु भार	तत्व की % मात्रा	परमाणुओं की आपेक्षिक संख्या	सरलतम अनुपात
X	10	50	$\frac{50}{10} = 5$	2
Y	20	50	$\frac{50}{20} = 2.5$	1

अतः मूलानुपाती सूत्र = X_2Y

14. *(d)* अम्ल का मूलानुपाती सूत्र = CH_2O_2

हम जानते है, कि अणुसूत्र = (मूलानुपाती सूत्र)$_n$

यदि $n = 1$, अणुसूत्र $(CH_2O_2)_1 = CH_2O_2$

यदि $n = 2$, अणुसूत्र = $(CH_2O_2)_2 = C_2H_4O_4$

यदि $n = 3$, अणुसूत्र = $(CH_2O_2)_3 = C_3H_6O_6$

अतः सम्भावित अणु सूत्र = CH_2O_2

15. *(d)* फॉस्फोरस का आकलन $Mg_2P_2O_7$ के रूप में करते हैं।

$$P \xrightarrow[\Delta]{HNO_3} H_3PO_4$$

$$H_3PO_4 + Mg^{2+} + NH_4OH \longrightarrow MgNH_4PO_4$$

$$2MgNH_4PO_4 \longrightarrow Mg_2P_2O_7 + H_2O + 2NH_3$$

$$\text{P की \% मात्रा} = \frac{62 \times \text{का भार } Mg_2P_2O_7 \times 100}{222 \times \text{यौगिक का भार}}$$

16. *(d)* $C : H : Br = \frac{29.27}{12} : \frac{5.69}{1} : \frac{65.04}{80}$
$= 2.43 : 5.69 : 0.813 = 3 : 7 : 1$

अतः मूलानुपाती सूत्र = C_3H_7Br

17. *(c)*

$$CH_3-\underset{CH_3}{\overset{CH_3}{\underset{|}{\overset{|}{C}}}}-CH_3$$

निओ-पेन्टेन

उपरोक्त संरचना से स्पष्ट होता है कि समस्त हाइड्रोजन परमाणु, प्राथमिक C-परमाणु से जुड़े हुए हैं अतः ये प्राथमिक हाइड्रोजन हैं।

18. *(b)* वे चक्रीय कार्बनिक यौगिक जिनके गुण ऐलिफैटिक यौगिकों के समान होते हैं, ऐलिसाइक्लिक यौगिक कहलाते हैं।

19. *(b)*

$$\underset{1}{CH_3}-\underset{CH_3}{\overset{CH_3}{\underset{|\,2}{\overset{|}{C}}}}-\underset{3}{CH_2}-\underset{CH_3}{\overset{CH_3}{\underset{|\,4}{\overset{|}{C}}}}-\underset{5}{CH_3}$$

2,2,4,4-टेट्रामेथिल पेन्टेन

यहाँ दो कार्बन परमाणु अर्थात् C – 2 तथा C – 4 ऐसे हैं जिनकी प्रकृति तृतीयक है।

20. *(a)*

$$\underset{sp^2}{CH_2}=\underset{sp^2}{CH}-\underset{sp}{C}\equiv\underset{sp}{CH}$$

21. *(c)*

$$N \underset{1\sigma}{\overset{2\pi}{\equiv}} \underset{\underset{H}{|\sigma}}{C} \overset{\sigma}{-} C \underset{\pi}{\overset{\sigma}{=}} \underset{\underset{H}{|\sigma}}{C} \overset{\sigma}{-} C \underset{2\pi}{\overset{\sigma}{\equiv}} N$$

(7σ तथा 5π)

22. *(c)* ऐसीटिलीन में π-इलेक्ट्रॉन मेघ की संरचना बेलनाकार होती है।

23. *(c)* आबन्ध लम्बाई का क्रम निम्न है

σ आबन्ध (sp^3) > σ आबन्ध (sp^2) > σ आबन्ध (sp)

$C_2H_6 \quad C_2H_4 \quad C_2H_2$ अथवा $C_2H_2Br_2$

24. *(c)* $CH_3-C\equiv C-C(H)=CH_2$ (120°)

त्रिबन्ध से जुड़े C-परमाणु एक सीधी रेखा में रहते हैं जबकि CH_2 समूह से जुड़े कार्बन 120° पर झुके होते हैं। अत केवल 2 परमाणु ही सरल रेखीय रूप में व्यवस्थित हैं।

25. *(d)* $\underset{sp^3}{CH_3}-\underset{sp^3}{CH_2}-\underset{sp^2}{CH}=\underset{sp}{\overset{\oplus}{C}H}$

विभिन्न संकरित तथा असंकरित कक्षकों की विद्युतऋणात्मकता का घटता हुआ क्रम निम्न है $s > sp > sp^2 > sp^3 > p$

28. *(c)* विषमांशी विदलन में, सहसंयोजक आबन्ध इस प्रकार टूटता है कि कम विद्युतऋणात्मक स्पीशीज साझे के अपने इलेक्ट्रॉन का त्याग कर देती है तथा अन्य अधिक विद्युतऋणात्मक स्पीशीज साझे के दोनों इलेक्ट्रॉनों को ग्रहण कर लेती है।

$$CH_3CH_2CH_3 \longrightarrow \overset{\ominus}{C}H_3 + \overset{\oplus}{C}_2H_5$$

(क्योंकि $\overset{+}{C}_2H_5$ की अपेक्षा $\overset{+}{C}H_3$ कम स्थायी है।)

29. *(a)* इलेक्ट्रॉन न्यून स्पीशीज अथवा इलेक्ट्रॉन ग्राही, इलेक्ट्रॉनस्नेही कहलाते हैं। उदाहरण के लिए

$\dot{C}H_3, \ddot{C}H_2, \ddot{C}X_2$ (जहाँ, $X=Cl,Br,I$)

30. *(a)* सभी उदासीन सहसंयोजी यौगिक जिनमें केन्द्रीय परमाणु का अपूर्ण कक्षक होता है, इलेक्ट्रॉनस्नेही कहलाते हैं। उदाहरण के लिए

$BF_3, BeCl_2, BH_3, ZnCl_2, AlCl_3$

31. *(c)* CH_3NH_2 तथा CH_3OH नाभिकस्नेही हैं, CH_3-Cl इलेक्ट्रॉनस्नेही है। परन्तु $CH_3-\overset{\delta+}{C}\equiv\overset{\delta-}{N}$:, N पर एकाकी इलेक्ट्रॉन युग्म की उपस्थिति के कारण नाभिकस्नेही तथा C पर आंशिक धनावेश की उपस्थिति के कारण इलेक्ट्रॉनस्नेही है।

32. *(a)* नाभिकस्नेहिता

$$\propto \frac{1}{\text{ऋणात्मक आवेश रखने वाले परमाणु की विद्युत्तऋणात्मक}}$$

$I^- > Br^- > Cl^- > F^-$

33. *(c)* $C_6H_5\overset{+}{C}HC_6H_5$ सर्वाधिक स्थायी है क्योंकि धनावेश दोनों फेनिल वलयों पर विस्थानीकृत हो सकता है।

34. *(d)* कार्बऋणायन के स्थायित्व का क्रम आवेशयुक्त कार्बन के संकरित कक्षक की *s*-प्रकृति में वृद्धि के साथ बढ़ता है अतः सही क्रम $sp^3 < sp^2 < sp$ है।

36. *(b)* गैसीय प्रावस्था में,तृतीयक ऐमीन, द्वितीय ऐमीनों की अपेक्षा अधिक क्षारीय होते हैं जोकि अमोनिया से प्रबल क्षारीय है। केन्द्रीय परमाणु पर उपस्थित *I*-प्रभाव वाला समूह इलेक्ट्रॉन घनत्व को घटाता है जिसके कारण क्षारकता घटती है। अतःसही क्रम है $CH_3NH_2 > NH_3 > NF_3$

37. *(b)* इलेक्ट्रोमेरिक प्रभाव में किसी अभिकर्मक की उपस्थिति में, π-इलेक्ट्रॉनों का पूर्ण स्थानान्तरण होता है। चूंकि साधारण ईथर में बहुबन्ध उपस्थित नहीं होते हैं अतः ये इलेक्ट्रोमेरिक प्रभाव प्रदर्शित नहीं करते हैं।

38. *(c)* विनाइल क्लोराइड, अनुनाद के कारण नाभिकस्नेही प्रतिस्थापन अभिक्रियाओं के लिए न्यूनतम सक्रिय है।

$$CH_2=CH-\ddot{\underset{..}{Cl}}: \longleftrightarrow :\overset{-}{C}H_2-CH=\overset{+}{\underset{..}{Cl}}:$$

40. *(a)* S_N2 अभिक्रिया में नाभिकस्नेही निष्कासित होने वाले समूह की विपरीत दिशा में आक्रमण करता है जिसके कारण S_N2 अभिक्रिया में प्रतिलोपन हो जाता है अर्थात् यदि अभिकारक हैलाइड वाम ध्रुवण घूर्णक है, तो उत्पाद दक्षिण ध्रुवण घूर्णक होगा।

41. *(a)* ऐथीन पर Br_2 का योग इलेक्ट्रॉनस्नेही योगात्मक अभिक्रिया है। इसमें मध्यवर्ती चक्रीय ब्रोमोनियम आयन है।

$$CH_2=CH_2 + Br_2 \longrightarrow CH_2-CH_2 \text{ (}Br^+\text{ सेतु)}$$

44. *(d)* ब्यूटेन-2-ऑला $CH_3-\overset{O}{\overset{\|}{C}}-CH_2-CH_3$ तथा डाइएथिल ईथर $CH_3CH_2-\ddot{O}-CH_2-CH_3$ समावयवी नहीं हैं क्योंकि दोनों का अणुसूत्र समान नहीं है।

45. *(d)* ब्यूट-2-ईन तथा ब्यूट-1-आईन का अणुसूत्र समान नहीं है अतः दोनों समावयवी नहीं हैं।

$CH_3-CH_2-C\equiv CH$ ब्यूट-1-आईन (C_4H_6) $CH_3-CH=CH-CH_3$ ब्यूट-2-आईन (C_4H_8)

47. *(a)* $CH_3COC_3H_7$ मध्यायवता प्रदर्शित करता है।

$CH_3-\overset{O}{\overset{\|}{C}}-CH_2CH_2CH_3$,

$CH_3-\overset{O}{\overset{\|}{C}}-\underset{}{\overset{CH_3}{\overset{|}{C}H}}-CH_3$ तथा $CH_3CH_2-\overset{O}{\overset{\|}{C}}-CH_2CH_3$

48. *(b)* ऐल्केन, बिना क्रियात्मक समूह वाले संतृप्त हाइड्रोकार्बन होते हैं अतः ये शृंखला समावयवता ही प्रदर्शित कर सकते हैं।

49. *(d)* ऐल्काइनों को छोड़कर, शृंखला समावयवता प्रदर्शित करने के लिए अणु में चार या चार से अधिक कार्बन परमाणु होने चाहिए।

51. *(d)* (i) $CH_3CH_2CH_2CH_2OH$ (ii) $CH_3CH_2-\underset{OH}{\underset{|}{CH}}-CH_3$

(iii) $CH_3-\overset{CH_3}{\overset{|}{C}H}-CH_2OH$ (iv) $CH_3-\overset{CH_3}{\overset{|}{\underset{CH_3}{\underset{|}{C}}}}-OH$

52. *(a)* $CH_3-CH_2-CH=CH_2$ तथा $\begin{array}{l}CH_2-CH_2\\ |\quad\quad\ \ |\\ CH_2-CH_2\end{array}$

वलय-शृंखला समावयवता प्रदर्शित करते हैं।

53. *(c)* यूरिया $NH_2-\underset{O}{\underset{\|}{C}}-NH_2$ चलावयवता प्रदर्शित करता है। इसका चलावयवी निम्न है $NH_2-\underset{OH}{\underset{|}{C}}=NH$

58. *(b)* जब n = समसंख्या तब

ज्यामितीय समावयवियों की संख्या $= 2^{n-1} + 2^{n/2-1} = 2^1 + 2^0 = 3$

61. *(a)* रेसेमिक मिश्रण का *d* तथा *l* समावयवियों में पृथक्करण **वियोजन** कहलाता है। यह किया जाता है

(i) यान्त्रिक विधि से

(ii) एन्जाइमों का प्रयोग करके जीव रासायनिक विधि द्वारा

(iii) रासायनिक विधि से (लवण निर्माण)।

62. *(a)* रेसेमिक टार्टरिक अम्ल बाह्य प्रतिकर के कारण प्रकाशिक रूप से निष्क्रिय होता है। रेसेमिक टार्टरिक अम्ल *d* तथा *l* रूपों का मिश्रण होता है।

अध्याय **19**

हाइड्रोकार्बन

Hydrocarbons

हाइड्रोकार्बनों का वर्गीकरण
Classification of Hydrocarbons

कार्बन और हाइड्रोजन से बने यौगिक **हाइड्रोकार्बन** कहलाते हैं। संरचना के आधार पर हाइड्रोकार्बन दो मुख्य वर्गों में विभाजित किए गए हैं। ऐलिफैटिक और चक्रीय हाइड्रोकार्बन को विभिन्न उपवर्गों और श्रेणियों में विभाजित किया गया है

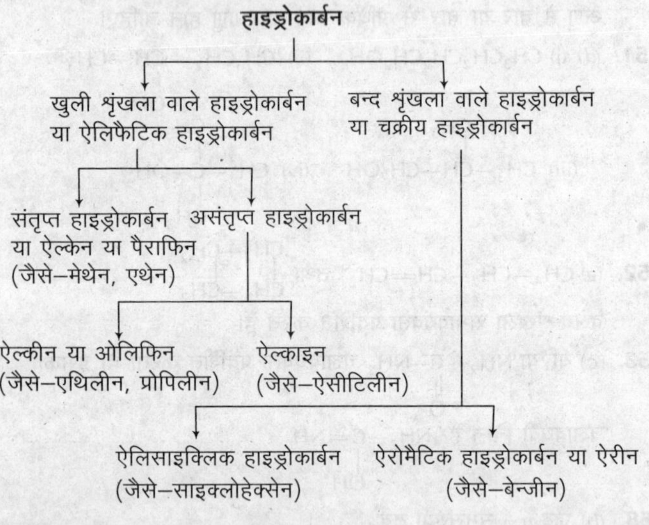

ऐल्केन Alkane

ऐल्केन यौगिकों का सामान्य सूत्र C_nH_{2n+2} है। सभी ऐल्केनों में कार्बन का संकरण sp^3 होता है तथा इनके अणुओं का विन्यास **समचतुष्फलकीय** (Tetrahedral) होता है। किसी भी ऐल्केन का कार्बन परमाणु समचतुष्फलक के केन्द्र में रहता है तथा इसकी चार संयोजकताएँ समचतुष्फलक के चार कोनों की ओर निर्देशित रहती हैं। ऐल्केनों में बन्ध कोण 109°28′ होता है तथा C—C व C—H बन्ध लम्बाई क्रमश: 1.54 Å तथा 1.12 Å होती है। ऐल्केन के मुख्य स्रोत प्राकृतिक मोम तथा पेट्रोलियम हैं।

H, H, C, H, H, 109°28′

मेथेन अणु का समचतुष्फलकीय

नामकरण Nomenclature

उच्च ऐल्केनों के आई.यू.पी.ए.सी. नाम

अणुसूत्र	नाम	अणुसूत्र	नाम
$C_{11}H_{24}$	अनडेकेन	$C_{31}H_{64}$	हेनट्राइऐकोनटेन
$C_{12}H_{26}$	डोडेकेन	$C_{40}H_{82}$	टेट्राऐकोनटेन
$C_{20}H_{42}$	आइकोसेन	$C_{50}H_{102}$	पेन्टाऐकोनटेन
$C_{21}H_{44}$	हेनआइकोसेन	$C_{90}H_{182}$	नोनाकोनटेन
$C_{22}H_{46}$	डोकोसेन	$C_{100}H_{202}$	हेक्टेन
$C_{30}H_{62}$	ट्राइएकोनटेन		

संरूपण Conformations

एथेन के संरूपण Conformations of Ethane

एथेन अणु में कार्बन-कार्बन परमाणु के मध्य सिग्मा (σ) बन्ध उपस्थित रहता है तथा प्रत्येक कार्बन तीन अन्य हाइड्रोजन परमाणुओं से जुड़ा हुआ रहता है। यह निम्न दो संरूपणीय रूपों में मिलता है।

H, 0°, H, H, H, H, H   H, 60°, H, H, H, H, H

(ग्रसित रूप सान्तरित रूप)   (सान्तरित रूप)

संरूपणों के न्यूमॉन प्रक्षेपण सूत्र

एथेन के संरूपणों का सापेक्ष स्थायित्व
Relative Stabilities of the Conformation of Ethane

एथेन अणु का सर्वाधिक स्थायी संरूपण इसका सांतरित संरूपण होता है क्योंकि इसमें स्थितिज ऊर्जा का मान न्यूनतम होता है।

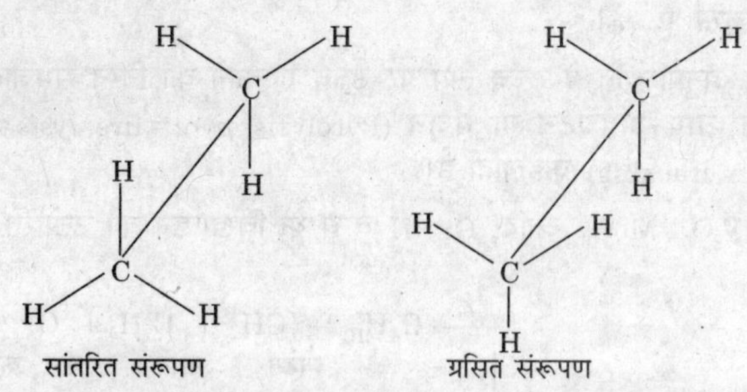

एथेन के सान्तरित तथा ग्रसित संरूपणों का सॉहोर्स प्रदर्शन

बनाने की विधियाँ Methods of Preparation

ऐल्केन बनाने के लिए निम्नलिखित विधियों का प्रयोग किया जाता है

(i) विभिन्न यौगिकों के अपचयन द्वारा By the Reduction of Different Compounds

विभिन्न यौगिक भिन्न-भिन्न अभिकर्मकों के द्वारा ऐल्केन में अपचयित हो जाते हैं जिनका वर्णन नीचे दिया गया है

बन्द नली में लाल P तथा गर्म हाइड्रोआयोडिक अम्ल (HI) के साथ ऐल्कोहॉलों, ऐल्डिहाइडों, कीटोनों तथा वसीय अम्लों के अपचयन द्वारा ऐल्केन प्राप्त होते हैं।

$$CH_3COOH + 6HI \xrightarrow[425\ K]{\text{लाल P}} CH_3 - CH_3 + 2H_2O + 3I_2$$

यहाँ लाल P का प्रयोग आयोडीन को वाष्पशील PI_3 के रूप पृथक् करने के लिए किया जाता है क्योंकि यह अभिक्रिया उत्क्रमणीय है।

$$2P + 3I_2 \longrightarrow 2PI_3$$

(ii) हाइड्रोजनीकरण या उत्प्रेरकीय अपचयन Hydrogenation or Catalytic Reduction

असंतृप्त हाइड्रोकार्बनों तथा हाइड्रोजन के मिश्रण को उत्प्रेरक (Pt, Ni, Pd आदि) के ऊपर प्रवाहित करने पर ऐल्केन प्राप्त होते हैं। इस अभिक्रिया को **साबात्ये-सेन्डेरेन्स अभिक्रिया** कहते हैं। इस अभिक्रिया द्वारा मेथेन प्राप्त नहीं किया जा सकता।

$$\underset{\text{ऐल्कीन}}{R-CH=CH_2} + H_2 \xrightarrow[200°C]{Ni} \underset{\text{ऐल्केन}}{R-CH_2-CH_3}$$

(iii) विकार्बोक्सिलीकरण द्वारा By Decarboxylation

कार्बोक्सिलिक अम्लों के सोडियम लवणों (RCOONa) को सोडा लाइम (NaOH—CaO) के साथ गर्म करने पर हाइड्रोकार्बन प्राप्त होते हैं। यह अभिक्रिया विकार्बोक्सिलीकरण (—COOH समूह का H-परमाणु द्वारा विस्थापन) कहलाती है।

$$R-\underset{\underset{O}{\|}}{C}-OH \xrightarrow{NaOH} R-\underset{\underset{O}{\|}}{C}-\overset{\ominus\ \oplus}{O}Na \xrightarrow[CaO/\Delta]{NaOH} R-H + Na_2CO_3$$

कार्बोक्सिलिक अम्ल से कार्बन डाइऑक्साइड का निष्कासन विकार्बोक्सिलीकरण कहलाता है।

(iv) कोल्बे विद्युत अपघटन विधि द्वारा From Kolbe's Electrolytic Method

ऐल्केन, संतृप्त मोनो विकार्बोक्सिलीकरण अम्ल के सोडियम या पोटैशियम लवण के सान्द्र जलीय विलयन के विद्युत अपघटन से प्राप्त होते हैं।

$$2RCOONa + 2H_2O \xrightarrow{\text{विद्युत अपघटन}} \underset{\text{ऐनोड पर}}{R-R + 2CO_2} + \underset{\text{कैथोड पर}}{2NaOH + H_2}$$

(v) वुर्ट्ज अभिक्रिया द्वारा From Wurtz Reaction

शुष्क ईथर की उपस्थिति में ऐल्किल हैलाइड (RX) (समान अथवा असमान) के दो अणु सोडियम धातु के साथ गर्म करने पर संघनित होकर ऐल्केन देते हैं।

$$R\boxed{X + 2Na + X}R \xrightarrow{\text{शुष्क ईथर}/\Delta} R-R + 2NaX$$

भौतिक गुणधर्म Physical Properties

ऐल्केन निम्नलिखित सामान्य भौतिक गुण प्रदर्शित करते हैं

(i) ऐल्केन रंगहीन, गन्धहीन तथा स्वादहीन होते हैं।

ऐल्केन	अवस्था
C_1-C_4	गैसीय अवस्था
C_5-C_{17}	द्रव अवस्था (*निओ*-पेन्टेन के अतिरिक्त जो गैस है)
C_{18} एवं उच्च	ठोस मोम के समान

(ii) ऐल्केन जल की अपेक्षा हल्के होते हैं अर्थात् इनका घनत्व कम होता है।

(iii) ऐल्केन जल में अविलेय तथा कार्बनिक विलायकों जैसे C_6H_6, CCl_4, ईथर आदि में विलेय होते हैं।

$$\text{विलेयता} \propto \frac{1}{\text{अणुभार}}$$

ऐल्केन की विलेयता अणुभार के बढने के साथ घटती है। द्रव ऐल्केन स्वयं ही अच्छे अध्रुवीय विलयन होते हैं।

(iv) अणुभार बढ़ने के साथ ऐल्केनों के क्वथनांक बढ़ते हैं, क्योंकि अणुभार बढ़ने से वाण्डरवाल्स बलों की तीव्रता बढ़ती है।

$$\text{क्वथनांक} \propto \text{अणुभार } (n\text{-ऐल्केन हेतु})$$

वाण्डरवाल्स आकर्षण बल $\propto$ अणुभार $\propto$ अणु का पृष्ठीय क्षेत्रफल

उदाहरण—पेन्टेन < हेक्सेन < हेप्टेन

समावयवी ऐल्केनों में शाखा वृद्धि के साथ उनके क्वथनांक कम होते जाते हैं।

$$\text{क्वथनांक} \propto \frac{1}{\text{शृंखला में शाखाओं की संख्या}}$$

इसका कारण यह है कि शाखाएँ बढ़ने से संरचना गोलीय हो जाती है फलस्वरूप पृष्ठीय क्षेत्रफल एवं वाण्डरवाल्स बल घटता है।

[∵ वाण्डरवाल्स बल $\propto$ अणु का पृष्ठ तल]

उदाहरण—पेन्टेन के समावयवियों के क्वथनांकों का घटता हुआ क्रम है

n-पेन्टेन > *आइसो*-पेन्टेन > *निओ*-पेन्टेन

रासायनिक गुणधर्म Chemical Properties

ऐल्केन के सामान्य रासायनिक गुण निम्नलिखित हैं

(i) नाइट्रीकरण Nitration

इस अभिक्रिया में ऐल्केनों का हाइड्रोजन, नाइट्रो समूह ($—NO_2$) के द्वारा विस्थापित हो जाता है। इस अभिक्रिया में ऐल्केनों की वाष्पों को सान्द्र HNO_3 के साथ गर्म करते हैं।

$$R—H + \text{सान्द्र } HNO_3 \longrightarrow R—NO_2 + H_2O$$

(ii) सल्फोनीकरण Sulphonation

इस अभिक्रिया में ऐल्केनों की हाइड्रोजन, सल्फोनिक अम्ल ($—SO_3H$) के द्वारा विस्थापित हो जाती है। इस अभिक्रिया में ऐल्केन की वाष्प को सान्द्र सधूम H_2SO_4 (ओलियम $H_2S_2O_7$) के साथ गर्म करते हैं।

$$R—H + HO\ SO_3H \xrightarrow{\text{सधूम } 400°C} R—SO_3H + H_2O\ (R \geq —C_6H_{13})$$

यह अभिक्रिया भी मुक्त मूलक क्रियाविधि द्वारा होती है।

(iii) समावयवीकरण Isomerisation

चार या अधिक कार्बन युक्त रेखिक ऐल्केनों को निर्जल $AlCl_3$ व सान्द्र HCl की उपस्थिति में 35 वायुमण्डल दाब व 200°C पर गर्म करने पर शृंखलायुक्त ऐल्केन बनते हैं।

$$R—CH_2—CH_2—CH_2—CH_3 \xrightarrow[\text{35 वायु, } 200°C]{AlCl_3 + \text{ सान्द्र HCl}}$$

$$R—\underset{}{CH}(CH_3)—CH_2—CH_3 + R—CH_2—CH(CH_3)—CH_3$$

(iv) हैलोजनीकरण Halogenation

हैलोजनीकरण अभिक्रिया में हैलोजनों की क्रियाशीलता का क्रम $F_2 > Cl_2 > Br_2 > I_2$ है।

(a) **फ्लुओरीनीकरण** ऐल्केन के ब्रोमो या आयोडो व्युत्पन्न पर HgF_2 की क्रिया द्वारा भी ऐल्केन फ्लुओराइड बनाए जा सकते हैं।

$$2C_2H_5I + HgF_2 \longrightarrow 2C_2H_5F + HgI_2$$

यह अभिक्रिया **स्वार्ट अभिक्रिया** कहलाती है।

(b) **क्लोरीनीकरण** H-परमाणु का क्लोरीन परमाणु द्वारा प्रतिस्थापन क्लोरीनीकरण कहलाता है। जब ऐल्केन को आधिक्य में प्रयुक्त किया जाता है, तो मोनोक्लोरो व्युत्पन्न बनता है।

$$\underset{\text{ऐल्केन (आधिक्य में)}}{R—H} + Cl_2 \xrightarrow[\text{फोटॉन}]{h\nu} \underset{\text{ऐल्किल क्लोराइड (मोनोक्लोरो व्युत्पन्न)}}{R—Cl} + HCl$$

(c) **ब्रोमोनीकरण** Br_2 भी ऐल्केन से Cl_2 की भाँति ही क्रिया करती है किन्तु इसकी क्रियाशीलता कम होती है।

(d) **आयोडीनीकरण** ऐल्केनों का आयोडीनीकरण उत्क्रमणीय अभिक्रिया है।

$$\underset{\text{ऐल्केन}}{R—H} + I_2 \rightleftharpoons R—I + HI$$

(v) भंजन Pyrolysis

वायु की अनुपस्थिति में उच्च ताप पर उच्च ऐल्केनों का निम्न समजातों में अपघटन, **ताप-अपघटन** या **भंजन** (Pyrolysis, *pyre* = fire, *lysis* = to break or cracking) कहलाता है।

Cr_2O_3, V_2O_5, MoO_3 आदि, C—H बन्ध के विखण्डन को उत्प्रेरित करते हैं,

$$\underset{\text{आक्टेन}}{C_8H_{18}} \xrightarrow[\text{उच्च ताप}]{\text{उत्प्रेरक}} \begin{cases} \underset{\text{ब्यूटेन}}{C_4H_{10}} + \underset{\text{मेथेन}}{CH_4} + \underset{\text{एथीन}}{C_2H_4} + \underset{\text{कार्बन}}{C} \\ \underset{\text{ऑक्टीन}}{C_8H_{16}} + \underset{\text{हाइड्रोजन}}{H_2} \end{cases}$$

यह अभिक्रिया भी सामान्यतया मुक्त मूलक क्रियाविधि द्वारा होती है।

(vi) ऐरोमैटीकरण Aromatisation

ऐरोमैटीकरण अभिक्रिया में ऐलिफैटिक हाइड्रोकार्बन को ऐरोमैटिक हाइड्रोकार्बनों में परिवर्तित करते हैं। 6 से 10 कार्बन युक्त ऐल्केनों की वाष्प Cr_2O_3 / Al_2O_3 उत्प्रेरक पर उच्च ताप (≈ 600°C) पर प्रवाहित करने पर बेन्जीन व इसके व्युत्पन्न बनते हैं।

$$\underset{\text{हेक्सेन}}{C_6H_{14}} \xrightarrow{Cr_2O_3 + Al_2O_3 / 600°C} \underset{\text{बेन्जीन}}{C_6H_6} + 4H_2$$

(vii) ऑक्सीकरण Oxidation

(a) **दहन** O_2 की उपस्थिति में ऐल्केन प्रकाशहीन ज्वाला के साथ जलते हैं तथा CO_2 व H_2O में परिवर्तित हो जाते हैं। चूँकि इस अभिक्रिया में अत्यधिक ऊष्मा निकलती है, अत: ये ईंधन के रूप में प्रयोग किए जाते हैं।

$$C_nH_{2n+2} + \left(\frac{3n+1}{2}\right)O_2 \rightarrow nCO_2 + (n+1)H_2O;\ \Delta H = -ve$$

(b) **अपूर्ण ऑक्सीकरण** O_2 या वायु की कम मात्रा के साथ ऐल्केन, कार्बन कालिख (carbon black) में या कार्बन मोनॉक्साइड (CO) में परिवर्तित हो जाते हैं।

$$C_nH_{2n+2} + \left(\frac{2n+1}{2}\right)O_2 \xrightarrow{\Delta} nCO + n\ (n+1)\ H_2O$$

तथा $C_nH_{2n+2} + \left(\frac{n+1}{2}\right)O_2 \xrightarrow{\Delta} nC + (n+1)\ H_2O$

(c) **उत्प्रेरित ऑक्सीकरण** ऐल्केन के निम्न समजात नियन्त्रित, उत्प्रेरक ऑक्सीकरण पर ऐल्कोहॉल या ऐल्डिहाइड देते हैं।

$$\underset{\text{ऐल्केन}}{R—CH_3} + \frac{1}{2}O_2 \xrightarrow[\text{उच्च ताप व दाब}]{\text{लाल तप्त Cu या Fe}} \underset{\text{ऐल्कोहॉल}}{RCH_2OH}$$

$$\underset{\text{ऐल्केन}}{R—CH_3} + O_2 \xrightarrow[\Delta]{MoO_3} \underset{\text{ऐल्डिहाइड}}{R—CHO} + H_2O$$

साइक्लोऐल्केनों के निर्माण की विधियाँ
Methods of Preparation of Cycloalkanes

डाइकार्बोक्सिलिक अम्लों के लवणों द्वारा
By Salts of Dicarboxylic Acids

डाइकार्बोक्सिलिक अम्लों के कैल्सियम या बेरियम लवणों को गर्म करने पर चक्रीय कीटोन प्राप्त होते हैं, जो अपचयन या विकार्बोनिलीकरण पर साइक्लोऐल्केन में परिवर्तित हो जाते हैं।

$$\begin{array}{l} CH_2CH_2CO \\ | \\ CH_2CH_2CO \end{array} \!\!> Ca \xrightarrow[-CaCO_3]{\Delta} \begin{array}{l} CH_2CH_2 \\ | \\ CH_2CH_2 \end{array} \!\!> C{=}O$$

कैल्सियम ऐडिपेट

$$\xrightarrow{h\nu} \begin{array}{l} CH_2—CH_2 \\ | \quad\quad | \\ CH_2—CH_2 \end{array} + CO$$

साइक्लोब्यूटेन

$$\xrightarrow[\text{(क्लीमेन्सन अपचयन)}]{Zn(Hg)/\text{सान्द्र } HCl} \begin{array}{l} CH_2CH_2 \\ | \\ CH_2CH_2 \end{array} \!\!> CH_2$$

साइक्लोपेन्टेन (विस्लीसिनस विधि)

ऐरोमैटिक हाइड्रोकार्बनों के हाइड्रोजनीकरण द्वारा
By Hydrogenation of Aromatic Hydrocarbons

बेन्जीन तथा इसके व्युत्पन्नों के उत्प्रेरित अपचयन से साइक्लोहेक्सेन तथा इसके व्युत्पन्न प्राप्त होते हैं।

$$C_6H_6 + 3H_2 \xrightarrow[\text{दाब}]{Ni/470\ K} C_6H_{12}$$

डाइहैलाइड यौगिकों द्वारा By Dihalide Compounds

अन्तस्थ डाइहैलाइड की सोडियम या जिंक के साथ क्रिया करने पर साइक्लोऐल्केन बनते हैं। यह साइक्लोऐल्केनों के निर्माण की **फ्रायन्ड विधि** है।

$$CH_2(CH_2Br)_2 \xrightarrow{2Na} \text{साइक्लोप्रोपेन} + 2NaBr$$

$$CH_2(CH_2Br)_2 \xrightarrow{Zn/NaI} \text{साइक्लोप्रोपेन} + ZnBr_2$$

$$\begin{array}{l} CH_2CH_2Br \\ | \\ CH_2CH_2Br \end{array} \xrightarrow[\text{अथवा } Zn/NaF]{2Na} \text{साइक्लोब्यूटेन}$$

पर्किन विधि द्वारा By Perkin's Method

$$\begin{array}{l} CH_2Br \\ | \\ CH_2Br \end{array} + \begin{array}{l} Na \\ \\ Na \end{array} \!\!> C \!\!< \begin{array}{l} COOC_2H_5 \\ \\ COOC_2H_5 \end{array} \xrightarrow{-2NaBr} \begin{array}{l} CH_2 \\ | \\ CH_2 \end{array} \!\!> C \!\!< \begin{array}{l} COOC_2H_5 \\ \\ COOC_2H_5 \end{array}$$

1,2-डाइब्रोमो एथेन; डाइसोडियम मैलोनिक एस्टर; साइक्लोप्रोपेन डाइकार्बोक्सिलिक एस्टर

$$\xrightarrow[-2C_2H_5OH]{H_2O} \begin{array}{l} CH_2 \\ | \\ CH_2 \end{array} \!\!> C \!\!< \begin{array}{l} COOH \\ \\ COOH \end{array} \xrightarrow[-CO_2]{\text{गर्म}} \begin{array}{l} CH_2 \\ | \\ CH_2 \end{array} \!\!> C \!\!< \begin{array}{l} H \\ \\ COOH \end{array}$$

साइक्लोप्रोपेनडाइ कार्बोक्सिलिक अम्ल; साइक्लोप्रोपेन मोनो कार्बोक्सिलिक अम्ल

$$\xrightarrow[\text{सोडालाइम}, -CO_2]{\text{गर्म}} \begin{array}{l} CH_2 \\ | \\ CH_2 \end{array} \!\!> CH_2$$

साइक्लोप्रोपेन

साइक्लोऐल्केनों के गुणधर्म
Properties of Cycloalkanes

भौतिक गुण Physical Properties

(i) कमरे के ताप पर साइक्लोप्रोपेन तथा साइक्लोब्यूटेन गैसें हैं तथा अन्य साइक्लोऐल्केन द्रव हैं, जिनकी गन्ध मनोहर होती है।

(ii) अणुभार बढ़ने के साथ-साथ साइक्लोऐल्केन के क्वथनांक तथा गलनांक में वृद्धि होती है। इनके क्वथनांक संगत समावयवी ऐल्कीन या ऐल्केन के क्वथनांक से अधिक होते हैं।

(iii) साइक्लोऐल्केन जल में अविलेय तथा एथेनॉल तथा ईथर में विलेय होते हैं।

(iv) अणुभार बढ़ने के साथ इनका घनत्व बढ़ता है।

रासायनिक गुण Chemical Properties

साइक्लोऐल्केन अपने रासायनिक गुणों में ऐल्कीन तथा ऐल्केन दोनों से समानता प्रदर्शित करते हैं। सभी साइक्लोऐल्केन हैलोजन के साथ प्रकाश की उपस्थिति में प्रतिस्थापन अभिक्रियाएँ देते हैं (ऐल्केन की तरह)। सभी साइक्लोऐल्केन (निम्न सदस्य) योगात्मक अभिक्रियाएँ देते हैं (H_2, HX, X_2 का योग)। योगात्मक यौगिकों के बनाने की प्रवृत्ति साइक्लोऐल्केन के वलय का आकार बढ़ने के साथ घटती जाती है।

अत:

साइक्लोप्रोपेन > साइक्लोब्यूटेन > साइक्लोपेन्टेन

वलय के खुलने को बॉयर विकृति सिद्धान्त के आधार पर स्पष्ट कर सकते हैं।

(i) **मुक्त मूलक प्रतिस्थापन अभिक्रिया** (Free Radical Substitution reactions) हैलोजनीकरण प्रकाश की उपस्थिति में होता है तथा केवल एक प्रकार के मोनोप्रतिस्थापी उत्पाद प्राप्त होते हैं क्योंकि सभी हाइड्रोजन समान (तुल्य) होते हैं।

$$\text{साइक्लोप्रोपेन} + Cl_2 \xrightarrow{h\nu} \text{क्लोरोसाइक्लोप्रोपेन (—Cl)} + HCl$$

$$\text{साइक्लोब्यूटेन} + Br_2 \xrightarrow{h\nu} \text{ब्रोमोसाइक्लोब्यूटेन (—Br)} + HBr$$

क्रियाविधि—अभिक्रिया मुक्त मूलक बनने के साथ प्रारम्भ होती है।

श्रृंखला प्रारम्भ पद $Cl_2 \longrightarrow 2Cl^{\bullet}$

श्रृंखला संचरण पद

$$\triangle + Cl^{\bullet} \longrightarrow \dot{\triangle} + HCl$$

$$\dot{\triangle} + Cl_2 \longrightarrow \triangle\text{-}Cl + Cl^{\bullet}$$

श्रृंखला समापन पद $Cl^{\bullet} + Cl^{\bullet} \longrightarrow Cl_2$

(ii) **इलेक्ट्रॉनस्नेही योगात्मक अभिक्रिया** (Electrophilic Addition Reaction) साइक्लोप्रोपेन में छोटे वलय में विकृति के कारण इलेक्ट्रॉनस्नेही योगात्मक अभिक्रिया (ऐल्कीन के समान) देने की प्रवृत्ति अधिक होती है। अम्लों के साथ योग (HBr, HCl) के प्रति साइक्लोप्रोपेन, प्रोपीन से अधिक सक्रिय होता है किन्तु Cl_2 और Br_2 के साथ योग के प्रति यह कम क्रियाशील होता है। अत: हैलोजन के योग को उत्प्रेरित करने के लिए लूईस अम्ल ($FeCl_3$) की आवश्यकता होती है।

$$\triangle + HBr \longrightarrow CH_3CH_2CH_2Br$$

साइक्लोप्रोपेन

$$\triangle + Cl_2 \xrightarrow{FeCl_3} ClCH_2CH_2CH_2Cl$$

(iii) **ऑक्सीकरण** (Oxidation) साइक्लोहेक्सेन, डाइमेथिल डाइऑक्सीरेन की उपस्थिति में साइक्लोहेक्सेनॉल में ऑक्सीकृत हो जाता है।

$$C_6H_{11}\text{-}H \xrightarrow{\text{डाइमेथिल डाइऑक्सीरेन}} C_6H_{11}\text{-}OH$$

प्रबल ऑक्सीकारकों जैसे—सान्द्र HNO_3 या क्षारीय $KMnO_4$ द्वारा ऑक्सीकृत होकर ये द्विक्षारकी अम्ल देते हैं।

$$C_6H_{12} \xrightarrow[KMnO_4]{\text{गर्म क्षारीय}} \begin{array}{l} CH_2\text{—}CH_2\text{—}COOH \\ | \\ CH_2\text{—}CH_2\text{—}COOH \end{array} + H_2O$$

ऐडिपिक अम्ल

बॉयर विकृति सिद्धान्त Baeyer's Strain Theory

किसी साइक्लोऐल्केन का स्थायित्व इसके वलय विखण्डन (ring fission) की क्षमता द्वारा प्रदर्शित होता है। उच्च साइक्लोपैराफिन यौगिकों के स्थायित्व तथा निम्न साइक्लोपैराफिन यौगिकों व असंतृप्त हाइड्रोकार्बनों की अधिक क्रियाशीलता को समझाने के लिए बॉयर (1885) ने एक सिद्धान्त दिया, जिसे **बॉयर का विकृति सिद्धान्त** कहते हैं। इस सिद्धान्त के अनुसार

(i) कार्बन की चार संयोजकताएँ एक चतुष्फलक के चार कोनों की ओर निर्देशित होती हैं। किन्हीं दो संयोजी बन्धों के बीच का कोण 109°28′ होता है।

(ii) कार्बन की संयोजकताएँ स्थिर (Rigid) नहीं होतीं तथा इनकी दिशा को परिवर्तित किया जा सकता है परन्तु दिशा में किया गया कोई भी परिवर्तन अणु में आन्तरिक विकृति उत्पन्न कर देता है जिसके कारण अणु अस्थायी हो जाता है।

(iii) सामान्य बन्ध कोण (109°28′) से विचलन (Deviation) जितना अधिक होता है, अणु में विकृति उतनी अधिक होता है जिसके कारण अणु उतना अधिक अस्थायी होता जाता है।

(iv) किसी बहुमेथिलीन चक्र में सभी कार्बन परमाणु एक ही तल में होते हैं।

बॉयर ने विभिन्न साइक्लोऐल्केनों के बनने में सामान्य स्थिति से प्रत्येक संयोजी बन्ध के विचलित होने से बने कोण (विकृति कोण, angle strain) की गणना निम्न सूत्र से की—

$$\text{विकृति कोण } (\alpha) = \frac{1}{2}[109°28' - \theta]$$

जहाँ, $\theta = \left[180° - \frac{360°}{n}\right]$ तथा n भुजाओं की संख्या है। विकृति कोण, चक्रीय यौगिकों के स्थायित्व की माप है। विकृति कोण अधिक होने पर, वलय का स्थायित्व कम होता है तथा क्रियाशीलता बढ़ती है।

सामान्यत: साइक्लोऐल्केनों की संरचना में निम्न तीन प्रकार की विकृतियाँ पाई जा सकती हैं जो चक्रीय यौगिकों को अस्थायी बनाती हैं।

(a) **कोण विकृति** (Angle strain) बन्ध कोण के सामान्य चतुष्फलकीय बन्ध कोण अर्थात् 109.5° से विचलन पर उत्पन्न होती है।

(b) **मरोडी विकृति** (Torsional strain) किसी प्रतिस्थापी के बन्धित इलेक्ट्रॉनों के, किसी अन्य निकटवर्ती प्रतिस्थापी के बन्धित इलेक्ट्रॉनों से प्रतिकर्षण के कारण उत्पन्न होती है।

(c) **त्रिविमी विकृति** (Steric strain) परमाणुओं अथवा परमाणुओं के समूहों के अधिक निकट होने पर उत्पन्न होती है।

बॉयर विकृति सिद्धान्त के अनुप्रयोग
Applications of Baeyer's Strain Theory

(i) **खुली श्रृंखला वाले यौगिक के स्थायित्व का स्पष्टीकरण** (Explanation of Stability of Open Chain Compounds) संतृप्त यौगिकों में एकल बन्ध होते हैं, अत: अणु में आन्तरिक विकृति नहीं पाई जाती और यौगिक स्थायी रहता है। असंतृप्त यौगिकों में द्विबन्ध या त्रिबन्ध होने के कारण अणु में संयोजी बन्धों का सामान्य स्थिति से विचलन (Deviation) हो जाता है जिससे कारण अणु में विकृति उत्पन्न हो जाती है तथा यौगिक क्रियाशील हो जाता है। इसी कारण से असंतृप्त यौगिकों में योगात्मक क्रियाएँ प्रदर्शित करने की प्रवृत्ति होती है।

109°28′

एथेन (कोई विकृति नहीं, स्थायी)

एथिलीन (विकृति, अस्थायी)

ऐसीटिलीन यौगिकों में ओलीफिन यौगिकों की अपेक्षा अधिक विकृति होती है। अत: इनकी क्रियाशीलता भी अधिक होती है।

(ii) **चक्रीय यौगिकों के स्थायित्व की व्याख्या** (Explanation of Stability of Cyclic Compounds) विकृति कोण साइक्लोप्रोपेन में अधिकतम् तथा साइक्लोपेन्टेन में न्यूनतम है। इस सिद्धान्त के आधार पर साइक्लोप्रोपेन सबसे अधिक विकृत अणु है जिसके फलस्वरूप यह अधिकतम अस्थायी तथा क्रियाशील है। साइक्लोब्यूटेन में साइक्लोप्रोपेन से विकृति कम है, अत: यह पर्याप्त रूप से स्थायी है तथा वलय खुलने की अभिक्रियाएँ केवल विशेष परिस्थितियों में ही देता है। साइक्लोपेन्टेन में विकृति कोण सबसे कम है, जिसके कारण इसमें वलय खुलने की अभिक्रियाएँ प्राय: नहीं होती हैं।

कुर्सी एवं नाव रूप Chair and Boat Form

बॉयर के विकृति सिद्धान्त के दोषों का निराकरण करने के लिए **साक्से** (Sache, 1890) ने बताया कि पाँच कार्बन परमाणुओं से अधिक कार्बन परमाणु वाले चक्रों में कार्बन परमाणु एक ही तल में नही पाए जाते, अपितु विभिन्न तलों में पाए जाते हैं जिससे अणुओं में विकृति उत्पन्न नहीं होती। इन अणुओं में संयोजी बन्ध सामान्य बन्धों से विचलित नहीं होते। साक्से ने बताया कि साइक्लोहेक्सेन निम्नलिखित दो विकृतिहीन रूपों में पाया जाता है इन दोनों रूपों को कुर्सी रूप व नाव रूप कहते हैं।

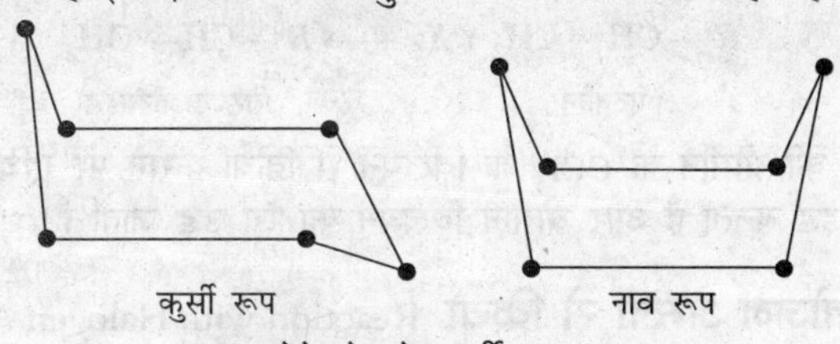

साइक्लोहेक्सेन के कुर्सी व नाव रूप

ऐल्कीन Alkenes

ऐल्कीन असंतृप्त हाइड्रोकार्बन यौगिक होते हैं जिनमें कार्बन-कार्बन द्वि-बन्ध ($>C=C<$) उपस्थित होता है। इनका सामान्य सूत्र C_nH_{2n} होता है, जहाँ, n एक पूर्णांक है। ऐल्कीनों को **ओलिफिन** (Olefin) भी कहते हैं, क्योंकि इस सजातीय श्रेणी का प्रथम सदस्य एथिलीन, क्लोरीन के साथ क्रिया करके तेल जैसा द्रव (Latin; *oleum* = oil, *fliant* = forming) एथिलीन डाइक्लोराइड बनाता है। ऐल्कीनों में उपस्थित **कार्बन-कार्बन द्विबन्ध, एथिलीनिक बन्ध** या **ओलिफिनिक बन्ध** कहलाता है। ऐल्कीन प्राप्त करने का मुख्य स्त्रोत पेट्रोलियम है।

बनाने की विधियाँ Methods of Preparation

ऐल्कीन निम्नलिखित विधियों द्वारा बनाये जाते हैं

(i) विहाइड्रोहैलोजनीकरण Dehydrohalogenation

मोनोऐल्किल हैलाइडों को ऐल्कोहॉलिक KOH अथवा $NaNH_2$ के साथ गर्म करने पर ऐल्कीन बनती है। यह एक α,β-विलोपन अभिक्रिया है। यदि उत्पाद में एक से अधिक ऐल्कीन बनती हों तो मुख्य उत्पाद सैत्जेफ नियम (अधिक प्रतिस्थापित ऐल्कीन) के अनुसार बनता है। इस *अभिक्रिया में ऐल्किल हैलाइडों की क्रियाशीलता का क्रम निम्न प्रकार है*

तृतीयक हैलाइड > द्वितीयक हैलाइड > प्राथमिक हैलाइड

$$R\text{—}CH_2\text{—}CH_2\text{—}X \xrightarrow[\Delta]{\text{ऐल्को. KOH}} R\text{—}CH=CH_2 + H_2O$$

(ii) ऐल्कोहॉल के निर्जलीकरण Dehydration of Alcohols

ऐल्कोहॉल, किसी निर्जलीकारक (जैसे सान्द्र H_2SO_4, Al_2O_3, H_3PO_4, P_2O_5, $KHSO_4$, BF_3, $CaCl_2$ शुष्क HCl आदि) की उपस्थिति में जल का अणु निकालकर ऐल्कीन बनाते हैं। यदि अभिकारक में निर्जलीकरण के फलस्वरूप एक से अधिक ऐल्कीन बन सकती हैं, तो अधिक विस्थापित उत्पाद सैत्जेफ नियम (Saytzeff rule) के अनुसार बनता है। H_2SO_4 के साथ तृतीयक ऐल्कोहॉल 80-90°C पर, द्वितीयक ऐल्कोहॉल 100-120°C पर तथा प्राथमिक ऐल्कोहॉल 160-170° पर क्रिया करते हैं।

$$R\text{—}CH_2\text{—}CH_2OH \xrightarrow[160°C]{\text{सान्द्र } H_2SO_4} R\text{—}CH=CH_2 + H_2$$

$$R\text{—}CH_2\text{—}CH_2OH \xrightarrow[200°C]{H_3PO_4 \text{ या } P_2O_5} R\text{—}CH=CH_2 + H_2O$$

$$R\text{—}CH_2\text{—}CH_2OH \xrightarrow[350°C]{Al_2O_3} R\text{—}CH=CH_2 + H_2O$$

$$CH_3\text{—}CH_2\text{—}\underset{\underset{OH}{|}}{CH}\text{—}CH_3 \xrightarrow[\Delta]{\text{सान्द्र } H_2SO_4}$$

$$\underset{\substack{\text{ब्यूटीन-2} \\ \text{(मुख्य उत्पाद)}}}{CH_3\text{—}CH=CH\text{—}CH_3} + \underset{\text{ब्यूटीन-1}}{CH_3\text{—}CH_2\text{—}CH=CH_2}$$

(iii) विहैलोजनीकरण Dehalogenation

डाइऐल्किल हैलाइडो (*जैम* व *विस* दोनों) Zn/CH_3OH अथवा Zn—Cu युग्म अथवा Na-धातु के साथ गर्म करने पर ऐल्कीन देते हैं।

$$R\text{—}CH_2\text{—}CH\begin{matrix} X \\ X \end{matrix} \xrightarrow[-ZnX_2]{Zn/CH_3OH, \Delta} \underset{\text{ऐल्कीन}}{R\text{—}CH=CH_2}$$

अथवा

$$R\text{—}\overset{X}{\overset{|}{CH}}\text{—}\overset{X}{\overset{|}{CH_2}}$$

(iv) नियन्त्रित हाइड्रोजनीकरण एवं ज्यामितीय समावयवता Controlled Hydrogenation and Geometrical Isomerism

लिण्डलार उत्प्रेरक ($Pd + CaCO_3$ +अल्प मात्रा में उत्प्रेरक विष, लेड ऐसीटेट) अथवा Pd या Pd चारकोल (जिसमें क्विनोलीन तथा $BaSO_4$ उत्प्रेरक विष के रूप में मिले हों) के साथ ऐल्काइनों का हाइड्रोजनीकरण करने पर *समपक्ष*-ऐल्कीन (*cis*-alkene) बनती है। जब यह अभिक्रिया Na/NH_3 अथवा Li/ऐमीन के साथ कराते हैं तो *विपक्ष*-ऐल्कीन (*trans*-alkene) बनती है।

$$R\text{—}C\equiv C\text{—}R' \xrightarrow{H_2/\text{लिण्डलार उत्प्रेरक}} \underset{\text{समपक्ष-ऐल्कीन}}{\begin{matrix} R & & R' \\ & C=C & \\ H & & H \end{matrix}}$$

$$R\text{—}C\equiv C\text{—}R' \xrightarrow{Na/NH_3} \underset{\text{विपक्ष-ऐल्कीन}}{\begin{matrix} R & & H \\ & C=C & \\ H & & R' \end{matrix}}$$

(v) **हाइड्रोबोरेशन** Hydroboration

ऐल्काइन का हाइड्रोबोरेशन निम्न प्रकार होता है

$$3H—C\equiv C—H \xrightarrow{B_2H_6/THF}$$

$$\left(\begin{matrix}CH_2\\ \| \\ CH_2\end{matrix}\right)_3 B \begin{cases} \xrightarrow{H^+} CH_2=CH_2 \\ \xrightarrow{AgNO_3/NaOH} CH_2=CH—CH=CH_2 \end{cases}$$

(vi) **विटिग अभिक्रिया** Wittig Reaction

इसमें कार्बोनिल यौगिकों (ऐल्डिहाइड व कीटोन) को मेथिलीन ट्राइफेनिल फॉस्फोरेन के साथ गर्म करने पर ऐल्कीन बनती है।

$$\underset{\text{ऐल्डिहाइड}}{R—CHO} + (C_6H_5)_3P=CH_2 \longrightarrow (C_6H_5)_3P=O + \underset{\text{ऐल्कीन}}{R—CH=CH_2}$$

(vii) **कोल्बे विद्युत अपघटनी विधि**

Kolbe's Electrolytic Method

इसमें द्विविकार्बोक्सिलीकरण अम्लों के सोडियम अथवा पोटैशियम लवणों के जलीय विलयन का विद्युत-अपघटन करने पर ऐल्कीन बनती है।

$$\begin{matrix}R—CH—COONa\\ | \\ R—CH—COONa\end{matrix} \xrightarrow{\text{विद्युत अपघटन}}$$

$$\underbrace{R—CH=CH—R + CO_2}_{\text{कैथोड पर}} + \underbrace{2NaOH + H_2}_{\text{ऐनोड पर}}$$

भौतिक गुणधर्म Physical Properties

ऐल्कीनों के प्रमुख भौतिक गुणधर्म निम्नलिखित हैं

(i) ऐल्कीनों के प्रथम तीन सदस्य अर्थात् (C_2— C_4) गैस होते हैं। इसके आगे के 12 सदस्य (अर्थात् C_5 —C_{16}) द्रव होते हैं जबकि इससे आगे के सदस्य (अर्थात् $>C_{16}$) ठोस मोम जैसे होते हैं।

(ii) ये जल से हल्के तथा जल में अविलेय हैं।

(iii) अणुभार बढ़ने के साथ इनके क्वथनांक बढ़ते हैं परन्तु शृंखलन (branching) के बढ़ने पर क्वथनांक घटते हैं। शृंखलन के बढ़ने पर क्षेत्रफल कम होने के कारण वाण्डरवाल्स बल घटता है जिसके फलस्वरूप यौगिकों का क्वथनांक भी घटता है।

(iv) *विपक्ष* समावयवियों की अपेक्षा *समपक्ष* समावयवियों के गलनांक कम होते हैं क्योंकि *समपक्ष* समावयवी कम सममित होते हैं। इस प्रकार *विपक्ष* समावयवी अधिक जटिल क्रिस्टल जालक बनाते हैं। इसलिए इनका गलनांक अधिक होता है।

(v) सममित तथा *विपक्ष* ऐल्कीनों का द्विध्रुव आघूर्ण सामान्यत: $[\mu = 0]$ होता है जबकि असममित तथा *समपक्ष* ऐल्कीनों का द्विध्रुव आघूर्ण $[\mu = x]$ होता है।

ऐल्कीनों के रासायनिक गुण

Chemical Properties of Alkenes

ऐल्कीन प्रमुखत: निम्नलिखित रासायनिक गुणधर्म प्रदर्शित करते हैं

(i) **हाइड्रोजन का योग (हाइड्रोजनीकरण)**

Addition of Hydrogen (Hydrogenation)

उत्प्रेरक Ni की उपस्थिति में ऐल्कीन को H_2 के साथ 200-300°C पर गर्म करने पर ऐल्केन बनते हैं। (**साबात्ये-सेन्डेरेन्स अभिक्रिया**) यह अभिक्रिया ऊष्माक्षेपी होती है और मुक्त मूलक क्रियाविधि से होती है।

$$\underset{\text{ऐल्कीन}}{R—CH=CH_2} + H_2 \xrightarrow[300°C]{Ni} \underset{\text{ऐल्केन}}{R—CH_2—CH_3}$$

(ii) **हैलोजनों का योग (हैलोजनीकरण)**

Addition of Halogens (Halogenation)

साधारण ताप पर अक्रिय विलायक में हैलोजनों (Cl_2 या Br_2) के ऐल्कीन पर योग से *विस*-डाइहैलाइड बनते हैं।

$$\underset{\text{ऐल्कीन}}{R—CH=CH_2} + X_2 \longrightarrow \underset{\textit{विस}\text{-डाइहैलाइड}}{R—\overset{X}{\overset{|}{C}H}—\overset{X}{\overset{|}{C}H_2}}$$

एथिलीन की ब्रोमीन के CCl_4 के विलयन से क्रिया कराने पर एथिलीन डाइब्रोमाइड बनता है और ब्रोमीन विलयन का रंग उड़ जाता है।

(iii) **हैलोजन अम्लों से क्रिया** Reaction with Halogen Acids

ऐल्कीन पर हैलोजन अम्लों (HX) के योग से ऐल्किल हैलाइड प्राप्त होते हैं। यदि ऐल्कीन असममित हो तो इसका योग मार्कोनीकॉफ के नियमानुसार होता है।

$$\underset{\text{ऐल्कीन}}{CH_2=CH_2} + HX \longrightarrow \underset{\text{ऐल्किल हैलाइड}}{CH_3—CH_2—X} \; (X = Cl, Br, I)$$

मार्कोनीकॉफ के नियमानुसार, "किसी असममित ऐल्कीन में हाइड्रोजन हैलाइड (HX) का योग होने पर HX अणु का ऋण भाग, द्विबन्धित कार्बनों में से उस कार्बन पर जुड़ता है, जिस पर हाइड्रोजन परमाणुओं की संख्या न्यूनतम होती है।" (किसी ऐल्कीन में द्विबन्धित कार्बन परमाणुओं पर हाइड्रोजन परमाणुओं की संख्या बराबर होने पर HX का ऋण भाग उस कार्बन परमाणु से जुड़ता है, जिस पर बड़ा ऐल्किल समूह होता है।)

$$\underset{\text{प्रोपीन}}{CH_3—CH=CH_2} + HBr \longrightarrow \underset{\textit{आइसो}\text{-प्रोपिल ब्रोमाइड}}{CH_3—\overset{Br}{\overset{|}{C}H}—CH_3}$$

$$\underset{\text{पेन्टीन-2}}{CH_3—CH_2—CH=CH—CH_3} + HBr \longrightarrow$$

$$\underset{\text{3-ब्रोमोपेन्टेन}}{CH_3—CH_2—\overset{Br}{\overset{|}{C}H}—CH_2—CH_3}$$

खैराश (MS Kharasch,1933) के अनुसार, ऑक्सीजन या कार्बनिक परॉक्साइडों (जैसे बेन्जॉयल पराॅक्साइड) की उपस्थिति में किसी असममित ऐल्कीन में HBr का योग, मार्कोनीकॉफ नियम के विपरीत होता है।'' अत: इस प्रभाव को **प्रति-मार्कोनीकॉफ नियम** या **परॉक्साइड प्रभाव** या **खैराश प्रभाव** भी कहते हैं।

उदाहरण—

$$\underset{\text{प्रोपिलीन}}{CH_3-CH=CH_2} + HBr \xrightarrow[\text{परॉक्साइड}]{\text{कार्बनिक}} \underset{n\text{-प्रोपिल ब्रोमाइड}}{CH_3-CH_2-CH_2Br}$$

(iv) जल के साथ क्रिया (जलयोजन) Reaction with Water (Hydration)

जब ऐल्केन की क्रिया तनु H_2SO_4 के साथ अथवा हाइड्रोबोरीनीकरण अथवा ऑक्सीमर्क्यूरीकरण-विमर्क्यूरीकरण अभिक्रिया कराते हैं तो जल का योग हो जाता है।

(a) **तनु H_2SO_4 के साथ** अभिक्रिया निम्न प्रकार होती है।

$$CH_2=CH_2 \xrightarrow{\text{तनु } H_2SO_4} CH_3-CH_2HSO_4 \xrightarrow[\text{गर्म}]{H_2O} CH_3CH_2OH$$

अभिक्रिया मार्कोनीकॉफ के नियमानुसार होती है।

(b) **ऑक्सीमर्क्यूरीकरण-विमर्क्यूरीकरण** ऐल्कीनों की जल एवं टेट्राहाइड्रोफ्यूरेन (THF) की उपस्थिति में मर्क्यूरिक ऐसीटेट से अभिक्रिया के फलस्वरूप हाइड्रॉक्सी ऐल्किल मर्करी यौगिक प्राप्त होते हैं जो सोडियम बोरोहाइड्राइड एवं जल के साथ ऐल्कोहॉलों में अपचयित हो जाते हैं। यह अभिक्रिया मार्कोनीकॉफ नियम का अनुसरण करती है।

$$CH_3-CH=CH_2 \xrightarrow[\text{(ii) } NaBH_4/NaOH]{\text{(i) } (AcO)_2Hg/H_2O} CH_3-\underset{OH}{\underset{|}{CH}}-CH_3$$

(c) **हाइड्रोबोरोनीकरण** ऐल्कीनों की $BH_3 \cdot THF$ या डाइबोरॉन से अभिक्रिया के फलस्वरूप ऐल्किल बोरॉन प्राप्त होते हैं जिनका हाइड्रोजन परॉक्साइड या क्षार द्वारा क्रमश: ऑक्सीकरण एवं जल-अपघटन करने पर ऐल्कोहॉल उत्पाद के रूप में प्राप्त होते हैं।

$$\underset{\text{प्रोपीन}}{6CH_3CH=CH_2} + B_2H_6 \longrightarrow \underset{\text{ट्राइप्रोपिल बोरॉन}}{(2CH_3CH_2CH_2)_3B} \xrightarrow[-2H_3BO_3]{6H_2O_2} 6CH_3CH_2CH_2OH$$

(v) हाइपोहैलस अम्लों से क्रिया Reaction with Hypohalous Acid

ऐल्कीन पर हाइपोहैलस अम्लों के योग से हैलो-हाइड्रीन यौगिक प्राप्त होते हैं। यह अभिक्रिया मार्कोनीकॉफ के नियमानुसार तथा इलेक्ट्रॉनस्नेही क्रियाविधि द्वारा होती है। इस अभिक्रिया में अम्लों की क्रियाशीलता का क्रम निम्न प्रकार है

$$HOCl > HOBr > HOI$$

$$\underset{\text{ऐल्कीन}}{R-CH=CH_2} + HOX \longrightarrow \underset{\text{हैलोहाइड्रीन}}{R-\overset{OH}{\overset{|}{CH}}-\overset{X}{\overset{|}{CH_2}}}$$

(vi) वॉकर प्रक्रम Wacker Process

इस प्रक्रम में ऐल्कीन को Pd तथा $CuCl_2$ के साथ 50° C पर उपचारित करने पर यह ऑक्सीकृत करने पर यह ऑक्सीकृत हो जाता है।

$$\underset{\text{ऐथीन}}{H_2C=CH_2} + PdCl_2 + H_2O \xrightarrow{50°C} \underset{\text{ऐसिटैल्डिहाइड}}{CH_3CHO} + Pd + 2HCl$$

$$\left[\begin{array}{l} Pd + 2CuCl_2 \longrightarrow PdCl_2 + Cu_2Cl_2 \\ Cu_2Cl_2 + 2HCl + 1/2\,[O]_2 \longrightarrow 2CuCl_2 + H_2O \end{array}\right]$$

प्रोपीन के साथ, ऐसीटोन का निर्माण होता है

$$\underset{\text{प्रोपीन}}{CH_3CH=CH_2} + PdCl_2 + H_2O \longrightarrow \underset{\text{ऐसीटोन}}{CH_3COCH_3} + Pd + 2HCl$$

(vii) ओजोनीकरण Ozonolysis

ऐल्कीन को अक्रिय विलायक जैसे $CHCl_3/CCl_4$ में घोलकर उसमें ओजोन प्रवाहित करने पर ओजोनाइड बनते हैं जिनका अपचयन करने पर कार्बोनिल यौगिक प्राप्त होते हैं। ये ओजोनाइड अतिक्रियाशील यौगिक हैं तथा H_2/Pd के साथ अपचयन करने पर विस्फोट के साथ क्रिया करते हैं। इनका अपचयन H_2O/Zn के साथ भी हो जाता है।

$$R-CH=CH_2 + O_3 \longrightarrow R-\underset{O}{\underset{|}{CH}}-O-\underset{O}{\underset{|}{CH_2}}$$

$$R-\underset{O}{\underset{|}{C}}H-O-\underset{O}{\underset{|}{C}}H_2 \xrightarrow[H_2O]{H_2/Zn} R-CHO + HCHO + H_2O$$

$$\begin{matrix} R \\ R \end{matrix}\!\!>C=CH-R' \xrightarrow{\text{ओजोनीकरण}} \underset{\text{कीटोन}}{R-\overset{O}{\overset{||}{C}}-R} + \underset{\text{ऐल्डिहाइड}}{R'-CHO}$$

ओजोन की अभिक्रिया द्वारा ऐल्कीन का पहले ओजोनाइड तथा इसके बाद कार्बोनिल यौगिक में परिवर्तन **ओजोनीकरण** कहलाता है।

(viii) डील्स-ऐल्डर अभिक्रिया Diels Alder Reaction

इस अभिक्रिया में चक्रीय उत्पाद बनते हैं।

डाइन + डाइनोफाइल ⟶ (चक्रीय उत्पाद)

(ix) दहन Combustion

ऐल्कीन का दहन सामान्यतया निम्न प्रकार होता है

$$C_nH_{2n} + (3n/2)\,O_2 \longrightarrow nCO_2 + nH_2O + \text{ऊष्मा}$$

(x) बहुलकीकरण Polymerisation

$$\underset{\text{एथीन}}{nCH_2=CH_2} \xrightarrow{\text{बहुलकीकरण}} \underset{\text{पॉलीथीन}}{-(CH_2-CH_2)_n-}$$

डाइईन Dienes

वे ऐल्कीन, जिनमें दो कार्बन-कार्बन द्विबन्ध उपस्थित होते हैं, डाइईन कहलाती हैं।

डाइईन का वर्गीकरण Classification of Dienes

डाइईन तीन प्रकार की होती हैं

(i) **विलगित डाइईन** (Isolated Dienes) इनमें दो द्विबन्ध होते हैं, जो दो या अधिक संतृप्त कार्बन परमाणुओं से पृथक् रहते हैं।

(ii) **संचयी डाइईन** (Cummulative Dienes) इनमें दो द्विबन्ध समीपवर्ती (अवक्षरलशर्पी) स्थानों पर होते हैं।

(iii) **संयुग्मित डाइईन** (Conjugated Dienes) इनमें एकान्तर एकल बन्ध व द्विबन्ध होते हैं।

ऐलीन की संरचना (Structure of Butadiene) ऐलीन एक संचयी डाइईन है, जिसमें दोनों द्विबन्ध एक ही कार्बन परमाणु से जुड़े होते हैं।

$$CH_2{=}C{=}CH_2$$

ब्यूटाडाइईन की संरचना (Structure of Formation of Dienes) यह एक संयुग्मित ब्यूटाडाइईन है। इसके यौगिकों में उपस्थित द्विबन्ध एकान्तर क्रम में कार्बन परमाणु से जुड़े होते हैं।

$$\overset{1}{C}H_2 = \overset{2}{C}H{-}\overset{3}{C}H = \overset{4}{C}H_2$$

1,3 ब्यूटाइईन

डाइईन बनाने की विधियाँ (Methods of Formation of Dienes) डाइईन बनाने की प्रमुख विधियाँ निम्नलिखित हैं

(i) ब्यूटेन द्वारा (तापीय विहाइड्रोजनीकरण)

(ii) डायोल के निर्जलीकरण द्वारा

(iii) एथेनॉल द्वारा

(iv) ऐसीटिलीन द्वारा

(v) साइक्लोहेक्सेन द्वारा

बहुलीकरण (Polymerisation) असंतृप्त हाइड्रोकार्बन, जैसे ब्यूटाडाइईन को उत्प्रेरक की उपस्थिति में गर्म करने पर पॉलिब्यूटाडाइईन बनती है।

$$n(CH_2 = CH{-}CH = CH_2) \xrightarrow[\text{उत्प्रेरक}]{} \left[CH_2{-}CH = CH{-}CH_2 \right]_n$$

पॉलिब्यूटाडाइईन

संयुग्मी डाइईनों की रासायनिक समीकरण (Chemical Properties of Conjugated Dienes) संयुग्मी डाइईनों की प्रमुख रासायनिक समीकरण निम्नलिखित हैं

(i) **1, 2 योग की क्रियाविधि** (Mechanism of 1, 2 Addition) 1, 2 योग की क्रियविधि में कम ताप पर हैलोजन अम्ल 1, 2 योगशील उत्पाद बनाते हैं।

जैसे $CH_2 = CH{-}CH = CH_2 + HBr \longrightarrow$

$$CH_3{-}\underset{|}{\overset{}{C}}H(Br){-}CH = CH_2$$

(ii) **1, 4 योग की क्रियाविधि** (Mechanism of 1, 4 Addition) 1, 4 योग की क्रियाविधि में उच्च ताप पर हैलोजन अम्ल 1, 4 योगशील उत्पाद बनाते हैं।

$$CH_2 = CH{-}CH = CH_2 + HBr \longrightarrow CH_3{-}CH = CH{-}CH_2Br$$

डील्स ऐल्डर अभिक्रिया (Diels Alder Reaction) वह अभिक्रिया, जिसमें किसी संयुग्मित डाइईन पर किसी असंतृप्त अणु के योग से चक्रीय यौगिक बनाए जाते हैं, डील्स ऐल्डर अभिक्रिया कहलाती है।

$$C{=}C{-}C{=}C + C{=}C{-}Z \longrightarrow \text{(चक्रीय यौगिक)}{-}Z$$

संयुग्मित डाइईन + ऐल्कीन → चक्रीय यौगिक

ऐल्काइन Alkynes

ऐल्काइन में कम से कम एक त्रिबन्ध उपस्थित होता है। ऐल्काइनों का सामान्य सूत्र C_nH_{2n-2} है। ऐसीटिलीनिक कार्बन परमाणु *sp*-संकरण द्वारा बनता है। इस प्रकार, ऐसीटिलीन में एक C—C σ-बन्ध, दो C—C π-बन्ध तथा दो C—H, σ-बन्ध होते हैं। ऐसीटिलीन C—H बन्ध लम्बाई 1.08Å होती है। चूँकि ऐसीटिलीन अणु रेखीय है, अत: इसमें H—C—C बन्ध कोण 180° होता है। किसी ऐल्काइन से एक हाइड्रोजन परमाणु के निष्कासन द्वारा व्युत्पन्न मूलक या समूह **ऐल्किनाइल समूह** कहलाता है। महत्त्वपूर्ण ऐल्किनाइल मूलक निम्न हैं

$H{-}C{\equiv}C{-}$ (एथिनाइल), $HC{\equiv}C{-}CH_2{-}$ (प्रोपिनाइल), $CH_3C{-}C{\equiv}C{-}$ (1–प्रोपिनाइल)

ऐल्काइन त्रिबन्ध की संरचना

Structure of Triple Bond Alkynes

ऐल्काइन में कम-से-कम एक त्रिबन्ध उपस्थित होता है। ऐल्काइनों का सामान्य सूत्र C_nH_{2n-2} है। ऐसीटिलीनिक कार्बन परमाणु *sp*-संकरण द्वारा बनता है। इस प्रकार, ऐसीटिलीन में एक C—C σ-बन्ध, दो C—C π-बन्ध तथा दो C—H σ-बन्ध होते हैं। ऐसीटिलीन में C—H बन्ध लम्बाई 1.08 Å होती है। चूँकि ऐसीटिलीन अणु रेखीय है, अत: इसमें H—C—C बन्ध कोण 180° होता है।

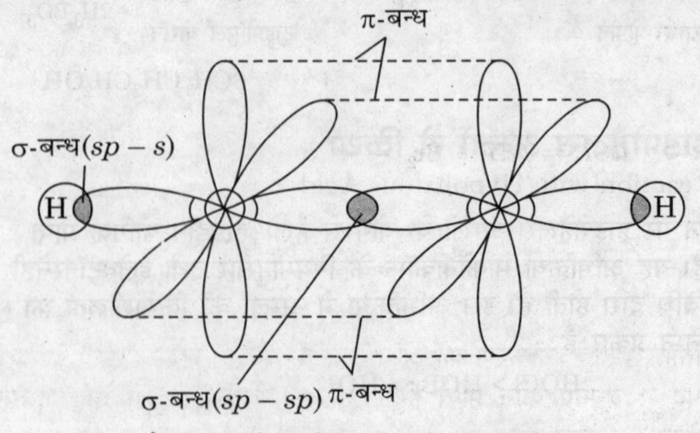

ऐल्काइन की कक्षीय अतिव्यापन संरचना

बनाने की विधियाँ Methods of Preparation

ऐल्काइन बनाने की सामान्य विधियाँ निम्नलिखित हैं

(i) धातु कार्बइडों के जल-अपघटन द्वारा By Hydrolysis of Metal Carbides

द्वितीय समूह के तत्वों के धातु कार्बाइड की क्रिया जल के साथ कराने पर ऐल्काइन बनती है।

$$\left.\begin{matrix} MgC_2 \\ CaC_2 \\ SrC_2 \\ BaC_2 \end{matrix}\right\} + 2H_2O \longrightarrow C_2H_2 + \text{धातु हाइड्रॉक्साइड } [M(OH)_2]$$

$$Mg_2C_3 + H_2O \longrightarrow CH_3 - C \equiv CH + Mg(OH)_2$$

(ii) विहैलोजनीकरण Dehalogenation

(a) टेट्राहैलाइड की क्रिया Zn चूर्ण के साथ कराने पर ऐल्काइन बनती है।

$$-\overset{X}{\underset{X}{C}}-\overset{X}{\underset{X}{C}}- \xrightarrow{\text{Zn-चूर्ण}} -C \equiv C- + 2ZnX_2$$

(b) ट्राइहैलाइड की क्रिया Ag से कराने पर भी ऐल्काइन बनती है।

$$CH\boxed{X_3 + 6Ag + X_3}CH \xrightarrow{\Delta} CH \equiv CH + 6AgX$$

(iii) विहाइड्रोहैलोजनीकरण Dehydrohalogenation

डाइहैलाइडों के विहाइड्रोहैलोजनीकरण द्वारा ऐल्काइन प्राप्त होते हैं

(a) ***विसिनल* डाइहैलाइडों से अभिकर्मक** प्रबल क्षार; जैसे ऐल्कोहॉलीय KOH तथा $NaNH_2$।

विसिनल डाइहैलाइड वे यौगिक हैं, जिनमें दो हैलोजन परमाणु दो निकटतम् कार्बन परमाणुओं पर उपस्थित रहते हैं। *विसिनल* डाइहैलाइडों की अभिक्रिया तीव्र क्षार से कराने पर द्वि-विहाइड्रोहैलोजनीकरण (β-विलोपन) के फलस्वरूप ऐल्काइन प्राप्त होती हैं।

$$RCH{=}CHR + Br_2 \longrightarrow \underset{\textit{विसिनल}\text{-डाइब्रोमाइड}}{R-\overset{H}{\underset{Br}{C}}-\overset{H}{\underset{Br}{C}}-R} \xrightarrow{2NaNH_2} R-C \equiv C-R + 2NaBr + 2NH_3$$

विहाइड्रोहैलोजनीकरण की अभिक्रिया दो पदों में सम्पन्न होती है, प्रथम पद में ब्रोमोऐल्कीन प्राप्त होती है, तथा द्वितीय पद में मुख्य उत्पाद ऐल्काइन प्राप्त होती है।

(b) ***जैम*-डाइहैलाइडों से** जैम-डाइहैलाइड में एक ही कार्बन परमाणु से दो हैलोजन परमाणु जुड़े रहते हैं।

$$R-\overset{H}{\underset{H}{C}}-\overset{X}{\underset{X}{C}}H \xrightarrow[-HX]{\text{ऐल्को. KOH}} \underset{\substack{\text{वाइनिल हैलाइड} \\ \text{(अनुनाद स्थायी)}}}{R-\underset{H}{C}{=}\overset{X}{C}H} \xrightarrow{NaNH_2} R-C \equiv CH + NaX + NH_3$$

वाइनिल हैलाइड के अनुनाद द्वारा स्थायी होने के कारण इसमें आंशिक द्विबन्ध लक्षण होता है जिससे विलोपन ऐल्कोहॉल के द्वारा नहीं होता इसलिए इस अभिक्रिया के लिए प्रबल क्षार $NaNH_2$ का उपयोग किया जाता है। $\overset{\ominus}{N}H_2$, $RO^{\ominus}$ की तुलना में प्रबल क्षार होता है तथा ऐल्काइन *विपक्ष* विलोपन द्वारा बनती है।

(iv) कोल्बे विद्युत अपघटनी विधि Kolbe Electrolytic Method

असंतृप्त अम्लों; जैसे—फ्यूमेरिक अम्ल, मैलिक अम्ल के सोडियम तथा पोटैशियम लवणों के जलीय विलयन का विद्युत अपघटन करने पर ऐल्काइन बनती है।

$$\underset{\text{जलीय विलयन}}{\begin{matrix} CH-COOK \\ \| \\ CH-COOK \end{matrix}} \xrightarrow{\text{विद्युत-अपघटन}} \underbrace{CH \equiv CH + 2CO_2}_{\text{ऐनोड पर}} + \underbrace{2KOH + H_2}_{\text{कैथोड पर}}$$

(v) सोडियम ऐसिटिलाइड द्वारा From Sodium Acetylide

सोडियम ऐसिटिलाइड की क्रिया ऐल्किल हैलाइड के साथ कराने पर निम्न ऐल्काइन द्वारा उच्च ऐल्काइन प्राप्त होते हैं।

$$HC \equiv CH + Na \xrightarrow[NH_3]{\text{द्रव}} HC \equiv C^-Na^+ \xrightarrow[-NaX]{RX} HC \equiv CR$$

$$HC \equiv CR \xrightarrow{\text{द्रव } NH_3 \text{ में } Na} Na^+C^- \equiv CR \xrightarrow[-NaX]{R'X} R'-C \equiv C-R$$

यह अभिक्रिया केवल अम्लीय ऐल्काइन ही प्रदर्शित करते हैं।

भौतिक गुणधर्म Physical Properties

(i) ऐल्काइन श्रेणी के प्रथम चार सदस्य (C_2 से C_4 तक) रंगहीन गैसें, C_5 से C_{13} तक रंगहीन द्रव तथा इससे उच्चतर रंगहीन ठोस होते हैं।

(ii) शुद्ध ऐसीटिलीन गन्धहीन होती है जबकि अशुद्ध ऐसीटिलीन लहसुन की गन्ध वाली होती है। ऐसा इसमें आर्सीन (AsH_3) तथा फॉस्फीन (PH_3) की अशुद्धि के कारण होता है।

(iii) ऐल्काइन अध्रुवीय होते हैं (ऐल्कोहॉल और ऐल्किल हैलाइड के सन्दर्भ में) और पानी में लगभग अविलेय होते हैं। (लेकिन ये ऐल्कीन तथा ऐल्केन से अधिक ध्रुवीय होते हैं) ये अधिकतर कार्बनिक विलायकों जैसे ऐसीटोन ईथर, मेथिलीन क्लोराइड, क्लोरोफॉर्म और ऐल्कोहॉल में विलेय होते हैं।

(iv) अणुभार बढ़ने के साथ-साथ इनका क्वथनांक तथा गलनांक भी बढ़ता है, जबकि शाखाओं के बढ़ने से क्वथनांक तथा गलनांक कम हो जाता है।

(v) ऐसीटिलीन एक ऊष्माशोषी यौगिक है।

रासायनिक गुणधर्म Chemical Properties

ऐल्काइन निम्न रासायनिक अभिक्रियाएँ प्रदर्शित करती हैं

(i) इलेक्ट्रॉनस्नेही योगात्मक अभिक्रियाएँ Electrophilic Addition Reactions

π-इलेक्ट्रॉनों के कारण ऐल्काइन, ऐल्कीनों के समान इलेक्ट्रॉनस्नेही योगात्मक अभिक्रियाएँ देती हैं यद्यपि **कार्बन-कार्बन त्रिबन्ध, कार्बन-कार्बन द्विबन्ध की तुलना में इलेक्ट्रॉनस्नेही योग के लिए कम क्रियाशील होता है।** ऐल्काइन इलेक्ट्रॉनस्नेही योगात्मक अभिक्रियाओं के साथ-साथ नाभिकस्नेही योगात्मक अभिक्रियाएँ भी देती हैं।

इसका कारण यह है कि त्रिबन्ध में उपस्थित π-इलेक्ट्रॉन आक्रमणकारी इलेक्ट्रॉनस्नेही को सरलता से प्राप्त नहीं होते हैं क्योंकि sp-संकरित कार्बन की विद्युतऋणात्मकता में वृद्धि हो जाती है जिसके कारण ये ढ़ीले बन्धे हुए π-इलेक्ट्रॉनों को प्रबल आकर्षण बल द्वारा आकर्षित करते हैं। इसके अतिरिक्त त्रिबन्ध पर इलेक्ट्रॉनस्नेही के प्रारम्भिक आक्रमण के फलस्वरूप बना हुआ मध्यवर्ती सेतु धनायन बहुत कम स्थायी होता है क्योंकि इसकी संरचना अत्यधिक विकृत होती है।

$$-C\equiv C- \;+\; E^+ \longrightarrow -C\overset{\overset{\oplus}{E}}{=}C-$$

ऐल्काइन त्रिबन्ध + आक्रमणकारी इलेक्ट्रॉनस्नेही ⟶ अत्यधिक विकृत (कम स्थायी) सेतु मध्यवर्ती

ऐल्काइन की इलेक्ट्रॉनस्नेही योगात्मक अभिक्रियाओं की कम क्रियाशीलता का कारण सम्भवतया इनके कम स्थायी मध्यवर्ती की उच्च सक्रियण ऊर्जा है।

यद्यपि नाभिकस्नेही योगात्मक अभिक्रियाओं में ऐल्काइन, ऐल्कीनों की अपेक्षाकृत अधिक क्रियाशील होते हैं। इसका कारण ऐल्काइन का उच्च इलेक्ट्रॉनस्नेही होना है।

(a) **हाइड्रोजनीकरण** (Hydrogenation) सूक्ष्म विभाजित निकेल चूर्ण की उपस्थिति में 250°C ताप पर या प्लैटिनम की उपस्थिति में साधारण ताप पर हाइड्रोजन से संयोग करके पहले ऐल्कीन और फिर ऐल्केन बनते हैं।

$$\underset{\text{ऐसीटिलीन}}{HC\equiv CH} \xrightarrow[Ni]{H_2} \underset{\text{एथिलीन}}{CH_2=CH_2} \xrightarrow[Ni]{H_2} \underset{\text{एथेन}}{CH_3-CH_3}$$

यह अभिक्रिया लिण्डलार उत्प्रेरक ($Pd + CaCO_3$) की उपस्थिति में कराने पर आंशिक हाइड्रोजनीकरण होता है।

$$\underset{\text{ऐल्काइन}}{R-C\equiv CH} + H_2 \xrightarrow{Pd + CaCO_3} \underset{\text{ऐल्कीन}}{R-CH=CH_2}$$

(b) **हैलोजनीकरण** (Halogenation) इस अभिक्रिया को निम्न प्रकार प्रदर्शित कर सकते हैं

$$-C\equiv C- \xrightarrow{Br_2/CCl_4} -\overset{Br}{\underset{|}{C}}=\underset{Br}{\overset{|}{C}}- \xrightarrow{Br_2/CCl_4} -\underset{Br}{\overset{Br}{C}}-\underset{Br}{\overset{Br}{C}}-$$

हैलोजनों की क्रियाशीलता का क्रम है, $Cl_2 > Br_2 > I_2$

(c) **हैलोजन अम्लों का योग** ऐल्काइन पर हैलोजन अम्लों का योग निम्न प्रकार होता है

$$-C\equiv C- + HX \longrightarrow -\underset{H}{C}=\underset{X}{C}- \xrightarrow{HX} -\underset{H}{\overset{H}{C}}-\underset{X}{\overset{X}{C}}-$$

जैम-डाइहैलाइड

(d) **हाइपोहैलस अम्ल का योग** ऐल्काइन पर हाइपोहैलस अम्लों का योग निम्न प्रकार प्रदर्शित कर सकते हैं

$$-C\equiv C- + HOX \longrightarrow -\underset{OH}{C}=\underset{X}{C}- \xrightarrow{HOX}$$

$$\underset{\text{अस्थायी}}{-\underset{OH}{\overset{OH}{C}}-\underset{X}{\overset{X}{C}}-} \xrightarrow{-H_2O} -\overset{O}{\overset{\|}{C}}-\underset{X}{\overset{X}{C}}-$$

क्रियाशीलता का क्रम HOCl > HOBr > HOI है

$$R-C\equiv CH + HOCl \rightarrow \underset{\text{ल्यूसाइट}}{R-\underset{O}{\underset{\|}{C}}-CHCl_2}$$

(e) **सल्फर का योग** थायोफीन प्राप्त होती है।

$$2\,\overset{CH}{\underset{CH}{|||}} + S \longrightarrow \text{थायोफीन (HC=CH–CH=CH बन्द वलय S सहित)}$$

(ii) ऐल्काइनों का अम्लीय गुणधर्म Acidic Property of Alkynes

अन्तस्थ: (terminal) त्रिबन्ध युक्त कार्बन परमाणु से जुड़ी हाइड्रोजन की प्रकृति अम्लीय होती है। अत: ऐसीटिलीन में दो अम्लीय H-परमाणु होते हैं तथा शेष सभी अन्तस्थ: ऐल्काइनों में एक अम्लीय H-परमाणु होता है। ऐसीटिलीन की अम्लीय प्रकृति जल से कम परन्तु एथेन या एथिलीन से अधिक होती है।

(a) **फेहलिंग विलयन के साथ क्रिया** ऐसीटिलीन अथवा 1-ऐल्काइन को क्यूप्रस क्लोराइड के अमोनियामय विलयन में प्रवाहित करने पर क्यूप्रस ऐसीटिलाइड या ऐल्काइनाइड का लाल रंग का अवक्षेप प्राप्त होता है।

$$\underset{\text{ऐसीटिलीन}}{H-C\equiv C-H} + \underbrace{Cu_2Cl_2 + 2NH_4OH}_{\text{अमोनियामय क्यूप्रस क्लोराइड}} \longrightarrow$$

$$\underset{\text{क्यूप्रस ऐसीटिलाइड (लाल अवक्षेप)}}{Cu-C\equiv C-Cu\downarrow} + 2NH_4Cl + 2H_2O$$

(b) **टॉलेन अभिकर्मक के साथ अभिक्रिया** ऐसीटलीन या 1-ऐल्काइन को अमोनियामय सिल्वर नाइट्रेट (टॉलेन अभिकर्मक) विलयन में प्रवाहित करने पर सिल्वर ऐसीटिलाइड या ऐल्काइनाइड का सफेद अवक्षेप प्राप्त होता है।

$$H-C\equiv C-H + \underbrace{2AgNO_3 + 2NH_4OH}_{\text{अमोनियामय सिल्वर नाइट्रेट}} \longrightarrow$$

$$\underset{\substack{\text{सिल्वर ऐसीटिलाइड} \\ \text{(सफेद अवक्षेप)}}}{Ag-C\equiv C-Ag} + 2NH_4NO_3 + 2H_2O$$

(c) **ग्रिगनार्ड अभिकर्मक के साथ अभिक्रिया** ऐसीटिलीन एवं उसके मोनोऐल्किल व्युत्पन्न ग्रिगनार्ड अभिकर्मक से क्रिया करके ऐल्केन देते हैं।

$$R-C\equiv C-H + R'MgX \longrightarrow R-C\equiv C-MgX + \underset{\text{ऐल्केन}}{R'H}$$

इस अभिक्रिया का उपयोग क्रियाशील H-परमाणु के निर्धारण हेतु किया जाता है तथा यह **जैरेविटिनॉफ विधि** कहलाती है।

(iii) **ओजोनीकरण** Ozonolysis

ऐल्काइन के ओजोनीकरण को निम्न प्रकार प्रदर्शित कर सकते हैं।

$$-C\equiv C- \xrightarrow{O_3} -\overset{\overset{O}{/\ \ \backslash}}{C}-\!-C- \ (\text{ओजोनाइड, } O-O \text{ सेतु})$$

$$\xrightarrow{Zn-CH_3COOH} -\overset{O}{\overset{\|}{C}}-\overset{O}{\overset{\|}{C}}- \ (\text{डाइकार्बोनिल})$$

$$\xrightarrow[\text{या } Ag_2O]{H_2O_2} >C=O + >C=O \ (\text{अम्ल + कीटोन})$$

$$\xrightarrow{LiAlH_4} -\underset{OH}{\overset{H}{C}}-\underset{OH}{\overset{H}{C}}- \ (\text{ग्लाइकॉल})$$

(iv) **$KMnO_4$ के साथ ऑक्सीकरण**

Oxidation with $KMnO_4$

गर्म $KMnO_4$ के साथ ऑक्सीकरण पर कार्बोक्सिलिक अम्ल बनते हैं।

$$R-C\equiv C-R \xrightarrow[\Delta]{KMnO_4} 2R-C(OH)_3 \xrightarrow{-2H_2O} 2R-C\overset{O}{\lessgtr}_{OH}$$

(v) **बहुलकीकरण** Polymerisation

विभिन्न परिस्थितियों में ऐसीटिलीन विभिन्न प्रकार के बहुलीकृत उत्पाद देती है ऐसीटिलीन वाष्प को लाल-तप्त Cu अथवा Fe नली में प्रवाहित करने पर बेन्जीन बनती है।

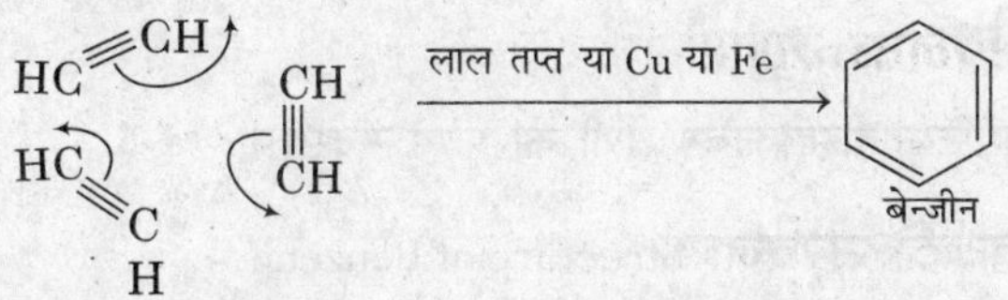

ऐरोमैटिक हाइड्रोकार्बन (ऐरीन)

Aromatic Hydrocarbons (Arenes)

ऐरीन, ऐरोमैटिक हाइड्रोकार्बनों के लिए प्रयुक्त एक सामान्य शब्द है। बेन्जीन तथा इसके ऐल्किल व्युत्पन्न ऐरीन के सबसे अधिक महत्त्वपूर्ण सदस्य हैं। इन यौगिकों का सामान्य सूत्र C_nH_{2n-6y} है (जहाँ y वलयों की संख्या है) अत: इनमें, संगत ऐलिफैटिक यौगिकों की अपेक्षा कार्बन का प्रतिशत अधिक होता है। श्रेणी का प्रथम तथा सबसे अधिक महत्त्वपूर्ण सदस्य बेन्जीन है। बेन्जीन चक्र युक्त यौगिक सामान्यत: **बेन्जीनॉइड यौगिक** कहलाते हैं। बेन्जीन तथा बेन्जीन के समान रासायनिक गुण वाले यौगिक, ऐरोमैटिक यौगिक कहलाते हैं। बेन्जीन से भिन्न रासायनिक गुण वाले ऐरोमैटिक हाइड्रोकार्बन **नॉन-बेन्जीनॉइड ऐरोमैटिक यौगिक** कहलाते हैं।

ऐरोमैटिकता Aromaticity

एक यौगिक को ऐरोमैटिक तभी माना जाता है जब यह निम्न तीन नियमों का पालन करता है

(i) अणु को चक्रीय तथा समतलीय होना चाहिए।

(ii) चक्र में उपस्थित परमाणुओं के विस्थानन में भाग लेने के लिए p-कक्षक (तल के लम्बवत्) होना चाहिए।

(iii) ऐरोमैटिकता गुण रखने वाले यौगिकों को **हकल नियम** (Huckel rule) का पालन करना चाहिए।

हकल के नियम के अनुसार, वे अणु जिनमें $(4n+2)\ \pi$-इलेक्ट्रॉन होते हैं, ऐरोमैटिक कहलाते हैं। यहाँ, $n = 0, 1, 2, 3....$ अत:

(i) यदि $n = 0$, तब $(4\times 0+2)\ \pi = 2\pi$-इलेक्ट्रॉन अर्थात् 2π-इलेक्ट्रॉनों का विस्थानीकृत चक्रीय क्रम रखने वाला चक्रीय यौगिक ऐरोमैटिक लक्षण दर्शाता है।

उदाहरण—

साइक्लोप्रोपिनिल धनायन तथा ट्राइफेनिल साइक्लोप्रोपिनिल धनायन

(ii) जब $n = 1$, तब $(4\times 1+2)\ \pi = 6\pi$-इलेक्ट्रॉन अर्थात् 6π-इलेक्ट्रॉनों का विस्थानीकृत क्रम रखने वाला चक्रीय यौगिक ऐरोमैटिक गुण प्रदर्शित करता है।

बेन्जीन Benzene

यह ऐरोमैटिक हाइड्रोकार्बन श्रेणी का प्रथम सदस्य है

बेन्जीन की संरचना Structure of Benzene

इस आधार पर बेन्जीन के लिए निम्नलिखित तीन चक्रीय संरचनाएँ प्रस्तावित की गई

IV V VI

बेन्जीन के द्वि-प्रतिस्थापन पर तीन समावयवी उत्पाद प्राप्त होते हैं, केवल संरचना VI के लिए तीन द्वि-प्रतिस्थापित उत्पाद सम्भव हैं, जो नीचे दर्शाये गये हैं

1, 2-उत्पाद या *ऑर्थो*-उत्पाद 1, 3-उत्पाद या *मेटा*-उत्पाद 1, 4-उत्पाद या *पैरा*-उत्पाद

यह संरचना सन् 1865 में जर्मन वैज्ञानिक फ्रेड्रिक ऑगस्ट केकुले (Fredrick August Kekule) ने प्रस्तावित की थी, जिस कारण इसे **केकुले संरचना** (Kekule structure) भी कहा जाता है। इस संरचना में छ: कार्बन परमाणु एक तल (Plane) में व्यवस्थित होकर षट्कोणीय वलय का निर्माण करते हैं, जिसमें एकान्तर क्रम में एकल तथा द्वि-आबन्ध उपस्थित होते हैं। प्रत्येक कार्बन से वलय के तल में एक हाइड्रोजन परमाणु संयुक्त होता है।

बेन्जीन अणु का अनुनाद संकल्पना
Resonance Concept of Benzene

बेन्जीन को भी एक संरचना द्वारा प्रदर्शित नहीं किया जा सकता है अर्थात् बेन्जीन को केकुले द्वारा दी गई दोनों संरचनाओं द्वारा निरूपित किया जाता है।

उपरोक्त दोनों संरचनाएँ बेन्जीन के अधिकांश गुणों की व्याख्या करती है। अनुनाद धारणा के अनुसार, बेन्जीन दो केकुले एवं तीन डेवार संरचनाओं का अनुनादी संकर है तथा इन संरचनाओं में केकुले रूप डेवार रूप से ज्यादा स्थायी है, अत: केकुले संरचना बेन्जीन की संरचना में अधिक योगदान देती है।

(i) (ii)
केकुले संरचना (80%)

(iii) (iv) (v)
डेवार संरचना (20%)

दोनों केकुले संरचनाओं में केवल इलेक्ट्रॉनिक व्यवस्था भिन्न है, एवं ये अनुनाद संकर में 80% योगदान देती हैं,

अनुनादी संरचना के आधार पर यह स्पष्ट होता है, कि बेन्जीन की समस्त छ: कार्बन-कार्बन (C—C) आबन्ध लम्बाइयाँ समान हैं तथा दोनों *ऑर्थो*-डाइप्रतिस्थापी बेन्जीन व्युत्पन्नों में कोई अन्तर नहीं होता है। अत: बेन्जीन केवल तीन द्विप्रतिस्थापी उत्पाद बनाती है।

अनुनाद के कारण ही बेन्जीन की सभी C—C आबन्ध लम्बाइयों का मान 1.39 Å होता है।

X-किरण विश्लेषण, इलेक्ट्रॉन-विवर्तन तथा स्पेक्ट्रोस्कोपिक अध्ययन द्वारा बेन्जीन में अनुनाद की पुष्टि होती है।

हकल के नियम के अनुसार, वे अणु जिनमें $(4n + 2)\ \pi$-इलेक्ट्रॉन होते हैं, ऐरोमैटिक कहलाते हैं। यहाँ, $n = 0, 1, 2, 3....$ अत:

(i) यदि $n = 0$, तब $(4 \times 0 + 2)\ \pi = 2\pi$-इलेक्ट्रॉन अर्थात् 2π-इलेक्ट्रॉनों का विस्थानीकृत चक्रीय क्रम रखने वाला चक्रीय यौगिक ऐरोमैटिक लक्षण दर्शाता है।

उदाहरण—

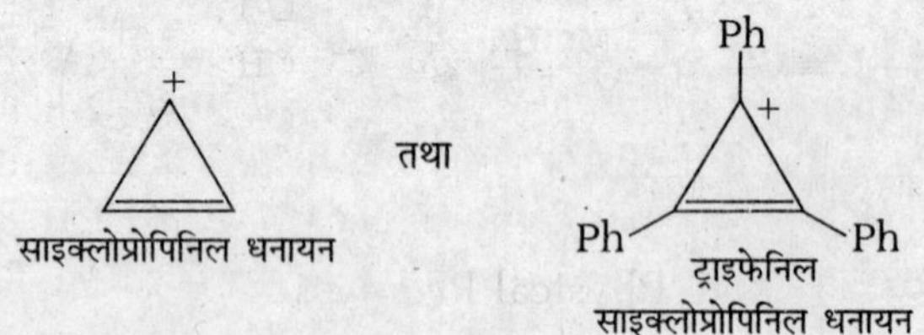

साइक्लोप्रोपिनिल धनायन ट्राइफेनिल साइक्लोप्रोपिनिल धनायन

(ii) जब $n = 1$, तब $(4 \times 1 + 2)\pi = 6\pi$-इलेक्ट्रॉन अर्थात् 6π-इलेक्ट्रॉनों का विस्थानीकृत क्रम रखने वाला चक्रीय यौगिक ऐरोमैटिक गुण प्रदर्शित करता है।

बेन्जीन बनाने की विधियाँ

Methods of Preparation of Benzene

बेन्जीन निम्नलिखित सामान्य विधियों द्वारा बनायी जाती है

(i) **ऐरोमैटिक अम्लों के विकार्बोक्सिलीकरण द्वारा**
By Decarboxylation of Aromatic Acids

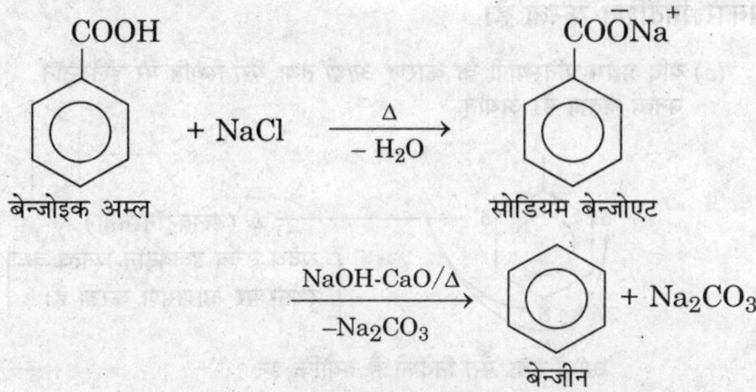

(ii) **फीनॉल के विहाइड्रॉक्सिलीकरण द्वारा**
By Dehydroxylation of Phenols

$$C_6H_5OH \xrightarrow[\Delta]{Zn} C_6H_6 + ZnO$$

फीनॉल → बेन्जीन

(iii) **बहुलीकरण द्वारा** By Polymerisation

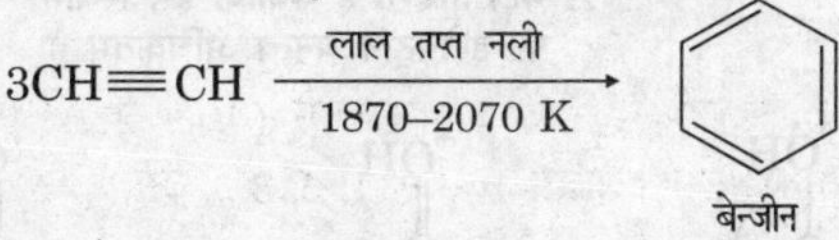

(iv) **डाइऐजोनियम लवणों के अपचयन द्वारा**
By the Reduction of Diazonium Salts

$$C_6H_5N_2Cl + H_3PO_2 + H_2O \longrightarrow C_6H_6 + N_2 + H_3PO_3 + HCl$$

बेन्जीन डाइऐजोनियम क्लोराइड → बेन्जीन

भौतिक गुणधर्म Physical Properties

बेन्जीन के सामान्य भौतिक गुण निम्नलिखित हैं

(i) एकचक्रीय ऐरीन (बेन्जीन, टॉलूईन आदि) रंगहीन द्रव होते हैं। ये जल में अविलेय किन्तु कार्बनिक विलायकों (जैसे ईथर, एथेनॉल आदि) में पूर्ण विलेय हैं।

(ii) निम्न सदस्य विषैले होते हैं।

(iii) ये ज्वलनशील होते हैं तथा धुँएदार ज्वाला के साथ जलते हैं।

(iv) गलनांक अनियमित रूप से परिवर्तित होते हैं किन्तु क्वथनांक अणुभार के साथ क्रम से परिवर्तित होते हैं।

रासायनिक गुणधर्म Chemical Properties

बेन्जीन निम्नलिखित रासायनिक गुण प्रदर्शित करती है

इलेक्ट्रोफिलिक प्रतिस्थापन Electrophilic Substitution

(i) **हैलोजनीकरण** (Halogenation)

बेन्जीन की क्रिया ऐलुमिनियम क्लोराइड अथवा फेरिक क्लोराइड उत्प्रेरक की उपस्थिति तथा प्रकाश की अनुपस्थिति मे क्लोरीन के साथ कराने पर इसका क्लोरीनीकरण हो जाता है।

$$C_6H_6 + Cl_2 \xrightarrow[\text{अथवा } FeCl_3]{AlCl_3} C_6H_5Cl \xrightarrow{Cl_2} o\text{-}C_6H_4Cl_2 + p\text{-}C_6H_4Cl_2$$

क्लोरोबेन्जीन; *o*- डाइक्लोरोबेन्जीन; *p*- डाइक्लोरोबेन्जीन

(ii) **नाइट्रीकरण** (Nitration)

बेन्जीन, सान्द्र H_2SO_4 की उपस्थिति में सान्द्र HNO_3 के साथ क्रिया करके नाइट्रीकृत हो जाती है।

$$C_6H_6 + HNO_3 \xrightarrow{\text{सान्द्र } H_2SO_4} C_6H_5NO_2$$

नाइट्रोबेन्जीन

बेन्जीन को सधूम नाइट्रिक अम्ल तथा सान्द्र H_2SO_4 के साथ गर्म करने पर 1,3,5-ट्राइनाइट्रोबेन्जीन (TNB) नामक प्रबल विस्फोटक पदार्थ प्राप्त होता है।

$$C_6H_6 + 3HNO_3 \text{ (सधूम)} \xrightarrow{H_2SO_4 \text{ (सान्द्र)}} C_6H_3(NO_2)_2(SO_3H)$$

(वलय पर NO_2, NO_2, SO_3H) TNB

(iii) **सल्फोनीकरण** (Sulphonation)

बेन्जीन गर्म, सान्द्र H_2SO_4 के साथ बेन्जीन सल्फोनिक अम्ल बनाती है जबकि उच्च ताप पर सधूम H_2SO_4 अथवा ओलियम के साथ *m*–बेन्जीन डाइसल्फोनिक अम्ल प्राप्त होता है।

$$C_6H_5SO_3H \xleftarrow[80°C]{H_2SO_4} C_6H_6 \xrightarrow[H_2S_2O_7,\ \Delta]{\text{ओलियम}} m\text{-}C_6H_4(SO_3H)_2$$

सल्फोनीकरण के लिए आक्रमणकारी स्पीशीज SO_3 अथवा $\overset{+}{S}O_3H$ है। BF_3 उत्प्रेरक की उपस्थिति में, सल्फोनीकरण कमरे के ताप पर भी सम्भव है।

$$C_6H_6 + \text{सान्द्र } H_2SO_4 \xrightarrow{BF_3} C_6H_5SO_3H + BF_3 \cdot H_2O$$

(iv) फ्रीडल-क्राफट ऐल्किलीकरण, ऐसीलीकरण, अथवा कार्बोक्सिलीकरण

Friedel-Crafts Alkylation, Acylation or Carboxylation

इन अभिक्रियाओं के लिए लुईस अम्ल $AlCl_3$, $FeCl_3$, $SnCl_2$, $SnCl_4$, BF_3, HF आदि हो सकते हैं।

(v) फार्मेलीकरण Formylation

आक्रमणकारी इलेक्ट्रॉनस्नेही $\overset{O}{\overset{\|}{C^+}}—H$ है जोकि निम्न प्रकार से उत्पन्न होता है।

$$CO + HCl \rightleftharpoons H—\underset{\underset{O}{\|}}{C}—Cl$$

$$H—\underset{\underset{O}{\|}}{C}—Cl + AlCl_3 \rightleftharpoons H—\underset{\underset{O}{\|}}{C^+} + AlCl_4^-$$

गाटरमैन संश्लेषण (Gattermann Synthesis)

(a) आक्रमणकारी इलेक्ट्रॉनस्नेही $\overset{+}{C}H{=}NH$ है जोकि निम्न प्रकार उत्पन्न होता है।

$$HC{\equiv}N + HCl \rightleftharpoons H—\underset{\underset{Cl}{|}}{C}{=}NH$$

$$H—\underset{\underset{Cl}{|}}{C}{=}NH + AlCl_3 \rightleftharpoons H—C^+{=}NH + AlCl_4^-$$

(b) प्रारम्भ में बना उत्पाद $C_6H_5—\overset{H}{\overset{|}{C}}{=}NH$, है जोकि जल अपघटन पर $C_6H_5—\overset{H}{\overset{|}{C}}{=}O$ तथा NH_3 देता है।

(vi) ओजोनीकरण Ozonolysis

इस अभिक्रिया में ओजोनाइड निम्न प्रकार बनता है।

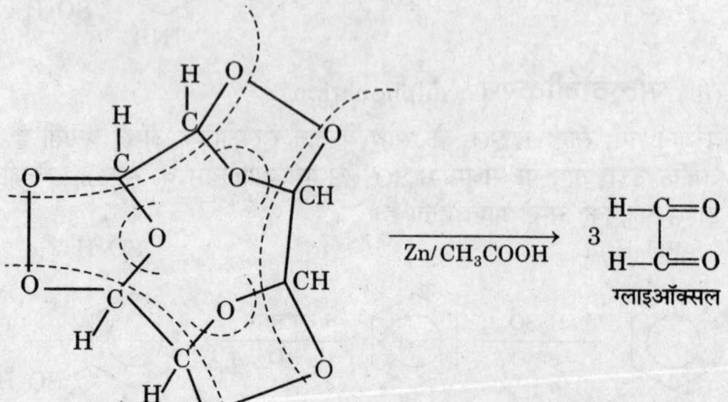

(vii) वाष्प प्रावस्था ऑक्सीकरण

Vapour Phase Oxidation

इस अभिक्रिया में सर्वप्रथम मैलिक अम्ल $\left(\begin{array}{c}CHCOOH\\ \| \\ CHCOOH\end{array}\right)$ बनता है जो उच्च ताप पर जल का अणु निर्मुक्त करके ऐनहाइड्राइड बनाता है।

प्रथम प्रतिस्थापन (मोनो प्रतिस्थापन), आगामी प्रतिस्थापन को निम्न प्रकार निर्देशित करता है।

(a) यदि प्रथम प्रतिस्थापी के कारण *आर्थो* तथा *पैरा* स्थिति पर इलेक्ट्रॉन घनत्व बढ़ता है। अर्थात्

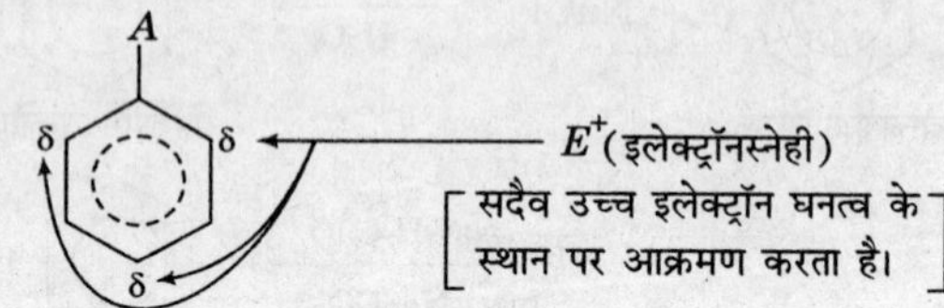

आर्थो तथा *पैरा* निर्देशी है क्योंकि इन A स्थानों पर इलेक्ट्रॉन घनत्व अधिकतम है

(b) यदि प्रथम प्रतिस्थापी के कारण *आर्थो* तथा *पैरा* स्थिति पर इलेक्ट्रॉन घनत्व घटता है, अर्थात्

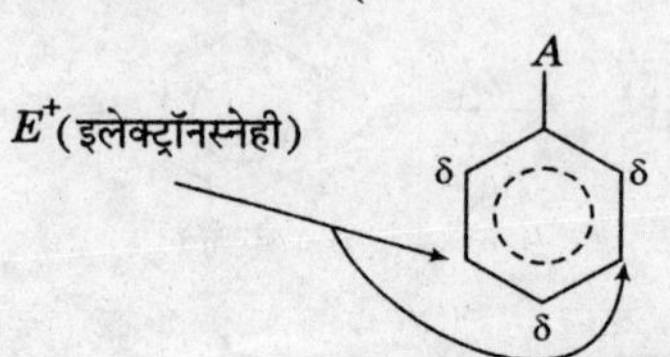

A मेटा निर्देशी है क्योंकि इस स्थिति पर इलेक्ट्रॉन घनत्व अधिकतम है

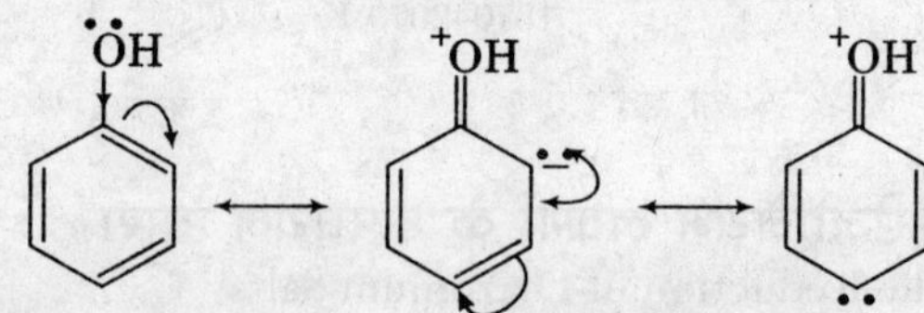

इसी प्रकार क्रमश: प्रतिस्थापी, जो वलय इलेक्ट्रॉन को बढ़ा देते हैं को आगामी प्रतिस्थापियों के लिए **वलय सक्रियक** कहलाते हैं जबकि वलय में इलेक्ट्रॉन घनत्व को घटाने वाले प्रतिस्थापियों को आगामी प्रतिस्थापियों के लिए वलय निष्क्रियक कहते हैं। विभिन्न वलय सक्रियक तथा निष्क्रियक उनकी क्रियाशीलता के क्रम में नीचे दिए गए हैं।

निर्देशी समूह अथवा सक्रियक समूह

(i) प्रबल सक्रियक $—NH_2 > —NHR > —NR_2 > —OH > —OR$

(ii) मध्यम दुर्बल सक्रियक $—NHCOR > —OCOR$,

(iii) दुर्बल सक्रियक $—R > —Ar > —CH{=}CR_2$

***m*-निर्देशी समूह अथवा निष्क्रियक**

(i) दुर्बल निष्क्रियक $—F > —Cl > —Br > —I$

(ii) मध्यम निष्क्रियक $—CHO > —COR > —COOR > —COOH$

(iii) प्रबल निष्क्रयक $—CN < —SO_3 < \overset{+}{N}H_3 < \overset{+}{N}H_2R_2 < \overset{+}{N}HR_2 < \overset{+}{N}R_3 < —NO_2$

अभ्यास प्रश्न

1. इनमें से कौन-सा यौगिक जल से क्रिया करके मेथेन उत्पन्न करता है?
(a) सिलिकॉन कार्बाइड (b) कैल्सियम कार्बाइड
(c) बेरीलियम कार्बाइड (d) मैग्निशियम कार्बाइड

2. किस क्रिया में मेथेन का अपूर्ण ज्वलन हो रहा है?
(a) $2CH_4 + O_2 \xrightarrow{\text{Cu/523 K/100 वायुमण्डल}} 2CH_3OH$
(b) $CH_4 + O_2 \xrightarrow{Mo_2O_3} HCHO + H_2O$
(c) $CH_4 + O_2 \longrightarrow C$ (ठोस) $+ 2H_2O$ (द्रव)
(d) $CH_4 + 2O_2 \longrightarrow CO_2$(गैस) $+ 2H_2O$ (द्रव)

3. इनमें कौन-सी क्रिया एथेन उत्पन्न नहीं करती है?
(a) CH_3COOH का अपचयन HI व लाल P से
(b) CH_3COCH_3 का अपचयन HI व लाल P से
(c) सोडा लाइम के साथ डिकार्बोक्सिलेशन पर सोडियम प्रोपयोनेट
(d) एथेन के हाइड्रोजनीकरण पर जोकि रैने-निकेल में किया जाए

4. निम्नलिखित में से कौन-सी क्रिया मेथेन के निर्माण में प्रयुक्त होती है?
(a) क्लिमेन्सन अपचयन
(b) वुर्ट्ज क्रिया
(c) $CH_2{=}CH_2$ का अपचयन $LiAlH_4$ की उपस्थिति में
(d) Zn-Cu युग्म की उपस्थिति में मेथिल आयोडाइड का अपचयन

5. निम्नलिखित में से कौन-सा वुर्ट्ज क्रिया द्वारा नहीं बनाया जा सकता है?
(a) C_2H_6 (b) $(CH_3)_2CHCH_3$
(c) $CH_3CH_2CH_2CH_3$ (d) सभी बनाए जा सकते हैं

6. दोनों मेथेन तथा एथेन एक पद क्रिया द्वारा बनाये जा सकते हैं
(a) CH_3I से (b) C_2H_5I से
(c) CH_3OH से (d) C_2H_5OH से

7. ऐल्केन के सापेक्ष निम्न हैलोजनों F_2, Cl_2, Br_2, I_2 का क्रियाशीलता क्रम है
(a) $F_2 < Cl_2 < Br_2 < I_2$ (b) $Br_2 < F_2 < Cl_2 < I_2$
(c) $I_2 < F_2 < Cl_2 < Br_2$ (d) $F_2 < Cl_2 < Br_2 < I_2$

8. ऐल्किल हैलाइड के अपचयन का (Zn + HCl) में अपचयन का क्रम है
(a) $R—Cl < R—I < R—Br$
(b) $R—Cl < R—Br < R—I$
(c) $R—I < R—Br < R—Cl$
(d) $R—Br < R—I < R—Cl$

9. एक ऐल्किल ब्रोमाइड, (R—Br) जिसका अणुभार 151 है। किस ऐल्केन के ब्रोमीनिकरण पर बनता है?
(a) डोडेकेन (b) 2, 2-डाइमेथिलप्रोपेन
(c) 2, 2-डाइमेथिलहेक्सेन (d) 2,2,3-ट्राइमेथिलहेप्टेन

10. 2-मेथिलप्रोपेन मोनोक्लोरीनीकरण पर कौन-सा सर्वाधिक स्थायी मुक्त मूलक उत्पन्न करेगा?
(a) $(CH_3)_2\dot{C}\,CH_3$ (b) $(CH_3)_2CH\dot{C}\,H_2$
(c) $CH_3\dot{C}\,CH_2CH_3$ (d) सभी समान स्थायी है

11. 1-आयोडो-2-मेथिलप्रोपेन तथा 2-आयोडोप्रोपेन पर सोडियम की क्रिया से कौन-सा यौगिक प्राप्त होता है?
(a) 2,5-डाइमेथिलहेक्सेन (b) 2,3-डाइमेथिलब्यूटेन
(c) 2,4-डाइमेथिलपेन्टेन (d) सभी में होगा

12. हाइड्रोकार्बन जो कमरे के ताप पर द्रव है
(a) पेन्टेन (b) ब्यूटेन (c) प्रोपेन (d) एथेन

13. किसी ऐल्केन की क्लोरीन से UV क्रिया पर मोनोक्लोरो ऐल्केन प्राप्त होता है। ऐल्केन होगा
(a) *निओ*-पेन्टेन (b) प्रोपेन
(c) पेन्टेन (d) *आइसो-पेन्टेन*

14. निम्न में से कौन-सा हाइड्रोकार्बन Cl_2 व Br_2 के साथ कमरे के ताप पर सूर्य के मन्द प्रकाश में डाइहैलोजन उत्पाद बनाता है?
(a) साइक्लोब्यूटेन (b) साइक्लोपेन्टेन
(c) साइक्लोहेक्सेन (d) ये सभी

15. निम्न में कौन-सा आसानी से सल्फोनीकृत हो जाता है?
(a) *n*-ब्यूटेन (b) *आइसो*-ब्यूटेन
(c) *n*-पेन्टेन (d) *n*-हेक्सेन

16. $CH_3CH_2CH_3 \xrightarrow{400-600°C} X + Y$, X तथा Y का नाम होगा
(a) हाइड्रोजन, मेथेन (b) मेथेन, एथीलीन
(c) हाइड्रोजन, एथीलीन (d) एथीलीन, एथेन

17. सर्वोत्तम प्रक्रम जिसके द्वारा साइक्लोहेक्सेनॉल से साइक्लोहेक्सीन बनाया जाता है, है
(a) सान्द्र $HCl + ZnCl_2$ (b) सान्द्र H_3PO_4
(c) HBr (d) सान्द्र HCl

18. ऐलीन (C_3H_4) में उपस्थित होते हैं
(a) एक एकल बन्ध, एक द्विबन्ध तथा एक त्रिबन्ध
(b) एक त्रिबन्ध तथा दो द्विबन्ध
(c) दो द्विबन्ध तथा एक द्विबन्ध
(d) दो द्विबन्ध तथा चार एकल बन्ध

19. निम्न में से कौन-सा यौगिक अधिकतम स्थायी है?
(a) 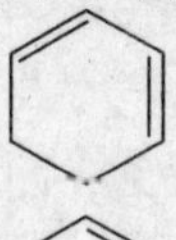 (b) 
(c) 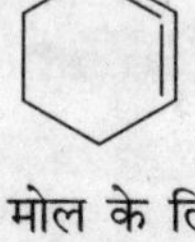 (d)

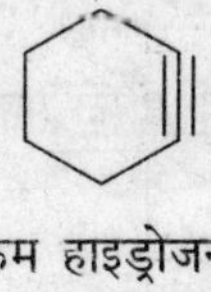

20. प्रति मोल के लिए कौन-सा सबसे कम हाइड्रोजनीकरण की ऊष्मा रखता है
(a) 1-ब्यूटीन (b) *विपक्ष*-ब्यूट-2-ईन
(c) *समपक्ष*-ब्यूट-2-ईन (d) ब्यूटा-1,3-डाइईन

21. 3,3,3-ट्राइक्लोरोप्रोपीन की HCl से योगात्मक क्रिया पर बनता है।
(a) $Cl_3CCH_2CH_2Cl$ (b) $Cl_3CCH_2CHCl_2$
(c) $Cl_2CHCH_2CHCl_2$ (d) $Cl_2CHCH(Cl)CH_2Cl$

22. निम्न हाइड्रोजन हैलाइड की घटती क्रियाशीलता का क्रम है (प्रोपीन के प्रति)

(a) HCl > HBr > HI (b) HBr > HI > HCl
(c) HI > HBr > HCl (d) HCl > HI > HBr

23. किसी ऐल्कीन पर HBr की योगात्मक क्रिया परॉक्साइड की उपस्थिति में उदाहरण है

(a) इलेक्ट्रॉनस्नेही योगात्मक क्रिया का
(b) नाभिकस्नेही योगात्मक क्रिया का
(c) मुक्त मूलक योगात्मक क्रिया का
(d) कार्बोधनायन के अन्तर माध्यमिक यौगिक बनने का

24. निम्न अभिक्रिया का उत्पाद है

$$H_3C-\underset{\large CH_3}{\underset{|}{C}}=CHCH_3 \xrightarrow[NaIO_4]{KMnO_4} ?$$

(a) $CH_3COCH_3 + CH_3COOH$ (b) $CH_3COCH_3 + CH_3CHO$
(c) $CH_3CHO + CO_2$ (d) केवल CH_3COCH_3

25. ऐल्कीन के ओजोनीकरण पर प्रोपेनल तथा पेन्टेन-3-ओन का उत्पादन होता है। ऐल्कीन की संरचना है

(a) $CH_3CH_2CH=C(C_2H_5)_2$ (b) $CH_3C=CH_2C(C_2H_5)_2$
(c) $CH_3CH_2CH=CCH_2C_3H_7$ (d) $CH_3CH_2CH=C(CH_3)(C_3H_7)$

26. ऐल्कीन जो हाइड्रोजनीकरण पर 2-मेथिल ब्यूटेन देती है,है

(a) 2-मेथिलब्यूट-1-ईन (b) 2-मेथिलब्यूट-2-ईन
(c) 3-मेथिलब्यूट-1-ईन (d) ये सभी

27. प्रोपीन की हाइपोक्लोरस अम्ल (HOCl) से योगात्मक क्रिया पर एथीलीन क्लोरोहाड्रिन बनता है। प्रयुक्त पद है

(a) Cl^+ एवं OH^- एक पद में (b) Cl^+ प्रथम पद में
(c) H^+ प्रथम पद में (d) OH^- प्रथम पद में

28. उत्पाद को पहचानों यदि $CH_3-CH=CH_2 + NOCl \longrightarrow$ उत्पाद

(a) $CH_3-CH(Cl)-CH_2(NO)$ (b) $CH_3-CH(NO)-CH_2(Cl)$
(c) $CH_3-CH_2-CH(NO)(Cl)$ (d) $CH_2(NO)-CH_2-CH_2(Cl)$

29. $A(C_4H_6) \xrightarrow[\text{1 मोल}]{H_2,\ Ni} B(C_4H_8) \xrightarrow{O_3/H_2O/Zn} CH_3CHO$

अतः, A तथा B की पहचान करो।

(a) साइक्लोब्यूटीन, साइक्लोब्यूटेन
(b) साइक्लोब्यूटाडाईन, साइक्लोब्यूटीन
(c) $CH_3CH_2C\equiv CH, CH_3CH=CHCH_3$
(d) $CH_2=CH-CH=CH_2, CH_3CH=CH-CH_3$

30. ऐल्काइनों की संख्या बताओं जिनका सामान्य अणुसूत्र $[C_5H_8]$ है

(a) 3 (b) 4 (c) 5 (d) 6

31. निम्न क्रिया में बने A एवं B को पहचानों

$$CaC_2 + H_2O \longrightarrow A \xrightarrow{H_2SO_4/HgSO_4} B$$

(a) C_2H_2 एवं CH_3CHO (b) CH_4 एवं HCOOH
(c) C_2H_4 एवं CH_3COOH (d) C_2H_2 एवं CH_3COOH

32. 4-ऑक्टाइन के $Pd/CaCO_3$ क्विनोलीन की उपस्थिति में H_2 द्वारा अपचयन पर प्राप्त होता है

(a) *विपक्ष*-4-ऑक्टीन
(b) *समपक्ष*-4-ऑक्टीन
(c) *समपक्ष*-*विपक्ष*-4-ऑक्टीन का मिश्रण
(d) पूर्णतया अपचयित उत्पाद C_8H_{18}

33. किसी त्रिबन्ध युक्त यौगिक में जलयोजन होगा

(a) अम्लीय माध्यम में (b) क्षारीय माध्यम में
(c) उदासीन माध्यम में (d) अम्लीय माध्यम + $HgSO_4$

34. ऑक्सीमर्क्यूरीकरण पर $(HgSO_4 + H_2SO_4)$ पर ब्यूट-1-आइन का होगा

(a) $CH_3CH_2COCH_3$ (b) $CH_3CH_2CH_2CHO$
(c) $CH_3CH_2CHO + HCHO$ (d) $CH_3CH_2COOH + HCOOH$

35. $Ph-C\equiv C-CH_3 \xrightarrow{Hg^{2+}/H^+} A$, तब A की पहचान करो

(a) $Ph-C(=O)-CH_2-CH_3$ (b) $Ph-H_2C-C(=O)-CH_3$
(c) $Ph-C(OH)=CH-CH_3$ (d) $Ph-CH=C(OH)-CH_3$

36. निम्न क्रिया में अन्तिम उत्पाद बताओ

$$CH\equiv CH \xrightarrow{NaNH_2} A \xrightarrow{CH_3Br} B$$

(a) $CH_2=CH-CH=CH_2$ (b) $HC\equiv C-CH_3$
(c) $CH_2=CH-CH_3$ (d) $CH_3-CH_2-CH_3$

37. ऐसीटिलीन एवं फॉर्मेल्डिहाइड कॉपर की उपस्थिति में बनाती है

(a) 1-ब्यूटाइन-1,4-डाइऑल
(b) 2-ब्यूटाइन-1, 2-डाइऑल
(c) 2-ब्यूटाइन-1,4-डाइऑल
(d) इनमें से कोई नहीं

38. निम्न में से कौन अमोनियामय सिल्वर नाइट्रेट के साथ सफेद अवक्षेप देता?

(a) $CH_3C\equiv CH$ (b) $CH_3C\equiv C-CH_3$
(c) $CH_3CH=CH_2$ (d) $CH_2=CH_2$

39. निम्न से ऐरोमैटिक यौगिक की पहचान करो?

(a) साइक्लोब्यूटाडाईन (b) साइक्लोऑक्टाटेट्राईन
(c) [साइक्लोऑक्टाटेट्राईन]$^-$ (d) [साइक्लोऑक्टाटेट्राईन]$^{2-}$

40. इनमें से कौन-सा ऐरोमैटिक है?

(a) 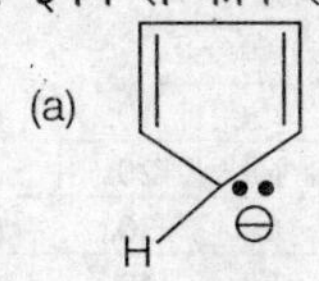

(b) 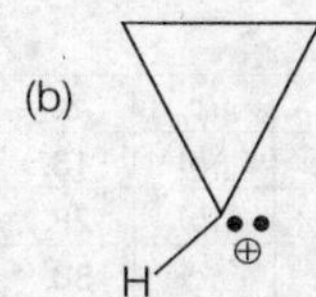

(c) 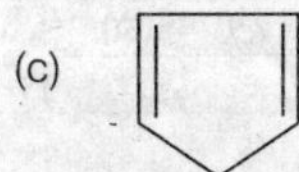

(d) इनमें से कोई नहीं

41. सक्रियक समूह

(a) *ऑर्थो* एवं *पैरा* स्थिति पर सक्रिय करता है

(b) *मेटा* स्थिति पर अक्रिय (निष्क्रिय) करता है

(c) *मेटा* के सापेक्ष *ऑर्थो* एवं *पैरा* को अधिक सक्रिय करता है

(d) *आर्थो* तथा *पैरा* की अपेक्षा, *मेटा* को अधिक विसक्रिय करता है।

42. निम्न अभिक्रिया में क्या उत्पाद प्राप्त होगा?

$$C_6H_6 + CH_3—CH_2—CH_2Cl \xrightarrow{AlCl_3}$$

(a) $C_6H_5—CH_2CH_2CH_3$

(b) $C_6H_5—CH(CH_3)_2$

(c) $C_6H_5—C(CH_3)_3$

(d) CH_3 तथा C_2H_5 युक्त बेन्जीन (ऑर्थो)

43. बेन्जीन की बेन्जोइल क्लोराइड से क्रिया लुईस अम्ल $AlCl_3$ की उपस्थिति में देती है

(a) बेन्जैल्डिहाइड (b) बेन्जोफीनॉन (c) डाइफेनिल (d) चक्रीय हेक्सेन

44. बेन्जीन की क्लोरोफॉर्म के साथ फ्रीडेल-क्राफ्ट अभिक्रिया पर प्राप्त होता है

(a) $C_6H_5CHCl_2$

(b) $C_6H_5—C(Cl)(H)—C_6H_5$

(c) $C_6H_5—C(C_6H_5)(H)—C_6H_5$

(d) ये सभी यौगिक

45. निम्न यौगिकों के घटते क्वथनांक का पटने का सही क्रम है

I (बेन्जीन) II (CH_3 युक्त बेन्जीन) III (H_3C, CH_3, CH_3 युक्त बेन्जीन) IV (CH_3, CH_3, H_3C, CH_3 युक्त बेन्जीन)

(a) I > II > III > IV (b) IV > III > II > I

(c) I > III > IV > II (d) II > III > I > IV

46. निम्न यौगिकों को इलेक्ट्रॉनस्नेही के सापेक्ष उनकी घटती हुई क्रियाशीलता के क्रम में व्यवस्थित करो

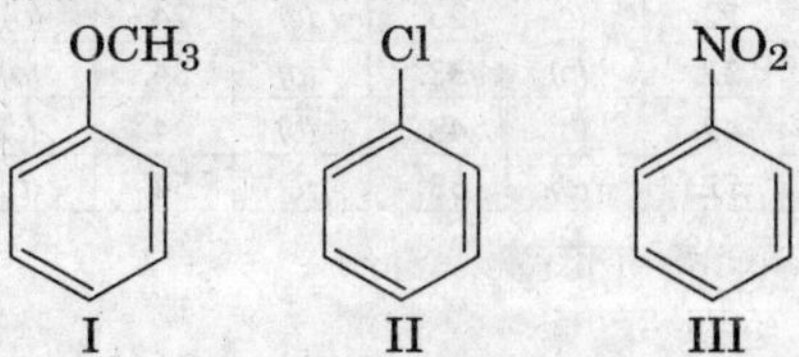

(a) I > II > III (b) I > III > II (c) II > I > III (d) II > III > I

47. ऐरोमैटिक यौगिकों के नाइट्रीकरण के लिए निम्न में कौन-सा कथन असत्य है?

(a) बेन्जीन के नाइट्रीकरण की दर हेक्सा-ड्यूटीरो-बेन्जीन के लगभग समान है

(b) टॉलुईन के नाइट्रीकरण की दर बेन्जीन के सापेक्ष अधिक है

(c) बेन्जीन के नाइट्रीकरण की दर हेक्सा ड्यूटेरो बेन्जीन से अधिक है

(d) नाइट्रीकरण एक इलेक्ट्रॉनस्नेही प्रतिस्थापन क्रिया है

48. निम्न यौगिकों में से कौन-सा आसानी से सल्फोनीकृत होगा?

(a) बेन्जीन (b) नाइट्रोबेन्जीन (c) टॉलुईन (d) क्लोरोबेन्जीन

49. टॉलुईन का जब Br_2/Fe की उपस्थिति में ब्रोमीनीकरण करते हैं तो *पैरा*-ब्रोमोटॉलुईन एक मुख्य उत्पाद के रूप में प्राप्त होता है क्योंकि $—CH_3$ समूह होता है

(a) *मेटा* निर्दिष्ट (b) वलय को (निष्क्रिय) करता है

(c) संयुग्मन द्वारा सक्रिय करने वाला (d) इनमें से कोई नहीं

50. निम्न अभिक्रिया

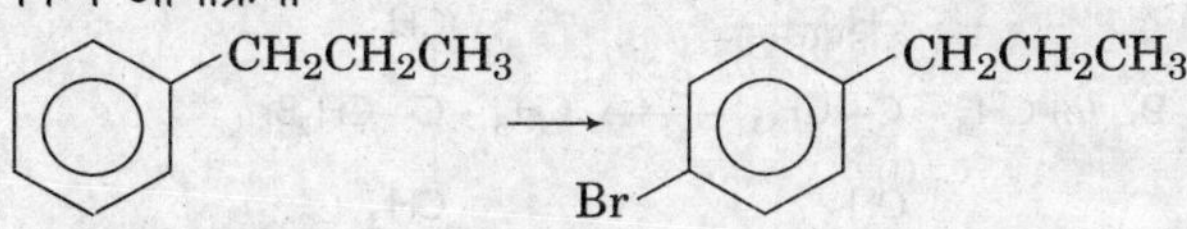

को प्रभावित करने में प्रयोग किया जाता है

(a) Br_2 / CCl_4 (b) Br_2 / H_2O

(c) Br_2 / Fe (d) Br_2/बेन्जोइल परॉक्साइड

51. बेन्जीन की सान्द्र HNO_3 + सान्द्र H_2SO_4 से क्रिया पर नाइट्रोबेन्जीन बनता है, यहाँ HNO_3 कार्य करता है

(a) क्षार की तरह (b) अम्ल की तरह

(c) अपचायक की तरह (d) उत्प्रेरक की तरह है

52. टॉलुईन की क्लोरीन से फेरिक क्लोराइड की उपस्थिति में क्रिया पर प्राप्त होगा।

(a) बेन्जोइल क्लोराइड (b) *मेटा* क्लोरोटॉलुईन

(c) बेन्जिल क्लोराइड (d) *ऑर्थो/पैरा* क्लोरोटॉलुईन

53. बेन्जिल क्लोराइड ($C_6H_5CH_2Cl$) प्राप्त होता है जब टॉलुईन का क्लोरीनीकरण किया जाता है

(a) SO_2Cl_2 द्वारा (b) $SOCl_2$ द्वारा (c) Cl_2 द्वारा (d) NaOCl द्वारा

54. निम्न यौगिकों की इलेक्ट्रॉनस्नेही E^+ के सापेक्ष घटती क्रियाशीलता का क्रम है

I. क्लोरोबेजीन II. 2,4-डाइनाइट्रो क्लोरोबेन्जीन

III. *पैरा*-नाइट्रोक्लोरोबेन्जीन IV. टॉलुईन

V. *पैरा*-नाइट्रो टॉलुईन

(a) I > II > III > IV > V (b) IV > V > I > III > II

(c) V > IV > III > II > I (d) I > III > II > V > IV

उत्तरमाला

1.	(c)	2.	(c)	3.	(b)	4.	(d)	5.	(b)	6.	(a)	7.	(a)	8.	(b)	9.	(b)	10.	(a)
11.	(d)	12.	(a)	13.	(a)	14.	(a)	15.	(d)	16.	(b)	17.	(b)	18.	(d)	19.	(a)	20.	(d)
21.	(a)	22.	(c)	23.	(c)	24.	(a)	25.	(a)	26.	(d)	27.	(b)	28.	(b)	29.	(d)	30.	(a)
31.	(a)	32.	(b)	33.	(d)	34.	(a)	35.	(a)	36.	(b)	37.	(c)	38.	(a)	39.	(d)	40.	(a)
41.	(c)	42.	(b)	43.	(b)	44.	(c)	45.	(a)	46.	(a)	47.	(a)	48.	(c)	49.	(c)	50.	(c)
51.	(a)	52.	(d)	53.	(c)	54.	(b)												

उत्तर व्याख्या सहित

1. *(c)* बेरिलियम कार्बाइड जलयोजन पर मेथेन देता है, मैग्नीशियम कार्बाइड तथा कैल्सियम कार्बाइड से ऐसीटिलीन गैस प्राप्त होता है तथा सिलीकॉन कार्बाइड का जलयोजन नहीं होता।

2. *(c)* मेथेन के अपूर्ण दहन पर कार्बन ब्लैक C(s) बनता है।

5. *(b)* यदि दो अलग-अलग *R′X* व *R″X* हैलाइड लिए जाए तो ऐल्केन का मिश्रण प्राप्त होगा जिन्हें आसानी से पृथक् नहीं किया जा सकता है।

6. *(a)* $CH_3I + 2H \xrightarrow{\text{Zn-Cu}} CH_4 + HI$

$$2CH_3I + Na \longrightarrow C_2H_6 + 2NaI$$

7. *(a)* ऐल्केन के सापेक्ष हैलोजनों में आयोडीन सबसे अधिक क्रियाशील तत्व है, अतः इनकी घटती क्रियाशीलता का क्रम निम्न प्रकार है।

$$I_2 > Br_2 > Cl_2 > F_2$$

8. *(b)* जैसे-जैसे हैलोजन का आकार बढ़ता है। *RX* बन्ध की लम्बाई बढ़ती है, अतः इनकी क्रियाशीलता बढ़ती है।

9. *(b)* $CH_3-\underset{CH_3}{\overset{CH_3}{\overset{|}{\underset{|}{C}}}}-CH_3 \xrightarrow{Br_2} CH_3-\underset{CH_3}{\overset{CH_3}{\overset{|}{\underset{|}{C}}}}-CH_2Br$

10. *(a)* 2-मेथिल प्रोपेन दो प्रकार के मूलक बनाता है।

$$\underset{\text{(2-मेथिल प्रोपेन)}}{CH_3-\overset{CH_3}{\overset{|}{CH}}-CH_3} \longrightarrow \underset{\text{(I)}}{CH_3-\overset{CH_3}{\overset{|}{\dot{C}}}-CH_3} \text{ तथा } \underset{\text{(II)}}{CH_3-\overset{CH_3}{\overset{|}{CH}}-\dot{C}H_2}$$

प्रथम मूलक ज्यादा स्थायी है, क्योंकि यह 3° है, तथा इसमें 9α-हाइड्रोजन परमाणु है। द्वितीय मूलक कम स्थायी है क्योंकि यह 1° है तथा इसमें 1α-हाइड्रोजन परमाणु है।

11. *(d)* $\underset{\text{1-आयोडो-2-मेथिल प्रोपेन}}{CH_3\overset{CH_3}{\overset{|}{C}H}CH_2I} + \underset{\text{2-आयडो प्रोपेन}}{I-CH(CH_3)_2} \xrightarrow[\text{शुष्क ईथर वुर्ट्ज अभिक्रिया}]{Na}$

$$\underset{\text{2,5-डाइमेथिल पेन्टेन}}{CH_3\overset{CH_3}{\overset{|}{C}H}CH_2CH_2\overset{CH_3}{\overset{|}{C}H}-CH_3} + \underset{\text{2,3-डाइमेथिल ब्यूटेन}}{(H_3C)_2CH-CH(CH_3)_2}$$

$$+ \underset{\text{2,4-डाइमेथिल पेन्टेन}}{CH_3-\underset{CH_3}{\underset{|}{C}H}CH_2-CH(CH_3)_2}$$

13. *(a)* *निओ*-पेन्टेन के सभी हाइड्रोजन समान हैं। अतः इसका केवल एक उत्पाद बनता है।

16. *(b)* ऐल्केन का ऊष्मीय अपघटन भंजन (cracking) कहलाता है। इसमें उच्च हाइड्रोकार्बन से निचले सदस्य प्राप्त होते हैं।

$$\underset{\text{प्रोपेन}}{CH_3CH_2CH_3} \xrightarrow{400-600\text{ K}} \underset{\text{एथीन}}{CH_2=CH_2} + \underset{\text{मेथेन}}{CH_4}$$

17. *(b)* साइक्लोहेक्सेनॉल के निर्जलीकरण पर साइक्लोहेक्सीन प्राप्त होती है। यहाँ H_3PO_4 निर्जलीकारक की तरह कार्य करता है।

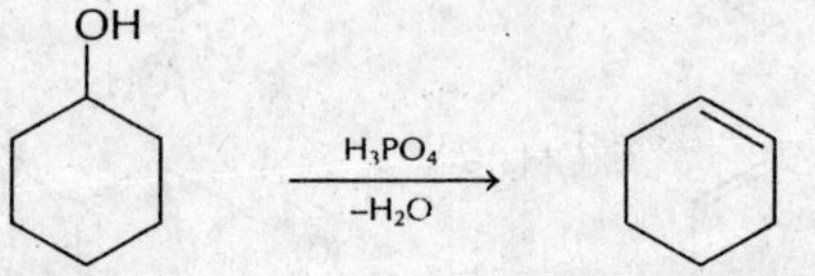

$$\underset{\text{साइक्लोहेक्सेनॉल}}{C_6H_{11}OH} \xrightarrow[-H_2O]{H_3PO_4} \underset{\text{साइक्लोहेक्सीन}}{C_6H_{10}}$$

18. *(d)* $H_2C=C=CH_2$ अथवा $\underset{\text{1,2 – डाइप्रोपीन}}{H-\overset{H}{\overset{|}{C}}=C=\overset{H}{\overset{|}{C}}-H}$ में दो द्विबन्ध तथा 4 एकल बन्ध उपस्थित हैं।

19. *(a)* संयुग्मी-डाइन ज्यादा स्थायी होता है, अन्य डाइन की अपेक्षा।

20. *(d)* हाइड्रोजनीकरण की ऊष्मा $\propto \dfrac{1}{\text{स्थायित्व}}$

अतः ब्यूटा-3-ड्डाइन ज्यादा स्थायी होता है अन्य डाइन की अपेक्षा।

21. *(a)* $Cl_3-C-CH=CH_2 \xrightarrow[\text{प्रति-मार्कोनीकॉफ नियम}]{HCl} Cl_3C-CH_2-CH_2Cl$

($\because CCl_3$ अत्याधिक इलेक्ट्रॉन आकर्षित समूह है)

22. *(c)* हैलोजन अम्लों की क्रियाशीलता योगात्मक क्रियाओं में बढ़ती ही जाती है, जैसे-जैसे हैलोजन परमाणु का आकार बढ़ता है, अतः यह क्रम निम्न प्रकार प्रदर्शित होता है।

$$HI > HBr > HCl > HF$$

23. *(c)* HBr का संयोग परॉक्साइडों की उपस्थिति में ऐल्कीन पर होता है, तो यह क्रिया मुक्त मूलक योगात्मक क्रिया कहलाती हैं।

$$R-O-O-R \longrightarrow 2R-O^{\bullet}$$

$$R-O^{\bullet} + HBr \longrightarrow R-OH + Br^{\bullet}$$

$$R-CH=CH_2 + Br^{\bullet} \longrightarrow CH_3-\dot{C}H-CH_2Br$$

$$CH_3-\dot{C}H-CH_2Br \xrightarrow{HBr} CH_3CH_2CH_2Br + Br^{\bullet}$$

$$Br^{\bullet} + Br^{\bullet} \longrightarrow Br_2$$

24. (a) $CH_3-\underset{\underset{CH_3}{|}}{C}=CHCH_3 \xrightarrow[\Delta]{KMnO_4} \underset{\text{ऐसीटोन}}{CH_3COCH_3} + \underset{\text{ऐसीटिक अम्ल}}{CH_3COOH}$

2 मेथिल ब्यूटीन - 2

25. (a) उत्पाद को इस प्रकार व्यवस्थित करो कि ऑक्सीजन परमाणु एक-दूसरे के सम्मुख हो जाए तथा ऑक्सीजन को हटा कर द्विबन्ध लगा कर ऐल्कीन बनता है।

$$\underset{\text{प्रोपेनल}}{\overset{3}{C}H_3\overset{2}{C}H_2\overset{1}{C}H=O} + O=\overset{3}{C}\begin{cases}\overset{2}{C}H_2\overset{1}{C}H_3\\ \overset{4}{C}H_2\overset{5}{C}H_3\end{cases} \longrightarrow$$

पेन्टेन-3-ऑन

$$\overset{6}{C}H_3\overset{5}{C}H_2\overset{4}{C}H=\overset{3}{C}\begin{cases}\overset{2}{C}H_2\overset{1}{C}H_3\\ CH_2CH_3\end{cases}$$

3-एथिल हेक्सीन-3

26. (d) 2-मेथिल ब्यूटेन का संरचना सूत्र है

$$\overset{1}{C}H_3-\overset{2}{\underset{}{C}}H(CH_3)-\overset{3}{C}H_2-\overset{4}{C}H_3$$

इसमें विभिन्न स्थितियों में द्विबन्ध लिखों जिसमें C की चर्तुसंयोजकता सन्तुष्ट हो।

$$\underset{\text{2-मेथिल ब्यूटीन-1}}{CH_2=C(CH_3)-CH_2-CH_3}, \quad \underset{\text{2-मेथिल ब्यूटीन-2}}{CH_3-C(CH_3)=CH-CH_3}$$

$$\underset{\text{3-मेथिल ब्यूटीन-1}}{CH_3-CH(CH_3)-CH=CH_2}$$

27. (b) हाइपोक्लोरस अम्ल में Cl^+ तथा OH^- आयन होते हैं। यह द्विबन्ध युक्त यौगिकों पर निम्न प्रकार क्रिया करता है।

$$\underset{\text{प्रोमीलीन}}{CH_3CH=CH_2} + Cl^- \xrightarrow[\text{योगात्मक}]{\text{इलेक्ट्रॉनस्नेही}} CH_3-\overset{+}{C}H-CH_2-Cl \xrightarrow{OH^-} CH_3-CH(OH)-CH_2-Cl$$

28. (b) $CH_3-CH=CH_2 + N\bar{O}Cl^+ \longrightarrow CH_3-\underset{\underset{NO}{|}}{CH}-\underset{\underset{Cl}{|}}{CH_2}$

यह इलेक्ट्रॉनस्नेही योगात्मक क्रिया का उदाहरण है।

जिसमें योगात्मक क्रिया मार्कोनीकॉफ नियमानुसार होती है। अर्थात् अभिकर्मक का ऋणात्मक भाग वहाँ जुड़ेगा जहाँ पहले से हाइड्रोजन परमाणु कम जुडे हैं या असममित ऐल्कीन के द्विबन्ध युक्त C परमाणु पर' इस क्रिया की क्रियाविधि निम्न प्रकार व्यक्त की जा सकती है।

पद I $NOCl \rightleftharpoons \underset{\text{इलेक्ट्रॉनस्नेही}}{NO^+} + \underset{\text{नाभिकस्नेही}}{Cl^-}$

पद II $CH_3-\overset{+}{C}H=\bar{C}H_2 + NO^+ \xrightarrow{\text{धीमी क्रिया}} CH_3-\overset{+}{C}H-\underset{\underset{NO}{|}}{CH_2}$ (अधिक स्थायी)

पद III $CH_3-\overset{+}{C}H=\underset{\underset{NO}{|}}{CH_2} + Cl^- \longrightarrow CH_3-\underset{\underset{Cl}{|}}{CH}-\underset{\underset{NO}{|}}{CH_2}$ (अन्तिम उत्पाद)

29. (d) $\underset{\substack{\text{1,3-ब्यूटाडाइ-इन}\\(A)}}{CH_2=CH-CH=CH_2} \xrightarrow{H_2/Ni} \underset{\substack{\text{1,4-योगात्मक क्रिया}\\(B)}}{CH_3CH=CH-CH_3} \xrightarrow[\text{(ii) } H_2O/Zn]{\text{(i) } O_3} \underset{\text{एथेनल}}{CH_3CHO}$

30. (a) C_5H_8 के तीन सम्भव ऐल्काइन हो सकते हैं। इनके सूत्र क्रमशः होंगे।

$$\underset{\text{पेन्टाइन-1}}{CH_3CH_2-CH_2C\equiv CH}, \quad \underset{\text{पेन्टाइन-2}}{CH_3CH_2C\equiv C-CH_3},$$

$$\underset{\text{3-मेथिल ब्यूटाइन-1}}{CH_3-CH(CH_3)-C\equiv CH}$$

31. (a) $CaC_2 + 2H_2O \longrightarrow \underset{(A)}{C_2H_2} + Ca(OH)_2$

$$\underset{(A)}{CH\equiv CH} \xrightarrow{\text{तनु } H_2SO_4/HgSO_4} \underset{\substack{\text{वाइनिल ऐल्कोहॉल}\\\text{(अस्थायी)}}}{CH_2=CHOH} \longrightarrow \underset{\substack{\text{ऐसीटैल्डिहाइड}\\(B)}}{CH_3CHO}$$

32. (b) 4- ऑक्टाइन एवं H_2 की क्रिया ऐल्कीन पर बन्द हो जाती है, जिसमें Pd अक्रियाशील हो जाता है। क्विनोलीन की उपस्थिति में।

34. (a) तनु H_2SO_4 व $HgSO_4$ की उपस्थिति में ऐल्काइन ऑक्सीकृत होकर ऐल्डिहाइड व कीटोन बनाती है।

$$CH_3CH_2C\equiv CH + H_2O \xrightarrow[330\text{ K}]{Hg^{2+},\text{ तनु } H_2SO_4} \left[\underset{\text{चलावयवता}}{CH_3CH_2-\overset{\overset{OH}{|}}{C}=CH_2}\right] \longrightarrow \underset{\text{2- ब्यूटेनोन}}{CH_3CH_2-\overset{\overset{O}{\|}}{C}-CH_3}$$

35. (a) $Ph-C\equiv C-CH_3 + H_2O \xrightarrow{Hg^{2+}/H^+} Ph-\overset{\overset{OH}{|}}{C}=CH-CH_3 \xrightarrow[H_2O]{Hg^{2+}/H^+} Ph-C(OH)_2-CH_2CH_3 \xrightarrow{-H_2O} Ph-\overset{\overset{O}{\|}}{C}-CH_2CH_3$

36. (b) $CH\equiv CH \xrightarrow{NaNH_2} \underset{'A'}{CH\equiv C^-Na^+} \xrightarrow[-NaBr]{CH_3Br} \underset{'B'}{CH\equiv C-CH_3}$

37. (c) $\underset{\text{ऐसीटिलीन}}{CH\equiv CH} + 2HCHO \longrightarrow \underset{\text{2-ब्यूटाइन-1, 4-डाइ-अल}}{OHH_2C-C\equiv C-CH_2OH}$

38. (a) C_2H_2 तथा 1-ऐल्काइन सफेद अवक्षेप अमोनियामय सिल्वर नाइट्रेट के साथ बनते हैं।

$$CH_3C\equiv CH + NH_4OH + AgNO_3 \longrightarrow \underset{\text{सफेद अवक्षेप}}{CH_3C\equiv CAg} + NH_4NO_3 + H_2O$$

39. (*d*) यौगिक $\left[C_8H_8\right]^{2-}$ में 8 + 2 = 10π-इलेक्ट्रॉन हैं। अतः यह ऐरोमैटिक है।

जबकि (साइक्लोब्यूटाडाईन) में 4π-इलेक्ट्रॉन हैं। अतः यह ऐरोमैटिक नहीं है।

जबकि $\left[C_8H_8\right]^{-}$ में 8 + 1 = 9π-इलेक्ट्रॉन है अतः ऐरोमैटिक नहीं है।

40. (*a*) चक्रीय पेन्टाडाइनिल ऋणायन

में π इलेक्ट्रॉन = 4 + 2 = 6

यह हकल नियम का पालन करती है। अतः ऐरोमैटिक है।

42. (*b*) $CH_3—CH_2—CH_2—Cl + AlCl_3 \xrightarrow[-AlCl_4^-]{}$

$CH_3—\underset{H}{\underset{|}{C}}H—\overset{+}{C}H_2 \xrightarrow{\text{1,2-हाइडाइड स्थानान्तरण}}$

1° कार्बोधनायन (इलेक्ट्रॉनस्नेही कम स्थायी)

$CH_3—\overset{+}{C}H—CH_3 \xrightarrow[-H^+]{C_6H_6} C_6H_5—CH(CH_3)—CH_3$

2° कार्बोधनायन (अधिक स्थायी) — *आइसो*-प्रोपिल बेन्जीन

जब फ्रीडेल-क्राफ्ट क्रिया उच्च ऐल्किल हैलाइड ***उदाहरण,*** *n*-प्रोपिल क्लोराइड से क्रिया करती है। तो इलेक्ट्रॉनस्नेही, *n*-प्रोपिल कार्बोधनायन (1° कार्बोधनायन पुनः) स्थापन द्वारा स्थायी *आइसो-प्रोपिल कार्बोधनायन (2° कार्बोधनायन) तथा मुख्य उत्पाद आइसो*-प्रोपिल बेन्जीन बनता है।

43. (*b*) बेन्जोइल क्लोराइड व बेन्जीन की क्रिया से बेन्जोफीनोन बनाया जाता है। इसे भी फ्रीडेल-क्राफ्ट अभिक्रिया में रखा जाता है।

$$C_6H_6 + C_6H_5COCl \xrightarrow{AlCl_3} C_6H_5COC_6H_5 + HCl(80\%)$$

44. (c) $C_6H_6 + CHCl_3 \xrightarrow{AlCl_3} C_6H_5—\underset{H}{\underset{|}{\overset{C_6H_5}{\overset{|}{C}}}}—C_6H_5$

45. (*a*) बेन्जीन शृंखला में—CH_3 समूह की संख्या बढ़ने पर क्वथनांक कम होता है।

46. (*a*) —OCH_3 (मेथॉक्सी समूह) इलेक्ट्रॉन मुक्त करता है। यह बेन्जीन नाभिक में इलेक्ट्रॉन घनत्त्व बढ़ा देता है। यह घटना अनुनाद प्रभाव (+ *R* प्रभाव) कहलाती है।

अतः ऐनीसोल सापेक्ष बेन्जीन के इलेक्ट्रॉनस्नेही के प्रति ज्यादा क्रियाशील हो जाता है।

एरिल हैलाइड में हैलोजन माध्यम असक्रियक हो जाता है। क्योंकि इसमें तीव्र-। प्रभाव होता है। अतः कुल इलेक्ट्रॉन घनत्व बेन्जीन वलय में घट जाता है। यह आगे प्रतिस्थापन को कठिन करता है। —NO_2 समूह इलेक्ट्रॉन ग्राही समूह है जो बेन्जीन में इलेक्ट्रॉन घनत्व कम करता है। नाभिक अधिक $-I$ प्रभाव के कारण —NO_2 समूह को कम क्रियाशील करता है। अतः कुल मिलाकर इन तीन यौगिकों में इलेक्ट्रॉनस्नेही के प्रति क्रियाशीलता कम करता है। यह क्रम निम्न प्रकार है।

$C_6H_5OCH_3 > C_6H_5Cl > C_6H_5NO_2$

ऐनीसोल > क्लोरो बेन्जीन > नाइट्रो बेन्जीन

48. (*c*) इलेक्ट्रॉनस्नेही के प्रति क्रियाशीलता बढ़ती है जैसे बेन्जीन वलय में इलेक्ट्रॉन घनत्व बढ़ता है। क्योंकि CH_3 समूह इलेक्ट्रॉन देने वाला समूह है। अतः टॉलुईन आसानी से सल्फोनीकृत किया ज़ा सकता है।

51. (*a*) प्रयोगशाला में नाइट्रोबेन्जीन बेन्जीन पर सान्द्र। HNO_3 + सान्द्र H_2SO_4 की क्रिया कम ताप पर लगभग 60°C कराने पर बनती है। यहाँ HNO_3 क्षार की तरह कार्य करता है।

$$\underset{\text{क्षार}}{HNO_3} + \underset{\text{अम्ल}}{H_2SO_4} \longrightarrow H_2NO_3^+ + HSO_4^-$$

(प्रोटॉन स्वीकार करता है)

$$H_2NO_3^+ \rightarrow (H_2O + NO_2^+)$$

ब्रॉन्स्टेड-लॉरी सिद्धान्त से

प्रोटॉन दाता-अम्ल — प्रोटॉन ग्राही-क्षार

52. (*d*) किसी हैलोजन वाहक की उपस्थिति में टॉलुईन की क्लोरीन से क्रिया कराने पर *ऑर्थो* तथा *पैरा* क्लोरोबेन्जीन बनती है।

$$C_6H_5CH_3 + Cl_2 \xrightarrow{FeCl_3} o\text{-}ClC_6H_4CH_3 + p\text{-}ClC_6H_4CH_3$$

ऑर्थो क्लोरो टॉलुईन + *पैरा* क्लोरो टॉलुईन

54. (*b*) इलेक्ट्रॉन मुक्त करने वाले समूह की उपस्थिति बेन्जीन नभिक पर इलेक्ट्रॉन घनत्व बढ़ा देता है। अतः इलेक्ट्रॉनस्नेही आसानी से बेन्जीन नाभिक पर क्रिया करता है। परन्तु इलेक्ट्रॉन ग्रहण करने वाला समूह —NO_2 आदि बेन्जीन नाभिक पर इलेक्ट्रॉन घनत्व कम कर देता है। अतः इलेक्ट्रॉनस्नेही आसानी से बेन्जीन नाभिक पर क्रिया नहीं करता है।

इलेक्ट्रॉन स्नेही E^+ के प्रति क्रियाशीलता का क्रम नीचे दिया गया है।

टॉलुईन > *p*-$CH_3—C_6H_4—NO_2$ > क्लोरोबेन्जीन > *p*-नाइट्रो-क्लोरी बेन्जीन >2,4-डाइनाइट्रोक्लोरो बेन्जीन

अध्याय 20

पर्यावरणीय रसायन

Environmental Chemistry

पर्यावरण के अवयव Components of Environment

पर्यावरण के मुख्यत: तीन अवयव होते हैं जिनका परिचय निम्नलिखित है

(i) जिसमें वातावरण (Atmosphere), जलमण्डल (Hydrosphere) तथा स्थलमण्डल (Lithosphere) सम्मिलित होते हैं, अजैविक अथवा निर्जीव अवयव कहलाते हैं।

(ii) जिसमें पादप तथा जन्तु (मनुष्य सहित) सम्मिलित होते हैं, जैविक अथवा सजीव अवयव कहलाते हैं।

(iii) जिसमें विभिन्न प्रकार की ऊर्जाएँ यथा सौर ऊर्जा, तापीय ऊर्जा, नाभिकीय ऊर्जा आदि सम्मिलित होती हैं, ऊर्जा अवयव कहलाते हैं।

वायुमण्डल Atmosphere

पृथ्वी अपने चारों ओर विभिन्न गैसों (वायु) से घिरी हुई है जिसे वायुमण्डल कहते हैं। यह पृथ्वी की सतह से लगभग 1600 किमी ऊपर तक विस्तृत होता है। शुष्क वायु में आयतनानुसार लगभग 78.08% नाइट्रोजन, 20.95% ऑक्सीजन, 0.93% ऑर्गन, 0.033% कार्बन डाइऑक्साइड तथा अन्य गैसों के कुछ अंश (उदाहरण—18 ppm निऑन, 5.2 ppm हीलियम, 1.3 ppm मेथेन, 1 ppm क्रिप्टॉन, 0.5 ppm हाइड्रोजन, 0.10 ppm कार्बन मोनोऑक्साइड, 0.02 ppm ओजोन, 0.001 ppm सल्फर डाइऑक्साइड आदि उपस्थित होती है।) अत: **वायुमण्डल पृथ्वी का गैसीय अवयव** है। यह गैसीय आवरण (या वायुमण्डल) सूर्य अथवा अन्य ग्रहों से आने वाले हानिकारक विकिरणों को पृथ्वी पर पहुँचने से रोकता है तथा पृथ्वी पर जीवन की रक्षा करता है। इन्हें पाँच क्षेत्रों में बाँटा जा सकता है

(i) **क्षोभमण्डल** (Troposphere) यह वायुमण्डल की सबसे निचली परत होती है जोकि समुद्र तल से लगभग 10-18 किमी ऊपर तक विस्तारित होती है। यह अशान्त (Turbulent) तथा धूलीय क्षेत्र (Dusty zone) है जिसमें वायु (N_2, O_2, CO_2 आदि), अत्यधिक जलवाष्प तथा बादल उपस्थित होते हैं। अत: यह वह क्षेत्र है जो जीवन के जीवन का समर्थन करता है। इसमें उपस्थित जलवाष्प, जो जीवों के अस्तित्व के लिए अति आवश्यक है, के लगभग वायुमण्डल का 80% द्रव्यमान इस क्षेत्र का ही है। उन्नतांश (Altitude) पर वायु के दाब तथा घनत्व में कमी होने के कारण, इस क्षेत्र का ताप घटता है तथा लगभग 11 किमी ऊँचाई पर ताप न्यूनतम हो जाता है। इस बिन्दु को **क्षोभसीमांत** (Tropopause) कहते हैं। यह क्षोभमण्डल तथा दूसरे क्षेत्र अर्थात् समतापमण्डल के मध्य सीमा की भाँति कार्य करता है।

(ii) **समतापमण्डल** (Stratosphere) क्षोभमण्डल के ऊपर का क्षेत्र समतापमण्डल है जोकि समुद्र तल से लगभग 18-50 किमी ऊपर तक विस्तारित होता है। इस क्षेत्र में ताप बढ़ना प्रारम्भ होता है। अत: क्षोभसीमांत वह स्थान है जिस पर **ताप का प्रतीपन** (Inversion of temperature) होता है। समतापमण्डल में, लगभग 20 से 40 किमी की ऊँचाई पर, ओजोन की उच्च सान्द्रता का एक क्षेत्र होता है जिसे **ओजोन पर्त** (Ozone layer) कहते हैं। ओजोन की अत्यधिक उच्च सान्द्रता के कारण इस क्षेत्र को **ओजोनमण्डल** (Ozonesphere) भी कहते हैं।

जब पराबैंगनी (UV) प्रकाश किरणें ऑक्सीजन अणु पर टकराती है तथा इसे दो ऑक्सीजन परमाणुओं (O) में तोड़ती है तो उत्पन्न ऑक्सीजन परमाणु, ऑक्सीजन अणु के साथ संयुक्त होकर ओजोन का निर्माण करती है। चूँकि ओजोन अस्थायी है तथा यह पुन: O_2 तथा O में अपघटित हो जाती है। अत: O, O_2 तथा O_3 के मध्य एक गतिक साम्य स्थापित हो जाता है।

$$O_2(g) \xrightarrow{\text{पराबैंगनी प्रकाश}} 2O(g)$$

$$O(g) + O_2(g) \xrightleftharpoons{\text{पराबैंगनी प्रकाश}} O_3(g)$$

(iii) **मध्यमण्डल** (Mesophere) यह समतापमण्डल के ऊपर का क्षेत्र है तथा समुद्र तल से 50-85 किमी ऊँचाई तक विस्तारित होता है। इस क्षेत्र में ऊँचाई के साथ तापमान पुन: घटता है तथा घटकर –100°C तक पहुँचता है। इसी कारण से कोई उल्का पिण्ड (Meteors) मध्यमण्डल में प्रवेश करते ही जल उठता है।

(iv) **समतापमण्डल** (Thermosphere) मध्यमण्डल से ऊपर, तथा समुद्र तल से लगभग 640 किमी ऊँचाई तक यह क्षेत्र विस्तारित होता है। इस क्षेत्र में, यद्यपि तापमान 1500°C तक पहुँच जाता है परन्तु अत्यधिक निम्न दाब के कारण कोई भी मनुष्य गर्मी महसूस नहीं करता है।

अन्तराष्ट्रीय अन्तरिक्ष स्टेशन का कक्षक इसी क्षेत्र में स्थित है। मध्यमण्डल तथा थर्मोस्पीयर को संयुक्त रूप से आयननमण्डल भी कहते हैं क्योंकि इनमें गैसे आयनीकृत रूप में उपस्थित होती हैं।

(v) **बर्हिमण्डल** (Exosphere) यह क्षेत्र समतापमण्डल के ऊपर, वायुमण्डल के उच्चतम क्षेत्र (समुद्र तल से लगभग 500-1600 किमी ऊपर तक) विस्तारित होता है। इसमें भी आयनिकृत गैसें उपस्थित होती हैं। इस क्षेत्र से ऊपर, अबन्धित क्षेत्र, जिसे तारों के बीच का अंतरिक्ष (Interstellar space) कहते हैं, उपस्थित होता है।

जलमण्डल तथा स्थलमण्डल
Hydrosphere and Lithosphere

पर्यावरण का द्रव भाग (वह भाग जिसमें जल उपस्थित होता है। जैसे समुद्र, महासागर, नदी, झील आदि मिलकर जलमण्डल बनाते हैं जबकि पृथ्वी के ठोस अवयव जैसे, मृदा, चट्टानें, पहाड़ आदि मिलकर स्थलमण्डल बनाते हैं।

जैवमण्डल Biosphere

यह अजैवीय अवयवों (जलमण्डल, स्थलमण्डल तथा वायुमण्डल) का वह भाग है जिसमें सजीव रहते हैं तथा इन अवयवों के साथ अन्त:क्रिया करते हैं।

पर्यावरणीय प्रदूषण Environmental Pollution

जब हमारे आस-पास वातावरण में अवांछित क्रियाएँ होती हैं जो मनुष्यों, जीवों तथा पेड़-पौधों पर हानिकारक प्रभाव डालती हैं तो यह घटना पर्यावरणीय प्रदूषण के अन्तर्गत आती है।

इसको निम्न प्रकार व्यक्त किया जा सकता है

''प्रदूषण जीवों के चारों तरफ की वायु, जल तथा पृथ्वी के भौतिक, रासायनिक तथा जैविक लक्षणों में होने वाला ऐसा अवांछनीय परिवर्तन है, जो मानव जीवन पर, औद्योगिक प्रगति पर, आवास के स्थान तथा सांस्कृतिक मूल्यों पर दूषित प्रभाव डाल रहा है। मनुष्य स्वयं पर्यावरण का सबसे बड़ा शत्रु है। इसके क्रियाकलापों द्वारा प्राकृतिक पर्यावरण में होने वाले प्रतिकूल फेरबदल को प्रदूषण कहते हैं।''

प्रदूषण के फलस्वरूप प्रभावित होने वाले जैविक अथवा अजैविक अवयवों को **लक्ष्य** (receptors or targets) कहते हैं। पर्यावरण प्रभावित होने वाले घटक (अर्थात् वायु, जल, मृदा) के आधार पर पर्यावरणीय प्रदूषण निम्नलिखित तीन प्रकार का हो सकता है

(i) वायुमण्डलीय प्रदूषण (जब वायु प्रदूषित हो जाती है)
(ii) जल प्रदूषण (जब जल प्रदूषित हो जाता है)
(iii) मृदा प्रदूषण (जब मृदा प्रदूषित हो जाती है)

प्रदूषकों की प्रकृति के आधार पर, पर्यावरण प्रदूषण को निम्नलिखित वर्गों में वर्गीकृत कर सकते हैं

(i) तापीय प्रदूषण
(ii) ध्वनि प्रदूषण
(iii) रेडियोसक्रिय प्रदूषण
(iv) धूम कोहरा प्रदूषण
(v) प्लास्टिक प्रदूषण
(vi) औद्योगिक प्रदूषण
(vii) धात्विक विषता प्रदूषण
(viii) अम्लीय वर्षा प्रदूषण
(ix) तेल प्रदूषण आदि।

प्रदूषक Pollutants

प्रदूषक वह पदार्थ, रसायन अथवा कारक (विकिरण, ध्वनि अथवा ऊष्मा) है जिसमें मानव जीवन, दूसरी जीवित जातियों, औद्योगिक प्रक्रियाओं तथा प्राकृतिक स्त्रोतों पर हानिकारक प्रभाव डालने की सामर्थता पाई जाती है। हमारे वातावरण में अनेक पदार्थ हैं जो सामान्य परिस्थितियों में प्रदूषक नहीं हैं परन्तु जब अधिक मात्रा में उपस्थित होते हैं अथवा गलत स्थान पर उपस्थित होते हैं, प्रदूषक की भाँति व्यवहार करते हैं तथा हानिकारक प्रभाव दर्शाते हैं। उदाहरण—उर्वरक जल के लिए प्रदूषक का कार्य करते हैं।

अवस्था के आधार पर प्रदूषकों का वर्गीकरण
Classification of Pollutants on the Basis of State

भौतिक अवस्था के आधार पर प्रदूषकों को निम्नलिखित वर्गों में वर्गीकृत किया जा सकता है

(i) **ठोस प्रदूषक** (Solid Pollutants) इन प्रदूषकों की भौतिक अवस्था ठोस होती है। उदाहरण—कूड़ा-करकट, व्यर्थ कीचड़, कीटनाशी, शाकनाशी, रसायन आदि। ठोस प्रदूषक पुन: निम्न दो प्रकार के हो सकते हैं

(a) **जैवनिम्नीकृत ठोस प्रदूषक** जीवाणुओं द्वारा अपघटित हो सकने वाले पदार्थ होते हैं। उदाहरण मल, पशुओं का गोबर, फल-सब्जियों के छिलके आदि।

(b) **अजैवनिम्नीकृत ठोस प्रदूषक** जीवाणुओं द्वारा अपघटित न हो सकने वाले पदार्थ होते हैं। उदाहरण—डी.डी.टी., मर्करी, लेड, प्लॉस्टिक, काँच आदि। मृदा प्रदूषण मुख्यत: ठोस प्रदूषकों के कारण होता है।

(ii) **द्रव प्रदूषक** (Liquid Pollutants) द्रव प्रदूषकों की भौतिक अवस्था द्रव होती है। उदाहरण—नालों द्वारा प्राप्त व्यर्थ जिसमें मल, मूत्र, कुछ बैक्टीरिया तथा औद्योगिक व्यर्थ पदार्थ होते हैं। ये मुख्यत: जल प्रदूषण के स्त्रोत होते हैं। हालांकि ये मृदा प्रदूषण भी करते हैं।

(iii) **गैसीय प्रदूषक** (Gaseous Pollutants) ये प्रदूषक गैसीय अवस्था में होते हैं। इस प्रकार के प्रदूषकों के उदाहरण CO, NO, CO_2, SO_3, O_3, NO_2, CFCs आदि हैं। ये मुख्यत: वायुमण्डलीय प्रदूषण के कारण होते हैं। ये कुछ सीमा तक मृदा तथा जल प्रदूषण भी उत्पन्न करते हैं।

(iv) **अदृश्य प्रदूषक** (Invisible Pollutants) ताप, शोर, रेडियोसक्रिय विकिरण आदि इस वर्ग के प्रदूषकों के उदाहरण है। ये तापीय, ध्वनि तथा रेडियोसक्रिय प्रदूषण उत्पन्न होने के मुख्य स्त्रोत है।

निर्माण के आधार पर प्रदूषकों का वर्गीकरण
Classification of Pollutants on the Basis of Formation

प्रदूषकों को उनके निर्माण (उत्पत्ति) के आधार पर प्रदूषक निम्नलिखित दो प्रकार में वर्गीकृत कर सकते हैं

(i) **प्राथमिक प्रदूषक** (Primary Pollutants) वे प्रदूषक जो निर्माण के पश्चात् वातावरण में उसी रूप में रहते हैं जिस रूप में उनका निर्माण हुआ था। प्राथमिक प्रदूषक कहलाते हैं।

जैसे—वायुमण्डल में उपस्थित O_2 व N_2 का आकाशीय बिजली द्वारा NO का निर्माण, यदि इसकी मात्रा बढ़ जाती है तो यह भी प्रदूषक का कार्य करती है।

(ii) **द्वितीयक प्रदूषक** (Secondary Pollutants) यदि प्रदूषक वायुमण्डल में उपस्थित अन्य पदार्थों से क्रिया करके हानिकारक पदार्थों का निर्माण करते हैं तो इन्हें द्वितीयक प्रदूषक कहते हैं।
उदाहरण—वायुमण्डल में उपस्थित हाइड्रोकार्बन तथा नाइट्रोजन के ऑक्साइड आपस में क्रिया करके हानिकारक यौगिक (PAN-Peroxyacetyl Nitrate) का निर्माण करते हैं।

अपघटन के आधार पर प्रदूषकों के प्रकार
Classification of Pollutants on the Basis of Decomposition

इस आधार पर प्रदूषक निम्नलिखित दो प्रकार के होते हैं

(i) **अनिम्नीकरण प्रदूषक** ऐसे प्रदूषक जो सूक्ष्मजीवों द्वारा अपघटित नहीं हो पाते हैं, इनको पुन: चक्रण के लिये प्रकृति में स्वत: कोई उपचार नहीं होता इनको अनिम्नीकरण प्रदूषक कहते हैं।
उदाहरण—शीशा, प्लास्टिक, फिनोलिम्स, रेडियोधर्मी पदार्थ आदि।

(ii) **जैव निम्नीकरणीय प्रदूषक** ऐसे पदार्थ जिनका सूक्ष्मजीवों द्वारा अपघटन होता है परन्तु जब ये अत्यधिक मात्रा में इकठ्ठा हो जाते हैं तो इनका अधिक मात्रा में अपघटन कठिन हो जाता है। इन्हें जैव निम्नीकरण प्रदूषक कहते हैं।
उदाहरण—कपड़ा, कागज, लकड़ी आदि।

वायुमण्डलीय प्रदूषण Atmospheric Pollution

वायुमण्डल O_2, N_2, CO_2, Ar, Ne, He, H_2, CH_4 आदि गैसों का मिश्रण है। जो सजीवों के जीवन के लिए अत्यन्त आवश्यक है। वायु के मिश्रण में अवांछित/हानिकारक अवयवों का सम्मिलित हो जाना अथवा जीवन के लिए आवश्यक गैसों की मात्रा में कमी हो जाना वायुमण्डलीय अथवा वायु प्रदूषण कहलाता है।

यद्यपि वायुमण्डल में विभिन्न क्षेत्र उपस्थित होते हैं परन्तु वायुमण्डलीय प्रदूषण का सम्बन्ध केवल क्षोभमण्डलीय प्रदूषण (वायु का प्रदूषण) तथा समतापमण्डलीय प्रदूषण (समतापमण्डल का प्रदूषण अर्थात् ओजोन परत का क्षय) से ही माना जाता है।

क्षोभमण्डलीय प्रदूषण
Tropospheric Pollution

क्षोभमण्डलीय प्रदूषण वायु में उपस्थित अवांछनीय ठोस अथवा गैस कणों के कारण उत्पन्न होता है। क्षोभमण्डल में मुख्यत: निम्नलिखित गैसीय तथा कणिकीय प्रदूषक उपस्थित होते हैं

(i) **गैसीय वायु प्रदूषक** ये सल्फर, नाइट्रोजन तथा कार्बन के ऑक्साइड, हाइड्रोजन सल्फाइड, हाइड्रोकार्बन, ओजोन तथा अन्य ऑक्सीकारक होते हैं।

(ii) **कणिकीय प्रदूषक** ये धूल, धूम, कोहरा, फुहारा, धुआँ आदि होते हैं।

मुख्य गैसीय वायु प्रदूषक
Major Gaseous Air Pollutants

मुख्य गैसीय वायु प्रदूषकों की, उनके स्रोत तथा हानिकारक प्रभाव के साथ व्याख्या निम्नवर्णित है

कार्बन के ऑक्साइड Oxides of Carbon

कार्बन दो प्रकार के ऑक्साइड, कार्बन मोनोऑक्साइड (CO) तथा कार्बन डाइऑक्साइड (CO_2) बनाती है। इन दो ऑक्साइडों में से कार्बन मोनोऑक्साइड सर्वाधिक हानिकारक है। सामान्य परिस्थितियों में कार्बन डाइऑक्साइड वायु प्रदूषक के रूप में व्यवहार नहीं करती है परन्तु इसकी अत्यधिक मात्रा में उपस्थिति हमारे वायुमण्डल पर प्रतिकूल प्रभाव डालती है। कार्बन मोनोऑक्साइड का वायु प्रदूषक के रूप में विस्तृत परिचय नीचे दिया गया है।

CO के स्रोत

(i) वाहनों में जीवाश्म ईंधन तथा हाइड्रोकार्बन ईंधन के अपूर्ण दहन से कार्बन मोनोऑक्साइड प्राप्त होती है।

$$C + \frac{1}{2} O_2 \longrightarrow CO$$

(ii) कृषि अवशिष्ट तथा जंगल के जलाने से भी कार्बन मोनोऑक्साइड प्राप्त होती है।

(iii) वायु में उपस्थित CO_2 के उच्च तापक्रम पर कार्बन युक्त पदार्थों के साथ अभिक्रिया करने पर कार्बन मोनोऑक्साइड प्राप्त होती है।

$$CO_2 + C \longrightarrow 2CO$$

(iv) क्लोरोफिल के निर्माण तथा विघटन से कार्बन मोनोऑक्साइड का निर्माण होता है।

(v) जीवों तथा कार्बनिक पदार्थ के विघटन के द्वारा प्राप्त मेथेन (CH_4) के परिवर्तन से भी कार्बन मोनोऑक्साइड का निर्माण होता है।

CO के हानिकारक प्रभाव

(i) वायुमण्डल में इसकी अधिक मात्रा होने पर साँस लेने में कठिनाई होती है।

(ii) इससे रक्त में हीमोग्लोबिन की ऑक्सीजन वाहक क्षमता कम हो जाती है।

(iii) इसकी अधिक सान्द्रता होने पर सरदर्द तथा चक्कर आने लगते हैं। कभी-कभी श्वासावरोध (Asphyuiation) के कारण जीव की मृत्यु भी हो जाती है।

नाइट्रोजन के ऑक्साइड Oxides of Nitrogen

नाइट्रोजन के अनेक ऑक्साइड (NO, N_2O, NO_2, N_2O_3 और N_2O_3) होते हैं परन्तु इनमें NO तथा NO_2 ही प्रदूषक के रूप में कार्य करते हैं।

नाइट्रोजन के ऑक्साइडों (NO_x) के स्रोत

(i) जीवाश्म ईंधन (कोयला, तेल, प्राकृतिक गैस आदि) के दहन से उच्च तापक्रम प्राप्त होता है। जो वायुमण्डल में उपस्थित नाइट्रोजन का ऑक्सीकरण कर उसके ऑक्साइड बनाते हैं।

$$N_2 + O_2 \xrightleftharpoons{1200-1750°C} 2NO$$

$$2NO + O_2 \rightleftharpoons 2NO_2$$

(ii) रासायनिक उद्योग (H_2SO_4 तथा HNO_3 उद्योग) से नाइट्रोजन के ऑक्साइड उपप्रतिफल के रूप में निकलता है जिसे वायु में जोड़ दिया जाता है।

(iv) प्राकृतिक स्रोतों से उत्पन्न नाइट्रोजन के ऑक्साइड का वितरण समान होता है। परन्तु मनुष्य द्वारा उत्पन्न नाइट्रोजन के ऑक्साइड का वितरण समान नहीं होता है। शहरी क्षेत्रों की अपेक्षा ग्रामीण क्षेत्रों में नाइट्रोजन के ऑक्साइड बहुत कम मात्रा में पाए जाते हैं।

नाइट्रोजन के ऑक्साइडों के हानिकारक प्रभाव

(i) वायुमण्डल में सभी उपस्थित NO तथा NO_2 की मात्रा के अनुसार यह स्वास्थ्य पर कोई विशेष प्रभाव नहीं डालता है। NO_2 गैस NO की अपेक्षा अधिक हानिकारक प्रदूषक है।

(ii) ये प्रकाश रासायनिक स्मॉग बनाकर ओजोन को मुक्त करते हैं। इनसे मनुष्यों में श्वसन तन्त्र की बीमारियाँ हो सकती हैं।
स्मॉग बनाने में निम्न क्रियाएँ होती हैं

$$N_2 + O_2 \longrightarrow 2NO \quad \text{(इंजन के अन्दर)}$$

$$2NO + O_2 \longrightarrow 2NO_2 \quad \text{(वायुमण्डल में)}$$

$$NO_2 \xrightarrow[\text{विकिरण}]{\text{पराबैंगनी}} NO + O$$

$$O + O_2 \longrightarrow O_3$$

$$NO + O_3 \longrightarrow NO_2 + O_2$$

$$HC + NO + O_2 \longrightarrow NO_2 + PAN$$

(iii) PAN, क्लोरोप्लास्ट, ETS, प्रकाश संश्लेषण पर कुप्रभाव डालती है। इससे जन्तुओं में फेफडों आदि के रोग हो सकते हैं। इससे मार्बल के बने भवनों को भी हानि होती है।

(iv) नाइट्रोजन के ऑक्साइडों की उपस्थिति में पेड़-पौधों की वृद्धि कम हो जाती है तथा पत्तियाँ रंगहीन होने लगती हैं। ये ऑक्साइड विशेष रूप से मटर, टमाटर आदि के लिए हानिकारक होते हैं।

सल्फर के ऑक्साइड Oxides of Sulphur

सल्फर के ऑक्साइडों में SO_2 तथा SO_3 प्रमुख प्रदूषक हैं

सल्फर के ऑक्साइडों के स्रोत

(i) वायुमण्डल में उपस्थित SO_2 की कुल मात्रा का 67% ज्वालामुखी उद्गार द्वारा तथा शेष 33% मनुष्य के क्रिया-कलापों द्वारा प्राप्त होता है।

(ii) ताप विद्युत-गृह में सल्फर सहित कोल के दहन से सल्फर के ऑक्साइड प्राप्त होते हैं।

(iii) प्रगलन उद्योग में, सल्फाइड अयस्क के जारण से भी सल्फर के ऑक्साइड प्राप्त होते हैं।
उदाहरण—$Cu_2S + O_2 \longrightarrow 2Cu + SO_2$

सल्फर के ऑक्साइडों का हानिकारक प्रभाव

(i) SO_2 से सल्फ्यूरिक तथा सल्फ्यूरस अम्ल बनता है। वायु को प्रदूषित करने वाले अवयवों में SO_2 प्रमुख है।

(ii) SO_2 की अधिक सान्द्रता से पौधों तथा अन्य जीवों में अनेक रोग उत्पन्न हो सकते हैं। इससे **अम्ल वर्षा** होती है जो भवनों तथा फसलों को हानि पहुँचाती है।

(iii) मिट्टी के pH पर भी इसका प्रतिकूल प्रभाव पड़ता है जिससे फसलों का उत्पादन प्रभावित होता है।

हाइड्रोकार्बन Hydrocarbons

हवा में ऐसे बहुत सारे हाइड्रोकार्बन उपस्थित हैं जिनका अणुभार कम होता है या ये गैसीय अवस्था में या सामान्य तापक्रम पर वाष्पशील द्रव के रूप में रहते हैं। CH_4 (मेथेन) सबसे साधारण हाइड्रोकार्बन है जबकि सबसे प्रमुख प्रदूषक होता है।

हाइड्रोकार्बन के स्रोत

(i) पेड़-पौधे अधिक मात्रा में हाइड्रोकार्बन हवा में उत्सर्जित करते हैं।

(ii) मिट्टी में उपस्थित कार्बनिक पदार्थों के अनॉक्सी अपघटन से भी CH_4 प्राप्त होता है।

$$2CH_2O \longrightarrow CH_4 + CO_2$$

(iii) ईंधन के इंजन में आन्तरिक दहन से हाइड्रोकार्बन प्राप्त होता है।

(iv) औद्योगिक उपचार में कार्बनिक विलायकों के वाष्पन से भी हाइड्रोकार्बन प्राप्त होता है।

हाइड्रोकार्बन का हानिकारक प्रभाव

(i) हवा में हाइड्रोकार्बन की अल्प मात्रा कोई हानिकारक प्रभाव नहीं डालती है परन्तु यदि हवा में हाइड्रोकार्बन की मात्रा 500–1000 ppm हो जाए तो इससे फेफड़ों को हानि हो सकती है तथा यह कैंसर से कारक भी हैं।

(ii) ऑक्सीजन तथा नाइट्रोजन के ऑक्साइडों की प्रकाश रासायनिक क्रियाओं द्वारा प्रकाश रासायनिक ऑक्सीडेन्ट तथा प्रकाश रासायनिक स्मॉग का निर्माण होता है। जो मनुष्य तथा पेड़-पौधों दोनों के लिए हानिकारक है।

हरित गृह प्रभाव तथा भूमण्डलीय तापवृद्धि Green House Effect and Global Warming

जब सूर्य का प्रकाश, जिसमें पराबैंगनी किरणें (Ultraviolet rays), अवरक्त किरणें (Infrared rays) दृश्य किरणें (Visible rays) सम्मिलित होती है, पृथ्वी पर गिरता है तो इसमें से उपस्थित पराबैंगनी किरणें समतापमण्डल में उपस्थित ओजोन द्वारा अवशोषित कर ली जाती है तथा दृश्य एवं अवरक्त किरणें (कम तरंगदैर्ध्य) पृथ्वी पर पहुँचती हैं। अवरक्त किरणों में तापीय प्रभाव होता है जिसके कारण ये पृथ्वी तथा अन्य वस्तुओं को गर्म कर देती है। इसके परिणामस्वरूप, पृथ्वी तथा इसकी वस्तुएँ उच्च तरंगदैर्ध्य की अवरक्त किरणें निर्मुक्त करने लगते हैं। वायु (वायुमण्डल) में उपस्थित CO_2 की परत इन अवरक्त किरणों को रोकती है तथा इन्हें पृथ्वी के वातावरण से बाहर नहीं जाने देती है। इसका कारण है कि CO_2 केवल उच्च तरंगदैर्ध्य की अवरक्त किरणों को ही अवशोषित कर सकती है। जिसके फलस्वरूप पृथ्वी तथा इसका वातावरण गर्म हो जाता है।

अतः वातावरण में CO_2 (मुख्यतः) तथा अन्य गैसों जैसे मेथेन, NO, O_3, क्लोरोफ्लोरोकार्बन (CFC), जलवाष्प आदि (हरित ग्रह गैसें) के द्वारा अवरक्त विकिरणों के अवशोषण द्वारा पृथ्वी तथा इसकी वस्तुओं का गर्म हो जाना **हरित गृह प्रभाव** कहलाता है। हरित गृह प्रभाव जीवन के अस्तित्व के लिए अत्यन्त आवश्यक है क्योंकि इसकी अनुपस्थिति में, पृथ्वी अत्यधिक ठण्डें ग्रह के रूप में परिवर्तित हो सकती है। जब हरित

गृह गैसों की सान्द्रता बढती है तो ये अधिक अवरक्त किरणों का अवशोषण करती है। फलत: पृथ्वी का तापमान अत्यधिक बढ़ जाता है जिसे भूमण्डलीय तापवृद्धि **पृथ्वी का ऊष्मायन** अथवा **वैश्विक गर्मी** कहते हैं। अत: भूमण्डलीय तापवृद्धि, मुख्यत: हरित गृह प्रभाव से छेड़छाड़ है।

भूमण्डलीय तापवृद्धि जलवायु पर अत्यधिक प्रभाव डालती है। इसके कारण हिमखण्डों तथा ग्लेशियरों की बर्फ पिघल सकती है जिसके फलस्वरूप आबादी के नीचे स्थानों पर बाढ़ आ सकती है। इसका विनाशकारी प्रभाव तापमान में 2.5°C की कमी आने पर जीवन पर अधिक पड़ेगा। ऐसा होने पर अण्टार्कटिका प्रदेश में उपस्थित बर्फ पिघलने लगेगी, फलस्वरूप समुद्री जल स्तर बढ़ेगा तथा समुद्री किनारों पर बनी बस्तियों पर अस्तित्व का संकट छा जायेगा। इसके बढ़ते प्रभाव के कारण घास क्षेत्र वन तथा भूमि क्षेत्र की सीमाओं में भी व्यापक परिवर्तन होगा। वनस्पति क्षेत्र में परिवर्तन होने के कारण कीट पतंगों में भी परिवर्तन सम्भव है। इससे बीमारियों में वृद्धि के आसार बढ़ जाते हैं तथा मुख्यत: डेंगू, मलेरिया, पीला बुखार, नींद की कमी आदि रोगों की वृद्धि होने की सम्भावना बढ़ेगी।

अम्ल वर्षा Acid Rain

साधारण वर्षा के जल में वायुमण्डल की CO_2 घुलने के कारण इसकी pH सामान्यत: 5.6 होती है जो वर्षा के जल में H^+ आयन मुक्त करता है।

$$H_2O + CO_2 \rightleftharpoons \underset{\text{कार्बोनिक अम्ल}}{H_2CO_3}$$

$$H_2CO_3 \rightleftharpoons H^+ + HCO_3^-$$

जब अन्य अम्लों की उपस्थिति के कारण वर्षा जल का pH मान 5 से कम हो जाता है तो ऐसी वर्षा को **अम्ल वर्षा** कहते हैं। इस शब्द का सर्वप्रथवम प्रयोग **राबर्ट अगस** (Robert Augus) ने किया था। तापीय ऊर्जा संयन्त्रों, उद्योगों तथा वाहनों द्वारा उत्सर्जित नाइट्रोजन तथा सल्फर के ऑक्साइड, अम्ल वर्षा के मुख्य स्रोत हैं। इन ऑक्साइडों के ऑक्सीकरण, तदुपरान्त जल अपघटन (अर्थात् जल के साथ क्रिया) द्वारा सल्फ्यूरिक अम्ल तथा नाइट्रिक अम्ल प्राप्त होते हैं ये अम्ल HCl के साथ अम्ल वर्षा के लिए उत्तरदायी होते हैं। यह ऑक्सीकरण अभिक्रिया प्रदूषित वायुमण्डल में उपस्थित कणिकीय प्रदूषकों द्वारा उत्प्रेरित होती है।

$$2SO_2 + O_2 + 2H_2O \longrightarrow 2H_2SO_4$$

$$4NO_2 + O_2 + 2H_2O \longrightarrow 4HNO_3$$

अम्ल वर्षा में, इन अम्लों की सान्द्रता का क्रम निम्न होता है

$$H_2SO_4 > HNO_3 > HCl$$

अम्ल वर्षा के हानिकारक प्रभाव

(i) अम्ल वर्षा की समस्या विकासशील देशों को भी तेजी से घेरने लगी है, सामान्यत: यहाँ इसका कारण कोयले से चलने वाले ऊर्जा संयन्त्र तथा पेट्रोलियम रिफाइनरी आदि हैं।

(ii) मूर्तियाँ तथा स्मारक संगमरमर अर्थात् $CaCO_3$ के बने होते हैं तथा अम्ल वर्षा में H_2SO_4 होता है। धातु कार्बोनेट खनिज लवणों के साथ क्रिया करके CO_2 गैस उत्पन्न करते हैं।

SO_2 तथा NO_2, जल के साथ ऑक्सीकरण क्रिया करके खनिज अम्ल बनाते हैं जो अम्ल वर्षा का मुख्य स्रोत है।

$$2SO_2(g) + O_2(g) + 2H_2O(l) \longrightarrow 2H_2SO_4(aq)$$

$$4NO_2(g) + O_2(g) + 2H_2O(l) \longrightarrow 4HNO_3(aq)$$

यह अम्ल वर्षा, मूर्तियों तथा स्मारकों के संगमरमर के साथ क्रिया करके उन्हें नष्ट करती है।

$$CaCO_3 + H_2SO_4 \longrightarrow CaSO_4 + H_2O + CO_2$$

(iii) अम्ल वर्षा के कारण विश्व के आश्चर्यों में से एक भारत की ऐतिहासिक विरासत, ताजमहल के संगमरमर के पत्थर का रंग तथा चमक फीकी पड़ती जा रही है।

गैसीय प्रदूषकों के कारण उत्पन्न प्रदूषण की रोकथाम Control of Pollution Caused by Gaseous Pollutants

गैसीय वायु प्रदूषकों के कारण होने वाले क्षोभमण्डलीय प्रदूषण को निम्नलिखित विधियों द्वारा रोका जा सकता है

CO (कार्बन मोनोऑक्साइड) की रोकथाम Control of CO (Carbon Monoxide)

(i) CO की सबसे अधिक मात्रा वाहनों में ईंधन के अपूर्ण दहन से प्राप्त होती है। अत: इसमें ईंधन को इस प्रकार व्यवस्थित करना चाहिए कि कार्बोरेटर (Carburettor) से हवा तथा ईंधन का अनुपात सही हो जिससे ईंधन पूर्ण रूप से जले और CO की मात्रा कम उत्सर्जित हो।

(ii) सीसा रहित पेट्रोल का उपयोग करके।

नाइट्रोजन के ऑक्साइडों की रोकथाम Control of Oxides of Nitrogen

(i) वाहनों में इस प्रकार की व्यवस्था की जाए कि उनसे निकलने वाली नाइट्रोजन के ऑक्साइड का प्रथम चरण में ही परिवर्तन नाइट्रोजन गैस में या अल्प मात्रा में अमोनिया में कर दिया जाए।

(ii) औद्योगिक इकाईयों से निकलने वाली व्यर्थ गैस जो नाइट्रोजन के ऑक्साइड (NO_2) तथा गन्धक के ऑक्साइड (SO_2) रखते हैं। इन्हें H_2SO_4 से क्रिया कराने पर ये गैस NO_2 तथा SO_2 से मुक्त हो जाते हैं तथा इन्हें वायुमण्डल में छोड़ देना चाहिए।

$$NO_2 + SO_2 + H_2O \longrightarrow H_2SO_4 + NO$$

$$NO + NO_2 \longrightarrow N_2O_3$$

सल्फर के ऑक्साइडों की रोकथाम Control of Oxides of Sulphur

(i) सल्फर रहित ईंधन (जैसे प्राकृतिक गैसों) का उपयोग कर इसकी मात्रा कम की जा सकती है।

(ii) गैसीय ईंधन से सल्फर को मुक्त कर इसकी मात्रा कम की जा सकती है। उदाहरण—$CuCO_3$ का उपयोग कर गैसीय ईंधन से सल्फर निम्न प्रकार से मुक्त किया जा सकता है

$$CaCO_3 + SO_2 \longrightarrow CaSO_3 + CO_2$$

$$CaCO_3 + SO_3 \longrightarrow CaSO_4 + CO_2$$

हाइड्रोकार्बन की रोकथाम Control of Hydrocarbons

हाइड्रोकार्बन प्रदूषण का सबसे प्रमुख कारण स्वचालित वाहन हैं। जो कार्य कार्बन मोनोऑक्साइड की रोकथाम के लिए किया जाता है उन्हीं कार्यों से हाइड्रोकार्बन की भी रोकथाम सम्भव है।

कणिकीय प्रदूषक Particulate Pollutants

कणिकीय प्रदूषक ठोस महीन कण या जल/द्रव कणों के वायुमण्डल में वितरित होने से बनते हैं। ये वायुमण्डल में वाहनों के द्वारा, धूएँ के कणों, औद्योगिक कचरे से प्राप्त कणों द्वारा उत्पन्न होते हैं। कणिकीय प्रदूषकों के कारण वायु प्रदूषण की प्रकृति एवं मात्रा निम्न कारकों पर निर्भर रहती है

(i) वायु में कणिकीय प्रदूषक की सान्द्रता
(ii) कणों का आकार
(iii) कणों की रासायनिक प्रकृति
(iv) कणों के नीचे पृथ्वी पर बैठ जाने की दर

यदि प्रदूषकों के कणों का आकार 0.1 माइक्रोमीटर व्यास से कम होता है तो ये आमतौर पर वायु में ही निलम्बित रहते हैं। परन्तु कभी-कभी स्कन्दित होकर नीचे बैठ जाते हैं। जिन कणों का व्यास 10 माइक्रोमीटर से अधिक होता है वे शीघ्र ही नीचे बैठ जाते हैं।

ये निम्नलिखित प्रकार के होते हैं।

1. जैविक कण 2. अजैविक कण

जैविक कणों में मुख्यतया जीवाणु, कवक, मोल्डस तथा शैवाल आदि होते हैं। ये सूक्ष्म जैविक कण होते हैं जो वायुमण्डल में विसरित होते हैं। इनकी उपस्थिति मनुष्यों तथा वनस्पतियों में विशेष बीमारियाँ उत्पन्न करती है। अजैविक कणिकाएं आकार तथा प्रकृति के आधार पर निम्न प्रकार विभाजित की जा सकती हैं।

(i) **धुँआ** (Smoke) कार्बनिक यौगिकों के जलाने पर धुएँ के कण बनते हैं जैसे—सिगरेट का धुआँ, जीवाश्म ईंधन (कोयला) आदि के जलने पर बनते हैं।

(ii) **धूल** (Dust) जब कणिकाओं का आकार (1 मिमी) से बड़ा होता है। तो धूल के कण बनते हैं। ये कल कारखानों, घरों, खेतों आदि से ठोस कणों के वायु में मिश्रित होने पर बनते हैं। इन कणों की प्रकृति इनके स्रोत पर निर्भर करती है जैसे तेज हवा के चलने पर मिट्टी के कणों का वायु में मिलना, ईंधन के जलने पर कार्बन के कणों का वायु में मिलना, कीटनाशक दवा का छिड़काव पर कणों का वायु में मिलना, स्वचालित वाहनों से भारी तत्वों का हवा में मिलना आदि।

(iii) **धूम** (Fumes) विभिन्न क्रियाओं के फलस्वरूप जैसे आसवन, ऊर्ध्वपातन, कैल्सीनेशन आदि के कारण कण वायुमण्डल में मिश्रित होकर धूम बनाते हैं। धूम के कणों का आकार मनुष्य के फेफड़ों को सबसे अधिक प्रभावित करता है। यदि कणों का आकार 5 माइक्रोन्स के बराबर है तो नाक में रोक लिये जाते हैं, यदि कणों का आकार 1 माइक्रोन्स के बराबर है तो फेफड़ों में जाकर कैंसर उत्पन्न कर सकते हैं।

(iv) **कोहरा** (Mist) ये वायुमण्डल में फैली हुई द्रव-वायुमण्डल कणिकाओं तथा वाष्पों के संघनन के फलस्वरूप बनते हैं। उदाहरण—शाकनाशी एवं कीटनाशी जो अपने लक्ष्य से भटककर हवा से गमन करते हैं, कोहरा बनाते हैं। कोहरे के अन्य उदाहरण सल्फ्यूरिक अम्ल का कोहरा, नाइट्रिक अम्ल का कोहरा आदि हैं।

धूम-कोहरा Smog

धूम कोहरा वायु प्रदूषण का एक महत्त्वपूर्ण उदाहरण है जिसे पूरी दुनिया के अनेक देशों में देखा जा सकता है। वास्तव में धूम तथा कोहरे के संयोग से **धुन्ध** बनती है। कोहरे का बनना एक प्राकृतिक घटना है। इसमें जल के महीन कण वायु में निलम्बित रहते हैं। इस स्थिति में जब धुएँ के कण भी वायु में विद्यमान हो जाते हैं तो धुन्ध बनती है।

धूम-कोहरा मुख्यत: निम्न दो प्रकार का होता है

सामान्य अथवा लन्दन प्रकार का धूम कोहरा Classical or London Type Smog

यह धूम कोहरा ठण्डी नम जलवायु में उत्पन्न होता है। यह धुएँ, कोहरे तथा SO_x का मिश्रण है। इसका निरीक्षण सर्वप्रथम लन्दन (1952 में) में किया गया था अत: इसे लन्दन **धूम-कोहरा** भी कहते हैं। इस प्रकार के धूम-कोहरे के निर्माण का मुख्य स्रोत ओद्यौगिक तथा घरेलू ईंधन (कोयला तथा पेट्रोलियम) है। सामान्यत: यह सर्दियों की सुबह के समय बनता है। सूर्य उदय के कुछ समय पश्चात् ही इसमें वृद्धि होती है क्योंकि इससे SO_2 का ऑक्सीकरण होता है तथा इसके फलस्वरूप प्राप्त यौगिक नमी के साथ क्रिया करके सल्फ्यूरिक अम्ल ऐरोसॉल का निर्माण करते हैं।

$$2SO_2 + O_2 \longrightarrow 2SO_3 \quad \text{(ऑक्सीकरण)}$$

$$SO_3 + H_2O \longrightarrow H_2SO_4 \quad \text{(ऐरोसॉल)}$$

कार्बन कण तथा SO_2 की उपस्थिति के कारण, इसकी प्रकृति **अपचायक** है। यह कोहरा फेफड़ों तथा गले में खराश उत्पन्न करता है तथा उच्च सान्द्रता में यह मृत्यु का कारण भी बन जाता है।

प्रकाश रासायनिक अथवा लॉस एन्जेलिस धूम-कोहरा Photochemical or Los Angeles Smog

यह गर्म, शुष्क तथा सूर्य की पर्याप्त रोशनी वाले वातावरण में उत्पन्न होता है। इसके मुख्य अवयव ओजोन, फार्मेल्डिहाइड, एक्रोलीन तथा परॉक्सीऐसीटिल नाइट्रेट (PAN) (असंतृप्त हाइड्रोकार्बनों पर सूर्य के प्रकाश की क्रिया से उत्पन्न) तथा नाइट्रोजन ऑक्साइडों (वाहनों तथा कारखानों से उत्पन्न) होते हैं। प्रकाश रासायनिक धूम-कोहरे को **लॉस एन्जेलिस धूम-कोहरा** भी कहते हैं। इसके अवयवों के निर्माण में निम्नलिखित रासायनिक अभिक्रियाएँ होती है।

$$N_2 + O_2 \xrightarrow[\text{अथवा पेट्रोल तथा डीजल इंजनों में सूर्य का प्रकाश}]{\text{उच्च उन्नतांश पर}} 2NO$$

$$\underset{\text{उच्च सान्द्रता में}}{2NO} + O_2 \xrightarrow{\text{सूर्य का प्रकाश}} 2NO_2$$

$$NO_2 \xrightarrow{h\nu} NO + \underset{\text{नवजात ऑक्सीजन (अधिक सक्रिय)}}{[O]}$$

$$[O] + O_2 \rightleftharpoons \underset{\text{NO के साथ शीघ्रता से क्रिया करती है}}{O_3}$$

चूँकि O_3 तथा NO_2 प्रबल ऑक्सीकारक पदार्थ है अत: ये अदहित हाइड्रोकार्बनों के साथ अभिक्रिया करके निम्नलिखित यौगिक (द्वितीयक प्रदूषक) देते हैं।

अदहित हाइड्रोकार्बन (वाहनों तथा कारखानों से) $\xrightarrow{O_3}$ $RCH_2^{\bullet}$ (हाइड्रोकार्बन मुक्त मूलक) $\xrightarrow{O_2}$ $RCH_2O_2^{\bullet}$ $\xrightarrow[-NO_2]{NO}$ $RCH_2O^{\bullet}$ $\xrightarrow{O_2}$ $HO_2^{\bullet} + RCHO$ (ऐल्डिहाइड) $\xrightarrow[-NO_2]{NO}$ $HO^{\bullet}$ → ऐल्केन

$RCHO \xrightarrow{HO^{\bullet}} R—CO^{\bullet} \xrightarrow{O_2} RCO_3^{\bullet}$ (परॉक्सी ऐसीटिल मूलक) $\xrightarrow{NO_2} RCO_3NO_2$ (परॉक्सी ऐसीटिल नाइट्रेट)

(जहाँ, $R = H, CH_3, C_6H_5$)

(यदि $R = H$, एक्रोलीन तथा फार्मेल्डिहाइड प्राप्त होते हैं।)

ऑक्सीकारक पदार्थों की उच्च सान्द्रता के कारण, प्रकाश रासायनिक धूम-कोहरे की प्रकृति **ऑक्सीकारक** होती है।

कणिकीय प्रदूषकों द्वारा उत्पन्न प्रदूषण की रोकथाम Control of Pollution Caused by Particulate Pollutants

वातावरण में उपस्थित कणिकीय प्रदूषकों को निम्नलिखित विधियों के द्वारा दूर किया जा सकता है

(i) **पर्यावरण में निकलने से पहले प्रदूषकों को हानिरहित उत्पादों में बदलना** आजकल जो विधि इस कार्य को करने में सक्षम है वह कणों के माप पर आधारित है। 50 μm से बड़े माप वाले कणों को अलग करने हेतु गुरुत्व निसाद टंकी अथवा फिल्टरों का उपयोग किया जाता है। छोटे कणों को पृथक् करने हेतु साइक्लोन अथवा स्थिर विद्युत अवक्षेप का प्रयोग किया जाता है।

साइक्लोन संग्राहक में विशेष रूप से बनाया गया एक कोष्ठक होता है जिसमें गैस मिले कणिकीय प्रदूषकों को गोलाकार कुण्डल में घुमाया जाता है। कण अपकेन्द्रित होने के कारण बाहर की तरफ गिर जाते हैं। इन्हें एकत्रित करके समय-समय पर अलग कर लेते हैं।

(ii) **स्थिर विद्युत अवक्षेपण** यह तकनीक इस बात पर निर्भर है कि कणों में इलेक्ट्रिक आवेश हो सकता है तथा एकत्र करने वाली सतह पर विपरीत आवेश होता है। वह कणों को अपनी तरफ खींच लेता है। इस विधि से 5–20 μm के बाद आने वाले व्यास कणों को 95% तक पृथक् कर सकते हैं। इस विधि का उपयोग थर्मल पावर संयन्त्र में करते हैं जिससे जीवाश्म ईंधन का प्रयोग होता है।

ओजोन परत का क्षय अथवा समतापमण्डलीय प्रदूषण Ozone Layer Deplection or Stratospheric Pollution

समतापमण्डल, समुद्र तल से लगभग 18-50 किमी ऊपर तक विस्तारित क्षेत्र है। इसमें लगभग 23 किमी ऊँचाई पर ओजोन की उच्च सान्द्रता (10 ppm) का क्षेत्र पाया जाता है जिसे ओजोन परत कहते हैं। यह परत सूर्य से आने वाली हानिकारक पराबैंगनी किरणों को पृथ्वी की सतह पर आने से रोकती है। समतापमण्डलीय प्रदूषण मुख्यत: ओजोन परत के क्षय का पर्याय होता है।

समतापमण्डलीय प्रदूषण के स्रोत Sources of Stratospheric Pollution

कुछ वर्ष पूर्व यह पाया गया कि कुछ स्थानों पर ओजोन परत पतली होती जा रही है। ओजोन परत का पतला होना मुख्यत: अण्टार्कटिका तथा उत्तरी ध्रुवों पर पाया गया। ओजोन परत का यह क्षय मुख्यत: क्लोरोफ्लोरो यौगिक (CFCs), नाइट्रोजन के ऑक्साइड आदि के कारण होता है जो कि मानव के विभिन्न क्रियाकलापों द्वारा उत्पन्न होते हैं।

नाइट्रिक ऑक्साइड ऊपरी वायुमण्डल में सुपरसोनिक परिवहन यानों के इंजन द्वारा मुक्त होते हैं। जब ये समतापमण्डल में पहुँचते हैं तो ये ओजोन के साथ क्रिया करके इसका क्षय करते हैं।

$$NO + O_3 \longrightarrow NO_2 + O_2$$

$$O_2 \xrightarrow{\text{पराबैंगनी प्रकाश}} [O] + [O]$$

$$NO_2 + [O] \longrightarrow NO + O_2$$

चूँकि क्लोरोफ्लोरो यौगिक अर्थात् फ्रेऑन, अक्रियाशील, अज्वलनशील, विषहीन कार्बनिक अणु है अत: इनका प्रयोग एयर कंडीशनर में, रेफ्रिजरेटर में तथा कम्प्यूटर एवं इलेक्ट्रॉनिक उद्योगों में पुर्जों की धुलाई एवं सफाई के लिए किया जाता है। अत्यधिक लम्बे आयुकाल (CF_2Cl_2-12 : 139 वर्ष, $CFCl_3$-11 : 77 वर्ष) के कारण ये यौगिक अन्त में समतापमण्डल में पहुँच जाते हैं। जहाँ ये शक्तिशाली पराबैंगनी किरणों के द्वारा टूट जाते हैं तथा क्लोरीन मुक्त मूलक उत्पन्न करते हैं। क्लोरीन मुक्त मूलक ओजोन के साथ क्रिया करके इसका क्षय (अपघटन) करते हैं।

ये यौगिक ओजोन परत का क्षय निम्न प्रकार करते हैं

(i) समतापमण्डल में क्लोरोफ्लोरोकार्बन पराबैंगनी किरणों द्वारा अपघटित होकर क्लोरीन मुक्त मूलक का निर्माण करती है।

$$CF_2Cl_2(g) \xrightarrow{\text{पराबैंगनी प्रकाश}} \dot{C}l(g) + \dot{C}F_2Cl(g)$$

$$CFCl_3(g) \longrightarrow \underset{\text{क्लोरीन मुक्त मूलक}}{\dot{C}l(g)} + \dot{C}FCl_2$$

(ii) क्लोरीन मुक्त मूलक ओजोन से क्रिया करके क्लोरीन मोनोऑक्साइड मूलक तथा आण्विक ऑक्सीजन बनाते हैं।

$$\dot{C}l(g) + O_3(g) \longrightarrow Cl\dot{O}(g) + O_2(g)$$

(iii) क्लोरीन मोनोऑक्साइड मूलक परमाण्वीय ऑक्सीजन के साथ क्रिया करके और अधिक क्लोरीन मुक्त मूलक उत्पन्न करता है।

$$Cl\dot{O}(g) + O(g) \longrightarrow \dot{C}l(g) + O_2(g)$$

जल प्रदूषण Water Pollution

जल मानव जीवन के लिये अति आवश्यक पदार्थ है। जल के बिना जीवन की कल्पना नही की जा सकती है। वास्तव में सभी प्राणियों, जीव-जन्तु, पेड़–पौधे भी जल के बिना जीवित नहीं रह सकते हैं परन्तु जल का शुद्ध ग्रहण करना अति आवश्यक है। यद्यपि जल का प्रदूषण मानव द्वारा बहुतायत से किया जाता है अवांछित पदार्थों के जल में विद्यमान होने से जल के भौतिक, रासायनिक तथा जैविक गुणों में परिवर्तन हो जाता है तथा जल की सामान्य उपयोगिता नष्ट हो जाती है इस घटना को जल प्रदूषण कहते हैं तथा इन बाह्य पदार्थों को जल प्रदूषक कहते हैं।

जल प्रदूषकों के स्रोतों के प्रकार

Types of Sources of Water Pollutants

वे स्रोत जिनसे जल प्रदूषक प्राप्त तथा निर्मुक्त होते हैं, निम्नलिखित दो प्रकार के होते हैं

(i) **बिन्दु स्रोत** (Point Sources) ये प्रदूषण के आसानी से पहचाने जाने वाले स्रोत अथवा स्थान होते हैं। ये स्रोत प्रदूषकों को सीधे जल के स्रोत में डालते हैं। ऐसे स्रोतों के उदाहरण जल स्रोत के समीप स्थित कारखाने, विद्युत संयन्त्र, भूगर्भीय कोयले की खानें तथा तेल के कुएँ हैं। अत: इन स्रोतों द्वारा प्राप्त प्रदूषकों को जल स्रोत में प्रवेश करने से पूर्व ही उपचारित करके सरलतापूर्वक उपचारित किया जा सकता है।

(ii) **अबिन्दु स्रोत** (Non-point Sources) इस प्रकार के स्रोतों को आसानी से नहीं पहचाना जा सकता है। ये स्रोत सामान्यत: फैले हुए होते हैं तथा इनका निरिक्षण तथा उपचार कठिन है। इनके स्रोत मुख्यत: खेतों, निर्माण स्थलों, अम्ल वर्षा, आँधी तूफान के साथ आयी वर्षा आदि होते हैं।

मुख्य जल प्रदूषक Major Water Pollutants

जल प्रदूषक मुख्यत: निम्नलिखित तीन प्रकार के होते हैं

रोगजनक Pathogens

जीवाणु तथा अन्य सूक्ष्मजीव रोग कारक होते हैं। ये घरेलू अपशिष्ट एवं पशुओं के मल-मूत्र आदि के द्वारा जल स्रोतों में प्रवेश कर जाते हैं। ये अत्यन्त गम्भीर जल प्रदूषक होते हैं क्योंकि जल की आपूर्ति द्वारा एक जीवित प्राणी से दूसरे प्राणी में स्थानान्तरित हो सकते हैं। ये जल द्वारा उत्पन्न होने वाले अनेक रोगों यथा टायफाइड, हैजा, आँव, दस्त, हैपेटाइटिस, पीलिया आदि रोगों के कारक होते हैं। रोगजनक प्रदूषण को रोकने के लिए, घरेलू नालियों तथा जानवरों क मूल-मूत्र को सीधे जल स्रोत में नहीं मिलाना चाहिये। इन्हें इससे पूर्व समूचित उपचारित किया जाना चाहिए।

कार्बनिक अपशिष्ट Organic Wastes

पत्तियाँ, घास, वाहित मल, कृषि तथा उद्योगों आदि से निर्मुक्त कार्बनिक अपशिष्ट पदार्थों में मुख्यत: स्थित प्रोटीन, कार्बोहाइड्रेट, वसा, वसीय अम्ल, अपमार्जक पीड़ानाशक, ऐल्डिहाइड, फीनॉल आदि पदार्थों के विघटन के फलस्वरूप कार्बनिक पदार्थ प्राप्त होते हैं। सामान्यत: ये पदार्थ जैव-अपघटित प्रकृति है अर्थात, ये जल में उपस्थित सूक्ष्म जीवाणुओं द्वारा अपघटित हो जाते हैं। इन जीवाणुओं को कार्बनिक पदार्थों के अपघटन के लिए ऑक्सीजन की आवश्यकता पड़ती है जिसे वे जल से प्राप्त कर लेते हैं।

कार्बनिक अपशिष्टों के कारण जल प्रदूषण की दर जल में सीमित मात्रा में कुछ **विलेय ऑक्सीजन** (Disolved oxygen, DO) उपस्थित होती है। जल में विलेय ऑक्सीजन (DO) की मात्रा अत्यन्त महत्त्वपूर्ण है क्योंकि यदि इसका मान 5 ppm से कम हो जाता है तो मछलियों आदि जलीय जन्तुओं की वृद्धि प्रभावित हो जाती है। सामान्यत: ठण्डें जल में, विलेय ऑक्सीजन

की सान्द्रता 10 ppm तक पहुँच जाती है। जलीय पौधे तथा जन्तु इस ऑक्सीजन का प्रयोग श्वसन के लिए करते हैं। जल में कार्बनिक अपशिष्टों की अत्यधिक मात्रा मिलाये जाने के फलस्वरूप उपलब्ध अथवा विलेय ऑक्सीजन का प्रयोग जीवाणुओं द्वारा कार्बनिक अपशिष्टों के अपघटन के लिए होता है। फलत: विलेय ऑक्सीजन की मात्रा में कमी आ जाती है तथा जलीय पौधों एवं जन्तुओं के लिए समस्या उत्पन्न हो जाती है।

जल प्रदूषण की दर को मापने के लिए निम्नलिखित दो पैमाने प्रयोग किए जाते हैं

(i) **जैव रासायनिक ऑक्सीजन माँग** जल के किसी नमूने में उपस्थित पदार्थ को 20°C पर 5 दिन में विखंडित करने के लिए जीवाणु द्वारा आवश्यक ऑक्सीजन को जैव रासायनिक ऑक्सीजन माँग (BOD) कहते हैं।

$$\text{BOD} = \frac{\text{आवश्यक } O_2 \text{ के मिलीग्राम की संख्या}}{\text{नमूने का आयतन (लीटर में)}}$$

$$= \frac{O_2 \text{ के भाग}}{\text{नमूने के मिलियन भाग}}$$

स्वच्छ जल के लिए, BOD का मान 5 ppm से कम होता है जबकि अत्यधिक प्रदूषित जल का BOD मान 17 ppm अथवा अधिक भी हो सकता है।

(ii) **रासायनिक ऑक्सीजन माँग** जल के किसी नमूने में उपस्थित कार्बनिक पदार्थ को प्रदूषकों द्वारा पूर्ण अपघटित करने के लिए आवश्यक ऑक्सीजन की मात्रा है। शुद्ध जल के लिए COD का मान 4 ppm होता है। COD के मापन के लिए, जल के दिए गए नमूने को जलीय विलयन में ऑक्सीकारक पदार्थ जैसे $K_2Cr_2O_7$ की ज्ञात मात्रा के साथ उपचारित करते हैं। अभिकर्मक लगभग समस्त कार्बनिक पदार्थ को ऑक्सीकृत कर देता है। $K_2Cr_2O_7$ की शेष मात्रा का मापन इसके समुचित अपचायक पदार्थ (जैसे मोहर लवण) के साथ अनुमापन द्वारा कर लेते हैं। प्रयुक्त $K_2Cr_2O_7$ की मात्रा की सहायता से प्रयुक्त ऑक्सीजन की मात्रा (ppm में) की गणना निम्नलिखित समीकरण की सहायता से कर लेते हैं।

$$K_2Cr_2O_7 + 4H_2SO_4 \longrightarrow K_2SO_4 + Cr_2(SO_4)_3 + 4H_2O + 3[O]$$

(c) रासायनिक प्रदूषक Chemical Pollutants

जल की विलेयता क्षमता अत्यधिक प्रबल है। यह अनेक अकार्बनिक तथा कार्बनिक रसायनों को सुगमता से विलेय कर लेता है। परन्तु अनेक प्राणियों एवं पौधों पर रसायनों के दुष्प्रभाव के कारण यह जल प्रदूषित कहलाता है। अत: ये रासायनिक पदार्थ, रासायनिक प्रदूषक कहलाते हैं। इनमें मुख्यत: अम्ल, क्षार, लवण, कपड़ा उद्योग, चमड़ा उद्योग, कोयला उद्योग आदि से प्राप्त रसायन इनके प्रमुख स्रोत हैं। *कुछ प्रमुख रासायनिक जल प्रदूषकों का वर्णन निम्नलिखित है*

(i) **उर्वरक** ये फॉस्फेट तथा नाइट्रेट यौगिक होते हैं। जब इन्हें खेतों मे छिड़कते हैं तो इनकी कुछ मात्रा वर्षा के जल द्वारा घुलकर एवं बहकर जल स्रोतों में चली जाती है। चूँकि दूषित जल इन पोषक पदार्थों से भरपूर होता है अत: यह शैवाल तथा अन्य जलीय पौधों की वृद्धि मे सहायक होता है इसके कारण सुपोषण प्रक्रम उत्पन्न हो जाता है इस प्रक्रम में जलीय जीवाणु अपनी पौष्टिक अभिवृद्धि के कारण पुष्पकुंज प्रदूषण को उत्पन्न करते हैं। जिसके कारण जल में ऑक्सीजन की मात्रा में कमी होने से जलीय जन्तु जैसे मछलियाँ, पौधे आदि मर जाते हैं। फलत: जलीय निकाय में जीवों की क्रमश: हानि होती रहती है।

(ii) **म्युनिसिपल एवं ओद्यौगिक व्यर्थ जल** इसमें अनेक विषैले तत्व मिले होते हैं जो मनुष्यों एवं अन्य जीव-जन्तुओं के लिए अत्यन्त हानिकारक हैं क्योंकि हमारा शरीर इनका निष्कासन नहीं कर पाता है। यदि इनकी सान्द्रता अत्यधिक हो जाती है तो ये अनेक रोगों को उत्पन्न कर देते हैं। कुछ धातुओं, उनके स्रोतों तथा हानिकारक प्रभावों के निम्नलिखित सारणी में दर्शाया गया है

विषैली धातुएँ, उनके स्रोत तथा हानिकारक प्रभाव

धातु	स्रोत		हानिकारक प्रभाव
मर्करी	कीटाणुनाशक, कोयले की खान, औद्योगिक अपशिष्ट	(i)	CH_3Hg^- अवस्था में अत्यन्त विषैली
		(ii)	मिनामाटा रोग; इसे 1952 में प्रथम बार खोजा गया, यह Hg युक्त संदूषित मछली को खाने से होता है। इस रोग के कारण डायरिया, रक्त वाहिनियों से रक्त का स्राव, (haemolysis), मस्तिष्क की नाड़ियों में सूजन (meningitis) तथा मृत्यु तक हो सकती है।
क्रोमियम	धातु लेपन उद्योग		कैंसरजन्य, स्नायु तन्त्र में समस्या उत्पन्न करना।
कैडमियम	औद्योगिक अपशिष्ट, Ni—Cd बैटरियाँ	(i)	उच्च रक्त दाब, किडनी तथा मेरू रज्जू तन्त्र में अवरोध
		(ii)	इटाई-इटाई (itai-itai) रोग
लेड	सीसा उद्योग, खान, कोल गैसोलीन	(i)	ऐनीमिया, किडनी, स्नायु तन्त्र में समस्या
		(ii)	ग्लूकोस अपपचय में बाधक
जिंक	औद्योगिक अपशिष्ट	(ii)	उल्टी आना, अंगों में ऐठन गुर्दे को हानि पहुँचना तथा पौधों के लिए विषाक्त कैंसरजन्य
आर्सेनिक	रासायनिक व्यर्थ, कीटाणुनाशक		कैंसरजन्य
कॉपर	औद्योगिक व्यर्थ, निक्षालन (लीचिंग) प्रक्रम		जन्तुओं के लिए अत्यन्त विषैला नहीं परन्तु पौधों तथा कवकों के लिए विषैला

(iii) **अपमार्जक** इनमें एक पृष्ठ सक्रियक ऐल्किल बेन्जीन सल्फोनेट (ABS) उपस्थित होता है जो कि जैव अनअपघटित होता है। अत: यह स्थायी फोम बनाकर कोलॉइडी अशुद्धियों को स्थायी करता है तथा व्यर्थ जल के शोधन के समय अनेक समस्याएँ उत्पन्न करता है। आजकल उपलब्ध अधिकांशत: समस्त अपमार्जक जैव-अपघटित होते हैं परन्तु ये अन्य समस्याएँ उत्पन्न करते हैं। पॉलीक्लोरीनेटिड बाई फिनाईल (PCB). जिसका प्रयोग ट्रांसफार्मर तथा संघनित्रों के द्रव के रूप में किया जाता है।

(iv) **तेल** जब समुद्र में तेल का दुर्घटनावश अथवा जानबूझकर रिसाव किया जाता है तो यह समुद्र के जल को दूषित कर देता है। तेल समुद्र की सतह पर पतली अथवा मोटी परत बना लेता है जिन्हें क्रमश: ऑयल स्पिल (Oil spil) अथवा ऑयल स्लिक (Oil slick) कहते हैं। ये जलीय जन्तुओं तथा पौधों की वृद्धि एवं पोषण को रोकते हैं तथा सम्पूर्ण समुद्री जीवन चक्र को प्रभावित करते हैं। तेल की यह परतें कभी-कभी आग पकड़ लेती है जिससे सम्पूर्ण समुद्री जीवन चक्र के जीवन को खतरा हो जाता है। तेल प्रदूषण समुद्री पक्षियों के उड़ने तथा तैरने की क्षमता को अत्यधिक प्रभावित करता है।

(v) **कीटनाशी** जब कीटनाशी (जैसे—डी डी टी) को जल में मिलाया जाता है तो यह इसे प्रदूषित करके अनेक समस्याएँ उत्पन्न कर देता है। उदाहरण—दिमाग की रक्त वाहिनियाँ से रक्त का स्राव (Cerebral haemorrhage), दिमाग का मुलायम होना (Softening of brain) उच्च रक्तदाब (Hypertension) आदि। हालांकि इन क्लोरीनीकृत हाइड्रोकार्बनों को अपघटित करने की क्षमता वाले सूक्ष्मजीवों की खोज की जा चुकी है। ये अपघटित क्लोरीनीकृत यौगिक, एन्जाइम क्रियाविधि के कारण विहैलोजनीकृत हो जाते हैं। कीटनाशी सामान्यत: विस्तृत स्पेक्ट्रमी (Broad spectrum) होते हैं तो ये खाद्य शृंखला के निम्न स्तर (पौधों से) उच्च स्तर (जीवों) तक पहुँच जाते हैं तथा इनके वसा में समा जाने की क्षमता के कारण जन्तु के प्रति इकाई में कीटनाशी की मात्रा बढ़ जाती है इसे **बायोमैसनिकफिकेशन** कहते हैं।

(vi) **तापीय तथा नाभिकीय ऊर्जा संयंत्र** इन संयंत्रों से निकलने वाला व्यर्थ जल अत्यधिक उच्च ताप का होता है जिसके अनेक दुष्प्रभाव होते हैं। गर्म जल का घनत्व तथा श्यानता निम्न होती है। फलत: इसमें उपस्थित ठोस शीघ्रता से नीचे बैठ जाते हैं। साथ ही गर्म जल की ऑक्सीजन मांग (DO) कम होती है जिसके कारण जलीय जन्तुओं एवं पादपों की अनेक गतिविधियाँ प्रभावित हो जाती है। उच्च ताप पर अनेक जीवों की जनन क्षमता भी प्रभावित हो जाती है। ताप में वृद्धि के कारण वाष्पन की दर में भी वृद्धि होती है जिसके कारण वाष्पों के रूप मं अत्यधिक जल व्यर्थ चला जाता है।

(vii) **तत्व** कुछ तत्व यदि जल में एक निश्चित मात्रा में उपस्थित होते हैं तो ये हानिकारक नहीं होते हैं परन्तु जब इनकी सान्द्रता बढ़ जाती है तो इनके अनेक दुष्प्रभाव प्रकट हो जाते हैं। ऐसे कुछ तत्व तथा उनके आयन/मूलक उनके स्रोत, ग्राह्य/मान्य सान्द्रता तथा उच्च सान्द्रता के प्रतिकूल प्रभाव के साथ निम्नलिखित सारणी में प्रदर्शित हैं

जल प्रदूषण की रोकथाम के उपाय
Prevention of Water Pollution

जल की गुणवत्ता कछ पदार्थों जैसे रासायनिक अपशिष्ट, धातु अपद्रव्य, मल, तेल, उर्वरक, डिटरजेंट आदि को मिलाने से घट जाती है।

इसको निम्नलिखित विधियों द्वारा नियंत्रित कर सकते हैं

(i) कागज, उर्वरक, कीटनाशी, अपमार्जक, दवा उद्योगों तथा तेल रिफाइनरी द्वारा औद्योगिक अपशिष्ट पदार्थों को जल स्रोतों जैसे नदी, तालाब आदि में विसर्जित नहीं करने देना चाहिए।

(ii) जैव अनअपघटित अपमार्जकों के प्रयोग से बचना चाहिए तथा कपड़ों की धुलाई के लिए केवल जैव अपघटित अपमार्जकों का प्रयोग करना चाहिए।

(iii) जल की pH की जाँच करनी चाहिए।

(iv) उर्वरकों के अत्यधिक प्रयोग से बचना चाहिए।

(v) जहाँ तक संभव हो सके, तेल रिसाव से बचना चाहिए।

(vi) घरेलू अपशिष्ट जल को उचित रीतियों से विसर्जित तथा संशोधित किया जाना चाहिए।

(vii) घरों में तथा कृषि कार्यों में डी.डी.टी. आदि विषैले पदार्थों का उपयोग नहीं करना चाहिए।

(viii) व्यर्थ जल को मल संशोधन संयत्र द्वारा उपचारित किया जाना चाहिए।

मृदा प्रदूषण Soil Pollution

यह मृदा में होने वाला परिवर्तन है, जो कि पदार्थों और कारकों के जुड़ने या हटने से होता है। जिससे मृदा की उत्पादकता, पादपों की गुणवत्ता और भूमिजल में कमी आती है।

मृदा पृथ्वी का सबसे ऊपरी भाग होता है। असन्तुलित रूप से जनसंख्या बढ़ने के कारण अत्यधिक जंगलों की कटाई, अनेक प्रकार के उद्योग धन्धों का निर्माण, खाद्यान्नों में वृद्धि के लिए कीटनाशक के उपयोग से मृदा में विषैली पदार्थों की मात्रा में लगातार वृद्धि हो रही है। मृदा से पेड़-पौधो को आवश्यक खनिज लवण, जल आदि मिलते हैं जिससे वे भोज्य पदार्थों का निर्माण करते हैं। इन पदार्थों को प्रत्यक्ष या अप्रत्यक्ष रूप से पौधे ग्रहण करते हैं। पौधों के माध्यम से यह जीवों को प्राप्त होता है। अत: यह अति आवश्यक है कि मृदा में प्राकृतिक सन्तुलन बना रहे अन्यथा इसके प्रदूषण से जीव-जन्तुओं तथा पेड़-पौधों की हानि की प्रबल सम्भावना रहती है।

मृदा प्रदूषण के प्रकार Types of Soil Pollution

मृदा प्रदूषण को निम्नलिखित तीन वर्गों में विभाजित किया जा सकता है

(i) **धनात्मक मृदा प्रदूषण** (Positive Soil Pollution) अवांछित पदार्थों यथा उर्वरक, कीटनाशी, औद्योगिक अपशिष्ट, वायु प्रदूषकों आदि के मृदा में योग के कारण इसकी उत्पादकता में कमी आ जाने को धनात्मक मृदा प्रदूषण कहते हैं।

(ii) **ऋणात्मक मृदा प्रदूषण** (Negative Soil Pollution) अत्यधिक उपयोग तथा मृदा अपरदन के कारण मृदा की उत्पादकता में कमी आ जाने को ऋणात्मक मृदा प्रदूषण कहते हैं।

(iii) **लैण्डस्केप प्रदूषण** (Landscape Pollution) यदि उर्वरक जमीन में व्यर्थ पदार्थ जैसे कूड़ा-करकट, औद्योगिक अपशिष्ट, टूटी बोतले, प्लास्टिक, मोबाइल, कम्प्यूटर आदि के अंग डालने पर यह बंजर हो जाती है तो इसे लैण्डस्केप प्रदूषण कहते हैं।

मृदा प्रदूषण के स्रोत Sources of Soil Pollution

खाद, फसल अवशेष, कोयले के टुकड़े, कूडा-करकट, कागज, कार्ड बोर्ड और प्लास्टिक आदि प्रमुख मृदा प्रदूषक हैं। प्लास्टिक सबसे महत्त्वपूर्ण मृदा प्रदूषक होता है। रबर, लैदर, कपड़ा, ईंटें, बजरी, धातु, टूटे हुये गिलास, नष्ट हुई इमारतें, मृत जन्तु, फेंका हुआ फर्नीचर, स्वचालित वाहन, कीटनाशी, शाकनाशी और दूसरे जैवनाशी और रेडियो सक्रिय तत्व आदि कुछ महत्त्वपूर्ण मृदा प्रदूषक होते हैं। मुख्य मृदा प्रदूषक निम्न प्रकार से हैं

कीटाणुनाशक Pesticides

वह रसायन जिसका उपयोग अवांछित जीवों के वृद्धि को रोकने या मारने के लिए किया जाता है, कीटाणुनाशक कहलाते हैं। इनकी जल तथा भोज्य पदार्थों में उपस्थिति अत्यन्त हानिकारक प्रभाव डालती है।

इन्हें निम्नलिखित वर्गों में विभक्त किया जाता है

(i) **कीटनाशी** वह रसायन है जिसका उपयोग फसलों को बर्बाद करने वाले कीटों को मारने के लिए किया जाता है। यह मलेरिया तथा पीला बुखार (yellow fever) की रोकथाम में उपयोगी होता है। DDT, BHC एवं एल्ड्रीन कीटनाशी हैं। ये कीटनाशी जल में अघुलनशील होते हैं, अत: ये मृदा में लम्बे समय तक रह सकते हैं जिसके कारण ये पौधों के द्वारा अवशोषित कर लिए जाते हैं। खाद्य शृंखला में पोषी स्तर के साथ-साथ इसकी संचयित मात्रा बढ़ती रहती है। मनुष्य को इनकी मात्रा सबसे अधिक मिलती है जिससे ये अत्यन्त हानिकारक प्रभाव डालते हैं।

(ii) **शाकनाशी** वह रसायन है जिसका उपयोग खरपतवारों को मारने के लिए किया जाता है। सोडियम क्लोरेट ($NaClO_3$) तथा सोडियम आर्सेनैट (Na_3AsO_3) का उपयोग शाकनाशी के रूप में किया जाता है। आर्सेनिक का यौगिक विषैला होता है अत: यह स्तनधारियों पर हानिकारक प्रभाव डालता है।

(iii) **कवकनाशी** वह रसायन है जिसका उपयोग कवक की वृद्धि को रोकने या समाप्त करने के लिए किया जाता है। कवक में क्लोरोफिल नहीं पाया जाता है अत: यह सूर्य के प्रकाश का उपयोग कर भोजन का निर्माण नहीं करता है। अत: यह भोज्य पदार्थ के लिए अन्य जीवों तथा पौधों पर निर्भर रहता है जिससे मुख्य पौधे की वृद्धि रूक जाती है। कार्बो-मर्करी यौगिक प्रमुख कवकनाशी है।

मृदा कण्डीशनर Soil Conditioners

कुछ विषैली धातुओं जैसे As, Pb, Hg, Cd आदि के यौगिकों को मृदा कण्डीशनर कहते हैं। इनका प्रयोग कीट-पतंगों को मारने तथा मृदा की उत्पादकता को बढ़ाने के लिए किया जाता है। इन यौगिकों के अपघटन के पश्चात् प्राप्त धातु मृदा में ही बनी रहती है। जहाँ से यह पौधों में पहुँचती है तथा फसल के माध्यम से जन्तुओं में पहुँचकर उन पर दुष्प्रभाव डालती है।

ठोस अपशिष्ट Solid Wastes

ठोस अपशिष्ट पदार्थ जैसे औद्योगिक अपशिष्ट, शहरी कूड़ा करकट, खेतो के अपशिष्ट, रेडियोसक्रिय अपशिष्ट आदि भी मृदा को प्रदूषित करते हैं।

अभ्यास प्रश्न

1. निम्नलिखित में से कौन-सा वायुमण्डल का सजीव घटक है?
(a) स्थलमण्डल (b) जैवमण्डल
(c) जलमण्डल (d) क्षोभमण्डल

2. CO_2 की वायुमण्डलीय मात्रा है
(a) 0.0034% (b) 0.034% (c) 0.34% (d) 3.4%

3. पृथ्वी के चारों ओर का गैसीय आवरण वायुमण्डल कहा जाता है। इसकी सबसे निचली सतह समुद्र स्तर से 10 किमी तक फैली होती है, यह सतह है
(a) समतापमण्डल (b) क्षोभमण्डल
(c) मध्यमण्डल (d) जलमण्डल

4. ओजोन पर्त उपस्थित है
(a) क्षोभमण्डल में (b) समतापमण्डल में
(c) मध्यमण्डल में (d) बाह्यमण्डल में

5. वायुमण्डल का क्षेत्र जहाँ ऊँचाई बढ़ने पर तापमान घटता है, है
(a) तापमण्डल (b) समतापमण्डल
(c) क्षोभमण्डल (d) ओजोनमण्डल

6. निम्नलिखित क्षेत्रों में से कौन-सा सबसे ठण्डा है?
(a) समतापमण्डल (b) क्षोभमण्डल
(c) मध्यमण्डल (d) तापमण्डल

7. पृथ्वी के केन्द्र में उपस्थित तत्व सामूहिक रूप से कहे जाते हैं
(a) लिथोफाइल (b) न्यूक्लिओफाइल
(c) कैलिओफाइल (d) सिडैरोफाइल

8. डाइनाइट्रोजन तथा डाइऑक्सीजन वायु के मुख्य घटक हैं किन्तु ये आपस में क्रिया करके नाइट्रोजन के ऑक्साइड नहीं बनाते क्योंकि
(a) अभिक्रिया ऊष्माशोषी है तथा इसके लिये अत्यधिक ताप की आवश्यकता होती है
(b) अभिक्रिया केवल उत्प्रेरक की उपस्थिति में प्रारम्भ हो सकती है
(c) नाइट्रोजन के ऑक्साइड अस्थायी है
(d) N_2 तथा O_2 अक्रियाशील हैं

9. प्रदूषण है
(a) ऊपरी मृदा का हटना
(b) विषाक्त/अवांछित तत्वों का वायुमण्डल में मिलना
(c) ऊर्जा का संरक्षण
(d) उपरोक्त सभी

10. निम्नलिखित में से कौन-सा प्राथमिक प्रदूषक है?
(a) CO (b) PAN (c) ऐल्डिहाइड (d) H_2SO_4

11. प्रदूषक जो वायु में सीधे स्रोतों से आते हैं, प्राथमिक प्रदूषक कहलाते हैं। प्राथमिक प्रदूषक कभी-कभी द्वितीयक प्रदूषकों में परिवर्तित हो जाते हैं। निम्नलिखित में से कौन-सा द्वितीयक वायु प्रदूषक के अन्तर्गत आता है?
(a) CO (b) हाइड्रोकार्बन
(c) परॉक्सीऐसीटिल नाइट्रेट (PAN) (d) NO

12. निम्नलिखित में से कौन-सा जैव निम्नीकरणीय प्रदूषक है?
(a) प्लास्टिक (b) वाहित मल (c) एस्बेस्टॉस (d) मर्करी

13. सल्फर तथा नाइट्रोजन के ऑक्साइड महत्त्वपूर्ण प्रदूषक है
(a) जल के (b) वायु के (c) मृदा के (d) इन सभी के

14. भोपाल गैस त्रासदी में मुक्त गैस थी
(a) मेथिल आइसोसायनेट (b) पोटैशियम आइसोथायोसायनेट
(c) सोडियम आइसोथायोसायनेट (d) एथिल आइसोथायोसायनेट

15. दिये हुये विकल्पों में से कौन-सा वायु प्रदूषण का प्राकृतिक स्रोत नहीं है?
(a) ऑटोमोबाइल रेचक (b) वानस्पतिक क्षय
(c) दावानल (d) ज्वालामुखी उद्गार

16. ऑटोमोबाइल से निकली हुई कार्बन मोनोऑक्साइड शरीर में ऑक्सीजन के परिवहन को निम्न कारण से रोकती है
(a) ऑक्सीजन से संयोजन करके कार्बन डाइऑक्साइड बनाकर
(b) हीमोग्लोबिन को नष्ट करके
(c) हीमोग्लोबिन तथा ऑक्सीजन के मध्य अभिक्रिया को रोककर
(d) हीमोग्लोबिन के साथ स्थायी यौगिक बनाकर

17. ताजमहल को किसके प्रदूषण से खतरा है?
(a) क्लोरिन (b) सल्फर डाइऑक्साइड
(c) हाइड्रोजन (d) ऑक्सीजन

18. ऑटोमोबाइल रेचक से निकला हुआ सबसे खतरनाक धातु प्रदूषक है
(a) मर्करी (b) लैड (c) कैडमियम (d) कॉपर

19. निम्नलिखित में से कौन-सी ग्रीन हरित गैस नहीं है
(a) CO (b) O_3 (c) CH_4 (d) H_2O वाष्प

20. अम्ल वर्षा उत्पन्न होती है
(a) जीवाश्म ईंधन के दहन SO_2 तथा NO_2 के आधिक्य द्वारा
(b) उद्योग तथा कोल गैस से NH_3 के आधिक्य में उत्पादन द्वारा
(c) अपूर्ण दहन से उत्पन्न कार्बन मोनोऑक्साइड के आधिक्य द्वारा
(d) दहन तथा जीव श्वसन से CO_2 के आधिक्य में बनने से

21. निम्नलिखित में से कौन-सा जीवित कणिकीय है?
(a) शैवाल (b) धुँआ (c) कोहरा (d) धूम्र

22. न्यूमोकोनिऑसिस किसके अन्दर लेने से होता है?
(a) कोयले की धूल (b) सिलिका धूल
(c) रूई रेशे की धूल (d) एस्बेस्टॉस धूल

23. सफेद फेफड़ो कैंसर होता है
(a) एस्बेस्टॉस द्वारा (b) सिलिका द्वारा
(c) कागज द्वारा (d) टैक्सटाइल द्वारा

24. उत्प्रेरक की अनुपस्थिति में सल्फर डाइऑक्साइड का सल्फर ट्राइऑक्साइड में ऑक्सीकरण एक मन्द प्रक्रम है किन्तु यह ऑक्सीकरण वायुमण्डल में आसानी से होता है। कौन-सा पदार्थ यहाँ अभिक्रिया को उत्प्रेरित करता है?
(a) ऑक्सीजन (b) कणिकीय
(c) पराबैंगनी किरणें (d) अवरक्त किरणें

25. प्रकाश रासायनिक धूम-कोहरा में हमेशा होता है
(a) O_3 (b) CO (c) CO_2 (d) CH_4

26. निम्नलिखित में से कौन-सा कथन क्लासिकल स्मॉग के सम्बन्ध में सत्य नहीं है?
(a) इसके मुख्य घटक ऑटोमोबाइल तथा फैक्ट्रियों से निकले हुये उत्सर्जन पर प्रकाश की क्रिया द्वारा उत्पन्न होते हैं
(b) ठण्डे तथा आर्द्र वातावरण में उत्पन्न होते हैं
(c) इसमें अपचायक शक्ति वाले यौगिक होते हैं
(d) इसमें धुआँ धुन्ध तथा सल्फर डाइऑक्साइड होते हैं

27. प्रकाश रासायनिक स्मॉग से सम्बन्धित कौन-सा कथन गलत है?
(a) यह ऑक्सीकारकों की उच्च सान्द्रता रखता है
(b) यह ऑक्सीकारकों की निम्न सान्द्रता रखता है
(c) यह NO_2, हाइड्रोकार्बन तथा ओजोन आदि के निकलने को नियन्त्रित करके नियन्त्रण में रखा जा सकता है
(d) कुछ पौधों जैसे पाइनस को उगाना प्रकाश रासायनिक स्मॉग को नियन्त्रित करने में सहायता करता है

28. PAN किसके लिये आता है?
(a) CH_2O
(b) $CH_2=CH-CHO$
(c) $CH_3CH_2O-N=O$
(d) $CH_3-\underset{\underset{O}{\|}}{C}-OONO_2$

29. निम्नलिखित में से कौन-सा कथन सत्य है?
(a) ओजोन छिद्र समतापमण्डल में बना हुआ एक छिद्र है जिससे ओजोन बाहर आती है
(b) ओजोन छिद्र क्षोभमण्डल में बना हुआ एक छिद्र है जिससे ओजोन बाहर आती है
(c) ओजोन छिद्र का कुछ स्थानों पर समतापमण्डल की ओजोन पर्त का पतला होना है
(d) ओजोन छिद्र का अर्थ पृथ्वी के चारो ओर ओजोन पर्त का पूर्णतः नष्ट होना है

30. निम्नलिखित में से कौन-सा कथन गलत है?
(a) ओजोन हरित ग्रह प्रभाव के लिये उत्तरदायी नहीं है
(b) ओजोन वायुमण्डल में उपस्थित सल्फर डाइऑक्साइड को सल्फर ट्राइऑक्साइड में ऑक्सीकृत कर सकती है
(c) ओजोन छिद्र समतापमण्डल में उपस्थित ओजोन पर्त का पतला होना है
(d) ओजोन ऊपरी समतापमण्डल में ऑक्सीजन पर पराबैंगी किरणों की क्रिया द्वारा उत्पन्न होती है

31. समतापमण्डल की ओजोन पर्त की निम्नलिखित के अन्धाधुन्ध उपयोग से रक्षा आवश्यक है
(a) पेस्टीसाइड
(b) परमाण्विक विस्फोट
(c) ऐरोसॉल तथा उच्च फ्लाईंग जेट
(d) गुब्बारे

32. निम्नलिखित में से कौन-सा ओजोन छाते के अनावरण के लिये उत्तरदायी है?
(a) PAN (b) कोयला दहन (c) CFCs (d) CO_2

33. क्लोरोफ्लोरोकार्बन (CFCs) एअर कण्डीशनर रेफ्रीजरेटर आदि में किस कारण उपयोग किया जाता है?
(a) उच्च क्रियाशीलता के कारण
(b) ज्वलनशील होने के कारण
(c) अन-अभिक्रियाशील
(d) उपरोक्त सभी

34. ओजोन छिद्र का परिणाम है
(a) ग्रीन हाउस प्रभाव
(b) ग्लोबल वार्मिंग
(c) अम्ल वर्षा
(d) UV किरणें पृथ्वी पर पहुँचती हैं

35. ओजोन समतापमण्डल का एक महत्त्वपूर्ण घटक है क्योंकि यह
(a) बड़े शहरों में स्मॉग निर्माण को रोकती है
(b) वायुमण्डल की विषैली गैसों से क्रिया करके उन्हें हटाती है
(c) पराबैंगनी विकिरण जो मानव जीवन के लिये हानिकारक हैं, को अवशोषित करती है
(d) जीवाणु जो मानव जीवन के लिये खतरनाक हैं, को नष्ट करती है

36. ओजोन छिद्र अधिकतम है
(a) यूरोप में
(b) अण्टार्कटिका में
(c) भारत में
(d) अफ्रीका में

37. निम्नलिखित में से कौन-सा क्लोरीन के मुक्त मूलकों के लिये सिंक के रूप में कार्य करता है?
(a) नाइट्रोजन डाइऑक्साइड
(b) मेथेन
(c) कार्बन डाइऑक्साइड
(d) दोनों (a) तथा (b)

38. कुछ समय पूर्व अण्टार्कटिका के ऊपर ध्रुवी समतापमण्डलीय बादलों के निर्माण की रिपोर्ट प्राप्त हुयी थी। क्या होता है जब इस प्रकार के बादल गर्म सूर्य के प्रकाश द्वारा टूटते हैं?
(a) ओजोन पर्त क्षय रूक जाता है
(b) ओजोन पर्त क्षय प्रारम्भ हो जाता है
(c) HOCl तथा Cl_2 प्राप्त होते है
(d) दोनों (a) तथा (c)

39. निम्नलिखित में से कौन-सा कथन असत्य है?
(a) नदी जल प्रदूषण का मुख्य कारण औद्योगिक तथा वाहित मल का निकलना है
(b) सतह जल में कार्बनिक द्रव्य, खनिज पोषक तथा रेडियोधर्मी पदार्थ अधिक मात्रा में होते हैं
(c) समुद्री जल में तेल बिखराव मत्स्य पालन को अत्यधिक हानि करता है
(d) समुद्री जल में ऑयल सिल्क DO मान को बढ़ा देता है

40. जैव रासायनिक ऑक्सीजन माँग (BOD) जल में उपस्थित कार्बनिक द्रव्य का मापक है। 5 ppm से कम BOD मान जल के नमूने को दर्शाता है
(a) घुली हुई ऑक्सीजन से सम्वर्द्धित
(b) घुली हुई ऑक्सीजन की कमी
(c) अत्यधिक प्रदूषित
(d) जलीय जीवन के लिये अनुपयुक्त

41. BOD_5 क्या प्रदर्शित करता है?
(a) पाँच दिन में हुआ जैविक ओजोन क्षरण
(b) पाँच दिन बाद बची हुयी घुलित ऑक्सीजन
(c) पाँच दिनों में उपयोग हुयी घुलित ऑक्सीजन
(d) सीवेज ट्रीटमेन्ट प्लाण्ट में पाँच घण्टों में ओजोन द्वारा मारे गये सूक्ष्मजीव

42. पेस्टीसाइड के रूप में डी. डी. टी. (DDT) का दोष है कि
(a) यह अन्य से कम प्रभावशाली होता है
(b) यह कुछ समय बाद अप्रभावी हो जाता है
(c) यह अनिम्नकरणीय पदार्थ है
(d) यह बहुत महँगा है

43. जल में घुलित ऑक्सीजन का स्रोत हैं
(a) प्रकाश संश्लेषण
(b) प्राकृतिक वायवीयन
(c) यान्त्रिक वायवीयन
(d) ये सभी

44. फॉस्फेट प्रदूषण होता है
(a) केवल फॉस्फेट चट्टानों के अपक्षय से
(b) केवल कृषि उर्वरकों से
(c) फॉस्फेट चट्टान तथा वाहित मल से
(d) वाहित मल तथा कृषि उर्वरकों से

45. वाहित मल युक्त कार्बनिक अवशिष्ट जल स्रोतों में नहीं डालना चाहिए क्योंकि यह मुख्य जल प्रदूषण करता है। इस तरह के प्रदूषित जल में मछलियाँ किस कारण मर जाती हैं?
(a) मच्छरों की अधिक संख्या
(b) घुलित ऑक्सीजन की मात्रा बढ़ने से
(c) जल में घुलित ऑक्सीजन की मात्रा घटने से
(d) कीचड़ से गलफड़े बन्द होने से

46. ऋणात्मक मृदा प्रदूषण है
(a) अपरदन तथा अधिक उपयोग के कारण मृदा उत्पादकता में कमी
(b) पेस्टीसाइड्स तथा औद्योगिक अवशिष्ट मिलने से मृदा उत्पादकता में कमी
(c) राख, तलछट तथा कूड़ा डालने के कारण उपजाऊ भूमि का बंजर भूमि में बदलना
(d) उपरोक्त में से कोई नहीं

47. महानगरों में प्रदूषण नियन्त्रण के तरीकों में शामिल है
(a) कीटनाशकों का कम प्रयोग
(b) कार्बनिक अवशिष्ट, वाहित मल तथा औद्योगिक बर्हिस्राव का उचित निस्तारण
(c) रिहायशी (आवासीय) क्षेत्रों से फैक्ट्रियों को हटाना
(d) उपरोक्त सभी

48. निम्नलिखित में से कौन-सा हरित रसायन उपयोग से सम्बन्धित नहीं हैं?
(a) पॉलीस्टाइरीन फॉम चादर निर्माण में CO_2 को ब्लोइंग एजेन्ट के रूप में प्रयुक्त करके CFCs को हटाना
(b) मेथिलऐमीन तथा फॉस्जीन की क्रिया से मेथिल आइसोसायनेट का उत्पादन
(c) समुद्री पोतों में 'सी-नाइन' का एन्टीफॉलिंग यौगिक के रूप में प्रयोग करके ऑर्गेनोटिन्स को हटाना
(d) डाइएथेनॉल ऐमीन का सायनाइड तथा फॉर्मेल्डिहाइड प्रयोग किये बिना उत्प्रेरकीय विहाइड्रोजनीकरण

49. घरेलू तथा औद्योगिक अवशिष्ट के निस्तारण का उचित प्रबन्धन किया जा सकता है
(a) अवशिष्ट पदार्थ का पुनः चक्रीकरण करके फिर से उपयोगी उत्पाद बनाकर
(b) दहनीय अवशिष्ट को जलाकर तथा नष्ट करके
(c) वाहित मल उपचार
(d) उपरोक्त सभी

50. हरित रसायन में शामिल है
(a) ग्रीन हाउस गैसों से हमारे दैनिक उपयोग के रसायनों का उत्पादन
(b) ऐसे रासायनिक प्रक्रम जिनमें हरे पौधे प्रयोग किये जाते हैं
(c) वे अभिक्रियायें जो जैविक उत्पत्ति की होती हैं
(d) अविषाक्त अभिकर्मकों तथा विलायकों का प्रयोग

उत्तरमाला

1.	(b)	2.	(b)	3.	(b)	4.	(b)	5.	(c)	6.	(c)	7.	(d)	8.	(a)	9.	(b)	10.	(a)
11.	(c)	12.	(b)	13.	(b)	14.	(a)	15.	(c)	16.	(d)	17.	(b)	18.	(b)	19.	(a)	20.	(a)
21.	(a)	22.	(a)	23.	(d)	24.	(b)	25.	(a)	26.	(a)	27.	(b)	28.	(d)	29.	(c)	30.	(a)
31.	(c)	32.	(c)	33.	(c)	34.	(d)	35.	(c)	36.	(b)	37.	(d)	38.	(b)	39.	(d)	40.	(a)
41.	(c)	42.	(c)	43.	(d)	44.	(d)	45.	(c)	46.	(a)	47.	(d)	48.	(b)	49.	(d)	50.	(d)

उत्तर व्याख्या सहित

1. (*b*) जैवमण्डल वायुमण्डल का सजीव अवयव है।

3. (*b*) पृथ्वी के चारों ओर का गैसीय आवरण वायुमण्डल कहलाता है। इसकी सबसे निचली परत जो समुद्र स्तर से 10 किमी तक फैली होती है, क्षोभमण्डल कहलाती है।

4. (*b*) समताप मण्डल में लगभग 20 से 40 किमी तक उच्च ओजोन सान्द्रता वाला भाग होता है जो ओजोन परत कहलाती है।

6. (*c*) मध्यमण्डल सबसे ठण्डा क्षेत्र है जिसका तापमान –100°C होता है।

7. (*d*) पृथ्वी के केन्द्र में उपस्थित तत्व सामूहिक रूप से सिडेरोफिल कहलाते हैं। ये अपनी प्राकृतिक अवस्था में पाये जाते हैं। ये तत्व सामान्यतया कम क्रियाशीलता रखते हैं तथा धात्विक बन्ध बनाने के प्रति बन्धुता दर्शाते हैं, जैसे– Pt, Pu, Ru, Pd, Ir, Os आदि।

8. (*a*) डाइनाइट्रोजन (N_2) तथा डाइऑक्सीजन (O_2) वायु के मुख्य अवयव हैं किन्तु ये नाइट्रोजन के ऑक्साइड बनाने के लिये एक-दूसरे से अभिक्रिया नहीं करते क्योंकि डाइनाइट्रोजन की डाइऑक्सीजन के साथ अभिक्रिया ऊष्माशोषी है तथा इसके लिये अत्यधिक ताप की आवश्यकता होती है जबकि इस अभिक्रिया में वायु ऐसा उच्च ताप प्रदान नहीं करती है।

11. (*c*) प्रदूषक जो स्रोतों से सीधे वायु में आते हैं, प्राथमिक प्रदूषक कहे जाते हैं। SO_2, CO तथा नाइट्रोजन ऑक्साइड (NO_x) प्राथमिक प्रदूषक के उदाहरण हैं।

प्राथमिक प्रदूषक कभी-कभी द्वितीयक प्रदूषकों में बदल जाते हैं। ओजोन (O_3) तथा परॉक्सीऐसीटिल नाइट्रेट (PAN) द्वितीयक वायु प्रदूषकों के अन्तर्गत आते हैं।

12. (*b*) वाहित मल एक जैव-निम्नकरणीय प्रदूषक है क्योंकि यह सूक्ष्मजीवियों द्वारा आसानी से अपघटित हो जाता है।

14. (*a*) भोपाल गैस त्रासदी के दौरान मेथिल आइसोसायनेट (MIC) गैस मुक्त हुयी थी।

16. (*d*) कार्बन मोनॉक्साइड सजीवों के प्रति अत्यधिक विषाक्त होती हैं क्योंकि यह हीमोग्लोबिन के साथ अधिक स्थायी कार्बोक्सीहिमोग्लोबिन संकुल बनाने की योग्यता रखती है जिससे अंगों तथा कोशिकाओं को होने वाला ऑक्सीजन का प्रदान रूक जाता है।

19. (*a*) CO गैस ग्रीन हाउस गैस नहीं है। CH_4, CO_2, N_2O, O_3 तथा जल वाष्प ग्रीन हाउस गैसें हैं।

22. (*a*) न्यूमोकोनिऑसिस कोयले की धूल को अन्तःश्वसन में लेने के कारण होता है।

24. (*b*) प्रदूषित वायु में कणिकीय पदार्थ की उपस्थिति SO_2 के SO_3 में ऑक्सीकरण को उत्प्रेरित करती है।

$$2SO_2 + O_2 \xrightarrow{\text{कणिकीय}} 2SO_3$$

26. (*a*) क्लासिकल स्मॉग में धुँआ, धुंध, सल्फर डाइऑक्साइड (SO_2) तथा अपचायक प्रकृति के यौगिक होते हैं यह ठण्डे तथा आर्द्र वातावरण में उत्पन्न होता है। लेकिन मुख्य अवयव ऑटोमोबाइल तथा फैक्ट्रियों से निकलने वाले उत्सर्जन पर सूर्य के प्रकाश की क्रिया द्वारा उत्पन्न नहीं होते हैं।

27. (*b*) प्रकाश रासायनिक स्मॉग ऑक्सीकारकों की उच्च सान्द्रता रखता है तथा यह निर्मुक्त NO_2, हाइड्रोकार्बन, ओजोन (O_3) आदि को नियन्त्रित करके नियन्त्रण में रखा जा सकता है। कुछ पौधों जैसे पाइनस को उगाना प्रकाश रासायनिक स्मॉग को नियन्त्रत करने में सहायता करता है।

31. (*c*) ऐरोसॉल तथा ऊँचे उड़ने वाले जैट ऊपरी वायुमण्डल में नाइट्रिक ऑक्साइड मुक्त करते हैं जो ओजोन परत का क्षरण करती है।

33. (*c*) क्लोरोफ्लोरोकार्बन अर्थात् फ्रेऑन अक्रियशील, अज्वलनशील, अविषाक्त, कार्बनिक अणु हैं इसी कारण ये विस्तृत रूप से एअर कण्डीशनर तथा रेफ्रीजरेटर में प्रयोग किये जाते हैं।

37. (*d*) नाइट्रोजन डाइऑक्साइड तथा मेथेन क्लोरीन मुक्त मूलकों के लिए सिंक (sink) के रूप में कार्य करती है तथा ओजोन क्षरण को रोकती है।

39. (*d*) ऑयल स्लिक जल प्रदूषण करता है अतः यह समुद्री जल का DO मान (घुलित ऑक्सीजन मान) कम करता है।

40. (*a*) जैव रासायनिक ऑक्सीजन माँग (BOD) जल में उपस्थित कार्बनिक पदार्थ का मापक है। 5 ppm से कम BOD मान जल नमूने के घुलित ऑक्सीजन से वृद्धित होने का संकेत करता है। शुद्ध जल के लिए BOD मान 5 ppm से कम जबकि प्रदूषित जल के लिये BOD मान 17 ppm या इससे अधिक होता है।

45. (*c*) कार्बनिक अवशिष्ट युक्त वाहित मल जल स्रोतों में निस्तारित नहीं करना चाहिए क्योंकि यह मुख्य जल प्रदूषण करता है। इसलिए मछलियाँ ऐसे प्रदूषित जल में मर जाती है क्योंकि इससे जल में घुली हुई ऑक्सीजन की मात्रा घट जाती है।

अध्याय 21

हैलोऐल्केन्स तथा हैलोऐरीन्स

Haloalkanes and Haloarines

हैलोजन व्युत्पन्नों का वर्गीकरण
Classification of Halogen Derivatives

हैलोजन व्युत्पन्नों को विभिन्न वर्गों में वर्गीकृत किया जा सकता है। जिनका वर्णन निम्नलिखित है

हाइड्रोकार्बन की प्रकृति के आधार पर
On the Basis of Nature of Hydrocarbon

यदि हैलोजन परमाणु ऐलिफैटिक श्रृंखला से जुड़ा हो तो ऐसे यौगिक को ऐलिफैटिक हैलोजन यौगिक अथवा हैलोऐल्केन कहते हैं तथा यदि यह ऐरोमैटिक कार्बन से जुड़ा हो तो इसे ऐरोमैटिक हैलोजन यौगिक अथवा हैलोऐरीन कहते हैं।

उदाहरण—

$C_6H_5CH_2CH_2CH_2X$ — ऐलिफैटिक हैलोजन यौगिक ($\because X$, ऐलिफैटिक श्रृंखला से जुड़ा है, ऐरोमैटिक श्रृंखला से नहीं)

C_6H_5X — ऐरोमैटिक हैलोजन यौगिक ($\because X$, ऐरोमैटिक श्रृंखला से जुड़ा है)

कार्बन परमाणु की प्रकृति के आधार पर
On the Basis of Nature of Carbon Atom

यौगिक में उपस्थित हैलोजन की जुड़ने वाले कार्बन की प्रकृति (प्राथमिक, द्वितीयक तथा तृतीयक कार्बन) के आधार पर हैलोजन व्युत्पन्न भी प्राथमिक, द्वितीयक तथा तृतीयक हैलाइड़ों में वर्गीकृत किए जा सकते हैं।

$H_3C—Br$; प्राथमिक (1°)
$H_3C—CH_2Br$; प्राथमिक (1°)
$H_3C—CH(CH_3)—Br$; द्वितीयक (2°)
$H_3C—C(CH_3)_2—Br$; तृतीयक (3°)

$C_6H_{11}CH_2Br$ (1°) ; $C_6H_{11}Br$ (2°) ; 1-मेथिलसाइक्लोहेक्सिल ब्रोमाइड (Br तथा CH_3 एक ही कार्बन पर) (3°)

यदि हैलोजन परमाणु विनाइल तथा ऐलिल समूह से जोड़ता है तो उत्पन्न व्युत्पन्नों को क्रमशः वाइनिलिक तथा ऐलिलिक व्युत्पन्न कहते हैं।

$CH_2{=}CHCl$ — वाइनिल क्लोराइड
$CH_2Cl—CH{=}CH_2$ — ऐलिल क्लोराइड

हैलोजन परमाणुओं की संख्या के आधार पर
On the Basis of Number of Halogen Atoms

हैलोजन व्युत्पन्न यौगिकों (ऐलिफैटिक तथा ऐरोमैटिक दोनों) को पुनः अणु में उपस्थित हैलोजन परमाणुओं की संख्या के आधार पर **मोनो, डाइ, ट्राइ तथा ट्रेटा हैलोजन व्युत्पन्नों** के रूप में वर्गीकृत कर सकते हैं।

उदाहरण—

CH_3Cl
[$\because$ एक हैलोजन परमाणु $\therefore$ मोनोहैलोजन व्युत्पन्न]

CH_2Cl_2
[$\because$ दो हैलोजन परमाणु $\therefore$ डाइहैलोजन व्युत्पन्न]

$CHCl_3$
[$\because$ तीन हैलोजन परमाणु $\therefore$ ट्राइहैलोजन व्युत्पन्न]

CCl_4
[$\because$ चार हैलोजन परमाणु $\therefore$ टेट्राहैलोजन व्युत्पन्न]

ऐल्कीनों पर हैलोजन अम्लों का योग
Addition of Halogen Acids to Alkenes

(i) **ऐल्कीनों पर HX** (हैलोजन अम्ल = HCl, HBr, HI) **के योग** द्वारा ऐल्किल हैलाइड बनाए जा सकते हैं। ये अभिक्रियाएँ इलेक्ट्रॉनस्नेही योग अभिक्रियाएँ तथा मार्कोनीकॉफ नियमानुसार होती हैं।

$$R-\overset{H}{\overset{|}{C}}=\overset{H}{\overset{|}{C}}-H+H-X \longrightarrow R-\underset{X}{\underset{|}{\overset{H}{\overset{|}{C}}}}-\underset{H}{\underset{|}{\overset{H}{\overset{|}{C}}}}-H$$

(ii) **असममित ऐल्कीन पर HBr का योग** बेन्जॉयल परॉक्साइड की उपस्थित में कराने पर मार्कोनीकॉफ नियम के विपरीत उत्पादन प्राप्त होता है। इसे **खैरेश प्रभाव** या **परॉक्साइड प्रभाव** कहते है।

$$\underset{\text{प्रोपीन}}{CH_3CH=CH_2}+HBr\xrightarrow{\text{बेन्जॉयल ऑक्साइड}}\underset{\text{1-ब्रोमोप्रोपेन}}{CH_3CH_2CH_2Br}$$

परॉक्साइड प्रभाव केवल HBr के साथ प्रदर्शित होता है। HCl एवं HI के साथ नहीं। हैलोजन अम्लों कीक्रियाशीलता का क्रम है

$$HI > HBr > HCl > HF$$

ऐल्कीनों पर Br का योग Addition of Br on Alkenes

इस अभिक्रिया द्वारा *विसिनल*-डाइहैलाइड प्राप्त होते हैं। इस अभिक्रिया द्वारा *जेमिनल*-डाइहैलाइड प्राप्त नहीं होते हैं।

$$R-CH=CH_2+Br_2\longrightarrow R\underset{Br}{\underset{|}{C}H}-CH_2Br$$

ऐल्काइलिन ब्रोमाइड
(*विस*-डाइहैलाइड)

ऐथेनॉल अथवा ऐसीटोन की जलीय Na_2CO_3 तथा KI के साथ क्रिया
Reaction of Ethanol or Acetone with Aqueous Na_2CO_3 and KI

ऐथेनॉल अथवा ऐसीटोन

$$+Na_2CO_3+KI\xrightarrow[60-70°C]{\text{विद्युत-अपघटन}}\underset{\text{पीला अवक्षेप}}{CHI_3}\downarrow$$

पूर्ण अभिक्रिया निम्न प्रकार होती है

$$CH_3CH_2OH+4I_2+3Na_2CO_3\longrightarrow\underset{\text{आयोडोफॉर्म}}{CHI_3}+HCOO^-Na^++5NaI+2H_2O+3CO_2\uparrow$$

भौतिक गुणधर्म Physical Properties

(i) CH_3Cl, CH_3Br तथा C_2H_5Cl कमरे के ताप पर गैस हैं। शेष सभी C_{18} तक के यौगिक द्रव जबकि उच्च सदस्य रंगहीन ठोस होते हैं।

(ii) समान ऐल्किल समूह के लिए हैलोजन का अणुभार बढ़ने के साथ क्वथनांक बढ़ता है अर्थात्

$$RI > RBr > RCl$$

समान हैलोजन के लिए ऐल्किल समूह का अणुभार बढ़ने के साथ ऐल्किल हैलोजन का क्वथनांक बढ़ता है अर्थात्

$$CH_3CH_2I > CH_3I$$

समावयवी ऐल्किल हैलाइडों में शृंखला वृद्धि के साथ क्वथनांक घटता है क्योंकि शृंखलन पर वाण्डरवाल्स बल घटता है।

$$\underset{1°}{CH_3CH_2CH_2CH_2Cl} > \underset{2°}{CH_3CH_2\overset{Cl}{\overset{|}{C}H}-CH_3} > \underset{3°}{CH_3-\underset{CH_3}{\underset{|}{\overset{CH_3}{\overset{|}{C}}}}-Cl}$$

(iii) ऐल्किल ब्रोमाइड व आयोडाइड के घनत्व जल से अधिक होते हैं, जबकि फ्लुओराइडों व क्लोराइडों के घनत्व से कम होते हैं।

(iv) डाइहैलाइड रंगहीन तथा रूचिकर गन्ध वाले द्रव होते हैं।

(v) ये जल में अघुलनशील तथा कार्बनिक विलायकों में घुलनशील होते हैं।

(vi) चूँकि क्वथनांक तथा गलनांक, आण्विक भार के समानुपाती होते है परन्तु *विस*-डाइहैलाइड का क्वथांक *जैम*-डाइहैलाइड से अधिक होता है।

(vii) क्लोरोफॉर्म तथा ब्रोमोफॉर्म मधुर गन्ध वाले रंगहीन द्रव हैं जबकि आयोडोफॉर्म पीला क्रिस्टलीय ठोस है।

(viii) ये जल में अघुलनशील लेकिन ऐल्कोहॉल, ईथर इत्यादि कार्बनिक विलायक में घुलनशील होते हैं यद्यपि क्लोरोफॉर्म जल में आंशिक रूप से घुलनशील है।

(ix) क्लोरोफॉर्म की वाष्प सूँघने पर अस्थायी बेहोशी आ जाती है। अत: इसे सामान्य निश्चेतक के रूप में प्रयोग करते हैं।

रासायनिक गुणधर्म Chemical Properties

डाइहैलाइडों के प्रमुख रासायनिक गुणधर्म निम्नलिखित हैं

ऐल्कोहॉलीय KOH के साथ क्रिया
Reaction with Alcoholic KOH

यह एक विहाइड्रोहैलोजनीकरण अभिक्रिया है। *जैम* तथा *विस* दोनों डाइहैलाइडों की क्रिया ऐल्कोहॉलीय KOH के साथ कराने पर ऐल्काइन प्राप्त होते हैं।

$$\begin{matrix}CH_2Cl\\|\\CH_2Cl\end{matrix}+KOH\xrightarrow[-KCl,\,-H_2O]{}\underset{\text{विनाईल क्लोराइड}}{\begin{matrix}CH_2\\\|\\CH-Cl\end{matrix}}\xrightarrow[-KCl,\,-H_2O]{\text{ऐल्को}\cdot KOH}\underset{\text{एथाइन}}{\begin{matrix}CH\\|||\\CH\end{matrix}}$$

Zn चूर्ण के साथ क्रिया Reaction with Zn Dust

जैम तथा *विस*-डाइहैलाइडो को Zn चूर्ण के साथ गर्म करने पर ऐल्कीन प्राप्त होते हैं। इस अभिक्रिया में दोनों हैलोजन परमाणुओं का ह्रास होता है अत: यह एक विहैलोजनीकरण अभिक्रिया है।

$$\begin{matrix}CH_2X\\|\\CH_2X\end{matrix}+Zn\xrightarrow[-ZnX_2]{\Delta}\underset{\text{एथिलीन}}{\begin{matrix}CH_2\\\|\\CH_2\end{matrix}}$$

$$CH_3-CHX_2+Zn\xrightarrow[-ZnX_2]{\Delta}\underset{\text{एथिलीन}}{CH_2=CH_2}$$

नाभिकस्नेही प्रतिस्थापन अभिक्रियाएँ
Nucleophilic Substitution Reactions

S_N1 या एकाणुक नाभिकस्नेही प्रतिस्थापन अभिक्रिया
Unimolecular Nucleophilic Substitution Reaction S_N1

ये अभिक्रियाएँ निम्न दो पदों में सम्पन्न होती हैं

पद I. $R—X \underset{}{\overset{\text{मन्द}}{\rightleftharpoons}} R^+ + X^-$

पद II. $R^+ + \bar{O}H \longrightarrow R—OH$

इनका प्रथम पद मन्द व वेग निर्धारक होता है तथा द्वितीय पद तीव्रता से सम्पन्न होता है। इन अभिक्रियाओं के वेग के निर्धारण पद में केवल एक अणु भाग लेता है अर्थात् अभिक्रिया का वेग केवल एक क्रियाधार अणु (Substrate) की सान्द्रता पर निर्भर करता है। अत: ये प्रथम कोटि की अभिक्रियाएँ हैं।

दूसरे शब्दों में इन अभिक्रियाओं की गति नाभिकस्नेही की सान्द्रता से स्वतन्त्र होती है अर्थात् अभिक्रिया के वेग पर नाभिकस्नेही की सान्द्रता परिवर्तन का कोई प्रभाव नहीं पड़ता है। अर्थात्

अभिक्रिया की दर $\propto$ [क्रियाधार]

या अभिक्रिया की दर $\propto [R—X]$

एकाणुक नाभिकस्नेही प्रतिस्थापन अभिक्रियाओं को स्पष्ट रूप से समझने के लिए तृतीयक (3°) ऐल्किल हैलाइड पर नाभिकस्नेही के आक्रमण का उदाहरण लेते हैं।

उदाहरण—तृतीयक ब्यूटिल ब्रोमाइड पर नाभिकस्नेही (OH^-) का आक्रमण

$$CH_3—C(CH_3)_2—Br + \bar{O}H \longrightarrow CH_3—C(CH_3)_2—OH + Br^-$$

$$\text{अभिक्रिया की दर} = k\left[CH_3—C(CH_3)_2—Br\right]$$

उपरोक्त अभिक्रिया दो पदों में सम्पन्न होती है। इस अभिक्रिया के प्रथम पद में 3° ब्यूटिल ब्रोमाइड पर नाभिकस्नेही का आक्रमण होने पर कार्बोधनायन का निर्माण होता है। यह पद मन्द गति से सम्पन्न होता है, इसलिए यह वेग निर्धारक पद है।

द्वितीयक पद में नाभिकस्नेही क्रियाशील मध्यवर्ती अर्थात् कार्बोधनायन के साथ शीघ्रतापूर्वक क्रिया करके उत्पाद का निर्माण करता है। यह पद तीव्र गति से सम्पन्न होता है तथा अभिक्रिया के वेग के इस निर्धारण में इस पद का योगदान नहीं होता है।

पद I. $CH_3—C(CH_3)_2—Br \xrightarrow[\text{(मन्द)}]{\text{आयनन}} CH_3—C^+(CH_3)_2 + Br^-$

t-ब्यूटिल कार्बोधनायन

पद II. $CH_3—C^+(CH_3)_2 + OH^- \xrightarrow[\text{तीव्र}]{} CH_3—C(CH_3)_2—OH$

t-ब्यूटिल ऐल्कोहॉल

उपरोक्त अभिक्रिया में निर्मित कार्बोधनायन का स्थायित्व निम्न प्रकार होता है

$\overset{+}{C}H_3 < 1° < 2° < 3°$ कार्बोधनायन

या $\overset{+}{C}H_3 < CH_3\overset{+}{C}H_2 < (CH_3)_2\overset{+}{C}H < (CH_3)_3\overset{+}{C}$

इनके स्थायित्व को प्रेरणिक प्रभाव तथा अतिसंयुग्मन प्रभाव के आधार पर समझाया जा सकता है।

S_N2 या द्विअणुक नाभिकस्नेही प्रतिस्थापन अभिक्रिया
S_N2 or Bimolecular Substitution Reaction

ये अभिक्रियाएँ एक पद में सम्पन्न होती हैं। इन अभिक्रियाओं में अभिक्रिया का वेग क्रियाधारी (Substrate) तथा आक्रमणकारी नाभिकस्नेही दोनों की सान्द्रता पर निर्भर करता है। यह एक द्वितीयक कोटि की अभिक्रिया है।

इन अभिक्रियाओं के वेग को निम्न प्रकार प्रदर्शित किया जा सकता है

वेग = k [क्रियाधार] [नाभिकस्नेही]

इससे स्पष्ट होता है, कि अभिक्रिया के वेग निर्धारक पद में क्रियाधार तथा नाभिकस्नेही दोनों का योगदान होता है। S_N2 अभिक्रिया में एक संक्रमण अवस्था का निर्माण होता है।

$$H_3C—Br + OH^- \xrightarrow{\text{मन्द}} \left[HO^{\delta-}\cdots CH_3 \cdots Br^{\delta-}\right] \xrightarrow{\text{तीव्र}} HO—CH_3 + Br$$

मेथिल ब्रोमाइड; हाइड्रॉक्साइड आयन (आक्रमणकारी) नाभिकस्नेही; संक्रमण अवस्था; मेथेनॉल (प्रतिस्थापन उत्पाद)

S_N2 अभिक्रिया में आक्रमणकारी नाभिकस्नेही (OH^-) क्रियाधार पर पीछे की दिशा से आक्रमण करता है। इस कारण क्रियाधार का विन्यास परिवर्तित हो जाता है अर्थात् उलट जाता है, जिस प्रकार तीव्र आँधी अथवा हवा में छाता पलट कर उल्टा हो जाता है।

इसे हम निम्न प्रकार प्रदर्शित कर सकते है

$$H—\ddot{O}: + H_3C—Cl \xrightarrow{\text{मन्द}} \left[H—O^{\delta-}\cdots CH_3 \cdots Cl^{\delta-}\right] \xrightarrow{\text{तीव्र}} H—O—CH_3 + Cl^-$$

यदि आक्रमण से पूर्व क्रियाधार का विन्यास D है, तो परिवर्तन के पश्चात् यह L तथा यदि यह L है, तो परिवर्तन के पश्चात् D हो जाता है।

इस प्रकार S_N2 अभिक्रिया में अभिविन्यास का प्रतिलोमन हो जाता है। इसे सामान्यतया **वाल्डन प्रतिलोमन** (Walden inversion) कहा जाता है।

उदाहरण—

$$Nu^- + \underset{D\text{-रूप}}{(H_3C)(H_3C.H_2C)H\text{—}C\text{—}X} \longrightarrow \underset{\text{संक्रमण अवस्था}}{\left[\overset{\delta-}{Nu}\text{---}C(CH_3)(H)(CH_2CH_3)\text{---}\overset{\delta-}{X}\right]} \xrightarrow{-X^-} \underset{L\text{-रूप}}{Nu\text{—}C(CH_3)(H)(CH_2\text{—}CH_3)}$$

S_N2 अभिक्रियाओं में ऐल्किल हैलाइडों की क्रियाशीलता का क्रम निम्न होता मेथिल हैलाइड > प्राथमिक हैलाइड > द्वितीयक हैलाइड > तृतीयक हैलाइड यह क्रम स्थूल समूहों की त्रिविम बाधा (Steric hindrance) के कारण होता है।

कुछ नाभिकस्नेही प्रतिस्थापन अभिक्रिया का वर्णन निम्नलिखित हैं

(i) **हाइड्रॉक्सिल समूह द्वारा प्रतिस्थापन** हैलोऐल्केनों की जलीय क्षार (NaOH, KOH इत्यादि) अथवा नम Ag_2O के साथ क्रिया पर संगत ऐल्कोहॉल प्राप्त होते हैं।

$$RX + NaOH\,(\text{जलीय}) \longrightarrow ROH + NaX$$

$$\underset{\text{एथिल क्लोराइड}}{C_2H_5Cl} + NaOH\,(\text{जलीय}) \longrightarrow \underset{\text{एथिल ऐल्कोहॉल}}{C_2H_5OH} + NaCl$$

$$\underset{\text{एथिल क्लोराइड}}{2C_2H_5Cl} + H_2O + \underset{\text{नम सिल्वर ऑक्साइड}}{Ag_2O} \longrightarrow \underset{\text{एथिल ऐल्कोहॉल}}{2C_2H_5OH} + 2AgCl\downarrow$$

(ii) **ऐल्कॉक्सी समूह द्वारा प्रतिस्थापन** ऐल्किल हैलाइड को सोडियम या पोटैशियम ऐल्कॉक्साइड या शुष्क Ag_2O के साथ गर्म करने पर ईथर का निर्माण होता है। इस अभिक्रिया में, OR^- आक्रमणकारी नाभिकस्नेही समूह है।

$$RX + NaOR' \xrightarrow{\Delta} \underset{\text{असममित ईथर}}{ROR'} + NaX$$

$$\underset{\text{एथिल क्लोराइड}}{C_2H_5Cl} + \underset{\text{सोडियम एथॉक्साइड}}{NaOC_2H_5} \longrightarrow \underset{\text{डाइएथिल ईथर}}{C_2H_5OC_2H_5} + NaCl$$

यह अभिक्रिया **विलियमसन संश्लेषण** कहलाती है।

$$2RX + Ag_2O \xrightarrow{\Delta} \underset{\text{सममित ईथर}}{R\text{—}O\text{—}R} + 2AgX$$

(iii) **सायनो समूह द्वारा प्रतिस्थापन** ऐल्किल हैलाइडों की क्रिया क्षारीय धातु सायनाइडों जैसे—KCN, NaCN के ऐल्कोहॉलिक विलयन से कराने पर ये सायनाइड में परिवर्तित हो जाते हैं।

$$\underset{\text{ऐल्किल हैलाइड}}{R\,\boxed{X + K}\,CN} \xrightarrow{\text{ऐल्कोहॉल}} RCN + KX$$

$$\underset{\text{एथिल क्लोराइड}}{C_2H_5\,\boxed{Cl + K}\,CN} \xrightarrow{\text{ऐल्कोहॉल}} \underset{\text{एथिल सायनाइड}}{C_2H_5CN} + KCl$$

अपचयन Reduction

अपचयन करने पर ऐल्किल हैलाइड संगत ऐल्केनों में अपचयित हो जाते हैं।

$$RX + 2[H] \longrightarrow RH + HX$$

$$\underset{\text{एथिल ब्रोमाइड}}{C_2H_5Br} + 2[H] \longrightarrow \underset{\text{एथेन}}{C_2H_6} + HBr$$

इस अभिक्रिया में निम्नलिखित अपचायक प्रयोग किए जा सकते हैं

धातुओं के साथ अभिक्रियाएँ Reactions with Metals

(i) **Mg के साथ अभिक्रिया** शुष्क ईथर की उपस्थिति में ऐल्किल हैलाइड व Mg धातु की क्रिया से कार्बधात्विक यौगिक **ग्रिगनार्ड अभिकर्मक** बनता है। (कार्बधात्विक यौगिक में धातु (M) सीधे कार्बन परमाणु से जुड़ी होती है।)

$$\underset{\text{ऐल्किल हैलाइड}}{RX} + Mg \xrightarrow{\text{शुष्क ईथर}/\Delta} \underset{\substack{\text{ऐल्किल मैग्नीशियम हैलाइड}\\(\text{कार्बधात्विक यौगिक})}}{RMgX}$$

(ii) **Li के साथ अभिक्रिया** Li ऐल्किल हैलाइडों के साथ क्रिया करके ऐल्किल लीथियम देता है जो प्रबल क्षार (R^-) का स्रोत है।

$$RX + 2Li \longrightarrow R\text{—}Li + LiX$$

$$C_2H_5Br + 2Li \longrightarrow C_2H_5\text{—}Li + LiBr$$

सैत्जेफ का नियम Saytzeff Rule

किसी हैलोऐल्केन के विहाइड्रोहैलोजनीकरण द्वारा बनने वाली दो या अधिक प्रकार की ऐल्कीनों में से वह ऐल्कीन अधिक मात्रा में निर्मित होती है, जिसमें असंतृप्त कार्बनों पर सबसे अधिक प्रतिस्थापित समूह उपस्थित होते हैं।

$$CH_3CH_2\underset{\underset{Cl}{|}}{C}H\text{—}CH_3 \xrightarrow{\text{ऐल्को. KOH}} \underset{\text{1-ब्यूटीन (20\%)}}{CH_3\text{—}CH_2\text{—}CH{=}CH_2} + \underset{\text{2-ब्यूटीन (80\%)}}{CH_3\text{—}CH{=}CH\text{—}CH_3}$$

विलोपन अभिक्रियाएँ Elimination Reactions

विलोपन अभिक्रियाएँ दो प्रकार (E1 तथा E2) की होती है।

E1 विलोपन (एकअणुक विलोपन)

अभिक्रियाओं में सर्वप्रथम ऐल्किल हैलाइड कार्बधनायन तथा हैलाइड आयन में अपघटित होता है।

$$CH_3\overset{Cl}{\overset{|}{C}}HCH_3 \xrightarrow[E1]{\text{मन्द}} CH_3\overset{\oplus}{C}HCH_3 + Cl^-$$

$$CH_3\overset{+}{C}H\text{—}CH_2(H\text{—}OH^-) \xrightarrow{\text{तीव्र}} CH_3CH{=}CH_2 + H_2O$$

इन अभिक्रियाओं में ऐल्किल हैलाइडों की सक्रियता के घटने का क्रम निम्न है

तृतीयक > द्वितीयक > प्राथमिक ऐल्किल हैलाइड

क्रियाशीलता का यह क्रम ऐल्किल समूह के $+I$ प्रभाव के कारण होता है, जोकि C—X बन्ध की ध्रुवणता को बढ़ाता है।

$$R_3\overset{3^\circ}{C}\rightarrow\rightarrow\rightarrow X, \quad R_2\overset{2^\circ}{C}H\rightarrow\rightarrow X, \quad R\rightarrow\overset{1^\circ}{C}H_2\rightarrow X$$

वे ऐल्किल हैलाइड जिनमें समान ऐल्किल समूह, परन्तु विभिन्न हैलोजन परमाणु होते हैं उनकी क्रियाशीलता की व्याख्या C—X बन्ध लम्बाई के आधार पर की जाती है।

बन्ध का प्रकार	C—I	C—Br	C—Cl
बन्ध की प्रबलता किलोकैलोरी/मोल	45.5	54	66.5

बन्ध शक्ति का बढ़ता क्रम →

बन्ध शक्ति बढ़ने के साथ क्रियाशीलता घटती जाती है।

अर्थात् $\text{क्रियाशीलता} \propto \dfrac{1}{\text{बन्ध शक्ति}}$

अधिक प्रतिस्थापित ऐल्कीन सैत्जेफ उत्पाद होता है तथा कम प्रतिस्थापित ऐल्कीन हॉफमान उत्पाद होता है।

$$(H_3C)_2C(Cl)CH_2CH_3 \longrightarrow (H_3C)_2\overset{\oplus}{C}CH_2CH_3 \longrightarrow (H_3C)_2C{=}CH(CH_3) + H_3CH_2C(H_3C)C{=}CH_2$$

(मुख्य) (न्यून)

सैत्जेफ विलोपन द्वारा प्राप्त उत्पाद को अधिक तीव्रता से संपीडित करने पर कम प्रतिस्थापित ऐल्कीन प्राप्त हो सकते हैं।

सैत्जेफ उत्पाद में तृतीयक-ब्यूटिल समूह तथा इसके *समपक्ष* मेथिल समूह की हाइड्रोजनों के मध्य पर्याप्त प्रतिकर्षण बल होता है।

$$(CH_3)_3CCH_2C(CH_3)_2Br \longrightarrow (CH_3)_3CCH_2\overset{\oplus}{C}(CH_3)_2 \longrightarrow (CH_3)_3CCH_2(H_3C)C{=}CH_2 + (H_3C)_3C(H)C{=}C(CH_3)_2$$

हॉफमान (प्रमुख) सैत्जेफ (गौण)

कार्बधनायन न केवल विलुप्त होता है वरन् साथ ही S_N1 अभिक्रिया द्वारा एक नाभिकस्नेही स्पीशीज का योग करके, एक प्रतिस्थापित उत्पाद देता है। अत: E1 तथा S_N1 अभिक्रियाएँ साथ-साथ चलती है। कार्बधनयान का अधिक स्थायित्व प्राप्त करने के लिए 1, 2-हाइड्राइड अथवा 1,2-मेथिल स्थानान्तरण हो सकता है।

(i) $CH_3CH(CH_3)CH_2Cl \xrightarrow[E1]{\text{मन्द}} CH_3CH(CH_3)\overset{\oplus}{C}H_2$ (1° कार्बधनायन) $\xrightarrow{\text{1, 2-हाइड्राइड स्थानान्तरण}} CH_3\overset{\oplus}{C}(CH_3)CH_3$ (3° कार्बधनायन (अधिक स्थाई)) $\xrightarrow{\text{तीव्र, } OH^-} CH_3C(CH_3){=}CH_2$

तीव्र, OH^- ; तीव्र, OH^-

E2 विलोपन (द्विअणुक विलोपन)

अभिक्रिया निम्न प्रकार सम्पादित होती है

$$CH_3CH(Cl)-CH(H)CH_3 + OH^- \longrightarrow CH_3CH{=}CHCH_3 + H_2O + Cl^-$$

E2 विलोपन त्रिविम विशिष्ट होता है।

1-ब्रोमो-1, 2-डाइफेनिल प्रोपेन में दो किरैल कार्बन परमाणु (*) उपस्थित होते हैं।

$$C_6H_5\overset{*}{C}H(Br)-\overset{*}{C}H(CH_3)C_6H_5$$

विहाइड्रोजनीकरण *विपक्ष*-विलोपन द्वारा होता है।

$$\text{(फिशर प्रक्षेपण: } C_6H_5;\ CH_3-C-H;\ Br-C-H;\ C_6H_5) \xrightarrow{\text{ऐल्कोहॉलीय KOH}} (H_3C)(C_6H_5)C{=}C(H)(C_6H_5)$$

समपक्ष-1,2-डाइफेनिल-1-प्रोपीन

$$\text{(फिशर प्रक्षेपण: } C_6H_5;\ CH_3-C-H;\ H-C-Br;\ C_6H_5) \xrightarrow{\text{ऐल्कोहॉलीय KOH}} (H_3C)(C_6H_5)C{=}C(C_6H_5)(H)$$

विपक्ष

E2 अभिक्रिया विलुप्त किए जाने वाले हाइड्रोजन परमाणु पर क्षार के आक्रमण द्वारा प्राप्त होती है।

$$EtO^- + H-C-C-Br \longrightarrow \;>C{=}C<\; + EtOH + Br^-$$

अभिक्रिया की दर, क्षार की क्षमता में वृद्धि के साथ बढ़ती है।

$$CH_3CO_2^- < OH^- < EtO^- < Me_3CO^- < NH_2^-$$

S_N2 अभिक्रिया के विघटन निम्न क्रम का पालन करता है

आयोडाइड > ब्रोमाइड > क्लोराइड

(जब समान ऐल्किल समूह उपस्थित होते हैं) तथा

तृतीयक > द्वितीयक > प्राथमिक

(जब समान हैलोजन उपस्थित होते हैं)

C—Cl > C—Br > C—I (जब बन्ध क्षमताएँ ज्ञात हो)

$(CH_3)_3C-Br \xrightarrow{EtO^-} (CH_3)_2C=CH_2$ से तीव्र

$(CH_3)_2CH-Br \xrightarrow{EtO^-} CH_3CH=CH_2$ से तीव्र

$CH_3CH_2-Br \xrightarrow{EtO^-} CH_2=CH_2$

नाभिकस्नेही अभिकर्मक क्षार भी होता है अत: E 2 अभिक्रिया प्रतिस्थापन के साथ पूर्ण होती है।

फ्रीडल-क्राफट ऐल्किलीकरण Friedel-Craft Alkylation

इस अभिक्रिया में ऐल्किल हैलाइड को निर्जल $AlCl_3$ की उपस्थिति में बेन्जीन के साथ गर्म करने पर ऐल्किल बेन्जीन प्राप्त होते हैं।

$$C_6H_6 + R—X \xrightarrow{AlCl_3} C_6H_5R + HX$$

विरंजक चूर्ण की एथिल ऐल्कोहॉल अथवा ऐसीटोन के साथ क्रिया Reaction of Bleaching Powder with Ethyl Alcohol or Acetone

क्लोरोफॉर्म को, विरंजक चूर्ण और जल के साथ एथिल ऐल्कोहॉल या ऐसीटोन के आसवन द्वारा बनाया जाता है। विरंजक चूर्ण से प्राप्त क्लोरीन ऑक्सीकारक और क्लोरीनीकारक दोनों के रूप में उपयोगी होती है।

(प्रयोगशाला विधि)

$$\underset{\text{विरंजक चूर्ण}}{CaOCl_2} + H_2O \longrightarrow Ca(OH)_2 + Cl_2$$

(i) **ऐल्कोहॉल द्वारा**

$$[Cl_2 + H_2O \longrightarrow 2HCl + O]$$

$$\underset{\text{एथिल ऐल्कोहॉल}}{CH_3CH_2OH} + O \longrightarrow \underset{\text{ऐसीटैल्डिहाइड}}{CH_3CHO} + H_2O$$

$$\underset{\text{ऐसीटैल्डिहाइड}}{CH_3CHO} + 3Cl_2 \xrightarrow{\text{क्लोरीनीकरण}} \underset{\text{क्लोरल}}{CCl_3CHO} + 3HCl$$

क्लोरल को कैल्सियम हाइड्रॉक्साइड के द्वारा जल-अपघटित करने पर क्लोरोफॉर्म प्राप्त होता है।

$$CCl_3 | COCH_3 \quad H_3C \cdot CO | CCl_3$$
$$H- | -O-Ca-O- | -H$$

$$\xrightarrow{\text{जल-अपघटन}} \underset{\text{क्लोरोफॉर्म}}{2CHCl_3} + \underset{\text{कैल्सियम फॉर्मेट}}{(HCOO)_2Ca}$$

(ii) **ऐसीटोन द्वारा**

$$CH_3—CO—CH_3 + 3Cl_2 \longrightarrow \underset{\text{ट्राइक्लोरो ऐसीटोन}}{CCl_3COCH_3} + 3HCl$$

$$\xrightarrow{\text{जल-अपघटन}} \underset{\text{क्लोरोफॉर्म}}{2CHCl_3} + \underset{\text{कैल्सियम ऐसीटेट}}{(CH_3COO)_2Ca}$$

ऑक्सीकरण Oxidation

सूर्य के प्रकाश की उपस्थिति में वातावरणीय O_2 के साथ क्रिया करके क्लोरोफॉर्म अति विषैली गैस फॉस्जीन (कार्बोनिल क्लोराइड) में ऑक्सीकृत हो जाता है।

$$\underset{\text{क्लोरोफॉर्म}}{Cl_3C—H} + [O] \xrightarrow{\text{प्रकाश और वायु}} \underset{\text{अस्थायी}}{Cl_3C—OH} \longrightarrow HCl + \underset{\text{फॉस्जीन}}{Cl_2C=O}$$

फॉसजीन बहुत जहरीली गैस है। अत: क्लोरोफॉर्म को संग्रहित करने के लिए निम्नलिखित सावधानी रखी जाती है।

जल-अपघटन Hydrolysis

जलीय अथवा ऐल्कोहॉलिक KOH या NaOH विलयन के साथ जल-अपघटन करने पर क्लोरोफॉर्म फॉर्मेट लवण देता है।

$$HCCl_3 + 3KOH \xrightarrow{-3KCl} \underset{\substack{\text{1,1,1-ट्राइहाइड्रॉक्सी मेथेन} \\ \text{(अस्थायी) (या 1,1,1-ट्राइमेथेनॉल)}}}{HC(OH)_3} \xrightarrow{-H_2O}$$

$$HCOOH \xrightarrow[-H_2O]{+KOH} \underset{\text{पोटैशियम फॉर्मेट}}{HCOOK}$$

हैलोजनीकरण Halogenation

$CHCl_3$ का पुन: हैलोजनीकरण करने पर CCl_4 का निर्माण होता है।

$$\underset{\text{क्लोरोफॉर्म}}{CHCl_3} \xrightarrow{Cl_2/h\nu} \underset{\substack{\text{टेट्राक्लोरोमेथेन} \\ \text{(पाइरीन)}}}{CCl_4}$$

नाइट्रीकरण Nitration

सान्द्र HNO_3 के साथ गर्म करने पर क्लोरोपिकरिन (विषैला द्रव) बनता है जो कीटनाशी तथा रासायनिक हथियारों में प्रयोग होता है।

$$CHCl_3 + HNO_3 \xrightarrow{\text{गर्म}} \underset{\substack{\text{नाइट्रो क्लोरोफॉर्म} \\ \text{(क्लोरोपिक्रिन)}}}{Cl_3CNO_2} + H_2O$$

सिल्वर-चूर्ण के साथ अभिक्रिया

Reaction with Ag Powder

ऐसीटिलीन गैस बनती है।

$$2CHCl_3 + 6Ag \longrightarrow CH \equiv CH + 6AgCl$$

राइमर-टीमैन अभिक्रिया

Reimmer-Tiemann Reaction

क्लोरोफॉर्म को फीनॉल एवं क्षार के साथ गर्म करने पर ऐरोमैटिक ऐल्डिहाइड (जैसे-सैलिसिल्डिहाइड) बनते हैं।

$$2\underset{\text{फीनॉल}}{C_6H_5OH} + 3KOH + CHCl_2 \longrightarrow \underset{\substack{o\text{-हाइड्रॉक्सी} \\ \text{बेन्जल्डिहाइड}}}{C_6H_4(OH)CHO} + \underset{p\text{-हाइड्रॉक्सी बेन्जल्डिहाइड}}{C_6H_4(OH)CHO} + 3KCl + 3H_2O$$

कार्बिलऐमीन अभिक्रिया Carbylamine Reaction

यह अभिक्रिया प्राथमिक ऐमीनो समूह के परीक्षण में प्रयुक्त की जाती है। क्लोरोफॉर्म को ऐल्कोहॉलिक KOH तथा प्राथमिक ऐमीन (ऐरोमैटिक/ऐलिफैटिक) के साथ गर्म करने पर दुर्गन्ध युक्त आइसोसायनाइड बनता है।

$$\underset{\text{एथिल ऐमीन}}{C_2H_5NH_2} + \underset{\text{क्लोरोफॉर्म}}{CHCl_3} + 3KOH \xrightarrow{\text{गर्म}} \underset{\substack{\text{एथिल आइसोसायनाइड}\\ \text{(एथिल कार्बिलऐमीन)}}}{C_2H_5NC} + 3KCl + 3H_2O$$

सोडियम एथॉक्साइड के साथ अभिक्रिया

Reaction with Sodium Ethoxide

एथिल ऑर्थोफॉर्मेट बनता है।

$$HC\begin{cases}Cl \;\; Na\,OC_2H_5\\ Cl + Na\,OC_2H_5\\ Cl \;\; Na\,OC_2H_5\end{cases} \xrightarrow{\text{गर्म}} HC\begin{cases}OC_2H_5\\ OC_2H_5\\ OC_2H_5\end{cases} + 3NaCl$$

पॉलीहैलोऐल्केन Polyhaloalkanes

वे यौगिक जिनमें तीन से अधिक हाइड्रोजन परमाणुओं का प्रतिस्थापन, हैलोजन परमाणुओं द्वारा होता है, पॉलीऐल्किल हैलाइड कहलाते हैं। कुछ महत्त्वपूर्ण पॉलीऐल्किल हैलाइड निम्न प्रकार हैं

कार्बन टेट्राक्लोराइड अथवा टेट्राक्लोरो मेथेन (CCl_4)

Carbon Tetrachloride or Tetrachloro Methane

इसकी खोज कोलतार के भारी प्रभाज से सर्वप्रथम **लॉरेन्ट** (Laurent) ने की थी।

निर्माण की विधियाँ Methods of Preparation

(i) उच्च ताप पर Cl_2 के आधिक्य के साथ क्रिया कराने पर मेथेन CCl_4 में परिवर्तित हो जाती है।

$$CH_4 + 4Cl_2 \xrightarrow{400°C} CCl_4 + 4HCl$$

(ii) उत्प्रेरक जैसे– Fe, $AlCl_3$, I_2 या $SbCl_5$ की उपस्थिति में CS_2 की अभिक्रिया Cl_2 से कराने पर कार्बन टेट्राक्लोराइड बनता है।

$$CS_2 + 3Cl_2 \longrightarrow CCl_4 + \underset{\substack{\text{सल्फर}\\ \text{मोनोक्लोराइड}}}{S_2Cl_2}$$

$$CS_2 + 2S_2Cl_2 \longrightarrow CCl_4 + 6\,S$$

(iii) क्लोरोफॉर्म के क्लोरीनीकरण द्वारा कार्बन टेट्राक्लोराइड प्राप्त होता है।

$$CHCl_3 + Cl_2 \longrightarrow CCl_4 + HCl$$

(iv) उच्च ताप (≈400°C) तथा उच्च दाब (70–100 वायुमण्डल) पर प्रोपेन की अभिक्रिया Cl_2 से कराने पर कार्बन टेट्राक्लोराइड बनता है।

$$\underset{\text{प्रोपेन}}{C_3H_8} + \underset{\text{क्लोरीन}}{9Cl_2} \xrightarrow[\text{वायुमण्डल}]{400°C/70-100} \underset{\text{द्रव}}{CCl_4} + \underset{\substack{\text{हेक्साक्लोरो}\\ \text{एथेन(ठोस)}}}{C_2Cl_6} + 8HCl\uparrow$$

भौतिक गुणधर्म Physical Properties

(i) यह एक रंगहीन, मीठी गन्ध वाला, विषैला, द्रव (क्वथनांक 77°C) है।

(ii) यह जल में अविलेय, किन्तु कार्बनिक विलायकों में विलेय है।

(iii) यह अज्वलनशील होता है तथा अग्निशामक की तरह पाइरीन (Pyrene) के नाम से प्रयोग किया जाता है।

रासायनिक गुणधर्म Chemical Properties

यह क्लोरोफॉर्म की तुलना में कम क्रियाशील है।

(i) **ऑक्सीकरण** CCl_4 अज्वलनशील द्रव है तथा लगभग 500°C तक यह स्थायी रहता है। किन्तु 500°C पर इसकी वाष्प, जलवाष्प द्वारा ऑक्सीकृत होकर फॉस्जीन देती है।

$$\underset{\text{वाष्प}}{CCl_4} + \underset{\text{जल-वाष्प}}{H_2O} \xrightarrow{500°C} \underset{\text{फॉस्जीन}}{COCl_2} + 2HCl$$

(ii) **अपचयन** Fe / H_2O (वाष्प) द्वारा यह क्लोरोफॉर्म में अपचयित हो जाता है।

$$CCl_4 + 2[H] \xrightarrow{Fe\,/\,H_2O(\text{वाष्प})} CHCl_3 + HCl$$

(iii) **जल-अपघटन** जलीय KOH के साथ जल-अपघटन करने पर यह CO_2 मुक्त करता है।

$$CCl_4 + 4KOH \xrightarrow[-4KCl]{\text{जलीय}} \underset{\text{अस्थायी}}{HO-\overset{\overset{OH}{|}}{\underset{\underset{OH}{|}}{C}}-OH} \xrightarrow{-2H_2O}$$

$$CO_2 \xrightarrow{+KOH} K_2CO_3 + H_2O$$

(v) **राइमर-टीमैन अभिक्रिया** KOH अथवा NaOH की उपस्थिति में फीनॉल के साथ क्रिया करके CCl_4, *o*- व *p*-हाइड्रॉक्सी बेन्जोइक अम्ल देता है।

2 फीनॉल (C_6H_5OH) + CCl_4 + 4KOH ⟶ सैलिसिलिक अम्ल (*o*-HOC$_6$H$_4$COOH) + *p*-हाइड्रॉक्सी बेन्जोइक अम्ल (*p*-HOC$_6$H$_4$COOH) + 4KCl + $2H_2O$

(vi) **पाइरोल के साथ** पाइरोल-2-कार्बोक्सिलिक अम्ल बनता है।

पाइरोल (N–H) + CCl_4 + 4NaOH $\xrightarrow{\Delta}$ पाइरोल-2-COOH (N–H) + 4NaCl + $2H_2O$

(vii) **फ्रीडल-क्राफ्ट अभिक्रिया** डाइक्लोरो डाइफेनिल मेथेन बनता है जो जल-अपघटन करने पर बेन्जोफीनॉन देता है।

$$(C_6H_5)_2C{<}^{Cl}_{Cl} + 2NaOH \xrightarrow[-2NaCl]{\text{जलीय}} C_6H_5C{<}^{OH}_{OH} \xrightarrow{-H_2O} \underset{\text{बेन्जोफीनॉन}}{C_6H_5COC_6H_5}$$

क्लोरोफलुओरो कार्बन Chlorofluoro Carbon

मेथेन और एथेन के क्लोरोफ्लुओरो व्युत्पन्नों को फ्रेऑन कहते हैं, जैसे-(मोनोक्लोरो डाइफ्लुओरो मेथेन), CF_2Cl_2 (डाइक्लोरो डाइफ्लुओरो मेथेन), HCF_2CHCl_2 (1,1-डाइक्लोरो-2, 2-डाइफ्लुओरो एथेन)।

भौतिक गुणधर्म Physical Properties

ये व्युत्पन्न अज्वलनशील, रंगहीन, अविषैले और कम क्वथनांक के द्रव होते हैं। ये 550°C तक स्थायी होते हैं। सबसे उपयोगी और महत्त्वपूर्ण व्युत्पन्न CF_2Cl_2 है जो कि सामान्य रूप से फ्रेऑन या फ्रेऑन-12 के नाम से जाना जाता है।

रासायनिक गुणधर्म Chemical Properties

सामान्य परिस्थितियों में फ्रेऑन एक गैस है। यह आसानी से द्रवित हो जाती है। यह रासायनिक रूप से अक्रिय है।

(i) समतापमण्डल में क्लोरोफ्लुओरो कार्बन पराबैंगनी किरणों द्वारा अपघटित होकर क्लोरीन मुक्त मूलक का निर्माण करती है।

$$CF_2Cl_2 \xrightarrow{\text{पराबैंगनी किरणें}} Cl\dot{C}(g) + \dot{C}F_2Cl\,(g)$$

(ii) क्लोरीन मुक्त मूलक ओजोन से क्रिया करके क्लोरीन मोनोऑक्साइड मूलक तथा आण्विक ऑक्सीजन बनाते हैं।

$$\dot{Cl}\,(g) + O_3\,(g) \longrightarrow \dot{Cl}O\,(g) + O_2\,(g)$$

(iii) क्लोरीन मोनोऑक्साइड मूलक परमाण्वीय ऑक्सीजन के साथ क्रिया करके और अधिक क्लोरीन मुक्त मूलक उत्पन्न करता है।

$$Cl\dot{O}\,(g) + O_3\,(g) \longrightarrow \dot{Cl}O\,(g) + O_2\,(g)$$

ये क्लोरीन मुक्त मूलक लगातार पुनर्योजित होकर ओजोन का विखण्डन करते रहते हैं। गणनाओं द्वारा ज्ञात हुआ है कि फ्रेऑन का एक अणु, ओजोन के हजार से अधिक अणुओं को विखण्डित कर देता है।

डी.डी.टी.; 2, 2-बिस (पैरा-क्लोरोफेनिल) -1,1,1-ट्राइक्लोरो एथेन (DDT; 2, 2,-*bis* (Para-Chlorophenyl)-1, 1-Trichloroethane)

निर्माण विधि Method of Preparation

क्लोरल (1 मोल) की क्लोरोबेन्जीन (दो मोल) से अभिक्रिया कराने पर DDT प्राप्त होता है।

$$\underset{\substack{\text{क्लोरल}\\(1\text{ मोल})}}{CCl_3-\overset{H}{\overset{|}{C}}=O} + \underset{\substack{\text{क्लोरोबेन्जीन}\\(2\text{ मोल})}}{2\,H-C_6H_4-Cl} \xrightarrow{\text{सान्द्र } H_2SO_4} \underset{\text{डी.डी.टी.}}{Cl_3C-\overset{H}{\overset{|}{C}}(C_6H_4Cl)_2} + H_2O$$

बी.एच.सी. बेन्जीन हेक्साक्लोराइड, $C_6H_6Cl_6$ Benzene Hexachloride, BHC

निर्माण की विधि Method of Preparation

सूर्य के प्रकाश की उपस्थिति में बेन्जीन की क्लोरीन से अभिक्रिया कराने पर BHC प्राप्त होता है।

$$\underset{\text{बेन्जीन}}{C_6H_6} + \underset{\text{क्लोरीन}}{3Cl_2} \xrightarrow{\text{सूर्य का प्रकाश}} \underset{\text{बेन्जीन हेक्साक्लोराइड}}{C_6H_6Cl_6}$$

यह गेमेक्सीन, लिण्डेन या 666 के नाम से भी जाना जाता है।

ऐरिल हैलाइड Aryl Halides

ऐरिल हैलाइड वे यौगिक हैं जिनमें हैलोजन परमाणु सीधे ऐरोमैटिक वलय से जुड़ी होती है। इन यौगिकों को सूत्र Ar—*X* द्वारा प्रदर्शित करते हैं जहाँ Ar फेनिल, प्रतिस्थापित फेनिल अथवा कोई अन्य ऐरिल वलय को प्रदर्शित करता है। विस्तृत अध्ययन से पूर्व नीचे प्रदर्शित समूहों पर ध्यान दीजिए।

फेनिल, *o*-टॉलराइल (CH_3), *m*-टॉलराइल (CH_3), *p*-टॉलराइल (CH_3)

बेन्ज़िल (CH_2), बेन्ज़ल (—CH), बेन्ज़ो (—C—)

C—X आबन्ध की प्रकृति Nature of C—X Bond

ऐरिल हैलाइड में अनुनाद के कारण C—X बन्ध में आंशिक द्विबन्ध लक्षण आ जाता है जिसके कारण C—X बन्ध में X का प्रतिस्थापन कठिनाई के साथ (विशिष्ट परिस्थितियों में) होता है।

बनाने की विधियाँ Methods of Preparation

ऐरिल हैलाइडों के बनाने की विधियाँ ऐल्किल हैलाइडों के संश्लेषण की विधियों के समान नहीं होती है। इन्हें निम्नलिखित विधियों द्वारा बनाया जा सकता है

हैलोजनीकरण द्वारा By Halogenation

$$C_6H_6 + Cl_2 \xrightarrow{Fe} C_6H_5Cl \xrightarrow{Fe/Cl_2} \text{o-}C_6H_4Cl_2 + \text{p-}C_6H_4Cl_2$$

फीनॉल द्वारा By Phenol

$$\underset{\text{फीनॉल}}{C_6H_5OH} + PCl_5 \longrightarrow \underset{\text{क्लोरोबेन्जीन}}{C_6H_5Cl} + POCl_3 + HCl$$

इस अभिक्रिया में क्लोरोबेन्जीन की मात्रा बहुत कम होती है, क्योंकि $POCl_3$ फीनॉल के साथ पुन: क्रिया करके ट्राइफेनिलफॉस्फेट देता है।

$$3C_6H_5OH + POCl_3 \longrightarrow (C_6H_5)_3PO_4 + 3HCl$$

हुन्सडिकर विधि द्वारा By Hunsdicker's Method

$$C_6H_5\text{—}COOAg + Br_2 \xrightarrow[CCl_4]{\Delta} C_6H_5\text{—}Br + AgBr + CO_2$$

डाइऐजोनियम लवणों द्वारा From Diazonium Salts

$$C_6H_5N_2^+Cl^- \xrightarrow[\text{(सेन्डमेयर अभिक्रिया)}]{CuBr/HCl} C_6H_5Br + N_2$$

$$C_6H_5N_2^+Cl^- \xrightarrow[\text{(सेन्डमेयर अभिक्रिया)}]{CuCl/HCl} C_6H_5Cl + N_2$$

$$C_6H_5N_2^+Cl^- \xrightarrow[\text{गाटरमान अभिक्रिया}]{Cu/HBr} N_2 + C_6H_5Br$$

$$C_6H_5N_2^+Cl^- \xrightarrow[\Delta\ \text{(गाटरमान अभिक्रिया)}]{Cu/HCl} C_6H_5Cl + N_2$$

$$C_6H_5N_2^+Cl^- + KI \xrightarrow{\Delta} C_6H_5I + KCl + N_2$$

$$C_6H_5N_2^+Cl^- + \underset{\text{टेट्राफ्लुओरो बोरिक अम्ल}}{HBF_4} \longrightarrow C_6H_5N_2^+BF_4^- \xrightarrow{\Delta} C_6H_5F$$

यह बाल्ज-शीमान (Balz-Schiemann) अभिक्रिया कहलाती है।

डाऐजोनियम लवण ऐमीनो यौगिक के डाइऐजोनीकरण द्वारा प्राप्त होते हैं।

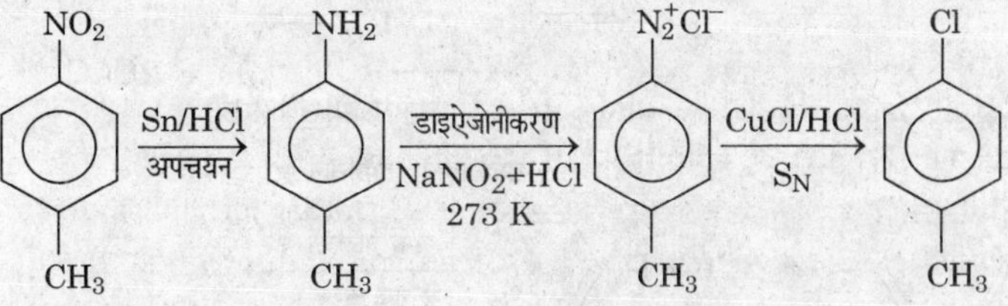

भौतिक गुणधर्म Physical Properties

(i) ये कम ध्रुवीय, जल में अविलेय लेकिन कार्बनिक विलायकों जैसे एथेनॉल तथा ईथर में विलेय होते हैं।

(ii) क्लोरो बेन्जीन रंगहीन, सुगन्धयुक्त, भाप वाष्पशील द्रव है। (क्वथनांक 132°C)।

(iii) ये कीटनाशक की तरह प्रयुक्त किए जाते हैं।

उदाहरण—

p-$C_6H_4Cl_2$ (डाइक्लोरो बेन्जीन)

CCl_3—CH$(C_6H_4Cl)_2$ (डी.डी.टी.)

रासायनिक गुणधर्म Chemical Properties

इनके प्रमुख रासायनिक गुणधर्म निम्नलिखित हैं

वुर्ट्ज़-फिटिग अभिक्रिया Wurtz Fittig Reaction

$$C_6H_5-Cl + CH_3Cl + 2Na \xrightarrow{\text{ईथर}} C_6H_5-CH_3$$

ऐरिल हैलाइड, ऐल्किल हैलाइड

$$C_6H_5-CH_2Cl + C_6H_5-Cl + 2Na \xrightarrow{\text{ईथर}} C_6H_5-CH_2-C_6H_5$$

ऐल्किल हैलाइड (पार्श्व शृंखला), ऐरिल हैलाइड

उलमान अभिक्रिया Ulman Reaction

यह अभिक्रिया क्लोरो तथा ब्रोमोबेन्जीन के द्वारा नहीं दी जाती है किन्तु यदि इनमें *o*-या *p*-स्थिति पर इलेक्ट्रॉन आकर्षी समूह उपस्थित होते हैं तो इनके द्वारा उलमान अभिक्रिया दी जाती है।

$$o\text{-}NO_2C_6H_4-Cl + 2Cu + Cl-C_6H_4NO_2\text{-}o \xrightarrow[\text{गर्म}]{\text{बन्द नलिका में}} O_2N-C_6H_4-C_6H_4-NO_2 + 2CuCl$$

2,2- डाइनाइट्रोडाइफेनिल

$$C_6H_5-I + 2Cu + I-C_6H_5 \xrightarrow[\text{में गर्म करने पर}]{\text{बन्द नलिका}} C_6H_5-C_6H_5 + 2CuI$$

डाइफेनिल

क्लोरल के साथ अभिक्रिया Reaction with Chloral

जब क्लोरोबेन्जीन को सान्द्र H_2SO_4 की उपस्थिति में क्लोरल के साथ गर्म करते हैं, तो DDT बनता है। जो एक कीटनाशक है।

$$CCl_3CHO + 2\,H-C_6H_4-Cl \xrightarrow[\Delta,\ (-H_2O)]{H_2SO_4\ \text{सान्द्र}} CCl_3-CH(C_6H_4Cl)_2$$

क्लोरल

DDT
p, p'- डाइक्लोरो डाइफेनिल ट्राइक्लोरोएथेन

ऐरिल हैलाइडो द्वारा प्रदर्शित कुछ प्रमुख इलेक्ट्रॉनस्नेही प्रतिस्थापन अभिक्रिया निम्नलिखित हैं

(i) **हैलोजनीकरण**

$$C_6H_5Cl \xrightarrow{Cl_2,\ Fe} o\text{-}C_6H_4Cl_2 + p\text{-}C_6H_4Cl_2$$

o- डाइक्लोरो बेन्जीन *p*-

(ii) **नाइट्रीकरण**

$$C_6H_5Cl \xrightarrow[\text{सान्द्र } H_2SO_4]{\text{सान्द्र } HNO_3} o\text{-}ClC_6H_4NO_2 + p\text{-}ClC_6H_4NO_2$$

o- *p*- क्लोरोनाइट्रो बेन्जीन

(iii) **सल्फोनीकरण**

$$C_6H_5Cl \xrightarrow{H_2SO_4} o\text{-}ClC_6H_4SO_3H + p\text{-}ClC_6H_4SO_3H$$

o- *p*- क्लोरोसल्फोनिक अम्ल

बेन्जिल कार्बन पर प्रतिस्थापन

Substitution at Benzyl Carbon

(i) **फ्रीडल-क्राफ्ट अभिक्रिया**

$$C_6H_5Cl + CH_3Cl \xrightarrow{\text{निर्जल } AlCl_3} o\text{-}ClC_6H_4CH_3 + p\text{-}ClC_6H_4CH_3$$

o-क्लोरो टॉलुईन, *p*-क्लोरो टॉलुईन

(ii) **फ्रीडल-क्राफ्ट ऐल्किलीकरण**

$$C_6H_5X + CH_3COCl \xrightarrow[AlCl_3]{\text{निर्जल}} o\text{-}ClC_6H_4COCH_3 + p\text{-}ClC_6H_4COCH_3$$

o-क्लोरोएसिटोफिनॉन, *p*-क्लोरोएसिटोफिनॉन

ऐरिल हैलाइड तथा ऐरएल्किल हैलाइड में विभेद

Distinction between Aryl Halide and Aralkyl Halide

ऐरिल हैलाइड तथा ऐरएल्किल हैलाइड में विभेद निम्न तथ्यों के आधार पर कर सकते हैं

(i) ऐरिल हैलाइड मीठी गन्ध के द्रव अथवा ठोस होते हैं, जबकि ऐरिन्डिल हैलाइड आँखों में आँसू लाने वाले यौगिक होते हैं।

(ii) पार्श्व शृंखला युक्त ऐरिल हैलाइडों के ऑक्सीकरण से हैलोजन प्रतिस्थापित कार्बोक्सिलिक अम्ल बनते हैं, जबकि ऐरऐल्किल हैलाइडों के ऑक्सीकरण से प्राप्त कार्बोक्सिलिक अम्ल में हैलोजन परमाणु उपस्थित नहीं होता है।

$$\text{C}_6\text{H}_4(\text{CH}_2\text{Cl})(\text{Cl}) \xrightarrow{KMnO_4/H_2SO_4} \text{C}_6\text{H}_4(\text{COOH})(\text{Cl})$$

$$\text{C}_6\text{H}_5\text{CH}_2-\text{Cl} \xrightarrow{KMnO_4/H_2SO_4} \text{C}_6\text{H}_5\text{COOH}$$

(iii) ऐरिल हैलाइडों में हैलोजन परमाणु बहुत कम क्रियाशील होता है। इसका कारण हैलोजन परमाणु के द्वारा प्रदर्शित $+M$ प्रभाव है। हैलोजन परमाणु के $+M$ प्रभाव के कारण कार्बन-क्लोरीन बन्ध छोटा तथा प्रबल (Stronger) होता है। क्लोरीन परमाणु बेन्जीन वलय के साथ मजबूती से जुड़ा होता है। अत: इस हैलोजन परमाणु को अन्य नाभिकस्नेही प्रतिस्थापी समूहों द्वारा सरलता से प्रतिस्थापित नहीं किया जा सकता। ऐरऐल्किल हैलाइडों में हैलोजन परमाणु अत्यधिक क्रियाशील होता है तथा नाभिकस्नेही द्वारा सरलता से प्रतिस्थापित किया जा सकता है।

$$\text{C}_6\text{H}_5\text{CH}_2\text{Cl} \xrightarrow{\text{जलीय KOH}} \text{C}_6\text{H}_5\text{CH}_2\text{OH}$$

$$\text{C}_6\text{H}_5\text{CH}_2\text{Cl} \xrightarrow{KCN} \text{C}_6\text{H}_5\text{CH}_2\text{CN}$$

$$\text{C}_6\text{H}_5\text{CH}_2\text{Cl} \xrightarrow{NH_3/NaNH_2} \text{C}_6\text{H}_5\text{CH}_2\text{NH}_2$$

अभ्यास प्रश्न

1. यौगिक $CH_3CH=CHC(Br)(CH_3)_2$ में $-Br$ की स्थिति को वर्गीकृत कर सकते हैं

(a) ऐलिल (b) ऐरिल (c) विनाइल (d) द्वितीयक

2. डाइएथिलब्रोमोमेथेन का सही IUPAC नाम है

(a) 1-ब्रोमो-1, 1-डाइऐथिल मेथेन (b) 3-ब्रोमोपेन्टेन
(c) 1-ब्रोमो-1-एथिल प्रोपेन (d) 1-ब्रोमोपेन्टेन

3. निम्न में से कौन *विस*-डाइहैलाइड का उदाहरण है

(a) डाइक्लोरोऐथेन (b) 1, 2-डाइक्लोरोऐथेन
(c) एथिलीडीन क्लोराइड (d) ऐलिल क्लोराइड

4. ऐल्किल हैलाइड के निर्माण की विधि है

(a) $RCH_2COOAg + I_2 \xrightarrow[\Delta]{CCl_4} RCH_2I$

(b) $RCH_2Cl + NaI \xrightarrow[\Delta]{\text{ऐसीटोन}} RCH_2I + NaCl$

(c) $R-OH + I_2 \longrightarrow RI + H_2O$

(d) $CH_4 + I_2 \longrightarrow CH_3I$

5. निम्न में हैलोजन विनिमय विधि कौन-सी है?

(a) $RX + NaI \longrightarrow RI + NaX$

(b) $>C=C< + HX \longrightarrow >C(H)-C(H)<$

(c) $R-OH + HX \xrightarrow{ZnCl_2} R-X + H_2O$

(d) $\text{C}_6\text{H}_5\text{CH}_3 + X_2 \xrightarrow{Fe}$ o-$\text{XC}_6\text{H}_4\text{CH}_3$ + p-$\text{XC}_6\text{H}_4\text{CH}_3$

6. निम्न अभिक्रिया द्वारा बनने वाला मुख्य उत्पाद है

मेथिलीनसाइक्लोहेक्सेन ($=CH_2$) $\xrightarrow[CCl_4, \Delta]{NBS}$

(a) 1-ब्रोमो-2-मेथिलसाइक्लोहेक्सेन (CH_3, Br) (b) साइक्लोहेक्सिल–CH_2Br
(c) 1-ब्रोमो-1-मेथिलसाइक्लोहेक्सेन (Br, CH_3) (d) साइक्लोहेक्सीनिल–CH_2Br

7. C_5H_{12} अणुसूत्र वाले समावयवी ऐल्केनों में से उसको पहचानिए जो प्रकाश रासायनिक क्लोरीनीकरण पर चार समावयवी मोनोक्लोराइड देता है

(a) 2-मेथिल ब्यूटेन (b) 2, 2-डाइमेथिल प्रोपेन
(c) 3-मेथिल ब्यूटेन (d) *n*-पेन्टेन

8. निम्न में से कौन-सा ऐल्कोहॉल कमरे के ताप पर सान्द्र ण्त के साथ अभिक्रिया करके संगत ऐल्किल क्लोराइड देगा?

(a) $CH_3CH_2—CH_2—OH$ (b) $CH_3CH_2—CH(CH_3)—OH$

(c) $CH_3CH_2—CH(CH_3)—CH_2OH$ (d) $CH_3CH_2—C(CH_3)_2—OH$

9. निम्नलिखित ऐल्कोहॉलों की हैलोजन अम्लों से क्रियाशीलता का क्रम है

I. $CH_3CH_2—CH_2—OH$ II. $CH_3CH_2—CH(CH_3)—OH$

III. $CH_3CH_2—C(CH_3)_2—OH$

(a) I > II > III (b) III > II > I

(c) II > I > III (d) I > III > II

10. ग्रिगनार्ड अभिकर्मक को निर्जलीय दशाओं में बनाया जाना चाहिए, क्योंकि

(a) यह प्रोटॉनिक पदार्थों के प्रति अत्यधिक क्रियाशील है

(b) यह ईथर के साथ क्रिया करता है

(c) दोनों (a) तथा (b)

(d) उपरोक्त में से कोई नहीं

11. सल्फ्यूरिक अम्ल का प्रयोग ऐल्कोहॉलों की KI के साथ अभिक्रिया में नहीं किया जाता है क्योंकि यह है

(a) प्रबल ऑक्सीकारक (b) प्रबल अपचायक

(c) दुर्बल ऑक्सीकारक (d) इसे प्रयोग कर सकते हैं

12. ब्यूट 1-ईन से 1-आयोडोब्यूटेन प्राप्त करने के लिए आवश्यक अभिकर्मक है

(a) I_2 / लाल P (b) KI

(c) HI / H_2O_2 (d) HBr / H_2O_2 तथा KI/ ऐसीटोन

13. एक हाइड्रोकार्बन C_5H_{10} अंधेरे में क्लोरीन के साथ अभिक्रिया नहीं करता परन्तु सूर्य के तीव्र प्रकाश में केवल एक मोनोक्लोरो यौगिक C_5H_9Cl देता है। हाइड्रोकार्बन की संरचना है

(a) (b) $CH_3CH_2—CH=CHCH_2Cl$

(c) $CH_3CH=CHCH_2CH_2Cl$ (d) 

14. निम्नलिखित यौगिकों को उनके बढ़ते हुए क्वथनांक के क्रम में व्यवस्थित कीजिए

I. $(H_3C)_2CH—CH_2Br$ II. $CH_3CH_2CH_2CH_2Br$

III. $H_3C—C(CH_3)(Br)—CH_3$

(a) II < I < III (b) I < II < III

(c) III < I < II (d) III < II < I

15. निम्नलिखित यौगिकों के बढ़ते हुए क्वथनांक का सही क्रम है 1-आयोडोब्यूटेन, 1-ब्रोमोब्यूटेन, 1-क्लोरोब्यूटेन

(a) ब्यूटेन < 1-क्लोरोब्यूटेन < 1-ब्रोमोब्यूटेन < 1-आयोडोब्यूटेन

(b) 1-आयोडोब्यूटेन < 1-ब्रोमोब्यूटेन < 1-क्लोरोब्यूटेन < ब्यूटेन

(c) ब्यूटेन < 1- आयोडोब्यूटेन < 1-ब्रोमोब्यूटेन < 1-क्लोरोब्यूटेन

(d) ब्यूटेन <1-क्लोरोब्यूटेन < 1-आयोडोब्यूटेन <1-ब्रोमोब्यूटेन

16. किसी S_N2 अभिक्रिया के लिए निम्नलिखित ऐल्किल हैलाइडों की क्रियाशीलता का सही क्रम है

(a) $RF > RCl > RBr > RI$ (b) $RF > RBr > RCl > RI$

(c) $RCl > RBr > RF > RI$ (d) $RI > RBr > RCl > RF$

17. प्राथमिक ऐल्किल हैलाइड सरलतापूर्वक प्रदर्शित करते हैं

(a) S_N1 अभिक्रिया (b) S_N2 अभिक्रिया (c) α-विलोपन (d) रेसीमीकरण

18. एथिल ब्रोमाइड तथा सिल्वर सायनाइड की अभिक्रिया के फलस्वरूप बनता है

(a) एथिलीन (b) एथिल सायनाइड

(c) एथिल आइसोसायनाइड (d) एथिल ऐल्कोहॉल

19. ऐल्किल हैलाइड जो सरलतापूर्वक S_N1 अभिक्रिया प्रदर्शित करता है

(a) एथिल ब्रोमाइड (b) *आइसो*-प्रोपिल ब्रोमाइड

(c) विनाइल ब्रोमाइड (d) तृतीयक-ब्यूटिल ब्रोमाइड

20. निम्न ऐल्किल हैलाइडों में से किसकी बन्ध ध्रुवता सर्वाधिक है?

(a) CH_3Cl (b) CH_3Br (c) CH_3I (d) CH_3F

21. अभिक्रिया $CH_3CH_2CHBrCH_3 + (CH_3)_3COK \longrightarrow$ में मुख्य उत्पाद है

(a) $CH_3CH_2CH(OC(CH_3)_3)CH_3$ (b) $CH_3CH_2CH(OH)CH_3$

(c) $CH_3CH_2CH=CH_2$ (d) $CH_3CH=CHCH_3$

22. ब्यूटायरोनाइट्रिल को प्राप्त करने के लिए गर्म करते हैं

(a) KCN के साथ प्रोपिल ऐल्कोहॉल

(b) KCN के साथ ब्यूटिल ऐल्कोहॉल

(c) KCN के साथ प्रोपिल क्लोराइड

(d) KCN के साथ ब्यूटिल क्लोराइड

23. वुर्ट्ज अभिक्रिया में नम ईथर का प्रयोग नहीं किया जाता है क्योंकि इसमें उपस्थित जल

(a) *RX* का *ROH* में जल-अपघटन कर देता है

(b) *RX* का *RH* में अपचयित कर देता है

(c) Na धातु को नष्ट कर देता है

(d) *R — R* के साथ क्रिया करता है

24. 1-क्लोरोप्रोपेन तथा 2-क्लोरोप्रोपेन के मिश्रण को ऐल्कोहॉलीय KOH के साथ गर्म करने पर प्राप्त होता है

(a) *आइसो*-प्रोपाइलिन (b) 2-प्रोपीन

(c) 1-प्रोपीन (d) 1-प्रोपीन तथा 2-प्रोपीन का मिश्रण

25. 140°C पर तृतीयक ब्यूटिल ऐल्कोहॉल की 80% जलीय ऐथेनॉल के साथ क्रिया कराने पर प्राप्त होता है

(a) $(CH_3)_3C—OH$ (b) $(CH_3)_3C—OCH_2CH_3$

(c) $CH_2=C(CH_3)_2$ (d) ये सभी

26. $C_6H_{13}Br$ अणुसूत्र वाला ऐल्किल हैलाइड ऐल्कोहॉलीय KOH के साथ क्रिया करके दो समावयवी ऐल्केन, *A* तथा *B* देता है। मिश्रण को ओजोनीकरण करने पर निम्न यौगिक प्राप्त हुए CH_3COCH_3, CH_3CHO, CH_3CH_2CHO तथा $(CH_3)_2CHCHO$ ऐल्किल हैलाइड है

(a) 2-ब्रोमोहेक्सेन
(b) 3-ब्रोमो-2-मेथिल पेन्टेन
(c) 2, 2-डाइमेथिल-1-ब्रोमोपेन्टेन
(d) 2-ब्रोमो-2, 3-डाइमेथिल ब्यूटेन

27. निम्नलिखित रूपान्तरणों में अभिकर्मक अभिक्रिया दशाओं '*X*' तथा '*Y*' को पहचानिए

$$CH_3-CH_2-CH_2Br \xrightarrow{X} \text{उत्पाद} \xrightarrow{Y} CH_3-\underset{Br}{\underset{|}{CH}}-CH_3$$

(a) *X* = तनु जलीय NaOH, 20°C; *Y* = HBr/,ऐसीटिक अम्ल, 20°C
(b) *X* = सान्द्र ऐल्कोहॉलीय NaOH, 80°C; *Y* = HBr/ऐसीटिक अम्ल, 20°C
(c) *X* = तनु जलीय NaOH, 20°C; *Y* = $Br_2/CHCl_3$, 0°C
(d) *X* = सान्द्र ऐल्कोहॉलीय NaOH, 80°C; *Y* = $Br_2/CHCl_3$, 0°C

28. निम्न में से किसका द्विध्रुव आघूर्ण अधिकतम है ?

(a) CH_2Cl_2
(b) $CHCl_3$
(c) CCl_4
(d) सभी का द्विध्रुव आघूर्ण समान है

29. क्लोरोफॉर्म सान्द्र HNO_3 से क्रिया करके देती है

(a) जल गैस
(b) आँसू गैस
(c) हास्य गैस
(d) प्रोड्यूसर गैस

30. क्लोरोफॉर्म की मेथिल ऐमीन तथा ऐल्कोहॉलीय KOH के साथ क्रिया के फलस्वरूप बनने वाला दुर्गन्ध युक्त पदार्थ है

(a) मेथिल ऐमीन
(b) मेथिल ऐल्कोहॉल
(c) मेथिल सायनाइड
(d) मेथिल आइसोसायनाइड

31. यदि क्लोरोफॉर्म को सूर्य के प्रकाश की उपस्थिति में खुला रहने दिया जाए तो

(a) बहुलकीकरण होता है
(b) कोई क्रिया नहीं होती है
(c) विस्फोट होता है
(d) फॉस्जीन गैस बनती है

32. ट्राइक्लोरो ऐथीलीन का व्यापारिक नाम है

(a) फ्रेऑन (b) वेस्ट्रॉन (c) वेस्ट्रॉसॉल (d) डी डी टी

33. यौगिक जो I_2 तथा क्षारों के साथ आयोडोफॉर्म नहीं देता है, है

(a) CH_3CH_2OH
(b) CH_3COCH_3
(c) $(H_3C)_2CHOH$
(d) CH_3OH

34. हैलोफॉर्म अभिक्रिया का प्रयोग निम्न में से किसके निर्माण हेतु नहीं कर सकते हैं?

(a) CHF_3
(b) $CHCl_3$
(c) $CHBr_3$
(d) CHI_3

35. निम्नलिखित में कौन-सा कथन सत्य नहीं है?

(a) क्लोरीटोन एक कीटनाशी है
(b) $COCl_2$ को फॉस्जीन कहते हैं
(c) क्लोरोपिक्रिन का प्रयोग कीटनाशी के रूप में करते हैं
(d) पाइरीन नाम से CCl_4 का प्रयोग आग बुझाने के लिए करते हैं

36. $$C_6H_6 + \frac{1}{2}O_2 + HCl \xrightarrow{CuCl_2} C_6H_5-Cl + H_2O$$

उपरोक्त अभिक्रिया उदाहरण है

(a) नाभिकस्नेही प्रतिस्थापन का
(b) इलेक्ट्रॉनस्नेही प्रतिस्थापन का
(c) मुक्त मूलक योगात्मक का
(d) मुक्त मूलक प्रतिस्थापन का

37. क्लोरोबेन्जीन का निर्माण $AlCl_3$ की उपस्थिति में क्लोरीन तथा बेन्जीन की अभिक्रिया से होता है। निम्नलिखित में कौन-सी स्पीशीज, इस अभिक्रिया में बेन्जीन वलय पर आक्रमण करेगी

(a) Cl^- (b) Cl^+ (c) $AlCl_3$ (d) $[AlCl_4]^+$

38. *p*-डाइक्लोरोबेन्जीन का *o*-तथा *p*-समावयवियों की अपेक्षा उच्च गलनांक तथा निम्न विलेयता होती है, क्योंकि *p*-समावयवी है

(a) अधिक सममित
(b) अनुनादी स्थायी
(c) + *I* प्रभाव द्वारा स्थायी
(d) दोनों (a) तथा (b)

39. ऐरिल हैलाइड प्रदर्शित करते हैं

(a) फिटिग अभिक्रिया
(b) उलेमान अभिक्रिया
(c) ग्रिगनार्ड अभिक्रिया
(d) ये सभी

40. *m*-नाइट्रोक्लोरोबेन्जीन (I), 2, 4-डाइनाइट्रोक्लोरोबेन्जीन (II), *p*-नाइट्रोक्लोरोबेन्जीन (III) को इनकी सोडियम एथॉक्साइड के साथ क्रियाशीलता के क्रम में व्यवस्थित कीजिए

(a) I > II > III
(b) III > I > II
(c) II > III > I
(d) II = III > I

41. निम्नलिखित यौगिकों को नाभिकस्नेही प्रतिस्थापन अभिक्रिया के बढ़ते हुए परिणाम क्रम में व्यवस्थित कीजिए।

क्लोरोबेन्जीन (I), 2, 4, 6-ट्राइनाइट्रोक्लोरोबेन्जीन (II), 2, 4-डाइनाइट्रोक्लोरोबेन्जीन (III), 4-नाइट्रोक्लोरोबेन्जीन (IV)

(a) I < IV < III < II
(b) I < III < IV < II
(c) II < III < IV < I
(d) IV < III < II < I

42. निम्नलिखित यौगिकों को ऐल्कोहॉलीय सिल्वर नाइट्रेट के साथ क्रियाशीलता के क्रम में व्यवस्थित कीजिए

$C_6H_5CH_2CH_2Br$ (I), $C_6H_5CHBrCH_3$ (II) तथा $C_6H_5CH=CHBr$ (III)

(a) II > I > III
(b) I > II > III
(c) III > II > I
(d) II = I > III

43. बेन्जोइल क्लोराइड तथा फेनिल मैग्नीशियम ब्रोमाइड के मध्य बनने वाला अन्तिम उत्पाद है

(a) $C_6H_5-\overset{C_6H_5}{\overset{|}{\underset{Cl}{\underset{|}{C}}}}-OMgBr$
(b) $C_6H_5-\overset{C_6H_5}{\overset{|}{\underset{Cl}{\underset{|}{C}}}}-OH$
(c) C_6H_5COOH
(d) $(C_6H_5)_3COH$

44. नाभिकस्नेही अभिकर्मकों के प्रति ऐरिल हैलाइड ऐल्काइन हैलाइडों की अपेक्षा कम सक्रिय होता है, उसका कारण है

(a) अनुनाद
(b) कार्बोनियम आयनों का स्थायित्व
(c) उच्च क्वथनांक
(d) इनमें से कोई नहीं

45. ब्रोमोबेन्जीन के ब्रोमोनाइट्रिल में परिवर्तन हेतु उचित अभिकर्मक है

(a) केवल ऐल्कोहॉलीय KCN (b) KCN तथा पाइरीडिन

(c) सिल्वर सायनाइड (d) CuCN तथा पाइरीडिन

46. *o*-क्लोरोटॉलुईन द्रव अमोनिया की उपस्थिति में सोडामाइड के साथ क्रिया करके *o*-टॉलुडीन तथा *m*-टॉलुडीन देती है। इस अभिक्रिया में बनने वाला मध्यवर्ती है

(a) CH_3 (b) CH_3

(c) CH_3 (d) CH_3, Cl

47. निम्नलिखित अभिक्रिया में बनने वाला सम्भावित उत्पाद है

CH_3, Cl $\xrightarrow[NH_3]{NaNH_2}$

(a) CH_3, NH_2 (b) CH_3, NH_2

(c) CH_3, Na, NH_2, NH_2 (d) इनमें से कोई नहीं

48. निम्नलिखित में से कौन-सा यौगिक जलीय NaOH के साथ द्विअणुक नाभिकस्नेही प्रतिस्थापन अभिक्रिया सर्वाधिक सुगमता से प्रदर्शित करता है?

(a) Br (b) CH_3O, Br, OCH_3

(c) Br, CH_3, CH_3 (d) O_2N, Br, NO_2

उत्तरमाला

1.	(a)	2.	(b)	3.	(b)	4.	(b)	5.	(a)	6.	(d)	7.	(a)	8.	(d)	9.	(b)	10.	(a)
11.	(a)	12.	(d)	13.	(a)	14.	(c)	15.	(a)	16.	(d)	17.	(b)	18.	(c)	19.	(d)	20.	(a)
21.	(d)	22.	(c)	23.	(c)	24.	(c)	25.	(b)	26.	(b)	27.	(b)	28.	(a)	29.	(b)	30.	(d)
31.	(d)	32.	(c)	33.	(d)	34.	(a)	35.	(a)	36.	(a)	37.	(b)	38.	(a)	39.	(d)	40.	(c)
41.	(a)	42.	(a)	43.	(d)	44.	(a)	45.	(d)	46.	(b)	47.	(a)	48.	(d)				

उत्तर व्याख्या सहित

1. (*a*) $—CH_2CH═CH_2$ को ऐलिल समूह कहते हैं अतः यहाँ —Br ऐलिलिक स्थान घेरती है।

2. (*b*) डाइएथिलब्रोमो मेथेन का आई. यू. पी. ए. सी. का नाम 3-ब्रोमोपेन्टेन है।

$$\underset{1}{CH_3}—\underset{2}{CH_2}—\underset{3}{\overset{Br}{CH}}—\underset{4}{CH_2}—\underset{5}{CH_3}$$

3. (*b*) 1, 2-डाइक्लोरोऐथेन $\left(\begin{matrix} Cl & Cl \\ | & | \\ CH_2— & CH_2 \end{matrix}\right)$ *विस*-डाइहैलाइड का उदाहरण है क्योंकि दो हैलोजन परमाणु संगत स्थान प्राप्त करते हैं।

4. (*b*) $\underset{\text{ऐलिलिक}}{RCH_2Cl} + NaI \xrightarrow[\Delta]{\text{ऐसीटोन}} RCH_2I + NaCl$

5. (*a*) अन्य सभी विधियाँ सम्भव नहीं है।

6. (*d*) ऐलिलिक ब्रोमीनीकरण की क्रियाविधि निम्न है

$=CH_2$ $\xrightarrow[-HBr]{Br^•}$ (I) $=CH_2$ $\longleftrightarrow$ (II) CH_2 अधिक स्थायी $\xrightarrow[-Br^•]{Br_2}$ CH_2Br

चूँकि चक्रशोषी द्विआबन्ध, चक्रक्षेपी द्विआबन्ध की अपेक्षा अधिक स्थायी होता है अतः प्रारम्भ में बना कम स्थायी मुक्त मूलक (I) अधिक स्थायी मुक्त मूलक (II) में परिवर्तित हो जाता है जो Br_2 के साथ क्रिया करके उत्पाद देता है।

7. (a) C_5H_{12} के सम्भव समावयवी निम्न हैं

$$CH_3CH_2CH_2CH_2CH_3, \quad CH_3\overset{CH_3}{\overset{|}{C}}HCH_2CH_3, \quad CH_3-\overset{CH_3}{\underset{CH_3}{\overset{|}{\underset{|}{C}}}}-CH_3$$

I II III

समावयवी (II) में समान हाइड्रोजन परमाणुओं के चार समूह है अतः यह चार समावयवी मोनोक्लोराइड उत्पन्न कर सकता है।

8. (d) $$CH_3CH_2-\overset{CH_3}{\underset{CH_3}{\overset{|}{\underset{|}{C}}}}-OH + \underset{\text{सान्द्र}}{HCl} \xrightarrow{\text{कमरे के ताप पर}} CH_3CH_2-\overset{CH_3}{\underset{CH_3}{\overset{|}{\underset{|}{C}}}}-Cl$$

(2-मेथिलब्यूटेन-2-ऑल) (∵ यह 3° ऐल्कोहॉल है) 2-क्लोरो-2-मेथिल ब्यूटेन

9. (b) हैलोजन अम्लों के साथ ऐल्कोहॉलों की क्रियाशीलता का क्रम है

$$\underset{(3°)\ (C)}{CH_3CH_2-\overset{CH_3}{\underset{CH_3}{\overset{|}{\underset{|}{C}}}}-OH} > \underset{(2°)\ (B)}{CH_3CH_2-\underset{CH_3}{\underset{|}{CH}}-OH}$$

$$> \underset{(1°)\ (A)}{CH_3CH_2-CH_2-OH}$$

10. (a) ग्रिग्नार्ड अभिकर्मक (R—Mg —X) जल द्वारा सुगमता से अपघटित होकर ऐल्केन देता है। यही कारण है कि इन्हें निर्जलीय दशाओं में बनाया जाता है। ग्रिग्नार्ड अभिकर्मक के निर्माण के लिए ईथर का प्रयोग विलायक के रूप में करते हैं क्योंकि ग्रिगनार्ड अभिकर्मक इसके प्रति अक्रिय होता है।

$$R—Mg—X + H_2O \longrightarrow \underset{\text{ऐल्केन}}{R—H} + Mg\begin{matrix} X \\ OH \end{matrix}$$

11. (a) जब KI, H_2SO_4 के साथ क्रिया करता है तो यह HI बनाता है। ऐल्किल आयोडाइड (R—I), बनाने के लिए, उत्पन्न HI की क्रिया ऐल्कोहॉल (R—OH) के साथ होनी चाहिए। परन्तु यह अभिक्रिया इस प्रकार नहीं होती हैं क्योंकि H_2SO_4, HI को I_2 में ऑक्सीकृत कर देता है जो ऐल्कोहॉलों के साथ क्रिया नहीं करता है।

$$KI + H_2SO_4 \xrightarrow{\text{ताप}} KHSO_4 + HI$$
$$H_2SO_4 \longrightarrow H_2O + SO_4 + [O]$$
$$2HI + [O] \longrightarrow H_2O + I_2$$

नोट *H_2SO_4 के स्थान पर H_3PO_4 का प्रयोग ऐल्किल आयोडाइड के निर्माण के लिए कर सकते हैं।*

12. (d) ऐल्कीन सर्वप्रथम HBr के साथ क्रिया करके ऐल्किल ब्रोमाइड बनाती है।

$$CH_3CH_2CH=CH_2 \xrightarrow[H_2O_2]{HBr} CH_3CH_2CH_2—CH_2Br$$

इस प्रकार प्राप्त ऐल्किल ब्रोमाइड, पोटैशियम आयोडाइड के साथ क्रिया करके ऐल्किल आयोडाइड बनाती है।

$$CH_3CH_2CH_2CH_2Br \xrightarrow[\text{ऐसीटोन}]{KI} CH_3CH_2CH_2CH_2I + KBr$$

13. (a) अणुसूत्र C_5H_{10} ऐल्कीन अथवा साइक्लोऐल्केन हो सकता है। चूँकि हाइड्रोकार्बन, अन्धेरे में क्लोरीन के साथ अभिक्रिया नहीं करता है अतः यह ऐल्कीन नहीं है। वरन् यह साइक्लोऐल्केन है।

चूँकि सूर्य के तीव्र प्रकाश में यह केवल एक एकल मोनोक्लोरो व्युत्पन्न बनाती है अतः समस्त H-परमाणु समान होने चाहिए। अतः यह साइक्लोपेन्टेन है।

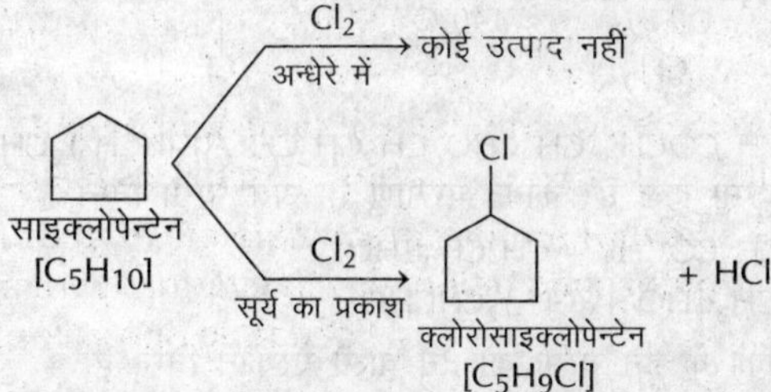

14. (c) यौगिकों के क्वथनांकों का बढ़ता हुआ क्रम निम्न है

$$H_3C-\overset{CH_3}{\underset{Br}{\overset{|}{\underset{|}{C}}}}-CH_3 < \begin{matrix} H_3C \\ H_3C \end{matrix}\!\!>CH-CH_2Br\ (A)$$

(C) (सर्वाधिक शाखा अतः वाण्डरवाल्स बल न्यूनतम)

$$< \underset{(B)}{CH_3CH_2CH_2CH_2Br}$$

(कोई शाखा नहीं)

15. (a) यौगिकों के क्वथनांकों का बढ़ता हुआ सही क्रम निम्न है।

ब्यूटेन <1-क्लोरोब्यूटेन <1-ब्रोमोब्यूटेन <1-आयोडोब्यूटेन

इसका कारण यह है कि हैलोजन परमाणु के आकार में वृद्धि के साथ क्वथनाक में वृद्धि होती है।

17. (b) एक प्राथमिक ऐल्किल हैलाइड S_N2 क्रियाविधि प्रदर्शित करता है क्योंकि संक्रमण अवस्था ना छिपे हुए हैलाइड के लिए अधिक स्थायी होती है।

18. (c) ऐल्किल हैलाइड, सिल्वर सायनाइड के साथ क्रिया करके आइसोसायनाइड देते हैं

$$CH_3CH_2Br + AgCN \longrightarrow \underset{\text{एथिल आइसोसायनाइड}}{CH_3CH_2NC} + AgBr$$

19. (d) S_N1 क्रियाविधि में कार्बधनायन मध्यवर्ती प्रयुक्त होते हैं। अतः अधिक स्थायी कार्बधनायन बनाने वाली स्पीशीज अधिक सुगमता से S_N1 क्रियाविधि प्रदर्शित करेगी। तृतीयक-ब्यूटिल ब्रोमाइड सर्वाधिक स्थायी कार्बधनायन अर्थात् 3° बनाता है अतः यह सर्वाधिक सुगमता से S_N1 अभिक्रियाओं में भाग लेता है।

22. (c) $$\underset{\text{प्रोपिल क्लोराइड}}{CH_3CH_2CH_2Cl} \xrightarrow[-KCl]{KCN} \underset{\text{ब्यूटेन नाइट्राइल}}{CH_3CH_2CH_2CN}$$

23. (c) वुर्ट्ज अभिक्रिया में, नम ईथर का प्रयोग नहीं करते हैं क्योंकि यह सोडियम धातु को नष्ट कर देता है।

24. (c) $CH_3CH_2CH_2Cl \xrightarrow{KOH\ (\text{ऐल्को.})} CH_3CH{=}CH_2$

$CH_3CHClCH_3 \xrightarrow{KOH\ (\text{ऐल्को.})} CH_3CH{=}CH_2$
1-प्रोपीन

25. (b) $H_3C-\overset{CH_3}{\underset{CH_3}{C}}-Cl \xrightarrow[140°C]{80\%\ C_2H_5OH} H_3C-\overset{CH_3}{\underset{CH_3}{C}}-OC_2H_5$

26. (b) CH_3COCH_3, CH_3CHO, CH_3CH_2CHO तथा $(CH_3)_2CHCHO$ में से दो युग्मों कुल छः कार्बन परमाणु है। अतः युग्म निम्न है

(i) $CH_3COCH_3 + CH_3CH_2CHO$

(ii) $CH_3CHO + (CH_3)_2CHCHO$

यौगिकों के इन युग्मों को देने वाली ऐल्कीन निम्न हैं

$(H_3C)_2C{=}CHCH_2CH_3$ तथा $(H_3C)_2CH-CH{=}CHCH_3$

यदि ऐल्किल हैलाइड $(CH_3)_2CHCH(Br)CH_2CH_3$ हो तो उपरोक्त दोनों ऐल्कीनों को विहाइड्रोजनीकरण द्वारा प्राप्त कर सकते हैं।

$\overset{1}{H_3C}\overset{1}{H_3C}>\overset{2}{CH}-\overset{3}{\underset{Br}{CH}}-\overset{4}{CH_2}\overset{5}{CH_3}$

3-ब्रोमो-2-मेथिल पेन्टेन

27. (b) $CH_3CH_2CH_2Br \xrightarrow[\text{(विहाइड्रोब्रोमीनीकरण) }-HBr]{\text{सान्द्र ऐल्को. NaOH, }80°C(x)} CH_3CH{=}CH_2 \xrightarrow[20°C\ (Y)]{HBr,\ \text{ऐसीटिक अम्ल}} CH_3-CHBr-CH_3$

28. (a)

CH_2Cl_2: $\mu = 1.62$ D; $CHCl_3$: $\mu = 1.03$ D; CCl_4: $\mu = 0.0$ D

CCl_4 (टेट्राक्लोरो मेथेन) एक सममित अणु है अतः इसका द्विध्रुव आघूर्ण शून्य होता है।

$CHCl_3$ (ट्राइक्लोरोमेथेन/क्लोरोफॉर्म) में, दो C—Cl द्विध्रुव आघूर्णों का परिणामी, C—H तथा C—Cl आबन्धों के परिणामी के विपरीत होता है। चूँकि बाद वाली परिणामी द्विध्रुव आघूर्ण, प्रारम्भिक की अपेक्षा कम है अतः $CHCl_3$ का द्विध्रुव आघूर्ण =1.03D होता है।

CH_2Cl_2 (डाइक्लोरोमेथेन) में, दो C—Cl द्विध्रुव आघूर्णों के परिणामी में दो C—H द्विध्रुव आघूर्णों द्वारा वृद्धि होती है। अतः CH_2Cl_2 का द्विध्रुव आघूर्ण =1.62 D है।

अतः CH_2Cl_2 का द्विध्रुव आघूर्ण दिए गए तीन अणुओं में सर्वाधिक है।

29. (b) क्लोरोफॉर्म सान्द्र HNO_3 के साथ क्रिया करके क्लोरोपिक्रिन अथवा आँसु गैस बनाता है।

$\underset{\text{क्लोरोफॉर्म}}{CHCl_3} + \underset{\text{सान्द्र}}{HNO_3} \longrightarrow \underset{\text{क्लोरो पिक्रिन अथवा आँसु गैस}}{CCl_3NO_2} + H_2O$

30. (d) $\underset{\text{मेथिल ऐमीन}}{CH_3NH_2} + \underset{\text{क्लोरोफॉर्म}}{CHCl_3} + 3KOH \longrightarrow \underset{\text{मेथिल आइसोसायनाइड}}{CH_3N \rightleftarrows C} + 3KCl + 3H_2O$

31. (d) क्लोरोफॉर्म सूर्य के प्रकाश तथा वायु की उपस्थिति में विषैली फॉस्जीन गैस में ऑक्सीकृत हो जाती है।

$2CHCl_3 + \frac{1}{2}O_2 \longrightarrow \underbrace{COCl_2}_{\text{फॉस्जीन गैस}} + 2HCl$

33. (d) I_2 तथा NaOH के साथ गर्म करने पर, मेथेनॉल (CH_3OH) पीला यौगिक नहीं देता है।

34. (a) F_2, NaOH के साथ क्रिया करके ऑक्सीजन डाइफ्लोराइड (OF_2) बनाता है। हैलोफॉर्म अभिक्रिया के लिए हाइपोफ्लुओराइट आयन (OF^-) आवश्यक नहीं होता है। अतः CHF_3 नहीं बनाया जा सकता है।

35. (a) जब ऐसीटोन क्षारीय माध्यम में क्लोरोफॉर्म के साथ क्रिया करता है, तो क्लोरीटोन प्राप्त होता है जिसका प्रयोग hypnotic औषधि के रूप में करते है।

$CHCl_3 + CH_3COCH_3 \xrightarrow{KOH} CH_3-\overset{OH}{\underset{CCl_3}{C}}-CH_3$
क्लोरीटोन

36. (a) $\underset{\text{1-क्लोरो -1, 1-डाइफेनिल मेथेन (2°)}}{C_6H_5-\underset{Cl}{CH}-C_6H_5} \xrightarrow{\text{आयनन}} C_6H_5-\overset{+}{CH}-C_6H_5 + \bar{C}l$

C_6H_5 वलय में विस्थापनीकरण के कारण कार्बधनायन स्थायी होते हैं

$\underset{\text{बेन्जिल क्लोराइड}}{C_6H_5CH_2Cl} \xrightarrow{\text{आयनन}} C_6H_5\overset{+}{C}H_2 + Cl^-$

C_6H_5 वलय में विस्थापनीकरण के कारण कार्बधनायन स्थायी होते है (कम स्थायी)

S_N1 अभिक्रिया में क्रियाशीलता, कार्बधनायनों के स्थायित्व पर निर्भर करती है। $C_6H_5-\overset{+}{C}H-C_6H_5$ कार्बधनायन $C_6H_5\overset{+}{C}H_2$ की अपेक्षा अधिक स्थायी है। अतः $C_6H_5CH_2Cl$ की अपेक्षा, $C_6H_5CHClC_6H_5$ अधिक सरलता से जल अपघटित हो जाता है।

37. (b) बेन्जीन के H परमाणु का किसी अन्य परमाणु अथवा आयन के साथ विनिमय इलेक्ट्रॉनस्नेही प्रतिस्थापन अभिक्रिया कहलाता है। इस अभिक्रिया में इलेक्ट्रॉनस्नेही अभिकर्मक Cl^+ है। Cl^+ निम्न रेडॉक्स अभिक्रिया के फलस्वरूप बनता है।

$O_2 + 2Cl^- + 4H^+ \longrightarrow 2H_2O + 2Cl^+$

$AlCl_3 + Cl_2 — AlCl_4^- + \underset{\text{इलेक्ट्रॉनस्नेही}}{Cl^+}$

38. (*a*) अणु सममितता इसकी क्रिस्टल जालक संरचना से सम्बन्धित होती है तथा इसी कारण इसके गलनांक तथा विलेयता से भी सम्बन्धित होती है। उच्च सममित संरचना के कारण इसका उच्च गलनांक होता है।

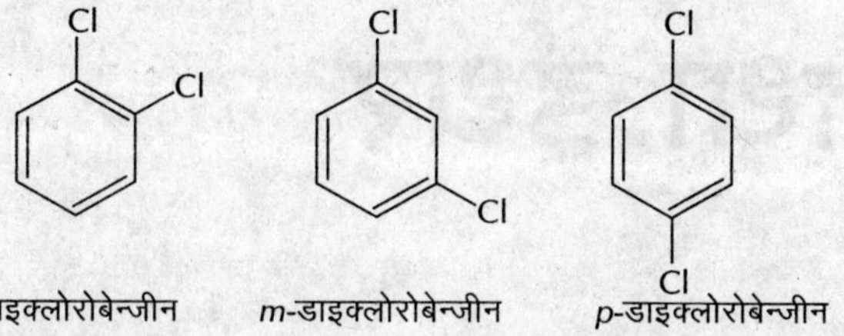

o-डाइक्लोरोबेन्जीन *m*-डाइक्लोरोबेन्जीन *p*-डाइक्लोरोबेन्जीन

डाइक्लोरोबेन्जीन के उपरोक्त तीन समावयवियों में *p*-समावयवी अन्य दो समावयवियों की अपेक्षा अधिक सममित है अर्थात् क्रिस्टल जालक संरचना में इसके अणुओं की व्यवस्था अधिक (closely packed) होती है। फलतः *p*-डाइक्लोरोबेन्जीन का अन्य समावयवियों (*o*- तथा *m*-) की अपेक्षा गलनांक उच्च तथा विलेयता निम्न होती है।

40. (*c*) *m*-नाइट्रोक्लोरोबेन्जीन, *p*-नाइट्रोबेन्जीन की अपेक्षा कम सक्रिय है क्योंकि *m*-स्थिति पर उपस्थिति $—NO_2$ समूह अनुनाद के द्वारा मध्यवर्ती कार्बन आयन को स्थायी नहीं कर पाता है। अतः सही क्रम II > III > I है।

41. (*a*) जैसे-जैसे Cl के सापेक्ष *o*-तथा *p* -स्थितियों पर $—NO_2$ समूहों की संख्या घटती है। क्रियाशीलता घटती है,
अतः सही क्रम II > III > IV > I है।

42. (*a*) ऐल्कोहॉलीय $AgNO_3$ के प्रति ऐरिल हैलाइड की क्रियाशीलता ऐरिल हैलाइड की आयनन की क्षमता पर निर्भर करती है। अतः सही क्रम निम्न है

$$C_6H_5CHBrCH_3 > C_6H_5CH_2CH_2Br > C_6H_5CH{=}CHBr$$

43. (*d*) $C_6H_5MgBr + C_6H_5COCl \longrightarrow (C_6H_5)_3COH$

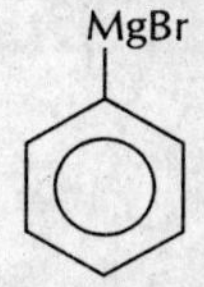

44. (*a*) ऐरिल हैलाइड अनुनाद के कारण, ऐल्किल हैलाइडों की अपेक्षा नाभिकस्नेही अभिकर्मकों के प्रति कम क्रियाशील होते हैं।

46. (*b*) *ऑर्थो* तथा *मैटा* टॉलुडीन के मिश्रण का निर्माण प्रमाण है कि बेन्जाइन में त्रिबन्ध *O*-तथा *m*-स्थितियों के मध्य है, अतः मध्यवर्ती की संरचना निम्न होगी

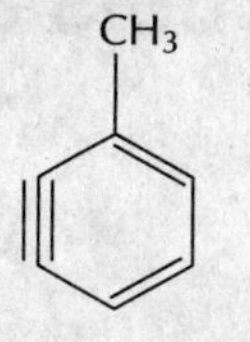

CH_3

बेन्जाइन मध्यवर्ती बनने के लिए, यह आवश्यक है कि एक हाइड्रोजन, हैलोजन की *ऑर्थो* स्थिति पर उपस्थित हो।

47. (*a*) $\xrightarrow[NH_3]{NaNH_2}$ (2-क्लोरोटॉलूईन (CH_3, Cl) → (CH_3, NH_2))

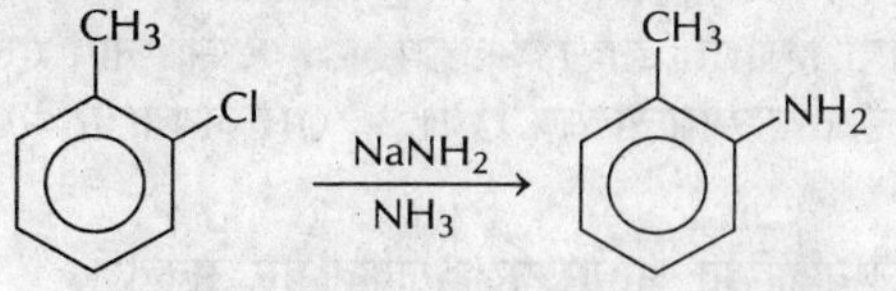

48. (*d*) ArS_N2 अभिक्रिया के लिए पदार्थ की क्रियाशीलता *o*- तथा *p* - स्थितियों पर उपस्थित समूहों की *–R* तथा *–I* क्षमताओं पर निर्भर करती है।
अतः O_2N–(Br, NO_2 युक्त बेन्जीन), S_N2 अभिक्रिया के लिए सर्वाधिक क्रियाशील है।

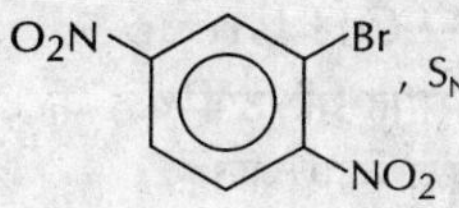

अध्याय 22

ऐल्कोहॉल, फीनॉल तथा ईथर
Alcohols, Phenols and Ethers

ऐल्कोहॉल Alcohols

ऐल्कोहॉल, जल के मोनोऐल्किल व्युत्पन्न अथवा हाइड्रोकार्बनों के हाइड्रॉक्सी व्युत्पन्न होते हैं। इन यौगिकों में —OH समूह किसी ऐसे कार्बन से जुड़ा होता है, जिसकी अन्य संयोजकताएँ केवल कार्बन अथवा हाइड्रोजन से संतृप्त होती हैं। इनका आई. यू. पी. ए. सी. नाम **ऐल्केनॉल** (alkanol) होता है तथा सामान्य सूत्र C_nH_{2n-1} OH अथवा R—OH होता है।

ऐल्कोहॉलों को निम्नलिखित आधार पर वर्गीकृत कर सकते हैं

—OH समूह के स्थान के आधार पर On the Basis of Position of —OH Group

कार्बन परमाणुओं की शृंखला में —OH समूह की उपस्थिति के आधार पर ऐल्कोहॉल निम्नलिखित वर्गों में वर्गीकृत किए जाते हैं

प्राथमिक ऐल्कोहॉल Primary Alcohols

प्राथमिक (1°) ऐल्कोहॉलों में, — OH समूह रखने वाला कार्बन, केवल एक ऐल्किल समूह से जुड़ा होता है, अर्थात् इनमें $—CH_2OH$ समूह उपस्थित होता है।

उदाहरण—$CH_3—CH_2—OH$ (एथेनॉल) $CH_3—CH(CH_3)—CH_2—OH$ (2-मेथिलप्रोपेन-1-ऑल)

मेथेनॉल, CH_3OH इसका एक अपवाद है।

द्वितीयक ऐल्कोहॉल Secondary Alcohols

द्वितीयक (2°) ऐल्कोहॉलों में, —OH समूह रखने वाला कार्बन, दो समान अथवा असमान ऐल्किल समूहों से जुड़ा होता है। दूसरे शब्दों में इनमें >CHOH समूह उपस्थित होता है।

उदाहरण— $CH_3—CH(OH)—CH_3$ (प्रोपेन-2-ऑल) $CH_3—CH(OH)—CH_2—CH_3$ (ब्यूटेन-2-ऑल)

तृतीयक ऐल्कोहॉल Tertiary Alcohols

तृतीयक (3°), ऐल्कोहॉलों में —OH समूह रखने वाला कार्बन, तीन समान अथवा असमान ऐल्किल समूहों से जुड़ा होता है। दूसरे शब्दों में इनमें —>C—OH समूह उपस्थित होता है।

उदाहरण— $CH_3—C(OH)(CH_3)—CH_3$ (2-मेथिल प्रोपेन-2-ऑल) $CH_3—CH_2—C(OH)(CH_3)—CH_3$ (2-मेथिल ब्यूटेन-2-ऑल)

—OH समूह की संख्या के आधार पर On the Basis of Number of —OH Groups

जिन ऐल्कोहॉलों में एक, दो, तीन या अधिक —OH समूह उपस्थित होते हैं, उन्हें क्रमश: **मोनोहाइड्रिक** (monohydric), **डाइहाइड्रिक** (dihydric), **ट्राइहाइड्रिक** (trihydric) तथा **पॉलीहाइड्रिक** (polyhydric) ऐल्कोहॉल कहा जाता है।

उदाहरण—

(i) $CH_3—CH_2OH$ एथिल ऐल्कोहॉल (मोनोहाइड्रिक ऐल्कोहॉल)

(ii) $CH_2OH—CH_2OH$ एथिलीन ग्लाइकॉल (डाइहाइड्रिक ऐल्कोहॉल)

(iii) $CH_2OH—CHOH—CH_2OH$ ग्लिसरॉल (ट्राइहाइड्रिक ऐल्कोहॉल)

(iv) $CH_2OH—(CHOH)_4—CH_2OH$ सॉर्बिटॉल (पॉलीहाइड्रिक ऐल्कोहॉल)

मोनोहाइड्रिक ऐल्कोहॉलों का निर्माण Preparation of Monohydric Alcohols

मोनोहाइड्रिक ऐल्कोहॉलों के निर्माण की प्रमुख विधियाँ निम्नलिखित हैं

ऐल्कीनों से From Alkenes

ऐल्कीनों पर H_2O के योग से ऐल्कोहॉल बनते हैं। यह अभिक्रिया इलेक्ट्रॉनस्नेही क्रियाविधि द्वारा सम्पन्न होती है। अभिक्रिया अम्ल (जैसे—H_2SO_4) द्वारा उत्प्रेरित होती है तथा मार्कोनीकॉफ नियमानुसार उत्पाद देती है।

$$CH_3—CH(CH_3)—CH=CH_2 \xrightarrow{\text{तनु } H_2SO_4} CH_3—C(OH)(CH_3)—CH_2—CH_3$$

कार्बोनियम आयन के स्थायित्व के आधार पर —OH समूह तृतीयक कार्बन पर जुड़ेगा।

कार्बोनिल यौगिकों के अपचयन द्वारा
From Reduction of Carbonyl Compounds

दुर्बल अपचायक की उपस्थिति में ऐल्डिहाइड के अपचयन से प्राथमिक ऐल्कोहॉल जबकि कीटोन के अपचयन से द्वितीयक ऐल्कोहॉल बनते हैं।

$$RCHO \xrightarrow{NaBH_4} RCH_2OH$$

$$RCOR' \xrightarrow{NaBH_4} R-\underset{\substack{|\\ OH}}{CH}-R'$$

अम्ल एवं एस्टर के अपचयन द्वारा
From Reduction of Acid and Ester

प्रबल अपचायक $LiAlH_4$ के द्वारा अपचयन से प्राथमिक ऐल्कोहॉल प्राप्त होती है।

$$RCOOH \xrightarrow{LiAlH_4} RCH_2-OH$$

$$CH_3COOCH_2-CH_2-CH_3 \xrightarrow{LiAlH_4}$$

$$CH_3-CH_2-OH + CH_3-CH_2-CH_2-OH$$

ग्रिगनार्ड अभिकर्मकों द्वारा From Grignard Reagents

विभिन्न कार्बोनिल पर ग्रिगनार्ड अभिकर्मक के योग से बने उत्पाद का जल-अपघटन करके तीनों प्रकार के ऐल्कोहॉलों का संश्लेषण किया जा सकता है।

$$\overset{\delta-}{R}-\overset{\delta+}{Mg}-X + R'-\overset{\overset{H}{|}}{\underset{\underset{O_{\delta-}}{\|}}{C^{\delta+}}} \longrightarrow R'-\overset{\overset{H}{|}}{\underset{\underset{OMgX}{|}}{C}}-R \xrightarrow{H_2O} R'-\overset{\overset{H}{|}}{\underset{\underset{OH}{|}}{C}}-R$$

यदि $R'=H$, तो उत्पाद 1° ऐल्कोहॉल होगा। यदि $R'=R$, तो उत्पाद 2° ऐल्कोहॉल होगा। यदि कार्बोनिल यौगिक कीटोन है, तो उत्पाद 3° ऐल्कोहॉल होगा। यह ऐल्कोहॉल बनाने की सर्वोत्तम विधि है, क्योंकि इससे हम प्रत्येक प्रकार का ऐल्कोहॉल बना सकते हैं।

मोनोहाइड्रिक ऐल्कोहॉलों के भौतिक गुणधर्म
Physical Properties of Monohydric Alcohols

मोनोहाइड्रिक ऐल्कोहॉलों के प्रमुख भौतिक गुणधर्म निम्नलिखित हैं

(i) **क्वथनांक** (Boiling Point) अन्तरअणुक हाइड्रोजन बन्धन के कारण ऐल्कोहॉल का क्वथनांक संगत अणुभार वाले हैलोएल्केन से अधिक होता है।

$$\text{क्वथनांक} \propto \frac{1}{\text{शाखाओं की संख्या}}$$

क्वथनांक का क्रम 1° > 2° > 3° ऐल्कोहॉल

(ii) **विलेयता** (Solubility) ऐल्कोहॉल जल से हाइड्रोजन बन्ध बना लेते हैं। अतः ये सभी ऐल्कोहॉल जल में विलेयशील होती है। कार्बन परमाणुओं की-संख्या में वृद्धि के साथ-साथ विलेयता घटती है।

मोनोहाइड्रिक ऐल्कोहॉलों के रासायनिक गुणधर्म
Chemical Properties of Monohydric Alcohols

मोनोहाइड्रिक ऐल्कोहॉलों की क्रियाशीलता का क्रम निम्न है

1° ऐल्कोहॉल > 2° ऐल्कोहॉल >3° ऐल्कोहॉल

ऐल्कोहॉलों की अभिक्रियाएँ O—H बन्ध के विखण्डन अथवा C—H बन्ध के विखण्डन के कारण हो सकती है। प्रथम प्रकार की क्रियाएँ इसकी अम्लीय प्रकृति को प्रदर्शित करती हैं।

अभिक्रियाएँ जिनमें —O—H बन्ध का विखण्डन
Reactions in which —O—H Bond Breaks up

O—H बन्ध विखण्डन के कारण अथवा H के प्रतिस्थापन होने वाली अभिक्रियाओं में इनकी क्रियाशीलता का क्रम निम्न है

$$\underset{\text{मेथिल ऐल्कोहॉल}}{CH_3-OH} > \underset{1°}{CH_3CH_2-OH} > \underset{2°}{(CH_3)_2CH-OH} > \underset{3°}{(CH_3)_3C-OH}$$

(i) **अम्ल तथा अम्ल व्युत्पन्नों के साथ क्रिया** निर्जलीकारक की उपस्थिति में ऐल्कोहॉल कार्बोक्सिलिक अम्लों से अभिक्रिया करके एस्टर बनाते हैं। यह अभिक्रिया **एस्टरीकरण** (esterification) कहलाती है। निर्जलीकारक के रूप में सान्द्र H_2SO_4, शुष्क HCl गैस, निर्जल $ZnCl_2$ आदि का प्रयोग किया जा सकता है।

$$R-OH + R'-COOCl \xrightleftharpoons{H^+} R'-COOR + HCl$$

(ii) **ग्रिग्नार्ड अभिकर्मक के साथ क्रिया** ऐल्कोहॉल, ग्रिग्नार्ड अभिकर्मक से क्रिया करके ऐल्केन बनाता है।

$$R\bar{O}H^+ + R^- - \overset{+}{M}gBr \longrightarrow R-H + Mg\begin{smallmatrix} OR' \\ Br \end{smallmatrix}$$

अभिक्रिया जिसमें C—OH बन्ध विखण्डित
Reaction in which C—OH Bond Breaks up

ऐल्कोहॉलों की कुछ अभिक्रियाओं में C—OH बन्ध टूटता है तथा पूर्ण —OH समूह प्रतिस्थापित हो जाता है। इन अभिक्रियाओं में ऐल्कोहॉल दुर्बल लुईस क्षार की भाँति व्यवहार करते हैं क्योंकि ये अभिक्रियाएँ ऑक्सीजन परमाणु पर उपस्थित एकाकी इलेक्ट्रॉन युग्म के प्रोटॉनीकरण के द्वारा होती हैं। इन अभिक्रियाओं में ऐल्कोहॉलों की क्रियाशीलताओं का क्रम निम्न है—तृतीयक ऐल्कोहॉल > द्वितीयक ऐल्कोहॉल > प्राथमिक ऐल्कोहॉल > CH_3OH

सर्वाधिक $+I$ प्रभाव के कारण तृतीयक ऐल्कोहॉलों के $C \div O$ बन्ध का बन्ध इलेक्ट्रॉन युग्म सबसे अधिक प्रतिकर्षित होता है। इस कारण इस बन्ध की लम्बाई अधिक होती है तथा यह सर्वाधिक सुगमता से टूट सकता है। इसी प्रकार तृतीयक कार्बोनियम आयन का स्थायित्व सर्वाधिक होने के कारण इसका निर्माण सुगमता से हो जाता है।

ऑक्सीकरण (Oxidation) प्राथमिक ऐल्कोहॉलों का ऑक्सीकरण सरलता से पहले ऐल्डिहाइड में तथा तत्पश्चात् कार्बोक्सिलिक अम्ल में हो जाता है। इन दोनों उत्पादों में कार्बन परमाणुओं की संख्या जनक ऐल्कोहॉल के समान होती है।

$$\underset{1^\circ \text{ ऐल्कोहॉल}}{R\text{—}CH_2\text{—}OH} + [O] \xrightarrow[(-H_2O)]{\text{ऑक्सीकरण}}$$

$$\underset{\text{ऐल्डिहाइड}}{R\text{—}CH{=}O} \xrightarrow{[O]} \underset{\text{कार्बोक्सिलिक अम्ल}}{R\text{—}COOH}$$

मोनोहाइड्रिक ऐल्कोहॉलों के उपयोग
Uses of Monohydric Alcohols

(i) ऐल्कोहॉलों का प्रयोग विलायक के रूप में बहुधा होता है।

(ii) मेथेनॉल के दहन पर कार्बन डाइ ऑक्साइड तथा जल बनते हैं।

$$2CH_3OH + 3O_2 \longrightarrow 2CO_2 + 4H_2O$$

अतः इसका प्रयोग पेट्रोल में मिलाकर, दहन क्षमता में वृद्धि हेतु किया जाता है

(iii) एथेनॉल के दहन के फलस्वरूप भी कार्बन डाइऑक्साइड तथा जल बनते हैं। अतः इसका प्रयोग स्वयं ही ईंधन के रूप में तथा पेट्रोल के साथ मिलाकर गैसोलीन के रूप करते हैं।

(iv) 100% शुद्ध एथेनॉल को परिशुद्ध ऐल्कोहॉल (absolute alcohol) कहते हैं। 90% शुद्ध एथेनॉल को परिशोधित स्प्रिट (rectified spirit) कहते हैं। इसका प्रयोग प्रयोगशाला आदि में स्प्रिट लैम्प जलाने हेतु करते हैं।

(v) एथेनॉल के शराब के दुरूपयोग को रोकने के लिए परिशोधित स्प्रिट में मेथेनॉल (विषाक्त) मिलाकार इसे पीने के लिए अनुपयुक्त कर दिया जाता है।

प्राथमिक, द्वितीयक तथा तृतीयक ऐल्कोहॉलों में अन्तर
Difference between Primary, Secondary and Tertiary Alcohols

(i) **विक्टर मेयर विधि** (Victor Meyer's Test) इस परीक्षण में सर्वप्रथम दिए गए ऐल्कोहॉल की क्रमशः लाल P+ HI, सिल्वर नाइट्राइट, नाइट्रस अम्ल तथा अन्त में क्षार (NaOH अथवा KOH) के साथ क्रिया करते हैं। प्राप्त अन्तिम उत्पाद के रंग के आधार पर ऐल्कोहॉल की पहचान की जाती हैं।

(a) प्राथमिक ऐल्कोहॉल खून जैसा लाल रंग देते हैं।

$$RCH_2OH \xrightarrow{P/I_2} RCH_2I \xrightarrow[-AgI]{AgNO_2}$$

$$RCH_2NO_2 \xrightarrow{O{=}N\text{—}OH} \underset{\text{नाइट्रोलिक अम्ल}}{R\text{—}\underset{\underset{N\text{—}OH}{\|}}{C}\text{—}NO_2} \xrightarrow{NaOH} \text{खून जैसा लाल रंग}$$

(b) द्वितीयक ऐल्कोहॉल निम्न प्रकार नीला रंग देते हैं।

$$R_2CHOH \xrightarrow{P/I_2} R_2CH\text{—}I \xrightarrow[-AgI]{AgNO_2} R_2CHNO_2$$

$$\xrightarrow{O{=}N\text{—}OH} \underset{\text{स्यूडोनाइट्रॉल}}{R_2\underset{\underset{N{=}O}{|}}{C}\text{—}NO_2} \xrightarrow{NaOH} \text{नीला रंग}$$

(c) तृतीयक ऐल्कोहॉल कोई रंग उत्पन्न नहीं करते हैं।

$$R_3C\text{—}OH \xrightarrow{P/I_2} R_3C\text{—}I \xrightarrow{AgNO_2} R_3CNO_2 \xrightarrow{HNO_2}$$

$$\text{कोई क्रिया नहीं} \xrightarrow{NaOH} \text{कोई रंग नहीं}$$

(ii) **ल्यूकास परीक्षण** (Lucas Test) सान्द्र HCl (या द्रव HCl) तथा निर्जल $ZnCl_2$ के मिश्रण को **ल्यूकास अभिकर्मक** कहते हैं। यह अभिकर्मक ऐल्कोहॉलों के साथ क्रिया करके ऐल्किल क्लोराइड बनाता है। जो जल में अघुलनशील होने के कारण सफेद अविलेता (turbidity) के रूप में प्रकट होता है।

यह परीक्षण HCl के साथ ऐल्कोहॉलों की क्रियाशीलता के क्रम पर आधारित है। इसमें

(a) तृतीयक ऐल्कोहॉल तीव्रता से धुँधलापन या अविलता उत्पन्न करते हैं।

(b) द्वितीयक ऐल्कोहॉल लगभग 5 से 10 मिनट पश्चात् धुँधलापन या अविलता उत्पन्न करते हैं।

(c) प्राथमिक ऐल्कोहॉल कमरे के ताप पर क्रिया नहीं करते परन्तु गर्म करने पर धुँधलापन (अविलता) देते हैं।

(iii) **ऑक्सीकरण द्वारा** (By Oxidation) ऐल्कोहॉलों की अम्लीय $K_2Cr_2O_7$ से अभिक्रिया कराने पर रंग परिवर्तन के आधार पर ऐल्कोहॉलों में विभेद किया जा सकता है। प्राथमिक तथा द्वितीयक ऐल्कोहॉल डाइक्रोमेट विलयन के रंग को हरा कर देते हैं जबकि तृतीयक ऐल्कोहॉल इस पर कोई प्रभाव नहीं डालते हैं।

प्राथमिक ऐल्कोहॉल के साथ डाइक्रोमेट विलयन का रंग नारंगी से हरा हो जाता है।

$$\underset{\substack{\text{एथिल ऐल्कोहॉल} \\ (1^\circ \text{ ऐल्कोहॉल})}}{CH_3\text{—}CH_2\text{—}OH} \xrightarrow[\text{कमरे का ताप}]{\text{अम्लीकृत } K_2Cr_2O_7} CH_3\text{—}CHO + H_2O$$

द्वितीयक ऐल्कोहॉल के साथ डाइक्रोमेट विलयन का रंग नारंगी से हरा हो जाता है।

$$\underset{\substack{\text{आइसो प्रोपिल ऐल्कोहॉल} \\ (2^\circ \text{ ऐल्कोहॉल})}}{CH_3\text{—}\underset{\underset{CH_3}{|}}{C}H\text{—}OH} \xrightarrow[\text{कमरे का ताप}]{\text{अम्लीकृत } K_2Cr_2O_7} CH_3\text{—}\underset{\underset{CH_3}{|}}{C}{=}O$$

$$\xrightarrow{[\text{ऑक्सीकरण}] \text{ जटिल दशाओं में}} CH_3COOH + HCOOH$$

तृतीय ऐल्कोहॉल डाइक्रोमेट विलयन के रंग में कोई परिवर्तन नहीं होता है।

$$\underset{\substack{\text{ब्यूटिल ऐल्कोहॉल} \\ (3^\circ \text{ ऐल्कोहॉल})}}{CH_3\text{—}\overset{\overset{CH_3}{|}}{\underset{\underset{CH_3}{|}}{C}}\text{—}OH} \xrightarrow[\text{कमरे का ताप}]{\text{अम्लीकृत } K_2Cr_2O_7} \text{कोई परिवर्तन नहीं।}$$

ऐल्कोहॉलमिती Alcoholometry

ऐल्कोहॉली द्रव में ऐल्कोहॉल की मात्रा का निर्धारण **ऐल्कोहॉलमिती** कहलाता है। ऐल्कोहॉल के जलीय विलयन में ऐल्कोहॉल की मात्रा इसके आपेक्षित घनत्व तथा ताप के निर्धारण द्वारा की जाती है, परन्तु अन्य पदार्थों की उपस्थिति में विलयन का आसवन करके, ऐल्कोहॉल को पृथक् करके इसकी प्रतिशत ज्ञात कर लेते हैं।

ऐल्कोहॉल-जल मिश्रण जिसमें 57.1% परिशुद्ध ऐल्कोहॉल, C_2H_5OH (आयतनानुसार) अथवा 49.3% परिशुद्ध ऐल्कोहॉल, C_2H_5OH (भारानुसार) उपस्थित हो, **प्रूफ स्प्रिट** (Proof spirit) कहलाती है। यदि किसी मिश्रण में एथेनॉल की प्रतिशत मात्रा, प्रूफ स्प्रिट की अपेक्षा अधिक हो, तो उसे **ओवर प्रूफ** (over proof) कहते हैं तथा कम होने पर **अण्डर प्रूफ** (under proof) कहते हैं।

10° अण्डर प्रूफ का अर्थ है, कि नमूने के 100 भाग (आयतन से) प्रूफ स्प्रिट के 90 भाग में उपस्थित हैं। इसी प्रकार 10° ओवर प्रूफ का अर्थ है कि नमूने के 100 भाग (आयतन से), प्रूफ स्प्रिट के 110 भाग प्रूफ स्प्रिट हैं।

पिनाकोल Pinacols

पूर्णतया प्रतिस्थापित 1, 2-डाइऑल पिनाकोल कहलाते हैं। अम्लों की उपस्थिति में पिनाकोल सर्वथा भिन्न व्यवहार प्रदर्शित करते हैं जिसे **पिनाकोलोन पुनर्विन्यास** कहते हैं। इस प्रकिया का सरलतम प्रदर्शन निम्न है

$$CH_3-\underset{OH}{\overset{CH_3}{C}}-\underset{OH}{\overset{CH_3}{C}}-CH_3 \xrightarrow{H^+} CH_3-\underset{CH_3}{\overset{CH_3}{C}}-\overset{O}{\overset{\|}{C}}-CH_3$$

यह अभिक्रिया निम्न प्रकार होती है

$$CH_3-\underset{:\ddot{O}H}{\overset{CH_3}{C}}-\underset{\ddot{O}H}{\overset{CH_3}{C}}-CH_3 \xrightarrow{H^+} CH_3-\underset{:\ddot{O}-H}{\overset{CH_3}{C}}-\underset{\underset{H}{|}}{\overset{CH_3}{\underset{H:\overset{+}{O}-H}{C}}}-CH_3 \xrightarrow{-H_2O}$$

पिनाकोल

$$CH_3-\underset{:\ddot{O}H}{\overset{CH_3}{C}}-\overset{CH_3}{C^+}-CH_3 \xrightarrow{2,3\text{-मेथिल स्थानान्तरण}} CH_3-\underset{:\ddot{O}-H}{\overset{+}{C}}-\underset{CH_3}{\overset{CH_3}{C}}-CH_3$$

पिनाकोल

$$\longleftrightarrow CH_3-\underset{^+\ddot{O}-H}{\overset{}{C}}-\underset{CH_3}{\overset{CH_3}{C}}-CH_3 \xrightarrow[-H]{} CH_3-\underset{:O:}{\overset{}{\overset{\|}{C}}}-\underset{CH_3}{\overset{CH_3}{C}}-CH_3$$

पिनाकोलोन

एथिलीन ग्लाइकॉल, ग्लाइकॉल या एथेन 1, 2-डाइऑल Ethylene Glycol, Glycol or Ethane-1, 2 Diol $CH_2OH \cdot CH_2OH$

ग्लाइकॉल बनाने की विधियाँ
Methods of preparation of glycol

(i) एथिलीन को ठण्डे व तनु क्षारीय पोटैशियम परमैंगनेट विलयन में प्रवाहित करके

$$\begin{matrix}CH_2\\ \|\\ CH_2\end{matrix} + H_2O + [O] \xrightarrow[\text{बॉयर अभिकर्मक}]{KMnO_4/KOH,\ 1\%} \begin{matrix}CH_2-OH\\ |\\ CH_2-OH\end{matrix}$$

ग्लाइकॉल

(ii) एथिलीन को हाइपोक्लोरस अम्ल विलयन में प्रवाहित करके तथा $NaHCO_3$ विलयन के साथ एथिलीन क्लोरोहाइड्रिन को जल अपघटित करके **(औद्योगिक विधि)**

$$\begin{matrix}CH_2\\ \|\\ CH_2\end{matrix} \xrightarrow{HOCl} \begin{matrix}CH_2-OH\\ |\\ CH_2-Cl\end{matrix} \xrightarrow{NaHCO_3} \begin{matrix}CH_2OH\\ |\\ CH_2OH\end{matrix}$$

ग्लाइकॉल के गुणधर्म Properties of Glycol

(i) ग्लाइकॉल एक रंगहीन, मीठे स्वाद वाला गाढ़ा द्रव है। यह जल तथा एथिल ऐल्कोहॉल के साथ सभी अनुपातों में विलेय है। यह जल के साथ निम्न हिमांक वाले मिश्रण बनाता है।

(ii) **सोडियम के साथ क्रिया**

$$\begin{matrix}CH_2OH\\ |\\ CH_2OH\end{matrix} \xrightarrow[-\frac{1}{2}H_2]{Na,\ 60°C} \begin{matrix}CH_2ONa\\ |\\ CH_2OH\end{matrix} \xrightarrow[60°C\ (-\frac{1}{2}H_2)]{Na} \begin{matrix}CH_2ONa\\ |\\ CH_2ONa\end{matrix}$$

मोनोसोडियम ग्लाइकोलेट; हाइसोडियम ग्लाइकोलेट

(iii) **HNO_3 के साथ क्रिया**

$$\begin{matrix}CH_2OH\\ |\\ CH_2OH\end{matrix} + \underset{\text{सान्द्र}}{2HNO_3} \xrightarrow{H_2SO_4\ \text{सान्द्र}} \begin{matrix}CH_2ONO_2\\ |\\ CH_2ONO_2\end{matrix} + 2H_2O$$

ग्लाइकॉल डाइनाइट्रेट

(iv) ग्लाइकॉल के HNO_3 या क्षारीय $KMnO_4$ के द्वारा ऑक्सीकरण पर निम्नलिखित में से एक या अधिक उत्पाद प्राप्त होते हैं—

$$\begin{matrix}CH_2OH\\ |\\ CH_2OH\end{matrix} \xrightarrow{[O]} \begin{matrix}CHO\\ |\\ CH_2OH\end{matrix} \xrightarrow{[O]} \begin{matrix}COOH\\ |\\ CH_2OH\end{matrix}$$

ग्लाइकॉलिक ऐल्डिहाइड; ग्लाइकॉलिक अम्ल

$$\xrightarrow{[O]} \begin{matrix}CHO\\ |\\ CHO\end{matrix} \xrightarrow{[O]} \begin{matrix}CHO\\ |\\ COOH\end{matrix} \xrightarrow{[O]} \begin{matrix}COOH\\ |\\ COOH\end{matrix}$$

ग्लाइऑक्सल; ग्लाइऑक्सेलिक अम्ल; आक्सेलिक अम्ल

उपयोग Uses

(i) ग्लाइकॉल डाइनाइट्रेट (विस्फोटक), डाइऑक्सेन (विलायक) आदि के निर्माण में।

(ii) वाहनों के रेडिऐटरों में ऐन्टीफ्रीज (प्रतिहिम) की भाँति।

(iii) एक विलायक तथा ग्लिसरॉल के प्रतिस्थापी के रूप में।

ग्लिसरॉल अथवा प्रोपेन–1, 2, 3–ट्राइऑल
Glycerol or Propane-1, 2, 3-triol

वे यौगिक जिनमें लगातार तीन C-परमाणुओं पर —OH समूह उपस्थित हो, उन्हें **ट्राइऑल** (triol) कहते हैं। किसी डाइऑल में तीसरे —OH समूह का प्रवेश इसे मीठा, बनाता है, इसका क्वथनांक 100°C तक बढ़ा देता है (अन्तराणुक H-बन्धन में वृद्धि के कारण) तथा श्यानता में वृद्धि कर

देता है। ग्लिसरॉल (अथवा ग्लिसरीन) इस श्रृंखला का प्रथम सदस्य है, जिसका सूत्र निम्न है

$$\begin{array}{l} ^{\alpha}CH_2OH \\ | \\ ^{\beta}CHOH \\ | \\ ^{\alpha'}CH_2OH \end{array}$$

प्राथमिक C-परमाणु (नाम α अथवा α')
द्वितीयक C-परमाणु (नाम β)

ग्लिसरॉल का निर्माण Preparation of Glycerol

इनके निर्माण की निम्नलिखित विधियाँ हैं

(i) **वसा तथा तेलों द्वारा** वसा अथवा तेलों का क्षार जल-अपघटन करने पर साबुन (उच्च अम्लों के लवण) तथा ग्लिसरॉल प्राप्त होते हैं। यह ग्लिसरॉल के निर्माण की औद्योगिक विधि भी है।

$$\begin{array}{l} CH_2O\,|\,COR \quad NaO\,|\,H \\ CHO\,|\,COR + NaO\,|\,H \\ CH_2O\,|\,COR \quad NaO\,|\,H \end{array} \longrightarrow \begin{array}{l} CH_2OH \\ CHOH \\ CH_2OH \end{array} + 3RCOONa$$

ग्लिसरॉइड ग्लिसरॉल

तेल या वसा का जल (भाप) द्वारा उच्च दाब तथा 220°C ताप पर जल-अपघटन कराने पर ग्लिसरॉल तथा वसा अम्ल प्राप्त होते हैं।

(ii) **प्रोपीन से** यह ग्लिसरॉल के संश्लेषण की विधि है।

(a) $$\begin{array}{l} CH_3 \\ | \\ CH \\ \| \\ CH_2 \end{array} \xrightarrow[500°C,\ -HCl]{Cl_2} \begin{array}{l} CH_2Cl \\ | \\ CH \\ \| \\ CH_2 \end{array} \xrightarrow[150°\ C/12\ \text{वायु दाब}]{Na_2CO_3/H_2O} \begin{array}{l} CH_2OH \\ | \\ CH \\ \| \\ CH_2 \end{array}$$

प्रोपीन ऐलिल क्लोराइड ऐलिल ऐल्कोहॉल

$$\xrightarrow{HOCl} \begin{array}{l} CH_2OH \\ | \\ CH—Cl \\ | \\ CH_2OH \end{array} \xrightarrow[-NaCl]{NaOH} \begin{array}{l} CH_2OH \\ | \\ CHOH \\ | \\ CH_2OH \end{array}$$

मोनोग्लिसरॉल (β-मोनोक्लोरो हाइड्रिन)(II) ग्लिसरॉल

(b) $$CH_2 = CH—CH_3 \xrightarrow[Cu,\ 370°C]{O_2\ (\text{वायु})} CH_2 = CH—CHO$$

प्रोपीन ऐक्रोलीन

$$\xrightarrow{H_2O_2} \underset{OH}{CH_2}—\underset{OH}{CH}—CHO \xrightarrow[\text{उत्प्रेरक}]{H_2} \underset{OH}{CH_2}—\underset{OH}{CH}—\underset{OH}{CH_2}$$

ग्लिसरॉल

ग्लिसरॉल के भौतिक गुणधर्म

Physical Properties of Glycerol

(i) ग्लिसरॉल एक रंगहीन, गन्धहीन, मीठा, गाढ़ा (Syrupy) आर्द्रताग्राही (Hygroscopic) द्रव है।

(ii) इसका क्वथनांक अति उच्च (290°C) होता है तथा यह क्वथनांक के पूर्व ही अपघटित हो जाता है।

(iii) H-बन्ध बना सकने की क्षमता के कारण ही यह जल व ऐल्कोहॉल में पूर्णत: विलेय है, किन्तु ईथर में अविलेय है। यह आर्द्रताग्राही पदार्थ है तथा वातावरण से नमी को ग्रहण कर लेता है।

(iv) ठण्डा करने पर यह क्रिस्टलीय ठोस के रूप में जम जाता है तथा इसका गलनांक 18°C होता है।

ग्लिसरॉल के रासायनिक गुणधर्म

Chemical Properties of Glycerol

ग्लिसरॉल के प्रमुख रासायनिक गुण निम्नलिखित हैं

(i) **सोडियम के साथ** डाइसोडियम लवण प्राप्त होते हैं

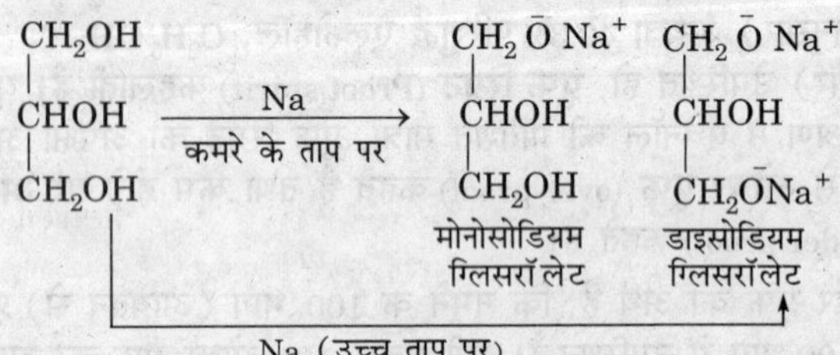

यह पाया गया है कि ग्लिसरॉल का द्वितीयक ऐल्कोहॉलिक समूह सोडियम के साथ क्रिया नहीं करता है।

(ii) PX_5 के साथ

$$\begin{array}{l} CH_2OH \\ | \\ CHOH \\ | \\ CH_2OH \end{array} + 3PCl_5 \longrightarrow \begin{array}{l} CH_2Cl \\ | \\ CHCl \\ | \\ CH_2Cl \end{array} + 3POCl_3 + 3HCl$$

ग्लिसरॉल ट्राइक्लोराइड या 1, 2, 3-ट्राइक्लोरोप्रोपेन

Br_2 तथा I_2 के पेन्टाहैलाइड उपलब्ध नहीं हैं तथा PF_5 अस्थायी है।

(iii) **HX के साथ**

$$\begin{array}{l} CH_2OH \\ | \\ CHOH \\ | \\ CH_2OH \end{array} + HCl \xrightarrow{110°C} \begin{array}{l} CH_2Cl \\ | \\ CHOH \\ | \\ CH_2OH \end{array} + \begin{array}{l} CH_2OH \\ | \\ CHCl \\ | \\ CH_2OH \end{array}$$

α-मोनोक्लोरो हाइड्रिन β-मोनोक्लोरो हाइड्रिन

(iv) **HNO_3 के साथ** यह विस्फोटक पदार्थ TNG देता है

$$\begin{array}{l} CH_2O\,\boxed{H + HO}\,NO_2 \\ CHO\,\boxed{H + HO}\,NO_2 \\ CH_2O\,\boxed{H + HO}\,NO_2 \end{array} \xrightarrow{-3H_2O} \begin{array}{l} CH_2ONO_2 \\ CHONO_2 \\ CH_2ONO_2 \end{array}$$

ट्राइनाइट्रोग्लिसरीन अथवा TNG (विस्फोटक)

(v) **ऑक्सेलिक अम्ल के साथ**

110°C पर

$$\begin{array}{l} CH_2O\,\boxed{H + HO}\,OC \\ CHOH \qquad\quad COOH \\ CH_2OH \end{array} \xrightarrow{110°C} \begin{array}{l} CH_2OOC \\ CHOH\,\boxed{COO}\,H \\ CH_2OH \end{array} \xrightarrow{} -CO_2$$

$$\begin{array}{l} CH_2OOCH \\ | \\ CHOH \\ | \\ CH_2OH \end{array} \xrightarrow{\text{जल-अपघटन}} \begin{array}{l} CH_2OH \\ | \\ CHOH \\ | \\ CH_2OH \end{array} + HCOOH$$

ग्लिसरॉल मोनोफॉर्मेट फॉर्मिक अम्ल

260°C पर

$$\begin{array}{l} CH_2O-OC \\ | \\ CHO-OC \\ | \\ CH_2OH \end{array} \xrightarrow{260°C} \begin{array}{l} CH_2 \\ | \\ CH \\ | \\ CH_2OH \end{array} \xrightarrow{-2CO_2} \begin{array}{l} CH_2 \\ \| \\ CH \\ | \\ CH_2OH \end{array}$$

ऐलिल ऐल्कोहॉल

(vi) **ऑक्सीकरण** (Oxidation) ग्लिसरॉल के ऑक्सीकरण से बनने वाला उत्पाद ऑक्सीकारक पर निर्भर करता है।

ग्लिसरॉल ($CH_2OH-CHOH-CH_2OH$) → ग्लिसरैल्डिहाइड ($CH_2OH-CHOH-CHO$) → ग्लिसरिक अम्ल ($CH_2OH-CHOH-COOH$) → टारट्रोनिक अम्ल ($COOH-CHOH-COOH$) → मेसोऑक्सेलिक अम्ल ($COOH-CO-COOH$) → ऑक्सेलिक अम्ल ($COOH-COOH$)

ग्लिसरॉल → डाइहाइड्रॉक्सी ऐसीटोन ($CH_2OH-CO-CH_2OH$) → मेसोऑक्सेलिक अम्ल

फीनॉल Phenols

वे ऐरोमैटिक यौगिक जिनमें —OH समूह सीधे बेन्जीन नाभिक से जुड़ा होते हैं, **फीनॉल** कहलाते हैं।

फीनॉल हाइड्रॉक्सी बेन्जीन; *o*-क्रिसॉल (*o*-हाइड्रॉक्सी टॉलूईन); *m*-क्रिसॉल (*m*-हाइड्रॉक्सी टॉलूईन); *p*-क्रिसॉल (*p*-हाइड्रॉक्सी टॉलूईन)

उपस्थित —OH समूहों की संख्या के आधार पर फीनॉलों को मोनोहाइड्रिक, डाइहाइड्रिक, ट्राइहाइड्रिक फीनॉल आदि के रूप में वर्गीकृत किया जाता है।

हाइड्रॉक्सी बेन्जीन (फीनॉल); *o*-डाइहाइड्रॉक्सी बेन्जीन (कैटिकॉल); *m*-डाइहाइड्रॉक्सी बेन्जीन (रिसॉर्सिनॉल); *p*-हाइड्रॉक्सी बेन्जीन (क्विनॉल)

1,2,3-ट्राइहाइड्रॉक्सी बेन्जीन (पाइरोगैलोल); 1,2,4-ट्राइहाइड्रॉक्सी बेन्जीन (हाइड्रॉक्सी क्विनॉल); 1,3,5-ट्राइहाइड्रॉक्सी बेन्जीन (फ्लोरोग्लूसिनॉल)

फीनॉल का निर्माण Preparation of Phenols

फीनॉल के निर्माण की सामान्य तथा महत्त्वपूर्ण विधियाँ निम्नलिखित हैं

(i) हैलोबेन्जीन के जल-अपघटन द्वारा By Hydrolysis of Halobenzene

$$C_6H_5X \xrightarrow[340°, 150 \text{ वायु}]{\text{जलीय } NaOH} C_6H_5O^-Na^+ \xrightarrow{H_2O/H^+} C_6H_5OH$$

हैलोबेन्जीन का निर्माण डाऊ प्रक्रम अथवा राशिग प्रक्रम द्वारा होता है।

(ii) क्यूमीन प्रक्रम Cumene Process

$$C_6H_5CH(CH_3)_2 \xrightarrow[\text{उत्प्रेरक}]{O_2} C_6H_5C(CH_3)_2O-O-H \xrightarrow{H_2O/H^+} C_6H_5OH + CH_3COCH_3$$

क्यूमीन हाइड्रोपरॉक्साइड; ऐसीटोन

यह अभिक्रिया 150°C पर HBr (उत्प्रेरक) की उपस्थिति में भी होती है। इस अभिक्रिया को **स्वः ऑक्सीकरण** (Auto-oxidation) कहते हैं। इस अभिक्रिया का लाभ भी एक महत्त्वपूर्ण अभिकर्मक है।

(iii) सल्फोनिक अम्ल के Na अथवा K लवण द्वारा From Na or K Salts of Sulphonic Acid

सल्फोनिक अम्ल के Na अथवा K लवणों को NaOH, के साथ संगलन करने पर फीनॉल प्राप्त होते हैं।

$$C_6H_5SO_3^-Na^+ + \underset{(\text{ठोस})}{NaOH} \xrightarrow{\text{संगलन}} Na_2SO_3 + C_6H_5O^-Na^+$$

$$C_6H_5O^-Na^+ \xrightarrow{H_2O/H^+} C_6H_5OH$$

उच्च ताप पर संगलन करने पर अवांछनीय सह-उत्पाद प्राप्त होते हैं।

(iv) **बेन्जीन के ऑक्सीकरण द्वारा**
By Oxidation of Benzene

यह फीनॉल के निर्माण की आधुनिकतम विधि है।

$$2\,C_6H_6 + O_2 \xrightarrow[315°C]{V_2O_5} 2C_6H_5OH$$

फीनॉल के भौतिक गुणधर्म
Physical Properties of Phenol

(i) शद्ध फीनॉल सामान्यतः रंगहीन ठोस या द्रव है। फीनॉल का गलनांक 42°C है। 42°C से कम ताप पर यह ठोस तथा इससे अधिक ताप पर द्रव अवस्था में रहता है। इसका क्वथनांक 182°C है।

(ii) फीनॉल, सामान्यतः जल में अविलेय होते हैं, परन्तु पॉलीहाइड्रिक ऐल्कोहॉल जल के साथ हाइड्रोजन बन्ध बनाने के कारण इसमें अत्यधिक विलेय होते हैं।

(iii) अन्तराअणुक हाइड्रोजन बन्ध के कारण फीनॉलों के क्वथनांक उनके संगत हाइड्रोकार्बनों, ऐरिल हैलाइडों तथा ऐल्कोहॉलों से उच्च होते हैं।

फीनॉल की अम्लीय प्रकृति
Acidic Nature of Phenols

फीनॉल एक दुर्बल अम्ल है। यह प्रबल क्षारों (जैसे—NaOH) से क्रिया करके फीनॉक्साइड (लवण) बनाता है, किन्तु Na_2CO_3, $NaHCO_3$ को विघटित नहीं करता है। अतः फीनॉल, ऐल्कोहॉल से अधिक अम्लीय परन्तु कार्बोक्सिलिक अम्ल तथा कार्बोनिक अम्ल से कम अम्लीय होते हैं। फीनॉल के अम्लीय गुण की व्याख्या निम्न प्रकार की जा सकती है।
फीनॉल में ऑक्सीजन परमाणु का एकाकी इलेक्ट्रॉन युग्म अनुनाद में भाग लेता है। अतः ऑक्सीजन परमाणु पर आंशिक धनावेश आ जाता है तथा यह O—H बन्ध के इलेक्ट्रॉन युग्म को आकर्षित करता है जिसके परिणामस्वरूप H-परमाणु प्रोटॉन के रूप में निष्कासित होता है।

फीनॉल की अनुनादी संरचनाएँ

फीनॉल के रासायनिक गुणधर्म
Chemical Properties of Phenols

फीनॉल निम्नलिखित सामान्य विशेषताएँ प्रदर्शित करते हैं

(i) **हैलोजनीकरण** फीनॉल, ब्रोमीन जल के आधिक्य से क्रिया करके 2, 4, 6-ट्राइब्रोमो फीनॉल का सफेद अवक्षेप देता है।

$$Br_2 + Br_2 \longrightarrow Br^+ + Br_3^-$$

$$C_6H_5OH + 3Br^+ \longrightarrow C_6H_2Br_3OH$$

2, 4, 6-ट्राइब्रोमोफीनॉल

(ii) **सल्फोनीकरण** फीनॉल की सान्द्र H_2SO_4 से क्रिया कराने पर α तथा β उत्पाद प्राप्त होते हैं।

$$C_6H_5OH + \text{सान्द्र } H_2SO_4 \xrightarrow{25°C} o\text{-}HOC_6H_4SO_3H$$

$$C_6H_5OH + \text{सान्द्र } H_2SO_4 \xrightarrow{100°C} p\text{-}HOC_6H_4SO_3H$$

(iii) **फ्रीडल-क्राफ्ट अभिक्रियाएँ** ये अभिक्रियाएँ ऐल्कलीकरण तथा लुईस ऐसिलीकरण अम्ल उदाहरण (AlX_3) के आधिक्य में होती हैं।

$$C_6H_5OH \xrightarrow[\text{बेन्जीन}]{NaOH} C_6H_5ONa \xrightarrow[AlCl_3]{CH_3I} o\text{-}CH_3C_6H_4ONa \xrightarrow{H^+} o\text{-}CH_3C_6H_4OH$$

o-क्रीसॉल

$$C_6H_5ONa + CH_3COCl \xrightarrow{\text{निर्जल } AlCl_3} o\text{-}HOC_6H_4COCH_3 + p\text{-}HOC_6H_4COCH_3$$

o-हाइड्रॉक्सी ऐसीटोफीनॉन, *p*-हाइड्रॉक्सी ऐसीटोफीनॉन

(iv) **रीमर-टीमान अभिक्रिया** फीनॉल की सोडियम हाइड्रॉक्साइड की उपस्थिति में क्लोरोफॉर्म के साथ अभिक्रिया में बेन्जीन में —CHO समूह, *o*-स्थिति पर प्रवेश करता है।

$$C_6H_5OH \xrightarrow{CHCl_3 + NaOH(aq)} [o\text{-}(ONa)C_6H_4CHCl_2] \xrightarrow{NaOH} o\text{-}(ONa)C_6H_4CHO \xrightarrow{H^+} o\text{-}(OH)C_6H_4CHO$$

सैलिसिल ऐल्डिहाइड

(v) **कोल्बे या कोल्बे शिमट अभिक्रिया** C_6H_5ONa की अभिक्रिया 400K ताप पर CO_2 से कराने पर तथा बनने वाले उत्पाद का अम्लीय जल-अपघटन करने पर सैलिसिलिक अम्ल बनता है।

$$C_6H_5O^{\ominus}Na^{\oplus} + CO_2 \xrightarrow[\text{6 वायुमण्डलीय दाब}]{400\ K} C_6H_5OCOO^{\ominus}Na^{\oplus} \xrightarrow{\text{पुनर्विन्यास}}$$

सोडियम फेनिलकार्बोनेट

$$o\text{-}(OH)C_6H_4COO^{\ominus}Na^{\oplus} \xrightarrow[H_2O]{H^+} o\text{-}(OH)C_6H_4COOH$$

सोडियम सैलिसिलेट → सैलिसिलिक अम्ल

फीनॉल की अन्य क्रिया Other Reaction of Phenol

युग्मन अभिक्रिया फीनॉल ऐरिल डाइऐजोनियम लवणों के साथ कम ताप पर, क्षार की उपस्थिति में क्रिया करके ऐजो रंजक बनाता है।

$$C_6H_5N_2Cl + C_6H_5OH \xrightarrow[(ii)\ H^+\ 273\ K]{(i)\ NaOH} C_6H_5\text{—N=N—}C_6H_4\text{—OH}$$

p-हाइड्रॉक्सी ऐजोबेन्जीन (नारंगी/लाल रंजक)

फीनॉल के उपयोग Uses of Phenol

(i) बैकेलाइट बनाने में।

(ii) औषधियाँ जैसे—सैलोल (जो आन्तरिक ऐण्टीसैप्टिक के रूप में प्रयुक्त होता है), ऐस्पिरीन (ऐसिटाइल सैलिसिलिक अम्ल, जो दर्द निवारक तथा तापरोधी के रूप में प्रयुक्त होता है) आदि बनाने में।

(iii) फीनॉफ्थैलीन (सूचक), पिक्रिक अम्ल (विस्फोटक) आदि के निर्माण के लिए प्रारम्भिक पदार्थ के रूप में।

ईथर Ethers

वे कार्बनिक यौगिक जिनमें —O— क्रियात्मक समूह उपस्थित होता है, **ईथर** कहलाते हैं। अत: ईथर निम्न प्रकार के यौगिक हैं

$$R'\text{—O—}R''$$

जब ईथर से जुड़े दोनों ऐल्किल समूह समान होते हैं, तो ईथरों को सामान्य अथवा सममित ईथर (simple or symmetrical ethers) कहते हैं तथा दोनों ऐल्किल समूहों के भिन्न होने पर इन्हें **मिश्रित अथवा असममित ईथर** (unsymmetrical ethers) कहते हैं।

उदाहरण— $CH_3\text{—O—}CH_3$ (सममित ईथर) $CH_3\text{—O—}C_2H_5$ (असममित ईथर)

ईथरों का निर्माण Preparation of Ethers

ईथरों के निर्माण की सामान्य विधियाँ निम्नलिखित हैं

(i) **विलियमसन संश्लेषण** (Williamson Synthesis) यह नाभिकस्नेही प्रतिस्थापन अभिक्रिया है, एवं S_N2 क्रियाविधि द्वारा चलती है।

$$RONa + R'X \longrightarrow ROR' + NaX$$

$$\underset{\text{सोडियम एथॉक्साइड}}{C_2H_5ONa} + CH_3\text{—I} \longrightarrow \underset{\text{एथिल मेथिल ईथर}}{CH_3OC_2H_5} + NaI$$

$$\underset{\text{सोडियम एथॉक्साइड}}{C_2H_5ONa} + \underset{\text{एथिल ब्रोमाइड}}{C_2H_5Br} \longrightarrow \underset{\text{एथॉक्सी एथेन}}{C_2H_5OC_2H_5} + NaBr$$

उच्च मात्रा प्राप्त करने के लिए एल्किल हैलाइड प्राथमिक होना चाहिए एवं ऐल्कॉक्साइड (alkoxide) द्वितीयक या तृतीयक होना चाहिए।

(ii) *RX* **की सिल्वर ऑक्साइड के साथ क्रिया** (Reaction of *RX* with Dry Silver Oxide) ऐल्किल हैलाइड, शुष्क सिल्वर ऑक्साइड के साथ क्रिया करके ईथर का निर्माण करते हैं।

$$2RX + Ag_2O \longrightarrow ROR + 2AgX$$

(iii) **ऐल्कोहॉल के निर्जलीकरण द्वारा** (By the Dehydration of Alcohols)

(a) **सान्द्र H_2SO_4 के साथ 140°C पर**

$$R\text{—OH} + HOR \xrightarrow[140°C]{\text{सान्द्र } H_2SO_4} ROR + H_2O$$

(निम्न ईथरों का औद्योगिक निर्माण इसी विधि से होता है।)

(b) **Al_2O_3 के साथ 250°C पर**

$$2ROH \xrightarrow[250°C]{Al_2O_3} R\text{—O—}R + H_2O$$

(iv) **डाइऐजोमेथेन की ऐल्कोहॉल पर क्रिया से** (By the Action of Diazomethane on Alcohols) मेथिल ईथर का निर्माण इस विधि द्वारा किया जाता है।

$$R\text{—OH} + \underset{\text{डाइऐजोमेथेन}}{CH_2N_2} \xrightarrow{BF_3} \underset{\text{मेथिल ऐल्किल ईथर}}{ROCH_3} + N_2$$

(v) **ऐल्कीनों द्वारा** (From Alkenes)

(a) **ऐल्कोहॉलों के योग द्वारा**

$$CH_2 = CH_2 + \underset{\text{ऐल्कोहॉल}}{ROH} \xrightarrow{H_2SO_4} \underset{\text{ईथर}}{CH_3CH_2OR}$$

(b) **ऐल्कॉक्सी मरक्यूरेशन-डीमरक्यूरेशन द्वारा**

$$\text{ऐल्कीन} + \text{ऐल्कोहॉल} \xrightarrow[\text{(ii) } NaBH_4/OH^-]{\text{(i) } Hg(OOCCF_3)_2} \text{ईथर}$$

इस अभिक्रिया में कार्बोनियम आयन का निर्माण नहीं होता हैं, अत: इस अभिक्रिया के परिणाम को प्रभावित करने के वाला कोई पुनर्विन्यास सम्भव नहीं है।

उच्च ईथरों का निर्माण Preparation of Higher Ethers

उच्च ईथरों का निर्माण α-हैलो ईथरों की क्रिया समुचित ग्रिग्नार्ड अभिकर्मक के साथ क्रिया द्वारा सम्भव है।

$$CH_3—O—CH_2Cl + CH_3MgBr \longrightarrow CH_3OCH_2—CH_3 + Mg\begin{matrix}Br\\Cl\end{matrix}$$

ईथर के भौतिक गुणधर्म
Physical Properties of Ether

(i) ईथर श्रेणी के निम्न सदस्य रंगहीन गैसें या द्रव होते हैं। द्रव ईथर अत्यधिक वाष्पशील होते हैं। इनकी वाष्प अत्यधिक ज्वलनशील होती है।

(ii) ईथरों के क्वथनांक उसके समावयवी ऐल्कोहॉलों की अपेक्षा काफी कम होते हैं क्योंकि ईथर के अणुओं में हाइड्रोजन बन्ध उपस्थित नहीं होते हैं।

(iii) ईथर जल में अल्प-विलेय होते हैं क्योंकि इनका ऑक्सीजन परमाणु जल के H-परमाणु के साथ H-बन्ध बनाने में समर्थ नहीं होता है।

रासायनिक गुणधर्म Chemical Properties

ईथरों के रासायनिक व्यवहार इनमें उपस्थित ईथरीय O के एकल इलेक्ट्रॉन युग्म, C—O बन्ध के विखण्डन तथा —*R* समूह के कारण होती है,

(i) **सान्द्र अम्लों के साथ क्रिया** ईथर, ठण्डे सान्द्र अम्ल से क्रिया करके ऑक्सोनियम आयन बनाते हैं।

उदाहरण—

$$C_2H_5\ddot{\underset{\cdot\cdot}{O}}C_2H_5 \xrightarrow{\text{ठण्डा, सान्द्र } HCl} \left[C_2H_5—\overset{\oplus}{\underset{H}{O}}—C_2H_5\right] Cl^{\ominus}$$

(डाइएथिल ऑक्सोनियम क्लोराइड)

$$C_2H_5—\ddot{\underset{\cdot\cdot}{O}}—C_2H_5 \xrightarrow[H_2SO_4]{\text{ठण्डा, सान्द्र}} \left[C_2H_5—\overset{\oplus}{\underset{H}{O}}—C_2H_5\right] HSO_4^{\ominus}$$

(डाइएथिल ऑक्सोनियम हाइड्रोजन सल्फेट)

(ii) **उपसहसंयोजन संकुलों का निर्माण** ईथर, लुईस अम्ल जैसे—BF_3, $AlCl_3$, *R*Mg*X* आदि के साथ उपसहसंयोजक बन्ध बनाते हैं

$$\underset{\text{ईथर}}{R_2\ddot{O}:} + \underset{\text{लुईस अम्ल}}{BF_3} \longrightarrow \left[R_2O \longrightarrow BF_3\right];$$

$$2R_2O + RMgX \longrightarrow (R_2O)_2Mg\begin{matrix}R\\X\end{matrix}$$

(iii) **H_2SO_4 के साथ क्रिया** तनु अम्ल के साथ क्रिया

$$\underset{\text{ईथर}}{R—O—R} + H_2O \xrightarrow[\text{उच्च दाब}]{\text{तनु } H_2SO_4/\text{उच्च ताप}} \underset{\text{ऐल्कोहॉल}}{2R—OH}$$

$$\underset{\text{मिश्रित ईथर}}{R—O—R'} + H_2O \xrightarrow[\text{उच्च दाब}]{\text{तनु } H_2SO_4/\text{उच्च ताप}} R—OH + R'OH$$

गर्म सान्द्र अम्ल के साथ अभिक्रिया

$$R—O—R \xrightarrow{\text{गर्म, सान्द्र } H_2SO_4} 2RHSO_4$$

(iv) **PCl_5 के साथ अभिक्रिया**

$$R—OR + PCl_5 \xrightarrow{\Delta} 2R—Cl + POCl_3$$

(v) **अम्ल व्युत्पन्नों के साथ** यह ऐसीटिल क्लोराइड या ऐसीटिक ऐनहाइड्राइड के साथ क्रिया करके ऐल्किल हैलाइड तथा एस्टर बनाता है

$$R—O—R + CH_3COCl \xrightarrow[\Delta]{ZnCl_2 \text{ या } AlCl_3} \underset{\text{ऐल्किल क्लोराइड}}{R—Cl} + \underset{\text{ऐल्किल ऐसीटेट}}{CH_3COOR}$$

ईथर के उपयोग Uses of Ether

(i) सामान्य निश्चेतक (aneasthetic) के रूप में।

(ii) प्रशीतक के रूप में, (ईथर तथा शुष्क बर्फ का मिश्रण ताप को –110°C के नीचे ले जाता है)।

(iii) वसा, तेल, रेजिन, ग्रिग्नार्ड अभिकर्मक के विलायक के रूप में।

(iv) कार्बनिक अभिक्रिया के लिए अक्रिय तथा निर्जल माध्यम उत्पन्न करने में, उदाहरण: वुर्ट्ज अभिक्रिया।

(v) कृत्रिम सुगन्ध बनाने में।

अभ्यास प्रश्न

1. अभिक्रिया,

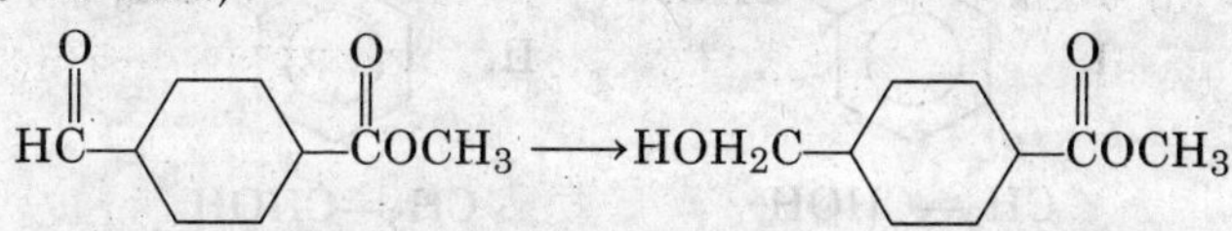

उपरोक्त अभिक्रिया निम्नलिखित में से किसका प्रयोग करके प्राप्त की जा सकती है?

(a) $NaBH_4$ (b) $LiAlH_4$
(c) $CuO \cdot CuCN_2O_4$ (d) इनमें से कोई नहीं

2. अभिक्रिया, $2CH_3CH_2OH \xrightarrow[413\ K]{H^+} CH_3CH_2OCH_2CH_3$,

किसके निर्माण के द्वारा होती है?

(a) $CH_3CH_2\overset{+}{O}H_2$ (b) $CH_3\overset{+}{C}H_2$
(c) $CH_3CH_2—\overset{+}{\underset{H}{O}}—CH_2CH_3$ (d) दोनों (b) तथा (c)

3. 3-साइक्लोहेक्सल पेन्टेन-3-ऑल निम्नलिखित में से कौन-सी संरचना प्रदर्शित होती है?

(a) OH, $CH_3CH_2CCH_2CH_3$ (साइक्लोहेक्सेन वलय सहित)
(b) OH, $CH_2CH_2CHCH_2CH_3$ (साइक्लोहेक्सेन वलय सहित)
(c) OH, $CH_3CH_2—C—CH_2CH_2CH_3$ (साइक्लोपेन्टेन वलय सहित)
(d) इनमें से कोई नहीं

4. $B \xleftarrow[(ii)\ H_2O_2/OH^-]{(i)\ B_2H_6/THF}$ (साइक्लोहेक्सेन)$=CH_2 \xrightarrow{H_3O^+} A$

A तथा B क्रमश: हैं

(a) दोनों (साइक्लोहेक्सिल)$—CH_2OH$
(b) दोनों (1-मेथिल साइक्लोहेक्सेनॉल: CH_3, OH)
(c) (साइक्लोहेक्सिल)$—CH_2OH$, (1-मेथिल साइक्लोहेक्सेनॉल: CH_3, OH)
(d) (1-मेथिल साइक्लोहेक्सेनॉल: CH_3, OH), (साइक्लोहेक्सिल)$—CH_2OH$

5. निम्नलिखित में से किस अणु में, HIO_4 द्वारा विदलन प्रेक्षित नहीं होता है?

(a) OH, HO, OH (b) OH, OH, O, OH
(c) O, OH, HO, OH (d) O, OH, O, OH

6. 1°, 2°, 3° ऐल्कोहॉल, H_2O तथा $RC\equiv CH$ की अम्लीयता का क्रम है

(a) $H_2O > 1° > 2° > 3° > RC\equiv CH$
(b) $RC\equiv CH > 3° > 2° > 1° > H_2O$
(c) $1° > 2° > 3° > H_2O > RC\equiv CH$
(d) $3° > 2° > 1° > H_2O > RC\equiv CH$

7. असत्य कथन को चुनिए।

(a) साधारण एथिल ऐल्कोहॉल को परिशोधित स्प्रिट कहते हैं
(b) पॉलिश आदि करने के लिए बाजार में बिकने वाले ऐल्कोहॉल को मेथिलीकृत स्प्रिट कहते हैं
(c) परिशुद्ध ऐल्कोहॉल, 100% एथेनॉल है
(d) पावर ऐल्कोहॉल, 100% एथेनॉल है

8. तृतीयक ब्यूटिल ऐल्कोहॉल की 350°C पर गर्म Cu के साथ क्रिया द्वारा उत्पन्न होता है

(a) ब्यूटेनॉल (b) ब्यूटेनल
(c) 2-ब्यूटीन (d) 2-मेथिल प्रोपीन

9. निम्नलिखित में से कौन अम्लीय स्थितियों में अत्याधिक शीघ्रता से निर्जलीकृत होगा?

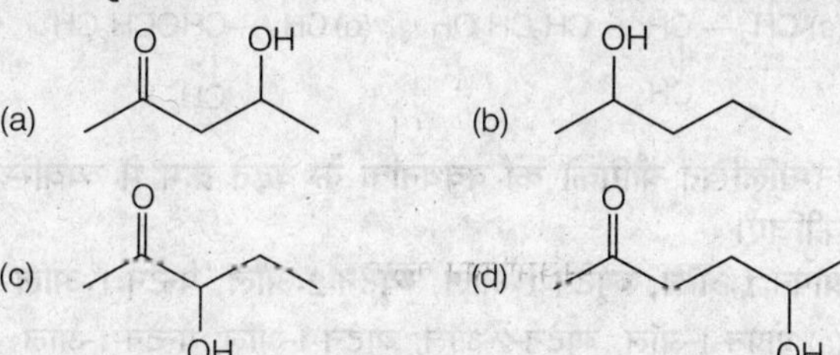

10. निम्नलिखित ऐल्कोहॉलों की क्रियाशीलता का क्रम है

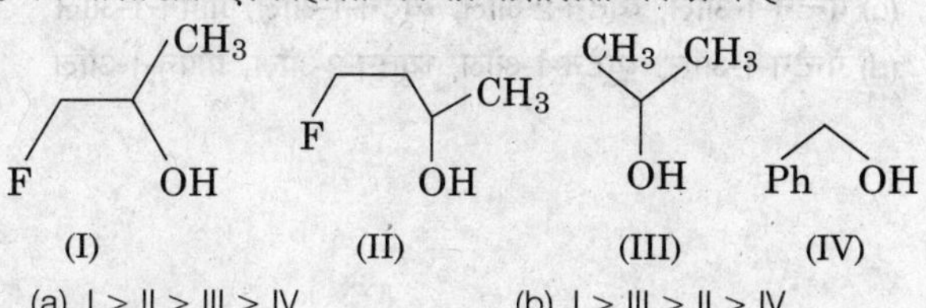

(a) I > II > III > IV (b) I > III > II > IV
(c) IV > III > II > I (d) IV > III > I > II

11. निम्नलिखित अभिक्रिया में X को पहचानिए।

मेथिल मैग्नीशियम ब्रोमाइड + $X \longrightarrow$ 2-मेथिल प्रोपेन-2-ऑल

(a) प्रोपेनॉल (b) एथेनॉन

(c) प्रोपेनोन (d) ब्यूटेन

12. (साइक्लोब्यूटेन वलय)–C(OH)–C(CH_3)(OH)–CH_3 $\xrightarrow{\text{सान्द्र } H_2SO_4}$ A,

उत्पाद A है

(a) साइक्लोब्यूटेन–O–CH(CH_3)$_2$ (b) साइक्लोपेन्टेन=C(CH_3)$_2$

(c) साइक्लोब्यूटेन–C(CH_3)($COCH_3$) (d) 2,2-डाइमेथिल साइक्लोपेन्टेनोन (वलय में CH_3, CH_3 तथा =O)

13. निम्न में से किस अभिक्रिया द्वारा विपक्ष-साइक्लोपेन्टेन-1,2-डाइऑल प्राप्त होता है?

(a) साइक्लोपेन्टीन $\xrightarrow[\text{तनु जलीय विलयन}]{KMnO_4}$ (b) साइक्लोपेन्टीन $\xrightarrow[\text{(ii) } H^+]{\text{(i) } OsO_4}$

(c) साइक्लोपेन्टीन ऑक्साइड $\xrightarrow{H^+}$ (d) इनमें से कोई नहीं

14. निम्नलिखित अभिक्रियाओं के क्रम में अन्तिम उत्पाद (IV) है

$CH_3CH(OH)CH_3 \xrightarrow{PBr_3} \text{I} \xrightarrow[\text{ईथर}]{Mg} \text{II} \xrightarrow{CH_2-CH_2 \text{ (O)}} \text{III} \xrightarrow{H_2O} \text{IV}$

(a) $CH_3-CH(CH_3)OCH_2CH_2OH$ (b) $CH_3-CH(CH_3)CH_2CH_2Br$

(c) $CH_3-CH(CH_3)-CH_2CH_2OH$ (d) $CH_3-CH(CH_3)OCH_2CH_3$

15. निम्नलिखित यौगिकों को क्वथनांक के बढ़ते क्रम में व्यवस्थित कीजिए।

प्रोपेन-1-ऑल, ब्यूटेन-1-ऑल, ब्यूटेन-2-ऑल, पेन्टेन-1-ऑल

(a) प्रोपेन-1-ऑल, ब्यूटेन-2-ऑल, ब्यूटेन-1-ऑल, पेन्टेन-1-ऑल

(b) प्रोपेन-1-ऑल, ब्यूटेन-1-ऑल, ब्यूटेन-2-ऑल, पेन्टेन-1-ऑल

(c) पेन्टेन-1-ऑल, ब्यूटेन-2-ऑल, ब्यूटेन-1-ऑल, प्रोपेन-1-ऑल

(d) पेन्टेन-1-ऑल, ब्यूटेन-1-ऑल, ब्यूटेन-2-ऑल, प्रोपेन-1-ऑल

16. निम्नलिखित यौगिकों के निर्जलीकरण का सही क्रम है

I. $C_6H_5-CH(OH)CH_3$ II. 2-CH_3-$C_6H_4-CH(OH)CH_3$

III. 4-CH_3-$C_6H_4-CH(OH)CH_3$ IV. 4-NO_2-$C_6H_4-CH(OH)CH_3$

(a) I > II > IV > IV (b) II > III > I > IV

(c) IV > I > III > II (d) IV > I > II > III

17. *मेटा*-क्रिसॉल का आई.यू. पी. ए. सी. नाम है

(a) 3-मेथिल फीनॉल (b) 3-क्लोरोफीनॉल

(c) 3-मेथॉक्सीफीनॉल (d) बेन्जीन-1,3-डाइऑल

18. फ्रीडेल-क्राफ्ट ऐसीटिलीकरण पर, ऐनीसोल उत्पन्न करता है

(a) 2-मेथॉक्सी ऐसीटोफिनॉन

(b) 4-मेथॉक्सी ऐसीटोफिनॉल

(c) दोनों (a) तथा (b)

(d) उपरोक्त में में से कोई नहीं

19. निम्न में से कौन-सी संरचना *पैरा*-नाइट्रोफीनॉक्साइड का अनुनादी संरचना नहीं है?

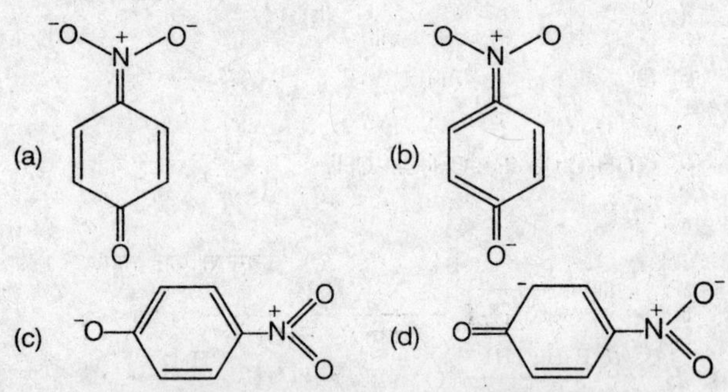

20. निम्नलिखित अभिक्रियाओं में से कौन *पैरा*-तृतीयक ब्यूटिल फीनॉल उत्पन्न नहीं करेगी?

(a) फीनॉल + $CH_3-C(CH_3)=CH_2 \xrightarrow{H^+}$

(b) फीनॉल + $(CH_3)_3COH \xrightarrow{H^+}$

(c) फीनॉल + $(CH_3)_3C\cdot Cl \xrightarrow{AlCl_3}$

(d) फीनॉल + $CHCl_3 \xrightarrow{NaOH}$

21. फीनॉल के लिबरमैन परीक्षण में उत्पन्न नीला अथवा हरा रंग किसके निर्माण के कारण होता है?

(a) NO—C_6H_4—OH

(b) O=C_6H_4=NOH

(c) O=C_6H_4=N—C_6H_4—OH

(d) O=C_6H_4=N—C_6H_4—$\bar{O}Na^+$

22. निम्नलिखित यौगिकों की अम्लीय क्षमता का घटता हुआ सही क्रम चुनिए।

I. फीनॉल (OH) II. 4-NO_2 फीनॉल III. 3-OCH_3 फीनॉल IV. 3-NO_2 फीनॉल V. 4-OCH_3 फीनॉल

(a) (V) > (IV) > (II) > (I) > (III)
(b) (II) > (IV) > (I) > (III) > (V)
(c) (IV) > (V) > (III) > (II) > (I)
(d) (V) > (IV) > (III) > (II) > (I)

23. $C_6H_5OH + C_2H_5I \xrightarrow[\text{निर्जल } (C_2H_5OH)]{\bar{O}C_2H_5} X$

उपरोक्त अभिक्रिया में X है,

(a) $C_6H_5OC_2H_5$ (b) $C_2H_5OC_2H_5$
(c) $C_6H_5OC_6H_5$ (d) C_6H_5I

24. फीनॉल $\xrightarrow[\text{(ii) } CO_2/140°C]{\text{(i) NaOH}} A \xrightarrow{\text{(iii) } H^+/H_2O} B \xrightarrow{\text{(iv) } Ac_2O} C$

इस अभिक्रिया में, अन्तिम उत्पाद C है

(a) सैलिसल्डिहाइड
(b) सैलिसिलिक अम्ल
(c) फिनाइल ऐसीटेट
(d) ऐस्प्रीन

25. (2-OH)C_6H_4CHO $\xrightarrow[OH^-]{H_2O_2}$ (1,2-OH)C_6H_4OH

यह अभिक्रिया कहलाती है

(a) रीमर-टीमैन अभिक्रिया
(b) लिबरमैन नाईट्रोसो अभिक्रिया
(c) डेकिन अभिक्रिया
(d) लैडरर मैनसे अभिक्रिया

26. p-बेन्जोक्विनोन (O=C_6H_4=O) $\xrightarrow{HCl}$ 2-क्लोरो-1,4-डाइहाइड्रॉक्सीबेन्जीन (OH, OH, Cl)

उपरोक्त अभिक्रिया उदाहरण है

(a) चलावयवता के पश्चात HCl को 1,2-योग अभिक्रिया का
(b) अपचयन के पश्चात् 1,2-योगात्मक अभिक्रिया का
(c) चलावयवता के पश्चात् 1,4-योगात्मक अभिक्रिया का
(d) ऑक्सीकरण के पश्चात् 1,4-योगात्मक अभिक्रिया का

27. निम्नलिखित अभिक्रिया पर विचार कीजिए।

1,3-डाइहाइड्रॉक्सीबेन्जीन (OH, OH) $\xrightarrow[\text{सान्द्र } H_2SO_4]{\text{सान्द्र } HNO_3} X$

उत्पाद X है

(a) पिक्रिक अम्ल (b) स्टाइफिनिक अम्ल
(c) सैलिसिलिक अम्ल (d) बेन्जोइक अम्ल

28. *आइसो*-प्रोपिल मेथिल ईथर बनाने के लिए निम्न में से कौन-सी विधि सर्वोत्तम है?

(a) $CH_3I + (CH_3)_2CHOH \longrightarrow$
(b) $CH_3I + (CH_3)_2CHO^- \longrightarrow$
(c) $(CH_3)_2CHI + CH_3O^- \longrightarrow$
(d) $(CH_3)_2CHCl + CH_3OH \longrightarrow$

29. ईथरों का आसवन करते समय कभी-कभी विस्फोट हो जाता है, यह निम्न में से किसकी उपस्थिति के कारण होता है?

(a) ऑक्साइड (b) कीटोन
(c) ऐल्डिहाइड (d) परॉक्साइड

30. समान आण्विक सूत्र वाले ईथर तथा ऐल्कोहॉल में ईथर, ऐल्कोहॉल से अधिक वाष्पशील है, इसका कारण है

(a) ऐल्कोहॉलों में अन्तराआण्विक हाइड्रोजन बन्ध
(b) ईथरों का द्विध्रुव गुण
(c) ऐल्कोहॉलों की अनुनाद संरचना
(d) ईथरों में अन्तराआण्विक हाइड्रोजन बन्ध

31. 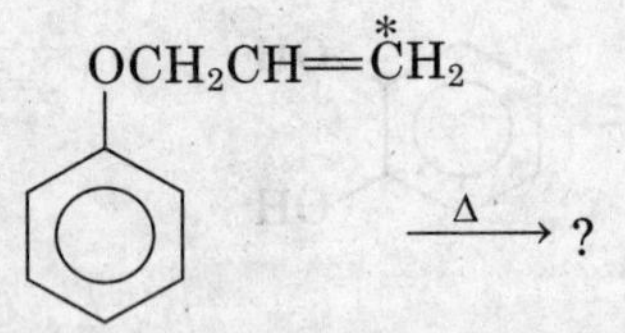 $C_6H_5-OCH_2CH{=}\overset{*}{C}H_2 \xrightarrow{\Delta} ?$

उपरोक्त अभिक्रिया द्वारा प्राप्त उत्पाद है

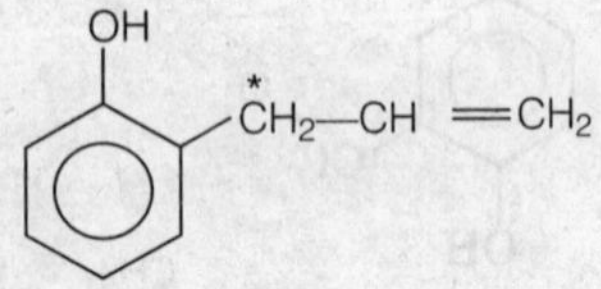

(a) 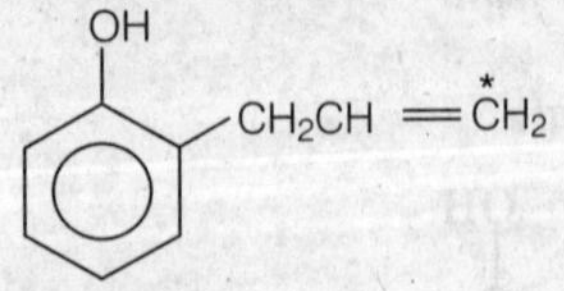 o-(OH)$C_6H_4-CH_2CH=\overset{*}{C}H_2$

(b) o-(OH)$C_6H_4-\overset{*}{C}H_2-CH=CH_2$

(c) o-(OH)$C_6H_4-CH=CH-\overset{*}{C}H_3$

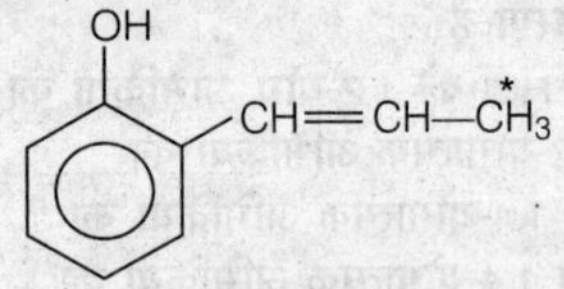

(d) 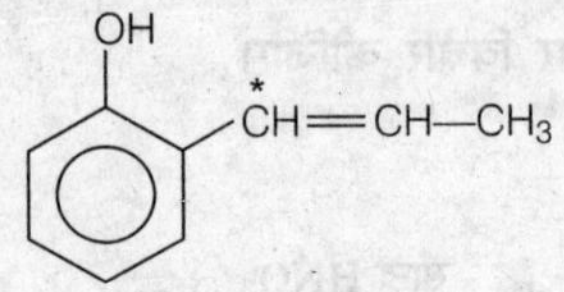 o-(OH)$C_6H_4-\overset{*}{C}H=CH-CH_3$

32. C—O—C कोण अधिकतम होगा

(a) CH_3-O-CH_3 में

(b) $CH_3-O-C_2H_5$ में

(c) $C_2H_5-O-C_2H_5$ में

(d) $(CH_3)_2CH-O-CH(CH_3)_2$ में

33. विलियमसन संश्लेषण द्वारा ईथर बनाने हेतु आवश्यक अभिकारक है

(a) एथिल ऐल्कोहॉल तथा तृतीयक ब्यूटिल ऐल्कोहॉल

(b) सोडियम एथॉक्साइड तथा तृतीयक ब्यूटिल ब्रोमाइड

(c) सोडियम तृतीयक ब्यूटॉक्साइड तथा एथिल ब्रोमाइड

(d) सोडियम एथॉक्साइड तथा सोडियम तृतीयक ब्यूटॉक्साइड

34. ईथर वायु के सम्पर्क में लम्बे समय तक रहने पर परॉक्साइड बनाती है। ईथर में परॉक्साइड की उपस्थिति की जाँच Fe^{2+} आयन तदोपरान्त—डालकर करते हैं।

(a) KCN (b) $SnCl_2$ (c) $HgCl_2$ (d) KCNS

35. सान्द्र हाइड्रोब्रोमिक अम्ल के साथ गर्म करने पर, फेनिल एथिल ईथर बनाता है

(a) फीनॉल तथा एथेन (b) फीनॉल तथा एथिल ब्रोमाइड

(c) ब्रोमोबेन्जीन तथा एथेनॉल (d) ब्रोमोबेन्जीन तथा एथेन

36. निम्नलिखित अभिक्रियाओं में से कौन-सी ईथर का निर्माण नहीं करेगी?

(a) सोडियम मेथॉक्साइड, डाइमेथिल सल्फेट के साथ अभिक्रिया करती है

(b) सोडियम एथॉक्साइड, एथिल ब्रोमाइड के साथ अभिक्रिया करती है

(c) सोडियम एथॉक्साइड, ब्रोमोसाइक्लोप्रोपेन के साथ अभिक्रिया करती है

(d) एथेनॉल, CH_2N_2 के साथ HBF_4, की उपस्थिति में अभिक्रिया करती है

उत्तरमाला

1.	(a)	2.	(d)	3.	(a)	4.	(d)	5.	(a)	6.	(a)	7.	(d)	8.	(d)	9.	(a)	10.	(c)
11.	(c)	12.	(d)	13.	(c)	14.	(c)	15.	(a)	16.	(b)	17.	(a)	18.	(c)	19.	(c)	20.	(d)
21.	(d)	22.	(b)	23.	(b)	24.	(d)	25.	(c)	26.	(c)	27.	(b)	28.	(b)	29.	(d)	30.	(a)
31.	(b)	32.	(d)	33.	(c)	34.	(d)	35.	(b)	36.	(c)								

उत्तर व्याख्या सहित

1. (a) 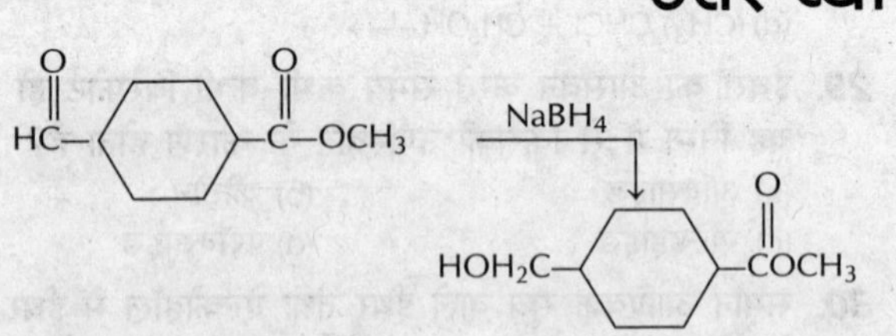 $OHC-C_6H_{10}-COOCH_3 \xrightarrow{NaBH_4} HOH_2C-C_6H_{10}-COCH_3$ (साइक्लोहेक्सेन वलय; $C=O$ युक्त)

2. (d) ऐल्कोहॉल सर्वप्रथम अम्ल द्वारा प्रोटॉनीकृत होकर प्रोटॉनीकृत ऐल्कोहॉल अथवा ऑक्सोनियम आयन बनाते हैं। इसके पश्चात् इस पर ऐल्कोहॉल के द्वितीय अणु का आक्रमण होता है जो नाभिकस्नेही की भाँति कार्य करता है।

$$R-\ddot{O}-H + H^+ \rightleftharpoons R-\overset{\oplus}{O}(H)-H$$

(प्रोटानीकृत ऐल्कोहॉल)

$$R-\overset{\oplus}{O}(H)-H \xrightarrow[\text{(मन्द)}\ -H_2O]{} R^{\oplus}\ \text{कार्बोधनायन} \xrightarrow[\text{(तीव्र)}]{R-\ddot{O}-H}$$

$$R-\overset{\oplus}{\ddot{O}}(H)-R \xrightarrow{-H^+} R-O-R\ \text{ईथर}$$

3. (a) 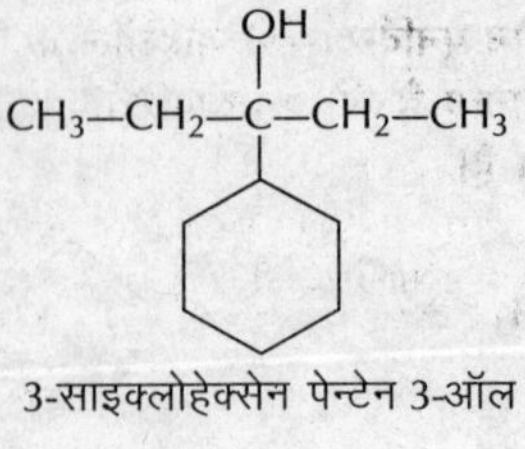 $CH_3-CH_2-C(OH)(C_6H_{11})-CH_2-CH_3$

3-साइक्लोहेक्सेन पेन्टेन 3-ऑल

4. *(d)* मेथिलीनसाइक्लोहेक्सेन ($=CH_2$) $\xrightarrow{H_3O^+}$ 1-मेथिलसाइक्लोहेक्सेनॉल (CH_3, OH) *(A)*

मेथिलीनसाइक्लोहेक्सेन $\xrightarrow[(ii)\ H_2O_2/OH^-]{(i)\ B_2H_6/THF}$ साइक्लोहेक्सिल–CH_2OH

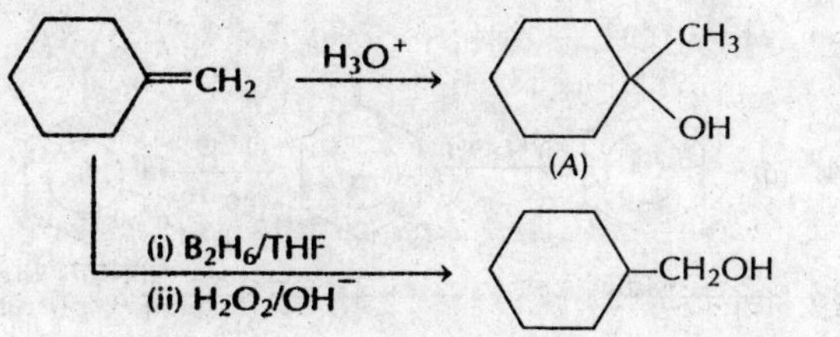

5. *(a)* ये सभी यौगिक जिनमें $\left(-\overset{OH}{\underset{|}{\overset{|}{C}}}-\overset{OH}{\underset{|}{\overset{|}{C}}}-\right)$ समूह उपस्थित होता है,

परआयोडिक अम्ल (HIO_4) से ऑक्सीकृत हो जाते हैं।

अतः (साइक्लोहेक्सेन-1,3,5-ट्राइऑल: OH, HO, OH) ऑक्सीकृत नहीं होगा

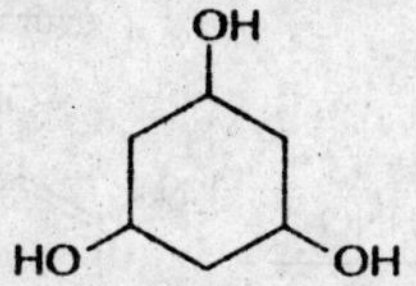

6. *(a)* ऐल्कोहॉल, एल्काइन की अपेक्षा अधिक परन्तु जल की अपेक्षा कम अम्लीय है। अतः अम्लीयता का सही क्रम है

$$H_2O > 1° > 2° > 3° > RC\equiv CH$$

9. *(a)* जितना अधिक संयुग्मन होता है, स्थायित्व उतना ही अधिक होता है। जिसके कारण निर्जलीकरण सरल होता है। अतः अम्लीय स्थितियों में

(4-हाइड्रॉक्सीपेन्टेन-2-ओन: O, OH) अधिक सुगमता से निर्जलीकृत होगा।

10. *(c)* क्रियाशीलता का क्रम बनने वाले कार्बोधनायन

$FCH_2\overset{+}{C}HCH_3$, $FCH_2CH_2\overset{+}{C}HCH_3$, $CH_3\overset{+}{C}HCH_3$

तथा $Ph\overset{+}{C}H_2$ के स्थायित्व पर निर्भर करता है। इनके स्थायित्व का क्रम निम्न है

$Ph\overset{+}{C}H_2 > CH_3\overset{+}{C}HCH_3 > FCH_2CH_2\overset{+}{C}HCH_3 > FCH_2\overset{+}{C}HCH_3$

अतः क्रियाशीलता का क्रम निम्न होगा

IV > III > II > I

11. *(c)* CH_3CH_2MgCl (एथिल मैग्नीशियम क्लोराइड) + $H-\overset{O}{\overset{\|}{C}}-H$ (मेथेनॉल) $\xrightarrow[\text{ईथर}]{\text{शुष्क}}$ $\left[H-\overset{OMgCl}{\overset{|}{C}}-H \text{ with } H_2CCH_3\right]$ (मध्यवर्ती) $\xrightarrow{H_2O/H^+}$

$H-{}^1C(OH)-H$ with ${}^2CH_2{}^3CH_3$

प्रोपेन-1-ऑल

12. *(d)* पिनाकॉल पिनाकॉलोन पुनर्विन्यास में डाइऑल के निर्जलीकरण द्वारा मध्यवर्ती कार्बोधनायन बनता है जो पुनःव्यवस्थित होकर अधिक स्थायी यौगिक (कीटोन) बनाता है।

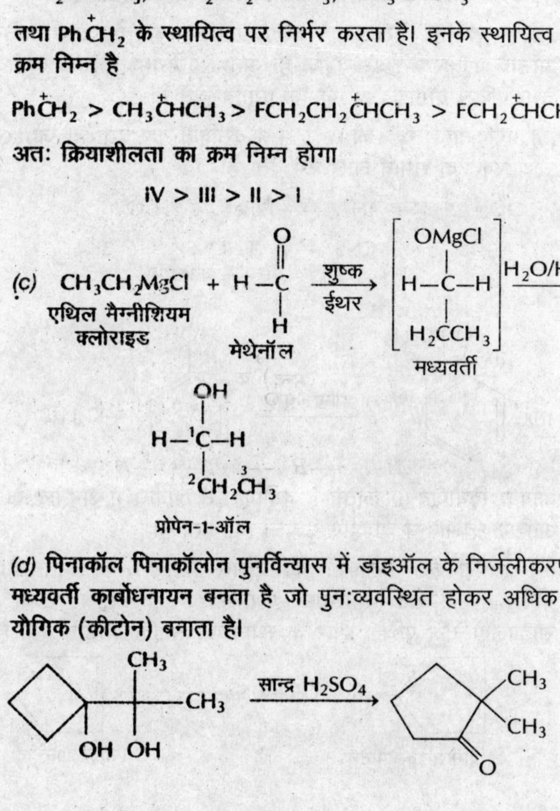

(साइक्लोब्यूटेन, OH, C(OH)(CH_3)$_2$) $\xrightarrow{\text{सान्द्र } H_2SO_4}$ 2,2-डाइमेथिलसाइक्लोपेन्टेनोन (CH_3, CH_3, O)

13. *(c)* साइक्लोपेन्टीन ऑक्साइड (O) $\xrightarrow{H^+}$ साइक्लोपेन्टेन-1,2-डाइऑल (OH, OH)

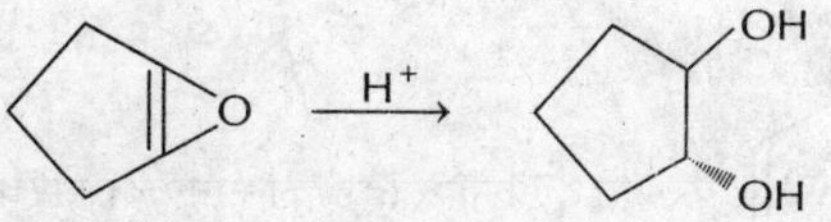

14. *(c)* $CH_3-\underset{CH_3}{\underset{|}{CH}}-OH \xrightarrow{PBr_3} CH_3-\underset{CH_3}{\underset{|}{CH}}-Br \xrightarrow[\text{ईथर}]{Mg}$

$CH_3-\underset{CH_3}{\underset{|}{CH}}-MgBr$

$\downarrow$ CH_2-CH_2 (O) (एथिलीन ऑक्साइड)

$CH_3-\underset{CH_3}{\underset{|}{CH}}-CH_2CH_2OH \xleftarrow{H_2O} CH_3-\underset{CH_3}{\underset{|}{CH}}-CH_2CH_2OMgBr$

3-मेथिल ब्यूटेनॉल

15. *(a)* ऐल्कोहॉलों के क्वथनांक, आण्विक भार बढ़ने के साथ बढ़ते हैं। समान आण्विक भार वाले ऐल्कोहॉलों के लगभग समान क्वथनांक होने चाहिए। यद्यपि क्वथनांक के अतिरिक्त दो अन्य कारक, H-आबन्धन तथा पृष्ठ तनाव भी महत्त्वपूर्ण हैं। ये दोनों कारक 3° ऐल्कोहॉलों में न्यूनतम तथा 1° ऐल्कोहॉलों में अधिकतम है। अतः ऐल्कोहॉलों के क्वथनांक का सही क्रम निम्न होगा

$\underset{\text{प्रोपेन-1-ऑल}}{CH_3CH_2CH_2OH} < \underset{\text{ब्यूटेन-2-ऑल}}{CH_3CH_2\overset{OH}{\overset{|}{C}H}-CH_3}$

$< \underset{\text{ब्यूटेन-1-ऑल}}{CH_3CH_2CH_2CH_2OH} < \underset{\text{पेन्टेन-1-ऑल}}{CH_3CH_2CH_2CH_2CH_2OH}$

17. *(a)* (बेन्ज़ीन वलय: 1 पर OH, 3 पर CH_3; स्थान 1–6)

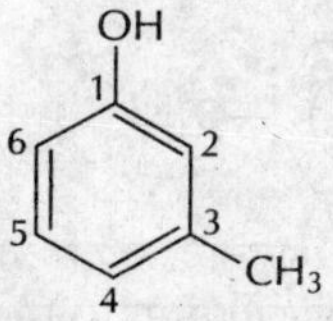

का आई.यू.पी.ऐ.सी. नाम 3-मेथिल फीनॉल है।

18. *(c)* ऐनीसोल की फ्रीडेल-क्राफ्ट ऐसेलीकरण निम्न है

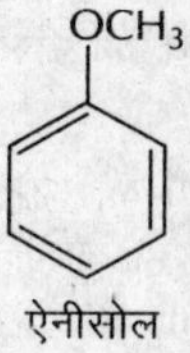

ऐनीसोल (OCH_3) + CH_3COCl (एथेनॉल क्लोराइड) $\xrightarrow{\text{निर्जल } AlCl_3}$

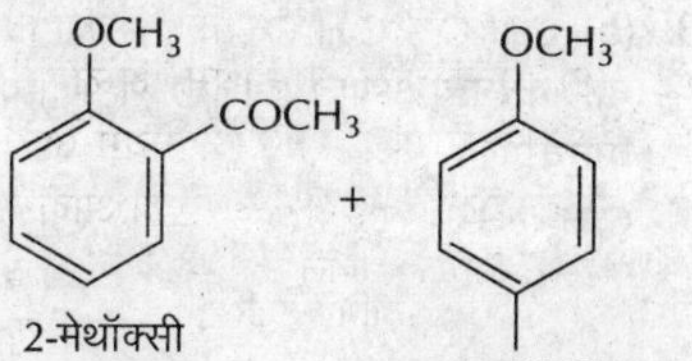

2-मेथॉक्सी ऐसीटोफीनॉन (OCH_3, $COCH_3$) (अल्प) + 4-मेथॉक्सी ऐसीटोफीनॉन (OCH_3, $COCH_3$) (मुख्य)

19. (c) [p-nitrophenoxide structure: O^- on ring, N^+ with two O] *पैरा*-नाइट्रोफिनॉक्साइड की अनुनादी संरचना नहीं है,

क्योंकि N द्वितीय समूह का तत्व होने के कारण, अपने संयोजी कक्ष में 8 से अधिक इलेक्ट्रॉन नहीं रख सकता है।

20. (d) फीनॉल, क्लोरोफॉर्म तथा सोडियम हाइड्रॉक्साइड के साथ पश्चवाह (refluxing) करके जल-अपघटित कराने पर *ऑर्थो*-हाइड्रॉक्सी बेन्जेल्डिहाइड देता है।

फीनॉल (OH) $\xrightarrow[\text{NaOH (जलीय) } 60°]{CHCl_3}$ (OH, $CHCl_2$) $\xrightarrow{NaOH}$ (ONa, CHO) $\xrightarrow{H^+/H_2O}$ (OH, CHO)

सैलिसिल्डिहाइड

21. (d) फीनॉल लिबरमैन नाइट्रोसो अभिक्रिया देता है

सान्द्र H_2SO_4 में फीनॉल $\xrightarrow[\text{जल का आधिक्य}]{NaNO_2}$ लाल रंग $\xrightarrow[\text{(आधिक्य)}]{NaOH}$ नीला रंग

यह नीला रंग बनने के कारण होता है।

$O=C_6H_4=N-C_6H_4-O^-Na^+$

22. (b) फीनॉल, फिनॉक्साइड आयन के अनुनाद स्थायित्व के कारण अम्लीय प्रकृति के होते हैं। इलेक्ट्रॉन आकर्षी समूह (जैसे NO_2, —X, —RNR_3^+, —CHO, —COX, —COOR, —CN) कि उपस्थिति के कारण फिनॉक्साइड आयन का वलय स्थायी होता है। फलतः फीनॉल की अम्लीय प्रकृति बढ़ती है। दूसरी ओर, इलेक्ट्रॉन दाता समूह (जैसे —CH_3, —OR) की उपस्थिति के कारण वलय का अस्थायित्व बढ़ता है तथा फीनॉल की अम्लीय प्रकृति घटती है।

साथ ही, *मेटा*-समावयवी, *ऑर्थो* तथा *पैरा*-समावयवियों की अपेक्षा कम अम्लीय होते हैं क्योंकि ये प्रेरणिक प्रभाव द्वारा स्थायी हो जाते हैं। अतः अम्लीय क्षमता का सही क्रम (II) > (IV) > (I) > (III) है।

23. (b) $C_6H_5O^-$, $C_2H_5O^-$ की अपेक्षा दुर्बल नाभिकस्नेही है। अतः अच्छा नाभिकस्नेही अर्थात $C_2H_5O^-$, C_2H_5I पर आक्रमण करके डाइऐथिल ईथर बनायेगा।

$C_6H_5OH + \underset{\text{प्रबल नाभिकस्नेही}}{C_2H_5O^-} \longrightarrow \underset{\text{दुर्बल नाभिकस्नेही}}{C_6H_5O^-} + C_2H_5OH$

$C_2H_5O^- + CH_3-\overset{+\delta}{C}H_2-\overset{-\delta}{I} \longrightarrow CH_3CH_2-O-CH_2CH_3 + I^-$

डाइएथिल ईथर

24. (d) फीनॉल (OH) $\xrightarrow{\text{(i) NaOH}}$ (ONa) $\xrightarrow[140°C]{\text{(ii) } CO_2}$ (OH, COONa) सोडियम सैलिसिलेट $\xrightarrow{\text{(i) } H^+/H_2O \text{ (ii) } Ac_2O}$ [($OCOCH_3$, COOH)] ऐस्प्रीन

27. (b) रिसॉर्सिनॉल (OH, OH) $\xrightarrow[\text{सान्द्र } H_2SO_4]{\text{सान्द्र } HNO_3}$ (O_2N, OH, NO_2, OH, NO_2) स्टाइफिनिक अम्ल

31. (b) ($OCH_2CH=\overset{*}{C}H_2$ on ring) $\xrightarrow{\Delta}$ (OH, $\overset{*}{C}H_2-CH=CH_2$)

32. (d) ईथर में ऐल्किल समूह जितना अधिक बड़ा होता है, त्रिविम कारक के कारण, C—O—C आबन्ध कोण उतना ही अधिक होता है।

33. (c) 1° ऐल्किल हैलाइड, ऐल्कॉक्साइड आयन के साथ प्रतिस्थापन अभिक्रिया करके ईथर बनाते हैं। अतः सोडियम तृतीयक ब्यूटॉक्साइड तथा एथिल ब्रोमाइड अभिकर्मक प्रयुक्त होते हैं।

34. (d) परॉक्साइड Fe^{2+} को Fe^{3+} में ऑक्सीकृत कर देता है। जो KCNS के साथ रक्त के समान लाल रंग देता है।

$O_2^{2-} + 2Fe^{2+} + 4H^+ \longrightarrow 2Fe^{3+} + 2H_2O$

$Fe^{3+} + 3KCNS \longrightarrow \underset{\text{(लाल-रक्त रंग)}}{Fe(CNS)_3} + 3K^+$

35. (b) (C_6H_5—(i)—O—(ii)—C_2H_5) $\xrightarrow{\text{सान्द्र HBr}}$ (OH) + C_2H_5Br

आबन्ध वियोजन (i) कठिन है क्योंकि इस आबन्ध में अनुनाद के कारण आंशिक द्विआबन्ध व्यवहार उत्पन्न हो जाता है।

36. (c) 2° ऐल्किल हैलाइडों की प्रकृति विलोपन की होती है। अतः ब्रोमोसाइक्लोपेन्टेन सोडियम एथॉक्साइड के साथ क्रिया करके साइक्लोपेन्टिल एथिल ईथर के स्थान पर साइक्लोपेन्टीन देती है।

$\underset{\text{ब्रोमोसाइक्लोपेन्टेन}}{C_5H_9-Br} + C_2H_5ONa \xrightarrow{-NaBr} \underset{\text{साइक्लोपेन्टीन}}{C_5H_8}$

अध्याय 23

ऐल्डिहाइड, कीटोन तथा कार्बोक्सिलिक अम्ल

Aldehydes, Ketones and Carboxylic Acids

ऐल्डिहाइड तथा कीटोन Aldehydes and Ketones

वे कार्बनिक यौगिक जिनमें कार्बन-ऑक्सीजन द्विबन्ध होता है, **कार्बोनिल यौगिक** (Carbonyl compounds) कहलाते हैं। ऐल्डिहाइड में $>C=O$ की मुक्त संयोजकताओं से H एवं C परमाणु जुड़े होते हैं जबकि कीटोनों में दोनों मुक्त संयोजकताओं से ऐल्किल समूह $(-R)$ से जुड़ा होता है।

$$\underset{\text{ऐल्डिहाइड}}{\overset{H}{\underset{R}{>}}C=O} \qquad \underset{\text{कीटोन}}{\overset{R}{\underset{R}{>}}C=O}$$

कार्बोनिल समूह की संरचना Structure of Carbonyl Group

कार्बोनिल समूह में कार्बन परमाणु sp^2-संकरित होता है। यह अन्य तीन परमाणुओं के साथ समतलीय सिग्मा आबन्धों द्वारा 120° के कोण पर अभिविन्यासित रहता है।

कार्बन परमाणु का असंकरित p-कक्षक ऑक्सीजन परमाणु के असंकरित p-कक्षक के साथ अतिव्यापन करके π-आबन्ध का निर्माण करता है।

कार्बन-कार्बन द्विआबन्ध $>C=C<$ की अपेक्षा कार्बन ऑक्सीजन द्विआबन्ध $>C=O<$ की आबन्ध लम्बाई कम होती है।

C एवं O की विद्युतऋणात्मकता में अधिक अन्तर होने के कारण यह आबन्ध ध्रुवीय प्रकृति का होता है। $>C=O<$ के द्विध्रुव आघूर्ण का मान 2.3 से 2.8 D होता है।

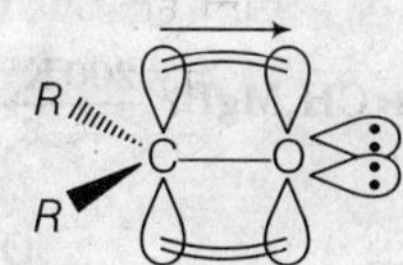

	आबन्ध लम्बाई	आबन्ध ऊर्जा
कीटोन C=O आबन्ध	1.23Å	745 किलोजूल/मोल
ऐल्कीन C=C आबन्ध	1.34 Å	611 किलोजूल/मोल

ऐल्डिहाइड तथा कीटोन के निर्माण की विधियाँ Methods of Preparation of Aldehydes and Ketones

ऐल्डिहाइड तथा कीटोन, दोनों के निर्माण की अनेक सामान्य विधियाँ है, *जिनका विवरण निम्नलिखित हैं*

(i) **अम्ल तथा उनके कैल्सियम लवणों के उत्प्रेरकीय अपघटन द्वारा** (From Catalytic Decomposition of Acids and their Calcium Salts) अम्लों का उत्प्रेरित विघटन, मैंगनीज तथा थोरियम ऑक्साइडों की उपस्थिति में किया जाता है।

$$\underset{\text{वाष्प अवस्था}}{\underline{HCOOH + HCOOH}} \xrightarrow[300°C]{MnO} \underset{\text{फॉर्मेल्डिहाइड}}{\underline{HCHO}} + H_2O + CO_2$$

$$\underset{\text{वाष्प अवस्था}}{\underline{HCOOH + RCOOH}} \xrightarrow[300°C]{MnO} \underset{\text{ऐल्डिहाइड}}{RCHO} + H_2O + CO_2$$

$$\underset{\text{वाष्प अवस्था}}{\underline{RCOOH + RCOOH}} \xrightarrow[300°C]{MnO} \underset{\text{कीटोन}}{RCOR} + H_2O + CO_2$$

(b) **जैम-डाइहैलाइडों के जल-अपघटन द्वारा** (By the Hydrolysis of *Gem*-dihalides) अन्तस्थ *जैम*-डाइहैलाइड जल-अपघटन के द्वारा ऐल्डिहाइड देते हैं। जबकि अन्य (मध्यवर्ती डाइहैलाइड) कीटोन बनाते हैं।

$$\underset{\substack{\text{अन्तस्थ जैम-डाइहैलाइड}\\\text{(एथिलिडीन क्लोराइड)}}}{CH_3CH\genfrac{}{}{0pt}{}{Cl}{Cl}} \xrightarrow{KOH\ \text{जलीय}} \underset{\text{अस्थायी}}{CH_3CH\genfrac{}{}{0pt}{}{OH}{OH}} \xrightarrow{-H_2O} \underset{\text{ऐसीटेल्डिहाइड}}{CH_3CHO}$$

$$\underset{\text{आइसो-प्रोपिलीन क्लोराइड}}{CH_3-\overset{Cl}{\underset{Cl}{C}}-CH_3} \xrightarrow{KOH\ \text{जलीय}} \underset{\text{अस्थायी}}{\left[CH_3-\overset{OH}{\underset{OH}{C}}-CH_3\right]} \xrightarrow{-H_2O} \underset{\text{ऐसीटोन}}{CH_3-\overset{O}{\overset{\|}{C}}-CH_3}$$

(iii) **ग्लाइकॉल का विखण्डन** (Cleavage of Glycol) ग्लाइकॉल का परआयोडिक अम्ल ($HIO_4 \cdot 2H_2O$) अथवा लेड टेट्राऐसीटेट $[Pb(OOCCH_3)_4]$ द्वारा अपघटन कराने पर ऐल्डिहाइड तथा कीटोन प्राप्त होते हैं। उदाहरण—द्वितीयक ग्लाइकॉल इस क्रिया द्वारा ऐल्डिहाइड देते हैं।

$$\begin{array}{l} R\text{—CHOH} \\ \quad | \\ R\text{—CHOH} \end{array} \xrightarrow[\text{अथवा } Pb(OOCCH_3)_4]{HIO_4 \cdot 2H_2O} \underset{(60\text{-}90\%)}{2R\text{—CHO}} + H_2O$$

(iv) **ऐल्काइनों के जलयोजन से** (By Hydration of Alkynes)

$$\underset{\text{ऐसीटिलीन}}{CH{\equiv}CH} + H_2O \xrightarrow[\text{तनु } H_2SO_4,\ 60°\text{-}80°C]{1\%\ HgSO_4 +} \underset{(\text{चलावयवता})}{[CH_2 == CHOH]} \rightleftharpoons CH_3\text{—}\overset{\overset{\large O}{\|}}{C}\text{—H}$$

अन्य ऐल्काइन कीटोन बनाते हैं

$$CH_3C{\equiv}CH + H_2O \xrightarrow[\text{तनु } H_2SO_4,\ 60\text{-}80°\,C]{1\%\ HgSO_4 +} \underset{\text{ईनॉल रूप}}{CH_3\text{—}\underset{\underset{OH}{|}}{C}{=}CH_2} \rightleftharpoons \underset{\text{कीटो रूप}}{CH_3\text{—}\underset{\underset{O}{\|}}{C}\text{—}CH_3}$$

(v) **ऐल्कोहॉलों के ऑक्सीकरण से** (By Oxidation of Alcohols) ऐल्कोहॉलों के ऑक्सीकरण पर ऐल्डिहाइड तथा कीटोन प्राप्त होते हैं।

$$\text{ऐल्कोहॉल} \xrightarrow{[O]} \text{ऐल्डिहाइड/कीटोन}$$

प्राप्त परिणामी, ऐल्कोहॉल की प्रकृति तथा ऑक्सीकारक पदार्थ की क्षमता पर निर्भर करता है।

अम्लीय $K_2Cr_2O_7$ के द्वारा प्राथमिक ऐल्कोहॉल के ऑक्सीकरण से ऐल्डिहाइड एवं द्वितीयक ऐल्कोहॉल के ऑक्सीकरण से कीटोन बनते हैं। ($K_2Cr_2O_7/H_2SO_4$) एक प्रबल ऑक्सीकारक है।

$$RCH_2OH \xrightarrow[K_2Cr_2O_7/H_2SO_4\ (\text{तनु})]{[O]} RCHO\ (\text{ऐल्डिहाइड})$$

$$R\text{—}\underset{\underset{OH}{|}}{CH}\text{—}R \xrightarrow[K_2Cr_2O_7/H_2SO_4]{[O]} R\text{—}\underset{\underset{O}{\|}}{C}\text{—}R\ (\text{कीटोन})$$

ऐल्डिहाइड शीघ्र ही पुन: ऑक्सीकृत होकर अम्ल में परिवर्तित हो जाता है

$$RCH_2OH \xrightarrow{[O]} R\text{—CHO} \xrightarrow{[O]} R\text{—COOH}$$

(vi) **ऐल्कोहॉल के उत्प्रेरकीय विहाइड्रोजनीकरण के द्वारा** (By Catalytic Dehydrogenation of Alcohols) प्राथमिक एवं द्वितीयक ऐल्कोहॉलों की वाष्प को गर्म कॉपर या सिल्वर की उपस्थिति में 300°C पर प्रवाहित करने पर क्रमश: ऐल्डिहाइड एवं कीटोन प्राप्त होते हैं।

$$\underset{\text{प्राथमिक ऐल्कोहॉल}}{RCH_2OH(g)} \xrightarrow[300°C]{\text{Cu या Ag}} \underset{\text{ऐल्डिहाइड}}{RCHO} + H_2$$

$$\underset{\text{द्वितीयक ऐल्कोहॉल}}{\begin{array}{l} R \\ R' \end{array}\!\!\!> CHOH(g)} \xrightarrow[300°C]{\text{Cu या Ag}} \underset{\text{कीटोन}}{\begin{array}{l} R \\ R' \end{array}\!\!\!> CO} + H_2$$

तृतीयक ऐल्कोहॉल इस अभिक्रिया में ऐल्कीन देते हैं।

$$CH_3\text{—}\underset{\underset{CH_3}{|}}{\overset{\overset{CH_3}{|}}{C}}\text{—OH} \xrightarrow[300°\,C]{Cu} \underset{\text{आइसो-ब्यूटिलीन}}{CH_3\text{—}\overset{\overset{CH_3}{|}}{C}{=}CH_2} + H_2O$$

(vii) **वॉकर प्रक्रम द्वारा (By Wacker Process) अभिकर्मक $PdCl_2$ व $CuCl_2$ का अम्लीय जलीय विलयन। इस प्रक्रम में ऐल्कीन, ऐल्डिहाइड व कीटोन में ऑक्सीकृत हो जाती है।**

$$H_2C{=}CH_2 + \frac{1}{2}O_2 \xrightarrow[H_2O]{PdCl_2 \cdot CuCl_2} \underset{\text{ऐसीटैल्डिहाइड}}{CH_3CHO}$$

$$CH_3CH{=}CH_2 + \frac{1}{2}O_2 \xrightarrow[H_2O]{PdCl_2 \cdot CuCl_2} \underset{\text{ऐसीटोन}}{CH_3COCH_3}$$

(viii) **ग्रिग्नार्ड अभिकर्मक के द्वारा (By Grignard Reagent) ग्रिगनार्ड अभिकर्मक, सायनाइड, एस्टर तथा अम्ल क्लोराइड से क्रिया करके** कार्बोनिल यौगिक देता है।

(a) **सायनाइड के द्वारा इस विधि द्वारा फार्मेल्डिहाइड का निर्माण नहीं** किया जा सकता है।

$$\underset{\text{हाइड्रोजन सायनाइड}}{H\text{—}C{\equiv}N} \xrightarrow{RMgX} H\text{—}\underset{\underset{R}{|}}{C}{=}N\text{—}MgX \xrightarrow{H_3O^+} RCHO + NH_4^{\oplus} + Mg\begin{array}{l} OH \\ X \end{array}$$

(b) **अम्ल क्लोराइड व अम्ल ऐनहाइड्राइड द्वारा**

$$R\text{—}\overset{\overset{O}{\|}}{C}\text{—Cl} + CH_3MgBr \longrightarrow R\text{—}\underset{\underset{CH_3}{|}}{\overset{\overset{OMgBr}{|}}{C}}\text{—Cl} \xrightarrow{H_3O^{\oplus}} \underset{\text{कीटोन}}{R\text{—}\overset{\overset{O}{\|}}{C}\text{—}CH_3} + Mg\begin{array}{l} Br \\ Cl \end{array}$$

$$\left(R\text{—}\overset{\overset{O}{\|}}{C}\text{—}\right)_2 O + CH_3MgBr \xrightarrow{200\,K} \underset{\text{कीटोन}}{R\text{—}\overset{\overset{O}{\|}}{C}\text{—}CH_3} + RCO_2MgBr$$

ऐल्डिहाइडों के निर्माण की विधियाँ
Methods of Preparation of Aldehydes

नीचे दी गई विधियों द्वारा केवल ऐल्डिहाइडों का निर्माण होता है। इन विधियों द्वारा कीटोन का निर्माण सम्भव नहीं है।

(i) **अम्ल तथा अम्ल व्युत्पन्नों का अपचयन** (Reduction of Acid and Acid Derivatives) इस विधि में अम्ल क्लोराइड का $Pd/BaSO_4$ द्वारा क्विनोलिन या सल्फर की उपस्थिति में ऐल्डिहाइड में अपचयन किया जाता है। क्वीनोलिन या सल्फर उत्प्रेरक विष की तरह कार्य करते हैं तथा ऐल्डिहाइडों के ऐल्कोहॉल में अपचयन को नियन्त्रित करते हैं। इसे रोजेनमुण्ड अपचयन विधि (Rosenmund reduction method) कहते है।

$$\underset{\text{अम्ल क्लोराइड}}{RCOCl} + H_2 \xrightarrow[\text{क्विनोलिन या सल्फर}]{Pd/BaSO_4} RCHO + HCl$$

$$RCOCl + H_2 \xrightarrow{Pd} RCHO \xrightarrow[\text{पुन: अपचयन}]{[H]} RCH_2OH$$

$$\underset{\text{प्रोपिओनिल क्लोराइड}}{C_2H_5COCl} + H_2 \xrightarrow[\text{क्विनोलिन या सल्फर}]{Pd/BaSO_4} \underset{\text{प्रोपेनल}}{C_2H_5CHO} + HCl$$

इस विधि द्वारा फॉर्मेल्डिहाइड तथा कीटोन को प्राप्त नहीं किया जा सकता।

(ii) **ऐल्किल सायनाइडों का अपचयनात्मक जल-अपघटन** (Reductive Hydrolysis of Alkyl Cyanides) इस अभिक्रिया में ऐल्किल सायनाइड को $SnCl_2$ तथा HCl द्वारा अपचयित किया जाता है।

$$RCN + SnCl_2 + HCl \longrightarrow RCH{=}NH \xrightarrow{H_3O^+} RCHO$$

नाइट्राइल को चयनित रूप से भी DIBAL-H (डाइआइसो ब्यूटिल ऐलुमिनियम हाइड्राइड) से भी अपचयित किया जा सकता है। इस अभिक्रिया को **स्टीफन अभिक्रिया** (Stephen Reaction) भी कहते है।

(iii) **ऐस्टरों के अपचयन द्वारा** (Reduction of Esters) ऐस्टर DIBAL-H अथवा $NaAlH_4$ के द्वारा अपचयित होकर ऐल्डिहाइड बनाते हैं।

$$R-\overset{O}{\overset{\|}{C}}-OR' \xrightarrow[\text{(ii) } H_2O]{\text{(i) DIBALH}} R-\overset{O}{\overset{\|}{C}}-H + R'OH$$

कीटोनों के निर्माण की विधियाँ
Methods of Preparation of Ketones

निम्नलिखित विधियों द्वारा केवल कीटोनों का निर्माण होता है

(i) **एथिल ऐसीटोऐसीटेट के जल-अपघटन द्वारा** (From Hydrolysis of Ethyl Acetoacetate) ऐथिल ऐसीटोऐसीटेट का जल-अपघटन तनु HCl के साथ करने पर ऐसीटो ऐसीटिक अम्ल बनता है जो गर्म करने पर विकार्बोक्सिलीकरण द्वारा ऐसीटोन बनाता है। यह जल-अपघटन **कीटोनिक जल-अपघटन** कहलाता है।

$$CH_3-CO-CH_2-COOC_2H_5 \xrightarrow{H_2O/H^+} \underset{\text{ऐसीटो ऐसीटिक अम्ल}}{CH_3COCH_2COOH} + C_2H_5OH$$

$$CH_3COCH_2COOH \xrightarrow{\Delta} \underset{\text{ऐसीटोन}}{CH_3COCH_3} + CO_2 + H_2O$$

यह अभिक्रिया मुख्यत: ऐसीटोन को बनाने में प्रयुक्त होती है।

(ii) **डाइकार्बोक्सिलिक अम्लों द्वारा** (From Dicarboxylic Acids) डाइकार्बोक्सिलिक अम्लों को BaO अथवा CaO के साथ गर्म करने पर चक्रीय कीटोन प्राप्त होते हैं।

$$\begin{matrix} CH_2-CH_2-COOH \\ | \\ CH_2-CH_2-COOH \end{matrix} \xrightarrow[\Delta]{BaO} \begin{matrix} CH_2-CH_2 \\ | \\ CH_2-CH_2 \end{matrix}\!\!>C{=}O + BaCO_3 + H_2O$$

(iii) कार्बधात्विक यौगिकों द्वारा (By organometallic compounds) लीथियम आर्गेनोक्यूप्रेट अम्ल क्लोराइडों के साथ शीघ्रता से क्रिया करके कीटोन बनाता है।

$$RX \xrightarrow{Li} RLi \xrightarrow{CuX} \underset{\text{लीथियम डाइऐल्किल क्यूप्रेट}}{R_2CuLi}$$

$$R'-\overset{R'}{\overset{|}{Cu}}\,Li + R-\overset{O}{\overset{\|}{C}}-Cl \longrightarrow R-\overset{O}{\overset{\|}{C}}-R' + R'CuLiCl$$

इस क्रिया में कैडमियम लवण भी प्रयुक्त किए जा सकते है।

$$2RMgX + CdCl_2 \longrightarrow R_2Cd + MgCl_2 + MgX_2$$

$$R-Cd-R + R'-\overset{O}{\overset{\|}{C}}-Cl \longrightarrow R'-\overset{O}{\overset{\|}{C}}-R + RCdCl$$

ऐल्डिहाइड एवं कीटोनों के भौतिक गुणधर्म
Physical Properties of Aldehydes and Ketones

(i) ऐल्डिहाइड श्रेणी का प्रथम सदस्य फॉर्मेल्डिहाइड कमरे के ताप पर एक गैस है; निम्न ऐल्डिहाइड तथा कीटोन रंगहीन, वाष्पशील द्रव हैं; उच्च ऐल्डिहाइड व कीटोन ठोस होते हैं।

(ii) निम्न ऐल्डिहाइडों में तीक्ष्ण गन्ध होती है। उच्च ऐल्डिहाइडों की गन्ध फलों जैसी होती हैं। सभी कीटोनों की गन्ध फलों जैसी होती है।

(iii) कार्बोनिल यौगिकों का घनत्व जल की अपेक्षा कम होता है।

ऐल्डिहाइडों तथा कीटोनों के रासायनिक गुणधर्म
Chemical Properties of Aldehydes and Ketones

ऐल्डिहाइडों तथा कीटोनों के रासायनिक गुणधर्म निम्नलिखित प्रकार से हैं

नाभिकस्नेही योगात्मक अभिक्रियाएँ
Nucleophilic Addition Reactions

इन यौगिकों की प्रमुख नाभिकस्नेही योगात्मक अभिकियाएँ निम्न हैं

(i) **HCN का योग** इस अभिक्रिया में सायनोहाइड्रिन बनते हैं। जो जल-अपघटन पर α-हाइड्रॉक्सी अम्ल देते हैं।

$$HCHO + HCN \longrightarrow H_2C(OH)CN$$

फॉर्मेल्डिहाइड सायनोहाइड्रिन

$\xrightarrow[\text{आंशिक जल-अपघटन}]{H_2O}$ $H_2C(OH)CONH_2$ ग्लाइकोनैमाइड

$\xrightarrow[\text{पूर्ण जल-अपघटन}]{H_3O^{\oplus}}$ $H_2C(OH)COOH$ ग्लाइकॉलिक अम्ल

$\xrightarrow{Ni/H_2}$ $H_2C(OH)CH_2NH_2$ 2–ऐमीनो एथेनॉल

$$CH_3CHO + HCN \longrightarrow CH_3CH(OH)CN$$

ऐसिटैल्डिहाइड सायनोहाइड्रिन (रेसेमिक मिश्रण)

$\xrightarrow[\text{आंशिक जल-अपघटन}]{H_2O}$ $CH_3CH(OH)CONH_2$ लेक्टेमाइड (2-हाइड्रॉक्सी प्रोपेनैमाइड)

$\xrightarrow[\text{जल-अपघटन}]{H_3O^{\oplus}}$ $CH_3CH(OH)COOH$ लैक्टिक अम्ल (2-हाइड्रॉक्सी प्रोपेनोइक अम्ल)

$\xrightarrow{Ni/H_2}$ $CH_3CH(OH)CH_2NH_2$ (1-ऐमीनो-2-प्रोपेनॉल)

(ii) अमोनिया तथा अमोनिया व्युत्पन्नों के साथ क्रिया ऐल्डिहाइड तथा कीटोन अमोनिया के साथ क्रिया करके संगत ऐमीन बनाते हैं।

(a) $6HCHO + 4NH_3 \longrightarrow (CH_2)_6N_4 + 6H_2O$

हेक्सामेथिलीन टेट्राऐमीन (यूरोट्रोपीन)

यूरोट्रोपीन की संरचना

(b) $CH_3CHO + NH_3 \xrightarrow[-H_2O]{\Delta} CH_3CH{=}NH$

एसीटैल्डिऐमीन

(c) $2CH_3COCH_3 + NH_3 \longrightarrow (CH_3)_2C(NH_2)CH_2COCH_3$

डाइएसीटोनऐमीन

अमोनिया के कुछ व्युत्पन्न यौगिक, कार्बोनिल यौगिकों के साथ क्रिया करके C=N युक्त यौगिक बनाते है, जिन्हें ईमीन (Imines) अथवा शिफ क्षार (Schiff base) कहते हैं।

अमोनिया के कुछ व्युत्पन्न यौगिक, कार्बोनिल यौगिकों के साथ क्रिया करके C=N युक्त यौगिक बनाते है, जिन्हें ईमीन (Imines) अथवा शिफ क्षार (Schiff base) कहते हैं।

$$>C{=}O + NH_2OH \xrightarrow{H^+} >C{=}NOH + H_2O$$

हाइड्रॉक्सिल ऐमीन → ऑक्सिम

$$>C{=}O + NH_2{-}NH_2 \xrightarrow{H^+} >C{=}NNH_2 + H_2O$$

हाइड्रेजीन → हाइड्रेजोन

$$>C{=}O + NH_2{-}NHC_6H_5 \xrightarrow{H^+} >C{=}NNHC_6H_5 + H_2O$$

फेनिल हाइड्रेजीन → फेनिल हाइड्रेजोन

$$>C{=}O + NH_2\cdot CONH\cdot NH_2 \xrightarrow{H^+} >C{=}N\cdot NHCONH_2 + H_2O$$

सेमीकार्बेजाइड → सेमीकार्बोजोन

$$>C{=}O + H_2NNH{-}C_6H_3(NO_2)_2 \xrightarrow{H^+} >C{=}N\cdot NH{-}C_6H_3(NO_2)_2$$

2,4-डाइनाट्रोफेनिल हाइड्रेजाइन (2,4 DNP) → (नारंगी ठोस) 2,4-डाइनाइट्रोफेनिल हाइड्रेजोन

(iii) ग्रिगनार्ड अभिकर्मक का योग क्रिया ग्रिग्नार्ड अभिकर्मक के साथ अभिक्रिया करके

(a) फॉर्मेल्डिहाइड प्राथमिक ऐल्कोहॉल देते हैं।

$$H_2C{=}O \xrightarrow[\text{ईथर}]{CH_3MgI} H_2C(OMgI)CH_3 \xrightarrow{H^+} H_2C(OH)CH_3$$

फॉर्मेल्डिहाइड → योगात्मक यौगिक → एथिल ऐल्कोहॉल (प्राथमिक ऐल्कोहॉल)

(b) अन्य ऐल्डिहाइड द्वितीयक ऐल्कोहॉल देते हैं।

$$CH_3CHO \xrightarrow[\text{ईथर}]{CH_3MgI} CH_3CH(OMgI)CH_3 \xrightarrow{H^+} CH_3CH(OH)CH_3$$

ऐसीटैल्डिहाइड → योगात्मक यौगिक → *आइसो*-प्रोपिल ऐल्कोहॉल (द्वितीयक ऐल्कोहॉल)

(c) कीटोन तृतीयक ऐल्कोहॉल देते हैं।

$$(H_3C)_2C{=}O \xrightarrow[\text{ईथर}]{CH_3MgI} (H_3C)_2C(OMgI)(CH_3) \xrightarrow{H^+}$$

ऐसीटोन — योगात्मक यौगिक

$$(H_3C)(H)C(OH)(CH_3)$$

(तृतीयक-ब्यूटिल ऐल्कोहॉल तृतीयक ऐल्कोहॉल)

(iv) **जल का योग** जलीय विलयन में, कार्बोनिल यौगिक अपने हाइड्रेट-जैम डाइऑल के साथ साम्य में रहते हैं जो कि अस्थायी है तथा जल का अणु त्याग कर मूल यौगिक बनाता है।

$$>C{=}O \underset{}{\overset{H^+/OH}{\rightleftharpoons}} >C(OH)_2 \xrightarrow[-H_2O]{} C{=}O$$

जैम-डाइऑल

ऑक्सीकरण Oxidation

इन यौगिकों का ऑक्सीकरण निम्न प्रकार होता है

(i) **दुर्बल ऑक्सीकारकों द्वारा** ऐल्डिहाइड (RCHO), दुर्बल ऑक्सीकारकों जैसे टॉलेन अभिकर्मक, फेहलिंग विलयन, आदि के द्वारा RCOOH में ऑक्सीकृत हो जाते हैं। अत: ऐल्डिहाइड, अपचायक प्रवृत्ति प्रदर्शित करते हैं। (केवल HCHO, CO_2 में आक्सीकृत होता है।)

(a) ऐल्डिहाइड (केवल ऐलिफैटिक) फेहलिंग विलयन को क्यूप्रस ऑक्साइड (Cu_2O) में अपचयित करके लाल रंग का अवक्षेप देते हैं।

$$RCHO + 2Cu^{2+} + 3OH^- \xrightarrow{\Delta} RCOO^- + Cu_2O\downarrow + 2H_2O$$

नीला रंग — क्यूप्रस ऑक्साइड (लाल अवक्षेप)

(b) **बेनेडिक्ट विलयन** $CuSO_4$ + सोडियम सिट्रेट + Na_2CO_3 का मिश्रण है। यह Cu^{2+} देता है जो ऐल्डिहाइड द्वारा अपचयित होकर क्यूप्रस ऑक्साइड का लाल अवक्षेप देता है।

$$RCHO + Cu^{2+} + OH^- \longrightarrow RCOOH + Cu_2O$$

क्यूप्रस ऑक्साइड (लाल अवक्षेप)

(ii) **प्रबल ऑक्सीकारकों द्वारा** ऐल्डिहाइड क्षारीय $KMnO_4$ या अम्लीय $K_2Cr_2O_7$ द्वारा कार्बोक्सिलिक अम्ल में ऑक्सीकृत हो जाते हैं।

$$R{-}\overset{O}{\overset{\|}{C}}{-}H \xrightarrow[H_2O]{KMnO_4/NaOH} \xrightarrow{H_3O^+} R{-}\overset{O}{\overset{\|}{C}}{-}OH$$

कीटोन अत्यन्त कठिनता से ऑक्सीकृत होते हैं।

कीटोन कार्बन-कार्बन बन्ध के टूटे बिना ऑक्सीकृत नहीं हो सकते हैं। अत: ऑक्सीकरण करने पर कीटोन अणु टूट जाता है तथा कार्बोक्सिलिक अम्लों का मिश्रण उत्पन्न करता है। जिनमें कार्बन परमाणुओं की संख्या जनक कीटोन की अपेक्षा कम होती है। इन अभिक्रियाओं में CO— समूह छोटे ऐल्किल समूह के साथ रहता है। (पोपोफ नियम, Popoff rule)।

$$CH_3{-}CH_2{-}\overset{O}{\overset{\|}{C}}{-}CH_3 \xrightarrow{[O]} CH_3COOH + CH_3COOH$$

2-ब्यूटेनॉन — ऐसीटिक अम्ल

$$CH_3{-}CO{-}CH_2CH_2CH_3 \xrightarrow[\Delta]{K_2Cr_2O_7/H_2SO_4}$$

2–पेन्टेनॉन

$$CH_3{-}COOH + HOOC{-}CH_2{-}CH_3$$

ऐसीटिक अम्ल — प्रोपिओनिक अम्ल

चक्रीय कीटोन ऑक्सीकरण करने पर डाइकार्बोक्सिलिक अम्ल देते हैं जिनमें कार्बन परमाणुओं की संख्या अपरिवर्तित रहती है।

$$\text{C}_6\text{H}_{10}\text{O} \xrightarrow[\Delta]{K_2Cr_2O_7/H_2SO_4} \text{HOOC}(CH_2)_4\text{COOH}$$

साइक्लोहेक्सेनॉन — ऐडिपिक अम्ल

हैलोफॉर्म अभिक्रिया Haloform Reaction

ऐसीटैल्डिहाइड तथा CH_3CO— समूह युक्त कीटोन, हाइपो हैलाइट द्वारा अम्लीय लवण में ऑक्सीकृत हो जाते हैं। इस अभिक्रिया में हैलोफॉर्म बनते हैं अत: यह हैलोफॉर्म अभिक्रिया कहलाती है।

(i) $$R{-}\overset{O}{\overset{\|}{C}}{-}CH_3 \xrightarrow[\text{या } NaOH + X_2]{NaOX} RCOONa + CHX_3$$

(ii) $$(H)(H_3C)C{=}C(CH_3)(\overset{O}{\overset{\|}{C}}CH_3) \xrightarrow{NaOCl} (H)(H_3C)C{=}C(CH_3)(COONa) + CHCl_3$$

अपचयन Reduction

कार्बोनिल यौगिकों के अपचयन से प्राप्त उत्पाद की प्रकृति, प्रयुक्त अपचायक पर निर्भर करती है।

(i) लाल P + HI या Zn-Hg सान्द्र HCl, क्षारीय NH_2NH_2 द्वारा।

$$>C{=}O \xrightarrow[\substack{\text{या Zn-Hg/सान्द्र HCl अर्थात् क्लीमेन्स अपचयन} \\ \text{या क्षारीय } NH_2NH_2 \text{ अर्थात् वोल्फ-किश्नर अपचयन}}]{\text{लाल P + HI}} >CH_2$$

कार्बोनिल यौगिक — ऐल्केन

$$(H_5C_2)(H_3C)C{=}O + 4[H] \xrightarrow[\text{(क्लीमेन्सन अपचयन)}]{\text{Zn-Hg/HCl सान्द्र}} (H_5C_2)(H_3C)CH_2 + H_2O$$

एथिल मेथिल कीटोन — *n*-ब्यूटेन

क्षारीय हाइड्रेजीन ($NH_2 \cdot NH_2$) द्वारा कार्बोनिल समूह को हाइड्रोकार्बन समूह में अपचयित करना **वोल्फ-किश्नर** (Wolff-Kishner) **अपचयन** कहलाता है।

$$\underset{\text{कीटोन}}{R_1R_2C{=}O} + H_2N{\cdot}NH_2 \xrightarrow{-H_2O} \underset{\text{कीटोन हाइड्रेजोन}}{R_1R_2C{=}N{\cdot}NH_2}$$

$$\xrightarrow[\Delta,\ 160°C]{C_2H_5ONa\ (\text{क्षार})} \underset{\text{ऐल्केन}}{R_1R_2CH_2} + N_2$$

(ii) **पिनॉकोल में अपचयन**

$$2CH_3COCH_3 \xrightarrow{Mg/\text{बेन्जीन}} CH_3-\underset{O}{\overset{CH_3}{C}}-\underset{O}{\overset{CH_3}{C}}-CH_3\ (O-Mg-O) \xrightarrow{H_2O} \underset{\text{पिनॉकोल}}{CH_3-\underset{OH}{\overset{CH_3}{C}}-\underset{OH}{\overset{CH_3}{C}}-CH_3}$$

हैलोजनीकरण Halogenation

ऐलिफैटिक ऐल्डिहाइड तथा कीटोनों में, एक अथवा अधिक α-हाइड्रोजन परमाणु, अम्ल अथवा क्षार की उपस्थिति में हैलोजन परमाणुओं द्वारा प्रतिस्थापित हो जाते हैं।

$$CH_3CHO + Cl_2 \xrightarrow{H^+/OH^-} \underset{\alpha\text{-क्लोरोऐसिटैल्डिहाइड}}{CH_2ClCHO} + HCl$$

$$CH_3COCH_3 + Br_2 \xrightarrow{H^+/OH^-} \underset{\alpha\text{-ब्रोमोऐसिटैल्डिहाइड}}{CH_2BrCOCH_3} + HBr$$

ऐल्डोल संघनन Aldol Condensation

वे ऐल्डिहाइड तथा कीटोन जिनमें α-हाइड्रोजन परमाणु उपस्थित होता है, तनु क्षार या तनु अम्ल की उपस्थिति में संघनन द्वारा β-हाइड्रॉक्सी ऐल्डिहाइड या β-हाइड्रॉक्सी कीटोन देते हैं। यह अभिक्रिया ऐल्डोल संघनन कहलाती है। ऐल्डोल में ऐल्कोहॉलिक तथा कार्बोनिल दोनों समूह होते हैं। ऐल्डोल को गर्म करने पर, जल का एक अणु निकल जाता है तथा α, β-असंतृप्त कार्बोनिल यौगिक प्राप्त होता है।

$$(H_3C)(H)C{=}O + H|CH_2CHO \xrightarrow{\text{तनु } NaOH} CH_3-\underset{OH}{CH}-CH_3 + CHO$$

$$\xrightarrow{-H_2O/\Delta} \underset{\text{ब्यूट-2-ईनऐल या (क्रोटोनएल्डिहाइड)}}{CH_3-CH{=}CH-CHO}$$

$$(H_3C)_2C{=}O + \overset{+}{H}\ ^-CH_2COCH_3 \xrightleftharpoons{Ba(OH)_2}$$

$$CH_3-\underset{OH}{\overset{CH_3}{C}}-CH_2COCH_3 \xrightarrow[-H_2O]{\Delta} CH_3-\overset{CH_3}{C}{=}CHCOCH_3$$

केवल ऐल्डिहाइडों के रासायनिक गुणधर्म

Chemical Properties of Aldehydes Only

निम्नलिखित अभिक्रियाएँ केवल ऐल्डिहाइड प्रदर्शित करते हैं। कीटोन इन अभिक्रियाओं को प्रदर्शित नहीं करते हैं। अतः इन अभिक्रियाओं का प्रयोग ऐल्डिहाइडों तथा कीटोन में विभेद करने हेतु भी करते हैं।

(i) **कैनिजारो अभिक्रिया** (Cannizzaro's Reaction) वे ऐल्डिहाइड जिनमें α-H परमाणु उपस्थित नहीं होता है सान्द्र NaOH व KOH के साथ अभिक्रिया करके उत्पाद के रूप में कार्बोक्सिलिक अम्ल का लवण व ऐल्कोहॉल बनाते हैं।

इस अभिक्रिया में कार्बोनिल यौगिक का एक अणु अम्ल में ऑक्सीकृत हो जाता है तथा दूसरा अणु ऐल्कोहॉल में अपचयित हो जाता है। इस प्रकार की अभिक्रियाएँ **विषमीकरण** या **असमानुपातन** अभिक्रियाएँ कहलाती है।

$$\underset{\text{फॉर्मेल्डिहाइड}}{2HCHO} + 50\%\ NaOH \longrightarrow \underset{\text{मेथिल ऐल्कोहॉल}}{CH_3OH} + \underset{\text{सोडियम फॉर्मेट}}{HCOONa}$$

(अपचयन → CH_3OH; ऑक्सीकरण → $HCOONa$)

$$2(CH_3)_3C-CHO + NaOH \xrightarrow[50\%]{} (CH_3)_3C-CH_2OH + (CH_3)_3C\cdot COONa$$

$$2\,C_6H_5-CHO + NaOH \xrightarrow[50\%]{} C_6H_5-CH_2OH + C_6H_5-COOH$$

यदि इस अभिक्रिया में दो ऐसे विभिन्न ऐल्डिहाइड अणु भाग लेते हैं जिनमें α-H परमाणु उपस्थित नहीं होते हैं तो अभिक्रिया को **मिश्रित** या **क्रॉस कैनिजारो** अभिक्रिया कहते हैं। इसमें अधिक क्रियाशील ऐल्डिहाइड अणु का ऑक्सीकरण तथा कम क्रियाशील ऐल्डिहाइड अणु का अपचयन हो जाता है।

$$\underset{\text{(अधिक क्रियाशील ऐल्डिहाइड)}}{HCHO} + \underset{\text{(कम क्रियाशील ऐल्डिहाइड)}}{C_6H_5CHO} \xrightarrow{NaOH,\ \Delta} \underset{\text{सोडियम फॉर्मेट}}{H-COONa} + \underset{\text{बेन्जिल ऐल्कोहॉल}}{C_6H_5CH_2OH}$$

आन्तरिक कैनिजारो अभिक्रिया में समान अणु का आधा भाग ऑक्सीकृत तथा आधा भाग अपचयित हो जाता है।

$$\begin{matrix}CHO\\|\\CHO\end{matrix} + \text{सान्द्र } NaOH \longrightarrow \begin{matrix}CH_2OH\\|\\COONa\end{matrix}$$

(अपचयन → CH_2OH; ऑक्सीकरण → $COONa$)

$$C_6H_5-\overset{O}{\overset{||}{C}}-CHO \xrightarrow{\text{सान्द्र } NaOH} C_6H_5-\underset{OH}{CH}-COONa$$

(ऑक्सीकरण → $COONa$; अपचयन → OH)

(ii) **टिस्चेन्को अभिक्रिया** (Tischenko's Reaction) यह कैनिजारो अभिक्रिया का वृहद रूप है। सभी ऐल्डिहाइड ऐलुमिनियम एथॉक्साइड की उपस्थिति में एक साथ ऑक्सीकृत (अम्ल में) तथा अपचयित (ऐल्कोहॉल में) होकर एस्टर बनाते हैं।

$$RCHO \longrightarrow RCOOH$$
$$+$$
$$RCHO \longrightarrow RCH_2OH$$

$$2CH_3CHO \xrightarrow{(C_2H_5O)_3Al} [CH_3COOH + C_2H_5OH] \longrightarrow [CH_3COOC_2H_5]$$

एथिल ऐसीटेट

(iii) **शिफ अभिकर्मक की क्रिया** (Action of Schiff's Reagent) ऐल्डिहाइड शिफ अभिकर्मक का गुलाबी रंग वापिस ले आते हैं (शिफ अभिकर्मक जल में रासेनिलीन हाइड्रोक्लोराइड का तनु विलयन है जिसका लाल रंग सल्फर डाइऑक्साइड प्रवाहित करने पर लुप्त हो जाता है।)। कीटोन शिफ अभिकर्मक का रंग वापस नहीं लाते हैं। इसे शिफ परीक्षण भी कहते है।

(iv) **बहुलीकरण** (Polymerisation) HCHO निम्न प्रकार बहुलीकृत होता है

$$nHCHO \underset{}{\overset{\text{वाष्पन}}{\rightleftharpoons}} (CH_2O)_n \cdot H_2O$$

($n = 6$ से 50) *पैरा*-फॉर्मेल्डिहाइड
(जलयोजित श्वेत क्रिस्टल)

पैरा-फॉर्मेल्डिहाइड एक रेखीय बहुलक है जो टॉलेन अभिकर्मक तथा फेहलिंग विलयन के साथ अपचायक गुण दर्शाता है।

केवल कीटोनों के रासायनिक गुणधर्म Chemical Properties of Ketones Only

कीटोन निम्नलिखित रासायनिक अभिक्रियाएँ प्रदर्शित करते हैं जो ऐल्डिहाइडों द्वारा प्रदर्शित नहीं होते हैं।

(i) **पिनेकॉल-पिनेकॉलोन पुनर्विन्यास** (Pinacol-Pinacolone Rearrangement) उदासीन विलयन में सक्रिय धातुओं द्वारा कीटोनों का अपचयन 1,2-ग्लाइकॉलों में होता है। इसे 1, 2-स्थानान्तरण अथवा पिनेकॉल-पिनेकॉलोन पुनर्विन्यास कहते है।

$$(H_3C)_2C{=}O \xrightarrow[\text{[2H]}]{Mg\text{-}Hg + H_2O} (H_3C)_2C(OH){-}C(OH)(CH_3)_2$$

(ii) **क्लोरोफॉर्म का योग** (Addition of Chloroform) कीटोन, KOH की उपस्थिति में क्लोरोफॉर्म के साथ संघनित होकर क्लोरोहाइड्रॉक्सी यौगिक बनाते हैं।

$$(H_3C)_2C{=}C + CHCl_3 \xrightarrow{KOH} (H_3C)_2C(OH)(CCl_3)$$

क्लोरीटोन (1,1,1-ट्राइक्लोरो-2-मेथिल प्रोपेनॉल-2)

ऐल्डिहाइडों तथा कीटोनों में विभेद के रासायनिक परीक्षण Chemical Test to Distinguish between Aldehydes and Ketones

ऐल्डिहाइडों तथा कीटोनों में विभेद करने के लिए निम्नलिखित परीक्षणों का प्रयोग किया जाता है

ऐल्डिहाइड तथा कीटोनों में विभेद

क्र.सं.	परीक्षण	ऐल्डिहाइड	कीटोन
1.	पदार्थ+सोडियम बाइसल्फाइट का सान्द्र विलयन	सफेद क्रिस्टलीय ठोस बनता है।	सफेद क्रिस्टलीय ठोस बनता है।
2.	पदार्थ + 2, 4 डाइ-नाइट्रोफेनिल हाइड्रेजीन का तनु हाइड्रोक्लोरिक अम्ल का सान्द्र विलयन	नांरगी पीले रंग का अवक्षेप बनता है।	नांरगी पीले रंग का अवक्षेप बनता है।
3.	पदार्थ + शिफ अभिकर्मक	लाल रंग देता है।	लाल रंग नहीं देता है।
4.	पदार्थ + फेहलिंग विलयन डालकर गर्म करने पर	क्यूप्रस ऑक्साइड का लाल अवक्षेप प्राप्त होता है।	लाल अवक्षेप प्राप्त नहीं होता है।
5.	पदार्थ + अमोनियित सिल्वर नाइट्रेट विलयन (टॉलेन अभिकर्मक) डालकर गर्म करने पर।	सिल्वर का काला अवक्षेप या सिल्वर दर्पण बनता है।	काला अवक्षेप या सिल्वर दर्पण नहीं बनता है।

कार्बोक्सिलिक अम्ल Carboxylic Acids

वे कार्बनिक यौगिक जिनमें कार्बोक्सिलिक (—COOH) क्रियात्मक समूह पाया जाता है, कार्बोक्सिलिक अम्ल कहलाते हैं। कार्बोक्सिलिक क्रियात्मक समूह कार्बोनिल (>C= O) तथा हाइड्रॉक्सिल (—OH) समूह के संयोग से बनता है।

$$-\overset{O}{\overset{||}{C}}- \;+\; -OH \longrightarrow -\overset{O}{\overset{||}{C}}-OH$$

कार्बोनिल समूह हाइड्रॉक्सी समूह कार्बोक्सिलिक समूह

कार्बोक्सिलिक समूह की विशिष्टताएँ दो समूहों का सरल योग न होकर स्वयं विशिष्ट होती हैं। कार्बोक्सिलिक अम्ल अम्लीय स्वभाव के होते हैं इसका कारण इनमें उपस्थित (प्रतिस्थापनीय) H-परमाणु है।

कार्बोक्सिलिक अम्लों का निर्माण Preparation of Carboxylic Acids

(i) ऐल्कोहॉल, ऐल्डिहाइड तथा कीटोन के ऑक्सीकरण से कार्बोक्सिलिक अम्ल का निर्माण होता है।

$$R{-}CH_2OH \xrightarrow{[O]} RCHO + H_2O \xrightarrow{[O]} R{-}COOH$$

$$R{-}\overset{OH}{\overset{|}{C}H}{-}CH_2R' \xrightarrow{[O]} R{-}\overset{O}{\overset{||}{C}}{-}CH_2{-}R' \xrightarrow{[O]} RCOOH + R'COOH$$

उपरोक्त प्रक्रमों में प्रयुक्त प्रमुख ऑक्सीकारक पदार्थ अम्लीय $K_2Cr_2O_7$, क्षारीय $KMnO_4$ टॉलेन अभिकर्मक, फेहलिंग विलयन, बेन्डिकिट विलयन है।

अन्तिम 3-ऑक्सीकारक पदार्थ केवल ऐल्डिहाइडों के लिए प्रयुक्त होते हैं।

(ii) **हैलोफॉर्म के क्षारीय जल-अपघटन** से फार्मिक अम्ल प्राप्त होता है।

$$HCX_3 + 3NaOH \longrightarrow \underset{\text{अस्थायी}}{H-C(OH)_3} \xrightarrow{-H_2O} \underset{\text{फॉर्मिक अम्ल}}{H-\overset{O}{\overset{\|}{C}}-OH}$$

ऐल्केल के ट्राइहैलो व्युत्पन्न भी क्षारीय जल-अपघटन के फलस्वरूप अन्य कार्बोक्सिलिक अम्ल देते हैं।

$$R-CX_3 + 3NaOH \longrightarrow \underset{\text{अस्थायी}}{R-C(OH)_3} \xrightarrow{-H_2O} R-\overset{O}{\overset{\|}{C}}-OH \xrightarrow{NaOH} R-\overset{O}{\overset{\|}{C}}-ONa$$

(iii) इनके संश्लेषण की एक उत्तम विधि सायनाइड का अम्लीय अथवा क्षारीय जल-अपघटन है।

$$RC\equiv N \xrightarrow{H_2O} RC(OH)=NH \longrightarrow R-C(=O)NH_2 \xrightarrow{H_2O} R-\overset{O}{\overset{\|}{C}}-OH + NH_3$$

(iv) अम्ल व्युत्पन्नों के जल-अपघटन से भी प्राप्त होते हैं।

$$R-\underset{O}{\underset{\|}{C}}-Z \xrightarrow{H-OH} RCOOH$$

जहाँ $Z = OR$; $-X$ (Cl, Br, I), $R'COO$, $-NH_2$ आदि।

(v) **ऐसीटो एस्टर का जल-अपघटन**

$$CH_3-\overset{O}{\overset{\|}{C}}-CH_2-\overset{O}{\overset{\|}{C}}-O-C_2H_5 \xrightarrow{\text{सान्द्र NaOH}} 2CH_3COO^-Na^+ + C_2H_5OH$$

(vi) **फिनॉक्साइड द्वारा**

$$R\bar{O}Na^+ + CO \xrightarrow[\text{दाब}]{\Delta} RCOO^-Na^+ \xrightarrow{H_2O/H^+} RCOOH$$

(vii) **ग्रिग्नार्ड अभिकर्मक द्वारा**

$$\bar{R}\overset{2+}{Mg}\bar{X} + O=C=O \xrightarrow{\text{शुष्क ईथर}} R-\overset{O}{\overset{\|}{C}}-\bar{O}\overset{2+}{Mg}\bar{X} \xrightarrow{\text{जल-अपघटन}} R-\overset{O}{\overset{\|}{C}}-OH + Mg(OH)X$$

(viii) **डाइकार्बोक्सिलिक अम्लों द्वारा** मैलोनिक अम्ल, β-अम्ल है तथा निम्नलिखित दो गुणों के कारण विभिन्न कार्बोक्सिलिक अम्लों के निर्माण के लिए अत्यन्त महत्त्वपूर्ण है।

(a) यह गर्म करने पर सुगमता से विकार्बोक्सीलीकृत हो जाता है।

$$CH_2(COOH)_2 \xrightarrow{\Delta} CH_3COOH + CO_2$$

(b) —COOH समूह के $-I$ प्रभाव के कारण, H^+ का विलोपन $-CH_2$ समूह से भी हो सकता है।

$$CH_2(COOH)_2 \quad \boxed{H^+;\ \text{यहाँ से भी बाहर निकल सकता है।}}$$

(ix) **आर्न्ट-आइस्टर्ट संश्लेषण** किसी अम्ल (RCOOH) को इसके उच्च समजात (RCH_2COOH) में परिवर्तित करने की एक उत्तम विधि है।

$$R-\overset{O}{\overset{\|}{C}}-OH \xrightarrow[-SO_2,\,-HCl]{SOCl_2} R-\overset{O}{\overset{\|}{C}}-Cl \xrightarrow[-HCl]{CH_2N_2} R-\overset{O}{\overset{\|}{C}}-CHN_2$$

$$R-\overset{O}{\overset{\|}{C}}-\bar{C}H-\overset{+}{N}\equiv N \xrightarrow[-N_2\,(\text{वोल्फ पुनर्विन्यास})]{Ag_2O,\,\Delta}$$

$$\underset{\text{कीटीन}}{R-CH=C=O} \xrightarrow{H_2O} R-CH=C(OH)_2 \xrightarrow{\text{चलावयवता}} R-CH_2-\overset{O}{\overset{\|}{C}}-OH$$

ऐसीटिक अम्ल व्यावसायिक रूप से सर्वाधिक महत्त्वपूर्ण कार्बोक्सिलिक अम्ल है। इसका निर्माण निम्न विधियों द्वारा कर सकते हैं

$$\text{हाइड्रोकार्बन} \xrightarrow[\text{उत्प्रेरक}]{O_2} CH_3COOH$$

$$CH_3CHO \xrightarrow[\text{उत्प्रेरक}]{O_2} CH_3COOH$$

$$CH_3OH + CO \xrightarrow{Rh\text{-}I_2} CH_3COOH$$

ऐसीटिक अम्ल की अधिक मात्रा (औद्योगिक उत्पादन) ऐसीटो-बैक्टर बैक्टीरिया की उपस्थिति में एथिल एल्कोहॉल के ऑक्सीकरण द्वारा प्राप्त करते हैं। इस प्रकार प्राप्त तनु जलीय विलयन को **सिरका** (vineger) कहते हैं।

मोनोकार्बोक्सिलिक अम्लों के भौतिक गुणधर्म
Physical Properties of Monocarboxylic Acids

(i) कार्बोक्सिलिक अम्ल ध्रुवीय प्रकृति के होते हैं। ये ऐल्कोहॉल के समान H-बन्ध बनाने की प्रवृत्ति रखते हैं।

$$R-\overset{\delta^- O}{\overset{\|}{\underset{\delta^+}{C}}}-\overset{\delta^-}{O}-\overset{\delta^+}{H}, \quad R-\overset{\delta^-}{O}-\overset{\delta^+}{H}$$

(ii) कार्बोक्सिलिक अम्लों में प्रबल ध्रुवीय H-बन्ध होता है तथा अन्तराणुक H-बन्ध बनाने की क्षमता होती है।

(iii) कार्बोक्सिलिक अम्लों के क्वथनांक, तुलनात्मक अणुभारों वाले ऐल्कोहॉलों के क्वथनांकों की अपेक्षा ऊँचे होते हैं।

कार्बोक्सिलिक अम्लों की अम्लीय प्रबलता
Acidic Strength of Carboxylic Acids

कार्बोक्सिलिक अम्लों की प्रकृति अम्लीय होती है। ये नीले लिटमस का रंग लाल कर देते हैं। धन विद्युती धातुओं जैसे सोडियम मैग्नीशियम आदि के साथ क्रिया करके ये हाइड्रोजन मुक्त करते हैं। ये क्षारों के साथ लवण बनाते हैं।

मोनोकार्बोक्सिलिक अम्ल दुर्बल मोनोबेसिक अम्ल हैं। ये जलीय विलयन में आयनित होकर हाइड्रोजन आयन तथा कार्बोक्सिलेट आयन देते हैं।

$$\underset{\text{फॉर्मिक अम्ल}}{HCOOH} \rightleftharpoons H^+ + \underset{\text{फॉर्मेट आयन}}{HCOO^-}$$

$$\underset{\text{ऐसीटिक अम्ल}}{CH_3COOH} \rightleftharpoons H^+ + \underset{\text{ऐसीटेट आयन}}{CH_3COO^-}$$

इसमें —COOH समूह के हाइड्रोजन परमाणु की प्रकृति आंशिक धनावेश होने के कारण आयनिक हो जाती है तथा **अम्लीय गुण** दर्शाती है। धनावेश का कारण दो ऑक्सीजन परमाणुओं का प्रबल विद्युतऋणात्मक प्रभाव है।

$$-\overset{O}{\overset{\|}{C}}-O-H^{+\delta}$$

इस प्रभाव के कारण —O—H बन्ध दुर्बल हो जाता है तथा इसके विदलन से H^+ (प्रोटॉन) प्राप्त होता है।

$$R-COOH \rightleftharpoons RCOO^- + H^+$$

कार्बोक्सिलिक अम्ल, खनिज अम्लों की अपेक्षा दुर्बल अम्लीय होते हैं जबकि ये (R—COOH), जल (H_2O) और ऐल्कोहॉलों (R—OH) की तुलना में बहुत प्रबल अम्ल है। कार्बोक्सिलिक अम्ल की अधिक अम्लता, कार्बोक्सिलेट आयन, R—COO^- के शक्तिशाली अनुनाद स्थायीकरण (resonance stabilization) के कारण होती है।

$$R-C\begin{matrix}\nearrow \ddot{O}: \\ \searrow \ddot{O}:^- \end{matrix} \longleftrightarrow R-C\begin{matrix}\nearrow \ddot{O}:^- \\ \searrow \ddot{O}: \end{matrix} \equiv \left[R-C\begin{matrix} O^{-1/2} \\ O^{-1/2}\end{matrix}\right]$$

रासायनिक गुणधर्म Chemical Properties

कार्बोक्सिलिक अम्ल निम्नलिखित रासायनिक गुणधर्म प्रदर्शित करता है

कार्बोक्सिल समूह की अभिक्रियाएँ
Reactions of Carboxyl Group

(i) **एस्टरीकरण** (Esterification) कार्बोक्सिलिक अम्ल, ऐल्कोहॉलों के साथ क्रिया करके एस्टर तथा जल बनाते हैं। यह अभिक्रिया साबुनीकरण अथवा उदासीनीकरण अभिक्रिया भी कहलाती है।

$$R-\overset{O}{\overset{\|}{C}}-OH + H-OR' \xrightleftharpoons{H_2SO_4} R-\overset{O}{\overset{\|}{C}}-OR' + H_2O$$

क्रियाशीलता का क्रम निम्न होता है

$HCOOH > CH_3COOH > (CH_3)_2COOH > (CH_3)_3CCOOH$

$CH_3OH > CH_3CH_2OH > (CH_3)_2CHOH > (CH_3)_3COH$

γ अथवा δ हाइड्रॉक्सी कार्बोक्सिलिक अम्लों में अन्तराण्विक एस्टरीकरण द्वारा चक्रीय एस्टर लैक्टोन प्राप्त होते हैं।

$$\text{R-CH(OH)-CH}_2\text{-CH}_2\text{-COOH} \xrightleftharpoons[-H_2O]{H_2SO_4,\ H^+} \underset{\gamma\text{-लैक्टोन}}{\text{R-lactone}}$$

(ii) **PCl_5 PCl_3 तथा $SOCl_2$ के साथ क्रिया** (Reaction with PCl_5, PCl_3 and $SOCl_2$) कार्बोक्सिलिक अम्ल, PCl_3 PCl_5 $SOCl_2$ के साथ क्रिया करके अम्ल क्लोराइड बनाते हैं।

$$RCOOH + SOCl_2 \longrightarrow RCOCl + SO_2\uparrow + HCl\uparrow$$

$$3RCOOH + PCl_3 \longrightarrow 3RCOCl + H_3PO_3$$

$$RCOOH + PCl_5 \longrightarrow RCOCl + POCl_3 + HCl\uparrow$$

(iii) **NH_3 तथा व्युत्पन्नों के साथ क्रिया** (Reaction with NH_3 and Derivatives) कार्बोक्सिलिक अम्ल अमोनिया के साथ अभिक्रिया करके ऐमाइड बनाते है।

(a) $CH_3COOH + NH_3 \longrightarrow CH_3COONH_4 \xrightarrow{\text{गर्म}} CH_3CONH_2 \xrightarrow[P_2O_5]{\text{गर्म}} CH_3CN$

(b) $C_6H_5COOH + CH_3-NH_2 \longrightarrow C_6H_5CONH-CH_3 + H_2O$

(c) $C_6H_5CO\,OH + (C_2H_5)_2N\,H \longrightarrow C_6H_5CON(C_2H_5)_2 + H_2O$

(d) $\underset{\text{थैलिक अम्ल}}{C_6H_4(COOH)_2} + NH_3 \rightleftharpoons C_6H_4(COONH_4)_2 \xrightarrow[-2H_2O]{\text{गर्म}} C_6H_4(CONH_2)_2 \xrightarrow[-NH_3]{\text{तीव्र गर्म}} \underset{\text{थैलिमाइड}}{C_6H_4(CO)_2NH}$

(iv) **निर्जलीकरण** (Dehydration) निर्जलीकारकों जैसे P_2O_5 की उपस्थिति में गर्म करने पर ऐनहाइड्राइड बनते हैं।

$$2R-\overset{O}{\overset{\|}{C}}-OH \xrightarrow[\Delta]{P_2O_5} \underset{\text{ऐनहाइड्राइड}}{(R-CO)_2O} + H_2O$$

परन्तु फॉर्मिक अम्ल को गर्म करने पर यह ऐनहाइड्रॉइड न बनाकर CO तथा H_2O देता है।

$$HCOOH \xrightarrow{\text{सान्द्र } H_2SO_4} H_2O + CO$$

(v) **विकार्बोक्सिलीकरण** (Decarboxylation) सोडालाइम के साथ गर्म करने पर कार्बोक्सिलिक अम्ल कम कार्बन परमाणु वाले ऐल्केन बनाते हैं।

$$RCOONa + NaOH \xrightarrow[\Delta]{CaO} R-H + Na_2CO_3$$

(vi) **कोल्बे-विद्युत अपघटन** (Kolbe's Electrolysis) सोडियम अथवा पोटैशियम लवणों के सान्द्र जलीय विलयन का विद्युत-अपघटन करने पर ऐनोड पर एल्केन प्राप्त होते हैं।

$$2RCOONa + 2H_2O \xrightarrow{\text{विद्युत अपघटन}} \underbrace{R-R + 2CO_2}_{\text{ऐनोड पर}} + \underbrace{2NaOH + H_2}_{\text{कैथोड पर}}$$

(vii) **बोरोडीन हुन्सडीकर अभिक्रिया** (Borodine-Hunsdicker Reaction) वसा अम्लों के सिल्वर लवण, Br_2/CCl_4 से क्रिया करके ब्रोमोऐल्केन देते हैं।

$$RCOOAg + Br_2 \xrightarrow{CCl_4} RBr + CO_2\uparrow + AgBr\downarrow$$

(viii) **अपचयन** (Reduction) अपचायक पदार्थ की प्रकृति के आधार पर कार्बोक्सिलिक अम्ल निम्न प्रकार अपचयित हो जाते हैं।

(a) ऐल्केनों में अपचयन

$$RCOOH + 6HI \xrightarrow[\Delta]{\text{लाल P}} R-CH_3 + 2H_2O + 3I_2$$

(b) ऐल्कोहॉलों में अपचयन

$$RCOOH \xrightarrow[\text{(ii) } H_3O^+,\ H^+]{\text{(i) } LiAlH_4/\text{ईथर}} RCH_2OH$$

(c) ऐल्डिहाइडों तथा कीटोनों में अपचयन

$$\underbrace{H\,CO\,OH + H\ \,COO\,H}_{\text{वाष्प अवस्था}} \xrightarrow[\Delta]{MnO} HCHO + CO_2 + H_2O$$

$$\underbrace{CH_3CO\,OH + H\,OOC\,CH_3}_{\text{वाष्प अवस्था}} \xrightarrow[\Delta]{MnO} CH_3COCH_3 + CO_2 + H_2O$$

(ix) **शिमट अभिक्रिया** (Schmidt Reaction) कार्बोक्सिलिक अम्ल सान्द्र H_2SO_4 की उपस्थिति में हाइडेजोइक अम्ल से क्रिया करके प्राथमिक ऐमीन बनाते हैं।

$$RCOOH + N_3H \xrightarrow[\Delta]{\text{सान्द्र } H_2SO_4} RNH_2 + N_2\uparrow + CO_2\uparrow$$

(x) **हैलोजनीकरण** (Halogenation) मोनोकार्बोक्सिलिक अम्लों में ब्रोमीनीकरण केवल α-स्थिति पर होता है परन्तु क्लोरीनीकरण शृंखला में पुन: हो सकता है।

$$CH_3CH_2COOH \xrightarrow{Cl_2} CH_3\underset{\underset{Cl}{|}}{CH}\ COOH + \underset{\underset{Cl}{|}}{CH_2}\ CH_2COOH$$

(xi) **ऑक्सीकरण** (Oxidation) (a) फॉर्मिक अम्ल के अतिरिक्त अन्य समस्त अम्लों का ऑक्सीकरण अत्यन्त कठिन होता है तथा प्रबल ऑक्सीकारकों ($KMnO_4$) की उपस्थिति में अत्याधिक देर तक तेज गर्म करने पर CO_2 तथा H_2O देता है। शेष अम्लों के ऑक्सीकरण से α-कीटो अम्ल तथा α-हाइड्रॉक्सी अम्ल बनते हैं।

$$HCOOH \xrightarrow{SeO_2} CO_2 + H_2O$$

$$R-CH_2COOH \xrightarrow{SeO_2} R-\overset{\overset{O}{\|}}{C}-COOH$$

$$CH_3-\underset{\underset{CH_3}{|}}{CH}-COOH \xrightarrow{SeO_2} CH_3-\overset{\overset{OH}{|}}{\underset{\underset{CH_3}{|}}{C}}-COOH$$

(b) मध्यम ऑक्सीकारकों जैसे H_2O_2 के साथ ये β-हाइड्रॉक्सी अम्ल बनाते हैं।

$$CH_3CH_2CH_2COOH \xrightarrow[H_2O_2]{[O]} CH_3\ \overset{\overset{OH}{|}}{CH}\ CH_2COOH$$

(xii) **हैल-वोल्हार्ड-जेलिन्सिकी अभिक्रिया** (Hell-Volhard-Zelinsky Reaction-HVZ) α–H परमाणु युक्त अम्लों के उच्च समजातों की क्रिया Cl_2 तथा Br_2 से कराने पर α–हैलो प्रतिस्थापित अम्ल बनते हैं। अभिक्रिया सूर्य के प्रकाश अथवा लाल P, Fe या I_2 आदि के द्वारा उत्प्रेरित होती है। निम्न समजात केवल सूर्य के प्रकाश की उपस्थिति में प्रतिस्थापन देते हैं।

$$RCH_2COOH \xrightarrow[\text{(ii) } H_2O]{\text{(i) } P/X_2} R-\underset{\underset{X}{|}}{CH}-COOH \qquad (X = Cl, Br)$$

(xiii) **इलेक्ट्रॉनस्नेही प्रतिस्थापन अभिक्रियाएँ** (Electrophilic Substitution Reactions) —COOH समूह स्–निर्देशी प्रभाव दर्शाता है ऐरोमैटिक कार्बोक्लिलिक यौगिकों में प्रतिस्थापन इलेक्ट्रॉनस्नेही द्वारा *m*-स्थिति पर होता है। बेन्जोइक अम्ल फ्रीडेल अभिक्रिया नहीं देता है क्योंकि —COOH समूह विसक्रयण कारक होता है तथा यह उत्प्रेरक $AlCl_3$ (निर्जलीकृत) से जुड़ जाता है।

$$C_6H_5COOH \xrightarrow[H_2SO_4\ \text{(सान्द्र)}]{HNO_3\ \text{(सान्द्र)}} m\text{-}NO_2C_6H_4COOH$$

$$C_6H_5COOH \xrightarrow{Br_2/FeBr_3} m\text{-}BrC_6H_4COOH$$

मोनोकार्बोक्सिलिक अम्लों के उपयोग

Uses of Mono Carboxylic Acids

(i) **फॉर्मिक अम्ल का उपयोग** (Uses of Formic Acid) पूतिरोधी (Antiseptic) फलों के संरक्षण में, चमड़े के टैनिंग में, और रबर के स्कन्दनकारक (Coagulating agent) के रूप में तथा निकेल फॉर्मेट के रूप में तेलों के हाइड्रोजनीकरण में किया जाता है

(ii) **ऐसीटिक अम्ल का उपयोग** (Uses of Acetic Acid) सिरके (6-10% ऐसीटिक अम्ल) के रूप में अचार में, लवण के रूप में औषधियों तथा पेन्ट में और लेटेक्स में रबर के उत्पादन में तथा दूध से केसीन प्राप्त करने में, तथा प्रयोगशाला में अभिकारक तथा विलायक के रूप में किया जाता है।

अभ्यास प्रश्न

1. यौगिक $CH_3—\overset{CH_3}{\overset{|}{C}}=CH—CH_3$, $KMnO_4$ की उपस्थिति में $NaIO_4$ के साथ अभिक्रिया करके देता है

(a) CH_3COCH_3 (b) $CH_3COCH_3 + CH_3COOH$
(c) $CH_3COCH_3 + CH_3CHO$ (d) $CH_3CHO + CO_2$

2. निम्नलिखित यौगिकों को उनके बढ़ते हुए क्वथनांक के क्रम में लिखिए। CH_3CHO, CH_3CH_2OH, CH_3OCH_3, $CH_3CH_2CH_3$

(a) $CH_3CH_2CH_3 < CH_3CH_2OH < CH_3OCH_3 < CH_3CHO$
(b) $CH_3OCH_3 < CH_3CH_2CH_3$ $CH_3CH_2OH < CH_3CHO$
(c) $CH_3CH_2CH_3 < CH_3OCH_3 < CH_3CHO < CH_3CH_2OH$
(d) $CH_3CH_2OH < CH_3CHO < CH_3OCH_3 < CH_3CH_2OH$

3. निम्नलिखित अभिक्रिया में अन्तिम उत्पाद, 'B' को पहचानिए।

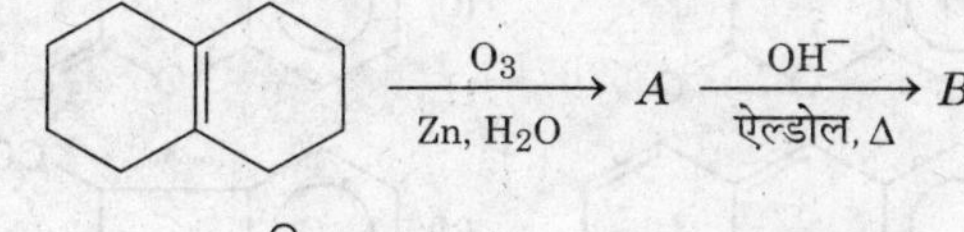

(a) 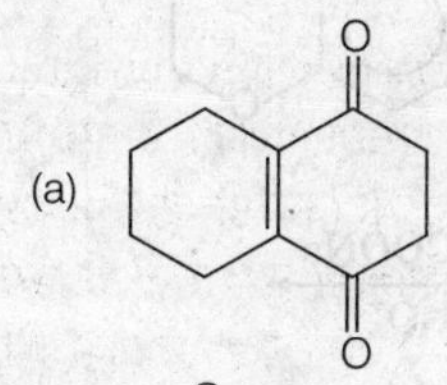 (b) 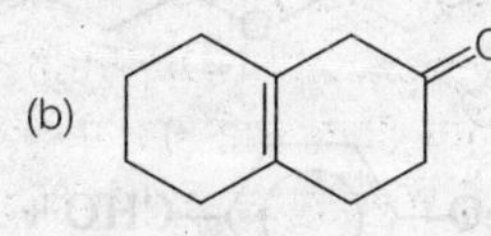

(c) 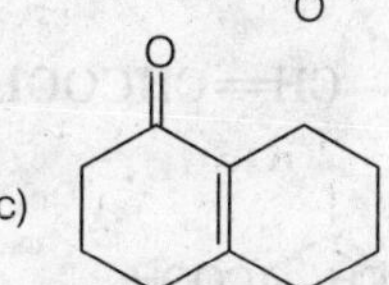 (d)

4. कॉलिन अभिकर्मक के प्रयोग द्वारा परिवर्तन करते हैं

(a) $>C=O \longrightarrow >CHOH$ (b) $—CH_2OH \longrightarrow —CHO$
(c) $—CHO \longrightarrow —COOH$ (d) $—CHO \longrightarrow —CH_2OH$

5. इटार्ड अभिक्रिया में बेन्जेल्डिहाइड का निर्माण किसके द्वारा होता है?

(a) टॉलूईन (b) ऐथिलबेन्जीन
(c) बेन्जोएल क्लोराइड (d) सोडियम बेन्जोएट

6. निम्नलिखित यौगिकों में से कौन क्षारीय $KMnO_4$ विलयन के साथ ऑक्सीकृत होकर ब्यूटेनॉन देगा?

(a) ब्यूटेन-1-ऑल (b) ब्यूटेन-2-ऑल
(c) दोनों (a) तथा (b) (d) दोनों में से कोई नहीं

7. निम्नलिखित अभिक्रिया में यौगिक A तथा C हैं

$$CH_3CHO \xrightarrow[\text{(ii) } H_2O]{\text{(i) } CH_3MgBr} (A) \xrightarrow{H_2SO_4,\ \Delta} (B)$$

$$\xrightarrow{\text{हाइड्रोबोरेशन, ऑक्सीकरण}} (C)$$

(a) समान (b) स्थान समावयवी
(c) क्रियात्मक समावयवी (d) प्रकाशिक समावयवी

8. अभिक्रिया $CH_2O + NH_3 \longrightarrow [\ \ ] \xrightarrow[Ac_2O]{HNO_3}$ द्वारा प्राप्त अन्तिम उत्पाद है?

(a) 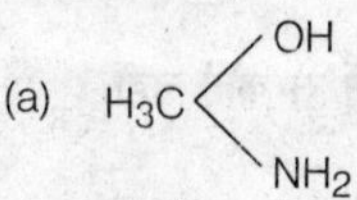

(b) 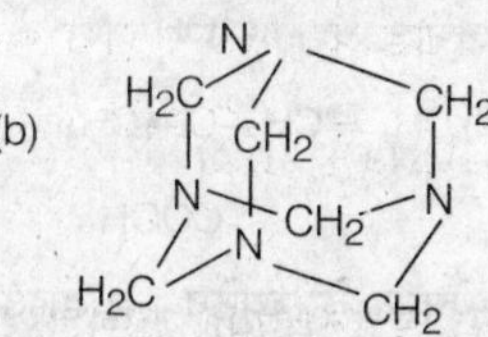

(c) (d) इनमें से कोई नही

9. $2DCDO \xrightarrow{OH^-} [X]$ तथा $[Y]$ हैं

(a) $DCOO^-$, D_2CHOH (b) $HCOO^-$, CH_3OH
(c) $HCOO^-$, CD_3OH (d) $DCOO^-$, CD_3OH

10. निम्नलिखित अभिक्रिया के अन्तिम उत्पाद की प्रागुक्ति कीजिए।

$$C_6H_5—\overset{O}{\overset{\|}{C}}—CH_3 + CH_3CH_2NH_2 \xrightarrow{H^+}$$

(a) शिफ क्षार (b) टॉलेन अभिकर्मक
(c) बेनेडिक्ट विलयन (d) मॉलिश अभिकर्मक

11. ऐसीटोन का ईनॉल रूप, D_2O के साथ अभिक्रिया करके देता है

(a) $CH_3—\underset{OD}{\underset{|}{C}}=CH_2$ (b) $CH_3—\underset{O}{\underset{\|}{C}}—CH_3$

(c) $CH_2=\underset{OH}{\underset{|}{C}}—CH_2D$ (d) $CD_2=\underset{OD}{\underset{|}{C}}—CD_3$

12. निम्नलिखित में से किसमें सर्वाधिक अम्लीय हाइड्रोजन है?

(a) 3-हेक्सेनोन (b) 2,4-हेक्सेनडाइओन
(c) 2,5-हेक्सेनडाइओन (d) 2,3-हेक्सेनडाइनओन

13. निम्नलिखित कार्बोनल यौगिकों की ग्रिगनार्ड अभिकर्मक के साथ क्रियाशीलता का क्रम है

I: $(H)(H)C=O$ II: $(H)(H_3C)C=O$

III: $(H_3C)(H_3C)C=O$ IV: $((CH_3)_3C)((CH_3)_3C)C=O$

(a) I > II > III > IV (b) IV > III > II > I
(c) II > I > IV > III (d) III > II > I > IV

14. अभिक्रिया, $CH_2{=}CH{-}\overset{O}{\overset{\|}{C}}{-}CH_3 + HCN \xrightarrow{OH^-}$ में प्राप्त प्रमुख उत्पाद है

(a) $CH_2{=}CH{-}C(OH)(CN){-}CH_3$
(b) $NC{-}CH_2{-}CH_2{-}\overset{O}{\overset{\|}{C}}{-}CH_3$
(c) $CH_2{=}CH{-}C(OH)(COOH){-}CH_3$
(d) इनमें से कोई नहीं

15. एथेनॉल के ब्यूटेन-1,3-डाइऑल में परिवर्तन के लिए निम्नलिखित में से कौन-से चरण आवश्यक होंगे?

(a) ऐसीटिलीकरण, अपचयन
(b) क्रास ऐल्डोल संघनन, निर्जलीकरण
(c) ऐल्डोल संघनन, ऑक्सीकरण
(d) ऐल्डोल संघनन, अपचयन

16. निम्नलिखित में से किसका बेन्जोइन संघनन नहीं होगा?

(a) बेन्जीन कार्बेल्डिहाइड
(b) *p*-टॉलुईन कार्बेल्डिहाइड
(c) फेनिल एथेनल
(d) 4-मेथॉक्सी बेन्जेल्डिहाइड

17. $\phi CHO + NH_3 \longrightarrow X$

उत्पाद 'X' है

(a) $\phi{-}CH(OH)(NH_2)$
(b) $\phi\ CH{=}NH$
(c) $(\phi CH{=}N)_2CH\phi$
(d) $\phi_2C(NH_2)(OH)$

18. बेन्जैल्डिहाइड तथा फॉर्मेल्डिहाइड का मिश्रण जलीय NaOH विलयन के साथ गर्म करने पर देता है

(a) बेन्जिल ऐल्कोहॉल तथा सोडियम फॉर्मेट
(b) सोडियम बेन्जोएट तथा मेथिल ऐल्कोहॉल
(c) सोडियम बेन्जोएट तथा सोडियम फॉर्मेट
(d) बेन्जिल ऐल्कोहॉल तथा मेथिल ऐल्कोहॉल

19. निम्न को सुमेलित कीजिए।

	स्तम्भ I		स्तम्भ II
A.	$\phi COCH_3 \longrightarrow \phi CH_2CH_3$	1.	$SnCl_2$
B.	$\phi COCH_3 \longrightarrow \phi CH(OH)CH_3$	2.	Zn-Hg/HCl
C.	$\phi NO_2 \longrightarrow \phi NHOH$	3.	$NaBH_4$
D.	$\phi CH_2{-}OTs \rightarrow \phi CH_3$	4.	Zn/NH_4Cl

कूट

	A	B	C	D
(a)	2	3	4	1
(b)	2	1	4	3
(c)	2	1	3	4
(d)	1	2	4	3

20. ϕCHO एक अन्य ऐल्डिहाइड के साथ क्लेजनन संघनन द्वारा सिनैमल्डिहाइड देता है। प्रयुक्त ऐल्डिहाइड है

(a) फॉर्मेल्डिहाइड
(b) ऐसिटैल्डिहाइड
(c) क्रोटोनैल्डिहाइड
(d) प्रोपेनैल्डिहाइड

21. कैनिजारो अभिक्रिया में सर्वोत्तम हाइड्राइड दाता मध्यवर्ती है

(a) $C_6H_5{-}CH(OH)(O^-)$
(b) $C_6H_5{-}CH(O^-)(O^-)$
(c) $p\text{-}MeO{-}C_6H_4{-}CH(O^-)(O^-)$
(d) $p\text{-}O_2N{-}C_6H_4{-}CH(O^-)(O^-)$

22. $o\text{-}HO{-}C_6H_4{-}CHO + CH_2(COOEt)_2 \xrightarrow{C_2H_5O^-} \xrightarrow[H^+]{H_2O} X$ [ऐरोमैटिक]

उत्पन्न यौगिक X है

(a) 3-कार्बएथॉक्सी कूमैरिन ($COOC_2H_5$ युक्त)
(b) बेन्जोफ्यूरेनोन ($COOC_2H_5$ युक्त)
(c) क्रोमीन संरचना (C=O युक्त)
(d) डाइहाइड्रोबेन्जोफ्यूरेन ($COOC_2H_5$ युक्त)

23. $MeO{-}C_6H_4{-}CHO + X \xrightarrow[H_3O^+]{CH_3COONa} MeO{-}C_6H_4{-}CH{=}CHCOOH$

यौगिक X है

(a) $CH_3{-}COOH$
(b) $BrCH_2{-}COOH$
(c) $(CH_3CO)_2O$
(d) $CHO{-}COOH$

24. एक यौगिक A (आण्विक सूत्र = C_8H_8O), $NH_2OH \cdot HCl$ के साथ अभिक्रिया करके यौगिक B तथा C देता है। B तथा C, अम्ल के साथ अभिक्रिया करके क्रमश: D तथा E में पुर्नव्यवस्थित होते हैं। B, C, D तथा E सभी यौगिक आण्विक सूत्र C_8H_9NO के समावयवी हैं। जब D को ऐल्कोहॉलीय KOH के साथ गर्म किया जाता है, तो एक तेल F (आण्विक सूत्र = C_6H_7N) पृथक् हो जाता है। F, CH_3COCl के साथ शीघ्रता से अभिक्रिया करके काला यौगिक D देता है। दूसरी ओर, अम्लीकरण के पश्चात् E क्षारों के साथ गर्म करने पर सफेद गैस G (आण्विक सूत्र = $C_7H_6O_2$) देता है। यौगिक A को पहचानिए।

(a) $C_6H_5{-}\overset{O}{\overset{\|}{C}}{-}CH_3$
(b) $C_6H_5{-}CH_2{-}CHO$
(c) $C_6H_5{-}CH{-}CH_2$ (एपॉक्साइड, O सेतु)
(d) $C_6H_5{-}CH_2{-}COOH$

25. निम्नलिखित कथनों में कौन-सा कथन कार्बोनिल यौगिक के सम्बन्ध में सही है?
(a) कार्बोनिल कार्बन sp-संकरित होते हैं
(b) कार्बोनिल कार्बन sp^3-संकरित होते हैं
(c) कार्बोनिल कार्बन से जुड़े तीनों समूह समान तल में रहते हैं
(d) कार्बोनिल कार्बन से जुडे तीनों समूह विभिन्न तलों में रहते हैं

26. एक कार्बनिक यौगिक में 69.77% कार्बन, 11.63% हाइड्रोजन तथा शेष ऑक्सीजन है। यौगिक का आण्विक द्रव्यमान 86 है। यह टॉलेन अभिकर्मक को अपचयित नही करता है परन्तु सोडियम हाइड्रोजन सल्फेट के साथ योगात्मक यौगिक बनाता है तथा धनात्मक आयोडोफॉर्म परीक्षण देता है। तीव्र, ऑक्सीकरण करने पर एथेनोइक अम्ल तथा प्रोपेनोइक अम्ल देता है यौगिक की सम्भव संरचना लिखिए।
(a) $CH_3COCH_2CH_2CH_3$
(b) $CH_3CH{=}C(OH){-}CH_2CH_3$
(c) $CH_3CH_2OCH_2CH_3$
(d) $(CH_3CH_2)_2C{=}O$

27. इमली के पेड़ में होती है
(a) (+) टार्टरिक अम्ल
(b) (–) टार्टरिक अम्ल
(c) (±) टार्टरिक अम्ल
(d) इनमें से कोई नहीं

28. $$CH \equiv CH \xrightarrow{CH_3MgBr} A \xrightarrow[(ii)\ H_3O^+]{(i)\ CO_2} B \xrightarrow{HgSO_4/H_2SO_4} C \xrightarrow[(ii)\ H^+]{(i)\ [Ag(NH_3)_2]^+,\ OH^-} D$$
दी गई अभिक्रिया में उत्पाद D है
(a) $CH_2(COOH)_2$
(b) $CH_2{-}COOH$ | $CH_2{-}COOH$
(c) $CH_2{-}CH_2$ | $CH_2{-}CH_2$ (O से जुड़ा वलय)
(d) $CH_2{-}CO$ | $CH_2{-}O$ (वलय)

29. निम्नलिखित अभिक्रिया के क्रम में अन्तिम उत्पाद है
$$CH_2{=}CH_2 \xrightarrow[CCl_4]{Br_2} A \xrightarrow{KCN} B \xrightarrow{H^+/H_2O} C$$
(a) $CH_2{-}COOH$ | $CH_2{-}COOH$
(b) $CH_2{-}Br$ | $CH_2{-}Br$
(c) $CH_2{-}COOH$ | $CH_2{-}CN$
(d) $CH_2{-}CN$ | $CH_2{-}CN$

30. निम्न अभिक्रिया द्वारा प्राप्त उत्पाद है
$$RCH(OH){-}CH_2{-}\overset{O}{\overset{\|}{C}}{-}OH \xrightarrow{\text{ताप}}$$
(a) $RCH{-}CH_2$ | $O{-}C{=}O$ (वलय)
(b) $R{-}CH\langle CH_2{-}C(=O){-}O,\ O{-}C(=O){-}CH_2 \rangle HC{-}R$
(c) $RCH{=}CHCOOH$
(d) इनमें से कोई नहीं

31. निम्न में से कौन $RCOOH \longrightarrow RCH_2OH$ का अपचयन कर सकता है?
(a) $NaBH_4$
(b) Na / C_2H_5OH
(c) $BH_3 / THF / H_3O^+$
(d) H_2/ उत्प्रेरक

32. $$\underset{[X]}{R{-}\overset{O}{\overset{\|}{C}}{-}OH_2^+} \xleftarrow{H_2SO_4} RCOOH \xrightarrow{H_2SO_4} \underset{[Y]}{R{-}\overset{^+OH}{\overset{\|}{C}}{-}OH}$$
कौन अधिक स्थायी है?
(a) X
(b) Y
(c) दोनों समान स्थायी हैं
(d) अनुमान नहीं लगा सकते

33. (साइक्लोहेक्सीन-1-कार्बोक्सिलिक अम्ल, COOH) $\xrightarrow{HBr}$? उत्पाद है

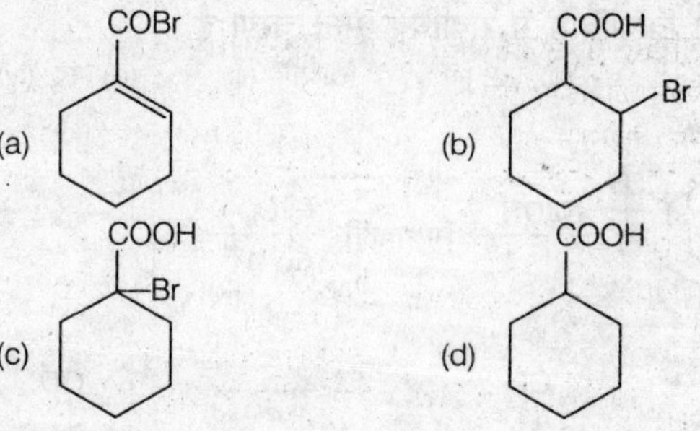

34. सही सुमेल कीजिए

	स्तम्भ I	स्तम्भ II
A.	साइक्लोपेन्टेनोन $\xrightarrow{CF_3COOOH}$ लैक्टोन	1. श्मिट
B.	$RCOOH \rightarrow RCH_2COOH$	2. बेयर विलीगर
C.	$RCOOH \xrightarrow[H_2O]{N_3H} RNH_2$	3. अनर्ण्ट आइस्टर्ट

कूट

	A	B	C		A	B	C
(a)	1	2	3	(b)	3	2	1
(c)	2	3	1	(d)	इनमें से कोई नहीं		

35. निम्न में (I) बेन्जोइक अम्ल, (II) 4-नाइट्रोबेन्जोइक अम्ल, (III) 3, 4 डाइनाइट्रोबेन्जोइक अम्ल तथा (IV) 4-मेथॉक्सी बेन्जोइक अम्ल की अम्लीयता का सही क्रम कौन-सा है?
(a) I < II < III < IV
(b) IV < I < II < III
(c) II < III < I < IV
(d) IV < II < III < I

36. कौन-सा कथन सत्य है?
(a) $RCOOH$ की अपेक्षा $RCOOOH$ प्रबल अम्ल है
(b) फ्यूमेरिक अम्ल की अपेक्षा मैलिक अम्ल प्रबल अम्ल है
(c) दोनों (a) तथा (b)
(d) उपरोक्त में से कोई नहीं

37. अम्लीय माध्यम में कार्बोक्सिलिक अम्ल से एस्टर के निर्माण की क्रियाविधि निम्न है

$$R-\overset{O}{\overset{\|}{C}}-OH \underset{\text{पद (i)}}{\overset{H^+}{\rightleftharpoons}} \left[R-\overset{HO^+}{\overset{\|}{C}}-OH \longleftrightarrow R-\underset{+}{\overset{HO}{\overset{|}{C}}}-OH \right] \underset{\text{पद (ii)}}{+R'OH; -H^+}$$

$$R-\underset{OR'}{\underset{|}{\overset{HO}{\overset{|}{C}}}}-OH \underset{\text{पद (iii)}}{\overset{H^+}{\rightleftharpoons}} R-\underset{OR'}{\underset{|}{\overset{H\overset{+}{O}H}{\overset{|}{C}}}}-OH \underset{\text{पद (iv)}}{\overset{-H_2O}{\rightleftharpoons}} R-\overset{HO^+}{\overset{\|}{C}}-OR'$$

$$\underset{\text{पद (v)}}{\overset{-H^+}{\rightleftharpoons}} R-\overset{O}{\overset{\|}{C}}-OR'$$

उपरोक्त क्रियाविधि में सर्वाधिक मन्द चरण है

(a) पद (i) (b) पद (ii) (c) पद (iii) (d) पद (iv)

38. (OD तथा D युक्त बेन्जीन वलय) $\xrightarrow{NaOH}$ [मध्यवर्ती] $\xrightarrow[\text{(ii) } D^+]{\text{(i) } CO_2}$ A

यहाँ, A है

(a) HOOC, OD, D युक्त बेन्जीन वलय
(b) DOOC, OD, D युक्त बेन्जीन वलय
(c) DOOC, OH, D युक्त बेन्जीन वलय
(d) अभिक्रिया सम्भव नहीं है

39. निम्न में से किस कार्बोक्सिलिक अम्ल का विकार्बोक्सिलीकरण सरलतापूर्वक होता है?

(a) $C_6H_5COCH_2COOH$
(b) $C_6H_5COCOOH$
(c) $C_6H_5\underset{OH}{\underset{|}{CH}}-COOH$
(d) $C_6H_5\underset{NH_2}{\underset{|}{CH}}COOH$

40. थैलिक अम्ल

$$\Delta \downarrow A \xrightarrow{NH_3} B \xrightarrow[H_2O]{NaOH} C \xrightarrow{Br_2/KOH} D \xrightarrow{HCl} E$$

इस अभिक्रिया में, उत्पाद E है

(a) *ऑर्थो*-नाइट्रोबेन्जोइक अम्ल (b) सैलिसिलिक अम्ल
(c) एन्थैनिलिक अम्ल (d) क्रोटोनिक अम्ल

41. निम्नलिखित को सुमेलित कीजिए।

	स्तम्भ I		स्तम्भ II
A.	क्लेजन संघनन	1.	मुक्त मूलक
B.	ऐलिलिक ब्रोमीनीकरण	2.	कार्बन ऋणायन
C.	फ्राइस पुर्नविन्यास	3.	ऐल्किल निष्कर्षण
D.	वाल्फ पुर्नविन्यास	4.	ऐसिल निष्कर्षण

कूट

	A	B	C	D
(a)	2	1	3	4
(b)	2	1	4	3
(c)	1	2	3	4
(d)	1	2	4	3

42. निम्नलिखित अम्लों के एस्टरीकरण प्राप्ति का क्रम दीजिए।

I: $O_2N-C_6H_4-COOH$
II: C_6H_5-COOH
III: $CH_3O-C_6H_3(CH_3)-COOH$
IV: $CH_3O-C_6H_2(OCH_3)_2-COOH$

कूट

(a) I > II > III > IV (b) IV > III > II > I
(c) II > I > IV > III (d) I > III > II > IV

43. अभिक्रिया, $C_6H_5COOH + CH_3\overset{*}{O}H \xrightarrow{H^+}$ एस्टर + जल, में

(a) तारांकित ऑक्सीजन (0^{18}) जल में उपस्थित है
(b) (0^{18}) एस्टर में उपस्थित है
(c) 0^{18} अम्ल से एस्टर में जाती है
(d) कोई अभिक्रिया नहीं हो पाती है

44. निम्नलिखित अम्लों के विकार्बोक्सिलीकरण का क्रम होगा

$\underset{I}{CH_3COOH}$; $\underset{II}{CH_2=CH-CH_2COOH}$; $\underset{III}{CH_2(COOH)_2}$

IV: $O_2N-C_6H_2(NO_2)_2-COOH$

(a) I > II > III > IV (b) III > IV > II > I
(c) IV > III > II > I (d) I > III > II > IV

उत्तरमाला

1.	*(b)*	2.	*(c)*	3.	*(d)*	4.	*(b)*	5.	*(a)*	6.	*(b)*	7.	*(b)*	8.	*(c)*	9.	*(d)*	10.	*(a)*
11.	*(a)*	12.	*(a)*	13.	*(a)*	14.	*(b)*	15.	*(d)*	16.	*(c)*	17.	*(c)*	18.	*(a)*	19.	*(a)*	20.	*(b)*
21.	*(d)*	22.	*(a)*	23.	*(c)*	24.	*(a)*	25.	*(c)*	26.	*(a)*	27.	*(a)*	28.	*(a)*	29.	*(a)*	30.	*(c)*
31.	*(c)*	32.	*(b)*	33.	*(b)*	34.	*(c)*	35.	*(b)*	36.	*(b)*	37.	*(b)*	38.	*(c)*	39.	*(a)*	40.	*(c)*
41.	*(b)*	42.	*(a)*	43.	*(b)*	44.	*(c)*												

उत्तर व्याख्या सहित

2. *(c)* क्वथनांक आकर्षण बलों से सम्बन्धित होते हैं। आकर्षण बल जितने अधिक प्रबल होते हैं। क्वथनांक उतने ही अधिक होते हैं।
हाइड्रोकार्बन अध्रुवीय होते हैं जिनमें दुर्बलतम आकर्षण बल होते हैं। ईथर ध्रुवीय (द्विध्रुवीय बल) है। ऐल्डिहाइडों में प्रबल द्विध्रुव अन्योन्यक्रियाएँ होती हैं तथा ऐल्कोहॉलों में हाइड्रोजन आबन्धन के कारण अन्तरआण्विक बल अधिकतम होते हैं। अतः यौगिकों के क्वथनांक का क्रम निम्न है

$$CH_3CH_2CH_3 < CH_3OCH_3 < CH_3CHO < CH_3CH_2OH$$

3. *(d)*

$$\text{(bicyclic alkene)} \xrightarrow[\text{Zn-}H_2O]{O_3} \text{(cyclodecane-1,6-dione)}$$

$$\xrightarrow[\text{ऐल्डोल, }\Delta]{OH^-} \text{(bicyclic enone)}$$

5. *(a)* टॉलूईन, CS_2 अथवा CCl_4 में क्रोमिल क्लोराइड (CrO_2Cl_2) के विलयन द्वारा, बेन्जेल्डिहाइड में ऑक्सीकृत हो जाती है। इसे इटार्ड अभिक्रिया कहते हैं।

$$C_6H_5CH_3 \xrightarrow[CS_2]{2CrO_2Cl_2} \left[C_6H_5CH(OCrCl_2OH)_2\right] \xrightarrow{H_2O} C_6H_5CHO$$

भूरा क्रोमियम संकर → बेन्जेल्डिहाइड

बेन्जेल्डिहाइड का पुनः बेन्जोइक अम्ल में ऑक्सीकरण, कार्बोनिल समूह के रक्षण द्वारा रोका जाता है।

6. *(b)* क्षारीय $KMnO_4$ एक प्रबल ऑक्सीकारक पदार्थ है। यह प्राथमिक ऐल्कोहॉलों को ऐल्डिहाइड तथा द्वितीयक ऐल्कोहॉलों को कीटोन में ऑक्सीकृत कर देता है।

$$\underset{\text{ब्यूटेन-1-ऑल}}{CH_3CH_2CH_2CH_2OH} \xrightarrow[\text{क्षारीय }KMnO_4]{[O]} \underset{\text{ब्यूटेनॉल}}{CH_3CH_2CH_2CHO}$$

$$\underset{\text{ब्यूटेन-2-ऑल}}{CH_3CH_2-CH(OH)-CH_3} \xrightarrow[\text{क्षारीय, }KMnO_4]{[O]} \underset{\text{ब्यूटेनॉन}}{CH_3CH_2COCH_3}$$

7. *(b)*

$$(H_3C)(H)C=O + R-MgBr \longrightarrow (H_3C)(H)C(OMgBr)(CH_3)$$

$$\xrightarrow{H_2O} \underset{\substack{\text{प्रोपेन-2-ऑल}\\(A)}}{(H_3C)(H)C(OH)(CH_3)} \xrightarrow[-H_2O]{H_2SO_4,\ \Delta} \underset{\substack{\text{प्रोपीन}\\(B)}}{CH_3-CH=CH_2}$$

$$6CH_3-CH=CH_2 + B_2H_6 \xrightarrow[\text{ऑक्सीकरण}]{\text{हाइड्रोबोरेशन}}$$

$$(2CH_3CH_2CH_2)_3B \xrightarrow[-2H_3BO_3]{6H_2O_2} \underset{\substack{\text{प्रोपेन-1-ऑल}\\(c)}}{6CH_3CH_2CH_2OH}$$

यह स्पष्ट है कि यौगिक *(A)* तथा *(C)* स्थान समावयवी हैं।

9. *(d)* कैनिजारो अभिक्रिया निम्न प्रकार होती है,

$$D_2C=O \xrightarrow{OH^-} D_2C(OH)(O^-) \xrightarrow{D_2C=O} D(HO)C=O + D_3C-O^-$$

क्षारक के द्वारा प्रोटॉन का स्थानान्तरण

$$DCOO^- + CD_3OH$$

10. *(a)*

$$C_6H_5C(CH_3)=\boxed{O + H_2}NCH_2CH_3 \xrightarrow{H^+} C_6H_5C(CH_3)=NCH_2CH_3 + H_2O$$

ऐथिल ऐमीन; शिफ क्षारक

11. *(a)* –OH समूह का H^+ आयन, D_2O, से क्रिया के पश्चात्, D^+ आयन से प्रतिस्थापित हो जाता है क्योंकि यह ड्यूटिरियम की अपेक्षा अधिक क्रियाशील है।

$$CH_3-C(OH)=CH_2 \xrightarrow{D_2O} CH_3-C(OD)=CH_2$$

12. *(b)* यौगिक जिनमें $-CH_2-$ अथवा $-CH$ समूह, दो इलेक्ट्रॉन आकर्षी समूह जैसे $C=O$ से घिरे हो, अम्लीय यौगिक होते हैं तथा हाइड्रोजन परमाणु अम्लीय हाइड्रोजन कहलाते हैं।

$$\underset{\text{3-हक्सेनोन}}{H_3C-CH_2-CH_2-\overset{O}{\overset{\|}{C}}-CH_2-CH_3} \longrightarrow$$

कोई अम्लीय हाइड्रोजन उपस्थित नहीं

$$\underset{\text{2,4-हेक्सेनडाइओन}}{H_3C-CH_2-\overset{O}{\overset{\|}{C}}-CH_2-\overset{O}{\overset{\|}{C}}-CH_3} \longrightarrow$$

दो अम्लीय हाइड्रोजन उपस्थित

$$\underset{\text{2,5-हेक्सेनडाइओन}}{H_3C-\overset{O}{\overset{\|}{C}}-CH_2-CH_2-\overset{O}{\overset{\|}{C}}-CH_3} \longrightarrow$$

कोई अम्लीय हाइड्रोजन उपस्थित नहीं

$$H_3C-CH_2-CH_2-\overset{O}{\overset{\|}{C}}-\overset{O}{\overset{\|}{C}}-CH_3 \longrightarrow \text{कोई अम्लीय}$$

2,3-हेक्सेनडाइओन

हाइड्रोजन उपस्थित नहीं

13. (a) ऐल्किल समूह की संख्या तथा आकार जैसे-जैसे बढ़ता है, क्रियाशीलता घटती है। अतः क्रियाशीलता का क्रम है

$$(H)(H)C=O > (H)(H_3C)C=O > (H_3C)(H_3C)C=O > ((CH_3)_3C)((CH_3)_3C)C=O$$

14. (b) जब HCN का योग α,β -असंतृप्त कार्बोनिल यौगिकों पर होता है तो यह β-सायनो यौगिक देता है।

$$CH_2=CH-\overset{O}{\overset{\|}{C}}-CH_3 + HCN \xrightarrow{OH^-} NC-CH_2CH_2\overset{O}{\overset{\|}{C}}CH_3$$

15. (d) एथेनॉल से ब्यूटेन -1,3-डाइऑल

$$\underset{\text{एथेनॉल}}{2CH_3CHO} \xrightarrow[\text{ऐल्डोल संघनन}]{\text{तनु NaOH}} \overset{4}{C}H_3\overset{3}{C}H(OH)\overset{2}{C}H_2\overset{1}{C}HO$$

3-हाइड्रॉक्सी ब्यूटेनॉल

$$\xrightarrow[+2[H]]{LiAlH_4} CH_3CH(OH)CH_2CH_2(OH)$$

ब्यूटेन-1,3-डाइऑल

20. (b) सिनैमल्डिहाइड को बेन्जेल्डिहाइड तथा ऐसिटैल्डिहाइड के मध्य क्लेजनन संघनन द्वारा बनाया जाता है।

$$C_6H_5CHO + CH_3CHO \xrightarrow{NaOH} \underset{\text{सिनैमल्डिहाइड}}{C_6H_5CH=CHCHO} + H_2O$$

22. (a) ऐरोमैटिक ऐल्डिहाइड पर ऐसीटिक ऐनहाइड्राइड तथा सोडियम ऐसीटेट की क्रिया द्वारा α,β-असंतृप्त कार्बोक्सिलिक अम्ल का निर्माण परकिन अभिक्रिया कहलाती है। परकिन के समान अन्य संघनन में ऐरोमैटिक ऐल्डिहाइड तथा α-हाइड्रोजन युक्त यौगिक का संघनन होता है।

$$CH_2(COOEt)_2 \xrightarrow{C_2H_5O^-} \overset{-}{C}H(COOEt)_2 \;+\; \text{(2-HO-}C_6H_4\text{-CHO)} \longrightarrow \text{2-HO-}C_6H_4\text{-CH(O}^-\text{)-CH(COOEt)}_2 \xrightarrow[H^+]{-H_2O} \text{2-HO-}C_6H_4\text{-CH=C(COOEt)(COOH)} \xrightarrow{-H_2O} \text{3-कार्बेथॉक्सी कूमारिन (COOEt)}$$

25. (c) कार्बोनिल समूह में, कार्बन परमाणु sp^2 संकरण की अवस्था में होता है। एक sp^2-संकरित कक्षक, ऑक्सीजन के असंकरित p-कक्षक के साथ अभिविन्यास करके C—O σ-आबन्ध बनाता है।

कार्बन के शेष दो sp^2-संकरित कक्षक, ऐल्किल समूह अथवा हाइड्रोजन परमाणु (जो भी उपस्थित हो) के साथ σ-आबन्ध बनाते हैं। जिसके कारण कार्बोनिल कार्बन से जुड़े तीनों समूहों का तल समान रहता है।

28. (a) $CH\equiv CH \xrightarrow[-CH_4]{CH_3MgBr} \underset{(A)}{CH\equiv CMgBr} \xrightarrow[\text{(ii) } H_3O^+]{\text{(i) } CO_2} \underset{(B)}{CH\equiv C-\overset{O}{\overset{\|}{C}}-OH}$

$$\xrightarrow{HgSO_4 / H_2SO_4}$$

$$O=CHCH_2-\overset{O}{\overset{\|}{C}}-OH \overset{\text{चलावयवता}}{\rightleftharpoons} \underset{(C)}{HOCH=CH-\overset{O}{\overset{\|}{C}}-OH}$$

$$\xrightarrow[\text{(ii) } H^+]{\text{(i) } [Ag(NH_3)_2]^+,\ OH^-} \underset{\text{मैलोनिक अम्ल } (D)}{HO-\overset{O}{\overset{\|}{C}}-CH_2-\overset{O}{\overset{\|}{C}}-OH}$$

29. (a) $CH_2=CH_2 \xrightarrow[CCl_4]{Br_2} \underset{(A)}{CH_2Br-CH_2Br} \xrightarrow[-2KBr]{KCN} CH_2CN-CH_2CN \xrightarrow{H^+/H_2O} \underset{\text{सक्सिनिक अम्ल}}{CH_2-COOH \atop |\atop CH_2-COOH}$

30. (c) $R-\overset{OH}{\overset{|}{C}H}-\overset{H}{\overset{|}{C}H}-\overset{O}{\overset{\|}{C}}-OH \xrightarrow[-H_2O]{\Delta} R-CH=CH-COOH$

31. (c) कार्बोक्सिलिक अम्लों का ऐल्कोहॉलों में अपचयन $LiAlH_4$ तथा THF में बोरेन (BH_3 अथवा B_2H_6) के द्वारा होता है।

32. (b) कार्बोक्सिलिक अम्ल में, कार्बोक्सिल कार्बन से जुड़ी ऑक्सीजन अधिक विद्युतऋणात्मक होती है तथा आबन्ध के इलेक्ट्रॉन को आकर्षित करती है।

$$R-\overset{O}{\overset{\|}{C}}-OH \longleftrightarrow R-\overset{O^-}{\overset{|}{C^+}}-OH$$

अतः प्रोटॉनीकरण, कार्बोक्सिलिक ऑक्सीजन पर होता है।

33. (b) α,β-असंतृप्त अम्ल हैलोजन अम्लों पर संयुक्त होते है। योग की विधि मारकोनीकॉफ के नियम के प्रतिकूल होती है। ये कार्बोक्सिल समूह के प्रेरणिक प्रभाव का कारण हो सकती है।

$$\text{(साइक्लोहेक्सीन-1-कार्बोक्सिलिक अम्ल, COOH)} \xrightarrow{HBr} \text{(2-ब्रोमोसाइक्लोहेक्सेन-कार्बोक्सिलिक अम्ल, COOH, Br)}$$

35. (*b*)

(i) इलेक्ट्रॉन दान करने वाले समूह की उपस्थिति के कारण अम्ल, अधिक अम्लीय हो जाते हैं। इन समूह तथा —COOH समूह के मध्य दूरी बढ़ने पर अम्लीयता घटती है।

(ii) इलेक्ट्रॉन आकर्षी समूह ($-NO_2$, $-X$) अम्लीयता को बढ़ाते हैं। अतः अम्लीय क्षमता का सही क्रम है
4-मेथॉक्सी बेन्जोइक अम्ल < बेन्जोइक अम्ल < 4-नाइट्रोबेन्जोइक अम्ल < 3,4-डाइनाइट्रोबेन्जोइक अम्ल

36. (*b*) मैलिक अम्ल अन्तराण्विक हाइड्रोजन आबन्ध प्रदर्शित करता है जबकि फ्यूमेरिक अम्ल अन्तराण्विक आबन्ध प्रदर्शित करता है। अतः मैलिक अम्ल, H^+ के निष्कासन के पश्चात् अधिक स्थायी मैलेट आयन बनाता है। जिसके कारण मैलिक अम्ल, फ्यूमेरिक अम्ल की अपेक्षा प्रबल होता है।

38. (*c*)

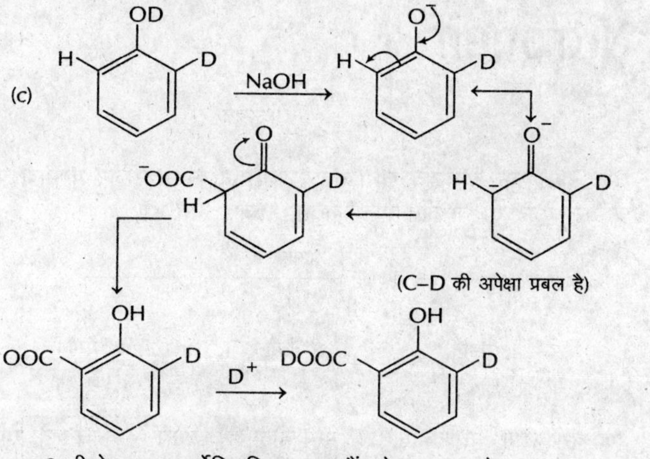

(C–D की अपेक्षा प्रबल है)

39. (*a*) β-कीटो अम्ल कार्बोक्सिलिक अम्ल हैं जो सरलता से विकार्बोक्सिलीकृत हो जाते हैं।

$$C_6H_5COCH_2\,COOH \xrightarrow{\Delta} C_6H_5COCH_3$$

40. (*c*)

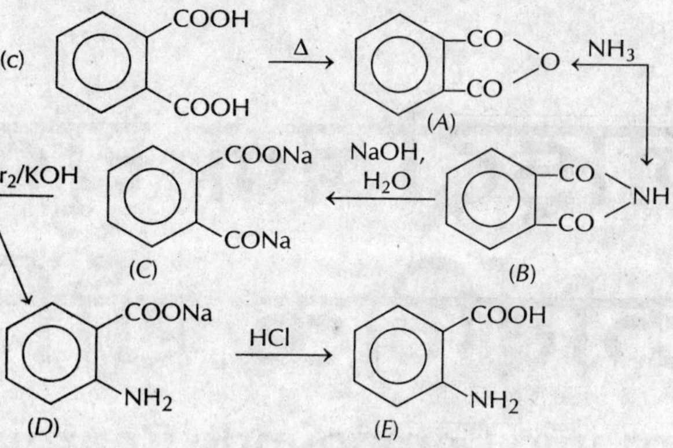

एन्थैनिलिक अम्ल

42. (*a*) चूँकि $-CH_3$ समूह में प्रबल +*I* प्रभाव तथा $-OCH_3$ समूह में दुर्बल −*I* प्रभाव परन्तु प्रबल +*R* प्रभाव उपस्थित होता है अतः ये ऑक्सीजन परमाणु पर इलेक्ट्रॉन घनत्व को बढ़ा देते हैं जिसके कारण O—H आबन्ध प्रबल हो जाता है। दूसरी ओर, $—NO_2$ समूह में प्रबल −*I* प्रभाव तथा −*R* प्रभाव उपस्थित होता है। यह बेन्जीन वलय तथा — OH समूह के ऑक्सीजन परमाणु, दोनों से इलेक्ट्रॉन आकर्षित करता है, फलतः इलेक्ट्रॉन सुगमता से पृथक् हो जाता है। अतः एस्टरीकरण का क्रम I > II > III > IV है।

44. (*c*) 2, 4, 6-ट्राइनाइट्रोबेन्जोइक अम्ल में, नाइट्रो समूह के −I प्रभाव के कारण, विकार्बोक्सिलिकरण अत्यधिक सरलता से होताहै, जबकि वे डाइकार्बोक्सिलिक अम्ल, जिनमें एक कार्बन परमाणु पर दो कार्बोक्सिलिक समूह उपस्थित है, के लिए भी CO_2 को मुक्त करना सरल होता है, अतः विकार्बोक्सिलीकरण से प्राप्ति का क्रम निम्न होगा

IV > III > II > I

अध्याय 24

नाइट्रोजन युक्त कार्बनिक यौगिक

Organic Compounds Containing Nitrogen

परिचय Introduction

ऐमीन, डाइऐजोनियम लवण, नाइट्रो यौगिक, सायनाइड्स सभी नाइट्रोजन युक्त कार्बनिक यौगिकों में सम्मिलित हैं। ये हाइड्रोकार्बन के एक अथवा अधिक परमाणु को विभिन्न समूहों जैसे $—NH_2$, $—N_2Cl$, $—NO_2$ अथवा —CN समूह द्वारा विस्थापित करके प्राप्त किए जाते हैं। इन्हें एक-दूसरे में परिवर्तित करना आसान होता है। ये पृथक् क्षेणी बनाते है, जिसके अपने गुण होते हैं। यहाँ केवल पहली दो श्रेणियों का अध्ययन करेंगे, क्योंकि यही पाठ्यक्रम मे सम्मिलित है।

ऐमीनो का वर्गीकरण Classification of Amines

ऐमीन अमोनिया के व्युत्पन्न होते हैं, जिनमें अमोनिया के एक या अधिक H-परमाणु को ऐल्किल समूह द्वारा प्रतिस्थापित किया जाता है। नाइट्रोजन परमाणु से जुड़े ऐल्किल समूहों की संख्या या नाइट्रोजन से जुड़े H-परमाणुओं की संख्या के आधार पर ऐमीन को $(3-n)°$ अर्थात् प्राथमिक, द्वितीयक तथा तृतीयक ऐमीन में विभाजित किया जाता है।

$$NH_3 \xrightarrow[-H]{+R} R—NH_2 \xrightarrow[-H]{+R} R_2NH \xrightarrow[-H]{+R} R_3N$$

विभिन्न ऐमीनों के प्रकार एवं क्रियात्मक समूह

ऐमीन	n (N से जुड़े H-परमाणुओं की संख्या)	प्रकार	क्रियात्मक समूह
R—N(H)—H	n = 2	1° (प्राथमिक)	$—NH_2$ (ऐमीनो समूह)
R_2NH	n = 1	2° (द्वितीयक)	—NH— (ईमीनो समूह)
R—N(R)—R	n = 0	3° (तृतीयक)	—N< (नाइट्राइलों या तृतीयक नाइट्रोजन परमाणु)

अत: प्राथमिक, द्वितीयक तथा तृतीयक ऐमीन के नाइट्रोजन परमाणु पर क्रमश: एक, दो या तीन ऐल्किल समूह जुड़े होते हैं।

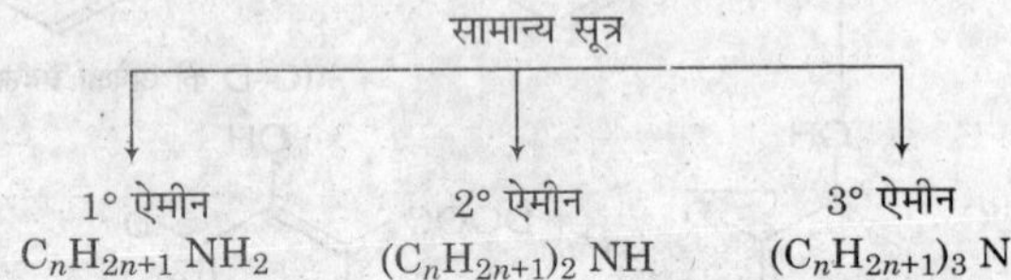

यह वर्गीकरण, ऐल्कोहॉलों से भिन्न होता है, जिनमें α-कार्बन के ऐल्किल समूहों की संख्या को लिया जाता है।

चतुष्कीय अमोनियम लवण $(R_4N^+X^-)$ व अमोनियम यौगिक होते हैं, जिनमें चारों हाइड्रोजन परमाणु ऐल्किल या ऐरिल द्वारा विस्थापित होते हैं। यहाँ X, सामान्यत: एक हैलोजन परमाणु या हाइड्रोजन समूह है। अमोनियम लवण व्यावहारिक रूप से ऐमीनों से भिन्न होते हैं क्योंकि ऐमीन की प्रकृति क्षारीय होती है, जबकि अमोनियम लवणों की नहीं।

ऐमीनो की संरचना Structure of Amines

अमोनिया अणु में नाइट्रोजन के कक्षक sp^3-संकरित होता है तथा संरचना पिरैमिडी होती है, अत: ऐमीन में भी नाइट्रोजन परमाणु sp^3-संकरित होता है। नाइट्रोजन के तीनों sp-संकरित कक्षकों में से प्रत्येक ऐमीन के संघटन के अनुसार H अथवा C के कक्षकों से अतिव्यापन करता है। सभी ऐमीनों में नाइट्रोजन के चौथे कक्षक में एक असहभाजित इलेक्ट्रॉन युग्म उपस्थित होता है। इस कारण अणु का आकार पिरैमिडी होता है तथा C—N—E कोण (जहाँ E = C अथवा H है।) 109.5° से कम होता है। ऐलिफैटिक ऐमीन में C—N बन्ध की लम्बाई 1.47Å होती है।

$$N_7 = 1s^2, 2s^2\,2p^3$$

[⇅] [↑ ↑ ↑]

sp^3

ऐमीनो की संरचना निम्नवत् है

$$H_3C \overset{sp^3-sp^3}{\underset{\sigma}{—}} \ddot{N} \begin{matrix} \overset{sp^3-s}{\sigma} H \\ \underset{sp^3-s}{\sigma} H \end{matrix} \qquad \begin{matrix} H_3C \overset{sp^3-sp^3}{\sigma} \\ H_3C \underset{sp^3-sp^3}{\sigma} \end{matrix} \ddot{N} \overset{sp^3-s}{\underset{\sigma}{—}} H \qquad \begin{matrix} H_3C \overset{sp^3-sp^3}{\sigma} \quad \overset{sp^3-sp^3}{\sigma} CH_3 \\ \ddot{N} \; 108° \\ \underset{sp^3-sp^3}{\sigma} CH_3 \end{matrix}$$

(प्राथमिक ऐमीन) (द्वितीयक ऐमीन) (तृतीयक ऐमीन)

ऐनिलीन में C—N बन्ध की लम्बाई 1.40 Å होती है। यह ऐलिफैटिक ऐमीन की C—N बन्ध लम्बाई से छोटी होती है। इसका कारण समीपवर्ती C–परमाणु के साथ sp^2-संकरण तथा अनुनाद के कारण C—N बन्ध लम्बाई में द्विबन्ध प्रकृति का होना है।

ऐमीनो का नामकरण Nomenclature of Amines

ऐमीनों के नामांकरण के लिए आई. यू. पी. ए. सी. द्वारा निम्नलिखित नियम प्रतिपादित किए गए

(i) **ऐल्किल ऐमीनो के लिए** (For alkyl amines) आई. यू. पी. ए. सी. पद्धति में ऐमीनों को ऐल्केनेमीन कहा जाता है। जैसे CH_3NH_2 को मेथेनेमीन कहते हैं। यदि मुख्य शृंखला में एक से अधिक स्थानों पर ऐमीन समूह उपस्थित हों, तब इन ऐमीन समूहों की स्थिति कार्बन परमाणु की संख्या जिससे ये जुड़े हो, से व्यक्त कर डाइ, ट्राइ, टेट्रा इत्यादि उपयुक्त पूर्वलग्न लगाकर निर्दिष्ट की जाती है। हाइड्रोकार्बन शब्द का अनुलग्न बनाए रखा जाता है। जैसे

$\left(H_2N \overset{1}{\diagup} \underset{2}{\diagdown} NH_2 \right)$ का नाम एथेन-1,2-डाइऐमीन है।

सामान्य पद्धति में ऐलिफैटिक ऐमीन का नामकरण ऐमीन शब्द में पूर्वलग्न 'ऐल्किल' लगाकर ऐल्किल ऐमीन के रूप में करते हैं। जैसे मेथिल ऐमीन। द्वितीयक या तृतीयक ऐमीनो में जब दो या अधिक समान समूह होते हैं तब ऐल्किल समूह के नाम से पूर्व डाइ या ट्राइ पूर्वलग्न प्रयुक्त किया जाता है। जैसे—$\left(Et—\underset{|\atop Et}{N}—Pr \right)$ को डाइएथिल प्रोपिल ऐमीन कहते हैं।

(b) **ऐरोमैटिक ऐमीनो के लिए** (For aromatic amine) ऐरिल ऐमीनो में —NH_2 समूह बेन्जीन वलय से सीधे जुड़ा होता है। ऐरिल ऐमीन का सबसे सरल उदाहरण $C_6H_5NH_2$ है। सामान्य पद्धति में ये ऐनिलीन कहलाता है।

आई. यू. पी. ए. सी. पद्धति में भी ये स्वीकार्य नाम है। ऐरिल ऐमीन का नामकरण करते वक्त ऐरीन के अंग्रेजी में लिखे नाम के अन्त में से 'e' अनुलग्न का प्रतिस्थापन ऐमीन ('amine') शब्द द्वारा किया जाता हैं। अत: आई. यू. पी. ए. सी. पद्धति में $C_6H_5—NH_2$ का नाम बेन्जीनेमीन होगा।

कुछ ऐरोमैटिक ऐमीनो के सामान्य नाम निम्नवत: हैं

ऐनिलीन ($C_6H_5NH_2$)   *o*-टॉलूडीन (NH_2, CH_3 युक्त बेन्जीन)   डाइफेनिल ऐमीन (C_6H_5—NH—C_6H_5)

ऐमीनो में समावयवता Isomerism in Amines

ऐमीन में शृंखला, क्रियात्मक, स्थान, मध्यावयवता, प्रकाशिक एवं ज्यामितिय समावयवता पाई जाती है।

उदाहरण—

1. $C_4H_{11}N$ के दो शृंखला समावयवी सम्भव हैं

$$CH_3—CH_2—CH_2—CH_2—\ddot{N}H_2$$

n-ब्यूटिल ऐमीन

तथा
$$CH_3—\underset{}{\overset{CH_2}{\overset{|}{CH}}}—CH_2—\ddot{N}H_2$$

आइसो-ब्यूटिल ऐमीन

2. C_3H_9N के निम्न क्रियात्मक तथा स्थान समावयवी सम्भव हैं

$$CH_3—CH_2—CH_2—\ddot{N}H_2, \qquad CH_3—CH_2—\ddot{N}H—CH_3,$$

1°-ऐमीन   2°-ऐमीन

तथा
$$CH_3—\overset{CH_3}{\overset{|}{C}}—CH_3$$

3°-ऐमीन

क्रियात्मक समावयवी

$$CH_3—CH_2—CH_2—\ddot{N}H_2 \quad \text{तथा} \quad CH_3—\overset{\ddot{N}H_2}{\overset{|}{CH}}—CH_3$$

1-ऐमीनोप्रोपेन   2-ऐमीनोप्रोपेन

स्थान समावयवी

3. द्वितीयक ऐमीन मध्यावयवता प्रदर्शित करते हैं।

$$CH_3—CH_2—CH_2—\ddot{N}H—CH_3 \quad \text{तथा} \quad C_2H_5—\ddot{N}H_2—C_2H_5$$

मेथिल *n*-प्रोपिलऐमीन   डाइएथिलऐमीन

ऐलिफैटिक ऐमीनो के निर्माण की विधियाँ Methods of Preperation of Aliphatic Amines

ऐलिफैटिक ऐमीन बनाने की कई विधियाँ हैं, जिनमें कुछ विशेषत: प्राथमिक, द्वितीयक या तृतीयक ऐमीन बनाती हैं, जबकि कुछ तीनों का मिश्रण देती हैं।

ऐमीनो के मिश्रण की विधियाँ Methods of Mixtures of Amines

निम्न विधियों द्वारा प्राथमिक, द्वितीयक तथा तृतीयक ऐमीनों का मिश्रण प्राप्त किया जा सकता है

(a) **हॉफमान अमोनीकरण विधि द्वारा**
From Hofmann's Ammonolysis Method

अमोनिया के जलीय विलयन की क्रिया ऐल्किल हैलाइड से कराने पर 1°, 2°, तथा 3° ऐमीन के साथ चतुष्कीय अमोनियम लवण बनता है। यदि अमोनिया को आधिक्य में लिया जाए, तो 1° ऐमीन मुख्य उत्पाद के रूप में बनता है तथा ऐल्किल हैलाइड को अधिकता में लेने पर चतुष्कीय अमोनियम लवण मुख्य उत्पाद के रूप में प्राप्त होता है।

$$RX + NH_3 \longrightarrow R\overset{+}{N}H_2HX$$

$$RNH_2 + HX \longrightarrow R\overset{+}{N}H_3X^-$$

$$R\overset{+}{N}H_3X^- + OH^- \longrightarrow RNH_2 + H_2O + X^-$$

$$R\overset{+}{N}H_3X^- + NH_3 \longrightarrow R\overset{+}{N}H_2 + \overset{+}{N}H_4X^-$$

$$RNH_2 + RX \longrightarrow R_2\overset{+}{N}H_2X^- \xrightleftharpoons{NH_3} \underset{2°}{R_2NH}$$

$$R_2NH + RX \longrightarrow R_3\overset{+}{N}HX^- \xrightleftharpoons{NH_3} \underset{3°}{R_3N}$$

$$R_3N + RX \longrightarrow \underset{\text{चतुष्कीय अमोनियम लवण}}{R_4\overset{+}{N}X^-}$$

प्राथमिक ऐल्किल हैलाइड के साथ अमोनी अपघटन अधिकतम लब्धि (yield) देता है (जहाँ मुख्यत: प्रतिस्थापन होता है) जबकि तृतीयक ऐल्किल हैलाइड के साथ इसका कोई उपयोग नहीं है। (जहाँ मुख्यत: निराकरण होता है)

$$\text{(zig-zag chain)}-Br \xrightarrow{NH_3} \text{(zig-zag chain)}-NH_2 \quad (\text{प्रतिस्थापन})$$

$$\text{(branched)}-Br \xrightarrow{NH_3} \text{(alkene)} \quad (\text{निराकरण})$$

(b) **ऐल्कोहॉलों की अमोनिया के साथ क्रिया द्वारा**
Reaction of Alcohols with Ammonia

ऐल्कोहॉल तथा अमोनिया के मिश्रण की वाष्पों को 620K पर ऐलुमिना अथवा थोरिया (ThO_2) के ऊपर प्रवाहित करने पर ऐमीनों का मिश्रण प्राप्त होता है।

$$R{-}OH \xrightarrow[\Delta/Al_2O_3]{NH_3} R{-}NH_2 \xrightarrow[R-OH]{Al_2O_3}$$

$$R{-}\underset{R}{\underset{|}{N}}{-}H \xrightarrow[R-OH]{Al_2O_3} R{-}\underset{R}{\underset{|}{N}}{-}R$$

$$CH_3OH + NH_3 \xrightarrow[570\text{-}670\ K]{ThO_2} \underset{1°}{CH_3NH_2}$$

$$CH_3NH_2 + CH_3OH \xrightarrow[570\text{-}670\ K]{ThO_2} \underset{2°}{(CH_3)_2NH}$$

$$(CH_3)_2NH + CH_3OH \xrightarrow[570\text{-}670\ K]{ThO_2} \underset{3°}{(CH_3)_3N}$$

ऐलिफैटिक ऐमीनो के गुणधर्म
Properties of Aliphatic Amines

ऐमीनों द्वारा प्रदर्शित विभिन्न भौतिक तथा रासायनिक गुणधर्मों का वर्णन निम्नलिखित हैं

भौतिक गुणधर्म Physical Properties

ऐमीनो का क्षारीय गुण नाइट्रोजन परमाणु पर बिना साझा किए इलेक्ट्रॉन-युग्म की उपस्थिति के कारण होता है, जो प्रोटॉन ग्रहण करता है। जितनी आसानी से इलेक्ट्रॉनों का एकाकी युग्म, प्रोटॉन के साथ उपसहसंयोजकता के लिए प्राप्त होता है, ऐमीनों की आपेक्षिक क्षारीयता उतनी ही अधिक होती है। ऐल्किल समूहों के $-I$ प्रभाव के कारण नाइट्रोजन परमाणु पर इलेक्ट्रॉनों का घनत्व बढ़ जाता है, जिसके परिणामस्वरूप नाइट्रोजन परमाणु पर इलेक्ट्रॉनों का एकाकी इलेक्ट्रॉन युग्म, अमोनिया की अपेक्षा अधिक शीघ्रता से प्राप्य होता है और इस प्रकार, ऐमीन, अमोनिया की अपेक्षा प्रबल क्षार होते हैं।

ऐमीनों की आपेक्षिक क्षारकता का क्रम निम्न प्रकार होता है

(a) $R_2NH > RNH_2 > ArCH_2NH_2 > NH_3 > ArNHR > ArNH_2 > ArNHAr$

(b) $RNH_2 < R_2NH > R_3N$

तृतीयक ऐमीन त्रिविमीय प्रभाव (Stearic effect) के कारण कम क्षारीय होते हैं।

रासायनिक गुणधर्म Chemical Properties

ऐमीनो के द्वारा प्रदर्शित प्रमुख रासायनिक गुणधर्म निम्नलिखित हैं

(a) **जलीय विलयन की प्रकृति**
Nature of Aqueous Solution

ऐमीन, H_2O के साथ क्रिया करके ऐल्किल अमोनियम हाइड्रॉक्साइड बनाती हैं।

$$RNH_2 + H_2O \rightleftharpoons (R\overset{\oplus}{N}H_3)\overset{\ominus}{O}H \rightleftharpoons R\overset{\oplus}{N}H_3 + OH^{\ominus}$$

$$R_2NH + H_2O \rightleftharpoons R_2\overset{\oplus}{N}H_2OH^{\ominus} \rightleftharpoons R_2\overset{\oplus}{N}H_2 + OH^{\ominus}$$

$$R_3N + H_2O \rightleftharpoons R_3\overset{\oplus}{N}HOH^{\ominus} \rightleftharpoons R_3\overset{\oplus}{N}H + OH^{\ominus}$$

(b) **ग्रिग्नार्ड अभिकर्मकों के साथ अभिक्रिया**
Reaction with Grignard's Reagents

दोनों 1° व 2° ऐमीन ग्रिगनार्ड अभिकर्मकों के साथ ऐल्केन देते हैं।

$$\underset{\text{मेथिलऐमीन}}{CH_3{-}\overset{H}{\overset{|}{N}}{-}H} + \underset{\text{एथिल मैगनीशियम ब्रोमाइड}}{C_2H_5MgBr} \longrightarrow \underset{\text{N-मेथिलऐमीनो मैगनीशियम ब्रोमाइड}}{CH_3{-}\overset{H}{\overset{|}{N}}{-}MgBr} + \underset{\text{एथेन}}{C_2H_6}$$

$$\underset{\text{डाइमेथिल ऐमीन}}{CH_3{-}\overset{CH_3}{\overset{|}{N}}{-}H} + \underset{\text{एथिल मैगनीशियम ब्रोमाइड}}{C_2H_5Mg{-}Br} \xrightarrow{\Delta} \underset{\text{N,N-डाइमेथिल ऐमीन एथिल मैगनीशियम ब्रोमाइड}}{CH_3{-}\overset{CH_3}{\overset{|}{N}}{-}Mg{-}Br} + \underset{\text{एथेन}}{C_2H_6}$$

3° ऐमीन यह क्रिया नहीं करते है, क्योंकि उनमें कोई भी H-परमाणु N के साथ सीधे नहीं जुड़ा होता है।

(c) **ऐमीनो का ऑक्सीकरण** Oxidation of Amines

ऑक्सीकृत उत्पाद लिए गए ऐमीन के प्रकार तथा प्रयुक्त ऑक्सीकारक की प्रकृति पर निर्भर करता है।

(i) **प्राथमिक ऐमीनों का ऑक्सीकरण** ऑक्सीकृत उत्पाद ऐमीन के प्रकार तथा ऑक्सीकारक की प्रकृति पर निर्भर होते हैं।

$$RCH_2—NH_2 \text{ (1° प्राथमिक ऐमीन)} \xrightarrow[KMnO_4]{[O]} RCH{=}NH \text{ (ऐल्डिमीन)} \xrightarrow{H_3O^+} RCHO$$

$$RCH_2—NH_2 \xrightarrow[H_2SO_5]{[O]} RCH_2NHOH + RCH{=}NOH + R—\overset{OH}{\overset{|}{C}}{=}NOH$$

N-ऐल्कसइल हाइड्रॉक्सिल ऐमीन, एल्डोक्सिम, हाइड्रॉक्सिमिक अम्ल

$$R_2CH—NH_2 \text{ (2° प्राथमिक ऐमीन)} \xrightarrow[KMnO_4]{[O]} R_2CH{=}NH \text{ (एल्डिमिन)} \xrightarrow{H_3O^+} R_2C{=}O$$

$$R_2CH—NH_2 \xrightarrow[H_2SO_5]{[O]} R_2C{=}NOH \text{ (कार्टॉक्सिम)}$$

$$R_3C—NH_2 \text{ (3° प्राथमिक ऐमीन)} \xrightarrow[KMnO_4]{[O]} R_3C—NO_2 \text{ (नाइट्रोऐल्केन)}$$

$$R_3C—NH_2 \xrightarrow[H_2SO_5]{[O]} R_3C—NO \text{ (नाइट्रोसोऐल्केन)}$$

(ii) **द्वितीयक ऐमीनों का ऑक्सीकरण**

$$R_2NH \xrightarrow[KMnO_4]{[O]} R_2N—NR_2 \text{ (टेट्राऐल्किल हाइड्राजीन)}$$

$$R_2NH \xrightarrow[H_2SO_5]{[O]} R_2NOH$$

(iii) **तृतीयक ऐमीनों का ऑक्सीकरण**

$$R_3N \xrightarrow[KMnO_4]{[O]} \text{कोई प्रभाव नहीं}$$

$$R_3N \xrightarrow[H_2SO_5]{[O]} R_3N \rightarrow O \text{ (ऐमीन ऑक्साइड)}$$

(iv) **कोप विलोपन** तृतीयक ऐमीन ऑक्साइड (जिसमें एक β-H परमाणु हो), गर्म करने पर ऐल्कीन बनता है। यह अभिक्रिया कोप विलोपन कहलाती है। जैसे—

$$C_6H_{11}—CH_2\overset{\oplus}{N}(O^{\ominus})(CH_3)_2 \xrightarrow{\Delta} C_6H_{10}{=}CH_2 + (CH_3)_2NOH$$

इस क्रिया में, कम प्रतिस्थापित ऐल्कीन बनेगा (हॉफमान उत्पाद, ना कि सैत्जेफ उत्पाद)। यह क्रिया हॉफमान मेथिलीकरण व विलोपन क्रिया के समान होती है। कोप विलोपन E2 अभिक्रिया है इसमें H तथा $R_2N—\overline{O}$ छोड़े जाने वाले समूह हैं जो $R_3N—OH$ बनाते हैं।

1°, 2° तथा 3° ऐमीनों की पहचान
Identification of 1°, 2° and 3° Amines

1°, 2° तथा 3° ऐमीनों की पहचान के लिए विभिन्न विधियों का प्रयोग किया जा सकता है। इनमें से कुछ महत्त्वपूर्ण विधियाँ है

(a) नाइट्रस अम्ल के साथ With Nitrous Acid

इस अभिक्रिया का प्रयोग प्राथमिक, द्वितीयक व तृतीयक ऐमीन में भेद करने हेतु किया जाता है।

(i) **प्राथमिक ऐमीन** N_2 गैस बुदबुदाहट के साथ निकलती है।

$$\underset{\text{1° ऐमीन}}{R—NH_2} + HONO \longrightarrow \underset{\text{ऐल्कोहॉल}}{ROH} + N_2 + H_2O$$

यह क्रिया अस्थायी डाइऐजोनियम लवण के निर्माण (डाइऐजोकरण) द्वारा अग्रसरित होती है। यह लवण एक मध्यवर्ती के रूप में कार्बधनायन में बदल जाता है। तथा यह कार्बधनायन कई उत्पाद देता है।

$$CH_3CH_2CH_2NH_2 \xrightarrow[(NaNO_2+HCl)]{HNO_2} CH_3CH_2CH_2N_2^+Cl^-$$

n-प्रोपिल डाइऐजोनियम क्लोराइड

$$CH_3CH_2CH_2N_2^+Cl^- \longrightarrow \underset{\text{1° कार्बधनायन (कम स्थायी)}}{CH_3CH_2CH_2^{\oplus}} + N_2 + \underset{\text{निष्कासित समूह}}{Cl^-}$$

$$CH_3CH_2\overset{\oplus}{C}H_2 \xrightarrow{\text{1,2-हाइड्राइड स्थानान्तरण}} \underset{\text{2° कार्बधनायन (अधिक स्थायी)}}{CH_3\overset{\oplus}{C}HCH_3}$$

$$CH_3CH_2CH_2Cl \xleftarrow{Cl\ (S_N2)} CH_3CH_2\overset{r}{C}H_2$$

$$\xrightarrow{H_2O,\ (S_N2)} CH_3CH_2CH_2OH + H^+$$

$$CH_3CH{=}CH_2 \xleftarrow{E1} CH_3CH_2CH_2^{\oplus} \xrightarrow{E1} CH_2—CH_2(—CH_2—) + H^+$$

$$CH_3\underset{\oplus}{C}HCH_3 \xrightarrow{Cl^-\ (S_N2)} CH_3\underset{Cl}{\underset{|}{C}}HCH_3 \xrightarrow{H_2O(S_N2)} CH_3\underset{OH}{\underset{|}{C}}HCH_3 + H^+$$

इस अभिक्रिया में मेथिल ऐमीन अपवाद है। मेथिल ऐमीन, नाइट्रस अम्ल से क्रिया करके मेथिल ईथर तथा मेथिल नाइट्राइट बनाता है।

$$CH_3NH_2 + 2HONO \longrightarrow \underset{\text{मेथिल नाइट्राइट}}{CH_3—O—N{=}O} + N_2 + 2H_2O$$

$$2CH_3NH_2 + 2HONO \longrightarrow \underset{\text{डाइमेथिल ईथर}}{CH_3—O—CH_3} + 2N_2 + 3H_2O$$

(ii) **द्वितीयक ऐमीन** → पीली तेलीय सतह

$$R—\underset{H}{\underset{|}{N}}—R + HONO \xrightarrow{-H_2O} R—\overset{R}{\overset{|}{N}}—N{=}O$$

N-नाइट्रोसोऐमीन (पीला तेलीय द्रव)

N-नाइट्रोसोऐमीन को फीनॉल व कुछ बूँद सान्द्र H_2SO_4 के साथ गर्म करने पर एक हरा विलयन बनता है, जिसे जलीय NaOH के साथ क्षारीय करने पर गहरा नीला व तनुता बढ़ाने पर लाल विलयन में बदल जाता है। यह क्रिया **लिबरमैन नाइट्रोसो अभिक्रिया** कहलाती है।

(iii) **तृतीयक ऐमीन** → ट्राइऐल्किल अमोनियम नाइट्रेट

$$R_3N + HONO \longrightarrow R_3\overset{+}{N}HNO_2^-$$

जल में विलेय

(b) **कार्बिलऐमीन अभिक्रिया** Carbylamine Reaction

यह परीक्षण केवल प्राथमिक ऐमीनों (ऐलिफैटिक तथा ऐरोमैटिक दोनों ऐमीनों) के द्वारा प्रदर्शित होता है

जब ऐल्किल ऐमीन को क्लोरोफॉर्म तथा ऐल्कोहॉलीय KOH के साथ गर्म करते हैं, तो ऐल्किल आइसोसायनाइड बनता है जिसकी गन्ध अरूचिकर या दुर्गन्धयुक्त होती है। इसे **आइसोसायनाइड** परीक्षण भी कहते हैं। (1° ऐमीन के लिए परीक्षण) (यह परीक्षण ऐनिलीन द्वारा भी दिया जाता हैं, यह परीक्षण *पैरा*-ऐमीन के लिए है)।

$$R\text{—}NH_2 + CHCl_3 + 3\,KOH \underset{\text{(ऐल्कोहॉलीय)}}{\longrightarrow} \underset{\text{आइसोसायनाइड}}{R\text{—}N \overrightarrow{=} C} + 3KCl + 3H_2O$$

नाभिकस्नेही RNH_2 मध्यवर्ती [$:CCl_2$] डाइक्लोरोकार्बीन पर आक्रमण करता है।

क्रियाविधि

$$CHCl_3 + \overset{\ominus}{O}H \xrightarrow{-H_2O} Cl\text{—}\overset{\ominus}{\underset{\cdot\cdot}{C}}\begin{matrix}Cl\\Cl\end{matrix} \xrightarrow{-\ddot{Cl}} \underset{\text{डाइक्लोरो कार्बीन}}{:CCl_2}$$

$$R\text{—}\ddot{N}H_2 + :CCl_2 \longrightarrow R\text{—}H\overset{\oplus}{N}\text{—}\overset{\ominus}{C}\begin{matrix}Cl\\Cl\end{matrix} \xrightarrow{-HCl}$$
(N पर H)

$$R\text{—}\overset{\oplus}{N}=\overset{\ominus}{C}\text{—}Cl \longrightarrow R\text{—}N\equiv C$$
(N पर H)

ऐरोमैटिक ऐमीनों के निर्माण की विधियाँ

Methods of Preparation of Aromatic Amines

ऐरोमैटिक ऐमीनों की प्राकृति ऐलिफैटिक ऐमीनों से भिन्न होती है। इनके निर्माण की प्रमुख विधियाँ निम्नलिखित हैं

नाइट्रो यौगिकों के अपचयन द्वारा

From Reduction of Nitro Compounds

नाइट्रोबेन्जीन विभिन्न माध्यम में विभिन्न अभिकर्मकों से अपचयित होकर ऐनिलीन तथा सम्बन्धित यौगिक देती है।

$$C_6H_5\text{—}NO_2 \xrightarrow[\text{अथवा Fe/HCl}]{Sn/HCl} C_6H_5\text{—}NH_2 + H_2O$$

$$p\text{-}CH_3C_6H_4NO_2 + TiCl_3 + HCl \longrightarrow TiCl_4 + H_2O + p\text{-}CH_3C_6H_4NH_2$$

वास्तव में, नाइट्रो यौगिक अपचयन द्वारा भिन्न उत्पाद देते हैं।

$$R\text{—}NO_2 \xrightarrow[-H_2O]{+2H} \underset{\text{नाइट्रोसो यौगिक}}{R\text{—}N=O} \xrightarrow{+2H} R\text{—}\underset{H}{N}\text{—}OH \xrightarrow[-H_2O]{+2H} R\text{—}NH_2$$

अपचयन के फलस्वरूप अन्तिम उत्पाद अभिक्रिया के माध्यम के pH और अपचायक की प्रकृति पर निर्भर करता है।

(i) धातु/अम्ल अपचायकों द्वारा ऐरोमैटिक तथा ऐलिफैटिक दोनों प्रकार के नाइट्रो यौगिक अपने संगत प्राथमिक ऐमीनों में अपचयित किए जा सकते हैं।

(ii) उदासीन में, (Zn चूर्ण तथा NH_4Cl) ऐरोमैटिक तथा ऐलिफैटिक दोनों प्रकार के नाइट्रो यौगिक हाइड्रॉक्सिल ऐमीन उत्पन्न करते हैं।

(iii) क्षारीय माध्यम में, भिन्न दशाओं में भिन्न उत्पाद प्राप्त होते हैं।

I. Na_3AsO_3 / NaOH के साथ ऐजोक्सीबेन्जीन

$$\left(C_6H_5\text{—}\overset{\overset{O}{\uparrow}}{N}=N\text{—}C_6H_5 \right)$$

II. CH_3OH में Zn/NaOH के साथ ऐजोबेन्जीन ($C_6H_5N=NC_6H_5$)।

III. C_2H_5OH में Zn/NaOH, के साथ हाइड्रेजोबेन्जीन।

ऐरिल क्लोराइड के अमोनीकरण द्वारा

From Ammonolysis of Aryl Chlorides

क्लोरो बेन्जीन में C—Cl बन्ध स्थायी होता है। अत: क्लोरोबेन्जीन को अमोनिया विलयन के साथ Cu_2O की उपस्थिति में उच्च दाब तथा 437K ताप पर गर्म करने पर ऐनिलीन प्राप्त होती है।

$$C_6H_5\text{—}Cl + NH_3 \xrightarrow[\text{दाब 437 K}]{Cu_2O} C_6H_5\text{—}NH_2 + HCl$$

बेन्जीन नाभिक में उपस्थित इलेक्ट्रॉन अपनयक समूह C—Cl बन्ध की क्रियाशीलता को बढ़ा देते हैं।

$$O_2N\text{—}C_6H_2(NO_2)_2\text{—}Cl \xrightarrow{NH_3} O_2N\text{—}C_6H_2(NO_2)_2\text{—}NH_2$$

शिमट अभिक्रिया द्वारा From Schmidt Reaction

$$Ar\text{—}COOH + N_3H \xrightarrow{\text{सान्द्र } H_2SO_4} ArNH_2 + N_2 + CO_2$$

ऐरोमैटिक ऐमीनों के गुणधर्म

Properties of Aromatic Amines

ऐरोमैटिक ऐमीनों द्वारा प्रदर्शित विभिन्न भौतिक तथा रासायनिक गुणधर्म निम्नलिखित हैं

भौतिक गुणधर्म Physical Properties

ऐरोमैटिक ऐमीनों के द्वारा प्रदर्शित प्रमुख भौतिक गुण निम्नलिखित हैं

(i) ऐरोमैटिक ऐमीन रंगहीन द्रव/ठोस हैं किन्तु वायु द्वारा ऑक्सीकृत होकर ये भूरा रंग प्राप्त कर लेते हैं।

$$\text{C}_6\text{H}_5\text{NH}_2 \text{ (रंगहीन)} \xrightarrow{\text{वायु}} \text{O=C}_6\text{H}_4\text{=O (भूरा)}$$

(ii) ये जल (ध्रुवीय विलायक) में कम विलेय किन्तु बेन्जीन तथा अन्य कार्बनिक विलायकों में विलेय भाप वाष्पशील, विषैले तथा कैंसर जनित होते हैं।

(iii) *पैरा* प्रतिस्थापी ऐनिलीन, सममित होने के कारण, अधिकतम गलनांक रखता है।

(iv) ऐलिफैटिक ऐमीनों की तुलना में ये कम क्षारीय होते हैं।

रासायनिक गुणधर्म Chemical Properties

ऐरोमैटिक ऐमीन प्रमुखत: निम्नलिखित रासायनिक गुणधर्म प्रदर्शित करते हैं

लवण निर्माण Salt Formation

ऐनिलीन अम्लों के साथ लवण बनाती है। अत: इसकी प्रकृति क्षारीय होती है।

$$C_6H_5NH_2 + HCl \longrightarrow C_6H_5\overset{\oplus}{N}H_3Cl$$
ऐनिलीन हाइड्रोक्लोराइड

$$2C_6H_5NH_2 + H_2SO_4 \longrightarrow (C_6H_5NH_2)_2H_2SO_4$$
ऐनिलीन सल्फेट

$$2C_6H_5NH_2 + H_2PtCl_6 \longrightarrow (C_6H_5NH_2)_2H_2PtCl_6$$
ऐनिलीन प्लेटिनिक क्लोराइड

ऐल्कलीकरण Alkylation

प्राथमिक ऐलिफैटिक ऐमीनों के समान, ऐरोमैटिक ऐमीन भी ऐल्किल हैलाइडों के साथ अभिक्रिया करके संगत द्वितीय तथा तृतीयक ऐमीन बनाते हैं।

$$C_6H_5NH_2 + CH_3I \xrightarrow{OH^-} C_6H_5NHCH_3 \xrightarrow[CH_3I]{OH^-} C_6H_5N(CH_3)_2 \xrightarrow{CH_3I} {}^{\ominus}I\left[C_6H_5\overset{\oplus}{N}(CH_3)_3\right]$$
चतुष्कीय अमोनियम लवण

1° ऐमीन के चतुष्कीय अमोनियम लवण में परिवर्तन का प्रक्रम हॉफमान सम्पूर्ण ऐल्कलीकरण कहलाता है।

अम्ल तथा अम्ल व्युत्पन्नों के साथ With Acids and Acid Derivatives

इन अभिक्रियाओं के फलस्वरूप N-ऐरिल ऐमाइड बनते हैं।

$$C_6H_5NH_2 + CH_3COCl \text{ अथवा } (CH_3CO)_2O \longrightarrow C_6H_5NHCOCH_3$$
N- ऐसीटिल ऐनिलीन (ऐसीटैनिलाइड)

ऐल्डिहाइडों के साथ With Aldehydes

यह अभिक्रिया निम्न प्रकार होती है

$$Ar{-}NH_2 + R{-}\overset{H}{C}{=}O \longrightarrow Ar{-}N{=}CH{-}R + H_2O$$
ईमीन

उत्प्रेरकीय हाइड्रोजनीकरण के पश्चात् शिफ क्षार, द्वितीयक ऐमीन देते हैं।

$$Ar{-}N{=}CH{-}R + H_2 \xrightarrow{Ni} C_6H_5CH_2NHC_6H_5$$

बेन्जोयलीकरण अथवा शॉटन बोमान अभिक्रिया Benzoylation or Schotten Baumann Reaction

यह अभिक्रिया निम्न प्रकार से होती है

$$C_6H_5NH_2 + C_6H_5COCl \xrightarrow{\text{(शॉटनबोमान अभिक्रिया)}} C_6H_5NH{\times}COC_6H_5$$
बेन्जनिलाइड

HNO_2 के साथ With HNO_2

(i) प्राथमिक ऐरोमैटिक ऐमीन नाइट्रस अम्ल के साथ निम्न ताप (273-278 K) पर अभिक्रिया करके डाइऐजोनियम लवण बनाती हैं। $-NH_2$ समूह के डाइऐजो समूह ($-\overset{+}{N}{\equiv}N$) में परिवर्तित होने को डाइऐजोनीकरण कहते हैं।

$$NaNO_2 + HCl \xrightarrow{273\ K} HNO_2 + NaCl$$

$$C_6H_5NH_2 + HCl \xrightarrow{273\ K} C_6H_5\overset{+}{N}H_3Cl^-$$

$$C_6H_5NH_3^+Cl^- + HNO_2 \xrightarrow{273\ K} C_6H_5\overset{+}{N}{\equiv}NCl^-$$
बेन्जीन डाइऐजोनियम क्लोराइड

(ii) 2° ऐरोमैटिक ऐमीन HNO_2 के साथ नाइट्रोसोमीन देती हैं जो कमरे के ताप पर स्थायी है। जबकि HCl के साथ ईथर/ऐल्कोहॉल की उपस्थिति में क्रिया करने पर —NO समूह *पैरा*-स्थिति पर चला जाता है।

$$C_6H_5NH(CH_3) + HNO_2 \longrightarrow C_6H_5N(CH_3){-}N{=}O \xrightarrow{HCl,\ \text{ईथर}/C_2H_5OH} ON{-}C_6H_4{-}NHCH_3$$
p-नाइट्रोसो-N-मेथिल ऐनिलीन

(iii) 3° ऐरोमैटिक ऐमीन *p*-नाइट्रोसो व्युत्पन्न बनाते हैं।

$$C_6H_5N(CH_3)_2 + HNO_2 \xrightarrow{HCl} p\text{-}ON\text{-}C_6H_4N(CH_3)_2 + H_2O$$

(प्रबल *p*-सक्रियणकारी)

p-नाइट्रोसो-N,N-डाइमेथिल ऐनिलीन

ऑक्सीकरण Oxidation

ऐनिलीन विभिन्न ऑक्सीकारक अभिकर्मकों के साथ विभिन्न उत्पाद देता है।

(i) $C_6H_5NH_2 \xrightarrow{K_2Cr_2O_7/H_2SO_4}$ *p*-बेंजोक्विनोडीन

(ii) $C_6H_5NH_2 \xrightarrow[\text{(परऑक्सीट्राइ फ्लोरो ऐसीटिक अम्ल)}]{CF_3CO_2H} C_6H_5NO_2$

(iii) $C_6H_5NH_2 \xrightarrow[\text{(कारो अम्ल)}]{H_2SO_5} C_6H_5NO + C_6H_5NO_2$

नाइट्रोसो बेन्जीन नाइट्रोबेन्जीन

हॉफमान मारटियस पुनर्विन्यास

Hofmann Martius Rearrangement

इस अभिक्रिया के द्वारा, एक 2° ऐरोमैटिक ऐमीन (लवण के रूप में) स्वयं पुनर्विन्यासित होकर 1° ऐरोमैटिक ऐमीन देता है।

$$C_6H_5N(CH_3)_2\cdot HCl \xrightarrow{300°C} CH_3\text{—}NH\cdot HCl\text{-}C_6H_4\text{-}CH_3 \longrightarrow H\text{—}NH\cdot HCl\text{-}C_6H_3(CH_3)_2 \xrightarrow{NaOH} NH_2\text{-}C_6H_3(CH_3)_2$$

इलेक्ट्रॉनस्नेही प्रतिस्थापन अभिक्रियाएँ

Electrophilic Substitution Reactions

—NH_2 समूह *ऑर्थो*-, *पैरा*-दैशिक है। तथा यह सक्रियणकारी समूह है।

(i) **हैलोजनीकरण** क्लोनीन तथा ब्रोमीन, ऐनिलीन से क्रिया करके क्रमशः ट्राइक्लोरो तथा ट्राइब्रोमो ऐनिलीन बनाती हैं।

$$C_6H_5NH_2 + 3Br_2 \text{ अथवा } 3Cl_2 \xrightarrow[\text{जैसे } H_2O]{\text{ध्रुवीय विलायक}}$$

2,4,6- ट्राइब्रोमो ऐनिलीन (सफेद अवक्षेप) अथवा 2,4,6- ट्राइक्लोरो ऐनिलीन

$$C_6H_5NH_2 + Br_2 \xrightarrow[CS_2 \text{ या } CCl_4]{\text{ध्रुवीय विलायक}} o\text{-}BrC_6H_4NH_2 + p\text{-}BrC_6H_4NH_2$$

आर्थो तथा *पैरा*-ब्रोमोऐनिलीन

मोनोब्रोमो अथवा क्लोरो उत्पाद प्राप्त करने के लिए —NH_2 समूह का पहले ऐसीटिल समूह द्वारा रक्षण कराया जाता है। ऐसीटिल समूह के $-I$ प्रभाव के कारण ऐनिलीन की क्रियाशीलता घट जाती है।

$$C_6H_5NH_2 \xrightarrow{CH_3COCl} C_6H_5NHCOCH_3 \xrightarrow{Br_2} o\text{-}BrC_6H_4NHCOCH_3 + p\text{-}ClC_6H_4NHCOCH_3 \longrightarrow o\text{-}BrC_6H_4NH_2 + p\text{-}BrC_6H_4NH_2$$

(ऐसीटैनिलाइड)

(भाप-वाष्पशील)

आर्थो-तथा *पैरा*-ब्रोमोऐनिलीन

(ii) **नाइट्रीकरण** ऐनिलीन का नाइट्रीकरण करने पर नाइट्रो व्युत्पन्न के साथ एक काला (tarry) ऑक्सीकृत उत्पाद भी प्राप्त होता है। चूँकि अम्लीय माध्यम में ऐनिलीन प्रोटॉनीकृत होकर ऐनिलियम आयन बनाती है जो *m*-निर्देशी होता है अतः नाइट्रीकरण पर *ऑर्थो* तथा *पैरा* उत्पाद के साथ *मेटा* उत्पाद भी प्राप्त होता है।

$$\underset{\text{ऐनिलीन}}{C_6H_5NH_2} \xrightarrow[288\ K]{HNO_3 + H_2SO_4} \underset{(50\%)}{p\text{-}NO_2C_6H_4NH_2} + \underset{(47\%)}{m\text{-}NO_2C_6H_4NH_2} + \underset{(2\%)}{o\text{-}NO_2C_6H_4NH_2}$$

अत: p-नाइट्रो ऐनिलीन की उच्च मात्रा प्राप्त करने के लिए ऐसिटिलीकरण द्वारा —NH_2 समूह का रक्षण किया जाता है।

$$C_6H_5NH_2 + CH_3COCl \longrightarrow C_6H_5NHCOCH_3 \xrightarrow[(HNO_3 + H_2SO_4)]{\overset{\oplus}{N}O_2}$$

$$o\text{-}NO_2C_6H_4NHCOCH_3 + \underset{p\text{-नाइट्रो ऐसीटैनिलाइड}}{p\text{-}NO_2C_6H_4NHCOCH_3} \xrightarrow{H_2O} o\text{-}NO_2C_6H_4NH_2 + \underset{(\text{मुख्य})}{p\text{-}NO_2C_6H_4NH_2}$$

ऐमीनों के उपयोग Uses of Amines

(i) ऐमीन, प्रोटीनों, एन्जाइमों तथा कई हॉर्मोनों के मुख्य अवयव हैं। अत: ये मानव जीवन में महत्त्वपूर्ण भूमिका निभाते हैं।

(ii) ऐलिफैटिक ऐमीनों के निम्न सदस्य जैसे-एथिल ऐमिन, डाइएथिल ऐमीन आदि, का उपयोग कार्बनिक यौगिकों के निर्माण में अभिकर्मकों के रूप में होता है। तथा विलायक के रूप में प्रयोगशाला व उद्यमों में भी होता है।

(iii) चतुष्कीय अमोनियम लवण, जोकि लम्बी शृंखला वाले 3° ऐमीनों से मिलते हैं, डिटर्जेन्ट के रूप में प्रयुक्त होते हैं।

(iv) डाइ व औषधियों के निर्माण में ऐनिलीन व अन्य ऐरोमैटिक ऐमीनों का प्रयोग होता है।

(v) डाइऐजोनियम लवणों के निर्माण मे ऐनिलीन का प्रयोग होता है।

ऐल्किल सायनाइड Alkyl Cyanides

हाइड्रोजन सायनाइड (HCN) के हाइड्रोजन परमाणु को ऐल्किल समूह द्वारा प्रतिस्थापित करने पर प्राप्त यौगिक ऐल्किल सायनाइड कहलाते हैं। चूँकि HCN दो चलावयवी रूपों में रहता है। इसके दूसरे चलावयवी रूप में R समूह N से संयुक्त होकर ऐल्किल आइसोसायनाइड (RNC) बनाता है जिनका वर्णन अध्याय में आगे दिया गया है।

$$\underset{\text{(I) हाइड्रोजन सायनाइड}}{H-C\equiv N} \rightleftharpoons \underset{\text{(II) हाइड्रोजन आइसोसायनाइड}}{H-N\overset{\rightarrow}{=}C} \quad (\text{चलावयवी रूप})\ (\text{I व II})$$

$$\downarrow -H,\ +R \qquad\qquad \downarrow -H,\ +R$$

$$\underset{\text{ऐल्किल सायनाइड}}{R-C\equiv N} \qquad \underset{\text{ऐल्किल आइसोसायनाइड}}{R-N\overset{\rightarrow}{=}C}$$

नामकरण Nomenclature

ऐल्किल सायनाइडो के नामकरण के लिए निम्न दो पद्धतियाँ प्रचलित हैं

1. रूढ़ पद्धति Trivial System

इस पद्धति में ऐल्किल सायनाइडों का नामकरण संगत अम्ल के आधार पर किया जाता है। उदाहरण—HCN का नाम फॉर्मिक अम्ल के नाम के आधार पर फॉर्मोनाइट्रिल, CH_3CN का नाम ऐसीटिल अम्ल के नाम के आधार पर ऐसीटोनाइट्रिल तथा NC— CH_2— CH_2— CN का नाम सक्सीनिक अम्ल के नाम के आधार पर सक्सीनोनाइट्रिल होता है।

2. आई यू पी ए सी पद्धति IUPAC System

इस पद्धति में इनका अनुलग्न नाइट्रिल होता है तथा इनका नामकरण पितृ ऐल्केन के नाम में 'नाइट्रिल' उपसर्ग जोड़कर किया जाता है

उदाहरण— C—C होने पर इनका नामकरण

ऐल्क + ऐन + नाइट्रिल = ऐल्केन नाइट्रिल

C=C होने पर इनका नामकरण

ऐल्क + ईन + नाइट्रिल = ऐल्कीन नाइट्रिल

CH_3CN	एथेन नाइट्रिल
C_2H_5CN	प्रोपेन नाइट्रिल
$CH_3CH=CH—CN$	2-ब्यूटीन नाइट्रिल

चक्रीय यौगिकों में —CN समूह उपस्थित होने पर कार्बोनाइट्रिल अनुलग्न प्रयुक्त होता है, क्योंकि यहाँ — CN मुख्य शृंखला का भाग नहीं हो सकता।

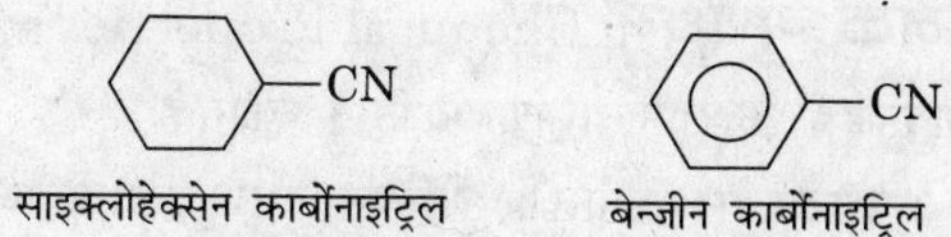

साइक्लोहेक्सेन कार्बोनाइट्रिल   बेन्जीन कार्बोनाइट्रिल

निर्माण की विधियाँ Methods of Preparation

ऐल्किल सायनाइडो के निर्माण हेतु निम्नलिखित विधियों को प्रयोग में लाया जाता है

1. अम्ल ऐमाइडों से From Acid Amides

अम्ल ऐमाइड को फॉस्फोरस पेन्टॉक्साइड के साथ गर्म करने पर ये निर्जलीकृत होकर ऐल्किल सायनाइड बनाते हैं।

$$\underset{\text{अम्ल ऐमाइड}}{RCONH_2} \xrightarrow[\text{गर्म}]{P_2O_5} \underset{\text{ऐल्किल सायनाइड}}{RCN} + \underset{\text{जल}}{H_2O}$$

उदाहरण— $$\underset{\text{ऐसीटैमाइड}}{CH_3CONH_2} \xrightarrow[\text{गर्म}]{P_2O_5} \underset{\substack{\text{मेथिल सायनाइड}\\(\text{एथेन नाइट्राइल})}}{CH_3CN} + \underset{\text{जल}}{H_2O}$$

P_2O_5 के स्थान पर PCl_5, $POCl_3$ या $SOCl_2$ का उपयोग भी निर्जलीकारक के रूप में किया जा सकता है।

2. **ऐल्डॉक्सिम से** From Aldoxime

ऐल्डॉक्सिम भी ऐसीटिक ऐनहाइड्राइड या फॉस्फोरस पेन्टॉक्साइड द्वारा निर्जलीकृत होकर ऐल्किल सायनाइड बनाते हैं।

$$\underset{\text{ऐल्डॉक्सिम}}{RCH{=}NOH} \xrightarrow[\text{गर्म}]{(CH_3CO)_2O} \underset{\text{ऐल्किल सायनाइड}}{RNC} + \underset{\text{जल}}{H_2O}$$

$$\text{उदाहरण–}\underset{\text{ऐसीटैल्डॉक्सिम}}{CH_3CH{=}NOH} \xrightarrow[\text{गर्म}]{(CH_3CO)_2O} \underset{\text{ऐल्किल सायनाइड}}{CH_3CN} + \underset{\text{जल}}{H_2O}$$

3. **कार्बोक्सिलिक अम्लों से** From Carboxylic Acids

कार्बोक्सिलिक अम्ल और अमोनिया के मिश्रण को 500°C पर ऐलुमिना पर प्रवाहित करने पर ऐल्किल सायनाइड प्राप्त होता है। **यह सायनाइडों के निर्माण की औद्योगिक विधि हैं**

$$\underset{\text{कार्बोक्सिलिक अम्ल}}{RCOOH} + \underset{\text{अमोनिया}}{NH_3} \xrightarrow[500°C]{Al_2O_3} \underset{\text{मेथिल सायनाइड}}{RCN} + \underset{\text{जल}}{2H_2O}$$

$$\text{उदाहरण—}\underset{\text{ऐसीटिक अम्ल}}{CH_3COOH} + \underset{\text{अमोनिया}}{NH_3} \xrightarrow[500°C]{Al_2O_3} \underset{\text{मेथिल सायनाइड}}{CH_3CN} + \underset{\text{जल}}{2H_2O}$$

भौतिक गुणधर्म Physical Properties

ऐल्किल सायनाइडों के प्रमुख भौतिक गुणधर्म निम्न प्रकार हैं

(i) इस श्रेणी के निम्न सदस्य विशिष्ट गन्ध वाले रंगहीन द्रव हैं, जबकि उच्च सदस्य रवेदार ठोस होते हैं।

(ii) निम्न सदस्य जल में विलेय होते हैं, परन्तु विलेयता अणुभार में वृद्धि के साथ घटती है।

(iii) ये कार्बनिक विलायकों में भी विलेय होते हैं।

रासायनिक गुणधर्म Chemical Properties

ऐल्किल सायनाइडों के सामान्य गुणधर्म निम्न प्रकार हैं

(i) **जल-अपघटन** (Hydrolysis) ऐल्किल सायनाइड खनिज अम्लों या क्षारों के द्वारा जल-अपघटन करने पर ये पूर्णतया जल-अपघटित होकर संगत कार्बोक्सिलिक अम्ल देते हैं।

$$\underset{\text{ऐल्किल सायनाइड}}{RC{\equiv}N} \xrightarrow[(HCl)]{H_2O} \underset{\text{एसिड ऐमाइड}}{RCONH_2} \xrightarrow[(HCl)]{H_2O} \underset{\text{कार्बोक्सिलिक अम्ल}}{RCOOH} + \underset{\text{अमोनियम क्लोराइड}}{NH_4Cl}$$

$$\text{उदाहरण—}\ \underset{\text{मेथिल सायनाइड}}{CH_3CN} + \underset{\text{जल}}{2H_2O} \xrightarrow{HCl} \underset{\text{ऐसीटिक अम्ल}}{CH_3COOH} + \underset{\text{अमोनियम क्लोराइड}}{NH_4Cl}$$

(ii) **आंशिक जल-अपघटन** (Partial Hydrolysis) ऐल्किल सायनाइडों का जल-अपघटन H_2O_2 की उपस्थिति में कराने पर ये आंशिक जल-अपघटित होकर ऐमाइड बनाते हैं।

$$RCN + H_2O \xrightarrow{H_2O_2} RCONH_2$$

$$\text{उदाहरण—}\ CH_3CN + H_2O \xrightarrow{H_2O_2} \underset{\text{ऐसीटैमाइड}}{CH_3CONH_2}$$

(iii) **अपचयन** (Reduction) ऐल्किल सायनाइडों का सोडियम अमलगम तथा ऐल्कोहॉल द्वारा अपचयन करने पर ये प्राथमिक ऐमीन देते हैं।

$$RCN + 4[H] \xrightarrow[\text{या } LiAlH_4 \text{ या } H_2/Ni]{Na + C_2H_5OH} R—CH_2NH_2$$

उदाहरण—

$$\underset{\text{एथिल सायनाइड}}{C_2H_5CN} + 4[H] \xrightarrow[\text{या } LiAlH_4 \text{ या } H_2/Ni]{Na + C_2H_5OH} \underset{\text{प्रोपिल ऐमीन}}{C_2H_5CH_2NH_2}$$

उपयोग Uses

ऐल्किल सायनाइडों के महत्त्वपूर्ण उपयोग निम्न प्रकार हैं

(i) अन्य कार्बनिक यौगिकों जैसे- ऐमीन, कार्बोक्सिलिक अम्ल, आदि के संश्लेषण में।

(ii) एस्टर के निर्माण में।

(iii) ऐल्डिहाइडों के संश्लेषण में।

ऐल्किल आइसोसायनाइड
Alkyl Isocyanide

ये सायनाइडों के चलावयवी हैं, इन्हें निम्न सामान्य सूत्र के द्वारा दर्शाया जाता है

$$R—N \rightleftarrows C$$

नामकरण Nomenclature

ऐल्किल आइसोसायनाइडों के नामकरण के लिए निम्न दो पद्धतियाँ प्रचलित हैं

1. **रूढ़ पद्धति** Trivial System

इस पद्धति में इनका नामकरण संगत अम्ल के नाम के आधार पर किया जाता है। उदाहरण— CH_3NC का नाम मेथिल आइसोसायनाइड या ऐसीटो आइसोसायनाइड दिया जाता है।

2. IUPAC **पद्धति** IUPAC System

इस पद्धति के अनुसार इसका नामकरण ऐल्केन के आइसोसायनाइड के रूप में किया जाता है उदाहरण— CH_3NC का आई यू पी ए सी नाम मेथेन आइसोसायनाइड है। इसी प्रकार CH_3CH_2NC को एथेन आइसोसायनाइड कहा जाता है।

नोट *R*NC को आई यू पी ए सी पद्धति में ऐल्किल कार्बिल ऐमीन भी कहा जाता था।

निर्माण की विधियाँ Methods of Preparation

ऐल्किल आइसोसायनाइडों का निर्माण निम्नलिखित विधियों के द्वारा किया जाता है

(i) **ऐल्किल आयोडाइड से** (From Alkyl Iodide) ऐल्किल आयोडाइड की क्रिया उच्च ताप पर जलीय एथेनॉली विलयन में सिल्वर सायनाइड के साथ करने पर ऐल्किल आइसोसायनाइड बनता है। इस क्रिया में कुछ मात्रा ऐल्किल सायनाइड की भी बनती है।

$$RI + AgCN \xrightarrow[\text{गर्म}]{\text{जलीय EtOH}} RNC + AgI$$

ऐल्किल आयोडाइड, सिल्वर सायनाइड, ऐल्किल आइसोसायनाइड, सिल्वर आयोडाइड

उदाहरण— $C_2H_5I + AgCN \xrightarrow[\text{गर्म}]{\text{जलीय EtOH}} C_2H_5NC + AgI$

एथिल आयोडाइड, सिल्वर सायनाइड, एथिल आइसोसायनाइड, सिल्वर आयोडाइड

(ii) **प्राथमिक ऐमीन व क्लोरोफॉर्म से** (From Primary Amines and Chloroform) प्राथमिक ऐमीन और क्लोरोफॉर्म के मिश्रण की क्रिया उच्च ताप पर एथेनॉली पोटैशियम हाइड्रॉक्साइड के साथ करने पर दुर्गन्धयुक्त ऐल्किल आइसोसायनाइड प्राप्त होता है। यह अभिक्रिया आइसोसायनाइड अभिक्रिया या **कॉर्बिलऐमीन अभिक्रिया** (Carbylamine reaction) कहलाती है।

$$RNH_2 + CHCl_3 + 3KOH \xrightarrow{\text{गर्म}} RNC + 3KCl + 3H_2O$$

प्राथमिक ऐमीन, क्लोरोफॉर्म, पोटैशियम हाइड्रॉक्साइड, ऐल्किल आइसोसायनाइड, पोटैशियम क्लोराइड, जल

उदाहरण—$C_2H_5NH_2 + CHCl_3 + 3KOH \xrightarrow{\text{गर्म}} C_2H_5NC + 3KCl + 3H_2O$

एथिल ऐमीन, क्लोरोफॉर्म, पोटैशियम हाइड्रॉक्साइड (ऐल्कोहॉली), एथिल आइसोसायनाइड दुर्गन्धयुक्त, पोटैशियम क्लोराइड, जल

भौतिक गुणधर्म Physical Properties

ऐल्किल आइसोसायनाइडों के प्रमुख भौतिक गुणधर्म निम्न प्रकार हैं

(i) ये दुर्गन्धयुक्त रंगहीन वाष्पशील द्रव है।

(ii) ये जल में अल्प विलेय होते हैं, परन्तु कार्बनिक विलायकों में विलेय हैं।

(iii) इनका क्वथनांक समावयवी सायनाइड की अपेक्षा कम होता है, जैसे C_2H_5CN (क्वथनांक 98°C) व C_2H_5NC (क्वथनांक 78°C)।

(iv) ये सायनाइडों की अपेक्षा अधिक विषैले होते हैं।

रासायनिक गुणधर्म Chemical Properties

ऐल्किल आइसोसायनाइडों के मुख्य रासायनिक गुणधर्म निम्नलिखित हैं

(i) **जल-अपघटन** (Hydrolysis) ऐल्किल आइसोसायनाइड तनु खनिज अम्लों द्वारा जल-अपघटित होकर ऐल्किल ऐमीन और फॉर्मिक अम्ल देते हैं।

$$RNC + 2H_2O \xrightarrow[\text{गर्म}]{HCl} RNH_2 + HCOOH$$

ऐल्किल आइसोसायनाइड, जल, ऐल्किल ऐमीन (प्राथमिक ऐमीन), फॉर्मिक अम्ल

उदाहरण— $C_2H_5NC + 2H_2O \xrightarrow[\text{गर्म}]{HCl} C_2H_5NH_2 + HCOOH$

एथिल आइसोसायनाइड, जल, एथिल ऐमीन, फॉर्मिक अम्ल

ये क्षारों द्वारा जल-अपघटित नहीं होते हैं।

(ii) **ताप का प्रभाव** (Effect of Heat) ये 250°C से उच्च ताप पर गर्म करने पर RCN में परिवर्तित हो जाते हैं।

$$RNC \xrightarrow{250^\circ C} RCN$$

(iii) **ऑक्सीजन, सल्फर व क्लोरीन से संयोग** (Addition of Oxygen, Sulphur and Chlorine) ये उच्च ताप पर इन तत्वों से संयोग करके भिन्न-भिन्न यौगिक देते हैं

R—NC + [O] ⟶ $RNCO$ ऐल्किल आइसोसायनेट

R—NC + S ⟶ $RNCS$ ऐल्किल आइसोथायोसायनेट

R—NC + Cl_2 ⟶ $RNCCl_2$ ऐल्किल ऐमीनो कार्बोनिल क्लोराइड

उपयोग Uses

ऐल्किल आइसोसायनाइड के प्रमुख उपयोग निम्न प्रकार हैं

(i) कीटोनों के निर्माण में।

(ii) ऐमाइडों व कार्बोक्सिलिक अम्लों के निर्माण में।

(iii) एस्टर के विरचन में।

(iv) अन्य यौगिकों जैसे 2° ऐमीनों के निर्माण में।

बेन्जीन डाइऐजोनियम लवण
Benzene Diazonium Salts

समस्त डाइऐजोनियम लवणों में बेन्जीन डाइऐजोनियम आयन होता है, जिसकी संरचना निम्नवत् है।

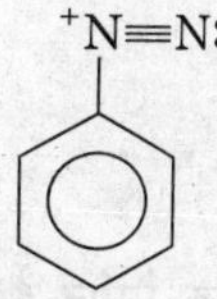

$C_6H_5-\overset{+}{N}\equiv N:$

यह आयन अनुनाद (बेन्जीन नाभिक व N परमाणु के मध्य) द्वारा स्थायी होता है।

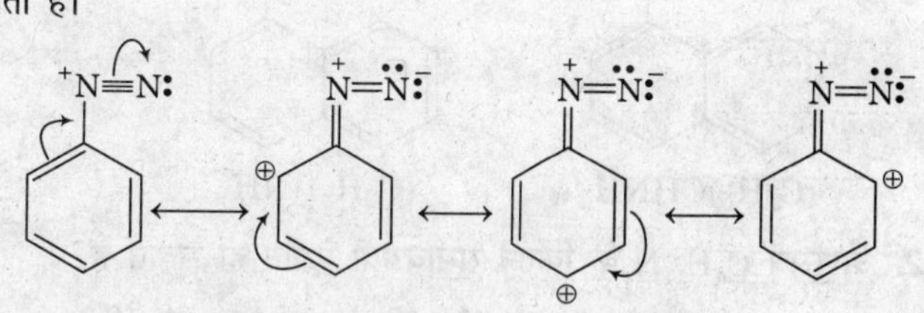

(बेन्जीन डाइऐजोनियम लवण की अनुनादी संरचना)

बेन्जीन नाभिक में इलेक्ट्रॉन त्यागी समूहों जैसे- $-NR_2$, $-OR$ आदि की *ऑर्थो / पैरा* स्थिति पर उपस्थिति बेन्जीन डाइऐजोनियम आयन को स्थायी करता है।

निर्माण की विधि (Method of Preparation)

बेन्जीन डाइऐजोनियम क्लोराइड प्राथमिक ऐरोमैटिक ऐमीन एवं नाइट्रस अम्ल की अभिक्रिया द्वारा निम्न ताप (0–5°C) पर बनाए जाते हैं। नाइट्रस अम्ल को अभिक्रिया मिश्रण में ही सोडियम नाइट्राइट तथा हाइड्रोक्लोरिक अम्ल की अभिक्रिया द्वारा प्राप्त करते हैं।

बेन्जीन डाइऐजोनियम क्लोराइड प्राथमिक ऐरोमैटिक ऐमीन एवं नाइट्रस अम्ल की अभिक्रिया द्वारा निम्न ताप (0 – 5°C) पर बनाए जाते हैं। नाइट्रस अम्ल को अभिक्रिया मिश्रण में ही सोडियम नाइट्राइट तथा हाइड्रोक्लोरिक अम्ल की अभिक्रिया द्वारा प्राप्त करते हैं।

प्राथमिक ऐरोमैटिक ऐमीन के डाइऐजोनियम में बदलने की क्रिया को **डाइऐजोकरण** कहा जाता हैं। अतिसक्रिय या अस्थायी प्रकृति के कारण इनका डाइऐजोनियम लवण का भंडारण नहीं किया जाता और बनते ही तुरन्त प्रयोग कर लेते हैं।

$$C_6H_5NH_2 + NaNO_2 + 2HCl \longrightarrow C_6H_5N_2^+Cl^- + NaCl + 2H_2O$$

भौतिक गुण Physical Properties

(i) बेन्जीन डाइऐजोनियम क्लोराइड एक रंगहीन क्रिस्टलीय ठोस है। किन्तु वायु में ये रंग देते हैं।

(ii) आयनिक प्रकृति के कारण ये जल में विलेय हैं।

(iii) जलीय विलयन में ये विद्युत सुचालक होते हैं।

रासायनिक गुण Chemical Properties

डाइऐजोनियम समूह एक उत्तम अवशिष्ट समूह है। अतः यह Cl^-, Br^-, I^-, CN^- एवं $\bar{O}H$ आदि समूहों द्वारा सरलता से प्रतिस्थापित हो जाता है। ये सारे समूह ऐरोमैटिक वलय से नाइट्रोजन मुक्त करते हैं। अभिक्रिया मिश्रण से बनी नाइट्रोजन गैस के रूप में निकल जाती हैं।

बेन्जीन डाइऐजोनियम लवण दुर्बल इलेक्ट्रॉनस्नेही होने के कारण सक्रिय वलय के साथ क्रिया कर युग्मन करते हैं। ये अभिक्रिया युग्मन अभिक्रिया कहलाती है। (—OH); (—NH_2), (—NH*R*), या (—NR_2) समूह की उपस्थिति वलय को सक्रिय बनाती है।)

डाइऐजोनियम लवण के रासायनिक गुणों की रूपरेखा निम्नवत् है

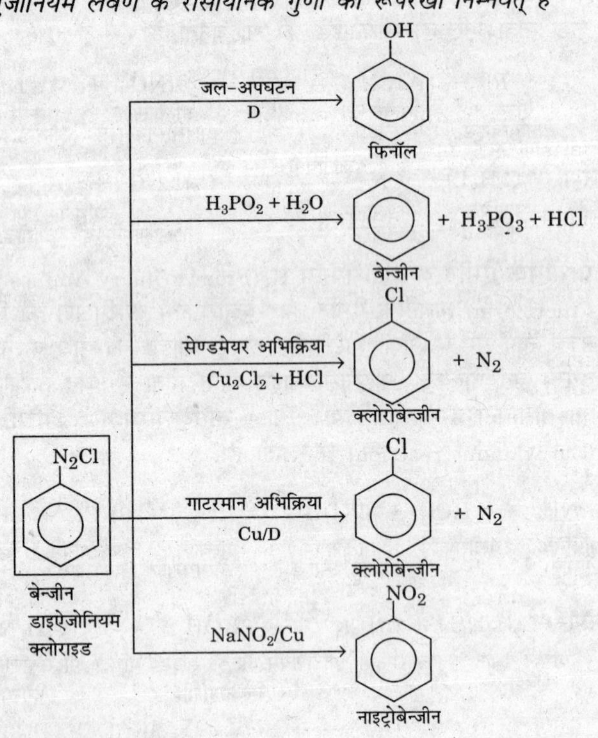

अभ्यास प्रश्न

1. इनमें से कौन-सा प्राथमिक ऐमीन हैं?

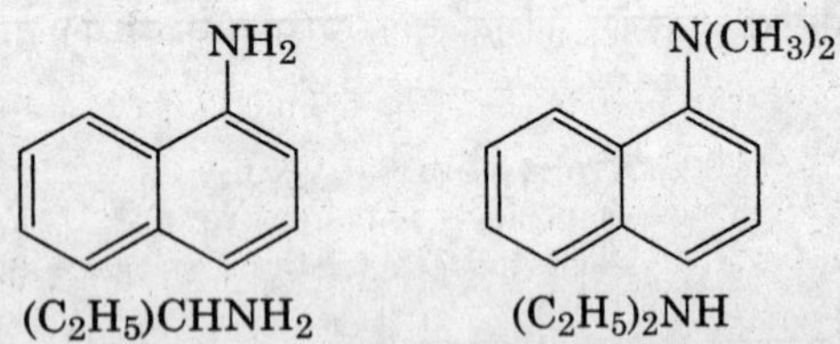

(a) $(C_2H_5)CHNH_2$ (b) $(C_2H_5)_2NH$

2. अणुसूत्र $C_4H_{11}N$ के कितने समावयवी ऐमीन हो सकते हैं?

(a) 4 (b) 6 (c) 8 (d) 10

3. यौगिक ऐलिल ऐमीन का आई. यू. पी. ए. सी. नाम है

(a) प्रोपेनामीन (b) 2-मेथिल प्रोपेनेमीन
(c) प्रोप-1-ईन-1-ऐमीन (d) प्रोप-2-ईन-1-ऐमीन

4. $N(CH_3)_2$ (बेन्जीन वलय) का आई. यू. पी. ए. सी. नाम है

(a) N-मेथिल N-फेनिल मेथेनेमीन (b) डाइमेथिल फीनाइल ऐमीन
(c) N-फेनिल-N-ऐथिल मेथेनेमीन (d) N, N-डाइमेथिल बेन्जीनऐमीन

5. $(C_2H_5)_2NCH_3$ का आई यू पी ए सी नाम है

(a) 2,2-डाइएथिल मेथेनऐमीन (b) N, N-डाइएथिल मेथेनऐमीन
(c) N-एथिल-N-मेथिल एथेनेमीन (d) N-मेथिल ब्यूटेन ऐमीन

6. आइसोप्रोपील ऐमीन है

(a) प्राथमिक ऐमीन (b) द्वितीयक ऐमीन
(c) तृतीयक ऐमीन (d) चतुष्कीय ऐमीन

7. अमोनिया व ऐल्किल हैलाइड़ों द्वारा ऐमीनों का निर्माण कहलाता है

(a) फ्रैंकलैण्ड अभिक्रिया (b) हॉफमान अमोनीकरण
(c) हॉफमान मस्टर्ड तेल अभिक्रिया (d) ब्रोमेमाइड अभिक्रिया

8. निम्नलिखित परिवर्तन हेतु निम्नलिखित में से किसका उपयोग नहीं किया जा सकता है?

$$CH_3CN \longrightarrow CH_3CH_2NH_2$$

(a) Pt /H_2 (b) $LiAlH_4$
(c) Na /C_2H_5OH (d) $SnCl_2$/HCl

9. $>C=O$ यौगिक NH_3 या ऐमीन के साथ H_2 / Ni की उपस्थिति में क्रिया करते हैं। यह अभिक्रिया कहलाती है

(a) मेंडियस अभिक्रिया (b) हॉफमान ब्रोमेमाइड
(c) अपचयित ऐमीनीकरण (d) गैब्रिल थैलेमाइड

10. ऐमीन के गैब्रिल संश्लेषण के लिए नाइट्रोजन का स्रोत है
(a) सोडियम ऐजाइड, NaN_3
(b) सोडियम नाइट्राइट, $NaNO_2$
(c) पोटैशियम सायनाइड, KCN
(d) पोटैशियम थैलिमाइड, $C_6H_4(CO)_2N^-K^+$

11. श्रृंखला में कार्बन परमाणुओं की संख्या अपरिवर्तित रखते हुए ऐल्किल हैलाइड़ों से प्राथमिक ऐमीन बनाने की सर्वोच्च विधि है
(a) हॉफमान ब्रोमैमाइड अभिक्रिया (b) गैब्रिल थैलेमाइड संश्लेषण
(c) सैण्डमेयर अभिक्रिया (d) NH_3 के साथ अभिक्रिया

12. हॉफमान ब्रोमेमाइड निम्नीकरण अभिक्रिया प्रदर्शित की जाती है
(a) $ArNH_2$ (b) $ArCONH_2$ (c) $ArNO_2$ (d) $ArCH_2NH_2$

13. ऐमीनों के निर्माण की निम्नलिखित में से किस विधि द्वारा अभिकारकों के समान कार्बन परमाणुओं की संख्या प्राप्त होती है?
(a) $LiAlH_4$ के साथ नाइट्राइट की अभिक्रिया
(b) $LiAlH_4$ के साथ ऐमाइड की अभिक्रिया, तदुपरान्त जल के साथ उपचार
(c) थैलेमाइड के पोटैशियम लवण के साथ ऐल्किल हैलाइड को गर्म करना, तदुपरान्त जल अपघटन
(d) सोडियम हाइड्रॉक्साइड के जलीय विलयन में ब्रोमीन के साथ ऐमाइड की अभिक्रिया

14. ऐरिल नाइट्रो यौगिक को अपचयन के द्वारा ऐमीन में परिवर्तित करने के लिए निम्नलिखित में से कौन-सा अभिकर्मक अच्छा चयन नहीं होगा?
(a) H_2 (आधिक्य)/Pt (b) ईथर में $LiAlH_4$
(c) Fe और HCl (d) Sn और HCl

15. अभिक्रिया $RCONH_2 + X \longrightarrow RNH_2$, अभिकर्मक X है
(a) सोडालाइम (b) PCl_2 (c) NaOBr (d) ये सभी

16. नाइट्रोबेन्जीन, Zn व ऐल्कोहॉलीय पोटाश द्वारा अपचयित होकर देती है
(a) $C_6H_5 - NH_2$ (b) $C_6H_5 - NH - NH - C_6H_5$
(c) $C_6H_5 - N - N - C_6H_5$ (d) $C_6H_5 - NH - CO - C_6H_5$

17. एक अभिक्रिया का निम्नलिखित क्रम है
$$CH_3CH_2I \xrightarrow{NaCN} A \xrightarrow[\text{अंशीय अपघटन}]{OH^-} B \xrightarrow{Br_2/NaOH} C$$
मुख्य उत्पाद 'C' है
(a) $CH_3CH_2NH_2$ (b) $CH_3 \cdot CH_2C(=O)-NHBr$
(c) $CH_3 \cdot CH_2 - COONH_4$ (d) $CH_3 \cdot CH_2-C(=O)-NBr_2$

18. $A \xrightarrow{H_2NOH} B \xrightarrow{\text{अपचयन}} C \xrightarrow{NOCl} CH_3CH_2Cl$
उपरोक्त क्रम में A व C है
(a) मेथेनल, मेथिल ऐमीन (b) ऐसीटोन, एथेनऐमीन
(c) ऐथेनल, डाइमेथिल ऐमीन (d) ऐसीटैल्डिहाइड, एथिलऐमीन

19. इस अभिक्रिया में ऐमीन नहीं बनता
I. 0RCN का जल-अपघटन
II. $RCH = NOH$ का अपचयन
III. RNC का जल-अपघटन
IV. $RCONH_2$ का जल-अपघटन सही उत्तर है
(a) I, II तथा IV (b) I तथा IV
(c) II तथा III (d) I II तथा III

20. एथिल आइसोसायनाइड अम्लीय माध्यम में जल-अपघटन पर उत्पन्न करता है
(a) एथिल ऐमीन लवण तथा मेथेनोइक अम्ल
(b) प्रोपेनोइक अम्ल तथा अमोनियम लवण
(c) एथेनोइक अम्ल तथा अमोनियम लवण
(d) मेथिल ऐमीन लवण तथा एथेनोइक अम्ल

21. $(CH_3)_2C{=}O \xrightarrow{NH_2OH} X \xrightarrow{LiAlH_4} Y$
इस क्रम में Y है।
(a) तृतीयक ऐमीन (b) द्वितीयक ऐमीन
(c) प्राथमिक ऐमीन (d) 2-नाइट्रोप्रोपेन

22. Fe तथा HCl का प्रयोग करके ऐरोमैटिक नाइट्रो यौगिकों का अपचयन देता है।
(a) ऐरोमैटिक ऑक्सिम
(b) ऐरोमैटिक हाइड्रोकार्बन
(c) ऐरोमैटिक प्राथमिक ऐमीन
(d) ऐरोमैटिक ऐमाइड

23. ऐल्किल हैलाइड से 1° ऐमीन बनाने हेतु व साथ ही कार्बन श्रृंखला में एक $-NH_2$ समूह जोड़ने हेतु, नाइट्रोजन के स्रोत के रूप में प्रयुक्त अभिकर्मक है
(a) सोडियम ऐमाइड, $NaNH_2$
(b) पोटैशियम सायनाइड, KCN
(c) सोडियम ऐजाइड, NaN_3
(d) पोटैशियम थैलामाइड, $C_6H_4(CO_2)N^-K^+$

24. 2-फेनिलप्रोपेनामाइड को 1-फेनिल एथेनऐमीन में परिवर्तित करने हेतु सबसे उपयुक्त अभिकर्मक है
(a) H_2 / Pt आधिक्य (b) $NaOH/Br_2$
(c) $NaBH_4$ /मेथेनॉल (d) $LiAlH_4$ /ईथर

25. किस अभिक्रिया में नाइट्रीन मध्यवर्ती नहीं होगा?
(a) श्मिट (b) कर्टियस
(c) हॉफमान ब्रोमामाइड (d) ग्रैबिल थैलेमाइड

26. निम्नलिखित कथनों में से कौन-सा कथन सत्य है?
(a) ऐनिलीन, एथिल ऐमीन से अधिक प्रबल क्षार है
(b) ऐनिलीन, p-मेथॉक्सीऐनिलीन से अधिक प्रबल क्षार है
(c) नाइट्रीकरण से पूर्व ऐनिलीन का अम्ल मिश्रण के साथ ऐसीटिलीकरण करना अनिवार्य है
(d) ऐनिलीन, अमोनियम हाइड्रॉक्साइड विलयन में विलेय है

27. गलत कथन को छाँटिए
(a) प्राथमिक, द्वितीयक, तृतीयक ऐमीनों के संदर्भ में क्षारकीयता प्रोटॉन ऐमीनों में हाइड्रोजन बन्ध की प्रवृत्ति पर बनता है
(b) $-OCH_3$ व $-CH_3$ जैसे समूहों की उपस्थिति ऐमीनों की क्षारक प्रबलता बढ़ाती है
(c) $-NO_2$, $-CN$ व हैलोजनों की उपस्थिति ऐमीनों की क्षारकीयता घटाते हैं
(d) ऐमीनों की क्षारकीयता उनकी सान्द्रता पर निर्भर करती है

28. निम्नलिखित में से कौन जलीय माध्यम में सर्वाधिक क्षारीय है?
(a) $CH_3CH_2CH_2CH_2NH_2$ (b) $CH_3-CH_2-CH_2-NH_2$
(c) $CH_3-N(CH_3)-CH_3$ (d) $CH_3-CH_2-N(CH_3)H-CH_3$

29. निम्नलिखित यौगिकों में से कौन-सा सबसे दुर्बल ब्रॉन्स्टेड क्षार है?

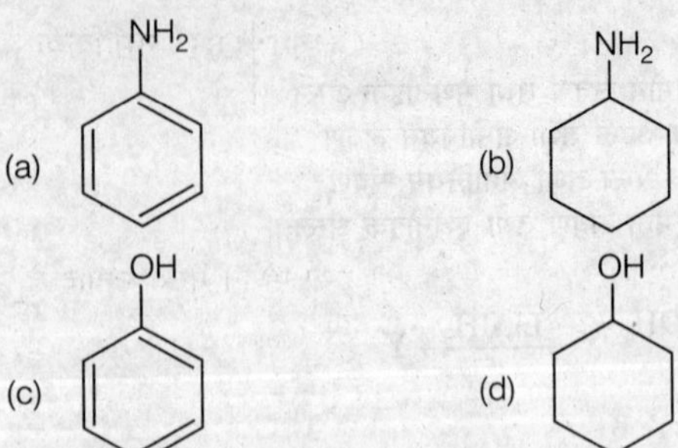

30. तनु HCl के प्रति सर्वाधिक क्रियाशील ऐमीन है

(a) $CH_3—NH_2$
(b) $(H_3C)_2NH$
(c) $(H_3C)_2N—CH_3$
(d) NH_2 (ऐनिलीन)

31. निम्नलिखित को pK_b मान के घटते क्रम में व्यवस्थित करें

I. $C_2H_5NH_2$ II. $C_6H_5NHCH_3$
III. $(C_2H_5)_2NH$ IV. $C_6H_5NH_2$

(a) IV > II > I > III (b) IV > II > III > I
(c) I > III > IV > II (d) I > III > II > IV

32. निम्नलिखित ऐमीनों में से प्रबलतम ब्रॉन्स्टेड क्षार है

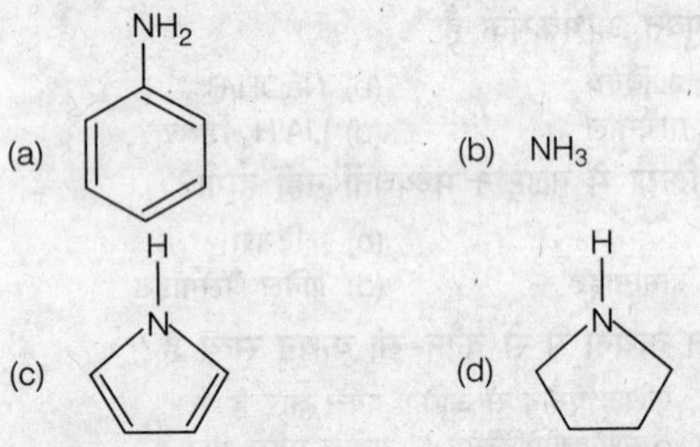

33. निम्नलिखित में से दुर्बलतम क्षार है

(a) $C_6H_5CH_2NH_2$ (b) $C_6H_5CH_2NHCH_3$
(c) $O_2NCH_2NH_2$ (d) CH_3NHCHO

34. $CH_3NH_2(A)$, $CH_3CN\,(B)$ व $CH_3N{=}CHCH_3\,(C)$ की क्षारीय प्रकृति का सही क्रम है

(a) $A > B > C$ (b) $B > C > A$
(c) $A > C > B$ (d) $C > A > B$

35. N-एथिल-N-मेथिलप्रोपेन ऐमीन यौगिक एक-दूसरे पर अध्यारोपित न होने वाले दर्पण प्रतिबिम्ब बनाता है परन्तु प्रकाशिक क्रिया नहीं दर्शाता है। इसका कारण है

(a) किरल N-परमाणु की अनुपस्थिति
(b) किरल N-परमाणु की उपस्थिति
(c) N-परमाणु पर असहभाजित युग्म की उपस्थिति
(d) एक-रूप से दूसरे रूप में तीव्र परिवर्तन

36. निम्नलिखित में सर्वाधिक वाष्पशील कौन होगा?

I. $CH_3CH_2CH_2NH_2$ II. $(CH_3)_3N$
III. $CH_3CH_2—NH—CH_3$ IV. $CH_3CH_2CH_3$

(a) II (b) IV (c) I (d) III

37. पिरिडीन में नाइट्रोजन की संकरण अवस्था है

(a) sp^2 (b) sp^3
(c) sp (d) निम्न में से कोई नहीं

38. निम्नलिखित ऐमीनों में किसमे अपने में सर्वाधिक हाइड्रोजन बन्ध है?

(a) CH_3NH_2 (b) $(CH_3)_2NH$
(c) $(CH_3)_3N$ (d) इनमें से कोई नहीं

39. निम्नलिखित में किसका क्वथनांक सर्वाधिक होगा?

(a) $CH_3CH_2CH_2NH_2$ (b) $CH_3CH_2—NH—CH_3$
(c) $CH_3—N(CH_3)—CH_3$ (d) CH_3NH_2

40. निम्नलिखित में से कौन-सा कथन असत्य है?

(a) प्राथमिक ऐमीन अन्तरआण्विक हाइड्रोजन बन्ध प्रदर्शित करते हैं
(b) द्वितीयक ऐमीन अन्तरआण्विक हाइड्रोजन बन्ध प्रदर्शित करते हैं
(c) तृतीयक ऐमीन अन्तरआण्विक हाइड्रोजन बन्ध प्रदर्शित करते हैं
(d) तुलनीय कार्बोक्सिलिक अम्लों व ऐल्कोहॉलों से ऐमीनों का क्वथनांक क होता है

41. ऐनिलीन की क्षारकीयता साइक्लोहेक्सेल ऐमीन से कम होती है क्योंकि

(a) $—NH_2$ समूह का $+R$ प्रभाव
(b) $—NH_2$ समूह का $-I$ प्रभाव
(c) $—NH_2$ समूह का $-R$ प्रभाव
(d) अतिसंयुग्मन प्रभाव

42. मेथेनॉल बनाने हेतु जो यौगिक सबसे जल्दी NaOH के साथ क्रिय करेगा, वह है

(a) $(CH_3)_4N^+I^-$ (b) CH_3OCH_3
(c) $(CH_3)_3S^+I^-$ (d) $(CH_3)_3CCl$

43. प्राथमिक ऐमीन के साथ अभिक्रिया से अम्ल ऐनहाइड्राइड देते हैं

(a) ऐमाइड (b) इमाइड
(c) द्वितीयक ऐमीन (d) ऐमीन

44. ऐमीन की ऐसीलिकरण क्रिया में पिरिडीन का क्या प्रयोग है?

(a) पिरिडीन बने हुए उत्पाद को घोल देता है
(b) पिरिडीन CH_3COCl को सर्वाधिक क्रियाशील बना देता है।
(c) पिरिडीन अन्य उत्पादों को हटा देता है
(d) उपरोक्त में से कोई नहीं

45. मानक ताप दाब पर पर HNO_2 के साथ क्रिया करके 1 मोल एथि ऐमीन देता है

(a) 11.2 ली N_2 (b) 5.6 ली N_2
(c) 22.4 ली N_2 (d) 1 ली N_2

46. मेथिलऐमीन की नाइट्रस अम्ल के साथ अभिक्रिया में निकलने वा गैस है

(a) NH_3 (b) N_2 (c) H_2 (d) C_2H_6

47. निम्नलिखित में से कौन-सी अभिक्रिया केवल 1° ऐमीनों द्वारा प्रदर्शित की जाती है?

(a) HONO के साथ क्रिया
(b) क्लोरोफॉर्म व ऐल्कोहॉलीय KOH के साथ क्रिया
(c) ऐसीटिल क्लोराइड के साथ क्रिया
(d) ग्रिग्नार्ड अभिकर्मक के साथ क्रिया

48. आइसोप्रोपिल ऐमीन $\xrightarrow{KMnO_4} X \xrightarrow{H_3O^+} Y$

उपरोक्त में X व Y क्रमशः है

(a) ऐसीटैल्डिऐमीन; एथेनल (b) एथेनल, कैटिमीन
(c) कैटिमीन, ऐसीटोन (d) ऐसीटोन, प्रोपेन-2-ऑल

49. कार्बिलऐमीन परीक्षण प्रदर्शित करेगा

(a) N,N-डाइमेथिलऐमीन (b) 2,4-डाइमेथिल ऐनिलीन
(c) N-मेथिल-*o*-मेथिल ऐनिलीन (d) N-मेथिल बेन्जिलऐमीन

50. *आइसो*-प्रोपिल ऐमीन, ऐसीटिल क्लोराइड के आधिक्य के साथ देगा

(a) $(CH_3CO)_2N—C—(CH_3)_3$
(b) $(CH_3)_2CH—N(H)—COCH_3$
(c) $(CH_3)_2CHN(COCH_3)_2$
(d) $CH_3CH_2CH—N(H)—COCH_3$

51. निम्नलिखित यौगिकों में से कौन कार्बिलऐमीन अभिक्रिया देगा?

(a) $(CH_3CH_2)_2NH$ (b) $(CH_3)_2NH$
(c) $C_6H_5NH_2$ (d) $(CH_3)_3N$

52. गर्म करने पर ऐमीन ऑक्साइड, ऐल्कीन बनाता है। यह अभिक्रिया कहलाती है

(a) कर्टियस (b) कोप निराकरण
(c) मैनिक अभिक्रिया (d) हॉफमान निराकरण

53. मेथिलऐमीन के साथ बेन्जेल्डिहाइड देता है

(a) C_6H_5COOH (b) $C_6H_5N{=}NCl$
(c) $C_6H_5—CH{=}N—CH_3$ (d) $C_6H_5NH_2$

54. नीचे दी गई अभिक्रिया का अन्तिम उत्पाद है

$C_2H_5NH_2 \xrightarrow{HNO_2} A \xrightarrow{PCl_5} B \xrightarrow{NH_3} C$

(a) एथिल सायनायड (b) एथिल ऐमीन
(c) मेथिल ऐमाइड (d) ऐसीटामाइड

55. ऐल्कोहॉलीय KOH व *p*-टॉलूडीन के साथ क्रिया करके क्लोरोफॉर्म देता है

(a) $H_3C—C_6H_4—CN$
(b) $H_3C—C_6H_4—N_2Cl$
(c) $H_3C—C_6H_4—NH{\cdot}CHCl_2$
(d) $H_3C—C_6H_4—NC$

56. जब $\left[CH_3CH_2CH_2—\overset{+}{N}(CH_3)_2—CH_2CH_3\right]OH^-$ गर्म किया जाता है, तो

(a) प्रोपीन मुख्य उत्पाद है
(b) केवल एथीन व $C_3H_7N(CH_3)_2$ ही उत्पाद है
(c) केवल एथीन व प्रोपीन मिलते हैं, तथा एथीन मुख्य उत्पाद है
(d) एथीन व प्रोपीन समान मात्रा में मिलते हैं

57. $Y \underset{Z}{\overset{\text{अपचयन}}{\rightleftharpoons}} [R_2C{=}NH] \xrightarrow{H_3O^+} X,$

अभिक्रिया के उपरोक्त क्रम में X, Y, Z क्रमशः है

(a) ऐल्डिहाइड, कीटोन, NH_3 (b) कीटोन, 1° ऐमीन, $KMnO_4$
(c) कीटोन, 2° ऐमीन, $KMnO_4$ (d) कीटामीन, 1° ऐमीन, H_2SO_4

58. निम्न अभिक्रिया में, X है

$X \xrightarrow{\text{ब्रोमीनीकरण}} Y \xrightarrow[+HCl]{NaNO_2} Z \xrightarrow[C_2H_5OH]{\text{उबालना}}$ ट्राइब्रोमो बेन्जीन

(a) बेन्जोइक अम्ल (b) सैलिसिलिक अम्ल
(c) फीनॉल (d) ऐनिलीन

59. $C_6H_5NH_2 \xrightarrow[180°C]{H_2SO_4} H_2NC_6H_4(SO_3H)$ (पैरा)

उत्पाद के संदर्भ में सही कथन है

(a) यह ज्विटर आयन के रूप में नहीं मिलता
(b) $—NH_2$ एक शक्तिशाली क्षारीय गुण प्रदर्शित करता है
(c) यह आन्तरिक लवण की तरह कार्य नहीं करता
(d) $—SO_3$, $—NH_2$ की क्षारीय प्रकृति नष्ट कर देता है

60. (NH_2, CH_3 युक्त बेन्जीन, *p*-टॉलूडीन) $\xrightarrow{Ac_2O} A \xrightarrow[CH_3COOH]{Br_2} B \xrightarrow[H^+]{H_2O} C$

इस अभिक्रिया में अन्तिम उत्पाद 'C' है

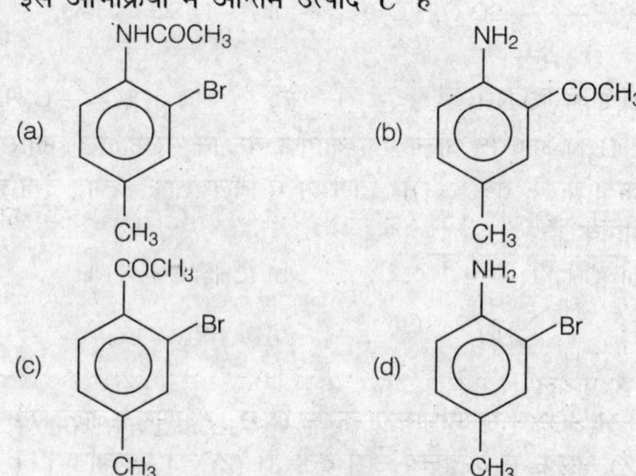

61. निम्न अभिक्रिया क्रम में अंतिम उत्पाद Z को पहचानिए

$C_6H_5NH_2 \xrightarrow{Ac_2O} X \xrightarrow{Br_2/CCl_4} Y \xrightarrow{HOH} Z$

(a) *p*-ब्रोमोऐनिलीन (b) *p*-ब्रोमोऐसीटोफीनॉन
(c) *p*-ब्रोमोऐसीटेनालाइड (d) *o*-ब्रोमोऐसीटोफीनॉन

62. $C_6H_5NH_2$ (ऐनिलीन) $\xrightarrow[\text{(iii) } RNH_2 \text{ (iv) तनु. HCl, } \Delta]{\text{(i) } (CH_3CO)_2O \text{ (ii) } HOSO_2Cl}$ $[X]$; यहाँ X है

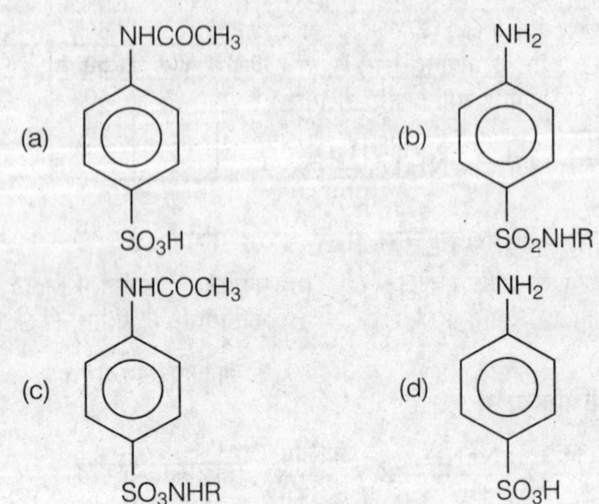

63. $H_3C-C_6H_4-NH_2$ व $C_6H_5-CH_2NH_2$

के मध्य विभेद करने हेतु साधारण रासायनिक परीक्षण में निम्नलिखित में से कौन-सा अभिकर्मक आधार का कार्य करेगा?

(a) $C_6H_5SO_2Cl$ व OH^- जल में
(b) HONO, फिर β-नेफ्थॉल
(c) तनु HCl
(d) H_2O में $AgNO_3$

64. 1°, 2° व 3° ऐमीनो के पृथक्करण हेतु उपयोगी विधि है

(a) हॉफमान विधि
(b) ल्यूकास विधि
(c) विक्टरमेयर विधि
(d) कोल्बे विधि

65. जलीय KOH में RNH_2 व $C_6H_5SO_2Cl$ के साथ क्रिया करके एक साफ विलयन देता है। अम्लीकरण करने पर एक अवक्षेप प्राप्त होता है क्योंकि तब उत्पन्न होता है

(a) $R-\overset{H}{\underset{H}{N^+}}-SO_2C_6H_5OH^-$
(b) $R-N^-SO_2C_6H_5K^+$
(c) $C_6H_5SO_2NH_2$
(d) $R-NH-SO_2-C_6H_5$

66. C_3H_9N अणुसूत्र वाला एक यौगिक बेन्जीन सल्फोनिल क्लोराइड से क्रिया करके तनु NaOH विलयन में विलेयशील उत्पाद देता है। यह यौगिक है

(a) $(CH_3)_3N$
(b) $(CH_3)_2CH-NH_2$
(c) $CH_3(C_2H_5)NH$
(d) ये सभी

67. $C_6H_5SO_2Cl$ से अभिक्रिया करके C_3H_9N अणुसूत्र वाली एक ऐमीन (Z) क्षारक में अविलेय ठोस देती है। (Z) को पहचानिए।

(a) प्रोपिलऐमीन
(b) N-मेथिलएथेनऐमीन
(c) 2-ऐमीनोप्रोपेन
(d) N, N-डाइमेथिल मेथेनऐमीन

68. जब ऐनिलीन, बेन्जोइक क्लोराइड से क्रिया करता है, तो प्राप्त उत्पाद है

(a) ऐसीटैनालाइड
(b) बेन्जेनेलाइड
(c) फेनिलऐमीन
(d) N-मेथिल बेजामाइड

69. H_2NH_2C-साइक्लोपेन्टेन $\xrightarrow{HNO_2}$? उत्पाद है

(a) 1,1-(HO, OH) साइक्लोपेन्टेन
(b) 1-HO, 1-CH_2OH साइक्लोपेन्टेन
(c) साइक्लोहेक्सेनोन (C=O)
(d) साइक्लोहेक्सेनॉल (OH)

70. बेन्जीन को N,N-डाइमेथिल ऐनिलीन में बदलने में उपयुक्त अभिकर्मक (सही क्रम में) है

(a) HNO_3 / H_2SO_4, Sn / HCl, C_2H_5I
(b) HNO_3 / H_2SO_4, Sn / HCl, CH_3I (2 मोल)
(c) Sn / HCl, H_2SO_3 / H_2SO_2, C_2H_5I
(d) उपरोक्त में से कोई नहीं

71. अभिक्रिया $Ar\overset{+}{N_2}Cl^- \xrightarrow{Cu/HCl} ArCl + N_2 + CuCl$ का नाम है

(a) सेण्डमेयर अभिक्रिया
(b) गाटरमान अभिक्रिया
(c) क्लेजन अभिक्रिया
(d) कार्बिलऐमीन अभिक्रिया

72. बेन्जीन डाइऐजोनियम क्लोराइड के साथ निम्नलिखित में से कौन-सा यौगिक ऐजो युग्मन नहीं करेगा?

(a) ऐनिलीन
(b) फीनॉल
(c) ऐनिसॉल
(d) नाइट्रोबेन्जीन

73. दुर्बल क्षारकीय माध्यम में बेन्जीन डाइऐजोनियम क्लोराइड, फीनॉल के साथ क्रिया करने पर देता है

(a) डाइफेनिल ईथर
(b) *p*-हाइड्रॉक्सीऐजोबेजीन
(c) क्लोरोबेन्जीन
(d) बेन्जीन

74. बेन्जीन डाइऐजोनियम क्लोराइड व ऐनिलीन की युग्मन अभिक्रिया के समय अभिक्रिया माध्यम का pH लगभग होना चाहिए

(a) 1–2
(b) 9–10
(c) 4–5
(d) 7–8

75. बेन्जीनऐमीन का सोडियम नाइट्राइट व हाइड्रोक्लोरिक अम्ल के डाइऐजोनन के दौरान, HCl का आधिक्य में उपयोग मुख्यत: होता है, क्योंकि

(a) $\phi-OH$ के जलीय अपघटन का निरीक्षण करना
(b) नाइट्रस अम्ल के रससमीकरणमिति मात्रा को सुनिश्चित करना
(c) मुक्त ऐनिलीन की सान्द्रता ज्ञात करना
(d) अभिक्रिया के दौरान किसी भी बनने वाले क्षारक को उदासीन करना।

76. निम्नलिखित में से कौन-सी अभिक्रिया नहीं होगी?

(a) $\phi N_2^+ + CuBr \xrightarrow{HBr} \phi-Br$
(b) $\phi N_2 + \phi OH \longrightarrow \phi-N=N-C_6H_4-OH$
(c) $\phi N_2^+ \xrightarrow[HOH]{H_3PO_2} \phi H$
(d) $\phi N_2^+ + I^- \longrightarrow \phi-I$

77. $C_6H_5NH_2 \xrightarrow[HCl]{NaNO_2} X \xrightarrow{Cu_2(CN)_2} Y \xrightarrow{H_2O/H^+} Z$, Z है

(a) $C_6H_5-NH-CH_3$
(b) C_6H_5-COOH
(c) $C_6H_5-CH_2-NH_2$
(d) $C_6H_5-CH_2COOH$

उत्तरमाला

1.	(b)	2.	(c)	3.	(d)	4.	(d)	5.	(c)	6.	(a)	7.	(b)	8.	(d)	9.	(c)	10.	(d)
11.	(b)	12.	(b)	13.	(c)	14.	(b)	15.	(c)	16.	(b)	17.	(a)	18.	(d)	19.	(b)	20.	(a)
21.	(c)	22.	(c)	23.	(c)	24.	(b)	25.	(d)	26.	(b)	27.	(d)	28.	(d)	29.	(c)	30.	(b)
31.	(a)	32.	(d)	33.	(d)	34.	(c)	35.	(b)	36.	(b)	37.	(a)	38.	(a)	39.	(a)	40.	(c)
41.	(a)	42.	(a)	43.	(a)	44.	(c)	45.	(c)	46.	(b)	47.	(b)	48.	(c)	49.	(b)	50.	(c)
51.	(c)	52.	(b)	53.	(b)	54.	(b)	55.	(d)	56.	(c)	57.	(b)	58.	(d)	59.	(a)	60.	(d)
61.	(a)	62.	(b)	63.	(b)	64.	(a)	65.	(b)	66.	(b)	67.	(b)	68.	(b)	69.	(d)	70.	(b)
71.	(b)	72.	(d)	73.	(a)	74.	(c)	75.	(c)	76.	(b)	77.	(b)						

उत्तर सहित व्याख्या

1. (*b*) प्राथमिक ऐमीन में $—NH_2$ समूह उपस्थित होता है, अतः, अभी दिये गये विकल्पों में से केवल (1-नैफ्थिलऐमीन, NH_2) तथा $(C_2H_5)_2CHNH_2$ ही प्राथमिक ऐमीन है।

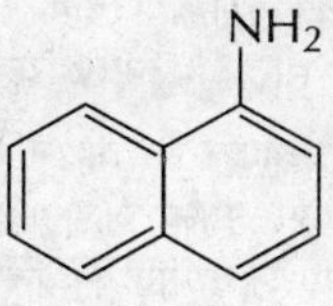

2. (*c*) $C_4H_{11}N$ के आठ समावयवी है

(a) $\overset{4}{C}H_3\overset{3}{C}H_2—\overset{2}{C}H_2—\overset{1}{C}H_2NH_2$
ब्यूटेन-1-ऐमीन
(1°)

(b) $\overset{3}{C}H_3—\overset{2}{C}H(CH_3)—\overset{1}{C}H_2—NH_2$
2- मेथिल प्रोपेन-1-ऐमीन

(c) $\overset{4}{C}H_3—\overset{3}{C}H_2—\overset{2}{C}H(\overset{1}{C}H_3)—NH_2$
ब्यूटेन-2-ऐमीन
(1°)

(d) $CH_3—C(\overset{1}{C}H_3)(\overset{3}{C}H_3)—NH_2$
2-मेथिल प्रोपेन-2-ऐमीन
(1°)

(e) $C_2H_5—N(C_2H_5)—H$
N-एथिल एथेन ऐमीन
(2°)

(f) $C_3H_7—N(CH_3)—H$
N-मेथिल प्रोपेन-1-ऐमीन
(2°)

(g) $CH_3—CH(CH_3)—NH—CH_3$
N-मेथिल प्रोपेन-2-ऐमीन
(2°)

(h) $CH_3—N(C_2H_5)—CH_3$
N,N-2-डाइमेथिल एथेन ऐमीन
(3°)

8. (*d*) $SnCl_2 + HCl$ का मिश्रण $—CN$ समूह को आंशिक अपचयित करता है।

10. (*d*) गैब्रिल संश्लेषण अभिक्रिया है।

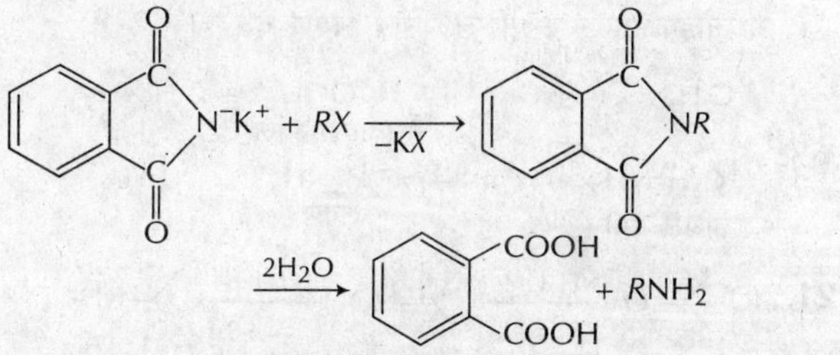

$$C_6H_4(CO)_2N^-K^+ + RX \xrightarrow{-KX} C_6H_4(CO)_2NR \xrightarrow{2H_2O} C_6H_4(COOH)_2 + RNH_2$$

उपरोक्त अभिक्रिया से स्पष्ट है कि ऐमीन का N, $C_6H_4(CO)_2N^-K^+$ से मिलता है, अतः इस अभिक्रिया में ये N का स्रोत है।

11. (*b*) ग्रैबिल थैलेमाइड संश्लेषण 1° ऐमीन बनाने की सर्वोत्तम विधि है जिसमें शृंखला में C-परमाणुओं की संख्या परिवर्तित नहीं होती।

12. (*b*) हॉफमान ब्रोमोमाइड अपघटन अभिक्रिया केवल 1° ऐमाइडस जैसे $RCONH_2$, $ArCONH_2$ द्वारा दिखाये जाते हैं।

13. (*c*) ग्रैबिल थैलेमाइड अभिक्रिया, अर्थात् ऐल्किल हैलाइड का थैलेमाइड के पोटैशियम लवण के साथ गर्म करने पर 1° ऐमीन मिलता है, जिसमें C-परमाणुओं की संख्या पितृ शृंखला के समान होती है।

14. (*b*) ऐरिल नाइट्रो यौगिकों को ऐमीन में अपचयित करने हेतु $LiAlH_4$ अच्छा अभिकर्मक नहीं है क्योंकि ये ऐरिल नाइट्रो यौगिकों को नाइट्रो यौगिकों में बदल देता है।

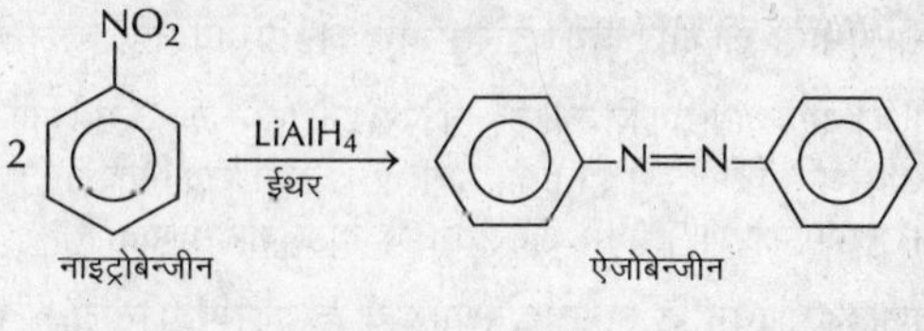

$$2C_6H_5NO_2 \xrightarrow[\text{ईथर}]{LiAlH_4} C_6H_5—N{=}N—C_6H_5$$
नाइट्रोबेन्जीन → ऐजोबेन्जीन

15. (*c*) $RCONH_2 + \underset{'X'}{NaOBr} \longrightarrow RNH_2 + NaBr + Na_2CO_3 + 2H_2O$

16. (*b*) Zn व ऐल्कोहॉलीय KOH द्वारा नाइट्रोबेन्जीन, हाइड्रोबेन्जीन में अपचयित होता है।

$$2C_6H_5NO_2 + 10H \xrightarrow{Zn\ +\ \text{ऐल्को·}\ KOH} \underset{\text{हाइड्रेजो बेन्जीन}}{C_6H_5—NH—NH—C_6H_5} + 4H_2O$$

17. (a) $CH_3CH_2I \xrightarrow{NaCN} CH_3CH_2CN \xrightarrow{OH^-} CH_3CH_2CONH_2$

$\xrightarrow{Br_2/NaOH} CH_3CH_2NH_2$

18. (d) $CH_3CHO \xrightarrow{H_2NOH} CH_3CH=OH \xrightarrow{\text{अपचयन}} CH_3CH_2NH_2$
ऐसीटैल्डिहाइड (A) — (B) — एथिल ऐमीन (C)

$\xrightarrow[-N_2, -H_2O]{NOCl} CH_3CH_2Cl$ एथिल क्लोराइड

19. (b) $RCN \xrightarrow{\text{जल-अपघटन}} RCOOH + NH_3$

$RCH=NOH \xrightarrow{\text{अपचयन}} RCH_2NH_2 + H_2O$

$RNC + 2H_2O \xrightarrow{\Delta} RNH_2 + HCOOH$

$RCONH_2 \xrightarrow{\text{जल-अपघटन}} RCOOH + NH_3$

20. (a) एथिल आइसोसायनाइड अम्लीय माध्यम में जल-अपघटन करने पर मेथेनोइक अम्ल व एथिल ऐमीन लवण देते हैं।

$C_2H_5NC + H_2O \xrightarrow{H^+} HCOOH + C_2H_5NH_2$
मेथेनोइक अम्ल

$C_2H_5NH_2 + H^+ \longrightarrow C_2H_5NH_3^+$
एथिल ऐमीन — लवण

21. (c) $(CH_3)_2C=O \xrightarrow{NH_2OH} (CH_3)_2C=NOH \xrightarrow{LiAlH_4} (CH_3)_2CH-NH_2$
1° ऐमीन
2-ऐमीनोप्रोपेन

23. (c) $RX + KCN \longrightarrow RCN + KX$
पोटैशियम सायनायड
↓ अपचयन
RCH_2NH_2

(पितृ हैलाइड की तुलना में 1 C-परमाणु अधिक है)

24. (b) $CH_3CH(Ph)CONH_2 \longrightarrow CH_3CH(Ph)NH_2$.
2-फेनिल प्रोपेनामाइड — 1-फेनिल एथेनऐमीन

यहाँ $CONH_2$ समूह, NH_2 समूह में बदल जाता है, अतः सर्वोत्तम अभिकर्मक $NaOH/Br_2$ है।

25. (d) नाइट्रीन, गैब्रिल थैलेमाइड अभिक्रिया का मध्यवर्ती नहीं है।

27. (d) सान्द्रता ऐमीनों की क्षारकीय प्रबलता पर कोई प्रभाव नहीं डालती।

28. (d) ऐमीनो की क्षारकीय प्रकृति नाइट्रोजन पर इलेक्ट्रॉन का असहभाजित का युग्म की उपस्थिति के कारण होती है, अतः 2° ऐमीन सर्वाधिक क्षारीय होती है। इसका मुख्य कारण त्रिविम अवरोधन व हाइड्रेशन प्रभाव है।

29. (c) पेन्टॉक्साइड आयन के अनुनाद स्थायित्व के कारण फीनॉल में प्रोटॉन ग्रहण करने की प्रवृत्ति होने के बजाए प्रोटॉन देने की प्रवृत्ति होती है। अतः यह दुर्बलतम ब्रॉन्स्टेड क्षार है।

30. (b) ऐमीन की तनु HCl के साथ क्रिया के लिए NH_2 समूह का असहभाजित युग्म उत्तरदायी है। अतः वह ऐमीन तनु अम्ल के प्रति अधिक उत्तरदायी होता है जिस ऐमीन में इलेक्ट्रॉन देने की क्षमता सर्वाधिक होती है।

नोट *यद्यपि $(CH_3)_3N$ में तीन इलेक्ट्रॉन त्यागने वाले मेथिल समूह होते हैं, परन्तु ये त्रिविम विरोध प्रभाव के कारण यह कम सक्रिय होता है।*

31. (a) (a) इलेक्ट्रॉन दाता समूह R की उपस्थिति ऐमीनों की क्षारकीयता बढ़ा देती है। हालाँकि, जलीय विलयन में तृतीय ऐमीन त्रिविम अवरोध के कारण कम क्षारकीय होते हैं।

(b) ऐरोमैटिक ऐमीन से ऐलिफैटिक ऐमीन अधिक क्षारकीय होते हैं। क्योंकि ऐरोमैटिक ऐमीनों में असहभाजित युग्म अनुनाद में भाग लेने के कारण कम उपलबध होता है।

$C_6H_5NH_2 > C_6H_5NHCH_3 > C_2H_5NH_2 > (C_2H_5)_2NH$

32. (d) (a) तथा (c) में असहभाजित युग्म अनुनाद में संलग्नित होने के कारण प्रोटोनेशन हेतु कम उपलब्ध होते हैं। (d) में असहभाजित युग्म NH_3 से अधिक उपलबध है अतः (d) प्रबलतम ब्रॉन्स्टेड क्षार है।

33. (d) इलेक्ट्रॉन त्यागने वाले समूहों जैसे —CN, —CHO, $—NO_2$ की उपस्थिति N-परमाणु पर इलेक्ट्रॉन घनत्व कम कर देती है तथा असहभाजित युग्म दान हेतु कम उपलब्ध होने के कारण उनकी क्षारकीय प्रकृति भी कम हो जाती है।

36. (b) $CH_3CH_2CH_3$ का क्वथनांक संगत ऐमीनो से H-बन्धों की अनुपस्थिति के कारण कम होता है। अतः यह सबसे अधिक वाष्पशील है।

39. (a) आण्विक भार बढ़ने से क्वथनांक बढ़ता है। समावयवी ऐमीनों के संदर्भ में, N-परमाणु से सीधे जुड़े H-परमाणुओं की संख्या कम होने पर क्वथनांक घटता है, क्योंकि H-बन्ध बनाने की प्रकृति घटती है। अत; दिये गये ऐमीनो के क्वथनांकों का सही क्रम है।

$CH_3NH_2 < (CH_3)_3NH < CH_3CH_2N(CH_3) < CH_3CH_2CH_2NH_2$

40. (c) 3° ऐमीनों में अधिक विद्युतऋणात्मक N-परमाणु से कोई H-परमाणु सीधे नहीं जुड़ा होता है, अतः H-बन्ध बनाने की इसकी कोई प्रवृत्ति नहीं होती है।

41. (a) $—NH_2$, + R प्रभाव प्रदर्शित करता है। यह बेन्जीन वलय को इलेक्ट्रॉन देता है। परिणामस्वरूप N-परमाणु के इलेक्ट्रॉन का असहभाजित युग्म बेन्जीन वलय के चारों ओर घूमता है। तथा प्रोटोनन हेतु कम उपलब्ध रहता है, अतः ऐनिलीन, साइक्लोहेक्सेन की अपेक्षा दुर्बल क्षार है।

$:NH_2$ ⟷ $^{\oplus}NH_2$ (⊖) ⟷ $^{\oplus}NH_2$ (⊖) ⟷

$:NH_2$ ⟷ $^{\oplus}NH_2$ (⊖)

ऐनिलीन की अनुनाद संरचना

43. (a) $RNH_2 + O(OCR)_2 \xrightarrow{-RCOOH} RNHCOR$
अम्ल ऐनहाइड्राइड — 2°ऐमाइड

44. (c) क्षार होने के कारण पिरिडीन अभिक्रिया मिश्रण से अर्थात् HCl अन्य उत्पाद हटाने के काम आता है।

45. (c) $CH_3CH_2NH_2 + HNO_2 \longrightarrow C_2H_5OH + H_2O + N_2$
एथिल ऐमीन (1 मोल) — N_2 1 मोल मा.ता.दा.पर 22.4 ली

46. (*b*) $CH_3NH_2 + HONO \longrightarrow CH_3OH + N_2 + H_2O$

47. (*b*) कार्बिलऐमीन अभिक्रिया में, जब एक प्राथमिक ऐमीन क्लोरोफॉर्म के साथ ऐल्कोहॉलीय KOH की उपस्थिति में क्रिया करता है, तो आइसोसायनायड देता है, जिसकी बुरी दुर्गंध होती है। यह अभिक्रिया 1° ऐमीनों द्वारा दी जाती है।

$$\underset{\text{प्राथमिक ऐमीन}}{RNH_2} + CHCl_3 + \underset{\text{(ऐल्को.)}}{3KOH} \xrightarrow{\Delta} \underset{\text{ऐल्किल आइसोसायनाइड}}{RNC} + 3KCl + 3H_2O$$

48. (*c*) $\underset{\text{आइसोप्रोपाइलामीन}}{(CH_3)_2CHNH_2} \xrightarrow{KMnO_4[O]} \underset{\text{'X' केटामीन}}{(CH_3)_2C{=}NH} \xrightarrow[-NH_3]{H_2O/H^+} \underset{\text{'Y' ऐसीटोन}}{(CH_3)_2C{=}O}$

49. (*b*) केवल प्राथमिक ऐमीन कार्बिलऐमीन परीक्षण देते हैं।

51. (*c*) प्राथमिक ऐमीन क्लोरोफॉर्म व क्षार से क्रिया करके दुर्गन्धयुक्त आइसोसायनाइड देते हैं, इस अभिक्रिया को कार्बिलऐमीन अभिक्रिया कहते हैं।

$$C_6H_5NH_2 + CHCl_3 + KOH \longrightarrow \underset{\text{मेथिल आइसोसायनाइड}}{C_6H_5NC} + 3KCl + H_2O$$

52. (*b*) $C_6H_5CHO + H_2NCH_3 \xrightarrow[-H_2O]{\text{कोप निराकरण}} C_6H_5CH{=}NCH_3$

54. (*b*) $\underset{\text{एथिल ऐमीन}}{C_2H_5NH_2} \xrightarrow{HNO_2} \underset{\text{एथिल ऐल्कोहॉल (A)}}{C_2H_5OH} \xrightarrow{PCl_5} \underset{\text{एथिल क्लोराइड (B)}}{C_2H_5Cl} \xrightarrow{NH_3} \underset{\text{एथिल ऐमीन (C)}}{C_2H_5NH_2}$

55. (*d*) $\underset{p\text{-टॉलूडीन}}{p\text{-}CH_3C_6H_4NH_2} + CHCl_3 + \text{ऐल्को. } 3KOH \longrightarrow p\text{-}CH_3C_6H_4NC + 3KCl + 3H_2O$

यह कार्बिलऐमीन अभिक्रिया का उदाहरण है।

ऐनिलीन का नाइट्रीकरण प्रबल अम्लीय माध्यम में भी *m*–नाइट्रोऐनिलीन देता है। क्योंकि प्रबल अम्लीय स्थिति में —NH_2 समूह का प्रोटॉन ऐनिलिनियम आयन ($+NH_3$) देता है जोकि स्वभाव से अक्रिय तथा *m*–निर्देशित होता है।

56. (*c*) हॉफमान निराकरण क्रिया में, कम प्रतिस्थापित ऐल्कीन मुख्य उत्पाद होता है।

$$[CH_3CH_2CH_2-\overset{+}{N}(CH_3)_2-CH_2CH_3]\,OH^- \xrightarrow{\Delta} CH_3CH_2CH_2-N(CH_3)_2 + \underset{\text{कम}}{CH_3CH{=}CH_2} + \underset{\text{अधिक}}{CH_2{=}CH_2}$$

57. (*b*) $\underset{\text{1° ऐमीन (Y)}}{R_2CHNH_2} \underset{KMnO_4}{\overset{[O]}{\rightleftharpoons}} [R_2C{=}NH] \xrightarrow{H_3O^+} \underset{\text{कीटोन (X)}}{R_2C{=}O}$

58. (*d*) $\underset{\text{ऐनिलीन (X)}}{C_6H_5NH_2} \xrightarrow{\text{ब्रोमीनीकरण}} \underset{(Y)}{2,4,6\text{-}Br_3C_6H_2NH_2} \xrightarrow[+ HCl]{NaNO_2} \underset{(Z)}{2,4,6\text{-}Br_3C_6H_2N_2Cl} \xrightarrow[C_2H_5OH]{\text{उबालना}} \underset{\text{ट्राइब्रोमो बेन्जीन}}{1,3,5\text{-}Br_3C_6H_3}$

59. (*a*) $C_6H_5NH_2 \xrightarrow{H_2SO_4} C_6H_5NH_2\cdot H_2SO_4 \xrightarrow[-H_2O]{180°C} C_6H_5NHSO_3H \xrightarrow{\text{गर्म}} \underset{\text{सल्फानिलिक अम्ल}}{p\text{-}NH_2C_6H_4SO_3H} \rightleftharpoons p\text{-}\overset{+}{N}H_3C_6H_4SO_3^-$

सल्फानिलिक अम्ल द्विध्रुवीय आयन के रूप में रहता है जिसके एक ही अणु में अम्लीय व क्षारकीय दोनों समूह होते है। इन्हें ज्विटर आयन या आन्तरिक लवण कहते हैं।

61. (*a*) $\underset{\text{ऐनिलीन}}{C_6H_5NH_2} \xrightarrow{Ac_2O} \underset{(X)}{C_6H_5NHCOCH_3} \xrightarrow[CCl_4]{Br_2} \underset{(Y)}{p\text{-}BrC_6H_4NHCOCH_3} \xrightarrow{HOH} \underset{p\text{-ब्रोमो ऐनिलीन (Z)}}{p\text{-}BrC_6H_4NH_2}$

62. (*b*) $C_6H_5NH_2 + (CH_3CO)_2O \xrightarrow{-CH_3COOH} C_6H_5NHCOCH_3$

$\xrightarrow{\text{(ii) } HOSO_2Cl}$ p-SO_3Cl-C_6H_4-$NHCOCH_3$ $\xrightarrow[-HCl]{\text{(iii) } RNH_2}$ p-SO_3NHR-C_6H_4-$NHCOCH_3$

$\xrightarrow{\text{तनु HCl, D}}$ p-SO_3NHR-C_6H_4-NH_2 (*X*)

64. (*a*) अत: हॉफमान विधि का प्रयोग 1°, 2°, 3° ऐमीनों के मिश्रण के पृथक्करण हेतु करते हैं।

65. (*b*) $C_6H_5SO_2Cl + RNH_2 \longrightarrow RNHSO_2C_6H_5 \xrightarrow{KOH} R-NKSO_2C_6H_5$

बेन्जीन सल्फोनाइल क्लोराइड; N-ऐल्किल बेन्जीन सल्फोनैमाइड; KOH में घुल जाने वाला

66. (*b*) $(H_3C)_2CH-NH_2 + ClSO_2C_6H_5 \longrightarrow (H_3C)_2CH-NHSO_2C_6H_5$

1° ऐमीन; बेन्जीन सल्फोनाइल क्लोराइड

$\xrightarrow{NaOH} (H_3C)_2CH-NNaSO_2C_6H_5$ विलेय

67. (*b*) *Z* एक ऐलिफैटिक ऐमीन है जो क्षारक में अघुलनशील ठोस देती है। अर्थात् $C_6H_5SO_2Cl$ से अभिक्रिया में ऐसा उत्पाद बनना चाहिए जिसमें नाइट्रोजन पर कोई भी प्रतिस्थापनीय हाइड्रोजन न हो या ऐमीन द्वितीयक ऐमीन होनी चाहिए यानि *Z* एथिल मेथिलऐमीन है।

$CH_3-NH(C_2H_5) + C_6H_5SO_2Cl \longrightarrow CH_3-N(C_2H_5)SO_2C_6H_5$

N-एथिल-N-मेथिलबेन्जीन सल्फोनैमाइड

69. (*d*) साइक्लोपेन्टिल-$CH_2NH_2 \xrightarrow{HONO}$ साइक्लोपेन्टिल-$CH_2N\equiv NCl$ $\xrightarrow{\text{वलय वृद्धि}}$ साइक्लोहेक्सिल धनायन $\xrightarrow[H^+]{H_2O/OH^-}$ साइक्लोहेक्सेनॉल (OH)

70. (*b*) बेन्जीन से N,N-डाइमेथिल ऐनिलीन

बेन्जीन $\xrightarrow[\text{(ii) Sn/HCl}]{\text{(i) } HNO_3, H_2SO_4}$ ऐनिलीन (NH_2) $\xrightarrow[\text{(2 मोल)}]{(CH_3I)}$ N,N- डाइमेथिल ऐमीन ($N(CH_3)_2$)

72. (*d*) केवल वे बेन्जीन व्युत्पन्न युग्मन क्रिया देते हैं। जिनमें इलेक्ट्रॉन त्यागने वाले समूह होते हैं। नाइट्रोबेन्जीन में इलेक्ट्रॉन खींचने वाला समूह $-NO_2$ होने के कारण युग्मन क्रिया इसमें नहीं होगी।

73. (*a*) $C_6H_5N\equiv NCl \xrightarrow[\text{दुर्बल क्षारीय माध्यम}]{C_6H_5OH} C_6H_5OC_6H_5$ डाइफेनिल ईथर

76. (*b*) $\phi N_2^+ + \phi OH \longrightarrow \phi N_2 \phi OH$

या $C_6H_5-N=N-C_6H_4-OH$ युग्मन उत्पाद

यहाँ प्रयुक्त अभिकर्मक ϕN_2 के स्थान पर ϕN_2^+ है।

77. (*b*) ऐनिलीन (NH_2) $\xrightarrow[\text{डाइऐजोटीकरण}]{NaNO_2 + HCl}$ बेन्जीन डाइऐजोनियम क्लोराइड (N_2Cl) (*X*) $\xrightarrow{Cu_2(CN)_2}$ सायनो बेन्जीन (CN) (*Y*)

$\xrightarrow{H_2O/H^+}$ बेन्जोइक अम्ल (COOH) (*Z*)

अध्याय 25

बहुलक
Polymers

उच्च अणुभार वाले ऐसे वृहद् अणु जो अनेक छोटी-छोटी इकाइयों की पुनरावृत्ति से निर्मित होते हैं, बहुलक (Polymers) कहलाते हैं, एवं यह प्रक्रिया **बहुलकन** या **बहुलकीकरण** (Polymerisation) कहलाती है। बहुलक शब्द की उत्पत्ति दो ग्रीक शब्दों से मिलकर हुई है, *Poly* = *Many* (एक से अधिक) तथा *Meros* = *Parts* (भाग या इकाई)। जिन छोटी-छोटी इकाइयों की पुनरावृत्ति से उच्च अणुभार वाले बहुलक का निर्माण होता है, उन्हें एकलक इकाई (Monomer) कहते हैं। उदाहरण—

(i) $n\text{CH}_2=\text{CH}_2 \xrightarrow{\text{बहुलकीकरण}} \left[\text{CH}_2-\text{CH}_2\right]_n$

एथीन (एकलक) → पॉलिथीन (बहुलक)

(ii) $n\text{CH}_2=\underset{\text{Cl}}{\underset{|}{\text{CH}}} \xrightarrow{\text{बहुलकीकरण}} \left[-\text{CH}_2-\underset{\text{Cl}}{\underset{|}{\text{CH}}}-\right]_n$

वाइनिल क्लोराइड (एकलक) → पॉलिवाइनिल क्लोराइड (PVC) बहुलक

यहाँ '*n*' एकलक इकाइयों की संख्या है। बहुलक के निर्माण में एकलक इकाइयों की संख्या **बहुलकीकरण की मात्रा** (Degree of polymerisation) कहलाती है। बहुलकों पर सामान्यतया कोई आवेश नहीं होता है। इनमें उच्च श्यानता होती है तथा ये प्रकाश विकिरणों को प्रकीर्णित करते हैं।

नोट किसी बहुलक श्रृंखला की लम्बाई *n* एकलक इकाइयों की संख्या पर निर्भर करती है। वे बहुलक जिनमें एकलक इकाइयों की संख्या (*n*) का मान लगभग 100 हो, ऑलिगोमर (Oligomer) कहलाते हैं।

बहुलकों का वर्गीकरण Classification of Polymers

बहुलकों का कई आधारों पर वर्गीकरण किया जा सकता है

स्रोत उपलब्धता के आधार पर वर्गीकरण
Classification on the Basis of Source of Availability

इस प्रकार के वर्गीकरण के तीन उपसंवर्ग हैं

(i) **प्राकृतिक बहुलक** (Natural Polymers) बहुलक जो प्रकृति (पादपों तथा जन्तुओं) में पाए जाते हैं, प्राकृतिक बहुलक कहलाते हैं। उदाहरण—प्रोटीन, जो हमारे शरीर के निर्माण के लिए उत्तरदायी होता है। न्यूक्लिक अम्ल जो आनुवंशिकता का आण्विक स्तर पर नियन्त्रण करता है। सेलुलोस जो भोजन देता है। इसके अलावा रबड़, रेजिन, स्टार्च आदि। अत: इन्हें जैव बहुलक भी कहते हैं।

(ii) **अर्द्ध-संश्लेषित बहुलक** (Semisynthetic Polymers) वे बहुलक जो प्राकृतिक बहुलक के रासायनिक रूपान्तरण से प्राप्त होते हैं, अर्द्ध-संश्लेषित बहुलक कहलाते हैं। उदाहरण—सेलुलोस ऐसीटेट (रेयॉन), सेलोफेन, सेलुलोस नाइट्रेट आदि।

(iii) **संश्लेषित बहुलक** (Synthetic Polymers) मानव निर्मित बहुलक संश्लेषित बहुलक कहलाते हैं। इसका हमारे दैनिक जीवन एवं उद्योगों में विस्तृत रूप से प्रयोग होता है। उदाहरण—प्लास्टिक (पॉलीथीन), संश्लेषित रेशे (नायलॉन-66), संश्लेषित रबड़ (ब्यूना-S) इत्यादि।

संरचना के आधार पर वर्गीकरण
Classification on the Basis of Structure

इस आधार पर बहुलक को निम्न उपसंवर्ग में बाँटा है

(i) **रैखिक बहुलक** (Linear Polymers) ऐसे बहुलक जिनमें एकलक के अणु जुड़कर बहुलक की रैखिक श्रृंखला का निर्माण करते हैं, रैखिक बहुलक कहलाते हैं। रैखिक बहुलक की बहुत सारी श्रृंखलाएँ एक-दूसरे पर संकुलित होती हैं। जिससे इनका द्रवणांक उच्च, घनत्व अधिक तथा उच्च तनन सामर्थ्य होता है। उदाहरण—उच्च घनत्व पॉलीथीन, पॉलीविनाइल क्लोराइड, नायलॉन आदि।

(ii) **शाखित-श्रृंखला बहुलक** (Branched-chain Polymers) इस प्रकार के बहुलक में एकलक के अणु आपस में मिलकर ना सिर्फ रैखिक श्रृंखला का निर्माण करते हैं, बल्कि मुख्य रैखिक श्रृंखला में भिन्न-भिन्न लम्बाई पर शाखित श्रृंखला का भी निर्माण करते हैं, शाखित श्रृंखला बहुलक कहलाते हैं। इस प्रकार के बहुलक शाखित होने के कारण संकुलित (Close packed) नहीं होते जिससे इनका घनत्व, द्रवणांक तथा तनन सामर्थ्य रैखिक बहुलक की अपेक्षा कम होते हैं। उदाहरण—निम्न घनत्व पॉलीथीन आदि।

(iii) **तिर्यक बन्धित बहुलक** (Three-dimensional Polymers) इस प्रकार के बहुलक में प्रारम्भ में रैखिक बहुलक श्रृंखला आपस में तिर्यक बन्धित जालक्रम में जुड़कर इनका निर्माण करते हैं। यह साधारणत: द्विक्रियात्मक और त्रिक्रियात्मक समूहों वाले एकलकों से बनते हैं। विभिन्न रेखीय बहुलक श्रृंखलाओं के बीच प्रबल सहसंयोजक बन्ध होते हैं। उदाहरण—बैकेलाइट, मैलेमीन आदि।

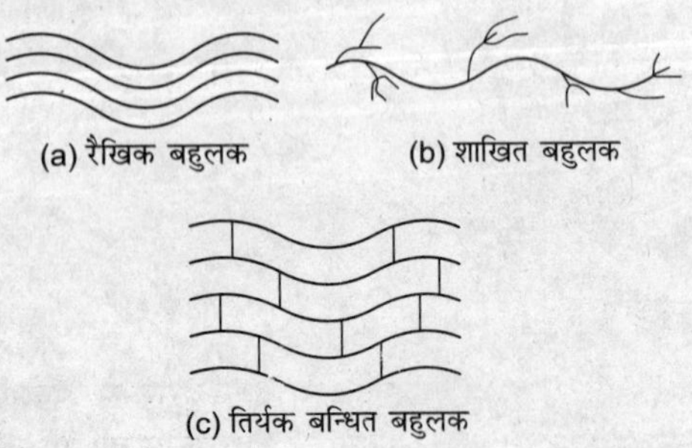

(a) रैखिक बहुलक (b) शाखित बहुलक

(c) तिर्यक बन्धित बहुलक

बहुलीकरण के प्रकार के आधार पर वर्गीकरण

Classification on the Basis of Mode of Polymerisation

बहुलकों को बहुलकन की विधि के आधार पर भी दो उपसमूहों में वर्गीकृत किया जा सकता है

योगज बहुलक Addition Polymers

यदि बहुलकीकरण अभिक्रिया इस प्रकार सम्पन्न होती हैं कि अभिकारक अणुओं में से कुछ सरल अणु पृथक् नहीं होते हैं, अर्थात् उत्पाद का अणुभार सभी अभिकारक अणुओं के अणुभारों के योग के बराबर होता है तो इस प्रकार का बहुलक **योगज बहुलक** कहलाता है।

योगज बहुलक द्वि-अथवा त्रि-आबन्ध युक्त एकलक अणुओं के पुनरावृत्त योग से बनते हैं। पॉलीथीन, पॉलीप्रोपीन योगज बहुलक के उदाहरण हैं। एकलक के आधार पर इन्हें पुन: दो प्रकारों में विभाजित किया जाता है

(i) **योगज समबहुलक** एक ही प्रकार के एकलकों के योगात्मक बहुलकन से बनने वाले बहुलक को समबहुलक कहते हैं। **जैसे** पॉलीथीन $-\!(CH_2-CH_2)_n\!-$, एथिलीन का समबहुलक है

(ii) **योगज सहबहुलक** दो भिन्न प्रकार के एकलकों के योगात्मक बहुलकन से बनने वाले बहुलकों को भी सहबहुलक कहा जाता है। उदाहरण—ब्यूना-S, ब्यूना-N आदि।

$$\underset{\text{1, 3-ब्यूटाडाईन}}{n\ CH_2{=}CH{-}CH{=}CH_2} + \underset{\text{स्टाइरीन}}{nC_6H_5{-}CH{=}CH_2} \longrightarrow$$

$$\underset{\text{ब्यूटाडाईन-स्टाइरीन सहबहुलक (ब्यूना-S)}}{-\!\![CH_2{-}CH{=}CH{-}CH_2{-}CH_2{-}\overset{\overset{C_6H_5}{|}}{C}{-}CH]_n}$$

संघनन बहुलक Condensation Polymers

कुछ बहुलक के निर्माण के फलस्वरूप कुछ सरल अणु जैसे, H_2O, HCl तथा NH_3 अभिकारक अणुओं में से पृथक् हो जाते हैं इस प्रकार के बहुलक को संघनन बहुलक कहते हैं।

संघनन बहुलक दो भिन्न द्विक्रियात्मक अथवा त्रिक्रियात्मक एकलक इकाइयों के बीच पुनरावृत्त संघनन अभिक्रिया द्वारा बनते हैं। अत: इन्हें **पदश: वृद्धि बहुलक** भी कहते हैं।

टेरीलीन (डेक्रॉन), नायलॉन-66, नायलॉन-6 आदि संघनन बहुलक के उदाहरण हैं। ये सामान्यत: सहबहुलक होते हैं, किन्तु कुछ समबहुलक भी ज्ञात हैं।

(i) **संघनन सहबहुलक** ये एक से अधिक एकलक इकाईयों के संघनन से बनते हैं। **जैसे** हेक्सामेथिलीन डाइऐमीन और ऐडिपिक अम्ल के एक साथ संघनन द्वारा नायलॉन-66 का विरचन होता है।

$$nH_2N{-}(CH_2)_6{-}NH_2 + nHOOC(CH_2)_4COOH \longrightarrow$$

$$\underset{\text{नायलॉन-66}}{-\!\![NH(CH_2)_6NHCO(CH_2)_4CO]\!\!-_n} + nH_2O$$

(ii) **संघनन समबहुलक** यह किसी एक ही प्रकार के अणुओं के मध्य संघनन क्रिया द्वारा बनते हैं। जैसे—

$$\underset{\text{कैप्रोलैक्टम}}{\text{(ring: N–H at 1, C=O; positions 1–6)}} \xrightarrow{-nH_2O} \underset{\substack{\text{नायलॉन-6 या परलॉन}\\ \text{(संघनन समबहुलक)}}}{\left[-NH-(CH_2)_5-\overset{\overset{O}{\|}}{C}-\right]_n}$$

अन्तराआण्विक बलों के परिमाण के आधार पर वर्गीकरण Classification on the Basis of Magnitude of Intermolecular Forces

बहुलकों को उनमें उपस्थित अन्तराआण्विक बलों के परिमाण के आधार पर निम्न उपसमूहों में वर्गीकृत किया जाता है

(i) **प्रत्यास्थ बहुलक** (Elastomers) ये प्रत्यास्थ गुण युक्त रबड़ के समान ठोस होते हैं। इन प्रत्यास्थ बहुलकों में बहुलक की श्रृंखलाएँ आपस में दुर्बल अन्तराआण्विक बलों द्वारा जुड़ी रहती हैं। यह दुर्बल बन्धन बल बहुलक को तनित होने देते हैं श्रृंखलाओं के बीच कुछ 'तिर्यक बन्ध' भी होते हैं जो इस बल के निर्मुक्त होने के बाद बहुलक को संकर्ण कर प्रारम्भिक स्थान पर लाने में सहायक होते हैं। जैसे वाल्कनीकृत रबड़ में होता है। ब्यूना-S, ब्यूना-N और निओप्रीन आदि इसके उदाहरण हैं।

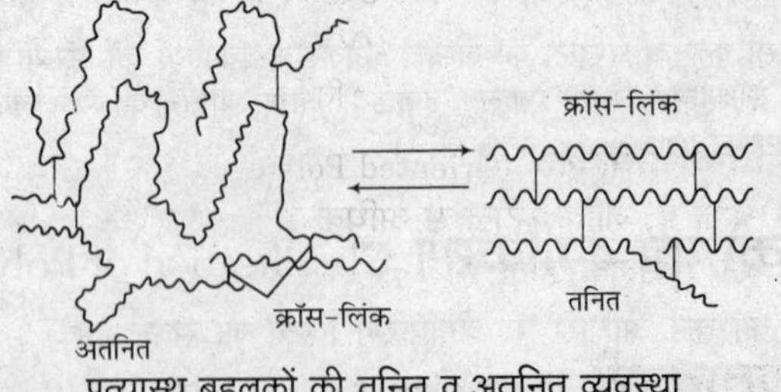

प्रत्यास्थ बहुलकों की तनित व अतनित व्यवस्था

(ii) **रेशे बहुलक** (Fibres Polymer) रेशे एक प्रकार से धागे बनाने वाले ठोस हैं जिनकी तनन सामर्थ्य और मापांक उच्च होते हैं। इन अभिलक्षणों का सम्बन्ध प्रबल अन्तराआण्विक बलों जैसे हाइड्रोजन

बन्ध से है। इन प्रबल बलों के कारण श्रृंखलाएँ निविड संकुलित हो जाती हैं और इस प्रकार से क्रिस्टलीय प्रकृति प्रदान करती हैं। पॉलीऐमाइड (नायलॉन-66), पॉलीएस्टर (टेरीलीन) आदि इनके उदाहरण हैं।

नायलॉन-6,6 में हाइड्रोजन बन्ध

iii) **तापसुघट्य बहुलक** (Thermoplastic Polymers) यह रेखीय अथवा किंचित शाखित लम्बी श्रृंखला के अणु होते हैं जो बार-बार गर्म करने से मृदुल और ठण्डा करने से कठोर हो सकने में समर्थ हैं। इन बहुलकों के अन्तराआण्विक आकर्षण बल प्रत्यास्थ बहुलकों और रेशों के मध्यवर्ती होते हैं। पॉलीथीन, पॉलीस्टाइरीन, पॉलीविनाइल आदि कुछ सामान्य तापसुघट्य हैं।

iv) **तापदृढ़ बहुलक** (Thermosetting Polymers) यह बहुलक तिर्यक बद्ध अथवा अत्यधिक शाखित अणु होते हैं जो साँचों में तापन से विस्तीर्ण तिर्यक बन्ध हो जाते हैं और दोबारा दुर्बलनीय बन जाते हैं। इनका दोबारा उपयोग नहीं किया जा सकता। यूरिया फॉर्मेल्डिहाइड, बैकेलाइट, रेजिन आदि इसके उदाहरण हैं।

आजकल योगज और संघनन बहुलकों को उनके विरचन में बहुलकन क्रियाविधि के प्रकार के आधार पर श्रृंखला वृद्धि बहुलक और पद वृद्धि बहुलक भी कहा जाता है।

गर्म

अशाखित बहुलक — तिर्यक शाखित बहुलक

(v) **अभिविन्यस्त बहुलक** (Oriented Polymers) यह बहुलकों की एक अन्य श्रेणी है, जोकि स्टील से अधिक सुदृढ़ तथा Cu की तरह विद्युत धारा की सुचालक होती है।

सुघट्यताकारी Plasticizers

प्लास्टिक जो गर्म करने पर मुलायम नहीं होते हैं, उन्हें कुछ कार्बनिक पदार्थ मिलाकर काम करने योग्य मुलायम बनाया जा सकता है, इन कार्बनिक पदार्थों को सुघट्यताकारी कहते हैं।

डाइऐल्किल थैलेट व क्रिसाइल ट्राइफॉस्फेट्स कुछ सामान्य सुघट्यताकारी हैं। जैसे PVC अत्यन्त कठोर होता है व ताप का इस पर कोई प्रभाव नहीं पड़ता है किन्तु डाई-n-ब्यूटाइलथैलेट इसे मुलायम व रबड़ के समान बना देता है।

$C_6H_4(COOC_4H_9)_2$ (DBP) — $C_6H_4(COOC_8H_{17})_2$ (DOP)

o-क्रिसाइल फॉस्फेट

बहुलकीकरण Polymerisation

वह प्रक्रम जिसमें बड़ी संख्या में सरल अणु एक-दूसरे से संयोग करके उच्च अणुभार का एक वृहत् अणु बनाते हैं, बहुलकीकरण या बहुलकन कहलाता है तथा इस प्रक्रम के फलस्वरूप बने उच्च अणुभार के यौगिक को बहुलक कहते हैं। जिन सरल अणुओं के संयोजन से बहुलक बनता है, एकलक कहलाता है।

उदाहरण— $\underset{\text{एकलक}}{nA} \xrightarrow{\text{बहुलकीकरण}} \underset{\text{बहुलक}}{(A)_n}$

निम्नलिखित नियमों/विधियों द्वारा एकलक जुड़कर बहुलक देते हैं।

योगात्मक बहुलकन Addition Polymerisation

इस प्रकार के बहुलकन में बहुलक एक ही प्रकार के एकलक अथवा भिन्न एकलकों के अणुओं के परस्पर योग से मिलकर बनते हैं। प्रयुक्त होने वाले एकलक असंतृप्त यौगिक होते हैं। बहुलकन की इस विधि में श्रृंखला की लम्बाई बढ़ाना अथवा श्रृंखला वृद्धि किसी मुक्त मूलक अथवा आयनिक स्पीशीज के बनने से होती है। इसे **श्रृंखला वृद्धि बहुलकन** भी कहते हैं। मुक्त मूलक नियन्त्रित योगज अथवा श्रृंखला वृद्धि बहुलकन सबसे सामान्य विधि है।

मुक्त मूलक योगज बहुलकन Free Radical Addition Polymerisation

विभिन्न प्रकार के ऐल्कीन अथवा डाइईन और उनके व्युत्पन्नों का बहुलकन मुक्त मूलक क्रियाविधि द्वारा होता है। यह क्रिया बेन्जॉयल परॉक्साइड, ऐसीटिल परॉक्साइड, तृतीयक ब्यूटिल परॉक्साइड आदि प्रारम्भक उत्प्रेरक की उपस्थिति में होती है। इस क्रियाविधि में श्रृंखला प्रारम्भन पद, श्रृंखला संचरण पद तथा श्रृंखला समापन पद होते हैं।

उदाहरण के लिए, ऐथीन का पॉलीथीन में बहुलकन, बेन्जॉयल परॉक्साइड प्रारम्भक की अल्प मात्रा के साथ मिश्रण को प्रकाश में खुला छोड़ने पर होता है।

पद I श्रृंखला प्रारम्भक पद

$$\underset{\text{बेन्जॉयल परॉक्साइड}}{C_6H_5-\overset{O}{\overset{\|}{C}}-O-O-\overset{O}{\overset{\|}{C}}-C_6H_5} \longrightarrow 2C_6H_5-\overset{O}{\overset{\|}{C}}-\dot{O} \longrightarrow 2\underset{\text{फेनिल मूलक}}{\dot{C}_6H_5}$$

$$\dot{C}_6H_5 + CH_2=CH_2 \longrightarrow C_6H_5-CH_2-\dot{C}H_2$$

पद II श्रृंखला संचरण पद

$$C_6H_5-CH_2-\dot{C}H_2+CH_2=CH_2 \longrightarrow C_6H_5-CH_2-CH_2-CH_2-\dot{C}H_2$$

$$\downarrow$$

$$C_6H_5 \left(CH_2-CH_2\right)_n CH_2-\dot{C}H_2$$

पद III श्रृंखला समापन पद

$$C_6H_5 \left(CH_2-CH_2\right)_n CH_2-\dot{C}H_2 + C_6H_5 \left(CH_2-CH_2\right)_n CH_2-\dot{C}H_2 \longrightarrow C_6H_5 \left(CH_2-CH_2\right)_n CH_2-CH_2-CH_2 \left(CH_2-CH_2\right)_n C_6H_5$$

पॉलीथीन

आयनिक योगज बहुलकन

Ionic Addition Polymerisation

इस प्रकार के बहुलकन में मुक्त मूलक के स्थान पर आयनिक स्पीशिज (मध्यवर्ती की तरह) उत्पन्न होती है, जैसे धनायन व ऋणायन।

यह दो प्रकार के होते हैं।

(i) **धनायनिक योगज बहुलकन** इसमें प्रोटॉनिक अम्ल (जैसे—H_2SO_4) या लुईस अम्ल (जैसे $AlCl_3$, BF_3 आदि) प्रारम्भिक उत्प्रेरक का कार्य करते हैं। इलेक्ट्रॉन-दाता समूह वाले ऐल्कीन्स में कार्बधनायनों के अतिरिक्त स्थायित्व के कारण, बहुलकन धनायनिक क्रियाविधि द्वारा सम्पन्न होता है।

पद I श्रृंखला प्रारम्भिक पद

$$H^+ + CH_2=\underset{G}{\underset{|}{CH}} \longrightarrow CH_3-\underset{G}{\underset{|}{\overset{+}{C}H}}$$

जहाँ, G = इलेक्ट्रॉन दाता समूह

पद II श्रृंखला संचरण पद

$$CH_3-\underset{G}{\underset{|}{\overset{+}{C}H}}+CH_2=\underset{G}{\underset{|}{CH}} \longrightarrow CH_3-\underset{G}{\underset{|}{CH}}-CH_2\underset{G}{\underset{|}{\overset{+}{C}H}} \rightarrow\rightarrow\rightarrow$$

$$CH_3-\underset{G}{\underset{|}{CH}}-\left(CH_2-\underset{G}{\underset{|}{CH}}\right)_n-CH_2-\underset{G}{\underset{|}{\overset{+}{C}H}}$$

पद III श्रृंखला समापन पद

$$CH_3-\underset{G}{\underset{|}{CH}}-\left(CH_2-\underset{G}{\underset{|}{CH}}\right)_n-CH_2-\underset{G}{\underset{|}{\overset{+}{C}H}} \xrightarrow{-H^+} CH_3-\underset{G}{\underset{|}{CH}}-\left(CH_2-\underset{G}{\underset{|}{CH}}\right)_n-CH=\underset{G}{\underset{|}{CH}}$$

(ii) **ऋणायनिक योगज बहुलकन** प्रबल क्षार जैसे—Na, K^+, Li^+, NH_2^-, आदि उत्प्रेरक का कार्य करते हैं। इलेक्ट्रॉन ग्राही समूह वाले ऐल्कीन एकलकों का बहुलीकरण ऋणायनिक तथा मुक्त-मूलक क्रियाविधि दोनों से सम्पन्न होता है।

पद I श्रृंखला प्रारम्भिक पद

$$K^+NH_2^- + CH_2=\underset{X}{\underset{|}{CH}} \longrightarrow H_2N-H_2-\underset{X}{\underset{|}{CH^-}}K^+$$

जहाँ, X = इलेक्ट्रॉन ग्राही समूह

पद II श्रृंखला संचरण पद

$$H_2N-CH_2-\underset{X}{\underset{|}{CH^-}}K^+ \; CH_2=\underset{X}{\underset{|}{CH}} \longrightarrow H_2N-CH_2-\underset{X}{\underset{|}{CH}}-CH_2-\underset{X}{\underset{|}{CH^-}}K^+ \rightarrow\rightarrow\rightarrow$$

$$H_2N-CH_2-\underset{X}{\underset{|}{CH}}\left[CH_2-\underset{X}{\underset{|}{CH}}\right]_n CH_2-\underset{X}{\underset{|}{CH^-}}K^+$$

पद III श्रृंखला समापन पद

$$H_2N-CH_2-\underset{X}{\underset{|}{CH}}\left[CH_2-\underset{X}{\underset{|}{CH}}\right]_n CH_2-\underset{X}{\underset{|}{CH^-}} \; H^+ \longrightarrow H_2N-CH_2-\underset{X}{\underset{|}{CH}}\left[CH_2-\underset{X}{\underset{|}{CH}}\right]_n CH_2-\underset{X}{\underset{|}{CH_2}}$$

संघनन बहुलकन Condensation Polymerisation

संघनन बहुलकन में समान्यतः दो द्विक्रियात्मक एकलकों की पुनरावृत्त संघनन अभिक्रिया होती है। इन संघनन अभिक्रियाओं के परिणामस्वरूप सरल अणुओं; जैसे जल ऐल्कोहॉल आदि जैसे सरल अणुओं का ह्रास हो सकता है और उच्च आण्विक द्रव्यमान वाले संघनन बहुलक बनते हैं।

इन अभिक्रियाओं में प्रत्येक पद का उत्पादन भी एक द्विक्रियात्मक स्पीशीज होती है और संघनन का अनुक्रम चलता रहता है। इसे **पदशः वृद्धि बहुलकन** (Step growth polymerisation) भी कहते हैं। टेरीलीन अथवा डेक्रॉन का बनना इस प्रकार के बहुलकन का उदाहरण है।

$$\underset{\text{एथिलीन ग्लाइकॉल}}{nHOH_2C-CH_2OH} + \underset{\text{टैरेफ्थैलिक अम्ल}}{nHOOC-C_6H_4-COOH} \longrightarrow$$

$$\underset{\text{टेरीलीन (डेक्रॉन)}}{\left[OCH_2-CH_2-\overset{O}{\overset{\|}{C}}-C_6H_4-\overset{O}{\overset{\|}{C}}\right]_n}$$

सहबहुलकन Copolymerisation

सहबहुलकन वह अभिक्रिया है जिसमें एक से अधिक प्रकार के एकलकों के मिश्रण का बहुलकन करने पर बहुलक प्राप्त होता है।

सहबहुलकन केवल श्रृंखला वृद्धि बहुलकन से ही नहीं, बल्कि पदशः वृद्धि बहुलकन द्वारा भी किया जा सकता है। 1, 3-ब्यूटाडाइन तथा स्टाइरीन का मिश्रण सहबहुलक बना सकता है।

$$\underset{\text{1, 3-ब्यूटाडाइन}}{nCH_2{=}CH{-}CH{=}CH_2} + n \longrightarrow \left[CH_2{-}CH{=}CH{-}CH_2{-}CH{-}CH_2 \right]_n$$

ब्यूटाडाईन-स्टाइरीन सहबहुलक

इसका उपयोग वाहनों के टायर, फर्श की टाइलों, जूतों के घटकों, केबिल के रोधन पदार्थ आदि में किया जाता है।

समन्वयन बहुलकन Coordination Polymerisation

एक अन्य प्रकार का बहुलकन, जिसमें समन्वय यौगिक एक मध्यवर्ती के रूप में उत्पन्न होता है, इसे समन्वयन बहुलकन कहते हैं। जैसे—ऐलुमिनियम-टाइटेनियम प्रारम्भक $[(C_2H_5)_3Al + TiCl_4]$ के साथ क्रिया करके एकलक π-इलेक्ट्रॉन देकर Ti के साथ एक समन्वय संकुल बनाता है। यह उत्पन्न π-संकुल, बड़ी संख्या में एकलक से चरण बद्ध क्रिया करके बहुलक बनाता है।

$$HC{\equiv}CH \xrightarrow{TiCl_4} \underset{\pi\text{-संकुल}}{Ti{-}\overset{CH}{\underset{CH}{|||}}} \longrightarrow -Ti{-}CH{=}CH-$$

$$\xrightarrow{CH\equiv CH} -\overset{CH\equiv CH}{Ti}-CH{=}CH- \longrightarrow -Ti{-}(CH{=}CH)_2$$

$$\xrightarrow{nCH\equiv CH} CH{=}CH{-}[CH{=}CH]_n\;\; CH{=}CH$$

पॉलीऐसीटिलीन
(द्विबन्ध के कारण सुचालक)

यह प्रक्रम जिग्लर-नाटा द्वारा खोजा गया था, अतः इसे ***जिग्लर-नाटा* बहुलकन** कहते है तथा यह उत्प्रेरक ***जिग्लर-नाटा* उत्प्रेरक** कहलाता है।

कुछ महत्त्वपूर्ण बहुलक Some Important Polymers

रबड़ Rubber

रबड़ ब्यूटा-1, 3-डाईन के व्युत्पन्नों का बहुलक है। इनमें प्रत्यास्थता का गुण होने के कारण 'प्रत्यास्था बहुलक' श्रेणी में भी रखते हैं।

उत्पत्ति के आधार पर यह दो प्रकार की होती हैं

प्राकृतिक रबड़ Natural Rubber

रबड़ एक प्राकृतिक बहुलक है और इसमें प्रत्यास्थ गुण पाए जाते हैं। अतः इसे **प्रत्यास्थ बहुलक** भी कहते हैं।

प्राकृतिक रबड़ के गुण Properties of Natural Rubber

प्राकृतिक रबड़, आइसोप्रीन (2, मेथिल-1, 3-ब्यूटाडाईन) का रैखिक बहुलक है और इसे *समपक्ष*-1, 4-पॉलीआइसोप्रीन भी कहा जाता है। *समपक्ष*-पॉलीआइसोप्रीन अणु में विभिन्न श्रृंखलाएँ एक-दूसरे के साथ दुर्बल वाण्डरवाल्स क्रिया द्वारा जुड़ी रहती हैं।

$$\underset{\substack{\text{2-मेथिल-1, 3-ब्यूटाडाइन}\\\text{(आइसोप्रोपीन)}}}{nCH_2{=}\overset{CH_3}{\overset{|}{C}}{-}CH{=}CH_2} \xrightarrow{\text{बहुलकन}}$$

$$-CH_2\!\!\underset{H_3C}{>}\!C{=}C\!\!\underset{CH_2}{\overset{H}{<}} \;\; \underset{H_3C}{\overset{CH_2}{>}}C{=}C\underset{H}{\overset{CH_2}{<}} \;\; \underset{H_2C}{\overset{H_3C}{>}}C{=}C\underset{CH_2-}{\overset{H}{<}}$$

(प्राकृतिक रबड़)
समपक्ष-1,4-पॉलीआइसोप्रीन

वल्कनीकरण Vulcanisation

प्राकृतिक रबड़ अधिक नरम होता है तथा खींचने पर टूट जाता है। इसे कठोर तथा अधिक लचीला बनाने के लिए इसमें सल्फर की अल्प मात्रा मिलाकर गर्म करते हैं। इस क्रिया को **रबड़ का वल्कनीकरण** कहते हैं। वल्कनीकरण की क्रिया में सल्फर परमाणु रेखीय श्रृंखलाओं के मध्य बन्ध बनाने में प्रयुक्त हो जाता है इस कारण प्राकृतिक रबड़ कठोर तथा लचीला हो जाता है।

$$\left[CH_2{-}\overset{CH_3}{\overset{|}{C}}{=}CH{-}CH_2 \right]_n + S \xrightarrow[373-415\,K]{ZnO}$$

$$\cdots CH_2{-}\overset{S}{CH}{-}\overset{CH_3}{C}{-}CH_2 \,|\, CH_2{-}\overset{S}{CH}{-}\overset{CH_3}{C}{-}CH_2 \,|\, CH_2{-}\overset{S}{CH}{-}\overset{CH_3}{C}{-}CH_2 \cdots$$

$$\cdots CH_2{-}CH{-}\underset{S}{\overset{S\;CH_3}{C}}{-}CH_2 \,|\, CH_2{-}CH{-}\overset{S}{C}{-}\underset{S}{\overset{CH_3}{CH_2}} \,|\, CH_2{-}CH{-}\overset{S}{C}{-}\underset{S}{\overset{CH_3}{CH_2}} \cdots$$

संश्लेषित रबड़ Synthetic Rubber

संश्लेषित रबड़ या तो 1, 3-ब्यूटाडाईन के व्युत्पन्नों के सहबहुलक है अथवा 1, 3 ब्यूटाडाईन के या इसके व्युत्पन्नों के अन्य असंतृप्त एकलकों के साथ सहबहुलक है। निम्नलिखित बहुलक रबड़ के समान गुणधर्म रखते हैं तथा संश्लेषित या कृत्रिम रबड़ के रूप में प्रयुक्त होते हैं।

(i) **निओप्रीन** (Neoprene) यह क्लोरोप्रीन के मुक्त मूलक बहुलकन द्वारा बनता है।

$$\underset{\substack{\text{क्लोरोप्रीन}\\\text{2-क्लोरो-1, 3-ब्यूटाडाईन}}}{nCH_2{=}\overset{Cl}{\overset{|}{C}}{-}CH{=}CH_2} \xrightarrow{\text{बहुलकन}} \underset{\text{निओप्रीन}}{\left[CH_2{-}\overset{Cl}{\overset{|}{C}}{=}CH{-}CH_2 \right]_n}$$

इसका उपयोग वाहक पट्टे, गैस्केट और हौजों के बनाने में किया जाता है।

(ii) ब्यूना-S (स्टाइरीन-ब्यूटाडाईन रबड़) (Buna-S), Styrene-Butadiene Rubber, SBR यह GRS सामान्य उद्देश्य स्टाइरीन रबड़ भी कहलाता है। यह एक प्रत्यास्थ बहुलक है। इसे सामान्यत: कार्बन ब्लैक के, साथ मिश्रित व सल्फर के साथ वल्कनीकृत करते हैं। टूट-फूट के गुण कम होने के कारण इसे टायरों तथा अन्य रबड़ उत्पादों में प्रयोग करते हैं।

(iii) **ब्यूना-N** (Buna-N) इसका निर्माण 1, 3-ब्यूटाडाइन और ऐक्रिलोनाइट्राइल के परॉक्साइड उत्प्रेरक की उपस्थिति में सहबहुलकन से प्राप्त होता है।

$$\underset{\text{1, 3-ब्यूटाडाईन}}{nCH_2{=}CH{-}CH{=}CH_2} + \underset{\text{ऐक्रिलोनाइट्राइल}}{nCH_2{=}\overset{\overset{CN}{|}}{CH}} \xrightarrow{\text{सहबहुलकन}}$$

$$\underset{\text{ब्यूना–N}}{\left[CH_2{-}CH{=}CH{-}CH_2{-}CH_2{-}\overset{\overset{CN}{|}}{CH} \right]_n}$$

(iv) **थायोकॉल अथवा पॉलीसल्फाइड रबड़** (Thiocol or Polysulphide Rubber) यह ऐथिलीन डाइक्लोराइड व सोडियम टेट्रासल्फाइड (Na_2S_4) के संघनन बहुलकन से प्राप्त होता है।

(v) **ब्यूटाइल रबड़** (Butyl Rubber) यह आइसो-ब्यूटिलीन व आइसोप्रीन के सहबहुलकन से प्राप्त होता है। यह पेट्रोल, स्नेहक तेल और कार्बनिक विलायकों के प्रतिरोधी हैं। इसका उपयोग तेल-सील, टंकी के लिए अस्तर आदि बनाने में किया जाता है। टेरीलीन का फिल्म मोड माइल्ट कहलाता है।

पॉलीथीन अथवा पॉलीएथिलीन
Polythene or Polyethylene

यह ऐथीन ($CH_2{=}CH_2$) का बहुलक होती है। ताप, दाब तथा उत्प्रेरक की उपस्थिति के आधार पर पॉलीथीन दो प्रकार की होती है

अल्प घनत्व पॉलीथीन Low Density Polythene

यह 1000 से 2000 तक उच्च वायुमण्डलीय दाब और 350 से 570 K ताप पर डाइऑक्सीजन अथवा परॉक्साइड प्रारम्भक (उत्प्रेरक) की लेशमात्र उपस्थिति में ऐथीन के बहुलकन द्वारा प्राप्त होता है।

अल्प घनत्व पॉलीथीन की संरचना अत्यधिक शाखित होती है। अल्प घनत्व पॉलीथीन रसायनत: अक्रिय, लचीली और विद्युत की अल्प चालक होती है। इसका उपयोग विद्युत वाहक तारों के विद्युतरोधन और निष्पीड़न बोतलों, खिलौनों और लचीले पाइपों के निर्माण के लिए होता है।

उच्च घनत्व पॉलीथीन High Density Polythene

ऐथीन को किसी हाइड्रोकार्बन विलयन में ट्राइएथिल ऐलुमिनियम और टाइटेनियम टेट्राक्लोराइड (जिगलर-नाटा उत्प्रेरक) की उपस्थिति में 333 K से 343 K ताप और 6-7 वायुमण्डलीय दाब पर बहुलकन करने से प्राप्त होती है। उच्च घनत्व पॉलीथीन में रेखीय अणु होते हैं। इसका घनत्व निविड संकुलन के कारण उच्च होता है। यह रासायनिक रूप से अक्रिय, अधिक कठोर और दृढ़ होता है। इसका उपयोग बाल्टियों, बोतलों, पाइपों आदि के निर्माण में होता है।

पॉलीऐमाइड Polyamides

ऐमाइड बन्धयुक्त बहुलक संश्लिष्ट रेशे को **नायलॉन** कहते हैं। इसका निर्माण न्यूयॉर्क तथा लन्दन में एक साथ हुआ था अत: इसे यह नाम दिया गया Ny = न्यूयॉर्क तथा lon = लन्दन। इनके विरचन की सामान्य विधि में डाइऐमीन का डाइकार्बोक्सेलिक अम्लों के साथ तथा ऐमीनो अम्लों तथा उनके लैक्टमों का भी संघनन बहुलकन होता है।

नायलॉन-6 अथवा परलॉन 6 Nylon-6 or Perlon

नायलॉन-6 का निर्माण कैप्रोलैक्टम को जल के साथ उच्च ताप पर अभिक्रिया कराने से प्राप्त किया जाता है।

$$\underset{\text{कैप्रोलैक्टम}}{\text{(cyclic: N–H, } H_2C, H_2C, H_2C{-}CH_2, CH_2, C{=}O)} \xrightarrow[H_2O]{533\text{-}543\ K} \underset{\text{नायलॉन–6}}{\left[\overset{\overset{O}{||}}{C}{-}(CH_2)_5{-}\overset{\overset{H}{|}}{N} \right]_n}$$

इसका उपयोग टायर की डोरियों, वस्त्रों तथा रस्सियों के निर्माण में किया जाता है।

नायलॉन-66 Nylon-66

नायलॉन-66 का निर्माण हेक्सामेथिलीन डाइऐमीन एवं ऐडीपिक अम्ल के साथ उच्च दाब तथा उच्च ताप पर संघनन द्वारा किया जाता है।

$$nH_2N(CH_2)_6NH_2 + n\,HOOC(CH_2)_4COOH \xrightarrow[-nH_2O]{553K\ \text{उच्च दाब}}$$

$$\underset{\text{नायलॉन-6 6}}{\left[\overset{\overset{H}{|}}{N}{-}(CH_2)_6{-}\overset{\overset{H}{|}}{N}{-}\overset{\overset{O}{||}}{C}{-}(CH_2)_4{-}\overset{\overset{O}{||}}{C} \right]_n}$$

इसका उपयोग शीशों; ब्रशों के शूकों (bristles) और वस्त्र उद्योग में किया जाता है।

पॉलीएस्टर Polyesters

यह द्विकार्बोक्सिलिक अम्लों और डाइऑल के बहुसंघनन का उत्पाद है। डेक्रॉन अथवा टेरीलीन इसका उदाहरण है।

टेरीलीन अथवा डेक्रॉन Terylene or Dacron

डेक्रॉन अथवा टेरीलीन का निर्माण डाइमेथिल टरथैलेट और एथिलीन ग्लाइकॉल के मिश्रण को 420 K से 460 K ताप तक जिंक ऐसीटेट-ऐन्टिमनी ट्राइऑक्साइड उत्प्रेरक की उपस्थिति में गर्म करने पर होता है।

$$nCH_3O-CO-C_6H_4-CO-O-CH_3 + nCH_2OH-CH_2OH \xrightarrow[-nCH_3OH]{H^+} -\!\!\left[CH_2-CH_2-O-CO-C_6H_4-CO-O-CH_2-CH_2\right]_n$$

डाइमेथिल टरथैलेट, एथिलीन ग्लाइकॉल, टेरीलीन या डेक्रॉन

टेरीलीन से बने रेशों को प्राकृतिक सूती रेशों में मिलाया जा सकता है। इन रेशों से प्राप्त वस्त्रों को सुखाने पर वे जल्दी सूख जाते हैं तथा उनमें सिलवटें (wrinkles) भी नहीं पड़ती हैं।

ग्लिप्टल अथवा ऐल्किड रेसिन Glyptal or Alkyd Resin

यह एथिलीन ग्लाइकॉन व थैलिक अम्ल का बहुलक है तथा पेन्ट व रोगन/लाख बनाने में प्रयुक्त होता है।

$$nHOCH_2CH_2OH + n\,C_6H_4(COOH)_2 \xrightarrow[-nH_2O]{\Delta} \left[-O-CH_2-CH_2-O-\overset{O}{\overset{\|}{C}}-C_6H_4-\overset{O}{\overset{\|}{C}}-\right]_n$$

एथिलीन ग्लाइकॉल, थैलिक अम्ल, ग्लिप्टल

बैकेलाइट Bakelite

फीनॉल की अम्ल अथवा क्षार उत्प्रेरक की उपस्थिति में फॉर्मेल्डिहाइड के साथ संघनन अभिक्रिया द्वारा प्राप्त होता है। प्रारम्भिक उत्पाद एक रैखिक उत्पाद हो सकता है जैसे—नोवोलेक जिसका उपयोग प्रलेपों में होता है। फॉर्मेल्डिहाइड के साथ गर्म करने पर नोवोलेक तिर्यक बन्धन निर्मित करके एक दुर्गलनीय ठोस बनाता है जिसे **बैकेलाइट** कहते हैं।

$$C_6H_5OH + CH_2O \xrightarrow[OH^-]{H^+\text{ अथवा}} o\text{-}HOCH_2C_6H_4OH + p\text{-}HOCH_2C_6H_4OH + 2,4,6\text{-}(HOCH_2)_3C_6H_2OH$$

$$n\;o\text{-}HOCH_2C_6H_4OH \xrightarrow{H^+} -CH_2-[C_6H_3(OH)-CH_2]_n-$$

नोवोलेक

बैकेलाइट (तिर्यक बन्धित संरचना: फीनॉल वलय CH_2 सेतुओं द्वारा जुड़े)

इसका उपयोग कन्घियों, फोनोग्राफ, रेकॉर्ड अभिलेखों, वैद्युत स्विचों और विभिन्न बर्तनों के हत्थे बनाने में किया जाता है।

अन्य महत्त्वपूर्ण बहुलक Other Important Polymers

कुछ अन्य महत्त्वपूर्ण बहुलकों का वर्णन निम्न है

पॉलीविनाइल क्लोराइड (पी वी सी) Polyvinyl Chloride (PVC)

पॉलीविनाइल क्लोराइड, विनाइल क्लोराइड का उच्च बहुलक है।

$$nCH_2=CH(Cl) \xrightarrow[\text{उच्च दाब}]{\text{परॉक्साइड}} -\!\!\left[CH_2-CH(Cl)\right]_n$$

विनाइल क्लोराइड, पॉलीविनाइल क्लोराइड

यह विद्युत अचालक, नम्य तथा जल प्रतिरोधी है।
इसका उपयोग प्लास्टिक के पाइप, ग्रामोफोन रेकॉर्ड, हैण्डबैग, रेनकोट, जलरोधी पर्दे, वाटरप्रूफ वस्तुएँ बनाने में किया जाता है।

पॉलीस्टाइरीन (स्टाइरॉन) Polystyrene (Styron)

स्टाइरॉन स्टाइरीन का उच्च बहुलक है।

$$n\,C_6H_5CH=CH_2 \xrightarrow{\text{उत्प्रेरक}} \left[-CH(C_6H_5)-CH_2-\right]_n$$

स्टाइरीन, पॉलीस्टाइरीन (स्टाइरॉन)

इसका उपयोग रेडियो व टेलीविजन की कैबिनेट, खिलौने, कन्घे, डिब्बे बनाने में होता है।

टेफ्लॉन अथवा पॉलीटेट्रा फ्लुओरोएथीन

Teflon or Polytetra Fluoroethene

टेफ्लॉन का निर्माण टेट्राफ्लुओरोएथीन मुक्त मूलक अथवा पर सल्फेट उत्प्रेरक के साथ उच्च दाब पर गर्म करने से प्राप्त होता है।

$$\underset{\text{टेट्राफ्लुओरोएथीन}}{nCF_2{=}CF_2} \xrightarrow[\text{उच्च दाब}]{\text{उत्प्रेरक}} \underset{\text{टेफ्लॉन}}{-\!\!\!\left[CF_2-CF_2 \right]\!\!\!-_n}$$

यह रासायनिक रूप से अक्रिय और संक्षारक अभिकर्मकों द्वारा आक्रमण के प्रति प्रतिरोधी होता है। इसको तेल सीलों और गैस्केटों को बनाने में और न चिपकने वाली (नॉन-स्टिक) सतह से लेपित बर्तनों में उपयोग किया जाता है।

संख्यात्मक औसत अणुभार

Number Average Molecular Mass ($\overline{M}_n$)

किसी नमूने के समस्त अणुओं के द्रव्यमानों को अणुओं की कुल संख्या से भाग देने के फलस्वरूप प्राप्त परिणाम, **संख्यात्मक औसत अणुभार** कहलाता है।

इसे निम्न प्रकार प्रदर्शित करते हैं

$$\overline{M}n = \frac{N_1 M_1 + N_2 M_2 + \ldots\ldots}{N_1 + N_2 + \ldots\ldots}$$

$$= \frac{\Sigma N_i M_i}{\Sigma N_i}$$

जहाँ, N_1, N_2..... वृहद अणुओं की संख्या जिनके अणुभार क्रमशः M_1, M_2...... हैं।

भारात्मक औसत अणुभार

Weight Average Molecular Mass ($\overline{M}_n$)

यह अणुओं के समूह के अणुभार का औसत है जिसे उनके भार के साथ उनके संगत आण्विक भार की गुणा द्वारा प्राप्त किया जाता है। इसे निम्न व्यंजक द्वारा प्रदर्शित करते हैं

$$\overline{M}w = \frac{m_1 M_1 + m_2 M_2 + \ldots\ldots}{m_1 + m_2 + \ldots\ldots} = \frac{\Sigma m_i M_i}{\Sigma m_i}$$

जहाँ, m_1, m_2 = वृहद अणुओं के भार जिनके अणुभार क्रमशः M_1, M_2......... हैं। किन्तु $m_i = N_i M_i$

$$\therefore \quad \overline{M}w = \frac{\Sigma N_i M_i \times M_i}{\Sigma N_i M_i} = \frac{\Sigma N_i M_i^2}{\Sigma N_i M_i}$$

बहुपरिक्षेपिता सूचकांक Polydispersity Index (PDI)

$\overline{M}_w$ व $\overline{M}_n$ का अनुपात परिक्षेपिता सूचकांक कहलाता है।

PDI = $\overline{M}_w / \overline{M}_n$ प्राकृतिक बहुलकों के लिए

PDI = 1 अर्थात् $\overline{M}_w = \overline{M}_n$

संश्लेषित बहुलकों के लिए = $\overline{M}_w > M_n$

बहुलकों का आण्विक द्रव्यमान

Molecular Mass of Polymers

बहुलकों के गण मुख्यत: उनके आण्विक द्रव्यमान, आकर एवं संरचना से घनिष्ठ रूप से जुड़े होते हैं। बहुलक शृंखला की लम्बाई उनके संश्लेषण के समय अभिक्रिया मिश्रण में एकलकों की उपलब्धता पर निर्णय करती है। इस तरह, बहुलक प्रतिदर्श में विभिन्न लम्बाई की शृंखलाएँ उपस्थित होती है। अत: इनका आण्विक द्रव्यमान सदैव एक औसत के रूप में व्यक्त होता है। इन्हें रासायनिक और भौतिक विधियों द्वारा ज्ञात किया जाता है। बहुलकों के आण्विक द्रव्यमानों को ज्ञात की निम्नलिखित विधियाँ हैं

जैव-अपघटनीय या जैवनिम्नीकरणीय बहुलक

Biodegradable Polymers

बहुत से बहुलक ऐसे होते हैं, जिनका जीवाणुओं द्वारा निम्नीकरण नहीं होता है। अत: ऐसे बहुलक लम्बे समय तक अनिम्नीकृत रूप में ही पड़े रहते हैं और पर्यावरण प्रदूषण उत्पन्न करते हैं। इसी समस्या के निराकरण हेतु जैव अपघटनीय बहुलक का विकास हुआ।

''वे बहुलक जो जीवाणुओं द्वारा छोटे अणुओं में विघटित (निम्नीकृत) हो जाते हैं, जैव अपघटनीय बहुलक कहलाते हैं।''

उदाहरण— PHBV, नायलॉन-2-नायलॉन-6

(i) **पॉलि β -हाइड्रॉक्सी ब्यूटाइटेट-को-β-हाइड्रॉक्सी वैलेरेट** (PHBV) यह बहुलक 3-हाइड्रॉक्सीब्यूटेनॉइक अम्ल एवं 3-हाइड्रोक्सीपेन्टेनॉइक अम्ल के सहबहुलकीकरण से निर्मित होता है। यह एक ऐलिफैटिक पॉलिएस्टर बहुलक है।

$$\underset{\text{3-हाइड्रॉक्सीब्यूटेनॉइक अम्ल}}{nCH_3-\underset{|}{\overset{OH}{CH}}-CH_2-COOH} + \underset{\text{3-हाइड्रॉक्सी पेन्टेनोइक अम्ल}}{nCH_3-CH_2-\overset{OH}{CH}-CH_2-COOH}$$

$$\longrightarrow \left[-O-\underset{CH_3}{\underset{|}{C}}-CH_2-\underset{O}{\underset{\|}{C}}-O-\underset{CH_2CH_3}{\underset{|}{CH}}-CH_2-\underset{O}{\underset{\|}{C}}- \right]_n$$

PHBV

उपयोग (Uses) इस बहुलक का उपयोग विशेष पैकेजिंग, अस्थि रोग के उपकरणों, औषधियों के नियन्त्रित मोचन (Release) आदि में किया जाता है।

(ii) **नायलॉन-2-नायलॉन-6** यह बहुलक ग्लाइसिन एवं ऐमीनो कैप्रोइक अम्ल के सहबहुलकन से प्राप्त किया जाता है। यह एक पॉलिऐमाइड बहुलक है।

$$nH-HN-\underset{O}{\underset{\|}{C}}-OH + nH-NH-(CH_2)_5-\underset{O}{\underset{\|}{C}}-OH$$

$$\xrightarrow[-nH_2O]{\text{सहबहुलकन}} \underset{\text{नायलॉन-2-नायलॉन-6}}{\left[HN-\underset{O}{\underset{\|}{C}}-NH-(CH_2)_5-\underset{O}{\underset{\|}{C}} \right]}$$

जैव-अनिम्ननीय बहुलक Non-biodegradable Polymers

स्टार्च, सेलुलोस, प्रोटीन आदि जैवनिम्ननीय (Biodegrable) बहुलक हैं। ये जैविक निकायों में स्वयं अपघटित हो जाते हैं और प्रदूषण उत्पन्न नहीं करते हैं। संश्लेषित बहुलक लगभग अक्रिय होते हैं तथा ये वायुमण्डल में स्वयं विघटित होते हैं। संश्लेषित बहुलक पर्यावरण प्रदषण उत्पन्न करते हैं। इन्हें जैव-अनिम्ननीय बहुलक कहते हैं और इस घटना को जैव-अनिम्नीकरण कहते हैं।

व्यापारिक महत्त्व के कुछ बहुलक Some Polymers of Commercial Importance

व्यापारिक महत्त्व के कुछ बहुलकों के नाम उनके एकलकों तथा उनकी संरचनाओं को निम्नलिखित सारणी में दिया गया है

बहुलक	एकलक	संरचना	उपयोग
पॉलिथीन	एथीन ($CH_2=CH_2$)	$-\!(CH_2-CH_2)\!-_n$	बोतल, कूड़ेदान, बाल्टी, पाइप आदि बनाने में।
प़ॉलिप्रोपीन	$CH_2=CH-CH_3$	$-\!(CH_3-CH(CH_2))\!-_n$	रस्सी, रेशे, पाइप, खिलौने आदि बनाने में
पॉलिस्टाइरीन	स्टाइरीन $CH_2=CH-C_6H_5$	$-\!(CH_2-CH(C_6H_5))\!-_n$	विद्युतरोधी आवरण, खिलौने, रेडियो व टेलिविजन आदि बनाने में।
टैफ्लॉन (PTFE)	टेट्राफ्लुओरो एथीन ($CF_2=CF_2$)	$-\!(CF_2-CF_2)\!-_n$	तेल के सील, गैस्किट, नॉन-स्टिकी बर्तन, विद्युत आयरन आदि के निमार्ण में
पॉलिवाइनिल क्लोराइड (PVC)	वाइनिल क्लोराइड ($CH_2=CH-Cl$)	$[-CH_2-CH(Cl)-]_n$	बरसाती बैग, वाइनिल फर्श, पाइप आदि बनाने में।
टेरिलीन या डेक्रॉन	(i) एथिलीन ग्लाइकॉल $CH_2(OH)-CH_2(OH)$ (ii) टरथैलिक अम्ल	$[-O-CH_2-CH_2-O-C(=O)-C_6H_4-C(=O)-]_n$	विभिन्न प्रकार के वस्त्र, चुम्बकीय रिकार्डिंग टेप, चालक बेल्ट, एप्रिन आदि के निर्माण में
ग्लिप्टल या ऐल्किड रेजिन	(i) एथिलीन ग्लाइकॉल $CH_2(OH)-CH_2(OH)$ (ii) थैलिक अम्ल $C_6H_4(COOH)_2$	$[-OCH_2-CH_2OOC-C_6H_4-CO-]_n$	प्रलेप पेन्ट और प्रलाक्ष बनाने में।
नायलॉन-6 6	(i) हेक्सामेथिलीन डाइऐमीन $H_2N-(CH_2)_6-NH_2$ (ii) ऐडीपिक अम्ल $(CH_2)_4(COOH)_2$	$[-NH-(CH_2)_6-NH-C(=O)-(CH_2)_4-C(=O)-]_n$	शीशा, ब्रश, वस्त्र आदि के निर्माण में।
बैकेलाइट	(i) फीनॉल C_6H_5OH (ii) फॉर्मेल्डिहाइड HCHO	$[-C_6H_3(OH)-CH_2-C_6H_3(OH)-CH_2-]_n$	वैद्युत स्विच, बर्तन का हत्था, कंप्यूटर डिस्क, कंघा आदि बनाने में।

अभ्यास प्रश्न

1. कई छोटी इकाईयों से मिलकर बने उच्च अणुभार वाले अणु को कहते हैं

(a) एकलक (b) वृहद् अणु
(c) बहुलक (d) (b) तथा (c) दोनों

2. निम्न कारकों में से किसमें वृद्धि होने पर, बहुलक की तनन क्षमता बढ़ती है

(a) क्रिस्टलीयता (b) गलनांक (c) अणुभार (d) ये सभी

3. बहुलकों के सन्दर्भ में क्या सत्य नहीं है?

(a) बहुलकों में उच्च श्यानता होती है
(b) बहुलक प्रकाश प्रकीर्णित करते हैं
(c) बहुलकों पर कोई आवेश नहीं होता है
(d) बहुलकों का अणुभार कम होता है

4. $\left[-CH_2-\underset{CH_3}{\overset{CH_3}{\underset{|}{\overset{|}{C}}}}-CH_2-\underset{CH_3}{\overset{CH_3}{\underset{|}{\overset{|}{C}}}}-\right]_n$ एक बहुलक है, जिसमें एकलक इकाई है

(a) (b)
(c) H H (d)

5. नायलॉन जैसे बहुलक को कौन-से कारक क्रिस्टलीय गुण प्रदान करते हैं?

(a) हाइड्रोजन बन्ध (b) सहसंयोजक बन्ध
(c) आयनिक बन्ध (d) उपरोक्त सभी

6. ग्लूकोस के निम्नलिखित बहुलकों में से जन्तु कौन-सा संचित करते हैं?

(a) सेलुलोस (b) ऐमिलोस (c) ऐमिलोपेक्टिन (d) ग्लाइकोजन

7. निम्न में से कौन जैव-बहुलक नहीं है?

(a) प्रोटीन (b) रबड़ (c) सेलुलोस (d) आर एन ए

8. टेफ्लॉन एक बहुलक है

(a) पॉलिऐमाइड (b) योगज बहुलक
(c) पॉलीएस्टर (d) फॉर्मेल्डिहाइड रेजिन

9. निम्नलिखित में से कौन-से योगज बहुलक हैं?

(a) नायलॉन (b) मैलामाइन-फॉर्मेल्डिहाइड रेजिन
(c) ऑरलॉन (d) पॉलिस्टाइरीन

10. निम्नलिखित बहुलकों में से कौन-से संघनन बहुलक हैं?

(a) बैकेलाइट (b) टेफ्लॉन
(c) ब्यूटाइल रबड़ (d) इनमें से कोई नहीं

11. निम्नलिखित में से कौन पद-वृद्धि बहुलक है?

(a) पी टी एफ ई (b) पी वी सी
(c) पॉलीएस्टर (d) पॉलीथीन

12. निम्नलिखित में से कौन प्रत्यास्थ बहुलक है?

(a) वल्कनीकृत रबड़ (b) डेक्रॉन
(c) पॉलीस्टाइरीन (d) मैलाइमान

13. निम्नलिखित में से कौन-से बहुलक रेशे के रूप में प्रयुक्त होते हैं?

I. पॉलीटेट्राफ्लोरो एथेन II. पॉलीक्लोरोप्रीन
III. नायलॉन IV. टेरिलीन

सही उत्तर है

(a) I व II (b) II व III (c) III व IV (d) ये सभी

14. नायलॉन-66 नहीं है

(a) संघनन बहुलक (b) पॉलीऐमाइड
(c) समबहुलक (d) सहबहुलक

15. सबसे प्रबल आण्विक बल उपस्थित होते हैं

(a) प्रत्यास्थ बहुलक में (b) ताप सुघट्यों में
(c) रेशों में (d) तापसुदृढ़ बहुलकों में

16. वह यौगिक, जिसे प्लास्टिसाइजर के रूप में प्रयुक्त नहीं किया जा सकता है

(a) डाइ-*n*-ब्यूटिलथैलेट (b) ट्राइक्रिसिल फॉस्फेट
(c) डाइ-*n*-ऑक्टीथैलेट (d) डाइएथिल थैलेट

17. प्रोपीन एवं ऐडिपिक अम्ल की क्रियाशीलता क्रमशः है

(a) 1, 1 (b) 0, 1 (c) 0, 2 (d) 1, 2

18. जब बहुलकीकरण में दो या अधिक रासायनिक रूप से भिन्न एकलक भाग लेते हैं। वह कहलाता है

(a) योगज बहुलकीकरण (b) सहबहुलकीकरण
(c) श्रृंखला बहुलकीकरण (d) समबहुलकीकरण

19. किसके संघनन बहुलीकरण से नायलॉन-66 प्राप्त होता है

(a) ऐडिपिक अम्ल व हेक्सामेथिलीन डाइऐमीन
(b) फीनॉल व फॉर्मेल्डिहाइड
(c) टेरेफ्थैलिक अम्ल एवं एथिलीन ग्लाइकॉल
(d) सेबेकिक अम्ल व हेक्सामेथिलीन

20. निम्न घनत्व पॉलिथीन बनायी जाती है

(a) मुक्त मूलक बहुलकीकरण द्वारा
(b) धनायनिक बहुलकीकरण द्वारा
(c) ऋणायनिक बहुलकीकरण द्वारा
(d) जीग्लर-नाटा बहुलकीकरण द्वारा

21. वह यौगिक, जो विनाइल बहुलकीकरण प्रक्रिया में बहुलक श्रृंखला की वृद्धि को रोकता है

(a) कार्बन टेट्राक्लोराइड (b) *p*-बेन्जोक्विनॉन
(c) बेन्जोफीनॉन (d) कार्बन डाइऑक्साइड

22. एक श्रृंखला स्थानान्तरण कारक है

(a) C_6H_5OH (b) $NH(C_6H_5)_2$ (c) CCl_4 (d) CH_3OH

23. पॉलीआइसोब्यूटाइलीन बनाने की सर्वोत्तम विधि है

(a) सहबहुलकीकरण (b) धनायनिक बहुलकीकरण
(c) ऋणायनिक बहुलकीकरण (d) मुक्त मूलक बहुलकीकरण

24. बैकेलाइट, फीनॉल व फॉर्मेल्डिहाइड का संघनन बहुलक है। दोनों यौगिक के मध्य प्रारम्भक पद उदाहरण है
(a) मुक्त मूलक क्रिया
(b) ऐल्डोल संघनन
(c) ऐरोमैटिक नाभिकस्नेही प्रतिस्थापन
(d) ऐरोमेटिक इलेक्ट्रॉनस्नेही प्रतिस्थापन

25. संश्लेषित बहुलकों के संख्या औसत अणुभार, $\overline{M}_n$ व भारित अणुभार $\overline{M}_w$ के मध्य सम्बन्ध होता है
(a) $\overline{M}_n = (\overline{M}_w)^{1/2}$ (b) $\overline{M}_n = \overline{M}_w$
(c) $\overline{M}_w > \overline{M}_n$ (d) $\overline{M}_w < \overline{M}_n$

26. सामान्यत: प्राकृतिक बहुलकों के लिए, PDI का मान होता है
(a) 0 (b) 1 (c) 100 (d) 1000

27. आइसोप्रीन का रासायनिक नाम है
(a) 2-मेथिल-1, 3-ब्यूटाडाईन (b) 2-क्लोरोन, 1-3 ब्यूटाडाईन
(c) 2-मेथॉक्सीप्रोपेन (d) इनमें से कोई नहीं

28. प्राकृतिक बहुलक के सदृश संश्लेषित बहुलक है
(a) क्लोरोप्रीन (b) आइसोप्रीन (c) निओप्रीन (d) ग्लिप्टल

29. थायोकॉल रबड़ के सम्बन्ध में सही कथन है
(a) यह एक प्राकृतिक पॉलिसल्फाइड रबड़ है
(b) यह तेलों व अपघर्षण के प्रति प्रतिरोधी है
(c) यह योगज बहुलकीकरण द्वारा निर्मित किया जाता है
(d) उपरोक्त सभी सत्य हैं

30. रबड़ को सल्फर के साथ गर्म करना कहलाता है
(a) वल्कनीकरण (b) गैल्वेनीकरण (c) सल्फोनीकरण (d) बेसेमरीकरण

31. निम्न में से किस प्रकार का बल वल्कनीकृत रबड़ में उपस्थित होता है?
(a) दुर्बलतम अन्तराण्विक बल (b) हाइड्रोजन बन्ध
(c) बन्धों का त्रिविमीय जाल (d) धात्विक बन्ध

32. रबड में 3% से 10% सल्फर मिलाने पर
(a) मुलायम रबड़ प्राप्त होती है (b) कठोर रबड़ प्राप्त होती है
(c) कोई परिवर्तन नहीं होता (d) घुलनशील रबड़ प्राप्त होती है

33. ब्यूना-N व ब्यूना-S के मध्य मुख्य अन्तर है
(a) पहला एक समबहुलक है जबकि दूसरा एक सहबहुलक है
(b) पहले में ब्यूटा-2,3-डाईन होता है जबकि दूसरे में नहीं
(c) पहले में ऐक्रिलोलिट डाईन होता है जबकि दूसरे में स्टाइरीन होता है
(d) उपरोक्त सभी कथन सत्य हैं

34. निम्नलिखित में से शाखित शृंखला बहुलक है
(a) पॉलीस्टाइरीन (b) अल्प घनत्व पॉलीथीन
(c) उच्च घनत्व पॉलीथीन (d) पॉलीएस्टर

35. निम्नलिखित में से कौन-सा अल्प घनत्व के सम्बन्ध में सही नहीं है?
(a) कठोर (b) दृढ़
(c) विद्युत के अल्प चालक (d) अत्यधिक शाखित संरचना

36. उच्च घनत्व पॉलीथीन के बहुलकीकरण में प्रयुक्त होने वाला उत्प्रेरक है
(a) टाइटेनियम डाइऑक्साइड
(b) टाइटेनियम आइसोपरॉक्साइड
(c) लीथियम टेट्राक्लोराइड व ट्राइफेनिल ऐलुमिनियम
(d) टाइटेनियम टेट्राक्लोराइड एवम् ट्राइमेथिल ऐलुमिनियम

37. पॉलीऐक्रिलोनाइट्राइल का व्यवसायिक नाम है
(a) डेक्रॉन (b) ऑरलॉन (एक्रिलन)
(c) पी वी सी (d) बैकेलाइट

38. 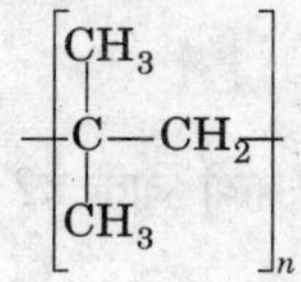 $\left[-C(CH_3)_2-CH_2- \right]_n$ का एकलक है
(a) 2-मेथिलप्रोप्रीन (b) स्टाइरीन (c) प्रोपाइलीन (d) पी एम एम ए

39. नायलॉन-66 में किस प्रकार के बन्ध उपस्थित होते हैं?
(a) वाण्डरवाल्स बल (b) हाइड्रोजन बन्ध
(c) बन्धों की त्रिविमीय संरचना (d) धात्विक बन्ध

40. निम्नलिखित एकलक इकाई के उपयोग से कौन-सा बहुलक बन सकता है?

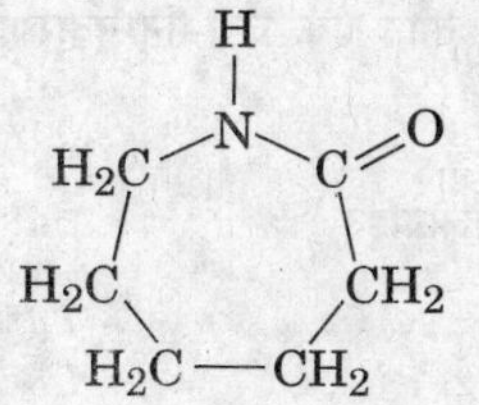

(वलय संरचना: H–N, H_2C, C=O, H_2C, CH_2, H_2C—CH_2)

(a) मैलेमीन बहुलक-66 (b) नायलॉन-2-नायलॉन-6
(c) मैलेमीन बहुलक (d) नायलॉन-6

41. टेरेफ्थैलिक अम्ल को ग्लाइकॉल के साथ एस्टरीकरण करने पर प्राप्त होता है
(a) नायलॉन (b) ब्यूना रबड़ (c) पॉलीयूरिथेन (d) टेरिलीन

42. निम्नलिखित बहुलकों में से किसका प्रयोगिक सूत्र एकलक के सदृश होता है?
(a) बैकेलाइट (b) टेफ्लॉन (c) नायलॉन-66 (d) डेकॉन

43. ऑरलॉन एक ठोस, पैना, उच्च गलनांक वाला पदार्थ हैं निम्नलिखित में कौन-सा उसकी संरचना को व्यक्त करता है?
(a) 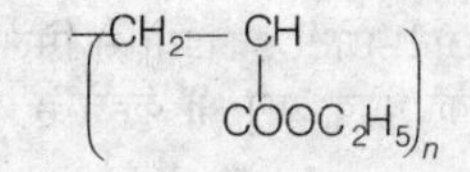 $\left(-CH_2-CH(COOC_2H_5)- \right)_n$ (b) 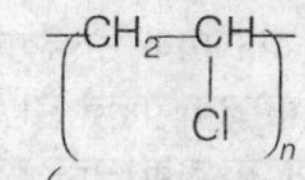 $\left(-CH_2-CH(Cl)- \right)_n$
(c) 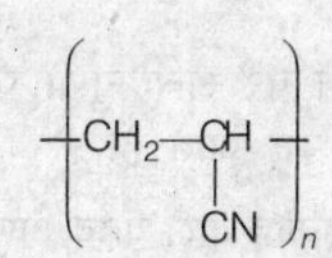 $\left(-CH_2-CH(CN)- \right)_n$ (d) 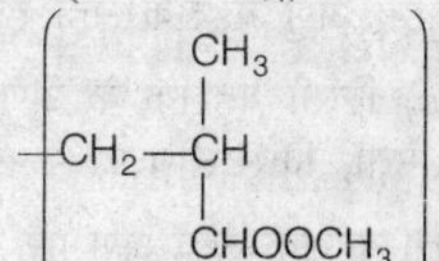 $\left(-CH_2-C(CH_3)(COOCH_3)- \right)_n$

44. निम्नलिखित बहुलक के एकलक है

$\left[-HN-C(\text{triazine ring}, N, N, N-H)-NH-CH_2- \right]_n$

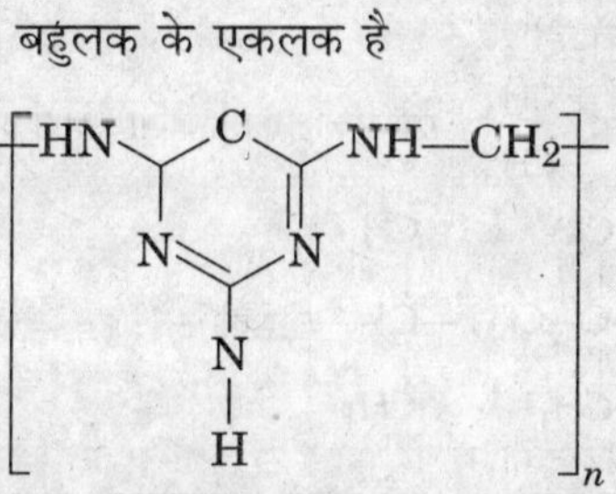

(a) हेक्सामेथिलीन डाइऐमीन व डेरेनडाइओइक अम्ल
(b) हेक्सामेथिलीन डाइऐमीन व मेथेनल
(c) मेलामाइन व मेथेनल
(d) मेलामाइन व ऐथेनल

45. निम्नलिखित बहुलकों में से किसमें क्रॉस-लिंकेज नहीं होती?
(a) वल्कनीकृत रबड़
(b) मैलेमीन
(c) बैकेलाइट
(d) पॉलीस्टाइरीन

46. निम्नलिखित में से किसमें एक एस्टर श्रृंखला पायी जाती है?
(a) नायलॉन-66 (b) डेक्रॉन
(c) पी वी सी (d) बैकेलाइट

47. निम्नलिखित में से गलत कथन है
(a) पी एम एम ए प्लेक्सी ग्लास है
(b) एस बी आर प्राकृतिक रबड़ है
(c) पी टी एफ ई टेफ्लॉन है
(d) एल डी पी ई अल्प घनत्व पॉलीथीन है

48. निम्नलिखित में से कौन एक जैव-निम्नकरणीय बहुलक है?
(a) सेलुलोस
(b) पॉलीथीन
(c) पॉलीविनाइल क्लोराइड
(d) नायलॉन-6

49. निम्नलिखित में से कौन एक जैव-निम्नकरणीय बहुलक है?
(a) $\left(CH_2 - \underset{Cl}{\underset{|}{C}} = CH - CH_2 \right)_n$
(b) $\left(CH_2 - CH = CH - CH_2 - CH_2 - \overset{CN}{\overset{|}{C}}H \right)_n$
(c) $\left(O - \underset{CH_3}{\underset{|}{C}}H - CH_2 - \underset{O}{\underset{||}{C}} - O - \underset{CH_2CH_3}{\underset{|}{C}}H - CH_2 - \underset{O}{\underset{||}{C}} \right)_n$
(d) $\left(\overset{H}{\overset{|}{N}} - (CH_2)_6 - \overset{H}{\overset{|}{N}} - \overset{O}{\overset{||}{C}} - (CH_2)_4 - \overset{O}{\overset{||}{C}} \right)_n$

50. $\left[\overset{H}{\overset{|}{N}} - (CH_2)_6 - \overset{H}{\overset{|}{N}} - \overset{O}{\overset{||}{C}} - (CH_2)_4 - \overset{O}{\overset{||}{C}} \right]_n$ का एकलक है/हैं
(a) सेबेकिक अम्ल व टेट्रामेथिलीन डाइऐमीन
(b) ऐडिपिक अम्ल व हेक्सामेथिलीन डाइऐमीन
(c) सेबेकिक अम्ल व हेक्सामेथिलीन डाइऐमीन
(d) ऐडिपिक अम्ल व डाइमेथिलीन डाइऐमीन

उत्तरमाला

1.	(d)	2.	(c)	3.	(d)	4.	(a)	5.	(a)	6.	(d)	7.	(b)	8.	(b)	9.	(c)	10.	(a)
11.	(c)	12.	(a)	13.	(c)	14.	(c)	15.	(d)	16.	(d)	17.	(d)	18.	(b)	19.	(a)	20.	(a)
21.	(b)	22.	(b)	23.	(b)	24.	(d)	25.	(c)	26.	(b)	27.	(a)	28.	(c)	29.	(b)	30.	(a)
31.	(a)	32.	(b)	33.	(c)	34.	(b)	35.	(c)	36.	(d)	37.	(b)	38.	(a)	39.	(b)	40.	(d)
41.	(d)	42.	(b)	43.	(c)	44.	(c)	45.	(d)	46.	(b)	47.	(b)	48.	(a)	49.	(d)	50.	(b)

उत्तर व्याख्या सहित

1. *(d)* उच्च आणिवक भार वाले अणु, छोटी-छोटी इकाईयों से मिलकर बनते हैं जिन्हें बहुलक कहते हैं। बहुलकों को वृहद् अणु भी कहते हैं अतः सभी वृहद् अणु बहुलक नहीं होते।

2. *(c)* किसी बहुलक के अणुभार में वृद्धि होने पर अन्य गुणों जैसे तनन क्षमता, क्रिस्टलीयता, गलनांक इत्यादि भी बढ़ जाते हैं।

3. *(d)* बहुलक उच्च अणुभार व एक पुनरावृत्त इकाई वाले वृहद अणु होते हैं। इन पर कोई आवेश नहीं होता। इनमें उच्च श्यानता होती है व ये प्रकाश प्रकीर्णित करते हैं।

4. *(a)* $CH_2{=}C\begin{matrix}CH_3\\CH_3\end{matrix}$ एकलक इकाई वाला बहुलक

$$\left(-CH_2-\underset{CH_3}{\underset{|}{\overset{CH_3}{\overset{|}{C}}}}-CH_2-\underset{CH_3}{\underset{|}{\overset{CH_3}{\overset{|}{C}}}}- \right)$$ है।

5. *(a)* प्रबल अन्तराण्विक बल जैसे हाइड्रोजन बन्ध शृंखला में संवृत्त संकुलन में सहायक होते हैं जोकि 'स्फटिकता' नामक गुण का कारण है।

6. *(d)* ग्लाइकोजन पशुओं द्वारा संचित किये जाने वाला ग्लूकोस का बहुलक है।

7. *(b)* चूँकि प्रोटीन्स, सेलुलोस व आर एन ए पशुओं व पौधों की विभिन्न क्रियाओं को संचालित करते हैं, अतः जैव बहुलक कहलाते हैं।

8. *(b)* टेफ्लॉन का निर्माण कई बड़े टेट्राफ्लोरोएथिलीन अणुओं के मिलने पर तथा बिना किसी छोटे अणु के निराकरण द्वारा होता है। अतः यह एक योगज समबहुलक का उदाहरण है।

$$nCF_2{=}CF_2 \longrightarrow \underset{\text{टेफ्लॉन}}{\left[CF_2-CF_2 \right]_n}$$

9. *(c)* ऑरलॉन, योगज बहुलक है क्योंकि इसका आण्विक भार, इसके एकलकों के आण्विक भारों का अभंजित गुणज है।

12. *(a)* दिए गए सभी में, केवल वल्कनीकृत रबड़ ही प्रत्यास्थता का गुण रखती है। अतः यही एक प्रत्यास्थ बहुलक है।

13. *(c)* नायलॉन तथा टेरिलीन रेशे जबकि पी टी एफ ई तापसुघट्य बहुलक व पॉलिक्लोरोप्रोटीन प्रत्यास्थ बहुलक है।

14. *(c)* हेक्सामेथिलीन डाइऐमिन का ऐडिपिक अम्ल के साथ संघनन कराने पर नायलॉन-66 प्राप्त होता है। चूँकि इसके निर्माण में दो भिन्न एकलक लिप्त होते हैं, अतएव, यह एक समबहुलक है।

15. *(d)* जटिलतम क्रॉस-लिन्किंग के कारण, तापदृढ़ बहुलकों में प्रबलतम आण्विक बल उपस्थित होते हैं।

16. *(d)* सामान्यतः उच्च क्वथनांक वाले एस्टर व हैलोऐल्केन, प्लास्टिसाइजर का कार्य करते हैं।

17. *(d)* एकलक की क्रियाशीलता का तात्पर्य उसमें उपस्थित बन्ध स्थलों (बॉन्डिग साइट्स) की संख्या से होता है। उदाहरण–ऐथीन, प्रोपीन,

स्टाइरीन, ऐक्रिलोनाइट्राइल की क्रियाशीलता एक तथा एथिलीन ग्लाइकॉल, ऐडिपिक अम्ल, हेक्सामेथिलीन डाइऐमीन की दो होती है।

18. (*b*) जब दो या अधिक रासायनिक रूप से भिन्न एकलक भाग लेते हैं उस बहुलकीकरण को सहबहुलकीकरण कहते हैं।

20. (*a*) मुक्त मूलक बहुलकीकरण करने पर एथीन, अल्प घनत्व पॉलीथीन देता है।

21. (*b*) कुछ ऐमीन्स, फीनॉल, व क्विनॉन बहुलक श्रृंखला की वृद्धि को रोकने हेतु प्रयोग किये जाते हैं।

23. (*b*) चूँकि तृतीयक कार्बोधनायन सर्वाधिक स्थायी होते हैं, अतः पॉलीआइसोब्यूटिलीन प्राप्त करने की सर्वोच्च विधि अम्ल उत्प्रेरित या लुईस अम्ल या प्रोटोनिक अम्ल की उपस्थिति में धनायनिक बहुलकीकरण है।

$$CH_2{=}C(CH_3)_2 \xrightarrow{H^+} CH_3{-}\overset{\oplus}{C}{-}(CH_3)_2$$

$$\xrightarrow{nCH_2=C(CH_3)_2} \left[-CH_2-\underset{CH_3}{\overset{CH_3}{\underset{|}{\overset{|}{C}}}}- \right]_n$$

पॉलीआइसो ब्यूटिलीन

25. (*c*) $PDI = \dfrac{\overline{M}_w}{\overline{M}_n}$

संश्लिष्ट बहुलकों के लिए, PDI > 1

$\therefore \quad \overline{M}_w > \overline{M}_n$

26. (*b*) $PDI = \dfrac{\overline{M}_w}{\overline{M}_n}$

प्राकृतिक बहुलकों के लिए, PDI = 1

$\therefore \quad \overline{M}_w = \overline{M}_n$

27. (*a*) आइसोप्रीन $CH_2{=}C(CH_3){-}CH{=}CH_2$ (2-मेथिल-1, 3-ब्यूटाडाईन) है।

28. (*c*) निओप्रीन (संश्लेषित रबड़) प्राकृतिक रबड़ के सादृश होता है।

$$-[CH_2-CH=C(Cl)-CH_2]_n$$

निओप्रीन

$$-[CH_2-CH=C(CH_3)-CH_2]_n$$

प्राकृतिक रबड़

29. (*b*) थायोकॉल एक संश्लेषित पॉलीसल्फाइड रबड़ है, जो एथिलीन डाइक्लोराइड व सोडियम पॉलीसल्फाइड के संघनन बहुलकीकरण से प्राप्त होती है। यह तेल व अपघर्षण प्रतिरोधी होती है।

30. (*a*) रबड़ को सल्फर या उसके यौगिकों के साथ ZnO की उपस्थिति में 373-415 K तक गर्म करना वल्कनीकरण कहलाता है।

31. (*a*) वल्कनीकृत रबड़ अत्यधिक प्रत्यास्थ होती है, अतः इनके अन्तराण्विक बल का मान न्यूनतम होता है।

32. (*b*) रबड़ में सल्फर मिलाने पर वह कठोर होती है।

33. (*c*) ब्यूना-N व ब्यूना-S दोनों संश्लेषित रबड़ तथा सहबहुलक हैं। केवल उनकी संरचना में भिन्नता पायी जाती है।

ब्यूना-N के घटक ब्यूट-1,3-डाईन तथा ऐक्रिलोनाइट्राइल हैं।
ब्यूना-S के घटक ब्यूट-1, 3 डाईन तथा स्टाइरीन हैं।

34. (*b*) अल्प घनत्व पॉलिथीन एक शाखित श्रृंखला बहुलक है।

36. (*d*) एथीन का जिग्लर-नाटा बहुलकीकरण करने पर उच्च घनत्व पॉलिथीन प्राप्त होती है। इस अभिक्रिया में जिग्लर-नाटा बहुलकीकरण करने पर उच्च घनत्व पॉलीथीन प्राप्त होती है। इस अभिक्रिया में जिग्लर-नाटा उत्प्रेरक, टाइटेनियम टेट्राक्लोराइड ($TiCl_4$) तथा ट्राइमेथिल ऐलुमिनियम [$(CH_3)_3Al$] का मिश्रण, का प्रयोग बहुलकन को उत्प्रेरित करने हेतु होता है।

37. (*b*) पॉलीऐक्रिलोनाइट्राइल का व्यवसायिक नाम ऑरलॉन है।

38. (*a*) $\left[-\underset{CH_3}{\overset{CH_3}{\underset{|}{\overset{|}{C}}}}-CH_2- \right]_n$ का एकलक।

41. (*d*) टेरेफ्थैलिक अम्ल का एथिलीन ग्लाइकॉल के साथ एस्टरीकरण कराने पर टेरिलीन बनता है।

$$nHOCH_2CH_2OH + nHOOC-C_6H_4-COOH \xrightarrow[-nH_2O]{\Delta} \left[-O-CH_2CH_2-OCO-C_6H_4-CO- \right]_n$$

टेरिलीन या डेक्रॉन

42. (*b*) योगज समबहुलकों जैसे टेफ्लॉन में संरचना सूत्र एकलक के सादृश होता है।

43. (*c*) ऑरलॉन, विनाइल सायनाइड या ऐक्रिलोनाइट्राइल ($CH_2{=}CHCN$) का बहुलक है।

44. (*c*) —NH—CH_2 बन्ध को तोड़कर तथा उसमें जल मिलाकर एकलक की संरचना प्राप्त कर सकते हैं।

(a) 2, 4, 6-ट्राइऐमीनो-1, 3, 5-ट्राइऐमीन या मैलामीन

(H_2N, NH_2, NH_2 समूहों युक्त ट्राइऐज़ीन वलय)

(b) फॉर्मेल्डिहाइड या मेथेनल (HCHO)

$$H-\overset{O}{\overset{\|}{C}}-H$$

45. (*d*) पॉलीस्टाइरीन में केवल रेखीय श्रृंखला होती है।

46. (*b*) जब डाइऐसिड को डाइऐल्कोहॉल के साथ संघनित किया जाता है, तो एस्टर लिंकेज वाला बहुलक प्राप्त होता है।

$$nHOCH_2CH_2OH + nHOOC-C_6H_4-COOH \xrightarrow{-H_2O}$$

एथिलीन ग्लाइकॉल (डाइऐल्कोहॉल) — टेरेफ्थैलिक अम्ल (डाइएसिड)

$$\left[-O-CH_2CH_2-\underbrace{OOC}_{\text{एस्टर लिंकेज}}-C_6H_4-CO- \right]_n$$

डेक्रॉन

47. (*b*) एस बी आर एक संश्लेषित रबड़ है।

48. (*a*) सेलुलोस जैव-निम्नीकरणीय बहुलक है।

अध्याय 26

जैव-अणु
Biomolecules

कार्बोहाइड्रेट Carbohydrates

कार्बोहाइड्रेट प्रकृति में पादप तथा जन्तुओं में पाए जाने वाले कार्बनिक यौगिक हैं। ये मुख्यत: पादपों में पाए जाते हैं। पौधों का लगभग 70% भाग कार्बोहाइड्रेट से बना होता है। जीव कार्बोहाइड्रेट का संश्लेषण नहीं करते हैं। मनुष्य के शरीर में कार्बोहाइड्रेट ग्लाइकोजन के रूप में यकृत में संचित रहता है।

पहले यह माना जाता था कि कार्बोहाइड्रेट C, H तथा O युक्त पॉलिहाइड्रिक ऐल्डिहाइड तथा कीटोन होते हैं। इनमें हाइड्रोजन तथा ऑक्सीजन का अनुपात 2 : 1 होता है तथा इनका सरलतम् सूत्र CH_2O होता है। अत: कार्बोहाइड्रेट **कार्बन के हाइड्रेट** भी कहलाते हैं। इनका सामान्य सूत्र $C_x(H_2O)_y$ होता है।

अत: नवीनतम् परिभाषा के अनुसार, "सभी पॉलिहाइड्रॉक्सी ऐल्डिहाइड और कीटोन अथवा वे सभी कार्बनिक यौगिक जो जल-अपघटित होकर पॉलिहाइड्रॉक्सी ऐल्डिहाइड या कीटोन देते हैं तथा जिनमें कम से कम एक असममित कार्बन होता है, **कार्बोहाइड्रेट** कहलाते हैं।

कार्बोहाइड्रेटों का वर्गीकरण
Classification of Carbohydrates

कार्बोहाइड्रेटों को **सैकेराइड** भी कहते हैं तथा जल-अपघटन के प्रति इनके व्यवहार के आधार पर इन्हें निम्नलिखित तीन वर्गों में विभाजित किया जा सकता है

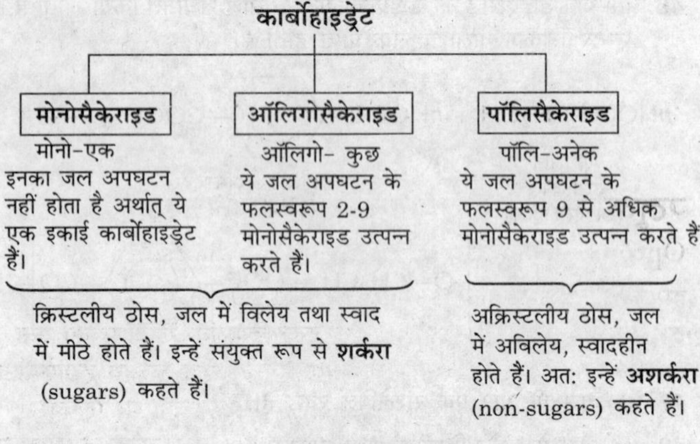

शर्कराओं को उनकी अपचायक प्रवृत्ति के आधार पर दो भागों में बाँटा जा सकता है। अपचायक शर्करा तथा अनअपचायक शर्करा।

वे शर्कराएँ, जो फेहलिंग विलयन तथा टॉलेन अभिकर्मक को अपचयित कर देती हैं, **अपचायक शर्करा** (Reducing sugar) कहलाती हैं। जैसे—फ्रक्टोस, ग्लूकोस, लैक्टोस, माल्टोस आदि।

वे शर्कराएँ, जो फेहलिंग विलयन तथा टॉलेन अभिकर्मक को अपचयित नहीं करती हैं, अनअपचायक शर्करा (Non-reducing sugars) कहलाती हैं। जैसे—सुक्रोस, पॉलिसैकेराइड, आदि।

यदि किसी भी मोनोसैकेराइड इकाई में कार्बोनिल समूह मुक्त होता है, तो परिणामी डाइसैकेराइड अपचायक शर्करा होती है। (उदाहरण—माल्टोस, लैक्टोस) समस्त पॉलिसैकेराइड अनअपचायक शर्करा होती है।

उपस्थित कार्बोनिल समूह के आधार पर कार्बोहाइड्रेट ऐल्डोस तथा कीटोस दो प्रकार के होते हैं।

यदि कार्बोहाइड्रेट में ऐल्डिहाइड समूह उपस्थित हो तो ये **ऐल्डोस** (Aldose) कहलाते हैं। उदाहरण—ग्लूकोस, गैलेक्टोस आदि।

यदि कार्बोहाइड्रेट में कीटोनिक समूह उपस्थित हो, तो ये **कीटोस** (Ketose) कहलाते हैं। उदाहरण—फ्रक्टोस, माल्टोस आदि।

ऐपीमर Epimers

एक से अधिक त्रिविम केन्द्र (Stereocentre) युक्त वे अप्रतिबिम्ब रूप जिनका विन्यास केवल एक त्रिविम केन्द्र पर भिन्न हो, ऐपीमर कहलाते हैं।

उदाहरण—D-ग्लिसरैल्डिहाइड तथा L-ग्लिसरैल्डिहाइड, D-इरिथ्रोस तथा L-थ्रिओस आदि। ग्लूकोस का C-2 तथा C-4 कार्बन पर ऐपीमरीकरण क्रमश: मैनोस तथा गैलेक्टोस देता है।

ऐनोमर Anomer

जब एक कार्बोहाइड्रेट के दो रूप विन्यास में केवल हेमीऐसीटल कार्बन पर भिन्न होते हैं, तो उन्हें ऐनोमर कहते हैं। अत: ऐनोमर कार्बोहाइड्रेट के चक्रीय रूप हैं तथा हेमीऐसीटल कार्बन (ऐल्डोस का C-1) ऐनोमेरिक कार्बन कहलाता है।

ग्लूकोस Glucose $C_6H_{12}O_6$

ग्लूकोस एक मोनोसैकेराइड, ऐल्डोहेक्सोस तथा अपचायक शर्करा है। यह पके हुए अंगूरों [अत: इसे **अंगूर की शर्करा** (Grape-sugar) भी कहते हैं] रक्त में सामान्यत: प्रति 100 मिली 65 से 100 मिग्रा ग्लूकोस उपस्थित होता है (अत: इसे **रक्त शर्करा** (Blood sugar) भी कहते हैं, संयुक्त अवस्था में यह ग्लूकोसाइडस, डाइसैकेराइड तथा पॉलिसैकेराइड में पाया जाता है।

बनाने की विधियाँ Methods of Preparation

ग्लूकोस को बनाने की प्रमुख विधियाँ निम्न हैं

(i) **शर्करा द्वारा** गन्ने की शक्कर (सुक्रोस) के ऐल्कोहॉल की उपस्थिति में अम्लीय जल अपघटन कराने पर ग्लूकोस तथा फ्रक्टोस के मिश्रण प्राप्त होते हैं।

$$\underset{\text{सुक्रोस}}{C_{12}H_{22}O_{11}} + H_2O \xrightarrow{H^+} \underset{\text{ग्लूकोस}}{C_6H_{12}O_6} + \underset{\text{फ्रक्टोस}}{C_6H_{12}O_6}$$

(ii) **स्टार्च द्वारा** बड़ी मात्रा में ग्लूकोस को निम्न दाब पर स्टार्च के तनु H_2SO_4 अथवा HCl द्वारा जल अपघटन से प्राप्त करते हैं।

$$(C_6H_{10}O_5)_n + nH_2O \xrightarrow[\text{393 K, 2–3 वायु}]{H^+} nC_6H_{12}O_6$$

ग्लूकोस के भौतिक गुण
Physical Properties of Glucose

(i) ग्लूकोस एक सफेद क्रिस्टलीय ठोस है।

(ii) ग्लूकोस जल में विलेय, ऐल्कोहॉल में अल्प विलेय तथा ईथर में अविलेय है।

(iii) ग्लूकोस का गलनांक 146°C होता है।

(iv) ग्लूकोस दक्षिण ध्रुवण घूर्णक होता है। अत: **डेक्सट्रोस** कहलाता है।

ग्लूकोस के रासायनिक गुण
Chemical Properties of Glucose

ग्लूकोस द्वारा प्रदर्शित प्रमुख रासायनिक गुणधर्म निम्नलिखित है

(i) **अपचयन** $NaBH_4$ अथवा Na-Hg, के साथ अपचयन कराने पर ग्लूकोस सार्बिटॉल बनाता है।

$$\begin{matrix} CHO \\ | \\ (CHOH)_4 \\ | \\ CH_2OH \end{matrix} + 2[H] \xrightarrow[\text{Na-Hg/}H_2O]{NaBH_4 \text{ अथवा}} \underset{\text{सार्बिटॉल}}{\begin{matrix} CH_2OH \\ | \\ (CHOH)_4 \\ | \\ CH_2OH \end{matrix}}$$

(ii) **हाइड्रॉक्सिलऐमीन के साथ** ग्लूकोस हाइड्रॉक्सिलऐमीन के साथ ग्लूकोस ऑक्सिम बनाता है

$$\begin{matrix} CHO \\ | \\ (CHOH)_4 \\ | \\ CH_2OH \end{matrix} \xrightarrow[-H_2O]{NH_2OH} \underset{\text{ग्लूकोस ऑक्सिम}}{\begin{matrix} CH = NOH \\ | \\ (CHOH)_4 \\ | \\ CH_2OH \end{matrix}}$$

(iii) **हाइड्रोजन सायनाइड के साथ क्रिया** एक योगात्मक उत्पाद ग्लूकोस सायनोहाइड्रिन प्राप्त होता है

$$\begin{matrix} CHO \\ | \\ (CHOH)_4 \\ | \\ CH_2OH \end{matrix} \xrightarrow{HCN} \underset{\text{ग्लूकोस सायनोहाइड्रिन}}{\begin{matrix} HO\diagdown\diagup CN \\ CH \\ | \\ (CHOH)_4 \\ | \\ CH_2OH \end{matrix}}$$

(iv) **फेनिल हाइड्रेजीन के साथ क्रिया** फेनिल हाइड्रेजीन की सममोलर मात्रा के साथ ग्लूकोस फेनिल हाइड्रेजीन बनाता है।

ग्लूकोस को फेनिल हाइड्रेजीन के आधिक्य के साथ गर्म करने पर क्रिस्टलीय उत्पाद, ग्लूकोसाजोन प्राप्त होता है।

$$\underset{\text{ग्लूकोस}}{\begin{matrix} H \\ | \\ C{=}O \\ | \\ CHOH \\ | \\ (CHOH)_3 \\ | \\ CH_2OH \end{matrix}} \xrightarrow[-H_2O]{H_2N\cdot NH\cdot C_5H_5} \underset{\text{ग्लूकोस फेनिल हाइड्रेजीन}}{\begin{matrix} CH{=}N\cdot NHC_6H_5 \\ | \\ C\langle^{H}_{OH} \\ | \\ (CHOH)_3 \\ | \\ CH_2OH \end{matrix}}$$

$$\rightleftharpoons \underset{\text{हाइड्रोजन आबन्धित मध्यवर्ती}}{\begin{matrix} CH{-}NH\diagdown NH\cdot C_6H_5 \\ \| \\ C{-}O{-}H \\ | \\ (CHOH)_3 \\ | \\ CH_2OH \end{matrix}} \xrightarrow{-C_6H_5NH_2} \underset{\text{ईमीनो कीटोन}}{\begin{matrix} CH{=}NH \\ | \\ C{=}O \\ | \\ (CHOH)_3 \\ | \\ CH_2OH \end{matrix}}$$

$$\xrightarrow[-H_2O]{C_6H_5NH\cdot NH_2} \begin{matrix} CH{=}NH \\ | \\ C{=}N\cdot NHC_6H_5 \\ | \\ (CHOH)_3 \\ | \\ CH_2OH \end{matrix} \xrightarrow[-NH_3]{C_6H_5NH\cdot NH_2} \underset{\text{ग्लूकोसाजोन (पीला क्रिस्टलीय ठोस)}}{\begin{matrix} CH{=}N\cdot NH\cdot C_6H_5 \\ | \\ C{=}N\cdot NH\cdot C_6H_5 \\ | \\ (CHOH)_3 \\ | \\ CH_2OH \end{matrix}}$$

(v) **ऑक्सीकरण** ब्रोमीन जल के साथ ग्लूकोस ग्लूकोनिक अम्ल देता है

$$\underset{\text{ग्लूकोस}}{\begin{matrix} CHO \\ | \\ (CHOH)_4 \\ | \\ CH_2OH \end{matrix}} + [O] \xrightarrow{Br_2-H_2O} \underset{\text{ग्लूकोनिक अम्ल}}{\begin{matrix} COOH \\ | \\ (CHOH)_4 \\ | \\ CH_2OH \end{matrix}}$$

ग्लूकोस की विवृत एवं चक्रीय संचरना
Open chain and Cyclic Structure of Glucose

इस व्यवहार की व्याख्या ग्लूकोस की मुक्त श्रृंखला संरचना द्वारा नहीं की जा सकती हैं फिशर (Fischer) ने प्रस्ताव दिया कि ग्लूकोस का एक —OH समूह, —CHO समूह के साथ जुड़कर एक चक्रीय हेमीऐसीटल संरचना बनाता है। फिशर के अनुसार पाइरेनोस संरचना में, ग्लूकोस —CHO समूह तथा पाँचवे कार्बन परमाणु के —OH समूह के मध्य एक स्थायी चक्रीय हेमीऐसीटल बनाता है।

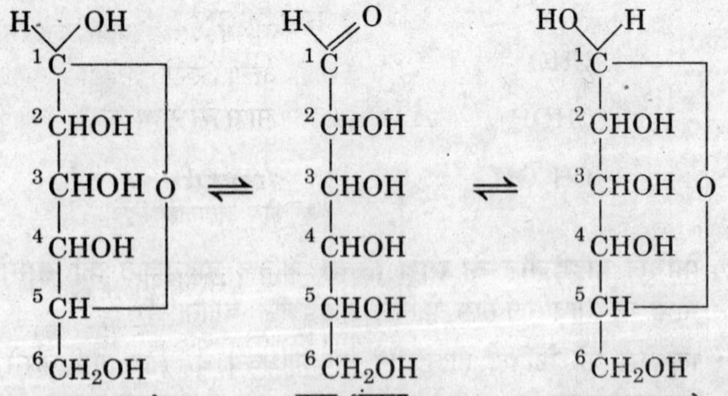

α-D(+)-ग्लूकोस $[\alpha]_D = 111°$ (36%) ⇌ मुक्त शृंखला $[\alpha]_D = 52.5°$ (0.02%) ⇌ β-D(+)-ग्लूकोस $[\alpha]_D = 19.2°$ (64%)

फिशर प्रक्षेपण सूत्र, ग्लूकोस की संरचना की व्याख्या करने के लिए, सर्वोत्तम सूत्र नहीं है। **हावर्थ प्रक्षेप्य सूत्र** द्वारा ग्लूकोस की चक्रीय संरचना को और अधिक सही प्रकार प्रदर्शित किया गया।

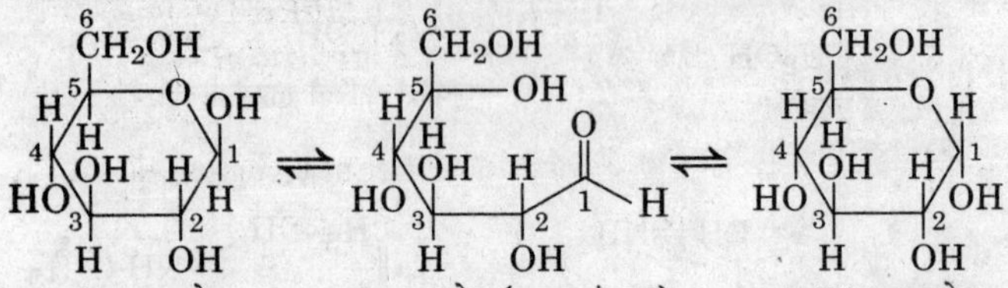

β-D(+)-ग्लूकोस (64%) ⇌ Δ(+)-ग्लूकोस (मुक्त शृंखला) (0.02%) ⇌ α-D(+)-ग्लूकोस (36%)

ग्लूकोस के दो चक्रीय हेमीऐसीटल रूप केवल C-1 कार्बन (एनोमेरिक कार्बन) पर स्थित हाइड्रॉक्सिल समूहों के विन्यास में भिन्न है इन रूपों (अर्थात् α-रूप तथा β-रूप) को **ऐनोमर** कहते हैं।

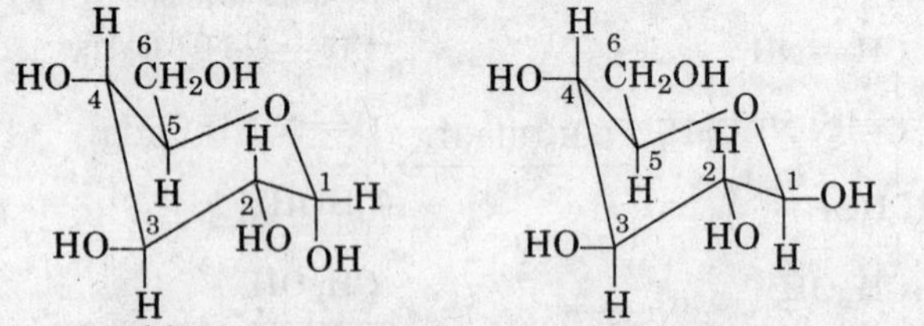

α-ऐनोमर β-ऐनोमर (स्थायी)

फ्रक्टोस Fructose $C_6H_{12}O_6$

एकमात्र महत्त्वपूर्ण कीटोहेक्सोस D(–)-फ्रक्टोस है इसे लेव्युलोस (Laevulose) भी कहते हैं। मुक्त अवस्था में यह शहद तथा अधिक मीठे फलों (रसभरी, खरबूजा) में पाया जाता है। अत: इसे फलों की शर्करा (Fruit sugar) भी कहते हैं। संयुक्त अवस्था में, फ्रक्टोस सुक्रोस तथा इन्सुलीन में पाया जाता है। यह सर्वाधिक मीठा मोनोसैकेराइड है।

बनाने की विधियाँ Methods of Preparation

फ्रक्टोस को निम्नलिखित विधियों द्वारा प्राप्त किया जा सकता है

(i) गन्ने की शक्कर का तनु अम्लों के साथ जल–अपघटन कराने पर

$$\underset{\text{गन्ने की शक्कर}}{C_{12}H_{22}O_{11}} + H_2O \xrightarrow{H^+,\Delta} \underset{\text{D(+)-ग्लूकोस}}{C_6H_{12}O_6} + \underset{\text{D(–)-फ्रक्टोस}}{C_6H_{12}O_6}$$

विलयन जिसमें D-ग्लूकोस तथा D-फ्रक्टोस के समान अणु उपस्थिति होते हैं, प्रतीप शर्करा कहलाता है तथा इस प्रक्रम को **प्रतीपन** कहते हैं।

(ii) **कैल्सियम फ्रक्टोसेएट द्वारा** कैल्सियम फ्रक्टोसोल्ट पर CO_3 प्रवाहित करने पर फ्रक्टोस प्राप्त होता है

$$C_6H_{11}O_5 - O - Ca - OH + CO_2 \longrightarrow \underset{\text{फ्रक्टोस}}{C_6H_{12}O_6} + CaCO_3$$

भौतिक गुण Physical Properties

(i) निर्जलीकृत फ्रक्टोस एक रंगहीन क्रिस्टलीय ठोस है।

(ii) जल में विलेय, ऐल्कोहॉल में अल्प विलेय तथा ईथर में अविलेय है।

(iii) फ्रक्टोस का गलनांक 102°C होता है।

(iv) फ्रक्टोस वाम ध्रुवण घुर्णक होता है। अत: **लेवुलोस** कहलाता है।

रासायनिक गुण Chemical Properties

फ्रक्टोस की रासायनिक अभिक्रियाएँ लगभग ग्लूकोस के समान होती हैं इनमें केवल ऑक्सीकरण तथा अपचयन क्रियाओं में ही अन्तर पाया जाता है।

(i) **अपचयन** $NaBH_4$ अथवा $Na-Hg/H_2O$ के साथ अपचयित कराने पर फ्रक्टोस सार्बिटॉल तथा मैनीटॉल का मिश्रण बनाता है।

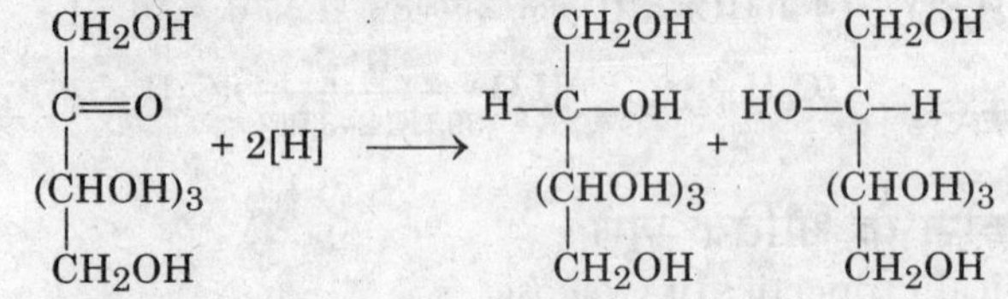

$$CH_2OH-CO-(CHOH)_3-CH_2OH + 2[H] \longrightarrow \underset{\text{सार्बिटॉल}}{CH_2OH-CH(OH)-(CHOH)_3-CH_2OH} + \underset{\text{मैनीटॉल}}{CH_2OH-CH(OH)-(CHOH)_3-CH_2OH}$$

(ii) **ऑक्सीकरण** फ्रक्टोस की ऑक्सीकरण हल्के अथवा मध्यम ऑक्सीकारक पदार्थ जैसे Br_2 जल के द्वारा नहीं हो पाता है जबकि प्रबल ऑक्सीकारकों जैसे सान्द्र HNO_3 के साथ ऑक्सीकृत कराने पर फ्रक्टोस ट्राइहाइड्रॉक्सी ग्लूटारिक अम्ल, ग्लाइकोलिक अम्ल तथा टार्टरिक अम्ल देता है।

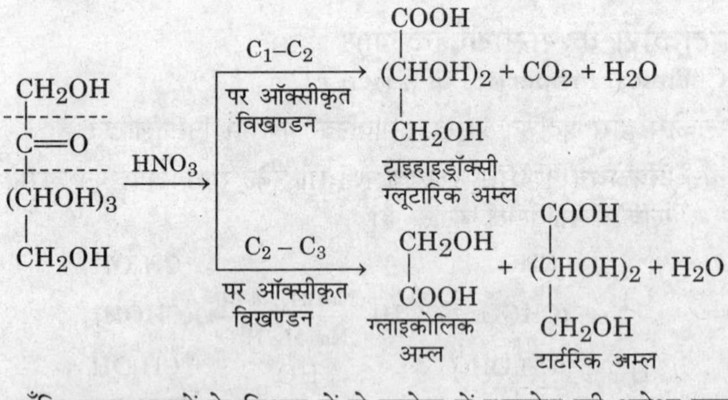

$$CH_2OH-CO-(CHOH)_3-CH_2OH \xrightarrow{HNO_3}$$

C_1-C_2 पर ऑक्सीकृत विखण्डन: $COOH-(CHOH)_2-CH_2OH + CO_2 + H_2O$ (ट्राइहाइड्रॉक्सी ग्लूटारिक अम्ल)

C_2-C_3 पर ऑक्सीकृत विखण्डन: $CH_2OH-COOH$ (ग्लाइकोलिक अम्ल) + $COOH-(CHOH)_2-CH_2OH$ (टार्टरिक अम्ल) + H_2O

चूँकि प्राप्त अम्लों के मिश्रण में से प्रत्येक में ग्लूकोस की अपेक्षा एक कार्बन परमाणु कम है अत: फ्रक्टोस में उपस्थित कार्बोनिल समूह अवश्य ही कीटोनिक होना चाहिए।

(iii) **सान्द्र HCl की क्रिया** फ्रक्टोस सान्द्र HCl की उपस्थिति में गर्म करने पर लेव्युलिक अम्ल बनाता है।

$$CH_2OH-\overset{O}{\overset{\|}{C}}-CH_2OH \xrightarrow[\Delta]{\text{सान्द्र HCl}} \underset{\text{लेव्युलिक अम्ल}}{H_3CCOCH_2CH_2COOH} + \underset{\text{फॉर्मिक अम्ल}}{HCOOH} + H_2O$$

फ्रक्टोस की संरचना Structure of Fructose

ग्लूकोस के समान ही फ्रक्टोस की संरचना के निम्नलिखित विचार प्रस्तुत किए गए

(i) **फ्रक्टोस की बुतली श्रृंखला संरचना** फ्रक्टोस की खुली श्रृंखला संरचना को निम्न प्रकार प्रदर्शित कर सकते हैं।

इस संरचना में तीन असममित कार्बन परमाणु तथा आठ प्रकाशिक सक्रिय रूप है परन्तु केवल छः रूप ही ज्ञात है D–(−)–फ्रक्टोस की विन्यास निम्न है।

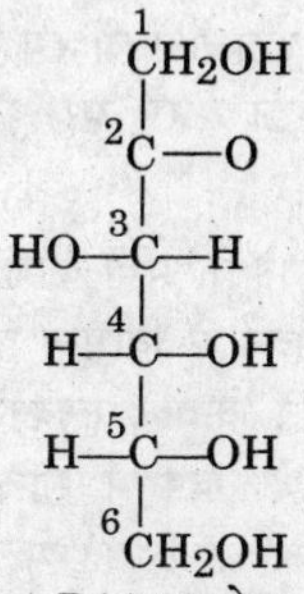

$$\begin{array}{c} ^{1}CH_2OH \\ | \\ ^{2}C{=}O \\ | \\ HO{-}^{3}C{-}H \\ | \\ H{-}^{4}C{-}OH \\ | \\ H{-}^{5}C{-}OH \\ | \\ ^{6}CH_2OH \end{array}$$

D(−)-फ्रक्टोस

(ii) **फ्रक्टोस की चक्रीय संरचना** जलीय विलयन में फ्रक्टोस चक्रीय संरचना भी अर्थात् अन्तराणुक हेमीकीटल भी प्रदर्शित करता है। यह परिवर्ती ध्रुवण घूर्णन भी प्रदर्शित करता है।

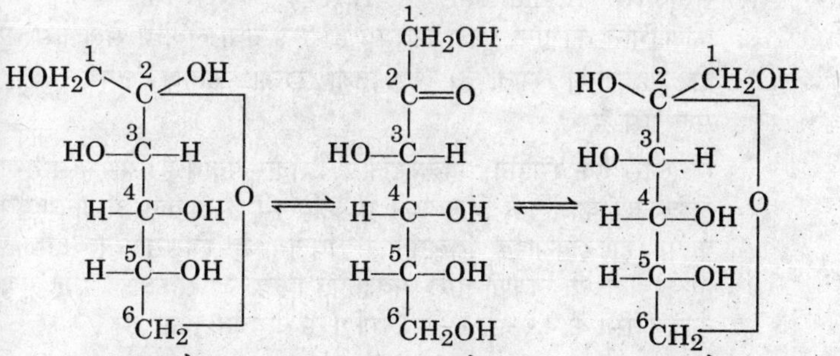

α-D(−)-फ्रक्टोस $[\alpha]_D = -21°$ ⇌ α-D(−)-फ्रक्टोस $[\alpha]_D = -92°$ ⇌ β-D(−)-फ्रक्टोस $[\alpha]_D = -133°$

(iii) **हावर्थ प्रक्षेपण सूत्र D(−)**-फ्रक्टोस की चक्रीय संरचना को निम्न प्रकार भी प्रदर्शित करते हैं।

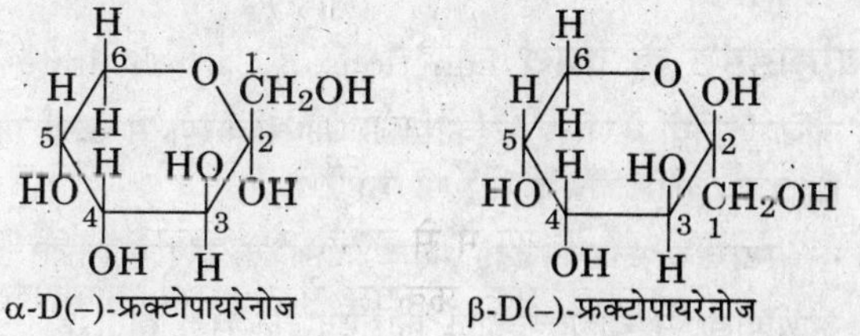

α-D(−)-फ्रक्टोपायरेनोज β-D(−)-फ्रक्टोपायरेनोज

संयुक्त अवस्था में (सुक्रोस की भाँति) फ्रक्टोस फ्यूरेनोज रूप मे पाया जाता है

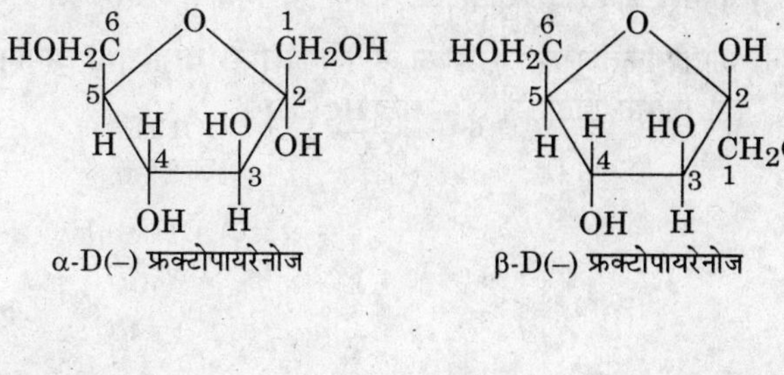

α-D(−) फ्रक्टोपायरेनोज β-D(−) फ्रक्टोपायरेनोज

विलयन में, साम्य मिश्रण में फ्रक्टोस लगभग 70% फ्रक्टोपायरेनोज तथा 22% फ्रक्टोफ्यूरेनोज तथा तीन अन्य रूपों D(+)-ग्लूकोस, D(+)-मैनोस तथा D(−)-फ्रक्टोस की थोड़ी मात्रा के साथ पाया जाता है।

ओलिगोसैकेराइड : सामान्य गुणधर्म
Oligosaccharides : General Features

इन कार्बोहाइड्रेटों में कुछ मोनोसैकेराइड इकाईयाँ (सामान्यतः 2 से 10 तक) परस्पर ग्लाइकोसाइडिक बन्ध $\left(-\overset{|}{\underset{|}{C}}-O-O-\right)$ के द्वारा जुड़ी होती है। ग्लाइकोसाइडिक बन्ध, मोनोसैकेराइडों के संघनन के दौरान बनते हैं। इस प्रक्रम को **निर्जलीकरण संश्लेषण** कहते हैं।

इनमे जल अपघटन से प्राप्त मोनोसैकेराइडो की संख्या के आधार पर इनको **डाइसैकेराइड** (उदाहरण—सुक्रोस), **ट्राइसैकेराइड**।

सुक्रोस Sucrose $C_{12}H_{22}O_{11}$

यह गन्ने के रस तथा चुकन्दर में पाया जाता है। इसमें α-D-ग्लूकोस एवं β-D-फ्रक्टोस होता है। ये ग्लूकोस इकाई (पायरेनोस वलय) के C_1, फ्रक्टोस इकाई (फ्यूरेनोस वलंय) के C_2 के मध्य α, β-ग्लाइकोसाइडिक बन्ध से जुड़े रहते हैं। सुक्रोस को **इक्षु शर्करा** (Cane sugar) भी कहा जाता है। **निर्माण** इसे ग्लूकोस तथा फ्रक्टोस के एक-एक अणु के संघनन द्वारा प्राप्त करते हैं।

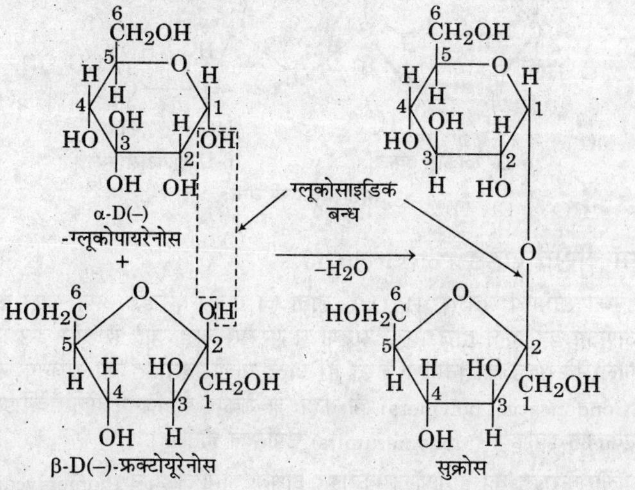

α-D(−)-ग्लूकोपायरेनोस + β-D(−)-फ्रक्टोयूरेनोस $\xrightarrow{-H_2O}$ सुक्रोस (ग्लूकोसाइडिक बन्ध)

गुणधर्म Properties

(i) यह रंगहीन, क्रिस्टलीय, ठोस तथा स्वाद में मीठा होता है। यह जल में विलेय किन्तु ऐल्कोहॉल में अल्प विलेय है। इसका जलीय विलयन दक्षिण ध्रुवण घूर्णक है एवं परिवर्ती ध्रुवण प्रदर्शित नहीं करता है।

(ii) सुक्रोस अनअपचायक शर्करा है। यह टॉलेन अभिकर्मक एवं फेहलिंग विलयन को अपचयित नहीं करता है क्योकि इसमें मुक्त ऐल्डिहाइड या कीटोन समूह अनुपस्थित होता है।

(iii) सुक्रोस को धीरे-धीरे एवं सावधानीपूर्वक गर्म करके गलित करने एवं पुनः ठण्डा करने पर मटमेला पीला चमकीला ठोस पदार्थ प्राप्त होता है जिसे "शर्करा माल्ट" कहते हैं। यद्यपि 210°C से अधिक तापमान पर गर्म करने पर जल के अणु के परित्याग द्वारा भूरे रंग का पदार्थ प्राप्त होता है, जिसे **केरेमल** कहते हैं। प्रबल गर्म करने पर यह शुद्ध कार्बन बनाता हैं जिसकी गन्ध जली हुई शर्करा के समान होती है।

(iv) **ऑक्सीकरण** (Oxidation)

$$C_{12}H_{22}O_{11} + 18\,[O] \xrightarrow[\text{सान्द्र } HNO_3]{V_2O_5} 6 \begin{array}{c} COOH \\ | \\ COOH \end{array} + 5H_2O$$

ऑक्सेलिक अम्ल

(v) चीनी (इक्षु शर्करा) के जल अपघटन को **प्रतीपन** कहते हैं। ग्लूकोस तथा फ्रक्टोस के सम-अणुक मिश्रण को **प्रतीप शर्करा** कहा जाता है। फ्रक्टोस की उपस्थिति के कारण प्रतीप शर्करा चीनी से अधिक मीठी होती है

$$C_{12}H_{22}O_{11} + H_2O \xrightarrow[\text{इन्वर्टेज (यीस्ट)}]{\text{तनु अम्ल अथवा}} \underset{\text{फ्रक्टोस}}{C_6H_{12}O_6} + \underset{\text{ग्लूकोस}}{C_6H_{12}O_6}$$

सुक्रोस दक्षिणावर्त घूर्णक होता है, परन्तु प्रतीप शर्करा वामावर्त घूर्णक होती है क्योंकि प्रतीप शर्करा में उपस्थित फ्रक्टोस का वामावर्त घूर्णन ग्लूकोस के दक्षिणावर्त घूर्णन से अधिक होता है।

(vi) सुक्रोस, ऐसीटिक ऐनहाइड्राइड के आधिक्य के साथ क्रिया करने पर सुक्रोस ऑक्टाऐसीटेट बनाता है, जो इसके अणु में आठ —OH समूहों की उपस्थिति दर्शाता है।

संरचना सुक्रोस की संरचना निम्न है

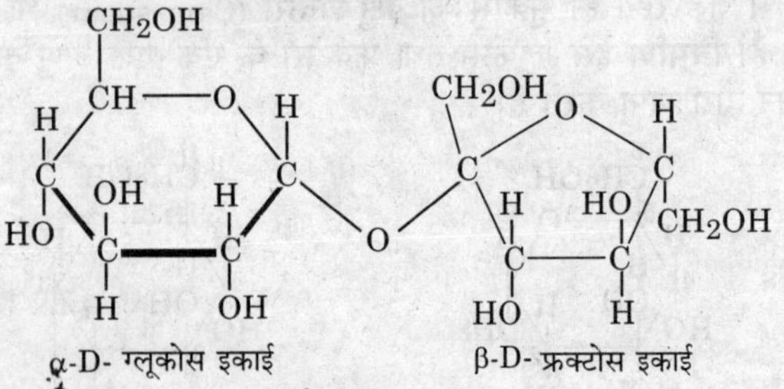

α-D- ग्लूकोस इकाई β-D- फ्रक्टोस इकाई

सुक्रोस की संरचना

पॉलीसैकेराइड Polysaccharides

इनका सामान्य सूत्र $(C_6H_{10}O_5)_n$ होता है। मोनोसैकेराइड अणु, जल के अणुओं की हानि द्वारा, बड़ी संख्या में परस्पर जुड़ जाते हैं और इस प्रकार पॉलीसैकेराइड का निर्माण करते हैं। अतः पॉलीसैकेराइड को संघनन बहुलक (Condensation polymers) भी कहा जा सकता है, जिनमें मोनोसैकेराइड की एकलक इकाइयाँ (Monomer units) उपस्थित होती हैं।

पॉलीसैकेराइड को होमोपॉलीसैकेराइड अथवा होमोग्लाइकन (homoglycans) तथा हेटरोपॉलीसैकेराइड अथवा हेटरोग्लाइकन (heteroglycans) में वर्गीकृत किया गया है। होमोग्लाइकन में केवल एक ही प्रकार के मोनोसैकेराइड उपस्थित होते हैं जबकि हेटरोग्लाइकन में कम से कम दो प्रकार के मोनोसैकेराइड पाए जाते हैं। किसी पॉलीसैकेराइड को शुद्ध रूप में प्राप्त करना अत्यन्त कठिन होता है अतः होमोग्लाइकन शब्द का प्रयोग तभी किया जाता है जब किसी पॉलीसैकेराइड में कम से कम 95% शर्करा एक प्रकार की होती है।

(i) **स्टार्च** (Starch), $(C_6H_{10}O_5)_n$ स्टार्च हमारे भोजन का सबसे महत्त्वपूर्ण कार्बोहाइड्रेट है। यह पौधों में संचित भोजन के रूप में बहुतायत में पाया जाता है। अनाज, आलू, मक्का, चावल इसके मुख्य स्रोत हैं। इसके दो अवयव एमाइलोस (जल में विलेय) तथा एमाइलोपेक्टिन (80% जल में अविलेय) हैं।

स्टार्च एक रंगहीन, अक्रिस्टलीय, स्वादहीन चूर्ण है। यह जल में अविलेय है। विलेय स्टार्च, साधारण स्टार्च को 24 घण्टे के लिए 10% HCl के साथ गर्म करके तथा फिर ऐल्कोहॉल द्वारा पुनरावक्षेपण करके प्राप्त किया जा सकता है। इस प्रकार प्राप्त स्टार्च जल में विलेय होता है। इसी क्रम में यह दाब के अन्तर्गत स्टार्च को जल व ग्लिसरॉल के साथ गर्म करके भी बनाया जा सकता है।

तनु अम्लों के साथ गर्म करने पर, यह डेक्सट्रिन, माल्टोस तथा फिर स्वतः ही ग्लूकोस देता है। डायस्टेस एन्जाइम के साथ जल-अपघटन पर यह माल्टोस देता है।

आयोडीन के साथ, स्टार्च नीला रंग देता है जो गर्म करने पर लुप्त हो जाता है तथा ठण्डा करने पर पुनः दिखाई देता है।

(ii) **ग्लाइकोजन** (Glycogen), $(C_6H_{16}O_5)_n$ इसे **जन्तु स्टार्च** भी कहा जाता है तथा यह जन्तुओं के सभी कोशों विशेषकर जिगर में पाया जाता है। इसके दहन से जीवन में विभिन्न कार्यों के लिए ऊर्जा मिलती है। यह जल-अपघटन पर केवल ग्लूकोस देता है। मनुष्य में, फालतू ग्लूकोस ग्लाइकोजन के रूप में संचित हो जाता है। यह परिवर्तन इन्सुलिन (insulin) की उपस्थिति में होता है।

(iii) **इनुलीन** (Inulin), $(C_6H_{10}O_5)_n$ यह स्टार्च का विशेष प्रकार है तथा डहलिया (dahlila) में पाया जाता है। यह सफेद चूर्ण तथा जल में अविलेय है। यह जल-अपघटन पर केवल फ्रक्टोस देता है।

(iv) **सेलुलोस** (Cellulose), $(C_6H_{10}O_5)_n$ सेलुलोस पौधों की कोशाभित्ति का एक मुख्य अवयव है। रूई तथा लकड़ी सेलुलोस के दो महत्त्वपूर्ण स्रोत हैं। रुई तथा छन्ना कागज लगभग शुद्ध सेलुलोस हैं।

सेलुलोस एक रंगहीन, अक्रिस्टलीय, रेशेदार पदार्थ है। यह जल तथा अधिकांश कार्बनिक विलायकों में अविलेय है लेकिन अमोनियामय कॉपर हाइड्रॉक्साइड विलयन में विलेय है जिससे यह अम्लों, ऐल्कोहॉलों या लवणों द्वारा अवक्षेपित किया जा सकता है। यह गुण कृत्रिम सिल्क (रेऑन) के निर्माण में प्रयुक्त होता है।

मानव के पाचन तन्त्र में सेलुलोस का ग्लूकोस में अपघटन करने वाले एन्जाइम उपस्थित नहीं होते है। अतः इसका पाचन नहीं हो सकता। घास चरने वाले पशुओं के पाचन तन्त्र में यह एन्जाइम (β-ग्लाइकोसिडेस) उपस्थित होता है।

कार्बोहाइड्रेट के कार्य Functions of Carbohydrate

(i) जैविक कार्यों के लिए ग्लूकोस के ऑक्सीकरण से ऊर्जा प्राप्त होती है। इन्हें 'कोशिकीय ईंधन' भी कहते हैं।

(ii) ये (स्टार्च व ग्लाइकोजन) भोज्य पदार्थों के रूप में संचित होते हैं।

(iii) आर्थ्रोपोडा में बाह्य कंकाल काइटिन का बना होता हैं।

(iv) पादपों में कोशिका भित्ति सेलुलोस की बनी होती है।

(v) पेन्टोस शर्कराएँ न्यूक्लिक अम्ल का निर्माण करती हैं।

(vi) आवश्यकतानुसार कोशिका में ग्लूकोस से वसा तथा अमीनो अम्ल भी निर्मित होता है।

कार्बोहाइड्रेट चयापचय, ग्लाइकोलिसिस एवं इलेक्ट्रॉन-परिवहन-श्रृंखला Carbohydrate Metabolism, Glycolysis and Electron Transposs Chain

भोज्य पदार्थों का सूक्ष्म अंशों में बदलना चयापचय कहलाता है, यह निम्न प्रकार से होता है—

(i) **ग्लाइकोलाइसिस** (Glycolisis) ग्लूकोस अणु के पाइरूविक अम्ल में टूटने की क्रिया को ग्लाइकोलाइसिस कहते हैं। यह कोशिकाद्रव्य में विभिन्न एन्जाइमों की उपस्थिति में होती है। एम्बडेन, मेयरहॉफ तथा पारनास के द्वारा प्रस्तुत करने के कारण इसे EMP पथ भी कहते हैं।

इसके द्वारा ग्लूकोस के एक अणु के टूटने के पाइरुविक अम्ल के दो अणु, 2 अणु ATP, 2 अणु $NADPH_2$ तथा 2 अणु H_2O के प्राप्त होते हैं।

(ii) **क्रेब्स चक्र** (Krebs cycle) इसे सर्वप्रथम **हैन्स क्रेब्स** (1937) ने प्रस्तुत किया था। इसमें पाइरुविक अम्ल का प्रत्येक अणु माइटोकॉण्ड्रिया में प्रवेश करके CO_2 व H_2O में टूटता है। इसे निम्न समीकरण द्वारा दर्शाया जाता है।

$$\text{एसीटाइल } CO\text{-}A + 2H_2O + 3FAD^+ + GDP + Pi \longrightarrow 2Co\text{-}A\cdot SH + 2CO_2 + 3NAD\cdot 2H + FADH_2 + GTP$$

(iii) **इलेक्ट्रॉन स्थानान्तरण श्रृंखला** (Electron transport chain) इसमें NAD सार्वभौमिक हाइड्रोजन ग्राही FMN, FAD त्तथा साइटोक्रोम-a, a_3, b, c एवं c_1 पाए जाते हैं। यह क्रिया माइटोकॉण्ड्रिया में होती है।

ऑक्सीकृत-फॉस्फोरिलीकरण (Oxidative phosphorylation) ETS से मुक्त ऊर्जा से ATP बनने की क्रिया ऑक्सीकृत फॉस्फोरिलीकरण कहलाती है। ऑक्सीश्वसन की पूर्ण अभिक्रिया में एक ग्लूकोस अणु से 38 ATP (8 ग्लाइकोलाइसिस + 30 क्रेब्स चक्र एवं ETS) अणु बनते हैं तथा एक पाइरुविक अम्ल के पूर्ण ऑक्सीकरण से ATP के 15 मोल बनते हैं।

α-ऐमीनो अम्ल α-Amino Acids

वे द्विक्रियात्मक कार्बनिक यौगिक जिनमें कार्बोक्सिलिक तथा ऐमीनो समूह समान कार्बन अथवा समीपवर्ती परमाणुओं पर पाये जाते हैं, ऐमीनो अम्ल कहलाते हैं। ये प्रोटीन के एकलक होते हैं तथा प्रोटीन के गुण मुख्यत: अवयवी ऐमीनो अम्ल पर निर्भर करते हैं।

ऐमीनो अम्ल में कार्बोक्सिल क्रियात्मक समूह वाली कार्बन श्रृंखला से ऐमीनो समूह की स्थिति के अनुसार α, β, γ ऐमीनो अम्लों में वर्गीकृत किया जाता है।

$$R-CH(NH_2)-COOH$$

α-ऐमीनो अम्ल

$$R-CH(NH_2)-CH_2-COOH$$

β-ऐमीनो अम्ल

$$H-CH(NH_2)-CH_2-CH_2-COOH$$

γ-ऐमीनो अम्ल

ऐमीनो अम्लों के प्रकार Types of Amino Acids

रासायनिक प्रकृति के आधार पर ऐमीनो अम्ल उदासीन, अम्लीय तथा क्षारीय हो सकते हैं

(i) **उदासीन ऐमीनो अम्ल** (Neutral Amino Acids) इनमें एक ऐमीनो तथा एक कार्बोक्सिलिक समूह होता है।

(ii) **अम्लीय ऐमीन अम्ल** (Acidic Amino Acids) इनमें एक ऐमीनों और दो कार्बोक्सिलिक समूह होते हैं।

(iii) **बेसिक ऐमीनो अम्ल** (Basic Amino Acids) इनमें दो ऐमीनो तथा एक कार्बोक्सिलिक समूह होता है।

(iv) **आवश्यक ऐमीनो अम्ल** (Essential Amino Acids) वे ऐमीनो अम्ल जिनका संश्लेषण मानव शरीर में नहीं हो पाता तथा जिन्हें भोजन के द्वारा प्राप्त किया जाता है, आवश्यक ऐमीनो अम्ल कहलाते हैं। इन ऐमीनो अम्ल की कमी से **क्वाशियोरकॉर** नामक बीमारी हो जाती है।

(v) **अनावश्यक-ऐमीनो अम्ल** (Non-essential Amino Acids) वे ऐमीनों अम्ल जो मानव शरीर में संश्लेषित हो सकते हैं, अनावश्यक ऐमीनो अम्ल कहलाते हैं।

α-ऐमीनो अम्ल के लिए L तथा D-विन्यास D and L-Configuration of α-Amino Acids

D-ऐमीनो अम्ल में α-कार्बन के फिशर प्रक्षेपण में ऐमीनो समूह दायीं ओर, हाइड्रोजन बायीं ओर, —COOH समूह ऊपर की ओर तथा पार्श्व श्रृंखला नीचे की ओर स्थित होती है L-ऐमीनो अम्ल में ऐमीनो अम्ल बायीं ओर स्थित होता है। प्राकृतिक रूप से प्राप्त ऐमीनो अम्ल का L-विन्यास होता है।

L-सेरिन अथवा (*S*) सेरिन: COO^- (ऊपर), $H_3\overset{+}{N}$ (बायीं ओर), H (दायीं ओर), CH_2OH (नीचे)

D-सेरिन अथवा (*R*) सेरिन: COO^- (ऊपर), H (बायीं ओर), $\overset{+}{N}H_3$ (दायीं ओर), CH_2OH (नीचे)

ज्विटर आयन संरचना Zwitter Ion Structure

ऐमीनो अम्ल एक अम्लीय —COOH समूह तथा एक क्षारीय $—NH_2$ समूह युक्त होते हैं। सामान्यतया ठोस अवस्था में, ऐमीनो अम्ल, ज्विटर आयन के रूप में पाए जाते हैं। ऐमीनों अम्लों के —COOH समूह से $—NH_2$ समूह पर, एक प्रोटॉन के स्थानान्तरण द्वारा ज्विटर आयन का निर्माण होता है।

$$H_2N-CH(R)-COOH \longrightarrow H_3N^+-CH(R)-COO^-$$

ज्विटर आयन एक ध्रुवित अणु की भाँति व्यवहार करता है। इस अणु में, ऐमीनों समूह के नाइट्रोजन परमाणु पर धनात्मक आवेश तथा कार्बोक्सिल समूह के ऑक्सीकरण परमाणु पर ऋणात्मक आवेश उपस्थित होता है। इस प्रकार कुल मिलाकर, ज्विटर आयन पर कोई आवेश नहीं होता है।

समविभव बिन्दु Isoelectric Point

जलीय विलयन में, ज्विटर आयन एक निश्चित pH सीमा में ही स्थायी रहते हैं। विलयन में हाइड्रोजन आयन (H^+) सान्द्रता अधिक होने पर (अर्थात् निम्न pH होने पर) $—COO^-$ समूह एक प्रोटॉन ग्रहण करके (NH_3^+ समूह की उपस्थिति के कारण) **धनायन** (धनात्मक आवेश युक्त) का निर्माण करता है। इसी प्रकार विलयन में हाइड्रोजन आयन (H^+) सान्द्रता कम होने पर (अर्थात् अधिक pH होने पर), NH_3^+ समूह एक प्रोटॉन की हानि द्वारा ($—COO^-$ समूह की उपस्थिति के कारण), **ऋणायन** (ऋणात्मक आवेश युक्त) का निर्माण करता है।

$$\underset{\text{धनायन}}{N^+H_3 — CH_2COOH} \xleftarrow{H^+} \underset{\text{ज्विटर आयन}}{N^+H_3—CH_2—COO^-} \longrightarrow \underset{\text{ऋणायन}}{NH_2—CH_2—COO^-}$$

वह बिन्दु (pH सीमा) जिस पर, किसी ऐमीनो अम्ल के अणु पर समान धनात्मक तथा ऋणात्मक आवेश होते हैं, **समइलेक्ट्रॉनिक बिन्दु** कहलाता है। इस बिन्दु पर, एमीनो अम्ल विद्युत क्षेत्र में स्थानान्तरित नहीं होते हैं।

समस्त ऐमीनो अम्लों के समविभव बिन्दु समान नहीं होते हैं। उदासीन ऐमीनो अम्लों के समविभव बिन्दु pH = 5.5 से 6.3 के मध्य होते हैं

ऐमीनो अम्ल विलयन में सामान्यत: समविभव बिन्दु पर निम्नतम विलेयता प्रदर्शित करते हैं क्योंकि इस बिन्दु पर द्विध्रुवीय आयन की अधिकतम सान्द्रता होती है। इस गुण का उपयोग प्रोटीनों के जल अपघटन से प्राप्त विभिन्न ऐमीनो अम्लों के पृथक्करण हेतु करते हैं।

यदि किसी ऐमीनो अम्ल में एक ऐमीनो समूह तथा एक कार्बोक्सिल समूह उपस्थित हो तो इसके दो pK_a मान होते हैं। ऐसे ऐमीनो अम्ल का समविभव बिन्दु दोनों pK_a मानों की औसत होता है।

उदाहरण—ऐलानीन

$$H_3C—CH(\overset{+}{N}H_3)—COOH \quad COOH \to pK_a = 2.34, \quad NH_3 \leftarrow pK_a = 9.69$$

$$\text{समविभव बिन्दु (pI)} = \frac{2.34 + 9.69}{2} = 6.02$$

प्रोटीन Proteins

प्रोटीन, अमीनों अम्लों के बहुलक पदार्थ हैं जो हमारे शरीर की संहति के लगभग 15% भाग का निर्माण करते हैं। प्रोटीनों के मुख्य स्त्रोत दालें, पनीर, दूध, अण्डा, मूंगफली, मछली, माँस आदि हैं।

कुछ प्रोटीनों के उदाहरण तथा उनके जैविक कार्य

प्रोटीन का वर्ग	उदाहरण	कार्य
संरचनात्मक प्रोटीन	कोलाजन	संयोजी ऊतक
एन्जाइम प्रोटीन	DNA बहुलीकरणं	DNA की प्रतिकृति तथा टूटफूट
परिवहन प्रोटीन	हीमोग्लोबीन	श्वसन की गैसों (O_2 तथा CO_2) का परिवहन
संकुचित प्रोटीन	सक्रिय मायोसिन	मांसपेशियों में संकुचन
रक्षक प्रोटीन	एण्टीबॉडी	बाह्य प्रोटीनों के साथ संकुल
हार्मोन	इन्सुलीन	ग्लूकोस के उपापचय का नियन्त्रण
टॉक्सिन	साँप का जहर	जहर को नष्ट करना

प्रोटीन नाइट्रोजन युक्त संकीर्ण कार्बनिक यौगिक हैं, जो वनस्पति तथा जन्तु दोनों में प्रचुरता से पाये जाते हैं। जीवद्रव्य का प्रमुख अवयव प्रोटीन ही है। प्रोटीन के बिना जीव जीवित नहीं रह सकते है। हमारे शरीर की कोशिकाएँ तथा ऊतक प्रोटीन के बने हुए होते हैं। ये कार्य करने में नष्ट होते हैं। इसलिए नई कोशिकाओं और ऊतकों को बनाने के लिए भोजन में प्रोटीन की उपस्थिति अनिवार्य है। जब प्रोटीन शरीर में पहुँचते हैं तब HCl अथवा पेप्सिन नामक एन्जाइम द्वारा ऐमीनो अम्लों में जल-अपघटित हो जाते हैं। ये अम्ल रुधिर वाहिकाओं द्वारा रुधिर में अवशोषित हो जाते हैं।

समस्त प्रोटीन आंशिक जल अपघटन पर विभिन्न अणुभार वाले पेप्टाइड उत्पन्न करते हैं जिनके पूर्ण जल अपघटन पर α-ऐमीनो अम्ल प्राप्त होते हैं।

$$\text{प्रोटीन} \xrightarrow{\text{जल अपघटन}} \text{पेप्टाइड} \xrightarrow{\text{जल अपघटन}} \alpha\text{-ऐमीनो अम्ल}$$

समस्त प्रोटीन वाम घूर्णक होते हैं क्योंकि α-ऐमीनो अम्लों में असममित कार्बन परमाणु उपस्थित होता है।

पेप्टाइड बन्ध Peptide Bond

ऐमीनो अम्ल ऐमाइड बन्धों द्वारा परस्पर जुड़े रहते हैं, जिन्हें पेप्टाइड बन्ध (—CO—NH—) कहते हैं। पेप्टाइड बन्ध का निर्माण करने में जल के एक अणु की सदैव हानि होती है। एक पेप्टाइड में ऐमीनो अम्ल के भाग [जल के अणुओं के मोचन (Liberation) के पश्चात्] ऐमीनो अम्ल अवशेष कहलाते हैं।

$$H_2N—\underset{H}{\overset{R}{C}}—\boxed{CO\ OH + H}—\underset{H}{N}—\underset{H}{\overset{R}{C}}—COOH \longrightarrow$$

पेप्टाइड बन्ध

$$H_2N—\underset{H}{\overset{R}{C}}—\boxed{\overset{O}{\overset{||}{C}}—\underset{H}{N}}—\underset{H}{\overset{R}{C}}—COOH$$

डाइपेप्टाइड अणु

दो ऐमीनों अम्लों के मध्य का पेप्टाइड बन्धुता के द्वारा व्युत्पन्न अणु डाइपेप्टाइड कहलाता है जबकि तीन ऐमीनो अम्लों के मध्य दो पेप्टाइड बन्धुता द्वारा बना व्युत्पन्न अणु ट्राइपेप्टाइड कहलाता है। 2-10 ऐमीनो अम्ल अवशेष वाले पेप्टाइडों को ऑलिगोपेप्टाइड भी कहते हैं। जबकि 10 से अधिक ऐमीनो अम्ल अवशेष वाले पेप्टाइडों को पॉलिपेप्टाइड कहते हैं।

प्रोटीन की संरचना Structure of Proteins

पॉलीपेप्टाइड का निर्माण विभिन्न ऐमीनो अम्लों से होता है। पॉलीपेप्टाइड की अनेक शृंखलाएँ विभिन्न प्रकार से जुड़कर प्रोटीन के जटिल अणु का निर्माण करती हैं। इसके आधार पर निम्न संरचनाएँ होती हैं

प्राथमिक संरचना Primary Structure

किसी प्रोटीन में ऐमीनो अम्लों के विशिष्ट क्रम से बनी पॉलीपेप्टाइड शृंखला उसकी प्राथमिक संरचना होती है। प्रोटीन के ऐमीनो अम्लों का क्रम सर्वप्रथम फ्रेडरिक सेन्गर द्वारा निर्धारित किया गया।

ऐमीनो अम्लों के क्रम में परिवर्तन प्रोटीन के गुणों को भी परिवर्तित कर देता है।

पेप्टाइड शृंखला में ऐमीनो अम्ल के क्रम का निर्धारण

किसी प्रोटीन की प्राथमिक संरचना ज्ञात करने के लिए उसका एन्जाइम अथवा अम्ल द्वारा क्रमिक जल अपघटन करके प्राप्त भिन्न-भिन्न उत्पादों को उनके घटते हुए अणुभार के क्रम में व्यवस्थित करते हैं।

प्रोटीन → प्रोटिओस → पेप्टोन → पॉलिपेप्टाइड → सरल पेप्टाइड → α-ऐमीनो अम्ल

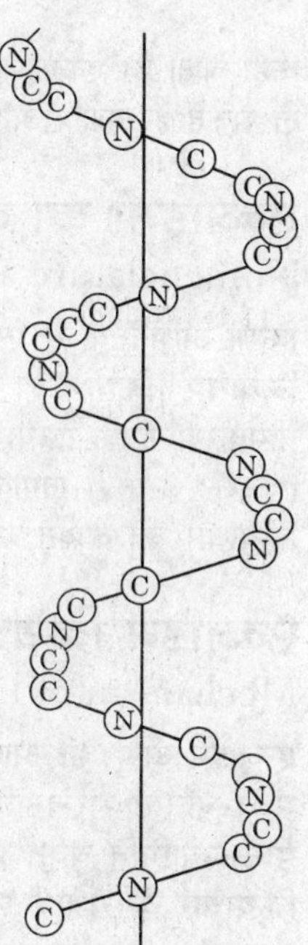

हेलिक्स संरचना

द्वितीयक संरचना
Secondary Structure

प्राय: लम्बी पॉलीपेप्टाइड शृंखलाएँ, विशिष्ट त्रिविम संरचना का निर्माण करने के लिए वलित अथवा कुण्डलित होती हैं।

प्रोटीन्स की द्वितीयक संरचना मुख्य रूप से निम्नलिखित तीन प्रकार की होती हैं

(i) एल्फा-हेलिक्स

(ii) बीटा-कन्फॉर्मेशन अथवा बीटा-प्लीटिड शीट

(iii) ट्रिपल हेलिक्स

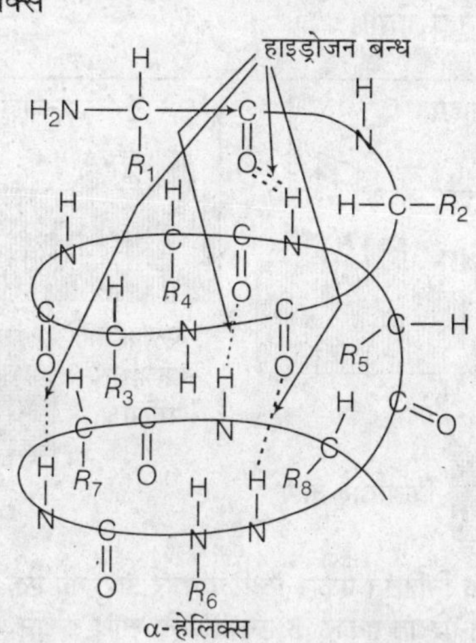

α-हेलिक्स

यदि एक पॉलीपेप्टाइड शृंखला को एक अदृश्य छड़ के चारों ओर कुण्डलित किया (लपेटा) जाता है तो इस प्रकार निर्मित होने वाली संरचना **हेलिक्स** कहलाती है। सबसे सामान्य रूप से पाये जाने वाले **कुण्डलन** का मुख्य प्रकृति में केवल दक्षिणावर्ती α-हेलिक्स ही पाया जाता है क्योंकि यह वामावर्ती α-हेलिक्स की अपेक्षा बहुत अधिक स्थायी है। इस रूप में प्रत्येक पूर्ण घुमाव (लपेट) में 3.6 ऐमीनो अम्ल अवशेष होते हैं।

पेप्टाइड शृंखला के चतुर्थ अमीनो अम्ल अवशेष के कार्बोनिल ऑक्सीजन (—C=O समूह) तथा ऐमाइड हाइड्रोजन (N—H समूह) के मध्य निर्मित बन्ध द्वारा इस संरचना का स्थायित्व प्राप्त होता है।

$$>C=O \ldots H-N<$$

कार्बोनिल ऑक्सीजन (>C=O समूह) तथा ऐमाइड हाइड्रोजन (N—H समूह) के मध्य बन्धन

यद्यपि हाइड्रोजन बन्ध अत्यधिक दुर्बल होते हैं तथापि इनके अधिक संख्या में उपस्थित होने पर संरचना स्थायी हो जाती है। इमीनो अम्ल प्रोलाइन तथा ऐमीनो अम्ल ग्लाइसीन, सीरीन (serine) सामान्यत: α-हेलिक्स के अनुकूल नहीं होते हैं। यह α-हेलिकल संरचना का विघटन करके शृंखला की दिशा में तीक्ष्ण झुकाव उत्पन्न करते हैं। इन्हें **'हेलिक्स-अवरोधक'** अथवा **'हेलिक्स-ब्रेकर'** कहते हैं। एल्फा-हेलीकल रेशेदार तथा गोलीय, दोनों प्रकार की प्रोटीन्स में उपस्थित होता है।

ढीले रूप से कुण्डलित तीन हेलिकल पॉलीपेप्टाइड शृंखलाएँ एक-दूसरे के चारों ओर लिपटकर एक दृढ़ रज्जु (Stiff cable) का निर्माण करती है। यह छड़नुमा संरचना **ट्रिपल हेलिक्स** कहलाती है। यह अत्यन्त मजबूत तथा अपेक्षाकृत दृढ़ होती है। ट्रिपल हेलिक्स मुख्यतया त्वचा के मुख्य संरचनात्मक प्रोटीन-कोलेजन, अस्थियों, दाँतों, कण्डराओं (Tendons) तथा उपास्थि (Cartilage) में पाया जाता है।

ट्रिपल हेलिक्स

ऐसा देखा जा सकता है कि ट्रिपल हेलिक्स की संरचना अधिक फैली हुई होती है। यह शृंखलाओं के बीच हाइड्रोजन बन्धों के निर्माण के कारण अधिक स्थायी होती है जबकि α-हेलिक्स में, एक ही शृंखला में ऐमीनो अम्ल अवशिष्टों के बीच बन्ध होते हैं।

तृतीयक संरचना Tertiary Structure

पॉलीपेप्टाइड शृंखला, कुण्डलन अथवा वलन द्वारा प्रोटीन्स की तृतीयक संरचना का निर्माण करती है। वलन द्वारा शृंखला में बिखरे हुए **सक्रिय ऐमीनो अम्ल** परस्पर साथ-साथ आ जाते हैं। इस प्रकार एक सुस्पष्ट **गुहा** (cavity) अथवा **खाँच** (cleft) का निर्माण होता है जिसमें सब्सट्रेट घिरा रहता है। एकल पॉलीपेप्टाइड शृंखला युक्त प्रोटीन्स की तृतीयक संरचना, प्रोटीन के अणु की सम्पूर्ण आकृति को निर्धारित करती है। अत: जब प्रोटीन्स पतले एवं लम्बे धागे जैसी संरचनाओं का निर्माण करते हैं तो उन्हें रेशेदार प्रोटीन्स कहते हैं तथा जब प्रोटीन्स अत्यधिक सघन होते हैं तब गोलीय प्रोटीन्स कहलाते हैं। प्रोटीनों की तृतीयक संरचना को स्थिरता प्रदान करने वाले बन्ध निम्नलिखित हैं

(i) **डाइसल्फाइड बन्ध** ये सहसंयोजक बन्ध हैं, जो प्रोटीन के अणु को कुछ दृढ़ता प्रदान करते हैं तथा अपेक्षाकृत अधिक स्थायी होते हैं। डाइसल्फाइड बन्ध का निर्माण दो **सिस्टीन अवशेषों** के मध्य होता है।

डाइसल्फाइड बन्ध **परफॉर्मिक अम्ल** द्वारा ऑक्सीकृत हो जाते हैं अत: इसका उपयोग प्रोटीन्स के विकृतिकरण के लिए अथवा S—S बन्धों द्वारा जुड़ी हुई पॉलीपेप्टाइड शृंखलाओं को पृथक् करने के लिए किया जाता है।

(ii) **हाइड्रोजन बन्ध** हाइड्रोजन बन्ध दुर्बल होते हैं परन्तु अत्यधिक संख्या में उपस्थित होने के कारण ये प्रोटीन के अणु को स्थायित्व प्रदान करते हैं। हाइड्रोजन बन्धों का निर्माण पेप्टाइड रीढ़ रज्जु (peptide backbone) में उपस्थित, ऐमीनो समूह के **हाइड्रोजन** तथा कार्बोनिल समूह के **ऑक्सीजन** के मध्य साझेदारी [(C=O) ....H—N <] द्वारा होता है। पार्श्व शृंखलाओं में उपस्थित समूहों के मध्य भी हाइड्रोजन बन्धों का निर्माण होता है।

(iii) **आयनिक बन्ध अथवा स्थिर-वैद्युत् आबन्ध** जब एक अम्लीय तथा एक क्षारीय अमीनो अम्ल आयनित होते हैं तथा परस्पर निकट आकर एक लवण सेतु का निर्माण करते हैं तब आयनिक अथवा स्थिर-वैद्युत आबन्ध बनते हैं। आयनिक बन्ध एक क्षारीय प्रोटीन के अम्लीय दीर्घाणु के साथ बन्धन में भाग लेते हैं।

प्रोटीनों का विकृतीकरण
Denaturation of Proteins

वह अवस्था जब प्रोटीन जैविक रूप से अक्रिय (Biologically inactive) रहता है, प्रोटीन की विकृत अवस्था कहलाती है। वह संरूपीय अन्तर, जिसके द्वारा विकृत अवस्था उत्पन्न होती है, विकृतीकरण कहलाता है। विकृत प्रोटीन्स प्राय: विशाल पुँजों अथवा समूहों का निर्माण करती हैं जो विलयन से अवक्षेपित हो जाते हैं। यह प्रक्रिया स्कन्दन अथवा कोऐगुलेशन कहलाती है। विकृतीकरण (डीनेचुरेशन) की प्रक्रिया में पेप्टाइड बन्ध विखण्डित नहीं होते हैं।

प्रोटीन के विकृतीकरण की प्रक्रिया में अपेक्षाकृत दुर्बल, असहसंयोजी बन्ध विखण्डित हो जाते हैं। निम्नलिखित प्रक्रियाओं द्वारा प्रोटीन्स का विकृतिकरण (डीनेचुरेशन) हो जाता है

(i) **ताप** जब अण्डे को उबाला जाता है तो ताप द्वारा अण्डे के प्रोटीन्स का विकृतीकरण हो जाता है। ऑटोक्लेव के उच्च ताप जीवाणुओं के नष्ट होने के कारण भी, उच्च ताप द्वारा जीवाणुओं के प्रोटीन्स का विकृतीकरण होना है।

(ii) **कार्बनिक विलायकों में अनावरण** कार्बनिक विलायकों जैसे ऐथेनॉल तथा निघर्षणी ऐल्कोहॉल (Rubbing alcohol) द्वारा प्रोटीन्स का विकृतीकरण किया जा सकता है। शरीर में दवाईयाँ अन्त:क्षेपित (inject) करने से पहले त्वचा पर ऐल्कोहॉल मला जाता है। यह ऐल्कोहॉल जीवाणुओं के प्रोटीन्स का विकृतीकरण करके जीवाणुओं के संक्रमण से हमें बचाता है।

(iii) **अम्ल तथा क्षारों में अनावरण** शक्तिशाली अम्ल तथा क्षार, लवण सेतुओं तथा हाइड्रोजन बन्धों के विखण्डन द्वारा प्रोटीन्स का विकृतीकरण कर देते हैं। लम्बे समय तक शक्तिशाली अम्लों के सम्पर्क द्वारा प्रोटीन्स के पेप्टाइड बन्धों का जल-अपघटन हो जाता है।

(iv) **भारी धात्विक आयनों के लवणों में अनावरण** धातु धनायन **जैसे** Hg^{2+}, Ag^{+}, Pb^{2+} आदि, प्रोटीन संरचना को स्थायित्व प्रदान करने वाले डाइसल्फाइड बन्धों एवं लवण सेतुओं में बाधा उत्पन्न करके उन्हें विखण्डित कर देते हैं। इस कारण प्रोटीन्स का विकृतीकरण हो जाता है। इसके कारण धातुओं का रक्त में अवशोषण अस्थायी रूप से रुक जाता है। इसके पश्चात् वमन क्रिया कराने वाले पदार्थों का उपयोग कर विष का निराकरण अर्थात् निष्कासन कर देना चाहिए।

विकर Enzymes

विकर अथवा **एन्जाइम** जीवों में उत्पन्न होने वाले विशेष प्रोटीन हैं जो विशिष्ट रासायनिक अभिक्रियाओं को उत्प्रेरित करने में समर्थ होते हैं। एन्जाइम एक उत्प्रेरक की भाँति कार्य करते हैं अत: इन्हें **जैव उत्प्रेरक** भी कहा जाता है। एन्जाइम्स क्रियाधार के साथ संयुक्त होकर अभिक्रिया में भाग ले सकते हैं, यद्यपि अभिक्रिया के अन्त में एन्जाइम स्वतन्त्र हो जाते हैं।

एन्जाइमों का नामकरण तथा वर्गीकरण
Nomenclature and Classification of Enzymes

किसी अभिक्रिया में एन्जाइम जिन पदार्थों पर क्रिया करते हैं, उन्हें क्रियाधार [क्रिया द्रव्य (Sbstrate)] कहते हैं। प्राय: एन्जाइमों का नामकरण उनके क्रियाधार के नाम के अन्त में "**—एज**" प्रत्यय ("–ase" suffix) लगाकर किया जाता है। इनके नाम का प्रथम भाग उस क्रियाधार को व्यक्त करता है जिस पर वह एन्जाइम क्रिया करता है।

एन्जाइम क्रिया की क्रियाविधि
Mechanism of Enzyme Action

एन्जाइम अणु की आणविक सतह तथा एन्जाइम के क्रियाधार अणु के मध्य घनिष्ठ संरचनात्मक सम्बन्ध होता है। एन्जाइम एक निश्चित पृष्ठ-ज्यामिति युक्त प्रोटीन अणु हैं। एन्जाइम के क्रियात्मक समूह क्रियाधार के यथार्थ पूरक होते हैं। एक निश्चित प्रकार के क्रियाधार अणु एक निश्चित प्रकार के एन्जाइम अणु के साथ ही बन्धित होते हैं। उदाहरण—के लिए, क्रियाधार A तथा B, एन्जाइम E के साथ बन्धित हो जाते हैं परन्तु क्रियाधार C बन्धित नहीं हो पाता, इसे **ताला-कुंजी क्रियाविधि** (Lock-and-key mechanism) कहते हैं। अत: क्रियाधार A तथा B की क्रिया दर में वृद्धि होगी किन्तु क्रियाधार C की क्रियादर में वृद्धि नहीं होगी।

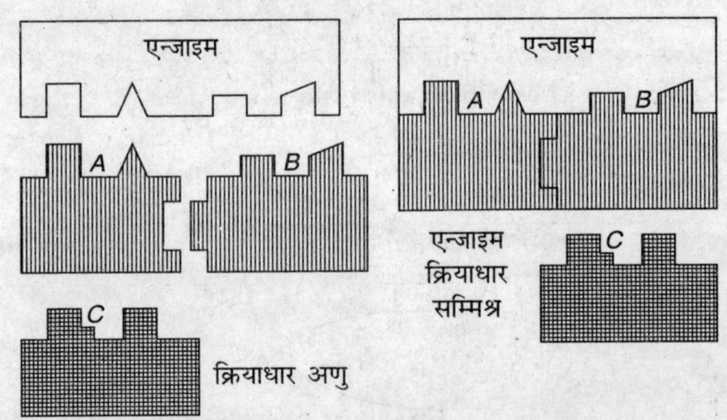

एक निश्चित प्रकार के क्रियाधार अणु का एक निश्चित प्रकार के एन्जाइम के साथ बन्धन

एन्जाइम तथा क्रियाधार रासायनिक संयोग द्वारा परस्पर बन्धित होकर एक एन्जाइम-क्रियाधार सम्मिश्र का निर्माण करते हैं। (माइकेलिस-मेण्टन परिकल्पना)

$$E + S \longrightarrow ES$$

इसके पश्चात् एन्जाइम-क्रियाधार सम्मिश्र विघटित होकर क्रिया के उत्पादो का निर्माण करता है। अभिक्रिया के पश्चात् एन्जाइम उसी रूप में मुक्त हो जाते हैं और अभिक्रिया को पुन: उत्प्रेरित करने के लिए उपयोग हो सकते हैं।

$$ES \longrightarrow E + \text{उत्पाद}$$

एन्जाइमों के गुण Features of Enzymes

एन्जाइमों द्वारा प्रदर्शित गुण निम्नलिखित हैं

विशिष्टता Specificity

एन्जाइम सुस्पष्ट विशिष्टता प्रदर्शित करते हैं। एन्जाइम विशिष्ट क्रियाधारों द्वारा होने वाली विशिष्ट अभिक्रियाओं को उत्प्रेरित करते हैं। कुछ एन्जाइम इतने अधिक विशिष्ट होते हैं कि वे केवल एक ही क्रियाधार की अभिक्रिया को उत्प्रेरित कर सकते हैं। एन्जाइम की विशिष्टता क्रियाधार के केवल एक समावयव के लिए भी हो सकती है। एन्जाइम अत्यन्त सूक्ष्म मात्रा में आवश्यक होते हैं।

एन्जाइम रासायनिक अभिक्रिया की गति में वृद्धि कर देते हैं। ये अभिक्रिया की सक्रियण ऊर्जा को कम कर देते हैं तथा इस प्रकार, अभिक्रिया को सामान्य कार्यिक तापमान पर होने में सक्षम बनाते हैं।

सक्रिया ऊर्जा में परिवर्तन

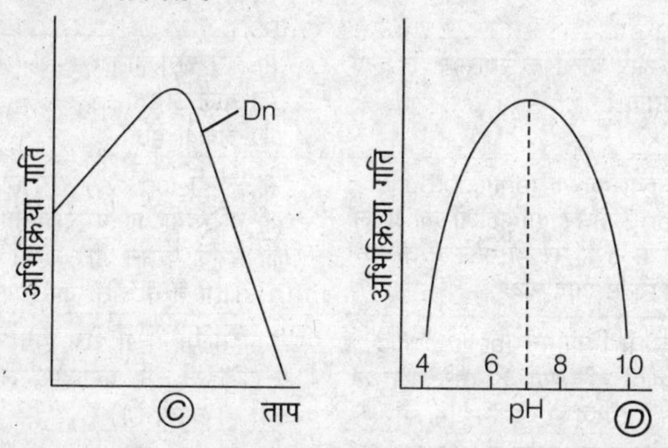

(C) **एन्जाइम क्रिया की गति पर ताप का प्रभाव।** Dn बिन्दु एन्जाइम का ताप विकृतीकरण प्रारम्भ होना दर्शाता है (45°–50°)

(D) **एन्जाइम क्रिया की गति पर pH का प्रभाव।** बिन्दुदार (dotted) रेखा अनुकूलतम pH को प्रदर्शित करती है। एन्जाइमों को जैव उत्प्रेरक भी कहा जाता है।

विटामिन Vitamins

वायु, जल, कार्बोहाइड्रेट, वसा, प्रोटीन और खनिज लवणों के अतिरिक्त कुछ कार्बनिक यौगिक अतिअल्प मात्रा में मनुष्य एवं जन्तुओं के सामान्य स्वास्थ्य शरीर की वृद्धि व पोषण तथा जीवन के लिए आवश्यक होते हैं। ये कार्बनिक यौगिक ''अतिरिक्त आहार कारक'' या विटामिन कहलाते हैं। मानव शरीर द्वारा विटामिनों का संश्लेषण नहीं होता है, अत: खाद्य पदार्थों के रूप में इनकी पूर्ति आवश्यक है। विटामिनों की कमी का शरीर की वृद्धि और स्वास्थ्य पर हानिकारक प्रभाव पड़ता है। विटामिनों की कमी से शरीर में विभिन्न रोग उत्पन्न हो जाते हैं जिन्हें **हीनताजन्य रोग** कहते हैं।

विटामिनों का वर्गीकरण Classification of Vitamins

विटामिन को निम्नलिखित दो वर्गों में विभाजित किया जा सकता है

वसा में विलेय विटामिन Fat Soluble Vitamins

(i) **वसा में विलेय विटामिन** (Fat Soluble Vitamins) विटामिन A, D, E तथा K वसा में विलेय होते हैं।

(ii) **जल में विलेय विटामिन** (Water Soluble Vitamins) विटामिन B तथा C जल में विलेय विटामिन है। जल में विलेय विटामिनों को भोजन में लगातार देते रहना चाहिए, क्योंकि ये शरीर में संचित नहीं रह सकते हैं (B_{12} के अतिरिक्त) तथा मूत्र के द्वारा उत्सर्जित हो जाते हैं।

विटामिन, स्त्रोत, महत्त्व तथा अभावजन्य रोग

क्र.सं.	विटामिन का नाम तथा सूत्र	स्रोत	महत्त्व	अभावजन्य रोग
1.	विटामिन A या A_1 (रेटिनॉल या जीरोपथॉल), $C_{20}H_{30}O$	मछलियों का यकृत तेल (जैसे क्रॉड लीवर ऑयल) मांस, अण्डे, दूध, मक्खन आदि। पालक, गाजर, कद्दू, पपीता, आम आदि में कैरोटिनॉयड होते हैं जो लघु आंत्र में पहुँचकर विटामिन A में बदल जाते हैं।	संक्रमण रोधी कारक आँखों व त्वचा के स्वास्थ्य के लिए आवश्यक, धुँधले प्रकाश में देखने के लिये आवश्यक।	(i) रतौंधी होना (ii) जीरोप्थैलमिया (नेत्र रोग)। (iii) संक्रमण के प्रति प्रतिरोध कम हो जाना। (iv) शिशुओं की वृद्धि मन्द होना। (v) त्वचा का शुष्क होना।
2.	विटामिन B या विटामिन B कॉम्प्लैक्स (जल में विलेय कई विटामिनों का जटिल मिश्रण)			
	(i) विटामिन B_1 (थायमीन या ऐन्यूरिना) $C_{12}H_{18}N_4Cl_2OS$	चावल की छीलन, यीस्ट, गेहूँ के छिलके अण्डे आदि।	तन्त्रिकाशोथरोधी विटामिन तन्त्रिका तन्त्र के सुचारू रूप से कार्य करने के लिए आवश्यक।	(i) बेरी-बेरी रोग होना। (ii) भूख न लगना। (iii) पेशियों का कमजोर होना।
	(ii) विटामिन B_2 (राइबोफ्लेविन या लेक्टोफ्लेविन) $C_{17}H_{20}N_4O_6$	चावल की छीलन, यीस्ट, दूध, पनीर, अण्डे, मांस, हरी सब्जियाँ आदि।	शरीर की वृद्धि एवं मुख के स्वास्थ्य के लिए आवश्यक	(i) कीलोसिस होना, अर्थात् होठों और मुँह के कोनों का फटना। (ii) जीभ पर दाने निकलना (iii) जन्तुओं की दृष्टि मन्द होना।

क्र.सं.	विटामिन का नाम तथा सूत्र	स्रोत	महत्त्व	अभावजन्य रोग
	(iii) विटामिन B_3 (पैन्टोथेनिक अम्ल), $C_9H_{17}O_5N$	यीस्ट, जन्तुओं के यकृत और गुर्दे तथा लगभग सभी खाद्य पदार्थ।	मनुष्यों में इसका महत्व ज्ञात नहीं	मनुष्यों में इसकी कमी के लक्षण ज्ञात नहीं है। कुक्कुटों में डर्मेटाइटिस हो जाती है, परों की वृद्धि मन्द हो जाती है और पर कठोर हो जाते हैं।
	(iv) विटामिन B_5 (निकोटिनिक अम्ल या नियासीन) C_5H_4NCOOH	यीस्ट, यकृत, चावल, जौ, मक्का आदि।	पेलाग्रा निरोधीकारक (pellagra preventing factor)	(i) पेलाग्रा रोग होना (ii) पाचन तन्त्र और तन्त्रिका तन्त्र में अव्यवस्था होना
	(v) विटामिन B_6 (पिरिडॉक्सिन या ऐडरमीन) $C_8H_{11}O_3N$	यीस्ट, चावल की चोकर मक्का व गेहूँ तथा अण्डे, मांस व मछली का यकृत तथा दूध व ताजी सब्जियाँ	रक्त बनने में	अरक्तता (anaemia) होना।
	(vi) विटामिन B_{12} (सायनोकोबालामिन) $C_{63}H_{88}O_4N_{14}PCO$	मछली एवं अन्य जन्तुओं के यकृत तथा अण्डे, मांस, दूध आदि	प्रतिप्रणाशी अरक्तता कारक (anti pernicious anaemia factor) रक्त बनने के लिए आवश्यक	प्रणाशी अरक्तता होना (pernicious anaemia)
	(vii) फोलिक अम्ल $C_{19}H_{19}N_7O_6$	यीस्ट, जन्तुओं के यकृत और गुर्दे, अण्डे, मांस, केला, नींबू, हरी सब्जियाँ (पालक) आदि।	रक्त बनने में	अरक्तता (रक्त की कमी) हो जाती है।
	(viii) बायोटिन विटामिन H (बायोटिन) $C_{10}H_{16}N_2O_3S$	यीस्ट, जन्तुओं के यकृत और गुर्दे, दूध, हरी सब्जियाँ, गेहूँ, मूँगफली आदि।	त्वचा और बालों के स्वास्थ्य के लिए आवश्यक	(i) चर्म रोग होना (ii) बाल झड़ना (iii) लकवा होना
3.	विटामिन C (ऐस्कॉर्बिक अम्ल) $C_6H_8O_6$	सन्तरे, नींबू , मुसम्मी, पत्ता गोभी टमाटर, सेम की फली, हरी सब्जियाँ दूध, यकृत आदि।	प्रतिस्कर्वी कारक (antiscorbutic factor), रुधिर वाहिकाओं को प्रबल रखने में तथा मसूड़ों और दाँतों के स्वास्थय में आवश्यक	(i) स्कर्वी (scurvy) रोग होना। (ii) हड्डियों का भंगुर होना। (iii) मसूड़े फूलन और उनमें रक्त आना तथा दाँतों का गिरना।
4.	विटामिन D (आर्गेकैल्सिफैरॉल या कैल्सिफैरॉल) $C_{28}H_{44}O$	मछलियों के यकृत तेल, मांस अण्डे, मक्खन, आदि। त्वचा केशाओं में सूर्य के प्रकाश की उपस्थिति में आर्गेस्टेरॉल से विटामिन D का निर्माण होता है।	सूखारोधी विटामिन (antirachitic vitamin) हड्डियों के बनने में तथा उनके स्वास्थ्य में, कैल्सियम और फॉस्फोरस उपपाचन का नियन्त्रण	रिकेट्स या सूखा रोग होना (इस रोग में हड्डियाँ नर्म, कमजोर, लचीली और टेढ़ी हो जाती हैं।)
5.	विटामिन E (टोकाफैरॉल) $C_{29}H_{50}O_2$	गेहूँ की अंकुर का तेल, बिनौले का तेल, सूर्यमुखी तेल, अण्डे	बन्ध्यतारोधी कारक (antisterility factor)	(i) बन्ध्यता (sterility) उत्पन्न होना। (ii) पेशियों का अपहासन (degeneration)
6.	विटामिन K [फाइलोक्वीनॉन (विटामिन K_1)]$C_{31}H_{46}O_2$	पालक, पत्तागोभी, गाजर और ऐल्फा-ऐल्फा	प्रतिरक्त स्त्रावी कारक (anti haemorrhagic factor) रक्त के स्कन्दन के लिए आवश्यक	रक्त के थक्के बनने (clotting) में अधिक समय लगता है।

न्यूक्लिक अम्ल Nucleic Acids

न्यूक्लिक अम्ल समस्त पादपों, जन्तुओं वायरस आदि जीवित प्राणियों में पाए जाते हैं। ये प्राय: प्रोटीन से संलग्न होकर न्यूक्लिओप्रोटीन्स का निर्माण करते हैं। न्यूक्लिक अम्ल प्रोटीनों के जैव-संश्लेषण तथा आनुवांशिक गुणों के स्थानान्तरण के लिए उत्तरदायी होते हैं। न्यूक्लिक अम्लों में अंकित आनुवांशिक कोड एन्जाइम सहित समस्त प्रोटीनों की संरचना तथा समस्त जीवित प्राणियों की उपापचय क्रियाओं को समझने में सहायता करते हैं।

न्यूक्लिक अम्लों का वर्गीकरण
Classification of Nucleic Acids

न्यूक्लिक अम्लों के दो प्रकार डीऑक्सीराइबोन्यूक्लिक अम्ल DNA तथा राइबोस न्यूक्लिक अम्ल RNA होते हैं। DNA मुख्यत: केन्द्रक में पाया जाता है जबकि RNA मुख्यत: कोशिकाद्रव्य में पाया जाता है। DNA अधिकांश जीवों तथा अनेक वायरसों का आनुवांशिक पदार्थ है। यद्यपि कुछ वायरसों का आनुवांशिक पदार्थ RNA भी है।

डीऑक्सीराइबोस न्यूक्लिक अम्ल
Deoxyribose Nucleic Acid (DNA)

DNA सभी पादप तथा जन्तु कोशिकाओं, प्रोकैरियोट्स तथा अनेक विषाणुओं में उपस्थित होता है। यूकैरियोट्स में यह प्रोटीन्स के साथ मिलकर न्यूक्लियोप्रोटीन्स का निर्माण करता है। प्रोकैरियोट्स [उदाहरण—*इश्चेरिचिया कोलाई (Escherichia coli)* जीवाणु] में आनुवंशिक पदार्थ DNA का लगभग 1000 माइक्रोन लम्बा, एकल विशाल अणु होता है, जिससे प्रोटीन्स संलग्न नहीं रहती हैं। DNA मुख्य रूप से गुणसूत्रों में उपस्थित होता है।

कोशिकाद्रव्यी कोशिकांगों जैसे माइटोकॉण्ड्रिया तथा क्लोरोप्लास्ट में भी इसकी उपस्थिति पायी गयी है। सभी पादपों, जन्तुओं तथा अनेक विषाणुओं [**पॉलियोमा वायरस**] छोटी-माता का वायरस, **जीवाणुभोजी** T_2, T_4 तथा T_6 आदि] में द्विरज्जुक DNA पाया जाता है। परन्तु जीवाणुभोजी $\phi \times 174$ में एक रज्जुकी DNA पाया जाता है। कुछ विषाणुओं में आनुवंशिक पदार्थ RNA होता है।

DNA की संरचना Structure of DNA

DNA के सम्बन्ध में सर्वाधिक स्वीकार्य आणविक मॉडल, डबल हेलिक्स संरचना है, जिसे **वाटसन** एवं **क्रिक** (Watson and Crick; 1953) ने प्रस्तुत किया था। DNA अणु में दो कुण्डलित रूप से व्यावर्तित सूत्र होते हैं जो 'स्टेप्स' के द्वारा परस्पर जुड़े रहते हैं। प्रत्येक सूत्र (strand) में डीऑक्सीराइबोस नामक एक पेन्टोस शर्करा के एकान्तरित अणु तथा फॉस्फेट समूह होते हैं।

प्रत्येक स्टेप प्यूरीन क्षार की दोहरी वलय तथा पिरीमिडीन क्षार की एकल वलय द्वारा निर्मित होता है। प्यूरीन तथा पिरीमिडीन क्षार डीऑक्सीराइबोस शर्करा के अणुओं से जुड़े रहते हैं। दोनों सूत्र दक्षिणावर्त्त दिशा में एक-दूसरे से बन्धे रहते हैं, अर्थात् सीधे हाथ की ओर हेलिक्स बनता है तथा यह परस्पर विपरीत दिशाओं में जाते हैं। सूत्र प्रत्येक 34 Å पर एक घुमाव पूर्ण करता है। प्रत्येक न्यूक्लियोटाइड 3.4 Å पर होता है।

इस प्रकार प्रत्येक घुमाव में 10 न्यूक्लियोटाइड्स होते हैं। प्रत्येक उत्तरोत्तर न्यूक्लियोटाइड क्षैतिज तल में 36° घुमाव लेता है। DNA अणु की चौड़ाई 20 Å होती है। सूत्रों के व्यावर्तन के कारण गहरे एवं उथले सर्पिल खाँचों का निर्माण होता है।

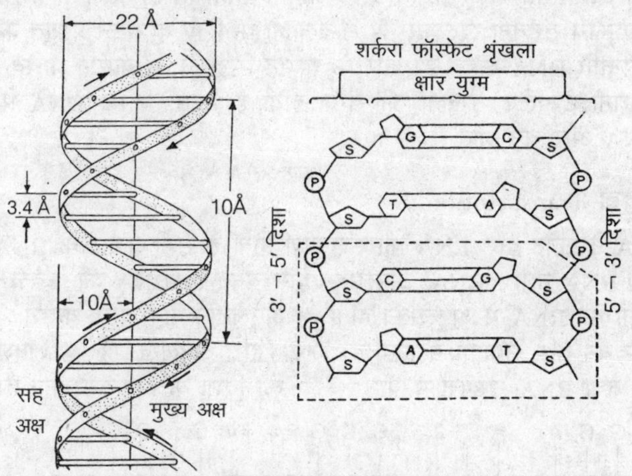

DNA की डबल हेलिक्स संरचना

DNA का रासायनिक संघटन Chemical Composition of DNA

DNA अणु एक बहुलक है, जिसमें न्यूक्लियोटाइड एकलकों के कुछ हजार जोड़े होते हैं। प्रत्येक न्यूक्लियोटाइड में पेन्टोस शर्करा डीऑक्सीराइबोस, फॉस्फेट समूह तथा नाइट्रोजनी क्षार होते हैं। नाइट्रोजनी क्षार एक प्यूरीन अथवा पिरीमिडीन होता है। डीऑक्सीराइबोस तथा एक नाइट्रोजनी क्षार मिलकर एक न्यूक्लियोसाइड का निर्माण करते हैं। एक न्यूक्लियोसाइड तथा एक फॉस्फेट मिलकर एक न्यूक्लियोटाइड बनाते हैं।

न्यूक्लियोसाइड = डीऑक्सीराइबोस + नाइट्रोजनी क्षार

न्यूक्लिओटाइड = डीऑक्सीराइबोस + नाइट्रोजनी क्षार + फॉस्फेट

अतः न्यूक्लियोटाइट को निम्न प्रकार प्रदर्शित कर सकते हैं

क्षार — शर्करा — O — P(=O)(OH) — HO

(i) **डीऑक्सीराइबोस शर्करा** पाँच कार्बन परमाणु युक्त पेन्टोस शर्करा है। कार्बन के पाँच परमाणुओं में से चार परमाणु तथा ऑक्सीजन का एक परमाणु मिलकर पाँच सदस्यीय वलय का निर्माण करते हैं। पाँचवा कार्बन परमाणु वलय के बाहर उपस्थित होता है तथा —CH_2 समूह का एक भाग बनाता है। वलय के चार परमाणुओं की क्रम संख्या 1', 2', 3', 4' होती है। —CH_2 के कार्बन परमाणु की संख्या 5' होती है।

1', 3 तथा 5वें स्थान पर तीन —OH समूह उपस्थित होते हैं। कार्बन परमाणु 1', 2', 3' तथा 4 पर हाइड्रोजन परमाणु उपस्थित रहते हैं।

HOH_2C (5'), O, OH, 4', 1', H, H, H, H, 3', 2', OH H

2- डीऑक्सीराइबोस शर्करा

(ii) **नाइट्रोजनी क्षार** दो प्रकार के होते हैं
(a) पिरीमिडीन तथा (b) प्यूरीन।

पिरीमिडीन एकल वलय युक्त यौगिक हैं। इनमें 6-सदस्यीय बेन्जीन वलय के स्थान 1 एवं 3 पर नाइट्रोजन उपस्थित होती है। DNA की दो सर्वाधिक सामान्य पिरीमिडीन **साइटोसीन** (C) तथा **थायमीन** (T) है।

प्यूरीन दोहरी वलय युक्त यौगिक हैं। एक प्यूरीन अणु में 5-सदस्यीय इमिडेजोल वलय होती है जो पिरीमिडीन से स्थान 4 एवं 5 पर जुड़ी रहती है। DNA की दो सर्वाधिक सामान्य प्यूरीन **एडीनीन** (A) तथा **गुआनीन** (G) हैं।

एटीपी की संरचना Structure of ATP

फ्रिज लिपमान (Friedge Lipman) ने सन् 1941 में ATP के कार्य की व्याख्या करते हुए बताया कि ऊर्जा का विनिमय **ADP → ATP → ADP** चक्र सारी कोशिकाओं में **ऊर्जा शटल** (Energy shuttle) की तरह काम करता है।

$$ADP \overset{Pi}{\rightleftharpoons} ATP$$

कुछ विशिष्ट कोशिकाओं में ग्वानोसीन, साइटिडीन तथा यूरिडीन के डाइफॉस्फेट (GDP, CDP या UDP) तथा ट्राइफॉस्फेट्स (GTP, CTP या UTP) अणु भी ADP तथा ATP के अलावा ऊर्जा प्रदान करते हैं।

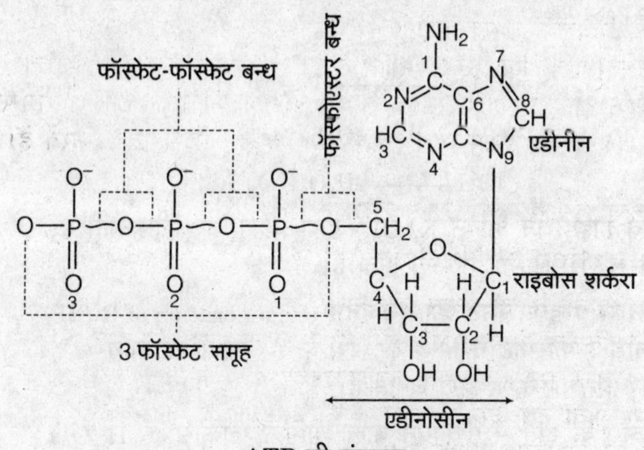

ATP की संरचना

प्रकाश संश्लेषण Photosynthesis

प्रकाश संश्लेषण एक जैव-रासायनिक क्रिया है, जिसमें पादपों के हरे भाग सौर ऊर्जा को ग्रहण कर वायमण्डल से ली गई कार्बन डाइऑक्साइड तथा मृदा से शोषित जल द्वारा कार्बोहाइड्रेट का संश्लेषण करते हैं और ऑक्सीजन को सहउत्पाद के रूपम में बाहर निकालते हैं।

$$6CO_2 + 12H_2O \xrightarrow[\text{पर्णहरित}]{\text{प्रकाश}} C_6H_{12}O_6 + 6H_2O + 6O_2 \uparrow$$

प्रकाश-संश्लेषण की क्रियाविधि प्रकाश-संश्लेषण एक ऑक्सीकरण-अपचयन क्रिया है, जिसमें जल का ऑक्सीकरण तथा CO_2 का अपचयन होता है। प्रकाश-संश्लेषण में दो प्रमुख प्रावस्थाएँ; जैस– प्रकाशिक व अप्रकाशिक अभिक्रिया होती है। प्रकाशिक अभिक्रिया के निम्न दो भाग होते हैं

प्रकाश तन्त्र-I (Photosystem-I) पर्णहरित P_{700} फोटॉन की क्वाण्टम ऊर्जा को अवशोषित करके उत्तेजित हो जाता है तथा इलेक्ट्रॉन्स का उत्सर्जन होता है। उत्सर्जित इलेक्ट्रॉन्स एक पदार्थ A (Fe-S) द्वारा ग्रहण किए जाते हैं और फिर फेरीडॉक्सिन (Fd) व साइटोक्रोम-b_6-f-कॉम्प्लेक्स से होते हुए पुन: प्रकाश तन्त्र-I के पर्णहरित P_{700} में वापस आ जाते हैं, क्योंकि इस क्रम में पर्णहरित P_{700} से उत्सर्जित इलेक्ट्रॉन पुन: पर्णहरित P_{700} में वापस चले जाते हैं। इसलिए इस प्रक्रिया को चक्रीय प्रकाश-फॉस्फोरिलीकरण कहते हैं। इस प्रकाश तन्त्र में ऊर्जा ATP में संचित होती है। इस पकाश तन्त्र में न तो जल का ऑक्सीकरण होता है और न ऑक्सीजन निकलती है।

प्रकाश तन्त्र-II (Photosyustem-II) पर्णहरित P_{680} फोटॉन की क्वाण्टम ऊर्जा को अवशोषित करके उत्तेजित हो जाता है तथा इलेक्ट्रॉन का उत्सर्जन होता है। उत्सर्जित इलेक्ट्रॉन एक पदार्थ फियोफाइटिन द्वारा ग्रहण किए जाते हैं तथा इलेक्ट्रॉन्स परिवहन तन्त्र से भ्रमण करते हुए प्रकाश तन्त्र-I के पर्णहरित P_{700} से संयुक्त होते हैं।

इस प्रकाश क्रम में ऊर्जा ATP में संचित होती है, क्योंकि इस क्रम में पर्णहरित P_{680} से उत्सर्जित प्रकाश तन्त्र-II में वापस नहीं जाते, इसलिए इस क्रम को **अचक्रीय प्रकाश-फॉस्फोरिलीकरण** कहते हैं। इसमें जल का प्रकाशित अपघटन होता है तथा ऑक्सीजन मुक्त होती है।

$$4H_2O \xrightarrow{Cl^-,\ Mn^{2+}} 4H^+ + 4OH^-$$

$$4OH^- \longrightarrow 4OH + 4e^-$$

$$4OH \longrightarrow 2H_2O + O_2 \uparrow$$

ये मुक्त हाइड्रोजन आयन $NADP^+$ द्वारा ग्रहण कर लिए जाते हैं, जिससे $NADPH_2$ का निर्माण होता है।

राइबुलोस बाइफॉस्फेट का पुनर्जनन (Regeneration of RuBP) राइबुलोस 5 फॉस्फेट के 6 अणु ATP के 6 अणुओं के साथ मिलकर RuBP के 6 अणु बनाते हैं।

इस प्रक्रम के अंत में 6 कार्बन वाला यौगिक ग्लूकोस ($C_6H_{12}O_6$) बनता है।

न्यूक्लियक एसिड के जैविक कार्य
Functions of Nucleic Acid

आनुवांशिक कोड Genetic Code

न्यूक्लिक अम्ल आण्विक स्तर पर आनुवांशिकता को नियन्त्रित करते हैं। DNA की द्विकुण्डलीय संरचना जीवों की आनुवांशिक सूचनाओं के लिए उत्तरदायी होती है। सूचनाएँ पॉलीन्यूक्लिओटाइ शृंखला में क्षारों के क्रम में संचित रहती है। DNA इन आनुवांशिक सूचनाओं को संरक्षित करता है तथा इनका प्रयोग करता है।

DNA का वह प्रत्येक भाग जो विशेष प्रोटीन अथवा पॉलीपेप्टाइड के लिए कोड देता है, जीन कहलाता है। न्यूक्ओिटाइड त्रिक तथा ऐमीनो अम्लों के मध्य सम्बन्ध को आनुवंशिक कोड कहते हैं। DNA द्वारा आनुंवाशिक कोडों का स्थानान्तरण निम्न प्रकार है।

प्रतिकृति Replication

DNA में एक विशेष गुण होता है, जिसके द्वारा इसका एक अणु अपनी दो समान प्रतिलिपियाँ संश्लेषित कर लेता है। इसे प्रतिकृति कहते हैं। इस प्रक्रिया में DNA की द्विकुण्डलीय संरचना खुलकर नई शृंखलाओं के लिए दो पैटर्न प्रस्तुत करते है जिन्हें सन्तति DNA कहते हैं। क्षार के युग्मन सिद्धान्त के कारण प्रत्येक नई शृंखला पुरानी टेम्पलेट शृंखला की संगत होती है। अत: जनक DNA से दो समान DNA और बन जाते हैं।

अनुलेखन Transcription

इसमें DNA टेम्पलेट द्वारा RNA का संश्लेषण होता हैं सभी प्रकार के RNA (*m*-RNA, *t*-RNA तथा *r*-RNA) अनुलेखन द्वारा बनते हैं। DNA की केवल एक शृंखला का RNA में अनुलेखन होता है। अनुलेखन तीन चरण क्रमश: प्रारम्भक, वर्धन तथा समापन में होता है। DNA द्वारा अनुलेखन $3' \rightarrow 5'$ दिशा में होता है तथा RNA शृंखला में यह $5' \rightarrow 3'$ की दिशा के अनुदिश होता है।

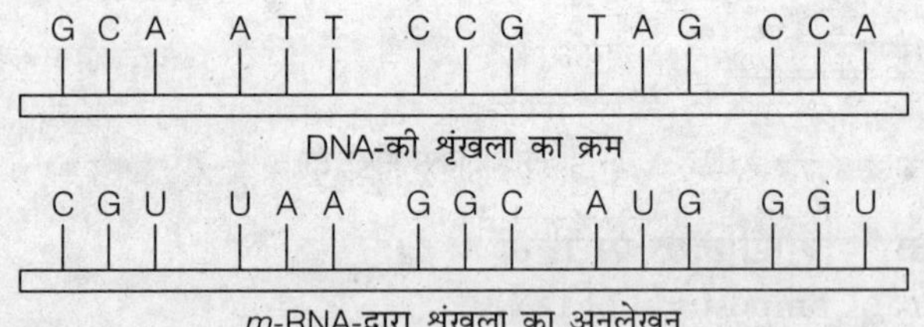

m-RNA-द्वारा शृंखला का अनुलेखन

DNA तथा RNA के लिए, C का युग्मन G से होता है। RNA में T न होने के कारण DNA का T, RNA के A से तथा DNA का A, RNA के U से युग्मन करता है।

स्थानान्तरण Transformation

प्रोटीन संश्लेषण मुख्यत: कोशिका के कोशिकाद्रव्य में होता है। इस प्रक्रिया में *m*-RNA के क्षारकों का क्रम राइबोसोम द्वारा प्रोटीन संश्लेषण को निर्देशित करता है।

m-RNA का प्रत्येक कोडोन एक विशेष ऐमीनो अम्ल को पेप्टाइड शृंखला में बन्धित होने के लिए निर्देशित करता है। यह एक बहुपदीय प्रक्रिया है।

m-RNA में क्षार (A, C, G तथा U) त्रिक के रूप में कार्य करते हैं। प्रत्येक त्रिक एक ऐमीनो अम्ल के लिए कोड होता है तथा कोडोन कहलाता है।

चार क्षार होने के कारण $4^3 = 64$ त्रिक सम्भावित हैं। इनमें से 61 कोडोन विशिष्ट ऐमीनो अम्ल के लिए होते हैं तथा शेष तीन शृंखला समापन के लिए कोड देते हैं। मेथिओनिन ऐमीनो अम्ल के लिए कोड AUG है। ग्लाइसीन के लिए चार कोड होते हैं : GGA, GGC, GGU, GGG

हॉर्मोन Hormone

वे रासायनिक पदार्थ जो शरीर में अन्त:स्रावी ग्रन्थियों (Endocrine glands) द्वारा स्रावित होते हैं तथा शरीर के विभिन्न कार्यों का नियन्त्रण करते हैं, **हॉर्मोन** कहलाते हैं। अन्त:स्रावी ग्रन्थियाँ हॉर्मोन को सीधे रूधिर मे स्त्रावित करती हैं जहाँ से वे शरीर के विभिन्न भागों में पहुँचते हैं। हॉर्मोन बहुत सक्रिय होते हैं तथा बहुत कम मात्रा में उत्पादित होते हैं। लक्ष्य कोशिका पर उपस्थित विशेष ग्राही द्वारा हॉर्मोन की पहचान कर ली जाती है तथा रासायनिक सूचना मिलते ही ग्राही, कोशिका को अपने गुणों में परिवर्तन के लिए निर्देशित करते हैं।

हॉर्मोन को तीन भागों में वर्गीकृत किया जा सकता है—(a) स्टीरॉयड, (b) पॉलिपेप्टाइड, (c) ऐमीन हॉर्मोन।

विभिन्न हॉर्मोन एवं उनके कार्य

	स्त्रोत	कार्य
स्टीरॉयड हॉर्मोन		
टेस्टोस्टोरॉन	वृषण	पुरूष जननांगों के कार्य तथा विकास का नियन्त्रण।
एस्ट्रोजन	अण्डाशय	स्त्री जननांगों के सामान्य कार्य का नियन्त्रण।
प्रोजेस्टेरॉन	कार्पस ल्यूटियम	गर्भावस्था के विकास का नियन्त्रण।
कोर्टीसोन तथा सम्बन्धित हॉर्मोन	ऐड्रिनल कॉर्टेक्स	वसा, अन्य हॉर्मोन, प्रोटीन, कार्बोहाइड्रेट, खनिज लवणों के अपापचय का नियन्त्रण।
ऐमीन हॉर्मोन		
ऐपिनेफ्राइन	ऐड्रिनल मैडूला,	ह्रदय गति तथा रक्त दाब को बढ़ाना, ग्लाइकोजन से ग्लूकोस तथा वसा से वसा अम्लों का अपचयन।
थॉयरॉक्सिन	थायरॉयड	ऑक्सीकारक मेटाबॉलिज्म के वेग पर प्रभाव तथा सामान्य विकास एवं वृद्धि का नियन्त्रण।
पेप्टाइड हॉर्मोन		
ऑक्सीटोसिन	पोस्टीरियर पिट्यूटरी	कुछ विशेष माँसपेशियों तथा बच्चे के जन्म के समय गर्भाशय का संकुचन।
वासोप्रेसिन	प्रोस्टेट	पिट्यूटरी बॉडी द्वारा मूत्र के रूप मे जल के उत्सर्जन को रोकना।
इन्सूलिन	अग्नाशय	रक्त ग्लूकोस को कम करना।
ग्लूकोजन	अग्नाशय	रक्त ग्लूकोस की मात्रा को बढ़ाना।

अभ्यास प्रश्न

1. ग्लाइकोजन α – D–ग्लूकोस इकाईयों का शाखित शृंखला बहुलक है जिसमें शृंखला $C_1—C_4$ ग्लाइकोसाइडिक लिंकेज द्वारा बनी होती है जबकि शाखन $C_1—C_6$ ग्लाइकोसाइडिक लिंकेज के बनने से होता है। ग्लाइकोजन की संरचना समान है

(a) एमाइलोस के (b) एमाइलोपेक्टिन के
(c) सैलुलोस के (d) ग्लूकोस के

2. निम्नलिखित में से कौन–सा बहुलक जानवरों के यकृत में संग्रहित रहता है?

(a) एमाइलोस (b) सेलुलोस (c) एमाइलोपेक्टिन (d) ग्लाइकोजन

3. कौन–सा हैक्सोस नहीं हैं?

(a) ग्लूकोस (b) राइबोस
(c) फ्रक्टोस (d) गैलेक्टोस

4. कार्बोहाइड्रेट के लिए क्या सत्य नहीं है?

(a) सामान्य सूत्र $C_nH_{2n}O_n$ है
(b) ग्लूकोस कार्बोहाइड्रेट का सबसे सामान्य एकलक है
(c) फ्रक्टोस सबसे मीठी शर्करा है
(d) लिपिड से संयुग्म नहीं करते हैं

5. पाचन के उपरान्त दूध परिवर्तित होता है

(a) ग्लूकोस में (b) लैक्टोस में
(c) फ्रक्टोस में (d) ग्लाइकोजन में

6. D-ग्लूकोस का जल में विलयन ध्रुवित प्रकाश के तल को घूर्णित करता है

(a) बायीं ओर (b) दायीं ओर
(c) इनमें से किसी भी दिशा में (d) इनमें से कोई नहीं

7. निम्न में से कौन–सा अभिकर्मक फ्रक्टोस को पहचानने के लिए प्रयोग किया जाता है?

(a) उदासीन $FeCl_3$ (b) $CHCl_3$ जलीय KOH
(c) अमोनियामय $AgNO_3$ (d) आयोडीन

8. निम्न में से कौन–सा युग्म धनात्मक टॉलेन परीक्षण देता है?

(a) ग्लूकोस, सुक्रोस (b) ग्लूकोस, फ्रक्टोस
(c) हेक्सेनल, एसीटोफिनॉन (d) फ्रक्टोस, सुक्रोस

9. D-ग्लूकोस के विलयन से प्राप्त D-ग्लूकोपायरैनोस के दो रूप कहलाते हैं

(a) समावयवी (b) ऐनोमर
(c) ऐपीमर (d) प्रतिबिम्ब रूपी

10. निम्न अभिकर्मकों पर विचार कीजिए

I. Br_2 जल II. टॉलेन अभिकर्मक

III. फेहलिंग विलयन

एल्डोस तथा कीटोस में विभेद करने के लिए कौन-से प्रयोग किए जा सकते हैं?

(a) I, II व III (b) II व III (c) केवल I (d) केवल II

11. यद्यपि D-गैलेक्टोस समतल-ध्रुवित को घूर्णित करता है किन्तु HNO_3 के साथ प्राप्त इसका ऑक्सीकरण उत्पाद, गैलेक्टैरिक अम्ल समतल ध्रुवित प्रकाश को घूर्णित नहीं करता है। इसका कारण है

(a) गैलेक्टैरिक अम्ल D-व L- समावयवी का रेसेमिक (racemic) मिश्रण है

(b) गैलेक्टैरिक अम्ल *मेसो* यौगिक है

(c) (a) तथा (b) दोनों सही हैं

(d) उपरोक्त में से कोई सही नहीं है

12. यदि α-D ग्लूकोपायरैनोस की ऐसीटिक ऐनहाइड्राइड के साथ 373 केल्विन पर अभिक्रिया करायी जाती है तो मुख्य उत्पाद पेन्टाऐसीटेट का β-समावयवी होता है। यह बताता है

(a) 373 केल्विन पर α-D के β – D – ग्लूकोस में समावयवीकरण को

(b) ग्लूकोपायरैनोस वलय के खुलने को

(c) दोनों कथन सही हैं

(d) कोई भी कथन सही नहीं है

13. सुक्रोस (चीनी) एक डाइसैकेराइड है। सुक्रोस का एक मोल जल-अपघटन पर देता है

(a) ग्लूकोस के 2 दो मोल

(b) ग्लूकोस के 2 मोल + फ्रक्टोस का 1 मोल

(c) ग्लूकोस का 1 मोल + फ्रक्टोस का 1 मोल

(d) फ्रक्टोस के 2 मोल

14. निम्नलिखित में से कौन-सा कथन ग्लूकोस के सम्बन्ध में सही नहीं है?

(a) यह एल्डोहैक्सोस है

(b) HI के साथ गर्म करने पर यह *n*-हेक्सेन बनाता है

(c) यह फ्यूरानोस रूप में उपस्थित होता है

(d) यह 2, 4-DNP परीक्षण नहीं देता है

15. निम्न में से कौन-सा हीम के निर्माण में प्रयुक्त होता है?

(a) लाइसीन (b) ग्लाइसीन

(c) टायरोसीन (d) आर्जिनिन

16. निम्नलिखित में से कौन-सा निकोटिनैमाइड तथा इण्डोल-3-ऐसीटिक अम्ल के निर्माण में प्रयुक्त होता है?

(a) लाइसीन (b) ट्रिप्टोफेन

(c) टायरोसीन (d) ग्लूटैमिक अम्ल

17. माध्यमिक pH मान लगभग 6.0 पर एक एमीनो अम्ल द्विध्रुवी आयन अथवा ज्विटर आयन की भाँति व्यवहार करता है। pH मान घटाने अथवा बढ़ाने पर एमीनो अम्ल हो जाता है

(a) क्रमशः क्षारीय तथा अम्लीय

(b) क्रमशः अम्लीय तथा क्षारीय

(c) उदासीन अणु की अवस्था में रहता है

(d) ग्लाइसीन को अपवाद मानकर यह प्रकाश सक्रियता खो देता है

18. निम्नलिखित में से कौन-सा मनुष्य के लिए आवश्यक ऐमीनो अम्ल नहीं है?

(a) टायरोसीन (b) ल्यूसीन

(c) लायसीन (d) वैलीन

19. निम्नलिखित में से कौन-सा ऐमीनो समूह ($-NH_2$) के स्थान पर इमीनो ($>$NH) समूह रखता है?

(a) प्रोलीन (b) आइसोल्यूसीन

(c) ट्रिप्टोफैन (d) सिरीन

20. निम्नलिखित में से कौन-सा α-ऐमीनो अम्ल नहीं हैं?

(a) सिस्टीन (b) प्रोलीन (c) ट्रिप्सिन (d) सिरीन

21. एक एमीनो अम्ल में कार्बोक्सिल समूह pK_{a_1} =2.34 पर तथा अमोनियम आयन pK_{a_2} =9.6 पर आयनित होता है। ऐमीनो अम्ल का समविभव बिन्दु किस pH पर है?

(a) 5.97 (b) 2.34 (c) 9.60 (d) 6.97

22. निम्नलिखित में से कौन-सा कथन सत्य है?

(i) सभी ऐमीनो अम्लों में एक किरैल केन्द्र होता है

(ii) कुछ ऐमीनो अम्लों में एक जबकि कुछ में एक से अधिक किरैल केन्द्र या कोई किरैल केन्द्र नहीं होता है

(iii) प्रोटीन में पाये जाने वाले सभी ऐमीनो अम्ल L-विन्यास रखते हैं

(iv) प्रोटीनों में पाये जाने वाले सभी ऐमीनो अम्ल 1° ऐमीनो समूह रखते हैं

(a) (ii), (iii) व (iv) (b) (ii) व (iii)

(c) (i), (iii) व (iv) (d) (i) व (iv)

23. एक विद्युत क्षेत्र में यदि एक ऐमीनो अम्ल कैथोड की ओर गमन करता है तो विलयन की pH कही जाती है

(a) pI से कम (b) pI से अधिक

(c) pI के बराबर (d) 7

24. कौन-सा रेशेदार प्रोटीन है?

(a) ग्लोबुलिन (b) कोलैजन (c) हीर्डीन (d) ग्लूटिन

25. दूध में पाया जाने वाला कैसीन होता है

(a) कार्बोहाइड्रेट (b) लिपिड

(c) प्रोटिन (d) महत्त्वपूर्ण अणु

26. कौन-सा प्रोटीन नहीं है?

(a) एक्टिन (b) ग्लाइकोजन (c) ऐल्बुमिन (d) हीमैटिन

27. पॉलिपेप्टाइड श्रृंखला का आरम्भन किससे होता है?

(a) लाइसीन (b) ग्लाइसीन

(c) ल्यूसीन (d) मिथायोनीन

28. निम्नलिखित में से कौन-सा प्रोटीन का कार्य नहीं है?

(a) नाखून निर्माण

(b) त्वचा निर्माण

(c) पेशी निर्माण

(d) उपापचय के लिए ऊर्जा प्रदान करना

29. निम्नलिखित में से कौन-सा प्रोटीन नहीं है?

(a) ऊन (b) नाखून

(c) बाल (d) DNA

30. एक ट्राइपेप्टाइड समान रूप से L-वैलीन, L-टायरोसीन तथा L-एलैनीन (प्रत्येक के एक अणु) से बना है। इस प्रकार के कितने ट्राइपैरप्पटाइड समावयवी पाये जा सकते हैं?

(a) 3 (b) 4 (c) 6 (d) 8

31. प्रोटीन की प्राथमिक संरचना आधारित है

(a) हाइड्रोजन बन्ध पर (b) वाण्डरवॉल्स बलों पर

(c) आयनिक बन्ध पर (d) सहसंयोजक बन्ध पर

32. प्रोटीन में प्रत्येक पॉलिपेप्टाइड में पाये जाने वाले एमीनों अम्ल एक-दूसरे से एक विशिष्ट क्रम में जुड़े रहते हैं। ऐमीनो अम्लों का यह क्रम कहा जाता है
(a) प्रोटीन की प्राथमिक संरचना (b) प्रोटीन की द्वितीयक संरचना
(c) प्रोटीन की तृतीयक संरचना (d) प्रोटीन की चतुष्कीय संरचना

33. प्रोटीन का विकृतीकरण जैविक सक्रियता खोने के कारण होता है। इसका कारण है
(a) ऐमीनो अम्लों को निर्माण
(b) प्राथमिक संरचना नष्ट होना
(c) प्राथमिक तथा द्वितीयक को संरचना
(d) द्वितीयक तथा तृतीयक संरचना को नष्ट

34. एन्जाइम जो 3-फॉस्फोग्लिसरिक अम्ल से 2-फॉस्फोग्लिसरिक अम्ल के बनने में आन्तरिक पुर्नव्यवस्था को आसान करता है, है
(a) एल्डोलैस (b) ट्रायोस फॉस्फेट आइसोमरेस
(c) फॉस्फोग्लिसरो म्यूटेस (d) पायरूवेट काइनेस

35. एन्जाइम जो सक्रिय स्थान के साथ-साथ नियन्त्रण स्थान भी रखते हैं, कहलाते हैं
(a) होलोजाइम (b) सह-एन्जाइम
(c) एपोएन्जाइम (d) एलोस्टीरिक एन्जाइम

36. सजीव निकाय में एन्जाइम
(a) ऊर्जा प्रदान करते हैं
(b) प्रतिरक्षा प्रदान करते हैं
(c) ऑक्सीजन स्थान्तरण करते हैं
(d) जैव-रासायनिक प्रक्रमों को उत्प्रेरित करते हैं

37. लार में कौन-सा एन्जाइम उपस्थित होता है?
(a) यूरिऐस (b) माल्टेस (c) लैक्टेस (d) एमाइलेस

38. निम्नलिखित में से कौन-सा कागज, कपड़ा आदि पदार्थों के पाचन के लिए गाय, भैंस आदि जानवरों में उपस्थित होता है?
(a) यूरिऐस (b) सैलुलेस (c) सिलिकॉन (d) सुक्रेस

39. एन्जाइम पेप्सिन जल-अपघटित करता है
(a) प्रोटीन को एमीनो अम्लों में
(b) वसा को वसीय अम्लों में
(c) ग्लूकोस को एथिल ऐल्कोहॉल में
(d) पॉलिसैकेराइड को डाइसैकेराइड में

40. निम्न में से कौन-सा B-समूह का विटामिन हमारे शरीर में संग्रहित हो सकता है?
(a) विटामिन B_1 (b) विटामिन B_2
(c) निटामिन B_6 (d) विटामिन B_{12}

41. निम्नलिखित में से किस जैव-अणु में असंक्रमण (Non-transition) धातु आयन उपस्थित है?
(a) विटामिन B_{12} (b) क्लोरोफिल
(c) हीमोग्लोबिन (d) इन्सुलिन

42. निम्न में से किस यौगिक में बांझपनरोधी (antisterility) कारक उपस्थित है?
(a) α-टोकॉफिरॉल (b) रैटिनॉल
(c) कैल्सीफैरॉल (d) पायरीडॉक्सिन

43. विटामिन B_6 कहा जाता है
(a) पायरीडॉक्सिन (b) थायमीन
(c) टोकॉफिरॉल (d) राइबोफ्लेविन

44. विटामिन A का उत्तम स्रोत है
(a) गेहूँ (b) सेम (c) गाजर (d) सन्तरा

45. विटामिन B_1 की कमी से होता है
(a) बेरी-बेरी (b) डर्मेटाइटिस
(c) स्कर्वी (d) रिकेट्स

46. विटामिन B_{12} में उपस्थित धातु है
(a) लोहा (b) मैंगनीज
(c) कोबाल्ट (d) मर्करी

47. आर.एन.ए. की अधिकतम मात्रा पायी जाती है
(a) केन्द्रिका में (b) क्लोरोप्लास्ट में
(c) फॉस्फेट का जुड़ना (d) कोशाद्रव्य में

48. जब एडीनोसीन राइबोस शर्करा से जुड़ता है तो यह एडीनोसीन कहलाता है। इससे न्यक्लिओटाइड बनाने हेतु आवश्यक होगा
(a) ऑक्सीकरण (b) क्षार का जुड़ना
(c) फॉस्फेट का जुड़ना (d) हाइड्रोजनीकरण

49. CTGATAGC का *m*-RNA पर अनुलेखित (transcribed) डी. एन. ए. टेम्पलेट का क्रम है
(a) GUCTUTCG (b) GACUAUCG
(c) GAUTATUG (d) UACTATCU

50. कौन-सा स्वप्रतिकरण (self-replication) की क्षमता रखता है?
(a) एन्जाइम (b) डी.एन.ए. पॉलीमरेस
(c) डी.एन.ए. लाइगेस (d) DNA

51. आनुवांशिक कूट निर्धारित करता है
(a) एक पेप्टाइड शृंखला में एमीनो अम्लों का क्रम
(b) एक प्रोटीन शृंखला में विभिन्न एमीनो अम्लों का क्रम
(c) मानव कोशिका की संरचना
(d) लक्षणों की आकारिकी

52. 20000 क्षार युग्मों वाला द्विरज्जुक डी.एन.ए. विषाणु कितने न्यूक्लिओटाइड्स रखता है
(a) 20000 (b) 10000 (c) 666 (d) 40000

53. एक DNA न्यूक्लिओटाइड शृंखला का क्रम AGCTTCGA है। दूसरी शृंखला का न्यूक्लिओटाइड क्रम होगा
(a) TCGAAGCT (b) GCTAAGCT
(c) TAGCATAT (d) GATCCTAG

54. डी.एन.ए. हेलिक्स के एक चक्कर में उपस्थित न्यूक्लिओटाइड युग्म हैं
(a) 4 (b) 10 (c) 8 (d) 9

55. डी.एन.ए. तथा आर.एन.ए. प्रत्येक में चार क्षार उपस्थित होते हैं। निम्नलिखित में से कौन-सा क्षार आर.एन.ए. में उपस्थित नहीं होता है?
(a) एडेनिन (b) थायमीन (c) यूरेसिल (d) साइटोसिन

56. कौन-सा न्यूक्लिक अम्ल का अवयव नहीं है?
(a) यूरेसिल (b) ग्वानिडीन
(c) फॉस्फोरिक अम्ल (d) राइबोस शर्करा

57. जैव निकाय में आर.एन.ए. अणु विशिष्ट प्रोटीन जो प्रत्येक जीवधारी की विशेषता होती है, को निर्देशित करते हैं। यह प्रक्रम कहलाता है
(a) अनुलेखन (b) उत्परिवर्तन
(c) रेप्लीकेशन (d) ट्रांसलेशन

58. चारगाफ नियम कहता है कि किसी जीवधारी में

(a) एडेनिन (A) की मात्रा थायमीन (T) के समान तथा ग्वानीन (G) की मात्रा साइटोसीन (C) के समान होती है

(b) एडेनिन (A) की मात्रा ग्वानीन (G) के समान तथा थायमीन (T) की मात्रा सायटोसीन (C) के समान होती है

(c) एडेनिन (A) की मात्रा सायटोसीन (C) के समान तथा थायमीन (T) की मात्रा ग्वानीन (G) के समान होती है

(d) सभी क्षारों की मात्रा समान होती है

59. डी.एन.ए. में पूरक क्षार हैं

(a) एडेनिन तथा थायमीन; ग्वानीन तथा सायटोसीन

(b) यूरेसिल तथा एडेनिन; सायटोसीन तथा ग्वानीन

(c) एडेनिन तथा ग्वानीन; थायमीन तथा सायटोसीन

(d) एडेनिन तथा थायमीन; ग्वानीन तथा यूरेसिल

60. डी. एन. ए. के क्षार युग्मों में हाइड्रोजन बन्ध किसके मध्य होता है?

(a) केवल ऐमाइड कार्बोनिल व —NH_2

(b) केवल ऐमाइड N—H व चक्रीय एमीन की नाइट्रोजन

(c) केवल एल्कोहॉल व कार्बोनिल

(d) दोनों (a) तथा (b) दोनों

उत्तरमाला

1.	(b)	2.	(d)	3.	(b)	4.	(b)	5.	(a)	6.	(b)	7.	(c)	8.	(b)	9.	(b)	10.	(c)
11.	(b)	12.	(a)	13.	(c)	14.	(c)	15.	(b)	16.	(b)	17.	(b)	18.	(a)	19.	(a)	20.	(c)
21.	(a)	22.	(a)	23.	(a)	24.	(b)	25.	(c)	26.	(d)	27.	(d)	28.	(d)	29.	(d)	30.	(c)
31.	(d)	32.	(a)	33.	(d)	34.	(c)	35.	(d)	36.	(d)	37.	(d)	38.	(b)	39.	(a)	40.	(d)
41.	(b)	42.	(a)	43.	(a)	44.	(c)	45.	(a)	46.	(c)	47.	(a)	48.	(c)	49.	(b)	50.	(d)
51.	(a)	52.	(d)	53.	(a)	54.	(b)	55.	(c)	56.	(b)	57.	(d)	58.	(a)	59.	(a)	60.	(d)

उत्तर सहित व्याख्या

5. (*a*) दूध में लैक्टोस होती है जो जल-अपघटन पर ग्लूकोस व गैलेक्टोस देती है।

6. (*b*) प्राकृतिक ग्लूकोस दक्षिणावर्त होता है अतः ग्लूकोस डेक्ट्रॉस के नाम से भी जानी जाता है।

7. (*c*) फ्रक्टोस अमोनियामय $AgNO_3$ द्वारा ऑक्सीकृत होता है।

8. (*b*) ऐल्डिहाइड तथा α-हाइड्रॉक्सी कीटोन धनात्मक टॉलेन परीक्षण देते हैं। ग्लूकोस एक पॉलिहाइड्रॉक्सी ऐल्डिहाइड है तथा फ्रक्टोस एक α-हाइड्रॉक्सी कीटोन है।

9. (*b*) α-D(+)-ग्लूकोपायरैनॉस तथा β-D(+)-ग्लूकोपायरैनॉस ऐनोमर हैं (त्रिविम-समावयवी का एक युग्म जो केवल प्रथम कार्बन परमाणु के विन्यास में भिन्न में भिन्न होते हैं)।

14. (*c*) ग्लूकोस पायरैनॉस रूप में उपस्थित होते हैं।

15. (*b*) हीम वलय निकाय ग्लाइसीन तथा सक्सिनाइल —CoA से संश्लेषित होता है।

21. (*a*) pH (समविभव बिन्दु पर) $= \frac{2.34 + 9.60}{2} = 5.97$

23. (*a*) pH < pI से कम होने पर धनायन कैथोड की ओर गमन करते हैं अतः धनायनिक रूप प्रभावी होता है।

27. (*d*) *m*-RNA का प्रथम कोडॉन हमेशा AUG होगा। यह कोडॉन ऐमीनो अम्ल मिथायोनिन को बताता है। अतः किसी पॉलीपेप्टाइड शृंखला में पहला ऐमीनो अम्ल हमेशा मिथायोनिन होगा।

30. (c) Val. Uyr. Ala Tyr. ala. val

Val. Ala. Tyr Ala. Tyr. Val

Tyr. Val. Ala Ala. Val. Tyr

34. (c) 3-फॉस्फोग्लिसरिक अम्ल का 2-फॉस्फोग्लिसरिक अम्ल में आन्तरिक पुर्नव्यवस्थापन एन्जाइम फॉस्फोग्लिसरो म्यूटेस की उपस्थिति में होता है।

अध्याय 27

दैनिक जीवन में रसायन

Chemistry in Everyday Life

ानव जीवन की गुणवत्ता के सुधार में रसायन विज्ञान की महत्त्वपूर्ण ूमिका है। विभिन्न पदार्थ जैसे—कपास, नायलॉन, साबुन, रंजक (Dyes), थपेस्ट, अपमार्जक, उर्वरक, औषधि, कृत्रिम मिष्ठकारक, परिरक्षक, धन, प्लास्टिक, काँच, आदि रासायनिक यौगिक या उनके मिश्रण द्वारा ार्मित होते हैं। हम स्वयं सुन्दर रासायनिक जीव हैं। हमारी अधिकांश क्रयाएँ रसायनों द्वारा ही संचालित एवं नियन्त्रित होती हैं अर्थात् यह कहा ा सकता है कि हमारा जीवन प्रत्यक्ष या अप्रत्यक्ष रूप से रसायनों पर ार्भर करता है। इस अध्याय में हम औषधि, खाद्य-पदार्थों व निर्मलीकरण ा क्षेत्र में रसायनों के महत्त्व का अध्ययन करेंगे।

ौषधि के क्षेत्र में रसायन

hemistry in the Field of Drugs

कृतिक अथवा संश्लेषित रासायनिक पदार्थ जिनका उपयोग रोगों के दान, निवारण और उपचार के लिए किया जाता है, **औषधि** अथवा **ड्रग** हलाती हैं।

ग (औषधि) का औसत आण्विक द्रव्यमान 100 u से 500 u के मध्य ता है। वास्तव में, जब किसी ड्रग का जैविक उपयोग चिकित्सीय रूप उपयोगी होता है, तो इसे दवाई (Medicine) कहते हैं। औषधि एकल सायनिक या दो अथवा दो से अधिक रासायनिक पदार्थों का निम्न ण्विक भार में संयोजक रूप होती है। एक आदर्श दवाई को म्नलिखित आवश्यकताओं को पूरा करना चाहिए।

(i) जब किसी रोगी द्वारा इसको लिया जाए, तो इसकी क्रिया स्थानीय रूप से होनी चाहिए। लेकिन वास्तव में ऐसी कोई औषधि नहीं है, जो इस तरह कार्य करें। ये रोगी के ऊतकों में कहीं भी वितरित (Distribute) हो जाती है।

i) इसे तन्त्र में दक्षता एवं सुरक्षा के साथ क्रिया करनी चाहिए।

i) इसका पार्श्व प्रभाव (Side effect) न्यूनतम होना चाहिए।

v) यह रोगी के ऊतकों के लिए हानिकारक (विषाक्त) नहीं होनी चाहिए।

v) कोशिका को औषधि के प्रति कुछ समय बाद अवरोधक नहीं होना चाहिए।

बहुत ही कम दवाइयाँ (Medicines) उपरोक्त स्थितियों को सन्तुष्ट करती हैं। प्रत्येक औषधि की एक उपयुक्त खुराक होती है, इसके नीचे इसका कोई प्रभाव नहीं होता है।

यदि निर्धारित (Prescribed) मात्रा से अधिक मात्रा का उपयोग किया जाए, तो अधिकांश औषधियाँ प्रभावकारी विष होती हैं। रसायनों के चिकित्सीय उपयोग को **रसायन चिकित्सा** (Chemotherapy) कहते हैं।

रसोचिकित्सा वास्तव में रसायनों द्वारा रोगी को बिना हानिकारक प्रभाव के सूक्ष्मजीवों को नष्ट करना या हानि पहुँचाना है। रसोचिकित्सा को अंग्रेजी में 'कीमोथेरेपी' (Chemotherapy) कहते हैं। इस शब्द को सन् 1913 में **पाउल ऐहरलिच** ने दिया था, जिन्हें 'आधुनिक चिकित्सा का पिता' कहा जाता है।

औषधियों का वर्गीकरण Classification of Drugs

विभिन्न मापदण्डों के आधार पर औषधियों को निम्न प्रकार से वर्गीकृत किया जाता है

भेषजगुणविज्ञानीय (फार्माकोलोजिकल) प्रभाव के आधार पर On the Basis of Pharmacological Effects

किसी भी औषधि का चयन, उसके औषधीय या चिकित्सीय प्रभाव के आधार पर किया जाता है। इस प्रकार का वर्गीकरण चिकित्सकों के लिए अत्यन्त उपयोगी होता है, क्योंकि यह किसी विशिष्ट रोग के उपचार के लिए औषधि की पूर्ण श्रेणी उपलब्ध कराता है। इसी कारण चिकित्सक इस आधार पर इन्हें **पूतिरोधी** (सूक्ष्मजीवों को नष्ट करने वाली), **दर्द निवारक** (दर्द का नाश करने वाली), **ज्वररोधी** (बुखार में शरीर के तापमान को कम करने वाली), **प्रतिजैविक** (सूक्ष्मजीवों की वृद्धि को नियन्त्रित करने वाली), आदि के रूप में वर्गीकृत करते हैं।

रासायनिक संरचना के आधार पर On the Basis of Chemical Structure

यह वर्गीकरण औषधि की रासायनिक संरचना के आधार पर किया जाता है तथा इस प्रकार वर्गीकृत औषधियों की रासायनिक संरचनाएँ तथा औषधीय गुण लगभग समान होते हैं।

उदाहरण—

$NH_2-C_6H_4-S(=O)_2-NH-R$

सल्फैनिलेमाइड की सामान्य संरचना

विभिन्न सल्फा औषधि निम्न हैं, जोकि सल्फैनिलेमाइड की व्युत्पन्न हैं।

(i) सल्फापिरिडीन, $H_2N-C_6H_4-S(=O)_2-C_5H_4N$

(ii) सल्फाडायजीन, $H_2N-C_6H_4-SO_2NH-C_4H_3N_2$

(iii) सल्फाग्वानिडीन, $H_2N-C_6H_4-SO_2NH-C(=NH)-NH_2$

(iv) सल्फाथायोजॉल, $H_2N-C_6H_4-SO_2NH-C_3H_2NS$

एक विशिष्ट जैव रासायनिक प्रक्रम पर क्रिया के आधार पर
On the Basis of Action on a Particular Biochemical Process

इस प्रकार का वर्गीकरण किसी विशिष्ट जैव रासायनिक प्रक्रम (Biochemical process) पर औषधि के प्रभाव पर आधारित होता है। उदाहरण—औषधि जिनका प्रयोग एलर्जी को नियन्त्रित करने के लिए किया जाता है, प्रतिहिस्टैमिन कहलाती हैं। समान रूप से ज्वर को नियन्त्रित करने के लिए प्रतिज्वर या एन्टीपायरेटिक तथा आमाशय की अम्लता को दूर करने के लिए प्रतिअम्ल का प्रयोग करते हैं।

आण्विक लक्ष्यों के आधार पर
On the Basis of Molecular Targets

किसी भी औषधि का चयन, लक्ष्य की प्रकृति से भी सम्बन्धित होता है, जिन्हें आण्विक लक्ष्य भी कहा जाता है। प्रत्येक औषधि शरीर में स्थित आण्विक लक्ष्यों से परस्पर क्रिया करती है तथा जैविक प्रभाव उत्पन्न करती है। ये आण्विक लक्ष्य सामान्यतया कार्बोहाइड्रेट, लिपिड (वसा), प्रोटीन तथा न्यूक्लिक अम्ल होते हैं। इस प्रकार का वर्गीकरण औषधि रसायनज्ञों के लिए अत्यधिक महत्त्वपूर्ण व उपयोगी होता है।

एन्जाइम लक्ष्य के साथ औषधियों की अन्योन्य क्रिया
Interaction of Drugs with Enzyme Targets

औषधियाँ साधारणतया जैविक प्रकृति के वृहद् अणु उदाहरण—प्रोटीन, कार्बोहाइड्रेट, लिपिड, एन्जाइम तथा न्यूक्लिक अम्ल, आदि से क्रिया करती हैं, ये ही **औषध लक्ष्य** (Drug target) कहलाते हैं।

जैसे शरीर में स्थित प्रोटीन अनेक कार्यों को सम्पन्न करती हैं। वे प्रोटीन जो जैव उत्प्रेरक की भाँति कार्य करते हैं, **एन्जाइम** (Enzymes) कहलाते हैं। अन्य प्रोटीन जो शरीर की संचार व्यवस्था में महत्त्वपूर्ण भूमिका निभाती हैं, उन्हें **ग्राही** (Receptors) कहा जाता है तथा वे प्रोटीन जिनके द्वारा ध्रुवीय अणुओं को कोशिका झिल्ली के एक ओर से दूसरी ओर ले जाया जाता है, **वाहक प्रोटीन** कहलाते हैं। न्यूक्लिक अम्लों में कोशिका की सांकेतिक आनुवंशिक जानकारी विद्यमान रहती है। कार्बोहाइड्रेट तथा लिपिड भी कोशिका झिल्ली के ही संरचनात्मक घटक होते हैं। यहाँ हम केवल एन्जाइम तथा ग्राही के उदाहरण और औषध तथा लक्ष्य के मध्य अन्योन्य क्रिया का विस्तार से अध्ययन करेंगे।

एन्जाइम, औषध लक्ष्य की तरह Enzymes as Drug Targets

एन्जाइम तथा औषध के बीच होने वाली अन्योन्य क्रिया को समझने के लिए सर्वप्रथम हमें यह जानकारी होना आवश्यक है कि एन्जाइम किसी भी अभिक्रिया को किस प्रकार उत्प्रेरित करते हैं।

एन्जाइम का उत्प्रेरक कार्य Catalytic Action of Enzymes

एन्जाइम के प्रमुख रूप से दो कार्य होते हैं, जो निम्नलिखित हैं

(i) एन्जाइम का प्रमुख कार्य क्रियाधार (Substrate) को उचित प्रकार से स्वयं के साथ संलग्नित रखना है। एन्जाइम पर उपस्थित सक्रिय स्थल के माध्यम से यह अभिकारी पदार्थ को इस प्रकार व्यवस्थित रखता है कि इस पर अभिकर्मक की उचित व प्रभावी क्रिया हो सके। जिसके परिणामस्वरूप रासायनिक क्रिया आसानी से पूर्ण हो जाती है। एन्जाइम के सक्रिय स्थल तथा क्रियाधार के मध्य भिन्न प्रकार के आबन्ध साधारणतया उपस्थित होते हैं। जैसे आयनिक आबन्ध, हाइड्रोजन आबन्ध, वाण्डरवाल्स बल या द्विध्रुव-द्विध्रुव आकर्षण बल, आदि।

उदाहरण—यदि ऐमीनो अम्ल $[NH_2CH(CH_2OH)\cdot COOH$ क्रियाधार के साथ संकुल निर्मित करता है, तो सेरीन का CH_2OH समूह रासायनिक अभिक्रिया के लिए नाभिकस्नेही समूह का कार्य करता है।

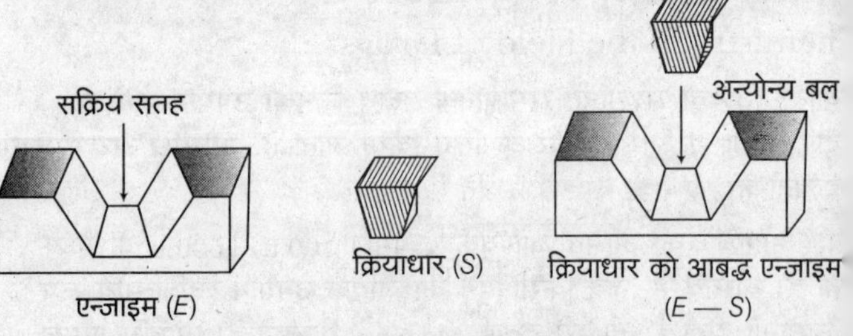

एन्जाइम क्रियाधार संकर का निर्माण

(ii) एन्जाइम का दूसरा प्रमुख कार्य ऐसे क्रियात्मक समूह (सक्रिय केन्द्र) उपलब्ध कराना है, जो आधार को प्रभावी तथा शीघ्र रासायनिक अभिक्रियाओं के लिए तत्पर करते हैं।

औषध तथा एन्जाइम के मध्य अन्योन्य क्रिया
Interaction between Drugs and Enzymes

एन्जाइम के सक्रिय केन्द्र पर उपस्थित क्रियात्मक समूह, आधार के क्रियात्मक समूहों के साथ आयनिक आबन्ध, हाइड्रोजन आबन्ध, वाण्डरवाल्स अन्योन्य क्रियाओं अथवा द्विध्रुव-द्विध्रुव अन्योन्य क्रियाओं द्वारा अन्योन्य क्रियाएँ करते हैं। कुछ औषध, एन्जाइम की आबन्धन सतह को अवरुद्ध करके, वास्तविक आधार के साथ इसकी क्रिया को रोकती हैं। इसके फलस्वरूप एन्जाइम की उत्प्रेरकीय प्रवृत्ति कम हो जाती है।

इन्हें एन्जाइम संदमक (Enzyme inhibitors) कहते हैं। औषधियाँ एन्जाइम की सक्रिय सतह पर आधार के संयोजन में निम्न दो रूपों में अवरोध उत्पन्न कर सकती हैं।

(i) **स्पर्धी संदमक** (Competitive Inhibitors) ये वे औषधियाँ हैं, जो एन्जाइम की सक्रिय सतह पर संयोजन के लिए वास्तविक आधार से प्रतिस्पर्द्धा करती हैं, जैसा कि निम्न चित्र में दर्शाया गया है

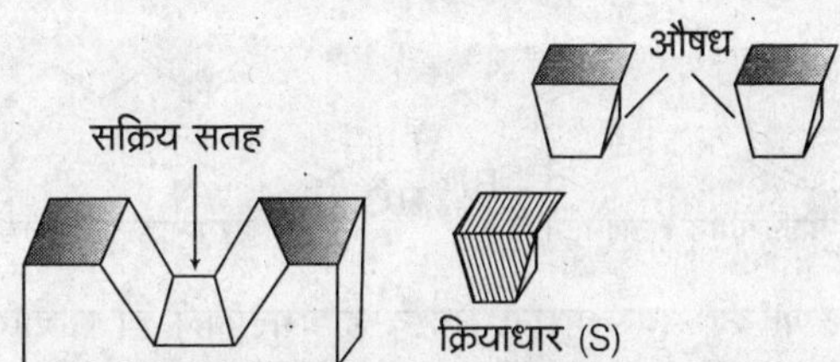

चित्र (a) एन्जाइम (*E*) के लिए औषध तथा क्रियाधार में स्पर्धा (*S*)

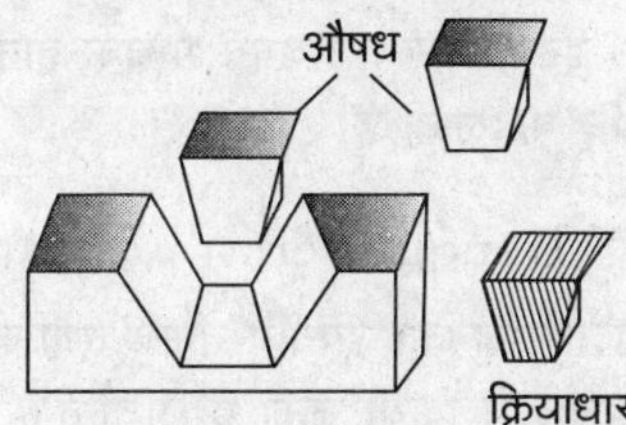

चित्र (b) औषध द्वारा एन्जाइम की सक्रिय सतह का अवरोध (*E*)
सक्रिय सतह के लिए औषध तथा क्रियाधार स्पर्धा करते हुए

(ii) **अस्पर्धी संदमक** (Non-competitive Inhibitors) ये वे औषधियाँ हैं, जो एन्जाइम की सक्रिय सतह पर संयोजन न करके, एन्जाइम की भिन्न सतह पर संयोजन करती हैं। इस भिन्न सतह को **ऐलोस्टीरिक सतह** (Allosteric site) कहते हैं। संदमक (औषध) के एन्जाइम की किसी अन्य सतह पर योग के फलस्वरूप एन्जाइम की सक्रिय सतह की आकृति बदल जाती है। इस कारण क्रियाधार इसे पहचान नहीं पाता है। यदि औषधि (संदमक) तथा एन्जाइम के मध्य प्रबल सहसंयोजक आबन्ध उपस्थित होता है तथा जिसे सरलता से तोड़ा नहीं जा सके, तो इस स्थिति में **एन्जाइम** का स्थायी रूप से अवरोधन हो जाता है तथा शरीर निर्मित एन्जाइम संदमक (औषधि) संकर को तोड़ देता है एवं एक नए एन्जाइम का निर्माण होता है।

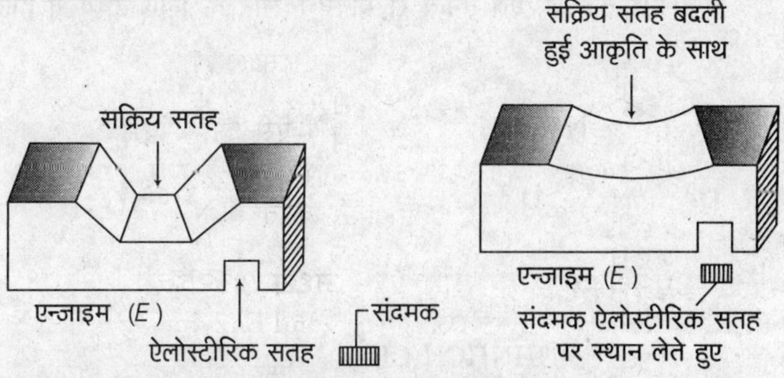

अस्पर्धी संदमक, ऐलोस्टीरिक सतह पर संयोजन करके एन्जाइम की सक्रिय सतह की आकृति परिवर्तित कर देते हैं।

ग्राही, औषध लक्ष्य की तरह Receptor as Drug Target

शरीर की संचार प्रक्रिया के लिए आवश्यक प्रोटीन, **ग्राही** (Receptor) कहलाती है। संदेशवाहक प्रोटीन कोशिका भित्ति में पायी जाती हैं। इनकी सक्रिय सतह, कोशिकाभित्ति के बाह्य क्षेत्र में खुलती है।

रासायनिक संदेशवाहक (Chemical messengers) शरीर में तन्त्र कोशिकाओं एवं पेशी के मध्य संदेश का संचार करते हैं। ये ग्राही प्रोटीन के आबन्धन स्थल पर प्राप्त होते हैं तथा जब रासायनिक संदेशवाहक ग्राही के समीप पहुँचता है, तो ग्राही अपने आकार में परिवर्तन करके सक्रिय संदेशवाहक को समायोजित कर लेती है, जिससे संदेश कोशिका में पहुँच जाता है।

इस प्रकार रासायनिक संदेशवाहक कोशिका में प्रवेश किए बिना ही संदेश को स्थानान्तरित कर देता है तथा संदेश को स्थानान्तरित करने के पश्चात् कोशिका को छोड़ देता है। रासायनिक संदेशवाहक के निकलने के पश्चात् ग्राही पुन: अपनी आकृति प्राप्त कर लेती है।

औषधियों के एक से अधिक प्रकार के ग्राहियों (Receptors) के साथ आबन्ध बनाने पर पार्श्व प्रभाव उत्पन्न होते हैं।
उदाहरण—प्रशान्तक सामान्यतया संरोटोनिन ग्राही से जुड़ते हैं, परन्तु इनके हिस्टैमीन या ऐसीटिल कोलिन, आदि ग्राहियों से जुड़ने पर पार्श्व प्रभाव (Side effect) उत्पन्न होते हैं। इसी प्रकार औषधि का विघटन होने पर इससे उत्पन्न क्रियाशील यौगिक भी पार्श्व प्रभाव उत्पन्न करते हैं।

औषधियों के विभिन्न वर्गों की चिकित्सीय क्रियाविधि Therapeutic Action of Different Classes of Drugs

1. प्रतिअम्ल Antacid

आमाशय में हाइड्रोक्लोरिक अम्ल (HCl) का स्राव होता है, जो भोजन के पाचन के लिए अतिआवश्यक है। यदि किन्हीं कारणों से आमाशय में अम्ल का अत्यधिक उत्पादन होता है, तो वह उत्तेजना एवं पीड़ा देता है। गम्भीर अवस्था में आमाशय में घाव हो जाता है इन रोगों के निदान के लिए प्रतिअम्ल का उपयोग किया जाता है। अत: वे पदार्थ जो आमाशय में उत्पन्न अम्ल के आधिक्य को नियन्त्रित करके इसके pH मान को उचित स्तर तक बनाए रखते हैं, प्रतिअम्ल कहलाते हैं।

(i) **धात्विक हाइड्रॉक्साइड** (Metallic Hydroxide) इस रोग के लिए बेहतर उपचार हैं, क्योंकि अघुलनशील होने के कारण ये pH को उदासीनता से आगे नहीं बढ़ने देते हैं, परन्तु ये औषधि केवल रोग के लक्षणों को नियन्त्रित करती हैं, कारण को नहीं। उदाहरण—$Mg(OH)_2$, $Al(OH)_3$, आदि। इसी प्रकार, दुर्बल क्षारक भी दुर्बल अम्लों को उदासीनीकृत कर देते हैं। अत: दुर्बल क्षारकों उदाहरण—$MgHCO_3$, $MgCO_3$, आदि का प्रयोग भी प्रतिअम्ल के रूप में किया जा सकता है।

(ii) **सिमेटिडीन** (Cemetidine) अतिअम्लता के उपचार के लिए प्रयुक्त की जाने वाली एक प्रमुख औषधि है। इस औषधि का निर्माण इस तथ्य को ध्यान में रखते हुए किया गया कि रसायन हिस्टैमिन आमाशय में पेप्सिन के निकलने को उद्दीपित करता है। यह आमाशय की दीवार में स्थित ग्राही के साथ हिस्टैमिन की अन्योन्य क्रिया को रोक देता है, जिसके कारण कम अम्ल स्रावित होता है।

(iii) **रैनिटिडीन** (Ranitidine) (जैनटेक) अपने आविष्कार के पश्चात् अतिअम्लता की प्रमुख औषधि बन गयी।

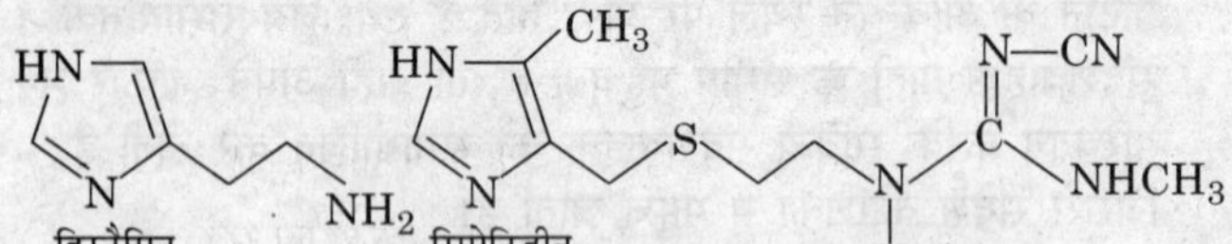

हिस्टैमिन सिमेटिडीन

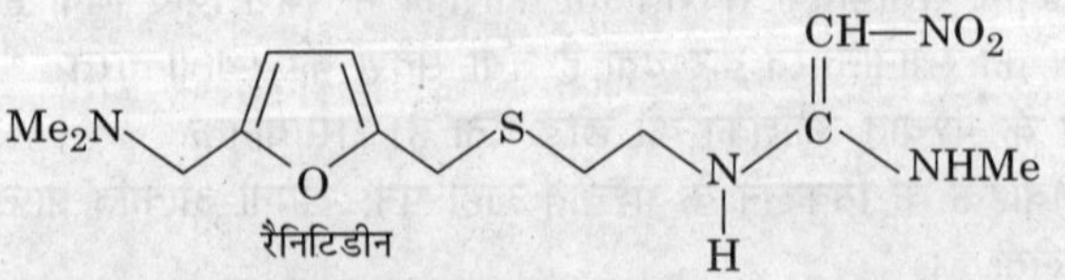

रैनिटिडीन

2. **ज्वररोधी** Antipyretic

वे औषधियाँ, जो शरीर के सामान्य तापक्रम को बिना प्रभावित किए अधिक तापक्रम को नियन्त्रित करती हैं, **ज्वररोधी** कहलाती हैं। **पैरासिटामॉल, ऐस्प्रिन** तथा **फिनेसिटिन** ज्वररोधी औषधियाँ हैं। पैरासिटामॉल का उपयोग ऐस्प्रिन से अधिक अच्छा होता है, क्योंकि ऐस्प्रिन के जल-अपघटन से सैलिसिलिक अम्ल का निर्माण होता है, जो आमाशय में अल्सर उत्पन्न कर सकता है।

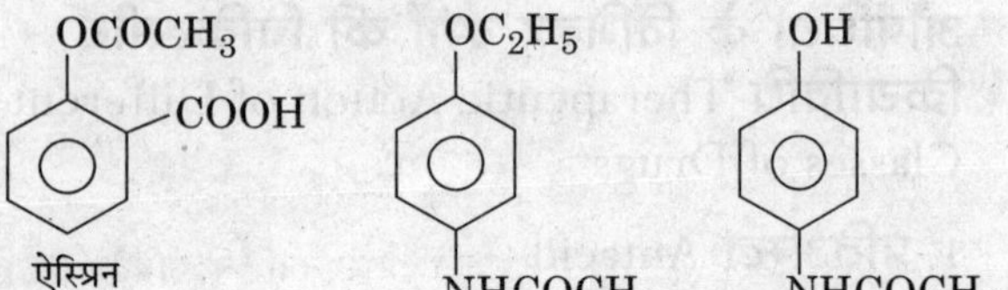

ऐस्प्रिन (ऐसीटिल सैलिसिलिक अम्ल)

फिनेसिटिन (4-एथॉक्सी ऐसीटिनेलाइड)

पैरासिटामॉल (4-ऐसिटोमिडोफीनॉल)

नोट क्रोसीन, डिस्प्राल, मेटासीन, कालपोल, आदि पैरासिटामोल के व्यापारिक नाम हैं। इसका प्रयोग सामान्य दर्द जैसे-सिर दर्द, दाँत का दर्द, शरीर का दर्द आदि एवं सर्दी, जुकाम, बुखार, आदि के उपचार हेतु किया जाता है।

3. **प्रतिहिस्टैमिन** Antihistamines

शरीर में किसी पदार्थ विशेष के कारण उत्पन्न होने वाले प्रतिकूल प्रभाव जैसे गले में दर्द, छींक, सूजन, आदि **एलर्जी** (Allergy) कहलाते हैं तथा यह पदार्थ **ऐन्टीजन** (Antigen) कहलाता है। ऐन्टीजन के उत्पन्न होने पर शरीर स्वत: ही संगत **ऐन्टीबॉडी** (Antibody) उत्पन्न करता है, जो ऐन्टीजन के साथ-साथ शरीर की मास्ट कोशिकाओं (Mast cells) की सतह से जुड़कर कई रसायनों जैसे—हिस्टैमिन, सेरोटोनिन, आदि के स्राव को प्रेरित करती हैं तथा अस्थमा, सूजन, खुजली जैसे प्रभाव उत्पन्न करती हैं।

हिस्टैमिन एक शक्तिशाली वाहिका विस्फारक (वैसोडाइलेटर) है। यह श्वसन नलिकाओं (ब्रोन्किओल) और आहार नली की चिकनी पेशियों को संकुचित करता है तथा दूसरी पेशियों जैसे रुधिर वाहिकाओं की दीवारों को विस्तृत करता है। इसके अतिरिक्त यह सर्दी व धूल कणों के कारण होने वाली एलर्जी के लिए भी उत्तरदायी होता है।

वे पदार्थ जो हिस्टैमिन के प्रभाव को नष्ट कर देते हैं अर्थात् एलर्जी को दूर कर देते हैं, प्रतिहिस्टैमिन कहलाते हैं। ये त्वचा पर उत्पन्न सूजन, जलन, खुजली, आदि के प्रभाव को कम कर देते हैं।

उदाहरण—**ब्रोमफ्रेनिरामिन** (डाइमेटेप) और **टरफेनाडीन** (सेलडेन)। ये हिस्टैमिन के साथ ग्राही की उस बन्धनी सतह के लिए, प्रतिस्पर्द्धा करती हैं, जिस पर हिस्टैमिन अपना प्रभाव डालते हैं और इस प्रकार हिस्टैमिन के प्राकृतिक कार्य में बाधा डालती हैं।

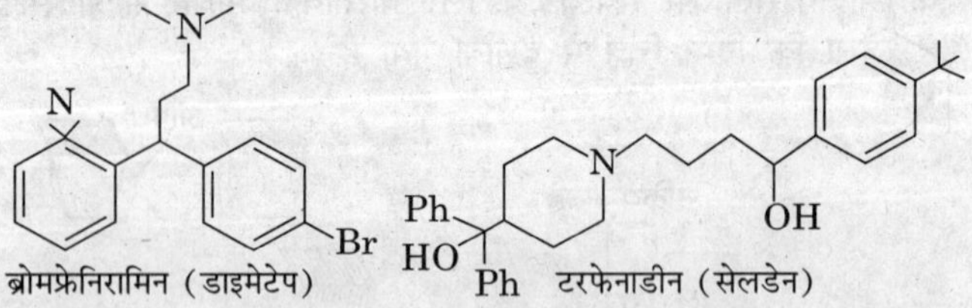

ब्रोमफ्रेनिरामिन (डाइमेटेप) टरफेनाडीन (सेलडेन)

इस श्रेणी का सबसे पुराना सदस्य हीपोसल्फोल है। सीवोरिल नामक रसायन का लेप प्रतिहिस्टैमिन के रूप में किया जाता है। त्वचा पर एक रसायन (हीपैरिन) का प्रयोग करने से जलन, सूजन, खुजली, आदि से राहत मिलती है। इनका मुख्य अवयव गन्धक होता है। ये औषधियाँ प्रतिएलर्जी औषधि कहलाती हैं।

4. **प्रशान्तक** Tranquilisers

वे रासायनिक पदार्थ जिनका उपयोग तनाव तथा छोटी या बड़ी मानसिक बीमारियों के उपचार में किया जाता है, प्रशान्तक कहलाती हैं। ये अच्छा होने की भावना को अभिप्रेरित करके चिन्ता, तनाव, क्षोभ तथा उत्तेजना से मुक्ति देती हैं। अत: इन्हें **मनोचिकित्सीय औषधियाँ** भी कहते हैं। प्रशान्तक केन्द्रीय तन्त्रिका तन्त्र पर कार्य करती हैं। अत: इनके नियमित प्रयोग से इनकी आदत पड़ जाती है। ये रोगी को निष्क्रिय करके आवेश की पीड़ा तथा अवसाद से मुक्त कर देती हैं। सरल शब्दों मे ये रोगी को उनकी पूर्ण क्षमता के अनुसार कार्य करने में सहायता प्रदान करती हैं। बारब्यूटीरिक अम्ल के व्युत्पन्न अर्थात् बारब्यूरेट् जैसे एमयट्ल, बेरोनल, नैम्बयूटल, सैकोनल, ल्यूमिनल, आदि **हिपनॉटिक या निद्रालु प्रशान्तक** (नींद लाने वाले प्रशान्तक) के उदाहरण हैं, जबकि इक्वैनिल, वैलियम, सेरोटोनिन, क्लोरडाइजेपॉक्साइड, मेप्रोबमेट **नॉन-हिपनॉटिक या अनिद्रालु प्रशान्तक** (नींद न लाने वाले प्रशान्तक) के उदाहरण हैं। ये मन्द प्रशान्तक हैं, एवं तनाव से मुक्ति दिलाने के लिए उपयुक्त होते हैं।

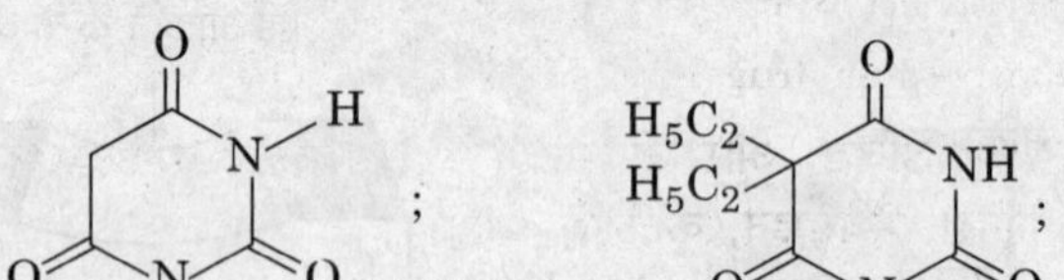

बारब्यूटीरिक अम्ल ; वैरोनल ;

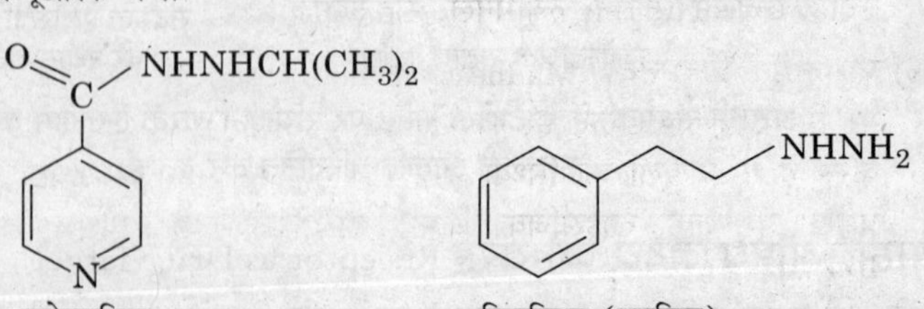

इप्रोनाइजिड फिनल्जिन (नारडिल)

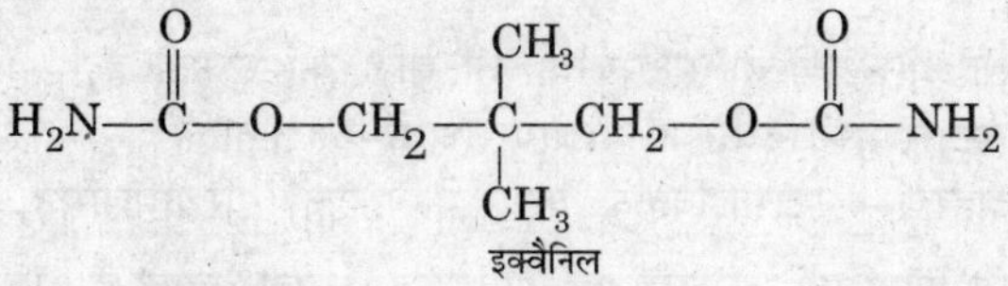

$$H_2N-\overset{O}{\overset{\|}{C}}-O-CH_2-\underset{CH_3}{\overset{CH_3}{C}}-CH_2-O-\overset{O}{\overset{\|}{C}}-NH_2$$

इक्वैनिल

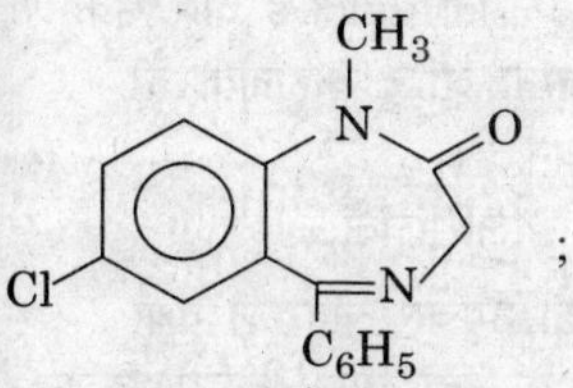

CH_3, N, O, Cl, N, C_6H_5

वैलियम

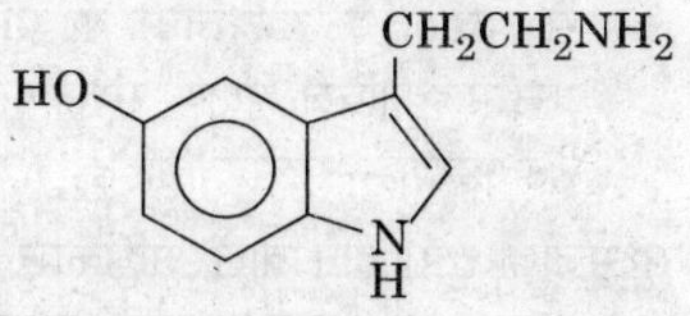

; HO, $CH_2CH_2NH_2$, N, H

सेरोटोनिन

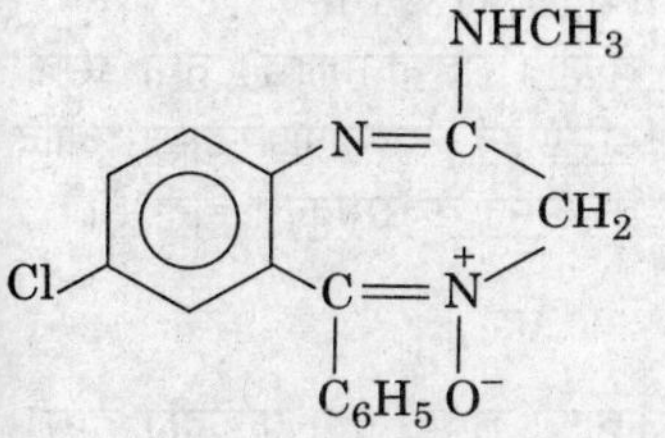

$NHCH_3$, N=C, CH_2, Cl, C=$\overset{+}{N}$, C_6H_5, O^-

क्लोरडाइजेपॉक्साइड

$$H_2N-\overset{O}{\overset{\|}{C}}-O-CH_2-\underset{CH_2CH_2CH_3}{\overset{CH_3}{C}}-CH_2-O-\overset{O}{\overset{\|}{C}}-NH_2$$

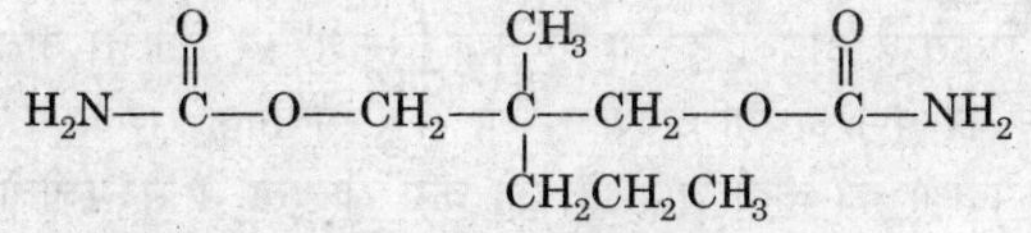

मेप्रोबमेट

प्रशान्तक निम्नलिखित प्रकार के हो सकते हैं

(i) **शान्तिकर प्रशान्तक** (Sedatives Tranquilisers) ये प्रशान्तक अवसाद में कार्य करते हैं तथा केन्द्रीय स्नायु तन्त्र की क्रियाओं को कम करते हैं। ये मानसिक रूप से उत्तेजित तथा हिंसक रोगियों को दिए जाते हैं। प्रशान्तक शरीर में शान्ति, आराम की भावना जाग्रत करते हैं। उदहारण—वैलियम, बारब्यूरेट्, डाइऐजीपॉम, आदि।

(ii) **प्रतिअवसादकारक प्रशान्तक** (Anti-depression Tranquilisers) ये प्रशान्तक उन रोगियों को दी जाती हैं, जिनकी स्वयं पर विश्वास की भावना छिन्न-भिन्न हो चुकी हो। ये प्रशान्तक केन्द्रीय स्नायु तन्त्र पर कार्य करके अच्छा होने की भावना जागृत करते हैं तथा व्यक्ति की खिन्नचित्त मनोदशा में भी विश्वास उत्पन्न करते हैं। इसी कारण इन्हें **भाववृद्धि औषधि** (Mood booster drugs) भी कहते हैं।

उदाहरण—आइप्रोनाइजिड और फिनल्जन (नारडिल), वैटेलिन, बैन्जेड्रिन, टोफैनिल, मैथेड्राइन, कोकीन, आदि।

(iii) **मोहनिद्रा प्रशान्तक** (Hypnotic Tranquilisers) इसका प्रयोग मानसिक तनाव तथा थकान को कम करने के लिए किया जाता है।

उदाहरण—क्लोरीटोन, ल्यूमिनल, सैकोनल, आदि।

(iv) **पागलपन प्रशान्तक** (Madness Tranquilisers) ये प्रशान्तक मन पर मिथ्या प्रभाव डालते हैं, सोचने तथा सुनने की क्षमता को प्रभावित करते हैं तथा खुशी की मिथ्या भावना जागृत करते हैं। इस प्रकार के प्रमुख प्रशान्तक लाइर्सजिक अम्ल डाइएथिलेमाइड (LSD) तथा मैस्केलिन हैं।

5. पीड़ाहारी Analgesics

वे औषधि जो दर्द निवारण में उपयोग की जाती हैं, पीड़ाहारी कहलाती हैं। पीड़ाहारी दर्द को बिना चेतना, क्षीणता, मनोसंभ्रम, असमन्वय या पक्षाघात अथवा तन्त्रिका तन्त्र में अन्य कोई बाधा उत्पन्न किए, कम अथवा समाप्त करती है, परन्तु ये पीड़ा (दर्द) के कारण इनको प्रभावित नहीं करती हैं।

पीड़ाहारियों को निम्नलिखित दो वर्गों में पुनः वर्गीकृत किया जा सकता है

(i) **अस्वपाक पीड़ाहारी** (Non-narcotic Analgesics) वे औषधियाँ जो बिना नींद तथा बिना चेतना क्षीणता के दर्द का निवारण करती हैं, अस्वपाक पीड़ाहारी कहलाती हैं। इनका प्रयोग हल्के से लेकर मध्यम स्तर तक की पीड़ा जैसे—सिर दर्द, दाँत का दर्द, पेशीय दर्द तथा जोड़ों के दर्द के उपचार के लिए किया जाता है। इनके प्रयोग से इनकी लत नहीं पड़ती है। इनके प्रमुख उदाहरण—पैरासिटामॉल, नेपरॉक्सिन, डाइक्लोरोफिनैक सोडियम अथवा पोटैशियम, आइब्यूप्रोफिन, कीटोप्रोफिन, एनालजिन, मैफिनामिक अम्ल, आदि हैं।

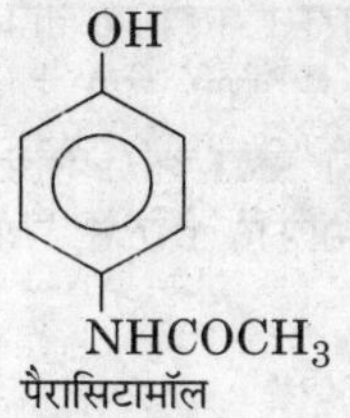

OH, $NHCOCH_3$

पैरासिटामॉल

(4-ऐसिटोमिडोफीनॉल)

कुछ अस्वपाक पीड़ाहारियों में प्रति उत्तेजक प्रवृत्ति भी होती है। ये ऊतक में प्रवाह उत्पन्न करने वाले प्रोस्टाग्लैंडिन नामक रसायनों के संश्लेषण को संदमित करते हैं। अतः इन्हें आर्थाराइटिस (गठिया) के कारण होने वाली पीड़ा में उपयोग किया जाता है। इन्हें **नॉन-स्टेरॉयड प्रति उत्तेजक ड्रग** भी कहते हैं।

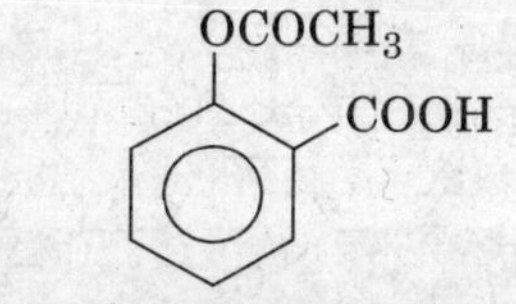

$OCOCH_3$, COOH

ऐसीटिल सैलिसिलिक अम्ल अथवा

2-ऐसीटॉक्सी बेन्जोइक अम्ल

(ऐस्प्रिन)

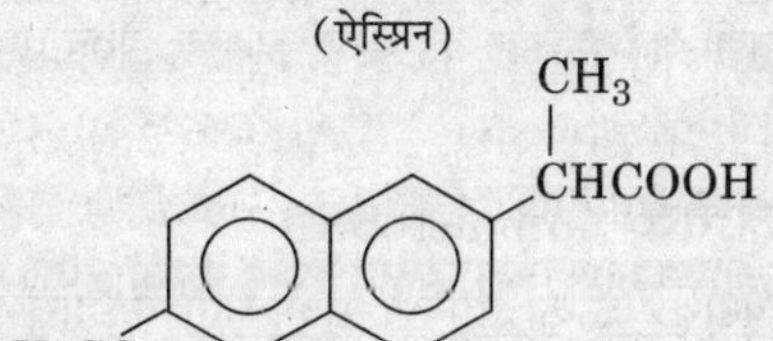

CH_3, CHCOOH, H_3CO

नैपरॉक्सिन

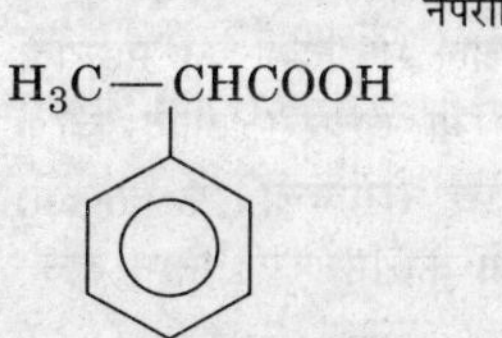

$H_3C-CHCOOH$, $CH_2CH(CH_3)_2$

(ब्रूफेन) आइब्यूप्रोफिन

Cl, NH, CH_2COONa, Cl

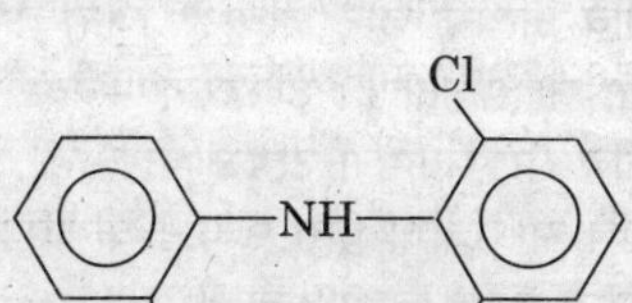

डाइक्लोरोफिनैक सोडियम

ऐस्प्रिन सर्वाधिक प्रचलित पीड़ाहारी है। रासायनिक रूप से यह ऐसीटिल सैलिसिलिक अम्ल या 2-ऐसीटॉक्सी बेन्जोइक अम्ल है। इसका निर्माण सैलिसिलिक अम्ल पर ऐसीटिल क्लोराइड की क्रिया द्वारा किया जाता है। इसके साथ-साथ यह ज्वररोधी (ताप में कमी), प्रति उत्तेजक तथा रक्त का थक्का न बनने के लिए भी उपयुक्त औषधि है। रक्त का थक्का न बनने देने के प्रभाव के कारण इसका उपयोग दिल का दौरा रोकने के लिए भी होता है।

ऐस्प्रिन के प्रयोग का अन्य रोगियों जैसे एड्स के रोगियों, एल्जिमर्स के रोगियों, आदि पर प्रभाव के सम्बन्ध में अनेकों अनुसन्धान किए जा रहे हैं, यद्यपि यह यकृत के लिए विषाक्त होती है तथा कभी-कभी आमाशय में रक्तस्राव भी उत्पन्न कर देता है। जिस कारण इसके स्थान पर अन्य अस्वपाक पीड़ाहारी प्रयोग में लाए जाते हैं।

(ii) **स्वपाक पीड़ाहारी** (Narcotic Analgesics) वे औषधियाँ जो नींद तथा चेतना क्षीणता उत्पन्न करती हैं, स्वपाक पीड़ाहारी औषधियाँ कहलाती हैं। ये पीड़ाहारी मुख्यतया तीव्र व असहनीय पीड़ा जैसे शल्य क्रिया (ऑपरेशन) के बाद होने वाली पीड़ा, हृदयशूल, अन्तिम अवस्था के कैंसर की पीड़ा और प्रसव पीड़ा में आराम देने के लिए प्रयुक्त की जाती हैं। मॉर्फीन, हेरोइन, बैंथीडीन तथा कोडीन इस वर्ग की प्रमुख पीड़ाहारी हैं।

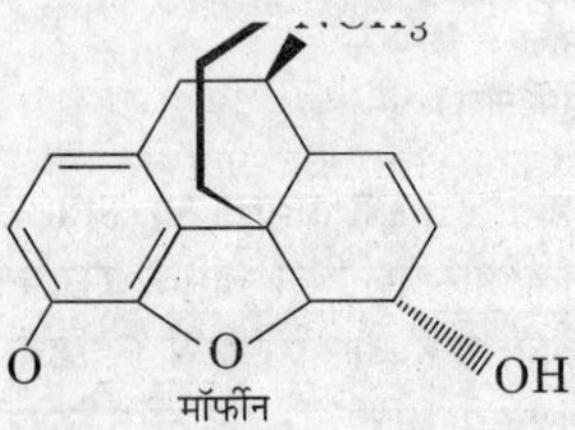

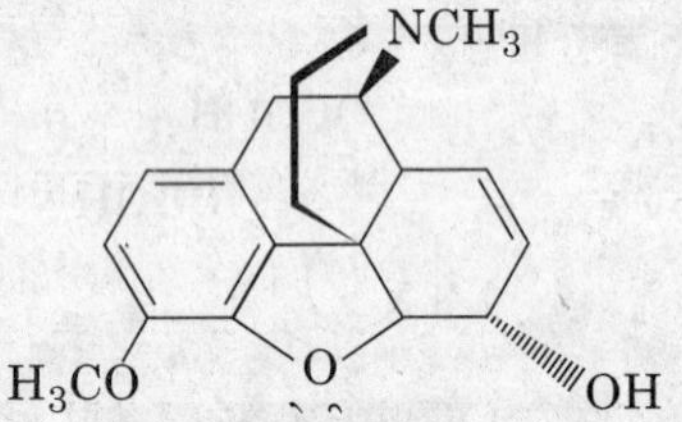

नोट इन औषधियों को अल्प मात्रा में लेने पर दर्द में आराम मिलता है तथा नींद आती है, परन्तु इनकी अधिक मात्रा के कारण आलस्य, ऐंठन तथा अन्त में मृत्यु तक हो सकती है।

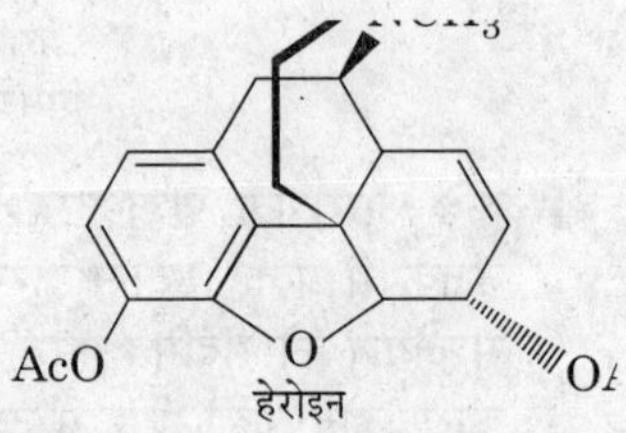

6. प्रतिसूक्ष्मजैविक Antimicrobials

ऐसे रासायनिक पदार्थ जिनका उपयोग सूक्ष्मजीवों के द्वारा उत्पन्न किए गए संक्रमण को दूर करने में किया जाता है, प्रतिसूक्ष्मजैविक कहलाते हैं। सूक्ष्मजीव अत्यन्त छोटे जीव हैं, जिन्हें केवल सूक्ष्मदर्शी की सहायता से ही देखा जा सकता है। उदाहरण—बैक्टीरिया, वायरस, आदि। जो सूक्ष्मजीव रोग/संक्रमण उत्पन्न करते हैं, उन्हें **रोगजन्य** (Pathogen) कहते हैं। सूक्ष्मजीवों द्वारा उत्पन्न बीमारियों का नियन्त्रण निम्न तीन विधियों से किया जा सकता है

(i) ऐसी औषधियाँ जो शरीर में सूक्ष्मजीवों को मार देती हैं, **बैक्टीरियोसाइडल** या **जीवाणुनाशक** कहलाती हैं।
जैसे—पेनिसिलिन, ऐमीनोग्लाइकोसाइड्स ऑफ्लोक्सॉसिन।

(ii) ऐसी औषधियाँ जो सूक्ष्मजीवों की वृद्धि को रोकती हैं, **बैक्टीरियोस्टेटिक** या **जीवाणुरोधक** कहलाती हैं।
उदाहरण—टेट्रासाइक्लिन, क्लोरैम्फेनिकॉल, ऐरिथ्रोमाइसिन, आदि।

(iii) ऐसी औषधियाँ जो शरीर की प्रतिरोधक क्षमता बढ़ाती हैं और संक्रमण से बचाती हैं, **इम्यूनिटी** या **प्रतिरोधकता वृद्धि** कहलाती हैं। एन्टीमाइक्रोबिल पदार्थ संश्लेषित रसायन हैं।
उदाहरण—सल्फोनामाइड, *p*-ऐमीनो सैलिसिलिक अम्ल।

सूक्ष्मजीवों द्वारा होने वाले अधिकांश रोगों का उपचार पूतिरोधी तथा सल्फा ड्रग द्वारा किया जाता है। पूतिरोधियों के उदाहरण—टेट्रासाइक्लिन, पेनिसिलिन, क्लोरैम्फेनिकॉल, आदि हैं तथा सल्फा ड्रग के उदाहरण—सल्फेनिलेमाइड (*p*-ऐमीनो बेन्जीन सल्फोनेमाइड) तथा इसके व्युत्पन्न, जैसे सल्फाडाइऐजाइन, सल्फाडिमिडाइन, सल्फापाइरिडाइन, आदि हैं। संरचना में ये ड्रग *p*-ऐमीनो बेन्जोइक अम्ल के समतुल्य होती हैं।

7. प्रतिजैविक Antibiotics

प्रारम्भ में प्रतिजैविक को सूक्ष्मजीवों (जीवाणु, कवक तथा फफूँदी) द्वारा उत्पन्न ऐसे रसायनों के वर्ग में रखा गया था, जो अन्य सूक्ष्मजीवों की वृद्धि को रोकते हैं अथवा उनका पूर्णतया विनाश कर देते हैं। अब प्रतिजैविक को पूर्ण अथवा आंशिक रूप से रासायनिक संश्लेषण द्वारा प्राप्त उन पदार्थों को कहा जाता है, जो कम सान्द्रता में सूक्ष्मजीवों के उपापचयी प्रक्रमों में अवरोध उत्पन्न करके उनकी वृद्धि को रोकते हैं अथवा विनाश करते हैं। प्रथम प्रतिजैविक पेनिसिलिन की खोज वर्ष 1929 में **ऐलेक्जेन्डर फ्लेमिंग** द्वारा की गई। पेनिसिलिन शब्द वास्तव में सामान्य सूत्र $C_9H_{11}N_2O_4SR$ वाले यौगिकों को दर्शाता है। अभी तक छ: प्राकृतिक पेनिसिलिन की खोज की जा चुकी है, जो केवल *R*-समूह की संरचना में भिन्न होते हैं। पेनिसिलिन की सामान्य संरचना निम्न है

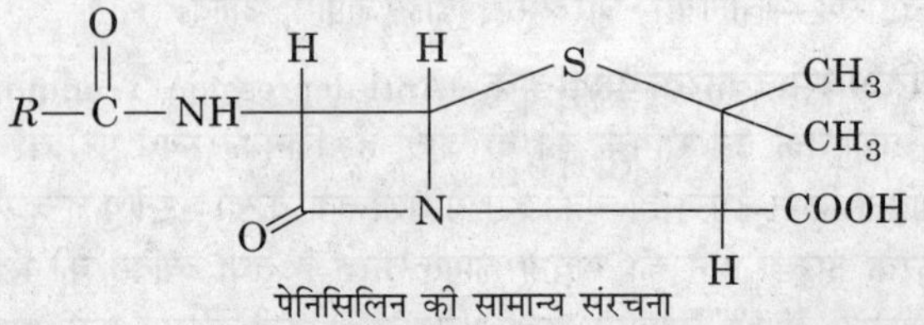

पेनिसिलिन की सामान्य संरचना

प्रतिजैविक के क्रिया स्पेक्ट्रम
Action Spectrum of Antibiotics

जीवाणु अथवा अन्य सूक्ष्मजीवों के उस परास (रेन्ज) को जिस पर किसी प्रतिजीवाणु का प्रभाव होता है, उसे प्रतिजैविक का क्रिया स्पेक्ट्रम कहते हैं। *स्पेक्ट्रम के आधार पर प्रतिजैविक दो प्रकार के होते हैं*

(i) **विस्तृत स्पेक्ट्रम प्रतिजैविक** (Broad Spectrum Antibiotics) जो प्रतिजैविक एक से अधिक प्रकार के जीवाणुओं का विनाश या विरोध करते हैं, विस्तृत स्पेक्ट्रम प्रतिजैविक (Broad spectrum antibiotics) कहलाते हैं। **क्लोरैम्फेनिकॉल** एक विस्तृत स्पेक्ट्रम प्रतिजैविक है। अत: इसे टाइफाइड, पेचिश, तीव्र ज्वर, कुछ मूत्र संक्रमणों, तन्त्रिका शोघ (मेनिनजाइट्स) तथा निमोनिया जैसे रोगों के उपचार में प्रयुक्त किया जाता है। आँत में से सरलता से अवशोषित हो जाने के कारण क्लोरैम्फेनिकॉल का सेवन मुख द्वारा किया जाता है।

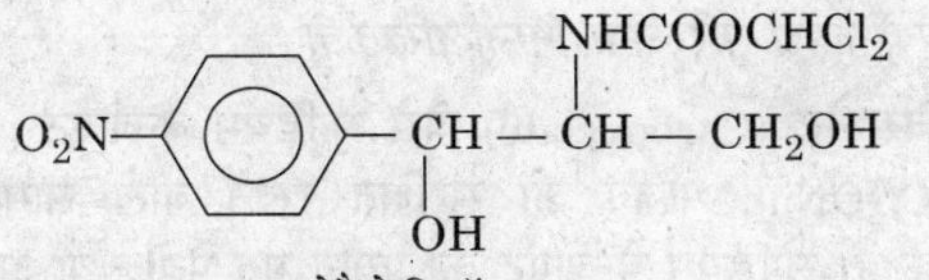

क्लोरैम्फेनिकॉल

टेट्रासाइक्लिन, क्लोरोमाइसीटिन, **वेंकेमाइसिन** तथा **ऑफ्लोक्सामिन** अन्य विस्तृत स्पेक्ट्रम प्रतिजैविक हैं।

(ii) **संकीर्ण स्पेक्ट्रम प्रतिजैविक** (Narrow Spectrum Antibiotics) प्रतिजैविक जो प्रधानतया एक ही प्रकार के जीवाणुओं के विरुद्ध प्रभावी होते हैं, संकीर्ण स्पेक्ट्रम प्रतिजैविक कहलाते हैं।

उदाहरण—पेनिसिलिन-G का स्पेक्ट्रम संकीर्ण होता है। इसका उपयोग गले में खराश, ज्वर, आदि के उपचार में करते हैं।

नोट ऐम्पिसिलिन तथा ऐमोक्सिलिन पेनिसिलिन के अर्द्ध-संश्लेषित रूप हैं।

स्ट्रेप्टोमाइसिन, जो एक प्रतिजैविक है, टीबी (ट्यूबरकुलोसिस) के उपचार में अत्यधिक प्रभावी है। इसका अणुसूत्र $C_{21}H_{39}N_7O_{12}$ होता है। इसका उपयोग मस्तिष्क की नाड़ियों की सूजन तथा निमोनिया में भी किया जाता है।

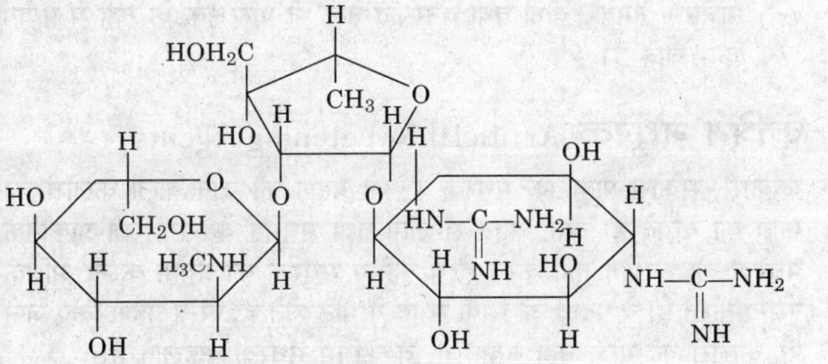

स्ट्रेप्टोमाइसिन

डाइसिडेजिरीन नामक प्रतिजैविक कैंसर कोशिकाओं के लिए विषैला है।

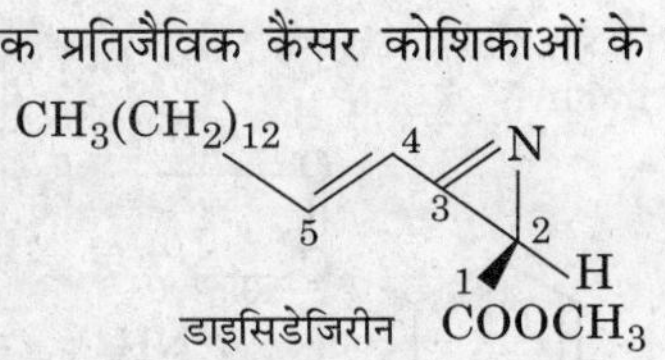

डाइसिडेजिरीन

8. पूतिरोधी तथा विसंक्रामी

Antiseptics and Disinfectants

वे रासायनिक पदार्थ जो हानिकारक जीवाणु को नष्ट कर देते हैं अथवा उनकी वृद्धि या गुणन को रोकते हैं, पूतिरोधी कहलाते हैं। ये जीवित ऊतकों को कोई नुकसान नहीं पहुँचाते हैं। अत: इनका उपयोग आसानी से घाव, कट जाने पर, फफोले, त्वचा की सतह की बीमारियों में किया जाता है। इनका उपयोग शरीर तथा मुँह में जीवाणु विघटन के द्वारा उत्पन्न दुर्गन्ध को दूर करने में भी किया जाता है, इसलिए इनको डियोडोरेन्ट, फेस पाउडर, आदि के साथ मिला दिया जाता है। उदाहरण—

(i) **बाइथायोनल** (Bithional) एक पूतिरोधी पदार्थ है। इसका प्रयोग औषधियुक्त साबुन में मिलाकर शरीर में जीवाणु विघटन से उत्पन्न गन्ध को कम करने के लिए किया जाता है।

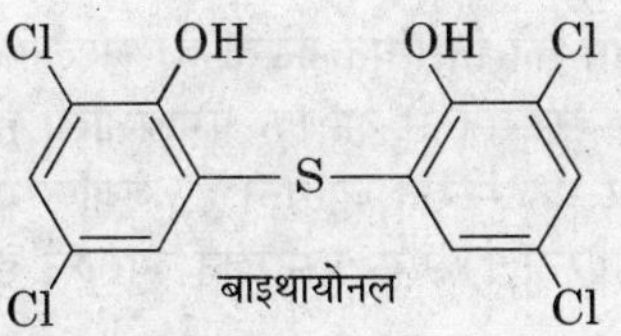

बाइथायोनल

नोट ये बाह्यता प्रयुक्त किए जाते हैं अर्थात् इनका सेवन नहीं किया जाता है।

(ii) **डेटॉल** (Dettol) एक प्रमुख पूतिरोधी है, जो **क्लोरोजाइलिनॉल** तथा **टर्पीनिऑल** का उचित विलायक में मिश्रण होता है।

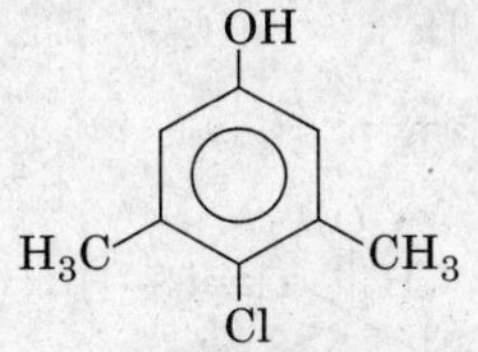

क्लोरोजाइलिनॉल

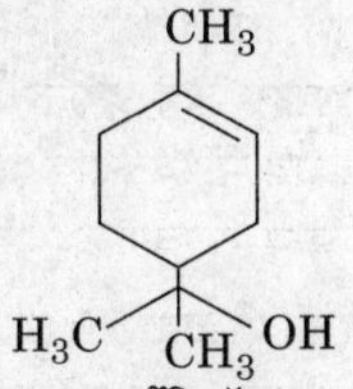

टर्पीनिऑल

(iii) **आयोडीन** (Iodine) एक प्रबल पूतिरोधी है। ऐल्कोहॉल जल मिश्रण में आयोडीन का 2-3 प्रतिशत घोल **आयोडीन का टिंक्चर** कहलाता है।

(iv) **मेथिलीन ब्लू** (Methylene Blue) और **जेन्टीयन बैंगनी** (Gentain Violet) पूतिरोधी हैं, जिनका उपयोग आँखों के संक्रमण को रोकने में होता है।

(v) **क्लोरीन का 0.2-0.4 ppm विलयन** (0.2-0.4 ppm Solution of Chlorine) पूतिरोधी की तरह कार्य करता है। यह जल के संक्रमण को रोकता है। बीटाडीन, सेफरोमाइसिन, बेटनोवेट, आदि भी पूतिरोधी हैं।

(vi) **बोरिक अम्ल** (Boric Acid) एक दुर्बल पूतिरोधी है। इसका प्रयोग आँखों को धोने तथा शिशु के पाउडर, आदि में किया जाता है।

(vii) हाइड्रोजन परॉक्साइड एक अनुउत्तेजक प्रबल पूतिरोधी है।

(viii) कुछ कार्बनिक रंजक भी प्रबल पूतिरोधी होते हैं, इनका उपयोग विभिन्न बीमारियों में किया जाता है, कुछ सामान्य उदाहरण **जेन्सन वायलेट** तथा **मेथिलीन ब्लू** है।

ऐसे रासायनिक पदार्थ जिनका उपयोग सूक्ष्मजीवों को नष्ट करने में किया जाता है, किन्तु इनका प्रयोग जीवित ऊतकों पर नहीं किया जा सकता, वे **रोगाणुनाशी विसंक्रामी** कहलाते हैं। रोगाणुनाशी भी सूक्ष्मजीवों को मारते हैं, किन्तु जीवित ऊतकों के लिए सुरक्षित नहीं होते हैं। इनका उपयोग फर्श, संयन्त्रों, आदि के निर्जलीकरण में किया जाता है। कुछ पदार्थ विसंक्रामी तथा पूतिरोधी दोनों के समान कार्य करते हैं। ये इनके सान्द्रण पर निर्भर करता है। उदाहरण—

(i) फीनॉल का 0.2% विलयन एन्टीसेप्टिक (पूतिरोधी) तथा 1% विलयन (रोगाणुनाशी) विसंक्रामी होता है।

(ii) क्रिसॉल (*o*-, *m*- और *p*- मेथिल फीनॉल) का विलयन विसंक्रामी का कार्य करता है। यह **लाइसॉल** कहलाता है।

9. प्रतिजनन क्षमता औषधियाँ Antifertility Drugs

वे औषधियाँ जिनका उपयोग करके जनन क्षमता को नियन्त्रित किया जा सकता है, प्रतिजनन क्षमता औषधियाँ या **मौखिक गर्भ निरोधक** (Oral contraceptives) कहलाती हैं। प्रतिजनन क्षमता औषधियों में आवश्यक रूप से संश्लिष्ट एस्ट्रोजन एवं प्रोजेस्टेरॉन व्युत्पन्नों का मिश्रण होता है।

प्रोजेस्टेरॉन अण्डोत्सर्ग को निरोधित करता है। संश्लेषित प्रोजेस्टेरॉन व्युत्पन्न प्राकृतिक प्रोजेस्टेरॉन से अधिक प्रभावशाली होता है। नोरेथिनड्रॉन संश्लिष्ट प्रोजेस्टेरॉन व्युत्पन्न है, जबकि एथाइनिल ऐस्ट्राडाइऑल (नोवऐस्ट्रॉल) एक एस्ट्रोजन व्युत्पन्न है।

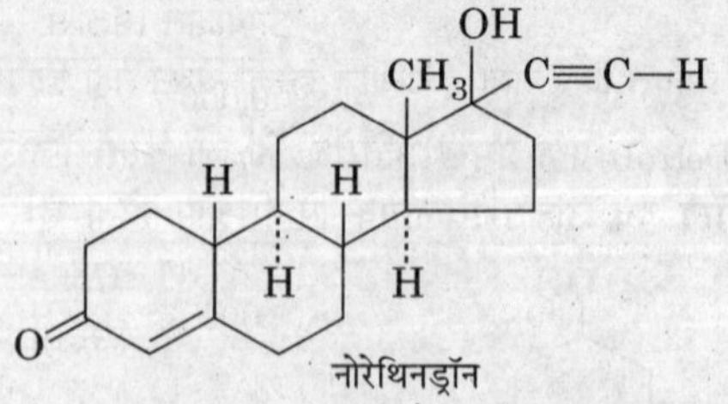

नोरेथिनड्रॉन

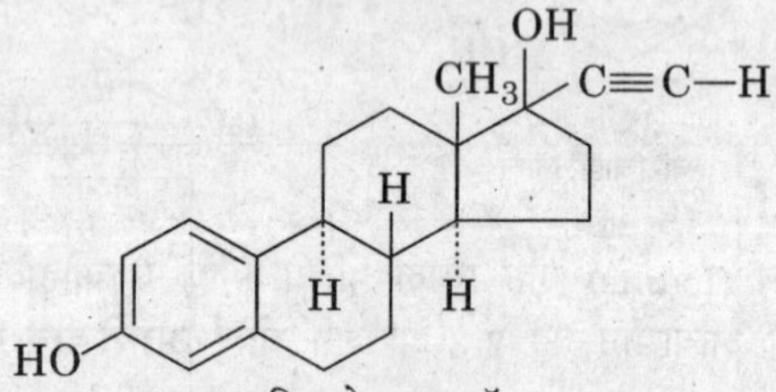

एथाइनिल ऐस्ट्राडाइऑल

माइफेप्रिस्टोन एक संश्लेषित स्टीरॉयड है, जो प्रोजेस्टेरॉन के प्रभाव को बाधित करता है एवं कई देशों में 'गोली के बाद सुबह' (Morning after the pill) की तरह प्रयुक्त होता है।

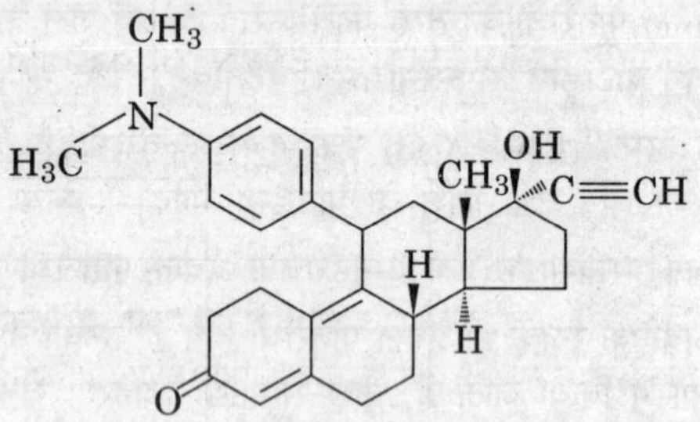

माइफेप्रिस्टॉन

ये ड्रग पार्श्व प्रभाव उत्पन्न करती है। अत: इनका प्रयोग सदैव चिकित्सक से परामर्श के पश्चात् करना चाहिए।

भोजन में रसायन Chemicals in Food

खाद्य पदार्थों के परिरक्षण, उनका आकर्षण बढ़ाने तथा उनकी पौष्टिक गुणवत्ता में संवर्धन करने के लिए अनेक रसायनों का प्रयोग किया जाता है। इनमें प्रमुखतया संक्षारक, कृत्रिम मधुरक, प्रतिऑक्सीकारक, खाद्य रंग, खनिज, विटामिन, आदि सम्मिलित होते हैं।

खाद्य परिरक्षक Food Preservatives

भोज्य पदार्थों के भण्डारण तथा वितरण की अवधि में, इनके स्वाद, रंग गन्ध, आकर्षण, पोषक क्षमता, आदि में अनेक अवांछित परिवर्तन आ जाते हैं। इन परिवर्तनों को रोकने के लिए इन भोज्य पदार्थों में कुछ रसायन मिलाए जाते हैं, जिन्हें **संक्षारक** अथवा **परिरक्षक** कहते हैं।

अत: वे रसायन जो भोजन को सूक्ष्मजीवों की क्रियाओं यथा किण्वन, अम्लीकरण अथवा अन्य किसी अपघटन से रोकते हैं, खाद्य परिरक्षक कहलाते हैं

कुछ महत्त्वपूर्ण खाद्य परिरक्षक निम्नलिखित हैं

(i) **कार्बोक्सिलेट** (Carboxylate) जैसे सोडियम बेन्जोएट (C_6H_5COONa), भोजन को संरक्षित रखने वाले सामान्य प्रचलित परिरक्षक हैं। सोडियम बेन्जोएट का प्रयोग मृदु पेयों तथा अम्लीय भोजन के परिरक्षक में किया जाता है। यह हिप्यूरिक अम्ल ($C_6H_5CONHCH_2COOH$) में परिवर्तित होकर उपापचयित हो जाता है, जोकि मूत्र द्वारा शरीर से बाहर निकल जाता है। सोडियम तथा कैल्सियम प्रोपिओनेट का प्रयोग ब्रेड तथा केक के परिरक्षक हेतु करते हैं।

(ii) **विटामिन E** (Vitamin E) प्राकृतिक तेलों में पाया जाने वाला प्राकृतिक भोजन संक्षारक है।

(iii) **सोडियम मेटाबाइसल्फाइट** ($Na_2S_2O_5$) अथवा **पोटैशियम मेटाबाइसल्फाइट** ($K_2S_2O_5$) द्वारा जैम, अचार, आदि का परिरक्षण करते हैं। इनमें उपस्थित सल्फ्यूरस अम्ल, सूक्ष्मजीवों की वृद्धि को रोकता है।

(iv) **सार्बिक अम्ल तथा इसके लवण** संक्षारक के रूप में पनीर, पके हुए भोजन, अचार, माँस, आदि का परिरक्षक करते हैं।

(v) **इपॉक्साइड तथा एथिल फॉर्मेट** मसालों, मेवों, आदि कम नमी वाले खाद्य पदार्थों के परिरक्षक हेतु प्रयोग किए जाते हैं।

(vi) साधारण नमक, चीनी तथा वनस्पति तेल भी परिरक्षक के रूप में प्रयोग किए जाते हैं।

कृत्रिम मधुरक Artificial Sweetening Agents

ग्लूकोस, सुक्रोस प्राकृतिक मधुरक हैं, जो ग्रहण की जाने वाली कैलोरी की मात्रा को बढ़ाते हैं। अत: बहुत से लोग तथा मधुमेह के रोगी, जो प्राकृतिक मधुरक का उपयोग नहीं करते हैं वे कृत्रिम मधुरक का प्रयोग करना अधिक पसन्द करते हैं। वे पदार्थ जो सिर्फ स्वाद में मीठे होते हैं, परन्तु ग्रहण किए जाने पर कैलोरी की मात्रा नहीं बढ़ाते हैं, वे कृत्रिम मधुरक कहलाते हैं।

कुछ कृत्रिम मधुरक निम्न प्रकार से हैं

(i) **सैकेरीन** Saccharin

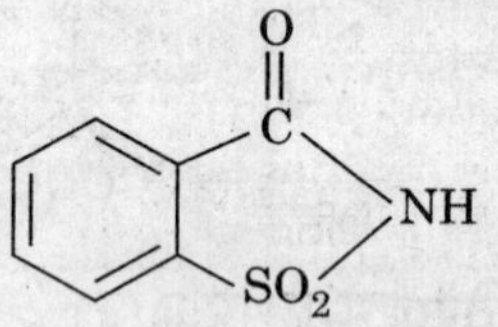

सैकेरीन

ऑर्थो-सल्फोबेन्जोमाइड को सैकेरीन कहते हैं। यह प्रथम लोकप्रिय कृत्रिम मधुरक है। यह सुक्रोस से लगभग 550 गुना अधिक मीठी होती है। इसका प्रयोग मधुमेह के रोगियों एवं उन व्यक्तियों के लिए किया जाता है, जिन्हें कैलोरी अन्तर्ग्रहण पर नियन्त्रण की आवश्यकता है। कम मात्रा में यह मीठापन तथा सान्द्र विलयन में कड़वाहट उत्पन्न करता है।

इसका प्रयोग पान मसाले, सस्ती आइसक्रीम, सस्ते शर्बत, टॉफी, टूथपेस्ट माउथवॉश, आदि में किया जाता है। अत्यधिक प्रयोग पर यह हानिकारक प्रभाव उत्पन्न करता है जिस कारण इसका उपयोग अब सीमित होता जा रहा है। जल में अविलेय होने के कारण यह बाजार में अपने जल में विलेय सोडियम या कैल्सियम लवण के रूप में बेचा जाता है।

(ii) **ऐस्पार्टेम** Aspartame

$$HO-\overset{O}{\overset{\|}{C}}-CH_2-\underset{NH_2}{\underset{|}{CH}}-\overset{O}{\overset{\|}{C}}-NH-\underset{CH_2C_6H_5}{\underset{|}{CH}}-\overset{O}{\overset{\|}{C}}-O-CH_3$$

ऐस्पार्टिक अम्ल भाग

फेनिलऐलानिन मिथाइल एस्टर भाग

ऐस्पार्टेम

ऐस्पार्टेम, ऐस्पार्टिक अम्ल तथा फेनिलऐलानिन से बने डाइपेप्टाइड का मेथिल एस्टर है। यह सबसे सफल और व्यापक रूप से उपयोग में आने वाला कृत्रिम मधुरक है, जो सुक्रोस से लगभग 100 गुना अधिक मीठा होता है। इसका उपयोग केवल ठण्डे खाद्य पदार्थों और पेय पदार्थों तक ही सीमित होता है, क्योंकि यह उच्च ताप अर्थात् खाना पकाने के ताप पर अस्थायी होता है।

नोट फेनिलकीटोनेरिया रोग वाले व्यक्ति ऐस्पार्टेम का प्रयोग नहीं कर सकते, क्योंकि ऐस्पार्टिक अम्ल से प्राप्त फेनिलपाइरूविक अम्ल का उनके अन्दर संग्रह होने लगता है।

(iii) **ऐलिटेम** Alitame

यह सबसे प्रबल मधुरक है, क्योंकि यह सुक्रोस की अपेक्षा लगभग 2000 गुना अधिक मीठा होता है। यह ऐस्पार्टेम की अपेक्षा अधिक स्थायी होता है, परन्तु इसका प्रयोग करते समय मिठास नियन्त्रित करना कठिन होता है।

$$HO-\overset{O}{\overset{\|}{C}}-CH_2-\underset{NH_2}{\underset{|}{CH}}-\overset{O}{\overset{\|}{C}}-NH-\overset{CH_3}{\overset{|}{CH}}-\underset{O}{\underset{\|}{C}}-NH-CH\langle C(CH_3)_2-S-C(CH_3)_2\rangle$$

ऐलिटेम

(iv) **सुक्रालोस** Sucralose

यह सुक्रोस का ट्राइक्लोरो व्युत्पन्न है। यह प्रत्येक रूप में सुक्रोस की तरह होता है, परन्तु यह कैलोरी नहीं देता है। यह सुक्रोस से 600 गुना अधिक मीठा तथा उच्च तापक्रम पर स्थायी होता है।

(संरचना: Cl, H, CH_2OH, O, H, H, HO, OH, H, HO, H, O, OH, H, H, HO, CH_2Cl, ClH_2C, O, H)

सुक्रालोस

इसका प्रयोग पके हुए भोज्य पदार्थों, पेय पदार्थों, च्यूईंगम, आदि में किया जाता है।

कार्बोहाइड्रेट एवं अन्य यौगिकों की आपेक्षित मिठास

यौगिक	आपेक्षित मिठास
एलिटेम	200,000
सूक्रकालोस	60,000
सैकरीन	55,000
ऐस्पार्टेम	10,000
फ्रक्टोस	173
सुक्रोस	100
ग्लूकोस	74
लैक्टोस	16

शोधन अभिकर्मक या निर्मलीकारक
Cleansing Agent

शोधन अभिकर्मक के रूप में मुख्यतया दो प्रकार के पदार्थ प्रयुक्त होते हैं, जो जल के शोधन गुणों को सुधारते हैं तथा वसा के निष्कासन में सहायता करते हैं, जोकि कपड़ों और त्वचा के साथ दूसरे पदार्थों को चिपका देते हैं।

साबुन Soaps

साबुन दीर्घ श्रृंखला वाले वसा अम्लों (जैसे—स्टिऐरिक, ओलिक तथा पॉमिटिक अम्ल) के सोडियम अथवा पोटैशियम लवण होते हैं। इनका निर्माण वसा अम्लों की ग्लिसरिल एस्टर को सोडियम हाइड्रॉक्साइड के जलीय विलयन के साथ गर्म करके किया जाता है, इस अभिक्रिया को **साबुनीकरण** (Saponification) कहते हैं।

$$\begin{array}{l} CH_2-O-\overset{O}{\overset{\|}{C}}-C_{17}H_{35} \\ | \\ CH-O-\overset{O}{\overset{\|}{C}}-C_{17}H_{35} \\ | \\ CH_2-O-\overset{O}{\overset{\|}{C}}-C_{17}H_{35} \end{array} + \underset{\text{सोडियम हाइड्रॉक्साइड}}{3NaOH} \longrightarrow \underset{\text{सोडियम स्टिऐरेट (साबुन)}}{3C_{17}H_{35}COONa} + \begin{array}{l} CH_2-OH \\ | \\ CH-OH \\ | \\ CH_2-OH \end{array}$$

स्टिऐरिक अम्ल की एस्टर (वसा) ग्लिसरॉल

इस अभिक्रिया के पश्चात् प्राप्त साबुन कोलॉइडी अवस्था में रहता है। इसे विलयन में सोडियम क्लोराइड डालकर अवक्षेपित कर लिया जाता है।

उत्पन्न साबुन की प्रकृति प्रयुक्त वसा तथा क्षार की प्रकृति पर निर्भर करती है। इसी प्रकार, ठोस वसा का प्रयोग करने पर कठोर साबुनों का मिश्रण प्राप्त होता है, क्योंकि इनमें संतृप्त वसीय अम्लों का भाग अधिक है, जबकि वनस्पति तेल का प्रयोग करने पर मृदु साबुन प्राप्त होता है, क्योंकि इसमें असंतृप्त वसीय अम्लों का भाग अधिक होता है।

सोडियम साबुन अपेक्षाकृत कठोर होने के कारण प्रसाधन साबुनों (Toilet soaps) के रूप में प्रयुक्त किए जाते हैं, जबकि पोटैशियम साबुन मृदु होने के कारण दाढ़ी बनाने की क्रीम, शैम्पू, आदि बनाने में प्रयुक्त किए जाते हैं।

साबुन का वर्गीकरण Classification of Soaps

गुणों तथा उपयोग के आधार पर साबुन के निम्न वर्ग होते हैं

(i) **प्रसाधन साबुन** (Toilet Soaps) सबसे उत्तम प्रकार का साबुन होता है। ये उत्तम प्रकार के वसा एवं तेलों से बनाए जाते हैं तथा क्षार के आधिक्य को निकालने का ध्यान रखा जाता है। आकर्षक बनाने हेतु इनमें अतिरिक्त रंजक, इत्र, आदि भी मिलाए जाते हैं।

(ii) **पारदर्शी साबुन** (Transparent Soaps) इसे बनाने के लिए साबुन को एथेनॉल में घोलकर और फिर विलायक के आधिक्य को वाष्पित किया जाता है।

(iii) **औषध साबुन** (Medicated Soaps) इनमें औषधीय गुण वाले पदार्थ डाले जाते हैं। जैसे—दाढ़ी बनाने के साबुन को जल्दी सूखने से बचाने के लिए इसमें ग्लिसरॉल होता है। इन्हें बनाते समय रेजिन नामक गोंद डाली जाती है। इससे सोडियम रोजिनेट बनता है, जो अच्छी तरह झाग बनाता है।

(iv) **धुलाई के साबुन** (Laundry Soaps) ये कठोर साबुन होते हैं। इन्हें बनाने के लिए सोडियम रोजिनेट, सोडियम सिलिकेट, बोरेक्स और सोडियम कार्बोनेट का उपयोग किया जाता है। साबुन की छीलन बनाने के लिए पिघले हुए साबुन की परत ठण्डे सिलिण्डर पर चढ़ाकर उसे टूटे हुए टुकड़ों में खुरच लिया जाता है। दानेदार साबुन सूखे हुए छोटे-छोटे साबुन के बुलबुले होते हैं। साबुन के पाउडर तथा मार्जन साबुनों में कुछ साबुन, मार्जक इत्यादि जैसे कि झामक चूर्ण (Powdered pumwill) या बारीक रेत तथा सोडियम कार्बोनेट और ट्राइसोडियम फॉस्फेट जैसे बिल्डर होते हैं। बिल्डर साबुन की क्रिया शीलता बढ़ाते हैं।

साबुन के लाभ तथा सीमाएँ

Advantages and Limitations of Soaps

साबुन 100 प्रतिशत जैव अपघटनीय पदार्थ हैं अर्थात् ये सूक्ष्मजीवों द्वारा पूर्णतया अपघटित हो जाते हैं। अत: ये जल प्रदूषण उत्पन्न नहीं करते हैं। साबुन को कठोर जल में प्रयुक्त नहीं किया जा सकता है, क्योंकि कठोर जल में उपस्थित कैल्सियम तथा मैग्नीशियम आयन साबुन के साथ धुंधला सफेद अवक्षेप बनाते हैं।

$$\underset{\text{साबुन}}{2RCOONa} + \underbrace{Ca^{2+} \text{ अथवा } Mg^{2+}}_{\text{कठोर जल से}} \longrightarrow \underset{\text{सफेद धुँधला अवक्षेप}}{(RCOO)_2Ca \text{ अथवा } Mg}$$

साबुन अम्लीय विलयन में भी प्रयुक्त नहीं किए जा सकते हैं, क्योंकि अम्लों के साथ अविलेय वसीय अम्ल अवक्षेपित हो जाते हैं, जो कपड़े को क्षति पहुँचाते हैं तथा शोधन प्रक्रिया को बाधित कर देते हैं।

संश्लेषित अपमार्जक Synthetic Detergents

कठोर जल में कुछ निश्चित धातु आयन, जैसे—Ca^{2+} एवं Mg^{2+} उपस्थित रहते हैं। ये आयन साबुन के साथ क्रिया करके (स्टिऐरिक अम्ल एवं समान कार्बनिक अम्ल के सोडियम लवण) Ca^{2+} तथा Mg^{2+} आयन का दही जैसा अवक्षेप उत्पन्न करते हैं। यह अवक्षेप वस्त्रों से चिपकता है एवं कपड़ों से तेल एवं ग्रीस के दागों की, साबुन द्वारा पृथक्करण की क्षमता को बाधित करता है। संश्लेषित अपमार्जक साबुन में पाए जाने वाले वसीय अम्लों के लवणों से अत्यधिक समानता रखते हैं। रासायनिक रूप से अपमार्जक लम्बी श्रृंखला वाले ऐल्किल अथवा ऐरिल सल्फोनेट अथवा सल्फेट के सोडियम अथवा पोटैशियम लवण हैं।

अपमार्जकों का वर्गीकरण

Classification of Detergents

जलस्नेही सतह वाला सक्रियक समूह ऋणायनी, धनायनिक अथवा उदासीन हो सकता है। इनकी प्रकृति के आधार पर, *अपमार्जकों को निम्नलिखित तीन वर्गों में विभाजित किया जा सकता है*

धनायनी अपमार्जक Cationic Detergents

धनायनी अपमार्जक ऐमीनो के ऐसीटेट, क्लोराइड या ब्रोमाइड ऋणायनों के साथ बने चतुष्क लवण होते हैं। इनमें नाइट्रोजन पर धनावेश तथा इन्हीं धनायनी भागों में लम्बी हाइड्रोकार्बन श्रृंखला होती है। अत: इन्हें धनायनी अपमार्जक कहते हैं। **सेटिल ट्राइमेथिल अमोनियम ब्रोमाइड** एक प्रमुख धनायनी अपमार्जक है।

$$\left[CH_3 - (CH_2)_{15} - \overset{\overset{\large CH_3}{|}}{\underset{\underset{\large CH_3}{|}}{N}} - CH_3\right]^+ Br^-$$

सेटिल ट्राइमेथिल अमोनियम ब्रोमाइड
(धनायनी अपमार्जक)

ये मँहगे होते हैं। अत: इनका प्रयोग सीमित होता है। केश कंडीशनरों में डाला जाता है तथा इनमें जीवाणुनाशक गुण होते हैं।

ऋणायनी अपमार्जक

Anionic Detergents

ऋणायनी अपमार्जक लम्बी श्रृंखला वाले ऐल्कोहॉलों अथवा हाइड्रोकार्बन के सल्फोनिकृत व्युत्पन्न होते हैं। दीर्घ श्रृंखला वाली ऐल्कोहॉलों की सान्द्र सल्फ्यूरिक अम्ल से अभिक्रिया कराने से ऐल्किल हाइड्रोजन सल्फेट बनता है, जिन्हें क्षार से उदासीन करने पर ऋणायनी अपमार्जक बनते हैं।

(i) **सोडियम ऐल्किल सल्फेट** (Sodium alkyl sulphates) तेल तथा वसा के हाइड्रोजनीकरण पर 10-15 कार्बन परमाणु वाले ऐल्कोहॉल प्राप्त होते हैं। ये अम्ल, (सल्फ्यूरिक अम्ल) के साथ क्रिया के पश्चात् क्षार द्वारा उदासीन करने पर सोडियम ऐल्किल सल्फेट देते हैं। इस प्रकार अपमार्जकों के उदाहरण— सोडियम डोडेसिल सल्फेट, सोडियम लोरिल सल्फेट, सोडियम सेटिल सल्फेट, आदि हैं। इसका व्यापारिक नाम डेफ्ट है।

$$\underset{\text{ऐल्किल ऐल्कोहॉल}}{RCH_2OH} + HOSO_3H \xrightarrow[-H_2O]{\text{सल्फोनीकरण}} \underset{\text{ऐल्किल हाइड्रोजन सल्फेट}}{RCH_2OSO_3H}$$

$$\xrightarrow[-H_2O]{NaOH} \underset{\text{सोडियम हाइड्रोजन सल्फेट}}{RCH_2OSO_3^- Na^+}$$

(जहाँ, $R = CH_3(CH_2)_{10}$ अथवा $C_{15}H_{31}$)

$$\underset{\text{लोरिल ऐल्कोहॉल}}{CH_3(CH_2)_{10}CH_2OH} \xrightarrow{H_2SO_4} \underset{\text{लोरिल हाइड्रोजन सल्फेट}}{CH_3(CH_2)_{10}CH_2OSO_3H}$$

$$\xrightarrow[-H_2O]{NaOH\text{(जलीय)}} \underset{\text{सोडियम लोरिल सल्फेट (ऋणायनी अपमार्जक)}}{CH_3(CH_2)_{10}CH_2OSO_3^- Na^+}$$

(ii) **सोडियम ऐल्किल बेन्जीन सल्फोनेट** (Sodium Alkyl Benzene Sulphonates) ये अपमार्जक बेन्जीन सल्फोनिक अम्ल के व्युत्पन्न हैं। इनका प्रचलित उदाहरण सोडियम *p*-डोडेसिल बेन्जीन सल्फोनेट है। जिसे निर्जल $AlCl_3$ की उपस्थिति में बेन्जीन की डोडेसिल क्लोराइड के साथ क्रिया करके तथा तदुपरान्त सल्फोनीकरण तथा क्षार उत्प्रेरित जल-अपघटन क्रिया द्वारा प्राप्त करते हैं।

$$C_6H_6 \xrightarrow[\text{निर्जल } AlCl_3]{CH_3(CH_2)_{10}CH_2Cl} C_6H_5(CH_2)_{11}CH_3 \xrightarrow[-H_2O]{H_2SO_4}$$

n-डोडेसिल बेन्जीन

$$(CH_2)_{11}CH_3\text{-}C_6H_4\text{-}SO_3H \xrightarrow[-H_2O]{NaOH} (CH_2)_{11}CH_3\text{-}C_6H_4\text{-}SO_3^-Na^+$$

सोडियम *p*-डोडेसिल बेन्जीन सल्फोनेट

सोडियम के स्थान पर ट्राइएथेनॉल अमोनियम आयन द्रव अपमार्जकों के लिए अत्यन्त विलेय पदार्थ है।

$$R\text{-}C_6H_4\text{-}OSO_2(CH_2CH_2OH)_3^- NH^+$$

सल्फोनेट युक्त अशाखित अथवा कम शक्ति ऐल्किल समूह मृदु होते हैं तथा अत्यधिक शाखायुक्त सल्फोनेट कठोर अपमार्जक होते हैं।

अनायनिक अपमार्जक Non-ionic Detergents

अनायनिक अपमार्जक में कोई आयन नहीं होता। वास्तव में ये उच्च अणुभार वाले एस्टर होते हैं। ये अपमार्जक स्टिऐरिक अम्ल तथा पॉलीएथिलीन ग्लाइकॉल की अभिक्रिया द्वारा बनते हैं।

$$\underset{\text{स्टिऐरिक अम्ल}}{CH_3(CH_2)_{16}COOH} + \underset{\text{पॉलीएथिलीन ग्लाइकॉल}}{HO(CH_2CH_2O)_nCH_2CH_2OH} \xrightarrow{-H_2O}$$

$$\underset{\text{अनायनिक अपमार्जक}}{CH_3(CH_2)_{16}COO(CH_2CH_2O)_nCH_2CH_2OH}$$

इनका उपयोग बर्तन धोने के उपयोग में आने वाले द्रव अपमार्जक में होता है।

अपमार्जक तथा प्रदूषण Detergents and Pollution

वे अपमार्जक जिनकी हाइड्रोकार्बन शृंखला में शाखन (Branching) उपस्थित होता है, **जैव-अनअपघट्य** (Non-biodegradable) होते हैं। इसका कारण यह है कि इनमें उपस्थित पार्श्व शृंखलाएँ जीवाणुओं के मुख्य शृंखला पर आक्रमण करके उन्हें उसका विघटन करने से रोकती है। अत: ये जल प्रदूषण के लिए उत्तरदायी होते हैं, इन्हें **कठोर अपमार्जक** (Hard detergents) भी कहते हैं।

$$\text{(branched chain)}\text{-}SO_3^-Na^+$$

सोडियम-4 (1,3,5,7-टेट्रामेथिल ऑक्टिल) बेन्जीन सल्फोनेट

जैव-अनअपघट्य अपमार्जक होते हैं। इसके विपरीत वे अपमार्जक जो सीधी शृंखला युक्त होते हैं तथा जिनका सूक्ष्मजीवों द्वारा अपघटन आसानी से हो जाता है, जैव-अपघट्य अपमार्जक (Biodegradable detergent) कहलाते हैं। इनके द्वारा प्रदूषण नहीं फैलता है, इन्हें मृदु अपमार्जक भी कहते हैं।

नोट जैव-अनिम्नीय (Non-biodegradable) अपमार्जक तालाबों, नदियों के पानी में एकत्रित हो उनके जल को प्रदूषित कर देते हैं। इस प्रकार के अपमार्जक युक्त बहि:स्रावी (Effluents) नदी, तालाबों के जल में मल प्रबन्धन के पश्चात् भी उपस्थित रहते हैं तथा जल प्रदूषण के लिए उत्तरदायी होते हैं।

जैसे—सोडियम-4 (1-डोडेसिल) बेन्जीन सल्फोनेट (SDS) तथा सोडियम-4(2-डोडेसिल) बेन्जीन सल्फोनेट, सोडियम लोरिल सल्फेट जैव-निम्नीय अपमार्जक होते हैं।

$$CH_3-(CH_2)_x-C_6H_4-SO_3^-Na^+$$

सोडियम-4-ऐल्किल बेन्जीन सल्फोनेट

$$CH_3-(CH_2)_{11}-C_6H_4-SO_3^-Na^+$$

सोडियम-4(1-डोडेसिल) बेन्जीन सल्फोनेट (SDS)

$$CH_3-(CH_2)_9-\underset{\underset{CH_3}{|}}{CH}-C_6H_4-SO_3^-Na^+$$

सोडियम-4(2-डोडेसिल) बेन्जीन सल्फोनेट

अभ्यास प्रश्न

1. निम्न वक्तव्यों में कौन-सा सही नहीं है?
(a) कुछ पूतिरोधी साबुन में मिलाए जाते हैं
(b) कुछ विसंक्रामक पदार्थों के तनु विलयन पूतिरोधी के समान प्रयोग किए जा सकते हैं
(c) विसंक्रामक पदार्थ जीवाणु निरोधक औषधि होती है
(d) पूतिरोधी औषधि मुख से निगली जाती है

2. जन्म नियंत्रण गोलियों के सम्बन्ध में सही कथन/वक्तव्य है
(a) ये केवल एस्ट्रोजन होता है
(b) ये केवल प्रोजेस्टेरोन होता है
(c) ऐस्ट्रोजन व प्रोजेस्ट्रोन उत्पादों का मिश्रण होता है
(d) प्रोजेस्टेरोन अण्डोत्सर्ग को बढ़ाता है

3. ऐस्पिरिन के सम्बन्ध में कौन-सा कथन सत्य नहीं है?
(a) ऐस्पिरिन स्वपाक दर्द निवारक से सम्बन्ध रखती है
(b) यह दर्द दूर करने में प्रभावी है
(c) यह खून में थक्का जमने को रोकती है
(d) यह तन्त्रिकाओं को सक्रिय करने वाली दवा है

4. औषधि रसायनज्ञ के लिए बहुत अधिक उपयोगी औषधियों का वर्गीकरण होता है
(a) रासायनिक संरचना के आधार पर
(b) औषधियों की क्रियाशीलता के आधार पर
(c) आण्विक लक्ष्यों के आधार पर
(d) भोजगुणविज्ञानीय प्रभाव के आधार पर

5. निम्न में से कौन-सा कथन सत्य नहीं है?
(a) कम सान्द्रता पर कुछ विसंक्रामी पूतिरोधी की तरह प्रयुक्त किए जा सकते हैं
(b) सल्फाडाइजीन संश्लेषित प्रतिजैविक है
(c) एम्पीसिलिन प्राकृतिक प्रतिजैविक उहै
(d) ऐस्पिरिन पीड़ाहारी तथा ज्वररोधी दोनों है

6. इक्वैनिल है
(a) कृत्रिम मधुरक (b) प्रशान्तक औषधि
(c) प्रतिहिस्टेमीन औषधि (d) प्रतिजनन क्षमता औषधि

7. नीचे दिया गया संरचना सूत्र जाना जाता है

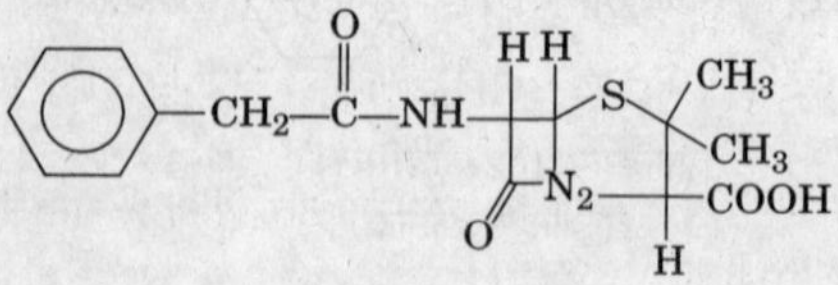

$C_6H_5-CH_2-\overset{O}{\overset{\|}{C}}-NH-$ (β-लैक्टम वलय: H H, S, CH_3, CH_3, N_2, $-COOH$, O, H)

(a) पेन्सिलिन-F (b) पेन्सिलिन-G
(c) पेन्सिलिन-K (d) एम्पीसिलिन

8. औषधि बार्बिट्यूरेट के सम्बन्ध में निम्न में से कौन-सा कथन सत्य नहीं है?
(a) यह व्यसन (लत) डालता है
(b) यह एक असम्मोहक औषधि है
(c) यह एक प्रशान्तक है
(d) इसका प्रयोग निद्रागोली (sleeping pills) में होता है

9. असत्य कथन को चुनिए
(a) इक्वैनिल का उपयोग अवसाद व अतितनाव को नियन्त्रित करने में किया जाता है
(b) माइफप्रिस्टोन संश्लेषित स्टीयरोइड है जो सुबह होने से पहले खाते हैं
(c) फीनॉल का 0.2% विलयन पूतिरोधी है जबकि 1% विलयन विसंक्रामक है
(d) एक औषधि जो शरीर में जीवों को मारती है जीवाणु स्थापीय कहलाती है

10. किस समुच्चय (सेट) में पृथक् समूह के यौगिकों को रखा गया है?
(a) प्रशान्तक : इक्वैनिल, हेरोइन, बेलियम
(b) पूतिरोधी : बीथीयोनल, डिटॉल, बोरिक अम्ल
(c) पीड़ाहारी : नेपरोक्सन, मॉर्फीन, ऐस्पिरिन
(d) जीवाणुनाशक : पेन्सिलिन, ऐमीनोग्लाइकोसाइड, ऑफ्लोक्सिन

11. सेलोल का प्रयोग किया जाता है
(a) पूतिरोधी (b) ज्वररोधी (c) पीड़ाहारी (d) विसंक्रामक

12. इनमें सम्मोहक कौन-सा है?
(a) *मैटा* ऐल्डिहाइड (b) ऐसीटैल्डिहाइड
(c) *पैरा* ऐल्डिहाइड (d) इनमें से कोई नहीं

13. इनमें से कौन पूतिरोधी की तरह प्रयोग होता है?
(a) फीनॉल (b) बेन्जैल्डिहाइड
(c) बेन्जलएमीन (d) मैलिक ऐनहाइड्राइड

14. बहुत अधिक प्रयोग होने वाला प्रतिरोधी डिटॉल, मिश्रण है टर्पिनिऑल +...
(a) बिथियोनल (b) क्लोरो-जाइलीनॉल
(c) o-क्रीसॉल (d) सेरोटोनिन

15. सल्फा औषधियाँ उत्पादित होती हैं
(a) बेन्जीन सल्फोनिक अम्ल (b) सल्फानिलिक अम्ल
(c) सल्फानिलेमाइड (d) *p*-ऐमीनो बेन्जोइक अम्ल

16. हेरोइन ऐसीटिल उत्पाद होता है
(a) कैफीन (b) कोकेन (c) नीकोटीन (d) मॉर्फीन

17. ऐसीटॉक्सी बेन्जोइक अम्ल है
(a) प्रतिरोधी (b) ऐस्पिरीन (c) प्रतिजीवाणु (d) मध्यम रंजक

18. औषधि जो प्रतिजीवाणु है
(a) एम्पीसिलिन (b) ऐस्पिरीन (c) कोर्म्पोज (d) ये सभी

19. एक औषधि जो ज्वररोधी तथा पीड़ाहारी दोनों है
(a) क्लोरोप्रोमोजीन हाइड्रोक्लोराइड (b) *पैरा*-ऐसीटाएमीडोफीनॉल
(c) क्लोरोक्वीन (d) पेनिसिलीन

20. औषधि पैरासिटामॉल की सही संरचना है
(a) 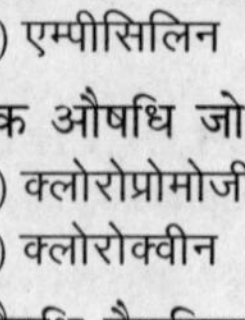 बेन्जीन वलय: OH (ऊपर), $CONH_2$ (नीचे)
(b) 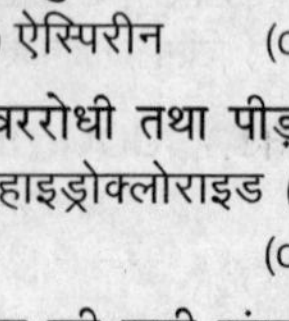 बेन्जीन वलय: OH (ऊपर), $NHCOCH_3$ (नीचे)
(c) 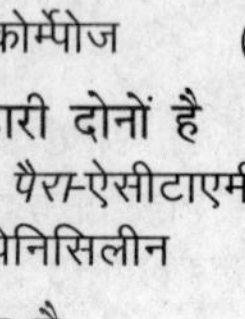 बेन्जीन वलय: Cl (ऊपर), $CONH_2$ (नीचे)
(d) 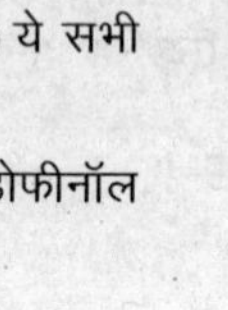 बेन्जीन वलय: Cl (ऊपर), $COCH_3$ (नीचे)

21. निम्न में से कौन-सी औषधि दर्दनिवारक के रूप में प्रयोग की जा सकती है परन्तु व्यसन (लत) पैदा नहीं करती है। जब तक कि इसमें कोई संशोधन ना किया जाए?
(a) मॉर्फिन (b) N-ऐसीटाइल *पैरा*-ऐमीनो फीनॉल
(c) डाइजेपाम (d) ट्रेटाहाइड्रोकेटेनोल

22. एक पदार्थ जो पूतिरोधी तथा विसंक्रामी दोनों प्रकार से प्रयोग हो सकता है
(a) ऐस्पिरीन (b) क्लोरो-जाइलीनॉल
(c) बाइथायोनाल (d) फीनॉल

23. एक औषधि जो प्रशान्तक नहीं है
(a) आइब्रूप्रोफेन (b) वैरोनल (c) ल्यूमीनल (d) सेकोनल

24. प्रतिप्रत्युर्जता (Anti-allergy) औषधि होती है
(a) प्रतिसूक्ष्म जीवाणु
(b) प्रतिहिस्टैमिन (हृदय गति व आमाश्यविक अम्ल की वृद्धि करने वाला)
(c) प्रतिविषाणु
(d) प्रतिकवकरोधी

25. मुख से खाने वाली गर्भ निरोधक औषधि में होती है
(a) मेस्ट्रानॉल (b) नोरेथिनड्रोन
(c) दोनों (a) व (b) (d) इनमें से कोई नहीं

26. हृदयघात को रोकने वाली औषधि होती है
(a) ऐस्पिरिन (b) वेलियम
(c) क्लोरैम्फेनिकॉल (d) सिफालसोप्रिन

27. निम्न में से कौन पीड़ाहारी नहीं है?
(a) आइबूप्रोफेन (b) डाइक्लोफेनाक-सोडियम
(c) नेपरोक्सन (d) ओफ्लोक्सिन

28. न्यूमोनिया तथा ब्रेनकाइटिस (श्वास सम्बन्धी) में प्रभावी औषधि का नाम है
(a) पेन्सिलिन (b) पेटालिन
(c) क्लोरोमाइसिटिन (d) ट्रेटासाइकलिन

29. स्थानीय बेहोश करने वाली औषधि के रूप में प्रयुक्त करते हैं
(a) डाइजेपाम (b) प्रोकेन (c) मेस्कालिन (d) सेकोनल

30. एक एस्टर जो औषधि के रूप में प्रयुक्त होता है
(a) एथिल ऐसीटेट (b) मेथिल ऐसीटेट
(c) मेथिल सेलिसिलेट (d) एथिल बेन्जोऐट

31. आवेग (anxiety) को दूर कर शान्त करने वाली औषधि होती है
(a) प्रशान्तक (b) डाइयूरेटिक
(c) पीड़ाहारी (d) प्रतिहिस्टैमिन

32. इनमें से कौन-सी औषधि प्रतिअम्ल की तरह कार्य नहीं करती है?
(a) मैग्नीशियम हाइड्रॉक्साइड (b) सोडियम कार्बोनेट
(c) सोडियम बाइकार्बोनेट (d) ऐलुमिनियम फॉस्फेट

33. इन औषधियों में कौन-सी पीड़ाहारी है?
(a) सल्फागुआनीडीन (b) पॉलुड्रिन
(c) एनलजिन (d) आयोडेक्स

34. ल्यूमिनल एक बार्बिट्यूरिक औषधि प्रयुक्त होती है।
(a) प्रतिहिस्टैमिन (b) अवसादक (c) पूतिरोधी (d) प्रतिमलेरिया

35. परिरक्षक जो ब्रेड्स व केक्स के परिरक्षण में प्रयुक्त होता है।
(a) सोडियम बेन्जोऐट (b) सोडियम मेटाबाइसल्फाइट
(c) सोडियम प्रोपयोनेट (d) सोडियम सोरबेट

36. इनमें से कौन-सा कृत्रिम मधुरक नहीं है?
(a) सुक्रालोस (b) ऐलिटेम (c) सैकरीन (d) सुक्रोस

37. ऐस्पार्टेम का व्यापारिक नाम है
(a) ऐलिटेम (b) सैकरीन (c) सुक्रालोस (d) न्यूट्रास्वीट

38. हिप्पूरिक अम्ल का सूत्र होगा
(a) $CH_3CONHCH_2COOH$ (b) $C_6H_5CONHCH_2COOH$
(c) $C_6H_5NHCOOH$ (d) $NH_2CONHCOOH$

39. सही कथन चुनिए।
(a) सैकरीन शुगर से 650 गुना मीठा होता है
(b) ऐस्पार्टेम शुगर से 550 गुना मीठा होता है
(c) सुक्रालोस शुगर से 160 गुना मीठा होता है
(d) ऐलिटेम शुगर से 2000 गुना मीठा होता है

40. कृत्रिम खाद्य रंग कौन-सा है?
(a) सेफ्रोन (b) केरोटीन (c) टेट्राजीन (d) मेलामाइन

41. भोजन में निम्न में से कौन प्रति ऑक्सीकारक की तरह प्रयुक्त होते हैं?
(a) BTX (b) BHT
(c) BHC (d) सभी तीनों पदार्थ

42. निम्न संरचना सूत्र प्रदर्शित करता है

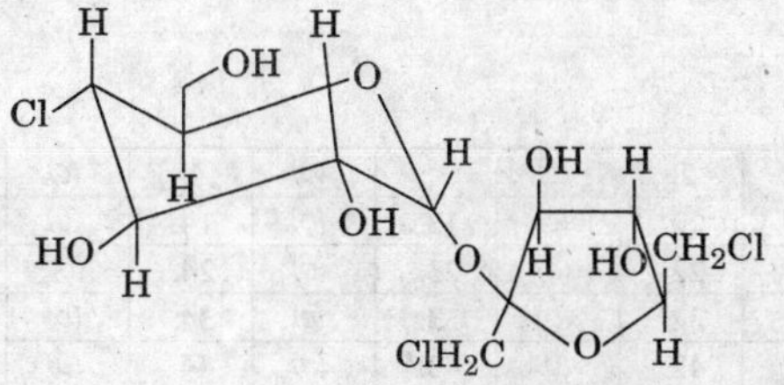

(a) सुक्रोस (b) सुक्रालोस
(c) ऐस्पार्टेम (d) ऐलिटेम

43. निम्न में से कौन भोजन परिरक्षक की तरह प्रयुक्त होते हैं?
(a) सोडियम बेन्जोऐट (b) पोटैशियम क्लोराइड
(c) सोडियम बाइकार्बोनेट (d) दोनों (b) एवं (c)

44. निम्न में कौन जीवाणुनाशक भी है?
(a) धनायनी अपमार्जक (b) ऋणायनी अपमार्जक
(c) अनायनिक अपमार्जक (d) इनमें से कोई नहीं

45. जैव निम्ननीय अपमार्जक में संरचनात्मक रूप से होता है
(a) अत्याधिक शाखित ऐल्किल श्रृंखला
(b) सामान्य ऐल्किल श्रृंखला या कम शाखित ऐल्किल श्रृंखला
(c) चक्रीय पेन्टिल पार्श्व श्रृंखला
(d) पार्श्व बेन्जिल श्रृंखला

46. साबुन वर्गीकृत की जा सकती है
(a) एस्टर
(b) ईथर
(c) कार्बोहाइड्रेट
(d) वसीय अम्लों के सोडियम लवण

47. कृत्रिम संश्लेषित अपमार्जक में सामान्यतया समूह उपस्थित होता है
(a) HCOONa (b) RONa
(c) RCOONa (d) $R(C_6H_4)SO_3Na$

48. जीवाणुनाशक की तरह प्रयुक्त होने वाला अपमार्जक है
(a) सोडियम लौरिल सल्फेट
(b) सेटिल-ट्राइमेथिल अमोनियम क्लोराइड
(c) लौरिल ऐल्कोहॉल इथोक्सीलेट
(d) सोडियम 2-डोडेसिल बेन्जीन सल्फोनेट

49. इनमें से कौन-सा ऋणायनी अपमार्जक है?
(a) $CH_3(CH_2)_{16} \cdot CH_2OSO_3Na$
(b) $CH_3(CH_2)_{16}N^+(CH_3)_3Cl^-$
(c) $CH_3(CH_2)_{16}\ COO(CH_2CH_2O)_nCH_2CH_2OH$
(d) $C_6H_5SO_3Na$

50. साबुन में पूतिरोधी गुण उत्पन्न करने के लिए जो यौगिक मिलाया जाता है वह है
(a) सोडियम लौरिल सल्फेट
(b) सोडियम डोडेसिल बेन्जीन सल्फोनेट
(c) रेजिन
(d) बिथियोनल (बाइथायोनी)

51. पोलीइथाइलीन ग्लाइकोल्स किस प्रकार के अपमार्जक को प्राप्त करने के लिए प्रयोग करते हैं?
(a) धनायनी अपमार्जक (b) ऋणायनी अपमार्जक
(c) आयनिक अपमार्जक (d) साबुन

52. इनमें से कौन-सा बर्तन धोने वाला द्रव अपमार्जक है?
(a) $CH_3(CH_2)_{10}—CH_2OSO_3^-Na^+$
(b) $C_9H_{19}—C_6H_4—O—(CH_2—CH_2—O_5)—CH_2CH_2OH$
(c) $CH_3—C_6H_4—S_3\overset{+}{Na}$
(d) $\left[CH_3—(CH_2)_{15}—\overset{CH_3}{\underset{CH_3}{N}}—CH_3\right]^+ Br^-$

53. कृत्रिम अपमार्जक जो टूथपेस्ट में प्रयोग किया जाता है।
(a) ऋणायनी अपमार्जक
(b) धनायनी अपमार्जक
(c) अनायनिक अपमार्जक
(d) उपरोक्त सभी

54. हेयर शेम्पू किस श्रेणी के कृत्रिम अपमार्जक होते हैं?
(a) ऋणायनी अपमार्जक (b) धनायनी अपमार्जक
(c) अनायनिक अपमार्जक (d) उपरोक्त सभी

उत्तरमाला

1.	(d)	2.	(c)	3.	(a)	4.	(c)	5.	(c)	6.	(b)	7.	(b)	8.	(b)	9.	(d)	10.	(a)
11.	(a)	12.	(c)	13.	(a)	14.	(b)	15.	(c)	16.	(d)	17.	(b)	18.	(a)	19.	(b)	20.	(b)
21.	(b)	22.	(d)	23.	(a)	24.	(b)	25.	(c)	26.	(a)	27.	(d)	28.	(c)	29.	(b)	30.	(c)
31.	(a)	32.	(b)	33.	(c)	34.	(b)	35.	(c)	36.	(d)	37.	(d)	38.	(b)	39.	(d)	40.	(c)
41.	(b)	42.	(b)	43.	(a)	44.	(a)	45.	(b)	46.	(d)	47.	(d)	48.	(d)	49.	(a)	50.	(a)
51.	(d)	52.	(c)	53.	(a)	54.	(b)												

उत्तर व्याख्या सहित

1. (d) पूतिरोधी का प्रयोग जीवित ऊतकों जैसे घाव, कटी हुई स्किन रोगयुक्त स्किन आदि पर किया जाता है। ये प्रतिजैविक की तरह खायी नहीं जाती हैं।

4. (c) कार्बोहाइड्रेट, लिपिड, प्रोटीन्स तथा न्यूक्लिक अम्ल लक्ष्य अणु या लक्ष्य दवाईयाँ होती हैं। औषधियाँ कुछ सामान्य संरचनाएँ रखती है जो लक्ष्यों पर क्रिया करती हैं। जिसके कारण औषधि रसायनज्ञों के लिए औषधियों का वर्गीकरण लक्ष्य अणुओं पर करना लाभदायक होता है।

8. (b) बार्बिट्ल या वेरोनल नींद लाती है अर्थात् मनोभ्रम प्रशान्तक होती है। इनका प्रयोग नींद की गोलियों में किया जाता है तथा ये व्यसन (लत) पैदा करती हैं।

9. (d) जीवाणु स्थापीय औषधियाँ जीवों का विकास रोकती हैं जबकि जीवाणु नाशक औषधियाँ सूक्ष्मजीवों को मारती हैं।

10. (a) हेरोइन प्रशान्तक नहीं है, यह स्वपाक पीड़ाहारी है।

13. (a) 0.2% फीनॉल विलयन का प्रयोग पूतिरोधी के रूप में किया जाता है।

15. (c) सल्फा औषधियाँ सल्फानिल ऐमाइड का उत्पाद होती हैं।

25. (c) प्रजनन सम्बन्धी औषधियाँ में मेस्ट्रानोल ऐस्ट्रोजन एवं नॉरथिनड्रान (प्रोजेस्टेरोन) उत्पाद होते हैं।

26. (a) ऐस्पिरिन के खून में थक्का रोकने का गुण होने के कारण इसका उपयोग हृदयघात के रोकने में किया जाता है।

27. (d) ऑफ्लोक्सिन का प्रयोग पूतिरोधी के रूप में किया जाता है।

36. (d) सुक्रोस का प्रयोग प्राकृतिक मधुरक के रूप में किया जाता है जबकि सूक्रालोस, ऐलिटेम एवं सैकरीन कृत्रिम मधुरक हैं।

37. (d) सैकेरीन चीनी से 110 गुना मीठी है। ऐस्पोर्टेम चीनी से 180 गुना मीठी होती है। सुक्रोलोस 650 गुना अधिक मीठा होता है।

44. (a) धनायनी अपमार्जक चतुष्कीय अमोनियम लवण होते हैं। ये लम्बी ऐल्किल समूह की शृंखला रखते हैं तथा कीटाणुनाशक होते हैं।

50. (d) बिथियोनल को साबुन में मिलाया जाता है जो पूतिरोधी गुण उत्पन्न करता है।

51. (c) पोलीइथाइलीन ग्लाइकॉल अनआयनिक अपमार्जक है। ये अपनी संरचना में कोई आयन नहीं रखते हैं।

52. (b) आयनिक अपमार्जक का प्रयोग द्रव बर्तन धोने वाले अपमार्जकों के रूप में होता है।

53. (a) दन्तमन्जन ऋणायनिक अपमार्जक होता है।

54. (b) केश शेम्पू-धनायनिक अपमार्जक होता है।

मध्य प्रदेश
उच्च माध्यमिक शिक्षक पात्रता परीक्षा (भाग-ब)

प्रैक्टिस पेपर 1

निर्देश

इस प्रश्न-पत्र में कुल 120 वस्तुनिष्ठ प्रकार के प्रश्न हैं तथा प्रत्येक प्रश्न के लिए एक अंक निर्धारित है।

1. 23°C ताप पर 0.1N KCl विलयन की विशिष्ट चालकता का मान $0.012\,\Omega^{-1}$ सेमी$^{-1}$ है। समान ताप पर विलयन 55 ओम (Ω) प्रतिरोध प्रदर्शित करता है, सेल स्थिरांक का मान क्या होगा?

(a) 0.142 सेमी$^{-1}$ (b) 0.66 सेमी$^{-1}$
(c) 0.916 सेमी$^{-1}$ (d) 1.12 सेमी$^{-1}$

2. निम्न में किस बहुलक में ग्लाइकॉल एक महत्त्वपूर्ण अवयव या एकलक इकाई है?

(a) एक्रिलॉन (b) टेफ्लॉन
(c) डेक्रॉन (d) बैकेलाइट

3. निम्न में से किस हैलाइड का जल-अपघटन नहीं होता है?

(a) $SiCl_4$ (b) $SnCl_4$
(c) $PbCl_4$ (d) CCl_4

4. निम्न अभिक्रियाओं को प्रेक्षित करके साम्यावस्था स्थिरांकों में सही सम्बन्ध की पहचान करो

(i) $CO(g) + H_2O(g) \overset{K_1}{\rightleftharpoons} CO_2(g) + H_2(g)$

(ii) $CH_4(g) + H_2O(g) \overset{K_2}{\rightleftharpoons} CO(g) + 3H_2(g)$

(iii) $CH_4(g) + 2H_2O(g) \overset{K_3}{\rightleftharpoons} CO_2(g) + 4H_2(g)$

निम्न में कौन-सा सही है?

(a) $K_3 = K_1/K_2$ (b) $K_3 = K_1^2/K_2^3$
(c) $K_3 = K_1 \cdot K_2$ (d) $K_3 = K_1 \cdot \sqrt{K_2}$

5. बेन्जीन एवं टॉलूईन का आदर्श विलयन 1 वायु दाब तथा 90°C पर उबलता है। 90°C ताप पर बेन्जीन का वाष्प दाब 1022 मिमी Hg तथा टॉलूईन का वाष्पदाब 406 मिमी Hg होता है। विलयन में बेन्जीन का मोल प्रभाज कितना होगा?

(a) 0.284 (b) 0.364
(c) 0.574 (d) 0.475

6. एक ऐल्कोहॉल जिसका अणुसूत्र C_4H_9OH है, जब सान्द्र HCl तथा निर्जलीकृत $ZnCl_2$ के मिश्रण के साथ हिलाया जाता है, तो वह 5 मिनट के बाद तेलीय परत वाला उत्पाद बनाता है। ऐल्कोहॉल का संरचना सूत्र क्या होगा?

(a) $H_3C—(CH_2)_3—OH$ (b) $(CH_3)_2CHCH_2—OH$
(c) $(CH_3)_3C—OH$ (d) $H_3C—CH(OH)CH_2—CH_3$

7. जब 1 ग्राम मैग्नीशियम (परमाणु भार = 24 ग्राम मोल$^{-1}$), 1 ग्राम इण्डियम (In) (परमाणु भार = 114.8 ग्राम मोल$^{-1}$) तथा 1 ग्राम सल्फर (परमाणु भार = 32 ग्राम मोल$^{-1}$) क्रिया करते हैं, तो कितने मोल $MgIn_2S_4$ उत्पादित होगा?

(a) 6.74×10^{-4} (b) 3.1×10^{-2}
(c) 4.17×10^{-2} (d) 4.35×10^{-3}

8. CsCl क्रिस्टल में इकाई सेल की भुजा की लम्बाई 0.4123 नैनोमी है तथा Cl^- की आयनिक त्रिज्या 0.181 नैनोमी है, तो Cs^+ आयन की आयनिक त्रिज्या होगी

(a) 0.176 नैनोमी (b) 0.231 नैनोमी
(c) 0.352 नैनोमी (d) 0.116 नैनोमी

9. प्रथम कोटि अभिक्रिया के लिए T_{av} (औसत आयु), T_{50} (अर्द्ध-आयु) तथा T_{75} को बढ़ते हुए क्रम में व्यवस्थित करने पर प्राप्त होगा

(a) $T_{50} < T_{av} < T_{75}$ (b) $T_{50} < T_{75} < T_{av}$
(c) $T_{av} < T_{50} < T_{75}$ (d) $T_{av} = T_{50} < T_{75}$

10. किस संकुल आयन में केन्द्रीय परमाणु का संकरण d^2sp^3 है?

(a) $[CoF_6]^{3-}$ (b) $[Fe(CN)_6]^{3-}$
(c) $[Co(H_2O)_6]^{2+}$ (d) $[PtCl_4]^{2-}$

11. निम्न में से कौन-सा पदार्थ प्रकाश रासायनिक धूम-कोहरा बनाने के लिए उत्तरदायी नहीं है?

(a) NO (b) O_3
(c) C_xH_y (d) SO_2

12. अभिक्रियाओं की श्रृंखला में 'C' की पहचान कीजिए।

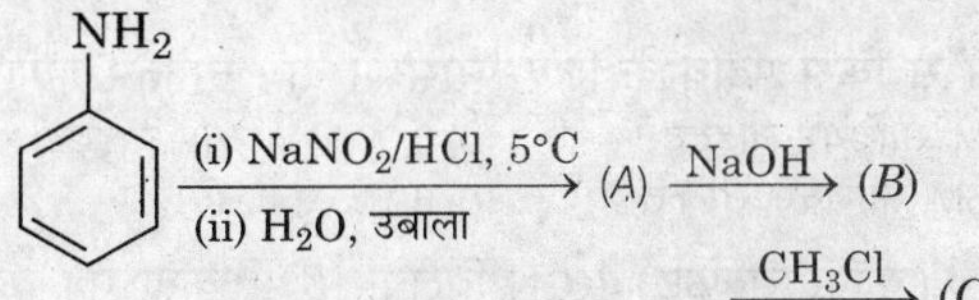

(a) NH—CH$_3$, H$_3$C, CH$_3$, CH$_3$ (b) $N_2^+Cl^-$, H$_3$C, CH$_3$, CH$_3$

(c) OCH$_3$ (d) OCH$_3$, HO, OH, OH

13. 0.0005 मोल $Ca(OH)_2$, प्रबल विद्युत-अपघट्य, को 100 मिली संतृप्त विलयन बनाने के लिए जल में घोला जाता है। विलयन का pH मान होगा

(a) 12 (b) 11.7 (c) 9.78 (d) 3.3

14. समूह III (बोरॉन वर्ग) के तत्वों की +3 तथा +1 अवस्थाओं का स्थायित्व निम्न क्रम में होता है

(a) $Ga^{3+} < In^{3+} < Tl^{3+}$ (b) $Ga^+ > In^+ > Tl^+$

(c) $Ga^+ < In^+ < Tl^+$ (d) $Ga^{3+} < Ga^+$

15. N–N बन्ध के स्थायित्व के बढ़ते क्रम को निम्न स्पीशीज N_2^{2-}, N_2, N_2^+, N_2^- में प्रदर्शित करने वाला सही विकल्प है

(a) $N_2^{2-} > N_2 > N_2^{\ominus} > N_2^{\oplus}$ (b) $N_2 > N_2^{\oplus} = N_2^{\ominus} > N_2^{2-}$

(c) $N_2^{2-} > N_2^{\ominus} = N_2^{\oplus} > N_2$ (d) $N_2^{2-} > N_2 > N_2^{\ominus} = N_2^{\oplus}$

16. बोर सिद्धान्त के अनुसार, एक इलेक्ट्रॉन का 5वीं कक्षा में कोणीय संवेग है

(a) $\frac{25h}{\pi}$ (b) $\frac{1.0h}{\pi}$ (c) $\frac{10h}{\pi}$ (d) $\frac{2.5h}{\pi}$

17. बॉम्ब कैलोरीमीटर में हेप्टेन (C_7H_{16}) के एक ग्राम का ऑक्सीजन की अधिकता में दहन किया जाता है, जिससे कैलोरीमीटर का ताप 290 K से 298 K हो जाता है। यदि ऊष्मा धारिता का मान 7 किलोजूल / K हो, तो हेप्टेन की दहन के ऊष्मा का मान होगा

(a) 5475 किलोजूल/मोल (b) 5234 किलोजूल/मोल

(c) 5400 किलोजूल/मोल (d) 5600 किलोजूल/मोल

18. लैसें संगलन परीक्षण में सल्फर Na_2S में परिवर्तित हो जाता है, Na_2S की पहचान की जा सकती है

(I) $(CH_3COO)_2Pb$ (II) CH_3COOH

(III) $Na_2[Fe(CN)_5NO]$

सही विकल्प है।

(a) I तथा II (b) I तथा III (c) केवल III (d) I, II तथा III

19. निम्न में से किस पदार्थ के लिए परासरण दाब न्यूनतम होगा?

(a) 0.1M सोडियम नाइट्रेट (b) 0.08 M बेरियम नाइट्रेट

(c) 0.06M सोडियम सल्फेट (d) 0.1M सुक्रोस

20. $CuSO_4$ (कॉपर सल्फेट) KCN विलयन (अधिकता में) के साथ क्रिया करके बनाता है

(a) Cu(CN) (b) $Cu(CN)_2$

(c) $K_3[Cu(CN)_4]$ (d) $K_4[Cu(CN)_6]$

21. $A^-(aq) + H_2O(l) \rightleftharpoons HA(aq) + OH^-(aq)$ यदि लवण की सान्द्रता 0.001M तथा $K_a = 1 \times 10^{-6}$ हो, तो अपघटन की मात्रा क्या होगी?

(a) 1×10^{-2} (b) 1×10^{-3}

(c) 5×10^{-4} (d) 1×10^{-6}

22. $(CH_3)_3CCl$ को प्राप्त करने के लिए अभिकारकों का कौन-सा समूह उपयुक्त है?

(a) $(CH_3)_3CBr + HCl$ (b) $(CH_3)_2C = CH_2 + HCl$

(c) $(CH_3)_2C = CH_2 + Cl_2$ (d) $(CH_3)_2CO + CH_3OH$

23. निम्न सेल का विद्युत वाहक बल (emf) कितना होगा?

$$Zn \mid Zn^{2+}(0.004M) \parallel Cd^{2+}(0.2M) \mid Cd$$

यदि $[E^\circ_{(Zn^{2+}/Zn)} = -0.763$ V और

$E^\circ_{(Cd^{2+}/Cd)} = -0.403$ V]

(a) $E = -0.36 + \frac{0.059}{2}\log 2 \times 10^{-2}$

(b) $E = -0.36 - \frac{0.059}{2}\log 50$

(c) $E = +0.36 - \frac{0.059}{2}\log 2 \times 10^{-2}$

(d) $E = -0.36 + \frac{0.059}{2}\log 50$

24. फेरिक हाइड्रॉक्साइड सॉल के स्कन्दन के लिए सबसे प्रभावी विद्युत-अपघट्य कौन-सा होगा?

(a) KBr (b) K_2SO_4

(c) K_2CrO_4 (d) K_3PO_4

25. पोटैशियम थैलेमाइड एक यौगिक *A* के साथ क्रिया करता है तत्पश्चात् जल-अपघटन से *निओ* पेन्टिलऐमीन बनता है, यौगिक *A* है

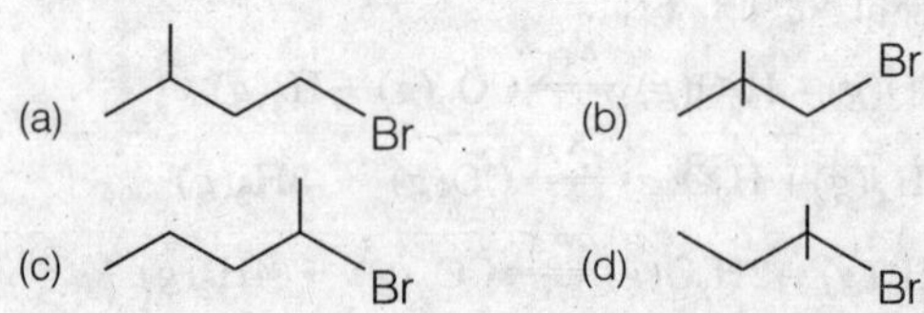

26. *P, Q, R* तथा *S* सभी तत्व एक समूह के हैं। *P* का ऑक्साइड अम्लीय, *Q* तथा *R* के ऑक्साइड उभयधर्मी हैं, जबकि *S* का ऑक्साइड क्षारीय है। निम्न में कौन-सा तत्व सबसे अधिक धनात्मक होगा?

(a) *P* (b) *Q* (c) *R* (d) *S*

27. प्रश्न संख्या-26 के अनुसार निम्न में कौन-से तत्व की जल के साथ क्रियाशीलता सबसे कम होगी?

(a) *P* (b) *Q* (c) *R* (d) *S*

28. निम्न में किस आयन का जलीयकरण सर्वाधिक होगा?

(a) K^+ (b) Cs^+ (c) Mg^{2+} (d) Ba^{2+}

29. ड्यूमा विधि द्वारा किसी कार्बनिक यौगिक के 0.204 ग्राम से 17°C ताप तथा 756 मिमी दाब पर 18.6 मिली नम N_2 प्राप्त हुई। यदि 17°C पर जल का वाष्प-दाब 14.5 मिमी हो, तो यौगिक में नाइट्रोजन की प्रतिशत मात्रा ज्ञात कीजिए।

(a) 47.10% (b) 74.10% (c) 10.47% (d) 10.74%

30. निम्नलिखित यौगिक का आई.यू.पी.ए.सी. नाम है

(बेन्ज़ीन वलय: OH, CN, Br)

(a) 4-ब्रोमो-3-सायनोफीनॉल
(b) 2-ब्रोमो-5-हाइड्रॉक्सीबेन्जोनाइट्राइल
(c) 2-सायनो-4-हाइड्रॉक्सीब्रोमोबेन्जीन
(d) 6-ब्रोमो-3-हाइड्रॉक्सीबेन्जोनाइट्राइल

31. कैल्सियम कार्बोनेट का एक नमूना 80% शुद्ध है। इस नमूने के 25 ग्राम को HCl के आधिक्य से उपचारित किया गया। CO_2 का कितना आयतन NTP पर प्राप्त होगा?

(a) 4.48 ली (b) 5.6 ली (c) 11.2 ली (d) 2.24 ली

32. निम्न में से कौन-सा सही सुमेलित है?

(a) इलेक्ट्रॉन के $n = 2$ से $n = 1$ में : $\frac{3Rh}{4}$ आने पर H-परमाणु का संवेग
(b) फोटॉन का संवेग : प्रकाश की तरंगदैर्ध्य पर निर्भर नहीं करता
(c) ऐनोड किरणों के लिए $\frac{e}{m}$ मान : विसर्जन नलिका में ली गई गैस पर निर्भर नहीं करता
(d) नाभिक की त्रिज्या : $\sqrt{\text{द्रव्यमान संख्या}}$

33. प्रोटीन के कृत्रिमकरण, जैसे—अण्डे का सॉल में परिवर्तित होने पर निम्न परिवर्तन होते हैं

(a) इसमें प्रोटीन की प्राथमिक, द्वितीयक तथा तृतीयक संरचना परिवर्तित हो जाती है
(b) प्रोटीन अणुओं के निरूपण में परिवर्तन होता है
(c) प्रोटीन की एन्ट्रॉपी कम हो जाती है
(d) (b) तथा (c) दोनों

34. चार तत्वों L, P, Q तथा R के इलेक्ट्रॉनिक विन्यास कोष्ठक में दिए गए हैं

$L\ (1s^2, 2s^2 2p^4)$; $Q\ (1s^2, 2s^2 2p^6, 3s^2 3p^5)$

$P\ (1s^2, 2s^2 2p^6, 3s^1)$; $R\ (1s^2, 2s^2 2p^6, 3s^2)$

इन तत्वों के बीच बनने वाले आयनिक यौगिकों के सूत्र होंगे

(a) L_2P, RL, PQ तथा R_2Q (b) LP, RL, PQ तथा RQ
(c) P_2L, RL, PQ तथा RQ_2 (d) LP, R_2L, P_2Q तथा RQ

35. अभिक्रिया क्रम

$X \xrightarrow{Ca(OH)_2} Y \xrightarrow[\text{आसवन}]{\text{शुष्क}}$ ऐसीटोन $\xrightarrow[H_2SO_4]{\text{सान्द्र}} Z; X, Y$ एवं Z हैं

(a) CH_3CHO, ऐल्डोल, फोरॉन
(b) $HCOOH$, $(HCOO)_2Ca$, मेसिटिल ऑक्साइड
(c) CH_3COOH, $(CH_3COO)_2Ca$, मेसिटिलीन
(d) CH_3COOH, $(CH_3COO)_2Ca$, पिनेकॉल

36. STP पर H_2, N_2, O_2 और HBr गैसों के लिए गति का वर्ग माध्य मूल मान निम्न में से किस क्रम में होगा?

(a) $H_2 < N_2 < O_2 < HBr$ (b) $HBr < O_2 < N_2 < H_2$
(c) $H_2 < N_2 = O_2 < HBr$ (d) $HBr < O_2 < H_2 < N_2$

37. एक पदार्थ X जोकि IA समूह के तत्व का यौगिक है, ज्वाला परीक्षण में बैंगनी रंग देता है, तो X है

(a) LiCl (b) NaCl
(c) KCl (d) इनमें से कोई नहीं

38. $CH_3-\overset{O}{\overset{\|}{C}}-OC_2H_5 \xrightarrow{CH_3MgBr} A$,

बना उत्पाद A है

(a) आयोडोफॉर्म परीक्षण देगा
(b) CH_3MgBr / H_3O^+ से पुनः क्रिया कर t-ब्यूटिल ऐल्कोहॉल देता है
(c) 2, 3-डाइमेथिल-2-ब्यूटीन के ओजोनीकरण द्वारा प्राप्त होता है
(d) उपरोक्त सभी कथन सत्य हैं

39. Mn^{2+} को निम्न में से किसके साथ क्रिया कराके Mn^{7+} में परिवर्तित किया जा सकता है?

(a) SO_2 (b) Cl_2 (c) PbO_2 (d) $SnCl_2$

40. $RCH_2CH_2-\underset{CH_3}{\overset{CH_2CH_2R'}{\overset{|}{\underset{|}{\overset{\oplus}{N}}}}}-\overset{\ominus}{O} \xrightarrow{\Delta} RCH = CH_2 + \underset{CH_3}{\overset{CH_2-CH_2R'}{\overset{|}{\underset{|}{N}}}}OH$

यह अभिक्रिया कहलाती है

(a) हॉफमान विलोपन अभिक्रिया (b) कोप विलोपन अभिक्रिया
(c) हॉफमान मस्टर्ड ऑयल अभिक्रिया (d) इनमें से कोई नहीं

41. S_N1 अभिक्रिया के सन्दर्भ में श्रेष्ठ अभिकारक हैं

(a) $CH_3-\underset{O}{\underset{\|}{C}}-CH_2Br$ (b) $(CH_3)_3C-Br$
(c) $CH_3CH_2CH_2Br$ (d) $(CH_3)_2N-CH_2Br$

42. निम्न अम्लों के लिए,

I. हाइपोफॉस्फोरस अम्ल II. ऑर्थोफॉस्फोरस अम्ल
III. कैरो अम्ल IV. ग्लाइसीन

(a) II, I एकक्षारीय, III द्विक्षारीय अम्ल तथा IV उभयधर्मी
(b) II एकक्षारीय, I, III द्विक्षारीय अम्ल तथा IV उभयधर्मी
(c) I एकक्षारीय, II, III द्विक्षारीय अम्ल तथा IV उभयधर्मी
(d) I, II, III द्विक्षारीय अम्ल तथा IV उभयधर्मी

43. निम्न में से किस यौगिक में अम्ल द्वारा प्रारम्भ करके धनायनी योगात्मक बहुलकीकरण अभिक्रिया होती है?

(a) $H_3C-\underset{CH_3}{\underset{|}{\overset{CH_3}{\overset{|}{C}}}}-CH_3$ (b) $CH_3-\overset{CH_3}{\overset{|}{C}}=CH_2$
(c) $CH_3CH=CH_2$ (d) $CH_2=CH_2$

44. Cr $(Z = 24)$, Mn$(Z = 25)$ तथा Fe$(Z = 26)$ के लिए चुम्बकीय आघूर्ण क्रमशः x, y तथा z है, अतः सही विकल्प होगा

(a) $x = y = z$ (b) $x = z < y$
(c) $x < y < z$ (d) $x > y > z$

45. भर्जित कॉपर अयस्क में किस पदार्थ को हटाने के लिए प्रगलन के समय सिलिका मिलाया जाता है?

(a) क्यूप्रस सल्फाइड (b) फैरस ऑक्साइड
(c) फैरस सल्फाइड (d) क्यूप्रस ऑक्साइड

46. ग्लूकोस के तनु जलीय विलयन में आपेक्षिक वाष्प दाब अवनमन 0.018 प्रेक्षित किया जाता है, अत: क्वथनांक में उन्नयन कितना होगा? (यदि 1m यूरिया विलयन 1 वायुमण्डल दाब पर 100.54°C पर उबलता है।)

(a) 0.018°C (b) 0.18°C
(c) 0.54°C (d) 0.03°C

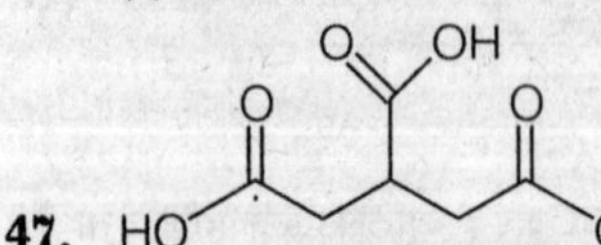

47. यौगिक का आई.यू.पी.ए.सी. नाम है

(a) 2-कार्बोक्सिलिकपेन्टेन-1, 5-डाइओइक अम्ल
(b) प्रोपेन –1, 2, 3– ट्राइकार्बोक्सिलिक अम्ल
(c) *आइसो*-ब्यूटेन –1, 2, 3 – ट्राइकार्बोक्सिलिक अम्ल
(d) ब्यूटेन –1,2,3 – ट्राइकार्बोक्सिलिक अम्ल

48. 25°C पर जब एक चालकता सेल में 0.01M KCl विलयन भरा जाता है, तब इसका प्रतिरोध 160Ω होता है परन्तु इसी सेल में जब 0.005M NaOH भरा जाता है, तो इसका प्रतिरोध 190Ω होता है। यदि KCl विलयन का विशिष्ट प्रतिरोध 700Ω सेमी है, तब NaOH विलयन की विशिष्ट चालकता क्या होगी?

(a) $0.00180\Omega^{-1}$सेमी$^{-1}$ (b) $0.00170\Omega^{-1}$सेमी$^{-1}$
(c) $0.00130\Omega^{-1}$सेमी$^{-1}$ (d) $0.00120\Omega^{-1}$सेमी$^{-1}$

49. प्रतिनिधि तत्वों की तुलना में संक्रमण तत्वों की श्रृंखला में परमाणु त्रिज्या में धीरे-धीरे कमी होती है क्योंकि संक्रमण तत्व कम .... दर्शाते हैं।

(a) परिरक्षण प्रभाव (b) भेदन क्षमता प्रभाव
(c) कॉम्पटन प्रभाव (d) अक्रिय युग्म प्रभाव

50. निम्न यौगिकों की क्षारीयता का सही क्रम दर्शाने वाला उचित विकल्प है।

I. एथिल ऐमीन II. 2-ऐमीनों एथेनॉल III. 3–ऐमीनों-1-प्रोपेनॉल

(a) I > II > III (b) III > I > II
(c) III < I > II (d) I < II < III

51. $CH_3CH_2CH_2CH_3 \xrightarrow[h\nu \text{ नियंत्रित}]{Cl_2} \xrightarrow{Na/\text{ईथर}}$, श्रृंखला में बनने वाला मुख्य उत्पाद है

(a) $CH_3(CH_2)_6CH_3$
(b) $CH_3—CH_2—CH(CH_3)—CH(CH_3)—CH_2—CH_3$
(c) $CH_3—CH(CH_3)—CH_2—CH_2—CH(CH_3)—CH_3$
(d) उपरोक्त में से कोई नहीं

52. एक उभय प्रतिरोधी विलयन में 100 मिली 0.01 M CH_3COOH तथा 200 मिली 0.02 M CH_3COONa है। इसमें 700 मिली जल मिला दिया जाता है, तो तनुता से पूर्व एवं पश्चात् pH के मान क्या होगें यदि $pK_a = 4.74$?

(a) 5.04, 5.04 (b) 5.04, 0.504
(c) 5.34, 0.534 (d) 5.34, 5.34

53. निम्न सान्द्रता सेल में इलेक्ट्रोड ऋणायन के सापेक्ष उत्क्रमणीय है

$Pt\,(Cl_2)\,|Cl^-(C_1)\,||Cl^-(C_2)\,|(Cl_2)\,Pt$
1 बार 1 बार

सेल अभिक्रिया स्वत: होगी यदि

(a) $C_1 > C_2$ (b) $C_1 < C_2$ (c) $C_1 = C_2$ (d) $C_1 = 0$

54. निम्न अभिक्रियाओं के आधार पर क्रमश: A एवं B को निर्धारित करके सही विकल्प का चयन कीजिए

I. $CH_3CH_2CH(OH)—CH_3 \xrightarrow{H^+} A$ मुख्य उत्पाद

II. $CH_3—C(CH_3)_2—CH(OH)CH_3 \xrightarrow{H^+} B$

(a) $CH_3CH=CHCH_3$, $CH_3—C(CH_3)_2—CH=CH_2$
(b) $CH_3CH_2CH=CH_2$, $CH_3—C(CH_3)_2—CH=CH_2$
(c) $CH_3CH=CHCH_3$, $CH_3—C(CH_3)=C(CH_3)—CH_3$
(d) $CH_3CH_2CH=CH_2$, $CH_3—C(CH_3)=C(CH_3)—CH_3$

55. निम्न संकुल आयन का सही आई.यू.पी.ए.सी. नाम क्या होगा?

$[Co(en)_2Cl(ONO)]^+$

(a) कोबाल्ट डाइएथिलीनडाइऐमीनक्लोरो नाइट्रेट
(b) क्लोरिडोडाइएथिलडाइऐमीन नाइट्रीटो-O-कोबाल्ट (III)
(c) क्लोरिडोबिस (एथिलीनडाइऐमीन) नाइट्रीटो-O-कोबाल्टेट (III)
(d) क्लोरिडोबिस (एथिलीनडाइएमीन) नाइट्रीटो-O-कोबाल्ट (III)

56. निम्न में कौन-सा कथन Li के व्यवहार में प्रथम समूह से असमानता नहीं दर्शाता है?

(a) Li का गलनांक एवं क्वथनांक उच्च होता है
(b) Li, Li_3N बनाता है
(c) Li प्रथम समूह के तत्वों की तुलना में ज्यादा नर्म (soft) होता है
(d) $LiNO_3$ अपघटन पर अपना ऑक्साइड बनाता है।

57. एक अभिक्रिया $A \to B$ के लिए, $\Delta H = -10$ किलोजूल/मोल तथा $E_a = 50$ किलोजूल/मोल, तब अभिक्रिया $B \to A$ के लिए सक्रियण ऊर्जा का मान क्या होगा?

(a) 40 किलोजूल/मोल (b) 50 किलोजूल/मोल
(c) –50 किलोजूल/मोल (d) 60 किलोजूल/मोल

58. $NaAlH_4$ एक एस्टर को HCHO तथा $(CH_3)_2CHOH$ में अपचयित कर देता है। एस्टर का संरचना सूत्र है

(a) $HCOOCH(CH_3)_2$ (b) $(CH_3)_2CHCOOCH_3$
(c) $HCOOCH_2CH_2CH_3$ (d) $CH_3CH_2COOCH_3$

59. निम्न सेल अभिक्रिया के लिए,

$Pb(s) + Hg_2SO_4(s) \rightleftharpoons PbSO_4(s) + 2Hg(l)$

$E^{\circ}_{सेल} = 0.92\ V; K_{sp}(PbSO_4) = 2\times10^{-8}, K_{sp}(Hg_2SO_4)=1\times10^{-6}$

$E_{सेल}$ होगा

(a) 0.92 V (b) 0.89 V (c) 1.04 V (d) 0.95 V

60. न्यूक्लिक अम्ल में पुनरावर्त्तित होने वाली इकाई है

(a) मोनोसैकेराइड (b) ऐमीनो अम्ल (c) न्यूक्लिओटाइड (d) न्यूक्लिओसाइड

61. किसी धातु ऑक्साइड को उच्च ताप पर कार्बन की अधिकता के साथ अपचयित करने पर शुद्ध धातु बनाने की विधि को निम्न में किस विकल्प में दिये ऑक्साइड युग्म पर भी प्रयोग में लाया जा सकता है?

(a) BeO तथा Al_2O_3 (b) ZnO तथा Fe_2O_3
(c) CaC_2 तथा Cr_2O_3 (d) BaO तथा U_3O_8

62. यूरिया के एक जलीय विलयन में क्वथनांक में उन्नयन 0.52°C है $k_b = 0.52$ कैल्विन मोल$^{-1}$ किग्रा)। अत: विलयन में यूरिया का मोल प्रभाज है

(a) 0.982 (b) 0.0567 (c) 0.943 (d) 0.018

63. निम्न में से किस विलयन का pH मान लगभग 1.0 होता है?

(a) $\frac{M}{10}$HCl के 100 मिली + $\frac{M}{10}$NaOH के 100 मिली

(b) $\frac{M}{10}$HCl के 55 मिली + $\frac{M}{10}$NaOH के 45 मिली

(c) $\frac{M}{10}$HCl के 10 मिली + $\frac{M}{10}$NaOH के 90 मिली

(d) $\frac{M}{5}$HCl के 75 मिली + $\frac{M}{5}$NaOH के 25 मिली

64. जब एक सीसा संचायक बैटरी अन-आवेशित (discharge) होती है, तो

(a) SO_2 निकलती है (b) लेड बनता है
(c) लेड सल्फेट प्रयुक्त होता है (d) सल्फ्यूरिक अम्ल प्रयुक्त होता है

65. निम्न में से किसमें, 298 K पर यौगिक के प्रति मोल अनुचुम्बकीय गुण की मात्रा सबसे कम होगी?

(a) $MnSO_4 \cdot 4H_2O$ (b) $CuSO_4 \cdot 5H_2O$
(c) $FeSO_4 \cdot 6H_2O$ (d) $NiSO_4 \cdot 6H_2O$

66. FeS_2 को जब वायु में जलाया जाता है, तो यह Fe_2O_3 में परिवर्तित हो जाता है। इस प्रक्रिया में लोहे के भार में कितने प्रतिशत परिवर्तन आया? (Fe = 56u)

(a) 23% वृद्धि (b) 12% वृद्धि (c) 17% वृद्धि (d) 23% कमी

67. निम्न में से द्रवों का कौन-सा युग्म एक पायस (emulsion) बनाता है?

(a) H_2O तथा C_2H_5OH (b) C_2H_5OH तथा $C_2H_5OC_2H_5$
(c) जल तथा नारियल तेल (d) नारियल तेल तथा NaOH

68.

CH_3 (ऊपर), H (ऊपर बाएँ), CH_3 (ऊपर दाएँ), H (नीचे बाएँ), H (नीचे दाएँ), H (नीचे)

यदि पश्च कार्बन परमाणु को 60° से दाईं ओर घुमाया जाता है, तो प्राप्त संरूपण कहलाता है

(a) गॉश (b) आंशिक ग्रसित
(c) पूर्ण ग्रसित (d) *ऐन्टी या विपक्ष*

69. HBr और HI सल्फ्यूरिक अम्ल को अपचयति करते हैं, HCl, $KMnO_4$ को अपचयित कर सकता है और HF निम्न में से किसे अपचयित कर सकता है?

(a) H_2SO_4 को (b) $KMnO_4$ को
(c) $K_2Cr_2O_7$ को (d) इनमें से कोई नहीं

70. ECl_3 प्रकार के यौगिकों में (जहाँ E = B, P, As या Bi है) अलग-अलग E के लिए Cl—E—Cl कोण किस क्रम में होंगे?

(a) B > P = As = Bi (b) B > P > As > Bi
(c) B< P = As = Bi (d) B< P< As< Bi

71. एक द्रव-स्नेही सॉल की स्वर्ण संख्या इस प्रकार का गुण है, कि इसका

(a) जितना अधिक इसका मान होता है उतनी ही अधिक पेप्टीकरण क्षमता होती है

(b) जितना कम मान होता, उतनी ही अधिक पेप्टीकरण क्षमता होती है

(c) जितना कम मान होता है, उतनी ही अधिक रक्षण क्षमता होती है

(d) जितना अधिक मान होता है, उतनी ही अधिक रक्षण क्षमता होती है

72. अभिक्रिया, $2N_2O_5 \longrightarrow 2N_2O_4 + O_2$ वेग नियम, वेग $= k\,[N_2O_5]^x$ का पालन करती है, जिसमें एक निश्चित ताप पर विशिष्ट वेग नियतांक 0.00840 से$^{-1}$ है। यदि इस ताप पर N_2O_5 के 2.50 मोल एक 5 ली के फ्लास्क में रखे गए हैं, तो 1.00 मिनट के पश्चात् N_2O_5 के कितने मोल रह जाएँगे?

(a) 9.13 मोल (b) 11.39 मोल (c) 0.913 मोल (d) 1.139 मोल

73. ऐसीटिलीनिक हाइड्रोजन परमाणु अम्लीय होते हैं क्योंकि

(a) ऐसीटिलीन में C—H बन्ध का सिग्मा इलेक्ट्रॉन घनत्व कार्बन परमाणु के अधिक निकट होता है चूँकि कार्बन परमाणु में 50% *s* लक्षण होता है

(b) ऐसीटिलीन में प्रत्येक कार्बन परमाणु पर केवल एक हाइड्रोजन परमाणु उपस्थित होता है

(c) 2 कार्बन वाले हाइड्रोकार्बनों में ऐसीटिलीन में सबसे कम हाइड्रोजन परमाणु हैं

(d) ऐसीटिलीन C_nH_{2n-2} अणुसूत्र वाली ऐल्काइन श्रेणी का सदस्य है

74. 298 K पर, किसी अभिक्रिया हेतु एन्थैल्पी परिवर्तन $-x$ कैलोरी मोल$^{-1}$ है। यदि 298 K पर अभिक्रिया सतत् होती है, तो इस ताप पर एन्ट्रॉपी परिवर्तन का मान

(a) ऋणात्मक हो सकता है, परन्तु संख्यात्मक रूप से $\frac{x}{298}$ कैलोरी मोल$^{-1}$ से कम होगा

(b) ऋणात्मक हो सकता है, परन्तु संख्यात्मक रूप से $\frac{x}{298}$ कैलोरी मोल$^{-1}$ से अधिक होगा

(c) ऋणात्मक नहीं हो सकता है

(d) धनात्मक नहीं हो सकता है

75. एक चिकित्सक pH = 3.58 वाला ऐसा बफर विलयन बनाना चाहता है जोकि बफरिंग ऐजेण्ट के कम मात्रा में उपस्थित होने पर भी pH के परिवर्तन को दक्षता से रोकता है। निम्न में से कौन-सा दुर्बल अम्ल और उसका सोडियम लवण उपयोग के लिए सर्वोत्तम रहेगा?

(a) *m*- क्लोरोबेन्जोइक अम्ल (pK_a = 3.98)

(b) *p*- क्लोरोसिनेमिक अम्ल (pK_a = 4.41)

(c) 2, 5- डाइहाइड्रॉक्सी बेन्जोइक अम्ल (pK_a = 2.97)

(d) ऐसीटोऐसीटिक अम्ल (pK_a = 3.58)

76. ईथर के विलियमसन संश्लेषण में तृतीयक ऐल्किल हैलाइडों का प्रयोग नहीं किया जा सकता है क्योंकि

(a) अभिक्रिया उत्क्रमणीय हो जाती है

(b) वे क्रियाशील नहीं होते हैं

(c) हैलोजन परमाणु के साथ-साथ हाइड्रोजन परमाणु भी निकलता है जिससे ऐल्कीन बनती है

(d) हैलोजन परमाणु का निष्कासन कठिन होता है

77. $CH_3CN \xrightarrow{H_2O/H^+} A \xrightarrow[\Delta]{CaO} B \xrightarrow{Ph_3P{=\!=}CHCH_3} C$; C है

(a) $(CH_3)_2C=CH—CH_3$ (b) $C_2H_5CO—CH_2—CH_3$

(c) $CH_3—C(CH_3)=C(CH_3)—CH_3$ (d) $CH_3—C(C_2H_5)=C(C_2H_5)—CH_3$

78. ग्लूकोस, फीनॉल और पोटैशियम क्लोराइड के 0.01 मोलर विलयन जल में बनाए गए, उनके विलयनों के क्वथनांकों का क्रम होगा

(a) ग्लूकोस विलयन = फीनॉल विलयन = पोटैशियम क्लोराइड विलयन

(b) पोटैशियम क्लोराइड विलयन > ग्लूकोस विलयन > फीनॉल विलयन

(c) फीनॉल विलयन > पोटैशियम क्लोराइड विलयन > ग्लूकोस विलयन

(d) पोटैशियम क्लोराइड विलयन > फीनॉल विलयन > ग्लूकोस विलयन

79. निम्नांकित में से हॉर्मोन हैं

I. इन्सुलिन II. थाइरॉक्सिन III. ऐड्रिनेलीन IV. फॉर्मेलीन

नीचे दिए गए कोड में से सही उत्तर चुनिए

(a) I एवं IV (b) II एवं III

(c) I, II, III एवं IV (d) I, II एवं III

80. $Br—C_6H_4—NO_2$ (p-) + $C_6H_5—C\equiv C^-Na^+$ $\xrightarrow{D}$ $\xrightarrow{Hg^{2+}/H_3O^+/\Delta}$ उत्पाद है

(a) $Br—C_6H_4—C\equiv C—C_6H_4—NO_2$

(b) $Br—C_6H_4—C\equiv C—C_6H_4—OH$

(c) $O_2N—C_6H_4—CH_2—CO—C_6H_5$

(d) $C_6H_3(NO_2)(Br)—CH_2—CO—C_6H_5$

81. STP पर 16 ग्राम आदर्श गैस SO_x का आयतन 5.6 लीटर है। गैस के लिए x का मान क्या होगा?

(a) 1 (b) 2 (c) 3 (d) 4

82. 27°C ताप पर दो समान आयतन वाले अलग-अलग पात्रों में 1 ग्राम हाइड्रोजन तथा 112 ग्राम नाइट्रोजन को भरा जाता है। यदि हाइड्रोजन गैस का दाब 1 वायुमण्डल हो, तो नाइट्रोजन का दाब कितना होगा?

(a) 12 वायुमण्डल (b) 4 वायुमण्डल

(c) 8 वायुमण्डल (d) 16 वायुमण्डल

83. एक कार्बनिक यौगिक 'A' टॉलेन अभिकर्मक तथा फेहलिंग विलयन को अपचयित कर सकता है। यह मर्क्यूरिक क्लोराइड को अपचयित करके काला अवक्षेप बनाता है तथा अम्लीकृत $KMnO_4$ को रंगहीन बना देता है। यौगिक 'A' है

(a) HCOOH (b) $CH\equiv CH$ (c) CH_3CHO (d) $CH_2=CH_2$

84. 0.004 M Na_2SO_4 विलयन, 0.01M ग्लूकोस विलयन के साथ समपरासरी है। Na_2SO_4 के वियोजन की मात्रा है

(a) 75% (b) 50% (c) 25% (d) 85%

85. यदि हाइड्रोजन परमाणु की लाइमन श्रेणी के लिए लघुत्तम तरंगदैर्ध्य x है तो He^+ की बामर श्रेणी के लिए दीर्घतम तरंगदैर्ध्य होगी

(a) $9x/5$ (b) $36x/5$ (c) $x/4$ (d) $5x/9$

86. निम्न में से किस विकल्प में यौगिकों और तत्वों के गुणधर्म का सही क्रम नहीं है?

(a) $NH_3 < PH_3 < AsH_3$ (अम्लीय गुण)

(b) $Ni^{2+} < Co^{2+} < Fe^{2+} < Mn^{2+}$ (अयुग्मित इलेक्ट्रॉन)

(c) $Al_2O_3 < MgO < Na_2O < K_2O$ (क्षारीय प्रकृति)

(d) $Li < Be < B < C$ (IE_1)

87. वाण्डरवाल्स समीकरण का शुद्ध निरूपण है

(a) $pV = RT$ (b) $\left(p+\frac{a}{V^2}\right)(V-b)=RT$

(c) $\left(p-\frac{a}{V^2}\right)(V+b)=RT$ (d) $pV=\frac{1}{2}mnu^2$

88. समुद्री जल में क्लोरीन की सान्द्रता 19 ग्राम/किग्रा होती है। यदि पृथ्वी पर महासागरों का आयतन 1.4×10^{21} ली हो, तो क्लोरीन के कितने ग्राम परमाणु समुद्र में विद्यमान होंगे, यदि समुद्री जल का घनत्व 1 ग्राम/मिली है?

(a) 1.4×10^{24} (b) 2.7×10^{22} (c) 4.5×10^{21} (d) 7.6×10^{20}

89. निम्न में से कौन-सा प्रबलतम अम्ल है?

(a) $C_5H_{10}\overset{+}{N}H_2$ (b) $\overset{+}{N}H_4$

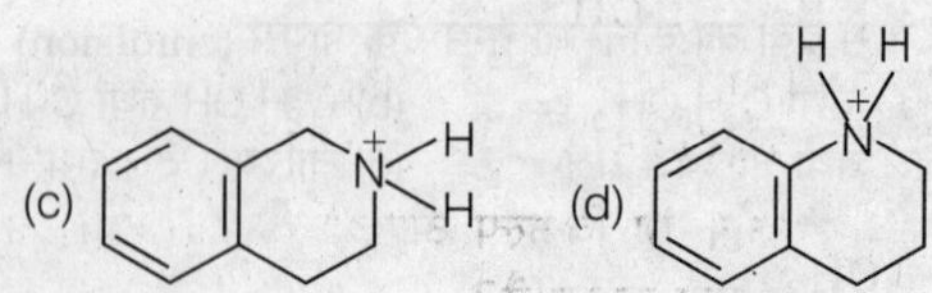

90. 'A', जिसकी सान्द्रता 0.1 M है, अपघटित होकर 'X' देता है। यह प्रथम कोटि की प्रक्रिया है जिसमें दर स्थिरांक 6.93×10^{-2} मिनट$^{-1}$ है। अभिकारक 'A' उत्प्रेरक की उपस्थिति में द्वितीय कोटि क्रिया के अनुरूप उत्पाद 'Y' बनाता है जहाँ दर स्थिरांक 0.2 मिनट$^{-1}$ मोलर$^{-1}$ होता है। यदि दोनों का अर्द्ध-आयु काल 10 मिनट हो, तो 'A' की प्रारम्भिक सान्द्रता है

(a) 0.01 M (b) 5.0 M (c) 10 M (d) 0.5 M

91. 4.5 ग्राम PCl_5 को 252°C पर पूर्णतः वाष्पीकृत किया जाता है जो 1वायुमण्डल दाब पर 1700 मिली आयतन घेरती है। वियोजन की मात्रा क्या होगी $[V_\infty = 104.175]$?

(a) 60% (b) 22% (c) 83% (d) 30%

92. E-1-क्लोरो-2-मेथिलसाइक्लोहेक्सेन $\xrightarrow[\text{E2}]{\text{ऐल्को. KOH}}$ उत्पाद, उत्पाद क्या होगा?

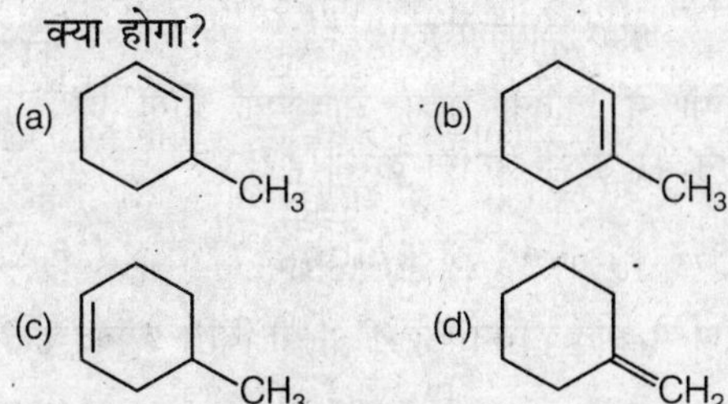

93. निम्न में से कौन-सा कथन असत्य है?

(a) आयोडीन की वाण्डरवाल्स त्रिज्या उसकी सहसंयोजक त्रिज्या से अधिक होती है।

(b) सभी समइलेक्ट्रॉनिक आयन आवर्त सारणी में एक ही आवर्त में होते हैं।

(c) N की प्रथम आयनन एन्थैल्पी O से अधिक होती है।

(d) N की इलेक्ट्रॉन लब्धि एन्थैल्पी शून्य एवं फॉस्फोरस (P) के लिए 74.3 किलोजूल $मोल^{-1}$ होती है।

94. 25° ताप पर $Ca(OH)_2$ का विलेयता गुणनफल 4.42×10^{-5} होता है। $Ca(OH)_2$ के एक संतृप्त विलयन के 500 मिली को जब समान आयतन वाले 0.4 M NaOH के साथ मिलाया जाता है तो बनने वाले $Ca(OH)_2$ अवक्षेप की मात्रा (मिग्रा में) कितनी होगी?

(a) 0.0223 (b) 0.01115 (c) 0.010045 (d) 0.001105

95. हैलोजन के लिए धनात्मक बैलिस्टाइन (Beilstein's) परीक्षण प्रदर्शित करता है

(a) एक हैलोजन निश्चित रूप से विद्यमान है

(b) एक हैलोजन उपस्थित हो सकता है

(c) एक हैलोजन उपस्थित नहीं है (d) इनमें से कोई नहीं

96. निम्न अभिक्रिया में बनने वाली मुख्य ऐल्कीन A के ओजोनी अपघटन से बनने वाले उत्पाद/उत्पादों की पहचान कीजिए

$$CH_3 - \underset{^+N(CH_3)_3\,OH^-}{CH}CH_2CH_3 \xrightarrow{\Delta} A \xrightarrow{O_3/H_2O_2} \text{उत्पाद}$$

(a) केवल एथेनल (b) मेथेनल तथा प्रोपेनल

(c) मेथेनल एवं ऐसीटोन (d) केवल ऐसीटोन

97. निम्न में से कौन-सा विकल्प अणुओं के स्थायित्व को तुलनात्मक रूप से सही प्रकट करता है?

(a) $CN < O_2^+$ (b) $CN = N_2$ (c) $N_2 < O_2$ (d) $H_2^+ > He_2^+$

98. $(CH_3)_2C{=}O \xrightarrow{HCN} \xrightarrow[\text{(ii) पेरॉक्साइड}]{\text{(i) } CH_3OH/H_2SO_4}$ उत्पाद

शृंखला में बनने वाला उत्पाद होगा

(a) पॉलीएक्रिलेट (Polyacrylate)

(b) पॉलीमेथिल मेथएक्रिलेट (PMMA)

(c) लेटेक्स (Latex)

(d) परस्पेक्स (Perspex)

99. जब एक तन्त्र को एक अवस्था A से अवस्था B में ACB पथ के अनुरूप परिवर्तित किया जाता है तब 80 जूल ऊष्मा तन्त्र के अन्दर बहती है तथा इसके लिए तन्त्र 30 जूल का कार्य करता है।

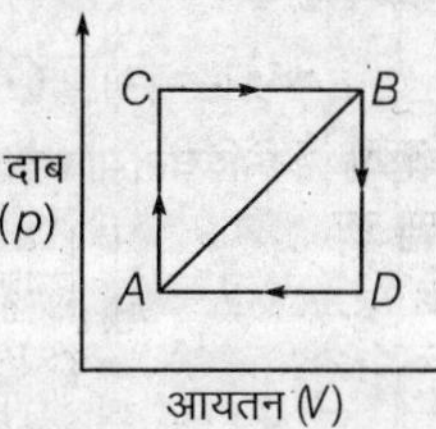

यदि 10 जूल कार्य किया जाये तो पथ ADB के अनुरूप कितनी ऊर्जा तन्त्र में प्रवाहित कर अवस्था परिवर्तन किया जाता है?

(a) 80 जूल (b) – 50 जूल (c) 50 जूल (d) 60 जूल

100. जब तन्त्र B से A पर वक्र पथ के अनुरूप लौटता है तब 20 जूल कार्य तन्त्र पर किया जाता है तन्त्र ऊष्मा अवशोषित करेगा या उत्सर्जित तथा ऊष्मा का मान क्या होगा?

(a) तन्त्र ऊष्मा उत्सर्जित करेगा, – 70 जूल

(b) तन्त्र ऊष्मा अवशोषित करेगा, 70 जूल

(c) तन्त्र ऊष्मा अवशोषित करेगा, 90 जूल

(d) तन्त्र ऊष्मा उत्सर्जित करेगा, – 90 जूल

101. द्रव्य वह है जो ...A... घेरता है तथा ...B...रखता है। यहाँ A तथा B हैं

(a) घनत्व तथा भार (b) आयतन तथा भार

(c) स्थान तथा भार (d) इनमें से कोई नहीं

102. निम्न में से कौन-सा वक्र फ्रैंडलिच अधिशोषण समताप के अनुसार है?

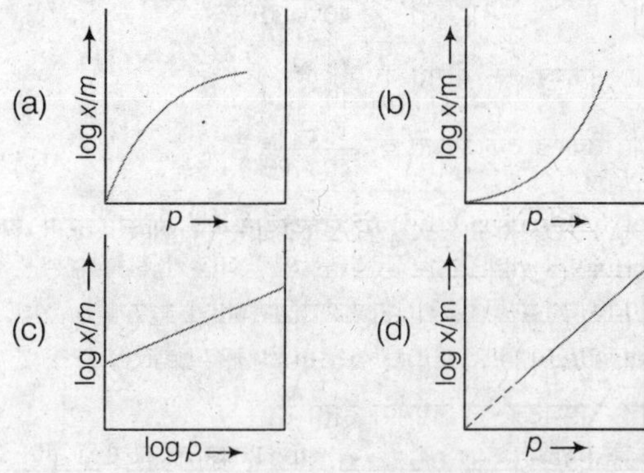

103. अत्यन्त निम्न दाब पर निम्न में से कौन-सा वक्र बॉयल वक्र है?

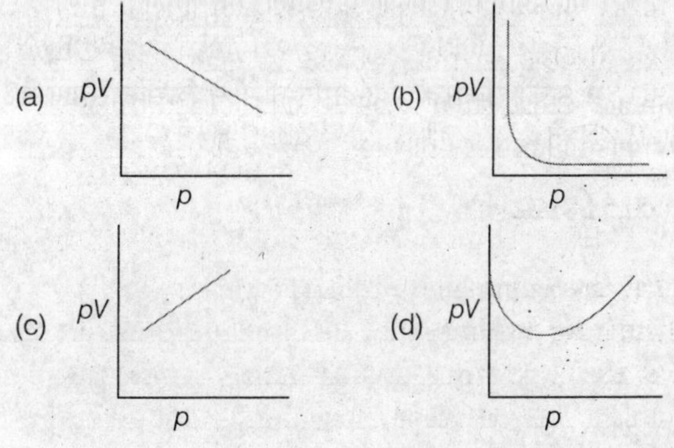

104. 450 केल्विन पर निम्न अभिक्रिया के लिए साम्यावस्था पर है $K_p = 2.0 \times 10^{10}$ /बार है $2SO_2(g) + O_2(g) \rightleftharpoons 2SO_3(g)$ है। इस ताप पर K_c का मान है

(a) 7.38×10^{11} (b) 5.24×10^{10}
(c) 5.41×10^{8} (d) 2.67×10^{7}

105. द्विगंशी क्वाण्टम संख्या के निश्चित मान के लिए, चुम्बकीय क्वाण्टम संख्या के कुल मान हैं

(a) $l = \frac{m+1}{2}$ (b) $l = \frac{m-1}{2}$
(c) $l = \frac{2m+1}{2}$ (d) $m = \frac{2l+1}{2}$

106. जिंक तथा तनु HCl की अभिक्रिया में बनी हाइड्रोजन के आयतन तथा समय के मध्य ग्राफ चित्र में दिया गया है। इसके आधार पर सही विकल्प पर निशान लगाइए।

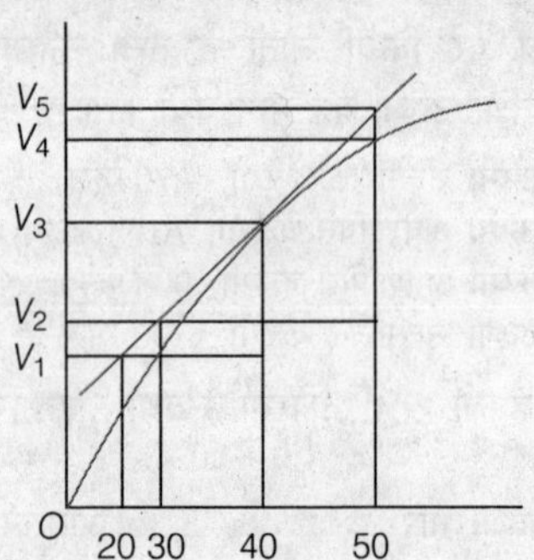

(a) 40 सेकण्ड तक औसत दर $\frac{V_3 - V_2}{40}$ है

(b) 40 सेकण्ड तक औसत दर $\frac{V_3 - V_2}{40 - 30}$ है

(c) 40 सेकण्ड तक औसत दर $\frac{V_3}{40}$ है

(d) 40 सेकण्ड तक औसत दर $\frac{V_3 - V_1}{40 - 20}$ है

107. $HIO_4, I^{-3}O_5$; तथा H_5IO_6 में आयोडीन की ऑक्सीकरण अवस्थाएँ क्रमश: हैं

(a) +1, + 3, + 7 (b) +7, + 7, + 3
(c) +7, + 7, + 7 (d) +7, + 5, + 3

108. विद्युत-अपघटन का उपयोग होता है।

(a) विद्युत शोधन में (b) विद्युत लोपन में
(c) दोनों (a) तथा (b) में (d) इनमें से कोई नहीं

109. 10% (भार/आयतन) ऐसीटिक अम्ल की नॉर्मलता है

(a) 1 N (b) 1.3 N (c) 1.7 N (d) 1.9 N

110. SO_3 में S की संकरित अवस्था निम्न में से किसके समान है?

(a) C_2H_2 में C (b) C_2H_4 में C
(c) CH_4 में C (d) CO_2 में C

111. निम्न क्रमांक वाले तत्व (9, 17, 35, 53, 85) होंगे

(a) हैलोजन
(b) अक्रिय गैसें
(c) भारी धातु तत्व
(d) हल्के धातु तत्व

112. निम्न समीकरण में मेथेन की दहन की ऊष्मा दी गई है।

$$CH_4(g) + 2O_2(g) \longrightarrow CO_2(g) + 2H_2O(l);$$

$$\Delta H = -\ 890.3 \text{ किलोजूल}$$

मेथेन की ग्रामों में कितनी मात्रा आवश्यक होगी जो 445.15 किलोजूल दहन की ऊष्मा उत्पन्न करती है?

(a) 4 ग्राम (b) 8 ग्राम
(c) 12 ग्राम (d) 16 ग्राम

113. निम्न समीकरण में धातु शोधन की कौन-सी विधि प्रयुक्त होती है?

$$\underset{\text{अशुद्ध}}{Ti} + 2I_2 \xrightarrow{500\ K} TiI_4 \xrightarrow{1675\ K} \underset{\text{शुद्ध}}{Ti} + 2I_2$$

(a) खर्परण
(b) दण्ड विलोडन
(c) वॉन अर्कल विधि
(d) क्षेत्र परिष्करण

114. निम्नलिखित में से कौन-सा सही है?

(a) ड्यूरैलुमिन : Al + Cu + Mg + Ag
(b) जर्मन सिल्वर : Cu + Zn + C
(c) गन मैटल : Cu + Zn + Sn
(d) सोल्डर : Pb + Al

115.

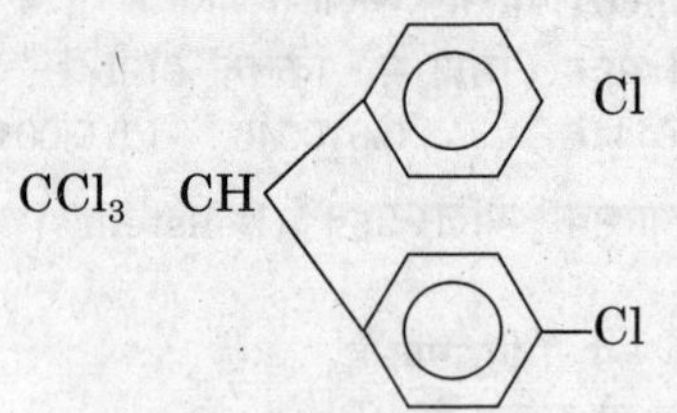

का आई. यू. पी. ए. सी. नाम है

(a) गैमेक्सीन
(b) डाइक्लोरो डाइफेनिल ट्राइक्लोरोएथेन
(c) डाइपैराक्लोरोफेनिलट्राइक्लोरोएथेन
(d) 1,1,1-ट्राइक्लोरो 2-,2-*बिस*-(4-क्लोरो फेनिल) एथेन

116. निम्न से ऐरोमैटिक यौगिक की पहचान करो?

(a) 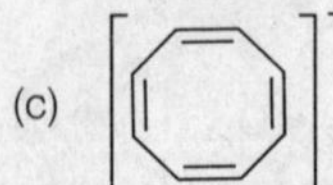

(b) 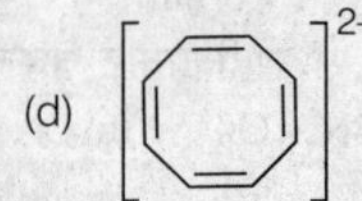

(c) $[\ \ ]^{-}$

(d) $[\ \ ]^{2-}$

117. यौगिक $CH_3CH = CHC(Br)(CH_3)_2$ में — Br की स्थिति को वर्गीकृत कर सकते हैं

(a) ऐलिल
(b) ऐरिल
(c) विनाइल
(d) द्वितीयक

118. (साइक्लोब्यूटेन वलय से जुड़ा C(OH) — C(OH)(CH_3)CH_3) $\xrightarrow{\text{सान्द्र } H_2SO_4} A$,

उत्पाद A है

(a) (साइक्लोब्यूटिल—O—CH(CH_3)$_2$)
(b) (साइक्लोपेन्टिलिडीन=C(CH_3)$_2$)
(c) (साइक्लोब्यूटेन, CH_3 तथा $COCH_3$ युक्त)
(d) (साइक्लोपेन्टेनोन, दो CH_3 युक्त)

119. इनमें से कौन-सा प्राथमिक ऐमीन हैं?

(a) (NH_2 युक्त नैफ्थैलीन)
(b) ($N(CH_3)_2$ युक्त नैफ्थैलीन)
(c) $(C_2H_5)CHNH_2$
(d) $(C_2H_5)_2NH$

120. $\left[-CH_2-\overset{CH_3}{\underset{CH_3}{C}}-CH_2-\overset{CH_3}{\underset{CH_3}{C}}- \right]_n$ एक बहुलक है, जिसमें एकलक इकाई है

(a) (आइसोब्यूटिलीन)
(b) (प्रोपीन)
(c) H—CH=CH—H
(d) (टेट्रामेथिलएथिलीन)

उत्तरमाला

1.	(b)	2.	(c)	3.	(d)	4.	(c)	5.	(c)	6.	(d)	7.	(d)	8.	(a)	9.	(a)	10.	(b)
11.	(d)	12.	(c)	13.	(a)	14.	(c)	15.	(b)	16.	(d)	17.	(d)	18.	(d)	19.	(d)	20.	(c)
21.	(a)	22.	(b)	23.	(c)	24.	(d)	25.	(b)	26.	(d)	27.	(a)	28.	(c)	29.	(c)	30.	(b)
31.	(a)	32.	(a)	33.	(b)	34.	(c)	35.	(c)	36.	(b)	37.	(c)	38.	(d)	39.	(c)	40.	(b)
41.	(d)	42.	(c)	43.	(b)	44.	(d)	45.	(b)	46.	(c)	47.	(b)	48.	(d)	49.	(a)	50.	(c)
51.	(b)	52.	(d)	53.	(a)	54.	(c)	55.	(d)	56.	(c)	57.	(d)	58.	(a)	59.	(d)	60.	(c)
61.	(b)	62.	(d)	63.	(d)	64.	(d)	65.	(b)	66.	(a)	67.	(c)	68.	(b)	69.	(d)	70.	(b)
71.	(c)	72.	(b)	73.	(a)	74.	(a)	75.	(d)	76.	(c)	77.	(a)	78.	(d)	79.	(d)	80.	(c)
81.	(b)	82.	(c)	83.	(a)	84.	(a)	85.	(a)	86.	(d)	87.	(b)	88.	(d)	89.	(d)	90.	(d)
91.	(c)	92.	(a)	93.	(b)	94.	(c)	95.	(b)	96.	(b)	97.	(d)	98.	(b)	99.	(d)	100	(a)
101.	(c)	102.	(c)	103.	(d)	104.	(a)	105.	(b)	106.	(c)	107.	(c)	108.	(c)	109.	(c)	110.	(b)
111.	(a)	112.	(b)	113.	(c)	114.	(c)	115.	(d)	116.	(d)	117.	(a)	118.	(d)	119.	(b)	120.	(a)

मध्य प्रदेश उच्च माध्यमिक शिक्षक पात्रता परीक्षा (भाग-ब)

प्रैक्टिस पेपर 2

निर्देश

इस प्रश्न-पत्र में कुल 120 वस्तुनिष्ठ प्रकार के प्रश्न हैं तथा प्रत्येक प्रश्न के लिए एक अंक निर्धारित है।

1. एक बक्से में लाल रंग की कुछ एकसमान गेंदें हैं, जो A नामांकित हैं, प्रत्येक का भार 2 ग्राम है। दूसरे बक्से में एक समान नीली गेंदे हैं, जो B नामांकित हैं, प्रत्येक का भार 5 ग्राम है। संयोजन AB, AB_2, A_2B एवं A_2B हैं। इन संयोजनों को ध्यान में रखते हुए बताइए कि कौन-सा नियम लागू होता है?

(a) स्थिर अनुपात का नियम (b) गुणित अनुपात का नियम
(c) द्रव्यमान संरक्षण का नियम (d) इनमें से कोई नहीं

2. नाइट्रोजन ऑक्साइड के लिए स्थिर अनुपात का नियम लागू नहीं होता है क्योंकि

(a) नाइट्रोजन का परमाणु भार स्थिर नहीं है
(b) नाइट्रोजन का अणुभार परिवर्ती है
(c) नाइट्रोजन का तुल्यांकी भर परिवर्ती है
(d) ऑक्सीजन का परमाणु भार परिवर्ती है

3. एक 400 मिग्रा आयरन कैप्सूल फेरस फ्यूमरेट $(CHCOO)_2Fe$ के 100 मिग्रा रखता है। इसमें उपस्थित आयरन की लगभग प्रतिशतता है

(a) 33% (b) 25% (c) 14% (d) 8%

4. एक लीटर जल में अणुओं की संख्या है

(a) 18 (b) 18×1000 (c) N_A (d) $55.55 N_a$

5. हीमोग्लोबिन भारात्मक रूप से आयरन के 0.33% रखता है। हीमोग्लोबिन का अणुभार लगभग 67200 है। हीमोग्लोबिन के प्रत्येक अणु में उपस्थित आयरन परमाणुओं की संख्या है (Fe का परमाणु भार = 56)

(a) 6 (b) 1 (c) 4 (d) 2

6. यदि C-12 तथा C-14 का समस्थानिक वितरण क्रमश: 98% तथा 2% है तब 12 ग्राम कार्बन में C-14 परमाणुओं की संख्या है

(a) 1.032×10^{22} (b) 3.01×10^{22}
(c) 5.88×10^{23} (d) 6.023×10^{23}

7. मानक परिस्थितियों में वायु के एक लीटर में जिसमें ऑक्सीजन आयतन का 21% ऑक्सीजन के मोलों की संख्या है

(a) 0.186 मोल (b) 0.21 मोल (c) 2.10 मोल (d) 0.0093 मोल

8. Z परमाणु भार के एक तत्व के दो समस्थानिक हैं। भारी समस्थानिक का परमाणु भार $Z + 2$ तथा हल्के समस्थानिक का $Z - 1$ है। हल्के समस्थानिक की उपलब्धता है

(a) 66.6% (b) 96.7% (c) 6.67% (d) 33.3%

9. निम्नलिखित में से कौन-सा कथन इंगित करता है कि गुणित अनुपात के नियम का अनुसरण हो रहा है?

(a) किसी भी स्रोत से प्राप्त की गई कार्बन डाइऑक्साइड में कार्बन और ऑक्सीजन की मात्रा 1:2 के अनुपात में होगी
(b) कार्बन के कार्बन डाइऑक्साइड और कार्बन मोनॉक्साइड नामक दो ऑक्साइड बनते हैं जिनमें कार्बन की निश्चित मात्रा से संयोग करने वाली ऑक्सीजन की मात्रा 2:1 के साधारण अनुपात में होती है
(c) जब मैग्नीशियम ऑक्सीजन में जलता है तो अभिक्रिया के लिए मैग्नीशियम की मात्रा प्राप्त हुए मैग्नीशियम ऑक्साइड में मैग्नीशियम की मात्रा के बराबर होती है
(d) निश्चित ताप और दाब 200 मिली हाइड्रोजन 100 मिली ऑक्सीजन के साथ संयोग करके 200 मिली जल वाष्प बनाएगी।

10. एक धातु जिसका तुल्यांकी भार 28 है, की एक निश्चित मात्रा एक अम्ल से मा ता दा पर H_2 के 0.7 ली विस्थापित करती है। अत: तत्व का द्रव्यमान है

(a) 1.75 ग्राम (b) 0.875 ग्राम (c) 3.50 ग्राम (d) 7.00 ग्राम

11. नाली साफ करने वाले ड्रेनेक्स में सूक्ष्म मात्रा में ऐलुमिनियम होता है। यह कास्टिक सोड़ा से क्रिया कर डाइहाड्रोजन गैस देता है। 1 बार तथा 20° C ताप पर 0.15 ग्राम ऐलुमिनियम अभिक्रिया करेगा तो निर्मित डाइहाइड्रोजन का आयतन क्या होगा?

(a) 22400 मिली (b) 203 मिली (c) 0.203 मिली (d) 1120 मिली

12. यह ग्राम 1 मोल गैस वाले निकाय की विभिन्न अवस्थाओं को प्रदर्शित करता है। जब यह C से A की ओर गति करता है तो निकाय में कौन-सा प्रक्रम होता है?

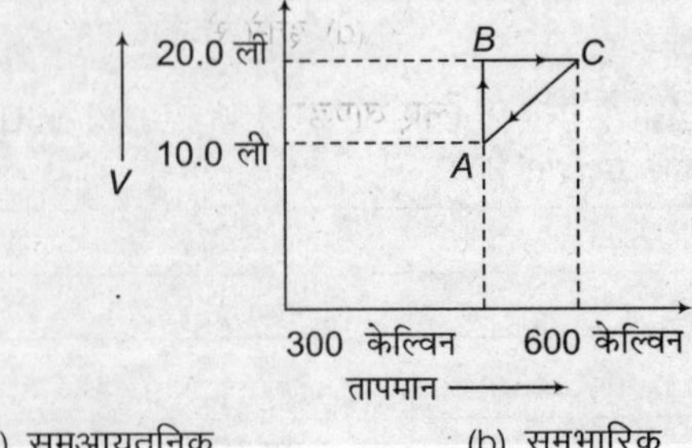

(a) समआयतनिक (b) समभारिक
(c) समतापी (d) चक्रीय

13.

गैस	CO	CH_4	HCl	SO_2
क्रान्तिक ताप T_c(K)	134	190	324	430

क्रान्तिक ताप के दिए गए मानों के अनुसार, द्रवीकरण का अधिकतम मान प्राप्त होगा

(a) SO_2 का (b) HCl का
(c) CH_4 का (d) CO का

14. यदि 1 लीटर धारिता के दो पात्रों में समान ताप पर, 1 ग्राम H_2 तथा 1 ग्राम CH_4 ली जाए तो इनके लिए

(a) $V_{\text{वर्ग माध्य मूल}}$ मान समान होगें
(b) प्रति मोल गतिज ऊर्जा समान होगी
(c) कुल गतिज ऊर्जा समान होगी
(d) दाब समान होगा

15. निम्न आयतन (V) ताप (T) वक्रों में कौन-सा वक्र एक वायुमण्डलीय दाब पर आदर्श गैस के एक मोल के व्यवहार को प्रदर्शित करता है?

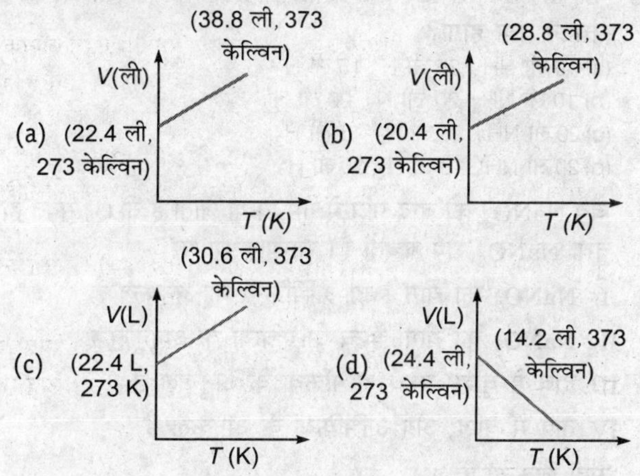

16. ताप, जिस पर 1.00 वायुमण्डलीय दाब वाली नाइट्रोजन का वर्ग माध्य मूल वेग सा. ता. दा. पर कार्बन डाई ऑक्साइड के समान होगा, है

(a) 0°C (b) 27°C (c) −99°C (d) −200°C

17. N_2 तथा CO दोनों के अणुभार 28 है। यदि 27°C तथा 700 मिमी दाब पर 0.5 लीटर N_2 के n अणु है तो समान परिस्थितियों में 1.0 लीटर CO में अणुओं की संख्या है

(a) $\frac{n}{2}$ (b) n
(c) $2n$ (d) इनमें से कोई नहीं

18. X, Y, Z, P तथा Q गैसों के लिए वाण्डरवाल्स नियतांक (CGS) पद्धति में निम्न प्रकार प्रदर्शित हैं

	X	Y	Z	P	Q
a	6	6	20	0.05	30
b	0.025	0.15	0.1	0.02	0.2

उच्चतम क्रान्तिक ताप वाली गैस है

(a) P (b) Q
(c) Y (d) X

19. गैसों की अभिलाक्षणिक क्रान्तिक ताप कणों के मध्य अन्तराण्विक बलों के परिणाम पर निर्भर करता है। कुछ गैसों के क्रान्तिक ताप निम्न प्रकार हैं

गैसें	H_2	He	O_2	N_2
क्रान्तिक ताप (केल्विन)	33.2	5.3	154.3	126

उपरोक्त आँकड़ों के आधार पर इन गैसों के द्रवण का क्रम क्या होगा? क्रम लिखने के लिए सर्वप्रथम द्रवित होने वाली गैस से प्रारम्भ करें।

(a) H_2, He, O_2, N_2 (b) He, O_2, H_2, N_2
(c) N_2, O_2, He, H_2 (d) O_2, N_2, H_2, He

20. गुब्बारे के भार तथा विस्थापित वायु के भार के अन्तर को पेलोड कहते हैं यदि 27°C पर 10 मी त्रिज्या वाले गुब्बारे में 1.66 बार पर 100 किग्रा हीलियम भरी जाए तो पेलोड की गणना कीजिए। (वायु का घनत्व = 1.2 ग्राम मी$^{-3}$ तथा R = 0.083 बार डेसी^{3} मोल$^{-1}$)

(a) 1117.6 किग्रा (b) 1217.46 किग्रा
(c) 5028.57 किग्रा (d) 3811.11 किग्रा

21. कुछ धातुओं का कार्यफलन (ϕ) नीचे सूचीबद्ध है। जब इन धातुओं पर 300 नैनोमी तरंगदैर्ध्य का प्रकाश पड़ता है तो प्रकाश वैद्युत प्रभाव दर्शाने वाली धातुओं की संख्या है

धातु	Li	Na	K	Mg	Cu	Ag	Fe	Pt	W
ϕ (eV)	2.4	2.3	2.2	3.7	4.8	4.3	4.7	6.3	4.75

(a) 2 (b) 4 (c) 6 (d) 8

22. हाइड्रोजन के परमाणवीय स्पेक्ट्रम में कौन-सा संक्रमण He^{2+} स्पेक्ट्रम के $n = 4$ से $n = 2$ संक्रमण के समान तरंगदैर्ध्य उत्सर्जित करता है?

(a) $n = 4$ से $n = 3$ (b) $n = 3$ से $n = 2$
(c) $n = 2$ से $n = 1$ (d) $n = 2$ से $n = 1$

23. निम्नलिखित में कौन-सा आरेख, दृश्य क्षेत्र में परमाणवीय हाइड्रोजन के रेखीय स्पेक्ट्रम को सर्वोत्तम रूप से प्रस्तुत करता है?

24. ऑक्साइड आयन की इलेक्ट्रॉनिक विन्यास निम्न में से किसके विन्यास के समान है?
(a) सल्फाइड आयन (b) नाइट्राइड आयन
(c) ऑक्सीजन परमाणु (d) नाइट्रोजन परमाणु

25. 60 वॉट के एकवर्णी प्रकाश स्रोत से प्रति सेकण्ड उत्सर्जित होने वाले फोटॉनों की संख्या है ($h = 6.63 \times 10^{-34}$ जूल से)
(a) 4×10^{-20} (b) 1.54×10^{20}
(c) 3×10^{-20} (d) 2×10^{20}

26. चार तत्वों L, P, Q तथा R के इलेक्ट्रॉनिक विन्यास निम्न हैं $L\,(1s^2, 2s^2, 2p^4), P(1s^2, 2s^2, 2p^6, 3s^1)$, $Q(1s^2, 2s^2, 2p^6, 3s^2, 3p^5)$, $R(1s^2, 2s^2, 2p^6, 3s^2)$ इन तत्वों के बीच सम्भव आयनिक यौगिको के सूत्र हैं
(a) L_2P, RL, PQ व R_2Q (b) LP, RL, PQ व RQ
(c) P_2L, RL, PQ व RQ_2 (d) LP, R_2L, P_2Q, व RQ

27. दिये गये युग्मों में से कौन CO_2 से समानता प्रदर्शित करता है?
(a) $HgCl_2, C_2H_2$ (b) C_2H_2, NO_2
(c) $HgCl_2, SnCl_4$ (d) N_2O, NO_2

28. निम्नलिखित में से किसका द्विध्रुव आघूर्ण अधिकतम है?
(a) NCl_3 (b) NBr_3
(c) NH_3 (d) NI_3

29. हाल ही में, कार्बन सबऑक्साइड (C_3O_3) को शुक्र ग्रह (venus) के वायुमण्डल के अवयव के रूप में देखा गया है। निम्न में से कौन-सी संरचना कार्बन सबऑक्साइड की सामान्य अवस्था लुईस संरचना को प्रदर्शित करती है?
(a) :O:C::C:C:O: (b) :O::C::C:C::O:
(c) :Ö::C::C::C::Ö: (d) :O:C:C:C:O:

30. निम्न में से किसमें सबसे क्षीण C—O आबन्ध है?
(a) CO (b) CO_2
(c) CO_3^{2-} (d) CH_3COO^-

31. एक एकपरमाण्विक आदर्श गैस के एक अणु का T ताप व निश्चित बाह्य दाब 1 वायुमण्डल पर रुद्धोष्म परिवर्तन द्वारा आयतन 1 ली से 2 ली कर दिया जाता है, तो अन्तिम ताप केल्विन में होगा
(a) $\frac{T}{2^{(2/3)}}$ (b) $T + \frac{2}{3 \times 0.0821}$
(c) T (d) $T - \frac{2}{3 \times 0.0821}$

32. यदि जल के क्वथनांक पर 900 जूल प्रति ग्राम ऊष्मा का परिवर्तन होता है, तो ऐन्ट्रॉपी में वृद्धि होगी
(a) 43.4 जूल प्रति मोल (b) 87.2 जूल प्रति मोल
(c) 900 जूल प्रति मोल (d) शून्य

33. 10°C पर स्थित एक मोल जल से – 10.0°C पर बर्फ के निर्माण के लिए ऐन्थैल्पी परिवर्तन ज्ञात करो?

0°C पर $\Delta_{\text{गलन}} H = 6.03$ किलोजूल मोल$^{-1}$

$C_p[H_2O(l)] = 75.3$ जूल मोल$^{-1}$ केल्विन$^{-1}$

$C_p[H_2O(s)] = 36.8$ जूल मोल$^{-1}$ केल्विन$^{-1}$

(a) – 753 किलोजूल मोल$^{-1}$ (b) – 368 किलोजूल मोल$^{-1}$
(c) – 7.151 किलोजूल मोल$^{-1}$ (d) – 6.03 किलोजूल मोल$^{-1}$

34. दिया है, $dE = TdS - pdV$ तथा $H = E + pV$ इनमें से कौन-सा सम्बन्ध सत्य है?
(a) $dH = Tds + Vdp$ (b) $dH = SdT + Vdp$
(c) $dH = -SdT - Vdp$ (d) $dH = dE - pdV$

35. निम्न अभिक्रियाओं के लिये मुक्त ऊर्जा परिवर्तन निम्न प्रकार है

$$C_2H_2(g) + \frac{5}{2}O_2(g) \longrightarrow 2CO_2(g) + H_2O(l); \quad \Delta G^\circ = -1234 \text{ किलोजूल}$$

$$C(s) + O_2(g) \longrightarrow CO_2(g); \quad \Delta G^\circ = -394 \text{ किलोजूल}$$

$$H_2(g) + \frac{1}{2}O_2(g) \longrightarrow H_2O(l); \quad \Delta G^\circ = -237 \text{ किलोजूल}$$

निम्न अभिक्रिया के लिये मानक मुक्त ऊर्जा परिवर्तन ज्ञात कीजिए।

$$H_2(g) + 2C(s) \longrightarrow C_2H_2(g)$$

(a) – 209 किलोजूल (b) – 2259 किलोजूल
(c) + 2259 किलोजूल (d) 209 किलोजूल

36. हैबर प्रक्रम में 30 ली डाइहाइड्रोजन तथा 30 ली डाइनाइट्रोजन अभिक्रिया हेतु लिए गए जिन्होंने सम्भावित उत्पाद का केवल 50% बनाया। अन्त में उपरोक्त दशाओं के अन्तर्गत गैसीय मिश्रण का संघटन क्या होगा?
(a) 10 ली NH_3, 25 ली N_2, 15 ली H_2
(b) 10 ली NH_3, 20 ली N_2, 20 ली H_2
(c) 20 ली NH_3, 25 ली N_2, 15 ली H_2
(d) 20 ली NH_3, 10 ली N_2, 30 ली H_2

37. जब $NaNO_3$ को बन्द पात्र में गर्म किया जाता है तो O_2 मुक्त होती है तथा $NaNO_2$ शेष बचता है। साम्यावस्था पर,
I. $NaNO_2$ का योग, अग्र अभिक्रिया के अनुकूल है
II. $NaNO_2$ का योग, पश्च अभिक्रिया के अनुकूल है
III. दाब में वृद्धि, पश्च अभिक्रिया के अनुकूल है
IV. ताप में वृद्धि, अग्र अभिक्रिया के अनुकूल है

सही विकल्प है
(a) I, II, III (b) II, III, IV (c) I, III, IV (d) I, II, III, IV

38. ऐसीटिल सैलिसिक अम्ल (ऐस्प्रीन) का pK_a मान 3.5 है। मानव उदर में जठर रस की pH लगभग 2-3 है तथा छोटी आँत में pH लगभग 8 है। ऐस्पीन
(a) छोटी आँत तथा उदर में अनआयनित रहेगी
(b) छोटी आँत तथा उदर में पूर्णतया आयनित होगी
(c) उदर में आयनित होगी तथा छोटी आँत में लगभग अनआयनित रहेगी
(d) छोटी आँत में आयनित रहेगी तथा उदर में लगभग अनआयनित रहेगा

39. निम्नलिखित के समान आयतनों को मिलाने पर AgCl का अवक्षेप प्राप्त होगा [AgCl के लिए $K_{sp} = 10^{-10}$]
(a) 10^{-4} M $AgNO_3$ तथा 10^{-7} M HCl
(b) 10^{-5} M $AgNO_3$ तथा 10^{-6} M HCl
(c) 10^{-5} M $AgNO_3$ तथा 10^{-4} M HCl
(d) 10^{-6} M $AgNO_3$ तथा 10^{-6} M HCl

40. अमोनियम हाइड्रॉक्साइड को डेसीमोलर विलयन 1.3% तक आयनित किया गया। यदि $\log 1.3 = 0.11$ तो विलयन की pH क्या होगी?
(a) 11.11 (b) 9.11
(c) 8.11 (d) ज्ञात नहीं कर सकते

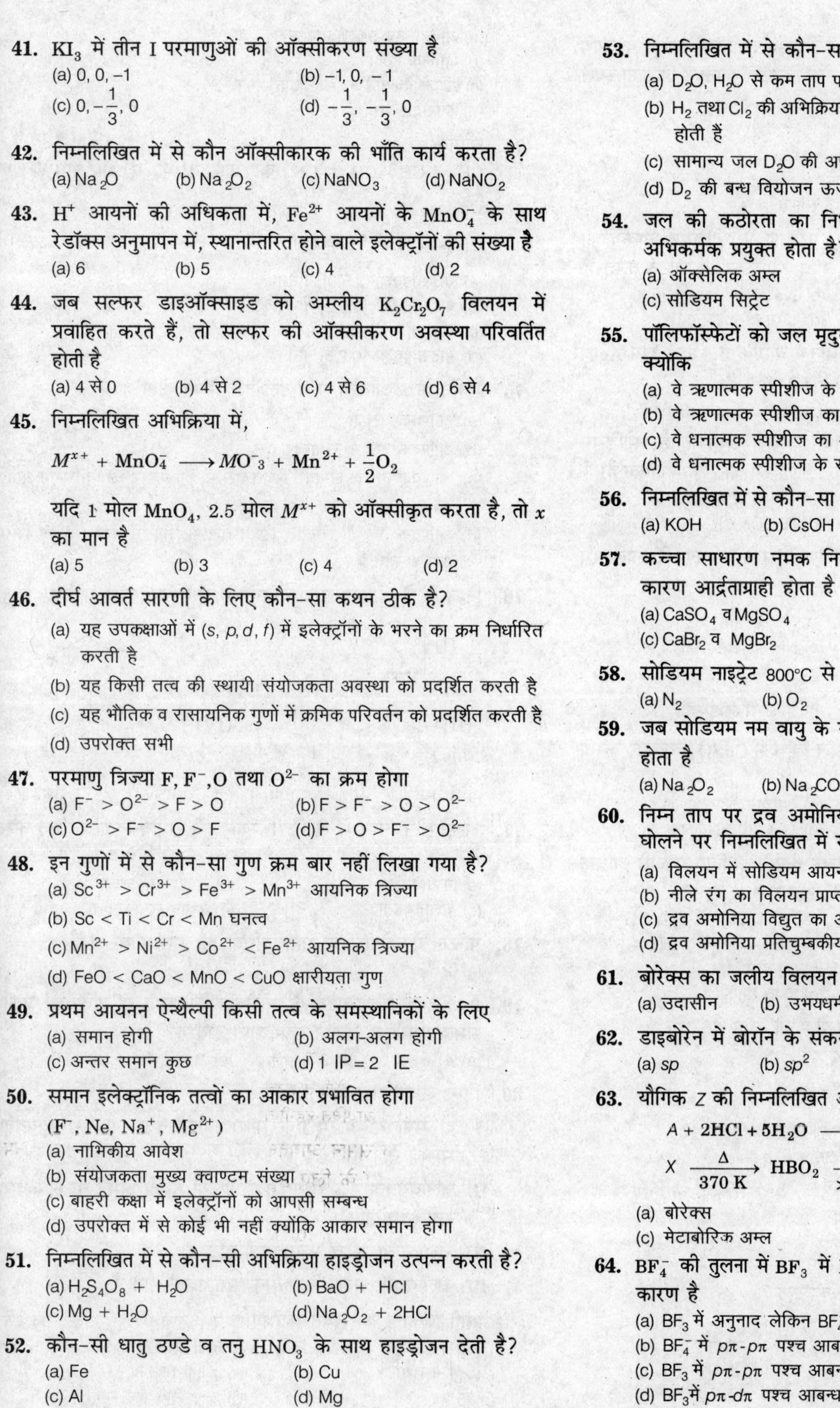

41. KI_3 में तीन I परमाणुओं की ऑक्सीकरण संख्या है
(a) 0, 0, –1 (b) –1, 0, –1
(c) $0, -\frac{1}{3}, 0$ (d) $-\frac{1}{3}, -\frac{1}{3}, 0$

42. निम्नलिखित में से कौन ऑक्सीकारक की भाँति कार्य करता है?
(a) Na_2O (b) Na_2O_2 (c) $NaNO_3$ (d) $NaNO_2$

43. H^+ आयनों की अधिकता में, Fe^{2+} आयनों के MnO_4^- के साथ रेडॉक्स अनुमापन में, स्थानान्तरित होने वाले इलेक्ट्रॉनों की संख्या है
(a) 6 (b) 5 (c) 4 (d) 2

44. जब सल्फर डाइऑक्साइड को अम्लीय $K_2Cr_2O_7$ विलयन में प्रवाहित करते हैं, तो सल्फर की ऑक्सीकरण अवस्था परिवर्तित होती है
(a) 4 से 0 (b) 4 से 2 (c) 4 से 6 (d) 6 से 4

45. निम्नलिखित अभिक्रिया में,

$$M^{x+} + MnO_4^- \longrightarrow MO^-_3 + Mn^{2+} + \frac{1}{2}O_2$$

यदि 1 मोल MnO_4, 2.5 मोल M^{x+} को ऑक्सीकृत करता है, तो x का मान है
(a) 5 (b) 3 (c) 4 (d) 2

46. दीर्घ आवर्त सारणी के लिए कौन-सा कथन ठीक है?
(a) यह उपकक्षाओं में (*s*, *p*, *d*, *f*) में इलेक्ट्रॉनों के भरने का क्रम निर्धारित करती है
(b) यह किसी तत्व की स्थायी संयोजकता अवस्था को प्रदर्शित करती है
(c) यह भौतिक व रासायनिक गुणों में क्रमिक परिवर्तन को प्रदर्शित करती है
(d) उपरोक्त सभी

47. परमाणु त्रिज्या F, F^-, O तथा O^{2-} का क्रम होगा
(a) $F^- > O^{2-} > F > O$ (b) $F > F^- > O > O^{2-}$
(c) $O^{2-} > F^- > O > F$ (d) $F > O > F^- > O^{2-}$

48. इन गुणों में से कौन-सा गुण क्रम बार नहीं लिखा गया है?
(a) $Sc^{3+} > Cr^{3+} > Fe^{3+} > Mn^{3+}$ आयनिक त्रिज्या
(b) Sc < Ti < Cr < Mn घनत्व
(c) $Mn^{2+} > Ni^{2+} > Co^{2+} < Fe^{2+}$ आयनिक त्रिज्या
(d) FeO < CaO < MnO < CuO क्षारीयता गुण

49. प्रथम आयनन ऐन्थैल्पी किसी तत्व के समस्थानिकों के लिए
(a) समान होगी (b) अलग-अलग होगी
(c) अन्तर समान कुछ (d) 1 IP = 2 IE

50. समान इलेक्ट्रॉनिक तत्वों का आकार प्रभावित होगा
(F^-, Ne, Na^+, Mg^{2+})
(a) नाभिकीय आवेश
(b) संयोजकता मुख्य क्वाण्टम संख्या
(c) बाहरी कक्षा में इलेक्ट्रॉनों को आपसी सम्बन्ध
(d) उपरोक्त में से कोई भी नहीं क्योंकि आकार समान होगा

51. निम्नलिखित में से कौन-सी अभिक्रिया हाइड्रोजन उत्पन्न करती है?
(a) $H_2S_4O_8$ + H_2O (b) BaO + HCl
(c) Mg + H_2O (d) Na_2O_2 + 2HCl

52. कौन-सी धातु ठण्डे व तनु HNO_3 के साथ हाइड्रोजन देती है?
(a) Fe (b) Cu
(c) Al (d) Mg

53. निम्नलिखित में से कौन-सा सत्य नहीं हैं?
(a) D_2O, H_2O से कम ताप पर जमता है
(b) H_2 तथा Cl_2 की अभिक्रिया D_2 तथा Cl_2 की अभिक्रिया से अत्यधिक तीव्र होती हैं
(c) सामान्य जल D_2O की अपेक्षा तीव्रता से विद्युत अपघटित होता है
(d) D_2 की बन्ध वियोजन ऊर्जा H_2 से अधिक है

54. जल की कठोरता का निर्धारण अनुमापन से करने में कौन-सा अभिकर्मक प्रयुक्त होता है?
(a) ऑक्सेलिक अम्ल (b) सोडियम थायोसल्फेट
(c) सोडियम सिट्रेट (d) EDTA का डाइसोडियम लवण

55. पॉलिफॉस्फेटों को जल मृदुकारक के रूप में प्रयुक्त किया जाता है, क्योंकि
(a) वे ऋणात्मक स्पीशीज के साथ विलेय संकर बनाते हैं
(b) वे ऋणात्मक स्पीशीज का अवक्षेपण कर देते हैं
(c) वे धनात्मक स्पीशीज का अवक्षेण कर देते हैं
(d) वे धनात्मक स्पीशीज के साथ विलेय संकर बनाते हैं

56. निम्नलिखित में से कौन-सा अधिकतम् विलेयता गुणनफल रखता है?
(a) KOH (b) CsOH (c) LiOH (d) RbOH

57. कच्चा साधारण नमक निम्नलिखित अशुद्धियों की उपस्थिति के कारण आर्द्रताग्राही होता है
(a) $CaSO_4$ व $MgSO_4$ (b) $CaCl_2$ व $MgCl_2$
(c) $CaBr_2$ व $MgBr_2$ (d) $Ca(HCO_3)_2$ व $Mg(HCO_3)_2$

58. सोडियम नाइट्रेट 800°C से ऊपर अपघटित होकर देता है
(a) N_2 (b) O_2 (c) NO_2 (d) Na_2O

59. जब सोडियम नम वायु के साथ गर्म किया जाता है तो प्राप्त उत्पाद होता है
(a) Na_2O_2 (b) Na_2CO_3 (c) NaOH (d) Na_2O

60. निम्न ताप पर द्रव अमोनिया में सोडियम धातु की सामान्य मात्रा घोलने पर निम्नलिखित में से कौन-सा/सी नहीं होता है?
(a) विलयन में सोडियम आयन बनते हैं
(b) नीले रंग का विलयन प्राप्त होता है
(c) द्रव अमोनिया विद्युत का अच्छा चालक हो जाता है
(d) द्रव अमोनिया प्रतिचुम्बकीय ही रहता है

61. बोरेक्स का जलीय विलयन है
(a) उदासीन (b) उभयधर्मी (c) क्षारीय (d) अम्लीय

62. डाइबोरेन में बोरॉन के संकरण का प्रकार है
(a) *sp* (b) sp^2 (c) sp^3 (d) dsp^2

63. यौगिक *Z* की निम्नलिखित अभिक्रिया अनुक्रम में पहचान कीजिए।

$$A + 2HCl + 5H_2O \longrightarrow 2NaCl + X$$

$$X \xrightarrow[370\text{ K}]{\Delta} HBO_2 \xrightarrow[>370\text{ K}]{\Delta} Z$$

(a) बोरेक्स (b) आर्थोबोरिक अम्ल
(c) मेटाबोरिक अम्ल (d) बोरॉन ट्राइऑक्साइड

64. BF_4^- की तुलना में BF_3 में B—F बन्ध की लम्बाई कम है, इसका कारण है
(a) BF_3 में अनुनाद लेकिन BF_4^- में नहीं
(b) BF_4^- में $p\pi$-$p\pi$ पश्च आबन्धन लेकिन BF_3 में नहीं
(c) BF_3 में $p\pi$-$p\pi$ पश्च आबन्धन लेकिन BF_4^- में नहीं
(d) BF_3 में $p\pi$-$d\pi$ पश्च आबन्धन लेकिन BF_4^- में नहीं

65. जब बोरेक्स के जलीय विलयन को हाइड्रोक्लोरिक अम्लों के साथ ऑक्सीकृत करते हैं, एक सफेद ठोस क्रिस्टल बनता है जिसका स्पर्श साबुन जैसा है। ठोस की प्रकृति है
(a) अम्लीय
(b) क्षारीय
(c) उदासीन
(d) विलायक की प्रकृति पर निर्भर करता है

66. हैलोजनों के परीक्षण के $AgNO_3$ परीक्षण में, सोडियम निष्कर्ष को सान्द्र HNO_3 की कुछ बूदों के साथ उबालकर अपघटित करते हैं
(a) NaCN (b) Na_2S
(c) दोनों (a) तथा (b) (d) इनमें से कोई नहीं

67. केरियस विधि में, 0.99 ग्राम कार्बनिक यौगिक ने 0.287 ग्राम AgCl दिया, यौगिक में क्लोरीन की प्रतिशत मात्रा है।
(a) 28.6 (b) 71.7 (c) 35.4 (d) 64.2

68. कार्बनिक यौगिक, जिसमें N तथा S दोनों उपस्थित है, सोडियम निष्कर्ष में $FeCl_3$ मिलाने पर उत्पन्न लाल रंग का संकर यौगिक है।
(a) $[Fe(CN)_6]^{4-}$ (b) $[Fe(CNS)]^{2+}$
(c) $[Fe(CNS)_2]^{+}$ (d) $[Fe(CN)_6]^{3-}$

69. निम्न में कौन-सा कार्बनिक यौगिक लैसग्ने परीक्षण में लाल रंग देगा?
(a) NaCN (b) $NH_2—\overset{\overset{S}{||}}{C}—NH_2$
(c) $NH_2—\overset{\overset{O}{||}}{C}—NH_2$ (d) इनमें से कोई नहीं

70. नाइट्रोजन के आकलन को जेल्डॉल विधि में $CuSO_4$ व्यवहार करता है
(a) ऑक्सीकारक पदार्थ का (b) अपचायक पदार्थ का
(c) उत्प्रेरक का (d) जल अघटन कारक का

71. नीचे दिये गये यौगिकों में से किसमें कार्बन के लिए एक से अधिक प्रकार के संकरण (sp, sp^2, sp^3) होते हैं?
(1) $CH_3CH_2CH_2CH_3$ (2) CH_3CH $CH—CH_3$
(3) CH_2 CH CH CH_2 (4) $H—C≡C$ H
(a) (2) तथा (4) (b) (1) तथा (4)
(c) (2) तथा (3) (d) केवल (2)

72. निम्नलिखित यौगिक का आई.यू.पी.ए.सी. नाम है

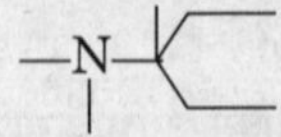

(a) N,N-डाइमेथिल-3-मेथिलपेन्टेन-3-ऐमीन
(b) 3-N,N-डाइमेथिल-3-मेथिलपेन्टामीन
(c) 3-मेथिल-3-N,N-डाइमेथिलपेन्टेन
(d) 3-मेथिल-3-N,N-डाइमेथिलब्यूटेन

73. यौगिक

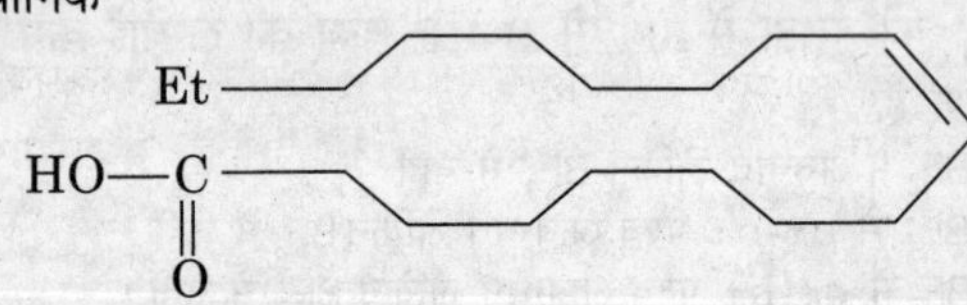

का आई.यू.पी.ए.सी. नाम है
(a) ऑक्टा डेक-9-ईनोइक अम्ल
(b) ओलिक अम्ल
(c) एथिल हेक्साडेक-9-ईनोइक अम्ल
(d) उपरोक्त सभी

74. यौगिक
$CH_2—CH—CH_2—CH_2$ का आई. यू. पी. ए. सी. नाम है
CH_2
$CH_2—CH—CH_2—CH_2$
(a) बाइसाइक्लो [2.5.0] नोनेन
(b) बाइसाइक्लो [5.0.2] नोनेन
(c) बाइसाइक्लो [5.2.0] नोनेन
(d) बाइसाइक्लो [0.2.5] नोनेन

75. एथीन के π-आबन्ध में नोडल तल स्थित होता है
(a) आण्विक तल में
(b) आण्विक तल के समान्तर तल में
(c) आण्विक तल के लम्बवत स्थित तल में, जो कार्बन-कार्बन सिग्मा आबन्ध को 90° के कोण पर काटता है
(d) आण्विक तल के लम्बवत स्थित तल में, जिसमें कार्बन-कार्बन सिग्मा आबन्ध होते हैं

76. निम्न में से शृंखला समावयवियों के युगम का चयन कीजिए

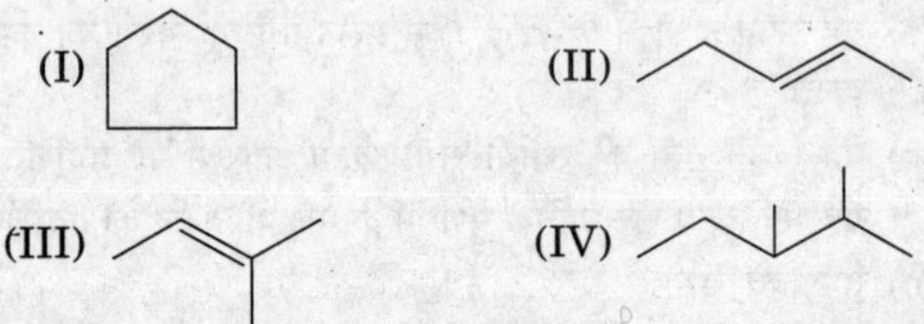

(a) I तथा II (b) I तथा III (c) I तथा IV (d) II तथा III

77. नाइट्रोएथेन निम्न में से किस प्रकार की समावयवता प्रदर्शित करता है?
(a) मध्यावयवता (b) प्रकाश सक्रियता
(c) चलावयवता (d) स्थान समावयवता

78. पेन्टिल ऐल्कोहॉल के समावयवियों की सम्भव संख्या है
(a) 2 (b) 4 (c) 6 (d) 8

79. 2, 3-डाइमेथिल ब्यूटेन के मोनोक्लोरीनीकरण से प्रतिबिम्ब प्रकार समावयवियों के कितने युगम प्राप्त होते हैं?
(a) 4 (b) 2 (c) 3 (d) 1

80. निम्न कथनों पर ध्यान दीजिए
I. दो समावयवियों में एक साथ शृंखला तथा स्थान समावयवता सम्भव नहीं है।
II. चलावयवता एक रासायनिक प्रक्रिया है जो अम्ल या क्षार द्वारा उत्प्रेरित होती है।
III. चलावयवी सदैव मध्यावयवी होते हैं।
IV. चलावयवी सदैव क्रियात्मक समावयवी होते हैं।
सही विकल्प का चयन कीजिए
(a) III (b) III तथा IV
(c) I, II तथा III (d) I, II तथा IV

81. जब 1-ब्रोमो-3-क्लोरो साइक्लोब्यूटेन की सोडियम धातु के दो तुल्यांक ईथर की उपस्थिति में क्रिया होती है तो पदार्थ बनता है

(a) Br–□ (b) □–Cl
(c) □ (d) ⊠

82. एक ऐल्केन C_8H_{18} मुख्य उत्पाद के रूप में एक प्राथमिक ऐल्किल हैलाइड की वुर्ट्ज क्रिया से प्राप्त किया जा सकता है। मोनोब्रोमोनीकरण पर यह ऐल्केन तृतीय ब्रोमाइड का केवल एक समावयवी उत्पन्न करता है। प्राथमिक ऐल्किल हैलाइड है।
(a) 1-क्लोरोब्यूटेन (b) *आइसो*-ब्यूटिल हैलाइड
(c) *आइसो*-पेन्टिल हैलाइड (d) *निओ*-पेन्टिल हैलाइड

83. 1°, 2°, 3° हाइड्रोजन की क्लोरीनीकरण के प्रति आपेक्षिक क्रियाशीलता 1:3.8 : 5. है। 2-मेथिलब्यूटेन से 20 मोनोक्लोरो उत्पाद प्राप्त होने की प्रतिशत्ता है
(a) 41.67 (b) 35.18 (c) 23.15 (d) 48.5

84. $C_8H_{10}(A) \xrightarrow{O_3/H_2O}$ अम्ल (B)
$C_3H_5MgBr(C) \xrightarrow{CO_2,\ H_3O^+}$ अम्ल B
A, B तथा C को पहचानिए
(a) ▷—C≡C—◁, ▷—COOH, ▷—MgBr
(b) ▷—C≡C—◁, $CH_3CH_2CH_2COOH$, $CH_2{=}CH{-}CH_2MgBr$
(c) $CH_3-CH_2-CH_2-CH_3$, $CH_3CH_2CH_2COOH$, $CH_2{=}CH-CH_2MgBr$
(d) $CH_3CH_2CH_2CH_3$, ▷—COOH, ▷—MgBr

85. 1-ब्यूटीन की HBr से क्रिया के उपरान्त उत्पाद A, B, C प्राप्त होते हैं

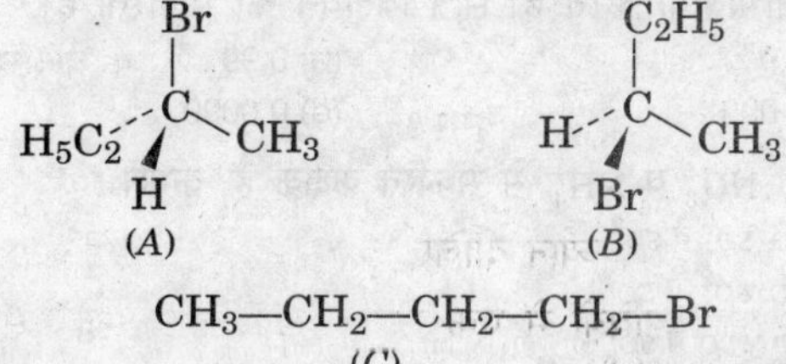

मिश्रण में उपस्थित हैं
(a) A व B मुख्य तथा C कम मात्रा में
(b) B एक मुख्य उत्पाद, A तथा C कम मात्रा में
(c) B कम मात्रा में, A तथा C मुख्य उत्पाद
(d) A तथा B कम उत्पाद तथा C मुख्य उत्पाद

86. क्षोभमण्डल का ताप ऊँचाई के साथ घटता है। इसका कारण है
(a) वायु का उच्च दाब
(b) वायु में उपस्थित गैसें
(c) वायु का कम घनत्व
(d) ये सभी

87. हीमोग्लोबीन के प्रति सबसे अधिक बन्धुता दर्शायी जाती है
(a) NO द्वारा (b) CO द्वारा (c) O_2 द्वारा (d) CO_2 द्वारा

88. निम्नलिखित में से कौन-सा प्रदूषक नहीं माना जाता है?
(a) NO_2 (b) CO_2 (c) O_3 (d) हाइड्रोकार्बन

89. स्तम्भ I तथा स्तम्भ II को सुमेलित कीजिए तथा नीचे दिये गये कूटों में से सही सुमेल छाँटिए

	स्तम्भ I		स्तम्भ II
A.	पॉलीसाइक्लिक ऐरोमैटिक हाइड्रोकार्बन	1.	ग्लोबल वार्मिंग
B.	डायॉक्सिन	2.	प्रकाश रासायनिक स्मॉग
C.	IR सक्रिय अणु	3.	कैंसर पैदा करने वाला
D.	परॉक्सी ऐसीटिल नाइट्रेट	4.	अवशिष्ट नष्ट करना

कूट

	A	B	C	D		A	B	C	D
(a)	3	4	1	2	(b)	4	3	2	1
(c)	3	4	2	1	(d)	1	2	3	4

90. पराबैंगनी प्रकाश करता है
(a) पिरिमिडीन निर्माण
(b) चिपचिपी मैटाप्रावस्था
(c) प्रकाशगतीज क्रिया
(d) पूरक DNA रज्जकों के मध्य हाइड्रोजन बन्ध का विनाश

91. अक्रिस्टलीय पदार्थ दर्शाते हैं
(i) लघु और दीर्घ प्रसार क्रम (ii) लघु प्रसार क्रम
(iii) दीर्घ प्रसार क्रम (iv) तीव्र गलनांक नहीं रखते
(a) (i) तथा (iii) सही हैं (b) (i) तथा (ii) सही हैं
(c) (ii) तथा (iii) सही हैं (d) (ii) तथा (iv) सही हैं

92. एक क्रिस्टल में उपस्थित अशुद्धि का कौन-सा कार्य नहीं हैं?
(a) तापीय साम्यावस्था बनाना
(b) विसरित होने की प्रवृत्ति रखना
(c) प्रकीर्णन में सहयोग करना
(d) नए इलेक्ट्रॉनिक ऊर्जा स्तर प्रस्तावित करना प्रस्तुत करना

93. निम्नलिखित में से गलत कथन है
(a) AgBr का आयनिक क्रिस्टल शॉट्की दोष रखता है
(b) NaCl में Na^+ आयन की समन्वय संख्या 4 है
(c) फ्रेन्केल दोष वाले आयनिक यौगिकों में (r_+/r_-) अनुपात अधिक होता है
(d) $a = b \neq c, \alpha = \beta = 90°, \gamma = 120°$ क्रिस्टल प्राचल वाली इकाई सेल षट्कोणीय होती है

94. एक फलक केन्द्रित घनीय क्रिस्टल के 100 ग्राम में, जिसका घनत्व $d = 10$ ग्राम/सेमी^{3} तथा सेल कोर 100 पिकोमी है, में परमाणुओं की संख्या है
(a) 1×10^{25} (b) 2×10^{25}
(c) 3×10^{25} (d) 4×10^{25}

95. सोडियम क्लोराइड क्रिस्टल का पिकोमेट्रिक घनत्व 2.165×10^3 किग्रा मी$^{-3}$ है जबकि X-किरण का घनत्व 2.178×10^3 किग्रा मी$^{-3}$ है। सोडियम क्लोराइड क्रिस्टल में बिना घिरे स्थल का अंश है

(a) 5.96 (b) 5.96×10^{-1}
(c) 5.96×10^{-2} (d) 5.96×10^{-3}

96. वायु अनेक गैसों का मिश्रण है। इसके अवयव मुख्य अवयव ऑक्सीजन तथा नाइट्रोजन हैं जिनका 298 केल्विन पर आयतानुसार अनुपात 20% तथा 79% है। जल वायु के साथ 10 वायुमण्डलीय दाब पर साम्यावस्था में होता है यदि 298 केल्विन पर ऑक्सीजन तथा नाइट्रोजन के लिए हेनरी नियम स्थिरांक क्रमश: 3.30×10^7 मिमी व 6.51×10^7 मिमी हो तो जल में O_2 तथा N_2 का संघटन क्रमश: होगा।

(a) $4.6 \times 10^{-5}, 9.22 \times 10^{-5}$ (b) $9.22 \times 10^{-5}, 4.6 \times 10^{-5}$
(c) $4.6 \times 10^{-5}, 9.22 \times 10^{-5}$ (d) $4.12 \times 10^{-5}, 4.6 \times 10^{-5}$

97. जल में CO_2 के लिए हेनरी नियम स्थिरांक 1.67×10^8 पास्कल है। 50 मिली सोडा वाटर में CO_2 की मात्रा की गणना कीजिए जब यह 298 केल्विन पर CO_2 के 2.5 वायुमण्डल दाब पर पैक की जाती है।

(a) 2.82 ग्राम (b) 1.85 ग्राम (c) 9.62 ग्राम (d) 11.2 ग्राम

98. नैलोरफीन ($C_{19}H_{21}NO_3$) जो कि मार्फीन जैसी होती है, का उपयोग स्वापाक उपभोक्ताओं द्वारा स्वापक छोड़ने से उत्पन्न लक्षणों को दूर करने के लिए किया जाता है। सामान्यतया नैलोरफीन की 1.5 मिग्रा खुराक दी जाती है। उपरोक्त खुराक के लिए 1.5×10^{-3} m जलीय विलयन का कितना द्रव्यमान आवश्यक होगा?

(a) 3.2×10^{-2} किग्रा (b) 3.2×10^{-4} किग्रा
(c) 3.2×10^{-3} किग्रा (d) 3.2×10^{-5} किग्रा

99. एक विलयन को 25% विलयन के 300 ग्राम तथा 40% विलयन के 400 ग्राम को मिश्रित करके बनाया गया।
परिणामी विलयन में विलेय की भार प्रतिशत्ता की गणना कीजिए।

(a) 33.57 (b) 66.43
(c) 87.23 (d)19.24

100. शुद्ध जल की मोलरता है

(a) 55.6 (b) 5.56 (c) 6.55 (d) 65.5

101. द्रव्य का सबसे सूक्ष्मतम कण जो रासायनिक अभिक्रिया में भाग ले सकता है, कहलाता है

(a) परमाणु (b) अणु
(c) (a) तथा (b) दोनों (d) इनमें से कोई नहीं

102. निम्नलिखित में से कौन-सा वक्र अधिशोषण समताप के संगत नहीं है?

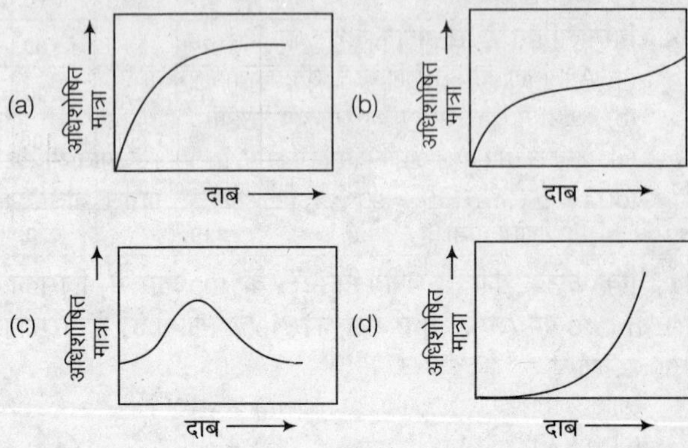

103. ऑक्सीजन अणु का औसत वेग का समान ताप पर नाइट्रोजन अणु वे वर्ग माध्य मूल वेग के साथ औसत है

(a) $\left(\frac{3p}{7}\right)^{1/2}$ (b) $\left(\frac{7}{3\pi}\right)^{1/2}$
(c) $\left(\frac{3}{7\pi}\right)^{1/2}$ (d) $\left(\frac{7\pi}{3}\right)^{1/2}$

104. निम्नलिखित में से किस अभिक्रिया में K_p तथा K_c के मान सम होंगे?

(a) $PCl_5 \rightleftharpoons PCl_3 + Cl_2$ (b) $2NH_3 \rightleftharpoons N_2 + 3H_2$
(c) $H_2 + I_2 \rightleftharpoons 2HI$ (d) $2SO_2 + O_2 \rightleftharpoons 2SO_3$

105. किसी इलेक्ट्रॉन की $+\frac{1}{2}$ तथा $-\frac{1}{2}$ क्वाण्टम संख्याएँ प्रदर्शित करती हैं

(a) इलेक्ट्रॉन के क्रमशः दक्षिणावर्त तथा वामावर्त घूर्णन को
(b) इलेक्ट्रॉन के क्रमशः वामावर्त तथा दक्षिणावर्त घूर्णन को
(c) इलेक्ट्रॉन के चुम्बकीय आघूर्ण को क्रमशः ऊपर तथा नीचे दर्शाते हु
(d) दो क्वाण्टम यान्त्रिकी चक्रण अवस्थाओं को जिनका कोई चिरसम्म अर्थ नहीं है

106. गन्ने की शर्करा का ग्लूकोस तथा फ्रक्टोस में प्रतीपन निम्न समीकर के अनुसार होता है

$$C_{12}H_{22}O_{11} + H_2O \longrightarrow C_6H_{12}O_6 + C_6H_{12}O_6$$

यह उदाहरण है

(a) प्रथम कोटि अभिक्रिया का (b) तृतीय कोटि अभिक्रिया का
(c) द्वितीय कोटि अभिक्रिया का (d) शून्य कोटि अभिक्रिया का

107. यौगिक $\overset{2}{\underline{C}}H_3\overset{1}{\underline{C}}H_2OH$ में C_1 तथा C_2 की ऑक्सीकरण अवस्थाएँ ज्ञा कीजिए।

(a) 0, 2 (b) −2, 0
(c) −2, −2 (d) −2, +2

108. 12.3 ग्राम नाइट्रोबेन्जीन के ऐनिलीन में अपचयन के लिए आवश्य कूलॉमों की संख्या है

(a) 96500 कूलॉम (b) 5790 कूलॉम
(c) 95700 कूलॉम (d) 57900 कूलॉम

109. 0.1 N NaOH के 19.85 मिली पूर्ण उदासीनीकरण के लिए 20 मि से अभिक्रिया करते हैं। HCl विलयन की मोलरता है।

(a) 9.9 (b) 0.99
(c) 0.099 (d) 0.0099

110. NO_2^+, NO_3^- व NH_4^+ में संकरित कक्षक हैं, क्रमश:

(a) sp, sp^3 व sp^2
(b) sp, sp^2 व sp^3
(c) sp^2, sp व sp^3
(d) sp^2, sp^3 व sp

111. परमाणु क्रमांक 106 वाला तत्व होगा

(a) *s*-ब्लॉक (b) *p*-ब्लॉक
(c) *d*-ब्लॉक (d) *f*-ब्लॉक

112. एथेन, कार्बन डाइऑक्साइड, H_2O (*l*) की मानक संभवन एन्थैल क्रमश: −21.1, −94.1 तथा − 68.3 किलोकैलारी है। एथेन की मान दहन की ऊष्मा होगी

(a) −372 किलोकैलोरी (b) 162 किलोकैलोरी
(c) −240 किलोकैलोरी (d) 183.5 किलोकैलोरी

13. निम्न में से कौन-सी अभिक्रिया निस्तापन प्रक्रिया का उदाहरण है?
(a) $2Ag + 2HCl + (O) \longrightarrow 2AgCl + H_2O$
(b) $2Zn + O_2 \longrightarrow 2ZnO$
(c) $2ZnS + 3O_2 \longrightarrow 2ZnO + 2SO_2$
(d) $MgCO_3 \longrightarrow MgO + CO_2$

14. $Cr_2O_7^{2-} \xrightarrow{pH = x} CrO_4^{2-} \xrightarrow{pH = y} Cr_2O_7^{2-}$
pH मान x तथा y हो सकते हैं
(a) 4 व 5 (b) 4 व 8 (c) 8 व 4 (d) 8 व 9

15. निम्न में से कौन-सा यौगिक चलावयवता प्रदर्शित करता है?
(a) 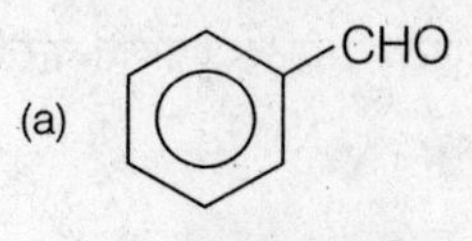

(b) 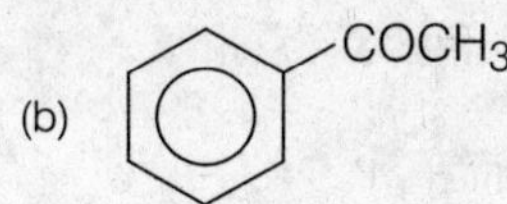

(c) 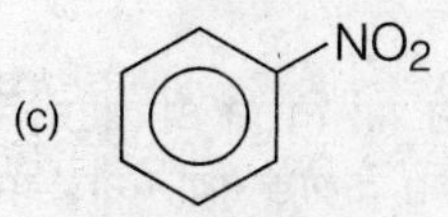

(d) $CH_3—CH(NH_2)—CH_3$

16. इनमें से कौन-सा ऐरोमैटिक है?
(a) 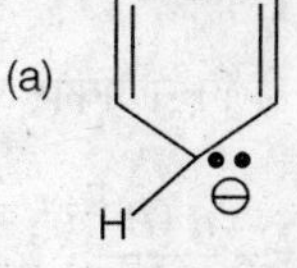

(b) 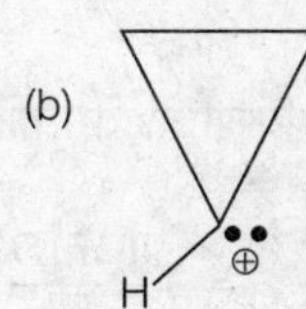

(c)
(d) इनमें से कोई नहीं

117. डाइएथिलब्रोमोमेथेन का सही IUPAC नाम है
(a) 1-ब्रोमो-1, 1-डाइऐथिल मेथेन
(b) 3-ब्रोमोपेन्टेन
(c) 1-ब्रोमो-1-एथिल प्रोपेन
(d) 1-ब्रोमोपेन्टेन

118. निम्न में से किस अभिक्रिया द्वारा विपक्ष-साइक्लोपेन्टेन-1,2-डाइऑल प्राप्त होता है?
(a) $\xrightarrow[\text{तनु जलीय विलयन}]{KMnO_4}$ (b) $\xrightarrow[(ii)\ H^+]{(i)\ OsO_4}$
(c) 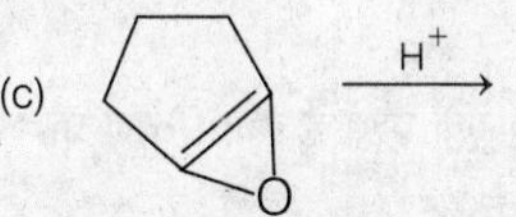

$\xrightarrow{H^+}$ (d) इनमें से कोई नहीं

119. $C=O$ यौगिक NH_3 या ऐमीन के साथ H_2 / Ni की उपस्थिति में क्रिया करते हैं। यह अभिक्रिया कहलाती है
(a) मेंडियस अभिक्रिया (b) हॉफमान ब्रोमेमाइड
(c) अपचयित ऐमीनीकरण (d) गैब्रिल थैलेमाइड

120. निम्नलिखित में से कौन-से बहुलक रेशे के रूप में प्रयुक्त होते हैं?
I. पॉलीटेट्राफ्लोरो एथेन
II. पॉलीक्लोरोप्रीन
III. नायलॉन
IV. टेरिलीन
सही उत्तर है
(a) I व II (b) II व III (c) III व IV (d) ये सभी

उत्तरमाला

1.	(b)	2.	(c)	3.	(d)	4.	(d)	5.	(c)	6.	(a)	7.	(d)	8.	(a)	9.	(b)	10.	(a)
11.	(b)	12.	(b)	13.	(a)	14.	(b)	15.	(c)	16.	(c)	17.	(c)	18.	(d)	19.	(d)	20.	(d)
21.	(b)	22.	(d)	23.	(c)	24.	(b)	25.	(d)	26.	(c)	27.	(a)	28.	(c)	29.	(c)	30.	(c)
31.	(a)	32.	(a)	33.	(c)	34.	(a)	35.	(d)	36.	(a)	37.	(d)	38.	(d)	39.	(c)	40.	(a)
41.	(a)	42.	(d)	43.	(b)	44.	(c)	45.	(b)	46.	(c)	47.	(c)	48.	(a)	49.	(a)	50.	(a)
51.	(c)	52.	(d)	53.	(a)	54.	(d)	55.	(d)	56.	(b)	57.	(b)	58.	(b)	59.	(c)	60.	(d)
61.	(c)	62.	(c)	63.	(d)	64.	(c)	65.	(a)	66.	(c)	67.	(b)	68.	(b)	69.	(b)	70.	(c)
71.	(d)	72.	(a)	73.	(a)	74.	(c)	75.	(c)	76.	(d)	77.	(c)	78.	(d)	79.	(d)	80.	(d)
81.	(d)	82.	(b)	83.	(b)	84.	(a)	85.	(a)	86.	(c)	87.	(a)	88.	(b)	89.	(a)	90.	(d)
91.	(d)	92.	(a)	93.	(b)	94.	(d)	95.	(d)	96.	(a)	97.	(b)	98.	(c)	99.	(a)	100	(a)
101.	(a)	102.	(c)	103.	(b)	104.	(c)	105.	(c)	106.	(a)	107.	(b)	108.	(d)	109.	(c)	110.	(b)
111.	(c)	112.	(a)	113.	(d)	114.	(c)	115.	(b)	116.	(a)	117.	(b)	118.	(c)	119.	(c)	120.	(c)

मध्य प्रदेश

उच्च माध्यमिक शिक्षक पात्रता परीक्षा (भाग-ब)

प्रैक्टिस पेपर 3

निर्देश

इस प्रश्न-पत्र में कुल 120 वस्तुनिष्ठ प्रकार के प्रश्न हैं तथा प्रत्येक प्रश्न के लिए एक अंक निर्धारित है।

1. CaI_2 के 0.10 N विलयन की 298 केल्विन पर Λ_{eq} 100.0 सीमेन सेमी^{2} तुल्यांक$^{-1}$ है सेल का $G^* = 0.25$ सेमी$^{-1}$। इलेक्ट्रोडों के मध्य विभवान्तर 5 वोल्ट होने पर कितना विद्युत प्रवाह होगा?

(a) 0.2 ऐम्पियर (b) 0.1 ऐम्पियर (c) 0.4 ऐम्पियर (d) 0.8 ऐम्पियर

2. विलयन A का प्रतिरोध $50\,\Omega$ तथा विलयन B का प्रतिरोध $100\,\Omega$ है। दोनों विलयन समान चालकता सेल में लिये गये हैं। यदि विलयन A व B का समान आयतन मिश्रित किया जाता है तो समान सेल प्रयुक्त करने पर मिश्रण का प्रतिरोध क्या होगा? (यह मानिए कि A व B के α में मिश्रित करने पर कोई परिवर्तन या वृद्धि नहीं होती)

(a) $33.4\,\Omega$ (b) $66.7\,\Omega$ (c) $14.7\,\Omega$ (d) $77.8\,\Omega$

3. $Co_2[Fe(CN)_6]$ के संतृप्त विलयन की चालकता 2.0×10^{-6} सीमेन सेमी$^{-1}$ है। विलयन बनाने के लिए प्रयुक्त जल की चालकता 8.0×10^{-7} सीमेन सेमी$^{-1}$ है। यदि Co^{2+} तथा $[Fe(CN)_6]^{4-}$ की आयनिक मोलर चालकताएँ क्रमशः 80.0 तथा 440.0 सीमेन सेमी^{2} मोल$^{-1}$ हो $Co_2[Fe(CN)_6]$ के विलेयता गुणनफल (K_{sp}) की गणना कीजिए। संकुल का आयनन 100% मानिए।

(a) 8×10^{-16} (b) 3.2×10^{-16} (c) 3.2×10^{-18} (d) 3.2×10^{-18}

4. विलयन की विद्युत चालकता अम्ल, क्षार या अवक्षेपण के अनुमापन वाली रासायनिक अभिक्रिया के अन्त बिन्दु निर्धारण के लिए एक साधन के रूप में कार्य करती है। निम्न में से कौन-सा चलकता मापक अनुमापन HCl तथा NH_4OH के मध्य वक्र (curve) को प्रदर्शित करता है?

x-अक्ष ⇒ मिलाये गये क्षार का आयतन

y-अक्ष ⇒ चालकता

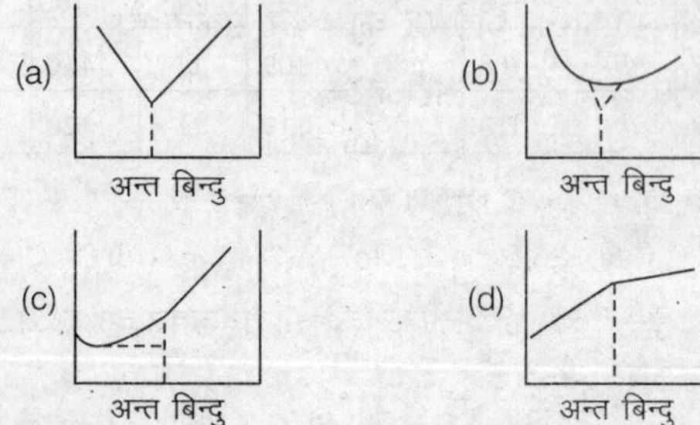

5. सोडियम सल्फेट के जल में विलयन का विद्युत अपघटन निष्क्रि इलेक्ट्रोड को प्रयुक्त करके किया गया। कैथोड तथा ऐनोड पर प्राप उत्पाद क्रमशः हैं

(a) H_2O_2 (b) O_2, H_2
(c) O_2, Na (d) O_2, SO_2

6. किसी अभिक्रिया के वेग को विभिन्न प्रकारों से निम्न प्रकार प्रदर्शि किया जाता है

$$+\frac{1}{2}\frac{d[C]}{dt} = -\frac{1}{5}\frac{d[D]}{dt} = +\frac{1}{3}\frac{d[A]}{dt} = -\frac{d[B]}{dt}$$

अभिक्रिया है

(a) $4A + B \longrightarrow 2C + 3D$ (b) $B + 5D \longrightarrow 3A + 2C$
(c) $4A + 2B \longrightarrow 2C + 3D$ (d) $B + \frac{1}{2}D \longrightarrow 4A + 2C$

7. निम्नलिखित में से कौन-सा कथन असत्य है?

(a) *आर्थो*-हाइड्रोजन से *पैरा*-हाइड्रोजन के रूपान्तरण में अभिक्रिया का वेग $= -\frac{d[H_2]}{dt} = k[H_2]^{3/2}$

(b) ऐसिटैल्डिहाइड के तापीय अपघटन की अभिक्रिया का वेग $= k[CH_3CHO]^{1/2}$

(c) CO तथा Cl_2 से फॉस्जीन के निर्माण में, अभिक्रिया का वेग $= k[CO][Cl_2]^{1/2}$

(d) H_2O_2 के विघटन में, अभिक्रिया का वेग $= k[H_2O_2]$

8. प्रथम कोटि की अभिक्रिया में, 2×10^4 सेकण्ड में अभिक्रियकों क सान्द्रता 800 मोल/डेमी^{3} से घटकर 50 मोल/डेमी^{3} रह जाती है अभिक्रिया का वेग नियतांक (सेकण्ड में) है

(a) 2×10^4 (b) 3.45×10^{-5} (c) 1.386×10^{-4} (d) 2×10^{-4}

9. रासायनिक अभिक्रिया निम्न प्रकार होती है

$$2O_3 \longrightarrow 3O_2$$
$$O_3 \rightleftharpoons O_2 + O \text{ (तीव्र)}$$
$$O + O_3 \longrightarrow 2O_2 \text{ (मन्द)}$$

वेग नियम का व्यंजक होना चाहिए

(a) $r = k[O_3]^2$
(b) $r = k[O_3]^2[O_2]^{-1}$
(c) $r = k[O_3][O_2]$
(d) ज्ञात नहीं किया जा सकता

10. किसी अभिक्रिया का वेग, ताप में प्रत्येक $10°C$ की वृद्धि कर दोगुना हो जाता है। यदि ताप में $60°C$ की वृद्धि हो तो अभिक्रिया को वेग में वृद्धि होगी

(a) 20 गुना (d) 32 गुना (c) 64 गुना (d) 128 गुना

11. भौतिक अधिशोषण में अधिशोषक किसी विशेष गैस के लिए विशिष्टता प्रदर्शित नहीं करता क्योंकि

(a) भाग लेने वाले वाण्डरवाल्स बल सार्वत्रिक होते हैं
(b) भाग लेने वाली गैस आदर्श गैस की तरह व्यवहार करती है
(c) अधिशोषण की एन्थैल्पी निम्न होती है
(d) यह एक उत्क्रमणीय प्रक्रम है

12. नवीन अधिशोषण सिद्धान्त के अनुसार उत्प्रेरण की क्रियाविधि में प्रयुक्त पदों के चित्रों को सही क्रम में व्यवस्थित कीजिए।

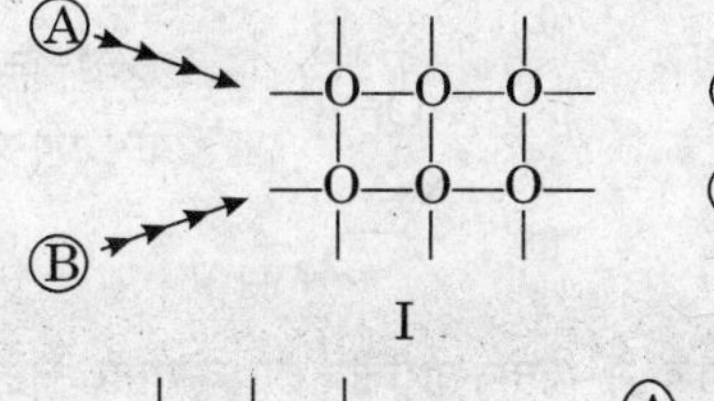
I

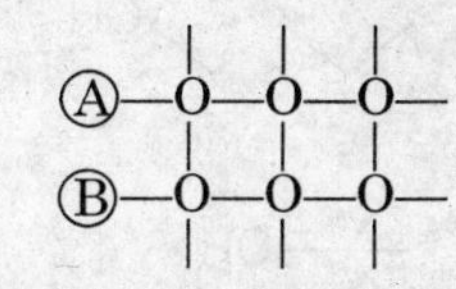
II

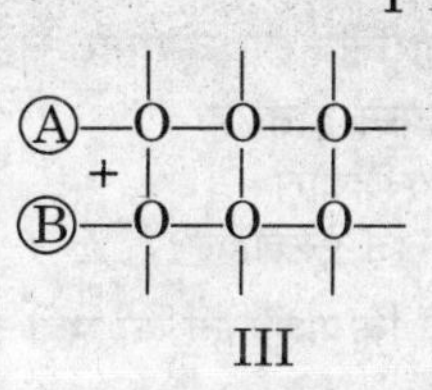
III

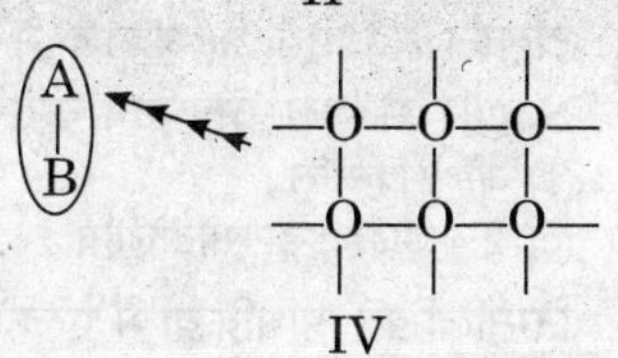
IV

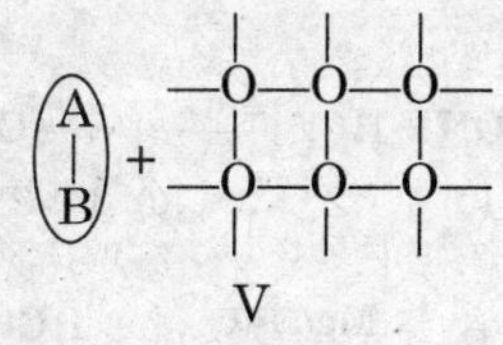
V

(a) I ⟶ II ⟶ III ⟶ IV ⟶ V
(b) I ⟶ III ⟶ II ⟶ IV ⟶ V
(c) I ⟶ III ⟶ II ⟶ V ⟶ IV
(d) I ⟶ II ⟶ III ⟶ V ⟶ IV

13. निम्नलिखित में से कौन-सा तथ्य अधिशोषण की घटना के पर लागू नहीं होता है?

(a) $\Delta H > 0$ (b) $\Delta G < 0$ (c) $\Delta S < 0$ (d) $\Delta H < 0$

14. गैस-जो सक्रिय चारकोल द्वारा शीघ्रता से अधिशोषित हो जाती है, को पहचानिए।

(a) H_2 (b) N_2 (c) SO_2 (d) O_2

15. एक गैस के एक ठोस पर अधिशोषण के लिए $\log \frac{x}{m}$ *vs* $\log p$ का आरेख रेखीय आता है जिसका ढाल बराबर होती है (n पूर्ण संख्या है)

(a) k के (b) $\log k$ के (c) n के (d) $\frac{1}{n}$ के

16. लोड स्टोन अयस्क है

(a) लोहे का (b) सीसे का (c) सिलिकन का (d) टिन का

17. निम्न में से एक धातु वाष्पशील यौगिक बनाती है तथा उसका यह गुण उसके निष्कर्षण के लिए अतिउपयोगी है। धातु है

(a) कोबाल्ट (b) आयरन (c) टंगस्टन (d) निकेल

18. वाल्फ्रेमाइट अयस्क को टिन स्टोन से निम्न प्रक्रम के द्वारा पृथक् किया जाता है

(a) निस्तापन (b) विद्युतचुम्बकीय पृथक्करण
(c) भर्जन (d) प्रगलन

19. लापिस लाजुली एक नीले रंग का कीमती पत्थर है। यह निम्न वर्ग का खनिज है

(a) सोडियम ऐलुमिनो सिलिकेट (b) क्षारीय कॉपर कार्बोनेट
(c) जिंक कोबाल्ट (d) प्रशियन नीला

20. यदि किसी धातु को ऐसे अयस्क से निष्कर्षित किया जाये जिसमें सिलिका की अशुद्धि उपस्थित हो, तब

(a) एक क्षारीय गालक की आवश्यकता होती है
(b) एक अम्लीय गालक की आवश्यकता होती है
(c) एक अम्लीय गालक की आवश्यकता होती है
(d) इनमें से कोई भी आवश्यक नहीं है

21. फॉस्फोरस पेन्टाऑक्साइड तथा फॉस्फोरस ट्राइऑक्साइड की संरचना में P—O—P सेतु की संख्या क्रमशः है

(a) 5, 5 (b) 6, 5 (c) 5, 6 (d) 6, 6

22. ECl_3 प्रकार के यौगिक में, जहाँ E = B, P, As या Bi, भिन्न E के लिए Cl—E—Cl कोण का क्रम है

(a) B > P > As > Bi (b) B > P = As = Bi
(c) B < P = As = Bi (d) B < P < As < Bi

23. अमोनिया हाइपोक्लोराइट ऋणायन के साथ क्रिया कराने पर, बना सकता है

(a) NO (b) N_2H_4 (c) NH_4Cl (d) HNO_2

24. –30°C पर दो गैसों की समान मोलर मात्रा की क्रिया कराने पर कौन-सा नीला द्रव प्राप्त होता है?

(a) N_2O_4 (b) N_2O (c) N_2O_3 (d) N_2O_5

25. P_4 में P—P बन्ध बनाने वाले कक्षकों में p-लक्षण की प्रतिशतता है

(a) 25 (b) 33 (c) 50 (d) 75

26. निम्न ऑक्सीकरण संख्या वाली संक्रमण धातु कार्य करती है

(a) ऑक्सीकारक के समान (b) क्षार के समान
(c) अम्ल के समान (d) उपरोक्त में से कोई नहीं

27. निम्नलिखित युग्मों में से कौन-सा प्रभावी चुम्बकीय आघूर्ण बराबर रखता है?

(a) Ti^{2+} व V^{2+} (b) Cr^{2+} व Fe^{2+}
(c) Cr^{3+} व Mn^{2+} (d) V^{2+} व Sc^{3+}

28. निम्न कथनों पर विचार कीजिए

I. $La(OH)_3$ लैन्थेनॉइडों के हाइड्रॉक्साइडों में सबसे कम क्षारीय है।
II. Zr^{4+} तथा Hf^{4+} की आयनिक त्रिज्यायें लगभग समान होती है।
III. Ce^{4+} ऑक्सीकारक की तरह कार्य कर सकता है।

उपरोक्त में से कौन-सा/से सही है/हैं?

(a) I व III (b) II व III (c) केवल II (d) I व II

29. निम्नलिखित में से सबसे क्षारीय हाइड्रॉक्साइड है

(a) $Lu(OH)_3$ (b) $Eu(OH)_3$ (c) $Yb(OH)_3$ (d) $Ce(OH)_3$

30. Ce^{3+}, La^{3+}, Pm^{3+} व Yb^{3+} को उनकी आयनिक त्रिज्या के बढ़ते हुए क्रम में व्यवस्थित कीजिए

(a) $Yb^{3+} < Pm^{3+} < Ce^{3+} < La^{3+}$ (b) $Ce^{3+} < Yb^{3+} < Pm^{3+} < La^{3+}$
(c) $Yb^{3+} < Pm^{3+} < La^{3+} < Ce^{3+}$ (d) $Pm^{3+} < La^{3+} < Ce^{3+} < Yb^{3+}$

31. $K_3[Cr(C_2O_4)_3]$ में Cr की उपसहसंयोजक संख्या तथा ऑक्सीकरण संख्या क्रमशः है

(a) +6 तथा +3 (b) 3 तथा 0 (c) 4 तथा +2 (d) 3 तथा +3

32. भूरे वलय संकुल $[Fe(H_2O)_5NO]SO_4$ में Fe की ऑक्सीकरण संख्या है

(a) +3 (b) 0 (c) +2 (d) +1

33. निम्नलिखित में से कौन-सा कथन सत्य है?

(a) $K_3[Fe(CN)_6]$ में, लिगेण्ड फेरिक आयन की प्राथमिक तथा द्वितीयक दोनों संयोजकताओं को संतुष्ट करता है

(b) $[Cu(NH_3)_4]SO_4$ में, लिगेण्ड कॉपर आयन की केवल द्वितीयक संयोजकता को संतुष्ट करता है

(c) $K_3[Fe(CN)_6]$ में, लिगेण्ड फेरिक आयन की केवल द्वितीयक संयोजकता को संतुष्ट करता है

(d) (b) तथा (c) दोनों

34. आई. यू. पी. ए. सी. नामकरण पद्धति के अनुसार सोडियम नाइट्रोप्रुसाइड का नाम है

(a) सोडियम पेन्टासायनोनाइट्रोसिलफैरेट (II)
(b) सोडियम पेन्टासायनोनाइट्रोसिलफैरेट (III)
(c) सोडियम नाइट्रोफैरीसायनाइड
(d) सोडियम नाइट्रोफैरोसायनाइड

35. I. $K_4[Fe(CN)_6]$ II. $K_3[Cr(CN)_6]$
III. $K_3[Co(CN)_6]$ IV. $K_2[Ni(CN)_4]$

प्रतिचुम्बकीय संकुलों में से प्रतिचुम्बकीय है

(a) I, II तथा III (b) II, III तथा IV
(c) I, III तथा IV (d) I, II तथा IV

36. निम्नलिखित अभिक्रिया के लिए आप किस अभिकर्मक का प्रयोग करोगे?

$$CH_3CH_2CH_2CH_3 \longrightarrow CH_3CH_2CH_2CH_2Cl + CH_3CH_2CHClCH_3$$

(a) Cl_2 / UV प्रकाश
(b) NaCl + H_2SO_4
(c) अंधेरे में Cl_2 गैस
(d) अंधेरे में आयरन की उपस्थिति में Cl_2 गैस

37. एक ऐल्किल हैलाइड (*RX*) Na के साथ क्रिया करके 4, 5-डाइएथिल ऑक्टेन देता है। यौगिक *RX* है

(a) $CH_3(CH_2)_3Br$
(b) $CH_3(CH_2)_2CH(Br)CH_2CH_3$
(c) $CH_3(CH_2)_3CH(Br)\,CH_3$
(d) CH_3Br

38. $C_6H_5CH_2Br$ की जलीय सोडियम हाइड्रॉक्साइड के साथ अभिक्रिया पालन करती है

(a) S_N1 क्रियाविधि
(b) S_N2 क्रियाविधि
(c) अभिक्रिया के ताप के आधार पर उपरोक्त में से कोई भी एक
(d) सैत्जेफ नियम

39. ऐल्कोहॉलीय KOH के प्रति सर्वाधिक क्रियाशील है

(a) $CH_2{=}CHBr$ (b) $CH_3COCH_2CH_2Br$
(c) CH_3CH_2Br (d) $CH_3CH_2CH_2Br$

40. निम्नलिखित अभिक्रियाओं में से किसका अन्तिम उत्पाद $\begin{matrix} CH_2CO \\ | \\ CH_2CO \end{matrix} \!\!> O$ है

(a) 1,2-डाइब्रोमो एथेन $\xrightarrow{KCN} \xrightarrow[\Delta]{H_3O^+}$

(b) 1,1,-डाइब्रोमो एथेन $\xrightarrow{KCN} \xrightarrow[\Delta]{H_3O^+}$

(c) 1,1,1-ट्राइक्लोरो ऐथेन $\xrightarrow[\text{जल अपघटन}]{\text{क्षारीय}}$

(d) उपरोक्त में से कोई नहीं

41. ऐल्कोहॉल $C_4H_{10}O$ निर्जल जिंक क्लोराइड की उपस्थिति में सान्द्र हाइड्रोक्लोरिक अम्ल के साथ क्रिया करके 5 मिनट में सफेद अवक्षेप देता है। ऐल्कोहॉल हो सकता है

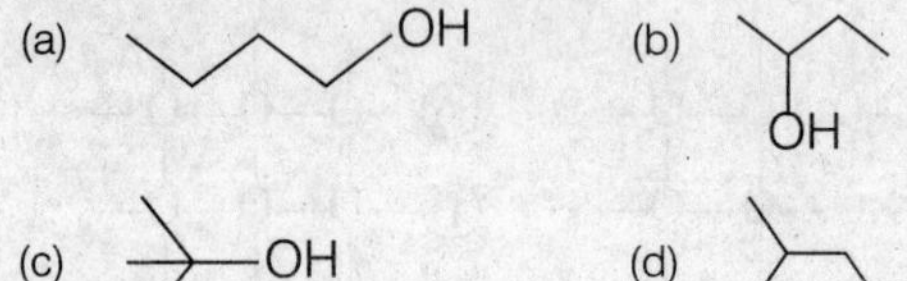

42. टॉलुईन का सूर्य के प्रकाश में मोनोक्लोरीनीकरण कराकर जलीय NaOH से जल-अपघटन कराने पर उत्पन्न होता है

(a) *ऑर्थो*-क्रिसॉल (b) *मेटा*-क्रिसॉल
(c) 2,4-डाइहाइड्रोक्सीटॉलुईन (d) बेन्जिल ऐल्कोहॉल

43. निम्नलिखित अभिक्रिया में ऐल्कोहॉलों की क्रियाशीलता का सही क्रम क्या है?

$$R{-}OH + HCl \xrightarrow{ZnCl_2} R{-}Cl + H_2O$$

(a) $1° > 2° > 3°$ (b) $1° < 2° > 3°$ (c) $3° > 2° > 1°$ (d) $3° > 1° > 2°$

45. Cl—◇—Br $\xrightarrow{\text{Mg/ ईथर}} \xrightarrow[H_3O^+]{HCHO} A,$

अन्तिम उत्पाद *A* है

(a) Br—◇—CH_2OH (b) Cl—◇—CH_2OH

(c) HOH_2C—◇—CH_2OH (d) OHC—◇—CHO

45. निम्न में से कौन-सी ऐल्कीन निम्नलिखित ऐल्कोहॉल देगी?

OH

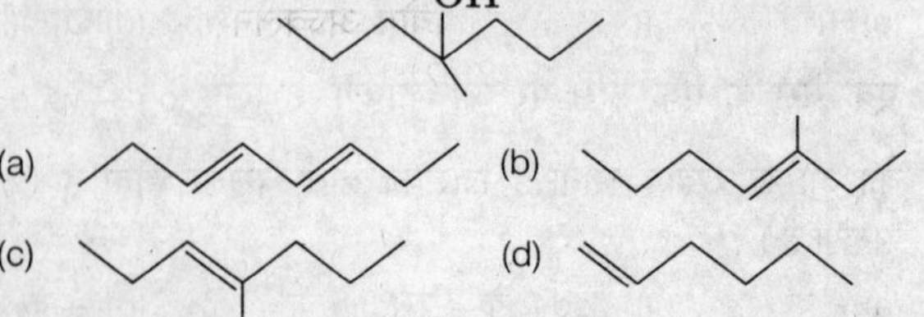

46. CH_3CONH_2, Br_2 व KOH उत्पाद के रूप में CH_3NH_2 देते हैं अभिक्रिया के मध्यवर्ती है

I. $CH_3{-}\overset{O}{\overset{\|}{C}}{-}NHBr$ II. $CH_3{-}N{=}C{=}O$

III. CH_3NHBr IV. CH_3CONBr_2

सही उत्तर है

(a) I, II (b) I, III (c) III, IV (d) II, IV

47. निम्नलिखित यौगिकों की क्षारकीयता का सही क्रम है

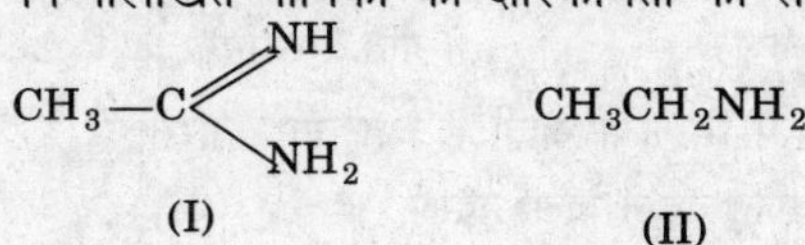

$(CH_3)_2NH$ (III) $CH_3—\overset{O}{\overset{\|}{C}}—NH_2$ (IV)

(a) II > I > III > IV (b) I > III > II > IV
(c) III > I > II > IV (d) I > II > III > IV

48. निम्नलिखित यौगिकों को क्षारकीयता के सही क्रम में होगा

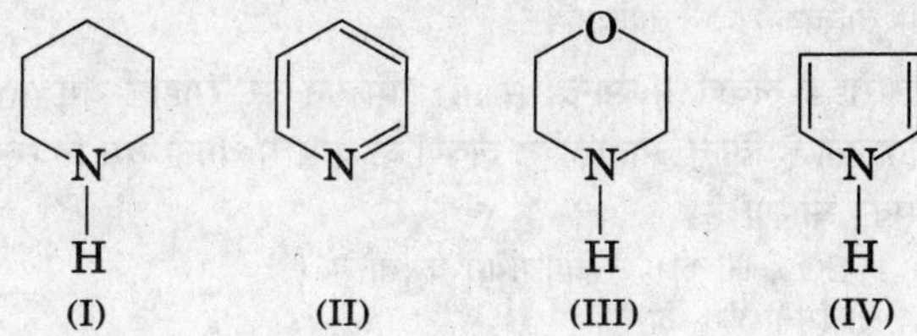

(a) IV > I > III > II
(b) III > I > IV > II
(c) II > I > III > IV
(d) I > III > II > IV

49. गलत तुलना को चुनिए

(a) $H_3C—C(CH_3)_2—NH_2 < CH_3—NHCH_3$ (जलीय माध्यम में क्षारकीयता)

(b) $CH_3CH_2CH_2NH_2 > (CH_3)_3N$ (जलीय माध्यम में क्षारकीयता)

(c) $CH_3—CH(CH_3)—NH_2 < CH_3—NHCH_2CH_3$ (गैसीय माध्यम में क्षारकीयता)

(d) N(1) > N(3) (जलीय माध्यम में क्षारकीयता)

50. $(CH_3)_3N \xrightarrow[\text{(ii) } H_2O, \Delta]{\text{(i) BrCN}} [X]$, यहाँ $[X]$ है

(a) CH_3NH_2 (b) $(CH_3)_2NH$ (c) $(CH_3)_3NO$ (d) $(CH_3)_2NNO$

51. निम्नलिखित में से किसका प्रयोग अज्वलनशील फोटोग्राफिक फिल्म के निर्माण में किया जाता है?

(a) सेलुलोस नाइट्रेट
(b) सेलुलोस जैन्थेट
(c) सेलुलोस परक्लोरेट
(d) सेलुलोस ऐसीटेट

52. पॉलीस्टाइरीन, डेक्रॉन व ऑरलॉन को क्रमशः वर्गीकृत करते हैं

(a) श्रृंखला वृद्धि; पद वृद्धि; पद वृद्धि
(b) श्रृंखला वृद्धि; श्रृंखला वृद्धि; पद वृद्धि
(c) श्रृंखला वृद्धि; पद वृद्धि; श्रृंखला वृद्धि
(d) पद वृद्धि; पद वृद्धि; श्रृंखला वृद्धि

53. लैक्टम, जिससे नायलॉन-4 संश्लिष्ट होता है

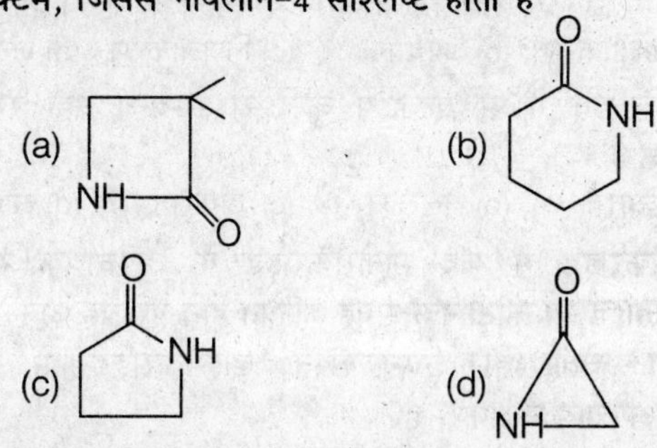

54. दिये गये बहुलक हैं, A = नायलॉन 66; B = ब्यूना-S; C = पॉलीथीन

इन्हें अन्तराण्विक बलों के आरोही क्रम (कम से अधिक) में व्यवस्थित कीजिए।

(a) $A < B < C$ (b) $B > C > A$ (c) $B < C < A$ (d) $A < C < B$

55. धनायनिक बहुलकीकरण की घटती क्षमता के अनुसार निम्नलिखित एकलकों को व्यवस्थित कीजिए

I. $NO_2C_6H_5$ CH CH_2
II. CH_2 CH $C_6H_5CH_3$
III. CH_2 CH $C_6H_5OCH_3$

(a) I > II > III (b) III > II > I (c) II > I > III (d) I > III > II

56. एक यौगिक निनहाइड्रिन के साथ ऋणात्मक परीक्षण तथा बेनेडिक्ट विलयन के साथ धनात्मक परीक्षण देता है। यौगिक है एक

(a) प्रोटीन (b) ऐमीनो अम्ल (c) लिपिड (d) मोनोसैकेराइड

57. निम्नलिखित में से कौन-सा युग्म ऐनोमर को प्रदर्शित करता है?

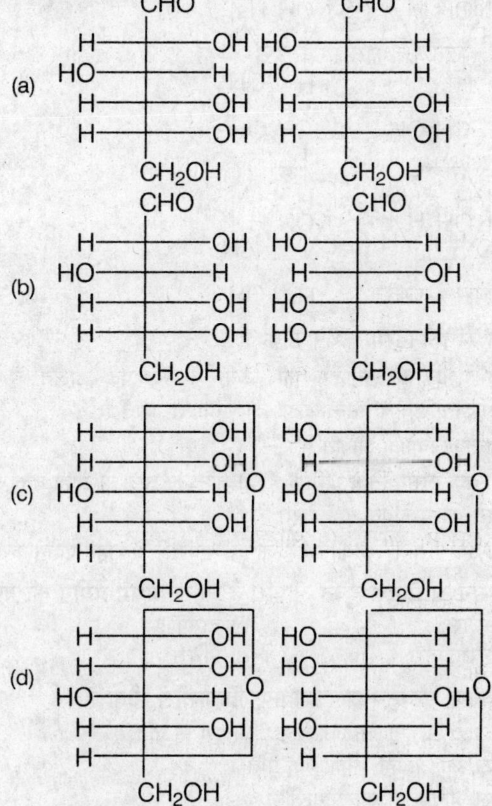

58. सान्द्र H_2SO_4 के साथ क्रिया कराने पर चीनी के जलने का कारण है
(a) ऑक्सीकरण (b) अपचयन (c) निर्जलीकरण (d) जल-अपघटन

59. निम्नलिखित में से एन्जाइम कुल से सम्बन्ध नहीं रखने वाला यौगिक है
(a) पेप्सिन (b) सेलुलोस (c) टायलिन (d) लायपेस

60. डाइसैकेराइड में यदि मोनोसैकेराइड के अपचायक समूह जैसे ऐल्डिहाइड या कीटोनिक समूह बन्धित होने पर यह अन-अपचायक शर्करा होती हैं। निम्नलिखित डाइसैकेराइड में से कौन अन-अपचायक शर्करा है?

(a)

(b)

(c)

(d)

61. निम्न में से कौन-सा कथन ठीक है?
(a) कुछ प्रशान्तक एन्जाइम की क्रिया में रूकावट डालते हैं जो नोरएड्रीनोलिन के निम्नीकरण को उत्प्रेरित करते हैं
(b) प्रशान्तक स्वपाक औषधि है
(c) प्रशान्तक रासायनिक यौगिक हैं जो तन्त्रिका तन्त्र से ग्राही तक सन्देश भेजने को प्रभावित नहीं करते हैं
(d) प्रशान्तक रासायनिक यौगिक हैं जो दर्द व बुखार से राहत प्रदान करते हैं

62. सालवरसन आर्सेनिक युक्त औषधि है जो सर्वप्रथम प्रयोग की गई थी
(a) सिफलिस (b) टायफाइड
(c) मेनिनजाइटिस (d) पेचिस

63. एक संकीर्ण स्पेक्ट्रम प्रति जीवाणु क्रियाशील होता है
(a) ग्रेम ग्राही G^+ या ग्रेम अग्राही G^- जीवाणु के प्रति
(b) केवल ग्रेम अग्राही जीवाणु के प्रति
(c) एकल जैविक या एक बीमारी में
(d) दोनों ग्रेम पॉजिटिव व ग्रेम निगेटिव जीवाणु के प्रति

64. एक यौगिक जो केन्द्रीय तन्त्रिका तन्त्र पर प्रतिअवसादक के रूप में कार्य करता है, निम्न समूह का सदस्य है
(a) पूतिरोधी (b) प्रशान्तक
(c) तंत्रिका पूतिरोधी (d) प्रति हिस्टैमिन

65. ग्लिसरॉल साबुन में मिलायी जाती है यह कार्य करती है
(a) भराव करना/वजन बढ़ाने वाला पदार्थ
(b) झाग बढ़ाने के लिए
(c) शीघ्रतापूर्वक सूखने से रोकने के लिए
(d) साबुन को दानेदार बनाने के लिए

66. प्रयोगशाला में H_2S किस प्रकार मुक्त होती है?
(a) $FeSO_4 + H_2SO_4$
(b) FeS + तनु H_2SO_4
(c) FeS + सान्द्र H_2SO_4
(d) तात्विक H_2 + तात्विक S

67. क्लोराइड लवण में सान्द्र H_2SO_4 मिलाने पर रंगहीन धूम (fumes) निकलती है किन्तु आयोडाइड लवण के केस में बैंगनी धूम निकलती है। इसका कारण है
(a) H_2SO_4, HI को I_2 में अपचयित करता है
(b) HI बैंगनी रंग का है
(c) HI, I_2 में ऑक्सीकृत हो जाता है
(d) HI, HIO_3 में बदल जाता है

68. NO_3^- आयन के वलय परीक्षण में भूरा वलय बनता है। यह निम्न के निर्माण के कारण है
(a) $[Fe(H_2O)_5(NO)]^{2+}$ (b) $FeSO_4 \cdot NO_2$
(c) $[Fe(H_2O)_4(NO_2)]^{2+}$ (d) $FeSO_4 \cdot HNO_3$

69. गुणात्मक विश्लेषण में जब H_2S लवण के जलीय विलयन जिसे तनु HCl, द्वारा अम्लीय किया गया, में प्रवाहित की जाती है तो एक काला अवक्षेप प्राप्त होता है। अवक्षेप को तनु HNO_3 के साथ उबालने पर यह नीले रंग का विलयन बनाता है। NH_3 का जलीय विलयन इस विलयन में आधिक्य में मिलाने पर देता है
(a) $Cu(OH)_2$ का गहरा नीला अवक्षेप
(b) $[Cu(NH_3)_4]^{2+}$ का गहरा नीला अवक्षेप
(c) $Cu(NO_3)_2$ का गहरा नीला अवक्षेप
(d) $Cu(OH)_2 \cdot Cu(NO_3)_2$ का गहरा नीला अवक्षेप

70. जब $KMnO_4$ विलयन ऑक्सेलिक अम्ल विलयन में मिलाया जाता है तो रंग विलुप्तीकरण प्रारम्भ में धीमा लेकिन कुछ समय बाद तात्कालिक हो जाता है क्योंकि
(a) CO_2 उत्पाद के रूप में बनती है
(b) अभिक्रिया ऊष्माक्षेपी है
(c) MnO_4^- अभिक्रिया को उत्प्रेरित करता है
(d) Mn^{2+} स्व-उत्प्रेरक की तरह कार्य करता है

71. एक परिवर्तन A से B सीधे नहीं हो सकता। इसे निम्न चक्र द्वारा प्राप्त किया जा सकता है।

$$\begin{array}{ccc} C & \longrightarrow & D \\ \uparrow & & \downarrow \\ A & & B \end{array}$$

दिया है , $\Delta S_{(A \to C)} = 50$ eu $\Rightarrow$ $\Delta S_{(C \to D)} = 30$ eu
$\Delta S_{(D \to B)} = 20$ eu

जहाँ, eu ऐन्ट्रॉपी यूनिट है, तब $\Delta S_{(A \to B)}$ होगा
(a) + 100 eu (b) + 60 eu (c) − 100 eu (d) − 60 eu

72. अभिक्रिया $CO(g) + \frac{1}{2} O_2(g) \longrightarrow CO_2(g)$, के लिए ΔH तथा ΔS का मान क्रमश: – 283 किलोजूल एवं – 87 जूल केल्विन$^{-1}$ हैं। यह माना जाता है कि यदि यह क्रिया 1000, 1500, 3000 तथा 3500 कैलोरी पर की जायें तो इनमें से किस ताप पर यह क्रिया स्वत:स्फुर्त (ऊष्मागतिक के अनुसार) होगी?
(a) 1500 एवं 3500 केल्विन (b) 3000 एवं 3500 केल्विन
(c) 1000, 1500 एवं 3000 केल्विन (d) 1500, 3000 एवं 3500 केल्विन

73. प्रबल अम्ल व प्रबल क्षार के लिये उदासीनीकरण की ऊष्मा 57.0 किलोजूल मोल$^{-1}$ है। मुक्त ऊष्मा की गणना करो यदि 0.5 मोल HNO_3, 0.2 मोल KOH से क्रिया करते हैं।
(a) 57.0 किलोजूल (b) 11.4 किलोजूल
(c) 28.5 किलोजूल (d) 34.9 किलोजूल

74. हाइड्रोजन H_2, साइक्लोहेक्सीन (C_6H_{10}) तथा साइक्लोहेक्सेन (C_6H_{12}) की दहन ऐन्थैल्पी क्रमश: –241 किलोजूल, –3800 किलोजूल, –3920 किलोजूल प्रति मोल है। साइक्लोहेक्सीन की हाइड्रोजनीकरण की ऊष्मा होगी
(a) 121 किलोजूल प्रति मोल (b) – 121 किलोजूल प्रति मोल
(c) + 242 किलोजूल प्रति मोल (d) – 242 किलोजूल प्रति मोल

75. बेन्जीन की इसके तत्वों में वियोजन की ऊष्मा 5335 किलोजूल प्रति मोल है। बन्ध ऐन्थैल्पी —C—C—; C═C तथा —C—H क्रमश: 347.3 किलोजूल, 615 किलोजूल तथा 412.2 किलोजूल प्रति मोल है। बेन्जीन की अनुनाद ऊर्जा होगी
(a) 1.15 किलोजूल (b) 15.1 किलोजूल
(c) 974.2 किलोजूल (d) 1511 किलोजूल

76. निम्नलिखित साम्य के लिए 899 केल्विन पर $K_p = 0.04$ वायुमण्डल है। C_2H_6 को 4.0 वायुमण्डल दाब पर एक फ्लास्क में रखा जाता है तथा साम्य स्थापित होने पर इसका साम्य स्थिरांक है

$$C_2H_6(g) \rightleftharpoons C_2H_4(g) + H_2(g)$$

(a) 0.30 (b) 3.6 (c) 4.0 (d) 2.8

77. यदि $X(OH)_3$ का प्रथम वियोजन 100%, द्वितीय वियोजन 50% तथा तृतीय वियोजन नगण्य हो तो 4×10^{-3} M $X(OH)_3$ की pH है
(a) 7.5 (b) 9.54 (c) 11.78 (d) 13.25

78. दुर्बल क्षारक का संयुग्मी अम्ल सदैव प्रबल होता है। निम्नलिखित संयुग्मी क्षारकों की क्षारक सामर्थ्य का घटता क्रम है

$$OH^-, RO^-, CH_3COO^-, Cl^-$$

(a) $RO^- > {}^-OH > CH_3COO^- > Cl^-$ (b) ${}^-OH > RO^- > CH_3COO^- > Cl^-$
(c) $Cl^- > RO^- > OH^- > CH_3COO^-$ (d) $CH_3COO^- > RO^- > OH^- > Cl^-$

79. निम्नलिखित को pH के बढ़ते क्रम में व्यवस्थित कीजिए
$KNO_3(aq)$, $CH_3COONa(aq)$, $NH_4Cl(aq)$, $C_6H_5COONH_4(aq)$
(a) $CH_3COONa < C_6H_5COONH_4 < NH_4Cl < KNO_3$
(b) $KNO_3 < NH_4Cl < CH_3COONa < C_6H_5COONa$
(c) $NH_4Cl < KNO_3 < CH_3COONa < C_6H_5COONH_4$
(d) $NH_4Cl < KNO_3 < C_6H_5COONH_4 < CH_3COONa$

80. बेन्जोइक अम्ल का आयनन स्थिरांक 6.46×10^{-5} तथा सिल्वर बेन्जोएट का K_{sp} 2.5×10^{-13} है। 3.19 pH वाले बफर विलयन में सिल्वर बेन्जोएट जल की तुलना में कितना गुना विलेय होगा?
(a) 1.5 (b) 2.8 (c) 3.2 (d) 2.3

81. $3KClO_3 + 3H_2SO_4 \longrightarrow 3KHSO_4 + HClO_4 + 2ClO_2 + H_2O$
उपरोक्त अभिक्रिया में $KClO_3$ का तुल्यांकी भार है
(a) $\frac{M}{4}$ (b) $\frac{M}{2}$ (c) $\left(M + \frac{M}{2}\right)$ (d) $\left(\frac{M}{4} + \frac{M}{2}\right)$

82. निम्नलिखित अभिक्रिया में HNO_3 (अणुभार = 63) का तुल्यांकी भार है

$$3Cu + 8HNO_3 \longrightarrow 3Cu(NO_3)_2 + 2NO + 4H_2O$$

(a) $\frac{4 \times 63}{3}$ (b) $\frac{63}{5}$ (c) $\frac{63}{3}$ (d) $\frac{63}{8}$

83. 1 मोल N_2H_4, 10 मोल इलेक्ट्रॉनों को त्याग करके एक नया यौगिक Y बनाता है। यह मानते हुए कि N का ह्रास नहीं हुआ है।
Y में नाइट्रोजन की ऑक्सीकरण अवस्था क्या है? (यहाँ हाइड्रोजन की ऑक्सीकरण अवस्था में कोई परिवर्तन नहीं होता है।)
(a) – 1 (b) – 3
(c) + 3 (d) + 5

84. निम्नलिखित में से किस अभिक्रिया में ऑक्सीकरण अपचयन नहीं होते हैं?
I. $2Rb + 2H_2O \longrightarrow 2RbOH + H_2$
II. $2CuI_2 \longrightarrow 2CuI + I_2$
III. $NH_4Br + KOH \longrightarrow KBr + NH_3 + H_2O$
IV. $4KCN + Fe(CN)_2 \longrightarrow K_4[Fe(CN)_6]$
(a) I, II (b) I, III (c) I, III, IV (d) III,IV

85. निम्नलिखित में से किस युग्म में रेखांकित तत्वों की ऑक्सीकरण संख्याओं में अधिकतम अन्तर है?
(a) $\underline{N}O_2$ तथा $\underline{N}_2O_4$ (b) $\underline{P}_2O_5$ तथा $\underline{P}_4O_{10}$
(c) $\underline{N}_2O$ तथा $\underline{N}O$ (d) $\underline{S}O_2$ तथा $\underline{S}O_3$

86. स्थायी अवस्था में हाइड्रोजन परमाणु की ऊर्जा -2.18×10^{-18} जूल गणना करो आयनीकरण ऐन्थैल्पी ज्ञात करो (जूल/मोल में)
(a) 2.18×10^{-18} (b) 13.12×10^5
(c) 3.16×10^{-13} (d) 2.21×10^6

87. परमाणु त्रिज्या का सही क्रम होगा
(a) $N < Be < B$ (b) $F^- < O^{2-} < N^{3-}$
(c) $Fe^{3+} < Fe^{2+} < Fe^{4+}$ (d) $Na < Li < K$

88. आयनिक त्रिज्या का सही क्रम होगा
(a) $Ti^{4+} < Mn^{7+}$ (b) $^{35}Cl^- > {}^{37}Cl^-$
(c) $K^+ > Cl^-$ (d) $P^{3+} > P^{5+}$

89. बन्ध लम्बाई LiF में होगी
(a) KF के समान
(b) KF से ज्यादा
(c) NaF के समान
(d) NaF से कम

90. क्रोमियम की आयनिक त्रिज्या निम्न यौगिकों में कम होगी

(a) CrO_2 (b) K_2CrO_4
(c) CrF_3 (d) $CrCl_3$

91. धातु हैलाइडों की विलेयता उनकी प्रकृति, वैयक्तिक आयनों की जालक एन्थैल्पी तथा जलयोजन एन्थैल्पी पर निर्भर करती है। क्षारीय धातु के फ्लोराइडों में से LiF की जल में सबसे कम विलेयता का कारण है

(a) लीथियम फ्लोराइड की आयनिक प्रकृति
(b) उच्च जालक एन्थैल्पी
(c) लीथियम आयन की उच्च जलयोजन एन्थैल्पी
(d) लीथियम परमाणु की निम्न आयनन एन्थैल्पी

92. उभयधर्मी हाइड्रॉक्साइड क्षार तथा अम्ल दोनों से क्रिया करते हैं? निम्नलिखित समूह 2 के धातु हाइड्रॉक्साइडो में से कौन-सा सोडियम हाइड्रॉक्साइड में विलेय है?

(a) $Be(OH)_2$ (b) $Mg(OH)_2$
(c) $Ca(OH)_2$ (d) $Ba(OH)_2$

93. एक पदार्थ जो ईंट जैसी लाल ज्वाला देता है तथा गर्म करने पर टूटकर ऑक्सीजन और एक भूरी गैस देता है, है

(a) मैग्नीशियम नाइट्रेट (b) कैल्सियम नाइट्रेट
(c) बेरियम नाइट्रेट (d) स्ट्रॉन्शियम नाइट्रेट

94. सीमेण्ट प्लास्टर को ठीक करने के लिए समय-समय पर जल का छिड़काव किया जाता है। यह मदद करता है

(a) जलयोजित सिलिकेटों के अन्त: बन्धनयुक्त सुईं की आकृति के क्रिस्टलों के विकास में
(b) सीमेण्ट के साथ मिश्रित रेत व रोड़ी को जल युक्त करने में
(c) रेत को सिलिसिक अम्ल में परिवर्तित करने में
(d) इसे ठण्डा रखने में

95. अम्लीय मृदा के अन्दर दबे हुए लोहे के पाइप जंग से बचाने के लिए प्राय: मैग्नीशियम के ब्लॉकों से जोड़ दिए जाते हैं। मैग्नीशियम लोहे की संक्षारण से रक्षा करता है क्योंकि यह

(a) शीघ्रता से धनात्मक आयनों में परिवर्तित हो जाता है
(b) लोहे से अधिक स्थायी होता है
(c) लोहे के साथ संक्षारणरोधी मिश्र-धातु बनाता है
(d) वायु को लोहे की सतह पर पहुँचने से रोकता है

96. बोरॉन ट्राइहैलाइड्स की अम्लीय क्षमता का क्रम है

(a) $BF_3 < BCl_3 < BBr_3 < BI_3$
(b) $BI_3 < BBr_3 < BCl_3 < BF_3$
(c) $BCl_3 < BBr_3 < BI_3 < BF_3$
(d) $BBr_3 < BCl_3 < BF_3 < BI_3$

97. मोहरे को आराम से फिसलने के लिए कैरम बोर्ड में बोरिक अम्ल का प्रयोग करते है क्योंकि

(a) H_3BO_3 के अणु शिथिलत: रासायनिक युग्मित होते हैं और इसलिए मृदु होते हैं
(b) इसका कम घनत्व इसे नरम बनाता है
(c) ये बहुत छोटे आकार वाले अनाज के जैसा चूर्ण हो सकता है
(d) H_3BO_3 में H-बन्ध इसे परतीय संरचना देता है

98. जब BCl_3 जल में मिलाया जाता है, जल-अपघटित होकर केवल $[B(OH)_4]^-$ अवस्था देता है जबकि $AlCl_3$ अम्लीकृत जलीय विलयन में $[Al(H_2O)_6]^{3+}$ आयन अवस्था देता है। बोरॉन तथा ऐलुमिनियम का संकरण इन प्रजातियों में क्रमश: है

(a) sp^3, sp^3d (b) sp^3, sp^3d^2
(c) sp^3d, sp^3d^2 (d) sp^2, sp^3d^2

99. तनु NaOH तथा ऐलुमिनियम टुकड़ों के मिश्रण को नाली/नालों को खोलने में प्रयोग करते हैं क्योंकि

(a) प्राप्त गैस उच्च दाब बनाती है
(b) ये विस्फोटक रूप में क्रिया करते हैं
(c) ये अग्नि उत्पन्न करते हैं
(d) दिया गया कथन सत्य नहीं हैं

100. ग्रेफाइट स्नेहक की तरह प्रयोग होता है क्योंकि इसकी

(a) परतीय संरचना है
(b) परतों के मध्य कमजोर वाण्डरवॉल्स बल लगा है
(c) परतों के मध्य प्रबल सहसंयोजक बन्ध है
(d) प्रवृत्ति ठोस अवस्था में रहने की है

101. आवोगाद्रो संख्या में सार्थक अंकों की संख्या है

(a) चार
(b) दो
(c) तीन
(d) उपरोक्त में से कोई भी

102. कौन-सा ग्राफ क्रांतिक मिसेल सान्द्रता (CMC) के लिए सही है?

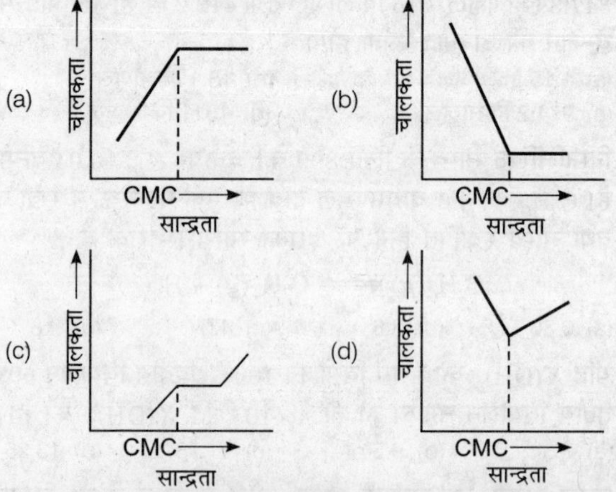

103. निम्नलिखित में से कौन-सी व्यवस्था प्रति लौह चुम्बकीय पदार्थ के चुम्बकीय आघूर्ण के योजना बद्ध संरेखन को दर्शाता है?

(a) ↑ ↑ ↑ ↑ ↑ ↑
(b) ↓ ↓ ↓ ↓ ↓ ↓
(c) ↑ ↑ ↓ ↑ ↑ ↓
(d) ↑ ↓ ↑ ↓ ↑ ↓

104. हम जानते हैं कि K_c तथा K_p के मध्य निम्न सम्बन्ध है $K_p = K_c(RT)^{\Delta n}$ निम्न अभिक्रिया के लिए Δn का मान क्या होगा

$$NH_4Cl(s) \rightleftharpoons NH_3(g) + HCl(g)$$

(a) 1 (b) 0.5 (c) 1.5 (d) 2

105. हाइड्रोजन परमाणु में स्थित इलेक्ट्रॉन के लिए तरंग फलन $\psi, e^{-t/a_0}$ के समानुपाती है, जहाँ a_0 बोर त्रिज्या है। नाभिक इलेक्ट्रॉन पाये जाने की प्रायिकता तथा इसके a_0 पर पाये जाने की प्रायिकता का अनुपात है

(a) e (b) e^2

(c) $\frac{1}{e^2}$ (d) शून्य

106. निम्न परिकल्पित अभिक्रिया क्रियाविधि के

$$A \longrightarrow B \longrightarrow C \longrightarrow D \longrightarrow E$$

लिए आँकड़ें तालिकाबद्ध है

उत्पन्न स्पीशीज	इसके निर्माण का वेग
B	0.002 मोल/घण्टा A के प्रति मोल
C	0.030 मोल/घण्टा B के प्रति मोल
D	0.011 मोल/घण्टा C के प्रति मोल
E	0.042 मोल/घण्टा D के प्रति मोल

वेग निर्धारक पद है

(a) चरण I (b) चरण II

(c) चरण III (d) चरण IV

107. $\underline{C}H_3\underline{C}OOH$ में C की ऑक्सीकरण अवस्था है

(a) 0 (b) 1 (c) 2 (d) 3

108. 3 ऐम्पियर विद्युत धारा 50 मिनट तक प्रवाहित करने पर 1.8 ग्राम धातु संग्रहित होती है। धातु का तुल्यांकी भार है

(a) 9.3 (b) 19.3 (c) 38.3 (d) 39.9

109. 0.3 M फॉस्फोरस अम्ल (H_3PO_3) की नॉर्मलता (N) है

(a) 0.2 (b) 0.4

(c) 0.6 (d) 0.8

110. NO_3^- आयन के लिए सम्भव अनुनाद संरचनाओं की संख्या है

(a) 2 (b) 3

(c) 4 (d) 5

111. क्षारीय तत्वों का इलेक्ट्रॉनिक विन्यास प्रस्तुत होगा

(a) $ns^2p^6d^1$ (b) $(n-1)s^2p^6ns^1$

(c) $(n-1)s^2p^6ns^2np^1$ (d) $(n-1)s^2p^6d^{10}ns^1$

112. ग्लूकोस का दहन निम्न समीकरण के अनुसार होता है

$C_6H_{12}O_6 + 6O_2 \longrightarrow 6CO_2 + 6H_2O;\ \Delta H = -72$ किलोकैलारी

1.6 ग्राम ग्लूकोस के उत्पादन के लिये कितनी ऊर्जा की आवश्यकता होगी? [ग्लूकोस का अणुभार = 180].

(a) 0.064 किलोकैलोरी (b) 0.64 किलोकैलोरी

(c) 6.4 किलोकैलोरी (d) 64 किलोकैलोरी

113. सिल्वर के मुख्य अयस्क अर्जेन्टाइट, हॉर्न सिल्वर तथा पायरेगायराइट हैं। इनके सूत्र क्रमशः हैं

(a) Ag_2S, AgCl तथा $AgSbS_2$ (b) AgCl, $AgSbS_2$ तथा Ag_2S

(c) $AgSbS_2$, Ag_2S तथा AgCl (d) AgCl, Ag_2S तथा $AgSbS_2$

114. निम्नलिखित में प्रजाति A तथा B क्या हैं?

$$CrO_3 + H_2O \longrightarrow A \xrightarrow{OH^-} B$$

(a) H_2CrO_4, $H_2Cr_2O_7$

(b) $H_2Cr_2O_7$, Cr_2O_3

(c) CrO_4^{2-}, $Cr_2O_7^{2-}$

(d) H_2CrO_4, CrO_4^{2-}

115. R(H)C=C(H)–C(H)=C(R)(H)

उपरोक्त अणु के ज्यामितीय समावयवियों की संख्या है

(a) 2 (b) 3

(c) 6 (d) 5

116. निम्न अभिक्रिया में क्या उत्पाद प्राप्त होगा?

$$+ CH_3—CH_2—CH_2Cl \xrightarrow{AlCl_3}$$

(a) $CH_2CH_2CH_3$ (b) $CH(CH_3)_2$

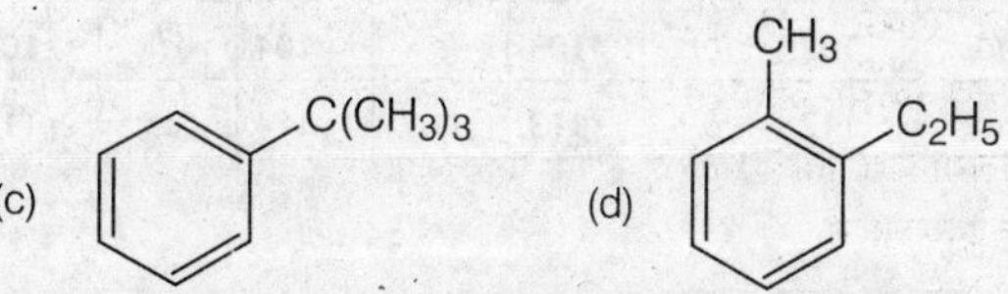

(c) $C(CH_3)_3$ (d) CH_3, C_2H_5

117. निम्न में से कौन *विस*-डाइहैलाइड का उदाहरण है

(a) डाइक्लोरोऐथेन (b) 1, 2-डाइक्लोरोऐथेन

(c) एथिलीडीन क्लोराइड (d) ऐलिल क्लोराइड

118. निम्नलिखित यौगिकों की अम्लीय क्षमता का घटता हुआ सही क्रम चुनिए।

I. OH II. OH, NO_2 III. OH, OCH_3

IV. OH, NO_2 V. OH, OCH_3

(a) (V) > (IV) > (II) > (I) > (III)

(b) (II) > (IV) > (I) > (III) > (V)

(c) (IV) > (V) > (III) > (II) > (I)

(d) (V) > (IV) > (III) > (II) > (I)

119. (Acetone, CH_3COCH_3) $\xrightarrow{NH_2OH} X \xrightarrow{LiAlH_4} Y$

इस क्रम में *Y* है।

(a) तृतीयक ऐमीन
(b) द्वितीयक ऐमीन
(c) प्राथमिक ऐमीन
(d) 2-नाइट्रोप्रोपेन

120. वह यौगिक, जिसे प्लास्टिसाइजर के रूप में प्रयुक्त नहीं किया जा सकता है

(a) डाइ-*n*-ब्यूटिलथैलेट
(b) ट्राइक्रिसिल फॉस्फेट
(c) डाइ-*n*-ऑक्टीथैलेट
(d) डाइएथिल थैलेट

उत्तरमाला

1.	(a)	2.	(b)	3.	(c)	4.	(b)	5.	(a)	6.	(b)	7.	(b)	8.	(c)	9.	(b)	10.	(c)
11.	(a)	12.	(b)	13.	(a)	14.	(c)	15.	(d)	16.	(a)	17.	(d)	18.	(b)	19.	(a)	20.	(a)
21.	(d)	22.	(a)	23.	(b)	24.	(c)	25.	(d)	26.	(b)	27.	(b)	28.	(b)	29.	(d)	30.	(a)
31.	(a)	32.	(d)	33.	(c)	34.	(b)	35.	(c)	36.	(a)	37.	(b)	38.	(a)	39.	(d)	40.	(a)
41.	(b)	42.	(d)	43.	(c)	44.	(b)	45.	(c)	46.	(a)	47.	(b)	48.	(d)	49.	(d)	50.	(b)
51.	(d)	52.	(c)	53.	(d)	54.	(a)	55.	(a)	56.	(d)	57.	(c)	58.	(c)	59.	(b)	60.	(b)
61.	(a)	62.	(a)	63.	(a)	64.	(b)	65.	(c)	66.	(b)	67.	(c)	68.	(a)	69.	(b)	70.	(d)
71.	(b)	72.	(c)	73.	(b)	74.	(b)	75.	(c)	76.	(b)	77.	(c)	78.	(a)	79.	(d)	80.	(c)
81.	(c)	82.	(a)	83.	(c)	84.	(d)	85.	(d)	86.	(b)	87.	(b)	88.	(d)	89.	(d)	90.	(b)
91.	(b)	92.	(a)	93.	(b)	94.	(a)	95.	(a)	96.	(a)	97.	(d)	98.	(b)	99.	(a)	100	(b)
101.	(a)	102.	(b)	103.	(d)	104.	(d)	105.	(d)	106.	(a)	107.	(a)	108.	(b)	109.	(c)	110.	(b)
111.	(b)	112.	(b)	113.	(a)	114.	(d)	115.	(b)	116.	(b)	117.	(b)	118.	(b)	119.	(c)	120.	(d)

मध्य प्रदेश
उच्च माध्यमिक शिक्षक पात्रता परीक्षा (भाग-ब)

प्रैक्टिस पेपर 4

निर्देश

इस प्रश्न-पत्र में कुल 120 वस्तुनिष्ठ प्रकार के प्रश्न हैं तथा प्रत्येक प्रश्न के लिए एक अंक निर्धारित है।

1. यूरोट्रोपीन का उपयोग करके निम्न यौगिकों में से कौन बेन्जैल्डिहाइड देता है?
(a) टॉलूईन (b) बेन्जिल क्लोराइड
(c) बेन्जल क्लोराइड (d) क्लोरोबेन्जीन

2. निम्न अकार्बनिक बहुलकीय पदार्थों में किसका उपयोग प्रसाधनित/चिकित्सीय अन्तरोपों के बनाने में होता है?
(a) सल्फर नाइट्राइड का (b) पाइरॉक्सीनो का
(c) सिलिकॉनों का (d) फॉस्फाजीनों का

3. अर्द्ध-सेल अभिक्रिया
$O_2(g) + 2H_2O(l) + 4e^- \longrightarrow 4OH^-(aq)$
के लिए $\frac{-\Delta G°}{FE°}$ का मान निम्न में क्या होगा?
(a) 1.0 (b) 2.5
(c) 3.2 (d) 4.0

4. जब ऐलुमिना को कार्बन के साथ, नाइट्रोजन वातावरण में गर्म किया जाता है तो बनने वाला उत्पाद है
(a) $Al + CO$ (b) $Al + CO_2$
(c) $AlN + CO$ (d) $Al_2O_3 + CH_2N_2$

5. निम्न यौगिकों में आयोडोफॉर्म परीक्षण कौन देगा?
(a) $C_6H_5-CH(OH)-C_6H_5$
(b) $C_6H_5-CH_2-CH(OH)-CH_3$
(c) $C_6H_5-CH_2-CH_2-CH_2-OH$
(d) $C_6H_5-CH(CH_2OH)-CH_3$

6. साबुन के जलीय सॉल के कोलॉइडी कण होते हैं
(a) ऋणावेशित (b) उदासीन
(c) धनावेशित (d) उभयधर्मी

7. किसी अनुनाद प्रसंकर के अनुनाद ऊर्जा का मान
(a) निरपेक्ष होता है
(b) सापेक्षिक होता है
(c) पूर्वानुमान नहीं किया जा सकता
(d) हमेशा निम्न स्तर पर होता है

8. जाइजे के लवण $K[Pt(C_2H_4)Cl_3]$ के लिए निम्न नामों में से कौन-सा आई.यू.पी.ए.सी (IUPAC) पद्धति के अनुसार सही है?
(a) पोटैशियम एथिलीनट्राइक्लोरोप्लैटिनम (0)
(b) पोटैशियम ट्राइक्लोरोएथिलीनप्लैटिनम (II)
(c) पोटैशियम ट्राइक्लोरोएथिलीनप्लैटिनेट (II)
(d) पोटैशियम ट्राइक्लोरोएथिलीनप्लैटिनेट (IV)

9. यदि समांग अभिक्रिया $xA + yB \longrightarrow 1y + mZ$ के लिए $\Delta H = -30\ kJ\ mol^{-1}$ एवं $\Delta S = -100\ JK^{-1}\ mol^{-1}$, तो साम्य ताप का मान क्या होगा?
(a) 50°C (b) 100°C (c) 250°C (d) 27°C

10. अभिक्रिया $A(g) + B(g) \rightleftharpoons 2C(g)$
आधा लीटर के बर्तन में कराई जाती है। साम्यावस्था में A का एक मोल, B का 2 मोल एवं C का 3 मोल उपस्थित है। K_C का मान है
(a) 4.5 (b) 6.0 (c) 9.0 (d) 18.0

11. निम्न अभिक्रिया में उत्पाद P को पहचानिए।
3, 4, 5-ट्राइब्रोमोऐनिलीन $\xrightarrow[\text{(i) } H_3PO_2]{\text{(i) डाइऐजोटिकरण}} P$
(a) 2, 4, 6-ट्राइब्रोमोबेन्जीन (b) 3, 4, 5-ट्राइब्रोमोबेन्जीन
(c) 1, 2, 3-ट्राइब्रोमोबेन्जीन (d) 3,4, 5-ट्राइब्रोमोनाइट्रोबेन्जीन

12. ऑर्थोसिलिकेटों की मूल संरचना इकाई कौन-सी है?
(a) SiO^{2+} (b) SiO_2
(c) SiO_3^{2-} (d) SiO_4^{4-}

13. निम्नलिखित में से कौन-सा समूह वुल्फ-किश्नर अभिक्रिया देता है
(a) नाइट्रो (b) $C{=}C$
(c) सायनो (d) कार्बोनिल

14. अभिक्रिया $CO(g) + \frac{1}{2}O_2(g) \longrightarrow CO_2(g)$ के लिए निम्न में कौन-सा सम्बन्ध सत्य है?
(a) $\Delta H = \Delta E$ (b) $\Delta H = \Delta E + RT$
(c) $\Delta H = \Delta E + \frac{1}{2}RT$ (d) $\Delta H = \Delta E - \frac{1}{2}RT$

15. निम्नलिखित स्पीशीज में किसका अस्तित्व नहीं है?
(a) $[SiCl_6]^{2-}$ (b) $[GeFe_6]^{2-}$
(c) $[CCl_6]^{2-}$ (d) $[SnCl_6]^{2-}$

16. निम्नलिखित में से किस गैस का विसरण दर सबसे अधिक होगा?
(a) O_2 (b) CO_2 (c) NH_3 (d) N_2

17. द्रव ब्रोमीन के साथ विलायक की अनुपस्थिति में ऐसीटिलीन निम्न में से क्या बनाती है?
(a) ऐसीटिलीन टेट्राब्रोमाइड (b) ऐसीटिलीन डाइब्रोमाइड
(c) ऐसीटिलीन मोनोब्रोमाइड (d) अभिक्रिया नहीं करती

18. क्रिस्टल क्षेत्र विपाटन शक्ति निम्न में किस लिगेण्ड में सर्वाधिक है?
(a) F^- (b) OH^- (c) NH_3 (d) CN^-

19. दिए हुए लैन्थेनॉइड आयनों में से एक के लवण के जलीय विलयन का उपयोग अपचयोपचीय अभिक्रिया में एक आयतनी मानक के तौर पर होता है। इस लैन्थेनॉइड आयन को इंगित करिए।
(a) Ce^{4+} (b) Pr^{4+} (c) Tb^{4+} (d) Dy^{4+}

20. एक यौगिक $A\ (C_5H_8O_2)$ पेन्टेन में अपचयित होता है। A NH_2OH के सांथ डाइऑक्सिम बनाता है तथा सकारात्मक आयोडोफॉर्म व टॉलेन परीक्षण देता है। A की संरचना निम्न में से क्या है?

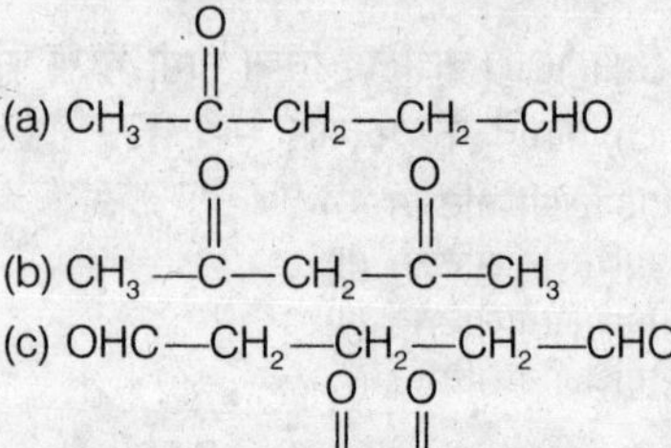

(a) $CH_3-CO-CH_2-CH_2-CHO$
(b) $CH_3-CO-CH_2-CO-CH_3$
(c) $OHC-CH_2-CH_2-CH_2-CHO$
(d) $CH_3-CH_2-CO-CO-CH_3$

21. NH_3 का संयुग्मी अम्ल निम्न में से कौन है?
(a) NH_2^- (b) NH_2OH
(c) NH_4^+ (d) N_2H_4

22. निम्नलिखित अभिक्रिया के उत्पाद P को पहचानिए।

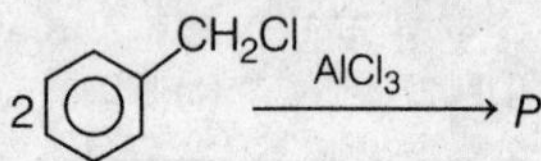

(a) 1-मेथिल नैफ्थैलीन
(b) ऐन्थ्रासीन (Anthracene)
(c) फिनॉन्थ्रिन
(d) 1, 4-डाइमेथिल नैफ्थैलीन

23. निम्न धात्विक ऑक्साइड के युग्मों में से किस युग्म के दोनों सदस्य, HCl व NaOH दोनों में घुलनशील है?
(a) Li_2O, BeO (b) BeO, Al_2O_3
(c) Li_2O, MgO (d) BaO, MgO

24. अभिक्रिया $NH_4HS(s) \rightleftharpoons NH_3(g) + H_2S(g)$ के लिए साम्य दाब 6 atm है। इस अभिक्रिया के लिए K_p का मान क्या होगा?
(a) $3\ atm^{-2}$ (b) 6 atm (c) $9\ atm^2$ (d) $24\ atm^2$

25. निम्न में किसके साथ फ्रिडेल-क्राफ्ट अभिक्रिया बहुत सफलता से नहीं होती है?
(a) पायरॉल (b) थायोफीन
(c) पिरीडीन (d) फ्यूरान (Furan)

26. समान ताप पर निम्न विलयन युग्मों में से कौन समपरासरी युग्म है?
(a) 0.1 M ग्लूकोस और 0.1 M KCl
(b) 0.1 M ग्लूकोस और 0.1 M $MgCl_2$
(c) 0.1 M KCl और 0.1 M K_2SO_4
(d) 0.1 M K_2SO_4 और 0.1 M $Cd(NO_3)_2$

27. निम्न में से कौन-सा युग्म समसंरचनात्मक है?
(a) XeF_4, $[Ni(CN)_4]^{2-}$ (b) XeF_4, $[Ni(CO)_4]$
(c) XeO_3, $[ClF_3]$ (d) BF_3, ClF_3

28. पीले क्रोमेट आयन व नारंगी डाइक्रोमेट आयन के सन्दर्भ में निम्न अवलोकनों में कौन-सा सही है?
(a) $CrO_4^{2-} \underset{H^+}{\overset{OH^-}{\rightleftharpoons}} Cr_2O_7^{2-}$
(b) $CrO_4^{2-} \underset{OH^-}{\overset{H^+}{\rightleftharpoons}} Cr_2O_7^{2-}$
(c) $CrO_4^{2-} \underset{H^+}{\overset{H_2O}{\rightleftharpoons}} Cr_2O_7^{2-}$
(d) $CrO_4^{2-} \underset{H_2O}{\overset{OH^-}{\rightleftharpoons}} Cr_2O_7^{2-}$

29. एक क्रिस्टल द्वारा X-किरणों का ब्रेग परावर्तन नहीं प्रदर्शित होगा, यदि $d_{(nkl)}$ छोटा है
(a) λ से (b) $\frac{\lambda}{2}$ से
(c) $\frac{\lambda}{3}$ से (d) $\frac{\lambda}{4}$ से

30. निम्नलिखित में से कौन एक वास्तविक गैस के आदर्श गैस की तुलना में कम दाब के लिए उत्तरदायी है?
(a) अणुओं का निश्चित आकार
(b) अणुओं की गतिज ऊर्जा में बढ़ोतरी
(c) श्यानता (Viscosity)
(d) अन्तरआण्विक बल

31. ऐसा धनायन जो रक्त स्पन्दन को प्रारम्भ करता है तथा पेशी-संकुचन विमोचक के लिए भी जाना जाता है, वह है
(a) Na^+ (b) K^+
(c) Ca^{2+} (d) Fe^{2+}

32. फायान्स के नियमों के अनुसार नीचे दिए हुए धातुओं के क्लोराइडों में सबसे कम गलनांक इसका होगा
(a) $CaCl_2$ (b) $BaCl_2$
(c) $MgCl_2$ (d) $SrCl_2$

33. निम्न में से सत्य कथन चुनिए।
(a) अधिशोषण पृष्ठ ऊर्जा को कम करता है
(b) अधिशोषण अनुत्क्रमणीय प्रक्रम है
(c) अधिशोषण ताप बढ़ाने पर बढ़ता है
(d) अधिशोषण सदैव एकपरती होता है।

34. HCl के 0.1 M विलयन की मोलर चालकता λ_m 412.02 S m^2 mol^{-1} है और H^+ की ट्रान्सपोर्ट संख्या 0.825 है Cl^- की मोलर आयनिक चालकता (S m^2 mol^{-1}) निम्न में क्या होगी?
(a) 69.3 (b) 72.1
(c) 73.4 (d) 74.1

35. निम्नलिखित में कौन अनुचुम्बकीय सदस्यों का युग्म है?
(a) N_2^+, B_2 (b) N_2, O_2^{2-}
(c) N_2^+, O_2^{2-} (d) N_2, O_2^-

36. निम्न क्रियाओं में A व B को इंगित करिए।

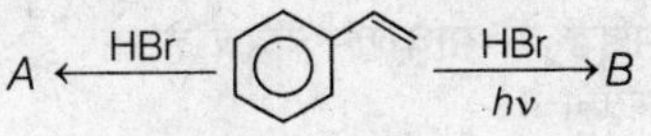

$A \xleftarrow{HBr}$ (styrene) $\xrightarrow[h\nu]{HBr} B$

(a) A तथा B दोनों है (Br)

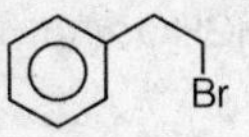

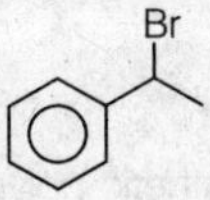

(b) A तथा B दोनों है (Br)

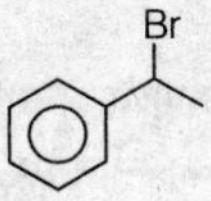

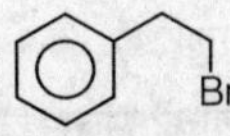

(c) A है (Br) तथा B है (Br)

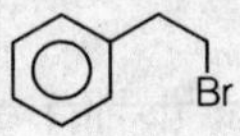

(d) A है (Br) तथा B है (Br)

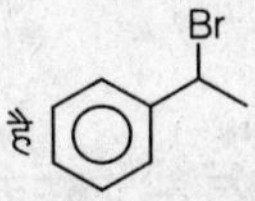

37. निम्नलिखित में से किसकी एक As_2S_3 कोलॉइड के लिए सबसे अधिक स्कन्दन क्षमता है?

(a) PO_4^{3-} (b) Al^{3+} (c) SO_4^{2-} (d) Na^+

38. निम्नलिखित अभिक्रिया के उत्पाद A को पहचानिए।

$$C_6H_5CHO + CH_2(COOH)_2 \xrightarrow[\Delta]{NH_3/C_2H_5OH} A$$

(a) $C_6H_5CH{=}CHCOOH$
(b) $C_6H_5CH(OH)CH_2COOH$
(c) $C_6H_5COCH_2COOH$
(d) $C_6H_5CH_2COOH$

39. संकुल $Na[Fe(CO)_4H]$ में Fe की ऑक्सीकरण संख्या है

(a) + 2 (b) – 2
(c) + 3 (d) + 4

40. अभिक्रिया $CH{=}CH(g) + EtMgBr \xrightarrow{\text{ईथर}} P$ में, उत्पाद P क्या है?

(a) $CH{\equiv}C\,MgBr$ (b) $BrMgC{=}CMgBr$
(c) $BrC{=}CBr$ (d) $CH{=}CBr$

41. यदि कोलॉइडी विलयनों A, B एवं C के लिए स्वर्ण संख्या क्रमश: 0.1, 2.5 एवं 20 है तो इन कोलॉइडी विलयनों की शक्ति का अनुपालन कोटि होगी

(a) $C > B > A$ (b) $A > B > C$
(c) $A = B = C$ (d) $B > A > C$

42. यदि किसी शुद्ध तरल A का वाष्प दाब 40 mm Hg है तथा A से निर्मित एक विलयन B का समान ताप पर वाष्प दाब 20 mm Hg है तो विलयन में A का मोल अंश क्या होगा?

(a) 0.5 (b) 0.25
(c) 0.125 (d) 0.75

43. NH_3 तथा H_3O^+ की संरचना से सम्बन्धित दिए गए कथनों में कौन-सा सही नहीं है?

(a) NH_3 में सभी N—H आबन्ध समान लम्बाई एवं प्रबलता के होते हैं
(b) H_3O^+ में सभी O—H आबन्ध समान लम्बाई एवं प्रबलता के होते हैं
(c) NH_3 में N परमाणु व H_3O^+ में O परमाणु दोनों ही sp^3-संकरण अवस्था अपनाते हैं
(d) एकाकी इलेक्ट्रॉन-युग्मों की संख्या N परमाणु (NH_3) पर मात्र एक लेकिन O परमाणु (H_3O^+) पर दो है

44. साइक्लोहेक्सेन के लिए निम्न में कौन-सा कथन सत्य है?

(a) दोनों कुर्सी एवं नाव संरूपण में कोण तनाव होता है
(b) केवल कुर्सी संरूपण कोण तनाव से मुक्त है
(c) केवल नाव संरूपण कोण तनाव से मुक्त है
(d) दोनों कुर्सी एवं नाव संरूपण कोण तनाव से मुक्त है

45. N_2, O_2, NH_3 एवं CH_4 गैसों के लिए वाण्डर वाल्स स्थिरांक का 'a' का मान क्रमशः 1.39, 1.36, 4.00 एवं 2.253 dm^6 atm mol^{-2} है। अधिकतम आसानी से प्रवीकृत की जाने वाली गैस है।

(a) N_2 (b) O_2 (c) NH_3 (d) CH_4

46. निम्न में कौन-सा यौगिक $NaHCO_3$ से क्रिया नहीं करता है?

(a) 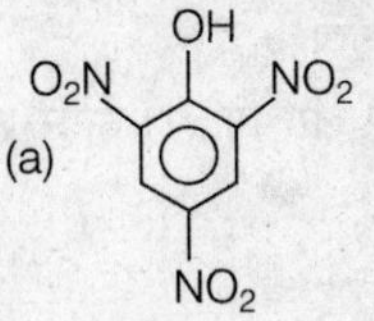 OH, O_2N, NO_2, NO_2 (b) 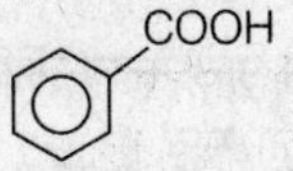 COOH

(c) 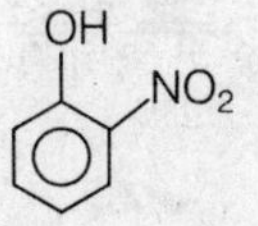 OH, NO_2 (d) 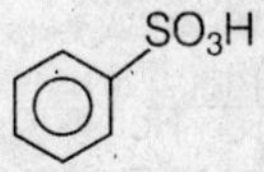 SO_3H

47. कुछ अष्टफलकीय संकुलों में केन्द्रीय धात्विक परमाणु के लिए इलेक्ट्रॉनी-विन्यास की आद्य-अवस्था दी गई है। प्रचक्रण-वरण नियमानुसार इनमें से किसके इलेक्ट्रॉनी-संक्रमण वर्जित है?

(a) $t_{2g}^6\ e_g^1$ (b) $t_{2g}^3\ e_g^0$ (c) $t_{2g}^6\ e_g^2$ (d) $t_{2g}^6\ e_g^3$

48. निम्नलिखित में से समइलेक्ट्रॉनिक युग्म है

(a) Cl_2O, ICl_2^- (b) Cl_2O, ClO_2
(c) I_3^-, IF_2^- (d) ClO_2^-, ClF_2^+

49. एलीजैरिन (Alizarin) इनमें से क्या है?

(a) 1, 3,-डाइहाइड्रॉक्सी ऐन्थ्राक्विनोन
(b) 1, 2-डाइहाइड्रॉक्सी ऐन्थ्राक्विनोन
(c) 1, 4-डाइहाइड्रॉक्सी ऐन्थ्राक्विनोन
(d) 1-हाइड्रॉक्सी ऐन्थ्राक्विनोन

50. एक अभिक्रिया का ΔH इनमें से किस पर आश्रित नहीं है?

(a) T
(b) अनुगामित पथ
(c) प्रारम्भ और अन्त अवस्था
(d) ΔV

51. 1×10^{-8} M HCl जलीय विलयन का pH क्या होगा?

(a) 5 (b) 7 से थोड़ा कम
(c) 7 से थोड़ा अधिक (d) 8

52. $[Ni(NH_3)_6]^{2+}$ में केन्द्रीय धातु आयन की प्रभावशाली परमाणु संख्या (EAN) है।

(a) 38 (b) 36 (c) 37 (d) 40

53. D-ग्लूकोस के जलीय विलयन में खुली श्रृंखला आकृति की साम्य लगभग क्या होती है?

(a) 2% (b) 20% (c) 90% (d) 0.02%

54. आयनी आकारों के आधार पर नीचे दिए गए लवणों में किसकी जल में घुलनशीलता अधिकतम होगी?

(a) $Mg(OH)_2$ (b) $Ba(OH)_2$
(c) $MgCO_3$ (d) $BaCO_3$

55. HCN के अति तनु विलयन के लिए वाण्ट हॉफ (vant Hoff) फैक्टर 1.00002 है। प्रतिशत वियोजन मात्रा निम्न में क्या होगी?
(a) 2×10^{-2} (b) 2×10^{-3}
(c) 2×10^{-4} (d) 2×10^{-6}

56. आवर्त सारणी में तत्वों की स्थिति के सन्दर्भ में कौन-सा विषम-युग्म है?
(a) Mg, Ga (b) Na, Ar
(c) Ca, Br (d) In, Te

57. निम्नलिखित में से कौन एक मात्राशित गुणधर्म है?
(a) एन्थैल्पी (b) श्यानता (Viscosity)
(c) सान्द्रण (d) घनत्व

58. किसी द्रव का पृष्ठ तनाव क्रान्तिक ताप से लगभग x°C ऊपर शून्य हो जाता है। x का मान है।
(a) 4° (b) 2°
(c) 6° (d) 3°

59. क्षार धातुओं के फ्लुओराइडों की जालक ऊर्जा के घटने का सही क्रम है
(a) LiF > NaF > RbF > CsF > KF
(b) LiF > KF > NaF > CsF < RbF
(c) LiF > NaF > KF > RbF > CsF
(d) CsF > RbF > KF > NaF > LiF

60. निम्नलिखित अभिक्रिया क्रम में A व B क्रमशः है

$$\text{(THF)} \xrightarrow[ZnCl_2]{HCl} A \xrightarrow[\Delta]{CN^-} [\quad] \xrightarrow{H_2/Ni} B$$

(a) 1, 4-डाइक्लोरोब्यूटेन; हेक्सानोइक अम्ल
(b) 1, 4-डाइक्लोरोब्यूटेन, हेक्सामेथिलीन डाइऐमीन
(c) 2-क्लोरोब्यूटेन, हेक्साइलऐमीन
(d) 2-क्लोरोब्यूटेन, ऐडिपोनाइट्राइल

61. निम्न में किस विलयन युग्म को मिलाकर एक अम्लीय बफर विलयन बनाया जा सकता है?
(a) $(NH_3)_2SO_4$ और H_2SO_4
(b) CH_3COONa और CH_3COOH
(c) NH_4Cl और NH_4OH
(d) NaCl और HCl

62. SO_2 की ΔH_f° -297.5 kJ mol^{-1} है। 32g SO_2 के अपघटन की आवश्यक ऊर्जा है
(a) 148.75 kJ (b) – 148.75 kJ
(c) – 297.5 kJ (d) 297.5 kJ

63. संलग्नियों की *ट्रान्स*-निदेशन क्षमता के आधार पर, किस संकुल में Cl^- संलग्नि के स्थान पर NH_3 का विस्थापन सबसे तीव्र गति से होने की आपको प्रत्यासा है?
(a) $[Pt(H_2O)Cl_3]^-$ (b) $[Pt(CN)Cl_3]^{2-}$
(c) $[Pt(I)Cl_3]^{2-}$ (d) $[PtCl_4]^{2-}$

64. उत्प्रेरक रासायनिक अभिक्रिया की गति को बढ़ाता है
(a) सक्रियण ऊर्जा बढ़ाकर के
(b) सक्रियण ऊर्जा कम कर के
(c) अभिकारकों से अभिक्रिया कर के
(d) उत्पादों से अभिक्रिया कर के

65. ऐसीटिक अम्ल तथा फॉर्मिक अम्ल के मिश्रण के वाष्प को 300°C पर मैंगनस ऑक्साइड के साथ गर्म करते है तो
(a) HCHO बनता है
(b) दोनों CH_3CHO और HCHO बनता है
(c) CH_3CHO बनता है
(d) CH_4 बनती है

66. द्विपरमाणवीय अणुओं हेतु, अणु कक्षक सिद्धान्त के अनुसार, आयनन ऊर्जा (ionisation energy) का न्यूनतम मान सम्भावित है
(a) C_2 के लिए (b) N_2 के लिए
(c) CO के लिए (d) NO के लिए

67. निम्नलिखित में अर्द्ध संश्लेषित बहुलक (synthetic polymer) कौन है?
(a) रेशम (b) रेयॉन
(c) लकड़ी (d) प्राकृतिक रबड़

68. निम्न 0.1 M विलयनों में किसका क्वथनांक सबसे अधिक होगा?
(a) पोटैशियम सल्फेट (b) पोटैशियम नाइट्रेट
(c) पोटैशियम क्लोराइड (d) यूरिया

69. निम्नलिखित युग्मों में से किसके दोनों सदस्यों का आकार लगभग समान होता है?
(a) Ti^{4+}, Zr^{4+} (b) Ti^{4+}, Th^{4+}
(c) Zr^{4+}, Hi^{4+} (d) Zn^{2+}, Zr^{4+}

70. निम्न बोरॉन हैलाइड्स की लुईस अम्लीय प्रबलता का सही क्रम है
(a) $BF_3 > BCl_3 > BBr_3$ (b) $BF_3 > BBr_3 > BCl_3$
(c) $BBr_3 > BCl_3 > BF_3$ (d) $BCl_3 > BBr_3 > BF_3$

71. निम्नलिखित अभिकर्मकों में से कौन रीमन-टीमान अभिक्रिया करता है?
(a) $C_6H_5-CH_3$ (b) C_6H_5-OH
(c) $C_6H_5-CH{=}CH-CHO$ (d) C_6H_5-COOH

72. यदि 100°C पर जल की वाष्प ऊष्मा 540 cal g^{-1} है तो एक मोल जल के वाष्प की एन्ट्रॉपी परिवर्तन होगी
(a) 5.40 cal K^{-1} g^{-1} (b) 5.40 cal K^{-1} mol^{-1}
(c) 22.04 cal K^{-1} mol^{-1} (d) 26.06 cal K^{-1} mol^{-1}

73. यदि 3.0 g यूरिया को 45 g जल में घोला जाए तो वाष्प दाब में सापेक्ष कमी कितनी होगी?
(a) 0.02 (b) 0.01 (c) 0.04 (d) 0.05

74. यदि एक वाष्प इंजन उच्च दाब पर 400 K एवं 300 K के मध्य कार्य करता है तो इंजन की दक्षता (efficiency) इनमें से क्या होगी?
(a) 0.50 (b) 0.55 (c) 0.25 (d) 1.00

75. डेक्रॉन (Dacron) निम्न में किसका उदाहरण है?
(a) पॉलीऐमाइड (b) पॉलीप्रोपीन
(c) पॉलीऐक्रीलोनाइट्राइल (d) पॉलीएस्टर

76. निम्न यौगिकों में से कौन $K_2Cr_2O_7$ तथा H_2SO_4 के साथ गर्म किए जाने पर, ऑक्सीकरण से भिन्न अभिक्रिया दर्शाता है?
(a) HCl (b) CH_3CH_2OH
(c) $H_2C_2O_4 \cdot 2H_2O$ (d) $(NH_4)_2Fe(SO_4)_2 \cdot 6H_2O$

77. निम्न अभिक्रिया इनमें से क्या कहलाती है?

$ArN_2^{\oplus} + CuCN \longrightarrow ArCN$

(a) सैण्डमेयर अभिक्रिया (b) गाटरमान अभिक्रिया
(c) बोल्ट्जमान अभिक्रिया (d) हेस अभिक्रिया

78. दिए गए किस युग्म के दोनों अणु-कक्षकों की सममिति गिराड (सम) होती है?

(a) σ और σ^* (b) π और π^*
(c) σ और π^* (d) σ^* और π^*

79. $^{238}_{92}U$ का एक परमाणु एक मन्द न्यूट्रॉन अवशोषण करके नाभिकीय विघटन द्वारा दो अवयवों $^{139}_{54}Xe$ एवं $^{94}_{38}Sr$ का निर्माण करता है। इस अभिक्रिया में अन्य मुक्त कण इनमें से है

(a) α-कण (b) β-कण (c) न्यूट्रॉन (d) पॉजिट्रॉन

80. ट्राइहैलाइड आयनों के स्थायित्व का सही बढ़ता क्रम है

(a) $I_3^- < IBr_2^- < ICl_2^- < Br_3^-$ (b) $Br_3^- < ICl_2^- < IBr_2^- < I_3^-$
(c) $ICl_2^- < IBr_2^- < Br_3^- < I_3^-$ (d) $Br_3^- < IBr_2^- < ICl_2^- < I_3^-$

81. शॉटकी क्रिस्टल दोष वास्तव में है एक

(a) रेखीय दोष (b) संयोजकता दोष
(c) रिक्त दोष (d) इनमें से कोई नहीं

82. संकुल $[Co(en)_2Cl_2]^+$ के सम्भावित समावयवों की संख्या है (en = एथिलीनडाइऐमीन)

(a) 2 (b) 4 (c) 3 (d) 5

83. निम्न में से कौन-सा यौगिक जल के सम्पर्क में आने पर सीमेण्ट की भाँति 30 मिनट के अन्दर एक कठोर प्लास्टर में जम जाता है।

(a) $CaCO_3$ (b) $CaSO_4$
(c) $Ca_3(PO_4)_2$ (d) $(CaSO_4)_2H_2O$

84. निम्न में कौन रंजक, सल्फ्यूरस अम्ल तथा सीरियम का पता लगाने के लिए स्पॉट परीक्षण अभिकर्मक के रूप में तथा रोगाणुरोधक के रूप में उपयोग होता है?

(a) मैलेकाइट हरित (b) ऐलिजैरिन
(c) क्रिस्टल वॉयलेट (d) इण्डिगो

85. एक गैल्वेनिक सेल में 298 K पर निम्न अभिक्रिया होती है

$Cr_2O_7^{2-} + 14H^+ + 6Fe^{2+} \longrightarrow 2Cr^{3+} + 6Fe^{3+} + 7H_2O$

यदि $E^\circ_{(Cr_2O_7^{2-}, H^+, Cr^{3+}/Pt)} = 1.33\ V$

और $E^\circ_{(Fe^{3+}, Fe^{2+}/Pt)} = 0.77\ V$

तो सेल का मानक विभव (emf) निम्न में से कौन-सा होगा?

(a) 2.10 V (b) 0.56 V
(c) – 2.10 V (d) – 0.56 V

86. 25°C पर अनन्त तनुता पर HCl, CH_3COONa एवं NaCl की मोलर चालकता क्रमशः 426.1, 91.0 एवं 126.5 S m^2 mol^{-1} है। 25°C एवं अनन्त तनुता पर CH_3COOH की मोलर चालकता है।

(a) 208.6 S m^2 mol^{-1} (b) 390.6 S m^2 mol^{-1}
(c) 441.6 S m^2 mol^{-1} (d) 217.6 S m^2 mol^{-1}

87. अभिक्रिया,

ऐनिलीन + ग्लिसरॉल $\xrightarrow[H_2SO_4\ >100°C]{PhNO_2}$ P में उत्पाद P है

(a) ऐनिलीन ऐमाइड (b) पिरीडीन
(c) इन्डोल (d) क्विनोलीन (Quinoline)

88. निम्नलिखित धातु हाइड्रॉक्साइडों में से कौन प्रबलतम क्षार है?

(a) $Mg(OH)_2$ (b) $Be(OH)_2$
(c) $Ba(OH)_2$ (d) $Ca(OH)_2$

89. निम्न में कौन-सी विटामिन, रक्त के जमने के गुण में एक महत्वपूर्ण भूमिका निभाती है?

(a) विटामिन A (b) विटामिन D
(c) विटामिन E (d) विटामिन K

90. पनडुब्बियों जैसे बन्द निकायों में CO_2 से क्रिया करके O_2 देने वाला निम्न में कौन है?

(a) K_2O (b) KOH (c) KO_2 (d) K_2O_2

91. मुक्त मूलकों के स्थायित्व (stability) का सही घटता क्रम निम्न में कौन-सा है?

(a) $\dot{C}H_2{=}CH{-}\dot{C}H_2 > (C_6H_5)\dot{C}H_2 > (C_6H_5)_2\dot{C}H > (C_6H_5)_3\dot{C}$

(b) $(C_6H_5)_2\dot{C}H > (C_6H_5)\dot{C}H_2 > (C_6H_5)_3\dot{C} > CH_2{=}CH{-}\dot{C}H_2$

(c) $(C_6H_5)_3\dot{C} > (C_6H_5)_2\dot{C}H > (C_6H_5)_2{-}\dot{C}H_2 > CH_2{=}CH{-}\dot{C}H_2$

(d) $CH_2{=}CH{-}\dot{C}H_2 > (C_6H_5)_3\dot{C} > (C_6H_5)_2\dot{C}H > (C_6H_5)\dot{C}H_2$

92. निम्न पदार्थों में कौन-सा एक कार्बधात्विक (organometallic) यौगिक से व्युत्पन्न होता है?

(a) टेफ्लॉन (b) सिलिकॉन (c) फ्रेऑन (d) नायलॉन

93. निम्न 3*d*-श्रेणी के तत्वों में से कौन संक्रमण धातुओं के अभिलक्षणों के अनुरूप गुणों को प्रदर्शित नहीं करता है?

(a) Ti (b) Mn (c) V (d) Zn

94. निम्नलिखित में कौन-सा इलेक्ट्रॉनरागी (इलेक्ट्रोफाइल) नहीं है।

(a) H^+ (b) Br^+ (c) NH_3 (d) BF_3

95. निश्चित आक्टन पर ऊष्मा परिवर्तन (ΔqV) निम्न में किसके बराबर है?

(a) ΔV (b) ΔH (c) ΔG (d) ΔS

96. ऑर्थोफॉस्फोरिक अम्ल की क्षारीयता होती है?

(a) 2 (b) 3 (c) 4 (d) 1

97. सूर्य की किरणें निम्न में किसका संश्लेषण करती है?

(a) विटामिन A (b) विटामिन K
(c) विटामिन D (d) विटामिन C

98. प्रथम कोटि की अभिक्रिया के लिए 75% पूर्ण होने का समय ($t_{75\%}$) एवं अर्द्ध-आयु ($t_{1/2}$) द्वरा व्यंजक के सम्बन्धित है

(a) $t_{(75\%)} = t_{1/2}$ (b) $t_{(75\%)} = \frac{3}{2} \cdot t_{1/2}$
(c) $t_{(75\%)} = 3t_{1/2}$ (d) $t_{(75\%)} = 2t_{1/2}$

99. निम्न युग्मो में से किस युग्म के तत्व एक ही आवर्त ब्लॉक में नहीं है?

(a) Ti, Te (b) Si, S
(c) Zi, Ba (d) Ca, Cu

100. सैलिसिलिक अम्ल की ऐसीटिक ऐनहाइड्राइड से अभिक्रिया होने पर इनमें से क्या प्राप्त होता है?

(a) विण्टर ग्रीन का तेल (b) ऐस्प्रिन
(c) सैलोल (d) सरसों का तेल

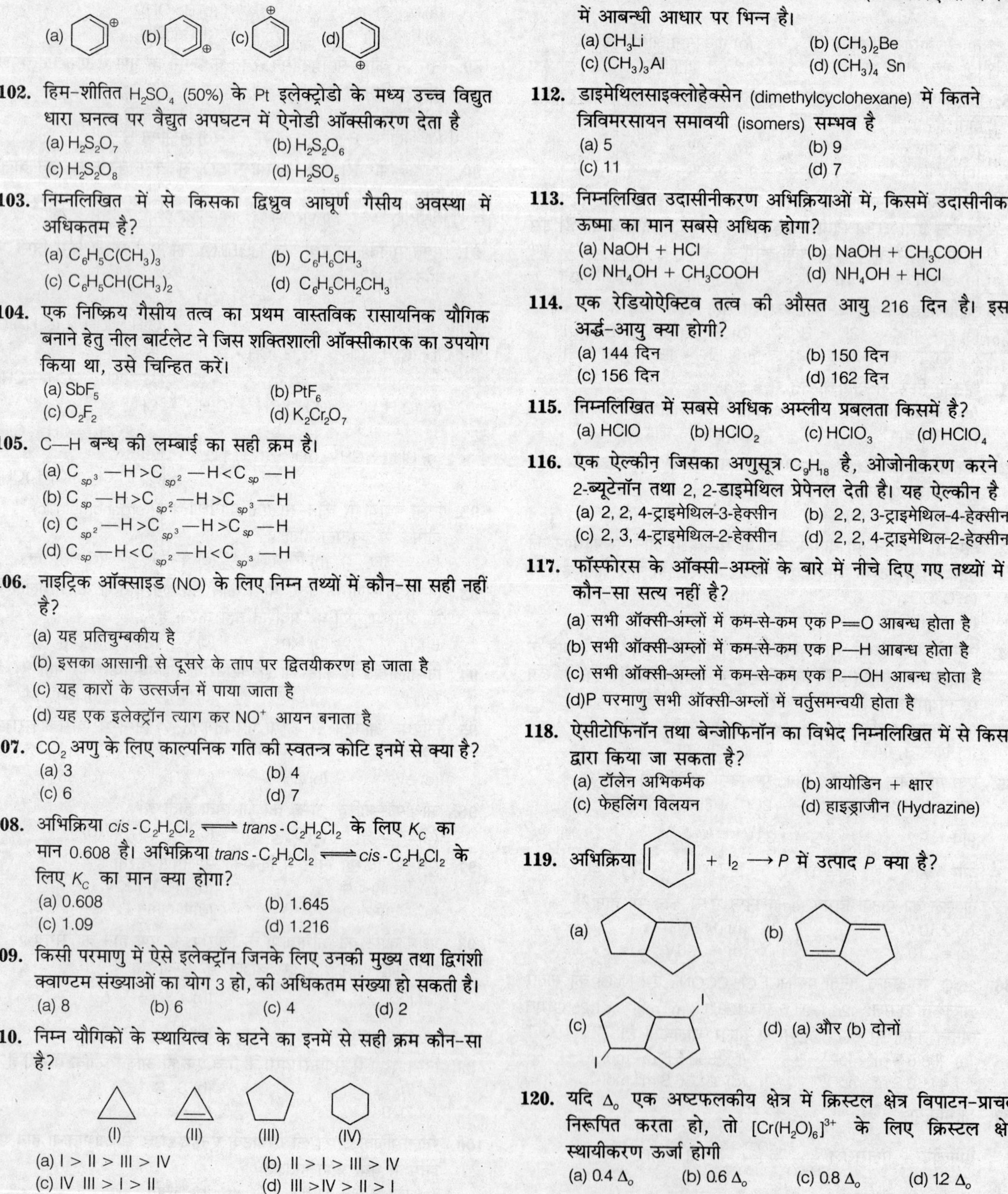

101. निम्न में सबसे स्थाई कार्बोनियम आयन है?

(a) (b) (c) (d)

102. हिम-शीतित H_2SO_4 (50%) के Pt इलेक्ट्रोडो के मध्य उच्च विद्युत धारा घनत्व पर वैद्युत अपघटन में ऐनोडी ऑक्सीकरण देता है

(a) $H_2S_2O_7$ (b) $H_2S_2O_6$
(c) $H_2S_2O_8$ (d) H_2SO_5

103. निम्नलिखित में से किसका द्विध्रुव आघूर्ण गैसीय अवस्था में अधिकतम है?

(a) $C_6H_5C(CH_3)_3$ (b) $C_6H_6CH_3$
(c) $C_6H_5CH(CH_3)_2$ (d) $C_6H_5CH_2CH_3$

104. एक निष्क्रिय गैसीय तत्व का प्रथम वास्तविक रासायनिक यौगिक बनाने हेतु नील बार्टलेट ने जिस शक्तिशाली ऑक्सीकारक का उपयोग किया था, उसे चिन्हित करें।

(a) SbF_5 (b) PtF_6
(c) O_2F_2 (d) $K_2Cr_2O_7$

105. C—H बन्ध की लम्बाई का सही क्रम है।

(a) $C_{sp^3}—H > C_{sp^2}—H < C_{sp}—H$
(b) $C_{sp}—H > C_{sp^2}—H > C_{sp^3}—H$
(c) $C_{sp^2}—H > C_{sp^3}—H > C_{sp}—H$
(d) $C_{sp}—H < C_{sp^2}—H < C_{sp^3}—H$

106. नाइट्रिक ऑक्साइड (NO) के लिए निम्न तथ्यों में कौन-सा सही नहीं है?

(a) यह प्रतिचुम्बकीय है
(b) इसका आसानी से दूसरे के ताप पर द्वितयीकरण हो जाता है
(c) यह कारों के उत्सर्जन में पाया जाता है
(d) यह एक इलेक्ट्रॉन त्याग कर NO^+ आयन बनाता है

107. CO_2 अणु के लिए काल्पनिक गति की स्वतन्त्र कोटि इनमें से क्या है?

(a) 3 (b) 4
(c) 6 (d) 7

108. अभिक्रिया $cis\text{-}C_2H_2Cl_2 \rightleftharpoons trans\text{-}C_2H_2Cl_2$ के लिए K_C का मान 0.608 है। अभिक्रिया $trans\text{-}C_2H_2Cl_2 \rightleftharpoons cis\text{-}C_2H_2Cl_2$ के लिए K_C का मान क्या होगा?

(a) 0.608 (b) 1.645
(c) 1.09 (d) 1.216

109. किसी परमाणु में ऐसे इलेक्ट्रॉन जिनके लिए उनकी मुख्य तथा द्विगंशी क्वाण्टम संख्याओं का योग 3 हो, की अधिकतम संख्या हो सकती है।

(a) 8 (b) 6 (c) 4 (d) 2

110. निम्न यौगिकों के स्थायित्व के घटने का इनमें से सही क्रम कौन-सा है?

(I) (II) (III) (IV)

(a) I > II > III > IV (b) II > I > III > IV
(c) IV III > I > II (d) III > IV > II > I

111. नीचे दिए गए कार्बधात्विक यौगिकों में उसे इंगित करिए जो अन्य तीन में आबन्धी आधार पर भिन्न है।

(a) CH_3Li (b) $(CH_3)_2Be$
(c) $(CH_3)_3Al$ (d) $(CH_3)_4$ Sn

112. डाइमेथिलसाइक्लोहेक्सेन (dimethylcyclohexane) में कितने त्रिविमरसायन समावयी (isomers) सम्भव है

(a) 5 (b) 9
(c) 11 (d) 7

113. निम्नलिखित उदासीनीकरण अभिक्रियाओं में, किसमें उदासीनीकरण ऊष्मा का मान सबसे अधिक होगा?

(a) NaOH + HCl (b) NaOH + CH_3COOH
(c) NH_4OH + CH_3COOH (d) NH_4OH + HCl

114. एक रेडियोऐक्टिव तत्व की औसत आयु 216 दिन है। इसकी अर्द्ध-आयु क्या होगी?

(a) 144 दिन (b) 150 दिन
(c) 156 दिन (d) 162 दिन

115. निम्नलिखित में सबसे अधिक अम्लीय प्रबलता किसमें है?

(a) HClO (b) $HClO_2$ (c) $HClO_3$ (d) $HClO_4$

116. एक ऐल्कीन् जिसका अणुसूत्र C_9H_{18} है, ओजोनीकरण करने पर 2-ब्यूटेनॉन तथा 2, 2-डाइमेथिल प्रेपेनल देती है। यह ऐल्कीन है

(a) 2, 2, 4-ट्राइमेथिल-3-हेक्सीन (b) 2, 2, 3-ट्राइमेथिल-4-हेक्सीन
(c) 2, 3, 4-ट्राइमेथिल-2-हेक्सीन (d) 2, 2, 4-ट्राइमेथिल-2-हेक्सीन

117. फॉस्फोरस के ऑक्सी-अम्लों के बारे में नीचे दिए गए तथ्यों में से कौन-सा सत्य नहीं है?

(a) सभी ऑक्सी-अम्लों में कम-से-कम एक P=O आबन्ध होता है
(b) सभी ऑक्सी-अम्लों में कम-से-कम एक P—H आबन्ध होता है
(c) सभी ऑक्सी-अम्लों में कम-से-कम एक P—OH आबन्ध होता है
(d) P परमाणु सभी ऑक्सी-अम्लों में चर्तुसमन्वयी होता है

118. ऐसीटोफिनॉन तथा बेन्जोफिनॉन का विभेद निम्नलिखित में से किसके द्वारा किया जा सकता है?

(a) टॉलेन अभिकर्मक (b) आयोडिन + क्षार
(c) फेहलिंग विलयन (d) हाइड्राजीन (Hydrazine)

119. अभिक्रिया + $I_2 \longrightarrow P$ में उत्पाद P क्या है?

(a) (b)
(c) I I (d) (a) और (b) दोनों

120. यदि Δ_o एक अष्टफलकीय क्षेत्र में क्रिस्टल क्षेत्र विपाटन-प्राचल निरूपित करता हो, तो $[Cr(H_2O)_6]^{3+}$ के लिए क्रिस्टल क्षेत्र स्थायीकरण ऊर्जा होगी

(a) 0.4 Δ_o (b) 0.6 Δ_o (c) 0.8 Δ_o (d) 1.2 Δ_o

उत्तरमाला

1.	(b)	2.	(c)	3.	(d)	4.	(c)	5.	(b)	6.	(a)	7.	(b)	8.	(c)	9.	(d)	10.	(d)
11.	(c)	12.	(d)	13.	(d)	14.	(d)	15.	(c)	16.	(c)	17.	(a)	18.	(d)	19.	(a)	20.	(a)
21.	(c)	22.	(b)	23.	(b)	24.	(c)	25.	(c)	26.	(d)	27.	(a)	28.	(b)	29.	(b)	30.	(d)
31.	(c)	32.	(c)	33.	(a)	34.	(b)	35.	(a)	36.	(c)	37.	(b)	38.	(a)	39.	(b)	40.	(b)
41.	(b)	42.	(a)	43.	(d)	44.	(d)	45.	(c)	46.	(c)	47.	(a)	48.	(d)	49.	(b)	50.	(b)
51.	(b)	52.	(a)	53.	(d)	54.	(c)	55.	(b)	56.	(a)	57.	(a)	58.	(c)	59.	(c)	60.	(b)
61.	(b)	62.	(a)	63.	(b)	64.	(b)	65.	(c)	66.	(d)	67.	(c)	68.	(a)	69.	(c)	70.	(c)
71.	(b)	72.	(d)	73.	(a)	74.	(c)	75.	(d)	76.	(a)	77.	(a)	78.	(c)	79.	(c)	80.	(b)
81.	(c)	82.	(c)	83.	(d)	84.	(a)	85.	(b)	86.	(b)	87.	(d)	88.	(c)	89.	(d)	90.	(c)
91.	(c)	92.	(b)	93.	(d)	94.	(c)	95.	(a)	96.	(b)	97.	(c)	98.	(d)	99.	(a)	100	(b)
101.	(c)	102.	(c)	103.	(a)	104.	(b)	105.	(d)	106.	(b)	107.	(b)	108.	(b)	109.	(a)	110.	(c)
111.	(d)	112.	(b)	113.	(a)	114.	(b)	115.	(d)	116.	(a)	117.	(b)	118.	(b)	119.	(c)	120.	(d)

मध्य प्रदेश
उच्च माध्यमिक शिक्षक पात्रता परीक्षा (भाग-ब)

प्रैक्टिस पेपर 5

निर्देश

इस प्रश्न-पत्र में कुल 120 वस्तुनिष्ठ प्रकार के प्रश्न हैं तथा प्रत्येक प्रश्न के लिए एक अंक निर्धारित है।

1. निम्न में से किसे सोडालाइम (NaOH + CaO) के साथ गर्म करने पर मेथेन बनेगी?

(a) C_2H_5COONa (b) CH_3COONa
(c) C_6H_5COONa (d) ये सभी

2. एक कार्बनिक यौगिक *A* सोडियम धातु से क्रिया करके *B* बनाता है। *A* को सान्द्र H_2SO_4 के साथ गर्म करने पर यह डाइएथिल ईथर देता है। *A* तथा *B* है

(a) C_2H_5OH तथा C_2H_5ONa (b) C_3H_7OH leLee CH_3ONa
(c) CH_3OH तथा CH_3ONa (d) C_2H_5OH तथा CH_3ONa

3.

$NaNH_2$ → *X*

$\xrightarrow[\Delta]{C_6H_5Li}$ *Y*

X तथा *Y* क्या हैं?

(a) NH_2 तथा C_6H_5

(b) NH_2 तथा C_6H_5

(c) NH_2 तथा C_6H_5

(d) NH_2 तथा C_6H_5

4. निर्जलीकरण करने पर सर्वाधिक स्थायी कार्बोनियम आयन बनाने वाला यौगिक है

(a) $(CH_3)_2CH—CH_2OH$
(b) $(CH_3)_3C—OH$
(c) $CH_3—CH_2—CH_2—CH_2OH$
(d) $CH_3—CH(OH)—CH_2—CH_3$

5. निम्नलिखित में से कौन CH_3COCl के साथ क्रिया नहीं करेगा?

(a) NH_2 (b) $NHCH_3$

(c) $N(CH_3)_2$ (d) ये सभी

6. NH_2 $\xrightarrow{HNO_2/10°C}$ उत्पाद, उत्पाद है

(a) NHOH (b) OH

(c) $N{=}N^+Cl^-$ (d) N=N—OH

7. नीचे दिए गए संरचना सूत्र को कहते हैं

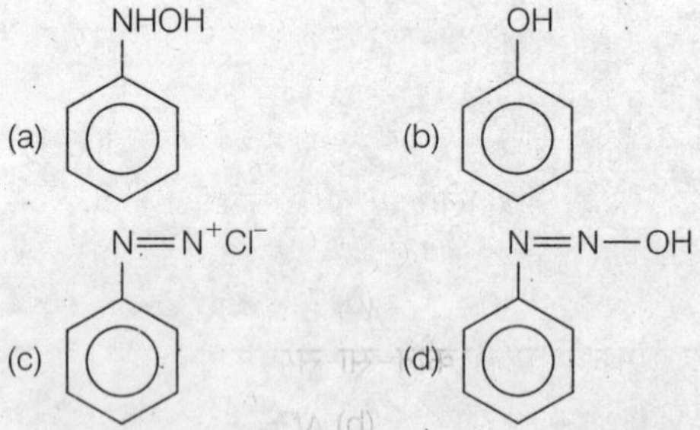

(a) पेनिसिलीन-F
(b) पेनिसिलीन-G
(c) पेनिसिलीन-K
(d) एम्पीसिलीन

8. वर्ग 13 के तत्वों की परमाणवीय त्रिज्या का सही क्रम है

(a) B < Al > Ga < In < Tl
(b) B < Ga < Al < In < Tl
(c) B < Ga = In < Al < Tl
(d) Tl < Al < In < Ga < B

9. निम्नलिखित में कौन-सा क्रम विलेयता के लिए सही है?

(a) $BeSO_4 < MgSO_4 < CaSO_4 < SrSO_4$
(b) $BeSO_4 < CaSO_4 < SrSO_4 < MgSO_4$
(c) $CaSO_4 < SrSO_4 < MgSO_4 < BeSO_4$
(d) $CaSO_4 < MgSO_4 < BeSO_4 < SrSO_4$

10. निम्नलिखित में से कौन-सा हाइड्रॉक्साइड जल में अविलेय है?

(a) $Be(OH)_2$ (b) $Mg(OH)_2$
(c) $Ca(OH)_2$ (d) $Ba(OH)_2$

11. निम्नलिखित में से कौन दुर्बल क्षार है?

(a) CH_4 (b) NH_3 (c) H_2O (d) HF

12. निम्नलिखित में से कौन सर्वाधिक स्थायी यौगिक है?

(a) HF (b) HCl (c) HBr (d) HI

13. प्रथम आयनन विभव सबसे अधिक है

(a) Al का (b) Si का
(c) P का (d) S का

14. निम्नलिखित में से किसकी समतलीय संरचना नहीं होगी?

(a) 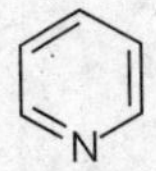 N (b)  N̈ (c)  ⊕ (d)

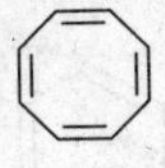

15. निम्नलिखित में से कौन-सा कथन सत्य है?

(a) निऑन गैस का अधिकतम घनत्व 0°C, 2 atm दाब पर होता है
(b) निऑन गैस का अधिकतम घनत्व 25°C, 3 atm दाब पर होता है
(c) निऑन गैस का घनत्व किसी भी ताप और दाब पर अधिकतम ही होता है
(d) उपरोक्त में से कोई नहीं

16. कौन-सा लैन्थेनाइड आयन रंगहीन होता है?

(a) Ce^{3+} (b) Pr^{3+} (c) Tm^{3+} (d) Ho^{3+}

17. निम्नलिखित में कौन-सा यौगिक वर्ग समतलीय संरचना प्रदर्शित करता है?

(a) H_2O (b) NH_3 (c) XeF_4 (d) CH_4

18. निम्नलिखित में कौन-सी मलेरिया नाशक औषधि है?

(a) सल्फापाइरीडीन (b) मेपाक्रिन
(c) एल्ड्रिन (d) गैमेक्सीन

19. निम्नलिखित सम्बन्धों में से कौन-सा सम्बन्ध सत्य है?

(a) $\Delta t = \frac{4}{9}\Delta_o$ (b) $\Delta t = \frac{3}{2}\Lambda_o$
(c) $\Delta t = \frac{7}{9}\Delta_o$ (d) $\Delta t = \frac{3}{4}\Delta_o$

20. निम्न चित्र में कौन-से क्रिस्टल दोष को प्रदर्शित करता है?

Na^+ Cl^- Na^+ Cl^- Na^+ Cl^-
Cl^- □ Cl^- Na □ Na^+
Na^+ Cl^- □ Cl^- Na^+ Cl^-
Cl^- Na^+ Cl^- Na^+ □ Na^+

(a) फ्रेंकेल तथा शॉट्की दोष (b) शॉट्की दोष
(c) अन्तराकाशी दोष (d) फ्रेंकेल दोष

21. एक विलयन में दो साम्य $AB \rightleftharpoons A^+ + B^-$ तथा $AB + B^- \rightleftharpoons AB_2^-$ एकसाथ उपस्थित हैं, जिनके साम्य स्थिरांक क्रमशः K_1 तथा K_2 हैं। विलयन में A^+ का AB_2^- से अनुपात है

(a) B^- की सान्द्रता के अनुक्रमानुपाती
(b) B^- की सान्द्रता के व्युत्क्रमानुपाती
(c) B^- की सान्द्रता के वर्ग के अनुक्रमानुपाती
(d) B^- की सान्द्रता के वर्ग के व्युत्क्रमानुपाती

22. टेफ्लॉन की एकलक इकाई क्या है?

(a) क्लोरोप्रीन (b) स्टाइरीन
(c) टेट्राफ्लुओरोएथीन (d) इनमें से कोई नहीं

23. एक ऐजो रंजक का नाम है

(a) कॉंगो रेड (b) मैलेकाइट ग्रीन
(c) मार्टियान येलो (d) नील

24. 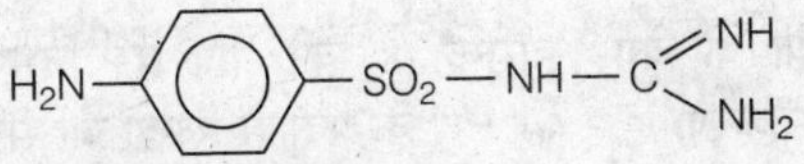 $H_2N-C_6H_4-SO_2-NH-C(=NH)-NH_2$

यह किसकी संरचना है?

(a) एस्पिरिन (b) पी ए एस
(c) सल्फाग्वानीडीन (d) स्ट्रैप्टोमाइसीन

25. निम्नलिखित में किसकी कमी से 'रिकेट्स' होता है?

(a) विटामिन A (b) विटामिन D
(c) विटामिन E (d) विटामिन K

26. $\alpha - D -$ ग्लूकोस (+111°) $\rightleftharpoons$ विकृत रूप (+ 52.5°) $\rightleftharpoons$ $\beta - D -$ ग्लूकोस (+19°)

उपरोक्त साम्य अवस्था, ग्लूकोस के किस गुण को दर्शाता है?

(a) परिवर्ती ध्रुवण घूर्णन (b) एपीमर
(c) विशिष्ट घूर्णन (d) इनमें से कोई नहीं

27. डी डी टी में कुल कितने हाइड्रोजन परमाणु उपस्थित होते हैं?

(a) 9 (b) 8 (c) 7 (d) 0

28. KI विलयन में तनु $AgNO_3$ विलयन आधिक्य में मिलाने पर धनात्मक कोलाइड किस आयन के अधिशोषण के कारण प्राप्त होता है?

(a) K^+ (b) Ag^+ (c) I^- (d) NO_3^-

29. गन्ने की शक्कर को प्रतिलोमन निरूपित करते हैं

$C_{12}H_{22}O_{11} + H_2O \rightarrow C_6H_{12}O_6 + C_6H_{12}O_6$

यह अभिक्रिया है

(a) एक आण्विक
(b) आभासी एक आण्विक
(c) द्वितीय कोटि
(d) उपरोक्त में से कोई नहीं

30. निम्नलिखित में से किसकी बन्ध कोटि 2 होती है?

(a) H_2 (b) O_2
(c) NO (d) इनमें से कोई नहीं

31. पदार्थों A तथा B के बीच अभिक्रिया के लिए नियम निम्न समीकरण द्वारा निरूपित है, दर $= K[A]^n [B]^m$, A की सान्द्रता को दोगुना तथा B की सान्द्रता को आधा करने पर प्राप्त दर का प्रारम्भिक दर से अनुपात होगा

(a) $(m + n)$ (b) $(n - m)$
(c) $2^{(n-m)}$ (d) $\frac{1}{2^{(m+n)}}$

32. निम्नलिखित में प्रबलतम अम्ल कौन-सा है?

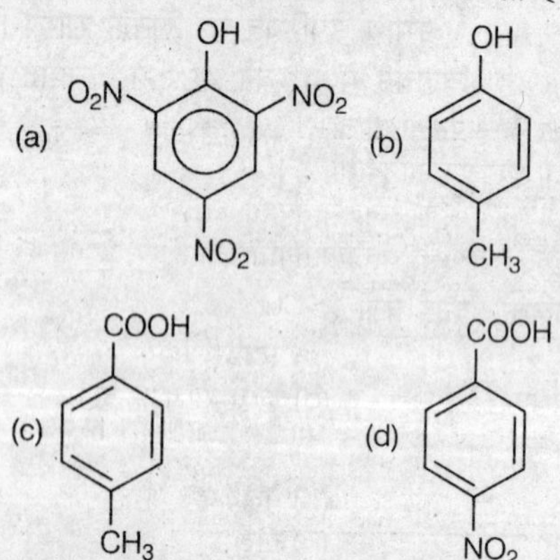

33. किसी अभिक्रिया के वेग स्थिरांक (K) की ताप पर निर्भरता को आरहीनियस समीकरण $K = Ae^{-E/RT}$ के पदों में लिखा जा सकता है। अभिक्रिया की सक्रियण ऊर्जा (E_a) को किसके मध्य ग्राफ खींचकर ज्ञात कर सकते हैं?

(a) K एवं T
(b) K एवं $1/\log T$
(c) $\log K$ एवं $1/T$
(d) $\log K$ एवं $\frac{1}{\log T}$

34. निम्नलिखित में से कौन-सा कथन सत्य है?

(a) लोहे की शुद्धतम अवस्था पिटवाँ लोहा है
(b) लोहे की शुद्धतम अवस्था स्टील है
(c) स्टेनलेस स्टील लोहे की उपधातु है
(d) उपरोक्त में से कोई नहीं

35. कौन-सा हैलाइड न्यूनतम स्थायी है तथा किसका अस्तित्व सन्देहात्मक है?

(a) CI_4 (b) GeI_4 (c) SnI_4 (d) PbI_4

36. सिलिकन क्लोराइड, एथिल एल्कोहल से अभिक्रिया करके कौन-सा मुख्य उत्पाद बनाता है?

(a) HCl
(b) $(C_2H_5)_4SiO_4$
(c) SiO_2
(d) Si

37. अभिक्रिया, $2A + B \longrightarrow A_2B$ में अभिकारक A के समाप्त होने की दर

(a) B के घटने की दर के समान है
(b) B के घटने की दर की आधी है
(c) B के घटने की दर की दोगुनी है
(d) A_2B के उत्पादन की दर के समान है

38. $CH_3CONH_2 \xrightarrow[\text{गर्म}]{P_2O_5} (A) \xrightarrow[4[H]]{Na/C_2H_5OH} (B)$,

इस क्रम में उत्पाद (B) क्या है?

(a) $CH_3COOC_2H_5$
(b) $CH_3CH_2NH_2$
(c) $CH_3CH = N—NH_2$
(d) $CH_3CH_2CONH_2$

39. $—CONH_2 \xrightarrow{X} —NH_2$

उपरोक्त परिवर्तन में X है

(a) $KOH + Br_2$ (b) KOH (c) Br_2 (d) $KMnO_4$

40. कार्बन सबऑक्साइड, जल के साथ अभिक्रिया करके कौन-सी गैस बनाता है?

(a) CO (b) CO_2 (c) SO_2 (d) NO

41. गैसों के ठोस पृष्ठ पर अधिशोषण के लिए $\log \frac{x}{m}$ तथा $\log P$ में खींचा गया ग्राफ रेखीय होता है जिसका ढाल होगा

(a) K
(b) $\log K$
(c) $\ln K$
(d) $1/n$

42. साइक्लोहेक्सेन $\xrightarrow{P}$ क्लोरोसाइक्लोहेक्सेन (Cl) + HCl

उपरोक्त अभिक्रिया में P क्या है?

(a) $Cl_2/h\nu$
(b) सान्द्र H_2SO_4/Cl_2
(c) Et_3N/HCl
(d) $t-BuOK/HCl$

43. रोजनमुण्ड अभिक्रिया में एल्डिहाइड किससे बनाए जाते है?

(a) अम्ल
(b) एस्टर
(c) एसिड हैलाइड
(d) एल्कोहॉल

44. जब एसीटिक अम्ल को फॉस्फोरस ट्राइक्लोराइड में मिलाया जाता है, तो प्राप्त होने वाला उत्पाद है

(a) $CH_3—CO—O—PCl_2$
(b) $CH_3—CO—Cl$
(c) $CH_3—CO—O—Cl$
(d) $Cl—CH_2—CO—OH$

45.

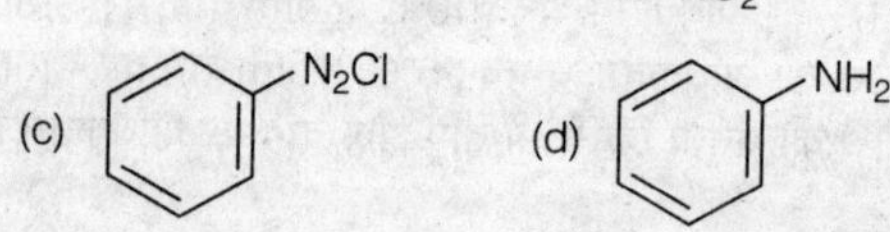

P है

(a) नाइट्रोबेन्जीन (NO_2)
(b) NO_2, NO_2 (m-डाइनाइट्रोबेन्जीन)
(c) N_2Cl
(d) NH_2

46. जल के अणु में, ऑक्सीजन के संयोजी कोश में कितने इलेक्ट्रान युग्म होते हैं?

(a) 4 (b) 1 (c) 2 (d) 3

47. टर्शियरी एल्किल हैलाइड, S_N2 क्रियाविधि द्वारा प्रतिस्थापन के लिए प्रयोगात्मक रूप से जिस के कारण अक्रिय है, वह है

(a) स्टेरिक हिन्डरेन्स
(b) प्रेरक प्रभाव
(c) अस्थिरता
(d) अघुलनशीलता

48. $\underset{H}{\overset{Br}{}}\overset{1}{C}=\overset{2}{C}\underset{H}{\overset{Br}{}} \xrightarrow[\text{उत्प्रेरक}]{H_2} Br\underset{3}{C}H_2\underset{4}{C}H_2Br$

में कार्बन परमाणु 1, 2, 3, 4 की संकर अवस्था होगी

(a) 1 और 2sp^2; 3 और 4sp^3
(b) 1 और 2sp^2 ; 3 और 4sp
(c) 1, 2, 3 और 4sp
(d) 1, 2 sp^3; 3, 4sp^2

49. C_7H_9N के समावयवियों की कुल संख्या है

(a) 3 (b) 5 (c) 4 (d) 6

50. N_p की रेडियोसक्रियता रुक जाती है, जब यह

(a) Bi में बदल जाता है
(b) Rn में बदल जाता है
(c) Tn में बदल जाता है
(d) Pb में बदल जाता है

51. यूरिया के 100 मिली विलयन में 6.02×10^{20} अणु उपस्थित है, तब यूरिया विलयन का सान्द्रण है
(a) 0.001 मोल (b) 0.01 मोल
(c) 0.02 मोल (d) 0.1 मोल

52. निम्नलिखित में से कौन-सा कथन सही है?
(a)

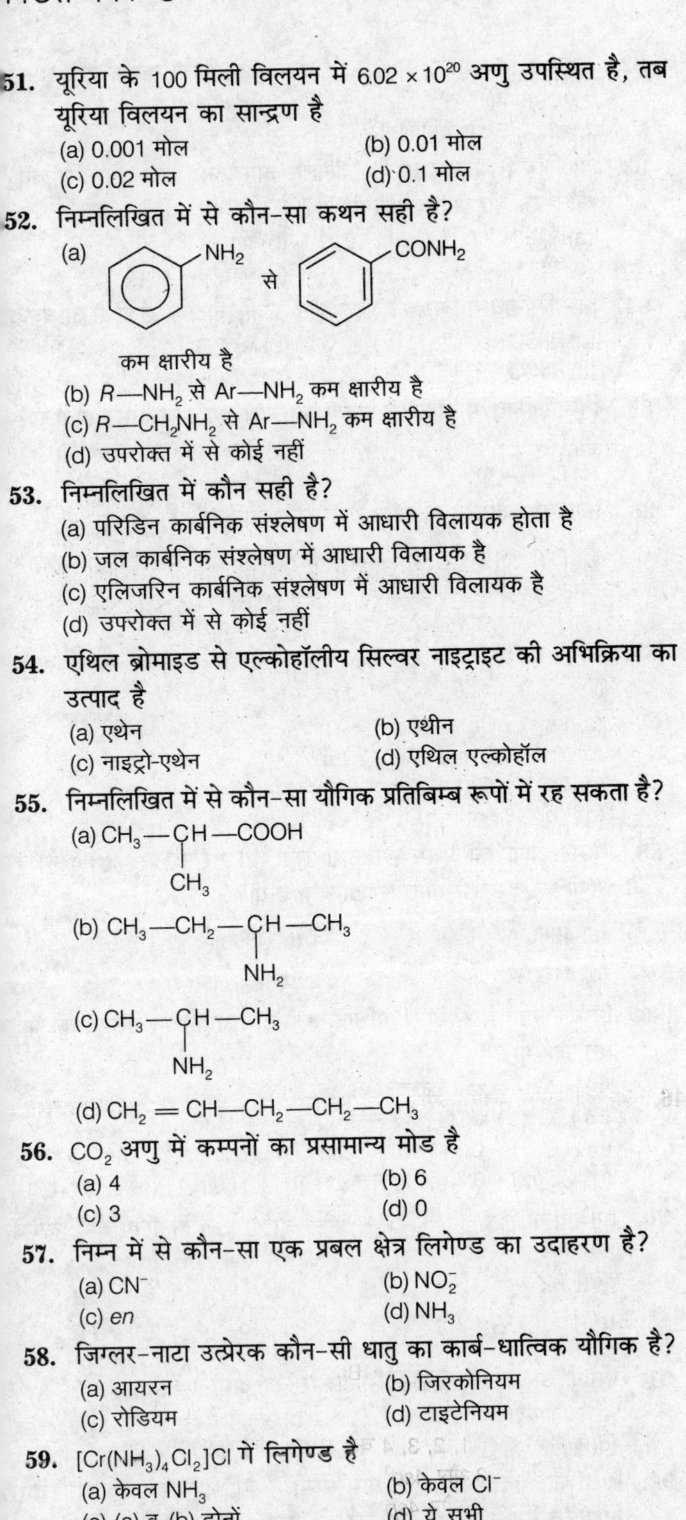

कम क्षारीय है
(b) $R—NH_2$ से $Ar—NH_2$ कम क्षारीय है
(c) $R—CH_2NH_2$ से $Ar—NH_2$ कम क्षारीय है
(d) उपरोक्त में से कोई नहीं

53. निम्नलिखित में कौन सही है?
(a) परिडिन कार्बनिक संश्लेषण में आधारी विलायक होता है
(b) जल कार्बनिक संश्लेषण में आधारी विलायक है
(c) एलिजरिन कार्बनिक संश्लेषण में आधारी विलायक है
(d) उपरोक्त में से कोई नहीं

54. एथिल ब्रोमाइड से एल्कोहॉलीय सिल्वर नाइट्राइट की अभिक्रिया का उत्पाद है
(a) एथेन (b) एथीन
(c) नाइट्रो-एथेन (d) एथिल एल्कोहॉल

55. निम्नलिखित में से कौन-सा यौगिक प्रतिबिम्ब रूपों में रह सकता है?
(a) $CH_3—CH(CH_3)—COOH$
(b) $CH_3—CH_2—CH(NH_2)—CH_3$
(c) $CH_3—CH(NH_2)—CH_3$
(d) $CH_2 = CH—CH_2—CH_2—CH_3$

56. CO_2 अणु में कम्पनों का प्रसामान्य मोड है
(a) 4 (b) 6
(c) 3 (d) 0

57. निम्न में से कौन-सा एक प्रबल क्षेत्र लिगेण्ड का उदाहरण है?
(a) CN^- (b) NO_2^-
(c) *en* (d) NH_3

58. जिग्लर-नाटा उत्प्रेरक कौन-सी धातु का कार्ब-धात्विक यौगिक है?
(a) आयरन (b) जिरकोनियम
(c) रोडियम (d) टाइटेनियम

59. $[Cr(NH_3)_4Cl_2]Cl$ में लिगेण्ड है
(a) केवल NH_3 (b) केवल Cl^-
(c) (a) व (b) दोनों (d) ये सभी

60. यदि गैस का आयतन 0°C पर *V* लीटर है, तब उसी दाब पर किस ताप पर गैस का आयतन 2*V* लीटर हो जाएगी?
(a) 100°C (b) 200°C
(c) 300°C (d) 273°C

61. निम्न में से किसका अनुचुम्बकत्व अधिकतम है?
(a) $[Cr(H_2O)_6]^{3+}$ (b) $[Fe(H_2O)_6]^{2+}$
(c) $[Cu(H_2O)_6]^{2+}$ (d) $[Zn(H_2O)_6]^{2+}$

62. धातु कार्बोनिल का सामान्य सूत्र $M(CO)_x$ है, जहाँ M = धातु, $x = 4$; धातु बन्धित है
(a) C ═ O त्रिबन्ध से
(b) कार्बन तथा ऑक्सीजन से
(c) कार्बन से
(d) ऑक्सीजन से

63. इनमें से कौन सान्द्रित सेल है?
(a) $Cu(s)|Cu^{2+}(aq)||Cu^{2+}(aq\,1M)|\ Cu(s)$
(b) $Cu(s)|Cu^{2+}(aq\,0.5M)||Cu^{2+}(aq\,0.5M)|Cu(s)$
(c) $Zn(s)|Zn^{2+}(aq\,0.5M)||Cu^{2+}(aq\,1M)|Cu(s)$
(d) $Pt|H_2 .\ |\ HCl(aq\ 0.002M)||\ HCl(aq\ 0.005M)|\ H_2|Pt^{\oplus}$

64. जाइसे लवण (Zeise's salt) का संरचना सूत्र है
(a) $K^+\ [PtCl_3 - \eta^2 - (C_2H_4)]^-$
(b) $K_2[PtCl_3 - \eta^2 - C_2H_4]$
(c) $K^+\ [PtCl_2 - \eta^2 - (C_2H_4)]\ Cl^-$
(d) $K^+\ [PtCl_3(C_2H_4)]^-$

65. सेल $aA + bB \longrightarrow cC + dD$ का E^0 निम्नलिखित में से क्या होगा?
(a) $-\dfrac{RT}{nF}\log\dfrac{[C]^c\ [D]^d}{[A]^a\ [B]^b}$ (b) $\dfrac{-RT\log[a]^A\ [b]^B}{[c]^C\ [d]^D}$
(c) $-\dfrac{RT}{nF}\log\dfrac{[C]^C\ [d]^D}{[A]^a\ [B]^b}$ (d) $-\dfrac{RT}{nF}\log\dfrac{[c]^C\ [d]^D}{[a]^A\ [B]^b}$

66. अधिकतम ध्रुवता वाला अणु है
(a) HF (b) HCl
(c) HBr (d) HI

67. Fe_3O_4 में Fe की ऑक्सीकरण अवस्था क्या होगी?
(a) $\dfrac{3}{2}$ (b) $\dfrac{4}{5}$
(c) $\dfrac{5}{4}$ (d) $\dfrac{8}{3}$

68. *p*- नाइट्रोएनिलीन का रंग, निम्नलिखित में किनके द्वारा परिलक्षित होता है?
(a) क्रोमोफोर
(b) ऑक्सोक्रोम
(c) क्रोमोफोर तथा ऑक्सोक्रोम दोनों
(d) न क्रोमोफोर न ऑक्सोक्रोम

69. निम्न अभिक्रिया में किनकी संयोजकता बदलती है?
(a) $2NO_2 \longrightarrow N_2O_4$
(b) $2NO_2 + H_2O \longrightarrow HNO_2 + HNO_3$
(c) $NH_4OH^{\oplus} \longrightarrow NH_4^+ + OH^-$
(d) $CaCO_3 \longrightarrow CaO + CO_2$

70. जब शुद्ध CCl_4 में $AgNO_3$ विलयन मिलाया जाता है, तो
(a) एक हल्का पीला अवक्षेप बनता है
(b) दही जैसा सफेद अवक्षेप बनता है
(c) कोई अवक्षेप नहीं बनता है
(d) उपरोक्त में से कोई नहीं

71. निम्नलिखित में से कौन निर्जलीकरण में भाग लेते हैं?
(a) सान्द्र H_2SO_4 (b) $POCl_3$ (c) P_2O_5 (d) ये सभी

72. चतुः क्षारकी अम्ल का उदाहरण है।
(a) आर्थोफॉस्फोरिक अम्ल
(b) आर्थोफॉस्फोरस अम्ल
(c) मेटा फॉस्फोरिक अम्ल
(d) पायरोफॉस्फोरिक अम्ल

73. जब हाइड्रोक्लोरिक अम्ल का मानकीकरण सोडियम कार्बोनेट के साथ किया जाता है। तब किस सूचक का प्रयोग होता है?
(a) फीनॉल्फ्थेलीन (b) मेथिल ऑरेन्ज
(c) पोटैशियम फेरीसाइनाइड (d) w-फेनिल-ऐंथ्रानिलिक अम्ल

74. निम्नलिखित में कौन-सा अम्ल और क्षार के रूप में व्यवहार करता है?
(a) $HClO_3^-$ (b) $H_2PO_4^-$ (c) HS^- (d) ये सभी

75. NaOH की अधिक मात्रा डालने पर निम्न में से कौन अलग होगा?
(a) $Al(OH)_3$, $Zn(OH)_2$ (b) $AlCl_3$, $ZnCl_2$
(c) $Fe(OH)_3$, $Mg(OH)_2$ (d) $Fe(OH)_3$, $Al(OH)_3$

76. आधुनिकता चिह्न अवधारणा के अनुसार, ऊष्मागतिकी के प्रथम नियम को दर्शाने वाला व्यंजक है
(a) $\Delta E = q + W$ (b) $\Delta E = q + pV$
(c) $\Delta E = q - W$ (d) ये सभी

77. ठोस $KMnO_4$ तथा HCl की अभिक्रिया से बनने वाला उत्पाद होता है
(a) हरी पीली गैस (b) एक लाल द्रव
(c) एक भूरी गैस (d) MnO_2

78. O—O बन्ध की लम्बाई का बढ़ता हुआ सही क्रम है
(a) $H_2O_2 < O_2 < O_3$ (b) $O_3 < H_2O_2 < CO_2$
(c) $O_2 < H_2O_2 < O_3$ (d) $O_2 < O_3 < H_2O_2$

79. कौन-सी एल्कीन ओजोनीकरण के पश्चात् एसीटोन देती है?
(a) $CH_2=CH—CH_2—CH_3$
(b) $CH_3—CH=CH_2$
(c) $CH_3—CH=CH—CH_3$
(d) $(CH_3)_2—C=C—(CH_3)_2$

80. निम्न अभिक्रिया में तापक्रम का सही क्रम कौन-सा है?

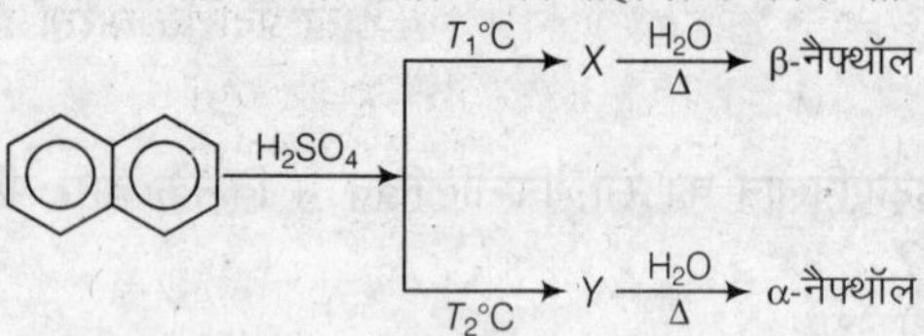

(a) $T_1 = 80°C, T_2 = 165°C$ (b) $T_1 = 165°C, T_2 = 80°C$
(c) $T_1 = T_2 = 80°C$ (d) $T_1 = T_2 = 165°C$

81. p-नाइट्रोफीनॉक्साइड (nitrophenoxide) की अनुनादी संरचनाओं में कौन-सा निरूपण सम्भव नहीं?

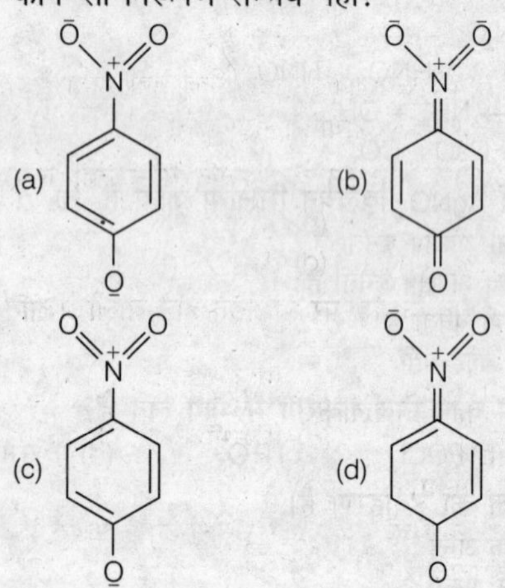

82. फीनॉल निम्न ताप पर CS_2 में ब्रोमीन से क्रिया करके देता है
(a) o-ब्रोमोफीनॉल (b) p-ब्रोमोफीनॉल
(c) 2, 4, 6-ट्राइब्रोमोफीनॉल (d) (a) तथा (b)

83. बेरिलियम कार्बाइड के जलीय अपघटन द्वारा निम्नलिखित कौन-सा हाइड्रोकार्बन बनता है?
(a) मेथेन (b) प्रोपेन
(c) ब्यूटेन (d) कोई नहीं

84. निम्नलिखित में किसकी जलयोजन ऊर्जा, जालक ऊर्जा से अधिक है
(a) $BaSO_4$ (b) $MgSO_4$
(c) $RaSO_4$ (d) $SrSO_4$

85. निम्नलिखित में से किस प्रक्रम में ऊर्जा का अवशोषण होता है?
(a) $F \longrightarrow F^-$ (b) $Cl \longrightarrow Cl^-$
(c) $O \longrightarrow O^{2-}$ (d) $H \longrightarrow H^-$

86. दिए गए यौगिकों में कौन ऐरोमैटिक यौगिक नहीं है?

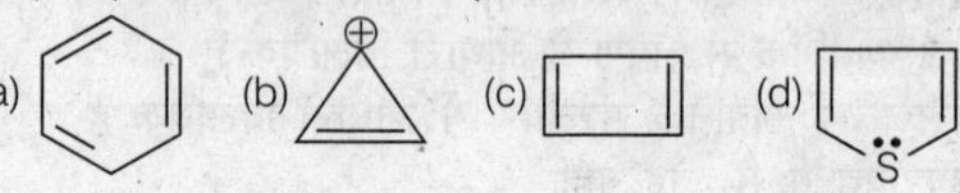

87. Ce^{3+}, La^{3+}, Pm^{3+} तथा Yb^{3+} में आयनिक त्रिज्याओं का बढ़ता क्रम है
(a) $La^{3+} < Ce^{3+} < Pm^{3+} < Yb^{3+}$
(b) $Yb^{3+} < Pm^{3+} < Ce^{3+} < La^{3+}$
(c) $La^{3+} = Ce^{3+} < Pm^{3+} < Yb^{3+}$
(d) $Yb^{3+} < Pm^{3+} < La^{3+} < Ce^{3+}$

88. बामर श्रेणी की प्रथम स्पेक्ट्रमी रेखा की तरंगदैर्ध्य 6561 Å है। इस श्रेणी की दूसरी स्पेक्ट्रमी रेखा क्या होगी?
(a) 4860 Å (b) 4800 Å
(c) 4700 Å (d) कोई नहीं

89. निम्नलिखित में से किस अभिक्रिया में दाब बढ़ाने पर उत्पाद की मात्रा बढ़ जाएगी?
(a) $H_2(g) + I_2(g) \rightleftharpoons 2HI(g)$
(b) $H_2O_2(g) + CO(g) \rightleftharpoons CO_2(g) + H_2(g)$
(c) $H_2O(g) + C(s) \rightleftharpoons CO(g) + H_2(g)$
(d) $CO(g) + 3H_2(g) \rightleftharpoons CH_4(g) + H_2O(g)$

90. अभिक्रिया $CO(g) + \frac{1}{2}O_2(g) \rightleftharpoons CO_2(g)$, के लिए $\frac{K_P}{K_C}$ किसके तुल्य है?
(a) 1 (b) RT (c) $\frac{1}{\sqrt{RT}}$ (d) $(RT)^{1/2}$

91. एमीनो अम्ल 'ल्युसीन' किस प्रकार का अमीनो अम्ल है?
(a) आवश्यक (b) अनावश्यक
(c) कृत्रिम (d) कोई नहीं

92. KCl का घनत्व 1.9893 ग्राम सेमी$^{-3}$ है। X-किरण विवर्तन द्वारा निर्धारित घनीय इकाई कोष्ठिका की भुजा 6.29082 Å है। इसके आधार पर आवोगाद्रो संख्या का मान है
(a) 6.017×10^{23}
(b) 6.023×10^{23}
(c) 6.03×11^{23}
(d) 6.017×10^{19}

93. जिलेटिन का प्रयोग बहुधा आइसक्रीम बनाने में किया जाता है। इसका कार्य है

(a) कोलॉइड बनना रोकने में
(b) कोलॉइडी अवस्था को स्थायी बनाने में तथा बर्फ के क्रिस्टल बनने से रोकने में
(c) मिश्रण को जमाने में
(d) मिश्रण को सुगन्धित करने में

94. निम्नलिखित में से कौन-सा बन्ध सर्वाधिक मात्रा में हाइड्रोजन बन्ध के लिए उत्तरदायी होगा?

(a) O—H (b) S—H (c) N—H (d) F—H

95. $H_2 + I_2 \longrightarrow 2HI$ के लिए अभिक्रिया दर नियम है

(a) $-2\dfrac{d[H_2]}{dt} = -2\dfrac{d[I_2]}{dt} = +\dfrac{d[HI]}{dt}$
(b) $\dfrac{1}{2}\dfrac{d[H_2]}{dt} = \dfrac{1}{2}\dfrac{d[I_2]}{dt} = -\dfrac{d[HI]}{dt}$
(c) $\dfrac{d[H_2]}{dt} = \dfrac{d[I_2]}{dt} = +\dfrac{1}{2}\dfrac{d[HI]}{dt}$
(d) $-\dfrac{d[H_2]}{dt} = -\dfrac{d[I_2]}{dt} = +\dfrac{1}{2}\dfrac{d[HI]}{dt}$

96. निम्नलिखित में से विलयमसन संश्लेषण है

(a) $(CH_3)_2C{=}O \xrightarrow[\text{conc.HCl}]{\text{Zn-Hg}} CH_3CH_2CH$
(b) $CH_3CHO \xrightarrow[-H_2O]{\text{dil}\cdot\text{NaOH}} CH_3CH{=}CHCHO$
(c) $C_2H_5I + C_2H_5ONa \rightarrow C_2H_5OC_2H_5 + NaI$
(d) $HCHO \xrightarrow{NaOH} HCOONa + CH_3OH$

97. चूने के पानी में कौन-सी गैस प्रवाहित करने पर, इसका रंग दूधिया हो जाता है?

(a) SO_2 (b) CO_2
(c) CO (d) कोई नहीं

98. $C_6H_5NH_2 \xrightarrow[0\text{–}5°C]{NaNO_2/HCl} P$

यहाँ P है

(a) $C_6H_5\overset{+}{N_2}\overset{-}{Cl}$ (b) $C_6H_5-N{=}N-C_6H_5$

(c) 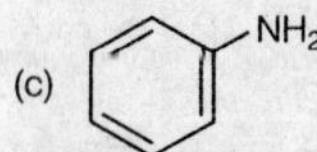

(d) $C_6H_5NO_2$

99. निम्नलिखित में कौन-सा परमाणु सर्वाधिक स्थायी है?

(a) Bi (b) Al
(c) U (d) Pb

100. अल्फा कण, न्यूट्रॉनों से कितना गुणा भारी होता है?

(a) 2
(b) 4
(c) 3
(d) $2\frac{1}{2}$

101. निम्नलिखित में कौन एक n, p अभिक्रिया है?

(a) ${}_5C^{13} + {}_1H^1 \longrightarrow {}_6C^{14}$
(b) ${}_7N^{14} + {}_1H^1 \longrightarrow {}_8O^{15}$
(c) ${}_{13}Al^{27} + {}_0n^1 \longrightarrow {}_{12}Mg^{27} + {}_1H^1$
(d) ${}_{92}U^{235} + {}_0n^1 \longrightarrow {}_{54}Xe^{140} + {}_{38}Sr^{93} + 3{}_0n^1$

102. स्थायित्व का घटता हुआ क्रम कौन-सा है?

1. $CH_3-\overset{+}{C}H-CH_3$
2. $CH_3-\overset{+}{C}H-O-CH_3$
3. $CH_3\overset{+}{C}HCOCH_3$

(a) 1<2<3 (b) 1>2>3
(c) 3>2>1 (d) 1>3>2

103. एथेन और साइक्लोहेक्सेन में निम्न संरूपणों का युग्म अधिक स्थायी है

(a) ग्रसित संरूपण एवं कुर्सी संरूपण
(b) सान्तरित संरूपण एवं कुर्सी संरूपण
(c) सान्तरित संरूपण एवं नौका संरूपण
(d) ग्रसित संरूपण एवं नौका संरूपण

104. निम्न में से किसमें किरैल संरचना (chiral structure) है?

(a) $CH_3-\underset{}{\overset{CH_3}{\overset{|}{C}}}H-CH_2-COOH$
(b) $CH_3-\overset{CH_3}{\overset{|}{C}}H-CH_2OH$
(c) $CH_3-CH{=}CH-CH_3$
(d) $CH_3-CHOH-CH_2-CH_3$

105. निम्न में से कौन उपसहसंयोजन समावयवता प्रदर्शित करता है?

(a) $[Cr(NH_3)_6][Co(CN)_6]$ (b) $[CoCl_2(en)_2]^+$
(c) $[Cr(NH_3)_6]Cl_3$ (d) $[CrCl_2(en)_2]^+$

106. R एवं N (वोल्टसमान स्थिरांक) में सम्बन्ध है

(a) $K = \dfrac{R}{N}$ (b) $K = RN$
(c) $\dfrac{R^2}{N}$ (d) $K = R^2N$

107. वर्नर सिद्धान्त के अनुसार कौन-सा कथन तर्कसंगत है?

(a) प्राथमिक संयोजकता आयनित हो सकती है
(b) द्वितीयक संयोजकता आयनित हो सकती है
(c) प्राथमिक तथा द्वितीयक संयोजकताएँ आयनित नहीं होता है
(d) केवल प्राथमिक संयोजकता आयनित नहीं होती है

108. ब्राइन विलयन का विद्युत अपघटन के पश्चात् कौन नहीं बनता है?

(a) NaOH (b) Cl_2
(c) H_2 (d) O_2

109. विद्युत अपघटन के दौरान कैथोड पर प्रवाहित होने वाली प्रजाति कौन है?

(a) आयन (b) कटाइन
(c) ऋणावेशित आयन (d) ये सभी

110. निम्न में सही कथन चुनिए।

(a) संक्रमण धात्वीय परमाणु दो प्रकार की संयोजकताएँ रखते हैं
(b) $[Cu(NH_3)_4]^{2+}$ रंगहीन है
(c) $[Ni(CN)_4]^{2-}$ का आकार चतुष्फलकीय है
(d) $[Zn(H_2O)_6]^{2+}$ आयन नीले रंग का है

111. पोटैशियम हेक्साक्लोरोप्लेटिनेट में प्लेटिनम का ENA होता है
(a) 46 (b) 86
(c) 36 (d) 84

112. $[Co(NH_3)_6]\ Cl_3$ में कोबाल्ट की उपसहसंयोजक संख्या होगी
(a) 3 (b) 4
(c) 5 (d) 6

113. किस बाह्यतम विन्यास का संक्रमण तत्व सर्वाधिक ऑक्सीकरण अवस्था प्रदर्शित करता है?
(a) $3d^3 4s^2$ (b) $3d^5 4s^2$
(c) $3d^5 4s^1$ (d) $3d^6 4s^2$

114. संक्रमण तत्वों के इलेक्ट्रॉनिक विन्यास लाक्षणिक होते हैं, जिन्हें निरूपित किया जा सकता है
(a) $(n-2)s^2p^6d^{1-10}\ (n-1)\ s^2p^6, ns^2$
(b) $(n-2)\ s^2p^6d^{1-10}\ (n-1)\ s^1p^6d^1$ तथा d^1ns^1
(c) $(n-1)\ s^2p^6d^1ns^1$ या ns^2
(d) $(n-1)\ s^2p^6d^{1-10}\ ns^2p^6d^{1-10}$

115. अभिक्रिया, $H_2(g) + I_2(g) \longrightarrow 2HI(g)$ के लिए $\Delta H = 12.40$ किलोकैलोरी है। HI के निर्माण की ऊष्मा होगी
(a) + 12.4 किलोकैलोरी (b) – 12.4 किलोकैलोरी
(c) – 6.20 किलोकैलोरी (d) + 6.20 किलोकैलोरी

116. हेस का स्थिर ऊष्मा संकलन का नियम आधारित है
(a) $E = mc^2$ (b) द्रव्यमान संरक्षण का नियम
(c) ऊष्मागतिकी का प्रथम नियम (d) इनमें से कोई नहीं

117. एक समतापीय प्रक्रम में, किसी आदर्श गैस के लिए मुक्त ऊर्जा क दाब पर निर्भरता को निम्न द्वारा व्यक्त किया जाता है
(a) $\Delta G = nRT \ln\frac{p_2}{p_1}$ (b) $\Delta G = nRT \ln\frac{V_2}{V_1}$
(c) $\Delta G = -nRT \ln\frac{p_2}{p_1}$ (d) इनमें से कोई नहीं

118. F_2, Cl_2, Br_2 तथा I_2 की बन्ध ऊर्जाएँ क्रमशः 155.4, 243.6, 193.2 तथ 151.2 किलोजूल मोल$^{-1}$ है। सबसे प्रबलतम बन्ध है
(a) F—F (b) Cl—Cl (c) Br—Br (d) I—I

119. *d*-ब्लॉक के तत्वों के सापेक्ष सही कथन है
(a) सभी धातु होते हैं
(b) परिवर्ती संयोजकता प्रदर्शित करते हैं
(c) रंगीन आयन तथा संकर लवण का निर्माण करते हैं
(d) उपरोक्त सभी कथन सही हैं

120. निम्नलिखित में से कौन सर्वाधिक प्रबल अम्ल है?
(a) CF_3COOH (b) CBr_3COOH
(c) CCl_3COOH (d) CH_3COOH

उत्तरमाला

1.	(b)	2.	(a)	3.	(b)	4.	(b)	5.	(c)	6.	(c)	7.	(a)	8.	(a)	9.	(a)	10.	(a)
11.	(b)	12.	(a)	13.	(c)	14.	(d)	15.	(a)	16.	(a)	17.	(c)	18.	(b)	19.	(a)	20.	(b)
21.	(d)	22.	(c)	23.	(a)	24.	(c)	25.	(b)	26.	(a)	27.	(a)	28.	(b)	29.	(b)	30.	(b)
31.	(c)	32.	(d)	33.	(c)	34.	(a)	35.	(d)	36.	(b)	37.	(c)	38.	(b)	39.	(a)	40.	(b)
41.	(d)	42.	(a)	43.	(c)	44.	(b)	45.	(a)	46.	(a)	47.	(b)	48.	(a)	49.	(b)	50.	(d)
51.	(b)	52.	(a)	53.	(a)	54.	(c)	55.	(b)	56.	(a)	57.	(a)	58.	(d)	59.	(c)	60.	(d)
61.	(b)	62.	(c)	63.	(d)	64.	(a)	65.	(a)	66.	(a)	67.	(d)	68.	(c)	69.	(b)	70.	(c)
71.	(d)	72.	(d)	73.	(b)	74.	(d)	75.	(d)	76.	(a)	77.	(a)	78.	(d)	79.	(d)	80.	(b)
81.	(c)	82.	(d)	83.	(a)	84.	(b)	85.	(c)	86.	(c)	87.	(b)	88.	(a)	89.	(d)	90.	(c)
91.	(a)	92.	(a)	93.	(b)	94.	(d)	95.	(d)	96.	(c)	97.	(b)	98.	(a)	99.	(d)	100	(b)
101.	(c)	102.	(b)	103.	(b)	104.	(d)	105.	(a)	106.	(a)	107.	(a)	108.	(d)	109.	(b)	110.	(a)
111.	(b)	112.	(d)	113.	(b)	114.	(c)	115.	(d)	116.	(a)	117.	(a)	118.	(b)	119.	(d)	120.	(a)